Metzler Philosophen Lexikon

Von den Vorsokratikern
bis zu den Neuen Philosophen

W0065763

Metzler Philosophen Lexikon

Von den Vorsokratikern
bis zu den Neuen Philosophen

Mit 277 Abbildungen

Zweite, aktualisierte und erweiterte Auflage

Ungekürzte Sonderausgabe

*Unter redaktioneller Mitarbeit von Norbert Retlich
herausgegeben von Bernd Lutz*

Verlag J. B. Metzler
Stuttgart · Weimar

Inhaltsverzeichnis

Die Deutsche Bibliothek – CIP-Einheitsaufnahme

Metzler-Philosophen-Lexikon : von den Vorsokratikern bis zu
den Neuen Philosophen / unter red. Mitarb. von Norbert
Retlich ... hrsg. von Bernd Lutz. – ungekürzte Sonderausg.
2., aktualisierte und erw. Aufl. – Stuttgart ; Weimar :
Metzler, 1995
ISBN 3-476-01332-4
NE: Lutz, Bernd [Hrsg.]; Philosophen-Lexikon

ISBN 3-476-01428-2

© 1995 J.B. Metzlersche Verlagsbuchhandlung
und Carl Ernst Poeschel Verlag GmbH in Stuttgart
Einbandgestaltung: Willy Löffelhardt
Satz: Typomedia Satztechnik GmbH, Ostfildern
Druck und Bindung: Franz Spiegel Buch GmbH, Ulm
Printed in Germany

Verlag J.B. Metzler Stuttgart · Weimar

Vorwort

Dieses Buch ist nicht nur für den Fachphilosophen geschrieben, sondern auch für denjenigen, der sich aus den unterschiedlichsten Interessen heraus über den philosophie- und problemgeschichtlichen Horizont, die Lebens- und Zeitumstände, die Voraussetzungen und die Wirkungen einer philosophischen Existenz informieren will. Die Autorinnen und Autoren dieses Buchs haben sich bemüht, die Daten und Fakten von Leben und Werk der einzelnen Philosophen sinnvoll aufeinander zu beziehen und deren intellektuelle Kontur eindringlich herauszuarbeiten. Dieses Ziel konnte nur durch die Auflösung der sonst üblichen schematischen Dreiteilung von Leben, Werk und Wirkung erreicht werden. Eine philosophische Laufbahn der Antike stellt sich anders dar als eine des Mittelalters oder gar der Moderne. Entsprechend außerlexikalische – eben erzählerische – Mittel der Darstellung sind notwendig, um sie als solche anschaulich werden zu lassen. Überlieferung, Bildungsinstitutionen, Wissenschaftssystem, Machtverhältnisse erzeugen im Verlauf der Philosophiegeschichte nicht nur Typologien, sondern auch Normbrechungen der philosophischen Existenz, deren historisch differenzierte Beschreibung mehr Raum beansprucht als üblich. Aus diesem Grund ist das Lexikon auf Philosophen des europäischen Kulturkreises beschränkt worden; jeder Versuch, das Östliche Denken (Indien, China, Japan) in eine lexikalische Artikelfolge zu integrieren, hätte viele Druckseiten mehr erfordert, um – unter den traditionell völlig anderen kulturellen Voraussetzungen – dieselbe Intensität der Darstellung zu erreichen. Letzten Endes sollte mit dieser Konzentration eine in der Philosophie selbst geübte »Nähe« erreicht werden, die ein vorsokratisches Denken als ebenso »aktuelle«, auf den Menschen bezogene Denkweise erscheinen läßt wie beispielsweise die moderne analytische Philosophie.

Ein Lexikon, das wie dieses einem allgemeinen Interesse an einem Sach- bzw. Fachbereich entgegenkommen will, sieht sich stets vor die Qual der Wahl gestellt: Es hat Erwartungen zu erfüllen, die vielfältig von außen kommen und gelegentlich an der Sache bzw. am Fach vorbeigehen; zugleich hat es sich aber auch zu beschränken, was die fach- bzw. sachbezogene »Vollständigkeit« betrifft – ebenso erschöpfende wie vielbändige und teure Enzyklopädien gibt es ja gerade für die Philosophie auf internationalem Feld zur Genüge. Um diesem Dilemma so weitgehend wie möglich zu entgehen, haben sich Herausgeber und Autoren bei der Artikelplanung auf diejenigen Namen der europäischen Philosophiegeschichte konzentriert, die im Verlauf einer nun mehr als zweieinhalb Jahrtausende währenden Verständigung über das Verhältnis von Gott, Mensch und Welt immer wieder zitiert worden sind und werden – auch dies der Versuch, das Lexikon in der »Nähe« des tatsächlichen Gangs der philosophischen Verständigung anzusiedeln.

Damit bietet sich der Gedanke an, das Buch über die alphabetische Abfolge seiner Artikel und die Frage, wer »aufgenommen« ist und wer »fehlt«, hinaus zu benutzen. Gelegentlich oder auch des öfteren sollte man sich dazu verführen lassen, die philosophiegeschichtlichen Epochen querzulesen, sich die Vorsokratiker anzueignen, die Scholastiker oder die Enzyklopädisten des 18. Jahrhunderts; man sollte sich dazu aufgefordert fühlen, durch die Artikel hindurch einmal der Rolle der Kirche in der Auseinandersetzung mit der Philosophie systematisch nachzugehen – oder der Geschichte der Akademien, den Einschnitten, die zunächst von außen zu kommen schienen und tiefe innerliche Veränderungen des Philosophierens bewirkt haben: dem außerakademischen Status der Hegelschen Linken etwa oder der Exilsituation eines großen Teils der deutschen Philosophie des 20. Jahrhunderts; man sollte sich aber auch nicht abschrecken lassen, einzelnen Problemfeldern des Denkens nachzugehen und – um nur zwei Beispiele zu nennen – bei Heideggers Erörterung der Seinsfrage das ontologische Denken des Parmenides einzubeziehen oder Protagoras als Ausgangspunkt der Politischen Philosophie, als einen ersten »Aufklärer« zu begreifen. Eine Vielzahl von anderen Zugangsweisen ist möglich; die Artikel bieten zahlreiche Hinweise dazu. Diese – angemessenste – Form des Umgangs mit diesem Buch käme der Vorstellung gleich, die sich mit seiner Veröffentlichung zuerst verbindet: einer Einübung in die Philosophie.

Seinem anhaltenden Erfolg verdankt dieses Buch, erstmals 1988 erschienen, seine zweite, aktualisierte und erweiterte Auflage. Soweit es notwendig war, wurden die Artikel der ersten Auflage auf den neuesten Stand gebracht und – bei lebenden Philosophen – erweitert, die bibliographischen Angaben überarbeitet. Neu hinzugekommen sind 20 Porträts, meist von Vertretern der Gegenwartsphilosophie. Damit soll dokumentiert werden, daß es feststehende Antworten auf die rätselhafte Stellung des Menschen in der Welt nicht gibt; ein innerer Grund mehr dafür, die philosophische Verständigung über ihr historisches Inventar hinauszutreiben.

Im Oktober 1995   Bernd Lutz

Abaelard, Peter

*Geb. 1079 in Le Pallet (bei Nantes); gest. 21. 4. 1142 im Kloster St. Marcel
(bei Châlon-sur-Saône)*

Das Aufsehenerregendste in A.s Leben sei vorweggenommen: es war die Liebesbeziehung zu Héloise, der Nichte des Pariser Kanonikers Fulbert, der diese Verbindung mit unglaublich brutalen Mitteln zu zerstören wußte. Nachdem Héloise sich in ihren Hauslehrer A. verliebt hatte, lief sie mit ihm davon; die beiden heirateten nach der Geburt eines Sohnes. Rasend vor Zorn ließ Fulbert A. eines Nachts überfallen, kastrieren und steckte Héloise in ein Kloster. A. floh gedemütigt in das Kloster St. Denis. Berühmt wurde der Fall durch literarische Bearbeitungen, die sich auf A.s *Historia calamitatum mearum (Geschichte meiner Leiden)* sowie den Briefwechsel zwischen ihm und dieser ungewöhnlichen Frau beriefen. Seit einiger Zeit sind Zweifel an der Autorschaft der Briefe aufgekommen, sie sollen etwa 150 Jahre jünger als die Ereignisse selbst sein.

A. war ein einflußreicher Lehrer und originärer Denker, brillant in seinen Formulierungen, dabei streitbar, unstet, fast unverträglichen Charakters. Dieser »schwierige Zeitgenosse« hatte einen anderen Großen seiner Zeit zum unerbittlichen Feind: den berühmten Abt Bernhard von Clairvaux, den Erneuerer des Mönchsideals. Dieser Mahner und Traditionalist verfolgte fanatisch, was anerkannter Überlieferung widersprach. So forderte er 1121 ein Ketzergericht für A. in Soissons, währenddessen die Schrift über die Trinitätslehre *De unitate et trinitate divina* verbrannt wurde, und später – nachdem A. seine Lehrtätigkeit nach vielen Reisen 1136 in Paris wieder aufgenommen hatte – ein Konzil in Sens (1140), auf dem seine *Theologia* verurteilt wurde. A. begab sich zur Verteidigung seines Falles auf den Weg nach Rom, wurde aber krank und starb in einem Kloster bei Châlon.

Welches waren die Gründe für diese haßerfüllte Gegnerschaft? A., der Sohn eines bretonischen Adligen, hatte bei dem Nominalisten Roscelin von Compiègne in Loches, aber auch bei dessen philosophischem Gegner, Wilhelm von Champeaux, in Paris studiert. Nach kurzer Zeit war A. bekannt geworden und konnte selbst eine sehr populär gewordene Schule begründen (1113). In seiner *Theologia* versuchte er, sich dem Glauben mit philosophischer Vernunft zu nähern, um das große Anliegen der Zeit voranzutreiben, nämlich Glauben und Wissen in Einklang zu bringen. Er bekämpfte dabei den Widerstand kirchentreuer Theologen, indem er argumentierte, daß man die Aussagen der Philosophen kennen müsse, um sie widerlegen zu können. Er wollte z.B. den Gottesbegriff lebendiger beschreiben – dynamisieren – und wiederholte eigentlich nur, was er bei Augustinus und vor allem bei Platon gefunden hatte: die philosophische Trinitätslehre, in der Gott das Gute selbst sei, als weltbewegende Weisheit die Gesamtheit der Ideen schaffe und das Weltganze mit liebender Güte bewege. Dieser letzte Punkt trug ihm scharfe Kritik ein: A. hatte die Auffassung Platons von der Weltseele auf die dritte Person Gottes bezogen. Hierin wurde er heftig von Bernhard von Clairvaux angegriffen, der als orthodoxer

Vertreter des alten gläubigen Mönchsideals darin eine Gefährdung seiner Glaubenshaltung witterte, die allein den Zugang zu Gottes Weisheit sichere.

Ein weiterer Gedankengang entsetzte die konservativen Theologen um Bernhard von Clairvaux: A. war davon überzeugt, daß die göttliche Weisheit auch nichtchristliche Denker inspiriert haben könne; verschiedene Religionen und ihre Gebote seien nur historische Beispiele humaner Sittlichkeit und Religiosität. Hier setzte ein Denkmotiv ein, das bis zu Lessings *Nathan* führte, die Haltung der Toleranz den Weltreligionen gegenüber – eine zu Zeiten von A. unmögliche Relativierung angesichts des Alleingeltungsanspruchs der Kirche. Diese intellektuelle Selbständigkeit brachte A. auch in das Quellenstudium der Kirchentexte ein, wo er auf Textbrüche und Differenzen stieß. Er arbeitete Bedeutungsvarianten heraus mit der Absicht, diese zu harmonisieren. In seinem einflußreichen Werk *Sic et non (Ja und Nein)* entwarf er dazu Regeln zur Textbehandlung und forderte Beachtung der »Semantik« in den Aussagen. Zudem müsse man die Echtheit der Stellen überprüfen und z. B. Überarbeitungen wie alte Malschichten abtragen! Unerhört der Anspruch, man müsse Texte auslegen, statt sie (blind) zu tradieren. Kritisch ist eingewendet worden, das Ergebnis der scholastischen Methode stehe von vornherein fest, die Wahrheit sei unantastbar vorgegeben – und nun machte A. die Suche erst zur Aufgabe, wobei der Sucher in eigener Verantwortung arbeitete.

Bei der Behandlung ethischer Fragen – in *Ethica seu liber dictus scito te ipsum* – zeigte sich wiederum dieser neue Ansatz, der die subjektive Person in den Vordergrund rückte: A. vertrat eine Art Gesinnungsethik, ein »Erkenne dich selbst« gegenüber der Befolgung starrer Moralgebote. Es galt bei ihm fast ausschließlich der innere Akt der Zustimmung zu einem Begehren. Die Tat selbst erhöht nicht die Bosheit oder Gutheit, sondern die Überlegungen, die Motivation, die Triebfeder. Diese Haltung sollte nicht rückinterpretierend zu einer »modernen« gemacht werden, weil auch für A. die Bibel und die Autoritäten als verbindlich galten. Er zeigte aber durchaus die Feinheiten ethischer Entscheidungsvorgänge auf und durchbrach die Starrheit traditioneller Wertsetzungen. Die Selbstbestimmtheit des Willens, der menschliche »Ermöglichungsgrad sittlichen Handelns« rückte ins Blickfeld.

Bekannt wurde A. vor allem anderen durch seinen Neuansatz zum Universalienproblem in seinen *Logica ›Ingredientibus‹* und *Logica ›Nostrorum‹*, einem Gebiet, das er zeitlebens bearbeitete und das neben ontologischen Fragen auch die Kategorienlehre einschloß. Interessant dabei war, daß er nicht auf Aristoteles zurückgreifen konnte, der noch nicht übersetzt war, und auch nicht auf Platon, dessen Werk »ihm nicht vorlag«, wie er schreibt. Er mußte also in der Universalienfrage selbst eine Lösung finden, die dann formelhaft bis ins Hochmittelalter benutzt werden sollte. Es ging in dieser Frage um das Verhältnis von Ideen zu den Einzeldingen. Haben Ideen eine eigene Existenz, unabhängig von den Dingen? Oder sind sie Konstruktionen, »Hirngespinste«? Gibt es z. B. Grünheit oder nur grüne Blätter, gibt es eine Idee vom Menschsein oder nur Individuen? Die Nominalisten behaupteten, daß die Art- und Gattungsbegriffe nur Namen seien, von uns hervorgebracht und nicht real. Die Realität wurde nicht als realexistent verstanden, sondern nur als innere Möglichkeit, Potenz, als eine Art Wesen der Dinge. Die Realisten behaupteten dagegen, die Ideen hätten eine von den Einzeldingen unabhängige Existenz, die Dinge seien nur

Individuationen einer Grundidee. A. nun erklärte und harmonisierte dieses Problem (wie später auch Thomas von Aquin) so, daß die Begriffe weder nur außerhalb und vor den Dingen – »ante rem« – existierten, noch ausschließlich in den Dingen – »in rem« – steckten als eine Art Anteil des Dinges am Allgemeinen, sondern – und das war seine Lösung – daß sie als Ergebnis einer vergleichenden Abstraktion entstünden – »post rem« –, den Dingen als Denkvorgang folgend, nicht real, sondern als »conceptus«. A.s Lösung wurde später auch als Konzeptualismus bekannt (als Echo in der Moderne vgl. Nicolai Hartmanns Schichtenlehre). Sein großes Verdienst war die Anbahnung einer kritischen Erkenntnislehre, noch bevor die Masse der aristotelischen Schriften auftauchte. Er bereitete deren Rezeption vor und wies einen Weg zu wissenschaftsorientierten Denkformen innerhalb theologischer Fragestellungen.

Thomas, Rudolf (Hg.): Petrus Abaelardus. Person, Werk und Wirkung. Trier 1980. – Tweedale, Martin M.: Abailard on universals. Amsterdam/New York/Oxford 1976. – Häring, N. M.: Abailard yesterday and today. In: Pierre Abélard – Pierre le Vénérable. Paris 1975.

Wolfgang Meckel

Adler, Alfred
Geb. 7. 2. 1870 in Rudolfsheim; gest. 28. 5. 1937 in Aberdeen

A. war neben Sigmund Freud und Carl Gustav Jung einer der drei Begründer der Tiefenpsychologie. A.s Bemühungen galten nicht nur der Heilung, sondern vor allem der Verhinderung von psychischen Krankheiten. In diesem Zusammenhang sind seine Beiträge zur Erziehung sowie sein soziales Engagement zu sehen. Die Titel seiner Bücher machen diese Absicht deutlich: *Gesundheitsbuch für das Schneidergewerbe* (1898), *Heilen und Bilden* (1913), *Individualpsychologie in der Schule* (1929), *Kindererziehung* (1930), *Psychotherapie und Erziehung*, 3 Bände (1964). Diese Ausrichtung der Tiefenpsychologie hat den Grund in A.s Entsetzen über die kollektive Machtneurose, die im Ersten Weltkrieg zum Ausbruch kam. Erst nach diesem Ereignis war die eindeutige Ausprägung der Individualpsychologie in der genannten Weise festzustellen. A. teilte mit Nietzsche die Einsicht, daß alles nach Macht strebt, aber allem auch Macht fehlt. Dieses Streben aus der Ohnmacht zur Macht sei ubiquitär und verursache die Bewegung alles Lebendigen. Doch die Auswirkungen des Machtstrebens, sichtbar außer in den Kriegsereignissen in den psychischen Leiden des Bürgertums und der Arbeiterschaft in Wien zu Beginn diesen Jahrhunderts, ließen A. zu der Einsicht gelangen, daß es vorrangig sei, Neurosen zu verhindern. Aufgrund dieser Einsicht zeigt die entwickelte Individualpsychologie gegenüber der Psychoanalyse in drei wesentlichen Punkten Unterschiede: Neurosen sah A. als ein soziales Phänomen an, da das Machtstreben seine Ursachen in der Sozialisation der Klassengesellschaft habe. In der Individualpsychologie sind darum die sozialen Aspekte auch stärker herausgearbeitet als in der Psychoanalyse. Zum zweiten hat die Psychoanalyse keine oder nur sehr wenige

Überlegungen zur Prävention angestellt. Die Individualpsychologie dagegen hat Erziehungskonzepte ausgearbeitet, die darauf gerichtet sind, Neurosen zu verhindern. Zum dritten hat die Psychoanalyse neben der Therapie kein Instrumentarium, das sich »Beratung« nennt. Es handelt sich hierbei um eine tiefenpsychologische Unterstützung bei der Lösung von Alltagsproblemen.

Von seiner eigenen Sozialisation her läßt sich erklären, daß A. empfindlich aufmerksam war für soziale Probleme. Der in einem ländlichen Vorort Wiens großgewordene A. wuchs in kleinbürgerlichem Milieu auf. Er kokettierte damit, als »Gassenjunge« aufgewachsen zu sein. Nach dem Medizinstudium an der Wiener Universität wurde A. angesichts des Elends in Wien ein sozial engagierter Arzt. 1902 lernte A. Freud kennen und schloß sich dem Freudschen Mittwochskreis an. Wie der Kontakt zustande kam, ist ebenso unbekannt wie der Grund für die Hinwendung A.s zur Psychoanalyse. A. warb im bürgerlichen Freud-Kreis um Verständnis für die Arbeiterbewegung. Er stieß damit aber auf Befremden. 1911 trennte A. sich von Freud. Carl Gustav Jung sagte dazu 1930: A.s Individualpsychologie »betont vor allem die soziale Seite des seelischen Problems und differenziert sich daher immer mehr zu einem sozialen Erziehungssystem«. Es unterscheidet sich »in allen der Freudschen Richtung wesentlichen Stücken von der ursprünglichen Psychoanalyse ... und zwar in solchem Maße, daß, mit Ausnahme gewisser theoretischer Prinzipien, die ursprünglichen Berührungspunkte mit der Freudschen Psychologie kaum mehr aufzufinden sind. A.s sogenannte Individualpsychologie ist ... das Bekenntnis eines anderen Temperaments und einer völlig anderen Weltanschauung. Keiner, der sich für ›Psychoanalyse‹ interessiert und der danach trachtet, einen einigermaßen genügenden Überblick über das Gesamtgebiet der ärztlichen Seelenkunde zu erhalten, sollte es versäumen, die Adlerschen Schriften zu studieren. Er wird die wertvollsten Anregungen schöpfen.«

Außer der Betonung der sozialen Seite des seelischen Problems ist es ein weiteres Merkmal der A.schen Theorie, daß er sich schon sehr früh vom kausal-naturwissenschaftlichen Denken abwandte. Das war für ihn selbst auch der wesentliche Unterscheidungspunkt zur Psychoanalyse, der ebenfalls nicht unmaßgeblich für die Trennung von Freud gewesen sein dürfte. A. dachte wie viele Wissenschaftler seiner Generation: Das kausal-naturwissenschaftliche Denken wurde abgelöst vom ganzheitlichen. Das bedeutet, daß an die Stelle der triebbestimmten Psyche die Auffassung des Individuums als ein aktiv und zielbestimmt handelndes trat. Deshalb nannte A. seine Richtung nach dem Bruch mit Freud 1911 »Individualpsychologie«. Damit sollte deutlich werden, daß der Mensch in seiner Ganzheit als einheitliches, unteilbares Individuum mit all seinen – vor allem sozialen – Bezügen angesehen werden müsse. Dieses Individuum handele willentlich und zielgerichtet. An die Stelle des kausalen Erklärens von Neurosen trat das teleologische Verstehen. Somit hat die Individualpsychologie eine enge Beziehung zur verstehenden Soziologie Max Webers. A. sagte: »Wir sind nicht in der Lage zu denken, zu fühlen, zu wollen, zu handeln, ohne daß uns ein Ziel vorschwebt ... Wenn jemandem jedoch ein Ziel vorschwebt, dann verläuft die seelische Regung so zwangsläufig, als ob hier ein Naturgesetz walten würde.« Jeder Mensch strebe von einer Ohnmachtssituation in eine Machtsituation. Die Ziele des Strebens könnten sozial nützlich und real erreichbar sein oder sozial unnütz und fiktiv. Setzt sich der Mensch nicht erreichbare und sozial unnütze Ziele (»Ich will allen überlegen sein«, »Ich will der Beste von allen sein«), führt das zu Neurosen. Die Aufgabe des individualpsychologischen Therapeuten und seines Klienten wird demnach die Umfinalisierung sein.

Seine Theorie hat A. nicht systematisch dargestellt. Die wichtigsten Gedanken der Individualpsychologie finden sich in den vier Werken *Studie über die Minderwertigkeit von Organen* (1907), *Über den nervösen Charakter* (1912), *Menschenkenntnis* (1927) und *Der Sinn des Lebens* (1933). Der ruhe- und rastlose Mann war immer mehr Praktiker als Theoretiker. Er wurde gelobt als glänzender Redner mit Überzeugungskraft. – Nach dem Ersten Weltkrieg baute er in Wien ein Netz von Erziehungsberatungsstellen auf. 1934 mußte er in die USA emigrieren und starb 1937 bei einer Europareise während eines Spaziergangs in Aberdeen. Freud kommentierte: »Für einen Judenbub aus einer Wiener Vorstadt ist ein Tod in Aberdeen schon an sich eine unerhörte Karriere und ein Beweis dafür, wie weit er es gebracht hat. Tatsächlich hat ihn die Welt reichlich dafür belohnt, daß er sich der Psychoanalyse entgegengestellt hat.« Die Bedeutung der Individualpsychologie ist heute, vor allem in den USA, der der Psychoanalyse vergleichbar. Erst Ende der 60er Jahre wurde die Individualpsychologie in Europa wieder bekannter.

Bruder-Bezzel, Almuth: Die Geschichte der Individualpsychologie. Frankfurt am Main 1991. – Horster, Detlef: Alfred Adler zur Einführung. Hannover 1984. – Jacoby, Henry: Alfred Adlers Individualpsychologie und dialektische Charakterkunde. Frankfurt am Main 1974.

Detlef Horster

Adler, Max
Geb. 15. 1. 1873 in Wien; gest. 28. 6. 1937 in Wien

A. zählt – neben Otto Bauer, Rudolf Hilferding und Karl Renner – zu den wichtigsten und originellsten Vertretern des Austromarxismus. Charakteristisch für diese um die Jahrhundertwende in Österreich entstandene Variante des wissenschaftlichen Sozialismus ist unter anderem der Versuch, die Marxsche Lehre philosophisch zu begründen bzw. zu erweitern und ihre materialistische Geschichtsauffassung kritisch zu hinterfragen. A. geht in seinen Arbeiten noch einen entscheidenden Schritt darüber hinaus: Er will den Marxismus durch Kants transzendentale Methode erkenntnistheoretisch untermauern, was ihm vor allem durch die von ihm eingeführte Kategorie des »Sozialapriori« möglich erscheint; er fordert, die materialistische Geschichtstheorie nicht nur zu revidieren, sondern sie durch eine kausalteleologische zu ersetzen; er warnt im Zusammenhang mit seinem Konzept des »Neuen Menschen« vor einer gesellschaftlichen Revolution, die die Notwendigkeit der Revolutionierung des Bewußtseins außer acht läßt, und schließlich führt er die Begriffe der »politischen und sozialen Demokratie« ein, die sowohl in der

Staatslehre der Weimarer Republik als auch der Bundesrepublik Deutschland von
großer Bedeutung sein sollten.

A. wurde 1873 als Sohn einer jüdischen Kaufmannsfamilie geboren. Nach dem
Studium der Rechtswissenschaften promovierte er 1896 an der Universität seiner
Heimatstadt, legte 1902 die Anwaltsprüfung ab und ließ sich anschließend als »Hof-
und Gerichtsadvokat« in einem Wiener Arbeiterviertel nieder. Schon sehr früh hatte
er sich – nicht zuletzt unter dem Einfluß von Carl Grünberg, dem »Vater des
Austromarxismus« und späteren Direktor des legendären Frankfurter »Instituts für
Sozialforschung« – dem Sozialismus zugewandt. An der von ihm mitbegründeten
ersten österreichischen Arbeiterschule gab er seit 1904 Kurse und engagierte sich
von dieser Zeit an zunehmend stärker in verschiedenen Erziehungsorganisationen
der sozialdemokratischen Partei seines Landes, da für ihn die richtige Bewußtseins-
bildung einen entscheidenden Schritt auf dem Weg zur klassenlosen Gesellschaft
bedeutete. Die Habilitierung an der rechtswissenschaftlichen Fakultät der Universität Wien stand aufgrund seiner politischen Überzeugung anfänglich in Frage; erst die
engagierte Unterstützung des liberalen Staatstheoretikers Hans Kelsen vermochte
1919 den Widerstand der konservativen Professorenschaft zu brechen. Zwei Jahre
später konnte er eine außerordentliche Professur übernehmen und sich nun ganz der
wissenschaftlichen, schriftstellerischen und politischen Arbeit widmen. Obwohl
seine Thesen zum Teil erheblich von der offiziellen Haltung der Arbeiterpartei
Österreichs abwichen, ja die Lehre von Marx und Engels in Richtung auf eine
idealistische Theorie zu verändern trachteten, war A. in den 20er Jahren einer der
wichtigsten, wenn auch umstrittensten Köpfe der Sozialdemokratie seines Landes.
Sein Bekenntnis zum Prinzip des Klassenkampfes, zur Revolution und zur Diktatur
des Proletariats ließen ihn sogar als Vertreter der Linksopposition innerhalb des
Austromarxismus erscheinen. Zu dieser Meinung trug erheblich die Tatsache bei,
daß A. sich selbst lediglich als Interpreten, nicht aber als Kritiker bzw. Erneuerer des
klassischen Marxismus verstand und noch dort Unterschiede bestritt oder zumindest
bagatellisierte, wo sie offen zutage lagen. Als 1934 die sozialdemokratische Partei in
Österreich von Dollfuß verboten wurde, behielt zwar A. seine Lehrerlaubnis, aber
sein Wirken wurde dennoch sowohl durch die politischen Zustände des Landes als
auch durch das Nachlassen seiner physischen Kräfte stark gemindert. Im Juni 1937,
ein halbes Jahr vor dem Einmarsch der deutschen Truppen in Österreich, starb er in
Wien.

Bereits in seinem philosophischen Erstlingswerk *Kausalität und Teleologie im Streite
um die Wissenschaft*, das 1904 im wichtigsten Organ der Austromarxisten, den »Marx-
Studien«, erschien, entwickelte A. eine Theorie, der er zeitlebens treu bleiben sollte:
Ausgehend von der Annahme, daß es möglich sein müsse, den Weg zum Sozialismus
nicht nur als historisch, sondern auch als anthropologisch-gesellschaftlich notwendig
nachzuweisen, machte er sich daran, die Marxsche Lehre um Kants idealistische
Erkenntnistheorie zu erweitern. Das Soziale, so A., ist nicht etwas, das im Laufe des
Zusammenlebens zwischen den Menschen entsteht und sich entwickelt, sondern es
ist im Bewußtsein von Anfang an, d. h. vor jeder gesellschaftlichen Erfahrung,
vorhanden. Die Kenntnis der Kategorie des »Sozialapriori«, deren Entdeckung A.
selbst als seine größte wissenschaftliche Tat bezeichnete, ist somit eine wesentliche

Voraussetzung für das Verständnis der historischen Vergesellschaftung: Die ökonomischen Verhältnisse, die vom Marxismus als die entscheidenden Triebkräfte der Gesellschaft angesehen werden, müssen auf ihre geistigen Ursprünge zurückgeführt werden. Damit aber hat A., der die Marxsche Lehre ausschließlich als Soziologie verstand, die materialistische Geschichtsauffassung bewußt über Bord geworfen. Dennoch hält er an der Überzeugung fest, daß Marx das »kausale Getriebe der Geschichte«, das unabhängig vom menschlichen Sollen auf den Sozialismus zulaufe, richtig analysiert habe, daß aber die erkenntniskritische Methode zum ersten Mal ermögliche, es direkt in eine Teleologie zu überführen, »ohne doch irgendwie an der Geschlossenheit seiner kausalen Bestimmtheit Abbruch zu erleiden«. A. hob auf diese Weise den Widerspruch zwischen der historischen Gesetzlichkeit und der Notwendigkeit zur revolutionären Tat auf, der im Zentrum der Überlegungen von Eduard Bernstein und anderen revisionistischen Theoretikern gestanden hatte. Im Laufe seines Schaffens erfährt die Idee, Marx durch Kant idealistisch zu erweitern, nur geringe Modifikationen; schon die Titel vieler seiner Arbeiten weisen auf diese Kontinuität hin: *Marx als Denker* (1908), *Der soziologische Sinn der Lehre von Karl Marx* (1914), *Das Soziologische in Kants Erkenntniskritik* (1924), *Kant und der Marxismus* (1925), *Lehrbuch der materialistischen Geschichtsauffassung* (1930) sowie *Das Rätsel der Gesellschaft. Zur erkenntniskritischen Grundlegung der Sozialwissenschaften* (1936).

A.s politische Vorstellungen waren demgegenüber einem starken Wandel unterworfen. Stellte sich ihm zum Beispiel anfänglich die »Reform des Bewußtseins« als treibende Kraft der Revolution dar, so war es in seinem Spätwerk vor allem der bewaffnete Kampf des Proletariats, dem er diese Funktion zutraute. In den 20er Jahren favorisierte er die Idee eines »Dritten Weges« zum Sozialismus, dessen Motor die Sozialdemokratie und dessen Mittel eine Verbindung von Rätesystem und Parlamentarismus sein sollte. In seinem wohl folgenreichsten politischen Werk *Die Staatsauffassung des Marxismus* (1922) führte er darüber hinaus die Unterscheidung von »politischer« und »sozialer Demokratie« ein, die nicht nur bei Staatstheoretikern seiner Zeit heftige Diskussionen auslöste. Während er unter der politischen Demokratie die bürgerliche Staatsform versteht, die zwar formal-politische, nicht aber wirtschaftliche Gleichheit beinhaltet und folglich in Krisenzeiten von der herrschenden Klasse nach Belieben aufgegeben werden kann, will er unter der sozialen Demokratie die Verwirklichung des Sozialismus verstanden wissen. Diese Unterscheidung erlaubte es ihm, die bestehenden demokratischen Verhältnisse zu verurteilen, ja, sie als Diktatur zu brandmarken, ohne gleichzeitig die Demokratie als solche ablehnen zu müssen.

Pfabigan, Alfred: Max Adler. Eine politische Biographie. Frankfurt am Main/New York 1982. – Leser, Norbert: Zwischen Reformismus und Bolschewismus. Der Austromarxismus als Theorie und Praxis. Wien 1968. – Heintel, Peter: System und Ideologie. Der Austromarxismus im Spiegel der Philosophie Max Adlers. Wien/München 1967.

Norbert J. Schürgers

Adorno, Theodor W. (=Wiesengrund)

Geb. 11. 9. 1903 in Frankfurt am Main; gest. 6. 8. 1969 in Visp (Wallis)

»Wenn ein geistiger Mensch in unserer Zeit des Übergangs den Namen des Genies tragen darf, dann gebührt er ihm.« Diese Äußerung Max Horkheimers von 1969 gilt A., dem gerade verstorbenen Freund, Mitarbeiter und Mitstreiter an dem Projekt einer Kritischen Theorie der Gesellschaft. Das von Horkheimer gewürdigte »Genie« A.s besteht nicht zuletzt in seiner imposanten und unvergleichlichen Vielseitigkeit als ebenso meisterlicher Philosoph, Soziologe und Psychologe wie Musikwissenschaftler und Literaturkritiker und – nicht zu vergessen – Komponist. A. hier als Philosophen darzustellen, ist also nur um den Preis möglich, bedeutende Aspekte seines Werks und seiner Persönlichkeit in den Hintergrund treten zu lassen.

Entwickelt und gefördert werden A.s Talente im Verlauf einer ausgesprochen behüteten Kindheit. Sein vom Judentum zum Protestantismus übergetretener Vater Oscar Alexander Wiesengrund besitzt eine Weingroßhandlung, seine Mutter Maria war bis zu ihrer Eheschließung unter ihrem Mädchennamen Calvelli-Adorno della Piana eine erfolgreiche Sängerin. Sie veranlaßt, daß das einzige Kind den Doppelnamen Wiesengrund-A. bekommt. Von der Mutter und ihrer mit im Hause lebenden Schwester Agathe, einer Pianistin, gehen die prägenden Einflüsse auf A. aus. Er erhält eine fundierte musikalische Ausbildung und ist ein außerordentlich erfolgreicher Schüler, überspringt zwei Klassen und legt 1921 als Klassenbester die Reifeprüfung ab. Für seine philosophische Entwicklung bedeutsam ist 1918 die Begegnung des Schülers A. mit dem 14 Jahre älteren Siegfried Kracauer; in einer Erinnerung schreibt A. 1964: »Über Jahre hindurch las er mit mir, regelmäßig Samstag nachmittags, die *Kritik der reinen Vernunft*. Nicht im geringsten übertreibe ich, wenn ich sage, daß ich dieser Lektüre mehr verdanke als meinen akademischen Lehrern.« Von diesen akademischen Lehrern an der Frankfurter Universität, wo er seit 1921 Philosophie, Musikwissenschaft, Psychologie und Soziologie studiert, ist der Philosoph Hans Cornelius der wichtigste. Bei ihm, dessen Assistent zu dieser Zeit Max Horkheimer ist, promoviert A. 1924 mit einer Arbeit über *Die Transzendenz des Dinglichen und Noematischen in Husserls Phänomenologie*. Abgesehen davon, daß aus dieser Zeit A.s anhaltendes Interesse an Husserl herrührt, deutet sich in der Dissertation noch gar nicht A.s weitere philosophische Entwicklung an. Im Gegenteil: Die Untersuchung ist vorbehaltlos der Position des Lehrers Cornelius verpflichtet, der mit seinem Hauptwerk *Transcendentale Systematik* (1916) einen heute praktisch vergessenen immanenzphilosophischen Ansatz strenger Erkenntnistheorie zwischen Neukantianismus und Phänomenologie begründete. Anscheinend unvermittelt zur akademischen Ausbildung lernt A. 1921 Georg Lukács' *Theorie des Romans* und den *Geist der Utopie* von Ernst Bloch kennen. Die Lektüre dieser Autoren soll wie auch das von Kracauer Gelernte erst Jahre später in A.s philosophischen Schriften Ausdruck finden. Zunächst publiziert er beinahe ausschließlich Musikkritiken. 1925 geht A., nachdem er in Frankfurt Alban Berg kennengelernt hat, nach Wien, wo er bei Berg Kompositionsunterricht nimmt und u. a. den bewunderten Arnold Schönberg kennenlernt. Auch wenn sich A. nach seiner endgültigen Rückkehr nach Frankfurt 1926 wieder stärker der Philosophie zuwendet – er hatte ein Habilitationsvorhaben mit Cornelius verabredet –, deutet sich vorerst eine eigenständige Position allein in seinen musikkritischen und -ästhetischen Publikationen an, u. a. 1929/30 in seiner Tätigkeit als Redakteur des *Anbruch*, einer der musikalischen Avantgarde verpflichteten Wiener Musikzeitschrift. Die als Habilitationsschrift verfertigte Arbeit *Der Begriff des Unbewußten in der transzendentalen Seelenlehre* von 1927 wird von Hans Cornelius, dessen Standpunkt sie in großen Teilen wiederum uneingeschränkt teilt, wegen mangelnder Originalität und Eigenständigkeit nicht akzeptiert und von A. daraufhin zurückgezogen. Deutliche »eigene« Worte findet A. allerdings schon in den »Schlußbetrachtungen« der abgelehnten Arbeit – er kritisiert darin in durchaus marxistischer Perspektive die »ideologische Funktion« vitalistischer und irrationalistischer Lehren vom Unbewußten. Auch dokumentiert diese Arbeit eine frühe Beschäftigung A.s mit der Psychoanalyse Sigmund Freuds.

Wie kein zweiter beeinflußt Walter Benjamin, den A. seit 1923 kennt, seinen Denkweg in diesen Jahren, womit A.s schulphilosophische Orientierung an Cornelius ein abruptes Ende findet. 1928 erscheint Benjamins Barockstudie *Ursprung des deutschen Trauerspiels*, nachdem sie 1925 in Frankfurt als Habilitationsschrift abgelehnt worden war. Insbesondere die schwierige, ja vertrackte »erkenntnistheoretische Vorrede« enthält eine große Zahl methodischer und gedanklicher Elemente, die für A.s eigene Position grundlegende Bedeutung bekommen. Jetzt kann er endlich den Einfluß Kracauers, die Lektüre Lukács' und Blochs und seine hohe, an der Musik ausgebildete ästhetische Kompetenz und Sensibilität in Einklang mit seinen philosophischen Interessen und Intentionen bringen. Mit Benjamin erteilt A. der Idee des geschlossenen Systems eine Absage und stellt diesem das gleichsam kompositorische Verfahren konstellativer Darstellung entgegen: Deutung einzelner, essayistisch verknüpfter Elemente statt deduktiver Ableitung. Gegenstand dieser Deutung ist ebenfalls wie bei Benjamin und dem frühen Lukács insbesondere ästhetisches Material, an dem A. die Spannung von Natur und Geschichte thematisiert. Auf dem Boden dieses Benjaminschen Programms, das er 1931 in seiner Antrittsvorlesung darlegt, verfaßt A. 1929/30 die von Paul Tillich, einem Philosophen und Theologen, 1931 angenommene Habilitationsschrift *Kierkegaard. Konstruktion des Ästhetischen*. Horkheimer als zweiter Gutachter erkennt zwar A.s »Wahrheitswillen« und seine philosophischen Fähigkeiten an, nimmt aber inhaltlich Abstand von der ästhetisch und theologisch inspirierten Interpretation Kierkegaards und des deutschen Idealismus.

Am 11. September 1933 wird A. von den Nazis die Lehrbefugnis entzogen. Während Horkheimer und die anderen, überwiegend jüdischen Mitglieder des »Instituts für Sozialforschung« schon in die Emigration gegangen sind, glaubt A., der in zunehmend engerem Kontakt mit diesem Kreis steht, an ein schnelles Ende des Faschismus in Deutschland. Einen ersten Schritt in die Emigration unternimmt A. dann aber 1934, als er sich in Oxford am Merton College einschreibt, um seine akademische Karriere in England fortsetzen zu können. Weiterhin häufig in Deutschland, beabsichtigt er, mit einer Arbeit über Husserl in England erneut in

Philosophie zu promovieren. Aus dieser Zeit stammen auch einige wichtige Arbeiten A.s über Musik. Sein weiterhin enger Kontakt zum mittlerweile in New York ansässigen »Institut für Sozialforschung«, insbesondere zu Horkheimer, ermöglicht A. Anfang 1938 die endgültige Emigration in die Vereinigten Staaten, zusammen mit seiner Frau Gretel, geb. Karplus, die er seit den 20er Jahren kannte und 1937 geheiratet hatte. Ausschlaggebend für die Übersiedlung ist ein Angebot Horkheimers, in dem er A. ein sicheres Auskommen verspricht und ihm die Möglichkeit einer Mitarbeit an einem Radioprojekt an der Princeton University ankündigt. Bis Mitte 1940 arbeitet A., für die Erforschung der Wirkung von Musikprogrammen zuständig, an diesem sozialwissenschaftlichen Projekt, wobei sich zeigt, daß seine spekulativ deutende Verfahrensweise doch zu erheblichen Meinungsverschiedenheiten mit den nüchtern empirisch-soziologisch orientierten Mitarbeitern führt.

Als A. Ende 1941 zu Horkheimer nach Los Angeles übersiedelt, beginnt die Zeit der überaus fruchtbaren Zusammenarbeit mit Horkheimer an der *Dialektik der Aufklärung*. Angesichts von Faschismus, Antisemitismus, Stalinismus und Zweitem Weltkrieg, angesichts aber auch der Illusionsfabriken Hollywoods und der amerikanischen Unterhaltungsindustrie verfassen beide gemeinsam die wichtigste und geschichtsphilosophisch grundlegende Schrift der Kritischen Theorie. Zentrales Thema ist »die Selbstzerstörung der Aufklärung«. Aufklärung, die den Menschen aus der Unmündigkeit, aus der Befangenheit im Mythos befreien wollte, ist – nach der Diagnose A.s und Horkheimers – selbst als destruktiver blinder Fortschritt zum Mythos geworden. So wie die Mythen (z. B. der Antike) schon selbst aufklärerisch, wenn auch in der Form der Sage, die Welt und das Geschehen in ihr zu verstehen und erklären suchten, so ist die auf Gesetze fixierte Aufklärung noch elementar mythischem Denken verhaftet, etwa den Prinzipien der schicksalhaften Notwendigkeit und der Selbsterhaltung. Die vollends beherrschte und unterdrückte Natur rächt sich hinterrücks als »Gewalt des Systems über die Menschen« und als Herrschaft des technischen Denkens, der sich absolut setzenden Sachzwänge. Dennoch ist diesem Prozeß nicht einfach zu entgehen: Allein radikale Selbstaufklärung der Aufklärung bietet einen Ausweg. Konkret untersuchen die Autoren diese Dialektik der Aufklärung am Beispiel der *Odyssee*, dem »Grundtext der europäischen Zivilisation«, am Beispiel »aufgeklärter« Moral bei de Sade, aber auch als Analyse der modernen »Kulturindustrie« (»Aufklärung als Massenbetrug«) und schließlich des Antisemitismus, »der Rückkehr der aufgeklärten Zivilisation zur Barbarei in der Wirklichkeit«. Das 1944 fertiggestellte Buch erscheint 1947 erstmals und versammelt in Grundzügen alle Motive, die das weitere philosophische Werk A.s bestimmen. Zur gleichen Zeit entsteht A.s persönlichstes philosophisches Werk, die Aphorismensammlung *Minima Moralia* (1951 erschienen). Diese Aphorismen reflektieren ebenso die Erfahrungen des Intellektuellen in der Emigration, wie sie, Horkheimer gewidmet, den Anspruch verfolgen, »Momente der gemeinsamen Philosophie von subjektiver Erfahrung her darzustellen«; zu einer andauernden und breiten Wirkung des Buches haben vor allem auch treffende Gedankensplitter beigetragen – »Geliebt wirst du einzig, wo du schwach dich zeigen darfst, ohne Stärke zu provozieren.«

1949 kehrt A. nach Frankfurt zurück, um zunächst den auf einen sozialphilosophischen Lehrstuhl berufenen Horkheimer zu vertreten. Gemeinsam mit diesem bemüht er sich in den nächsten Jahren um eine Neugründung des »Instituts für Sozialforschung«, die 1951 erfolgt. Nach einer vorübergehenden Rückkehr in die USA entfaltet sich seit Mitte der 50er Jahre A.s unvergleichliche Wirkung. Als Mitdirektor des Instituts, Lehrstuhlinhaber für Philosophie und Soziologie und Autor soziologischer, kulturkritischer, literatur- und musikästhetischer, pädagogischer und psychologischer Schriften ist er im akademischen Betrieb wie in der intellektuellen Öffentlichkeit als kritischer Geist präsent und gefürchtet. Er publiziert in Tageszeitungen, Zeitschriften wie dem *Merkur* oder den *Akzenten*, hält Rundfunkvorträge und spricht auf Tagungen. Seine im engeren Sinne philosophische Arbeit tritt demgegenüber erst einmal in den Hintergrund. Zwar veröffentlicht A. 1956 *Zur Metakritik der Erkenntnistheorie. Studien über Husserl und die phänomenologischen Antinomien*; diese Arbeit beruht aber weitgehend auf Entwürfen aus den 30er Jahren in England; nur die von A. allerdings programmatisch gemeinte Einleitung ist neu. In ihr rechnet er mit der Tradition der »prima philosophia«, der Ursprungsphilosophie, und der ihr entspringenden Erkenntnistheorie von den Vorsokratikern bis Husserl ab. Immer wieder reflektiert er auf den Preis, den jede begrifflich-systematische Philosophie zu entrichten hat, nämlich das Individuelle und Nichtidentische zuzurichten und zu verstümmeln, anstatt es wirklich zu begreifen. Das sei die »Erbsünde der prima philosophia«: »Um nur ja Kontinuität und Vollständigkeit durchzusetzen, muß sie an dem, worüber sie urteilt, alles wegschneiden, was nicht hineinpaßt«. Das Nichtidentische mit dem Verfahren philosophischer Kritik zu retten, ohne hinter den entwickelten Stand der (idealistischen) Philosophien Kants und Hegels zurückzufallen, ist A.s kaum einlösbarer Anspruch.

Als Wiederaufnahme, Fortführung und Vertiefung dieser Überlegungen erscheint 1966 nach mehrjähriger Arbeit die *Negative Dialektik*. Von A. selbst als »Antisystem« bezeichnet, ist sie der breit angelegte Versuch, im Zusammenhang Rechenschaft abzulegen von einer Philosophie, die sich über Jahrzehnte in ihren Grundgedanken treu geblieben ist. Sie ist negativ, weil sie objektive Widersprüche aufdeckt und festhält, anstatt sie – wie Hegel – spekulativ zu versöhnen; sie ist dialektisch, weil sie die gesellschaftlich-historische Gewordenheit und begriffliche Vermitteltheit der Gegensätze durchdringt, anstatt sie – wie z. B. Heidegger – zu verdinglichen und zu mythischen Seinsverhältnissen zu stilisieren. Die erneut ausgeführte Kritik des Begriffs als »Abstraktionsmechanismus« führt A. zu der Formulierung einer paradox anmutenden Utopie: »Die Utopie der Erkenntnis wäre, das Begriffslose mit Begriffen aufzutun, ohne es ihnen gleichzumachen.« Die *Negative Dialektik* mündet nach Überlegungen zum Erfahrungsbegriff und der theoretischen Philosophie, nach einer Auseinandersetzung mit der Ontologie und der praktischen Philosophie (»Freiheit« und »Moral«) schließlich in die »Meditationen zur Metaphysik«, der Entfaltung des Gedankens hoffnungsloser Hoffnung »nach Auschwitz« in einer Art negativer Theologie: »solidarisch mit Metaphysik im Augenblick ihres Sturzes«.

In den 60er Jahren erlebt A. eine weiterhin wachsende Anerkennung in einer zunehmend breiteren Öffentlichkeit – Preise und Ehrungen (u. a. die Goethe-Plakette der Stadt Frankfurt am Main 1963), akademische Positionen (u. a. Vorsitzender der Deutschen Gesellschaft für Soziologie von 1966 bis 1968), aber auch seine Verteidigung der neomarxistischen Ideologiekritik in der soziologischen

Grundlagendebatte mit Karl Raimund Popper (»Positivismusstreit«) sowie seine Bedeutung für die Literatur- und Musiksoziologie und nicht weniger die Pädagogik kennzeichnen diese Rolle A. s.

Geradezu tragische Züge hat jedoch A.s Verhältnis zur Studentenbewegung. Die von ihm als einem der wenigen und kompetentesten Gesellschaftskritiker inspirierten Studenten, teilweise seine Schüler, beginnen, seinen Ansatz als praxisfeindlich zu kritisieren. Es kommt zu Demonstrationen, Störungen und schließlich 1969 zu Vorlesungssprengungen. A., irritiert, aber in seinen Einsichten unbeirrt, schreibt kurz vor seinem Tod in einem Aufsatz über *Resignation*: »Der Sprung in die Praxis kuriert den Gedanken nicht von der Resignation, solange er bezahlt wird mit dem geheimen Wissen, daß es doch nicht gehe.« Wenige Wochen nach den turbulenten Vorfällen an der Frankfurter Universität stirbt A. auf einer Urlaubsreise in der Schweiz an einem Herzinfarkt.

Die Rezeption A.s in den 70er Jahren ist entscheidend gekennzeichnet durch das posthume Erscheinen der unvollendet gebliebenen *Ästhetischen Theorie* (1970), in der A. alle wesentlichen Motive seiner Philosophie im Medium der für ihn paradigmatischen Kunst der Moderne etwa Samuel Becketts und Arnold Schönbergs erneut entwickelt. Dabei wird die durch und durch ästhetische Prägung seines Denkens bis in die manchmal schwierig lesbare, eigenwillig konstellativ-musikalische Ausdrucksweise als durchgängiges Moment der Philosophie A.s deutlich erkennbar. In der schwer entzifferbaren und autonomen Kunst findet das seinen mimetischen Ausdruck, was in der begrifflich verfaßten Philosophie nur paradox zu bezeichnen ist, das Nichtidentische, das Besondere und Andere – der Schein einer besseren Welt. Schneller als es ihm hätte recht sein können, wird A. auch zum Gegenstand bloß akademischen und theoretischen Interesses. Die Herausgabe seiner *Gesammelten Schriften* seit 1970 bestätigt das ebenso wie eine Flut von Sekundärliteratur. Bis in den Sprachgestus treue Schüler, polemisch-unsachliche Kritiker, die in A. noch gar den geistigen Vater des linken Terrorismus sehen wollen, und eine produktive »Fortschreibung« des Projekts einer kritischen Theorie der Gesellschaft (vor allem durch Jürgen Habermas) stehen sich gegenüber. Die Stiftung eines »Adorno-Preises« durch die Stadt Frankfurt am Main (seit 1976) und Konferenzen zu A.s 80. Geburtstag im Jahre 1983 haben ihn endgültig in den Rang eines Klassikers erhoben.

Wiggershaus, Rolf: Theodor W. Adorno. München 1987. – Wiggershaus, Rolf: Die Frankfurter Schule. Geschichte – Theoretische Entwicklung – Politische Bedeutung. München/ Wien 1986. – Friedeburg, Ludwig v./Habermas, Jürgen (Hg.): Adorno-Konferenz 1983. Frankfurt am Main 1983.

Peter Christian Lang

Albertus Magnus
Geb. um 1200 (1193?) in Lauingen/Donau; gest. 15. 11. 1280 in Köln

Der Nachwelt ist er nicht ganz geheuer. Schon bald nach seinem Tod im Alter von »achtzig und mehr Jahren« ranken sich phantastische Gerüchte um seine Fähigkeiten. In ihnen erscheint er als Zauberer, der über die verborgenen Naturkräfte gebietet. Im Besitz des Steins der Weisen soll er etwa gewesen sein, sprechende Automaten hat er angeblich verfertigt, und auch die Erfindung des Schießpulvers wird ihm zugetraut. Grundlage solcher unfrommen Legenden um den 1931 Heiliggesprochenen sind A.' ungewöhnliche naturkundliche Kenntnisse. Mit Nachdruck vertritt er einen empirischen Ansatz, der der Immanenz und der Vernunfterkenntnis ihre Eigengesetzlichkeit zuerkennt: ohne religiöse Vorbehalte nämlich gelte es »zu erforschen, was im Bereich der Natur durch natureigene Kräfte auf natürliche Weise alles möglich ist«. Nicht die »Theorie«, sondern die »Erfahrung aus wiederholter Beobachtung« sei »die beste Lehrmeisterin in der Naturkunde«. Dabei nimmt A. sich selbst beim Wort. In Schriften, die beispielsweise *Über den Himmel und die Welt* handeln, *Über Entstehen und Vergehen*, *Über die Ursachen der Eigentümlichkeiten der Elemente*, *Über die Steine und Mineralien*, *Über die Pflanzen* oder *Über die Tiere* und die jeweils das zeitgenössisch verfügbare Wissen aufbereiten, berichtet er stets auch von eigenen Beobachtungen und Experimenten. Vor allem aber wertet er sorgfältig Erkenntnisse der Antike sowie der den Lateinern neu zugänglichen islamischen und jüdischen Gelehrsamkeit aus. In beiden Fällen ist Aristoteles der überragende Gewährsmann. Gegen teilweise bestehende kirchliche Verbote und nicht unangefeindet erschließt A. dessen Werke erstmals vollständig für den christlichen Kulturkreis, wo bis dahin der platonische Idealismus das philosophische Denken bestimmt hatte. Sein Verfahren ist die kommentierende Paraphrase der Vorlagen. »Des weiteren«, schreibt er zu Beginn der *Physik*, »fügen wir erläuternde Abschnitte ein; darin stellen wir uns den möglicherweise auftauchenden Zweifeln, um sie zu klären, und suchen die Lücken in der Darstellung des Aristoteles, die manchen Leuten das Verständnis seiner Lehre erschwert haben, etwas aufzufüllen«. Zentrale Punkte, in denen A. den Philosophen von dessen eigenen Voraussetzungen her kritisiert, zielen auf die Legitimation der These ab, »daß die Welt durch Schöpfung angefangen habe«, mithin nicht unendlich sei, sowie auf die Vorstellung der individuellen Unsterblichkeit der menschlichen Seele.

A.s Behauptung der grundsätzlichen Vereinbarkeit aristotelischer Philosophie mit dem christlichen Glauben – dessen letzte Wahrheit allerdings »über Vernunft und Natur hinausgeht« – begründet das Paradigma der hochmittelalterlichen Scholastik. Ihr umfassendster Systementwurf stammt von seinem Schüler Thomas von Aquin. 1252 empfiehlt A. dessen Berufung an die Pariser Universität, wo er selbst sieben Jahre zuvor zum Magister der Theologie promoviert worden war. Unterrichtet hat der »doctor universalis«, wie er angesichts der enzyklopädischen Weite seines Horizonts genannt wird, dort jedoch nur kurze Zeit. Sein umfangreiches Gesamtwerk –

das seit 1951 in der kritischen »Kölner Edition« erscheint – entsteht neben der zeitraubenden Beanspruchung durch verschiedene Ämter und Pflichten.

Als Student der »freien Künste« an der Universität von Padua war der Sohn aus schwäbischer Ministerialenfamilie 1223 in den jungen Orden der Dominikaner eingetreten, ein Zweig der innerkirchlichen Reformbewegung, deren Lebensweise und Spiritualität sich radikal an den neutestamentlichen Weisungen ausrichtet. Nach dem Noviziat und der theologischen Ausbildung in Köln wirkt er bis in die frühen 40er Jahre als Lektor an einigen deutschen Konventen. Seine Pariser Professur endet im Sommer 1248: Er wird nach Köln geschickt, um das erste theologische »studium generale« in Deutschland aufzubauen. Vier Jahre später vermittelt er erstmals erfolgreich in Rechtsstreitigkeiten zwischen dem aufstrebenden Stadtbürgertum und der kirchlichen Hierarchie. Bis zuletzt ist er von nun an ein weithin berühmter und vielgesuchter öffentlicher Schlichter. Im Juni 1254 zum Provinzial gewählt, führen ihn zahlreiche Visitationsreisen – zu Fuß – quer durch die Ordensprovinz »Teutonia«. Auf der päpstlichen Kurie in Anagni verteidigt er die Bettelorden gegen Angriffe ihrer Gegner. Nach drei Jahren gestattet ihm das in Florenz tagende Generalkapitel der Dominikaner, sein Amt niederzulegen. A. kehrt zur wissenschaftlichen Tätigkeit an seinen Heimatkonvent zurück, bis er Anfang 1260, erneut bis zum freiwilligen Ausscheiden, für zwei Jahre den Regensburger Bischofssitz übernimmt. Mit der Kreuzzugspredigt in den deutschsprachigen Ländern hält 1263 in Orvieto der Papst den nächsten Sonderauftrag für ihn bereit. Von Ende 1264 bis 1267 lebt A. in der Würzburger Niederlassung seines Ordens, in den späten Jahren dann wieder in Köln: als »lector emeritus«, der sich oft darüber beklagt haben soll, daß ihm selbst jetzt noch zu wenig Zeit zu Studium und Gebet gelassen werde.

Entrich, Manfred (Hg.): Albertus Magnus. Sein Leben und seine Bedeutung. Graz/Wien/Köln 1982. – Meyer, Gerbert/Zimmermann, Albert (Hg.): Albertus Magnus. Doctor universalis. 1280/1980. Mainz 1980. – Craemer-Ruegenberg, Ingrid: Albertus Magnus. München 1980.

Hans-Rüdiger Schwab

Alembert, Jean le Rond d'
Geb. 16. 11. 1717 in Paris; gest. 29. 10. 1783 in Paris

»Man muß der Weisheit oft genug die Narrenkappe aufsetzen, um ihr Gehör zu verschaffen«, so kommentiert Denis Diderot den *Rêve de d'Alembert* (1769; *D'Alemberts Traum*), einen Dialog, in dem er die intellektuelle Persönlichkeit seines Jugendfreundes und Mitstreiters für das Großunternehmen der Aufklärung, die *Encyclopédie*, porträtiert. Er rechtfertigt damit zugleich ein Szenario, das den Philosophen in eine der Spekulation verwandte Situation versetzt: A. träumt. Um sein Bett versammelt sind Julie de Lespinasse und der Arzt Bordeu, den diese hat holen lassen, da der Schläfer nachts laut zu phantasieren begann. Doch nachdem die Konsultation die Unbedenklichkeit des Zustandes bestätigt hat, wendet sich beider Aufmerksamkeit den wirren Reden des Träumers zu. Gesprächspartnerin und Freundin eines berühmten Mannes, hat Mademoiselle nämlich selber nächtens zur Feder gegriffen und am Bett des Philosophen ein Traumprotokoll geführt. Über diesem entspinnt sich ein Gespräch, in dem Diderot eigenes spekulatives Gedankengut übermittelt – im Namen A.s, also um den Preis einer Mystifikation. Denn dem Mund des Träumenden entschlüpfen Gedanken, die sich nicht in die geistige Physiognomie eines Denkers fügen, den sein Schüler Condorcet einmal als »würdigen Nachfolger Newtons« bezeichnen wird: A., der von einer Aufhebung des cartesianischen Dualismus träumt, den die Vision einer sich selbst erzeugenden, mit Empfindung begabten Materie gefangen hält, der über die Entstehung des Lebens oder die Entwicklung der den menschlichen Verstand auszeichnenden Vermögen nachdenkt – das ist A., wie er in den Augen Diderots sein sollte, wie er aber, was seine fachlichen Voraussetzungen und seine gedanklichen Parameter anbelangt, in Wirklichkeit nicht ist.

1769, gut zehn Jahre nach den spannungsreichen Auseinandersetzungen um die *Encyclopédie*, die einerseits dazu führten, daß dem Sammelwerk auf Betreiben der kirchlichen Obrigkeit 1759 die königliche Druckerlaubnis entzogen wird, die aber andererseits das daraufhin vom Hof unter Einfluß Madame de Pompadours geduldete Unternehmen und seine Mitarbeiter öffentlich bekannt machten – Ende der 60er Jahre befindet sich A. auf dem Weg zum Ruhm: Er ist Schriftführer der »Académie Française«, der sich seit 1754 mit dem Ehrentitel des Unsterblichen schmücken darf, brillanter Wissenschaftler, der als Mitglied der Akademien der Wissenschaften zu Paris, Berlin, Petersburg, Lissabon, Neapel, Turin, Padua, Oslo und Stockholm weltläufig in der europäischen Gelehrtenrepublik verkehrt, Briefpartner Friedrichs II. und der Zarin Katharina, deren Einladung an den Hof als Prinzenerzieher er höflich zurückweisen kann, Freund Diderots, Voltaires, Turgots, Marmontels, des Abbé Morellet und der Julie de Lespinasse. Doch vor allem ist A. zu jener Zeit bereits der prominente »philosophe«, der als Mitherausgeber der *Encyclopédie* zur Identifikationsfigur jener Kulturöffentlichkeit wird, die sich im Umfeld dieses Unterfangens Mitte des 18. Jahrhunderts formiert. So zeigen die zeitgenössischen Zeugnisse A. als bewunderten Mittelpunkt, den »berühmte Schriftsteller und Gelehrte, junge Literaten und Leute von Welt« in den Pariser Salons und Cafés, in denen er verkehrt, umschwärmen – Vorbild der »société des gens de lettres«, jener tendenziell allen Ständen offenen Gesellschaft der Gebildeten, die in Rede und Schrift das Projekt Aufklärung betreibt.

Dabei ist A., wie er selber schreibt, »erst spät mit der Gesellschaft in Berührung gekommen«. Von Hause aus Mathematiker, der 1743 sein wissenschaftliches Hauptwerk *Traité de dynamique (Abhandlung über Dynamik)* verfaßt, die, nebst den folgenden Veröffentlichungen zur Mathematik und Physik bewegter Körper, seinen Weltruhm als Gelehrter begründet, lebt er »in völliger Zurückgezogenheit« jahrelang nur der Wissenschaft. Erst Diderot holt den knapp Dreißigjährigen aus seiner Klause im volkstümlichen Faubourg St. Antoine, wo der Geometer unbemerkt logiert, und verschafft ihm die gesellschaftliche Entrée. Unter dem Einfluß Diderots, mit dem ihn alsbald eine »zärtliche und grundsolide« Freundschaft verbindet, gelangt A. zur Philosophie, engagiert sich gemäß dem Motto, daß »einzig die praktische Philosophie diesen Namen verdient«, als Publizist und schreibt, neben zahllosen Artikeln zu Fragen der Bildung, Beredsamkeit und schönen Literatur, die wohl wichtigste Programmschrift der Aufklärung, seine *Einleitung* zur *Encyclopédie*, den *Discours préliminaire* (1751).

Diderot muß gewußt haben, daß er in A. einen hervorragenden Mitarbeiter für die *Encyclopédie* gewinnt, entspricht doch das Vorhaben, in einem »vernünftig durchdachten Wörterbuch der Wissenschaften, Künste und Gewerbe« das gesamte Wissen der Zeit aufzunehmen und dabei nach logischen Prinzipien zu ordnen, einem Verstand, dessen Stärke das Bestimmen, Abgrenzen und systematische Klarstellen sind: »Klarheit und Scharfsinn im Denken«, die A. als »Merkmale seiner geistigen Veranlagung« hervorhebt, charakterisieren den intellektuellen Stil, den er in ausgezeichneter Weise für die *Encyclopédie* vertritt. Nur zu oft wird übersehen, daß deren Propädeutik von einem Aufklärungsphilosophen entwickelt wird, in dem, bei aller öffentlichen Wirkungslust, immer auch der auf sich selbst bezogene Fachwissenschaftler steckt. Eine Spanne, derer sich A., glaubt man seinem *Selbstportrait*, bewußt ist, zumal ihr seine Zurückhaltung, seine aus der Skepsis erwachsende Distanz wesensmäßig entsprechen: »Selten streitet er, und niemals mit Verbitterung, ... er ist zu wenig an der Beherrschung anderer interessiert, um sie mit Nachdruck zu seiner eigenen Denkweise bekehren zu wollen. Übrigens erscheint ihm außer den exakten Wissenschaften fast nichts eindeutig genug zu sein, um nicht der freien Meinung reichlichen Spielraum zu lassen; und sein Lieblingswort drückt den Grundsatz aus, daß man über fast alle Dinge alles sagen kann, was man will.« Wiederum Diderot hat auf den Grund des rationalen Habitus geschaut und in A.s Neigung, einzig und allein den Mitteln des rechnenden Verstands zu vertrauen, eine Konfliktscheu aufgespürt, die ihn als Vorsteher »des Büros, das das Menschengeschlecht erzieht« nun in der Tat mehrfach in Verlegenheit bringt. Denn kaum hatte A. 1757 den Artikel *Genf* in der *Encyclopédie* veröffentlicht, der den moralischpraktischen Nutzen des Theaters für eine aufgeklärte Gesellschaft unterstreicht, womit er Rousseau und die theaterfeindlichen Genfer Pastoren auf den Plan ruft, als er sich entnervt von den Eingriffen der Zensur und den »grausamen Satiren auf die Philosophen« zurückzieht und seine Beiträge auf ausschließlich fachwissenschaftliche Themen beschränkt. Ein etwas anderes Profil gewinnt A.s Konfliktscheu, die Vermeidung jeglicher Gefühlserschütterung, auf dem Hintergrund der frühen Lebensgeschichte. Sein Eintritt ins Leben war traumatisch: daß der Findling – im Spätherbst 1717 auf den Stufen der Taufkirche von Notre Dame, Saint Jean le Rond, ausgesetzt – überlebt, ist spektakulär genug; die Kindheit war von Verlassenheit und Ungeborgenheit geprägt, aufgewogen nur durch die Zuneigung, die ihm seine Ziehmutter, eine Pariser Handwerkersfrau, entgegenbrachte. Wen wundert noch, daß der illegitime Sohn der Marquise de Tencin und des Chevalier Destouches – er verdankt den Namenszusatz »d'Alembert« einzig der Phantasie seiner Lehrer am »Collège des Quatre Nations«, die ihren hochbegabten Schüler offenbar mit einem Prädikat auszeichnen wollten – auf hohe Geburt und Adelsprivileg, vor allem aber auf das ständische Bewußtsein der Gesellschaftsschicht, aus der er stammt, überhaupt nichts gibt und als einer der Programmatiker der Aufklärung gegen »Dogma, Systemglauben, Vorurteile und unbeherrschte Leidenschaften« zu Felde zieht?

In der Tat liefert A. in seinen beiden philosophischen Hauptwerken, der *Einleitung* zur *Encyclopédie* und dem *Essai sur les éléments de philosophie* (1759) den methodischen Leitfaden eines Denkens, das sich unter Berufung auf aus der Erforschung der Natur gewonnene Vernunftsgesetze von autoritären Bindungen zu lösen sucht und dabei, voll »sokratischen Optimismus'«, im Wissen das Mittel erkennt, »den Geist von den Institutionen« zu emanzipieren. A. begreift dieses Vorhaben als Zielpunkt einer seit der Renaissance beschleunigten kulturellen Umwälzung. Deren Etappen – die Entstehung einer kritischen Philologie mit dem Fall von Byzanz, die Etablierung neuer religiöser Bewegungen während der Reformation und die Erneuerung der Metaphysik durch Descartes im 17. Jahrhundert – markieren Ausgangspositionen und Angriffspunkte der neuen Denkweise, welche die *Enzyklopädie* als Instrument der Aufklärung befördern soll: Vertrauen in die Macht der Kritik, Abkehr von den bestehenden Formen der Religion als Stützpfeiler der überkommenen Ordnung und schließlich Übernahme eines um seine spekulativen Gewißheiten beraubten cartesianischen Rationalismus, d. h. dessen Einsatz als Methode. Dementsprechend identifiziert A. die kulturelle Revolution seiner Zeit mit »der Erfindung und der Praxis einer neuen Art zu philosophieren«. Und um das Denken von so schlechten Gewohnheiten wie der Kontemplation »allgemeiner Eigenschaften des Seins und des Wesens« und der unnützen Befragung abstrakter Begriffe« zu befreien, verordnet er, ganz Spezialist für angewandte Mathematik, der Philosophie in den *Éléments* die auf Beobachtung, Deduktion und Experiment beruhende Vorgehensweise der »science de la nature«. Mit einem Satz: »Sie ist die Wissenschaft von den Tatsachen, oder Wissenschaft von Schimären.« Die einzige Tatsache, die für A. »unbestreitbar fest-steht«, ist »die Existenz unserer Sinnesempfindungen«, auf die er mit Locke »alle unsere Ideen, selbst die rein geistigen und sittlichen Vorstellungen«, und damit sämtliche Erkenntnisvorgänge – von den elementaren bis hin zu elaborierten Denkgebäuden – zurückführen will. A. ergänzt, indem er seinen Gewährsleuten Descartes, Newton und Locke Bacon zugesellt, das Instrumentarium der neuen Philosophie – das heißt das Verfahren rationaler Analyse, die empirische Fundierung einer mathematisch-mechanischen Naturerklärung und die sensualistische Umdeu-tung der Erkenntnistheorie – um eine Systematik, mit der die Philosophie zum Leitdiskurs sämtlicher Wissensgebiete und Disziplinen aufrückt. Er denkt daher an eine Weltkarte, wenn er im *Discours préliminaire* schreibt: »Der Philosoph soll ... von einem überlegenen Standpunkt aus gleichzeitig die hauptsächlichen Künste und Wissenschaften erfassen können; er soll die Gegenstände seiner theoretischen Er-wägungen ... mit einem schnellen Blick übersehen; er soll die allgemeinen Zweige des menschlichen Wissens mit ihren charakteristischen Unterschieden oder ihren Gemeinsamkeiten herausstellen und gelegentlich sogar die unsichtbaren Wege auf-zeigen, die von dem einen zum anderen führen.« Mit diesem Programm gibt sich der Aufklärungsphilosoph als Stratege zu erkennen, der selbstbewußt im Anspruch auf universelle Wißbarkeit die intellektuelle Verfügungsgewalt hervorkehrt, welche er durch seine spezifische Art der Wissensaneignung gewinnt.

A., der in jungen Jahren bereits die »Académie des Sciences«, damals Bastion eines unverfälschten Cartesianismus, erobert, hat die Bedeutung der Wissenschaftsin-stitutionen für die Durchsetzung jenes geistigen Hegemonieanspruches genau erkannt und dann in seiner Funktion als »secrétaire perpétuel« der »Académie Française« dafür gesorgt, daß sich die ›philosophische Gesinnung‹ an den Akademien einzubürgern beginnt, so daß diese, im Gegenzug zur Sorbonne und den Bildungseinrichtungen der Jesuiten und Jansenisten, zu Foren des »esprit philosophique« der Aufklärung werden. Noch die *Éloges* (1772 ff.), ein wissenschaftsgeschichtliches Standardwerk, dem A. sein letztes Lebensjahrzehnt widmet, bezeugen sein Vertrauen in die universale Kompetenz einer rational begründeten Wissenschaft. Doch hat die skeptische Relativierung einer theozentrischen Weltsicht nicht nur bei den Verteidigern des klerikalen Letztbegründungsmonopols Verdacht erregt. Hinzu kommt, daß A., auf Anwendungsbezogenheit des Denkens bedacht, in das Wissenskonzept der *Encyclopédie* auch technisches Anwendungswissen aufgenommen hatte. Dieser Versuch, der nur ein weiteres Indiz des Krisenbewußtseins ist, mit dem er die Umwälzung seiner Zeit, mithin die rasante Evolution von Technik und Wissenschaft im 18. Jahrhundert, registriert, gibt schon den Zeitgenossen Anlaß, das neue Denken zu verwerfen. Goethes Diktum, der zwischen den Zeilen der *Encyclopédie* gar die »Webstühle einer großen Fabrik« rattern hört, trifft den Vordenker des sozialutopisch fundierten Enzyklopädismus von Saint-Simon. Überhaupt zeigen sich die Beamten, Lehrer und Geistlichen in Deutschland A.s denkerischen Kühnheiten gegenüber recht zugeknöpft. Sie scheuen sich nicht, ihn und Diderot des Komplotts anzuklagen, als in Paris die Revolution ausbricht. Erst gut einhundert Jahre nach Erscheinen des *Discours préliminaire*, im Zuge der Auseinandersetzung mit einem naturwissenschaftlichen Materialismus, wird der Aufklärer und Rationalist, der wegen seines gottlosen Skeptizismus als Metaphysiker und theoretischer Denker suspekt geworden war, rehabilitiert – nicht anders in Frankreich: Hippolyte Taine entdeckt die Philosophie A.s als Paradigma eines szientistisch-rationalen Zugriffs.

Emery, Monique (ed.): Jean d'Alembert, savant et philosophe. Portrait à plusieurs voix. Paris 1989. – Hankins, Thomas L.: Jean d'Alembert. Science and the Enlightenment. Oxford 1970. – Grimsley, Ronald: Jean d'Alembert. Oxford 1963.

Bettina Rommel

Althusser, Louis
Geb. 16. 10. 1918 in Birmandreis (Algerien); gest. 22. 10. 1990 in Paris

Der Marxist A. hat in den 60er und 70er Jahren in Frankreich, aber auch über die Grenzen hinweg, als Philosoph wie als Mitglied der Kommunistischen Partei Frankreichs erhebliches Ansehen erlangt. Er wird in Frankreich zu den einflußreichsten Theoretikern jener Zeit gezählt, nicht allein aufgrund seiner Publikationen, sondern ebenso durch seine Lehrtätigkeit als Professor für Philosophie an der Pariser École normale supérieure. Neben der Tatsache, daß sich um ihn herum eine »Althusser-Schule« herausgebildet hat, bemißt sich seine Bedeutung auch an dem Einfluß, den er auf einen Teil französischer Intellektueller, wie Régis Debray und Michel Foucault, ausgeübt hat. Auf der anderen Seite hat A. als Parteimitglied an den Debatten um organisatorische und ideologische Orientierungen der Kommunistischen Partei Frankreichs starken Anteil gehabt, in denen er 1978 den offiziellen Parteikurs heftigen Angriffen aussetzte, hart die organisationsinternen Stalinismen, Basis- und Demokratiefeindlichkeit der Führung unter Marchais kritisierte.

A., der von Algerien übergesiedelt seit 1930 in Frankreich lebte, hatte sich während seiner Vorbereitungen für die Aufnahme zum Studium zwischen 1936 und 1939 erstmalig öffentlich, als militanter Katholik, engagiert, indem er 1937 die Sektion der Organisation junger katholischer Studenten am Lycée du Parc in Lyon gründete. Die deutsche Kriegsgefangenschaft A.s zwischen 1940 und 1945 verschob den Beginn seines Studiums an der École normale supérieure auf die unmittelbare Nachkriegszeit. Gleichzeitig mit dessen erfolgreichem Abschluß 1948 und mit Beginn seiner philosophischen Lehrtätigkeit schloß er sich der kommunistischen Bewegung an, nachdem er in seiner Gefangenschaft beeindruckende Erfahrungen mit politisch aktiven kommunistischen Arbeitern neben derjenigen des deutschen Faschismus gemacht hatte. Die weiteren Etappen seiner politisch-intellektuellen Biographie versuchte A. selbst in dem Vorwort zu seinem ersten, Artikel aus den Jahren 1960 bis 1964 versammelnden Buch *Pour Marx* (1965; *Für Marx*) zu markieren und als Vorgeschichte zu seinen Schriften verständlich zu machen.

In diesen Essays, wie er seine Arbeiten immer wieder nennt, geht es ihm, nimmt man seine erste wichtigere Veröffentlichung über Montesquieu von 1959 aus, von Beginn an um die Beantwortung der Frage, was der Charakter des wissenschaftlichen Marxismus und der ihm entsprechenden Philosophie sei. Dabei sucht er nach einem dritten Weg jenseits des mittlerweile in den kommunistischen Parteien offiziell verurteilten stalinistischen Dogmatismus und seiner, wie A. meint, kleinbürgerlich-humanistischen Scheinalternative. Dementsprechend legt A. in den ersten beiden marxistisch relevanten Publikationen *Pour Marx* und dem gemeinsam mit Schülern verfaßten *Lire le Capital* (1965; *Das Kapital lesen*) zunächst die Grundrisse seiner ebenso eigenwilligen wie rigorosen Marx-Interpretation vor. Darin demonstriert er der Öffentlichkeit ein hohes Maß an detaillierter Kenntnis der Marxschen Schriften, verbunden mit dem Bemühen um analytische Schärfe und Differenziertheit, an denen es den bisherigen marxistischen Interpreten seiner Meinung nach zumeist fehlte. Insbesondere durch die Vermengung der verschiedenen Ebenen des Marxismus seien immer wieder gravierende, seinem Kern eher feindliche Abweichungen entstanden. A. entdeckt bei seiner Marx-»Lektüre« – wie er sich vorsichtig ausdrückt – in dessen Werk zunächst einmal einen nach seinem philosophischen Lehrer Gaston Bachelard so genannten »epistemologischen Einschnitt«, der das Denken des »jungen Marx« vor 1845 von demjenigen des »reifen Marx« der nachfolgenden Zeit radikal unterscheidet. Die Frage der Wissenschaftlichkeit des Marxismus beantworte sich allein aus der Analyse von Marx' reifen Schriften, allen voran das *Kapital*, da in ihnen ein Denken nach Wissenschaftlichkeitskriterien, die Geschichtswissenschaft des Historischen Materialismus, zum ersten Male praktiziert werde. Seine Frühschriften hingegen stehen noch ganz im Banne eines vorwissenschaftlichen, und d. h. für A. ideologischen Denkens, dessen theoretische Problematik (wie A. ebenfalls im Anschluß an Bachelard das Ensemble theoretischer Grundentscheidungen nennt) sich um idealistische Erklärungen von Gesellschaft und Geschichte auf der Basis anthropologischer bzw. entwicklungslogischer Annahmen herum organisiert. A. charakterisiert diese Denkweisen sehr allgemein und in einem weiten Sinne der Begriffe als Humanismus bzw. Historizismus. Er sieht in Marx' Frühwerk also nicht die philosophische Grundlegung von dessen wissenschaftlichem Spätwerk, wie dies eine Reihe vor allem westlicher Marxisten immer wieder nahegelegt haben, sondern seine zu verdrängende Vorgeschichte.

Da A. die Rolle der Philosophie, wiederum Bachelard folgend, in einer historischen Epistemologie sieht, die einerseits die Konstitution von Wissenschaft gegen ihre Vorgeschichte nachzeichnet und andererseits die Prinzipien wissenschaftlichen Denkens formuliert, geht es besonders auch um diese zweite Arbeit der marxistischen Philosophie, nämlich die Reflexion auf das theoretische Fundament des Historischen Materialismus. Da Marx' dialektisch-materialistisches Denken jedoch bloß implizit in der wissenschaftlichen Praxis existiere, versucht A., dies an dessen Schriften in einem bereits von Marx selber praktizierten Verfahren »symptomatischer Lektüre« abzulesen. Er kommt dabei zu folgenden zentralen Ergebnissen: Die marxistische Geschichtswissenschaft denkt Gesellschaft als zu einem jeweiligen Zeitpunkt in bestimmter Weise strukturiertes Ganzes – mittels des Begriffs der Gesellschaftsformation. – Die Grundelemente oder -ebenen ihrer Struktur sind die Teilbereiche Ökonomie, Politik und Ideologie, in denen der Mensch als Subjekt keine prinzipielle (bedeutungs-)zentrale Stellung besitzt. – Diese Ebenen sind relativ autonom, stehen jedoch in komplexen Wechselwirkungsverhältnissen zueinander, die man grob als strukturale Kausalität bezeichnen kann. – Geschichte besteht in der Folge (revolutionärer) Umstrukturierungen von Gesellschaftsformationen, durch die sich sowohl die Struktur des Ganzen als auch die Bedeutung und die Infrastruktur der Teile verändern (können). – Das marxistische Konzept des dialektischen Widerspruchs zur Erklärung gesellschaftlicher »Destrukturierungen« ist in der von Freud entlehnten Kategorie des »überdeterminierten Widerspruchs« gedacht. – Erkenntnis wird nicht als quasi-identisch mit ihrem Gegenstand vorgestellt, sondern als ebenfalls subjektloses Ergebnis theoretischer Produktion mittels der Grundbegriffe des Historischen Materialismus; das Erkenntnisobjekt wird radikal vom Realobjekt getrennt gedacht. – Mit diesen Denkvoraussetzungen der marxistischen Geschichtswissenschaft, die von Lenin und Mao teilweise bereits formuliert worden seien und die A. durchweg affirmativ behandelt, sieht er nicht nur jede Form klassischer Geschichtsphilosophie als Ideologie verabschiedet. Gleichzeitig sei damit, und hierin besteht A.s aktuelles Interesse, eine klare Grenze zu den theoretischen »Abweichungen« innerhalb des Marxismus gezogen. Insofern betrachtet er den Charakter seiner Schriften stets als Eingriffe in dessen Orientierungskrise.

Mit noch größerer Deutlichkeit und Direktheit trägt A. seine philosophischen Thesen dann ab Ende der 60er Jahre vor (zum großen Teil gesammelt in den deutschen Ausgaben *Marxismus und Philosophie*, 1973; *Was ist revolutionärer Marxismus?*, 1973; *Lenin und die Philosophie*, 1974; *Elemente der Selbstkritik*, 1975). Er versucht nun einerseits die Prägnanz des zentralen Gedankens der Subjektlosigkeit,

z. B. in Form der These vom *Prozeß ohne Subjekt und ohne Ende/Ziel* mit Bezug auf Lenin und Freud weiter zuzuspitzen. A. hatte bereits 1964 in seinem Artikel *Freud et Lacan* die parallel zu Marx verlaufende wissenschaftshistorische Bedeutung Freuds als Entdecker der »Wissenschaft des Unbewußten« gewürdigt und dabei vornehmlich seine – von Lacan zuerst festgestellten – Leistungen in Richtung auf eine Kritik des Subjektbegriffs zugunsten der Idee der Dezentriertheit des Menschen hervorgehoben. Andererseits nimmt A. – explizit in den *Elementen der Selbstkritik* – eine Reihe von Korrekturen an seiner Konzeption von Marxismus vor. Er wendet sich in erster Linie gegen seinen eigenen früheren Theoretizismus, der die Rolle der Theorie für die marxistische Bewegung überbewertet habe, zugunsten der Anerkennung des politischen Klassenkampfes als logisch primärem Faktum. Marx' theoretische Revolution ab 1845 gilt ihm nunmehr als Konsequenz der Annahme eines proletarischen Klassenstandpunktes, und allgemeiner definiert er Philosophie als »Klassenkampf in der Theorie« und »Theorie im Klassenkampf«. Gleichzeitig löst er sich von der damit verbundenen starren Trennung von Wissenschaft und Ideologie, besonders ihrer rein innertheoretischen Definition, indem er jetzt eher die materielle Existenzweise der Ideologien im gesellschaftlichen Reproduktionsprozeß ins Zentrum seines Interesses rückt, womit er seinen eigenständigsten Beitrag zur marxistischen Theorie zu liefern versucht (am ausführlichsten in *Ideologie und ideologische Staatsapparate*, 1977). Humanismus und Historizismus werden nun nicht mehr als wissenschaftsgeschichtlich überwundene ideologische Denkweisen gesehen, sondern als Repräsentanten einer dem Marxismus entgegengesetzten philosophischen (Klassenkampf-)Position: des Idealismus. Ideologischer Charakter kommt ihnen nur noch insofern zu, als sie den ideologischen Praktiken der subjektivierenden Unterwerfung der Individuen durch die sogenannten »ideologischen Staatsapparate« theoretisch entsprechen.

A. löst also in der späteren Phase seiner Arbeiten den Marxismus aus einer Perspektive heraus, die sein Recht auf einen emphatischen Begriff von Wahrheit zu gründen versucht, so wie dies die von ihm als pseudo-marxistisch kritisierten Positionen (ebenso wie er selbst in seinen früheren Schriften) mit der Unterscheidung von Wissenschaft und Ideologie praktiziert hatten. Philosophie ist für den späten A. nun nicht mehr, aber auch nicht weniger als der theoretische Kampfplatz auf der Basis gesellschaftlich-praktischer (Klassen-)Kämpfe um Interessen. Mit dieser Wende zur Absage an jede Form philosophischer Absolutheit und Nichtparteilichkeit ihrer Einsichten vollzieht er eine Umorientierung, die sowohl logisch als auch zeitlich parallel zu der spezifisch französischen Entwicklung vom Strukturalismus zum Poststrukturalismus verläuft, wo ebenfalls eine Wissenschaftlichkeit und Wahrheit zunehmend diskreditierende Tendenz zu »politizistischen« Analysen von Gesellschaft zu beobachten war. Die Tatsache, daß in A.s Arbeiten der Marxismus und der Strukturalismus eine gewisse Verbindung eingegangen sind, änderte jedoch nichts an dem antimarxistischen Klima, das sich in der französischen Philosophie zunehmend ausbreitete.

A. machte seiner intellektuellen Biographie ein tragisches Ende durch den Mord an seiner Frau im November 1980. Unmittelbar nach der Tat wurde er in ein psychiatrisches Krankenhaus eingewiesen. Die daraufhin eintretende weitgehende

Ruhe um A. wurde erstmals wieder durchbrochen, als im Jahr 1992 – zwei Jahre nach seinem Tod – in Paris ein Buch mit zwei autobiographischen Texten aus dem Nachlaß des Autors erschien (*L'avenir dure longtemps* suivi de *Les Faits*, 1992; *Die Zukunft hat Zeit/Die Tatsachen*). In dem späteren der beiden, dem 1985 verfaßten Text versucht A. auf beeindruckende Weise, über die Umstände wie die biographische Vorgeschichte seiner schrecklichen Tat Rechenschaft abzulegen.

Thieme, Klaus: Althusser zur Einführung. Hannover 1982. – Thompson, Edward P.: Das Elend der Theorie. Zur Produktion geschichtlicher Erfahrung. Frankfurt am Main 1980. – Karsz, Saül: Theorie und Politik: Louis Althusser. Frankfurt am Main/Berlin 1976.

Thomas Schäfer

Anaxagoras
Geb. um 500 v.Chr. in Klazomenai (b. Smyrna)?; gest. um 428 v.Chr. in Lampsakos

Nach einer eindrucksvollen Reihe italischer Philosophen (Pythagoras, Xenophanes, Parmenides, Zenon, Empedokles) kehrt mit A. die griechische Philosophie wieder in den Osten zurück. Aufgewachsen in Ionien, verbringt er drei Jahrzehnte seines Lebens in Athen, wo er ein Freund des Perikles wird. Gegner des Perikles, die mit dem Angriff auf den Philosophen den Staatsmann treffen wollen, klagen ihn der »Gottlosigkeit« an (wie später Sokrates). A. verläßt Athen; in Lampsakos, an der Südküste des Hellespont, findet er eine neue Heimat.

Wie Empedokles und später Leukipp und Demokrit akzeptiert A. die Grundthese des Parmenides: Was ist, kann nicht entstehen aus und vergehen ins Nichtsein. Und gleich den anderen ›Pluralisten‹ sucht er die empirische Welt vor den Konsequenzen der eleatischen Logik zu retten. Da die Pluralität der Welt nicht aus einer ursprünglichen Einheit entstanden sein kann, muß sie elementar sein. In zwei zentralen Punkten unterscheidet sich seine Antwort von der der anderen. Nicht aus vier primären Elementen (Empedokles) oder aus einer homogenen Materie (Atomisten) entsteht die Welt, sondern aus einer universalen Mischung aller sich später formierenden Dinge. Sämtliche natürlichen Substanzen existieren von Anfang an – und zwar in jedem Materiepartikel; d.h. in einem gewissen Sinn bewahrt jedes Teilchen den Urzustand der Welt. Doch entfernt sich A. nicht völlig vom Konzept der Elemente. Kein Körper enthält alle Substanzen in gleichen Proportionen; die in ihm dominante Substanz bestimmt seine Natur und äußere Erscheinung. Und wie jeder Körper insgesamt, enthält auch jedes noch so kleine seiner Teile immer noch eine unendliche Zahl von Bestandteilen. A. postuliert (gegen Zenon) die unendliche Teilbarkeit der Materie. Der Urzustand der Materie ist eine vollkommene Mischung all der unvergänglichen Teilchen, aus denen in der Folge die Welt entsteht: »Alle Dinge waren zusammen, unendlich an Zahl und an Kleinheit. Keines (der Dinge) war sichtbar der Kleinheit wegen, denn alles umfaßten *aér* und *aithér*, beide unendlich.« Diese Urmasse ruht. Eine externe

Kraft versetzt sie in Bewegung und initiiert so die Kosmogonie. In der ersten entscheidenden Phase trennt diese Rotation »aér« und »aithér« voneinander – die beiden polaren Urzustände der Materie. »aér«, das überwiegend Dichte, Kalte, Feuchte, Dunkle, sammelt sich im Zentrum und verdichtet sich zur Erde, »aithér«, das überwiegend Dünne, Heiße, Trockene, Helle, wird in die äußeren Bereiche des Kosmos geschleudert und bildet den Himmel.

A. antwortet damit auf eine andere Forderung der Eleaten – die Bewegung und Veränderung der Materie kann nicht mehr (wie von den Milesiern) als etwas Gegebenes betrachtet werden; sie verlangt eine Erklärung. Er postuliert eine elementare Kraft, die den kosmischen Prozeß lenkt – die rationale Kraft des Geistes. Diese zum ersten Mal klar vollzogene Trennung zwischen bewegender Ursache und bewegter Materie und die Identifikation dieser Ursache als Geist (»noûs«) werten die antiken Kritiker einmütig als seine herausragende Leistung. »Alle anderen (Dinge) haben einen Anteil von allem, doch (der) Geist ist unendlich (»ápeiron«) und autark und mit nichts gemischt, sondern völlig allein bei sich selbst. Er ist das feinste und reinste von allen Dingen und hat alles Urteil (oder: Wissen) über ein jedes und größte Macht; und alles, was Leben hat, beherrscht (der) Geist.« Dieser besitzt für A. viele Qualitäten eines immateriellen göttlichen Prinzips. Er ist »ápeiron«, in(de)finit in seiner Ausdehnung (er ist überall, wo Materie ist; nicht wahrnehmbar und ohne sich mit ihr zu verbinden, durchdringt und beherrscht er sie), in seiner Zeit (er existiert immer), in seiner inneren Unbegrenztheit (er ist ungemischt und homogen). Er hat Bewußtsein und Erkenntnis, er verantwortet die Bewegung und rationale Ordnung der Materie. Zur organischen Welt hat der Geist ein besonderes Verhältnis. Während er der ruhenden Materie insgesamt nur den ersten Anstoß gibt, beherrscht er die Lebewesen kontinuierlich. Eingepflanzt in ihren Körper enthalten sie alle einen Anteil Geist, der sie zu Lebewesen macht: ihre Lebensenergie (die »psyché«). Mit dieser Konzeption eines souveränen, von der Materie getrennten Geistes als letzter Ursache der Ordnung der materiellen Welt und des Lebens entdeckt A. im Keim die (für Platon und Aristoteles fundamentale) teleologische Erklärung der Welt.

Kirk, Geoffrey S./Raven, John E./Schofield, Malcolm: The presocratic philosophers. Cambridge ²1983, S. 352-384; dt.: Die vorsokratischen Philosophen. Stuttgart/Weimar 1994, S. 386-420. – Schofield, Malcolm: An Essay on Anaxagoras. Cambridge 1980.

Peter Habermehl

Anaxarch
Geb. ca. 380 v.Chr.; gest. ca. 323 v.Chr. auf Zypern

A. war Anhänger der Lehren des Sophisten Protagoras und des Atomisten Demokrit, die beide, wie er, aus Abdera stammten. Als Lehrer des Pyrrhon von Elis, des Begründers der philosophischen Schule der Skeptiker, ist er einer ihrer geistigen Wegbereiter. Zusammen mit Pyrrhon begleitete er Alexander den Großen, den er durch Schmeicheleien zu gewinnen wußte, auf seinen Feldzügen nach Asien. Wegen seiner unerschütterlichen Gemütsruhe, die er zugleich als höchstes Ziel mensch-

lichen Strebens erachtete, erhielt er den Beinamen »eudaimonikos« (der Glückselige).

Von den Schriften des A. sind lediglich zwei kleine Fragmente aus einer *Über das
Königtum* betitelten Abhandlung erhalten. Darin heißt es: »Vielwissen . . . nutzt dem
geschickten Mann, schadet aber dem, der leichthin alles Wort vor allem Volk
ausspricht . . . Die freilich, welche außerhalb der passenden Zeit ihren Spruch
absingen . . . erhalten den Vorwurf der Torheit.« An den Rat, sich unpassender
Äußerungen zu enthalten, hielt sich A. in seinem eigenen Leben jedoch nicht, und
dies wurde ihm schließlich zum Verhängnis. Diogenes Laertius berichtet, daß er mit
einem der Gefolgsleute des Alexander, dem König Nikokreon von Zypern, ver-
feindet war. Als Alexander ihn bei einem Gastmahl fragte, wie er es fände, antwortete er – mit einem Seitenblick auf Nikokreon –, daß ihm an der Tafel nichts
fehle, außer dem Kopf eines gewissen Satrapen. Für diese Unverschämtheit rächte
sich Nikokreon nach Alexanders Tod auf grausame Weise: Er ließ A., der mit seinem
Schiff nach Zypern verschlagen worden war, mit eisernen Keulen zerstampfen. Der
Philosoph soll ihm dabei, ungeachtet der Qualen, zugerufen haben, er könne zwar
seinen Körper, nicht aber ihn selbst zermalmen.

Long, Antony Arthur: Hellenistic Philosophy. London 1974. – Diels, Hermann/Kranz, Walther: Die Fragmente der Vorsokratiker. Band 2. Dublin/Zürich [16]1972.

Martin Drechsler

Anaximander
Geb. ca. 610 v. Chr. in Milet (?); gest. ca. 550 v. Chr. in Milet (?)

Die Stadt Milet, Metropole des archaischen Ioniens, und
dank ihrer Beziehungen ins östliche Mittelmeer lange Zeit
eine der wichtigsten griechischen Vermittlerinnen orien-
talischer Technik und Theorie, erlebt im 6. Jahrhundert v.
Chr. die Geburt der griechischen Wissenschaften. Hekataios
unternimmt von hier aus seine großen Forschungsreisen, auf
denen seine geographischen Arbeiten basieren, und verfaßt
das erste uns bekannte Geschichtswerk der griechischen
Literatur. Bekannter werden die Namen dreier anderer
Männer – der ›Naturwissenschaftler‹ (»physiologoi« – so
nennt sie Aristoteles) Thales, A. und Anaximenes. Chronologisch wie der Bedeutung nach steht A. in ihrer Mitte. Wie der (hesiodische)
Mythos fragt A. nach dem Ursprung der Welt. Doch anders als der Mythos, in
dessen genealogischer Kosmogonie Weltentstehung und Weltherrschaft auseinanderfallen, eint er diese beiden Größen. Im beides umfassenden Begriff der »archē«, den
er vielleicht als erster philosophisch verwendet, identifiziert er den »Beginn« des
Weltprozesses, aus dem alles hervorgeht, mit der »Macht«, die den Kosmos beherrscht.

Was aber ist die »archē«? A. nennt sie das »ápeiron« – »das ohne Grenze,
Bestimmung, Definition«: das quantitativ wie qualitativ Unbestimmte. Der »Ur-

grund aller Dinge«, der die Welt schafft und lenkt, ist in seiner Ausdehnung, vor allem aber seinem Wesen nach unbestimmt. Anders als etwa Thales identifiziert ihn A. mit keiner empirischen »Materie«. Er spricht dem »ápeiron« göttliche Eigenschaften zu; er nennt es, mit homerischen Begriffen, »nichtalternd«, »unsterblich«, vielleicht auch »göttlich«. Im Mythos also wurzelt A.s »ápeiron«. Göttlichkeit, Unerschöpflichkeit, Zeugungskraft, Macht verraten seine mythische Dimension. Wie in den Kosmogonien des Vorderen Orients ist das »ápeiron« »das Umfassende« – die unergründliche göttliche Tiefe, der Quell des Ursprungs. Diese Herkunft teilt das »ápeiron« mit Hesiods »cháos«. Doch gelingt es A., den »Urgrund« zu entmythologisieren: sprachlich durch seine abstrakte Begrifflichkeit, auf funktionaler Ebene durch seinen Gedanken eines rational erfaßbaren Gesetzes, mit dessen Hilfe das »ápeiron« die Welt lenkt. Dieses Gesetz beschreibt das einzige im Wortlaut erhaltene Anaximander-Fragment: alle Dinge entstehen aus und vergehen ins »ápeiron« »gemäß der Notwendigkeit; denn sie zahlen einander Recht und Ausgleich für ihr Unrecht, gemäß der Festsetzung der Zeit«. Die Welt konstituiert sich in der kontinuierlichen Auseinandersetzung zwischen den sie formenden polaren Kräften. Jedes Werden, gesehen als Dominanz, als »Raumgewinn« der einen über die andere Kraft, ist »Unrecht«. Dieses Unrecht macht der überlegene Teil wieder gut: in einem systemimmanenten (»sie zahlen einander«) aktiven (»sie zahlen Recht« und stellen es so wieder her) Prozeß wird ein »Ausgleich« geschaffen. Nun gewinnt die vorher unterlegene Kraft das Übergewicht – und begeht so ihrerseits Unrecht. Die den Ausgleich festsetzende Instanz ist die Zeit; sie bestimmt die Dauer der »Zahlung«: das Unrecht wird bezahlt mit gleichem Maß Recht. A.s Gesetz geht offenkundig von den zyklischen Perioden der Natur aus. Tag und Nacht oder etwa die Jahreszeiten sind in ihrer »notwendigen« Abfolge von »Werden« und »Vergehen« die formativen Vorbilder dieses Ausgleichs. Die »Notwendigkeit«, der das Werden und Vergehen, jener Prozeß beständiger Veränderung unterliegt, erweist sich als Rechtsordnung. Mit Hilfe eines juristischen, und somit letztlich politischen Modells erklärt A. die Welt.

Wie sieht dieses politische Modell aus? Sämtliche kosmischen Prozesse lassen sich zurückführen auf eine Ordnung des Gleichgewichts. Dieses Gleichgewicht ist stabil, keinesfalls aber statisch. Die Kräfte befinden sich in einem permanenten Konflikt; in regelmäßigem Wechsel wandert die Vorherrschaft von einer Kraft zur anderen. Diese Symmetrie der Ordnung, die sich um ein Zentrum herum formiert, das keine dieser Kräfte besetzen kann, schafft in der Summe »Recht und Ausgleich« zwischen gleichberechtigten (und faktisch gleichstarken) Parteien.

Garant und Zentrum dieser Ordnung ist das »ápeiron«. Die faktische (»isótēs«) wie rechtliche Gleichheit (»isonomía«), die es allen Kräften auferlegt, begründet – über alle Vielfalt hinaus – Einheit und Rechtlichkeit der Welt. Anders als die Ordnung des Mythos, die am Ende der Kosmogonie etablierte »Königsherrschaft« (»basileía«), ist A.s Ordnung nicht mehr hierarchisch; sie ist Resultat jenes Gleichgewichts zwischen nunmehr gleichrangigen Kräften. Keine Partei ist mehr privilegiert gegenüber den anderen – wie in der Polis tritt die Herrschaft des Gesetzes und der von ihm konstituierten »isonomía« die Nachfolge der »basileía« an. Die politische Erfahrung der Polis liefert A. das Modell für seine Analyse der Welt. Dieser Gedanke wirkt nach in A.s Kosmologie. Die Erde verdankt ihre Stabilität keiner konkreten »Stütze« mehr wie bei Thales oder Anaximenes, sondern allein ihrer zentralen Position in der Mitte der Welt. Gleich weit von allen Punkten der sie umgebenden konzentrischen Himmelskreise entfernt, befindet sie sich im Zustand stabilen Gleichgewichts. Kein physikalisches Modell, sondern eine abstrakte mathematische Konstruktion trägt nun die Erde. Dazu paßt auch die Nachricht von jener ersten, dem A. zugeschriebenen (und von Hekataios verbesserten) Erdkarte, die die Erdoberfläche zur Symmetrie ordnet: das vom Wasser umschlossene runde Festland teilt sich in zwei identische Hälften, Asien und Europa.

Kirk, Geoffrey S./Raven, John E./Schofield, Malcolm: The presocratic philosophers. Cambridge ²1983, S. 100–142; dt.: Die vorsokratischen Philosophen. Stuttgart/Weimar 1994, S. 109–156. – Vernant, Jean-Pierre: Die Entstehung des griechischen Denkens. Frankfurt am Main 1982, S. 103–131. – Hölscher, Uvo: Anaximander und der Anfang der Philosophie. In: Ders.: Anfängliches Fragen. Studien zur frühen griechischen Philosophie. Göttingen 1968, S. 9–89. – Kahn, Charles H.: Anaximander and the Origins of Greek Cosmology. New York 1960.

Peter Habermehl

Anaximenes
Geb. ca. 575 v.Chr. in Milet; gest. ca. 525 v.Chr.

Wie Thales und Anaximander, der nach der antiken Tradition sein Lehrer gewesen sein soll, stammt auch A. aus Milet. Von seinem Leben weiß man nichts, und aus seinen Schriften ist nichts Originales erhalten, so daß man sich bei der Rekonstruktion seiner Philosophie auf die oft unzuverlässigen antiken Philosophiehistoriker stützen muß. Wie seine Vorgänger suchte auch er hinter der Vielzahl der Phänomene ein Urelement und fand dies in der Luft. Damit setzte er sich von seinem Lehrer ab, der das »Unendliche« (»ápeiron«) als Ursubstanz behauptete, und kehrte zur materiellen Auffassung des Thales zurück, wählte jedoch einen »feineren, flüchtigeren, und sozusagen geistigeren, Grundstoff als jener« (Hermann Fränkel). Dieser Rückgriff auf seinen älteren Vorgänger stellt jedoch keinen wissenschaftlichen Rückschritt dar. Denn indem A. die Luft, die auch unendlich ist, als Ursubstanz ansetzte, schuf er sich gleichsam ein Symbol, an dem er die Regeln und Gesetze des Werdens und Vergehens in der sichtbaren Welt erklären konnte: Alle übrigen Elemente entstehen nach A. aus der Verdichtung oder Verdünnung der Luft. Er bediente sich somit einer physikalischen, mechanischen Erklärungsweise und insbesondere, wie mehrere Zeugnisse belegen, des Analogieschlusses, einer Methode also, welche die (natur-)wissenschaftliche Forschung der folgenden Zeit bestimmen sollte.

Kirk, Geoffrey S./Raven, John E./Schofield, Malcolm: Die vorsokratischen Philosophen. Stuttgart/Weimar 1994, S. 157–177. – Fränkel, Hermann: Dichtung und Philosophie des Frühen Griechentums. München ³1969, S. 306–308. – Guthrie, W.K.C.: A History of Greek Philosophy. Vol. 1. Cambridge 1962, S. 115–140.

Bernhard Zimmermann

Anders, Günther
Geb. 12. 7. 1902 in Breslau; gest. 17. 12. 1992 in Wien

Als Philosoph im traditionellen Sinn läßt sich der als Günther Stern geborene A. schwerlich klassifizieren, obwohl er seine Lehrjahre in den Seminaren Martin Heideggers und Edmund Husserls erlebte und von letzterem promoviert wurde. A.' Philosophie, die man als eine »Philosophie bei Gelegenheit« charakterisieren kann, tritt forciert unakademisch auf, denn sie will belehren, mahnen und aufrütteln; immer drängt sie zu praktischem Engagement, das auch die Existenz ihres Autors bestimmte: In den 50er und 60er Jahren betätigte A. sich in der Antiatombewegung, zuletzt gehörte er zu den radikalsten Befürwortern des Widerstands gegen die atomare Hochrüstung und die friedliche Nutzung der Kernenergie. – Zwischen 1920 und 1930 lebte A. abwechselnd in Berlin und Paris, arbeitete als Publizist für Zeitungen und Zeitschriften. Der Sieg des Nationalsozialismus verhinderte die Beendigung der musikphilosophischen Habilitation. A. emigrierte über Paris in die Vereinigten Staaten, wo er seinen Lebensunterhalt mehr schlecht als recht mit verschiedenen »jobs« (Fabrikarbeit) bestritt, deren Erfahrung das Herzstück seines Hauptwerks *Die Antiquiertheit des Menschen* (1956) bildet. 1950 kehrte der jüdische Emigrant nach Europa zurück. Seitdem trat er mit zahlreichen Büchern an die Öffentlichkeit, in deren Zentrum die endzeitlichen Katastrophen unseres Jahrhunderts – Auschwitz und Hiroshima – und die Analyse ihrer sozialen und sozialpsychologischen Voraussetzungen stehen.

Seinem opus magnum, dem A. 1980 einen zweiten Band folgen ließ, liegt der Gedanke vom »prometheischen Gefälle«, von der »A-Synchronisiertheit der menschlichen Vermögen« mit der Dingwelt zugrunde. A. diagnostiziert eine immer größer werdende Diskrepanz zwischen dem, was der Mensch der zweiten und dritten industriellen Revolution herzustellen imstande ist, und dem, was er sich als Wirkungen und Folgen seines Tuns vorstellen kann – Herstellen und Vorstellen, Tun und Fühlen klaffen immer dramatischer auseinander. Das Motiv der Diskrepanz erscheint in A.' Werk vielfältig variiert: als Gefälle zwischen Wissen und Gewissen, zwischen einer ausufernden Zeichen- und Bilderwelt und wachsender Sprach- und Ausdruckslosigkeit des Menschen, zwischen technischer Allmacht und individueller Ohnmacht. A.' Denken zielt auf die Tragödie eines Menschen, der die Geister, die er rief, nicht mehr los wird, der im Angesicht der Monstrosität der von ihm hergestellten Geräte seiner humanspezifischen Antiquiertheit, ja Nichtigkeit gewahr wird. Für A. steht fest, daß nicht die Menschen das Subjekt der Geschichte sind, daß an ihre Stelle vielmehr längst eine Technik getreten ist, die den Individuen so eigensinnig wie diktatorisch die Gesetze des »Fortschritts« aufzwingt. Die moderne Technik und die ihr eigene »Logik« – immer größer, immer schneller, immer perfekter und anonymer – sind gleichsam systemneutral, in ihrem Schatten verschwindet der das 20. Jahrhundert prägende Gegensatz von Kapitalismus und Sozialismus, kommt es zur Konvergenz der Systeme im Zeichen eines »Totalitarismus der Geräte«. Die nunmehr angebrochene dritte industrielle Revolution mit einer neuen Generation von Vernichtungsgeräten zeichnet sich A. zufolge dadurch aus, daß das virtuell »Gekonnte« mit dem »Gesollten«, ja dem »Unvermeidlichen« in eins fällt. Im Angesicht der atomaren Zerstörungsarsenale, die die Menschen aufgehäuft haben – *Hiroshima ist überall* (1982) heißt eine Sammlung A.scher Schriften zur atomaren Bedrohung –, prognostiziert der »Endzeit«-Denker daher konsequent nicht nur die mögliche, sondern die höchstwahrscheinliche Selbstauslöschung der Menschheit. Seit Hiroshima leben wir in einer Epoche des »Geradenoch-Seins«, ist die geschichtliche Zeit zur »Frist« zusammengeschrumpft, und es ist nichts als unsere notorische »Apokalypseblindheit«, die uns dieses fatale Faktum nicht wahrnehmen läßt. Mit solch radikal pessimistischer Haltung steht A. in denkbar scharfem Gegensatz zur Philosophie eines Ernst Bloch, dessen nimmermüde Hoffnungsattitüde ihm als gänzlich suspekt erscheint. Während Bloch sein Hauptwerk *Das Prinzip Hoffnung* publizierte, entwarf A. seine schwarze Anthropologie, die auch den Titel *Die letzten Tage der Menschheit* (Karl Kraus) tragen könnte. In seinen letzten Jahren trat A., dem 1982 der Adorno-Preis der Stadt Frankfurt am Main zuerkannt wurde, mit umstrittenen Thesen zum Widerstandsrecht bzw. zum »Recht auf Notwehr« gegen die atomare Bedrohung hervor. Als zutiefst moralisch erweist sich A.' Denken darin, daß es nicht beschwichtigt und beschönigt, sondern alarmiert: daß die »Endzeit«, in der wir – atomar hochgerüstet und diskrepant programmiert – leben, nur dann keine Endzeit ist, wenn wir ihre Zeichen zu deuten wissen und ihrer selbstzerstörerischen Logik in die Parade fahren.

Schubert, Elke: Günther Anders. Reinbek 1992. – Liessmann, Konrad Paul: Günther Anders zur Einführung. Hamburg 1988. – Althaus, Gabriele: Leben zwischen Sein und Nichts. Drei Studien zu Günther Anders. Berlin 1987.

Hans-Martin Lohmann

Anselm von Canterbury
Geb. 1034 in Aosta/Piemont; gest. 21. 4. 1109 in Canterbury

Über A.s Leben hat sein Schüler Eadmer in der *Vita Sancti Anselmi* berichtet – er war zu Lebzeiten bereits eine Legende, sein Ruhm stand dem eines weltlichen Fürsten in nichts nach. Geboren wurde er als Sproß einer einflußreichen und wohlhabenden lombardischen Familie; er zerstritt sich jedoch nach dem frühen Tod der Mutter mit seinem Vater und zog in der Folge unruhig und »verzweifelt« (»desperans«) durch Frankreich. Bis er sich durch Lanfranc, Prior des normannischen Benediktinerklosters Bec, angezogen fühlte. Lanfranc war gerade in den sog. »Abendmahlsstreit« mit Berengar von Tours verwickelt, in dem erbittert um die realistische oder symbolische Interpretation der Wandlung von Brot und Wein (Transsubstantiation) und damit um die trinitarisch verbürgte Erscheinungsweise Christi gekämpft wurde. Lanfranc sprach sich schließlich in diesem Streit unter synodalem Druck für ein orthodoxes Schriftverständnis und gegen die Anwendung dialektischer Verfahren, wie sie aus der aristotelisch-boethianischen Schullogik abzuleiten waren, in Sachen des Glaubens aus.

Seit 1060 war A. Novize, dann Mönch der Benediktinerabtei Bec und wurde engster Schüler von Lanfranc. Er machte sich zunächst mit dem traditionellen theologischen Rüstzeug vertraut, aber der einstweilen durch kirchlichen Machtspruch abgetane Streit zwischen Berengar und Lanfranc arbeitete in ihm weiter – hatte er doch in seinen Augen eine »Versöhnung« von Glauben und Wissen, von Theologie und Philosophie notwendig gemacht. Dies auch aus äußeren Gründen eines unabgeklärten, höchst lebendigen Nebeneinander: Die Ausbreitung »weltlicher« Wissenschaft beschleunigte sich, der Islam war im südlichen Europa unübersehbar und hatte das Heilige Grab in seiner Hand, der Platonismus der byzantinischen Theologie reichte herüber, das Judentum wurde geistig und wirtschaftlich immer stärker. Als katholischer Geistlicher jener Zeit hatte man also allen Anlaß, der Welt zu beweisen, daß der Gott der christlichen Kirche der einzig wahre sei, weil er alle anderen Gottesvorstellungen übersteigt. Der augustinischen Tradition folgend, sei er daher das höchste erstrebenswerte Gut (»summum bonum«). Die überlegene Stellung des christlichen Gottes könne – selbst für einen ungläubigen Moslem oder Juden – unleugbar aus der Tatsache hervorgehen, daß er mit Mitteln der Logik, an der alle Menschen unabhängig von ihrer Religion teilhaben, der »Vernunft des Glaubens« (»ratio fidei«) als solcher beweisbar sei. Mit dieser rationalistischen Gotteskonzeption versucht A. nicht nur, auf den entstandenen Legitimationsdruck zu antworten; er beabsichtigt, fernab der Heiligen Schrift oder einer neuartig akzentuierten Schöpfungstheologie den christlichen Glauben »allein aus Vernunftgründen« (»sola ratione«) als integrative, dem Islam, dem Judentum, dem weltlichen Rationalismus überlegene Kraft zu beweisen. Um den Preis einer Verwissenschaftlichung des christlichen Glaubens und einer Vergeistigung des Gottesverständnisses ist A. mit diesem Plan weit über seinen Lehrer Lanfranc hinausgewachsen.

Im Jahr 1076 hat A. das *Monologion (Selbstgespräch)* fertiggestellt, das diese Absicht als erste Schrift einlösen sollte. A. führt darin einen stufenförmig angelegten Beweis der Teilhabe des Menschen und der Schöpfung am höchsten Gut. Obwohl er durchweg mit logischen Begriffen argumentiert, spricht er auch die Heilsgewißheit aus, die sich aus der Geborgenheit des Menschen in der ewigen, uneingeschränkten Liebe des »höchsten Wesens« ergibt. Wenig später, etwa zum Zeitpunkt seiner Wahl als Abt des Klosters Bec (1078), hat er die Schrift *Proslogion (Anrede)* vollendet, in deren zweitem und drittem Kapitel er folgenden Gedankengang darstellt: Er bezeichnet Gott als »dasjenige, über das hinaus nichts Größeres gedacht werden kann« (»aliquid quo nihil maius cogitari possit«) – eine Definition, der auch ein Heide (darauf kommt es A. ja programmatisch an) zustimmen muß. Da nun etwas, über dem Größeres nicht gedacht werden kann, wahrhaft wirklich existiert, ja nicht einmal als nicht-existent gedacht werden kann, und Gott als solcher (nach A.s Auffassung auch von einem Heiden) verstanden wird, ist es zwingend, daß auch Gott als nicht-existierend garnicht gedacht werden kann. Der Begriff Gottes verlangt also ein vom Denken unabhängiges Sein – seine Existenz, seine Realität ergibt sich mithin aus seinem Begriff. Den methodischen Weg, den A. bei seiner Beweisführung einschlägt, bezeichnet er mit dem »Glauben, der die Einsicht aus Vernunftgründen sucht« (»fides quaerens intellectum«); an anderer Stelle sagt er, in Anlehnung an Jes. 7, 9 und Augustinus: »ich glaube, um zu erkennen« (»credo, ut intelligam«). Diese logische Gottesschau hat schon bei Zeitgenossen wie Lanfranc und Gaunilo von Marmoutier Widerspruch ausgelöst, insofern beiden uneinsichtig war, weshalb aus einem Begriff auf die Existenz seines Gegenstands geschlossen werden könne. Eine spürbare Wirkung aber, die sich keinesfalls in ungeteilter Zustimmung erschöpfte, ging von A.s Gottesbeweis erst aus, als man sich in der Hochscholastik um eine genauere Klärung des Verhältnisses von Vernunft und Glauben – bei A. noch eingebettet in die christliche Heilsgewißheit – bemühte. Erst von diesem Zeitpunkt an ist eine anhaltende Auseinandersetzung mit A.s Gottesbeweis zu verzeichnen: bei Duns Scotus, Descartes, Malebranche, Leibniz und Hegel, skeptisch bei Thomas von Aquin und Kant, der den Begriff »ontologischer Gottesbeweis« schuf und über ihn, Leibniz und Descartes einbeziehend, vernichtend urteilte: »Es ist also an dem so berühmten ontologischen Beweise, vom Dasein eines höchsten Wesens, aus Begriffen, alle Mühe und Arbeit verloren, und ein Mensch möchte wohl eben so wenig aus bloßen Ideen an Einsichten reicher werden, als ein Kaufmann an Vermögen, wenn er, um seinen Zustand zu verbessern, seinem Kassenbestand einige Nullen anhängen wollte.« Karl Barth schließlich hat den Versuch unternommen (in *Fides quaerens intellectum. Anselms Beweis der Existenz Gottes*, 1931), A.s Beweis dem erkenntniskritischen Pro und Contra zu entziehen und ihn als rationalen Ausdruck eines apostolischen Bewußtseins verständlich zu machen.

Barth kommt damit vermutlich der Wahrheit über A. in seiner Zeit nahe. A. war gläubiger Mann der Kirche; seine Schriften zu Christologie und Dogmatik sprechen dafür; er war kein Logiker oder Erkenntnistheoretiker in neuzeitlichem Sinn. Seine Form des Denkens ist die der spekulativen Meditation. Er suchte neue Wege des Argumentierens über das traditionelle Schriftverständnis hinaus, und mit seiner Integration dialektischer Methoden in den theologischen Disput, mit seinem Schritt über Berengar und Lanfranc hinaus ist er zum »Vater der Scholastik« geworden. Neu und ungewöhnlich ist seine Sprache des Beweises. In seiner zentralen Schrift *Cur deus homo* (1094/98; *Warum Gott Mensch geworden*) führt er vor, daß Gott mit Notwendigkeit in Jesus Christus Mensch werden mußte; der Mensch allein, im Stand der Erbsünde, ist nicht in der Lage, die göttliche Gerechtigkeit zu erkennen und aus der Erkenntnis höchster Gerechtigkeit heraus zu handeln. Die Gerechtigkeit ist allein in Gott, und deshalb muß sie sich dem Menschen durch Jesus Christus zu erkennen geben, damit er nach ihr handeln kann. Ähnlich argumentiert A. in *De veritate (Von der Wahrheit)*: Die Wahrheit ist in Gott, der Mensch ist nur Teil der gottgeschaffenen Seinsordnung. Was der Mensch Erkenntnis des Wahren nennt, ist lediglich Wirkung der Wahrheit, die nur von Gott ausgeht. Kein Zweifel: Der christliche Kosmos A.s ist unverbrüchliche Realität, wie sie sich in den Skulpturen, den Bildwerken und den monumentalen Sakralbauten der Romanik zeigt, die er auf seinen Visitationsreisen vor Augen hat.

Indessen wird in Deutschland, Frankreich und England der Investiturstreit ausgetragen, ein Aufstand des Klerus gegen die adlige Oberherrschaft, bei der es ihm letzten Endes um eine Erweiterung des machtpolitischen Instrumentariums der Kirche und eine Steigerung der territorialen Expansion ging. In diesem Kampf gerieten selbst die Kreuzzüge zum Mittel, den Adel substantiell zu schwächen. A. ist nicht nur deren lebhafter Befürworter, er trägt den Kampf auf seiten der Kirche gegen den englischen König Wilhelm den Zweiten und danach gegen dessen Sohn Heinrich den Ersten entscheidend mit. A., seit 1093 bekleidet er die Würde des Erzbischofs von Canterbury, muß zweimal außer Landes nach Frankreich fliehen, aber er ficht den Kampf bis zum Konkordat von London (1107) zu Ende, weil er weiß, daß er dem katholischen Glauben, der amtierenden Kirche in allen Belangen der Zeit die theoretische Vorherrschaft, das geistige Monopol gesichert hat: Damit ist er ein beispielloser klerikaler Machtpolitiker, auf philosophischer Ebene.

Mensching, Günther: Das Allgemeine und das Besondere. Der Ursprung des modernen Denkens im Mittelalter. Stuttgart 1992, S. 105–128. – Le Goff, Jacques: Die Intellektuellen im Mittelalter. Stuttgart 1986. – Schmitt, Franciscus S. (Begr.): Analecta Anselmiana. Untersuchungen über Person und Werk Anselms von Canterbury. 5 Bde. Frankfurt am Main 1969–1976. – Cramer, Wolfgang: Gottesbeweise und ihre Kritik. Frankfurt am Main 1967. – Henrich, Dieter: Der ontologische Gottesbeweis. Sein Problem und seine Geschichte in der Neuzeit. Tübingen ²1967.

Bernd Lutz

Antiphon
Geb. ca. 480 v. Chr. in Rhamnus; hingerichtet 411 v. Chr. in Athen

»Von Natur aus sind wir alle in jeder Beziehung gleich geschaffen, sowohl Barbaren als auch Griechen.« Dieser für das griechische Denken des 5. Jahrhunderts v.Chr. revolutionäre Satz stammt aus A.s *Über die Wahrheit*, die auf einem im ägyptischen Dorf Oxyrhynchos gefundenen Papyros lückenhaft erhalten ist. In dieser Schrift entwickelt A. den Gegensatz von Gesetz (»nómos«) und Natur (»phýsis«) und erweist die Gesetze, die Menschen für Menschen erlassen haben, die Konventionen sowie die sozialen und nationalen Schranken als willkürlich, die Gesetze der Natur dagegen als notwendig; jedes menschliche Gesetzeswerk beruhe auf einer Vereinbarung von Menschen, die Gesetze der Natur hingegen seien natürlich gewachsen und mit der menschlichen Natur verwachsen; daher könne man zwar die menschlichen Gesetze unbeschadet übertreten, wenn man von keinem dabei ertappt werde, die Gesetze der Natur jedoch könnten nur unter größtem Schaden verletzt werden, selbst wenn kein Zeuge dafür vorhanden sei. Dieser kurze Auszug aus *Über die Wahrheit* macht deutlich, daß man A. der Sophistik zuzuordnen hat: Die Thesen, die Kallikles im Platonischen Dialog *Gorgias* vertritt, insbesondere sein Eintreten für das Recht des Stärkeren und seine Argumentation, daß die Gesetze der Stadt Vereinbarungen der Schwachen seien, um sich vor herausragenden Persönlichkeiten zu schützen, weisen starke Anklänge an A.s Gedanken auf.

Vom Leben des A. ist wenig bekannt. Bei einem Zeitgenossen, dem Historiker Thukydides, findet sich gleichsam ein Nachruf: Im Zusammenhang der Darstellung des Putsches der Vierhundert im Jahre 411 berichtet Thukydides, daß A. derjenige gewesen sei, der den oligarchischen Umsturz geplant habe; ohne sich öffentlich hervorzutun, habe er im Hintergrund die Fäden gezogen. Nach dem Sturz der Vierhundert sei er auf Leben und Tod angeklagt worden und habe eine exzellente Verteidigungsrede gehalten. Doch ohne Erfolg: A., der bekannt war für die Qualität der Reden, die er für andere verfaßt hatte, wurde zum Tode verurteilt. Aus dieser rhetorischen Tätigkeit des A. sind Bruchstücke seiner eigenen Verteidigung, drei Gerichtsreden sowie drei Redetetralogien erhalten, die man wohl als Muster- oder Übungsreden bezeichnen kann. Die Reden zeichnen sich durch eine klare Sprache und durch einen präzisen, oft antithetischen Aufbau aus; vor allem werden in ihnen die äußeren Beweismittel, die Fakten, durch Erörterungen über den wahrscheinlichen Tathergang ersetzt.

In der philologischen Forschung ist seit der Antike umstritten, ob man zwei Personen namens A. ansetzen muß – einen Redner, den man wohl mit dem Politiker gleichsetzen müßte, und einen Sophisten, der die Schrift *Über die Wahrheit*, außerdem ein Buch über Traumdeutung, eine Staatsrede sowie eine Schrift *Über den Gemeinsinn* verfaßte. Man kann jedoch mit aller gebotenen Vorsicht annehmen, daß A., der Redner, und A., der Sophist, ein und dieselbe Person sind. Wenn man in Betracht zieht, daß der Sophist Kritias sich ebenfalls in verschiedenen literarischen Gattungen betätigte und in den Umsturz des Jahres 411 verwickelt war, liegt die Annahme nahe, daß auch A. sich in mehreren Gebieten hervortat – als Schriftsteller und Philosoph, als Redner und Advokat, als Politiker.

Heitsch, Ernst: Antiphon aus Rhamnus. Mainz 1984. – Guthrie, W. K. C.: A History of Greek Philosophy. Vol. 3. Cambridge 1969, S. 285–294.

Bernhard Zimmermann

Antisthenes
Geb. um 445 v. Chr. in Athen; gest. um 365 v. Chr.

Die A.-Philologie des 19. Jahrhunderts erweckt über weite Strecken hinweg den Eindruck einer verwirrenden Schnitzeljagd, bei der die Jäger weder wissen, welcher Spur sie folgen, noch welches Tier sie fangen sollen. So konnte es nicht ausbleiben, daß jedem genau die Beute ins Netz ging, die seinen jeweiligen Zwecken am dienlichsten war: Einmal erschien A. als der begnadete Schüler des Gorgias, der später aufgrund einer Begegnung mit Sokrates das Opfer eines philosophischen Bekehrungserlebnisses wurde und die Sophistik zugunsten der Sokratik aufgab; ein andermal wurde ihm das Verdienst zugeschrieben, der einzige treue Bewahrer und Vermittler der von Platon und Xenophon letztlich nur mißverstandenen sokratischen Lehre gewesen zu sein; dann wieder machte man ihn zum Begründer des Kynismus, dessen erstes Schulhaupt er gewesen sein soll. Anderen galt er als der philosophische Erbe Heraklits, als der geistige Urgroßvater Zenons oder als der große Antiplatoniker: Wenn eine platonische Dialogfigur gegen Unbekannt schimpft, so konnte dies nur eine gewollte Spitze gegen A. sein; wo Platon nicht auffällig wird, da mußte sein schnödes Schweigen A. um so tiefer treffen.

Schärfere Konturen hat das A.bild für uns erst gewonnen, seitdem neue, vollständige Fragmentausgaben die älteren rhapsodischen Sammlungen ersetzt haben, und seitdem die wissenschaftliche Beschäftigung mit griechischer Philosophie dem historisch Gesicherten den Vorrang gegenüber dem weltanschaulich Genehmen eingeräumt hat. Niemand wird bestreiten, daß A.' Stil – soweit wir ihn anhand der zwei einzigen vollständig überlieferten Reden beurteilen können – deutliche Anklänge an die von Gorgias inaugurierte Kunstprosa aufweist. Dennoch zeigt eine genaue Analyse der antiken Quellen, daß A. – entgegen einer verbreiteten Lehrbuchmeinung – aus chronologischen Gründen wohl kaum ein direktes Schülerverhältnis zu Gorgias unterhalten haben dürfte. Sein eigentliches Milieu war vielmehr das des Sokratismus, mithin das des Dialogs, des Fragens und des Zweifelns. Es gilt als sicher, daß A. als erster ›sokratische Dialoge‹ verfaßte und damit der Begründer der durch Platon berühmt gewordenen Prosagattung ist. Wir können leider nicht mehr feststellen, in welchem Maße Platons Dialoge von den Antisthenischen abhängen oder sich gegen sie abgrenzen. Da die doxographische Überlieferung uns die beiden begabtesten Sokratesschüler jedoch als unversöhnliche Rivalen schildert, liegt die Vermutung nahe, daß der Sokrates des A. ein anderer gewesen ist als derjenige Platons. Die Ursache der Rivalität zwischen A. und dem um 20 Jahre jüngeren Platon ist nicht bekannt; man wird sie wohl darin zu suchen haben, daß noch nie zwei Koryphäen gleichzeitig nebeneinander bestehen konnten. A. warf Platon Arroganz und Aufgeblasenheit vor; eine seiner zahlreichen Schriften trägt als Titel eine obszöne Verballhornung von Platons Namen (*Sathon*; etwa: »Pimmelchen«), und von A. stammt einer der Lieblingssätze aller späteren Nominalisten: »Das Pferd sehe ich wohl, die Pferdheit dagegen nicht.« Von Platon unterschied ihn sicherlich auch der unbedingte Wille, sich nichts vorzumachen und die Wahrheit nur in der Realität zu sehen, anstatt sie im Ideenhimmel anzusiedeln. Als jemand ihn fragte, welche Frau er heiraten solle, gab A. ihm zur Antwort: »Heiratest du eine Schöne, macht sie sich allen gemein; heiratest du eine Häßliche, trägst du die Last ganz allein.« Den Athenern legte er ans Herz, mehrheitlich zu dekretieren, daß die Esel Pferde seien; als man diesen Vorschlag für absurd hielt, gab A. seinen Mitbürgern zu bedenken, daß sie doch auch Dummköpfe durch Handaufheben zu Feldherren wählten. Ein ähnlich illusionsferner denkerischer Rigorismus spiegelt sich auch in A.' Haltung gegenüber der Physis-Nomos-Auseinandersetzung wider. Die Sophistik des 5. Jahrhunderts erkor die Frage, ob die schriftlich festgelegten Gesetze und die gängig befolgten Verhaltensweisen in einer unwandelbaren Natur (»phýsis«) des Universums und des Menschen begründet lägen, oder ob sie vielmehr nur auf Tradition und Übereinkunft (»nómos«) beruhten, zu ihrem Lieblingsthema. A. vertrat die These, daß es »nach dem Gesetz zwar viele, nach der Natur aber nur einen Gott« gibt, wobei seine Sympathie zweifellos der ›Natur‹ galt, das heißt der Erkenntnis des eigenen Göttlichen, dem man entgegen der relativen Gültigkeit von Brauchtum und Gesetz folgen müsse. In die gleiche Richtung weist auch A.' allegorische Homerauslegung: Unter dem augenfälligen Schein des Gesagten (»dóxa«) verbirgt sich eine dem Gemeinen nicht zugängliche Wahrheit (»alétheia«), die nur der Philosoph zu erkennen vermag.

Für die Folgezeit am wichtigsten war A.' Auffassung, daß die Tugend lehrbar sei und daß derjenige, der sie einmal erworben hat, sie nicht mehr verlieren könne. Die Grundvoraussetzung für ein tugendhaftes Leben bildet die innere geistige Unabhängigkeit (»autárkeia«) gegenüber den widrigen Umständen des äußeren Lebens; hierzu gehört, daß man den sinnlichen Freuden sowenig wie möglich stattgibt und strenge Enthaltsamkeit auf allen Gebieten übt. Die Liebe bezeichnete A. als ein »Übel der Natur«; ferner meinte er, er sei »lieber wahnsinnig, als Freude zu empfinden«. Pointiert findet sich die Quintessenz seiner Philosophie in jenem denkwürdigen Diktum ausgedrückt, in dem es heißt, man solle »entweder Verstand erwerben oder einen Strick« – ein Ratschlag, den man sich auch heute noch zu Herzen nehmen kann.

Giannantoni, Gabriele: Socratis et Socraticorum reliquiae. Neapel 1990. – Goulet-Cazé, Marie-Odile: Artikel ›Antisthène‹. In: Dictionnaire des philosophes antiques. Vol. I. Paris 1989. – Patzer, Andreas: Antisthenes der Sokratiker. Diss. Heidelberg 1970.

Luc Deitz

Apel, Karl-Otto
Geb. 15. 3. 1922 in Düsseldorf

Das Werk A.s steht im Zeichen der entschiedenen Abwehr skeptischer und relativistischer Angriffe auf die universalen Ansprüche vernünftigen Argumentierens. Seine »transzendentale Sprachpragmatik« versteht A. als eine Erneuerung der Kantischen Transzendentalphilosophie. Im Zuge der sprachkritischen Wende der Gegenwartsphilosophie – Kant habe durch die Sprachvermittlung des Erkennens noch »wie durch Glas hindurchgesehen« – soll der »höchste Punkt« der transzendentalen Reflexion Kants ersetzt werden: An die Stelle des »›Ich denke‹, das alle meine Vorstellungen muß begleiten können«, tritt die Situation des vernünftig Argumentierenden, der als Angehöriger einer unbegrenzten Kommunikationsgemeinschaft für das von ihm Behauptete allgemeine Geltung beansprucht. Die »letztbegründeten« Regeln des Argumentierens sollen als unhintergehbare Voraussetzung aller unserer kognitiven Tätigkeit erwiesen werden.

Die weiteren entscheidenden Einflüsse auf A.s Philosophie sind von Heidegger, Wittgenstein und Peirce ausgegangen. Von Heidegger, über den er 1950 in Bonn promoviert, übernimmt A. das »apriorische Perfekt« des »immer schon«, das er in einer neuen Weise ausfüllen wird: Ebenso, wie unsere Welt immer schon eine sprachlich erschlossene ist, müssen auch die Voraussetzungen des Argumentierens nicht erst konstruiert oder durch Konvention eingeführt werden, sondern sie sind bei jeder Thematisierung schon in Anspruch genommen und bedürfen lediglich der Aufdeckung und Explizierung durch eine »transzendentale Hermeneutik«. Wittgenstein, den nicht zuletzt A. in Deutschland wieder bekannt gemacht hat, liefert das Konzept der Sinnkritik, in dem A. eine Radikalisierung der hermeneutischen

Fragestellung sieht. Zum Problem können nicht bloß die Methoden des Verstehens werden, sondern, in Abwesenheit eines außersprachlichen mentalistischen Standards, der Sinn des Gesagten selbst. Man muß auch in der Philosophie durchaus damit rechnen, daß ein geäußerter Satz schlicht sinnlos ist, weil er nämlich das Sprachspiel, das ihm zugrundeliegt, zerstören würde. Dies gilt A. zufolge etwa für Descartes' Argument, daß alles, was uns wirklich zu sein scheint, bloß unser Traum sein könnte. Vor seiner Entdeckung der Sinnkritik Wittgensteins hat A. sich bereits ausführlich mit der nichtanalytischen Sprachphilosophie auseinandergesetzt; aus diesen Studien geht 1963 seine Habilitationsschrift hervor (*Die Idee der Sprache in der Tradition des Humanismus von Dante bis Vico*). 1962 tritt A. in Kiel seine erste Professur an, von der er 1969 nach Saarbrücken wechselt. 1973 erscheint die zweibändige Aufsatzsammlung *Transformation der Philosophie*, die als A.s Hauptwerk gelten darf.

Während die Auseinandersetzung mit Wittgenstein und Heidegger zu dieser Zeit abgeschlossen ist, bleibt der amerikanische Pragmatist und Semiotiker Peirce bis heute A.s Kronzeuge. Von Peirce, aus dessen Schriften er eine deutsche Auswahl herausgab und ausführlich kommentierte (*Der Denkweg von Charles Sanders Peirce*, 1967/1970), übernimmt A. die Auffassung einer »Dreistelligkeit« der Zeichenrelation zwischen Zeichen, denotiertem Objekt und Interpreten. Jede Verkürzung dieser dreistelligen Relation um eine Stelle führt zu einem »abstraktiven Fehlschluß«, wobei die Abstraktion vom Zeicheninterpreten für A. der Kardinalfehler der modernen Sprachphilosophie im Gefolge des Logischen Empirismus ist. Dabei ist der Interpret für A. nicht im Singular vorstellbar, sondern nur als Angehöriger einer prinzipiell unbegrenzten Interpretationsgemeinschaft, welche an die Stelle des transzendentalen Subjekts Kants tritt. Unter idealen Bedingungen würden die Urteile der Gemeinschaft der Interpreten »in the long run« konvergieren (Peirce) und geben zugleich das Kriterium der Wahrheit ab (Konsensustheorie der Wahrheit). – Peirce ist der einzige Philosoph, den A. ausschließlich zustimmend zitiert; inwieweit seine Peirce-Lektüre korrekt ist, bleibt umstritten.

Eine zentrale Rolle für die Widerlegung skeptischer und relativistischer Positionen spielt für A. das Argument vom »performativen Widerspruch«, von dem er ausgiebig Gebrauch macht. In der Terminologie der Sprechakttheorie ausgedrückt, ist eine Äußerung dann performativ (oder pragmatisch) widersprüchlich, wenn ihr propositionaler Gehalt mit ihrer illokutiven Kraft, also beispielsweise mit ihrem Behauptungscharakter, konfligiert. Performativ widersprüchlich ist für A. etwa die Äußerung: »Ich vertrete hiermit die Behauptung, daß Argumentation Gewalt ist«. Hier versucht der Sprecher, einen Geltungsanspruch zu dementieren, den er mit seiner Äußerung notwendig erhoben hat, denn insofern jemand überhaupt eine Behauptung vertritt, erhebt er Anspruch auf vernünftige Einsehbarkeit und zwanglose Anerkennung des Gesagten, übt also gerade keine Gewalt aus. (Die Theorie der universalen Geltungsansprüche übernimmt A. von Jürgen Habermas, mit dem er seit Bonner Studienzeiten befreundet ist.) Ein performativer Widerspruch ist somit kein logischer Widerspruch. Vielmehr soll der Opponent, dem ein performativer Widerspruch vorgeworfen wird, darauf reflektieren, was er gerade *tut*, indem er etwas behauptet, und er soll die Unverträglichkeit des Behaupteten mit dem performativen Akt des Behauptens und allen seinen Implikationen einsehen. Diese Einsicht ist nur in der Einstellung der »strikten Reflexion« möglich (so A.s Schüler Wolfgang Kuhlmann), nicht aber aus der distanzierten Perspektive des Theoretikers. – An dem zitierten Beispiel wird ersichtlich, daß über die Berechtigung der Diagnose eines performativen Widerspruchs neue Kontroversen entstehen können. Das Argument hat deshalb oft nicht den durchschlagenden Erfolg, den A. sich davon verspricht.

A.s »Letztbegründungsformel« besagt nun, daß als letztbegründet alle diejenigen Voraussetzungen des Argumentierens gelten müssen, die man »nicht ohne aktuellen Selbstwiderspruch bestreiten und zugleich nicht ohne formallogische petitio principii deduktiv begründen kann«. Die Unmöglichkeit einer zirkelfreien Begründung und die Nichtverwerfbarkeit ohne performativen Widerspruch sind also zwei Seiten derselben Medaille. Der neuralgische Punkt – das unvermeidliche Inanspruchnehmen von etwas – soll gerade zum archimedischen werden. Beharrt man dagegen auf einem Begründungsbegriff, der nur die logische Deduktion von Aussagen aus anderen Aussagen zuläßt, so verpaßt man diese Pointe und wird das Letztbegründungsargument gerade nicht als ein Argument *für* das Vorausgesetzte ansehen.

A.s Programm einer vernünftigen Letztbegründung betrifft die theoretische und die praktische Philosophie gleichermaßen. In der theoretischen Philosophie ist A.s Kontroverse mit dem Popper-Schüler Hans Albert über die Reichweite des Fallibilismus einschlägig. Der vernünftige Sinn der Behauptung, daß menschliche Erkenntnis grundsätzlich fehlbar und somit revidierbar sei, kann für A. nur gerettet werden, wenn der Fallibilismus eingeschränkt wird. Es sei zu unterscheiden zwischen möglichen Gegenständen von Kritik und den Bedingungen der Möglichkeit von Kritik, die nicht selbst wieder als bezweifelbar angesehen werden können. Allerdings gesteht A. mittlerweile zu, daß aus der notwendigen Inanspruchnahme von Voraussetzungen des Argumentierens noch nicht folgt, daß diese Voraussetzungen schon hinreichend und angemessen expliziert sind. – Bezüglich des Letztbegründungsanspruchs ist über die Jahre ein Dissens mit Habermas aufgebrochen, welcher die angegebenen Argumentationsvoraussetzungen grundsätzlich als fehlbare empirische Rekonstruktionen ansieht und der mit der Aufdeckung performativer Widersprüche keine transzendentalen Ansprüche verbunden wissen will. In die theoretische Philosophie gehört weiterhin A.s neben seiner Habilitationsschrift einzige Monographie, eine Studie über *Die ›Erklären-Verstehen‹-Kontroverse in transzendental-pragmatischer Sicht* (1979), die einen leider zu wenig rezipierten Beitrag zu einer traditionsreichen Kontroverse der Wissenschaftstheorie darstellt.

In der praktischen Philosophie beginnt A. mit der Diagnose einer paradoxen Problemsituation: Einerseits sei »das Bedürfnis nach einer universalen, das heißt für die menschliche Gesellschaft insgesamt verbindlichen Ethik« noch nie so groß gewesen wie in der wissenschaftlich-technischen Zivilisation, in der die Reichweite unserer Handlungen immer größer wird und heute die globale Dimension erreicht. Andererseits sei die rationale Begründung einer universalen Ethik noch nie so schwierig gewesen wie heute, denn auf der Basis der vorherrschenden wissenschaftlichen Rationalitätskonzepte ließen sich moralische Normen nicht begründen; Moral drohe, wie schon zuvor die Religion, zur Privatsache zu werden. Den Ausweg sieht A. im Übergang zu einem *kommunikativen* Vernunftkonzept, das dem »Apriori der Kommunikationsgemeinschaft« Rechnung trägt. Erneut sind es die unhintergehbaren Voraussetzungen der Argumentationssituation, die A. auch für die

Ethik fruchtbar machen möchte, indem er sie als moralisch gehaltvoll zu erweisen sucht. Gemeinsam mit Habermas entwickelt A. seit 1973, dem Jahr seines Wechsels an die Universität Frankfurt, die sogenannte »Diskursethik«, eine universalistische Theorie der Moralbegründung, die dem Kantischen Prinzip der Verallgemeinerbarkeit einen neuen Sinn gibt, indem sie Kants monologisch durchgeführtes Gedankenexperiment in die Praxis zurückholt: Es sollen allein diejenigen Normen als gerechtfertigt angesehen werden, die in einem freien Diskurs, dessen Ergebnis der Moralphilosoph nicht vorwegnehmen kann, die Zustimmung aller Beteiligten und aller potentiell Betroffenen finden können. Die Diskursethik ist also eine *formalistische* Ethik, die keine konkreten inhaltlichen Normen formuliert, sondern nur die Metaregeln des diskursiven Begründungsverfahrens auszeichnet, durch dessen Durchführung die Beteiligten selbst die Gültigkeit vorgeschlagener materialer Normen prüfen können. Die Diskursethik, die A. durch das *Funkkolleg Praktische Philosophie/Ethik* 1980 einem größeren Publikum vorstellen konnte, hat in der deutschen Philosophie lebhafte Kontroversen ausgelöst. Unter anderem ist die Frage aufgeworfen worden, was den Egoisten motivieren soll, sich an einem Diskurs überhaupt zu beteiligen, in dem ihm gegebenenfalls nachgewiesen werden kann, daß er sich mit seinem Beharren auf partikularen Ansprüchen in einen performativen Widerspruch verwickelt. A. leugnet dieses Problem nicht, besteht aber darauf, daß es keines der Moralbegründung mehr sei. Zwar bedürfe das Eintreten in den Diskurs – wie auch die Bereitschaft, etwas als vernünftig Eingesehenes dann auch zu *tun* – grundsätzlich einer »willentlichen Bekräftigung«. Für A. ist aber diese nicht erzwingbare »Entscheidung zur Vernunft«, anders als für Popper, kein irrationaler Glaubensakt, sondern sie ist die einzig mögliche Entscheidung, wenn wir uns nur selbst richtig verstehen. Der von Popper fingierte Standpunkt *außerhalb* der Vernunft, von dem aus dieser Akt sich wie eine irrationale Wahl ausnimmt, steht uns nicht zur Verfügung.

Die Ausarbeitung der Diskursethik ist bis heute nicht abgeschlossen. In den letzten Jahren widmet sich A. zunehmend dem Problem der *Anwendung* der Diskursethik unter historischen Bedingungen, die gewaltfreie und unverzerrte Kommunikation nicht zulassen. In seiner Aufsatzsammlung *Diskurs und Verantwortung* (1988) schlägt er vor, die Diskursethik durch einen verantwortungsethischen »Teil B« zu ergänzen, der dem Umstand Rechnung trägt, daß die Verwirklichung einer idealen Kommunikationsgemeinschaft auch auf die strategische Selbstbehauptung bestehender, nicht-idealer Kommunikationsgemeinschaften angewiesen ist.

A. ist selbst ein leidenschaftlicher Diskursteilnehmer. Er geht keinem philosophischen Streit aus dem Weg, in dem es gilt, die universalistischen Ansprüche, die er mit jedem vernünftigen Argument verbunden sieht, gegen skeptische, relativistische und kontextualistische Abwiegelungen zu verteidigen. Aufsehen haben seine Kontroversen mit Odo Marquard, Hermann Lübbe und Hans Albert erregt, aber auch mit Richard Rorty, Jacques Derrida und Jean-François Lyotard. – Seit 1990 ist A. emeritiert.

Dorschel, Andreas et al. (Hg.): Transzendentalpragmatik. Frankfurt am Main 1993. – Reese-Schäfer, Walter: Karl-Otto Apel. Hamburg 1990. – Kuhlmann, Wolfgang/Böhler, Dietrich (Hg.): Kommunikation und Reflexion. Frankfurt am Main 1982.

Geert Keil

Arendt, Hannah
Geb. 14. 10. 1906 in Linden bei Hannover; gest. 4. 12. 1975 in New York

Die Sprache ihrer philosophischen und poetischen Heimat blieb Deutsch, Französisch war die Sprache des ersten Exils wie später Englisch die ihrer zweiten Staatsbürgerschaft, während sie die Werke ihrer politischen Philosophen im griechischen und lateinischen Original las. Bereits ihre Sprachenvielfalt spiegelt die Privatperson A. – die in Menschen »nur darum zur Politik begabte Wesen« sah, »weil sie mit Sprache begabt sind« – in ihrem Leben und Werk als Exponentin und Medium geistig-gesellschaftlicher Konstellationen und Tendenzen des 20. Jahrhunderts. »Denken war ihre Leidenschaft« (Hans Jonas) auch in dem konkreten Sinne, in den Schriften zur Moralphilosophie, Geschichte, politischen Theorie, Literatur ihre Erfahrungen epochaler Krisen in einer zugleich identitätssichernden wie politisch folgenreichen Weise zu verarbeiten. Den engen Zusammenhang aber von persönlichen Erfahrungen und Denken im »Lebensweg dieses liebenden Vernunftwesens« (Karl Jaspers) stiftete das »Bedürfnis zu verstehen, das schon früh da war« (Interview mit Günther Gaus, 1964). Verstehen meint für A. die »nie endende Tätigkeit, die uns dazu dient, die Wirklichkeit zu begreifen, uns mit ihr zu versöhnen, d. h. mit deren Hilfe wir versuchen, zu Hause zu sein«. Angesichts der beispiellosen Schrecken, die das »Heraufkommen totalitärer Regierungen« zeitigte, nahm diese Aufgabe des Verstehens für A. nie gekannte Dimensionen an, weil sie »unsere Kategorien des politischen Denkens und unsere Maßstäbe für das moralische Urteil eindeutig gesprengt« haben. Als Philosophin und politische Theoretikerin suchte A. daher den Konsequenzen ihrer fundamentalen Einsicht gerecht zu werden: Ihr schien die Krise des Verstehens mit einer grundlegenden Krise des Urteilsvermögens identisch zu sein, das jedoch gerade seine eigentliche Aufgabe erst im Verschwinden überkommener Maßstäbe erhält. Ihre Analysen ließen sie nicht nur die tiefe Verwurzelung der geistig-moralischen Krise, die der Totalitarismus ans Licht gebracht hatte, in der westlichen Kultur erkennen, sondern erschlossen auch »fragwürdige Traditionsbestände im politischen Denken der Gegenwart« (1957). Durch ihre Kritik der politischen und kulturellen Wert- und Ordnungsmaßstäbe gelangte sie schließlich zu einer Neubegründung des Politischen. Diese führte A. im Hinblick auf ein Handeln und Denken, das die Welt als gemeinsame von und für Menschen zu seinem Standort gemacht hat, zu einer systematischen Reflexion über das Wesen und Funktionieren der menschlichen Urteilskraft, in der sie die »Gestalt der weltlichen Vernunft« (Ernst Vollrath) entdeckte, denn »das Urteilen ist eine bedeutende, wenn nicht die bedeutendste Tätigkeit, bei der dieses Die-Welt-mit-anderen-teilen stattfindet«.

Die eigenständige und scharfsinnige A. verbrachte als Tochter eines Ingenieurs ihre Jugend in einem sozialdemokratisch orientierten Elternhaus assimilierter Juden in Königsberg, wo ihre im 19. Jahrhundert aus dem Osten ausgewanderten Vorfahren lebten. »Ich habe von Haus aus nicht gewußt, daß ich Jüdin bin.« Die liberale

Erziehung und schützende Vormundschaft der Mutter nach dem frühen Tod des schwerkranken Vaters (1913) stärkten das Selbstbewußtsein der intellektuell frühreifen A., die bereits mit 16 Jahren Kants *Kritik der reinen Vernunft* und Karl Jaspers' *Psychologie der Weltanschauungen* las. Nach einem Schulverweis sorgte die Mutter dafür, daß die Tochter an der Universität Berlin Vorlesungen in klassischer Philologie und christlicher Theologie bei Romano Guardini hören und später als externe Schülerin ihre Reifeprüfung ablegen konnte. Das Studium der Philosophie, Theologie und des Griechischen begann die romantische, von Kierkegaard beeinflußte Studentin zunächst bei Martin Heidegger und Rudolf Bultmann in Marburg – wo sie auch Hans Jonas kennenlernte –, um es in Freiburg bei Edmund Husserl und anschließend bei Jaspers in Heidelberg fortzusetzen. Heidegger vermittelte ihr »die Vorstellung von einem leidenschaftlichen Denken, in dem Denken und Lebendigsein eins werden«. Er wurde zugleich die große Liebe ihrer Jugend, und obgleich sie Heideggers Verhalten im Nationalsozialismus scharf kritisierte, verhielt sie sich später dennoch persönlich loyal zu ihm. Lebensbestimmenden Einfluß gewann allerdings auch Karl Jaspers durch seinen »Begriff von Freiheit gekoppelt mit Vernunft« vor allem deshalb, weil er für A. »diese Vernunft sozusagen in praxi« verkörperte. Bei Jaspers schloß A. ihr Studium mit einer Dissertation über den *Liebesbegriff bei Augustin* ab (1928). Methodisch an Jaspers orientiert, weist die Sprache der Arbeit und ihre Deutung der Liebe als eines Phänomens zeitlicher Existenz auf Heidegger zurück. Beachtliche kritische Resonanz erlangte A.s Arbeit durch ihr Außerachtlassen des Theologen Augustin und der öffentlichen Fachdiskussion.

Trotz ihres Erfolgs wehrte A.s »Instinkt ... sich gegen die Universität; sie wollte frei sein« (Jaspers); sie entwickelte in der Folgezeit ein reges Interesse an der deutschen Romantik, nicht zuletzt angeregt durch den befreundeten Benno von Wiese. Ihre Forschungen konzentrierten sich in Berlin (wohin A. 1929 zusammen mit ihrem späteren Ehemann Günther Stern, d. i. Günther Anders, übergesiedelt war) auf Rahel Varnhagen (*Rahel Varnhagen. The Life of a Jewess*, 1957; *Rahel Varnhagen. Lebensgeschichte einer deutschen Jüdin aus der Romantik*). Die durch ein Stipendium der »Notgemeinschaft der Deutschen Wissenschaft« geförderte und »schon mit dem Bewußtsein des Untergangs des deutschen Judentums« bereits 1933 in wesentlichen Teilen fertiggestellte Untersuchung analysiert, wie »das Sich-Assimilieren an das geistige und gesellschaftliche Leben der Umwelt sich konkret in einer Lebensgeschichte auswirkte und so zu einem persönlichen Schicksal werden konnte«. Die somit auch für A. als Medium der Selbstverständigung bedeutsame Studie bewertet den Lebensweg Rahels in allen Einzelheiten als Beleg dafür, »daß Juden unter den Bedingungen der gesellschaftlichen Assimilation und staatlichen Emanzipation nicht ›leben‹ konnten.« Erstmals arbeitet A. in ihrem Versuch, »ansatzweise die ›jüdische‹ Existenz‹ existenzphilosophisch zu fassen, aber schon den Weg zur historischen Erforschung der Judenfrage« einzuschlagen (Wolfgang Heuer), mit dem von Paul Lazare und Max Weber übernommenen Begriff des Paria. »Immer repräsentieren ... die Parias in einer Gesellschaft, welche auf Privilegien, Geburtsstolz, Standeshochmut basiert, das eigentlich Humane, spezifisch Menschliche, in Allgemeinheit Auszeichnende. Die Menschenwürde, die der Paria instinktartig entdeckt, ist die einzig natürliche Vorstufe für das gesamte moralische Weltgebäude der Vernunft«. Doch muß sie *Vorstufe* bleiben, solange sie durch den Ausschluß aus der politischen Öffentlichkeit erlangt wurde. In dieser spezifischen Weltlosigkeit aber sieht A. auch den Untergang des Paria begründet, wie sie ihn vor dem Hintergrund ihrer Erfahrungen mit assimilierten und zionistischen Juden in Frankreich und den USA in *Die verborgene Tradition* (1944) diagnostizierte.

Der Reichstagsbrand und die anschließenden Verfolgungen waren »ein unmittelbarer Schock, und von dem Moment an habe ich mich verantwortlich gefühlt«. Doch kam für die bis dahin eher unpolitische A., die seit ihrer Heidelberger Zeit mit dem Zionisten Kurt Blumenfeld befreundet war, der auch ihr politischer Mentor wurde, nur die illegale Arbeit für die zionistische Organisation in Frage, »denn jetzt war die Zugehörigkeit zum Judentum mein eigenes Problem geworden. Und mein Problem war politisch. Rein politisch«. Nach kurzer Haft floh sie 1933 über Karlsbad und Genf nach Paris, wo sie – stets im Konflikt mit der beschwichtigenden Haltung assimilierter Juden dort – zumeist für jüdische Organisationen arbeitete und für die Jugend-Aliyah Kinder auf ihr Leben in Palästina vorbereitete. Nach der Niederlage Frankreichs und mehrwöchiger Internierung im berüchtigten Lager Gurs gelangte A., zu deren Freunden in Paris auch Walter Benjamin gehörte, zusammen mit ihrer Mutter und ihrem zweiten Ehemann Heinrich Blücher, einem ehemaligen Kommunisten, der ihr die Idee der Rätedemokratie vermittelte, im Mai 1941 nach New York. Als Staatenlose, die erst 1951 die amerikanische Staatsbürgerschaft erhielt, trat sie besonders durch ihre politischen Kolumnen in der deutschjüdischen Wochenzeitschrift *Aufbau* hervor. Erfolglos warb sie für die Aufstellung einer eigenen jüdischen Armee und brach darüber mit dem offiziellen Zionismus, wie sie dessen Politik bei der Staatsgründung Israels, die sie grundsätzlich bejahte, später kritisierte. Bereits 1949 beschrieb sie die Verdrängung der Vergangenheit in Deutschland, der sie bei ihrer ersten Deutschlandreise mit einem offiziellen Auftrag zur Rettung jüdischen Kulturguts begegnete.

Von der politischen Publizistin, die bewußt am Rande der Gesellschaft lebte und als Cheflektorin bei Schocken Books (1946 bis 1949) u. a. für die Tagebücher Kafkas verantwortlich war, wandelte sich A. zur auch öffentlich anerkannten Theoretikerin der Politik, wie ihre zehn Ehrendoktorate und die Verleihung bedeutender Preise (Lessing-Preis der Stadt Hamburg, 1959; S. Freud-Preis der Akademie für Sprache und Dichtung, 1967) belegen. Ihren Wandel bezeugt vor allem der bedeutende, weil ihre Lebens-, Denk- und Arbeitsweise dokumentierende und die Nachkriegserfahrungen verarbeitende *Briefwechsel 1926–1969* (1985) mit Karl Jaspers, zu dem sie nach 1945 sofort Kontakt aufnahm und ein freundschaftliches Verhältnis entwickelte. Anerkennung in Fachkreisen erhielt A. jedoch erst durch ihren wegen der These von der strukturellen Gleichheit von Faschismus und Stalinismus umstrittenen Versuch, aus dem Niedergang und Zerfall des Nationalstaats und dem anarchischen Auftreten der Massengesellschaft die *Origins of Totalitarianism* (1951; *Elemente und Ursprünge totaler Herrschaft*) aufzudecken. Diese zeichnet sich für A. durch ihre Eigenart der Organisationsform des Terrors aus und unterscheidet sich durch die Konzentrationslager als Stätten des absoluten Terrors von anderen Herrschaftsformen. Wie A. in diesem Werk die Vernichtung politischer Herrschaft untersucht, analysiert sie auch deren revolutionäre Begründung in ihren Studien zu den bürgerlichen Revolutionen (*Über die Revolution*, 1963), dem ungarischen Aufstand (1956) oder den Bewegungen studentischen Protests und zivilen Ungehorsams immer mit dem Blick auf ihre leitende Hypothese, daß Macht von keiner politischen Führung durch Gewalt zu ersetzen ist, da ihre legitime Macht sich einzig aus einer nichtdeformierten Öffentlichkeit herleiten kann. »Macht besitzt eigentlich niemand, sie entsteht zwischen Menschen, wenn sie zusammen handeln, und sie verschwindet, sobald sie sich wieder zerstreuen.« Handeln aber als »die politische Tätigkeit par excellence« ist auf die ständige Anwesenheit einer Mitwelt angewiesen und gehört neben Arbeiten und Herstellen zu den elementaren Dimensionen »menschlichen Lebens, sofern es sich auf Tätigsein eingelassen hat« und von A. als *Vita activa* (engl. 1958; dt. 1960) bestimmt wird. In der Klammer einer aristotelisch inspirierten Handlungstheorie rekonstruiert A. Handeln mit Blick auf jene neuzeitliche Umwertung menschlicher Tätigkeiten seit Descartes, die in den Massengesellschaften die Arbeit auf Kosten der politischen Handlungsfreiheit fetischisiert. In der Stilisierung ihres Bildes der griechischen Polis zum Wesen des Politischen überhaupt ist die Untersuchung nur bedingt auf das charakteristische Wechselverhältnis von bürgerlichem Staat und Gesellschaft zu beziehen. Doch insistiert A. im Gegenzug zur abendländischen Philosophie, »die notgedrungen von dem Menschen sprach und die Tatsache der Pluralität nebenbei behandelte«, folgeträchtig darauf, daß die politische Sicherung der öffentlichen Freiheit im »Erscheinungsraum« einer intersubjektiv geteilten und durch das »Faktum menschlicher Pluralität« und Natalität bestimmten Lebenswelt, die sich im Medium gemeinschaftlichen Handelns erst bildet, notwendig Sache jedes einzelnen ist.

Deshalb trat A. selbst in aktuellen Stellungnahmen *Zur Zeit* (Auswahl, 1986) als Kritikerin der McCarthy-Ära, des Vietnam-Krieges oder Watergate-Skandals hervor, wie sie auch die entpolitisierende Wirkung von Bürokratie und repräsentativer Massendemokratie anprangerte. Umstrittener Mittelpunkt einer jahrelangen Kontroverse, die für A. »ein klassischer Fall von Rufmord« war, wurde sie durch ihren zunächst im *New Yorker,* dann in Buchform erschienenen Prozeßbericht *Eichmann in Jerusalem* (1963; dt. 1965). Einen Sturm kontroverser Stellungnahmen entfachten neben ihrem Angriff der politisch zweckgebundenen Prozeßführung durch den Ankläger und ihrer Kritik am Verhalten der Judenräte, die diese als mitschuldig am Holocaust erscheinen ließ, auch ihre Darstellung Eichmanns selbst. »Weit davon entfernt, irgendwelche Sympathie für Eichmann zu hegen« (Hans Mommsen), zeigte A. die »Banalität des Bösen, vor der das Wort versagt und an der das Denken scheitert«, die es dem Täter jedoch unmöglich machte, sich seiner Untaten bewußt zu werden. Die gleichwohl unabdingbare Notwendigkeit des Urteils im Falle Eichmanns, der sich selbst eines verantwortlichen Urteils enthalten hatte, sowie die in der öffentlichen Debatte sich abzeichnende »Abneigung zu urteilen und das Ausweichen vor der Verantwortlichkeit, die man einzelnen zuschreiben und zumuten kann«, lösten bei A. weitausgreifende Reflexionen aus. Nach Gastvorlesungen u.a. in Princeton und Harvard wirkte A. von 1963 an zunächst als Professorin an der Chicago University, ab 1967 an der New School for Social Research in New York. Stets der Meinung, »daß nur Selbst-Denken fett macht«, konzentrierte sich A. auf die Frage des Urteilens, in der sie den philosophischen

Kern der Eichmann-Kontroverse und »eine der zentralen moralischen Fragen aller Zeiten« sah. Aus Vorträgen in Schottland *(Gifford Lectures)* und New York entsteht das unvollendete Nachlaßwerk *The Life of the Mind* (1977/78; *Vom Leben des Geistes*), dessen 3. Band *Das Urteilen* (1982) Fragment blieb. In ihm ist A. bestrebt, das Denken, Wollen und Urteilen in ihrer Autonomie untereinander und im Verhältnis zur Verstandestätigkeit zu erfassen, um den Stellenwert der Urteilskraft für das Politische zu erschließen, in dem wir »es mit einer Form des Zusammenlebens (mit anderen geteiltes Urteil, Gemeinschaft des Geschmacks) zu tun (haben), wo niemand regiert und niemand gehorcht. Wo die Menschen einander überzeugen.« Persönlich mit einem untrüglichen Gespür für Integrität begabt, suchte sie im kritischen Bezug auf Kant, in dessen Werk sie ihre Konzeption der Öffentlichkeit vorgebildet sah, den Akt des Urteilens als den höchsten zu erweisen, »weil er einerseits den Kontakt zur Welt der Erscheinungen, der das Wollen kennzeichnet, aufrechterhält und andererseits das Verlangen nach Sinn, das das Denken beflügelt, befriedigt« (Ronald Beiner). Das Wagnis der Öffentlichkeit im Urteilen und Handeln, das sie bis zu ihrem plötzlichen Tod durch einen zweiten Herzinfarkt beschäftigte, erschien A., die sich extremen Konservativismus (Maurice Cranston) wie umgekehrt Abkehr von der Tradition (Dolf Sternberger) vorhalten lassen mußte, auch angesichts ihrer Erfahrungen als »deutsche Jüdin im Zeitalter des Totalitarismus« (Friedrich G. Friedmann) nur möglich »in einem – schwer genau zu fassenden, aber grundsätzlichen – Vertrauen auf das Menschliche im Menschen. Anders geht es nicht.«

Kemper, Peter: Die Zukunft des Politischen. Ausblicke auf Hannah Arendt. Frankfurt am Main 1993. – Heuer, Wolfgang: Citizen. Persönliche Integrität und politisches Handeln. Eine Rekonstruktion des politischen Humanismus Hannah Arendts. Berlin 1992. – Heuer, Wolfgang: Hannah Arendt. Reinbek 1987 (Mit vollständigem Verzeichnis der Schriften und Bibliographie). – Young-Bruehl, Elisabeth: Hannah Arendt. Leben und Werk. Frankfurt am Main 1986. – Hill, Melvyn A. (ed.): Hannah Arendt. The Rediscovery of the Public World. New York 1979. – Reif, Adalbert: Hannah Arendt. Materialien zu ihrem Werk. Wien/München/Zürich 1979.

Matthias Schmitz

Ariès, Philippe
Geb. 21. 7. 1914 in Blois; gest. 8. 2. 1984 in Paris

Das Nahe als fern, das Selbstverständliche als Produkt historischer Entwicklung erscheinen zu lassen – mit dieser Sichtweise hat A. auch in der Bundesrepublik eine nach Zehntausenden zählende Leserschaft gefunden, ein Interesse für Mentalitäten und Lebensweisen geweckt, das inzwischen zahlreiche Stadtteilstudien und Regionalgeschichten hervorgebracht und statt der großen politischen Ereignisgeschichte den Alltag in den Mittelpunkt des Interesses gerückt hat. Seine außerordentliche Popularität verdankt A. einer Darstellungsweise, die ihn von der akademischen Historiographie ebenso weit entfernt wie vom unbefangenen

Erzählen, »wie es denn eigentlich gewesen ist«. Wirkt auch sein Stil überaus plastisch und anschaulich, so fehlt ihm doch das – längst fragwürdig gewordene – Selbstvertrauen der großen Historiker des 19. Jahrhunderts, das Geschichte noch eindeutig als Zunahme an Fortschritt erscheinen ließ. Vielmehr bildet der produktive Zweifel an der Gegenwart den Motor seines Denkens. Wie die einflußreiche Historikerschule um die Zeitschrift *Annales*, betreibt A. Sozialgeschichte, wie sie sammelt er mit größter Akribie über Jahre und Jahrzehnte hinweg Detailergebnisse, um sie in umfangreichen Gesamtdarstellungen zu publizieren. Die erstaunliche Tatsache, daß er sich in einem langen Forscherleben nur mit zwei großen Themen, der Familie und dem Tod, beschäftigt hat, liegt allerdings im Gegenstand einer als Psychohistorie verstandenen Sozialgeschichte begründet: er läßt sich nicht auf wenige greifbare Zeugnisse reduzieren, sondern nur mühsam aus Testamenten, Kirchenbüchern, Grabmälern, Anstandslehren, Hochzeitsbräuchen, Predigten usw. rekonstruieren. Und hier trennen sich allerdings die Wege A.' von denen der akademischen Geschichtswissenschaft, vor allem in Frankreich. Die Studie zur *Geschichte der Kindheit* (*L'enfant et la vie familiale sous l'Ancien Régime*, 1960) stellt er unter das Motto der »Erfindung der Kindheit«. Der scheinbar selbstverständliche Tatbestand der auf Affektivität gegründeten bürgerlichen Familie erfährt hier eine grundlegende Revision: Kindheit wird als solche erst in dem Moment wahrgenommen, in dem mit der Ausbildung der bürgerlichen Wirtschaftsform das »ganze Haus«, jene mittelalterliche und frühneuzeitliche Lebens-, Arbeits- und Lerngemeinschaft, zu existieren aufhört und sich in die getrennten Funktionsbereiche Haus, Arbeitsplatz und Schule aufsplittert. Hier sieht A. den »Sündenfall« der Moderne: das Kind wurde vorher, sobald es physisch dazu in der Lage war, in das Familiengeschehen einbezogen und als »kleiner Erwachsener« betrachtet. Zahlreiche, heute als »Ausbeutung« betrachtete Verhaltensweisen ihm gegenüber, etwa die frühzeitige Verpflichtung zur Arbeit, das In-die-Lehre-Geben bei Freunden und Verwandten im Alter von 10 oder 12 Jahren, erscheinen so als Indizien einer ökonomisch, nicht affektiv funktionierenden Lebensgemeinschaft.

Die wissenschaftliche Pädagogik, in dem Dilemma einer fortschreitenden Formalisierung ihrer Theorie und einer zunehmenden Hilflosigkeit gegenüber praktischen Problemen befangen, hat auf die These A.' mit Abwehr und Betroffenheit reagiert. So sehr die Vorwürfe der Romantisierung der Vergangenheit und des Absehens von den psychischen Kosten der großen Lebensgemeinschaft für den einzelnen zutreffen, so sehr provoziert A. doch durch seinen Blick auf ein vorbürgerliches Zeitalter Fragen nach der Organisation von Lernen, dem Verhältnis von Praxisbezug und Theorie, Pädagogisierung des Lebens und praktischer Lebensuntüchtigkeit der Schüler.

A. hat sich selbst als *Sonntagshistoriker* bezeichnet – so der ironische Titel seiner Autobiographie (*Un historien de dimanche*, 1980); seine Ergebnisse sind aber derart formuliert, daß sie in der Darstellung der Vergangenheit die Gegenwart nachhaltig verfremden und im Publikum weniger die beruhigende Sehnsucht nach dem guten Alten hervorrufen als gegenwärtige Haltungen und Einstellungen fragwürdig machen. 1978 haben die Arbeiten von A., der wegen fehlender Universitätsexamina nie ordentlicher Professor werden konnte, durch seine Ernennung zum Leiter einer

Forschungsgruppe am renommierten sozialwissenschaftlichen Forschungsinstitut »École des Hautes Études en Sciences Sociales« eine späte Anerkennung gefunden. In den hier mit international anerkannten Historikern und Soziologen wie Michel Foucault, Georges Duby und Jean-Louis Flandrin gemeinsam veranstalteten Seminaren konnte A. vor allem seine Thesen zur Ehe als Wirtschafts- und Liebesgemeinschaft vertiefen (*Sexualités occidentales*, 1982; *Die Masken des Begehrens und die Metamorphosen der Sinnlichkeit*). Seit 1960 galt sein Interesse jedoch vor allem der Geschichte des Todes, der er wiederum fünfzehn Jahre intensiver Quellenarbeit widmete. Mehr noch als bei der Erforschung der Kindheit erweist sich hier eine weit in die Vergangenheit reichende Untersuchungsperspektive (»longue durée«) als notwendig, um von der heutigen Verdrängung des Todes zu der Tatsache vorzustoßen, daß er in der Vergangenheit wie selbstverständlich akzeptiert worden ist. Dem Leben im »großen Haus« entsprach das vorbereitete und öffentliche Sterben im Beisein aller Freunde und Verwandten, der Tod war allgegenwärtig und hatte nichts Beängstigendes an sich. Heute jedoch hat statt der Sexualität der Tod den Platz des wichtigsten Tabus eingenommen; A.' Forschungen stellen einen historisch fundierten, massiven Protest gegen die Entmündigung des Individuums in den Intensivstationen der Kliniken dar. Im Einklang mit einer zunehmend kontrovers geführten öffentlichen Diskussion um humanes Sterben markiert A. die historischen Stationen vom Akzeptieren des Todes über sein Hinauszögern in einzelnen Fällen bis zu seiner völligen Technisierung in der Gegenwart, etwa in den *Essais sur l'histoire de la mort en occident du moyen âge à nos jours* (1975; *Studien zur Geschichte des Todes im Abendland*) und in *L'homme devant la mort* (1977; *Geschichte des Todes*). Auch hier hat A. seine Forschungen mit umfangreichen ikonographischen Studien untermauert, die er unter dem Titel *Images de l'homme devant la mort* (1983; *Bilder zur Geschichte des Todes*) veröffentlichte. Die Begeisterung für das Detail, mit der A. auch noch den entlegensten Funden nachspürt, ehe er sie der »notwendigen Algebra einer Theorie« unterwirft, hat inzwischen auch in seiner mit Georges Duby gemeinsam herausgegebenen *Histoire de la vie privée* (1985–1987; *Geschichte des privaten Lebens*) ihre Anerkennung gefunden. An Norbert Elias anknüpfend, sucht A. die Genese des bürgerlichen Subjekts an jenen Orten auf, an denen es sich von der Gemeinschaft isoliert: Lektüre, Gebet, Innenraum. In dem bilanzierenden Band *Le temps de l'histoire* (1986; *Zeit und Geschichte*) hebt A. nochmals seine Sicht der Geschichte »von unten« gegen positivistische wie marxistische Orthodoxie ab. Wenn inzwischen Kategorien wie ›Identität‹, ›Mentalität‹ oder ›Erzählung‹ in die Geschichtswissenschaft Eingang gefunden haben, so ist dies auch A.' Beharren darauf zu verdanken, daß »die Differenz der Zeiten und Besonderheiten« nicht nur die »spärliche Gruppe der Fachleute« angeht.

Claudia Albert

Aristipp
Geb. um 435 v.Chr. in Kyrene; gest. nach 366 v.Chr.

A.s Philosophie der Lust ist geistiger Ausdruck einer Tendenz, die der griechischen Welt im 4. vorchristlichen Jahrhundert nach der Katastrophe des Peloponnesischen Krieges zu schaffen machte. Sie manifestiert sich positiv als Rückzug ins Private, negativ in der »Abwendung vom Staat« (Jacob Burckhardt). Ihr hatte das Sokratische Denken vorgearbeitet. In Auseinandersetzung mit der herkömmlichen Praxis der Polis wie mit der radikalen Kritik der Sophisten gelangt ein Tugend-Begriff zur Herrschaft, der, weit entfernt, sich durch positive Bestimmtheit zu profilieren, aus der engsten Verbindung mit dem Gedanken persönlicher Autonomie seinen besonderen Gehalt gewinnt. Dank dieser Situation haben die einflußreichsten sokratischen Schulen, die kynische und die hedonistische, im gemeinsamen Ausgang von der zentralen Fragestellung ihres Ahnherrn entgegengesetzte Antworten auf das Problem gefunden, wie die lediglich formell charakterisierte Position der moralischen Autonomie des Individuums zu besetzen sei. Durchaus gemeinsam ist den konkurrierenden Sekten das Prinzip der Autarkie, der Unabhängigkeit von den Bindungen gegebener Lebenszusammenhänge. Im Gegensatz zu Kynikern wie Antisthenes und Diogenes von Sinope jedoch sieht A., das Schulhaupt der Hedoniker, die Bedingung für die Aufrechterhaltung jener Selbstgenügsamkeit nicht im Negieren aller kulturell vermittelten Bedürfnisse, sondern in deren kluger, besonnener Befriedigung. Sind den Kynikern Begriffe wie »eutéleia« (Einfachheit) und »pónos« (Last) sakrosankt, so steht für A. beim Versuch, das Prinzip der Eudämonie zu bestimmen, die Lust (»hedoné«) obenan. A.s Herkunft ist oft genug mit diesem Prinzip in Zusammenhang gebracht worden, war doch Kyrene seines Reichtums und seiner urbanen Atmosphäre wegen weithin berühmt. Enthusiasmus für die Gestalt des Sokrates verschlug den Kyrenaiker bald nach Athen. Er blieb – als dessen Anhänger – seinem persönlichen Stil treu: Im Gegensatz zu Sokrates selbst lehnte er es, was ihm als sophistische Unsitte angekreidet wurde, nicht ab, Honorar entgegenzunehmen.

Gemäß der Sokratischen Rückwendung auf die Innerlichkeit des ethisch gesinnten Individuums ist es auch bei A. eine subjektive Funktion, die zur näheren Bestimmung dessen dient, was als Wesen den Maximen des »guten Lebens« zugrundeliegt: die Funktion des Rezeptiven, des Fühlens. Damit aber wird erstmals eine Bewußtseinssphäre erschlossen, die durch den Modus unmittelbarer Gegebenheit gekennzeichnet ist. Dieses positivistische oder phänomenalistische Element gehört zur Signatur der kyrenaischen Schule, die man als erste bekannte Formation einer sensualistischen Aufklärungsphilosophie bezeichnen kann. So wird die Erfahrung der subjektiven Bedingtheit aller Sinneswahrnehmung von A.s Nachfolgern zu einer skeptizistischen Erkenntnislehre ausgearbeitet, die offenkundig bestimmten Spielarten des englischen Empirismus des 18. Jahrhunderts gleicht. Die auf solche Weise ausgezeichnete Domäne des Bewußtseins vermißt schon A. mit Hilfe einer primitiven Affektenlehre, die sich in ihrer Bilderwelt, dem behaupteten Vorrang der körperlichen Lust entsprechend, als Dynamik des Fühlens entwirft: Lust wird als sanfte, Unlust als heftige Bewegung, die Indifferenz als Ruhelage beschrieben. Daß gerade die sanfte Bewegung der »hedoné« den entscheidenden Wertakzent trägt, ergibt sich aus der Vereinigung jener Elementarpsychologie mit dem Sokratischen Prinzip der persönlichen Autarkie, der Souveränität des Subjekts über die Macht der andrängenden Leidenschaften. Demgemäß werden die mit falschen Vorstellungen verbundenen Affekte – Neid, Aberglauben, Liebesleidenschaft – perhorresziert. Die von A. stammende, zunächst auf das Verhältnis zur Hetäre Lais gemünzte Sentenz: »Ich besitze, doch ich werde nicht besessen« faßt jenen Anspruch auf souveränen Umgang mit den Sinnenfreuden prägnant zusammen. In der Figur des Hedonikers hat der Weise zum Lebemann gefunden: »Herr der Lust ist nicht, wer sich ihrer enthält, sondern wer sich ihrer zu bedienen weiß, ohne sich von ihr fortreißen zu lassen.«

Diese gewissermaßen höfische Lebenskunst bekundet sich in der Biographie von A. eindrücklich genug: Der Philosoph verkehrte, wie Platon, am syrakusischen Hof des jüngeren Dionys, wo er, wie Anekdoten überliefern, die Konversationsfertigkeit eines geistesgegenwärtigen Opportunisten glänzend zu entfalten wußte. Nicht zufällig inspirierte die atmosphärische Nähe solcher Lebensweise zum Daseinsmodell des geselligen Skeptikers der neuzeitlichen Aufklärungsepoche über zwei Jahrtausende später Christoph Martin Wieland zu seinem Aristipp-Roman. Dabei ist A.s Hedonismus nicht nur durch die sozial überformte Vorstellung des rechten Maßes temperiert. Ihm ist auch der rationale, utilitaristische Kalkül einer Abwägung zwischen Lust- und Unlustquantitäten im Vergleich von Gegenwart und Zukunft keineswegs fremd. Selbst anderen Sokratikern erschien diese Rechenkunst, wie Platons früher Dialog *Protagoras* bezeugt, als diskutable Lebenstechnik.

Die Lehre von A. ist in der Folge – Ende des 4. Jahrhunderts – differenziert und abgewandelt worden: durch Theodoros, der den Begriff der Lust zu vergeistigen bestrebt ist, durch Hegesias, dessen pessimistische Neufassung des Hedonismus dem Prinzip kynischer Bedürfnislosigkeit nahekommt, endlich durch Annikeris, der gegenüber der egoistischen Grundtendenz der Kyrenaiker an die Bedeutung sozialer Sympathiegefühle erinnert. Der Systematisierungsarbeit des sog. »jüngeren Aristipp« ist es zu verdanken, daß das hedonistische Gedankengut zur Basis einer wirkungsmächtigen Philosophie avancieren konnte, deren oft verketzerter Einfluß bis in die Neuzeit reicht: der Philosophie Epikurs.

Döring, Klaus: Der Sokratesschüler Aristipp und die Kyrenaiker. Stuttgart 1988. – Giannantoni, Gabriele: I Cirenaici. Florenz 1958.

Thomas Horst

Aristoteles
Geb. 384 v.Chr. in Stagira; gest. 322 v.Chr. in Chalkis auf Euboia

Als vor zweieinhalb Jahrtausenden in Griechenland philosophisches Denken einsetzte, hatte es sich mit dem dort bestehenden Weltbild des Mythos auseinanderzusetzen. Das Gesetz, dem das Denken folgte, hieß im einen Fall Mythos und im anderen Logos. Das Denken wollte die im einen wie im anderen Fall die Welt erfassen, wie sie war. Logisches Denken wurde von den Vorsokratikern, von Sokrates und Platon vorbereitet, ist aber in der Philosophengeschichte mit dem Namen des A. verbunden. Die von ihm begründete Logik ist bis zum vorigen Jahrhundert, als mit Johann Gottlob Frege die moderne Logik begann, nicht entscheidend weiterentwickelt worden. Sein Werk ist uns in der um 30 v.Chr. entstandenen Ausgabe des Andronikos, dem zehnten Nachfolger des A., im wesentlichen erhalten. Anders steht es mit seinen biographischen Daten, denn im Griechenland des A. war der einzelne nur interessant, wenn er als politisch Handelnder in die Geschicke des Staates eingriff. Das Interesse an der Biographie des A. erwachte erst einige Generationen nach seinem Tod, als das erhalten gebliebene Material bereits dürftig war. Deshalb wissen wir heute nur wenig über seine Lebensgeschichte. Martin Heidegger soll seine Vorlesungen über A. mit den Worten begonnen haben: »A. wurde geboren, arbeitete und starb.« Einiges mehr wissen wir schon. Doch von größerer Tragweite als die Biographie ist seine Wirkung auf die Entwicklung des abendländischen Denkens. Sein Einfluß ist so entscheidend, daß man sich fragen muß: Wie wäre sie ohne A. verlaufen? Die Philosophie nach A. nennt man bis in die neueste Neuzeit Metaphysik, als deren Begründer er und Platon gelten. Zunächst aber noch einmal zur Logik des A., deren Regeln unser Denken bis heute bestimmen. Der Grundsatz der Logik findet sich im dritten Kapitel des vierten Buches des Aristotelischen Hauptwerkes, der *Metaphysik* – die Metaphysik trat erst in der Ausgabe des Andronikos als einheitliches Werk auf, im hellenistischen Schriftenkatalog aus dem 3. Jahrhundert v.Chr. ist sie nicht aufgeführt; vieles spricht dafür, daß Teile der *Metaphysik* zuerst in anderen Schriften des A. verstreut waren. A. sah zwei mögliche Arten von Täuschung und damit zwei Möglichkeiten, die Wahrheit zu verfehlen: Man könne sich über die akzidentellen Eigenschaften einer Sache täuschen, und man könne bei Aussagen über das Wesen einer Sache der Täuschung erliegen. Mit dem »Satz vom Widerspruch«, dem Grundsatz der Logik, sollte eine Täuschung in beiden Fällen ausgeschlossen sein. Dieser Grundsatz galt A. als das sicherste Prinzip, einer Täuschung zu entgehen. Er lautet: »Daß nämlich dasselbe demselben in derselben Beziehung ... unmöglich zugleich zukommen und nicht zukommen kann, das ist das sicherste unter allen Prinzipien; denn es paßt darauf die angegebene Bestimmung, da es unmöglich ist, daß jemand annehme, dasselbe sei und sei nicht.« In der Anwendung dieses Satzes deutet sich eine Differenz zu seinem Lehrer Platon an, zu dem er vom Lande in die Stadt Athen kam und dessen hervorragender Schüler er von 367 bis 347 v.Chr. war. Dem A. galt ein und dasselbe Prinzip für die zufälligen oder nicht-wesentlichen Eigenschaften einer Sache ebenso wie für das Wesen einer Sache. Für Platon gab es nur die Identität oder Nicht-Identität von Aussage und Wesen. A. dagegen differenzierte die verschiedenen Bestimmungen einer Sache und ordnete diese Bestimmungen in einer Kategorientafel. Er gilt als Entdecker der Kategorien und Schöpfer einer Kategorientafel, an die Kant in seiner *Kritik der reinen Vernunft* anknüpfte.

Hinsichtlich der akzidentellen Eigenschaften läßt sich sehr schnell die Anwendung des »Satzes vom Widerspruch« erklären. Ich kann in bezug auf einen bestimmten Baum, den ich im Blick habe, nicht behaupten, daß er gleichzeitig blüht und nicht blüht. Das ist eine gegensätzliche Behauptung: dasselbe und nicht dasselbe in derselben Beziehung (blühen), bezogen auf dieselbe Sache (Baum). In anderer Beziehung kann ich natürlich noch Bestimmungen hinzufügen, beispielsweise, daß der Stamm dieses Baumes grün ist. Wenn wir diesen Grundsatz in bezug auf die akzidentellen Eigenschaften beachten, können wir widersprüchliche Aussagen analysieren. Was bedeutet dieser Grundsatz aber für das Wesen einer Sache? Was ist überhaupt das Wesen einer Sache?

Die Welt stellte sich dem frühgriechischen Philosophen als eine Vielfalt dessen dar, was stets in Bewegung und in Veränderung ist. Die Frage, die sich den Denkern stellte, war: Was ist das Bleibende am sich Verändernden, das dem Chaos die harmonische Ordnung gibt, die ja bleibt, obwohl alles stets entsteht, besteht und vergeht? Die griechischen Denker und nach ihnen die gesamte spätere Metaphysik suchten nach dem einheitlichen Wesen von allem, was ist, und nach dem Wesen des Einzelseienden. Zunächst: Was ist das Wesen einer Sache? Das Wesen der Sache sehen wir der Sache nicht an. Wir sehen den Baum blühen und teilen es mit. Diese Mitteilung ist so lange wahr, wie der Baum auch tatsächlich blüht. Das Blühen geht aber über in ein Nichtblühen. Was aber den Baum zum Baum macht – unabhängig davon, ob er blüht oder nicht blüht, ob er Blätter trägt oder kahl ist –, das wissen wir nicht. Deshalb suchen wir nach dem Wesen des Baumes. Wir suchen nach dem, was etwas ist. Wenn wir das Wesen von dem Einzelseienden abziehen, dann ist es nicht mehr das gemeinte, bestimmte Einzelseiende. Platon nennt das Wesen »idea«. Die Ideen oder Wesen bilden in seiner Philosophie ein Reich, das das Reich der wahren Wirklichkeit ist. Das, was sich den menschlichen Sinnen zeigt, ist ein unvollkommenes Abbild der wahren Wirklichkeit. Das, was sich den Sinnen zeigt, was dem Werden und Vergehen unterworfen ist, muß streng getrennt werden vom unvergänglichen und ewigen Reich der Ideen. Soll dieses nicht mit hineingezogen werden in die Bewegung des Entstehens und Vergehens, darf es nicht mit den vergänglichen Dingen in Berührung kommen. Kann das sein? Es wurde gesagt, daß der Baum nicht mehr der Baum ist, wenn man von ihm das Wesen, das Baumhafte, abzieht. Muß er dann nicht mit seinem Wesen in Verbindung stehen? Diese Frage stellt Parmenides dem Sokrates in dem Platonischen Dialog *Parmenides*. Sokrates gibt dort verschiedene Möglichkeiten an, wie die Ideen mit den Einzeldingen in Verbindung stehen könnten. Die Möglichkeit der Teilhabe der Ideen an den Einzeldingen wird verworfen. Die Ideen können nicht zu einem Teil in den Einzeldingen anwesend sein, weil die Ideen unteilbar sind. Ganz kann die Idee auch nicht im Einzelding enthalten sein, denn dann wäre sie gänzlich von sich selbst getrennt. Es gibt noch weitere Vorschläge in dem Dialog, die aber – abgesehen von der komplexen Platonischen Dialektik – ebenso als unzulänglich verworfen werden.

An diese schwierige Problematik, die nicht nur die Problematik des mittelalterlichen Universalienstreites ist, sondern der gesamten Metaphysik, knüpfte A. an. Wir kommen damit zum Kerngedanken seiner Philosophie, den A. in Abgrenzung zu Platon entwickelte. Schon zu dessen Lebzeiten kam es zu Auseinandersetzungen zwischen A. und seinem Lehrer, so daß Platon sagte: »A. hat gegen mich ausgeschlagen, wie es junge Füllen gegen die eigene Mutter tun.« Schon die Lebensweise des A. war den Platonikern fremd. Er war weltzugewandter und den Genüssen des Lebens gegenüber viel offener. In seinem Auftreten unterschied er sich bereits von der »grimmigen Askese« und »aufdringlichen Tugendhaftigkeit mancher Platoniker« (Olof Gigon). Der Konflikt mit den Platonikern trat aber erst nach Platons Tod offen zutage. Nicht A. als der beste Schüler Platons wurde sein Nachfolger, sondern Speusippos. Verärgert verließ A. Athen und schloß eine enge Freundschaft mit Hermeias von Atarneus, dessen Nichte oder Schwester Pythias er heiratete. Nach dem Tod des Hermeias hatte A. Verbindung zu den Königen von Makedonien. Wie ein Ehrendekret vermuten läßt, setzte er sich bei König Philipp für die Interessen Athens ein. Im Jahr 342 v.Chr. wird A. als Erzieher von König Philipps Sohn Alexander (später »der Große«) an den makedonischen Hof berufen. Nach dieser Zeit löste er sich endgültig von der Schule Platons und gründete in Athen, wohin er 335 v.Chr. zurückgekehrt war, eine eigene Schule, die »Lykeion«, bald darauf »Peripatos« genannt wurde.

Den Kerngedanken des A. aufzunehmen, ist nicht nur darin begründet, ihn von seinem Lehrer Platon abgrenzen zu können. Darüber hinaus ist zu sehen, daß A., insbesondere im Mittelalter, gänzlich mißverstanden worden ist. Man hat aus der Kategorienschrift den ersten Satz des fünften Kapitels eliminiert und behauptet, daß A. das einzelne als das in erster Linie und am meisten Wesentliche angesprochen habe. Dies war die Basis für Nominalismus und Empirismus. Tatsächlich verhält es sich bei A. anders, zumal komplexer. Um die Irrtümer in der mittelalterlichen Wirkungsgeschichte aufzuzeigen, soll die Auffassung des A. genauer betrachtet werden.

Nehmen wir den Gedanken Platons wieder auf, an den A. anknüpft. Gesucht wird in der Metaphysik nach dem Wesen des Einzelseienden und danach, wie das Wesen mit dem Einzelseienden in Verbindung steht. Was ist nun der Wesensbestimmung fähig? Ist es das Allgemeine? Das Allgemeine hat im Logos stets den Vorrang, deshalb müssen wir diese Frage stellen. Folgen wir der Philosophie von A., dann ist es völlig ungereimt zu sagen, das Allgemeine sei das Wesen. Kein Allgemeines vermag für sich Wesen von etwas zu sein, denn das Wesen bedarf des einzelnen, damit es in Erscheinung treten kann. Andererseits hat das einzelne von seinem Wesen her und durch dieses hindurch erst seine Existenz. Das Wesen ist das, was das einzelne zu dem macht, was es ist. Das ist der Kerngedanke der Philosophie des A., daß das einzelne von seinem Wesen her und durch dieses hindurch erst seine Anwesenheit hat und umgekehrt das Wesen nur als Wesen des einzelnen, oder in Identität mit ihm, in Erscheinung treten kann. Das einzelne kann in der Philosophie des A. jedoch auch nicht der Wesensumgrenzung fähig sein, weil das einzelne entsteht und vergeht. Das Wesen, nach dem er sucht, ist aber etwas, das immerdar Bestand hat und keiner Veränderung unterworfen ist. Das Wesen kann nur als Wesen des einzelnen und in Identität mit dem einzelnen in Erscheinung treten. Aufgrund dieser Bestimmung muß es ein unveränderliches Einzelseiendes geben, das – wie gesagt – meta-physisch sein muß, denn alles physische Seiende ist veränderlich. Was ist nun dieses gesuchte Seiende? Zunächst: Es gehört zum Kernbestand der Philosophie des A., daß das Wesen einer Sache zugleich Grund und Ursache eines Einzelseienden ist. Dabei ist Grund aber nicht als Anfangsgrund zu verstehen, der nur das Entstehen des Einzelseienden bewirkt und dann fortfällt, sondern er ist immer bei der Sache. Das Einzelseiende ist nicht mehr dieses Einzelseiende, wenn sein Wesen, das ihm Grund und Bestand gibt, entfällt.

Es gibt nach A. eine höchste Ursache für alles, was ist, und die demnach das höchste Wesen sein muß. Da alles, was ist, stets in Bewegung und dadurch dem Entstehen und Vergehen unterworfen ist, muß es etwas geben, das diesem Prozeß des Entstehens und Vergehens nicht unterworfen ist: Es muß einen Grund und eine Ursache geben dafür, daß alles in Bewegung ist und bleibt. Dieser ewige Beweger, der alles bewegt, was in Bewegung ist, muß – als letzte Ursache für alle Bewegung – selbst unbewegt sein. Wäre er selbst in Bewegung, so wäre er der Veränderung unterworfen. Schon deshalb muß er unbewegt sein. Wie kann das sein? Muß man nicht, um etwas in Bewegung zu halten, sich selbst bewegen? Nein, denn A. geht davon aus, daß der ewige Beweger bewegt wie das Geliebte den Liebenden bewegt: Der Liebende will mit dem Geliebten in Verbindung sein. Darum strebt er zum Geliebten hin. So hält das Geliebte den Liebenden in Bewegung. Da die Bewegung nie aufhört, ist die Bewegungsursache reine Wirklichkeit und immerseiende Gegenwart. Sie ist in Wirklichkeit, was alle physischen Dinge nur der Möglichkeit nach sind. Die physischen Dinge bewegen sich dorthin, wo der metaphysische Beweger schon immer ist. Dieser metaphysische Beweger ist Gott. – Der menschliche Geist kann, muß aber nicht denken. Menschliches Denken wird unterbrochen durch Schlaf oder Traum. Das göttliche Denken ist immerwährendes Denken und somit Beweger des menschlichen Denkens. Man kann aber nicht nichts denken. Denken hat immer einen Inhalt. Erst dadurch, daß das Denken das Gedachte denkt, wird das Denken zum Denken. Auch das Denken selbst kann zum Gegenstand des Denkens werden. In diesem Sinne werden Denken und Gedachtes eins. Was beim Menschen möglich ist, ist im göttlichen Denken wirklich. Dieses muß sich stets selbst denken, denn das Denken wird vom Gedachten bestimmt. Würde das göttliche Denken etwas Nichtiges denken, dann wäre es nicht mehr das höchste und würdigste Denken. Als solches aber kann es immer nur sich selbst als das Höchste und Würdigste denken. Diese Identität ist reines Denken und reine Wahrheit. Das Wahrste ist die Ursache von allem Wahren, oder das wahre göttliche Denken ist die Ursache wahren menschlichen Denkens.

Wir kommen zurück zu der möglichen Täuschung im menschlichen Denken. Das Erblicken des Wesens kann im menschlichen Denken ausbleiben, was die zweite Art der eingangs angesprochenen Täuschung ist: Ich täusche mich über eine Sache bezüglich ihrer selbst, indem ich sie mit einer anderen verwechsele. Die Banalisierung dieser Wahrheitstheorie des A. hat im Mittelalter Karriere gemacht, und sie besteht heute noch als Korrespondenztheorie, die Wahrheit definiert als Übereinstimmung des Denkens mit seinem Gegenstand. Die mittelalterlichen Scholastiker machten daraus die »adaequatio rei et intellectus«. Wie sehr sich das von dem ursprünglich von A. Gedachten unterscheidet, läßt sich nach dem oben Dargestellten ermessen. Ebenso ist der Gedanke vom ewigen Beweger für Gottesbeweise mißbraucht worden.

Es gehört zum Anfang der Wirkungsgeschichte des A., daß er zunächst gar keine Wirkung hatte. Nach dem Tod Alexanders des Großen übersiedelte A. nach Chalkis auf Euboia. Die Gründe für die Emigration wissen wir nicht. Manche Biographien sprechen davon, daß man A. Verrat vorwarf, als sich die Stadt Athen dem makedonischen Einfluß entzog. Da sei jeder verdächtig gewesen, der Verbindung zu den Makedoniern gehabt habe. Kurz nachdem A. emigriert war, starb er mit 63 Jahren im Exil. Die von A. selbst publizierten Schriften – es handelte sich fast ausnahmslos um Dialoge – sind nicht erhalten. Die aufgeführten einheitlichen Grundgedanken der Philosophie von A. sind die Basis für ein überwältigendes Werk, und sie finden sich überall dort wieder. A. war der Begründer der Biologie und Psychologie. Seine Poetik gilt nach wie vor als das Fundament der modernen Dramentheorie. A. war Politologe, umfangreiche Schriften aus dem Bereich der Ethik sind überliefert. Der eingangs erwähnte Andronikos hat dieses umfangreiche Werk in den noch erhaltenen Stücken systematisch geordnet und verzeichnet. In seinem Verzeichnis finden wir als erste Abteilung die Schriften zur Logik. Das erste Buch dieser sechs Schriften – auch unter dem Namen *Organon* bekannt – ist die *Kategorienlehre (Categoriae)*, von der bereits die Rede war. Das zweite Buch *(De interpretatione)* ist die *Lehre vom Satz*; hier werden zunächst die Bestandteile eines Satzes erörtert, dann der einfache assertorische Satz und abschließend die komplexeren Sätze. Das dritte Buch *(Analytica priora; Erste Analytik bzw. Analytik A)* des *Organon* behandelt die logischen Schlüsse von zwei Aussagen auf eine dritte (Syllogismen). Das vierte Buch *(Analytica posteriora; Zweite Analytik bzw. Analytik B)* – es entwickelt die Lehre vom Beweis – wird mit Recht als erste Wissenschaftstheorie des Abendlandes bezeichnet. Es gibt nach A. verschiedene Arten von Wissenschaften. Hier geht es um die beweisende Wissenschaft. Es wird oft behauptet, daß die neuzeitliche Auffassung von Wissenschaft sich von der des A. unterscheidet: A. leite aus ersten Prinzipien ab, im Gegensatz zur neuzeitlichen Erfahrungswissenschaft, die auf Erkenntnissen aus Experimenten basiere. Das rein deduktive Verfahren würde jedoch den Grundsätzen von A. widersprechen, denn er hat ja darum gerungen, den Zusammenhang von Einzelseiendem mit dem Wesen zu ergründen. Dieses Bemühen des A. findet sich ebenso auf dem Gebiet wissenschaftlicher Erkenntnis wieder. Im 18. Kapitel des ersten Buches der *Analytica posteriora* wird die Dialektik von Induktion und Deduktion dargestellt. Der Gedanke dieser Dialektik ist zentral für die gesamte Wissenschaftstheorie des A.

Die *Topica* – das fünfte Buch der Logik – wird von einigen Autoren als Vorläufer der Hegelschen Dialektik bezeichnet. Diese Sichtweise kann man wohl nur eingeschränkt vertreten, denn wichtiger Vorläufer der Hegelschen Dialektik war auch der Platonische *Parmenides*, in dem Inhalt und Methode miteinander verbunden sind im

Gegensatz zur Schrift des A., die reine Methodenlehre ist. In der *Topica* zeigt A. das Verfahren, mit dem man durch Frage und Antwort den Beweis für die Wahrheit einer von zwei kontradiktorischen Behauptungen oder Meinungen führt. Das sechste Buch *(Sophistici elenchi)*, die *Sophistischen Widerlegungen*, gibt der ganzen Logik einen abgerundeten Schluß. Das Instrumentarium der formalen Logik ist nach Auffassung des A. eine Hilfe, gesicherte und wahre Aussagen über die Welt machen zu können. Es gibt aber nach seiner Erkenntnis Menschen, die logische Fehler machen, oder Menschen, die bewußt die Logik einsetzen, nicht um zu überzeugen, sondern um zu überreden und in einem Disput den Sieg davonzutragen. Letzteres warf A. den Sophisten vor. Ihre Denkfehler, die sie durch bewußt falschen Einsatz der Logik machten, müssen laut A. aufgedeckt werden. Darum heißt das letzte Buch des *Organon* auch *Sophistische Widerlegungen*. In diesem Buch werden dreizehn mögliche Denkfehler, davon sechs im sprachlichen Bereich und sieben durch falsches Schließen, aufgewiesen.

Die zweite Abteilung im Verzeichnis des Andronikos umfaßt die naturwissenschaftlichen Schriften. Diese umfangreichste Abteilung eröffnet die bekannte, aus acht Büchern bestehende *Physik*, die auch die Analyse der Zeit enthält. Sie ist den anderen Schriften vorangestellt, weil sie allgemeine Ausführungen über die »phýsis« enthält. Ihr folgen Bücher mit Themen, von denen einige nur beispielhaft genannt werden: *De caelo (Über das Weltganze)*, *Meteorologica*, *De anima (Über die Seele)*, *De somnia et vigilia (Über das Schlafen und Wachen)*, *De insomniis (Über Träume)*, *Historia animalium (Tierkunde)*, *De respiratione (Über das Atmen)*. In der dritten Abteilung folgen die Schriften zur Ethik, Politik und Ökonomie. A. geht von einem nie in Frage gestellten, ausgeprägten Zusammenhang von Ethik und Politik aus. Die Ethik ist die Basis der Politik, wie es am Ende der *Ethica Nicomachea (Nikomachische Ethik)* heißt. Andererseits ist die Tugend der Bürger das Anliegen der Polis, wie uns die Pädagogik in der *Politica* zeigt. Diese Einheit von Politik und Moral ist uns seit Thomas Hobbes und Niccolò Machiavelli fremd geworden.

Die vierte Abteilung enthält die *Rhetorica* und die *Poetica*. Besonders die *Poetica* steht bei A. im Dienst einer moralischen Erziehung. Mittels der Tragödie müsse der Mensch die richtigen Gefühle empfinden lernen. Eine solche Interpretation der *Poetica* ist nur auf dem Hintergrund der Ausführungen in der *Politica*, d. h. letztlich der *Ethica* möglich.

In der *Nikomachischen Ethik* wird darüber hinaus der enge Zusammenhang von vernünftiger Erkenntnis und Moral deutlich gemacht. Der vernunftbegabte und der nicht vernunftbegabte Seelenteil müssen stets zusammenwirken. Aber auch der Vorrang der Weisheit wird hier deutlich gemacht. Darum haben die Ausführungen der *Metaphysica*, die eigentlich keiner der Abteilungen zugeordnet werden kann, und der Logik solch zentrale Bedeutung für das gesamte Werk des A.

Schon in der Antike fragte man sich, woher denn A. all das wußte, was in seinen Werken niedergelegt ist. Nicht nur in der Antike, sondern heute noch steht man voller Bewunderung vor dem kenntnisreichsten aller Philosophen. »Dieser Kenntnisreichtum ist alles andere als selbstverständlich. Er scheint entweder ausgedehnte und zielbewußte Forschungsreisen oder ein jahrelanges planmäßiges Durcharbeiten einer reichen Spezialliteratur oder die Hilfe eines Stabes von Assistenten vorauszusetzen – oder gar alle drei Möglichkeiten gleichzeitig. Wie es sich historisch wirklich verhalten hat, wissen wir nicht« (Olof Gigon).

Tugendhat, Ernst: Ti kata tinos. Eine Untersuchung zu Struktur und Ursprung aristotelischer Grundbegriffe. Freiburg/München ³1982. – Volkmann-Schluck, Karl-Heinz: Die Metaphysik des Aristoteles. Frankfurt am Main 1979. – Moraux, Paul (Hg.): Aristoteles in der neueren Forschung. Darmstadt 1968. – Gigon, Olof (Hg.): Einleitung. In: Aristoteles – Einführungsschriften. Zürich/München 1961. – Jaeger, Werner: Aristoteles. Grundlegung einer Geschichte seiner Entwicklung. Berlin ²1955. – Bröcker, Walter: Aristoteles. Frankfurt am Main 1935.

Detlef Horster

Augustinus, Aurelius

Geb. 13. 11. 354 in Souk-Ahras (Algerien); gest. 28. 8. 430 in Annaba (Algerien)

In der römischen Provinz Africa, als Kind des paganen Beamten Patricius und der Christin Monnica, wird A. geboren. Kindheit und Jugend auf dem Land scheinen hart gewesen zu sein. Was er später davon erzählt, wirft ein ernüchterndes Licht auf die zeitgenössische Realität eines Heranwachsenden. Schwierig und für seine Entwicklung prägend ist das Verhältnis zu seiner Mutter, einer willensstarken Persönlichkeit von großer Strenge und tiefer Religiosität, die auf die Bekehrung ihres Mannes und mehr noch ihres Sohnes alle Energien lenkt. Karthago, wo A. vier Jahre lang Rhetorik studiert, wird für ihn zur Befreiung aus der Enge von Familie und Provinz. Die Begegnung mit der Philosophie bestärkt ihn in der Kritik am Glauben seiner Mutter, besonders an der »Mythenhaftigkeit« der Bibel. Er wendet sich dem Manichäismus zu, jener einflußreichen spätantiken gnostisch-synkretistischen Religion, welche ihren Anhängern den Weg weisen will zur Befreiung der Seele aus der irdischen Finsternis. Ihr radikal dualistisches Weltbild wird sein Denken ein Jahrzehnt lang beherrschen. Nach Abschluß seiner Ausbildung unterrichtet A. in Karthago sieben Jahre lang Rhetorik. Fast 30jährig wagt er gegen den heftigen Widerstand Monnicas den Aufbruch nach Italien. 383/84 lehrt er in Rom. Später, gefördert von Symmachus, dem Kopf der paganen Aristokratie Roms, der in dem jungen Manichäer ein ideales Werkzeug seiner antikirchlichen Interessen vermutet, tritt er in Mailand die höchste Stelle an, die ein Rhetoriker in jenen Tagen erreichen kann: er wird kaiserlicher Redner am Hof. Dem Manichäismus inzwischen entfremdet – in späteren Jahren wird innerhalb der lateinischen Kirche A. zum entschiedensten Gegner der Manichäer –, stößt er hier auf die »platonici«, einen Kreis Intellektueller, die eine Renaissance plotinischen Denkens unter christlichen Vorzeichen anstreben. Und er erlebt den Mailänder Bischof Ambrosius, einen machtbewußten hochgebildeten Politiker von bemerkenswerter rhetorischer Begabung. In dessen Predigten lernt er die allegorische Bibelinterpretation kennen, welche in der Tradition Philons die Texte des Alten und Neuen Testaments (neu-) platonisch ausdeutet und aufwertet. Diese Synthese von Neuplatonismus und Christentum beeindruckt A. nachhaltig. Er fühlt sich hin- und hergerissen zwischen der Möglichkeit einer politischen Karriere und dem neuentdeckten Ideal eines christlichen Lebens der Philosophie. Nicht die intellektuelle Botschaft von Christentum und Neuplatonismus stellt ihn vor Schwierigkeiten, sondern die mit ihr verbundene moralische Forderung.

Als erste Vorleistung auf das Leben des weltlichen Rückzugs trennt er sich von seiner Lebensgefährtin, mit der er 15 Jahre zusammenlebte und einen Sohn hatte. Der Knoten löst sich schließlich im Sommer 386, in seiner ›Bekehrung‹. Das Ereignis selbst, verdeckt von dem Jahre später verfaßten berühmten Bericht der *Confessiones (Bekenntnisse)*, der kaum als authentisch anzusehen ist, läßt sich nur noch in Umrissen rekonstruieren. Was die *Bekenntnisse* dramatisch als abrupten Bruch inszenieren, ist Ergebnis einer langwierigen Entscheidung zugunsten der christlichen Philosophie und eines Verzichts auf das weltliche Leben. Den folgenden Winter verbringt A. mit Mutter, Sohn und wenigen Freunden auf Cassiciacum, einem Landgut am Comer See, wo sie ein neuplatonisch-christliches Leben intensiver Diskussionen führen. Diese finden ihren Niederschlag in vier dort verfaßten Dialogen, besonders den *Soliloquia (Selbstgespräche)* und *De ordine (Über die Ordnung)*, die uns das zuverlässigste Zeugnis vom Denken des Neubekehrten geben. In der Osternacht 387 werden A. und sein Sohn von Ambrosius getauft. Bald danach beschließt er die Rückkehr in die Provinz Africa. Auf dem Weg dorthin, in Ostia, stirbt die Mutter. In seiner Vaterstadt Thagaste gründet er mit Freunden eine kleine philosophisch-asketische Gemeinschaft. Drei Jahre später drängt die Gemeinde von Hippo Regius, der nach Karthago größten Hafenstadt dieser Provinz, den Durchreisenden, sich zum Priester weihen zu lassen und als rechte Hand ihres Bischofs bei ihnen zu bleiben. A. fügt sich schweren Herzens; das Leben ungestörten Philosophierens sieht er unwiderruflich verloren.

Die Ordination, vor allem aber die Bischofsweihe werden der eigentliche Wendepunkt seines Lebens. Eine intensive Beschäftigung mit der Bibel tritt nun neben die philosophischen Forschungen; die christliche Botschaft gewinnt gegenüber dem (Neu-)Platonismus zunehmend eigene Kontur. Bedeutendste Frucht jener Zeit der Umorientierung sind seine *Bekenntnisse*. Diese in ein Gebet zu Gott gekleidete introspektive Autobiographie stilisiert seinen persönlichen Lebensweg zum Paradigma einer ewigen Wahrheit – der Unruhe der menschlichen Seele, die durch den Fall Adams ihre ursprüngliche Harmonie verloren hat, bis zu ihrer Heimkehr zu Gott: »Zu Dir hin hast Du uns geschaffen, und ruhelos ist unser Herz, bis es ruht in Dir.« Mit der Entdeckung eines jenseits des Ich zu suchenden Sinns und Ziels des Menschen verabschiedet sich A. vom Autonomie-Gedanken des idealistischen klassischen Menschenbildes.

Verborgen in den *Bekenntnissen*, im 11. Buch, findet sich eine der bemerkenswertesten Abhandlungen der gesamten spätantiken Philosophie: A.' Diskussion der Zeit. Die Vergangenheit existiert »nicht mehr«, die Zukunft »noch nicht«. Die Gegenwart selbst, jener flüchtige Moment zwischen einem zweifachen Nichts, löst sich ins Nichts auf. Die reale Zeit hat kein Maß, keine Dauer, kein Sein. Was also ist Zeit? A. sieht sie als einen Prozeß der menschlichen Psyche. Das Bewußtsein (memoria) nimmt die Welt wahr – es erfaßt den Strom atomisierter Gegenwart in

Form von Bildern (imagines) und speichert diese im Gedächtnis. Über den unmittelbaren »Anblick« der Gegenwart hinaus verfügt das Bewußtsein so über eine
(im Moment der Gegenwart zugängliche) »erinnerte« Vergangenheit und eine
»imaginierte« Zukunft – Vergangenheit, Gegenwart und Zukunft sind im Bewußtsein gegenwärtig. Kein bewegtes Abbild der Ewigkeit (Platon), keine objektiv-
physikalische Größe (Aristoteles), keine metaphysische Entfaltung des Seins (Plotin)
ist A.' Zeit. Er entwickelt einen psychologischen Zeitbegriff. Zeit ist unlösbar
verbunden mit der Existenz rationalen Bewußtseins. Sie wird zum mentalen Prozeß,
der Wahrnehmung und Erkenntnis (chronologisch) ordnet, verarbeitet und präsent
hält; sie ist die »innere Gegenwart« aller Erfahrung. A. entdeckt den subjektiven
Charakter der Zeit.

In die Gemeinde von Hippo und in die africanische Amtskirche wächst A. schnell
hinein. Der Bischof von Karthago und Primas Africas, Aurelius, fördert ihn entschieden; die Zusammenarbeit der beiden begründet die langjährige Führungsrolle
der africanischen Kirche im lateinischen Westen. A. engagiert sich besonders in einer
Angelegenheit, welche die Gemeinde Africas seit einem Jahrhundert spaltet: dem
aus dem Streit um das Verhalten des Klerus während der Christenverfolgungen
entstandenen donatistischen Schisma. Er organisiert mehrere africanische Konzile,
die eine gemeinsame Haltung des katholischen Klerus gegenüber den Donatisten
festschreiben sollen. Der Idee staatlicher Gewaltanwendung gegenüber den Donatisten, in einer Zeit, die einen Höhepunkt kaiserlicher Gesetzgebung gegen Nicht-
Christen und ›Häretiker‹ markiert, steht A. anfangs reserviert gegenüber. Als aber
der staatliche Druck auf die Donatisten zu zahlreichen Übertritten führt, beginnt er
seine Meinung zu modifizieren: Die nur äußerliche Strenge offenbart sich als
›heilsam‹, vermag sie doch die Gemaßregelten zurückzuführen zum Heil. Er verteidigt nun Zwangsmittel gegen ›Häretiker‹, wobei seine Theologie der »väterlichen
Zurechtweisung« nicht nur der restriktiven Reichspolitik die theoretische Legitimation liefert, sondern letztlich zu einem der ersten Schritte wird auf dem Weg hin zu
der von Thomas von Aquin unternommenen theologischen Rechtfertigung der
Inquisition.

Die Einnahme Roms durch Alarichs Goten 410 schlägt ungeheure Wellen im
Reich. Der Fall der Stadt, die seit Konstantin und dessen Theologen Eusebios weite
Teile der Kirche als Verwirklicherin und Verwirklichung der Heilsbotschaft be-
greifen, bringt die Vertreter der christlichen Reichsideologie in ärgste Verlegenheit
und liefert den immer noch einflußreichen Gegnern der Christen willkommene
Argumente. Die hier entflammte Diskussion wird A. zum Anlaß, ein lange durch-
dachtes Problem zu behandeln: Gottes Wirken in der Geschichte. In 15jähriger
Arbeit schreibt er die letzte große Apologie der frühen Kirche: *De Civitate Dei* (*Über
den Gottesstaat*). In ihr entwirft A. eine Geschichtstheologie, welche die profane
Geschichte einbettet in den eschatologischen Bogen der Heilsgeschichte. Unser
ursprüngliches Sein, das Paradies, ist geschichtslos. Geschichte entsteht erst mit dem
Sündenfall des Menschen. Unsere geschichtliche Existenz ist Ausdruck und Resultat
des Verlusts dieses ursprünglichen Ideals; wir sind verurteilt zum Aufenthalt in der
Fremde, dem Ort der Selbst- und Gottesentfremdung: der Geschichte. Das Paradies
auf der einen, Gericht, Erlösung und Verdammnis auf der anderen Seite bilden die

eschatologischen Brückenköpfe der Geschichte. Wie der Mensch selbst, gewinnt auch die Geschichte allein aus diesen Bezugspunkten jenseits der Geschichte Sinn und Ziel. Das christliche Gegenstück zu Platons *Staat* formuliert einen merklichen Rückzug aus der politischen und historischen Theorie; die transzendente Bestimmung der Geschichte macht die Reflexion geschichtsimmanenter Probleme entbehrlich. Die so gewonnene Distanz zur Realgeschichte eröffnet A. aber auch ein unabhängigeres Urteil. Vor dem Hintergrund seiner Betrachtungen zum egozentrischen Denken und Handeln der – gefallenen – Menschen und zum enormen Konfliktpotential jeder staatlichen Ordnung übt er vernichtende Kritik am römischen Imperialismus. Doch weiß er, in einer die Forschung bis heute verwirrenden Ambivalenz, dem römischen Staat auch Gutes abzugewinnen: dieser etabliert eine Ordnung institutioneller Gewalt, die das Chaos unkontrollierter Gewalt in Schach hält. Solche Ordnungsleistung schafft den Rahmen, innerhalb dessen die Kirche ihre Interessen verfolgen kann, weshalb für A. die Christen auch zu Recht am Staat ›teilnehmen‹ – als Steuerzahler, Soldaten, Politiker. Auf eschatologischer Ebene freilich klammert er Rom aus der Heilsgeschichte aus: einen römischen ›Gottesstaat‹ kann es nicht geben – Rom, historisch relativ und theologisch neutral, bleibt im Raum des Profanen. A.' Absage an die eusebianische Reichstheologie lockert theoretisch die Bindung der Kirche an den spätantiken Staat: gleichzeitig formulieren seine Zugeständnisse an dessen Ordnung ein Toleranzedikt, das in der Rezeptionsgeschichte des Textes die größten Wirkungen zeitigen wird.

Als folgenreich erweist sich auch ein anderes Thema, das ihn in jenen Jahren beschäftigt. Aufmerksam geworden auf Äußerungen des britischen Mönchs Pelagius, der eine moralische Erneuerung der Kirche zu fördern sucht, sieht A. das Menetekel einer drohenden neuen Häresie aufflammen. Mit der Härte, die er in der Verfolgung der Donatisten gewonnen hat, initiiert er gegen Pelagius und dessen Anhänger eine Kampagne von bis dahin in der Kirche unbekannter Intoleranz und Unerbittlichkeit. Besonders die Schriften des jungen süditalischen Bischofs Julian von Eclanum, eines entschiedenen Parteigängers des Pelagius, der gerne die philosophischen Argumente des jungen A. gegen die Gnadenlehre des alten ausspielt, lassen A.' Position von Entgegnung zu Entgegnung sich verhärten. Die Radikalität seiner in dieser Auseinandersetzung formulierten ›Theologie der Gnade‹ weckt selbst in konservativen Kirchenkreisen Unbehagen; bei aller Wirkmächtigkeit – von Thomas bis Luther – ist die Version, die sich in den kommenden Jahrzehnten und Jahrhunderten durchsetzen wird, beträchtlich gemäßigter. Der A. des pelagianischen Streits läßt den klassischen Gedanken, die Glückseligkeit sei zu erlangen durch ein Leben in Weisheit und Tugend, weit hinter sich. Was der Mensch Gutes tut und erfährt, ist allein Werk Gottes, Ausdruck seiner Gnade. Diesen Gedanken begründet er auf zwei Ebenen: psychologisch mit der Unfreiheit des menschlichen Willens, theologisch mit der Ursünde Adams. Ursprünglich besitzt der Mensch Willensfreiheit – als Vermögen einer grundsätzlichen Entscheidung zum Guten. Sucht er nun das Gute in der »Selbstliebe«, das heißt in einer eigenen, die göttliche ignorierenden Ordnung, wird sein Wille zum Gefangenen schlechter Gewohnheiten, endlich zum Opfer der unkontrollierbaren Triebe: Der selbst zu verantwortende falsche Gebrauch der Willensfreiheit bewirkt deren Verlust. Diesem Sündig-Werden des Einzelnen geht das Sündig-Gewordensein der gesamten Menschheit in Adam voraus. Die Schuld des Repräsentanten der Menschheit wird zur Schuld der Menschheit; sein Mißbrauch menschlicher Freiheit verdirbt die freie Natur *aller* Menschen. Diese Schuld wird von Generation zu Generation vererbt – A. ist der eigentliche Schöpfer der Idee der Erbsünde –, und zwar durch die Sexualität. Diese ist gleichermaßen Ursache, Motor und Transportmittel der Erbsünde, wie auch deren Strafe – den Menschen auferlegt für den Ungehorsam Adams, zeigt sie sich (als permanente Herausforderung jeder moralischen Anstrengung) selbst ungehorsam. Von seiner gesamten Disposition her ist der Mensch also prädestiniert zum Schlechten, die Menschheit bestimmt zur Verdammnis. Vor ihr bewahrt allein das bewußte Eingreifen Gottes eine kleine Zahl Erwählter – als Beweis seiner Barmherzigkeit. Beweis seiner Gerechtigkeit ist der verdiente Untergang der Masse. Der Gottesbegriff, der hier deutlich wird, bleibt in der Theologie der frühen Kirche ohne Parallele. Eine willkürliche Prädestination ersetzt den Gedanken eines gerechten göttlichen Handelns, Gott wird zum spätantiken Autokrator, der den Großteil seiner Schöpfung in den Abgrund seiner Gerechtigkeit stürzen läßt. So betrachtet, macht dieser radikale Bruch mit den klassischen Konzepten auch Sinn: diese entsprechen nicht mehr den Lebenserfahrungen der Spätantike.

A. designiert einen Nachfolger und sichtet seinen reichen literarischen Nachlaß. Ergebnis dieser Arbeit sind die in der antiken Literatur einzigartigen *Retractationes*, ein kommentierender chronologischer Werkkatalog, dessen erklärte Absicht das Offenlegen seiner geistigen Entwicklung ist und deren Kritik aus der Optik der eigenen späten Position. A. ist der erste abendländische Denker, der seinen Weg bewußt als Entwicklung erkennt.

Die Ereignisse der Völkerwanderung greifen nach Afrika. Geiserichs Vandalen landen in Mauretanien und rücken nach Osten vor. Die römische Ordnung in Afrika bricht zusammen; nacheinander fallen alle Städte in die Hände der Germanen. Vom Winter 429/30 an belagern sie Hippo. Die Belagerung, die über ein Jahr dauert, macht das Leben in der Stadt unerträglich. A. verzweifelt angesichts der aussichtslosen Lage, und er erkrankt schwer. Possidius, der lange Jahre an A.' Seite gelebt hat, gibt uns von jenen letzten Tagen einen eindringlichen Bericht: der greise Bischof, vom Fieber auf sein Lager gefesselt, verbringt sie in strenger Einsamkeit (nur der Arzt sieht ihn regelmäßig); an der Wand neben seinem Lager hängen die vier Bußpsalmen Davids; immer wieder liest er sie, und, so Possidius, er weint Tag und Nacht, zehn Tage lang.

Rist, John M.: Augustine. Ancient thought baptized. Cambridge 1994. – Kirwan, Christopher: Augustine. London/New York 1989. – Chadwick, Henry: Augustine. Oxford 1986; dt. Göttingen 1987. – Flasch, Kurt: Augustin. Einführung in sein Denken. Stuttgart 1980. – Brown, Peter: Augustine of Hippo. A Biography. London 1967; dt. Frankfurt am Main 1973.

Peter Habermehl

Austin, John Langshaw
Geb. 26. 3. 1911 in Lancaster; gest. 8. 2. 1960 in Oxford

 Der Name A.s ist eng verbunden mit den Bemühungen um die »Philosophie der normalen Sprache« (Ordinary Language Philosophy), die im wesentlichen von ihm – zu nennen wären außerdem noch Ludwig Wittgenstein und Gilbert Ryle – begründet wurde. Dem Oxforder philosophischen Klima gemäß entfaltete A. seine Überlegungen vornehmlich in Vorlesungen sowie in Diskussionen mit Kollegen und Studenten, etwa während der »Saturday Mornings«, wo über Wittgenstein, Gottlob Frege (dessen *Grundlagen der Arithmetik* A. ins Englische übertragen hatte) und Noam Chomsky diskutiert wurde. Zeit seines Lebens publizierte A. nur einige Aufsätze, die in dem Sammelband *Philosophical Papers* (1961; *Gesammelte philosophische Aufsätze*) enthalten sind. Die geringe Anzahl und die Form der von ihm veröffentlichten Schriften zeugen von einem gewissen Unbehagen an großen philosophischen Publikationen. Einer der Aufsätze A.s beginnt mit den Worten: »Er (der Aufsatz) ist in drei Teile gegliedert, und der erste dieser Teile ist der platteste, der zweite der verworrenste; alle drei sind zu lang.« Die anderen Schriften A.s wurden auf der Grundlage von Vorlesungsnotizen (*Sense and Sensibilia*, 1962; *Sinn und Sinneserfahrung*) bzw. Vorlesungsmanuskripten (*How To Do Things With Words*, 1962; *Zur Theorie der Sprechakte*. Zugrunde liegen hier die von A. 1955 gehaltenen William James Lectures) posthum herausgegeben.

Am Balliol College in Oxford begann A. 1929 klassische Philologie zu studieren; zwei Jahre später wandte er sich der Philosophie zu; als Fellow am All Souls College von 1933 bis 1935 beschäftigte er sich mit Platon, Aristoteles, Leibniz und Kant. 1935 wurde A. Fellow und Tutor für Philosophie am Magdalen College; bis zum Ausbruch des Zweiten Weltkriegs befaßte er sich hier vor allem mit Problemen der Erkenntnis des Fremdseelischen und Problemen der sinnlichen Wahrnehmung. Kritisch eignete er sich die empiristische Tradition an; er stand unter dem Einfluß George Edward Moores. Nach dem Krieg rückte A. – der 1952 White's Professor of Moral Philosophy in Oxford wurde und bis zu seinem Tod als Gastprofessor in Harvard und Berkeley las – die »normale« Sprache in den Mittelpunkt seiner Überlegungen. Die Klärung philosophischer Probleme und Fragen sollte erbracht werden durch ein systematisches Studium der normalen Sprache und unter Verzicht auf die traditionelle philosophische Terminologie. In der Schrift *How To Do Things With Words* erhält die von ihm konzipierte »Sprechakttheorie« eine explizite Form.

Den Ausgangspunkt der Überlegungen A.s bildet eine Kritik an den semantischen Analysen, die im Umfeld des logischen Empirismus (Rudolf Carnap) durchgeführt wurden. A. beklagt die reduktionistische Sprachauffassung der Empiristen, nach denen eine sprachliche Äußerung entweder eine Aussage ist, mit der über die Welt gesprochen, mit der ein Sachverhalt beschrieben wird – es müssen sich Bedingungen angeben lassen, unter denen diese Aussage wahr wird –, oder aber eine sprachliche Äußerung ist sinnlos. Demgegenüber entwickelt A. die Auffassung, daß es Äußerungen gibt, die zwar keine Aussagen, aber dennoch nicht sinnlos sind. Eine Konsequenz dieser Überlegung ist, daß die Bedeutung sprachlicher Ausdrücke nicht mehr nur allein im Rückgang auf Wahrheitsbedingungen rekonstruiert werden kann, sondern daß die Analyse der Bedeutung eines Ausdrucks eines systematischen Studiums der Situationen, in denen er gebraucht wird, bedarf. »Die Bedeutung eines Wortes ist sein Gebrauch« ist ein Slogan, mit dem A.s Position sich etwas verkürzt und programmatisch charakterisieren läßt. A. weist darauf hin, daß es neben den Aussagen – er benutzt hier den Terminus »konstative Äußerungen« – noch Äußerungen gibt, mit denen wir die verschiedensten Arten von Handlungen vollziehen können. Diese Äußerungen nennt A. »performative Äußerungen«. Sie beschreiben nichts und sind daher auch nicht wahr oder falsch, sondern mit ihnen wird eine Handlung ausgeführt. Indem wir diese Äußerungen machen, vollziehen wir »Sprechakte«. Die folgenden Beispiele mögen dies verdeutlichen: »Ich taufe dieses Schiff auf den Namen ›Joseph Stalin‹«; »Ich verspreche dir, morgen zu kommen.« So gibt es eine ganze Reihe von Handlungen, die nur in dem Vollzug eines Sprechaktes bestehen: schwören, danken, sich entschuldigen etc. A. differenziert drei Modi des Handlungscharakters von Äußerungen: er spricht von lokutionären, illokutionären und perlokutionären Akten.

Jede menschliche Äußerung ist zugleich auch eine Handlung, diese Handlung nennt A. den Vollzug des lokutionären Aktes; dieser besteht darin, *daß* man etwas sagt. Von dem Vollzug eines lokutionären Aktes wird der in der Regel immer mitvollzogene illokutionäre Akt differenziert: indem etwas gesagt wird, wird etwas *getan*. So wird z. B. mit einer Äußerung eine Frage gestellt, eine Warnung ausgesprochen oder ein Versprechen gegeben. Die Äußerung spielt eine bestimmte illokutionäre Rolle. Der Vollzug der genannten Akte verbindet sich gewöhnlich mit bestimmten Wirkungen in der Welt. Ist mit einer Äußerung eine Wirkung verbunden, etwa der Adressat einer Warnung eingeschüchtert worden, spricht A. von einem perlokutionären Akt. Ein Beispiel A.s soll diese Unterscheidungen verdeutlichen: »Er hat zu mir gesagt: ›Das kannst Du nicht tun‹«; hier berichtet man darüber, was jemand gesagt hat, man bezieht sich auf den von ihm vollzogenen lokutionären Akt. »Er hat dagegen protestiert, daß ich das täte«; hier berichtet man über den illokutionären Akt, also darüber, was jemand mit seiner Äußerung getan hat. »Er hat mich davon abgehalten, es zu tun«, hier berichtet jemand über die Wirkung, die eine Äußerung auf ihn hatte, er bezieht sich auf den perlokutionären Akt. Aussagen können wahr oder falsch sein, Sprechakte können entweder glücken oder mißlingen. Anhand von sechs typischen Fehlern, die dazu führen, daß ein Sprechakt mißlingt, formuliert A. sechs Regeln, die beachtet werden müssen, wenn ein Sprechakt gelingen soll. Er spricht von möglichen Fehlberufungen, Fehlausführungen und Mißbräuchen. Ein Mißbrauch liegt z. B. dann vor, wenn jemand ein Versprechen gibt, ohne daran zu denken, es zu halten. Im Verlauf seiner Ausführungen gibt A. die strikte Trennung zwischen »konstativen« und »performativen« Äußerungen auf, er zeigt, daß selbst Aussagen den von ihm apostrophierten Regeln unterliegen und als Sprechakte aufgefaßt werden können. (Mit der Aussage »Die Sonne geht auf« wird behauptet, daß die Sonne aufgeht.) In der Tradition wurden die von A. als »performativ« charakterisierten Äußerungen genauso analysiert wie

Aussagen; das, was ihm zufolge der Vollzug einer Handlung ist, wurde so betrachtet, als sei es die Beschreibung eines Sachverhalts. »Ich verspreche Dir, morgen zu kommen« wurde aufgefaßt als die Beschreibung eines »inneren Zustands« des Sprechenden. In Analogie zu der in der Philosophie seit George Edward Moore geläufigen Rede von einem »naturalistischen Fehlschluß« (aus einem Sein wird ein Sollen gefolgert) spricht A. in diesem Zusammenhang von einem »deskriptivistischen Fehlschluß«, der durch die grammatische Ähnlichkeit von Aussagen und performativen Äußerungen nahegelegt werde. Die gesamte herkömmliche Semantik beruhe, so A., auf einem »deskriptivistischen Vorurteil«.

A.s Philosophie der normalen Sprache versteht sich nicht nur als eine Philosophie, die sich mit Problemen der Sprache beschäftigt, sondern sie bildet ihrem Selbstverständnis zufolge den Ausgangspunkt, von dem aus alle anderen Probleme der Philosophie, z. B. Probleme des Wissens, der Erkenntnis oder der Freiheit, betrachtet werden. A. selbst hat seine Methode einmal als »linguistische Phänomenologie« bezeichnet. Eine Grundüberlegung, die ein Philosoph anstellen muß, wenn er sich einem bestimmten Problem nähert, besteht darin, daß er sich fragen muß, wie die im Zusammenhang mit diesem Problem relevanten Wörter in bestimmten, konkreten Situationen verwendet werden. Die Umgangssprache wird zu einem ausgezeichneten Medium der philosophischen Reflexion. Hierbei werden dann nicht nur die Bedeutungen der Ausdrücke studiert, sondern es werden ebenso die Phänomene betrachtet, von denen diese Ausdrücke handeln. In dem Aufsatz *Ein Plädoyer für Entschuldigungen* formuliert A. die wichtigsten Argumente für diese Methode. A.s Konzeptionen erlangten einen weitreichenden Einfluß, sie schufen ein fruchtbares Feld der Auseinandersetzung zwischen Philosophie und Linguistik. In der Philosophie wurde sein Ansatz vor allem von Peter Frederick Strawson und John R. Searle weitergeführt, in der Linguistik kritisierte insbesondere Manfred Bierwisch die Vermengung der Semantik mit Fragen sozialer Interaktion. Anfang der 70er Jahre kam es in der Gruppe der »Berliner Sprechaktlinguistik« zu interessanten Bemühungen, die Sprechakttheorie sozialpsychologisch und marxistisch zu fundieren. Akzentuiert wird hier vor allem das komplexe Zusammenwirken von sprachlichem und nichtsprachlichem Handeln. In den Arbeiten von Dieter Wunderlich und Jochen Rehbein wird die linguistische Analyse von Sprechakten auf der Grundlage einer allgemeineren handlungstheoretischen Konzeption durchgeführt, wobei gerade den nichtsprachlichen Aspekten des menschlichen Handelns eine für die Sprechakte bedeutungskonstitutive Funktion zugewiesen wird. Die Sprechakte werden als standardisierte Formen einer gesellschaftlichen Praxis begriffen; eine sprachwissenschaftliche Analyse der Sprechakte hat nicht nur deren linguistische Struktur zu explizieren, sondern ebenso die ideologischen Verzerrungen der jeweils zugrundeliegenden Praxis freizulegen.

Wörner, Markus H.: Performative und sprachliches Handeln. Ein Beitrag zu J. L. Austins Theorie der Sprechakte. Hamburg 1978. – Rehbein, Jochen: Komplexes Handeln. Elemente zur Handlungstheorie der Sprache. Stuttgart 1977.

Christoph Demmerling

Averroës (d. i. Mohammed ibn Ruschd)
Geb. 1126 in Cordoba; gest. 11. 12. 1198 in Marrakesch

An einem segelgünstigen Tag nahm ein Schiff im Jahre 1195 Kurs auf Nordafrika, um – von Spanien kommend – einen Gefangenen des Kalifen von Cordoba überzusetzen, der nach Marrakesch ins Exil reisen mußte. Wie das? Der Richter, Hofarzt und Vertraute des Kalifen Al Mansur in die Verbannung? Was war vorgefallen? – A., selbst aus einer Richterfamilie stammend, hatte in Cordoba – damals ein Zentrum der blühenden maurisch-islamischen Kultur mit einem unglaublichen Reichtum an Bibliotheken – die Schriften seines verehrten Meisters Aristoteles ausgelegt und kommentiert. Dessen umfangreiches Werk lag seit etwa 950 auf arabisch vor und wurde in der berühmten Übersetzerschule von Toledo bis 1250 dem lateinischen Westen zugänglich gemacht. Im Streit um diese Schriften hat die islamische Orthodoxie A. wegen Koranfeindlichkeit aufs schärfste verdammt, die Verbrennung derselben und das Exil angeordnet; selbst der Kalif, der sich angesichts von Norden her vordringender Christenheere der Unterstützung der islamischen Orthodoxie versichern mußte, konnte A. nicht länger schützen.

A.' Werk umfaßt also die berühmten Aristoteles-Kommentare und – neben juristischen und medizinischen Schriften – seine Kampfschrift gegen Al-Gazali (*Die Widerlegung des Al-Gazali*). In dieser verteidigt er leidenschaftlich die Überlegenheit der Philosophie gegen Al-Gazalis *Die Vernichtung der Philosophen*. Dieser hatte sich skeptisch auf den Glauben – gegen die Wissenschaft gewandt – als Grundposition zurückgezogen. A. führt an, daß notwendige und allgemeine Inhalte jedes Denken und Wissen bestimmten; selbst scharfe Metaphysikkritik beweise, daß es unser Denken mit Bleibendem, Allgemeinem und somit Ewigem zu tun habe. Unsere Gedanken sind nicht bloß subjektive Zurechtlegungsformen, sondern beziehen sich auf wesentliche Wirklichkeit. Der aristotelische Wissensbegriff wird wiederhergestellt: das Gewußte soll wieder das Ewige sein, zudem das Reale, und die natürlichen Arten und der Kosmos insgesamt gelten als das Bleibende. Dahinter steht der Versuch – ein traditionsreiches Problem –, geistige Erkenntnis zu erklären, koran- und (später) offenbarungsunabhängig. Was die Religion angehe, könne der Islam die Philosophie begleiten, nicht aber die rationale Erforschung der Welt verhindern. Als Volksreligion erkläre sie praktisch-ethische Fragen in packender Bildersprache, könne aber nie höchste Form menschlichen Wissens sein. Diesen Anspruch der Philosophie konnte die islamische Führung nicht akzeptieren, und es mußte zur Verurteilung A.' kommen. Seine Kommentare enthielten beunruhigende Thesen: daß die Welt ewig sei – dies gefährdete die christliche Schöpfungslehre – und daß der Intellekt eine ewige Wesenheit sei – dies widersprach der Vorstellung individueller Unsterblichkeit. Diese Sätze unterhöhlten die klerikale Herrschaft und entfachten hitzige Debatten. A. wurde zu einem heftig bekämpften Gegner der Kirche; Thomas von Aquin schrieb einen Traktat gegen die These von der Einheit des Intellekts; in Paris wurden im Dezember 1270 13 averroistische Thesen verurteilt; die Fakultäten waren in Aufruhr. Die Wirkung des arabischen Arztes war eigentlich die Wirkung des Aristoteles, der – schon 1210, 1215, 1231 als Vorlesungsgegenstand verboten – seine Durchschlagskraft erst in den Auseinandersetzungen dieser Zeit entfaltete. Noch in der Mitte des 16. Jahrhunderts erschienen A.' Kommentare und Paraphrasen in einer umfangreichen Ausgabe, weil er als »Fahnenträger des Philosophen« solch immense Wirkung hatte.

Von spätantiken Aristoteles-Kommentaren ausgehend hatten sich Theorien über die Natur unserer Erkenntnis entwickelt. A. griff sie auf und vertrat die Ansicht, daß der ›tätige Intellekt‹, der immer auch das Handeln begleite – ontologisch unabhängig –, durch sein Wirken Dinge und Naturprozesse beeinflusse, so daß dieser in der Form des ›rezeptiven Intellekts‹ eine ewige Wesenheit und überindividuell sei. Damit war die Auffassung der individuellen Unsterblichkeit radikal geleugnet, diejenige vom Schicksal der Seele im Jenseits zu Bildergerede verkleinert. Die Kirche – islamische wie römische – sah hier auch eine Einschränkung der Allerursächlichkeit Gottes, ein Anzweifeln der Freiheit Gottes bei der Erschaffung der Welt. Durch akribische Auslegung des Aristoteles hatte er neuplatonische Mischformen – wie bei seinem Vorgänger Avicenna zu finden – ausgeschlossen und einen reinen Aristotelismus aufgezeigt. A. hat im Anschluß an Avicenna die Welt als ewigen Ausdruck einer göttlichen Notwendigkeit dargestellt, wobei er den Überlegungen aus der vorliegenden Intellekttheorie folgte, die von Vergeistigung des Stofflichen und Bleibenden beim Erkennen der Wirklichkeit sprach. Dies widersetzte sich der Vorstellung vom Handwerkergott in einem buchstäblich gefaßten Schöpfungsbericht, einem Gott, der überlegt, ob er die Materie erschaffen soll oder nicht.

Als konsequenter Aristotelismus ist A.' Werk von großem Einfluß gewesen. Hatte man Platon und Aristoteles schon immer harmonisieren wollen, stieß nun – im 13. Jahrhundert – das Problem der Vernunft-Begründung des Glaubens hinzu, die Debatten nahmen an Trennschärfe und Verfeinerung der Argumentation zu. Die Kirche schloß sich 1270 feierlich einer Art Anti-Averroismus an, weil die Averroisten die Religion und ihre Dogmen zu einer Art von primitiver Vorläuferin der Philosophie abstempelten.

Multiple Averroès. Actes du Colloque international. Paris 1978. – Horten, Max: Die Metaphysik des Averroës. Leipzig 1912; Frankfurt am Main 1962. – Renan, Ernest: Averroès et l'Averroïsme. Paris 1861.

Wolfgang Meckel

Avicenna (d. i. Ibn Sina)

Geb. 980 in Afsana/Turkestan; gest. 1037 in Hamadan/Persien

Der Junge war eine außergewöhnliche Begabung: mit zehn Jahren kannte er den Koran, war bald in der Arithmetik der Inder bewandert, brachte die Jurisprudenz hinter sich und wandte sich dann der Logik, Mathematik und Naturphilosophie zu; sechzehnjährig begann er, als Arzt zu praktizieren, stürzte sich auf Aristoteles, der sich ihm über den arabischen Übersetzer und Kommentator Platons und Aristoteles' Al-Farabi erschloß, wie er in einer Art Autobiographie schreibt. Die großen Bibliotheken von Buchara (im Nordosten Persiens) und Isfahan standen ihm zur Verfügung, und als er sich in Teheran niedergelassen hatte, vertiefte er dort seine Studien. Er schrieb denn auch einen *Canon medicinae*, in dem er das damals bekannte medizinische Wissen griechischer und arabischer Autoritäten zusammentrug, systematisierte und erweiterte, ein Werk, das für ein halbes Jahrtausend das maßgebliche Lehrbuch an den Fakultäten Europas werden sollte (Mitte des 12. Jahrhunderts durch Gerhard von Cremona ins Lateinische übersetzt). Seine Philosophie legte er in einer Art philosophischer Enzyklopädie dar, die vier Teile umfaßte (Logik, Physik, Mathematik und Metaphysik). Er nannte es *Buch der Genesung der Seele* – er war ja Arzt –, worin er Denkirrtümer aufspüren wollte. Dieses Werk wurde erst später vollständig ins Lateinische übertragen, die *Metaphysik* allerdings kam früher in Umlauf. Ihre Übersetzung wurde von der Kirche in Auftrag gegeben und von Gundisalvi, Archidiakon von Segovia und den jüdischen Gelehrten Johannes Avondeath (Ibn Daud) und Salomon erst ins Kastilische, dann ins Lateinische übersetzt. Hier fällt auf, wie die Werke eines persischen Arztes und Naturforschers im extremen Westen des islamischen Kulturkreises, eben in Südspanien, übersetzt wurden, was ein Licht auf die kulturellen Verbindungen und Wanderbewegungen von Ideen wirft. Diese Abhandlung hatte einen prägenden Einfluß auf die glänzende Erstschrift des für den Westen und die Scholastik so wirkungsmächtigen Thomas von Aquin, der in seinem Traktat *De ente et essentia* (1252) auf A.s Gedanken zurückgreift und sein »System« darauf aufbaut.

Man hat A.s Erscheinen in der Geschichte der Philosophie als »den Beginn einer neuen Epoche« gefeiert; im Mittelalter wurde er der »dritte Aristoteles« genannt, als »einflußreichster Denker des islamischen Ostens« bezeichnet. Wie erwähnt, erklärt sich dieser Einfluß durch seine Übermittlung des Aristoteles. Man besaß dessen gesamte Schriften seit der Mitte des 10. Jahrhunderts auf arabisch, zusammen mit vielen griechischen Kommentaren einer gewissen neuplatonischen Einfärbung. Das Etikett »arabischer Aristoteles« erweist sich bei näherem Zusehen als ungenau, denn er studierte »den Philosophen«, wie Aristoteles damals einfach genannt wurde, in den Ausarbeitungen seiner neuplatonisch beeinflußten Vorgänger, besonders bei Al-Farabi. Es ist wichtig, diese Wege platonischer und aristotelischer Grundauffassungen zu verfolgen.

Einige wenige Punkte von A.s Ansichten seien näher beleuchtet. Das Studium der

Übersetzungen und Kommentare Al-Farabis hatte ihm den Zugang zur *Metaphysik* des Aristoteles gezeigt, »nach endlosen Versuchen, die verschiedenartigen Ansätze zu verstehen«, wie er schreibt. Dort war das Sein als »Seiendes« gesehen worden, von dem aus Gott und die obersten Prinzipien des Wissens erforscht werden konnten: »Seiendes« liegt einerseits jeder geistigen Erkenntnis zugrunde, andererseits ist »seiend im ursprünglichsten Sinn nur das, was nicht sein kann, was also durch sich selbst notwendig ist: Gott« (Kurt Flasch). Er ist das reine Sein (»esse per se subsistens«). Alles weitere ist »möglich an sich« oder »notwendig durch anderes«. Diesen Gedanken fügte er die Intellekttheorie hinzu, die bei Al-Farabi ausgearbeitet ist. Sie besagte, daß der »tätige Intellekt« Gottes alle Gestalten spendet und als »dator formarum« der ewig bestehenden Matiere die Formen aufprägt. So erklärt A. die Schöpfung als Emanation aus der Notwendigkeit des Einen und Ersten. Diese Auffassung hat später bei Thomas von Aquin in seinen Gottesbeweisen deutliche Spuren hinterlassen (über Albertus Magnus).

Die Gegner, die Theologen beider Religionen, protestierten hier, weil die Freiheit Gottes bei der Erschaffung der Welt geleugnet sei. Aber A. hatte dem Begriff nur eine neue Wendung gegeben, weil er die Zufälligkeit vom »Weltgrund« fernhalten wollte. Das Beunruhigende lag darin, daß man bei Aristoteles eine philosophische Gotteslehre fand, die speziell mit dem Begriff der Bewegung und des primär Bewegten arbeitete und Gott als Ursprung jeder Veränderung, als Denken des Denkens begriff. Dagegen stand besonders im christlichen Lager der Begriff von Gott, der auserwählt, liebt und verwirft, wie es das augustinische Christentum aufgezeigt hatte; diese Sehweisen zu vereinen und zu harmonisieren, stellte ein erregendes philosophisches Thema dar. Plakativ gefaßt waren die Idee von Gott als ewigem reinen Sein, die Auffassung von der Materie als ewiger Substanz und die vom Intellekt als dem Gestaltgeber des Dinglichen diejenigen Thesen, die damals Unruhe stifteten und wie Sauerteig weiterwirkten.

In der Erkenntnistheorie griff A. – parallel zur christlichen Welt der Frühscholastik – mit einer harmonisierenden Auffassung in den »Universalienstreit« ein. Ausgelöst wiederum durch eine Stelle bei Aristoteles, hatte man sich darum bemüht zu klären, ob die Allgemeinbegriffe oder Gattungen »universalia« als Ideen frei oder nur in den Dingen als Wesensmerkmal angelegt seien. Später stritten sich in Paris und Oxford die »doctores reales«, die Realisten, die eine Existenz der Ideen außerhalb und unabhängig von der Dingwelt annahmen, mit den »doctores nominales«, die die Ideen nur als »Namen« und als Vokabeln (als Sprachphänomene) verstanden. Aristoteles hatte gelehrt, daß »das Allgemeine in den Formen durch das Denken erzeugt« werde. A. präzisierte und erweiterte diese Aussage: die Universalien, die Allgemeinbegriffe, sind gleichzeitig vor, in und nach den Dingen: *vor* den Dingen in Gottes Geist, wenn er die Dinge nach einer Gattung erschafft, *in* den Dingen als Merkmalsgemeinsamkeiten und *nach* den Dingen im menschlichen Erkennen, welches die Gattungen aus Erfahrung mittels Abstraktion erfaßt. Fragt man sich, warum ein solcher Streit eine ganze Epoche in heftige Debatten verwickeln konnte, so sei daran erinnert, daß, z.B. auf die Dreieinigkeitslehre angewandt, es später zu Ketzerprozessen und zu Bücherverbrennungen kam. – Eine ähnliche Auffassung ist später bei Abaelard zu finden, durch den sie auf die

Arbeitstische der Scholastiker kam. – Wenn im 13. Jahrhundert der Streit um die Vereinbarkeit von »Augustinus« und »Aristoteles« lange und heftig geführt wurde – wenn man die Grundeinstellungen zu gewissen philosophischen Fragen mit den Namen Einzelner so umreißen darf – dann mußte man sich immer mit A. und Averroës als bibelunabhängigen Autoritäten auseinandersetzen, wollte man die Philosophen mit ihren eigenen Argumenten widerlegen.

Verbeke, Gerard: Avicenna. Grundleger einer neuen Metaphysik. Opladen 1983. – Endress, Gerhard: Einführung in die islamische Geschichte. München 1982. – Bloch, Ernst: Avicenna und die aristotelische Linke. Frankfurt am Main 1963. – Horten, Max: Die Metaphysik des Avicenna. Leipzig 1907; Frankfurt am Main 1961.

Wolfgang Meckel

Baader, Franz von
Geb. 27. 3. 1765 in München; gest. 23. 5. 1841 in München

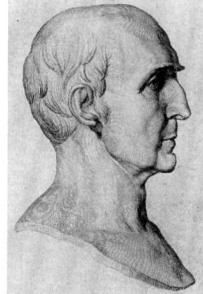

In seiner Heimatstadt hielt man ihn wohl für eine Art Original. »Die prägnantesten Äußerungen seines gelegentlichen Witzes«, heißt es, »waren zu Dutzenden in Umlauf«. Ohne Unterschied des Standes oder des Fassungsvermögens konnte es jedem passieren, von dem Münchner Sokrates, mit dem B. sich zuweilen scherzhaft verglich, auf offener Straße in ein philosophisches Gespräch verstrickt zu werden. Aber auch die Fachleute brachte er zum Staunen und in Verlegenheit. »Den mirakulösesten Mann, den ich je gesehen«, nennt ihn der weitgereiste schwedische Dichter Per Daniel Amadeus Atterbom: »Er spricht geradezu nichts anderes aus als nur die tiefsinnigsten Sätze, Antithesen, Gleichungen, Etymologien, physikalische Experimente und Religionsbetrachtungen, und dies entstürzt ihm Blitz auf Blitz, Schlag auf Schlag, in einem unbeschreiblichen Enthusiasmus . . . In welcher Sprache man wünscht, spricht er mit derselben Fertigkeit, und am liebsten in mehreren zugleich«. Sehr zum Leidwesen schon seiner Freunde ist von diesem Temperament der persönlichen Unterhaltung in B.s Schriften nichts wiederzuerkennen. Außergewöhnlich vielseitig, sehr gelehrt und verwirrend beziehungsreich sind zwar auch sie, zugleich aber umständlich, schwerfällig, ja strapaziös. Der Titel einer seiner wichtigsten Arbeiten etwa lautet in voller Länge wie folgt: *Über das dermalige Mißverhältnis der Vermögenslosen oder Proletairs zu den Vermögen besitzenden Klassen der Sozietät in betreff ihres Auskommens, sowohl in materieller als intellektueller Hinsicht, aus dem Standpunkte des Rechts betrachtet.* Was diese geschraubte Periode ankündigt, ist allerdings von höchster zeitgeschichtlicher Brisanz.

1835 erschienen, leistet B.s schmale Schrift eine der ersten Analysen des industriellen Frühkapitalismus in Deutschland. Streitbar zieht sie gegen die soziale Blindheit der Doktrin der freien Marktwirtschaft von »Adam Smith und seinen Nachsagern« zu Felde. B. weist darauf hin, daß mit der eingetretenen Steigerung der Produktivität in demselben Verhältnis das Verdienst der »Arbeiter . . . immer geringer ward, das Prekäre ihrer Existenz immer zunahm und der . . . Gewinn . . . sich immer unter weniger Individuen verteilte und häufte«. Ohne soziale Reformen, die wesentlich über die traditionelle Armenpolitik der Polizeigerichte und die private Mildtätigkeit hinausgingen, sei die Revolution daher unausbleiblich. Er selbst empfiehlt die »Bildung . . . legaler Assoziationen« und die politische »Repräsentation« der Arbeiter als Gegengewicht zu den »Konspirationen« der »Fabrikherrn«. An seinen gesellschaftlichen Auswirkungen zeigt sich für B. der »wahrhaft antiliberale, d. h. zum alten Despotismus und Servilismus zurückführende« Umschlag des aufgeklärten modernen Liberalismus. Wenn er demgegenüber für die Anerkennung eines solidaritätsstiftenden »Christentums als Sozietäts-Prinzip« eintritt, meint er damit nicht die »Mumien-Konservierung« historisch überholter Zustände. Es entspricht vielmehr dem Grundansatz seines evolutionären, auf Versöhnung der Gegensätze ausgerichteten Denkens, angesichts der neuzeitlichen »Ichtrunkenheit« auf eine religiöse Reintegration des Menschen hinzuwirken, die drei grundlegende Verbundenheiten umfaßt: die mit Gott, die der Individuen untereinander sowie die mit der Natur, der gegenüber sich daher ebenfalls jede Herrschaftsbeziehung ausdrücklich verbietet.

Mit der Zerstörung der sozialen Kultur war B. schon früh konfrontiert worden. Ursprünglich hatte der Sohn eines kurfürstlich-bayerischen Hofarztes in Ingolstadt Medizin studiert, dann aber, offensichtlich zu sensibel für den Beruf des Vaters, auf das Berg- und Hüttenwesen umgesattelt. Von 1792 bis 1796 arbeitet er als Ingenieur in Großbritannien. Dort eben wird er »Augenzeuge . . . des physischen und moralischen Elends« der »Proletairs«. Sein Reisetagebuch verrät starke Einflüsse des Anarchismus William Godwins sowie der Ideen von dessen späterer Frau: »Der Miß Marie Wollstonecraft *Rights of Women* haben mich sehr getroffen.« Nach München zurückgekehrt, gehen diese Anregungen auf im eingehenden Studium mystischer und theosophischer Traditionen. Jakob Böhme vor allem und Louis Claude de Saint Martin werden zu den wichtigsten Quellen von B.s universalistischen Einheitsspekulationen. Schon durch seine aufsehenerregende Dissertation *Vom Wärmestoff* (1786) mit ihrem Begriff der »Weltseele« zu einem Wegbereiter der romantischen Naturphilosophie geworden, findet er mit seinen *Beiträgen zur Elementar-Physiologie* (1797) und *Über das pythagoräische Quadrat in der Natur* (1798) den erneuten Beifall der führenden Vertreter dieser Richtung, von denen er besonders mit Friedrich Wilhelm Joseph Schelling in engem Gedankenaustausch steht. Bis der 55jährige ohne nähere Begründung in den Ruhestand versetzt wird, läßt seine rasche Karriere im bayerischen Staatsdienst B. kaum Zeit für größere Veröffentlichungen. 1807 hat er es zum Oberstbergrat gebracht. Ein Jahr später wird er in die Bayerische Akademie der Wissenschaften aufgenommen und, mit der Verleihung des Zivil-Verdienstordens der Krone, in den Adelsstand erhoben. Im Bayerischen Wald eröffnet er eine Glashütte, wo er ein neues Verfahren zur Glaserzeugung entwickelt, dessen Patent ihm die österreichische Regierung 1811 abkauft.

Nach der Niederlage Napoleons sieht B. die Möglichkeit gekommen, ein im Geiste des Christentums versöhntes, gesamteuropäisches »Gemeinwesen . . . wahrer Freiheit und Gleichheit« zu errichten. Mit seiner Denkschrift an die Monarchen der Siegermächte *Über das durch die französische Revolution herbeigeführte Bedürfnis einer neuen und innigeren Verbindung der Religion mit der Politik* (1815) wird er zu einem

Paten der »Heiligen Allianz«, deren machtpolitisch-restaurativer Kurs indes nicht seinen Absichten entspricht. Auf einer Reise nach Rußland, wo er 1822 bis 1824 vergebens um Unterstützung für sein kulturpolitisches Programm wirbt, entstehen die *Fermenta cognitionis* – ein Titel, der für B.s auf Offenheit und Fortsetzung durch den Leser ausgerichtete Philosophie bezeichnend ist.

1826 erhält er einen Ruf als nichtetatmäßiger Honorarprofessor an die neugegründete Münchner Universität. Er liest über Natur- und Gesellschaftsphilosophie, über Religionsphilosophie und – bis zum Verbot der Behandlung solcher Fragen durch Laien 1838 – über spekulative Dogmatik. In seinen Schriften zur *Erotischen Philosophie* (1828/1831) vertritt er die Theorie von der »ursprünglich androgynen Natur des Menschen«. Die Beziehung zwischen Mann und Frau vertrage daher keine Über- und Unterordnung. Ihr Ziel müsse die gegenseitige Ergänzung »zum ganzen Menschenbild« sein. B.s letzte Lebensjahre sind durch wirtschaftliche Not – er war mit seiner Glashütte in Schulden geraten – und heftige Auseinandersetzungen mit der Entwicklung innerhalb der katholischen Kirche getrübt. Gegen den ultramontanen Integralismus der *Römischen Diktatur* (1839) tritt er für eine erneuerte, ökumenisch und synodal verfaßte Weltkirche ein (*Der morgenländische und abendländische Katholizismus*, 1841), für jene tolerante und dialogische *Freiheit der Intelligenz* (1826), von der schon seine Münchner Antrittsvorlesung gehandelt hatte.

Koslowski, Peter (Hg.): Die Philosophie, Theologie und Gnosis Franz von Baaders. Wien 1993. – Wehr, Gerhard: Franz von Baader. Zur Reintegration des Menschen in Religion, Natur und Erotik. Freiburg im Breisgau 1980. – Hartl, Friedrich: Franz von Baader. Graz/Wien/Köln 1971. – Siegl, Josef: Franz von Baader. Ein Bild seines Lebens und Wirkens. München 1957.

Hans-Rüdiger Schwab

Babeuf, François Noel
Geb. 23. 11. 1760 in Saint-Quentin; gest. 28. 5. 1797 in Vendôme

B. war Zeitgenosse der Französischen Revolution, seine Auffassungen aber weisen über diese hinaus. Indem er den ersten Versuch unternahm, eine kommunistische Utopie nicht nur zu entwerfen, sondern sie auch politisch durchzusetzen, unterscheidet er sich von den frühen Utopisten. Als Theoretiker und Praktiker steht er zwischen ihnen und der später entstehenden Arbeiterbewegung.

B.s Auffassungen sind nur verständlich als Ergebnis sowohl des Einflusses der Aufklärungsphilosophie als auch der Erfahrungen der Französischen Revolution. Der 1760 in verarmten kleinbürgerlichen Verhältnissen geborene B. erhielt zunächst kaum eine Schulbildung. Erst seine Tätigkeit als Lehrling auf Schloß Daméry erlaubte ihm die Aneignung des sozialen und ökonomischen Gedankenguts seiner Zeit, insbesondere der Schriften von Rousseau, Mably und Morelly. Gleichzeitig erfuhr B. durch seinen seit 1777 in der Picardie erlernten Beruf eines

Feudalrechtsexperten und Grundbuchkommissars, der die Ansprüche des Feudal-
herrn gegenüber den Bauern durchzusetzen hatte, wie fragwürdig das feudale
Privilegiensystem war. Nach seiner Rückkehr aus dem revolutionären Paris wurde
B. ein Wortführer der Bauern in der Picardie. Diese forderten, daß nach der
Aufhebung der Feudallasten durch die Nationalversammlung im August 1789 die
Belastungen auch tatsächlich entfallen sollten. Als nunmehr politischer Agitator und
Journalist kritisierte B. in dieser Zeit besonders, wie wenig die neuen politischen
Rechte an der sozialen Lage des Volkes änderten. Um sein Ideal der sozialen
Gleichheit zu verwirklichen, forderte er vorübergehend das »Agrargesetz«, das die
Aufteilung der Großpachten vorsah. Das Leben unter den wesentlich aus Hand-
werks- und Krämerschichten kommenden Sansculotten von Paris, und die Arbeit in
der Verwaltung der Jakobinerdiktatur vermittelten B. einen lebendigen Eindruck von
den Problemen des Volkes in der Stadt. Aber erst nachdem er den Sturz der
Jakobinerdiktatur und die Niederschlagung der letzten Sansculottenaufstände im
Frühjahr 1795 erlebt hatte, entwickelte er seine politische und theoretische Konzeption vollständig. B. plante jetzt eine »Verschwörung für die Gleichheit« mit dem Ziel
einer Verwirklichung der vollkommenen Gleichheit und des allgemeinen Glücks.
Anders als die Jakobiner und Sansculotten forderte er nicht das Kleineigentum für
alle, sondern die Aufhebung des Privateigentums als Ursache der Ungleichheit. Auf
der Basis von Gemeineigentum sollte die Existenz gesichert werden. Ausgehend von
den Bedingungen der agrarischen und manufakturellen Produktion des 18. Jahrhunderts erwartete man einen ökonomischen Stillstand. – In der Französischen
Revolution selbst blieb die Wirkung der babouvistischen Konzeption begrenzt, der
Verrat der Verschwörung und die Hinrichtung B.s im Jahr 1797 sind hierfür nur ein
Grund. Eine große Resonanz in der Arbeiterbewegung des 19. Jahrhunderts aber
fanden seine Ideen, vermittelt durch Filippo Buonarrotis Geschichte der *Conspiration
pour l'egalité dite de Babeuf* von 1828, besonders wegen neuer Elemente der politischen Konzeption: der geplanten Leitung des Aufstands durch eine in einer Geheim-
gesellschaft organisierte revolutionäre Minderheit und der Vorstellung einer Über-
gangsdiktatur zur Durchsetzung einer Zukunftsgesellschaft, in der es dann keinen
Herrschaftsapparat mehr geben sollte.

Bambach, Ralf: Der französische Frühsozialismus. Opladen 1984. – Blos, Anna/Blos, Wilhelm
(Hg.): Philipp Buonarroti: Babeuf und die Verschwörung für die Gleichheit. Kötzting ²1975. –
Droz, Jacques (Hg.): Geschichte des Sozialismus. Von den Anfängen bis 1875. Bd. 1: Das
utopische Denken bis zur industriellen Revolution. Frankfurt am Main 1974.

Karen Schönwälder

Bachelard, Gaston
Geb. 27. 6. 1884 in Bar-sur-Aube; gest. 16. 10. 1962 in Paris

»Unseren täglichen Hunger gib uns heute« – so lautete B.s »Morgengebet« angesichts der Unmengen an Lesestoff, die er zu bewältigen hatte. Immer hatte er wohl das Gefühl, etwas »aufholen« zu müssen, immer wieder noch etwas dazu lernen zu können. Und nie wurde er müde, seine Erkenntnisse weiterzugeben, sei es als Professor für Geschichte und Philosophie der Naturwissenschaften an der Sorbonne oder auch in seinen Veröffentlichungen – in rund fünfzig Artikeln, in vielen Rezensionen und in über zwanzig Monographien. B.s berufliche Anfänge ließen indes nichts von einer solchen akademischen Laufbahn ahnen. Er ist zunächst – immerhin ein Jahrzehnt lang – einfacher Postbeamter in seinem Geburtsort. In seiner Freizeit allerdings lernt der Autodidakt für das Lehrerexamen in Mathematik, das er erfolgreich abschließt (1912). Nach der Teilnahme am Ersten Weltkrieg wird er Chemie- und Physiklehrer in Bar-sur-Aube (1919 bis 1930). Damit ist sein »Hunger« jedoch noch längst nicht gestillt. Er vertieft sich in die Philosophie, besteht auch in dieser Disziplin die »Licence«, das Staatsexamen (1920), und promoviert 1927 zum »Docteur ès Lettres« mit einer Arbeit aus dem Bereich der Erkenntnistheorie *(Essai sur la connaissance approchée)*, die noch im selben Jahr durch eine wissenschaftsgeschichtliche »thèse complémentaire« *(Étude sur l'évolution d'un problème de physique: la propagation thermique dans les solides)* ergänzt wird. Seine Universitätskarriere beginnt B. nach seiner Promotion in Dijon (1930), von wo aus er 1940 an die Sorbonne berufen wird (Lehrstuhlinhaber bis 1954).

B.s Denken kreist in der ersten Phase seiner Reflexion im Wesentlichen um die beiden Pole, die bereits seine Doppeldissertation ankündigen: um die Erneuerung des naturwissenschaftlichen und des philosophisch-erkenntnistheoretischen Verstehens. Sein Hauptanliegen galt der Frage, wie die Philosophie (vor allem in der Wissenschaftstheorie) nach den erdrutschartigen Veränderungen in den Naturwissenschaften zu Beginn des 20. Jahrhunderts – erinnert sei nur an die Relativitätstheorie – zu einem neuen, adäquaten Verständnis ihrer selbst geführt werden konnte. B. stellt sich mit dieser Position gegen eine jahrhundertealte philosophische Tradition, die davon ausgeht, es sei das philosophische Denken, das die Welt und ihre Phänomene erklärt, und gerade nicht das »zufällige« empirische Ereignis. Diese radikale Anti-Haltung hat B. selbst in den Titel einer seiner wichtigsten Veröffentlichungen, der *Philosophie du Non* (1940; *Die Philosophie des Nein*), aufgenommen. B. richtet seine Angriffe besonders gegen einen der großen französischen Philosophen, gegen Descartes. Im Gegensatz zu diesem vertritt er die These, daß die Prinzipien des Erkennens sich gerade nicht bruchlos und kontinuierlich aus einer sich immer stärker verfeinernden und kritischen Alltagserfahrung ableiten lassen. Vielmehr sind die Fortschritte des wissenschaftlichen Erkennens immer und überall Fortschritte gegen unsere alltägliche Erfahrung gewesen. Nichts baut hier aufeinander auf oder ergänzt sich; gerade umgekehrt bedeutet jedes weitere Voranschreiten auf dem Weg der Erkenntnis einen Bruch mit der bisher zurückgelegten Strecke. In B.s eigenen, fast furchteinflößenden Worten: »Der wissenschaftliche Geist kann sich nur konstituieren, wenn er den nichtwissenschaftlichen Geist ausrottet.« B. bezeichnet diese auf den ersten Blick negative Kategorie als »epistemologisches Hindernis« oder »epistemologischen Bruch« (»obstacle« oder »coupure épistémologique«), der sowohl die vorwissenschaftliche von der wissenschaftlichen, aber ebenso die einzelnen, historisch aufeinanderfolgenden Entwicklungsstufen der Wissenschaftsgeschichte voneinander trennt (hierzu bes.: *La Formation de l'esprit scientifique. Contribution à une psychanalyse de la connaissance objective*, 1938; *Die Bildung des wissenschaftlichen Geistes. Beitrag zu einer Psychoanalyse der objektiven Erkenntnis*). Mit seiner Epistemologie nimmt B. den gesamten modernen Bereich der Wissenschaftsforschung vorweg, der Wissenschaftstheorie, Wissenschaftsgeschichte und Wissenschaftssoziologie miteinander verbinden will (Wolf Lepenies in der Einleitung zur Übersetzung der *Bildung*). Den Fragen der Epistemologie widmet sich B. noch in *Le Rationalisme appliqué* (1949) und in *Le Matérialisme rationnel* (1953).

B. verneint nun allerdings keineswegs die Bedeutung des vorwissenschaftlichen Denkens und Erkennens. In einer zweiten Schaffensperiode fragt er vielmehr – z. B. in der auch in Deutschland berühmten *Psychanalyse du Feu* (1940; *Psychoanalyse des Feuers*) – weiter nach den besonderen Mythen und Metaphern, in denen sich dieses Denken Ausdruck verleiht; denn es sind eben diese bildlichen Vorstellungsweisen, die sich in der der alten, aber eben auch noch in der modernen Dichtung wiederfinden. So werden z. B. bestimmte Vorstellungen vom Feuer, die auf die Chemie vor Lavoisier zurückgehen, gleichsam unterirdisch weitertransportiert, auch wenn sie wissenschaftlich längst widerlegt sein mögen. Ein derartig vorwissenschaftliches Verständnis des Feuers begegnet etwa bei Novalis oder bei E. T. A. Hoffmann. Die Dichtung bleibt also, trotz des – wenn auch hindernisreichen – Fortschritts der Erkenntnis, einer Art kollektiver Urerfahrung der Menschheit verhaftet, und diese Urerfahrung teilt sich nicht nur über die Dichtung, sondern auch im Träumen jedem einzelnen Individuum mit, das das Träumen wieder zur Kunst sublimieren kann (*La Poétique de la rêverie*, 1960). B. selbst hat eine – für die damalige, am Autor-Werk-Schema orientierte positivistische Literaturwissenschaft – revolutionäre Analyse eines literarischen Textes in seinem *Lautréamont* (1939) systematisch durchgeführt. Dabei geht es ihm weniger um die psychoanalytische Entschlüsselung der Persönlichkeit des Autors (über den im übrigen so gut wie nichts bekannt war). Der Künstler hat vielmehr die Funktion eines Brennglases, in dem sich die an die Elemente (Feuer, Wasser, Erde, Luft; *L'Eau et les rêves. Essai sur l'imagination de la matière*, 1942; *L'Air et les Songes. Essai sur l'imagination du mouvement*, 1943; *La Terre et les Rêveries de la volonté. Essai sur l'imagination des forces* und *La Terre et la Rêveries du repos. Essai sur les images de l'intimité*, beide 1948) gebundenen Urerfahrungen des Menschen konzentriert auffinden und beschreiben lassen. In der *Poétique de l'espace* (1957; *Poetik des Raums*) geht B. noch einen Schritt weiter: Er löst die Produktion der poetischen Bilder gänzlich aus kausalen Zusammenhängen und erklärt sie als Kreation der unabhängigen »imagination«.

Gerade mit diesem neuen methodischen Ansatz – der Loslösung des literarischen Textes von der Biographie des Autors – ist B. (zusammen mit Georges Bataille und

Maurice Merleau-Ponty) zu einem der bedeutendsten Vorreiter der Nouvelle Critique und des Strukturalismus der 60er Jahre geworden; sein Einfluß auf die Schriften eines Michel Foucault, eines Louis Althusser oder auch eines Roland Barthes ist unverkennbar. Über die Grenzen Frankreichs hinaus ist B. indes lange ein Unbekannter geblieben; das gilt auch und gerade für den deutschen Sprachraum, wie die extrem verspäteten Übersetzungen einiger seiner Werke (oft liegen Jahrzehnte zwischen dem Erscheinungsdatum und der deutschen Fassung) leider allzu deutlich belegen.

Choe, Hong: Gaston Bachelard. Epistemologie: Bibliographie. Frankfurt am Main 1994. – Gil, Didier: Bachelard et la culture scientifique. Paris 1993. – Ginestier, Paul: Bachelard. Paris ³1987. – Quillet, Pierre: Gaston Bachelard. Paris. 1964. – Canguilhem, Georges: Sur une épistémologie concordataire. In: Hommage à Bachelard. Paris 1957, S. 3–12.

Ulrich Prill

Bacon, Francis

Geb. 22. 1. 1561 in London; gest. 9. 4. 1626 in Highgate bei London

Bekannter und berühmter als jedes Porträt B.s ist das Titelblatt seiner *Instauratio magna* (1620), das die Ausfahrt von Schiffen über die Säulen des Herkules (Gibraltar) hinaus in den freien Ozean darstellt. Machthaber und Machthungrige im seefahrenden England sahen damals Möglichkeiten eines »plus ultra« eröffnet: jenseits des Bekannten im bisher Unzugänglichen politischen und wirtschaftlichen Einfluß zu gewinnen. B.s Leser fanden in der Bildunterschrift sein wissenschaftliches Programm: »Multi pertransibunt & augebitur scientia« – viele werden hinausfahren, und das Wissen wird wachsen.

Seine neue Erfahrungswissenschaft hat B. nicht als Universitätslehrer vorgetragen; er konnte sich nur Lesern mitteilen, und ihnen machte er es schwer. So lobte ihn Jakob Brucker, der bedeutendste Philosophiehistoriker seiner Zeit, noch 1756 als einen Autor, der zwar die ursprüngliche Schönheit der Philosophie, ihr wahres Gesicht wiederhergestellt habe – seine Tiefe, sein neues Systematisieren und die dunkle Sprache hätten jedoch viele Menschen von der Lektüre ferngehalten. B. war nicht zum Philosophen ausgebildet, sondern nach dem Studium der ›artes liberales‹ in Cambridge und nach politischen Lehrjahren in Paris mit juristischen Studien in London befaßt, um wie sein Vater in den Staatsdienst zu gehen. Nach kurzer Tätigkeit als Anwalt begann er seine Laufbahn 1584 unter Königin Elisabeth, wurde unter Jakob I. Lordsiegelbewahrer und 1618 Lordkanzler, geadelt zum Baron von Verulam und Viscount St. Albans; seine Karriere endete 1621 nach einer Verurteilung wegen Bestechlichkeit mit der Aberkennung aller Ämter und Würden.

B.s gesellschaftlich-politisches Tun und Verhalten und seine wissenschaftliche Aktivität sind mannigfach verbunden, am eindringlichsten in den *Essays Of the Proficience and Advancement of Learning* (1597; *Über die Würde und den Fortgang der*

Wissenschaften), die »Sein und Handeln der Menschen tief berührend« B.s eigenes Streben als Staats- und Weltmann nach Orientierung in der Wirklichkeit reflektieren. So bestimmt der Essay *Über die hohe Stellung* (1612) den Politiker ungeachtet seines Strebens nach Macht als dreifachen Diener: des Fürsten oder Staates, des Rufes und des Amtes; zugleich aber stehe sein Handeln unter der Maxime, als Mensch »Mitarbeiter an Gottes Schöpfung« zu sein. In dem Utopiefragment *Nova Atlantis* (1627) von der Stadt jenseits der Säulen des Herkules, diesem neuerdings viel diskutierten technischen Modell, hat B. seine Intentionen dem »Haus Salomons« übertragen, das »der Staat«, ohne selbst Mitsprache zu begehren, großzügig finanziert: eine perfekte, dem Gemeinwohl verpflichtete Elite zur »Erforschung und Betrachtung der Werke und Geschöpfe Gottes«, gegründet, um »die Ursachen, Bewegungen und verborgenen Kräfte der Natur zu erkennen, die menschliche Herrschaft bis an die Grenzen des überhaupt Möglichen zu erweitern«. Hier ist erreicht, was B. wollte: durch Erfahrungswissen Macht gewinnen (und so wäre die *Nova Atlantis* eine leicht verständliche erste Einführung in B.s Philosophie). Im »Haus Salomons« wird auch gelehrt, wie man sich vor falscher Anwendung der eigenen Kräfte schützt: »Wir haben ... ein Haus der Blendwerke, wo wir alle möglichen Gaukeleien, Trugbilder, Vorspiegelungen und Sinnestäuschungen hervorrufen«; es ist verboten, »etwas Natürliches durch künstliche Zurüstungen wunderbar zu machen«, denn der Mensch würde solchen Täuschungen unterliegen, wenn er sie nicht erkannt hätte und zu vermeiden wüßte: Er muß seine Erfahrung schulen, um das Erkannte auch zu beherrschen. Die *Nova Atlantis* stellt vorwegnehmend als Realität vor, was Zweck und Ziel der theoretischen und methodischen Bemühungen B.s schon seit dem Fragment *Valerius Terminus* (entstanden 1603) war. In immer neuen Anläufen zählt er auf, was erforscht werden sollte, wie man vorgehen müsse, damit »die Naturerscheinungen rein, von jedem Schein und von jeder Wunderhaftigkeit unberührt vorgeführt werden« können – im *Valerius Terminus* war es theologisch akzentuiert: Wiederherstellung der Hoheit und Macht des Menschen, die er im Urzustand der Schöpfung hatte.

1620 läßt der erfolgreiche Staatsmann die *Magna instauratio imperii humani in naturam* (*Die große Erneuerung der menschlichen Herrschaft über die Natur*) erscheinen; programmatischer Titel seines Gesamtwerkes, von dem jedoch nur zwei Bücher ausgearbeitet sind, nämlich *Über die Würde und den Fortgang der Wissenschaften* und das *Novum organum scientiarum* (der Werktitel greift bewußt auf das *Organon* des Aristoteles zurück, von dessen logischen und metaphysischen Schriften sich B. scharf abgrenzte). Hier hatte B. den Vergleich mit der Biene gefunden: Wie sie den in den Blüten vorgegebenen Stoff sammelt und ihn aus eigener Kraft verarbeitet, soll der Mensch das naturgesetzlich Mögliche auszuführen lernen, das Lebensdienliche und -vervollkommnende, wie es im »Haus Salomons« praktiziert wird. Als bereits vorliegende Ergebnisse solchen Handelns nennt B. etwa Artillerie, Buchdruck und Kompaß. Bedingung hierfür ist, sich von irritierenden Vorurteilen, den »Idolen« (›Vorurteilsgötzen‹, Trugbildern) zu befreien. Am ausführlichsten behandelt B. dieses Zentralstück seiner Lehre im ersten Buch des *Novum Organum*; der Begriff betont den Gegensatz zu den »Ideen des göttlichen Geistes«. B. unterteilt die Idole in vier Gruppen: Die Idole der Gattung/des Stammes (»idola tribus«) gründen in der menschlichen Natur, die – als sei sie das Maß aller Dinge – ihre eigene Ordnung und Regelhaftigkeit in den Dingen der Natur wiederzufinden glaubt. Weiter unterliegt der einzelne den Idolen der Höhle (»idola specus«), in die er jeweils eingeschlossen ist; gemeint sind die individuellen Vorbilder und Vorlieben, die der jeweiligen Disposition entsprechenden Eindrücke. Die Idole des Marktes (»idola fori«), die lästigsten von allen, entstehen durch Kommunikation, durch unangemessene und törichte Zuordnung der Wörter zu den Dingen, durch Bildung von Bezeichnungen für nichtexistierende Phänomene, kurz: mit der Herrschaft der Wörter über den Verstand. Die Idole des Theaters (»idola theatri«) nennt B. auch Idole der Theorien, der schlechten Autoritäten philosophischer Überlieferung. Nur wer den Idolen ganz entsagt, kann richtig urteilen. Man muß zu den »Ursprüngen der Dinge« zurückgehen, zur »historia naturalis«, um den auf Wissenschaft gegründeten Zugang zum »Reich des Menschen« und zur Interpretation der Natur zu gewinnen, muß mit seiner durch »certa ratio« geübten Erfahrung der Vielfalt der Erscheinungen gerecht werden, muß beobachtend und experimentierend planmäßig Tatsachen erfassen, die Grundqualitäten in den Stoffen als solche »absolut« erkennen, damit die Natur sich erschließt: »Nur durch Gehorsam wird sie besiegt«. Die zum Handeln nötigen Erkenntnisse gewinnt, wer vermittels der Methode der »Induktion« zu Sätzen von immer höherer Allgemeinheit bis zur Erkenntnis der Gesetze der Natur aufsteigt. Bei ihren Gegenständen und Eigenschaften (»Formen«) handelt es sich um ein abgeschlossenes, letztlich überschaubares Ganzes mit einer begrenzten Menge von Fakten und Daten, die besser und vollständiger zu sammeln, zu ordnen und auszuwerten sind als bislang. Denn nur dann kann der Mensch handelnd, im Sinne ihres Schöpfers auch vollendend mit der Natur umgehen und sie beherrschen, wenn er »plus ultra« ordnend und benennend durch »Erfahrung« die Herrschaft über die Dinge gewinnt. Dann steht er nicht mehr betrachtend vor der fertigen Schöpfung, sondern arbeitet an ihr mit: Er hätte das Ziel des Empirismus erreicht, an dessen Anfang B. wegweisend steht.

Blumenberg, Hans: Rechtfertigungen der Neugierde als Vorbereitung der Aufklärung. In: Der Prozeß der theoretischen Neugierde. Frankfurt am Main ³1984. – Brandt, Reinhard: Über die vielfältige Bedeutung der Baconschen Idole. In: Philosophisches Jahrbuch 83/1976.

Karl-Heinz Gerschmann

Bakunin, Michail Alexandrowitsch

Geb. 30. 5. 1814 in Prjamuchino (Distrikt Torjok, Rußland); gest. 1. 7. 1876 in Bern

»Laßt uns also dem ewigen Geiste vertrauen, der nur deshalb zerstört und vernichtet, weil er der unergründliche und ewig schaffende Quell alles Lebens ist. – Die Lust der Zerstörung ist zugleich eine schaffende Lust.« Mit diesen Worten endet der Aufsatz über *Die Reaktion in Deutschland*, den B. unter einem Pseudonym 1842 in den linkshegelianischen *Deutschen Jahrbüchern für Wissenschaft und Kunst* erscheinen ließ. B. setzte sich vehement für die französischen Ideen von Freiheit, Gleichheit und Brüderlichkeit ein, die in seinen Augen auf eine gänzliche Vernichtung der politischen und sozialen Welt hindeuteten. In der Kadettenanstalt von St. Petersburg, in der er zum Offizier ausgebildet worden war, hatte er die Enge und Unmenschlichkeit der bestehenden Verhältnisse zum erstenmal leidvoll erfahren müssen. Mit 21 Jahren hatte er den Militärdienst quittiert und war zum Studium nach Moskau gegangen, wo er sich intensiv mit der Philosophie Fichtes und Hegels beschäftigt hatte. Aufgrund seines ungestümen Freiheitsdrangs und seiner Leichtfertigkeit in finanziellen Dingen kam es zum Bruch mit seinem Elternhaus. 1840 ermöglichte ihm ein Stipendium von Alexander Herzen, an die Universität Berlin zu gehen, wo er mit Linkshegelianern in Berührung kam. Die Schriften von Feuerbach, David Friedrich Strauß und den französischen Sozialutopisten machten ihn zum Atheisten und engagierten Revolutionär. Von Dresden, wohin ihn die Freundschaft mit Arnold Ruge gezogen hatte, mußte er wegen seines Artikels in den *Deutschen Jahrbüchern* nach Zürich fliehen, wo er durch Wilhelm Weitling zum erstenmal mit kommunistischen Ideen in lebendige Berührung kam. In einer anonym veröffentlichten Serie von Artikeln für den *Schweizerischen Republikaner* sprach B. sich für ein auf uneingeschränkter Freiheit beruhendes Gemeinschaftsleben aus, lehnte jeglichen obrigkeitlichen Zwang ab und propagierte die revolutionäre Aufgabe des einfachen Volkes. Wilhelm Weitling wurde verhaftet und vor Gericht gestellt, B. entzog sich der Aufforderung, nach Rußland zurückzukehren, erneut durch die Flucht, wodurch er seinen Adelstitel und die russischen Bürgerrechte verlor. Er floh 1843 nach Brüssel und 1844 nach Paris. Hier vertiefte er in Gesprächen mit Pierre-Joseph Proudhon und Karl Marx seine Anschauungen über die bestehenden politischen Verhältnisse und die Möglichkeiten ihrer Überwindung. Der Gegensatz zu Marx trat bereits in Erscheinung: B. vermißte bei ihm eine echte Beziehung zum Volk und zur Idee der Freiheit. Nachdem er 1847 in einer Rede vor polnischen Emigranten zum Aufstand aller slawischen Völker gegen die russische Despotie aufgerufen hatte, mußte er erneut fliehen. In den folgenden zwei Jahren tauchte er überall auf, wo es zu Aufständen kam: in Paris, Frankfurt, Berlin, Breslau, Prag und Dresden. 1849 wurde er in Chemnitz verhaftet, erst an Preußen, dann an Österreich, 1851 schließlich an Rußland ausgeliefert, wo er nach mehreren Jahren Kerkerhaft 1857 nach Sibirien verbannt wurde. 1861 gelang es ihm, über Japan und die Vereinigten Staaten nach London zu fliehen, wo er sogleich eine über ganz

Europa verzweigte konspirative Tätigkeit zu entfalten begann. 1865 gründete er in Neapel die »Internationale Bruderschaft«. In seinem programmatischen *Revolutionären Katechismus* (1866), einem der grundlegenden Dokumente des Anarchismus, forderte er die »radikale Auflösung aller gegenwärtig bestehenden religiösen, politischen, ökonomischen und sozialen Organisationen und Einrichtungen und die Neubildung zunächst der europäischen, dann der universellen Gesellschaft auf den Grundlagen der Freiheit, der Vernunft, der Gerechtigkeit und der Arbeit.« Für die Verbreitung seiner Ideen warb er 1867 in Genf in der »Liga für Frieden und Freiheit«, außerdem in seiner Schrift *Föderalismus, Sozialismus, Antitheologismus* (1867/68) und in Artikeln der Schweizer Zeitung *Egalité* (1869), die er redigierte. Durch die kurzfristige Zusammenarbeit 1869/70 mit dem skrupellosen Fanatiker Netschajew (»Die Revolution rechtfertigt alle Mittel«) geriet B.s Anarchismus in die Nähe politisch verbrämten Verbrechertums, was Marx 1872 zum Anlaß nahm, ihn aus der »Internationalen Arbeiter-Assoziation« auszuschließen. 1870, kurz nach dem Beginn des deutsch-französischen Kriegs, rief B. in Lyon die französischen Volksmassen zu einem Aufstand auf, doch es schlossen sich ihm nur wenige Arbeiter an, die von der Nationalgarde schnell überwunden wurden. B. entwich nach Marseille, wo er an dem umfangreichen Werk *Das knutogermanische Reich oder die soziale Revolution* zu arbeiten begann, von dem ein erster Teil 1871 und ein weiteres Fragment *Gott und der Staat* posthum 1882 erschienen sind. Gegen Guiseppe Mazzinis Verurteilung der Pariser Commune veröffentlichte er 1871 zwei Streitschriften, die seinen Ideen in Italien und Spanien viele Anhänger gewannen. 1873 erschien *Staatlichkeit und Anarchie*, die letzte, von ihm selber veröffentlichte Schrift, in der er sich noch einmal gegen jede Form der Regierung »von oben nach unten«, also auch gegen eine Diktatur des Proletariats, und für eine freiheitliche, föderalistische Organisation der Menschen »von unten nach oben« einsetzte. Er sah jedoch ein, daß die Zeit für eine solche Revolution noch nicht gekommen ist. Skeptisch und müde geworden, zog er sich von agitatorischen Tätigkeiten weitgehend zurück, wenn er sich auch 1874 in Bologna noch einmal an die Spitze eines Arbeiteraufstands zu stellen versuchte, der jedoch im Keim erstickt wurde. Sein Gesundheitszustand verschlechterte sich schnell; verarmt und vereinsamt starb er 1876 im Krankenhaus eines Freundes in Bern.

Dooren, Wim van: Bakunin zur Einführung. Hamburg 1985. – Saltman, R. B.: The Social and Political Thought of Michail Bakunin. Westport 1983.

Wolfhart Henckmann

Barth, Karl

Geb. 10. 5. 1886 in Basel; gest. 10. 12. 1968 in Basel

Es war nicht vorauszusehen, daß der unruhige aargauische Pfarrer, der gelegentlich seufzen konnte: »Könnte man doch etwas anderes sein als Pfarrer!«, einer der großen Lehrer der Kirche in diesem Jahrhundert werden sollte. Nicht weniger überraschend ist, daß aus dem, was B. Anfang der 20er Jahre als »Randbemerkungen und Glosse«, als »Unerledigte Anfragen« an die herrschende Theologie veröffentlichte, schließlich das monumentale Fragment eines umfassenden theologischen Systems werden sollte, wie es in der unvollendet gebliebenen, dreizehnbändigen *Kirchlichen Dogmatik* (seit 1932) vorliegt.

In B.s Werk ist die Krise der bürgerlichen Welt und Religion, wie sie sich in den sozialen Konflikten zu Jahrhundertbeginn und im Ausbruch des Ersten Weltkriegs manifestierte, theologisch verarbeitet. Sein Denken hat wesentlichen Anteil daran, daß wenigstens ein Teil der Kirche der Anpassung an den Nationalsozialismus Widerstand entgegensetzte. Die Theologie von B. ist auch die Antwort auf die Krise einer Theologie, die im Banne von Historismus und Psychologismus ihrer Sache unsicher geworden war. Um der von der Theologie zu bedenkenden Sache willen nahm er immer wieder Stellung zur Lage in Kirche und Politik. So wie es für ihn keinen weltlosen Gott gibt, so gibt es letztlich auch keine gottlose Welt.

Entgegen den Wünschen des Vaters, eines ›positiv‹ ausgerichteten reformierten Pfarrers und späteren Professors für Kirchengeschichte und Neues Testament, zog es den Studenten B. nach Marburg, damals eine der Hochburgen der modernen, liberalen Theologie und des Neukantianismus. Auf Umwegen erst, die vom Vater erzwungen wurden, gelangte er 1908 in dieses sein »Zion«. Insbesondere der Systematiker Wilhelm Herrmann beeindruckte ihn tief. Dessen Begründung der Eigenständigkeit der christlich-religiösen Erfahrung, ihre Abgrenzung von Metaphysik und Moral bei starker Orientierung am sittlichen Problem des Menschseins sowie die Konzentration auf die Person Jesu übten einen nachhaltigen Einfluß auf B. aus. Kurz vor seinem Übergang ins Vikariat faßte er zusammen, was die akademische Theologie dem angehenden Pfarrer in seinem »Schulsack« mit auf den Weg gab: »religiöser Individualismus« und »historischer Relativismus«. Von beidem hat B. sich dann auf dem Weg zu seiner eigenen Theologie strikt abgewendet.

Von 1909 bis 1911 war B. Hilfsprediger in Genf, daran anschließend bis 1921 Pfarrer in dem Dorf Safenwil im Aargau. In die erste Zeit in Safenwil fällt die Heirat mit Nelly Hoffmann, einer Konfirmandin B.s aus seiner Genfer Zeit. In seiner Gemeinde wurde B. »wohl zum ersten Mal von der wirklichen Problematik des wirklichen Lebens berührt«: durch die bedrückende Abhängigkeit der Arbeiterschaft mit all ihren Folgeerscheinungen bis hin zu Kinderarbeit und Alkoholismus. Mit Vorträgen bei den Arbeitervereinen und durch Hilfe bei der gewerkschaftlichen Selbstorganisation machte er die Sache der Arbeiter zu seiner eigenen. Auseinandersetzungen in der Gemeinde blieben nicht aus. Gottes Offenbarung in Jesus legt sich

B. nun in Begriffen eines ethischen Sozialismus aus: »Der Geist, der vor Gott gilt, ist der soziale Geist.« Was die sozialdemokratische Arbeiterschaft will, das ist in seiner Wahrheit Hoffnung auf das Reich Gottes und seine Gerechtigkeit. Nicht Jenseitigkeit, sondern Verleiblichung des Geistes auf der Erde ist der Kern des christlichen Glaubens und die Wahrheit der sozialistischen Hoffnung. Unter dem Einfluß von Christoph Blumhardt sowie von Hermann Kutter und Leonhard Ragaz, den beiden Vätern des religiösen Sozialismus in der Schweiz, gehören für B. Gott und die Hoffnung auf eine neue Welt zusammen. Diese Hoffnung wurde ihm auch dann nicht fraglich, als er am Beginn des Ersten Weltkriegs erkennen mußte, daß weder die sozialistische Bewegung noch die so hochgeschätzte deutsche akademische Theologie Gottes Saches vertreten, sie vielmehr an den nationalistischen Patriotismus verraten. Doch rücken die Hoffnung auf Gott und die bestehende Welt für B. nun stärker in ein vermittlungsloses Gegenüber. In den späten 20er Jahren entdeckt B. die Kirche neu als die Gemeinde, die sich zu Gottes Offenbarung in Jesus Christus bekennt, sie in ihrem Leben und mit ihrer Gestalt und Ordnung in dieser Welt bezeugt.

In den Jahren des Safenwiler Pfarramts lebte B. in regem geistigen Austausch mit seinem Freund Eduard Thurneysen, Pfarrer im nahegelegenen Leutwil. Sie suchen eine »›ganz andere‹ theologische Grundlegung«. Aus dieser Suche erwächst B.s Beschäftigung mit dem Römerbrief des Apostels Paulus. Die Frucht dieser Arbeit in den Jahren 1916 bis 1918 ist das Buch *An die Römer* (1919), eine Paulusauslegung ganz eigener Art. Sokrates und Platon, Goethe, Schiller und Nietzsche treten als Zeugen der von Paulus geschauten und verkündigten Wahrheit Gottes auf. Sie kann in Theologie und Philosophie letztlich nicht verschieden sein. Unmittelbar spricht diese Wahrheit in die Gegenwart über alle historische Gebundenheit hinweg. In eindringlicher Sprache wird die jenseitige Wirklichkeit Gottes als die das Diesseits bewegende und verändernde Kraft entfaltet. Sie ist Auferstehungskraft und als solche die Revolution Gottes gegen und für die entfremdete Welt. In dieser Erkenntnis gilt es mithoffend, mitleidend und mitschaffend in die von Gott in Gang gesetzte Bewegung einzutreten und an ihr teilzunehmen.

Das Buch brachte B. einen Ruf auf den neugeschaffenen Lehrstuhl für reformierte Theologie in Göttingen ein. Als B. dann zum Wintersemester 1921/22 dorthin übersiedelte, war schon die gänzlich veränderte zweite Auflage im Druck. Sie machte den Verfasser berühmt und zu einem Wortführer der neuen theologischen Bewegung, die als »Dialektische Theologie« und »Theologie des Wortes Gottes« in die Geschichte der Theologie eingegangen ist. Der Einfluß von Franz Overbeck und Sören Kierkegaard, aber auch von Dostojewski, Kant und Platon haben eine neue Sicht der Dinge bewirkt. Gott und Mensch, Ewigkeit und Zeit treten in einen scharfen Gegensatz zueinander. Gottes Ja zum Menschen wird paradox nur in seinem Nein, Gottes Gnade nur in seinem Gericht vernehmbar. Unter diesem Gericht steht gerade auch der religiöse Mensch. Alle Vermittlungen zwischen Gott und Mensch werden negiert. Es gibt keine Brücke von hier nach dort, nur eine von dort nach hier in Gottes Offenbarung. Doch ruht diese Brücke in der Zeit und in der Welt nirgends auf. B. vollzieht eine Absage an die ganze neuprotestantische theologische Tradition, insbesondere an die von Friedrich Schleiermacher ausgehende Richtung, die die Wahrheit des christlichen Glaubens auf der Wahrheit der Religion begründete. Religionskritik wird als notwendige Aufgabe der Theologie begriffen, Feuerbach in seiner Bedeutung für die Theologie erkannt. Menschlicher Subjektivität ist es auch in ihrer Frömmigkeit nicht möglich, Gott in seiner Wahrheit zu fassen, ohne ihn anzugleichen und für ihre Zwecke und Interessen in Gebrauch zu nehmen. Ein starkes ideologiekritisches Element ist in der Gotteserkenntnis des zweiten *Römerbriefs* (1922) wirksam.

Die neue Erkenntnis ist freilich auf Kosten der Einsicht in Gottes Menschlichkeit erkauft, wie sie sich in seiner Offenbarung im Menschen Jesus erweist. Es ist ein zentrales Motiv in der Veränderung von B.s Theologie seit den 30er Jahren, daß er zunehmend die Humanität Gottes bedenkt. Dies geschieht besonders in der Lehre von der Erwählung und Versöhnung in der *Kirchlichen Dogmatik*. Vor aller Zeit hat sich der souveräne Gott für den Menschen Jesus und in ihm für alle Menschen entschieden. Darin erweist sich die Göttlichkeit Gottes, daß er sich in Freiheit erniedrigt, des Menschen Entfremdung, Elend und Schuld zu seiner eigenen Sache macht und ihn so mit sich versöhnt. Der freie Gott will den freien, ihm entsprechenden Menschen.

B. nahm 1925 einen Ruf nach Münster an, 1930 ging er nach Bonn. Mit Thurneysen und Friedrich Gogarten zusammen gab er seit 1923 die Zeitschrift *Zwischen den Zeiten* heraus. Sie wurde das Sprachrohr der neuen theologischen Bewegung und erschien bis 1933, als die theologischen Gegensätze zwischen B. und Gogarten unüberbrückbar wurden. Charlotte von Kirschbaum wurde B.s enge Mitarbeiterin. Politisch hielt B. sich in dieser ganzen Zeit als Schweizer sehr zurück. Immerhin trat er 1931 der SPD bei, Mitglied der Sozialdemokratischen Partei der Schweiz war er seit 1915. Er wollte in der sich zuspitzenden politischen Lage ein Zeichen dafür setzen, wo er die »Erfordernisse einer vernünftigen Politik« noch am ehesten gewahrt fand. Es waren dann die Ereignisse im Zusammenhang der Machtergreifung Hitlers, die B. zu stärkerer Beteiligung am kirchlichen und damit indirekt auch am politischen Geschehen herausforderten. In den Bestrebungen der »Deutschen Christen« sah er den Grundschaden der Theologie seit der Aufklärung sich unheilvoll auswirken: die Begründung der Botschaft von Gottes Offenbarung in Jesus Christus auf ein anthropologisches und religionspsychologisches Fundament. B. ist der Hauptverfasser der *Theologischen Erklärung*, die auf der ersten Bekenntnissynode der Deutschen Evangelischen Kirche in Barmen 1934 verabschiedet wurde. In sechs Thesen wird die »Botschaft von der freien Gnade Gottes« gegen ihre geschichtstheologische Bindung an die Ereignisse des deutschen ›Erwachens‹ sowie gegen die Mediatisierung von Gottes Wort durch sogenannte natürliche Ordnungen des Volkstums, der Rasse und des Blutes ans Licht gestellt. Aufgaben und Grenzen der Kirche und des Staates werden eingeschärft.

Die theologische Neuorientierung der 20er Jahre trug im kirchlichen Widerstand Früchte. B. hat freilich später die Grenzen dieses Widerstands selbst benannt, der sich auf die Freiheit der Kirche und die Reinheit ihrer Lehre konzentrierte. Erst seit 1937/38 rief B. zum politischen und auch militärischen Widerstand gegen den Nationalsozialismus auf und trat dessen Antisemitismus öffentlich entgegen. Doch schon 1935 mußte er Deutschland verlassen, weil er den Treueeid auf Hitler nur mit dem Zusatz leisten wollte: »soweit ich es als evangelischer Christ verantworten kann«. Die Universität Basel nahm den Ausgewiesenen auf, B. erhielt einen außerplanmäßigen Lehrstuhl.

Von der Schweiz aus begleitete B. den deutschen Kirchenkampf durch Zuspruch und Mahnung. Die Hauptarbeit aber galt der *Kirchlichen Dogmatik*. Gegenüber der deutschchristlichen Berufung auf die verpflichtende Macht angeblicher Schöpfungsordnungen wird von B. eine Schöpfungslehre aus dem in der Erwählung gründenden Bund Gottes mit den Menschen entwickelt. Angesichts der Verfolgung der Juden wird die bleibende Erwählung Israels wenigstens im Ansatz herausgearbeitet. Beide Weichenstellungen waren ebenso programmatisch, wie sie umstritten blieben.

Nach dem Krieg setzte B. sich für einen Neuaufbau in Kirche und Staat von unten ein. Auf heftigen Widerspruch auch aus Reihen der Kirche stieß seinen Warnung vor der Einreihung der Deutschen in die Fronten des Kalten Krieges und vor der Wiederbewaffnung. Bei aller Entstellung sah er im Kommunismus ein berechtigtes Anliegen wirksam, dem nicht durch Antikommunismus, sondern nur durch Schaffung gerechter Verhältnisse zu begegnen ist.

Jüngel, Eberhard: Barth-Studien. Zürich/Köln/Gütersloh 1982. – Busch, Eberhard: Karl Barths Lebenslauf. München ³1978. – Balthasar, Hans Urs von: Karl Barth. Einsiedeln ⁴1976.

Edgar Thaidigsmann

Barthes, Roland
Geb. 12. 11. 1915 in Cherbourg; gest. 26. 3. 1980 in Paris

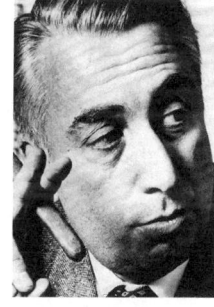

Zu Beginn der 60er Jahre wird in Paris das seit den 40er Jahren vorherrschende Denksystem des Existentialismus vom Strukturalismus abgelöst. Die existentialistische Vorstellung einer Dialektik von Determination und Freiheit, eines innerhalb seiner Fremdbestimmtheit frei handelnden Subjekts der Geschichte weicht der Überzeugung von der Determination des Menschen durch wissenschaftlich erforschbare Strukturen, denen des Unbewußten, der soziokulturellen Zeichen- und Kommunikationssysteme. Diese strukturalistische Wende, die durch die Namen Claude Lévi-Strauss, Michel Foucault und Jacques Lacan markiert wird und zum dominierenden Interesse an Linguistik und Semiologie führt, hat B. wie ein teilnehmender Ethnologe gleichzeitig praktiziert und kommentiert, ohne je bei den von ihm selbst mitentwickelten Theorien stehen zu bleiben. In seinem ersten Buch, *Le degré zéro de l'écriture* (1953; *Am Nullpunkt der Literatur*), versucht er nachzuweisen, daß ein Text nicht in seiner Kommunikationsfunktion aufgeht, sondern noch von einer zweiten sprachlichen Schicht strukturiert ist, in der sich eine fälschlich als natürlich empfundene und daher als solche nicht mitteilbare Beziehung zum jeweiligen historischen Augenblick niederschlägt, in dem der Text entsteht. Diese Beziehung nennt B. »écriture«. Da der zeitgenössische Schriftsteller die bürgerliche Gesellschaft nicht mehr als natürlichen Zustand empfinden kann, er aber nur über eine »écriture« verfügt, die er von deren bürgerlicher Geschichte ererbt hat, befindet sich die Literatur zwangsläufig in einer Krise: »als Notwendigkeit bezeugt (die »écriture«) die Zerrissenheit der Sprachen, die untrennbar ist von der Zerrissenheit der Klassen: als Freiheit ist sie das Bewußtsein von dieser Zerrissenheit und die Anstrengung, die diese überschreiten will ... Literatur wird zur Utopie der Sprache.« Um den Schein der Natürlichkeit historisch bedingter gesellschaftlicher Interessen zu entlarven, wendet B. in seinen *Mythologies* (1957; *Mythen des Alltags*) strukturalistische Methoden auf die Untersuchung sprachlicher und nicht-sprachlicher Produkte der Massenkommunikation und des Massenkonsums an und kommt zu dem Ergebnis, daß deren manipulatorische Mystifikation mittels Überlagerung der Kommunikation durch mythenähnliche Metasprachen zustande kommt. Die subversive Funktion einer solchen Mythologie des Alltags wird von B. im Namen der Freiheit bejaht: »da (die Mythologie) für gewiß hält, daß der Mensch der bürgerlichen Gesellschaft in jedem Augenblick in falsche Natur getaucht ist, versucht sie, unter den Unschuldigkeiten noch des naivsten Zusammenlebens die tiefe Entfremdung aufzuspüren, die zusammen mit diesen Unschuldigkeiten hingenommen werden soll. Die Entschleierung, die sie vornimmt, ist also ein politischer Akt.« Von 1960 an setzt B., der sein Leben – abgesehen von einigen Auslandsaufenthalten – als Gymnasiallehrer, Lektor, Zeitschriftenredakteur und Hochschullehrer verbringt, seine Forschungen als Leiter eines von ihm gegründeten Zentrums für Massenkommunikation an der »École Pratique des Hautes Études« in Paris und der von diesem Institut herausgegebenen Zeitschrift *Communications* fort. Dort entwickelt er seine *Éléments de sémiologie* (1964; *Elemente der Semiologie*), seine Grundlegungen für eine allgemeine Zeichentheorie. Dennoch empfindet er ein tiefes Unbehagen bei dieser entlarvenden Tätigkeit des Mythologen: »wenn der Mythos die gesamte Gesellschaft befällt, muß man, wenn man den Mythos freilegen will, sich von der gesamten Gesellschaft entfernen ... Und doch zeigt sich darin, was wir suchen müssen: eine Aussöhnung des Wirklichen und der Menschen.« Dieser Wunsch nach »Aussöhnung des Wirklichen und der Menschen« wird für B. zunehmend zum Stimulans seiner weiteren Untersuchungen: Warum ist der Mensch durch manipulatorische Mythen verführbar? Wegen seines Leidens unter entfremdenden Zwängen, wegen seines Wunsches nach Vermeiden von Angst und Schmerz. Wegen seiner Begierde nach Lust. Also verbirgt sich hinter den manipulatorischen Mythen, deformiert durch das alltägliche Angebot von Ersatzbefriedigungen, ein Diskurs der Lust. »Jeder etwas allgemeine Mythos ist effektiv zweideutig, weil er die Humanität selbst jener repräsentiert, die ihn, da sie nichts besitzen, entliehen haben.« Um das Aufspüren dieser Humanität geht es B., um das, was sich der Logik und Kohärenz des kommunikativen Diskurses, der Repression der manipulatorischen Mythen entzieht und sich in Widersprüchen, Alogismen, unbeabsichtigten Assoziationen, unwillkürlichen Vermischungen inkommensurabler Zeichensysteme manifestiert. Und da sich der Diskurs der Lust am ehesten an literarischen Texten aufdecken läßt, widmet sich B. neben seinen Untersuchungen der Mythen der Massenkommunikation und des Massenkonsums, so *La tour Eiffel* von 1964 (*Der*

Eiffelturm), *Systèm de la mode* von 1967 (*System der Mode*) und *L'empire des signes* von 1970 (*Das Reich der Zeichen*), einem Buch über Japan, weiterhin der Literaturkritik, wie in *Michelet par lui-même* von 1954 (*Michelet*), in *Sur Racine* von 1963 und den *Essais critiques* von 1964 – eine deutsche Auswahl aus diesen beiden Schriften erschien unter dem Titel *Literatur und Geschichte* –, in *Critique et vérité* von 1966 (*Kritik und Wahrheit*) in *S/Z* (1970; dt. 1987) und in *Sade, Fourier, Loyola* (1971; dt. 1986). Bei diesen Untersuchungen entwickelt B. zunehmend einen von Wortneubildungen und Sprachspielen durchsetzten assoziativen, aphoristischen Stil, mit dem er den Diskurs der Lust einer Lektüre der Lust nachzubilden sucht. Diese Methode führt er in *Le plaisir du texte* (1973; *Die Lust am Text*) vor: »Man denke sich einen Menschen . . ., der alle Klassenbarrieren, alle Ausschließlichkeiten bei sich niederreißt . . ., der alle Sprachen miteinander vermengt, mögen sie auch als unvereinbar gelten, der stumm erträgt, daß man ihn des Illogismus . . . zeiht . . ., der sich nicht beirren läßt vom Gesetzesterror . . . Ein solcher Mensch wäre der Abschaum unserer Gesellschaft: Gericht, Schule, Irrenhaus und Konversation würden ihn zum Außenseiter machen . . . dieser Antiheld existiert: es ist der Leser eines Textes in dem Moment, wo er Lust empfindet. Der alte biblische Mythos kehrt sich um, die Verwirrung der Sprachen ist keine Strafe mehr, das Subjekt gelangt zur Wollust durch die Kohabitation der Sprachen.« Dem nicht beschreibenden, sondern simulierenden Aufspüren des Diskurses der Verliebten, ist eines der ungewöhnlichsten Bücher B.' gewidmet: *Fragments d'un discours amoureux* (1977; *Fragmente einer Sprache der Liebe*). Aber auch eine solche assoziative Lektüre befriedigt ihn schließlich nicht mehr, denn »die vom Buchstaben des Textes erzeugten Assoziationen sind niemals anarchisch; sie sind immer in bestimmten Codes, in bestimmten Sprachen, in bestimmten Stereotypenlisten eingefangen. Die subjektivste Lektüre . . . ist immer nur ein Spiel nach bestimmten Regeln.« Selbst spielerisch also bleibt man im System der Zeichen eingeschlossen, bei dem das »signifiant«, der Zeichenträger, immer nur auf das »signifié«, das Bezeichnete, verweist, nie auf das »référent«, die unbezeichnete Realität. In seinem letzten Buch, *La chambre claire* von 1980 (*Die helle Kammer*) präsentiert er daher eine Ausdrucksform, der es gelingen kann, aus jedem Zeichensystem auszubrechen und das »référent« ohne Codes darzubieten: das nicht arrangierte Amateur- oder Dokumentarfoto. Vom Gegenstand eines solchen Fotos kann man nur sagen, daß er unleugbar »da gewesen« ist. Diese Unmittelbarkeit bezieht ihre furchterregende Faszination aus der Erfahrung der Unwiederbringlichkeit der Realität. B. wagt die Behauptung, daß in unseren areligiösen Kulturen, in denen der Tod keinen kulturellen Platz mehr hat, die Erschütterung vor einem Foto vielleicht diesen Platz einnehmen kann.

Trotz seiner zunehmenden Entfernung vom Diskurs der Wissenschaft, gerade auch von der von ihm selbst entwickelten Semiologie, erhält B. 1977 einen Lehrstuhl für Semiologie am »Collège de France«. In seiner Antrittsvorlesung schildert er die Entwicklung seiner Forschungen: »Ich müßte mich gewiß zunächst nach den Gründen fragen, die das Collège de France bewogen haben können, ein unsicheres Subjekt aufzunehmen . . . wenn es auch zutrifft, . . . daß ich meine Forschung sehr früh mit der Entstehung und Entwicklung der Semiologie verknüpft habe, so trifft doch auch zu, daß ich wenig berechtigt bin, diese zu repräsentieren, so sehr war ich

– kaum erschien sie mir konstituiert – geneigt, deren Definition zu verschieben und mich auf die exzentrischen Kräfte der Modernität zu stützen.«

Barthes après Barthes. Une actualité en questions. Actes du colloque international de Pau. Pau 1993. – Heath, Stephen: Vertige du déplacement, lecture de Barthes. Paris 1974. – Calvet, Louis-Jean: Roland Barthes, un regard politique sur les signes. Paris 1973.

Traugott König †

Bataille, Georges

Geb. 10. 12. 1897 in Billom; gest. 9. 7. 1962 in Paris

»Man weiß es heute: B. ist einer der wichtigsten Schriftsteller seines Jahrhunderts.« So leitet Michel Foucault lapidar die zehnbändige Ausgabe von B.s *Œuvres complètes* ein. B.s Denken ist ebensowenig dem Strukturalismus wie dem Existentialismus zuzuordnen. Von 1922 an arbeitete er als Bibliothekskonservator, gab nacheinander die Zeitschriften *Documents, Acéphale* und *Critique* heraus. Sein Verhältnis zur surrealistischen Gruppe um André Breton war abwechselnd von Weggenossenschaft und Gegnerschaft geprägt. Er hatte bereits eine Reihe von Untersuchungen und Essays und, teils später oder posthum, teils unter Pseudonym erschienenen, blasphemisch-erotischen Erzählungen und Texten geschrieben, als er 1943 sein erstes philosophisches Werk, *L'expérience intérieure* (*Die innere Erfahrung*) veröffentlichte. In diesem Werk verbindet er in Form einer atheologischen Mystik, deren aphoristischer Stil sich der Logik der instrumentellen Kommunikation ebenso wie der Sprache der Universitätsphilosophie entzieht, seine intimste Erfahrung mit einer allgemeinen Lebensphilosophie. Hauptmotiv des B.schen Denkens ist der das ganze Leben ausmachende unüberwindliche Dualismus der Sphäre der zweckrationalen Produktion oder Homogenität und der zweckleugnenden Verschwendung oder Heterogenität.

In systematischerer Form legt er diese Gedanken zum erstenmal 1949 in *La part maudite (Der verfemte Teil)* dar. Dieses Werk präsentiert sich im Untertitel als *Essai d'économie générale (Versuch einer allgemeinen Ökonomie)*, wobei der Begriff »Ökonomie« die umfassende Bedeutung der gesamten Erzeugung und Verschwendung von Energie hat. Jedes Einzelwesen – und jeder produktive Zusammenschluß von Einzelwesen – verfügt über mehr Energie, als zu seiner Selbsterhaltung nötig ist. Sind die Grenzen seines Wachstums und seiner Reproduktionsfähigkeit erreicht, muß es die überschüssige Energie nutzlos verschwenden. Die Natur kennt drei Arten der Verschwendung, des Luxus: das Verzehren lebender Organismen, den Tod und die geschlechtliche Fortpflanzung. Wird beim Aufessen lebender Organismen deren Energiereservoir zerstört, bevor die Wachstumsgrenzen erreicht sind, so bedeuten Tod und sexuelle Fortpflanzung den Abbruch der Selbsterhaltung zugunsten von Neugeborenem. Dieses allgemeine Naturgesetz beherrscht auch die Ökonomie, zu der B. die aztekischen Menschenopfer ebenso wie den Bau mittelalterlicher Kathedralen zählt: Sind auch hier die Grenzen des Wachstums erreicht, steht die Nutzung und Erzeugung von Energie im Dienst ihrer Verschwendung. Wird die Verschwendung bewußt veranstaltet – in Festen, Opfern, Wettkämpfen –, gewinnt der Mensch Souveränität, indem er den allgemeinen Verschwendungsprozeß des Lebens, dessen passives Objekt er zunächst ist, durch freiwillige ekstatische Selbstverschwendung übertrumpft. Bleibt er jedoch, in verhängnisvoller Verkennung des Lebensgesetzes, dessen passives Objekt, dann kommt die Verschwendung in katastrophischer Form über ihn – in Krisen, Pogromen, Kriegen. Das gilt insbesondere für die kapitalistische Gesellschaft, die ihren Wert und Fortschritt an der Energieerzeugung pro Kopf der Bevölkerung mißt, während für sie zwangsläufige oder freiwillige Verschwendung der bloß geduldete oder unterdrückte »verfemte Teil« ist. Entscheidend für die Beurteilung einer Gesellschaft ist für B. daher, auf welche Weise es ihr gelingt, den notwendigen Wechsel von serviler Erzeugung und souveräner Verschwendung von Energie zu organisieren. Er untersucht das am Beispiel der Menschenopfergesellschaft der Azteken, der Potlatschgesellschaft der Indianer, der Kriegsgesellschaft des Islam, der lamaistischen Mönchsgesellschaft des Tibet, der calvinistischen Trennung von Profanem (Produktion) und Sakralem (Verschwendung), der nicht profitorientierten stalinistischen Industrialisierung und der unentgeltlichen Wirtschaftshilfe.

Dem Dualismus von Produktion und Verschwendung entspricht in B.s zweitem systematischen Werk, *L'érotisme (Der heilige Eros)* von 1957, der Dualismus von Tabu und Übertretung oder Diskontinuität und Kontinuität: Die Verbote der Tabus richten sich gegen unsere Sehnsucht, der Mühsal der Aufrechterhaltung der Diskontinuität unseres individuellen Daseins durch Flucht in die Kontinuität des gesamten Lebenszusammenhangs zu entkommen. Sie richten sich also gegen alles, was unsere Diskontinuität zu sprengen droht: die Animalität, die sexuelle Fortpflanzung und den Tod. Da es sich bei einer Sprengung der Diskontinuität immer um den Ausbruch von Gewalt handelt, schlägt das Tabu solche Manifestationen von Gewalt. Der Tod läßt uns am radikalen Wüten der Gewalt gegen die Diskontinuität teilhaben, stellt aber auch die stärkste Versuchung eines Zurücksinkens in die Kontinuität dar. Daher sind der Tod und Tote heilig. Das zweite Tabu trifft das Tier, weil dieses, seiner Diskontinuität unbewußt, ungesühnt vernichtet und tötet. So sind ursprünglich die Tiere heilig, und erst später treten anthropomorphe Götter an ihre Stelle. Das dritte Tabu richtet sich gegen die Sexualität, die sowohl in den Konvulsionen der sexuellen Vereinigung als auch mit der Fortpflanzung die Diskontinuität sprengt. Aber gerade durch den Schrecken und die Anziehung der Kontinuität gewinnt das Individuum Bewußtsein von seiner Diskontinuität, die es jedoch, um leben zu können, ständig verletzen muß. Soll die Diskontinuität nicht einfach von der Kontinuität absorbiert werden, was jedes Leben unmöglich machen würde, müssen die notwendigen Tabuübertretungen räumlich und zeitlich und in ihrer Intensität eingeschränkt werden. Daher unterliegen sie strengen Regeln. Der geregelte Wechsel von Tabu und Übertretung macht die Welt des Sakralen aus, während die Welt des Profanen die der Arbeit ist. Das Tabu der Sexualität wird durch die Ehe verletzt, ist aber durch Inzestverbote, Ehebruchverbote und andere Regeln eingeschränkt. Die außereheliche Tabuübertretung der Sexualität, die nicht der Fortpflanzung dient, wird durch die Regeln der Tempelprostitution, der sakralen Orgie usw. in Schranken gehalten. Wird das Tabu der Tiergötter durch ihre Tötung verletzt, so wird diese durch Bußzeremonien und Tieropfer eingegrenzt, die dem Menschenopfer historisch vorausgehen. Die Tabuübertretung des Todes und Tötens von Menschen schließlich wird durch Vorschriften des Zweikampfes, des Krieges, der Menschenopfer und des Totenkults geregelt. So wie in *La part maudite* der Wechsel von Produktion und Verschwendung zum Kriterium einer Gesellschaft wird, ist es hier der Wechsel von Tabu und Übertretung. Der homogenen Industriegesellschaft entspricht in *L'érotisme* der jüdisch-christlich-islamische Monotheismus: So wie jene die Verschwendung verfemt, so verfemt dieser die Übertretung, indem er sie als die Welt der Sünde, des Bösen, des Teufels aus dem Bereich des Sakralen löst und in den des Profanen verbannt. So schafft der jüdisch-christlich-islamische Monotheismus die profane Welt der unheiligen Gewalt, der Pornographie und der niederen Prostitution. Denn so wie er keine heilige Übertretung, sondern nur Sünde kennt, kennt die unheilige Gewalt, die Pornographie und die niedere Prostitution kein heiliges Tabu mehr. Nur die Kunst kann ihren religiösen Ursprung nicht verleugnen, weil auch sie die Diskontinuität nach bestimmten Regeln sprengt, indem sie Töne, Farben, Materialien, Bewegungen und Sprachen der zweckrationalen Produktion, Konsumption und Kommunikation entzieht. So wird sie zugleich zum Ausdruck des Bewußtseins vom Verlust der sakralen Welt von Tabu und Übertretung.

Jean-Paul Sartre warf in seiner Kritik von *L'expérience intérieure*, deren stilistische Modernität er lobte, B. ein Schwanken zwischen den von Kierkegaard, Nietzsche, Heidegger und Jaspers inspirierten Aussagen intimer Selbsterfahrung und einem äußerlichen Szientismus vor, der von keiner inneren Erfahrung nachvollzogen werden könne. Die strukturalistische Generation dagegen beruft sich auf B.s ekstatische Sprengung des Subjektgefängnisses und seine Aufspürung und Aufwertung aller Formen der Heterogenität, die sich der allgegenwärtigen Repression durch die Homogenität zu entziehen sucht. Und durch die Diskussion über die Grenzen des Wachstums gewinnen die B.schen Theorien von *La part maudite* neue Aktualität.

Richardson, Michael: Georges Bataille. New York 1994. – Bischof, Rita: Souveränität und Subversion. Georges Batailles Theorie der Moderne. München 1984. – Mattheus, Bernd: Georges Bataille. Eine Thanatographie. München 1984.

Traugott König †

Baudrillard, Jean
Geb. 1929 in Paris

 Eine Theorie der Moderne, so B., ist nur auf dem Weg der Radikalisierung aller Hypothesen möglich. Wenn auf Strukturen kein Verlaß mehr ist und die Ereignisse allen Beschreibungen davonlaufen, dann muß die Theorie schneller werden als die Ereignisse – oder so langsam, daß sich in ihren Verzögerungen die Lichteffekte der Ereignisse brechen. Kritik und Ursachenforschung, die Schritt zu halten versuchen, halten nur auf oder fixieren gar, was sich nur in freiem Lauf zu erkennen gibt. Die einzig angemessene theoretische Strategie, vorauseilend und innehaltend zugleich, ist die Wette. B. hält die Wette, daß spätestens in diesem Jahrhundert die Dinge jene Stelle eingenommen haben, die in den beiden vorherigen Jahrhunderten das Subjekt zu besetzen trachtete. In sprachlichen, theoretischen, historischen, technischen Unfällen aller Art registriert das Subjekt, daß die Dinge ihr eigenes Spiel spielen. Sie rächen sich an den Zumutungen des Subjekts, ihnen einen Sinn, einen Wert, eine Geschichte zu diktieren und winken mit fatalen Strategien der Verführung, die den Zufall gegen den Sinn, den Tod gegen den Wert und die Überraschung gegen die Geschichte ausspielen. Diese Wette macht die Hypothese des Begehrens überflüssig, mit der das Subjekt den Zusammenhang der Dinge und ineins damit seine Stellung zu den Dingen zu sichern suchte, und setzt die ironische Willkür der Ereignisse an deren Stelle.

Mit einer ebenso spielerischen wie boshaften Leichtfüßigkeit bürstet B. alle gängigen Theorien der Moderne gegen den Strich und entwirft eine Theorie der Fatalität und der Verführung, eine Pataphysik des bösen Genies der Dinge, eine Science-Fiction des Verlusts allen Sinns in der Simulation des Sozialen, die ihresgleichen suchen. Während fast alle modernen Wissenschaften in Distinktionen und Differenzsetzungen die Welt konstituiert sehen, diagnostiziert B. die Indifferenz als das Gesetz einer gesetzlosen Übereinkunft aller Dinge. Dies allerdings, den Einsatz der Paradoxie anstelle aller obsoleten Letztbegründungen und Prinzipienvergewisserungen von Theorieunternehmen, verbindet das Denken B.s mit den wichtigsten Avantgardetheorien, für die die Paradoxie nicht nur ein Mittel zur Erzeugung glanzvoller Formulierungen und eine Technik der Überrumpelung des Lesers ist, sondern eben auch das Eingeständnis enthält, daß anders Theorie nicht zu fundieren ist.

Der Pariser Mai 1968 setzt auch für B. eine entscheidende Zäsur. Die Universität Nanterre, in der die Studentenbewegung für Frankreich gezündet wurde, gewinnt ihn, der sich bisher mit Übersetzungen von Bertolt Brecht und Peter Weiss einen Namen gemacht hatte, als Soziologen. In den folgenden Jahren erscheinen drei Bücher, die B.s Ansehen als Soziologen der modernen Konsumgesellschaft begründen: *Le système des objets* (1968; *Das Ding und das Ich*), *La société de consommation: ses mythes, ses structures* (1970) und *Pour une critique de l'économie politique du signe* (1972). Beeindruckt durch Henri Lefebvres Kritik des Alltagslebens, durch das einzigartige Amalgam von Kunst, Theorie und Kritik der »Internationale situationniste« und durch die Semiologie und Mythologie Roland Barthes' setzt B. sich das Ziel, eine Bestandsaufnahme der Objekte der urbanen Zivilisation zu erarbeiten. Mißtrauisch gegenüber der funktionalen Definition der Dinge, in der sich ihre Bedeutung wohl kaum erschöpfe, entdeckt er ihr Geheimnis, ihre eigentliche Botschaft in der Werbung, in der Zeichenwelt des Konsums. In der Sprache der Werbung, so die kopernikanische Wende des Soziologen, entscheiden sich die Dinge zwischen den verschiedenen Kunden, suchen sich die Waren ihre Käufer aus. Der Konsument wird durch die Dinge identifiziert, in Differenz zu anderen Konsumenten gesetzt und braucht so nicht mehr selbst herauszufinden, was er will und von wem er sich zu unterscheiden hat – um den Preis allerdings, die Werbung als Droge zu akzeptieren, die ihn sich als permanent defizitär empfinden läßt und ihn den Dingen in die Arme treibt. Jenseits des Tauschwerts der Ökonomen und des Gebrauchswerts der Marxisten ist es erst der Zeichentauschwert des Semiologen, dessen Analyse die differentielle Praxis der Dinge innerhalb ihrer Logik des Sozialen enthüllt. Doch nicht eine mögliche Kulturkritik, die selbst nichts anderes als eben diese differentielle Praxis exekutiert, interessiert B. an der soziologischen Entdeckung. Ihm geht es darum, die fundamentale Ambivalenz aufzudecken, die das Spiel der Differenzen konstituiert. Worin gründet die tautologische Selbstbestimmung der Objekte wie zum Beispiel jenes Regenschirms, der sich selbst mit der Aufschrift »Mistwetter« annonciert, oder jener Bank, die mit dem Slogan: »Wir arbeiten mit Ihrem Geld!« wirbt?

Auf dem Weg zur Bestimmung der Ambivalenz gilt es noch eine Hypothek abzutragen, die Hypothek des Marxismus. In *Le miroir de la production ou l'illusion critique du matérialisme historique* (1973) verallgemeinert B. seinen Verdacht gegen den Tauschwert zum Verdacht gegen den Wert schlechthin, dem dann auch der Marxsche Gebrauchswert mit allem, was aus ihm abgeleitet werden kann, auszusetzen ist. Sei es im Zeichen des Kapitals, sei es im Zeichen der Arbeit, geht es hier wie dort darum, die Realität der bürgerlichen Gesellschaft allererst zu produzieren, die Produktivität zum Leitmotiv des Kapitalismus zu erheben und noch und gerade das Bedürfnis, den Konsum und das Verlangen zu Produktivkräften des Systems zu schmieden. Weit davon entfernt, das System zu sprengen, verwirklicht die Dialektik es nach Art des Möbiusbandes: »Your inside is out and your outside is in« (Beatles 1968). Die Klassentheorie etwa im Verständnis von Georg Lukács ist mit ihren Ideen zur Organisation der Gesellschaft nichts als eine Geschichtsphilosophie nach dem Geschmack der Bürokratie.

B. ist jetzt in seinem Element. Er denkt die schwärzesten Gedanken des Marxismus. Er wird zu einem der raffiniertesten Polemiker der Pariser Szene, deckt schonungslos die gutwilligen, sozialverträglichen Illusionen der Linken auf (s. die Sammlung einiger Beiträge in *La gauche divine*, 1985; *Die göttliche Linke*). Es ist die hohe Zeit des Poststrukturalismus; Paris wird zu einem Hexenkessel wirbelnder Ideen, mit denen Väter erschlagen und Wahrheiten vernichtet werden und in denen sich leise ein fruchtbares neues Motiv andeutet: die Dezentrierung des Subjekts und die Wende der Differenz gegen die Identität. Mitten hinein in diesen Aufruhr plaziert B. die Summe seines bisherigen Werks, *L'échange symbolique et la mort* (1976;

Der symbolische Tausch und der Tod), die die fundamentale Ambivalenz, nach der er suchte, aufdeckt und zur Herausforderung aller systemtragenden Diskurse stilisiert. Nach der »Opferkrise« (René Girard), in der sich die Ordnung der archaischen Gesellschaft auflöste, ist die Sozialgeschichte (sic!) der Menschheit die Geschichte der Verdrängung des Todes. Im Ausschluß der Toten aus allem Sozialen gründet und kulminiert jener der Wilden, Verrückten, Kinder, Alten, Armen, Unterentwickelten, Ungebildeten, Perversen, Transsexuellen, Intellektuellen und Frauen, und über diesen Ausschluß definiert sich der Mensch in seiner auftrumpfenden und banalen Singularität und in seinem Willen zum Überleben, jener Kümmerform des Lebens, das diesen Namen nur verdiente, wenn es den Tod »erträgt und in ihm sich erhält« (Hegel). Nur der symbolische Tausch, die den Mangel nicht kennende »Ökonomie« der Verausgabung (Georges Bataille), der Herausforderung und der Verführung, wird jener Ambivalenz von Leben und Tod gerecht, die wir zur Differenz verharmlosen, um unsere Identität behaupten zu können. Nur unsere Psyche, von den Abgründen des Unbewußten bis zur Melancholie des Alltags, und unser gebannter Blick auf Katastrophen zeugen davon, daß mit der Abwesenheit des Todes auf der Ebene einer artikulierten Konstitution des Sozialen noch nicht alles gewonnen ist. Die Macht, die das Leben schenkt, und die Ökonomie, die den Sklaven in den Arbeiter verwandelt, installieren sich über den Aufschub des Todes. Ihrer Errichtung des Wertes eilen drei Diskurse zwecks Bannung der Ambivalenz zu Hilfe: der ökonomische Diskurs behauptet die Produktion gegen den »Gabentausch« (Marcel Mauss), der psychoanalytische Diskurs das Verlangen gegen den »Todestrieb« (Sigmund Freud) und der linguistische Diskurs den Sinn gegen das »Anagramm« (Ferdinand de Saussure). B. unterscheidet drei Stadien der Sozialgeschichte der Todesverdrängung: die Fälschung des Sozialen mit ihrer Metaphysik von Sein und Schein, die Produktion des Sozialen mit ihrer Dialektik von Energie und Naturgesetzen und die Simulation des Sozialen mit ihrer Kybernetik der Unbestimmtheit und des Kodes. Eine Möglichkeit der Subversion in jenem dritten Stadium, in dem wir uns befinden, sieht B. nur noch in einer Aleatorik tödlicher Gewalt, die jene des Systems zu überbieten vermöchte.

Diesen dramatischen Entwurf einer Existentialanthropologie, die in der Pariser Szene als »Requiem unserer Zeit« begrüßt wurde, wertet B. im Rückblick als einen Versuch, die Logik des Systems bis auf jene Spitze zu treiben, wo sie bricht und ihr Prinzip offenbart. Vielleicht gilt auch für B., was er in *Oublier Foucault* (1977; dt. 1983) über diesen schreibt: sein Diskurs sei der Spiegel der Mächte, die er beschreibe, und beschreiben könne er sie nur, weil sie längst überwunden sind. Bei seiner Spurensuche nach jenen Objekten, die sich jedem Zugriff des Subjekts entziehen, stößt B. auf die schweigende Mehrheit, die Masse, die er in *À l'ombre des majorités silencieuses ou La fin du social* (1978; dt. im *Freibeuter* 1 und 2/1979) als Ort der Implosion allen Sinns und der Subversion aller Offerten von Politik, Ökonomie und Intelligenz in die Dimension des schlicht Spektakulären beschreibt. Der Blick der Masse für das Faszinierende ist zu schnell, ihr Schweigen ist zu langsam für alles, was sich in den geordneten Bahnen der Kommunikation vollziehen könnte. Die Massen haben etwas begriffen, was keine Theorie bisher einzugestehen wagte: wir leben im Zeitalter der Ereignisse ohne Konsequenzen. Darum, weil sie Kausalität und Finalität längst verabschiedet haben, sind die Ereignisse schneller als jede Theorie. In *Les stratégies fatales* (1983; *Die fatalen Strategien*) und *Amérique* (1986; *America*) entwirft B. ein reichhaltiges Panorama der verschwindenden Ereignisse der Moderne, immer auf der Suche nach einer Theorie, die – vielleicht als Wette: vorgreifend und innehaltend zugleich – der verführerischen Ironie dieser Moderne am Ende ihrer Geschichte gewachsen ist.

B. hält seine Wette – auch angesichts der Ereignisse des Falls der Berliner Mauer im November 1989 und des Golfkriegs im Winter 1990/91. Das Tauwetter im Osten ändert am Ende der Geschichte nichts, sondern läßt im Gegenteil den Sozialismus an diesem Ende teilhaben; die neunziger Jahre dieses Jahrhunderts sollte man besser streichen, um uns die Langeweile zu ersparen, die ihr Rückblick auf das 20. Jahrhundert mit sich bringt, und statt dessen direkt mit dem 21. Jahrhundert weitermachen und mit dem, was jetzt auf der Tagesordnung steht (*Das Jahr 2000 findet nicht statt*, 1990). Und *La guerre du Golf n'a pas eu lieu*, so übertitelt er eine kleine Schrift, die 1991 erscheint: der Golfkrieg war nur ein Medienereignis, er hat gar nicht stattgefunden. Er hat genausowenig stattgefunden wie, so müssen wir immer mehr fürchten, Auschwitz und Hiroshima stattgefunden haben. In dem Moment, in dem der Bericht über oder die Erinnerung an diese Ereignisse im Medium des Fernsehens stattfindet, verfallen unsere Kriterien der Intelligibilität, der Kritik und ihrer Wahrheit, des Belegs und ihres Beweises. Diese Kriterien setzten Unterscheidungen, Asymmetrien zwischen Subjekt und Objekt, Satz und Ding, Wahr und Falsch voraus, die wir in unseren Reaktionen auf diese und andere Ereignisse aufgelöst und in symmetrische Reversibilitäten von Henkern und Opfern, Schuld und Verantwortung überführt haben. Wir haben unsere Begriffe nachgerüstet, verarbeiten Komplexitäten, die wir immer noch nicht erfassen, und können jetzt an die Möglichkeit von Ereignissen nicht mehr glauben, an die wir von Anfang an nicht glauben konnten.

Wie so oft bei B. griffe man zu kurz, würde man solche und andere Thesen und Anregungen als kunstfertige Selbstinszenierungen eines Medienphilosophen im doppelten Sinne (Philosoph *über* die Medien und *in* den Medien) abtun. Er weiß nicht nur, wie er alle gerade herrschenden Diskurse gegen den Strich bürsten kann. Er weiß auch, um welcher Motive willen es ihm damit ernster ist, als der nach wie vor apodiktische und aphoristische Stil seiner Einwürfe vermuten läßt. Diese Apodiktik und Aphoristik bringt er in seinem tagebuchartigen Skizzen *Cool Memories* (1987, dt. 1989) zu einem neuen Höhepunkt. Aber wenig später veöffentlicht er das Buch *La transparence du mal: Essai sur les phénomènes extrêmes* (1990; *Die Transparenz des Bösen*), in dem er nicht nur seine Beobachtungen zum Zusammenbruch des Sozialismus zusammenfaßt – den der Westen als Spektakel eines Freiheitsgewinns genießt, dessen utopische Momente im Westen aber schon längst über ihrer Realisierung verschwunden sind, – sondern auch seine generelle Diagnose des Problems der modernen Gesellschaft stellt. Die Diagnose lautet, daß diese Gesellschaft über ihrem verallgemeinerten Interesse an Differenz und Differenzen nichts anderes mehr als die ewig gleiche Euphorie operationeller Selbstreferenz realisiert und jeden Zugang zu einer wirklichen Alterität verloren hat. Unter dem Titel der Differenz wird nur noch gedacht, was längst ähnlich ist, ohne bereits dasselbe zu sein. Das

Inkompatible, Verführerische, Zerstörerische, Antagonistische, Unreduzierbare wird nicht mehr gedacht und kann nicht mehr gedacht werden.

Gegen die universelle Euphorie der Verknüpfung, die »Epidemie des Wertes«, behauptet sich nur noch das Prinzip des Bösen als ein Prinzip, das Bindungen löst, Beziehungen unmöglich macht, Kopplungen kappt. Khomeinis Todesurteil gegen Salman Rushdie wäre ein Fall eines solchen Bösen: ein Urteil, ein Satz, der nicht zugleich ist, was alle Sätze und Urteile des Westens längst sind: Kommunikationen. Bei B. bekommt dieses Prinzip des Bösen mit einem Begriff aus der Mathematik chaotischer (nichtlinearer) Systeme den Status eines »seltsamen Attraktors«: Es vereinigt auf sich alle Faszination, es ist Moment der Naturkatastrophe, die die moderne Gesellschaft ereilt hat, und es ist zugleich eine der wenigen Instanzen, die dieser Katastrophe Paroli bieten kann. Worum handelt es sich bei der Naturkatastrophe? B. sieht die moderne Gesellschaft in eine fatal katastrophale Entwicklung verwickelt, die sich anschickt, den 2. Hauptsatz der Thermodynamik zu widerlegen und eine ständig nachwachsende Energie des Energieverbrauchs aus diesem Energieverbrauch selbst zu gewinnen. Das Modell dafür ist New York, das seine ganze Energie aus der Verausgabung von Energie gewinnt und sich nur noch von seinem eigenen Lärm ernährt. Die moderne Gesellschaft, so B., das ist eine Gesellschaft, deren wichtigste Energiequelle der Energieverbrauch ist.

Nur diejenige Theorie, die sich selbst zu einem seltsamen Attraktor, zu einer Art perfektem Verbrechen (Leiche, Tatwerkzeug und Täter verschwinden) machen kann, hat eine Chance, diesen Phänomenen, die alle Unterscheidung zwischen Gut und Böse hinter sich gelassen haben, gerecht zu werden. Das wichtigste Motiv dieser Theorie liegt in einer Subtilität, der es nicht mehr um das alte Ziel der Philosophie, sich selbst zu kennen, gehen kann, denn dieses Ziel sei heute von jedermann realisierbar, sondern nur noch darum, den seltsamen Attraktionen, der Ironie, Wendigkeit und den Täuschungen des Objekts nachgehen zu können. Nicht zu träumen, sondern das zu träumen, was andere träumen, nicht an sich zu glauben, sondern an das zu glauben, woran andere glauben, das sei heute die Verführung, der nachzugeben noch ermögliche, sich selbst und der Wiederholung Desselben zu entgehen. Der Andere, so schließt B.s Buch über die Transparenz des Bösen, ist, »wer es mir erlaubt, mich nicht bis in alle Ewigkeit zu wiederholen«.

Nach wie vor liegt der Reiz der Philosophie B.s darin, einer abweichenden Perspektive auf das, was den intellektuellen Diskurs je aktuell beschäftigt, zu begegnen. B. setzt Themen, nach wie vor. Aber er ist auch in der Lage, die jeweils neuesten Themen in ein Licht zu rücken, in dem sie bei keinem anderen Philosophen auftauchen. Kaum haben wichtige Theorien der modernen Gesellschaft das Theorem der Selbstreferenz entdeckt und begonnen, es bis in alle Winkel der Gesellschaft zu verfolgen, verwirft B. dieses Theorem in Bausch und Bogen als Repetition desselben und läßt es verschwinden im schwarzen Loch einer Fraktalität, die keine Fälschung, keine Produktion, keine Simulation des Wertes kennt, sondern nur noch Epidemien des Wertes (das vierte, fraktale, Stadium des Wertes). Was steckt hinter dieser fraktal-fatalen Entwicklung der Moderne? Nichts anderes als ein Exzeß der Positivität, ein unaufhörlicher Verfall des Kurswertes der Negation und Negativität, bis nichts mehr einen Einwand, eine Ablenkung, einen Abbruch darstellt, sondern alles nur noch einen Moment der Reproduktion. Ist das Science-Fiction? Kaum, antwortet B.

Dirk Baecker

Bauer, Bruno
Geb. 6. 9. 1809 in Eisenberg; gest. 15. 4. 1882 in Rixdorf (bei Berlin)

»Radikalster Religionskritiker und konservativster Junghegelianer« und sein »Übergang von der Hegelschen Rechten zum Radikalismus« – das waren dramatisierende Kurzformeln für die widersprüchliche Wirkungsweise des B.schen Werkes. Solche Extreme sollen auch sein Leben gekennzeichnet haben, während es in Wirklichkeit aber wohl die Umbruchzeiten vor und nach der Revolution von 1848 waren, in denen sich B. kontinuierlich mit Hegels Philosophie auseinandersetzte, eine universitäre Karriere erwartete und berühmt wurde. 1809 als Sohn eines Porzellanmalers geboren, auf humanistischen Gymnasien in Berlin erzogen, studierte er hier seit 1828 Theologie und erhielt schon im zweiten Semester auf Hegels Vorschlag den Fakultätspreis für seine Arbeit über Kants Ästhetik. Gleichzeitig bei Philipp Marheineke und Ernst Hengstenberg promoviert und habilitiert, hielt er seine ersten Vorlesungen. Für die *Evangelische Kirchen-Zeitung* lud ihn Hengstenberg zur Mitarbeit ein. Die ersten Rezensionen veröffentlichte er in den ehrwürdigen althegelschen *Jahrbüchern für wissenschaftliche Kritik*, wo ihn besonders seine vehemente Kritik an David Friedrich Strauß' *Leben Jesu* bekannt machte. Politisch-theologische Bedenken verhinderten in Berlin seine Berufung auf einen Lehrstuhl, weswegen er im Herbst 1839 zunächst in Bonn eine Dozentur annahm.

Wissenschaftlich ging es ihm zunächst um die Hegelsche Vermittlung von Philosophie und Religion. Programmatisch dafür war sein erster Versuch einer Zeitschrift für »spekulative Theologie«. Bald erkannte er aber, daß die spekulativ-orthodoxe Methode ungeeignet war für sein Anliegen, bei der Vermittlung von religiöser Substanz des göttlichen Selbstbewußtseins und historischer Wirklichkeit im Menschen Jesus bzw. im Ursprung des Christentums das geschichtlich Neue rein wissenschaftlich zu begründen. Anstelle seines »seligsten Traumes von der Einheit der Idee und der unmittelbaren Wirklichkeit« entwickelte er in Bonn bei seiner Arbeit an der zweiten Ausgabe von Hegels *Religionsphilosophie* und am Johannesevangelium sein Hegel-Verständnis »bis zu einer Entschiedenheit, welche dem Rest (s)einer bisherigen Voraussetzungen schnurstracks« entgegenstand: Er verfolgte nun das destruktive Wesen der Hegelschen Philosophie und die Vernichtung der evangelischen Geschichte. Mit seiner *Kritik der evangelischen Geschichte der Synoptiker* (1841) vertrat B. die Auffassung, daß alle christologischen Aussagen freie Phantasieschöpfungen der Synoptiker aus dem zweiten nachchristlichen Jahrhundert waren, die er hermeneutisch als seine Schriftstellerkollegen behandelte. Ferner glaubte er, die letzte Bastion aller theologischen Apologetik mit dem Nachweis, daß die Juden keine messianischen Erwartungen gehabt hätten, niedergerissen und damit gegen Strauß »die Kritik absolut vollendet und sie von allem Positiven befreit« zu haben. Kritik als Negation unter dem Motto: »Ceterum censeo, die Theologie muß ganz untergehen«, richtete B. jetzt nicht nur gegen alle Variationen der herrschenden Theologie, sondern auch gegen die Kirche. Gleichzeitig hatte er sich damit den Linkshegelianern genähert. Bei ihrem Hauptverleger, Otto Wigand, ließ er seine *Evangelische Landeskirche* (1840) und mit dem Synoptikerbuch auch die folgenden theologischen Werke erscheinen und begann in ihrem Hauptorgan, Arnold Ruges *Hallischen Jahrbüchern*, seine Publikationen mit einem Aufsatz gegen das mit dem Regierungsantritt Friedrich Wilhelms IV. wiedererweckte kirchliche Leben und die konservative Verbindung von Thron und Altar.

Für B. war 1842 der Höhepunkt seines politischen Engagements, als ihm wegen der *Synoptiker* und einer Demonstrationsteilnahme zugunsten des süddeutschen Liberalen Karl Theodor Welcker seine »venia legendi« aberkannt wurde. Zudem hatte er bis zum Juni in der *Rheinischen Zeitung*, dem wichtigsten Oppositionsblatt des späteren Vormärz, geschrieben. Hier veröffentlichten auch seine Anhänger, die sich in Berlin gerade zum radikalen Klub der »Freien« zusammengeschlossen hatten. Ihretwegen war es dann am Ende des Jahres zum Bruch zwischen dem Chefredakteur Karl Marx und B. gekommen. Marx' Kritik verwies auf prinzipielle Differenzen über politische Theorie und Praxis, aus der sich B.s Position klar erkennen ließ. Marx verlangte, »die Religion mehr in der Kritik der politischen Zustände, als die politischen Zustände in der Religion zu criticiren« und überhaupt statt »der Sache der Kritik die Kritik der Sache« zu beachten. Im Gegensatz zu Marx strebte B. eine reine Denk- oder Geistesrevolution an. Stets hatte er eine praktische Parteinahme, das Eingreifen abgelehnt und nur das Denken gewollt, die reine Theorie und Kritik sowie die Befreiung der Menschheit von der bestehenden Religion. Gewissermaßen im Schnittpunkt dieses politisch-theologischen Engagements stand B.s Kritik der Judenemanzipation, nach der der Staat den Juden auch dann keine Freiheit garantieren dürfte, wenn diese ihre Religion und Nationalität aufgegeben hätten. Dieses entsprach in keinem Fall einer rein innertheologischen Abwehr der Traditionsthese, sondern war seit den ersten Rezensionen einem eingefleischten politischen Antisemitismus geschuldet.

In seiner vor der *Judenfrage* (1843) wohl berühmtesten Schrift *Die Posaune des jüngsten Gerichts über Hegel den Atheisten und Antichristen* (1841) hatte er nach dem Vorbild der Französischen Revolution und der Aufklärer zwar postuliert, daß der »Fanatismus des Gedankens« zum »Fanatismus der Tat« werden müsse, aber nur als Drohung und im Sinne des »blutigen Terrorismus der Vernunft und der Sittlichkeit«, also einer Praxis als wahrer Theorie der Negation alles Bestehenden, um damit nach Theologie und Kirche nun auch die Frage der Religion »ultimativ« zu entscheiden, wie er sein *Entdecktes Christentum* (1843) definierte. Wegen ihres und Hegels Versagens konnte er sie auch nur als Vorläufer akzeptieren. Ebenso sah er in der Revolution zwar den Beginn der Freiheit, letztlich aber nur den Verrat und notwendigen Untergang in der Restauration – »für die Kritik nicht mehr und nichts weniger als ein Symbol – ein Experiment, welches durchaus noch dem 18. Jahrhundert angehört«. Seine Studien zum Atheismus gipfelten in der *Geschichte der Politik, Kultur und Aufklärung des 18. Jahrhunderts* (1844/45) und dienten dem Ziel, den »Verfall der ganzen Aufklärung« nachzuweisen. Seine *Feldzüge der reinen Kritik* (1846) hatte sich nicht nur gegen alle positiven christlichen Vorstellungen, sondern mit der Atheismus-Kritik auch gegen ihre abstrakte Negation gerichtet und selbst gegenüber Hegel das Postulat erfüllt, daß sich die Kritik gegen sich selbst zu richten hätte. Nach seiner *Theologischen Erklärung der Evangelien* (1852) und der *Kritik der paulinischen Briefe* (1850–1852) verwarf er mit Hegel die Philosophie insgesamt als mystische Ideenmetaphysik. Ab 1855 wollte er nun eine eigene, eine »positive Deutung des Christentums aufrichten und (s)eine Kritik sich als historische Anschauung bewähren lassen«. Mit *Christus und die Caesaren* (1877) erklärte er »das Christentum im Zusammenhang mit den historischen Kräften und gesellschaftlichen Verhältnissen« des griechisch-jüdisch-lateinischen Geistes des römischen Imperiums. Mit seinem theologischen Hauptwerk hatte B. immer auch einen allgemeineren geschichtsphilosophischen und welthistorisch aktuellen Bezug verbunden: Wie er anfangs infolge seiner Forschungen eine Katastrophe erwartete, die »größer und ungeheurer werden würde, als diejenige war, mit der das Christentum in die Welt getreten ist«, so kritisierte er die Unfähigkeit dazu in der Französischen Revolution wie in seinem eignen politischen Engagement 1842. Weder der aufklärerische Atheismus noch Hegel hätten die Krisis des 19. Jahrhunderts zu lösen vermocht, sondern nur eine Macht wie die von Jesus Christus erklärte welthistorische Überlegenheit über den römischen Cäsarismus, an dem er die zeitgenössischen Parallelerscheinungen in Frankreich, England und Bismarck-Deutschland maß. Ihre konstitutionell-liberale Grundlegung und transkontinentale Verbindung zu Nordamerika hielt er seit seinen Analysen in der *Rheinischen Zeitung* für zu schwach gegenüber dem russischen Despotismus. Diesen europäischen Imperialismen, Rußland und dem Panslawismus widmete er umfassende und noch unerforschte Studien und glaubte, daß in dem »Kampf mit der östlichen Diktatur« zunächst sich das Slawentum steigern würde, um seinen »entscheidenden Überfall über Europa auszuführen; anfangs Sieger, wird es dann im Germanentum seine letzte Ergänzung, aber auch seinen Herren finden«.

B.s erklärtes Ziel war die weltumfassende Erneuerung in Freiheit. Wie er diese Fähigkeit dem alten Judentum schon abgesprochen hatte, so bekämpfte er dessen zeitgenössische Emanzipationsbestrebungen ab 1843 in der besonderen Identifikation mit der gleichlautenden historischen Mission des Proletariats. Gegen die Juden hatte B. seit Ende der 50er Jahre als leitender Redakteur des erzreaktionären *Staats- und Gesellschaftslexikons* von Hermann Wagener und in der neokonservativen *Berliner Revue* massenhaft Artikel geschrieben. Sein anonym erschienenes berüchtigtes Werk *Die Juden und der deutsche Staat* (1861) ironisierte Moses Heß als »christlich-germanisches Produkt« des »zur Kreuzzeitungspartei übergelaufenen ›spekulativen‹ Atheisten und Revolutionärs« in der Hoffnung auf eine entrüstete Ablehnung der Deutschen. Damit wirkte B. über die wilhelminische Judenfeindschaft hinaus maßgebend für die Verbindung von Antisemitismus, Antisozialismus und Neokonservativismus: Noch in seinem Todesjahr 1882 publizierte er in seiner letzten Zeitschrift, der *Internationalen Monatsschrift*, – neben Wagnerianern und Nietzsche –

den speziell auch gegen Marx und Ferdinand Lassalle gerichteten Aufsatz Eugen Dührings über die *Parteien in der Judenfrage* (1882). Die Funktion der historischen Vermittlung, jener negativen Gleichsetzung von Juden und Proletariat, bei der Bekämpfung der marxistischen Sozialdemokratie im Bismarck-Reich und des Kommunismus im Faschismus ist noch unerforscht.

Die geschichtsphilosophische Dimension und B.s Antisemitismus dürften politisch ebenso wirksam gewesen sein wie seine Forschungen zum christlichen Ursprung. Letztere standen in der Tradition der negativen Gottesbeweise und nicht des Atheismus: B. war davon überzeugt, daß »erst die tiefste Concentration der Verneinung den abschließenden Übergang zur Bejahung« brächte, und daß »erst die verzehrendste Kritik der Welt die schöpferische Kraft Jesu und seines Princips lehren wird«. Wenn deshalb B. den Atheismus ablehnte, weil von ihm die Bibel »noch nicht in ihrem Ursprunge, die Sache nicht aus sich selber« erklärt wären, dann verwundert nicht, daß er selbst den »Glauben nicht vollständig als ein Fremdes betrachten« konnte. Schließlich bewies sein über fünfzig Jahre entwickeltes theologisches Œuvre, wie sehr er von der Religion ergriffen war und wie wenig er sich von ihr losreißen konnte. Brüche aber gab es demgegenüber in B.s Biographie nur in seiner universitären Laufbahn, mit seiner Abkehr von Hegel und den kurzfristigen Partizipationen an der Politik sowie mit der »Partei Marx«. Kontinuierlich war sein Bestreben gegen die entfremdete christologische Transzendierung und für den weltlich-immanenten historischen Jesus und eine entsprechende Erneuerung Europas. Im Sinne dieses neuen Humanismus verwies nicht nur das von ihm geprägte Wort »Gott ist tot« auf Nietzsche. Denn B. selbst fühlte sich wie jener Prometheus, der noch »im Schmerz seiner Fesseln über alle Mächte erhaben« war. Er sah sich als der Freie, der dem Drang der Umstände gewachsen sein muß, und begriff seine totale Isolation sogar als Bedingung für eine reine Wissenschaft, durch die »das Selbstbewußtsein zur Gewißheit seiner Freiheit« gelangt, mit der es die Welt überwinden zu können vermeint.

Pepperle, Heinz/Pepperle, Ingrid (Hg.): Die Hegelsche Linke. Dokumente zu Philosophie und Politik im deutschen Vormärz. Frankfurt am Main 1986. – Barnikol, Ernst: Bruno Bauer. Studien und Materialien. Aus dem Nachlaß ausgewählt und zusammengestellt von Peter Reimer und Hans-Martin Sass. Assen 1972.

Lars Lambrecht

Baumgarten, Alexander Gottlieb
Geb. 17. 6. 1714 in Berlin; gest. 26. 5. 1762 in Frankfurt an der Oder

»Der friedliche Baumgarten ward mit seiner seltenen, fast ängstlichen Präcision, ohne daß ers wußte und wollte, der Vater einer Schule ... der schönen Wissenschaften und Künste in Deutschland.« So würdigte Herder den Ästhetiker B., der Kant als »vortreffliche(r) Analyst« galt, und den der Königsberger Philosoph als »Koryphäe unter den Metaphysikern« schätzte. Allerdings mit der entscheidenden Einschränkung, daß B.s zentrales Vorhaben, »die kritische Beurteilung des Schönen unter Vernunftprinzipien zu bringen, und die Regeln derselben zur Wissenschaft zu erheben«, von Grund auf verfehlt sei. Diese zeitgenössischen Urteile galten dem Mann, der als Begründer der philosophischen Ästhetik in die Philosophiegeschichte eingegangen ist.

B. entstammte kleinbürgerlichen Verhältnissen und verlor früh beide Eltern. Nach dem Gymnasialbesuch in Halle studierte er dort ab 1730 lutherische Theologie, Philosophie und die »schönen Wissenschaften«. 1737 wurde er zum »Professor der Weltweisheit« in Halle und 1740 zum »Professor der Weltweisheit und der schönen Wissenschaften« in Frankfurt an der Oder berufen.

B. konnte für sich das Recht beanspruchen, als erster akademischer Lehrer Vorlesungen über Ästhetik gehalten zu haben. Er suchte die Ästhetik als die »Wissenschaft der sinnlichen Erkenntnis« zu begründen, als ein »dem rationalen Denken analoges Erkennen«. Sein Anliegen war, die sinnliche Erfahrung als vollgültigen Gegenstand philosophischer Betrachtung zu rehabilitieren. Anders als Leibniz und Wolff, von denen B. stark beeinflußt war, verwarf er die Abwertung der sinnlichen Wahrnehmung, des »unteren Erkenntnisvermögens«. Für B. war die Sinnlichkeit ein komplementäres Phänomen zum »höheren Erkenntnisvermögen« von Verstand und Vernunft. Daraus folgerte er, daß der Logik als philosophischer Disziplin des rechten Verstandes- und Vernunftgebrauchs die Ästhetik als Lehre von der »sensitiven Erkenntnis« notwendigerweise an die Seite treten müsse, um die Totalität von Vernunft- und Welterkenntnis herzustellen. Ganz im Sinne rationalistischer Aufklärungsphilosophie bemühte sich B. um exakte begrifflich-definitorische Darlegung seiner Gedankengänge. Damit imponierte er seinen Zeitgenossen derart, daß Herder sich zu der Bemerkung veranlaßt sah: »Die Gabe zu definieren kenne ich bei keinem Philosophen in kürzerer Vollkommenheit als bei Aristoteles und ihm.« Mit lakonisch-prägnanter Definitionskunst bestimmt B. Aufgabe und Ziel der Ästhetik: »Das Ziel der Ästhetik ist die Vollkommenheit (Vervollkommnung) der sinnlichen Erkenntnis als solcher. Damit aber ist die Schönheit gemeint. Entsprechend ist die Unvollkommenheit der sinnlichen Erkenntnis als solcher, gemeint ist die Hässlichkeit, zu meiden.« Für B. gliedert sich die Ästhetik in einen theoretischen und einen praktischen Teil. Die Ästhetik insgesamt ist gleichzeitig Wissenschaft und Kunst. Wahre Kunst entsteht durch die gewissenhafte Anwendung der Regeln der Wissenschaft vom Schönen. In seinem Fragment gebliebenen Hauptwerk *Aesthetica* (2 Bde., 1750–1758) versuchte B., diesen Doppelcharakter der Ästhetik herauszuarbeiten: »Die speziellen Künste bedürfen eines weiter entfernten Prinzips, aus dem sie das Wesen ihrer besonderen Regeln erkennen können, und dieses Prinzip, die ästhetische Kunstlehre, muss in die Form einer Wissenschaft gebracht werden.« Eine solche Wissenschaft, die sich auch als »Philosophie der Kunst« auffassen läßt, begründet nach B. die Sinnestätigkeit als selbständige Erkenntnisform und bildet sie zur »Logik der unteren Erkenntniskräfte«.

B. steht in der Tradition der Leibniz-Wolffschen Philosophie. Insofern erkennt er die Vorherrschaft der Vernunft grundsätzlich an, bestreitet ihr jedoch jedes Recht, das Sinnliche in babylonischer Gefangenschaft zu halten. Vornehmste Aufgabe der Ästhetik ist es, die Bedeutung der »unteren Seelenkräfte« für den Erkenntnisfortschritt und den vernünftigen Lebensgenuß des Menschen zu ergründen und darzulegen. Hierin einen Anfang gemacht zu haben, war die epochale Leistung B.s (der ja auch den Begriff »Ästhetik« geprägt hat). Er lieferte mit seiner Analyse die Grundlage für die ästhetischen Systeme des 18. Jahrhunderts. Er beförderte das Bestreben der Aufklärung, durch Darlegung des Schönen in der Wissenschaft und seiner Vergegenständlichung in der Kunst die disparaten »Vermögen« von Vernunft und Sinnlichkeit zu vereinen und auf die Entwicklung des Menschen zum »felix aestheticus« hinzuwirken. Indem B. den Doppelaspekt der Ästhetik als »Theorie der schönen Erkenntnis« und als »Metaphysik der Rede- und Dichtkunst« aufzeigte, wirkte er auch wesentlich auf die Regelpoetiken des 18. Jahrhunderts ein. Freilich weniger durch seine eigenen, in schwer verständlichem Latein abgefaßten Werke, sondern über die Popularisierung seiner Gedanken in dem Kompendium *Anfangsgründe aller schönen Wissenschaften und Künste* (1748–1750) seines Schülers Georg Friedrich Meier.

Kant benutzte über Jahrzehnte B.s *Metaphysica* (1739) für seine Vorlesungen und bezeichnete dieses Werk als das »nützlichste und gründlichste unter allen Handbüchern seiner Art«. In vielen wichtigen ästhetischen Schriften des 18. und frühen 19. Jahrhunderts ist B.s Einfluß deutlich spürbar, auch dann noch, wenn kritisch gegen sein Denken Stellung genommen wird. Aus der Vielzahl dieser Werke seien nur Schillers *Briefe über die ästhetische Erziehung des Menschen* (1795) und Hegels *Vorlesungen zur Ästhetik* (1820–1829) genannt. Und noch 1932 zollte Ernst Cassirer B. höchstes Lob: »B. bleibt kein bloßer ›Vernunftkünstler‹; sondern in ihm erfüllt sich jenes Ideal der Philosophie, das Kant als das Ideal der ›Selbsterkenntnis der Vernunft‹ bezeichnet hat. Er ist und bleibt Meister der Analyse. Diese Meisterschaft verleitet ihn zu einer . . . klaren Bestimmung und zu einer sicheren Unterscheidung ihrer Mittel und Ziele. Eben die höchste Durchbildung der Analyse läßt sie wieder produktiv werden; sie führt sie bis zu einem Punkt, an dem . . . ein neuer Ansatz herausspringt, an dem eine neue geistige Synthese sich anbahnt.«

Jäger, Michael: Kommentierende Einführung in Baumgartens ›Aesthetica‹. Zur entstehenden wissenschaftlichen Ästhetik des 18. Jahrhunderts in Deutschland. Hildesheim/New York 1980. – Schweizer, Hans Rudolf: Ästhetik als Philosophie der sinnlichen Erkenntnis. Eine Interpretation der ›Aesthetica‹ A. G. Baumgartens. Basel/Stuttgart 1973.

Walter Weber

Bayle, Pierre
Geb. 18. 11. 1647 in Carlat-Bayle (Ariège); gest. 28. 12. 1706 in Rotterdam

Ob sich Philosophie mit Kritik und Skepsis hinlänglich charakterisieren läßt, mag auch angesichts einer »Konjunktur der Kritik« im späten 18. und 19. Jahrhundert bezweifelt werden. Indessen ist die beste Art, eine Philosophie in ihren zentralen Aussagen zu verstehen, diejenige, ihren Gegenpart in den Blick zu nehmen und zu erwägen, was sie beweisen muß, bzw. will, um diesen zu überwinden. Und gerade dieses selbsttätige und eigenverantwortliche Abwägen der Argumente von Für und Wider ist Kritik im ursprünglichen Sinne, ist der Mut, bisher ungeprüft hingenommene philosophische und religiöse Dogmen systematisch in Zweifel zu ziehen, sie ihres christlichen Offenbarungsglaubens zu entkleiden.

Für B. gelten diese Forderungen im besonderen Maße. Einer calvinistischen Pastorenfamilie entstammend, trat er unter dem Eindruck katholischer Kontroversschriften, die er während seiner Erziehung in einem Jesuiten-Kolleg studiert hatte, 21jährig zum katholischen Glauben über, machte diesen Entschluß jedoch nach weiteren 18 Monaten und heftigen Bemühungen des Elternhauses wieder rückgängig. Da er mit dem zweimaligen Religionswechsel gegen das im absolutistischen Frankreich Ludwig XIV. geltende Recht verstoßen hatte, floh er 1670 nach Genf, wo er neben einer fundamentalen theologischen Ausbildung auch eine in der Philosophie Descartes' erhielt. Die Schließung der protestantischen Akademie in Sedan im Jahre 1681 auf königliche Order – B. war 1674 heimlich nach Frankreich zurückgekehrt und hatte dort zwei Jahre später eine Professur erhalten – und die immer heftiger werdenden Repressalien gegen Protestanten machten eine Übersiedlung nach Holland notwendig. In Rotterdam, wo er einen Lehrstuhl für Philosophie und Geschichte an der neugeschaffenen »École Illustre« bekam, erschien B.s erstes Werk 1683 unter dem Titel *Pensées diverses, écrites à un docteur de Sorbonne, à l'occasion de la comète qui parût au mois de décembre 1680* (übersetzt v. Johann Christoph Gottsched, 1741). Das Auftauchen des Kometen stellt hier den allenfalls äußeren Anlaß für eine extensive Auseinandersetzung mit dem Aberglauben und den astrologischen Ressentiments seiner Zeit dar. Wichtiger ist hingegen die These, daß Religion und christliche Prinzipien schlechterdings unerheblich für die moralische Dignität einer Gesellschaft seien, daß also durchaus auch eine Gesellschaft von Atheisten Bestand haben könnte und daß Idolatrie, also Götzendienst im weitesten Sinne, verdammungswürdiger sei als Atheismus, Gedanken, die u. a. von Bernard le Bovier de Fontenelle und Voltaire aufgegriffen wurden und die als Vorbereitung der erbitterten Konfrontation von Vernunft und christlichem Glauben im 18. Jahrhundert angesehen werden müssen. Die anonym veröffentlichten *Pensées* stellen darüber hinaus das Modell eines literarischen Genres der französischen Frühaufklärung dar: Es ist einerseits nicht in der für diese Art der Disputation üblichen Form eines Traktats, sondern in Briefform gehalten, andererseits ist »das hier eines von den Büchern, die für das Volk gemacht sind und für diejenigen, die nicht von Berufs wegen studieren« (aus dem Vorwort). Damit wurde B. den Forderungen eines im Entstehen begriffenen breiteren Lesepublikums gerecht, das zwar an den aktuellen geistigen, gesellschaftlichen und wissenschaftlichen Fragen der Zeit Anteil nehmen wollte, jedoch durch die überwiegend ›fachgelehrten‹ und trockenen Publikationen abgeschreckt wurde. Dies erkennend, gründete der Philosoph 1684 eine monatlich erscheinende Literaturzeitschrift mit dem Titel *Nouvelle de la République des Lettres* (1684–1687; *Neuigkeiten aus der Gelehrtenrepublik*), die Maßstäbe für das Zeitschriftenwesen des 18. Jahrhunderts setzen sollte. Anders als bereits existierende Organe gelang es den *Nouvelles*, Diskussionen zu Problemen aus Theologie, Philosophie, Politik und experimentellen Wissenschaften in interessanter Weise mit Buchbesprechungen, Leserbriefen und Informationen aus aller Welt zu verbinden, ohne jedoch tendenziös zu wirken. Daß Nicolas de Malebranche und der Jansenist Antoine Arnauld die *Nouvelles* zur Plattform ihrer heftig geführten Kontroverse über die Frage, »ob der Genuss jedes Vergnügens, so lange wenigstens als er dauert, glücklich macht« (Ludwig Feuerbach), wählten, daß sowohl Fontenelle als auch

Gottfried Wilhelm Leibniz verschiedene Beiträge über cartesische Philosopheme beibrachten und gar die Engländer John Locke und Robert Boyle in Beziehung zu B. und seinen *Nouvelles* traten, mag einen ersten Eindruck von deren Konzeption und Wirkung geben.

Die Aufhebung des Edikts von Nantes vom 14. Okt. 1685, Inbegriff religiöser Intoleranz und absolutistischer Machtvollkommenheit, bewog B. zu einer philosophischen Erörterung des Problems konfessioneller Nachsicht und Duldsamkeit. Der *Commentaire philosophique sur ces paroles de Jésus-Christ: Contrains-les d'entrer* von 1686 (*Philosophischer Kommentar über die Worte Jesus Christus: Zwinge sie einzutreten*) konstatiert die Unmöglichkeit einer rationalen Begründung von Glaubenssätzen und postuliert, da lediglich das je individuelle Gewissen in religiösen Dingen entscheiden könne, eine unbedingte Glaubens- und Gewissensfreiheit. Eine solche universale Toleranzforderung, die Juden, Moslems, Sozinianer, ja sogar Katholiken und Atheisten ihre Freiheiten zugestanden hätte, mußte auf Unverständnis bei der Gruppe orthodoxer Calvinisten um Pierre Jurieu, einem ehemaligen Freund und Kollegen B.s aus Sedan, stoßen, die die gewaltsame Rückeroberung Frankreichs mit Hilfe Englands avisierten. Der *Avis important aux réfugiés* (1690; *Ratschlag an die protestantischen Flüchtlinge*), ein B. zugeschriebener, von ihm aber wohl lediglich bearbeiteter und mit Zusätzen versehener Aufruf gegen Gewalt und zur Loyalität gegenüber dem französischen König, führte dann nicht nur zu philosophisch-theologischen Auseinandersetzungen zwischen B. und Jurieu: letzterer betrieb auch die Dispension B.s von jeglicher Lehrtätigkeit in Rotterdam.

Ungeachtet seiner zunehmend heikler werdenden finanziellen Lage nach der Amtsenthebung des Jahres 1693, bemühte sich der Philosoph um die Verwirklichung eines schon in den 70er Jahren geplanten Projekts: eines Wörterbuchs, das sämtliche Fehler und Irrtümer der bekanntesten Nachschlagewerke, insbesondere aber diejenigen des *Grand dictionnaire historique* (1674) von Louis Moréri, auflisten und emendieren sollte. Dieses ursprüngliche Konzept eines aktualisierten »neuen« Wörterbuchs ließ B. jedoch zugunsten eines solchen »ganz neuer Art« fallen, das die zeitgenössischen geistesgeschichtlichen Auseinandersetzungen kritisch reflektierte. So erschien 1697 als Hauptwerk B.s das *Dictionnaire historique et critique* in zwei Folio-Bänden, das in alphabetischer Ordnung sowohl mythologische, biblische und historische Eigennamen als auch Artikel geographischer und naturwissenschaftlicher Gegenstände aufnahm. Seinen Ruf als »Rüstkammer der Aufklärung« erhielt dieses im talmudischen Stil gehaltene Lexikon weniger aufgrund seiner umfassenden Materialfülle – die biographischen und objektiv belegten Hinweise zu Beginn jedes Artikels sind eher knapp gehalten –, als vielmehr durch den erheblich umfangreicheren Anmerkungsteil, in dem die historischen Quellen überprüft und einander gegenübergestellt, Fehlinterpretationen offengelegt, tradierte Vorurteile auf ihren Wahrheitsgehalt hin untersucht werden und vor allem die aktuellen philosophischen und theologischen Anschauungsinhalte zur Sprache kommen. Daß die tatsächlichen Inhalte der Artikel allzuoft kaum mehr einen Bezug zum Namenseintrag selbst besitzen (der Artikel »Rorarius« enthält die Widerlegung der cartesischen Konzeption der Tiere als Mechanismen, eine Erörterung des Leib-Seele-Problems, sowie die Darstellung Leibnizens neuer metaphysischer Theorie), ein Prinzip, das d'Alembert und Diderot auch für die *Encyclopédie* verwenden sollten, vermochte wohl lediglich die staatlichen Zensoren irrezuführen, nicht aber die interessierte Leserschaft. Das Grundanliegen vieler Artikel ist hier, wie bereits in den *Pensées*, die Kritik an den dogmatisch vertretenen religiösen Offenbarungswahrheiten, die Grundlegung eines laizistischen Moralbegriffs, die Rehabilitierung der zuvor pejorativ gefaßten menschlichen Leidenschaften und die Formulierung des unaufhebbaren Widerspruchs von Vernunft und Glauben, den aufzulösen Leibniz daraufhin in seiner *Theodizee* bemüht war. »Man muss nothwendig«, so sagt B. im Artikel *Pyrrhon*, »wählen zwischen Philosophie und dem Evangelium; wollt ihr nur glauben, was deutlich und den allgemeinen Begriffen gemäss ist, so ergreift die Philosophie und lasst das Christenthum; wollt ihr aber die unbegreiflichen Mysterien der Religion glauben, so ergreift das Christenthum und lasst die Philosophie; denn es ist ebenso unmöglich, die Deutlichkeit und die Unbegreiflichkeit zu verbinden, wie es unmöglich ist, die Bequemlichkeit eines viereckigen und eines runden Tisches zu vereinigen.«

Die Wirkung des *Dictionnaire* – es erlebte allein im 18. Jahrhundert nach der zweiten Auflage von 1702 noch acht weitere – war nicht allein auf Frankreich beschränkt. Schon 1709, also drei Jahre nach dem Tode B.s, erschien eine vierbändige englische Ausgabe, 1741 der erste Band der ebenfalls vierbändigen deutschen Übersetzung, die Gottsched besorgte. Ihr verdankt B. wohl auch seinen Einfluß auf die deutsche Aufklärung, der sich allen voran bei Hermann Samuel Reimarus, Gotthold Ephraim Lessing und bei Friedrich II. nachweisen läßt. Trotz dieser ausgeprägten Wirkungsgeschichte bleiben auch noch in der heutigen B.-Forschung wesentliche Punkte seiner Aussagen und Gedanken umstritten: Liegt B.s Bemühen um die Beseitigung religiösen Autoritätsglaubens begründet in einer calvinistischen Denktradition, und sind die *Pensées* und einige Artikel des *Dictionnaire* dann in diesem Sinne gleichsam apologetisch zu interpretieren? Oder sind seine Anstrengungen ganz im Sinne einer aufklärerisch-skeptizistischen, epikureisch-libertinistischen Tradition, wie sie Pierre Gassendi und François de la Mothe Le Vayer vertraten, zu sehen? Indessen ist man sich einig darin, »daß von diesem Franzosen Erschütterungen auf das gesamteuropäische Denken ausgegangen sind«, die bei der Lektüre des *Dictionnaire* auch heute noch empfunden werden könne.

Schalk, Fritz: Studien zur französischen Aufklärung. Frankfurt am Main 1984. – Labrousse, Ernest: Pierre Bayle. La Haye 1963/64. – Sugg, Elisabeth Bernhardine: Pierre Bayle – Ein Kritiker der Philosophie seiner Zeit. In: Forschungen zur Geschichte der Philosophie und der Pädagogik. 4. Bd., Heft 3. Leipzig 1930.

Jörg F. Maas

Beauvoir, Simone de

Geb. 9. 1. 1908 in Paris; gest. 14. 4. 1986 in Paris

Spitze Kritikerzungen nannten sie »Notre-Dame de Sartre« oder »La Grande Sartreuse«, um ihre intellektuelle Abhängigkeit vom Lebensgefährten Jean-Paul Sartre und damit zugleich ihre künstlerische Epigonalität zu geißeln. Unterstellungen dieser Art sind unzutreffend. Die *Tochter aus gutem Hause (Mémoires d'une jeune fille rangée*, 1959) – so der Titel ihres ersten Memoirenbandes – hatte ihre Wahl, mit dem Christentum, der Ideologie ihrer (klein-)bürgerlichen Herkunftsklasse und deren durch Ehe und Mutterschaft charakterisiertem Frauenbild zu brechen, schon vor ihrer folgenreichen Begegnung mit Sartre (1929) getroffen. Beide betrachteten den Partner lebenslang als Doppelgänger, Idealleser und wichtigsten Kritiker. Ihr symbiotisch anmutendes Verhältnis setzte aber stets Eigenständigkeit voraus. Sartre fiel die Rolle des unermüdlichen Ideen- und Theorienproduzenten zu, der extreme intellektuelle Positionen vertrat, B. verkörperte das kritische Realitätsprinzip, forderte engen Praxisbezug: »Für mich ist eine Idee nichts Theoretisches ... entweder man erlebt sie an sich selbst, oder sie bleibt theoretisch, dann hat sie keinerlei Gewicht« *(L'invitée*, 1943; *Sie kam und blieb).*

Beide dachten bis zum Ausbruch des Zweiten Weltkriegs strikt individualistisch. In Anlehnung an Edmund Husserl setzten sie das Ich als Bewußtsein, als reines Fürsich absolut, begriffen es als Zentrum, ja als Schöpfer der (Außen-)Welt, der es erst Existenz verlieh: »Die schwarzen Korridore zogen sie besonders an. Wenn sie nicht da war, existierten dieser Geruch nach Staub, dieses Halbdunkel, diese Verlassenheit für niemanden, existierten überhaupt nicht. Doch jetzt war sie da und hatte die Macht, durch ihre Gegenwart die Dinge der Bewußtlosigkeit zu entreißen, sie erst verlieh ihnen Farbe und Geruch ... es war, als sei ihr die Mission verliehen worden, diesen Saal in seiner nächtlichen Verlassenheit erst existent zu machen« *(Sie kam und blieb).*

Diese Hypostasierung des eigenen Ich impliziert zweierlei: Der Andere kann nur als Feind begriffen werden, der die eigene Freiheit bedroht. Das Verhältnis zu ihm oszilliert ständig – auch und gerade in der erotischen Beziehung – zwischen Herrschaft und Knechtschaft, Sadismus und Masochismus. Durch den Anderen enthüllt sich dem Ich die Dinglichkeit, das An-sich-sein des eigenen Körpers. »Es ist dieser metaphysische Ekel als Reaktion auf die spezifische Körperlichkeit der Frau (Menstruation, Schwangerschaft, Gebären), auf die Leiblichkeit als Dinghaftigkeit im allgemeinen, der sich noch in den akademischen Demonstrationen in *Le deuxième sexe* (1949; *Das andere Geschlecht*) durchsetzt. Nur so läßt sich B.s Abwertung der biologischen Fruchtbarkeit und die Bestimmung geistiger Kreativität als das absolut dagegen Gesetzte verstehen« (Christel Krauß; vgl. auch: *Une Mort très douce*, 1965 – *Ein sanfter Tod; La Femme rompue*, 1967 – *Eine gebrochene Frau; La vieillesse*, 1970 – *Das Alter).*

Das Kriegserlebnis macht dem Ich schockartig seine totale Abhängigkeit von äußeren Umständen bewußt: »Und plötzlich war es geschehen. Den Krieg wollen, ihn nicht wollen. Von nun an hatte die Antwort keine Bedeutung mehr; der Krieg war da ... Meine Gedanken, meine Wünsche waren nur noch Luftblasen, die zerplatzten, ohne Spuren in der Welt zu hinterlassen« *(Le sang des autres,* 1945; *Das Blut der anderen).* Als Reaktion auf die neue Erfahrung verwerfen B. und Sartre den nun als »leer« erkannten individualistischen Freiheitsbegriff und statuieren, daß die Freiheit des einzelnen nur bei gleichzeitiger Freiheit aller gewährleistet ist *(Les bouches inutiles,* 1945; *Die unnützen Münder).* Die Aufhebung der Herrschaft des Menschen über den Menschen kann lediglich in einer ausbeutungs- und repressionsfreien, demokratisch-sozialistischen Gesellschaft gelingen, für die Kants »Reich der Zwecke« und die klassenlose Gesellschaft von Marx als Zielprojektionen herangezogen werden. B. und Sartre gründen 1941 gemeinsam die kleine, relativ bedeutungslose Widerstandsgruppe »Socialisme et Liberté«, 1945 die einflußreiche Zeitschrift *Les Temps Modernes.*

Lebenslang versuchen sie, die Konzepte von Freiheit und Sozialismus zur Synthese zu bringen. Angesichts der durch den kalten Krieg bedingten Spaltung der Welt in zwei konkurrierende, ideologisch verhärtete Machtblöcke teilen sie Maurice Merleau-Pontys Auffassung, man könne weder Kommunist noch Antikommunist sein: der Kapitalismus sei als Ausbeutersystem, der doktrinäre Stalinismus/Kommunismus mit seinen Hegemonieansprüchen gegenüber den Satellitenstaaten als Verrat an der Idee der Weltrevolution abzulehnen. Die Existenz der sowjetischen Arbeitslager, die Niederschlagung des Ungarn-Aufstandes (1956) und die Besetzung der CSSR (1968) lenken ihr Interesse auf sozialistische Experimente fernab der sowjetischen Generallinie (Kuba, China, Maoismus). Innenpolitisch gehören sie zu den schärfsten Kritikern des kolonialistischen Algerienkriegs von 1958 bis 1962 *(Djamila Boupacha,* 1962).

Die gesellschaftliche Bedingtheit des Individuums analysierte B. erstmals theoretisch in *Le deuxième sexe.* Sie übertrug dabei Sartres These aus *Réflexions sur la question juive* (1946; *Überlegungen zur Judenfrage)* – der Jude sei nur Jude, weil er von anderen dazu gemacht werde und diese Fremdbestimmung verinnerliche – auf die Situation der Frau: »Man kommt nicht als Frau zu Welt, man wird es. Kein biologisches, psychisches, wirtschaftliches Schicksal bestimmt die Gestalt, die das weibliche Menschenwesen im Schoß der Gesellschaft annimmt. Die Gesamtheit der Zivilisation bestimmt dieses Zwischenprodukt zwischen dem Mann und dem Kastraten, das man als Weib bezeichnet.« Das über Jahrhunderte tradierte gesellschaftliche Idealbild der Frau ist aus den spezifischen Interessen des Mannes abstrahiert: Virginität, eheliche Treue, Beschränkung auf Kindererziehung und häusliche Tätigkeit machen die Frau zur Funktion des Mannes, weisen ihr die Rolle des abhängigen Objekts zu, das der Transzendenzfähigkeit des Mannes zur Rechtfertigung seiner Existenz bedarf. Die Unterdrückung der Frau und die Unterdrückung des Proletariats sind analoge Vorgänge. Frauenemanzipation ist kein weibliches, sondern ein gesellschaftliches Problem, das erst in einer sozialistischen Gesellschaft, die allen unentfremdete, eigenständige Arbeit ermöglicht, adäquat gelöst werden kann. Aus dieser Überzeugung ergibt sich B.s Distanz zu biologistisch argumentierenden feministischen Gruppen, die der Frau spezifisch weibliche Formen der Wahrnehmung und der künstlerischen Kreativität zurechnen: »Man darf nicht glauben, der weibliche Körper verleihe einem eine neue Vision der Welt. Das ist lächerlich und absurd ... Frauen, die das glauben, fallen ins Irrationale, ins Mystische, ins Komische zurück. Sie spielen das Spiel der Männer.«

Der Vorwurf, in B.s literarischem Werk gebe es keine authentischen Frauenfiguren, deren Lebensentwurf gelinge, sie schildere lediglich den als negativ empfundenen Status quo, konstruiere nirgends positive, zukunftsweisende Heldinnen, ist nur dann gerechtfertigt, wenn man ihre Überzeugung, erst die sozialistische Gesellschaft ermögliche Authentizität, ablehnt. Damit verstellt man sich aber zugleich den Zugang zu La Vieillesse, in dem sie zeigt, daß die kapitalistisch organisierte Sozietät den Menschen nur als Produktionsmittel begreift und an denjenigen, die nicht oder nicht mehr produzieren (Kinder, Frauen, Alte) kein Interesse hat: »Wenn man einen Menschen vierzig Jahre lang als Maschine behandelt, wenn man ihn abgenutzt und erschöpft hat, kann man ihn nicht durch eine wie auch immer geartete Alterspolitik in die Gesellschaft wieder eingliedern: dazu ist es dann zu spät.«

Sartres Ankündigung in L' Être et le Néant (1943; Das Sein und das Nichts), er werde bald eine existenzialistische Ethik publizieren, wurde weit eher von B. als von ihm eingelöst, der in Qu'est-ce que la littérature (1947; Was ist Literatur?) lediglich eine Ethik des Schreibens und des Lesens vorlegte. Pyrrhus et Cinéas (1944) und Pour une Morale de l'Ambiguité (1947; Für eine Moral der Doppelsinnigkeit) charakterisieren in relativ leicht verständlicher Sprache die beiden gemeinsamen Grundgedanken: Der Mensch ist, da Gott nicht existiert, zu totaler Freiheit und zu totaler Verantwortung verurteilt. Weil das Individuum des Anderen bedarf, um sich seiner selbst innezuwerden, muß es sich auf ihn hin transzendieren, seine Gleichheit und Freiheit wollen, ihm gegenüber Solidarität üben, mit ihm an der Aufhebung der Herrschaft des Menschen über den Menschen arbeiten. Da sich jeder Mensch in einer je eigenen Situation befindet, entwirft B. keine normativ-allgemeinverbindliche Ethik, sondern kritisiert in erster Linie tradierte individualistisch oder totalitär geprägte Moralvorstellungen, die den Menschen ungebührlich vereinzeln oder versklaven.

Ethische Implikationen besitzen auch die autobiographischen Werke von B. und Sartre. Während dieser sich eher indirekt und vermittelt zur Selbstvergewisserung an anderen Autoren (Baudelaire, Genet, Flaubert) abarbeitete, überprüfte B. ihre philosophischen Theoreme an der eigenen Existenz, die sie aus der Retrospektive einer bis hin zur Indiskretion kritischen Prüfung unterzog: Mémoires d'une jeune fille rangée; La Force de l'âge, 1960 – In den besten Jahren; La Force des choses, 1963 – Der Lauf der Dinge; La cérémonie des adieux, 1981 – Die Zeremonie des Abschieds. »In einer Autobiographie zeigen sich die Ereignisse in ihrer Willkürlichkeit, ihrer Zufälligkeit, in ihren bisweilen banal-albernen Zusammenstellungen, so wie sie wirklich gewesen sind: Diese Treue läßt besser als die geschickteste literarische Umsetzung verstehen, wie die Dinge den Menschen wirklich zustoßen« (Der Lauf der Dinge). Autobiographisches Schreiben erscheint so als adäquates Medium zur Wiedergabe der Kontingenz menschlichen Existierens. Nimmt man ihre Versuche ernst, engagiert an der Veränderung der Realität mitzuwirken, so drängt sich angesichts der »expérience vécue« B.s das Fazit auf, das Sartre für beide zog: »Man hat getan, was man tun konnte. Man hat getan, was man zu tun hatte« (Die Zeremonie des Abschieds).

Moi, Toril: Simone de Beauvoir. The Making of an Intellectual Woman. Oxford/Cambridge 1994. – Krauß, Christel: Enfanter ou écrire – gebären oder schreiben. In: Baader, Renate/ Fricke, Dietmar (Hg.): Die französische Autorin vom Mittelalter bis zur Gegenwart. Wiesbaden 1979, S. 227–238.

Henning Krauß

Benjamin, Walter
Geb. 15. 7. 1892 in Berlin; Selbstmord 27. 9. 1940 in der Nähe von Port Bou

 Die Haltung eines Physiognomikers, der Phänomene wie Rätselfiguren ausdeutet, und die unbeirrte Bindung des Metaphysikers an seine esoterische Doktrin – dem Denken B.s haben beide Wesenszüge einen eigentümlichen Nimbus verliehen. Jene Charakteristika lassen sich aus der besonderen Verfassung der B.s Habitus prägenden Lebensform eines freien Publizisten verstehen, dessen durchaus zweideutige Autonomie akademische Schulzusammenhänge ignorieren kann. Der großbürgerlichen Herkunft, die zunächst vor den Zwängen des Erwerbslebens Schutz zu bieten schien, verdankt B. vielleicht die erstaunliche Fähigkeit, die Souveränität des Denkens auch in Zeiten existenzbedrohender Krisen zu bewahren. Die Möglichkeit aber, diese privilegierte Stellung in eine Erkenntnischance zu verwandeln, wird, kurz vor dem Ersten Weltkrieg, von einer übermächtigen Zeitströmung begünstigt, die unter dem Eindruck Kierkegaards und Nietzsches der neukantianischen Erkenntnis- und Wissenschaftstheorie lebensphilosophische Deutungen »konkreten« Daseins entgegensetzt. Mit diesen Konzeptionen, wie sie nach dem Vorbild Henri Bergsons und Wilhelm Diltheys vor allem Georg Simmel entwickelt hat, ist ein anspruchsvoller Begriff von Erfahrung verbunden, dessen metaphysischen Gehalt B. schon früh, während der Zeit seines Engagements für die von Gustav Wyneken dominierte Fraktion der »Jugendbewegung«, mehr abstrakt beschwört als sinnfällig macht. B. hat jenen Erfahrungsbegriff in der 1918 entstandenen Schrift über das *Programm der kommenden Philosophie* in recht apodiktischer Form entfaltet. Die »höhere« Erfahrung einer solchen Philosophie resultiert einmal aus dem negativen Verhältnis zum naturwissenschaftlich-technischen, durch den Prozeß der Industrialisierung geprägten Weltbild, zum andern aus der unvermittelten, radikalen Wiederaufnahme von Grundpositionen der großen spekulativen Systeme des Idealismus. Dem identitätsphilosophischen Denken Schellings, insbesondere aber der mystischen Naturphilosophie Franz von Baaders, entnimmt B. jenen Erkenntnisbegriff, der sich auf eine Dimension des »Absoluten« bezieht, welche die Differenz zwischen dem Erkenntnissubjekt und seinem Gegenstand hinter sich läßt. Die inhaltliche Unbestimmtheit der nur formal charakterisierten Sphäre der höchsten Erkenntnis konkretisiert B. durch Motive aus der mystisch-kabbalistischen Überlieferung des Judentums, wobei der Gedanke messianischer Erlösung der gefallenen Natur den utopischen, eine sprachphilosophische Lehre von den – für das eigentliche Wesen der geschaffenen Dinge konstitutiven – göttlichen

Namen den hermeneutischen Aspekt von B.s Metaphysik darstellt. B. verdankt der (seit 1915 bestehenden) intensiven Freundschaft mit Gershom Scholem, dessen Forschungen die verschlossene Welt jüdischer Mystik überhaupt erst allgemein zugänglich gemacht haben, wesentliche Differenzierungen seines Entwurfs. Eine ähnlich metaphysische Umdeutung lebensphilosophischer Gedanken hat Werken wie Ernst Blochs *Geist der Utopie* (1918) oder Franz Rosenzweigs *Stern der Erlösung* (1921) ihr poetisches Kolorit gegeben. Ihrem Denkhorizont ist B. trotz aller Distanz verpflichtet. Zur Präzisierung seines philosophischen Entwurfs tragen Theoreme der romantischen Ästhetik bei, denen B., wie seine Berner Dissertation über den *Begriff der Kunstkritik in der deutschen Romantik* (1920) bezeugt, auch akademische Aufmerksamkeit widmet. Eine noch bedeutendere Wirkung, besonders im Hinblick auf gewisse Grundmotive der »Kritischen Theorie« der Frankfurter Schule, ist von einer analytischen Perspektive ausgegangen, die dem polemischen Verhältnis der jüdischen »Religion der Vernunft« (Hermann Cohen) zum Mythos entspringt; dieser Betrachtungsweise nämlich, die B. seiner Metaphysik integriert, erscheint der gesellschaftliche Lebensprozeß als in religiösem Sinn »natürlicher«, als Naturverfallenheit, deren mythischer Zwangscharakter sich im zerstörerischen Gesetz blinder Selbstbehauptung ausdrückt. In der von Hofmannsthal hochgeschätzten Abhandlung über *Goethes Wahlverwandtschaften* (1922), wo B. die Summe aus den Einsichten seiner philosophischen Studien zieht, wird jene Kritik des Mythischen auf den »Sachgehalt« eines Kunstwerkes übertragen, von dem die Interpretation gleichwohl Residuen messianischer Wahrheit retten kann. Hier tritt B.s Absicht ausdrücklich zutage, kulturell-gesellschaftliche Manifestationen, und von diesen vornehmlich Kunstwerke, als, der Mythos-Kritik gemäß, »naturgeschichtliche« Phänomene zu interpretieren. Dies bedingt die Eigentümlichkeit des Deutungsverfahrens, dem B. folgt. In ihm spiegelt sich zugleich sein eigener Habitus, der des Sammlers und Antiquars. B.s Blick entrückt historische Phänomene ihrem unmittelbar geschichtlichen Zusammenhang und versetzt sie in eine Dimension, wo sie als Elemente einer zu entziffernden Schrift, der »Konfiguration«, erscheinen. Diese Hermeneutik bildet B. in seiner als Habilitationsschrift konzipierten großen Arbeit über den *Ursprung des deutschen Trauerspiels* (1925; ersch. 1928) zur Methode aus. Er faßt das barocke Drama gerade nicht im Sinne einer empirisch bestimmbaren Gattung auf, sondern als jener neuplatonisch-mystischen Sphäre ewiger Wahrheit zugehörige »Idee«, die in einer einzigartigen Konstellation von begrifflich fixierbaren »Extrem«-Phänomenen lesbar wird. So stehen im Mittelpunkt des hermetisch formulierten »Traktats« die der barocken Bewußtseinsgestalt eigentümlichen Motive: die Extreme der Melancholie und der allegorisierenden Deutungsweise, Elemente, von denen Charakter und Denkart B.s gleichermaßen bestimmt sind, ist doch B.s schwermütige Versenkung ins verschlossene Wesen der Dinge dem Drang des Allegorikers verpflichtet, den Gegenständen ihre geheime Bedeutung abzugewinnen. Alsbald erweist die Tendenz, der katastrophischen »Naturgeschichte« Zeichen messianischer Erfüllung zu entreißen, ihr analytisches Potential an der Deutung der Lebenswelt der eignen Epoche, wie sie B. in seiner Fragmentensammlung *Einbahnstraße* (1928) – dem Modell für Adornos *Minima Moralia* – mit reflektierter Phantasie versucht. Phänomene der Alltagserfahrung ebenso wie die Requisiten von Traumszenen erstarren dort unter dem Blick eines Physiognomikers der Dinge zu zweideutigen Chiffren, »dialektischen Bildern«. Die autobiographischen Schriften – *Berliner Kindheit um 1900* und *Berliner Chronik* – geben in solchen Bildern das Subjekt von Wahrnehmung und Erinnerung als flüchtigen Ausdruck einer geschichtlich-gesellschaftlichen Konfiguration preis. Unreglementiert, doch präzis ist B.s Erfahrung, die er in Experimenten mit Haschisch zu erweitern strebt. Ähnlich sollte sich die Auseinandersetzung mit dem Surrealismus inspirierend auswirken. Daß B.s Privatexistenz, die solche Spontaneität des Denkens und Erfahrens vielleicht erst ermöglicht hat, mit den Normen der akademischen Institutionen zumal der Weimarer Republik nicht vereinbar war, zeigte sich 1925 im Fehlschlag der Habilitation. Danach sah sich B. auf die Lebensform des freien Kritikers verwiesen. Die Reflexion, die ihn in seiner vielfältigen publizistischen Tätigkeit bestimmt, gilt nunmehr der widersprüchlichen Situation des revolutionär gesinnten Intellektuellen, seiner eigenen. So öffnet sich die vordem esoterische Position der marxistischen Theorie, deren Kategorien B., von Asja Lacis und besonders von Brecht beeinflußt, in seine immer noch metaphysisch geprägte Gedankenwelt einfügt. Eine ernsthaftere Beschäftigung mit dem Marxismus wird in späteren Jahren durch die Bekanntschaft mit Repräsentanten des Frankfurter »Instituts für Sozialforschung«, vor allen andern mit Theodor W. Adorno, angeregt. In der Emigration, die B.s ökonomische Notlage katastrophal zuspitzt, fristet er denn auch mit Stipendien des Instituts sein Existenzminimum. Diesen Verbindungen entstammt der vielzitierte Aufsatz über das *Kunstwerk im Zeitalter seiner technischen Reproduzierbarkeit* (1935/36), wo ein notwendiger Zusammenhang zwischen dem Untergang des auratischen »Kultwertes« ästhetischer Gebilde im Zuge der Entwicklung der modernen Reproduktionstechniken und der Chance emanzipatorischer Politisierung der »Massen« behauptet wird. Die Rezeption marxistischer Lehrgehalte aber bleibt problematisch. Erst allmählich kann B. in produktiver Weise sich wesentliche Theoreme aneignen. So bietet ihm etwa die Theorie vom Warenfetisch die Möglichkeit, seinem kulturphysiognomischen Verfahren, indem er es »materialistisch« fundiert, eine neue Dimension zu geben, ohne jedoch das Potential der »dialektischen Bilder« aufopfern zu müssen. Die ungeheure Anstrengung, in diesem Sinn die materialistisch geläuterte Deutungsmethode für die Bestimmung der Signatur einer ganzen Epoche, des 19. Jahrhunderts, zu nutzen, bekundet sich auf das eindrücklichste im Exzerptenmassiv des »Passagen-Werkes«. Trotz der Anspannung aller Kräfte indessen ist B., der im Jahr seines Todes Thesen *Über den Begriff der Geschichte* formuliert, die überzeugende Vermittlung seiner messianischen Geschichtsphilosophie mit den Einsichten des Historischen Materialismus versagt geblieben. Doch gerade die materialistische Maskierung macht die Vieldeutigkeit von B.s Spätwerk aus, die der Interpretationskunst großen Spielraum läßt. In Port Bou, an der spanischen Grenze, nimmt sich B. September 1940 das Leben, um der Auslieferung zu entgehen.

Kiefer, Bernd: Rettende Kritik der Moderne. Studien zum Gesamtwerk Walter Benjamins. Frankfurt am Main/Berlin/Bern 1994. – Scholem, Gershom: Walter Benjamin. Geschichte einer Freundschaft. Frankfurt am Main 1975. – Tiedemann, Rolf: Studien zur Philosophie Walter Benjamins. Frankfurt am Main 1973.

Thomas Horst

Bentham, Jeremy
Geb. 15. 2. 1748 in London; gest. 6. 6. 1832 in London

Mit der moralphilosophischen Schrift *An Introduction to the Principles of Morals and Legislation* (1789; *Einführung in die Prinzipien der Moral und der Gesetzgebung*) konnte B. seine philosophiegeschichtliche Bedeutung als einer der Hauptvertreter des Utilitarismus begründen. Ursprünglich richtete sich sein Interesse – seit seinem Studium der Rechtswissenschaft von 1763 bis 1766 u.a. in Oxford – auf Fragen der Gesetzgebung und des Strafrechts. Entsprechend sollte das, was er dann als ein eigenständiges moralphilosophisches Werk ausbaute, nur als Einleitung zu rechtsphilosophischen Überlegungen dienen. Aus einem gesellschaftskritischen Impuls heraus bezog B. Stellung gegen moralische Begründungsformen, die einerseits so subjektive Instanzen wie Gewissen, natürlicher Menschenverstand oder moralisches Gefühl als Maßstab anführten und andererseits diese noch zu einer unfehlbaren Beurteilungsinstanz hochstilisierten, um sie letztlich in ein willfähriges Instrument der Unterdrückung umzumünzen. B. wollte eine Bestimmung der Sittlichkeit finden, die der Natur des Menschen, seinem Streben nach Glück und dem Anspruch einer rationalen Begründung gerecht wird. Sein wirtschaftswissenschaftlicher Essay *In Defense of Usury* (1787; *Vertheidigung des Wuchers*) gibt die Tendenz seiner ethischen Überlegungen an: Er ging von der These aus, daß jeder am besten beurteilen könne, was für ihn am nützlichsten ist. Bei der Lektüre von David Humes *Treatise of Human Nature* wurde ihm nach eigenen Aussagen deutlich, daß das Nützlichkeitsprinzip den geeigneten Grundsatz zur Erklärung und Gestaltung sozialer Handlungen abgibt. In den *Principles of Morals and Legislation* begreift er Lust und Schmerz als Konstanten der menschlichen Natur, die bei der Bestimmung des Glücks eine entscheidende Rolle spielen. Unter dieser Annahme erübrigt sich jeder weitere Beweis für das Beurteilungsprinzip der Nützlichkeit. Eine Handlung ist dann zu billigen, wenn sie das individuelle Glück und das der Gemeinschaft vermehrt. Wie sein Zeitgenosse Adam Smith sah B. keinen Gegensatz zwischen persönlichem und allgemeinem Wohlergehen. Das fundamentale Prinzip ist nach B. das größtmögliche Glück der größtmöglichen Anzahl von Menschen. Eine Formel, die er von Francis Hutcheson und Joseph Priestley, möglicherweise auch von Claude Adrien Helvétius kannte. Ihr stellte er das demokratische Prinzip: »Jeder hat für einen, niemand für mehr als einen zu gelten« zur Seite. Nicht mehr der Rückgriff auf fragwürdig gewordene Autoritäten, sondern das menschliche Streben nach Glück bildet die Grundlage menschlicher Sittlichkeit. Auf diese Weise entsprach B. dem im Zuge ökonomischer und gesellschaftlicher Veränderungen gestärkten Bewußtsein des englischen Bürgertums. Er sah in seinem Ansatz eine rationale, praktische Orientierungshilfe in Gestalt des hedonistischen Kalküls angelegt. Danach läßt sich die mit dem Handlungserfolg verbundene Lust bemessen nach Stärke und Dauer, im Hinblick auf die Wahrscheinlichkeit ihres Eintretens und auf die möglichen Nebenfolgen und nicht zuletzt im Hinblick auf die Anzahl der an ihr beteiligten Personen. Im Sinne des »wohlverstandenen Interesses« erweist sich der reine Egoismus als falsch berechnet, weil er über den individuellen Augenblick der Lust die längere Dauer des Gesamtnutzens übersieht. Dieses Kalkül richtet sich implizit gesellschaftskritisch gegen den Reichtum einer kleinen Schicht.

B.s Anliegen, mit dieser utilitaristischen Denkform eine kritische Instanz gegen überkommene Dogmen und politische Privilegien zu errichten, fand starke Beachtung auch in anderen europäischen Ländern und in den neugegründeten Vereinigten Staaten. B. war bereits sechzig, als jenes Treffen mit seinem späteren Mitstreiter James Mill stattfand, das zur Gründung der »Radicals« führte, einer Bewegung, die die gesellschaftlichen und politischen Anliegen des zurückgezogen lebenden B. öffentlich propagierte: Mehr Demokratie für England durch Ausdehnung des Wahlrechts und geheime Wahlen, Reformierung des Strafrechts im Sinne des Nützlichkeitsprinzips, d.h. es sollte an der Wirksamkeit der Abschreckung und nicht an der Herkunft der Täter oder dem Rachebedürfnis der Gesellschaft orientiert sein. B.s Utilitarismus wirkte, wenn auch in veränderter Form, weiter in den ethischen Ansätzen von John Stuart Mill und Henry Sidgwick.

Gähde, Ulrich/Schrader, Wolfgang W. (Hg.): Der klassische Utilitarismus. Einflüsse – Entwicklungen – Folgen. Berlin 1992. – Kohler, Wolfgang: Zur Geschichte und Struktur der utilitaristischen Ethik. Frankfurt am Main 1979. – Höffe, Otfried: Einführung in die utilitaristische Ethik. München 1975.

Peter Prechtl

Bergson, Henri Louis
Geb. 18. 10. 1859 in Paris; gest. 4. 1. 1941 in Paris

Fotographien B.s, so protokollarisch steif und den strengen Regeln der Atelierkunst gehorchend die Fotografen den prominenten Laureatus auch in Szene gesetzt haben, besitzen eine eigentümliche Ausstrahlung. Sie zeigen ein graziles, fast altersloses Gesicht mit großen, tiefliegenden doch sanften Augen, die von buschigen Brauen mehr umrahmt als beschützt werden. Der Blick ist träumerisch und wachsam zugleich und vermeidet fast scheu, den Betrachter zu fixieren.

Wie der Blick der Eule, die ja in der Mythologie der Griechen die Klugheit verkörpert hat, scheinen auch diese Augen etwas von einer gespannten Aufmerksamkeit zu verraten, die weiß, daß der Verstand nicht immer und in jedem Augenblick, zumal nicht bei grellem Tageslicht, das zu finden vermag, wonach er sucht. Jeder, der seinen eigenen Augen trauen mag, wird in diesen Porträts lesen können, daß dieser Intellektuelle weder den Typus des martialischen oder geschäftigen Meisterdenkers verkörpert hat, noch den des beamteten Ordinarius, der dröhnend die Prüfungsfragen des Tages bekannt gibt.

Husserl und B., »die beiden einzigen originären Denker des 20. Jahrhunderts« (Roman Ingarden), sind 1859 geboren, demselben Jahr, in dem John Stuart Mill

Über die Freiheit und Charles Robert Darwin sein epochales *Über den Ursprung der Arten durch natürliche Zuchtauswahl* veröffentlicht hat. B. ist ein Sohn jüdischer Eltern. Seine Mutter war gebürtige Engländerin; der aus Polen stammende Vater war Musiklehrer und ein Komponist, der, wie der Sohn urteilte, »nur den Fehler hatte, sich zu wenig darum zu kümmern, seine Musik bekannt zu machen«. Während seiner frühen Kindheit lebte die Familie in der Schweiz; sie übersiedelte 1866 nach Paris, wo der Junge auf Vermittlung eines Rabbiners ein Externenstipendium für das Gymnasium erhält. Als die Familie im Kriegsjahr 1870 ihr Domizil im Heimatland der Mutter aufschlägt und nach London umzieht, läßt sie den Elfjährigen, der in einem jüdischen Pensionat untergebracht wird, in Paris zurück. Bis dahin übrigens war über die Nationalität des Jungen nicht entschieden. – Im »Institut Springer« wird B., der in seinem späteren Leben dem jüdischen Ritus stets fernbleiben wird, bis über seine Volljährigkeit hinaus wohnen. Er ist ein glänzender Schüler, der die jährlichen Examina gegen Ende der Gymnasialzeit und die Aufnahmeprüfung in die »École normale supérieure« in den philologischen Fächern und Mathematik mit Auszeichnung besteht. Zum selben Jahrgang der sogenannten »Normaliens«, den erklärten Eliteschülern Frankreichs, gehören der spätere Sozialistenführer Jean Jaurès und Emile Durkheim, der an Frankreichs Universitäten eine neue Disziplin, die »sciences sociales«, institutionalisieren wird und zum »rationalistischen« Antipoden des »Irrationalisten« B. werden sollte.

Vor Beginn seiner universitären Laufbahn ist B. zunächst berufstätig und wird – wie so viele Intellektuelle Frankreichs (z. B. Jules Michelet, auch Durkheim oder, im 20. Jahrhundert, Gaston Bachelard und Jean-Paul Sartre) – Gymnasiallehrer, zuerst in der Provinz, in Angers, hernach für einige Jahre in Clermont-Ferrand und schließlich dann in Paris. Er verfaßt in dieser Zeit kleinere Schriften, Reden für den Schulgebrauch *(Die Besonderheit, Die Höflichkeit)*; er hält Vorträge an der Universität *(Das Lachen)*, übernimmt Lehraufträge, übersetzt (anonym) aus dem Englischen, das er Dank seiner Mutter fließend beherrscht, veröffentlicht *Auszüge aus Lukrez* (eine Textauswahl für Schulzwecke) und schreibt seinen ersten Aufsatz für eine wissenschaftliche Zeitschrift. Der kurze Artikel, den der zukünftige Autor einer neuen Philosophie des Ich verfaßt, heißt *Über die unbewußte Simulation in der Hypnose* und erscheint, merkwürdiges Zusammentreffen, zum gleichen Zeitpunkt (1886), zu dem ein junger Privatdozent namens Sigmund Freud an der Pariser »Salpetrière« die psychologische Dimension der Nervenpathologie entdeckt.

Sein erstes Buch, das die Grundzüge dessen entfaltet, was als Spielart der »Lebensphilosophie« apostrophiert werden wird (ein Ausdruck übrigens, der nur im deutschen Sprachraum zum philosophiegeschichtlichen Fachterminus wird), erscheint 1889; der Beginn des Bergsonismus datiert also auf das Jahr von Nietzsches Zusammenbruch zurück, dem Verstummen jener anderen, so viel glückloseren Lebensphilosophie. Das Buch heißt *Essai sur les données immédiates de la conscience* (die deutsche Übersetzung wird 1911 unter dem Haupttitel *Zeit und Freiheit. Eine Abhandlung über die unmittelbaren Bewußtseinstatsachen* erscheinen) und bildet (zusammen mit einer Aristotelesmonographie) einen Teil seiner Dissertation. Mit Vorliegen seiner akademischen Eintrittskarte ist B. allerdings vom Beginn seiner universitären Karriere noch über zehn Jahre entfernt. In diesem, seinem akademischsten Werk liefert B. eine fachkundige Auseinandersetzung mit der sich zur empirischen Wissenschaft entwickelnden Assoziationspsychologie. Er entdeckt »im Fliessen des inneren Lebens« die *Dauer* (»durée«).

»Die ganz reine Dauer«, lautet seine Bestimmung, »ist die Form, die die Sukzession unserer Bewußtseinsvorgänge annimmt, wenn unser Ich sich dem Leben überläßt, wenn es davon absieht, zwischen dem gegenwärtigen und den vorhergehenden Zuständen eine Scheidung zu vollziehen«.

B., ein glänzender und erfolgreicher Schriftsteller, hat immer »in besonders hohem Maße die Aufgabe erfüllt, im zeitgenössischen Wissenschaftsbetrieb vernachlässigte und inhaltliche Probleme selbständig zu fördern« (Max Horkheimer). Darin ist er von den anderen sogenannten Lebensphilosophen (Dilthey, Nietzsche) am ehesten Georg Simmel verwandt, der engagierteste Propagandist dieser neuen französischen Philosophie im wilhelminischen Vorkriegsdeutschland. Auch in *Matière et mémoire. Essai sur la relation du corps à esprit* (1896) arbeitet er ein großes Material empirischen Wissens durch. Diese Untersuchung über die *Beziehung zwischen Körper und Geist* ist um die Kritik des szientistischen Theorems vom psycho-physischen Parallelismus zentriert, exemplifiziert an empirischen (Dys-)Funktionen (z. B. der Amnesie und Aphasie) des Gedächtnisses (»mémoire«). Nach der Physiologie wird er sich in der *L'évolution créatrice* (1907; *Die schöpferische Entwicklung*) der Biologie zuwenden, um dort die Blindstellen von Evolutionstheorien darwinscher Prägung bloßzustellen.

Nach vergeblichen Bewerbungen auf eine Sorbonneprofessur (1894, 1898) – seine Kandidatur soll an Interventionen Durkheims gescheitert sein –, beginnt B. seine universitäre Karriere mit 41 Jahren; das ist verhältnismäßig spät. Andererseits beginnt sie sozusagen gleich auf einem Gipfel: Er wird 1900 Professor für griechische und lateinische und später, 1904, für zeitgenössische Philosophie am »Collège de France«, dem Paradies der von jeglichen Lehr- und Prüfungsverpflichtungen befreiten Hochschullehrer, dem Eliteinstitut der französischen Wissenschaft. Dort lehrt er bis zu seinem Rücktritt mit einigen Unterbrechungen 21 Jahre lang und durchläuft eine von Ehrungen überhäufte Karriere, in der ihm kein Erfolg versagt bleibt; 1901 wird er Mitglied der »Académie des Sciences Sociales«, wird zu Gastvorlesungen in Italien (1911), England und Spanien (1916) eingeladen, in die »Académie Française« gewählt (1914); er wird 1922 Präsident der »Völkerbundkommission für geistige Zusammenarbeit« und erhält 1927 für seine *Schöpferische Entwicklung* den Nobelpreis für Literatur.

B. ist der intellektuelle Star der Vorkriegsgeneration, zu dessen Freitagskollegs ein internationales Publikum strömt, und den zu ignorieren den zeitgenössischen Intellektuellen kaum möglich ist – von Heinrich Rickert über Georgi W. Plechanow bis hin zu Bertrand Russel. Noch vor Ausbruch des Ersten Weltkriegs ist eine mehrbändige russische Werkausgabe erschienen; alle Hauptwerke B.s lagen kurz nach ihrem Erscheinen in deutscher und englischer Übersetzung vor.

Der Bergsonismus wird von einer ganzen Generation wie eine Befreiung aufgenommen, wie die Errettung des endlichen Menschen vor dem Zugriff der szientistischen Rationalisierung des Lebens. »Während . . . der Wissenschaftler immer darauf bedacht ist, die Wirklichkeit . . . so wie er es braucht aufzuspalten, um sie der technischen Einwirkung des Menschen zu unterwerfen, um die Natur zu überlisten in einer Haltung des Mißtrauens und der Kampfbereitschaft, behandelt sie der Philosoph als Gefährtin. Die Richtschnur der Wissenschaft ist jene, die Bacon aufgestellt hat: gehorchen um zu herrschen. Der Philosoph hingegen gehorcht weder, noch herrscht er, ihm ist darum zu tun, einen Gleichklang («sympathie») zu finden.« Für einen historischen Moment lang scheint die Philosophie mit dem Bergsonismus ein längst verlorenes Prestige zurückzugewinnen. Wie wenig kontrollierbar diese überraschende Resonanz einer neuen Philosophie über die Fachgrenzen hinaus damals schien, mag daran zu ermessen sein, daß der katholische Klerus die Werke des Nichtkatholiken B. 1914 auf den *Index librorum prohibitorum* gesetzt hat. So sehr sah sich eine Theologie von einer Philosophie bedrängt, die einerseits doch nachdrücklich dagegen protestierte, daß die neuzeitliche Wissenschaft sich ausschließlich »der Materie zugewandt« hat, aber andererseits so wenig zum Bundesgenossen geeignet war, daß sie wie eine Häresie verfolgt werden mußte.

Daß der Bergsonismus mit so großem Erfolg zur Alternative des szientistischen Weltbilds werden konnte, hängt wesentlich damit zusammen, daß er seine Grundbegriffe im Stoffwechsel mit kurrenten wissenschaftlichen Theoremen sowohl gewonnen wie reformuliert hat.

Das ist nicht unbedingt das klassische Verfahren einer Systemphilosophie. Nach seiner quasi bewußtseinsimmanenten Herleitung reformuliert B. in der *Schöpferischen Entwicklung* das Prinzip der »Dauer« mit dem neuen Zauberwort vom »élan vital« (Lebensschwung, Lebensschwungkraft); diese Generalisierung auf die allgemeine Sphäre des Organischen ist zugleich, wenn man so will, eine neue ›Fundierung‹ seiner Philosophie durch die Biologie. Der Irrationalismusvorwurf, der gegen B. so oft erhoben worden ist, unterschlägt bequemerweise diese wissenschaftskritische Seite des Bergsonismus. Es ist geradezu ein Grundzug dieser hellwachen Philosophie, ihre elementaren Theoreme der Irritation durch die zeitgenössische wissenschaftliche Diskussion auszusetzen. Der dreiundsechzigjährige B. veröffentlicht 1922 eine Auseinandersetzung mit der Relativitätstheorie Einsteins (*Durée et simultanéité*), in der er, wie Gilles Deleuze gezeigt hat, ganz unschulmäßig und wie selbstverständlich die Chance zur Selbstverständigung und Selbstkorrektur ergriffen hat.

Die wissenschaftskritische Seite des »toten Klassikers« (Leszek Kolakowski) B. hat sich historisch, so scheint es, nicht verbraucht. »Während Physik und Chemie uns helfen, unsere Bedürfnisse zu befriedigen und uns dadurch ermuntern, sie zu vermehren, kann man voraussehen, daß Physiologie und Medizin uns mehr und mehr offenbaren werden, wie gefährlich diese Vermehrung ist, und wieviel Enttäuschung sich in der Mehrzahl unsrer Befriedigungen birgt.« Der Philosoph des »élan vital« ist gewiß kein Ekstatiker, der die Verdinglichungen des Erlebnisstromes überspielen will. Nüchtern bezieht er die Beobachtung eines selbsterfahrenen Unbehagens an den Fortschritten der wissenschaftlich-technischen Welt ein: Er, der »ein gutes Fleischgericht sehr schätzt«, registriert, daß im Vergleich zum Vegetarier »meine Befriedigung auf Unachtsamkeit beruht und bei klarer Beleuchtung eher verblaßt«. So direkt können die Wege sein, die die Kritik der szientistischen Technikgläubigkeit, den Aufweis des ungeschmälerten Aufklärungspotentials naturwissenschaftlicher Einsicht und die Wahrnehmung einer prekär werdenden Genußfähigkeit miteinander verbinden.

»Bergsons Ansehen und seine Wirkung«, schreibt Kolakowski, »lassen sich nur mit der modischen Beliebtheit vergleichen, deren sich Jean-Paul Sartre in den späten vierziger und frühen fünfziger Jahren erfreute.« Bei diesem Vergleich sind die Unterschiede vermutlich interessanter als das Gemeinsame. Gewiß, beide, Sartre und B., verdankten ihren Erfolg wesentlich auch dem, daß sie Schriftsteller-Philosophen waren. Darin mag durchaus ein Allgemeingültiges liegen. Wenn in der Moderne die Philosophie dem Anspruch nicht mehr zu genügen vermag, »ihre Zeit in Gedanken erfaßt« zu sein, scheinen philosophische Systementwürfe Autorität nur dann erlangen zu können, wenn ihre Urheber bereit und in der Lage sind, zu intellektuellen Stars im Alltagsleben ihrer Epoche zu werden. – Solche, dann auch Nobelpreis-Komitees beschäftigende Stars sind beide gewesen, der Urheber des Bergsonismus wie des Existentialismus. Bei B. freilich war die Philosophie nicht wie bei Sartre von der Aura der moralischen Integrität eines Davids in der literarischen oder politischen Opposition überstrahlt, sondern stützte sich – vorerst zum letzten Mal – auf ihr Gewicht als Institution. Die Autorität, die ihm zukam, war die Autorität einer Metaphysik in Amt und Würden. Der späte, *La cause du Peuple* verteilende Sartre war über eine Verhaftung erhaben, weil man »einen Voltaire nicht ins Gefängnis steckt« (De Gaulle). Die Politiker haben auf B., wenn man so will, genau die entgegengesetzten Machtphantasien projiziert. Wurde diesem (jedenfalls in bestimmten politischen Konjunkturen) die Unangreifbarkeit des spöttischen, gewissermaßen außerhalb stehenden Kritikers attestiert, so hat man jenen (gewiß nicht ohne Kalkül) umgekehrt in das Licht des alten platonischen Mythos vom Philosophenkönig gerückt. B. wurde – ohne sich freilich zum apologetischen Haupt- und Staatsphilosophen machen zu lassen – im Laufe des Ersten Weltkriegs von zwei verschiedenen politischen Administrationen Frankreichs (1917 und 1918) die diplomatisch-offizielle Mission übertragen, Präsident Wilson davon zu überzeugen, die Neutralität der USA zugunsten der Entente aufzugeben. Nach neueren Archivforschungen hat B. tatsächlich, und nicht nur als plaudernder Erfüllungsgehilfe des akkreditierten französischen Botschafters, ein Stückchen Diplomatiegeschichte geschrieben.

Sozialen Fragen hat er sich erst lange nach Ende seiner Lehrzeit in *Les deux sources de la morale et de la religion* (1932; *Die beiden Quellen der Moral und der Religion*) zugewandt. Zur Tagespolitik, etwa zur Dreyfuß-Affäre, in der sein Schulfreund Jaurès eine so prominente Rolle spielte, hat sich B. in seinen veröffentlichten Werken nirgends geäußert. Die Anliegen des Henri B. zu Problemen des Bergsonismus zu machen, hätte er gewiß abgelehnt; keines seiner Bücher trägt irgend eine gedruckte Widmung oder Zueignung. Aber B., dessen jüngste Publikationen Max Horkheimer in der *Zeitschrift für Sozialforschung* gerade erst schonungslos rezensiert hatte, hat andererseits zu jenen gehört, mit deren Unterstützung im Jahre 1933 dem ins Exil gehenden Frankfurter Institut für Sozialforschung Räume für ein Pariser Büro zur Verfügung gestellt werden konnten, und die dafür sorgten, daß die Zeitschrift des Instituts (im Hausverlag B.s, bei F. Alcan in Paris) ihr Erscheinen fortzusetzen vermochte.

B. starb im Januar 1941. Der Achtzigjährige hatte vergeblich versucht, der deutschen Blitzkrieg-Invasion im Juli 1940 zu entkommen, und war in den Westen, in die Nähe von Bordeaux übersiedelt. Nach Proklamation der Vichy-Regierung kehrte er in das besetzte Paris zurück. Das Angebot, ihn von den sofort beginnenden Reglementierungen auszunehmen, denen die Juden unterworfen wurden, lehnte er ab. Er soll infolge einer Lungenentzündung gestorben sein, die er sich zuzog, als er sich, im Winter Schlange stehend, als Jude registrieren ließ.

Bachelard, Gaston: La dialectique de la durée – Henri Bergson. Paris 1972. – Ingarden, Roman: Intuition und Intellekt bei Henri Bergson. Darstellung und Versuch einer Kritik. Halle 1921.

Martin Weinmann

Berkeley, George
Geb. 12. 3. 1685 in Dysert Castle (Irland); gest. 14. 1. 1753 in Oxford

Bereits mit 15 Jahren tritt B. in das Trinity College in Dublin ein, wo er alte Sprachen, Philosophie, Logik, Mathematik und Theologie studiert. 1707 wird er Magister of Arts und kurz darauf Priester. Sein erstes philosophisches Werk, *An Essay towards a New Theory of Vision* (1709; *Versuch über eine neue Theorie des Sehens*), behandelt Probleme der Wahrnehmungstheorie, insbesondere die Probleme des räumlichen Sehens. Es kann als Vorbereitung seiner Philosophie des Immaterialismus gelesen werden, die er in seinem 1710 veröffentlichten Hauptwerk *A Treatise concerning the Principles of Human Knowledge* (*Eine Abhandlung über die Prinzipien der menschlichen Erkenntnis*) darlegt. Daß er hiermit weitgehend auf Unverständnis stößt, veranlaßt ihn, seine Thesen überzeugender und verständlicher in der literarischen Form des Dialogs darzustellen: in den *Three Dialogues between Hylas und Philonous* (1713; *Drei Dialoge zwischen Hylas und Philonous*). Von 1713 bis 1720 befindet sich B. auf Reisen in London, Frankreich und Italien. In Paris ist er vermutlich mit Malebranche zusammengetroffen. Nach seiner Beförderung zum Dekan von Derry (1724) und seiner Heirat (1728) bricht B. 1729 nach den Bermudas auf, um dort seinen langgehegten Plan der Errichtung eines Colleges zu verwirklichen, in dem Söhne englischer Siedler gemeinsam mit Indianern und Schwarzen zu Missionaren ausgebildet werden sollen. Dies scheitert, und er kehrt 1731 resigniert nach Irland zurück, wo er ab 1734 bis zu seinem Tod das Amt des Bischofs von Cloyne innehat. B.s nach den *Three Dialogues* veröffentlichte Schriften bieten, philosophisch gesehen, wenig Neues. Sein letztes Werk *Siris* (1744) ist ein Sammelsurium mehr oder weniger philosophischer Inhalte: von Grundfragen der Chemie über spekulative Betrachtungen zur Philosophie Platons bis hin zur Preisung der Heilwirkung des Teerwassergetränks: »Fröhlich stimmen diese Becher, aber sie berauschen nicht.«

B.s Hauptanliegen ist eine Kritik des zu seiner Zeit vorherrschenden Materialismus. Dieser behauptet eine unabhängig vom Bewußtsein existierende materielle Außenwelt. Im Zuge der Fortschritte der Naturwissenschaften durch Galilei, Boyle, Newton u. a., hatte er seine Verbreitung und im Werk John Lockes seine philosophische Ausformulierung gefunden. B.s Kritik ist in erster Linie von theologischen und moralischen Motiven geleitet, da er in dieser naturwissenschaftlich geprägten Weltsicht eine Gefahr für den Glauben sieht. Seine Argumentation aber ist streng philosophisch, mit dem Anspruch, vorurteilslos und ohne Zuhilfenahme unbegründeter metaphysischer Hypothesen zu verfahren. Mit Locke teilt B. die gegen den Rationalismus eines Descartes oder Leibniz gerichtete empirische Grundauffassung, daß die durch Sinneswahrnehmungen gewonnene Erfahrung die alleinige Basis unseres Wissens darstellt. Seinen entschiedenen Widerspruch hingegen erregt die von Locke vertretene kausale Wahrnehmungstheorie, nach der die Ideen (Vorstellungen) als Wirkungen von bewußtseinsunabhängigen materiellen Dingen anzusehen sind. Unhaltbar, weil in sich widersprüchlich, erscheint B. vor allem die dieser Konzeption zugrundeliegende dualistische Scheidung zwischen Dingen und Ideen. Man versuche nur einmal, sich die Existenz vorstellungsunabhängiger Dinge vorzustellen, fordert er den Leser auf, um ihn die logische Unmöglichkeit einer solchen Annahme unmittelbar einsehen zu lassen. Als Ursachen bzw. Urbilder unserer Ideen müßten die Dinge mit den Ideen vergleichbar, ihnen ähnlich sein; das aber setzt voraus, daß sie wahrnehmbar und somit selbst Ideen sind. Ist dies nicht der Fall, dann sind die Dinge nichts als ein unbekanntes, schlechthin unzugängliches Etwas ohne jede wahrnehmbare Eigenschaft. Als ein solches Etwas ist in B.s Augen der Lockesche Begriff einer materiellen Substanz eine unzulässige Abstraktion von den wirklichen Dingen und damit letztlich eine unbegründete metaphysische Annahme. Dinge gibt es nach B.s Auffassung immer nur als wahrgenommene bzw. wahrnehmbare Ideen oder Komplexe von Ideen: esse est percipi oder, wie Schopenhauer später sagt: »Die Welt ist meine Vorstellung.« Das bedeutet zugleich: Ihre Existenz ist untrennbar verbunden mit der Existenz von Subjekten, die sie wahrnehmen und für die gilt: »esse est percipere«.

Mit Lockes Materialismus wird für B. notwendigerweise auch dessen Unterscheidung zwischen primären und sekundären Qualitäten (Eigenschaften) der Dinge hinfällig. Sie beruht auf der Annahme, daß die Ideen der primären Qualitäten uns die Dinge so zeigen, wie sie bewußtseinsunabhängig wirklich sind, da sie zu diesen in einer Ähnlichkeitsbeziehung stehen und außerdem mehreren Sinnen zugänglich sind. Dies gilt für die Qualitäten der Ausdehnung, der Bewegung, der Gestalt u. a., denen auch in der Geometrie und in den Naturwissenschaften, aufgrund ihres objektiv meßbaren Charakters, eine primäre Rolle zukommt. Die sekundären Qualitäten, wie Farbe, Geruch, Ton sind demgegenüber nach Locke rein subjektiv, also im Grunde bloße Ideen, die ohne Ähnlichkeit mit den sie verursachenden Eigenschaften der Dinge sind und nur von einem Sinn wahrgenommen werden können. Aufgrund der dargelegten Unhaltbarkeit des Dualismus zwischen Dingen und Ideen, gilt nach B. für alle Qualitäten, daß sie subjektiv und sinnesspezifisch sind. Daß auch die von Locke als primär bezeichneten Qualitäten nur einem Sinn zugänglich sind, wird nur durch die Doppeldeutigkeit ihrer Bezeichnungen verdeckt. So sind z.B. gesehene und getastete Ausdehnung gänzlich voneinander verschiedene Ideen, die nur gewohnheitsmäßig miteinander auftreten; nur deshalb belegen wir sie mit demselben Namen. Sich neben der gesehenen und getasteten Ausdehnung noch eine Ausdehnung an sich vorzustellen, ohne sicht- oder tastbare Eigenschaften wie Farbe oder Härte, stellt für B. eine ebenso unmögliche Forderung an das menschliche Abstraktionsvermögen dar wie die Vorstellung einer bewußtseinsunabhängigen Materie. B. sieht sich daher zu einer gründlichen Kritik der Lockeschen Abstraktionstheorie veranlaßt. Er demonstriert sie an dem Beispiel der unmöglichen abstrakten Vorstellung eines allgemeinen Dreiecks, das »weder schiefwinklig noch rechtwinklig noch gleichseitig noch gleichschenklig, sondern alles dieses zugleich und zugleich auch nichts von diesem« sein soll. Nach B. reicht es für die Aufstellung allgemeingültiger Urteile völlig, wenn man ein bestimmtes Dreieck als Stellvertreter für alle Dreiecke mit der betreffenden Eigenschaft, unter Absehung von allen übrigen, ansieht. Ein Urteil z. B., das die Rechtwinkligkeit eines Dreiecks betrifft, läßt sich so auf alle übrigen rechtwinkligen, wenn auch ansonsten verschiedenen Dreiecke übertragen. Im Falle allgemeiner Ideen werden wir nach B.s Auffassung durch die Sprache irregeleitet, wenn wir allgemein verwendbare Ausdrücke wie »Dreieck« als Namen von abstrakten allgemeinen Dingen auffassen.

Indem B. die bewußtseinsunabhängige Existenz einer materiellen Wirklichkeit bestreitet, will er keineswegs die Objektivität und Realität unserer Erfahrung überhaupt in Frage stellen und die Ursache der Ideen nur von der Außenwelt in das einzelne Subjekt verlegen, was sie von dessen Träumen und Phantasien nicht mehr unterscheidbar sein ließe. An die Stelle der materiellen tritt bei B. vielmehr die geistige Substanz des dem Subjekt übergeordneten göttlichen Bewußtseins. Gott als Urheber unserer Vorstellungen garantiert die Regelmäßigkeit ihres Auftretens, die ihre Objektivität ausmacht, sowie ihre allen Subjekten in gleicher Weise zugängliche Realität. Er leistet dasselbe, was bei Locke die Materie leisten sollte. Wie die Einbildungskraft des menschlichen Geistes Vorstellungen produziert, so produziert Gott in höchst vollkommener Weise die Wahrnehmungsvorstellungen für den Menschen. So berechtigt und gut begründet B.s Kritik am Materialismus sein mag, so metaphysisch erscheint diese letzte Konsequenz.

Schantz, Richard: Der sinnliche Gehalt der Wahrnehmung. München 1988. – Kulenkampff, Arend: George Berkeley. München 1987.

Martin Drechsler

Bernstein, Eduard
Geb. 6. 1. 1850 in Berlin; gest. 18. 12. 1932 in Berlin

Die liebenswürdige und bescheidene Erscheinung B.s steht in merkwürdigem Kontrast zu dem Skandal, den seine Thesen ab 1896 in der deutschen Sozialdemokratie auslösten. Man kann vermuten, daß er den großen Lärm eigentlich gar nicht selbst verursacht hat, sondern daß sein »Revisionismus« Tendenzen zur Sprache brachte, die bis dahin in Partei und Gewerkschaften schon gang und gäbe waren, allerdings mit der offiziellen Programmatik der Sozialdemokratie nicht übereinstimmten.

B. wurde als Sohn eines kinderreichen jüdischen Lokomotivführers in Berlin geboren. Er schloß eine Banklehre ab. Seit 1872 Sozialdemokrat, redigierte er in der Emigration unter dem Sozialistengesetz (1878/1890) das illegale Zentralorgan der Partei als Marxist, arbeitete in London eng mit Friedrich Engels zusammen und wirkte gemeinsam mit diesem und Karl Kautsky entscheidend an der Erstellung des marxistischen Erfurter Programms der deutschen Sozialdemokratie (1891) mit.

Unter dem Eindruck seiner Erfahrungen in Großbritannien nahm B. nach Engels' Tod eine Revision seiner bisherigen marxistischen Ansichten vor. Hier sah er einen Kapitalismus am Werk, der imstande war, der Arbeiterklasse wesentliche Zugeständnisse zu machen, ohne daran zu zerbrechen. B. hielt dies nicht für eine Besonderheit eines aufgrund weitgehender Dominanz auf dem Weltmarkt privilegierten Landes, sondern ging nunmehr von einer immanenten Stabilisierungsfähigkeit des kapitalistischen Systems aus. Zentrale Mittel hierfür seien die Aktiengesellschaften und Trusts. Den Historischen Materialismus kritisierte er erkenntnistheoretisch: die »Fallstricke der hegelianisch-dialektischen Methode« hinderten diesen an einer adäquaten Wahrnehmung der Realität. Die zentralen Begriffe und Thesen von Marx (Verhältnis von Basis und Überbau, Mehrwert) seien Produkte dieser verfehlten Methode. Er unterstellte Marx und Engels die Auffassung von einer Tendenz zum letztlich automatischen Zusammenbruch des Kapitalismus, welche sich aber tatsächlich bei diesen nicht findet. Auch der Begriff der Revolution sei letztlich nur Ergebnis eines verfehlten Denkansatzes. Stattdessen empfahl B. nunmehr der Arbeiterbewegung eine politische Durchdringung des kapitalistischen Systems mit Gewerkschaften, Genossenschaften, parlamentarischer Arbeit. Auf diese Weise könne sie ihr eigenes Prinzip – das sozialistische – an die Stelle der bisher herrschenden kapitalistischen Dynamik setzen. Allerdings sei auch dann der Sozialismus kein ein für allemal erreichter Endzustand, sondern ein Prozeß: »Das, was man gemeinhin Endziel des Sozialismus nennt, ist mir nichts, die Bewegung alles.«

B. hat seine Thesen zusammenfassend in einem Buch, *Die Voraussetzungen des Sozialismus und die Aufgaben der Sozialdemokratie* (1899) niedergelegt. Mehrere Parteitage haben seine Position ausdrücklich abgelehnt. Diese entsprach aber der tatsächlichen Politik der Mehrheit in der Arbeiterbewegung, besonders der Gewerkschaften.

B. starb hochgeachtet, aber doch auch längst einflußlos innerhalb einer reformistischen Arbeiterbewegung, die so sehr sich entsprechend seinen Ratschlägen entwickelt hatte, daß sie derer längst nicht mehr bedurfte.

Meyer, Thomas: Bernsteins konstruktiver Sozialismus. Eduard Bernsteins Beitrag zur Theorie des Sozialismus. Berlin/Bonn-Bad Godesberg 1977. – Gustafsson, Bo: Marxismus und Revisionismus. Eduard Bernsteins Kritik des Marxismus und seine geistesgeschichtlichen Voraussetzungen. 2 Bde. Frankfurt am Main 1972. – Gay, Peter: Das Dilemma des demokratischen Sozialismus. Eduard Bernsteins Auseinandersetzung mit Marx. Nürnberg 1954.

Georg Fülberth

Bloch, Ernst

Geb. 8. 7. 1885 in Ludwigshafen; gest. 4. 8. 1977 in Tübingen

B.s Hauptwerk *Das Prinzip Hoffnung*, das von 1938 bis 1947 in der Emigration in Amerika geschrieben und dessen erster Band 1953 in der DDR veröffentlicht wurde, ist eine Analyse von Gegenständen und Begebenheiten, in oder an denen deutlich wird, daß überall die Sehnsucht nach einem besseren Leben das treibende Motiv ist. B. untersucht Gegenstände der Kunst – der bildenden Kunst, der Architektur, der Musik und der Dichtung –, er untersucht Märchen, Filme, Tourismus, Mode, Schaufensterauslagen, Tanz und Pantomime, Tag- und Nachtträume, Religion und Mythen. Er macht nicht halt vor Trivialliteratur, Kintopp, Kitsch, Jahrmärkten und Festen. Die Beschreibung verschiedenartigster Ausdrucksformen der Hoffnung auf unentfremdete soziale und politische Verhältnisse ist der Generalnenner seiner Werke.

Die Hoffnung, die B. meint, ist nicht zu verwechseln mit dem Bauen von Luftschlössern oder mit Wunschdenken, sondern jene Hoffnung ist immer vermittelt mit den konkreten Tendenzen in der Welt. Sie verschließt nicht die Augen vor dem schlecht Entwickelten in unserer Welt. Ganz im Gegenteil: Alles um uns herum besteht aus Produktionen einer noch unfertigen Welt; es sind Versuchsproduktionen, die gerade *wegen* ihrer Unvollkommenheit zur Vollendung streben. »Das Nicht ist Mangel an Etwas *und ebenso* Flucht aus diesem Mangel; so ist es Treiben nach dem, was ihm fehlt.« Darum resigniert die Hoffnung nicht vor den Tatsachen, sondern sagt: »Desto schlimmer für die Tatsachen . . . Konkrete Utopie richtet die miserable Faktizität.« Und B. sagt weiter: »Der Welt-Prozeß ist noch nirgends gewonnen, doch freilich auch noch nirgends vereitelt, und die Menschen können auf der Erde die Weichensteller seines . . . Prozesses . . . sein. Wer das Unverhoffte nicht erhofft, der wird es nicht finden.«

Man dürfe aber kein zaudernder Weichensteller sein, sondern müsse eingreifen wie der Hochstapler in B.s *Spuren* (1930), »der seinen Traum täglich erobern muß. Man kann auch nur davon träumen«, sagt B., »eine Wurst mehr zu haben. Ein solcher bleibt dort wohnen, wohin er geriet, stockt höchstens, hat er Erfolg, ein

Zimmer auf . . . Kein Vorstoß ins ›Höhere‹, auch der wirklich produktive nicht, geht ohne *Selbstbehauptungen* ab, die nicht oder noch nicht wahr sind. Auch der junge Musikant Beethoven, der plötzlich wußte oder behauptete, ein Genie zu sein, wie es noch kein größeres gab, trieb Hochstapelei skurrilsten Stils, als er sich Ludwig van Beethoven gleich fühlte, der er doch noch nicht war. Er gebrauchte diese durch nichts gedeckte Anmaßung, um Beethoven zu werden, wie denn ohne die Kühnheit, ja Frechheit solcher Vorwegnahmen nie etwas Großes zustande gekommen wäre . . . Die Hochstapelei«, sagt B. weiter, »bleibt etwas sehr Merkwürdiges: sie zeigt Glanz, den alle meinen und der allen zukommt.«

Dieses Denken läßt sich nicht von der persönlichen Geschichte B.s trennen, der schon früh meinte, auch ihm käme dieser Glanz zu. B. wollte von Jugend an das Unmögliche wahr machen: Vom schlechten Schüler mit einem Elternhaus, das ihm keine Bildung mit auf den Weg gab, zum bedeutenden Philosophen unseres Jahrhunderts, ganz nach dem Motto der *Spuren*: »Wie nun? Ich bin. Aber ich habe mich noch nicht. Darum werden wir erst.« Mit 26 Jahren, noch kein Buch veröffentlicht, schrieb er spitzbübisch an seinen Jugendfreund Lukács: »Ich habe mich jetzt, nachdem es mir sachlich erlaubt ist, entschlossen, den Ruhm und den Druck meiner Philosophie sukzessive zu inszenieren; . . . Georg, ich versichere Dich, alle Menschen, in Rußland und bei uns im Westen, werden sich wie an der Hand genommen fühlen, sie werden weinen müssen und erschüttert und in der großen bindenden Idee erlöst sein; und nicht nur einmal, wie man schwach vor Tannhäuser und Wagners heiliger Kunst erschauert, sondern in allen Stunden; und das Irren hört auf, alles wird von einer warmen und zuletzt glühenden Klarheit erfüllt; es kommt eine große Lebensgesundheit und eine große gesicherte Technik und gebundene Staatsidee und eine große Architektur und Dramatik, und alle können wieder dienen und beten, und alle werden die Stärke meines Glaubens gelehrt und sind bis in die kleinsten Stunden des Alltags eingehüllt und geborgen in der neuen Kindlichkeit und Jugend des Mythos und dem neuen Mittelalter und dem neuen Wiedersehen mit der Ewigkeit. Ich bin der Paraklet und die Menschen, denen ich gesandt bin, werden in sich den heimkehrenden Gott erleben und verstehen.« Auch im Urteil seiner Umwelt sah er nicht anders aus. Marianne Weber schrieb: »Gerade war ein neuer jüdischer Philosoph da – ein Jüngling mit enormer schwarzer Haartolle und ebenso enormem Selbstbewußtsein, er hielt sich offenbar für den Vorläufer eines neuen Messias und wünschte, daß man ihn als solchen erkannte.«

Ebenso sah B. sich selbst in den Augen der anderen. Über seine erste Frau, Else Bloch-von Stritzki, schrieb er: »Else glaubte fest an die absolute Wahrheit meiner Philosophie. Sie kam ihr aus dem gleichen Blut und aus der gleichen Region wie die Bibel; sie erläuterte die Bibel durch meine Philosophie und meine Philosophie durch die Bibel . . . Durchstrich ich eine Stelle, im Manuskript oder im gedruckten Buch, so schauerte sie leise zusammen; nur dieses, daß ich es tat, daß *ich* ein Anderes an die Stelle des Durchstrichenen setzte, milderte, stellte richtig. Ihre Achtung, ihre Verehrung meines Werkes war so unbedingt und grenzenlos wie ihre Liebe.« Und an anderer Stelle heißt es über die schon 1921 gestorbene Frau: »Es ist doch besser, daß nicht ich gestorben und sie übergeblieben ist. Dieses Leid wäre unausdenkbar gewesen, freilich hätte sie dann auch nicht mehr lange gelebt, wahrscheinlich nur genau so lange, bis alles ›verwahrt‹ und besorgt gewesen wäre um mich.« B. dachte – wie er im Januar 1943 an den Freund Joachim Schumacher schrieb – von Anfang an für die Ewigkeit:»Wir haben unsere Zeichen in die Ewigkeit zu ritzen, nicht in den Tag.«

Bringt man seine Philosophie auf eine Kurzformel, so muß man sagen:»S ist noch nicht P«; jedes Subjekt hat potentielle Möglichkeiten in sich, die es zu verwirklichen trachtet. Erst wenn das Subjekt alle in ihm liegenden Möglichkeiten realisiert hat, ist es vollendet. Alle Möglichkeiten vollendet hat bei Aristoteles, an dessen Philosophie sich B. orientiert, nur Gott. – Für B. war denn auch der Bezugspunkt seiner Philosophie von der Frühzeit bis zu seinem Tode der jüdisch-christliche Chiliasmus. Im Klima des expressionistischen Aktivismus entstand B.s erstes Buch: *Vom Geist der Utopie* von 1918, in dem er schrieb, daß es darum gehe,»überall in allen Teilen und Sphären der Welt die Pforten Christi zu öffnen, das Ende der Geschichte zu entdecken, Gott zu rufen, wie er am Ende der Geschichte sein wird, hinter dem ungeheuren Problem einer Kategorienlehre der unfertigen Welt«, die er in seinem 1975 erschienenen *Experimentum mundi* vorlegte. Noch im *Prinzip Hoffnung* schreibt er, daß ihm der Marxismus nur ein Durchgangsstadium zu diesem Fernziel »Alles« ist. Marxismus sei nur die »erste Tür zu einem ... Sein wie Utopie«. In einem Gespräch mit Adorno im Jahre 1964 betont B., daß der Sozialismus die ökonomischen Probleme zu lösen habe, bevor der Messias kommen könne. Für den einzelnen Menschen in seiner Entwicklung von der Unvollkommenheit zur höchsten Vollkommenheit gäbe es nichts Aufregenderes als die Frage, ob am Ende die Gottgleichheit oder die Gottähnlichkeit stünde. In einem Vortrag von 1964 gab B. die Antwort mit der Gottgleichheit, denn der Satz Christi hieße:»Ich und der Vater sind eins«, und nicht etwa:»Wir sind uns ähnlich.« Diese Grundhaltung der Frühzeit geht auch in das ein halbes Jahrhundert später erschienene Buch *Atheismus im Christentum* von 1968 ein. Dieses Buch, das eine radikale Anthropologisierung der Religion enthält, ist das Produkt von B.s Auseinandersetzung mit der Religion. Dabei bildete sich die Auffassung heraus, daß der Mensch zum Besseren, zum Vollkommenen, zum Alles, zur Gottgleichheit strebe. Der Mensch habe nur deshalb immer an Götter geglaubt, weil er stets für sich eine Wunschvorstellung von der Vollkommenheit hatte. Dies bedeute, daß der Mensch alle in ihm liegenden Möglichkeiten zu verwirklichen trachte.

Genauso wie das Subjekt strebe die Materie. Im 1972 erschienenen Buch *Das Materialismusproblem, seine Geschichte und Substanz* sprach B. von den beiden »Weltreichen«, die aufeinander bezogen sein müßten, denn ebenso wie im Subjekt alle Möglichkeiten lägen, lägen sie in der Welt. Und auch im *Prinzip Hoffnung* heißt es: »Das Morgen im Heute lebt, es wird immer nach ihm gefragt. Die Gesichter, die sich in die utopische Richtung wandten, waren zu jeder Zeit verschieden, genauso wie das, was sie darin im Einzelnen, von Fall zu Fall, zu sehen meinten. Die Richtung dagegen ist hier überall verwandt, ja in ihrem noch verdeckten Ziel die gleiche: sie erscheint als das einzig Unveränderliche in der Geschichte. Glück, Freiheit, Nicht-Entfremdung, Goldenes Zeitalter, Land, wo Milch und Honig fließt, das Ewig-Weibliche, Trompetensignal im Fidelio und das Christförmige des Auferstehungstags danach: es sind so viele und verschiedenwertige Zeugen und

Bilder, doch alle um das her aufgestellt, was für sich selber spricht, indem es noch schweigt.« Dennoch fragte B. 1961 in seiner Tübinger Eröffnungsvorlesung: »Kann Hoffnung enttäuscht werden? – Gewiß kann sie das. Und wie!« – Die Enttäuschung sei die Weggefährtin der Hoffnung. Diese Frage und diese Antwort waren in einem Leben wie diesem nicht anders zu erwarten.

B. hatte den Ersten und den Zweiten Weltkrieg erlebt. Am 6. März 1933 mußte er in die Schweiz emigrieren, seinem Emigrationsland von 1917. 1934 ging er nach Wien, wo er seine zweite Frau, Karola, heiratete. Ab 1935 lebten die beiden in Paris und von 1936 bis 1938 in Prag. 1938 emigrierten sie in die Vereinigten Staaten. 1948 nahm B. einen Ruf nach Leipzig an. Auch bei diesem Vorgang trat sein ungetrübtes Selbstbewußtsein zutage: Eine erste Anfrage des Dekans hielt er bereits für seine Berufung und stellte gleich Forderungen an die Universität, den sicheren Transport seiner in Amerika geschriebenen Manuskripte zu gewährleisten. Schon bald geriet er mit der Parteibürokratie in Konflikt, der er vorhielt: »Die sozialistische Oktoberrevolution ist gewiß nicht dazu bestimmt gewesen, daß die fortwirkenden, in der ganzen Westwelt erinnerten demokratischen Rechte der französischen Revolution zurückgenommen werden, statt einer Erkämpfung ihrer umfunktionierten Konsequenz« (*Politische Messungen, Pestzeit, Vormärz,* 1970). Wenn Marx von der Abschaffung des Privateigentums sprach, hatte er damit nicht gemeint, daß zugleich auch die Menschenrechte wie »Freiheit, Widerstand des Volkes gegen Unterdrückung« aufgehoben werden sollten, »denn auch der Mensch, nicht nur seine Klasse hat, wie Brecht sagt, nicht gern den Stiefel im Gesicht«. Die Gefahr der Unterdrückung des Einzelnen zugunsten einer Klasse sah B. aber in der DDR gegeben, in der selbständiges Denken »gegen den Anstand verstößt«. B. prangerte die Mißstände 1956 in seinem Schlußwort auf dem Kongreß der Deutschen Akademie der Wissenschaften in Berlin öffentlich an. 1957 wurde B. zwangsemeritiert. Er galt von da an, wie einst Sokrates in Griechenland, als »Verführer der Jugend«. In dem 1957 erschienenen Sammelband *Ernst Blochs Revision des Marxismus«* wurden vor allem seine Haltung zur Widerspiegelungstheorie, die »Aufweichung« der Klassentheorie, seine positive Einstellung zur bürgerlichen Aufklärung und die »Scheindialektik« von Subjekt und Objekt oder Sein und Bewußtsein kritisiert. B. stand nun offen im Widerspruch zum real-existierenden Sozialismus, dem er anfänglich ebenso in fast blind-naiver Loyalität verbunden war wie der Sowjetunion Stalins zur Zeit des Nationalsozialismus. Als seine Freiheiten in der DDR auf ein unerträgliches Maß reduziert wurden, blieb er nach dem Bau der Mauer 1961 in Westdeutschland, nachdem gewiß war, daß seine Manuskripte in den Westen geholt wurden. Denn in seinem ganzen Leben stand die geplante Gesamtausgabe aus seiner Perspektive im Vordergrund. Als Wohnort wählte B. Tübingen, nicht zuletzt, weil mit dieser Stadt die Namen Schelling, Hölderlin und Hegel verbunden sind, weil sie »hier in der Luft liegen«. Doch auch in der Bundesrepublik, und gerade hier im Kapitalismus, war B. unbequem. Paradox genug freilich, daß er hier mehr persönliche Freiheit genoß als in einem Land, das den Sozialismus zum Programm hat. Hier in der Bundesrepublik hielt er auch den Vortrag, der 1961 unter dem Titel *Philosophische Grundfragen. Zur Ontologie des Noch-Nicht-Seins* veröffentlicht wurde. Er enthält komprimiert den Kerngedanken der B.schen Philosophie: Erleben wir als Menschen einen Mangel, so streben wir danach, diesen Mangel zu überwinden. Dies ist ein Wesenszug des Menschen, eine anthropologische Grundkonstante, denn der Mensch hofft, solange er lebt. Dieser Gedanke kam dem 22jährigen B., und er wurde in der zweiten Auflage des Buchs *Geist der Utopie* von 1923 allererst ausgeführt. – Und ist die Welt auch mangelhaft, so hat sie doch die Tendenz in sich, diesen Mangel zu beseitigen. »Nicht-Haben, Mangeln also ist die erste vermittelte Leere von Jetzt und Nicht. Mit Hungerndem als erstem bezeichneten Melden des Nicht, mit Fragendem als erstem bezeichneten Scheinen des X, des Rätsels, des Knotens im Nicht, das es nicht bei sich aushält. Und so das Daß ist, von woher überhaupt etwas erscheint und weiter erscheint, Welt geschieht … Wir leben nicht um zu leben, sondern weil wir leben, doch gerade in diesem Weil oder besser: diesem leeren Daß, worin wir sind, ist nichts beruhigt, steckt das nun erst fragende bohrende Wozu. Dergestalt, daß es das Nicht des unausgesuchten Bin oder Ist nicht bei sich aushält, darum ins Noch-Nicht sich entwickelt, das es vor sich hat … Der Hunger wird so zur Produktionskraft an der immer wieder aufbrechenden Front einer unfertigen Welt … Ja die gesamte Versuchsreihe der Weltmanifestationen ist noch eine unabgeschlossene Phänomenologie unserer wirklichen Materie, als eines Ultimum, nicht Primum. Ist ein dialektischer, in seiner Dialektik von Nicht-Haben getriebener, mit utopischem Haben schwangerer Prozeß, ein Prozeß von Proben auf das immer erst dämmernde Exempel eines aus seinem Noch-Nicht gewonnenen ontos on-Seins, Substanz-Seins.« Auf die Frage nach dem »Wozu« des menschlichen Lebens gibt es also nur eine Antwort: »Konkrete Utopie (macht) das Sinnproblem der ganzen menschlichen Geschichte aus, samt der sie umgebenden Natur.«

Das bedeutet: Beim Nicht, das im Dunkel des Jetzt treibt, ist der Anfang zu machen. Aber wie geht es weiter? Das unfertige, unvollkommene Sein strebt danach, sein ganzes Wesen zu realisieren. Angetrieben vom Daß der Existenz, strebt es nach dem Was seines Wesens. Wäre es vollkommen, so gäbe es keinen Prozeß und kein Streben, kein Daß des Nicht-Da und des Nicht-Habens, das diesen Prozeß fortwährend anstößt; ja letztlich gäbe es überhaupt kein Leben. Das Sein als das noch nicht fertige Sein, von B. Noch-Nicht-Sein genannt, das mit dem Noch-Nicht-Bewußten eine Allianz bilden muß, hat in der alten Metaphysik keinen Namen. Das Sein wird dort als von Anfang an fertig behandelt. Anders bei B. Deshalb nennt er seine Philosophie auch *neue* Metaphysik. Dennoch stützt sich B. auf den Kerngedanken der Aristotelischen Metaphysik, daß das Wesen nur in Identität mit dem Einzelseienden überhaupt sein kann. In seiner *Ontologie des Noch-Nicht-Seins* sagt B., daß das Sein vom Seienden nie abgetrennt sei. Aber das Seiende ist für B. das »fragmenthafte Wesen«. Die Seienden sind für B. stets Versuchsproduktionen des Seins, eben eines noch unfertigen Seins. Dieser ständige Fortgang zum vollendeten Sein, das alle seine Möglichkeiten realisiert hat, kommt nicht von selbst. Dazu bedarf es der Praxis. Der praktisch Eingreifende muß tatkräftig sein wie der Hochstapler, denn »die Wurzel der Geschichte … ist der arbeitende, schaffende, die Gegebenheiten umbildende und überholende Mensch«. 1975 schreibt B. im *Experimentum mundi*: »Gelingende Praxis enthält eben im immer erneut Insistierenden des Daß den Durchbruch eines nicht nur zu Bestimmenden, sondern eines zu Verwirklichenden. Worin über das Was des Daß schon ausgesprochen ist, daß es kein vorhanden

Wirkliches darstellt, wie es der menschlichen Erkenntnis nur Bestimmung aufgibt. Vielmehr ist es noch erst herausbringbar, muß erst bestimmt herausgeschafft werden, damit es ein nun vollständig zu Bestimmendes sei. Dieses reale Herausbringen ist auf tendenzielle Möglichkeiten seiner in der vorhandenen Realität angewiesen, auf objektiv-reale Möglichkeiten, die ihrerseits in den Begriff gebracht werden müssen, damit das in ihnen Angelegte realisierbar wird. Im weiteren reicht allein das Begreifen der objektiv-realen *Möglichkeiten*, zum Daß immer weiter, immer näher zu gelangen, nicht aus, sie sind nur realisierbar, wenn der subjektive Faktor kräftig eintritt, wie er hier nun innerhalb des Geschichtsprozesses gemäß einem ökonomisch-gesellschaftlichen Fahrplan als eingreifende Beförderung des objektiv-real Fälligen, konkret Möglichen erscheint.« – Mit dieser Auffassung hatte B. sich schon gegen die II. und III. kommunistische Internationale vor und nach dem Ersten Weltkrieg gestellt, in denen man von einer automatischen geschichtlichen Entwicklung überzeugt war. Hier wird noch einmal deutlich, daß für B. Hoffnung nicht blinde Zuversicht ist, die sagt, daß am Ende schon alles gut werde. Für die Zuversichtlichen, sagte B. in seiner Eröffnungsvorlesung 1961 in Tübingen, gelte immer noch der alte Spruch: »Hoffen und harren macht manchen zum Narren.«

1977 starb B. in Tübingen, nachdem seine Gesamtausgabe fertiggestellt war und er an dem Ergänzungsband *Tendenz-Latenz-Utopie* (1978) arbeitete. Mittlerweile wird oft gefragt, ob seine Philosophie der Hoffnung noch aktuell sei, denn die Gründe zur Mutlosigkeit sind zahlreicher geworden. B. würde sagen: Wenn wir genau hinsähen, dann würde uns deutlich, daß wir immer noch von Versuchsproduktionen des »Laboratoriums possibilis Salutis« umgeben seien. Das »Experimentum mundi« sei keineswegs zum Stillstand gekommen. Wir hätten heute mehr Protest gegen das schlecht Gewordene zu beobachten als jemals zuvor. Daraus entwickle sich auch alternative Praxis, die ein Beispiel geben könne. Dies würde B. als ein ermutigendes Signal auffassen, nach dem oft von ihm zitierten Motto aus Hölderlins Gedicht *Patmos*: »Wo aber Gefahr ist, wächst das Rettende auch.« B. selbst legte bis zum letzten Tag seines Lebens sein Veto ein gegen das, was der Hoffnung auf eine bessere menschliche Gesellschaft im Wege stand. Als hochbetagter Mann kämpfte er noch gegen die Notstandsgesetze, gegen den Paragraphen 218, gegen die Berufsverbote und gegen den Bau der Neutronenbombe.

Rohrbacher, Klaus (Hg.): Zugänge zur Philosophie Ernst Blochs. Frankfurt am Main 1995. – Horster, Detlef: Bloch zur Einführung. Hamburg [7]1991. – Zudeick, Peter: Der Hintern des Teufels. Ernst Bloch – Leben und Werk. Baden-Baden [2]1987.

Detlef Horster

Blondel, Maurice
Geb. 2. 11. 1861 in Dijon; gest. 4. 6. 1949 in Aix-en-Provence

»»Eine Dissertation über das Tun (l'action)? Großer Gott, was kann das sein? Das Stichwort Tun steht nicht einmal im *Dictionnaire des sciences philosophiques* von Adolphe Franck‹, – dem einzigen damals«, berichtet B. über die Reaktion eines Freundes auf sein Vorhaben. Das ›unphilosophische‹ Thema zu bewältigen, bedeutete für den Absolventen der »École normale supérieure« jahrelange intensive Arbeit. Die Dissertation *L'Action* von 1893 wurde dann sein Hauptwerk. Während sein Zeitgenosse Henri Bergson sich zur selben Zeit der empiristisch-positivistischen Richtung der französischen Universitätsphilosophie anschloß, bezog sich B. auf die großen Versuche des deutschen Idealismus. Der Untertitel seines Werks, »Versuch einer Kritik des Lebens und einer Wissenschaft der Praxis«, spielt gleichzeitig auf Kants drei *Kritiken* und Hegels *Wissenschaft der Logik* an. So ist es auch nicht verwunderlich, daß der Hegelianer Georg Lasson der erste Propagandist B.s in Deutschland war und Rudolf Christoph Eucken ihn als Mitarbeiter für die *Kant-Studien* zu gewinnen suchte.

B.s *L'Action* ist zunächst eine Phänomenologie des menschlichen Lebensvollzugs. Sie sucht dabei im ersten Teil – gut cartesianisch – einen nicht bestreitbaren Ausgangspunkt in der Kritik eines Ästhetizismus zu gewinnen, der jede ethische Entscheidung relativiert und für den es kein »Problem des Tuns« gibt. Im Aufweis der Widersprüchlichkeit einer »nihilistischen« Deutung der Wirklichkeit (zweiter Teil) will B. sodann das in der Sinneswahrnehmung gegebene »Etwas« (Ausgangspunkt des dritten Teils) als unvermeidbar zu bejahendes Phänomen sichern. Dessen »objektive« Bewältigung durch die Wissenschaften scheitert an deren Methodenlücke: Sie setzen die synthetisierende Subjektivität des Wissenschaftlers zu ihrem Gelingen voraus. Die Subjektivität selbst ist also zu ergründen, eine »Wissenschaft des Bewußtseins« ist für die Grundlegung der positiven Wissenschaften nötig. Diese zeigt, daß das Subjektive kein Epiphänomen ist, sondern »Substitut und Synthese aller anderen Phänomene«. Die Analyse des Determinismus der Phänomene führt ausgehend vom »Etwas« zum »notwendigen« Aufweis der im Organismus verleiblichten Freiheit. Von hier aus werden nun die Phänomene des menschlichen Selbstvollzugs aufgerollt, die menschlichen Versuche, ein Gleichgewicht zwischen den konkreten Selbst- und Weltgestaltungen und dem Dynamismus des innersten Wollens zu finden (Dialektik der »zwei Willen«). Methodisches Prinzip ist dabei, mit einem Minimum an Annahmen bzw. Entscheidungen auszukommen. B. entwickelt hier eine Philosophie der Sozialität und analysiert in origineller Weise die Versuche einer ideologischen Sicherung der Ganzheit menschlichen Wollens (»Aberglaube«), sei es durch Metaphysik, Ideologie oder Kultus. Die Analyse des »Phänomens des Tuns« führt am Ende zu einem inneren Konflikt im Wollen selbst: »Vergeblich versucht man, das freie Tun auf das zu beschränken, was vom Willen selbst abhängt. Die unermeßliche Welt der Erscheinungen, in die sich das Leben des Menschen ergießt, scheint erschöpft zu sein, nicht hingegen das menschliche Wollen. Der Anspruch, sich selbst zu genügen, scheitert, doch nicht aus Mangel; er scheitert, weil in dem, was man bis jetzt gewollt und getan hat, das, was will und wirkt, stets über das hinausgeht, was gewollt und getan wird.«

Der große Mittelteil des Buches (»Das Phänomen des Tuns«) führt zu einer formalen Beschreibung des Problems und der möglichen Lösung, die in ihrer Paradoxie von Philosophen wie Theologen als gleich anstößig empfunden wurde: »Absolut unmöglich und absolut notwendig für den Menschen: das ist genau der Begriff des Übernatürlichen«, das einzig den Dynamismus des Wollens ausfüllen könnte. Der hier aufscheinende Konflikt stellt im vierten Teil (»Das Notwendigsein des Tuns«) vor eine Alternative und fordert eine Option: Selbstabschließung des Wollens, Versuch des Menschen, »sein unendliches Vermögen zu gebrauchen, um sich zu begrenzen«, »Gott sein ohne Gott« oder der Unendlichkeit des freien Wollens zu folgen – B. erneuert hier das Lehrstück der »Gottesbeweise« –, sich der »Heteronomie« des Guten zu überlassen, den Weg der »Selbstverleugnung« zu gehen (»Das vernünftige Glück ist das Glück der andern«), »Gott sein durch Gott und mit Gott«, – um einige Umschreibungen des Gemeinten zu geben. Es geht dabei nicht um einen moralischen Appell, sondern um eine »erstphilosophische« Grundlegung der Philosophie, die den Sinn des gesamten Erkenntnisprozesses bestimmt. B. ist hierbei manchen gegenwärtigen ethischen Grundlegungen der Philosophie (z. B. Emmanuel Lévinas) nicht so fern. B. geht aber noch einen Schritt weiter, indem er (im fünften Teil: »Die Vollendung des Tuns«) die Frage nach Autorität und Glaubwürdigkeitsbedingungen einer Offenbarung stellt und sozusagen eine Kriteriologie konkreter Religion (Dogma, Praxis, etc.) entwickelt, die gewissermaßen schon eine »transzendentale Theologie« (Karl Rahner) vorzeichnet.

Die phänomenale Reichhaltigkeit vieler dieser Analysen der *L'Action* stellt B. in die Reihe der großen französischen Moralisten; sein konventionalistisches Wissenschaftsverständnis gehört in das Umfeld des philosophischen Pragmatismus; seine Analysen des Unbewußten und der praktischen Genese des Erkennens sind den Arbeiten bedeutender Zeitgenossen wie Bergson und William James, aber auch der gleichzeitigen Phänomenologie vergleichbar; das Bemühen um eine konstruktivrationale Systematik zeigt B. dabei als Erben des »rationalistischen« Strangs der Philosophie, Leibniz wie Kant verpflichtet. Das größte Hindernis für B.s Wirken im laizistischen Frankreich der Jahrhundertwende, der Grund für sein Ausweichen in die »Provinz« als Professor in Lille 1896 und Aix-en-Provence von 1897 bis 1927 lag jedoch in der spätestens im Schlußteil der *L'Action* deutlichen Absicht, im Rahmen der Phänomenologie des Tuns »alles zu begreifen, selbst die Religion«. In deutlichem Bezug auf die Philosophien des Christentums im deutschen Idealismus, aber in erklärter Eigenständigkeit ihnen gegenüber will er das Christentum dabei nicht »gnostisch« auflösen, sondern vielmehr dem Denken die Notwendigkeit einer Entscheidung vor dem Faktum des Christlichen zeigen. Diese Entscheidung überschreitet freilich die Philosophie, auch nach B., der sie nur im letzten Wort des Buches (»C'est«) bezeugt.

Der Kritik von philosophischer Seite (Léon Brunschvicg) konnte B. so begegnen (vor allem in *Lettre sur l'apologétique* 1896; *Zur Methode der Religionsphilosophie*), daß der Sacheinwand zurückgewiesen wurde, die Transzendenz, das Unendliche seien die Voraussetzung des Buches und die ganze Argumentation daher eine »petitio principii«. Doch löste dies heftige Kontroversen mit neuscholastischen Autoren aus. Das Bemühen um einen dritten Weg zwischen den Fronten historischer Kritik und archaisierender Neuscholastik in der sog. »Modernismus«-Krise im ersten Jahrzehnt des 20. Jahrhunderts verwickelte ihn vollends in das theologische Diskussionsfeld (*Histoire et dogme*, 1904; *Geschichte und Dogma*). Die ganze Dramatik dieser Auseinandersetzungen zeigen erst die posthum veröffentlichten umfangreichen Korrespondenzen. Fortschreitende Erblindung behinderte den Philosophen. Erst in den beiden letzten Jahrzehnten seines Lebens veröffentlichte er (von 1934 bis 1946) unter solch erschwerten Bedingungen ein monumentales Spätwerk in sieben Bänden (*La pensée* I-II; *L'Être et les êtres, L'Action* I-II (Neufassung); *La philosophie et l'esprit chrétien* I-II). Die Prägnanz und Frische des Frühwerks fehlen diesen Arbeiten, was zum Teil erklärt, daß sie wie erratische Blöcke weitgehend unausgewertet blieben. Die Wirkung B.s zeigt sich vor allem in seinen Schülern im französischen Südwesten und in einem epochalen – wenn auch teilweise hintergründigen – Einfluß auf das katholische Denken des 20. Jahrhunderts (Teilhard de Chardin; Henri de Lubac, Joseph Maréchal, Hans Urs v. Balthasar, indirekt aber auch Rahner). Erst zu seinem 125. Geburtstag 1986 erinnerte sich die Sorbonne ihres bedeutenden Absolventen in einem Kongreß, und erst jetzt wird die französische Gesamtausgabe herausgegeben.

Raffelt, Albert u. a. (Hrsg.): Das Tun, der Glaube, die Vernunft. Würzburg 1995. – van Hooff, Anton: Die Vollendung des Menschen. Freiburg i.Br. 1983. – Hommes, Ulrich: Transzendenz und Personalität. Frankfurt am Main 1972.

Albert Raffelt

Blumenberg, Hans
Geb. 13. 7. 1920 in Lübeck

»Augenblicken der Nachdenklichkeit« hat B. seine von der Antike bis zur Gegenwart führenden Geschichtsgänge gewidmet. In solch emphatischem Gebrauch des Wortes Nachdenklichkeit reflektiert sich zum einen die traumatische Erfahrung der Teilnahme an der von Besinnungslosigkeit verhängten Leidensgeschichte des jüdischen Volkes, zum anderen das Engagement zugunsten einer Schul- und Systemzwängen gleichermaßen sich entziehenden Art des Philosophierens, für deren akademisches Lebensrecht er sich seit 1960 sowohl als Universitätslehrer in Kiel, Hamburg, Gießen, Bochum und Münster wie auch als Mitglied der Akademie der Wissenschaften und der Literatur in Mainz und des Institut International de Philosophie in Paris stets einsetzte. Was bei Kollegen nicht selten Irritationen hervorrief, die zurückgezogene Lebensführung des Nachtarbeiters, ermöglichte die Kontinuität, mit der B. von seinem vierten Jahrzehnt an ein Werk gestaltete, das ihm, ungeachtet des Persönlichen, von den Fachautoritäten Unabhängigen, das seiner Methode anhaftet, zweifellos einen Rang unter den bedeutendsten Geschichtsphilosophen des 20. Jahrhunderts sichert. In der ungezwungenen und unprogrammatischen Vereinigung von historischer Empirie und philosophisch scharfsichtiger, jedoch kaum zu spekulativer Konstruktion sich ermächtigender Deutung schuf B. einen Typus von Geschichtsphilosophie, der sich von der traditionellen Art zunächst und vor allem dadurch unterscheidet, daß er den Rückgriff auf die ehemals unverzichtbar erscheinende Kategorie der Größe konsequent meidet. Ohne den Anspruch aufs historisch Umfassende preiszugeben, tritt bei B. an die Stelle des Angestrengten, Feierlichen traditioneller Geschichtskonzeptionen der Charme eines stilprägenden Verzichts, der auf dem Grunde einer von Humor, Ironie und Heiterkeit getragenen Humanität ruht und ihn zu freier Aneignung auch des scheinbar unauflöslich mit der Aphoristik verbundenen anekdotischen Elements ins wissenschaftliche Werk befähigt.

Die zentralen Konzeptionen, die produktiven Ideen von B.s Philosophie gehören den 60er und 70er Jahren an. Sie reflektieren die Grundpolarität beider Jahrzehnte, soweit sie sich auf die Antithese von Erwartung und Enttäuschung zurückführen läßt. Der Ende der 60er Jahre kulminierenden ebenso kosmisch, auf die technische Eroberung des Weltraums, wie sozial gerichteten Aufbruchsstimmung folgte in den 70er Jahren die Ernüchterung, die Rückwendung des Blicks auf das allzu selbstverständlich Gewordene: die Erde als das gegen die destruktiven Folgen der technisch-wissenschaftlichen Zivilisation zu Bewahrende. Schlagartig wurde der Menschheit das Wagnis bewußt, das sie im Sichverlassen auf die theoretische Einstellung, im Entschluß zur Gestaltung einer »kopernikanischen Welt« eingegangen war. Zunehmend wird unverständlich, was einmal die Auszeichnung und Steigerung menschlichen Daseins verbürgen sollte. Die Theorie gerät nach und nach in die schicksalhafte Doppelstellung als eines Faktors ebenso der Erhaltung wie der Bedrohung des Lebens. Dies wird B. zum Anstoß für sein Bemühen um die Geschichte der theoretischen Einstellung, zumal für seinen Kampf gegen die falsche Nivellierung ihrer wesentlichen Einschnitte, ihrer »Epochen«, für deren »Übergänge« er eine neue, Kontinuitäts- und Diskontinuitätsaspekt gleichermaßen berücksichtigende Interpretationsidee entwickelt hat. B. spricht vom Modell der »Stellenumbesetzung«.

Wie so manche Philosophie von Rang in der bundesdeutschen Nachkriegsära, so steht auch die B.s in der Kontinuität des säkularen, vor allem an den Namen Ludwig Wittgensteins gebundenen »linguistic turn«, der das Denken an den »Leitfaden der Sprache« verweist. Wodurch B. sich jedoch abhebt und eine gewisse Sonderstellung erworben hat, ist, daß bei ihm dem sprachphilosophischen Impuls ein religionsphilosophischer gleichberechtigt an die Seite tritt. Das zeitigt Konsequenzen bis hinein in die politische Denkweise, indem z. B. das Demokratieverständnis sich hier in schroffem Gegensatz zu dem der »Frankfurter Schule« durch den – stark an Goethe inspirierten – Rekurs auf den polytheistischen Mythos der griechischen Antike und dessen humane Konzeption der Gewaltenteilung vermittelt. So gelangt B. von seinen Voraussetzungen her in eine gewisse – freilich unakzentuierte – Nähe zu solchen konservativen Denkern, die besonderen Wert auf die orientierende Kraft einer »Politischen Theologie« legen. Unter ihnen wären insbesondere Hermann

Broch, Ernst Jünger und Carl Schmitt zu nennen. Affinitätsstiftend ist dabei in erster Linie die Insistenz auf der konstitutiven Bedeutung von Weltinterpretationen. B. gibt dem eine sprachphilosophische Wendung, wenn er die Vorbereitung epochaler Umwälzungen, insbesondere der im Übergang vom Mittelalter zur Neuzeit sich ereignenden, auf der Ebene eines Bereichs von Aussagen betrachtet, dem seit Nietzsche in der Philosophie zwar zunehmend Beachtung, aber kaum konzentrierte Untersuchung gewidmet worden war: auf der Ebene von Metapher und bildlicher Rede. Zentral in Angriff genommen findet sich diese Problematik in vier umfangreichen Schriften: *Paradigmen zu einer Metaphorologie* (1960); *Beobachtungen an Metaphern* (1971); *Die Lesbarkeit der Welt* (1979); *Höhlenausgänge* (1989). Was B. Metaphorologie nennt, bezeichnet eine dem geschichtlichen Sinnapriori gewidmete Untersuchungsidee, »ein Verfahren der Sichtung von notwendigen Wagnissen und unverantwortlichen Suggestionen«, in denen geschichtsgründende Entscheidungen ebenso wie schließlich auch die Begriffswelt der Wissenschaft ihre Vorprägung finden.

Überhaupt ist für B.s Geschichtsbetrachtung die ständige Rücksicht auf die rhetorische Dimension der überlieferten Zeugnisse charakteristisch. Der Gesichtspunkt der Rhetorik bestimmt zumal auch seine »Phänomenologie der Geschichte«, die er in den beiden Hauptwerken (*Die Legitimität der Neuzeit*, 1966; *Die Genesis der kopernikanischen Welt*, 1975) ausgearbeitet hat. Obwohl dabei Motive aus Husserls Spätschrift *Die Krisis der europäischen Wissenschaften und die transzendentale Phänomenologie* (1935/36) unverkennbar eine Rolle spielen, sollte man das Originäre von B.s Ansatz nicht übersehen. Es geht um nicht mehr und nicht weniger als die Anbahnung einer entscheidenden Veränderung im Geschichtsbezug. Für die große Geschichtsspekulation seit Kant – Schelling, Hegel, Nietzsche, Heidegger – ist die Neigung bezeichnend, die Differenz von Mittelalter und Neuzeit antithetisch zur Selbstdefinition der letzteren in höheren geschichtlichen Einheiten (Romantik, Christentum, Hellenismus, Nihilismus) aufgehen zu lassen. B. geht hier einen Sonderweg, insofern er wie kaum ein anderer sich bemüht hat, den Übergang vom Mittelalter zur Neuzeit als eine epochale Wende sui generis verständlich zu machen und in diesem Zusammenhang den Begriff der Epochenwende durch eine akribische Untersuchung der Geburtsrhetorik neuzeitlicher Wissenschaft neu zu konkretisieren. Sie zeigt auf, wie die Durchsetzung des kopernikanischen Weltmodells im Sinne der Anerkennung seiner »Erkenntniswahrheit« die zeitgenössische, an Metaphern sich heftende »Situationswahrheit« zur Voraussetzung hatte, und führt zu dem Befund, »daß erst die kopernikanische Metapher das Pathos der Entteleologisierung durchschlagen ließ, daß auf ihr ein neues, an die kosmische Exzentrizität des Menschen gebundenes Selbstbewußtsein beruht«. Und in bezug auf Galilei gelangt B. zu der analogen Feststellung: »Keine seiner Errungenschaften hätte Aussicht gehabt, jemals die Zustimmung oder auch nur die Beachtung der Zeitgenossen zu finden, wenn sie nach dem Verfahren zureichender und geschichtlich unbefangener Begründung vorgelegt worden wären.«

B.s hermeneutischer Umgang mit Metaphern unterscheidet sich in mehrfacher Hinsicht von älteren Ansätzen: Er löst sie nicht mehr aus ihrer Umgebung heraus, um sie anschließend nach Übereinstimmungen, Abhängigkeiten, Beziehungen zu analysieren; weder der Nachweis einer Tradition noch die Einreihung in bestimmte Motivketten gilt ihm mehr als Selbstzweck. Kurz, an die Stelle des isolierenden Auslegungsverfahrens, wie es exemplarisch etwa Ernst Robert Curtius und Erich Rothacker noch geübt hatten, tritt bei B. ein den Kontext einbeziehendes, an die Stelle des Verständlichmachens durch Vergleiche die Kritik der Metapher als eines produktiven Kraftzentrums, als einer Sinnquelle, die stets in einem Ganzen ist, von dem ihre Erschließung auszugehen hat und in das sie auch wieder zurücklaufen muß. Von dieser Voraussetzung her hat B. erstmals das Phänomen der »absoluten Metapher« philosophischer Erfahrung zugänglich gemacht. Absolute Metaphern repräsentieren Grundvorstellungen der menschlichen Weltorientierung, in denen jeweils ein Ganzes von Deutungen eine organische, begrifflich jedoch nicht faßbare Einheit hat.

Dabei bleibt freilich zu beachten, daß nach B. die angedeutete Leistung von der einzelnen Metapher nur vermöge ihrer Zugehörigkeit zu einem Orientierungssystem erbracht werden kann, das er »Stellenrahmen« nennt. Gemeint ist ein Mensch, Welt und Gott betreffender Fragehorizont, in dem die Konstanzbedingungen geschichtlicher Veränderungen locker festgelegt sind. Mit der Kategorie des Stellenrahmens möchte B. für die Interpretation der menschliches Denken und Handeln bestimmenden Weltbilder in ihrer Geschichtlichkeit eine Grundlage schaffen. Was die Bedeutung der Metapher in diesem Zusammenhang betrifft, so läßt er sich von der Annahme leiten, daß sie den Stellenrahmen und das ihm zugeordnete Wirklichkeitsverständnis zwar anzeigt, »daß aber zugleich die Latenz des Hintergrundes auch durch die vermeintliche Evidenz der Metapher gesichert und abgeschirmt wird.« So können Begriffsveränderungen im Blick auf Metaphern erfahrbar gemacht werden, »denn der historische Wandel einer Metapher bringt die Metakinetik geschichtlicher Sinnhorizonte und Sichtweisen selbst zum Vorschein, innerhalb deren Begriffe ihre Modifikationen erfahren«.

In die Debatten der Literaturwissenschaft hinein war B.s Wirkung in den 70er und 80er Jahren vielleicht am größten. Insbesondere die Konstanzer Forschungsgruppe »Poetik und Hermeneutik« rekurrierte immer wieder auf seine Konzeptionen. Nicht nur das Plädoyer für die Metapher war hier affinitätsstiftend, sondern auch die Hinwendung zum Thema Mythos, eingeleitet durch den 1971 erschienenen Aufsatz *Wirklichkeitsbegriff und Wirkungspotential des Mythos* und abgeschlossen in dem umfangreichen Werk *Arbeit am Mythos* von 1979. Daß er die Zugehörigkeit der Rezeption zum Mythos so entschieden betont, dies vor allem – neben dem vielen Übersehenen, Überraschenden, das er in bezug auf Goethes Prometheusverständnis hervorholt – verbindet B. mit der Literaturwissenschaft der 70er und 80er Jahre, die variantenreich sich um eine rezeptionsästhetische Begründung bemühte und dabei von ihm eine Fülle wertvoller Anregungen empfing.

Die philosophische Traditionslinie, in der B.s Untersuchung des Mythos steht, ist durch die Namen Schelling, Cassirer, Heidegger und Adorno markiert. Von Schelling übernimmt er die Idee, die griechische Mythologie unter der Perspektive der Gnosis zu interpretieren, das heißt: als Befreiung, als Distanzgewinn gegenüber einem ursprünglichen »Absolutismus der Wirklichkeit« durch die Entdeckung des Geistes in der Vielfalt individueller Göttergestalten. Schellings Beschränkung des

Mythischen auf eine Epoche macht er freilich nicht mit – und kommt darin Adorno nahe, der die Präsenz des Mythos im Gesamtraum der alteuropäischen Kulturgeschichte erfuhr. Während Adorno jedoch die hartnäckige Konstanz des Mythos als Indiz für das Scheitern des aufgeklärten Humanismus deutet, hält B. mit Cassirer an der positiven Verbindung zwischen Mythos und Aufklärung fest, ohne allerdings die Vorläufigkeitsthese des Neukantianers zu übernehmen, die dem Mythos nur den Status der überwundenen, wenn auch nicht entwerteten Vorstufe zu Kunst und Wissenschaft einräumt.

In der 1986 erschienenen Schrift *Lebenszeit und Weltzeit* hat B. den Versuch unternommen, den eigenen Ansatz innerhalb der phänomenologischen Schulgeschichte zu situieren und in der Auseinandersetzung mit dem Vordenker ihrer zahlreichen Varianten, Edmund Husserl, zu begründen. Wie auch immer man das philosophische Gewicht dieses Versuchs beurteilen mag, unbestritten wird bleiben, was wir B.s historischer Phänomenologie zu danken haben: daß sie einer Fülle von geschichtlichen Erscheinungen, die in der Unübersichtlichkeit der fortschreitenden Spezialforschung zu versinken drohten, zu neuem Leben verholfen hat. In einer Zeit, in der dem multimedial bezauberten Bewußtsein der geschichtliche Horizont zu schwinden droht, hat er den Zugang zur Geschichte nicht nur beschworen, sondern in authentischer Verwirklichung konkret geöffnet und für den Nachvollzug offengehalten, dies freilich nicht als Künder des Ewigen und Erhabenen in vergangener Größe, sondern als Deuter gerade des vermeintlich Überwundenen, Peripheren, Selbstverständlichen, darin dem geschichtlichen Sinnapriori entsprechend, dessen über Positivismus und Strukturalismus gleichermaßen hinausweisenden regulativen Gehalt er einmal in den Satz faßt: »Wenn man von einem Geschichtsbegriff ausgeht, der das Vergangene nicht als Inbegriff abgeschlossener und auf sich beruhender Fakten ansieht, die Geschichte nicht als Analogon einer stratigraphisch darstellbaren Struktur, wird auch das Entkräftete immer noch als eine Kraft, das Vergessene immer noch als potentielle Anamnesis zuzulassen sein.«

Kirsch-Hänert, Johannes: Zeitgeist – Die Vermittlung des Geistes mit der Zeit. Frankfurt am Main 1989. – Faber, Richard: Der Prometheus-Komplex. Zur Kritik der Politotheologie Eric Voegelins und Hans Blumenbergs. Würzburg 1984.

Jörg Villwock

Bodin, Jean

Geb. 1529/30 in Angers; gest. 1596 in Laon

Spätestens seit der Aufklärung leidet das Renommee B.s, den die Zeitgenossen noch »den gelehrten Bodin« nannten, darunter, daß er auch eine dem *Hexenhammer* (1487) verwandte *Demonomanie des Sorciers* (1580) verfaßt hat, einen Leitfaden zum Führen von Hexenprozessen, der Folter und Feuertod für die meist weiblichen Hexen vorsieht. Sarkastisch bezeichnet ihn Voltaire deshalb als den »Generalstaatsanwalt Beelzebubs«. Erst seit Beginn dieses Jahrhunderts bemühte man sich um ein gerechteres Urteil und erkannte, daß der bedeutende Humanist B. zwar in seinen politischen, sozialen und religiösen Schriften spätere Ideen vorwegnimmt, aber mit seinem Dämonenglauben und seinen politischen Anschauungen noch tief im aristotelisch-thomistischen Ordodenken des Mittelalters verwurzelt ist. Auch kann man die Widersprüchlichkeit dieses Denkers nur verstehen, wenn man sich vor Augen hält, daß alle seine Schriften während der blutigen Religionskriege geschrieben wurden, die 1562 mit dem Massaker von Vassy beginnen und 1593 mit dem Glaubenswechsel Heinrichs IV. bzw. dem Edikt von Nantes 1598 enden. B. wechselte wie viele Zeitgenossen mehrfach die Konfession und die Parteizugehörigkeit, litt aber unter dem allgemeinen Autoritätsverfall und dem Zusammenbrechen religiöser und sozialer Normen. Er war der Reihe nach Karmelitermönch (um 1545), Calvinist (um 1562/63), toleranter Katholik (1576), danach wahrscheinlich heimlicher Jude. B. diente dem Herzog Franz von Alençon-Anjou, König Heinrich III., dem Tiers (Dritter Stand) von Vermandois und der Stadt Laon. Er gehörte zu den auf Ausgleich bedachten »Politiques«, dann zur Katholischen Liga, zuletzt zum Lager Heinrichs IV. Trotz seines Hexenhandbuchs verabscheute er die blutige Grausamkeit des Bürgerkriegs, die sich am schlimmsten im Massaker der Bartholomäusnacht entlud (1572), bei dem etwa 2000 Hugenotten in Paris und deren 20000 in der Provinz ums Leben kamen und er selber nur durch Zufall dem Tod entging.

Wenn seiner Tätigkeit als Kronanwalt in Laon politische Wirkung fast gänzlich versagt blieb, gehört er doch zu den universellen und einflußreichsten Denkern des französischen Humanismus. Wir übergehen seine philologischen und ökonomischen Schriften, in denen er zuerst eine moderne Preistheorie entwickelte, lassen sein erst 1841 ediertes, da von den Zeitgenossen für zu brisant gehaltenes religionstheoretisches *Colloquium heptaplomeres* (1576) beiseite, in dem sieben verschiedene Religionsauffassungen relativiert werden, und konzentrieren uns auf seine bahnbrechenden historischen Werke, die *Methodus ad facilem historiarum cognitionem* (1566) und die *Six livres de la République* (1576), die eng zusammengehören. Während B. in der *Methodus* die Profangeschichte auf menschliches Tun zurückführt, das von Klima, Rasse und Sternenlauf determiniert wird, handelt die französisch geschriebene und damit auf Breitenwirkung zielende *République* fast ausschließlich von der Souveränität. Hatte B. bereits im 6. Buch der *Methodus* dem späteren Absolutismus den Weg bereitet, indem er die Souveränität als »summa in cives ac subditos legibus soluta potestas« (»die höchste Gewalt gegenüber Bürgern und Untertanen, die nicht an die Gesetze gebunden ist«) definierte, wird er erst in der *République* zum Theoretiker der uneingeschränkten Souveränität. Anders aber als Machiavelli – dem er »Verachtung der heiligen Naturgesetze« vorwirft – und Hobbes fordert B. vom Monarchen, daß er sich den Gesetzen der Religion, der Natur und des Völkerrechts unterstellt. Auch schränkt er seine Befugnisse dadurch ein, daß er das Steuerbewilligungsrecht und das Untertaneneigentum garantiert. Nirgends sagt B. allerdings, wie der Souverän dazu gezwungen werden kann, seinen Pflichten nachzukommen – der Grund für die Beliebtheit seines Werkes bei allen Theoretikern des absolutistischen Staates, vor allem zur Zeit Ludwigs XIV. Zur Keimzelle des Staates erklärt B. die Familie mit ihrer souveränen väterlichen Gewalt; dieser Gedanke wurde besonders von konservativen Soziologen des 20. Jahrhunderts wiederaufgenommen.

Lange, Ursula: Untersuchungen in Bodins Demonomanie. Frankfurt am Main 1970. – Schnur, Roman: Die französischen Juristen im konfessionellen Bürgerkrieg des 16. Jahrhunderts. Berlin 1962.

Frank-Rutger Hausmann

Böhme, Jakob
Geb. 1575 in Seidenberg (bei Görlitz); gest. 17. 11. 1624 in Görlitz

Der als Sohn eines begüterten Bauern in Schlesien zur Welt gekommene B. könnte die Verkörperung jenes Laien und Handwerkers gewesen sein, den Nikolaus v. Kues in seinen Schriften *Idiota* im Gespräch mit dem Philosophen sagen läßt: »Das aber weiß ich, daß ich mich durch die Autorität keines Menschen, auch wenn sie mich zu beeinflussen sucht, bestimmen lasse.« Der gottesfürchtige, gegenüber kirchlichen Amtsinhabern und Gelehrten selbstbewußt auftretende Schuster aus Görlitz beugte in der Vorrede zu seinem ersten Buch *Morgenröte im Aufgang* (geschrieben 1612) jedem Mißverständnis in Hinblick auf seine Bildung vor, indem er meinte: »Wenn nun Meister Klügling, der da in der grimmen Qualität qualifiziert, über dies Buch kommen wird, gleichwie das Himmel- und Höllenreich widereinander waltet . . ., wird er sagen, ich sei nicht gelehrt genug . . ., wird ihn die große Einfalt des Autors sehr ärgern . . . – Den parteiischen Klüglingen will ich entgegensetzen die Altväter in der ersten Welt, die waren auch nur geringe, verachtete Leute, wider welche die Welt und der Teufel wüteten und tobten«. Unbeirrt aller Anfechtungen und Verfolgungen von seiten der Amtskirche, denen er zeit seines Lebens ausgesetzt war, hielt der »Philosophus teutonicus« in den Wirren des Dreißigjährigen Krieges an seiner göttlichen Sendung fest und verkündete in zahlreichen Schriften seine laienhaften, doch über jede dogmatische Beschränkung hinausgehenden Einsichten in den Geist der Gotteserkenntnis: »Der Geist zeigt, daß noch vorm Ende mancher Laie wird mehr wissen und verstehen, als jetzt die klügsten Doctores wissen; denn die Tür des Himmels tut sich auf.«

Um die Jahrhundertwende überkam den Schuster beim Anblick eines Zinngefäßes ein überwältigendes, mystisches Schauerlebnis, das er als den »Durchbruch meines Geistes bis ins innerste Gebiet der Gottheit« bezeichnete. Doch erst zwölf Jahre später vermochte er das Erkannte in seiner ersten Schrift *Aurora oder Morgenröte im Aufgang, das ist: die Wurzel oder Mutter der Philosophie, Astrologie und Theologie aus rechtem Grunde – oder Beschreibung der Natur* niederzuschreiben. Obwohl B. das Wort »System« für sich in Anspruch nahm, handelt es sich nicht um ein systematisch aufgebautes Werk theogonischer und kosmogonischer Darlegungen, sondern vielmehr um eine bilderreiche, unabgeschlossene und unmethodische, aber durchaus poetische Spekulation über die Qualitäten Gottes, über Schöpfung, Natur und Mensch, durchsetzt mit persönlichen Bekenntnissen. Seine visionären, häufig Bibelstellen deutenden Ausführungen sind nicht ohne Bezug zur Zeitgeschichte. Wie der Titel nahelegt, glaubte B. an eine unmittelbar bevorstehende geistige und moralische Erneuerung der Menschen, die er mit seinen Schriften und Sendbriefen zu fördern gedachte. Dabei flossen gnostische und zeitgenössisch naturphilosophische, alchimistische Gedanken in seine Betrachtungen ein, die einen zunehmend prozeßhaft ausgedeuteten Dualismus von Gut und Böse bezeugten, was Hegel zu dem Kommentar veranlaßt hat: »Die Grundidee bei ihm (dem ersten deutschen Philosophen) ist das Streben, alles in einer absoluten Einheit zu erhalten – die absolut göttliche Einheit und die Vereinigung aller Gegensätze in Gott.«

B.s für damalige Gewißheiten herausfordernde These: »Gott ist alles«, sowohl das »grimmige« als das »liebende« Prinzip, fußte auf einer Vorstellung, derzufolge drei Prinzipien das göttliche Tun bestimmen (*Die Beschreibung der drei Prinzipien göttlichen Wesens,* 1619). Im Unterschied zur herrschenden Auffassung göttlicher Dreifaltigkeit identifizierte B. Gottvater mit einem »Angst-Feuer«, dessen Zorn und Grimm im zweiten Prinzip das Licht gebären, d. h. den Sohn, die lichte Liebesmacht; beide Pole nehmen im dritten Prinzip Gestalt an, manifestieren sich und werden begreiflich. Da alles »in dieser Welt ... nach dem Gleichnis dieser Dreiheit« geworden ist, wie es schon in der *Morgenröte* heißt, unterliegt jedes Einzelding wie auch der Mensch demselben Prozeß immerwährender Hervorbringung oder »Ausgeburt«, der dann in »Gottes Weisheit« seiner selbst innewird: »...das Ausgegangene ist die Lust, als das Gefundene des ewigen Nichts, da sich der Vater, Sohn und Geist innen siehet und findet, und heisset ›Gottes Weisheit‹ (sophía) oder Beschaulichkeit« (*Von der Gnadenwahl,* 1623). Doch noch vor aller Dreifaltigkeit und vor jeder Öffnung nahm B. einen göttlichen »Ungrund« an, der »nichts als eine Stille ohne Wesen« ist; dem Ungrund aber eignet ein »Wille« (»ewiger Vater«), der sich findet und gebiert (»eingeborener Sohn«) und aus sich herausgeht in »ein Weben oder Leben des Willens« (»Geist«). Der Wille ist schöpferisch; sein »Fiat!« legt sich als Aushauch über die ganze Schöpfung, die aber durch Luzifer in ein Ungleichgewicht gebracht worden ist und durch den Menschen zu erneuern ist. Das »sprechende«, »aushauchende« Wort des Schöpfers umfängt Natur und Kreatur als das Gesprochene.

B. hat sich in seiner am schwersten zugänglichen Schrift, *De signatura rerum* (1622; *Von der Geburt und Bezeichnung aller Wesen*) einer Sprachspekulation hingegeben, die von der deutschen Romantik wieder aufgegriffen wurde. Gottes Worte haben in der Schöpfung »Signaturen« hinterlassen, Spuren, »Behälter des Geistes, darinnen er lieget«. Wenn nun der Mensch, der dazu befähigt ist, in der »Zeit der Eröffnung aller Heimlichkeiten« die Signaturen entschlüsselt, sie richtig liest, bleibt der Kosmos nicht länger stumm; die Natur, sie »ist wie ein zugericht Lautenspiel, auf welchem der Willen-Geist schläget«, kommt zum Erklingen. Doch nur der vermag in die Natursprache, jenseits aller Buchstaben, einzudringen, der sich dem göttlichen Licht zuwendet: der Erleuchtete.

Die Vorstellung B.s von einem Urmenschen im Sinne eines Bildes des »geformten Worts der göttlichen Kraft« war bei ihm verbunden mit der Androgyn-Idee, wie sie in einer der letzten Schriften, dem Genesis-Kommentar *Mysterium Magnum* (1623), zum Ausdruck kommt: »Adam war ein Mann und auch ein Weib ... Er hatte beide Tinkturen vom Feuer und Lichte in sich, in welcher Konjunktion die eigene Liebe als das jungfräuliche Zentrum stand.« Eine solche Auslegung der Genesis-Stelle (1,26), die auch in Luthers Übersetzung zweideutig ausgefallen war, setzte sich bei B. im Gedanken der Sophia als »Gottes Braut« fort, was ihm seitens Gregor Richters, des Görlitzer Oberpfarrers, seines Widersachers, den Vorwurf der Quaternität einbrachte. Doch gerade dieser Ansatz wurde später von den romantischen Naturphilosophen (Franz von Baader, Carl Gustav), von Mystikern (Emanuel Swedenborg), Theosophen (Friedrich Christoph Oetinger) und orthodoxen Philosophen (Nikolai A. Berdjaev) aufgegriffen. B.s Wirkungsgeschichte ging freilich über diesen Aspekt hinaus. Das Werk des protestantischen Sehers wurde ebenso im außerdeutschen Raum aufgenommen (England, Rußland, Holland – die erste Gesamtausgabe erschien 1682 in Amsterdam) wie von nichtchristlichen Denkern – so von Martin Buber, der über B. 1901 schrieb: »Wir ... stehen heute Böhme näher als der Lehre Feuerbachs, dem Gefühle des heiligen Franziskus, der Bäume, Vögel und Sterne seine Geschwister nannte.«

Bonheim, Günther: Zeichendeutung und Natursprache. Ein Versuch über Jacob Böhme. Würzburg 1992. – Solms-Roedelheim, Günther Graf zu: Die Grundvorstellungen Jakob Böhmes und ihre Terminologie. Diss. München 1962.

Reinold Werner

Boethius
Geb. um 480 in Rom; gest. um 524 in Pavia

Anicius Manlius Severinus B. entstammt der gens Anicia, einer der großen alten Senatorenfamilien Roms. Sein Vater ist hoher Beamter des weströmischen Reiches; nach dessen frühem Tod kommt er in den Haushalt des Memmius Symmachus, eines einflußreichen Politikers, der im zeitgenössischen Literaturbetrieb die Rolle eines »arbiter elegantiarum« einnimmt. In Alexandria studiert B. Philosophie. Seine ersten Veröffentlichungen finden allgemeines Interesse. Der Ostgotenkönig Theoderich der Große ernennt den kaum 30jährigen zum Konsul des Jahres 510 – eine außergewöhnliche Anerkennung seiner Fähigkeiten. Das folgende Jahrzehnt verbringt er, in seine Bibliothek zurückgezogen, mit philosophischer Arbeit. In der politischen Landschaft bereiten sich große Veränderungen vor. Beraten von seinem späteren Nachfolger Justinian, strebt der neue Kaiser Ostroms, Justin, nach der byzantinischen Hegemonie in Italien. In einer doppelten Strategie sucht er sich zunächst die westliche Kirche zum Verbündeten zu machen. Er nötigt dem östlichen Episkopat weitreichende dogmatische Zugeständnisse an die lateinischen Positionen ab und vermag so, die seit einer Generation gespaltenen Kirchen zu versöhnen. Dieses scheinbar selbstlose Entgegenkommen fällt im Westen auch politisch auf fruchtbaren Boden. Die abgekühlten Beziehungen zwischen Ravenna und Konstantinopel kommen wieder in Bewegung. Der byzantinische Hof sucht nach dem Erfolg in Rom nun auch in der Umgebung Theoderichs Einfluß zu gewinnen. In dem römischen Aristokraten, der sich durch mehrere theologische Essays als Vermittler zwischen lateinischer und griechischer Kirche ausgewiesen hatte und der den gotischen Herren Italiens gegenüber immer vornehme Zurückhaltung wahrte, sieht Byzanz offenkundig eine Schlüsselfigur der östlichen Interessen und betreibt in Ravenna seine Karriere. Theoderich bestellt den Philosophen zu seinem »magister officiorum«, zum höchsten Verwaltungsbeamten am weströmischen Hof. Das doppelte Spiel des Ostens bleibt jedoch nicht lange verborgen; dem kurzen politischen Tauwetter folgt eine neue Eiszeit. Gotische Intrigen bei Hof, vor allem aber das Stigma der östlichen Protektion bringen B. zunehmend in Schwierigkeiten. Eine Affäre, deren Hintergründe nicht mehr aufzuklären sind, wird ihm schließlich zum Verhängnis. Theoderich läßt ihn verhaften, nach Pavia deportieren und nach längerem Arrest hinrichten.

B.' philosophischer Kosmos ist klassisch, und römisch. Er begreift sich als später Vollender Ciceros, dessen lateinische Rezeption der griechischen Philosophie er zum Abschluß bringt. Empfänglich für den Prozeß historischer Veränderung, sieht er die Bedrohtheit der Kultur angesichts der zeitgenössischen Verhältnisse. Daher sein Plan, die griechische Wissenschaft – nämlich die vier vorbereitenden Fächer Arithmetik, Musik, Geometrie und Astronomie (das ›quadruvium‹; der Begriff stammt von ihm) und die Schriften Platons und Aristoteles', gegliedert nach Logik, Physik und Ethik – in kommentierten Übersetzungen dem lateinischen Westen verfügbar zu machen. Wegen seines frühen Todes kann B. dieses Vorhaben nur zum Teil ausführen; seine Vision aber erfüllt sich: das Ausgeführte wird zum Fundament mittelalterlich-christlicher Wissenschaft. Ihr vermittelt B. nicht allein die lateinische philosophische Terminologie, sondern auch die philosophischen Methoden und Instrumentarien. So wird er nicht zuletzt zum Wegbereiter der Scholastik.

Die lange Haft zieht einen Schlußstrich unter seine ehrgeizigen Pläne. In einer seiner Schriften hatte er einmal festgestellt, das Studium der Philosophie sei der ›Trost‹ seines Lebens. Zu diesem Gedanken kehrt er jetzt zurück und widmet ihm das Werk, das ihn unsterblich macht: *De consolatione philosophiae* (*Vom Trost der Philosophie*). Sämtliche klassischen Genera philosophischer Darstellung erscheinen in dem Text: dialektisches Gespräch (Platon), geschlossene Argumentation (Aristoteles), Allegorese (Stoa), philosophisches Gedicht (Parmenides, Empedokles, Lukrez), umrahmt von einer großen Zwiesprache des B. mit der Philosophie. Sie, allegorisch als Frau geschildert, besucht den Gefangenen, um ihn in seiner Verzweiflung zu trösten und durch die Hinführung zur Wahrheit zu heilen. Während die erste Hälfte des Werks die Vergänglichkeit allen Glücks, die zu Unrecht erstrebten falschen Güter, die Bedeutung einer angemessenen inneren Haltung (allein das Denken definiert die Lebensumstände als glücklich bzw. glücklos) beschwört, sucht die zweite Hälfte eine Bestimmung der wahren Glückseligkeit. Das vollkommen Gute existiert; alles Unvollkommene setzt notwendig ein Vollkommenes voraus. ›Ort‹ dieses vollkommen Guten ist Gott; etwas Besseres als Gott kann nicht gedacht werden. Gottes Allmacht ist unbegrenzt; das Böse hat über ihn keine Macht, sonst wäre Gott zu Bösem fähig. Folglich wird die Welt durch das Gute gelenkt. Da das vollkommen Gute zugleich die wahre Glückseligkeit ist, ist auch diese mit Gott identisch – und damit auch die Welt letztlich bestimmt zur Glückseligkeit. B. fragt, wie der Mensch angesichts einer feindlichen Welt sein Glück (zurück-) gewinnen kann. Seine Antwort ist zunächst moralisch: In Wirklichkeit sind die schlechten Menschen unglücklich, die guten glücklich – jene verfehlen, diese erreichen durch ihr Tun ihr wirkliches Sein, die Glückseligkeit. Die Entscheidung zum Guten liegt einzig in der Verantwortung des Einzelnen. Auf einer zweiten Ebene, deren weltflüchtiges Moment freilich eine Augustin übertreffende Absage an jeden Versuch politischer ›Analyse‹ bedeutet, argumentiert er metaphysisch: Alles irdische Unglück – und Glück – ist relativ, ja nichtig angesichts der ewigen Ordnung und Gerechtigkeit des Kosmos, die wir deshalb als Glück erleben können, weil sie auch in unserem Geist gegenwärtig sind und wirken. Die wahre Aufgabe des Menschen ist es, sie zu erkennen. Hierbei hilft ihm die Philosophie, die vernunftgeleitete Betrachtung dessen, was sich jenseits der Vergänglichkeit als das ewig Wahre erweist – Ich, Kosmos, Gott.

Ein bis heute diskutiertes Problem ist die Abwesenheit der christlichen Heilsinstanzen in *De consolatione philosophiae*. B.' Argumentation stützt sich allein auf Positionen der klassischen Philosophie. Es erscheinen aber keine, die zur christlichen Theologie in Widerspruch stehen. Die wohl treffendste Deutung sieht diese Schrift als Werk des Neuplatonismus. Dafür sprechen ihre profund religiöse Stimmung und Weltsicht – eine Haltung, die Neuplatonismus und nachaugustinisches Christentum teilen –, darüber hinaus die Beschränkung auf den Bereich rational nachvollziehbarer Aussagen. Daß B. in einer solchen Grenzsituation die Philosophie, und nicht der Glaube zum inneren Halt geworden ist, was ihn im Urteil der Nachwelt an die Seite Senecas und Sokrates' rückte, mußte christliche Interpreten immer wieder befremden. Doch tat dieser Umstand der Wirkung des Werkes keinen Abbruch: Neben Augustinus' *Confessiones* wurde es das berühmteste Buch der Spätantike und einer der Großklassiker des Mittelalters und der Renaissance.

Chadwick, Henry: Boethius. The Consolations of Music, Logic, Theology and Philosophy. Oxford 1981.

Peter Habermehl

Bohr, Niels
Geb. 7. 10. 1885 in Kopenhagen; gest. 18. 11. 1962 in Kopenhagen

Zu Beginn des 20. Jahrhunderts zeigten sich unerwartet Risse im Gebäude der klassischen Physik. 1911 wurde durch experimentelle Befunde von Ernest Rutherford deutlich, daß die bislang bewährten Theorien und Modelle nicht in der Lage waren, die Stabilität der Atome und damit die der Materie zu erklären. Im gleichen Jahr hatte B. nach einem Studium der Physik in seiner Vaterstadt promoviert. Im Anschluß daran arbeitete er nach einem Zwischenaufenthalt in Cambridge mit Rutherford zusammen. 1913 publizierte B. drei Arbeiten *Über die Konstitution von Atomen und Molekülen.* Hierin entwarf er, was heute als das Bohrsche Atommodell bekannt ist. In diesem Modell gelingt es ihm, sowohl der Stabilität der Atome als auch den experimentellen Befunden über die Verteilung der Ladung in ihnen Rechnung zu tragen. Die entscheidende Hilfe leistete dabei die Quantenhypothese von Max Planck.

Mit diesen Arbeiten, für die er 1922 den Nobelpreis für Physik erhielt, leitete B. eine Entwicklung ein, die ihre Höhepunkte in der zweiten Hälfte der 20er Jahre erreichte, als es Werner Heisenberg und Erwin Schrödinger gelang, zwei mathematische Theorien der Atome zu formulieren, die heute als Quantenmechanik bekannt sind. Im Zentrum der neuen Physik stand das Institut für theoretische Physik in Kopenhagen, das für B. gebaut wurde, nachdem er 1916 zum ersten Professor für theoretische Physik in Dänemark ernannt worden war. Obwohl B. stets weiter an physikalischen Fragen gearbeitet und viel zum Verständnis des Atomkerns und seiner Spaltbarkeit beigetragen hat, richtete sich von 1920 an sein Hauptaugenmerk auf die Interpretation der neuen Physik. In zahllosen Vorträgen und Aufsätzen diskutierte er, wie *Atomphysik und menschliche Erkenntnis* zusammenhängen, wie »die Lektion der Atome« für den Menschen aussieht. Im Zentrum seiner Überlegungen stand von Anfang an die Beobachtung, daß Widersprüche dadurch überwunden werden können, daß sie gerade hervorgehoben werden. Sein Atommodell war möglich geworden, weil es den fundamentalen Gegensatz zwischen der Quantenhypothese und der klassischen Physik ausdrücklich anerkannte. Dabei hatte sich ein neuartiges Problem ergeben, das B. beschäftigte. Obwohl die klassische Physik Atome nicht erklären kann, können wir nur mit Hilfe der in der klassischen Theorie eingeführten Begriffe, etwa Welle oder Teilchen, über sie reden. Wir können allerdings nicht mehr erwarten, mit einem Begriff allein atomare Phänomene erfassen zu können. B. gelangte zu der Auffassung, daß Beobachtungen an Atomen durch experimentelle Anordnungen festgelegt werden, die sich gegenseitig ausschließen können. Es gibt also verschiedene Möglichkeiten, ein und dasselbe Objekt zu erfassen. Die Zusammengehörigkeit dieser Möglichkeiten bezeichnete er mit dem Begriff »Komplementarität«. Gemeinsam mit den Unbestimmtheitsrelationen von Heisenberg bildet die Idee der Komplementarität die »Kopenhagener Deutung« der Quantentheorie. Sie macht deutlich, daß nicht mehr von einer eindeutigen Determiniertheit der atomaren Vorgänge gesprochen werden kann und daß der Erkenntnisakt selbst zur Naturbeschreibung gehört. B. sah in der Komplementarität darüber hinaus »eine lehrreiche Erinnerung an die allgemeinen Bedingungen der menschlichen Begriffsbildungen«. Entsprechend versuchte er die Idee der Komplementarität auch außerhalb der Physik – vor allem in der Biologie und Psychologie – anzuwenden.

Albert Einstein hat diesen philosophischen Lektionen B.s widersprochen, indem er die Vollständigkeit der quantenmechanischen Beschreibung der Wirklichkeit bezweifelte. Den über Jahrzehnte geführten Dialog zwischen ihnen hat B. 1949 unter dem Titel *Diskussion mit Einstein über erkenntnistheoretische Probleme in der Atomphysik* beschrieben. Er wird heute noch fortgesetzt.

Fischer, Ernst Peter: Niels Bohr – Die Lektion der Atome. München 1987. – von Meyenn, Karl u. a. (Hg.): Niels Bohr – Der Kopenhagener Geist in der Physik. Braunschweig/Wiesbaden 1985.

Ernst Peter Fischer

Bolzano, Bernard
Geb. 5. 10. 1781 in Prag; gest. 18. 12. 1848 in Prag

Außerhalb Böhmens und Österreichs blieben die Lehren und Schriften des Philosophen, Theologen und Mathematikers B. lange Zeit unbekannt. Seine Zeitgenossen taten sich schwer, den komplizierten Ausführungen zur Logik und Mathematik zu folgen und sich mit der systematischen und eher kargen Art seines Philosophierens – es war geradewegs das Gegenteil der das 19. Jahrhundert dominierenden Philosophie des deutschen Idealismus – anzufreunden. Edmund Husserl blieb es vorbehalten, die Verdienste B.s angemessen zu würdigen; er bezeichnet dessen *Wissenschaftslehre* als »ein Werk, das in Sachen der logischen ›Elementarlehre‹ alles weit zurückläßt, was die Weltliteratur an systematischen Entwürfen der Logik darbietet«.

Als Sohn eines italienischen Kunsthändlers und einer Prager Kaufmannstochter erhielt der zeit seines Lebens von Krankheit und Mühsal geplagte B. zunächst Privatunterricht, bevor er das Gymnasium der Piaristen besuchte. 1796 begann er an der Universität Prag das Studium der Philosophie, Theologie und Mathematik, hier fertigte er 1804 eine mathematische Dissertation *(Betrachtungen über einige Gegenstände der Elementargeometrie)* an. 1805 empfing B. die Priesterweihe und promovierte zwei Wochen später zum Doktor der Philosophie. Bereits 1804 hatte sich B. um die offene Stelle eines Professors für Elementarmathematik beworben, die zu besetzen ihm wegen seines jungen Alters versagt blieb. Statt dessen erhielt er 1805 eine neu eingerichtete Professur für philosophische Religionslehre. Die dort gehaltenen Vorlesungen und Erbauungsreden machten ihn zu einem führenden Vertreter der Böhmischen Aufklärung. Er war bestrebt, die katholische Lehre mit einem aufgeklärten Rationalismus zu verbinden und von mystischen Elementen zu befreien, was ihm durch eine bildliche Interpretation kirchlicher Dogmen gelang. Sein Reformkatholizismus stieß auf den Widerstand der restaurativ orientierten Kirche und Regierung in Wien, was 1819 zur Amtsenthebung B.s führte. In den Jahren von 1823 bis 1841 lebte er zurückgezogen im südböhmischen Těchobuz auf einem Landgut der ihm befreundeten Familie Hoffmann. Hier besaß er die Muße, sich ganz seiner wissenschaftlichen Arbeit zu widmen; es entstanden die Werke *Athanasia oder über die Unsterblichkeit* (1827), die *Wissenschaftslehre* (1837), die Sozialutopie *Von dem besten Staate* (1837) und Schriften zur Mathematik, so etwa die Fragment gebliebene *Größenlehre*. Die *Functionenlehre*, der erste Teil der *Größenlehre*, wurde erst einhundert Jahre nach ihrer Niederschrift, 1930 herausgegeben. Nach dem Tod der Freundin Anna Hoffmann kehrte B. 1841 nach Prag zurück, wo er als Sekretär der philosophischen und mathematischen Abteilung der Königlichen Böhmischen Gesellschaft der Wissenschaften bis zu seinem Tod am wissenschaftlichen Leben teilnahm.

Sowohl in der Mathematik als auch in der Logik war B. seiner Zeit um Jahrzehnte voraus. Er stellt die mathematische Analysis auf eine neue Grundlage, indem er sie auf einer rein arithmetischen Basis aufbaut. 1816 antizipiert er das später von Augustin-Louis Cauchy formulierte Konvergenzkriterium für unendliche Reihen. In der Schrift *Rein analytischer Beweis, daß zwischen je zwey Werthen, die ein entgegengesetztes Resultat gewähren, wenigstens eine reelle Wurzel der Gleichung liege* (1817) formuliert und beweist er das später als ›Satz von Bolzano-Weierstraß‹ in die Geschichte der Mathematik eingegangene Theorem. Zentrale Bedeutung erlangte seine Klärung des Begriffs der ›stetigen Funktion‹. In den 1851 von Franz Přihonský herausgegebenen *Paradoxien des Unendlichen* nimmt B. wichtige Begriffe der Mengenlehre Georg Cantors vorweg.

›Satz an sich‹, ›Vorstellung an sich‹ und ›Wahrheit an sich‹ sind zentrale Begriffe der *Wissenschaftslehre* B.s. Ein Satz an sich ist ein nicht ausgesprochener und nicht gedachter Satz, dem ein Dasein nur in seiner sprachlichen bzw. gedanklichen Repräsentation zukommt. Hiermit spricht B. einen von der Sprache und der Erkenntnis unabhängigen Bereich an, der ontologisch in einer apriorischen Weise der Erkenntnis und dem Ausdruck vorausliegt. Es handelt sich hier im Kern um eine Präfiguration der späteren Psychologismuskritik Gottlob Freges und Edmund Husserls. Mit den Begriffen der ›Abfolge‹ und ›Ableitbarkeit‹, die im Zusammenhang mit einer deduktiven Systematisierung der Wahrheiten der einzelnen Wissenschaften gebraucht werden, weist B. auf einen Problembereich hin, den ausführlich zu behandeln erst die Wissenschaftstheorie des 20. Jahrhunderts unternahm. Kritisch setzt B. sich mit den Auffassungen Kants auseinander, wobei er auf Überlegungen aus der Leibniz-Wolffschen Schule zurückgreift. In der Schrift *Athanasia* sucht er im Anschluß an Leibnizens Monadologie einen Beweis für die Unsterblichkeit der Seele zu erbringen. Ein oberstes Sittengesetz bildet den Ausgangspunkt der religionsphilosophischen Überlegungen B.s. Eine seiner Formulierungen lautet: »Wähle von allen dir möglichen Handlungen immer diejenige, die, alle Folgen erwogen, das Wohl des Ganzen, gleichviel in welchen Theilen, am meisten befördert.« Aus diesem Grundsatz, der die Beförderung der Glückseligkeit aller Men-

schen zum Telos des Handelns macht, sollen sich alle anderen praktischen Wahrheiten ableiten lassen. Auch die Religion wird eingebettet in diese moralphilosophische Konzeption: sie ist es, die Tugend und Glückseligkeit fördert und somit der
»guten Sache« dient. Hier zeigt sich abermals der Rationalismus B.s, der eine
Auffassung der Religion als Erkenntnis der Wahrheit durch ein praktisch orientiertes
Religionsverständnis ersetzt. In dem Büchlein *Von dem besten Staate* entwickelt B.
eine Sozialutopie, in deren Zentrum das Prinzip der Gleichheit aller Menschen
steht. Er plädiert für die Abschaffung des Privateigentums, welches nicht Frucht
einer redlichen Arbeit ist.

Neemann, Ursula: Bernard Bolzanos Lehre von Anschauung und Begriff in ihrer Bedeutung
für erkenntnistheoretische und pädagogische Probleme. München 1972. – Kambartel, Friedrich: Bernard Bolzanos Grundlegung der Logik. Hamburg 1963.

Christoph Demmerling

Bonaventura (d. i. Giovanni di Fidanza)
Geb. 1217 (1221?) in Bagnoreggio (Toskana); gest. 15. 7. 1274 in Lyon

B. studierte von 1236 bis 1242 in Paris. Mit dem Eintritt in
den Franziskanerorden 1243 wurde er ein Schüler des Alexander von Hales. Nach Beginn einer wissenschaftlichen
Karriere – mit etwa 35 Jahren in Theologie promoviert,
1257 Magister regens an der Pariser Universität – wurde er
1257 zum Generalminister seines Ordens gewählt. Seine
Bedeutung reichte über den Orden hinaus. So wurde 1271
Gregor X. auf B.s Anraten hin zum Papst gewählt. 1273 gab
B. die Leitung des Ordens ab, da er von Gregor X. zum
Kardinalbischof von Albano ernannt und mit der Ausarbeitung von Reformvorschlägen für das II. Lyoner Konzil
beauftragt worden war. Noch vor Abschluß des Konzils starb B. Von Sixtus IV. 1482
heiliggesprochen, wurde er 1588 von Sixtus V. zum Kirchenvater proklamiert.

B. gilt neben Thomas von Aquin als der größte Theologe der Scholastik; mit ihm
erreicht die ältere Franziskanerschule ihren Höhepunkt. B. versucht, die geistesgeschichtlichen Spannungen seiner Zeit (Augustinismus, Aristotelismus) in eine
Synthese zu bringen. Glaube und Vernunft sind dabei prinzipiell ausgesöhnt, da sie
der gleichen Quelle, der christlichen Wahrheit, entspringen. Unter heilsgeschicht-
lichem Aspekt bietet seine Theologie eine Gesamtschau der Welt in hierarchischer
Ordnung. Wissenschaft ist nur dann von Nutzen, wenn sie die Vereinigung mit Gott
zum Ziel hat. Jedes Wissen, das sich nicht an diesem Ziel orientiert, ist für B. nur
leere Neugier. Alle Wissenschaft hat der Theologie zu dienen und steht unter der
Leitung der Schrift. Schon Schrift und Vätertradition gelten B. nicht als gleichwertige Zeugen der einen Gottesoffenbarung; einzige Quelle alles Wissens ist die
Schrift. Auch der natürlichen Philosophie kommt nur eine relative Selbständigkeit
zu, da sie nach B. nicht frei von Irrtümern sein kann. So muß die aristotelische
Philosophie irren, weil sie sich bewußt auf die Erklärung der sinnlichen Welt

beschränkt. B. befürchtet bei einer vom Glauben losgelösten Philosophie eine Trennung von ihrem Wahrheitsgrund. Denn nur eine vom Glauben erleuchtete Vernunft kann wahr von der Welt reden. Jede Wahrheit setzt die Existenz einer absoluten Wahrheit voraus, von der sie abhängig ist. Durch die Präsenz in der Seele bezeugt Gott sich selbst. Die menschliche Seele ist der Empfangsort der göttlichen Erkenntnis der Wahrheit.

Nach Bekanntwerden des ganzen Aristoteles, vornehmlich durch eine indirekte Rezeption über die jüdisch-arabische Philosophie, die am Aristotelismus arbeitete, ohne Rücksicht auf christlich-theologische Konsequenzen, kam es zu einer Emanzipation der Philosophie. Dieser Verselbständigung versuchte B. entgegenzuwirken. Entscheidend bei allen Studien ist dasjenige Wissen, das zum Heil führt. Unabdingbare Voraussetzung dazu ist die Zusage der Vergebung der Sünden, ein Wissen, das die Philosophie nicht aufbieten kann. Dem selbstherrlichen Wissen des Menschen erteilt B. eine theologisch begründete Absage: Die von den Philosophen vertretene Auffassung, nach der der Mensch auch ohne Glauben von der unsichtbaren, intelligiblen Welt und damit von Gott weiß, ist nicht akzeptabel, da dem Menschen das Verlangen nach Wahrheit zwar innewohnt, er sie aus eigener Kraft aber nach dem Sündenfall nicht mehr erlangen kann. Der Mensch ist nicht mehr befähigt, das Buch der Welt zu lesen, aus ihm seinen Schöpfer zu erkennen und zu ihm aufzusteigen. Diesem durch die Sünde in Gottferne lebenden Menschen will B. den Aufstieg der Seele zur mystischen Vereinigung mit Gott schildern. Dies ist möglich, da Christus am Kreuz die Satisfaktion für die Sünde des Menschen leistete und so die Schöpfungsordnung wiederherstellte. Zugleich betont B. das Zusammenwirken des menschlichen Willens mit der vorbereitenden Gnade, die den Weg ebnet für den Empfang der eigentlichen Gnade, die den Menschen für Gott annehmbar macht. Für B. gelten jetzt Glaube und Gnade als Bedingung für die vollkommene Gottes- und Welterkenntnis. Ausgangspunkt alles rationalen Denkens über Glaubenssätze bildet der lebendige, erfahrene Glaube, der so nicht die Annahme bestimmter Sätze, sondern die erfahrungsbedingte Erkenntnis meint. Meditation und theologische Spekulation gehören zusammen. Das erklärt sich auch aus den Traditionen, in denen B. verhaftet ist. Entscheidendes Gewicht kommt dabei Augustinus und Franz von Assisi zu; seine Mystik ist u. a. von Hugo von St. Victor und Bernhard von Clairvaux beeinflußt. B. hat seinerseits Einfluß auf Heinrich Seuse, die »devotio moderna«, auf Johann Gerson und Franz von Sales geübt. Im Sinn der franziskanischen Tradition stellt B.s Theologie den letzten großen Versuch vor Thomas von Aquin dar, sich in Augustinus von Aristoteles zu distanzieren.

Hattrup, Dieter: Ekstatik der Geschichte. Die Entwicklung der christologischen Erkenntnistheorie Bonaventuras. Paderborn/München/Wien/Zürich 1993. – Schlosser, Marianne: Cognitio et amor. Zum kognitiven und voluntativen Grund der Gotteserfahrung nach Bonaventura. Paderborn/München/Wien/Zürich 1990.

Sabine Holtz

Bourdieu, Pierre
Geb. 1. 8. 1930 in Denguin

B. hat seine Karriere als Ethnologe und Philosoph begonnen und nicht als Soziologe. Nur langsam emanzipiert sich die Soziologie von ihren wissenschaftlichen Ammen: der Philosophie, der Geschichtswissenschaft, der Pädagogik, der Anthropologie und der Ethnologie – es sei daran erinnert, daß Emile Durkheim 1913 den ersten soziologischen Lehrstuhl erhält und daß erst seit 1958 in Frankreich ein Hochschulabschluß in Soziologie erworben werden kann. B.s Werk spiegelt diese wissenschafts- und institutionengeschichtlichen Zusammenhänge wider.

B. durchläuft zunächst die traditionelle geisteswissenschaftliche Ausbildung: Er absolviert seine Studien an der »École Normale Supérieure«, einer der Kaderschmieden des Landes. B. selbst bezeichnet sie als »nationale Hochschule für die Intelligentsia«, die »solch lupenreine Produkte des französischen Bildungssystems, wie es Philosophen mit einer Herkunft aus der ›École Normale‹ nun einmal darstellen«, hervorbringt. 1954 besteht er dort die Agrégation in Philosophie, arbeitet im folgenden Jahr als Lehrer und Assistenzprofessor, lehrt dann ein Jahr an der Sorbonne und wird 1964 als Professor an die »École Pratique des Hautes Études« berufen. Damit beginnt die Bilderbuchkarriere eines Wissenschaftlers, der als Kultur- und Bildungssoziologe den genannten Institutionen mehr als einmal den Spiegel vorgehalten hat. Seit 1968 ist B. Leiter des »Centre de Sociologie Européenne«, 1982 wird er an das renommierte »Collège de France« berufen und ist Herausgeber der anerkannten Fachzeitschrift *Actes de la Recherche en Sciences Sociales*. Heute gilt B. als einer der wichtigsten Soziologen Frankreichs und als einer der Hauptvertreter des sozialwissenschaftlichen Strukturalismus. Selbst ein »lupenreines« Mitglied der Bildungselite, ist er zugleich ein Kritiker von deren Mechanismen: In *Homo academicus* (1984; dt. 1986) analysiert er die Genese von Macht und Einfluß innerhalb des universitären und akademischen Milieus und zeigt, daß Erwerb und Verteilung des »Kapitals an universitärer Macht« nur bedingt an fachlich-wissenschaftliche Kompetenz gebunden sind. Dem Intellektuellen schreibt er gleichwohl weitreichende gesellschaftskritische Funktionen zu (*Die Intellektuellen und die Macht*, 1991).

B.s intellektuelle Entwicklung wird erst auf dem Hintergrund gegenwärtiger Wissenschaftstrends deutlich. Die französische Soziologie der 50er und 60er Jahre läßt sich zwei Linien zuordnen: einer ersten, die an den Universitäten beheimatet ist, einen laizistisch-kritischen sowie stark theorieorientierten Ansatz vertritt und damit auf die Durkheim-Schule zurückgeht. Hier muß man B. trotz zahlreicher methodologischer und theoretischer Differenzen verwurzelt sehen. Auf der zweiten Linie findet sich der durch die amerikanische Soziologie geprägte empirisch-deskriptive Zweig. Dieser ist weniger stark an die Universität gebunden, stellt Theoriebildung sowie philosophisch-anthropologische Fragestellungen eher zurück, er ist Wirtschaft und Verwaltung zugewandt und hat sich mit dem Methodenarsenal der empirischen Sozialforschung in deren Dienst gestellt. Gegen den reinen Empirismus hat B. sich mehrfach ausgesprochen, so z. B. in *Le Métier de Sociologue* (1968; *Soziologie als Beruf. Wissenschaftstheoretische Voraussetzungen soziologischer Erkenntnis*). Entscheidende Prägung erfährt B. durch den Strukturalismus (*Structuralism and Theory of Sociological Knowledge*, 1968; *Strukturalismus und soziologische Wissenschaftstheorie*), den er als innovatives Paradigma und neue Episteme versteht: Mit diesem wurde, so B., das »relationale Denken in die Sozialwissenschaft eingeführt . . ., das mit dem substantialistischen Denken bricht und dazu führt, jedes Element durch die Beziehungen zu charakterisieren, die es zu anderen Elementen innerhalb eines Systems unterhält und aus denen sich sein Sinn und seine Funktion ergeben« (*Le sens pratique*, 1980; *Sozialer Sinn*). Sprache (*Ce que parler veut dire*, 1982; *Was heißt Sprechen*), Mythos, Religion und Kunst (*Zur Soziologie der symbolischen Formen*, 1970) werden als Symbolsysteme verstanden. Trotz ihres autonomen Status' versteht B. sie als eng mit dem gesellschaftlichen System und dessen Feldern verflochten. Deutlich sieht B. allerdings auch die Grenzen des Strukturalismus: Nicht alle kulturellen Symbole oder Praktiken sind klassifizierbar; logische Modelle werden »falsch oder gefährlich, sobald man sie als reale Grundlagen der Praxis sieht« (*Le Sens pratique*. Vgl. *Esquisse d'une théorie de la pratique*, 1972; *Entwurf einer Theorie der Praxis*).

Im Werk B.s lassen sich folgende Schwerpunkte erkennen: Er beginnt mit einer Reihe von Arbeiten über Algerien (*Sociologie de l'Algérie*, 1958; *Travail et travailleurs en Algérie*, 1969; *Le déracinement*, 1964; *L'Algérie 1960*, 1970; *La maison kabyle ou le monde renversé*, 1970 – *Das Haus oder die verkehrte Welt*. In: *Sozialer Sinn*), in denen sich die Nähe von Ethnologie und Soziologie zeigt. Sein Engagement für Algerien und für ein differenziertes, von ethnozentristischer Voreingenommenheit freies Verständnis des algerischen Befreiungskriegs findet in der letzten Zeit seine Fortsetzung: Er wiederholt seine Forderung nach einer »Internationale des Intellectuels« im aktuellen politischen Kontext der Unterstützung des Kampfs algerischer Kulturschaffender gegen militante islamistische Fundamentalismen. Der zweite Schwerpunkt ist die kritische Analyse des französischen Bildungssystems, der dritte liegt in einer Reihe von Arbeiten zur Soziologie von Kunst, Literatur und Ästhetik und der vierte Schwerpunkt besteht in dem Versuch, das antagonistische Verständnis von Theorie und Praxis aufzuheben.

Ausgehend von der Untersuchung von Verwandtschaftsverhältnissen in den frühen Studien zur kabylischen Gesellschaft vertieft B. seine Erkenntnis, daß Kampf und Auseinandersetzung um angemessene Positionen und Funktionen die zentralen Mechanismen gesellschaftlicher Systeme sind; in den Industriegesellschaften wird dieser Kampf zwischen sozialen bzw. Berufsgruppen ausgefochten. Damit ist die Brücke von der Ethnologie zur Soziologie geschlagen; B. wendet sich nun verstärkt den Einrichtungen zu, die in der französischen Gesellschaft die entscheidende Rolle im Verteilungskampf spielen: den Bildungsinstitutionen. Er entwickelt, ausgehend von einer stark revidierten, handlungstheoretisch orientierten Kapitalanalyse, seine Theorie vom symbolischen und kulturellen Kapital. Bei Angehörigen sozialer Gruppen erkennt er eine Strategie, die »darin besteht, das Kapital an Ehre und Prestige zu akkumulieren«, wobei dieser Kampf jedoch nie offen ausgetragen wird (vgl. *Entwurf einer Theorie der Praxis*). Damit sind »alle Handlungen, und selbst noch jene, die sich als interesselose und zweckfreie, als von der Ökonomie befreite verstehen, als ökonomische, auf die Maximierung ausgerichtete Handlungen zu begreifen.« Er legt, z. T. gemeinsam mit Jean C. Passeron, Untersuchungen über das französische Bildungssystem vor (*Les héritiers*, 1964; *Die Erben*); er zeigt, daß und wie in dieser Institution soziale Unterschiede eingeschliffen und internalisiert werden, so z. B. durch sprachliche Codes. Ihre Verletzung oder Unterwanderung durch illegitime Erben wird von den »rechtmäßigen« durch Schmälerung oder Verlust des symbolischen Kapitals geahndet. Das Bildungssystem wird somit als Organ der symbolischen Gewaltausübung verstanden; Chancengleichheit wird als Illusion entlarvt und damit der Bildungsoptimismus jener Zeit gedämpft (*La Réproduction*, 1970; *Die Illusion der Chancengleichheit*). Die härtesten Kämpfe finden, so B., nicht zwischen Mittel- und Oberschicht, sondern innerhalb dieser statt. Weiter ausgeführt werden diese Fragestellungen in *La distinction. Critique sociale du jugement* (1979; *Die feinen Unterschiede*), dessen Untertitel »Gesellschaftliche Kritik des Geschmacksurteils« bereits kritisch auf die Kantische und alle philosophische Ästhetik Bezug nimmt. B. versucht nachzuweisen, daß es kein absolutes ästhetisches Empfinden ist, das ein Urteil über ein Kunstwerk prägt, sondern daß dieses durch Gruppenzugehörigkeit und Erziehung bestimmt wird. Nichts, so B., dokumentiere unfehlbarer die eigene Klassenzugehörigkeit als der musikalische Geschmack. In bezug auf andere kulturelle Erscheinungen wie Malerei, Fotografie, Mode, Wohnstil – »kulturell« wird hier im ethnologischen Sinn verstanden – stellt er fest, daß kulturelle Bedürfnisse und entsprechend deren Spielfelder ebenso von der Sozialisation abhängen wie die Raster, mit denen sie wahrgenommen werden, wie die Sprache und die Begrifflichkeit, mit denen über sie gesprochen, und die Werturteile, die über sie gefällt werden.

Wichtige Begriffe in B.s Theorie stellen schließlich »Feld« und »Habitus« dar. In der Gesamtgesellschaft können, so B., verschiedene Felder (»champs«) unterschieden werden, so z. B. das intellektuelle Feld – und als dessen Teilsystem das literarische Feld –, das philosophische und das wissenschaftliche, das religiöse, das ökonomische und das politische, wobei »Feld« Kräftefeld, Kampf- und Spielfeld bedeuten kann (*Le champ scientifique*, 1976; *Questions de sociologie*, 1980; *Les Sciences sociales et la philosophie*, 1983). Jedes Feld gehorcht trotz aller Autonomie und Verschiedenheit der Interessen jedoch invariablen Gesetzen. Innerhalb eines jeden Feldes wird die Auseinandersetzung zwischen den jeweils repräsentativen Institutionen und den Beteiligten ausgetragen, wobei es stets um die Akkumulation der vielfältigen Formen des Kapitals, vor allem aber des symbolischen geht. Die Elemente, die ein Feld bestimmen, schaffen ein bestimmtes Ordnungsgefüge, stellen somit nicht allein ein »additives Gebilde« dar, sondern sind einem magnetischen Feld, einem System von Kraftlinien vergleichbar. Zwischen den Institutionen und den Beteiligten, aber v. a. zwischen den Beteiligten untereinander, läuft der Kampf um Aufrechterhaltung einer Lehre, Meinung, der Orthodoxie, bzw. der Entwicklung anderer, neuer, heterodoxer oder subversiver Vorstellungen, »Wahrheiten«. Beispielhaft hat B. diesen Mechanismus an Heideggers Destruktion des herrschenden akademischen Neukantianismus und der Parteinahme für eine neue »Ursprünglichkeit«, eine Metaphysik der Provinz gezeigt (*L'ontologie politique de Martin Heidegger*, 1975; *Die politische Ontologie Martin Heideggers*). Interessant ist die Feldtheorie beispielsweise auch für die

Literaturwissenschaft (*Les règles de l'art. Genèse et structure du champ littéraire*, 1992), in der sich, von B. ausgehend, eine neue literatursoziologische Schule gebildet hat. Der Begriff des Habitus stellt eine Vermittlungsinstanz zwischen »Struktur und Praxis«, zwischen Individuum und Kollektivität des jeweiligen Zeitalters, somit ein System unbewußter, verinnerlichter Muster dar *(Zur Soziologie der symbolischen Formen)*. B.s Arbeiten weisen trotz methodischer und thematischer Vielfalt ein gemeinsames Merkmal auf: sie basieren auf einem weiten anthropologischen Konzept, sehen Empirie und Theorie als nicht voneinander trennbare Bereiche und münden in wissenschaftstheoretische, epistemologische Reflexion. In den letzten Publikationen (*Réponses. Pour une anthropologie réflexive*, 1992; *Raisons pratiques*, 1994) rückt die anthropologische Dimension in den Vordergrund; über die Auseinandersetzung mit dem Problem des Subjekts im Strukturalismus unternimmt B. den Versuch einer anthropologischen Theorie.

Gebauer, Gunter/Wulf, Christian (Hg.): Praxis und Ästhetik. Neue Perspektiven im Denken Pierre Bourdieus. Frankfurt am Main 1993. – Harker, Richard/Mahar, Cheleen/Wilkes, Chris (eds.): An Introduction to the Work of Pierre Bourdieu. The Practice of Theory. New York 1990. – Honneth, Axel: Die zerrissene Welt der symbolischen Formen. Zum kultursoziologischen Werk Pierre Bourdieus. In: Kölner Zeitschrift für Soziologie und Sozialpsychologie. Jg. 36, 1984, S. 147–164. – Pollak, Michael: Gesellschaft und Soziologie in Frankreich. Tradition und Wandel in der neueren französischen Soziologie. Meisenheim 1978.

Elisabeth Arend

Brentano, Franz
Geb. 16. 1. 1838 in Marienberg (Rhein-Lahn-Kreis); gest. 17. 3. 1917 in Zürich

B. versuchte auf der Grundlage von subtilen Deskriptionen die Philosophie als strenge Wissenschaft zu reformieren. Charakteristisch für seine an Aristoteles orientierte Philosophie ist die Behandlung von Bewußtseinsphänomenen (»deskriptive Psychologie«, auch »Phänomenologie«) und der Versuch, eine von überflüssigen Entitäten freie Ontologie zu entwickeln. Er wurde zum Begründer einer Richtung der Philosophie, die gelegentlich als »österreichische Philosophie« bezeichnet wird (Rudolf Haller).
B. gehört zur Folgegeneration der großen romantischen Dynastie. Clemens B. ist sein Patenonkel, Bettina von Arnim seine leibliche Tante, Achim von Arnim und Friedrich Carl von Savigny seine angeheirateten Onkel. Sein Vater Christian gehörte zu dem Kreis um Bischof Sailer und war wie sein Bruder Clemens einer der Hauptvertreter der katholischen Erweckungsbewegung. Seine Erziehung und Ausbildung erhielt B. in einer streng katholischen Atmosphäre in Aschaffenburg, später studierte er am dortigen Lyzeum sowie in München, Würzburg, Berlin, Münster und Mainz Philosophie. Sehr früh befaßte er sich mit Aristoteles und studierte ein Semester bei dem bedeutenden Aristotelesforscher Adolf Trendelenburg in Berlin. Bereits nach einem Semester

wechselte er jedoch nach Münster, um bei Franz Jakob Clemens, dem philosophischen Hauptvertreter des Neuthomismus in Deutschland, über Francisco Suárez zu promovieren. Nach dem Tod von Clemens reichte B. seine Dissertation *Von der mannigfachen Bedeutung des Seienden nach Aristoteles* 1862 in Tübingen ein, wo er ›in absentia‹ promovierte. In dieser Schrift unternimmt B. den Versuch, die aristotelische Kategorientafel (Substanz, Qualität, Quantität, Bewirken, Erleiden, Ort, Zeit, Relation) abzuleiten und ihre Vollständigkeit zu erweisen. Dabei wendet er sich gegen den von Trendelenburg unternommenen Versuch, die Kategorien aus der Eigentümlichkeit der griechischen Grammatik abzuleiten und vertritt unter Rückgriff auf Thomas von Aquin einen konsequent ontologischen Ansatz.

Ohne das Ergebnis seines Promotionsverfahrens abzuwarten, trat B. in das Grazer Dominikanerkloster ein, entschloß sich jedoch nach wenigen Monaten, Weltpriester zu werden – er wurde 1864 zum Priester geweiht – und in Philosophie zu habilitieren, was ihm 1867 in Würzburg mit der Schrift *Die Psychologie des Aristoteles insbesondere seine Lehre vom nous poietikos* gelang. Diese Schrift steht im Zusammenhang mit seinem Versuch einer Neubegründung der katholischen Wissenschaft, die in der Philosophie des Aristoteles ihr Fundament haben soll. Eduard Zeller, einer der Hauptvertreter der jüngeren evangelischen Tübinger Schule, hatte allerdings in seiner einflußreichen *Philosophie der Griechen in ihrer geschichtlichen Entwicklung* zu zeigen versucht, daß Aristoteles in sich widersprüchlich und insbesondere seine Lehre vom ›nous poietikos‹ unhaltbar sei. B. setzt sich mit den einzelnen Einwänden auseinander und kommt in seiner an Thomas orientierten Interpretation nicht nur zu dem Ergebnis, daß Aristoteles in sich stimmig sei, sondern auch, daß Aristoteles die Unsterblichkeit der menschlichen Seele angenommen habe.

Unter dem Einfluß der Lektüre des Positivisten Auguste Comte beginnt B. Ende der 60er Jahre, an einigen metaphysischen Konzepten des Aristoteles zu zweifeln, insbesondere die Akt-Potenz-Lehre scheint ihm nicht haltbar (*A. Comte und die positive Philosophie,* 1869). Seine Arbeiten zur theoretischen Philosophie lassen sich als Versuch begreifen, die aristotelische Ontologie und Erkenntnistheorie so zu transformieren, daß sie den zeitgenössischen wissenschaftstheoretischen Ansprüchen genügen können, wie sie von Comte und John Stuart Mill formuliert worden sind.

Zu seinen Würzburgern Schülern gehören Carl Stumpf, Anton Marty, Herman Schell sowie sein Neffe Georg Hertling, der spätere bayerische Ministerpräsident und Reichskanzler. In seiner Würzburger Zeit wurde B. als ultramontaner Philosoph gesehen und vom Leiter der philosophischen Fakultät, dem Baader-Schüler Franz Hoffmann, gedrängt, nur Vorlesungen zur Geschichte der Philosophie zu halten. Gleichwohl hielt B. Vorlesungen zur Metaphysik, was ihn in Konflikt mit seiner Fakultät brachte, die eine Professur für ihn nur mit Vorbehalten unterstützte. Im Vorfeld des 1. Vatikanischen Konzils hatte B. sich in einem Gutachten, das vom Mainzer Bischof Ketteler auf der Fuldaer Bischofskonferenz vorgetragen worden war, gegen die Verkündung des Unfehlbarkeitsdogmas ausgesprochen. Nachdem sich das Konzil jedoch anders entschieden hatte, legte B. sein Priesteramt nieder und nahm 1874 einen Ruf nach Wien an. 1880 ging er eine Zivilehe ein. Da das österreichische Zivilrecht nicht im Widerspruch zum Kirchenrecht stehen sollte, dieses aber einem Priester, auch wenn er die Kirche verlassen hatte, gebot, zölibatär zu leben, verlor er seine Professur in Philosophie. Er lehrte jedoch bis 1895 als Privatdozent in Wien. Zu seinen Wiener Studenten gehören u. a. Edmund Husserl, Kasimir Twardowski, Alexius Meinong, Christian von Ehrenfels, Sigmund Freud, und Rudolf Steiner. 1895 verließ er Österreich, um sich in Florenz niederzulassen, mußte aber während des Ersten Weltkriegs Italien verlassen, weshalb er nach Zürich zog. Bis zu seinem Tode hat er sich mit Aristoteles auseinandergesetzt (*Aristoteles und seine Weltanschauung*, 1911; *Über Aristoteles*, 1986) und eine Kategorienlehre aufzustellen versucht (*Kategorienlehre*, 1933; *Die Abkehr vom Nichtrealen*, 1966), die die Unsterblichkeit der menschlichen Seele und die Existenz Gottes (*Vom Dasein Gottes*, 1929) beweisen soll. B. ist ferner Verfasser poetischer Rätsel (*Änigmatias*, 1879) sowie Übersetzer des *Sonnengesangs* von Franz von Assisi.

Bereits in seinen Würzburger Metaphysikvorlesungen von 1867 bis 1872 hatte B. erkenntnistheoretische Fragestellungen behandelt. Im ersten Teil, der »Transzendentale Philosophie oder Apologetik des Vernunftwissens« überschrieben ist, versucht er die Unhaltbarkeit des Skeptizismus zu erweisen. Es gebe eine feste Grundlage für das Erkennen, die in der Evidenz der inneren Wahrnehmung bestehe. Was mir evident ist, so B., ist für alle und für alle Zeiten evident. Grunddisziplin der Metaphysik wird die deskriptive Psychologie, die die Elemente des Bewußtseins und ihre möglichen Verbindungsweisen zu erforschen hat. B. meint, Gesetzmäßigkeiten erfassen zu können, die sowohl die innere wie die äußere Natur betreffen. Sie werden im zweiten Teil seiner Metaphysikvorlesung behandelt, die den Titel »Ontologie« trägt. B. führt darin nicht verschiedene Entitäten ein, sondern diskutiert die verschiedenen Arten von Teilen, die sich bei einem Ding (res) unterscheiden lassen (»Reismus«).

Der Gedanke einer ›philosophia perennis‹, also einer allgemeinen, überhistorischen Grundlegung der Philosophie, führt B. auch zu einer Philosophie der Geschichte der Philosophie (*Die vier Phasen der Philosophie und ihr augenblicklicher Stand*, 1895). Danach ist die Geschichte der Philosophie eine Geschichte des Verfalls, wobei er vier Phasen unterscheidet. Die erste Phase ist die aufsteigende der Wissenschaft, deren Gesetzmäßigkeit Comte beschrieben hat; in der zweiten, der ersten Verfallsphase, wendet man sich praktischen Zielen zu und gibt die Idee einer strengen Wissenschaft preis. Dies führt in der zweiten Verfallsphase zum Skeptizismus. Schließlich wird in der dritten Verfallsphase der Versuch unternommen, die Philosophie mit unwissenschaftlichen Mitteln (Mystik, Spekulation) neu zu begründen. Dieser Zyklus hat sich nach B. bisher dreimal wiederholt, wobei die wissenschaftlichen Phasen durch Aristoteles, Thomas von Aquin sowie Locke und Leibniz repräsentiert sind.

Als B.s Hauptwerk muß seine *Psychologie vom empirischen Standpunkt* (1874) angesehen werden. Obwohl B. dort erklärt, daß es ihm um eine Grundlegung der Psychologie als Wissenschaft gehe, und eine Bestimmung als Wissenschaft von der Seele als zu metaphysisch ablehnt, ist sie als Teil seines metaphysischen Programms zu sehen. Denn sie enthält seine Theorie der Evidenz und der inneren Wahrnehmung, die die erkenntnistheoretischen Grundlagen seiner Metaphysik bilden. Comte hatte behauptet, daß die Wissenschaften es nicht mit den metaphysischen Dingen an sich zu tun haben, sondern mit Phänomenen, zwischen denen sie die bestehenden

Relationen zu bestimmen suchen. Er lehnt die Metaphysik ab, und behauptet, da eine innere Beobachtung unmöglich sei, könne die Psychologie keine autonome Wissenschaft sein. B. stimmt der ersten Behauptung zu, und bestimmt entsprechend die Psychologie als Wissenschaft von den psychischen Phänomenen. Die übrigen beiden Behauptungen lehnt er jedoch ab. Zwar habe Comte recht, daß wir unsere psychischen Phänomene nicht beobachten können – beobachten können wir nur Dinge –, er versucht jedoch zu zeigen, daß sie innerlich wahrnehmbar sind. Unter ›innerer Wahrnehmung‹ versteht B. dabei die Eigentümlichkeit des Bewußtseins nicht nur auf ›Objekte‹, etwa einer sinnlichen Qualität, gerichtet zu sein – dies ist das Kriterium der intentionalen Inexistenz –, sondern immer auch »nebenbei« auf sich selbst, etwa dem psychischen Phänomen des Vorstellens einer sinnlichen Qualität. Die psychischen Phänomene haben demnach eine Art Transparenz, die eine Psychologie ermöglicht, die keinen zusätzlichen Akt einer inneren Beobachtung benötigt. Die verschiedenen Bestimmungen der psychischen Phänomene, daß sie »intentional inexistent« seien, daß sie so existieren, wie sie erscheinen, also nicht bloß phänomenal sind, wie dies bei den physischen Phänomenen der Fall ist, und daß es eine Einheit des Bewußtseins gibt, sind alle auf die These bezogen, daß psychische Phänomene innerlich wahrnehmbar sind.

Nach B. gibt es drei Klassen psychischer Phänomene: Vorstellungen, die allen psychischen Phänomenen zugrunde liegen, Urteile sowie Akte der Gemütsbewegung (Wille, Gefühle). Urteile versteht B. dabei nicht als prädikative Akte, sondern als Akte des Bejahens bzw. Verneinens eines Vorstellungsinhalts. Auf der Grundlage dieser Bestimmung versucht B. eine Neukonzeption der Logik. Die Akte der Gemütsbewegung werden in Analogie zu den Urteilsakten konzipiert; sie sind entweder ›bejahend‹ (Liebe) oder ›verneinend‹ (Haß) und sie sind richtig oder unrichtig. So ist die Liebe richtig, wenn sie einem Gegenstand gilt, der es wert ist, geliebt zu werden. Dies ermöglicht B., die Ethik in Analogie zur Logik zu konzipieren (*Vom Ursprung sittlicher Erkenntnis*, 1889).

Die Bedeutung B.s wurde lange Zeit vor allem darin gesehen, daß er den Intentionsbegriff in die moderne Philosophie wiedereingeführt hat und so eine wichtige Rolle in der Geschichte der phänomenologischen Bewegung einnimmt. In der Tat hat Husserl, der unter dem Einfluß B.s sich für die Philosophie als »Lebensberuf« entschied, seine Phänomenologie in ständiger Auseinandersetzung mit B. entwickelt. Der Jesuitenschüler Heidegger berichtet, daß B.s Dissertation seit 1907 »Stab und Stecken meiner ersten unbeholfenen Versuche in die Philosophie einzudringen« war. Noch wichtiger jedoch ist, daß B. in einer Zeit, in der die Philosophie durch die Erfolge der Naturwissenschaften in die Enge getrieben war, und lediglich eine lebensphilosophische Strömung (Schopenhauer, Nietzsche) für bestimmte Kreise attraktiv erschien, neue wissenschaftliche Horizonte eröffnete. Der Hegelianismus war überlebt, der Neukantianismus hatte die Philosophie ausgedünnt und der Historismus in der Philosophie bedeutete die Preisgabe systematischer Ziele. Bemerkenswert ist, daß sich der B.sche Ansatz auch noch in der Generation der Enkelschüler, die von den theologischen Intentionen B.s kaum berührt wurden, als fruchtbar erwies. Hier sind die polnischen Logiker Tadeusz Kotarbinski, Stanislaw Lesniewski und Kasimirz Ajdukiewicz zu nennen, die Schüler

Twardowskis waren. Sie entwickelten eine mereologische (von griech. *meros*, Teil) Logik und Ontologie, wobei sie auch an Husserls *Logische Untersuchungen* anknüpfen konnten. Die verschiedenen Strömungen der Gestaltpsychologie sind ebenfalls aus der B.-Schule hervorgegangen. So waren die Berliner Gestaltpsychologen Wolfgang Köhler, Kurt Koffka, Kurt Lewin Assistenten bei Carl Stumpf, der selbst ein bedeutender Tonpsychologe war. Die Grazer Schule entwickelte sich um das von Meinong begründete psychologische Labor. Auch die Denkpsychologie, die zuerst von der Würzburger Schule (Oswald Külpe, Karl Bühler, August Messer) betrieben wurde, steht in der Tradition von B. und Husserl. B.s Überlegungen zur Ethik wurden sowohl vom Neukantianismus und von Max Scheler in seiner Konzeption einer materialen Wertethik aufgegriffen, wie von George Edward Moore.

In den letzten Jahren hat sich im Zuge der kognitiven Wende das Interesse an B. verstärkt. So hat sich in der angelsächsischen Philosophie, in der B. durch Roderick Chisholm in die aktuelle Diskussion eingeführt wurde, der Ausdruck ›B.'s problem‹ für das Problem, ob psychische Phänomene auf physikalische Vorkommnisse reduzierbar sind, eingebürgert. Auch in den ehemaligen k. u. k. Staaten Mittelosteuropas wendet man sich nach den politischen und gesellschaftlichen Veränderungen B. zu, da im Ausgang des vorigen Jahrhunderts etwa in Polen (Twardowski), Tschechien (Tomáš Masaryk), Slowenien (Franz Weber/Veber) sich unter seinem Einfluß eine eigene Philosophietradition ausbildete. B. gehört so zur Philosophiegeschichte dieser Länder, was das Interesse an ihm geweckt hat, zumal eine Verbindung mit aktuellen kognitionswissenschaftlichen Strömungen möglich ist.

Münch, Dieter: Psychologie und Metaphysik. Historisch-systematische Untersuchungen zum Frühwerk Franz Brentanos. Frankfurt am Main 1996. – Münch, Dieter: Intention und Zeichen. Untersuchungen zu Franz Brentano und dem Frühwerk Edmund Husserls. Frankfurt am Main 1993. – Werle, Franz: Franz Brentano und die Zukunft der Philosophie. Amsterdam 1989. – Brentano Studien. Internationales Jahrbuch der Franz Brentano Forschung. Hg. v. Wilhelm Baumgartner et al. – Chisholm, Roderick/Haller, Rudolf (Hg.): Die Philosophie Franz Brentanos. Amsterdam 1978.

Dieter Münch

Bruno, Filippo (Giordano)
Geb. 1548 in Nola (bei Neapel); gest. 17. 2. 1600 in Rom

»Am Donnerstagmorgen wurde auf dem Campo dei fiori jener verbrecherische Dominikanermönch aus Nola lebendig verbrannt: ein sehr hartnäckiger Ketzer, der nach seiner Laune verschiedene Dogmen gegen unseren Glauben ersonnen hatte, und zwar insbesondere gegen die heilige Jungfrau und die Heiligen. Dieser Bösewicht wollte in seiner Verstocktheit dafür sterben, und er sagte, er sterbe als Märtyrer und sterbe gern und seine Seele werde aus den Flammen zum Paradies emporschweben. Aber jetzt wird er ja erfahren, ob er die Wahrheit gesagt hat!« Am selben Platz, an dem nach der Nachricht der *Avvisi di Roma*, einer

zeitgenössischen römischen Zeitung, B. am 17. 2. 1600 als Ketzer verbrannt worden
war, wurde ihm 1889 als Helden der Geistesfreiheit ein Denkmal errichtet. Zwischen diesen beiden Polen – rücksichtsloser Verfolgung und begeisterter Bewunderung – bewegte sich das unstete Leben des italienischen Naturphilosophen.

Nach den humanistischen Grundstudien in Neapel trat B. 1565 in das dortige
Dominikanerkloster ein und erhielt den Klosternamen Giordano. Trotz früh auf-
kommender Zweifel am Heiligenkult und dem christlichen, personalen Gottesverständnis wurde er 1572 zum Priester geweiht und begann das Theologiestudium
in Neapel. Er lernte in dieser Zeit das Werk des Kopernikus kennen. Schon 1576
folgte der Bruch B.s mit Orden und Kirche. Den Anlaß bildete die Anklage als
Ketzer durch den Prokurator des Ordens in Neapel. B. reagierte auf die in 130
Punkten zusammengefaßten Vorwürfe schnell. Er legte sein Ordenskleid ab, verließ
Italien und begann ein unstetes Wanderleben, von dem er bis zu seiner Verhaftung
durch die Inquisition (1592) nicht mehr loskommen sollte. Die Flucht durch
zahlreiche norditalienische Städte brachte ihn 1578 nach Genf. Auseinandersetzungen um eine von ihm verfaßte Streitschrift gegen einen dortigen Professor zwangen
ihn 1579 zur erneuten Flucht. An der Universität Toulouse erhielt er einen Lehrstuhl
für Philosophie, las dort zur Psychologie des Aristoteles und zur Lullischen Gedächt-
niskunst (bei der es sich um den Versuch einer allgemeinen Schematisierung des
Wissens in einfachen Begriffen und Sätzen handelt, die nach dem Plan des katalani-
schen Philosophen Raimundus Lullus zu ordnen waren). B. erwarb sich in dieser
Zeit die Gunst von Frankreichs König Heinrich III., der ihm 1582 eine Dozentenstelle am Collège de Cambrai in Paris verschaffte. B. widmete ihm im gleichen Jahr
die Schrift *De umbris idearum* (*Von den Schatten der Ideen*), eine mnemotechnische
Schrift, die zur Stärkung des Gedächtnisses anleiten sollte. 1583 zog er mit einer
französischen Gesandtschaft nach England und blieb bis 1585 in London. Neben
einer Disputation in Oxford und mehreren Vorträgen entstanden in diesen Jahren
seine Hauptwerke: die metaphysische Zentralschrift *Della causa, principio et uno*
(1584; *Von der Ursache, dem Prinzip und dem Einen*), das ebenfalls in Dialogform
abgefaßte Werk *De l'infinito, universo e mondi* (1584; *Zwiegespräche vom unendlichen All
und den Welten*) und die erkenntnistheoretische Schrift *Degli eorici furori* (1585;
Heroische Leidenschaften).

Die Impulse für diese Werke sind in zahlreichen Quellen zu suchen. B. rezipierte
Nikolaus von Kues und Kopernikus. Er übernahm die neuplatonische Auffassung
von der Welt als unendlichem Universum (an dessen Ewigkeit alle Einzeldinge
teilhaben) ebenso wie die stoische Naturlehre mit dem Gedanken von der alles
belebenden Weltseele. Ihr widmete B. den zweiten Dialog der Schrift *Von der
Ursache, dem Prinzip und dem Einen*. Nach B. erfüllt die Weltseele das All durch ihr
oberstes Vermögen, die allgemeine Vernunft. Die universelle Vernunft ist die Ursache
aller Dinge in der Natur. Ihr Prinzip ist die Weltseele. Folglich sind alle Teile der
Welt und des Alls beseelt. Hier liegen die Wurzeln für den B. zugeschriebenen
Pantheismus. Gott ist hingegen für B. übersubstantiell, dem Denken des Philosophen entzogen. Weitere Denkhorizonte riß B. in der Auseinandersetzung mit den
Thesen von Kopernikus auf; er lehnte Kopernikus' Auffassung ab, die Fixsternsphäre
stelle die Begrenzung des Alls dar, und formulierte die These von der Unendlichkeit

des Alls und der Vielzahl der Sonnenwelten, die dem menschlichen, empirischen Erkennen verborgen seien. Indem B. seine Gedanken aus metaphysischen und vom Absoluten ausgehenden Axiomen ableitete, trat er in schroffen Gegensatz zu seinem Zeitgenossen Galilei, der, vom aristotelischen Realismus herkommend, die empirische Evidenz als Begründung für die physikalische Erfahrungswelt postulierte. Den Konflikt zwischen spekulativem und empirischem Argumentieren entschied Galilei für sich. Im September 1591 bewarben sich die beiden Gegenspieler um einen Lehrstuhl für Mathematik an der Universität Padua; Galilei erhielt den Vorzug.

Davor lagen weitere Stationen in B.s Wanderleben. Konflikte mit seinen Gastgebern hatten ihn 1585 gezwungen, aus England nach Paris zurückzukehren. Eine dort von ihm am Collège de Cambrai initiierte Disputation, die scharf antiaristotelisch ausgerichtet war, führte zum akademischen Skandal und zwang B. zum Verlassen der französischen Hauptstadt. Er hielt Vorlesungen an den Universitäten Wittenberg (1586–1588) und Helmstedt (1588–1590). 1590 veröffentlichte er in Frankfurt am Main drei lateinische Lehrgedichte. Im folgenden Jahr erreichte ihn die Einladung des venezianischen Adligen Giovanni Mocenigo. Die Motive für die Annahme der Einladung und die sofortige Abreise nach Venedig sind ungeklärt. Ob B. seine Gefährdung durch die Inquisition in Venedig unterschätzte oder ob er eine Aussöhnung mit der Kirche suchte, kann nicht entschieden werden.

Schon am 22. Mai 1592 erfolgte seine Gefangennahme, nachdem er von Mocenigo denunziert und von der Flucht abgehalten worden war. In den Untersuchungen und Verhören, die nach seiner Auslieferung nach Rom im Februar 1593 in der Engelsburg stattfanden, spielte die Auseinandersetzung mit dem kopernikanischen Weltbild eine untergeordnete Rolle. Die Ablehnung der Trinität und eines personalen Gottes waren die Hauptanklagepunkte. In dem sich hinziehenden Prozeß weigerte sich B., von den ihm vorgeworfenen Punkten abzugehen. Am 8. Februar 1600 wurde das Ketzerurteil, der Tod durch das Feuer, gegen ihn ausgesprochen. Berühmt sind seine letzten Worte bei der Verkündigung des Urteils: »Mit größerer Furcht verkündigt ihr vielleicht das Urteil gegen mich, als ich es entgegennehme« – die letzten Worte eines Mannes, der eigentümlich an der Schwelle zur Neuzeit steht. Ganz im Geist der Renaissance war er ein scharfer Gegner eines naturwissenschaftlichen, mechanistischen Weltbildes, das in den Jahrhunderten nach Galilei seinen Siegeszug antreten sollte.

Drewermann, Eugen: Giordano Bruno: oder der Spiegel des Unendlichen. München 1992. – Kristeller, Paul Oskar: Acht Philosophen der italienischen Renaissance. Weinheim 1986. – Kirchhoff, Jochen: Giordano Bruno. Reinbek 1980.

Wolfgang Zimmermann

Buber, Martin
Geb. 8. 2. 1878 in Wien; gest. 13. 6. 1965 in Jerusalem

Ob B. überhaupt als Philosoph zu bezeichnen ist, muß zumindest in Frage gestellt werden. Er selbst sagt 1963 im Rückblick auf Leben und Werk:»Soweit meine Selbsterkenntnis reicht, möchte ich mich einen atypischen Menschen nennen... Seit ich zu einem Leben aus eigener Erfahrung gereift bin – ein Prozeß, der kurz vor dem Ersten Weltkrieg begann und bald nach ihm vollendet war – habe ich unter der Pflicht gestanden, den Zusammenhang der damals gemachten Erfahrungen ins menschliche Denkgut einzufügen... Da ich aber keine Botschaft empfangen habe, die solcherweise weiterzugeben wäre, sondern nur eben Erfahrungen gemacht und Einsichten gewonnen habe, mußte meine Mitteilung eine philosophische sein.« Schon in diesen Worten deutet sich an, wie gespalten das Verhältnis B.s zur Philosophie letztlich geblieben ist, konnte er doch auch erklären:»Ich habe keine Lehre, aber ich führe ein Gespräch.«

B., in Wien geboren, erfährt entscheidende Kindheitseindrücke im galizischen Lemberg, wo der Großvater Salomo B. als Bankier und Großgrundbesitzer, vor allem aber als führender Vertreter der jüdischen Aufklärung (Haskala) und hervorragender Erforscher der jüdischen Literaturgeschichte wirkte. Hier werden bereits erste Grundlagen für seine umfassende Kenntnis der weitverzweigten jüdischen Tradition gelegt, hier in Galizien begegnet der Knabe auch noch dem letzten Abglanz des Chassidismus, jener volkstümlichsten Erweckungsbewegung im Judentum, die im 18. Jahrhundert in Podolien entstand und in weiten Kreisen des osteuropäischen Judentums zur vorherrschenden Form der Frömmigkeit wurde. Über der Lektüre des Testaments des Rabbi Israel ben Elieser, des Stifters des Chassidismus, gelangt B. zu jener grundlegenden Erfahrung, aus der heraus die Vielfalt seines Denkens und Wirkens zu erklären ist:»Da war es, daß ich, im Nu überwältigt, die chassidische Seele erfuhr. Urjüdisches ging mir auf, im Dunkel des Exils zu neubewußter Äußerung aufgeblüht: die Gottesebenbildlichkeit des Menschen als Tat, als Werden, als Aufgabe gefaßt. Und dieses Urjüdische war ein Urmenschliches, der Gehalt menschlichster Religiosität... Ich erkannte die Idee des vollkommen Menschen. Und ich wurde des Berufs inne, sie der Welt zu verkünden.« B. studierte in Wien, Leipzig und Zürich und wurde 1904 mit einer Dissertation zur Geschichte des Individuationsproblems promoviert. Von Anfang an war B. an der von Theodor Herzl begründeten zionistischen Bewegung maßgeblich beteiligt gewesen. Als Mitbegründer des Jüdischen Verlags (1902) trug B., der sich bereits seit dem 5. Zionistenkongreß in Basel 1901 kritisch mit dem Zionismus Herzlscher Prägung auseinandergesetzt hatte, Entscheidendes dazu bei, daß die zionistische Idee mit Herzls Tod (1904) nicht verebbte, sondern im deutschen Sprachraum nach 1910 zum führenden Moment der jüdischen Renaissance werden konnte. Deutlich grenzten sich B. und seine Freunde gegen einen nur politischnationalen Zionismus, wie ihn Herzl formuliert hatte, ab:»Das nationale Bekenntnis

allein verwandelt den jüdischen Menschen nicht; er kann mit ihm ebenso seelen-
arm, wenn auch nicht ebenso haltlos sein wie ohne es.« Der »geistige Zionismus«,
wie B. ihn wollte, ließ »die Befreiung, die die national-jüdische Bewegung meint, an
das große Symbol der Erlösung« grenzen. Mit seiner Trennung von der zionistischen
Bewegung (1904) beginnt die Epoche der endgültigen Selbstfindung im Leben B. s.
Die »Idee des vollkommenen Menschen«, die »der Welt zu verkünden« er als seinen
»Beruf« begreift, ist letztlich religiöser Art. Wer von »Verkündigung« und »Erlösung«
spricht, redet als ein im Innersten Überwältigter, als ein »homo religiosus«, wobei es
dann fast gleichgültig wird, in welches denkerische und sprachliche Gewand die
»Botschaft« jeweils gekleidet werden mag.

B. wandte sich zunächst intensiv der Erforschung des Chassidismus zu, dessen
weitverstreute literarische Überlieferung außerhalb des Judentums praktisch unbekannt geblieben war. Die Ergebnisse seiner Studien sollten für das Verständnis der
osteuropäisch-jüdischen Frömmigkeit bahnbrechend wirken, obwohl B. in bezeich-
nender Manier die Regeln wissenschaftlicher Publizistik vernachlässigte, indem er in
sprachmächtigen Nachdichtungen vor allem die Legenden der großen chassidischen
Rebben (Zaddikim) vorlegte. Bei aller Gelehrsamkeit ging es B. nicht um eine
historische Rückschau, sondern um die Ausrichtung der *Chassidischen Botschaft*
(hebr. 1945, dt. 1952), die er bereits 1927 in der Anthologie *Die chassidischen Bücher*
zusammengefaßt hatte (vgl. auch *Die Erzählungen der Chassidim*, 1949): »Gott in aller
Konkretheit als Sprecher, die Schöpfung als Sprache: Anruf ins Nichts und Antwort
als Sprecher, die Schöpfung als Sprache: Anruf ins Nichts und Antwort der Dinge
durch ihr Entstehn, die Schöpfungssprache dauernd im Leben aller Kreaturen, das
Leben jedes Geschöpfs als Zwiegespräch, die Welt als Wort, – das kundzugeben war
Israel da. Es lehrte, es zeigte: der wirkliche Gott ist der anredbare, weil anredende
Gott.«

Mit seiner Deutung des Chassidismus, die z. B. der jüdische Religionshistoriker
Gershom Scholem energisch kritisierte, hatte B. die mystischen Dimensionen seiner
Ekstatischen Konfessionen (1909) überwunden, indem er nun den Verkehr Gottes mit
den Menschen und den der Menschen mit Gott über die Dinge und das Wesen
dieser Welt sich vollziehen sieht. Dieser entschiedenen Hinwendung zur Welt, die
sich gegen alles Religiös-Ekstatische wendet und die »stillen Offenbarungen« des
Alltags preist, entspricht die Überzeugung von dem »Ethos des Augenblicks«. Es
kommt entscheidend auf das Tun an. Gerade darin, daß er nicht mehr nach Wissen
und Erkenntnis, sondern nach Begegnung und Dialog als Grundbefindlichkeiten des
Menschen fragt, erweist sich B. als ein Agnostiker, der ganz bewußt keine Lehre
ausbildet und der auf alle Elemente des Konfessorischen und Konfessionellen
verzichten kann, ja muß, weil das »Bekenntnis« zum »dialogischen Prinzip« die
traditionellen Religionsgrenzen gegenstandslos werden läßt. Vor diesem Hintergrund setzt sich B. auch mit den *Reden und Gleichnissen des Tschuang Tse* (1910),
Chinesischen Geister- und Liebesgeschichten (1911) und dem finnischen Nationalepos
Kalewala (1914) auseinander.

Schon bei dem Berditscher Rebben Levi Jizchak dem Heiligen hatte B. das Lied
kennengelernt, das den Übergang von der religiösen zur philosophischen Inspiration
ermöglichte: »Wo ich gehe – du!/Wo ich stehe – du!/Nur du, wieder du, immer

du!/ ... Himmel – du, Erde – du/Oben – du, unten – du,/Wohin ich mich wende, an jedem Ende/Nur du, wieder du, immer du!« B. begann 1919 mit der Niederschrift seines philosophischen Hauptwerks *Ich und Du*, das 1923 im Insel-Verlag Leipzig erschien. Alle folgenden philosophischen Abhandlungen dienen letztlich der weiteren Bestimmung und Präzisierung des dort ausgearbeiteten »dialogischen Prinzips« (*Die Schriften über das Dialogische Prinzip*, 1954) als dem Ausdruck einer metaphysischen Anthropologie. Deren Grundbeziehung ist für B. die des Ich und Du, entfaltet als zwischenmenschliche Beziehung des Ich zu einem anderen Ich, dem Du. Von gleicher dialogischer Art ist die Beziehung des menschlichen Ich zum göttlichen Du und des göttlichen Ich zum menschlichen. Eine eigentlich systematisch-philosophische Durchdringung dieses Ansatzes ist B. nicht gelungen, er hat sie wohl auch nicht wirklich erstrebt. Aber gerade die letztlich systemlose Behandlung des Ich-Du-Phänomens in Philosophie und Religion, Sozialverhalten und Politik, Geschichte und Psychologie macht den Reiz aus, den dieses Denken auf Philosophen, Theologen, Historiker und Psychologen ausübt.

Wesentliche Anregungen entnahm B. der Bibel. Daneben sind es die Sprachphilosophien Johann Georg Hamanns, Sören Kierkegaards, Ludwig Feuerbachs oder auch Georg Simmels, die sein Denken bewegen und darin zu einer eigentümlichen Synthese verschmolzen werden. Als Mittel des Dialogs kommt der Sprache entscheidende Bedeutung zu: »Ich werdend spreche ich Du.« Diese grundlegende Einsicht bestimmte auch B.s Übersetzungsarbeit an der hebräischen Bibel als dem einzigartigen Dokument des Gegenübers von Gott und Mensch. Schon Anfang 1914 faßte er den Plan einer neuen Übertragung, an der von 1925 bis zu seinem Tod 1929 Franz Rosenzweig maßgeblich mitgearbeitet hat. Erst im Februar 1961 konnte B. die Verdeutschung der *Schrift* vollenden, für die er die Forderung aufgestellt hatte: »Zur Gesprochenheit wollen wir hindurch, zum Gesprochenwerden des Worts.« Überzeugt davon, daß »die ursprünglichen Schriftzüge« im Laufe der Jahrtausende »von einer geläufigen Begrifflichkeit teils theologischer, teils literarischer Herkunft« überzogen worden seien, stellt sich B. der Fremdheit der disparaten biblischen Texte, wird bei ihrer Übertragung zum oft eigenwilligen Sprachschöpfer und Vermittler der Erkenntnis: »In jedem Gliede ihres Leibes ist die Bibel Botschaft.« Dahinter steht die Überzeugung: »Der Mensch wird durch das, was ihm widerfährt, was ihm geschickt wird, durch sein Schicksal, angeredet; durch sein eigenes Tun und Lassen vermag er auf diese Anrede zu antworten, er vermag sein Schicksal zu verantworten.«

Das »dialogische Prinzip« und die daraus erwachsende Verantwortung sah B. auch auf dem Gebiet des Politischen als maßgeblich an. Seine Hinwendung zur Politik hat ihre Wurzeln im Religiösen Sozialismus, der die eigentliche Herausforderung des Glaubens darin begriff, Leben in der gebrochenen Welt des Alltags zu ermöglichen. Wie B. lehrte, geht es dem Sozialismus »um das wirkliche Zusammenleben von Menschen, die Echtheit von Menschen zu Menschen, die Unmittelbarkeit der Beziehungen«. 1928 fand in B.s Haus in Heppenheim eine Konferenz »Sozialismus aus dem Glauben« statt, bei der erstmals umfassend die Konzeption des »utopischen Sozialismus« erörtert wurde, die wesentlich durch das Denken Gustav Landauers geprägt war. Wie dieser lehnte auch B. einen Sozialismus marxistischer Prägung als mechanistisch ab. 1946 faßte er in *Der utopische Sozialismus* noch einmal zusammen, was ihm als Ideal vorschwebte: »Die Urhoffnung aller Geschichte geht auf eine echte, somit durchaus gemeinschaftshaltige Gemeinschaft des Menschengeschlechtes.«

Ähnliche Auffassungen bestimmten auch B.s pädagogische Theorie und Praxis: »Das erzieherische Verhältnis ist ein rein dialogisches.« Bereits 1919 fand in Heppenheim eine erste Tagung zur Erneuerung des Bildungswesens statt. Hier trat er in Kontakt zu Franz Rosenzweig, der die Leitung des im Herbst 1919 gegründeten »Freien Jüdischen Lehrhauses« in Frankfurt am Main übernahm, an der sich später auch B. beteiligte. Den pädagogischen Prozeß interpretiert B. als Lockung und Hervorrufung eines nachwachsenden Wesens, das sich vorab angenommen wissen muß, soll es den ersten Schritt im Vertrauen auf ein bergendes Du wagen. B. ist zutiefst davon überzeugt, daß derjenige, der nicht lernt, Du zu sagen, auch nicht Ich sagen kann.

Von 1923 an lehrte B. an der Frankfurter Universität Religionswissenschaft und jüdische Ethik. Die erst 1930 verliehene Honorarprofessur legte er 1933 nieder, bevor ihm die Lehrerlaubnis offiziell entzogen wurde. Nun intensivierte er seine Tätigkeit auf dem Feld der jüdischen Erwachsenenbildungsarbeit, insbesondere durch die »Mittelstelle für jüdische Erwachsenenbildung bei der Reichsvertretung der Juden in Deutschland«. Angesichts der nationalsozialistischen Judenverfolgungen kämpfte B. für den »Aufbau im Untergang« (Ernst Simon), für den er schon im April 1933 eintrat: »Wenn wir unser Selbst wahren, kann nichts uns enteignen. Wenn wir unserer Berufung treu sind, kann nichts uns entrechten. Wenn wir mit Ursprung und Ziel verbunden bleiben, kann nichts uns entwurzeln, und keine Gewalt der Welt vermag den zu knechten, der in der echten Dienstbarkeit die echte Seelenfreiheit gewonnen hat.« Im März 1938 mußte auch B., dessen Haus in Heppenheim zur Anlaufstelle für viele Ratsuchende, Juden und Nichtjuden, geworden war, der Gewalt weichen und nach Palästina auswandern. In Jerusalem erhielt B. schließlich einen Lehrstuhl für Sozialphilosophie, nachdem er eine pädagogische Professur abgelehnt hatte. 1941 erschien der einzige Roman *Gog und Magog*. Seine pädagogischen Bemühungen werden durch das 1949 gegründete »Seminar für Erwachsenenbildner« in Jerusalem fortgesetzt. Insgesamt wird nun aber in Israel »die fast völlige Einflußlosigkeit B.s in der jüdischen Welt, die seltsam mit seiner Anerkennung bei den Nichtjuden kontrastiert«, schmerzlich bewußt: »Der Apostel Israels sprach eine Sprache, die allen verständlicher war als den Juden selber« (G. Scholem). Der Grund dafür lag nicht nur in dem oft beklagten Mangel an Gegenständlichkeit und der Neigung zum Abstrakten von B.s Schriften, sondern vor allem an den inhaltlichen Positionen, deren theoretisch-philosophische Brillanz im Gegenüber zur Realität durchaus problematisch werden konnte.

In besonderer Weise trifft das auf seine Stellungnahme zur zionistischen Idee und zur Problematik der arabischen Bevölkerung in Palästina bzw. Israel zu. Mit Nachdruck bestand er darauf, daß »von Uranbeginn die einzigartige Verbindung zwischen diesem Volk und diesem Land im Zeichen dessen (steht), was sein soll, was werden, was verwirklicht werden soll«, denn »zu dieser Verwirklichung kann das Volk nicht ohne das Land und das Land nicht ohne das Volk gelangen: nur die getreue Verbindung beider führt zu ihr«. Im Blick auf die Araber forderte B. aber bereits

1948: »Positiv gesprochen, Entwicklung einer echten Interessengemeinschaft durch Einbeziehung des anderen Volkes in unsere wirtschaftliche Tätigkeit im Lande. Negativ gesprochen, Vermeidung aller einseitigen politischen Proklamationen und Handlungen, d. h. Verschiebung der politischen Entscheidungen, bis die Interessengemeinschaft ihren genügenden praktischen Ausdruck gefunden hat.« Nach der Gründung des Staates Israel erklärte B. dann: »Die Form des jüdischen Gemeinwesens, die aus dem Krieg hervorgegangen ist, den Staat Israel, habe ich als meinen Staat akzeptiert. Ich habe nichts gemein mit denjenigen Juden, die sich vorstellen, sie könnten das tatsächliche Gebilde der jüdischen Selbständigkeit anzweifeln. Das Gebot, dem Geiste zu dienen, muß von nun an in diesem Staate und von ihm aus erfüllt werden.«

Von 1947 an besuchte B. wiederholt Europa und Amerika. Zahlreiche renommierte Preise bezeugten sein internationales Ansehen, das sich auch in einer wachsenden Anzahl von Übersetzungen seiner Werke niederschlug. Als B. 1965 starb, schrieb E. Simon, der langjährige Freund und Vertraute, in einem Nachruf: »Meist stand er allein, von wenigen Freunden gestützt, vom Beifall der halb Verstehenden umspült, von der Gegnerschaft der Getroffenen befeindet, durch die schweigende Abwendung enttäuschter Anhänger verletzt.«

Werner, Hans J.: Martin Buber. Frankfurt am Main 1994. – Wehr, Gerhard: Martin Buber. Leben, Werk, Wirkung. Zürich 1991. – Kohn, Hans: Martin Buber. Sein Werk und seine Zeit. Ein Beitrag zur Geistesgeschichte Mitteleuropas 1880–1930. Wiesbaden ⁴1979. – Scholem, Gershom: Martin Bubers Auffassung des Judentums (1967). In: Judaica 2, S. 133–192. Frankfurt am Main 1970.

Peter Maser

Bultmann, Rudolf Karl
Geb. 20. 8. 1884 in Wiefelstede; gest. 30. 7. 1976 in Marburg

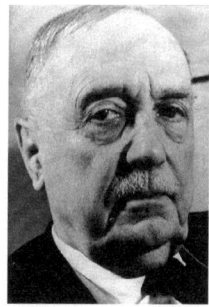

Wenige Denker haben wie B. die abendländische Theologie dieses Jahrhunderts bewegt. Seine Wirkung nicht nur auf die Theologie selbst, sondern darüber hinaus auf die hermeneutische Diskussion in den Geisteswissenschaften ist schwer eingrenzbar. Er ist eine jener markanten Persönlichkeiten der Wissenschaftsgeschichte, deren Forschungen im eigenen Fach – B. war von Hause aus Neutestamentler – auf andere Wissenschaften ausstrahlen, weil sie sich auf einem bestimmten Niveau methodischer und sachlicher Reflexion mit deren Fragestellungen berühren: im Falle B.s mit Fragen der Philosophie, der Geschichts- und Literaturwissenschaft und der Altphilologie. Biographischer Spiegel dieser weitreichenden Bedeutung und auch der vielfältig ausgerichteten eigenen Interessen sind B.s persönliche Verbindungen zu Wissenschaftlern der unterschiedlichsten Fakultäten und eine – bislang nur zu geringen Teilen edierte – Korrespondenz mit herausragenden Denkern seiner Zeit, wie unter anderen mit den Philosophen Hans Jonas, Erich Frank und Martin Heidegger.

Nach Besuch des humanistischen Gymnasiums in Oldenburg studierte B. in Tübingen, Berlin und Marburg evangelische Theologie. Marburg war zu jener Zeit das Zentrum der neukantianischen Philosophie, bei deren Hauptvertretern Hermann Cohen und Paul Natorp B. Philosophie hörte, und mit denen er über sein Studium hinaus engere Beziehungen unterhielt. Die überragende Lehrerfigur für ihn war aber der Systematiker Wilhelm Herrmann, der auch der Lehrer Karl Barths war. Er gab B. den Anstoß zu einer intensiven Beschäftigung mit der theoretischen Philosophie Kants und mit Schleiermachers Theologie und prägte in entscheidender Weise die theologische Entwicklung B.s, für die das Problem der Erkennbarkeit Gottes sowie die Frage nach der Eigenart des christlichen Glaubens zu jener Zeit zentrale Bedeutung gewannen. Der Einfluß Herrmanns auf B. war bedeutender, als es einem Blick erscheint, der allzu oberflächlich nur die radikale Kritik wahrnimmt, die die »dialektische Theologie« – in ihrer Betonung der Souveränität der Offenbarung Gottes – an der »liberalen Theologie« übte. Freilich hat gerade auch B. – aber eben nicht in strikter Ablehnung Herrmanns, sondern in »kritischer Kontinuität« mit diesem (Walter Schmithals) – der »liberalen Theologie« vorgehalten, sie habe dort nur vom Menschen geredet, wo doch »christlicher Glaube die Antwort auf das Wort des transzendenten Gottes ist, der dem Menschen begegnet«.

Seit 1907 ist B. Repetent an der hessischen Stipendiatenanstalt, er wird 1910 (mit einer Dissertation über das Thema *Der Stil der paulinischen Predigt und die kynisch-stoische Diatribe*) promoviert, zwei Jahre später habilitiert er sich bei Adolf Jülicher. Über die Stationen Breslau (1916 a.o. Professor), Gießen (1920 o. Professor) kommt B. 1921 wieder nach Marburg. Im Jahr 1922 wird Martin Heidegger ebenfalls dorthin berufen, und nun beginnt nicht nur die Freundschaft zwischen B. und Heidegger, die sich über Jahrzehnte erstreckt, sondern es beginnt eine der bemerkenswertesten Epochen deutscher Hochschulgeschichte in diesem Jahrhundert. Ernst Fuchs (selbst ein Schüler von B. und Heidegger) spricht in einem Rückblick von dem »unvergleichlichen Marburger Frühling«, den der Philosoph Hans-Georg Gadamer näher charakterisiert, wenn er über die »große spannungsvolle Zeit« der 20er Jahre in Marburg schreibt, über die Atmosphäre des Aufbruchs und Neubeginns, des Dialogs zwischen den Fakultäten, deren Zentrum diese beiden jungen Professoren bildeten: B. hörte Heideggers Vorlesungen, aus denen später *Sein und Zeit* hervorging, dieser wiederum ließ sich von B. dessen *Jesus*-Buch noch vor Erscheinen (1926) vorlesen – und besuchte seine Seminare. Für die Intensität des gedanklichen Austauschs über die Grenzen der eigenen Wissenschaft hinweg ist bezeichnend, daß neben Theologen wie Fuchs, Ernst Käsemann, Herbert Braun und später Gerhard Ebeling auch die Philosophen Gerhard Krüger, Wilhelm Kamlah, Gadamer und Jonas zu jener Zeit an B.s neutestamentlichen Seminaren teilnahmen.

Der Dialog mit anderen Disziplinen blieb gerade für B.s Theologie nicht ohne Bedeutung. Nach seiner Lösung von der »liberalen Theologie« und der damit zusammenhängenden Hinwendung zur »dialektischen Theologie« findet B.s Denken seine es von nun an prägende Begrifflichkeit in der Auseinandersetzung mit der Philosophie Heideggers. Ohne die Lektüre von *Sein und Zeit*, freilich auch ohne den immer wieder geltend gemachten eigenen Anspruch der Theologie gegenüber jeder

– auch der Heideggerschen – Philosophie, wären die großen Werke B.s, die in den folgenden Jahrzehnten erschienen, nicht denkbar. Weder *Das Evangelium des Johannes* (1941), noch die *Theologie des Neuen Testaments* (1948–1953), weder die *Theologische Enzyklopädie* (ediert erst 1984), noch die Aufsatzsammlungen *Glauben und Verstehen I-IV* (1933 und später). B. hat neben den hier genannten noch eine ganze Reihe wichtiger Arbeiten verfaßt, so etwa *Die Geschichte der synoptischen Tradition* (1921), in der er den Stoff der Evangelien auf seine Formen und seine Tradition hin untersucht, außerdem zahlreiche Aufsätze und Kommentare zum Neuen Testament. Bemerkenswert ist, daß B. sein theologisches Denken immer von der Exegese her versteht; er tut das aufgrund der Überzeugung, daß Fragen der Textauslegung von denen systematischer Reflexion nicht zu trennen sind, weil »nie ein Neutestamentler geschrieben hat, der nicht von bestimmten systematischen Voraussetzungen ausgeht«, oder umgekehrt, weil systematische Theologie nichts anderes sei, als auf die Existenz des gegenwärtigen Menschen ausgerichtete Exegese. Dieses Interesse an der »Existenz des gegenwärtigen Menschen« um des Wortes Gottes willen führte B. nach dem Zweiten Weltkrieg zu dem viel umstrittenen Programm der Entmythologisierung des Neuen Testaments, in dessen weiterem Umkreis auch der theologische Streit mit Barth gehört.

B.s Theologie ist von großer Einheitlichkeit und innerer Konsequenz. Ihr wesentliches Anliegen läßt sich bestimmen als die Explikation der von Gott bestimmten Existenz des Menschen, bzw. als die Ausarbeitung der Frage: Was hat der christliche Glaube mit dem Selbstverständnis des Menschen (und das heißt dann eben des modernen Menschen) zu tun? In dieser Formulierung sind die wesentlichen Intentionen seines Denkens implizit enthalten: sein Verständnis von »Glauben«, seine Hermeneutik und das »Programm« der Entmythologisierung.

Vom Neuen Testament her versteht B. den Glauben als Lebensverhältnis zu Gott, das seine Voraussetzung in einem immer schon gegebenen Selbstverständnis des Menschen hat, das aber aufgrund der Anrede des Menschen durch Gottes Wort – durch die Verkündigung des Heilsereignisses in Kreuz und Auferstehung Jesu Christi – von Grund auf neu bestimmt wird. »Denn das Kerygma beansprucht als Wort Gottes dessen eigene und die von ihm geschaffene Wirklichkeit so zu erschließen, daß es zu einem neuen Selbstverständnis kommt« (Eberhard Jüngel). So ist der christliche Glaube auf das Ereignis der Offenbarung angewiesen, das allein den Menschen aus seiner radikalen Verfallenheit an sich selbst zu befreien vermag. Denn immer tendiert der Mensch dazu, sich nur aus sich zu begreifen und so seine eigene Existenz als etwas letztlich Verfügbares zu verstehen.

An diesem Punkt wird deutlich, warum B. zwar Heideggers Analyse der ontologischen Verfassung des Daseins aufnimmt und für seine Theologie als Fundamentalanthropologie fruchtbar macht, warum er aber Heidegger dort nicht mehr zu folgen gewillt ist, wo dieser die ›existenziale Analytik des Daseins‹ erst als Vorbereitung der Seinsfrage versteht, anders gesagt: wo Heideggers Philosophie mehr zu sein beansprucht, als das »mögliche, formal anzeigende Korrektiv des ontischen und zwar vorchristlichen Gehalts der theologischen Grundbegriffe« (so Heidegger selbst). Diese Abgrenzung B.s gegenüber Heidegger ist in der Überzeugung begründet, daß einzig das Angeredetwerden des Menschen von außerhalb seiner, und zwar von

Gott, den Menschen immer wieder von neuem aus seinem über sich verfügenden Selbstverständnis herauszurufen vermag. B. geht auf diese Weise mit Heideggers Betonung der »absoluten Verschiedenheit« von Philosophie und Theologie einig; nur interpretiert Heidegger diese Verschiedenheit unter einem umgekehrten Vorzeichen, da er seinerseits den christlichen Glauben als Gefährdung der wesentlichen Offenheit der Existenz auffaßt, wenn er sagt, »daß der Glauben in seinem innersten Kern als eine spezifische Existenzmöglichkeit gegenüber der wesenhaft zur *Philosophie* gehörigen und faktisch veränderlichen Existenzform der Todfeind bleibt«. Gerade die beiderseitige Einsicht in die Unterschiedlichkeit ihrer Denkwege – bei aller Nähe – charakterisiert auf wissenschaftlichem Gebiet die Beziehung dieser beiden Persönlichkeiten. Eine Beziehung, der B. auch nach der Zeit des Dritten Reichs die Treue hielt, unerachtet dessen, daß er dem Nationalsozialismus gegenüber eine radikal andere Haltung eingenommen hatte als jener. Schon sehr früh sah B. hier klar und bezog eindeutig Stellung: So gehörte er von Anfang an zur »Bekennenden Kirche« und war etwa an der 1933 von der theologischen Fakultät der Universität Marburg geübten Kritik am »Arier-Paragraphen in der Kirche« maßgeblich beteiligt.

B.s in philosophischer Hinsicht bedeutsamste Leistung ist zweifellos seine Hermeneutik, die auf Schleiermacher und Dilthey zurückgeht, aber deren Gedanken er entscheidend weiterführt. So behauptet B. in deutlicher Abgrenzung gegenüber der Diltheyschen Auffassung, dergemäß der Lebensbezug zwischen Interpret und Autor die wesentliche Verstehensgrundlage sei, die Geschichtlichkeit menschlicher Existenz als Voraussetzung jeglichen Verstehens. Für den Verstehensprozeß sind mehrere Momente konstitutiv: Das »Woraufhin« der Fragestellung (das Interesse des Auslegers), das »Vorverständnis« der infragestehenden Sache – von B. als unabdingbare Voraussetzung des Verstehens herausgearbeitet – und das »Lebensverhältnis« des Interpreten zur infragestehenden Sache. »Wissen« ist für B. dementsprechend »nicht etwas, was einmal abrupt beginnt, sondern das Dasein bewegt sich immer schon in einem vorläufigen, dunklen Wissen, das in jedem Verhältnis zu einem Seienden mit da ist«. Im Prozeß des Verstehens kommt es nun darauf an, das je schon gegebene, im Lebensverhältnis des Interpreten zur Sache begründete Vorverständnis aufs Spiel zu setzen. So steht in jedem wissenschaftlichen Verstehen, aber etwa auch in der Begegnung mit dichterischen Texten, letztlich das Selbstverständnis des Menschen zur Frage. Aber in keinem Verstehensprozeß wird es so radikal in Frage gestellt wie in dem Verständnis des Wortes Gottes, auf das der Glaube als ein neues Sich-selbst-Verstehen antwortet. Aus diesem Grund muß es einer angemessenen Interpretation der biblischen Texte darauf ankommen, deren Aussagen auf die im »Dasein« selber infragestehende menschliche Existenz hin auszulegen. Ein solcher hermeneutischer Akt ist die »existentiale Interpretation«.

Das nach 1945 sowohl innerhalb als auch außerhalb der Theologie so großen Wirbel (und unzählige Mißverständnisse) auslösende Bemühen um die »Entmythologisierung des Neuen Testaments« ist im Grunde nicht mehr als ein Aspekt dieser existentialen Interpretation. B. ging es darum, Gottes Handeln und sein Reden mit dem Menschen, das im Neuen Testament teilweise in Analogie zu menschlichem Handeln (das heißt hier »mythologisch«) formuliert ist, in Aufnahme der Intention dieses »Mythos«, aber gegen seine Diktion erneut zur Sprache zu bringen. B.s leitende Erkenntnis dabei war, daß das Weltbild des Menschen zur Zeit des Neuen Testaments mit dessen zentralen Aussagen nicht unumgänglich eine Einheit bildet und für den modernen Menschen, der ein gänzlich anderes Weltbild hat, eher ein Hindernis als eine Hilfe im Verständnis des wesentlichen Inhalts der Bibel darstellt.

Die Wirkung, die B.s Denken sowohl auf die neutestamentliche Wissenschaft (in eigentlich allen ihren Bereichen), als auch auf die theologische und philosophische Hermeneutik ausgeübt hat, ist groß. Und sie ist gerade dort nicht am geringsten, wo sie zur kritischen Weiterführung seines Denkens provozierte, wie in der Theologie bei Käsemann, Ebeling, Jüngel und zahlreichen anderen, und wie auf seiten der Philosophie etwa bei Gadamer und Ricoeur.

Einer der wesentlichsten Kritikpunkte an B.s Denken besteht darin, daß er letztlich die Bedeutung der Sprache für die von ihm so hervorgehobene Geschichtlichkeit des Menschen unterschätzt hat. Genau hier haben die großen hermeneutischen Entwürfe dieses Jahrhunderts weitergedacht als B., und damit der Hermeneutik Bereiche erschlossen, die B. unberücksichtigt ließ. So ist etwa bemerkenswert, daß der gegenüber der mythologischen Sprache und ihrer verobjektivierenden Tendenz so überaus sensible B. sich keine Rechenschaft gab über die Sprachform, in der er selber die Aussagen des Neuen Testaments interpretierte. Eine stärkere Reflexion darauf hätte ihn wohl dazu geführt, einerseits der Sprachgestalt des Mythos noch andere Aspekte abzugewinnen, und andererseits die Sprachformen des Symbols, des Gleichnisses, der Metapher in den Blick zu nehmen, wie dies die neuere Hermeneutik getan hat.

Jüngel, Eberhard: Glauben und Verstehen. Zum Theologiebegriff Rudolf Bultmanns. Heidelberg 1985. – Schmithals, Werner: Die Theologie Rudolf Bultmanns. Tübingen 1966. – Ebeling, Gerhard: Theologie und Verkündigung. Tübingen 1962.

Hans-Christoph Askani

Calvin, Johann (d. i. Jean Cauvin)
Geb. 10. 7. 1509 in Noyon (Picardie); gest. 27. 5. 1564 in Genf

Als 1555 im Augsburger Religionsfrieden eine Stabilisierung und Reglementierung der Lage im konfessionell zerstrittenen Deutschland angestrebt wurde, fand dieser Ausgleich nur zwischen Lutheranern und altgläubigen Katholiken statt. Eine zweite Welle von reformiertem Gedankengut, die in der Folgezeit großen Einfluß in England, Frankreich, den Niederlanden und manchen deutschen Territorien gewinnen sollte, erweckte zu diesem Zeitpunkt noch den Eindruck, als ob man sie bei dem konfessionellen Ausgleich vernachlässigen könne. Ausgangspunkt dieses zweiten Schubs war Genf, C. der Reformator.

Als Sohn des hohen bischöflichen Beamten Gerard Cauvin (der Name Calvin stellt eine unter humanistischem Einfluß vorgenommene Latinisierung des Vaternamens dar) war der 1509 geborene Jean für eine höhere kirchliche Laufbahn vorgesehen. Schon in seiner Jugend übernahm er auf Vermittlung des Vaters wichtige Pfründen, deren Einnahmen es ihm ermöglichten, ab 1523 das renommierte Collège Montaigu in Paris zu besuchen, an dem schon Erasmus und Rabelais Schüler gewesen waren. Die Pariser Zeit brachte C. auch in Kontakt mit dem Humanismus, bevor er 1527 nach Orleans wechselte, um sich auf eine juristische Karriere vorzubereiten. Diese Änderung in der vorgesehenen kirchlichen Laufbahn war noch durch den Vater in die Wege geleitet worden. Nach dessen Tod (1531) kehrte C. nach Paris zurück und widmete sich am Collège Royal den humanistischen Studien, den alten Sprachen und der klassischen Philologie. Den Schritt vom humanistischen Reformkatholizismus zur Reformation vollzog er zwischen 1533 und Frühjahr 1534. Er verzichtete auf seine Pfründe und verließ wegen der Protestantenverfolgungen 1534 Frankreich. Eher durch Zufall kam C. 1536 auf der Reise nach Straßburg auf einem Umweg nach Genf. Der dortige Reformator Wilhelm Farel bat ihn, den theologischen Autodidakten, an der Durchführung der Reformation mitzuwirken. Doch C.s Engagement in Genf stieß bald auf den Widerstand der politisch führenden Patrizierschicht, die ihn und Farel 1538 zum Verlassen der Stadt zwangen. In den folgenden Jahren des Exils in Straßburg (1538–1541), in denen er auf Wunsch des Reformators Martin Bucer die dortige französische Exilgemeinde betreute, bereitete er die zweite Ausgabe seines Hauptwerkes, der *Christianae Religionis Institutio*, vor. Die erste, 1536 in Basel erschienene Auflage war in Form einer katechetischen Unterweisung dem französischen König Franz I. gewidmet; diesen sollte sie davon überzeugen, daß die französischen Protestanten keine Umsturzpläne hegten. In Straßburg baute C. sein Werk, das er in späteren Jahren noch öfter überarbeitete, zu einer breit angelegten Dogmatik aus. Er übernahm darin Gedanken von Luther und Zwingli und erweiterte sie zu seinem eigenen theologischen Lehrgebäude. Starke augustinische Traditionen spiegeln sich in der Lehre von der doppelten Prädestination wider, die C. in der Ausgabe von 1559/60 definierte als »Gottes ewige Anordnung, vermöge deren er bei sich beschloß, was nach seinem Willen aus jedem einzelnen Menschen werden sollte. Denn die Menschen werden nicht alle mit der gleichen Bestimmung erschaffen, sondern den einen wird das ewige Leben, den anderen die ewige Verdammnis vorher zugeordnet.« C. nahm in seiner Definition die Auseinandersetzung um den freien Willen zwischen Erasmus und Luther auf, entschied sich aber vollends gegen die humanistische Tradition des Erasmus.

Politische Veränderungen in Genf ermöglichten dem Reformator 1541 die Rückkehr in die Stadt, die er in den folgenden Jahren radikal umgestalten sollte. Grundlage dafür bildeten die in C.s Kirchenordnung festgelegten vier Ämter des Pfarrers, der die Theologie unterrichtenden Gelehrten, der aus der Gemeinde gewählten Ältesten und der für die caritative Arbeit zuständigen Diakone. Die Ältesten (Presbyter) beaufsichtigten zusammen mit den Pfarrern im Konsistorium die Kirchenzucht. Die Überwachung des sittlichen Lebens, die wegen ihrer Schärfe während C.s erstem Aufenthalt in Genf ein Grund des Bruches mit dem Magistrat war, stellte ein Zentralanliegen C.s dar, da er Kirchenordnung und Gebot Christi in eins setzte. So wurden zwischen 1541 und 1546 56 Todesurteile und 78 Verbannungen ausgesprochen, eine Zahl, die um so höher einzuschätzen ist, da Genf nur etwa zehntausend Einwohner zählte. Die Opposition gegen C., die vom gegnerischen Bern unterstützt wurde, brach um 1555 nach der Ausweisung ihrer Führer in sich zusammen. In der Union der Genfer mit der Züricher Kirche im *Consensus Tigurinus* (1549) wurde die Einheit der schweizerischen Reformierten vorbereitet, ein Ausgleich mit den Lutheranern kam dagegen wegen der verschiedenen Auffassungen in der Abendmahls- und Prädestinationslehre nicht zustande. Durch die Errichtung der Genfer Hochschule (1559), die ganz Europa umfassende Korrespondenz C.s und nicht zuletzt durch die 1559/60 nochmals überarbeitete *Christianae Religionis Institutio* und den 1542 verfaßten Genfer Katechismus erreichten C.s Gedanken bald weite Verbreitung und führten zur Herausbildung des Calvinismus als dritter Konfession in Europa.

Opitz, Peter: Calvins theologische Hermeneutik. Neukirchen 1994. – Dankbaar, Willem F.: Calvin. Sein Weg und Werk. Hamburg ²1976. – Neuser, Wilhelm: Calvin. Berlin 1971. – Staedtke, Joachim: Johannes Calvin. Erkenntnis und Gestaltung. Göttingen 1969.

Wolfgang Zimmermann

Campanella, Tommaso
Geb. 5. 9. 1568 in Stilo/Kalabrien; gest. 21. 5. 1639 in Paris

 Der in Kalabrien geborene C. ließ seinen weltlichen Namen Giovan Domenico beim Klostereintritt 1583 zurück und hieß als Dominikaner T.; er ging ohne obrigkeitliche Erlaubnis 1589 nach Neapel und wurde dort wegen seiner Schrift *Philosophia sensibus demonstrata* (1591) einige Monate eingekerkert. Statt nach Kalabrien zurückzukehren, zog er zu Galilei nach Padua, wo er von einer Anklage wegen Sodomie 1592 freigesprochen wurde. 1596 schwor er zu Rom den ihm zur Last gelegten Häresien ab, nach seinem vierten Prozeß 1597 mußte er nach Kalabrien zurückkehren. C. trat in seinen frühen, zumeist verlorenen Werken in lateinischer Sprache für eine religiöse Reformation der Menschheit ein, die auf einem allgemeinen kirchlichen Imperium beruhen sollte. Doch in Kalabrien mit der ärmlichen Wirklichkeit vertraut geworden, widmete er sich Umsturzplänen, die am 6. September 1599 zu seiner Gefangennahme führten. Am 7. Februar 1600 wurde er in Neapel gefoltert und gezwungen, seine Verantwortlichkeit einzugestehen. Im April begann er sich wahnsinnig zu stellen, 1602 wurde er wegen Häresien zu lebenslänglicher Haft verurteilt.

In diesem Jahr entstand die erste italienische Fassung seiner heute berühmtesten Schrift, die er später 1612 und 1620 lateinisch überarbeitete und 1623 als dritten Teil seiner *Realis Philosophiae epilogisticae partes IV* in Frankfurt erscheinen ließ; 1636 abermals umgearbeitet, wurde die *Civitas Solis*, der *Sonnenstaat*, 1637 im zweiten Band der *Gesammelten Werke* erneut ediert. Noch andere Werke entstanden während der Kerkerzeit, so seine *Metaphysik* (1638) in 18 Büchern und seine *Theologie* in 30 Büchern. 1626 freigelassen, suchte C. in Rom seine Gedanken zu propagieren, mußte aber 1634 nach Frankreich fliehen, wo er bis zu seinem Tode, protektioniert von Ludwig XIII. und Richelieu, an der unvollständig gebliebenen Gesamtausgabe seiner Werke arbeitete.

Die Widmung des *Sonnenstaates* an Richelieu nannte die Utopie »von mir entworfen, von dir zu errichten«. Die Szenerie spielt auf Taprobane (= Ceylon), wo auch Thomas Morus in seiner *Utopia* den Erzähler bei der Rückkehr in die wirkliche Welt hatte landen lassen. C. entwirft einen straff strukturierten, genau geordneten Staat, dessen Regelhaftigkeit das Abbild der göttlichen Weltordnung darstellt. Zu den materiellen Vorzügen zählen die Abschaffung von Armut und Reichtum oder der Arbeitstag von nur vier Stunden für jedermann; heutigem Empfinden weniger anziehend erscheint die strenge Lebensordnung der zwar klassenlosen, aber extrem hierarchischen Gesellschaft der Solarier. Gottesdienst und Staatsdienst fallen in eins zusammen. Ein Priesterkönig wird unterstützt von drei Helfern, »Macht, Weisheit, Liebe«, die ihrerseits jeweils für Krieg, Wissenschaft sowie Erzeugung und Ernährung zuständig sind. Noch konsequenter als Platon führt C. umfassenden Kommunismus ein: Mahlzeiten, Wohnungen, Weiber und Kinder sind allen gemein. Die Erziehung erhält große Aufmerksamkeit, doch sollen vor allem Mathematik und Naturwissenschaften zur Anschauung, zur Abstraktion führen und nicht das Studium alter Bücher, d. h. des Aristoteles. Wie bei Morus wird in sechs Abschnitten zunächst das äußere Bild der Stadt dargestellt, dann die Behörden und die gesellschaftliche Ordnung, ferner Innenpolitik mit Rechtsprechung und Außenpolitik samt Kriegswesen; abschließend wird die Religion erörtert. Ein starkes Interesse für Astrologie verweist auf die kosmische Ordnung, die dieses Staatswesen widerspiegeln soll. Das Werk hat eminenten Einfluß ausgeübt: »Der liberalföderative Sozialismus (von Robert Owen an) hat Morus zum Ahnen, der zentralistische (von Saint-Simon an) berührt sich mit Campanella, mit breitliegendem, hochgebautem Regiment, mit Sozialutopie als Strenge und disponiertem Glück« (Ernst Bloch).

Ahrbeck, Rosemarie: Morus, Campanella, Bacon. Frühe Utopisten. Köln 1977. – Bock, Gisela: Thomas Campanella. Politisches Interesse und philosophische Spekulation. Tübingen 1974.

Bernhard Kytzler

Camus, Albert

Geb. 7. 11. 1913 in Mondovi (Algerien); gest. 4. 1. 1960 in Petit-Villeblevin

»Er stellt in unserem Jahrhundert, und zwar gegen die Geschichte, den wahren Erben jener langen Ahnenreihe von Moralisten dar, deren Werke vielleicht das Echteste und Ursprünglichste an der ganzen französischen Literatur sind. Sein eigensinniger Humanismus, in seiner Enge und Reinheit ebenso nüchtern wie sinnlich, stand in einem scharfen schmerzlichen Kampf gegen die wuchtigen und gestaltlosen Ereignisse der Gegenwart. Umgekehrt aber bekräftigte er durch die Hartnäckigkeit seiner Weigerung von neuem das Vorhandensein des Moralischen, mitten in unserer Epoche, entgegen allen Machiavellisten und dem goldenen Kalb des Realismus zum Trotz.« So würdigte Jean-Paul Sartre C. nach dessen Tod. Acht Jahre zuvor hatten sich beide nach Erscheinen von C.' Buch *L'Homme revolté* (1951; *Der Mensch in der Revolte*) während einer polemischen Auseinandersetzung in Sartres Zeitschrift *Les Temps Modernes* zerstritten. Grundsätzliche philosophisch-methodische Kritik und der Vorwurf der ungenauen Lektüre gegenüber C. spiegeln die Schärfe der Auseinandersetzung, deren eigentlicher Inhalt entgegengesetzte philosophische Standpunkte in der Frage der Freiheit, der Existenz der menschlichen Natur und unterschiedliche politische Positionen zum Marxismus waren. »Camus war Idealist, Moralist, Antikommunist ..., Sartre hatte sich seit 1940 bemüht, den Idealismus zu widerlegen, sich von seinem ursprünglichen Individualismus zu lösen, um den historischen Ablauf mitzuerleben. Da er dem Marxismus nahestand, bemühte er sich um ein Bündnis mit den Kommunisten«, beschreibt Simone de Beauvoir beide zum Zeitpunkt des Streits, den sie aufgrund schon länger andauernder Differenzen für unvermeidlich gehalten hat (*Der Lauf der Dinge*, 1963). Für die kommunistische Linke Frankreichs war C. stets ein ideologischer Feind gewesen – ein Bourgeois, für die Rechte dagegen ein Zersetzer oder ein Linker. Seine Werke werden noch immer in diesem starren Rechts-Links-Schema begriffen. C. selbst findet sich nicht darin wieder. Seine Parteinahme richtet sich gegen die Tyrannei, und als Künstler, Schriftsteller und Philosoph versteht er sich als »franctireur«, als unabhängiger Kämpfer. Nach der Verleihung des Literaturnobelpreises (1957) definiert C. die Aufgaben des Künstlers: »Wir müssen wissen, daß wir dem gemeinsamen Elend nicht entrinnen können und daß unsere einzige Rechtfertigung, wenn es eine gibt, darin besteht, nach bestem Können für die zu sprechen, die es nicht vermögen ... Für den Künstler gibt es keine privilegierten Henker. Darum kann heute, selbst heute, vor allem heute die Schönheit nicht im Dienste einer Partei stehen, sie dient über kurz oder lang nur dem Schmerz oder der Freiheit des Menschen« (*Der Künstler und seine Zeit*, Rede 1957).

In diesem Sinn engagierte er sich als Journalist des *Alger républicain* für die arabische Bevölkerung Algeriens, für die Republikaner im Spanischen Bürgerkrieg und für die Opposition gegen Franco. In der Résistance arbeitete er in der Gruppe »Combat«, von 1945 bis 1947 bei der gleichnamigen Zeitung. Er setzte sich für verurteilte griechische Kommunisten und für die Aufständischen in Berlin 1953, in Poznan und Budapest 1956 ein. Als Algerienfranzose versuchte er im Algerienkrieg zu vermitteln, trat für die Rechte der arabischen Bevölkerung gegen die Kolonialmacht Frankreich, aber auch für die Rechte der dort lebenden französischen Bevölkerung ein, um dem Morden und den Massakern ein Ende zu machen. Seine Stimme verhallte ungehört.

C. wurde 1913 in Algerien geboren und studierte in Algier Philosophie. Da er Tuberkulose hatte, wurde er nicht zur staatlichen Eingangsprüfung für das Lehramt zugelassen. Er begann als Journalist zu arbeiten. In Algier inszenierte er seine ersten Theaterstücke, von denen die Aufführung des zweiten kollektiv geschriebenen Stücks *Révolte dans les Asturies* über die Revolte der Minenarbeiter in Asturien (Spanien) 1934 kurz vor dem Spanischen Bürgerkrieg verboten wurde. Dort entstanden auch die ersten Erzählungen, *L'envers et l'endroit* (1937; *Licht und Schatten*). »In der jetzigen Stunde ist mein ganzes Reich von dieser Welt. Die Ewigkeit ist da und ich erhoffte sie erst. Nicht glücklich zu sein wünsche ich mir jetzt, sondern nur bewußt«; so weisen diese Erzählungen auf den ersten Teil seines Werks über das Absurde, zu dem der Roman *L'Étranger* (1942; *Der Fremde*) und die Theaterstücke *Caligula* (Erstaufführung 1945) und *Le Malendu* (1944; *Das Mißverständnis*) sowie die philosophische Abhandlung *Le Mythe de Sysiphe* (1942; *Der Mythos von Sysiphos*) gehören. Darin entwickelt C. den Begriff des Absurden aus der Konfrontation von Mensch und Welt. Der sich bewußtwerdende Mensch erkennt in der eigenen Sterblichkeit im Gegensatz zur ihn überdauernden Welt, in der für ihn undurchdringbaren Natur und in der Unmenschlichkeit der Mitmenschen das Absurde. C. verneint für die so wahrgenommene Welt jede metaphysische Erklärung und jede Ausflucht.

Die Reflexion über das Absurde bildet den Ausgangspunkt für seine Überlegungen zur Revolte, deren Hauptbestandteil die Konstitution moralischer Werte und Werturteile ist. Die von ihm erlebte Geschichte des Zweiten Weltkrieges, der nationalsozialistischen Konzentrationslager und der Judenvernichtung, der Stalinschen Schauprozesse, der Gulags, des ersten Atombombenabwurfs führen zur Suche nach Handlungsmaximen. »Wir wissen nichts, solange wir nicht wissen, ob wir das Recht haben, den anderen vor uns zu töten oder zuzustimmen, daß er getötet werde. Da jede Handlung heute direkt oder indirekt in den Mord einmündet, können wir nicht handeln, bevor wir nicht wissen, ob und warum wir töten sollen«, so C. zu Beginn seines polemischen Essays *L'homme révolté*. Er durchstreift darin die Geschichte der metaphysischen und historischen Revolte, sucht die Momente auf, in denen die Revolte sich selbst, d. h. ihre ideellen Ursprünge verrät. Wiederum greift C. die Thematik für sein parallel entstehendes literarisches Werk auf. Das Theaterstück *Les Justes* (Erstaufführung 1949; *Die Gerechten*) zeigt die Terroristen der russischen Revolution von 1905 vor der Frage, ob der Zweck die Mittel heiligt. Ihre politischen Ziele und Ideale lassen sie zu Mördern werden, die ihre Ideen verteidigen, indem sie den politischen Mord mit dem eigenen Leben sühnen. Diese Frage hatte durch den Kampf der Résistance eine besondere Aktualität gewonnen und wurde auch von anderen Schriftstellern aufgegriffen, z. B. in dem Roman *Das Blut der Anderen* von Simone de Beauvoir. Auch der Roman *La Peste* (1947; *Die*

Pest), eine Parabel der Résistance, ist ein Plädoyer für die Solidarität der Menschen im Kampf gegen den Tod und die Tyrannei. Seine späteren Erzählungen, gesammelt in *L'Été* (1954; *Die Heimkehr nach Tipasa*) und *L'Exil et le Royaume* (1957; *Das Exil und das Reich*), weisen wieder auf den Menschen in der ihm fremden Welt – dem Exil – und seine Sehnsucht nach der ihm eigenen Welt.

Mit seinem letzten, unvollendeten und 1994 posthum veröffentlichten Roman *Le premier homme* versetzt sich C. in dem vorliegenden ersten von wahrscheinlich drei geplanten Teilen zurück in seine Kindheit. In den autobiographischen Passagen und fiktiven Sequenzen über das Leben in Algerien erscheinen hier, wie schon in früheren Werken die für C. wesentlichen Erfahrungen der Armut und der Sonne. In beidem – Licht und Schatten – drückt sich die Liebe zum Leben und die Verzweiflung am Leben aus und damit C.' Bild vom Menschen in einer Welt, in der er sich seiner Endlichkeit und Fremdheit, aber auch der ihm eigenen Welt – seiner Wahrheit – bewußt werden kann. Mit seinem Roman *Le premier homme* versucht C., aus der Erinnerung heraus der Frage der Herausbildung eines Menschen und seiner Bewußtwerdung, vielleicht des »ersten Menschen« mit Werten und Verantwortung im Angesicht der Katastrophen des 20. Jahrhunderts nachzugehen. Die Geschichtslosigkeit seiner Familie, die mittellos ist und des Lesens nicht mächtig, stellt diesen Menschen vor die Aufgabe des Erinnerns und der Aneignung menschlicher Werte, die seine Herkunft und sein Menschsein nicht verraten. C.' Notizen lassen den Fortgang dieses unvollendeten Romans erahnen; der Versuch, die Verschränkung einer individuellen Biographie mit der Geschichte des 20. Jahrhunderts darzustellen und damit die Suche nach der dem Menschen eigenen Wahrheit in den Trümmern dieser Geschichte.

C. starb nach einem Autounfall in Petit-Villeblevin auf dem Rückweg von Lourmarin nach Paris. Sein Werk blieb unvollendet. »Eine ganze Generation, die mit dem letzten Krieg ins Leben trat und ihr Vertrauen in diesen älteren Gefährten gesetzt hat, denkt nur mehr an den Körper, der zerschmettert auf der Landstraße liegt, an den Geist und das Herz, die so plötzlich verlöschten. Das Aufbegehren gegen den Tod – Camus hat es gekannt« (André Blanchet).

Isaac, Jeffrey C.: Arendt, Camus and modern rebellion. New Haven/London 1992. – Grenier, Roger: Albert Camus soleil et ombre. Une biographie intellectuelle. Paris 1987. – Lottmann, Herbert R.: Albert Camus. Hamburg 1986. – Pieper, Annemarie: Albert Camus. München 1984.

Inka Thunecke

Carnap, Rudolf

Geb. 18. 5. 1891 in Ronsdorf (bei Wuppertal); gest. 14. 9. 1970 in Santa Monica

Der Sprachphilosoph, Wissenschaftstheoretiker und Logiker C. war der herausragende Vertreter der Philosophie des Logischen Empirismus. Diese etwa 1925 in Wien entstandene Schule – für die Philosophen um C. gebraucht man auch die Sammelbezeichnung »Wiener Kreis« – führte die Tradition des klassischen Empirismus fort, derzufolge Erkenntnis nur durch den Rekurs auf Erfahrung garantiert wird, oder aber auf analytischen Voraussetzungen beruht, wie z. B. die Erkenntnisse in der Mathematik. Von seinem klassischen Vorläufer unterscheidet sich der Logische Empirismus in seiner durch C. geprägten Form durch eine intensive Beschäftigung mit der Sprache, von deren genauer Analyse die Lösung bzw. das Verschwinden philosophischer Probleme erwartet wird, und durch die Anwendung der formalen Logik auf die empirischen Wissenschaften. Es entstand die Idee einer Philosophie als Wissenschaftslogik. C. sieht die Aufgabe der wissenschaftlichen Philosophie »in der logischen Analyse der Sätze und Begriffe der empirischen Wissenschaften« (*Die alte und die neue Logik*, 1930).

Von 1910 bis 1914 studierte C. Mathematik, Physik und Philosophie in Jena. Seine philosophischen Lehrer waren der Dilthey-Schüler Hermann Nohl, der Neukantianer Bruno Bauch und Gottlob Frege. Mit der Entwicklung einer formalen Sprache, die eine axiomatische Grundlegung der Mathematik in der Logik ermöglichen sollte, erlangte der seinerzeit völlig unbekannte Frege den größten Einfluß auf C., der mit nur einem weiteren Studenten und einem an der Mathematik interessierten Offizier die komplizierten Vorlesungen Freges besuchte. Neben den Überlegungen Freges waren es vor allem die *Principia mathematica* von Bertrand Russell und Alfred North Whitehead sowie Ludwig Wittgensteins *Tractatus-Logico-Philosophicus*, die den Ausgangspunkt für C.s eigene Konzeption bildeten. C. sah die von Russell im Anschluß an Frege durchgeführten Bemühungen vor sich, die Mathematik auf zwei logische Axiome zurückzuführen; ebenso wollte er mit den Mitteln der formalen Logik axiomatische Systeme für die empirischen Wissenschaften konstruieren. In den Wissenschaften sollte die Alltagssprache durch genaue formale Sprachsysteme ersetzt werden (*Abriß der Logistik*, 1929). 1926 wurde C. Dozent für Philosophie in Wien, 1931 erhielt er einen Lehrstuhl für Naturphilosophie in Prag. Während dieser Zeit stand er in engem Kontakt mit Moritz Schlick und Otto Neurath, zeitweise auch mit Wittgenstein. Ende des Jahres 1935 emigrierte C. nach Amerika, wo er zunächst in Chicago, später in Los Angeles lehrte. Schematisch läßt sich C.s Schaffen in drei Perioden einteilen: zunächst war er mit einer Grundlegung und dem Ausbau der Positionen des Logischen Empirismus beschäftigt, dann wandte er sich der Konstruktion formaler Sprachen zu, bevor er sich vornehmlich mit dem Problem der Induktion beschäftigte.

Der Entwurf eines begrifflichen Konstitutionssystems, in dem alle Begriffe auf weiter nicht definierbare Grundbegriffe zurückgeführt werden können, findet sich in C.s erster großer Schrift *Der logische Aufbau der Welt* von 1928. Auf der Grundlage einer eigenpsychischen Basis konstruiert C. eine phänomenalistische Sprache, deren Grundbegriffe unmittelbar Erlebbares (die Elementarerlebnisse) repräsentieren. Außer den als Grundelementen des Systems fungierenden Elementarerlebnissen verwendet C. hier nur die Grundrelation der Ähnlichkeitserinnerung zwischen den einzelnen Elementarerlebnissen, um die höheren Begriffsklassen zu konstituieren. Seine zentrale These lautet, daß sich alle wissenschaftlichen Begriffe und Aussagen auf diese Grundrelation zurückführen lassen. Unter dem Einfluß Neuraths gibt C. 1930 seine phänomenalistische Auffassung zugunsten eines Physikalismus auf. Die Grundbegriffe einer physikalischen Sprache, die C. nun als Universalsprache der Wissenschaften konzipiert, repräsentieren nicht unmittelbar Erlebbares, sondern es handelt sich um eine quantitative Sprache, die metrische Begriffe verwendet, um auf physikalische Größen zu referieren (*Die physikalische Sprache als Universalsprache der Wissenschaft*, 1931; *Psychologie in physikalischer Sprache*, 1932). Selbst die Aussagen der Psychologie lassen sich zufolge der Auffassung C.s in eine physikalische Sprache übersetzen. So läßt sich etwa die psychologische Aussage »A ist aufgeregt« in die physikalische Aussage »Der Körper des A ist physikalisch aufgeregt« überführen. Neben der Arbeit an dem Versuch, eine Einheitswissenschaft auf physikalischer Basis zu etablieren, ist C. in dieser Zeit damit beschäftigt, die Philosophie von den Problembeständen der klassischen Metaphysik zu reinigen (*Scheinprobleme in der Philosophie. Das Fremdpsychische und der Realismusstreit*, 1928; *Überwindung der Metaphysik durch logische Analyse der Sprache*, 1931). In der Abhandlung *Scheinprobleme* formuliert er ein den Sinn von Aussagen betreffendes Kriterium: Aussagen sind nur dann sinnvoll, wenn sie sich empirisch überprüfen (verifizieren) lassen, es müssen Bedingungen angebbar sein, unter denen diese Aussagen wahr bzw. falsch werden (empiristisches Sinnkriterium). So gelangt C. zu der Auffassung, daß viele Behauptungen in der Philosophie sinnlos sind, da sie das Sinnkriterium nicht erfüllen. Diese Behauptungen scheinen nur aufgrund ihrer grammatischen Form Aussagen zu sein; die mit ihnen verbundenen Probleme nennt C. Scheinprobleme, die in einer wissenschaftlichen Philosophie nicht behandelt werden sollten. So läßt sich z. B. weder die These eines Realisten, daß die Außenwelt unabhängig vom Bewußtsein existiert, noch die idealistische These, derzufolge nur Wahrnehmungen und Vorstellungen existieren und nicht die Außenwelt selbst, empirisch überprüfen. Das in Frage stehende Problem erweist sich als Scheinproblem, da schon die Ausgangsbehauptungen sinnlos sind. Die gesamte Metaphysik besteht C. zufolge aus sinnlosen Scheinsätzen. Zur Bildung solcher Sätze kommt es, wenn Wörter, die nur scheinbar eine Bedeutung besitzen, in einem syntaktisch korrekt gebildeten Satz gebraucht werden (solche Wörter sind z. B. Prinzip, Gott, das Absolute, das Unbedingte) oder wenn Wörter mit einer Bedeutung in einer syntaxwidrigen Weise verwendet werden (Caesar ist und). Bekannt in diesem Zusammenhang wurde v. a. seine recht polemische Auseinandersetzung mit der Philosophie Heideggers. C. rezipierte die Überlegungen Heideggers nur vordergründig, die Tiefendimension dieses Philosophierens blieb ihm verschlossen.

In den Folgejahren verfaßt C. Arbeiten zur Grundlegung der Mathematik und Logik. Sein Ziel ist es, formale Sprachen zu konstruieren, die eine größere Klarheit bei der Formulierung wissenschaftlicher und philosophischer Probleme ermöglichen sollen. Hierbei richtet sich sein Blick zunächst auf die Form formalsprachlicher Ausdrücke. Er formuliert Form- und Umformungsregeln, mit deren Hilfe eine formale Sprache konstruiert werden kann. Die Frage nach der Bedeutung der Ausdrücke (Semantik) bleibt zunächst ausgeklammert, Wissenschaftslogik wird definiert »als Syntax der Wissenschaftssprache« (*Logische Syntax der Sprache*, 1934; *Philosophy and Logical Syntax*, 1935). C. unterscheidet streng zwischen der inhaltlichen Redeweise in den empirischen Wissenschaften und der formalen Redeweise in der Logik. In inhaltlicher Redeweise spricht man über die Welt (Im Sommer ist es warm), in formaler Redeweise über die Sprache (Der Satz »Im Sommer ist es warm« enthält das Wort »Sommer«). Im Anschluß an den polnischen Logiker Alfred Tarski führt C. die bis heute in der Sprachphilosophie grundlegende Unterscheidung zwischen Objektsprache und Metasprache ein: die Objektsprache ist der Gegenstand einer sprachphilosophischen Untersuchung, mit Hilfe der Metasprache wird über die Objektsprache gesprochen. Ebenfalls angeregt durch Tarski konzipiert C. einige Jahre später auch eine formale Semantik (*Introduction to Semantics*, 1942; *Formalization in Logic*, 1943; *Meaning and Necessity*, 1947). Um die Bedeutung der Ausdrücke eines semantischen Systems zu erfassen, werden Wahrheitsbedingungen formuliert, die angeben, unter welchen Bedingungen ein Satz wahr ist. Besonders wichtig wurde C.s Unterscheidung zwischen der Extension und der Intension eines Ausdrucks. Die Extension eines Begriffes erhält man durch die Aufzählung der unter ihn fallenden Gegenstände, die Intension eines Begriffes wird definiert durch die Angabe der Eigenschaften, die den Begriff charakterisieren. Ebenfalls auf reges Interesse stieß C.s an C.I. Lewis anknüpfende Auseinandersetzung mit Problemen der modalen Logik.

In den 50er Jahren stellt C. Überlegungen zu einer Theorie des induktiven Schließens und der Wahrscheinlichkeit an (*Logical Foundations of Probability*, 1959; *The Continuum of Inductive Methods*, 1952; zusammen mit Wolfgang Stegmüller: *Induktive Logik und Wahrscheinlichkeit*, 1959). C. differenziert zwei verschiedene Bedeutungen des Begriffes Wahrscheinlichkeit: eine logische Wahrscheinlichkeit wird unterschieden von der statistischen Wahrscheinlichkeit. Erstere hat die Beziehung von einer Hypothese und einem Erfahrungsdatum zum Gegenstand, sie gibt den Grad an, in dem eine Hypothese durch ein Erfahrungsdatum bestätigt wird. C. entwickelt die Auffassung, daß sich jedes induktive Schließen aufgrund von Wahrscheinlichkeit vollzieht und daher die induktive Logik Wahrscheinlichkeitslogik ist. Das Induktionsproblem kann nun als die Frage nach der induktiven Wahrscheinlichkeit einer Hypothese aufgrund des vorliegenden Beobachtungsmaterials reformuliert werden.

Die moderne Wissenschaftstheorie, Sprachphilosophie und Logik sind in ihrer heutigen Form ohne die Bemühungen C.s undenkbar. Eine kritische und fruchtbare Diskussion der Positionen C.s findet sich in den Schriften des aus der C.-Schule hervorgegangenen amerikanischen Philosophen Willard Van Orman Quine.

Stegmüller, Wolfgang: Moderner Empirismus. Rudolf Carnap und der Wiener Kreis. In: Hauptströmungen der Gegenwartsphilosophie I. Stuttgart ⁶1976. – Hintikka, Jaakko (ed.): Rudolf Carnap. Logical Empirist. Materials and Perspectives. Dordrecht 1975.

Christoph Demmerling

Cassirer, Ernst

Geb. 28. 7. 1874 in Breslau; gest. 13. 4. 1945 in New York

C. ist als Denker mit eigenem systematischen Anspruch in dem Land, aus dem er 1933 vertrieben wurde, kaum noch in Erinnerung. Dies ist um so erstaunlicher, als er zu jenen gehört, die – so Karl-Otto Apel – die Transzendentalphilosophie »transformiert« haben. C. vertrat eine Philosophie, welche die Bedingungen der Möglichkeit des Verstehens und des Zeichengebrauchs aufweisen sollte. Diese Theorie des Transzendentalen hat er unter dem Namen »symbolische Prägnanz« entwickelt und in seinem dreibändigen Hauptwerk *Philosophie der symbolischen Formen* (1923–1929) niedergelegt. Der Plan zu dieser Philosophie des Symbolbegriffs, die den Gesamtbereich menschlicher Wirklichkeitsdeutung in Sprache, Mythos, Religion, Kunst und Wissenschaft umreißen sollte, läßt sich bis in die Zeit des Ersten Weltkriegs zurückverfolgen; geschrieben und veröffentlicht wurde das Werk in den Jahren 1923 bis 1929 in Hamburg, wohin C. 1919 als erster Jude berufen worden war und wo er die Schätze der Privatbibliothek Aby Warburgs nutzen konnte. Die Entdeckung der symbolischen Formen geschah bei C. auf verschiedenen Wegen. Einmal hatte er schon 1910 die naturwissenschaftliche Erkenntnis als Operieren mit funktionsbestimmten Symbolen definiert (*Substanzbegriff und Funktionsbegriff. Untersuchungen über die Grundfragen der Erkenntniskritik*, Repr. 1976). Zum anderen hatte er im zweiten Band der Rekonstruktion der Geschichte des Erkenntnisproblems, in dem die für C. zentrale Philosophie Kants zur Darstellung kommt, die Idee einer wissenschaftlichen Sprache im 17. und 18. Jahrhundert analysiert (*Das Erkenntnisproblem in der Philosophie und Wissenschaft der neueren Zeit* 1906–1920/1950). Schließlich machte die Beschäftigung mit Wilhelm von Humboldt seit 1920 die Sprache zu einem Hauptthema (*Die Kantischen Elemente in Wilhelm von Humboldts Sprachphilosophie*, 1923). Die Philosophie der symbolischen Formen ist in erster Linie aber durch den Neukantianismus Marburger Prägung bestimmt, wenngleich schon im Ansatz zugleich modifiziert und ergänzt durch die Phänomenologie Edmund Husserls. Aufgrund eines Hinweises des damaligen Privatdozenten Georg Simmel auf die Kantinterpretation Hermann Cohens von Berlin nach Marburg übergewechselt, war C.s erstes philosophiehistorisches Werk 1902 unter der Führung Cohens entstanden (*Leibniz' System in seinen wissenschaftlichen Grundlagen*). Doch blieb C. bei dieser Position nicht stehen, vielmehr erweiterte er den Neukantianismus um den Ansatz der Kulturwissenschaft: obgleich er am neukantianischen Begründungsanspruch festhielt, führte sein Weg von der Erkenntnistheorie zu einer übergreifenden, Sprache, Mythos und Technik einbeziehenden Philosophie der Kultur (woran dann Heidegger anknüpfen konnte).

Wie sehr er sich hierbei von der Phänomenologie leiten ließ, zeigt besonders der zweite Band des Hauptwerks (*Das mythische Denken*, 1925). C. analysiert hier die apriorischen Grundlagen mythischer Welterfahrung am Beispiel Kants (was bedeuten mythisch Raum und Zeit?) und gelangt – wie in seiner Nachfolge Kurt

Hübner 1985 – zu dem Ergebnis, auch der mythische Mensch brauche eine Gruppe apriorischer Kategorien, mit denen er Erfahrung organisiert. Unter ›Mythos‹ wird dabei nicht eine *Reaktion* auf Eindrücke, sondern eine *Aktion* des Geistes verstanden, die Bearbeitung und Darstellung der Außenwelt via Zeichen- bzw. Symbolsystem. Mythos bedeutet bei C. eine Lebensform, die eine besondere Art des Anschauens und ›Denkens‹ aufweist. Wenn er dabei von einer »Phänomenologie des mythischen Bewußtseins« spricht, ist die Zuwendung zur Phänomenologie und ihrer Analyse der Lebenswelt unüberhörbar. Durch den Symbolbegriff will C. zwischen der Lebenswelt und der wissenschaftlichen Erfahrung vermitteln. Martin Heidegger rühmt in einer Rezension (1928), C.s Verdienst liege darin, »erstmals wieder seit Schelling den Mythos als systematisches Problem in den Gesichtskreis der Philosophie gestellt zu haben«. In seiner Standpunktbeschreibung im Verlauf der berühmten Davoser Debatte mit Heidegger 1929 hat C. hervorgehoben, seine Philosophie der symbolischen Formen sei nicht in erster Linie eine Erkenntnistheorie; ihre Themen seien die Formen des »Weltverstehens« und der Verständigung durch die Sprache sowie durch andere symbolische Formen.

Neben der Sprache ist die Kunst eine weitere Form der symbolischen Verständigung. Die symbolische Form selbst definiert C. als dreistellige Relation: »Unter einer ›symbolischen Form‹ soll jede Energie des Geistes verstanden werden, durch welche ein geistiger Bedeutungsgehalt an ein konkretes sinnliches Zeichen geknüpft und diesem Zeichen innerlich zugeeignet wird.« Im Gegensatz zu den ersten beiden Bänden der *Philosophie der symbolischen Formen* behandelt der dritte keine bestimmte ›symbolische Form‹, sondern die Erscheinungsformen von Sinnverstehen überhaupt. In den Jahren unmittelbar nach Abschluß der ersten drei Bände versuchte C., diesen Ansatz auszuarbeiten und zu vertiefen. In diese Zeit fällt auch die Arbeit an einem vierten Band (dessen Vorarbeiten veröffentlicht werden), der sich mit dem Problem der Metaphysik – in klarer Gegenposition zu Heidegger – befaßt. Die tragende Rolle spielt hier die (an Goethes ›Urphänomene‹ angelehnte) Theorie der »Basisphänomene« (das Ich oder Selbst, unser Wirken nach außen und das Werk), die mit seiner Philosophie der symbolischen Formen zusammengeschlossen wird: Sprache, Mythos, Kunst und Erkenntnis sind die »Werke« des Geistes, kraft derer er sich seinen kulturellen Lebensraum gestaltet. Seit 1930 ist auch eine Auszeichnung der Technik als einer fundamentalen symbolischen Form zu beobachten. Ebenso beginnen in jenen Jahren die Studien zur Renaissance-Philosophie (*Individuum und Kosmos in der Philosophie der Renaissance*, 1927) wie jene zur *Philosophie der Aufklärung* (1932). C. weist auf die inhaltliche Abhängigkeit der Aufklärung von der Renaissance hin, betont aber deren formale Neuartigkeit und gelangt so zu der These, vor dem Gedankeninhalt rangiere der Gedankengebrauch. Die Jahre 1927 bis 1933 bedeuten eine Wende in C.s Leben und Denken. Probleme der Ethik und politischen Philosophie treten in den Vordergrund. So widmete er sich besonders nach seiner Übersiedlung in die USA im Sommer 1941 der Untersuchung von Mythos in bezug auf heutige Gesellschaften, veranlaßt durch das ständig wachsende »Übergewicht mythischen Denkens über rationales Denken in einigen unserer modernen politischen Systeme«. Frucht dieser Bemühungen ist sein letztes Werk von 1946, *The Myth of the State*, in dem er »die Technik der modernen politischen Mythen«

untersucht, um die Genese des nationalsozialistischen Staates zu verstehen. Eine Summe seines Denkens sucht Cassirer in dem 1944 erschienen *Essay on Man* zu ziehen (hier wird der Mensch als das »animal symbolicum« definiert).

C.s Theorie der symbolischen Formen, mit der er deutlich die Grenzen der neukantianischen Erkenntnistheorie überschritten hat, ist in mehrfacher Hinsicht nicht ohne Wirkung geblieben. Auf philosophischem Gebiet ist hier in erster Linie Maurice Merleau-Ponty zu nennen, der C. in seiner *Phénoménologie de la perception* (1945) ausdrücklich zum Vorbild erhebt. Von großem Einfluß ist C. aber auch auf die amerikanische Philosophie, so auf Susanne K. Langer, die im Menschen das symbolschaffende Wesen erblickt (*Philosophy in a New Key*, 1942); weitergeführt wird dieser Ansatz heute von Nelson Goodman (*Ways of Worldmaking*, 1978). In der deutschen Gegenwartsphilosophie lebt etwas von den systematischen Einsichten C.s in dem Werk von Hans Blumenberg fort. Doch ist die Wirkung der Symboltheorie nicht nur auf die Philosophie beschränkt; Erwin Panofsky hat mit seiner Methode der Ikonologie den philosophischen Ansatz C.s – verbunden mit dem kulturgeschichtlichen Konzept Warburgs – für die kunsthistorische Interpretation fruchtbar gemacht und Clifford Geertz für die Anthropologie.

Paetzold, Heinz: Ernst Cassirer. Von Marburg nach New York. Darmstadt 1995. – Paetzold, Heinz: Die Realität der symbolischen Formen. Darmstadt 1994. – Ernst Cassirer. Philosophie und Wissenschaft. Internationale Zeitschrift für Philosophie, 2/1992. – Braun, Hans J./Holzhey, Helmut/Orth, Ernst W. (Hg.): Über Ernst Cassirers Philosophie der symbolischen Formen. Frankfurt am Main 1988. – Krois, John Michael: Cassirer. Symbolic Forms and History. New Haven/London 1987. – Lübbe, Hermann: Cassirer und die Mythen des 20. Jahrhunderts. Göttingen 1975.

Christoph Jamme

Chomsky, Avram Noam
Geb. 7. 12. 1928 in Philadelphia

In der Philosophie, Psychologie und Linguistik verbindet sich eine gleichermaßen spektakuläre Wirkung mit den Schriften des Sprachwissenschaftlers Ch. In der Linguistik führten sie, um es mit einem Begriff Thomas S. Kuhns zu sagen, zu einem Paradigmenwechsel – eine neue Art von sprachwissenschaftlicher Forschung etablierte sich; in der Psychologie erlangte Ch.s sprachnativistische Auffassung einen bestimmenden Einfluß; sein Restitutionsversuch der alten cartesianischen Lehre von den angeborenen Ideen erregte in der Philosophie besonderes Aufsehen. In den USA wurde Ch. vor allem durch seine radikale Kritik an der imperialistischen Kuba- und Vietnampolitik sowie den hiermit verbundenen opportunistischen Tendenzen der Intellektuellen (*American Power and the New Mandarins*, 1969 – *Amerika und die neuen Mandarine*; *At War with Asia*, 1970 – *Im Krieg mit Asien*) populär. – Von 1945 bis 1950 studierte Ch. in Pennsylvania Linguistik, Mathematik und Philosophie. Das Handwerkszeug der klassischen Philologie vermittelte ihm sein Vater, der am Graz College in Philadelphia Hebräisch unterrichtete. Während des Studiums war es zunächst politische Sympathie, die ihn mit seinem Lehrer Zeelig Harris – neben Leonard Bloomfield der bedeutendste Repräsentant des amerikanischen Strukturalismus – verband. Seine philosophische Ausbildung erhielt er in erster Linie von dem neoempiristischen Philosophen Nelson Goodman. In den frühen Publikationen (*Syntactic Structures*, 1957; *Strukturen der Syntax*) verband Ch. strukturalistische Grammatikkonzepte mit bestimmten Überlegungen aus der Mathematik (Automatentheorie, Theorie rekursiver Funktionen). Seine entscheidende Leistung liegt in der Formulierung verschiedener Grammatiksysteme, die zu der von ihm entwickelten Generativen Transformationsgrammatik führten. Seit 1955 lehrt Ch. Sprachwissenschaft am »Massachusetts Institute of Technology«.

Von der klassifizierenden Linguistik, die in der Tradition des amerikanischen Strukturalismus unter dem Vorzeichen eines empiristischen Wissenschaftsideals praktiziert wurde, unterscheidet sich Ch.s Ansatz in den folgenden Punkten: 1.) Im Strukturalismus war der Ausgangspunkt der Linguisten eine Sammlung sprachlicher Daten – ein sogenannter Korpus. Da ein Korpus immer nur endlich viele Elemente einer Sprache enthalten kann, ist er als Grundlage für die Konstruktion einer Grammatik ungeeignet. Mittels einer Datensammlung, so Ch., kann die kreative Fähigkeit eines Sprechers, unendlich viele neue Sätze zu produzieren, nicht erfaßt werden. Also muß das sprachliche Wissen der Sprecher Ausgangspunkt einer linguistischen Theorie werden. 2.) Im Strukturalismus war es das Ziel der Sprachwissenschaft, die Elemente in einem Korpus zu klassifizieren. Ch. hingegen möchte eine Theorie konzipieren, welche die Regeln angibt, die der Konstruktion von Sätzen zugrundeliegen. 3.) Das Verhältnis zwischen linguistischer Theorie und der Grammatik einer Sprache wurde im Strukturalismus so gedacht, daß eine Theorie dem Linguisten praktische Verfahren zur Verfügung stellen sollte, mittels welcher die richtige Grammatik für eine Sprache konstruiert werden konnte (Auffindungsverfahren). Ch. zufolge ist dieser Anspruch zu hoch, eine linguistische Theorie kann allenfalls Kriterien vermitteln, die es ermöglichen, z.B. eine von zwei für eine Sprache vorgeschlagenen Grammatiken als die bessere auszuzeichnen (Bewertungsverfahren).

Neben dieser Kritik an den strukturalistischen Methoden und Zielen findet sich in Ch.s Schrift *Syntactic Structures* die Diskussion einiger formaler und generativer Modelle, die sich für eine Beschreibung der Syntax natürlicher Sprachen anbieten. Unter einer generativen Grammatik versteht Ch. einen Mechanismus, der alle möglichen und nur die in einer natürlichen Sprache möglichen Sätze hervorbringen kann. Eine solche Grammatik muß explizit sein und die Eigenschaft der Rekursivität besitzen. Explizit ist eine Grammatik dann, wenn sie alle Regeln enthält, die der Konstruktion von Sätzen zugrundeliegen, und wenn sie die Bedingungen formuliert, unter denen diese Regeln anwendbar sind. Rekursiv ist die Grammatik, wenn sie mittels einer endlichen Menge von Regeln unendlich viele Sätze erzeugen kann. Ch. diskutiert »Grammatiken mit endlich vielen Zuständen« (»finite state grammars«) und eine Phrasenstrukturgrammatik – letztere ist eine kalkülisierte Version der bereits im Strukturalismus verwendeten Konstituentenstrukturgrammatiken. Beide Modelle erweisen sich für eine Beschreibung der Syntax natürlicher Sprachen als ungeeignet. Mittels des auf Markovprozessen basierenden Modells einer Grammatik mit endlich vielen Zuständen lassen sich zwar unendlich viele Sätze erzeugen, aber es gibt bestimmte Mechanismen der Satzbildung, die in einem solchen Modell nicht angemessen darstellbar sind. Die Regeln einer Phrasenstrukturgrammatik können mitunter nur sehr einfache Sätze erzeugen; Phänomene wie z. B. die Verwandtschaft von Aktiv- und Passivsätzen oder strukturelle Mehrdeutigkeiten werden von ihnen nicht erfaßt. Deshalb schlägt Ch. vor, die Regeln einer Phrasenstrukturgrammatik durch Transformationsregeln zu ergänzen, die dann z. B. in der Lage sind, einen mittels der Phrasenstrukturregeln erzeugten Aktivsatz in den entsprechenden Passivsatz umzuformen. Mit diesem Modell gelang es Ch., die Syntax natürlicher Sprachen als formales System zu explizieren.

In seiner zweiten großen Schrift *Aspects of the Theory of Syntax* (1965; *Aspekte der Syntax-Theorie*) wird dieses auf die Syntax reduzierte Modell der Sprache – ein Erbe strukturalistischer Ideologie – ergänzt. In dem auch als »Standard Theory« bekannten Aspects-Modell unterscheidet Ch. zwischen der syntaktischen, phonologischen und semantischen Komponente einer Grammatik. Im Mittelpunkt dieses Modells stehen weiterhin syntaktische Analysen. Die syntaktische Komponente der Grammatik setzt sich zusammen aus einer Basis und einem Transformationsteil; erstere besteht aus Phrasenstrukturregeln und einem Lexikon, welche dazu dienen, sogenannte Tiefenstrukturen von Sätzen zu erzeugen. Diese Tiefenstrukturen dienen als Input für den Transformationsteil; mittels der Transformationsregeln werden die Tiefenstrukturen umgebaut und in Oberflächenstrukturen – welche identisch sind mit den wohlgeformten Sätzen einer Sprache – überführt. Da Ch. die semantische und phonologische Komponente rein interpretativ denkt, leidet dieses Modell immer noch an einer syntaktischen Engführung der Sprachtheorie. Erst Ch.s Schüler William Ross, George Lakoff und James McCawley vertieften die semantischen Überlegungen innerhalb der generativen Bewegung.

Seit den 70er Jahren ist Ch. mit einer Revision und Modifikation des von ihm konzipierten Grammatikmodells beschäftigt. Diese Neuerungen betreffen vor allem die Formulierung von Beschränkungen, welche die Anwendbarkeit und damit die generative Kraft der Transformationsregeln einschränken sollen. Seine Schriften zu diesem Thema sind *Essays on Form and Interpretation* (1977) und *Lectures on Government and Binding* (1981).

Während Ch. zunächst an der Entwicklung einer formalen Syntaxtheorie interessiert war, führten ihn die Ergebnisse seiner sprachwissenschaftlichen Forschung dazu, mehr und mehr auch psychologische und philosophische Überlegungen über die Beschaffenheit des menschlichen Geistes anzustellen. Schon in den *Aspects* ist es nicht mehr das Ziel Ch.s, mit der Grammatiktheorie die Sprache zu beschreiben, beschrieben werden soll die »Kompetenz« des Sprechers einer Sprache. Unter Kompetenz – Ch. unterscheidet sie von der »Performanz«, dem jeweils konkreten Gebrauch der Sprache – versteht er das intuitive sprachliche Wissen eines Sprechers, welches der Performanz zugrundeliegt. Eine Grammatik soll die diesem Wissen impliziten Regeln explizieren. Das Regelsystem der Grammatik wird hier begriffen als das Abbild eines psychologisch realen Regelsystems, das angeblich die Grundlage der Sprachfähigkeit bildet. Mit dieser mentalistischen Position richtet sich Ch. gegen den Behaviourismus in der Psychologie. So hatte er schon 1959 eine kritische Rezension von Burrhus F. Skinners *Verbal Behaviour* (1957) verfaßt. Ch. kritisierte vor allem die pseudowissenschaftlichen Begriffe der behaviouristischen Psychologie, die er als die Alltagssprache paraphrasierende Wendungen entlarvte. In den Folgejahren wurde seine Auffassung vom Erstspracherwerb eines der Hauptargumente gegen den Behaviourismus. Auf der Grundlage seiner grammatischen Forschungen formuliert er empirische Argumente dafür, daß die Sprachfähigkeit dem Menschen angeboren ist (*Language and Mind* 1968; *Sprache und Geist*) und nicht nach dem behaviouristischen Lernmodell von Reiz und Reaktion erklärt werden kann. In diesem Zusammenhang ist sein Begriff der »Universalgrammatik« zu nennen: Er ist der Ansicht, daß es allen Sprachen gemeinsame Elemente gibt, die als linguistische Universalien bezeichnet werden können. So sollen insbesondere seine Analysen auf der tiefenstrukturellen Ebene diese Auffassung stützen – Ch.s Theorie will sich als ein Beitrag zur universalgrammatischen Forschung verstanden wissen. Die Annahme linguistischer Universalien und die These eines genetischen Fundaments des Sprachvermögens ergänzen sich wechselseitig.

Mit diesen Überlegungen reiht sich Ch. in eine von ihm als »cartesianische Linguistik« bezeichnete Tradition (*Cartesian Linguistics*, 1966; *Cartesianische Linguistik*) ein. Er entdeckt Präfigurationen seiner eigenen Konzeption in der Tradition des philosophischen Rationalismus, so etwa bei Leibniz, Descartes, den Grammatikern von Port Royal, Herder und Wilhelm von Humboldt. Die Gemeinsamkeiten zwischen der rationalistischen Sprachphilosophie und der Theorie Ch.s lassen sich wie folgt zusammenfassen: Die Sprache wird als eine spezifisch menschliche Fähigkeit aufgefaßt. Die wichtigste Eigenschaft der menschlichen Sprache ist ihre Kreativität. Es handelt sich bei der Sprachfähigkeit um ein angeborenes Vermögen. Bestimmte Elemente sind allen menschlichen Sprachen gemeinsam. Die Unterscheidung zwischen Tiefenstruktur und Oberflächenstruktur findet sich in der rationalistischen Tradition als Unterscheidung zwischen einem inneren und äußeren Aspekt der Sprache.

In der Schrift *Rules and Representations* (1980; *Regeln und Repräsentationen*) befaßt sich Ch. mit der Frage nach einer biologischen Fundierung seiner mentalistischen Position. Er plädiert für eine Übertragung naturwissenschaftlicher Verfahren auf die Linguistik und Psychologie. Der Neurophysiologie weist er die Aufgabe zu, physiologische Korrelate der Sprachfähigkeit des Menschen auszumachen. Untersuchungen über die Strukturen und die Arbeitsweise des menschlichen Gehirns sollen seine Hypothesen stützen. Obwohl gerade die naturalistische Position Ch.s in der Philosophie kontroverse Diskussionen auslöste, wird sie von ihm in immer neuen Anläufen gegen mögliche Einwände verteidigt. Von besonderem Interesse ist zum Beispiel seine in dem Buch *Knowledge of Language* (1986) geführte Auseinandersetzung mit der Wittgenstein-Deutung Saul A. Kripkes. Letzterer hatte darauf hingewiesen, daß die Überlegungen Wittgensteins zum Problem des Regelfolgens ein verändertes Verständnis des linguistischen Kompetenzbegriffs erforderten und zudem deutlich machten, daß der Erklärungsanspruch einer Theorie vom Typus der Ch.schen verfehlt sei. Trotz dieser von philosophischer Seite erhobenen Vorwürfe, sind Ch.s Ideen immer wieder im Rahmen einer philosophischen Semantik diskutiert und verwendet worden, so etwa von Jerry Fodor für die Konzeption einer »Psychosemantik«.

Während man in der Linguistik teilweise von den naturalistischen Ansprüchen der Grammatiktheorie abrückt und zu transformationslosen Grammatikmodellen zurückkehrt, so etwa mit der »Generalisierten Phasenstrukturgrammatik« von Gerald Gazdar und der »Functional Unification Grammer« von Martin Kay, hält Ch. an seinem Theorieprogramm fest. Neuere Überlegungen finden sich in *The Generative Enterprise* (1988) sowie in dem Buch *Language and Problems of Knowledge* (1988) – hier handelt es sich um eine publizierte Fassung des sprachtheoretischen Teils der 1986 in Nicaragua gehaltenen Managua-Lectures, die Zeugnis geben von Ch.s Versuchen, theoretische Überlegungen zu sprachwissenschaftlichen und politischen Fragen einerseits und praktisches Engagement andererseits zu verbinden.

In den letzten Jahrzehnten trat Ch. erneut verstärkt als politischer Publizist an die Öffentlichkeit. Im Vordergrund seines politischen Engagements, das sich in einer Vielzahl von Schriften dokumentiert, stehen neben kritischen, mitunter subversiven Kommentaren zu aktuellen Ereignissen (wie etwa dem Golfkrieg oder den Konflikten in Israel) Überlegungen zur Medienkritik (zusammen mit Edward S. Herman *Manufacturing Consent. The Political Economy of the Mass Media*, 1988; *Necessary Illusions. Thought Control in Democratic Societies*, 1989), zur wirtschaftlichen fundierten politischen Rolle der USA nach dem Ende des kalten Krieges (*Dettering Democracy*, 1991; *World orders, old and new*, 1995) und deren ideologischen Legitimationsversuchen (*Wirtschaft und Gewalt. Vom Kolonialismus zur neuen Weltordnung*, 1993).

Botha, Rudolph P.: Challenging Chomsky. Oxford 1989. – Newmeyer, Frederick J.: Linguistic Theory in America. The First Quarter Century of Transformatorial Generative Grammar. New York 1980. – Hermanns, Fritz: Die Kalkülisierung der Grammatik. Philologische Untersuchungen zu Ursprung, Entwicklung und Erfolg der sprachwissenschaftlichen Theorien Noam Chomskys. Heidelberg 1979.

Christoph Demmerling

Chrysippos
Geb. um 280 v.Chr. in Soloi (Kilikien); gest. um 206 v.Chr. in Athen

C. war als Nachfolger des Kleanthes der dritte Leiter der von Zenon von Kition etwa 300 v.Chr. in Athen gegründeten Philosophenschule der Stoa (so benannt nach ihrer Lehrstätte, einer Säulenhalle in Athen). Er war berühmt für seinen Fleiß und soll mehr als 705 Bücher verfaßt haben, von denen nur Fragmente erhalten sind. Obwohl sicher nicht alle Gedanken von ihm stammen und seine Werke voller Zitate und Wiederholungen waren, ist es doch keineswegs so, wie Apollodoros von Athen, ein Gelehrter des zweiten vorchristlichen Jahrhunderts sagte: »Entfernt man aus den Büchern des Chrysipp alles, was er an fremdem Gut mit beigelegt hat, so werden ihm schließlich nur die leeren Blätter bleiben.« Es ist das Verdienst des C., daß er die hauptsächlich von Heraklit, den Megarikern und

Kynikern beeinflußten Lehren seiner Vorgänger Zenon und Kleanthes systematisierte, erweiterte und sie gegen skeptische Einwände der Akademie verteidigte. Der Stoizismus entfaltete seine Wirkung in der systematischen Form, die C. ihm gab. Er wurde daher als zweiter Gründer der Stoa bezeichnet, und ein zeitgenössischer Vers über ihn lautete: »Wär nicht Chrysippos, gäb' es die Stoa nicht.«

Die Philosophie wurde von C. und anderen Stoikern in Physik, Ethik und Logik unterteilt. Die Physik umfaßt als Naturphilosophie auch kosmologische und theologische Spekulationen. Alles Geschehen in der Natur wird von einem vernünftigen Prinzip hervorgebracht, gestaltet und ist in seinem Ablauf streng determiniert. Dieses eine, welterklärende Prinzip wird je nach Zusammenhang u. a. als Weltvernunft, Weltseele, Naturgesetz, Schicksal, Gott oder, in der Nachfolge Heraklits, als Urfeuer bezeichnet. Die Stoa lehrt ein sich ewig wiederholendes, periodisches Weltentstehen und -vergehen. Das Urfeuer bringt die Welt hervor und vernichtet sie wieder. Jede neu entstehende Welt gleicht in allen Details den vorherigen Welten. Dieser Gedanke der ewigen Wiederkehr des Gleichen wurde von Nietzsche aufgenommen. Die Ethik bestimmt als höchstes Ziel die »eudaimonía« (Glückseligkeit), die nicht in der Maximierung der individuellen Lust besteht, sondern in der Gestaltung des Lebens nach vernünftigen Prinzipien in Übereinstimmung mit dem Naturgesetz. Als ideale Lebensführung gilt den Stoikern die des Weisen, der allein sich durch freie Willensentscheidung dem determinierten Weltgeschehen entziehen kann, indem er sich von seinen natürlichen Trieben, Begierden und Affekten freimacht und in der Erkenntnis des Guten seine Pflicht tut, d. h. ein tugendhaftes Leben führt.

Von besonderer Wichtigkeit sind C.s Arbeiten zur Sprachtheorie und Logik, Gebiete, die seine Vorgänger vernachlässigt hatten. Bei sprachlichen Zeichen ist dreierlei zu unterscheiden: das bedeutende Zeichen selbst, das ein Laut oder eine Wortfolge ist; das Bedeutete, d. h. das, was man meint, wenn man sinnvoll Laute äußert, und das, was in der Wirklichkeit dadurch bezeichnet wird. Die Logik hat es mit den Zusammenhängen des sinnvoll Geäußerten zu tun. Am besten ausgebaut ist der Teil der stoischen Logik, der sich mit sinnvoll geäußerten Aussagen beschäftigt. Diese Aussagenlogik stellt eine wesentliche Erweiterung der aristotelischen Begriffslogik dar und läßt sich hervorragend bei der Aufstellung und Widerlegung von Schlußfolgerungen verwenden. Sie ist zweiwertig, d. h. jede einfache Aussage ist entweder wahr oder falsch. Mit Hilfe von Aussagenverknüpfungen wie ›wenn … dann, entweder … oder, … und …‹ lassen sich komplexe Aussagen aufbauen, deren Wahrheit von der Wahrheit der einfachen Aussagen abhängt. So ist ein Bedingungssatz (wenn … dann) genau dann wahr, wenn der Wenn-Satz und die Verneinung des Dann-Satzes nicht zur gleichen Zeit wahr sein können. Die stoische Logik kennt die Schlußregeln des »modus ponens« und des »modus tollens« und sogar Metaregeln, die einen Zusammenhang zwischen diesen Schlußregeln festlegen. Die Bedeutung der stoischen Logik wurde erst im 20. Jahrhundert durch Charles S. Peirce, Jan Lukasiewicz und Benson Mates erkannt.

Hülser, Karlheinz (Hg.): Die Fragmente zur Dialektik der Stoiker. Band 1–4. Stuttgart 1987/88. – Mates, Benson: Stoic Logic. Berkeley/Los Angeles 1961. – Pohlenz, Max: Die Stoa. Geschichte einer geistigen Bewegung. Göttingen ¹1948, ⁴1970.

Martin Drechsler

Cicero, Marcus Tullius
Geb. 3. 1. 106 v.Chr. in Arpino; ermordet 7. 12. 43 v.Chr. bei Gaeta

 Die Iden des März hatten neben ihren politischen Folgen auch zumindest eine literarische Konsequenz. Während des Komplotts gegen Caesar war sein sechs Jahre älterer Zeitgenosse C. mit der Abfassung einer religionsphilosophischen Schrift beschäftigt. Der Staatsstreich bewog den Autor, das zweite Buch seines Traktats *Von der Weissagung* mit einer persönlichen Präambel zu versehen: »Ich habe mich immer wieder gefragt, mir oft überlegt, auf welche Weise ich möglichst vielen nützlich werden kann, um so nie eine Pause darin eintreten zu lassen, beizutragen zum Wohle der Republik. Da kam mir nichts Wichtigeres in den Sinn, als meinen Mitbürgern die Wege der höchsten Wissenschaften zu weisen, und das habe ich, wie ich meine, schon in mehreren Büchern erreicht.« An diese Standortbestimmung (Philosophie nicht um ihrer selbst willen, sondern als Dienst am Staat, zum Wohle der Gemeinschaft der Bürger) schließt der Verfasser eine Art Rechenschaftsbericht an: Er gibt sein »Schriftenverzeichnis«, eine systematische Aufzählung von 13 Titeln mit insgesamt 35 Büchern. Die Einleitung schließt mit einer wiederholten und detaillierten Programmerklärung: Anlaß zur Niederschrift philosophischer Werke war dem durch Caesars Alleinherrschaft aus der politischen Entscheidungsmacht verdrängten Konsular »der schwere Fall des Staates«. Er hoffte, durch solche Werke »das Gemüt von den Beschwerden zu erleichtern« und eben den Römern insgesamt zu nützen. Auch das Ziel wird genannt: »Kein Gebiet der Philosophie soll es mehr geben, das nicht auch in lateinischer Sprache zugänglich gemacht ist.«

Zu diesem Zeitpunkt hat C. ein bewegtes politisches Leben hinter sich. Seine philosophische Schulung erfuhr er in Athen und auf Rhodos, er hörte den Akademiker Antiochos, den Epikureer Zenon und den Stoiker Poseidonios. Der Aufsteiger aus der Provinz hat sich bald als Anwalt und Redner den Weg zu den höchsten Staatsämter zu bahnen vermocht; er ist im Jahre 63 Konsul gewesen und hat als Jahres-Lenker des Staates mit Wort und Waffen die Revolte des Catilina niedergeschlagen. Das brachte ihm Feinde genug, und eine Verbannung (April 58 bis September 57) mußte durchgestanden werden. Auch als Provinzialgouverneur von Kilikien (Juli 51 bis Juli 50) hatte C. sich zu bewähren – er war kein Pontius Pilatus, seine Amtszeit blieb unspektakulär. Komplizierter war die Situation im Bürgerkrieg. Als Caesar Anfang 49 den Rubikon überschritt, stellte sich C. nach langem Zaudern auf die Seite des Senats; nach der Niederlage des Pompeius mußte er bis zum September 47 auf die Begnadigung durch den Sieger Caesar warten. Unter dessen Alleinherrschaft war kein Raum mehr für den Politiker C. – der Philosoph C. begann sein systematisches Werk, ein Leben lang vorbereitet durch Lektüre, Diskussionen und Studien, durch den Tod seiner Tochter Tullia emotional bewegt und letzten Fragen zugewandt. Erst die Ermordung Caesars brachte einen Umschwung; nun meldete sich auch der Redner, der Politiker wieder zu Wort. Doch schon anderthalb Jahre später endete sein Leben in der Ächtung der neuen Herren Antonius und Octavian, von deren Häschern C. 43 auf der Flucht getötet wurde.

Das philosophische Werk beruht auf griechischen Quellen, denen der Meister-
stilist lateinischen Klang und römische Farben gab. Seine Aufzählung beginnt mit
der Ermahnung zur Philosophie, dem Protreptikos *Hortensius*. Das Werk, vom
62jährigen C. 45 verfaßt, ist bis auf etwa 100 kurze Fragmente verlorengegangen. Es
hat aber in der Geistesgeschichte seine Spuren hinterlassen: Seine Lektüre bekehrte
den jungen Augustinus zur Philosophie. Die *Akademischen Abhandlungen (Academici
libri quattuor*, etwa 46) erklären, warum sich der Autor der sogenannten Neueren
Akademie anschließt: sie erscheint ihm unter all den philosophischen Schulen und
Sekten seiner Zeit »am wenigsten anmaßend, am meisten sich gleichbleibend und
geschmackvoll« – man sieht, wie hier für den Denker und Autor C. neben den
inhaltlichen Kriterien der Zurückhaltung im Urteilen und der Konsequenz im
Lehren auch die formale Seite, die Art der Darstellung, ihre Rolle spielt. An die
Erkenntnislehre schließt sich verschiedenerlei zu Fragen der praktischen Ethik an: 5
Bücher *Über das höchste Gut und das größte Übel (De finibus bonorum et malorum)*,
ebenso viele mit dem Titel *Gespräche in Tusculum (Tusculanae disputationes*, 45*)*,
gewidmet Fragen wie Tod, Schmerz, Leid, Gemütsbewegungen. Es folgen religionsphilosophische Erörterungen über *Das Wesen der Götter (De natura deorum*, 44*)* und
die in Arbeit befindlichen Erörterungen *Über die Weissagekunst (De divinatione)*.
Freilich ist die Liste hier noch nicht zu Ende. Hinzu tritt das früher (54–51) verfaßte
große Werk *Vom Staat (De re publica)*, von dessen 6 Büchern uns wiederum nur Teile
erhalten geblieben sind, gipfelnd in der berühmten spekulativen Vision vom *Traum
des Scipio (Somnium Scipionis)*. C. erwähnt auch noch kleinere Gelegenheitsschriften,
wie *Laelius oder die über Freundschaft (Laelius de amicitia)* und *Cato oder über das Alter
(Cato maior de Senectute)*. Er vergißt auch nicht seiner der rhetorischen Theorie
gewidmeten Hauptwerke zu erwähnen: *Vom Redner (De oratore*, 55*)*, sodann die in
ihm selbst gipfelnde Geschichte der römischen Beredsamkeit mit dem Titel *Brutus*,
schließlich noch der Traktat *Der Redner*. Ihre Einfügung bezeugt den engen Kontakt
zwischen Rhetorik und Philosophie in C.s Zeit und Werk. Wir Modernen können
nur noch die dem in Athen studierenden Sohn als Verhaltenskodex gewidmeten 3
Bücher *Vom rechten Handeln* hinzufügen, ferner die *Paradoxe der Stoiker* sowie *Die
Gesetze (De legibus)*; durch sie wird, in der Nachfolge Platons, die Schrift *Der Staat*
detailliert ergänzt. Freilich dürfen wir auch die zahlreichen philosophischen Passagen
in Reden, Briefen und Dichtungen nicht vergessen, die teilweise noch einer
systematischen Auswertung harren.

Die Weite dieses Werkes ist eindrucksvoll genug, seine Wirkung nicht minder. C.
erst hat die lateinische philosophische Sprache geschaffen, hat, aus griechischem
Gedankengut schöpfend, um die Prägung von Begriffen gerungen, die in der von
ihm geformten Fassung dann in den europäischen philosophischen Diskurs eingegangen sind, ja in vielen Fällen ihn überhaupt erst möglich gemacht haben. Darin
hat man eine Schwäche sehen wollen, hat sich dabei auch seines eigenen Wortes
bedient:»Das sind eigentlich Abschriften, entstanden mit geringer Mühe; ich füge
nur die Worte hinzu, und an denen habe ich Überfluß.« Aber so gewiß C. vor den
großen schöpferischen Denkern der antiken Philosophie auch zurücktritt, so ge-
wichtig ist sein Beitrag zur Geschichte der Philosophie: Er hat ihr das Imperium
Romanum erschlossen und damit den Strom geistiger Tradition von den Griechen

zu den Römern, den ersten Erben Griechenlands, hingelenkt zu allen späteren Denkschulen Europas. Daß er das vermochte, ist nicht nur Resultat seines Intellekts und seiner rhetorischen Meisterschaft, sondern auch seiner persönlichen Hingabe an die Philosophie: In seinem berühmten Hymnus (am Anfang des letzten Buches der *Gespräche in Tusculum*) preist er sie: »O du Führerin durch das Leben, du Finderin der Vollkommenheit, du Vernichterin unserer Fehler – was wäre das Leben der Menschen ohne dich?«

Gigon, Olof: Die antike Philosophie als Maßstab und Realität. München 1977. – Görler, Woldemar: Untersuchungen zu Ciceros Philosophie. Heidelberg 1974.

Bernhard Kytzler

Clemens von Alexandria (d. i. Titus Flavius Clemens)
Geb. um 150 in Athen(?); gest. vor 215 in Kappadokien/Anatolien(?)

Über keinen der frühchristlichen Denker wissen wir so wenig wie über C.. Geboren in einem paganen Elternhaus, wird er später Christ. Auf langen Reisen durch Unteritalien, Syrien und Palästina hört er verschiedene christliche Lehrer. In Alexandria schließlich begegnet er dem zum Christentum konvertierten Stoiker Pantainos, dem Leiter des dortigen Katechetenunterrichts. C. wird sein Schüler, später sein Nachfolger. Während der Christenverfolgung unter Septimius Severus (202/03) flieht er nach Kappadokien, wo er wohl bis zu seinem Tod gelebt hat.

Die faszinierendste seiner erhaltenen Schriften sind die (möglicherweise unvollendeten) *Stromateis*, »Teppiche«, die er anstelle einer geplanten systematischen Gesamtdarstellung des christlichen Glaubens verfaßt. Dessen offene Darlegung erscheint ihm angesichts der gefährdeten Lage der zeitgenössischen Kirche zu problematisch. In den »Teppichen« breitet C. vor seinen Lesern einen Park, ja ein Labyrinth aus, in dem sich die großen Probleme der christlichen Praxis und Theorie scheinbar ohne Ordnung, mehr andeutend als ausführend, und in poetischer Sprache besprochen finden. Die Glaubenswahrheiten sollen dem für die christliche Botschaft nicht Bereiten verwirrend und verschlossen bleiben, sich nur dem Bereiten erschließen.

C.' Denken ist geprägt von seiner Philon aufgreifenden Integration philosophischer Positionen in die Theologie. Den Nutzen der Philosophie verteidigt er nachdrücklich; wie alles Gute stammt sie von Gott, entspringt der von ihm den Menschen verliehenen »Fähigkeit zur Vernunft«, dem ›logos spermatikos‹, dem als Abbild des göttlichen Logos allen eingepflanzten Samen der Wahrheit. Seine Allegorese des homerischen Abenteuers von Odysseus und den Sirenen verdeutlicht C.' Verhältnis zur Philosophie, die Hilfe, aber auch Gefahr sein kann. Odysseus ist der ›gute Lehrer‹, der griechischer Weisheit nicht ängstlich aus dem Weg geht, sondern sich in ihr ein wertvolles Werkzeug anzueignen weiß. Mit diesem hält er den Kurs heim zur Wahrheit. Die Mehrzahl der Christen freilich verweigert dem ›Sirenensang‹ zu Recht die Ohren – wie Odysseus' Gefährten würden sie allzu leicht die Orientierung verlieren. Weder universelles Angebot noch Heilsbedingung ist also die Philosophie, sondern ein Sonderweg intellektueller christlicher Selbstverwirklichung. C.' Gottesbegriff greift Philons negative Theologie auf: Gott, die absolute Transzendenz, bleibt menschlicher Vernunft unfaßbar. In seiner Lösung des Paradoxes einer Verbindung des transzendenten Gottes mit der Welt geht C. einen Schritt weiter: eine Erkenntnis Gottes ist durch die Gnade der Offenbarung möglich. Auf diese bereitet Gott die Menschen durch seine »Erziehung« vor – die Juden mittels des Alten Testaments, die Griechen mittels der Philosophie. So vorbereitet, erfüllt sich die Offenbarung in der Inkarnation Christi, der Manifestation Gottes in der Welt. Damit bindet C. Philons abstrakten Logos an die Person Jesu.

Menschliche Existenz begreift C. als ethische Aufgabe. Die Schöpfung ist ein Experiment der Freiheit, welches die Abkehr von Gott ausdrücklich ermöglicht. Tatsächlich fallen die Menschen von ihm ab und negieren mit dieser Verfehlung ihre Mitwirkung an der Vollendung der Schöpfung. Gott gibt sie damit nicht verloren, sondern sucht sie mit seiner »Erziehung« zurückzugewinnen. Ihr so geweckter Erlösungswunsch kommt seinem Heilsplan entgegen. Der Erlösung vermag auf Erden der Aufstieg zur Gotteserkenntnis vorauszugreifen. Diese realisiert sich in der Allegorese der Bibel als ein nur wenigen zugängliches Wissen (Gnosis). Dem Sonderweg der Erkenntnis steht der allgemeingültige der Ethik gegenüber, als Versuch, dem Ideal christlichen Lebens nahezukommen. Die stoische Formel vom ›Leben gemäß der Natur‹ und die platonische Definition des höchsten Gutes als ›weitestmögliche Angleichung an Gott‹ werden zur Beschreibung der idealen christlichen Existenz, der Ebenbildlichkeit mit Gott. Die Befreiung von aller ›Weltlichkeit‹, die nicht (stoisch) unterdrückt, sondern von der Liebe überwunden wird, führt zu jener sittlichen Vollkommenheit, die die Schau Gottes ermöglicht. Gotteserkenntnis ist für C. kein statischer Besitz, sondern, mehr paulinisch denn platonisch gedacht, ein dynamisches, mit dem Tod nicht endendes Fortschreiten. Auch der vollkommene Christ kann im irdischen Leben nicht den Grad der Heiligkeit erlangen, der ihn der unmittelbaren Nähe Gottes versichert. Gottes Feuer reinigt im künftigen Leben die befleckten Seelen. Erst dieser Prozeß der Heilung erschließt den Menschen die Gegenwart Gottes. Sie erlebt der wahre Wissende als endlose, sich nie sättigende Liebe, als unendliches Eindringen in das Mysterium der Erkenntnis. Die Vision einer gänzlich dynamischen, immer weiter sich auffaltenden Transzendenz läßt ihn sogar sagen, der wahre Wissende, müßte er wählen zwischen dem ewigen Heil und der Erkenntnis Gottes, entschiede sich ohne Zögern für die Erkenntnis.

In einer Zeit, die eine Formulierung christlicher Theologie nur in Ansätzen kennt, unternimmt C. den ersten Versuch einer Gesamtdarstellung und -deutung des Christentums, die zudem orthodoxe und intellektuelle Interessen gleichermaßen zu befriedigen sucht. Philosophisches Denken und christliche Offenbarung ergänzen sich für ihn notwendig; ihre Beziehung zueinander sucht er ans Licht zu bringen. In diesem Prozeß gerät die platonische Philosophie in Bewegung: der transzendente Gott offenbart sich in der Inkarnation, die immanente Schöpfung vollendet sich ins Eschaton – die klassische Barriere zwischen Welt und Sein wird aufgehoben.

C.' Synthese von Platonismus und Christentum überwindet die Dominanz stoischer Positionen in der frühen Kirche endgültig und erringt der griechischen Metaphysik Heimatrecht in der Kirche. Ungeachtet dieser Leistung blieb das Ver-

hältnis der Kirche zu ihm lange Zeit reserviert. Die Integration vieler aus orthodoxer Sicht suspekter Elemente in sein Denken, sein in der patristischen Literatur
ungewohnt optimistisches Menschenbild, sein Festhalten an hellenischen Idealen,
sein Bemühen, Aussagen konsequent biblisch *und* philosophisch zu begründen,
wußte erst die Neuzeit anzuerkennen – sie machten ihn zum Liebling der Humanisten.

Lilla, Salvatore R.C.: Clement of Alexandria. Oxford 1971. – Chadwick, Henry: Early
Christian thought and the classical tradition. Oxford 1966, S. 31–65.

Peter Habermehl

Cohen, Hermann
Geb. 4. 7. 1842 in Coswig (Anhalt); gest. 4. 4. 1918 in Berlin

Aus orthodox jüdischen Verhältnissen stammend, studierte
C., ehe er sich der Philosophie zuwandte, zunächst für kurze
Zeit am Breslauer jüdisch-theologischen Seminar. Nach
philosophischen Studien in Breslau und Berlin promovierte
er 1865 in Halle. Bewegten sich seine frühen Arbeiten in
den Denkbahnen der von Moritz Lazarus und Hajim Stein-
thal entwickelten Völkerpsychologie, so fand er zu Beginn
der 70er Jahre des vorigen Jahrhunderts anläßlich der Kontroverse zwischen Adolf Trendelenburg und Kuno Fischer
über die Deutung von Kants transzendentaler Ästhetik zur
Kantischen Philosophie.
1871 veröffentliche er seine für die Entwicklung des Marburger Neukantianismus
bahnbrechende Arbeit über *Kants Theorie der Erfahrung*, in der er davon ausging, Kant
sei es in der ersten Kritik darum gegangen, jene apriorischen Momente aufzudecken, die die Erzeugung des Gegenstandes der wissenschaftlichen Erfahrung
ermöglichen. Desgleichen galten seine weiteren Kantarbeiten über *Kants Begründung
der Ethik* (1877) sowie *Kants Begründung der Ästhetik* (1889) dem Nachweis, daß es
Kant auch in seiner zweiten und dritten Kritik um die Freilegung der erzeugenden
Momente des ethischen und des ästhetischen Gegenstandes gegangen sei. Zwischenzeitlich hatte er sich nach zwei vergeblichen Anläufen in Berlin schließlich dank der
Förderung von Friedrich Albert Lange 1873 in Marburg habilitiert und übernahm
1876 auch dessen Marburger Lehrstuhl, den er bis zur Emeritierung im Jahre 1912
innehatte.
Während seiner Marburger Jahre vollzog C. den Schritt von einer operativen
Kantinterpretation zum Entwurf eines »Systems der Philosophie«. Eine wichtige
Station auf diesem Weg zum System war die 1883 erschienene Abhandlung über das
Prinzip der Infinitesimal-Methode, in der C. bereits den Kantischen Dualismus von
Anschauung und Denken kritisierte und den »constructiven Charakter des Den-
kens« herausstellt, der sich dahingehend auswirkt, »daß die Welt der Dinge auf dem
Grunde der Gesetze des Denkens beruht«. C.s System bestand im einzelnen aus der
Logik der reinen Erkenntnis (1902), der *Ethik des reinen Willens* (1904) und der *Ästhetik*

des reinen Gefühls (1912). Wichtig zum Verständnis von C.s System ist: Die Vernunft ist nicht an sich gegeben, sondern wird nur greifbar, sofern sie sich in den drei Grundrichtungen der Kultur: Wissenschaft, Sittlichkeit und Kunst objektiviert. Speziell für die Logik gilt, daß sie ihren Ausgang vom Faktum der mathematischen Naturwissenschaft nehmen muß. Der Zugang zur Erkenntnislogik läuft bei C. also über die Wissenschaftslogik.

Im Rahmen seines Ethikentwurfs entwickelt C. das Konzept eines ethischen Sozialismus, das auf eine Überwindung des bestehenden »Staat(es) der Stände und herrschenden Klassen« zielt, ohne wie die materialistische Geschichtssicht in einen ökonomischen Determinismus zu verfallen. Versuchte C. auch die Ethik rück-zubinden an ein Wissenschaftsfaktum, nämlich die Rechtswisschenschaft, so zeigt sich in der Ästhetik insofern eine Modifikation der C.schen Systematik, als diese Rückbindung an ein Wissenschaftsfaktum nunmehr entfällt. Vielmehr entnimmt C. die Gesetzlicheiten reinen Gefühls unmittelbar aus den Werken der Kunst.

1912 verließ C. Marburg und ging nach Berlin, um dort Vorlesungen an der Lehranstalt des Judentums zu halten. Nachdem er sich schon in seiner Marburger Zeit, ausgelöst durch antisemitische Tendenzen im Deutschen Kaiserreich, in vielfäl-tiger Weise zur religiösen, politischen und kulturellen Situation des Judentums geäußert hatte, ist die wichtigste Frucht der Berliner Jahre der Entwurf einer *Religion der Vernunft aus den Quellen des Judentums*, die posthum 1919 erschien.

Holzhey, Helmut: Hermann Cohen. Frankfurt 1994. – Brandt, Reinhard/Orlik, Franz: Philosophisches Denken – Politisches Wirken. Hildesheim 1992. – Kluback, William: The idea of humanity. Hermann Cohens Legacy to Philosophy and Theology. London 1987.

Hans-Ludwig Ollig

Comte, Auguste
Geb. 19. 1. 1798 in Montpellier; gest. 5. 9. 1857 in Paris

Hätte C. mit seinem »voir pour prévoir« (»sehen, um vor-auszusehen«) recht behalten, dann lebten wir heute in Ver-wirklichung seiner positiven Philosophie in einem von uns selbst herbeigeführten, nahezu vollkommenen gesellschaft-lichen Glückszustand. Die Menschheit hätte ihr Geschick einer Elite von Männern anvertraut, die ihr großes Wissen zur Abschaffung des Krieges und zur Harmonisierung der gesellschaftlichen Verhältnisse eingesetzt hätten kraft ihres Einblicks in das von C. gefundene Gesetz der Evolution des menschlichen Geistes. – Der Mann, dessen Zukunftsvision uns heute so gründlich widerlegt erscheint, wurde als Sohn eines Finanzbeamten geboren, von dem er wohl die Vorliebe für Ordnung und Regelmäßigkeit in sein Denken übernahm. Am Lyzeum von Montpellier war der junge C. ein hervorragender Schüler. 1814 bestand er die Aufnahmeprüfung in die École Royale Polytechnique in Paris. Von hohem wissenschaftlichen Niveau, stand die Schule als eine Schöpfung der Revolution während der Restauration im politischen Verdacht, ihre Schüler in republikanischer und gottloser Gesinnung zu erziehen. 1816 wurde C. mit anderen Schülern relegiert und die Schule selbst kurze Zeit darauf aufgelöst. Für C. bedeutete dies Abbruch des Studiums und Verlust einer wissenschaftlichen Laufbahn.

Drei Jahre lang widmete er sich in erzwungener Muße der Lektüre und dem Nachdenken, bis er eine Anstellung als Sekretär und Mitarbeiter des Grafen Saint-Simon fand, in dessen philosophischem und sozialreformerischen Denken bereits vieles von dem angelegt war, was von C. weiterentwickelt werden sollte. Die Freundschaft zwischen beiden brach 1824 an unterschiedlichen philosophischen Positionen auseinander.

Schon in der Jugendschrift von 1822, *Prospectus des travaux scientifiques nécessaires pour réorganiser la société (Entwurf der wissenschaftlichen Arbeiten, welche für eine Reorganisation der Gesellschaft erforderlich sind)*, finden sich wesentliche Grundgedanken C. s. In seinem *Système de politique positive* von 1825 sind dann die beiden zentralen Gesetze seines Systems formuliert, das »Dreistadiengesetz« und das »Enzyklopädische Gesetz«. Im Dreistadiengesetz sieht C. die intellektuelle und soziale Entwicklung des Individuums wie der Menschheit in einem gesetzmäßigen, prozeßhaften Verlauf über drei Stadien: das theologische oder fiktive (Kindheit), das metaphysische oder abstrakte (Jugend) und das wissenschaftliche oder positive Stadium (Erwachsenenalter). Sie markieren den Weg menschlichen Geistes zu seiner Vervollkommnung. Im ersten, theologischen Stadium sucht der Mensch nach der wahren Natur aller Dinge, nach Ursprung und Ziel, also nach absoluter Erkenntnis und findet sie in Gott, nach dessen Willen alles geschieht und den der Mensch nur zu inszenieren hat. Im zweiten, metaphysischen Stadium wird die göttliche Macht durch abstrakte Wesenheiten ersetzt, von denen sich nun das menschliche Denken leiten läßt. Erst im dritten, positiven Stadium stützt sich das menschliche Wissen strikt auf Beobachtung und Erfahrung, der menschliche Geist erkennt die Unmöglichkeit, absolute Begriffe zu bilden. Aus der Verbindung von empirischer Beobachtung und logischem Denken schließt er auf die Konstanz von Beziehungen zwischen den Phänomenen nach der Art von Naturgesetzen. »Comtes neue Philosophie ist Relativismus im radikalen und buchstäblichen Sinne, weil sie ausschließlich in Beziehungen denkt« (Karl Löwith). Allerdings waren auch die früheren Stadien menschlichen Denkens nicht sinnlos für den menschlichen Fortschritt, denn um überhaupt Tatsachen entdecken zu können, mußte der Mensch zuerst eine wegweisende Theorie besitzen. Wäre der Mensch während seines theologischen und metaphysischen Stadiums nicht von einer übertriebenen Einschätzung seiner Erkenntnisfähigkeit ausgegangen, dann könnte er in seinem positiven Stadium niemals all das wissen und tun, was er tatsächlich weiß und kann. – Mit dem Dreistadiengesetz korrespondiert das Enzyklopädische Gesetz, mit dem C. eine Rangordnung der Wissenschaften aufbaut. Sie folgt einer Reihe von abnehmender Allgemeinheit bzw. zunehmender Komplexität. Die Rangfolge beginnt mit der Astronomie, nach damaligem Wissensstand der allgemeinsten Wissenschaft, die sich rein mathematischen Gesetzen erschließt. Dieser Physik des Himmels folgt die der Erde, sie fügt der mathematischen Messung das Experiment hinzu und wird so der größeren Komplexität ihres Gegenstandes mit einer verfeinerten Methode gerecht. Auf die Physik folgt die Chemie mit ihrer Klassifizierung der Elemente und Verbindungen. Dann folgt der Sprung von der anorganischen zur organischen Natur, zur Biologie. Die ihrer nochmals größeren Komplexität angemessene Methode ist die der Vergleichung. Die Wissenschaft mit der höchsten Komplexität ist schließlich die soziale Physik, von C. nunmehr Soziologie genannt. Ihr Gegenstand ist die menschliche Gesellschaft, die C. ebenfalls von gesetzmäßigen Entwicklungen beherrscht sieht, denen man mit der historischen Methode auf den Grund kommt. Die historische ist eine vergleichende Methode, mit der in deduktiver Weise Lebensformen in ihrem geschichtlichen Zusammenhang betrachtet werden, um an Einflüssen, Tradierungen und Veränderungen den prozeßhaften Charakter des Geschichtlichen ablesen zu können. Mit dieser Komparatistik wendet sich C. gegen den Empirismus als Methode, dem er lediglich die Funktion der Überprüfung, nicht aber der Verallgemeinerung oder Induktion zubilligt. Nachdem er sein *Système de politique positive* veröffentlicht hatte, begann C. im folgenden Jahr 1826 vor einem kleinen Kreis mit einer Vortragsreihe, die er dann ab 1830 zu seinem sechsbändigen Hauptwerk, dem *Cours de philosophie positive (Einleitung in die positive Philosophie)* ausformulierte. 1842 lag das Werk vollständig vor.

Wer sich wie C. ausschließlich auf empirische Beobachtung und logisches Denken verlassen wollte, dem konnte nicht entgehen, daß der Mensch im intellektuellen Bereich deutlichere Fortschritte machte als im moralischen, daß er in den Naturwissenschaften deutlicher vorankam als in den Sozialwissenschaften. C. sah seine Zeit in einer großen politischen und moralischen Krise, deren Grund er in ihrem Mangel an Stabilität der Moralvorstellungen und der sozialen Ordnung fand. Dies wiederum rührte von dem Nebeneinander und Durcheinander der drei verschiedenen menschlichen Denkweisen her, die er mit bestimmten Organisationsformen der menschlichen Gesellschaft verknüpft sah: das theologische Denken mit der militärischen Ordnung, das metaphysische mit der feudalen, und das positive mit der industriellen Ordnung. Die geistige Anarchie, die nur auf die Steigerung individueller Rechte statt gemeinsamer Pflichten aus ist, nur auf abstrakte Freiheit statt freiwilliger Unterordnung, nur auf Gleichheit statt Rangordnung, diese Anarchie kann nur mit der stabilisierenden Kraft einer strikten Ordnung aufgehoben werden. So kommt es, daß der im revolutionären, atheistischen Geist aufgewachsene C. auf ein System schwört, das eine konservative Ordnung nach dem Vorbild der katholischen Kirche mit revolutionärem Fortschritt vereinigen soll. Ordnung und Fortschritt seien die zwei Bedingungen, die in einer fortschrittlichen Zivilisation gleichzeitig erfüllt sein müssen: »Keine gesellschaftliche Ordnung kann sich jetzt aufrichten und dauern, wenn sie sich nicht mit dem Fortschritt verträgt. Kein Fortschritt kann sich vollziehen, wenn er sich nicht auf Befestigung der Ordnung richtet. In der positiven Philosophie sind Ordnung und Fortschritt die beiden untrennbaren Seiten desselben Prinzips.« Den mangelnden sozialen Fortschritt erklärt C. aus dem unentwickelten Zustand der positiven Sozialwissenschaften, denen es noch nicht hinreichend gelungen ist, die Naturgesetze der sozialen Phänomene zu enthüllen. Der Atheist C. bevorzugte für seine gesellschaftliche Vision das katholische Sozialsystem, weil dieses im Mittelalter die Fähigkeit bewiesen habe, einen funktionierenden sozialen Organismus zu schaffen. Zwar sah C. im Protestantismus den Ausdruck der geistigen Emanzipation, und mit seiner Gewissens- und

Meinungsfreiheit wurde er zur wichtigen revolutionären Kraft, aber sein ständiges Infragestellen der Grundlagen der Gesellschaft zerstörte die bisher funktionierende soziale Ordnung. »Wenn man die glänzenden Kapitel in C.s Werk über die bleibenden Verdienste des katholischen Systems liest, kann man die Frage nicht abweisen, ob C. nicht unfreiwillig die entgegengesetzte Notwendigkeit bestätigt: die theologischen Grundlagen des Christentums zu bewahren oder wiederherzustellen, um eine katholische »Ordnung« sozial errichten zu können« (Karl Löwith).

C.s Privatleben verlief chaotisch und ungesichert. Er lebte mit einer schlechtbeleumundeten Frau zusammen, die er schließlich kirchlich heiratete. Die Ehe wurde ein einziges Drama. C. war von Eifersucht geplagt, nach einem Tobsuchtsanfall lieferte man ihn vorübergehend in eine Irrenanstalt ein, er konnte nicht mehr wissenschaftlich arbeiten. Nur allmählich besserte sich seine Verfassung: 1829 nahm er seine Vorlesungen wieder auf. Nach der Julirevolution von 1830 bezog er aus Mathematikstunden und als Repetitor an der wiedereröffneten École Polytechnique nun endlich ein geregeltes Einkommen. 1842, als der *Cours* fertig war, trennte sich C. von seiner Frau. 1844 lernte er Clotilde de Vaux kennen, eine Begegnung, die von ihm als seine »moralische Wiedergeburt« gedeutet wurde und über den frühen Tod Clotildes (1845) hinaus sich tief auf das Leben C.s auswirkte. Seine Schulanstellung hatte C. schon bald wieder verloren, und nur die Unterstützung von Freunden, zu denen zeitweise John Stuart Mill zählte, machte es ihm möglich, an seinem Werk weiterzuarbeiten. 1854 konnte er sein *Système de politique positive* in vier Bänden abschließen, 1856 folgte noch der erste Band einer *Synthèse subjective*. Als C. 1857 starb, war er für seine Jünger in der »Societé positiviste« zum Hohepriester der Menschheit geworden und wurde wie ein Heiliger verehrt. Getreu seiner eigenen Devise: »voir pour prévoir«, hatte sich C. an Voraussagen gewagt, die allesamt nicht eintrafen. Die moderne Industrie hätte die Abschaffung der Kriege mit sich bringen sollen, weil das industrielle Zeitalter »wissenschaftlich und folglich pazifistisch« sein werde. Mit dem wissenschaftlich abgesicherten sozialen Fortschritt werde auch die Achtung vor dem Menschenleben steigen. Comte gilt heute als falscher Prophet nicht nur, weil die tatsächliche Entwicklung seinen Voraussagen so kraß zuwider lief, sondern auch, weil ein grundsätzlicher Zusammenhang zwischen wissenschaftlichem Fortschritt und wachsender Humanität im Sinne des positiven Geistes kaum noch gesehen wird.

Negt, Oskar: Die Konstituierung der Soziologie als Ordnungswissenschaft. Frankfurt am Main ²1974. – Löwith, Karl: Weltgeschichte und Heilsgeschehen (Sämtliche Schriften, Bd. 2). Stuttgart 1983. – Mill, John Stuart: Auguste Comte and Positivism. London 1882 (Nachdruck Michigan 1961).

Siegfried Berger

Condillac, Étienne Bonnot de
Geb. 30. 9. 1714 in Grenoble/Isère; gest. 3. 8. 1780 auf Schloß Flux bei Beaugency/Loir-et-Cher

»Sind Sie immer noch Sensualist, Immoralist und Atheist. – Wieso denn? – Ja, Sie bestreiten doch, daß die Vernunft eine eigenständige Fähigkeit ist. Sie bestreiten die Existenz der eingeborenen Ideen. Sie behaupten, daß eine vollkommene Wissenschaft nichts weiter sei als eine vollkommene Sprache. Sie folgen Condillac, also,« so setzt Hippolyte Taine die fiktive Anklageerhebung fort, »können Sie weder an die Wahrheit noch an die Gerechtigkeit noch an Gott glauben ... Ihre Philosophie zerstört die Würde des Menschen.« Womit er die globale Verurteilung von C. durch die Vertreter einer spiritualistischen Philosophie im 19. Jahrhundert pointiert auf einen Nenner bringt. Gleichzeitig hält er fest, was diesen Denker in den Augen Victor Cousins und Joseph Marie de Maistres zum »schuldigsten aller modernen Verschwörer« macht, im Urteil des jungen Marx jedoch nur Ehre einbringt: »Er publizierte eine Widerlegung der Systeme von Descartes, Spinoza, Leibniz und Malebranche. In seiner Schrift *Essai über den Ursprung der menschlichen Erkenntnisse* führte er Lockes Gedanken aus und bewies, daß nicht nur die Seele, sondern auch die Sinne, nicht nur die Kunst, Ideen zu machen, sondern auch die Kunst der sinnlichen Empfindung Sache der Erfahrung und Gewohnheit sei. Von der Erziehung und den äußeren Umständen hängt daher die ganze Entwicklung des Menschen ab.«

Eines ist gewiß: C. selber hätte, mit den Urteilen der Nachwelt konfrontiert, seinem – noch für Jacques Derrida gültigen – Ruf als Anti-Metaphysiker nicht zugestimmt. Denn dieser Denker, der, wie seine Lebensführung zeigt, eher den Schutz der Konvention sucht und, was seine Entscheidung für das dann allerdings nie ausgeübte Priesteramt anbelangt, lieber den Konvenüs seines Standes folgt, anstatt zu rebellieren, hat seinen Angriff auf den metaphysischen Apriorismus geradezu programmatisch hinter dem Gestus der Bescheidenheit versteckt. »Ich werde mein Thema entwickeln, so gut ich kann; ... wie ein kleiner Mensch, der dem folgt, was sich für die Vermutung als wahrscheinlich erweist.« Dies erklärt C. in der Einleitung zum *Traité des sensations (Abhandlung über die Empfindungen)* von 1754 und bestätigt listig den Vorsatz seines 1746 publizierten *Essai sur l'origine des connaissances humaines (Essai über den Ursprung der menschlichen Erkenntnisse)*, eine Philosophie zu betreiben, die »ihre Forschungen mit den beschränkten Möglichkeiten des menschlichen Geistes in Übereinstimmung« bringt. Offenbar hat der Bescheidenheitstopos die sonst so wachsamen Zensoren des Ancien Régime über die Radikalität eines Denkens hinweggetäuscht, das sämtliche Behauptungen dem Test der Erfahrung unterzieht. Dies ist um so erstaunlicher, als diejenigen unter den Aufklärern, die sich auf C. berufen, sich ein Publikationsverbot einhandeln, wie der Abbé de Prades oder schlimmer noch eine Gefängnisstrafe wie Denis Diderot mit der *Lettre sur les aveugles* (1749; *Brief über die Blinden*), während C. im selben Jahr unbehelligt seine grundsätzliche Kritik an spekulativen Systemen im *Traité des systèmes* veröffentlichen kann. Freilich geht C. in den gut sieben Jahren, die er noch in Paris im Zentrum der europäischen Aufklärung verbringen wird, allen Kampagnen, die gegen die neue Philosophie angezettelt werden, aus dem Weg. Vor allem meidet er die immer schärfer werdende Auseinandersetzung um die *Encyclopédie* (1751/80), deren Entstehung er seit Mitte der 40er Jahre in fast täglichem Austausch mit Diderot und d'Alembert verfolgen konnte: 1758, als dann anläßlich der Veröffentlichung von Claude Adrien Helvétius' Abhandlung *De l'esprit (Vom Geiste)* auch gleich das Sammelwerk des Atheismus und Materialismus angeklagt wird, verabschiedet sich der »Dolmetscher Lockes« (Marx), der sich aufgrund seiner Beiträge *Divination* und *System* demselben Verdacht ausgesetzt sieht, von den Pariser »philosophes« und geht bis 1767 als Prinzenerzieher nach Parma.

Doch flieht dieser ganz und gar nicht verruchte Abbé die mondäne Geselligkeit der »gens de lettres« nur, um in der Rolle des Hofmeisters seine Philosophie um so wirkungsvoller voranzutreiben. Unter dem irreführenden Titel *Cours d'étude pour l'instruction du Prince de Parme* (1775) verfaßt er ein sechzehnbändiges Kompendium, das, als Lehrbuch getarnt, sich partienweise wie ein sensualistisches Manifest liest. Tatsächlich begreift C. den *Cours* als Gelegenheit, im direkten Kontakt mit einem künftigen Souverän unorthodox-aufklärerisches Gedankengut zu verbreiten. Allein, Unbegabtheit und Langeweile des kleinen Ferdinand lassen den pädagogischen Plan scheitern, einen fürstlichen Schüler zum guten Herrscher zu bilden. Kein Wunder, denn im Unterschied zur Erziehungslehre seines Freundes Rousseau, der zur gleichen Zeit und ebenso zurückgezogen *Émile, ou de l'éducation* (1762; *Emile oder über die Erziehung*) konzipiert, vernachlässigt C.s pädagogisches Vorgehen die praktische Seite kindlicher Bedürfnisse. Sein Lehrgang setzt mit einer Propädeutik, der Aneignung einer analytischen Methode ein, deren Leitfrage, »Wollt ihr die Wissenschaft mit Leichtigkeit lernen? Beginnt damit, eure Sprache zu erlernen«, auf den *Essai* von 1746 zurückweist. Dort nämlich hatte C. die These einer gegenseitigen Konditionierung von Sprache und Denken vertreten und im Unterschied zur cartesianisch beeinflußten Logik von Port-Royal die Abhängigkeit des Denkens von Zeichen hervorgehoben und die Sprache insofern aufgewertet, als er sie über einen Prozeß wechselseitiger Beeinflussung in die Genese der menschlichen Erkenntnisse einbezieht. Der Grundsatz, daß »die Sprache eine analytische Methode« sei, bestimmt auch seine späteren Überlegungen in der Schrift *La logique, ou les premiers développements de l'art de penser* (1780; *Die Logik oder die Anfänge der Kunst des Denkens*), vor allem aber *La langue des calculs* (posth. 1798; *Die Sprache des Rechnens*), die konsequent einen möglichen Umkehrschluß aus der Sprachtheorie zieht, daß jede analytische Methode eine Sprache sei.

Gerade die letzten Schriften zeigen, wie hartnäckig dieser Philosoph das Ziel verfolgt, mit den Mitteln einer allgemein gültigen, analytisch-mathematischen Methode das gesamte Wissen einer Generalrevision zu unterziehen, um »wie Bacon sagt, die ganzen menschlichen Verstandeskräfte zu erneuern«. Indem C. zugleich mit der Forderung, »die Dinge so zu sehen, wie sie tatsächlich sind«, einen streng erfahrungswissenschaftlichen Maßstab anlegt, lenkt er die Analyse auf die sinnlich wahrnehmbaren Phänomene. Wie brisant seine Forderung ist, die empirische Tatsachenbeobachtung zum Ausgang einer »Erforschung des menschlichen Geistes«, sprich zur Grundlage einer Erkenntnistheorie zu machen, demonstriert nicht zuletzt das modellhafte Beispiel, mit dem C. den Stellenwert, den die durch die Sinnesorgane übermittelten Sinnesempfindungen für die Erkenntnis besitzen, systematisch zu fassen sucht. In der Vorrede zum *Traité des sensations* vereinbart der Autor mit seinen Lesern ein Experiment, das ihnen nachfühlbar machen soll, »wie alle unsere Kenntnisse und Vermögen von den Sinnen herrühren«. Er fordert sie daher auf, sich in eine Statue zu versetzen. Das Experiment simuliert den Zustand völliger Depravierung, um die Entstehung und den Modus der Hervorbringung erster Sinnesempfindungen zu beobachten. Ein aufmerksames Publikum, dem durch Voltaires populäre Schriften Lockes »Experimentalphysik der Seele« vertraut war und das in den zeitgenössischen Journalen Berichte über das Verhalten Taubstummer, Blindgeborener oder am grauen Star Operierter mit allergrößtem Interesse gelesen hatte, konnte in C.s Modell sofort die medizinischen Fallbeispiele wiedererkennen. Für dieses Publikum dürfte sofort deutlich gewesen sein, daß C.s fiktives Experiment ein theologisches Dogma in Frage stellte: Daß aufgrund der Teilhabe der menschlichen Seele an der göttlichen Weisheit den Menschen die Fähigkeit zur Ideation eingeboren sei.

Bereits im *Essai* hatte C. am Fall eines der das 18. Jahrhundert so faszinierenden wilden Kinder, »des Waldkinds aus Litauen, das unter Bären aufwuchs«, ex negativo gezeigt, daß sittliche Vorstellungen hingegen erworben werden und daß die »größte Quelle der Ideen . . . für die Menschen in ihrem gegenseitigen Verkehr« liegt. Mit dem Statuenbeispiel versucht er dann, der Frage nach Entstehung der Bewußtseinsinhalte und ihrem logischen Aufbau eine konsequent sensualistische Antwort zu erteilen. In seiner frühen Schrift geht C. von einem intensiven affektiven Zustand aus, dem eine Art instinktiver Zeichenverwendung entspricht, deren Artikulationsformen – Schreie und Gesten – als unmittelbare Reaktionen auf Sinnesempfindungen der sinnlichen Wahrnehmung noch sehr nahe stehen. Im *Traité des sensations* differenziert er diesen Ansatz, indem er auf die »gegenseitige Erziehung« der Sinne verweist. C. entwickelt ein genetisches Modell, das vom schrittweisen Erwerb und einer langsamen Vernetzung der Sinnesempfindungen ausgeht. Er revidiert damit die seit Aristoteles gültige Hierarchie der fünf Sinne: C., der die sinnliche Wahrnehmung als Ordnungsfaktor begreift, mit dem der Mensch die ihn umgebende Welt strukturiert, privilegiert den Tastsinn gegenüber den anderen Sinnen. Einzig dieser Sinn, der »durch sich selbst über Außendinge urteilt«, erlaubt eine »objektive« Erschließung der Außenwelt. Obwohl C. die neuzeitliche Kritik an den Sinnen als Ursache von Täuschungen und Bewußtseinstrübungen nicht gelten läßt, entwertet er hiermit den Gesichtssinn, der traditionellerweise der Erkenntnis am nächsten steht. Für die Privilegierung des Tastsinns spricht allerdings C.s eigener Fall. Hatte der Philosoph doch als Kind am eigenen Leibe erfahren, wie sehr eine durch ein Augenleiden reduzierte Wahrnehmung die Möglichkeiten der Weltaneignung – und sei es das Lesen, das er erst als Zwölfjähriger lernt – beschränken kann. Jene Sehbehinderung, die ihn auch immer wieder zwingt, seine Arbeit am *Traité* zu unterbrechen, enthüllt gleichsam den somatischen Grund, den C. in dieser Schrift als Basis aller Erkenntnis zu erkunden sucht. Eine Antwort auf den Spott

seiner Brüder? Unter den Geschwistern, die den Spätentwickler sich selbst über-
ließen, galt »dieser hervorragende Geist«, wie Rousseau berichtet, als Idiot der
Familie.

Knight, Isabel F.: The Geometric spirit. The Abbé de Condillac and the French Enlightenment.
London 1986. – Rousseau, Nicolas: Connaissance et langage chez Condillac. Genf 1986. – Le
Roy, Georges: La Psychologie de Condillac. Paris 1937.

Bettina Rommel

Condorcet, Marie Jean Antoine Nicolas, Marquis de
Geb. 17. 9. 1743 in Ribemont/Picardie; gest. 28. 3. 1794 in Bourg-la-Reine

Sein Tod war unwürdig. Doch als gälte es, das Ende zu
überhöhen, haben die Biographen dem fünfzigjährigen
Mann, der am Morgen des 28. März 1794 im Gefängnis von
Bourg-la-Reine tot aufgefunden wurde, im nachhinein den
Schierlingsbecher in die Hand gedrückt. »Sie sagten: Wähle!
Was willst du sein – Unterdrücker oder Opfer? Darauf
umarmte ich das Unglück und ließ ihnen das Verbrechen.« –
unter diesem Motto hat vor allem die nachrevolutionäre
Propaganda den Reformer des Ancien Régime als Opfer
der Terreur heroisiert. Und das Gerücht des Philosophento-
des im eigenen Interesse genutzt. Denn C. nahm kein Gift.

Dieser Denker, der, obwohl schon vogelfrei, furchtlos und ungebrochen in seiner
letzten Schrift, *Esquisse d'un tableau historique des progrès de l'esprit humain* (1795;
Entwurf einer historischen Darstellung der Fortschritte des menschlichen Geistes), noch
einmal den Erkenntnisoptimismus des Aufklärers aufbietet und dem Tribunal der
Revolutionäre sein reformerisches Credo an »die Vervollkommnung der Menschen«
entgegenschleudert, starb, nervlich erschöpft, nach einem monatelangen Leben im
Untergrund, aus Entkräftung, Aufregung, Verzweiflung – nur wenige Tage, nachdem
er, aus Angst vor Entdeckung, sein Pariser Versteck verlassen hatte und kurz darauf
als verdächtig in dem südlich der Stadt gelegenen Marktflecken gefangengesetzt
worden war.

Das grauenvolle Ende des ›letzten Enzyklopädisten‹ entbehrt jedoch nicht ganz
der Folgerichtigkeit. Denn C., dessen intellektuelle Entwicklung von der zunehmenden Politisierung der Aufklärung bestimmt wird und dessen Lebensgeschichte sich wie ein Reflex auf jenen Vorgang ausnimmt, erweist sich in der Praxis
eher als vernunftgeleiteter Aufklärer denn als taktisch geschickter Politiker. Seine
praktisch-politischen Aktivitäten (als Inspektor Turgots 1774 und 1775, als Mitglied
der Legislative 1791 und im Jahr darauf als Abgeordneter des Nationalkonvents) und
ebenso sein publizistisches Engagement – für eine Rationalisierung des Strafrechts,
die bürgerliche Gleichstellung der Protestanten, für die Befreiung von Fron und
Sklaverei –, sie widerlegen de facto das Bild von der Aufklärung als rein kulturellem
Prozeß. Doch wird C., der sich gerade auch als Politiker eher der analytischen Kraft
der Vernunft als einer Parteiräson verpflichtet weiß, von der Dynamik der revolutio-

nären Ereignisse seit 1789 überholt. Es bleibt die Bilanz seines realpolitischen Mißerfolgs: Sämtliche seiner Projekte scheitern. Entweder sind sie, wie die Reform des Schulwesens, die er 1792 der Gesetzgebenden Versammlung vorträgt, in der aktuellen Krisensituation – Kriegserklärung gegen Österreich, Sturm auf die Tuilerien, Gefangennahme der königlichen Familie – praktisch nicht durchführbar, oder sie gewinnen, wie der Verfassungsentwurf von 1793, keine Mehrheit mehr. Gegen Ende seines Lebens hat nicht nur der Reformer jeglichen Rückhalt verloren. Von seinen Standesgenossen, aber auch von den oft königstreuen Vertretern der zeitgenössischen Kulturelite als Abgeordneter eines Konvents stigmatisiert, der das Todesurteil über Ludwig XVI. fällt, zieht C. als einer der Wortführer der Gironde und damit als eine Galionsfigur der frühliberalistischen Kräfte, die sich erstmals unter der Ersten Republik gegen die Vertreter einer plebiszitären Volksherrschaft formieren, die Haßtiraden der Jakobiner auf sich. Nicht ohne Grund, denn gerade die Isolation scheint C. in seiner Leitvorstellung der Vernunftmäßigkeit nur zu bestärken. Noch die Schriften aus dem Untergrund, in denen die Diktatur des Wohlfahrtsausschusses unter Robbespierre angeprangert wird, zeigen, daß C. das politische Handeln grundsätzlich an den bürger- und menschenrechtlichen Maßstäben der Aufklärung bemißt. Justizterror, Massenliquidierung und Bürgerkrieg sind selbst unter der Bedingung des Staatsnotstandes nicht zu legitimieren.»Das Wort Revolution«, so der Freund Thomas Paines und Lafayettes definitorisch, »trifft nur auf Umwälzungen zu, welche die Freiheit bezwecken«.

»Es gab niemanden, der fester in seinen Überzeugungen, niemand, der beständiger in seinen Gefühlen war«, so charakterisiert Amélie Suard ihren Jugendfreund. In der Tat eignet C. – der noch als Proskribierter von sich behauptet:»Ich werde mich niemals dazu erniedrigen, meine Grundsätze und mein Verhalten zu rechtfertigen« – eine ins Unerbittliche reichende Unbeugsamkeit, wenn es um die Verteidigung des von ihm als richtig Erkannten geht. Ein um so unbequemerer Charakterzug, als sich C. entsprechend hartnäckig für eine konsequente Verwirklichung von Grundsätzen einsetzt und beispielsweise, kaum daß die Konstituante die Menschenrechte verkündet, für ein allgemeines Wahlrecht und die Zulassung der Frauen zum Bürgerrecht (*Sur l'admission des femmes au droit de cité*; 1790) plädiert. Unbeugsamkeit stellt bereits der Neunzehnjährige unter Beweis, der radikal mit Erwartung und standesgemäßer Tradition seiner Familie bricht. Die Wahl eines Mathematikstudiums, die der Neigung des durch sein logisch-abstraktes Denkvermögen früh ausgezeichneten Jesuitenzöglings entspricht, ist für die seit Generationen im Waffendienst stehenden Caritats eine unverzeihliche Entscheidung. In Paris, »der Heimat des wahrhaften Philosophen«, kann der Protestler aus dem Schwertadel dann freilich seine Hochbegabung im Kreis der »Académiciens« entfalten; 1765 macht er mit einem Essay über Integralrechnung *(Du calcul intégral)* d'Alembert auf sich aufmerksam, der fortan C.s wissenschaftliche Karriere in die Hand nimmt, während ›die Muse der Enzyklopädie‹, Mademoiselle de Lespinasse, für den gesellschaftlichen Schliff ihres zeitweiligen Privatsekretärs sorgt und dem recht frei aufgewachsenen Marquis aus der Provinz rät, »das Nägelkauen zu lassen und sich die Ohren zu putzen«.

Rasch im Zentrum der überständisch-weltläufigen Elite der Pariser »sociéte des gens de lettres«, die den bescheiden lebenden jungen Wissenschaftler als Muster aufklärerischer Lebensführung und gleichsam Prototyp eines »neuen Adels« feiert, lernt C. die Vertreter der Aufklärung kennen, die seinem Einsatz »für die guten Prinzipien« die entscheidende Wende geben. Neben d'Holbach, Raynal, Hume, Galiani, Beccaria, die er im Salon des Baron Helvétius trifft, und Voltaire – der ihm prophezeit, »Sie werden der Mann, den Frankreich am dringendsten braucht« –, ist es vor allem Turgot, der den, was den Wappenspruch seiner Familie (caritas!) anbelangt, ohnehin in die Pflicht genommenen Aristokraten zur Auseinandersetzung mit den aktuellen gesellschaftlichen Problemen des Ancien Régime anregt. Während der knapp sechzehn Monate des Reformministeriums von Turgot gewinnt C., der als freier Berater u. a. fachgerecht mit der Berechnung eines erweiterten Kanalnetzes für die Binnenschiffahrt betraut wird, auf seinen Inspektionsreisen vor Ort unmittelbar Einsicht in die handels- und verkehrspolitischen Schwierigkeiten des Landes. Fazit seiner Erfahrungen ist die Überlegung, daß sich eine Wirtschafts- und Sozialreform, die der Physiokrat Turgot vergeblich anstrebt, sowie die Neuorganisation der Verwaltung nur mit Hilfe einer »Regierungskunst« verwirklichen lassen, die den Regeln wissenschaftlicher Vernunft folgt. Pilotfunktion für die Rationalisierung der Politik, und das bedeutet für C. die planvolle Beseitigung »der irrationalen Strukturen des Ancien Régime«, übernimmt eine Theorie der Staatskunst, die sich methodisch an den exakten Naturwissenschaften orientiert. Damit setzt C. seine mathematischen Untersuchungen fort, die er in den 70er Jahren an der Akademie der Wissenschaften begonnen hatte und die sich insbesondere mit den methodologischen Prämissen einer umfassenden Anwendung der Statistik befaßten. Als Zeuge der krisenhaften Veränderung der ökonomisch-sozialen Beziehungen und politischen Strukturen des ausgehenden Ancien Régime glaubt er im Instrumentarium der angewandten Mathematik, vorab einer »Übertragung des Wahrscheinlichkeitskalküls auf die Politik und Sittenlehre« (*Essai sur l'application de l'analyse aux probabilités des décisions rendues à la pluralité des voix*; 1785), das probate Mittel zu erkennen, den beobachteten Umwälzungsprozeß gesellschaftlicher Planung zugänglich zu machen. In seiner allgemeinen Darstellung dieser neuen Wissenschaft (*Tableau général de la science, qui a pour objet l'application du calcul aux sciences morales et politiques*, 1793), die u. a. ein umfassendes Versicherungswesen vorsieht, prägt C. für die von ihm projektierte Sozialtechnologie den Begriff der »mathématique sociale«. Ihre Anwendung, und hier enthüllt C. den optimistischen Grund seines Vernunftglaubens, soll »Willkür vermeiden, die Rechte und Ruhe der Individuen sichern und den Frieden und die Wohlfahrt der Nationen verbürgen«.

C.s »Theorie der Staatskunst« vollzieht einen entscheidenden Bruch mit der tradierten Staatstheorie: An die Stelle der Frage nach der Legitimität der Macht tritt in seinem Denken die Frage einer rationalen Regulierung des Verhältnisses von Staat und Bevölkerung, einer Regierung, die sich unter dem Vorsatz des Gemeinwohls um ein ausgewogenes soziales Kräfteverhältnis kümmert. Wissen und Wissenschaft werden demzufolge die wichtigsten Garanten einer Führungsmacht, die planerische Kapazität und prognostische Kompetenz als Mittel des Regierens einsetzt. C., der in einem freien und allgemeinen Bildungswesen ein vorrangiges Ziel der gesellschaftlichen Neuorganisation erkennt, weil »eine freie Verfassung, die nicht mit der

allgemeinen Bildung der Bürger einhergeht, sich selbst zerstört«, bemißt dementsprechend in der *Esquisse d'un tableau historique des progrès de l'esprit humain* von 1795
die »Fortschritte des menschlichen Geistes« am Standard intellektueller Technologien. Hierin ist C. Schüler d'Alemberts und der Enzyklopädie, markieren doch die
Beherrschung der primären Kulturtechniken und die Erfindung des Buchdrucks
ihm zufolge die entscheidenden Einschnitte der Akkulturation und damit Voraussetzung der Regierbarkeit.

Folgerichtig haben daher die Reformer der Dritten Republik C.s Entwürfe als
Vorgriff des eigenen sozialpolitischen Reformwerks gewürdigt und in dem Auf-
klärer, der »die Menschen an die Vernunft anketten« wollte, vor allem einen
Sozialtechniker rehabilitiert. C.s letzte Schrift, Manifest für den Fortschritt und
zugleich Rechtfertigung wie Legat seines Denkens, entbehrt jedoch nicht ganz des
Eindrucks heroischer Selbsttäuschung. Im Versteck geschrieben, scheint sich der
Proskribierte mit dem *Entwurf einer historischen Darstellung der Fortschritte des mensch-
lichen Geistes* das Bild eines »von allen Ketten befreiten Menschengeschlechts . . ., das
sicher und tüchtig auf dem Wege der Wahrheit, der Tugend und des Glücks
vorwärtsschreitet«, geradezu vor die Augen gezaubert zu haben: »ein Schauspiel, das
ihn über die Irrtümer, die Verbrechen, die Ungerechtigkeiten tröstet, welche die
Erde noch immer entstellen und denen er selber so oft zum Opfer fällt! . . . Seine
Betrachtung ist ihm eine Stätte der Zuflucht, wohin ihn die Erinnerung an seine
Verfolger nicht begleiten kann;. . . dort ist er wahrhaft zusammen mit seinesgleichen
in einem Elysium, das seine Vernunft sich zu erschaffen wußte und das seine Liebe
zur Menschheit mit den reinsten Freuden verklärt.« Die Mutter dieses Philosophen,
die sehr fromme Tochter eines königlichen Schatzmeisters, hatte ihr Kind der
Jungfrau Maria geweiht.

Crépel, Pierre (ed.): Condorcet. Mathématicien, économiste, philosophe, homme politique.
Paris 1989. – Baker, Keith Michael: Condorcet. From Natural Philosophy to Social Ma-
thematics. Chicago/London 1975. – Reichardt, Rolf: Reform und Revolution bei Condorcet.
Bonn 1973.

Bettina Rommel

Croce, Benedetto
Geb. 25. 2. 1866 in Pescasseroli; gest. 20. 11. 1952 in Neapel

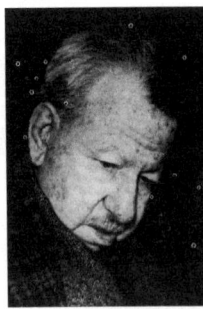

In den autobiographischen *Beiträge(n) zur Kritik meiner selbst*
(1915) schreibt C., daß er schon als Kind etwas wie ein
»Herz im Herzen« gehabt habe: »und dieses Herz, jene
meine innere und gehegte Neigung, war die Literatur oder
besser die Geschichte.« Sein Lebenswerk ist die Entfaltung
dieser Neigung. Aus wohlhabender Familie stammend, ist
C. in Neapel aufgewachsen und hat, abgesehen von drei
Studienjahren in Rom (1883–86), immer dort gelebt – in
völliger Unabhängigkeit; C. hat nie ein Universitätsamt
innegehabt und so von dieser Seite her das Ideal von Freiheit, das er zeitlebens vertrat, auch konkret gelebt. Neapel,

Zentrum des italienischen Hegelianismus des Risorgimento, ist auch die Stadt Giambattista Vicos, und in diesen beiden Philosophen hat C. seine geistigen Väter gesehen. Nach dem – abgebrochenen – Studium der Jurisprudenz hat sich der junge C. in seiner »gelehrten Phase« zunächst ganz in ausgedehnte Studien zur Geschichte seiner Vaterstadt versenkt. In Auseinandersetzung mit der damaligen kulturgeschichtlichen Debatte vor allem in Deutschland (Johann Droysen, Wilhelm Dilthey) erwächst sein philosophisches Erstlingswerk *Die Geschichte unter dem allgemeinen Begriff der Kunst betrachtet* (1893), durch das er »in jenen Zeiten des Positivismus« schnell zu einem »Garibaldi della critica« wird. Von den bloß gelehrten Studien allmählich angewidert, setzt sich C. auf Anregung Antonio Labriolas in den Jahren 1895–1900 intensiv mit dem Marxismus seiner Zeit auseinander, vertieft seinen Geschichtsbegriff damit entscheidend (*Historischer Materialismus und marxistische Ökonomie*, 1900). Im folgenden Jahrzehnt erarbeitet er ein eigenes philosophisches System bzw. eine »Folge von Systematisierungen«, wie er es nannte, das auf vier Grundbegriffen der philosophischen Tradition beruht, Stufen des Geistes, die dieser dialektisch durchschreitet: das Schöne (*Ästhetik als Wissenschaft des Ausdrucks und allgemeine Linguistik*, 1902); das Wahre (*Logik als Wissenschaft des reinen Begriffs*, 1905); das Nützliche – die Ökonomie – und das Gute (*Philosophie der Praxis*, 1909). Schlüsselbegriff für den Aufbau dieses Systems der *Philosophie als Wissenschaft des Geistes* ist die »Verknüpfung des Unterschiedenen«, wie sie C. in Abgrenzung zu Hegels »Dialektik der Gegensätze« konzipiert. Neben diesen Werken entstehen bedeutende philosophische Monographien (*Lebendiges und Totes in Hegels Philosophie*, 1906; *Die Philosophie Giambattista Vicos*, 1911) und – in Zusammenarbeit mit dem befreundeten Giovanni Gentile – ab 1903 die Zeitschrift *La Critica-Rivista di storia, letteratura e filosofia*. C. selbst spricht von dieser Epoche als »Zeit der Reife«: »Durch die Arbeit an *La Critica* ergab sich in mir das Bewußtsein, mich an meinem Ort zu befinden, mein Bestes zu geben und politisch tätig zu sein, politisch in einem weiten Sinne als Gelehrter und Bürger zugleich.« Vergegenwärtigt man sich die Spannweite der Werke dieses Jahrzehnts sowie die Tatsache, daß es – mit den Worten eines Philosophiehistorikers – »fast unmöglich« ist, den Einfluß von *La Critica* auf alle Gebiete des Wissens zu überschätzen, so läßt sich die überragende Stellung ermessen, die C. in der ersten Hälfte dieses Jahrhunderts im italienischen Geistesleben eingenommen hat.

Politisch ist C. der große Repräsentant des (konservativen) Liberalismus der Kultur des Risorgimento, der zeitlebens einen nüchternen Macchiavellismus mit einem sehr emphatischen Freiheitsbegriff zu verbinden suchte. Zwar unterstützte er aus einem kollektiv gefaßten Pflichtgefühl heraus schließlich die Teilnahme Italiens am Ersten Weltkrieg, bekämpfte aber alle Formen von irrationalistischem Nationalismus, wie er vor und in den Kriegsjahren bei der Mehrzahl der europäischen Intellektuellen grassierte. Von 1920 bis 1921 ist er Unterrichtsminister im liberalen Kabinett Giolitti. Nach anfänglich abwartender Haltung gegenüber dem Faschismus wird C. zum entschiedenen Kritiker des Regimes (*Manifest der antifaschistischen Intellektuellen*, 1. Mai 1925) – um so wichtiger, als er mit *La Critica*, die bis 1944 erscheint, sich als einziger von der Zensur unbehelligt öffentlich äußern kann. In diesen Jahren entstehen die wesentlichen historischen Arbeiten: *Geschichte des König-*

reichs Neapel (1925), *Geschichte Italiens 1871–1915* (1928), *Geschichte des Barockzeitalters in Italien* (1929) und schließlich die *Geschichte Europas im neunzehnten Jahrhundert* (1932). In seiner Geschichtsbetrachtung legt C. den entscheidenden Akzent stets auf den aktiven, moralischen Aspekt der geschichtlichen Wirklichkeit, in dialektischem Gegensatz zu den historisch-ökonomischen Bedingungen der Zeit. Diesen Ansatz, den er »ethisch-politische Geschichtsschreibung« nennt, formuliert er umfassend zuletzt in *Die Geschichte als Gedanke und Tat* (1938).

Neben Philosophie und Geschichtsschreibung – oder philosophischer Geschichtsbetrachtung – ist C.s drittes Arbeitsfeld die Literaturkritik, in der ebenfalls die Thematik des »Individuellen« im Vordergrund steht (*Goethe*, 1919; *Ariost, Shakespeare und Corneille*, 1920; *Dantes Dichtung*, 1921; *Poesie und Nichtpoesie*, 1923). Im Widerspruch zur theoretisch beanspruchten Autonomie der Kunst hat C.s Literaturkritik ihre Schranken in seinem klassizistischen Kunstideal, die ihn – hier in manchem Georg Lukács vergleichbar – zur pauschalen Verdammung der Kunst der Moderne als »romantische Krankheit« – morbo romantico – führt. Gerade auch als Literaturkritiker hat C. weit über die Grenzen Italiens hinaus eine immense Wirkung gehabt, wohl nicht zuletzt durch die Eleganz und Lebendigkeit seines Stils, der den Autor jedoch häufig dazu verführte, Widersprüche und Probleme rhetorisch zu verdecken. Man kann C.s Denken als optimistischen Idealismus charakterisieren, der vom Bewußtsein der menschlichen Freiheit als Wirklichkeit und Aufgabe durchdrungen ist. Konkret zeigt sich dies etwa darin, daß er nach der Befreiung vom Faschismus noch in hohem Alter aktiv an den Auseinandersetzungen um die politische Neugestaltung Italiens teilgenommen hat. Seine Spätphilosophie weist jedoch unverkennbar Züge der Verdüsterung auf: unter dem Eindruck der Zeitereignisse wird es C. zunehmend unmöglich, die menschliche Geschichte als Fortschritt, als Geschichte der Freiheit zu denken.

Maggi, Michele: La filosofia di Benedetto Croce. Florenz 1989. – Bonetti, Paolo: Introduzione a Croce. Bari 1984. – Acham, Karl: Benedetto Croce. Die Grundprobleme des Historismus. In: Die Großen der Weltgeschichte XI. Zürich 1978.

Christoph Helferich

Darwin, Charles
Geb. 12. 2. 1809 in Shrewsbury; gest. 19. 4. 1882 in Down (Kent)

Im Jahre 1838 trug D. folgende Bemerkung in sein Notizbuch ein: »Platon ... sagt im Phaidon, unsere ›notwendigen Ideen‹ entstammten der Präexistenz der Seele, seien nicht von der Erfahrung abgeleitet, – lies Affen für Präexistenz.« D. formuliert hier den Grundgedanken einer – wie wir heute sagen würden – evolutionären Erkenntnislehre nur zwei Jahre nach der Rückkehr von einer fünfjährigen Weltreise auf dem Forschungsschiff ›Beagle‹, die das für sein Leben entscheidende Ereignis wurde. D. trat diese Reise im Alter von 22 Jahren und im wesentlichen unbeeinflußt von der zeitgenössischen Biologie an, die den Begriff der Evolution noch nicht kannte. Bis zu diesem Zeitpunkt hatte er in Cambridge für kurze Zeit Medizin und Theologie studiert; seine biologische Schulung erhielt er auf der Reise mit der ›Beagle‹, die ihn unter anderem auf die Galapagos-Inseln brachte. Hier bemerkte er, daß einzelne Arten der Flora und Fauna von Insel zu Insel geringfügige Variationen zeigten, und bei den weiteren Reisen in Südamerika entdeckte er »die Weise, in der nahe verwandte Tiere einander ablösen, während man nach Süden vordringt« (*Voyage of a naturalist round the world in H. M. S. ›Beagle‹*, 1905; *Reise eines Naturforschers um die Welt*). Er beobachtete diese Phänomene mit größter Aufmerksamkeit, weil ihm der Glaube an einen Schöpfergott ganz selbstverständlich war, der die Arten perfekt und unveränderlich geschaffen hat.

1837 wurde durch die Begegnung mit dem Ornithologen John Gould, der die Vögel zu ordnen und zu klassifizieren versuchte, die D. von den Galapagos-Inseln mitgebracht hatte, sein Begriff der »konstanten Art« zerstört. Dabei wurde D. klar, daß spezifische Verschiedenheit und viele andere Tatsachen der Arten »nur unter der Annahme erklärt werden konnten, daß Species allmählich modifiziert werden; und der Gegenstand verfolgte mich«. »Im Juli (1837) fing ich das erste Notizbuch über die Umwandlung der Arten an«, notierte D. damals in seinem Tagebuch. Er hatte nun zwar verstanden, daß es eine Auslese unter den Lebewesen geben mußte, sah aber noch keinen Weg, wie solch eine Selektion bei Organismen möglich sein konnte, die in freier Natur lebten. In seiner Autobiographie beschreibt D., wie ihm die Lösung zu diesem Problem zugefallen ist: »Im Oktober 1838, also 15 Monate, nachdem ich meine Untersuchungen systematisch angefangen hatte, las ich zufällig zur Unterhaltung Malthus, über Bevölkerung (gemeint ist *Eine Abhandlung über das Bevölkerungsgesetz*), und da ich hinreichend darauf vorbereitet war, den überall stattfindenden Kampf um die Existenz zu würdigen, namentlich durch lange fortgesetzte Beobachtung über die Lebensweisen von Tieren und Pflanzen, kam mir sofort der Gedanke, daß unter solchen Umständen günstige Abänderungen erhalten zu werden neigen und ungünstige zerstört zu werden. Das Resultat würde die Bildung neuer Arten sein. Hier hatte ich nun endlich eine Theorie, mit der ich arbeiten konnte.«

D. arbeitete noch 20 Jahre an diesem Problem, bevor er seine Theorie der natürlichen Auslese publizierte. Sein Hauptwerk mit dem Titel *On the Origin of Species by Means of Natural Selection, or Preservation of Favoured Races in the Struggle for Life (Die Entstehung der Arten durch natürliche Zuchtwahl)* erschien 1859. In ihm wird die Evolution der Arten durch zwei unabhängige Schritte gedeutet. Zuerst tauchen zufällige Variationen auf, die anschließend durch das ordnende Eingreifen der Umwelt natürlich ausgewählt werden. Ausgehend von der Veränderlichkeit der Lebewesen, von Vererbung und Überproduktion von Nachkommen kommt es zu einem Kampf ums Dasein. Dieser führt zu einer »Selektion«, bei der diejenigen unterliegen und als Art aussterben, denen es nicht gelingt, durch geeignete Auswahl der Fortpflanzungspartner Eigenschaften zu erwerben, die sie den jeweiligen Lebensbedingungen optimal anpassen und dadurch anderen Arten im ›Lebenskampf‹ überlegen sein lassen. Mit seinem Buch leitete D. eine der größten Umwälzungen der Wissenschaft ein; die Idee des evolutionären Wandels der Historisierung der Natur war geboren, der Vorstellung, das Leben und seine Formen seien konstant, unveränderlich, ein Ende gesetzt. Die lange Zeit, die bis zur Publikation der *Abstammung des Menschen (The Descent of Man, and Selection in Relation to Sex,* 1871*)* vergangen ist, erklärt sich vor allem daraus, daß D. nicht nur sah, was seine Theorie erklären konnte – etwa die Variationen von Vogelarten auf den Galapagos-Inseln –, er sah auch, was sie noch nicht erklären konnte, beispielsweise die Entwicklung des menschlichen Auges. Noch heute ist die Theorie der Evolution unvollständig, wofür es prinzipielle und auch ganz konkrete Gründe gibt, etwa die Komplexität und Vielfalt der Organismen und die konstitutive Rolle des Zufalls. D. selbst hat versucht, die Spannung zwischen der von ihm erkannten Tatsache der Evolution und ihrer lückenhaften Erklärung durch das Konzept einer »Pangenese« zu verringern. Solche Versuche konnten aber erst mit Hilfe der Gene gelingen. Ihre Existenz wurde zwar nur wenige Jahre nach Veröffentlichung der *Abstammung des Menschen* durch Gregor Mendel nachgewiesen, doch D. hat von dieser Entdeckung nicht erfahren.

Das problematische Verhältnis von Natur und Kultur bei D., etwa seine Abstammungslehre, wurde im 19. Jahrhundert häufig als *Sozialdarwinismus* – »survival of the fittest« – weitergeführt. Ökonomisch war es als »Kampf ums Dasein« erfolgreich; Zuchtwahl und Auslese fanden als ideologische Unterbauung Eingang in die faschistische Weltsicht. D. aber war kein Sozialdarwinist.

Desmond, Adrian/Moore, James: Darwin. München 1992. – Clark, Ronald W.: Charles Darwin. Frankfurt am Main 1985. – Mayr, Ernst: Die Entwicklung der biologischen Gedankenwelt. Heidelberg 1984.

Ernst Peter Fischer

Davidson, Donald
Geb. 6. 3. 1917 in Springfield (Mass.)

Gut siebzig Artikel, verstreut über eine Vielzahl von Zeitschriften und Büchern, bilden ein philosophisches System, das seinen Urheber zu einem der meistdiskutierten amerikanischen Philosophen des ausgehenden 20. Jahrhunderts gemacht hat. D. hat nicht nur maßgeblichen Einfluß auf die analytische Philosophie genommen, manche Kommentatoren sehen in ihm auch einen Mittler zur kontinentalen Philosophie und möchten ihn in der Nachbarschaft von Hegel, Heidegger, Gadamer oder Derrida angesiedelt wissen.

Dabei begann D.s philosophische Karriere eher zögerlich. Noch nach dem College-Abschluß an der Harvard University (1941), wo D. außer Philosophie Literatur und Griechisch studiert hatte, stand keineswegs fest, daß er eine akademische Laufbahn ergreifen würde. D. trat in dieser Zeit als Schauspieler auf, inszenierte zusammen mit seinem Kommilitonen Leonard Bernstein eine Operette und schrieb Radiotexte für Hollywood. Seine ersten wissenschaftlichen Veröffentlichung waren ebenfalls nicht typisch philosophisch, sondern zählten eher zur Psychologie, darunter auch seine neben der Dissertation über Platos *Philebus* (1949) bislang einzige Monographie *Decision-Making: An Experimental Approach* (1957, zusammen mit Patrick Suppes).

Erst als D. Mitte vierzig und (nach Jahren als Assistent Professor und Associate Professor) ordentlicher Professor der Stanford University war (1960–67), begann seine philosophische Publikationsgeschichte. D. veröffentlichte *Actions, Reasons, and Causes* (1963), einen Aufsatz der abrupt die Wittgensteinsche Tradition in der Handlungstheorie beendete und so zu einem modernen Klassiker in dieser Disziplin wurde. Es folgten sehr schnell weitere Artikel nicht nur zur Handlungstheorie, sondern vor allem zur Sprachphilosophie, aber auch zur Philosophie des Geistes, Metaphysik und Erkenntnistheorie, durch die ebenfalls eine ganze Reihe dezidiert neuer Positionen in den Kanon der jeweiligen Disziplinen eingeführt wurden. Hervorzuheben sind besonders *Truth and Meaning* (1967), D.s programmatischer Beitrag zur Sprachphilosophie, *Mental Events* (1970), seine Stellungnahme zum Leib-Seele-Problem, und *On the Very Idea of a Conceptual Scheme* (1974) über die apriorischen Grenzen einer relativistischen Erkenntnistheorie. Anfang der 80er Jahre wurden die meisten von D.s bis dahin erschienen Aufsätze in zwei Sammelbänden wiederabgedruckt, *Essays on Actions and Events* (1980; *Handlung und Ereignis*) und *Inquiries into Truth and Interpretation* (1984; *Wahrheit und Interpretation*). In der Folge sind dann eine Reihe von Monographien und Textsammlungen über D. publiziert worden, aber von D. selbst gibt es (mit Ausnahme seiner erst 1990 publizierten Dissertation und einer nur auf Deutsch erschienen Sammlung *Der Mythos des Subjektiven* von 1993) keine weiteren Buchveröffentlichungen. Nach Stanford lehrte D. von 1967 bis 1970 an der Princeton University, anschließend von 1970 bis 1976 an der Rockefeller University, von 1976 bis 1981 an der University of Chicago und ist seitdem Professor für Philosophie an der University of California in Berkeley. Er hatte zahlreiche Gastprofessuren inne und erhielt neben vielen anderen Auszeichnungen 1991 den Hegel-Preis der Stadt Stuttgart.

D.s Philosophie ist der Gegenstand einer stetig anwachsenden Sekundärliteratur, die sich besonders um einige prominente Thesen gruppiert. Diese Entwicklung droht den Blick dafür zu verstellen, daß D.s Stellungnahmen zu einzelnen philosophischen Problemen eingebettet sind in ein systematisches Ganzes, auf das er in all seinen Veröffentlichungen konsequent hindeutet, und das er, ohne sich zu größeren Revisionen gezwungen zu sehen, bis heute immer weiter vervollständigt hat. Etwas plakativ kann man sagen, daß sich alle Publikationen D.s letztlich zwei Leitfragen widmen: Erstens, was heißt es, andere Menschen zu verstehen? Und zweitens, welche Konsequenzen ergeben sich daraus für unser Bild der Welt?

Einen anderen Menschen zu verstehen kann heißen, daß man erfährt, warum dieser Mensch etwas tut, was er denkt, fühlt, meint, glaubt, etc. oder schließlich, was er sagt. Doch das sind, so D., nicht wirklich verschiedene Arten des Verstehens, sondern nur verschiedene, voneinander abhängige Aspekte eines einheitlichen Verstehensprozesses. Verstehen, so D.s Hauptthese, ist im Grunde ein explanatorisches Anliegen. Es besteht darin, daß man eine auf sprachfähige Wesen zugeschnittene explanatorische Strategie anwendet, um sich das Verhalten eines Menschen kausal zu erklären.

D.s philosophische Wirkungsgeschichte beginnt mit der Handlungstheorie. Handlungen sind für D. Ereignisse (genau genommen: Körperbewegungen), die sich dadurch von anderen Ereignissen unterscheiden, daß sie aus Gründen geschehen. Sie zu verstehen bedeutet, diese Gründe zu kennen. Gründe wiederum, so D. in der Tradition von Aristoteles' praktischem Syllogismus, sind intentionale Einstellungen (Meinungen, Wünsche, Hoffnungen etc.), die in einer quasi-logischen Beziehung zum Handeln stehen, dieses »rationalisieren«. Doch nicht jedes Ereignis, das sich aus den Einstellungen eines Menschen rationalisieren läßt, ist eine Handlung, es muß hinzukommen, daß das Ereignis *aus* diesen Gründen geschieht. Dazu gehört, so D., daß die Gründe das Stattfinden des Ereignisses erklären, und das wiederum setzt voraus, daß die Gründe das Ereignis verursachen. Eine Handlung verstehen heißt also auch wissen, daß diese Gründe sie verursacht haben. Damit bricht D. mit der herrschenden Meinung in der Handlungstheorie der frühen 60er Jahre, der zufolge die quasi-logische Beziehung zwischen Gründen und Handlungen mit einer Kausalbeziehung unvereinbar sei.

Die explanatorische Leistungsfähigkeit von Handlungserklärungen liegt aber nicht allein darin, daß Gründe Ursachen sind, sondern darin, daß sie (über den praktischen Syllogismus hinaus) Einblick gewähren in die Psyche des Handelnden, in das Geflecht intentionaler Einstellungen, aus denen die Gründe als handlungsbestimmend hervorgegangen sind. Für die Art und Weise dieses Rückgangs auf die intentionale Struktur des Handelnden verweist D. auf die rationale Entscheidungstheorie, mit der er aus seinen Arbeiten der 50er Jahre vertraut ist. Die Möglichkeit, entscheidungstheoretische Zuschreibungen allein auf der Basis geeigneter Verhaltensbeobachtungen zu tätigen, stärkt die These, intentionale Einstellungen als theoretische Postulate einer explanatorischen Strategie anzusehen. Und die Notwendigkeit, entscheidungstheoretische Zuschreibungen auf die Annahme der Rationalität des Probanden zu stützen, erlaubt ein angemessenes Verständnis der Rolle der Rationalität in Handlungserklärungen. Rationalitätsstandards, so D., sind keine empirisch aufweisbaren, sondern konstitutive Bestandteile solcher Erklärungen.

Das größte Problem für das durch die Entscheidungstheorie nahegelegte Verständnis intentionaler Erklärungen liegt in der Rolle der Sprache. Die Entscheidungstheorie ist darauf angewiesen, den Probanden fein differenzierte Einstellungen zuzuschreiben, was ohne die Möglichkeit sprachlicher Vermittlung undenkbar ist. D.s Konzeption des Handlungsverstehens setzt deshalb eine Erläuterung des Sprachverstehens und seiner Funktion für das Verstehen insgesamt voraus. Und es ist diese Erläuterung, die D.s Theorie der Intentionalität so deutlich abhebt von auf den ersten Blick ganz ähnlichen Positionen in der Philosophie des Geistes (beispielsweise Daniel Dennetts Theorie intentionaler Systeme).

Die Frage, was es heißt, Sprache zu verstehen, zieht sich durch D.s gesamtes Werk, von den frühen 60er Jahren bis heute. Aber während seine frühen Arbeiten noch stark sprachphilosophisch ausgerichtet waren, thematisiert D. seit den 70er Jahren immer stärker die Verbindung zum psychologischen, handlungstheoretischen Verstehen. Jede Erklärung sprachlichen Verstehens muß zweierlei leisten. Zum einen muß sie dem scheinbaren Paradox Rechnung tragen, daß endliche Wesen als kompetente Sprecher einer Sprache die Bedeutungen einer endlosen Vielfalt möglicher Sätze kennen; das heißt, sie muß erklären, wie es möglich ist, aus der Zusammensetzung der Sätze auf ihre Bedeutung zu schließen. Sie muß die Sprache als »lernbar« erweisen. Zum anderen muß sie mit der empirischen Annahme vereinbar sein, daß es unter geeigneten Umständen im Prinzip möglich wäre, eine Sprache zu verstehen, ohne zuvor irgend etwas über die Sprache oder auch die Psyche ihrer Sprecher zu wissen. Diese Annahme der Möglichkeit »radikaler Interpretation« und das zu ihrer Illustration dienende Szenario stammen von D.s Lehrer Willard Van Orman Quine, dessen Philosophie insgesamt einen großen Einfluß auf D. gehabt hat: Man stelle sich einen (Sprach-)Forscher vor, der einem ihm völlig unbekannten Menschen begegnet, dessen Sprache er nicht kennt und von dem er auch sonst nicht weiß, was er denkt, will etc. Trotz dieser mageren Ausgangsbasis, so D., könnte es dem Forscher gelingen, allein aufgrund des beobachteten Verhaltens des ›Fremden‹, diesen nach und nach zu verstehen, bis man schließlich mit Recht sagen könnte, daß er die fremde Sprache beherrscht. D.s Sprachphilosophie beansprucht, beiden Anforderungen gerecht zu werden, wobei sich im Laufe der Zeit der Fokus von der Lernbarkeitsforderung zur radikalen Interpretierbarkeit hin verschoben hat.

Die Feststellung, die den Ausgangspunkt von D.s Sprachphilosophie bildet, stammt ursprünglich von Gottlob Frege: Für einen Kernbereich der Sprache (die nicht-indexikalischen assertorischen Sätze) fallen die Bedeutungen von Sätzen mit ihren Wahrheitsbedingungen zusammen. D. gibt nun eine Erklärung für diesen Zusammenhang, die letztlich darauf beruht, dem sprachlichen Verstehen eine spezielle Rolle im Handlungsverstehen zuzuweisen. Jemand, der eine Sprache beherrscht, verfügt über ein unvergleichlich sensibles und mächtiges Instrument, um auf seine Umwelt zu reagieren. Er kann Stellung beziehen zu einer endlos offenen Vielfalt von Sätzen seiner Sprache – sei es, daß er sie für wahr hält, sie ablehnt, es schön fände, wenn sie wahr wären usw. –, und diese Stellungnahme hängt davon ab, was mit ihm geschieht, was er erlebt etc. Für den Betrachter, der ihn verstehen möchte (den »Interpreten«), eröffnen nun diese Haltungen des Sprechers zu den Sätzen eine einzigartige Möglichkeit, dessen ›Innenleben‹ kennenzulernen, und damit die Möglichkeit, auch weitere, nicht-sprachliche Handlungen zu erklären. Er muß dazu nur einen Weg finden, die Sätze, zu denen der Sprecher Stellung nimmt, an die Bedingungen zu koppeln, unter denen seine Stellungnahmen veranlaßt werden. Und eben hierin liegt die Funktion des Wahrheitsbegriffs. Der Interpret setzt die Sätze dadurch mit der Welt in Verbindung, daß er angibt, unter welchen Bedingungen sie wahr sind. Gelingt ihm das, dann, so D., versteht er die Sprache, und er kann die Wahrheitsbedingungen nutzen, um die intentionalen Einstellungen des Sprechers zu unterscheiden. Sie bilden die die Einstellungen individuierenden »propositionalen Gehalte«.

Weil damit sprachliches Verstehen an das explanatorische Interesse des Interpreten geknüpft ist, der sich die Sprachlichkeit zunutze macht, um Handlungen des Sprechers zu erklären, erfüllt D.s Sprachverständnis die Bedingung radikaler Interpretierbarkeit. Somit hängt der Erfolg von D.s Projekt davon ab, ob er auch die Lernbarkeitsbedingung erfüllen kann. D. hat in seinen frühen sprachphilosophischen Aufsätzen immer wieder auf die Probleme hingewiesen, die andere Konzeptionen mit der Lernbarkeitsbedingung haben. Die Hoffnung, daß seine eigene »wahrheits-funktionale Semantik« diese Bedingung erfüllt, gründet sich auf das Werk Alfred Tarskis, der gezeigt hat, wie man aus einer überschaubaren Anzahl von Axiomen Wahrheitsbedingungen für die unendlich vielen Sätze einer recht komplexen forma-len Sprache ableiten kann. D. ist zuversichtlich, daß eine solche Theorie der Wahrheitsbedingungen, kurz: »Wahrheitstheorie«, auch für die Sätze natürlicher Sprachen wie Deutsch oder Englisch möglich wäre und damit die Lernbarkeits-bedingung erfüllt sei.

Das skizzierte Modell des Sprachverstehens zeigt, wie eng die Möglichkeit der Zuschreibung intentionaler Einstellungen an die Sprachlichkeit geknüpft ist. Das hat zur Folge, daß für D. jede Zuschreibung intentionaler Einstellungen an nicht-sprachliche Wesen, obwohl häufig nützlich und insofern legitim, ein nicht wirklich fundierter Anthropomorphismus ist. Und es zeigt, daß die Sprachlichkeits-Voraus-setzung der Entscheidungstheorie unabdingbar ist. Zugleich eröffnet es aber auch die Möglichkeit, die Entscheidungstheorie um eine Wahrheitstheorie für die Spra-che des Probanden zu ergänzen und so zu einer fundamentaleren, voraussetzungs-ärmeren Theorie überzugehen, einer *Unified Theory of Meaning and Action*, wie D. sie im Titel eines programmatischen Aufsatzes von 1980 nennt. Die prinzipielle Möglichkeit einer derartigen Theorie ist wiederum ein gewichtiger Beleg für die Korrektheit von D.s Ausgangsthese, daß alles Verstehen letztlich Teil einer einigen Strategie der Verhaltenserklärung und die intentionale und auch die semantische Begrifflichkeit nur in ihrem Beitrag zu dieser Strategie verständlich seien.

Akzeptiert man diese Grundthese, dann kann man fragen, was daraus folgt. Das ist die zweite Leitfrage der Philosophie D.s. Unmittelbar einsichtig sind zwei Kon-sequenzen für die Erkenntnistheorie. Zum einen wird mit D.s These dem erkennt-nistheoretischen Skeptizismus die Grundlage entzogen. Denn wenn Verständnis prinzipiell davon abhängig ist, eine Wahrheitstheorie zu finden, welche die Sätze des zu interpretierenden Sprechers möglichst eng an seine kausale Interaktion mit der Welt koppelt, dann muß sie die Meinungen des Sprechers, abgesehen von epistemo-logisch nachvollziehbaren Ausnahmefällen, wahr sein lassen. Diese unumgängliche interpretative Maxime bezeichnet D. im Anschluß an Quine als »Principle of Charity«. Zum anderen ist auch für den erkenntnistheoretischen Relativismus kein Platz. Denn da die Begriffe der Sprache, Bedeutung etc. theoretische Begriffe einer Strategie zur Verhaltenserklärung sind, macht die Annahme prinzipiell unzugängli-cher Sprachen oder inkommensurabler Begriffssysteme keinen Sinn. Ein drittes erkenntnistheoretisches Thema, mit dem sich D. vor allem in neueren Arbeiten beschäftigt, ist die spezielle Autorität, die man mit Bezug auf das eigene psychische Geschehen hat.

Für die Sprachphilosophie bringt D.s Programm eine Akzentverschiebung mit sich. Die vermeintlich zentralen Begriffe der Bedeutung und Referenz erfahren eine durch die Untersuchungen Ludwig Wittgensteins ohnehin empfohlene Abwertung. Beide erweisen sich als für das explanatorische Grundanliegen sprachlichen Verste-hens wenig signifikant. Erstaunlicherweise gilt dasselbe aber auch für den Begriff der Sprache, denn primär geht es dem Interpreten bei D. nicht um das Verstehen von Sprachen, sondern um das von Sprechern. Daraus entwickelt D. in seinen jüngeren sprachphilosophischen Arbeiten interessante Folgerungen über den sozialen Charakter der Sprachlichkeit.

Eine neue Aufgaben für die Sprachphilosophie liegt darin, D.s optimistischer Annahme folgend, eine Wahrheitstheorie für die natürlichen Sprachen zu erstellen. D. empfiehlt hier eine Arbeitsteilung: Die Philosophen erstellen einen Kernbereich der Theorie, in dem Wahrheitsbedingungen für die »logische Form« aller Sätze der betrachteten Sprache angegeben werden, die empirische Sprachwissenschaft kümmert sich dann um die Zuordnung der übrigen Sätze zu diesen logischen Formen. Logische Formen für alle Sätze einer Sprache zu entwickeln, ist kein triviales Unternehmen, und trotz vieler Fortschritte, die D. und andere erzielt haben, beispielsweise durch die Entwicklung der sogenannten »parataktischen Analyse« für die Inkorporation intensionaler und nicht-assertorischer Sätze, ist nach wie vor offen, ob es sich überhaupt durchführen läßt.

Wichtig ist aber, daß die Erarbeitung logischer Formen weitreichende Konsequenzen für andere Bereiche der Philosophie hat, so daß D. im Titel eines Aufsatzes von der *Method of Truth in Metaphysics* sprechen kann. Vor allem sind dies ontologische Konsequenzen, denn der primäre Zugang zum Seienden geschieht über sprachliche Bezugnahme, und nach der Degradierung des Referenzbegriffs beschränkt sich diese auf die Frage, welche Entitäten als existent angenommen werden müssen, um eine Wahrheitstheorie durchzuführen. Daß überhaupt Existenzannahmen nötig sind, liegt an der Notwendigkeit, Sätze als quantifiziert anzusehen und dann mit Hilfe des »Erfüllungs«-Begriffs eine Beziehung zwischen rudimentären Sätzen und Bestandteilen der Welt herzustellen. Bei D. führen diese sprachtheoretischen Erwägungen zu dem ontologischen Resultat, daß neben materiellen Gegenständen auch Ereignisse als existent anzunehmen seien, aber beispielsweise Eigenschaften, Zustände und Sachverhalte nicht.

Eine weitere, besonders prominente Konsequenz aus D.s Programm ist seine Stellungnahme zum Leib-Seele-Problem in der Philosophie des Geistes. Intentionale Einstellungen sind eingebunden in die kausale Struktur der Welt, sowohl was ihre Ätiologie angeht, als auch die sich aus ihnen ergebenden Handlungen. Kausalbeziehungen wiederum setzen nach D. ein striktes Gesetz voraus, das von der Ursache auf die Wirkung schließen läßt. Doch die konstitutiven Elemente für die Zuschreibung intentionaler Einstellungen (die Rationalitätsvoraussetzung und das Principle of Charity) schließen die Existenz strikter psycho-physischer Gesetze aus. Also können intentionale Einstellungen nur dann Ursachen und Wirkungen sein, wenn sie sich so beschreiben lassen, daß sie auch unter rein physikalische Gesetze fallen können (»Anomaler Monismus«). Insofern intentionale Einstellungen aber eine physikalische Beschreibung haben, ist jede von ihnen zugleich auch eine physikalische Entität (»Token-Identitäts-These«).

So wie D. zufolge Verstehen allgemein an Interpretation gebunden ist und damit letztlich auf Verständigung beruht, ist auch philosophisches Verständnis an die Wechselwirkungen eines interpretativen Prozesses geknüpft. Vor diesem Hintergrund ist es sicher kein Zufall, daß der Autor, der in seiner Rede zur Verleihung des Hegelpreises (*Dialektik und Dialog*, 1993) eine emphathische Würdigung der sokratischen Elenktik vorgetragen hat, seine Leser durch seine Veröffentlichungspraxis zwingt, sich einen eigenen Reim zu machen aus dem Puzzle seiner ineinander verstrickten Reflexionen. Leicht ist es jedenfalls nicht, das Verständnis dieses großen Theoretikers menschlichen Verstehens.

Preyer, Gerhard/Siebelt, Frank/Ulfig, Alexander (eds.). Language, Mind and Epistemology. Dordrecht 1994. – Glüer, Kathrin: Donald Davidson zur Einführung. Hamburg 1993. – Stoecker, Ralf (Hg.), Reflecting Davidson. Berlin/New York 1993, mit Publikationsliste und Sekundärliteratur. – Evnine, Simon: Donald Davidson. Oxford 1991.

Ralf Stoecker

Deleuze, Gilles
Geb. 1925 in Paris

D. ist einer der profiliertesten Vertreter der französischen Gegenwartsphilosophie. Er gehört zu jener – in Deutschland oft sehr pauschal als wahlweise ›post-‹ oder ›neostrukturalistisch‹ etikettierten – Generation von Denkern, deren Themen und Thesen seit den 60er Jahren die herkömmliche akademische Philosophie herausfordern und dabei weit über den universitären Bereich hinaus Beachtung gefunden haben. In Absetzung von den institutionalisierten Formen des Marxismus und der Psychoanalyse entwirft D. eine radikale Philosophie des Begehrens, die den politischen Impuls des Aufbruchs vom Mai 1968 fortführt; er propagiert ein »nomadisches Denken der Zerstreuung«, das anstelle allgemeiner Kategorien und universeller Regeln das Lokale, Differentielle und Ereignishafte betont.

D. wächst als jüngerer von zwei Brüdern im 17. Arrondissement von Paris auf, in dem er noch heute wohnt. Während der deutschen Besatzung wird sein älterer Bruder wegen Beteiligung an der Réstistance festgenommen und stirbt auf dem Transport nach Auschwitz. 1944 beginnt D. das Studium der Philosophie an der Sorbonne, seine Lehrer sind Ferdinand Aliqué, Jean Hippolyte, Georges Canguilhem und Maurice de Gandillac. Er schließt das Studium 1947 mit einer Arbeit über Hume (1953 unter dem Titel *Empirisme et subjectivité* veröffentlicht) und 1948 mit der Agrégation in Philosophie ab. Während dieser Zeit entdeckt er Sartre, den er als wichtigsten zeitgenössischen Autor bewundert. Von 1948 bis 1957 ist D. zunächst in Amiens, dann in Orléans und schließlich in Paris als Gymnasialprofessor tätig. 1956 heiratet er Fanny Grandjouan. 1957 wird er Assistent an der Sorbonne und ist von 1960 bis 1964 ans Centre National de Recherche Scientifique (CNRS) abgeordnet. 1962 lernt er, vermittelt durch Jules Vuillemin, Michel Foucault kennen. Von 1964 bis 1969 lehrt D. an der Universität Lyon und von 1969 bis zu seiner Emeritierung 1987 als Professor an der (in den 70er Jahren nach St. Denis verlagerten) Universität Paris VIII-Vincennes, die anfangs eine Art Experimentierfeld intellektueller Protagonisten und Sympathisanten des Mai 1968 bildet.

Seit 1953 publiziert D. eine Reihe von historischen Studien zu Kant, Hume, Bergson, Nietzsche und Spinoza. Hierbei versucht er, quer zur herkömmlichen

Philosophiegeschichte von Platon bis Hegel eine andere Linie sichtbar zu machen, deren Helden Epikur, Lukrez, Duns Scotus, Spinoza, Hume, Bergson und Nietzsche sind. Fluchtpunkt dieser Studien ist eine radikale Absage an den Hegelianismus und die Dialektik. Am entschiedensten kommen die Leitmotive seiner philosophischen Position in der Studie *Nietzsche et la philosophie* (1962; *Nietzsche und die Philosophie*) zum Ausdruck, die zugleich – in der Tradition der Nietzsche-Lektüre von Dichter-Philosophen wie Georges Bataille und Pierre Klossowski stehend – den Beginn einer philosophischen Nietzsche-Renaissance in Frankreich markiert.

Nietzsches Idee einer Philosophie als Genealogie, so betont D., richtet sich gleichermaßen gegen die Idee einer Begründung von oben, aus obersten Ideen, universellen Prinzipien, wie auch umgekehrt gegen die Vorstellung einer schlichten Kausalableitung geistiger Gebilde: Der Genealoge ist weder Richter im Sinne der Kantschen Metapher noch utilitaristischer Mechaniker. Das Dasein bedarf keiner Rechtfertigung, es ist nicht sündhaft, noch bedarf es einer Erlösung, es ist mit Heraklit eher als ästhetisches denn als moralisches Problem zu begreifen. Nietzsche verwirft den Wert des Negativen und des Leidens sowie die Idee des Positiven als Produkt der Negation selbst. Er setzt gegen die Negation der Negation die Bejahung der Bejahung. Dies meint indes nicht die ›Bejahung des Esels‹, der nicht nein zu sagen vermag: dies wäre eine Karikatur der Bejahung. Kritik vielmehr ist selbst Aktion, nicht Reaktion, ist Aktion der Bejahung. Das Verhältnis einer Kraft gegen eine andere – und Nietzsche betrachtet D. zufolge gegenständliche wie Sinnbeziehungen als Kräfteverhältnisse – ist nicht negativ. Jede Kraft steht in einem wesentlichen Verhältnis zu einer anderen Kraft. Eine Kraft jedoch, die sich auf eine andere Kraft bezieht, nennt Nietzsche Willen. Der Wille nun will das, was er vermag, er ist insofern Wille zum Willen und damit Wille zur Macht. Der Wille vollzieht sich nicht via Nerv oder Muskel, er ist keine physische Einwirkung auf Gegenstände, sondern bezieht sich stets auf einen anderen Willen. Wenn der Wille einen anderen Willen voraussetzt, wenn ihr Widerstreit keine Negationsbeziehung bedeutet, dann opponiert diese Konzeption nicht nur der Hegelschen Dialektik, sondern auch der Schopenhauerschen Willensmetaphysik, die einen einzigen Willen unterstellt und in eine Verneinung des Willens mündet.

Die theoretischen Motive der Nietzschestudie finden ihre Ausarbeitung in *Spinoza et le problème de l'expression* (1968; *Spinoza und das Problem des Ausdrucks in der Philosophie*) sowie in den historisch und thematisch weiter ausgreifenden Abhandlungen *Différence et répétition* (1968; *Differenz und Wiederholung*) und *Logique du sens* (1969; *Die Logik des Sinns*). Die Differenz ist nicht die Negation einer vorher bestehenden Identität, sie definiert sich nicht als Gegensatz gegen eine Einheit: Sie ist keine negative Beziehung, sondern positiv, Bejahung. Auch die sprachliche Operation der Verneinung ist von der Positivität des Begehrens getragen. Die abendländische Philosophie wollte die Differenz auf die Negation reduzieren; D. hingegen versucht Differenz zu denken, ohne sie unter ein einheitliches universelles Konzept zu bringen; sie verläßt den Horizont der aristotelischen Definitionslehre zugunsten eines Konzepts, das in vielem an Wittgensteins Begriff der ›Familienähnlichkeit‹ erinnert. Nicht Allgemeinheit, Notwendigkeit und zeitlose Geltung charakterisieren die Gegenstände der Philosophie, sie hat sich vielmehr am Ereignis, am

Singulären zu bewähren. D. unternimmt mit Nietzsche den Versuch einer Umkehrung des Platonismus. Wenn die Physik die Lehre von den idealen Strukturen der Körper ist, dann gilt es, Metaphysik als Analyse der »Materialität des Körperlosen« zu betreiben. Der Sinn, das Ideelle sind Effekt, nichts Ursprüngliches, ihre Grundlage ist der Nicht-Sinn, also kein Sinn höherer oder allgemeinerer Ordnung. Zwar ist Sinn immer schon vorausgesetzt, sobald ich zu sprechen beginne, aber es ist niemals der Sinn dessen, was ich sage. Diesen kann ich zum Gegenstand einer anderen Aussage machen, die jedoch ihrerseits ihren Sinn nicht selbst aussagt. Wir treten damit ein in eine unendliche Regression des Voraussetzens.

Weit über den Bereich fachphilosophischer Debatten hinaus wurde D. durch seine gemeinsam mit dem Psychiater und Lacan-Schüler Félix Guattari verfaßte Schrift *Anti-Oedipe* (1972; *Anti-Ödipus*) bekannt. Trotz seines kompromißlosen Antihegelianismus war der Strukturalismus der Lacanschen Freudinterpretation und der Althusserschen Marxlektüre in wichtiger Hinsicht eine Theorie des Mangels, des Defizitären geblieben und verblieb insofern im Bannkreis der Hegelschen Negativität. Indem der französische Begriff des »désir« sowohl den Hegelschen Begriff der Begierde als auch den Freudschen Begriff des Wunsches übersetzt, konnte er bei Lacan eine fundamentale Mangelstruktur bezeichnen, in die das Subjekt eingebunden ist. Der *Anti-Ödipus* begreift demgegenüber den Wunsch von Anfang an als positiv, produktiv und grenzüberschreitend, er ist keinem Mangel, keiner Grenze, keiner Negativität geschuldet. Er ist nicht länger durch den Mangel, die Abwesenheit seines Ziels, definiert, es handelt sich vielmehr um eine immanente Kraft. Er schafft Verbindungen, die das Reale durchziehen, er ist Bejahung. D. und Guattari stellen die Universalität des Ödipus-Komplexes in Frage und gelangen zu einer Neubewertung der Psychosen. Sie erklären, daß die klassische Psychoanalyse einen zu engen Begriff des Unbewußten entwickelt habe. Die Produktivität des Wunsches explizieren beide im Begriff der »Wunschmaschinen« und der »Wunschproduktion«. Hiermit ist keine Phantasieproduktion im Unterschied zur gesellschaftlichen Produktion des Wirklichen gemeint, sondern ein Produktionsprozeß, der als Fließen von Kräfteströmen aufzufassen ist, als soziale Maschinerie. »Maschine« meint hier einen multiplen Funktionskreislauf, einen beweglichen Mechanismus, der noch mehr ist als das bloße Verwirklichen eines vorgeplanten Zielzustandes. Das Funktionieren der Wunschmaschinen ist nicht teleologisch zu begreifen, da es weder durch ein prädefiniertes Ziel noch durch ein zieldefinierendes Subjekt kontrolliert wird. Letzteres löst sich vielmehr im Strömen der Wunschproduktion auf: Das Subjekt wird nicht repressiv ausgelöscht, sondern in sich selbst vervielfältigt. Theorie und Praxis der Psychoanalyse verkennen und blockieren das subversive Kräftespiel des Wunsches, sie proklamieren als universelle und notwendige Struktur des Begehrens, was sich in Wahrheit den Machtkonstellationen einer spezifischen abendländisch-kapitalistischen Gesellschaftsformation verdankt, die an die Stelle des produktiven Unbewußten den versprachlichten Sinn, die Repräsentation treten läßt, welche die »Fabrik des Realen« durch das Theater ersetzt. Sie verkennt dabei, daß Sprache weniger eine universelle Struktur ist als vielmehr eine spezifische, lokale, stets kontextgebundene »Äußerungsmaschine« darstellt. – Die Themen des *Anti-Ödipus* werden in einer Reihe von kleineren Artikeln der Autoren sowie in dem Fortsetzungsband *Milles plateaux* (1980; *Tausend Plateaus*) weiterverfolgt. Neben der Philosophie und der Gesellschaftsanalyse besitzen die moderne Literatur und Malerei eine wichtige Bedeutung für D., wie sich an seinen Studien *Marcel Proust et les signes* (1964, erweiterte Neuauflage 1970; *Proust und die Zeichen*), *Kafka – pour une littérature mineure* (gemeinsam mit Guattari, 1975; *Kafka. Für eine kleine Literatur*), *Francis Bacon. Logique de la sensation* (1981; *Francis Bacon. Logik der Sensation*) sowie an zahlreichen kleineren Artikeln insbesondere zur modernen amerikanischen Literatur zeigt.

In seinen Studien *L'image mouvement* (1983; *Das Bewegungs-Bild*) und *L'image temps* (1985; *Das Zeit-Bild*) analysiert D. den Film als philosophisches Problem. Die Beschäftigung mit theoretischen Programmatiken, Materialien der Filmgeschichte und Konzepten der Filmanalyse ist zugleich eine Auseinandersetzung mit Henri Bergson und Charles S. Peirce. Es handelt sich nicht um die Anwendung philosophischer Begriffe auf den Gegenstandsbereich des Films, sondern darum, klassische Fragen der Philosophie vom Film her neu zu formulieren. Im Film handelt es sich darum, Dinge und Geschehnisse nicht durch den menschlichen Geist zu erzeugen, sondern mittels einer Apparatur, deren technische Grundlage in der Aufzeichnung und Wiedergabe von Bewegung besteht. Das Kino liegt einer zutiefst veränderten Auffassung von Bewegung, das heißt der Synthese von Raum und Zeit, zugrunde. D. verfolgt die Entwicklung des Films bis hin zu dem Punkt, an dem der gesteigerten visuellen Dichte eine neugewonnene Autonomie des Tons entspricht, die Tonspur zur Realität sui generis wird, das Filmbild eine andere Geschichte erzählt als das Tonbild, eine Disjunktion entsteht zwischen Tonbild und Filmbild, zwischen Sehen und Sprechen.

In seinem großen Essay *Foucault* (1986; dt. 1987) schließlich entwirft D. ein faszinierendes philosophisches Portrait seines verstorbenen Freundes, in das er auch die Linien seines eigenen Denkens einzuarbeiten versteht. Während Foucault sein eigenes Werk verschiedenen Interpreten und Interessenten gegenüber oft als eine »Werkzeugkiste« oder als eine Art »Steinbruch« offerierte, rekonstruiert D. das geologische Massiv dieses Denkens, das heißt seine philosophische Einheit durch die inneren »Schichtungen«, »Faltungen« und »Verwerfungslinien« hindurch.

Der Rückzug aus den universitären Lehrverpflichtungen bedeutet für D. keineswegs den Rückzug aus der philosophischen Arbeit. Er widmet sich verstärkt der Ausarbeitung und Explikation seiner Philosophie des Multiplen. Dies schlägt sich bislang nieder in Veröffentlichungen wie *Le pli – Leibniz et le baroque* (1988), *Qu'est-ce que la philosophie* (gemeinsam mit Guattari, 1991) und *Critique et clinique* (1993; *Kritik und Klinik*). Zu den aktuellen Vorhaben gehören sowohl eine Philosophie der Natur als auch eine Studie über das Marxsche *Kapital*.

Boundas, Constantin/Olkowski, Dorothea (eds.): Gilles Deleuze and the Theater of Philosophy. New York/London 1994. – Mengue, Philippe: Gilles Deleuze ou le système du multiple. Paris 1994. – Köhler, Jochen: Geistiges Nomadentum. Eine kritische Stellungnahme zum Poststrukturalismus von Gilles Deleuze. In: Philosophisches Jahrbuch 91/I. München 1984.

Hermann Kocyba

Demokrit
Geb. um 460 v. Chr. in Abdera; gest. etwa 370 v. Chr. in Abdera

Um D. rankt sich eine Fülle von Sagen und Anekdoten, die meisten jedoch wenig bezeichnend für ihn, wie z. B. die, die ihn als »lachenden Philosophen« neben Heraklit als »weinenden« stellt, indem sie in ihm nur einen heiteren Spötter über die Torheiten der Menschen sieht. Treffender wird sein Wesen durch einen von ihm selbst überlieferten Ausspruch charakterisiert: Er wolle lieber eine einzige Ursache finden als König über die Perser werden. – D.s Heimat war die kulturell rege, später aber in den Ruf einer griechischen Schildbürgerstadt gekommene reiche Handelsstadt Abdera an der thrakischen Küste. D. verfügte über eine umfassende Bildung, die er durch Reisen nach Ägypten, in den Vorderen Orient und nach Persien sowie durch Kontakte zu zeitgenössischen Philosophen wie den Pythagoreern zu vertiefen suchte. Nach einem Selbstzeugnis kam er von allen am meisten in der Welt herum, hat die meisten Länder besucht und die meisten gelehrten Männer gehört. Von seinem Lehrer Leukipp übernahm er die Atomtheorie, modifizierte sie aber hier und da. Wie jener bestimmt D. als Elemente des Seins das Volle und das Leere, nennt jenes ein Seiendes, dieses ein Nichtseiendes, wobei beide in gleicher Weise »sind«. Das Seiende teilt er in unzählbare, letzte, nicht weiter teilbare Einheiten: die Atome, die ungeworden und unvergänglich sind. Denn »nichts entsteht aus dem Nichtseienden, und nichts löst sich in Nichts auf«. Ohne sinnliche Qualitäten unterscheiden sich die Atome nur durch Form, Größe und Gewicht, und zwar in unendlicher Vielheit, wobei das Gewicht lediglich als ein Derivat der Größe und nicht als ein Faktor der Atombewegung angesehen wird – eine der wichtigsten »Differenzen der demokritischen und epikureischen Naturphilosophie« (K. Marx). Ziellos bewegen sich die Atome im leeren Raum in alle Richtungen und kollidieren auf diese Weise miteinander. Dabei entstehen sichtbare Atomkomplexe, d. h. Dinge mit sinnlich wahrnehmbaren Eigenschaften. Diese Dinge erkennen wir in der Wahrnehmung aber nicht so, wie sie an sich sind, sondern so, wie sie auf uns wirken. Denn alles, was wir als süß oder bitter, warm oder kalt empfinden, als gelb oder rot wahrnehmen, hat keine reale Existenz, sondern erwächst lediglich aus dem Kontakt mit dem Gegenstand sich – individuell verschieden – verändernden Sinnesorgan. Deshalb nennt D. die Erkenntnis durch die Sinne dunkel, die durch den Verstand aber echt. In Wahrheit gibt es nur Atome und Leeres, alles andere gründet sich auf »Meinung«. Denken, Wahrnehmen und Fühlen werden streng konsequent als mechanische Bewegungen der sehr feinen kugelförmigen Seelenatome aufgefaßt. Die Götter sind nach D. bloße Bilder, die sich innerhalb des physikalischen Prozesses der Kosmogonie entwickelt hätten und wie die Welt selbst sterblich seien.

Als Zeitgenosse der Sophisten – Protagoras war ein Landsmann – und des Sokrates beschäftigte sich D. auch mit der Frage, wie der Mensch zur Glückseligkeit gelange. Als Naturphilosoph verknüpfte er dabei die Ethik mit der Physik. Das höchste Gut, die Wohlgemutheit (»euthymia«), wird als ein stabiler Zustand der Seelenatome definiert, der erreicht wird, wenn sich die Seelenatome gleichmäßig und ruhig bewegen. Bewegen sie sich aber heftig (die physische Grundlage der Affekte), so führt dies zu einer schmerzhaften Unordnung innerhalb der Seelenstruktur. Das Gute ist identisch mit dem Begriff des für die Seele Zuträglichen. Erster Indikator (nicht das Wesen) des Zuträglichen ist die Freude. Da sie jedoch (wie die Sinneswahrnehmung) kein objektives Kriterium ist, hat die Vernunft zu prüfen, was wahrhaft zuträglich, d.h. nützlich für die Euthymie ist, die durch »rechtes Denken, Reden und Tun« verwirklicht wird. In diesem Zusammenhang begegnen wir der traditionellen Forderung, in allem das rechte Maß zu wahren. Das Wohlbefinden der Seele stellt eine eigene Leistung der Überlegung dar. Zufall und Determination spielen keine Rolle. Der Mensch ist Herr seines Glücks. – D. war nicht nur Naturphilosoph und Ethiker, sondern schrieb auch zahlreiche Werke zur Biologie und Medizin, Logik und Mathematik, Dichtung und Sprache, Malerei und Musik, zu Ackerbau sowie Kriegskunst – vergleichbar allein mit der wissenschaftlich-literarischen Produktion eines Aristoteles. Erhalten sind uns unglücklicherweise nur noch Bruchstücke.

Löbl, Rudolf: Demokrits Atomphysik. Darmstadt 1987. – Bailey, Cyril: The Greek Atomists and Epicurus. Oxford 1928 (Nachdruck 1964).

Klaus-Dieter Zacher

Derrida, Jacques
Geb. 15. 7. 1930 in El Biar (Algerien)

»Der Gedanke des Fragments von Novalis bis zu seinen modernen Formen ist noch eine Sehnsucht nach Totalität. Was ich Differenz nenne, Dissemination, Teilbarkeit, ist nicht wesentlich fragmentarisch. Es ist eine Auflösung der Beziehung zum Anderen, zum Heterogenen, ohne Hoffnung und ohne Wunsch nach Totalisierung.« Diese Gedanken aus einem 1984 mit Florian Rötzer geführten Interview zeigen worauf D. aus ist und was er hinter sich zu lassen sucht. Strebte das traditionelle, im wesentlichen metaphysische Denken danach, dem philosophischen Staunen einen Rahmen zu geben, es durch Rückgang auf unterschiedliche Formen der Präsenz zu begründen oder zu vereinheitlichen, so sucht das dekonstruktive Vorgehen D.s nach dem, was in der Totalität nicht mehr gedacht werden kann, was – radikaler – gewaltsam aus ihr ausgeschlossen wurde. Darin steckt der Wandel vom Strukturalismus, der D.s philosophischen Werdegang bestimmte, zum eigenen Poststrukturalismus – wobei D. selbst sich den »Postismen« stets verweigert hat, um die Vorstellung des Bruchs durch die differenziertere der Strategie, der Begriffsverschiebung von innen zu ersetzen. Damit gibt er seiner Metaphysikkritik eine bestimmte Note, befreit sie von der Idee einer bloßen Umkehrbarkeit der Verhältnisse. Die Suche nach der Differenz besteht aus der unabschließbaren Arbeit an der Dekonstruktion klassischer philosophischer Texte. D. wächst in Algerien in einer jüdischen Familie auf. Bereits am Gymnasium seines Geburtsortes El-Biar bei Algier macht er Erfahrungen mit dem Antisemitismus. Dies und die Konflikte des Koloniallandes Algerien mit dem Mutterland Frankreich mögen spätere Reflexionen auf das Heterogene beeinflußt haben, das dem Ethnozentrismus oder, wie D. definieren wird, dem Logo- und Phonozentrismus der abendländischen Metaphysik zu entkommen sucht. Interessiert an der Literatur, aber auch bereits an der Philosophie, wechselt D. mit 19 Jahren nach Paris, wo er sich – durchaus mit Rückschlägen – auf eine Aufnahme in die »École normale supérieure« (ENS) vorbereitet. Mit der 1957 an der ENS bestandenen »agrégation« unterrichtet er während seines Militärdienstes zunächst in Algerien, später in Frankreich. Von 1960 bis 1964 lehrt er an der Sorbonne. In diese Zeit fällt auch sein erster Vortrag am »Collège de philosophie«, in dem er sich kritisch über Michel Foucault äußert. Daraus entsteht ein später Streit, der erst beigelegt wird, als sich Foucault und andere französische Intellektuelle 1980 um die Freilassung D.s aus einem Prager Gefängnis bemühen. (Siehe dazu die 1989 erschienene Foucault-Biographie von François Eribon.)

D.s philosophische Publikationen werden mit der Übersetzung und Einleitung einer Schrift Edmund Husserls eröffnet: *L'origine de la géométrie* (1962; *Husserls Weg in die Geschichte am Leitfaden der Geometrie*). Husserl denkt in der kurzen, heute dem Buch *Die Krisis der europäischen Wissenschaften* als Beilage zugeordneten Schrift einen intuitiven Wahrheitsbegriff, eine reine, welt- und sprachlose Schau. Dennoch braucht er die Schrift: die ideale Gegenständlichkeit bedarf zu ihrer Konstitution einer »geistigen Leiblichkeit«. Die Schrift ist für Husserl das »Krisenmoment«, sie droht das lebendig und in reiner Innerlichkeit Entstandene zu verdecken, es gar zu verlieren. D. kehrt dieses Krisenmoment ins Positive: die Schrift ist stets der Deutung freigegeben. Sie ist in dem Sinne frei, daß die Deutung nicht mehr durch Rückgang auf eine bedeutungsverleihende »Urszene« geschieht und daß – ebenfalls über Husserl hinaus – das materielle Moment der Verkörperung durch die Schrift nicht mehr reduziert wird. Mit der Idee einer unhintergehbaren Faktizität ist D. auf dem Weg, den engen, transzendentalphilosophischen Rahmen der Husserlschen Phänomenologie zu sprengen. Dies zeigt sich noch deutlicher in der zweiten Schrift zu Husserl, *La voix et le phénomène. Introduction au problème du signe dans la phénoménologie de Husserl* (1967; *Die Stimme und das Phänomen*), die D. – er lehrt inzwischen an der ENS – als seinen wichtigsten Essay kennzeichnen wird. In diesem für die Kritik unumstrittenen Werk wird die Dekonstruktion vorgeführt, indem aus einer beinahe überexakten Lektüre eines die Zeichentheorie betreffenden Kapitels aus Husserls *Logischen Untersuchungen* langsam und fast unmerklich D.s eigene Position erwächst: Die an der Präsenz festgemachte Rede, derer Husserl bedarf, um die reine Innerlichkeit zu wahren, wird zur differierenden Schrift verschoben, die Spuren zeitigt. Alle späteren Themen aus D.s Denken sind hier angelegt: die Schrift, die Spur, die Differenz und keineswegs gegen Husserl entwickelt, sondern, subtiler, aus seinem Denken gefolgert. Die Dekonstruktion ist eine Praxis der Textlektüre. Sie greift »in einer doppelten Geste« die den metaphysischen Gegensatzpaaren inhärente Hierarchie an. In einem ersten, nur vorläufigen Schritt wird die bisher unterdrückt gebliebene Seite des Gegensatzpaares hervorgehoben, explizit bedacht. Dadurch wird, ähnlich wie bei Foucault, die Etablierung eines Begriffs mit dem durch seine Konstruktion Ausgeschlossenen zusammengedacht. Durch diese Vervollständigung kommt Bewegung in die philosophische Terminologie. Nicht an der bloßen Umkehrung der Verhältnisse interessiert, arbeitet die Dekonstruktion in einem zweiten Schritt an der »Verschiebung« der bisherigen Begrifflichkeit. So erst kann, langsam und quasi konstruktiv, eine neue Begrifflichkeit entstehen. Hans-Georg Gadamer hebt hervor, daß schon Heideggers Destruktion (der Geschichte der Ontologie) keineswegs rein negativ gemeint ist. D.s weiterreichende De-kon-struktion sieht sich wieder und wieder – zuletzt in dem Streit um die Verleihung der Ehrendoktorwürde an der Universität Cambridge, die D. 1992 schließlich erhält – dem wenig rechtfertigbaren Nihilismusvorwurf ausgesetzt. Der kon-struktive Zug der Dekonstruktion besteht nicht nur darin, eine reduktive Begrifflichkeit wieder zu vervollständigen, sondern darüber hinaus darin, eine neue, nicht hierarchische Begrifflichkeit zu entwickeln, die Opposition zur Differenz zu erweitern. Unverzichtbar für diese Vorgehensweise sind die »indécidables«.

Sie sind es, die sich der traditionellen Gegensätzlichkeit nicht mehr fügen, die die Homogenität eines Textes unmöglich machen. D. liest sie einerseits in den Texten seiner philosophischen und literarischen Vorgänger – so »Chora« (*Chora*, 1987; dt. 1990) aus Platos Timaios als drittes Geschlecht zwischen Sinnlichkeit und Intelligibilität, zwischen Mythos und Logos oder Rousseaus »Supplement« als Supplementierung von etwas, was nie anwesend war –, und er lanciert sie andererseits ganz gezielt in seinen eigenen Texten. In der – anders als bei Hegel – nicht-teleologisch gedachten »Verflüssigung der Begriffe« liegt nicht nur ein politisches, anti-totalitäres, sondern auch ein ethisches Moment. Gerade 1968 beginnt D. seinen in New York gehaltenen Vortrag *Fines hominis* mit dem Eingangssatz: »Jedes philosophische Colloquium hat notwendigerweise eine politische Bedeutung.« Abgesehen von der praktischen politischen Arbeit D.s an der Veränderung von Institutionen oder den direkt politischen Texten, behauptet er, daß die Dekonstruktion »durch und durch politisch« sei. Die ethische Komponente seines Denkens zeigt sich im häufig verwendeten Begriff der Verantwortung, ebenso wie dem der Bejahung: D. denkt die Dekonstruktion als Antwort auf eine Andersheit, die sie allererst auf den Plan ruft. Ein Gedanke, der sich in ähnlicher Form bei Emmanuel Lévinas findet, in dessen Ethik als erster Philosophie das Antlitz des Anderen nicht gesucht wird, sondern einbricht und unsere Aufmerksamkeit fordert. Nachdem erst D.s sprachphilosophisch orientierte Werke, dann auch die ästhetischen Beachtung fanden, wendet sich heute die Diskussion der seinem Denken impliziten Ethik zu. Davon zeugt neben den Studien Robert Bernasconis und Simon Critchleys die zu D.s 60. Geburtstag entstandene Festschrift *Ethik der Gabe. Denken nach Jacques Derrida* (1993). Als substanzlos erweisen sich in dieser Hinsicht die Einwände derer, die in gar zu kurzgeschlossener Betrachtung einer angeblich dekonstruktiven Abschaffung des Subjekts antihumanistische Tendenzen unterstellen. Zum Neubedenken der Humanität jenseits traditioneller Wesensmetaphysik gehört, daß sich die Dekonstruktion nicht als Methode versteht, sondern daß sie im Bewußtsein ihrer eigenen Dekonstruierbarkeit, ihrer eigenen Überholbarkeit arbeitet. So erfüllt sich, auf ganz an-

derem Wege, sogar die von der Phänomenologie Husserls gesuchte Sachange-
messenheit: die nicht methodisch ein für alle mal festgelegte Dekonstruktion bleibt
variabel genug, sich dem jeweiligen textuellen Sachverhalt anzupassen. In der
Auseinandersetzung mit der Phänomenologie Husserls klingen Themen an, die in
De la grammatologie (1967; *Grammatologie*) weiterverfolgt wurden. In diesem Haupt-
werk D.s geht es um die »Wissenschaft von der Schrift«, für die D. die Metapher der
Monstrosität prägt. Was mit der »konstituierten Normalität bricht«, kann sich »nur in
Gestalt der Monstrosität kund tun«.

Das heißt: Die Befragung der Metaphysik kann ihre Ergebnisse nicht im vorhinein bekanntgeben, der Ausgang des dekonstruktiven Unternehmens ist ungewiß.
Konsequenterweise radikalisiert die Dekonstruktion den klassischen Kritikbegriff:
kein utopischer Gegenentwurf überwacht als Teleologie den Ausgang des dekonstruktiven Unternehmens. Die Dekonstruktion arbeitet ohne Netz, stets bereit, an
der neuen Wissenschaft der Schrift zu scheitern. In einem zweiten, weniger grundlegenden Teil der *Grammatologie* stellt D. exemplarisch eine dekonstruktive »Lektüre
der Epoche Rousseaus« vor, die festgemacht ist an einem eher unbekannten Text.
Ausgehend von der »Schreibstunde« aus Claude Lévi-Strauss' *Traurigen Tropen*, einem
Text über die angeblich »schriftlosen Völker«, kritisiert D. die Mißachtung der
Schrift, die als repräsentierende stets einer präsentierenden Rede nachgeordnet
wurde. Seine eigene These von der Ursprünglichkeit der Schrift umschreibt er mit
einer Reihe paradoxer Ausdrücke: ein Ursprung, der keiner mehr ist, eine »ursprüngliche Verspätung«, eine Urschrift, die nicht präsentierbar ist. 1967 erscheint
auch *L'Écriture et la différance* (*Die Schrift und die Differenz*), eine Aufsatzsammlung, die
das breite Spektrum von D.s Denken vorführt. Der Hegelianismus Georges Batailles,
Foucault und Lévinas werden in ausführlichen Einzelessays ebenso thematisiert wie
Antonin Artauds Theater der Grausamkeit. Hier findet sich auch D.s 1966 an der
John-Hopkins-University in Baltimore gehaltener Vortrag, der seinen akademischen
Ruhm in den Vereinigten Staaten begründet und zu einer bis heute anhaltenden
Lehrtätigkeit führt: an der Yale University entsteht mit Paul de Man, Hillis Miller,
Harold Bloom und anderen die »Yale school« of literary criticism; später lehrt D. in
Irvine, Kalifornien, an der Cornell University und der City University, New York.
In *Structure, Sign and Play in the Discourse of the Human Sciences* nennt D. seine
dekonstruktiven Vorgänger: Freud (»das Ich ist nicht mehr Herr im eigenen Haus«,
aber auch die Idee der Nachträglichkeit, auf die D. sich immer wieder bezieht),
Heidegger und Nietzsche. Er greift zurück auf Nietzsches Begriff des Spiels, der in
La dissémination von 1972 wieder auftauchen wird, als Metapher für das Verwickelt-
sein des Lesers/des Spielers in den Text/in das Spiel. Damit ist Husserls Vorstellung
einer reinen Innerlichkeit durch das Gegenbild der Kontamination abgelöst. 1972
situiert D. seine Philosophie in gut lesbarer Weise in den drei Interviews der *Positions*
(*Positionen*). Er verdeutlicht die Einflüsse seines Denkens: die Dialektik Hegels, den
Marxismus, die Psychoanalyse Freuds und Jacques Lacans, die Semiologie Ferdinand
de Saussures. Gleichzeitig widerlegt er in einem der deutschen Erstausgabe vorange-
stellten Gespräch eine ganze Reihe von Vorwürfen, wie Klagen über die Unles-
barkeit seiner Schriften, die gleichwohl detailliert kritisiert werden, und angebliche
Einflüsse, mit denen er sich nicht identifiziert, insbesondere die immer wieder

unterstellte Nähe zur jüdischen Mystik. Nach D. steht »nichts weniger mit der Mystik in Beziehung als das Denken der Spur oder der différance«. Die Spur verweist auf das aus dem Text Ausgeschlossene, ohne es zu präsentieren. Hatte D. an Saussure kritisiert, daß dieser eine Hintertüre für das transzendentale Signifikat, für eine reine Präsenz offen gehalten hat, so will er gerade mit der Idee der Spur diese Türe schließen. Wie in Lévinas' Spur der Andersheit das Antlitz des Anderen unauslotbar bleibt, so verweisen nun die in den Texten lesbaren Spuren in einer unendlichen Kette aufeinander. Der Text ist, ganz des lateinischen »tissere« gemäß, ein Gewebe, dessen Geflecht der Bezüge nie gänzlich ausdeutbar ist. Darin versteht sich D. als Anti-Hermeneut. (Die Gadamer-Derrida-Debatte schildert der von Phillipe Forget herausgegebene Sammelband *Text und Interpretation*.) Im gleichen Jahr erscheint erneut ein Sammelband mit Essays zu Hegel, Heidegger, dem Genfer linguistischen Kreis, der Metapher: *Marges de la philosophie* (1972; *Randgänge der Philosophie*, 1976 Teilübersetzung, 1988 komplett übersetzt). Das Einschreiben in die Ränder anderer Texte nimmt hier erstmals die Form der textuellen Gegenüberstellung an, die D. in dem zwei Jahre später erscheinenden *Glas* perfektioniert, wo eine Lektüre Hegels mit derjenigen Genets konfrontiert wird. In den *Randgängen* findet sich auch die von D. 1968 vor der »Academie française de philosophie« gehaltene Rede über die *différance*. Nicht ohne Umstände führt er einen Neologismus vor, dessen gegenüber der traditionellen Schreibweise mit »e« bewußt »falsche« Schreibweise einen les- aber keinen hörbaren Unterschied macht, auf den D. im mündlich gehaltenen Vortrag stets verweisen muß: eine Vorführung der These von der Vorrangigkeit der Schrift. Die räumliche Komponente der différance verweist auf die Differenzierung, die Abgrenzung von anderem Sinn, die zeitliche Komponente auf den Aufschub der Bedeutungserfüllung. Auch *Signature, événement, contexte* geht auf einen richtungweisenden Vortrag zurück, den D. 1971 in Montréal auf einer Konferenz über die Kommunikation hält, und in dem er auf die Sprechakttheorie des amerikanischen Philosophen John Searle eingeht. Die anschließende Debatte beider erscheint 1988 als *Limited Inc.* zunächst auf englisch, zwei Jahre später unter gleichlautendem Titel in französischer Übersetzung. *La dissémination* von 1972 mit den drei Aufsätzen zu Plato, dem Dichter Mallarmé und D.s Literatenfreund Philippe Sollers gilt als literarische Wende. Es folgen in dieser Linie Veröffentlichungen zu James Joyce, Paul de Man, Paul Celan und vielen anderen. *La vérité en peinture* (1978; *Die Wahrheit in der Malerei*) – der Titel ist ein Zitat Cézannes – enthält D.s Gedanken zur Ästhetik. Teile dieses Werkes waren bereits in Ausstellungskatalogen veröffentlicht. *La carte postale* (1980; *Die Postkarte*) bezieht sich auf ein zufällig entdecktes Frontispiz in der Bodleian Library in Oxford, auf dem Plato dem vor ihm sitzenden Sokrates in die Feder diktiert. In beiden Werken führt D. sein Vokabular spielerisch und freier vor, als in den früheren, strikter philosophischen Texten. Er verwendet Auslassungen – graphische Darstellungen seiner frühen These über die Verräumlichung: »Die Irreduzibilität der Verräumlichung ist die Irreduzibilität des Anderen« (*Positionen*). Dahinter steht der Einfluß von Mallarmés ebenfalls graphisch gestaltetem Gedicht »Un coup de dés«. 1983 wird D. erster Direktor des von ihm mitbegründeten »Collège international de philosophie«, einem interdisziplinär arbeitenden Forschungsinstitut, das für alle – nicht nur für Studenten – offensteht.

(1984 löst ihn Jean-François Lyotard als Rektor ab.) Im gleichen Jahr wird D. für den Forschungsschwerpunkt »Philosophische Institutionen« in die »École des hautes études en sciences sociales« gewählt, an der er bis heute lehrt. Zu Vorträgen und Gesprächen wird D. inzwischen weltweit und fachübergreifend eingeladen. Bei großer Popularität in den USA ist seine akademische Karriere in Frankreich umstritten geblieben. Ab 1986 zeugen mehrere Veröffentlichungen von der Zusammenarbeit D.s mit den beiden Architekten Bernard Tschumi und Peter Eisenmann. Der Dekonstruktivismus ist zu einem Architekturstil geworden. (Siehe dazu die von Andreas Papadakis herausgegebene Anthologie *Dekonstruktivismus*.) Nietzsche und Heidegger bleiben Thema für D. Ein Vortrag über Nietzsche im Konferenzort Cérisy-la-Salle wird 1976 viersprachig veröffentlicht: *Éperons. Les styles de Nietzsche*. Es folgen die *Otobiographies*. *L'enseignement de Nietzsche et la politique du nom propre* (1984). Auch *Préjugés. Devant la loi* (1985; *Préjugés. Vor dem Gesetz*) geht zurück auf einen Vortrag D.s in Cérisy-la-Salle. Thema ist sowohl Lyotard (das Konferenzthema) als auch Kafkas Kurzgeschichte »Vor dem Gesetz«. 1980 war D. selbst Thema der dortigen Konferenz, diesmal gestaltet von seinen beiden Freunden Philippe Lacoue-Labarthe und Jean-Luc Nancy (*Les Fins de l'homme. A partir du travail de J. D.*, 1981).

1987 ist das Jahr, in dem in Frankreich – fast zeitgleich mit der Affäre um Paul de Man – Viktor Farías' *Heidegger et le Nazisme* eine umfassende Diskussion um Heideggers Philosophie und Leben auslöst, an der sich auch D. beteiligt. Seine beiden Veröffentlichungen zu Heidegger erscheinen jedoch vor dem Ausbruch der Debatte: *Psyché. Inventions de l'autre* (1987; daraus: *Geschlecht. Sexuelle Differenz, ontologische Differenz. Heideggers Hand*, 1988) und *De l'esprit. Heidegger et la question* (1987; *Vom Geist. Heidegger und die Frage*). In *Geschlecht* untersucht D., ob das Dasein, das Heidegger in *Sein und Zeit* neutral versteht, d.h. als keines der beiden Geschlechter, die Möglichkeit eröffnet, eine sexuelle Differenz vor der Dualität zu denken. D. hatte es schon in den *Positionen* ausgedrückt: »Die Dekonstruktion, darauf habe ich bestanden, ist nicht neutral. Sie interveniert.« So verfolgt *Vom Geist* die Entwicklung des Geistbegriffs bei Heidegger vom frühen *Sein und Zeit* über die Rektoratsrede bis hin zum späten *Ursprung der Sprache*. D. plädiert noch immer für eine Lektüre der Werke Heideggers.

Bennington, Geoffrey/Derrida, Jacques: Jacques Derrida. Ein Portrait. Frankfurt am Main 1994. – Rorty, Richard: Dekonstruieren und Ausweichen. In: Ders.: Eine Kultur ohne Zentrum. Stuttgart 1993. – Descombes, Vincent: Das Selbe und das Andere. Fünfundvierzig Jahre Philosophie in Frankreich. Frankfurt am Main 1981.

Katharina Mai

Descartes, René

Geb. 31. 3. 1596 in La Haye (Touraine); gest. 11. 2. 1650 in Stockholm

 D. war der Denker, dem die Moderne, wie der zeitgenössische Psychoanalytiker Jacques Lacan treffend bemerkte, neben anderem auch die Eigenheit verdankt, unter der sie am meisten leidet: die schon fast sprichwörtliche Zerrissenheit des modernen Subjekts. Er begann seine Ausbildung mit acht Jahren am jesuitischen Collège Royal in La Flêche. Die empfindliche Konstitution des Jungen hat schon die Padres sehr beeindruckt, jedenfalls war er von morgendlichem Unterricht befreit, und sein späterer Hang, die Vormittage meditierend im Bett zu verbringen, nahm seinen Anfang in dieser Zeit. Etwa 1612 verließ D. La Flêche, um für die nächsten Jahre in Paris zu leben und sich mathematischen und juristischen Studien zu widmen; hier, vielleicht aber auch erst 1622, erwarb er sich die Freundschaft seines zukünftigen Mentors Marin Mersenne. Dieser war Ordensbruder der »Minimes«, zugleich aber auch ein überzeugter Anwalt wissenschaftlicher bzw. philosophischer Wahrhaftigkeit. So sorgte er beispielsweise bis 1634 mit der Veröffentlichung von fünf Traktaten für das Bekanntwerden der Mechanik Galileis, die auch die Basis für seine eigenen physikalischen Theorien bildete. Sie betreffen vor allem die Akustik – auch der Begriff der Schwingungszahl geht auf ihn zurück. D.' wissenschaftliche Arbeit verdankt ihm bedeutende Anregungen. Um 1617/18 reiste D. zum ersten Mal nach Holland und begann eine militärische Ausbildung in der Armee des Prinzen Moritz von Oranien. Seine Wahl könnte durch die militärischen Erfolge der vereinigten Niederlande im Kampf gegen die Spanier beeinflußt worden sein. D. opferte seinen Wissensdrang nicht der Offizierslaufbahn, er trieb auch hier seine Studien weiter und befreundete sich mit dem Physiker Isaac Beeckman.

Im Sommer 1619 kam er nach einer Reise, die ihn nach Kopenhagen, Danzig und durch Böhmen, Ungarn und Österreich führte, mit der Armee nach Neuburg bei Ulm. Hier, im Winterquartier, ereignete sich in der Nacht vom 10. auf den 11. November 1619 der Inauguraltraum der Cartesianischen Philosophie. Dem Denker träumte dabei von einem Dictionnaire, über dessen Vollständigkeit er sich noch im Traum Gedanken machte, und das er als Traumbild in seiner Deutung auf die Gesamtheit der Wissenschaften bezog; dazu noch träumte ihm von dem Vers: »Quod vitae sectabor iter?« (»Welchen Lebensweg soll ich einschlagen?«), der die Frage nach der Methode enthält. Hier sind bereits die beiden wichtigsten Momente der Philosophie D.' sichtbar, zum einen das methodologische Problem, später dargelegt in den Werken *Regulae ad directionem ingenii* (1619-1628, erschienen 1701 in Amsterdam; *Regeln zur Leitung des Geistes*), *Discours de la méthode pour bien conduire sa raison et chercher la vérité dans les sciences* (1637; *Abhandlung über die Methode des richtigen Vernunftgebrauchs und der wissenschaftlichen Wahrheitsforschung*), *Meditationes de prima philosophia* (1641; *Untersuchung über die Grundlage der Philosophie*); zum andern der enzyklopädische Anspruch, die Summe aller Wissenschaften zu kennen und zu bearbeiten, wovon das von 1629 bis 1649 entstandene Fragment seines großen naturphilosophischen Werkes *Le monde de M. Descartes ou le Traité de la lumière et des autres principaux objets des sens* (1664) und die *Principia philosophiae* (1644; *Die Prinzipien der Philosophie*) Zeugnis ablegen. Doch auch die Vorstellung von der »mathesis universalis«, der Universalwissenschaft, deren Entdeckung eine große Hoffnung seiner Zeit war, wird hier angedeutet. Nach einer Bemerkung in den *Regulae* wollte D. mit ihr die Wissenschaft bezeichnet sehen, »die all das entwickelt, was bezüglich Ordnung und Maß, noch ohne einem besondern Gegenstand zugesprochen zu sein, zum Problem gemacht werden kann.« Eigentlich also eine Mathematik mit dem Anspruch, die Welt berechenbar zu machen. Doch D. wird eine Notwendigkeit gefühlt haben, über diesen Anspruch – zumindest theoretisch – noch hinauszugehen; die folgenden Worte stellte er der französischen Ausgabe der *Principia* als Einleitung voran: »Die gesamte Philosophie ist also einem Baume vergleichbar, dessen Wurzeln die Metaphysik, dessen Stamm die Physik und dessen Zweige alle übrigen Wissenschaften sind, die sich auf drei hauptsächliche zurückführen lassen, nämlich auf die Medizin, die Mechanik und die Ethik. Unter Ethik verstehe ich dabei die höchste und vollkommenste Sittenlehre, die, indem sie die gesamte Kenntnis der anderen Wissenschaften voraussetzt, die letzte und höchste Stufe der Weisheit bildet. So wie man nun weder von den Wurzeln noch vom Stamm der Bäume die Früchte pflückt, sondern nur von ihren Zweigen, so hängt auch der hauptsächliche Nutzen der Philosophie von denjenigen ihrer Teile ab, die man erst zu allerletzt lernen kann.«

1622 kehrte D. in die Touraine zurück, brach aber schon im nächsten Jahr nach Italien auf und blieb dort nahezu zwei Jahre, ohne daß ihn das Land besonders beeindruckte. Von 1625 an lebte er für weitere vier Jahre in Frankreich, setzte seine Studien fort und trat gelegentlich bei philosophischen Disputen auf. Um, wie er sagte, dem Ruf, den er sich damit erworben hatte, treu bleiben zu können, ging er 1628 nach Holland. Hier arbeitete er seine bisherigen Erkenntnisse bezüglich der philosophischen Methode in den *Regulae* aus. Das Fragment gebliebene Werk weist in seiner erkenntniskritischen Bedeutung weit über seine Entstehungszeit hinaus; D. hatte aber, wie er 1630 an Mersenne schrieb, im Laufe seiner Beschäftigung mit den methodischen Problemen einige neue Erkenntnisse gewonnen, die eine Änderung seiner Absichten nötig machten. Diese hat er in einem nicht überlieferten Traktat festgehalten, wovon er im vierten Teil des *Discours* berichtet, doch gingen diese Überlegungen später in die *Meditationes* ein. Von diesem Zeitpunkt an gewinnt die Metaphysik eine besondere Stellung in seinem Werk; der geometrische Beweis, von D. in den *Regulae* noch mit einem Maximum an Evidenz ausgestattet, wird dem Beweis metaphysischer Wahrheiten, d.h. der Existenz Gottes und der Unkörperlichkeit der Seele nachgeordnet, den D. in den ersten Monaten seines Aufenthaltes in Holland gefunden zu haben glaubte. Das Land blieb bis 1649 seine Wahlheimat, die er nur wenige Male für kurze Reisen verließ. Der durch den aufblühenden Seehandel begründete Reichtum der Niederlande, die dort geltende Freiheit der Religionsausübung und, in der Folge von beidem, die außerordentliche kulturelle Entwicklung des Landes bestimmten seine Wahl. Die in Holland vergleichsweise liberale Situation erleichterte ihm wahrscheinlich seine persönlichen Lebensumstände, als Modell eines möglichen, gar wünschenswerten Staates aber scheint sie keinen Eindruck auf ihn, der zeit seines Lebens nicht nur ein gläubiger Katholik, sondern auch ein treuer Anhänger des monarchischen Prinzips blieb, gemacht zu haben. In Frankreich hatte D. Grund um seine Sicherheit zu fürchten. Nicht-aristotelisches Philosophieren war dort mit der Todesstrafe bedroht, und der Einfluß der Kirche, d. h. hier vor allem der Jesuiten am Hof des Herrschers, war kaum zu unterschätzen. Die scholastische Tradition ließ neue Erkenntnisse auf dem Gebiet der Naturwissenschaften bzw. der Philosophie nicht zu. Eine Erkenntnis war nur dann sanktioniert, wenn sie nicht im Widerspruch zur Bibel, zu den Schriften des Aristoteles und denen der Kirchenväter stand. Analog zum theologischen Diktum der Offenbarung galt für die Wissenschaften, daß eigentlich nichts Neues an Natur-gesetzen etc. mehr zu entdecken war. Eine Infragestellung der solchermaßen fest-geschriebenen Naturansichten war eine Häresie und der Verfolgung durch die kirchliche Autorität fast sicher. D. hatte sich bereits in La Flêche mit diesen Naturerkenntnissen, die keine waren, auseinandersetzen müssen. Die durch sie verursachte Stagnation des Denkens war für ihn der Stein des Anstoßes. Als Galilei 1632 in Rom der Ketzerei angeklagt wurde, schrieb D. an Mersenne, daß er sich beinahe dazu entschlossen habe, alle seine Papiere zu verbrennen. Er nahm richtig an, daß die Anklage sich gegen Galileis Behauptung von der Bewegung der Erde gerichtet habe, meinte aber, daß diese Wahrheit zwar schon früher von seiten der Kirche gerügt, aber letztendlich doch toleriert worden wäre, schließlich habe man nicht davon abgelassen, sie sogar in Rom öffentlich zu lehren. Hier wird neben der offenen Konfrontation von Naturwissenschaft und Kirche deutlich, daß auf seiten der ersten eine Hoffnung auf Subversion der scholastischen Lehren bestand, derge-stalt, daß eine Wahrheit, wenn auch durch die Autoritäten nicht offiziell anerkannt, sich doch stillschweigend bei ihnen durchsetzen werde, weil ein klar denkender Verstand ihr die Einsicht am Ende doch nicht mehr versagen könne. D. hoffte, mit dieser Strategie überzeugen zu können, und bemühte sich deshalb häufig um Fürsprecher von hohem kirchlichen Rang. Die in seinem Brief gemeinte Schrift war *Le monde*, eine naturphilosophische Abhandlung, die zum Teil in die dem *Discours* nachfolgenden Essays und in die *Principia philosophiae* eingearbeitet ist. Zu ihr gehörte als 18. Kapitel auch der Traktat *L'Homme*. D. legte dieser Abhandlung das Weltbild Galileis zugrunde, nicht aber den späteren *Principia*. Sie sind das am deutlichsten von der Rücksicht auf kirchliche Autoritäten gezeichnete Werk. Der von D. ohnehin nicht allzu offensiv geführte Kampf gegen die Scholastik ist jedoch keinesfalls ein Kampf gegen die Religion und das cartesianische Projekt mithin auch ein Versuch, eine katholische Philosophie fortschrittlicheren, aber dennoch dogmati-schen Charakters zu etablieren. In den Schriften des Aristoteles und seiner Ausleger konnte er nur Streit provozierende Widersprüche entdecken, der dann in der Disputatio ausgetragen wurde, was nach D. die Erkenntnis nicht im geringsten beförderte, sondern, und hier treffen D. und Hobbes zusammen, im Keim bereits die Möglichkeit eines Glaubenskrieges enthält, der mit seiner Gewalt beinahe die ganze Lebenszeit beider Denker zeichnete und von beiden als die größte Gefahr für die kulturelle Entwicklung Europas angesehen wurde.

Um aber den Naturwissenschaften wenigstens die Möglichkeit eines Fortschritts der Erkenntnis zu verschaffen, schien es D. nötig, sie vom Ballast des scholastischen Schrifttums zu befreien. Hier hebt der *Discours* mit der individualistischen Geste an und setzt den »gesunden Verstand« gegen die überlieferte »Meinung«: »Und wenn ich überlegte, wie viele verschiedene Meinungen es über einen und denselben Gegenstand geben kann, die alle von Gelehrten verteidigt werden, und daß doch immer nur eine einzige wahr sein kann, so galt mir alles bloß Wahrscheinliche für nahezu falsch . . . . Und ebenso meinte ich, daß die Wissenschaften, die in Büchern niedergelegt sind, wenigstens die, die sich auf bloß wahrscheinliche Voraussetzungen stützen und in denen es keine strikten Beweise gibt, sich nur nach und nach aus den Meinungen verschiedener Personen aufgebaut und vermehrt haben und daher der Wahrheit nicht so nahe kommen wie die einfachen Erwägungen, die ein Mann von gesundem Verstand ganz natürlich über Dinge anstellen kann, die vor ihm liegen.« D. schrieb auch für diesen »Mann von gesundem Verstand«; der *Discours* ist das erste wissenschaftlich-philosophische Werk in französischer Sprache. Dem Studium der Bücher setzte er das »Buch der Welt« entgegen, ein deutlicher Hinweis auf Montaignes Essay *De l'institution des enfants*, in dem sich bereits die Polemik gegen die philosophische bzw. wissenschaftliche Tradition findet. Nur Weniges nahm er mit sich auf den Weg, der ihn zur Erkenntnis führen sollte: Einige Regeln, von denen die wichtigste besagt, daß er nur das als wahr anerkennen wolle, was er klar und deutlich erkenne, und, da alles Übrige dem Zweifel ausgeliefert werden soll, auch eine kleine »Moral auf Zeit«, die ihm bei aller Unsicherheit noch die Möglichkeit zu handeln sichern sollte. Solchermaßen gerüstet begann er dann, die Fundamente seines Wissens neu zu legen. Nach neun Jahren Studium im »Buch der Welt« von 1619 bis 1628 reifte in ihm der Entschluß, zurückgezogen und fern von Bekannten sich noch intensiver der Erkenntnis zuzuwenden, die ihm zugleich Selbsterkenntnis war. Mitten im geschäftigen Treiben Hollands fand er die Muße und bahnte sich über die Fiktion, daß nichts wahr und alles Täuschung sei, den Weg zu der Feststellung, es bleibe letztlich die zweifelnde bzw. denkende Seele als wahr, d. h. existent anzunehmen – »eine Substanz, deren ganzes Wesen oder deren Natur nur darin besteht, zu denken und die zum Sein keines Ortes bedarf«. Doch betrifft diese Sicherheit nur die »res cogitans«; ihr Gegenstück, die Materie, »res extensa«, deren einziger Charakter die Ausdehnung ist, sei nach D. so einfach nicht zu erkennen. Der hieraus folgende, das philosophische Denken bis heute prägende Dualismus von Geist und Materie hat in der Wirkungsgeschichte des Cartesianismus schon bald zu Spaltungen geführt; die von D. als Faktum hingenommene Vereinigung der beiden grundverschiedenen Substanzen im Menschen ist die Achillesferse seiner Theorie.

Nach dem Erkennen der eigenen Seele als unvollkommenem Wesen konstruierte D. im *Discours* mittels der bei sich selbst gefundenen Vorstellung eines vollkommenen Wesen den Gott: die ihn bezeichnende Vorstellung als etwas Vollkommenes könne nicht ein unvollkommenes Wesen wie den Menschen zum Urheber haben und sei deshalb von Gott selbst im Menschen »gepflanzt« worden. Den hier nicht geleisteten Beweis der Existenz Gottes versuchte D. dann in seinem philosophiegeschichtlich bedeutendsten Werk, den *Meditationes de prima philosophia* (1641). Gleichsam zum Beweis seiner eigenen Denkfähigkeit, aber auch zur Absicherung des Werkes veröffentlichte er es zusammen mit den Einwänden von Caterius, Hobbes, Antoine

Arnauld, Pierre Gassendi u. a., denen er es zuvor bereits zugänglich gemacht hatte, sowie mit seinen Antworten auf diese Einwände. In diesem Werk versuchte D. vermittels der Hypothese »Gott sei ein Betrüger«, mit der er sein Zweifeln radikalisierte und die ihm schwere Vorwürfe von Seiten der Jesuiten eintrug, die im Denken gefundenen Vorstellungen bzw. Begriffe anhand je verschiedener Quantitäten einer »realitas obiectiva«, die in ihnen enthalten sei, zu unterscheiden. Nach seiner in der französischen Übersetzung der *Meditationes* (1647) hinzugefügten Erläuterung bedeuten diese verschiedenen Quantitäten der »realitas obiectiva« eine je graduell verschiedene Teilhabe am Sein bzw. der Vollkommenheit desselben mittels der Repräsentation. Tatsächlich ist die »realitas obiectiva« ein scholastischer Begriff, der auf Johannes Duns Scotus zurückgeht und einer Vorstellung, wenn er ihr zugeordnet ist, von vornherein eine Entstehung aufgrund einer dem Denken äußerlichen Ursache zuschreibt, sie also als nicht-subsistent etikettiert, womit die Existenz dieser äußeren Ursache natürlich nicht bewiesen, sondern nur behauptet ist. Keine Vorstellung aber könne, insofern sie Seinscharakter habe, das Nichts zur Ursache haben. Zumindest wäre der Mensch selbst bzw. seine Phantasie die Ursache, doch meint D. eine solche Vorstellung, anhand der »realitas obiectiva«, klar und deutlich unterscheiden zu können, auch von der Vorstellung Gottes, die die größte Quantität der »realitas obiectiva« enthalten soll, die Seinscharakter habe und die nicht auf ein unvollkommenes, sondern nur auf ein vollkommenes Wesen zurückführbar sei; schließlich, so der zweite Gottesbeweis in der fünften Meditation, sei Vollkommenheit und Nichtexistenz ein Widerspruch. Diesen ontologischen Gottesbeweis hat Immanuel Kant in der *Kritik der reinen Vernunft* widerlegt: »Der Begriff eines höchsten Wesens ist eine in mancher Absicht sehr nützliche Idee; sie ist aber eben darum, weil sie bloß Idee ist, ganz unfähig, um vermittelst ihrer allein unsere Erkenntnis in Ansehung dessen, was existiert, zu erweitern. Sie vermag nicht einmal so viel, daß sie uns in Ansehung der Möglichkeit eines Mehreren belehrte. Sein ist offenbar kein reales Prädikat.« Gleiches gilt natürlich für das cartesianische Cogito. Daß der Beweis der Existenz nur im Akt des Denkens und während desselben zu haben sei, hatte bereits Rousseaus Widerspruch gefunden.

Was bleibt, ist das epochemachende, von Wilhelm von Ockham eingeleitete und von D. vollendete Projekt einer von der Theologie befreiten Naturwissenschaft. Die im radikalen Zweifel zerstörte Welt wird von einem in diesem Zweifeln gefundenen archimedischen Punkt aus rekonstruiert, wobei der angeblich bewiesene Gott nun die Wahrheit der Erkenntnisse über diese Welt garantieren soll. Durch Reduktion der komplizierten Substanz-Theorien der Scholastik auf den Dualismus von denkender und ausgedehnter Substanz (»res cogitans« und »res extensa«) gelingt diese Rekonstruktion, die zugleich der Grundstein für die Naturtheorien der Moderne ist, auf eine eindrucksvolle Weise. Die Natur als »ausgedehnte Substanz« wird beherrscht von mechanischen Gesetzen, das Tier und die menschlichen Körper sind Maschinen. »Sogar der Geist ist so sehr von der Leibesbeschaffenheit und der Einrichtung der Organe abhängig, daß ich, wäre es möglich ein Mittel zu finden, das die Menschen ganz allgemein weiser und geschickter machte, als sie bisher gewesen sind, glaube, man muß es in der Medizin suchen.« Diesem untergründigen Materialismus entspricht D.' großes Interesse für die Physiologie. Nach einer Anekdote soll D., wenn er Besucher in sein mit sezierten Tieren angefülltes Arbeitszimmer führte, auf die Präparate mit den Worten »Das sind meine Bücher« hingewiesen haben.

1647 verfaßte er den physiologischen Essay *La description du corps humain* und ein Jahr später *De la formation de l'animal*. Die beiden Schriften wurden, wie auch der schon 1633 entstandene Text *L'Homme* posthum veröffentlicht (1664 bzw. 1677). Das Problem, wie wohl Seele und Körper zusammenhängen mögen, behandelte er auch in seinem letzten, für den Druck fertiggestellten Werk, *Les passions de l'âme* (1649; *Von der Leidenschaft der Seele*), deren erster Teil sich mit der Affizierbarkeit der Seele durch den Körper und der Beherrschung der Leidenschaften beschäftigt. Das Werk geht auf den seit 1643 geführten Briefwechsel D.' mit Prinzessin Elisabeth von der Pfalz zurück und beinhaltet im zweiten Teil Gedanken einer Ethik, die D. mehrfach angekündigt hatte und die für ihn die Krönung der Wissenschaften bilden sollte.

1644 hatte D. bei seinem Freund und Übersetzer Claude Clerselier dessen Schwager Pierre Chanut kennengelernt, der, nachdem er 1645 als französischer Botschafter an den schwedischen Hof ging, die Königin Christina von Wasa mit der Philosophie seines neuen Freundes bekanntmachte. Nach einem mehrjährigen Briefwechsel erging im Februar 1649 eine Einladung Christinas von Wasa an D., der er aber erst nach einer Wiederholung im September 1649 folgte. Er hatte u. a. Bedenken wegen seines Glaubens. Schweden war ein reformiertes Land, D. aber zumindest missionarisch nicht unbegabt, die spätere Konversion der schwedischen Königin wurde seinem Einfluß zugeschrieben. Seine eigentlichen Feinde in Schweden aber waren die Hofphilologen, die um ihre Stellung zu fürchten begannen, als der französische Philosoph seine königliche Schülerin ohne Umstände fragte, ob sie sich nicht schäme, als erwachsene Frau ihre Zeit mit Bagatellen wie dem Griechisch-Unterricht zuzubringen. Die Hypothese, daß sein Tod nicht die Folge einer Lungenentzündung, sondern einer Intrige und heimlichen Arsenvergiftung war, ist nicht so abwegig, wie sie auf den ersten Blick scheinen mag.

Die Vorsicht, die D. in seinen Werken gegenüber der Kirche walten ließ, bewahrte ihn auch zu Lebzeiten nicht vollkommen vor den Anschuldigungen eifernder Prediger und sophistischer Jesuiten; doch fand er immer Mittel und Wege, öfters auch durch Unterstützung ihm freundlich gesinnter einflußreicher Persönlichkeiten wie Moritz von Oranien, solche Nachrede zu unterdrücken, bevor sie zu einer ihm wirklich gefährlichen Lautstärke angeschwollen war. Besonders von den Jesuiten fühlte er sich sogar in den Niederlanden dauernd bespitzelt und verfolgt. Trotz der Gefahr, die von den Kirchenmännern jeder Glaubensrichtung für ihn ausgehen konnte, verlor er seinen Humor nicht ganz in diesen Angelegenheiten, obwohl der sich nie (in schriftlicher Form zumindest) in jene Höhen wagte, die einem gebildeten Holländer wie Constantin Huygens die rechte Luft zum Atmen waren: »Die Theologen sind wie Schweine, zieht man eins am Schwanz, so schreien sie alle.« Er schrieb diese Worte 1643 dem von dem Prediger Gisbert Voetius schwer geplagten D., und er war es auch, der durch Alarmierung der Oranierfürsten den Prediger schließlich zum Schweigen brachte. Doch schon 13 Jahre nach D.' Tod gelang es den Jesuiten, seine Schriften auf den Index Romanus setzen zu lassen, fortan war es bis ins 18. Jahrhundert gefährlich, in Frankreich auch nur seinen

Namen zu nennen. Das betraf in besonderem Maße Pierre-Sylvain Regis, der mit seinen Vorlesungen über D. in den 60er und 70er Jahren in verschiedenen französischen Städten den größten Beitrag zur Popularisierung des Cartesianismus leistete. Sein Werk jedoch durfte bis 1690 in Frankreich nicht gedruckt werden, und auch danach nur, weil der Name D. nicht mehr auf der Titelseite zu finden war.

Garber, Daniel: Descartes' Metapyhsical Physics. Chicago/London 1992. – Bader, Franz: Die Ursprünge der Transzendentalphilosophie bei Descartes. Bd. I: Genese und Systematik der Methodenreflexion. Bonn 1979; Bd. II: Descartes' Erste Philosophie: Die Systematik des methodischen Zweifels. Bonn 1983. – Williams, Bernard: The Project of Pure Enquiry. Harmondsworth 1978, dt.: Descartes. Das Vorhaben der reinen philosophischen Untersuchung. Königstein 1981. – Koyré, Alexandre: Descartes und die Scholastik. Darmstadt 1971 (Nachdruck von 1923).

Thomas Wichmann †

Dewey, John
Geb. 20. 10. 1859 in Burlington/Vermont; gest. 2. 6. 1952 in New York

Neben William James haben D.s Schriften am meisten zur Verbreitung des Pragmatismus beigetragen. Für D. in spezifischer Weise charakteristisch war, wie er die Philosophie für die Pädagogik fruchtbar machte. Die Kombination von philosophischem Denken und Interesse an sozialen Problemen der Gesellschaft zeichnete sich schon in den letzten Studienjahren an der Universität von Vermont ab. Nach zweijähriger Tätigkeit als Lehrer in Pennsylvania setzte er 1881 sein Studium an der neugegründeten Johns Hopkins Universität in Baltimore fort, wo auch Charles Sanders Peirce, der »Mitbegründer« des Pragmatismus, lehrte. D.s Leistung war es, frühzeitig erkannt zu haben, daß die Verbindung von pragmatischem Wissenschaftsverständnis, die wissenschaftliche Gesetze einzig in ihrer Funktion für die Erschließung und Beherrschung der Naturprozesse zu sehen, und experimentalpsychologischen Aussagen zu Prozessen des Lernens die Grundlage für Fragen der Pädagogik abzugeben vermag. Zur Entwicklung seiner späteren Position trug sein Lehrer an der Universität George Sylvester Morris bei, der ihn mit der Philosophie Hegels vertraut machte. Auch nachdem er sich von dem spekulativen Denken Hegels distanziert hatte, behielt D. doch die daraus gewonnene Sichtweise bei, daß die Wirklichkeit ein organischer Zusammenhang, ein Beziehungsgeflecht ist und sich in einem Prozeß des Werdens, der Entwicklung befindet. In *Democracy and Education. An Introduction to the Philosophy of Education* (1916; *Demokratie und Erziehung*) artikuliert sich diese Einsicht in der These, daß Geist, Handeln und Natur nicht als disparate Elemente betrachtet werden dürfen, sondern daß Ursprung und Funktion des menschlichen Geistes in der die Umwelt gestaltenden Tätigkeit zu suchen sind. Das bedingt die Notwendigkeit, Denken und Erfahrung, Individuum und Gemeinschaft, soziale Welt und physische Umwelt in ihrem Zusammenhang zu sehen. Den prozeßhaften Charakter stellt D. als ständige Selbsterneuerung des

Lebens dar, in die die Funktion der Erziehung eingebunden ist. Erziehung soll das Individuum dazu befähigen, den Sinn der gegenwärtigen Erfahrung und damit auch den gesellschaftlich anerkannten Sinngehalt zu steigern. Das demokratische Prinzip gehört nach D.s Meinung deshalb wesentlich zur Erziehung, da nur so der wachsenden Vielfalt aller Gesellschaftsmitglieder entsprochen wird.

Diese Sicht des Wirkungszusammenhangs von Mensch, Gesellschaft und Natur verallgemeinert D. zur anthropologischen Aussage über die Natur des Menschen (*Human Nature and Conduct. An Introduction to Social Psychology*, 1922; *Die menschliche Natur. Ihr Wesen und ihr Verhalten*). Der Mensch steht in dem Wechselspiel von naturhaften Trieben und gesellschaftlicher Umwelt. Gewohnheiten vereinigen das subjektiv-triebhafte und das soziale Moment des Handelns. Triebe sind für D. ein dynamisches Prinzip, das ständige Umbildungen der Gewohnheiten im Sinne der Anpassung an die sich verändernde Umwelt bewirkt. Während er zunächst klären wollte, wie philosophische Einsichten praxisrelevant, speziell für die pädagogische Arbeit, gemacht werden können, gelingt ihm mit der Verallgemeinerung auf die menschliche Natur der Schritt zu der angestrebten Philosophie, die die prozeßhaften Zusammenhänge von Mensch-Natur-Gesellschaft zum Thema macht. Die gewonnene anthropologische Position bietet ihm die Möglichkeit, auch zu ethischen Fragen Stellung zu beziehen. Wenn menschliches Handeln die zentrale Komponente der Beziehung Mensch-Umwelt bildet, dann verbietet sich jede Ethik, die Ziele außerhalb des Handelns vorgibt. Die Sittlichkeit des Handelns bemißt sich nach D. daran, ob dieser in dem ständigen Prozeß der Veränderung zur Steigerung bzw. Erweiterung des Sinns gegenwärtigen Erlebens beiträgt.

Diese ethische Maxime des Pragmatismus von D. wie auch sein Erziehungsbegriff, der von denselben Grundgedanken getragen ist, kamen der im Zuge der industriellen und technologischen Entwicklung Nordamerikas vorherrschenden Aufbruchsstimmung entgegen. D. brachte aber gerade auch die Kehrseite dieser Entwicklung in den Blick. Nach zehnjähriger Tätigkeit an der Universität Michigan wurde er 1894 an die neugegründete Universität von Chicago als Leiter des Fachbereichs für Philosophie, Psychologie und Pädagogik berufen. Schon in Michigan hatte er – zusammen mit George Herbert Mead – nach Wegen gesucht, Philosophie für die Lebenspraxis des Menschen fruchtbar zu machen. Die zahlreichen Veröffentlichungen zu Problemen der schulischen Erziehung und Psychologie (u. a. *Psychology*, 1887) geben ein beredtes Zeugnis davon ab. In Chicago bot sich ihm die Möglichkeit zu Aktivitäten im sozialen Bereich. Im sogenannten »Hull House«, einer Organisation, die sich um die Integration bzw. Ausbildung sozialer Randgruppen und um Arbeitslose bemühte, lernte er die sozialen und ökonomischen Probleme kennen, die sich durch zunehmende Urbanisierung, technologische Entwicklung sowie steigende Einwandererzahlen in diesem aufstrebenden Industriezentrum verdichteten.

Sein sozialreformerischer Eifer fand überwiegend im pädagogischen Bereich seinen Niederschlag. Er gründete bald nach seiner Berufung eine Versuchsschule – weit über Chicago hinaus bekannt als »Dewey-School« –, um seine psychologischen und pädagogischen Studien (*The School and the Society*, 1899; *The Child and the Curriculum*, 1902) durch konkrete Schul-und Erziehungspraxis zu fundieren. Entsprechend seiner eigenen ethischen Maxime war er ständig darum bemüht, die Ausbildungschancen, die Lern- und Handlungsfähigkeit von Kindern auch aus niederen sozialen Schichten zu verbessern.

Dieses eben nicht nur theoretische Engagement begründete sein nationales Ansehen als Sozialreformer. D.s emphatisches Insistieren auf Lernfähigkeit wird erst hinreichend verständlich, wenn man seine instrumentelle Auffassung des Denkens kennt. In späteren Veröffentlichungen, Vorlesungen wie *Experience and Nature* (1925; *Erfahrung und Natur*) und dem systematischen Werk *The Theory of Inquiry* (1938) macht er seinen experimentellen Begriff der Erfahrung deutlich. Die Erfahrung ist tragendes Fundament und das Mittel dafür, die Natur immer weiter zu erschließen. Deren prozeßhafter Charakter artikuliert sich als Gang der Erforschung: Unser Forschen ist dann erfolgreich, wenn es uns gelingt, eine noch unbestimmte Unweltsituation in den ihr wesentlichen Merkmalen und Bezügen so zu bestimmen, daß sie zu einem Erfahrungszusammenhang umgewandelt wird, also zur Erfahrungserweiterung beiträgt. D. sah seine Theorie als einen alternativen Standpunkt zu philosophischen Ansätzen, die mit dem Anspruch auf letztgültige und absolute Gewißheiten operieren. In dieser Hinsicht stimmte er mit dem von Peirce entwickelten Konzept der Forschergemeinschaft überein. Lernfähigkeit bedeutet dann Bewährung und Erweiterung der Handlungsfähigkeit auch bei neuen, unerwarteten Situationsanforderungen durch die Umwelt. Der positiven Einschätzung des Instrumentalismus in Nordamerika steht die ablehnende Kritik in Deutschland, überwiegend durch Theodor W. Adorno und Max Horkheimer, gegenüber. In deren Augen ist D.s Position getragen vom blinden Fortschrittsoptimismus der technologischen Entwicklung, zudem ohne kritische Distanz zur Gesellschaft.

D. sah neben der Wissenschaft auch die Kunst als Erfahrungsbereich an (*Art as Experience*, 1934; *Kunst als Erfahrung*). Wissenschaft wie Kunst erweisen sich als »Vollendungszustand« der Erfahrung, da in ihnen eine Balance zwischen Natur und Erfahrung hergestellt wird. Im Kunstwerk bilden Erleben und Handeln, inneres Empfinden und äußere Darstellung eine Einheit. Ästhetische Erfahrung bringt eine Vielheit von Bedeutungen zu einer organischen Vollendung. Kunst besitzt auch einen kommunikativen Charakter, indem sie als vollendeter Ausdruck eines Gemeinschaftslebens bewußt macht, daß die Menschen in ihren Beziehungen zueinander eine Einheit bilden. In diesem Sinne appelliert D. an eine Wiederherstellung der Kontinuität zwischen Kunst und alltäglichen Lebensprozessen. Der Kunst obliegt die Aufgabe, das unmittelbare Daseinsgefühl und die Bedeutung des Alltäglichen zu erhöhen. Diese Theorie des Ästhetischen hat eine hinreichende Würdigung noch nicht erfahren.

Raters-Mohr, Marie: Intensität und Widerstand. John Deweys »Art as Experience« als philosophisches System, als politischer Appell und als Theorie der Kunst. Bonn 1994. – Engler, Ulrich: Kritik der Erfahrung. Würzburg 1992. – Martens, Ekkehard (Hg.): Einleitung. In: Texte der Philosophie des Pragmatismus. Stuttgart 1985. – Corell, Werner: Einleitung. In: Dewey, John: Psychologische Grundfragen der Erziehung. München 1974.

Peter Prechtl

Diderot, Denis
Geb. 5. 10. 1713 in Langres; gest. 31. 7. 1784 in Paris

»Sie sind ein unverschämter Mensch, Sie werden noch lange hier bleiben.« – so der Untersuchungsrichter der Festung Vincennes, in die D. am 24. Juli 1749 wegen Verstoßes gegen die Zensurbestimmungen eingeliefert wurde. Die mittelalterliche Festung, zehn Kilometer vor den Toren von Paris gelegen, diente als zusätzliches Gefängnis in einer Zeit, in der die Bastille schon übervoll war und in der zu einer Verhaftung eine »lettre de cachet«, ein Geheimbefehl des Königs, ausreichte. Konkrete Vergehen konnte man D. nicht nachweisen; der Verhaftungsbefehl kennzeichnet ihn nur als »Verfasser des Buches über die Blinden«, und so mag der ungeduldige Ausruf des Untersuchungsrichters D.s Haltung und Denkweise eher charakterisieren als ein einzelnes seiner Werke. Unverschämt war er in der Tat: hatte er in den *Pensées philosophiques* von 1746 schon den Skeptizismus als ersten Schritt zur Wahrheit bezeichnet und gegen die widerstreitenden Konfessionen die Erfahrung als Basis für eine natürliche Religion verteidigt, 1748 den Roman *Les bijoux indiscrets (Die indiskreten Kleinode)* zum Anlaß genommen, gegen ein erstarrtes, auf Machterhaltung fixiertes Denken die praxisorientierte Philosophie von Galilei, Pascal und Newton zu propagieren, so war 1749 mit der *Lettre sur les aveugles (Brief über die Blinden)* der Gipfel erreicht: D. läßt dort den englischen Mathematiker Nicholas Saunderson, der von Geburt an blind war, Fragen nach der Erfahrbarkeit von Gott und Existenz stellen, die das machtgeschützte Gebäude der kirchlichen Orthodoxie von Grund auf erschütterten: Wie kann der Mensch Gott überhaupt wahrnehmen? Wie beeinflussen seine Sinne die Erfassung der Welt? Wie läßt sich moralisches Verhalten rational begründen? »Erfahrung« konnte die einzige Antwort auf die von Saunderson stellvertretend für D. gestellten Fragen sein: um Gott zu beweisen, müßte der Blinde ihn ertasten können, und allein diese Forderung reichte zur Verhaftung des Deisten und Gotteslästerers D. Allerdings war er vorgewarnt: bereits die *Pensées philosophiques* waren sofort nach Erscheinen vom Parlament verurteilt und verbrannt worden. Das Jahrhundert, das wir gewöhnlich ein aufgeklärtes nennen, griff noch lange zu solchen vorbeugenden Willkürmaßnahmen. So beliebig die Verhaftungsgründe waren, so schnell konnte sich die öffentliche Wertschätzung der gefährlichen Elemente auch wieder ändern: 1751 schmückte der Name des königlichen Vizekanzlers d'Argenson, der den Verhaftungsbefehl unterzeichnet hatte, feierlich das Titelblatt zum ersten Bande der *Enzyklopädie!* Gerade diese unerwarteten Winkelzüge des Hofes und die Unberechenbarkeit der Polizeispitzel, von denen viele nicht lesen und schreiben konnten, forderten von D. und seinen Freunden ein Höchstmaß an taktischer Klugheit und Flexibilität.

Nach erniedrigenden Verhören D.s in Vincennes traten die Verleger der seit 1746 geplanten *Enzyklopädie* in Aktion und wiesen auf den wirtschaftlichen Schaden hin, den ein Abbruch des großangelegten Unternehmens verursachen könnte; einflußreiche Beiträger wie Voltaire, Georges-Louis Buffon, Bernard Fontenelle konnten schließlich nach drei Monaten D.s Freilassung erwirken. In seine Haftzeit fällt die intensive Begegnung mit Rousseau, die diesen bewog, auf die Preisfrage der Akademie von Dijon, ob der Fortschritt der Wissenschaften und Künste die Sitten verdorben oder verbessert habe, mit der leidenschaftlichen Verdammung des Fortschritts zu antworten. Später allerdings hat Rousseau jegliche Anregung durch D. geleugnet und dessen Einfluß auf Stilfragen zu reduzieren versucht.

Die folgenden 20 Jahre bis 1772 widmet D. der Redaktion und Publikation der *Enzyklopädie*, die den Untertitel »Dictionnaire raisonné des sciences, des arts et des métiers« trägt und ein vollständiges Inventar der vorhandenen Kenntnisse, ihrer Geschichte, Anwendbarkeit und zukünftigen Entwicklung bildet. Allgemein zugänglich und verständlich, sollte das Werk die Summe des Jahrhunderts ziehen und die Beherrschbarkeit der Welt durch den menschlichen Geist auf allen Gebieten nachweisen. D.s Devise »Je ne prononce pas, j'interroge« (»Ich entscheide nicht im vorhinein – ich frage«) sollte hier in die Tat umgesetzt werden. Etwa 170 Gelehrte, zumeist Angehörige des Bürgertums mit Staatsämtern, legten Zeugnis dafür ab, daß unter der auf dem Gottesgnadentum begründeten Monarchie der Boden brüchig wurde. Die beeindruckende Zahl von 35 Bänden, darunter 11 Tafelbände mit Kupferstichen, Erläuterungen und Anmerkungen, konnte aber nicht über die aufreibenden Auseinandersetzungen unter den Beiträgern, den Kampf mit der Zensur und die Eigenmächtigkeiten des Druckers hinwegtäuschen: Voltaire und Rousseau zerstritten sich, Rousseau denunzierte öffentlich D., zahlreiche namhafte Mitarbeiter wie Montesquieu, Turgot, Condorcet, Holbach blieben nur kurze Zeit beteiligt, und 1759 schied auch der Mathematiker d'Alembert, D.s engster Mitarbeiter, zermürbt von ständigen äußeren Problemen, aus. So trug D. seit dem ersten Vertrag mit dem Verleger Le Breton im Jahre 1746 die Hauptlast des Unternehmens, das ursprünglich als Übersetzung und Neufassung eines zweibändigen englischen Wörterbuches der Künste und Wissenschaften von Ephraim Chambers geplant war.

Wahrscheinich ist für die Zeitgenossen und insbesondere für die hohe Zahl von 4000 Subskribenten der handwerklich-praktische Gebrauchswert der *Enzyklopädie* erheblich wichtiger gewesen als die philosophische Seite. Man konnte sich über die neuesten Fortschritte in der Strumpfwirkerei ebenso informieren wie über die Herstellung von Pomade, über Landwirtschaft wie über Mineralogie, Militärtechnik und Baukunst. Der Geist der Kritik, der Aneignung der Welt und der Geschichte, prägt noch die am stärksten praxisorientierten Artikel, in die an unscheinbarer Stelle Polemiken gegen die kirchliche Orthodoxie und ihr hierarchisches Weltbild eingearbeitet sind. So dient etwa der Artikel »capuchon« (Kapuze) dazu, am Streit der Franziskaner über die Größe ihrer Kapuzen Kritik an der Scholastik zu üben. Verwiesen wird man auf die »Kapuzen« jedoch durch den Artikel »cordelier« (Franziskanermönch), in dem die Verdienste der Franziskaner aufs höchste gelobt werden. Zum Teil stellen solche Relativierungen eines Artikels durch einen anderen Schutzmaßnahmen gegen die Zensur dar – oft dienen scheinbar unmotivierte Einträge wie »zufällig«, »unmerklich« oder »unvergänglich« zur Korrektur eher konformer Hauptartikel – zum Teil sind sie aber auch Ausdruck der Methode D.s, den Leser auf eine Entdeckungsreise zu schicken, ihm den Stoff unter verschiedensten Aspekten zu präsentieren und so das erworbene Wissen immer wieder in Frage zu stellen. Die Rechtfertigung dieser Methode findet sich im Artikel »Eklektizismus«, der sich bereits Kants Antwort auf die Frage »Was ist Aufklärung?« annähert: »Der Eklektiker ist ein Philosoph, der das Vorurteil, die Tradition, das schiere Alter, die allgemeine Übereinstimmung, die Autorität, mit einem Wort all das mit Füßen tritt, was die Menge der Geister unterjocht, der selbst zu denken wagt und bis zu den klarsten allgemeinen Grundsätzen vordringt, sie untersucht, diskutiert und nur akzeptiert, was ihm seine Erfahrung und seine Vernunft bezeugen.« Der Zufall des Alphabets soll so durch eine systematische Herangehensweise ergänzt werden, um zu dem Ziel zu führen, das d'Alembert im »Discours préliminaire«, der Ankündigung der *Enzyklopädie*, hervorgehoben hatte: eine »Weltkarte der Erkenntnis« zu schaffen, die nicht durch eine künstliche Hierarchie der Wissenschaften, sondern durch den Weg des menschlichen Verstandes selbst bestimmt sein sollte. Das Denken im Dialog, in der kurzen kommunikativen Form, das insbesondere D.s literarische Schriften prägt, ist hier vorgezeichnet, und die Eleganz des Stils mag nicht unwesentlich zum Erfolg der *Enzyklopädie* beigetragen haben. Ermüdet schließlich von den Auseinandersetzungen mit der Zensur, die die *Enzyklopädie* 1752 und 1759 verbot, und tief getroffen durch die Vorzensur des Verlegers, der seit Jahren bereits die Originalmanuskripte vorsorglich vernichtet hatte, arbeitete D. seit 1772 überhaupt nicht mehr an der *Enzyklopädie*, sondern schrieb nur noch für einen kleinen Kreis von Freunden und Vertrauten.

Anfang 1773 folgte D. einer Einladung Katharinas der Großen und reiste nach Petersburg. Der Besuch verlief jedoch für beide Seiten enttäuschend. D. dachte an eine Enzyklopädie für Rußland, die dazu beitragen sollte, die riesigen Ressourcen des Landes zu erschließen; Katharina dagegen war in innenpolitische Auseinandersetzungen verstrickt. Die Schaffung einer bürgerlichen Elite durch eine grundlegende Universitätsreform mußte am Günstlingswesen bei Hofe und am völligen Desinteresse an einer Veränderung der absolutistischen Herrschaftsform scheitern. Den Glauben an den aufgeklärten Absolutismus, diese größte Illusion des 18. Jahrhunderts, hatte D. schon lange verloren; nicht umsonst macht er bei seiner Rückreise einen Bogen um Potsdam, die Residenz des zweiten »Philosophen« auf dem Königsthron.

Die politische Entwicklung in Frankreich nach dem Tode Ludwigs XV., die Besetzung wichtiger Staatspositionen durch ehemalige Mitarbeiter der Enzyklopädie und das Vordringen der bürgerlichen Wissenschaft auf allen Gebieten zeigten D., daß seine Impulse Wirkungen erzielt hatten; sie ermutigten ihn, auch seine politischen Überzeugungen radikaler zu vertreten. Die auf der Rückreise in Den Haag entstandenen *Principes de politique des souverains* (1776) machen keinen Unterschied mehr zwischen dem Tyrannen und dem aufgeklärten Herrscher; die *Réfutation de l'ouvrage d'Helvétius intitulé L'Homme* (1783–1786) stellt gar den bürgerlichen Fortschrittsglauben in Frage: Hier bezweifelt D., ob Handel, Arbeit und Familie wirklich die ideale menschliche Gemeinschaft herstellen können oder nicht eher eine Projektion bürgerlicher Intellektueller bilden, die die realen Verhältnisse der arbeitenden Massen großzügig beiseite läßt. Dennoch versucht D. nach wie vor, den Fortschritt mit seiner beständigen Kritik, die Aufklärung mit den Kräften des Gemüts zu vermitteln. Diesem Ziel sind die zwischen 1759 und 1781 fast alljährlich erscheinenden

Kunstkritiken (*Salons*) ebenso gewidmet wie die zahlreichen Briefe an die Geliebte Sophie Volland, die sich als persönliche Arbeitsprotokolle lesen lassen. Der intensive Austausch über 30 Jahre hinweg bezeugt D.s zutiefst dialogische Denkweise, in der er die Klarheit Voltaires und die Empfindsamkeit Rousseaus vereint. Sie teilt sich auch in den Formen mit, die D. im letzten Lebensjahrzehnt fast ausschließlich benutzt: Dialog, Traum, Unterhaltung, Paradox versuchen, den Prozeß der Reflexion zu dramatisieren, in kommunikative Formen zu übersetzen und führen D. an die Grenzen des dialektischen Denkens. Daher wurden vor allem die Werke des späten D. sehr viel schneller von den Autoren des Sturm und Drang und der Spätaufklärung wahrgenommen als vom französischen Publikum, das nach wie vor an der Trennung der Gattungen nach der »doctrine classique« orientiert war. So erschien z. B. der unvollendete Dialog *Le neveu de Rameau* von 1774 in Paris erstmals 1821 in einer französischen Rückübersetzung, während das Original selbst erst 1823 in Paris publiziert wurde. Das philosophisch einflußreichste Romanwerk D.s, *Jacques le fataliste et son maître (Jacques der Fatalist und sein Herr)*, dieser Anti-Roman, der weniger eine durchgehende Geschichte erzählt als in vielfacher Spiegelung die wechselseitige Abhängigkeit von Herr und Knecht vorführt, enthüllt ebenso die »gesellschaftliche Unproduktivität des Herrentums« (Hans Mayer) wie er die Illusion des Herrn kritisiert, die Macht in der Hand zu haben. Doch ist Jacques nicht Vertreter eines deterministischen Fortschrittsglaubens, er bleibt Knecht, sein Fatalismus aber erweist sich als das Verhalten, das der List der Geschichte folgt: formal unfrei, ist er doch frei im Denken und Handeln, während sein Herr, auf den Lorbeeren seines Titels ausruhend, sich die Freiheit nur einbildet und Jacques ausgeliefert ist. Kritik am allwissenden Erzähler, am Verhältnis von Herrschaft und Knechtschaft und die Perspektive der dialektischen Aufhebung dieses Verhältnisses verbinden sich hier zu einer widerspruchsvollen Einheit. Hegel schöpfte aus diesem Roman wesentliche Anregungen für das Kapitel »Herrschaft und Knechtschaft« in der *Phänomenologie des Geistes* und wies auf die Vorreiterrolle D.s für die Französische Revolution hin. Auch den ständigen Perspektivenwechsel von bürgerlichem Ich-Erzähler und verkommenem Genie in *Rameaus Neffe* würdigte Hegel im Kapitel über den Geist als Aufdeckung der »Verkehrung aller Begriffe und Realitäten«, des Betruges des Geistes an sich selbst. Die »Schamlosigkeit, diesen Betrug zu sagen«, sei daher die größte Wahrheit. »An einem schönen Morgen« liege dann der Götze der platten Aufklärung am Boden, weil er seinen eigenen Widerspruch nicht habe wahrnehmen wollen.

Nicht nur Gesellschaftstheorie und Kulturkritik D.s überschritten den mechanischen Materialismus der meisten Enzyklopädisten: im kühnen kosmologischen Entwurf *Le rêve de d'Alembert (D'Alemberts Traum*; 1769, publ. 1830) baute er die sensualistische Erkenntnistheorie seines langjährigen Mitarbeiters zu einer Theorie der Weltentstehung aus, die den Entwicklungsprozeß von der Urmaterie über Minerale, Pflanzen und Tiere bis zum Menschen und seinen intellektuellen und künstlerischen Produkten als Wirkung der Sensibilität der Materie deutet. Noch 1908 konnte Lenin in *Materialismus und Empiriokritizismus* auf den fingierten Dialog zwischen D. und d'Alembert zurückgreifen, um die unveränderte Frontstellung zwischen Idealismus und Materialismus zu illustrieren.

Die Summe seines Lebens zog D. 1782 im *Essai sur les règnes de Claude et de Néron*, in dem er sich mit Seneca identifiziert, dem Philosophen, der sich einmischt und kompromittiert, dem Gegenbild zu Sokrates. Hier verteidigt er die amerikanische Revolution, kritisiert massiv die Kolonialpolitik (*Histoire politique et philosophique des deux Indes*, 1780; *Lettre apologétique de l'abbé Raynal*, 1781) und ruft dazu auf, die Bücher zu schreiben, die einen neuen Brutus hervorbringen. Diese Werke brachten ihm eine offizielle Ermahnung durch den König ein, während sich die Französische Revolution anschickte, das römische Vorbild in die Tat umzusetzen. D. allerdings gehörte in den Augen der Jakobiner der alten »enzyklopädischen Sekte« an, die Vernunft und politischen Fortschritt noch miteinander vermitteln wollte.

Schlobach, Jochen (Hg.): Denis Diderot. Darmstadt 1992. – Harth, Dietrich/Raether, Martin (Hg.): Denis Diderot oder die Ambivalenz der Aufklärung. Würzburg 1987. – Stackelberg, Jürgen von: Diderot. München/Zürich 1983. – Morin, Robert: Les pensées philosophiques de Diderot devant leurs principaux contradicteurs au XVIIIe siecle. Paris 1975. – Winter, Ursula: Der Materialismus bei Diderot. Genf/Paris 1972.

Claudia Albert

Dilthey, Wilhelm
Geb. 19. 11. 1833 in Biebrich; gest. 1. 10. 1911 in Seis am Schlern / Südtirol

Wie Schopenhauer, Kierkegaard, Marx und Nietzsche gehört D. zu den herausragenden Philosophen des nachidealistischen 19. Jahrhunderts. Doch anders als die genannten großen Außenseiter ist D. einer der wenigen akademisch erfolgreichen Philosophen seiner Zeit, deren Werk eine bis heute andauernde Bedeutung erlangte. D., dessen philosophische Arbeit unter den an Kant angelehnten Titel »Kritik der historischen Vernunft« gestellt werden kann, ist schlechthin der Philosoph der Geisteswissenschaften im Zeitalter der historischen Bildung.

Die Befähigung zu dieser anspruchsvollen Aufgabe erwirbt sich D. im Rahmen eines umfassenden geisteswissenschaftlichen Studiums, das er 1852 in Heidelberg aufnimmt. Auf Wunsch seines Vaters, eines Kirchenrats und Hofpredigers, studiert er zuerst Theologie. Doch schon bald wächst seine Distanz zur protestantischen Orthodoxie. Er erlebt, wie sein philosophischer Lehrer, der liberale Hegelianer Kuno Fischer, auf Betreiben der Theologen die Lehrbefugnis entzogen bekommt. Ab 1853 setzt er sein Studium in Berlin fort. Obgleich er 1856 auf Wunsch seiner Familie das erste theologische Staatsexamen ablegt, liegen die Schwerpunkte seines Studiums nun in der Philologie, der Philosophie und der Geschichte (u. a. bei August Boeckh, Friedrich Adolf Trendelenburg und Leopold von Ranke). Nach Abschluß mit der staatlichen Schulamtsprüfung und kurzzeitiger Tätigkeit als Gymnasiallehrer entscheidet er sich endgültig für die akademische Laufbahn. Einigen Jahren als Privatgelehrter folgen 1864 Promotion und Habilitation gleichsam in einem Zug. Er erhält bald Professuren in Basel (1867/68), Kiel (1868 bis 1871), Breslau (1871 bis 1882) und schließlich in Berlin, wo er von 1883

bis 1908 lehrt. Dieser äußerlich bruchlos verlaufenden akademischen Karriere steht
ein Werk entgegen, das zu Lebzeiten Torso geblieben ist, Ausdruck einer ständigen
Weiterentwicklung, die in ihrem vollen Ausmaß erst nach seinem Tod sichtbar
wurde, als seine Schüler mit der Herausgabe seiner *Gesammelten Schriften* begannen
(seit 1914; bisher 20 von 32 Bände). Aufgrund einer immer wieder neuen und
weiteren Textbasis beginnt sich erst seit wenigen Jahren ein einigermaßen einheitliches Gesamtbild seines weitgefächerten Ansatzes abzuzeichnen.

Die herausragende Bedeutung D.s liegt ohne Zweifel in seinem andauernden
Bemühen um eine historische und systematische Grundlegung der Geisteswissenschaften. Diese Problemstellung ist nach langjähriger Vorarbeit vom ersten Band der
Einleitung in die Geisteswissenschaften (1883) bis zu der späten Arbeit *Der Aufbau der
geschichtlichen Welt in den Geisteswissenschaften* (1910) bestimmend. Mit dem Begriff
»Geisteswissenschaften«, der erst Mitte des 19. Jahrhunderts geprägt wurde, erfaßt D.
in Abgrenzung von den Naturwissenschaften nicht nur die philologisch-literarischen
und historischen Wissenschaften, sondern alle »Wissenschaften des handelnden
Menschen«, also auch die heutigen Sozialwissenschaften. Gegen den naturwissenschaftlich orientierten Positivismus (Auguste Comte und John Stuart Mill) und die
idealistische Metaphysik gleichermaßen gerichtet, begründet D. die Selbständigkeit
und methodische Besonderheit der Geisteswissenschaften, deren Tatbestände anders
als die der Natur »uns von innen verständlich« sind: »nur was der Geist geschaffen
hat, versteht er«. D.s Theorie der geisteswissenschaftlichen Erkenntnis, die er in
kritischer Anknüpfung an Kant auch »Kritik der historischen Vernunft« nennt, legt
statt des kantischen Subjekts, in dessen Adern nur »der verdünnte Saft von Vernunft«
fließe, den ganzen, konkret-historischen Menschen der Erkenntnis zugrunde: das
»wollend fühlend vorstellende Wesen«. Nach immer noch verbreiteter Auffassung
wird dem D. der genannten Einleitungsschrift von 1883 eine Fundierung der
geisteswissenschaftlichen Erkenntnis vor allem in einer umfassenden deskriptiven
Psychologie zugeschrieben, während er sich später mehr und mehr einer hermeneutischen Theorie zugewendet habe, die den Begriff des Verstehens ins Zentrum rückt.
Dieses Interpretationsmuster ist nach dem Erscheinen früher Schriften D.s aus dem
Nachlaß zugunsten einer einheitlichen Konzeption weitgehend widerlegt worden.
Dennoch läßt sich D.s Entwicklung u. a. durch die Schriften *Ideen über eine be-
schreibende und zergliedernde Psychologie* (1894; mit dem Anfangskapitel »Die Aufgabe
einer psychologischen Grundlegung der Geisteswissenschaften«) und *Die Entstehung
der Hermeneutik* (1900) markieren. In seiner Hermeneutik verknüpft D. »Erleben,
Ausdruck und Verstehen« zu einem Zusammenhang auf der umfassenden Basis des
Lebens. »Der Vorgang des Verstehens, durch den Leben über sich selbst in seinen
Tiefen aufgeklärt wird«, charakterisiert die Geisteswissenschaften als Lebensphiloso-
phie. Die hiermit angesprochene letzte Fassung seiner geisteswissenschaftlichen
Grundlegung weist deutliche Einflüsse Husserls (Psychologismuskritik) und Hegels
(»objektiver Geist«) auf. Der nationalliberal geprägte D., der – abgesehen von
einigen Artikeln in jungen Jahren – sich praktisch nicht zu aktuellen politischen
Fragen äußert, ist sich aber durchaus auch der praktischen Aufgabe seiner Arbeit, der
»Selbstbesinnung des Lebens« bewußt: sie soll – in aller Allgemeinheit – als ein
»Haupthebel der Kultur« in der modernen, zerrissenen Welt geistig orientieren und
praktisch motivieren.

Neben den methodologisch-philosophiegeschichtlichen Arbeiten stehen umfangreiche biographische und geistesgeschichtliche Untersuchungen. 1870 erscheint der
erste Band des *Leben Schleiermachers*; D. zeigt sich darin als Meister der weitgespannten geistesgeschichtlichen Biographie. Der zweite Band, an dem er bis zu
seinem Lebensende gearbeitet hat, konnte mittlerweile aus dem Nachlaß erstellt
werden. Abhandlungen über Leibniz, Friedrich den Großen und über *Die Jugendgeschichte Hegels* (1905) gehören auch in diesen Zusammenhang der von D. so
genannten »Studien zur Geschichte des deutschen Geistes«. Kann D. auch mit der
Hegel-Arbeit einen wesentlichen Anstoß zum Wiederaufleben der Hegelforschung
geben, so ist doch eine Sammlung literaturgeschichtlicher Studien, die er 1906 unter
dem Titel *Das Erlebnis und die Dichtung* veröffentlicht, zu Lebzeiten sein am stärksten
beachtetes Buch. Die Aufsätze über Lessing, Goethe, Novalis und Hölderlin gehören
zu den schulbildenden Arbeiten der geistesgeschichtlichen Richtung in der Literaturwissenschaft.

D.s vielseitige Arbeit, hinter die sein eigenes Leben ganz zurücktritt, erstreckt sich
weiterhin von einer Vielzahl früher publizistischer Arbeiten insbesondere zur Literatur und zur Geschichte (u. a. in *Westermanns Monatsheften*) über Schriften zur
Pädagogik bis hin zu seiner späten Weltanschauungslehre (u. a. *Das Wesen der
Philosophie* von 1907 und *Die Typen der Weltanschauung und ihre Ausbildung in den
metaphysischen Systemen* von 1911). Insbesondere D.s Einsicht in die »Relativität jeder
Weltanschauung« bringt in diesen Schriften die grundsätzliche Problematik seiner
historischen Auffassung zur Sprache mitsamt der daraus resultierenden Aufgabe, die
drohende »Anarchie der Überzeugungen« zu überwinden.

Die Vielschichtigkeit und Unabgeschlossenheit des Werks D.s sind die Bedingungen einer entsprechend heterogenen und produktiven Wirkungsgeschichte. Max
Scheler stellt D. als Lebensphilosophen in eine Reihe mit Nietzsche und Bergson,
Husserl interessiert sich für D. u. a. im Rahmen einer phänomenologischen Psychologie, und Heidegger sieht von D. seine eigene Frage nach der Geschichtlichkeit
vorbereitet. Von überragender Bedeutung in der nächsten Generation ist Gadamers
kritische Aneignung D.s im Rahmen einer philosophischen Hermeneutik, auf die
sich wenige Jahre später Jürgen Habermas zur Formulierung seiner Konzeption von
Erkenntnis und Interesse (1968) stützt. Davon angeregt und durch Nachlaßeditionen
motiviert, hat sich in den letzten zwanzig Jahren eine breite Forschung etabliert, die
sich mit dem *Dilthey-Jahrbuch für Philosophie und Geschichte der Geisteswissenschaften*
(1983 ff.) ein entsprechendes Forum verschafft hat. Die Rolle D.s für die geisteswissenschaftliche Methodologie wird durch eine Bemerkung des Philosophen Herbert Schnädelbach deutlich, der noch vor wenigen Jahren meinte, daß man auf
diesem Gebiet »nur mit geringer Übertreibung alles Bisherige als Fußnoten zu
Dilthey« bezeichnen kann.

Johach, Helmut: Wilhelm Dilthey: Die Struktur der geschichtlichen Erfahrung. In: Speck,
Josef (Hg.): Grundprobleme der großen Philosophen. Philosophie der Neuzeit IV. Göttingen
1986, S. 52–90. – Rodi, Frithjof/Lessing, Hans-Ulrich (Hg.): Materialien zur Philosophie
Wilhelm Diltheys. Frankfurt am Main 1984.

Peter Christian Lang

Diogenes Laertius
Vermutlich 2./3. Jahrhundert n.Chr.

Über D. selbst, den Verfasser eines zehn Bücher umfassenden Werkes *Über Leben und Meinungen bekannter Philosophen*, ist nichts bekannt, sogar die Erklärung seines Namens, ebenso seine Lebenszeit sind umstritten. Zuerst zitiert wird er von Stephan von Byzanz im 6. Jahrhundert; andererseits benutzt D. selbst Schriften Favorins und ist mit Sextus Empiricus vertraut, scheint hingegen vom Neuplatonismus noch unberührt zu sein. So ist eine Datierung in die Zeit von 100 bis 250 am plausibelsten. D. ist kein Philosoph, nicht einmal eigentlich ein Historiker der Philosophie. Sein Werk ist vielmehr eine Zusammenfassung der hellenistischen biographischen Literatur über Philosophen, dessen Wert zu einem großen Teil darin besteht, wertvolle Zitate aus diesem Schrifttum überliefert zu haben. Dementsprechend ist die Quellenforschung der Hauptzweig der wissenschaftlichen Beschäftigung mit D., wobei jedoch trotz verschiedener Ansätze noch keine völlig zufriedenstellende Quellenanalyse erfolgt ist.

Seiner eigentlichen Abhandlung stellt D. eine Vorrede voran, in der er in drei Thesen seine Erkenntnisse über den Entwicklungsgang der Philosophie darstellt: Philosophie ist eine griechische Errungenschaft; der eigentlichen Philosophie geht eine Phase der Weisheitslehren voraus, deren Träger die »Sieben Weisen« waren; die Philosophie hat einen doppelten Ursprung: zum einen in Anaximander, der eine ionische Philosophen-Schule begründete, zum anderen in Pythagoras, dem Urheber einer italischen Schule. Von diesen ausgehend habe sich die griechische Philosophie in ihren verschiedenen Systemen als ein ständiger Zusammenhang von Lehrer- und ihnen nachfolgenden Schülergenerationen (»diadochai«) entwickelt. Den Schluß der Vorrede bilden Überlegungen, die beiden Sukzessionsreihen nach verschiedenen Schulen/Sekten und ihren Häuptern stärker zu gliedern. Hierbei sucht D. die Philosophie in ihrer frühen Phase als Beschäftigung mit Physik, bei Sokrates als durch Ethik, durch Zeno als mit Dialektik erweitert zu beschreiben. Das erste Buch beginnt mit der Behandlung der »Sieben Weisen«, wobei zu den kanonischen Mitgliedern dieses Kreises: Thales, Solon, Periander, Kleobulos, Chilon, Bias, Pittakos noch Anacharsis, Myson, Pherekydes und Epimenides kommen. Anschließend behandelt D. den Beginn der ionischen Schule. Hier ist eine tatsächliche Sukzession nur mühsam herzustellen, zumal der Sokrates-Kreis mit Xenophon, Aischines, Phaidros, Kriton als Fortsetzung der Naturphilosophen Anaximander und Anaximenes figurieren muß. Besser bewährt sich das Prinzip der diadochai in den folgenden Büchern: auf Platon folgen die Schulhäupter der Akademie – hier fügt sich lediglich Bion nicht in den Rahmen – sowie Aristoteles und seine Schule. Darauf schließt D. wiederum an Sokrates an und sieht so die Kyniker in dessen Nachfolge. Mit Zenon von Kition und seinen Schülern wird die Stoa über Krates an das Vorangegangene angeschlossen. Die italische Philosophenschule umfaßt den Rest des Werkes, in dem versucht wird, einen Lehrzusammenhang zwischen Pythagoras und Pyrrhon herzustellen. Den Abschluß dieser Schule bildet Epikur.

Die Darstellung der einzelnen Philosophen ist sehr unausgewogen. D.s Interesse gilt weniger ihrer Philosophie als ihrem Leben. Bei der Behandlung der Viten folgt er der hellenistischen Anschauung, daß eine treffende Anekdote das Wesen eines Menschen besser charakterisieren kann als eine sorgfältig abwägende Darstellung. So ist D. dort besonders ausführlich, wo er auf viele Anekdoten zurückgreifen kann, etwa bei Sokrates, Aristipp oder Diogenes. Dort, wo D. nichts Anekdotisches vorliegt, sind seine Ausführungen kurz und beschränken sich oft nur auf einen Schriftenkatalog. Ein Quellenstudium ist demnach von D. nicht anzunehmen, er hat sich in der Hauptsache auf bereits vorhandene zusammenfassende Literatur gestützt. Eigenes Gedankengut liegt sicher nur dort vor, wo er auf sein Werk *Pammetros* verweist, ein Kompendium, in dem er Grabepigramme auf berühmte Männer gedichtet hatte. War nun D. kein großer Denker, so liegt seine Bedeutung in seinem Sammelfleiß, wodurch wertvolle Details aus der Geschichte der antiken Philosophie erhalten blieben. Besonders bedeutsam ist ferner das von ihm vermittelte Gliederungsprinzip der »diadochai«.

Mejer, Jørgen: Diogenes Laertius and the Transmission of Greek Philosophy. In: Aufstieg und Niedergang der Römischen Welt, Teil II, Bd. 36, 1992, S. 3556–3602.

Martin Hose

Diogenes von Sinope
Geb. ca. 400 v. Chr. in Sinope; gest. ca. 323 v. Chr.

»Diogenes sagte zu Alexander (dem Großen), als dieser ihn bat, er solle ihm doch sagen, wenn er etwas brauche: ›Geh mir jetzt ein wenig aus der Sonne!‹« Diese wohl bekannteste Anekdote, die sich um die Gestalt des D. rankt – hier in der Version von Ciceros *Gesprächen in Tusculum* –, gewährt in ihrer prägnanten Form Einblick in die »Philosophie« des D.: Glück kann der Mensch nur erlangen, indem er nach seiner Natur und den Bedürfnissen seiner Natur lebt. Dieses Ziel kann nur durch eine völlige Unabhängigkeit von äußeren Gütern erreicht werden; denn alles Äußerliche kann dem Menschen wieder genommen werden und kann ihn deshalb, wenn er sein Leben auf den Erwerb und Genuß derartiger Güter ausrichtet, unglücklich machen. Dem, der nichts besitzt und keine Bedürfnisse hat, kann auch nichts genommen werden; nur ein derartiger Mensch kann das wahre Glück finden. Nicht ohne Grund wird D. in zahlreichen, zumeist wohl nachträglich erfundenen Geschichten mit Alexander dem Großen in Beziehung gebracht. Beide, Alexander militärisch, D. durch seine Lebenseinstellung, stellten das traditionelle soziale Gefüge der griechischen Welt, den Stadtstaat (»pólis«), in Frage; Alexander, indem er den demokratischen oder aristokratischen Poleis ihre Freiheit entriß; D., indem er ein Leben außerhalb der Gesellschaft und ihrer Verpflichtungen und Normen predigte und vorlebte; durch seinen provozierenden Lebenswandel und seine Äußerungen stellte er das Leben und Verhalten seiner Mitbürger als durch die Konvention (»nómos«) bestimmt bloß und setzte es seinem beißenden Spott aus.

Die Ursache von D.' Kampf gegen Normen und Traditionen fand die spätere

Legendenbildung in einem Befehl des Gottes Apollon: D.' Vater Hiketas, der oberste Finanzbeamte von Sinope, sei von einflußreichen Bürgern aus der Heimat vertrieben worden, nachdem er minderwertiges Geld durch einen Stempel gekennzeichnet und so die Wohlhabenden geschädigt habe. Mit seinem Sohn habe er sich nach Athen begeben. D. nun habe in dieser schwierigen Lage das delphische Orakel um Rat gefragt und zur Antwort erhalten, er solle das »nómisma« (»Münze« oder »Konvention«) entwerten. D. habe »nómisma« im Sinne von »Konvention« verstanden und von da an dieser den Kampf angesagt. Seine unkonventionelle Lebensführung brachte D. den Spottnamen »Hund« (»kýon«) ein, den er als treffende Beschreibung seines bedürfnislosen Lebens annahm und den die, die sich in der Nachfolge des D. sahen, als Namen ihrer philosophischen Richtung führten (»Kyniker«).

Mag auch hinter den zahlreichen Anekdoten und Bonmots, die man D. zuschrieb, die historische Persönlichkeit kaum erkennbar sein, wird jedoch gerade durch den Tenor vieler Geschichten das Faszinierende deutlich, das von ihm ausgegangen sein muß. Wie keine andere Persönlichkeit – vielleicht mit Ausnahme Alexanders – drückte er durch seine Einstellung und Aussprüche aus, daß er in einer Zeit des Umbruchs lebte und gleichsam an einer Epochenschwelle stand. Als Schüler des Antisthenes, von dem er die Idee des bedürfnislosen Lebens empfing, steht er in der Nachfolge des Sokrates, besonders die Betonung der Eigenverantwortlichkeit des Menschen und die Provokation, die er für seine Mitbürger darstellte, weisen in diese Richtung. Sein Individualismus jedoch, die Mißachtung sozialer Normen und Schranken, seine Suche nach dem persönlichen Glück im Privaten und nicht in der Ordnung der »pólis«, das Predigen von Bedürfnislosigkeit, die Unabhängigkeit von jeglichen äußeren Gütern, die für ein glückliches Leben nicht nötig, ja sogar hinderlich sind: all dies läßt die Lehren der philosophischen Schulen des Hellenismus, der Stoiker und Epikureer, anklingen.

Long, Anthony Arthur: Hellenistic Philosophy. London 1974.

Bernhard Zimmermann

Dühring, Eugen
Geb. 12. 1. 1833 in Berlin; gest. 21. 9. 1921 in Nowawes bei Berlin

Mit Leben und Werk D.s verbindet man heute kaum mehr als den »Fall Dühring«. Der Philosoph und Nationalökonom stellt eine wissensgeschichtliche Paradoxie dar: Seine Wirkung beruht auf Friedrich Engels' *Anti-Dühring*. Einschnitte seiner Biographie sind, nach mathematisch-naturwissenschaftlicher Bildung, das rechtswissenschaftliche Studium in Berlin seit 1853, Promotion und Habilitation an der dortigen Philosophischen Fakultät von 1861 bis 1863 und die Tätigkeit als Privatdozent von 1863 bis 1877, bei deren Beendigung preußische Demokratenverfolgung und das Drängen Rudolf Virchows und Hermann von Helmholtz'

zusammenspielen. Erblindung, Verarmung und mangelnde Anerkennung werden zum Anlaß ausufernder wissenschaftlicher Schreibarbeit: Einem *Gesammtcursus der Philosophie* mit den Teilen *Kritische Geschichte der Philosophie*, *Wirklichkeitsphilosophie* und *Logik und Wissenschaftstheorie* (1869–1878) sind Schriften zur Nationalökonomie vorausgegangen; es folgen solche zu Mathematik und Naturwissenschaft, zur Religionskritik und zur Rechtfertigung des Antisemitismus.

Schopenhauer und dem gesellschaftstheoretischen, mathematisch-physikalisch begründeten Positivismus Auguste Comtes sowie einem mechanisch-materialistischen Weltverständnis verpflichtet und in Polemik gegen den Sozialismus Claude Saint-Simons und Charles Fouriers, die Fichtesche und Schellingsche »unwissende Naturphilosophastrik«, die »Hegel-Seuche« der Dialektik und – vor allem – gegen Marx, dessen Leistung »ohne dauernde Bedeutung und für die allgemeine Geschichte der geistigen Strömung höchstens als Symptom der Einwirkung eines Zweigs der neueren Sektenscholastik anzuführen« sei, hat D. Philosophie als »natürliches System« oder »Wirklichkeitsphilosophie« zu begründen gesucht. Sein antidialektisches System führte in seiner Nationalökonomie – wiederum in polemischer Abgrenzung gegen die klassische englische und schottische Ökonomie und Moralphilosophie – zur Begründung »allgemeinster Naturgesetze aller Wirtschaft« und zu einer kleinbürgerlichen Eigentumskonzeption.

Vor allem D.s *Logik und Wissenschaftstheorie* von 1878 kann als ein Hauptwerk des deutschen, nicht unter diesem Namen auftretenden Positivismus verstanden werden, in dem im Unterschied auch zu neukantianischen Bestrebungen alle gesellschaftspolitischen Dimensionen aus der Reflexion auf Wissenschaft eliminiert werden. Die »gesunde, auf die logischen Grundzüge der Weltverfassung gerichtete Wirklichkeitslehre« versteht sich als »wirkliche und positiv fruchtbare Wissenschaft strengster Art« und will die »allgemeinen Einsichten über Gesamtgestaltung und Werth sowie über Fortschritts- und Wirkungsbedingungen der Wissenschaften« darstellen. D. gilt die »Systematik der Dinge als übereinstimmend mit dem System der Begriffe«. Als »nur auf Wirklichkeiten gegründete Weltanschauungslehre« grenzt diese Philosophie aus, was nicht »auf den von den Sinnen gelieferten Thatsachen fusst«. Identität der Ordnungen im »System der Natur und der menschlichen Verhältnisse« garantiert eine Unbegrenztheit der Erkenntnisse und die Möglichkeit, die »Culturwissenschaften« nach dem Muster der Exaktheit der Naturwissenschaften zu begründen: Ihr Gegenstand sind die »Naturgesetze der menschlichen Beweggründe« bzw. »Vereinigung«. Auf dieser Grundlage ist die Freiheit der Individuen nicht mehr regelungsbedürftig; der Despotismus des »Staats und seiner Concessionierungsgewalt« ist so überflüssig wie der »Kasernenstaat der falschen Socialistik«.

Zum *Fall* wurde D., nachdem ihm ein Artikel August Bebels, *Ein neuer Kommunist*, 1872 die Türen der Eisenacher Sozialdemokratie geöffnet hatte. Nach der Vereinigung der Gothaer und Eisenacher Sozialdemokratien 1875 und unter den Bedingungen konkurrierender philosophisch-weltanschaulicher und politisch-strategischer Begründungen des Sozialismus weitete sich D.s Einfluß aus. Von Wilhelm Liebknecht gedrängt, verfaßte Engels ab 1876 *Herrn Eugen Dührings Umwälzung der Wissenschaft*, 1877/78 im *Vorwärts* gegen Proteste der Anhänger D.s veröffentlicht. Gleichwohl zeigte D. Wirkung in Eduard Bernsteins Revision der Marxschen

Theorie und Erklärung der Unmöglichkeit eines wissenschaftlichen Sozialismus. Für die Geschichte der Philosophie ohne Bedeutung, könnte heute eine theoretisch-politische und epistemologische Lektüre D.s die Gleichzeitigkeit und Verschränkung von »Marxismus« und Positivismus, Verwissenschaftlichungs- und Vulgarisierungs-tendenzen, mechanischem Weltbild und Herausbildung der »Kulturwissenschaften« als Symptome wissens- und gesellschaftsgeschichtlicher Dialektik rekonstruieren.

Zweig, Arnulf: Eugen Dühring. In: The Encyclopedia of Philosophy. Edited by P. Edwards. New York 1967. Band II, S. 425–427. – Posner, S.: Abriss der Philosophie Eugen Dührings. Breslau 1906.

Hans Jörg Sandkühler

Duns Scotus, Johannes
Geb. um 1265 in Schottland; gest. 8. 11. 1308 in Köln

Die Lebensgeschichte des D. tritt hinter seinem Werk und noch mehr hinter der Tradition, die es begründete, zurück. Seine Person hat in besonderem Maße das Verhältnis späterer Epochen zur Scholastik bestimmt. Wegen seines enormen Scharfsinns bereits früh, vielleicht schon zu Lebzeiten, als »doctor subtilis« bewundert, verfiel gerade diese Eigenschaft und ihr literarischer Niederschlag im Spätmittelalter und vor allem in der Neuzeit dem Vorwurf der hohlen Spitzfindig-keit und der sophistischen Apologetik, mit der katholische Intellektuelle ein unwiederbringlich vergangenes Zeitalter und dessen geistiges Selbstverständnis gegen den Fortschritt der Wissenschaft und die bürgerliche Emanzipation zu konservieren suchten. Dabei hat D. mit seinen eigenen Schriften entscheidend zur Entstehung jenes modernen Bewußtseins beigetragen, dessen fortgeschrittene Vertreter mit Recht gegen die scotistische Schultradition ankämpften.

Bis in die 30er Jahre dieses Jahrhunderts waren Biographie und Werk des D. mit dessen Wirkungsgeschichte undurchschaut verflochten. Wenige Tatsachen und viele Legenden, ein beträchtliches Werk und viele unechte Schriften, mit zahlreichen Zusätzen von Schülern und Anhängern versetzt, wurden unkritisch vermischt. Deshalb war bis dahin eine gerechte Bestimmung der Stellung kaum möglich, die D. in der europäischen Philosophiegeschichte einnimmt. Erst in den letzten Jahrzehn-ten ist es gelungen, Phantasien und Tatsachen, authentische und untergeschobene Schriften zu scheiden. Seit 1950 erscheint die von der D.-Kommission betreute kritische Ausgabe, die noch lange nicht abgeschlossen ist.

Die Verwirrung um D. hat indessen ihren Grund nicht allein in den Zufällen der Textüberlieferung, sondern in der geschichtlichen Genese der Texte selbst. Seine wichtigsten Schriften hat D. unvollendet, sein Hauptwerk, den *Ordinatio* genannten Kommentar zu den *Sentenzen* des Petrus Lombardus, im Stadium redaktioneller Überarbeitung hinterlassen. Im Zentrum seines Lebens steht die mündlich vorge-tragene Lehre, aus der verschiedene Entwürfe, aber keine durchorganisierte Gestalt der literarischen Darstellung erwachsen ist. In dieser Unabgeschlossenheit der scotischen Texte tritt historisch eine neue Stellung des Denkens zu seinen Gegenständen hervor. Weniger denn je sind diese einfach gegeben und naiv reproduzierbar. Eine fraglose Autorität gab es am Ende des 13. Jahrhunderts weder für die Fragen der Theologie noch für die ihr zugrundeliegende Metaphysik. Die Auflösung des mittelalterlichen Universalismus hatte bereits begonnen.

Stil und Kompositionsweise der scotischen Texte bezeugen eindringlich, daß das Denken jener Epoche seine vormalige Naivität verloren hat. Alle zentralen Aussagen, die D. vorträgt, sucht er indirekt zu beweisen, ihr dogmatischer Gehalt ist durch die minutiöse Kritik der dominierenden zeitgenössischen und traditionellen Positionen vermittelt, nirgends gewaltsam gesetzt, sondern immer Argument im Streit. Die Texte sind deshalb oft schwer überschaubar, ihr lateinischer Stil ist durch die vielen Distinktionen terminologisch geschärft, freilich unter Preisgabe der Eleganz des klassischen Lateins. Über literarische Authentizität verfügen die Texte dennoch durch die bohrende Insistenz der Kritik, welche die Darstellung nirgends zu gemächlicher Gelassenheit kommen läßt.

Die wenigen Lebensdaten des D. und mehr noch seine denkerischen Innovationen sind als Zeugnisse seiner Epoche zu interpretieren. Keineswegs ganz ungewöhnlich ist dabei, daß über Geburtsdatum und soziale Herkunft nichts Gesichertes auszumachen ist, denn D. hat selbst erst das moderne Interesse am Individuum und seiner profanen Biographie mitbegründet, während er in einer noch weitgehend vorindividualistischen Epoche zur Welt kam. Ein individuelles Psychogramm ist daher nicht möglich. Auch fehlen private Zeugnisse wie Briefe oder entsprechende Äußerungen von Zeitgenossen über seine Person. Aus seiner Jugend ist nur das Datum der Priesterweihe bekannt. Am 17. März 1291 wurde er in Northampton ordiniert. Dies läßt darauf schließen, daß er spätestens 1266 geboren wurde. Der Beiname »Scotus« besagt, daß er aus Schottland stammte, »Duns« deutet wohl auf einen Ort dieses Namens in der Grafschaft Berwick als seinen Heimatort hin.

Gewißheit besteht weiterhin darüber, daß D. dem Franziskanerorden angehörte, ihm wahrscheinlich schon früh beitrat. Bereits um die Mitte des 13. Jahrhunderts hatte sich in diesem Bettelorden, dessen Aktivität sich vor allem im intellektuellen Leben der großen Städte entfaltete, eine Lehrtradition gebildet, die in den Generalstudien des Ordens wie in Köln und an den Universitäten Oxford und Paris gepflegt wurden. In diesen drei Städten hat D. mit Sicherheit gelebt und gelehrt. Viele Charakteristika der von Alexander von Hales und Bonaventura begründeten älteren Franziskanerschule treten – eigenwillig weiterentwickelt – auch bei ihm auf. So dürfte D. schon in frühen Studienzeiten, die er vermutlich in Oxford begonnen hat, die franziskanische Tendenz in sich aufgenommen haben, Philosophie und Wissenschaftslehre des Aristoteles zwar zu rezipieren, wie es allenthalben zeitgemäß war, dennoch aber die neuplatonisch-augustinischen Positionen hierbei zu bewahren. Der Einfluß der Ordenstradition macht sich vor allem in der Bestimmung des göttlichen und menschlichen Willens bemerkbar, worin D. sich vom aristotelischen Intellektprimat absetzt. Zudem mag ihm seine Wertschätzung für Mathematik und empirische Naturforschung, die einige englische Franziskaner kennzeichnet, in Oxford übermittelt worden sein.

Seit kurzem nimmt man an, daß D. seine Lehrtätigkeit in Cambridge begann. Dort wird er als Baccalar, d. h. als Kandidat für das Magisteramt der Theologie, seine erste Vorlesung über die *Sentenzen* gelesen haben. Die pflichtmäßige Beschäftigung mit diesem Text, die seine gesamte intellektuelle Biographie durchzieht, führte ihn bald schon über die bloße Paraphrase des Lehrbuches zu einer eigenständigen Position. Alle eigenen und fremden Aufzeichnungen folgen wohl den Themen des Originals, entwickeln aus ihnen aber zuweilen sehr kompliziert gebaute Quaestionen, in denen jeweils zu einer thematischen Frage antithetische Antworten vorgebracht werden sowie eine Lösung nach dem Widerspruchsprinzip. Diese in der gesamten Hochscholastik übliche Behandlungsart wissenschaftlicher Probleme führt bei D. zur skrupulösen Abwägung gegnerischer Positionen, denen gegenüber die »opinio auctoris« oft nur eine scheinbar winzige Nuance hinzufügt.

Es ist anzunehmen, daß D. wenig später als 1291 nach Paris ging, um hier im Zentrum der hochscholastischen Gelehrsamkeit seine Studien fortzusetzen. Die heftigen Kontroversen des 13. Jahrhunderts wurden vor allem in Paris ausgetragen, weshalb er die in seinen Werken überall spürbare kritische Position gegenüber vielen Autoritäten hier besonders ausgebildet haben wird. Da ein Student an einer mittelalterlichen Universität schon in jungen Jahren Lehrverpflichtungen übernehmen mußte, sind möglicherweise die Kommentare zur *Metaphysik* und zu einigen logischen Schriften des Aristoteles in Paris als Niederschlag des philosophischen Grundstudiums entstanden. Die erste schriftlich überlieferte Sentenzenvorlesung hat D. dann wieder um 1300 in Oxford gehalten; denselben Stoff trug er 1302 nochmals in Paris vor. Hiervon existieren teilweise autorisierte Nachschriften seiner Hörer, die *Reportationes Parisienses*. Diese, wie auch die Oxforder *Lectura*, sind in die unvollendet gebliebene letzte Fassung des Sentenzenwerks, die *Ordinatio*, eingegangen.

In die Pariser Dozentenzeit fällt auch die einzige bekannte Episode, die eine Verstrickung von D. in die politischen Auseinandersetzungen seiner Zeit bezeugt. Während des epochalen Streits zwischen dem französischen König Philipp dem Schönen und Papst Bonifaz VIII., der mit dem Sieg der nationalstaatlichen Souveränität über die kirchliche Universalmacht endete, verlangte der König im Jahre 1303 von den Pariser Dozenten die Unterzeichnung eines Dokuments, in dem gegen den Papst die Einberufung eines Konzils gefordert wird. D. verweigert, wie viele andere nichtfranzösische Dozenten, die Unterschrift und wird deshalb des Landes verwiesen. Wenngleich er in seinen Schriften auf aktuelle politische Vorgänge und Konstellationen nirgends eingeht, so ist dieses Ereignis doch für den historischen Stellenwert seines Denkens bedeutsam. Wie der universale »ordo« des Mittelalters zerbricht und den partikularen Territorialmächten weicht, so löst sich gleichzeitig auch jene universalistische Metaphysik auf, in der sich bis dahin das Selbstverständnis des Mittelalters artikuliert hatte. Die wichtigsten scotischen Lehrstücke verdanken sich dieser historischen Erfahrung und weisen objektiv über das Ende ihrer Epoche hinaus.

Nach kurzem Exil außerhalb Frankreichs ist D. schon 1304 wieder in Paris, wo er 1305 zum Magister promoviert und 1306 das Amt eines »magister regens« antritt. In dieser Zeit sind sicher die Sammlungen von Disputationen entstanden, zu denen ein Magister verpflichtet war. Im *Quodlibetum* und in den *Collationes* ist die späteste

Gestalt des scotischen Denkens erreicht. Fragen nach Freiheit und Notwendigkeit des Willens sind neben Spekulationen über die Trinität besonders charakteristisch. Zudem dürfte D. in diesen Jahren mit der endgültigen Fixierung des Sentenzenwerkes begonnen haben. Aus den Arbeiten an dieser umfassenden Schrift hat sich noch der *Tractatus de primo principio* entwickelt, eine Abhandlung, in der D. philosophisch zur Frage der Gottesbeweise und zum Verhältnis der Erstursache zu ihren Wirkungen Stellung nimmt. D. wird 1307 zum »lector principalis« am Generalstudium der Franziskaner in Köln ernannt, einer der institutionalisierten Schulen, aus der acht Jahrzehnte später die Kölner Universität hervorging. Schon am 8. November starb D. Er liegt in der Kölner Minoritenkirche begraben.

Wenn D. auch vor allem Theologe sein wollte und die profanen Gegenstände in seinem Werk nur am Rande erscheinen, so ist sein Denken dennoch für die Entwicklung der Philosophie von großer Bedeutung. Denn erst die Generationen unmittelbar nach ihm vollziehen die sachliche Trennung beider Disziplinen, die im Mittelalter in vielfältiger Spannung aufeinander bezogen waren. Wie Thomas von Aquin, von dem er sich sonst in vielen Punkten absetzt, will er Theologie und Philosophie miteinander in Einklang bringen. Aber die äußerst verfeinerte Dinstinktionskunst, die er auf die Dogmatik wendet, um die Vernunftgemäßheit des Glaubens darzutun, stößt an fundamentalen Stellen an die Grenze der Evidenz. Die klassische mittelalterliche Grundüberzeugung von der objektiven, in Gott gründenden Logizität der Welt ist bei D. bereits aufgegeben. Die Schöpfung ist als ganze keineswegs notwendig, sondern ein kontingentes Produkt des göttlichen Willens. Dessen Primat wird in der Bestimmung des Wesens Gottes über die Vernunft gesetzt. Warum Gott die Welt geschaffen hat, warum er in Christus Mensch geworden ist, alles dies kann nach D. nicht aus Vernunftgründen abgeleitet werden: Gott hätte andere Welten schaffen, sich in einem Stück Holz inkarnieren können, wenn er dies gewollt hätte. Nur das Widerspruchsprinzip kann er nicht aufheben. Mit diesem Voluntarismus verließ D. die Heilsgewißheit des Mittelalters. Theologie wird, da sie nurmehr von den faktischen Wirkungen der göttlichen Willensentschlüsse handelt, zur praktischen Wissenschaft, die auf die Erforschung der ewigen Gedanken Gottes verzichtet und die geoffenbarten Glaubenswahrheiten als Sätze der praktischen Vernunft versteht, die den Menschen zur Seligkeit verhelfen will. Auch wenn die Welt aus ihrem göttlichen Prinzip nicht deduzierbar ist, so ist sie doch erkennbar, da der an sich vollkommen freie Wille Gottes in der Schöpfung eine Regelmäßigkeit gesetzt hat, an die er sich gewöhnlich hält, ohne wesenhaft an sie gebunden zu sein.

Analog zum göttlichen hat auch der menschliche Wille gegenüber seiner Vernunft den metaphysischen Primat. Obwohl der Wille nicht vollends Ursache der Erkenntnis ist, bestimmt er das in ihr sich betätigende Interesse. Der Wille ist im Menschen das Vermögen der Freiheit und Selbstbestimmung, während der Intellekt an die Struktur des Erkannten gebunden, geradezu naturabhängig ist. Dieser Umsturz des Vernunftprimates folgt aus der Preisgabe der objektiven Vernunft der Metaphysik. D. antizipiert darin ein Moment neuzeitlicher Kritik und läßt ein Motiv anklingen, das erst in der Kantischen Antinomie von Natur und Freiheit in den Vordergrund tritt. Damit betreibt D. die folgenreiche Aufwertung der produktiven Vermögen des Menschen gegenüber den passiv-rezeptiven.

In der scotischen Akzentuierung des Willens gegenüber der Vernunft kündigt sich ein Bewußtsein an, das eine Neubewertung der politischen Souveränität ebenso vornahm wie es die innere Dignität des Individuums theoretisch entdeckte. In seiner emphatischen Freiheitslehre, die in seinem eigenen Denken noch immer auf eine verwickelte Weise mit dem mittelalterlichen Gedanken des »ordo naturae« verbunden ist, präludiert D. das Thema der neuzeitlichen Subjektivitätstheorien.

Das historisch neue Verständnis des Einzelnen kommt in der metaphysischen Bestimmung des Individuationsprinzips, die D. gibt, deutlich zum Ausdruck. Hielt die von ihm eingehend kritisierte Tradition das Individuum überwiegend für ein Ensemble zufälliger Eigenschaften, die gegenüber dem allgemeinen in Gattung und Art subsistierenden Wesen keinerlei metaphysische Dignität beanspruchen konnten, so versuchen die Hochscholastik und besonders D., dem Einzelding neben seinem Gattungs- und Artwesen noch eine notwendige Bestimmung zuzuschreiben, die es zu eben diesem einzelnen macht. Hierfür bildete er den lateinischen Neologismus »haecceitas« (Diesesheit), der eine positive Entität bezeichnen soll, vermöge derer die allgemeinen Formen Bestimmungen eines existierenden und unverwechselbaren Individuums sind. Was das Individuum ist, folgt nach D. also nicht allein aus der Universalienhierarchie der Gattungen und Arten, sondern es ist auch von sich aus, unabhängig von dieser der Herrschaftsordnung durchaus analogen metaphysischen Struktur, bestimmt als letzte Realität der Formen. Diese Theorie enthält zugleich die scotische Lösung des Universalienstreites, der offen oder verdeckt die gesamte mittelalterliche Philosophie bewegte. In dieser nach D. sich als problematisch herausstellenden Lösung artikuliert sich gleichwohl ein neues individuelles Selbstbewußtsein gegenüber der Ständeordnung.

Die scotistische Schultradition, die sich bis ins 18. Jahrhundert erhielt, hat freilich die konservativen und apologetischen Momente des scotischen Denkens aufgegriffen und fortgeführt. Beeinflußte dieses zunächst stark die Ordenslehre der Franziskaner in ihrem Kampf gegen Thomas von Aquin, so waren die Scotisten im Zeitalter der Gegenreformation maßgeblich an der kontroverstheologischen Argumentation gegen den Protestantismus beteiligt. Viele Dekrete des Trienter Konzils (von 1545 bis 1563) tragen scotistisches Gepräge. Einflußreich an den katholischen Universitäten, verfiel der scotistische Lehrbetrieb, der seine Substanz längst eingebüßt hatte, dem Spott des Humanismus und schließlich der Aufklärung, deren Weg das Denken des D. bereitet hat.

Honnefelder, Ludger: Ens inquantum ens. Der Begriff des Seienden als solchen als Gegenstand der Metaphysik nach der Lehre des Johannes Duns Scotus. Münster 1979. – Bérubé, Camille (Ed.): Regnum hominis et regnum Dei. Rom 1978. – Gilson, Etienne: Johannes Duns Scotus. Einführung in die Grundgedanken seiner Lehre. Düsseldorf 1959. – Stratenwerth, Günter: Die Naturrechtslehre des Johannes Duns Scotus. Göttingen 1951.

Günther Mensching

Durkheim, Emile
Geb. 15. 4. 1858 in Epinal; gest. 15. 11. 1917 in Paris

»Kleine Hügel verschwinden bald, wenn man sich von ihnen entfernt; große Gebirgszüge lassen sich aus einigem Abstand in ihrer ganzen Ausdehnung ermessen«. Letzteres gilt nach René König für D., den Gründervater der modernen Soziologie, dessen geistige Ziehväter neben Montesquieu Claude Henri de Saint-Simon und Auguste Comte sind. Die Liste seiner Studienkollegen, die ihn aufgrund seiner ernsten, alles Frivole ablehnenden Art den »Metaphysiker« nannten, seiner Schüler und Mitarbeiter, liest sich wie eine an Namen orientierte Geistesgeschichte des späten 19. und frühen 20. Jahrhunderts: Henri Bergson und Jean Jaurès waren seine Mitschüler, und Mitglieder des sog. Durkheim-Kreises haben Wissenschaftsgeschichte gemacht.

D. entstammt einer orthodoxen jüdischen Familie: sein Großvater war – wie bereits der Urgroßvater – Rabbiner in Mutzig im Elsaß gewesen, sein Vater bekleidete seit 1830 dieses Amt und wurde zu einem späteren Zeitpunkt Oberrabbiner der Vogesen und des Département Haute-Marne. Auch seine Mutter Mélanie war gläubige Jüdin, und so wundert es nicht, daß die Familie auch D. zum Rabbiner machen wollte. Dieses puritanische, streng religiöse Milieu hat D. stark geprägt; zeitlebens zeichnen ihn ein ausgeprägtes Pflichtbewußtsein, hohe Wertschätzung der Moral, stete Suche nach der Wahrheit, harte Selbstdisziplin, geistige Strenge und Ernsthaftigkeit aus, wenn er sich auch bereits während der Schulzeit vom Judentum lossagte und dem Katholizismus zuwendet. Seine Schulausbildung erhält D. in Epinal und schließt 1874/75 mit den beiden Baccalauréats in Lettres et Sciences ab. Er setzt seine Ausbildung in Paris fort, wo er sich auf die Aufnahme in die »École Normale Supérieure« vorbereitet, der Institution, der seit 1843 die Lehrerausbildung obliegt, die sich darüber hinaus aber zur Eliteschule entwickelt hat, auf der Wissenschaftler aller Bereiche großgezogen werden. Erst nach dreimaligem Anlauf und härtester Vorbereitungsarbeit wird D. 1879 aufgenommen. Von den sog. »normaliens« wird strengste Disziplin gefordert; ihre Lebensbedingungen sind spartanisch, das geistige Klima jedoch offen, rege und kameradschaftlich. In den Diskussionen unter den Mitschülern konkretisiert sich für D. die Vorstellung von einer Philosophie, die sich von traditionellen Mustern löst und die Phänomene stets in einem sozialen und politischen Zusammenhang sieht. Seine große Ausstrahlung als Diskussionsteilnehmer und Redner hat er damals bereits besessen; seine Lehrer bescheinigen ihm große persönliche Reife und intellektuelle Tiefe. Es ist vor allem Charles Renouvier, halboffizieller Philosoph der III. Republik, der »republikanische Kant« (Hippolyte Taine), der ihn beeinflußt hat, indem er in der Philosophie einen Teil der politischen Kultur jener Zeit sieht, dem Rationalismus und der Konzeption einer säkularen Moral verpflichtet ist und stets die Würde des Individuums betonte. Auch Emile Boutroux, der Philosophiegeschichte lehrte, prägt D. in seinem rationalistischen und modernen Wissenschaftsverständnis. Größte Bedeutung hat für ihn jedoch der

Kontakt mit dem Historiker Numa Denis Fustel de Coulanges, der von 1880 bis 1883 Leiter der »École Normale Supérieure« war. Er steht für die Neuorientierung der Geschichte als kritischer Wissenschaft, die jegliche Spekulation, auch die philosophische, ablehnt. In seinem Hauptwerk *La Cité antique* sieht er die Familie als Kernzelle der europäischen Kultur und die Religion als grundlegendes Element bei der Organisation der Gesellschaft. Er behandelt damit zwei Fragen, die zu D.s Zentralthemen werden sollten. Nach einer Krankheitspause besteht D. 1882 die Agrégation und nimmt seine Unterrichtstätigkeit an verschiedenen Gymnasien in Frankreich auf, die bis 1887 andauert und lediglich von einem Studienaufenthalt in Deutschland (1885/86) unterbrochen wird; in Berlin, Marburg und Leipzig studiert er vor allem die neuen physiologischen Theorien (Wilhelm Wundt) und die Anfänge der Sozialwissenschaften. 1887 wird er nach Bordeaux berufen, um an der Universität an einem speziell für ihn geschaffenen Lehrstuhl als »Chargé d'un cours de Science sociale et de Pédagogie« Sozialwissenschaften zu lehren. Im gleichen Jahr heiratet er Louise Dreyfus; aus der Ehe gehen zwei Kinder, Marie und André, hervor. In seinem privaten Leben hat die Familie für ihn ebenso große Bedeutung wie in seinem Werk. Die Jahre in Bordeaux bis 1902 sind eine Zeit harter und disziplinierter Arbeit, in der die bedeutendsten Publikationen entstehen: seine erste Dissertation in lateinischer Sprache über Montesquieus Beitrag zur Gründung der Soziologie (1892), seine zweite, *De la division du travail social, étude sur l'organisation des sociétés supérieures* (1893; *Über die Teilung der sozialen Arbeit*), 1895 folgt sein Hauptwerk *Les règles de la méthode sociologique (Regeln der soziologischen Methode)*. Die berühmte Studie über den Selbstmord folgt 1897: *Le suicide (Der Selbstmord)*. 1898 gründet er die Zeitschrift *L'Année sociologique*, deren Herausgeber er bis 1910 ist, die man als sein »methodisches Laboratorium« bezeichnet und aus deren Mitarbeitern sich der Durkheim-Kreis konstituiert. D. selbst schreibt Artikel, so über den Ursprung des Inzestverbotes, zur Religions- und Verbrechenssoziologie, über den Totemismus, steuert aber vor allem eine fast unübersehbare Anzahl von Rezensionen über historische, ethnologische, juristische, anthropologische, pädagogische und nicht zuletzt über soziologische Studien bei, die meist weit über eine reine Buchbesprechung hinausgehen und in denen Wesentliches zur Begründung der Sozialwissenschaften, zur Formulierung der soziologischen Methode, geleistet wird.

Im Jahr 1902 erhält D. das Angebot, am Lehrstuhl für Pädagogik der Sorbonne den Lehrstuhlinhaber zu vertreten, um 1906 selbst diese Funktion zu übernehmen. Dies geschieht nicht ohne Kritik, vor allem von Seiten katholischer Intellektueller, die sich an D.s Konzept der säkularen Erziehung stoßen und »Soziologie« zu sehr in der Nähe des »Sozialismus« sehen. 1913 erfolgt die Umbenennung des Lehrstuhls in einen pädagogischen und soziologischen, was die Soziologie als akademische Disziplin erstmals offiziell beim Namen nennt. D.s Kurse jener Zeit handeln über die Geschichte des »Enseignement secondaire« in Frankreich, die Entwicklung von Ehe und Familie, über pädagogische Doktrinen, über Saint-Simon und Comte. Seine Hauptaktivitäten in den letzten Lebensjahren sind weniger wissenschaftliche als politisch-patriotische. Er arbeitet in öffentlichen Gremien und Komitees mit, unterstützt Frankreichs Kriegspolitik, wie er schon immer die III. Republik unterstützt hatte. 1915 wird sein Sohn André, der auch sein Schüler und »normalien« war, im

Serbienfeldzug verwundet und stirbt im Dezember des Jahres in einem bulgarischen Lazarett. D. schreibt Analysen über den Pangermanismus, dessen pathologische Natur und Gewaltorientiertheit er offenlegt. 1916 erscheint seine *Lettre à tous les Français*, in der er seine Landsleute mit dem Motto »patience, confiance, effort« moralisch aufbauen und zum Durchhalten auffordern will, ohne dabei in einen aggressiven Nationalismus zu verfallen. An seinem letzten Werk über die Ethik kann er nicht mehr konzentriert arbeiten. Im Herbst 1917 zieht er sich nach überstandener Krankheit nach Fontainebleau zurück. Er wirkt abgeklärt, sieht die Dinge, kurz vor seinem Tod, mit großer innerer Distanz.

D.s Herkunft aus dem elsässischen Judentum ist von zentraler Wichtigkeit, denn die Bedeutung der Religion als norm- und wertestiftender Institution, als Faktor bei der Gruppenbildung innerhalb der Gesellschaft, hat er am eigenen Leib erfahren. Im Elsaß lebte bis 1870 der größte Anteil der jüdischen Bevölkerung Frankreichs, und die elsässischen Juden zeichneten sich durch starke Assimilationstendenzen aus, waren meist patriotisch und republikanisch eingestellt. Für sie war die Niederlage im Deutsch-Französischen Krieg eine doppelte: der wachsende Antisemitismus gab ihnen die Schuld am nationalen Desaster, was ihre patriotischen Gefühle empfindlich traf, waren sie doch stets bereit, die III. Republik zu verteidigen. Auf diesem Hintergrund wird die Suche nach neuen geistigen und politischen Orientierungen, die aus der Gegenwartskrise herausführen sollten, für die französische Gesellschaft, besonders aber für die jüdischen Intellektuellen, verständlich. Die Soziologie, wie D. sie entwirft, soll Werkzeug der Krisenbewältigung sein, Moralwissenschaft, die die angeschlagene Gesellschaft neu konstituieren soll. Die Gesellschaft, die D. in den *Règles* als mit »materieller und moralischer Suprematie« ausgestattetes »Sonderwesen« konstruiert, konkretisiert sich in Institutionen, in rechtlichen wie sittlichen Regeln. »Im Geiste der Unterordnung« hat das Individuum sich dieser zu beugen.

Ebenso aber versteht D. sein Fach als Erziehungswissenschaft. Er geht dabei davon aus, daß Erziehung ein nicht endender Prozeß, eine soziale Tatsache ist, die das Bild des jeweiligen Ideals vom Menschen widerspiegelt und deren Ziel die Sozialisation, die »zweite Geburt« des Menschen, ist. D.s Ziel ist zweifelsohne, ein neues System republikanischer und säkularer Erziehung im Dienst der III. Republik zu schaffen. Die theoretischen Positionen, die D. entwickelt hat, haben die moderne Soziologie geprägt: Zuerst verdient eine zentrale methodische Forderung Beachtung, daß soziale Tatsachen (»faits sociaux«) nur durch soziale und nicht beispielsweise durch psychische Faktoren erklärt werden können. Den »faits sociaux« wird Dingcharakter zugeschrieben. Sie existieren außerhalb des individuellen Bewußtseins, müssen von außen betrachtet und mittels objektiver Merkmale beschrieben werden. Subjektive Analysemethoden weist D. zurück. Damit wird der Soziologie ein spezifischer Untersuchungsgegenstand zugewiesen, der mit spezifischen Methoden und von Soziologen untersucht werden muß. Die Soziologie muß, so heißt es in den *Règles*, als rationale Wissenschaft dem Kausalitätsprinzip verpflichtet sein und sich jeglicher Spekulation enthalten. Mit diesem Wissenschaftsverständnis steht D. in der Tradition der positivistischen Soziologie. Notwendige Voraussetzung für die Existenz der »faits sociaux« ist für D. die des Kollektivbewußtseins. Es ist vom individuellen Bewußtsein unterschieden und wird als »Gesamtsystem von gemeinsamen Überzeugungen und Gefühlen« verstanden, das in einer Gesellschaft repräsentiert ist, ein festes System und eigene Existenz hat. Auch sein Werk über den Selbstmord (*Le suicide*) greift auf die Idee der »conscience collective« zurück; D. geht darin davon aus, daß das Individuum von einer kollektiven moralischen Realität beherrscht wird. Er diagnostiziert – auf der Basis von statistischem Material – eine kollektive Krankheit der Gesellschaft, die nicht so sehr auf wirtschaftliche, sondern auf moralische Armut zurückgeht. Der Selbstmord ist ein Symptom dieser Krankheit und somit gesellschaftsbezogenes Faktum. D. legt die Lockerungen der Beziehungen zwischen Individuum und Gesellschaft offen und verweist auf nicht funktionierende Gruppenstrukturen. Individualpsychologische Motive eines Selbstmordes leugnet D. indes nicht, ordnet diese doch stets den sozialen unter und fordert, die verlorengegangenen personalen Bindungen der Gesellschaft neu zu beleben.

Fragt man nach Bedeutung oder Wirkung D.s, wird man René Königs Urteil zustimmen, der ihn als einen »großen Anreger« gewürdigt hat, als jemanden, der »unentwegt Fragen stellte, selbst wenn er keine Antworten oder nur ungenügende Antworten für sie wußte«. Hervorzuheben sind die enzyklopädische Breite seines Wissens und seine wissenschaftliche wie intellektuelle Integrität. Die Mitglieder des um ihn versammelten Kreises haben ein Stück europäischer Wissenschaftsgeschichte geschrieben. D. war – geprägt durch das streng religiöse Klima seiner Kindheit – ein wertkonservativer Mensch und Wissenschaftler. Ganz dem Rationalismus verpflichtet, glaubte er an eine moralische Erneuerung, an die Überwindung der kollektiven gesellschaftlichen Krise durch die neue Wissenschaft: die Soziologie.

Pearce, Frank: The Radical Durkheim. London 1989. – König, René: Emile Durkheim zur Diskussion. Jenseits von Dogmatismus und Skepsis. München 1978. – König, René: Emile Durkheim. Der Soziologe als Moralist. In: Klassiker des soziologischen Denkens. Bd. 1. Von Comte bis Durkheim. Herausgegeben von Dirk Käsler. München 1976, S. 312–364. – Lukes, Steven: Emile Durkheim. His Life and Word. New York/Evanston/San Francisco/London 1972.

Elisabeth Arend

Meister Eckhart
Geb. um 1260 in Hochheim (bei Gotha oder Erfurt); gest. 1328 in Avignon (?)

»Soll man nicht ungelehrte Leute lehren, so wird nie jemand gelehrt und kann auch niemand lehren und schreiben. Denn darum belehrt man die Ungelehrten, damit sie aus Ungelehrten zu Gelehrten werden.« E. wird sich nicht der Illusion hingegeben haben, mit diesem Argument seine Gegner von der Notwendigkeit seiner spezifischen Predigtweise überzeugen zu können. Im Gegenteil dürfte er sich darüber im klaren gewesen sein, daß er mit dem so formulierten Anspruch schließlich scheitern würde.

E. tritt 1277 in das Erfurter Dominikanerkloster ein, geht zum Studium an die Ordenshochschule in Köln und die Pariser Universität, wo er zu Beginn der 90er Jahre als »lector« theologischen Einführungsunterricht erteilt. Die weitere Karriere innerhalb des Ordens verläuft ohne Brüche: Seit 1295 Prior des Erfurter Konvents und zugleich Vikar der thüringischen Ordensprovinz, dessen Aufgabe die Visitation und geistliche Betreuung der Klöster ist; 1302/3 Professor der Theologie in Paris, anschließend bis 1311 Provinzial der neugegründeten Ordensprovinz Saxonia, als welcher er eine Fülle von organisatorischen Aufgaben zu bewältigen hat. 1311 wird er ein zweites Mal an die Pariser Universität berufen, eine Ehre, die vor ihm nur Thomas von Aquin zuteil wurde. Der Orden bedient sich jedoch auch weiterhin nicht nur der wissenschaftlichen Begabung des Meisters. Nach der zweijährigen Lehrtätigkeit in Paris wird E. mit der Nonnen- und Laienseelsorge in Straßburg und dem Oberrheingebiet betraut, bevor er um 1323 noch einmal als akademischer Lehrer berufen wird, diesmal an die Ordenshochschule in Köln. Dieser Wechsel zwischen Universität, Organisation, Verwaltung und Seelsorge prägt wesentlich die unverwechselbare Eigenart von E. Seine geistige Beweglichkeit sowie die Risikofreude, mit der er die theologisch-philosophische Lehre für die Verkündigung fruchtbar macht und umgekehrt die Verkündigung als Maßstab seiner Lehre begreift, hat hierin ihre Wurzel. Indem er so den Bedürfnissen kritischer Christen entgegenkommt, folgt er in erstaunlicher Treue dem fundamentalen Anliegen des Ordensgründers Dominikus: er will die Zweifelnden überzeugen, nicht überreden. Daher bemüht er sich, »die Lehren des heiligen christlichen Glaubens und der Schrift beider Testamente mit Hilfe der natürlichen Gründe der Philosophen auszulegen«. Geleitet wird diese Absicht von dem Streben nach unbedingter Originalität, wenn darunter zugleich die Authentizität neuer und ungewohnter Perspektiven des Verhältnisses zwischen Mensch und Gott verstanden wird; diese glaubt E. seinen Hörern unterm Katheder, aber auch unter der Kanzel schuldig zu sein.

Das während der zweiten Pariser Professur konzipierte *Opus tripartitum*, mit dem E. seine theologische Summe vorlegen wollte, ist Torso geblieben. Nach dem Prolog zum Gesamtwerk sollte der erste Teil, das *Opus propositionum* »tausend und mehr« Thesen enthalten, die im zweiten Teil, dem *Opus quaestionum*, problematisiert und im dritten Teil, dem *Opus expositionum*, in Auslegungen der bibilischen Bücher erörtert werden sollten. Daß von dem Gesamtwerk nur einige dieser Bibelkommentare ausgeführt wurden, wirft ein erhellendes Licht auf E.s wissenschaftliche Methode, die stets an der Predigt orientiert bleibt. Inhaltlich greift er in zentralen Punkten über Thomas von Aquin hinweg auf die neuplatonische Tradition zurück; statt der thomasischen »analogia proportionalitatis«, nach der das Sein der Kreaturen Anteil hat am Sein Gottes, lehrt er eine »analogia attributionis«: Das Sein der Kreaturen ist das Sein Gottes, es ist völlig und immer neu abhängig vom Sein Gottes, denn »die Kreaturen sind – in ihrer Kreatürlichkeit – ein reines Nichts«. Auch die zentrale Frage nach dem Verhältnis von Sein und Erkennen in Gott, mit der E. sich schon 1302 auseinandersetzt, kann er daher neu beantworten: nicht weil Gott ist, erkennt er, sondern weil er erkennt, ist er. Alles Sein wird somit in Gott transzendiert, oder – so lautet die »mystische«, keineswegs aber pantheistische Konsequenz – Gott wird immanent erfahrbar.

Die lateinischen Schriften wurden ergänzt durch deutsche Predigten und Traktate. In ihnen versorgt E. nicht das ›einfache Volk‹, von dem klerikale Überheblichkeit abfällig spricht, mit wohldosierten geistlichen Häppchen. Das Faszinierende dieser Predigten ist vielmehr E.s hohe geistliche Autorität, die er selbstbewußt und radikal dazu benutzt, die Zuhörer zu ermuntern, sich selbst auf den Weg zur Gotteserkenntnis zu machen, »denn solange der Mensch dieser Wahrheit nicht gleicht, solange wird er diese Rede nicht verstehen«. Wie hoch das Risiko ist, das er damit eingeht, zeigt das 1326 vom Kölner Erzbischof gegen ihn eröffnete Inquisitionsverfahren. Es sind kaum einzelne Lehrsätze, die zur Debatte stehen, sondern es ist der Ernst, mit dem E. – seinem Selbstverständnis als Prediger gemäß – die ganze Wahrheit seinen Hörern vorlegt, die philosophische und theologische, die nach seiner festen Überzeugung einander entsprechen. In der Verurteilungsbulle von 1329, die 28 Aussagen aus seinem Werk als häretisch oder häretisch klingend einstuft, ist E. als Toter erwähnt. Nach einem Besuch in Avignon, wohin er 1327 aufgebrochen war, um sich persönlich vor der päpstlichen Kommission zu verteidigen, verlieren sich seine Spuren.

E.s Verurteilung als Ketzer zwingt den Orden, sich von dem zeit seines Lebens gefeierten Meister zu distanzieren. Seine Nachwirkung bleibt auf kleine religiöse Gruppen beschränkt; Johannes Tauler und Heinrich Seuse bemühen sich, sein Erbe zu bewahren, freilich unter Preisgabe des für E. so charakteristischen Risikos. Die philosophische Lehre von E. kann sich, soweit nicht ohnehin als häretisch disqualifiziert, nicht gegen die des 1323 heilig gesprochenen Thomas von Aquin behaupten. Seit E. im 19. Jahrhundert wiederentdeckt wurde, nahmen ihn alle möglichen Ideologien als Gewährsmann in Anspruch. Der Idealismus vereinnahmte ihn ebenso als Vorläufer wie der Nationalsozialismus. Erst die neueste Forschung bemüht sich, die reizvolle wechselseitige Durchdringung von Philosophie und Theologie, Wissenschaft und Seelsorge zu erhellen und E. als »Lesemeister« und zugleich »Lebemeister« gerecht zu werden.

Sturlese, Loris: Meister Eckhart. Regensburg 1993. – Ruh, Kurt: Meister Eckhart. Theologe – Prediger – Mystiker. München 1985. – Mojsisch, Burkhard: Meister Eckhart. Analogie, Univozität und Einheit. Hamburg 1983. – Meister Eckhart der Prediger. Festschrift zum Eckhart-Gedenkjahr. Hg. im Auftrag der Dominikaner-Provinz Teutonia von Udo M. Nix und Raphael Öchslin. Freiburg/Basel/Wien 1960.

Joachim Theisen

Einstein, Albert
Geb. 14. 3. 1879 in Ulm; gest. 18. 4. 1955 in Princeton (New Jersey)

»Eine neue Größe der Weltgeschichte: Albert Einstein, dessen Forschungen eine völlige Umwälzung unserer Naturbetrachtung bedeuten und den Erkenntnissen eines Kopernikus, Kepler und Newton gleichwertig sind.« So lauteten die Schlagzeilen der Zeitungen im Dezember 1919. Die Messung der Raumkrümmung durch die Ablenkung des Lichts im Einflußbereich von Gravitationsfeldern hatte E.s Relativitätstheorie glänzend bestätigt und ihren Schöpfer mit einem Schlage weltberühmt gemacht. Diese auf wenigen Grundannahmen, wie etwa der Konstanz der Lichtgeschwindigkeit und dem Fehlen eines Weltäthers konsequent aufbauende mathematisch-physikalische Theorie des raum-zeitlichen Kontinuums einer vierdimensionalen Welt hatte E. im Jahre 1905 entworfen. Eine allgemeinere, die Gravitation als Folge der Raumkrümmung mit einschließende Form, folgte 1916 (in: *Die Grundlagen der Allgemeinen Relativitätstheorie*). Die im Grunde unanschauliche Theorie führte experimentell zu sehr erstaunlichen beobachtbaren Phänomenen und löste eine der größten Revolutionen in der Wissenschaftsgeschichte aus, die nicht nur auf die Welt der Naturwissenschaften beschränkt blieb. Zwei Grundpfeiler des seit Isaac Newtons *Principia* geltenden Fundaments der Physik, die Begriffe vom absoluten Raum und absoluter Zeit, wurden von E. zum Einsturz gebracht. Die Frage nach dem Wesen von Raum und Zeit wurde vielfach in der Geschichte der Philosophie seit der Antike gestellt und oft in Zusammenhang mit der Unendlichkeit des Weltenschöpfers betrachtet. Die Entstehung des Weltalls sowie seine räumlichen und zeitlichen Grenzen beschäftigte große Denker, wie etwa Augustinus, Leibniz oder Kant. E. brach mit der Absolutheit dieser Begriffe und setzte Raum und Zeit in eine gegenseitige Abhängigkeit voneinander. Zudem zeigte er, daß Raum und Zeit erst mit der Entstehung der Materie und des Kosmos entstanden sind.

Daß die Arbeiten Newtons, zweihundert Jahre lang als eine Art Bibel in der Physik betrachtet, von einem ›Experten dritter Klasse‹, beschäftigt am Eidgenössischen Amt für Geistiges Eigentum in Bern, außer Kraft gesetzt wurden, markiert nur einen ungewöhnlichen Aspekt in der Entwicklung E. s. »Die Lehrer im Gymnasium kamen mir vor wie Leutnants, die die Freude und die heilige Neugier des Forschens erdrosselten«, sagt er später vom Luitpold-Gymnasium in München, das er seit dem elften Lebensjahr besuchte. Der Haß auf die »Kasernenhofatmosphäre« und den Drill in der Schule machte ihn zu einem schlechten Schüler, der froh war, anläßlich des Wegzugs seiner Eltern die Schule – allerdings ohne Abschluß – verlassen zu können. Sein Ziel war das Eidgenössische Polytechnikum in Zürich, eine der berühmtesten technischen Schulen in Mitteleuropa, wo man, für ihn entscheidend, auch ohne Abitur studieren konnte. Trotz seiner hervorragenden mathematischen Kenntnisse schaffte er die Aufnahmeprüfung wegen gravierender Mängel in anderen Fächern nicht auf Anhieb, so daß er erst nach Ablegen der Reifeprüfung in der Kantonsschule in Aargau ein Jahr später, als 17jähriger, aufgenommen wurde.

Während seines mathematisch-physikalischen Fachlehrerstudiums erkannte zunächst niemand seine Begabung und die keimende Genialität. Nach keineswegs schlecht bestandenem Examen im Jahre 1900 konnte er, der keine Assistentenstelle an der Hochschule fand, erst ein Jahr später im Schweizerischen Patentamt in Bern als ›wissenschaftlicher Experte‹ unterkommen, was er später gelegentlich als seine Lebensrettung bezeichnet hat. Erst jetzt, der finanziellen Nöte enthoben, kam zum Durchbruch, was in ihm steckte. Nach einigen originellen Arbeiten, von denen die Erklärung der Brownschen Molekularbewegung die bekannteste ist, veröffentlichte E. im Jahre 1905 zwei seiner größten Entdeckungen: in *Über einen die Erzeugung und Verwandlung des Lichtes betreffenden heuristischen Gesichtspunkt* die Lehre von den Lichtquanten, für die er 1921 den Nobelpreis erhielt, und in *Zur Elektrodynamik bewegter Körper* die spezielle Relativitätstheorie. Seine revolutionäre Lichtquantenhypothese, von seinen Fachkollegen zunächst als allzu radikaler Versuch angesehen, die Planckschen Ideen der Quantenphysik zu deuten, öffnete das Tor zur dualistischen Betrachtungsweise der zentralen Begriffe von (Atom-)Teilchen und Welle, für die Niels Bohr später den Begriff der »Komplementarität« einführte. Die Kopenhagener Deutung der Quantentheorie, von Niels Bohr und Werner Heisenberg im Jahre 1927 entworfen, konnte E. in einem zentralen Punkt, nämlich in der Interpretation des ein Atom beschreibenden Zustandsvektors nach den Regeln der Wahrscheinlichkeitsdeutung nie nachvollziehen. Er hielt ihren statistischen Charakter nur für die Folge einer noch zu ungenauen Kenntnis einer kausalen Grundstruktur, die alle Vorgänge in der Natur zu regeln hat. Sein Ausspruch: »Gott würfelt nicht« zeigt, daß er sich nicht damit abfinden wollte, daß das klassische Konzept des Determinismus als Basis aller Naturgesetze bei den kleinsten Einheiten, den einzelnen Atomen, nicht gelten sollte, sondern nur bei makroskopischen Systemen, die aus vielen Teilchen bestehen. Aber spätestens Heisenbergs Unschärferelation, die eine prinzipielle Grenze der Meßbarkeit in der Mikrophysik aufzeigt, brachte Anfang der 20er Jahre das deterministische Weltbild zum Einsturz, das seit der Erfindung von Laplaces Modell einer Weltmaschine, in der jeder Wirkung eine Ursache zugrunde liegt, die naturwissenschaftliche Denkweise erobert hatte. Die Auseinandersetzung in dieser Frage löste am historischen Wendepunkt zwischen klassischer und moderner Physik Erschütterungen im Weltbild der Naturwissenschaft aus, an deren Ende E. nicht länger bereit war, den Ideen seiner Kollegen zu folgen. Auch rückten die mit der Debatte um die Quantentheorie aufgeworfenen erkenntnistheoretischen Probleme, die die Grundstruktur der Materie betrafen, philosophische Fragestellungen neben die rein physikalische Betrachtungsweise, so daß Schlagworte wie Positivismus, Realismus und dialektischer Materialismus in die Welt der Physik eindrangen.

Neben E.s fortdauernder Bedeutung, die, wie sein Kollege Max von Laue später sagte, auf rein wissenschaftlichem Gebiet liegt, wird E. auch durch seine Aktivitäten während der unruhigen Zeiten des Ersten Weltkriegs und der nationalsozialistischen Herrschaft, zumal er Jude war, bekannt. »Ich kann nichts tun oder sagen, das die Struktur des Universums ändern würde. Aber vielleicht kann meine Stimme der größten Sache dienen: Eintracht unter den Menschen und Friede auf Erden«, sagte E., der sich selbst in einem Interview als militanten Pazifisten bezeichnete. Während er zur Zeit des Ersten Weltkrieges als Gegner der ›Vaterlandspartei‹ bekämpft wurde, kam nach Kriegsende, vermischt mit dem erstarkenden Antisemitismus, die wissenschaftliche Feindschaft solcher Kreise hinzu, die der Bruch mit den gewohnten Vorstellungen von Raum und Zeit empörte, und die E.s Arbeiten mit dem Ausdruck der ›jüdischen Physik‹ brandmarkten und abqualifizierten. So kam es auch nach 1920 in Berlin zu öffentlichen Anti-Einstein-Demonstrationen. Als dann in der Folgezeit die Nationalsozialisten zu offenen Gewalttaten gegenüber Juden schritten, verließ E. in Voraussicht kommenden Unheils Ende 1932 Deutschland. Mit seinem vorherigen Austritt aus der Preußischen Akademie der Wissenschaften, an die er 1913 als Direktor des Kaiser-Wilhelm-Instituts (später Max-Planck-Institut) berufen worden war, kam er einem geplanten Ausschluß am 1. April 1933, dem Tag des Judenboykotts, zuvor. E. wanderte über England in die Vereinigten Staaten von Amerika aus, wo er am »Institute for Advanced Studies« in Princeton bis zu seinem

Lebensende vor allem an einer nochmaligen Erweiterung der Relativitätstheorie zur allgemeinen, die Elektrizitätslehre mit einbeziehenden Feldtheorie arbeitete. Stärker als vorher beschäftigte ihn aber in Amerika das große Weltgeschehen. Hier wurde der Weltbürger, der »von Affekten nationaler Natur freie Mensch«, wie er sich 1932 in einem Brief an Sigmund Freud bezeichnet hatte, unter dem Eindruck der Judenverfolgungen zum Fürsprecher des neu gegründeten Judenstaates, dessen ihm angebotene Präsidentschaft er allerdings bescheiden ablehnte. Der unaufhaltsam scheinende Aufstieg der Nationalsozialisten, das Schicksal des jüdischen Volkes und die Furcht vor einem deutschen Sieg ließen ihn dann, in falscher Einschätzung der Fähigkeiten der Deutschen, kurz vor dem Bau der Atombombe zu stehen, am 2. August 1939 jenen historischen, von Leo Szilard formulierten Brief an den amerikanischen Präsidenten Roosevelt unterzeichnen, mit dem er auf die Möglichkeit zum Bau einer deutschen Atombombe aufmerksam machte und zu Gegenmaßnahmen riet. Dies war das Signal zum Beginn des amerikanischen Atombombenprogramms, an dem sein Initiator ironischerweise schon wegen der fehlenden Zuverlässigkeit – war E. doch als Pazifist, Sozialist oder sogar Kommunist verschrieen – nicht teilnehmen konnte. Den Atombombenangriff von 1945 gegen die Städte Hiroshima und Nagasaki mißbilligte E., wie zahlreiche andere amerikanische Physiker, scharf. Damit hatte seine eigene Entdeckung von 1905, daß Energie und Masse ineinander umwandelbar sind, von der er 1920 noch sagte, »es existiert vorläufig nicht der leiseste Anhaltspunkt dafür, ob und wann jemals diese Energiegewinnung erzielt werden könnte«, kaum drei Jahrzehnte später zur schrecklichsten physikalischen Waffe geführt.

Nach dem Krieg hat E. weiterhin in der schmerzlichen Erinnerung, Auslöser dieser Entwicklung gewesen zu sein, immer wieder seine Stimme gegen die weitere Verwendung der Atombombe erhoben. Die Fortschritte in der wissenschaftlich-technischen Welt beurteilte er bis an sein Lebensende skeptisch: »Wenn ich in den Grübeleien eines langen Lebens etwas gelernt habe«, so resümiert er in einem Brief vom Februar 1955, »so ist es dies, daß wir von einer tieferen Einsicht in die elementaren Vorgänge viel weiter entfernt sind, als die meisten unserer Zeitgenossen glauben«.

Hermann, Armin: Einstein. Der Weltweise und sein Jahrhundert. Frankfurt am Main 1994. – Charpa, Ulrich/Grunwald, Armin: Albert Einstein. Frankfurt am Main 1993. – Schlipp, Paul Arthur: Albert Einstein als Philosoph und Naturwissenschaftler. Wiesbaden 1979. – Clark, Ronald W.: Albert Einstein. Leben und Werk. München 1974.

Wolfgang M. Heckl

Elias, Norbert
Geb. 22. 6. 1897 in Breslau; gest. 1. 8. 1990 in Amsterdam

Groß war das Erstaunen, als zu seinem 90. Geburtstag ein Lyrikband von E. erschien. Unter dem Titel *Los der Menschen* hatte E. innerhalb von 60 Jahren zusammengetragen, was den Menschen durch Gesellschaftsordnung, Schicksal oder bewußte Entscheidung begegnete und wie sie selbst sich dazu verhielten. Das Werk von E. wird noch weitere Überraschungen bereithalten: Ein Großteil seiner Manuskripte ist ungedruckt, eine Vielzahl englischer und holländischer Texte unübersetzt. Mit der Ehrenmitgliedschaft in der Deutschen Gesellschaft für Soziologie 1975 und der Verleihung des Theodor W. Adorno-Preises 1977 wollte die deutsche Soziologie in »korrekturstiftendem Sinne« (Wolf Lepenies) in die eher wildwüchsige Rezeption eines Wissenschaftlers eingreifen, dem in stärkerem Maße als anderen das Emigrantenschicksal des Vergessenwerdens und der späten Wiederentdeckung beschieden war. Ironischen Blicks auf Adorno meinte E. in der Dankesrede: »Der Achtzigjährige kehrt heim und wird willkommen geheißen.«

Tatsächlich hat das Werk von E. trotz räumlicher Nähe zur Frankfurter Schule und mit Max Horkheimer, Adorno, Karl Mannheim und Paul Tillich geteiltem politischem Schicksal sehr viel später Resonanz gefunden als die Kritische Theorie. Erst die dritte Auflage des Buchs *Über den Prozeß der Zivilisation* von 1976 brachte den Durchbruch, während bis dahin zwischen Systemtheorie, Rationalismus und Marxismus der »Menschenwissenschaftler« E. keine Beachtung gefunden hatte. Allerdings wiederholte sich hier eine Konstellation, die bereits die ersten Frankfurter Jahre prägte: Als Assistent des nur vier Jahre älteren Mannheim kam E. nach dem Studium von Medizin, Psychologie und Philosophie und nach der Promotion in Breslau (1924) 1930 nach Frankfurt, doch scheint der Kontakt zwischen dem sich habilitierenden Forscher und dem »Institut für Sozialforschung« eher distanziert gewesen zu sein. Vom Status noch »Juniorpartner«, hat E. bereits früh seinen zwischen allen Disziplinen verlaufenden Weg verfolgt. Die nationalsozialistische Machtergreifung verhinderte den Abschluß des Habilitationsverfahrens und beendete E.s akademische Karriere. Am Aufschwung der emigrierten Soziologie im amerikanischen Exil konnte er nicht teilhaben; in London dagegen, wohin er Mannheim 1938 nach einer Zwischenstation in Paris gefolgt war, fand E. keine etablierte Soziologie vor. Berufsperspektiven standen vor allem im pädagogischen Bereich offen, und so arbeitete er zunächst zehn Jahre als Erwachsenenbildner und Gruppentherapeut. Zwar erschien der *Prozeß der Zivilisation* 1939 in der Schweiz, doch griffen die spärlichen Rezensionen nur Teilaspekte auf und konnten zu einer breiteren Wirkung nicht beitragen. E. wurde wahrgenommen als Erzähler von Anekdoten über Rülpsen und Spucken im Mittelalter, als Kulturhistoriker in der Tradition Johan Huizingas oder als historischer Soziologe, der sich auf ein abgelegenes Gebiet spezialisiert hatte. Es blieb dem Freund und Kollegen Franz Borkenau vorbehalten, 1938 die Leistung des Buches folgendermaßen zu charakterisieren: »In dieser bemerkenswerten Untersuchung sind präzise historische For-schung und generalisierende theoretische Interpretation in einer fast einzigartigen Weise miteinander verbunden, die an die beste Tradition Max Webers und seiner Schule erinnert.«

Was Historiker, Anthropologen, Soziologen und Psychologen getrennt vonein-ander untersuchen, das verknüpft E. im *Prozeß der Zivilisation* in einer kultur-historischen Theorie des sozialen Wandels. Gegenüber dem nordamerikanischen Funktionalismus, der gesellschaftliches Leben auf statische Systeme reduziert, betont E. den Prozeßcharakter des Gesellschaftlichen, macht gegenüber eindimensionalen Basis-Überbau-Modellen die relative Autonomie des Sozialen stark, das, ungeplant und langfristig verlaufend, doch einer inneren Logik folgt. Die Untersuchung dieser inneren Logik setzte er sich zum Ziel, und damit gelangten Fragestellungen ins Blickfeld der Soziologie, die zuvor der Psychologie oder der Geschichtswissenschaft vorbehalten waren: Wie organisiert der Mensch die soziale Kontrolle über andere Menschen, wie kontrolliert er sich selbst? Die zunächst recht abseitig erscheinende Untersuchung von höfischen Tischsitten und Anstandsregeln dient E. dabei als Modellfall für die Ausprägung sozialer Kontrolle durch den Adel, der sich vom entstehenden Bürgertum durch ausgefeiltere Verhaltensformen abgegrenzt und so seinen höheren sozialen Rang befestigt hatte. So interpretiert E. etwa die »hohe Minne«, in der Mediävistik oft zur »geistigen Liebe« idealisiert, als Ergebnis der Unterwerfung armer Ritter unter die Frauen reicher Edelleute. Erst ein immer stärker ausdifferenziertes System von Triebverzicht, Vergeistigung der Sexualität und erwartetem »himmlischem Lohn« schaffte die psychischen Dispositionen, die später die Ausbildung absolutistischer Staaten begünstigten. E.' zentrales Konzept der »Verflechtung« hat hier seinen Ort, verbindet es doch scheinbar getrennte Sphären wie Minne und Machtausübung an dem Punkt, an dem beide auf der (den Subjekten unbewußten) Umdeutung von Affektkontrolle in soziale und politische Kontrolle basieren. »Gesellschaft« bedeutet für E. das Ensemble dieser historisch je verschiedenartigen Verflechtungen, in denen Menschen kooperieren, Konflikte aus-tragen und sich in eine immer stärkere Abhängigkeit voneinander begeben.

Das zweite grundlegende Werk, *Die höfische Gesellschaft* (1969), zieht diese Linie zum französischen Absolutismus weiter und expliziert vor allem den Begriff der »Konfiguration«. Das Versailles Ludwigs XIV. interessierte E. insbesondere als ein Musterfall von Interdependenzen, in die der König als absoluter Herrscher ver-flochten war und die ihm die Aufrechterhaltung seiner Position erst ermöglichten. Nicht das einzigartige Individuum Ludwig XIV. stand im Mittelpunkt der Macht, sondern das Ensemble höfischer Ideale, die – ungeplant, aber innerhalb des Systems vollkommen rational – den »Königsmechanismus« in Gang hielten. Die erstaunliche Tatsache, daß sich Tausende von Menschen über Jahrhunderte hinweg ohne jede Eingriffsmöglichkeit von *einer* Herrscherfamilie regieren und ausbeuten ließen, erscheint so als Effekt einer Machtkonstellation, in der der Mensch sich nie als Individuum, sondern immer nur in bezug auf andere betrachtete und so eine Ordnung aufrechterhielt, die in Kleidung und Tischsitten ebenso ausgeprägt war wie in der Architektur. In dieser Perspektive interpretierte E. das Zeremoniell des »lever«: Das Nachthemd (in welchem der König morgens empfing) wurde zum symbolischen Objekt für die Verleihung von Macht und Prestige an die Höflinge und hielt das perpetuum mobile ihrer ständigen Konkurrenz untereinander in Gang. Zum Zeremoniell verurteilt, hätten die Adligen den Königsmechanismus nur unter Aufgabe ihrer eigenen Position zerstören können: Affektkontrolle diente als Machtpotential. Insbesondere in Frankreich wurde dieses Werk sehr positiv aufgenommen. Ein Ausländer, noch dazu ein »deutscher Gelehrter«, hatte es gewagt, eine der zentralen Epochen der französischen Geschichte, den Absolutismus, strukturell zu deuten, psychoanalytische Erklärungsmodelle in die Soziologie zu integrieren, und dies in einem leicht lesbaren und lebendigen Stil. Zudem stellte man erstaunt fest, daß E. bereits 30 Jahre zuvor mit dem *Prozeß der Zivilisation* die aktuelle Debatte um Strukturalismus und historische Perspektive antizipiert und die Statik der von Claude Lévi-Strauss inspirierten Strukturbeschreibungen überwunden hatte. Gerade in der Fülle der heutigen Studien über die Geschichte des Körpers, des Fühlens und des Verhaltens wird E. inzwischen als Vorläufer erkennbar, als Vorläufer allerdings, der sich auch in seinem eigenen Leben auf die »lange Dauer« einrichten mußte, die er bei der Betrachtung sozialer Prozesse immer wieder gefordert hatte. Solche methodologische Selbstdisziplin läßt auch den Forscher selbst als Teil der Figuration erscheinen, die er untersucht.

Erst 1954 erhielt E. zum ersten Mal eine hauptberufliche Universitätsdozentur in Leicester, wo er den Aufbau der soziologischen Fakultät maßgeblich prägte. Aber auch dort wurde er eher als Lehrer und Organisator anerkannt denn als originärer Wissenschaftler. Mehrere auf Englisch publizierte Beiträge gelangten nicht über Fachzeitschriften hinaus, und E. blieb der Außenseiter mit deutlichem deutschem Akzent, der sich der britischen und amerikanischen Soziologie ebenso verweigerte wie er beharrlich seinen eigenen Ansatz ausbaute. Auch nach seiner Emeritierung und der Rückkehr aus Ghana, wo er zwischen 1962 und 1964 als Professor für Soziologie tätig war, fand der *Prozeß der Zivilisation* nur langsam ein größeres Publikum; immer noch fiel er durch die Maschen der internationalen »Paradigmen-Gesellschaft« der Soziologen hindurch. Ohnehin war E. der Meinung, er habe sehr viel mehr aus den Zeitereignissen und aus den Theorien Freuds gelernt als aus den Standardwerken der etablierten Soziologie. Nur in den Niederlanden, wo E. seit 1969 Gastprofessuren wahrnahm und wo er bis zu seinem Tode 1990 lebte, wurden – auf dem Hintergrund eines traditionell größeren Pluralismus – seine Arbeiten zunehmend geschätzt und diskutiert.

Inzwischen hat *Der Prozeß der Zivilisation* die 16. Auflage erreicht, sind Begriffe wie »Interdependenz«, »Affekthaushalt« oder »Figuration« zum methodologischen Grundbestand der Soziologie avanciert. Nicht umsonst hat E. seine geschichtsphilosophischen Grundsatzüberlegungen *Die Gesellschaft der Individuen* (1987) genannt, um so auf die ständig neue Konstitution eines Verhältnisses hinzuweisen, das sich weder durch Systemtheorie noch durch einlinigen Evolutionismus erklären läßt. Die unfruchtbare Alternative von Freiheit oder Determiniertheit des Menschen und parallel von positivistischer oder materialistischer Sozialwissenschaft löst E. in der Erkenntnis des gesellschaftlichen Gehalts individueller, aber dennoch hochgradig systemstabilisierender Verhaltensweisen auf. Gegenüber der Klage über die im Prozeß der Zivilisation verlorengegangene Unmittelbarkeit der Gefühle betont er den

Gewinn an Verhaltenssicherheit, an Berechenbarkeit, der durch Wunsch- und Furcht-Denken – sei es im privaten Bereich, sei es in der Politik – wieder zunichte gemacht werde. Am »40. Jahrestag eines Kriegsendes« müsse sich die Menschheit als Einheit erkennen und organisieren, das Niveau ihrer Selbsterkenntnis auf das ihrer Kenntnisse über Technik und Natur heben. Die Individualphilosophen der europäischen Tradition von Descartes bis Husserl erscheinen ihm dagegen als »wirlose Iche«, den Existentialismus nennt er gar eine »tragikomische Vergeudung menschlichen Lebens«. So wurde ihm selbst die Dankrede für den Adorno-Preis zum Forum der Kritik an Adornos »Paralyse« angesichts des Traumas der Vertreibung durch den Nationalsozialismus und an seiner Resignation vor der politischen Polarisierung der Welt in autoritären Marxismus und Konsumgesellschaft. Selbstbewußt charakterisierte E. sich als jemanden, der, »ohne die Verbindung mit der Vergangenheit zu vergessen, sich nie der Autorität der Vergangenheit gebeugt hat«.

1989 erschienen, treffen die *Studien über die Deutschen* in das Macht- und Sinnvakuum, das durch den Niedergang der sozialistischen Utopie entstanden ist. E. relativiert hier seine am angelsächsischen Modell gewonnene positive Wertung des staatlichen Gewaltmonopols durch den kritischen Blick auf die Negation persönlicher Verantwortung durch den starken Staat. Aus der Erfahrung der Vereinnahmung von Aggressions- und Abgrenzungsbedürfnissen in der Weimarer Republik und im Nationalsozialismus plädiert er nun stärker für ein Ethos der individuellen moralischen Verantwortung und der Distanz zu ideologischen Deutungsmustern. Vielleicht bietet sich erst jetzt die Gelegenheit, die *Gesellschaft der Individuen* tatsächlich als realistisches Modell zu verstehen.

Rehberg, Karl S. (Hg.): Norbert Elias und die Menschenwissenschaften. Studien zur Entstehung und Wirkungsgeschichte seines Werkes. Frankfurt am Main 1994. – Norbert Elias über sich selbst. Biographisches Interview mit Norbert Elias. Frankfurt am Main 1990. – Korte, Hermann: Über Norbert Elias. Frankfurt am Main 1988. – Gleichmann, Peter/Goudsblom, Johan/Korte, Hermann (Hg.): Materialien zu Norbert Elias' Zivilisationstheorie. 2 Bde. Frankfurt am Main 1977 und 1984.

Claudia Albert

Empedokles
Geb. um 495 v.Chr. in Akragas (?); gest. um 435 v.Chr. auf der Peloponnes (?)

E. stammt aus Akragas, der großen griechischen Gründung an der Südküste Siziliens. Unter dem Tyrannen Theron, dem Besieger der Karthager (Himera 480 v.Chr.), erlebt Akragas den Gipfel seiner Macht. Bald nach Therons Tod (472 v.Chr.) stürzt die Tyrannis; die Polis wird eine Demokratie. An dieser politischen Entwicklung nimmt E., Mitglied einer aristokratischen Familie, maßgeblich teil. Doch mit seinem Einsatz für die Demokratie macht er sich auch Feinde. Während einer seiner Reisen nach Süditalien setzen sie einen Beschluß durch, der seine Rückkehr verbietet. Über seinen Tod existieren zahlreiche Legenden; der wahrscheinlichsten Nachricht zufolge stirbt er im peloponnesischen Exil.

Wie Anaxagoras sucht E. die Realität vor dem Angriff des Parmenides zu retten (E. ist etwas jünger als Anaxagoras. Wer von ihnen zuerst geschrieben hat, und ob die beiden voneinander wußten, ist unsicher). Der zentralen Erkenntnis des Parmenides schließt sich E. an: Nichts, was ist, kann entstehen aus oder vergehen ins Nichts. Doch die Schlußfolgerung des Eleaten – die Wirklichkeit ist eine bewegungslose *Einheit* – lehnt er ab. Sie konstruiert sich aus einer *Pluralität* immer existenter primärer Wesenheiten, der »vier Wurzeln aller Dinge«: Feuer, Luft, Erde, Wasser. Die vier Elemente, die schon in den vier Grundzuständen (warm und kalt, trocken und feucht) der milesischen Kosmogonien angelegt sind, gewinnen bei E. zum erstenmal den Rang genuiner materieller »archaí«. Sie sind das Fundament, aus dem alles andere erwächst. Sie sind unerzeugt und unzerstörbar, unveränderlich, homogen – wie das parmenideische Eine. Doch zwei Punkte unterscheiden sie von ihm – sie sind in Bewegung und (begrenzt) teilbar und können sich folglich mischen (sie setzen sich in festen mathematischen Verhältnissen zu organischen Stoffen zusammen). Alle Bewegung und Veränderung ist allein Neuanordnung der unvergänglichen Materie. Diese Theorie wird (in modifizierter Form) zur Basis der aristotelischen Physik. »Zu *einer* Zeit wuchsen (die Wurzeln), eins allein zu sein aus vielen, zu einer anderen wuchsen sie auseinander, um viele aus einem zu sein. Sie hören niemals auf, für immer zu wechseln, einmal durch Liebe alle zusammenkommend in Eins, einmal wieder jedes auseinandergetragen durch Streits Haß.« In einem unablässigen Kreislauf entsteht aus einer Pluralität das Eine und aus dem Einen eine Pluralität.

Die Kosmogonie des E. beschreibt einen antagonistischen Prozeß. In seiner Regelmäßigkeit summiert sich dieser beständige Wechsel zu einem globalen Ausgleich – ein Gedanke, der auf Anaximander zurückgeht. Nicht aus eigenem Antrieb bewegen sich die vier Elemente in diesem Kreislauf, es wirken externe Kräfte auf sie ein: »neíkos« (Streit) und »philótes« (Liebe), die Mächte der Abstoßung und Anziehung. (Doch schreibt die antike Kritik die erste Trennung von Beweger und Bewegtem Anaxagoras zu.) Dank ihrer physikalischen Durchdringung der Welt, und in regelmäßigem Wechsel, üben diese ihren Einfluß aus. Sie sind jedoch unsichtbar und unvorstellbar fein, ihre Wirkung ist mehr psychologisch denn physikalisch. Mit dieser Vorstellung ihres geistigen Charakters unternimmt E. einen essentiellen Schritt hin zur Trennung der Begriffe von Materie und Geist. Der kosmische Zyklus beginnt mit einem Bild des Vollkommenen. Die Liebe verschmilzt die vier Elemente zur quasi-homogenen Einheit, der Sphäre (»Kugel«), die als höchste Form aller Existenz für E. ein Gott ist. Der Streit bricht die Sphäre auf und zerstreut die Elemente im Sturm, die Liebe aber erstarkt wieder und verwandelt den Sturm zum Wirbel, der die Elemente zusammenträgt. Der noch mächtige Streit hält sie geschieden in vier konzentrisch angeordneten Weltmassen, Luft, Feuer, Erde, Wasser. Doch nun gewinnt die Liebe die Oberhand; sie durchdringt das Ganze und vermischt die getrennten Elemente. Der eigentliche Kosmos entsteht, mit Gestirnen, der Erde und vor allem dem Leben. Zuletzt ist die Einheit des Anfangs, die Sphäre, wieder erreicht.

Diese beiden polaren Kräfte begründet E. offenbar theologisch. Liebe ist keine abstrakte physikalische Kraft; sie ist (wie bei Hesiod und den Orphikern) die kosmogonische *und* ethische Urmacht, die in der Welt wie zwischen den Menschen wirkt. Da mit der Liebe allein die Welt nicht zu erklären ist, tritt ihr als Antipode der Streit entgegen. Er, der Zerstörer, macht die Elemente uneins; doch Aphrodite eint sie. »Liebe ist die Ursache des Guten, und von daher das Gute selbst, und Streit die des Bösen« (Aristoteles über E.). Auch den Wechsel zwischen Liebe und Streit begründet E. theologisch: »Die Zeit war erfüllt, die ihnen (Liebe und Streit) im Wechsel gesetzt ist von einem mächtigen Schwur«. Dasselbe ewige Gesetz bestimmt gleichermaßen das wechselnde Wachsen und Schwinden von Liebe und Streit wie auch (so die *Katharmoí*) das Schicksal der »daímones«; es regiert Mikrokosmos und Makrokosmos.

In seinem zweiten Werk, den *Katharmoí* (›kultische Reinigungen‹), vertieft E. seine (pythagoreisch gefärbte) Theologie. In einem verlorenen Goldenen Zeitalter, dem Zeitalter der *Aphrodite*, leben die Menschen (ursprünglich göttliche Wesen – »daímones«) in vollkommener Harmonie miteinander. Doch der Streit bringt das Böse in die Welt, und sie brechen das höchste, von E. mit der Seelenwanderung begründete Gesetz, das jedes Töten verbietet. Das »Orakel der Anánke (Notwendigkeit)«, das göttliche Gesetz, welches auch den Wechsel der Weltzeiten bestimmt, verbannt sie zur Strafe in den Kreislauf der Wiedergeburt.

Doch noch immer steht der Mensch, der »gefallene Gott«, in Beziehung zum Göttlichen. Zwischen Gott, »einzig Geist («phrên»)« (auch hier kommt E. der Unterscheidung zwischen Materie und Geist näher), der den Kosmos umgibt und mit seiner Liebe durchdringt und der in diesem Prozeß ein gewisses Maß an Kontaminierung, an Auflösung erleidet, und dem Menschen besteht eine Affinität – in der ihnen gemeinsamen *Fähigkeit* zum *Denken*. Sie ist das Zeichen der Vollkommenheit: Gott ist ganz Geist, und das Blut, dank dessen wir denken, ist (als Mischung der vier Elemente in *gleichen* Teilen) ein nahezu perfektes Abbild der Sphäre. Möglicherweise sieht E. den »daímon« in uns, unser wahres Ich, als Fragment der Sphäre oder jenes göttlichen Geistes. Dem Streit (und den Elementen) unterworfen, können ihn allein die »katharmoí«, mehr aber ein wahres Verständnis der Natur Gottes (da Gleiches von Gleichem erkannt wird, heißt Kenntnis des Göttlichen, mit diesem assimiliert zu sein) der Wiedergeburt entreißen und in seine Göttlichkeit zurückführen, vereint mit all den anderen Fragmenten Gottes und allen Elementen, zu dem *einen* vollkommenen Geist.

Inwood, Brad: The poem of Empedocles. Toronto/Buffalo/London 1992. – Kirk, Geoffrey S./Raven, John E./Schofield, Malcolm: The presocratic philosophers. Cambridge ²1983, S. 280–321; dt.: Die vorsokratischen Philosophen. Stuttgart/Weimar 1994, S. 309–353. – Zuntz, Günther: Persephone. Oxford 1971, S. 181–274. – Bollack, Jean: Empédocle (4 Bände). Paris 1965–1969.

Peter Habermehl

Engels, Friedrich s. Marx, Karl

Epiktet

Geb. um 55 in Hierapolis/Phrygien; gest. um 135 in Nikopolis/Epirus

Das Riesenreich Alexanders mußte auseinanderbrechen. Zur Zeit der Diadochenkämpfe und des Niedergangs der griechischen Polis hatte die stoische Philosophie ihren Anfang genommen. Als die römische Republik im Imperium Romanum der Kaiserzeit aufgegangen war, führten die Hauptvertreter der späteren Stoa, Seneca, E. und Marc Aurel, eine Schule zu ihrem Abschluß, die 500 Jahre lang die bestimmende geistige Kraft des Abendlandes gewesen war. Nachdem die griechischen Stadtstaaten ihrer Autonomie, als Einheit von Wissen, Freiheit und Sittlichkeit, beraubt waren, änderten sich Selbstverständnis und Geisteshaltung der Menschen von Grund auf. Hatte der einzelne seine Bestimmung in der Polis nur innerhalb des Staates, dem Abbild der göttlichen Ordnung des Seins, gefunden, so gingen mit dem Verlust dieser Orientierung der Rückzug von politischer Tätigkeit und die Bestrebung einher, »das Individuum auf sich selbst zu stellen und ihm Frieden und Glück auch unter den widrigsten äußeren Bedingungen zu sichern« (Max Pohlenz); Selbsterziehung wurde zur eigentlichen philosophischen Aufgabe. Der Freiheitsbegriff des ganzen Volkes hatte sich in das Glück des einzelnen und den Frieden des inneren Menschen gewandelt, und es sind diese Werte, die im Zentrum des Denkens der stoischen Moralisten stehen. Denken ist nicht länger eigener Zweck, sondern wird Mittel, Wegweiser zum richtigen, glücklichen Leben, der Eudämonie. Die Philosophie ist römisch geworden, vom Wissen zum Wollen übergegangen, die Stoa geistiger »Mittelpunkt für das Völkergemisch des Hellenismus« (Pohlenz).

E. (»der Hinzuerworbene«) war Sohn einer Sklavin, der nach Rom verkauft wurde, wo er seine Jugend verbrachte. Sein Herr Epaphroditos, ein Freigelassener Neros, erkannte offenbar die Begabung E.s und schickte ihn zur philosophischen Ausbildung zu dem Stoiker Musonius Rufus; später schenkte er ihm die Freiheit. E. begann bald, stoische Philosophie in Rom zu lehren. Mit etwa 40 Jahren war er Vorsteher einer eigenen Schule, bis er im Jahr 94 durch Domitians Philosophenvertreibung aus Italien ausgewiesen wurde. Im westgriechischen Nikopolis ließ er sich nieder und wurde hier bald so bekannt, daß bis von Rom die Jünglinge kamen, um den phrygischen Freigelassenen zu hören.

E. muß ein fesselnder Redner gewesen sein, aufrüttelnd, predigend. Seine Vorträge und Gespräche vor breitem Publikum hat sein Schüler, der Historiker Arrian, in ihrer drastischen, umgangssprachlichen Diktion mitgeschrieben. Die *Diatriben (Unterredungen),* die ursprünglich aus acht Büchern bestanden, wovon sich vier erhalten haben, sind eine Form popularphilosophischen Lehrgesprächs, das den Fortgang einer Rede durch Fragen und Einwendungen eines fiktiven Zuhörers entwickelt. Die wichtigsten Lehrsätze hat Arrian in knapper Form im *Encheiridion,* dem berühmt gewordenen Handbüchlein der Moral, zusammengefaßt, das bis ins 4. Jahrhundert hinein weit bekannt war.

E. lehnt sich eng an die alte stoische Schule Zenons und Chrysipps an. Über kynische Einflüße (besonders das Ideal der Askese) der Krates, Diogenes von Sinope und Antisthenes hinaus beruft er sich häufig auf Sokrates. Erstmals seit der attischen Philosophie bildet die Stoa wieder ein philosophisches System, dessen Dreiteilung in (Meta-)Physik, Logik (Erkenntnistheorie) und Ethik auch E. beibehalten hat. Kein starres Lehrsystem wollte jedoch der Stoizismus vortragen, vielmehr Lebenskunst sein, die den Menschen über seine Bestimmung aufklärt, weshalb im Zentrum ihres Denkens die Ethik steht.

Nach der materialistischen, von Heraklit herkommenden Naturlehre der Stoa ist der gesamte Kosmos ein beseeltes, vernünftiges Wesen, das ganze All von einer göttlichen Weltvernunft durchwaltet, dem Logos. Dieser ist Kraft und Stoff, Körper und Geist zugleich. Zwei Arten von Stoff gibt es: einen gröberen, empfangenden (Materie, Mensch) und einen feineren, Wirkungen ausübenden (feuriger Hauch, Pneuma), der den gröberen durchdringt, gestaltet und zusammenhält. Die Gottheit ist nicht transzendent, sondern in allen Dingen enthalten. Auch die menschliche Seele ist ein »Absenker« der göttlichen Natur und kehrt mit dem Tod in die ewige Allseele zurück.

Indem er alles nach höchsten Zwecken gestaltet, wirkt der Logos zuletzt als Notwendigkeit, ja als »Vorsehung«. Glückseligkeit erlangt, wer seinen freien Willen in Einklang mit diesem Weltgesetz bringt, das heißt, wer das will, was ohnehin geschieht. Selbsterkenntnis ist Naturerkenntnis, der Logos erhält sich selbst, wenn Vernunft und Natur zur Aussöhnung gelangen. Die Vernunft jedoch, mit welcher der Mensch sich in die göttliche Harmonie einfügen soll, ist an Leiden(-schaften) erkrankt, durch Begierden überwältigt. Deshalb heißt philosophieren:»untersuchen, wie man begehrt und meidet, ohne in Verwicklungen zu geraten«. E. zielt stets auf eine praktische Ethik, er sagt, »der freie Wille und all unser Tun« stehen in unserer Macht (gehören zu unserem Selbst) und sind deshalb »ihrer Natur nach frei«, während dagegen unser Körper, soziale Beziehungen (Politik) oder Besitz fremder Verfügung unterworfen und darum unfrei sind. Frei wird der Mensch durch »Apathie«, jene innere Unabhängigkeit von Affekten, die ihn zur »Autarkie« führt, der völligen Bedürfnislosigkeit in allen äußeren Verhältnissen. Von den eigenen falschen Vorstellungen und Werturteilen befreit, gelangt der Mensch schließlich zur Eudämonie, zur Glückseligkeit als tugendhafter Unerschütterlichkeit und weiser Vorsicht. Durch solches sittliches Handeln stellt er sich in die Allgemeinheit der Weltvernunft, weshalb ihn selbst Armut, Krankheit, Tod oder Verbannung nicht mehr schrecken können.

Die Vorsehung verkörpert sich im Philosophen (dem »Weisen«), der zugleich ein Pädagoge ist, denn der Mensch kann sein eigenes Glück nur erreichen, wenn er damit zugleich dem allgemeinen Nutzen dient. Deshalb eignet ihm Humanität, die bei E. an die Stelle der Staatsgesinnung tritt, wie Eigenliebe. Durch gemeinsames Schicksal und gemeinsame Vernunft sind alle Menschen Angehörige eines einzigen »Weltstaates«, der Kosmopolis.

Das im 3. Jahrhundert hervorbrechende religiöse Bedürfnis löste bald das menschlich-ethische der Stoa, ihren Rationalismus – der dem nüchternen römischen Sinn, seinen Pflicht- und Tugendidealen, so adäquat war – ab. Das Christentum hat vieles von der stoischen Lehre beerbt; es wendete die griechische Vernunft-Natur in die Schöpfung Gottes, Erkenntnis in Offenbarung, Sittlichkeit in Frömmigkeit. Mögen auch die späteren stoischen Denker, mitbegründet durch die Bedingungen ihrer Epoche, nicht zu den originellsten zählen, ihre Soziallehre jedoch, der Glaube an die vernünftige, sittliche Autonomie des Menschen, »verschaffte der Stoa den stärksten und dauerndsten Einfluß, den je eine philosophische Ethik hat erringen können« (Wilhelm Dilthey).

Bloch, Ernst: Antike Philosophie. Leipziger Vorlesungen zur Geschichte der Philosophie. Band 1. Frankfurt am Main 1985. – Pohlenz, Max: Die Stoa. Geschichte einer geistigen Bewegung. 2 Bde. Göttingen 1948, ⁶1984. – Bonhöffer, Adolf: Die Ethik Epiktets. Stuttgart 1968 (Nachdruck von 1894).

Thomas Jung

Epikur
Geb. 341 v.Chr. in Samos; gest. 271 v.Chr. in Athen

»Ich weiß nicht, was ich mir als das Gute vorstellen soll, wenn ich die Lust des Geschmacks, die Lust der Liebe, die Lust des Hörens und die lustvollen Bewegungen beim Anblick einer schönen Gestalt beiseite lasse.« »Jede Bildung fliehe, mein glücklicher Pythokles, mit gespannten Segeln.« »Der Tod betrifft uns nicht. Solange wir da sind, ist der Tod nicht da, und wenn der Tod da ist, sind wir nicht mehr.« Solche und ähnlich provokative Äußerungen führten dazu, daß man in E. lange Zeit nur den Prototypen des zügellosen Freigeistes, den Inbegriff des ungläubigen Atheisten und des Bildungsfeindes sah. Noch heute wirkt sich das über Jahrhunderte tradierte Vorurteil in der Sprache aus, wenn man sich des Etiketts »epikureisch« zur Charakterisierung eines Menschen bedient, der die materiellen Freuden des Daseins unbedenklich genießt.

E. verbrachte seine Jugend auf Samos, wohin sein Vater 352 v.Chr. als athenischer Siedler ausgewandert war. Mit 14 Jahren las E. in der Schule die *Theogonie* Hesiods, und da dort alle Dinge aus der »gähnenden Leere«, dem Chaos, abgeleitet wurden, fragte er, woher denn das Chaos stamme. Als seine Lehrer ihm keine hinreichende Antwort geben konnten, wandte er sich von dieser Stunde an der Philosophie zu. Er hörte zunächst beim Platoniker Pamphilos, wechselte dann aber bald ins kleinasiatische Teos zu Nausiphanes, einem Anhänger Demokrits, über, der ihn in die Atomlehre, Ethik und Logik einführte. Mit 18 Jahren trat E. seinen zweijährigen Militärdienst in Athen an, wo er wohl die Gelegenheit nutzte, sich mit den Hauptströmungen der zeitgenössischen Philosophie vertraut zu machen. 322 kehrte er zu seinen Eltern zurück, die inzwischen, weil Athen Samos abtreten mußte, nach Kolophon (in Kleinasien) emigriert waren. In der folgenden Dekade vertiefte E.

seine philosophischen Kenntnisse und schuf (in steter Auseinandersetzung mit Aristoteles und Demokrit) die Grundlagen für das eigene System. Vor allem prägte ihn aber die geistige und historische Situation seiner Zeit. Die griechische Welt stand an einer Wende, nachdem die »poleis« (= die Stadtstaaten) ihre Funktion als politisch-kulturelle Einheiten eingebüßt hatten. Hatten Platon und Aristoteles ihre ethischen Reflexionen noch mit einer Staatslehre verknüpft, besann man sich jetzt in dieser Phase politisch-sozialer Unsicherheit sowie religiöser Leere auf Werte des individuellen Lebens. Der Mensch wollte nicht mehr das Glück des Staates, sondern das eigene Glück: die Eudämonie. Dabei suchte er die »eudaimonía« nicht im Äußeren, sondern verlegte sie in das Innere – dorthin, wo sie zu jeder Zeit – auch bei allen äußeren Widrigkeiten – mit minimalen Mitteln zu realisieren war. In diesem Sinn definierte E. die Philosophie als »eine Tätigkeit, die durch Argumente und Gespräche das glückselige Leben verschafft.« Als »leer« erachtete er »die Rede jenes Philosophen, von dem keine menschliche Leidenschaft (›pathos‹) geheilt wird.« Als Dozent trat E. zuerst in Mytilene auf Lesbos (310), dann in Lampsakos am Hellespont auf, und zwar, wie es scheint, mit bestem Erfolg. Denn er gewann dort viele namhafte Persönlichkeiten als Schüler, mit denen er bis zu seinem Lebensende in persönlichem Kontakt blieb. 306 begab sich E. nach Athen, wo er ein Haus und einen Garten (»kēpos«) kaufte, nach dem die Schule ihren Namen erhielt. Hier wirkte er dreieinhalb Jahrzehnte und verbreitete jene liebenswürdige Atmosphäre innerer Ruhe und heiterer Gelassenheit, die ihn und seine Schule so berühmt machte.

Die hellenistischen Philosophen pflegen die Philosophie in Logik, die bei E. Kanonik (Erkenntnislehre) heißt, Physik und Ethik einzuteilen. Doch stehen diese drei Disziplinen nicht gleichberechtigt nebeneinander, sondern Logik und Physik werden entsprechend den Bedürfnissen der Zeit der Ethik untergeordnet. Für E. stellt die Kanonik ein Vehikel der Physik dar, indem sie die geeignete Methodologie für sie liefert, und die Physik tritt ganz in den Dienst der Ethik, indem sie den Menschen von seinen Grundängsten befreit. »Wenn uns nicht der Verdacht, die Himmelserscheinungen und der Tod könnten uns etwas angehen, quälen würde, ferner der Umstand, daß wir die Grenzen der Schmerzen und Begierden nicht kennen, dann benötigten wir die Naturwissenschaft nicht.« In seiner Kanonik nennt der Philosoph drei Kriterien, mit deren Hilfe wir zur wahren Erkenntnis gelangen: die Sinneswahrnehmung (»aisthēsis«), den aus wiederholten Wahrnehmungen desselben Objekts erworbenen Allgemeinbegriff (»prolēpsis«) und das Gefühl (»pathos«), d.h. Lust und Schmerz als Maßstab dessen, was zu wählen und zu meiden ist. Die Basis aller Erkenntnis ist also die sinnliche Wahrnehmung. Das bringt E. in scharfen Gegensatz zu Demokrit. Wenn er dann auch noch den Sinnesqualitäten wie Farbe, Geschmack und Geruch reale Existenz zuspricht, indem er sie in den aus Atomen bestehenden Dingen selbst ansiedelt, so ist es nur eine natürliche Konsequenz seines Sensualismus.

Die Physik übernahm E. von Demokrit, allerdings in manch wichtigen Einzelheiten modifizierend wie z.B. in der Atombewegung. Nach E. verläuft die Urbewegung der Atome nicht mehr in jede Richtung, sondern wird durch die Schwere der Atome bestimmt: Die Atome fallen wie Regentropfen senkrecht nach unten, und zwar alle mit gleicher Geschwindigkeit, da der luftleere Raum keinen Widerstand leistet. Erst durch die Abweichung (»parenklisis«) einzelner Atome um ein Minimum von den geraden Fallinien kommt es zu den Atomkollisionen und zur Bildung komplexer Körper. Die Abweichung selbst ist akausal. Auf diese Weise unterbricht E. den strengen Determinismus Demokrits im Weltgeschehen und schafft zugleich die physikalische Voraussetzung zur Selbstbestimmung des Menschen. Denn durch die Abweichung vermag der menschliche Wille auf die in der Brust lokalisierten Geistatome Einfluß zu nehmen, indem er sie zu Bewegungen veranlaßt, denen die Atome von sich aus nicht folgen würden. E.s Natursicht bedarf keiner intervenierenden Götter, denn die Welt wie auch der Mensch tragen das Prinzip alles Geschehens in sich. Deshalb entbindet der Philosoph die Götter jeder Verantwortung für die Übel dieser Welt und läßt sie in kosmoslosen Räumen zwischen den Welten wohnen, wo sie ein unvergängliches und vollkommen glückseliges Leben führen. »Glückselig« bedeutet, von Geschäften und Sorgen, aber auch von Leidenschaften frei zu sein, kurz: äußere und innere Ruhe zu haben. Mit diesen Eigenschaften verkörpern die Götter das Ideal eines ungetrübten Glücks und dienen dem epikureischen Weisen als Vorbild, der ihnen nicht aus Furcht, sondern aus Bewunderung höchste Verehrung zollt. Ebensowenig braucht der Mensch vor einem Jenseits zu bangen: Seine Seele ist materiell und sterblich. Sie entsteht und zerfällt zugleich mit dem Leib.

Lust und Schmerz zeigen an, was der menschlichen Natur eigentümlich bzw. fremd ist. Damit wird die Sinnlichkeit zum Kriterium für das Gute und das Übel. Sind Lust und Schmerz die einzigen absoluten Werte, dann ist die Lust das höchste Gut, der Schmerz das größte Übel. Als »summum bonum« muß die Lust zugleich das sein, was die Glückseligkeit des Menschen ausmacht: Freisein von Schmerzen im Körper (»aponia«) und von Furcht in der Seele (»ataraxía«). Diese Lust bezeichnet E. als katastematische (zuständliche) Lust – eine Lust, die wir schon durch bloße Aufhebung der Unlust erreichen. Darüber hinaus ist keine Steigerung möglich. Alles, was der Körper will, ist: »Nicht frieren, nicht hungern, nicht dürsten.« Alles, was die Seele will, ist: »Nicht Angst haben.« Was es noch geben kann, ist lediglich Variation und Raffinement und wird im Unterschied zur katastematischen Lust der Schmerzfreiheit kinetische (= Bewegungs-) Lust genannt. Gemeint sind die Sinnenlüste, die jedoch keinen Schmerz wirklichen Mangels beseitigen, sondern gelegentlich sogar selbst Schmerzen hervorrufen. Deshalb darf man nicht jede Lust verfolgen und nicht jeden Schmerz fliehen, sondern hat bei allem Wählen und Meiden stets die Folgen zu berücksichtigen und die Eudaimonie als einen Dauerzustand im Blick zu behalten, für den es gilt, unter Umständen auch eine momentane Unlust (gegenüber einem späteren Lustgewinn) in Kauf zu nehmen. Aus demselben Grund empfiehlt der Philosoph die Genügsamkeit (»autarkeia«), nicht als Selbstzweck, sondern um uns von äußeren Faktoren unabhängig zu machen. Körperliche Schmerzen sind niemals so furchtbar, daß sie die Eudaimonie zu erschüttern vermögen. Denn die Schwere des Schmerzes steht in einem entgegengesetzten Verhältnis zu seiner Dauer. Der Geist erreicht das Ziel der »ataraxía«, wenn er sich durch philosophische Einsicht von den nichtigen Bedürfnissen und durch das Studium der Natur von der Furcht vor dem Tode und den Göttern befreit hat. Im

Besitz solcher Güter lebt der Epikureer »wie ein Gott unter den Menschen«. Der Gesichtspunkt der Seelenruhe bestimmt ferner das Verhältnis des »kēpos« zum Staat: »Lebe im Verborgenen« lautet die Maxime des Meisters. Zum eigentlichen Ort der epikureischen Lebensführung wird die Freundschaft in kleinen Zirkeln Gleichgesinnter, wo auch Frauen und Sklaven als gleichberechtigte Mitglieder Aufnahme fanden.

Hossenfelder, Malte: Epikur. München 1991. – Jürss, Fritz: Die epikureische Erkenntnistheorie. Berlin 1991. – Müller, Reimar: Die epikureische Ethik. Berlin 1991. – Schmid, Wolfgang: Epikur. In: Reallexikon für Antike und Christentum 5, 1962, S. 681–819.

Klaus-Dieter Zacher

Erasmus von Rotterdam
Geb. 27./28. 10. 1469 (?) in Rotterdam; gest. 11./12. 7. 1536 in Basel

Auf welcher Seite steht er denn eigentlich? Während der turbulenten Zeitläufte im ersten Drittel des 16. Jahrhunderts wird diese Frage zum Dauerthema. Bündig antwortet darauf am Vorabend der Reformation eine Satire, die seinen eigenen Spott über die »Barbarei« spätscholastischer Gelehrsamkeit und kirchlicher Praxis drastisch aufnimmt. E. sei, so wissen die berühmten *Dunkelmännerbriefe* zu berichten, »homo pro se«: ausschließlich er selbst. In der Tat schätzt er seine geistige und gesellschaftliche Unabhängigkeit über alles. Eine geradezu panische Abneigung lösen Parteienbildung und Zwietracht bei ihm aus, da sie erfahrungsgemäß auf »tumultöse« Auseinandersetzungen hinauszulaufen pflegen. Seit früher Kindheit »von anfälliger Konstitution«, durchaus kein Verächter angenehmer Lebensumstände und, wenn erforderlich, auch ein Virtuose listiger Tarnungen, entspricht E. nicht eben den landläufigen Erwartungen an einen Kämpfer: »Ein harter Vorwurf«, räumt er ein, »wenn ich ein Schweizer Söldner wäre.«

Ginge es nach ihm, dann müßten sich diese Haudegen ohnehin nach einer neuen Tätigkeit umschauen. 1516 zum Ratgeber des späteren Kaisers Karl V. ernannt, erklärt er in *Institutio Principis Christiani* (*Die Erziehung des christlichen Fürsten*) »die Kunst, Frieden zu halten und zu schließen«, zu dessen oberster Pflicht. Auch dürfe er nie vergessen, »daß er über Freie . . . herrscht«, auf deren Zustimmung sein Rang letztlich beruhe. »Süß scheint der Krieg den Unerfahrenen«, lautet der sarkastische Titel eines unmittelbar zuvor erschienenen Essays – die Gattung beginnt mit E. –, und 1517 versucht seine *Querela Pacis* (*Klage des Friedens*), als Rede auf dem nicht zustandegekommenen ›Gipfeltreffen‹ von Cambrai gedacht, direkt auf die Verantwortlichen der verfeindeten europäischen Mächte einzuwirken. Als erster widerspricht er der herkömmlichen Lehre vom ›gerechten‹ Krieg: »Ein Friede«, schreibt E., »ist kaum einmal so ›ungerecht‹, daß er nicht auch dem anscheinend ›gerechtesten‹ Krieg vorzuziehen wäre.« Kriege seien überhaupt unsinnig, denn ihre Vorbereitung erfordere »so viel Rüstung . . ., daß man für den zehnten Teil davon den Frieden hätte erhalten können.« Da »diese Welt in ... Wahrheit unser aller gemeinsames Vaterland« ist, läßt er nationale Interessen nicht gelten, und religiöse Begründungen von Kriegen »schmecken« ihm immer »nach entartetem, weltverdorbenen Christus«.

In jeder Hinsicht ist E. ein entschiedener Fürsprecher jenes gegenseitigen Wohlwollens, das »das Wort ›Humanität‹« bezeichnet. Gemeinsamkeiten zu erkunden findet er besser, als Trennendes hervorzukehren: ansonsten, empfiehlt er, habe man sich eben in seinen Gegensätzlichkeiten zu ertragen. Damit wird er zum Wegbereiter des Toleranzgedankens der Aufklärung, aber auch zu einem fortbestehenden Ärgernis für die Liebhaber schroffer Freund-Feind-Parolen. Bis heute bleibt erasmischer Geist eine Zumutung für alle, die die (notfalls gewalttätige) Konfrontation im Namen ihrer jeweiligen Wahrheit der Liebe, der geduldigen Argumentation, der Arbeit an Ausgleich und Verständigung vorziehen.

Nach eigenen Worten »mehr Kritiker als Prophet«, sind Gefolgsleute auch dann nicht nach seinem Sinn, wenn sie sich um ihn scharen wollen: »denn ich will lieber Mitschüler als Schüler.« Ebenso grundsätzlich wie Gehässigkeit und Aggressivität meidet der unbestritten eleganteste Stilist der Zeit philosophische »Weitschweifigkeit«. Dafür eignen seinen (ausnahmslos in Latein verfaßten) Schriften die seltenen Vorzüge intellektuellen Charmes und einer Ironie, die ihn selbst einbezieht. Nicht an die »Affekte« wendet sich seine Schreibweise, sondern an jene »Vernunft«, die erst »den Menschen ... macht«. Die »Menschen ... werden« also »nicht geboren, sondern erzogen.« Ihre offene Natur bedarf einer Bildung, der E. drei Ziele vorgibt: klar zu denken, richtig zu sprechen und gut zu handeln. Seine eigene Aufgabe sieht er darin, diese Trias »zu öffentlichem Nutzen« befördern zu helfen.

Dabei fällt auf, daß E. keinen Anteil an der Geschichte philosophischer Diskriminierung des anderen Geschlechts hat. Während die meisten vor und noch lange nach ihm die Frauen nur »als Gegenstand des Sinnenkitzels betrachten und ... kaum des Namens Mensch für würdig erachten«, betont er ihre Gleichwertigkeit. In den seit 1518 erscheinenden *Colloquia familiara* (*Vertraute Gespräche*), die seine großen Themen im Wortsinne zur Diskussion stellen, blamiert sich etwa die männliche Borniertheit eines Abtes im Dialog mit einer »gebildeten Frau«: »Bildung ist nicht Weibersache ... Die Bücher trocknen den Weibern das Gehirn aus, und sie haben ohnehin schon zu wenig davon. Wieviel ihr habt, weiß ich nicht ... Ihr seht, daß die Weltszene sich von Grund auf wandelt«. Ein anderes Gespräch geht noch einen Schritt weiter: »Vielleicht«, heißt es in *Der Frauensenat* am Ende, »werden wir auch durchsetzen, daß wir wechselseitig die öffentlichen Ämter bekleiden«.

E. ist der uneheliche Sohn eines Geistlichen. Mit achtzehn Jahren bringen seine Vormünder den Waisen in das Augustinerkloster Steyn bei Gouda; dreißig Jahre später erreicht er, daß der Papst ihn von seinen Ordensgelübden befreit. Er wird 1492 zum Priester geweiht, tritt kurz danach als Sekretär in den Dienst des Bischofs von Cambrai und geht anschließend zum Studium nach Paris. 1499 kommt er zum ersten Mal nach England, wo er sich besonders mit Thomas Morus und John Colet anfreundet. In ihrem Kreis festigt sich sein Konzept eines christlichen Humanismus, der den am Geist des Evangeliums ausgerichteten Glauben mit der beispielhaften Weisheit antiker Überlieferung verbindet. Gleich seine erste Veröffentlichung, die

Adagia, eine Sammlung von ebenso gelehrt wie unterhaltsam kommentierten »Sentenzen« und »Metaphern« der »Alten«, die er 1500 in Paris herausbringt, trägt ihm einen großen und anhaltenden internationalen Erfolg ein. Zurückgekehrt in die Niederlande, wo er sich zu freien Studien vor allem in Löwen aufhält, folgt, als Auftakt einer Reihe von Schriften zur Erneuerung der Frömmigkeit, 1503 das *Enchiridion militis Christiani* (*Handbüchlein eines christlichen Streiters*). 1505/06 hält sich E. erneut in England auf, bevor er für einige Zeit nach Italien geht. In Turin gelangt er leicht zur theologischen Promotion, in Rom gewinnt er empörende Einblicke in die kurialen Verhältnisse, und in Venedig arbeitet er an einer erheblich erweiterten Ausgabe der *Adagia*. Als Heinrich VIII., in den nicht nur E. zunächst große Hoffnungen setzt, 1509 König wird, bricht er wieder nach England auf. Von einigen Reisen abgesehen, bleibt er fünf Jahre lang in Cambridge als philologischer und theologischer Lehrer. Bei Thomas Morus in London schreibt er *Morías Enkomion Sive Laus Stultitiae* (1511; *Das Lob der Torheit*), eine satirische Darstellung menschlicher Schwächen im allgemeinen und der Mißstände der Gegenwart im besonderen.

Inzwischen als führender Kopf der europäischen Humanisten anerkannt – mit vielen von ihnen steht er im Briefwechsel –, widmet sich E. nach der Heimkehr auf den Kontinent wichtiger Herausgebertätigkeit. Durch verschiedene kleinere Arbeiten seit über einem Jahrzehnt vorbereitet, legt er 1516 die erste textkritisch revidierte und kommentierte griechische Edition des Neuen Testaments vor. Ergänzt wird die beabsichtigte Rückbesinnung der Theologie auf ihre Quellen vom gleichen Jahr an durch zahlreiche Neuausgaben der Kirchenväter. Dem Anliegen Martin Luthers steht E. zunächst grundsätzlich zustimmend gegenüber. »Meine Sache«, schreibt er an Philipp Melanchthon, »ist . . . mit der Seinen in vielerlei Hinsicht verquickt.« Von den »Pharisäern« selbst als »Quell allen Übels« angesehen, setzt er sich in Gutachten an geistliche und weltliche Würdenträger für eine friedliche Beilegung des Konflikts ein. Nachdem er bis dahin dessen »Heftigkeit« mehrfach mißbilligt hatte, bezieht er 1524 mit der Schrift *De libero arbitrio diatribe* (*Geschpräch über den freien Willen*) im Interesse autonomer Entscheidungsfähigkeit, der zentralen Voraussetzung des humanistischen Bildungskonzepts, offen Stellung gegen den Reformator.

In seinen letzten eineinhalb Lebensjahrzehnten entstehen noch wichtige sprachkritische und pädagogische Schriften (*Dialogus cui titulus Ciceronianus*, 1529 – *Der Ciceronianer*; *Über die Notwendigkeit einer frühzeitigen allgemeinen Erziehung der Kinder*, 1529). Vor allem aber engagiert E. sich für Duldsamkeit und für eine Wiedergewinnung kirchlicher Einheit, »von beiden Parteien zerrissen, während er beiden helfen wollte.« Luther nennt ihn einen »gleißnerischen und bildungsstolzen Heiden«, einen »Feind aller Religion und . . . Widersacher Christi«. Die alte Kirche – »Man trägt die Übel leichter, die man gewohnt ist«, begründet E. sein Verbleiben – bietet ihm 1535 einen Kardinalshut an und setzt sein Gesamtwerk keine dreißig Jahre später auf den Index. Seit 1521, als er Löwen unter dem Druck katholischer Theologen verläßt, ist E. in Basel ansässig. Als es dort zu reformatorischen Unduldsamkeiten kommt, siedelt er 1529 nach Freiburg im Breisgau über. Zum Abschluß und zur Drucklegung des umfangreichen Werks über den *Prediger* kehrt er ein Jahr vor seinem Tod nach Basel zurück. E. »endete als der geschlagene Liberale«, schreibt Roland H. Bainton: »Kann es je anders sein? Das ist genau das Problem unserer Zeit.«

Erasmus von Rotterdam. Vorkämpfer für Frieden und Toleranz. Ausstellung zum 450. Todestag des Erasmus von Rotterdam, veranstaltet vom Historischen Museum Basel. Basel 1986. – Augustijn, Cornelis: Erasmus von Rotterdam. Leben – Werk – Wirkung. München 1986. – Bainton, Roland H.: Erasmus. Reformer zwischen den Fronten. Göttingen 1972.

Hans-Rüdiger Schwab

Eriugena, Johannes Scotus
Geb. um 810 in Irland; gest. nach 877 in Frankreich oder England

»Eriugena war der erste, mit dem nun eine wahrhafte Philosophie beginnt, und vornehmlich nach Ideen der Neuplatoniker« – so lautet die Anerkennung, die Hegel in seinen *Vorlesungen über die Geschichte der Philosophie* dem Theologen und Philosophen zollt. Der Name E. stammt von Erin, dem alten Namen für Irland, welches im 9. Jahrhundert auch Scotia maior hieß, daher der zweite Name Scotus. So ungewiß E.s Lebensumstände sonst auch gewesen sein mögen, gewiß ist: Er bekleidete weder ein weltliches noch ein geistliches Amt und wurde um 850 an die Palastschule Karls des Kahlen nach Paris berufen, wo er die ›artes liberales‹ unterrichtete. Im Auftrag seines Herrschers übersetzte er die Werke des Pseudo-Dionysios ins Lateinische und machte dem Westen auch die griechischen Autoren Maximus Confessor und Gregor von Nyssa in Übertragungen zugänglich. Was ihn einem größeren Publikum bekannt werden ließ, waren jedoch nicht seine hervorragenden Übersetzungen, sondern eine theologische Kontroverse, nämlich der Prädestinationsstreit zwischen Hinkmar, Erzbischof von Reims, und dem Mönch Gottschalk von Orbais, den E. mit seiner Schrift *De Praedestinatione* zu schlichten suchte. Der dualistischen Auffassung Gottschalks, Gott habe sowohl einige Menschen zur Verdammung als auch zur Erlösung vorherbestimmt, setzte er den neuplatonischen Einheitsgedanken entgegen: Gott ist das Eine, aus dem alles strömt (Emanation); dieses Seiende ist von Natur aus gut und außerstande, entgegengesetzte Effekte zu produzieren. E. verschärfte mit dieser These jedoch die Auseinandersetzung; sein Werk wurde verworfen, ein Schicksal, das auch seiner Hauptschrift *De divisione naturae (Über die Einteilung der Natur)*, 862 bis 866 entstanden, widerfuhr.

Seine Gedanken fanden bei den Zeitgenossen keinen Anklang; 1225 wurde, unter Papst Honorius III., der Häresieverdacht gegen ihn ausgesprochen. *Über die Einteilung der Natur* kann als Bemühung verstanden werden, die christliche Wahrheit mit wissenschaftlichen Methoden theoretisch zu sichern, also nicht mit den herkömmlichen Autoritätsbeweisen, sondern nach dem Prinzip der Vernünftigkeit: Wahre Religion ist deckungsgleich mit wahrer Philosophie, und beide haben ihren Ursprung in Gott. Zu Beginn des Werkes teilt E. die Natur vierfach ein: Gott als Ursprung alles Seienden, von dem die Natur in ihrer Vielheit ausströmt (Progress); ewige Ideen, die als Urtypen schöpferisch sind; die Sinnenwelt; und schließlich Gott als Ende alles Seienden, zu dem die Natur zurückkehrt (Regress) – Anfang und Ende der Natur sind in Gott also identisch. Das Theodizeeproblem, d.h. die Frage nach der Vereinbarkeit des Bösen in der Welt mit dem ursprünglich Guten als Ergebnis der Schöpfung Gottes, löst sich bei E. gewissermaßen von selbst, da er das Schlechte dem Nicht-Sein gleichsetzt bzw. als fehlgeleiteten Willen beurteilt: Gott kennt kein Böses, sonst wäre er dessen Urheber. E. vereinigt mit dieser Schrift östliche und westliche Tradition; er bringt die Gedanken Platons, Aristoteles' und der Neuplatoniker mit der lateinischen Philosophie eines Cicero und Boethius in Einklang und legitimiert seine Philosophie überdies mit der christlichen Tradition. Damit sprengt er jedoch die Möglichkeiten des in der karolingischen Renaissance erwachsenden Rationalismus, und es ist kein Wunder, daß eine ihm gerecht werdende Würdigung erst eintausend Jahre nach seinem Tod erfolgte: »Dieser bewundernswürdige Mann gewährt uns den interessanten Anblick des Kampfes zwischen selbsterkannter, selbstgeschauter Wahrheit und lokalen, durch frühe Einimpfung fixierten, allem Zweifel, wenigstens allem direkten Angriff, entwachsenen Dogmen« (Arthur Schopenhauer).

Beierwaltes, Werner: Eriugena. Frankfurt am Main 1994. – Klünker, Wolf-Ulrich: J. Scotus Eriugena. Denken im Gespräch mit dem Engel. Stuttgart 1988. – O'Meara, John: Eriugena. Oxford 1988. – Schrimpf, Gangolf: Das Werk des Johannes Scottus Eriugena im Rahmen des Wissenschaftsverständnisses seiner Zeit. Münster 1982. – Liebeschütz, Hans: Mittelalterlicher Platonismus bei Eriugena und Meister Eckhart. In: Archiv für Kulturgeschichte 56 (2), Köln/ Wien 1974, S. 241–269.

Carola Hoepner-Peña

Euklid
Um 300 v. Chr. in Alexandria

Wahrscheinlich hat keine andere mathematische Abhandlung das geistige Leben des Abendlandes stärker beeinflußt als E.s Hauptwerk, die *Elemente* (*Stoicheia*). Gleichwohl kennen wir nur zwei Details über das Leben des Verfassers, der schon der Antike als »der Geometer« galt: Pappus berichtet, daß er in Alexandrien lebte, während Proklos über ihn sagt, er sei jünger als Platons direkte Schüler Theaitetos (ca. 414–369) und Eudoxos (ca. 391–338), älter aber als Archimedes (ca. 287–212) und Eratosthenes (ca. 284–202) gewesen.

Es ist heute nicht mehr genau festzustellen, in welchem Maße E. seinen Vorgängern verpflichtet war; sicher ist nur, daß er deren Erkenntnisse zusammengefaßt, systematisiert und erweitert hat. Die *Elemente* beruhen auf fünf Postulaten, d. h. speziellen geometrischen Grundsätzen, die »die Möglichkeit einer Konstruktion, die Existenz eines Gebildes sicherstellen« sollen (Clemens

Thaer), und fünf Axiomen, d. h. logischen Grundsätzen, die die menschliche Vernunft als wahr erkennt. Unter diesen Sätzen ist das fünfte Postulat, das sog. ›Parallelenpostulat‹, das berühmteste: lange Zeit für beweisbar gehalten, dann aber als unbeweisbar erkannt, führte es im 19. Jahrhundet zur Entwicklung der nicht-euklidischen Geometrien von Nikolai Lobatschewsky und János Bolyai einerseits und Bernhard Riemann andererseits, die in der heutigen theoretischen Physik eine herausragende Rolle spielen. Der Aufbau des Werkes folgt einem strengen Schema: Jedem der 13 Bücher – die Bücher 14 und 15 sind späteren Datums und stammen nicht von E. selbst – werden mehrere Definitionen vorangestellt, aus denen dann weitere Sätze abgeleitet werden. Diese Sätze haben entweder die Form einer Aufgabe (Problem), die es zu lösen, oder eines Lehrsatzes (Theorem), dessen Wahrheit es zu beweisen gilt. Die ersten sechs Bücher sind der ebenen Geometrie gewidmet; unter ihnen das die Proportionslehre behandelnde fünfte: »Proportion ist das gewisse Verhalten zweier gleichartiger Größen der Abmessung nach.« Die Bücher 7–10 handeln von der Arithmetik, 11–13 von der Stereometrie. Die *Elemente* gipfeln in der Konstruktion der fünf regelmäßigen Polyeder, der ›platonischen Körper‹ Pyramide, Würfel, Oktaeder, Dodekaeder und Ikosaeder, die in eine gegebene Kugel eingeschrieben werden sollen, und in dem Beweis, daß es außer diesen fünf Körpern keine anderen gibt, die von einander gleichen gleichseitigen und gleichwinkligen Flächen umfaßt werden. – Neben den *Elementen* sind von E. noch Schriften zur Analysis, zur Optik, zur Musiktheorie und zur Astronomie erhalten; verlorengegangen sind u. a. seine Abhandlungen über Lichtreflexion und Trugschlüsse.

E.s Einfluß auf das europäische Geistesleben ist schlechterdings unermeßlich; kein anderes wissenschaftliches Werk ist häufiger kommentiert und übersetzt worden. Das von ihm angewandte synthetische Beweisfahren der Ableitung des Unbekannten aus dem Bekannten liegt der *Ethik* Spinozas und den *Principia* Newtons zugrunde; Kants transzendentale Ästhetik beruht auf der Annahme der universellen Gültigkeit der Euklidischen Geometrie.

Mueller, Ian: Philosophy of Mathematics and Deductive Structure in Euclid's *Elements*. Cambridge, Mass., 1981. – Bulmer-Thomas, Ivor: Artikel ›Euclid‹. In: Dictionary of Scientific Biography. Vol. IV. New York 1971. – Heath, Thomas: A History of Greek Mathematics. Vol. I. Oxford 1921.

Luc Deitz

Farabi, al-
Geb. um 873 in Farab; gest. 950 oder 951 in Damaskus

F. gilt als der bedeutendste islamische Philosoph des 10. Jahrhunderts. Sein Geburts-ort liegt im Nordosten des damaligen arabischen Herrschaftgebietes in der Nähe des heutigen Taschkent. Die dortigen Siedler hatten den Auftrag des Kalifen, das Land gegen Einfälle von Steppenvölkern zu verteidigen. Der Philosoph war türkischer oder persischer Abstammung, so daß er die arabische Sprache nachträglich erlernen mußte. Er war auch des Griechischen kundig, wahrscheinlich auch noch anderer

Sprachen. Im Anfang des 10. Jahrhunderts siedelte er, vom heutigen Iran her-kommend, nach Harran und Bagdad über. Dort kam er auch in Kontakt mit Christen, welche ihn in der Philosophie, aber auch in anderen Disziplinen unter-richteten. Er erwarb sich eine umfassende Bildung, die über die Philosophie hinausging und auch andere Wissenschaften u. a. Medizin einbezog. Unter den zahlreichen Schriften seines Werkes ragen vor allem hervor: *Über den Intellekt und das Intelligible*, *Über die Wissenschaften*, *Die Harmonie zwischen den Ansichten des göttlichen Platon und des Aristoteles* sowie *Grundzüge der Ansichten der Bürger der vollkommenen Stadt*. Wegen seiner umfassenden Kenntnisse, vor allem in der griechischen Philo-sophie, gab man ihm den Beinamen »Zweiter Lehrer«, wobei Aristoteles als »Erster Lehrer« galt.

Für F.s Philosophie war es von großer Bedeutung, daß zu seiner Zeit die Schriften des Aristoteles bereits fast vollständig ins Arabische übersetzt worden waren, wäh-rend im Lateinisch sprechenden Westen bis ins 12. Jahrhundert nur einige logische Schriften des Aristoteles vorlagen. Außerdem waren auch antike Kommentare zu Aristoteles ins Arabische übersetzt worden. Sie waren aber neuplatonisch beeinflußt, so daß die islamische Philosophie stark von einem neuplatonisch bestimmten Verständnis des Aristoteles geprägt wurde. Diese Tendenz wurde verstärkt, weil zwei Schriften neuplatonischen Ursprungs irrtümlich dem Aristoteles als Verfasser zuge-schrieben wurden. Es handelt sich um die sogenannte *Theologie* des Aristoteles und um den auch im christlichen Mittelalter viel gelesenen *liber de causis*, also das »Buch von den Ursachen«, welches ein Auszug aus einer Schrift (*Elementatio theologica*) des Neuplatonikers Proklos ist. Hinter der »Theologie des Aristoteles« steht Plotin selbst, der Begründer des Neuplatonismus, da es sich um einen arabischen Auszug eines Teils seiner *Enneaden* handelt. Diese neuplatonisch geprägte Aristoteles-Interpreta-tion, von der F. ausgeht, hat auch die jüdische Philosophie stark geprägt, ebenso die Aristoteles-Rezeption des 13. Jahrhunderts im christlichen Westen.

Das Denken F.s steht unter dem Vorzeichen einer Grundfrage des Mittelalters. Sie spielt sowohl im Islam als auch im Juden- und Christentum eine entscheidende Rolle. Es geht um das Verhältnis von Offenbarung – der Glaube an eine solche verbindet die drei Religionen – und menschlicher Vernunft, welche die Wissen-schaften trägt und insbesondere in der Philosophie ihre Entfaltung findet. Bei F. bedeutet diese Auseinandersetzung gleichsam den Versuch einer Synthese von orien-talisch-religiösem Verständnis der Wirklichkeit und dem von der griechischen Antike her bestimmten Denken. Er bestreitet nicht die Autorität des Korans. Für den islamischen Glauben enthält er die Offenbarung von Gottes unerschaffenem Wort. Daher ist er von höchster Weisheit und gilt auch von seinen literarischen Qualitäten her als von unübertrefflicher Schönheit und Harmonie erfüllt. Die islamischen Philosophen vermißten aber bei den Auslegern des Korans die Fähigkeit zu einer auch die Vernunft befriedigenden Interpretation. Nach ihrer Überzeugung mußte der Koran auch den höchsten Ansprüchen der Vernunft gerecht werden. Von diesem Interesse ist F.s Zuwendung zur aristotelischen Logik und sein wissenschaftstheo-retisches Programm inspiriert. Dabei ist zu beachten, daß ihm das geistige Erkennen als höchste Tätigkeit des Menschen gilt. Ihre Vollendung erreicht sie in der Philo-sophie und diese in der Erkenntnis Gottes, dem wahren Glück. Von daher ergibt sich ein Vorrang der Philosophie innerhalb des Vernunft und Glaube umspannenden Gesamtkonzeptes des F.. Denn nur die Philosophie vermag aufgrund ihres methodisch geregelten Vernunftgebrauchs zu selbständiger Einsicht in die Wahrheit zu führen. Andere gelangen zu ihr nur durch Symbole, welche allerdings Offenbarungscharakter besitzen können.

Um dies zu verstehen, muß auf F.s vielschichtige Lehre vom Intellekt hingewiesen werden. Die Wirklichkeit stellt sich ihm als Emanationssystem dar. Das heißt: Alles ist aus Gott, dem Ur-Einen, hervorgegangen und gleichsam aus ihm ausgeflossen. Die ursprünglichste dieser Emanationen ist der sogenannte »Erste Intellekt«. In ihm erkennt sich das Eine selbst. Zugleich tritt in ihm die Welt der Ideen hervor, welche die Formen der Dinge in der Welt im Zusammenspiel mit der Materie bestimmen. In dieser Konzeption zeigt sich die Aufnahme sowohl neuplatonischer als auch aristotelischer Motive. So wurzeln Erkenntnis und Erkennbarkeit im Ersten Intellekt. Sowohl die menschliche Vernunft wie die Ordnung der Welt haben in ihm ihre gemeinsamen Wurzeln. Daher gewinnt der Erste Intellekt eine ontologisch-kosmologische, zugleich aber das menschliche Erkennen fundierende Bedeutung. Der Erste Intellekt geht mit Notwendigkeit aus Gott hervor. Er erkennt nicht nur seinen Ursprung, das göttliche Eine, sondern auch sich selbst. Dadurch geht aus ihm die erste Himmelssphäre hervor, deren Beweger er ist. Aus der Erkenntnis des Einen emaniert der zweite Intellekt. Ihm folgen eine Reihe von weiteren Intelligenzen, die jeweils einer Himmelssphäre zugeordnet sind. An unterster Stelle folgt der zehnte Intellekt, dessen Ordnung die Welt unterhalb des Mondes unterstehen, also auch Erde und Mensch. Dieser Intellekt wird im Anschluß an Aristoteles als tätiger Intellekt gedacht. Dieser hatte ihn als ewig, leidensunfähig und stets tätig bezeichnet. Er ist kein menschliches Seelenvermögen, bewirkt aber in unserem möglichen, bloß potentiellen Intellekt die Aufnahme der Wesensformen der Dinge, worin sich die Erkenntnis der Seienden vollzieht. Für F. wird so aus dem potentiellen der effektive, sich verwirklichende Intellekt. Wie schon Al-Kindi (gest. 873) nimmt er noch einen erworbenen Intellekt (intellectus adeptus) an. Dieser umfaßt sozusagen den Besitzstand des Wissens, das sich ein Mensch erworben hat. Alles geistige Licht geht vom Ersten Intellekt aus. Es erreicht den Menschen in der tätigen Vernunft. Jeder Vollzug von Erkenntnis folgt daher einer Erleuchtung aus dem Ersten Licht. Sie ermöglicht uns die Bildung der Allgemeinbegriffe, in welchen wir den Wesensgehalt der Dinge nachvollziehen. Ein mystisches Element, die Erleuchtung, und ein begrifflich-aristotelisches, nämlich die Bildung der universalen Begriffe, entsprechen sich im Denken F.s. Nun kann es aber geschehen, daß die höheren Intelligenzen und schließlich der Erste Intellekt selber nicht in die Vernunft, sondern in die Einbildungskraft des Menschen hineinwirken. Das geschieht vor allem bei den prophetischen Menschen. Indem sie symbolische Vorstellungen hervorbringen und verkünden, stehen sie im Licht der Offenbarung, welche vom Ersten Intellekt ausgeht. In der Religion kann also durchaus Offenbarung geschehen. Aber ihre Symbole erweisen sich als verschiedene Stufen der Annäherung an die Wahrheit in der Vielheit der Völker. Wegen dieser Verschiedenartigkeit der Symbole kann es die eine wahre Religion für alle Völker nicht geben. Die Wahrheit findet ihren gültigen Ausdruck erst im philosophischen Gedanken.

F. war nicht nur Wissenschaftstheoretiker, Logiker und Vertreter einer metaphysischen Mystik, sondern auch politischer Denker. Damit überschreitet er die Grenzen des Neuplatonismus. F. geht es in Fortsetzung der politischen Theorie Platons um den idealen Stadtstaat. Er muß seinen Ort im Ganzen des Universums finden, indem er dessen gerechte Ordnung und Harmonie wiederspiegelt. Diese kann nicht erlangt werden ohne die Herstellung der Ordnung im Menschen selbst. Daher enthält sein Werk über den vollkommenen Stadtstaat (*Grundzüge der Ansichten der Bürger der vollkommenen Stadt*) nicht nur Ausführungen über die politische Ordnung als solche, sondern auch über das Universum als Emanationssystem, die Freiheit des Menschen, sich zwischen Gut und Böse entscheiden zu können, über die menschliche Erkenntnisfähigkeit, das Verhältnis von Leib und Seele und das Schicksal der Seelen nach dem Tode. F. erneuert Platons Utopie von der Herrschaft der Philosophen im idealen Staat. Allerdings soll der Herrscher zugleich Prophet sein, denn die philosophische Wahrheit kann nicht allen Bürgern vermittelt werden. Sie sind weithin auf die durch den Propheten gestifteten religiösen Symbole angewiesen. Da es unwahrscheinlich ist, daß Prophetie und Philosophie bei irgendeinem Herrscher zusammenfallen, muß die Politik von beiden getragen werden.

F.s Synthese zwischen Philosophie und islamischem Glauben bleibt spannungsreich. So erkennt er den Glauben an die Schöpfung als freie Tat Gottes nicht an. Der oben geschilderte Emanationsprozeß vollzieht sich vielmehr notwendig. Dies gilt für ihn, obwohl F. wohl als erster die These vom realen Unterschied zwischen Wesen und Existenz der Dinge gelehrt hat. Die Wesenheiten sind allgemeine und notwendige Inhalte des Geistes. Aber es kommt ihnen nicht notwendig zu, in Einzelseienden zu existieren. Dazu bedürfen sie einer Ursache, nämlich Gottes. F. meinte auf diese Weise die Lehre des Aristoteles von der Ewigkeit der Welt mit dem Schöpfungsglauben verbinden zu können, stieß aber auf den Widerstand vieler islamischer Theologen.

Zimmermann, Albert (Hg.): Aristotelisches Erbe im arabisch-lateinischen Mittelalter. Berlin/New York 1986. – Walzer, Richard: Al-Farabi. In: Encyclopedia of Islam II. Leiden 1965. – Walzer, Richard: Greek into Arabic. Essays on Islamic Philosophy. Oxford 1962.

Georg Scherer

Ferguson, Adam
Geb. 20. 6. 1723 in Logieraith/Perthshire; gest. 22. 2. 1816 in St. Andrews

F. war – neben Adam Smith, David Hume, John Millar, William Robertson und Thomas Reid – innerhalb des fast einzigartig geschlossenen intellektuellen Milieus Edinburghs nach 1750 einer der führenden Köpfe der schottischen Aufklärung. Sie hatten mit ihren zentralen Gedanken über die Einheit von Common Sense, bürgerlicher Ökonomie und staatsbürgerlicher Politik eine Synthese der europäischen Debatten des 17. und 18. Jahrhunderts gefunden, die sowohl in Europa als auch in Nordamerika auf vielfältige Weise die philosophischen, ökonomischen und politischen Auseinandersetzungen der Französischen Revolution beeinflußten.

F.s eigenes Interesse kreiste vor allem um die Problematik, wie Politik und Ökonomie in einer Balance zu halten wären, wie die positiven Elemente der vorkapitalistischen Gemeinwesen (insbesondere die aktiven Bürgertugenden eines demokratischen Gemeinwesens) in einer dezidiert modernen bürgerlichen Gesellschaft – auf der Grundlage von wirtschaftlicher Expansion und Verfeinerung – bewahrt werden könnten. Damit bezog er seinen eigenen Erfahrungshintergrund in seine Arbeit ein: Als einer der ganz wenigen gälisch sprechenden Hochlandschotten, die in die intellektuelle Führungsschicht aufstiegen, hatte er sich – wie seine erste Veröffentlichung *A Sermon preached in the Ersh* (= Gaelic) *Language, to His Majesty's First Highland Regiment of Foot . . . on the 18th day of December 1745* (1746) ausweist – im Jakobitenaufstand von 1745 als Feldkaplan eines schottischen Eliteregiments bewußt auf die Seite der englischen Krone als der Vertreterin der Prinzipien bürgerlicher Modernität, der »Glorious Revolution« von 1688, gestellt. Entscheidend für seine Überlegungen war aber auch die ständige Konfrontation mit jener intellektuellen Herausforderung, die die zeitgenössische, von Montesquieu vorgezeichnete und von Rousseau ausgearbeitete Selbstkritik der Aufklärung für die von Provinzialismen freie schottische Aufklärung bedeutete (vgl. u. a. die Mißverständnisse, die zwischen Adam Smith und F. aus ihrer parallelen Aufarbeitung der Rousseauschen Kritik gesellschaftlicher Arbeitsteilung entstanden sind).

F.s Leben stellt sich als exemplarisch dar für die junge schottische Intelligentsia des 18. Jahrhunderts, deren Grundlagen die relativ weitgehende Demokratisierung des schottischen Bildungswesens und das Aufblühen bürgerlichen Reichtums in Edinburgh und Glasgow waren. Als jüngster Sohn eines Landpfarrers studiert er von 1738 bis 1742 in St. Andrews mit einem Fakultätsstipendium für den Master of Arts und anschließend Theologie in Edinburgh. Er wird 1745 auf Vorschlag der Herzogsfamilie von Atholl zum Vize-Kaplan des Regiments »Black Watch« ernannt, bei dem er bis 1754 bleibt. Nach dem Frieden von Aachen gibt F. sein klerikales Amt auf, unternimmt eine kurze Reise durch Holland und Deutschland und erwandert das schottische Hochland. Er läßt sich 1755 in Edinburgh nieder und greift gleich anschließend in diesem neuen geistigen Zentrum des sich zunehmend bereichernden agrarkapitalistischen Adels in den Streit um die Ausgestaltung der politischen Verfassung Schottlands ein, der sich an der Frage der Heeresverfassung entzündete; in seiner anonymen Schrift *Reflections previous to the Establishment of a Militia* (1756) plädiert er für die Schaffung einer schottischen Miliz. Auch an weiteren Kontroversen der Edinburgher Öffentlichkeit nimmt F. teil (vgl. *The Morality of Stage Plays Seriously Considered*, 1757). Im Jahr 1757 übernimmt er mit Unterstützung David Humes dessen Amt als Bibliothekar der Advocates' Library und wird Sekretär der Juristenfakultät. Nach einem vor allem aus Geldmangel gescheiterten Versuch, Adam Smiths Nachfolger in Glasgow zu werden, kann er sich 1759 (der *Treatise on Refinement* – eine Vorform seines Hauptwerkes – zirkuliert bereits als Manuskript) mit Hilfe seiner Freunde die vom Stadtrat auszusprechende Berufung als Professor an die Universität Edinburgh sichern, wo er zunächst das Fach der Naturphilosophie und ab 1764 das der Geist- und Moralphilosophie vertreten sollte. Ein erster Vorlesungsgrundriß, *Analysis of Pneumatics and Moral Philosophy*, erscheint 1761. In diesen Jahren ist F. auch aktives Mitglied der »Select

Society« und, als diese sich an der Milizfrage entzweit, Initiator des schottisch-patriotischen »Poker-Club« (1761). Der junge Ossian-Fälscher James MacPherson findet in ihm während dieser Zeit einen begeisterten Förderer gälischer Volksdichtung.

Es Durchbruch kam 1767 mit der – von Hume vorab mit einigen Vorbehalten versehenen – Veröffentlichung von *An Essay on the History of Civil Society (Versuch über die Geschichte der bürgerlichen Gesellschaft)*: binnen 14 Tagen vergriffen, sieben autorisierte Neuauflagen zu Lebzeiten des Autors, eine anzunehmende und zwei nachgewiesene nordamerikanische Ausgaben (1773, 1809 und 1819), zwei Raubdrucke (1789 und 1791), Übersetzungen ins Französische (1783 und 1796), Deutsche (1768) und Italienische (1807); darüber hinaus Anerkennung durch die politisch maßgeblichen Kreise (u. a. erreichte F. (fast) das Angebot, Gouverneur von West-Florida zu werden), noch 1767 die Ehrendoktorwürde seiner eigenen Universität und im Laufe des weiteren Lebens die Ehrenmitgliedschaften der Berliner Akademie der Wissenschaften und von Akademien in Florenz, Cortona und Rom.

In diesem Werk – dessen klassische Synthese von Moralphilosophie, politischer Ökonomie und Geschichtsphilosophie nur von Adam Smiths zwar thematisch enger angelegtem, aber in seiner theoretischen Ausarbeitung weit überlegenen *Wealth of Nations* (1776) übertroffen werden sollte – untersucht F., wie sich das Fortschreiten der »ganze(n) Gattung von der Roheit zur Zivilisation« vollzogen hat.

Diese erste »Naturgeschichte der ›civil society‹«, die sich bewußt auf Georges-Louis Buffons *Histoire naturelle* als Modell bezieht, wird von Es Schüler Dugald Stewart gleichbedeutend auch als »theoretische« bzw. »konjekturale« Geschichte sowie als »histoire raisonnée« gekennzeichnet. Aufgrund seiner Geschichtsinterpretation ergibt sich für F. ein zweiter Interessenschwerpunkt: Ihn beschäftigen die Möglichkeiten der weiteren Vervollkommnung der menschlichen Gattung – hinsichtlich der Entfaltung gesellschaftlicher Vernunft sowie der äußeren gesellschaftlichen Verfassung, deren beider Übereinstimmung zur Grundlage eines verfeinerten »fellow-feeling« wird. An die Stelle der philosophischen Hypothesen von »Naturzustand« (deutlich gegen Hobbes gewandt) und »Gesellschaftsvertrag« (ebenso deutlich gegen Rousseau) beansprucht F., eine erfahrungsgesättigte Erkenntnis der Wirklichkeit zu setzen, die insbesondere den Menschen so darstellt, wie er »in der Reichweite unserer Beobachtung oder in den Berichten der Geschichte erschienen ist.« Dabei stützt er sich vor allem – wie schon die gesamte Tradition des neuzeitlichen politischen Denkens – auf die antike Geschichtsschreibung sowie auf die Schilderungen der Reisenden und Amerikaforscher (Joseph François Lafiteau und Pierre François Xavier de Charlevoix). Neben die antikisierende Distanzierungsform von der eigenen Gegenwart tritt damit für ihn die Möglichkeit der Argumentation »from a native point of view«. Wie schon Montesquieu, den er ausdrücklich anführt, aber auch wie Francis Hutcheson und Hume, geht F. davon aus, daß der Mensch als Mensch faktisch immer schon in Gesellschaft lebt und das Individuum darin »durch Zuneigung einer Partei verbunden« ist. So muß beim Menschen »seine gemischte Disposition zu Freundschaft und Feindschaft« geradezu als »Attribute seiner Natur« betrachtet werden. Das gleiche gilt für die Fähigkeit und Neigung zur Vervollkommnung, die nicht als »künstlich« dem »Natürlichen« entgegengesetzt werden darf, sondern als eigentlicher Kern der historisch-gesellschaftlichen Natur der Menschen zu begreifen ist. In ihr treiben immer wieder »Zuneigung, die Liebe zur Geselligkeit und der Wunsch zur Sicherheit« die menschliche Vergesellschaftung voran. Als Whig der alten Schule begreift F. diese allerdings nicht als prästabilierte Harmonie, sondern als beständigen, wenn auch reversiblen Prozeß, für den politische Parteienauseinandersetzungen und sogar Kriege das unverzichtbare Medium bilden. Antike Modelle eines solchen lebendigen Gemeinwesens sind für F. die spartanische Kriegerdisziplin und die Bürgertugend der römischen Republik; als deren höchste Form analysiert er die republikanisch-demokratischen Züge der zeitgenössischen britischen konstitutionellen Monarchie. Vor diesem Hintergrund ist die »civil society«, die ihm vorschwebt, keineswegs einfach identisch mit der Bourgeoisgesellschaft: Sie greift zwar die Dynamik der bürgerlichen Produktion als Grundlage auf, lenkt sie aber um in eine Gesellschaft politisierender Staatsbürger, die sich über ihre bloß kommerziellen Interessen erheben sollen.

F. veröffentlicht 1769 die *Institutes of Moral Philosophy*, eine Zusammenfassung seiner moralphilosophischen Vorlesungen, deren deutsche Übersetzung durch Christian Garve (*Grundsätze der Moralphilosophie*, 1772) einen wichtigen Bezugspunkt für Schiller gebildet hat; ihre russische Übersetzung soll als Universtitätslehrbuch gedient haben.

Die schlechte Bezahlung seiner Edinburgher Stellungen zwingen F., zusätzlich als Erzieher für den Hochadel zu arbeiten; u. a. reist er mit einem Zögling von 1773 bis 1775 auf einer Grand Tour durch Frankreich, Italien, die Schweiz und Deutschland. F. muß 1776 die Rückkehr auf seine inzwischen anderweitig vergebene Professur gegen die Edinburgher Stadtväter gerichtlich durchsetzen. Gleich anschließend hat F. – der stets bloße Buchgelehrsamkeit ablehnte und um ein eingreifendes, unmittelbar an den »laufenden öffentlichen Angelegenheiten« ansetzendes Denken bemüht war – sich wieder als Vertreter des offiziellen politischen Common Sense geäußert: In einer auf Regierungskosten anonym verbreiteten Schrift (*Remarks on a Pamphlet recently published by Dr. Price, entitled Observations on the Nature of Civil Liberty, the Principles of Government, and the Justice and Policy of the War with America*, 1776) nahm er Stellung zur amerikanischen Revolution. Seine Vorlesungen werden in diesen Jahren weit über die Studentenschaft hinaus zu einem Anziehungspunkt des britischen Geisteslebens. F. fungiert 1778 als Sekretär einer britischen »Versöhnungskommission« unter dem Earl of Carlisle, die in Philadelphia vollständig daran scheiterte, daß die USA auf ihrer inzwischen erklärten Unabhängigkeit von Großbritannien beharrten. Er schaltet sich 1783 mit *The History of the Progress and the Termination of the Roman Empire* (*Geschichte des Fortgangs und Untergangs der Römischen Republik*) in die von Edward Gibbon ausgelöste Debatte über die bewegenden Faktoren der römischen Geschichte ein. Eine weitere Gesamtdarstellung der Themen seiner Lehrtätigkeit veröffentlichte er 1792 als *Principles of Moral and Political Science* (*Ausführliche Darstellung der Gründe der Moral und Politik*). Ein Jahr später unternimmt F. noch einmal eine ausgedehnte Kontinentalreise, die ihn vor allem nach Berlin, Wien und Rom führt. Er zieht sich 1796 aufs Land zurück, relativ wohlhabend lebt er von 1808 bis zu seinem Tod in St. Andrews. Bis heute gibt es keine Werkausgabe, einige wichtige Schriften sind noch immer unveröffentlicht.

F. ist schon im Vorfeld der Debatte um die nordamerikanische Verfassung von John Witherspoon, dem Lehrer des amerikanischen Präsidenten James Madison, als Kronzeuge gegen den »gottlosen« Hume benutzt worden, sein *Essay* wurde auf Madisons Anregung bereits 1783 für die erste Kongreßbibliothek angekauft. In ähnlicher Weise hat sich Victor Cousin in seiner Philosophie des »juste milieu« maßgeblich auf F. bezogen. Auch die aristokratische Kritik des Grafen Alexis Clével de Tocqueville an der modernen Massendemokratie der USA konnte sich bei F. Anregungen holen. August Ludwig von Schlözers gemäßigte Neubestimmung des Zusammenhangs von bürgerlicher Gesellschaft und Staat nahm unmittelbar auf die *Principles* Bezug. F.s philosophische Geschichte der bürgerlichen Gesellschaft wurde von Hegel – neben James Stewarts Politischer Ökonomie – als Grundlage für die Formulierung der eigenen konservativen Kritik der Nationalökonomie benutzt. Marx sah in ihm den eigentlichen Vater der Theorie der Entfremdung (und insofern – irrigerweise – den Lehrer Adam Smiths), Engels berief sich auf ihn in seiner Begründung der These des Urkommunismus. Auguste Comte hat ihm – neben Robertson, Smith und Hume – einen Platz in seinem *Calendrier positiviste* gegeben. Von frühsozialistischen, sozialdarwinistischen oder kathedersozialistischen Gesellschaftstheoretikern des 19. und 20. Jahrhunderts ist mehrfach der Versuch gemacht worden, die von der schottischen Aufklärung, insbesondere von F. und Hume geleistete theoretische Überwindung der politischen Philosophie des Gesellschaftsvertrages zu verwerten. Diese Versuche verfehlen jedoch das philosophische Werk F.s in seinem inneren Kern, dem selbst historischen Bemühen, die Entwicklung der modernen bürgerlichen Gesellschaft mit aller Konsequenz als historischen Fortschritt zu begreifen, ohne deswegen den zerstörerischen Entwicklungstendenzen, die er in ihr ebenfalls angelegt sah, theoretisch apologetisch und praktisch tatenlos gegenüberzustehen. Daß sein Werk in der Blütezeit des bürgerlichen Liberalismus – von 1819 bis 1966 scheint es keine englischsprachigen Ausgaben des *Essay* mehr gegeben zu haben – in den Hintergrund getreten ist, kann daher nicht überraschen. Insbesondere die Leistung von F., an den Emanzipationsansprüchen der Aufklärung festgehalten zu haben, ohne darüber ökonomistischen und eurozentrischen Naivitäten verhaftet zu bleiben, zeigt inzwischen von neuem ihre Aktualität.

Batscha, Zwi/Medick, Hans: Einleitung. In: Ferguson, Adam: Versuch über die Geschichte der bürgerlichen Gesellschaft. Frankfurt am Main 1986. – Salvucci, Pasquale: Adam Ferguson. Urbino 1972. – Kettler, David: The social and political thought of Adam Ferguson. Ohio 1965. – Jogland, Herta Helena: Ursprünge und Grundlagen der Soziologie bei Adam Ferguson. Berlin 1959.

Frieder Otto Wolf

Feuerbach, Ludwig
Geb. 28. 7. 1804 in Landshut; gest. 13. 9. 1872 in Rechenberg bei Nürnberg

F. hat sein philosophisches Programm 1848 in Heidelberg auf die kurze Formel gebracht: »die Menschen aus Theologen zu Anthropologen, aus Theophilen zu Philanthropen, aus Kandidaten des Jenseits zu Studenten des Diesseits, zu freien, selbstbewußten Bürgern der Erde zu machen«. Dieses Programm war Resultat seiner mit zunehmender Schärfe und sogar Bissigkeit vorgetragenen Religionskritik. F.s Vater Paul Johann Anselm Ritter von Feuerbach hatte das moderne, auf dem Indizienbeweis beruhende Strafgesetzbuch entworfen, welches die auf dem praktisch meist durch die Folter erzwungenen Geständnis des Angeklagten basierende Carolina abgelöst hat. F. besuchte gemäß den wechselnden Tätigkeiten seines Vaters in München die Grundschule, in Bamberg (von 1814 bis 1816) die Oberprimarschule und in Anspach das Gymnasium (Abitur 1823). Bereits während der Schulzeit interessierte er sich für die Religion und nahm bei einem Rabbi privat Hebräischunterricht. 1823 begann er in Heidelberg mit dem Studium der Theologie bei Karl Daub, der als Rektor Hegel nach Heidelberg berufen hatte und 1827 die Korrekturen und Revision der zweiten Auflage von Hegels *Enzyklopädie der philosophischen Wissenschaften* besorgt hatte. Daub begeisterte F. für Hegels Philosophie. F. ging 1824 nach Berlin, wo er in der Philosophie bei Hegel fand, was er von der Theologie vergeblich erhofft hatte. Gegen den Widerstand des Vaters wechselte er 1825 ganz zur Philosophie. Als bayerischer Staatsstipendiat mußte er zum Examen nach Bayern zurück (1826). In Erlangen besuchte er vornehmlich naturwissenschaftliche Vorlesungen und promovierte 1828 mit der Schrift *De infinitate, unitate atque communitate rationis*. Noch im gleichen Jahr habilitierte er sich mit der öffentlichen Verteidigung seiner etwas überarbeiteten Schrift und begann, als Privatdozent in Erlangen Vorlesungen über Geschichte der Philosophie, Logik und Metaphysik zu halten. 1830 erschien anonym sein Buch *Gedanken über Tod und Unsterblichkeit*, in welchem er den Glauben an die persönliche Unsterblichkeit angriff und in den beigegebenen Xenien die »Frömmlinge« verhöhnte. Diese Schrift wurde verboten und konfisziert. Die Entschleierung von F.s Autorenschaft dieser religionskritischen Schrift sorgte dafür, daß er zeit seines Lebens keine Anstellung oder Berufung auf eine Professur erhielt. Aus seinen Erlangener Vorlesungen sind F.s philosophiegeschichtlichen Werke *Geschichte der neueren Philosophie von Bacon bis Spinoza* (1833), *Darstellung, Entwicklung und Kritik der Leibnizschen Philosophie* (1837) und *Pierre Bayle* (1838) hervorgegangen. Diese machten F. als Philosophiehistoriker der Hegelschule bekannt. Er wurde zur Mitarbeit an den Hallischen Jahrbüchern und anderen Zeitschriften aufgefordert.

1837 heiratete er Berta Löw. Sie war Miteigentümerin an einer Porzellanfabrik in Bruckberg, wohin F. sich nach der Aufgabe seiner Privatdozentur bis 1860 zurückzog. Nur einmal, während der Revolution von 1848 kam er aus der ländlichen Zurückgezogenheit heraus. Er ging nach Frankfurt, um die Diskussionen des Paulskirchenparlaments zu beobachten, und hielt im Wintersemester 1848/49 auf

Bitten der Heidelberger Studenten im Rathaus – die Universität hatte einen Hörsaal verweigert – seine »Vorlesungen über das Wesen der Religion«.

Nach der 48er Revolution verlor die Porzellanmanufaktur ihre Kundschaft und kam zunehmend in wirtschaftliche Schwierigkeiten, so daß sie schließlich verkauft werden mußte. F. zog mit seiner Frau nach Rechenberg bei Nürnberg, wo er von der Unterstützung von Freunden, ab 1868 auch von der SPD, der er beitrat, lebte. Am 13. 9. 1872 starb er in Rechenberg und erhielt unter Beteiligung der Nürnberger Arbeiterschaft ein großartiges Begräbnis.

Nachdem F. Hegel stets verteidigt hatte, veröffentlichte er 1839 seine *Kritik der Hegelschen Philosophie*, mit welcher er vom spekulativen Idealismus zum spekulativen Materialismus überging. Er kritisierte den Anspruch der Hegelschen Philosophie, »die absolute Wirklichkeit der Idee der Philosophie« zu sein. Auch die Hegelsche Philosophie sei eine geschichtliche und damit eine besondere Erscheinung. Ihre Anfänge – in der *Logik* mit dem Sein und Nichts, in der *Phänomenologie* mit der sinnlichen Gewißheit – seien geschichtlich bestimmt. Das Denken müsse notwendigerweise nach Hegel über diesen hinausgehen.

1841 erscheint *Das Wesen des Christentums*, ein Buch, mit dem F. weit über akademische Kreise hinaus bekannt wurde und das religionskritische Denken im deutschen Vormärz maßgeblich beeinflußt hat. F. geht über die bisherige Religionskritik, auch der französischen Aufklärung (Holbach, La Mettrie, Diderot) hinaus, indem er Religion und Theologie nicht mehr auf Irrtum und Betrug zurückführt, sondern nachzuweisen versucht, daß der Religion »ganz einfache natürliche Wirklichkeiten zugrundeliegen«, daß »das Geheimnis der Theologie die Anthropologie ist«. Er betrachtete es deshalb als seine Aufgabe, nachzuweisen, daß der Gegensatz des Göttlichen und Menschlichen ein illusorischer und der Inhalt der christlichen Religion ein durchaus menschlicher sei. Die Religion sei die erste und zwar indirekte Selbsterkenntnis des Menschen und gehe in der Geschichte der Menschheit wie des Einzelnen der Philosophie voran; denn der Mensch erkenne sich zuerst außer sich, bevor er sein Wesen in sich selber finde. Allerdings stelle sich der Mensch in der Religion sein Wesen befreit von den individuellen Schranken vor, so daß auf Gott die wesentlichen Prädikate der menschlichen Gattung, Vernunft, Unendlichkeit, Liebe, Allgegenwärtigkeit etc., übertragen werden. Die Religion beruhe deshalb notwendigerweise auf dem Unterschied zwischen dem Einzelnen und der Gattung. »Der Mensch – dies ist das Geheimnis der Religion – vergegenständlicht sein Wesen und macht dann wieder sich zum Objekt dieses vergegenständlichten Wesens.« Therapeutische Aufgabe seiner Philosophie sei es, den Anthropomorphismus und die Projektionen der religiösen Vorstellungen analytisch aufzulösen, indem das, was in der Religion und Theologie zum Prädikate gemacht ist, als Subjekt erkannt wird. Also: wenn es religiös heiße, Gott ist die Liebe, müsse es philosophisch heißen: die Liebe ist göttlich. Diese Methode der Umkehr von Prädikat und Subjekt wendet F. in seinen beiden programmatischen Artikeln *Vorläufige Thesen zur Reform der Philosophie* (1842) und *Grundsätze der Philosophie der Zukunft* (1843) auch auf die spekulative Philosophie an. F.s Kritik der Religion hatte im wesentlichen die christlichen Konfessionen zur Grundlage. In zwei weiteren Werken, den *Vorlesungen über das Wesen der Religion* (1848), versuchte er zum einen,

die auf Erkenntnistheorie basierende Religionskritik um eine Naturbasis zu erweitern (die Theologie ist Anthropologie und Physiologie), und zum anderen, in der
Theogonie (1856) auch das antike Heidentum und Judentum miteinzubeziehen.
Außereuropäische Religionen, insbesondere Stammesreligionen, bleiben jedoch
weiterhin praktisch unberücksichtigt.

Auf die F.schen Überlegungen geht alle ernstzunehmende Religionskritik zurück
(Emile Durkheim, Sigmund Freud, Ernst Bloch). Die theologische Erwiderung
dieser Kritik, daß etwas (Gott) darum, weil es sich auf menschliche Vorstellungen
und Wünsche zurückführen lasse, nicht auch eine eigene Existenz haben könne, ist
zwar logisch korrekt und schränkt um den Preis der Unerkennbarkeit Gottes F.s
Religionskritik ein, stellt aber für sich keinen Beweis der Existenz Gottes dar, aus
dem sich verbindliche Ansprüche herleiten lassen.

Die Wirkung von F.s Hauptwerk über das Christentum muß enorm gewesen sein.
Friedrich Engels schrieb noch 40 Jahre später: »Wir waren alle momentan Feuer-
bachianer . . . Selbst die Fehler des Buches trugen zu seiner augenblicklichen Wirkung bei.« Und Karl Marx hatte bereits in der *Kritik der Hegelschen Rechtsphilosophie*
erklärt: »Für Deutschland ist die Kritik der Religion im wesentlichen beendet und
die Kritik der Religion ist die Voraussetzung aller Kritik.« Marx schritt zur Kritik
der wirklichen Verhältnisse voran. In der marxistischen Philosophie gilt F. deshalb als
wesentliches Bindeglied und Übergang von Hegel zu Marx. Die nichtmarxistische
Philosophie hat F. für antiklassisch erklärt (Wilhelm Windelband), ihn nur randstän-
dig behandelt und erst in den letzten Jahrzehnten begonnen, ihn wirklich in die
Diskussion zu bringen. Die zeitgenössischen Theologen haben ihn heftig angegriffen. Erst Karl Barth hat F.s Religionskritik »als eine nur theologisch zu begründende Antithese zu aller Theologie« ernstgenommen. Heute hat man bisweilen
den Eindruck, daß F.s Denken zu einem »Grundzug der gegenwärtigen Theologie«
(Heinrich Fries) geworden ist.

Thies, Erich (Hg.): Ludwig Feuerbach. Darmstadt 1976. – Lübbe, Hermann/Sass, Hans
Martin (Hg.): Atheismus in der Diskussion. Kontroversen um Ludwig Feuerbach. München/
Mainz 1975. – Xhaufflaire, Marcel: Feuerbach und die Theologie der Säkularisation. München
1972. – Barth, Karl: Die protestantische Theologie im 19. Jahrhundert. Zürich ³1960.

Hartmut Zinser

Feyerabend, Paul Karl
Geb. 13. 1. 1924 in Wien; gest. 11. 2. 1994 in der französischen Schweiz

»Anything goes«, so lautet das Leitmotiv der Wissenschaftstheorie F.s, die er als Kritik an den primär methodologisch
orientierten Wissenschaftsphilosophien im Umfeld des Logischen Empirismus (Rudolf Carnap) und Kritischen Rationalismus (Karl Popper) entfaltete. Neben Thomas S.
Kuhn, Imre Lakatos, Stephen Toulmin und Norwood R.
Hanson gilt F. als Wegbereiter einer pragmatischen Wende in
der Diskussion um die Wissenschaftstheorie. Hier vollzog
sich ein Wechsel von den in der Tradition des Logischen
Empirismus und Kritischen Rationalismus entwickelten logisch bzw. normativ orientierten Metatheorien über me-
thodisch zulässige Praktiken in den Einzelwissenschaften hin zu einer auch post-
empiristisch genannten Wissenschaftsgeschichtsschreibung. Im Zentrum steht hierbei nicht mehr die Frage nach logischen bzw. rationalen Kriterien der Geltung
wissenschaftlicher Theorien, sondern Theorien werden in den psychologischen und
soziologischen Kontexten ihrer Genese betrachtet.

Nach dem Zweiten Weltkrieg studierte F. zunächst Theaterwissenschaften und
andere musische Fächer in Weimar, bevor er sich 1947 in Wien dem Studium der
Geschichte, Astronomie, Mathematik und Physik zuwandte. In Wien war F. Mitglied
eines Diskussionskreises um den Philosophen Victor Kraft, in dem über philosophische Grundlagenprobleme der Naturwissenschaften debattiert wurde. Die Diskussionen des Kraft-Kreises wurden u. a. von Ludwig Wittgenstein, Elisabeth An-
scombe und Georg Henrik von Wright besucht. In den 50er Jahren ging F. nach
England, um bei Karl R. Popper zu studieren. Hier schloß er sich zunächst Poppers
Kritik am Empirismus an, die er aber späterhin durch seine Forderung nach einer
anarchistischen bzw. dadaistischen Erkenntnistheorie überbot und gegen Popper
selbst wandte: der Sinn methodischer Standards überhaupt wird von ihm bestritten.
F. plädiert für eine freie Wissenschaft, die durch Methodenpluralismus und den
schrittweisen Abbau aller methodischen und methodologischen Vorgaben charakterisiert werden kann. Seit 1958 war F. Professor für Philosophie an der University of
California in Berkeley, er las als Gastprofessor u. a. in Berlin, Kassel und Zürich. Er
starb 1994 an einem Krebsleiden in der Schweiz. Neben einer Vielzahl von Aufsätzen
(z. T. gesammelt in: *Der wissenschaftstheoretische Realismus und die Autorität der Wissenschaften*, 1978; *Probleme des Empirismus. Schriften zur Theorie der Erklärung der Quantentheorie und der Wissenschaftsgeschichte*, 1981) publizierte F. zwei größere Werke mit den
Titeln *Against method. Outline of an anarchistic theory of knowledge* (1975, mit neuem
Vorwort [3]1993; erweitert dt. *Wider den Methodenzwang. Skizze einer anarchistischen
Erkenntnistheorie*, 1976) – das wissenschaftstheoretische Hauptwerk F.s – und *Science
in a Free Society* (1978; veränderte dt. Ausgabe *Erkenntnis für freie Menschen*, 1979). In
dem letztgenannten Buch überträgt F. seine pluralistischen Konzepte auf die Be-
reiche der Politik und Gesellschaft und verbindet sie mit einer Kritik an der in den
Industrieländern herrschenden Expertokratie. In einer kleinen Schrift *Wissenschaft*

als Kunst (1984) diskutiert F. das Verhältnis von Wissenschaft und Kunst. Eine Summe seiner Philosophie stellt der Band mit dem programmatischen Titel *Farewell to Reason* (1986; *Irrwege der Vernunft*) dar. In seinem Buch *Dialogo sul metodo* (1989; *Über Erkenntnis*) kehrte F. zu einer überaus alten Form des Philosophierens zurück; er nutzt die klassische Dialogform zur Darlegung seiner Argumente. Nach seinem Tod erschien sein letztes Werk: eine Autobiographie mit dem provokativen Titel *Zeitverschwendung* (1995).

Wider den Methodenzwang enthält die Grundlegung der anarchistischen Erkenntnistheorie F. s. Bei dem Studium der Wissenschaftsgeschichte entdeckt er, daß nahezu alle der als fortschrittlich charakterisierten wissenschaftlichen Theorien nur deshalb entstehen konnten, weil die in der jeweiligen Wissenschaftspraxis geltenden methodologischen Regeln verletzt wurden. Dies gilt ihm zufolge sowohl für die sich um die kopernikanische Revolution gruppierenden Theorien, als auch für die moderne Atomtheorie oder die Wellentheorie des Lichts. Hier waren nicht immer die besseren Argumente der Grund, die neuen Theorien vorzuziehen, sondern günstige psychologische Bedingungen verhalfen den Theoretikern dazu, mittels Zwang und Propaganda ihre Konzepte durchzusetzen. So fordert F. von der Wissenschaftstheorie und -praxis, auf methodologische Standards zu verzichten und sich den anarchistischen Grundsatz »Anything goes« zu eigen zu machen, da nur dieser den Erkenntnisfortschritt garantiere. F. plädiert für einen Methodenpluralismus und formuliert auf der Folie der in den Wissenschaften anerkannten Regeln *Antiregeln*, die den Wissenschaftler zu einem kontrainduktiven Vorgehen veranlassen: er soll sich nicht scheuen, mit Hypothesen zu arbeiten, die den anerkannten Theorien und beobachtbaren Tatsachen widersprechen. Die Formulierung von Antiregeln verbindet sich mit einer Kritik an der in den Wissenschaften maßgeblichen Konsistenzbedingung (neue Hypothesen müssen mit bestätigten Theorien übereinstimmen). Darüber hinaus möchte F. die Geistes- und Wissenschaftsgeschichte in die wissenschaftliche Praxis integrieren, da ältere Theorien und Konzepte durchaus in der Lage seien, die gegenwärtige Forschung zu bereichern. So verweist er z. B. auf Lücken in der westlichen Medizin, die bei deren Anwendung in China offenbar wurden und dazu führten, daß die dort gebräuchlichen traditionellen Therapieformen (Akupunktur u. ä.) wieder eingesetzt wurden.

Daß eine wissenschaftliche Theorie niemals mit allen von ihr betroffenen Tatsachen übereinstimmt, führt F. zu einer weiteren für seine Konzeption zentralen Auffassung: der bei einem solchen Mißverhältnis vorliegende Fehler muß nicht immer bei der Theorie liegen, sondern kann ebenso in der Beschaffenheit der Tatsachen gründen. Denn was als eine Tatsache gilt und wie eine Tatsache beschrieben wird, hängt von einer herrschenden Theorie ab, welche die Tatsachen allererst konstituiert. Um seine Auffassungen zu illustrieren, diskutiert F. Beispiele aus der Wissenschaftsgeschichte, so etwa Galileis »Argumentation« gegen das von den Aristotelikern gegen die Erdbewegung vorgebrachte Turm-Argument. Er zeigt, daß Galilei seine Konzeption keineswegs nur aufgrund des besseren Arguments durchsetzen konnte, sondern mit psychologischen Tricks und rhetorischen Maßnahmen arbeiten mußte; er führte eine neue Beobachtungssprache ein, mit der die Tatsachen in einer Weise beschrieben werden konnten, welche die von ihm vorgeschlagene Theorie begünstigte. Dieses und andere Beispiele dienen F. als Beweismittel für eine seiner Kernthesen: der Fortschritt in den Wissenschaften vollzieht sich nicht nur aufgrund rationaler Prinzipien, wie die Methodologen immer glauben, sondern irrationale Mechanismen, z. B. psychologischer oder soziologischer Natur, haben einen entscheidenden Anteil am Gang der Wissenschaftsgeschichte.

Die Idee einer freien Gesellschaft ist Gegenstand der Schrift *Erkenntnis für freie Menschen*; im Rückgriff auf seine Argumentation in *Wider den Methodenzwang* unternimmt F. hier den Versuch einer Begründung des Relativismus. In einer freien Gesellschaft sollen alle Traditionen – nicht nur die abendländische des Rationalismus und der Wissenschaften – das gleiche Recht haben. Ob Astrologie, Voodoo-Praktiken oder die Relativitätstheorie angemessene Formen der Lebensorientierung und Welterfassung sind, entscheiden in einer freien Gesellschaft alle Bürger und nicht nur Wissenschaftler und Gelehrte. »Bürgerinitiativen statt Erkenntnistheorie«, so lautet F.s immer wiederkehrender Slogan. Er bestreitet das Vorliegen von Maßstäben, nach denen eine Tradition beurteilt werden kann; solche Maßstäbe konstituieren sich erst im Urteil und stehen bereits auf dem Boden einer bestimmten Tradition. F. plädiert für eine pragmatische Philosophie, welche Überlegungen aus allen Traditionen aufnimmt und ermittelt, wie weit man mit ihnen kommt. Er fordert eine strikte Trennung von Staat und Wissenschaft, da auch die Wissenschaften Ideologien sind, welche ebenso wie einstmals die Kirche die freie Entfaltung menschlicher Fähigkeiten und Bedürfnisse verhindern. Eine freie Gesellschaft verfährt nach relativistischen Prinzipien, der Grundsatz »Anything goes« wird hier zum Leitmotiv der gesellschaftlichen Praxis.

In der Schrift *Wissenschaft als Kunst* stützt F. sich auf Überlegungen des Kunsthistorikers Alois Riegl. Dieser hatte die Auffassung entwickelt, daß die Geschichte der Kunst nicht an der Idee des Fortschritts gedacht werden kann. In der Kunstgeschichte gibt es nur den Wechsel aufeinanderfolgender Stilformen, die alle jeweils ihren eigenen Gesetzen gehorchen. Diesen Gedanken Riegls überträgt F. auf die Wissenschaften, auch diese sind ihm eine Frage des Stils. Ebenso wenig wie in der Kunst, kann auch hier nicht objektiv über den Wert eines Stils geurteilt werden. In der Philosophie gelten die Konzeptionen F.s als Formen »fröhlicher Wissenschaft«, die nicht nur zum Lachen, sondern ebenso zum Widerspruch reizen.

Das Buch *Irrwege der Vernunft* besteht aus einer Reihe von Aufsätzen, die F. zu ganz verschiedenen Anlässen verfaßt und für die Buchform überarbeitet hat. Alle Themen seiner Philosophie kehren hier wieder: die Kritik an den Ideen der Vernunft und des Objektivismus, das Plädoyer für den Relativismus und die Aufforderung, die Wissenschaften einer demokratischen Kontrolle zu unterwerfen. Diese Überlegungen werden ergänzt und untermauert u. a. durch Studien zu Xenophanes, Aristoteles und Ernst Mach. Die Dialoge *Über Erkenntnis* erlauben dem Leser einen sehr unterhaltsamen Einstieg in die Philosophie F.s.

Couvalis, George: Feyerabend's Critique of Foundationalism. Adlershot/Brookfield 1989. – Marschner, J.: Paul K. Feyerabends Kritik an der empiristischen Wissenschaftstheorie. Wien 1984. – Duerr, Hans-Peter (Hg.): Versuchungen. Aufsätze zur Philosophie Paul Feyerabends. Frankfurt am Main 1981.

Christoph Demmerling

Fichte, Johann Gottlieb
Geb. 19. 5. 1762 in Rammenau (Lausitz); gest. 29. 1. 1814 in Berlin

Im zweiten Stück seiner Zeitschrift *Athenäum* zählt Friedrich Schlegel – in einem Fragment – die seiner Meinung nach bedeutendsten Anstöße des Zeitalters für die Geschichte der Menschheit auf und nennt nach der Französischen Revolution F.s *Wissenschaftslehre* an zweiter Stelle. In der Tat kann die konstituierende Kraft der Philosophie F.s und ihre grundlegende Fortwirkung in bezug auf das Weltbild der Romantik kaum überschätzt werden. Die direkte Wirkung seiner Gedanken ist nachweisbar von Novalis bis hin zu Joseph von Eichendorff.

Als F. 1762 als Sohn eines Bandwirkers geboren wurde, war keinesfalls vorherzusehen, daß dem Knaben der Aufstieg zu einem der großen deutschen Philosophen gelingen würde. Auf den jungen F. durch Zufall aufmerksam geworden, ließ der Patronatsherr den begabten Knaben auf seine Kosten ausbilden, so daß F. 1780 in Jena mit dem Studium der evangelischen Theologie beginnen konnte, an jener Universität, an welcher er 14 Jahre später seine ersten großen Auftritte als Professor der Philosophie haben sollte. Als er vier Jahre nach Studienbeginn Jena verließ, um für die folgenden neun Jahre das drückende Amt des Hauslehrers auszuüben, hatte er das Theologiestudium nicht zu einem gültigen Abschluß gebracht. Der Lebensweg führte F. 1788 nach Zürich, wo er, der konsequenten Art seines Wesens entsprechend, die Eltern seines Zöglings in den Erziehungsprozeß einzubinden versuchte und sich folglich bald ohne Arbeit sah. In Zürich lernte er seine spätere Frau, eine Nichte des Dichters Klopstock, kennen, ging dann nach Leipzig, wo er durch den Wunsch eines Studenten, private Unterweisung in der Philosophie Kants zu erhalten, den Anstoß zu einer intensiven Beschäftigung mit der Philosophie des großen Königsbergers bekam. Das bedeutungsvolle Ergebnis dieser Arbeit war seine Schrift *Versuch einer Kritik aller Offenbarung* von 1792. Als er auch eine Warschauer Hauslehrertätigkeit vorzeitig beendet hatte, ging er nach Königsberg und trat an Kant mit der Bitte einer Begutachtung jener Offenbarungskritik heran. Dieser war von ihr sehr angetan und vermittelte einen Verleger, so daß die Schrift 1792 in Königsberg erscheinen konnte. Fast die gesamte Ausgabe kam jedoch anonym heraus und wurde von führenden Literaturzeitschriften als Werk Kants begeistert aufgenommen. Die Autorschaft wurde von Kant aufgeklärt, wodurch F. schnell zu Namen und Ansehen gelangte, was letztlich 1794 seine Berufung zum Philosophieprofessor nach Jena zur Folge hatte. Im *Versuch einer Kritik aller Offenbarung* geht der Verfasser von der Einsicht aus, daß der wesentliche Kern einer Religion ihre Ethik sei und daß diese Ethik mit jenen Forderungen der Vernunft übereinstimmen müsse, die Kant in der *Kritik der praktischen Vernunft* deduziert habe. Allein das Sittengesetz als Gebot der Vernunft verpflichte unter allen Umständen den Menschen unmittelbar. Was über diesen wesentlichen Kern hinaus die Gestalt einer Religion forme, sei bloß unwesentlich, historisch oder kultisch. Nach Anlegen dieses Maßstabs bringt es jede Offenbarung für F.

überhaupt nur bis zum Modus der Möglichkeit. Stimmt ein Phänomen mit dem moralischen Prinzip überein, könne es göttliche Offenbarung sein, ob es aber diese Qualität beanspruchen darf, bleibt dem empirischen Bewußtsein völlig unbeweisbar. Sicherheit herrscht allein für den Fall, daß etwas jenem Prinzip widerstreitet, dann nämlich kann es unmöglich von Gott ausgehen.

Zur Frage der Religion äußerte sich F. erneut ausdrücklich in seinem Aufsatz *Über den Grund unsers Glaubens an eine göttliche Weltregierung* (1798). Hatte die Offenbarungskritik gezeigt, daß mögliche Offenbarungsphänomene es nicht zur Erkenntnisgewißheit bringen, so wird jetzt betont, »eine Erklärung der Welt in ihrer Form aus Zwecken einer Intelligenz« führe zum »totalen Unsinn«. Überhaupt geht nach F. die wahre Religion nicht den Weg, erst Gewißheit in bezug auf Gott zu vermitteln, um dann den Vollzug seines Willens zu fordern, was in dieser Reihenfolge als Unmöglichkeit gesehen wird, sondern der Mensch glaubt, weil er die durch die Vernunft gegebene moralische Bestimmung seines Wesens, die ihm unmittelbar gewiß ist, nicht verleugnen will. Er will diesen Zweck und muß folglich auch dessen Bedingung wollen, nämlich eine das Physische und seine Kausalität übersteigende moralische Weltordnung, »das Göttliche«. Dieser Aufsatz nun traf auf entschiedenen Widerspruch in Kirchenkreisen Kursachsens und wurde wegen Atheismus verboten, wodurch schließlich auch F.s Entlassung als Professor in Jena verursacht wurde. In seiner Erwiderung auf das Verbot in der *Appellation an das Publikum*, die 1799 drei Auflagen erlebte, verschärft F. die Konturen seines Religionsbegriffs; er verwirft die Bedeutung alles Zeremoniellen und jede Glückseligkeitsverheißung, weil diese an das Genußwollen des Menschen appelliere und einen ungeistigen Menschen voraussetze. »Das System, in welchem von einem übermächtigen Wesen Glückseligkeit erwartet wird, ist das System der Abgötterei und des Götzendienstes, welches so alt ist, als das menschliche Verderben.« Die Tendenz seiner Philosophie formuliert er so: »In Absicht der Religionslehre ist ihr eigener Zweck der, dem Menschen alle Stützen seiner Tätigkeit und alle Beschönigungsgründe seines Verderbens zu entreißen, alle Quellen seines falschen Trostes zu verstopfen; und weder seinem Verstand noch seinem Herzen irgendeinen Standpunkt übrig zu lassen, als den der reinen Pflicht und des Glaubens an die übersinnliche Welt.«

Was aber diese Übersinnlichkeit ist, wurde in der *Wissenschaftslehre* von 1804 und in der *Anweisung zum seligen Leben, oder auch die Religionslehre* (1806) noch einmal nachdrücklich zu verdeutlichen versucht. Die sich aus F.s Seinslehre, der *Wissenschaftslehre*, ergebende konsequente Haltung des Menschen zum Seinsgrund und seinen Erscheinungsweisen nennt er Seligkeit. Sie ist für ihn kein Zustand des Genusses eines hochgestimmten Glücksgefühls, sondern die völlige Selbstgenügsamkeit der Vernunft, die in ihrem auf das Sein gerichteten Denken die gänzliche Befreiung von aller Abhängigkeit erreicht, indem alles Weltsein sich in seinem Scheinwesen offenbart und die Priorität des Bewußtseins bewußt wird. Hatte F. der Vorwurf des Atheismus in Jena die Stellung gekostet, so versucht er nun im Anschluß an das Johannesevangelium zu zeigen, indem er auch an dessen Metaphorik anknüpft, daß die Lehre des Christentums mit der von ihm vorgetragenen Philosophie genau übereinstimme, wobei eben F. die Bildersprache des Evangeliums aus dem Bedeutungshorizont seiner Philosophie erklärt, so daß diese Schrift keinesfalls die

Heimkehr eines zu größerer religiöser Milde gealterten F. in das Haus der evangelischen Kirche darstellt. Ausgangspunkt der *Wissenschaftslehre* und des Seinsverständnisses ist für F. die von Kant, in dessen *Kritik der reinen Vernunft* vollzogene sogenannte kopernikanische Wende in der Philosophie, in der erkannt wird, daß das Bewußtsein nicht an sich vorhandene Dinge in ihrer eigentlichen Gestalt abspiegelt, sondern sie für sich selbst gestaltet, die Dinge also nicht dem Bewußtsein in Anschauung und Denken ihre Form aufprägen, sondern als Dinge nur dem Bewußtsein in seinen eigenen Vollzugsformen gegenwärtig sind.

In der Schrift *Grundlage der gesamten Wissenschaftslehre* von 1794 hat F. den Gehalt des Ich, das wesentlich Reflexion ist, untersucht. Das empirische Ich ist – wie die erscheinende Welt – nur Vorstellung eines beide konstituierenden Bewußtseins, sie sind Geistzustände eines zugrundeliegenden Geistes, des »absoluten Ich«, welches, um sich zu realisieren, das heißt seine Möglichkeiten zur realen Anschauung zu bringen, sich im Bewußtsein in Welt – Nicht-Ich – und Individualbewußtsein – Ich – spaltet, beides aber als Bewußtsein umfaßt und beinhaltet und damit alle Realität ist: absolutes Sein. In der Vorrede der genannten Schrift betont F., er habe es vermieden, sich auf eine Terminologie festzulegen. In der Tat trug er seine Wissenschaftslehre in späteren Jahren in immer neuen Begriffen und Bildern vor und neigte verstärkt dazu, religiöse Metaphern in sein Denken einzubeziehen. Das eigentliche und wahre Sein ist für ihn entstehungslos und unvergänglich, es ist frei von Nichtsein in jeder Form. Das Sein ist unbedürftig und alles, was es ist, durch sich selbst; es ist daher nicht ruhend und auf einen Beweger angewiesen, es ist vielmehr in sich dynamisch; es ist nicht ruhende Tatsache, sondern wesenhaft sich immer schon realisierende »Tathandlung«. Es ist also das Eine und Alles geschlossen und in seinen Wesenzügen und Tendenzen vollendet, absolut. Dieses Sein als das All der sich immer schon realisierenden Möglichkeiten in seiner Selbsterregung ist nicht materiell, es ist geisthaft und tritt ins Dasein als Erscheinung der Vielfalt seiner Möglichkeiten im Bewußtsein. Bewußtsein des Seins ist die einzig mögliche Form, in der das Sein ins Dasein tritt und sich selbst seine Möglichkeiten als Vielfalt der Erscheinungswelt und des Bewußtwerdenkönnens zur Anschauung und zum Wissen bringt. Gegenständliche Vielfalt ist demnach nur in der bewußten Anschauung und sonst nicht. Das zur »Individualität« erwachte Bewußtsein ist sich seiner Seinsherkunft nicht bewußt und hält folglich sich und die Erscheinungswelt für an sich Seiendes und drängt demnach zu einer egoistischen Aneignung der Welt, womit es seinen Weltbezug nach F. gründlich mißversteht und im Widerspruch zur Seinstendenz lebt. Die *Bestimmung des Menschen* (1800) versteht F. als fortschreitende Annäherung an das Ideal der Aufhebung aller Individuation. Das bedeutet die allmähliche Aufhebung aller Egoismen und Individualismen auf der Seite des Menschen und auf der Seite der Natur eine Überformung zum Zwecke einer vernunftmäßigen Handhabung als Hingabe an die Vernunftpflicht, welche die Art ist, in der die Seinstendenz im individuellen Bewußtsein wirkt, die historisch als Fortschrittsbewegung sich zur Geltung bringt. Dieser nun entspricht die Bestimmung des Gelehrten, dessen Aufgabe darin besteht, das Wissen um die Abkunft des Daseins zu schaffen, zu fördern und zu verbreiten, damit der Mensch in der Gesellschaft immer klarer seiner aus dem Sein erwachsenden Bestimmung entsprechend verfahren könne.

Die Erfüllung seiner Bestimmung hat nach F. für den Menschen zur Voraussetzung eine dem jeweils erreichten Grade der Vernunft angemessene Gesellschaftsordnung. Auf einem fortgeschritteneren Stande der Entwicklung entspräche der Vernunftstaat dem *Geschlossenen Handelsstaat*, den F. im Jahre 1800 in einer Schrift gleichen Titels in großen Zügen skizziert hat. Zur Überwindung der Individuation fordert er, mit der Gleichheit der Menschen Ernst zu machen. So entwirft er ein Staatswesen, in dem mit der rechtlichen Gleichheit der Bürger auch die Erfüllung gleicher Glückserwartungen auf der Basis des gegebenen Produktions- und Verarbeitungsstandes versprochen wird. Grundlage dieses Staates ist Wirtschaftsplanung, die Produktion und Bedarf harmonisiert und mit festen Preisen und gelenkter Verteilung wirtschaftlichen Kleinkrieg als Konkurrenzkampf vermeiden will. Eigentum existiert nur in der Form »einer gewissen uns allein vorbehaltenen freien Tätigkeit«, die unseren Lebensbedarf deckt, »keineswegs aber in einem ausschließenden Besitz von Objekten«. Ausdrücklich betont er: »Ein Eigentum des Bodens findet nach unserer Theorie gar nicht statt.« Ziel der ganzen Einrichtung soll sein, daß die Menschen »so leicht, so frei, so gebietend über die Natur, so echt menschlich auf der Erde« leben, »als es die Natur irgend verstattet«. Dieses von der Vernunft strukturierte Gebilde des Handelsstaates müsse sich nach außen völlig verschließen, damit die erreichte Harmonisierung nicht durch Impulse von außen wieder in Frage gestellt werden könne. Dabei müssen die Grenzen eines solchen »geschlossenen Handelsstaates« nicht mit den politischen Grenzen eines Staates zusammenfallen, wenn dieser Staat in einen umfassenderen Wirtschaftszusammenhang integriert ist. So betrachtet F. »die Völker des neuen christlichen Europa« als eine Nation, die erst später der zufälligen Zergliederung in die modernen Staaten erlegen sei und durchaus die Chance habe, ein »geschlossener Handelsstaat« zu werden.

In der Überzeugung, daß in seiner Philosophie das Erwachen der Menschheit zu einem neuen, wahren Bewußtsein Ereignis geworden sei, geht F. im Winter 1807/08 daran, in seinen *Reden an die deutsche Nation* den Deutschen ihre progressive historische Aufgabe vorzustellen, die keineswegs darin zu sehen ist, militärisch die Oberhand zu gewinnen, sondern darin, die Führung bei der Vorbereitung des Übergangs in die »Epoche der Vernunftwissenschaft« zu übernehmen, in der das neue progressive Bewußtsein allgemein ist, damit dann in der »Epoche der Vernunftkunst« auch der absolute Vernunftstaat verwirklicht werden kann. Um ihrer Aufgabe gewachsen zu sein, muß nach F. die Nation und müssen alle Personen und gesellschaftlichen Schichten Selbstsucht in jeder Gestalt restlos überwinden und die Gleichheit der Menschen realisieren. Zur Überwindung der Stände wird die allgemeine Volksbildung ohne Ausnahme gefordert, sollen die Kinder aller Schichten und beide Geschlechter eine völlig gleiche Bildung erhalten. Ziel dieser Erziehung muß sein, die moralische Weltordnung zu fördern im Geiste der »wahren Religion«, was bei F. nun den Geist des neuen Bewußtseins bedeutet. Nach seinem Weggang von Jena 1799 kam F. zuletzt nach Berlin, wo er sich mit Privatvorlesungen durchbrachte, ehe er 1805 an die damals preußische Universität in Erlangen als Professor der Philosophie berufen wurde. 1806 ging er mit der preußischen Regierung nach Königsberg, hielt aber im Winter 1807/08 die oben genannten Reden an die Nation als Vorlesung in Berlin, wo er 1809 Dekan der philosophischen Fakultät an der neu errichteten Universität wurde und 1810 deren erster gewählter Rektor. Überraschend starb F. 1814 an einer Infektion.

Baumanns, Peter: Johann Gottlieb Fichte. Freiburg/Br. 1990. – Oesch, Martin (Hg.): Aus der Frühzeit des deutschen Idealismus. Texte zur Wissenschaftslehre Fichtes 1794–1804. Mit einer Einleitung. Würzburg 1987. – Janke, Wolfgang: Fichte. Sein und Reflexion – Grundlagen der kritischen Vernunft. Berlin 1970. – Schüßler, Ingeborg: Die Auseinandersetzung von Idealismus und Realismus in Fichtes Wissenschaftslehre. Köln 1969.

Manfred Boin †

Ficino, Marsilio
Geb. 19. 10. 1433 in Figline / Valdarno; gest. 1. 10. 1499 in Careggi

Über seine Zeit sagte F., dessen Name mit dem der »Platonischen Akademie« in Florenz und dem seiner Gönner Cosimo »Il Vecchio« und Lorenzo »Il Magnifico« von Medici untrennbar verbunden ist, daß sie »als ein goldenes Zeitalter die fast schon erloschenen freien Künste, Weisheit und Wissenschaft, zum Licht zurückgeführt, Florenz zum Zentrum gemacht und dort sogar und vor allem die platonische Lehre aus dem Dunkel ins Licht geführt habe«. Florenz galt zu jener Zeit als das »Athen Italiens«; es erlebte im Zeichen von Humanismus und Renaissance eine einzigartige kulturelle, wissenschaftliche, philosophische und architektonische Blüte. Der Medici-Fürst hatte sogar 1438 das Konzil von Ferrara nach Florenz geholt, das angesichts der Türkengefahr den Osten und Westen wieder zusammengeführt und so die größten byzantinischen Gelehrten und Philosophen nach Italien gebracht hatte. Der direkte Kontakt mit den Erben der griechischen Zivilisation hatte eine Welle der Begeisterung entfacht; der Platoniker Giorgos Gemisthos Plethon hinterließ einen solch nachhaltigen Eindruck, daß Cosimo den Gedanken faßte, die antike Tradition der platonischen Akademien im Florenz seiner Zeit wiederaufleben zu lassen. Zwar hatten zuvor die sog. karolingische Renaissance und auch die des 12. Jahrhunderts an die Antike angeknüpft, doch unter anderen Vorzeichen: Das christliche Lehrgebäude sollte mittels der antiken Philosophie neu begründet werden, in deren Zentrum zudem Aristoteles und weniger Platon stand. F. fiel nun, wie Angelo Poliziano es formuliert, die ehrenvolle Rolle zu, als »Orpheus« die wahre Euridike, nämlich die platonische Philosophie, aus der Unterwelt herausgeführt zu haben.

Seine Ausbildung erhält F. in Florenz, Pisa und Bologna, wo er die klassischen Sprachen, Grammatik, Rhetorik, aber auch – auf Betreiben seines Vaters, eines Arztes – Medizin studiert. Trotz gewisser Unsicherheiten in seiner Biographie gilt es als erwiesen, daß er Cosimo Medici schon in seiner Jugend kennenlernt, als er den Vater bei einer Visite an den Hof begleitet. Es heißt, er habe mit dem Fürsten philosophische Diskussionen geführt und ihm sein erstes Werk, die *Institutiones Platonicae* (1456), gewidmet, das jedoch dort keinen Anklang fand. F. bleibt von 1457 bis 1462 in Bologna, wo er nach seinem Medizinstudium als Arzt seinen Lebens-

unterhalt verdient, daneben jedoch Platon studiert. In diesem sieht er mehr als nur
eine singuläre Erscheinung; der »göttliche Platon« ist für ihn Vertreter und Vollender
einer uralten theologischen Tradition, deren Bogen er – wie Plethon – von Moses
über Zoroaster, Hermes Trismegistos bis zu Orpheus und Pythagoras spannt. Christus, so F., offenbarte, was Platon und Plotin geschaut haben. Plotin erkennt er als
verbindlichen Platon-Ausleger an und wertet damit den Neuplatonismus auf. Philosophie ist für ihn stets »pia philosophia« und identisch mit der »doctrina pietas«, der
wissenden Religion. Mit seinen Kommentaren und Übersetzungen strebt F. danach,
in der platonischen Philosophie eine alte göttliche Wahrheit zu ihrer Bestimmung
zurückzuführen. Der Ort, an dem dies geschehen sollte, war die später so benannte
»Platonische Akademie«, die ihren Sitz in einer Villa unweit von Florenz, in Careggi,
hatte. Cosimo übereignet sie F. 1462, ebenso ein Haus in Florenz, von dem aus er
ohne Mühe die berühmte Bibliothek des Mediceers besuchen kann. Die Akademie
– ein Forum, das zum typischen Instrument der Humanisten wird – möchte vor
allem Diskussion und Austausch pflegen und weniger die institutionalisierte Lehre,
die bis ins 16. Jahrhundert den sog. »Studios« obliegt. 1464 stirbt Cosimo, doch
übernehmen zuerst Piero, dann Lorenzo die Rolle als Gönner. Überzeugt von der
Gültigkeit seines christlich-philosophischen Ideals, wird F. 1473 – auch auf Wunsch
Lorenzos hin – Priester. Nach den Unruhen als Folge einer Verschwörung der Pazzi
1479 wird er aus der Ruhe seines kontemplativen Lebens gerissen und in die
Auseinandersetzungen der politischen Fronten (u. a. um Savonarola, den er als
Antichrist verurteilt) gezogen.

In zwei Bereichen hat F. Berühmtheit und einen wichtigen Platz in der europäi-
schen Kulturgeschichte erworben: als Übersetzer und Kommentator. Von 1462 bis
1484 verfaßt er, beginnend mit den *Dialogen* und dem *Kratylos*, die erste vollständige
Platon-Übersetzung in lateinischer Sprache, die bis ins 18. Jahrhundert vielen
Ausgaben zugrundeliegt. Zum Korpus seiner Übersetzungen zählen ebenfalls die
Schriften des Plotin, des Hermes Trismegistos, Dionysios Areopagita und eine
italienische Version von Dantes *De Monarchia*. Der andere, nicht minder bedeutende
Zweig seiner Aktivitäten ist der des Kommentators, in deren Rahmen er vor allem
Platon und Plotin auslegt. In seinem Hauptwerk, der *Theologia Platonica* (1482), und
zuvor bereits in *De christiana religione* (1475?) stellt F. seine Grundgedanken dar. Er
betont die Einheit von Christentum, Platonismus und hermetischer Tradition; dabei
findet er zu einer frühen Formulierung der Idee religiöser Toleranz, die auf seine
kosmologische Gesamtkonzeption und die Vorstellung von der vernünftigen Seele
zurückgeht. Glauben und Intellektualität werden nicht als Gegensätze empfunden.
Eine wichtige Rolle in seinem Denken spielt die Annahme eines hierarchischen
Weltenbaus: Der Mensch nimmt die Mittelstellung zwischen Gott, den Engeln und
den Mineralien, der »materia prima«, ein. Seine Konzeption der Weltseele (vgl.
Platons *Timaios*) als dynamischer Einheit des Universums sowie der Unsterblichkeit
der Seele ist von zentraler Bedeutung. Im Kommentar zu Platons *Symposion* erläutert
er die Theorie der platonischen Liebe, die Menschenliebe als Vorbereitung der
Gottesliebe und beide als wechselseitig sieht. Wesentlich ist dabei der Aufstieg der
Seele zu Gott durch die »vita contemplativa«, welche durch Tugend, Gerechtigkeit
und Kontemplation, durch Weisheit und Loslösung von der Körperlichkeit erreicht

wird. F. steht somit für die christliche Strömung der Renaissance; durch ihn erfährt der Neuplatonismus eine grundlegende Aufwertung, die sich u. a. in einer anhaltenden Rezeption durch die europäische Lyrik niederschlägt.

Kristeller, Paul Oskar: Marsilio Ficino and His Work after Five Hundred Years. Firenze 1987. – Kristeller, Paul Oskar: Die Philosophie des Marsilio Ficino. Frankfurt am Main 1972 (Übersetzung d. engl. Ausgabe 1943). – Marcel, Raymond: Marsile Ficino (1433–1499). Paris 1958.

Elisabeth Arend

Foucault, Michel
Geb. 15. 10. 1926 in Poitiers; gest. 25. 6. 1984 in Paris

»Philosophie ist jene Verschiebung und Transformation der Denkrahmen, die Modifizierung etablierter Werte und all die Arbeit, die gemacht wird, um anders zu denken, anderes zu machen und anders zu werden als man ist.« Diese Selbstcharakterisierung seiner philosophischen Aktivität, die F. gegen Ende seines Lebens in einem bewußt anonymen Interview formulierte und die der langjährige Freund Gilles Deleuze in die Formel »Anders denken« faßte, kann als Überschrift für die Orientierung seines Gesamtwerkes angesehen werden. Von Nietzsche kommend, ging es F. nicht nur darum, Lebens- und Denkformen (unserer Gegenwart) in ihrer bloß scheinhaften Selbstverständlichkeit, Notwendigkeit oder Wahrheit theoretisch zu decouvrieren, insofern jene von ohnehin bereits brüchigen Böden getragen wurden. Ebenso versuchte er durch sein Denken eine veränderte Sicht auf die Dinge zu ermöglichen, die praktische Auswirkungen haben könnte: »Man fingiert Geschichte von einer politischen Realität aus, die sie wahr macht, man fingiert eine Politik, die noch nicht existiert, von einer historischen Wahrheit aus.« F. orientierte sich dabei grundsätzlich an Nietzsches erkenntniskritischem Perspektivismus, wonach alle menschlichen Daseinsformen auf jeweiligen Interpretationen der Welt beruhten, hinter denen es keine ahistorisch wahre Welt gebe.

Die für das Werk von F. so spezifische Mischung aus Skepsis gegenüber allem vermeintlich Wahren, radikaler Kritikfähigkeit, einem gewissen Originalitätsdrang und Außenseitertum zeichnete sich Aussagen früherer Mitschüler und Lehrer zufolge bereits zu Schulzeiten ab. Nach seiner Schulzeit am Lycée Henri IV in Poitiers gelingt F. die Aufnahme an die angesehene Pariser »École normale supérieure«, an der er sein Philosophiestudium 1946 als Schüler Louis Althussers aufnimmt. Parallel dazu studiert er Psychologie, insbesondere Psychopathologie; ein Jahr nach seinem 1951 abgelegten Staatsexamen in Philosophie erhält er auch in diesem Fach das Diplom. Seine erste größere Veröffentlichung entstammt dann auch der Beschäftigung mit dieser Disziplin, die F.s Denken sowie seine Interessengebiete zeitlebens entscheidend bestimmen wird (*Maladie mentale et psychologie*, 1954; *Psychologie und Geisteskrankheit*). Die thematische Ausrichtung dieser Arbeit, von der er sich später distanziert, wird in seiner Dissertation wiederaufgenommen (*Folie et déraison. Histoire de la folie à l'âge classique*, 1961; *Wahnsinn und Gesellschaft. Eine Geschichte des Wahns im Zeitalter der Vernunft*).

Nach einigen Auslandsaufenthalten als Lektor und Direktor französischer Institute in Uppsala, Warschau und Hamburg während der 50er Jahre beginnt F. mit dieser Schrift eine Reihe von historischen Studien, in denen sich Schritt für Schritt das Projekt einer »Geschichte der Wahrheit« entwickelt. Wie er später, auf das Korpus seiner Schriften zurückblickend, sagte, ging es ihm dabei vor allem um die Analyse verschiedener Varianten der Konstitution menschlicher Wesen zu Subjekten. Da sein Interesse zentral auf die neuzeitlich-modernen Subjektivierungsformen gerichtet ist, die sich in komplexen gesellschaftlichen und historischen Prozessen herausbilden, stellt F. deren Untersuchungen in den größeren Rahmen einer »Geschichte der Gegenwart«.

In der Geschichte des Wahns geht es zunächst um die Konstitution des Wahnsinns in Abgrenzung zur Vernunft durch diese selbst. Durch seine Art der Darstellung legt F. Zweifel nahe an der Legitimität des von ihm diagnostizierten Ausschlusses des Wahnsinns aus der offiziellen Kultur und dem damit verbundenen »zentralen Gegensatz zwischen Normalem und Pathologischem im gegenwärtigen Europa«. Er macht bereits in dieser ersten Untersuchung deutlich, daß seine Konstitutionsanalyse Anordnungen heterogener Faktoren, wie »Vorstellungen, Institutionen, juristische und polizeiliche Maßnahmen, wissenschaftliche Begriffe« usw. aufzeigen soll, deren jeweiliges Zusammenspiel als die Bedingung der Möglichkeit eines historisch spezifischen Wissens, hier über den Wahnsinn, angesehen werden kann.

Ein Jahr nach Antritt seiner Professur an der Universität Clermont-Ferrand (1962), wo er seit zwei Jahren bereits als Privatdozent für Psychologie tätig war, veröffentlicht F. seine zweite historisch ausgerichtete Untersuchung über die Geschichte der Medizin (*Naissance de la clinique*, 1963; *Die Geburt der Klinik*). Es geht ihm hier um die Konstitution des Subjekts von ärztlichem Wissen – der Untertitel des Buches lautet »Archäologie des ärztlichen Blicks« – als Ergebnis des Zusammenspiels von institutionellen, pädagogischen, therapeutischen und politischen Bedingungen, welche die Sicht- und Behandlungsweise des Arztes bestimmen; diese erweisen sich als ebensowenig frei und autonom wie das Wissensobjekt Wahnsinn.

Nachdem F. in seinen beiden ersten »Geschichten« zwei Beispiele von Subjektivierung ausführlich analysiert hat, unternimmt er in der 1966 erscheinenden Arbeit *Les mots et les choses. Une archéologie des sciences humaines* (1966; *Die Ordnung der Dinge. Eine Archäologie der Humanwissenschaften*) eine allgemeinere Charakterisierung der modernen humanwissenschaftlichen Denkform. Im Zusammenhang damit versucht er eine Theorie diskursiver Praxis anstelle derjenigen des wissenden Subjekts unter der Annahme zu formulieren, daß die »Individuen, die verantwortlich für den wissenschaftlichen Diskurs sind, in ihrer Situation, ihrer Funktion, ihren perzeptiven Fähigkeiten und in ihren praktischen Möglichkeiten von Bedingungen bestimmt werden, von denen sie beherrscht und überwältigt werden«. Es handle sich dabei um »fundamentale Codes einer Kultur«, »historische Aprioris«, »positive, unbewußte Fundamente der Erkenntnisse«, die »epistémē« einer Wissenskultur. Aus deren Wirksamkeit erkläre sich das historische Auftauchen bestimmter Redeweisen über die

Dinge, die F. unter den – von ihm jedoch niemals hinreichend definierten – Begriff »Diskurs« faßt. Die derart verfahrende Diskursanalytik stellt er ausdrücklich unter den Titel »Archäologie«.

Neben der in dieser Vergleichsstudie über die drei epistemologischen Epochen Renaissance, Klassik und Moderne nun explizit vorgetragenen Kritik an Subjekt-Konzeptionen und Kontinuitätsvorstellungen hat besonders seine Formel vom »Ende des Menschen« ebensoviele Mißverständnisse wie Polemiken provoziert. F. bringt, durchaus zustimmend, gegenwärtige – von Psychoanalyse, Strukturalismus und Semiologie ausgehende – »antihumanistische« theoretische Orientierungen in den Blick, die an der Auflösung des uns noch immer beherrschenden Wissenssystems mitwirken: »Allen, die noch vom Menschen, von seiner Herrschaft oder von seiner Befreiung sprechen wollen, all jenen, die noch fragen nach dem Menschen in seiner Essenz, jenen, die von ihm ausgehen wollen, um zur Wahrheit zu gelangen, jenen umgekehrt, die alle Erkenntnis auf die Wahrheiten des Menschen selbst zurück-führen wollen, allen, die nicht denken wollen, ohne sogleich zu denken, daß es der Mensch ist, der denkt, all diesen Formen linker und linkischer Reflexion kann man nur ein philosophisches Lachen entgegensetzen – das heißt: ein zum Teil schweigen-des Lachen.« Durch diese epistemologische Grenzziehung, die F. das von ihm selbst immer wieder zurückgewiesene Etikett »Strukturalist« einbrachte, setzt er sich in schroffe Opposition zur herrschenden philosophischen Strömung der französischen Nachkriegszeit – dem Existentialismus – und damit auch zu ihrer prominentesten Gestalt: Jean-Paul Sartre. Sartres Polemik gegen F.s Denken – der, wie er meinte, »letzten Barriere, die das Bürgertum noch gegen Marx errichten kann« – vermochte jedoch nicht zu verhindern, daß F. für weite Kreise der französischen Öffentlichkeit zum wichtigsten Repräsentanten einer neuen intellektuellen Generation avancierte.

Den auch international stark beachteten *Les mots et les choses* folgt drei Jahre später die methodologische Arbeit *L'archéologie du savoir* (1969; *Archäologie des Wissens*). F. bedenkt hier, offensichtlich auf eine Reihe von Kritiken und Nachfragen hin, richtungweisend und nachträglich das methodische und grundbegriffliche Funda-ment seiner archäologisch-diskursanalytischen Wissenskritik. Er versteht sich dabei jedoch durchaus nicht als Vordenker, sondern – als »Epistemologe« in der Tradition seiner Lehrer Gaston Bachelard und Georges Canguilhem – allenfalls auf der Höhe der z.B. im Umkreis der sogenannten französischen Annales-Schule ausgeübten historiographischen Praxis. Gegen die totalisierende Disziplinierung von histori-schen Prozessen setzt F. das Modell einer »seriellen« Geschichtsanalyse, dessen grundsätzlich von Differenzen ausgehendes Denken er dem Identitätsdenken ent-gegensetzt. Dieses neige offensichtlich durch die Angst vor dem ›Anderen‹ zur Totalerfassung von Gesellschaft und Geschichte –, um ein Geschichtsbewußtsein als »Ort der Ruhe, der Gewißheit, der Versöhnung – des sorglosen Schlafes« zu erzeugen.

Im Jahre 1970 wird F. auf den Lehrstuhl für die »Geschichte der Denksysteme« am renommierten Pariser »Collège de France« berufen und erreicht damit das in Frankreich wohl höchstmögliche akademische Karriereziel. In seiner Antrittsvor-lesung am »Collège« (*L'ordre du discours*, 1971; *Die Ordnung des Diskurses*) beginnt er das Programm der Untersuchung von Diskurssystemen unter Aspekten von Macht zu formulieren. Er entwirft darin eine knappe Skizze der allen Diskurssystemen sowohl innerlichen wie äußerlichen Prozeduren der »Reglementierung«, »Ausschließung«, »Unterdrückung« – ihres »unberechenbar Ereignishaften«. Die im wesentlichen auf der Vorstellung der »Repression« beruhende Konzeption des Verhältnisses von Diskurs und Macht, die F. hier dem Publikum als Direktiv für seine weiteren Arbeiten entwirft, gibt er in seiner drei Jahre später vorgelegten Machtanalyse – am Beispiel der Geschichte des Gefängnisses – wieder radikal auf (*Surveiller et punir. La naissance de la prison*, 1975; *Überwachen und Strafen. Die Geburt des Gefängnisses*). Mit der machtanalytischen Akzentuierung seiner Darstellung von Diskursen geht eine gleichzeitige Politisierung von F.s öffentlichem Engagement einher.

Waren vor den 70er Jahren in dieser Hinsicht kaum mehr als seine kurze Mitgliedschaft in der Kommunistischen Partei Frankreichs und Kontakte zur brasilianischen demokratischen Opposition (seit 1965) zu verzeichnen, beginnt F. sich nun in einer Reihe spezieller sozialer Problembereiche zu engagieren: Gefängnis-Verhältnisse, Auswirkungen rassistischer Tendenzen, der Kampf der nicht-staatlichen polnischen Gewerkschaftsbewegung Solidarnosc, die Situation politischer Gefangener und Dissidenten usw. Die Tatsache, daß er sich an politischen Aktionen auf lokaler Ebene beteiligt (zeitweise auch unter Ausnutzung seines mittlerweile hohen öffentlichen Ansehens), korrespondiert unmittelbar mit jener neuen Orientierung des Machtbegriffs, die er ausführlicher als in seiner Geschichte des Gefängnisses jedoch erst in der Folgeschrift *Histoire de la sexualité 1. La volonté de savoir* (1976; *Sexualität und Wahrheit 1. Der Wille zum Wissen*) darlegt.

Macht bzw. Machtbeziehungen werden von F. nun als eine Vielfalt lokaler »Kräfteverhältnisse« unter dem Titel »Mikrophysik der Macht« analysiert. Ihre historischen Veränderungen denkt er dabei nach dem Modell des Kampfes bzw. Krieges, die weder auf eine übergeordnete Logik (wie im marxistischen Primat des Klassenkampfes) noch auf dahinterliegende Rationalitätsentwicklungen zurückzuführen seien. Entsprechend habe der »spezifische Intellektuelle«, als den F. sich definiert – im Gegensatz zum Intellektuellen »universellen« Charakters –, nicht mehr die Aufgabe, Sprecher der Menschheit oder anderer Großsubjekte zu sein, sondern die Funktion, mit seinen Schriften Gebrauchsgegenstände in den jeweiligen Kämpfen zu präsentieren: »Ich bin ein Werkzeughändler, ein Rezeptaussteller, ein Kartograph, ein Planzeichner, ein Waffenschmied«. Die Identität des Autors, die F. im Privatleben wie als Schriftsteller meist von sich wies (»Man frage mich nicht, wer ich bin, und man sage mir nicht, ich solle der gleiche bleiben«), hat er in seinen literaturtheoretischen Studien, insbesondere in dem 1969 vor der »Französischen Gesellschaft für Philosophie« gehaltenen Vortrag *Qu'est-ce qu'un auteur?*, bereits seit Beginn der 60er Jahre immer wieder prinzipiell in Frage gestellt. Dem Leser seiner Schriften dieser Zeit kann jedoch kaum entgehen, daß seine Bücher dennoch Absichten haben, daß sie vor allem ›subversive‹ Prozesse in unseren gegenwärtigen Lebens- und Denkformen unterstützen oder anregen sollen. In den letzten beiden »Geschichten« des Gefängnisses und der Sexualität gibt F. zwar bewußt keine Perspektiven eines möglichen Kampfes gegen die »moderne Seele« bzw. »Sexualität«. Jedoch ist die detaillierte Analyse der »Dispositive« (der Macht), innerhalb derer sich nach seiner Darstellung diese kulturspezifischen Phänomene herausgebildet haben, zur Anregung vielfältiger politischer Aktivitäten geeignet. In seiner Mikroanalytik der Techniken, Diskurse, Institutionen usw., welche die Machtbeziehungen konstituieren, entdeckt F. auf allgemeinerer Ebene einen spezifisch modernen Machttypus, den er »Bio-Macht« nennt. Im Gegensatz zur Form der Machtausübung in vormodernen abendländischen Gesellschaften werde die Bevölkerung seit dem 18. Jahrhundert weniger durch die Unterdrückung ihrer Lebensäußerungen beherrscht, als durch die Erzeugung, Regulierung und Kontrolle ihrer Körper- und Seelenkräfte. Eines der Resultate dieser Produktivität moderner Macht, die für F. gerade auch dort wirksam ist, wo es um die angebliche Befreiung von ihr geht, sieht er in dem »Disziplinarindividuum« als Teil der »Normalitätsgesellschaften«. Das von F. nun angewandte und bereits früher (1971) geforderte historiographische Verfahren ist die Genealogie Nietzsches, mittels der er die Historie der menschlichen Körper und ihrer »politischen Besetzungen« nachzeichnet.

Gegen Ende der 70er Jahre verlagert sich sein Interesse an moderner Machtausübung auf das Phänomen der »Regierung«. Er untersucht in diesem Zusammenhang den Regierungstypus einer sog. »pastoralen Macht«. In der Art der Führung einer Herde durch den Hirten identifiziert er das modellhafte Vorbild der modernen Form der Regierung von Bevölkerungen: Lenkung (der Seelen) der einzelnen in wohltätiger, »sorgender« Haltung. In der Gemeinde Christi findet F. ihre historisch früheste Manifestation. (F.s Beitrag zu den *Tanner Lectures on Human Values* von 1979 behandelt zentral das Thema der »pastoralen Macht«).

Acht Jahre nach Erscheinen des ersten Bandes seiner Geschichte der Sexualität werden zwei weitere Bände veröffentlicht: *L'usage des plaisirs* und *Le souci de soi* (1984; *Der Gebrauch der Lüste* und *Die Sorge um sich*). Die Leserschaft findet sich dabei mit einem gegenüber den ursprünglichen Plänen neuorientierten Projekt konfrontiert. In den nun vorgelegten, historisch weiter zurückreichenden Studien zur antiken Sexualethik analysiert F. die vorchristliche Form moralischer Subjektivierung durch das Prinzip individueller »Selbstsorge«. Er entdeckt darin eine »Ästhetik der Existenz«, die mit individualisierender und ratgebender Moral verbunden ist und die den totalisierenden, gesetz- bzw. normgebenden Moraltypen des christlichen Mittelalters und der Moderne entgegenzusetzen sei. Mit der offensichtlich positiven Bewertung jener antiken Ethik modifiziert F. sein immer wieder vorgetragenes Selbstverständnis eines »Intellektuellen als dem Zerstörer der Evidenzen« zugunsten der Suche nach einer möglichen »nachmodernen Lebenskunst«. Der frühe Tod F.s verhinderte, daß diese zweite, konstruktive Seite seines zuletzt vertretenen Philosophie-Verständnisses mehr als ein Anspruch bleiben sollte: »Philosophie ist eine Bewegung, mit deren Hilfe man sich nicht ohne Anstrengung und Zögern, nicht ohne Träume und Illusionen von dem freimacht, was für wahr gilt, und nach anderen Spielregeln sucht.«

Kögler, Hans Herbert: Michel Foucault. Stuttgart/Weimar 1994. – Dreyfus, Hubert L./Rabinow, Paul: Michel Foucault. Jenseits von Strukturalismus und Hermeneutik. Frankfurt am Main 1987. – Kammler, Clemens: Michel Foucault. Eine kritische Analyse seines Werks. Bonn 1986.

Thomas Schäfer

Fourier, Charles
Geb. 7. 4. 1772 in Besançon; gest. 10. 10. 1837 in Paris

Seine Idee war, Sexualität und Arbeit miteinander zu versöhnen, jenseits von jeder Art von Gewalt und Zwang und in einer Umgebung äußersten Luxus. Er träumte von einem Perpetuum mobile aus Wirtschaft und Eros. Damit blies er, ohne daß er es ahnte, zum Sturm auf die letzte Bastion des Christentums. Die anderen wurden zwar erst später angegriffen und geschliffen durch Darwinismus, Marxismus, Freudianismus und die Eroberung des Weltraums, F. aber ging gegen ein Dogma vor, das sich als härter erwies als alle andern, und so ist sein Kampf noch nicht ausgestanden. Denn Puritanismus und Antihedonismus halten noch heute auch im atheistischen Sozialismus die Trennung von Sinnlichkeit und Ökonomie aufrecht. Vom freien Markt hielt F. nichts. Handel und Ehe haßte er wie die Pest. Seine Liebe galt den Pflanzen. Die Zimmer, die er zeitlebens zur Untermiete bewohnte, waren bis auf enge Durchgänge von der Tür zum Fenster und zum Bett mit Blumentöpfen vollgestellt. So fand ihn schließlich eine seiner Wirtinnen im Gehrock, kniend zwischen den selbstgezüchteten Pflanzen, tot auf. Seine Freizeit verbrachte er auf dem Blumenmarkt. Vier Stunden am Tag arbeitete er an seinen Theorien. Jeden Mittag um zwölf eilte er nach Hause, um den Mann zu erwarten, der kommen und ihm das Geld zur Verfügung stellen würde, mit dem er seine Ideen in die Wirklichkeit umsetzen könnte. Er lachte niemals. Er haßte Nudeln und Kröten. Sein Motto war: »J'aime à être seul.« Er liebte Orgien.

F. hatte viel Pech. Er wird als Sohn eines wohlhabenden Tuchhändlers in Besançon geboren. Der Vater stirbt, als er elf Jahre alt ist. Die Mutter ist geizig und bigott. Er möchte in den Staatsdienst, aber man weist ihn ab wegen seiner Herkunft. Er wird Handlungsreisender und treibt sich, während in Paris die Revolution auf Hochtouren läuft, auf den Fernstraßen Westeuropas herum. Der Vater hinterläßt ihm ein Vermögen. Davon steckt er die Hälfte in Kolonialwaren. Bei der Belagerung Lyons durch die Truppen des Konvents werden sie beschlagnahmt. F. wird verhaftet, kommt durch Fürsprache eines jakobinischen Vetters frei, muß aber mit dem 8. Kürassierregiment an die Rheinfront. Inzwischen hat sein Onkel den anderen Teil seines Vermögens verspekuliert. F. geht als Kaufmannsgehilfe nach Marseille, schlägt sich in Lyon als Makler ohne Lizenz durch, als Bürovorsteher der statistischen Abteilung der Lyoner Präfektur, wieder als Makler, als Kassierer in einem Handelshaus, bei einer amerikanischen Handelsfirma in Paris. Überall scheitert er. Nach dem Tod seiner Mutter erhält er eine kleine Leibrente, von der er nicht leben und nicht sterben kann. Er versucht, sich aufs Land zurückzuziehen, nach Talissieu, wo seine Familie ein wenig Boden besitzt. Die vierjährige Zurückgezogenheit zwischen 1816 und 1820, in der er sein erotisches Hauptwerk *Le nouveau monde amoureux (Aus der neuen Liebeswelt)* schreibt, endet mit einem Debakel. Er verwickelt sich in obskure Liebesbeziehungen zu seinen Nichten. Das Ganze fliegt auf, und er verschwindet.

Die Welt seiner Phantasie sieht ganz anders aus als die seiner Untermieterexistenz. Hier blüht alles auf in Liebe und Luxus. Seine Werke werden kaum zur Kenntnis genommen und wenn, wüst angefeindet oder von seinen Schülern später entstellt und zensiert verbreitet. Man verschwieg die Erotik und versuchte, die Ökonomie allein zu retten. Aber seine gesamte Theorie steht auf diesen beiden Beinen. Seine Idee von der Ökonomie kann ohne Erotik nicht funktionieren und umgekehrt. So scheitern alle Versuche der Fourieristen, ökonomische Genossenschaften nach den Ideen des Meisters zu gründen. Niemand nimmt seine Hauptwerke ernsthaft zur Kenntnis. Die, die darauf gestoßen sind, hielten ihn für einen Irren. Auf der *Théorie des quatre mouvements et des destinées générales* (1808; *Theorie der vier Bewegungen und der allgemeinen Bestimmungen)*, der *Théorie de l'Unité universelle* (1822) und den Abhandlungen *Le nouveau monde industriel et sociétaire* (1829) und *La fausse industrie* (1835) blieben die Verleger sitzen. Sein erotisches Hauptwerk *Le nouveau monde amoureux* ist zu Lebzeiten nicht erschienen. Das Manuskript wurde erst 1967 von Simone Debout herausgegeben. Eine Gesamtausgabe seines Werkes, in der auch dieses Manuskript zum ersten Mal im Druck erschien, wurde erst ab 1966 unternommen.

In seinen Texten wirft F. alle Moralbegriffe seiner Zeit über den Haufen. Im Mittelpunkt aller seiner Überlegungen steht die Liebe. Seine utopische Welt besteht aus landwirtschaftlichen und industriellen Produktionsgenossenschaften, die einzig und allein durch die zwischenmenschlichen Leidenschaften in Gang gehalten werden. F. entdeckt die Lust als die Energie, die, wenn man sie richtig nutzt, wie ein Perpetuum mobile, alle gesellschaftliche Bewegung auf immer reibungslos und problemlos in Gang halten kann. Für ihn ist die sexuelle Energie ein Newtonsches Grundgesetz des gesellschaftlichen Universums. Wer diese Gesetze kennt und anwendet, wird eine sexuelle und ökonomische Revolution ohnegleichen entfachen und den Menschen in den Zustand der Vollkommenheit versetzen. Die Bestimmung des Menschen ist die Befriedigung aller seiner Triebe, nicht deren Unterdrückung. Das Ziel der menschlichen Gesellschaft ist Luxus und Triebbefriedigung für alle. Arbeit ist notwendig, aber sie darf keine Last, sondern muß Lust sein. Jeder soll nur das tun, wozu er Lust hat, und das nicht zu lange, nicht länger als zwei Stunden höchstens. Es bilden sich also Gruppen von Gleichgesinnten, die zu der einen oder anderen Tätigkeit Lust haben. Apfelzüchter, Birnenzüchter. So werden alle gesellschaftlich notwendigen Tätigkeiten abgedeckt. Wer zwei Stunden Äpfel gezüchtet hat, kann danach zwei Stunden Rechnungen schreiben, wenn er Spaß daran hat. Wichtig ist der immerwährende Wechsel der Beschäftigung und der beschäftigten Personen. Das geht genauso in den zwischenmenschlichen Beziehungen. Der Wechsel erhält die Lust. Die Lust garantiert den Erfolg, und der Erfolg bringt Geld. Geld wiederum bringt Luxus und vermehrt die Lust. Das alles findet in riesigen genossenschaftlichen Vereinigungen statt, die nach Ausmaß und Aussehen dem Schloß von Versailles ähneln. F. nennt diese Einheiten »Phalanstères«. Die Phalanx ist das Zaubermittel, mit dem die Menschheit in den Zustand der Vollkommenheit katapultiert wird. Hier beginnt F., sein kosmogenetisches System zu entwickeln und seine Sozialtheorien mit Märchenglanz zu überziehen. F.s Denken ist eines der besten Beispiele für die Herkunft der Sozialtheorien aus dem Traum vom Schlaraffenland. Im System des Glücks werden die Menschen durchschnittlich 144 Jahre alt werden, das Klima wird sich völlig ändern. Mit der achten Periode der Harmonie beginnt die Aurora des Glücks. Die Erde bekommt eine Nordpolkrone, die Wärme und Licht ausstrahlt. Es herrscht überall ewiger Frühling, das Meer nimmt einen limonadenartigen Geschmack an. Die Raubtiere verschwinden, geboren wird der Anti-Hai, der Anti-Wal, der Anti-Löwe. Der ganze Erdball wird mit Phalanstères bedeckt sein, und Konstantinopel wird Hauptstadt der Welt. Aber einen durchorganisierten Weltstaat wird es nicht geben, denn jedes Phalanstère verwaltet sich selbst. Die Menschheit wächst auf vier Milliarden, nimmt dann aber durch die opulente und luxuriöse Lebensweise allmählich ab.

Nach der Erfindung des Dampfschiffes und der Eisenbahn nahm F. allerdings von seinen phantastischen Spekulationen Abschied, denn Anti-Hai und Anti-Löwe als Zugtiere waren nun nicht mehr nötig. Die Grundkraft aller Bewegung in der Gesellschaft aber wurde für ihn nicht der Dampf, es blieb die Lust. Im Grunde geht F. von der gleichen Annahme aus wie Thomas Hobbes. Der Mensch wird regiert von Lust und Unlust. Er tut, was Lust bereitet und meidet, was Unlust bereitet. Hobbes zieht daraus den Schluß, daß eine menschliche Gesellschaft nur funktionieren kann, wenn sie sich auf eine Staatsordnung einigt, die mit äußerster Gewalt ihre Mitglieder zwingt, auch das zu tun, was keinen Lustgewinn bringt. Der einzelne muß sich dem Gewaltmonopol des Staates unterordnen. F. geht den umgekehrten Weg. Er paßt die Form der Gesellschaft dem Lustprinzip an. So wird nicht die Staatsgewalt Grundlage der gesellschaftlichen Maschinerie, Gewalt und Triebverdrängung Grundlage materieller und geistiger Produktion, sondern die Lust. F. steht in der Mitte zwischen Marx und Sade. Seine Kombination von genossenschaftlicher Ökonomie und Orgie hätte die Dandies und die sozialistischen Puritaner gleichermaßen in Rage gebracht, wenn sie sein Werk gelesen hätten. Aber F. geht wie Sade weit über Marx und auch Freud hinaus. Hinter den wahnsinnigen Phantasien tritt eine Gesellschaft hervor, die in ihren soziopsychischen Grundlagen das völlige Gegenteil ist von allen historischen und utopischen Gesellschaften, denn sie baut nicht auf Staatsgewalt auf und nicht auf Triebverdrängung. Das aber haben alle erdachten idealen und real gelebten Gesellschaften bisher gemeinsam, und niemand außer F. und Sade hat bis in unser Jahrhundert diese Grundlagen angezweifelt. In dieser Totalität des Gegenbildes liegt die Innovationskraft F.s für die Zukunft, jenseits aller phantastischen Einzelheiten.

Bebel, August: Charles Fourier. Sein Leben und seine Theorien. Frankfurt am Main 1978 (Nachdruck). – Desroche, Henri: La Société festive du fouriérisme écrit aux fouriérismes pratiques. Paris 1975. – Barthes, Roland: Sade, Fourier, Loyola. Frankfurt am Main 1974.

Michael Winter

Frege, Gottlob
Geb. 8. 11. 1848 in Wismar; gest. 26. 7. 1925 in Bad Kleinen

Der Honorarprofessor F. hatte seine Hauptwerke bereits veröffentlicht, da wußte der Jenenser Universitätskurator über den Begründer der modernen Logik höherenorts nur zu melden, Herr F. sei »zu keiner Auszeichnung vorzuschlagen, weil seine Lehrtätigkeit untergeordneter Art und für die Universität ohne besonderen Vorteil« sei. Ausgehend von mathematischen Grundlagenfragen der Zahlentheorie – fast gleichzeitig mit Richard Dedekind und doch unabhängig von ihm –, schuf F. mit seinen Überlegungen nicht nur den Prinzipien der Mathematik ein neues Fundament, sorgte nicht nur endgültig – vor Husserl – dafür, daß der Psychologismus sich aus den Logik-Debatten verabschieden mußte, sondern begründete mit seinen Ergebnissen zugleich eine neue Denkart in der wissenschaftlichen Selbstverständigung der Philosophie.

Der historische Ansatz ergibt sich aus dem Rückgang auf Kant, dessen Theorie der Zahlen als Erkenntnisobjekte synthetisch-apriorischer Natur (einer Konstruktion im Medium der reinen Anschauungsformen von Raum und Zeit) F. für unhaltbar hielt. Er wollte dagegen die gesamte Arithmetik, und damit die Mathematik überhaupt, ausschließlich aus der Logik ableiten. Rekurse auf außerlogische Gewißheitsbegründungen seien ganz zu vermeiden. Zu einem solchen Unterfangen bedurfte es zunächst eines Zeichensystems, das in sich abgeschlossen und formal eindeutig war. Verwirklicht wurde es in der *Begriffsschrift* von 1879. Mit diesem Werk schuf F. das entscheidende Modell für alle weiteren Entwicklungen im Bereich logischer Kalküle und verwirklichte damit Leibnizens Idee eines »calculus ratiocinator«. Die elementaren Grundlagen eines heutigen Logikstudiums gehen – wenn auch in anderen Bezeichnungen und in eingängigerer äußerer Darstellung – auf F. zurück. Mit diesem ›Instrument‹ lassen sich uralte Denkprobleme in einem transparenten Schlußverfahren auf ihre rein gedankliche Struktur reduzieren. Begriffslogische Reflexionen unterscheiden die Subsumtion eines Gegenstandes unter einen Begriff (»Sokrates ist ein Mensch«) von der Subordination eines Begriffs unter einen anderen (»Ein Baum ist eine Pflanze«) oder Eigenschaften der Gegenstände von Merkmalen der Begriffe (und von deren Eigenschaften). Von den *Grundlagen der Arithmetik* (1884) und dem Aufsatz *Über Begriff und Gegenstand* (1892) bis hin zu seinen *Logischen Untersuchungen* (1918 bis 1925) arbeitete F. beharrlich an einer fortschreitenden Fundierung und Differenzierung seiner logischen Theorie – und damit implizit zugleich an der Initiation eines sprachanalytischen Zugangs zu philosophischen Fragestellungen jeder Provenienz. Zentrale philosophische Grundbegriffe wie die der »Identität« und »Existenz« unterwarf er einer radikalen logischen Analyse und einer von der Mehrdeutigkeit der Alltagssprache befreiten Neu-Definition. Außerdem entwickelte er die unverzichtbaren terminologischen Eckpfeiler einer exakten Wissenschaftssprache im ›logisch-philosophischen‹ Kontext: Eigenname, Kennzeichnung, Begriff, Urteil, Satz, Sinn und Bedeutung. Allgemeingut wurde die letztgenannte Differenzierung am Beispiel von ›Morgenstern‹ und ›Abendstern‹ als der zwei unterschiedenen »Sinne« ein und derselben »Bedeutung« (zweier Erscheinungsweisen *eines* Gegenstandes: der ›Venus‹). So wie moderne Semantik mit diesen Analysen beginnt, so nehmen auch die beiden wesentlichen Richtungen heutiger Sprachphilosophie damit ihren Anfang: die Theorie einer Idealsprache im Sinne von Carnap und Quine ebenso wie die »Ordinary Language Philosophy« (Gilbert Ryle, John L. Austin), die in F.s Aufsatz *Über Sinn und Bedeutung* ihren geistigen Ursprung hat. Die Krönung seines Werkes aber, eine vollständige Ableitung der Arithmetik aus logischen Grundsätzen, blieb F. versagt. Kurz vor der Drucklegung des 2. Bandes seiner *Grundgesetze der Arithmetik* (1903) erreichte ihn eine deprimierende Nachricht aus England. Im Nachwort berichtet F. in bewundernswerter Gefaßtheit: »Herr Russell hat einen Widerspruch aufgedeckt« – und es folgt die nüchterne Darlegung der logischen Konsequenzen aus der bald schon nach Russell benannten Antinomie, die er in F.s »Grundgesetz« Nr. V entdeckt hatte. Russell konnte in den *Principia mathematica* zwar diesen Widerspruch ›aus der Welt‹ schaffen, gab aber dafür die Ableitbarkeit des Unendlichkeitsaxioms preis. F.s epochaler Versuch harrt so noch immer einer endgültigen Lösung.

Kutschera, Franz von: Gottlob Frege. Eine Einführung in sein Werk. Berlin/New York 1989. – Dummett, Michael: Ursprünge der analytischen Philosophie. Frankfurt am Main 1988. – Schirn, Matthias (Hg.): Studien zu Frege I–III. Stuttgart-Bad Cannstatt 1976. – Dummett, Michael: Frege. Philosophy of Language. London 1973.

Gerhard Gönner

Freud, Sigmund
Geb. 6. 5. 1856 in Freiberg/Mähren; gest. 23. 9. 1939 in London

»Für gewöhnlich erfahren wir ja, dank ihrer eigenen Diskretion und der Verlogenheit ihrer Biographen, von unseren vorbildlich großen Männern wenig Intimes.« Was der Psychologe des Unbewußten bei anderen so polemisch beklagte, trifft auf seine Person vorzüglich zu. Wie kaum eine Zelebrität war F. fortwährend darum bemüht, lebensgeschichtliche Spuren zu verwischen, einen dichten Schleier der Diskretion um seine private Existenz zu legen, um, wie er als junger Mann seiner Verlobten Martha Bernays mitteilte, seinen späteren Biographen die Arbeit so schwer wie möglich zu machen. F. gab sich außerordentlich scheu, was seine persönlichsten Lebensumstände und Angelegenheiten betrifft; er war, wie Ludwig Marcuse bemerkt hat, »von einer geradezu aggressiven Diskretion«, welche selbst ihm nahestehende Personen kaum zu durchbrechen vermochten. Dennoch sind wir über das Leben des Schöpfers der Psychoanalyse ausreichend unterrichtet, dank des Biographenfleißes von Ernest Jones (dem die Familie F.s private Dokumente zur Einsicht überließ), Siegfried Bernfeld, Max Schur, Ronald Clark, Peter Gay und, nicht zuletzt, dank der (wenn auch bis heute unvollständigen) Veröffentlichung von F.s umfangreicher Korrespondenz, die er mit Freunden und Schülern, so mit Wilhelm Fließ, Carl Gustav Jung, Karl Abraham, Sándor Ferenczi, Ernest Jones, Lou Andreas-Salomé, Oskar Pfister, Georg Groddeck und Arnold Zweig, geführt hat.

F.s Vater Jacob Freud, der aus Galizien ins mährische Freiberg übergesiedelt war, betrieb einen Handel mit Tucherzeugnissen. In dritter Ehe hatte er Amalie Nathanson geheiratet, die wie er selbst aus einer jüdischen Kaufmannsfamilie stammte. Über seine Herkunft notierte der 70jährige F.: »Weil ich Jude war, fand ich mich frei von vielen Vorurteilen, die andere im Gebrauch ihres Intellekts beschränken, als Jude war ich dafür vorbereitet, in die Opposition zu gehen und auf das Einvernehmen mit der ›kompakten Majorität‹ zu verzichten.« Auch wenn sich F. als Ungläubigen sah, hat er seine Beziehung zum Judentum nie verleugnet; man kann sagen, daß seine ethischen Einstellungen als Person wie als Wissenschaftler stark von der jüdisch-humanistischen Tradition geprägt waren. Aufgrund wirtschaftlicher Schwierigkeiten verließ F.s Familie im Jahre 1859 Freiberg und fand in Wien eine neue Heimat. Von wenigen Auslandsaufenthalten abgesehen lebte F. 79 Jahre in dieser Stadt, bis zu seiner erzwungenen Emigration 1938. F. hat Wien, so bezeugen es zahlreiche Äußerungen, nach Kräften gehaßt, nicht zuletzt wegen seines rüden Antisemitismus, und doch hat er sich von der Donaumetropole niemals lösen können. Nach dem Besuch des humanistischen Gymnasiums nahm F. 1873 das Medizinstudium an der dortigen Universität auf. Zu seinen bedeutendsten Lehrern zählten der Physiologe Ernst Wilhelm von Brücke, an dessen Institut er von 1876 bis 1882 arbeitete, und der Gehirnanatom Theodor Meynert.

Die Erfahrungen am Brückeschen Institut waren für den jungen F. insofern zentral, als er hier mit dem streng naturwissenschaftlich-materialistischen Ansatz der Helmholtz-Schule in Berührung kam, der sein psychologisches Denken – die Annahme der funktionellen Abhängigkeit seelischer Vorgänge von den Reizleitungen des Nervensystems und die Idee eines »psychischen Apparats« – maßgeblich beeinflußte. Zugleich diente die an Brückes Institut kultivierte Erfahrungs- und Beobachtungswissenschaft dazu, bei F. etwaige Neigungen zu philosophischer Spekulation entschieden zurückzudämmen. F.s lebenslang durchgehaltene antimetaphysische, antireligiöse und antiidealistische Einstellung verdankt sich dem frühen Kontakt nicht nur mit den Lehren der Helmholtz-Schule, sondern auch mit denen des Darwinismus, die schon den Oberschüler beeindruckt hatten. In Meynerts gehirnanatomischem Laboratorium studierte F. erstmals das menschliche Zentralnervensystem, seine Spezialisierung zum Neuropathologen war damit vorgezeichnet. 1885 wurde F. zum Privatdozenten für Nervenkrankheiten ernannt, im selben Jahr reiste er nach Paris, um bei dem berühmten Psychiater Jean-Martin Charcot in die Lehre zu gehen. Unter dem Eindruck dieser Erfahrung rückte das Krankheitsfeld der Neurosen, vor allem der Hysterie, in F.s Blickfeld, aber anders als Charcot überschritt F. den rein medizinischen Standpunkt zugunsten einer psychologischen Auffassung der Neurosen. Damit war bei F. endgültig das Fundament zu einer neuartigen, ja revolutionären Auffassung seelischer Erkrankungen gelegt. Gemeinsam mit dem Arzt Josef Breuer, dessen Patientin Anna O. F.s Anteilnahme und wissenschaftliches Interesse weckte, entdeckte er auf dem Weg der Hypnosebehandlung den für die Psychoanalyse zentralen Unterschied zwischen bewußten und unbewußten seelischen Zuständen. 1895, als die Phase ihrer engen Kooperation bereits vorüber war, publizierten F. und Breuer ihre *Studien über Hysterie*. Was F. von dem älteren Breuer trennte, war die Einsicht in den sexuellen Ursprung hysterischer Erkrankungen, eine Einsicht, die Breuer nicht zu teilen vermochte. Für F. aber bedeutete sie einen wesentlichen Schritt in Richtung einer Psychologie, in der die Sexualität in all ihren bewußten und unbewußten Varianten – als ausgelebte, pervertierte, sublimierte oder verdrängte – eine entscheidende Rolle spielt.

Im wissenschaftlichen Austausch mit dem Berliner Hals-Nasen-Ohren-Arzt Wilhelm Fließ, mit dem er in den 90er Jahren eine intime Korrespondenz pflegte, entwickelte F. die Grundzüge der Psychoanalyse, die schließlich in der *Traumdeutung* (1900) ihren ersten und folgenreichen Ausdruck fand. In diesem gewichtigen Werk formulierte F. seine wesentlichen Erkenntnisse vom unbewußten Seelenleben, die er später zwar im Detail modifizierte und ausbaute, im ganzen aber beibehielt. In der *Traumdeutung* vermochte F. zu zeigen, daß die scheinbar sinnlosen, chaotischen Produktionen, die der Traum hervorbringt, sehr wohl einen »Sinn« haben, freilich einen, der ihnen auf eine spezifische Weise abgelesen werden muß. Indem F. die Gesetze der Traumarbeit entzifferte, machte er den Traum einer Deutung zugänglich, welche den vermeintlichen Un-Sinn als unbewußten Sinn ausweist. »Diese Annahme wird zum wissenschaftskonstituierenden Axiom der Psychoanalyse und ermöglicht eine prinzipielle Erweiterung der Erfahrung über den Menschen« (Alfred Schöpf). Die Publikation des Traumbuches führte indes nicht, wie ihr Autor gehofft hatte, zu einer größeren öffentlichen Resonanz der jungen Wissenschaft vom Unbewußten. F. blieb vielmehr isoliert: »Durch mehr als ein Jahrzehnt nach der Trennung von Breuer hatte ich keine Anhänger. . . .In Wien wurde ich gemieden, das Ausland nahm von mir keine Kenntnis«, heißt es in F.s *Selbstdarstellung* von 1925, als er längst ein berühmter Mann war. Gleichwohl arbeitete F., nur von einer kleinen Gruppe von Anhängern unterstützt – anfangs waren das Max Kahane, Alfred Adler, Wilhelm Stekel, Rudolf Reitler, später kamen Paul Federn, Eduard Hitschmann, Otto Rank, Isidor Sadger, Fritz Wittels hinzu –, unbeirrt an der von ihm begründeten Wissenschaft weiter. In rascher Folge publizierte er eine Reihe bedeutender Schriften, die der Psychoanalyse allmähliche Reputation in ärztlichen wie nichtärztlichen Kreisen verschafften. Ein Jahr nach der *Traumdeutung* erschien *Zur Psychopathologie des Alltagslebens*, ein Buch, in dem F. gewöhnliche Zufallshandlungen und Fehlleistungen wie Vergessen, Versprechen, Verschreiben im Sinne eines unvollkommen verdrängten psychischen Materials deutete. 1905 veröffentlichte F. zwei weitere grundlegende Werke, die *Drei Abhandlungen zur Sexualtheorie* und *Der Witz und seine Beziehung zum Unbewußten*. Akzentuierte ersteres noch einmal entschieden die Rolle der Sexualität, des Lustprinzips für die psychophysische Entwicklung des Individuums, so wies letzteres nach, daß der Lustgewinn, den der Witz bietet, aus jener psychischen Hemmungsersparnis resultiert, die das infantile Lusterleben charakterisiert.

Mit diesen Arbeiten, die gleichsam den orthodoxen Fundus der Psychoanalyse bilden, gelang es F. zunehmend, bedeutende Köpfe in seinen Bann zu ziehen. Ernest Jones, F.s späterer Biograph, bekannte sich ebenso als sein Anhänger wie der

Schweizer Psychiater Carl Gustav Jung (der sich allerdings nach wenigen Jahren von F. trennte und eigene psychologische Wege ging), der ungarische Arzt Sándor Ferenczi und die Deutschen Karl Abraham, Max Eitingon, Hanns Sachs und Lou Andreas-Salomé. Die »Psychologische Mittwoch-Gesellschaft«, die sich seit 1902 – dem Jahr der viel zu späten Ernennung F.s zum Professor – wöchentlich in F.s Wohnung in der Berggasse 19 einfand, nahm 1908 den Namen »Wiener Psychoanalytische Vereinigung« an. Eine Amerikareise im darauffolgenden Jahr, die F. in Begleitung von Ferenczi und Jung unternahm, machte die Psychoanalyse auch in der Neuen Welt bekannt. 1910 wurde die »Internationale Psychoanalytische Vereinigung« aus der Taufe gehoben – die Wissenschaft vom Unbewußten begann ihren Siegeszug um die Welt anzutreten. Mit der Veröffentlichung von *Totem und Tabu* (1913), einem Werk, in dem F. anhand von ethnologischem Material eine psychologische Deutung der Urgesellschaft gibt und die historisch-gesellschaftliche Ubiquität des von ihm so genannten Ödipuskomplexes behauptet, stand die Psychoanalyse vor dem Krieg – trotz den Trennungen von C. G. Jung und Alfred Adler – im Zenit ihrer öffentlichen Wahrnehmung und Anerkennung. Der Erste Weltkrieg, der F. anfangs als k. u. k.-Patrioten sah, bedeutete freilich eine tiefe Zäsur in seinem Leben und Werk. Je länger der Krieg dauerte – seine drei Söhne standen im Feld –, desto drängender beschäftigte F. die Frage nach den psychischen Ursachen menschlicher Aggression. In der kleinen Schrift *Zeitgemäßes über Krieg und Tod* (1915), die als Ouvertüre zu F.s pessimistischem Spätwerk gelten darf, wagte er sich erstmals an das Problem, warum trotz des kulturell geforderten Tötungsverbots immer wieder individuelle und kollektive Aggressionshandlungen durchbrechen. F. sah sich zunehmend genötigt, sein ursprüngliches Triebkonzept – den Dualismus von Sexualund Ich- bzw. Selbsterhaltungstrieben – durch einen neuen Triebdualismus zu ersetzen, weil er erkannt hatte, daß er die Wirkung der Aggression theoretisch bislang zu wenig beachtet hatte. In der Arbeit *Jenseits des Lustprinzips* (1920) stellte er den lebenserhaltenden Trieben explizit einen Todestrieb gegenüber – ein theoretisches Konstrukt, das F. zwar klinisch zu fundieren versuchte, das aber doch stark spekulative Züge trägt.

Die späten Werke F.s, so die religionskritische Studie *Die Zukunft einer Illusion* (1927) und *Das Unbehagen in der Kultur* (1930), dokumentieren eindrucksvoll F.s langen Weg von der Medizin über die Psychologie zu Philosophie, Sozialpsychologie und Kulturtheorie. Sein Alterswerk, so scheint es, sucht Antworten auf die großen Fragen der Menschheit, wie auch der Briefwechsel mit Albert Einstein (*Warum Krieg?*, 1932) und die Schrift *Der Mann Moses und die monotheistische Religion* (1939) zeigen. Obwohl der Psychologe des Unbewußten, darin der Schopenhauerschen Philosophie folgend, den Anstrengungen und Absichten der Ratio skeptisch bis pessimistisch gegenüberstand, weil er deren Schwäche realistisch diagnostizierte, blieb er – der Bewunderer Lessings, Goethes und Heines – ein Mann der Aufklärung. Aller durchschauten Ohnmacht der Vernunft zum Trotz bekannte sich F. zum »Gott Logos«: »Der Primat des Intellekts liegt gewiß in weiter, weiter, aber wahrscheinlich doch nicht in unendlicher Ferne.« Anders als sein (abtrünniger) Schüler C. G. Jung, der sich in den Schoß metaphyischer und religiöser Gewißheiten zurückkehrte, hielt F. den Motiven einer selbstkritisch gewordenen Aufklärung die

Treue; dem Sog des Unbewußt-Irrationalen, dessen Kraft er illusionslos konstatierte, setzte er in der »Schweigestunde der Religion und der Philosophie« (Alexander Mitscherlich) das Potential unnachlaßlicher Vernunftanstrengung entgegen. Deshalb taugt F. nicht zum Propheten des Irrationalismus wie etwa sein Zeitgenosse Ludwig Klages, der den »Geist« zum Widersacher der »Seele« erklärte und diese gegen jenen reaktionär ausspielte. In seinem 1929 veröffentlichten Aufsatz *Die Stellung F.s in der modernen Geistesgeschichte* notierte Thomas Mann: »F.s Forscherinteresse fürs Affektive artet nicht in die Verherrlichung seines Gegenstandes auf Kosten der intellektuellen Sphäre aus. Sein Antirationalismus bedeutet die Einsicht in die tatsächlich-machtmäßige Überlegenheit des Triebes über den Geist; er bedeutet nicht das bewunderungsvolle Auf-dem-Bauch-Liegen vor dieser Überlegenheit und die Verhöhnung des Geistes.« Gegen die Vergötzung des Irrationalismus, der 1933 in Deutschland zur Staatsreligion erhoben wurde, war F. denn auch gründlich gefeit; seine Schriften wurden am 10. Mai 1933 von den neuen nationalsozialistischen Herren dem Scheiterhaufen überantwortet. Nach dem gewaltsamen »Anschluß« Österreichs ans Deutsche Reich im März 1938 wurden F. und seine Familie zur Emigration gezwungen. Der Schöpfer der Psychoanalyse starb ein Jahr später im Londoner Exil. Seine Lehre, die sich als Tiefensemantik der Rationalität charakterisieren läßt, überdauerte den von Hitler entfesselten Zweiten Weltkrieg und die Vernichtung der europäischen Juden. Obwohl nie gänzlich unumstritten, gehört die von F. begründete Wissenschaft vom Unbewußten zu jenen modernen Kulturleistungen, die das Wissen des Menschen über sich selbst, über die in ihm angelegten Möglichkeiten – zum Guten wie zum Bösen –, revolutionär erweitert haben.

Grubrich-Simitis, Ilse: Zurück zu Freuds Texten. Frankfurt am Main 1993. – Lohmann, Hans-Martin: Freud zur Einführung. Hamburg ³1991. – Gay, Peter: Freud. Eine Biographie für unsere Zeit. Frankfurt am Main 1989. – Marquard, Odo: Transzendentaler Idealismus, Romantische Naturphilosophie, Psychoanalyse. Köln 1987. – Jones, Ernest: Das Leben und Werk von Sigmund Freud. Bern/Stuttgart/Wien 1960–1962.

Hans-Martin Lohmann

Fromm, Erich
Geb. 23. 3. 1900 in Frankfurt am Main; gest. 18. 3. 1980 in Muralto/Schweiz

Auf die Frage nach einer Selbstdefinition antwortete F. einmal, er sei »ein atheistischer Mystiker, ein Sozialist, der sich im Gegensatz zu den meisten sozialistischen und kommunistischen Parteien befindet, ein Psychoanalytiker, zugleich ein sehr unorthodoxer Freudianer«. Diese Selbsteinschätzung nimmt die wichtigsten Quellen und Impulse seines philosophischen und wissenschaftlichen Arbeitens zusammen: messianisches Judentum und Buddhismus, Marx und Freud.
Der junge F. wächst auf in einer orthodoxen jüdischen Familie in Frankfurt und besucht dort das Gymnasium. Die Erfahrung des Ersten Weltkriegs sensibilisiert ihn für sozialpsychologische und

sozialphilosophische Fragestellungen. In der intellektuellen Autobiographie *Beyond the Chains of Illusions* (1962; *Jenseits der Illusionen*) bekundet er als sein Hauptinteresse in dieser Zeit: »Ich wollte die Gesetze verstehen lernen, die das Leben des einzelnen und der Gesellschaft – d. h. die Menschen in ihrer gesellschaftlichen Existenz – beherrschen.« Mit Beginn des Studiums der Soziologie, Psychologie und Philosophie in Heidelberg 1919 bei Karl Jaspers, Heinrich Rickert und Alfred Weber, bei dem er mit der Arbeit *Das jüdische Gesetz* 1925 promovierte, wurden ihm dafür theoretische Konzepte zugänglich: die Frühschriften von Marx, die Soziologie Max Webers und die Psychoanalyse Freuds; daneben beeinflußten ihn die Schriften des Anthropologen und Entdeckers der mutterrechtlichen Gesellschaften Johann Jacob Bachofen, die später zu einer Modifizierung der Freudschen Triebtheorie beitrugen. Seit 1925 machte F. eine Ausbildung zum Psychoanalytiker bei den Professoren Karl Landauer und Wilhelm Wittenberg in München; von 1929 bis 1932 führte er seine Studien weiter am Psychoanalytischen Institut in Berlin bei Karl Abraham, Franz Alexander, Sandor Rado, Theodor Reik und Hanns Sachs. Seit Herbst 1926 praktizierte er als Psychoanalytiker. Über mehr als vierzig Jahre bleibt die konkrete psychoanalytische Erfahrung Quelle seines theoretischen Arbeitens.

Die Jahre zwischen 1926 und 1929 sind geprägt von der Arbeit als Psychoanalytiker und von tastenden wissenschaftlichen Versuchen auf der Grundlage der Freudschen Triebtheorie. Ein eigenständiger Ansatz wird erstmals sichtbar in F.s Beitrag zur Einweihung des Frankfurter Psychoanalytischen Instituts 1929, das auf Initiative des Heidelberger Kreises um seine erste Frau Frieda Fromm-Reichmann, und gefördert von Max Horkheimer, gegründet werden konnte. Dieser Beitrag *Psychoanalyse und Soziologie* versucht, Psychologie und Soziologie unter dem Primat einer historisch-materialistischen Methode zu verbinden. F.s wichtigste wissenschaftliche Standortbestimmung und die Grundlegung seiner weiteren wissenschaftlichen Arbeit erfolgt nach der Berufung an das Frankfurter »Institut für Sozialforschung« 1930 als Fachmann für Fragen der Psychoanalyse in dem Aufsatz *Über Methode und Aufgabe einer analytischen Sozialpsychologie. Bemerkungen über Psychoanalyse und historischen Materialismus* von 1932. Eine analytische Sozialpsychologie hat demgemäß sowohl die gesellschaftliche Bedingtheit des Menschen zu berücksichtigen, die Marx in seiner Theorie der sozioökonomischen Dynamik analysiert, als auch die Bedingtheit durch das Unbewußte, für die Freud mit seinem Begriff der Triebstruktur einen wissenschaftlichen Zugang eröffnete. Es ist die Aufgabe einer solchen Sozialpsychologie, »die Triebstruktur, die libidinöse, zum großen Teil unbewußte Haltung einer Gruppe aus ihrer sozioökonomischen Struktur heraus zu verstehen«. Dabei ergänzt die Psychoanalyse den historischen Materialismus vor allem durch ihre »Kenntnis eines der im gesellschaftlichen Prozeß wirksamen Faktoren, der Beschaffenheit des Menschen selbst, seiner ›Natur‹«.

In den Arbeiten von 1932 bis 1937 – seit 1933 arbeitete F. mit dem emigrierten Institut in New York – konkretisierte F. seinen sozialpsychologischen Ansatz in Richtung auf eine soziologische Revision der Freudschen Triebtheorie. Der Mensch wird nicht als das Ergebnis eines bestimmten Triebschicksals begriffen; vielmehr erscheint die Ausprägung der Libidostruktur des Menschen als das Produkt vorherrschender ökonomischer und gesellschaftlicher Kräfte. F.s eigentümliche Revision der Freudschen Triebtheorie führte 1938 zur Trennung vom »Institut für Sozialforschung«. In der Folgezeit entwickelte F. mehr und mehr seine eigene Terminologie. Begünstigt wird dies dadurch, daß er ab 1938 in englischer Sprache veröffentlicht. In seinem ersten Buch *Escape from Freedom* (1941; *Die Furcht vor der Freiheit*), das wegen seiner Analyse des Nazismus und des autoritären Charakters Hitlers von einer breiten amerikanischen Öffentlichkeit aufgenommen wurde, löst der Charakterbegriff den Begriff der Libidostruktur ab. Charakter wird bestimmt als das System der meist unbewußten Haltungen und Einstellungen eines Individuums, aber auch einer Gruppe oder Gesellschaft. Von ihm her bestimmt sich das konkrete Verhalten der Menschen. Dabei erscheint der »social character« (»Gesellschafts- charakter«) sowohl als die Summe der Charaktere der meisten Mitglieder einer Gesellschaft, als auch als das »Medium«, in dem sich die einzelnen Charaktere ausprägen. Der Gesellschaftscharakter allererst gewährleistet sozialen Konsens. Er ist der »Kitt« einer Gesellschaft. Die unterschiedlichen Charaktere entstehen nicht wie bei Freud entsprechend den unterschiedlichen Formen der Libidoorganisation, sondern sie sind Manifestationen der unterschiedlichen Weisen, wie sich Menschen zu den Dingen und zu anderen Menschen in Beziehung setzen. F.s Charaktertheorie ist das Herzstück seiner wissenschaftlichen Arbeit. Sie stellt ein sozialanthropolo- gisches Rahmenkonzept menschlich-gesellschaftlichen Handelns dar. Der Charakter ist anthropologisch gesehen eine Art Instinktersatz. Er bildet sich aufgrund der Notwendigkeit für den Menschen, Leben auf Dauer zu stellen. Die Charakterorien- tierungen sind Versuche, auf die »existentielle Dichotomie« des Menschen, nämlich aus der Einheit mit der Natur herausgefallen zu sein und zugleich diese Einheit immer wieder anstreben zu müssen, eine Antwort zu geben. In *Man for Himself* von 1947 *(Psychoanalyse und Ethik)* verbindet F. die sozialanthropologischen Einsichten der Charaktertheorie mit der ethischen Fragestellung. In einem analytisch konstruk- tiven Verfahren entwickelt er idealtypische Charakterorientierungen. Je nachdem, ob diese der Entfaltung der menschlichen »Natur« förderlich sind oder nicht, kann er sie als produktiv bzw. nicht-produktiv qualifizieren. Er gewinnt daraus einen »nor- mativen Humanismus«, der ihm zum Motor und Kriterium seiner Gesellschafts- kritik wird.

Nach dem Zweiten Weltkrieg wandte sich F. sehr stark einer Analyse und Kritik der amerikanischen Gesellschaft zu. Neben seiner psychoanalytischen Praxis und seiner Lehrtätigkeit engagierte er sich auch im gesellschaftspolitischen Bereich. In *The Sane Society* (1955; *Wege aus einer kranken Gesellschaft*) beschreibt F. zunächst die natürlichen und unaufgebbaren Sinnbedürfnisse des Menschen und zeigt ihre krank- machende Befriedigung in einer kranken Gesellschaft. Einen Ausweg aus der fortschreitenden Zerstörung menschlicher Lebensbedingungen sieht er nur in einem »kommunitären Sozialismus«, der auf der Grundlage humanistischer Wertvorstellun- gen Wirtschaft und Gesellschaft radikal demokratisch umgestaltet. F. engagierte sich dafür in der American Socialist Party, in der Friedensbewegung SANE und im Wahlkampf für den Senator Eugene McCarthy, der sich für eine Beendigung des Vietnamkrieges einsetzte.

1944 hatte F. seine zweite Frau Henny Gurland geheiratet und war aus ge- sundheitlichen Gründen 1951 mit ihr nach Mexiko übergesiedelt. Er blieb dort auch nach ihrem Tod und übernahm neben seinen weiterlaufenden Lehraktivitäten in New York eine Professur für Psychoanalyse an der Universität in Mexiko City. 1956 gründete er das mexikanische Psychoanalytische Institut, wo er eine ganze Generation von Psychoanalytikern ausbildete. 1953 heiratete er seine dritte Frau Annis Grover Freeman und zog mit ihr in ein Haus nach Cuernavaca. F. publizierte hier meist gleichzeitig in englischer und spanischer Sprache und beeinflußte damit viele Menschen, die sich für bessere Lebensbedingungen und gerechtere soziale Verhältnisse in Südamerika einsetzten.

Nach einem Herzinfarkt 1968 zog F. sich von seinen politischen Aktivitäten zurück und siedelte erst teilweise, 1974 ganz in die Schweiz nach Muralto am Lago Maggiore über. Nicht zuletzt die Widerstände, die er in seinen politischen Aktivitäten erlebte, veranlaßten ihn, sich stärker mit dem Problem der menschlichen Aggressivität auseinanderzusetzen. In *The Anatomy of Human Destructiveness* (1973; *Anatomie der menschlichen Destruktivität*) legt er eine materialreiche Studie zur Aggressionstheorie vor, in der er sich mit ethologischen und triebtheoretischen Konzepten menschlichen Aggressionsverhaltens auseinandersetzt. Destruktive Aggression wird darin begriffen als Resultat von Lebensbedingungen, die eine Entfaltung positiver menschlicher Möglichkeiten verhindern.

Es literarisches Schaffen wurde in Deutschland nur sehr langsam wahrgenommen. Zu einem regelrechten Fromm-Boom kam es erst mit seinem Buch *To Have or to Be* (1976; *Haben oder Sein*). F. stellt darin die idealtypische Unterscheidung seiner Charaktertheorie in die Gruppen der produktiven und nicht-produktiven Orientierungen dar als zwei letzte alternative Existenzbestimmungen des Menschen – Haben und Sein –, zwischen denen dieser sich entscheiden müsse. Im Rückgriff auf die Schriften des Alten und Neuen Testamentes und auf die Mystik Meister Eckharts erhebt F. die Forderung nach einer neuen »humanistischen Religiosität«, die in der Lage sein soll, die Selbstzerstörung des Menschen in der total technisierten Zivilisation zu verhindern. »Die neue Gesellschaft und der neue Mensch werden nur Wirklichkeit werden, wenn die alten Motivationen – Profit und Macht – durch neue ersetzt werden: Sein, Teilen, Verstehen; wenn der Marktcharakter durch den produktiven, liebesfähigen Charakter abgelöst wird und an die Stelle der kybernetischen Religion ein neuer, radikal-humanistischer Geist tritt.«

Für die einen ist F. ein »neo-freudianischer Revisionist« (Herbert Marcuse), für die anderen ein Visionär und »Prophet« (Rainer Funk). Von philosophischer Bedeutung ist sicherlich sein methodischer Ansatz einer Sozialanthropologie auf psychoanalytischer Grundlage. Allerdings durchziehen widersprüchliche Elemente sein Werk: Der nahezu hoffnungslosen Gesellschaftsdiagnose stehen allzu unvermittelt utopisch-visionäre Momente gegenüber. Das birgt die Gefahr, daß sein »normativer Humanismus« im Appellativen verharrt. Ungeachtet der begrifflichen Heterogenität seines Werkes aber ist F. nicht zuletzt in den Alternativ- und Friedensbewegungen Amerikas und Westeuropas als ein theoretischer Hoffnungsträger einer menschlicheren und friedfertigeren Welt wirksam geworden.

Bierhoff, Burkhard: Erich Fromm. Analytische Sozialpsychologie und visionäre Gesellschaftskritik. Opladen 1993. – Funk, Rainer: Erich Fromm. Hamburg 1983. – Reif, Adelbert (Hg.): Erich Fromm. Materialien zu seinem Werk. Wien/München/Zürich 1978.

Günther Fütterer

Gadamer, Hans-Georg
Geb. 11. 2. 1900 in Marburg an der Lahn

Die Bedeutung G.s zu würdigen heißt, von seinem epochalen Buch *Wahrheit und Methode* zu sprechen, das 1960 erschien und in der Philosophie, aber auch in der Literaturwissenschaft, den Sozialwissenschaften, der Theologie und der Rechtswissenschaft eine andauernde und beeindruckende Wirkung gezeitigt hat. Seitdem ist die Position der »philosophischen Hermeneutik«, die in diesem Buch, wie es im Untertitel heißt, in ihren Grundzügen entfaltet wird, untrennbar mit dem Namen G.s verbunden. – *Wahrheit und Methode* ist nicht weniger als der ausgeführte Versuch, Hermeneutik als einen universalen Aspekt der Philosophie zu begründen: Verstehen im Medium der Sprache als vernünftige Aneignung von Tradition trägt alle Formen menschlicher Erkenntnis und menschlichen Umgangs und ist damit Basis und Grenze der spezialisierten methodischen Erkenntnis der modernen Wissenschaft wie auch jeder Verabsolutierung der Vernunft in Theorie und Praxis. Diese hier thesenhaft zugespitzte Grundeinsicht G.s ist das Resultat vielfältiger und langjähriger Aneignung der europäischen Philosophie seit der Antike. Von herausragender Bedeutung ist jedoch der Einfluß Heideggers. Die Begegnung mit Heidegger in Freiburg 1923 und dann in den folgenden Jahren von 1923 bis 1928 als dessen Schüler in Marburg ist für G. die prägende philosophische Erfahrung, der eigentliche Beginn des eigenen Philosophierens und dies, obwohl er schon seit 1918 ein intensives Studium der Geisteswissenschaften, insbesondere der Philosophie absolviert hatte; zuerst in der Heimatstadt Breslau, u. a. bei dem Neukantianer Richard Hönigswald, dann ab 1919 in Marburg, wo er bei dem alten hochangesehenen Paul Natorp, einem Vertreter der neukantianischen »Marburger Schule«, und bei Nicolai Hartmann sein Studium fortsetzte und 1922 mit einer Dissertation über *Das Wesen der Lust in den platonischen Dialogen* abschloß. Durch Heidegger vermag G. nun die aus der ursprünglichen Welterfahrung gedachte griechische Philosophie Platons und Aristoteles' und ihre Fragestellungen als eigene Fragen zu verstehen und sich damit von idealistischen Systemvorstellungen zu lösen. Dazu verhilft ihm auch ein Studium der klassischen Philologie, das er 1927 mit dem Staatsexamen abschließt. Mit seiner Habilitation über *Platos dialektische Ethik – Phänomenologische Interpretationen zum Philebos* (1929; 1931 erschienen) findet G. ein großes Stück eigenen Bodens für seine weitere Entwicklung. Hatte sein Vater, ein pharmazeutischer Chemiker, noch dem jungen G. von den Geisteswissenschaften und den »Schwätzprofessoren« abgeraten, so ist die Platon-Arbeit G.s geradezu auch als Auseinandersetzung mit diesem Vorurteil zu lesen, als Klärung der schwer zu treffenden Unterscheidung zwischen haltlosem Geschwätz und sachhaltigem Gespräch in der Auseinandersetzung von Sokrates mit den Sophisten. Seite an Seite mit Karl Löwith und Gerhard Krüger beginnt G.s langjährige Lehrtätigkeit als Privatdozent in Marburg, unterbrochen von einem Jahr in Kiel (1934/35). Nach der Ernennung zum Professor (1937) bekommt G. bald einen Ruf nach Leipzig, wo er

ab 1939 lehrt. Die Zeit der nationalsozialistischen Herrschaft erlebt er nach eigenem
Bekunden als bedrückend; da er sich aber politisch zurückhält (»im ganzen war es
klüger, sich unauffällig zu verhalten«), bleibt er von Verfolgung und Repression
weitgehend verschont. Er hält sich mit einer gewissen unbetroffenen Naivität in
einem eher politikfernen gesellschaftlichen und thematischen Gelände auf, und es
gelingt ihm, sich zwischen äußerer und innerer Emigration hindurchzulavieren.
Einerseits beschäftigt er sich in Lehrveranstaltungen auch mit dem verfemten
Edmund Husserl, andererseits läßt er sich als Vortragender u. a. in Florenz und Paris
zur Auslandspropaganda mißbrauchen. Nach dem Krieg wird der unkompromit-
tierte G. Rektor der Leipziger Universität (1946/47) und muß sich nun mit der
sowjetischen Besatzungsmacht arrangieren.

Als G. 1947 nach Frankfurt am Main und dann 1949 als Nachfolger von Karl
Jaspers nach Heidelberg berufen wird, kann er sich endlich wieder uneingeschränkt
der geliebten akademischen Lehrtätigkeit widmen. G., der bis dahin nicht allzuviel
veröffentlicht hat, beginnt seine langjährige Arbeit an *Wahrheit und Methode*, begründet 1953 die wichtige Fachzeitschrift *Philosophische Rundschau* und findet zudem
noch genügend Gelegenheiten, das von ihm Erarbeitete in Aufsätzen und Rezensionen öffentlich zur Diskussion zu stellen. Die Erfahrungen in der Lehre, die
Beschäftigung mit der antiken Philosophie und der humanistischen Tradition, die
Auseinandersetzung insbesondere mit Hegel, den Hermeneutikern Schleiermacher
und Dilthey, mit Husserl und Heidegger und nicht zuletzt die jahrzehntelange
interpretatorische Erfahrung mit dichterischen Texten (Goethe, Hölderlin, Rilke
u. a.) finden ihren zusammenhängenden Ausdruck schließlich in dem Hauptwerk
von 1960. Die Erfahrung der Kunst ist ihm dabei der Ausgangspunkt zur Wiedergewinnung eines umfassenden philosophischen Wahrheitsverständnisses jenseits der
Abstraktionen des ästhetischen Bewußtseins, jenseits aber auch eines historisch
gleichgültigen Geschichtsverständnisses in den Geisteswissenschaften. Hermeneutik
ist dann nicht in erster Linie eine Kunstlehre des richtigen Verstehens im Sinne einer
Interpretationstechnik, sondern das Bewußtmachen der jeder verstehenden Aneignung zugrundeliegenden Bedingungen, z. B. des Wechselspiels von Vorverständnis
und Textsinn im hermeneutischen Zirkel, der geschichtlichen Gebundenheit jeder
Interpretation oder der Möglichkeit der Verschmelzung verschiedener historischer
Horizonte im wirkungsgeschichtlichen Bewußtsein. Zentral ist dabei die These, daß
jede Aneignung der Überlieferung diese ernst nehmen muß und sie nicht über-
heblich vergegenständlichen darf, will sie denn produktive Aneignung und nicht
anmaßende Kritik sein. Als Möglichkeitsgrund und Begrenzung verstehender Welt-
erschließung ist die Sprache der letzte Horizont einer hermeneutischen Ontologie.

Insbesondere G.s Kritik der allzu vernunftgläubigen Aufklärung und im Gegenzug seine Rehabilitierung des Vorurteils, der Autorität und der Tradition als geschichtlichen Bedingungen des Verstehens provozieren in den 6oer Jahren eine
lebhafte Debatte um Hermeneutik und Ideologiekritik. Jürgen Habermas als Pro-
tagonist der ideologiekritischen Position macht gegen G. »die transzendente Kraft
der Reflexion« geltend, die »den Anspruch von Traditionen auch abweisen kann«,
und wirft der Hermeneutik irrationalistische Tendenzen vor. G. ist trotz einiger
Zugeständnisse nicht bereit, die »Universalität der Hermeneutik« einzuschränken:

»Von dieser Gesprächsgemeinschaft ist nichts ausgenommen, keine Welterfahrung überhaupt.« Die Debatte bleibt unentschieden. G. veröffentlicht in den folgenden Jahren eine Reihe *Kleiner Schriften* (I-IV, 1967–1977), Sammlungen zumeist verstreut erschienener Arbeiten, in denen er die Voraussetzungen und Konsequenzen seiner Überlegungen anhand von Einzelfragen weiter ausführt bzw. in Interpretationen bedeutender Dichtung konkretisiert. Platon, Aristoteles, Husserl, Heidegger und auch Hegel (*Hegels Dialektik*, 1971) markieren das Gelände, in dem G. das eigene Profil der philosophischen Hermeneutik zu bestimmen sucht. Eine markante Rolle spielen dabei Fragen der praktischen Philosophie und der hermeneutischen Ästhetik (*Die Aktualität des Schönen*, 1977), in der er die Erfahrung des Schönen und der Werke der »Kunst heute, Kunst gestern und von jeher« als ein Modell übergreifender Wirklichkeitsdarstellung und »Kommunikationsstiftung« deutet.

Konservativismus und Kontinuität bestimmten Leben und Werk G.s ebenso wie eine seltene Offenheit und Gesprächsbereitschaft, die ihn noch eine nach der Emeritierung (1968) in den USA aufgenommene Lehrtätigkeit als »zweite Jugend« erleben lassen. Der Philosoph G., mittlerweile mit großen Preisen geehrt und mit der Herausgabe seiner *Gesammelten Werke* (seit 1985) gewürdigt, erinnert immer wieder nachdrücklich daran, »daß es kein höheres Prinzip gibt als dies, sich dem Gespräch offenzuhalten«.

Kögler, Hans Herbert: Die Macht des Dialogs. Kritische Hermeneutik nach Gadamer, Foucault und Rorty. Stuttgart 1992. – Grondin, Jean: Einführung in die philosophische Hermeneutik. Darmstadt 1991. – Teichert, Dieter: Erfahrung, Erinnerung, Erkenntnis. Untersuchungen zum Wahrheitsbegriff der Hermeneutik Gadamers. Stuttgart 1991. – Lang, Peter Christian: Hermeneutik – Ideologiekritik – Ästhetik. Über Gadamer und Adorno sowie Fragen einer aktuellen Ästhetik. Frankfurt am Main 1981.

Peter Christian Lang

Galilei, Galileo
Geb. 15. 2. 1564 in Pisa; gest. 8. 1. 1642 in Arcetri (bei Florenz)

»Eppur si muovo« – »Und sie bewegt sich doch« (die Erde nämlich und nicht die Sonne) – ist wohl der bekannteste Satz, der dem Physiker, Astronomen und Mathematiker G. in den Mund gelegt wird, nachdem er zuvor im Prozeß vor der Heiligen Inquisition in Rom seinen ›kopernikanischen‹ Überzeugungen abschwören mußte. Obwohl nur Legende, markiert dieser Satz dennoch den Mythos, der mit der unvergleichlichen Stellung G.s in der Wissenschaftsgeschichte verbunden ist: Symbol der Auseinandersetzung zwischen der mit der wissenschaftlichen Erkenntnis einhergehenden Geburt der Neuzeit und dem Festhalten am traditionellen, anthropozentrischen Weltbild, wie es seit Claudius Ptolemäus Gültigkeit hatte.

Um dem florentinischen Traditionsbewußtsein zu entsprechen, demzufolge große Männer in direkter historischer Kontinuität auftreten, wurde G.s Geburt auf den

Todestag Michelangelos datiert, sie fand aber wahrscheinlich drei Tage früher statt. Ironischerweise wurde jedoch das Geburtsdatum des Begründers der modernen Naturwissenschaften mit Hilfe astrologischer Methoden festgelegt. G. wächst als Nachkomme florentinischer Patrizierfamilien auf, die über Jahrhunderte Blüte und Macht der Stadtrepublik repräsentierten, seit 1530 jedoch von den Herzögen der Medici abgelöst wurden. Trotzdem kommt ihm der Status des ›nobil fiorentino‹ später bei den Auseinandersetzungen mit den Mächtigen seiner Zeit zugute. Während seiner Erziehung in einem strengen Benediktinerkloster soll er erstmals Interesse an Maschinen und Instrumenten gezeigt haben, was jedoch zur Vorbereitung auf den Besuch der Universität eher hinderlich war. Als 17jähriger immatrikuliert er sich an der Universität von Pisa, um das vom Vater gewünschte Medizinstudium aufzunehmen. Die Physik lernt er zuerst in Form der aristotelischen Scholastik kennen. Später wird er deren erbitterter Gegner, indem er aus der Denkweise einer allumfassenden Naturphilosophie ausbricht und sich einer konkreten, experimentellen Erfahrungswissenschaft zuwendet. Das geozentrische Weltbild des Ptolemäus gehört genauso zum Unterricht wie die Behauptung, schwere Körper fielen schneller zu Boden als leichte, oder die Epizyklentheorie der Planetenbewegung. Das heliozentrische, alternative System des Kopernikus findet keine Erwähnung, ebenso ist der Gebrauch der Mathematik verpönt. Dennoch wird die Mathematik des Euklid bald zu G.s Leidenschaft, ebenso ihre Anwendung in der Mechanik, wie Archimedes sie beschrieb. Denn mehr als philosophisches Spekulieren liebt er die praktische Arbeit eines Ingenieurs, Handwerkers oder Künstlers. 1585 verläßt er ohne Abschluß die Universität und legt – ganz in der Tradition des Archimedes – die Konstruktion einer neuartigen hydrostatischen Waage vor sowie eine theoretische Arbeit zur Schwerpunktbestimmung fester Körper. Dies trägt ihm auch den Ruf ein, der ›Archimedes seiner Zeit‹ zu sein. Trotz seines Bekanntheitsgrades gelingt es ihm erst vier Jahre später, seine permanenten Geldsorgen durch eine Mathematikprofessur in Pisa zu lindern. Sehr wohl ist es dem 25 Jahre jungen Professor jedoch in seiner neuen Rolle nicht, polemisiert er doch schon bald gegen die autoritätsgläubige Rückständigkeit seines Standes, wie sie sich z. B. im Tragen des Talars ausdrückt. Zudem ist sein sprichwörtlicher Widerspruchsgeist noch größer geworden und gipfelt schließlich in Traktaten gegen Aristoteles, in denen er die Autorität des großen Philosophen durch den Nachweis von Fehlern in seiner Bewegungslehre zu untergraben sucht. Wie zu erwarten, wird daher sein dreijähriger Vertrag nicht verlängert. Da sein Vater inzwischen gestorben ist und er nun für seine große Familie zu sorgen hat, bewirbt er sich unter der Last der finanziellen Probleme, die ihn zeit seines Lebens nicht verlassen, um eine vakante Mathematikprofessur an der Universität von Padua. Hier verbringt er seine fruchtbarste Zeit. Während der 18 Jahre in einem der intellektuellen Zentren Europas, in dem auch das reiche Bürgertum für neue Ideen empfänglich ist, bietet sich das rechte Forum für seine Studien, die zum Ausgangspunkt einer naturwissenschaftlichen Revolution werden sollten. Im toleranten Klima der Republik Venedig, wo akademische Freiheit und wissenschaftliche Vielfalt unabhängig von der sonst allmächtigen Kirche gedeihen konnten, ließen sich auch die zahlreichen Inquisitionsverfahren, die in Rom gegen die Professoren betrieben wurden, gelassen ignorieren. Dennoch ist die Veröffentlichung seiner neuen Erkenntnisse in den folgenden Jahren, dem damaligen historischen Umfeld entsprechend, kaum vorstellbar, ohne heftige Auseinandersetzungen, Angriffe und böse Intrigen nach sich zu ziehen. Die konsequente Anwendung der methodischen Kriterien zur Wahrheitssuche auf Naturphilosophie und Theologie, so wie G. sie bei der Erfindung der naturwissenschaftlichen Methode entwickelt, hat ihn trotz oder gerade wegen der Tragik seines persönlichen Schicksals zum Symbol für die Geburt der Neuzeit werden lassen. Dadurch, daß G.s Verbesserung des Fernrohres und seine Nutzung für die Himmelsbeobachtung in ihren Ergebnissen das herkömmliche Weltbild zum Einsturz brachten, führte er gewissermaßen die kopernikanische Wende zu Ende und erweiterte nicht nur die Wahrheit über die Natur, sondern veränderte die Natur der Wahrheit. Darüber hinaus beanspruchen die von G. behaupteten Sachverhalte eine Gewißheit der Erkenntnis, die bis dahin Gott allein zukam. Damit verstrickt er sich unversehens in theologisch-philosophische Auseinandersetzungen mit Autoritäten, denen es mehr um Macht, als um intellektuellen Erkenntnisgewinn geht. G. betrachtet dabei die Gesetze der Natur und das ›Buch der Bücher‹ nicht als Gegensatz, sondern als eine höhere Einheit, bei der die Bibel allerdings im Lichte der neuen Wahrheiten hätte interpretiert und entmythologisiert werden müssen. Derartiges war für die Kirche zur Zeit G.s jedoch nicht denkbar. Der aufkommende Konflikt zwischen Theologie und Naturwissenschaften wurde am Ende mit Hilfe der institutionellen Gewalt des Heiligen Offiziums, des Wächters über den rechten Glauben, ausgetragen. Eine Lösung wurde durch den wohl berühmtesten Prozeß in der Geschichte im Jahre 1633 mit der Verurteilung G.s jedoch nicht erreicht. Mit dieser folgenschweren Entscheidung besiegte die katholische Kirche die Person G.s, der seine letzten Lebensjahre unter Aufsicht der Inquisition und als Ketzer verdächtigt verbringen mußte. Gleichzeitig konnte sie damit ihre Autorität wahren, verlor jedoch den Einfluß auf die Mitgestaltung einer durch die fortschreitenden wissenschaftlichen Erkenntnisse geprägten neuen Zeit. G. selbst geriet dadurch in die von ihm nicht beabsichtigte Rolle einer geistesgeschichtlichen Symbolfigur im Kampf um Gewissens- und Gedankenfreiheit. In der angelsächsischen Literatur wird er zum Teil sogar als ›Märtyrer der Wissenschaft‹ bezeichnet.

In Padua beschäftigt sich G. bis etwa zum Jahr 1610 mit der Mechanik, genauer mit den Bewegungsgesetzen. In diesen erkennt er vorerst die einzige Möglichkeit, die klassischen Einwände gegen das kopernikanische System zu widerlegen. Dem Einwand etwa, daß bei einer sich drehenden Erde ein ›Fahrtwind‹ auftreten müßte, stellt er mit dem Hinweis auf das Trägheitsgesetz die Existenz von Gezeiten gegenüber, die die Erddrehung beweisen. Allerdings präsentiert er seine Ergebnisse, wie etwa die Aufklärung des freien Falls oder die Entstehung der Wurfparabel erst drei Jahrzehnte später im Jahre 1638 in seinen wahrhaft bahnbrechenden *Discorsi e dimostruzioni matematiche, intorno a due nuove science attenti alla mecanica ed i movimenti locali (Unterredungen und mathematische Demonstrationen über zwei neue Wissenszweige, die Mechanik und die Fallgesetze betreffend),* dem Alterswerk, das er nur noch unter der Aufsicht der Inquisition und in körperlich schlechter Verfassung schreiben konnte. In seinem Beharren auf der Sinneserfahrung eher Aristoteliker, in seiner experimentell begründeten Beweisführung aber Platoniker, bearbeitet er die Frage, wie Bewegungen in Inertialsystemen ablaufen, eine Frage, die 400 Jahre später auch bei Albert Einsteins Relativitätstheorie am Anfang stand. Dabei ist ihm die Messung und die mathematische Analyse, also die Frage wie Naturprozesse ablaufen, viel wichtiger als die Frage nach dem Warum. Mit dem genialen Konzept des wiederholbaren und kontrollierten Experiments, als gewissermaßen unbeeinflußbare, objektive Instanz zur Überprüfung mathematisch formulierter Hypothesen über die Natur der Dinge, schafft G. das entscheidende Instrument für objektiven Erkenntnisgewinn.

Das Auftauchen eines neuen Sterns in der doch so vollkommen und unveränderlich geglaubten Fixsternsphäre lenkt G.s Interesse 1604 zum ersten Mal auf die beobachtende Astronomie. Von der durch Johannes Kepler entdeckten und nach heutigem Sprachgebrauch als Supernova bezeichneten Erscheinung erhofft er sich Argumente zur Stützung des kopernikanischen Systems. Als anerkannter, jedoch nicht berühmter Professor einer ruhmreichen Universität kommt mit einem urplötzlich auftretenden neuen Werkzeug, dem Fernrohr, für ihn mit 45 Jahren die überraschende Wende in seinem Leben. Im Jahre 1610 gelingt ihm der Nachbau dieser ursprünglich wahrscheinlich holländischen Erfindung. Insbesondere aber versteht er es, dieses neue Instrument für seine Himmelsbeobachtungen einzusetzen. Im gleichen Jahr entdeckt G. nach dem Erreichen einer ca. 30 fachen Vergrößerung nicht nur die nach ihm benannten vier Jupitermonde, sondern auch die verschiedenen Phasen der Planeten, die als Beweis ihrer Erdähnlichkeit gelten, sowie die Sonnenflecken und die Auflösung der Milchstraße in Tausende von Einzelsternen. Die Veröffentlichung erster Ergebnisse im Jahr 1610 in den *Sidereus Nuncius* (*Nachricht von neuen Sternen*) wird teils begeistert aufgenommen, teils auch heftig kritisiert, auf jeden Fall aber macht sie ihn über Nacht zu einer Berühmtheit. Diese Beobachtungen geben ihm nun endgültig die Beweise für das kopernikanische System in die Hand, die er allerdings erst gut 20 Jahre später im Jahr 1632 in seinem Hauptwerk, dem *Dialogo sopra i due massimi sistemi del mondo tolemaico e copernicano* (*Dialog über die beiden hauptsächlichen Weltsysteme, das ptolemäische und das kopernikanische*), schriftlich niederlegt. Damit gelingt es ihm, über seinen Ruf als Naturwissenschaftler hinaus auch als erstklassiger Literat bekannt zu werden. Die in vier großen Abschnitten – Gesprächstagen – in Form einer Diskussion zwischen einem bornierten Aristoteliker namens Simplicio, sowie Salviati, dem G.s eigener Standpunkt in den Mund gelegt ist, und Sagredo, der durch Einwürfe und Fragen als kritischer Geist das Gespräch in Gang hält, in Italienisch geschriebene Abhandlung erläutert, wie G. selbst sagt, »drei große, sehr zuverlässige Beweise« für das heliozentrische System: 1. den Lauf der Planeten und ihr wechselnder Abstand von der Erde, 2. die Rotation der Sonne mit ihren Sonnenflecken und 3. die Gezeiten der Meere. Weil es die Unhaltbarkeit des ptolemäisch-aristotelischen Weltbildes für eine breite Öffentlichkeit vorführt, wird das Werk zwar teilweise begeistert aufgenommen, heftige Angriffe, wie es sie schon seit dem Erscheinen des Sternbuches von Seiten des konservativen Klerus gegeben hatte, bleiben jedoch nicht aus. In den Augen der Kirche bezweifelt G. den in der Theologie wohlbegründeten Allmachtsanspruch Gottes sowie den Anspruch der Kirche, allein darüber zu entscheiden, was wahr und was falsch ist. So hat er sich mit dieser Vermengung von theologisch-philosophi-

schen und astronomischen Überlegungen nach Auffassung des Klerus »in die Sakri-
stei« begeben, und Kardinal Robert Bellarmin, der Konsultor des Heiligen Offiziums sieht sich veranlaßt, weitreichende Schritte gegen ihn einzuleiten. Auch hat
G. versucht, das päpstliche Dekret von 1616, in dem ihm die Behauptung sowie die
Verteidigung der kopernikanischen Lehre verboten worden war, durch die literarische Maske seines Sprachrohres Salviati zu unterlaufen. Durch ein düsteres Intrigenspiel in Rom gelingt es G.s Gegnern, seinen ihm früher gewogenen Freund Maffeo
Kardinal Barberini, der 1623 zum Papst Urban VIII. gewählt wurde und wie er
florentinischer Abstammung ist, gegen ihn einzunehmen. Sehr schnell ist G.s Verurteilung praktisch beschlossene Sache; doch ist diese nicht Resultat einer tragischen
Auseinandersetzung zwischen zwei Männern, sondern durchaus als Versuch zu
werten, im institutionellen Rahmen und mit den Instrumenten der Inquisition den
Konflikt zwischen der neuen Wissenschaft und der Kirche auszutragen. Was sich im
Dekret von 1616 angedeutet hat, tritt nun in voller Schärfe zutage: die Unvereinbarkeit zwischen wissenschaftlicher und theologischer Wahrheit, wobei der Mono-
polanspruch der Kirche, der sich auf beide gleichermaßen bezog, ins Wanken gerät.
Bei den gegebenen Machtverhältnissen war der Ausgang der Auseinandersetzung,
die für G. mit der vollkommenen Unterwerfung unter die Heilige Inquisition sowie
der Abschwörung der kopernikanischen Lehre endet, wohl vorauszusehen.

Obwohl G. im Studium der Natur die Größe Gottes erfahren wollte – gleichwohl
eine Motivation für viele Naturforscher nach ihm –, brachte er durch seine Methode, sein Werk und sein Wirken den Stein ins Rollen, der zur Säkularisierung der
Forschung geführt hat. Als deren Spitze kann der methodische Atheismus angesehen
werden. An den Ausspruch von Laplace, zur Erklärung der Welt hätte er die
Hypothese eines Gottes nicht nötig, sei hierbei erinnert. Das Bild G.s ist in der
Geschichte niemals unabhängig von den Folgen des Prozesses gesehen worden,
wobei je nach Standpunkt der »Märtyrer der Wissenschaft« oder der »vorwitzige, in
seiner Beweisführung schwache, von der Inquisition äußerst milde behandelte
Störenfried« (Arthur Koestler) betont wird. Wie aktuell der ›Fall Galilei‹ bis heute
geblieben ist, zeigen nicht nur die ungeheueren naturwissenschaftlich-technischen
Erfolge, die auf G.s Denkweise gründen, sondern auch seine sich innerhalb der
katholischen Kirche anbahnende Rehabilitierung. Die theologische Formel der
Widerspruchsfreiheit von naturwissenschaftlicher und religiöser Erkenntnis und die
von Papst Johannes Paul II. gewünschte »fruchtbare Zusammenarbeit von Glaube
und Wissenschaft, von Kirche und Welt« deuten darauf hin. Auf der anderen Seite
aber werden die Auswirkungen von G.s Erkenntnissen auch heute dadurch erfahrbar, daß der Erfolg der Naturwissenschaften diese zu einer Art Ersatzreligion für
unsere moderne Welt hat werden lassen. In jüngster Zeit ist allerdings eine Gegenbewegung zu verspüren, gekennzeichnet durch das Entstehen einer neuen Spiritualität, wie sie insbesondere in dem Begriff ›New Age‹ ihren Ausdruck findet.

Fölsing, Albrecht: Galileo Galilei – Prozeß ohne Ende. Eine Biographie. München 1983. –
Mittelstraß, Jürgen: Die Galileische Wende. Das historische Schicksal einer methodischen
Einsicht. In: Landgrebe, Ludwig (Hg.): Philosophie und Wissenschaft. Düsseldorf 1969.

Wolfang M. Heckl

Garve, Christian
Geb. 7. 1. 1742 in Breslau; gest. 1. 12. 1798 in Breslau

Als G. wenige Wochen vor seinem Tod Bilanz zieht über seine philosophische Lebensleistung, scheint er ein deutliches Bewußtsein davon zu haben, daß die Zeit und die philosophische Entwicklung über ihn und sein Philosophieverständnis bereits hinweggegangen sind. »Es gibt Philosophen«, so rechtfertigt er sich, »die nicht anders, als zu Folge gegenwärtiger Empfindungen denken. Eine durch ihre vorzügliche Klarheit sich auszeichnende Wahrnehmung oder ein lebhaftes Gefühl muß ihre Denkkraft erwecken und beständige Rücksichten auf die Welt und ihre Erfahrung und die diesen gemäßen Empfindungen begleiten sie während ihrer ganzen Meditation.« Davon grenzt er eine mehr abstrakt-spekulative Art des Philosophierens ab, für die Kant steht und die sich am Ende des Jahrhunderts wieder weitgehend durchgesetzt hatte. Mit seiner Selbstrechtfertigung ordnet sich G. jener vielgeschmähten Richtung der deutschen Aufklärungsphilosophie zu, die als »Popularphilosophie« bekannt ist und als deren Hauptvertreter G. neben Mendelssohn gilt. Als Popularphilosoph orientierte sich G. an der alltäglichen Lebenspraxis: den Menschen durch ein an die Erfahrung rückgebundenes, sich auf gesunden Menschenverstand berufendes und in allgemein verständlicher Sprache geschriebenes »Meditieren«, das weniger belehren als zum Selbstdenken anregen wollte, praktische Lebenshilfe zu vermitteln, das war nach G.s Meinung Aufgabe der Philosophie; und dieser Aufgabe hat er sich in seinen zahlreichen Aufsätzen und wenigen Büchern gewidmet. Originalität, Schärfe und Gründlichkeit des Denkens dagegen waren seine Sache nicht.

Die ersten Jahre seines Lebens verbrachte G. in Breslau in Obhut seiner Mutter, die nach dem frühen Tod des Vaters, eines Färbereibesitzers, zeit ihres Lebens für den Sohn wichtigste Bezugsperson blieb. Von 1762 bis 1766 studierte er in Frankfurt/Oder und Halle Philosophie und Mathematik und wurde 1768 Professor der Philosophie in Leipzig, eine Stellung, die er bereits 1772 wegen seiner labilen Gesundheit wieder aufgab. Er zog sich nach Breslau zurück und lebte hier bis zu seinem Tod ein an äußeren Ereignissen armes Leben als Privatgelehrter.

Einen beträchtlichen Teil von G.s Arbeit bilden Übersetzungen, vorwiegend von Werken der britischen Philosophie (Adam Ferguson, Edmund Burke, Adam Smith), womit er einen bedeutenden Beitrag zur Verbreitung der empiristischen Tradition in Deutschland leistete. Daneben übersetzte er in späteren Jahren auch Werke der klassischen Antike, etwa Aristoteles und Cicero. Der Übersetzung von Ciceros *De Officiis* fügte er drei Bände mit Anmerkungen und kommentierenden Abhandlungen bei, in denen er seine eigenen Gedanken zu den bei Cicero erörterten Fragen der Moral und Politik formulierte (*Philosophische Anmerkungen und Abhandlungen zu Cicero's Büchern von den Pflichten*, 1783). Diese kommentierende Methode, die G. auch in anderen Übersetzungen praktizierte, kam seinem unsystematischen Naturell sehr entgegen. »Es ist wahr«, so gibt er zu, »daß ich zu allen meinen Ideen

Veranlassungen brauche, und daß die Gedanken anderer, die ich prüfe, mir am öftersten diese Veranlassung geben ... Ich habe im Grunde immer fremde Werke kommentiert.« Dabei ist das Kommentieren für ihn durchaus eine Form des »Selbstdenkens«, wenn nämlich der Kommentierende sich »in die Stelle des Schriftstellers setzt, an dessen Feuer sein eigenes anzündet, und mit ihm gemeinschaftlich denkt«. Solch gemeinschaftliches Denken führte G. in seinem *Cicero* vor, von dem er sich auch zu einer *Abhandlung über die Verbindung der Moral mit der Politik* (1788) anregen ließ. Darin versucht G. mit naturrechtlichen und utilitaristischen Argumenten die bestehende amoralische politische Praxis der absolutistischen Staaten zu rechtfertigen: Eroberungskriege und Vertragsbrüche seien unter bestimmten Umständen durchaus akzeptabel. Daß eine derart konservativ-apologetische politische Philosophie am Vorabend der Französischen Revolution auf wenig Verständnis stieß, läßt sich denken.

Seit Mitte der 80er Jahre war G.s Kränklichkeit in eine ernsthafte Krankheit übergegangen; er litt unter Gesichtskrebs, der zunehmend die Augen in Mitleidenschaft zog und das Lesen und Schreiben immer schwieriger machte. Dennoch sind es gerade die letzten, im Zeichen der schmerzhaften Krankheit stehenden Jahre seines Lebens, in denen G. eine bis dahin ungekannte schriftstellerische Produktivität entwickelt. Jetzt schreibt er seine großen Essays über Themen der Moral (*Über die Geduld*, 1792), der Literatur und vor allem der Gesellschaft (*Über Gesellschaft und Einsamkeit*, 1797/1800), die unter dem Titel *Versuche über verschiedene Gegenstände aus der Moral, der Literatur und dem gesellschaftlichen Leben* (5 Teile, 1792–1802) veröffentlicht werden. Die Essays über Fragen des gesellschaftlichen Lebens sind geprägt von einer deutlichen Vorliebe für adlige Umgangsformen, die immer wieder gegen die bürgerliche Einseitigkeit als Muster wahrer, unentfremdeter Menschlichkeit dargestellt werden. Die Kritik an der bürgerlichen Einseitigkeit bestimmt auch G.s Moralphilosophie, die er im Anschluß an seine Übersetzung der aristotelischen Ethik entwickelte. In einer als Einleitung zu dieser Übersetzung veröffentlichten *Übersicht der vornehmsten Prinzipien der Sittenlehre* (1798) setzt er sich vor allem mit Kants Ethik auseinander, wobei ihm allerdings für dessen radikale Unterscheidung von Moralität und Glückseligkeitsstreben jedes Verständnis fehlt. Bei der Formulierung seiner eigenen Prinzipien (*Eigene Betrachtungen über die allgemeinsten Grundsätze der Sittenlehre*, 1798) bleibt er denn auch auf einer vorkantisch-aristotelischen Position stehen und hält gegen Kant daran fest, daß Moralität die Motivation durch das Glückseligkeitsstreben benötige. Die sittliche Vollkommenheit, die Tugend und Glückseligkeit vereinige, bestehe in einer von der Vernunft geleiteten Harmonie aller menschlichen Anlagen.

Die ersten Jahre nach G.s Tod erlebten noch ein gewisses Interesse an seinen Schriften, von denen einige erst jetzt veröffentlicht wurden. Dieses Interesse aber sollte sehr bald nachlassen; schon etwa zehn Jahre später war G. weitgehend vergessen, nicht zuletzt, weil er einen Begriff von Philosophie vertrat, für den die Generation von Fichte, Schelling und Hegel nicht das geringste Verständnis mehr aufbrachte. Heute kennt man G. meist nur noch als Mitverfasser jener unglückseligen Rezension von Kants *Kritik der reinen Vernunft* in den *Göttingischen Gelehrten Anzeigen*, die Kant mit Berkeleys Idealismus in Verbindung gebracht und dafür den

Zorn des Königsbergers auf sich gezogen hatte. Dabei wird übersehen, daß die Rezensionsaffäre, für die G. zudem wohl nur den geringeren Teil der Verantwortung trägt, eine doch eher nebensächliche Episode in seinem Werk bildet. Um eine historisch gerechte, unvoreingenommene Beurteilung dieses Werkes und des darin zum Ausdruck kommenden Philosophieverständnisses hat sich die Forschung erst in jüngster Zeit bemüht.

Altmayer, Claus: Aufklärung als Popularphilosophie. Bürgerliches Individuum und Öffentlichkeit bei Christian Garve. St. Ingbert 1992. – Bachmann-Medick, Doris: Die ästhetische Ordnung des Handelns. Moralphilosophie und Ästhetik in der Popularphilosophie des 18. Jahrhunderts. Stuttgart 1989. – Stolleis, Michael: Staatsraison, Recht und Moral in philosophischen Texten des späten 18. Jahrhunderts. Meisenheim/Glan 1972.

Claus Altmayer

Gassendi, Pierre
Geb. 22. 1. 1592 in Champtercier (Provence); gest. 24. 10. 1655 in Paris

Die geschichtliche Situation, in die sich der junge Professor der Philosophie gestellt sah, illustriert nichts besser als eine Episode, die Kurd Laßwitz in seiner *Geschichte der Atomistik* erzählt. Im August 1624 wollte der Arzt und Chemiker Etienne de Claves zusammen mit zwei Gesinnungsfreunden in Paris mehrere gegen den Aristotelismus gerichtete Thesen in einer öffentlichen Disputation erörtern. Die 14. These galt der Wiederherstellung der von Aristoteles verworfenen Atomistik, die »unerschrocken und mit den Zähnen« verteidigt werden sollte. Doch bevor es zu dem Streitgespräch kam, griff die theologische Fakultät der Sorbonne ein, verurteilte diese These als »falsch, verwegen und im Glauben irrig«, ließ de Claves verhaften und veranlaßte, daß der Pariser Gerichtshof ein Edikt erließ, in dem die Verbreitung aller »gegen die alten und approbierten Autoren« gerichteten Grundsätze unter Todesstrafe gestellt wurde. Es scheint, daß durch diese Maßnahme das Wiederaufleben der antiken Atomistik, das erst wenige Jahre zuvor – in Deutschland 1619 durch Daniel Sennert, in Frankreich 1621 mit Sebastian Basso – begonnen hatte, um etwa ein Vierteljahrhundert verzögert worden ist. Daß die Atomlehre, also die Erklärung des Naturgeschehens aus den Eigenschaften der Atome bzw. deren Bewegung, nicht für eine längere Zeitdauer ins Hintertreffen geriet, sondern lebendiger Bestandteil neuzeitlichen Denkens wurde, ist wesentlich das Verdienst G.s, dem Friedrich Albert Lange in seiner *Geschichte des Materialismus* zudem das Zeugnis ausstellt, Erneuerer »einer ausgebildeten materialistischen Weltanschauung« gewesen zu sein. Allerdings hat G. zunächst Zurückhaltung geübt. Von seinen gegen die Scholastik gerichteten, 1624 in Grenoble veröffentlichten *Exercitationes paradoxicae adversus Aristoteleos (Übungen in Form von Paradoxien gegen die Aristoteliker)* hat er nur das erste Buch erscheinen lassen und den Rest auf Anraten seiner wahrscheinlich unter den Pariser Eindrücken stehenden Freunde zurückgehalten. Die Erstlingsschrift entstand in einer Zeit, in der sich der Aristotelismus wegen seiner empirischen Mängel und der einseitigen Bevorzugung logischer Streitfragen wachsender Kritik gegenübersah, so daß die große Aufgabe der ersten Hälfte des 17. Jahrhunderts in einer Reform der von der Scholastik übermittelten antiken Wissenschaftslehre bestand. Während Francis Bacon durch eine sorgfältige »Interpretation der Natur«, das heißt durch Sammeln empirischer Fakten, eine Lösung des Problems herbeiführen zu können glaubte und René Descartes auf der anderen Seite das Heil von Einsichten erwartete, die der Vernunft unmittelbar einleuchten, schlug G. einen dritten Weg ein, indem er auf eine Naturphilosophie zurückgriff, die sich bereits in der Antike in ausdrücklicher Opposition zur Lehre des Aristoteles entwickelt hatte. Er berief sich auf den Gewährsmann Epikur und widmete ihm nach gründlichen Quellenstudien mehrere Bücher, die freilich erst gegen sein Lebensende erschienen sind: *De vita et moribus Epicuri commentarius*, Lyon 1647; *Animadversiones in decimum librum Diogenis Laertii, qui est de vita, moribus placitisque Epicuri*, ebenda 1649. Das Hauptwerk G.s, in dem er im Anschluß an Epikur sein eigenes System dargestellt hat, das sechsbändige *Syntagma philosophicum* (*Philosophischer Traktat*), ist erst 1658 erschienen.

G., der seit 1634 Kanonikus war, ging, um den antiken Materialismus mit dem christlichen Dogma in Übereinstimmung zu bringen, von dem Grundsatz aus: »Die erste Ursache von allem ist Gott.« Demgemäß sind auch die Atome und ihre Bewegungen göttlichen Ursprungs. G. ist der erste unter den neuzeitlichen Anhängern der Korpuskulartheorie, der ausdrücklich den leeren Raum voraussetzte, und er ist auch der erste unter ihnen, der – im Gegensatz zu Leukipp und Demokrit, aber in Übereinstimmung mit Epikur – in einem endlichen Körper eine *endliche*, wenn auch sehr große Zahl von Atomen angenommen hat. Erst John Dalton hat 150 Jahre später – in seinem *New System of Chemical Philosophy* von 1808 – dieser Voraussetzung wieder das ihr gebührende Gewicht verliehen, und der Name G. ist infolgedessen engstens mit der Quantentheorie unseres Jahrhunderts verbunden, die wesentlich an die Bedingung einer endlichen Atomzahl geknüpft ist. G. hat auf dem Boden der Atomistik und des Erhaltungssatzes der Materie eine umfassende Materietheorie entwickelt, indem er etwa die verschiedene Dichte und Durchsichtigkeit der Körper durch die verschiedene Größe der Poren zwischen den Atomen, die Verdunstung durch Abtrennung einzelner Atome von der Flüssigkeitsmasse und Fluidität, Weichheit sowie Elastizität durch verschiedenartige Beweglichkeit der Atome erklärt hat. So zutreffend seine Anschauungen teilweise sind, so hat er andererseits die Korpuskularphilosophie auch in Gebiete hineingetragen, aus denen sie später wieder verbannt wurde. Wärme und Kälte hat er beispielsweise auf die Bewegung spezieller Wärme- und Kälteatome zurückgeführt; auch den Schall und das Licht hielt er für korpuskulare Phänomene. In bezug auf das Licht hat sich Isaac Newton, der nach dem Bericht Voltaires von G. überhaupt große Stücke gehalten hat, seinem Vorgänger angeschlossen.

Da es in G.s Materietheorie neben der Leere nur die Atome und ihre Bewegung gibt, hat sie große Ähnlichkeit mit der kinetischen Gastheorie des 19. Jahrhunderts. Allerdings hat Laßwitz in einer profunden Analyse der beiderseitigen Unterschiede darauf hingewiesen, daß G. nur die Dichte-, nicht aber die Geschwindigkeitsverteilung der Atome würdigte, weil er der Meinung war, die Atome änderten beim Stoß allenfalls ihre Richtung, nicht aber die Geschwindigkeit. Das erklärt auch den Umstand, daß in seiner Naturphilosophie mathematische Betrachtungen gänzlich fehlen. Was seinen Materialismus im weiteren Sinne betrifft, der ihn ebenso wie sein entschiedenes Bekenntnis zum Sensualismus mit Descartes in Konflikt geraten ließ (*Disquisitio metaphysica*, 1644; *Metaphysische Erörterung*), so hat G. nach dem Urteil Langes und Laßwitz' der zentralen philosophischen Frage, wie aus der Mechanik der Atome die Sinnesempfindungen abzuleiten seien, ratlos gegenübergestanden, obgleich er die Lebenserscheinungen mechanisch interpretiert und darauf hingewiesen hat, daß komplexen Systemen andere Eigenschaften zukommen als ihren Bestandteilen. Die »rationale Seele« jedenfalls hat er für etwas Immaterielles gehalten.

Im dritten Teil des zweiten Bandes des *Syntagma philosophicum* hat G. die Ethik abgehandelt und sich auch auf diesem Gebiet als Schüler Epikurs erwiesen. Wie dieser war er der Meinung, das Ziel der Morallehre sei die Glückseligkeit der Menschen und die Lust das höchste Gut. An gleicher Stelle erörterte er die Frage, »wie das Fatum mit dem Glück und der Freiheit versöhnt werden kann«. Er verwarf Epikurs Lehre, daß die Freiheit des Willens in den willkürlichen Sprüngen der Atome wurzelt, und huldigte einem strengen Determinismus. Dennoch war er der Meinung, daß es eine Freiheit des Intellekts gäbe. Er schrieb: »Gott sah ohne Zweifel das Verhalten des Petrus voraus (als dieser Christus verleugnete), aber er sah zugleich voraus, daß es nach eigener Wahl und freier Selbstbestimmung erfolgte.« Friedrich der Große, der sich während des Siebenjährigen Krieges eingehend mit G. beschäftigt hat, fällte das folgende, noch immer gültige Urteil über seine Philosophie. An Jean-Baptiste d'Argens schrieb er: »Ihren Gassendi habe ich gelesen und darf Ihnen nun sagen, welchen Eindruck er auf mich gemacht hat. Seinen physikalischen Teil finde ich sehr gut, insofern er die Entstehung der Körper betrifft sowie die Einheiten, aus denen die Materie zusammengesetzt ist, und insofern er Epikurs System erklärt ... Seine ›Moral‹ ist sicherlich der schwächste Teil seines Werks; ich habe nichts Gutes darin gefunden ... Der Artikel über die Freiheit ist der schwächste von allen.«

Tack, Reiner: Untersuchungen zum Philosophie- und Wissenschaftsbegriff bei Pierre Gassendi. Meisenheim/Glan 1974. – Laßwitz, Kurd: Geschichte der Atomistik vom Mittelalter bis Newton. Zweiter Band. Höhepunkt und Verfall der Korpuskulartheorie des siebzehnten Jahrhunderts. Nachdruck der Ausgabe Hamburg und Leipzig 1890, Darmstadt 1963.

Ulrich Hoyer

Gehlen, Arnold
Geb. 29. 1. 1904 in Leipzig; gest. 30. 1. 1976 in Hamburg

Die Verwicklung nicht nur der Person, sondern auch des Denkens von G. mit der Ideologie des Nationalsozialismus erschwert erheblich den Zugang zu seiner Philosophie. Während es im Fall Heideggers wohl umstritten bleiben wird, inwiefern die Rektoratsrede, in der er anhand der Begriffe seines Hauptwerks *Sein und Zeit* die nationalsozialistische Herrschaft legitimiert, Opportunismus, Selbstmißverständnis oder eher konsequentes Durchdenken der eigenen frühen Philosophie war, läßt sich bei G. eine solche Trennung von Philosophie und politischem Verhalten gar nicht erst anstellen. G. war nämlich schon sieben Jahre vor der Veröffentlichung seines Hauptwerks, *Der Mensch. Seine Natur und seine Stellung in der Welt* (1940), in den NS-Dozentenbund eingetreten. In der ersten Auflage dieses Werkes mündet auch die Darlegung seiner philosophischen Perspektive in einer expliziten Legitimation des Nationalsozialismus. Bis zur vierten Auflage (1950) hatte G. zwar die Passagen ersetzt, die offensichtliche Bezüge zur NS-Ideologie herstellten. Die Struktur des Buches blieb aber unverändert. Gleichwohl läßt sich G. keineswegs einfach als Ideologe abqualifizieren. Sein Denken stellt im Gegenteil einen Versuch dar, Antworten auf Fragen zu geben, die heute noch von erheblicher philosophischer Bedeutung sind. Er liefert Vorschläge, wie Philosophie ohne Metaphysik zu betreiben, wie sie mit den empirischen Wissenschaften zu verbinden und wie eine pragmatische Fundierung menschlicher Orientierung zu konzipieren ist. Diese drei Fragestellungen laufen im Programm einer philosophischen Anthropologie zusammen, die den Anspruch erhebt, zum einen innerphilosophischen Disziplinen wie der Ethik und der Ästhetik, zum anderen den Kulturwissenschaften, insbesondere der Soziologie und der Sozialpsychologie, ein Fundament zu geben.

Im Einklang mit diversen anderen philosophischen Strömungen des 20. Jahrhunderts verfolgt die klassische philosophische Anthropologie das Ziel, den cartesianischen Dualismus von Geist und Körper zu überwinden. Um dies zu leisten, arbeitet G. einen Gesichtspunkt heraus, von dem her alle spezifisch menschlichen Eigenschaften sich erklären lassen sollen: den Gesichtspunkt der Handlung. Wie die amerikanischen Pragmatisten und Heidegger argumentiert G., daß den von der traditionellen Anthropologie ins Zentrum gestellten Fähigkeiten des Bewußtseins kein grundlegender Stellenwert bei der Bestimmung des Menschlichen zukommt, sondern daß sie im Gegenteil als abgeleitete Phänomene gelten müssen. Anstatt Handeln als Ausführung eines vom Bewußtsein gesetzten Ziels zu beschreiben, wird das Erkennen als eine Form des Handelns gesehen. Der Prozeß und das Ergebnis des Erkennens lassen sich zwar aus Handlungszusammenhängen abstrahieren, anthropologisch gesehen ist aber dieser ursprüngliche Zusammenhang von größter Bedeutung. Versucht jemand z.B. herauszufinden, ob ein Schlüssel in ein Schlüsselloch paßt, so lassen sich Überlegungen und Bewegungen nicht auseinanderhalten. Im Handeln sind beide Momente im Versuch verwoben, Zwecke zu realisieren. Die

Handlung soll also die Basis aller spezifisch menschlichen Leistungen abgeben. Erst an dieser Stelle kommt das Spezifische an der G.schen Anthropologie zum Tragen. Obwohl G. nämlich wiederholt behauptet, der Begriff der Handlung bilde den Kern seiner Theorie, ist der betreffende Handlungsbegriff selber systematisch von seinem methodischen Ansatz und der damit entwickelten Begriffskonstellation abhängig. Die Bedeutung des Kernsatzes, »Der Mensch ist das handelnde Wesen« hängt davon ab, daß G. den damit gemeinten Sachverhalt *erklären* zu können glaubt. Dies soll im Rahmen einer ›empirischen Philosophie‹ geleistet werden, deren Methode die der Zusammenfassung und der kategorialen Vermittlung der Resultate relevanter empirischer Wissenschaften ist. Zu diesem Zweck entlehnt G. einerseits Begriffe aus der philosophischen Tradition; andererseits vermittelt er diese mit Ergebnissen der Naturwissenschaften, insbesondere der Biologie. Er nennt sogar im Gegensatz zu Max Schelers Metaphysik des Menschen und zur Naturphilosophie Helmuth Plessners seinen Ansatz »Anthropobiologie«.

Seine Grundbegriffe entfaltet G. zum einen im Anschluß an Gedanken von Herder, Nietzsche und Scheler, zum anderen in Auseinandersetzung mit den Forschungsergebnissen der Biologen Louis Bolk, Adolf Portmann und Konrad Lorenz. Bolk und Portmann arbeiten nämlich heraus, daß die Ontogenese von Mitgliedern der Spezies Mensch durch eine im Vergleich mit anderen Spezies besondere Verzögerung gekennzeichnet ist. Diese ›Retardation‹ der anatomischen Entwicklung betrifft einerseits das Wachstumstempo, andererseits die sogenannten Organprimitivismen, Merkmale des menschlichen Körpers, die fötalen Zuständen bei anderen Tieren entsprechen. Die organische Ausstattung von Menschen ist im Vergleich mit derjenigen von anderen Tieren erstens wenig spezialisiert und bietet zweitens wenig Schutz. Zu diesen morphologischen Beobachtungen kommen an der Verhaltensforschung von Lorenz anschließende motivationstheoretische Überlegungen hinzu. Während das Verhalten von anderen Tieren in angeborenen Bewegungsfiguren abläuft, die durch Signale unfehlbar ausgelöst werden, lassen sich bei Menschen kaum feste Zuordnungen von Auslöser und Verhaltensformen feststellen. Dieser Tatbestand der ›Instinktreduktion‹ erscheint als eine empirische Bestätigung von Nietzsches Rede vom Menschen als »dem nicht festgestellten Tier«. Instinktreduktion und Organprimitivität faßt G. mit einem Wort von Herder zusammen, das in der Rezeption als den Hauptbegriff der G.schen Anthropologie gesehen worden ist: der Rede vom Menschen als ›Mängelwesen‹. An diesem Begriff werden aber die Schwierigkeiten deutlich, mit denen eine Perspektive konfrontiert wird, die ältere philosophische Konzeptionen mit neueren empirischen Forschungsergebnissen auf dem Wege der anthropologischen Kategorienbildung zusammenführen will. Gerade aus biologischer Sicht ist der Begriff des Mängelwesens unzulässig: Evolutionstheoretisch macht es keinen Sinn, das Überleben einer Spezies durch ihre Unangepaßtheit zu erklären. Im Fall der Spezies Mensch läßt sich im Gegenteil sehr wohl ein Organ angeben, dessen spezifische Entwicklung die physiologische Basis für die Leistungen lieferte, die ihr Überleben ermöglichte: nämlich das Gehirn. Auch diese Feststellung führt aber keineswegs in die philosophische Anthropologie hinüber, sondern bleibt innerhalb einer biologischen Fragestellung. Der Begriff des Mängelwesens soll aber den Übergang von der biologischen zur philosophischen Problemlage dadurch ermöglichen, daß er erklärt, warum die Entstehung der menschlichen Handlungsfähigkeit evolutionär notwendig war.

Weil Menschen mit keinen physischen Merkmalen ausgestattet sind, die ihnen Schutz und effektive Mittel zur Selbstverteidigung bieten, und weil ihre Instinkte derart zurückgebildet sind, daß sie kein Verhalten garantieren, das der Umwelt automatisch angepaßt wäre, ist die Spezies gezwungen, ihre Umgebung gemäß den Anforderungen ihrer eigenen Selbsterhaltung zu verändern. Der Handlungsbegriff, den G. auf dieser Basis entwickelt, ist nun ein inhaltlicher. Handeln heißt: die Natur ins für die Menschen Zweckdienliche umzuwandeln. Dieses Verständnis des Handelns bietet den Ansatzpunkt für weitere Begriffsprägungen der Anthropologie G.s, insbesondere für den die Leitlinie seiner soziologischen und sozialpsychologischen Untersuchungen bildenden Begriff der ›Entlastung‹. Diese suchen Menschen, weil handeln zu müssen in zwei Hinsichten ein unerträglicher Druck bedeutet, dem niemand ohne Rückhalt gewachsen wäre: Zum einen wird eine überindividuelle Lösung des Problems der physischen Überlebenssicherung in dauerhaften gesellschaftlichen Einrichtungen gesucht. Zum anderen verlangen Menschen nach einer ›Entlastung‹ psychologischer Natur angesichts des überwältigenden Flusses von Eindrücken, dem sie deswegen ausgesetzt sind, weil ihre Wahrnehmungsmöglichkeiten durch keine instinktiven Erfordernisse begrenzt sind. Diese Lage läßt sich nur dadurch bewältigen, daß bei den menschlichen Individuen Verhaltensgewohnheiten ausgebildet werden, deren Entsprechung gewisse Wahrnehmungsselektionen erfordert. Biologisch zur Naturbeherrschung gezwungen, müssen Menschen um der Arterhaltung willen ihre Umgebung wie ihre eigene Natur nötigenfalls mit Gewalt umwandeln, um Ordnungsstrukturen in der Welt wie in der eigenen Psyche auszubilden. Die so ausgebildeten Strukturen lassen sich zum einen als ›Kultur‹, zum anderen als ›Charakter‹ bezeichnen. Mit einem instrumentalistischen Kulturbegriff korreliert eine Psychologie der ›Zucht‹. Erst die Schaffung eines psychischen Ordnungsgefüges ermöglicht die Lenkung der eigenen ›Antriebsenergie‹, die sich infolge ihrer Entkoppelung von instinktiv kontrollierten Bewegungsabläufen ohne vorgegebene Ziele anzustauen oder auf gesellschaftlich disfunktionale Ziele zu richten droht. G.s Anthropobiologie liefert eine systematische Basis für den Zusammenhang der bei Scheler noch nebeneinanderstehenden Begriffe des ›Triebüberschusses‹ und der ›Weltoffenheit‹. Zum menschlichen Spezifikum der Weltoffenheit betont G. unnachgiebig die damit verbundene Schattenseite der konstitutiven Gefährdung.

Indem G. den Ausgang von dieser Gefährdung zum ausgezeichneten Gesichtspunkt anthropologischer Betrachtung erklärt, arbeitet er normative Komponenten in seine ›empirische‹ Philosophie hinein. Somit läßt sich sein Anspruch nicht aufrechterhalten, auf wissenschaftlichem Wege ein Fundament für philosophische und soziologische Untersuchungen bereitzustellen. In seiner soziologischen Modernitätsdiagnose, wie sie beispielsweise in *Die Seele im technischen Zeitalter* (1957) entwickelt wird, in der Institutionentheorie von *Urmensch und Spätkultur* (1956) und in seiner Moralphilosophie, die er in *Moral und Hypermoral* (1969) und zuletzt in *Die ethische Tragweite der Verhaltensforschung* (1972) darstellt, zieht G. die Schlußfolgerungen, die dieser normative Zug nahelegt. In seiner Moraltheorie unterscheidet G.

verschiedene Ethosformen und ihnen entsprechende anthropologische ›Wurzeln‹, aus denen sie entstanden seien. Der ›Masseneudaimonismus‹, der ethisch einer bestimmten Variante des Utilitarismus und politisch wohl einer wohlfahrtstaatlichen Sozialdemokratie entspricht, wird von G. als spezifisch moderner Umgang mit dem biologischen Gedanken interpretiert, daß Organismen günstige Umweltchancen auszuschöpfen pflegen. Den ›Humanitarismus‹, den G. als Ethik der universalen Menschenliebe deutet, sieht er als die zum Scheitern verurteilte Überdehnung der natürlichen Sympathiegefühle und Hilfsbereitschaft, die innerhalb einer Großfamilie oder Sippe ihren ursprünglichen Ort haben. Neben diesen zwei in der Moderne weit verbreiteten Formen moralischer Verpflichtung ragt eine Ethosform besonders heraus: der Ethos der Institutionen, insbesondere des Staates. Letzteres Gebilde beschreibt G. als »Organisation im Interesse des physischen Überlebens einer Gesellschaft«, eine Ausdrucksweise, die die sprachlichen Ungereimtheiten einer ›Anthropobiologie‹ deutlich werden lassen: Der darwinistische Topos des Kampfes ums Überleben, der biologische Arten betrifft, läßt sich nämlich nicht direkt auf soziale Gebilde übertragen. Auch wenn es als überzeugend gelten könnte, daß der Fortdauer einer Gesellschaft ein handlungsleitender Vorrang zukommen soll, läßt sich schwer vorstellen, wie empirisch zu prüfen wäre, ob es tatsächlich der Staat sei, der diese Funktion am effektivsten erfülle.

Die Institutionenlehre, der Kern von G.s Sozialphilosophie, ist der wirkungsvollste Teil seines Denkens gewesen. Ihr oft nicht explizit anerkannter Einfluß ist im Werk seines Schülers Helmut Schelsky wie in der Systemtheorie von Niklas Luhmann evident. Die Einwände, die aus dem Umkreis der ›Frankfurter Schule‹ gegen G.s Position erhoben wurden, galten auch vornehmlich seiner Behauptung des normativen Primats der Institutionen. Bemerkenswert an seiner Institutionentheorie ist indessen die besondere Unschärfe des Institutionenbegriffs selber. G. beschreibt die Funktion von Institutionen wiederholt als die der Entlastung, das heißt der ›Stabilisierung der Außen- und Innenwelt‹ der Handelnden. Dabei bleibt unklar, ob es ein Kriterium des spezifisch Institutionellen an bestimmten Formen der Entlastung gibt oder ob alles Entlastende als Institution zu bezeichnen ist. Nur wenn die erste Variante zutrifft, lassen sich die normativen Konsequenzen ziehen, die G. tatsächlich zieht. Ein solches Kriterium liefert G. aber nicht. Statt dessen deutet vieles – wie sein eigenes Beispiel des Briefverkehrs – darauf hin, daß Institutionen – aus gegenseitigem Verhalten entstandene »stereotype Modelle von Verhaltensfiguren« – bis ins Detail des Alltagslebens reichen und so von Gewohnheiten nur durch das Merkmal der Reziprozität unterschieden sind. Einen solchen, weiten Institutionsbegriff entwickeln Peter Berger und Thomas Luckmann (*The Social Construction of Reality*, 1966) in direkter Anlehnung an G. Dessen Behauptung zur Funktion von Gewohnheiten läßt sich auf jeden Fall gleichermaßen für die Institutionen aufstellen: Sie treten an die Stelle, an der beim Tier die Instinkte stehen. Es ist ein Verdienst G.s, die zentrale Bedeutung von gewohnheitsmäßigen Abläufen für das von Natur in seinen Verhaltensformen nicht festgelegte Tier, den Menschen, betont zu haben. Sollten die Menschen eine Reflexionsphase vor jede Handlung einschalten, so wäre die einfachste Tat eine sehr anstrengende und langwierige Angelegenheit. Die gleiche Einsicht wurde allerdings schon von John

Dewey (*Human Nature and Conduct*, 1922) vertreten, aber ohne die radikal konservativen Konsequenzen zu ziehen, die G. zieht. Dewey sieht es im Gegenteil als eine kulturelle Aufgabe an, Institutionen und Gewohnheiten zu entwickeln, die von Reflexion durchdrungen werden. Erst die normative Perspektive G.s verleitet ihn dazu, aus den Ergebnissen der biologischen Forschung, den Schluß zu ziehen, der Mensch sei ›das Wesen der Zucht‹ und nicht, wie beispielsweise Dewey, ein Wesen, das auf Lernprozesse angewiesen ist.

G.s Institutionentheorie liefert die Basis seiner Zeitdiagnose, die immer wieder die pathologischen Symptome vom Zerfall des Verpflichtungscharakters der – hier im üblichen Sinn verstandenen, ›harten‹ – Institutionen hervorhebt. G. beschreibt den Modernisierungsprozeß als kontinuierlichen Abbau der Schutz- und Orientierungsfunktionen jener instinktersetzenden Gebilde. Dabei wendet er diejenigen Kategorien an, mit denen er die Entstehung der Institutionen biologisch erklärt hatte, um die Merkmale eines Zustandes zu bezeichnen, den er als durch die Auflösung der Institutionen – und tendenziell der Kultur – verursacht sieht. Die modernen, wie die primitiven Menschen, sind von einer ›Reizüberflutung‹ bedroht; jetzt aber wendet sich ihre ganze Aufmerksamkeit, statt den Gefahren der Außenwelt, den fast grenzenlosen Möglichkeiten ihrer eigenen unspezifischen, plastischen Antriebskräfte zu. Sie erleben eine ›Übersteigerung der Subjektivität‹, die einer neuen ›Primitivisierung‹ gleichkommt. Aus dem Mangel an institutionellem ›Außenhalt‹ erklärt sich, so G., die Angst, Verunsicherung und Gereiztheit, die in modernen Gesellschaften so verbreitet sind.

Neben diesen diagnostischen Begriffen verwendet G. ferner den der kulturellen ›Kristallisation‹, um einen Zustand zu beschreiben, in dem alle geschichtlichen Möglichkeiten endgültig durchgespielt worden seien. Dieser Begriff findet insbesondere im letzten Gebiet Anwendung, dessen Untersuchung G. auf anthropologischer Basis zu betreiben beansprucht: das der modernen Kunst. *Zeit-Bilder* (1960) ist eine äußerst kritische Analyse der Entwicklung der Kunst, die das ›Verschwinden des Gegenstands‹ als eine Verfallserscheinung deutet. Am Ende eines in der Tradition deutscher Geschichtsphilosophie stehenden Drei-Phasen-Modells der Kunstentwicklung steht die abstrakte Malerei, die dem Betrachter jede Möglichkeit handelnder Verwertung ihres Inhalts entzieht. Diese Lage wird, so G., durch eine ungeheure Menge an Literatur verunklärt, die, durch die Bezugslosigkeit der gegenstandslosen Kunst herausgefordert, ihr eine Tiefe zuspricht, die sachlich gar nicht bestehe. Der Großteil des gegenwärtigen Kunstbetriebs ist aus G.s Sicht nur mit der Kategorie der Entlastung angemessen zu fassen, die hier für die moderne Flucht in die Subjektivität steht. Unabhängig davon, wie man dieses Urteil über die moderne Kunst einschätzt, legen sich zwei weitere Fragen nahe: erstens, warum das moderne Bewußtsein Entlastung vom Druck des Sozialen in der Kunst suchen sollte, wenn sich die Institutionen in einem Prozeß der Auflösung befinden, und zweitens, wie sich diese geschichtliche Diagnose zur Verortung von Kunst in G.s Lehre vom Menschen verhält. An anderen Stellen wird nämlich ästhetische Erfahrung grundsätzlich als durch entdifferenzierte Auslöser hervorgerufene Gefühlsreaktionen bestimmt, die ihre besondere Stärke gerade durch ihren mangelnden Handlungsbezug gewinnen. Auch hier löst G.s Anthropobiologie ihren Fundierungsanspruch nicht ein. Statt dessen erweist sie sich in ästhetischen wie in moralischen und sozial-psychologischen Fragen als systematisch von historisch kontextualisierbaren Werturteilen abhängig.

Klages, Helmut/Quaritsch, Helmut (Hg.): Zur geisteswissenschaftlichen Bedeutung Arnold Gehlens. Berlin 1994. – Kamlah, Wilhelm: Probleme der Anthropologie. Eine Auseinandersetzung mit Arnold Gehlen. In: Von der Sprache zur Vernunft. Philosophie und Wissenschaft in der neuzeitlichen Profanität. Zürich 1975.

Neil Roughley

Gentile, Giovanni
Geb. 30. 5. 1875 in Castelvetrano/Sizilien; gest. 15. 4. 1944 in Florenz

Zusammen mit Benedetto Croce, dem anderen großen Vertreter des italienischen Neoidealismus, hat G. ein halbes Jahrhundert lang die philosophische Kultur seines Landes beherrscht. Sein streng antipositivistisches Denken – eine Neuformulierung des Rechtshegelianismus – wirkt sich heute noch auf die Grundorientierung des italienischen Philosophierens aus. G. wird häufig für die historische, antiempirische Prägung eines Denkens verantwortlich gemacht, das sich an Marx oder Heidegger orientiert und das durch seine Wissenschaftsfeindlichkeit riskiert, den Anschluß an die Moderne zu verpassen.

G. kritisiert Hegel, um eine Philosophie des absoluten Ich zu entwickeln, die jede Pluralität verneint und alles Gegenständliche in das Bewußtsein aufhebt. Seinem Denken, das die Identität von Theorie und Praxis, von Philosophie und Leben postuliert, liegt eine streng moralische, antihedonistische Lebensauffassung zugrunde, die von einem fast schwärmerischen Glauben an die unbegrenzten Möglichkeiten des menschlichen Geistes getragen ist. Tragisch wurde für sein Leben eine Verblendung, die ihn dazu führte, im faschistischen Staat Mussolinis die Verkörperung des sittlichen Staates zu erblicken, der fähig ist, die Egoismen und die abstrakte Freiheit des Liberalismus zu überwinden. Unter Mussolini wurde G. zum Organisator der italienischen Kultur und zum Theoretiker der faschistischen Ideologie. Er lieferte durch das Siegel seiner Autorität dem Faschismus eine moralische Rechtfertigung und erlaubte Mussolini »eine bemerkenswerte Mystifizierung des Faschismus« (Ernst Nolte). Schwieriger ist die Frage zu beantworten, ob sein Denken, dem Rassismus und jede Verherrlichung von Gewalt fremd waren, in seinem Wesen faschistisch ist. Abgesehen von dezisionistischen Elementen in der Ethik wurden G. Realitätsfremdheit und eine gefährliche Trennung der Kultur von der Reflexion über die konkreten Bedingungen der wirtschaftlichen und sozialen Entwicklung angelastet.

G. studierte zunächst Literaturwissenschaft und Philosophie bei Donato Jaja, einem Schüler des Hegelianers Bertrando Spaventa, dessen Nachfolger er 1914 in Pisa wurde. 1917 bekam er den Lehrstuhl für theoretische Philosophie an der

Universität Rom. Nach seiner Dissertation über Antonio Rosmini und Vincenzo Gioberti, in der er eine Annäherung zwischen Katholizismus und deutschem Idealismus versuchte, kritisierte G. in seinem zweiten Werk *La filosofia di Marx* (1899) den historischen Materialismus vom Standpunkt eines orthodoxen Idealismus aus. In dieser Zeit beginnt die Freundschaft mit Benedetto Croce, mit dem er bis 1922 die berühmte Zeitschrift *La Critica* herausgab. Die entgegengesetzte Einstellung gegenüber dem Faschismus – Croce wurde die geistige Führungsgestalt der liberalen Opposition gegen den Faschismus – wird später der Freundschaft ein Ende setzen.

In dieser Zeit schreibt G. seine wichtigsten Werke: *Teoria generale dello spirito come atto puro* (1916; *Allgemeine Theorie des Geistes als reinen Aktes*) und *Il sistema di logica come teoria del conoscere* (1917–1921; *Das System der Logik als Theorie des Wissens*), in denen er seine Philosophie, den Aktualismus, entwickelte. 1922 zum Senator ernannt, war er von Oktober 1922 bis Juli 1924 Unterrichtsminister in der ersten Regierung Mussolinis. 1923 schuf er die Schulreform, die seinen Namen trägt. Diese Reform hält an den humanistischen Grundlagen fest, verstärkt den Religionsunterricht in den Grundschulen und trägt vor allem durch den obligatorischen Lateinunterricht ab der sechsten Klasse konservative Züge. G. wurde 1924 Präsident des »Istituto nazionale fascista della cultura« und leitender Herausgeber der *Enciclopedia Italiana*. Aus dieser Zeit stammen die Werke *Che cos'è il fascismo. Discorsi e polemiche* (1925; *Was ist der Faschismus? Reden und Polemiken*) und *Origini e dottrina del fascismo* (1929; *Grundlagen des Faschismus*). 1931 erschien seine Theorie der Kunst: *Filosofia dell'arte*. G. gründete das *Giornale critico della filosofia italiana* und wurde das Haupt der philosophischen Schule der Aktualisten »Gli attualisti«, der A. Volpicelli, A. Carlini, U. Spirito und andere angehörten. Er trug die faschistische Politik mit bis hin zur Treue gegenüber der Republik von Salò; ein Beleg dafür ist auch seine berühmte Rede *Discorso agli Italiani* von 1943. Im selben Jahr verfaßte er sein letztes Werk *Genesi e struttura della società (Ursprung und Struktur der Gesellschaft)*. Eine Gruppe von Partisanen tötete den Philosophen am 15. April 1944 in Florenz.

Kern seiner Philosophie ist die Entwicklung eines konsequenten Idealismus auf der Grundlage einer Kritik am Positivismus, der die italienische Kultur in den letzten Jahrzehnten des 19. Jahrhunderts beherrscht hatte. G. sieht seine Philosophie als kritische Fortsetzung einer langen historischen Tradition, die in einem direkten Zusammenhang mit der deutschen Philosophie von Kant bis Hegel steht, aber auch auf die Philosophie der italienischen Renaissance zurückgeht und an Giambattista Vico anknüpft. Das Grundprinzip seines Denkens ist ein rigoroser Immanentismus, welcher jeden Dualismus zwischen Geist und Materie, zwischen Natur und Geschichte ablehnt und alles aus der Tätigkeit des denkenden Ich ableitet: »Dies ist der feste Punkt, auf den sich der Aktualismus stützt. Die einzige feste Wirklichkeit, die ich zu bejahen vermag und mit der daher jede von mir denkbare Wirklichkeit verbunden werden muß, ist jene Wirklichkeit, die selber denkt. Diese wird nur so verwirklicht, sie ist daher nur im Akt des Denkens eine Wirklichkeit.«

Zentral ist für G. die Unterscheidung zwischen abstraktem und konkretem Denken; hier setzt auch die Kritik an Hegels Logik an. Der Fehler Hegels liegt nach G. darin, eine Dialektik des Gedachten versucht zu haben, eine Dialektik des Begriffes oder der gedachten Realität also. Hegel setzt demnach zu Unrecht Sein und Nichtsein als abstrakte Momente voraus und läßt daraus das Werden entspringen. Für G. ist Dialektik aber nur als Entwicklung des denkenden Subjekts möglich; der Akt des Denkens stellt die einzige Realität dar. G. kritisiert Hegel gleichsam durch Fichte, indem er die Grundthese der ersten Wissenschaftslehre von 1794 entwickelt und die strenge Immanenz jeder Realität im denkenden Subjekt behauptet: »Nichts ist denkbar außerhalb des Denkens, außerhalb unseres Denkens. Folglich nichts außerhalb des Menschen, auch die Natur, auch Gott selbst.« Die Transzendenz – so verteidigt sich G. gegen katholische Kritik – ist nicht etwas, das sich jenseits des Geistes befindet und ihn begrenzt, sondern sie wird aus dem Leben des Geistes selbst geboren, der sie als sein Ideal hervorbringt: »Die Transzendenz ist der menschliche Geist, der sich als solcher verwirklicht« – Transzendenz also als Dialektik der freien Tätigkeit des Selbstbewußtseins.

G. versucht in seinem gesamten Werk den spekulativen und praktischen Beweis dieses Immanentismus; denn der denkende Geist ist nicht nur als theoretisches, sondern auch als praktisches Moment zu verstehen, so daß der Geist, indem er sich verwirklicht, auch seine verschiedenen Konkretionen ins Leben ruft: Nach der Metaphysik folgen Abhandlungen über Logik, Ethik, Pädagogik, Religion, Kunst, Recht und Politik. Das Leben des Geistes entwickelt sich in einer triadischen Bewegung: These und Antithese sind abstrakte Momente eines Prozesses, der erst in der Synthese real wird. So sieht G. in der Kunst das Moment der reinen Subjektivität, das in seiner Unmittelbarkeit jeder Anstrengung des Geistes, es einzuholen, widersteht; während die Religion das Moment der reinen Objektivität als Bewußtsein des Objektes darstellt, demgegenüber das Subjekt sich annulliert. So bildet die Religion für G. anders als bei Croce ein wesentliches Moment des dialektischen Prozesses des Geistes: Als absolutes Subjekt und absolute Freiheit behauptet sich der Geist dennoch nur in der Philosophie, welche die Wahrheit der Kunst und der Religion darstellt.

Die Dialektik, die G. in der Logik entwickelt hat, bestimmt auch die Sphären der Rechtsphilosophie und der Politik. Das Recht wird von ihm als Moment der Moral aufgefaßt, als das Gewollte gegenüber dem Wollen, als die Norm, die man überwinden muß, indem man sie verwirklicht. Die Politik wird verstanden als das Leben des Staates im Individuum, als das Universale, in dem das Individuum seine Partikularität überwindet. Der Staat ist ethisch nicht neutral gegenüber dem wissenschaftlichen, künstlerischen und religiösen Leben der einzelnen, sondern verwirklicht sich durch diese Werte. Den Begriff des sittlichen Staates – des Staates als höchste Offenbarung des Absoluten – übernahm G. von Hegel, freilich nicht ohne Verschärfung. Während des Hegel-Kongresses in Berlin 1935 vertrat er die These, daß man die drei Schranken, die Hegel vor dem Staat aufgebaut hatte, überwinden müsse. Dabei dachte G. an die Bestimmung und Begrenzung des Staates durch die Existenz anderer souveräner Staaten, an die Unterordnung des Staates unter die Sphäre des absoluten Geistes, wie er in Philosophie, Religion und Kunst sich repräsentiert, sowie an die Konditionierung des Staates durch die niedrigeren Sphären der bürgerlichen Gesellschaft und der Familie. Diese Romantisierung der Hegelschen Staatslehre eignete sich vorzüglich, um eine Rechtfertigung des faschistischen Staates gegenüber der liberalen Forderung nach einer Autonomie der

Individuen im Staat und der marxistischen Forderung nach Autonomie der Klassen zu liefern. Auch seine Unterscheidung zwischen einer »volontà volente« (dem wollenden Willen) und einer »volontà voluta« (dem gewollten Willen), welche jener anderen Unterscheidung zwischen »pensiero pensante« und »pensiero pensato« (dem denkenden und gedachten Gedanken) entspricht – wobei nur dem ersteren Wahrheit und Güte zukommt, während das Gedachte und Gewollte als Vergangenes das Negative darstellen –, befindet sich in gefährlicher Nähe zu einem puren Dezisionismus, der jede Wertorientierung unmöglich macht.

G. hinterließ ein umfangreiches Werk; die mit der Herausgabe seines Werkes betraute »Stiftung Gentile« hat bis heute über vierzig Bände herausgegeben. Sein Einfluß innerhalb der italienischen Universität – Croce hat nie eine akademische Funktion wahrgenommen – blieb auch aufgrund seiner hervorragenden pädagogischen Fähigkeiten und seiner moralischen Integrität über Jahrzehnte außerordentlich wirksam. Sein Werk und sein Leben können als Beispiel für jene unheilvolle Verstrickung der Intellektuellen in die Sphäre der Macht gelten, die – wie die jüngste Auseinandersetzung um das philosophische Erbe Martin Heideggers erweist – immer wieder auftritt. Sein von moralischem Pathos und religiöser Kraft durchdrungenes Denken ist trotz der Anknüpfung an den deutschen Idealismus tief in der italienischen Geschichte des Risorgimento verwurzelt und kann als Produkt des romantischen idealistischen Geistes des 19. Jahrhunderts verstanden werden, als Ausdruck des Unbehagens vor dem laizistischen, aufklärerischen und dabei technisch orientierten Denken der sich entwickelnden Industriegesellschaft, das dem Faschismus den Boden bereitet hat.

Montecchi Camizzi, Annamaria: Croce e Gentile. Moralità e eticità. Mailand 1993. – Chesi, Francesco S.: Gentile e Heidegger. Mailand 1992. – Di Giovanni, Pietro (ed.): Il neoidealismo italiano. Bari 1988. – Harris, Henry Silton: The Social Philosophy of Giovanni Gentile. Urbana 1960. – Bellezza, Vito: L'esistenzialismo positivo di Giovanni Gentile. Florenz 1954.

Franca Janowski

Goffman, Erving

Geb. 11. 7. 1922 in Manville / Kanada; gest. 20. 11. 1982 in Philadelphia

Auf einer Tagung, deren Hauptredner G. war, wurde ihm zu Ehren am Abend ein Empfang gegeben, der im Beobachtungsturm einer von Schinkel gebauten Sternwarte – nun ein sozialwissenschaftliches Institut – stattfand. Der Ehrengast wurde begrüßt, sagte einige höfliche Sätze, trat zurück und schien wenige Minuten später verschwunden. Schließlich fand man ihn: auf dem ursprünglich für das Fernrohr vorgesehenen drehbaren Podest am – bezeichnenden – Rand der Abendgesellschaft, deren Gegenstand, Teil und Beobachter er war.

Beobachtungshaltung, wissenschaftliche Einstellung und tiefes Mißtrauen gegenüber Globalerklärungen rücken das Werk dieses Sozialwissenschaftlers eher in die Nähe der Darwinschen Beschreibungen, der Ethnologie oder sogar der Humanethologie als in den Mainstream der Soziologie, von dem er sich nicht treiben lassen wollte: Er zog es vor, aufmerksam mitschwimmend zwar, am Rande des Stromes zu bleiben. In seiner Disziplin verkörperte er den Typus des »marginal man«, und dies nicht nur als Beobachter, sondern auch als Theoretiker. Er konnte sich beobachtend in das Handeln (nicht: in die Handelnden!) hineinversetzen, weil er es verstand, sich dem Handeln als Mithandelnder zu entziehen. Ziel seiner oft als befremdend neutral mißverstandenen, disziplinierten Aufmerksamkeit war es, durch Außenbeobachtung zunächst die inneren Organisationsprinzipien des Handelns (wiederum nicht: der Handelnden) zu beschreiben und schließlich analytisch darzustellen. Daß der Beobachter denselben Prinzipien zu gehorchen gezwungen war, verstand sich von selbst. G. beobachtete handelnde Individuen als objektivierender und dennoch individueller Beobachter. Er nahm sich in die Pflicht, durch phänomenologische Nüchternheit die Evidenz methodisierter, individueller Wahrnehmung als Fundament wissenschaftlicher Beobachtung zu legitimieren und zu verallgemeinern – ohne sich selbst als konkreten Beobachter verschwinden zu lassen. Wie schwer eine solche Einstellung durchzuhalten ist, zeigen nicht nur seine Arbeiten, sondern auch die Tatsache, daß er zwar Nachahmer, aber keine Schüler gefunden hat. Er hat sie wohl auch nicht gewollt.

Im disziplinierten Einzelbeobachter sah G. das Wahrnehmungsorgan seiner Disziplin oder – wie einer seiner Lehrer, Everett C. Hughes, es formulierte – »the sociological eye«. Mit dieser Einsicht ist das nicht nur methodisch, sondern auch grundlagentheoretisch fundierte Gebot der Enthaltsamkeit gegenüber einer künstlichen sozialwissenschaftlichen Herstellung und Messung von Daten verknüpft. Der Soziologe sollte vielmehr, soweit dies eben möglich ist, natürliche Daten (»data in situ«) sammeln, beschreiben und interpretieren: Zwischen den Beobachter (Interpreten) einerseits und das/die Beobachtete(n) andererseits sollten sich neben die ohnehin schon wirksamen perspektivischen Verkürzungen in der Beobachtung nicht noch zusätzlich künstliche Filter schieben. Der Grund: Die Verfahren, mit deren Hilfe Gesellschaftsmitglieder ihr Handeln und Wissen organisieren, sich selbst gegenüber anderen darstellen und ihre jeweiligen Relevanzen herstellen, sollen in weitgehend unverstellter Form erscheinen und damit relativ unbeeinflußt wiedergegeben werden können.

So einzigartig die Stellung G.s innerhalb der Sozialwissenschaften ist, sie läßt die – sehr verschiedenartigen – Traditionszusammenhänge, aus denen er kam, erkennen: Strukturfunktionalistisch orientierte Ethnologie (Alfred Radcliffe-Brown), Pragmatismus (Charles Cooley, George Herbert Mead), Phänomenologie (Edmund Husserl, Alfred Schütz) und die »Chicago School« (Everett Hughes) haben ihre Spuren in seinem Werk ebenso hinterlassen wie die »Klassiker« Emile Durkheim und Georg Simmel. Keiner der an diese Traditionen anknüpfenden Schulen kann G. zugerechnet werden; er selbst hat sich vehement jeder Etikettierung ebenso widersetzt wie den diskreten oder weniger diskreten Ritualen seines Berufsstandes. An Diskussionen über seine Arbeiten nahm er nicht teil – bis auf eine Ausnahme. Bezeichnenderweise ging es dabei um einen besonders unerfreulichen Etikettierungsversuch. Anlaß war die Besprechung von *Frame Analysis* (1974) durch einen die reine

Lehre des Interaktionismus gegen jede »strukturalistische« Verunreinigung verteidigenden Kollegen. Sonst reagierte G. weder auf Kritiken, noch unterzog er sich in Fußnoten und Einleitungen rituellen Danksagungen. Ebensowenig begab er sich in die Arenen der jeweils aktuellen Theoriedebatten. Trotz dieses selbstgewählten Abstandes und der ironischen, bisweilen sarkastischen Distanz zum eigenen Berufsstand zollte dieser dem Einzelgänger Respekt und Beachtung: G.s Berufsweg, gekennzeichnet durch das Ineinandergreifen von Feldbeobachtungen und extensiver auf die Feldstudien bezogener Schriftstellerarbeit, führte zu Professuren in Berkeley (1961 bis 1969) und zur Benjamin Franklin Professur an der University of Pennsylvania in Philadelphia (1968 bis zu seinem Tod), zu internationaler Anerkennung (weltweite Übersetzung seiner Bücher), zu akademischen Ehrungen (Mc Iver Award 1961, Mead-Cooley Award 1979, George Orwell Award der Harvard University Press 1979) und sogar zur Präsidentschaft in der Amerikanischen Gesellschaft für Soziologie (1981).

War er, bezogen auf die Hauptrichtungen seiner Disziplin, marginal, so war er doch gleichzeitig nicht nur ein geachteter Gelehrter, sondern auch einer der am häufigsten gelesenen sozialwissenschaftlichen Autoren. Anders als die meisten seiner Fachkollegen fand er seine Leser nicht nur – nicht einmal vorwiegend – innerhalb der Soziologie. Er hatte ein interdisziplinäres Publikum. Vor allem aber gelang es ihm, auch diejenigen als Leser zu gewinnen, über die er schrieb. Dies gilt für nahezu alle seiner Bücher – von *Communication Conduct in an Island Community* (1953), seiner Dissertation, bis hin zu seinem letzten Buch *Forms of Talk* (1981). Er zog die Aufmerksamkeit seines Publikums zurück zur Soziologie, indem er diese zurückführte zur Beschreibung und Analyse konkret gelebter Sozialität: Er beschrieb nur, was er kannte. Und: Was er beschrieb, kannte jedermann; doch neu war, wie er es beschrieb, wie er es als etwas zeigte, das deswegen so wenig gesehen und befragt wurde, weil jeder es bereits gesehen und verstanden zu haben glaubte.

Dennoch ging es ihm nicht vorrangig um das Alltägliche, Normale, wenig Beachtete an sich, auch wenn er dessen Ethnograph war und dessen Apologet zu sein schien. Es war ihm als gut zugängliches »Datum« Anlaß, nicht aber per se wichtigster Gegenstand. Seine Aufmerksamkeit galt einer zentralen sozialwissenschaftlichen Fragestellung: Wie entsteht und erhält sich eine sinnhaft interpretierbare soziale Ordnung im Handeln der Menschen. Bewährungsfeld für die Fragestellung war ihm die universale und zugleich ursprüngliche Kommunikationssituation – die Vis-à-vis-Interaktion – gerade wegen dieser Eigenschaften. Dabei setzte er, vielen seiner Interpreten zum Trotz, voraus, daß »der eigentliche Gegenstand der Interaktion nicht das Individuum und seine Psychologie ist, sondern eher die syntaktischen Beziehungen zwischen den Handlungen verschiedener gleichzeitig anwesender Personen«.

Es geht also vorrangig um die Bauformen und Organisationsprinzipien sozialen Handelns und sozialer Ordnung und zugleich um die »allgemeinen Eigenschaften«, die Handelnde haben müssen, um sinnhaft handeln zu können. Die mikrosoziologisch angelegte Detailbeobachtung scheint demnach auf ein makrologisches Ziel hin ausgerichtet zu sein. Tatsächlich jedoch bewegt sich G.s Fragestellung diesseits von »Mikro« und »Makro«. Es geht ihm vielmehr um das Fundament, um einige

Bedingungen der Möglichkeit von Interaktion, um die Basisaktivitäten und Grundelemente des sozialen Austausches (*Interaction Ritual*, 1967; *Frame Analysis*, 1974; *Forms of Talk*, 1981; *Encounters*, 1961; *Stigma*, 1963; *Relation in Public*, 1971; *Gender Advertisement*, 1979) innerhalb jenes Spiel-Raumes der Face-to-Face-Interaktion, auf dem von jedem Gesellschaftsmitglied der Kampf um die »Territorien des Selbst« im Austausch mit dem/den Anderen ausgefochten wird. Bis hin zur letzten Schrift steht diese Problematik im Zentrum seiner − damit notwendig unvollendeten, weil unvollendbaren − Arbeit.

Bei aller Neutralität und Kühle der Beschreibungen und Analysen ist dennoch unverkennbar, daß G. innerhalb des Formen- und Regelwerks der »sozialen Mechanik« nach dem engen Bewegungsraum der Freiheit sucht, der eine Sicherung der »Territorien des Selbst« ermöglicht: nach der Freiheit der Bewegung im (sozialen) Käfig. Am deutlichsten wohl in der taktvollen Beschreibung derer, die er beobachtet, ebenso aber auch in der feinfühligen Distanz zu programmatischem Moralisieren und schwadronierendem Pädagogisieren wird deutlich, worin G. die Möglichkeit einer solchen Freiheit sah. Voraussetzung für sie ist die Einsicht in das Regelwerk der »sozialen Mechanik«, in das Reich der Notwendigkeit. Erst diese Einsicht macht es möglich, das Regelwerk im Sinne eines »fair play« zu beherrschen: Aus allgemein bestimmtem und bestimmbarem sozialem Verhalten wird dann humanes Handeln, wenn es gelingt, ein aufgezwungenes Spiel − mit allen dazugehörigen Taktiken und Finessen − nicht nur gut, sondern auch fair zu spielen.

Hettlage, Robert/Lenz, Karl (Hg.): Erving Goffman. Ein soziologischer Klassiker der zweiten Generation. Bern/Stuttgart 1991. − Ditton, Jason (ed.): The View from Goffman. London 1980.

Hans-Georg Soeffner

Goodman, Nelson
Geb. 7. 8. 1906 in Somerville (Mass.)

»Ich kann ihre freundliche Aufmerksamkeit nicht mit der tröstlichen Versicherung belohnen, daß alles geleistet sei, oder mit der vielleicht kaum weniger tröstlichen Versicherung, es sei gar nichts zu machen. Ich habe lediglich eine nicht ganz bekannte Möglichkeit der Lösung einiger nur allzu bekannter Probleme untersucht.« Dieser Schlußsatz aus G.s Hauptwerk *Fact, Fiction and Forecast* (1955; *Tatsache, Fiktion, Voraussage*) mag als Inbegriff seiner philosophischen und wissenschaftstheoretischen Arbeiten angesehen werden, deren Ziel eher die Präzisierung bereits vorhandener Problemstellungen und das auf sukzessiven Schritten beruhende Fragen ist, als das voreilige und daher oft erkenntnisarme Angebot naheliegender Lösungsmöglichkeiten. G. steht damit ganz in der um die Schaffung und Anwendung künstlicher Sprachen mit logischer qua unmißverständlicher Syntax bemühten Richtung der Analytischen Philosophie, der u. a. Bertrand Russell, Rudolf Carnap und Willard Van Orman Quine zuzurechnen sind und die als Logischer Empirismus oder Logischer Positivismus bezeichnet wird. Die Absage an die ›natürlichen‹, zu metaphysischen und damit gewissermaßen objekt- und sinnlosen Sätzen tendierenden Sprachen und der Versuch, durch ein streng logisches Ableitungsgefüge jeden Begriff und jede Aussage auf empirisch Nachweisbares zu beziehen, sind die zentralen Stellen dieser Theorie. G. hat jedoch in seinem Werk *The Structure of Appearance* (1951, ND 1977), wie bereits in seiner Dissertation *A Study of Qualities* (1941, ND 1990), das ursprünglich von Carnap in *Der logische Aufbau der Welt* (1928) formulierte Konzept dieses phänomenalistischen Reduktionsprogramms, der sogenannten Konstitutionstheorie, einer eingehenden Kritik unterzogen und modifiziert. Versuchte Carnap noch, die konkreten Dinge mit Hilfe dieses Systems in »Elementarerlebnisse« zu transformieren, so wählt G. demgegenüber nicht Empfindungen, sondern eine begrenzte Menge atomarer Qualitäten wie Farben, Zeiten, Sehfeldstellen und Töne, die sog. »Qualia«, zu deren Definition. Unter der nominalistischen Einschränkung, daß »die Welt eine Welt von Individuen« (*A World of Individuals*, 1956) und damit die Menge der zu definierenden Objekte endlich ist, wird die logische Konstruktion des Konstitutionssystems erneut verbessert, zumal dieses nun nicht mehr den Anspruch erhebt, den tatsächlichen Erkenntnisprozeß zureichend zu beschreiben, sondern lediglich dessen Resultate zu reformulieren sucht. Während in dem von G. und Quine veröffentlichten Aufsatz *Steps Toward a Constructive Nominalism* (1947) der Verzicht auf Variablen, zu deren Wertbereich abstrakte Objekte gehören, unumstößlich gefordert wurde und zu dem programmatischen Bekenntnis führte: »Wir glauben nicht an abstrakte Entitäten. Niemand nimmt an, daß abstrakte Entitäten – Klassen, Relationen, Eigenschaften usw. – in Raum und Zeit existieren; aber wir meinen mehr als das. Wir verzichten auf sie überhaupt«, erfolgt nun in *A World of Individuals* eine Spezifizierung in bezug auf einen Nominalismus, der zwar »Entitäten, Geister und Unsterblichkeitsahnungen« nicht verbietet, jedoch verlangt, daß jede zugelassene Entität als Individuum zu konstruieren sei. Dies allerdings impliziert, bezogen auf G.s Konstitutionssystem, daß zwei Objekte dann als umfanggleich oder identisch gelten, wenn sie dieselbe Anzahl atomarer Qualitäten aufweisen. Die Konstruktion eines Objekts als Individuum gebietet aber gleichsam die Nichtidentität desselben mit jedem anderen Objekt auf der Grundlage einer Nichtidentität zwischen ihren Atomen, denn es gilt: »Keine Unterscheidung von Entitäten ohne Unterscheidung von Inhalt.«

Zur Wissenschaftstheorie ist seine Untersuchung irrealer Bedingungssätze und damit verbunden die der Fortsetzbarkeit von Hypothesen auf induktivem Wege zu zählen. Hatte bereits David Hume in seinem *Treatise of Human Nature* (1739/40) die Frage nach der rationalen Rechtfertigung induktiver Schlüsse negativ beantwortet, indem er darlegte, daß solche Regeln lediglich Ausdruck unserer Gewöhnung an vergangene Regelhaftigkeiten sind, so schließt sich G. dieser Argumentation zwar weitgehend an, konstatiert aber zugleich ein »neues Rätsel der Induktion«: das Problem der Unterscheidung von gültigen und ungültigen induktiven Schlüssen. Denn für jede solcher Konklusionen ist nicht nur die bisher beobachtete und zugrundegelegte Regelhaftigkeit möglich, sondern auch eine dazu kontrafaktische Hypothese, durch die dann aber »jede endliche Menge von Beobachtungen sich in

Form voneinander für die Zukunft widersprechenden Regularitäten extrapolieren«
ließe (Franz von Kutschera).

Sprachphilosophische Analysen bestimmen G.s Arbeiten mit Beginn der 60er
Jahre. In verschiedenen Aufsätzen (u. a. *Sense and Certainty*, 1952; *The Way the World
Is*, 1960; *About*, 1961; *Ways of Worldmaking*, 1978 und *Of Mind and other Matters, 1984*)
dominiert die Erforschung nicht-verbaler Symbolsysteme, da sowohl bildliche Darstellungen als auch musikalische Notationen, Uhren, Meßinstrumente, Diagramme
und Karten als komplementärer Faktor einer strukturalen Linguistik angesehen
werden müssen. So überwindet G. in seinem Buch *Language of Art* (1968; *Sprachen
der Kunst*) die retardierte Trennung von Kunst und Wissenschaft, indem der Unterschied nicht mehr der zwischen »Gefühl und Tatsache, Intuition und Konklusion,
Freude und Überlegung, Synthese und Analyse, Sinneswahrnehmung und Gehirn-
arbeit, Konkretheit und Abstraktheit« ist, »sondern eher der Unterschied in der
Dominanz gewisser spezifischer Merkmale von Symbolen«. Der wohl einflußreichste Vertreter der amerikanischen Analytischen Philosophie studierte und promovierte
an der Harvard University. Nach einem einjährigen Lehrauftrag an der Tufts University wurde er 1946 zuerst zum Associate, dann zum ordentlichen Professor an der
University of Pennsylvania ernannt. 1964 ging er zurück nach Massachusetts, zuerst
als Professor an der Brandeis Universtiy, drei Jahre danach zur Harvard University.
Als Professor emeritus arbeitet und lebt er in Cambridge, MA und London.

Stegmüller, Wolfgang: Untersuchungen über die Struktur der Erscheinungswelt. In: Ders.:
Hauptströmungen der Gegenwartsphilosophie. Band 1. Stuttgart 1989. – Kutschera, Franz von:
Nelson Goodman – Das neue Rätsel der Induktion. In: Speck, Josef (Hg.): Grundprobleme
der großen Philosophen. Philosophie der Gegenwart 3. Göttingen 1984. – Hausman, Alan/
Wilson, Fred: Carnap and Goodman: Two Formalists. Den Haag 1967.

Jörg F. Maas

Gorgias von Leontinoi
Geb. ca. 480 v.Chr.; gest. ca. 380 v.Chr.

G., Sohn des Charmantidas, zählt mit Protagoras zur ersten Generation der Sophisten und zu den erfolgreichsten Rhetoren seiner Zeit. 427 kam er an der Spitze
einer Gesandtschaft seiner Vaterstadt nach Athen, wo er durch seine Beredsamkeit
faszinierte und Schüler gewann. G. kehrte offenbar nie nach Sizilien zurück, hielt
sich zeitweise in Boiotien auf, vor allem aber in Larissa, wo er mit den Aleuaden
verkehrte, als Lehrer wirkte und offenbar in erstaunlicher körperlicher Gesundheit
und geistiger Klarheit seinen Lebensabend verbrachte, in engem Kontakt mit
Hippokrates von Kos. Nach dem Nikias-Frieden (421) hielt er in Athen den Epitaph
auf die gefallenen Athener, wobei er seinen Zuhörern vorgehalten haben soll, »daß
die Siege über Barbaren Preislieder, diejenigen über Hellenen aber Klagelieder
hervorrufen« (Philostratos *Leben der Sophisten*). Diesen »Panhellenismus«, mit dem G.
seiner Zeit weit voraus war, stellte er auch mit einer Festrede in Olympia (408) zur
Schau, als er die Hellenen aufforderte, ihre Streitigkeiten beizulegen, um gemeinsam
den Persern entgegentreten zu können, und den Frieden als natürlichen, gesunden
Zustand antithetisch dem Krieg als dem Unnatürlichen, Krankhaften, Abnormen

gegenüberstellte (Polybios). Seine Vortrags- und Lehrtätigkeit brachte ihm solchen Reichtum ein, daß er dem Apollon in Delphi ein vergoldetes Standbild seiner Person weihen konnte. Ein anderes errichtete dem G. sein Großneffe Eumolpos, Sohn des Hippokrates aus Kos, in Olympia mit der Inschrift: »Wo es die Seele zu üben gilt für die areté (Tugend) Wettkampf, da ist die schöne téchne (Handlungsanweisung) jene, die Gorgias fand.«

G. war zunächst »Schüler« des Empedokles – Naturphilosoph und -forscher, Arzt, Erfinder der Rhetorik, Politiker. Dessen prägender Einfluß auf G. ist greifbar nicht nur in seinem poetischen Stil, seiner Vorliebe für Metaphern, sondern auch darin, daß G. seine Schüler (z. B. Isokrates, Alkidamas, Polos) offenbar nicht nur die Rhetorik sondern auch die Astronomie und »Physik« lehrte, in seiner Wahrnehmungstheorie und seinem astronomischen Wissen, seiner Definition der Farbe in Platons *Menon*, seiner von Theophrast *(Über das Feuer)* erwähnten Theorie des Brennspiegels. So wird dem »Physiker« G. auch eine Schrift über Optik zugeschrieben. – Die Angriffe der Eleaten auf Empedokles führten G. wahrscheinlich zur Beschäftigung mit Parmenides, ließen ihn besonders zum Eristiker, Dialektiker im Stile des Zenon von Elea werden. Sein letzter Entwicklungsschritt war der zum Rhetoriker; dabei spätestens eignete er sich auch die sizilische Rhetorik an, die politische, beratende des Korax, die gerichtliche des Teisias, denen von Platon und Aristoteles die »Erfindung« des »eikós«, der »Wahrscheinlichkeit«, als Argumentationsmittel zugeschrieben wird.

Frucht dieser Entwicklung war des G. berühmt-berüchtigte Schrift *Über das Nichtseiende oder die Natur*, von der zwei Zusammenfassungen erhalten sind: bei Pseudo-Aristoteles, *De Melisso, Xenophane et Gorgia*, und bei Sextus Empiricus, *Adversus Mathematicos* (weniger zuverlässig). Drei Thesen entwickelt G.: erstens, es gibt nichts; zweitens, wenn es auch etwas gäbe, wäre es doch für den Menschen unerkennbar; drittens, wenn es auch erkennbar wäre, wäre es doch unseren Mitmenschen nicht mitteilbar und nicht verständlich zu machen. Eine polemische Abrechnung mit der gesamten spekulativen Seins-Philosophie, die in eine Sackgasse geraten war, ist diese Schrift eine Abrechnung, wie wir sie auch von dem Heraklit-Schüler Kratylos und von Xeniades kennen. Die dabei von G. verwandte Methode war in der eleatischen Tradition verankert; seine Beweis-»tópoi« entnahm G. den Schriften der Seins-Philosophen selbst. Man kann diese Schrift aber mit Eugène Dupréel zugleich als neue Wissenschaftstheorie und Grundlegung einer Theorie sprachlicher Kommunikation betrachten: Für G. »ist das Denken oder die Erkenntnis das, was in Sprache ausgedrückt wird oder ausgedrückt werden kann. Das Wissen läßt sich nicht trennen vom sprachlichen Ausdruck und von der Kommunikation des Gedankens; Wissenschaft, das ist daher Wissenschaft vom Diskurs«. Sie beruht auf dem Verständnis des »lógos« als Zeichen, das für die realen Dinge der Außenwelt steht, dessen eigene Wirklichkeit aber die des Denkens und der Vorstellung ist: Semiotik als Theorie sprachlicher Kommunikation. – Das Problem erfolgreicher Kommunikation mittels Gespräch und Rede besteht dann darin, daß die am Geschehen Beteiligten über dieselben Erfahrungen mit den realen Dingen der Außenwelt verfügen, auf gleiche Weise denken, sich in der gleichen psychischen Verfassung befinden müssen: Rhetorik ist für G. »Seelenführung durch lógoi«, sowohl im öffentlichen Leben, vor Gericht, im Rat und der Volksversammlung, als auch im Privatleben, in großen und kleinen Dingen. Das verlangt vom Redner, sich bei der Auswahl und Organisation seiner Beweise, Argumente, in seinem Stil Ort, Zeit, Umständen, besonders den psychosozialen Voraussetzungen (Werten) und der psychischen Verfassung seines Publikums anzupassen – der gegebenen »Situation«, dem »kairós«; verlangt aber auch, diesen »kairós« aktiv herzustellen, indem er seine Zuhörer durch »éthos« und »páthos« (Aristoteles) in seinen Bann zieht: »Der Begriff der Suggestion ist genau das, was Gorgias und seine Schule mit Bezaubern meint« (Dupréel). Auf sie zielte besonders die von dem Empedokles-Schüler G. geschaffene Kunstprosa: das Spiel mit überraschenden Metaphern, die Vorliebe für sprachliche und gedankliche Antithesen, der kunstvolle Bau wohlklingender, einschmeichelnder Perioden (»Gorgianische Figuren«) – der Dichtung entlehnte Stilmittel: »Wirkungsästhetik«.

G. war also nicht der von Platon in seinem *Gorgias* gezeichnete Rhetor, der nur die Fertigkeit besitzt und lehrt, zu schmeicheln, ohne sich um Recht und Unrecht zu kümmern, nicht imstande, die Voraussetzungen und Wirkungen seines Handelns zu erklären und zu begründen: für Platon der »Beweis«, daß die Rhetorik keine »téchne« ist – ein Anspruch, den er erst später im *Phaidros* durch die »dialektische Rhetorik« erfüllt sah. – Faßbar wird für uns der authentische G. in seinen beiden erhaltenen Musterreden *Lob der Helena* und *Verteidigung des Palamedes* – epideiktische Reden, mit denen er in die kulturphilosophische Diskussion und die Auseinandersetzungen um die Mythen der Dichter eingriff. Darüber hinaus stellt G. in der *Helena* seine Theorie der Rhetorik als Seelenführung dar – Klassifikation der »lógoi«: die auf Täuschung der Seele angelegten Werke der Dichter, Weihegesänge und Zaubersprüche; die Reden der Naturphilosophen, Gerichts- und politischen Redner, Eristiker, die darauf zielen, etwas glaubhaft zu machen; dann eine Theorie der Wirkung optischer Eindrücke auf die Seele. Im *Palamedes*, der sowohl die platonische als auch die xenophontische Apologie des Sokrates beeinflußte, darf man wohl zugleich ein Bild des »tugendhaften« Mannes sehen, findet man die Werte, die seine Lebenshaltung bestimmen. Und während G. in der *Helena* die Macht des »lógos« preist, zeigt er im *Palamedes* dessen Ohnmacht, so daß zwischen beiden Reden ein tieferer Zusammenhang besteht.

G. definierte die Rhetorik als »peitoûs demiurgós«, als »Erzeugerin von Überzeugung«, mag das besonders in der Situation der Mengenkommunikation oft nicht mehr bedeuten als »Meisterin des Überredens«, wodurch sie zum Zwang wird, zum Unrecht. Trotzdem bleibt sie die edelste aller »téchnai«, weil nur sie eine Alternative zu jeglicher Form der Gewalt bietet, im öffentlichen wie privaten Leben allein das Wort zur Beherrscherin der Menschen macht. »Eine vielvermögende Machthaberin« ist die Rede, »die mit einem winzigen Körper und ganz unscheinbarer Gestalt die gewaltigsten Werke vollbringt«: Sie kann von Furcht und Schmerz befreien, Freude, Anteilnahme, Mitleid, Schauder einflößen, die Seele bezaubern, bewegen und verwandeln; und sie kann als verlogene Rede die Seele zum Irrtum verführen, deren Vorstellungen täuschen, wenn die Menschen an das Vergangene keine Erinnerung, vom Gegenwärtigen keinen Begriff, für das Künftige keine Voraussicht besitzen. Das Publikum will vom Redner nicht belehrt, sondern affek-

tiv-emotional erregt, unterhalten, durch dessen glanzvolles Auftreten beeindruckt
werden. Wie die meisten sophistischen Rhetoriker, verfaßte auch G. ein Lehrbuch
der Rhetorik und Eristik/Dialektik. Es war kein Regelwerk, sondern eher eine
Muster- und Beispielsammlung mit guten Ratschlägen wie dem durch Aristoteles
überlieferten, »man müsse den Ernst der Gegner durch Lachen und ihr Lachen
durch Ernst zunichte machen«.

G. wollte nur lehren, über jeden Gegenstand überzeugend zu reden, obwohl er
genau wußte, daß die Rhetorik eine gefährliche Waffe ist, die auch mißbraucht
wird. In offenem Gegensatz zu den übrigen Sophisten lehnte er es ab, die »areté« zu
lehren, weil es für ihn davon keinen allgemein verbindlichen Begriff gab, das sittlich
richtige Handeln und Reden sich vielmehr aus der jeweiligen Person, deren
Geschlecht, Alter, Beruf, Stand und aus der konkreten Situation ergeben muß –
Frucht gesunden Menschenverstandes und göttlichen Wohlwollens. Diese »Situa-
tionsethik« war für G. gebunden an die in Religion, Gesetz, Sitte und Brauch
tradierten Werte und Normen; und zu denen gehörte auch die »gerechte Täuschung« des Feindes, sogar des Freundes, wenn anders Schaden von ihm nicht
abgewandt, anders ihm nicht geholfen werden kann. Und wenn es für g. auch keine
»objektive Wahrheit«, sondern nur »dóxa«, »Meinung«, gab, so unterschied er doch
nachdrücklich zwischen »Wahrhaftigkeit« und Lüge. Als Rhetoriker setzte G. auf das
»eikós«, weil er wußte, daß die Menschen nur für wahr halten, was ihnen wahrscheinlich dünkt, ihnen nur das Wahrscheinliche glaubhaft ist, Vertrauen einflößt,
Überzeugung schafft.

Bei der Beurteilung des G. als »Nur-Rhetoriker« übersieht man, daß sich die alte
naturphilosophische Welt des Seins aufgelöst hatte und das Ziel gorgianischer
Rhetorik eben darin bestand, durch den menschlichen Geist den Schein umgekehrt
in das Sein zurückzuwandeln und, was theoretisch verloren war, in der Praxis
wiederzugewinnen: das Scheinende in der Überzeugung der Zuhörer zur Wirklichkeit zu gestalten (Hermann Diels). Und man übersieht, daß gerade G. mit seiner
Rhetorik zur Erkenntnis des zentralen Gegenstands sophistischer Philosophie Be-
deutsames beigetragen hat: des Menschen als sozialem Wesen.

Baumhauer, Otto A.: Die sophistische Rhetorik. Eine Theorie sprachlicher Kommunikation.
Stuttgart 1986. – Classen, Carl Joachim (Hg.): Sophistik. Darmstadt 1976 (Quellen, Literaturangaben). – Dupréel, Eugène: Les sophistes. Neuchâtel 1948.

Otto A. Baumhauer

Gramsci, Antonio
Geb. 22. 1. 1891 in Ales (Sardinien); gest. 27. 4. 1937 in Rom

Das Dorf Ghilarza im wirtschaftlich verarmten und zurück-gebliebenen Sardinien sowie Turin, frühes Zentrum der italienischen Automobilindustrie – die enorme Spannung zwischen diesen Polen seiner Lebenswelt ist bestimmend für G.s Leben und Denken. Viertes von sieben Kindern eines Provinzbeamten, sind G.s Kindheit und Jugend von größter Armut und Entbehrung gezeichnet, was bis zu Symptomen gefährlicher Unterernährung während der Gymnasialzeit reicht. Zu dieser äußeren sozialen Erniedrigung kommt die frühe körperliche Mißbildung des Kindes durch einen ver-krüppelten Rücken – sein Leben lang liegt der nur etwa 1,50 m große G. in geradezu tragischem Kampf zwischen der klaren, disziplinierten Entschlossenheit seines Willens und Intellekts und seinem zu schwachen, kranken Körper. In einer Zeit wirtschaftlicher Verelendung Sardiniens ist der junge G. zunächst Anhänger des ›sardismo‹, des Kampfes für die nationale Unabhängigkeit Sardiniens von der aus-beuterischen (Wirtschafts-)Politik des italienischen Nordens und seiner Regierung. Ein bescheidenes Stipendium gibt ihm 1911 die Möglichkeit, an der Turiner Universität Literaturwissenschaft zu studieren; im Frühjahr 1915 jedoch bricht er das Studium ab. Nicht zuletzt aufgrund von Freundschaften (Angelo Tasca, Palmiro Togliatti) gerät G. schnell in Kontakt mit der Turiner sozialistischen Bewegung, so daß er die separatistische Einstellung aufgibt und – Ende 1913 – dem Partito Socialista Italiano beitritt. In den folgenden Jahren entfaltet G. eine immense journalistische Aktivität für die Wochenzeitung *Il grido del popolo* (Stimme des Volkes) sowie die Turiner Lokalredaktion des sozialistischen *Avanti!* und wird schnell wegen seines klaren und leerer Rhetorik abholden Stils bekannt; daneben widmet er sich mit fast missionarischem Eifer der Arbeiterbildung. Das entscheidende Ereignis der Oktoberrevolution gibt seinem noch eher vagen und stark von Benedetto Croces Neuidealismus geprägten Sozialismus eine klarere Zielrichtung. Sie drückt sich in der Gründung einer neuen Zeitung aus: *L'Ordine Nuovo* (ab Mai 1919) wird – auf dem Höhepunkt der Klassenkämpfe in Turin – »Zeitung der Fabrikräte«.

Im Konzept der Fabrikräte als »Modell des proletarischen Staates« fließen zwei für G. charakteristische Auffassungen zusammen: einmal das stark willensbetonte, schöpferische und unbürokratische Verständnis des Marxismus (»die Fabrikräte ha-ben ihr Gesetz in sich selbst«); zum anderen der Schlüsselbegriff »Bündnis«, da der Fabrikrat auch den nicht organisierten Arbeitern offensteht und so tendenziell die ganze Wirklichkeit in ihrer Unterschiedlichkeit umgreift. Hier fließt die Erfahrungs-basis des Sarden G. ein, der zum Theoretiker des ›Mezzogiorno‹, des italienischen Südens wird, den es als eigenständige, von der bäuerlich-katholischen Tradition geprägte Lebenswelt ernst zu nehmen und zu begreifen gilt. Trotz dieser grundsätz-lich antisektiererischen Haltung trägt G. – unter dem Einfluß Lenins – die Ab-spaltung der Kommunisten von der Sozialistischen Partei und die Gründung des Partito Comunista Italiano (PCI) im Januar 1921 mit und gibt nun als Mitglied ihres

Zentralkomitees den *Ordine Nuovo* als Tageszeitung und Parteiorgan heraus. In den folgenden Jahren der zunehmenden Verschärfung der innenpolitischen Situation (Oktober 1922 Mussolinis »Marsch auf Rom«) ist G. einer der wenigen, welche die faschistische Partei in ihrer bedrohlichen Andersartigkeit im Vergleich zu den bürgerlichen Parteien erkannt haben. Als Repräsentant des PCI im Exekutivkomitee der Dritten Internationale (Komintern) lebt er vom Juni 1922 ab für eineinhalb Jahre in Moskau, wo er seine Frau Julia Schucht kennenlernt, und vom Dezember 1923 bis Mai 1924 in Wien. Aufgrund seiner Wahl ins italienische Parlament kehrt G. im Vertrauen auf den Schutz der Immunität im Mai 1924 nach Italien zurück und lebt die folgenden zwei Jahre in Rom. Sie stehen im Zeichen intensiver politischer (Untergrund-)Arbeit, bei großer persönlicher Einsamkeit in einer »nur von der Politik beherrschte Einöde«, wie es in einem Brief heißt. Im Mai 1925 hat der 34jährige seinen ersten und einzigen parlamentarischen Auftritt, bei dem er sich Mussolini direkt gegenüberstellt und das Regime demaskiert. Trotz zunehmender Bedrohung lehnt G. eine Flucht ins Ausland ab. Im November 1926 wird er von den Faschisten verhaftet und nach zweijähriger Untersuchungshaft in einem großangelegten Schauprozeß zu 20 Jahren Gefängnis verurteilt.

»Ich bin von der Idee besessen, daß man etwas vollbringen müsse, was *für ewig* ist.« – In den Jahren der Haft entstehen die *Quaderni del carcere*, die *Gefängnishefte*, die G. bis heute zum bedeutendsten marxistischen Theoretiker Italiens machen. Diese 32 Hefte, insgesamt etwa viertausend Schreibmaschinenseiten, die vollständig seit 1991 auch auf deutsch erscheinen, sind ein immenses Laboratorium von Notizen und Entwürfen, die großenteils unausgeführt bleiben mußten. Ihre durchgängige Absicht läßt sich umschreiben mit den Worten: Erneuerung des Marxismus als »Philosophie der Praxis«, womit G. in der Linie des westlichen Marxismus der 20er Jahre steht (Ernst Bloch, Georg Lukács, Karl Korsch). Zu Recht wurde G. aber auch in Bezug zu Mao Tsetung gesetzt, da es ihm immer um das Begreifen der geschichtlichen Wirklichkeit (s)eines Landes geht, von der Alltagssprache über Sitten und Gebräuche, Schulwesen und Kirchen bis in die Verästelungen der Philosophie. Indem G. »Herrschaft« nicht abstrakt, sondern vor allem als Konsens der Beherrschten begreift, rückt so die Kultur in den Brennpunkt der Analyse: »Eine herrschende Klasse (d.h. einen Staat) zu schaffen, kommt der Schaffung einer Weltanschauung gleich.« Dabei gilt seine besondere Aufmerksamkeit der geschichtlichen Funktion der Intellektuellen und hier wiederum *des* exemplarischen »großen« Intellektuellen, Benedetto Croce, dessen Philosophie des geschichtlichen Handelns er einerseits als Voraussetzung für die Erneuerung des Marxismus begreift, andererseits aber als »eine Form des politisch gemäßigten Konservativismus« kritisiert. Für diese Untersuchungen entwickelt G. in den *Gefängnisheften* den Begriff der »Hegemonie«, der sowohl die politische und militärische Herrschaft einer Klasse als auch ihre intellektuell-moralische Führung umfaßt. Die Tätigkeiten des politischen Publizisten, Arbeiterlehrers, Parteipolitikers und Theoretikers G. fließen in der Überzeugung zusammen, daß jeder Revolution eine intensive Umwälzung der kollektiven Weltanschauung vorausgehen muß. Genauer: die Aufgabe der Revolution ist zu begreifen als dieser Prozeß. – Da ihm das Regime eine angemessene ärztliche Behandlung versagt, sind die Jahre der Haft Jahre des zunehmenden körperlichen

Verfalls im Zeichen von Tuberkulose, nervlicher Überreizung, Angina pectoris, Arteriosklerose. G. lehnt jedes Gnadengesuch ab, da dies ihm als moralisch-politische Kapitulation erscheint. Im November 1932, zum zehnten Jahrestag der Regierung Mussolinis, wird seine Strafzeit auf 12 Jahre und vier Monate reduziert. Durch die Gründung eines Befreiungskomitees 1933 in Paris und aufgrund des internationalen Drucks wird Ende 1933 die Überführung in eine Privatklinik in Formia und im Oktober 1934 die bedingte Freilassung gewährt. Doch bereits wenige Tage nach Ablauf der Strafzeit stirbt G. im Alter von 46 Jahren.

Haug, Wolfgang F./Jehle, Peter (Hg.): Gramscis Gefängnishefte lesen. Hamburg 1991. – Kebir, Sabine: Antonio Gramscis Zivilgesellschaft. Hamburg 1991. – Gruppi, Luciano: Gramsci – Philosophie der Praxis und die Hegemonie des Proletariats. Hamburg/Berlin 1977. – Riechers, Christian: Antonio Gramsci. Marxismus in Italien. Frankfurt am Main 1970. – Fiori, Giuseppe: Das Leben des Antonio Gramsci. Berlin 1969.

Christoph Helferich

Grotius, Hugo
Geb. 10. 4. 1583 in Delft; gest. 28. 8. 1645 in Rostock

Die Bedeutung von G. für die Geschichte des Natur- und Völkerrechts gründet sich vor allem auf seine allgemein als Hauptwerk bezeichneten, 1625 in Paris erschienenen drei Bücher über das Kriegs- und Friedensrecht *(De Iure Belli ac Pacis libri tres; Drei Bücher vom Recht des Krieges und des Friedens).* Das Werk konnte im 17. Jahrhundert nach Reformation und Gegenreformation, den Religions- und Eroberungskriegen der europäischen Nationalstaaten darum als die dringend benötigte neue Basis für eine Regelung der Rechtsbeziehungen zwischen souveränen Staaten verstanden werden, weil G. seine Argumentation nicht mehr an Glaubensgrundsätzen als obersten Prinzipien orientierte, sondern auf logisch-rationale und empirische Kriterien stützte. »Solch ein Werk«, so schreibt G. in den Prolegomena, »ist umso notwendiger, als es ebenso wie in unserem Jahrhundert auch in früheren Zeiten nicht an Menschen fehlt, die diesen Teil des Rechts mit Verachtung ansehen, weil er nur in einer bloßen Anordnung leerer Worte bestehe. In aller Munde findet sich das Wort... nichts, was den Königen und souveränen Staaten nützt, ist ungerecht« und: »es ist nicht möglich, einen Staat ohne Ungerechtigkeit zu regieren.«

G. erfährt nicht nur in seinem Elternhaus, einer Delfter Patrizierfamilie, alle erdenkliche Förderung; seine vielseitigen Interessen bildet er in Studien der Rechtsgeschichte, der Religion, der Philosophie, Literatur und Philologie an der berühmten neuen Universität Leiden (seit seinem elften Lebensjahr) und im weiteren Freundeskreis zu umfassenden und soliden Kenntnissen und Fähigkeiten aus, promoviert 1599 in Orléans zum Dr. juris utriusque. Mit sechzehn Jahren nimmt er teil an den diplomatischen Aktivitäten des Landesadvokaten, Historikers und Politikers Jan van Oldenbarnevelt, läßt sich 1599 als Anwalt in Den Haag nieder, wird offizieller Historiograph der Staaten Hollands, verfaßt lateinische Prosadichtungen und historische Arbeiten. Im Auftrag der Ostindienkompanie, die den Portugiesen das Monopol auf den Handel mit Ostindien streitig machte, schreibt er 1604 ein Gutachten, das die Rechtmäßigkeit der Kaperung eines portugiesischen Schiffes begründen soll. Ein Kapitel des 1606 fertiggestellten *De iure praedae commentarius* erscheint 1609 anonym unter dem Titel *De Mare libero* (später als *Mare liberum; Von der Freiheit des Meeres* berühmt); die ganze Handschrift wird erst 1864 aufgefunden und 1868 veröffentlicht. Sie gilt als die erste Fassung von *De Iure Belli ac Pacis* aus dem Jahr 1625. Die Abhandlung beansprucht – und damit richtet sie sich besonders gegen englische Bestrebungen – für alle Nationen freien Zugang zum Ozean. Sie erregt große Aufmerksamkeit und englischen Widerspruch. Neu ist an dem Traktat die für G. generell charakteristische Verbindung historischer, rationaler und religiöser Argumente zu seiner Gesamtkonstruktion des Naturrechts.

G. stützt sich in seinen Grundsätzen auf Aristoteles und die Stoa: Der Mensch sei frei und als soziables Wesen von Gott geschaffen worden (»fecit enim deus hominem ›autexousion‹, liberum, sui iuris«). Erstes Naturrecht ist das Recht aller Geschöpfe auf Leben und Lebenserhaltung, zweites Naturrecht das des Menschen, wenn er sich zeigt, wie er von Natur aus sein soll: daß er Vernunfteinsichten folgt. Geltendes Naturrecht ist nur das geschichtliche, das »ius naturale secundum«. Analog zur These, Gottes Wille sei Gesetz (»quod Deus se velle significavit, id jus est«), definiert G. die natürliche Freiheit des Menschen als die Möglichkeit, dem eigenen Willen entsprechend zu handeln. G. verknüpft sie – und das macht seine Lehre für die herrschenden Schichten so akzeptabel – mit dem Besitz: »Die Freiheit im Hinblick auf das Handeln ist das gleiche, was der Besitz bei Sachen« (»quod libertas in actionibus idem est dominium in rebus«). Durch einen körperlichen Akt könne Gemeinbesitz zu Privateigentum (»dominium«) werden – so wie der Platz im Theater, wenn man ihn besetze. Daraus erwachse das Recht, das »dominium« gegen andere Ansprüche zu verteidigen. Die Erhaltung und Wiederherstellung der rechtlichen Ordnung nennt G. »Krieg« und unterscheidet dabei je nach Beteiligten vier Arten: den zwischen Privatpersonen (bei zivilisierten Völkern auf Notwehr beschränkt); Personen und dem Staat (um des inneren Friedens willen nicht erlaubt); dem Staat und Personen (Gegenstand des Strafrechts); Staaten untereinander (Gegenstand des Völkerrechts). Grundvoraussetzung für Zustandekommen und Fortbestehen des ganzen Systems ist der den Menschen eigene »appetitus societatis«. Er befähigt sie zu friedlichem und rational begründbarem Zusammenleben und ermöglicht den Gesellschaftsvertrag.

Die Menschen sind von Natur aus frei in der Verfügung über ihr Eigentum. Darum können sie Verträge miteinander schließen. Sie sind zu halten (»pacta sunt servanda«), so wie Versprechen zu erfüllen sind. »Das gründet in der Natur der Sprache, die als einzigen unter den Tieren den Menschen gegeben ist, damit sie ihr Gemeininteresse besser äußern, das bekannt machen können, was in ihrem Geist verborgen ist. Sprache ist dazu dann geeignet, wenn Zeichen und Bezeichnetes übereinstimmen; das wird Wahrheit genannt. Da der menschliche Wille von Natur aus veränderlich ist, müssen Mittel gefunden werden, ihn für die Zukunft festzulegen. Dieses Mittel ist das Versprechen.« In der *Inleidinghe tot de Hollandsche*

Rechtsgeleertheydt (1631) – im Gegensatz zu *De Iure Belli* – besteht G. noch darauf, daß es unveräußerliche Rechte gebe, auf die das Individuum auch durch Vertrag nicht verzichten könne, wie Freiheit und Ehre.

G. übernimmt 1607 das Amt des Fiskal-Advokaten (des öffentlichen Anklägers für die Provinzbehörden in Steuerangelegenheiten) am Hof von Holland und Seeland. Das neue Amt zieht ihn allmählich in den sich verschärfenden Religionsstreit über die Prädestinationslehre zwischen den strengen Calvinisten (auch »Präzise« oder »Contraremonstranten« genannt) unter der Führung des Gomarus und den Arminianern (oder »Remonstranten«) hinein. Der Streit wird politisch, Oldenbarnevelt tritt zusammen mit drei Provinzen der holländischen Union den aristokratisch-föderalistischen Remonstranten bei. Zu den demokratisch-zentralistischen Gegnern zählt Prinz Moritz von Oranien. Diese Auseinandersetzung gefährdet die neuerrungene niederländische Einheit.

G. wird 1613 Ratspensionär (Stadtsyndikus) von Rotterdam und Mitglied der provinziellen Ständeversammlung. Er bemüht sich um eine ökumenische Einigung der beiden Kirchen, wird des Socinianismus verdächtigt, gerät mit seiner föderalistischen Staatsauffassung in Konflikt zu nationalstaatlichen Strebungen und wird zusammen mit Oldenbarnevelt verhaftet, zu Konfiskation seines Vermögens und lebenslanger Haft verurteilt, Oldenbarnevelt hingerichtet. Im Kerker zu Loevestein verfaßt G. in niederländischen Reimversen die als Erbauungsschrift für die holländischen Seeleute gedachte Apologie *De veritate religionis christianae* (1627; *Von der Gewißheit der christlichen Religion);* er übersetzt sie ins Lateinische, sie erscheint in vielen Auflagen und Sprachen. Seinen Ruhm unter den Zeitgenossen verdankt G. vor allem dieser Schrift. Mit Hilfe seiner Frau flieht G. 1621 aus dem Gefängnis und geht nach Paris, wo er 1623 *De Iure Belli ac Pacis* beginnt. Er ist bemüht, antike, christliche, scholastische, humanistische Gedanken mit juristischen, ethischen und sozialen Gesichtspunkten zu verbinden. Der Dekalog hat für ihn dabei Vorbildfunktion für alles weltliche Recht; die christliche Völkergemeinschaft versteht er als Modell der gesamten »societas humana«. Sie kann ohne Recht nicht bestehen. Ihre Grundsätze sind von jedermann zu beachten; ihre Verletzung verstieße gegen Gott, Natur und Vernunft. Alle Individuen, Korporationen und Staaten sind unter allen Umständen – auch im Krieg – an das »ius humanum voluntarium«, den Vertrag des sozialen Gebildes Menschheit, gebunden. Das »ius naturale sociale« ist die »erste fundamentale Schicht« des Naturrechts (das nicht mit dem positiven Recht zu verwechseln ist). G. sieht eine seiner Hauptaufgaben darin, ein vollständiges System des positiven Rechts, d. h. der normativen Tatsachen, zu schaffen, die sich zu einem staatenübergreifenden, internationalen Völkerrecht zusammenfügen. Auch dieses wird getragen vom »appetitus societatis«. Individuen und Volk werden abstrakt gleichgesetzt. Das führt dann zu der berüchtigten (z. B. von Rousseau heftig kritisierten) These, es sei rechtlich nicht nur zulässig, wenn einzelne sich in »Privatsklaverei« begäben, sondern auch, daß ein »selbständiges Volk ... die Regierungsrechte über sich ... einem oder mehreren überträgt und nichts davon zurückbehält.« So wie der einzelne könne auch »das Volk sich beliebig seine Regierungsform wählen«. Hauptmotiv für das Argument, das dem Absolutismus des nächsten Jahrhunderts gerade recht kam, ist das Wunschbild vom sozialen Frieden.

Die Völkerrechtslehre verdankt G. (so resümiert Georges Gurvitch): 1. die Befreiung des positiven Rechts von jeder Bindung an den Staat, 2. die Konstruktion des internationalen Rechts als eines zugleich positiven wie zwischen den Mächten gültigen Rechts, 3. den Begriff eines vom Willen der Einzelstaaten unabhängigen internationalen positiven Rechts, 4. die Bekräftigung des Primats der internationalen Ordnung, die aber voneinander unabhängige nationale Ordnungen, d.h. die Souveränität der Einzelstaaten, voraussetzt. Seit G. gibt es auch in der Politik keinen rechtsfreien Raum mehr; es besteht grundsätzliche Notwendigkeit, Kriege rechtlich zu begründen und im Krieg das Recht zu achten.

Mit seinen theologischen Arbeiten, den *Kommentaren zum Alten und Neuen Testament* (erst 1679 in seinen *Opera omnia Theologica* vollständig veröffentlicht), hat G. die historisch-philologische, von Konfessions- und Dogmenfragen unabhängige Methode der Bibelexegese begründet. Sein »Ideal« war es, »einen humanistischen Vernunftstaat mit seinem korporativen Rechtsdenken und der Idee allgemeiner Union der christlichen Kirchen« zusammenzubringen (Erik Wolf). Nach langen Jahren des Exils in Paris (als Diplomat in schwedischen Diensten von 1634 bis 1645) stirbt G. auf einer Reise von Schweden nach Lübeck in Rostock.

Buckle, Stephen: Natural Law and the Theory of Property. Grotius to Hume. Oxford/New York 1991. – Bull, Hedley/Kingsbury, B./Roberts, A. (eds.): Hugo Grotius and International Relations. Oxford 1990. – Wolf, Erik: Hugo Grotius. In: Große Rechtsdenker der deutschen Geistesgeschichte. Tübingen ⁴1963, S. 253–310. – Gurvitch, Georges: La philosophie du droit de Hugo Grotius et la théorie moderne du droit international. In: Revue de Métaphysique et de Morale, 34, 3, 1927, S. 365–391. – Nellen, Henk J.M.: Hugo Grotius. 1583–1645. Geschichte seines Lebens basierend auf seiner Korrespondenz. In: Nachbarn, 28. Bad Honnef o.J.

Hans-Hagen Hildebrandt

Guattari, Félix
Geb. 1930 in Villeneuve-les-Sablons; gest. 1992

G. wird gern in Personalunion mit dem Philosophen Gilles Deleuze als »Deleuze/Guattari« gehandelt; das beruht auf der Tatsache, daß er sein vielleicht wichtigstes Buch *Anti-Oedipe* (1972; *Anti-Ödipus*) und dessen zweiten Teil *Mille plateaux* (1980, *Tausend Plateaus*) zusammen mit Deleuze verfaßte. Eine symptomatische Geste, wenn man bedenkt, daß *Anti-Ödipus* sich explizit gegen einen festgelegten Subjektbegriff wendet: »Wir haben Anti-Ödipus zu zweit geschrieben. Da jeder von uns schon mehrere war, ergab das schon eine ganze Menge.«

Nach seinem Pharmazie- und Philosophiestudium wurde G. Psychoanalytiker, zunächst als Schüler Jacques Lacans. Auch wenn sich die Argumentation in *Anti-Ödipus* innerhalb Lacanscher Begriffsnetze entwickelt, setzt er sich schon dort dezidiert von der klassischen Psychoanalyse ab. Seit 1953 arbeitet G. als Psychoanalytiker an der alternativen Klinik »La Borde« in Cour-Cheverny.

Während der 68er-Bewegung nahm er eine exponierte Stellung innerhalb der kommunistischen Linken ein, so daß viele seiner theoretischen Konzepte auf dem Hintergrund des damaligen politischen und sozialen Aufbegehrens zu lesen sind. Neben *Anti-Ödipus* veröffentlichte er *Psychoanalyse et transversalité* (1972; *Psychotherapie, Politik und die Aufgabe der institutionellen Analyse*), *La Révolution moléculaire* (1977), *L'inconscient machinique* (1978), *Pratique de l'institutionnel et politique* (1985), *Les Années d'hiver* (1986), *Cartographies schizoanalytiques* (1989), *Les Trois écologies* (1989; *Die drei Ökologien*) und *Chaosmose* (1992). In diesen Schriften entwickelt er seine Vorstellung eines materialistischen, grundsätzlich positiven, außerhalb des psychoanalytischen Verdrängungsmechanismus definierten »maschinellen Unbewußten«, dessen rein funktionale und »bedeutungslose« Systematik er mit sozialen Revolutionstheorien verband. Er ist Mitbegründer der Zeitschrift *Recherches*, aktives Mitglied des »Centre d'Initiative pour des Nouveaux Espaces de Liberté« und lehrte am »Collège de Philosophie« in Paris. Mit Deleuze verfaßte er außerdem Bücher über Kafka (*Kafka: pour une littérature mineure*, 1975; *Kafka, für eine kleine Literatur*) und die Philosophie (*Qu'est-ce que la philosohie*, 1991), und mit Toni Negri veröffentlichte er *Les Nouveau Espaces de Liberté* (1985).

Die Zusammenarbeit von Deleuze und G. in *Anti-Ödipus* ergibt eine Mischung aus Philosophie und Psychoanalyse: Vitalistische und von Nietzsche ausgehende Tendenzen der Philosophie Deleuzes verbinden sich mit einer »Psychoanalyse der Psychoanalyse« auf seiten von G. zu einer grundlegenden Kritik klassischer Denkschemata und Wissenschaftstheorien. Obwohl eines ihrer Grundthemen das »nomadenhafte Denken« ist, sind G. und Deleuze geographisch sowie intellektuell eher seßhaft und stark in einer spezifisch französischen Denktradition verwurzelt, die auch eine Reihe anderer einflußreicher Denker in und um Paris bestimmt. Der Gruppe von Strukturalisten, als deren wichtigste Vertreter Claude Lévi-Strauss und Ferdinand de Saussure zu nennen wären, folgt in den 50er Jahren eine Generation von Autoren, die sich kritisch mit den strukturalistischen Systematisierungen auseinandersetzt und deren herausragende Vertreter der Kulturarchäologe Michel Foucault – er schrieb auch das Vorwort zu *Anti-Ödipus* –, der Exegetiker Freuds Jacques Lacan und der Semiologe Roland Barthes sind. Sie fungieren als Scharnier zwischen den Strukturalisten und einer Gruppe von Poststrukturalisten – wie dem Soziologen Jean Baudrillard, dem Philosophen und Kunstkritiker Jean-François Lyotard und dem Philosophen Jacques Derrida –, welche die streng hierarchischen Systematisierungen der Strukturalisten zu einem Spiel von divergierenden und simultan nebeneinander bestehenden Strukturen aufbrechen und als deren erste wahre Vertreter Deleuze und G. gelten können. Besonders in der deutschen Rezeption wurden sie jedoch oft als »Deliranden« und »Schwätzer« etikettiert und abgetan.

Ihr Buch *Anti-Ödipus* nimmt innerhalb dieser Entwicklung eine Schlüsselstellung ein und ist, was seinen bewußt antiwissenschaftlichen Stil wie auch den Inhalt angeht, das erste große poststrukturalistische Pamphlet. Schon der Untertitel – *Kapitalismus und Schizophrenie* – läßt erkennen, in welchen Bereichen ihre Kritik ansetzt. Aus einer Diskussion der psychoanalytischen Thesen Lacans und der Strukturalisten heraus entsteht anhand einer neo-marxistischen Analyse das Bild eines Unbewußten, das sich von der psychischen Determination der klassischen Psychoanalyse gelöst hat und nicht länger ödipalen Zwängen und Bestimmungen unterworfen ist. Mit dieser Befreiung entsteht das Modell des Unbewußten als lediglich sozial definiertes »maschinelles Aggregat«. Dessen Utopie sehen Deleuze und G. in einer polymorph-perversen »Wunschmaschine«, in der »Triebe, Ströme und Intensitäten« frei zirkulieren können und in dessen Dynamik der reinen Begierde sich das Subjekt in Staub auflöst. Diese Wunschmaschinen sind in ihren gesellschaftlichen Einbindungen jedoch von einer Vielzahl »repressiver Formationen« umlagert, zu denen G. auch die klassische Psychoanalyse mit ihrer Ausrichtung auf das Subjekt zählt. Für ihn sind es diese »sozialen Zwangsbeschriftungen«, die den Menschen erst zu dem machen, was man ein Subjekt nennt. Seine »Schizo-Analyse« zielt darauf ab, mit diesen »individualisierten Formen der Subjektivierung des Unbewußten« zu brechen und durch Veränderung der sozialen Strömungen selbst zu einer neuen Subjektivität zu gelangen. Das System der Schizophrenie, in dem sich alle psychischen und sozialen Systematisierungen »verquirlen«, wird dabei zur Gegenutopie des fremdbestimmten, kapitalistischen und familiären Zwängen unterworfenen Subjekts. Innerhalb der Bewegung der internationalen Anti-Psychiatrie (Ronald Laing, David Cooper, Franco Basaglia), aber gegen deren Mystifizierungen und Privatisierungen gerichtet, versucht G. in seiner Klinik »La Borde«, eine theoretische Variante der »revolutionären, psychiatrischen Praxis« zu entwickeln; diese wendet sich insbesondere gegen die Mitschuld der »psychiatrischen Repression und den anderen Formen der Repression«, wie sie sich in den hierarchischen, zentralisierten und »viskosen« Organisationsformen der institutionellen Psychiatrie niederschlägt. Die »geschlossene Anstalt« der Psychiatrie bringt er dabei mit dem Gefängnis in Verbindung, beides »Institutionen des Einschlusses«, durch deren Reglementierungen das Subjekt letztlich denselben Zwängen unterworfen wird, an denen es bereits im sozialen Umfeld gescheitert ist.

Gegen diese starren (»molaren«) Bürokratiemaschinerien stellt G. in »La Borde« kleine (»molekulare«), polyzentrische Selbstverwaltungsformen und Kollektive, deren Mitglieder in einem durchlässigen System netzartig (»rhizomatisch«) ein »Arbeitsfeld« überspannen, welches durch das ständige Spiel von Gruppenauflösungen und Gruppenbildungen (»Deterritorialisierungen« und »Reterritorialisierungen«) dynamisiert wird. Nur innerhalb einer solchen offenen Strukturierung des sozialen Raums, so glaubt G., kann man zu einem Unbewußten gelangen, das »schöpferisch und konstruktiv ist, nicht an die Vergangenheit gebunden oder auf universell geschichtete Komplexe fixiert«: In einem Rückgriff auf die Chaostheorie, insbesondere in der Ausprägung Ilya Prigogines und Isabelle Stengers', und die Katastrophentheorie René Thoms, entwickelt er dabei in den 8oer Jahren das Konzept einer ethisch-politischen und ästhetischen »Ökosophie« und beschäftigt sich mit der Entwicklung neuer »heterogener, diverser und dissensueller Wert-Attraktoren«, die den profitgesteuerten, strukturstabilen Mechanismus des »Weltweit Integrierten Kapitalismus« durchkreuzen, und so erneut die Möglichkeit einer morphogenetischen, »reich-facettierten«, instabilen, inhärent chaotischen Dynamik (»Heterogenese«) eröffnen; einem Feld, in dem, wie der Titel des zweiten Teils von *Anti-Ödipus* (*Mille plateaux*, 1980; *Tausend Plateaus)* andeutet, das Denken nicht in genau vorbestimmten Bahnen und Schemata abläuft, sondern auf »tausend Ebenen« zugleich.

Massumi, Brian: A User's Guide to Capitalism and Schizophrenia. Cambridge 1992. – Altwegg, Jürg/Schmidt, Aurel: Französische Denker der Gegenwart. München 1987. – Frank, Manfred: Was ist Neostrukturalismus? Frankfurt am Main 1984.

Hanjo Berressem

Habermas, Jürgen
Geb. 18. 6. 1929 in Düsseldorf

Das Gesamtwerk von H. kann als eine groß angelegte Ethik der Moderne gelesen werden. Diese Annahme wird bestätigt, wenn man sich seine Theorieentwicklung seit seiner Auseinandersetzung mit Heidegger im Jahre 1953 ansieht. Wie in dem Aufsatz *Mit Heidegger gegen Heidegger denken* (1953) beklagt H. in den ersten Jahren der neu entstehenden bundesrepublikanischen Demokratie auch in anderen Publikationen ein unreflektiertes Verhältnis zur Moral: In seinen Arbeiten *Student und Politik* (1961), *Strukturwandel der Öffentlichkeit* (1962) und *Theorie und Praxis* (1963) kritisiert er die vorherrschende Verfahrensweise in der Politikwissenschaft, sie ohne normativen Bezug zu betreiben. Ohne normativen Bezug arbeiten zu dieser Zeit noch viele sozialwissenschaftliche Theorien, wie H. in den seiner Selbstverständigung dienenden Untersuchungen *Zur Logik der Sozialwissenschaften* (1967) und in den kritischen Erörterungen des Positivismus in *Erkenntnis und Interesse* (1968) und der Luhmannschen Systemtheorie in *Theorie der Gesellschaft oder Sozialtechnologie* (1971) zeigt. Seine in dieser Phase der Aneignung und Distanzierung gewonnene Einsicht faßt H. 1968 so zusammen: »Reine Theorie, die, aller praktischen Lebensbezüge entbunden, die Strukturen der Wirklichkeit in der Weise erfaßt, daß theoretische Sätze wahr sind, wenn sie einem Ansichseienden korrespondieren, ist Schein. Denn die Akte der Erkenntnis sind in Sinnzusammenhänge eingelassen, die sich in der Lebenspraxis, im Sprechen und Handeln bedürftiger Wesen, erst konstituieren.«

In seiner eigenen Theoriebildung, die aus der kritischen Haltung gegenüber traditioneller Theorie lebt, ist H. der alten Kritischen Theorie gefolgt und er wird nicht müde, den programmatischen Satz von Max Horkheimer zu zitieren, der die traditionelle und die Kritische Theorie voneinander scheiden soll: In der traditionellen Vorstellung von Theorie erscheint »nicht die reale gesellschaftliche Funktion der Wissenschaft, nicht was Theorie in der menschlichen Existenz, sondern bloß was sie in der abgelösten Sphäre bedeutet . . . Während der Fachgelehrte als Wissenschaftler die gesellschaftliche Realität mitsamt ihren Produkten für äußerlich ansieht . . ., ist das kritische Denken durch den Versuch motiviert, die Spannung als real zu überwinden.« Gemeint ist, daß die Erhellung der normativen Gehalte einer Theorie Bestandteil dieser Theorie selbst werden müsse.

H. weiß sich vor allem in dieser Forderung mit der alten Kritischen Theorie einig. Allerdings seien – sagt H. – die normativen Grundlagen der alten Kritischen Theorie auch völlig ungeklärt geblieben, obwohl ihr Selbstverständnis anders gewesen sei. H. will darum diesen Anspruch Horkheimers für die Kritische Theorie erstmals einlösen und deren normative Basis bestimmen. Wie aber kann eine Theorie ihren normativen Gehalt *selbst* klären? In einem Lexikonartikel zur Anthropologie beantwortet H. die Frage 1958 so: »Allein, auch diejenigen, die Anthropologie treiben, sind Menschen und selber darauf angewiesen, sich in ihrem Menschsein zu verstehen. Sie deuten das Wesen des Menschen in dem Maße, in dem sie ihr eigenes Wesen deuten; sie können von ihrem Gegenstand nur handeln, indem sie sich selbst, ihre Situation, in die Betrachtung mit einschießen lassen.« H. ist der Auffassung, daß es zur Wissenschaft, demnach auch zur Kritischen Theorie, gehören müsse, ihre Aufgabe in der Gesellschaft und damit ihr soziales Selbstverständnis zu klären. In diesem Zusammenhang entwickelt H. einen weiteren Gedanken, der für das gesamte Werk grundlegend und kennzeichnend werden wird: Indem die Wissenschaften »zeigen, was ist, zeigen sie unvermeidlich auch etwas von dem, was sein kann«. Zu den Aufgaben einer Kritischen Theorie gehöre es demnach, die Divergenz von Sein und Sollen herauszuarbeiten.

Im 1958 geschriebenen Vorwort zu *Student und Politik* deckt H. die genannte Polarisierung im Verfassungsstaat auf, indem er die unüberbrückte Kluft zwischen Verfassungsidee und Verfassungswirklichkeit in Einzelheiten erörtert. Zur Verfassungsidee – so ist das Ergebnis – gehöre die von Kant angesprochene notwendige Orientierung des Gesetzgebers an der Herstellung individueller Freiheit. Gesetz und Rechtsprechung müßten stets den Sinn haben, dazu beizutragen, die menschliche Freiheit im Staat zu realisieren. Der demokratische Verfassungsstaat diene dazu, die Freiheit der Menschen zu steigern und sie Wirklichkeit werden zu lassen. Diese von H. 1958 aufgestellte Forderung prägt noch seine Rechtstheorie, die er 1992 mit *Faktizität und Geltung* vollendet. Darin beklagt er die in der Realität zunehmende Aufhebung der Gewaltenteilung, die ein zentraler Bestandteil des demokratischen Staates sei und gewährleisten soll, daß die Macht im Staate nicht verdeckt oder offen mißbraucht werden kann. Eine immer undurchsichtiger werdende Diffusion der drei Elemente demokratie-staatlicher Gewaltenteilung, die die Entscheidungsbefugnisse der Legislative in steigendem Maße auf die anderen Instanzen verschiebt, besonders auf die Legislative in Gestalt des Bundesverfassungsgerichts, erfordere eine neue Theorie des Rechts. Kern dieser von H. hier vorgestellten Theorie bildet seine These von der Verfahrensrationalität: Nach H. können nur solche Rechtsnormen Gültigkeit erlangen, »denen alle möglicherweise Betroffenen als Teilnehmer an rationalen Diskursen zustimmen könnten.« Hier wird – wie so oft in H.s Theorie – seine Orientierung an Kant sichtbar. Kant ist der Auffassung, daß ein Gesetz nur dann gerecht sein könne, wenn das ganze Volk ihm zustimme und es für gerecht hält. Niklas Luhmann, der die Entwicklung des H.schen Werkes stets begleitende Dauerkontrahent, kommentiert das ganz nüchtern so: »Ein solches Kriterium für die Unterscheidung Geltung/Nichtgeltung kann jedoch gerichtlich nicht überprüft werden. Es ist nicht justiziabel, ist im Rechtssystem selbst nicht praktizierbar.« H. hingegen bleibt bei der Entwicklung seiner Theorie unerschütterlich an den Idealen der Aufklärung orientiert, die ihm als Maßstab für die Beurteilung der Realität dienen.

Für ihn stellt sich die Frage, wie ein solcher Maßstab als Motiv herausgestellt werden könne und die Theorie dennoch ihren Anspruch auf Wissenschaftlichkeit nicht verliere. Diese in der seinerzeit vorherrschenden Wissenschaftsauffassung konträr erscheinenden Gesichtspunkte werden 1963 in *Theorie und Praxis* benannt und die Forderung aufgestellt, beide Gesichtspunkte als komplementäre Einheit zu verbinden. Das wird für H. das Programm der kommenden Jahre. Es muß ein wissenschaftlich-stringenter Zugang zum gesellschaftlichen Normsystem, von H. »Lebenswelt« genannt, gefunden werden. Das ist ein Programm, das Husserl bereits 1935 in *Die Krisis der europäischen Wissenschaften und die transzendentale Phänomenologie* aufstellte, aber nach H.' Auffassung nicht zufriedenstellend einlösen konnte. Die Lebenswelt enthält eine umfassende Komplexität von lebensorientierenden Hintergrundüberzeugungen, zu denen nicht nur die individuellen Fertigkeiten, sondern auch die kulturellen Erbschaften gehören. Die Vermittlung dieser Hintergrundüberzeugungen ist vorrangige, aber unbemerkte Aufgabe jeder Sozialisation, wie H. in den *Stichworten zur Theorie der Sozialisation* von 1968, ebenfalls einer Selbstverständigungsschrift, die seinerzeit als vielgefragter Raubdruck kursierte, herausarbeitet. Diesem Thema widmete er sich 1976 erneut in *Zur Rekonstruktion des Historischen Materialismus*. Die Hintergrundüberzeugungen kulminieren dann, wenn ein Mensch Wissenschaft betreibt, in einem Erkenntnisinteresse.

Für H. stellte sich die Frage, wie man zu solchen Hintergrundüberzeugungen Zugang bekommt. Dies geschieht mittels der Hypothese, daß sie sich in Sprache konserviert vorfinden. 1967 heißt es in *Zur Logik der Sozialwissenschaften* bereits: »Wenn Handeln so an Intentionen gebunden ist, daß es aus Sätzen, die diese Intentionen zum Ausdruck bringen, abgeleitet werden kann, gilt auch umgekehrt die These: daß ein Subjekt nur die Handlungen ausführen kann, deren Intention es grundsätzlich beschreiben kann. Die Grenzen des Handelns sind durch den Spielraum möglicher Beschreibungen bestimmt. Dieser ist festgelegt durch die Strukturen der Sprache, in der sich das Selbstverständnis und die Weltauffassung einer sozialen Gruppe artikuliert. Also sind die Grenzen des Handelns durch die Grenzen der Sprache gezogen.« Betont werden muß, daß diese Intentionen oder Hintergrundüberzeugungen *grundsätzlich* beschreibbar sind. Ihrer Eigenart nach sind sie so selbstverständlich, daß sie im Alltagshandeln kaum je bewußt werden: Also muß H. konsequent Sprachforschung betreiben. In der Folgezeit beschäftigt H. sich so eingehend mit sprachphilosophischen und -wissenschaftlichen Problemen, daß ihm und seinen Lesern »über den Details das Ziel des ganzen Unternehmens aus dem Blick« gerät, wie er 1981 in seiner *Theorie des kommunikativen Handelns* selbst feststellte. Mit seinen sprachanalytischen Ergebnissen, die dem Publikum vor allem in den 70er Jahren vorgelegt wurden, wollte H. ursprünglich der Mißlichkeit begegnen, daß die normativen Grundlagen der Gesellschaftswissenschaften völlig ungeklärt waren und sich dem wissenschaftlichen Zugang entzogen.

In seinem Aufsatz *Was heißt Universalpragmatik?* aus dem Jahre 1976 kommt H. schon zu dem gesuchten Ergebnis, das in seiner fünf Jahre danach erschienen umfangreichen Publikation *Theorie des kommunikativen Handelns* von ihm lediglich systematisch geordnet dargestellt wurde. In Auseinandersetzung mit vielen linguistischen und pragmatischen Theorien entdeckt H. Geltungsansprüche, die jedweder kommunikativen Handlung zugrunde liegen: Jedes sprechende Subjekt thematisiert etwas aus dem Bereich der äußeren Natur, der Gesellschaft oder seiner inneren Natur. Gegen diese Bereiche grenzt es sich zugleich ab, indem es sie thematisiert. Mit dieser Thematisierung erhebt jedes handelnde Subjekt zugleich einen Wahrheitsanspruch, einen Richtigkeitsanspruch und einen Wahrhaftigkeitsanspruch. Einer dieser Ansprüche kann zwar vorrangig sein, dennoch werden sie immer alle zugleich erhoben. Diese Ergebnisse führen zur Kritik der Rationalitätstheorie von Max Weber, die nach H.' Ansicht einen verkürzten Rationalitätsbegriff beinhaltet. Demgegenüber vertritt H. einen an den Theorien von Emile Durkheim und George Herbert Mead orientierten Begriff unverkürzter kommunikativer Rationalität. Er sieht in Anlehnung an Untersuchungen von Karl-Otto Apel, der sich seinerseits auf Wilhelm von Humboldt bezieht, daß wir immer schon in Argumenten denken. Wir sind auch als einsame Denker in einen Interaktionszusammenhang gestellt und denken in Argumenten. Wir operieren in argumentativen Auseinandersetzungen auf der normativen Basis praktisch-ethischer Regeln. Selbst wenn man eine wissenschaftliche Aussage macht, also einen assertorischen Satz bildet, nimmt man mit der Mitteilung den Hörer ernst, denn man will ihn überzeugen, und erwartet Bestätigung oder Gegenargumente. Insofern sind in solchen scheinbar rein objektiven Aussagen die ethischen Normen von Gleichheit und Akzeptanz gegenwärtig.

An diesem Ergebnis der ›universalpragmatischen‹ Untersuchungen von H. wird nun ein weiteres Stück Kantianismus, das nach seiner eigenen Aussage in ihm steckt, sichtbar. Auch Kant teilt die Welt in drei Erkenntnisbereiche ein, die mit jeweils anderen Regeln zu erkennen sind. Diese Regeln sind in den drei Kritiken dargelegt. Ebenso wie Kant behauptet H. – gegen Max Weber – die Vernunfteinheit: Zwar könne einer der Geltungsansprüche thematisch hervorgehoben werden, dennoch kommen sie – wie gesagt – in jeder Äußerung gleichzeitig ins Spiel. »Diese Ansprüche konvergieren in einem einzigen: dem der Vernünftigkeit«, sagt H. in den 1984 erschienenen *Vorstudien und Ergänzungen zur Theorie des kommunikativen Handelns*, in denen die genannte Vorarbeiten der 70er Jahre enthalten sind. Ergänzend sagt er 1981 in einem Interview, die Vernunft zeige »die Vernunftmomente, die in allen drei Kantischen Kritiken auseinandergenommen worden sind, in ihrer Einheit: Die Einheit der theoretischen Vernunft mit moralisch-praktischer Einsicht und ästhetischer Urteilskraft.« – Damit hat H. die lang gesuchte normative Basis der Wissenschaften gefunden und expliziert: Es ist die einheitliche Vernunft.

In dem 1988 erschienenen *Nachmetaphysischen Denken* greift H. das Vernunft-Thema erneut auf. Mit George Herbert Mead, dem der umfangreichste Aufsatz im *Nachmetaphysischen Denken* gewidmet ist, sieht H., daß sich Vernunft intersubjektiv bilde. Vernünftigkeit sei eine Kompetenz vergesellschafteter Individuen, die in sozialen Interaktionszusammenhängen erworben werde. Mead »entdeckt eine schon in der kommunikativen Alltagspraxis selbst operierende Vernunft«. Damit erweise sich, daß Vernunft keinen transzendentalen Ursprung habe. Vernünftigkeit bilde sich mit der Subjektwerdung. Sie sei darum empirisch-sprachlich faßbar. Er fragt aber auch, ob sich mit dem an der Meadschen Philosophie orientierten nachmetaphysischen Denken das jahrtausende alte, zentrale philosophische Problem von Allgemeinem und Einzelnem gelöst habe. Das Einzelseiende wird im metaphysischen Denken in allgemeine Begriffe gefaßt. Dieses Fassen in einen Allgemeinbegriff soll das Wesentliche aller durch ihn bezeichneten Einzeldinge enthalten. Dazu sagt H., daß die Veränderungen in der Lebenswelt den von der Metaphysik so genannten Wesenskern eines Gegenstandes verändern, der nicht als unveränderlich zu haben ist. Auf diese Einsicht, daß philosophische Begriffsarbeit immer einen Bezug zur sich ständig verändernden Lebenswelt hat, reagiert das nachmetaphysische Denken. Die Begriffsarbeit des nachmetaphysischen Denkens ist nur anders als die des metaphysischen. Sie wird aber im nachmetaphysischen Denken keineswegs aufgegeben. Im nachmetaphysischen Denken werden »Begriffe und begriffliche Zusammenhänge im Hinblick auf ihre Reichweite und Leistungsfähigkeit erprobt ... und wenn sie alle verfügbaren Belastungsproben überstanden haben, können wir sie mit Recht zur Grundlage unseres weiteren philosophischen Denkens machen« (Herbert Schnädelbach). Begriffe müssen also, so sagt H. schon im genannten Aufsatz zur Universalpragmatik, stets anhand neuer Erfahrungen getestet werden. Es verhält sich also hier so wie in der Psychoanalyse, auf die H. am Beginn seiner Theoriebildung in *Erkenntnis und Interesse* ausführlichen Bezug nimmt: Hypothesen können nur solange gelten wie ihnen keine anderen Erfahrungen widersprechen. Kommen neue Erkenntnisse aus dem Erleben der Patienten hinzu, muß der Analytiker seine Hypothesen entsprechend umbilden. Auch die Hypothesen des Analytikers werden einem Belastungstest ausgesetzt. – Die Begriffsarbeit im nachmetaphysischen Denken hat also nie den Anspruch, daß sie um ihrer selbst willen betrieben wird, so wie Aristoteles ihn programmatisch an den Anfang der langen Geschichte der Metaphysik stellte. Begriffsarbeit im nachmetaphysischen Denken ist eingebettet in den Veränderungen unterworfenen Lebenszusammenhang und gewinnt von daher neue Aufgabenstellungen und die Stetigkeit neuer Aufgabenstellungen.

Mit seinen wissenschaftstheoretischen und erkenntniskritischen Arbeiten zwischen 1963 und 1988 wollte H. die normativen Voraussetzungen nicht nur seiner eigenen, sondern jeder wissenschaftlichen Erkenntnis nicht einfach behaupten, sondern durch Rekonstruktionen finden. Die einheitliche Vernunft wird als grundlegend zugrundeliegender Bezugspunkt für die denkenden, handelnden und sprechenden Menschen in Alltag und Wissenschaft ausgewiesen, die H. mittels quasiempirischen Untersuchungen unterschiedlichster linguistischer und sprachtheoretischer Theorien findet. Die Vernunft liegt also allen Handlungen sozialisierter Individuen, demnach auch ihren wissenschaftlichen Handlungen zugrunde. Mit diesem Ergebnis vollendet H. die Kritische Theorie, indem er eine nicht nur idealiter, sondern auch in der Realtät rekonstruierbare Vernunft als Basis aller wissenschaftlichen Erkenntnis nachweist.

Nach diesen Ergebnissen kann es auf den ersten Blick verwundern, daß H. seine Arbeit mit politikwissenschaftlichen Analysen begonnen hat und nicht gleich mit wissenschaftstheoretischen. Dies läßt sich nur erklären, wenn man sich seine lebensgeschichtlichen Erfahrungen ansieht. Er gehört zu der Generation, von der sein sieben Jahre älterer Freund Karl-Otto Apel sagt, daß sie die »Zerstörung des moralischen Bewußtseins« selbst erlebt habe und die nach 1945 in dem »dumpfen Gefühl« lebte, daß alles falsch gewesen sei, für das man sich bis dahin eingesetzt habe. Bei allem guten Willen habe man auch keine »normativ verbindliche Orientierung für die Rekonstruktion der eigenen geschichtlichen Situation« finden können.

H., der im kleinstädtischen Gummersbacher Milieu und einem durch Anpassung an die politische Umgebung geprägten Elternhaus aufwuchs, erlebte das Kriegsende im Alter von 15 Jahren. Erst da hätte ihm bewußt werden können, daß er bis dahin in einem politisch kriminellen System gelebt habe. Hatte H. zunächst die Hoffnung, daß grundlegende politische Änderungen eintreten würden, erlebte er stattdessen zwei große Enttäuschungen. Die eine war die Regierungsbildung von 1949. H. hatte es nicht für möglich gehalten, daß ein Mann wie Hans-Christoph Seebohm, der durch sein Eintreten für eine nationalistische Politik und für »Soldatenehre« für H. politische Kontinuität verkörperte, in das erste Kabinett eines demokratischen Staates berufen würde. Die Befürchtung, daß ein wirklicher Bruch im politischen Denken nicht stattgefunden habe, wurde durch die zweite Enttäuschung noch verstärkt. Sie wurde ausgelöst durch die Veröffentlichung der Heideggerschen *Einführung in die Metaphysik* von 1953. Dies war eine Vorlesung aus dem Jahre 1935, die ohne ein Wort der Erklärung 18 Jahre später veröffentlicht wurde. In seiner damaligen Stellungnahme dazu sagte H., daß inzwischen doch acht Jahre Zeit gewesen seien, sich mit dem, »was war, was wir waren« auseinanderzusetzen. »Statt dessen veröffentlichte Heidegger seine inzwischen achtzehn Jahre alt gewordenen Worte von der Größe und der inneren Wahrheit des Nationalsozialismus, Worte, die zu alt geworden sind und gewiß nicht zu denen gehören, deren Verständnis uns noch bevorsteht.« Daß dies geschah, mußte H. um so mehr erschüttern als er bis dahin in der Heideggerschen Philosophie gelebt hatte. Erklären konnte er sich das nur so, daß Heidegger bei der geschichtlichen Betrachtung der Philosophie zwar die Brüche sieht, die in der Neuzeit zum rechnenden und auf technische Beherrschung abzielenden Denken führten, nicht aber die gleichzeitige Entwicklung moralischen Bewußtseins, das ein Korrektiv des technisch-instrumentellen Denkens sein könnte. Dieses Korrektiv wurde fortan Gegenstand H.scher Untersuchungen. Moralisch-praktische Erwägungen lagen für Heidegger dagegen unter dem Niveau der Seinssuche und können von ihm als Produkt der Seinsvergessenheit interpretiert werden, wie H. 1989 in seinem Vorwort zur deutschen Ausgabe des Furore machenden Buchs von Victor Farías, *Heidegger und der Nationalsozialismus*, mutmaßt.

Wegen seiner Orientierung an Idealen wurde H. nicht nur von Luhmann kritisiert, sondern auch von vielen anderen, unter anderem von dem kanadischen Philosophen Charles Taylor, der der Auffassung ist, daß H. sich damit von der Realität entferne. Vor allem war die Frage offen, welche praktische Relevanz die in einem Diskurs entwickelten Moralgrundsätze hätten, die nur Gültigkeit haben können, wenn alle tatsächlich und potentiell von ihnen Betroffenen ihnen zustimmen könnten. Die vielfache Kritik nötigte den Kritisierten zu Differenzierungen in seinen *Erläuterungen zur Diskursethik* (1991). Dort heißt es, daß man von der praktischen Vernunft, die die Regeln für moralisch orientiertes Handeln angibt, in dreierlei Hinsicht Gebrauch machen könnte. Zum einen pragmatisch, was in alltäglichen Entscheidungen der Fall sei, wenn es zum Beispiel um ein Täuschungsmanöver ginge, mit dem man seinen kleinen individuellen Vorteil zu erlangen suche. Hier fragt man, ob man sich zweckmäßig verhalte, wenn man die Täuschung vornimmt. Die Empiristen und Utilitaristen hätten die praktische Vernunft auf die Beantwortung solcher Fragen beschränken wollen. Zum weiteren könne man von der praktischen Vernunft in ethischer Hinsicht Gebrauch machen. Dabei geht es um die Frage nach den grundlegenden Maximen des Handelns, also um die Art der Lebensführung. Es stellt sich dabei die Frage nach dem Selbstverständnis der eigenen Person: Welcher Beruf ist gut für mich? Werde ich glücklich, wenn ich mich mit diesem Partner verbinde? Solche Fragen werden seit Aristoteles als Fragen nach dem Guten ausgezeichnet. Auf die Beantwortung beschränkt sich die praktische Vernunft in der Aristotelischen Ethik. Drittens kann man von der praktischen Vernunft in moralischer Hinsicht Gebrauch machen. Dann stellen sich Fragen nach der Gerechtigkeit. Macht man von der praktischen Vernunft in dieser Hinsicht Gebrauch, bekommt man Antwort auf die Frage, ob sich die eigenen Handlungs-Maximen mit denen der Mitmenschen vertragen. Auf die Beantwortung moralischer Fragen hat Kant die praktische Vernunft beschränken wollen.

Der Gebrauch der praktischen Vernunft in den ersten beiden Hinsichten ist in den lebensweltlichen Kontext eingebettet. Der Gebrauch in der dritten Hinsicht weist allerdings über diesen Kontext hinaus. Das muß nach H. das Kennzeichen einer Moral der Moderne sein, die nicht mehr von dieser oder jener partikularen Gemeinschaft ausgehen könne, sondern von der Weltgemeinschaft schlechthin. »Der Standpunkt der Moral«, so H., »unterscheidet sich von dem der konkreten Sittlichkeit durch eine idealisierende Entschränkung und Umkehrung der an kulturell eingewöhnten partikularen Lebensformen haftenden und der aus individuellen Bildungsprozessen hervorgehenden Deutungsperspektiven. Diese Umstellung auf die idealisierenden Voraussetzungen einer räumlich, sozial und zeitlich unbegrenzten Kommunikationsgemeinschaft bleibt auch in jedem real durchgeführten Diskurs Vorgriff auf, und Annäherung an eine regulative Idee. ... Der Nachweis, daß der moralische Gesichtspunkt ... nicht nur kultur- oder schichtenspezifische Wertorientierungen zum Ausdruck bringt, sondern allgemein gilt, kann vor einem Relativismus schützen, der moralische Gebote um ihren Sinn, moralische Verpflichtungen um ihre Pointe bringt.«

Für diesen universalen moralischen Grundsatz gibt es keine direkte Anwendungsmöglichkeit. Das sieht auch H., was er durch die genannte Differenzierung klar machen konnte. Nun stehen der moralische und der ethische Gesichtspunkt und der pragmatische Anwendungsgesichtspunkt nicht getrennt nebeneinander. Das, was die Philosophen der drei genannten Richtungen in der Vergangenheit getrennt haben, bringt H. zusammen unter dem Rubrum verschiedener Anwendungsgesichtpunkte praktischer Vernunft. Mit dieser Differenzierung bringt H. sein Werk, das als eine groß angelegte Ethik der Moderne gelesen werden muß, zu einem gewissen Abschluß.

Horster, Detlef: Jürgen Habermas. Stuttgart 1991. – Negt, Oskar u. a.: Theorie und Praxis heute. Ein Kolloquium zur Theorie und politischen Wirksamkeit von Jürgen Habermas. Frankfurt am Main 1990. – Honneth, Axel/McCarthy, Thomas/Offe, Claus/Wellmer, Albrecht (Hg.): Zwischenbetrachtungen – Im Prozeß der Aufklärung. Jürgen Habermas zum 60. Geburtstag. Frankfurt am Main 1989. – Honneth, Axel/Joas, Hans (Hg.): Kommunikatives Handeln. Beiträge zu Jürgen Habermas' »Theorie des kommunikativen Handelns«. Frankfurt am Main 1986. – McCarthy, Thomas A.: Kritik der Verständigungsverhältnisse. Zur Theorie von Jürgen Habermas. Frankfurt am Main 1980.

Detlef Horster

Haeckel, Ernst
Geb. 16. 2. 1834 in Potsdam; gest. 9. 8. 1919 in Jena

Aus naturwissenschaftlicher Sicht kann das 19. Jahrhundert vor allem durch die Entdeckung der Evolution gekennzeichnet werden. Dabei ist es besonders H. zu verdanken, daß die Lehre von der Abstammung der Arten in Deutschland rasch verbreitet und in ihrer Bedeutung erkannt wurde. Sein Einfall war es auch, Tier- und Pflanzengruppen in Form von Stammbäumen anzuordnen. Schon wenige Jahre nach dem Erscheinen von Darwins Hauptwerk weitete H. in seinem wichtigsten Buch über die *Generelle Morphologie der Organismen* von 1866 die Idee der Evolution in eine neue Grundlagenwissenschaft um, die Phylogenie (Entwicklungsgeschichte der Arten). Er betonte dabei, daß die Biologie eine historische Wissenschaft ist und widersetzte sich den Versuchen, sie der Physik ähnlich zu machen und auf Mathematik zu gründen. Mit Kunstfertigkeit und Phantasie entwarf H. die Stammbäume des Lebens. Und seine zoologischen Studien über Radolarien und Schwämme, mit denen er sich früh einen Namen als Naturforscher gemacht hatte, inspirierten ihn zu einem Buch über die *Kunstformen der Natur*. In seinem großen Werk von 1866 entwickelte H. auch den Gedanken, der heute am stärksten mit seinem Namen verbunden ist, das sogenannte »Biogenetische Grundgesetz«, demzufolge die Entwicklung eines Individuums die Evolution der Art wiederholt. H. formulierte diesen Parallelismus so: »Die Ontogenesis ist die kurze und schnelle Rekapitulation der Phylogenesis ... Das organische Individuum ... wiederholt während des raschen und kurzen Laufes seiner individuellen Entwicklung die wichtigsten von denjenigen Formveränderungen, welche seine Voreltern während des langsamen und langen Laufes ihrer paläontologischen Entwicklung nach den Gesetzen der Vererbung und Anpassung durchlaufen haben.« Die bekannteste Evidenz für die Umwege bei der Ontogenese über Anlagen von stammesgeschichtlichen Vorläufern sind die Kiemen- und Schwanzanlagen des menschlichen Embryos. Der Embryo ist dabei nicht irgendwann ein Fisch, er zeigt nur einige seiner Merkmale. Inzwischen ist klar, daß H.s Idee vor allem als heuristisches Prinzip Bedeutung hat, ansonsten aber so direkt nicht zutrifft. Allerdings bleiben den Biologen auch heute noch die Mechanismen der Entwicklung und ihre Verbindung zur Evolution verborgen. Sie muß durch die Gene hergestellt werden, die H. noch nicht kannte, obwohl sie durch Gregor Mendel zur selben Zeit erstmals beschrieben wurden.

Der Enthusiasmus, mit dem H. sein Grundgesetz um 1870 verbreitete, machte die Rekapitulationstheorie jahrzehntelang populär und erfolgreich. Hörer aus aller Welt kamen zu seinen Vorlesungen nach Jena. Hier hatte H. seit 1865 den Lehrstuhl für Zoologie inne. Seine große Aufmerksamkeit für die Evolution erklärt sich dadurch, daß er mit dieser Konzeption die Möglichkeit sah, die Herkunft des Menschen auf »natürliche« Weise zu erklären. Er führte diesen Gedanken in seinem überaus erfolgreichen Buch *Natürliche Schöpfungsgeschichte* (1868) aus, mit dem er vor allem zur universalen Verbreitung des Darwinistischen Gedankens unter den Intellektuellen beitrug. Bei der Darstellung der Evolution kam es ihm vor allem darauf an, die finalistischen Argumente zu widerlegen, die zu ihrer Erklärung vorgebracht wurden. Im Gefolge dieser Argumentation bezog H. allerdings philosophisch mehr und mehr eine »materialistische« Position. In seinem populärsten und vielfach aufgelegten Werk *Die Welträthsel* von 1899 entwickelte er eine Naturphilosophie, die auf Vorstellungen der Entstehung des Universums aus einer einzigen Ursubstanz und auf dem Prinzip der Entwicklung gründete – und nannte sie Monismus. Vordergründig sollte der Monismus als Band zwischen Religion und Wissenschaft dienen, tatsächlich aber symbolisiert er, in den Worten Meyer-Abichs, »auf markante Art den Niedergang des philosophischen Denkens in Deutschland in der zweiten Hälfte des 19. Jahrhunderts«. In dem 1906 von H. gegründeten »Deutschen Monistenbund« entfalteten sich, über den Sozialdarwinismus hinausgehend, rassistische Anschauungen, die in der nationalsozialistischen Ideologie breite Resonanz fanden. – Heute sollte daran erinnert werden, daß die Bezeichnung »Ökologie« auf einen Vorschlag von H. zurückgeht. Schon 1877 hatte er angeregt, daß sich solch eine Wissenschaft mit dem »Naturhaushalt« beschäftigen sollte.

Uschmann, Georg: Hundert Jahre »Generelle Morphologie«. In: Biologische Rundschau, 1967. – Altner, Günter: Charles Darwin und Ernst Haeckel. Zürich 1966.

Ernst Peter Fischer

Hamann, Johann Georg
Geb. 27. 8. 1730 in Königsberg; gest. 21. 6. 1788 in Münster (Westfalen)

In der *Italienischen Reise* schreibt Goethe, als er über seine Lektüre Giambattista Vicos berichtet, es sei »gar schön, wenn ein Volk solch einen Ältervater besitzt; den Deutschen wird einst Hamann ein ähnlicher Kodex werden«. Ein solcher »Ältervater« ist H., den Friedrich Karl von Moser den »Magus im Norden« nannte, nicht geworden. Dabei war seine zeitgenössische Wirkung beträchtlich, jedenfalls bei der jüngeren Generation. Sie war von ihm fasziniert, weil er sich dem »blendenden Zeitgeiste« (Goethe) vehement widersetzte. H. selbst nannte sich »Metacriticus«; 1759 schrieb er an Kant: »Ich bin keiner ihrer Zuhörer, sondern ein Ankläger und Widersprecher.« Die *Sokratischen Denkwürdigkeiten* (1759) und die *Aesthetica in nuce* (1762) wurden als Programmschriften der neuen Geniepoetik verstanden. Dies war ein – allerdings produktives – Mißverständnis; Wesentliches wurde dabei übersehen. H. galt als »Vater des Irrationalismus« und als einer der angeblichen »Überwinder« der Aufklärung. Die neuere Forschung hat andere Akzente gesetzt.

An der Universität Königsberg absolvierte H. ein vielfältiges, aber ungeordnetes Studium, war Hofmeister, später Mitarbeiter eines Rigaer Handelshauses. In dessen Auftrag reiste er nach London, wo er eine tiefgehende Veränderung seiner Lebenseinstellung erfuhr. 1767 wurde er Beamter der preußischen Zollverwaltung in Königsberg; er lebte in einer nie legalisierten »Gewissensehe«. 1787 wurde H. pensioniert; er starb während einer Reise in Münster. – Bedeutsam ist H.s überaus aktive Teilnahme am geistigen Geschehen seiner Zeit; er schrieb zahlreiche Rezensionen in Königsberger Zeitungen; der Briefwechsel zeigt seine vielfältigen Beziehungen. Mit Johann Gottfried Herder und später mit Friedrich Heinrich Jacobi war er eng befreundet.

Daß H. nicht zum »Ältervater« der Deutschen wurde, liegt nicht zuletzt an seinem Stil. Gesuchte, oft dunkle Metaphorik, Kombinationen von oftmals entlegenen Zitaten, verschlüsselte Anspielungen auf Bibel, antike und zeitgenössische Autoren lassen seine Schriften hermetisch erscheinen; sie könnten, schrieb Moses Mendelssohn, »nicht anders, als durch einen weitläufigen Commentarius verstanden werden«. Dieses Schreiben ist jedoch nicht genialisches Raunen, vielmehr absichtsvoll herbeigeführte, rhetorisch durchgeformte Stilisierung. Die Wahl dieser Schreibart folgt aus der Absicht, den Leser zu aktivem Mitlesen, zu intellektueller Mitarbeit und affektiver Beteiligung am Geschriebenen zu veranlassen. Denn H.s Schreiben ist Verkündigung; er verstand sich, gerade als Kritiker seiner Zeit, als radikaler Christ. Während des Londoner Aufenthalts 1757 war er in eine tiefe existentielle Krise geraten, in der er die Lektüre der Bibel als persönliche Anrede Gottes erfuhr. Diese Erfahrung – H. nennt sie eine »Höllenfahrt der Selbsterkänntnis« – bestimmte fortan sein Denken. Zuvor bereits in aufgeklärter Tradition schriftstellerisch tätig, versteht er sich jetzt als Zeuge Christi, als »Prediger in der Wüsten«. Diese Veränderung ist jedoch nicht als eine völlige Abkehr von der Aufklärung zu verstehen, viel eher als christlich gewendete Radikalisierung bestimmter Momente insbesondere der sensualistischen Tendenz der europäischen Aufklärung; David Hume war ihm ein wichtiger Anreger. Vor allem zwei Motive leiten H.s Kritik an seiner Zeit: ein christologisch-heilsgeschichtliches Denken, in dem er seine Epoche als gottferne Endzeit begreift, und die Betonung des Konkreten und Individuellen, des ganzen Menschen mit seinen »Sinnen und Leidenschaften«, die H. den Abstraktionen und dem Systemdenken des aufgeklärten Rationalismus entgegensetzt. Solche »genaueste Localität, Individualität und Personalität« bestimmen seine Schriften; sie sind Gelegenheitsschriften, zumeist polemische (auch politische gegen Friedrich II.), von konkreten Anlässen motiviert und auf diese antwortend. Die Polemik zielt immer wieder auf die Selbstermächtigung der rationalistischen Vernunft, die H. als Herrschaftsanspruch erkennt, dabei Einsichten vorwegnehmend, die Horkheimer und Adorno über anderthalb Jahrhunderte später als die Dialektik der Aufklärung formulierten: »Denn was ist die hochgelobte Vernunft mit ihrer Allgemeinheit, Unfehlbarkeit, Überschwenglichkeit, Gewißheit und Evidenz? Ein Ens rationis, ein Ölgötze, dem ein schreyender Aberglaube der Unvernunft göttliche Attribute andichtet« (*Konxompax*, 1779).

H.s Christsein und seine Schreibart bilden Barrieren, die einer Auseinandersetzung, die mehr sein will als Würdigung seiner historischen Stellung und Wirkung, im Wege stehen. Mit den Fragen jedoch, die H. an seine Zeit richtete, als »Ankläger und Widersprecher« ist er auch heute von Interesse. Im besonderen gilt dies für sein Natur- und Sprachverständnis. Natur ist, auch in kritischer Absetzung von der aufgeklärten Naturwissenschaft, bereits Thema in der *Aesthetica in nuce*; mit Sprache hat sich H., der sich in einem emphatischen Sinne als Philologe, als Liebhaber des Worts verstand, zeitlebens beschäftigt – dokumentiert in seinen Briefen, in den Schriften, in denen er sich mit Herders Sprachtheorie auseinandersetzte, und in seiner *Metakritik* (1784) von Kants *Kritik der reinen Vernunft*. H. versteht Natur als Schöpfung und Anrede Gottes an die Menschen; Wirklichkeit begreift er als vorgegebenes Geschehen, auf das Vernunft, als vernehmendes Vermögen des Menschen, antwortet: »Nicht cogito, ergo sum, sondern umgekehrt, oder noch hebräischer Est; ergo cogito« (in einem Brief an Jacobi). In solchem, von H. durchaus historisch verstandenem ›In der Welt-Sein‹ des Menschen ist Sprache gleichfalls der Vernunft vorgegeben, und sie ist zugleich welt- und wirklichkeitserschließendes, poetisches Vermögen. Dies ist in dem viel zitierten Satz der *Aesthetica* gemeint: »Poesie ist die Muttersprache des menschlichen Geschlechts.« H. hat den vielfältigen Tendenzen der Moderne zu Trennung und Spezialisierung, Vereinzelung und Entfremdung widersprochen. In vielem erscheint sein Widerspruch heute anachronistisch; als radikaler Kritiker eines Fortschritts, dessen problematische Wirkungen allenthalben sichtbar sind, ist er jedoch weiterhin eine wichtige Stimme.

Bayer, Oswald: Johann Georg Hamann. Zeitgenosse im Widerspruch. München 1988. – Wild, Reiner (Hg.): Johann Georg Hamann. Darmstadt 1978. – Jørgensen, Sven-Aage: Johann Georg Hamann. Stuttgart 1976.

Reiner Wild

Hartmann, Paul Nicolai
Geb. 20. 2. 1882 in Riga; gest. 9. 10. 1950 in Göttingen

Still und geradlinig verläuft H.s philosophischer Entwicklungsweg: 1907 in Marburg bei Hermann Cohen und Paul Natorp promoviert, 1909 habilitiert, wird H. 1920 Professor und 1922 Nachfolger auf dem Lehrstuhl Paul Natorps in Marburg. 1925 wechselt er nach Köln über, 1931 nach Berlin, um nach seiner Göttinger Berufung 1945 dort bis zu seinem Tode zu lehren. Bereits in seinen frühen Marburger Jahren wendet er sich vom Neukantianismus ab, um – zunächst noch unter dem Einfluß Edmund Husserls und Max Schelers – an einer Neubegründung der Ontologie zu arbeiten. 1921 publiziert H. seine *Grundzüge einer Metaphysik der Erkenntnis*, den ersten Band einer Ontologie, dem bis 1950 noch vier weitere folgen. Georg Lukács hat in seinen Altersarbeiten auf die herausragende Bedeutung H.s hingewiesen. Für Lukács besteht eine wesentliche Leistung H.s darin, die erkenntnistheoretische Seite der Alltagsspontaneität herausgehoben und verdeutlicht zu haben. Ja, der Einsatzpunkt von H.s ontologischen Überlegungen liegt geradezu im naiven Alltagsdenken, in dem, was Husserl »die natürliche Einstellung« und Scheler die »unmittelbare Widerstandserfahrung« genannt haben.

Bereits die *Metaphysik der Erkenntnis* enthält im Kern schon die gesamte Hartmannsche Philosophie. Ausgehend von der dem menschlichen Bewußtsein unabhängig gegenüberstehenden (»bewußtseinstranszendenten«) Außenwelt, philosophiert H. aus dem Realismus der »natürlichen Weltansicht« (intentio recta). »Die natürliche Einstellung auf den Gegenstand …, die Gerichtetheit auf das, was dem Subjekt begegnet, vorkommt, sich darbietet, kurz die Richtung auf die Welt, in der es lebt und deren Teil es ist, – diese Grundeinstellung ist die uns im Leben geläufige, und sie bleibt es lebenslänglich. Sie ist es, durch die wir uns in der Welt zurechtfinden, kraft deren wir mit unserem Erkennen an den Bedarf des Alltags angepaßt sind.« Die Aufbaukategorien des Seins, die partiell identisch sind mit denen des Denkens, werden in der Erkenntnis widergespiegelt und erfaßt. Die reale Außenwelt wie die Erkenntnis wurzeln dabei beide in demselben »Seinshorizont«. Häufig hat H. dieses Denken als eines bezeichnet, das diesseits von Idealismus und Realismus (= Materialismus) liegt. Gegenüber dem Idealismus betont er immer wieder die Unabhängigkeit der Außenwelt, um doch zugleich gegenüber dem Realismus an der Kantschen Frage nach der »Möglichkeit synthetischer Urteile a priori« und damit der Notwendigkeit einer erkenntnistheoretischen Fundierung festzuhalten.

Von Anbeginn versteht sich H. als Systematiker, freilich nicht im Sinne des deutschen Idealismus, der an die Abgeschlossenheit eines philosophischen Systems glaubt, in dem die Zeit in Gedanken erfaßt wird, sondern im Sinne eines Problemdenkens. So definiert H. das systematische Denken nicht als Systemdenken, sondern als Problemdenken, und die Philosophiegeschichte nicht als Abfolge großer Systeme, sondern als Geschichte von sich im Kern erhaltenden Frage- und Problemkomplexen. Als Systematiker stellt er die Kategorialanalyse in den Mittelpunkt seiner Ontologie. Methodisch unterscheidet H. vier Stufen der philosophischen Analyse voneinander. Am Anfang steht die »epoché« der Standpunkte, in der die Argumente aus der philosophischen Tradition dargestellt werden. Darauf folgt die Wesensanalyse oder Phänomenologie, in der ein gegebener Sachverhalt beschrieben wird, und danach die Problemanalyse oder Aporetik, wo die Widersprüche am Gegebenen herausgestellt und analysiert werden. Auf höchster Stufe kommt dann erst die Theoriebildung. Schon an diesem methodischen Verfahren zeigt sich, daß die H.sche Ontologie im wesentlichen induktiv ausgerichtet ist und sich bemüht, die Fehler der alten Ontologie (die Logifizierung der Wirklichkeit qua Identität von Denken und Sein sowie die Subjektivierung des Logischen qua Identifizierung des Logischen mit dem Denken) zu vermeiden.

H.s Lehre bleibt im Grunde seit seiner *Metaphysik der Erkenntnis* immer dieselbe. An der dem Bewußtsein unabhängig gegenüberstehenden Außenwelt unterscheidet H. vier Seinsweisen, das physische, organische, seelische und schließlich geistige Sein (vgl. dazu *Der Aufbau der realen Welt*, 1940; *Die Philosophie der Natur*, 1950). Das geistige Sein wiederum gliedert sich in den personalen, objektiven und objektivierten Geist (vgl. dazu *Das Problem des geistigen Seins*, 1932). Anders als Hegel oder Dilthey, auf die die Rede vom »objektiven Geist« zurückgeht, begreift H. »alle Gebiete des geschichtlich-wirklichen und sich wandelnden Geistes« (Recht, Sitte, Sprache, politisches Leben wie auch Glaube, Moral, Wissen und Kunst) als »Inhaltsgebiete des geschichtlichen Geistes«. Dem gegenüber meint der objektivierte Geist die Erkenntnishaltung des Subjekts, das sich der Umwelt und Wirklichkeit gegenüberstellt. Das, was sich das Subjekt zum Objekt macht, die Erkenntnis als »Objektion dessen, was von sich aus nicht Objekt eines Subjekts ist«, nennt H. die Region des objektivierten Geistes. Innerhalb der Seinsstufen und ihres Schichtenaufbaus differenziert H. noch die drei verschiedenen Seinsmodalitäten Möglichkeit, Wirklichkeit und Notwendigkeit (vgl. dazu *Möglichkeit und Wirklichkeit*, 1938), wobei er – in der Tradition des megarischen Möglichkeitsbegriffs – an der Superiorität der Wirklichkeit festhält. »Möglichkeit und Notwendigkeit bestehen nur ›aufgrund‹ von etwas, das seinerseits ›wirklich‹ ist. Aufgrund von ›bloß Möglichem‹ ist nichts möglich, oder gar notwendig; aufgrund von Notwendigem aber ist es um nichts mehr möglich oder notwendig als aufgrund von Wirklichem. Notwendigkeit und Möglichkeit also sind bedingt durch ein schon vorbestehendes Wirkliches«. Und weiter: »Es gibt im Realen keine freischwebende, abgelöste Möglichkeit, die nicht die eines Wirklichen wäre; genauso wie es ja im Realen auch keine freischwebende abgelöste Notwendigkeit gibt, die nicht Notwendigkeit eines Wirklichen wäre.« Jede der vier unterschiedenen Seinsstufen wird schließlich von spezifischen Kategorien geprägt, wobei auf den unteren Schichten die basalen (gleichsam ›breiteren‹) Kategorien auftauchen, die in den höheren Stufen nicht verschwinden, sondern vielmehr in modifizierter Weise erneut auftreten. »Jede höher organisierte Seinsstufe baut sich auf der niedrigeren auf; Kategorien und Kräfte der unteren sind in dieser neuen Konstellation nicht nur unaufhebbar, sondern sind auch die stärkeren, obwohl sie die spezifische Eigenart der neuen unmöglich determinieren können, diese behalten ihre Originalität und Unableitbarkeit aus dem niedrigeren« (Georg Lukács). Den Schichtenkategorien vorgelagert sind noch die Fundamentalkategorien in Form von Gegensatzpaaren (Form-Materie usw.). Ontologie im Sinne H.s ist im wesentlichen Kategorialanalyse, wobei im Verlauf der Analyse – mit den Worten von Lukács – die Ontologie »von der unbegriffenen, nur als Wirklichkeit affizierend zur Kenntnis genommenen Wirklichkeit zu ihrem möglichst adäquaten ontologischen Erfassen« geht.

Obwohl H., wie Herbert Schnädelbach zu Recht gesagt hat, seine Epoche bestimmt hat, ohne selbst Epoche gemacht zu haben, ist seine Philosophie heute nahezu vergessen. Auch hat er im eigentlichen Sinne keine Schüler hervorgebracht, die seine Ontologie hätten fortsetzen können. H. ist nicht nur von Philosophen, die in der Tradition des deutschen Idealismus stehen (Bruno Liebrucks), sondern auch von Vertretern der analytischen Philosophie und der Sprachphilosophie (u. a. Wolfgang Stegmüller) scharf kritisiert worden. Hinzu kommen seine – im heutigen Licht der modernen Naturwissenschaften – unhaltbaren Behauptungen über die Erkenntnistheorie oder die Psychologie, die H.s enzyklopädisches System ins Zwielicht gerückt haben. Unabhängig davon aber (sowie von den von H. übersehenen Problemen, wie etwa den Fragen der Gesellschaftlichkeit des Seins und der Genese der unterschiedlichen Seinsschichten) bleibt doch – mit Lukács – das »bahnbrechend Originelle und Fruchtbare in H.s Anschauungen« festzuhalten: nämlich »die Tendenz, der Wirklichkeit, so wie sie ist, in der unerbittlichen Härte ihres Geradesoseins die ontologische Superiorität zuzuschreiben«. An sie hat Lukács bruchlos anknüpfen können, um in seinem Alterswerk – via Hegel und Marx – zu einer marxistischen Ontologie des gesellschaftlichen Seins zu gelangen.

Lukács, Georg: Nicolai Hartmanns Vorstoß zu einer echten Ontologie. In: Ders.: Ontologie des gesellschaftlichen Seins. Darmstadt/Neuwied 1984. – Buch, Alois J. (Hg.): Nicolai Hartmann 1882–1982. Bonn 1982.

Werner Jung

Hegel, Georg Wilhelm Friedrich
Geb. 27. 8. 1770 in Stuttgart; gest. 14. 11. 1831 in Berlin

Das bekannte Portrait des versunkenen Professors auf dem Katheder über den Köpfen der andächtig mitschreibenden jungen Herren im Frack zeigt H. im Jahre 1828, auf dem Höhepunkt seiner Laufbahn, in Berlin. Dieser H. ist es, der in die Nachwelt einging, dessen Denken z. B. dem jungen Marx noch ganz selbstverständlich »jetzige Weltphilosophie« war. In systematischer Form, als *Enzyklopädie der philosophischen Wissenschaften im Grundrisse* mit ihren insgesamt 577 Paragraphen, Unterabschnitten und mündlichen Zusätzen ruht sie scheinbar in sich selbst. Welch verschlungene Wege aber solcher Systematik vorausgegangen waren, wieviele Brüche, Umwege, Neuansätze dazu notwendig waren, wurde nur allmählich und erst im Laufe unseres Jahrhunderts bewußt. Nach und nach wurde sichtbar, wie sehr auf H.s denkerischen Weg selbst eine seiner berühmtesten Einsichten zutrifft: Philosophie ist »ihre Zeit in Gedanken erfaßt«. H. hat seine Zeit sehr bewußt gelebt – daß seine erste wie die letzte Veröffentlichung überhaupt ganz aktuellen politischen Fragen gilt, ist hierfür mehr als nur ein Indiz. Es ist eine Zeit des Umbruchs; 1817 schreibt er selbst von »diese(n) letzten 25 Jahre(n), die reichsten, welche die Weltgeschichte wohl gehabt hat, und die für uns lehrreichsten, weil ihnen unsere Welt und unsere Vorstellungen angehören.«

H. stammt aus der württembergischen Oberschicht, die in einer für Schwaben charakteristischen engen Verbindung von Kirche und Unterrichtswesen – »Scholarchen und Pfarrer« – das kulturelle Leben dauerhaft bestimmte. Seine Mutter Maria Magdalena Fromme war »für die damalige Zeit eine Frau von vieler Bildung« (Karl Rosenkranz); sein Vater Georg Ludwig war herzoglicher Beamter in gehobener Stellung, ein Bürgerlicher von entschieden aristokratischer Gesinnung. G. W. F. war das älteste von drei Kindern, er hatte noch eine jüngere Schwester und einen Bruder. Insgesamt ist es für H. charakteristisch, daß sein äußeres Leben ziemlich ruhig und undramatisch verläuft und daß er sehr spät, mit mehr oder weniger fünfzig Jahren, erst wirklich bekannt und berühmt wurde. Das Stuttgart seiner Kindheit war als Haupt- bzw. Residenzstadt des Herzogtums Württemberg Schauplatz der Auseinandersetzungen zwischen absolutistisch-aufgeklärter Herrschaft einerseits, den Landständen andererseits, die 1770, in H.s Geburtsjahr, im sog. »Erbvergleich« eine feierliche Bestätigung ihrer traditionellen verfassungsmäßigen Rechte errungen hatten. Natürlich war Stuttgart auch kulturelles Zentrum. Nach der sog. »Lateinischen Schule« besuchte H. hier vom siebten bis zum achtzehnten Lebensjahr das »Gymnasium illustre«, das 1686 als weltliche Alternative zu den eindeutig kirchlich orientierten Klosterschulen gegründet worden war. Daß H. zusätzlich von Privatlehrern unterrichtet wird, zeigt die Bedeutung, die die Eltern seiner Karriere beimessen. In einem zum Teil lateinisch geschriebenen Tagebuch gibt sich der nicht weiter auffällige Musterschüler Rechenschaft über seine intellektuelle Beschäftigung. Was sich an Exzerpten, Übersetzungen und Präparationen erhalten hat, zeigt die Gründlichkeit, mit der der Schüler sich die Bildungswelten des klassischen Altertums, der jüdisch-christlichen Tradition wie auch seiner Zeit, der westeuropäischen Aufklärung, aneignet.

Mit dem Studium der Theologie in Tübingen (von 1788 bis 1793) schlägt H. einen gleichsam vorgezeichneten Weg ein. Vorgezeichnet war auch, daß der Musterschüler wie viele Generationen des »schwäbischen Pfarradels« vor ihm nach erfolgreichem »Landexamen« auf herzogliche Kosten im Tübinger Stift wohnt. Hier regiert strenge Zucht: »Der unbegreifliche Kontrast zwischen der freien, beinahe ausgelassenen Denkungsart, die im Stift herrscht und in einigen Punkten sogar begünstigt wird, und der höchst sklavischen Behandlungsart, der man unterworfen ist – alles dies läßt den Denker eine Revolution ahnen, die unvermeidlich ist.« Diese Äußerung eines Zeitgenossen aus dem Jahre 1785 trifft natürlich um so mehr auf H.s Studienzeit zu, die genau in die Zeit der Französischen Revolution fällt. Die Stiftler nehmen daran leidenschaftlich Anteil, und so überrascht es nicht, wenn sich in H.s Stammbuch Losungen wie »Vive la liberté«, »Tod dem Gesindel« und Ulrich Huttens »In tyrannos« finden. In diesem Sinne wird auch die Kantische Philosophie gefeiert. Kants »Revolution der Denkungsart« bietet den Stiftlern die Grundlage und liefert die Waffen für eine Kritik der protestantischen Theologie, die innerhalb der säkularen Auseinandersetzung von Vernunft und Offenbarungsreligion gerade mit Tübingen eine Bastion der Orthodoxie besaß. Im Stift lernt H. den gleichaltrigen Hölderlin und den frühreifen Schelling kennen. Die drei schließen einen engen Freundschaftsbund, und die Tatsache, daß die drei Genies sogar eine zeitlang in derselben Stube gewohnt haben, ist als denkwürdiges Ereignis in die Geistesgeschichte eingegangen. Bei H. allerdings, der sich vor allem in Rousseau vertieft, ist von Genie noch keine Spur. Als er wieder einmal zu spät und nicht ganz nüchtern ins Stift zurückkommt, soll ihm, nach einer Anekdote, der Stubenälteste verzweifelt zugerufen haben: »O Hegel, Du saufscht Dir g'wiß noch Dein ganz bißle Verstand vollends ab!«

Nach dem Studium wird H. nicht Pastor, sondern nimmt eine Hofmeisterstelle bei einer Berner Patrizierfamilie an und entscheidet sich damit für die Möglichkeit, ebenso »der alten Literatur und der Philosophie mich ergeben zu können, als in anderen Ländern und unter fremden Verhältnissen zu leben.« Die Stelle in Bern (Herbst 1793 bis Ende 1796) bringt aber auch eine tiefe Isolation mit sich. Um so größere Bedeutung hat daher der Briefwechsel mit den Freunden Hölderlin und Schelling, der einen guten Einblick in die geradezu hektisch anmutende intellektuelle Atmosphäre jener Zeit gibt. Wenn Schelling schreibt: »Wir müssen noch weiter in der Philosophie«, und den Freund auffordert, seinen Beitrag dazu zu leisten, bekennt sich dieser nur als »Lehrling« in der neuesten Philosophie: »von meinen Arbeiten ist nicht der Mühe wert zu reden« (August 1795). In der Tat bleiben alle Schriften dieser »republikanischen Periode«, wie sie genannt wurde,

Manuskripte oder auch Fragmente. Ihr Grundtenor ist eine scharfe Kritik der eigenen Zeit. Sie entfaltet sich vor allem als Kritik des Christentums, als Kritik der Verbindung von Kirche und politischem Despotismus, »der nach Unterdrückung aller Freiheit des Willens durch die Geistlichkeit völlig gewonnenes Spiel hat – bürgerliche und politische Freiheit hat die Kirche als Kot gegen die himmlischen Güter und den Genuß des Lebens verachten gelehrt.« Der abgelehnten Gegenwart stellt der junge H. – wie übrigens viele seiner Freunde und Zeitgenossen – ein eigentümlich erträumtes Ideal der Vergangenheit gegenüber: den griechischen Stadt-staat, die Polis, in der freie, gleiche, selbstbewußte Bürger leben, mit einer ebenso vernünftigen wie sinnlichen »Volksreligion« als Bindeglied ihrer frei bejahten Ge-meinschaftlichkeit. Bei aller Kritik des Christentums mißt H. also der Religion eine große Bedeutung bei, nicht zuletzt im Rahmen einer Volkspädagogik, mit der sich Hölderlin trägt.

Ein schönes Dokument jener Zeit ist H.s Tagebuch einer Reise durch die Berner Oberalpen, die er im Juli 1796 »mit drei sächsischen Hofmeistern« unternimmt. Es zeigt seinen scharfen Blick für die Eigenheit von Lebensgewohnheiten, Sitten, Glaubensformen ebenso wie seine Kühle gegenüber der Schönheit der Natur, die sich bis in die spätere Kunsttheorie hinein durchhalten wird: »Der Anblick dieser ewig todten Massen gab mir nichts als die einförmige und in die Länge langweilige Vorstellung: *es ist so.*«

Durch die Vermittlung Hölderlins nimmt H. im Januar 1797 eine Hauslehrerstelle bei einer Frankfurter Kaufmannsfamilie an, die ihn neben der Verbesserung seiner materiellen Umstände und der Möglichkeit wissenschaftlichen Arbeitens endlich aus der Berner Isolation befreit und den ersehnten Kontakt mit dem Freund bringt (auch Hölderlin war ja Hauslehrer in Frankfurt). Insgesamt liegen die vier Frank-furter Jahre (1797 bis Ende 1800) für uns ziemlich im Dunkeln. Einerseits wissen wir aus Briefen an eine Stuttgarter Jugendfreundin, daß H. in Frankfurt »wieder etwas mehr der Welt gleich« wird, z.B. häufig ins Theater geht und im Main badet; Hölderlin beschreibt ihn als »ruhigen Verstandesmenschen«, dessen Umgang wohl-tätig auf ihn wirkt. Andererseits aber ist sein Denken in derart rascher und grund-sätzlicher Wandlung begriffen, daß dieser Umbruch zumindest in gewissen Phasen schwer nur anders denn als krisenhaft vorgestellt werden kann. Sein wichtigstes Ergebnis ist eine neue Auffassung der Geschichte bzw. der menschlichen Wirklich-keit überhaupt. H. verabschiedet in Frankfurt das Ideal der Vergangenheit (und Zukunft), die republikanische Polis, und gelangt zur Anerkennung der geschichtli-chen Entwicklung hin zur Gegenwart, schärfer: des (Privat-)Eigentums als Grund-lage der bürgerlichen Gesellschaft. »Das Schicksal des Eigentums ist uns zu mächtig geworden, als daß Reflexionen darüber erträglich, seine Trennung von uns denkbar wäre.« Eine tragische, nicht widerrufbare, zu akzeptierende Entwicklung –; wie er jetzt auch die Person Jesu, dessen Leben er in Bern sich noch als eine Art jüdischer vernünftiger Sokrates ausgemalt hatte, als tragische Gestalt deutet, die an ihrem Widerspruch zur Welt scheitern muß; verallgemeinert: »es ist ihr Schicksal, daß Kirche und Staat, Gottesdienst und Leben, ... geistliches und weltliches Tun nie in Eins zusammenschmelzen können«. Und im Bemühen um die gedankliche Ver-arbeitung dieser Widersprüche gelangt H. auch zu einer Verflüssigung seiner Sprache, seiner Begrifflichkeit, so daß man die Frankfurter Zeit ohne Übertreibung als Wiege der Dialektik bezeichnen kann.

»In meiner wissenschaftlichen Bildung, die von untergeordnetern Bedürfnissen der Menschen anfing, mußte ich zur Wissenschaft vorgetrieben werden, und das Ideal des Jünglingsalters mußte sich zur Reflexionsform, in ein System verwandeln; ich frage mich jetzt, während ich noch damit beschäftigt bin, welche Rückkehr zum Eingreifen in das Leben der Menschen zu finden ist.« Diese Stelle aus einem Brief an Schelling vom November 1800 könnte man gleichsam als Motto über die Jenaer Jahre (von 1801 bis 1806) stellen. H.s Mutter war bereits 1783 gestorben; 1799 gibt ihm der Tod des Vaters mit der Aufteilung des Familienerbes zumindest vorläufig die nötige finanzielle Freiheit, sich endlich ganz der Philosophie zu widmen. H. entscheidet sich für Jena, das Ende des Jahrhunderts als Mittelpunkt der Frühromantik und durch Fichtes Lehrtätigkeit zum geistigen Zentrum aufgestiegen war. H., in Jena »wie eine Obskurität« behandelt – so ein Schüler –, habilitiert sich sofort (1801, über Astronomie) und lehrt zunächst als Privatdozent, ab 1805 durch Vermittlung Goethes als außerordentlicher Professor, mit einem bescheidenen Gehalt. Auf beiden Ebenen, der Veröffentlichungs- wie der Lehrtätigkeit, entfaltet H. in Jena eine ungeheure Produktivität. Im Juli 1801 erscheint die *Differenz des Fichteschen und Schellingschen Systems der Philosophie*, das ihn sofort auf dem Höhepunkt der Diskussion seiner Zeit zeigt. Programmatisch umreißen die einleitenden Bemerkungen über das »Bedürfnis der Philosophie« die bleibende Triebkraft seines Denkens wie die Zeitanalyse, aus der es entspringt. Diese geschichtliche Situation, die sich durch die *politische* Problematik nach dem revolutionären Bruch von 1789 auszeichnet, durch die *theologische* Problematik des Christentums nach der Aufklärung und die *philosophische* Problematik einer als starr empfundenen dualistischen Grundstruktur, wie sie in der Kantischen Philosophie vorherrscht und damit allgemeines Gedankengut der Zeit geworden war, analysiert H. als Entzweiung: »Wenn die Macht der Vereinigung aus dem Leben der Menschen verschwindet und die Gegensätze ihre lebendige Wechselwirkung verloren haben, entsteht das Bedürfnis der Philosophie.« »Entzweiung ist der Quell des Bedürfnisses der Philosophie.« Daß H. sich dieser Problematik rückhaltlos stellt, macht seine Modernität ebenso aus wie sein spezifisch idealistischer, gleichsam »dynamischer« Impuls, die Gewordenheit, das Produziertsein dieser Gegensätze einsichtig zu machen und damit gleichzeitig zu überwinden. Basis ist dabei ein – etwa im Unterschied zum »Verstand« – genau bestimmter, eigentümlicher Begriff von Vernunft, der diese Überbrückung erlaubt und trägt. Daher heißt es im gleichen Zusammenhang: »Solche festgewordenen Gegensätze aufzuheben, ist das einzige Interesse der Vernunft.«

Konkretes Ergebnis der Zusammenarbeit mit Schelling ist die Zeitschrift *Kritisches Journal der Philosophie* (1802/03), von den Freunden gemeinsam herausgegeben. H.s große Beiträge im *Journal* setzen sich zentral mit der Gegenwartsphilosophie, d. h. mit der von Kant eröffneten Situation auseinander, umfassen dabei aber ein weites Spektrum vom antiken Skeptizismus bis zur zeitgenössischen Diskussion über das Naturrecht. Diese Aufsätze, die sich durch große stilistische Kraft auszeichnen, dienen ebenso der Selbstverständigung wie die Vorlesungstätigkeit. In diesen Vorlesungen, die von den Studenten noch eigens bezahlt wurden, las H. vor einem kleinen, aber sehr ergebenen Kreis von Schülern. Als »ein großes wirres Chaos, in dem alles sich noch erst ordnen und gestalten sollte, ein allgemeiner Strudel und Taumel, in welchen alles hineingerissen wurde«, hat ein Schüler rückblickend den Eindruck dieser neuesten Philosophie geschildert, und in der Tat gibt das erhaltene Material das Bild eines in ständigem Flusse befindlichen, sich ständig überholenden Denkens. Daß H. aber trotz aller Zumutungen dieses Denkens – eine Zumutung, die durch seine Schwierigkeiten im mündlichen Vortrag noch gesteigert wurden – diese Studenten dennoch faszinierte, dürfte nicht zuletzt mit der Betonung der praktischen Relevanz spekulativer Erkenntnis für das Leben zusammenhängen, die nie mehr so stark wie in der Jenaer Periode zu spüren ist: »Denn das wahre Bedürfnis der Philosophie geht doch wohl auf nichts anders als darauf, von ihr und durch sie leben zu lernen.«

In seinen Vorlesungsankündigungen findet sich immer wieder der Verweis auf ein »demnächst erscheinendes« eigenes Lehrbuch, ein eigenes »System der Wissenschaft«. Wegen der dauernden Wandlung seiner Entwürfe erscheint es aber erst 1807, in Bamberg, in 750 Exemplaren – die *Phänomenologie des Geistes*, Summe der Jenaer Jahre und zweifellos eines der originellsten Bücher der Philosophiegeschichte. Und eines der schwierigsten, denn H. entwickelt in den Jenaer Jahren und insbesondere in der *Phänomenologie* eine ganz eigene Begrifflichkeit, einen besonderen Sprachduktus, um die mit dem Stichwort »Entzweiung« angedeutete Problematik durch eine extreme dialektische Verflüssigung des Denkens bewältigen zu können. So lautet ein Schlüsselsatz der an programmatischen Äußerungen reichen Vorrede des Werkes: »Das Wahre ist das Ganze. Das Ganze aber ist nur das durch seine Entwicklung sich vollendende Wesen. Es ist von dem Absoluten zu sagen, daß es wesentlich *Resultat*, daß es erst am *Ende* das ist, was es in Wirklichkeit ist.«

Diesem Bewußtsein von Resultathaftigkeit bzw. Prozessualität entspricht die Einbeziehung der geschichtlichen Dimension in die Philosophie als solche, die »nun nicht mehr nur eine Geschichte *hat*, sondern geschichtlich *ist*« (Karl Löwith). Dieses neue Geschichtsbewußtsein ist eine der wesentlichen, bleibenden Errungenschaften H.s. Der systematische Stellenwert der *Phänomenologie* – ob Vorbereitung, ob schon erster Teil eines Systems der Wissenschaften selbst – ist bis heute umstritten; als »Wissenschaft des erscheinenden Bewußtseins« soll sie den Leser jedenfalls zum Resultat, auf den Standpunkt des »absoluten Wissens« hinführen. Und zwar durch einen langen Prozeß hindurch, in dessen Verlauf eine Fülle von historischen Bewußtseinsgestalten sozusagen dialektisch »durchgemustert« wird, indem die Wahrheit jeder Bewußtseinsform wie ihre Beschränktheit und somit die Notwendigkeit aufgezeigt wird, daß sie unter- und in die nächsthöhere übergeht (so z. B. die Antike in Bezug auf die bürgerliche Gesellschaft; das mittelalterlich-religiöse Bewußtsein in Bezug auf die protestantische Reformation). H. spricht von der »ungeheuren Arbeit der Weltgeschichte«, die der Geist in der Herausbildung all seiner Formen und Gestalten durchmacht. Indem er sich am Ende der *Phänomenologie* rückblickend als diesen ganzen Prozeß und dessen Ziel zugleich erkennt, kann er ihn insgesamt rechtfertigen; als »absoluter Geist« ist er somit mit sich und seiner Gegenwart »versöhnt«. Formelhaft verknappt, besteht in dieser dialektisch erlangten »Versöhnung« – ein Schlüsselbegriff der *Phänomenologie* – die Antwort auf die »Entzweiung«

und damit das Zentralproblem der Zeit. – Die *Phänomenologie* war in aller Eile und unter dramatischen Umständen fertiggestellt worden, kurz vor dem Einzug der Franzosen in Jena, die am 13. Oktober 1806 in der Doppelschlacht von Jena und Auerstädt Preußen endgültig besiegen. An diesem Tag hat H. auch sein berühmtes »Napoleonerlebnis«, mit dem die spätere geschichtsphilosophische Konzeption des »welthistorischen Individuums« als dem (unbewußten) Vollstrecker dessen, was geschichtlich an der Zeit ist, zusammenhängen dürfte. In einem Brief an den Freund Niethammer in München schreibt er:»den Kaiser – diese Weltseele – sah ich durch die Stadt zum Rekognoszieren hinausreiten; – es ist in der Tat eine wunderbare Empfindung, ein solches Individuum zu sehen, das hier auf einen Punkt konzentriert, auf einem Pferde sitzend, über die Welt übergreift und sie beherrscht.«

Durch die Kriegswirren war H. in beträchtliche finanzielle Schwierigkeiten geraten, die sich ab Februar 1807 durch die Geburt eines Sohnes verschärfen, den er mit Christiana Burkhardtin, »eines Gräflichen Bedienten verlassenes Eheweib«, gezeugt hatte (dieser Sohn Ludwig Fischer wurde später in Heidelberg in H.s Familie aufgenommen). So geht H. auf das Angebot ein, die Redaktion der *Bamberger Zeitung* zu übernehmen. Die Tätigkeit in Bamberg (März 1807 bis November 1808) ist für H. zwiespältig: einerseits interessieren ihn ja die Politik, die »Weltbegebenheiten«, überaus, und so entspricht sie in gewissem Sinne der Überzeugung von der Bedeutung der theoretischen Arbeit (»ist erst das Reich der Vorstellung revolutioniert, so hält die Wirklichkeit nicht aus«); andererseits finden sich viele Klagen über die »Zeitungsgaleere«, da eine scharfe Zensur, die nur »Tatsachenmeldungen« erlaubt, ständig als Damoklesschwert über dem Herausgeber schwebt. Dennoch läßt sich als Tendenz der *Bamberger Zeitung* erkennen, daß H. für eine tolerante Haltung gegenüber dem Protestantismus in Bayern wirbt und den Leser für die französische Politik bzw. Verfassungsreformen im französischen Sinn zu gewinnen sucht. »Der große Staatsrechtslehrer sitzt in Paris«, heißt es einmal in einem Brief über Napoleon, in dem H. weniger den großen Feldherrn sieht als den Urheber des *Code Napoléon*, dessen ganze Politik also im Einklang steht mit den bürgerlich-rationalen Erfordernissen seiner Zeit.

Zwar immer noch nicht auf dem ersehnten Lehrstuhl, jedoch in erheblich verbesserten Umständen befindet sich H. als Rektor des protestantischen Aegydiengymnasiums in Nürnberg (von 1808 bis 1816). In dieser Funktion wird er in die heftigen religions- und kulturpolitischen Auseinandersetzungen hineingezogen, die der Gleichstellung der Protestanten durch das bayerische Religionsedikt von 1809 folgen. Hierbei bekennt er sich zu einem selbstbewußten, in der Bildung begründeten Protestantismus:»Unsere Universitäten und Schulen sind unsere Kirche. Die Pfarrer und der Gottesdienst tuts nicht, wie in der katholischen Kirche.« Als Professor für philosophische Vorbereitungswissenschaften muß H. wöchentlich 12 Stunden Religions-, Rechts-, Philosophie- und Psychologieunterricht geben. Sein für damalige Zeiten ausnehmend achtungsvolles Verhalten gegenüber den Schülern – »jeder konnte das Wort verlangen und seine Meinung geltend zu machen suchen ... Von der untern Gymnasialklasse an ... redete er jeden Schüler mit ›Herr‹ an« – wurde in Lebenserinnerungen noch lange nach seinem Tode hervorgehoben. Da ihm außerdem als Lokal-Schulrat und Referent in Schul- und Studiensachen (ab

1813) noch die Aufsicht über das gesamte Nürnberger Schulwesen zufällt, ist es um so erstaunlicher, daß es H. trotz aller »Amtsdienstzerstreuung« gelingt, seine *Wissenschaft der Logik* zu verfassen (in zwei Bänden, 1812 und 1816). Die drei Rezensionen des ersten Bandes reagieren mit Unverständnis und Abwehr – in der Tat mußte dieses vielleicht dunkelste oder tiefsinnigste Werk der Philosophiegeschichte die Zeitgenossen befremden.

Allein schon vom Titel her. Als *Wissenschaft* der Logik setzt sie sich radikal von den beiden gewissermaßen »vertrauten« Auffassungen ab: der von Aristoteles her überlieferten formalen Logik, welche die Regeln des Denkens als eine Art Werkzeug zum richtigen Denken betrachtet, sowie der transzendentalen Logik Kants, die zwar die gegenstandskonstitutive Tätigkeit des Denkens bewußt macht, aber – wie H. in seiner lebenslangen Polemik gegen Kant nicht müde wird zu betonen – bei dem »Gespenst des Ding-an-sich« stehenbleibt. Demgegenüber beansprucht die spekulative Logik, den »Gang der Sache selbst« darzustellen; »die Wahrheit, wie sie ohne Hülle an und für sich selbst ist«. Im ersten Teil, der »objektiven Logik«, werden die Lehre vom Sein und vom Wesen behandelt, im zweiten Teil »die subjektive Logik oder die Lehre vom Begriff.« Da sich der Fortgang der Bestimmungen streng aus der Dialektik des Gegenstandes selbst ergeben soll, kann die spekulative Methode dabei kein äußerlich Hinzukommendes sein: »Methode« – so das berühmte Diktum der Einleitung – »ist das Bewußtsein über die Form der inneren Selbstbewegung des Inhalts.« Und insofern die objektive Logik außer den Begriffen der traditionellen Ontologie (das Sein und das Wesen) auch die Vorstellungen der übrigen Metaphysik (Seele, Welt, Gott), ihres Bildcharakters entkleidet, der Betrachtung unterzieht, kann H. sagen, daß die objektive Logik »an die Stelle der vormaligen *Metaphysik*« trete; ihr Inhalt ist, nach der ungeheuren Metapher, »die Darstellung Gottes . . ., wie er in seinem ewigen Wesen vor der Erschaffung der Natur und eines endlichen Geistes ist«. So ließe sich auch von der *Wissenschaft der Logik* her zwanglos ein Bogen zurück zur Zeitdiagnose der *Differenzschrift* schlagen, da der mit der Aufklärung aufgerissene Abgrund zwischen theologischer und philosophischer Reflexion in der logischen Wissenschaft überbrückt ist: wie in der *Phänomenologie* der »absolute Geist«, so steht am Ende der Logik die »absolute Idee« als Inbegriff des zu sich selbst gekommenen und mit sich selbst versöhnten Denkens.

Aus Briefen wissen wir, daß H. als vierzig Jahre alter Mann allmählich unruhig wurde. Lassen wir es dahingestellt, ob der Zeitpunkt der Eheschließung als Ausdruck seiner »organischen Reife« anzusehen ist, wie sein erster Biograph Karl Rosenkranz meinte – im September 1811 heiratet er schließlich die zwanzigjährige Marie von Tucher, die aus einer der angesehensten Nürnberger Patrizierfamilien stammt. 1813 wurde ein Sohn Karl und im folgenden Jahr Immanuel H. geboren; über einen Zeitraum von zwanzig Jahren scheint die Ehe sehr harmonisch verlaufen zu sein. Überhaupt geben H.s Briefwechsel und die dazugehörigen Dokumente – z. B. haben sich drei Haushaltsbücher erhalten – aus der Mikroperspektive einer Individualbiographie einen interessanten Einblick in die Lebensformen des deutschen Bürgertums zur Zeit des Biedermeier, am Vorabend der industriellen Revolution. – H. leidet zunehmend unter der intellektuellen Isolation seiner Provinzexistenz; »ein lebendiger Wirkungskreis«, schreibt er, »ist der höchste Wunsch meines

Lebens.« Daß man aber allmählich auf seine wissenschaftliche Leistung aufmerksam geworden war, zeigt nichts deutlicher als die Tatsache, daß im Jahre 1816 drei Berufungen zugleich auf ihn zukommen. Die Entscheidung für Heidelberg, wo er von 1816 bis 1818 lehrt, war wichtig vor allem durch die Begegnung mit den Kunstwelten der Heidelberger Romantik, der mittelalterlichen Malerei und der italienischen Renaissancemusik – Erfahrungen, die seinen Kunstbegriff ausweiten und fruchtbar in die Vorlesungen über Ästhetik eingeflossen sind. Neben der Lehrtätigkeit ist H. Mitherausgeber der *Heidelberger Jahrbücher*. Hier erscheint auch sein Aufsatz (Beurteilung der) *Verhandlungen in der Versammlung der Landstände des Königreichs Württemberg im Jahr 1815 und 1816*, mit dem H. in den aktuellen Verfassungsstreit eingreift. Zugunsten des Königs – für H. haben die Landstände mit ihrer Berufung auf ihre herkömmlichen Rechte die Entwicklung seit der Französischen Revolution »verschlafen«. Als »Leitfaden«, »Zum Gebrauch seiner Vorlesungen«, erscheint im Sommer 1817 die *Enzyklopädie der philosophischen Wissenschaften im Grundrisse*. Wenn auch dieses Werk für die zweite und dritte Auflage (1827 und 1830) noch erheblich verändert und erweitert werden wird, so ist doch hier die grundsätzliche Konzeption seiner Philosophie mit ihrem triadischen Aufbau von Logik, Natur- und Geistphilosophie vollständig ausgearbeitet. Ebenso abgeschlossen erscheint der systematische Charakter seiner Philosophie, siebzehn Jahre fast, nachdem er geschrieben hatte: »das Ideal des Jünglingsalters mußte sich zur Reflexionsform, in ein System verwandeln«. Hierbei ist mit »System« ein sich selbst tragendes Ganzes gemeint, in dem jeder Teil auf jeden anderen verweist, wie es im Begriff der »Totalität« am stärksten zum Ausdruck kommt. Mit H.s Worten: »Die eigentliche Bedeutung von System ist Totalität.«

Von den Auseinandersetzungen der Wirkungsgeschichte her ist H.s öffentliche Wirksamkeit in Berlin gleichsam vorbelastet. Sein Schüler Rosenkranz sah in der Berufung nach Berlin eine »höhere Notwendigkeit«, da die H.sche Philosophie ja die »Vollendung« der preußisch-kantischen sei. 1857, dreizehn Jahre später und nach der gescheiterten bürgerlichen Revolution, sieht Rudolf Haym in seinen Vorlesungen *Hegel und seine Zeit* ebenfalls eine Wahlverwandtschaft – jetzt aber kritisch gewendet: »Das Hegelsche System wurde zur wissenschaftlichen Behausung des Geistes der preußischen Restauration.« Nach seinen eigenen Äußerungen jedenfalls geht H. nach Berlin, »um in einem Mittelpunkt und nicht in einer Provinz zu sein«, und dies ist auch der Tenor des Konzepts seiner Rede beim Antritt des philosophischen Lehramtes an der Universität Berlin (»auf hiesiger Universität, der Universität des Mittelpunkts, muß auch der *Mittelpunkt* aller Geistesbildung und aller Wissenschaften und Wahrheit, die *Philosophie*, ihre Stelle und vorzügliche Pflege finden«). H.s Lehrtätigkeit konnte so unterschiedlich gesehen werden, da sich Preußen selbst äußerst zwiespältig darstellte: im Gefolge des Stein-Hardenbergschen Reformwerks auf dem Weg zu einem vergleichsweise modernen Staat, mit der besten Universität der Zeit, wurde es in der Zeit der »Demagogenverfolgung«, der Karlsbader Beschlüsse (August 1819) zu einem Zentrum der geistigen Unterdrückung. Und genau in dieser Periode erscheinen die *Grundlinien der Philosophie des Rechts* (Oktober 1820), H.s staatstheoretisches Hauptwerk, von einem heutigen Interpreten als »vermutlich tiefsinnigste und umfassendste Theorie in der gesamten

Geschichte der politischen Philosophie« bezeichnet (Karl-Heinz Ilting). Ihr Erscheinen löst einen Eklat aus, da sich H. in der Vorrede unter anderem sehr polemisch mit den nationalistischen Tendenzen in der burschenschaftlichen Bewegung auseinandersetzt. Die Absicht der *Rechtsphilosophie* läßt sich als Versuch umschreiben, die wesentlichen Elemente der Moderne theoretisch zu rekonstruieren und im Staat als der konkreten Form von »Sittlichkeit« zur Versöhnung zu bringen. Dabei steht sie, noch vor der Entwicklung der Sozialwissenschaften, in der Tradition der *praktischen Philosophie*, die im wesentlichen zwei verschiedene Systeme hervorgebracht hatte: die antike Konzeption einer substantiellen Gemeinschaft (Platon und Aristoteles) und die neuzeitliche Begründung vom autonomen Inviduum her, die seit Hobbes mit dem Begriff des Sozialvertrags arbeitet. Die *Rechtsphilosophie* will beide Systeme miteinander verschmelzen. Ihr wesentlicher gedanklicher Schritt ist hierbei die scharfe begriffliche Unterscheidung zwischen »Staat« und »bürgerlicher Gesellschaft« sowie deren Bestimmung als »Arbeitsgesellschaft«, die auf dem »System der Bedürfnisse«; schärfer: dem allgemeinen wechselseitigen Egoismus beruht: »In der bürgerlichen Gesellschaft ist jeder sich Zweck, alles andere ist ihm nichts.« Demgegenüber vertritt der Staat als die »Sphäre des Allgemeinen« das Interesse der Allgemeinheit, und insofern kann H. ihn als »die Wirklichkeit der konkreten Freiheit« bezeichnen. Wenn auch, vor allem mit der Kritik an der *Rechtsphilosophie* durch den jungen Marx, häufig das Pseudologische vieler Ableitungen historisch gewordener Institutionen wie der Erbmonarchie als »philosophische Einsegnung des Bestehenden« (K.-H. Ilting) kritisiert wurde, so darf man dabei die sozialethisch-kapitalismuskritische Absicht von H.s liberalem Konservativismus, wie sie etwa im Begriff der »Sittlichkeit« zum Ausdruck kommt, nicht aus den Augen verlieren.

Im Gesamtbild der Berliner Jahre fällt der »Bürger« H. ins Auge – nicht die Welt des Hofes, sondern das gesellige Leben der Großstadt mit ihren Salons, den Einladungen und insbesondere den kulturellen Einrichtungen und Veranstaltungen bildet das Umfeld, in dem er sich bewegt. Und hier steht er selbst wiederum im Mittelpunkt der Aufmerksamkeit, da seine Vorlesungen zur Attraktion, seine Äußerungen etwa zu einer Opernaufführung Stadtgespräch werden; 1824 bereits widmet ihm das *Brockhaus-Konversationslexikon* eine ausführliche Darstellung. In den Vorlesungen kann H. ausführlicher und verständlich-ansprechender die ganze Universalität seines Wissens entfalten; ihre Themen umfassen Logik, Enzyklopädie der philosophischen Wissenschaften, Naturphilosophie, Anthropologie und Psychologie, Rechts-, Religions- und Kunstphilosophie, Philosophie der Geschichte sowie die gesamte Geschichte der Philosophie. Über seine merkwürdige Vortragsweise berichtet ein polnischer Hörer: »Denkt ihr vielleicht, daß die persönliche Gabe der Rede das Urteil der Hörer bezaubert? Keineswegs. H. sprach nicht glatt, nicht fließend, fast bei jedem Ausdruck krächzte er, räusperte sich, hustete, verbesserte sich ständig . . . Seine Vorlesung war eher ein Monolog, es schien, als vergäße er seine Hörer . . . Oft jedoch, wenn er sich räusperte, hielt er in seinem Vortrag inne; es war zu erkennen, daß sein Gedanke untertauchte . . . In solchen Augenblicken der Inspiration war er von großer Poesie, in solchen Augenblicken sprach er glatt und seine Worte fügten sich zu einem Bild voller unvorhergesehenen Zaubers zusammen . . . So versteht ihr, daß H . . . .dennoch mit magischer Kraft die Zuhörer gefangennahm und festhielt.«

Sehr schnell bildet sich um H. eine Schule. Sie erlangt einen so großen Einfluß, daß schon Anfang der 20er Jahre der Vorwurf erhoben werden konnte, daß man durchaus Hegelianer sein müsse, um an der Berliner Universität eine Anstellung zu erhalten. Ihr Organ sind ab 1827 die *Jahrbücher für wissenschaftliche Kritik* – von den Gegnern kurz »Hegelzeitung« genannt –, in denen von H. eine Reihe wichtiger, ins Grundsätzliche gehender Besprechungen erscheinen. 1830 ist H. als Rektor der Berliner Universität auf dem Höhepunkt seiner Laufbahn. *Über die englische Reformbill* (1831), seine letzte größere politisch-publizistische Schrift, entsteht als Antwort auf die Erschütterungen der französischen Julirevolution und der belgischen Revolution von 1830, die er als ernste Bedrohung des politisch-gesellschaftlichen Gleichgewichts empfand.

Es ist ungewiß, ob H. als Opfer der Cholera oder eines Magenleidens starb. Nichts scheint seine Persönlichkeit in ihrer Verbindung von Realismus, Optimismus, Skepsis und Genie treffender zum Ausdruck zu bringen als die letzten Zeilen des Gedichts *Entschluß*, das er 1801 in Jena, einunddreißigjährig, schrieb: »Strebe, versuche du mehr als das Heut und das Gestern! So wirst du Besseres nicht, als die Zeit, aber auf's Beste sie sein!« Das Vakuum, das sein Tod zurückließ – »H. hinterläßt eine Menge geistreicher Schüler, aber keinen Nachfolger« (E. Gans, 1831) – wurde von seinen unmittelbaren Schülern zunächst durch die Herausgabe seiner Werke gefüllt. In dieser sog. *Freundesvereinsausgabe* (1832 bis 1845) steht vor allem der »Berliner H.«, d. h. die *Enzyklopädie* und die Vorlesungen, im Mittelpunkt, wobei auch die von H. selbst in Druck gegebenen Texte durch zahlreiche Zusätze aus Vorlesungsmitschriften angereichert wurden. Insgesamt bot diese das ganze Hegelverständnis des 19. Jahrhunderts prägende Ausgabe sein Denken als geschlossenes, in sich abgerundetes System dar; entwicklungsgeschichtliche, gar auf Widersprüche hinweisende Gesichtspunkte blieben demgegenüber fast gänzlich unberücksichtigt. Aber unvermeidlich mußte ein so umfassendes, komplexes und zugleich immer vielschichtig auf die eigene Zeit bezogenes Denken wie das H.s die unterschiedlichsten und auch gegensätzlichsten Auslegungen hervorrufen. Ausgehend vom Streit um das Verhältnis von Theologie und Philosophie kam es in den 30er Jahren sehr schnell zur Spaltung der Hegelschule. Die Grundfrage war dabei zunächst die unmittelbar politische, ob in der gesellschaftlichen Wirklichkeit der Zeit Vernunft gefunden oder vermißt wurde, diese Wirklichkeit also denkend gerechtfertigt oder durch Denken und Handeln verändert werden sollte. Die Absicht der sog. Alt- oder Rechtshegelianer (Karl Ludwig Michelet, Karl Rosenkranz) lief insgesamt auf eine modifizierende Bewahrung des Systems hinaus. Die Parole der Jung- oder Linkshegelianer (Bruno Bauer, Ludwig Feuerbach, Arnold Ruge) lautete hingegen auf »Verwirklichung« der H.schen Philosophie (sog. *Philosophie der Tat*, Moses Heß). Zwischen diesen Polen fand das H.sche Denken aber auch eine rasche Ausbreitung in ganz Europa, insbesondere in Italien und in den slawischen Ländern, da es sich bei der Suche nach einem geschichtlich begründeten Nationalstaat anbot.

Mit der Entdeckung des Proletariats als Träger des welthistorischen Vernunftprinzips wird aus der »Verwirklichung« der Philosophie zugleich ihre »Aufhebung« – ein Programm, das sich im Denken des jungen Marx durch die Hegelkritik hindurch als umfassende Zeitkritik darstellt. Über Marx und Engels, die sich als die eigentlichen Erben H.s verstanden, blieb sein Denken eng mit der geschichtlich-politischen Entwicklung verbunden – eine bedeutende Strömung des kritischen Marxismus der 20er Jahre (Georg Lukács, Karl Korsch) wurde geradezu »Hegel-marxismus« genannt. Als es im Gefolge von Wilhelm Diltheys *Jugendgeschichte Hegels* (1906) mit dem sog. Neuhegelianismus zu einer ersten »Hegelrenaissance« ge-kommen war (Benedetto Croce, Wilhelm Windelband, Hermann Glockner), haben selbst der italienische und deutsche Faschismus – etwa über den Staatsbegriff der *Rechtsphilosophie* – H. für sich zu vereinnahmen versucht (Giovanni Gentile, Julius Binder). Ein weiterer wesentlicher Schritt der Rezeptionsgeschichte bestand in der existentialistischen Wiederentdeckung der *Phänomenologie des Geistes* im Frankreich der 30er Jahre, hatte doch die *Phänomenologie* die Struktur des Selbstbewußtseins erstmals in seinem dialektischen Bezug auf (ein) anderes Selbstbewußtsein bzw. als ein »Kampf um Anerkennung« beschrieben (Jean Wahl, Alexandre Kojève, Jean Hippolyte und vor allem Jean-Paul Sartre).

Auch nach dem Zweiten Weltkrieg blieb die Interpretation H.s noch lange in die Auseinandersetzung zwischen »orthodoxem« und »kritischem Marxismus« einge-bunden (Ernst Bloch, Frankfurter Schule), wobei sich mit Hans-Georg Gadamer, Karl Löwith, Joachim Ritter u. a. m. ein eigenständiger, sowohl historisch als auch systematisch orientierter Pol der Hegelinterpretation herausbildete. In gewissem Sinn versachlicht und verbunden mit intensiver philologischer Forschung dauert die Auseinandersetzung um H. auch heute noch an – die Arbeit im Umkreis der historisch-kritischen Ausgabe seiner *Gesammelten Werke* hat 150 Jahre Auslegungsge-schichte ebenso in Frage gestellt wie erneut in Fluß gebracht.

Althaus, Horst: Hegel. Die heroischen Jahre der Philosophie. München 1992. – Helferich, Christoph: G. W.Fr. Hegel. Stuttgart 1979. – Pöggeler, Otto (Hg.): Hegel. Freiburg/München 1977. – Rosenkranz, Karl: G. W. F. Hegels Leben. Berlin 1844 (Nachdruck Darmstadt 1971).

Christoph Helferich

Heidegger, Martin
Geb. 26. 9. 1889 in Meßkirch; gest. 26. 5. 1976 in Freiburg i.Br.

H. gehört jener Generation der in den 80er Jahren ge-borenen geistigen Avantgarde an, die wie ein Franz Kafka in der Literatur, ein Pablo Picasso in der Malerei dadurch geistig revolutionär im 20. Jahrhundert wirkte, daß sie tradi-tionelle Formen einriß und den eigenen Ansatz von Grund auf neu schuf. Dabei vollzieht sich der Denkweg H.s in einer dreifachen revolutionären Aneignungs- und Absto-ßungsbewegung: Aneignung und Abstoßung der Theologie; Aneignung und Abstoßung der Phänomenologie; Aneig-nung und Abstoßung der Philosophie- und Metaphysikge-schichte. Diese drei Denkgebiete werden so durchquert, daß wesentliche Momente aus ihnen mit in den neuen Bereich genommen werden: H.s

Denken bleibt, auch nach Abbruch seines Theologiestudiums, wesentlich und tief religiös. Es bleibt in einem bestimmten Sinn, auch nach der Abkehr von der Phänomenologie Husserls, phänomenologisch. Und: Das Seins-Denken bleibt möglicherweise, auch in der Abstoßung von der Metaphysikgeschichte, dieser verhaftet. Vorweg ist allerdings zu sagen, daß H.s Denken sich der Darstellung auf besondere Weise entzieht. Zum einen hat H. stärker als die Philosophie vor ihm das Denken wesentlich als Vollzugsgeschehen verstanden und so auch gedacht: nicht auf ablösbare Ergebnisse hin, sondern als Denk-Weg. Das aber ist nur im Vollzug seines Denkens selbst nachzuvollziehen. Zum anderen hat die mit seinen Denkrevolutionen verbundene und diese tragende Eigenwilligkeit seiner Sprache der Interpretation die schwersten Probleme aufgegeben. Es besteht für die H.-Auslegung immer die Gefahr einer bloß tautologischen Wiederholung seiner Worte – viele Exegeten sind dieser Gefahr erlegen. Auf der anderen Seite steht eine Kritik »bloß von außen«, die sich auf H.s Denken gar nicht erst einlassen will. Ein guter Teil der politischen Kritik an ihm gehört diesem zweiten Typus an. In dieser problematischen Situation kann allerdings der phänomenologische Charakter des H.schen Denkens helfen. H. hat nie »nur Worte« gemacht, sondern stets mit Hinblick auf konkrete geistige Phänomene philosophiert. Dieser phänomenologische Grundzug seines Denkens erlaubt es aber, sein Denken selbst so nachzuvollziehen, daß man die von ihm anvisierten geistigen Zusammenhänge zu erschließen sucht – mit und durch seine Sprache, aber auch mit eigenen Augen sehend.

Zur Welt kam H. als Sohn des Küfermeisters und Mesmers Friedrich H. und Johanna, geb. Kempf, in Meßkirch. Er stammte somit, wie er dies selbst charakterisiert, »aus einem armen und einfachen Elternhaus«, für das eine höhere Schulbildung oder gar akademische Laufbahn gemeinhin nicht offenstand, die aber das Fördersystem der katholischen Kirche ermöglichte. Der Stadtpfarrer und Lateinlehrer in Meßkirch vermittelte H. 1903 an das Erzbischöfliche Gymnasialkonvikt nach Konstanz. Das Abitur legte er am Bertholds-Gymnasium zu Freiburg ab, finanziert aus einem Stipendium zur Förderung von zukünftigen Theologie-Studenten.

Es nimmt daher nicht Wunder, daß H. sein Studium an der Theologischen Fakultät der Universität Freiburg begann und dort auch vier Semester studierte (WS 1909/10 bis SS 1911). Er hörte hier bereits »Hermeneutik«, Exegese, vor allem aber beim Dogmatik-Professor Carl Braig systematische Theologie. Es war ein Kirchenmann – der Konstanzer Pfarrer, spätere Erzbischof von Freiburg und »väterliche Freund«, Conrad Gröber, der ihm einen wichtigen Denkanstoß gab: Gröber schenkte H. 1907 Franz Brentanos Arbeit *Von der mannigfachen Bedeutung des Seienden nach Aristoteles*, das für H.s frühen Denkweg »Stab und Stecken« sein sollte. Nach vier Semestern brach H. sein theologisches Studium ab und schrieb sich zunächst bei der naturwissenschaftlich-mathematischen Fakultät ein, in der er formell 1913 sein Studium beendete. Dabei wurde H.s weiteres Studium ab 1912 durch ein nichtkirchliches Stipendium finanziert, ab 1913 aber wieder durch ein katholisches Stipendium, das den Empfänger sogar auf den »Geist der thomistischen Philosophie« einschwor. Die Promotion H.s über *Die Lehre vom Urteil im Psychologismus. Ein kritisch-positiver Beitrag zur Logik* (1914) – eine im Kernbereich logisch-systematische

Untersuchung – wurde von Arthur Schneider, dem Inhaber des Konkordats-Lehrstuhls und Professor für Christliche Philosophie, betreut, der H. auch für die künftige Besetzung eines Lehrstuhls in christlicher Philosophie vorsah. Seit 1913, und verstärkt ab 1914, widmete sich H. aber einem ganz anderen Studium: der Phänomenologie Edmund Husserls. So ist H.s Habilitationsarbeit über *Die Kategorien- und Bedeutungslehre des Duns Scotus* (1916) zwar eine Arbeit, die ihn für eine Lehrstuhlbesetzung in der christlichen Philosophie qualifizieren sollte, in der Methode aber bereits phänomenologisch angelegt. Neuere Forschung zum frühen H. hat deutlich gemacht, in welchem Maße die Scotus-Arbeit Scholastik mit Phänomenologie verklammert, dabei die mittelalterliche Philosophie im Sinne der modernen logischen Bewußtseinsphilosophie zwar aktualisierend interpretiert, die historisch-genetische Dimension dieser Philosophie aber überspringt. 1916 kam Husserl als Nachfolger Heinrich Rickerts, der H.s systematisches Studium im Sinne des von ihm vertretenen neukantianischen Ansatzes kräftig gefördert hatte, nach Freiburg. 1919 wurde H. Husserls Assistent.

Damit war eine Abnabelung von der Theologie vollzogen, deren innere Kämpfe wir heute nur erahnen können. In einem autobiographischen Dokument, dem der Habilitation beigegebenen eigenhändigen Lebenslauf von 1915, erwähnt H. ein bei ihm ausgebrochenes »Herzleiden«, das »so stark« sei, »daß mir eine spätere Verwendung im kirchlichen Dienst als äußerst fraglich hingestellt wurde«. H. führt dieses »Herzleiden« auf »zuviel Sport« zurück. Vermutlich hat er aber ein psychosomatisches Leiden beschrieben, das mit dem Absprung von der Theologie aufgekommen war. Er erfuhr am eigenen Leib und offenbar voller Angst jenen Wertverlust, den er viel später in der Auslegung von Nietzsches Wort »Gott ist tot« als Problem des neuzeitlichen Nihilismus begriff. Bereits 1919 aber schrieb er an den Theologen und Freund Engelbert Krebs: »Erkenntnistheoretische Einsichten, übergreifend auf die Theorie geschichtlichen Erkennens haben mir das *System* des Katholizismus problematisch u. unannehmbar gemacht« – und fügt hinzu: »nicht aber das Christentum und die Metaphysik (diese allerdings in einem neuen Sinne)«.

An der Phänomenologie Husserls faszinierte H. Verschiedenes: zum einen verstand es Husserl, Probleme der Erkenntnislehre in schroffer Abgrenzung von der aufkommenden Psychologie als eigenständigen Erkenntnisbereich der Philosophie kenntlich zu machen und zu bearbeiten. Dieser genuin philosophische Anspruch der Erkenntnistheorie wurde ja auch von dem Neukantianer Heinrich Rickert und seinem Schüler Emil Lask vertreten, dessen Einflüsse auf den eigenen frühen Denkweg H. in einem anderen autobiographischen Zeugnis (*Mein Weg in die Phänomenologie*, 1963) hervorhebt. Zum anderen hatte Husserl die »sinnliche und kategoriale Anschauungen« zum Gegenstand gemacht, ein Thema, das H. später auch in seiner Kant-Auslegung (*Kant und das Problem der Metaphysik*, 1929) am meisten interessierte. Glaubte er doch, in Kants Begriff der »transzendentalen Einbildungskraft« jenes von Kant anvisierte synthetische Vermögen gefunden zu haben, das, im Rahmen der Transzendentalphilosophie, die Einheit von Sinnlichkeit und Verstand darstellte. Schließlich und vor allem: Husserls Methode einer streng logisch-wissenschaftlichen Philosophie mußte den in der systematischen Theologie und in der mathematischen Theorie geschulten H. besonders angezogen und auch als Brücke zwischen den Denkbereichen gewirkt haben. »Husserls Belehrung«, so erinnert er sich, »geschah in der Form einer schrittweisen Einübung des phänomenologischen ›Sehens‹, das zugleich ein Absehen vom ungeprüften Gebrauch philosophischer Kenntnisse verlangte, aber auch den Verzicht, die Autorität der großen Denker ins Gespräch zu bringen.« Dieses bei Husserl gelernte »phänomenologische ›Sehen‹« hat er beibehalten, allerdings aber den transzendental-bewußtseinstheoretischen Ansatz von Husserl entschieden zurückgelassen. Husserls Phänomenologie ist trotz der Maxime: »Zu den Sachen selbst!«, Bewußtseins- und somit Subjektphilosophie. H.s späteres, der phänomenologischen Methode so viel verdankendes systematisches Hauptwerk *Sein und Zeit* von 1927 aber hat die formale Logizität der Bewußtseinsphilosophie Husserls in Richtung auf eine konkrete Existenzanalyse des menschlichen Daseins hin übersprungen. Aber: die formale und im Grunde ungeschichtliche Methode Husserls und schon des theologischen Systemdenkens sowie der Mathematik wirkt dabei in H. noch lange nach und verstellt ihm in *Sein und Zeit* auf seltsame Weise das angemessene Verstehen seiner eigenen Erkenntnisse und auch der politischen Situation der Zeit.

Zuvor hatte H. einen Ruf auf ein Extraordinariat an die Universität Marburg erhalten (1922), wo er bis 1928 lehrte. Die erst in der Gesamtausgabe publizierten Vorlesungen aus der Marburger Zeit zeigen, womit sich der Dozent in Marburg vor allem beschäftigte: Mit dem »Beginn der neuzeitlichen Philosophie« (WS 1923/4), der Aristotelischen *Rhetorik* (SS 1924), Platons *Sophistes* (WS 1924/5), mit der »Geschichte des Zeitbegriffs« (SS 1925), mit »Logik. Die Frage nach der Wahrheit« (WS 1925/6), mit »Grundbegriffen der antiken Philosophie« (SS 1926), aber auch mit »Geschichte der Philosophie von Thomas bis Kant« (WS 1926/7), »Grundprobleme der Phänomenologie« (SS 1927), Kants *Kritik der reinen Vernunft* (WS 1927/8) und der Philosophie von Leibniz (SS 1928), dies noch in dominant phänomenologischer Auslegungsmethodik. Die Aufforderung zur Ausarbeitung und Veröffentlichung von *Sein und Zeit* kam offenbar von außen: Der Dekan der Marburger Philosophischen Fakultät drängte zur Veröffentlichung, um H. als Nachfolger von Nicolai Hartmann dem Ministerium vorschlagen zu können, das seinerseits die erste Manuskriptfassung von *Sein und Zeit* als noch ungenügend zurückwies und H. so zur weiteren Ausarbeitung nötigte. Gleichwohl ist das systematische Hauptwerk, *Sein und Zeit*, so, wie es 1926 abgeschlossen und 1927 im *Jahrbuch für Philosophie und phänomenologische Forschung* und als gesondertes Buch erschien, ein Fragment geblieben. Das vorliegende Werk umfaßt nur die »Erste Hälfte«; diese ist in zwei Abschnitte unterteilt: »Die vorbereitende Fundamentalanalyse des Daseins« und »Dasein und Zeitlichkeit«. Die geplante Fortsetzung im Abschnitt »Zeit und Sein« wurde ebenso wie die geplanten Kapitel zu Kants, Descartes' und Aristoteles' Zeit- und Seinsanalysen in selbständigen Publikationen veröffentlicht und nun auch aus einer ganz anderen Verstehensperspektive behandelt.

Methodisch verpflichtet sich *Sein und Zeit*, wie erwähnt, auf eine phänomenologische Zugangsart mit der Maxime: »Zu den Sachen selbst!«. Das sich an den Phänomenen Zeigende, aber »Verstellte« und »Verschüttete« soll möglichst ursprünglich und in Abwehr vorgegebener traditioneller Deutungen freigelegt werden. Das Denken H.s geht hier mit einem ungeheuren Elan und sozusagen mit Erst-

schürfrecht Grundprobleme der Philosophie an. Im Grunde verfährt H. hier methodisch ähnlich wie die ahistorische Phänomenologie Husserls und wie die neuzeitliche Philosophie eines Descartes, von dem er sich weit entfernt weiß, da auch die
Phänomenologie und die rationalistische Philosophie der Frühaufklärung gleichsam
mit den Problemen der Philosophie ganz von vorne zu beginnen scheinen. H.s
Ansatz aber – das machen eingeschaltete philosophiegeschichtliche Exkurse deutlich
genug – ist selbst ohne die Philosophie der Neuzeit, von der er sich abstößt, nicht
denkbar, auch nicht ohne die positiven Impulse, die er von existentiellen Denkern
wie Augustin, Kierkegaard sowie von der Lebensphilosophie Diltheys empfangen
hat (schon um 1918). Auch die protestantische Theologie ist zu erwähnen: Luther
und ab 1924 Bultmanns Einfluß.

Das leitende Grundmotiv von *Sein und Zeit*, zugleich das Grundmotiv von H.s
Denken überhaupt, ist »Die Frage nach dem Sinn von Sein«. Diese Grundfrage wird
in *Sein und Zeit* so gewendet, daß sie zur Frage nach dem *menschlichen* »Dasein« wird
als dem Ort, in dem Seinsverständnis allererst und überhaupt sich vollziehen kann.
Denn: »Der Seinssinn des Daseins ist nicht ein freischwebendes Anderes und
›Außerhalb‹ seiner selbst, sondern das sich verstehende Dasein selbst.«

Die Frage nach dem Sein führt somit zurück auf den Fragenden, das menschliche
Dasein. Die traditionelle Philosophie hätte diese Rückwendung eine Reflexions-
bewegung genannt, aber dieser Begriff wäre unangemessen, weil H. diese Rück-
beugung des »Daseins« auf sich selbst denkerisch ganz anders vollzieht als die
traditionelle Subjekt-, System- und Reflexionsphilosophie. Entscheidend ist, daß das
menschliche »Dasein« selbst durch sein »Seinsverständnis« ausgezeichnet ist und sich
dieses Seinsverständnis nicht in abstrakten Bewußtseinsakten zeigt, sondern in ganz
elementaren und konkreten Vollzugsformen des Menschen in der Welt. Zunächst
und überhaupt wird das »In-der-Welt-sein« des Menschen als eine Grundverfassung
des »Daseins« herausgearbeitet. H. nennt solche grundlegenden Merkmale des
menschlichen Daseins »Existentialien«, im Gegensatz zu den »kategorialen« Merkmalen der Dinganalyse. Das »In-der-Welt-sein« ist ein grundlegendes Existential, das
er im Gegenzug zur neuzeitlichen Subjekt-Objektspaltung als erstes seiner Fundamentalontologie des »Daseins« herausarbeitet.

Daß sich diese Analyse des »In-der-Welt-seins« mit ihrer Betonung des menschlichen Praxisbezugs zu den Dingen, der Welt als einem »Bewandtnis-« und Hand-
lungszusammenhangs, gegen die neutralisierte und geometrisch-mathematisch
gleichgeschaltete Weltauffassung der rationalistischen Philosophie wendet, macht
eine lange Descartes-Kritik deutlich. Descartes hatte die Erkenntnistheorie der
Philosophie auf die Methode der »neuzeitlichen mathematischen Physik« eingestellt
und die grundlegende sinnliche Erfahrung von Welt aus dem inneren Bereich der
wahren Erkenntnis verdrängt. Gegen die geometrisierte Weltauffassung Descartes'
und der modernen Naturwissenschaften arbeitet H. die elementare Räumlichkeit
und Mitmenschlichkeit unseres Weltverstehens heraus. Der Raum nicht als ein
gleichförmiger geometrischer Behälter, sondern als ein in und aus den praktischen
Umgangsformen des Menschen sich Eröffnendes bzw. als die Bedingung der Möglichkeit des »Begegnenlassens« von »innerweltlich Seiendem« überhaupt. »Der Raum
ist weder im Subjekt, noch ist die Welt im Raum. Der Raum ist vielmehr ›in‹ der

Welt, sofern das für das Dasein konstitutive In-der-Welt-sein Raum erschlossen hat.« In dem Maße, wie sich vor aller Geometrisierung Raum im Umgang mit Dingen eröffnet, vollzieht sich dieses räumlich eröffnete menschliche Dasein in der Welt als »Sorge« auch im Mitsein mit anderen als »Fürsorge«, wenn auch zumeist und zunächst in einer welt- und selbstvergessenen Form der »Verfallenheit«, die H. das »Verfallen« an das »Man« nennt.

Besonders wichtig ist die thematische Analyse des »In-der-Welt-seins« in den Existentialien der »Befindlichkeit«, des »Verstehens« und der »Rede«. Hier wird herausgearbeitet, daß menschliches Dasein, wann und wo immer, als bestimmte Vollzugsform gedacht werden muß. Der Mensch ist wesentlich und immer in seinem Umgang mit der Welt »gestimmt« und: dieser Weltbezug vollzieht sich immer als ein Verstehensprozeß, der sich in »Rede« artikuliert. Entscheidend an dieser Analyse ist, daß H. alle nachträglichen Verknüpfungen von »Subjektivität« mit Gestimmtheit sowie mit Bewußtsein und Sprache zu unterlaufen versucht. Es gibt dieser Analyse nach kein Menschsein neben der »Befindlichkeit«, neben dem »Verstehen« und der Sprache, sondern dieses *ist* der Vollzug von jenen. Insbesondere die Analyse von »Verstehen und Auslegung« im § 32 von *Sein und Zeit* hat die moderne Hermeneutik auf den Weg gebracht und fundamentalontologisch begründet.

Der »Zweite Abschnitt« von *Sein und Zeit* widmet sich vor allem der Auslegung der Zeitlichkeit, denn: »Der ursprüngliche ontologische Grund der Existentialität des Daseins aber ist die Zeitlichkeit.« An diesem Punkt der Analyse treten in *Sein und Zeit* zunehmend dynamisierende Formulierungen auf. Das »Sein« des »Daseins« zeigt sich als ein permanentes »Noch-Nicht«, als Bezug auf eine Zukunft, die letztlich der Tod ist. »Der Tod ist eine Weise zu sein, die das Dasein übernimmt, sobald es ist.« Das Problem der »Ganzheit« des menschlichen Daseins bestimmt sich so aus dem »Sein zum Tode« als ein gespannter Zeitvorgriff, in welchem der Tod seinerseits schon ins Dasein hineinragt. Das zeigt sich am deutlichsten im Phänomen der Angst. »Die Angst erhebt sich aus dem In-der-Welt-sein als geworfenem Sein zum Tode.« Denn: »Das eigentliche Sein zum Tode, d. h. die Endlichkeit der Zeitlichkeit, ist der verborgene Grund der Geschichtlichkeit des Daseins.«

Damit hat H. auf der fundamentalontologischen Ebene jenen »Sinn von Sein«, nach dem *Sein und Zeit* fragt, aufgedeckt: es ist die Zeit, diese gedacht nicht als beliebige Folge von Jetzt-Punkten, sondern als zukunftsbezogener, gespannter Daseinsentwurf auf den Tod hin und als das Hineinragen des Todes ins Leben. Die Eigentlichkeit des Daseins kann nach *Sein und Zeit* nur darin bestehen, diese eigene Zukünftigkeit als eine auf den Tod bezogene, gespannte »Ganzheit« auf sich zu nehmen. Im »Gewissen« – H. deutet hier theologische Begriffe radikal um – meldet sich der Anspruch im Dasein nach seiner eigenen »Eigentlichkeit«: »Das Dasein ruft im Gewissen sich selbst.« In der »Sorge« kann und soll sich das Dasein zu seiner »vorlaufenden Entschlossenheit« zusammenbündeln.

Jeder sensible Leser ist von dieser Zeit-, Todes-, Sorge-, Angstanalyse in *Sein und Zeit* existentiell betroffen. Diese Betroffenheit resultiert daraus, daß H. hier zwar auf einer fundamentalontologischen Ebene argumentiert, in Wahrheit aber eigene Existenzerfahrung und auch – ohne daß dies explizit würde – Zeitgeschichte mitverarbeitet. Hierin liegt aber der Schlüssel zur politischen Fehleinschätzung des Dritten

Reiches durch H. in der Zeit zwischen 1933 und 1934. Dieser politische Fehler von H. ist *philosophisch* begründet und aus der Zeitanalyse von *Sein und Zeit* zu verstehen.

Dazu zunächst eine kurze Rekapitulation: 1928 war H. in der Nachfolge von Edmund Husserl auf das Ordinariat für Philosophie an die Universität Freiburg berufen worden. Am 24. Juli 1929 hielt er dort seine Antrittsvorlesung über das Thema *Was ist Metaphysik?*. Dieser Anfang der beruflichen Karriere fiel aber in eine ökonomisch und politisch extrem bedrohte Krisenzeit, die H. selbst um so gefährlicher erscheinen mußte, als er selbst aus ökonomisch ungesicherten Verhältnissen stammte und seine ganze Studienzeit von der Sorge um die materielle Grundlage geprägt war. Nach dem Börsenkrach vom Oktober 1929 wurde vollends deutlich, daß Deutschland sich von den Kriegsfolgen nur scheinbar erholt hatte, daß die deutsche Wirtschaft in einer schweren Notlage steckte: extrem hohe Arbeitslosigkeit, Banken- und Geschäftszusammenbrüche zeigten dies täglich an.

In der Phase der Machtergreifung Adolf Hitlers übernahm H. das Rektorat der Universität Freiburg. Er wurde am 21. April 1933 gewählt, nachdem der am 15. April bestätigte, der NSDAP aber nicht genehme Rektor von Möllendorff zurückgetreten war. Am 27. Mai 1933 hielt H. seine Rektoratsrede über *Die Selbstbehauptung der deutschen Universität*. Am 21. August wurde in Baden eine neue Universitätsverfassung erlassen, die den Rektor zum »Führer der Hochschule« bestimmte und die akademische Selbstverwaltung, so den Senat, zu bloß »beratender Körperschaft« entmächtigte. H.s Universitätsregierung war autokratisch. In seiner Rede hatte er gesagt: »Die Übernahme des Rektorats ist die Verpflichtung zur *geistigen* Führung dieser hohen Schule. Die Gefolgschaft der Lehrer und Schüler erwacht und erstarkt allein aus der wahrhaften und gemeinsamen Verwurzelung im Wesen der deutschen Universität. Dieses Wesen aber kommt erst zu Klarheit, Rang und Macht, wenn zuvörderst und jederzeit die Führer selbst Geführte sind – geführt von der Unerbittlichkeit jenes geistigen Auftrags, der das Schicksal des deutschen Volkes in das Gepräge seiner Geschichte zwingt.« In diesem Sinn versuchte H. etwa ein dreiviertel Jahr lang, die Universität Freiburg zu führen, aber auch über die Ebene der Rektorenkonferenz, der deutschen Studentenschaft das Prinzip der geistigen Führung auf die gesamte deutsche Universitätslandschaft zu übertragen. Spätestens im Frühjahr 1934 muß er seinen politischen Irrtum eingesehen haben. Am 23. April 1934 reichte er sein Rücktrittsgesuch ein, das am 27. April 1934 auch vom Minister angenommen wurde. Damit war seine politische Aktivität im Rahmen des neuen NS-Staates nach fast genau einem Jahr und noch vor dem Röhm-Putsch beendet. Fortan enthielt sich H. jeder direkten politischen Stellungnahme und wurde von den Nazis fallengelassen, wenn auch stets kritisch überwacht.

Wie aber konnte es zu dieser Annäherung an den NS-Staat überhaupt kommen? Auf dem Stand der Zeitanalyse von *Sein und Zeit* hatte H. zwar die grundlegende Zeitlichkeit, somit Geschichtlichkeit allen Daseins als den formalontologischen »Sinn« dieses Daseins aufgedeckt. Es blieb ihm aber selbst dabei verborgen, daß in seine Zeit-, Angst- und Sorgeanalyse ein »Zeitgeist« eingeströmt war, dessen geschichtliche Grundlagen er auf der Basis des Systemdenkens von *Sein und Zeit* selbst nicht durchschauen konnte. Der H. von *Sein und Zeit* war geprägt vom ahistorischen Systemdenken der dogmatischen Theologie, der Mathematik und der Phänomenologie, der historisch-genetische Blick für Geschichtsphänomene war noch nicht weit genug entwickelt. Daher bewegt sich der Autor und auch der Leser von *Sein und Zeit* durch den Text wie durch Kafkas Romane. Er wird heimgesucht von einer »Angst«, vom »Unheimlichen« – »Unheimlichkeit ist die obzwar alltäglich verdeckte Grundart des In-der-Welt-seins . . . die Unheimlichkeit setzt dem Dasein nach und bedroht seine selbstvergessene Verlorenheit« –, von einem im Grunde nicht genau zu ortenden Schuldgefühl: »Das Dasein ist als solches schuldig.« Diese so bedrohliche und unheimliche Analyse des menschlichen Daseins ist rein fundamentalontologisch nicht zu erklären. Es ist nicht einzusehen, warum die Analyse des Daseins zumal mit ihren theologischen Begriffen auf eine geradezu aufsässige Weise ohne das Göttliche auskommt. Warum der Atheismus in *Sein und Zeit*? Warum auch »Sorge«, »Angst«, »Schuld« als grundlegende Existentialien, warum nicht »Liebe«, »Hoffnung«? Auch diese Phänomene können existentialen Rang beanspruchen; auch in ihnen entbirgt sich eine Ganzheitsstruktur des Daseins, das allerdings qualitativ wesentlich anderer Art ist als diejenige, die sich in »Angst« und »Sorge« enthüllt. Der Grund dafür ist so offen wie verborgen: Es ist eben eine Zeit extremer Angst und Sorge, in der *Sein und Zeit* geschrieben wurde. Und: H. selbst hat Nietzsches Wort »Gott ist tot«, das die Metaphysikgeschichte der Neuzeit resümiert, wie kaum ein anderer angstvoll am eigenen Leibe erfahren. Das Werk *Sein und Zeit* ist somit der seiner selbst sich nicht bewußte Spiegel einer geschichtlichen und auch einer existentiellen Situation: der metaphysischen, sozialen und politischen Situation in Deutschland am Beginn des 20. Jahrhunderts.

Das wird deutlich, wenn *Sein und Zeit* im Kontext der Literatur der Moderne gelesen wird: Seit der Frühromantik, und zunehmend am Beginn des 20. Jahrhunderts im Expressionismus, spricht die literarische Moderne von der Erfahrung der Entgötterung der Welt, des Sinnentzuges, von Angst und Verzweiflung. Und auch die Fehleinschätzung der Aufbruchsmöglichkeiten ist schon in der Literatur des Expressionismus, ihrer Hoffnung auf den »neuen Menschen«, vorgeprägt: »Zur Sammlung! Zum Aufbruch! Zum Marsch!. . . Mensch Mensch Mensch stehe auf stehe auf!!!«, dichtet Johannes R. Becher; »Mensch, werde wesentlich!«, Ernst Stadler im Rückgriff auf Angelus Silesius. Georg Kaiser schreibt um 1918/19: »Wo ist der Führer . . . Der marschierte vor uns . . . Wir suchen ins Licht!« Wenn H. in seiner Rektoratsrede zur »ursprünglich gestimmten, wissenden Entschlossenheit zum Wesen des Seins« aufrief, so hat dieser mit dem Rückgriff auf die antike Philosophie verbundene Aufruf sicher eine ganz andere geistige Dimension als manch verblasener Aufruf des messianischen Expressionismus. Und auch der Aufruf zur Entschlossenheit in *Sein und Zeit*, zur »Eigentlichkeit«, bewegt sich auf einer ganz anderen, nämlich fundamentalontologischen Ebene. Auch betont H., daß die Fundamentalontologie keine faktische Handlungsanweisung geben kann. Tatsächlich aber appelliert *Sein und Zeit* ähnlich wie der messianische Expressionismus an die »Entschlossenheit« zum eigenen Selbstsein, an den Aufbruchwillen aus der Verfallenheit des »Man« zur Selbstwerdung: Die zeitliche Struktur der Naherwartung in *Sein und Zeit*, die geradezu überzogene Bedeutung der Zukunft in diesem Werk konnte

H. aber wohl dazu verführen, in der zwar geschichtlich vorbereiteten, im Erscheinungsbild aber überraschenden, energetischen Machtübernahme Hitlers eben jene Möglichkeit zur ruckartigen Erneuerung zu sehen, die auch er mit dem Aufruf zur »Entschlossenheit«, zur »Eigentlichkeit« meinte, und zu der die Führer führen sollten. Mit anderen Worten: das Aufbruchspathos von *Sein und Zeit*, das – auch in der Verachtung der Institutionen – ein Stück typisch deutscher Ersatzideologie im Zeitalter der entgötterten Welt transportiert, konnte einen H., der wahrscheinlich 1933 die politische Ideologie des Faschismus nicht genau studiert hatte, in der Illusion wiegen, daß der geistige Führungsanspruch Hitlers seinem eigenen Aufbruchdenken verwandt sei und daß womöglich »der Führer« von ihm selbst, H., bzw. den Universitäten, geführt werden könne. Wie gesagt: spätestens im Frühjahr 1934 muß er diese Illusion als ein Stück falschen Bewußtseins durchschaut haben. Aber erst Ende der 30er Jahre begann er, den latenten und offenen Nihilismus im Faschismus zu durchschauen.

Die Wende zu einer radikalen Neubewertung der Situation kam über das Studium Nietzsches. Erst durch Nietzsches Nihilismusanalyse wird H.s Denken selbst wesentlich geschichtlich. Nietzsche hatte vor allem die neuzeitliche Philosophie und Metaphysik als eine Geschichte der verdeckten Motive gedeutet, in welcher – allen positiven Begriffsbeteuerungen zum Trotz – der schiere »Wille zur Macht« herrsche und deren Wahrheit in letzter Instanz die »Entwertung aller Werte«, der »Nihilismus« sei. H. überbot diese Deutung dadurch, daß er in dem 1936 bis 1940 erarbeiteten Aufsatz *Nietzsches Wort ›Gott ist tot‹* (gedruckt in den *Holzwegen* 1950) sowie in den Nietzsche-Vorlesungen (*Nietzsche*, 2 Bde, 1961) den Nihilismus bereits in der Fragestellung der antiken Philosophie zumindest seit Plato aufdeckt und noch im Fragehorizont und im Wertedenken von Nietzsche selbst. Nietzsches eigene »Lehre vom Willen zur Macht als der ›Essenz‹ alles Wirklichen« vollende geradezu »die neuzeitliche Metaphysik der Subjektivität«. Gleichwohl gewann H. hier das Rüstzeug, um die Geschichte der abendländischen Metaphysik und der von Max Weber so genannten »okzidentalen Rationalität« ebenfalls als eine verdeckte Geschichte zu lesen: als Geschichte der »Seinsvergessenheit«, auch und gerade in der Form der Herrschaft des neuzeitlich-rationalen-»rechnenden Denkens«.

Von hier aus gewann H. auch eine ganz andere, geradezu konträre Verstehensmöglichkeit des Faschismus: In einem erstmals 1950 veröffentlichten Beitrag aus den Jahren 1939/40 analysiert er das Führerprinzip, den Krieg und die Ideologie von Über- und Untermenschentum nun aus jener »Leere der Seinsverlassenheit« heraus, welche, gerade aufgrund der eigenen inneren »Leere«, erpicht sein mußte, den Nihilismus des eigenen Handelns durch totalitäre Ordnung zu kompensieren. Die »Führer«, so heißt es dort, »sind die notwendigen Folgen dessen, daß das Seiende in die Weise der Irrnis übergegangen ist, in der sich die Leere ausbreitet ... Die ›Führer‹ sind die maßgeblichen Rüstungsarbeiter, die alle Sektoren der Sicherung und der Vernutzung des Seienden übersehen, weil sie das Ganze der Umzirkung durchschauen und so die Irrnis in ihrer Berechenbarkeit beherrschen.« Der Krieg wird als eine »Abart der Vernutzung des Seienden« gedeutet, »die im Frieden fortgesetzt wird«. Die ganze »Kreisbewegung der Vernutzung« mit ihren »Führernaturen« sei im Verborgenen gesteuert und bestimmt durch die »völlige Leere« in

ihrem Inneren. »Die Erde erscheint als die Unwelt der Irrnis. Sie ist seynsgeschicht-
lich der Irrstern« (*Seinsverlassenheit und Irrnis*, 1950).

Dies ist die Gedankenbahn, auf der H. später auch das Wesen der modernen
Technik in den Vorträgen *Die Technik* und *Die Kehre* (1962) gedeutet hat: Das Wesen
der Technik als eine universale Form der »Vernutzung«, des »Verbrauchs« von Welt,
die aber nicht nur selbst nicht weiß, was sie treibt, sondern auch unreflektiert von
dem »herausfordernden Anspruch« mitgerissen ist, die Welt insgesamt nur noch als
Verbrauchs- und Vernutzungsgegenstand zu begreifen. Dabei ist das Wesen der
Technik etwas »ganz und gar nicht Technisches«, auch »kein bloß menschliches Tun«.
Technik entspringe vielmehr einem bestimmten, durch die abendländische Meta-
physik vorbereiteten und in ihr sich vollendeten Wesensbezug des Menschen zum
Seienden im Ganzen. Diese bestimmte Form des gewaltsamen, weltverbrauchenden
Umgangs mit dem Seienden nennt H. »Gestell«. Er will in diesem Wort den
Charakter des gewaltsamen »bestellenden Entbergens« zum Ausdruck bringen. Und:
die seinsgeschichtliche Vereinnahmung des Menschen in solchen Gewaltbezug zur
Wirklichkeit. »Das Ge-stell ist eine Schickung des Geschickes wie jede Weise des
Entbergens.« Und dies: nicht als »irgendeine, sondern (als) die Gefahr« der Menschheitsgeschichte überhaupt. Der Mensch geht so »am äußersten Rand des Absturzes,
dorthin nämlich, wo er nur noch als Bestand genommen werden soll. Indessen
spreizt sich gerade der so bedrohte Mensch in die Gestalt des Herrn der Erde auf.«
Es ist bemerkenswert, daß H. aus diesem fundamentalen Verständnis der Technik
heraus bereits Anfang der 50er Jahre die Probleme der Gen-Technologie, des
exzessiven Energieverbrauchs, der Rohstoffausbeutung in der technisch-ökonomischen Gesellschaft erkannt hat. An die Befreiung des Menschen durch die moderne
Wissenschaft und Technik – *der* Traum der Philosophie der Aufklärung bis hin zu
Marx – hat er nie geglaubt, vielmehr in dem sich selbst zurücknehmenden,
besonnenen Bedenken des Seinsgeschickes – inmitten der entfremdeten Welt – die
einzige Möglichkeit gesehen, daß der Mensch sich aus ihrem Banne »befreie«.
»Dann muß vielmehr gerade das Wesen der Technik das Wachstum des Rettenden in
sich bergen.«

Denn im Zusammenhang mit den bereits im Krieg sich vollziehenden tiefen-
hermeneutischen Verstehensvollzügen der Geschichte der Philosophie und Metaphysik bis hin zur modernen Technologie, Wissenschaft und den modernen groß-
technischen Verwaltungs- und Kriegsformen hatte sich in H.s Denken eine Umkehrung vollzogen, die sog. »Kehre«. Sie trat erst nach dem Krieg an eine breite
Öffentlichkeit. Diese »Kehre« war wesentlich auch vorbereitet durch die intensive
Einlassung auf die Dichtung Hölderlins. Aber bereits in *Sein und Zeit* steckt der
Keim des neuen Denkansatzes: Die Seinsfrage und insbesondere auch der § 44, in
welchem der »traditionelle Wahrheitsbegriff« im Sinne der Übereinstimmung von
Denken und Sache, Aussage und Gegenstand vom »ursprünglichen Phänomen der
Wahrheit« abgehoben wird, ist der Angelpunkt zur geschichtlichen Ausarbeitung der
Wahrheitsfrage, die H. im folgenden nicht mehr loslassen wird. Bereits in *Sein und
Zeit*, und hier im Rückgang auf Heraklit, stößt er auf den Befund, daß Seiendes
schon »aus der Verborgenheit« heraus »in seiner Unverborgenheit« entdeckt sein
muß, damit überhaupt die traditionellen Wahrheitsrelationen zwischen Denken-

Sein, Urteil-Gegenstand angesetzt werden können. »Unverborgenheit« des Seins –
so übersetzt H. wörtlich den griechischen Begriff der »alétheia« – ist die von der
Metaphysikgeschichte und ihren Wahrheitsbegriffen bisher unbedachte Vorausset-
zung aller Deutungen des Seienden. Was war der gedankliche Schub zur »Kehre« H.s
und möglicherweise der Denkgeschichte nach ihm? Wenn *Sein und Zeit* in seiner
Ausrichtung auf das menschliche Dasein immer noch – bei aller Öffnung dieses
»Daseins« auf Weltbezug hin – anthropozentrisch orientiert war, so wird hier nun das
Menschsein aus einem Wahrheitsgeschehen gedeutet, in welchem »Seiendes« ur-
sprünglich und vor aller metaphysischen Deutung sich dem Menschen »eröffnet«.
Daß *Sein und Zeit* selbst noch in der Metaphysik fußt, wurde von H. in der Folgezeit
selbst oft bedacht. Ist ja doch die Frage nach dem »Sein« zwar eine Frage, die über
die traditionelle Ontologie im Sinne der Lehre vom Seienden im Ganzen hinausgeht, aber schon die Wahl des Namens »Sein« im Titel von *Sein und Zeit* ist dieser
Selbstkritik nach ein Tribut an die Metaphysik. Bereits die Titelgebung von *Sein und
Zeit* fußt – bei aller Überwindung der Philosophiegeschichte – immer noch in ihr.
Der Denkweg H.s, der Impuls zum Verlassen des anthropozentrischen Denkens zu
einem neuen Denkansatz hin, welcher den Menschen aus einem *Bezug* zum Sein
denkt, vollzieht sich über viele Stufen und tritt in den 40er Jahren in *Platons Lehre
von der Wahrheit. Mit einem Brief über den ›Humanismus‹* (1947) in den Hölderlin-
Auslegungen der 30er Jahre, in den Nietzsche-Interpretationen an die Öffentlichkeit. Im Grunde war auch diese »Kehre« des Denkens, weg von der Subjektphilosophie, hin zu einer Einbettung des Menschen in ein Bezugsdenken, schon in der
»anderen Aufklärung« vorbereitet: Im Denken eines Pascal, eines Shaftesbury, Vico,
Herder, in der Fichte-Kritik eines Jacobi und der Romantik, auch wenn diese
kritische Wendung gegen die neuzeitliche Subjektphilosophie gegenüber der Bewußtseinsphilosophie immer in der Defensive blieb. Erst H. hat der Kritik an der
neuzeitlichen Subjektphilosophie eine Tiefendimension gegeben, die mit jener in
der Form, die ihr Kant und Hegel gegeben haben, vergleichbar war.

Was aber meint eigentlich die Rede von der »Seinsverlassenheit«, »Seinsvergessen-
heit«, mit der H. die traditionelle Metaphysikgeschichte, zumal die der neuzeitlichen
Subjekt- und Willensphilosophie, deutet? Zwei Erkenntnisse, in immer neuen
Anläufen herausgearbeitet, sind hier von größtem Belang. Erstens: Die traditionelle
Metaphysik vollzieht sich, sofern sie das »Seiende als Seiendes im Ganzen« zu
begreifen sucht, wesentlich als Ontologie, obwohl der Begriff der »Ontologie« erst
in der Frühneuzeit auftaucht. Und: Das Wesen der Metaphysik ist, sofern sie »das
Ganze des Seienden als solches im Sinne des höchsten und darum göttlichen
Seienden« vorstellt, Theologie. Vor allem die 1949 verfaßte Einleitung zur Antritts-
vorlesung *Was ist Metaphysik?*, aber auch der Vortrag *Die onto-theo-logische Verfassung
der Metaphysik* (1957) sowie andere Abhandlungen arbeiten die genannte onto-
theologische Struktur der traditionellen Metaphysik und die sie kennzeichnende
»ontologische Differenz« heraus. Und: daß die traditionelle Metaphysik mit ihrer
Fixierung auf das Seiende das Sein im Sinne einer ursprünglichen Eröffnetheit von
Welt vor allem philosophischen und wissenschaftlichen Zugriff übersprungen habe.
Inwieweit H.s eigenes Seinsdenken selbst noch der Tradition der Metaphysik verhaftet bleibt, ist eine in der H.-Forschung sehr umstrittene Frage. Bemerkenswert

ist, daß mit der »Kehre« eine neue Sprache der *Gelassenheit* – so der Titel einer Rede von 1955 – das Denken trägt. Zurückgelassen wird die Sprache der Subjektphiloso-phie und auch das Pathos von »Selbstsein« und »Eigentlichkeit« von *Sein und Zeit*. Der Mensch wird im erwähnten *Humanismus-Brief* gedacht als »der Hirt des Seins«, die Sprache als »Haus des Seins«. Das Denken versteht sich in dieser Neubestim-mung nicht mehr als »Vor-stellen«, nicht als »Entwerfen«, nicht als Begriffsherr-schaft, nicht als Reflexion, sondern wesentlich als ein »hörender«Vollzug, und dies aus dem Entbergungsgeschehen des Seins und auf dieses gerichtet. Die Selbst-bestimmung des Menschen als aktiv-tätiges Subjekt wird abgelöst durch ein zurück-genommenes, verstehendes Vollziehen dessen, was als »Zuspruch des Seins« erfahren wird.

Der eigentliche Ort dieser Eröffnung von Seinsverstehen ist die Sprache. Diese neue Denkhaltung ist gespeist von der Einsicht, daß »das Sein als der Wille gebrochen« sein muß (*Überwindung der Metaphysik*, in: *Vorträge und Aufsätze*, 1954), damit das Denken sich in einen fragend-hörenden Bezug zur Sache des Denkens – und das ist über lange Strecken erst einmal die Geschichte der Metaphysik bis hin zur modernen Naturwissenschaft und der Technik als einem Verfallsgeschehen des Seins – bringen muß. Der späte H. hat aber auch einfache Vollzugsformen des Menschen neu zu bedenken versucht, so im Aufsatz *Bauen Wohnen Denken* (in: *Vorträge und Aufsätze*), der von Architekten einer nachmodernen Bauweise als wichtiger Ideengeber gelesen wird. Wird hier doch der Mensch nicht mehr als Mengenteilchen in einer modernen »Wohnmaschine« begriffen, sondern das »Bauen« aus dem »Wohnen« hergeleitet und das ursprüngliche »Wohnen« des Menschen auf der Erde aus dem Bezug des sog. »Gevierts«: der Nähe zur »Erde und zum Himmel«, zu den »Sterblichen und den Göttlichen«. Denn: »das Wohnen aber ist *der Grundzug* des Seins, demgemäß die Sterblichen sind.« Solche Dimensionen des ursprünglichen Wohnens, deren inhaltliche Bestimmungen H. aus der Dichtung gewinnt, werden auch in dem Aufsatz *Das Ding* entfaltet: »Ding« gedacht nicht als Objekt für ein vergegenständlichendes, ausbeutendes Subjekt, sondern als ein Zen-trum, in dem und durch das sich Welt konkret eröffnet: als Bezug des Menschen zum »Geviert«, als konkrete Vollzugsform der Nähe des Menschen zum Sein. H. erläutert dies am Beispiel eines Kruges: »Dingen ist Nähern von Welt. Nähern ist das Wesen der Nähe. Insofern wir das Ding als das Ding schonen, bewohnen wir die Nähe.«

Wenn so die menschliche Praxis im konkreten Umgang mit den Dingen der Ort ist, an dem die traditionelle Metaphysik und Technologie überwunden werden soll, so ist, wie erwähnt, die Sprache – zumal die der Dichtung – der Erscheinungsort eines anderen Anfangs von Seinserfahrung und Sinneröffnung. In der Vortrags-sammlung *Unterwegs zur Sprache* (1959) versucht H. ein vorsichtiges Verständnis der großen Dichtungssprache Trakls, Georges, Hölderlins so, daß dabei stets auf den Vollzug selbst geachtet wird. Die Aufmerksamkeit richtet sich dabei auf das Zur-Welt-kommen von Sinn in der Sprache. H. nennt diesen Vollzug das »Ereignis«. Ausgehend u.a. von zwei Versen Stefan Georges – »So lernt ich traurig den verzicht:/kein ding sei wo das wort gebricht« – führt er an die Erfahrung des »Ereignisses« heran; dabei ist ihm wichtig, daß eine ausdrückliche Erfahrung mit der

Sprache selbst gerade dort gemacht wird, wo wir das »rechte Wort nicht finden«, wo sich also Sprache verweigert. Denn im »normalen Gebrauch« ist die Leistung der Sprache geradezu zugedeckt: daß die ursprüngliche Eröffnung von Welt in und durch die Sprache sich vollzieht: »Das Wort verschafft dem Ding erst das Sein« – dies als ein zeit-räumliches Seinsgeschehen. Sprache eröffnet die Nähe zu den Dingen, läßt so Welt »an-wesen«, stiftet so einen ursprünglichen Zusammenhang zwischen Mensch und Welt, der zugleich als »Identität« und als »Unter-Schied« gedacht werden muß. »Der Unter-Schied vermittelt nicht nachträglich ... Der Unter-Schied ermittelt als die Mitte erst Welt und Dinge zu ihrem Wesen, d. h. in ihr Zueinander, dessen Einheit er austrägt.« In diesem sprachlich gedachten Sinngeschehen, das H. auch im Anschluß an Humboldts Sprachtheorie im »zeigenden« Wesen der Sprache zu fassen sucht – »Das Ereignis, im Zeigen der Sage erblickt« –, rückt der Mensch in eine hörend-vernehmende Bestimmung ein: »So ist denn das Sprechen nicht zugleich, sondern *zuvor* ein Hören.«

Die letzten Bestimmungen des Seins- und Sinngeschehens im Denken H.s sind Vollzugs- und Bezugsbestimmungen. Unterlaufen werden sollen verdinglichende, begriffliche Formulierungen, die das, was Sprache und Welterfahrung meinen könnte, als Formel vor ein vorstellendes Subjekt bringen. Der Leser/Hörer soll selbst aus einem vorstellenden Denken heraus und auf einen Weg gebracht werden, auf dem er den Vollzug des sprachlichen Sinn- und Seinsgeschehen erfährt. Daher kann man das Wesen des späten Seinsdenken auch nicht eigentlich »referieren«. Im Sinne des neuen Bezugsdenkens versteht auch der späte Vortrag der *Satz der Identität* (1957) Identität und Differenz nicht als eine mathematische Formel, sondern als ein ursprüngliches Bezugsgeschehen zwischen Mensch und Sein: »Mensch und Sein sind einander übereignet. Sie gehören einander. Aus diesem nicht näher bedachten Zueinandergehören haben Mensch und Sein allererst diejenigen Wesensbestimmungen empfangen, in denen sie durch die Philosophie metaphysisch begriffen werden.« In die ursprüngliche Erfahrung solcher aus dem »Ereignis« gedachten Identität kann das Denken nach H. allerdings nur durch einen »Sprung« gelangen: heraus aus den traditionell-metaphysischen Denkbestimmungen, hinein in das so gedachte Ursprüngliche, aber durch die Denkgeschichte verstellte »Ereignis«, welches in der und durch die Sprache waltet.

Damit ist das Denken des späten H. an einen Punkt gekommen, der so radikal in der Geschichte des abendländischen Denkens nirgendwo erreicht worden ist, aber doch in der »anderen Aufklärung« seine Vorläufer hat. So kritisieren bereits Shaftesbury, Vico, Herder, Hamann die Vernunft- und Systemphilosophie der Aufklärung, so hält Jacobi gegen die Subjekt- und Vernunftphilosophie Fichtes: daß »Vernehmen ... ein Vernehmbares; Vernunft das Wahre« voraussetze, und: »R eine Vernunft ist ein Vernehmen, das nur sich selbst vernimmt.« Auch die deutsche Frühromantik hat das Subjektdenken der Aufklärung auf ein neues Bezugsdenken hin zu überwinden versucht. So muß H.s Denken durchaus auch in dieser Tradition der Subjekt-, System- und Vernunftkritik der »anderen Aufklärung« gesehen werden, die er freilich radikalisiert und auch in größere philosophiegeschichtliche Zusammenhänge einrückt. Hier aber werden in Zukunft auch Fragen zu stellen sein. H. sucht ja in der vorsokratischen Philosophie, insbesondere bei Parmenides und seinem Satz von der

Zusammengehörigkeit von »Denken und Sein«, einen anderen Anfang des Denkens. Kein anderer als Parmenides hat aber das Sein so starr, so unbeweglich, man möchte sagen, so maskulin gedacht. Ist der Rückgang in die Frühphase der griechischen Kultur, die ja im Kern eine aggressiv-patriarchalische Herrschaftskultur war, ausreichend? Muß das Denken nicht, wenn es aus dem Herrschaftsbereich der abendländischen Metaphysik heraustreten will, auf noch frühere, stärker matriarchalisch organisierte Kulturen, wie die kretisch-minoische, zurückkommen? Die neuere Mythen- und Geschichtsforschung legt dies jedenfalls nahe. Möglicherweise bleibt der Rückgang auf die frühgriechische Philosophie immer noch im Bannkreis des antiken Humanismus.

Und: Ist die Geschichte der abendländischen Philosophie und Metaphysik nicht doch viel ambivalenter, als sie in H.s Deutung erscheint? Sicher ist die mittelalterliche Philosophie Onto-Theologie in seinem Sinn; aber: aus ihr sind die gotischen Kathedralen erwachsen. Sicher wird in der Frühneuzeit die Welt zum »Weltbild«; aber: der gesamte Reichtum der Malerei der Renaissance ist ohne diese Entwicklung nicht denkbar. Sicher ist die neuzeitliche Aufklärungsphilosophie im Kern Subjektphilosophie. Aber: die Symphonien eines Beethoven sind ohne diese Subjektphilosophie so wenig denkbar wie die aufklärerischen Bestimmungen des Menschen als selbstdenkendes, freiheitliches, tolerantes Wesen. Wenn die Philosophie- und Metaphysikgeschichte des Abendlandes im Kern nihilistisch ist, so hat doch dieser Nihilismus einen ungeheuren Reichtum an Bildern, an Schöpfungen, an Einsichten erbracht, der nicht nichts ist. Daß diese Geschichte des Nihilismus gerade in den letzten Jahrhunderten zunehmend auch eine kulturelle Leidensgeschichte ist, daß die Erfahrung der Unbehaustheit des Menschen eine spezifisch moderne »Angst« ausgelöst hat, hat gerade H. am eigenen Leibe erfahren. Aber diese »Angst« ist kulturgeschichtlich fruchtbar gewesen. Und so ist auch das Denken H.s, wie die Kulturgeschichte der abendländischen Metaphysik, als Ausdruck einer Entzugserfahrung zu lesen, als einer sehr fruchtbaren jedoch.

Losurdo, Domenico: Die Gemeinschaft, der Tod, das Abendland. Heidegger und die Kriegsideologie. Stuttgart/Weimar 1995. – Safranski, Rüdiger: Ein Meister aus Deutschland. Heidegger und seine Zeit. München 1994. – Pöggeler, Otto: Neue Wege mit Heidegger. Freiburg/München 1992. – Figal, Günter: Martin Heidegger. Phänomenologie der Freiheit. Frankfurt am Main 1991. – Thomä, Dieter: Die Zeit des Selbst und die Zeit danach. Zur Kritik der Textgeschichte Martin Heideggers. Frankfurt am Main 1990. – Vietta, Silvio: Heideggers Kritik des Nationalsozialismus und der Technik. Tübingen 1989. – Ott, Hugo: Martin Heidegger. Frankfurt am Main/New York 1988. – Löwith, Karl: Heidegger – Denker in dürftiger Zeit. Zur Stellung der Philosophie im 20. Jahrhundert. Sämtliche Schriften 8. Stuttgart 1984 (zuerst 1953).

Silvio Vietta

Heisenberg, Werner
Geb. 5. 12. 1901 in Würzburg; gest. 1. 2. 1976 in München

Eines der wichtigsten geistigen Ereignisse im 20. Jahrhundert ist die Entstehung der Atomtheorie mit Namen Quantenmechanik. Von ihr gibt es zwei gleichwertige mathematische Fassungen. Die erste Formulierung gelang dem jungen H. 1925. Sein Durchbruch wurde möglich, weil er in seiner Arbeit *Über quantentheoretische Umdeutung kinematischer und mechanischer Beziehungen* nur Zusammenhänge zwischen solchen Eigenschaften der Atome berücksichtigte, die beobachtbar waren. H. verzichtete deshalb zum Beispiel darauf, von den Bahnen der Elektronen in einem Atom zu reden; statt dessen konzentrierte er sich auf die Frequenzen des Lichtes (Spektrallinien), das Atome abstrahlen. Daß es philosophisch falsch ist, eine Theorie nur auf beobachtbare Größen aufbauen zu wollen, hat H. dann von Einstein gelernt. Er überzeugte H. davon, daß umgekehrt erst die Theorie darüber entscheidet, was man beobachten kann.

Als H. die neue Mechanik begründete, arbeitete er – nach seinem Studium der Physik in München bei Max Born – in Göttingen. Hier lernte er Niels Bohr kennen, der ihn nach Kopenhagen einlud. In langen Diskussionen gelangten Bohr und H. zu einer philosophischen Interpretation der Atomtheorie, die heute als »Kopenhagener Deutung« bekannt ist. Worauf H. 1927 bei seinen Überlegungen *Über den anschaulichen Inhalt der quantentheoretischen Kinematik und Mechanik* stieß, gehört heute unter der Bezeichnung Unbestimmtheitsrelation zu den größten Entdeckungen der Naturwissenschaft. H. hat in vielen Aufsätzen darauf hingewiesen, daß die Unbestimmtheitsrelationen nicht so aufgefaßt werden sollen, daß es nicht möglich sei, zum Beispiel Ort und Geschwindigkeit eines atomaren Objektes zu kennen oder zu messen. Vielmehr bedeuten die Unbestimmtheitsrelationen, daß eine Anwendung der Wörter »Ort, Geschwindigkeit« unterhalb der angeführten Schranken, die durch das Plancksche Wirkungsquantum festgelegt werden, jeden Sinn verliert. Im Anschluß an den Rat von Einstein bedeutet die Heisenbergsche Entdeckung, daß die Theorie uns nicht nur sagt, welche Größen wir beobachten können; die Theorie sorgt auch dafür, daß höchstens solche Größen beobachtet werden können, die in der Theorie auch vorkommen.

Von 1927 bis 1942 war H. Professor für Physik in Leipzig. 1932 wurde er mit dem Nobelpreis ausgezeichnet, übernahm nach dem Zweiten Weltkrieg zunächst die Einrichtung des Max-Planck-Instituts für Physik in Göttingen, das 1955 nach München verlegt wurde. Hier arbeitete H. bis zu seinem Tode. Seine zahlreichen fundamentalen Beiträge zur Physik machen ihn zu einem der bedeutendsten und vielseitigsten Naturforscher unseres Jahrhunderts. Daneben hat er immer wieder in zahlreichen Vorträgen *Die Wandlungen in den Grundlagen der Naturwissenschaft* (1935) beschrieben und die Beziehungen von *Physik und Philosophie* (1955) erkundet. Dabei ging es H. vor allem darum, den Zusammenhang mit dem antiken (Platon) und dem klassischen Denken (Goethe) aufzuzeigen. Sein wissenschaftliches Hauptziel lag darin, eine grundlegende Theorie der Elementarteilchen zu schaffen, die nicht-lineare Spinortheorie, die als moderne Verwirklichung von Platons Vorstellungen der Struktur der Materie auf der Grundlage einfacher geometrischer Formen gelten konnte. Er suchte nach einer hochsymmetrischen Feldgleichung, der »Weltformel«, die den idealen Formen Platons entsprechen sollte. Seine Lebenserinnerungen, *Der Teil und das Ganze* von 1969, hat er als platonische Dialoge niedergeschrieben, in denen er und sein Sokrates, Niels Bohr, mit Anhängern der verschiedenen traditionellen Denksysteme diskutieren.

Cassidy, David: Werner Heisenberg. Leben und Werk. Heidelberg 1995. – Dürr, Hans P. (Hg.): Quanten und Felder. Physikalische und philosophische Betrachtungen zum 70. Geburtstag von Werner Heisenberg. Braunschweig 1971.

Ernst Peter Fischer

Heller, Agnes
Geb. 12. 5. 1929 in Budapest

Im Frühjahr 1973 traf der Bannfluch der Partei einen Freundeskreis ungarischer Philosophen, allesamt Schüler von Georg Lukács, die unter dem Namen »Budapester Schule« für die Erneuerung des marxistischen Denkens gestritten hatten. Die Anklage kulminierte in jenem Vorwurf, der seit dem Prozeß gegen Sokrates zum Repertoire der Wächter staatlicher Autorität gehört: »Diese Versuche können auch die wohlmeinenden jungen Leute gefährden, die nach den Idealen des Sozialismus suchen, die sich aber aufgrund ihres Mangels an intellektuellem Rüstzeug, Festigkeit, Lebenserfahrungen und revolutionärer Praxis leicht durch verlockende pseudo-theoretische, pseudorevolutionäre Phrasen und unwissenschaftliche Manipulationen täuschen lassen könnten.« Unter den inkriminierten Wissenschaftlern, die 1973 vom Berufs- und Publikationsverbot betroffen waren, hatte H. am meisten getan, um den Verdacht der Hauptverwaltung ›Ewige Wahrheiten‹ herauszufordern. Ihre These, daß nur die Verwirklichung radikaler Bedürfnisse in neuen, freigewählten Lebensformen die politische zur totalen Revolution erweitern und dem Kommunismus den Weg bahnen könne, war für die realsozialistischen Machthaber ebenso unannehmbar, wie sie den utopisch gestimmten Erwartungen der Neuen Linken willkommen war – nicht in Budapest, aber in Paris, Rom und San Francisco.

Aus bürgerlich-weltoffenen Familienverhältnissen stammend, schloß sich H. bereits während des Studiums dem Philosophen Georg Lukács an und wurde dessen Schülerin und Vertraute. Mit ihm teilte sie die Hoffnungen auf eine Neubegründung des Sozialismus in der ungarischen Revolution von 1956, wie er wurde sie nach der Niederschlagung der Revolution aus der Partei ausgeschlossen. Aber im Gegensatz zu Lukács, der den anti-dogmatischen Grundlagen seines Spätwerks zum Trotz in der politischen Praxis dem Lagerdenken der III. Internationale verhaftet blieb, überwand H. nicht nur die geschichtsphilosophischen Konstruktionen des Marxismus, sondern auch deren praktische Konsequenz, die notwendige »Mission« der Arbeiterklasse (und ihrer Partei) bei der Sprengung des Kapitalismus und der Errichtung der sozialistischen Gesellschaft.

Ihr Interesse galt schon früh den Problemen der Ethik, der sie eine Reihe von nur in ungarischer Sprache vorliegenden Untersuchungen widmete. Mit ihrem in den Jahren 1964 und 1965 entstandenen Werk *A Reneszansz Ember* (1967; *Der Mensch der Renaissance*) sucht sie, an den Marx der *Grundrisse* anknüpfend, Renaissance und Humanismus als eine Epoche zu begreifen, in der erstmals eine philosophische Anthropologie geschaffen wird, die den Menschen als Gattungswesen zum Gegenstand hat. Arbeit, Wissenschaft, Technik und Kunst repräsentieren die Äußerungen der menschlichen Fähigkeiten, sind ihre Objektivationen. Der Mensch kann depraviert werden, aber sein Wesenskern ist unzerstörbar. Die Renaissance gilt H. einerseits als seelenverwandte Epoche, in der der Verlust von Glaubens- und Denkgewißheiten nicht zum Zynismus führte, andererseits als Kontrast der Moderne. Denn in jener ist das alltägliche Leben noch nicht in starren Rollen verdinglicht gewesen und zwischen der natürlichen, Wahrnehmung, Fühlen und Denken vereinenden Lebensweise des Alltags und der Sphäre von Kunst und Philosophie hatten vielfältigere und leichter passierbare Übergänge bestanden.

Mit ihrer 1970 veröffentlichten Studie *A mindennapi élet (Das Alltagsleben)* wandte sich H. der Frage zu, wie Individualität angesichts der entfremdeten Strukturen des Alltags sich bilden kann. Jeder Mensch ist an die Routinen des Alltagslebens, an pragmatische, repetitive situationsorientierte Verhaltensschemata gebunden, er bewegt sich notwendig in vorgefundenen Objektivationen »an sich« – wie Produktionstechniken, Sprache und Verhaltensnormen. Aber der Alltag ist zugleich die Vorschule des Nichtalltäglichen, er vermittelt die Werte und Bedürfnisse, die die partikulare Existenz übersteigen. Gerade dadurch, daß der Kapitalismus die naturwüchsigen Gemeinschaften auflöst, verwandelt er bisherige Grenzen der Persönlichkeitsentwicklung in bloße Schranken, voran die Schranke des Privateigentums. Dem einzelnen gelingt es, zum Individuum zu werden, wenn er die Zufälligkeit seiner Partikularität und die Allgemeinheit des Gattungswesens Mensch in sich synthetisiert, wenn er sich die »Gattungsmäßigkeit« bewußt zum Ziel setzt. Wir können die Sphäre der Alltäglichkeit und ihrer Objektivationen »an sich« nicht überspringen, aber sie derart umgestalten, daß sie »für uns« wird, daß wir an den gattungsmäßigen Objektivationen »für uns«, wie sie sich in Kunst, Philosophie, Wissenschaft und Moral manifestiert haben, teilhaben können. H. übernimmt mit den Ideen der »Gattungsmäßigkeit« und der »Objektivationen« zentrale Begriffe der Ästhetik von Lukács, interpretiert sie aber innerhalb einer Vorstellung des menschlichen Wesens, das seine grundlegenden Züge – Arbeit, Gesellschaftlichkeit, Bewußtsein, Universalität, Freiheit – im Lauf der Geschichte herausarbeitet. Aus diesem Grund besteht für den einzelnen die Chance, die im Menschsein eingeschlossenen Möglichkeiten praktisch zu ergreifen und in freier Gemeinschaftlichkeit ein sinnvolles Leben zu führen.

In der Diskussion der Linken, wo H.s Werk jetzt rasche Berühmtheit erlangte, sah sich die Philosophie mit zwei zusammenhängenden Fragestellungen konfrontiert:

Was sind die Antriebskräfte, die Menschen dazu motivieren, ihre bornierte Alltäglichkeit zu überschreiten? In welchen Formen der Kollektivität, genauer der Organisierung kann und muß sich der Kampf um die Bildung der Persönlichkeit vollziehen? H. antwortete 1974 mit ihrer *A Theory of Need in Marx (Theorie der Bedürfnisse bei Marx).* Der Bedürfnisbegriff spielt nach ihr die geheime Hauptrolle in den ökonomischen Kategorien von Marx. Den materiellen Bedürfnissen, die das Reich der Notwendigkeit prägen, stehen die geistig-moralischen, auf die Gemeinschaft ausgerichteten Bedürfnisse gegenüber. Reich sind die Menschen, welche der Totalität der Lebensäußerungen bedürftig sind. Das radikale Bedürfnis richtet sich auf die Entfaltung der menschlichen Fähigkeiten und Sinne, auf eine Gesellschaft ohne soziale Hierarchien, ohne Unterdrückung und Ausbeutung, die freie Assoziation der Produzenten, den Kommunismus. H. zeichnet die Dialektik von Marx nach, innerhalb derer die Arbeiterklasse, gerade infolge ihres universellen Leidens, radikaler Bedürfnisse fähig wird. Nicht die Geschichtsmechanik Hegelschen Ursprungs, die sich auch bei Marx findet, führt zur Revolution, sondern das kollektive Sollen des Proletariats, die Entfetischisierung der menschlichen Beziehungen, durch die es möglich wird, die Enge der partikularen Bedürfnisse zu verlassen. Marx interpretierend insistiert H. darauf, daß der Bedürfnisstruktur des Kapitalismus radikale Bedürfnisse wie das nach freier Zeit oder nach Universalität inhärent sind. Für eine Gesellschaft einzutreten, in der Besitz, Macht und Ehrgeiz, mithin die quantitativen Bedürfnisse nicht dominieren, in der Kants Maxime gilt, wonach kein Mensch einen anderen als bloßes Mittel benutzen dürfe, bedeutet deshalb nicht, nur für eine Utopie zu streiten. Die Arbeiterbewegung muß sich an den radikalen Bedürfnissen – die zwar immer individuell, aber auf die Gattung ausgerichtet sind – orientieren, diesen Bedürfnissen angemessene Lebens- und Aktionsformen entwickeln und ihre Verwirklichung in der Bewegung selbst betreiben. Eine sozialistische Revolution kann nur die Revolution radikaler Bedürfnisse sein.

Vor allem in Italien, wo Teile der revolutionären Linken gegen die Vorherrschaft des politisch-strategischen Kalküls (»Historischer Kompromiß«) Sturm liefen und von der Aktualität des Kommunismus durchdrungen waren, fiel H.s Denken auf fruchtbaren Boden. In ihrer *Philosophie des linken Radikalismus* (1978) gab sie allerdings zu bedenken, daß sie als Philosophin die Aporie nicht auflösen kann, nach der die Welt verändert werden muß, damit sich die Menschen ändern, sich andererseits aber die Menschen ändern müssen, damit sich die Welt verändert. Der Philosoph kann zwischen Sein und Sollen nicht vermitteln, das kann er bzw. sie nur als kämpfender Mensch.

In ihrer *A Theory of History* (1982), in der sie eine Typologie des Geschichtsbewußtseins und des geschichtlichen Denkens von der Antike bis auf unsere Tage entwirft, kritisiert H. jede Geschichtsphilosophie, die die Transformation und Vereinheitlichung der Welt durch den industriellen Kapitalismus ontologisiert. In der Moderne existieren verschiedene Logiken der Entwicklung, wobei die Logik des Sozialismus eine konsistente Radikalisierung der Logik der Demokratie darstellt. Wie können die Menschen angesichts radikal divergierender Weltbilder und Wertsysteme zu einer gemeinsamen Wertidee gelangen, die gleichzeitig ihrer Autonomie freien Raum läßt? Ist eine Ethik *Jenseits der Pflicht* (1973) möglich? H. verteidigt in der *Philosophie des linken Radikalismus* die Möglichkeit einer rationalen Wertdiskussion und einer autonomen Wahl aller Werte, die mit der Idee der Freiheit als höchstem Gut kompatibel sind, jener Freiheit, die als freie Entfaltung der Persönlichkeit das Mensch-Sein konstituiert. Der Ethik der »Kommunikationsgemeinschaft«, wie Karl-Otto Apel und Jürgen Habermas sie vorschlagen, hält H. entgegen, daß sie auf die Forderung: »Ich brauche etwas« und »Ich brauche Dich«, keine Antwort weiß. Im Anschluß an Kant, der in der *Metaphysik der Sitten* mit den Postulaten der eigenen Vollkommenheit und der fremden Glückseligkeit die Grenze des ethischen Formalismus überschreitet, tritt H. für eine Neuformulierung des kategorischen Imperativs ein: ›Handle stets so, als ob die freie und volle Entwicklung eines jeglichen Menschen von Deiner Handlung abhinge‹ und ›Handle stets so, als ob die Aufhebung des Leidens jeglicher Person von Deiner Handlung abhinge‹.

Für H. bleibt Marx »der« Philosoph der individuellen Freiheit. Seine Vorstellung des entfalteten Kommunismus weiß nichts von externer Autorität, die Kantische Unterscheidung des homo noumenon und des homo phenomenon ist aufgehoben. Das für die entwickelte Phase des Kommunismus geltende Postulat: »Jeder nach seinen Fähigkeiten, jedem nach seinen Bedürfnissen«, ist jenseits der distributiven Gerechtigkeit angesiedelt. Aber die Anerkennung aller menschlichen Bedürfnisse ist nicht identisch mit ihrer Befriedigung. Es gilt, Mittel bereitzustellen und über Präferenzen zu entscheiden. »Jedem nach seinen Bedürfnissen« kann nur als regulative Idee im Sinne Kants verstanden werden. Wie H. in ihrem Essay *Marx, Justice, Freedom* feststellt, ist Gerechtigkeit ein der Freiheit nachgeordnetes Gut, aber keine freie Gesellschaft befindet sich jenseits der Gerechtigkeit. Wohl aber liegen moralische Grundwerte und die Idee des guten Lebens jenseits dieses Prinzips. In *Beyond Justice* (1987) situiert H. Gerechtigkeit im Schnittpunkt von Gesellschaftstheorie, politischer Theorie und Moralphilosophie. Ethisch gehören zur Gerechtigkeit die zivilen Tugenden, nicht aber die Moral als allgemeine Frage. Gerechtigkeit betrifft gesellschaftliche und politische Verhältnisse und nur sie.

Heute arbeitet H., die nach einigen Jahren an einer australischen Universität jetzt an der New Yorker »New School of Social Research« lehrt, an ihrer großen *Theory of Moral*. Der erste Band, den interpretativen Grundlagen der Moral (*General Ethics*) gewidmet, erscheint 1988. Folgen soll ein zweiter Band, der die Normativität (»Was sollen wir tun?«) behandelt, und schließlich ein dritter, bei dem es um die konkreten Fragen einer erfüllten und glücklichen Lebensführung geht. Kann Ethik universal sein, ohne formal bleiben zu müssen – dies bleibt ihre zentrale Frage. H. wendet sich an eine ideale Gemeinschaft von Menschen, die Freiheit und gleiche Lebenschancen als wichtigste Güter akzeptiert, um, ausgehend von dieser Gemeinschaft, die Möglichkeit autonom moralischen Handelns zu begründen. Während jede Philosophie, die von einer möglichen Konvergenz des Individuellen und Gattungsmäßigen im geschichtlichen Prozeß ausgeht, jetzt von H. zurückgewiesen wird, hält sie doch am Begriff der Gattung Mensch und den für sie darin enthaltenen normativen Werten fest. Was bleibt? Nicht mehr Erlösung, aber rationale Utopie.

Burnheim, John (ed.): The Social Philosophy of Agnes Heller. Amsterdam 1994. – Jonas, Hans: Einleitung. In: Heller, Agnes: Das Alltagsleben. Frankfurt am Main 1978.

Christian Semler

Helmholtz, Hermann von

Geb. 31. 8. 1821 in Potsdam; gest. 8. 9. 1894 in Berlin

Auf dem Innsbrucker Treffen der deutschen Naturforscher von 1869 verkündet H. das Programm eines kompromißlosen Physikalismus: »Endziel der Naturwissenschaften ist, die allen anderen Veränderungen zugrundeliegenden Bewegungen und deren Triebkräfte zu finden, also sie in Mechanik aufzulösen.« H. richtete sich damit gegen die damals weit verbreitete Macht des Vitalismus in der Physiologie, und er begründete seine Hoffnung auf die Erreichbarkeit einer mechanischen Deutung der Lebensvorgänge mit dem Erfolg, den die Physiker seiner Zeit bei dem Versuch hatten, der Thermodynamik eine mechanische Grundlage zu geben. Leitfaden aller Bemühungen um die angestrebte Reduktion sollte und mußte der Satz von der Erhaltung der Energie sein, den H. selbst im Rahmen seiner Abhandlung *Über die Erhaltung der Kraft* im Jahre 1847 entdeckt hatte. Er beruft sich in diesem Aufsatz auf Kant: jede Wissenschaft beruhe auf dem Postulat, daß den natürlichen Änderungen fundamentale Invarianzen zugrunde liegen. Und für die Physik verkörpere gerade das Prinzip der konstanten Energie diese apriorische Forderung.

Als H. seine grundlegende Einsicht beschrieb, war er noch ein junger Arzt. Der epochale Aufsatz zur Erhaltung der Energie markiert seinen ersten Schritt in die Physik. Das reichlich abstrakt gehaltene Manuskript wurde aber zunächst zurückgewiesen, denn »die physikalischen Autoritäten ... waren geneigt, die Richtigkeit des Gesetzes zu leugnen, und in dem eifrigen Kampfe gegen Hegels Naturphilosophie, den sie führten, auch meine Arbeit für eine phantastische Speculation zu erklären«. Nach seinem ersten physikalischen Versuch veröffentlichte er einige Arbeiten über Fäulnis und Gärung. Sie verhalfen ihm zu einem Lehrstuhl für Pathologie und Physiologie in Königsberg. Hier konstruierte er den ersten Augenspiegel, mit dem die Netzhaut beobachtet werden kann. Damit fand H. »bei Behörden und Fachgenossen bereitwilligste Anerkennung und Geneigtheit für meine Wünsche, so daß ich fortan viel freier den inneren Antrieben meiner Wißbegier folgen durfte«. Er schrieb bald ein *Handbuch der physiologischen Optik*, in dem er seine Dreifarbenlehre entwickelt und entwarf eine *Lehre von den Tonempfindungen*, in der er eine Theorie der Kombinationstöne aufstellt und sich bis in die Harmonielehre vorwagt.

Philosophisch hat sich der von Kant beeinflußte H. über *Die Tatsachen in der Wahrnehmung* (1879) geäußert. Seine *Schriften zur Erkenntnistheorie* sind erst 1921 von Paul Hertz und Moritz Schlick herausgegeben worden. Denn H. wußte zwar, daß ihm in »den Gebieten, die den Grenzen unseres Wissens näher kommen,... mancherlei gelungen« ist, aber er zögerte, »ob ich das Philosophische hinzurechnen darf«, betrachtete er sich doch mehr als Mann der experimentellen Erfahrung. In seinen Überlegungen zur Wahrnehmung betont er ihre doppelte Abhängigkeit sowohl vom erregenden Objekt als auch vom empfangenden Sinnesapparat. Die

Empfindung wird damit mehr als nur ein Abbild des anvisierten Gegenstandes, sie wird zu einem Symbol. Bei der Wahrnehmung entsteht somit eine Welt von Symbolen, in der man die naturgesetzliche Struktur der Wirklichkeit wiederfindet. Ausgehend von dieser Überlegung hat H. eine erkenntnistheoretische Grundlegung der physikalischen Forschung versucht.

Krüger, Lorenz (Hg.): Universalgenie Helmholtz. Berlin 1994. – Rechenberg, Helmut: Hermann von Helmholtz. Weinheim 1994. – Goetz, D.: Hermann von Helmholtz über sich selbst. Leipzig 1966. – Hamm, Josef: Das philosophische Weltbild von Helmholtz. Berlin 1937.

Ernst Peter Fischer

Helvétius, Claude Adrien
Geb. 26. 1. 1715 in Paris; gest. 26. 12. 1771 in Paris

Als Voltaire Ende der 60er Jahre in einer Versepistel anläßlich der Herausgabe eines atheistischen Textes durch den Hol-bach-Kreis sein berühmtes Diktum tätigt, daß »wenn es Gott nicht gäbe, man ihn erfinden müsse«, und er den »falschen Raisonneur« warnt, sein Steuerschuldner, sei er Atheist, werde ihn deswegen nicht besser bezahlen, da zielte diese Spitze mit Sicherheit gegen den ehemaligen könig-lichen Steuerpächter H., der gerade im Begriff stand, die Publikation von *De l'homme, de ses facultés intellectuelles et de son éducation* (1773; *Vom Menschen, von dessen Geisteskräften und von der Erziehung desselben*) vorzubereiten. Der französi-sche materialistische Philosoph und Atheist H. gehörte in der Tat zu jenem radikalen philosophischen Flügel der Aufklärung um d'Holbach und Diderot, der zwischen 1765 und 1770 den Sensualismus zum Materialismus und den Antiklerikalismus zum Atheismus weiterentwickelte und sich damit den Zorn Voltaires zuzog, der die politischen Konsequenzen dieser Entwicklung fürchtete.

H. war nicht zum Umstürzler berufen. Er entstammt der wohlhabenden Familie des »ersten Arztes« der Königin und erhält am von Jesuiten geleiteten Collège Louis le Grand die zu dieser Zeit bestmögliche Ausbildung. Der Vater kauft 1738 dem frühreifen, glänzend begabten und von den Frauen geliebten Jüngling das Amt eines Generalsteuerpächters, dessen gewaltige Einkünfte es H. erlaubten, sich mit 36 Jahren als Schloßherr zurückzuziehen. Sein sofort erworbenes neues Amt als Kam-merherr der Königin übt er vier Monate im Jahr aus. In dieser Zeit unterhält er einen Salon in Paris und versammelt mit Grimm, Diderot, d'Alembert u. a. einen Kreis von bekannten Schöngeistern und Aufklärern um sich. H. verliert das Amt beim Skandal um sein vom Parlament, der Sorbonne, dem Erzbischof von Paris, vom Papst und vom das Druckprivileg widerrufenden König verurteiltes und öffentlich verbranntes Hauptwerk, *De l'esprit* (1758; *Vom Geist*), jedoch kann er seine Stellung am Hof bald wieder festigen und wird 1765 sogar mit diplomatischen Aufgaben am preußischen Hof betraut. 1764 unternimmt er die für einen Aufklärer obligate Reise nach England, wo sein in Frankreich verfemtes Werk begeistert aufgenommen worden war. Die »traditionelle Klassenherrschaft« Englands beurteilt er im nachhinein sehr skeptisch. Als H. im Zuge des die Gerichtshöfe auflösenden Staatsstreichs Maupeous von 1771 seine Protektion am Hof verliert, verzichtet er auf die Publikation von *De l'homme*, die gesellschaftstheoretische Vertiefung seines ersten Werks, verfällt in Depression und stirbt noch im selben Jahr.

Seine geistigen Lehrjahre in der Frühaufklärung stehen im Banne Bernard de Fontenelles, von dem er die Theorie der Vorurteile und der Gleichheit der Menschen übernimmt und der ihn mit dem Sensualismus Lockes bekannt macht. Dessen Inkonsequenzen legt H. bereits 1740, noch vor Condillac, in seiner *Épître sur l'orgueil et la paresse* (*Brief über den Hochmut und die Trägheit*) offen. Ab 1745 arbeitet er an *De l'esprit*, dem »gewaltigen Keulenschlag gegen die Vorurteile« (Diderot), in dem er es unternimmt, »die Ethik wie die Experimentalphysik zu betreiben«. Mit vielen Aufklärern teilt er den naturrechtlichen, vom Individuum ausgehenden Denkansatz, so wenn er in seiner Nützlichkeitstheorie die Verbindung von Einzel- und Gesamtinteresse vom individuellen Glücksstreben her modelliert, das den Zweck des sittlichen Handelns der Menschen in sich berge. Bedeutsam ist seine Zentralstellung der »Erziehung« – darunter zählt er auch die »Regierungsform« –, um die individuellen und gesellschaftlichen Unterschiede zu erklären. Originell, wenn auch nicht systematisch entwickelt, sind die Einführung der Kategorie des Interesses in die Erkenntnistheorie, die Lösung von der Priesterbetrugstheorie zugunsten einer Erklärung der Religion aus dem Glücksstreben der Menschen, schließlich die Vermutungen über die Grundlegung von Politik und Recht in den ökonomischen Lebensbedingungen. Mit diesen Auffassungen beeinflußt er die Erkenntnistheorie der Idéologues (Pierre Jean Georges Cabanis, Antoine Destutt de Tracy), die ebenfalls aus der physiologisch-psychischen Organisation des Menschen Regeln für Erziehung, Moral, Recht und Politik abzuleiten suchten, den englischen Utilitarismus Jeremy Benthams und John Stuart Mills, welche die Nützlichkeitstheorie enger mit der Ökonomie verbinden, schließlich die Religionskritik und die Basis-Überbau-Theorie von Karl Marx.

Krauss, Werner: Helvétius. In: Essays zur französischen Literatur. Berlin/Weimar 1968. – Momdshian, Ch. N.: Helvétius, ein streitbarer Materialist des 18. Jahrhunderts. Berlin 1959.

Heinz Thoma

Heraklit

Lebte um 500 v.Chr. in Ephesos

Platon ließ seinen Lehrer Sokrates im Dialog *Kratylos* sagen, H. lehre den Spruch: »alles fließt« (»pánta rheí«). Er konnte nicht ahnen, daß er mit dieser mißdeutenden Erklärung die Rezeption des Ephesiers für zwei Jahrtausende festlegte. Noch Hölderlin und Hegel gewannen den Fragmenten H.s vorzugsweise jene Denkfiguren ab, die sich im Sinne einer Lehre vom ›Werden und Vergehen‹ deuten lassen. Und Nietzsche, der sich nicht nur seiner Geisteseinsamkeit wegen dem ionischen Philosophen verwandt fühlte, erblickte in der »Bejahung des Vergehens« den Kern von H.s Denken. Erst die neuere philologische Forschung seit der Jahrhundertwende wies die vermeintliche Generalformel des H.schen Denkens als problematische Interpretation Platons aus und ermöglichte eine kritische Diskussion über Inhalt und Systematik des Werks, von dem in den Fragmenten fast die Hälfte des ursprünglichen Umfangs bewahrt sein könnte. Über das Leben des Philosophen liegen dagegen fast keine Nachrichten vor. Sein Vater stammte aus einer jener aristokratischen Familien, die ihren Herrschaftsanspruch auf die Zeit der Kolonisation Kleinasiens zurückführten. Aus dieser Tradition kam auf H. wohl die Königswürde, die er von sich aus an seinen nächstgeborenen Bruder weitergegeben haben soll. Er lebte allerdings zu einer Zeit, als dieses Amt unter den Bedingungen der Tyrannis bzw. demokratischer Herrschaft seine politische Bedeutung verloren hatte. Wenn er von seiner tiefen Enttäuschung darüber spricht, daß das Volk von Ephesos den ihm befreundeten Politiker Hermodoros vertrieben habe, dann zeigt sich darin die Grundeinstellung einer aristokratischen Ethik, die auch immer wieder in den Fragmenten anklingt: Die von der für alle gleichermaßen gültigen Gesetzesherrschaft (»nómos«) geeinte Polis solle allein vom Fähigsten gelenkt werden. H. verkörpert in der Gesellschaft der kleinasiatischen Griechenstädte um 500 v.Chr. einen einsamen, polemischen Mahner, dessen heftige Kritik auch nicht vor Homer, Hesiod oder Pythagoras haltmacht, die er allesamt der Geschwätzigkeit, der Lüge und eines banalen Enzyklopädismus zeiht. Seine Schrift über die Natur wurde recht bald berühmt und initiierte eine reiche Nachfolgeliteratur der Herakliteer, allen voran bei Kratylos von Athen (vgl. den gleichnamigen Dialog Platons). Das Buch, vom Autor selbst im Tempel der Artemis deponiert und dieser geweiht, ist nicht erhalten, auch Hinweise zu seinem Aufbau fehlen. Zwei einleitende Fragmente sind im Zusammenhang rekonstruierbar. Die übrigen werden gemeinhin zu drei oder vier thematischen Blöcken ohne festlegbare Reihenfolge zusammengefaßt: Logoslehre, Kosmologie, Politik und Ethik, Theologie. Seine Lehre formulierte H. in prägnant und streng formal konzipierten Sprüchen (Gnomen), die ihm wegen der ungewöhnlichen Konzentration und Hermetik der Gedanken sehr bald den Beinamen »der Dunkle« (»ho skotheinós«) eintrugen. Eines der berühmtesten Fragmente (frg. 53; Numerierung nach Diels) spricht vom Krieg (»pólemos«) als vom »Vater Aller« (wohl nicht: »aller Dinge«, wie oft übersetzt), und ein anderes (frg. 80)

sagt von ihm, er sei das »Gemeinsame« oder »Allgemeine«: »Die einen erweist er als Götter, die anderen als Menschen, die einen macht er zu Sklaven, die anderen zu Freien.« Die soziale Realität des konfliktreichen Polislebens spiegelt sich darin ebenso wider wie auch die jahrhundertelange Erfahrung der ionischen Hafenstädte mit ihrer besonderen Lage: »Streit« (»éris«) erfuhren sie als Wettbewerb unter den Griechenstädten und daneben als Bedrohung durch das mächtige Perserreich im Rücken. Zugleich verweist das Wort vom »pólemos« auf das Phänomen des Widerstreits als Grundbedingung des Logos. Dieser Streit wirkt insofern »allgemein«, als er etwa gesellschaftlich stabile Konstellationen in antagonistischen Verhältnissen ermöglicht. Die Struktur des »Zwistes« ist zwar nicht selbst der Logos, aber sie weist den Weg zu seiner Entdeckung, die auch als Nachvollzug der eigentlichen Natur des Seienden gelten kann – Heideggers Vorlesungen setzten hier Akzente der H.-Interpretation. Die Suche nach dem Logos bedarf einer sorgfältigen Erfahrungswissenschaft (»historíe«), denn er erscheint in jedem Ding auf andere und zumeist verborgene Weise. Nietzsches Faszination vom antiidealistischen Blick auf die Dinge und die Geschichte der Menschen bei H. nimmt hier ebenso ihren Ausgang wie Heideggers Rückbindung seines phänomenologischen Konzepts der »Entbergung« an das Denken des Ephesiers. So versteht H. den Logos manchmal als die substantielle Natur (»phýsis«) der Dinge, besonders aber als deren »besondere Fügung« (»harmoníe«), wie sie sich im Bild vom gespannten Bogen zeigt: »Sie verstehen nicht, wie es auseinandergetragen mit sich selbst im Sinn zusammengeht: gegenstrebige Vereinigung wie die des Bogens und der Leier« (frg. 51). Die aus der Wechselwirkung von Bogen und Sehne resultierende Spannung stellt an sich selbst die »Harmonisierung« eines Widerstreits dar. Diese Einheit gegensätzlich wirkender Teile kann Objekt der Anschauung sein, was auch für »Anfang und Ende beim Kreisumfang« gilt (frg. 103), in deren sinnlich erfahrbarem Zusammenfallen Hegel das prägnanteste Bild der Widerspruchslehre erkannte. Auf Zeichen (»sémata«) solcher (zumeist) verborgener Strukturen hat die Logos-Arbeit zu achten, die so neben dem Charakter einer Erfahrungswissenschaft (welche die Sinneswahrnehmungen ausbildet) auch noch den einer Semantik annimmt. Die »Vielen« verzichten auf diese Anstrengung und verfehlen damit zugleich das epistemologische Prinzip, mit dem die Einheitsstiftung unter den Menschen allein zu begreifen ist. Auch wenn H.s Gnomen oft einem esoterischen Duktus zu folgen scheinen, kommt seinem Denken doch nie die soziale bzw. pädagogische Dimension der Gegensatzlehre abhanden: Der Widerstreit (in den »opposita«) muß auch als substantiell für die Polis, ihr Rechts- und Wirtschaftswesen gelten, denn nur aus ihm entspringt das Gemeinsame (die »coincidentia«), welches nicht einfach da ist, unabhängig von dem, was es vereint. So ist auch die Gerechtigkeit nicht zu denken, ohne daß sie vorgängig Widerstrebendes zusammenfügte. Alles, was Objekt menschlicher Erkenntnis werden kann, die Gegenstands- und die soziale Welt, besteht selbst als ein aus Gegensätzlichem Vereintes. Im Kontext dieses Gedankens sind auch die »Fluß«-Beispiele zu lesen: »Denen, die in dieselben Flüsse hineinsteigen, strömen andere und wieder andere Wasserfluten zu« (frg. 12). Differenz und Identität, Wechsel und Gleichmaß sprechen sich darin aus. An einer einzigen Stelle im Flußbett, die ihm das erste Identitätsmerkmal verkörpert, erfährt der (badende) Mensch zunächst den permanenten Wechsel, das »Umschlagen« vom Hinzufließen ins Wegfließen. Das, was er mit dem Wort »Fluß« als Identisches bezeichnet, präsentiert sich ihm seinem Inhalt nach als ein stets Anderes. Zugleich aber geschieht dieser Wechsel so, als bestehe er im Beharren des Identischen: das Hinzu- und Wegfließende wird in jedem Moment nach einem obwaltenden Maß im identischen Verhältnis gehalten. Den Logos versteht man so als Zeichen und Idee eines Systems ständigen Ausgleichs sich erneuernder Oppositionen. H.s Kosmologie lehrt das Wirken von Spannungen, die ein »ewiges, göttliches Feuer« im Gleichmaß hält. Das Feuer denkt er in zwei Gestalten. Jenes »ewige, göttliche« begründet nicht nur die Substanz des Kosmos, von dem es selbst kein Teil ist, sondern wirkt auch »denkend, steuernd, richtend«, also im ganzen Kosmos das Maß aufrichtend und erhaltend. Dann gibt es das kosmische Feuer, das als »Teil der Gesamtheit des Seienden« zu betrachten ist und im »wechselweisen Austausch« mit dem Seienden steht (frg. 90). Es unterliegt – im Unterschied zu jenem – dem ständigen Umschlagprozeß und kann in Wasser oder Erde (Fleisch) »umgetauscht« und »zurückgetauscht« werden, ohne daß etwas von der Substanz verlorengeht. H. kennt drei »gleichwertige Weltmassen« – analog zur Rede von den Elementen –, von denen allerdings das (kosmische) Feuer als Grundstoff zu betrachten ist. Jenes »ewige Feuer« aber nährt nicht nur das »kosmische«, sondern lenkt als eine Art Äther, dessen Ort außerhalb der Weltordnung zu denken ist, alles Geschehen im All mit den ihm zugehörigen Herrschaftsattributen des Zeus (Blitz etc.). Gewisse Aspekte erinnern allerdings auch an das »Unbestimmte« (»ápeiron«) Anaximanders. Eine verwandte Zweiteilung lehrt H. in seinen Ausführungen über die Seele der Menschen: sie ist unsterblich, insofern sie aus göttlichem Feuer genährt wird (Heroen), sterblich aber ist die der »Vielen«, da sie nur der menschliche Körper erhält. Während die unsterbliche Seele als »trocken«, und, da vom Feuer genährt, dem Denken zugehörig gilt, wird die andere zu Wasser und eignet als »Feuchtes« (wie der Betrunkene) der Unvernunft. Ob aber der Mensch zu den Sterblichen gehört oder zu den Unsterblichen, hängt allein von seiner »Eigenart« ab, nicht von irgendeinem Schicksal. Sowohl in seiner Theologie, der Identifizierung Gottes mit dem »ewigen Feuer«, als auch in seiner Ethik wendet sich H. gegen die tradierten Weisen, das Handeln und Geschick der Menschen an die Herrschaft undeutbarer Mächte zu binden. Und so wie er die Verherrlichung des Rausches und des Priapismus im Dionysoskult verachtet, so streng verfährt er auch in seinem Urteil mit den »Vielen«, die nur daliegen, »vollgefressen wie das Vieh« (frg. 29): ihre »entseelten Leiber sollte man eher wegwerfen als Mist« (frg. 96), denn sie bemühen sich nicht um Selbsterkenntnis. Sie zu erstreben heißt etwa den Sinn des folgenden erfassen: »Unsterbliche:Sterbliche, Sterbliche:Unsterbliche, denn das Leben dieser ist der Tod jener und das Leben jener der Tod dieser.« Dieses Fragment (62) muß in engstem Zusammenhang mit dem oben zitierten (53) gesehen werden, das mit den »Unsterblichen« die »Götter« meint (und nicht die Heroen). Der Logos als die epistemologische Einheit des Widerspruchs lehrt auch die Einheit von Göttern und Menschen in der »Spannung« ihres Entgegengesetztseins. Jene »leben« ihre Unsterblichkeit nur, indem sie diesen »Vorzug« an seiner Negation, der Definition des Menschseins messen (anschauen?). Für die Menschen wiederum bedeutet die Erfahrung, sterblich zu sein, in der Negation der eigenen Bestimmung die Idee von der

Unsterblichkeit der Götter »leben« (denken?) zu können. Göttliches und Menschliches – der Logos von der Identität der Bedingungen ihrer Erfahrbarkeit (modern gesprochen) – werden dem Denken erst im Entgegengesetzten ihrer selbst zum Gegenstand.

Kirk, Geoffrey, S./Raven, John E./Schofield, Malcolm: Die vorsokratischen Philosophen. Stuttgart/Weimar 1994. – Held, Klaus: Heraklit, Parmenides und der Anfang von Philosophie und Wissenschaft. Berlin/New York 1980. – Kahn, Charles H.: The art and thought of Heraclitus. An edition of the fragments with translation and commentary. Cambridge 1979. – Marcovich, Miroslav: Herakleitos. In: Paulys Realencyclopädie. Suppl. X, S. 246–320.

Gerhard Gönner

Herder, Johann Gottfried
Geb. 25. 8. 1744 in Mohrungen (Ostpreußen); gest. 18. 12. 1803 in Weimar

Nur schwer läßt sich H.s geistesgeschichtliche Stellung beschreiben, weil sein Denken ohne offensichtlich einheitlichen Grundriß blieb. Schon zu Lebzeiten wurde daher »der edle Geist . . . verkannt; doch nicht ganz ohne seine Schuld; denn er hatte den Fehler, daß er kein Stern erster oder sonstiger Größe war, sondern ein Bund von Sternen, aus welchem sich dann jeder ein beliebiges Sternbild buchstabiert« (Jean Paul). Thematische Vielfalt und Umfang des herderschen Lebenswerks spiegeln jedoch nicht nur die Weite seiner Bestrebungen als protestantischer Theologe, Prediger und Pädagoge, als Philosoph der Geschichte und Kunst, der Poesie und Sprache wider, der selbst als Dichter und bedeutender Sammler von Volksliedern hervortrat. Es zeichnet sich darin auch sein lebenslanges Bemühen um die Deutung und selbständige Weiterführung einer »Universalgeschichte der Bildung der Welt« ab. Diese hochgespannte Aufgabe führte ihn endlich zu seiner eigentümlichen Leistung, Geschichte in ihrem inneren Zusammenhang mit dem psychologischen und biologischen Geschehen als neue Lebensdimension zu erschließen. In der Entfaltung seiner historischen Denkweise, die sich an den Kategorien der Individualität und Entwicklung orientiert, um dabei Kontingenz und Überlieferung zu betonen, wurde H. weniger seiner Ergebnisse, als der Vielfalt seiner Einflüsse methodischer Art wegen zum großen Anreger vor allem in der Sprach- und Geschichtsphilosophie, aber auch der Anthropologie und Literaturgeschichte. Im Kern aber wird die Praxis seines Schreibens und Schaffens durch den frühen Impuls angetrieben, »alles Gegebene, geschichtliche und politische Wirklichkeit ebenso wie Erscheinungen der Natur oder überliefertes Wissen, so umzuschaffen, daß sie als Produkte der eigenen Kraft dem Ich ganz zu eigen werden« (Hans Dietrich Irmscher). Es ist dieser eine Impuls, der sein gesamtes Werk, das im Grunde ein einziges Fragment darstellt, weil es durch H.s Arbeits- und Schreibweise des ständigen Neubeginnens und Umarbeitens geradezu als Torso angelegt war, zur Einheit seiner Widersprüche ebenso zusammenschließt wie sein von unausgeschöpften Möglichkeiten gezeichnetes Leben.

Im scharfen Kontrast zum universalen Anspruch stand zunächst die »dunkle, aber nicht dürftige Mittelmäßigkeit« des pietistischen Elternhauses, in das H. als Sohn eines Kantors und Lehrers hineingeboren wurde. Nach dem Besuch der Lateinschule wird H. ab 1760 Kopist bei dem Diakon Trescho, in dessen Bibliothek er antike und zeitgenössische Literatur kennenlernt. Vom anfänglichen Medizinstudium wechselt H. in den Königsberger Universitätsjahren (1762 bis 1764) »ohne Erlaubnis der Eltern« in die theologische Fakultät; doch sein bevorzugter Lehrer wird der »vorkritische« Kant, der ihn unentgeltlich an seinen Vorlesungen (u. a. über Logik, Metaphysik, Moral, physische Geographie) teilnehmen läßt. Rousseaulektüre und die Freundschaft mit Johann Georg Hamann machen ihn mit freiheitlichen Ideen, mit Volkslied, Ossian, englischer Sprache und Shakespeares *Hamlet* vertraut. Auf Hamanns Empfehlung hin wird H. 1764 an der Domschule in Riga als Prediger und Lehrer angestellt, der auch in diesen Ämtern zeitlebens nicht »trockene Sittenlehren und geraubte Lebensregeln« verbreiten, sondern volkserzieherisch wirken wollte »in einer Welt, die wir uns selber bilden«. Seine ästhetisch-philologischen Arbeiten zu ursprünglicher Poesie und Sprache dokumentieren die drei Sammlungen der Fragmente *Über die neuere deutsche Literatur* (1766/67) – nach denen »der Genius der Sprache ... also auch der Genius von der Literatur einer Nation« ist – sowie die drei Bände *Kritische Wälder oder Betrachtungen, die Wissenschaft und Kunst des Schönen betreffend* (1769). Sie führen in produktiver Aneignung zeitgenössischer Kunsttheorie (Lessing) die für H.s gesamte Ästhetik und Geschichtsphilosophie bedeutsame Kategorie der Kraft ein. Zudem rechtfertigt H. im damals ungedruckten vierten Band seine Hinwendung zur Geschichte methodisch durch sein empirisches Programm einer Ästhetik, die für ihn »eine Theorie des Gefühls der Sinne, eine Logik der Einbildungskraft und Dichtung ... eine Zergliederung des Schönen« sein muß. Diese Schriften machen ihn trotz anonymen Erscheinens schlagartig berühmt.

Völlig überraschend verläßt H. 1769 Riga zu einer Seereise, »um die Welt meines Herrn von mehreren Seiten kennenzulernen« und »nutzbarer zu werden«. Die Seereise, vom *Journal meiner Reise im Jahre 1769* auch als eine programmatische »Ausfahrt des Geistes« (Walter Flemmer) dokumentiert, endet nach einem Schiffbruch in Frankreich, wo ein Aufenthalt in Paris ihn mit Diderot und anderen Enzyklopädisten bekanntmacht. Über die Niederlande trifft H. zunächst in Hamburg ein, wo er in Kontakt mit Lessing und Matthias Claudius tritt, um als Hofmeister auf der Bildungsreise des Erbprinzen von Holstein-Gottorp über Darmstadt – er lernt dort seine spätere Frau Caroline Flachsland kennen – schließlich nach Straßburg zu gelangen. Hier begegnet ihm Goethe, dessen Poesie- und Sprachverständnis H. entscheidende Anregungen verdankt, so etwa die Erkenntnis, »daß die Dichtkunst überhaupt eine Welt und Völkergabe sei, nicht ein Privaterbteil einiger feinen gebildeten Herrn«. Von Straßburg aus reicht H. auch seine von der Berliner Akademie preisgekrönte *Abhandlung über den Ursprung der Sprache* (1770) ein, in der er sich gegen Süßmilchs These vom göttlichen Ursprung ebenso abgrenzt wie implizit gegen die auf empirischen Untersuchungen basierende kurrente These von einer javanischen Ursprache des Wolfenbütteler Philologen Johann Jacob Feinhals. In Verarbeitung und Weiterführung soziohistorischer, psychologischer und religionskritischer Theorien der Zeit ersetzt H. die Kategorie des Ursprungs durch die Hypothese eines komplexen Ausgangszustands (Wolfgang Pross) und sucht die Sprache geschichtsimmanent als notwendiges Kennzeichen der spezifischen Natur des Menschen zu begründen, dessen organische Verfassung nicht nur in sich schon zur Sprache disponiert ist, sondern zugleich auf die gesellschaftliche Existenz des Menschen verweist, in der Sprache sich bildet.

Desillusioniert über die eigenen Möglichkeiten gesellschaftlich-praktischen Handelns in Bückeburg, an dessen Hof H. dem Ruf des Grafen zu Schaumburg-Lippe 1771 als Konsistorialrat gefolgt war, verschiebt sich in dem »despotischen Zauber- und Narrenlande« seine »unbegreifliche Doppelliebe zu Gott und Welt« (Hans Urs von Balthasar). Davon zeugen in dieser gleichwohl schöpferischen Periode, in der auch H.s für die Dichter des Sturm und Drang so bedeutsamen Beiträge der Sammlung *Von deutscher Art und Kunst* (1773) entstehen, vor allem seine theologischen Schriften (u. a. *Älteste Urkunde des Menschengeschlechts*, 1774/76). Zusammen mit den späteren Weimarer Arbeiten des Theologen weisen sie in ihrer Anwendung der geschichtlichen Denkweise auf die Interpretation des christlichen Glaubens, der Bibel und der kirchlichen Lehre in die Zukunft; H. wird zum Wegbereiter eines neuen Verständnisses für die christliche Offenbarung.

Im Herbst 1776 wird H. durch Vermittlung Goethes Generalsuperintendent und späterer Vizepräsident des Oberkonsistoriums in Weimar, wo der freigeistige Theologe bald schon auf die Opposition der Geistlichkeit trifft. Aus der regen Publikationsarbeit trotz belastender Amtspflichten ragen neben seinen abschließenden Spinoza-Studien (*Gott. Einige Gespräche*, 1787) insbesondere die *Ideen zur Philosophie der Geschichte der Menschheit* (1784–91) hervor, die neben den *Briefen zur Beförderung der Humanität* (1793–96) sein geschichtsphilosophisches Hauptwerk bilden. Gleichermaßen gegen aufklärerischen Geschichtsoptimismus wie Voltairesche Skepsis gerichtet, hatte H. schon in *Auch eine Philosophie der Geschichte zur Bildung der Menschheit* (1774) den verwehrten »Allanblick«, der ihm den Sinn der Geschichte erschließen könnte, betont und die Individualität geschichtlicher Phänomene und Epochen gegen die Selbstüberschätzung des »erleuchteten Jahrhunderts« hervorgehoben, gleichwohl aber auf den geschichtlichen Zusammenhang als »Streben auf einander in Kontinuität« hingewiesen. H.s *Ideen zur Philosophie der Geschichte der Menschheit* verbindet den Eigenwert jeglicher Kultur mit der Vorstellung vom Gang der Geschichte als letztlich notwendigem Fortgang zu »Vernunft und Billigkeit«, d. h. zu Humanität.

Als H. nach der weitgehend enttäuschenden Italienreise (1788/89) in den Bann der Französischen Revolution gerät, die er als politische Fortsetzung der Reformation begrüßt, isoliert ihn dies am Hof ebenso, wie er sich durch seine Nichtbeachtung der entstehenden klassizistischen Literatur und Kritik am ästhetischen Autonomiekonzept in einen sich verschärfenden Gegensatz zur Weimarer Klassik Goethes und Schillers bringt. Den von Krankheit und Vereinsamung überschatteten letzten Lebensabschnitt prägt vor allem aber sein Kampf gegen die kritische Philosophie Kants und deren Anhänger. Ohne Kant gerecht zu werden und gerade deshalb auf lange Zeit von der Philosophenzunft mißachtet, fassen H.s erkenntnistheoretische und ästhetische Widerlegungsversuche (*Metakritik*, 1799; *Kalligone*,

1800) noch einmal die Methoden und Begriffe seines Denkens zusammen, das stets »die Aufklärung zum Allgemeingut und damit praktisch zu machen« (Hans Wolf Jäger) bestrebt war. Trotz der Versuche, ihn einseitig als irrationalistischen Ahnherrn romantischer Bewegungen zu reklamieren, und trotz der Tatsache, daß sich der Nationalsozialismus nicht scheute, ihn als Vater des Volksglaubens und deutschen Empfindens zu mißbrauchen, gehört deshalb sein Werk, in dem H. die Strömungen seiner Zeit synthetisiert und weitergibt, »zur bürgerlichen Aufklärung, aber wie ihr böses Gewissen; er besaß gerade die Fähigkeiten, die sie nicht hatte und auch nicht haben konnte, aber die sie hätte haben müssen, um zu siegen« (Franz Mehring).

Johann Gottfried Herder: Ahndung künftiger Bestimmung. Hrsg. v. Stiftung Weimarer Klassik/ Goethe-Nationalmuseum. Stuttgart/Weimar 1994 (mit Bibliographie). – Adler, Hans: Die Prägnanz des Dunklen. Gnoseologie, Ästhetik, Geschichtsphilosophie bei Johann Gottfried Herder. Hamburg 1990. – Müller-Vollmer, Kurt: Herder Today. Contributions from the International Herder-Conference. November 1987. Stanford/Berlin 1990. – Pross, Wolfgang: Herder und die Anthropologie der Aufklärung. In: Johann Gottfried Herder: Werke. Hrsg. v. Wolfgang Pross. Band 2. München 1987. – Reckermann, Alfons: Sprache und Metaphysik. Zur Kritik der sprachlichen Vernunft bei Herder und Humboldt. München 1979.

Matthias Schmitz

Herodot
Geb. ca. 484 v.Chr. in Halikarnassos; gest. ca. 424 v.Chr. in Thurioi (?)

H., der »Vater der Geschichte« (Cicero), ist der Schöpfer der ethisch-narrativen Geschichtsschreibung. Diese Art der Historiographie unterscheidet sich von der pragmatisch-akribischen Geschichtsforschung eines Thukydides durch die Konzentration historischer Ereignisse in einer exemplarischen, lehrhaften Erzählung. Kennzeichnend für H. ist dabei, daß er die berichteten Ereignisse unter das Urteil der Nemesis, der Göttin der ausgleichenden und strafenden Gerechtigkeit, stellt: alle Vorgänge, Gegebenheiten und Handlungen werden bewertet nach der ethischen Norm des Maßes. Daher finden sich in vielen seiner Geschichten Beispiele von Hybris, Frevel und Verblendung sowie die Gestalt des Warners. Dem menschlichen Handeln sind nach H.s Auffassung Grenzen gesetzt durch das Schicksal. Jede Grenzverletzung führt deshalb zu einem frevelhaften Verhalten, das die göttlichen Mächte zum Eingreifen ins menschliche Leben nötigt. Insofern sind Schuld und Sühne häufig die Antriebskräfte geschichtlichen Wirkens. Trotz seiner Skepsis am Anthropomorphismus Homers und an vielen der mitgeteilten Wundergeschichten scheint sich für H. die Faktizität des Schicksals gerade aus der Geschichte zu bestätigen. Ihn bewegte keine Geschichtstheologie, sondern die Einsicht, daß im Leben des Einzelnen wie der Völker das Unverfügbare als unabänderliches, unbegreifliches Schicksal in Erscheinung tritt. Daraus erklären sich zuletzt die wechselvollen Geschichtsverläufe wie die Instabilität des menschlichen Glücks.

Zu Beginn (im »prooimion«) der *Historien* – diese wurden durch die hellenisti-schen Philologen in neun Bücher entsprechend der Zahl der Musen eingeteilt – nennt H. die wesentlichen Motive für seine Geschichtsschreibung: »Herodotos von Halikarnassos gibt hier eine Darlegung seiner Erkundungen, damit bei der Nachwelt nicht in Vergessenheit gerate, was unter Menschen einst geschehen ist; auch soll das Andenken an große und wunderbare Taten nicht erlöschen, die die Hellenen und die Barbaren getan haben, besonders aber soll man die Ursache wissen, weshalb sie gegeneinander Kriege führten.« Danach versteht er sein Werk als Erinnerungsarbeit und als Analyse der Kriegsursachen, die er in den kulturellen, religiösen und machtpolitischen Differenzen der Völker erblickt. Daß er dabei mythische und realhistorische Umstände gleicherweise als ursächlich ansieht, belegt schon das erste Buch der *Historien*, wo als Kriegsursache ein Frevel, nämlich ein Frauenraub, als Erklärung herangezogen wird. Wichtiger als diese problematische Aitiologie sind seine völkerkundlichen und geographischen Mitteilungen, also seine breit an-gelegten Beschreibungen der Sitten und Gebräuche, der Lebensformen und In-stitutionen der behandelten Völker, wobei besonders die Nachrichten über die Lyder, die Babylonier, die Skythen und – über diese am ausführlichsten – die Ägypter von Interesse sind (Inhalt der ersten fünf Bücher).

Den Schwerpunkt seines Geschichtswerkes bilden die Kriegszüge der Perser gegen die Griechen mit dem Xerxes-Zug als Finale (480/479 v.Chr.). Für die Perserkriege ist H. bis heute die Hauptquelle geblieben. Während die ersten drei Bücher der *Historien* keinen einheitlichen Erzählstrang aufweisen, sondern die Welt des Orients und der Hellenen in ganzer Fülle mit Fabulierlust auseinandergelegt wird, konzentriert sich der Stoff in den drei folgenden Büchern auf die Perser sowie auf Athen und Sparta, um schließlich in den Ereignissen von 480/479 v.Chr., der Niederlage der Perser, zu kulminieren. Außer dieser zunehmenden Verdichtung auf den epochalen Gegensatz zwischen Asien und Europa, Barbaren und Hellenen, in dem sich zugleich der Gegensatz von Freiheit und Knechtschaft, von Masse und Individualität niederschlägt, ist für H.s Erzählweise die sog. archaische Ringkompo-sition charakteristisch: er geht von einer Person (z. B. Kroisos) oder von einem Ereignis aus und kehrt nach langen Erzählpartien (z. B. die Geschichte des lydischen Königreiches) am Ende wieder zu dem Ausgangspunkt zurück.

Neben einer Anzahl von »lógoi«, in sich abgeschlossenen und selbständigen Erzählungen, verwendet er Sagen, Anekdoten, novellistische Einlagen und Märchen, um dem Geschehen Anschaulichkeit zu verleihen. Ebenso löst er vielfach die Handlung in dramatische Szenen mit Rede und Gegenrede auf. Aus den abge-schlossenen Erzähleinheiten sind eine Reihe von Stücken in die Motivgeschichte der Weltliteratur eingegangen (z. B. Gyges-, Kroisos- oder Polykrates-Episode). Auffällig ist, daß H. die Geschichte Athens und Spartas nicht in einem Zusammen-hang erzählt, sondern in Exkursen über das ganze Werk verteilt. Seine proathenische Perspektive – gewonnen aus der Bewunderung für das Perikleische Athen – zeigt sich in diesem formalen Element ebenso wie in seiner Bewertung der Perserkriege als Verteidigung der Freiheit durch die Athener: der freie Zusammenschluß von Bürgern unter einem Gesetz wie in der attischen »pólis« (Bürgerschaft) erscheint ihm als Ideal gegenüber der persischen Monarchie. Trotz dieser Haltung berichtet er über die Barbaren mit Sachlichkeit, will er ihnen wie den Griechen ein ehrendes Andenken (Kleos) bewahren; er orientiert die Chronologie seines Werkes an der Abfolge der Barbarenkönige (Kroisos, Kyros, Kambyses, Dareios, Xerxes). Schließlich vermeidet er jede Apotheose des Krieges und unterzieht den griechischen Partikularismus der Kritik.

Seine Informationen und Materialien hat H. auf seinen ausgedehnten Reisen gesammelt. Diese führten ihn nach Kleinasien, Syrien, Babylonien, Persien, an die Küste des Schwarzen Meeres, nach Thrakien, Makedonien, nach Ägypten sowie nach Unteritalien und Sizilien. Außerdem hat er die Werke einiger älterer Chronisten und Logographen konsultiert (besonders Hekataios von Milet), Orakelsammlungen und Inschriften ausgewertet und Dichtungen wie die *Perser* des Aischylos berücksichtigt. Seine Überzeugungen sind von der delphischen Tradition, der sophistischen Staatsauffassung und der Theologie der Tragödie abhängig. Mythische, mündlich-volkstümliche und dokumentarische Überlieferungen behandelte er als gleichberechtigt, wenn auch insgesamt die mündliche Tradition dominiert. Im siebten Buch der *Historien* schreibt er: »Doch ist meine Pflicht, alles, was ich höre, zu berichten, freilich nicht, alles Berichtete zu glauben. Dies gilt für mein ganzes Geschichtswerk.« Im ersten Buch nennt er sein Werk »Darlegung meiner Erkundungen« (»historia apódeixis«), womit mehr als nur eine Sammlung von Tatsachen gemeint ist, nämlich eine Anordnung des Materials zu einem Zweck. Damit geht H. über seine Vorläufer, die Chronisten, hinaus.

Über die Biographie H.s wissen wir nur wenig: er stammte von einer karischen Familie ab, war ein Gegner des Tyrannen von Halikarnassos und lebte deshalb für einige Zeit in Samos in der Verbannung. In Athen gewann er die Freundschaft des Sophokles; später (444 v.Chr.) nahm er an der athenischen Gründung von Thurioi in Unteritalien teil, wo er wohl gestorben ist. Seine Wirkung in der Antike reichte von Anspielungen bei Aristophanes und Kommentaren zu seinem Werk durch die Alexandriner bis zur methodischen Kritik des Thukydides und den Streitschriften gegen seine Geschichtsdarstellung (Plutarch).

Marg, Walter (Hg.): Herodot. Eine Auswahl aus der neueren Forschung. Darmstadt ³1982. – Pohlenz, Max: Herodot, der erste Geschichtsschreiber des Abendlands. Neue Wege zur Antike 2, 7/8 (1937).

Helmut Bachmaier

Heß, Moses
Geb. 21. 1. 1812 in Bonn; gest. 6. 4. 1875 in Paris

H. war Sohn eines Zuckerfabrikanten, der die Erziehung des Knaben dem Großvater überließ. Über seine Kindheit schreibt er: »Welche Bildung habe ich genossen? In der Judengasse geboren und erzogen; bis in mein fünfzehntes Jahr über den Talmud schwarz und blau geschlagen; Unmenschen für Lehrer, schlechte Kameraden für Gesellschafter...« Erst 1828 löst sich H. vom orthodoxen Judentum, nachdem er bereits zwei Jahre im väterlichen Kontor arbeitet und als Autodidakt die klassische deutsche Philosophie und unter der zeitgenössischen vornehmlich die Ludwig Feuerbachs rezipiert. Von 1837 bis 1839 studiert er Philosophie an der Universität Bonn; bereits 1837 veröffentlicht er seinen literarischen Erstling *Die heilige Geschichte der Menschheit. Von einem Jünger Spinozas*, dem 1841 *Die europäische Triarchie* folgt. In mystisch-religiöser Färbung betrachtet H. in seinem ersten Werk die verschiedenen Perioden der Menschheitsgeschichte als notwendige Entwicklungsstufen zu einem Sozialismus diesseitiger geistiger und materieller Harmonie. In seiner zweiten, anonym erschienenen Schrift tritt er für eine politische Neugestaltung Europas ein, welche eine Synthese von deutscher Philosophie, französischer Revolutionstheorie und englischer Sozialpraxis anleiten soll. Wenige Jahre später, 1845, urteilt H., dieser spekulative Sozialismus sei gescheitert, weil die Philosophie für die Praxis keinen Sinn gehabt habe, und die gleichzeitige revolutionäre Praxis – in Deutschland und der Schweiz vornehmlich der Handwerkerkommunismus Wilhelm Weitlings – habe umgekehrt »an dem Mangel philosophischer Durchbildung« gekrankt. H. war sodann Mitbegründer und Frankreich-Redakteur der in Köln erscheinenden *Rheinischen Zeitung für Politik, Handel und Gewerbe,* deren Chefredakteur in den letzten Monaten ihres Bestehens Karl Marx war. H. war Mitarbeiter an nahezu allen wichtigen deutschsprachigen sozialkritischen Zeitschriften des Vormärz und gab selbst 1845/46 in Elberfeld den wirkungsmächtigen *Gesellschaftsspiegel. Organ zur Vertretung der besitzlosen Volksklassen und zur Beleuchtung der gesellschaftlichen Zustände der Gegenwart* heraus. Seinen wichtigsten theoretischen Beitrag veröffentlichte H. 1845 im ersten Band der *Rheinischen Jahrbücher zur gesellschaftlichen Reform* mit dem gegenüber der Zensur unverfänglichen Titel *Über das Geldwesen.* Der von Hegel und Feuerbach herausgebildeten Entfremdungstheorie – der These von der Entfremdung des Menschen von sich selbst, von der Natur und der Gesellschaft – gibt er eine strikt materialistische Wendung, indem er am Geldfetisch zentrale Momente der die bürgerliche Gesellschaft definierenden Subjekt-Objekt-Verkehrung transparent macht: »Was der Gott fürs theoretische Leben, das ist das Geld für's praktische Leben der verkehrten Welt: das entäußerte Vermögen der Menschen, ihre verschacherte Lebenstätigkeit ... Das Geld ist das Produkt der gegenseitig entfremdeten Menschen, der entäußerte Mensch.« Hier wird der »rohe Kommunismus« transzendiert und eine dialektische Anthropologie anvisiert, die erstmals kulturrevolutionär den ganzen Menschen, also auch psychologische Tiefenschichten in die Bedingungen sozialer Veränderung einbezieht.

In der »bürgerlichen« wie der marxistischen theoriegeschichtlichen Forschung ist unbestritten, daß H. mit diesen Versuchen, dem Sozialismus eine wissenschaftliche Fundierung zu geben – neben Marx und Engels –, zum »wichtigsten kommunistischen Theoretiker der vierziger Jahre« wird (Jindřich Zelený). Kontroversen begleiten dagegen die Frage, ob und inwieweit er Marx und Engels beeinflußte. Einem Brief von H. an Berthold Auerbach vom 19. 6. 1843 ist zu entnehmen, daß er Engels anläßlich eines Besuchs im Jahre 1842 für den Kommunismus angeworben hat. Ob der »Kommunisten-Rabbi« H. auch Marx' Konversion vom radikalen Demokraten zum Kommunisten bewerkstelligte, ist nicht verbürgt und in der Forschung ein unentschiedener Streitfall. Beide begegneten sich im Oktober und November 1842 in Köln als Redakteure der *Rheinischen Zeitung*. Shlomo Na'aman meint, hier sei nicht zu entscheiden, wessen Ideen Originalität beanspruchen könnten, da beide ja in einem ständigen Gedankenaustausch gestanden hätten. Anders Zwi Rosen: Form und Inhalt der frühen Theorien von Marx und H. philologisch vergleichend resümiert er, ohne den Ideenreichtum des Denkens von H. sei die Marxsche Theorie undenkbar. Er ignoriert dabei die Möglichkeit, daß da, wo Marx und H. in theoretischen Äußerungen dieser Periode übereinstimmen, dies auch aus der selbständigen Benutzung derselben literarischen Quellen resultieren kann, denn immerhin kannten beide die wesentlichen französischen Soziallehren von Babeuf bis Proudhon (so Paul Kägi). Die marxistischen Marx- und H.-Forscher Auguste Cornu und Wolfgang Mönke räumen lediglich ein, H. habe durch seine persönliche Aktivität Marx und Engels in einer Zeit ihrer ersten theoretischen Entwicklungen einige Anregungen gegeben. Neuerdings reduziert Mönke die Frage »Wer, wen?« auf die These, H. habe sich unter dem Einfluß von Marx und Engels während seiner Mitarbeit 1845/46 in Brüssel an der *Deutschen Ideologie* revolutionär-kommunistischen Anschauungen angenähert, sein Unvermögen, sich von kleinbürgerlichen Vorstellungen zu lösen, hätten ihn jedoch zu einem unzuverlässigen Bundesgenossen gemacht. Hier wird Theorie nicht inhaltlich, sondern von ihrer gesellschaftlichen Zuordnung her beurteilt. Verbürgt ist, daß H. in Brüssel 1845/46 eng mit Marx und Engels zusammenarbeitete (er verfaßte kurze Abschnitte für deren erstes gemeinsames Werk, die *Deutsche Ideologie),* sich jedoch im Mai 1846, ausgelöst durch den Konflikt zwischen Marx und Wilhelm Weitling, von Marx lossagte: »Mit Dir persönlich möchte ich noch recht viel verkehren; mit Deiner Partei will ich nichts mehr zu tun haben.« Doch ungeachtet dieser Distanzierung befindet H. wenige Jahre später, allein Marx und seine Anhänger seien in der Lage, »den Körper unserer Gesellschaft zu sezieren, ihre Ökonomie zu entwickeln und ihre Krankheit klarzulegen«. Diese analytischen Fähigkeiten resultierten u. a. daraus, daß hier Sozialisten erstmals die englische politische Ökonomie gründlich verarbeitet und so den nebelhaften Standpunkt der deutschen Philosophie endgültig aufgegeben hätten. Die Behauptung von Mönke im Ost-Berliner *Philosophenlexikon* von 1983, dem kleinbürgerlichen Sozialisten H. sei das Verständnis der materialistischen Geschichtsauffassung von Marx und Engels versperrt geblieben, wird nachdrücklich in Frage gestellt durch ein nachgelassenes Manuskript von H., in welchem er Marx' 1859 erschienene Schrift *Zur Kritik der Politischen Ökonomie* referiert. Er schreibt: »Im Geld ist nach Marx, wie nach Hess, die ›absolute Entäußerung‹ der gesellschaftlichen

Arbeit vergegenständlicht. Was in der philosophischen Sprache der Hegelianer ›absolute Entäußerung‹ genannt wird, ist in der profanen Sprache die allgemeine Veräußerlichkeit der Produkte, welche ihnen erst ihren Tauschwerth gibt, sie zu verkäuflichen Waaren macht. Der Tauschwerth der Produkte wird bestimmt durch die qualitativ unterschiedslose Arbeitszeit, welche auf deren Hervorbringung verwandt wurde. Aber nur auf dem Markt wird der Widerspruch der qualitativ verschiedenen, (spezifischen) individuellen und der gesellschaftlichen Arbeit, der Widerspruch des Gebrauchswerthes und des Tauschwerthes gelöst. Hier erst erlangt die individuelle Arbeit ihren gesellschaftlichen Werth. Dieser Werth, der dadurch entsteht, daß jeder Gebrauchswerth in jedem andern ein Äquivalent sucht, kristallisiert sich in einer ausschließlichen Waare . . . das Geld.« Keiner der Zeitgenossen – Engels ausgenommen – war damals in der Lage, die Wert- und Geldtheorie von Marx in derart konzisen Sätzen wiederzugeben. H. veröffentlichte 1862 ein weiteres gewichtiges Buch – *Rom und Jerusalem, die letzte Nationalitätsfrage* –, dessen Quintessenz lautet: Die Emanzipation der Juden kann nur in einem eigenen Staat realisiert werden, und dieser hat dann die Chance, zum Focus einer weltweiten, alle Menschen erfassenden Emanzipationsbewegung zu werden. Für die kurz vor der Jahrhundertwende von Theodor Herzl ins Leben gerufene zionistische Massenbewegung figuriert diese Arbeit als eine ihrer frühen Programmschriften.

In der posthum in Paris 1877 veröffentlichten *Dynamischen Stofflehre* zeigt sich H. überraschend als Bundesgenosse des naturwissenschaftlich orientierten Materialismus von Karl Vogt, Jakob Moleschott und Ludwig Büchner. Doch auch der ab 1863 entstehenden sozialdemokratischen Bewegung galt sein Interesse: Zuerst unterstützte er Lassalles »Allgemeinen Deutschen Arbeiterverein«, dann, kurz vor seinem Tode, auch die im Gothaer Vereinigungskongreß konstituierte »Sozialistische Arbeiterpartei Deutschlands«, die Keimzelle der heutigen SPD. Bereits als Teilnehmer des Basler Kongresses der »Internationalen Arbeiterassoziation« (1. Internationale) votierte H. nachdrücklich für einen Sozialismus vermittels parlamentarischer Arbeit und durch Genossenschaften. »Ein dritter Weg, der darin besteht, soziale Reformen durch die Diktatur einer Klasse einzuführen, ist heute allen Klassen, auch der Arbeiterklasse, verschlossen.«

Rosen, Zwi: Moses Heß. In: Euchner, Walter (Hg.): Klassiker des Sozialismus, Bd. 1. München 1991, S. 121–138 u. 291–294. – Na'aman, Shlomo: Emanzipation und Messianismus. Leben und Werk des Moses Heß. Frankfurt am Main 1982. – Mohl, Ernst Theodor: Marginalien zum Nachdruck der von Moses Heß redigierten Zeitschrift »Gesellschaftsspiegel . . . (1845/46)«, nebst Fußnoten zur neueren Marx- und Heß-Forschung. Glashütten im Taunus 1971. – Silberner, Edmund: Moses Heß. Geschichte seines Lebens. Leiden 1966.

Ernst Theodor Mohl

Hippias von Elis
Geb. nach 470 v. Chr.

H. gehört mit Prodikos zu den Sophisten der »zweiten Generation« nach Protagoras und Gorgias. Sein Bild als unbeständiger, eitler Alleswisser ist durch Platons Dialoge *Hippias Minor, Hippias Maior* und *Protagoras* geprägt. Xenophon erwähnt ihn in seinem *Gastmahl* als Lehrer der Mnemotechnik, zeigt ihn in seinen *Erinnerungen an Sokrates* als dessen Partner im Gespräch über das Gerechte und Gesetzmäßige. Von den zahlreichen Schriften, die H. verfaßt haben muß, sind nur einige zufällige Titel und Hinweise aus verschiedenen Wissensgebieten erhalten.

Wegen seiner Fähigkeiten als Redner und Unterhändler, seiner Kenntnisse des politischen Geschäfts war H. häufig als Gesandter seiner Vaterstadt in ganz Hellas bis nach Sizilien unterwegs, besonders in Sparta und Athen, reiste wohl auch, um seine Vorträge, sprachlich kunstvoll ausgefeilte »Schau«-Reden, zu halten, sich von seinen Zuhörern über alles und jedes befragen zu lassen, Unterricht zu erteilen – für Honorare, die ihn zum reichen Mann machten. Gestützt auf sein phänomenales Gedächtnis, breitete er bei solchen Gelegenheiten das ganze enzyklopädische Wissen aus, das er erarbeitet hatte: Rechenkünste, Arithmetik und Geometrie, Astronomie und Musik, Malerei und Bildhauerkunst, die »Bedeutung der Buchstaben, Silben, Rhythmen und Harmonien«, die »Versmaße, Tonarten, grammatischen Formen«, Leben und Werke der Dichter, besonders Homers, deren Auslegung, die Geschlechter der Heroen und Menschen, die ersten Ansiedlungen, alte Städtegründungen. Als erster Nicht-Musiker befaßte sich H. mit Rhythmus und Metrik; er untersuchte Sprache im Zusammenhang mit Musik, legte Parallelexzerpte der alten Dichter Orpheus, Musaios, Hesiod und Homer an, führte den Begriff »Archäologie« ein, beschäftigte sich in seiner Schrift *Benennungen der Völker* vermutlich mit Ethnographie, legte die erste Liste der Sieger bei den Olympischen Spielen an, Grundlage späterer Versuche, eine hellenische Chronologie zu schaffen und trug in seiner *Sammlung* offenbar interessante Geschichten und Anekdoten zusammen. Nichts aber förderte sein Ansehen bei den Zeitgenossen so sehr wie seine regelmäßigen Auftritte bei den Olympischen Spielen in Elis, wo er sich erbot, nicht nur jede seiner vorbereiteten »Schau«-Reden zu halten, sondern auch jede Frage mit einer Stegreifrede zu beantworten – ein Wettbewerb, in dem er nie übertroffen wurde. In Olympia machte er seine Epen, Tragödien, Dithyramben bekannt. Dort soll er sich auch gerühmt haben, alles, was er am Leib und bei sich trage, sei von ihm selbst gefertigt: Ring und Siegel, Badekratzer und Salbenfläschchen, Schuhe, Mantel und Unterkleid samt Gürtel: Zeichen der von ihm proklamierten Autarkie des Sophisten. Der Nachruhm galt dem Mathematiker H., dem Erfinder einer Kurve zur Dreiteilung des Winkels und zur Quadratur des Kreises, der »Quadrierenden«. Der Philosoph H. wurde erst in unserem Jahrhundert von Eugène Dupréel in den platonischen Dialogen wiederentdeckt.

Hinter der Sammlung und Veröffentlichung seines enzyklopädischen Wissens stand zunächst seine Forderung, ein rechter Mann müsse imstande sein, über alles sachlich fundiert zu reden und Gespräche zu führen, einen Sachverhalt unter immer wieder anderen Gesichtspunkten darzustellen; H. entwarf als erster das dann durch die ganze Antike vertretene Idealbild des enzyklopädisch gebildeten Rhetors, der fähig ist, über jeden Gegenstand angemessen zu sprechen – im Bildungskanon des »trivium« und »quadrivium« der »Sieben Freien Künste« durch das ganze Mittelalter weitertradiert. Darüber hinaus forderte H., die »Natur der Dinge« zu erfassen, sich in seinem Handeln an ihr auszurichten, weil dieses Wissen allein »wahr« ist, effizientes Handeln ermöglicht. Dabei suchte er als erster die Synthese zwischen der Naturphilosophie und der neuen anthropozentrischen, pädagogisch orientierten Philosophie, zwischen »Naturalismus« und »Humanismus«, »Natur- und Kulturwissenschaft«. H. stellte in einem Vorgriff auf das spätere Naturrechtsdenken die natürlichen, universal gültigen Gesetze der »Menschheit« den durch Konvention entstandenen, also künstlich geschaffenen Gesetzen, Gebräuchen und Institutionen gegenüber, die der menschlichen Natur Gewalt antun – »Tyrannen« oft.

Classen, Carl Joachim (Hg.): Sophistik. Darmstadt 1976. – Dupréel, Eugène: Les sophistes: Bibliothèque scientifique 14, Philosophie et Histoire. Neuchâtel 1948.

Otto A. Baumhauer

Hobbes, Thomas
Geb. 5. 4. 1588 in Malmesbury/Westport; gest. 4. 12. 1679 in Hardwick

Als H. als Sohn eines Landvikars und einer Bauerntochter einfachster Herkunft in Wiltshire geboren wurde, hätte niemand davon geträumt, daß dieses geistig frühreife Wunderkind später einmal als »der unbequemste politische Denker Englands« gehandelt werden würde. Die Lehre von H. war und ist ausgesprochen unbeliebt. Zunächst jedoch verhielt sich das Wunderkind ganz konventionell. H. besuchte zuerst die Elementarschule seines Geburtsortes, dann vertiefte er sich in Malmesbury auf einer Privatschule in die klassischen Sprachen. Vor der Aufnahme des Studiums in Oxford (1603) übersetzte er – ausgerechnet – die *Medea* von Euripides in lateinische Jamben. Vielleicht prägte schon diese Textwahl sein späteres Menschenbild, das bis heute als Inbild pessimistischer Anthropologie gilt: »homo homini lupus« (»der Mensch ist dem Menschen ein Wolf«). Die Infragestellung bzw. Bewältigung dieses heilsgeschichtlichen Irrtums sollte ihn zeitlebens beschäftigen. Er erwarb 1607 den Grad eines Baccalaureus artium, ab 1608 war er Hofmeister des Sohns von Baron Cavendish, mit dem er zwischen 1610 und 1613 eine erste Bildungsreise auf den Kontinent unternahm, der noch weitere Aufenthalte folgen sollten. Die Frucht jener Jahre der Widmung an die Philologie mündete 1629 in eine Übersetzung von Thukydides' Werk über den Peloponnesischen Krieg. Für Thukydides standen der Gebrauch der Macht und ihre Eigenlogik im Vordergrund. Auch Machiavelli hatte sich damit eingehend beschäftigt. Für H.' Staatsphilosophie, für sein ganzes späteres philosophisches Weltgebäude sollte dies prägend werden (*Elementa philosophiae: de corpore*, 1655 – *Vom Körper*; *de homine*, 1658 – *Vom Menschen*; *de cive*, 1642 – *Vom Bürger*). Neben seinen naturwissenschaftlichen Arbeiten (Mathematik, Physik) beschäftigte ihn vor allem seine historische Zeitgenossenschaft: Er floh 1640 aus England in ein zehnjähriges Exil nach Frankreich; der konfessionelle Bürgerkrieg bedrohte ihn höchstpersönlich, denn seine Gegner bezichtigten ihn des Atheismus. 1651 erschien seine wohl bekannteste Schrift: der *Leviathan*, ein deskriptives und perspektivisches Paradestück zeitgenössischer politischer Philosophie. Nach der Aussetzung einer Pension 1660 durch seinen früheren Mathematikschüler im Pariser Exil, den nunmehr inthronisierten Stuart Karl II., setzte H. seine naturwissenschaftlichen und zunehmend literarisch-autobiographischen Studien fort. Er verstarb in Hardwick auf den Gütern seiner Gönner und Freunde Cavendish, die ihm zeitlebens die Treue hielten. Er glaubte bis zum letzten Atemzug erstaunlicherweise beharrlich an die Möglichkeit einer Quadratur des Kreises; in mathematischer Hinsicht zog er dabei in langwierigen Disputen immer den kürzeren. Doch bleibt dieses von seiner musikalischen Beschäftigung umrahmte Paradoxon uns ein möglicher Zugriff auf sein sinnstiftendes Denkbegehren: das Unmögliche möglich zu machen. Die Unterscheidung zwischen Philosophie und subjektivem spekulativen Denken fällt dem Nachgeborenen immer leichter als dem Zeitgenossen. Diese simple Frage nach der Theoriefähigkeit trifft eigenartigerweise besonders auf H. zu. Heute stellt man sich die Frage, ob H. nun Empirist, Materialist, Erkenntnistheoretiker, Naturphilosoph oder gar politischer Philosoph gewesen sei, vielleicht sogar in Grenzbereiche der Sprachphilosophie und der Mathematik (logisches Kalkül) vorgedrungen sei.

Seinen Zeitgenossen war er auf andere Weise suspekt. Gerade weil er sich nicht der Schulphilosophie seiner Zeit verpflichtet fühlte, sah er sich sowohl von dieser Seite als auch von Vertretern der »neuen« Wissenschaft (z. B. Descartes) beständigen Angriffen ausgesetzt. H. kämpfte zeitlebens um die Anerkennung seiner systematischen Theorie, seines pragmatischen philosophischen Systems. Denn um nichts Geringeres ging es ihm: um die Beschreibung und Deutung *aller* Vorgänge und Geschehnisse, die das Sein bestimmen, unter *einem* methodischen Überbau, seien es organische, anorganische oder soziale Gebilde. Gerade diese völlige Entwertung des Individuums zu einer rechnerischen Größe trug ihm den Unmut des Klerus ein. Andererseits bestand darin eine absolut neue Qualität: der Mensch wurde als autonomes Einzelwesen, als Individuum schlechthin begriffen. Man muß sich vergegenwärtigen, daß ursprünglich der Begriff des Individuums in der vorrangigen Gültigkeit der Familienstruktur aufgelöst war, alle gesellschaftliche Arbeit Resultat gruppenspezifischer Prozesse war. Selbst am Ausgang des europäischen Mittelalters stand die Institution des Zunftwesens, das seinerseits familienähnlich organisiert war, ökonomisch im Konflikt mit einer neu sich etablierenden gesellschaftlichen Realität: der Markt- oder Tauschgesellschaft. Dort wurden Verträge zwischen Einzelnen geschlossen, zwischen »Privatleuten«, die begrifflich noch keinerlei Status innehatten, real aber die gesellschaftliche Entwicklung bestimmten. In diese Revolutionierung der Lebensverhältnisse hinein kollidierte die Frage nach dem rechten Glauben infolge von Reformation und Gegenreformation. In solch einer Situation die Frage nach dem Wert des Individuums zu stellen, hieße einerseits Partei zu ergreifen und die vermeintlich »richtige« Lehre zu reproduzieren, andererseits nach einem Weg zu suchen, die Phänomene methodisch von ihrer ideologischen Wurzel zu abstrahieren und in einer übergreifenden Systematik aller Phänomenebenen neu zu definieren. Das Ziel solcher Anstrengung hieße Objektivierung und damit auch Versöhnung scheinbarer Antagonismen unter Hinzugewinn einer übergreifenden Methode (Philosophie) und der politischen Garantie einer ökonomisch prosperierenden Gesellschaft. Die unausweichliche Folge solchen Verfahrens, daß nicht nur einzelne Individuen sozial auf der Strecke bleiben, ist in H.' mechanistischem Denken keine moralische Kategorie, sondern notwendig systemisch bedingt. Sein analytisches Verfahren ließe sich »auseinanderlegend-zusammensetzend« in Analogie zu Galileis Denken beschreiben, der dies (angeblich) anläßlich einer Begegnung bei einer Europareise (1634 bis 1636) anregte: »Denn aus den Elementen, aus denen eine Sache sich bildet, wird sie auch am besten erkannt. Schon bei einer Uhr, die sich selbst bewegt, und bei jeder etwas verwickelten Maschine kann man die Wirksamkeit der einzelnen Teile und Räder nicht verstehen, wenn sie nicht auseinandergenommen werden und die Materie, die Gestalt und Bewegung jedes Teiles für sich betrachtet wird. Ebenso muß bei der Ermittlung des Rechtes des Staates und der Pflichten der Bürger der Staat zwar nicht aufgelöst, aber doch gleichsam als aufgelöst betrachtet werden, d. h. es muß richtig erkannt werden, wie die menschliche Natur geartet ist, wieweit sie zur Bildung des Staates geeignet ist oder nicht, und wie die Menschen sich zusammentun müssen, wenn sie eine Einheit werden wollen. Nach dieser Methode bin ich verfahren.« Die Momente der epochalen Herausforderung, auf die H. die philosophische Antwort gab, waren das Aufkommen der exakten Wissenschaft und der gleichzeitige Verlust der Außenstabilisierung des Individuums durch den konfessionellen Bürgerkrieg. Das 17. Jahrhundert war noch ein durchaus theologisches Zeitalter, insofern sich die geistigen Ausdrucksformen des gesellschaftlichen Kampfes an theologischen Ritualen orientierten. Deren Wahrheitsgehalt verkam zur Parteilichkeit, zur Ideologie, in deren Namen fanatisierte Individuen einander bedrohten. H. liebte den Frieden mehr als die Wahrheit; sie hatte ihre einigende Kraft verloren, und ewige Wahrheiten gab es für ihn ohnehin nicht, da jede Wahrheit von der ihr zugrunde liegenden Definition abhängt. Der Zweck allen Denkens war bei ihm auf die systematische Zusammenschau von exakter Wissenschaft und politischer Praxis unter einer handlungsleitenden Maxime gerichtet: dem letzten naturnotwendigen Zweck der optimalen Erhaltung des Daseins. Darauf sieht H. alles menschliche Handeln bezogen, auf die Herstellung von Frieden untereinander und die Verteidigung des eigenen Daseins. Der Mensch im 17. Jahrhundert bricht zur Autonomie auf, zu der seiner Seele (Glaubensfragen) und seiner ökonomischen Unternehmungen (Eigentumsgesellschaft). Diese Zielsetzung ist aber nicht theologischer Natur, sondern gründet in der menschlichen Vernunft. Deshalb rührt H.' Denken an alle wesentlichen Bereiche, die das Weltbild im 17. Jahrhundert bestimmten: Theologie, Wissenschaft, konfessionellen Bürgerkrieg, grundlegende ökonomische Umwälzung der sozialen Verhältnisse, geostrategische Verschiebungen der Machtverhältnisse. H. begab sich in seinen Schriften auf alle nur denkbaren Gebiete. Sein Wirken läßt sich deshalb auch nicht unter *einem* Begriff von Philosophie subsummieren. Er forderte von der Philosophie die Bereitstellung einer Methode, »deren Grundsätze einerseits sich als Verallgemeinerungen der Prinzipien der wissenschaftlichen Methode darstellen, andererseits aber gleichzeitig die universal gültigen Voraussetzungen jeder Realwissenschaft zu formulieren habe«.

Die Umsetzung in gesellschaftliche Realität, die politische Praxis, sollte mit den Mitteln einer analytischen Theorie des Rechts und des Staates geleistet werden. Insofern versteht sich H. selbst als politischer Philosoph, wenn er feststellt, daß die gesamte Staatsphilosophie »nicht älter ist als das Buch, das ich selber *Über den Bürger* geschrieben habe«, datiert also auf das Jahr 1642. Es ist deshalb unmöglich, seine Schriften isoliert von der historischen Situation zu betrachten, in der er sich befand. Andererseits würde man dem Rang, den seine wissenschaftstheoretische Arbeit ausmacht, nicht gerecht werden, wenn sein philosophisches System zu einem Gesellschaftsmodell verkürzt würde.

Die Kategorien von Recht und Staat entwickelten sich vielmehr notwendig aus einer analytischen Methode. H. untersuchte die Funktionsweise der Gesellschaft rational-mechanistisch. Alle Tatsachen, ob im Bereich der Physik, der Anthropologie, der Geschichte oder der Gesellschaft, die sich mechanistisch erklären lassen, bezeichnete H. als »Körper«. Diesen Begriff übertrug er auf anorganische, organische und soziale Gebilde. »actio« und »reactio« waren ihm die grundlegenden Bewegungsgesetze sowohl für das Zustandekommen menschlicher Erkenntnis als auch für den Ablauf sozialer Prozesse. So erzeugt Macht ihrerseits wiederum Gegenmacht, die allerdings nicht einander symmetrisch sind, sondern lediglich in anderen Formen erhalten bleiben entsprechend dem Energieerhaltungssatz. Die Repression durch einen Souverän beispielsweise wird durch die Eigentums- und Wettbewerbsgarantie und die Privatisierung des Denkens kompensiert. Die Mathematisierung der Welt wird zum generellen Kennzeichen neuzeitlicher Philosophie. Mit der Objektivierung ihrer methodischen Basis und ihrem ideologiekritischen Potential erfährt der Begriff der politischen Philosophie eine Neubewertung; es wird möglich, Alternativen im menschlichen Handeln rational zu begründen und verläßliche Prognosen über vorgeschlagene Verhaltensweisen zu machen. Jedenfalls ist eine zunehmende Integrität der politischen Philosophie zu verzeichnen, deren handlungsleitendes Interesse, das Prinzip der Vernunft, zumindest die Richtung der gesellschaftlichen Entwicklung hin zur bürgerlichen Eigentumsgesellschaft mitbestimmte.

Sein *Leviathan* darf als erste radikale Antwort auf die Herausforderung der Neuzeit betrachtet werden, so daß von einer politischen Philosophie, von der ersten modernen bürgerlichen Staatsphilosophie gesprochen werden kann. Alle bedeutenden Denker dieser Zeit waren Mathematiker. Deshalb definierten sie objektive Erkenntnis aus den Axiomen und Regeln der Mathematik. Menschliches Handeln wurde als Bewegung von Körpern in Raum und Zeit verstanden. Daher rührt auch die prinzipielle Gleichheit der Menschen. Der oberste Leitsatz für den Staat, den Leviathan, ist das Vernunftgebot des Friedens. Dieses Gebot ist selbst nur in seiner dialektischen Vermittlung zu verstehen. Nach der Erfahrung des Bürgerkrieges, der Enthauptung des Monarchen (Karl I., 1649) und der Diktatur Cromwells in der Zeit des »langen Parlaments«, drängte sich der Friedensgedanke als Postulat an seine Realisierbarkeit auf; gleichzeitig deduzierte H. durch seine Analyse des Menschen und seiner gesellschaftlichen Existenz die Unmöglichkeit eines Friedens. Nur so ist zu begreifen, weshalb er im *Leviathan* erst einmal mit der Darstellung des Individuums, des späteren »bürgerlichen Subjekts«, beginnt, bevor er zu einer konkreten Organisationsform des Politischen schreitet. Folglich ist der *Leviathan* auch vom Besonderen zum Allgemeinen hin strukturiert. Aus der Anschauung des menschlichen Subjekts läßt sich für H. die richtige Konstitution des Staates ableiten: »So wie etwa ein Würfel auf die gleichförmige Bewegung einer Fläche im Raum zurückgeführt werden kann, diese wiederum auf die gleichförmige Bewegung einer Linie und diese schließlich auf die gleichförmige Bewegung eines Punktes, und wie der Würfel nach dieser Auflösung wieder entsprechend zusammenzusetzen ist, so löst sich der Staat in die ihn mechanisch notwendig ergebenden Voraussetzungen auf, und so kann man schließlich seine Zusammensetzung apriorisch demonstrieren.« Sicherlich muß eine solche mechanistische Konzeption vom Staate zu kurz greifen. Doch bietet dieses Modell zum ersten Mal die Möglichkeit, das tatsächliche Moment der Individualisierung begrifflich zu fassen. Der Mensch wird autonom bestimmt, ohne alle moralischen und sittlichen Züge, wie sie später durch den Idealismus wieder hinzukamen. Da die Wahrheit entweder nur einmal existieren kann oder eben verschiedene Wahrheiten möglich sind, hat sie als Gebot der Einigung im Namen Gottes ihren Dienst versagt: die Eindeutigkeit von Wahrheit begründet ja erst ihre Wirkung! Wenn jedoch die verschiedenen Bürgerkriegsparteien alle im Namen der Wahrheit die anderen Gruppierungen bekämpfen, entlarven sie sich als partikulare Wahrheiten, als Ideologien.

Deshalb war die scholastische Denktradition für H. erledigt. Statt Wahrheit (ergo Ideologie) setzte er das Primat des Friedens. Frieden bedeutet bei H. immer noch ausschließlich die Abwesenheit von »personaler Gewalt«. An einen Abbau von »struktureller Gewalt« ist bei H. nicht zu denken. Dies widerspräche völlig den Voraussetzungen seiner Theorie, die den Menschen als »wölfisch« definiert. Die andere Definition, »homo homini deus est«, bezieht sich allein auf die Konstruktion des »künstlichen Menschen und sterblichen Gottes«, des »Leviathan«. H. geht in seinem Denken nicht von einem Idealzustand der Welt aus, sondern von den Tatsachen seines Erfahrungshorizontes. Er wertet damit nicht in moralischen Kategorien von »gut« und »böse«, wie es später z.B Rousseau macht. Da der Mensch in bezug auf die Objekte seiner Wünsche nur von seinen Sinnen und seinem Willen her geleitet wird, kann er die Gegenstände auch nur von sich aus beurteilen. Die Beschreibung des menschlichen Antriebs von seinen Triebstrukturen und Bedürfnissen her ist durchaus im modernen psychoanalytischen Sinne zu verstehen. Allein die Frage nach der Bewertung der Triebstrukturen und ihrer Lenkung und Kanalisierung stellt H. nicht; sie ist auch bedeutungslos im Hinblick auf die zweite diagnostizierte Grundeigenschaft des autonomen Subjektes, nämlich seine Todesfurcht. Diese Furcht führt über die Indienststellung der Vernunft, die lediglich zweckrational verstanden wird, zu dem Wunsch nach Sicherheit. Die Sicherheit wiederum ist nur durch die Unterwerfung unter die Macht eines Souveräns über alle möglich. Die Menschen sind gleich, einmal, weil sie alle nach den gleichen Dingen streben, zum anderen, weil die Bedrohung untereinander immer gleich bleibt. Der Stärkste kann vom Schwächsten durch List und Klugheit getötet werden; die Furcht vorm Tode egalisiert die Menschen. Die Dinge, nach denen die menschliche Natur strebt, sind auf Selbsterhaltung und Lustbefriedigung (»commodius living«) zurückzuführen. Da aber der Lustgewinn die Grenzen sofort dort erreicht, wo zwei Individuen dasselbe

Objekt begehren, ist der Konflikt zwischen ihnen unausweichlich. Da aber alle Güter begrenzt sind, also nicht alle Subjekte gleichermaßen diese knappen Güter erhalten können, tritt die Kategorie der Macht als Durchsetzungsgewalt gegen die Ansprüche anderer auf den Plan. Macht wird als das vorzüglichste Mittel zur Lustbefriedigung erkannt und deren Größe als eine Relation in der menschlichen Interaktion bestimmt. Machtstreben und Konkurrenzverhalten können nur dort aufhören, wo eine noch viel größere Macht entgegensteht. Diese Macht herzustellen bedeutet die Geburtsstunde des *Leviathan*: »Die größte menschliche Macht ist diejenige, welche aus der Macht sehr vieler Menschen zusammengesetzt ist, die durch Übereinstimmung zu einer einzigen natürlichen oder bürgerlichen Person vereinigt sind, der die ganze Macht dieser Menschen, die ihrem Willen unterworfen ist, zur Verfügung steht, wie z. B. die Macht eines Staates.« Die Frage nach der Übereinstimmung ist dabei zentral. Denn die Autonomie des Subjektes widerspricht grundsätzlich einer Einschränkung seines Machtpotentials. Bisher stellte sich der Konflikt zwischen dem allumfassenden Machtstreben einerseits und den knappen Gütern andererseits. Nur wenn durch diese egozentrische Bedarfsdeckung eine Bedrohung für andere erwächst, wird eine Konfliktregelung prinzipiell nötig. Diese berührt dann jedoch auch die Frage nach der *Verteilung* der knappen Güter. Bezugspunkt des abstrakten Rechts auf alles ist das autonome Subjekt; es bezieht seine Welt als ein materiales Gegenüber auf sich selbst und wird herstellend aktiv. Mit dieser Form des Subjektivismus entsteht das Selbstbildnis des bürgerlichen Subjekts: der Bürger als Handwerker. Der Befriedigung des Strebens nach den knappen Gütern entspricht realökonomisch die Entwicklung des Kapitalismus. Damit war für H. das Postulat der prinzipiellen Gleichheit aller trotz der Klassenantagonismen abgedeckt; denn die Stoßrichtung des *Leviathan* ist vor allem gegen die Aristokratie als nicht vertragsgegründete herrschende Klasse gerichtet. In diesem Sinne ist H. durchaus Vorläufer der Eigentumstheorie von Locke. So berechtigt die Kritik an dem ökonomischen Resultat des H.schen Modells ist, so darf man doch nicht vergessen, daß der Staat, der später »Nachtwächterstaat« heißen wird, bei H. lediglich die Außenstabilisierung geben soll. Die Individuen dürfen ohne Reglementierung ihren »Geschäften« nachgehen, also der Akkumulation von Kapital. Natürlich liegt genau darin der Konfliktstoff verborgen, der den gesellschaftlichen Unfrieden geradezu garantiert und das H.sche Theorem des *Leviathan* in die Schranken der Geschichte verweist. Denn mit den Klassenantagonismen ist eine »strukturelle Gewalt« institutionalisiert. Für H. konnte dies noch nicht ein zentrales Problem sein. Dennoch liegt in der Autonomie des bürgerlichen Subjektes die eigentliche Leistung der politischen Philosophie bei H. Denn diese Autonomie ist der Gegensatz zu jeder dirigistischen Staatsform. Die Unterscheidung von Staat und Gesellschaft ist schon angelegt, ohne näher expliziert zu sein. Die Staatsgründung ist zweckrational und funktional bestimmt; die gesellschaftliche Entwicklung gehorcht aber allein den Prämissen der Innerlichkeit des Subjektes, die sich gegenüber dem öffentlichen Bereich, dem der staatlichen Herrschaft, prinzipiell verselbständigen konnte. Diese Innerlichkeit, »Privatsphäre«, gewinnt nach H. an Bedeutung, da sie nicht nur die Religiosität einschließt, sondern zunehmend als Bereich der ökonomischen Handlungsfreiheit verstanden wird. Das war die Absage an absolutistische Monarchie –

oder klerikale Machtbegründung. Somit aber ist H. auch *der bürgerliche* Politikwissenschaftler, der die Frage nach Legitimität und Herrschaft der scholastischen Tradition entzogen hat. Alles, was Menschen zu den Waffen greifen läßt, kann nicht wahr sein, denn die höchste Wahrheit der Vernunft ist nach H. das Naturgesetz zum Frieden. Es bleibt als Ergebnis seiner Theorie dennoch die grundsätzliche Antinomie übrig: ist Friede unter »Wölfen« überhaupt denkbar. Die Möglichkeit, die Spinoza im Vergleich zwischen H. und Rousseau erkannt hatte, bleibt konkrete Utopie: Rousseaus Gedanke von der Demokratie, der Volkssouveränität, kollidierte mit H.' Naturbegriff der menschlichen Disposition; im Grenzfall könnten jedoch Souverän (H.) und Volksherrschaft (Rousseau) identisch sein. So würden alle Vertragspartner die Regeln ihres Zusammenlebens selbst schaffen und sichern. Dies wäre dann der Übergang vom Absolutismus zur Demokratie. Und wie jedes Modell, so ist aber auch jede Philosophie in eigener Weise endlich. Heute stellte sich die Frage nach einem vernunftbegründeten System von Wissenschaft und Gesellschaft auch einem H. völlig neu, denn seine Versöhnungspotentiale zwischen Wunsch und Möglichkeit scheinen verbraucht.

Kersting, Wolfgang: Die politische Philosophie des Gesellschaftsvertrags. Darmstadt 1994. – Münkler, Herfried: Thomas Hobbes. Frankfurt am Main/New York 1993. – Weiß, Ulrich: Das philosophische System von Thomas Hobbes. Stuttgart-Bad Cannstatt 1980. – Willms, Bernhard: Der Weg des Leviathan. Die Hobbes-Forschung von 1968–1978. Berlin/München 1979. – Strauss, Leo: Hobbes' politische Wissenschaft. Neuwied/Berlin 1965.

Thomas Schneider

Holbach, Paul-Henri Thiry d' (d. i. Paul Heinrich Dietrich)
Geb. 8. 12. 1723 in Edesheim (Pfalz); gest. 21. 1. 1789 in Paris

Als H.s Hauptwerk, das *Système de la nature*, 1770 unter falschem Namen und fingierter Angabe des Druckortes erschien, gingen die meisten aufklärerischen Philosophen, namentlich Voltaire, auf Distanz zu diesem streng materialistischen und kompromißlos atheistischen Buch. Bezeichnenderweise gehörte gerade der Marquis de Sade zu den wenigen zeitgenössischen Lesern, die das *Système* mit Beifall aufnahmen (»la base de ma philosophie«), während der junge Goethe und seine Straßburger Freunde sich trotz großen Interesses letztlich doch abgestoßen fühlten: »wie hohl und leer ward uns in dieser tristen atheistischen Halbnacht zu Mute, in welcher die Erde mit allen ihren Gebilden, der Himmel mit allen seinen Gestirnen verschwand« (*Dichtung und Wahrheit*). Kaum jemand mochte damals glauben, daß der Autor dieses auf Anordnung des französischen Parlaments umgehend öffentlich verbrannten Traktats der als liebenswürdig, großzügig und tolerant geltende Baron H. sein sollte, in dessen Pariser Salon die »philosophes«, die Autoren der großen *Encyclopédie*, ein und aus gingen, der aber auch verfolgten Jesuiten Zuflucht geboten hatte. Auf Wunsch seines durch Finanzspekulationen reich gewordenen Onkels, der ihm neben seinem Vermögen auch den 1722 erkauften Adelstitel vererbte, war der deutschstämmige H. im Anschluß an sein 1744 begonnenes Jurastudium in Leyden 1749 nach Paris gekommen, wo er schnell Bekanntschaft mit der intellektuellen Avantgarde um Diderot und d'Alembert schloß. Für deren *Encyclopédie* schrieb der profunde Kenner der deutschen Naturwissenschaften ab 1753 weit über 300 Artikel, die sich hauptsächlich mit mineralogischen und metallurgischen Gegenständen befaßten; darüber hinaus übersetzte er – neben naturwissenschaftlichen Arbeiten vorwiegend deutscher Forscher – zahlreiche religionskritische, deistische Schriften aus dem Englischen. Die einzigen größeren Ereignisse in seinem Leben bestanden in einer kurzen London-Reise 1765 und in der 1780 erfolgten Wahl zum Mitglied der Russischen Akademie der Wissenschaften in St. Petersburg. In seinen eigenständigen philosophischen Werken (neben dem *Système* unter anderen *Le Christianisme dévoilé*, vermutlich 1766; *L'Éthocratie*, 1776; *La Morale universelle*, 1776) vertrat H. einen materialistisch fundierten Atheismus, wobei es ihm in erster Linie um die Begründung einer natürlichen, vernünftigen Moral ging. Die umfassendste, vor allem aber die systematische Durchführung dieses Ansatzes bietet das *Système de la nature* (*System der Natur oder von den Gesetzen der physischen und der moralischen Welt*), mit dem H. trotz der beinahe einhelligen Kritik an seiner antireligiösen Radikalität sehr schnell eine tiefe und dauerhafte Wirkung erzielte.

Den zentralen Gedanken des *Système* formuliert bereits der erste Satz des Vorworts: »Der Mensch ist nur darum unglücklich, weil er die Natur verkennt.« Hauptabsicht H.s ist demgemäß die Aufklärung über metaphysische Irrtümer, d. h. die Aufdeckung der wahren, kausalen Beziehungen zwischen den Menschen und den Dingen. Damit richtet sich H.s Angriff notwendig gegen religiöses Denken jeglicher Art. Der empirisch nicht abzusichernde Glaube an transzendente Mächte gilt ihm als Grundübel, weil er die ethisch als an sich neutral verstandenen körperlichen Affekte der rationalen Kontrolle entzieht und so ihre mögliche positive Wirkung auf die Gesellschaft verhindert. H. versucht demgegenüber, aus seiner streng mechanistisch-kausalen Naturauffassung eine weltimmanente Ethik abzuleiten. Als deren Grundlage dient das monistische Axiom, daß alles Denken nur eine spezifische Form der allgemeinen Bewegung der Materie sei; die cartesianische These des Dualismus von Körper und Geist wird zurückgewiesen. Alle moralischen Gesetze müssen deshalb wie physikalische Gesetze empirisch und kausal fundiert sein. Wie Newton die Gravitation als das wesentliche Organisationsprinzip der Materie, so nimmt H. das Bedürfnis der Selbsterhaltung als zentrales Gesetz des menschlichen Zusammenlebens an und entwickelt daraus in Analogie zur Physik seine Ethik der sozialen Nützlichkeit: »*Tugend* ist also das, was wirklich und auf die Dauer den in Gesellschaft lebenden Wesen der menschlichen Gattung nutzt; *Laster* ist das, was ihnen Schaden bringt.« Inhaltlich unterscheidet sich dieses Tugend-Konzept kaum von dem der englischen Moralisten, wohl aber in seiner Begründung. Hatten Shaftesbury und die anderen »moral sense«-Optimisten einen angeborenen moralischen Trieb behauptet, so kommt der Rationalist H. ohne empfindsamen Rückgriff auf eine derartige göttliche Fügung aus: Da jeder sich selbst erhalten und in größtmöglichem Glück leben möchte, muß er als vernünftiges Wesen auf das Selbsterhaltungsbedürfnis der anderen Rücksicht nehmen und seine Leidenschaften so steuern, daß sie zum Glück der Allgemeinheit beitragen.

In der Tradition des französischen Rationalismus (Pierre Bayle) hat H. damit einen strikt materialistischen »Tugend«-Begriff entwickelt. Gescheitert ist er allerdings an dem Problem, dieses Vertrauen auf die Vernunft als sozialem Faktor, wobei sich alle Hoffnungen auf die Macht der Erziehung richten, mit dem Glauben an die mechanische Notwendigkeit in der Bewegung der Materie überzeugend zu vermitteln. H.s Determinismus wurde deshalb von den zeitgenössischen Lesern als Spielart des Nihilismus verstanden und abgelehnt. Auch der umständliche Argumentationsstil H.s schien auf fatale Weise seinem nüchternen Entwurf einer entgötterten Welt zu entsprechen und mußte insbesondere die junge Künstlergeneration in Deutschland provozieren, die sich eher für die ästhetisch fundierte Moral der Engländer (»moral beauty«) begeistern mochte. Zudem hatte gerade Shaftesbury jegliches Systemdenken grundsätzlich abgeurteilt: »The most ingenious way of becoming foolish, is by a system«. Der Vorwurf des mit Pedanterie gepaarten Nihilismus verhinderte das Begreifen des ebenso individuell wie politisch emanzipatorischen Potentials in H.s materialistischem Tugendkonzept: der Legitimation der Sinnlichkeit und der Ablehnung jeglicher autoritärer Herrschaft.

Kors, Alan Charles: D'Holbach's coterie. An Enlightenment in Paris. Princeton/New Jersey 1976. – Naville, Pierre: Paul Thiry d'Holbach et la philosophie scientifique au XVIIIᵉ siècle. Paris 1943 (revidierte und erweiterte Neuauflage Paris 1967).

Albert Meier

Horkheimer, Max
Geb. 14. 2. 1895 in Zuffenhausen/Stuttgart; gest. 7. 7. 1973 in Nürnberg

Als »Geburt der Kritischen Theorie aus dem nonkonformistischen Geist Schopenhauers« charakterisierte Alfred Schmidt, ein Schüler H.s, einmal frühe Texte seines Lehrers. Daß H. als Begründer und gewissermaßen Schulhaupt der neomarxistischen Kritischen Theorie oder Frankfurter Schule in seinem letzten Lebensabschnitt wieder entschieden zu Schopenhauer zurückfand, mag ein erster Hinweis sein auf das einheitliche geistige Spannungsfeld, in dem sich H.s vielschichtige Entwicklung vollzog. Sein konsequentes, lebenslanges Eintreten für eine bessere Gesellschaft, seine sensible und theoretisch geschulte Erfahrungsfähigkeit sowie sein unbeirrbarer Wille zur Wahrheit haben ihn vor Resignation und Anpassung ebenso geschützt wie vor dogmatischer Verhärtung.

Als H. 1930, gerade 35 Jahre alt, Leiter des »Instituts für Sozialforschung« wird, können sich endlich seine beiden widerstrebenden Lebenspläne glücklich verbinden. Von seinem Vater, dem wohlhabenden Textilfabrikanten Moritz Horkheimer, war ihm von klein auf die Rolle als unternehmerischer Nachfolger zugedacht. Doch so sehr die Erziehung im konservativ-jüdischen Elternhaus dieses Ziel verfolgt – H. wird nach dem »Einjährigen« als Lehrling in der väterlichen Firma eingestellt –, so sehr regen sich auch H.s Interessen an Literatur und Philosophie. Maßgeblichen

Anteil daran hat der Freund Friedrich Pollock, mit dem er 1911 einen Vertrag schließt, der ihre tatsächlich lebenslange Freundschaft als »Ausdruck eines kritisch-humanen Elans« besiegelt. Während H. also auf der einen Seite 1914 zum Betriebsleiter der Firma aufsteigt, liest er andererseits Ibsen, Strindberg, Karl Kraus und Schopenhauer und schreibt davon beeinflußte pessimistisch-sozialkritische Novellen (*Aus der Pubertät*, 1974 zusammen mit Tagebuchaufzeichnungen dieser Zeit veröffentlicht). 1916, nach der Verbindung mit der Privatsekretärin seines Vaters, der wesentlich älteren Rose Riekher, spitzen sich die häuslichen Auseinandersetzungen zu. Er holt mit Pollock nach dem Ersten Weltkrieg in München das Abitur nach und beginnt dort mit dem Studium der Psychologie, Philosophie und Nationalökonomie, das er bald in Frankfurt am Main fortsetzt. H. wendet sich mehr und mehr der Philosophie zu und verabschiedet sich endgültig von der seitens des Vaters zugedachten Berufsperspektive. Wichtigster akademischer Lehrer H.s ist nun der Philosoph Hans Cornelius, Vertreter eines eigenwilligen Neukantianismus, bei dem er 1923 mit einer Arbeit über Kant promoviert. H. wird Assistent von Cornelius, bei dem zu dieser Zeit auch Adorno studiert, und habilitiert sich 1925 mit einer Arbeit über *Kants Kritik der Urteilskraft als Bindeglied zwischen theoretischer und praktischer Philosophie*. In den Jahren bis 1930 erfolgt der schon vorher angelegte Durchbruch H.s zu der von ihm begründeten Position der Kritischen Theorie. Schon nach dem Krieg hatte er angefangen, Marx zu lesen, und Kontakt zu radikalen Studentengruppen gefunden. Angesichts der Weimarer Verhältnisse wandelt sich H.s früher moralischer Rigorismus zusehends in eine konkreter begründete und theoretisch weiterführende gesellschaftskritische Haltung. Diesen Prozeß der eigenen Positionsfindung und Lösung von akademischer Fachphilosophie dokumentiert die Aphorismensammlung *Dämmerung. Notizen in Deutschland* aus den Jahren 1926–1931 (veröffentlicht 1934 unter dem Pseudonym Heinrich Regius).

Entscheidend aber wird H.s Aufstieg zum Leiter des der Universität angeschlossenen »Instituts für Sozialforschung«, welches seit 1924 in Frankfurt als marxistische Forschungsstätte unter Mitwirkung Friedrich Pollocks besteht, gestiftet von dem vermögenden Mäzen Hermann Weil auf Initiative seines Sohnes Felix. Nach der Emeritierung des ersten Institutsleiters Carl Grünberg, eines orthodoxen Marxisten, wird der gerade zum Professor für Sozialphilosophie berufene H. im Oktober 1930 Leiter des Instituts. In seiner Antrittsrede Anfang 1931 über *Die gegenwärtige Lage der Sozialphilosophie und die Aufgaben eines Instituts für Sozialforschung* formuliert H. erstmals das für die nächsten Jahre gültige Programm einer »dialektischen« Vermittlung von einzelwissenschaftlicher Forschung und philosophischer Fragestellung im Interesse einer Ökonomie, Soziologie und Psychologie umfassenden Theorie der Gesellschaft. Dieses gegen Metaphysik und Positivismus gerichtete Programm interdisziplinärer Forschung, das zunächst den Titel »Materialismus« erhält, beruft sich kritisch ebenso auf Hegel wie auf Marx und findet sein zentrales Forum in der von H. gegründeten, 1932 erstmals erscheinenden *Zeitschrift für Sozialforschung*, welche die 1930 eingestellte Zeitschrift Carl Grünbergs ablöst. Während H., neben seiner quasi unternehmerisch-organisatorischen Leitertätigkeit, die philosophische Programmatik in Einzelstudien konkretisiert, sind z.B. Erich Fromm für Sozialpsychologie, für Literatursoziologie Leo Löwenthal, für Ökonomie

Friedrich Pollock und für Philosophie und Faschismustheorie Herbert Marcuse (ab 1933) zuständig. Zu den wichtigen philosophischen Beiträgen H.s in den nächsten Jahren zählen *Materialismus und Metaphysik* (1933), *Materialismus und Moral* (1933) und *Zum Problem der Wahrheit* (1935). Der Verfolgung durch die Nationalsozialisten hatten sich H. und die meisten seiner Institutsmitglieder inzwischen durch Emigration entzogen. H. geht 1933 nach Genf, wo das Institut eine Zweigstelle errichtet hatte, und 1934 nach New York, wohin das Institut nun seine wissenschaftliche Zentrale verlegt. Während die interdisziplinäre Arbeit des Instituts in den 1936 veröffentlichten *Studien über Autorität und Familie* ihren produktiven Höhepunkt erlebt, legt H. mit dem Aufsatz *Traditionelle und kritische Theorie* (1937) den wohl bedeutendsten Versuch einer Klärung des eigenen Theorieprogramms vor. Mit der hier erstmals verwendeten Bezeichnung »Kritische Theorie« wird die Abgrenzung von der herrschenden, traditionellen Wissenschaftstheorie auf einen bündigen Nenner gebracht. Während die traditionelle, auf Descartes zurückgehende Theorie am Vorbild der Naturwissenschaften orientiert ist und auf logisch schlüssige Konstruktion und technische Zweckmäßigkeit angelegt ist, versucht Kritische Theorie, die Gegenstände in ihrer historischen und gesellschaftlichen Vermitteltheit zu erfassen. Ihr Modell ist die Marxsche Theorie, sie hat »die Veränderung des Ganzen zum Ziel«, geleitet »vom Interesse an vernünftigen Zuständen«, während traditionelle Theorie sich mit den Zielen der herrschenden Gesellschaft identifiziert. Die Kritische Theorie H.s hat allerdings im Gegensatz zu Marx das Vertrauen in die progressive historische Rolle des Proletariats verloren.

Ende der 30er Jahre beginnt die enge Institutskooperation mehr und mehr zu zerfallen, und im Jahr 1941 ziehen H. und einige seiner Mitarbeiter nach Los Angeles um. Dort will er endlich sein lange geplantes Buch über Dialektik schreiben. Zwischen 1942 und 1944 entsteht dieses Buch nun in engster Zusammenarbeit mit Adorno und erscheint 1947 unter dem Titel *Dialektik der Aufklärung*. In diesem Hauptwerk der Kritischen Theorie rechnen H. und Adorno mit der abendländischen Aufklärungsgeschichte in einer Weise ab, die in ihrer Negativität dem bisherigen Denken H.s weitgehend fremd war. Waren die Schriften der 30er Jahre noch von der verhalten optimistischen Hoffnung auf eine Kontinuität aufklärerischer und marxistischer Perspektiven bestimmt, so scheint H. nun, daß die »Entzauberung der Welt«, das Programm der Aufklärung, in ihr Gegenteil umschlägt. Aufklärung erliegt selbst dem mythischen Zwang völliger Naturbeherrschung und technischer Rationalität. Selbsterhaltung ist das durchgängige »Prinzip der blinden Herrschaft« in Natur und Gesellschaft, das sich schließlich in der Absolutsetzung technischer, instrumentell gewordener Rationalität verkörpert. Diese Fehlentwicklung der Aufklärung konkretisieren die Autoren u. a. an der aufgeklärten Moral (Kant, de Sade) und an der modernen Kulturindustrie. In enger Verbindung mit diesem Werk stehen Vorlesungen H.s. von 1944, die später unter dem Titel *Kritik der instrumentellen Vernunft* auf Deutsch veröffentlicht werden: »Das Fortschreiten der technischen Mittel ist von einem Prozeß der Entmenschlichung begleitet« – diese Entwicklung untersucht H. an dem modernen Begriff der Vernunft, der statt auf vernünftige Zwecke ausschließlich auf die effektivsten Mittel reflektiert. Die Kritik der modernen Vernunft hat bei H. also den Charakter einer Selbstkritik der Vernunft an ihren reduzierten Formen, ist also Vernunftkritik im Dienst der Vernunft.

Als H. 1950 nach Frankfurt zurückkehrt, um dort das »Institut für Sozialforschung« erneut aufzubauen und seine frühere Professur wieder zu übernehmen, werden als letzter großer Ertrag der Emigrationszeit die *Studies in Prejudice* von ihm herausgegeben, das Ergebnis jahrelanger interdisziplinärer Antisemitismusforschung. Die Schwerpunkte seiner Arbeit in Frankfurt liegen im organisatorischen und administrativen Bereich sowie in der Lehre: Abschluß der Wiedererrichtung des Instituts 1951, von 1951 bis 1953 Rektor der Universität und von 1954 bis 1959 Gastprofessor in Chicago. Nach seiner Emeritierung zieht sich H. ab 1960 nach Montagnola in der Schweiz zurück. Das philosophische Spätwerk H.s besteht im wesentlichen aus Gelegenheitsarbeiten und Notizen. Der »verwalteten Welt« und dem Verlust von Individualität und praktisch politischer Perspektive entgegnet H. mit einer pessimistischen Rückwendung auf Schopenhauer, der ihm seit seiner Jugend präsent war. Diese Aktualität Schopenhauers verbindet sich nun, nachdem der selbstbewußte Vernunftanspruch der Philosophie abgewirtschaftet hat, mit dem gleichsam theologischen Motiv einer »Sehnsucht nach dem ganz Anderen«, die aus dem Wissen um menschliches Leid und Endlichkeit entspringt. In ihr drückt sich die gefährdete Hoffnung eines möglichen Sinns des Weltgeschehens aus. – Insbesondere in Philosophie und Sozialforschung hat H. seit Mitte der 70er Jahre eine zunehmende Wirkung entfaltet, die mit der Herausgabe seiner *Gesammelten Schriften* seit 1985 endlich eine solide Basis gefunden hat. Eine »Horkheimer-Konferenz« im September 1985 in Frankfurt am Main bestätigt die Einschätzung, daß der Autor noch Zukunft hat, der – mit Adornos Worten – »für die Verbindung kritisch-geschichtsphilosophischen Denkens mit einer emphatisch dem Ganzen zugewandten Gesinnung« steht.

Schmidt, Alfred/Altwicker, Norbert (Hg.): Max Horkheimer heute: Werk und Wirkung. Frankfurt am Main 1986. – Wiggershaus, Rolf: Die Frankfurter Schule. Geschichte – Theoretische Entwicklung – Politische Bedeutung. München/Wien 1986.

Peter Christian Lang

Humboldt, Wilhelm von
Geb. 22. 6. 1767 in Potsdam; gest. 8. 4. 1835 in Tegel

Nein, als Philosoph hat er sich nicht gesehen. Auch kam ihm wohl niemals in den Sinn, seine Studien der wahren Philosophie zuzuordnen, wie er sie verstand und zeitlebens mit der Philosophie Kants und ihrer Aufgabenstellung der Bestimmung der Grenzen reiner Vernunfterkenntnis identifizierte. Von ihr glaubte H. auch dort noch auszugehen, wo er sich von Anfang an von ihr entfernte, indem er jenseits ihrer restriktiven Resultate das Gebiet der ihn interessierenden, immer auch empirisch bedeutsamen Fragen zu den Bereichen Individualität, Bildung, Sprache, historische Zeit sowie Staat und Gesellschaft ausschritt. Oberflächlicher Betrachtung entzieht sich diese ungewöhnliche Themenvielfalt seines früh entworfenen, prinzipiell bis zu den späten Sprachstudien festgehaltenen Projekts einer »Synthese von Philosophie und Anthropologie« (Jürgen Trabant) einer überzeugenden Systematisierung und trägt weitgehend fragmentarischen Charakter, so daß H. wie »eine Sphinx (erscheint), welche jeden Betrachter anders ansieht und welche jeder Betrachter anders ansieht« (Friedrich Meinecke). Doch erlangen seine wenigen abgeschlossenen wie die Vielzahl der abgebrochenen Schriften »eine innere Vollendung« (Tilman Borsche) gerade dadurch, daß sie alle auf den Mittelpunkt einer umfassend gedachten *Theorie der Bildung des Menschen* (1794/95) bezogen sind, die sich in Abgrenzung zu Kants Bestimmung des transzendentalen Subjekts an einem philosophisch und empirisch zugleich gemeinten Begriff des Menschen orientiert. Durch ihn werden die Teile des H.schen Werks, dem auf bedeutsame Weise der Briefwechsel zugehört, trotz der »Variationsbreite seiner Ausdeutungsfähigkeit« (Klaus Heydorn) lesbar als endliche Fragmente einer notwendig unabschließbaren, zuletzt in einem philosophischen Begriff der Sprache begründeten »Charakteristik des menschlichen Gemüths in seinen möglichen Anlagen und in den wirklichen Verschiedenheiten, welche die Erfahrung aufzeigt«.

Seine ersten Untersuchungen in zeitgenössischer Philosophie und deren Geschichte erhielt H. nach der rückblickend »öde und freudlos dahinwelkend(en)« Kindheit und Jugend auf »Schloß Langweil« in Tegel bei Berlin durch Johann Jakob Engel, der dem lernbegierigen H. neben einem vertieften Zugang zur klassischen Antike auch erste Einsichten in die Philosophie Leibniz' und deren für sein späteres Werk zentralen Begriffe der Kraft und Vollkommenheit vermittelte. Engel gehörte in der preußischen Hauptstadt zu jener weitgehend vom Geist der Berliner Aufklärung geprägten Gruppe namhafter Persönlichkeiten, die den zunächst von Privatlehrern wie Campe erzogenen Gebrüdern H. private Vorlesungen hielten. Neben die innerlich distanzierte Teilnahme am romantisch-empfindsamen Kreis des Salons der Henriette Herz traten daher der Unterricht in griechischer Sprache sowie vor allem Vorlesungen über Nationalökonomie und Statistik bei Christian Wilhelm Dohm und Naturrecht bei Ernst Ferdinand Klein, deren Einfluß noch der spätere *Versuch, die Grenzen der Wirksamkeit des Staates zu bestimmen* (1792) erkennen läßt. Die Einführungen in die Theorie und Praxis der Verwaltung und des Rechtswesens unter der Aufsicht des langjährigen Erziehers Gottlob J. C. Kunth, der nach dem frühen Tod des Vaters (1779) auf H.s Bildungsweg großen Einfluß gewann, diente der Vorbereitung des Studiums der Rechtswissenschaften, das H. zunächst in Frankfurt/ Oder und 1788 in Göttingen nach nur vier Semestern absolvierte. »Erst jetzt ... begann H. er selbst zu werden« (Peter Berglar), indem er sich neben Vorlesungen bei dem Philosophen und Physiker Georg Christoph Lichtenberg sowie dem Altertumswissenschaftler Christian Gottlob Heyne vor allem dem erstmaligen Studium der gerade erschienenen Schriften Kants widmete. Sie bewogen den »in der Wolffschen Philosophie gesäugt(en) und großgezogen(en)« H. zur endgültigen Abkehr von der traditionellen Metaphysik und ihrem Anspruch auf übersinnliche Wahrheit. Durch diese erste bedeutsame Wende seines Lebens wurde H. »Kantianer und ist es zeitlebens geblieben« (T. Borsche). Auf der in Schopenhauers Geburtsjahr (1788) unternommenen »Reise ins Reich« bestimmten denn auch Kant-Gespräche seinen Besuch bei Friedrich Heinrich Jacobi, der wie die Begegnung mit dem Ehepaar

Forster zu einem regen Gedankenaustausch führte. Nach kurzer Zeit im Staatsdienst, für den H. als Mitglied der Preußen tragenden und prägenden Adelsschicht nach dem Wunsch der Mutter bestimmt war, schied er aus diesem vor seiner Erfurter Heirat mit Karoline v. Dacheröden (1791) aus.

Ihre lebensentscheidende Bekanntschaft hatte H. 1788 gemacht, der in den folgenden Jahren bis 1802 in finanzieller Sicherheit als »ein Gebildeter auf der Suche nach seiner Aufgabe und Bestimmung« (Gerhard Masur) lebte. Vor allem der Freundschaftsbund mit Schiller, von dem seine Charakteristik *Über Schiller und den Gang seiner Geistesentwicklung* (1830) bewegendes Zeugnis ablegt, eröffnete ihm diese neue Schaffens- und Lebensepoche. In ihr fand H., dessen Ideal der Harmonie das bewußt gestaltete »Gegenbild eines zerrissenen Bewußtseins, eines die Existenz bis in die Tiefen spaltenden Widerspruchs« (Klaus Heydorn) darstellt, nach seiner Übersiedlung in Jena 1794 ersten Anschluß an die Weimarer Klassiker und wurde Mitarbeiter der *Horen*. Dort erschienen anonym 1795 u. a. seine die Kritik Kants und Friedrich Schlegels provozierenden Überlegungen *Über den Geschlechtsunterschied*, in dem H. »die elementare Struktur (fand), in der die menschlichen Möglichkeiten in ihrer Totalität in der Gestalt von Verhaltensdispositionen erfaßt werden können« (Klaus Giel/Andreas Flittner). In seinen humanistisch-bildungsphilosophischen Studien ebenso wie in den Entwürfen zu einer vergleichenden Anthropologie, die bereits im Ansatz die für sein Spätwerk charakteristische Methode vorwegnehmen, daß »der praktische Beobachtungssinn« und der »philosophierende Geist« immer »gemeinschaftlich tätig sein« müssen, bemühte sich H. vordringlich um ein grundlegendes Verständnis der Bedingungen schöpferischer menschlicher Neugestaltungen, wie sie ihm paradigmatisch im Werk des verehrungsvoll verbundenen Goethe begegneten. In seiner ersten selbständigen Publikation *Über Göthes Hermann und Dorothea* (1799) zieht H., den Fragen der Ästhetik seit seiner Jugend beschäftigten, die Summe seiner ›Ästhetischen Versuche‹, die seine in produktiver Auseinandersetzung mit Kants *Kritik der Urteilskraft* entwickelten Überlegungen zu einer objektiven Bestimmung des subjektiven Gefühls des Schönen im Briefwechsel mit Körner fortsetzen. Einerseits Manifest der klassischen Ästhetik, führte diese Schrift über Goethe H. am Beispiel der Kunst zur Einsicht in die grundlegende Sprachlichkeit des menschlichen Geistes, die allen seinen charakteristischen, d. h. allgemeinverbindlichen Ausdrucksformen zugrundeliegt; ihnen galten seine ästhetischen, anthropologischen und historischen Betrachtungen.

Für diesen sich um 1800 abzeichnenden Durchbruch H.s zum philosophischen Denken (in) der Sprache, der ihn auch zum wesentlich dialogischen Charakter seiner persönlichen Gesamterscheinung vorstoßen ließ und seine erste zusammenfassende Darstellung in dem Fragment über *Latium und Hellas* (1807) fand, gab den entscheidenden biographischen Anstoß seine Erfahrung der grundlegenden Verschiedenheit der Sprachen in der Begegnung mit dem Baskischen. Sie ereignete sich während zweier von Paris aus unternommener Reisen nach Spanien (1799/1800 u. 1801), wohin H. 1797 übersiedelte, nachdem er mit Campe bereits 1789 das revolutionäre Frankreich besucht hatte. Das intensive Interesse an der Sprache, das in Paris durch den regen Kontakt zum Kreis der »Ideologen«, jener von der sensualistischen Philosophie Condillacs bestimmten französischen Denker und Philosophen verstärkt wurde, hielt auch während seiner politisch unbedeutenden Tätigkeit als preußischer Resident beim Vatikan in Rom an (von 1802 bis 1808), wo er sich neben den Indianersprachen Süd- und Mittelamerikas kritischen Studien der Schriften Fichtes widmete. Diesem Abschnitt schloß sich das von bedeutenden, erst vom Liberalismus der 19. Jahrhunderts wiederentdeckten Denkschriften begleitete Jahrzehnt seines eigentlich staatsmännischen Wirkens an, das seine Berufung ins Amt eines »Chefs der Sectionen für den Cultus, öffentlichen Unterricht und des Medizinal-Wesens« einleitete (1809). Im Range eines Geheimen Staatsrates leitete H. eine grundlegende Reform des preußischen Unterrichtswesens ein, deren Höhepunkt 1810 mit der Neugründung der Friedrich-Wilhelm-Universität in Berlin erreicht wurde. Ihre für das 19. und 20. Jahrhundert normgebende Einrichtung basierte in Struktur und Aufgabenstellung auf einem Konzept H.s, das produktiv die vorangegangenen Programmschriften Fichtes, Schellings, Schleiermachers u.a. in einem eigenen Wissenschafts- und Universitätskonzept zusammenführte. Seine Grundprinzipien der akademischen Freiheit und der Einheit von Forschung und Lehre in dem Sinne, daß das Forschen als eigenständige Wahrheitssuche und Wissensaneignung selbst das einzig Lehrbare darstellt, verknüpfte objektive Wissenschaft und subjektive Bildung in einer Weise, die sie zugleich als geistige und sittliche Bildung bestimmte. Jene erwiesen sich damit als Teil eines allgemeinen Bildungskonzepts, das Bildung entgegen ihrer späteren Formalisierung, Privatisierung und Ideologisierung durch das politisch abstinente Bildungsbürgertum als den »Prozeß der Selbstwerdung des Individuums (versteht), das in sich eine wahre und sittliche Welt verkörpert« (Herbert Schnädelbach). Obwohl für seinen neuhumanistischen Daseins- und Lebensentwurf »die Griechen immer einzig bleiben werden«, war H. sich der Perspektivität seiner Sichtweise bewußt, da »dies nicht gerade ein ihnen eigner Vorzug, sondern mehr eine Zufälligkeit ihrer und unserer relativen Lage ist.« Statt jedoch seine Reform in seinem Sinne auch politisch abzusichern, reichte H. nach einer von ihm als faktische Entmachtung und persönliche Kränkung gedeuteten Kabinettsreform vorzeitig sein Entlassungsgesuch ein (1810), um sich als »Diplomat im zweiten Glied« (P. Berglar) in Wien, Prag, Paris u.a. auch für eine politisch tragfähige Lösung der deutschen Frage nach dem Sturz der napoleonischen Ordnung und dem Ende des alten Reiches zu engagieren. Seine Teilnahme am politischen und geistigen Leben der europäischen Metropolen dokumentiert auch seine weitverzweigte Korrespondenz, die ein facettenreiches Bild der damaligen Welt- und Geistesgeschichte liefert und H. zum »Klassiker des Briefes« (Eduard Spranger) hat werden lassen.

Nicht zuletzt wegen seines wachsenden Widerstandes gegen die sich abzeichnende reaktionäre Erstarrung Preußens und daraus resultierender Konflikte mit Staatskanzler Hardenberg entließ man den liberalen Konservativen schließlich 1819 aus allen Ämtern, der sich daraufhin in der einsamen Zurückgezogenheit seines Schlosses in Tegel fast ausschließlich seinen Studien widmete. Seine hier entstandenen methodologischen Bemerkungen *Über die Aufgabe des Geschichtsschreibers* (1821) haben vor allem in der Diskussion über die Grundlegung der Geschichts- und Geisteswissenschaften breite Resonanz erfahren, obwohl sie auch für seine vergleichenden Sprachforschungen Gültigkeit haben sollten, deren wesentliche Ergebnisse H. in Vorträgen vor der Preußischen Akademie der Wissenschaften als deren

Mitglied (seit 1809) veröffentlichte. Auf deren Gedächtnisfeier in H.s Todesjahr, in das neben der Veröffentlichung von G. Büchners *Dantons Tod* auch die erste Eisenbahnfahrt von Nürnberg nach Fürth fiel, trug als Vermächtnis August Boeckh mit intuitiver Sicherheit den Abschnitt »Poesie und Prosa« aus H.s grundlegender Einleitung seines Buches über die Kawi-Sprache vor, die seine sprachtheoretischen Überlegungen zusammenfaßt. Der rednerische Gebrauch der Sprache in Dichtung und wissenschaftlicher Prosa stellte für H. den Kristallisationspunkt des individuellen »Charakters« der historischen Einzelsprachen dar, deren hermeneutische, schöpferische und von Ideen geleitete Erforschung für H. das Ziel und den »Schlußstein der Sprachkunde« ausmachte. Von diesem »Charakter« erhalten die strukturellen und genealogisch-klassifikatorischen Untersuchungen zum »Bau« der Sprachen erst ihre Legitimation. Die stilistische Eigentümlichkeit der stets neu einsetzenden, umkreisenden Bestimmungen in Begriffskonstellationen leitet sich in H.s Schriften genau von seinem gegen die traditionelle Zeichenauffassung der Sprache abgegrenzten Begriff menschlicher Rede her, »der die wesentliche Allgemeinheit der Sprache in der Einheit mit der erscheinenden Individualität des Sprechens zu denken erlaubt« (T. Borsche). Auf der Suche nach der adäquaten Bestimmung des Menschen war damit H., dem trotz seiner körperlichen Leiden, von denen er nach dem Tod seiner Frau gezeichnet war, in seiner großen *Rezension von Goethes zweitem römischen Aufenthalt* (1830) noch einmal eine zukunftsweisende Deutung von dessen Dichtungs- und Weltverständnis gelang, über die Philosophie der Kunst und das vergleichende »Studium der Menschen« zu dessen sprachlichem Wesen in einem beeindruckenden Gesamtwerk vorgedrungen, das provozierend immer auch »die ganze Selbstdarstellung der bürgerlichen Kultur in ihrer höchsten Ausprägung und über alle Perioden« (K. Heydorn) umfaßt.

Borsche, Tilman: Wilhelm von Humboldt. München 1990 (mit Bibliographie). – Trabant, Jürgen: Apeliotes oder Der Sinn der Sprache. Wilhelm von Humboldts Sprach-Bild. München 1986. – Borsche, Tilman: Sprachansichten. Der Begriff der menschlichen Rede in der Sprachphilosophie Wilhelm von Humboldts. Stuttgart 1981.

Matthias Schmitz

Hume, David
Geb. 7. 5. 1711 in Edinburgh; gest. 25. 8. 1776 in Edinburgh

Die philosophiegeschichtliche Bedeutung H.s läßt sich nicht auf einen Nenner bringen. Die vielfältige Weise, in der seine Aussagen fruchtbar wurden, zeigt sich in den unterschiedlichen Prädikaten: H. als Skeptiker, als Empirist, als Aufklärer, als Antirationalist. Was in der gegenwärtigen Diskussion in einzelne Argumentationsversatzstücke aufgelöst wird, besaß noch eine sinnvolle Einheit in dem für H.s Philosophie treibenden Motiv: seine engagierte Auseinandersetzung mit Moral und Religion. Als Zwanzigjähriger äußerte er den gleichsam programmatischen Satz: Ob calvinistische oder antike Moralphilosophien, »jeder nahm nur seine eigenen

Phantasien im Errichten von Lehrgebäuden über Tugend und Glück ernst, ohne die menschliche Natur zu beachten, von der jede moralische Schlußfolgerung abhängen muß«.

Dahinter verbargen sich die für seine Zeit repräsentativen gegenläufigen Tendenzen innerhalb der Religion: auf der einen Seite die calvinistische Strenge, auf der anderen Seite das Bestreben vieler Aufklärungsphilosophen, die Grundlegung der Moral ohne Bezugnahme auf den Willen Gottes zu leisten (u. a. Joseph Butler). Zunächst hatte H. die religiöse Erziehung seiner Mutter, die als tiefreligiöse Frau geschildert wird, erfahren. Zudem lag sein Heimatort Ninewells in dem Pfarrbezirk von Chirnside, der zu Beginn des 18. Jahrhunderts ein bedeutendes Zentrum des strengen Calvinismus in Schottland war. Als er mit zwölf Jahren an das College von Edinburgh kam, lernte er eine andere geistige Welt kennen. Im Unterricht wurden ihm die Naturrechtslehre von Hugo Grotius, die philosophischen Ideen von John Locke und das naturwissenschaftliche Denken Isaac Newtons vermittelt. Ihm standen Lehrer gegenüber, die George Berkeleys skeptische Einwände gegen die übernommenen metaphysischen Argumentationen und Butlers neue Grundlegung der Moral positiv zur Kenntnis genommen hatten. Als er nach seinem ersten Abschluß (1725) gegen den ausdrücklichen Wunsch seiner Familie das Studium der Rechte abbrach und zur Philosophie überwechselte, kam es nach wenigen Monaten zu einer mit schwerer psychosomatischer Erkrankung verbundenen Krise. Offensichtlich bedeutete seine Entscheidung für Philosophie auch eine Abkehr von der anerzogenen calvinistischen Religion, die ihn zunächst in einen inneren Konflikt stürzte. Andererseits erklärt sich von daher auch sein Engagement in Sachen Moralphilosophie und Religion, denen er zeitlebens – gegen zahlreiche Widerstände und heftige Anfeindungen von seiten der Amtskirche, der presbyterianischen Church of Scotland – stärkstes Interesse entgegenbrachte.

Seine ersten philosophischen Pläne realisierte er während seines Frankreichaufenthalts, vor allem in La Flèche, wo Descartes einmal das Kolleg absolviert hatte. Zwischen 1734 und 1737 entstanden die ersten beiden Bücher von *A Treatise of Human Nature (Ein Traktat über die menschliche Natur)*, die 1739 zur Veröffentlichung kamen, das III. Buch, *Of Morals (Über Moral)*, folgte 1740. Die ursprüngliche Intention dieses umfangreichen Werks war die Entwicklung und Darstellung einer Moralphilosophie, die die menschliche Natur zu ihrer Grundlage hatte. Demgemäß waren dem eigentlichen moralphilosophischen Teil mit Buch II, *Of the Passions (Über die Affekte)*, die Untersuchungen über die menschlichen Seelenregungen vorgelagert. Das I. Buch, *Of the Understanding (Über den Verstand)*, sollte die Begründung dafür erbringen, daß die Loslösung unserer Vorstellungen von ihrer empirischen Basis, den Empfindungen, nicht haltbar sei. In der Abfolge dieser Untersuchungsschritte kommen die eingangs erwähnten philosophiegeschichtliche Prädikate H.s zur Geltung. Seiner aufklärerischen Absicht entspricht, alle nicht durch Erfahrung ausgewiesenen Grundsätze als Dogma zurückzuweisen, wie auch das rationalistische Kriterium, daß Evidenz erst den Sinn von etwas garantiert. Evidenzen, die berechtigen, eine Sache für wahr zu halten, bleiben jedoch im Prinzip widerlegbar. Unumstößliche Gewißheitsprinzipien hielt er aufgrund seines wenn auch gemäßigten Skeptizismus für nicht akzeptabel. Unabdingbare Voraussetzung ist für H., daß der Erkenntnisprozeß mit empirischer Erfahrung beginnt: Mit Hilfe von Wahrnehmung und Erinnerung eignet sich der Mensch Wirklichkeit erkennend an. Um Reichweite und Leistungsfähigkeit des menschlichen Erkenntnisvermögens zu bestimmen, legt H. eine Erfahrungstheorie vor, die von einfachen und komplexen Perzeptionen, d. h. unmittelbaren Bewußtseinsinhalten, als grundlegenden Elementen ausgeht. Diese unterscheidet er in reine Sinnesdaten, d. h. Eindrücke (»impressions«) und Vorstellungen (»ideas«). Wir können nur über solche Vorstellungen oder Ideen in sinnvoller Weise sprechen, die auf die äußeren Impressionen zurückgeführt werden können. H.s Ideen sind »Abbilder unserer Eindrücke« im Bewußtsein und weniger lebhaft als das mit den Sinnen intensiv Wahrgenommene. Mit diesem aus der Erfahrung stammenden »Stoff« operiert das Denken: Assoziationsgesetze (z. B. Kausalität) leiten die Einbildungskraft, wenn sie einfache(re) Perzeptionen zu komplexen zusammensetzt.

Herausgefordert wurden nachfolgende Philosophiegenerationen durch H.s Begründung des Ursache-Wirkungs-Verhältnisses: Es ist rational nicht zu rechtfertigen, von wiederholten Ereignissen unserer Erfahrung auf zukünftige, von denen wir noch keine Erfahrung besitzen, zu schließen. Andererseits geht jeder Mensch von der Überzeugung aus, daß auch noch nicht beobachtete Ereignisse in Übereinstimmung mit unseren bisherigen Erfahrungen stehen werden. Die einzig befriedigende Lösung bietet die psychologische Erklärung: Gewohnheit bzw. gewohnheitsmäßige Gedankenverknüpfungen und Assoziationen führen zu der Feststellung regelmäßiger Zusammenhänge. Kausalverknüpfungen können daher nicht mit strenger Notwendigkeit behauptet werden. Jede Erkenntnistheorie nach H. war gezwungen, sich mit dieser Lösung auseinanderzusetzen, auch wenn sie wie Kant, Husserl und Karl Popper einen anderen Weg vorschlugen.

Wenn also nur die Erfahrung eine gesicherte Grundlage abgeben kann, dann müssen in der Natur des Menschen Elemente auffindbar sein, die die Grundlage der Moral bilden können. Mit Shaftesbury, Butler und Francis Hutcheson teilte er die Meinung, daß nicht in der Vernunft die Quelle der Moral zu finden sei. Aber statt wie diese ein eigenes moralisches Gefühl (»moral sense«) anzunehmen, benannte er die in der Erfahrung gegebenen Gefühle und Affekte als die primären Gegebenheiten, von denen jede Moralphilosophie auszugehen hat.

Für H. war es eine Erfahrungstatsache, daß es neben egoistischer Nützlichkeitserwägung auch Gefühle der Sympathie und Menschenliebe (»humanity«) gibt. Beide ergänzen sich, so daß auch sozial nützliche Handlungen eine positive Beurteilung erfahren. Er ist der Meinung, daß bei der positiven Beurteilung eines Menschen »das Glück und die Befriedigung, die der Gesellschaft aus seinem Umgang und seinen Leistungen erfließen«, in besonderer Weise bedeutsam sind. Jeremy Benthams Utilitarismus ist hier in Grundzügen bereits vorweggenommen, ebenso Adam Smiths Prinzip der Beurteilung, wonach man durch Absehen von partikulären individuellen Umständen zu allgemeiner Gültigkeit gelangt.

Auch für die Begründung einer bestimmten staatlichen Ordnung macht H. individuelle und soziale Interessen, Sympathie und Gewohnheit geltend. Eine liberale Staatsordnung, die sich auf Privateigentum und Freiheit der persönlichen Entfaltung stützt, entspricht diesen genannten Momenten der menschlichen Natur am besten. Die rationalistischen Naturrechtslehren eines Hobbes oder Locke erscheinen in seinen Augen als nicht tragfähig genug. In Montesquieus Schrift *De l'esprit des lois* ist der Einfluß seiner Staatslehre noch spürbar. Die Resonanz auf seinen *Treatise* war nur gering. Dagegen hatten seine *Essays, Moral and Political* (1741), in denen er Fragen des Geschmacks, der Pressefreiheit, der Politikwissenschaft u. a. diskutierte, eine nachhaltige Wirkung. Die moralphilosophischen Themen dieser Essays griffen mit aufklärerischem Impetus die Macht der Priester und die schwärmerischen Religionen an, die seiner Ansicht nach zusammen mit Aberglauben eine immense Unordnung in den menschlichen Gesellschaften schaffen. Edinburghs Geistlichkeit reagierte gereizt: Eine Resolution gegen Häresie und Atheismus verhinderte seine Berufungen an die Universität von Edinburgh bzw. Glasgow. Während H. sich daraufhin den Lebensunterhalt durch Hauslehrertätigkeit und als Begleiter von General Sinclair auf dessen militärischen Unternehmungen und Gesandtschaftsreisen sicherte, erschienen in kurzer Folge die *Philosophical Essays Concerning Human Unterstanding* (1748) – seit 1758 als *Enquiry Concerning Human Unterstanding (Eine Untersuchung über den menschlichen Verstand)* – und *An Enquiry concerning the Principles of Moral* (1751; *Untersuchung über die Prinzipien der Moral*). Beide Veröffentlichungen – die erste macht H.s Philosophie weithin bekannt – sind gekürzte und stilistisch überarbeitete Versionen von Buch I bzw. Buch III des *Treatise*. Die Jahre 1752 und 1753 waren geprägt vom Erfolg seiner nationalökonomischen Schriften *Political Discourses* (1752) und durch die berufliche Sicherung als Bibliothekar des Juristenkollegiums in Edinburgh. Zwischen 1754 und 1762 erschienen die vier Bände seiner *The History of Great Britain*, ein Geschichtswerk, das seinen Ruf als herausragender Historiker begründet hat. Von 1763 bis 1766 arbeitet H. als Botschaftssekretär in Paris, wo er in regem Gedankenaustausch mit den ihn hoch verehrenden Enzyklopädisten (v. a. Diderot, d'Alembert, Helvétius) stand. Seine Behauptung in *Four Dissertations* (1757), die Religion sei ein natürliches und in der Geschichte veränderliches Phänomen der menschlichen Psyche, erregte noch einmal großes Aufsehen. Er wurde daraufhin als ›plebeischer Naturalist‹ und ›kümmerlicher Dialektiker‹ aus dem Norden beschimpft. Die Auseinandersetzungen gipfelten schließlich in dem Antrag auf Kirchenausschluß wegen Atheismus und Treulosigkeit. Das Urteil fiel noch zugunsten H.s aus mit der Begründung, daß man seinen tadellosen Charakter respektiere, wenn man auch seine Ansichten und Argumente für Verirrungen hielt. H. ist bis 1769 im Londoner Außenministerium tätig, zieht sich dann nach Edinburgh zurück, um dort v. a. die Überarbeitung seiner Werke vorzunehmen.

Streminger, Gerhard: David Hume. Sein Leben und sein Werk. Paderborn u. a. ²1994. – Gräfrath, Bernd: Moral sense und praktische Vernunft. David Humes Ethik und Rechtsphilosophie. Stuttgart 1991. – Lüthe, Rudolf: David Hume. Freiburg/Br. 1991. – Kulenkampff, Jens: David Hume. München 1989.

Peter Prechtl

Husserl, Edmund
Geb. 8. 4. 1859 in Proßnitz/Mähren; gest. 27. 4. 1938 in Freiburg i.Br.

Nachdem die Nationalsozialisten den international anerkannten H. – korrespondierendes Mitglied der »Académie
des sciences«, der »American Academy of Arts and Sciences«
und der »British Academy« – 1933 in sofortigen Urlaub
versetzt hatten, verboten sie dem fast Achtzigjährigen 1937
das Betreten seiner Universität Freiburg. H. setzte auf der
Rückseite des Verbotsschreibens seine philosophischen Aufzeichnungen fort. Diese Begebenheit beleuchtet unver-
kennbare Wesenszüge des Menschen und Denkers H.: zum
einen seine existentielle Orientierung an der Vernunft auch
in schweren Erschütterungen, zum anderen seine typische
Arbeitsweise. Er dachte im Schreiben, indem er sich Bleistiftnotizen machte. Als
Philosoph war er ein unermüdlicher Arbeiter an Einzelproblemen. Zeugnis und
Hinterlassenschaft dieser lebenslangen und tagtäglichen Arbeitsphilosophie ist sein –
von Pater Van Breda unter gefährlichen Umständen vor der Vernichtung durch die
Nazis geretteter – Nachlaß im Husserl-Archiv zu Louvain in Belgien. Er umfaßt im
wesentlichen 45000 Seiten seiner Manuskripte in der alten Gabelsberger Steno-
grammschrift, auch das erwähnte Verbotsschreiben. Dieser immense Nachlaß gibt
Kunde von dem zähen und monomanen Ringen, von dem Ernst und der Strenge,
die das Philosophieren von H. durchgängig prägten. »Ich war und bin in großer
Lebensgefahr« –, dies schrieb er nicht etwa angesichts der Bedrohung durch den
Nationalsozialismus, sondern 1905, in Tagebuchaufzeichnungen, die von seinem
Leiden daran berichten, daß sein Denken nicht vorankommen will.

H. – der zweite Sohn einer jüdischen Familie – studiert nach dem Besuch des
k. u. k. Gymnasiums in Olmütz von 1876 bis 1878 in Leipzig Astronomie, Mathema-
tik und Philosophie. Er hört Vorlesungen des Philosophen Wilhelm Wundt, der in
Leipzig das erste Institut für experimentelle Psychologie gegründet hatte. H.s
Mentor ist der nachmalige erste Staatspräsident der Tschechoslowakei, der Brentano-
Schüler Tomáš G. Masaryk (ab 1882 Philosophie-Professor in Prag), auf dessen
Einfluß seine Konversion zum Protestantismus (1886) zurückgeht. Von 1878 bis 1881
studiert H. in Berlin Mathematik (bei Carl Weierstraß) und Philosophie (bei
Friedrich Paulsen). Er promoviert 1882 in Wien *(Beiträge zur Theorie der Variations-
rechnung)* und wird daraufhin Assistent von Weierstraß in Berlin. Dem Rat Masaryks
folgend studiert H. von 1884 bis 1886 in Wien bei Franz Brentano Philosophie, der
ihm die Weiterarbeit bei seinem Schüler Carl Stumpf in Halle empfiehlt. Bei Stumpf
habilitiert sich H. *Über den Begriff der Zahl* (1887) und veröffentlicht die Arbeit 1891
unter dem Titel *Philosophie der Arithmetik*. Sie wurde von Gottlob Frege sehr kritisch
rezensiert, und diese Rezension wird die radikale Wende H.s zu einer Psychologismuskritik sicher mit bedingt haben. Er ist nun für vierzehn Jahre Privatdozent
in Halle. Hier entsteht der erste Text, der H. zum Klassiker macht: die *Logischen
Untersuchungen* (1900/01), ein epochemachendes Werk, in welchem eine Neubegründung der reinen Logik, der Entwurf einer neuen Erkenntnistheorie, ja einer

neuen Philosophie, der Phänomenologie, unternommen wird. Das 1000seitige Werk wird von Wilhelm Dilthey als »der erste große Fortschritt, den die Philosophie seit Kant gemacht hat«, begrüßt. H. erhält einen Ruf nach Göttingen (1901), wo er 1906 zum ordentlichen Professor ernannt wird. Er veröffentlicht 1911 in der Zeitschrift *Logos* den weithin beachteten programmatischen Aufsatz *Philosophie als strenge Wissenschaft*. Mit seinen Schülern Moritz Geiger, Alexander Pfänder und Adolf Reinach gründet H. das *Jahrbuch für Philosophie und phänomenologische Forschung*, in dem als erster Text seine *Ideen zu einer reinen Phänomenologie und phänomenologischen Philosophie* (1913) erscheinen. Dieses Buch bezeugt zuerst H.s Umdenken hin zur Transzendentalphilosophie. Er wird 1916 Nachfolger des Neukantianers Heinrich Rickert in Freiburg. Heidegger wird von 1919 bis 1923 sein Assistent. *Sein und Zeit* erscheint 1927 im *Jahrbuch*, in dem Edith Stein und Heidegger dann 1928 H.s *Vorlesungen zur Phänomenologie des inneren Zeitbewußtseins* herausgeben. H. wird im selben Jahr emeritiert, Heidegger sein Nachfolger. Im Jahr 1929 legt H. das Werk *Formale und transzendentale Logik* vor. Reisen führen ihn nach Amsterdam, Straßburg, Paris, Frankfurt, Berlin. Aus den Pariser Vorträgen entstehen die *Méditations Cartésiennes* (1931; *Cartesianische Meditationen*).

Die Demütigungen durch die Nazis beginnen 1933. H. tritt als Senator der Deutschen Akademie zurück. Einen Ruf nach Los Angeles lehnt er ab. Er findet jedoch noch die Kraft zu seinem zweiten klassisch gewordenen Hauptwerk: *Die Krisis der europäischen Wissenschaften und die transzendentale Phänomenologie* (1936), in dem er den umfassenden Entfremdungscharakter der neuzeitlichen Wissenschaften analysiert. H. reiht sich mit dieser Arbeit, die bereits in tragischer Isolation entsteht, noch einmal in die große Tradition des jüdischen Rationalismus innerhalb der deutschen Philosophie ein.

Sein Denken steht durchgängig in der Tradition der europäischen Aufklärung und Vernunftphilosophie. Sie entfaltet sich, wie etwa auch der Empirismus Humes und die Transzendentalphilosophie Kants, als Kritik. So bestimmt er seit dem Beginn des Jahrhunderts sein philosophisches Lebensziel als eine Kritik der Vernunft. Die Gesamtentwicklung seines Denkens läßt sich mit ihren Hauptetappen in vier Phasen zerlegen. Jede dieser Phasen stellt eine Vertiefung, Radikalisierung und Universalisierung seines kritischen Grundanliegens dar. Erste Phase: die Psychologismuskritik und Neubegründung der Logik *(Logische Untersuchungen)*; zweite Phase: die Wissenschafts- und Philosophiekritik der Göttinger Phänomenologie; dritte Phase: der Versuch der kritischen Grundlegung einer transzendentalen Phänomenologie (ab 1913); vierte Phase: die Kritik des europäischen Wissenschafts- und Zivilisationsprozesses durch eine transzendentale Analyse der Lebenswelt (Spätwerk, *Die Krisis der europäischen Wissenschaften*). Das Grundmotiv seines Denkens läßt sich als Versuch der Rettung der Vernunft vor ihrer Relativierung und ihrer eigenen Kontingenz bestimmen. Er gehört so zu den großen, auf die Bedrohungen, Zusammenbrüche und Kränkungen reagierenden Autoren, Bedrohungen, die zu dieser Zeit bereits tief auch in der universitären Vernunftphilosophie wirksam waren. Man muß sich vor Augen halten, wie etwa der Neukantianismus relativistisch, positivistisch, lebensphilosophisch-irrational unterwandert war. Gegen diese Tendenzen richten sich H.s *Logische Untersuchungen*. Es geht um eine »radikale Überwindung des Psychologismus in der Theorie der Vernunft«; die reine Logik muß allen depotenzierenden Reflexionen entzogen werden. Fünf Kernargumente bilden das Zentrum der *Logischen Untersuchungen*. Erstens: Die Psychologie handelt von Tatsachen; ihre Sätze sind empirisch. Sie hat bislang kein Gesetzeswissen erreicht. Die Regeln der Logik jedoch bedürfen keiner empirischen Abstützung. Umgekehrt kann niemals aus einem empirischen psychologischen Satz eine logische Norm gefolgert werden. Zweitens: Empirische Sätze sind wahrscheinlich; sie können in der Zukunft falsifiziert werden. Logische Wahrheiten sind hingegen notwendige Wahrheiten und notwendig gültig. Drittens: Logische Regeln sind nicht – wie empirische Verallgemeinerungen – durch Induktion aus einer Anzahl einzelner Fälle gestützt. Im Zweifel wird daher die notwendige logische Wahrheit sich stets als stärker erweisen als eine induktive Generalisierung. Viertens: Die empirischen Generalisierungen der Psychologie führen bestenfalls zu kausalen Zusammenhängen; logische Gesetze aber sind keine kausalen Gesetzmäßigkeiten. Prämissen und Konklusionen eines logischen Schlusses stehen nicht im Verhältnis von Ursache und Wirkung. Folgerungen sind keine Wirkungen. Fünftens: Empirische Gesetzmäßigkeiten beziehen sich auf Tatsachen, logische Regeln jedoch nicht. Empirische Gesetze sind aus der Beobachtung besonderer Ereignisse gewonnen; logische Schlußregeln jedoch setzen die Existenz besonderer Ereignisse nicht voraus. Insgesamt präsentieren die *Logischen Untersuchungen* nicht nur die skizzierte Destruktion des Psychologismus und eine Neubegründung der reinen Logik. Sie weiten sich aus zu einer Neubegründung der philosophischen Reflexion selbst, zu einer phänomenologischen Erkenntnistheorie. Denn die reinen, apriorischen, von ihrer psychischen oder gar physiologischen Genese unabhängigen Wesensgesetze, wie sie in der Logik sichtbar wurden, sind keineswegs auf diese beschränkt: In der Perspektive einer erkenntnistheoretischen Fundamentalphilosophie kann H. für sämtliche Regionen des menschlichen Welt- und Selbstverhältnisses die Apriorität ihrer wesentlichen konstitutiven Strukturen behaupten. Da diese in Handlungen (»Akten«) gründen, kann H.s philosophische Position um 1900 charakterisiert werden als eine umfassende, nicht allein wissenschaftstheoretisch ausgerichtete Kritik der Vernunft, die auf eine beschreibende Klärung aller menschlichen Erkenntnismöglichkeiten und der für sie konstitutiven Akte ausgerichtet ist.

In der Folge setzt H. dieses Programm einer Wesensanalyse der menschlichen Erkenntnis in die Tat um. Sie wendet sich radikal gegen Hauptströmungen seiner Zeit: gegen die Wissenschaftsverfallenheit des Denkens in Szientismus und Naturalismus einerseits, gegen den Relativismus, Skeptizismus und Irrationalismus andererseits. In diesen machtvollen Bewegungen artikuliert sich für H. die »Not der Zeit«, welche sich als »radikale Lebensnot« zeige. Der Reduktion der humanen Vernunft auf instrumentelle Wissenschaftlichkeit entspricht verhängnisvoll ihre Geringschätzung in den subjektivistischen Entwürfen, Meinungen, Gefühlen und Lebensstimmungen. Der Ästhetizismus Nietzsches und die Weltanschauungstypologie seines akademischen Rezipienten Wilhelm Dilthey sind die zu H.s Zeit dominierenden Philosophien, die dem wissenschaftstheoretisch enggeführten Neukantianismus gegenüberstehen. Dieser Zerrissenheit der Vernunft gilt der Kampf H.s für eine *Philosophie als strenge Wissenschaft*. Deren Geltungsanalysen sollen jenseits von szientistischem Objektivismus und irrationalem Subjektivismus als den Schwundstufen menschlicher Orientierungsmöglichkeiten die wahren Voraussetzungen der Vernunft freilegen. Es prägt Stil und Systematik von H., daß seine Analysen nun einerseits die subjektiven Bedingungen von Erkenntnis nicht unterschlagen, sondern diese vielmehr in jahrzehntelanger Arbeit immer radikaler strukturell zu erfassen suchen; und daß sie andererseits intersubjektive, »objektiv« ausgewiesene und allgemein zugängliche Methoden anwenden. Deswegen wirken Züge seiner Philosophie zuweilen wie Positionen, die er bekämpft; und deswegen sagte man von ihm bereits zu seinen Lebzeiten, er habe sich sehr kunstvoll zwischen zwei Stühle gesetzt.

Die zweite Phase, die Göttinger Phänomenologie, weitet die Geltungsanalysen auf alle Gebiete des Erkennens aus. Ihr legendärer Kampfruf war die Devise: »Zu den Sachen selbst!« Sie war nicht überschwenglich, teutonisch oder bombastisch gemeint, sondern im Gegenteil als Aufforderung zur strengen Selbstdisziplin und methodischen Genauigkeit des Denkens. Im Seminar wies H. junge Studenten, die mit großen Thesen kamen, mit den Worten zurück: »Geben Sie Kleingeld.« Die Göttinger Phase erhebt alle Phänomene – auch noch die unscheinbarsten und kleinsten – in den Rang authentischer und genuiner Gegebenheiten und dies vor und außerhalb aller theoretischen Konstruktionen und wissenschaftlichen, sie mit bestimmten vereinseitigenden Verständnissen überziehenden Zugangsweisen. Die Arbeit der Erinnerung an das Selbstverständliche, aber Vergessene erfordert dabei eine radikale Umlenkung der Blickrichtung, die von H. so genannte »epochē«. Diese Umkehr läßt sich kurz als Aufgeben aller bisher geltenden Auffassungen und Meinungen bestimmen. Erst nach Ausschaltung aller Setzungen erscheint die Welt in einem neuen, ihre tatsächlichen Strukturen erleuchtenden Licht. Erst dann wird auch sichtbar, daß eine Aufspaltung der Welt in »Subjekte« und »Objekte« von vornherein verfehlt ist. Vielmehr konstituiert sich die Welt in einem unzerreißbaren Zusammenspiel noetischer und noematischer Strukturen, die sich weder in ein gegenstandsloses Bewußtsein noch in ein Ding an sich auflösen lassen. Vielmehr ist die Urstruktur der Welt und in eins des Bewußtseins je bereits die der »Intentionalität«, wie H. im Anschluß an seinen Lehrer Franz Brentano lehrt. Das Bewußtseins-Leben ist intentional verfaßt; und das heißt: Jeder Akt bewußten Lebens ist gerichtet auf seine Erfüllung. Wir hassen etwas, wir lieben etwas, wir hoffen auf etwas, wir fürchten etwas, wir sehen etwas, wir denken etwas – und niemals kann das bewußte Leben diese Struktur minimaler Komplexität verlassen, sich in pure Subjektivität auflösen oder sich verdinglichen. Es ergeben sich daher die Korrelationsanalysen der Göttinger Zeit, in denen sich bereits die systematische Überwindung der die gesamte philosophische Tradition bisher prägenden ontologischen Subjekt-Objekt-Dichotomie ankündigt. In Göttingen wurde Kleinarbeit geleistet. H. ließ von seinen Schülern Tintenfässer und Streichholzschachteln in Übungen analysieren. Er beschrieb in Vorlesungen einen unscheinbaren Göttinger Abhang. Sein Schüler Reinach hielt während eines ganzen Semesters eine Vorlesung über einen Briefkasten. Was kurios anmutet, war radikal: Die Dingkonstitution wurde als ein dynamisches Geschehen aufgeklärt, in dem »Gegebenheitsweisen« des Gegenstandes sich jeweils als »Erfüllungsmöglichkeiten« für die noch »unerfüllte«, »leere« Intentionalität beschreiben ließen. Mögliche »Verläufe« der Erfahrung mit je spezifischer »Typik« waren präzise erfaßbar, ihre Unlösbarkeit von den Leibesbewegungen ermöglichte die Ausarbeitung der Konzeption eines Leibapriori der Erkenntnis. H. untersucht, wie es zur Totalität einer Gegenstandswahrnehmung kommen kann. Jeder Gegenstand in seiner Komplexität erscheint bereits als eine »Idee«, als »unendliche Aufgabe« für die Erkenntnis (»Transzendenz des Gegenstandes«). Neben der Lehre von der Intentionalität ist die Lehre von den Horizonten ein systematischer Grundbeitrag H.s aus dieser Zeit. Der »innere Horizont« kann als die Fülle der möglichen internen intentionalen Verläufe der Gegenstandskonstitution gekennzeichnet werden. Der »äußere Horizont« ist die Umgebung, in der sich ein Phänomen überhaupt erst als das zeigen kann, was es ist, die sinnstiftende kontextuelle Grenze seiner endlichen Totalität. Diese Grenze ist offen auf andere, weitere Horizonte hin bestimmt. Die Intentional- und Horizontalanalysen führen H. zur Konzeption überhaupt möglicher »Regionen« menschlicher Erfahrung und Erkenntnis mit unverwechselbaren Modi der intentional-horizontalen Konstitution (Region der Zahlen, Raumkonstitution, Zeitkonstitution, leibliche »kinästhetische« Konstitution etc.). Die Phänomenologie wird zur beschreibenden Klärung der Geltungsimplikationen und Verlaufsformen unserer alltäglichen Erfahrungen und zur Wesenswissenschaft von den apriorischen Regionen, von den überhaupt möglichen Intentionen und Horizonten. »Das Gebiet des Apriori ist unübersehbar groß« – so resümiert H.s damaliger Mitarbeiter Reinach die Quintessenz dieser Phase der phänomenologischen Bewegung.

Vergegenwärtigen wir uns die phänomenologischen Implikations- und Geltungsanalysen, wie H. sie in Göttingen praktizierte, an einem etwas komplexeren Beispiel. Nehmen wir an, ich entdecke auf der Straße vor mir ein Geldstück. Das Glitzern deutet auf ein Markstück hin. Es bildet sich jetzt sofort um meine Wahrnehmung ein Hof bzw. Horizont von Implikationen: Das Geldstück hat jemand verloren. Ich kann es aufheben und einstecken. Ich kann etwas damit anfangen, mir etwas kaufen. Eine gewisse Genugtuung will sich einstellen. In diesem Augenblick erreiche ich das Geldstück, bücke mich, um es aufzuheben, und entdecke zu meiner Enttäuschung: Es ist gar kein Markstück, sondern ein silberner Kronenkorken. Dieser Augenblick der Enttäuschung impliziert eine Reihe von zeitlich gegliederten Voraussetzungen, die sich explizieren lassen. 1. Eine Enttäuschung hat stattgefunden, eine Enttäuschung meiner ursprünglichen Intention, die auf ein Geldstück gerichtet war. Negativ läßt sich feststellen: Es ist kein Markstück da. 2. Das begleitende Glitzern ist nicht das Glitzern eines Markstückes gewesen. Auch die mitgegebenen Aspekte des Innenhorizonts des Gegenstandes sind anders. 3. Da, wo ich das Geldstück wahrnahm, da ist in Wahrheit etwas anderes, das ich eben zuerst wahrnahm und jetzt noch wahrnehme. Es handelt sich in der Wahrnehmung um zwei unvereinbare Identifikationen. 4. Das in der Täuschungswahrnehmung sichtbare Glitzern des Geldes wird als etwas matteres metallenes Schimmern des Kronenkorkens erkennbar; auch dieses war schon vorher, vor der Täuschung, »da« – so wird mit einem Schlag erkennbar. 5. Die Enttäuschungs-Erfahrung impliziert weiter, daß sich bestimmte Momente des »neu« gesehenen Phänomens mit bestimmten Momenten des vor der Enttäuschung gesehenen Phänomens decken. Z. B. wurde das Glitzern des Geldes zum Schimmern des Kronenkorkens; die Kreisform, die flache Gestalt, die Größe decken sich entsprechend. 6. Mir selbst wird im Moment der Enttäuschung über mich klar, daß ich in der Täuschung etwas anderes sah (und: etwas anders sah) als jetzt, in und nach der Enttäuschung. Es ist mir nun artikulierbar, daß ich wahrnehmend vor der Enttäuschung intentional anders eingestellt war. Es tritt das Moment der Reflexivität hinzu. Zu ihr gehört 7. ein Thematisch-Werden der Wahrnehmung selbst: Während das Geldstück schlicht gegeben war (»selbstgegeben«), so ist meine Wahrnehmung jetzt – durch die Enttäuschung – beobachtend, abtastend und untersuchend geworden, und zwar im Nu. Also hat sich auch die Form der Intentionalität modifiziert. Mir wird 8. deutlich, daß das vermeintliche Markstück auf meine frühere Intention hin relativ – nämlich allein auf diese bezogen – war. Mir wird 9. klar, daß die Intention unangemessen war: Es war gar kein Geld da. 10. wird deutlich, daß aus Unangemessenheit jetzt eine Angemessenheit geworden ist. Es war nicht ehemals Geld da, und jetzt ist ein Kronenkorken da – dies wäre ein Phänomen der Kategorie der Verwandlung oder Verzauberung – sondern nur der Kronenkorken war und ist da. 11. Damit hat sich der gesamte äußere Horizont des Gegenstandes gewandelt; während das Markstück im Horizont der Brauchbarkeit stand, steht der Korken im Horizont der Nutzlosigkeit eines Stückes Abfall. 12. Ich habe es jetzt mit wahrer Wirklichkeit zu tun, während das frühere Phänomen in die Irrealität abgesunken ist. 13. Dennoch nahm ich das Geldstück – in der Täuschung – tatsächlich wahr. 14. Der Augenblick der Enttäuschung impliziert schließlich, daß ich nicht im selben Moment einer neuen Täuschung verfallen bin. Ich weiß jetzt, was auf der Straße liegt.

Diese Analyse der Füllequalitäten eines Augenblicks der Wahrnehmung mit seinen vierzehn konstitutiven Aspekten kann verdeutlichen, wie eine Arbeit der Erinnerung an das Selbstverständliche und Verborgene das Zentrum und das Fascinosum der frühen Phänomenologie ausmachte. Das Freilegen einer Tiefendimension an Geltungsimplikationen noch in der trivialsten Alltäglichkeit hatte etwas von der Rückgewinnung eines Geheimnisses der Wirklichkeit nach dem Schwund aller metaphysischen und weltanschaulichen Systemkonstruktionen an sich: und dies als strenge Analyse. Gleichzeitig konnte die weltfremde Distanznahme des phänomenologischen Blicks durch die Ausschaltung aller Praxisbezüge gerade eine neue Weltnähe und Vertrautheit heraufführen. Es gibt, so zeigte sich, keine isolierbaren Bewußtseinsakte (»Noesen«) und daneben Strukturen der Gegenstände (»Noemata«) an sich, sondern nur Bewußtseinsakte, in denen Gegenstände konstituiert werden: noetisch-noematische Strukturen. »Realismus« und »Idealismus« waren keine Alternativen mehr. H. gab die Parole aus: Wer mehr sieht, hat recht.

Die dritte Hauptphase ist durch eine nochmalige Radikalisierung der Geltungsanalyse gekennzeichnet, indem H. erstens fragt: Was muß bereits bei allen intentionalen Akten als geltend und konstitutiv vorausgesetzt werden? Die Antwort besteht in seiner Phänomenologie der transzendentalen Subjektivität. Sie entwickelt sich als transzendentalphilosophische Radikalisierung der methodischen Zweifelsbetrachtung bei Descartes. Zweitens fragt H. jetzt: Was ist der allen einzelnen Horizonten noch vorausliegende, sie umgreifende Horizont? Die Antwort besteht in seiner Entdeckung der Thematik der Welt.

Auf die Frage: Wie ist Objektivität überhaupt möglich, lautet H.s Antwort jetzt: durch transzendentale Subjektivität als die Urquelle aller Intentionalität und durch die Welt als den Horizont aller Horizonte. Die transzendentale Phänomenologie nimmt die Gestalt eines meditativen Rückgangs nach innen an; von dort aus will H. die Konstitution der gesamten Welt reflexiv fundieren. Im Nachvollzug dieser Analysen kann der Leser H.s zukunftsweisende Systemgedanken in weitere Richtungen verfolgen: sie betreffen die zwischenmenschlichen Beziehungen (*Zur Phänomenologie der Intersubjektivität* – bis Mitte der 30er Jahre entstandene Aufsätze, 1973 ediert aus dem Nachlaß – wichtig für die Soziologie), die Leiblichkeit (wichtig für französische Philosophen wie Merleau-Ponty), das Zeitbewußtsein (*Zur Phänomenologie des inneren Zeitbewußtseins*, 1893/1917, wichtig für H.s bedeutendsten Schüler Heidegger) und die Rolle der Passivität im Erkenntnisprozeß (*Analysen zur passiven Synthesis*, 1918/26). Die Untersuchungen von H. verzweigen sich in den Manuskripten in eine schier undurchdringliche innere Komplexität. Er selbst hat das Gefühl, immer wieder neu anfangen zu müssen und nie weiterzukommen. Wehmütig berichtet er im Schülerkreis, er habe als Junge ein Taschenmesser geschenkt bekommen, dessen Klinge er immer weiter schliff und schärfte, bis sie schließlich zerbrach.

In seiner Spätphase tritt H. mit einer weiteren überraschenden, höchst folgenreichen philosophischen Leistung hervor: mit einer Kritik der europäischen Wissenschaftsentwicklung unter dem berühmt gewordenen Leitbegriff der »Lebenswelt«. Sowohl der heraufkommende Irrationalismus der 30er Jahre als auch die von der technischen Weltzivilisation ausgehenden Bedrohungen entsprechen nicht länger der Idee der europäischen Rationalität, wie sie als selbst unableitbares Ereignis, als »Urstiftung«, im antiken Griechenland entstand. Ihr lebensbedeutsamer Sinn ist in der Neuzeit verlorengegangen. Denn die Idee der vollständigen wissenschaftlichen Vergegenständlichung der Welt – ein nur methodisch zu verstehendes Objektivitätsideal – wurde als die an sich seiende Wirklichkeit ontologisiert. Diesem neuzeitlichen Grundfehler entspringt nach H. der Entfremdungscharakter der wissenschaftlichen Welt der Moderne. Die Krisis der Wissenschaften erscheint in der »Sinnentleerung« einer unmenschlich gewordenen Welt. Die wissenschaftliche Kultur zeigt die Grundstruktur der Selbstentfremdung, in der wissenschaftliche Objektivität, eigentlich Produkt der menschlichen Praxis, dieser beziehungslos gegenübertritt und sich schließlich zerstörerisch gegen sie wendet. Hier setzt die »Aufgabe der transzendentalen Phänomenologie« ein: Sie soll zeigen, daß und wie auch die »objektivistisch« gedachte An-sich-Welt den menschlichen Leistungen entspringt. Stätte dieser Leistungen ist die Lebenswelt, letztere der transzendentale Titel für den umfassenden Horizont menschlichen Erkennens und Handelns vor der Herausbildung wissenschaftlicher Objektivierungsleistungen. Die apriorischen Lebensweltanalysen dienen der Rückgewinnung eines natürlichen, vortheoretischen Weltverständnisses als des ermöglichenden Ursprungs objektivierender Praxis. H.s Kritik der neuzeitlichen Lebensweltvergessenheit ist der radikale Versuch der Erinnerung an das menschliche Fundament aller wissenschaftlichen Praxis, um so den selbsterzeugten Schein des Objektivismus zu zerstören. Die *Krisis*-Arbeit des späten H. wirkt mit diesen Grundgedanken nachhaltig auf Wissenschaftstheorie, Wissenschaftskritik, Anthropologie und Geschichtsphilosophie des 20. Jahrhunderts. Mehr noch gilt dies für die gesamte Lebensleistung des Philosophen: Weder seine Psychologismuskritik in der Logik und Erkenntnistheorie noch seine Begründung einer transzendentalen Phänomenologie sind aus der Geistesgeschichte wegzudenken.

Orth, Ernst W. (Hg.): Perspektiven und Probleme der Husserlschen Phänomenologie. Beiträge zur neueren Husserl-Forschung. Freiburg/München 1991. – Bernet, Rudolf/Kern, Iso/Marbach, Eduard: Edmund Husserl. Darstellung seines Denkens. Hamburg 1989. – Ströker, Elisabeth/Janssen, Paul: Phänomenologische Philosophie. Freiburg/München 1989. – Sepp, Hans Rainer (Hg.): Edmund Husserl und die phänomenologische Bewegung. Zeugnisse in Text und Bild. Freiburg/München 1988. – Kolakowski, Leszek: Die Suche nach der verlorenen Gewißheit. Denkwege mit Edmund Husserl. Stuttgart 1977. – Plessner, Helmuth: Husserl in Göttingen. In: Ders.: Diesseits der Utopie. Frankfurt am Main 1974, S. 143–159. – Noack, Hermann (Hg.): Husserl. Darmstadt 1973. – Landgrebe, Ludwig: Der Weg der Phänomenologie. Gütersloh 1963.

Thomas Rentsch

Jacobi, Friedrich Heinrich
Geb. 25. 1. 1743 in Düsseldorf; gest. 10. 3. 1819 in München

In der Vorrede zu seinem Hauptwerk *Die Welt als Wille und Vorstellung* (1819) warnt Arthur Schopenhauer die Leser davor, seine »Art zu spekuliren« mit der »eines noch lebenden großen Philosophen« vergleichen zu wollen, »welcher wahrhaft rührende Bücher geschrieben und nur die kleine Schwachheit hat, Alles, was er vor seinem funfzehnten Jahre gelernt und approbirt hat, für angeborene Grundgedanken des menschlichen Geistes zu halten«. Die Fußnote verweist auf »F. H. Jakobi«. Das Porträt war nicht nur spöttisch gemeint, da J. das Motiv seines Philosophierens ähnlich emotional mit dem Hinweis auf persönliche, pietistisch beeinflußte Erfahrungen des Jugendalters umschrieben hat: »Ich ging noch im Polnischen Rocke, da ich schon anfing, mich über Dinge einer andern Welt zu ängstigen. Mein kindischer Tiefsinn brachte mich im achten oder neunten Jahre zu gewissen sonderbaren Ansichten (ich weiß es anders nicht zu nennen), die mir bis auf diese Stunde ankleben. Die Sehnsucht, in Absicht der besseren Erwartungen des Menschen zur Gewißheit zu gelangen, nahm mit den Jahren zu, und sie ist der Hauptfaden geworden, an den sich meine übrigen Schicksale knüpfen mußten.« Jede Beschäftigung mit den Schriften J.s, die kein geschlossenes System enthalten, steht vor der grundsätzlichen Schwierigkeit, daß hier individuelle Erfahrungen bzw. das rekonstruierte Gefühl derselben nach philosophischer Deutung verlangen, zugleich aber die Gewißheit der Erkenntnis garantieren sollen.

Der Vater J.s, ein wohlhabender Kaufmann, erwartete von seinem – im Vergleich zu dem Bruder Johann Georg, der sich später als Schriftsteller einen Namen machen sollte – für ein Studium eher unbegabt wirkenden Sohn die Übernahme des Düsseldorfer Handlungshauses der Familie. Seine Lehrzeit verbringt J. in Frankfurt am Main und Genf, wo er allerdings mehr philosophische als ökonomische Studien treibt, bei denen er in dem Mathematiker George-Louis Lesage einen Mentor findet. Er liest Gravesandes *Introductio ad Philosophiam*, ein Standardwerk der Schulphilosophie in der ersten Hälfte des 18. Jahrhunderts, und macht sich mit dem Denken der französischen Enzyklopädisten vertraut, vor allem mit den Werken Rousseaus und Charles Bonnets. 1764 übernimmt J. das väterliche Erbe und heiratet die Tochter eines begüterten Aachener Kaufmanns, Betty von Clermont, die wesentlich dazu beigetragen hat, daß J.s Landhaus Pempelfort bei Düsseldorf zu einem Zentrum des intellektuellen Gesprächs wurde, wo Goethe, Heinse und Wieland, die Brüder Humboldt, Diderot, Franz Hemsterhuis und Georg Forster verkehrten. 1772 wird J. Mitglied der Hofkammer des Herzogtums Berg und einige Jahre später Referent für Zoll- und Wirtschaftsfragen im bayerischen Ministerium des Innern, was jedoch eine Episode bleibt, da er nach seinem – auch publizistischen – Eintreten für eine Freihandelslehre im Sinne von Adam Smith das Regierungsamt 1779 aufgeben muß.

Seine philosophischen Interessen hat J. während dieser Zeit als Kaufmann und Wirtschaftspolitiker nicht verloren. Nach der Rückkehr aus Genf liest er Kants vorkritische Schriften (*Der einzig mögliche Beweisgrund zu einer Demonstration des Daseins Gottes*, 1763) und beginnt mit der Lektüre Spinozas. Das Thema des Wolfenbütteler Gesprächs mit Lessing (1780) kündigt sich hier bereits an, wird von J. jedoch noch nicht in einer Abhandlung selbständig bearbeitet. Nach der Begegnung mit Goethe in Pempelfort (1774) ist es ein völlig anderes Medium, das sich J. zur Vermittlung seines philosophischen Denkens wählt: der empfindsame Briefroman im Stil des *Werther*. Er wolle »Menschheit« schildern »wie sie ist, erklärlich oder unerklärlich«, heißt es in einer späteren Vorrede zu dem Roman *Aus Eduard Allwills Papieren* (1775/76); dargestellt wird die Überlegenheit der unmittelbaren Empfindung gegenüber der reinen Vernunft, der natürlichen Sittlichkeit gegenüber der öffentlichen Moralität, aber auch die Gefahr einer sich übersteigernden empfindsamen Selbsttäuschung (*Woldemar*, 1779). Die Romane werden vom Publikum begeistert aufgenommen, vereinzelt wird jedoch schon von den Zeitgenossen kritisiert, daß J. die Sinnlichkeit nur rehabilitieren kann, indem er sie vergeistigt; »Woldemar ist also eigentlich eine Einladungsschrift zur Bekanntschaft mit Gott«, heißt es in der Rezension Friedrich Schlegels, »und das theologische Kunstwerk endigt, wie alle moralischen Debauchen endigen, mit einem Salto mortale in den Abgrund der göttlichen Barmherzigkeit.« Mit den beiden Romanen wollte J. der »Kothphilosophie« seiner Zeit, dem flachen, aufklärerischen Rationalismus, seine »Irreverenz bezeigen«. Diese Abneigung hat bei dem in der Mitte der 8oer Jahre sich entwickelnden »Pantheismusstreit« mit Moses Mendelssohn sicher eine Rolle gespielt. An seinem Beginn steht ein Briefwechsel mit Mendelssohn über die Frage, ob Lessing ein Spinozist gewesen sei; ohne Mendelssohns Einverständnis veröffentlicht J. den Briefwechsel (*Ueber die Lehre des Spinoza, in Briefen an Herrn Moses Mendelssohn*, 1785), dem polemische Streitschriften von beiden Seiten folgen. Die pantheistische Deutung der Philosophie Spinozas, als deren genauer Kenner sich J. erweist, nahm bedeutenden Einfluß auf die Generation der Frühromantiker und der Tübinger Stiftler.

Nach seinem philosophischen Debüt setzt sich J. noch in einer Reihe weiterer Schriften kritisch mit der Gegenwartsphilosophie auseinander, wobei er den Standpunkt einer personalistisch-dezisionistischen, auf dem »Gefühl« aufbauenden Glaubensphilosophie verteidigt (*David Hume, über den Glauben, oder Idealismus und Realismus*, 1787; *Ueber das Unternehmen des Kriticismus die Vernunft zu Verstand zu bringen*, 1801). Der transzendentale Idealismus Kants führt in seinen Augen notwendig zum »Nihilismus« (auch diesen Begriff vermittelt J. der Generation der Frühromantiker): »Alles überhaupt, Erkennendes und Erkanntes, lösete sich vor dem Erkenntnisvermögen in ein gehaltloses Einbilden von Einbildungen, *objektiv* rein in Nichts auf.« Schien seine Kantkritik zunächst noch eine Übereinstimmung mit der Position Fichtes anzudeuten, distanziert sich J. im Atheismusstreit auch von dieser entwickelten transzendentalphilosophischen Position und ihrem, für J., fehlenden Bezug zur praktischen Philosophie und Moral (*Jacobi an Fichte*, 1799). – J. bleibt ein von vielen, gerade auch von den Schriftstellern (Jean Paul) bewunderter Gegner des Idealismus, zugleich aber ein Einzelgänger; als er 1804 die Einladung erhält, an der Umgestaltung der Bayerischen Akademie der Wissenschaften mitzuwirken und zu ihrem ersten Präsidenten ernannt wird, entwickelt sich bereits kurz nach seiner Eröffnungsrede (*Ueber gelehrte Gesellschaften, ihren Geist und Zweck*, 1807) eine Kontroverse mit Schelling (*Von den göttlichen Dingen und ihrer Offenbarung*, 1811), die ihn zum Rückzug von seinem Amt zwingt. Was immer man an der Philosophie J.s kritisieren oder aus der Sicht der Existenzphilosophie des 20. Jahrhunderts an ihr als vorausweisend erkennen mag, einig waren sich bereits die Zeitgenossen in der Beurteilung des Denkens von J., das nicht von seinem Leben zu trennen ist und einen Gegenentwurf zu der für Deutschland so typischen ›Kathederphilosophie‹ bildet; der »außerhalb der zünftigen Betreibung der Weltweisheit stehende Mann«, heißt es in einem Nachruf, »nahm aus innerm Bedürfniß den lebendigsten Antheil an der tiefen Forschung, die vorzüglich von dem Königsberger Weisen ausgieng«.

Vollhardt, Friedrich: Die Romanprojekte Friedrich Heinrich Jacobis. Empfindsamkeitskritik, Sprachkonzeption und Moralreflexion in der Auseinandersetzung mit Rousseau. In: Rousseau in Deutschland. Neue Beiträge zur Erforschung seiner Rezeption. Hg. v. Herbert Jaumann. Berlin 1995, 79–100. – Rose, Ulrich: Friedrich Heinrich Jacobi. Eine Bibliographie. Stuttgart 1993. – Henrich, Dieter: Die Anfänge der Theorie des Subjekts (1789). In: Zwischenbetrachtungen: im Prozeß der Aufklärung. Hg. v. Axel Honneth u. a. Frankfurt am Main 1989, 106–170. – Christ, Kurt: Jacobi und Mendelssohn. Eine Analyse des Spinozastreits. Würzburg 1988. – Verra, Valerio: F. H. Jacobi. Dall' illuminismo all' idealismo. Torino 1963.

Friedrich Vollhardt

Jakobson, Roman
Geb. 11. 10. 1896 in Moskau; gest. 18. 7. 1982 in Cambridge (Mass.)

Als Student an der Moskauer Universität war J. 1915 einer der Gründer des »Moskauer linguistischen Kreises« und 1917 Mitglied der Petersburger »Gesellschaft zur Erforschung der poetischen Sprache«. Die beiden Organisationen waren die Zentren einer Aufbruchbewegung, die als »Russischer Formalismus« in die Geschichte der Literaturwissenschaft einging. 1926, nach sechs Jahren im tschechischen Exil, wurde er einer der Gründer und der bestimmende Geist des »Cercle linguistique de Prague«, des wichtigsten Zentrums der europäischen Sprachwissenschaft in der Zwischenkriegszeit. Für deren Ausrichtung hatte er 1929 als erster den Begriff »Strukturalismus« gebraucht. Auf der Flucht vor den Nationalsozialisten kam er über Dänemark, Norwegen und Schweden 1941 zusammen mit Ernst Cassirer, auf dem gleichen Frachter, nach New York. Dort führte ihn der Husserl-Schüler und Wissenschaftsgeschichtler Alexandre Koyré in die »École libre« der französichen Exilanten ein und machte ihn mit Claude Lévi-Strauss bekannt. Für diesen wurde J. eine Offenbarung, jemand, »der nicht nur die gleichen Probleme aufwarf, sondern sie auch schon gelöst hatte«. Noch nachhaltiger, jedoch anonymer als der Einfluß, den J. über Lévi-Strauss auf den französischen Strukturalismus gewann, war seine Wirkung in Harvard und am Massachusetts Institute of Technology über die »Chomskyanische Revolution« auf jüngere Entwicklungen in der Sprachwissenschaft, auf deren kognitive Wende, die Überwindung von Positivismus und Behaviorismus und auf das Aufkommen der Kognitiven Wissenschaft. Wegweisend wurde für Noam Chomsky wie für Lévi-Strauss, wenn auch mit unterschiedlicher Stoßrichtung, insbesondere J.s Idee, daß sich die Lautsysteme der menschlichen Sprachen nach universalen Gesetzen aus einem kleinen Arsenal von binär strukturierten Lauteigenschaften aufbauen lassen und daß diese Gesetze nicht nur ein theoretisches Instrument, sondern eine psychologische, freilich weitestgehend unbewußte Realität sind.

Auf die Frage: »Sie sprechen und schreiben in so vielen Sprachen. Sie haben in so vielen Ländern gearbeitet, gelehrt und gelebt. Wer sind Sie eigentlich?«, antwortete J. anläßlich eines Interviews bündig: »Ein russischer Philolog. Punkt.« Er nannte die Sprachwissenschaftler »infantil«. Für Kinder sei typisch, daß sie es lieben, mit Worten zu spielen. Sprachwissenschaftler würden solche werden, die von diesem »Infantilismus« nicht loskämen. In der Tat lassen sich J.s Beiträge zur Sprachwissenschaft leicht auf seine Beschäftigung mit der Dichtung, von ihm »Wortkunst« genannt, zurückverfolgen: der relationale Charakter der sprachlichen Eigenschaften, die Funktion als Schlüssel zur Struktur der Sprache, die »Logik« in der Sprachentwicklung, die universale Geltung und die psychologische und letztlich neurologische Realität ihrer Gesetze. Nach strukturalistischer Auffassung läßt sich nicht sagen, *was* das Ästhetische ist, so wenig wie sich in der Physik sagen läßt, *was* Kraft, und in der Psychologie, *was* Rot ist. Es läßt sich nur sagen, *wie*, unter welchen Bedingungen und mit welchen Folgen sich diese Phänomene einstellen. Der Eindruck des Ästhetischen gründet in der Dichtung auf mehr oder weniger bewußten Ähnlichkeits- und Kontrastbeziehungen, auf gleichförmigen und spiegelbildlichen Wiederholungen auf allen Ebenen der Sprache, nicht nur auf der uns besonders vertrauten von Reim und Rhythmus. Dabei ist die Abstimmung der semantischen mit den grammatischen und den lautlichen Beziehungen, die von Sprache zu Sprache variieren, der Grund, weshalb sich Poesie nicht recht übersetzen läßt.

J.s Selbstcharakterisierung als »russisch« wird verständlich, wenn man seiner Sicht der russischen Kulturgeschichte folgt. Typisch für »die russische ideologische Tradition«, in der er sich sah und mit der er den Strukturalismus der Prager Richtung und andere wissenschaftliche Revolutionen seiner Zeit konvergieren glaubte, war für ihn das Bestehen auf der dialektischen, d. h. dynamischen und wechselseitigen Abhängigkeit von Gegensätzen wie Ganzes und Teil, Invarianz und Variation, Synchronie und Diachronie, Sprache und besprochene Welt, Form und Stoff. Es ist eine Tradition, deren Verwandtschaft mit romantisch-hegelianischen Ideen auffällig und geschichtlich belegbar ist. Dieses Ideengut hat in der naturwissenschaftlichen Forschung des 19. Jahrhunderts unter dem Titel »Naturphilosophie« nahezu vollständig und auch kläglich versagt. Seine Wirkung blieb in der Folge auf die Gesellschaftswissenschaften, die Ästhetik und die Theologie beschränkt. Mit J. ist diesem Ideengut zum ersten Mal in einer empirischen Disziplin mit einer starken naturwissenschaftlichen Komponente, in der Phonologie, einem unscheinbaren Teilbereich der Linguistik, ein Durchbruch mit transdisziplinärer Breitenwirkung gelungen. Die Verleihung des Hegel-Preises, vier Wochen vor seinem Tod, war so für J. selber ein Anzeichen, daß man sein Lebenswerk in einer angemessenen philosophischen Perspektive zu sehen begann.

Jakobson, Roman/Gadamer, Hans-Georg/Holenstein, Elmar: Das Erbe Hegels II. »Die russische ideologische Tradition« und die deutsche Romantik. Frankfurt am Main 1984. – Jakobson, Roman/Pomorska, Krystyna: Poesie und Grammatik. Dialoge. Frankfurt am Main 1982. – Holenstein, Elmar: Roman Jakobsons phänomenologischer Strukturalismus. Frankfurt am Main 1975.

Elmar Holenstein

James, William
Geb. 11. 1. 1842 in New York; gest. 26. 8. 1910 in Chocorua/New Hampshire

J. gilt neben Charles Sanders Peirce, mit dem er in freundschaftlicher und wissenschaftlicher Beziehung stand, als Begründer der Philosophie des Pragmatismus. Für die Rezeption in Deutschland stand allerdings J. im Vordergrund, zumal die von dem Pragmatisten Wilhelm Jerusalem besorgten Übersetzungen seiner Essaysammlung *The Will to Believe and Other Essays in Popular Philosophy* (1876; *Der Wille zum Glauben und andere popularphilosophische Essays)* und seiner Vorlesungen *Pragmatism. A New Name for Some Old Ways of Thinking* (1907; *Pragmatismus. Ein neuer Name für alte Denkmethoden)* lange Zeit die wichtigsten Bezugsquellen für den amerikanischen Pragmatismus bildeten. In diesen Vorlesungen brachte J. seine philosophische Intention in Form einer Empfehlung an seine Studenten prägnant zum Ausdruck: »Was Sie brauchen, ist eine Philosophie, die nicht nur ihre Fähigkeit zu verstandesmäßiger Abstraktion in Bewegung setzt, sondern auch einen positiven Zugang herstellen soll zu der wirklichen Welt menschlicher Lebendigkeit.«

In der Beurteilung des Pragmatismus von J. schieden sich die Geister, je nachdem, ob man seinen philosophischen Anspruch als normative Handlungstheorie oder als unkritisches Zweck-Mittel-Denken interpretierte. Gerade hier setzte die Kritik von Bertrand Russell an, der ihm auch einen nicht-objektivistischen Wahrheitsbegriff vorwarf. Max Horkheimer monierte am Pragmatismus die Reduktion der Vernunft auf Zweckrationalität ohne rationale Zielbestimmung. Eine fruchtbare Anregung stellte er für Max Schelers wissenssoziologische Arbeit und für Arnold Gehlens Konzeption der Anthropologie bzw. für seinen Handlungsbegriff dar. Unbestritten war sein Ansehen als Psychologe, auch in Europa, so daß sein Fehlen auf dem III. Internationalen Kongreß für Psychologie als Abwesenheit des ›psychologischen Papstes der neuen Welt‹ bedauert wurde.

Die Welt des ›alten Europas‹ lernte J. schon während seiner Jugendzeit kennen. Zwischen 1855 und 1860 besuchte er Schulen in Paris, London, Gent, Boulogne und Bonn. Seit 1861 studierte J. an der Harvard-University Chemie und vergleichende Anatomie, 1864 wechselte er zur Medizin und beschäftigte sich außerdem mit Biologie. Sein besonderes Interesse an experimenteller Physiologie führte ihn als Student wiederum nach Deutschland (1867). Während dieses längeren Aufenthalts an den Universitäten Dresden und Berlin kam er mit jenen großen Denkern in Berührung, die den Beginn der experimentellen Psychologie kennzeichnen: Gustav Theodor Fechner, Wilhelm Wundt und Hermann von Helmholtz. Einerseits beeindruckte ihn die Entwicklung der physiologischen Psychologie zu einer naturwissenschaftlichen Disziplin, andererseits war er bereits skeptisch gegenüber der praktizierten instrumentellen Zergliederung auch solcher Phänomene, deren Strukturen und Eigenschaften in seinen Augen anders geartet sind als die der materiellen Natur. Wenige Jahre nach Abschluß seines Medizinstudiums (1868) avancierte J. 1872 zum ›assistent professor‹ für Physiologie an der Harvard University. Bemerkenswert ist die Kombination seiner Lehrveranstaltungen: Zunächst lehrte er Anatomie und Physiologie (1873), danach Psychologie (1875) und schließlich Philosophie (1879). Ein innerer Zusammenhang zwischen diesen unterschiedlichen Disziplinen läßt sich finden, wenn man wie einen roten Faden die pragmatische Maxime in seinen Werken verfolgt: Jedes Denken und Erkennen ist im Rahmen seiner Nützlichkeit für die Handlungsfähigkeit des Menschen zu sehen.

In *The Principles of Psychology* (1890, *Psychologie*), seinem ersten großen Werk, an dem er zwölf Jahre arbeitete, ist dieser pragmatische Grundgedanke eingebettet in die Evolutionslehren von Darwin und Herbert Spencer. Die prinzipielle Annahme der Verwandtschaft von Mensch und Tier legt nahe, auch das menschliche Denken im Sinne eines natürlichen Prozesses zur Bewältigung von (Über-)Lebensanforderungen bzw. von der Umwelt gestellten Problemsituationen zu verstehen. In den *Principles of Psychology* begreift J. das Denken als einen bewußten, auf handlungsleitende Ziele ausgerichteten Prozeß, als einen Strom von Bewußtseinszuständen, nicht mehr nur als eine bloße Reaktion auf äußere Reize, wie es die bis dahin vorherrschende Assoziationspsychologie getan hatte. Psychologie besteht für ihn einerseits in der Beschreibung des Ablaufs subjektiver Erlebnisse, andererseits in der genetischen Erklärung funktionaler Zusammenhänge der Gehirnprozesse.

In seinen philosophischen Essays *The Will to Believe* entfaltet er den pragmatischen Grundgedanken in erkenntnistheoretischer Hinsicht. Wie jede weltanschauliche Überzeugung muß auch die wissenschaftliche Erkenntnis in ihrer Bedeutung für einen Handlungszusammenhang gesehen werden. Dies gilt nicht nur für die Ergebnisse wissenschaftlichen Forschens, sondern auch für die vorgängigen individuellen Überzeugungen, die das wissenschaftliche Handeln interessenspezifisch bestimmen. J. stellt die Behauptung auf, daß auch die Wissenschaft im Grunde auf unbeweisbaren Überzeugungen beruht. An die Stelle des wissenschaftlichen Evidenzanspruchs setzt er das Kriterium der »Echtheit«, nachdem nur jene wissenschaftlichen Überzeugungen und Hypothesen eine Grundlage des Handelns abgeben können, die für den Handelnden selbst als existentiell bedeutungsvoll gelten. J. zieht die letzte Konsequenz dieser Relativierung des wissenschaftlichen Anspruchs: Der »Wille zum Glauben« an wissenschaftliche Überzeugungen bestimmt letztlich das Handeln und Erkennen.

Analog zu seinen Ausführungen über die Wissenschaft bezieht er auch den religiösen Glauben auf den individuellen Erfahrungszusammenhang. Die Schrift *The Varieties of Religious Experience* (1902; *Die religiöse Erfahrung in ihrer Mannigfaltigkeit*) stellt die religionsphilosophische Thematisierung des pragmatischen Gedankens dar. Danach bemißt sich die Bedeutung der religiösen Vorstellungen an ihrer Nützlichkeit für die gefühlsmäßige und geistige Einstellung eines Individuums. Solange sich die spezifischen religiösen Vorstellungen für ein Individuum bewähren, bilden sie den Rahmen persönlicher Wahrheiten. Dies erklärt für J. auch die Vielfalt religiöser Erfahrung.

Allen Untersuchungen von J. steht als theoretisches Motiv seine genetische Theorie von Wahrheit zur Seite, wonach der Wert der Wahrheit in ihrer Nützlichkeit für die Orientierung im Rahmen der Erfahrung besteht. Entsprechend diesem Perspektivismus der Wahrheit vermag für J. keine Theorie eine vollkommene Übersetzung der Realität zu leisten, sie kann sich vielmehr immer nur unter bestimmten Gesichtspunkten als nützlich erweisen. In dieser Wahrheits- und Realitätsauffassung verdichtet sich, was er in seinen Pragmatismus-Vorlesungen und in *The Meaning of Truth* (1909) als seinen Beitrag zur Philosophie angibt, nämlich herauszufinden, »was sich mit der Gesamtheit der Erfahrungen am besten vereinigen läßt«.

Oehler, Klaus: Der Pragmatismus des William James. In: James, William: Der Pragmatismus. Hamburg 1977. 2. Aufl. 1994. – Martens, Ekkehard (Hg.): Einleitung. In: Texte der Philosophie des Pragmatismus. Stuttgart 1975. – Linschoten, Johannes: Auf dem Weg zu einer phänomenologischen Psychologie. Die Psychologie von William James. Berlin 1961.

Peter Prechtl

Jaspers, Karl
Geb. 23. 2. 1883 in Oldenburg; gest. 26. 2. 1969 in Basel

In einem seiner Hauptwerke, der dreibändigen *Philosophie* von 1932, hatte er angekündigt: »Ein Philosophieren aus möglicher Existenz, welche sich durch philosophisches Leben zur Wirklichkeit bringen will, bleibt Suchen. Das Ursprungsbewußtsein drängt zu diesem Ursprung als selbstbewußtes Suchen, das seine Bereitschaft steigert, das Sein zu empfangen, wo immer es zu ihm spricht.« Nach Ende des Zweiten Weltkriegs wünschte er sich »Ruhe und Freiheit und nichts als Philosophieren«. In diesen beiden Äußerungen bildet sich – bedenkt man die geschichtlichen Ereignisse, die dazwischen liegen und auch in sein Leben tief eingegriffen haben – die merkwürdige Beharrlichkeit eines Denkers ab, der über Jahrzehnte hinweg stets in einem Atemzug mit Martin Heidegger und Jean-Paul Sartre genannt wurde, wenn das Stichwort der Existenzphilosophie fiel und nach der philosophischen Stellung des Menschen in der modernen Welt gefragt wurde. Die geistige Wirkung eines solchen suchenden Philosophierens kann, insbesondere nach 1945, auch nicht annähernd in ihrem Umfang beschrieben werden; zu fragen aber ist, welchem philosophischen Impuls sie sich verdankt. Nietzsche und Kierkegaard sind als Ausgangspunkte des universal ausgreifenden Orientierungsversuchs zu nennen, den J. unternommen hat. Der eine als Verkünder des Endes vom christlichen Äon, der Heraufkunft des europäischen Nihilismus und der Wiederherstellung eines natürlichen Verhältnisses von Mensch und Welt, der andere als verzweifelter »Vollender« einer urchristlich empfundenen Religiosität lebendes Zeugnis eines radikalen Zurück zu einer unmittelbaren Konfrontation von Mensch und Gott.

Der von J. eingeschlagene Lebensweg deutete zunächst nicht auf eine denkerische Radikalisierung hin. Dem Hause eines begüterten Bankdirektors entstammend, studierte er nach seiner Gymnasialzeit drei Semester Rechtswissenschaften in Heidelberg und München, hörte aber lieber Kunstgeschichte und Philosophie. Während eines durch sein Lungenleiden notwendig gewordenen Kuraufenthalts in Sils-Maria faßt er den Entschluß, Medizin zu studieren, mit einem Seitenblick auf Psychiatrie und Philosophie. Er beschließt dieses Studium 1908 mit einer Dissertation *Heimweh und Verbrechen*, wird 1909 Volontärassistent an der Psychiatrischen Klinik in Heidelberg. Damit beginnt sich die künftige akademische Laufbahn abzuzeichnen. Sicherlich ist die Heidelberger Psychiatrische Klinik eine der in Deutschland führenden, aber über eine klassifikatorische Betrachtung der Geisteskrankheiten als Schizophrenien und Manien ist man auch dort noch nicht so recht hinaus. Mit einer Reihe von Arbeiten – über Entwicklung und Prozeß psychischer Erkrankungen, den Begriff der Demenz, über Trugwahrnehmungen u. a. m. – tastet sich J. an eine dem Vorbild Wilhelm Diltheys verpflichtete, genetisch-verstehende Theorie der Geisteskrankheiten heran. Er habilitiert sich 1913 bei Wilhelm Windelband im Fach Psychologie; im selben Jahr erscheint seine *Allgemeine Psychopathologie. Ein Leitfaden für Studierende, Ärzte und Psychologen* (1946 vollständig neubearbeitet), die sich rasch den Ruf eines theoretischen Grundlagenwerks der Psychiatrie erworben hat. J. hat sich nach dem Erscheinen dieses Buchs nur noch gelegentlich mit speziellen psychiatrischen Fragestellungen beschäftigt. Infolge seines Lungenleidens, das ihn wie ein ständig drohender Schatten verfolgte, früh vom therapeutischen Wert der Philosophie überzeugt, hat er stets deren Nähe gesucht. Er gehörte dem Kreis um Max Weber an, in dessen Person sich für J. unbedingte Wissenschaftlichkeit und menschliche Größe vorbildlich zusammenfanden. Er befreundete sich mit Heidegger, war bekannt mit Husserl und Geiger, Lask, Scheler und Simmel, Bloch und Lukács. Mit Heinrich Rickert lag er – naturgemäß – in Dauerfehde. Als J. 1922 neben ihm den zweiten Lehrstuhl für Philosophie übernahm, sah Rickert das Ende der Philosophie nahen.

In Wirklichkeit aber hat sie mit der *Psychologie der Weltanschauungen*, die J. 1919 veröffentlichte, bereits einen neuen Anfang genommen: J. hat damit das erste Buch der modernen Existenzphilosophie vorgelegt. Es zeigt sein Denken im Übergang von der Psychologie zur Philosophie. Sein vorrangiges Interesse gilt dabei nicht den psychologisch möglichen Einstellungen und Weltbildern, sondern den seelischen Antrieben, die hinter den weltanschaulichen Manifestationen stecken und von diesen nicht zufriedengestellt werden. Angesichts dieses Sachverhalts – der Frage, worin die Seele denn ihren Halt findet – ist für J. die Erfahrung der »Grenzsituation« von entscheidender Bedeutung. In sie gerät der Mensch, wenn er die mit dem Dasein unvermeidlichen Erfahrungen wie Tod, Schuld, Leiden, Geschichtlichkeit der Situation macht. Er kann diese Erfahrungen weltanschaulich »verschleiern«, aber es kommt darauf an, diese Grenzen erkennend zu überschreiten, um sich als Existenz gegenüber der Transzendenz zu erfahren und so den herrschenden Skeptizismus und Nihilismus zu überwinden. Diesen kulturkritischen Appell einer philosophierenden »Existenzerhellung« hat J. im Vorwort seines Buchs unterstrichen: »Dieses Buch hat nur Sinn für Menschen, die beginnen, sich zu verwundern, auf sich selbst zu reflektieren, Fragwürdigkeiten des Daseins zu sehen, und auch nur Sinn für solche, die das Leben als persönliche, irrationale, durch nichts aufhebbare Verantwortung erfahren. Es appelliert an die freie Geistigkeit und Aktivität des Lebens durch Darbietung von Orientierungsmitteln, aber es versucht nicht, Leben zu schaffen und zu lehren.«

Als 1000. Band der Sammlung Göschen ließ J. 1931 eine überaus erfolgreiche Studie folgen: *Die geistige Situation der Zeit*. Im Interesse der Existenzerhellung zeigt er die Grenzen der gegenwärtigen »Daseinsordnung« auf und unterzieht in einem weiten geschichtsphilosophischen Bogen die Herrschaft der Technisierung, die Erscheinung der Massengesellschaft, die Entfremdung von Arbeitswelt und Lebenswelt einer umfassenden Kritik. Das Ziel dieses Buches besteht im Aufruf zu einer Veränderung: »Jeder weiß, daß der Weltzustand, in dem wir leben, nicht endgültig ist.« Aber J. warnt entschieden vor einer oberflächlichen, z. B. politischen Interpretation dieses Aufrufs. Er stellt nicht nur die Frage nach der Nivellierung und Vermassung des Geistes, sondern fragt auch nach den Absichten und Zwecken derjenigen, die dieses Geschäft betreiben – ein Zusammenhang, den er nach 1945 unter veränderten Vorzeichen mehrfach scharf kritisiert hat. Das Buch von 1931 jedenfalls hat er mit einer »betrachtenden und erweckenden Prognose« beschlossen:

»Was geschehen wird, sagt keine zwingende Antwort, sondern das wird der Mensch, der lebt, durch sein Sein sagen. Die erweckende Prognose des Möglichen kann nur die Aufgabe haben, den Menschen an sich selbst zu erinnern.« In einem kurzen Nachtrag zur Neuausgabe dieses Buchs im Jahr 1946 – bei weitem keine äußerliche Tatsache – hat J. vermerkt: »Dieses Buch ist im Jahre 1930 geschrieben. Ich hatte damals kaum Kenntnis vom Nationalsozialismus, etwas mehr Kunde vom Faschismus. In der Befriedigung über den gerade erreichten Abschluß des Manuskripts war ich bei den Septemberwahlen 1930 erstaunt und erschrocken über den damals ersten Erfolg der Nationalsozialisten. Das Manuskript blieb ein Jahr liegen, da ich es nicht an die Öffentlichkeit lassen wollte ohne meine Philosophie.«

Nicht ganz unwichtig erscheint, diesen intentionalen Zusammenhang mit der dreibändigen *Philosophie* von 1932 *(Philosophische Weltorientierung; Existenzerhellung; Metaphysik)* im Auge zu behalten – auch was die Protesthaltung von J. nach 1945 anlangt. Er hat mit dieser *Philosophie* den Versuch gemacht, den methodischen Gang seines Philosophierens umfassend zu beschreiben. Es versucht, sich zunächst in der Welt der Objekte, der wissenschaftlichen Objektivierungen, der Kunst, der Religion, der Philosophie zu orientieren. Es erkennt aber letztlich die Grenzen dieser Weltorientierung durch die Erfahrung eines in philosophische Logik übersetzten ursprünglichen Suchens, die als vorläufige Form der »Existenzerhellung« ihre eigene Dynamik entfaltet. In einer Annäherung von Philosophie und Religion rückt J. »Wahrheit« und »Gemeinschaft« in der existenziellen Kommunikation zusammen; eine geistesaristokratische Symbiose, in der sich der Mensch nur philosophierend als mögliche Existenz erweist. Metaphysischer Zielpunkt dieses sich aus sich selbst heraustreibenden Philosophierens ist das Lesen der »Chiffrenschrift«, über die nichts weiter ausgemacht ist, als daß der Mensch durch sie seine transzendentale Geborgenheit erfährt, zugleich aber auch sein Scheitern an ihr: »Nicht durch Schwelgen in der Vollendung, sondern auf dem Weg des Leidens im Blick auf das unerbittliche Antlitz des Weltdaseins, und in der Unbedingtheit aus eigenem Selbstsein in Kommunikation kann mögliche Existenz erreichen, was nicht zu planen ist und als gewünscht sinnwidrig wird: im Scheitern das Sein zu erfahren.« J. hat diese doppeldeutige Transzendenz und die chiffrenhafte Weise ihrer Erfahrung von allen religionsphilosophischen und geschichtsphilosophischen Inhalten freigehalten, welche die Moderne bestimmt haben. Er geriet damit zwangsläufig im Spektrum der Existenzphilosophie in weitgreifende Differenzen zu Heidegger und Sartre und in die Nähe der Theologie seiner Zeit. Ein »Irrationalist« – wie man ihm gelegentlich vorgeworfen hat – war J. damit nicht; aber es entsprach doch einer merkwürdigen Zwiespältigkeit seines Denkens, wenn er als philosophisch-moralische Instanz von höchstem Ansehen zu Fragen der deutschen Geschichte und der gegenwärtigen Politik auf die in seiner *Philosophie* geleistete Kritik der Weltorientierung als zentrales Argument zurückgriff. Eine philosophische Antwort auf die mit Nietzsche und Kierkegaard beschriebene Ausgangslage der europäischen Modernität – auch im Sinne einer politischen Philosophie der Verweigerung – hat J. nicht gegeben.

Die Wirklichkeit nach 1933 verlangte Bescheideneres, Lebensnäheres. Zunächst wurde J. von der Universitätsverwaltung ausgeschlossen, aber noch glaubte er, wie viele Bürgerliche, daß der Spuk der Nationalsozialisten rasch verfliegen werde. 1935 legte er die Geschäftsführung des Philosophischen Seminars nieder, 1937 wurde er im Zuge einer Verwaltungsvereinfachung in den vorzeitigen Ruhestand versetzt; ab 1938 verhinderte die Reichsschrifttumskammer, daß weitere Veröffentlichungen erschienen. Obwohl seine Frau Gertrud unter die Nürnberger Gesetze fiel, reiste das Ehepaar J. nicht aus Deutschland aus. Während der Kriegsjahre war ständig mit der Verhaftung durch die Gestapo und dem Abtransport in ein Konzentrationslager zu rechnen. Für diesen Fall hatte J. mit Zyankali vorgesorgt. Unmittelbar nach dem Waffenstillstand trieb er die Wiedereröffnung der Heidelberger Universität voran. Im Wintersemester 1945/46 hielt er eine Vorlesung über die Schuldfrage (1946 als Buch erschienen) und betonte: »Wir Überlebenden haben den Tod nicht gesucht. Wir sind nicht, als unsere jüdischen Freunde abgeführt wurden, auf die Straße gegangen, haben nicht geschrieen, bis man auch uns vernichtete. Wir haben es vorgezogen, am Leben zu bleiben mit dem schwachen, aber auch richtigen Grund, unser Tod hätte nichts helfen können. Daß wir leben, ist unsere Schuld. Wir wissen vor Gott, was uns tief demütigt.« Zusammen mit Dolf Sternberger gründete er die Zeitschrift *Die Wandlung,* die als Instrument einer geistigen und ethischen Erneuerung gedacht war. J. galt in jenen unmittelbaren Nachkriegsjahren im In- und Ausland als einer der ganz wenigen großen Repräsentanten des »anderen Deutschland«.

Dennoch folgte er 1948 einem Ruf der Universität Basel. J. veröffentlichte im Laufe der Jahre eine Reihe von Schriften, die das Verständnis seines existenzphilosophischen Ansatzes vertieften und andeutungsweise in Richtung einer Philosophie der Vernunft verschoben (*Von der Wahrheit,* 1947; *Vom Ursprung und Ziel der Geschichte,* 1947; *Der philosophische Glaube,* 1948; *Einführung in die Philosophie,* 1950; *Der philosophische Glaube angesichts der Offenbarung,* 1962), aber auch Autobiographisches (*Schicksal und Wille,* 1967). Es war eine Zeit der Ehrenmitgliedschaften und Ehrenpromotionen, der Preise und Auszeichnungen, aber auch eine Zeit, in der er in der breiten Öffentlichkeit seine warnende Stimme erhob und ein vielfältiges Echo fand (*Die Atombombe und die Zukunft des Menschen. Politisches Bewußtsein in unserer Zeit,* 1957; *Hoffnung und Sorge. Schriften zur deutschen Politik 1945–1965,* 1965; *Wohin treibt die Bundesrepublik? Tatsachen, Gefahren, Chancen,* 1966). Seinem philosophischen Grundgestus ist er damit bis zuletzt treu geblieben.

In jüngster Zeit kommt J. als einem Denker *nach* allen Ontologien wieder gesteigerte Aufmerksamkeit zu. Sein Versuch, die weltgeschichtliche Entwicklung mit dem Konstrukt der »Achsenzeit« geschichtsphilosophisch zu untermauern, findet Eingang in die soziologische Kulturtheorie. Von Interesse ist seine Philosophie als eine Haltung kommunikativer Vernunft – ebenso seine Bestimmung der Grenzen wissenschaftlicher Rationalität. Für eine philosophische Interpretation symbolischer Formen ist J.' Chiffrenbegriff zentral, dem Ernst Bloch eine »physiognomische Phantasie« bescheinigte und der eine geistige Erfahrung faßt, die sich in der Nähe des eschatologischen Denkens weiß.

Harth, Dietrich (Hg.): Karl Jaspers. Denken zwischen Wissenschaft, Politik und Philosophie. Stuttgart 1989. – Hersch, Jeanne/Lochmann, Jan Milic/Wiehl, Reiner (Hg.): Karl Jaspers. Philosoph, Arzt, politischer Denker. München/Zürich 1986. – Burkard, Franz-Peter: Karl Jaspers. Einführung in sein Philosophieren. Würzburg 1985. – Salamun, Kurt: Karl Jaspers. München 1985. – Habermas, Jürgen: Karl Jaspers. In: Ders.: Philosophisch-politische Profile. Wozu noch Philosophie? Frankfurt am Main 1981. – Saner, Hans: Karl Jaspers. Reinbek 1970.

Bernd Lutz

Joachim da Fiore

Geb. um 1135 in Celico bei Cosenza; gest. 30. 3. 1202 in San Giovanni in Fiore

 Der frühe Lebensgang J.s ist nur legendarisch faßbar: Er soll in Celico/Kalabrien geboren und am Hofe Rogers II. erzogen worden sein. Auf einer Reise nach Konstantinopel und ins Heilige Land bekehrte er sich zum religiösen Leben, kehrte nach Kalabrien zurück und trat in den Zisterzienserorden ein. 1177 wurde er Abt von Corazzo, 1188/89 gründete er ein eigenes Kloster in Fiori; seine Klosterregel wurde 1196 anerkannt, der Orden existierte bis 1633. J. genoß hohes Ansehen, verkehrte mit Päpsten und Herrschern; so traf er mit Richard Löwenherz während des dritten Kreuzzugs in Messina zusammen.

Das Denken J.s kreiste um das Geheimnis der Trinität. Sein gegen Petrus Lombardus gerichteter Traktat *Von Wesen und Einheit der Trinität* (*De essentia seu unitate trinitatis*) wurde (als einziges seiner Werke) 1215 vom vierten Laterankonzil verboten. J.s Kritik beruhte auf der Überlegung, daß Petrus Lombardus die »Einheit« zu scharf von den drei Personen trenne und so eine »Vierheit« postuliere. Die Dreiheit Gottes sah J. auch in der Weltgeschichte verwirklicht: Auf das Reich des Vaters im Alten Testament, beruhend auf dem Gesetz und der Furcht, folgte das Reich des Sohnes im Neuen, gegründet auf der Gnade und dem Glauben. Nun sei die Zeit des Anbruchs des Dritten Reiches da, des Reiches des Heiligen Geistes, erfüllt von Geist und Liebe. Die ersten beiden Reiche währten je vierzig Generationen, nun aber breche das Ewige Evangelium an, in dem sich alle Menschen zu einer Art Mönchtum verbinden würden, auch die Juden und Heiden. Dieses Denkschema wurde »die folgenreichste Sozialutopie des Mittelalters« (Ernst Bloch), insofern die Idee der Abschaffung von staatlicher und kirchlicher Ordnung immer wieder von radikalen Bewegungen aufgegriffen und propagiert wurde (z. B. Thomas Müntzer). 1519 wurde die *Concordia Novi et Veteris Testamenti* in Venedig gedruckt, die *Expositio in Apocalypsim* und das *Psalterium decem chordarum* ebenda 1527. J.s Einfluß verlor sich nach dem 17. Jahrhundert; erst die moderne Utopieforschung hat ihn neu entdeckt.

Mehlmann, Axel: De unitate trinitatis. Untersuchungen zur Trinitätslehre und Hermeneutik Joachims von Fiore. Freiburg/Br. 1994. – Bloch, Ernst: Das Prinzip Hoffnung. Vierter Teil, S. 590–598 (Joachim di Fiore, drittes Evangelium und sein Reich). Frankfurt am Main 1959. – Grundmann, Herbert: Neue Forschungen über Joachim von Fiore. Marburg 1950.

Bernhard Kytzler

Jonas, Hans

Geb. 10. 5. 1903 in Mönchengladbach; gest. 5. 2. 1993 in New York

Als Vierzehnjähriger verweigerte sich J. mitten im Ersten Weltkrieg dem politischen Freund-Feind-Denken: Als der Lehrer zu Beginn der Stunde stolz von der Versenkung eines englischen Truppentransporters durch deutsche U-Boote berichtete und dabei die Hoffnung äußerte, daß möglichst viele Engländer ertrunken seien, wandte J. ein, so etwas dürfe man nicht wünschen, das sei »nicht menschlich«. Der Grundgedanke seines bekanntesten Buches *Das Prinzip Verantwortung. Versuch einer Ethik für die technologische Zivilisation* (1979, ⁹1989) ist hier bereits ausgesprochen: Die technologischen Möglichkeiten gegenseitiger Vernichtung sind inzwischen so groß geworden, daß nurmehr eine Ethik der Verantwortung die Menschheit vor ihrer endgültigen Selbstzerstörung retten kann. Dieser theoretisch so elementaren wie praktisch nach wie vor nicht durchgesetzten Forderung entsprach allerdings auch J. selbst nicht immer; den Atombombenabwurf auf Hiroshima und Nagasaki interpretierte er weniger als Fingerzeig für freiwillige Selbstbeschränkung der wissenschaftlich-technologischen Forschung denn als Beweis dafür, welches Potential an Energie einer Gesellschaft der Zukunft zur Verfügung stehen könnte, wie schnell sie alle wirtschaftlichen Probleme würde lösen können. Mit zunehmender Einsicht in die Gefahren für das Humanum durch die technische Zivilisation und in die Eingriffsmöglichkeiten von Medizin und Genetik in die menschliche Natur hat J. diese Position im Laufe der 60er Jahre revidiert und sich zu einem der herausragenden Vertreter einer philosophisch begründeten Ethik profiliert, welche die Erhaltung und Bewahrung der Natur in den Mittelpunkt stellt. Der ihm 1987 verliehene Friedenspreis des Deutschen Buchhandels würdigte insbesondere den »Kundschafter im Niemandsland der Ethik« – und den durch die Nationalsozialisten 1933 vertriebenen jüdischen Philosophen, der trotz vielfach wechselnder Lebenssituationen und Arbeitsschwerpunkte an der Schwelle des Alters engagiert zur eigenen Epoche Stellung nimmt.

Das Interesse des jungen J. dagegen galt sehr viel weniger der zeitgenössischen Erfahrung als religionsgeschichtlicher Forschung, bei der allerdings die biblischen Gestalten aus der »homiletischen Flächenhaftigkeit heiliger Texte zu Personen von Fleisch und Blut erweckt werden« sollten. Seit Sommer 1921 Student bei Edmund Husserl und Martin Heidegger, lernte J. Philosophie in actu kennen. Der Vortrag *Wissenschaft als persönliches Erlebnis* zur 600-Jahr-Feier der Heidelberger Universität zeichnet 1987 in großer Eindringlichkeit nach, wie sehr sich J. von Heideggers »Daseinsanalyse« gefangennehmen ließ und wie sich ihm die spätantike Gnosis mit ihrer Vielzahl platonischer, jüdischer, babylonischer und ägyptischer Denkmotive als Reaktion auf ein einheitliches Grunderlebnis erschloß: die Entzweiung von Ich und Welt. Das esoterische religionswissenschaftliche Thema aus dem östlichen Mittelmeerraum des ersten bis vierten Jahrhunderts gewann so für den Philosophen seine Aktualität als Deutung eigenen Krisenbewußtseins, warf doch der Dialog mit dem antiken Nihilismus ein neues Licht auf den modernen und forderte zur Umkehrung der Blickrichtung auf: »Der Erfolg der ›existentialistischen‹ Lesung der Gnosis lud zu einer quasi ›gnostischen‹ Lesung des Existentialismus und mit ihm des modernen Geistes ein.« Gleichzeitig geriet für J. aber auch die Trennung von Natur und Geist im dualistischen gnostizistischen Denken wie in der klassischen deutschen Bewußtseinsphilosophie ins Wanken. Die Flucht ins Jenseits erschien ihm als Resignation vor den irdischen Aufgaben und als Verzicht auf eine verpflichtende innerweltliche Ethik.

Der zweite Förderer seines Bemühens, die biblischen Texte als Indizien subjektiver Auseinandersetzung mit der Zeiterfahrung zu deuten, war neben Heidegger der Marburger Alttestamentler Rudolf Bultmann. Ihn hatte J. 1924 in Marburg kennengelernt, als er dem neu dorthin berufenen Heidegger folgte. Das Seminar Bultmanns besuchte auch die Heidegger-Schülerin Hannah Arendt, der J. durch gleiches Emigrantenschicksal und lebenslange Freundschaft verbunden war. Mit einer Dissertation über *Gnosis und spätantike(n) Geist* wurde J. 1928 von Heidegger und Bultmann promoviert. Sie erschien in zwei Teilen 1934 (mit einem Vorwort von Bultmann, das die Leistung des soeben emigrierten Juden J. würdigte!) und 1954. An die Dissertation schloß sich eine Seminararbeit bei Heidegger über *Augustin und das paulinische Freiheitsproblem* an, die 1930 in einer von Bultmann herausgegebenen Schriftenreihe erschien.

Während J. in Archiven noch nach weiterem Belegmaterial für seine Doktorarbeit suchte, wurde ihm zunehmend klarer, daß ein »seiner Würde bewußter Jude nicht in Deutschland leben soll«. London, wohin er 1933 emigrierte, war allerdings nur Zwischenstation für die Umsiedlung nach Palästina im Jahr 1935. Bereits zu Beginn der 20er Jahre hatte J. kurzfristig auf dem Lande gelebt, um sich auf die Arbeit im Kibbuz vorzubereiten, sich dann aber doch für die Fortsetzung des Studiums entschieden. Er folgte 1938 einem Ruf an die Hebräische Universität Jerusalem. Bei Kriegsausbruch trat er als Propagandist für den Militärdienst bei den Alliierten ein und wurde von 1940 bis 1945 Mitglied der englischen Armee; von 1948 bis 1949 war er Artillerieoffizier bei der Haganah, der Selbstverteidigungsorganisation der Israelis gegen die Araber.

Diese der philosophischen Reflexion so diametral entgegengesetzte Tätigkeit wurde für J. zum Impuls einer geistigen Neuorientierung. Heideggers Bewußtseinsphilosophie schien ihm angesichts ständiger körperlicher Bedrohung in der Kriegssituation abstrakt und weltlos. Er setzte sich daher das »Ziel einer Philosophie des Organischen oder einer philosophischen Biologie«, welche die Lücke zwischen der naturwissenschaftlichen Beschreibung physischer Befindlichkeit und philosophischer Reflexion schließen sollte. Gleichzeitig sah er in diesem Ansatz die Chance einer Vermittlung zwischen den hochspezialisierten Naturwissenschaften (mit ihren selbst für Fachkollegen nicht mehr durchschaubaren Ergebnissen) und den Geisteswissenschaften. Seine Hoffnung war, auf diese Weise die Gefahr einer Spaltung der »rationalen Kultur« abzuwenden.

Die in Nordamerika verbrachte zweite Hälfte seines Lebens sieht J. als im wesentlichen durch Vertreter der exakten Wissenschaften geprägt. Zunächst folgte er 1949 einem Ruf seines Freundes Leo Strauss an die McGill University in Montréal, lehrte zwischen 1950 und 1954 an der Carleton University in Ottawa und schließlich zwischen 1955 und 1976 an der »New School für Social Research« in New York, jener sozialwissenschaftlichen Institution, die – 1919 von liberalen Politikern und Intellektuellen gegründet – zahlreiche emigrierte Wissenschaftler und Künstler beherbergte. Gerade die interdisziplinäre Anlage seiner Forschungen erleichterte J. nun die Integration in das nordamerikanische Universitätssystem, das er im Gegensatz zu den meisten Angehörigen der Frankfurter Schule als heilsame Provokation geistesgeschichtlicher Orientierungen ansah. Insbesondere das Werk von Alfred North Whitehead, dem Lehrer von Bertrand Russell, motivierte ihn, die sich durch die moderne Physik, insbesondere die Quantenmechanik, ergebenden Veränderungen des Subjektbegriffs zu untersuchen. Allerdings blieb er insofern der europäischen bewußtseinsphilosophischen Tradition verhaftet, als er den Begriff der Freiheit aus dem Organischen selbst abzuleiten suchte und ihn im Menschen zu seiner höchsten Entwicklungsstufe geführt sah. Alle Überlegungen zu Biologie, Technik und Philosophie, die er seit den 60er Jahren publizierte, zielen auf die menschliche Verantwortung für die kommende Generation angesichts der tödlichen Konsequenzen technisch-wissenschaftlicher Entwicklung: *The Phenomenon of Life* (1966; *Organismus und Freiheit. Ansätze zu einer philosophischen Biologie*); *On Faith, Reason and Responsibility* (1978; *Macht und Ohnmacht der Subjektivität?*); *Technik, Medizin und Ethik. Zur Praxis des Prinzips Verantwortung* (1985).

Der Imperativ des Erkennens erhält so für den Philosophen eine neue und aktuelle Einschränkung: »Nicht mehr Lust des Erkennens, sondern Furcht vor dem Kommenden oder Furcht um den Menschen wird da zum Hauptmotiv des Denkens, und dieses selbst stellt sich dar als ein Akt eben der Verantwortung, deren Begriff in ihr erarbeitet und mittelbar wird.« Eine solche Ethik des technischen Zeitalters sieht J. nicht eingelöst in kurzatmigen Aktionen gegen Atomkraftwerke und Überrüstung; er betrachtet es vielmehr als die Daueraufgabe des Philosophen, die in alle Poren des Alltags eindringende »technologische Selbstbedrohung« zum Motiv eines neuen kategorischen Imperativs mit dem Tenor »Bescheide dich selbst!« zu machen.

Sein Bemühen, praktisch-moralische Handlungsnormen philosophisch zu begründen, hat ihn bei allem Respekt vor der Ernsthaftigkeit seines Anliegens ins Kreuzfeuer der Kritik geraten lassen. Scheinen doch die umständlichen, nach eigenem Eingeständnis »altfränkischen« philosophischen Ableitungen angesichts der drohenden Gefahr überflüssig oder gar naiv, so etwa, wenn J. das Verhältnis der Eltern zum Kind als Modellfall der Verantwortung für zukünftige Generationen ansieht oder dem guten Staatsmann eine unüberschaubare Machtfülle zubilligt. Gegenüber solchen idealistischen Konstruktionen verblassen die realen Entscheidungssituationen, bei denen oft genug die Verantwortung für gegenwärtige Arbeitsplätze in Konkurrenz steht zu derjenigen für Erhaltung der Natur. Auch scheint die Behauptung, in den bisherigen philosophischen Systemen sei die Frage nach menschlicher Verantwortung für die Zukunft nur auf das Individuum gerichtet, überzogen.

Dem Vorwurf folgenloser Erbaulichkeit begegnete J. in der Dankesrede anläßlich der Verleihung des Friedenspreises des Deutschen Buchhandels, *Technik, Freiheit und*

Pflicht (1987), indem er deutlicher die politischen Dimensionen des »Prinzips Verantwortung« herausstellte; die Grundrechte seien durch »Grundpflichten« zu erweitern, technische Neuentwicklungen irreversibler Art dem Marktmechanismus zu entziehen und legislativer Entscheidung vorzubehalten. Außerdem präzisierte er die subjektiven Folgen einer solchen Verantwortungsethik, etwa Konsumverzicht und Einschränkung der Freiheit des Marktes. Sicherlich werden solche Fragen nicht von Philosophen entschieden, aber es bleibt bei aller Abstraktheit der Argumentation sein Verdienst, der Philosophie in der Diskussion um den Umgang mit der modernen Technik eine Stimme verliehen zu haben.

Wichtiger als konkrete Schlußfolgerungen ist für J. die Abgrenzung von positiven Utopien, wie er sie am deutlichsten in Ernst Blochs *Prinzip Hoffnung* verkörpert sieht. Ihn, den Friedenspreisträger von 1967, hält J. für den prototypischen Vertreter eines naiven Zukunftsglaubens, dem die Unterwerfung der Natur vordringlicher erscheine als ihre Erhaltung, der die Gegenwart durch den Verweis auf eine durch nichts gerechtfertigte ferne Zukunft ständig entwerte und der schließlich die Entfaltung des Reichs der Freiheit als belanglose Freizeitgesellschaft konzipiere. Eine vorsichtige Verbindung zwischen dem auf das Zukünftige gerichteten Optimismus Blochs und seiner eigenen pessimistisch-bewahrenden Zukunftsvision gelang J. am Ende seiner Dankesrede: Der »Schatten drohender Kalamität« soll die »Stimme der Verantwortung nicht verstummen« lassen. Das Licht der Utopie sei allerdings durch die Warnung ersetzt, die »Weiterwohnlichkeit der Welt und ein menschenwürdiges Fortleben unserer Gattung auf dem ihr anvertrauten . . . beschränkten Erbe« zu sichern.

Der Verpflichtung des Subjekts zu einer solchen »Fern-Ethik« spürte J. parallel zum *Prinzip Verantwortung* in *Macht oder Ohnmacht der Subjektivität?* (1981) nach, einem Versuch der Begründung von Identität aus der Wechselwirkung von Denken und Materie. Die Unschärferelation der Quantentheorie versucht er dort als Chance einer minimalen Energieübertragung des Individuums auf die Materie zu deuten. Zum Teil an Überlegungen der Vorsokratiker anknüpfend, siedelt J. gerade an der Grenze naturwissenschaftlicher Erkenntnismöglichkeiten die Bedingung menschlicher Freiheit an. Allerdings bleibt eine solche Parallele – aufgrund des von J. selbst gesetzten Leib-Seele-Dualismus – nach wie vor eine gesetzte Größe, die nicht ihrerseits als physikalisch wahrnehmbare und veränderbare erkennbar wird. Es scheint, als ob J. in dem Bemühen, ein allzusehr als Gegenbild aufgebautes materialistisches Denken abzuwehren, in das Extrem einer Überbewertung der menschlichen Freiheit verfiele, die er durch angreifbare naturwissenschaftliche Theoreme gleichwohl materiell abzuleiten sucht. Eine derart absolut gedachte Freiheit aber läßt sich nurmehr setzen, nicht begründen, doch vor dieser eindeutigen Konsequenz scheut J. zurück; das dualistische Erbe der Gnosis schlägt sich in der entschiedenen Umkehrung des Verhältnisses von Materie und Geist nieder. Wo die Gnostiker ihr Denken ganz auf das als Gott gedachte Jenseits richteten, zieht J. aus ähnlichem Krisenbewußtsein den Schluß, daß es auf die menschliche Entscheidung allein ankomme. An die Grenzen einer solchen Überhöhung des Menschen gerät J. 1992 in den *Philosophische(n) Untersuchungen und metaphysische(n) Vermutungen*. Hier wird die Verpflichtung »auf die Fortdauer der Anwesenheit in der Welt« zum Totalitarismus des Überlebens um jeden Preis, dem sogar die Menschenrechte, »die Freiheit in den äußeren Affären der Menschheit«, geopfert werden dürfen. Die biologische Metapher des Stoffwechsels zwischen Mensch und Natur verstellt J. den Blick für deren Potential an Gewalt und Zerstörung.

Am Zwang des Subjekts zur Selbstbestimmung hält J. auch im theologischen Kontext fest: Die insbesondere nach Auschwitz virulente Frage nach Allmacht und Allgüte Gottes beantwortet er mit der Behauptung von dessen Machtverzicht nach Vollendung des Schöpfungsaktes. Nur so kann dem Menschen die Gelegenheit gegeben werden, im irdischen Leben seiner Verantwortung gerecht zu werden und die Dominanz des Guten gegen das Böse täglich neu zu praktizieren. Auch hier – in den Werken *Zwischen Nichts und Ewigkeit* (1963) und *Der Gottesbegriff nach Auschwitz* (1987) – setzt J. gegen die Leidensbereitschaft des Buches Hiob die Verpflichtung des Menschen zur »physischen Rettung« seiner selbst.

Böhler, Dietrich (Hg.): Ethik für die Zukunft. Im Diskurs mit Hans Jonas. München 1994. – Rath, Matthias: Intuition und Modell. Hans Jonas' »Prinzip Verantwortung« und die Frage nach einer Ethik für das wissenschaftliche Zeitalter. Frankfurt am Main u.a. 1988. – Culianu, Ioan P.: Gnosticismo et pensiero moderno: Hans Jonas. Rom 1985. – Aland, Barbara (Hg.): Gnosis. Festschrift für Hans Jonas. Göttingen 1978.

Claudia Albert

Jung, Carl Gustav
Geb. 26. 7. 1875 in Kesswil (Kanton Thurgau); gest. 6. 6. 1961 in Küsnacht

»Was für eine Therapie man wähle, hängt davon ab, was man für ein Mensch ist« – diese Abwandlung des bekannten Fichteschen Mottos drängt sich geradezu auf angesichts der beiden Gründungsväter der modernen analytischen Psychologie, Sigmund Freud und J., die beide gleichermaßen von der Wissenschaftlichkeit ihrer Gesamttheorie überzeugt waren. Dabei stand die Leistung J.s lange Zeit im Hintergrund gegenüber der seines Lehrers; erst heute wird, im Zeichen einer umfassenden Technik- und Rationalitätskritik, auch die philosophische Bedeutung des Werkes in breitem Umfang neu entdeckt und gewürdigt.

J. stammt aus den ärmlichen Verhältnissen einer evangelisch-reformierten Landpfarrersfamilie am schweizerischen Bodensee und lebt schon als Kind gleichsam in einer Doppelwelt (der »langweilige« Konfirmandenunterricht des kirchlich beamteten Vaters gegenüber dem lebendigen Bewußtsein, »daß Gott, für mich wenigstens, eine der allersichersten, unmittelbaren Erfahrungen war«). Nach dem Gymnasium in Basel studiert J. dort von 1895 bis 1900 Medizin; der Titel seiner Doktorarbeit, *Zur Psychologie und Pathologie sogenannter okkulter Phänomene* (1902), zeigt schon sein frühes Interesse an der Erforschung von Bereichen der Wirklichkeit, die sich der Alltagserfahrung entziehen. Der Entschluß, Psychiater zu werden, erlaubt ihm die Verbindung seiner philosophischen Interessen mit der Medizin und den Naturwissenschaften. Während der »Lehrjahre« an der psychiatrischen Universitätsklinik Burghölzli in Zürich (1900–1909) kann er sich an einem der führenden Institute seiner Zeit eine ebenso breite wie fundierte Erfahrungsbasis erwerben, insbesondere auf dem Gebiet der Schizophrenie. 1903 verheiratet sich J. mit der Industriellentochter Emma Rauschenbach; alles deutet darauf hin, daß sich hier die erfolgreiche Karriere eines Oberarztes, Privatdozenten und ab 1909 frei praktizierenden Psychiaters in Küsnacht anbahnt.

Aber: J. war schon früh auf das im Entstehen begriffene Werk Freuds gestoßen, der 1895 zusammen mit Josef Breuer die *Studien über Hysterie* und 1900 die nicht weniger bahnbrechende *Traumdeutung* veröffentlicht hatte. 1906, im Zusammenhang mit seiner Arbeit *Über die Psychologie der Dementia praecox*, eröffnet J. einen Briefwechsel mit Freud, dem im Februar 1907 ein Besuch in Wien folgt: »Freud war der erste wirklich bedeutende Mann, dem ich begegnete.« Im September 1909 reist J. zusammen mit Freud und dessen Schüler Sándor Ferenczi zu Gastvorlesungen an die Clark University in Worcester/Mass. Das zunächst sehr intensive, dann aber von fortschreitender Entfremdung gekennzeichnete Verhältnis zwischen Freud und J. – von 1910 bis 1914 Präsident der Internationalen Psychoanalytischen Vereinigung – ist nicht einfach zu beschreiben, da sich hier persönliche und sachbezogene Differenzen überlagerten. Wie die Diskussion etwa um die Rolle der Sexualität, den Begriff der Libido oder die Funktion der Religion zeigt, sind hier letztlich gegensätzliche weltanschauliche Grundeinstellungen aufeinandergeprallt. Gegenüber dem prinzipiell antimetaphysischen, rational-aufklärerischen Freud bejaht J. entschieden einen Erfahrungsbereich, den man im weitesten Sinne als »religiös« bezeichnen kann – eine Differenz, die zu sehr unterschiedlichen Gesamtkonzeptionen geführt hat. In *Wandlungen und Symbole des Libidobegriffs* aus dem Jahre 1912 kommt dieser Unterschied bereits voll zum Tragen – »Ich wußte, daß es ums Ganze ging« –, und nach seinem Rücktritt als Präsident im April 1914 verläßt J. drei Monate später auch die Psychoanalytische Vereinigung.

Sein eigentliches Werk hat J. erst in der zweiten Hälfte seines Lebens geschaffen. Dem ging, etwa von 1913 bis 1918, eine tiefe Krise voraus, die er auch als seelische »Nachtmeerfahrt« bezeichnet hat – eine introspektive Erfahrung, die die Grenzen des scheinbar so kerngesunden, lebensbejahenden Schweizers zu sprengen drohte: »Die Jahre, in denen ich den inneren Bildern nachging, waren die wichtigste Zeit meines Lebens, in der sich alles Wesentliche entschied. Meine gesamte spätere Tätigkeit bestand darin, das auszuarbeiten, was in jenen Jahren aus dem Unbewußten aufgebrochen war und was mich zunächst überflutete.« Diese Ausarbeitung besteht in der Objektivierung des persönlichen Krisen- und Heilungsprozesses einerseits, der Entwicklung eines neuen therapeutischen Ansatzes andererseits. Objektivierung – »Meine Resultate schienen in der Luft zu hängen, indem sich nirgends eine Vergleichsmöglichkeit bot« – meint hier, daß J. sich in den folgenden Jahren und Jahrzehnten intensiv mit den (Bild-)Welten der christlichen Gnosis, der Mystik, der östlichen und europäischen Alchemie sowie generell des Mythos und Märchens auseinandersetzt und in diesen so verschiedenen Welten gewisse allgemein vergleichbare Bilder, Strukturen und symbolische Wandlungsprozesse der Person entdeckt, die den Erfahrungen der eigenen »Nachtmeerfahrt« verwandt sind. Sie liegen gleichsam noch eine Schicht tiefer als das, was bisher (persönliches) Unbewußtes genannt wurde und das er daher als »kollektives Unbewußtes« bezeichnet – seine in dieser Differenzierung entscheidende Entdeckung. Das kollektive Unbewußte ist, vereinfacht gesagt, als Generator von allen Menschen gemeinsamen Urbildern – Archetypen – vorzustellen, die im Moment ihrer Wahrnehmung bzw. Erzeugung jedoch immer auch verändert und so zu mehr oder weniger persönlich gefärbten »archetypischen Vorstellungen« werden. Als »Erlebniskomplexe, die schicksalhaft eintreten«, spiegeln bzw. begleiten sie das Drama der Seele auf ihrem Lebensweg: etwa der Archetyp des Lebens selbst, die »Seele«; das »Wasser«, Archetyp des Unbewußten schlechthin; »der alte Weise« als Archetyp von »Sinn« (*Die Archetypen des kollektiven Unbewußten*, 1934). Der bevorzugte Zugang zu dieser Schicht der Persönlichkeit ist für J. der Traum. Gegenüber Freuds auf »Wunscherfüllung« basierendem, letztlich kausalem Deutungsansatz geht J. auch von einer finalen Kontinuität aus (»Wozu geschieht es?«) – der Traum ist ihm immer »spontane Selbstdarstellung der aktuellen Lage des Unbewußten in symbolischer Audrucksform«, weshalb er auch den Begriff einer »Traumzensur« zurückweist. (*Allgemeine Gesichtspunkte zur Psychologie des Traums*, 1916/1928). Generell verhält sich der Traum »kompensatorisch« zur jeweiligen Bewußtseinslage des Träumers, und hier liegt auch der Ansatz der jungianischen Therapie: im gemeinsamen Durcharbeiten seiner Träume stößt der Patient mit dem Erfassen der Bedeutung ihrer Symbolik zu den Ebenen seines persönlichen wie des kollektiven Unbewußten vor; in Auseinandersetzung mit dem »Schatten« seines oft maskenhaft verzerrten Ich findet er so sein »Selbst«. Diesen Prozeß nennt J. »Individuation«. Sowohl subjektiver Integrationswie objektiver Beziehungsvorgang ist ihr Ziel: »Einswerdung mit sich selbst und zugleich mit der Menschheit.«

J., dessen Schülerkreis sich ab 1916 im *Psychologischen Club* in Zürich organisierte, wurde im Laufe der 20er und vor allem der 30er Jahre zu einer international anerkannten Persönlichkeit, insbesondere in England und den USA. Ein dunkles Kapitel der Biographie ist hingegen sein Verhältnis zum Nationalsozialismus. In gefährlicher Weise »ein ganz unpolitischer Mensch« – wie er sich selbst sah –, erlag er der von seinem Denken her naheliegenden Versuchung, die nationalsozialistische Bewegung als schicksalhafte Realisierung autonomer, überpersönlicher seelischer Kräfte zu sehen (*Wotan*, 1936); als Präsident der *Internationalen Gesellschaft für ärztliche Psychotherapie* und Herausgeber des *Zentralblattes für Psychotherapie und ihre Grenzgebiete* ließ er sich öffentlich über den Unterschied zwischen jüdischer und arischer Psychologie aus. In den Aufsätzen *Nach der Katastrophe* (1945) und *Der Kampf mit dem Schatten* (1946) hat er sich korrigiert und Hitler gedeutet als »den Schatten, den inferioren Teil von jedermanns Persönlichkeit«, dem man aus diesem Grunde verfiel – womit er sich selbst eingeschlossen haben dürfte.

J.s Persönlichkeit zeichnet sich durch eine ungeheure Schaffenskraft aus: als Gelehrter mit einem immensen Œuvre, als Therapeut und nicht zuletzt als begabter Handwerker. Auf ausgedehnten Studienreisen nach Afrika, zu den Pueblo-Indianern und nach Indien hat er sich umfassende Kenntnisse außereuropäischer Denkformen erworben und war selbst maßgebend beteiligt an ihrer Verbreitung im Westen: Kommentare zum *Geheimnis der Goldenen Blüte* (1929), einem altchinesischen alchimistischen Werk; zum *Tibetanischen Totenbuch* (1935) und zum tibetischen *Buch der großen Befreiung* (1955); *Einführung in das Wesen der Mythologie* (1942), in Zusammenarbeit mit dem Mythenforscher Karl Kerényi. Dennoch hat J. stets an den europäischen Voraussetzungen seiner Existenz festgehalten, so z. B. empfohlen, den Yoga zu studieren, ihn aber nicht anzuwenden (»Weit besser schiene es mir, sich entschlossen zur geistlichen Armut der Symbollosigkeit zu bekennen, statt sich ein Besitztum vorzutäuschen, dessen legitime Erben wir auf keinen Fall sind«). Die drei Bände des *Mysterium Coniunctionis* (1955/57) stellen den Wandlungsprozeß des Selbst in der Alchemie in umfassender Weise dar. In dem sehr persönlichen Spätwerk *Antwort auf Hiob* (1952) befaßt sich J. mit dem »dunklen« Aspekt Jahwes, seiner – in der offiziellen Lehre unterdrückten – paradoxen Natur als Schöpfer des Guten und Bösen zugleich – womit, in der für J. maßgebenden gnostisch-häretischen Linie des Christentums, eine Brücke gefunden ist zum polaren östlichen Denken, wie es etwa in der Symbolik von Yin und Yang zum Ausdruck kommt. So ist J., Entdecker der transkulturellen archetypischen Symbolik im Selbst, zugleich der bleibende Anstoß, diese in der eigenen europäischen Tradition, unter der säkularen Voraussetzung eines »konsequent zu Ende gelebten Protestantismus«, wiederzufinden.

Ress, Lisa: General bibliography of C. G. Jungs writings. Princeton, NJ, 1992. – Wehr, Gerhard: Carl Gustav Jung. Zürich 1989. – Fetscher, Rolf: Grundlinien der Tiefenpsychologie von S. Freud und C. G. Jung in vergleichender Darstellung. Stuttgart 1978. – Jaffé, Aniela (Hg.): Erinnerungen, Träume, Gedanken. Zürich/Stuttgart 1963.

Christoph Helferich

Kant, Immanuel
Geb. 22. 4. 1724 in Königsberg; gest. 12. 2. 1804 in Königsberg

»Der Charakter eines wahren Philosophen ist der, daß er nichts thut, als die Natürlichen Kräfte und Fähigkeiten zu exercieren, und zwar durch die nachforschende Untersuchung der Critic.« Bescheidener läßt sich der Anspruch, von dem sich K. auf dem Weg zu seiner *Kritik der reinen Vernunft* leiten ließ und der eine bis heute nicht bewältigte »Revolution der Denkart« bewirkte, wohl kaum formulieren. Die Übung und Entwicklung der besten menschlichen Kräfte allein durch Kritik verdient nach seiner Ansicht allerdings nur dann den Titel der Philosophie, wenn sie aus einem selbständigen Denken stammt: »Meine Philosophie muß in mir selbst, und nicht im Verstand anderer gegründet seyn.« Dabei darf sie aber nicht nur der Befriedigung individueller Neugierde dienen, sondern muß auf das »Interesse der Menschheit« bezogen sein; er würde sich »unnützer finden wie den gemeinen Arbeiter«, so schreibt K. im Beginn seiner kritischen Laufbahn, wenn er nicht glauben könnte, daß seine Philosophie dazu beitragen werde, »die Rechte der Menschheit herzustellen«.

K. stammt aus einer in kärglichen Verhältnissen lebenden Handwerkerfamilie, wird auch auf der Schule im strengen Geist des Pietismus erzogen und bezieht als 16jähriger die Universität seiner Heimatstadt. Das Studium verdient er sich u.a. durch Privatstunden und durch Gewinne beim Billardspiel. Die Breite seiner Studienfächer – Mathematik, Naturwissenschaften, Theologie, Philosophie und lateinische Philologie – findet sich im weiten Spektrum seiner späteren Arbeitsgebiete wieder. Zunächst gilt sein Interesse der modernen Physik; in Newtons *Philosophiae naturalis Principia mathematica* sieht er das Ideal strenger Wissenschaft schlechthin.

K.s erste wissenschaftliche Publikation, die *Gedanken von der wahren Schätzung der lebendigen Kräfte* (1749), ist vor allem wegen ihres weit vorausweisenden Anspruchs von Bedeutung. Der 24jährige versucht einen mathematischen Streit zwischen Cartesianern und Leibnizianern durch einen standpunktrelativen Vermittlungsvorschlag beizulegen und erklärt: »Ich habe mir die Bahn schon vorgezeichnet, die ich halten will. Ich werde meinen Lauf antreten, und ... nichts soll mich hindern, ihn fortzusetzen.«

Nachdem K. durch den Tod des Vaters die finanzielle Unterstützung verliert, verläßt er 1746 die Universität, um als Hauslehrer in verschiedenen Familien seinen Lebensunterhalt zu verdienen. Dabei hat er offenbar Gelegenheit zu ausgedehnten naturwissenschaftlichen Studien, deren Ertrag er in der 1755 anonym erscheinenden *Allgemeinen Naturgeschichte und Theorie des Himmels* vorlegt. Die Entstehung des Kosmos und der Sonnensysteme sowie die Entwicklung der Erde bis hin zum Auftritt des Lebens und des vernunftbegabten Menschen werden allein aus physikalischen Gesetzen abgeleitet. Durch seine Erklärung der Entstehung der Himmelskörper aus einem rotierenden Gasnebel nimmt K. die Laplacesche Theorie vorweg, und durch seine Erkenntnis, daß es sich bei den Spiralnebeln um weit entfernte Galaxien handelt, sichert er sich einen festen Platz in der Geschichte der Astronomie.

Das Jahr 1755 führt K. auch an die Universität zurück. Er promoviert mit einer Meditation »über das Feuer« (*De igne*) und habilitiert sich wenige Monate später mit einer Abhandlung über die »ersten Grundsätze der metaphysischen Erkenntnis« (*Nova dilucidatio*). In dieser Schrift wird das Problemfeld abgesteckt, in dem er sich zeit seines Lebens bewegt. Auch die später so genannte »Transzendentalphilosophie« der kritischen Periode bleibt auf die »ersten Grundsätze« bezogen, wenn sie nach den »Bedingungen der Möglichkeiten« unserer Erkenntnis fragt. Obgleich diese »Bedingungen der Möglichkeit« nicht mehr in einem göttlichen Verstande lokalisiert, sondern als allgemeine Funktionsbedingungen des menschlichen Verstandes – und insofern »a priori« – begriffen werden, sind sie doch noch Gegenstand der Metaphysik.

Metaphysik ist für K. jede wissenschaftliche Erkenntnis, sofern sie genötigt ist, mit Begriffen über die bloß empirische Erfahrung hinauszugehen. Dies ist stets der Fall, wo von Erkenntnis überhaupt, von Welt oder Wirklichkeit, von Sittlichkeit, Schönheit oder Geschichte gesprochen wird. So verstanden ist die Transzendentalphilosophie eine »Metaphysik von der Metaphysik«. Man darf daher Mendelssohns berühmtes Wort, K. sei der »Alleszermalmer« der Metaphysik, nicht so verstehen, als sei durch die Kritik alle Metaphysik zerstört; K. hat vielmehr den Ansätzen der theorationalen und der empiristischen Metaphysik den Boden entzogen und neue, »kritische« Standards gesetzt, denen eine wissenschaftliche Metaphysik genügen können muß.

In den mehr als 25 Jahren zwischen der Habilitation von 1755 und der Publikation der *Kritik der reinen Vernunft* im Jahre 1781 entstehen zahlreiche Arbeiten, die sich um eine Grundlegung theoretischer und praktischer Metaphysik bemühen. K. experimentiert auch mit empirisch ansetzenden Verfahren und läßt eine sich später nicht verlierende Sympathie für skeptische Methoden erkennen. Zwei Schriften, die elegant parlierenden *Beobachtungen über das Gefühl des Schönen und Erhabenen* (1764) und die satirischen *Träume eines Geistersehers* (1766), vermitteln sogar den Eindruck, als wolle er sich von der Metaphysik überhaupt trennen; dieser Eindruck mußte sich bei den Zeitgenossen verstärken, als K. nach einer weiteren akademischen Pflichtarbeit, der 1770 (noch einmal lateinisch verfaßten) Dissertation »über Formen und Gründe der Sinnen- und Verstandeswelt« (*De mundi sensibilis atque intelligibilis forma et principiis*), elf Jahre lang gar nichts mehr publiziert. Im Rückblick läßt diese zweite Dissertation bereits den Ansatz des kritischen Denkens erkennen; Raum und Zeit werden als menschliche Anschauungsformen vorgestellt, die nicht zu den Dingen gehören, wie der Verstand sie begreift. Dem menschlichen Verstand traut K. zu diesem Zeitpunkt allerdings noch eine Erkenntnis zu, die das Wesen der Dinge ebenso begreift, wie wir es einem göttlichen Verstand zutrauen.

Die weitergehenden »kritischen« Einsichten der nachfolgenden Jahre nötigen K. zum Verzicht auf den Anspruch, das Wesen der Dinge erkennen zu können. Wie die »Dinge an sich« beschaffen sind, darüber läßt sich aus menschlicher Perspektive gar nichts sagen; »Dinge an sich«, so wie sie ein göttlicher Verstand erkennen könnte, sind für den Menschen nicht mehr als die Idee einer Substanz, die den von ihm erkannten Dingen zugrundeliegen könnte. Es hat noch nicht einmal Sinn, nach der Wirklichkeit der »Dinge an sich« zu fragen; schließlich sind sie als bloße Begriffe, von denen wir nicht wissen können, ob ihnen etwas entspricht, nur Ausdruck unserer Beschränkung. Das »Ding an sich« als Grenzbegriff kann aber davor bewahren, die menschliche Erkenntnis für absolut zu halten. Auch die reinen Verstandes- oder Vernunftbegriffe haben keinen Zugang zu einer absoluten Wahrheit.

Damit bestreitet K. keineswegs die Möglichkeit von Erkenntnis; er ist kein Agnostizist. Aber er betont die Relativität des menschlichen Wissens; jede Erkenntnis, auch die der objektiven Naturwissenschaften, ist funktional auf die menschlichen Fähigkeiten und Fertigkeiten bezogen. Wir erkennen die Wirklichkeit nur so, wie sie uns »erscheint«. Jede objektive Erkenntnis ist auf sinnliche Anschauung in Raum und Zeit angewiesen und bleibt insofern auf Erfahrung beschränkt. Ein Verzicht auf Erfahrung führt entweder zu analytischen Urteilen, die nur das ausdrücken, was ohnehin schon in den Begriffen steckt, oder er verleitet zur Spekulation, in der alle Sicherheit aufhört. Gleichwohl ist das spekulative Denken der »reinen Vernunft« nicht unfruchtbar: Unter Bedingungen disziplinierter Selbstkritik kann die reine Vernunft zur Anleitung und Ordnung des empirischen Wissens beitragen (»regulative Funktion«), sie kann dogmatische Ansprüche abwehren (»kritische Funktion«), und sie kann schließlich praktische Ziele setzen, wo sicheres Wissen ohnehin nicht möglich ist. In diesem Fall wird sie zur »praktischen Vernunft«.

Die *Kritik der reinen Vernunft* (1781), in der K. diese Einsichten systematisch entwickelt, findet zunächst wenig Beachtung. Aber als sie, erläutert durch die *Prolegomena* (1783), erweitert durch die *Grundlegung zur Metaphysik der Sitten* (1785) und die *Metaphysischen Anfangsgründe der Naturwissenschaft* (1786), 1787 in einer erweiterten zweiten Auflage erscheint, führt sie einen Klimawechsel herbei, wie ihn die Philosophie weder vorher noch nachher erlebt hat. K.s experimentalphilosophischer Vorschlag, bei der Begründung der Leistungen menschlicher Erkenntnis nicht länger vom Seinscharakter des Objekts, sondern von den Bedingungen des Subjekts auszugehen, wird als eine Revolution im Bereich der Wissenschaft verstanden. Daß die »ersten Grundsätze« des menschlichen Wissens nicht von den »Dingen an sich« abzulesen sind, sondern in den Erkenntnishandlungen selbst ihre Grundlage haben und erst durch die Tätigkeit des Menschen zum Fundament der Natur als »Erscheinung« werden, trifft mit dem gesteigerten Selbstbewußtsein des aufgeklärten Menschen bestens zusammen. Die Vernunftkritik erklärt den Menschen zum Urheber seiner Welt, ohne damit in Widerspruch zu den naturwissenschaftlichen Erkenntnissen zu geraten und ohne den traditionellen Anspruch des Glaubens an einen göttlichen Ursprung anzutasten. Die Begrenzung des Wissens durch die Kritik soll zugleich dem Glauben einen genuinen Platz zuweisen. Gott und Welt, Freiheit und Person werden nunmehr als reine Vernunftbegriffe gedeutet; sie bezeichnen nichts Gegenständliches, sind aber für die begriffliche Selbstbestimmung des Menschen unerläßlich.

In der *Kritik der praktischen Vernunft* (1788) zeigt K., welche Folgen sein bei den vorgängigen (apriorischen) Leistungen des Menschen ansetzender Begründungsversuch für das praktische Handeln hat. Auch hier kann man nicht von einem vorgegebenen »Guten« oder »Bösen« in der Welt ausgehen, sondern hat den Anfang allein beim menschlichen Willen zu nehmen. Sofern sich dieser Wille als vernünftig begreift, bestimmt er aus sich heraus, was als moralisch gut gelten kann. Sein Prinzip ist damit die Selbstbestimmung (Autonomie) nach dem im Willen selbst liegenden Prinzip der praktischen Vernunft. Sofern sich der Mensch diesem Prinzip verpflichtet weiß (und dies weiß er immer schon dann, wenn er sich fragt, was er tun »soll«), versteht er sich auch als frei; er hat so die Möglichkeit, seine Handlungsgrundsätze (Maximen) nach seinen vernünftigen Einsichten zu richten und sich damit – im kategorischen Imperativ – der allgemeinen Selbstgesetzgebung der Vernunft zu unterstellen. Wie schon die kategorialen Elemente der Naturerkenntnis, kommt der kategorische Imperativ nicht von äußeren Instanzen her, sondern stammt allein aus dem Selbstverständnis des Menschen als vernünftigem Wesen.

In dieser kritischen Neubegründung der Ethik werden keine neuen Tugenden zur Pflicht gemacht; vielmehr werden die aus der platonischen, aristotelischen und stoischen Ethik überlieferten Prinzipien verschärften Vernunftkriterien unterworfen, über die das emanzipierte Individuum letztlich allein zu befinden hat. Die mit Sokrates erstmals zu philosophischem Bewußtsein gelangte Begründung des Verhaltens aus eigener Einsicht (und damit aus eigener Vernunft) kommt hier zu ihrer vollen begrifflichen Konsequenz. Die seit der Antike angestrebte Selbständigkeit der ethischen Selbstbestimmung findet, in Abgrenzung von der empirischen Erklärung, ihren auf das Individuum zugespitzten individuellen Ausdruck. Der »kategorische

Imperativ« hat nur in bezug auf die »Maximen«, hat also nur für die »subjektiven Grundsätze« eines einzelnen Menschen Bedeutung. Dabei ist zu beachten, daß die Begründung sich stets nur auf die »Form«, also auf den begrifflichen Anteil eines moralischen Urteils bezieht. Der Begriff allein ist aber auch in der Ethik ohne Inhalt, ohne seine »Materie« bedeutungslos. Über die »Materie«, die zu jedem moralischen Urteil, folglich auch zu jeder sittlichen Handlung hinzukommen muß, sind somit stets auch »Neigungen« beteiligt. Also gehören die Gefühle und Leidenschaften notwendig zur sittlichen Welt des Menschen; letzlich muß es daher ein Gefühl sein, das den Impuls zur moralischen Handlung gibt. K. nennt es das »Gefühl der Achtung«. Nur legt er Wert darauf, die unerläßliche Motivierung des Tuns nicht mit dessen Begründung zu vermischen; die Begründung kann, wie schon bei Platon, nur aus einer vernünftigen Einsicht erfolgen. Und nur in dieser Einsicht erfährt sich der Mensch wirklich als frei.

K.s dritte Kritik, die *Kritik der Urteilskraft* von 1790, enthält im ersten Teil eine auch wieder nur von menschlichen Leistungen ausgehende Begründung der Ästhetik. Das ästhetische Urteil ist Ausdruck einer den ganzen Menschen lustvoll anregenden Übereinstimmung der Erkenntniskräfte; wo immer Sinnlichkeit und Vernunft in belebender, sich steigernder Weise zusammenspielen, da ist eine ästhetische Erfahrung möglich. Auch die ästhetische Erfahrung äußert sich in einem »Urteil«, in dem sich ein Individuum in seiner durch nichts eingeschränkten Subjektivität anderen Individuen mitteilt. K. setzt das ästhetische Urteil von allen Ansprüchen wissenschaftlicher Wahrheit, moralischer Wertung und bloßer sinnlicher Befriedigung frei. Im ästhetischen Erleben kommt alles auf die eigene selbst-autonome (»heautonome«) Urteilskraft an. Da diese Urteilskraft in sich aber alle sinnlichen und geistigen Kräfte bindet, da sie in der Lage ist, eigene Lust hervorzurufen und darüberhinaus auf Mitteilung gegenüber Gleichgesinnten drängt, isoliert sie den Einzelmenschen keineswegs, sondern bringt ihn allererst in selbstbewußte Beziehung zu seinesgleichen.

Im zweiten Teil der *Kritik der Urteilskraft* entwirft K. eine Theorie der lebendigen Natur, über die der Mensch stets nach Analogie seiner Selbsterfahrung als tätiges Wesen urteilt; ein Organismus wird in seiner zweckmäßigen Funktionsweise angesehen, »als ob« in ihm ein zweckrationaler Wille wirke, den der Mensch freilich nur von sich selbst her kennt. K.s Theorie des Organismus versucht die dynamische Ganzheitlichkeit lebendiger Wesen zu fassen. Dabei nimmt er das Prinzip der kausalen Erklärung so weit wie nur irgend möglich zu Hilfe. So definiert er, daß sich die Teile des Organismus »dadurch zur Einheit eines Ganzen verbinden, daß sie von einander wechselseitig Ursache und Wirkung ihrer Form sind«. Ja, ein lebendiges Naturprodukt verhält »sich zu sich selbst wechselseitig als Ursache und Wirkung«. Damit eröffnet K. den Zugang zu einer Theorie der »Selbstorganisation«, die im 20. Jahrhundert nicht nur im Bereich der Biologie, sondern auch der Physik und der Soziologie starke Aufmerksamkeit gefunden hat. Für die nachfolgende Philosophengeneration, insbesondere für Schelling und Hegel, enthält die dritte Kritik die wichtigste Anregung; sie aber wollen die von K. betonte subjektive Beschränkung ästhetischer und teleologischer Urteile im Rahmen einer umfassenden Objektivität der Natur oder des Geistes überwinden.

Nach Abschluß des »kritischen Geschäfts« geht der inzwischen hochbetagte K. daran, die fälligen systematischen Schlußfolgerungen für einzelne Gegenstandsbereiche zu ziehen. Er kommt dazu aber nur auf dem Gebiet des praktischen Handelns. Hier legt er gegen den Widerstand der preußischen Zensurbehörde die Konsequenzen für den religiösen Glauben dar (*Die Religion innerhalb der Grenzen der bloßen Vernunft*, 1793) und publiziert 1796/97 unter dem Titel *Metaphysik der Sitten* nicht nur eine »Tugendlehre« für das selbstverantwortliche Handeln des einzelnen, sondern auch eine Rechts- und Staatslehre, die zusammen mit der kleinen Schrift *Zum ewigen Frieden* (1795) direkten Einfluß auf die politische Urteilsbildung der Zeitgenossen gewinnt.

In der Politischen Philosophie, zu der er auch noch, ebenso wie zur Theorie der Geschichte, zum Begriff des Menschen oder zum Verhältnis der Wissenschaften, in zahlreichen kleineren Schriften Stellung nimmt, stellt K. die Produktivität des von ihm entwickelten Prinzips kritischer Begründung unter Beweis. Er fügt den vorhandenen Staatskonstruktionen zwar kein neues Modell hinzu, entwickelt jedoch über die Konzeption des Rechts und unter der Idee eines Staatsvertrages ein neues Legitimitätsprinzip politischer Herrschaft. Er zeigt, wie sich unter allgemeinen Rechtsbedingungen, vermittelt über das Prinzip der Publizität, Moral und Politik verknüpfen lassen, ohne auseinander abgeleitet zu sein. Und er sieht wohl als erster, daß staatliches Handeln nicht allein aus Verbindlichkeiten gegenüber dem Bürger im Innenverhältnis begründet werden kann, sondern unter »weltbürgerliche« Maßstäbe zu stellen ist, die einer völkerrechtlichen Absicherung bedürfen. Aus dem bis dahin hauptsächlich religiös motivierten Gedanken einer europäisch-christlichen Friedensordnung macht K. ein weltpolitisches, auf rechtliche Institutionen gegründetes Konzept, auf das im 20. Jahrhundert bei der Gründung des Völkerbundes zurückgegriffen worden ist.

K.s Theorie des Weltfriedens ist eine politiktheoretische Innovation. Sie basiert auf einer historisch und ökonomisch fundierten Diagnose der Lage der Menschheit angesichts der vor dem Abschluß stehenden Kolonisierung der Erde. Kein politischer Ort auf dem Globus ist noch unabhängig von dem politischen Geschehen an einem beliebigen anderen Ort. Aufgrund der begrenzten Oberfläche der Erdkugel können die Menschen nicht länger voreinander ausweichen. Folglich kann der Krieg, dessen historische Leistung K. anerkennt, künftig kein Mittel der Politik mehr sein. Überdies hat die Französische Revolution gezeigt, daß der Freiheitsanspruch der Völker auch von sich aus in der Lage ist, die fälligen Fortschritte im Recht zu veranlassen. So gelangt K. zu einer umfassenden Konzeption von Recht, Moral und Politik auf der Basis des »Menschenrechts«. Das die Freiheit und Gleichheit aller Menschen sichernde Menschenrecht soll innerstaatlich durch republikanisch-repräsentative Verfassungen verbindlich gemacht und im äußeren Verhältnis der Staaten durch ein System von Verträgen gestützt werden. Mit dem »Weltbürgerrecht« wird der Kolonialpolitik ein Riegel vorgeschoben; zugleich aber hat jeder einzelne Bürger auch gegenüber anderen Staaten ein elementares Recht auf menschenwürdige Behandlung. Die Einzelstaaten bleiben als die unerläßlichen Einheiten gesellschaftlicher Selbstbestimmung erhalten, sind aber durch die Dynamik des sie selbst verpflichtenden Rechts im Inneren zu Reformen genötigt und im

Außenverhältnis auf einen föderalen Bund angewiesen. In der Verbindung historischer und machtpolitischer, juridischer, moralischer und rhetorischer Elemente entwirft K. vor allem in der Schrift *Zum ewigen Frieden* eine den neuzeitlichen Handlungsbedingungen angemessene Theorie der Politik.

An der Vollendung seines Systems auch auf dem Feld der Naturphilosophie wird K. durch zahlreiche Verpflichtungen gehindert, die sich aus der breiten öffentlichen Debatte über sein Werk ergeben. Verstärkt durch die revolutionären Ereignisse in Frankreich erlebt Deutschland vor der Jahrhundertwende ein euphorisches Jahrzehnt der Kritik, und K. ist nicht nur den Ansprüchen einer wachsenden Schülerschaft, sondern auch einer sich rasch formierenden, vor allem theologisch motivierten Polemik ausgesetzt. In seinen nicht weniger polemischen Erwiderungen stellt K. noch einmal seine literarischen Fähigkeiten unter Beweis, die in den kritischen Hauptwerken sich allerdings nur dem entdecken, der in ihren schwierigen Gedankenzusammenhang eindringt.

1796 beendet K. seine Lehrtätigkeit; 1801, im Alter von 77 Jahren, wird er emeritiert. Seine ohnehin schwachen physischen Kräfte lassen rapide nach. Er nimmt kaum noch Einfluß auf die von seinen Schülern besorgte Edition seiner Vorlesungen über Anthropologie, Pädagogik, Logik und Geographie. Gleichwohl arbeitet er an der noch unvollendeten Naturphilosophie. Dabei geht er erneut auf die Voraussetzungen seiner Erkenntniskritik zurück und konzipiert eine Einheit von Mensch und Natur, die manche überraschenden Parallelen zu den Systemen Schellings und Hegels aufweist. Aber beim Schreiben schwinden seine Kräfte mitunter plötzlich. Die spekulativen Notizen brechen immer häufiger ab; unvermittelt mischen sich Bemerkungen über alltägliche Begebenheiten ein. Diese heute unter dem Titel *Opus postumum* gesammelten Texte dokumentieren, wie sich allmählich ein Körper seinem Geist versagt.

Die letzten Lebensjahre zeigen einen mit Würde ertragenen Verfall der körperlichen und geistigen Kräfte. 1804 stirbt K. an Altersschwäche. Er hat, trotz ehrenvoller Angebote anderer Universitäten, Königsberg nie verlassen, hat aber stets an den Ereignissen in der Welt regen Anteil genommen. Er pflegte Umgang vornehmlich mit Kaufleuten, Verwaltungsbeamten und Offizieren, kannte die Reiseliteratur so gut, daß seine Zuhörer glauben konnten, er sei selbst auf Java, in Amerika oder zumindest in London gewesen. Nicht nur in seiner täglich bei ihm versammelten Tischgesellschaft, sondern auch öffentlich war er ein begeisterter Verfechter der Ideen der Französischen Revolution. Und nicht weniger als in seinen kritischen Hauptwerken tritt auch in seinen weitläufigen naturkundlichen, gesellschaftlichen und politischen Interessen als das treibende Motiv seines Philosophierens hervor: die Erkundung der Möglichkeiten und Grenzen des Menschen.

In seiner Logikvorlesung hat er mehrfach die »weltbürgerliche Bedeutung« der Philosophie in vier Fragen zusammengefaßt: 1. »Was kann ich wissen?« 2. »Was soll ich tun?« 3. »Was darf ich hoffen?« 4. »Was ist der Mensch?« Die erste Frage, so hat er erläuternd hinzugefügt, »beantwortet die *Metaphysik*, die zweite die *Moral*, die dritte die *Religion* und die vierte die *Anthropologie*«. Die wahre Bedeutung dieses Fragenkatalogs wird aber erst erkennbar, wenn K. hinzufügt, daß die letzte Frage alle anderen umfaßt: »Im Grunde«, so heißt es abschließend, könne man Metaphysik, Moral und

Religion »zur Anthropologie rechnen, weil sich die ersten drei Fragen auf die letzte beziehen«. So erscheint die Kritische Philosophie vor allem als eine umfassende Bestandsaufnahme der besten Kräfte des Menschen, und das sind die Kräfte der menschlichen Vernunft.

Gerhardt, Volker: Immanuel Kants Entwurf »Zum ewigen Frieden«. Eine Theorie der Politik. Darmstadt 1995. – Kersting, Wolfgang: Wohlgeordnete Freiheit. Immanuel Kants Rechts- und Staatsphilosophie. Berlin/New York 1984; Taschenbuchausgabe mit einer neuen Einleitung: Kant und die politische Philosophie der Gegenwart. Frankfurt am Main 1993. – Cavallar, Georg: »Pax Kantiana«. Systematisch-historische Untersuchungen des Entwurfs »Zum Ewigen Frieden« (1795) von Immanuel Kant. Wien/Köln/Weimar 1992. – Wenzel, Uwe Justus: Anthroponomie. Kants Archäologie der Vernunft. Berlin 1992. – Willaschek, Marcus: Praktische Vernunft. Handlungstheorie und Moralbegründung bei Kant. Stuttgart 1992. – Horstmann, Rolf-Peter: Die Grenzen der Vernunft. Frankfurt am Main 1991. – Allison, Henry E.: Kant's Theory of Freedom. Cambridge 1990. – Gerhardt, Volker/Kaulbach, Friedrich: Kant. Darmstadt ²1989. – Sommer, Manfred: Identität im Übergang: Kant. Frankfurt am Main 1988. – O'Neill, Onora: The Contructions of Reason: An Exploration of Kant's Practical Philosophy. Cambridge 1989. -Langer, Claudia: Reform nach Prinzipien. Untersuchungen zur politischen Theorie Immanuel Kants. Stuttgart 1986. – Baumgartner, Hans M.: Kants »Kritik der reinen Vernunft«. Anleitung zur Lektüre. Freiburg 1985. – Allison, Henry E.: Kant's Transcendental Idealism. An Interpretation and Defense. New Haven/London 1983. – Höffe, Otfried: Immanuel Kant. München 1983. – Gulyga, Arsenij: Immanuel Kant. Frankfurt am Main 1981. – Hinske, Norbert: Kant als Herausforderung an die Gegenwart. Freiburg/München 1980. – Beck, Lewis W.: Kants »Kritik der praktischen Vernunft«. Ein Kommentar. München 1974. – Prauss, Gerold (Hg.): Kant. Zur Deutung seiner Theorie von Erkennen und Handeln. Köln 1973. – Kaulbach, Friedrich: Immanuel Kant. Berlin 1969, ²1982. – Krüger, Gerhard: Philosophie und Moral in der Kantischen Kritik. Tübingen 1931. – Cassirer, Ernst: Kants Leben und Lehre. Berlin 1918 (Darmstadt ³1977).

Volker Gerhardt

Kautsky, Karl
Geb. 16. 10. 1854 in Prag; gest. 17. 10. 1938 in Amsterdam

Zu seinen Lebzeiten galt er den einen als »Lehrmeister der Klasse« des Proletariats (Karl Renner), den anderen als bläßlicher »Stubengelehrter« (Leo Trotzki), als Revisionist, gar Renegat des Marxismus. Das Bild K.s als maßgeblicher Ideologe und Propagandist des parteioffiziellen Marxismus der Zweiten Internationale unterliegt bis heute starken Bewertungsschwankungen, je nachdem, welche politisch-weltanschauliche Perspektive der Betrachter einnimmt. Im Ganzen überwiegt eine negativ-abwertende Haltung gegenüber Gestalt und Werk K.s, umgibt ihn doch als Theoretiker weder der intellektuelle Glanz von Marx noch die revolutionäre Aura Rosa Luxemburgs und Lenins. Erst in jüngster Zeit sind Bemühungen erkennbar, K. und seinem Wirken größere historische Gerechtigkeit widerfahren zu lassen.

1854 in Prag geboren, entstammte K. einem bürgerlich-künstlerischen Elternhaus – der Vater war Theatermaler, die Mutter Schauspielerin und Schriftstellerin. Seinen bürgerlichen Habitus hat K. auch als Intellektueller, der seine Fähigkeiten und sein Wissen in den Dienst der Arbeiterbewegung stellte, nie ablegen können und wollen, weshalb ihn seine Kritiker einen »Partei gewordenen deutschen Professor« nannten. Mit der Umsiedlung der Familie K.s nach Wien (1862) wurde der Junge rasch ins deutschsprachige kulturelle Milieu integriert. Die Ablösung von religiösen Wertvorstellungen geschah früh, nicht zuletzt unter dem Einfluß der materialistischen Denkweise, die für K., zusammen mit der zeitbedingten unbeirrbaren Wissenschafts- und Fortschrittsgläubigkeit (Darwinismus, Evolutionismus, Determinismus), lebenslang prägend blieb. Die Pariser Commune (1871) wurde für den jungen K. zur politisch einschneidenden Erfahrung; entschlossen wandte er sich den umlaufenden sozialistischen Ideen zu, weil er das Bedürfnis nach »Hebung und Befreiung aller Elenden und Geknechteten« verspürte. Freilich überwand K. diesen jugendlichen »Gefühlssozialismus« bald, indem er sich ernsthaft der Lektüre vor allem der Marxschen Schriften widmete. Zu Beginn seines Studiums, 1875, trat K. der österreichischen sozialistischen Partei bei. »Der Rubicon ist überschritten, alea est jacta!«, notierte er im Tagebuch. »Ich bin in die Sozialdemokratische Partei aufgenommen, nur als Verräter kann ich sie wieder verlassen.« Bis an sein Lebensende blieb er der Partei treu. K.s Aufstieg als Parteitheoretiker und Sachwalter der »reinen Lehre« des Marxismus vollzog sich in den 80er und 90er Jahren – in London lernte er noch Marx und Engels persönlich kennen –, als es ihm als Redakteur des theoretischen Zentralorgans der SPD, *Die Neue Zeit*, gelang, das Deutungsmonopol des Marxismus an sich zu ziehen. In erster Linie der Wirkung K.s ist es zuzuschreiben, daß die deutsche Sozialdemokratie, die zunächst stark von den staatssozialistischen Ideen Ferdinand Lassalles beeinflußt war, sich der Marxschen Lehre vom revolutionären Klassenkampf öffnete und diese schließlich zur verbindlichen Richtschnur ihres politischen Wollens und Handels erhob. Das Erfurter Programm von 1891, das erste Programm der SPD auf marxistischer Grundlage, trägt in seinen zentralen theoretischen Passagen eindeutig die Handschrift K.s. In zahllosen Artikeln und Büchern, in denen er zu ökonomischen, historischen und sozialen Fragen Stellung nahm, popularisierte K. eine orthodoxe Version des Historischen und Dialektischen Materialismus, deren auffälligstes Merkmal die Abstinenz gegenüber philosophischer Reflexion ist, die das in der Tradition Hegels stehende Marxsche Werk auszeichnet. Bücher wie *Karl Marx' ökonomische Lehren* (1887), *Thomas More und seine Utopie* (1887), *Die Vorläufer des neueren Sozialismus* (1895), *Der Ursprung des Christentums* (1908), *Die proletarische Revolution und ihr Programm* (1922) und *Die materialistische Geschichtsauffassung* (1927) stempelten K. zum Vertreter des Kautskyanismus bzw. eines »Zentrismus«, der sich einerseits gegen die revisionistischen und reformistischen Vorstellungen Eduard Bernsteins, andererseits gegen den aktionistischen Radikalismus Rosa Luxemburgs abgrenzte. Mit dem Tod des Parteiführers August Bebel (1913), mit dem gemeinsam K. die SPD jahrzehntelang politisch und theoretisch dominierte, schwand auch sein Einfluß auf die Partei. 1917 wurde K. als Redakteur der *Neuen Zeit* abgelöst, im selben Jahr trat er aus Enttäuschung über die Haltung der Sozialdemokratie zur Kriegsfrage der USPD bei. Lenins und Trotzkis revolutionärem Experiment in Rußland begegnete er von Beginn an mit Mißtrauen, ja Feindschaft. Seine Schriften *Terrorismus und Kommunismus* (1919) und *Von der Demokratie zur Staatssklaverei* (1921) enthalten eine scharfe Abrechnung mit Lenins Putschismus und der bolschewistischen Diktatur. Noch einmal gewann K. Einfluß auf die SPD, als er deren Heidelberger Programm (1925) mitformulierte. Seine letzten Lebensjahre verbrachte er als freier Schriftsteller und Publizist in Wien, das er kurz vor Hitlers Einfall in Österreich verließ. K. starb als Emigrant in Amsterdam. Seine Frau wurde von den Nationalsozialisten in Auschwitz umgebracht.

Gilcher-Holtey, Ingrid: Das Mandat des Intellektuellen. Karl Kautsky und die Sozialdemokratie. Berlin 1986. – Kolakowski, Leszek: Die Hauptströmungen des Marxismus. Band 2. München 1978. –Vranicki, Predrag: Geschichte des Marxismus. Band 1. Frankfurt am Main 1972.

Hans-Martin Lohmann

Kelsen, Hans
Geb. 11. 10. 1881 in Prag; gest. 19. 4. 1973 in Berkeley/Kalifornien

Eine »von aller politischen Ideologie und allen naturwissenschaftlichen Elementen gereinigte, ihrer Eigenart weil der Eigengesetzlichkeit ihres Gegenstandes bewußte Rechtstheorie zu entwickeln«, war das Grundanliegen K.s. Er wollte die Jurisprudenz »auf die Höhe einer echten Wissenschaft« heben »und deren Ergebnisse dem Ideal aller Wissenschaft, Objektivität und Exaktheit soweit als irgend möglich« annähern, wie er in seinem rechtstheoretischen Hauptwerk, *Reine Rechtslehre* (1934), schreibt.

Jüdischer und bescheiden bürgerlicher Herkunft, wuchs K. in Wien auf, wo er 1906 promovierte (*Die Staatslehre des Dante Alighieri*). 1911 erschien seine Habilitationsschrift *Hauptprobleme der Staatsrechtslehre*. Bis 1930 lehrte K. in Wien, seit 1919 als Ordentlicher Professor. Während des Ersten Weltkrieges wurde er persönlicher Referent des Kriegsministers; nach Kriegsende arbeitete er maßgebend an der 1920 verabschiedeten Bundesverfassung Österreichs mit, wobei insbesondere die grundsätzlich neue Einrichtung des Verfassungsgerichtshofs auf seine Überlegungen zurückgeht. Bis 1929 war K. selbst Richter am Verfassungsgerichtshof. Nach seinem unfreiwilligen Ausscheiden aus diesem Amt wechselte er 1930 an die Universität Köln, 1933 infolge der rassistischen Diskriminierung durch die neuen Machthaber nach Genf, 1936 an die Universität Prag, blieb aber in Genf wohnhaft. 1940 emigrierte er in die Vereinigten Staaten. K. hatte sich stets gegen soziale Widrigkeiten, rassistische und persönliche Diskriminierungen durchzusetzen und heftigster Angriffe gegen seine Lehre zu erwehren. Der dadurch erzwungenen Diskontinuität im Lebenslauf steht die Beharrlichkeit der Ausarbeitung seines Lebenswerkes aus der Idee einer rein wissenschaftlichen Rechtslehre entgegen.

Den Stand der Staatslehre markierte 1900 Georg Jellineks *Allgemeine Staatslehre*. Deren »Zwei-Seiten-Theorie« vom Staat legte ein Auseinanderdriften des soziologischen und des juristischen Staatsbegriffs nahe. Zog Max Weber die Konsequenz eines herrschaftssoziologischen Staatsbegriffs, so entwickelt K. dagegen aus den Prämissen der positivistischen Gerber-Laband-Jellinek Schule seinen Begriff der Methodenreinheit. Auf dessen Grundlage entsteht K.s Rechtstheorie, deren umfassendste Ausarbeitung die zweite Auflage der *Reinen Rechtslehre* von 1960 ist. Doch schon die wegweisende Habilitationsschrift *Hauptprobleme der Staatsrechtslehre* (1911) entwickelt die strukturelle Seite des Rechts programmatisch. Mit der 1922 erschienenen Schrift *Der soziologische und der juristische Staatsbegriff* ist K.s Rückführung des soziologischen Begriffs vom »Staat als soziale Realität« auf den primär juristischen Begriff vom »Staat als Normensystem« grundlegend formuliert. K. führt einen »kritischen Beweis der Identität von Staat und Recht«, wonach der Staat nur als Normensystem unter der Voraussetzung des Rechts juristisch identifiziert werden kann. Die gegenteilige Auffassung vom Staat als Voraussetzung des Rechts kritisiert er als »Hypostasierung gewisser, den Natur- bzw. Rechtsgesetzen widersprechender Postulate«. Damit ist K.s weiterer Arbeitsgang vorgezeichnet. Die Ausbildung seiner Rechtslehre fällt weitgehend in die Zwischenkriegszeit nach 1918. Das Spätwerk geht allerdings mit der völlig neu bearbeiteten und erweiterten *Reinen Rechtslehre* von 1960 und einer nachgelassenen *Allgemeinen Theorie der Normen* (1979) auch neue Wege.

K.s *Allgemeine Staatslehre* (1925) entwickelt den Staatsbegriff »aus einem einzigen Grundprinzip: aus dem Gedanken des Staates als einer normativen Zwangsordnung menschlichen Verhaltens«. Im Anschluß an die strikte Unterscheidung von ›Sein‹ und ›Sollen‹ im Neukantianismus schließt K. die Staatslehre als »Soziologie« oder »Politik« von der »Staatslehre als Staatsrechtslehre« aus, weil das Recht zum Bereich des Sollens gehört und nur unter normativen Gesichtspunkten adäquat betrachtet werden kann. Dann unterscheidet er die normative Staatsrechtslehre rechtstheoretisch in eine »Statik« der »Geltung« der Staatsordnung – Geltung ist demnach ein rechtsdogmatisches Faktum, das eine gewisse soziale »Wirksamkeit« voraussetze – und (Gedanken seines Wiener Kollegen Adolf Merkl aufnehmend) eine »Dynamik« der »Erzeugung« der Staatsordnung. Dabei schließt K. die Lehre von der »Rechtfertigung« und den »Zwecken« des Staates als »Politik« aus. Damit vertritt er die rechtspositivistische »Trennungsthese« einer strikten Unterscheidung des Rechts von der Moral. Rechtsnormen sind nach positivistischer Auffassung alle diejenigen Normen, die von den staatlichen Instanzen auf rechtlichem Wege (korrekt oder inkorrekt, d.h. fehlerhaft) erzeugt wurden. Und jeder (moderne, rechtlich integrierte und identifizierbare) Staat ist nach K. ein Rechtsstaat. Für die juristische Betrachtung sind Fragen der Moral dann irrelevant.

K.s *Reine Rechtslehre* (1934) will deshalb »das Recht darstellen, so wie es ist, ohne es als gerecht zu legitimieren oder als ungerecht zu disqualifizieren; sie fragt nach dem wirklichen und möglichen, nicht nach dem richtigen Recht. Sie ist in diesem Sinn eine radikal realistische Rechtstheorie. Sie lehnt es ab, das positive Recht zu bewerten. Sie betrachtet sich als Wissenschaft zu nichts anderem verpflichtet, als das positive Recht seinem Wesen nach zu begreifen und durch eine Analyse seiner Struktur zu verstehen. Sie lehnt es insbesondere ab, irgendwelchen politischen Interessen dadurch zu dienen, daß sie ihnen die Ideologien liefert, mittels deren die bestehende gesellschaftliche Ordnung legitimiert oder disqualifiziert wird. Dadurch tritt sie zu der traditionellen Rechtswissenschaft in schärfstem Gegensatz«. Die Rechtsnorm faßt K. deshalb 1934 nur als »hypothetisches Urteil«: »Die Rechtsnorm wird zum Rechtssatz, der die Grundform des Gesetzes aufweist.« Damit begreift K. die Rechtsordnung positiv als ein idealiter unter der – mehrsinnigen und vieldeutigen – Idee einer »Grundnorm« geschlossenes Legalitätssystem und sucht diese rechtssystematische Ganzheit und Einheit in der Statik seiner Geltung und Dynamik seiner Erzeugung rechtstheoretisch differenziert darzustellen. Dies ist das Programm der K.schen Rechtstheorie. Eine Grundnorm muß angenommen werden als notwendige Bedingung der Rekonstruktion des Rechtssystems als einer Einheit. Damit ist sie Grundlage eines »transzendentalen« Staatsbegriffs.

K.s Rechtsbegriff faßt das Recht als »Zwangsnorm« auf. Die Zwangsnorm gebietet kein bestimmtes Verhalten positiv, sondern schreibt bei Zuwiderhandlungen nur rechtlich bedingte Sanktionen vor: »Gesollt ist nur der als Sanktion fungierende Zwangsakt«. Damit wendet sich K.s Rechtsbegriff zunächst an die sanktionierenden Instanzen des Staates und dessen Amtsträger. Erst die rechtsinstitutionell verankerte Möglichkeit autoritativer Sanktionierung läßt die Rechtspflicht entstehen. Die von K. propagierte Identität von Recht und Staat ist damit als »Zwangsordnung« des Rechts auf dessen Sanktionierung durch autoritative staatliche Instanzen angewiesen. K. faßt die Rechtsordnung in erster Linie als Herrschaftsordnung auf.

Weil K. eine rein juristische Rechtslehre begründen wollte, korrespondiert seiner Rechtstheorie eine scharfe Ideologiekritik metajuristischer Einflüsse. Die Rechtslehre ist damit ein kritisches Unternehmen im doppelten Sinne der Kritik unkritischer Dogmenbestände sowie der Begründung einer methodenreinen, streng juristischen Rechtslehre. Die Ideologiekritik gilt zunächst der »Substantialisierung« des Staatsbegriffs als Voraussetzung des Rechts, die K. als eine »staatstheologische« Übertragung des »übernatürlichen Gottesbegriffs« auf den Staat kritisiert. Dies führt ihn bald zu scharfen Auseinandersetzungen mit der Idee und Tradition des »Naturrechts«, das er wesentlich als soziale Ideologie der »Gerechtigkeit« faßt (*Die philosophischen Grundlagen der Naturrechtslehre und des Rechtspositivismus*, 1928; *Aufsätze zur Ideologiekritik*, hg. v. Ernst Topitsch, 1964), sowie (auch unter dem Eindruck von Sigmund Freud und Ernst Cassirer) darüber hinaus zu einer Kritik des archaischen »Seelenglaubens« (*Vergeltung und Kausalität*, 1941). Aus dem Nachlaß erschien 1985 eine umfassende Monographie über Platons *Illusion der Gerechtigkeit*.

K. kritisiert die naturrechtliche Gerechtigkeitslehre vor allem als Ideologisierung der Rechts- und Staatslehre und -anschauung. Sein ideologiekritischer Impetus zielt jedoch mit der Absicht auf eine reine Wissenschaft des positiven Rechts nicht auf die Destruktion aller Weltanschauungen, sondern auf die kritische Beschränkung auf rechtswissenschaftlich verträgliche »Weltanschauungen«. Gerade die Voraussetzung der Irreduzibilität von »Weltanschauungen« für das Handeln verbindet K. mit der Philosophie seiner Zeit. So beruft er sich schon in *Der soziologische und der juristische Staatsbegriff* gegen die »Staatstheologie« auf den »Pantheismus«. Das Verhältnis von »Staatsform und Weltanschauung« beschäftigt ihn dann zentral in seinen Schriften zur politischen Theorie und Demokratietheorie. Klassisch sind hier insbesondere seine Ausführungen in *Vom Wesen und Wert der Demokratie* (1920): Dem »Gegensatz der Weltanschauungen entspricht ein Gegensatz der Wertanschauungen, speziell der politischen Grundeinstellung. Der metaphysisch-absolutistischen Weltanschauung ist eine autokratische, der kritisch-relativistischen die demokratische Haltung zugeordnet«. K. bevorzugt die Demokratie »aus der Beziehung der demokratischen Staatsform zu einer relativistischen Weltanschauung«. Diese These ist gleichermaßen bedeutend wie umstritten. Zunächst besagt sie, daß die Demokratie alle fundamentalistischen Wahrheitsansprüche unter die Autorität der Mehrheitsentscheidung beugt. Allerdings unterliegt die Demokratie nach K. auch ihrem eigenen Relativismus; sie muß sich dem Diktat der Mehrheitsentscheidung auch im Falle ihrer legalen Beseitigung beugen. Ihr Relativismus verbietet einen rechtlichen Dogmatismus der Selbstbewahrung, wie er für die Bundesrepublik nach der »Ewigkeitsklausel« des Art. 79 Abs.3 Grundgesetz gilt. Damit ist K. politisch ein Relativist, unabhängig von seinen persönlichen Präferenzen. Mit der Staatsform steht das Rechtssystem insgesamt politisch in Frage: Beruht die Ganzheit und Einheit eines Rechtssystems in rechtstheoretischer Abstraktion begriffen auf einer »Grundnorm«, so steht mit der »Grundnorm« die gesamte Herrschaftsordnung prinzipiell zur politischen Disposition. Den Grenzfall alternativer Dezision betrachtet K. als eine Verfügung der »Politik«. So gipfelt seine Rechtstheorie, einschließlich ihrer Ideologiekritik rechtssytematisch unangemessener Weltanschauungsansprüche, in der Konturierung des Optionsraums politischer Entscheidung; sie markiert die Grenze zwischen Politik und Recht und bewährt sich als analytische Theorie im Verzicht auf metajuristische und metapolitische Begründungsansprüche.

K. wirkte schulbildend. Sein rechtswissenschaftliches Erbe wird heute in Österreich insbesondere im Umkreis des 1971 gegründeten Hans-Kelsen-Instituts in Wien gepflegt und weitergeführt, in Deutschland insbesondere im Umkreis der Zeitschrift *Rechtstheorie*, die von K. mitbegründet wurde. Als Rechtstheoretiker wirkte K. etwa auf Herbert Lionel A. Hart. Seine juristische Bedeutung betrifft nicht nur das Staatsrecht, sondern wesentlich auch das Völkerrecht (*Das Problem der Souveränität und die Theorie des Völkerrechtes*, 1920) und das Verwaltungsrecht. Sachlich besteht K.s rechtswissenschaftliche Leistung vor allem in der Darstellung der Rechtsordnung als Einheit einer Herrschaftsordnung unter der Idee einer Grundnorm. Philosophisch bedeutsam ist weiterhin die geschichtlich weit gespannte, radikale Ideologiekritik sowie insbesondere das politiktheoretische Fazit der Verhältnisbestimmung von Staatsform und Weltanschauung unter der Voraussetzung der Universalität und Irreduzibilität von »Weltanschauung«. Der juristische Verweis auf die politische Grundentscheidung als grundlegendes Faktum der Herrschaftsordnung kann jedoch philosophisch nicht befriedigen. Wenn sich die analytische Unterscheidung von Politik, Legalität und Moralität philosophisch begründen und darstellen ließe als Einheit einer praktischen Vernunft, würde auch K.s Ideologiekritik der Gerechtigkeit zur erneuten philosophischen Auseinandersetzung und Kritik anstehen.

Alexy, Robert: Begriff und Geltung des Rechts. Freiburg i. Br. 1992. – Dreier, Horst: Rechtslehre, Staatssoziologie und Demokratietheorie bei Hans Kelsen. Baden-Baden ²1990. –Weinberger, Ota/Krawietz, Werner (Hg.): Reine Rechtslehre im Spiegel ihrer Fortsetzer und Kritiker. Wien 1988. – Walter, Robert/Paulson, Stanley L. (Hg.): Untersuchungen zur Reinen Rechtslehre. Wien 1986. – Métall, Rudolf A.: Hans Kelsen. Leben und Werk. Wien 1969.

Reinhard Mehring

Kepler, Johannes
Geb. 27. 12. 1571 in Weil der Stadt; gest. 15. 11. 1630 in Regensburg

»Ich kam also vorzeitig zur Welt, mit zweiunddreißig Wochen, nach 224 Tagen, zehn Stunden«, notiert der 26jährige K. im Familienhoroskop. Sein Leben beginnt unter denkbar schlechten Voraussetzungen. Der Vater Heinrich ist ein »bösartiger, unnachgiebiger, streitsüchtiger« Mann, K.s Mutter Katharina »klatschsüchtig und zänkisch, von schlechter Veranlagung«. K. ist nicht nur kurzsichtig, sondern leidet zusätzlich unter Mehrfachsehen, hat ständig mit Geschwüren, Fieberanfällen und Ausschlägen zu kämpfen. So verurteilt er auch seinen eigenen Charakter: »Dieser Mensch hat in jeder Hinsicht eine hundeähnliche Natur.« Aber K. ist hochbegabt. Nach der Lateinschule in Adelberg und Maulbronn studiert er am Tübinger Stift Theologie, um Geistlicher zu werden. Als man ihm noch vor seinen Abschlußprüfungen eine Stelle als Professor für Mathematik in Graz anbietet, nimmt er an.

Am 19. Juli 1595 – K. hat das Datum notiert – erfaßt ihn ein Gedanke, den er als die entscheidende Entdeckung seines Lebens betrachtet: Das Universum ist aus regelmäßigen geometrischen Körpern aufgebaut. Die Vision, daß sich den Planetenbahnen genau die ›vollkommenen‹ Vielflächner Tetraeder, Kubus, Oktaeder, Dodekaeder und Ikosaeder einschreiben ließen, führt er in seinem ersten Buch *Mysterium Cosmographicum* (1596) aus. Sie bestimmt fortan sein Denken und bildet das zentrale Motiv seiner Astronomie. Das Buch findet geteilte Aufnahme, aber ein Mann erkennt hinter den mystischen Spekulationen K.s naturwissenschaftliches Genie: Tycho Brahe. Als sich K. am 1. Januar 1600 auf den Weg nach Prag macht, um den kaiserlichen Hofmathematiker aufzusuchen, weiß er, daß Brahe die präzisen astronomischen Beobachtungsdaten besitzt, die er als Gerüst für sein Modell des Kosmos benötigt. In der Nachfolge Brahes, der 1601 stirbt, bleibt K. bis zum Tod Rudolfs II. in Prag. Dort entstehen die *Dioptrik* (1611), die ihn zum Begründer der modernen Optik macht, und auf der Basis des noch umstrittenen kopernikanischen Weltbildes und der Braheschen Daten die *Astronomia Nova* (1609). Diese enthält die ersten beiden der K.schen Gesetze: Die Planeten bewegen sich in Ellipsen und nicht in Kreisen; und Planeten bewegen sich nicht mit gleichförmiger Geschwindigkeit, sondern so, daß eine gedachte Gerade vom Planeten zur Sonne in gleicher Zeit gleiche Flächen bestreicht. Wie Galilei, mit dem K. vergebens in engeren Kontakt zu kommen sucht, betrachtet er die mathematisch gedeutete Empirie als Schlüssel zur Wirklichkeit, aber im Unterschied zu Galilei versucht er die quantifizierte Welt in der Tradition des Mittelalters theologisch zu durchdringen. Im Mittelpunkt seines Denkens steht der Entwurf eines geordneten Kosmos, dem er seine revolutionären naturwissenschaftlichen Erkenntnisse zuordnet. Newton muß das 3. K.sche Gesetz – die Quadrate der Umlaufzeiten zweier Planeten verhalten sich wie die Kuben ihrer mittleren Entfernung von der Sonne – im gewaltigen Gedankengebäude der *Harmonices Mundi* (1619) überhaupt erst ausfindig machen, wo es in einer umfassenden

Zusammenschau von Geometrie, Astronomie, Astrologie, Theologie und Erkenntnistheorie unterzugehen drohte. K. ist von der Überzeugung durchdrungen, daß die Grundstruktur der Welt harmonisch ist und auf Gott verweist: »Lobpreiset ihn, ihr himmlischen Harmonien, lobpreist ihn alle, die ihr Zeugen der nun entdeckten Harmonien seid. Lobpreise auch du, meine Seele, den Herrn, deinen Schöpfer, solange ich sein werde. Denn aus ihm und durch ihn und in ihm ist alles.« Am Beginn der modernen Naturwissenschaft, deren rasante Entwicklung zu mechanistischer Weltsicht und der Trennung von Erkenntnistheorie und Ethik führen wird, steht ein Mann, der die Einheit der Welt, die Einheit der Wissenschaft und die Übereinstimmung des Menschen mit den Ordnungen des Kosmos denkt. Die *Harmonices Mundi* sind der letzte Weltentwurf, der die Empirie in ein Gesamtverständnis von Gott, Mensch und Welt einbindet. Die Fakten müssen stimmen, deshalb K.s langwierige Berechnungen, aber sie besitzen keinen Wert an sich. Ihr Wert besteht darin, in mathematischer Darstellung die Vollkommenheit des Universums zu demonstrieren.

Doch in seinem Traum von einer Welt, in der Musik und Mathematik die höchsten Werte sind, verliert K. nicht den Blick für die bitteren Realitäten der Zeit. Er verteidigt seine Mutter in einem gegen sie angestrengten Hexenprozeß so hartnäckig bis zu ihrem Freispruch, daß in den Prozeßakten der verräterische Vermerk zu finden ist: »Die Verhaftin erscheint *leider* mit Beistand ihres Herrn Sohns, Johann Keplers Mathematici.« Den Religionswirren, die schließlich in den Dreißigjährigen Krieg münden, steht K. verständnislos gegenüber. Auf der einen Seite von der württembergischen Kirche exkommuniziert, weil er die gegen die Calvinisten gerichtete Konkordienformel nicht unterschreibt, auf der anderen Seite als Lutheraner Opfer gegenreformatorischer Maßnahmen, versucht K. seiner Überzeugung treu zu bleiben: »Es tut mir im Herzen wehe, daß die drei großen Factiones die Wahrheit unter sich also elendiglich zerrissen haben, daß ich sie stückweise zusammensuchen muß, wo ich deren ein Stück finde.« Trotz des Krieges ständig unterwegs, um Geld einzutreiben und die Drucklegung seiner Bücher zu organisieren, zuletzt im Dienste Wallensteins, dem er das Horoskop stellt, ist K. auf einer Reise in Regensburg gestorben.

Lemcke, Mechthild: Johannes Kepler. Reinbek 1994. – Koestler, Arthur: Die Nachtwandler. Die Entstehungsgeschichte unserer Welterkenntnis. Bern/Stuttgart/Wien 1959.

Matthias Wörther

Kierkegaard, Sören Aabye
Geb. 5. 5. 1813 in Kopenhagen; gest. 11. 11. 1855 in Kopenhagen

Die anhaltende Faszination, die von K.s schwermütiger Philosophie ausgeht, verdankt sich der Einzigartigkeit des Versuchs, das Leiden an der eigenen melancholischen Befindlichkeit mit Einsichten in wesentliche Aspekte der menschlichen Existenz zu verbinden. Die Bedeutung seiner Lebensgeschichte ist augenfällig. Bestimmend für K.s Entwicklung mag wohl der religiös begründete Schuldwahn des Vaters gewesen sein. Depressionen hatten den wohlhabenden Großhändler schon früh zum Rückzug ins Privatleben genötigt. Nicht zuletzt auf seine rigiden Bemühungen um eine christlich orientierte Erziehung ist die Übertragung des melancholischen Syndroms auf den Sohn zurückzuführen. Die Pathologie der Schwermut äußert sich bei K. als Kampf um die Erhaltung eines kohärenten Selbst, das sich durch eine so ursprüngliche wie unentrinnbare Abhängigkeit bedroht fühlt und daher den manischen Zwang entwickelt, jede Grenze vorgegebener Ordnungen im Binnenraum unablässiger Reflexion zu übersteigen. Die allgemeine kritische Bedeutsamkeit einer derart narzißtisch geprägten Charakterstruktur tritt in einer geschichtlichen Situation zutage, in der die Prädominanz der gesellschaftlich-kulturellen Systeme über die Individuen offenkundig wurde. Als Manifestation dieser epochalen Tendenz hat K. die Anpassungsbemühungen der christlichen, vor andern der protestantischen Kirchen an die Gewohnheiten und Normen der bürgerlichen Welt begriffen. Innere Disposition und objektiv geschichtliche Lage wirken beim Entschluß des jungen Kandidaten der Theologie zusammen, nach bestandenem Magisterexamen (1841) nicht, wie sonst üblich, in den Kirchendienst einzutreten. Sein Leben ist fortan ausschließlich der schriftstellerischen Arbeit in der erklärten Absicht gewidmet, gegen alle Zeittendenz auf »Innerlichkeit« und »Existenz« aufmerksam zu machen. Die Lösung des Verlöbnisses mit Regine Olsen im Oktober 1841, ein »Bruch«, der – K. zufolge – nichts Geringeres als sein »Gottesverhältnis« begründete, bezeichnet die Zäsur einer Entscheidung gegen die Integration in die bürgerlichen Sphären von Familie und Amt. Das ererbte Vermögen sichert ihm das standesgemäße Auskommen eines patrizischen Privatiers.

Kennzeichnend für die seinerzeit das dänische Geistesleben dominierende Konstellation, in der K. seinen Ort ohne Zögern bestimmt hat, ist der Gegensatz zwischen einem dezidierten Individualismus, wie ihn die Philosophen Frederick Christian Sibbern und Poul Martin Møller verkündeten, und einer vor allem von Johan Ludvig Heiberg, dem Lustspieldichter, kreierten Hegelmode, die im Bereich der Theologie durch die eklektizistischen Bemühungen Hans Lassen Martensens um eine Rekonstruktion der offenbarten Religion im Medium einer »spekulativen Dogmatik« akademisch verfeinert wurde. Gegen die von Martensen repräsentierte religionsphilosophische Position richtet sich K.s polemischer Widerwille. Demgegenüber hat die besonders von Møller gepflegte Emphase einer intellektuellen Aufrichtigkeit kraft antisystematischer Gesinnung auf K.s Denkethos entscheidend gewirkt. Der eigenen Positionsbestimmung kommen theoretische Motive des späten Schelling zu Hilfe, dessen spektakuläre, dann so enttäuschende Vorlesungen sich K. 1841 in Berlin nicht entgehen ließ.

Vornehmlich der gegen Hegel entfaltete Gedanke von der Priorität der »positiven« Existenz vor der begrifflichen Essenz, dem Wesen, hat den kritischen Reflexionen K.s ihr Relief gegeben. Seine Stellung in der Kopenhagener Öffentlichkeit, seit Erscheinen des überraschend umfänglichen Jugendwerkes *Entweder-Oder* (1843) ohnehin exponiert genug, wird mit den Jahren, die von rastloser schriftstellerischer Tätigkeit ausgefüllt sind, immer prekärer, bis im sog. »Korsarenstreit« (1846), provoziert durch die K. persönlich verletzenden Attacken eines satirischen Journals, die Haltung des befehdeten Autors sich zur stoischen Innerlichkeit eines Märtyrers verhärtet, der dem Hohn der Straße die Stirn bietet. Die Revolutionsereignisse von 1848 erscheinen K. nur wie gewaltsame Manifestationen des ohnehin grassierenden Zeitgeistes subjektfeindlicher Nivellierung. Nach dem Tod von Bischof Mynster, der integren Repräsentationsfigur eines ästhetisch verklärten Staatschristentums, faßt der Philosoph den Entschluß, mit einer Reihe von Artikeln und Flugschriften, die unter dem Leittitel *Der Augenblick* (1855) firmieren, gegen die Staatskirche und die etablierte Christenheit vorzugehen, die seiner Bußpredigt zufolge das Christentum zugrundegerichtet haben. Der Kampf hat den Höhepunkt erreicht, als K., physisch wie ökonomisch am Ende seiner Kraft, im selben Jahr stirbt. Die Biographie zeigt, daß die Hartnäckigkeit, mit der er auf weltabgewandter Innerlichkeit insistiert, von deren Gegensatz, der Welt der gesellschaftlichen Einrichtungen, dermaßen bestimmt ist, daß sie schließlich revoltierend sich nach außen kehren mußte.

Die für K.s Philosophie charakteristische Begriffssprache hat ihren Ursprung in der Transformation wesentlicher Begriffe der idealistischen Systematik Hegels in Bestimmungen der subjektiven Immanenz des Einzelnen. Zu den historischen Bedingungen der Hegelschen Philosophie gehört jener mit der Konstitution der bürgerlichen Welt einhergehende Prozeß, in dem die Individuen aus traditional begründeten Lebenszusammenhängen freigesetzt werden. Die lebensweltlich erfahrbare Konsequenz dieses Prozesses, der als Entzweiung und Zerrissenheit oft beklagte Gegensatz zwischen der einzelnen Subjektivität und den überindividuellen Institutionen des »objektiven Geistes«, drängte das Hegelsche Denken zur Ausarbeitung eines Begriffes von der Einheit der »Idee«, der die Wesensbestimmung des einzelnen Subjekts als Moment eines durch die Selbstdifferenzierung des »Absoluten« erzeugten Zusammenhangs kategorialer Formen faßt. Solche »Wissenschaft« spekulativer Erkenntnis, deren öffentliches Ansehen späterhin immer mehr unter den Druck der Erfahrung fortschreitenden Sinnentzuges gerät, ruft eine Kritik auf den Plan, die wiederum die handfeste Evidenz der Entzweiung gegen die Versöhnung durch die Spekulation geltend macht. Dies ist der Ausgangspunkt der kritischen Aktivitäten der Linkshegelianer gewesen. K. hat fraglos an dieser Bewegung teil: ihm wird Entzweiung in der Übermacht der institutionellen Gewalten, des »Objektiven« und »Allgemeinen«, sinnfällig. Unter dieser Perspektive erscheint das Vermittlungsprojekt einer Metaphysik des absoluten Geistes illusorisch. Es rechnet im Gegenteil selbst schon zu den Mächten subjektfremder Objektivität. So wird für K. eine Philosophie motiviert, die der epochalen Tendenz des Subjektzerfalls den Appell entgegenhält, in »Innerlichkeit« zu »existieren«, statt in den normierten Funktionen der Gesellschaft aufzugehen.

K. hat dabei die Explikation seines Gegenentwurfs einer Philosophie der Existenz durch eine Stilisierung überformt, die wesentliche Elemente der Gedankenwelt der deutschen Frühromantik entnimmt. In diesem Zusammenhang sind zwei Motive von zentraler Bedeutung: Selbsttätigkeit und Reflexion. Beide Elemente sind Konstituentien der Ironie. Mit ihrer Begründung bei den Romantikern aber ist eine Theorie der Subjektivität verbunden, deren systematisch-idealistisches Begriffsrepertoire K. gleichwohl für die Formulierung einer nichtspekulativen Deutung der Existenz tauglich scheint. Dadurch wird, von aller Polemik unberührt, die Kontinuität mit den Fragestellungen des idealistischen Denkens (seit Fichte) gewahrt. So liegt der systemfeindlichen Attitüde K.s durchaus ein differenziertes System zugrunde. Erst von dessen Direktiven her läßt sich auch die theoretische Tiefenstruktur besonders der Frühwerke erschließen, deren Signatur durch die Darstellungsweisen der literarischen Romantik bestimmt ist.

Das Problem der Konstitution eines freien Selbstverhältnisses stellt das dynamische Element in K.s existenzphilosophischem Denken dar. Dessen lebensgeschichtliche Bedingtheit zeigt sich darin, daß es jene ästhetische Souveränität autonomer Reflexion gewesen ist, in der K. seit seiner Jugend die Unabhängigkeit von der väterlichen Herkunftswelt ebenso wie von den bürgerlichen Mächten des Staates, der Kirche und der Wissenschaft garantiert sah. Unter dem Gesetz dieser narzißtisch gefärbten Haltung schwebender Verweigerung – quälend kommt sie nach dem Bruch mit Regine in monologischen Bewältigungsversuchen der *Stadien auf dem Lebensweg* (1845) zum Ausdruck – steht alle schriftstellerische Bemühung des Philosophen. Mit durchaus unterschiedlichen Formen jener Selbstbehauptung befaßt sich K. schon in der 1841 erschienenen Magisterabhandlung über den *Begriff der Ironie*, wo er, in kritischem Anschluß an Hegel, die – eine noch unbestimmte Gestalt von Moralität antizipierende – Sokratische Ironie mit der modernen romantischen kontrastiert. In den Bann hat ihn die einzigartige Erscheinung des Sokrates ihrer verborgenen Innerlichkeit wegen geschlagen. Sie wirkt durch Ironie, die, nachdem sie jedes positive Wissen als Schein entlarvt hat, die direkte Mitteilung etwa einer neuen Doktrin verweigert. Als »existierender Denker« wird Sokrates zum Leitbild. So hat K. das Verfahren der Sokratischen Ironie, von dem durch Vernichtung aller vorgegebenen Sinngehalte der »Anstoß« zur innerlichen Selbsttätigkeit des Schülers ausgehen soll, in seiner literarischen Arbeit zur Kunst der »indirekten Mitteilung« zeitgemäß verfeinert. In ihrem Dienst steht die Verwendung einer Vielzahl von Pseudonymen, die oft genug gegeneinander ausgespielt werden.

Wie sehr K. jedoch, obgleich er die Sokratische Ironie gegen deren moderne Formen ausspielt, dem romantischen Denkstil verhaftet ist, offenbart sein eigentliches Debütwerk. Der Titel *Entweder-Oder* zeigt die Konfrontation der subjektivistisch-ästhetischen Lebenshaltung mit der »ethischen« an, die den Normen bürgerlicher »Allgemeinheit« verpflichtet ist. Zwar wird, im Wechselspiel der Pseudonyme, das Defizit der alles transzendierenden Momentexistenz des Ästhetikers (und bemühten Idealisten der »Verführung«) aus der Sicht des verantwortungsvollen

Daseins des Ethikers angeprangert. Gegenüber der wahren Autonomie des Ethischen, das sich in der Selbstwahl der eigenen Freiheit, der puren Möglichkeit zu wählen, unter gleichzeitiger Rückbindung an die konkrete Bestimmtheit der Person erfüllt, soll sich die Freiheit des Ästhetikers als Illusion enthüllen. Mehr und mehr wird aber deutlich, daß das »Stadium« des Ethischen selbst an einem Mangel krankt, der als »Reue« das Individuum auf das Religiöse verweist. Das Religiöse indessen ist mit Bestimmungen des Ästhetischen behaftet, fixiert es doch eine Sphäre subjektiver Immanenz, die sich – wie das ironische Wesen des Ästhetikers – durch eine permanente Negationsbewegung von der Bindung an Inhalte vorgegebener Wirklichkeit fernhält.

Noch im Erscheinungsjahr von *Entweder-Oder* – 1843 – entwickelt K. in der philosophischen Novelle *Die Wiederholung* und, systematisch, in der Schrift *Furcht und Zittern* jenes als moralisches Skandalon eingeführte Theorem, das die Haltung des Ethikers zugunsten der Ausnahmesituation des Religiösen aufhebt: die Lehre von der »teleologischen Suspension des Ethischen«. Gemeint ist, daß das Verhältnis des Ethikers zum Allgemeinen im absoluten Verhältnis des einzelnen zu Gott außer Kraft gesetzt wird. Die gedankliche Wendung ergibt sich schon aus der Einsicht, daß der Ethiker auf die Rückkehr in die Endlichkeit der konkreten Lebensverhältnisse angewiesen ist, also die kraft seiner Selbstwahl erschlossene Unendlichkeit der Autonomie wieder aufgeben muß. Diese Rückkehr steht nicht mehr in der Macht des autonom Wählenden. Das religionsphilosophische Gedankenspiel hängt offenkundig mit dem Versuch der Bewältigung einer Lebenskrise zusammen. Ausdrücklich wird das Gottesverhältnis nunmehr als die fundierende Beziehung begriffen, die die ersehnte Vermittlung von Endlichem und Unendlichem in ihrer Möglichkeit verbürgt. Allerdings bleibt, solange die Gültigkeit des Gottesverhältnisses in Frage steht, der Glaube an die definitive Rückkehr ins Leben, die »Wiederholung« des Endlichen nach dem Durchgang durch die unendliche Resignation, gleichfalls in der Schwebe. In letzter Instanz wird der Ausfall dieses Vermittlungsereignisses dem Subjekt selbst aufgebürdet. Dessen Existenz soll nun gerade in diesem Widerspruch ihr Wesen haben.

K.s Arbeit der folgenden Jahre konzentriert sich auf die nähere Charakterisierung der existentiellen Widersprüchlichkeit. So bestimmt er in der Schrift über den *Begriff Angst* (1844) den Menschen als »Synthese von Seele und Leib«, des »Zeitlichen und Ewigen«. Die Synthese wird, wenn das Subjekt (wie vordem der Ethiker) im freien Willensakt sich selbst »ergreift«, als solche überhaupt erst »gesetzt«. Aus den unterschiedlichen Modi des Scheiterns der setzenden Aktivität lassen sich defizitäre Formen des Existierens ableiten. Als Angst findet solches Scheitern den eigentümlichen Ausdruck in einer Situation, in der der Geist als setzendes Prinzip (welches jene Synthese hervorbringen soll) das Subjekt mit dessen Freiheit als unendlicher Möglichkeit zu können konfrontiert. Das Versagen der Freiheit vor ihrer eigenen Möglichkeit bringt das Selbstverständnis des Individuums unter die Herrschaft des »Endlichen«. Der Widerspruch, daß das Verhältnis des Subjekts zum Geist durch die Negation dieses Verhältnisses bestimmt wird, bringt etliche Konfigurationen existentiellen Leidens hervor. Durch eine Pathologie der »Verzweiflung« wird in dem Traktat über die *Krankheit zum Tode* (1849) die Analyse des Begriffes Angst vertieft.

Dort entwickelt K. vor dem Horizont des durchaus affirmativ aufgegriffenen spekulativen Gedankens – ein gelungenes Selbstverhältnis stellt sich erst in der Beziehung zu seiner setzenden Instanz her – seine Lehre von den Krankheiten des Geistes, der sich gegen jene setzende Kraft abzuschließen trachtet. Bezeichnend ist, daß, wie im Spätwerk Fichtes oder bei Friedrich Schleiermacher, die Subjektivitätstheorie als Einführungsdisziplin einer religionsphilosophischen Lehre fungiert. Die verschiedenen Konstellationen gescheiterter Selbstverhältnisse verweisen auf ebenso defizitäre Beziehungen zu der Dimension des »setzenden« Grundes, traditionell gesprochen: zu Gott. Damit hat der dogmatische Begriff der Sünde seine systematische Interpretation gefunden.

K. deutet die Geschichte des Christentums als Prozeß fortschreitender Einbuße an Innerlichkeit, an »leidenschaftlicher Interessiertheit«. Für den existentiellen Denker K. verbindet sich daher die Deutung entfremdeter Formen menschlichen Daseins mit einer sich im Lauf der Jahre steigernden Kritik der institutionell erstarrten Religion. Demgegenüber das genuine Verständnis des Christlichen wiederherzustellen, ist die Intention der theologischen Arbeiten von den *Philosophischen Brocken* (1844) über die *Abschließende unwissenschaftliche Nachschrift* (1846) bis hin zur predigthaften *Einübung im Christentum* (1850). Daneben gibt K. eine Vielzahl von »erbaulichen« und »christlichen Reden« heraus, wobei er auf die gewohnte Manier pseudonymer Verfasserschaft verzichtet.

K.s polemische Grundhaltung gegen die, nach einem Wort des jungen Hegel, »Positivität« offizieller Religion überläßt sich der asketischen Bewegung der radikalen Weltverneinung. Solche Abkehr aber resultierte in der urchristlichen Gemeinde aus der Erwartung der Parusie, der Gewißheit der nahen Wiederkunft Christi. Das Ausbleiben der Parusie jedoch verurteilte das Christentum zum Verkehr mit der Welt, zur Geschichtlichkeit. Dagegen richtet sich K.s leidenschaftlicher Protest. Sein geschichtsfeindliches Denken ist auf einen Begriff emphatischer »Gleichzeitigkeit« fixiert, wodurch die geschichtslose Aktualität der Begegnung mit dem Paradox Christi eingefordert werden soll, dem Paradox eines Ewigen, das im Zeitlichen situiert ist.

Nicht nur der Bann des schwermütig frommen Vaterhauses hat K. die Identifikation mit der extremen Gestalt christlicher Religiosität aufgenötigt. Dem Interesse existenzphilosophischer Denkstrategie stellt sich das weltverneinende Ethos ursprünglicher Christlichkeit zugleich als stets gegenwärtiger Appell dar, Innerlichkeit zu steigern. Der Gedanke, daß allein durch den Prozeß der Negation Innerlichkeit sich überhaupt erst bildet, erreicht seine eigentliche Pointe durch die für K.s Anthropologie fundamentale Einsicht, derzufolge der Mensch durch die widersprüchliche Synthesis von Zeitlichem und Ewigem bestimmt ist. Dies bedeutet, daß der religiöse Mensch sich gegen ein Moment seiner eigenen Bestimmung zu wenden hat. Solcher – durchaus asketischen – Wendung widmet die *Nachschrift* besondere Aufmerksamkeit. Diese nicht einmal im eigentlichen Sinn christliche Frömmigkeit verschließt sich unter den Bedingungen einer Welt, in der das Parusieereignis ausbleibt, in die innere Praxis des Leidens, des »existentiellen Pathos«. Offensichtlich hat K. dieses radikale Verständnis von Religiosität im Interesse der Konstruktion einer transzendenten Sinnsphäre entwickelt, die, leere Dimension unvermittelter Andersheit, das Individuum aus seiner Verfallenheit an die Mächte der modernen Welt ins unveräußerlich Subjektive rettet.

K.s philosophische Entwicklung wird von destruktiv ineinandergreifenden Tendenzen bestimmt: Im selben Maß, wie K. heilsverbürgende Instanzen als vergötzte Manifestationen des »Objektiven« nimmermüde entlarvt, treibt er den »absurden« Anspruch ins Unermeßliche, die Versöhnung des Entgegengesetzten müsse, gerade wider alle Vernunft, doch noch an den Tag kommen. Selbst die Religiosität in ihrer pathetischen Form genügt dem verschärften Kriterium subjektiver, existentieller Wahrheit nicht mehr, verläßt sie sich doch in der Selbstgenügsamkeit der leeren Negationsbewegung auf die »immanent zugrunde liegende Verwandtschaft zwischen dem Zeitlichen und dem Ewigen«. Was die eigentümliche Synthese, die die Existenz des Menschen konstituiert, als deren Grund gewährleistet, soll nicht mehr der Immanenz des religiösen Bewußtseins, sondern der Zeitlichkeit des geschichtlichen Augenblicks überlassen sein: dem Paradox der Gestalt Christi. Gerade die Äußerlichkeit der heilsstiftenden Instanz vertieft die Innerlichkeit des Individuums, da das Subjekt in seiner Immanenz nicht mehr sich von einer unvordenklichen Dimension des Ewigen umschlossen weiß. Im Bereich einer durch Gewißheiten welcher Art auch immer hergestellten Kontinuität zwischen der Existenz als Widerspruch und dem personalen Prinzip ihrer Einheit tut sich, mit Lessing zu reden, der »garstige Graben« auf, der nur durch den »Sprung« des Glaubens überwunden werden kann. Die Anstrengung der Reflexion gilt ihrer Entmächtigung; in solchem Sinn ist auch K.s Methode der indirekten Mitteilung zu verstehen. Er fand sie in der hintergründigen Publikationsstrategie des Reimarus-Editors Lessing schon exemplarisch ausgebildet. Am Ende führt jene Entwicklung, wie die späte Schrift *Einübung im Christentum* zeigt, zur Dissoziation von Wille und Reflexion in Extreme, denen streng und eindeutig die Sphären von Objektivität und Subjektivität zugeordnet sind. Nicht zuletzt ist damit der christliche Glaube gegen die Errungenschaften der modernen Institutionen des Wissens, gegen philosophische Religionskritik (Ludwig Feuerbach) und philologisch-historische Exegese (David Friedrich Strauß), immunisiert. So ist die Wendung der »Dialektischen Theologie« in diesem Jahrhundert vorbereitet. Schon vor dem Ersten Weltkrieg begünstigten die Strömungen des philosophischen Dezisionismus unter dem Einfluß von Nietzsches Werk die enthusiastische Aufnahme des Œuvres von K. Hier entdeckte die moderne Existenzphilosophie das Arsenal ihrer Begriffe und Fragestellungen. Dabei wurde K.s Existenzdeutung des theologischen Horizonts beraubt.

Dietz, Walter: Sören Kierkegaard. Existenz und Freiheit. Frankfurt am Main 1993. – Ringleben, Joachim: Aneignung. Die spekulative Theologie Sören Kierkegaards. Berlin/New York 1983. – Korff, Friedrich Wilhelm: Der komische Kierkegaard. Stuttgart 1982. – Adorno, Theodor W.: Kierkegaard. Konstruktion des Ästhetischen. Frankfurt am Main 1962 (zuerst Tübingen 1933).

Thomas Horst

Klages, Ludwig
Geb. 10. 12. 1872 in Hannover; gest. 29. 7. 1956 in Kilchberg bei Zürich

K. hat sich wiederholt als Kassandra bezeichnet, als Warner vor einem verhängnisvollen Weg, den die Menschheit seit Beginn des »historischen Prozesses« eingeschlagen hat. Den Untergang der Menschheit, ja sogar des Planeten vor sich sehend, hielt er es für seine Bestimmung, wie er in seinem Nachlaßwerk *Rhythmen und Runen* (1944) schreibt, »dem Leben ein Monument zu errichten«. Man darf diese Überzeugung nicht schlechtweg als Pessimismus werten, denn jeder, der sich in das philosophische Werk von K. vertieft, wird feststellen, daß es bis heute unausgeschöpfte Einsichten birgt.

Nachdem er in Hannover das humanistische Gymnasium absolviert hatte, studierte K. »mehr aus praktischen Gesichtspunkten« als aus »inneren Gründen« Chemie mit den Nebenfächern Physik und Philosophie in Leipzig, Hannover und München. Hier promovierte er mit einer Arbeit aus dem Gebiet der Experimentalchemie. Innerlich hatte er sich damals bereits von der naturwissenschaftlichen Denkweise abgewandt und umfangreiche Kenntnisse auf philosophischen, psychologischen und geisteswissenschaftlichen Gebieten erworben. Doch waren es letztlich nicht in erster Linie akademische Anregungen, welche die Hinwendung zur Philosophie und Psychologie bewirkten. Vielmehr waren dafür gewisse mystische Erlebnisse in seinen Jugendjahren verantwortlich, daneben die Begegnungen mit einigen bedeutenden Persönlichkeiten des Geisteslebens.

Wieviel immer diese Begegnungen und seine Studien zur Ausprägung seiner philosophischen und wissenschaftlichen Einsichten beigetragen haben, die entscheidenden Anstöße kamen aus der Tiefe eigenen Erlebens. Er selbst schreibt darüber: »Vom vierzehnten bis zum einundzwanzigsten Jahre wandelte ich wie in einem immerwährenden Blutring der Träume, in den die Stöße des Alltags schmerzlich, aber vergebens zuckten. Gestützt auf die einzige Meisterschaft, deren ich mich rühmen darf, die Beherrschung des Deutschen, goß ich die innere Fülle in dichterischen Chören aus voll verwehter Stimmen aus Horizonten der Vorwelt.« Die »sprengenden« Erlebnisse fallen in die Jahre 1886 bis 1893, um fortan bis zur Jahrhundertwende Platz zu machen einer, wie er schreibt, »Frist zweiflerischer Unrast« und »bohrender Zerrissenheit«. K.' Dichtungen wurden in dem schon erwähnten Nachlaßwerk *Rhythmen und Runen* veröffentlicht.

Die Periode des Suchens und der zweiflerischen Zerrissenheit wurde um die Jahrhundertwende beendet, in die seine entscheidenden metaphysischen Entdeckungen fallen. Nun wandte er sich der wissenschaftlichen Forschung zu. Aus dem Dichter wurde der Denker, Wissenschaftler und Philosoph. Damals schloß er auch zahlreiche Freundschaften mit mehreren Persönlichkeiten des Geisteslebens, wie dem Graphologen und Bildhauer Hans Hinrich Busse, dem Dichter Friedrich Huch, dem Germanisten Karl Wolfskehl, dem Psychiater Georg Meyer und dem Philosophen Melchior Palágyi. Eine Verbindung mit Stefan George wurde nach wenigen Jahren gelöst. Hingegen war von nachhaltiger Bedeutung für K.' eigene Entwicklung die seit 1893 sich anbahnende Freundschaft mit dem Mystiker Alfred Schuler.

1896 gründete K. gemeinsam mit Busse und Meyer die *Deutsche Graphologische Gesellschaft* und gab von 1900 bis 1908 die *Graphologischen Monatshefte* heraus. Diese enthalten wichtige Arbeiten von K., welche die Wurzel darstellen für seine später veröffentlichten Standardwerke *Handschrift und Charakter* (1917), *Grundlegung der Wissenschaft vom Ausdruck* (1935) und *Die Grundlagen der Charakterkunde* (erstmals 1910 mit dem Titel *Prinzipien der Charakterologie).* Die drei Werke erlebten zahlreiche Auflagen und sind auch heute noch von Interesse. Um 1903 gründete er in München sein »Psychodiagnostisches Seminar«, das bis zum Kriegsausbruch 1914 einen bedeutenden Aufschwung nahm. In diesem Seminar wurden vor allem die von K. begründeten Disziplinen der Charakterologie und Ausdruckswissenschaft vorgetragen. Zu seinen Hörern zählten bekannte Namen, u. a. Ernst Bertram, Otto Fischer, Norbert v. Hellingrath, Karl Jaspers, Walter F. Otto, Heinrich Wölfflin. K. hat zwar wiederholt Gastvorlesungen an deutschen Universitäten gehalten, eine akademische Laufbahn, die ihm mehrfach angeboten wurde, lehnte er aber ab. Seine Lehrtätigkeit entfaltete er in seinem Seminar und auf Vortragsreisen vorwiegend in Deutschland und der Schweiz.

1913 schrieb er unter dem Titel *Mensch und Erde* einen Beitrag zur Festschrift der Freideutschen Jugend, die diese aus Anlaß ihrer Jahrhundertfeier am Hohen Meiß-ner herausgab. Lange vor der heute bekannten Umweltzerstörung trat Klages in diesem Aufsatz in scharfer Weise für den Naturschutz ein. Hier kann man Sätze lesen, die heute wohl noch aktueller sind als 1913, wofür ein Beispiel zitiert sei. »Wir täuschten uns nicht, als wir den ›Fortschritt‹ leerer Machtgelüste verdächtig fanden, und wir sehen, daß Methode im Wahnwitz der Zerstörung steckt. Unter den Vorwänden von ›Nutzen, wirtschaftlicher Entwicklung, Kultur‹ geht er in Wahrheit auf Vernichtung des Lebens aus. Er trifft es in allen seinen Erscheinungs-formen, rodet Wälder, streicht die Tiergeschlechter, löscht die ursprünglichen Völker aus, überklebt und verunstaltet mit dem Firnis der Gewerblichkeit die Landschaft und entwürdigt, was er von Lebewesen noch überläßt, gleich dem ›Schlachtvieh‹ zur bloßen Ware, zum vogelfreien Gegenstande eines schrankenlosen Beutehungers. In seinem Dienste aber steht die gesamte Technik und in deren Dienste wieder die weitaus größte Domäne der Wissenschaft.«

Der Kriegsausbruch im August 1914 löste bei K. einen tiefen Schock aus und wirkte lähmend auf seine Schaffenskraft. Er ahnte übrigens den verhängnisvollen Ausgang des Krieges für Deutschland und Österreich voraus. Um sich der seelischen Belastung zu entziehen, verließ er 1915 München, wo er 25 Jahre gelebt hatte, und verlegte seinen Wohnsitz in die Schweiz nach Kilchberg am Zürichsee.

1921 veröffentlichte K. eine kleine Schrift von knapp hundert Seiten mit dem Titel *Vom Wesen des Bewußtseins.* Sie handelt von der Bewußtseinswissenschaft, worunter K. die Lehre vom Wesen und der Entstehung des Bewußtseins versteht. Die Bewußtseinswissenschaft tritt bei ihm an Stelle dessen, was herkömmlicherweise Erkenntnistheorie genannt wurde, und eröffnet für umstrittene erkenntnistheo-retische Fragen völlig neue Sichtweisen. Ein Jahr nach dieser Arbeit erschien sein in hymnischer Prosa geschriebenes Buch *Vom kosmogonischen Eros*. Mythenwissenschaft, Esoterik der antiken Mysterienkulte und kritische Bewußtseinswissenschaft verbinden sich darin zu einer Metaphysik des Lebens. Der Eros wird als »Eros der Ferne« dargestellt und daraus das Wesen der Ekstase und der Entselbstung hergeleitet. Die ekstatisch erlebte Welt bildet für K. ihrerseits die Voraussetzung für die Entfaltung von Symbolik, Totenkult, Ahnendienst wie auch ursprüngliche Dichtung und Kunst. 1926 veröffentlichte K. das Buch *Die psychologischen Errungenschaften Nietzsches*. Es enthält eine kritische Auseinandersetzung mit Nietzsche. Als bedeutenden psychologischen und geistesgeschichtlichen Fund Nietzsches wertet K. seine Psychologie der Selbsttäuschungen und des Ressentiments und die daraus sich ergebenden Wertefälschungen und kompensatorischen Ideale. Nietzsches Lehre vom Willen zur Macht und seine skeptische Erkenntnistheorie lehnt er hingegen entschieden ab.

In den Jahren von 1929 bis 1932 erschien schließlich in drei Bänden K.' philosophisches Hauptwerk *Der Geist als Widersacher der Seele*. Es stellt ein umfassendes System der Philosophie dar, in dem alle grundlegenden, traditionell überkommenen Fragen und Probleme der abendländischen Philosophie behandelt werden. Nur einige wenige Themen können hier angedeutet werden.

Entgegen der seit Descartes üblichen Gegenüberstellung von Geist und Materie nimmt K. die im Altertum bekannte Dreiteilung von Geist – Seele – Leib wieder auf, gibt ihr aber eine neue Deutung. Seele und Leib sind zusammenhängende »Pole der Lebenszelle«, in die an der Schwelle der Weltgeschichte der außerraumzeitliche, akosmische Geist spaltend eingedrungen ist. – Jedes zeitliche und räumliche Kontinuum kann theoretisch unendlich geteilt werden, woraus sich die Notwendigkeit der Annahme eines raumzeitlosen mathematischen Punktes ergibt. Wir benützen den mathematischen Punkt z. B. ständig, so oft wir feststellen, wieviel Uhr es ist. »Die Teilungspunkte, mittelst deren wir die Stunde in sechzig Minuten zerlegen, sind offenbar dauerlos, weil sonst die Stunde nicht mehr aus sechzig Minuten bestände, sondern aus sechzig Minuten, vermehrt um die Dauer der Teilungspunkte.« Der mathematische Punkt wird durch den außerraumzeitlichen geistigen Akt gesetzt und bildet die Voraussetzung nicht nur für jede Messung, sondern auch für die Feststellung des Denkgegenstandes oder Dinges und damit für das begreifende Denken. Der Denkgegenstand wird vom geistigen Akt aus der erlebten phänomenalen Wirklichkeit als für eine gewisse Zeit identisch herausgehoben. Was dabei begriffen wird, ist lediglich die Identität und Diskontinuität des Denkgegenstandes, nicht die nur erlebbare fließende und zusammenhängende Erscheinung. Ist der mathematische Punkt raum- und zeitlos, so kann keine noch so große Zahl von Punkten die Stetigkeit von Raum und Zeit ersetzen, und keine Interpolation von mathematischen Punkten bringt uns dem nur erlebbaren Stetigen näher. Schließen sich somit mathematischer Punkt und erlebtes Kontinuum aus, so muß das Erleben, dessen Gegenstück das Wirklichkeitsgeschehen ist, von der aktartigen Funktion wesensverschieden sein, woraus sich der metaphysische Dualismus von Geist und Wirklichkeit oder Geist und Leben ergibt.

Knüpfungsstelle von Geist und Leben und Ursprungsort des geistigen Aktes ist für K. das Ich. Während die phänomenale Wirklichkeit einschließlich des menschlichen

Organismus ein Geschehen darstellt, ist das Ich außerzeitlich. Jedes Sich-Erinnern enthält das Wissen der Identität des Ichs in verschiedenen Augenblicken der Zeit. Etwas an uns befindet sich also außerhalb der Zeit, die ja durch ständigen Wandel zur Erscheinung kommt. − Die den sensorischen (rezeptorischen) Lebensvorgängen polare Erlebnisart sind die motorischen (effektorischen) Lebensvorgänge. Trifft der geistige Akt auf die sensorischen Vorgänge, so ist er Auffassungsakt und liegt der Wahrnehmung zugrunde, trifft er auf die motorischen Vorgänge, so ist er Willensakt oder Wille. Zu den motorischen Vorgängen zählen die Bewegungen von Mensch und Tier, die infolge von Triebantrieben, beim Menschen auch infolge von im engeren Sinn seelischen Wünschen entstehen. Triebe und Wünsche werden durch bildhafte Ziele bestimmt. Das Ich verwandelt nun diese Ziele zu gedachten Zwekken und verwendet den abgespaltenen Bewegungsantrieb zur Regelung des restlichen Bewegungslebens im Dienste des vorgesetzten Zwecks. Soweit dies geschieht, liegen nicht mehr vitale Triebe oder Wünsche vor, sondern Triebfedern oder Interessen. Wesentlich ist nun, daß der Wille keine bewegende Kraft ist; seine Leistung besteht ausschließlich darin, ein verfügbares Bewegungsleben vergleichbar einem Steuer in der Zweckrichtung festzuhalten. Solange der Wille vom Auffassungsakt bestimmt wird, bleibt der Geist des Menschen vom Leben abhängig; wird aber der Wille selbstherrlich, so kommt es zur Geistesabhängigkeit des Lebens. In der Emanzipation des Willens vom Leben sieht K. eine Gefahr für die Menschheit. Die kontemplativen »Esgefühle« werden abgelöst von Behauptungs- oder Willensgefühlen bzw. »Ichgefühlen«. Mit der Spaltung von Leib und Seele geht die weitgehende Entseelung des heutigen Menschen Hand in Hand, dessen Gefühlsleben vorwiegend von den Willensgefühlen des Behauptens, Durchsetzens, Überwältigens beherrscht wird. Mehrfach hat K. betont, daß er den »Schlüssel zum Wesen des Geistes nicht im Intellekt, sondern im Willen« sieht. Es ist daher ein Mißverständnis, ihm, wie es wiederholt geschehen ist, Vernunft- oder Intellektfeindlichkeit vorzuwerfen.

Nach K.' Lehre von der »Wirklichkeit der Bilder« sind die Bilder seelische Mächte oder Wesen, die sowohl den kosmischen (elementaren) als auch zellaren (organismischen) Erscheinungen zugrunde liegen. In den Organismen (Pflanze, Tier, Mensch) wirken sie stoffgestaltend in Form von Wachstum, Erhaltung und Vererbung. Im tierischen Leben wecken sie überdies Triebe und Instinkte, die das Bewegungsleben auslösen. Auch im Menschen wirken diese vegetativen und animalen Lebensvorgänge, aber über beide erhebt sich die von den Triebzielen unabhängige »Fernschaugabe«. Damit erwacht und offenbart sich für den Menschen die Welt selber als Wirklichkeit der Bilder und befähigt ihn, Symbole der Wirklichkeit zu schaffen, an denen für jeden Schauenden die Offenbarung der Wesen sich erneuert. Darin liegt die Wurzel von Mythos, Kult, Fest wie auch von Dichtung und Kunst. Die seelischen Mächte sind unanschaulich, werden aber Bilder genannt, weil sie für Mensch und Tier in sinnlich anschaulichen Bildern erscheinen können. Jedes Anschauungsbild (das sich in Sinneszonen aufgliedert) wird durchwaltet von einem Sinn, einer Bedeutung, mit der das Wesen, die seelische Macht zur Erscheinung kommt. Der Erlebnisvorgang stellt einen polaren Zusammenhang dar zwischen den wirkenden Bildern der Welt (dem Makrokosmos) und der empfangenden Seele (dem Mikrokosmos). Das heißt aber: nur weil in den Bildern selbst ein wesenhaftes Leben erscheint, erleben wir, fühlen wir uns lebend.

Nach dem Erscheinen seines Hauptwerkes veröffentlichte K. noch mehrere Bücher und wissenschaftliche Artikel, von denen nur noch das sprachphilosophische Werk *Die Sprache als Quell der Seelenkunde* (1948) hier genannt sei.

Großheim, Michael: Ludwig Klages und die Phänomenologie. Berlin 1994. – Schröder, Hans Eggert: Schiller – Nietzsche – Klages. Bonn 1974. – Kasdorff, Hans: Ludwig Klages – Werk und Wirkung. 2 Bde. Bonn 1969/1974.

Franz Tenigl

Kleanthes
Geb. 331/330 v. Chr. in Assos; gest. 230/229 v. Chr.

Als K. von Assos nach Athen kam, soll er noch vier Drachmen besessen haben. Nachdem er auf Zenon getroffen war, beschloß er, Philosophie zu studieren; um seinen Lebensunterhalt zu verdienen, schleppte der frühere Faustkämpfer nachts Wasser oder mahlte Korn. Manche Mitschüler schimpften ihn einen »Esel«; dies ist sowohl als Spitze gegen das Arbeitstier zu verstehen, das K. zweifellos gewesen ist, als auch gegen seine Auffassungsgabe, von der berichtet wird, sie sei »außergewöhnlich langsam« gewesen. Da K. an chronischem Geldmangel litt und sich keinen Papyrus leisten konnte, schrieb er Zenons Vorlesungen vornehmlich auf Tonscherben oder auf Schulterblättern von Rindern mit; dies beeindruckte den Meister so sehr, daß er K. zu seinem Nachfolger als Scholarch der Stoa bestimmte. Der stoischen Schule stand er über 30 Jahre lang vor; in hohem Alter erkrankte er an einer Mundhöhlenentzündung, zu deren Heilung ihm die Ärzte empfahlen, zwei Tage lang keine Nahrung zu sich zu nehmen. Die Therapie hatte erstaunlicherweise Erfolg, aber K. war nunmehr der Meinung, den »Weg des Lebens schon über Gebühr beschritten« zu haben und hungerte sich zu Tode.

So beschreibt der spätantike Biograph Diogenes Laertius den Lebensweg des bärbeißigsten aller Stoiker, der weder Zenons dialektischen Scharfsinn noch die rhetorische Brillanz seines Nachfolgers Chrysipp besaß. Die Subtilitäten der stoischen Logik scheinen für K. zeitlebens ein Buch mit sieben Siegeln geblieben zu sein; sein eigentliches Betätigungsfeld waren vielmehr die Disziplinen Ethik und Physik. Den Hedonismus Epikurs und der Kyrenaiker lehnte K. mit größter Entschiedenheit ab; im Gegensatz zur allgemeinen stoischen Lehre ging er sogar soweit, die Lust aus der Reihe der naturgemäßen Dinge zu streichen und ihr jedweden positiven Wert abzusprechen. Der stoische Weise soll in Übereinstimmung mit dem Welt-Logos (den K. mit Zeus identifiziert und in einem vielgerühmten *Hymnus* besungen hat) der Natur entsprechend leben, d. h. vernünftig und tugendhaft denken und handeln. Zwischen der Tugend und ihrem Gegenteil gibt es kein Mittleres; da jeder Mensch zur Tugend veranlagt ist, kann man diese Anlage nur vollkommen verwirklichen oder gar nicht. Die Tugend wird physikalisch als »Kraft« und »Anspannung« definiert: »Wie die körperliche Kraft auf der Spannung der Muskeln beruht, so beruht die Tugend auf der Anspannung des Seelenpneuma.« – Auf die Kantische Gesinnungsethik deuten einige Fragmente voraus, in denen es heißt, es komme bei jeder Handlung nur auf die innere Absicht an, der sie entspringt, nicht aber auf das durch sie bewirkte Resultat.

Dörrie, Heinrich: Artikel ›Kleanthes‹. In: Realencyclopädie der klassischen Altertumswissenschaft. Supplement XII. München 1970. – Verbeke, Gérard: Kleanthes van Assos. Brüssel 1949. – von Arnim, Hans: Artikel ›Kleanthes 2‹. In: Realencyclopädie der klassischen Altertumswissenschaft. Band XI 1. Stuttgart 1921.

Luc Deitz

Klossowski, Pierre
Geb. 9. 8. 1905 in Paris

Die Seele der Heiligen Theresa von Avila bemächtigt sich zu ihrer Reinkarnation des Körpers eines jungen androgynen Lustknaben, an dessen Körperausscheidungen sich eine Hummel gütlich tut, welche die Seele des Großmeisters (d. h. des Stellvertreters Gottes) des Templerordens in sich aufgenommen hat, dessen Widersacher Nietzsche sich wiederum in die Gestalt eines Ameisenbären geflüchtet hat.

K., Sohn einer aus Polen stammenden Familie, Bruder des Malers Balthus K., lernt in seiner Jugend Rilke und Gide kennen, absolviert seinen Militärdienst, übersetzt zusammen mit Pierre Jouve Hölderlin und findet schließlich in Georges Bataille sein großes literarisches Vorbild. 1934 tritt er in den Dominikanerorden ein, eine Episode, die er 1947 mit der Veröffentlichung seines atheistischen Credo *Sade, mon prochain* endgültig abschließt.

Die o. g. zentrale Szene seines Schlüsselromans *Le Baphomet* (1965) umschreibt auf metaphorischer Ebene das entscheidende Problem des Denkens von K.: Identität bzw. Nichtidentität des Ichs mit sich selbst. Und auch sein geistiger Vater taucht in dieser Szene auf: Friedrich Nietzsche und ganz besonders dessen Theorem von der Ewigen Wiederkehr des Gleichen (vgl. *Nietzsche et le Cercle vicieux*, 1969; *Nietzsche und der Circulus vitiosus deus*). Was bei K. die Faszination Nietzsches ausmacht – er übersetzte 1954 dessen *Fröhliche Wissenschaft* – sind indessen nicht allein seine philosophischen Aussagen, es ist vor allem sein Leben, ja K. beschreibt in mehreren Arbeiten Nietzsches gesamtes philosophisches Denkgebäude als »Variationen über ein persönliches Thema«. Für K. ist die Lehre von der Ewigen Wiederkehr nicht in erster Linie eine theoretische Erkenntnis, sondern vielmehr eine pseudo-religiöse Offenbarungserfahrung des Menschen Nietzsche, die einer existentiellen Stimmung, einer »Intensitätsfluktuation« entspringt. Diese gewissermaßen unlehrbare Lehre zielt nicht primär auf das theoretische Denken des Rezipienten, sondern auf seine praktische Existenz, deren Identität sie radikal in Frage stellt, indem sie unablässig bewußt macht, »daß ich anders war, als ich jetzt bin«. Zugleich mit dieser Negation der Identität des Ichs negiert K. auch die Existenz des Garanten dieser Identität, die Existenz Gottes; auch hier folgt er Nietzsche und seiner Proklamation vom Tod Gottes, wobei er diese Erkenntnis und ihre praktischen Konsequenzen bereits bei Sade findet (*Sade, mon prochain*): »Der Akzent (d.i. des ›Tods Gottes‹) muß auf den Verlust der gegebenen Identität gelegt werden. Der ›Tod Gottes‹. . . öffnet der Seele all die möglichen Identitäten . . . Die Offenbarung der Ewigen Wiederkunft bringt notwendig die sukzessive Realisierung aller möglichen Identitäten mit sich.«

Die literarische Umsetzung seiner Nietzsche-Interpretation legte K. bereits vor ihrer theoretischen Ausformulierung in der Roman-Trilogie *Les Lois de l'Hospitalité* (1965; *Die Gesetze der Gastfreundschaft*) vor. Der Band vereinigt drei Texte, die zuvor einzeln erschienen waren: *Roberte ce soir* (1954; *Heute abend, Roberte*), *La Révocation de l'édit de Nantes* (1959; *Der Widerruf des Edikts von Nantes*), *Le Souffleur ou Le Théâtre de société* (1960; *Der Souffleur oder Theater in geschlossener Gesellschaft*). Alle drei Texte kreisen um die Figur der Roberte und ihre verschiedenen Identitäten. Der Ehemann Octave unterwirft sie den Gesetzen der Gastfreundschaft, d.h. sie muß den Gästen – z.B. einem Riesen und einem Zwerg – und ihren (vor allem sexuellen) Wünschen vollständig gehorchen. Octave glaubt, auf diese Weise die Persönlichkeit Robertes in all ihrer Vielfalt ausleuchten zu können. Die Unternehmungen führen jedoch zu einer letztlichen Auflösung der Identität, ja der Realität überhaupt. Es kommt zu Zweifeln, ob Roberte wirklich Roberte ist, ob wirklich Octave ihr Gatte ist oder nicht vielmehr der Schriftsteller Théodore Lacase, der ein Buch mit dem Titel »Roberte ce soir« verfaßt hat und eigentlich ›K.‹ (= Klossowski?) ist. Die Grenzen zwischen Fiktion und Wirklichkeit verschwimmen (vgl. schon K.s ersten Roman *La Vocation suspendue*, 1950); die Figuren spielen sich selbst in Theateraufführungen oder in szenisch nachgestellten erotischen Bildern oder Filmen, die sie ihrerseits selbst abbilden und auch selbst betrachten. In diesem Spiel mit sexuellen Abenteuern, philosophischen Vorträgen, eingelegten Dramenfragmenten usw. offenbart sich, vielleicht deutlicher noch als in seiner Schrift über den *Circulus vitiosus*, die eigentliche Neuinterpretation von Nietzsches Gedanken der Ewigen Wiederkehr. Anders als bei Nietzsche kehrt bei K. nicht das Gleiche wieder; die Nicht-Identität der Existenz manifestiert sich – gleichsam potenziert – darin, daß sie ständig das *Andere* in sich aufnimmt. Die eigene Vergangenheit als Rest einer möglichen Identifikationsbasis wird dem Ich entrissen, es bleibt lediglich formal als Leerstelle bestehen, als »Vakanz des Ichs«. Immer neue Gedanken, Worte oder Blicke erfüllen diese Leerstelle Ich und lassen sie zu einer unendlichen Metamorphose der Außenwelt werden: »Ich kann mich bei jedem Wort fragen, ob ich denke oder ob andere in mir oder für mich denken oder mich denken, oder auch denken, bevor ich selbst wirklich denke, was sie denken.«

In einer populären neueren Literaturgeschichte wird K. als »romancier du fantasme« definiert; diese Charakterisierung bezeichnet in der Tat formelhaft den Kern seines philosophischen und schriftstellerischen Schaffens: Auflösung der Realität und des Ich, an deren Stelle ein an Georges Bataille und dem Surrealismus geschultes literarisches Universum einer phantastischen Welt tritt, in der Gott zwar tot ist, die aber auch ihren Gott anbetet: An die Stelle der Identität tritt die reine Intensität der (meist sexuellen) Ekstase, der unverbunden nebeneinander stehenden Augenblicke, die nun die Stelle von Nietzsches kontinuierlicher Wiederholung des immer Gleichen einnehmen. Die endgültige Auflösung des Ichs bedeutet in K.s Denken die höchste Form des Willens zur Macht und ist die »glanzvolle Trophäe« (Gilles Deleuze) der Existenz.

Durham, Scott Philip: The Poetics of Simulation. Yale 1993. – Arnaud, Alain: Pierre Klossowski. Paris 1990. – Madou, Jean-Paul: Démons et simulacres dans l'œuvre de Pierre Klossowski. Paris 1987. – Pfersmann, Andreas: L'Experience du discontinu. Pierre Klossowski et la modernité. Paris 1985. – Deleuze, Gilles: Pierre Klossowski ou Les corps-langages. In: Critique 21 (1965), S. 199–219. – Foucault, Michel: La Prose d'Actéon. In: La Nouvelle Revue Française 12 (März 1964), S. 444–459.

Ulrich Prill

Kojève, Alexandre *(d. i. Aleksandr Kojevnikov)*
Geb. 1902 in Moskau; gest. Mai 1968 in Paris

Wenn in Raymond Queneaus Roman *Le dimanche de la vie* (1951) die Hauptperson den Wunsch äußert, einmal die Stadt Jena besuchen zu wollen, weil dort die Geschichte zu Ende gegangen sei, dann ist das eine für die Zeitgenossen deutliche Anspielung auf K. So präsent war ihnen die originelle Figur des Russen, der mit seiner einzigen Vorlesung, einer Hegel-Interpretation, die »Generation der drei H« (Hegel, Husserl, Heidegger) so nachhaltig prägte, daß er zur Schlüsselfigur der französischen Philosophie in der Epoche des Existentialismus wurde. K. ging 1920 nach Deutschland, wo er in Berlin und Heidelberg sowohl fernöstliche wie abendländische Philosophie studierte und 1931 bei Karl Jaspers über Vladimir Solovjov promovierte. Dann zog er nach Paris weiter – wo er seinen Namen französisierte – und setzte von 1933 bis 1939 die von seinem Landsmann Alexandre Koyré am »Collège de France« gehaltene Vorlesung über Hegels Religionsphilosophie fort. Diese Fortsetzung wurden zu einer sechs Jahre anhaltenden kursorischen Interpretation von Hegels damals noch nicht ins Französische übersetzter *Phänomenologie des Geistes*. In Paris, wo in dieser Zeit an den Universitäten ein mathematisch orientierter Neukantianismus herrschte und Hegel, der in den philosophischen Handbüchern nur kurz abgetan wurde, kaum zum Programm gehörte, wurde diese heute legendäre Vorlesung zu einem Geheimtip der künftigen intellektuellen Elite. So befanden sich unter seinen Hörern Raymond Aron, Georges Bataille, André Breton, Pierre Klossowski, Jacques Lacan, Maurice Merleau-Ponty, Raymond Queneau, Eric Weil und der Jesuitenpater Fessard. Doch erst 1947 gab Queneau die Nachschriften dieser Vorlesung unter dem Titel *Introduction à la lecture de Hegel (Hegel. Eine Vergegenwärtigung seines Denkens)* als Buch heraus und machte sie damit der Öffentlichkeit zugänglich. K. selber brach seine akademische Laufbahn ab und arbeitete bis zu seinem Lebensende als Beamter des französischen Wirtschafts- und Finanzministeriums für die OECD. Nach seinem Tod erschienen aus dem Nachlaß ein dreibändiger *Essai d'une histoire raisonnée de la philosophie païenne* (1968, 1972, 1973) und ein Buch über *Kant* (1973).

Folgenreich an K.s Hegel-Interpretation war seine – aus späterer Sicht – »existentialistische« Deutung des Kampfes der Bewußtseine um gegenseitige Anerkennung auf Leben und Tod, mit dem sich das Selbstbewußtsein und damit der Geschichtsprozeß konstituieren. Daher stand für K. das Kapitel »Selbständigkeit und Unselbständigkeit des Selbstbewußtseins, Herrschaft und Knechtschaft«, dem in der *Phänomenologie des Geistes* die Bewußtseinsstufen der sinnlichen Gewißheit, der Wahrnehmung und des Verstandes vorausgehen, im Mittelpunkt: Da auf diesen drei Stufen der Mensch in passiver Betrachtung seines Gegenstands von dem Gegenstand absorbiert wird, können sie nicht erklären, was das Selbstbewußtsein ist, das ihn vom Tier unterscheidet. Selbstbewußtsein kann nur durch die Begierde entstehen, weil die Begierde nichts anderes ist als das Begehren, sich das betrachtete Objekt durch eine Tat anzueignen und sich ihm gegenüber dadurch als selbständig zu erweisen. Doch das gilt ebenso für die animalische Begierde, die noch nicht zum Selbstbewußtsein führt, weil die rein biologische Befriedigung vom bloßen Sein, von der Natur abhängig bleibt. Wer sich vom bloßen Sein wirklich befreien will, muß seine Begierde auf etwas Nichtseiendes richten, das heißt auf eine andere Begierde. Damit begehrt er nicht das Objekt, das der andere begehrt, sondern das Recht auf dieses Objekt, er begehrt also die Anerkennung durch den anderen. Und nur dadurch, daß der andere ihn anerkennt, gelangt er zum Selbstbewußtsein. Streben aber alle nach Selbstbewußtsein durch Anerkennung, dann herrscht überall ein Prestigekampf auf Leben und Tod. Endet dieser Kampf mit dem Tod beider Protagonisten, dann gibt er kein Selbstbewußtsein. Verliert nur einer von ihnen das Leben, gelangt der Sieger auch nicht zum Selbstbewußtsein, weil er sich ja nur von einem lebenden Subjekt anerkennen lassen kann. Unterwirft sich der andere jedoch, macht er sich zu seinem Knecht, so kann auch das seinen Herren nicht befriedigen, denn dadurch, daß jener die Knechtschaft dem Tod vorzog, bewies er seine Abhängigkeit vom Sein, das heißt seine Unselbständigkeit. Also kann der Herr auch von ihm sich nicht anerkennen lassen. Somit endet sein Sieg in einer Sackgasse. Vom Knecht aber geht die Entwicklung weiter: da ihn der Herr zur Befriedigung seiner Begierden arbeiten läßt, unterwirft der Knecht durch seine Arbeit das Sein, indem er es verändert. Damit verändert er auch sich selbst, denn er beweist jetzt nachträglich Selbständigkeit gegenüber dem Sein, dessen Nichtigkeit ihn bereits seine Todesfurcht bei der Unterwerfung unter den Herrn gelehrt hatte, und gelangt nun seinerseits zum Selbstbewußtsein. Da sich dieses Selbstbewußtsein mit der Existenz des Herrn nicht mehr verträgt, wird er schließlich jede Herrschaft beseitigen. Zurück bleibt die Gesellschaft der freien Bürger, die einander anerkennen, weil sie durch Kampf oder Arbeit zur Selbständigkeit des Selbstbewußtseins gelangt sind. Damit vollendet sich die Geschichte, und alles, was folgt, ist nur die Durchsetzung ihrer Vollendung.

Hegel sah diesen Prozeß in der Französischen Revolution und in der Errichtung des Napoleonischen Weltstaates, und die ganze *Phänomenologie des Geistes* ist nach K. – der behauptete, vor dieser Erkenntnis kein Wort von ihr verstanden zu haben – eine philosophische Apologie Napoleons. 1937 war K. noch der Meinung, Hegel habe sich um etwa einhundert Jahre irren müssen, denn nicht Napoleon, sondern

Stalin sei der Vollender der Geschichte. Aber seit Ende des Zweiten Weltkriegs war er davon überzeugt, Hegel habe sich doch nicht geirrt und mit Napoleons Sieg in Jena habe tatsächlich das »Ende der Geschichte« begonnen, denn sowohl in den kapitalistischen wie in den kommunistischen Industriegesellschaften verwirkliche sich trotz aller Rückschläge und Verzögerungen der homogene bürgerliche Weltstaat, den sich schon die Theoretiker der Französischen Revolution als eine stände-(klassen-)lose Gesellschaft vorgestellt hatten. Alle Kriege, Revolutionen, Restaurationen und Befreiungsbewegungen seitdem seien nur Kämpfe zu dessen allgemeiner Durchsetzung. Mit dem Ende der Geschichte war für K. auch die menschliche Rede zu Ende, das heißt die Rede, die nicht nur Paraphrase des bereits Gesagten ist, sondern etwas Neues sagt, und daher interessierte er sich für die Frage, wie der posthistorische Mensch aussehen würde. Hier sah er nur die Alternative zwischen dem animalischen »american way of life« eines alles umfassenden Konsums oder der »japanischen« Lösung des Snobismus durch Harakiri oder Kamikaze, bei dem man sein Leben für nichts aufs Spiel setzt. K. selbst zog die Konsequenz aus seiner Erkenntnis und schwieg oder dachte – wie es von der Parodie seiner Person in dem Queneauschen Roman heißt – »im allgemeinen an nichts . . ., wenn aber doch, dann am liebsten an die Schlacht von Jena«, und genoß den »Sonntag des Lebens«, wie dieser Roman nach einem Hegelzitat heißt. K.s nachgelassenes Werk erwies sich denn auch lediglich als ergänzende Einführung in sein Denken. Gegen Ende seines Lebens verschaffte sich K. einen provokatorischen Abgang, indem er am 26. Juni 1967, auf dem Höhepunkt der Berliner Studentenbewegung, kurz vor dem Eintreffen Herbert Marcuses an der Freien Universität in einem Vortrag mit dem Titel *Was ist Dialektik? Die Struktur der Rede* seine Theorie vom Ende der Geschichte verkündete. Doch nicht diese Theorie hatte inzwischen unübersehbare Folgen für die französische Philosophie gehabt, sondern die Tatsache, daß er mit seiner Interpretation vom Prestigekampf auf Leben und Tod den rein erkenntnistheoretischen Rahmen des Neukantianismus gesprengt und eine dialektische Philosophie in das französische Denken eingeführt hatte, die auf die konkreten Beziehungen der handelnden Subjekte untereinander und damit zur Geschichte anwendbar war, was auch die bald einsetzende Rezeption des Marxismus prägte. Deutliche Spuren dieses Einflusses findet man z. B. sowohl in Maurice Merleau-Pontys *Humanisme et terreur* (1947) als auch beim Batailleschen Schlüsselbegriff der Souveränität, bei Jacques Lacans Auffassung der Begierde und indirekt bei Sartres Beschreibung der wechselweise agonistischen Beziehung zum Anderen.

Auffret, Dominique: Alexandre Kojève. Paris 1990. – Cooper, Barry: The End of History. Toronto 1984. – Descombes, Vincent: Das Selbe und das Andere. Fünfundvierzig Jahre Philosophie in Frankreich 1933–1978. Frankfurt am Main 1981. – Juszezak, Joseph: L'anthropologie de Hegel à travers la pensée moderne. Paris 1977.

Traugott König †

Kopernikus, Nikolaus

Geb. 19. 2. 1473 in Thorn/Weichsel; gest. 24. 5. 1543 in Frauenburg/Ostpreußen

Wollte man die Bedeutung des K. am Erfolg seines Hauptwerkes messen, käme man kaum auf den Gedanken, daß er den radikalsten Umbruch in der Geschichte des Denkens herbeigeführt hat: die Kopernikanische Wende. *De revolutionibus orbium coelestium libri VI (Über die Umschwünge der himmlischen Kugelschalen)* erschien 1543, aber die Erstauflage von tausend Exemplaren wurde nie vollständig verkauft, und in den kommenden Jahrhunderten bis 1873 erlebte das Buch nicht mehr als vier Neuauflagen. Dort hatte K. geschrieben:»Deshalb halte ich es vor allen Dingen für notwendig, daß wir sorgfältig untersuchen, welche Stellung die Erde zum Himmel einnimmt, damit wir, während wir das Erhabenste erforschen wollen, nicht das Nächstliegende außer acht lassen und irrtümlich, was der Erde zukommt, den Himmelskörpern zuschieben.« Er selbst allerdings tat wenig dazu, diese Umorientierung des Denkens auch durchzusetzen. Ganz im Gegenteil. Die Schrift *De revolutionibus* war spätestens 1530 vollendet, und schon Jahre zuvor hatte K. in einem knappen Abriß, dem *Commentariolus*, der zwischen 1505 und 1514 entstand, seine grundlegenden Einsichten formuliert:»Der Erdmittelpunkt ist nicht der Mittelpunkt der Welt, sondern nur der der Schwere und des Mondbahnkreises«; und:»Alle Bahnkreise umgeben die Sonne, als stünde sie in aller Mitte, und daher liegt der Mittelpunkt der Welt in Sonnennähe.« Aber K. zauderte zeit seines Lebens, seine Erkenntnisse zu veröffentlichen, wobei keineswegs die Angst vor kirchlicher Verfolgung das entscheidende Motiv war, sondern seine Befürchtung, sich als Wissenschaftler lächerlich zu machen. *De revolutionibus* kam erst 1611 auf den vatikanischen Index, als die aufgeschlossene Atmosphäre der Renaissance der Engstirnigkeit und dem Dogmatismus von Reformation und Gegenreformation gewichen war. Im Grunde ist es einem jungen, begeisterungsfähigen Wissenschaftler, Joachim Rhetikus, zu verdanken, daß die Überlegungen K.s noch vor seinem Tod veröffentlicht wurden. Rhetikus verfaßte die *Narratio prima*, einen ersten Bericht über das K.sche Weltsystem, der 1540 erschien, und Rhetikus war es auch, der K. so lange zuredete, bis dieser die Einwilligung zur Drucklegung der *De revolutionibus* gab. K.s hinhaltendes Zaudern charakterisiert ihn. Er war kein Revolutionär, so umstürzend und folgenreich sich auch die Wirkungsgeschichte seiner Gedanken erwies.

Als Sohn einer Kaufmannsfamilie in Thorn an der Weichsel geboren, war sein Leben frei von materieller Not, großen seelischen Erschütterungen oder schicksalhaften Erlebnissen. Als der Vater 1483 stirbt, übernimmt der einflußreiche Onkel Lucas Watzenrode die Erziehung. K. beginnt 1491 ein Studium in Krakau und beschäftigt sich mit Mathematik, Astronomie, Philosophie und lateinischer Literatur. Dank der Beziehungen seines Onkels wird er 1495 zum Domherrn des ermländischen Kapitels in Frauenburg gewählt und ist damit, ohne größere Verpflichtungen übernehmen zu müssen, finanziell gesichert. Die nächsten Jahre verbringt er mit

Studien, vor allem der Rechtswissenschaft, in Italien. 1500 geht er von Bologna nach Rom, wo er Vorlesungen in Mathematik hält, studiert ab 1501 in Padua Medizin und macht schließlich 1503 in Ferrara den Doktor in kanonischem Recht. Nach Ermland zurückgekehrt, wird K. Sekretär seines Onkels, der, inzwischen zum Bischof gewählt, in Schloß Heilsberg residiert. In Heilsberg übersetzt K. die Episteln eines gewissen Theophylactos Simocattes aus dem Griechischen ins Lateinische und widmet das Buch seinem Onkel. Den Gegenstand seiner Übersetzungsbemühungen, die frommen und langweiligen Gemeinplätze des Simocattes, hatte er wohl deshalb gewählt, weil er durch deren Veröffentlichung mit Sicherheit nirgends anecken konnte. Als K. 1511 nach Frauenburg übersiedelt, wird er Kanzler des Domkapitels und bezieht innerhalb des Festungswalls jenen fast schon mythisch gewordenen Turm, in dem er sich der Astronomie widmete. Er lebt einsam und zurückgezogen und befreundet sich nur mit einem Frauenburger Domherrn, Tiedemann Giese, der auch um Verständnis für ihn wirbt, als sich der neue Bischof von Ermland, Dantiskus, gezwungen sieht, K. wiederholt zu mahnen. Das enge Zusammenleben mit seiner Haushälterin Anna Schillings, so der Bischof, gäbe Anlaß zu üblem Gerede; er fordert ihn auf, den untragbaren Zustand zu beenden. Aber Anna Schillings läßt sich nicht so ohne weiteres vor die Tür setzen. Es gibt einiges Hin und Her, bis sie Frauenburg verläßt und das eigenbrötlerische Leben von K. noch einsamer wird. Ende 1542 erleidet er einen Schlaganfall, der ihn halbseitig lähmt und ans Bett fesselt. Am 24. Mai 1543 stirbt er, nachdem er noch eines der ersten Exemplare der *De revolutionibus* in Händen gehalten hat.

K.s Bedeutung liegt nicht in einem heroischen Leben oder in einem mutigen Kampf gegen die Ignoranten seiner Zeit. Leute wie Bischof Dantiskus waren hochgebildet und der Wissenschaft gegenüber aufgeschlossen. K.s Vorstellungen stießen überall auf reges Interessse. Seine wichtigste Leistung liegt darin, die Denkgewohnheiten von Jahrhunderten aufgebrochen zu haben. Die Idee, daß sich die Erde um die Sonne dreht, hatte schon der Grieche Aristarchos 300 Jahre vor Christi Geburt entwickelt, aber sie war vollständig in Vergessenheit geraten und nur als eine irrige Vorstellung aus der Antike weitertradiert worden. Das heliozentrische System des Ptolemäus war lange Zeit in praktischer Hinsicht genügend, weil es hinreichend genaue Vorhersagen und Beschreibungen der Planetenbewegungen lieferte.

K. war noch nicht so eindeutig an der Empirie orientiert wie später Tycho Brahe oder Johannes Kepler, sondern vertraute im Grunde der Autorität der Alten und insbesondere der des Aristoteles. Zwar stellte er selbst eine Reihe von astronomischen Beobachtungen an, die in sein Werk eingingen, aber sie bilden nicht das Fundament seines Systems. Mit großer Mühe integriert K. den Gedanken, daß sich die Erde um die Sonne dreht, in die falschen oder ungenauen Beobachtungsdaten und unzureichenden Erklärungsversuche des Wissenschaftsstandes seiner Zeit. Sein System ist nur im Ansatz einfach und schlagend, in der Durchführung ist es ungeheuer umständlich und kompliziert. Tatsächlich benötigte das ptolemäische System nur 40 der Epizykel genannten Nebenkreise, die die unregelmäßigen Bewegungen der Planeten erfassen sollten, während K. nicht umhin kann, noch acht weitere hinzuzufügen. Aber indem K. den Gedanken einer beweglichen Erde in die ptolemäische und aristotelische Denkwelt einbaut, verliert diese ihre Stimmigkeit und die mittelalterliche Kosmologie beginnt zu wanken: »Unter allen Entdeckungen und Überzeugungen möchte nichts eine größere Wirkung auf den menschlichen Geist hervorgebracht haben als die Lehre von Kopernikus«, schrieb Goethe. In der Konsequenz des Kopernikanischen Weltsystems wird aus einer Erde, die feststeht und das Zentrum der Weltordnung bildet, ein rotierender Planet im Banne der Sonne, der mitsamt seinen Bewohnern vor dem Hintergrund eines unendlichen Universums zu völliger Bedeutungslosigkeit herabsinkt. Mit K. beginnt die Neuzeit. Glaube und Wissenschaft werden zu unversöhnlichen Gegnern, deren Auseinandersetzungen sich bis in die Gegenwart erstrecken, und der Mensch verliert die Überzeugung, Höhepunkt der Schöpfung zu sein. Die Frage nach der Stellung des Menschen im Kosmos und dem Sinn seiner Existenz hat durch K. erst ihre volle Schärfe bekommen, und sie ist weiterhin offen.

Kirchhoff, Jochen: Nikolaus Kopernikus. Reinbek bei Hamburg 1985. – Kuhn, Thomas S.: Die kopernikanische Revolution. Frankfurt am Main 1981. – Blumenberg, Hans: Die kopernikanische Wende. Frankfurt am Main 1965. – Koestler, Arthur: Die Nachtwandler. Die Enstehungsgeschichte unserer Welterkenntnis. Bern/Stuttgart/Wien 1959.

Matthias Wörther

Korsch, Karl
Geb. 15. 8. 1886 in Tostedt (Lüneburger Heide); gest. 21. 10. 1961 in Belmont (Mass.)

»Mein Lehrer ist ein enttäuschter Mann. Die Dinge, an denen er Anteil nahm, sind nicht so gegangen, wie er es sich vorgestellt hatte. Jetzt beschuldigt er nicht seine Vorstellungen, sondern die Dinge, die anders gegangen sind. Allerdings ist er sehr mißtrauisch geworden. Mit scharfem Auge sieht er überall die Keime zukünftiger enttäuschender Entwicklungen.« Als der Freund und marxistische »Schüler« Bertolt Brecht – als den er sich bekannt hat – 1930 sein kritisches Porträt über K. schreibt, ist dieser bereits vier Jahre aus der KPD ausgeschlossen; seine Hoffnungen, in der Partei und mit ihr – zu der er auf wechselvollen Wegen gefunden hat – einen neuen kritischen Marxismus durchzusetzen und eine revolutionäre Entwicklung (vor allem in Deutschland) zu fördern, sind weitgehend zerschlagen. In Deutschland sind die reaktionären Kräfte auf dem Vormarsch, die Tendenz zum Faschismus wird unübersehbar, und in der Sowjetunion weicht der revolutionäre Aufschwung immer mehr dem Parteibürokratismus Stalins. Brecht benennt den Widerspruch, der Leben und Werk des wohl eigenwilligsten modernen Philosophen des Marxismus nachhaltig bestimmt. K. ist überzeugter Marxist, ja er meint, durch einen Rückgriff auf Marx die – durch Lenin und Stalin – verschüttete revolutionäre Theorie neu entdeckt zu haben, er muß jedoch erkennen, daß weder der Parteikommunismus bereit ist, seiner Überzeugung zu folgen, noch die politische Entwicklung so vorangeht, daß sie real wirksam werden kann. Für den Parteikommunismus wird K. der Voluntarist, der ultralinke Revoluzzer bleiben; für die kritische bürgerliche Linke verkörpern er und seine Philosophie die Hoffnung, durch kritisches Denken die verkrusteten Verhältnisse – wie es im Jargon der 68er Jahre hieß – doch noch zum Tanzen zu bringen, und zwar im kommunistischen Osten ebenso wie im kapitalistischen Westen.

»Er glaubt fest an das Neue . . . .Ich glaube, er ist furchtlos. Was er aber fürchtet, ist das Verwickeltwerden in Bewegungen, die auf Schwierigkeiten stoßen. Er hält ein wenig zu viel auf seine Integrität, glaube ich« (Brecht). K. entstammt kleinbürgerlichen Verhältnissen, die ihn früh zum Widerspruch reizen; er engagiert sich während seines Studiums (Jura, Philosophie, Nationalökonomie) in der freistudentischen Bewegung und vertritt als Mitglied der (englischen) Fabian Society einen demokratischen Sozialismus. 1912 wird er Mitglied der SPD und schließt sich dort dem neukantianischen Bernstein-Flügel an. An der Revolution 1918/19 nimmt er aktiv als Arbeiter- und Soldatenrat in Meiningen teil, wechselt 1919 zur USPD, arbeitet zugleich aber an seiner bürgerlichen Karriere: als promovierter Jurist (1911) habilitiert er sich 1919 in Jena und wird dort 1923 ordentlicher Professor für Zivil-, Prozeß- und Arbeitsrecht. Die (gescheiterte und durch die SPD verratene) Revolution hat ihn aber längst in den Widerspruch seines Lebens gebracht. Alles sprach dafür, daß die objektiven Gegebenheiten den Erfolg der sozialistischen Revolution garantieren mußten; jedoch waren für K. die revolutionären Massen unfähig, ihre historische Chance zu nutzen: ihr Bewußtsein war hinter den Realitäten zurückgeblieben. Es gilt für ihn nun, eine kritischrevolutionäre Theorie zu erarbeiten, die das Versäumte nachholen ließe. Das bringt ihn sowohl beim Bürgertum in Verruf (reaktionäre Kräfte versuchen, ihm die Professur abzuerkennen) als auch in der KPD, deren Mitglied er 1923 wird.

1923 entsteht sein erstes philosophisches Hauptwerk *Marxismus und Philosophie*, das die Grundzüge seiner Philosophie im wesentlichen enthält. Es geht ihm um die »Wiederherstellung von Marx«. Dessen Theorie der Einheit von Denken und Handeln, von Begreifen und Verändern sieht er durch Lenins Widerspiegelungstheorie verschüttet; der Marxismus sei umgewandelt in eine bloß »wissenschaftliche Kritik« des bürgerlichen Kapitalismus, die darauf baue, daß der Übergang zum Sozialismus quasi automatisch erfolgt. K. setzt dagegen seine Deutung der 11. Feuerbachthese von Marx und Engels. Die dort formulierte Selbstaufhebung der Philosophie sei nicht als Einheit von Theorie und Praxis erkannt worden. Es handele sich um eine »schroffe Absage an alle solche, philosophische oder wissenschaftliche, Theorie . . ., die nicht *zugleich* Praxis ist . . . Theoretische Kritik und praktische Umwälzung, und zwar diese beiden als untrennbar zusammenhängende Aktion begriffen . . ., als konkrete, wirkliche Veränderung der konkreten wirklichen Welt der bürgerlichen Gesellschaft«; darin sei das eigentliche Prinzip des dialektischen Materialismus ausgesprochen. K. polemisiert gegen die mechanistische Auffassung der marxistischen Orthodoxie, die das Bewußtsein lediglich als Reflex des (gesellschaftlichen) Seins verstehe, es damit von der Realität ablöse und nicht schon selbst als – richtig verstandene – »geistige Aktion« anerkenne und den »subjektiven Faktor« zugunsten des »Objektivismus« vernachlässige: das Bewußtsein stehe »der natürlichen und erst recht der geschichtlich-gesellschaftlichen Welt nicht mehr selbständig *gegenüber*, sondern als realer, wirklicher – wenn auch geistig ideeller – Teil dieser natürlichen und geschichtlich-gesellschaftlichen Welt in dieser Welt mitten darin«. Obwohl er als (kommunistischer) Justizminister in Sachsen und als Reichstagsabgeordneter in den 20er Jahren aktiv politisch tätig ist, sieht er sich durch seine Thesen bald isoliert und schlägt sich als Einzelkämpfer durch, beim Bürgertum als Kommunist, bei den Kommunisten als idealistischer Revisionist geltend. Es beginnt für ihn das wechselvolle Leben als Außenseiter, der durch Vorträge, seine Lehrtätigkeit an der »Marxistischen Arbeiterschule«, zahlreiche Aufsätze (darunter *Warum ich Marxist bin*, 1935; *Die materialistische Geschichtsauffassung*, 1929) und nicht zuletzt durch seine Freundschaft mit Brecht hartnäckig seine revolutionäre Theorie verficht, sich jedoch immer vorhalten lassen muß, durch mangelnde Bereitschaft, sich einzugliedern und am (partei-)organisierten Kampf teilzunehmen, nicht wirklich zur revolutionären Tat bereit zu sein und am (vorhandenen) Proletariat vorbeizuoperieren.

Der Faschismus zwingt ihn zur Emigration, zuerst nach England, wo er 1936 als Hitleragent denunziert wird, dann in die USA, wo er sich – lange Zeit vergeblich um Stipendien und Anstellungen bemüht – verschiedensten sozialistischen Kreisen anschließt, ohne sich jedoch integrieren zu können. Sein zweites Hauptwerk *Karl Marx* entsteht 1938. Es handelt sich um keine Biographie, sondern die »Anwendung der materialistischen Geschichtsauffassung ... auf die materialistische Geschichtsauffassung selbst«, also um die Historisierung von Marx unter den veränderten historischen Bedingungen. Zugleich formuliert K. seine Überzeugung nochmals paradigmatisch: »Der praktische Eingriff in die geschichtliche Bewegung ist der große Zweck, dem jeder Begriff, jede theoretische Formulierung des Marxismus dient.«

Nach dem Krieg bleibt er in den USA; eine Europareise 1950 nutzt er, seine (desillusionierte) Einstellung in den *Zehn Thesen über Marxismus heute* vorzutragen. Er verwirft die Wiederherstellung der Marxschen Theorie als soziale Revolution der Arbeiterklasse; sie sei heute »reaktionäre Utopie«; was zum Sozialismus zu führen schien, habe nur einen Kapitalismus neuen Typs hervorgebracht, weil der Marxismus an den Realitäten vorbeigegangen sei. 1956 wird K. schwer krank (Zersetzung der Gehirnzellen), 1961 stirbt er. »Auch beim Proletariat wäre er wohl nur ein Gast. Man weiß nicht, wann er abreist. Seine Koffer stehen immer gepackt. – Mein Lehrer ist ungeduldig. Er will alles oder nichts. Oft denke ich: Auf diese Forderung antwortet die Welt gerne mit: nichts« (Brecht).

Kornder, Hans-Jürgen: Konterrevolution und Faschismus. Zur Analyse von Nationsozialismus, Faschismus und Totalitarismus im Werk Karl Korschs. Frankfurt am Main u.a. 1987. – Buckmiller, Michael (Hg.): Zur Aktualität von Karl Korsch. Königstein/Ts. 1981. – Autorenkollektiv: Korsch. Der Klassiker des Antirevisionismus. Berlin 1976.

Jan Knopf

Kritias
Geb. ca. 460 v.Chr. in Athen; gest. 403 v.Chr. bei Munichia

In den *Memorabilien (Erinnerungen an Sokrates)* gibt Xenophon eine kurze Charakteristik des K.: Er habe stets voller Stolz auf seine Abstammung, seinen Reichtum und seinen Einfluß verwiesen, und immer sei er in aller Leute Mund gewesen. Aus einem vornehmen, altadligen und begüterten Hause stammend, war K. – wie viele andere athenische Adlige – allein durch seine Herkunft dazu prädestiniert, ein Gegner der radikalen athenischen Demokratie zu werden: Im Jahre 411 war er Mitglied im oligarchischen Rat der Vierhundert, der nach dem Fehlschlag des sizilischen Feldzugs, für den man die Demokratie verantwortlich machte, nur kurz in Athen die Macht innehatte. Nach der Kapitulation Athens im Jahre 404 wurde er zunächst einer der fünf Ephoren, die im Sinne der siegreichen Spartaner eine antidemokratische Ordnung schaffen sollten, danach war er der Anführer der »30 Tyrannen«, die mit blutiger Hand Athen kurze Zeit beherrschten. Im Kampf gegen die anrückenden demokratischen Verbände unter Thrasybulos fiel er bei Munichia im Mai 403.

So ist K.' Leben zwar einerseits gekennzeichnet durch eine ständige Gegnerschaft zur attischen Demokratie; andererseits jedoch konnte sich eine Persönlichkeit wie er nur in dem spezifischen intellektuellen und politischen Klima entwickeln, das in Athen nach den einschneidenden Reformen des Ephialtes (462) herrschte: Indem Ephialtes und nach ihm Perikles den politischen Einfluß der Adligen zurück-drängten, stand die politische Bühne fortan jedem freigeborenen Athener offen. Politisches Gewicht hatte nicht mehr derjenige, welcher sich auf seine Abstammung berufen konnte, sondern der sich mit seinen Argumenten vor den Gerichten durchsetzen konnte. Um sich politischen Einfluß zu verschaffen, war es deshalb nötig, die Kunst der Politik (»politiké téchne«) zu erlernen. Die sogenannten Sophisten, vor allem Gorgias und Protagoras, traten mit dem Anspruch auf, diese politischen Fähigkeiten gegen ein enormes Honorar zu vermitteln. K. erwarb sich »die politische Kunst« bei Gorgias und Sokrates. Platon, K.' Neffe mütterlicherseits, läßt ihn in mehreren Dialogen als Gesprächspartner von Sokrates auftreten *(Charmi-des, Protagoras, Timaios, Kritias)*. Doch K. suchte – wie auch Alkibiades – Sokrates' Nähe nur so lange, bis er glaubte, eine ausreichende politische Ausbildung erhalten zu haben. Gerade der Umgang mit Demokratiefeinden wie K. und Alkibiades wurde Sokrates im Prozeß zum Vorwurf gemacht.

Nach seiner Biographie kann man somit K. eigentlich nicht als einen Sophisten bezeichnen, da er keineswegs als Redelehrer auftrat, sondern wie z.B. Alkibiades die Fähigkeiten, welche die Sophisten vermittelten, skrupellos zu seinen politischen Zielen einsetzte. Von seinem nur durch spärliche Fragmente belegten literarischen Werk – oft sind nur Titel erhalten – weisen ihn die Einleitungen zu Reden vor Volksversammlungen als einen aktiven Politiker und Sophistenschüler aus. Die Vielfalt der Themen und Gattungen, in denen er sich betätigte, geben ein deutliches Zeugnis von der kulturellen Blüte Athens in der zweiten Hälfte des 5. Jahrhunderts v.Chr.: Neben Dramen – erhalten ist ein längeres Bruchstück aus dem Satyrspiel *Sisyphos* – verfaßte er Elegien und hexametrische Gedichte und *Beschreibungen von Staatsverfassungen* sowohl in der Form des elegischen Distichons als auch in Prosa, zwei Bücher *Aphorismen* und *Gespräche* und eine Schrift mit dem Titel *Über die Natur der Liebe oder die Tugenden.*

Guthrie, W.K.C.: A History of Greek Philosophy, Vol. 3. Cambridge 1969, S. 235–246; S. 298–303.

Bernhard Zimmermann

Kuhn, Thomas Samuel
Geb. 18. 7. 1922 in Cincinnati (Ohio)

»Wenn man die Geschichtsschreibung für mehr als einen Hort von Anekdoten oder Chronologien hält, könnte sie eine entscheidende Verwandlung im Bild der Wissenschaft, wie es uns zur Zeit gefangen hält, bewirken.« Mit diesen Worten charakterisiert K. zu Beginn seines Buchs *The Structure of Scientific Revolutions* (1962, rev. ²1970; *Die Struktur wissenschaftlicher Revolutionen*, 1967, erw. ²1976 mit *Postskriptum* von 1969) die ihn beim Studium der Geschichte der Wissenschaften leitende Intuition. Anders als die Wissenschaftsphilosophen im Umfeld des Logischen Empirismus (Rudolf Carnap) und des Kritischen Rationalismus (Karl Popper), welche methodologische und normative Fragen der wissenschaftlichen Forschung diskutierten und dem klassischen Bild von der Wissenschaft als einem kumulativen Fortschrittsprozeß anhingen, begreift K. die Wissenschaft als ein Unternehmen, welches nicht kontinuierlich zu einer Anhäufung von Wissen führt und sich zielgerichtet der endgültigen Wahrheit annähert, sondern ständig verschiedene Phasen durchläuft, die von Diskontinuitäten und Brüchen gekennzeichnet sind. Die Entwicklung der Wissenschaften stellt sich für K. als Evolutionsprozeß dar, wobei er die Ablösung alter Theorien durch neue Ansätze mit Hilfe des Begriffs der »wissenschaftlichen Revolution« beschreibt. Beim Studium der Wissenschaftsgeschichte entdeckte er, daß nicht nur wissenschaftsinterne Faktoren den Fortgang einer Wissenschaft beeinflussen und daß die Kriterien dafür, was als wissenschaftliche Theorie und was als unseriöse Forschung gilt, selbst historischer Natur sind. Den klassischen, korrespondenztheoretischen Begriff der Wahrheit hat er in diesem Zusammenhang einer umfassenden Kritik unterzogen. K. prägte Begriffe wie zum Beispiel »Paradigma« und »Inkommensurabilität«, die, obwohl sie bei K. allein auf die Entwicklung der neuzeitlichen Naturwissenschaft und in erster Linie auf die Physik zugeschnitten waren, in allen Bereichen des intellektuellen und kulturellen Lebens eine wichtige Rolle zu spielen begannen.

K.s Arbeiten veränderten mit einem Schlag die wissenschaftstheoretische Diskussion und führten zu einer ›historischen Wende‹ innerhalb der Wissenschaftsphilosophie. Neben und im Anschluß an K. waren es Autoren wie Paul K. Feyerabend, Stephen Toulmin und Norwood R. Hanson, deren Überlegungen dazu geführt haben, daß sich heute die Wissenschaftsgeschichte als eigenes Fach etabliert hat. Bei seinen Überlegungen konnte K. auf eine ganze Reihe älterer Studien zurückgreifen: u. a. die Historiographie Alexandre Koyrés, die Entwicklungpsychologie Jean Piagets, die sprachphilosophischen Untersuchungen Ludwig Wittgensteins, Willard Van Orman Quines und Benjamin Lee Whorfs, die wissenschaftssoziologischen Studien Ludwig Flecks sowie die Arbeiten der Conant-Schule.

Während der vierziger Jahre studierte K. theoretische Physik in Harvard; noch vor Abschluß seiner Doktorarbeit wurde aufgrund eines ›intellektuellen Betriebsunfalls‹ sein Interesse an der Geschichte der Wissenschaften geweckt. Er besuchte einen Collegekurs über Physik für Nichtnaturwissenschaftler und stieß dabei auf die Aristotelische Physik. Obwohl K. 1976 schrieb, daß das Wort »hermeneutisch« vor fünf Jahren noch nicht zu seinem Sprachschatz gehört habe, begann er bereits während dieser Zeit die Fruchtbarkeit der Hermeneutik und ihrer Methoden für die Wissenschaft und ihre Geschichtsschreibung zu entdecken. Es war die Einsicht der Unvereinbarkeit des alten und des neuen physikalischen Weltbildes, des Übergangs von der ptolemäischen zur neuzeitlichen Physik, welche seine Auffassung vom Wesen der Wissenschaft und ihrer Entwicklung grundlegend modifizierte. Fast ein Jahrzehnt später widmete sich sein erstes Buch *The Copernican Revolution* (1957; *Die kopernikanische Revolution*) dieser Thematik. K. macht deutlich, daß mit der Veränderung der wissenschaftlichen Auffassung von der Welt eine Änderung des gesamten Weltbildes einherging, die nicht nur wissenschaftlichen Faktoren im engeren Sinne zu danken war, sondern auf komplexe Wechselwirkungen zwischen verschiedenen Disziplinen wie etwa Philosophie, Astronomie und Physik und kulturellen bzw. religiösen Momenten beruhte. Von 1948 bis 1951 war K. Junior Fellow, von 1951 bis 1956 Assistent Professor in Harvard. Seit 1958 lehrt er als Professor für Wissenschaftsphilosophie und Wissenschaftsgeschichte an den bedeutendsten amerikanischen Universitäten, u. a. in Berkeley und in Princeton. Seit 1979 ist er Professor am Massachusetts Institute of Technology. Neben seinem Hauptwerk publizierte K. eine Fülle von Aufsätzen zu wissenschaftstheoretischen und -historischen Fragen. Besonders hervorzuheben ist die 1977 zunächst auf deutsch publizierte Aufsatzsammlung *Die Entstehung des Neuen* (*The Essential Tension*, 1977). 1978 erschien das Buch *Black-Body Theory and the Quantum Discontinuity*, in der es um die Rolle Max Plancks innerhalb der Quantentheorie geht. Obwohl es sich hier um die erste umfangreichere wissenschaftshistorische Fallstudie handelt, die K. nach seinem Hauptwerk publiziert hat, macht er selbst nur einen sehr sparsamen Gebrauch von seiner eigenen, für die Beschreibung der Geschichte der Wissenschaften entwickelten Begrifflichkeit. Viele seiner Anhänger zeigten sich enttäuscht und sahen in dem Buch einen Rückschritt hinter einmal erreichte Einsichten. Muß man K.s Zurückhaltung als Indiz dafür werten, daß er selbst zunehmend an der Angemessenheit seiner Vorstellungen zu zweifeln begonnen hat? K.s neuere Arbeiten – so bereits das der zweiten Auflage des Buches *Die Struktur wissenschaftlicher Revolutionen* hinzugefügte *Postskriptum* von 1969 – widmen sich in erster Linie der Präzisierung seiner theoretischen Grundbegrifflichkeit, wobei es vor allem um die Begriffe des Paradigmas und der Inkommensurabilität geht. In den letzten Jahren ist es zu einer verstärkten Auseinandersetzung mit sprachphilosophischen Fragestellungen gekommen, zudem räumt K. inzwischen selbst Übereinstimmungen zwischen seinen eigenen Überlegungen und denjenigen der von ihm zunächst kritisierten Vertreter des Logischen Empirismus, insbesondere Carnaps, ein. Neuere Tendenzen seines Denkens lassen sich seinen Antworten in dem von Paul Horwich herausgegebenen Band *World Changes. Thomas Kuhn and the Nature of Science* entnehmen, mit denen er auf die dort gesammelten Beiträge reagiert.

Die Grundlage für das in *Die Struktur wissenschaftlicher Revolutionen* entwickelte Bild der Wissenschaft bildet K.s ›empirische‹ Auseinandersetzung mit der wissenschaftlichen Forschung. Er untersucht, wie sich die Wissenschaftler zu unterschiedlichen Zeiten *tatsächlich* verhalten haben und wie sich die Entwicklung der Wissenschaften *faktisch* vollzogen hat. Durch das Studium der Wissenschaftsgeschichte belehrt, macht er darauf aufmerksam, daß es nicht nur eine *einzige* Form von Rationalität gibt, die für die Wissenschaften zu allen Zeiten verbindlich war, sondern daß der wissenschaftlichen Forschung zu verschiedenen Zeiten unterschiedliche Formen von Rationalität zugrundeliegen. Obschon diese Behauptung oftmals im Sinn eines Plädoyers für den Relativismus (›Anything goes‹) verstanden worden ist, welcher die Unterscheidung zwischen mehr oder weniger rationalen Theorien überhaupt preisgeben möchte und die Möglichkeit, Kriterien für diese Unterscheidung anzugeben, generell bestreitet, ist sie, worauf K. in seinen späteren Schriften mehrfach hingewiesen hat, nicht in diesem Sinn intendiert. (Z. B. in dem Aufsatz *Objektivität, Werturteil und Theoriewahl*, in: *Die Enstehung des Neuen*). Es gibt immer gute Gründe, eine wissenschaftliche Theorie gegenüber einer anderen vorzuziehen, auch wenn diese Gründe keine überhistorische Geltung beanspruchen können, sondern nur relativ zu einem vorgegebenen Gesamtrahmen gelten. In diesem Zusammenhang gebraucht K. den Begriff des Paradigmas, der in der ›Kuhn-Diskussion‹ eine ganze Reihe von Mißverständnissen auslöste.

Der Paradigmabegriff wird in *Die Struktur wissenschaftlicher Revolutionen* in einer ganzen Reihe von Bedeutungen verwendet. In einem wissenschaftsinternen Sinn bezeichnet er mustergültige Problemlösungen, welche zum Vorbild der gesamten Forschung auf einem bestimmten Fachgebiet werden. Hier bezieht sich der Begriff auf allgemein anerkannte wissenschaftliche Leistungen, die für eine gewisse Zeit einer Gemeinschaft von Fachleuten Modelle und Lösungen liefern. Neue wissenschaftliche Probleme werden dann so behandelt, als seien es speziellere Fälle anderer Probleme, für die bereits verbindliche und vorbildliche, beispielhafte Lösungen vorliegen. Als ein Beispiel unter vielen nennt K. in dem seinem Buch später hinzugefügten *Postskriptum* die Bestimmung der Ausströmgeschwindigkeit eines Wasserstroms durch Daniel Bernoulli, der sich bei seiner Lösung dieses Problems Christiaan Huygens Überlegungen zum Schwingungszentrum eines physikalischen Pendels zunutze gemacht hatte. In einem allgemeineren, philosophisch-historischen Sinn macht K. mit diesem Begriff darauf aufmerksam, daß auch die Wissenschaft Elemente enthält, die unbegründet bleiben und nicht weiter hinterfragt werden. Auf diese Weise trägt ein Paradigma dazu bei, die einzelnen Wissenschaftler mit einer Art von Glaubenssystem bzw. Weltbild auszustatten, das selbst nicht Ergebnis wissenschaftlicher Erfahrung ist, sondern seinerseits die Art und Weise, in welcher Wissenschaftler ihre Experimente interpretieren, bestimmt. Ein weitere, wichtige Bedeutung des Paradigmabegriffs ist soziologischer Art: Er bezieht sich auf die soziale Struktur einer wissenschaftlichen Gemeinschaft, die durch die Orientierung an vorbildlichen Verfahren und Problemlösungen in einem normative Sinn festlegt, was wissenschaftlich erlaubt ist und was nicht. Nur wer sich der allgemein anerkannten Verfahren bedient, wird als Mitglied der wissenschaftlichen Gemeinschaft anerkannt. Schon der Student, der seine Wissenschaft anhand der jeweils aktuellen Lehrbücher lernt, wird ausschließlich mit einem allgemein verbindlichen Kanon wissenschaftlichen Wissens und wissenschaftlicher Methoden konfrontiert. Praktika, Übungen, die gerade einschlägigen Artikel der jeweils angesehensten naturwissenschaftlichen Journale, der gesamte Forschungsalltag im Labor sind in den Rahmen eines Paradigmas eingebunden und gewinnen ihren Sinn erst auf dessen Hintergrund. Die positive (oder negative) Beurteilung wissenschaftlicher Leistungen durch die wissenschaftliche Gemeinschaft hängt dabei stets von den durch ein Paradigma vorgegeben Rahmenorientierungen ab. Einzelne Kritiker K.s haben mitunter noch zahlreiche weitere Bedeutungen des Paradigmabegriffs ausmachen können und K. selbst beklagt später die Vieldeutigkeit seines Zentralbegriffs. In seinen seit 1969 erschienen Arbeiten unterscheidet er deshalb zwischen der »disziplinären Matrix«, womit er den Gesamtkonsens einer wissenschaftlichen Gemeinschaft bezeichnet und dem Paradigma im engeren Sinn des Musterbeispiels.

Im Rückgriff auf den Begriff Paradigma gelingt es K., ein evolutionäres Phasenmodell der Wissenschaftsgeschichte zu konzipieren. Er unterscheidet *normale* von *revolutionären* Phasen der Wissenschaftsentwicklung. Normale Wissenschaft wird von den Mitgliedern einer wissenschaftlichen Gemeinschaft dann betrieben, wenn ein allgemeiner Konsens über die grundsätzlichen Fragen und Methoden eines Wissensgebietes herrscht, dann, wenn sich innerhalb dieses Wissenschaftsgebietes ein bestimmtes Paradigma durchgesetzt hat. Freilich, auch die normale Wissenschaft muß sich erst entwickeln. Forschung in ihrer *vornormalen* Phase hat zumeist noch gar keinen eigentlichen Wissenschaftscharakter. In solchen Phasen konkurrieren eine Fülle von Ansätzen um Ansehen. K. nennt als Beispiel die Elektrizitätsforschung im 18. Jahrhundert, in der es beinahe soviele verschiedene Ansätze wie Experimentatoren gegeben habe. In den Phasen normaler Wissenschaft hingegen gehen die Forscher ohne große Aufregung ihren Alltagsgeschäften nach, sie bewältigen auftretende Probleme auf der Grundlage der durch ein Paradigma vorgegebenen Regeln. Neue Phänomene werden stets im Rahmen der akzeptierten Theorie behandelt. K. hat diese Tätigkeit auch als »Rätsellösen« bezeichnet und damit auf den spielerischen Charakter der Wissenschaft hingewiesen. Dem Normalwissenschaft betreibenden Wissenschaftler geht es letztlich nicht darum, zu einer wahren Abbildung der Wirklichkeit zu gelangen, sondern lediglich darum, auf der Basis vorgegebener Regeln die richtigen ›Spielzüge‹ auszuführen. Manchmal jedoch wird das Spiel gestört. Anomalien treten auf, die sich nicht mehr im Rahmen des gerade gültigen Paradigmas lösen und verstehen lassen. Die Wissenschaft gerät in eine Krise. Widersetzen sich die Anomalien lange genug einer Erklärung innerhalb eines Paradigmas, kommt es zu einer ›Revolution‹; ein neues Paradigma tritt an die Stelle des alten. Die wissenschaftliche Gemeinschaft beginnt, die Dinge *anders zu sehen*. Man hat zur Veranschaulichung von wissenschaftlichen Paradigmenwechseln auf den umstrittenen Vergleich mit dem Phänomen des Gestaltwechsels zurückgegriffen. Berühmte Beispiele für wissenschaftliche Revolutionen sind der Wechsel vom geozentrischen zum heliozentrischen Weltbild oder auch die Ablösung der Newtonschen durch die Einsteinsche Mechanik.

Das Verhältnis unterschiedlicher Paradigmen zueinander hat K. mit Hilfe des Begriffs der »Inkommensurabilität« gekennzeichnet. Ähnlich wie der Begriff des Paradigmas hat auch derjenige der Inkommensurabilität zu vielen Mißverständnissen Anlaß gegeben; zudem mischen sich auch in ihm eine ganze Reihe unterschiedlicher Bedeutungsnuancen. Ganz allgemein gesprochen werden der Inkommensurabilitätsthese zufolge zwei unterschiedliche Theorieparadigmen als unterschiedliche Sprachen aufgefaßt zwischen denen keine Übersetzungsmöglichkeit besteht. Verschiedene Paradigmen sind in diesem Sinn miteinander unvereinbare Standpunkte der Naturbeschreibung. Mit der Rede von der Inkommensurabilität macht K. darauf aufmerksam, daß die Differenzen zwischen verschiedenen Paradigmen oftmals *begrifflichen* Verschiebungen entspringen. Innerhalb eines neuen Paradigmas können bestimmte Begriffe eine ganz andere Bedeutung gewinnen. Als Beispiel mag man an den Begriff »Masse« denken. Während damit bei Newton eine konstante Größe bezeichnet wurde, geht man in der Einsteinschen Physik davon aus, daß »Masse« mit der Geschwindigkeit wächst. Diese ›semantische‹ Bedeutung des Inkommensurabilitätsbegriffs hat K. insbesondere seit den achtziger Jahren mehr und mehr dazu geführt, der Sprache selbst eine entscheidende Rolle bei der Strukturierung der Welt bzw. eines Weltbildes zuzubilligen (z. B. in dem 1983 erschienen Aufsatz *Commensurability, Comparability, Communicability*). Inkommensurabel sind verschiedene Paradigmen auch deshalb, da ihre jeweiligen Vertreter oftmals keine Einigung über die relevanten wissenschaftlichen Probleme und die Wege zu ihrer Lösung erzielen können. K. bemerkt, daß bereits ihre Normen und Definitionen der Wissenschaft so sehr voneinander abweichen, daß keine Übereinstimmung erreicht werden kann. In *Die Struktur wissenschaftlicher Revolutionen* bezog sich der Inkommensurabilitätsbegriff in seiner fundamentalen Bedeutung auf die Tatsache, daß ein Paradigmenwechsel die Welt verändert. Diese Redeweise ist selbstverständlich nicht in ihrem wörtlichen Sinn zu verstehen. Mit ihr weist K. darauf hin, daß der Wissenschaftler in der nachrevolutionären Phase in einer anderen Welt lebt, da das neue Paradigma ihm gänzlich neue Aspekte über das Universum mitteilt und er mitunter die Existenz ganz anderer Dinge unterstellen muß. Man kann in diesem Zusammenhang – ein Beispiel, welches der an der Physik orientierte K. nicht diskutiert – an die Entdeckung der DNS durch James D. Watson und Francis H. Crick denken. Diese führte nicht nur dazu, Methoden der molekularen Genetik auf allen möglichen Gebieten der Biologie anzuwenden, sondern die Natur unter ganz anderen Gesichtspunkten zu betrachten.

Obschon K. der Übertragung seiner Überlegungen auf andere Gebiete als dasjenige der Physik stets mit Zurückhaltung begegnet ist, verdankt sich die herausragende Wirkungsgeschichte seines Denkens insbesondere solchen Verallgemeinerungen. Vor allem den klassischen geisteswissenschaftlichen Fächern gab die K.sche Begrifflichkeit eine Handhabe, häufig anzutreffenden Minderwertigkeitskomplexen gegenüber der naturwissenschaftlichen Forschung zu entrinnen. Man hatte nun nicht nur ein theoretisches Vokabular, mit welchem sich gleichzeitig die Geschichte der beiden Kulturen abendländischen Wissens schreiben ließ, mehr noch: Ein gelernter Physiker selbst hatte darauf hingewiesen, daß auch in die Naturwissenschaften hermeneutische Elemente einwandern. So ist es kaum verwunderlich, daß der Begriff des Paradigmenwechsels eine reichhaltige Anwendung in der Philosophie und Soziologie (etwa bei Richard J. Bernstein oder Jürgen Habermas), in der Literaturwissenschaft (Hans Robert Jauß) und vielen anderen geisteswissenschaftlichen Disziplinen erfuhr. K.s Arbeiten wirkten innerhalb der Philosophie auch auf anderen Gebieten als der Wissenschaftstheorie; zu denken ist an die Realismusdebatte innerhalb der analytischen Philosophie (Hilary Putnams internen Realismus) sowie die Kontroverse um einen postmodernen Relativismus (Richard Rortys Plädoyer für einen pragmatischen Pluralismus). Galt K.s Werk, das auf eine weitgehend durch den logischen Empirismus und kritischen Rationalismus geprägte Diskussionslandschaft innerhalb der Wissenschaftstheorie traf, zunächst als subversiv, so gehört es heute zu den Klassikern der Wissenschaftsphilosophie. Innerhalb der Geschichtsschreibung der Wissenschaften hat es einer Diskussion den Weg bereitet, welche sich mehr und mehr von K. entfernt hat und seine Überlegungen an Radikalität überbietet: die feministische Wissenschaftstheorie Evelyn Fox-Kellers, die wissenschaftssoziologischen und -anthropologischen Arbeiten B. Latours oder Hans-Jörg Rheinbergers dem Dekonstruktivismus verpflichtete Theorie der Experimentalsysteme.

Horwich, Paul (ed.): World Changes. Thomas Kuhn and the Nature of Science. Cambridge/ Massachusetts 1993. – Hoyningen-Huene, Paul: Die Wissenschaftsphilosophie Thomas Kuhns. Rekonstruktion und Grundlagenprobleme. Braunschweig 1989. – Bayertz, Kurt: Wissenschaftstheorie und Paradigmabegriff. Stuttgart 1981.

Christoph Demmerling

Labriola, Antonio
Geb. 2. 7. 1843 in Cassino, gest. 2. 2. 1904 in Rom

In der Geschichte des Sozialismus traf und trifft L. auf interessiertes Vergessen; noch immer liegen große Teile seines Werks und sein Briefwechsel in deutscher Sprache nicht vor, und die Beschäftigung mit L. hat den Charakter des Nachrufs. Die *Vossische Zeitung* beklagte 1904 den Verlust eines »der eifrigsten und kenntnisreichsten Vermittler deutschen Geistes zwischen Deutschland und Italien«, und Franz Mehring schrieb in *Die Neue Zeit*: »In seinem Geist war innere Verwandtschaft mit dem Geiste eines Marx und eines Engels ... Selbst wenn es eine marxistische Orthodoxie gäbe, wie es sie nicht gibt, so wäre Labriola nie ihr Anhänger geworden. Er wußte den historischen Materialismus, der ihm die Quintessenz des wissenschaftlichen Sozialismus war, mit schöpferischer Kraft zu handhaben.«

L. ist einer der großen Intellektuellen des europäischen Sozialismus, Übersetzer wissenschaftlicher und ästhetischer Kulturen in die Sprache eines originären Marxismus italienischer Prägung, vor und mit Antonio Gramsci Begründer der Theorie der Arbeiterbewegung als »Philosophie der Praxis« und als »kritischer Kommunismus«. Im Bewußtsein »Verstehen heißt Überwinden« und »Überwinden heißt auch *Verstanden haben*« hat L. in der Epoche des italienischen *risorgimento*, der nationalstaatlichen Einigung, der Industrialisierung und der Entstehung der Arbeiterbewegung eine Theorie der »Gesamtheit aller Verhältnisse des sozialen Lebens« programmatisch entworfen, in der er vor allem das Denken Giambattista Vicos, den spezifisch neapolitanischen Hegelianismus Spaventas, Spinoza und die klassische deutsche Philosophie Kants und Hegels zu integrieren wußte. Große Bedeutung hatten für ihn zugleich die Sprachphilosophie und die Psychologie:»Vielleicht – und sogar sicherlich – bin ich auf Grund meiner rigoros hegelianischen Erziehung und erst nachdem ich durch die Herbartsche Psychologie und die Steinthalsche Völkerpsychologie sowie andere gewandelt bin, ›um 1879/80‹ Kommunist geworden.« Psychologie und Sozialpsychologie wurden für L. zu Schlüsseln zur Erklärung von komplexen sozialen, politischen und kulturellen Erscheinungen der industriellen Revolution.

Wegmarken von L.s intellektueller Entwicklung sind die kritische Aneignung des philosophischen Erbes und ein Denken in polemischer Auseinandersetzung mit Strömungen des Zeitgeistes, in denen L. die Preisgabe unabgegoltener Momente der Tradition und die Gefährdung ethisch-politischer Rationalität sieht. Bereits 1862 eröffnet er eine der für ihn zeitlebens wichtigen Fronten: Mit *Una risposta alle prolusione di Zeller* verbindet er sein Interesse an der Erkenntnistheorie mit der Polemik gegen die Kant-Revision des »Zurück zu Kant«, gegen Neukantianismus und Positivismus. Arbeiten, die er während seiner Tätigkeit als Lehrer veröffentlicht – wie *Origine e natura delle passioni secondo l'Etica di Spinoza* (1866), *La dottrina di Socrate secondo Senofonte, Platone ed Aristotele* (Dissertation, 1871) – und der berufliche Anfang als Hochschullehrer in Neapel mit einer *Esposizione critica della dottrina di G. B. Vico* (1871) belegen, wie das nun verstärkte Interesse an Herbarth und der Völkerpsychologie und die ersten Veröffentlichungen nach dem Ruf an die Universität Rom 1874, die antipositivistische Richtung: L.s Denken zielt auf die Totalität der Geschichte.

Einem Zwischenspiel des Eintretens für die politische Rechte 1874 folgen radikaldemokratisches Engagement und – eine erste Näherung an die Arbeiterbewegung – 1876 Vorlesungen im römischen Arbeiterbildungsverein. Die Ideen seiner Freiheitsschrift *Il concetto della libertà* (1878) verbinden sich mit volksaufklärerischen pädagogischen Interessen, die ihn 1879 zum Studium des Erziehungssystems erstmals nach Deutschland führen. Im Rückblick hält L. fest:»Zwischen 1879–80 war ich fast schon entschieden in der sozialistischen Auffassung; doch immer mehr aus allgemeiner Geschichtsauffassung als aus innerem Drange einer persönlich tätigen Überzeugung.« Seine intellektuelle Biographie wird in den späten 80er und in den 90er Jahren zum Spiegel eines allgemeinen Prozesses: Der wissenschaftliche Sozialismus der II. Internationale erwächst aus der Allianz zwischen Intellektuellen bürgerlicher sozialer und kultureller Herkunft und der sozialistischen Bewegung, in deren Entfaltung auch L. in erster Linie philosophisch-theoretisch eingreift. Sein Vortrag vom 20. 6. 1889, *Del socialismo*, leitet die Wende zum organisierten Marxismus ein, der der Bruch mit den Anarchisten und der Radikaldemokratie vorausgeht. Die Verfassung des italienischen Sozialismus – er ist »bis auf wenige Ausnahmen entweder unklarer Republikanismus oder lauter Anarchismus« – und der dialektischen Theorie – »Um dasselbe zu sagen, muß ich hier in Italien statt von der *dialektischen* von der *genetischen* Methode sprechen« – läßt L. Anschluß an die deutsche marxistische Sozialdemokratie suchen; mit Ausnahme von Engels (Briefwechsel 1890 bis 1895) stößt L. freilich auf das Befremden unerwiderter Nähe. Dies ergibt sich zum einen aus dem Verfall der Hegelschen Dialektik-Tradition in Deutschland; Sätze wie:»Der wissenschaftliche Sozialismus ist nicht mehr die auf die Dinge angewandte subjektive Kritik, sondern die Entdeckung der *Selbstkritik*, die in den Dingen liegt«, haben im sozialdarwinistisch und positivistisch verfremdeten kautskyanischen Sozialismus kein Echo; zum andern aus dem Vordringen der Tendenz, die Geschichte nach dem Modell der Darwinschen Evolutionsbiologie zu begreifen. L.s historizistische Übersetzung des Marxismus wird zum extremen Gegenpol des darwinistischen»Sozialismus«, den in der II. Internationale mit größerem Erfolg Enrico Ferri (*Socialismus und moderne Wissenschaft*, 1895) propagiert; mit der Ablösung durch Ferri endet L.s Beziehung zum deutschen Sozialismus. Der mehrheitlich nun kaum mehr widersprochenen These Ferris, es sei der»Marxistische Socialismus eine Weiterführung der naturwissenschaftlichen Denkweise«, hat L. das die Nähe zu den Wissenschaften nicht preisgebende und der Priorität der»Philosophie der Praxis« nicht entgegenstehende – zugleich antipositivistische wie antireduktionistische und antiökonomistische – Programm entgegengesetzt, man müsse die Geschichte»mit denselben Augen ... ansehen wie die Natur,' aber berücksichtigen, daß der Mensch der Schöpfer der Geschichte ist«. Der»Kommunismus« ist in diesem Sinne»eine Wissenschaft« sui generis, befreit von den spekulativen Abstraktionen der Metaphysik wie von der empiristischen Fixierung auf den *status quo* der»Tatsachen« der bürgerlichen Gesellschaft.

L. hat der Wissenschaft, der demokratischen Entwicklung und der Arbeiterbewegung ein in seinen hegelianisierenden Tendenzen problematisches, in seiner Natur und Geschichte im Konzept der Dialektik übergreifenden Theorie ein wegweisendes und aktuelles Werk aufgegeben. Sein Veto gegen einen objektivistischen Determinismus, zugleich gegen den anarchosyndikalistischen Aktionismus George Sorels, sein Plädoyer für ein historisches Begreifen der Bedingungen demokratischer sozialistischer Hegemonie und gegen eine ökonomistische Verzerrung der Beziehung zwischen»Basis- und Überbaustrukturen« – sie sind in seinen in deutscher Sprache vorliegenden Schriften *Zum Gedächtnis des Kommunistischen Manifests* (1895), *Über den historischen Materialismus* (1896), *Sozialismus und Philosophie. Briefe an G. Sorel* (1898) als Quintessenz eines kritischen Kommunismus und als Erwartung ausgesprochen,»daß der *Marxismus* ohne *Krise des Marxismus* fortgeführt werden kann«. Kaum ein anderer Theoretiker des Sozialismus hat wie L. Zeugnis davon abgelegt, daß die Theorie ihr Ziel verfehlt, wenn sie»ein Plagiat dessen ist, was sie expliziert«; ihr Ziel ist Erklärung der Geschichte als Erklärung möglicher humaner Zukunft.

Labriola. D'un siècle à l'autre. Sous la direction de G. Labica et J. Texier. Paris 1988. – Centi, B.: Antonio Labriola. Dalla Filosofia di Herbarth al materialismo storico. Bari 1984. – Nikititsch, L.: Antonio Labriola. Biographie eines italienischen Revolutionärs. Berlin 1983.

Hans Jörg Sandkühler

Lacan, Jacques
Geb. 13. 4. 1901 in Paris; gest. 9. 9. 1981 in Neuilly

Wohl kein psychoanalytischer Fachgelehrter, Arzt und klinischer Psychiater hat so sehr die Zeitungsblätter zum Rauschen gebracht; selbst Sigmund Freud hat nicht in dem Maße erregte und entgegengesetzte Urteile, auch unter Fachkollegen und Schülern, provoziert: »L. der Meister«, »ein neuer Sokrates« – »ein Guru und Hexenmeister ohne Magie«, »großartiger und erbärmlicher Harlekin«, wie ihm 1980 ganz verzweifelt sein früherer Analysand Louis Althusser zuruft; und bestimmt hat keiner aus dieser Zunft nach Freud die Psychoanalyse derart verbreitet, auch in einer solchen Weise über seine Fachgrenzen hinausgewirkt, indem er die Psychoanalyse nicht so sehr als Therapie, sondern als eine neue philosophische Denkart bekannt gemacht hat: L. spielte seine – allerdings distanzierte – Rolle im Surrealismus, er näherte sich zeitweise der Phänomenologie, er nahm wie fast alle Intellektuellen Frankreichs nach 1945 den Hegelianismus à la Alexandre Kojève auf, der den Kampf um Anerkennung zwischen Herr und Knecht zum Zentrum des Hegelschen Denkens und zum Angelpunkt des Verständnisses des 20. Jahrhunderts machte, er prägte zusammen mit Claude Lévi-Strauss den französischen Strukturalismus maßgeblich, und er wirkte auf Soziologen, Ethnologen, Linguisten, Literaturwissenschaftler und eben Philosophen wie Lévi-Strauss, Émile Benvéniste, Maurice Merleau-Ponty, Jean Hippolyte, Alphonse de Waelhens, Paul Ricœur, Louis Althusser und die jüngeren wie Lucien Sebag, Roland Barthes, Michel Foucault, Gilles Deleuze, Jacques Derrida und Jean Baudrillard. Er veröffentlichte in philosophischen Zeitschriften und stand mehrmals im Mittelpunkt von Philosophiekongressen, wo seine Konzeption des Unbewußten als sprachliches System im Sinne Ferdinand de Saussures und Roman Jakobsons und seine Reformulierung des cartesianischen »cogito« als Begehren für Diskussionen sorgten. Wie Newton oder Darwin hat hier ein Fachwissenschaftler die Grundlagen des Denkens und Erkennens so verändert, daß nach ihm eine neue Philosophie entstehen könnte oder müßte. In Frankreich hat durch ihn die Psychoanalyse philosophisches Gewicht bekommen, und er hat entscheidend auf die Philosophie des sogenannten Poststrukturalismus gewirkt. In Deutschland merkt man davon nur wenig. Die skeptischen Urteile Freuds über die Philosophie, sein vermeintlicher »Szientismus« (Jürgen Habermas), der bei dem Strukturalisten L. noch gesteigert scheint, dessen schwieriger Stil, der dem unzugänglich ist, der sich nicht »fangen lassen« will, dazu ein wissenschaftliches Klima, das Disziplinen säuberlich trennt, sowie der Rückzug der Philosophie vom wirklichen Geschehen auf ihre Geschichte lassen bei uns eine Rezeption der L.schen philosophischen Psychoanalyse nur sehr langsam zu. Die Psychoanalyse ist hier von den Positionen der amerikanischen Ich-Psychologie besetzt, denen die Polemik L.s seit 1953 galt; in der Philosophie ist er bis auf gelegentliche Seminare tabu; in der Literaturwissenschaft hat er eine gewisse Anerkennung gefunden, wie der VII. Internationale Germanisten-Kongreß 1985 in Göttingen zeigte, was aber Anfeindungen nicht minderte.

Anders in Frankreich: Als 1986 die erste große Biographie über ihn erscheint (Elisabeth Roudinesco: *La bataille de cent ans. Histoire de la psychanalyse en France*), beschwören die Zeitungen eine Epoche, als Barthes, Derrida, Foucault, Lévi-Strauss, Althusser und eben L. Frankreich zum intellektuellen Mittelpunkt der Welt machten und im Seminar von L. »das Begehren zu verstehen sich mischte mit der Gewißheit, einem unerhörten Ereignis beizuwohnen«. Inzwischen hat dieselbe Verfasserin eine Biographie L.s im engeren Sinn publiziert, recht romanhaft mit pikanten Details, was entsprechendes Aufsehen und den Widerspruch der Familie erregte (*Jacques Lacan*, 1993).

1953, 1963 und 1980 haben die Trennung mit Daniel Lagache, Juliette Favez-Boutonier und Françoise Dolto von der anerkannten Gesellschaft der Psychoanalyse in Frankreich (Société psychanalytique de Paris), der Ausschluß L.s aus der neu entstandenen »Société française de psychanalyse« auf Betreiben der »International Psychoanalytical Association« (IPA) und die Auflösung der eigenen florierenden Schule, der »École freudienne de Paris«, für öffentliches Aufsehen gesorgt und den Lacanismus als psychoanalytische Theorie und als intellektuelle Strömung durchgesetzt. Vor allem die Auflösung der »École freudienne« im Jahr 1980, verbunden mit der Neugründung der »École de la cause freudienne« unter seinem Schwiegersohn Jacques-Alain Miller, macht deutlich, daß es ihm neben der Einrichtung einer streng psychoanalytischen Ausbildung um die Darstellung und Verbreitung einer Theorie des Unbewußten geht, die weit über psychoanalytische Fachbelange hinausreicht und die daher aus Schulabhängigkeiten befreit werden mußte.

Diese Einflüsse auf das Denken Frankreichs verdanken sich einem Mann, der eigentlich nur seine medizinische Doktorarbeit von 1932, worin er den Fall einer paranoischen Identifikation beschreibt, als Buch veröffentlicht hat, dessen wichtigste Aufsätze von 1953 bis 1964, die als Vorträge vor einer schon mit ihm vertrauten Hörerschaft gehalten und sonst nach eigenem Urteil »unlesbar« sind, erst 1966 in einem Buch mit dem unscheinbaren Titel *Écrits (Schriften I-III)* einer größeren Öffentlichkeit bekannt gemacht wurden, der aber seit 1953 bis kurz vor seinem Tod ein jährliches Seminar hielt, das allgemein zugänglich war, zuerst in der Klinik Sainte Anne, dann nach seinem Ausschluß aus der psychoanalytischen Vereinigung seit 1964 an der »École Normale Supérieure« vor einem größeren Publikum, nach seiner Vertreibung auch dort, in der Folge der Mai-Ereignisse von 1968, ab 1969 an der Université du Panthéon. Von diesen insgesmat 26 Seminaren, in denen L. seine Neufassung und Ausweitung der psychoanalytischen Theorie – immer in der Berufung auf Freud – durchführt, doch in einseitiger Perspektive zur Unterstützung des eigenen Ansatzes die frühen Schriften, die erste Topik und die Sprachlichkeit des Unbewußten betonend im Gegensatz zur zweiten Topik von Es, Ich und Überich und zur therapeutisch-medizinischen Auffassung der Psychoanalyse, sind zur Zeit neun veröffentlicht und bilden auf diese Weise den Grundstock einer – allerdings unkritischen und den Textbestand verändernden – Werkausgabe unter der Leitung von Jacques-Alain Miller: Das 11. Seminar von 1964, *Les quatres concepts fondamentaux de la psychanalyse (Die vier Grundbegriffe der Psychoanalyse)* – über das Unbewußte, die Wiederholung, die Übertragung und den Trieb mit einem Einschub über den Blick –, mit dem er seine eigene Schulgründung einleitet; die ersten beiden von 1953/54 und 1954/55, die seine Theorie des Symbolischen und Imaginären im Ausgang von Freud darstellen; das 20. Seminar von 1972/73, *Encore* (dt. 1986), das über Liebe, Genuß und Frauen handelt; das 3. Seminar von 1955/56 über Psychosen (*Les psychoses*), das seine Sprachtheorie entfaltet; 1986 das 7. Seminar über *L'éthique de la psychanalyse* von 1959/60, in dem er die Psychoanalyse an der Tragödie des Sophokles orientiert; 1991 das 8. Seminar über die Übertragung (*Le transfert*) von 1960/61, in dem er das Geschehen der Übertragung hauptsächlich an Platons *Gastmahl* verdeutlicht; ebenfalls 1991 das 17. Seminar von 1969/70, *L'envers de la psychanalyse*, das die berühmte Formulierung der vier Diskurse des Herrn, der Hysterikerin, der Universität und des Analytikers enthält; 1994 das 4. Seminar über die Objektbeziehung (*La relation d'objet*) von 1956/57, in welchem L. seine Konzepte von Sexualität und Liebe entwickelt. Daneben ist noch ein Artikel von 1938 über die Familie und eine Fernsehsendung mit ihm, *Télévision*, 1973 publiziert. Das übrige existiert in Zeitschriften, vor allem *Scilicet*, von 1968 bis 1976, und *Ornicar?*, von 1975 bis 1989, sowie in Raubdrucken und Archiven. In deutscher Übersetzung gibt es davon wenig: Neben den *Schriften I-III*, die nicht alles aus den *Écrits* und teilweise anderes enthalten, die beiden ersten Seminare, das dritte erscheint gerade, das 11. und das 20. Seminar sowie die Sendungen *Télévision* und *Radiophonie*.

L.s Leben versteckt sich – vor allem in späteren Jahren – fast ganz hinter seinem Werk. Wie bei Freud, wo dieses Zurücktreten hinter der Aufgabe allerdings im Gegensatz zu L. zu extremer persönlicher Zurückhaltung führte, hat man den Eindruck einer Inszenierung der eigenen Biographie, was die oft eitel erscheinende ästhetische Stilisierung der eigenen Person und seines öffentlichen Auftretens erklärt.

Jacques-Marie Émile L. stammt aus einer dem mittleren Bürgertum zuzurechnenden, streng katholischen Familie (sein Bruder Marc-François wurde Ordenspriester) und empfängt seine klassische Bildung auf einem angesehenen Pariser Jesuiten-Gymnasium, dem Collège Stanislas. Er studiert Medizin und durchläuft eine Karriere als Arzt für Neurologie und Psychiatrie in den besten Institutionen Frankreichs, vor allem an der Klinik Sainte Anne in Paris, wo er einer der Klinikchefs wird. Er ist beeinflußt von der deutschen und schweizerischen Psychiatrie, arbeitet 1930 an der berühmten Klinik Burghölzli von Zürich bei Eugen Bleuler und Carl Gustav Jung und engagiert sich seit 1926/27 mit seinen Freunden Henri Ey und Pierre Mâle in der »Évolution Psychiatrique«, die sich neuen Ideen in der Psychiatrie öffnet und deren Vizepräsident er 1936 wird. Seit Veröffentlichung seiner Dissertation von 1932 genießt er die Anerkennung der Surrealisten, vor allem Georges Batailles, Roger Caillois', Michel Leiris' und Salvador Dalis, und nimmt am Leben der intellektuellen Avantgarde in Kunst und Philosophie regen Anteil, ohne ihre Gruppenaktivitäten mitzumachen; abgesehen davon, daß er mit Raymond Queneau, Bataille, Jean Wahl, Merleau-Ponty, Raymond Aron, Eric Weil, Pierre Klossowski, Pater Fessard und anderen dem faszinierenden Ereignis von Kojèves Vorlesungen über die Hegelsche *Phänomenologie* von 1933 bis 1938 folgt, deren Interpretation der Dialektik von Herr und Knecht und Auffassung des Hegelschen Begriffs der »Begierde« (»désir«) sein Werk tief prägen sollte. Von 1932 bis 1938 unterzieht er sich einer Analyse bei dem russisch-polnischen Juden Rudolph Loewenstein, gegen dessen spätere (zusammen mit Heinz Hartmann und Ernst Kris) in den USA ausformulierte »Ich-Psychologie« er seine psychoanalytische Konzeption einer »Rückkehr zu Freud« mit der Bestimmung des Unbewußten durch die Sprache entwickeln wird. Seine Theorie des »Spiegelstadiums«, der Ich-Bildung in der vorgreifenden Identifizierung mit dem Bild (»imago«) eines anderen, entsteht in dieser Zeit. Dieser Aufsatz ist weithin aufgenommen und mit der Position L.s verknüpft worden, wobei seine spätere Weiterführung zur Theorie des Begehrens oft zu wenig beachtet wird. Auf L. richten sich die Hoffnungen führender französischer Analytiker der 30er Jahre wie Pichon und Angelo Hesnard für eine »psychanalyse à la française« – damals mit scharf antigermanischem, in den 50er und 60er Jahren mit ebenso antiamerikanischem Akzent.

1934 heiratet er Marie-Louise Blondin, Tochter eines angesehenen Mediziners, mit der er drei Kinder hat; 1941 wird die Ehe geschieden. Seit 1939 ist er mit der Schauspielerin Sylvia Maklès liiert, der vorherigen Frau von Georges Batailles. 1941 wird ihre Tochter Judith geboren, die später mit ihrem Mann Jacques-Alain Miller das institutionelle Erbe L.s übernimmt. Erst 1953 heiraten Sylvia und er.

Während der Besetzung Frankreichs veröffentlicht er nichts, er unterhält nur eine private Therapie-Praxis in Paris und bildet Analytiker aus. 1946 fragt er sich nach einem »gewissen Versagen« deswegen, er hätte sich der »Phantasie hingegeben, die Hand voller Wahrheiten zu haben, um sie umso besser über ihnen zu schließen«. Die große Kraft, mit der er in der Nachkriegszeit seine Theorie ausbildet und seinen Einfluß ausweitet, belegt die Intensität, mit der er gearbeitet haben muß. Seit 1946 beherrschen Sacha Nacht, Daniel Lagache und L. die französische Psychoanalyse. Der Konflikt von 1953, der sich in dem von 1963 fortsetzt, entzündet sich an institutionellen Problemen und Machtfragen; als Vorwand dienen die psychoanalytischen »Kurzsitzungen« L.s, mit denen er an der Technik der Psychoanalyse experimentiert, sowie L.s Theorie der Übertragung, welche die sogenannte »negative Übertragung« nicht ernst genug nehme. Nach dem Bruch von 1953 wird er der profilierteste Denker der französischen Psychoanalyse, der diese mit der Linguistik, der Ethnologie, der Philosophie und später, ab den 70er Jahren, mit der mathematischen Topologie verbindet und auf diese Weise die alte Sehnsucht nach einer »psychanalyse à la française« erfüllt, wobei er allerdings die Kritik, die die französischen Psychoanalytiker der 30er Jahre am »Pansexualismus« Freuds übten, umkehrt in eine Betonung der unbewußten Bedeutung der Sexualität, die er als das versteht, was von der Sprache geformt wird, aber nur in den Lücken ihrer Ordnung existieren kann und daher eigentlich unmöglich ist. Seine Theorie läßt sich in der doppelten These zusammenfassen, daß das Unbewußte wie eine Sprache strukturiert und von ihr hervorgebracht ist. Das heißt, das Unbewußte entsteht durch die Sprache, die einen strukturellen Einschnitt schafft, der als symbolisch-kulturelle Ordnung mit ihrem Gegenstück, dem Begehren, das Subjekt in seinen signifikanten Abhängigkeiten entstehen läßt. Der berühmte »Rom-Vortrag« von 1953, *Funktion und Feld des Sprechens und der Sprache in der Psychoanalyse*, und der Vortrag über *Das Drängen des Buchstabens im Unbewußten oder die Vernunft seit Freud* von 1957 sowie die ersten drei Seminare entwickeln diese Position eines durch und als Sprache konstituierten Unbewußten. Durch die Ausweitung seiner Lehre an der »École Normale« ab 1964, auf dem Höhepunkt des französischen Strukturalismus (zusammen mit Lévi-Strauss, Althusser, Foucault, Barthes, Derrida), wird seine Theorie zu der intellektuellen Instanz, als die sie sich heute darstellt. Gleichzeitig nehmen ab 1967 die institutionellen Probleme seiner Schule alle Kräfte in Anspruch, so daß sich seine theoretische Arbeit fast ganz in seiner Lehre im Seminar erschöpft. Ab 1977 scheint er ermüdet. Offensichtlich im Hinblick auf seinen nahen Tod ordnet er 1980 die Institution neu; er stirbt an den Folgen einer Darmkrebs-Operation in einer Klinik in Neuilly, zur Vermeidung öffentlichen Aufsehens unter falschem Namen.

Bowie, Malcolm: Lacan. London 1991, dt. Göttingen 1994. – Widmer, Peter: Subversion des Begehrens. Jacques Lacan oder Die Zweite Revolution der Psychoanalyse. Frankfurt am Main 1990. – Weber, Samuel M.: Rückkehr zu Freud. Jacques Lacans Ent-stellung der Psychoanalyse. Frankfurt am Main/Berlin/Wien 1978, erw. 2. Aufl., Wien 1990.

Claus von Bormann

La Mettrie, Julien Offray de
Geb. 25. 12. 1709 in Saint-Malo; gest. 11. 11. 1751 in Berlin

L. M. wird von seinem jüngsten Übersetzer und Bewunderer Bernd A. Laska gemeinsam mit Max Stirner und Wilhelm Reich als Unperson oder geistiger Paria bezeichnet, wohingegen den Antagonisten Diderot, Marx und Freud das Verdienst zugesprochen wird, drei radikale Schübe aufklärerischen Denkens initiiert zu haben. Und in der Tat hat sich an Friedrich A. Langes Urteil aus dem Jahr 1866, L. M. sei »einer der geschmähtesten Namen der Literaturgeschichte, aber ein wenig gelesener, ... nur oberflächlich bekannter Schriftsteller«, bis heute wenig geändert. Getreu dem Einleitungssatz seiner Skandalschrift *L'homme machine* (*Der Mensch eine Maschine*) von 1747: »Man muß den Mut haben, die Wahrheit auszusprechen, und zwar für die kleine Zahl derer, die denken wollen und können«, nahm er Verfolgung, Exil und Spott auf sich. Nach einem frühen Frömmigkeitsrausch, der bewirkte, daß der 15jährige Zögling der Jesuiten in Caen wurde, wandte er sich der Medizin zu, erwarb mit 19 Jahren in Reims den Doktorhut und praktizierte einige Jahre lang. Von Reims ging er nach Leyden und studierte bei Herman Boerhaave, dem führenden Mediziner Europas. Danach ließ er sich in Saint-Malo als Arzt nieder und gründete eine Familie. Doch ihn packte die Abenteuerlust; 1742 verließ er Frau und Tochter und ging nach Paris, wo er Leibarzt des Herzogs von Grammont wurde und in dessen Armeekorps diente. Er nahm von 1743 bis 1745 am Österreichischen Erbfolgekrieg teil und erlitt im Feldlager vor Fribourg einen heftigen Fieberanfall, unter dessen Eindruck er seine erste materialistische Schrift, die *Histoire naturelle de l'âme* (1745; *Naturgeschichte der Seele*), verfaßte, in der das Eigenleben der Seele bestritten und der Geist als Funktion der Materie gedeutet wird. Gleichzeitig griff er in Pamphleten und Theaterstücken die veraltete Medizin seiner Zeit an und schrieb 1747 *L'homme machine*, worin er den Menschen rein physiologisch als sich selbst steuernde »lebende Maschine« auffaßt, den Dualismus von Leib und Seele sowie die Willensfreiheit abermals leugnet, den Menschen mit den Tieren auf eine Stufe stellt. Das ging selbst den toleranten Holländern (nach einer Ärztekritik war er nach Leyden geflohen) zu weit, zumal er diese Schrift ironischerweise dem allseits verehrten Albrecht von Haller in Göttingen dedizierte, einem anderen Boerhaave-Schüler, der Empirismus mit christlicher Orthodoxie zu verbinden wußte. L. M. mußte erneut außer Landes gehen und kam durch Vermittlung seines Landsmannes Maupertuis nach Potsdam an den Hof Friedrich des Großen. Hier lebte er vier Jahre, wurde aber eher als Verrückter, Possenreißer und besserer Hofnarr angesehen. Sein brisanter *Discours sur le bonheur* (1750; *Über das Glück oder das höchste Gut*) der das System Epikurs, die Kunst des Genießens, predigt, vor nutzloser Reue warnt, durfte nur als Einleitung zu einer Seneca-Übersetzung erscheinen. Der König zensierte seine *Œuvres philosophiques*, Voltaire intrigierte aus Eifersucht gegen ihn und Maupertuis distanzierte sich von ihm. Mysteriös sind die Umstände seines frühen Todes, als er 1751 an einer Lebensmittelvergiftung stirbt. Sein Wunsch, auf dem Gelände der französischen Botschaft beigesetzt zu werden, wurde ignoriert, die Korrespondenz vernichtet, seine bedeutende Bibliothek versteigert. Kein atheistisch-materialistischer Philosoph von Holbach über Cabanis und Feuerbach bis hin zu Marx hat je L. M. als seinen Ahnherrn bezeichnet, man tat ihn stets als primitiven mechanistischen Materialisten ab. Erst der Kommentator Aram Vartanian hat die Modernität seines Denkens aufgezeigt, und der Philosoph Panajotis Kondylis hat 1981 in *Die Aufklärung im Rahmen des neuzeitlichen Rationalismus* L. M.s Nihilismus und Relativismus zu seinem eigenen wissenschaftlichen Denksystem erhoben, mit dessen Hilfe er die gesamte Aufklärung neu interpretiert.

La Mettrie, Julien Offray de: Der Mensch als Maschine. Mit einem Essay von Bernd A. Laska. Nürnberg 1985.

Frank-Rutger Hausmann

Lask, Emil
Geb. 25. 9. 1875 Wadowice bei Krakau; gefallen 26. 5. 1915 bei Turza Mata (Galizien)

L. entstammte dem Ostjudentum, studierte seit 1894 zunächst v. a. Rechtswissenschaft in Freiburg im Breisgau, wurde Schüler Heinrich Rickerts und Wilhelm Windelbands, promovierte bei Rickert mit der Arbeit *Fichtes Idealismus und die Geschichte* (1902), setzte das juristische Studium von 1901 bis 1904 in Berlin fort und habilitierte sich 1905 bei Windelband in Heidelberg. Er gehörte dort zum Kreis um Max Weber und wurde 1913 a. o. Professor; schließlich meldete er sich 1914 als Kriegsfreiwilliger an die Front und fiel 1915 in den Karpaten. Im Nachruf auf seinen Freund schreibt Georg Lukács in den *Kant-Studien* (1922): »Heute ist ein sich Gegenwärtigmachen seines Werkes das ›Aktuellste‹, was sich nur denken läßt.« Dies war keine Einzelstimme, vielmehr der Tenor bis weit in die 20er Jahre: »Lask ist das philosophische Gewissen der Zeit: er ist Kritizist und Metaphysiker und beides nicht, da er beides ist« – so schreibt Ludwig Marcuse und nennt ihn »das philosophische Gegenstück zu August Strindberg«.

In keinem Verhältnis zu dieser frühen enthusiastischen Rezeption steht die bis heute währende Vergessenheit L.s. Worin gründete sein Ruhm (»die größte Hoffnung der deutschen Philosophie«), der v.a. nach seinem frühen Tod geradezu mythisch – er wird mit dem sich in den Ätna stürzenden Empedokles verglichen und »ein zweiter Fall Kleist« (Peter Wust) genannt – gesteigert wurde? L. wurde philosophisch in der südwestdeutschen, badischen Schule des Neukantianismus Windelbands und Rickerts ausgebildet: Hier wurde die Wert- und Geltungsphilosophie Hermann Lotzes mit dem Kritizismus Kants zu einer Philosophie der bürgerlichen Kultur verbunden. In den verschiedenen »Sphären« bzw. »Wertregionen« z.B. der Natur- und der Geisteswissenschaften, des Rechts, der Kunst und der Religion werden jeweils genuine Geltungsansprüche erhoben, deren interne Logik es zu erfassen gilt. So rückt aus systematischen Gründen denn auch die Logik selbst – im weiten Sinne, nämlich im Verbund mit der Erkenntnistheorie, v.a. der Kategorienlehre – bei den Südwestdeutschen zur philosophischen Kerndisziplin auf. Diese »Professorenphilosophie« – wie man sie abschätzig nannte – ist in sich solide, unbedroht vernünftig und gleichsam unaufgeregt. L. sprengte nun früh die eingefahrenen Geleise: in ihm kulminiert die verborgene Krisis des Neukantianismus. In seinem Denken erfährt diese bürgerliche Philosophie bereits in den 10er Jahren, vor dem Ersten Weltkrieg und den großen Umbrüchen der 20er Jahre eine gravierende Transformation. Und zwar so, daß sie deren wesentliche Voraussetzungen befragt und ihre Problemstellungen radikalisiert, zu Ende denkt und an Antworten heranführt, die systembedrohend wirksam werden. Diese Arbeit leistet L. in seiner *Rechtsphilosophie* (1905), im Hauptwerk *Die Logik der Philosophie und die Kategorienlehre. Eine Studie über den Herrschaftsbereich der logischen Form* (1911) und in der *Lehre vom Urteil* von 1912; schließlich in Aufzeichnungen, die in der Edition seiner *Gesammelten Schriften* von 1923/24 – besorgt durch seinen Schüler Eugen Herrigel – den umfangreichen Nachlaßband bilden.

Die extreme Schwierigkeit seiner Analysen, die Tatsache, daß sich L. aus systematischen Gründen zum Entwurf einer gänzlich originellen philosophischen Sprache mit neuen Sinn stiftenden Bildern zunehmend genötigt sah – sie gestatten es nicht, paradigmatisch eine Einzelanalyse zu isolieren und vorzuführen; stets ist das systematische Ganze vorausgesetzt. Statt dessen lassen sich die zentralen Konturen seines Denkens in (mindestens) sechs entscheidenden Gesichtspunkten nachzeichnen: Gegen einen ungeschichtlich-statischen, gleichsam zeitlosen Idealismus wird die Geschichtlichkeit der menschlichen Erkenntnis und ihrer Kategorien gesehen und akzentuiert. Gegen die abstrakte Allgemeinheit (etwa der Rechtsnormen) wird die irreduzible Irrationalität des Individuums und des Individuellen zum Problem erhoben. Gegen die systematische philosophische Erkenntnis wird das Leben und die Aufgabe seiner kategorialen Erfassung thematisch. Es wird gefragt, inwiefern das Sein dem Subjekt der Erkenntnis vorausgeht; ob von einer »Transzendenz des Gegenstandes« bzw. von einer »logischen Irreduzibilität des Materials« die Rede sein kann. Das subjektunabhängige Gelten der logischen Form wird von L. dermaßen radikalisiert, daß die transzendentale Logik tendenziell zu einer neuen Ontologie wird und ein »transzendentaler Platonismus« sich ausbildet, der neuplatonische Züge trägt (Anschluß an Plotin) und sich einer »logischen Mystik« der Urform des Urteils nähert. Damit nicht genug: L. unternimmt den Versuch der Entwicklung einer Kategorienlehre der Philosophie. Er fragt nach dem logischen Status der philosophischen Sprache und nach ihrem Geltungsgrund selbst. Daraus ergibt sich die selbstreflexive Aufstufung seines Systems im Fragen nach der »Form der Form« und der »Kategorie der Kategorie«.

L. eröffnet hier Problemhorizonte und versucht bereits eigenwillige Lösungen, die weit in die Zukunft weisen. In seiner pointierten Art nennt Ernst Bloch ihn »die lautlose Explosion des Kantianismus« und bemerkt: »Er war der Nikolaus, aber noch nicht der Weihnachtsmann«. In der Tat bündelt sich im Denken L.s ein systematisches Problemsyndrom, dem in der weiteren Entwicklung der Philosophie insbesondere der 20er Jahre die großen Antworten: die Hermeneutik der Geschichtlichkeit, die soziologische Methodologie, Fundamentalontologie, Existenzialanalytik und Seinsgeschichte, Neomarxismus und kritischer Materialismus, schließlich logischer Empirismus und sprachkritische Philosophie ihre Arbeit widmeten. L.s Betonung der Geschichtlichkeit vollzieht bereits eine Hegelianisierung des Neukantianismus (verbunden mit einer dezidiert progressiven Hegel-Interpretation, die er in seiner Antrittsvorlesung *Hegel in seinem Verhältnis zur Weltanschauung der Aufklärung* von 1905 entwickelte), wie sie später etwa Richard Kroner – ein wichtiger Rezensent L.s – durchführt; das geschichtliche Motiv bei L. ist aber systematisch stärker: Er beschließt sein Hauptwerk mit einer Darstellung der Geschichte der philosophischen Kategorien selbst, der Logik der philosophischen Spekulation und antizipiert damit die späteren seinsgeschichtlichen Reflexionen Heideggers wie auch die Radikalisierung der Hermeneutik des wirkungsgeschichtlichen Bewußtseins. Seine Erörterungen zum Irrationalitätsproblem werden gemäß neueren Forschungen wesentlich für die Methodologie v. a. Max Webers, mit dem er in enger Verbindung stand. Die Grundfrage: Wie kann das Individuelle deduktiv unter einen allgemeinen Wert subsumiert werden? zielt ins Zentrum der wissenschaftstheoretischen Probleme der Soziologie, der Geschichtswissenschaft und Rechtsphilosophie. Die Freundschaft L.s mit dem Rechtsphilosophen Gustav Radbruch ist ein weiterer Fall, an dem sich der Satz W. Szilasis bestätigt: Er hatte »nicht viele Hörer, aber um so mehr Schüler«. Der Bezug auf das menschliche Dasein, der L.s Denken mit der Lebensphilosophie vornehmlich Georg Simmels – gegen den Heinrich Rickert vehement polemisierte – verbindet, wird von ihm nicht spätromantisch-poetisierend ausgeformt, sondern erhält die Präzision einer systematischen Grundfrage: In der gesamten abendländischen Ontologie (mit der Ausnahme bestimmter Aspekte des Neuplatonismus v. a. Plotins) wurden – so L. – die Kategorien einzig und allein für die sinnliche Sphäre, nicht jedoch genuin für die »übersinnliche« – etwa die des menschlichen Lebens – ausgearbeitet. Die Aufgabenstellung einer Kategorienlehre des Übersinnlichen führt L. daher aus der Mitte des Kritizismus in die Dimension einer Rekonstruktion der Metaphysik. Seine Analysen antizipieren hier Heideggers Destruktion der abendländischen »Vorhandenheitsontologie« sowie dessen Entwicklung genuin der menschlichen Welt angemessener Kategorien – der »Existenzialien«, wie sie in *Sein und Zeit* exponiert werden. In Heideggers intellektueller Biographie *Mein Weg in die Phänomenologie* (1963) steht denn auch der Name L. neben dem Husserls und Brentanos obenan. Wenn L. ferner einen materialistischen Impuls insistierend verfolgt, die Irreduzibilität des »Materials« stets festzuhalten sucht, so weist dies in Richtung eines Umkippens der bürgerlichen Bewußtseinsphilosophie nicht in die Lebensphilosophie oder Existenzialontologie, sondern in den neo-marxistischen Materialismus. Diesen Weg hat L.s Freund der Heidelberger Jahre, Georg Lukács, beschritten – eine Schwester L.s, Berta, war bereits kommunistische Untergrundkämpferin und Verfasserin expressionistischer Agitpropdramen. Wenn L. den Geltungsbegriff radikalisiert, so verbindet er sich mit der Psychologismuskritik Freges und Husserls; seine enge Verbindung zur Husserlschen Phänomenologie stellt ohnehin einen Sonderfall im gesamten Neukantianismus dar. Soweit wir es heute bereits übersehen können, sind die Systemelemente einer »logischen Mystik«, die L. mit der Freilegung einer logischen Urform und ihrer erkenntnistheoretischen Fundierung in seiner »Lehre vom Urteil« verbindet, in der modernen Philosophie ähnlich nur in Ludwig Wittgensteins *Tractatus-logico-philosophicus* (1921) zu finden.

L., der sich kein Pathos gestattete, dessen Schriften die Radikalität der Reflexion einer zu Ende gehenden philosophischen Gedankenwelt unter sprödester logischer Analyse zu verbergen suchen, hat unter seinem Philosophieren schwer gelitten. Der Kulturphilosoph, Soziologe und Romancier Fedor Stepun schildert den typischen Beginn seiner Vorlesungen: »Wenn er das Katheder betrat, schwieg er zunächst eine ganze Weile; in diesen Minuten erstarrte sein Gesicht zu ägyptischer Reglosigkeit; dann lief ein gramvoller Schatten über seine Züge: Die Qual des Gedankens, der genötigt war, in Worten Gestalt zu werden.« Einsamkeit und Schwermut ließen ihn schließlich, so wird wohl zurecht vermutet, den Tod im Krieg suchen. Seine Schüler und Rezipienten nahmen seine bahnbrechenden Gedanken auf, oft ohne den Vergessenen zu erwähnen. Der von Juden wie L. maßgeblich geprägte Neukantianismus wurde mit der Heraufkunft des Nationalsozialismus vernichtet. Es ist eine erst zu leistende Forschungsaufgabe unserer Zeit, einen der faszinierendsten und genialsten Denker des frühen 20. Jahrhunderts zu entdecken.

Nachtsheim, Stefan: Emil Lasks Grundlehre. Tübingen 1992. – Ollig, Ludwig: Der Neukantianismus. Stuttgart 1979, S. 66–72. – Sommerhäuser, Hanspeter: Emil Lask 1875–1915. Zum neunzigsten Geburtstag des Denkers. In: Zeitschrift für philosophische Forschung 21 (1967), S. 136–145. – Herrigel, Eugen: Emil Lasks Wertsystem. Versuch einer Darstellung aus seinem Nachlaß. In: Logos 12 (1923/24), S. 100–122.

Thomas Rentsch

Lefebvre, Henri
Geb. 16. 6. 1905 in Hagetmau/Landes; gest. 29. 6. 1991 in Pau

 Der in den bäuerlich geprägten südwestfranzösischen Landes als Sohn eines Voltaire anhängenden Beamten und einer eifrigen Katholikin geborene, gegen jede Art von Staatsräson rebellische und gegenüber jeglicher offiziellen Ideologie häretische Philosoph ist aktiv »in die meisten der großen ideologischen und politischen Auseinandersetzungen dieser Zeit« verwickelt gewesen: »Herausbildung und Auflösung des Surrealismus, Herausbildung und Auseinanderfallen des Existentialismus, Rehabilitierung Hegels, Debatten über das Wesen der marxistischen Philosophie und über die Bestimmung der Philosophie schlechthin, Überwindung des bürgerlichen Nationalismus und des formalen Individualismus und heute die Kritik und Bilanzierung dessen, was zusammenfassend als ›Stalinismus‹ bezeichnet wird.«

Nach einem Studium bei Maurice Blondel in Aix-en-Provence und bei Léon Brunschvicg in Paris, deren Konformismus bzw. Intellektualismus er ablehnte – so sehr ihn anscheinend auch ihre Konzentration auf »Aktion« bzw. »Methode« beeindruckt hat –, setzt L. sich innerhalb der Gruppe um die Zeitschrift *Philosophies* (u. a. Georges Politzer, Paul Nizan, Norbert Guterman) in den 20er Jahren polemisch mit der gegenüber dem wirklichen Leben verselbständigten religiös-scholastischen Philosophie auseinander, die Frankreich beherrscht. 1924 publiziert er die Einleitung zu einer Schelling-Auswahl. Für kurze Zeit dem kleinen Zirkel der Surrealisten nahestehend, wendet er sich bald gegen deren »klassizistische« Tendenzen, die »Entfremdung durch das Bild-Ding«. Er nimmt an der von Politzer initiierten ersten Auseinandersetzung mit der Psychoanalyse teil und stellt sich als »romantischer Revolutionär« der existentialistischen Frage nach ›dem Anderen‹. L. interessiert sich für das Verhältnis von Substanz und Leben, indem er – beeindruckt von den Vorlesungen Alexandre Kojèves – Hegel und Marx nach einer Theorie der Entfremdung durchforscht. Schon 1928 ist er, parallel zur Gründung der *Revue marxiste*, der Kommunistischen Partei Frankreichs beigetreten, um – ohne jeden Überlegenheitsanspruch aufgrund der parteilichen Organisierung, wie er in deutlicher Anspielung auf Stalins Wort von den »Kommunisten ... (als) Menschen besonderen Schlages« betont – als Marxist auch ganz praktisch mit anderen an der Lösung gesellschaftspolitischer Probleme zu arbeiten.

Seit 1929 Philosophielehrer, gehört L. de facto zu den Pionieren eines auf ernsthafter theoretischer Aneignung beruhenden französischen Marxismus (zu dessen negativer Vorgeschichte vgl. D. Lindenberg). Gegen den latenten Ökonomismus des offiziellen Marxismus kämpft er schon in den 30er Jahren (zusammen mit Guterman) mit stark selektiven, kommentierten Chrestomathien zu Hegel, Marx und Lenin – darunter der ersten französischen Ausgabe der *Ökonomisch-philosophischen Manuskripte* von Marx – dafür, innerhalb des Marxismus Raum für eine Praxis der Philosophie, für die Anerkennung wirklicher »philosophischer Probleme«

zu schaffen. Er publiziert 1936 mit Guterman eine an Hegels Kategorie des
»unglücklichen Bewußtseins« anknüpfende Untersuchung zur Mystifikationspro-
blematik, die bereits scharf gegen eine sogenannte »Klassenwahrheit« Stellung nimmt
– »als ob die revolutionäre Wahrheit nicht einfach die Wahrheit wäre«. Nach einer
kritischen Nietzsche-Einführung (1939) veröffentlicht L. 1939 eine Streitschrift *(Le
matérialisme dialectique; Der dialektische Materialismus)* gegen den 1938 kanonisierten
theoretischen Stalinismus, deren Grundgedanke die Betonung der umfassenden
Einheit menschlicher Praxis gegen den einseitigen Objektivismus der II. und III.
Internationale bildet: »Die Praxis wird als Anfang und Ende begriffen.« Diese Schrift
wird von der NS-Besatzungsmacht verboten: L. wird vom Vichy-Regime sanktioniert und nimmt aktiv an der Résistance teil. Im Rahmen des »höflichen Dialogs
mit den Nicht-Marxisten«, wie ihn die Kommunistische Partei Frankreichs und ihre
Intellektuellen dann zunächst nach der Befreiung betrieben, skizziert L. eine marxistische Kritik des Existentialismus *(L'existentialisme,* 1946).

Der erste Band der logischen Untersuchungen *(Logique formelle, logique dialectique;
Formale und dialektische Logik)* zu den Grundlagen des Marxismus, die allerdings
sichtlich darum bemüht sind, ihre Kritik auf dem Boden des Marxismus-Leninismus
als »wissenschaftlicher Weltanschauung« zu formulieren, konnte 1947 noch kurz vor
der Wende zur Kalten-Kriegs-Konstellation innerhalb der Kommunistischen Partei
Frankreichs erscheinen. Der bereits gesetzte und druckfertige zweite Band fiel dann
allerdings der sich verschärfenden Shdanowschen Parteizensur zum Opfer. Dazwischen erscheint eine stark didaktisch harmonisierende Darstellung des Marxismus
(Le Marxisme, 1948) sowie eine popularisierende Marx-Chrestomathie *(Pour connaître
la pensée de Karl Marx,* 1948). L.s Untersuchungen zu den Grundlagen eines jeder
Dogmatisierung widerstehenden Marxismus, verstanden als eine Beurteilung des
»Möglichen« und seiner historischen Entwicklung (im Hinblick auf dessen wissenschaftliche Aufarbeitung und den Willen zu dessen Veränderung durch die Aktion),
sind durch diesen Parteieingriff auf Jahrzehnte unterbrochen worden; erst mit seinen
späten Arbeiten zur »Metaphilosophie« sollte es ihm gelingen, wieder an sie anzuknüpfen.

Im ersten Band seiner *Critique de la vie quotidienne* (1947; *Kritik des Alltagslebens)*
arbeitete L. seine gesellschaftstheoretischen Reflexionen über den Entfremdungsbe-
griff aus. Er versteht diesen im bewußten Gegensatz zur Verdinglichungskategorie
von Georg Lukács als eine »konkrete, praktische und lebendige« Kategorie. Mit
seinen Überlegungen entfernt er sich von der allgemeinen Aufbruchsstimmung der
unmittelbaren Nachkriegszeit; er setzt sich vielmehr zwischen die Stühle der akademischen Philosophie, der solche Ausflüge in die »soziologische« Realität suspekt
waren, und des sich einigelnden Marxismus-Leninismus, der die Problematik der
»Entfremdung« ablehnte, ohne daß er eine inhaltliche Debatte darüber zuließ.

Die *Contribution à l'Esthéthique* (1953; *Beiträge zur Ästhetik)* brauchte vier Jahre, um
schließlich durch eine List L.s die Parteizensur zu passieren. In dieser Situation sollte
sich die Veröffentlichung des zweiten Bandes der *Critique de la vie quotidienne* bis 1962
verzögern. L. wird mit der Verfestigung der ideologischen Fronten im Zeichen des
Kalten Krieges gleichsam auf das Feld der Soziologie abgedrängt: Er wird 1949
Forschungsdirektor am »Centre national de la recherche scientifique« und tritt mit

kultursoziologischen Publikationen hervor (zu Pascal und vor allem zu Musset); 1961 übernimmt er eine Professur für Soziologie in Straßburg und schließlich in Nanterre (seit 1965), wo er zum Bezugspunkt und kritischen Zeitgenossen des Mai 1968 werden sollte.

Als sich unter Chruschtschow erste Möglichkeiten (und zugleich auch in der Unterdrückung der Arbeiteraufstände in Ungarn und Polen) die brutalen Grenzen einer radikalen marxistischen Selbstkritik abzeichnen, veröffentlicht L. nach einer Chrestomathie zu Lenin (1957) auch einen wichtigen Aufsatz zum »Sitz« des Marxismus in der französischen intellektuellen Tradition; insbesondere untersucht er die zerstörerische Auswirkung des theoretischen Stalinismus der Kommunistischen Partei Frankreichs seit 1947. In *Problèmes actuels du marxisme* (1957; *Probleme des Marxismus heute*) versucht L. eine marxistische Kritik des offiziellen Marxismus, die sich zentral gegen die Konzeption der »wissenschaftlichen Weltanschauung« richtet. Eine Neuauflage der *Critique de la vie quotidienne* (1958), mit einem langen politisch-philosophischen Vorwort, in dem er die »Theorie der Entfremdung« als ein unver-zichtbares politisches Kampfinstrument gegen den Stalinismus, unter dem sie »auf Befehl von oben, aus Gründen der Staatsräson« hatte verschwinden müssen, heraus-stellt, folgt unmittelbar. Die Reaktion der KP-Führung läßt nicht lange auf sich warten: 1958 wird L. − zusammen mit fast der gesamten Redaktion der *Nouvelle Critique* − aus der Kommunistischen Partei ausgeschlossen, L. publiziert daraufhin zwei kämpferische Aufsätze (*L'exclu, s'inclut*, und *Réponse au camarade Besse*), in denen er darauf besteht, weiterhin Kommunist zu bleiben, sowie Ende 1958 eine schonungslos offene Abrechnung mit dem offiziellen Marxismus in Frankreich (*La somme et le reste*, 1958/59), die angesichts des gezielten Schweigens der partei-geschichtlichen Quellen autobiographisch-philosophisch argumentiert. Scharfe Kri-tik bleibt nicht aus: so verhängt 1960 Lucien Sève gegen ihn ein richtiggehendes Ketzerurteil.

Wie viele Marxisten seiner Generation − von Lukács über die Frankfurter Schule bis hin zu dem mit L. in respektvoller Gegnerschaft verbundenen »Klassizisten« Lucien Goldmann − hat auch L. in der Kunst einen Vorschein des ›neuen Lebens‹ gesucht, insbesondere in dem zentralen Gedanken der künstlerischen Avantgarde seit dem Jahrhundertbeginn: Die Kunst wird sich durch ihre »Selbstzerstörung« aus ihrer Hypostasierung gegenüber dem Alltagsleben, aus der »Prestigewelt der Formen« lösen, somit »in den Dienst des Alltags treten« und das Leben selbst »produzieren«. Ohne dabei den oft impressionistischen Charakter seiner kritischen Überlegungen überwinden zu können, führt L. vor allem in *Métaphilosophie. Prolégomènes* (1965) seine früheren Untersuchungen über die logischen Grundlagen der Philosophie unter der Perspektive einer erneuten Hinwendung zum Alltagsleben fort.

Gleichzeitig beginnt L. mit dem Zusammentragen schon vorhandener Arbeits-ergebnisse in großflächigeren, schrittweise sich von der Verbindlichkeit des marxisti-schen Rahmens lösenden Darstellungen (*Marx*, 1964; *Sociologie de Marx*, 1966; *La survie du capitalisme*, 1973 − *Die Zukunft des Kapitalismus; Hegel-Marx-Nietzsche. Ou le royaume des ombres*, 1975) und in Arbeiten, die auf den Horizont der gesamten modernen Welt zielen: *Introduction à la modernité. Préludes* (1962; *Einführung in die Modernität. 12 Präludien*) und *La vie quotidienne dans le monde moderne* (1968; *Das Alltagsleben in der modernen Welt*).

L.s Spätwerk erhebt sich unter Aufnahme neuer Impulse aus dem Mai 1968 – an dessen Vorabend er noch einmal polemisch seine eigene Position markiert hatte (*Position: Contre les technocrates*, 1967) – über die Blockierungen durch die Tabus der akademischen Philosophie. Ebenso verhält sich L. hinsichtlich der Exkommunizierung durch den herrschenden Marxismus – allerdings nicht ohne den Preis einer stark ins Imaginäre spielenden Zeitgenossenschaft entrichten zu müssen (vgl. L.s *Manifeste différentialiste*, 1970, sowie sein *La fin de l'histoire*, 1970). So vermag er etwa in Roger Garaudys zunehmender Feuilletonisierung einer vage »humanistischen« Weltanschauung ebenso wie in Louis Althussers theoretischem Kampf für eine Überwindung des Marxismus-Leninismus von innen heraus gleichermaßen nur »zwei Produkte der Zersetzung des Dogmatismus« zu erkennen (*Au-delà du structuralisme*, 1971). Er bezichtigt Althusser – dessen philosophische Eingriffe allerdings erst in den späten 70er Jahren ihre Tragweite zu enthüllen beginnen – pauschal des Stalinismus und des Dogmatismus.

Im Zuge der erneuten Beschäftigung mit seinen Thesen zur Kritik des Alltagslebens überführt L. die Untersuchungen zur konkreten Entfremdung im Alltag in eine Kritik der urbanistischen Moderne (*Le droit à la ville*, 1968; *Du rural à l'urbain*, 1970; *La Révolution urbaine*, 1970 – *Die Revolution der Städte; La pensée marxiste et la ville*, 1972 – *Die Stadt im marxistischen Denken; La production de l'espace*, 1974) und in die semiologischen Grundlegung dieser Kritik *(Le langage et la société*, 1966; *Sprache und Gesellschaft)*. Die Erde als geographisch wie gnoseologisch endlicher Raum erliegt unter dem unendlichen Expansionsdruck der kapitalistischen Akkumulation einem sprunghaft zunehmenden Aufzehrungsprozeß, dessen letzte Steigerung – die Entgrenzung von Stadt und Land – in Gestalt einer formlos wuchernden »Pseudo-Urbanisierung« zur Grundlage einer neuen Form der weltweiten Revolution werden muß.

L. arbeitet schließlich seinen zentralen Gedanken einer fortschreitenden »Verstaatlichung« des Alltagslebens in einem vierbändigen Alterswerk *Über den Staat (De l'Etat*, 1976–78) aus, das zugleich eine kritischen Darstellung des zeitgenössischen marxistischen und nicht-marxistischen Staatsdenkens unternimmt.

Einen – vorläufigen – Abschluß stellt die streitbare Unterredung mit Cathérine Regulier dar, über *La Révolution n'est plus ce qu'elle était (Die Revolution ist auch nicht mehr das, was sie einmal war)*, die L. 1978 veröffentlicht. Er zieht 1980 noch eine abschließende Bilanz des Marxismus *(Une pensée devenue monde. Faut-il abandonner Marx?)*, in der er seinen Anspruch artikuliert, hinter der »Ideologie«, zu der der Marxismus dadurch gemacht worden ist, daß er als ein für allemal etablierte Wahrheit dargestellt wurde, wieder der »Bewegung«, der »Untersuchung über das Mögliche und das Unmögliche« zum Durchbruch zu verhelfen. Diese soll jenseits von Dogmatisierung und Skeptizismus einen »aktuellen Gebrauch des marxistischen Denkens« ermöglichen.

Eine L.-Rezeption, die sich darum bemüht, »sine ira et studio« herauszuarbeiten, welche positiven Beiträge er für eine globale Theoretisierung der gegenwärtigen Lage geleistet hat, ohne dabei in der bloßen Reaktion auf seine Polemiken bzw. in deren Funktionalisierung für eigene Polemiken steckenzubleiben, steht weitgehend noch aus. Ein schlagendes Gegenbeispiel zu dieser notwendigen Rezeption eines der

Pioniere eines entdogmatisierten Marxismus bietet bisher die bundesrepublikanische Diskussion, in der L. vor allem als Kronzeuge gegen Althusser in den Dienst der Frankfurter Schule gestellt worden ist.

Schoch, Bruno: Marxismus in Frankreich seit 1945. Frankfurt am Main 1980. – Kleinspehn, Thomas: Der verdrängte Alltag. Henri Lefebvres marxistische Kritik des Alltagslebens. Gießen 1975. – Lindenberg, Daniel: Le marxisme introuvable. Paris 1975. – Fetscher, Iring: Der Marxismus im Spiegel der französischen Philosophie. In: Marxismus-Studien. Tübingen 1954.

Frieder O. Wolf

Leibniz, Gottfried Wilhelm
Geb. 1. 7. 1646 in Leipzig; gest. 14. 11. 1716 in Hannover

Wahrscheinlich war er der umfassendste Kopf, der an der Wende vom 17. zum 18. Jahrhundert philosophisch dachte, in einer Zeit, die an philosophischen Köpfen nicht arm war. In Leipzig als Sproß einer Professorenfamilie geboren, war er eines der Wunderkinder, mit denen seine Zeit zu renommieren versuchte: Lesen, Schreiben und Latein soll er sich selbst beigebracht haben. Sein Leipziger philosophisches und juristisches Studium (in Philosophie war Jacob Thomasius, der Vater des späteren Aufklärers Christian Th., sein Lehrer) begann L. mit 15 Jahren; im Sommer 1663 setzte er sein Studium in Jena fort, wo er den Mathematiker und Philosophen Erhard Weigel hörte. Mit 21 Jahren promovierte er in Altdorf zum Doktor beider Rechte, weil er der Leipziger Fakultät zu jung war. Um diese Zeit wurde er mit dem Mainzer Minister Chr. v. Boineburg bekannt, der den jungen Juristen an den Hof des Kurfürsten Johann Philipp von Schönborn empfahl, wo L. an der Revision des römischen Rechts arbeitete, eine Aufgabe, durch die er sich mit seiner *Nova methodus discendae docendaeque jurisprudentiae* (1667) qualifizierte, einem Entwurf zur Revision des juristischen Studiums, den er in einem Frankfurter Gasthaus eilig vollendet hatte. Im Zusammenhang mit dem pfälzischen Krieg und den Reunionskriegen Ludwigs XIV. wurde der junge Gelehrte im März 1672 nach Paris geschickt. Dort versuchte er vergeblich, dem französischen König das »Consilium Aegyptiacum« zu unterbreiten, einen Plan, der die militärischen Energien Frankreichs nach Ägypten ableiten sollte. Bei seinem vierjährigen Aufenthalt in Paris – sein Dienstherr, der Mainzer Erzbischof, starb in der Zwischenzeit – lernte L. die Gelehrten der französischen Hauptstadt kennen, wurde von Huygens in die moderne Mathematik eingeführt, entwickelte seine Rechenmaschine, reiste nach London, wo er den Sekretär der Royal Academy, Oldenburg, und Robert Boyle traf. Nach seiner Rückkehr beschäftigte er sich verstärkt mit der Mathematik Pascals und Descartes', entdeckte 1675 die Grundzüge seiner Infinitesimalrechnung und wurde als Mitglied der französischen Akademie der Wissenschaften vorgeschlagen (die Mitgliedschaft kam erst 1700 zustande). In Paris hatte er auch seinen späteren Dienstherrn, den Hannoveraner Herzog Johann Friedrich, kennengelernt. Ehe er aber seine Hannoveraner Stellung antrat, reiste er erneut nach London, nahm dort Einblick in Newtons Papiere zur Analysis und reiste über Den Haag, wo er Spinoza traf, nach Hannover.

Hannover, je länger, desto weniger geliebt, blieb für den Rest seines Lebens Hauptwohnsitz. Seine Aufgabe war juristisch und historisch: er sollte als Hofhistoriograph die Geschichte der Welfen schreiben und als Jurist die Gesetze des Herzogtums neu disponieren und ordnen, schließlich war er Bibliothekar. Von Hannover aus hat L. seinen umfassenden Briefwechsel geführt, von hier aus ist er zu seinen zahlreichen Reisen nach Berlin, Wolfenbüttel, Dresden und Wien aufgebrochen, von hier aus hat er 1689/90 Italien bereist, hier hat er drei Kurfürsten – 1714 wurde Kurfürst Georg Ludwig König von England – überdauert, und mit jedem Herrscherwechsel wurde sein Verhältnis zu seinem Dienstherren schlechter. Gerne wäre L. nach Berlin entkommen, wo er 1700 erster Präsident der von ihm konzipierten Preußischen Akademie der Wissenschaften wurde, gerne hätte er als preußischer Hofrat mit der klugen Königin Charlotte über philosophische Fragen und Theodizee geplaudert. Lieber als in Hannover wäre er gewiß als kaiserlicher Hofrat, der er 1713, gegen Ende seines Lebens wurde, in Wien geblieben: aber der hannoverische Hof ließ ihn nicht gehen – bis zu seinem Tod; einen Monat später wurde er dort feierlich in der Neustädter Kirche beigesetzt.

Nicht, daß man in Hannover gewußt hätte, was man an ihm hatte – das war auch schwer möglich. Er hatte zuviel begonnen, und keines der Projekte war bislang beendet: weder das Riesenvorhaben einer Universalenzyklopädie (»characteristica universalis«), noch die Rechtsreform, noch eine vollständige Geschichte des Welfenhauses; auch die Versöhnung der großen Kirchen untereinander kam nicht zustande. Die praktischen Vorschläge zur Justizreform und zu technischen Fragen, vor allem zum Bergbau im Harz, wurden nicht ausgeführt oder scheiterten – und erst am Ende seines Lebens hat L. die großen philosophischen Traktate veröffentlicht, die seinen Ruhm im 18. Jahrhundert ausmachten: Das *Système nouveau de la nature et de la communication des substances* (1965; *Neues System der Natur und der Gemeinschaft der Substanzen*) und die *Essais de theodicée sur la bonté de Dieu, la liberté de l'homme et l'origine du mal* (1710; *Versuch der Theodizee über die Güte Gottes, die Freiheit der Menschen und den Ursprung des Übels*). Die Entdeckung der Infinitesimalrechnung wurde erst durch den unerfreulichen Streit mit Newton weithin bekannt, der durch die Veröffentlichung des *Commercium Epistolicum D. Johannis Collins* 1712 entbrannte und in dem L. vorgeworfen wurde, er habe die Infinitesimalrechnung bei Newton plagiiert. Die Überlegenheit der L.schen Nomenklatur in der Infinitesimalrechnung blieb – trotz den Bernoullis und dem Lehrbuch des Franzosen L'Hôpital das 18. Jahrhundert hindurch mathematischer Streitpunkt. Die erkenntnistheoretische Weite seines Blicks kam 1765 mit der Publikation der *Nouveaux essais sur l'entendement human* (*Neue Abhandlungen über den menschlichen Verstand*) zum öffentlichen wissenschaftlichen Bewußtsein; L.' Bemühungen um die Einheit der Kirchen wurden erst durch die Veröffentlichung des *Systema theologicum* (1819) weiterhin bekannt, und seine Entwicklungen zur Logik schlummerten bis zu Couturats Edition der *Opuscules et fragments inédits* von 1903 im Hannoveraner Archiv.

L.' Philosophie erschließt sich am besten von seiner Metaphysik her. Ihr Hauptthema ist die Einheit der göttlichen und menschlichen Vernunft, ein Thema, das L. mit dem Begriff der Möglichkeit zu fassen versuchte. Möglichkeit definiert er zuerst als Widerspruchsfreiheit von Prädikaten einer Sache – das war identisch mit Denkmöglichkeit. Der Bereich des Möglichen – also Denkmöglichen – war der Bereich, in dem Gott die möglichen Welten dachte, aus der er dann die beste zur Wirklichkeit entließ. Darin bestand der Kern des Rationalismus, daß noch die Existenz einer Sache an ihrer Denkmöglichkeit hing: und das galt für Gott, Mensch und Welt gleichermaßen. Im unendlichen und zeitlosen Gedanken des einen guten Gottes war die Welt als die beste mögliche konzipiert – im 18. Jahrhundert ist das zuerst polemisch, dann affirmativ »Optimismus« genannt worden –, und im Gedanken Gottes war auch der Mensch als Begriff (»Monade«) vollständig und zeitlos definiert. Wegen der Logizität Gottes und der Welt repräsentierte jede Monade in ihrer Stellung die ganze Schöpfung. Der Mensch als das Wesen, das sein Denken selbst zum Gegenstand seiner Untersuchungen machen konnte, also reflexiv dachte, war zugleich in der Lage, die Struktur der Gedanken Gottes apriorisch nachzuvollziehen – denn im Denken der Möglichkeit waren Gott und Mensch gleich: das galt für die Mathematik einerseits, für die Moral, deren Leitbegriffe mit der menschlichen Vernunft erkennbar waren, andererseits.

Die moralischen und mathematischen, dem Satz des Widerspruchs gehorchenden Vernunftwahrheiten teilte der Mensch mit Gott; seine Differenz zum höchsten Wesen aber bestand in zwei Punkten: Einerseits war er dem notwendigen Gott gegenüber in seiner Existenz zufällig, kontingent. Auf der anderen Seite konnte er die Gründe, die Gott hatte, warum die Welt so, wie sie war, geschaffen worden war, nur abstrakt einsehen, nicht aber die Einzelgründe, weshalb die Welt in ihren Tatsachen so war, wie sie war. Der Mensch war also außerstande, die vollständige Definition kontingenter Dinge zu haben: Er konnte zwar allgemein den Satz vom zureichenden Grunde begreifen, konnte ihn – Unterschied von Vernunft- und Tatsachenwahrheiten – aber nicht im einzelnen empirischen Ding erkennen. So war der Mensch für seine sicheren Erkenntnisse ganz auf die innere Sicherheit von Mathematik und Moral verwiesen; alle Erkenntnis vollzog sich, als ob Gott und der Mensch unmittelbar miteinander kommunizierten. Eine Erkenntnis äußerer Dinge war überflüssig, wenn der Mensch im Erkennen an Gottes Konzept aller Dinge partizipierte. Wenn aber alle Erkenntnis wesentlich innere Erkenntnis war – und wie sollte Erkenntnis anders vonstatten gehen denn als seelischer Akt –, dann brauchte es keine Kommunikation zwischen Ausdehnung und Denken zu geben, dann war die prästabilierte Harmonie zwischen psychischen und materiellen Substanzen garantiert.

In seiner Verortung in der besten aller möglichen Welten blieb der Mensch dennoch frei. Die Freiheit des Menschen hat L. von Beginn seiner Philosophie an verteidigt – auch wenn seine Vorstellungen über die menschliche Freiheit sich erst in den 1680er Jahren stabilisierten. Freiheit war für L. Definiens des Willens, Freiheit zeichnet den Menschen wesensmäßig aus. In Gottes bester Welt ist Freiheit möglich, weil Gott zwar die menschlichen Verfehlungen vorhersieht, aber nicht vorherbestimmt, weil er zugleich die menschlichen Sünden in das harmonische – und Harmonie ist die Einheit der Differenz – Konzept seiner besten möglichen Welt einbezieht. Da die beste Welt so variabel konzipiert ist, daß in ihr die Möglichkeiten ihrer Entwicklung je nach dem menschlichen Handeln angelegt und vorgesehen sind, ist die Welt zwar in diesem ihrem variablen – gleichwohl perfekten – Konzept Gottes Schöpfung, entwickelt sich aber unabhängig von göttlichen Eingriffen.

Dieses metaphysische Konzept hat L. von Jugend an verfolgt, in der Mitte der 1680er Jahre war es in den Grundzügen konzipiert. Den *Discours de Métaphysique* hat er 1686 an den französischen Jansenisten Antoine Arnauld geschickt, zehn Jahre später hat er seine These von der prästabilierten Harmonie veröffentlicht – *Système nouveau de la nature* – und durchweg unverständiger Kritik ausgesetzt. Die breite Darstellung seiner theologischen Metaphysik in der *Theodicée*, in den *Principes de la nature et de la Grâce fondées en raison* (1714; *Die Vernunftsprinzipien der Natur und der Gnade*), der *Monadologie* (1714) und im polemischen *Briefwechsel mit Samuel Clarke* (zuerst 1717 veröffentlicht) hat fürs 18. Jahrhundert die Diskussion um Metaphysik maßgebend geprägt. Christian Wolff gab L.' Theodizeenkonzept die schulmäßige Form (*Vernünftige Gedanken von Gott, der Welt und der Seele des Menschen*, 1720), und als Frage nach der Rechtfertigung Gottes angesichts des Bösen in der Welt hat L. die optimistische Folie geliefert für den Pessimismus und den Nihilismus des 19. Jahrhunderts.

Mit einem Gottesbegriff, der so weit gefaßt wurde, daß schlechterdings alles von dessen umfassender Vernunft abhängig war, konnte eine konfessionell geprägte Christlichkeit nicht verbunden sein. L.' Denken, das keinen revolutionären Gestus hatte, stand in der Tradition der »philosophia perennis« und der natürlichen Theologie, die die Einheit von Vernunft und Glaube forderte; L.' theologisches Konzept zielte darauf, Vernunft und Theologie zu verschränken. Dem widersprach die Trennung der Konfessionen und Kirchen. L. hat deshalb – vergeblich – versucht, die Trennungen der Kirchen aufzuheben. Sein Plan: Die Betonung der Gemeinsamkeiten der kirchlichen Verwaltungen, für die katholische Kirche Zurückdrängung des äußeren Kultes, für die protestantische Theologie die Uminterpretation Christi zum Lehrer nach humanistischem Muster, zugleich deutliches Abrücken von der Rechtfertigungslehre und der paulinischen Theologie Luthers. Der protestantischen Kirche glaubte er die Anerkennung des Papstes als erstem Bischof der Christenheit zumuten zu können, und für beide Konfessionen strebte er einen im Kern gemeinsamen, nach Sprachen und Regionen jedoch verschiedenen Gottesdienst an. L. hat sich mit diesen Vorstellungen, die er mit dem Lockumer Abt Molanus, mit dem Berliner Prediger Jablonski, mit Ludwigs XIV. Hofprediger Bossuet und mit dem Wiener Bischof Royas y Spinola erörterte und in einem *Systema Theologicum* schon 1686 zusammenfaßte, nicht durchsetzen können. Für die Kirchenpolitik des 18. Jahrhunderts sind seine Anregungen – weil unbekannt – ohne Wirkung geblieben; im 19. Jahrhundert sind sie zur Konfessionspolemik und dazu benutzt worden, L. alternativ dem katholischen oder evangelischen Lager zuzusprechen.

Das Projekt der Darstellung des universalen Wissens – der »characteristica universalis« – hat L. sein Leben lang verfolgt. Die Kerngedanken kannte er aus der enzyklopädischen Tradition; es ging darum, alles mögliche Wissen im genauen Sinne zu beschreiben. Wenn es gelänge, die semantischen Bausteine der Welt zu fassen – also eine vollständige Tafel aller denknotwendigen Grundbegriffe zu erstellen –, so hätte aus diesen Elementen und deren möglichen Kombinationen eine Wissenschaft von allem Wißbaren entwickelt werden können. Setzte man voraus, daß das menschliche Denken a priori über denknotwendige Begriffe verfügte – die Grundbegriffe der Mathematik und der Moral – und daß diese Begriffe deshalb wahr waren, weil sie durch die Teilhabe am göttlichen Wissen für die Menschen überhaupt existierten, dann gab es folgende Hauptaufgaben für die »characteristica universalis«: Einerseits die Herstellung eines möglichst vollständigen Verzeichnisses denknotwendiger Begriffe und andererseits die Entwicklung eines Algorithmus, der die sinnvolle Kombination dieser Begriffe formal faßte. L. hat, um die Elemente seiner »characteristica« zu bekommen, Definitionen aus allen ihm zur Verfügung stehenden Lexika gesammelt, und er hat Institutionen gefordert, die das materiale Wissen, das vorhanden war, speicherten und für die Praxis zur Verfügung hielten. In diesen Erwägungen wurzeln seine zahlreichen Enzyklopädieentwürfe, hier liegen die Gründe für seinen Plan eines deutschen Wörterbuchs. Die Suche nach dem verbindlichen Algorithmus der Universalwissenschaften hat L.' Entwicklungen in der Logik provoziert, und die institutionellen Erwägungen der Enzyklopädie führten zunächst zu utopischen Plänen einer »Societas Theophilorum« und später, um die Wende zum 18. Jahrhundert, zur Konzeption der Akademien der Wissenschaften in Wien, Dresden und Berlin. Die Preußische Akademie der Wissenschaften, die einzige, die realisiert wurde, zeigte dann kaum mehr Spuren von L.' utopischem Konzept der Universalwissenschaften.

L. hat Logik als Zeichentheorie verstanden. Ausgehend von der aristotelischen Syllogistik, die er als grundlegend faßte, versuchte er, die Logik selbst so zu formalisieren, daß sie durch ihre pure Form den Leitfaden der Wahrheit bilden konnte. Dazu brauchte er als Element einfacher Grundbegriffe, das *Alphabetum cogitationum humanarum*. Die Elemente dieses Alphabets hätten als Zeichen dienen können für die Formalisierung ihrer Kombination und Disposition. Es ging also in einem ersten Bereich um die Invention dieser Elemente. Zunächst hat L. geglaubt, es ließen sich diese Elemente vollständig und in ihrer Einfachheit finden; ab etwa 1685 ging er von seiner Trennung der ersten Weltelemente für uns und an sich aus. Aber selbst mit einer Elementartafel, die nur für das menschlich begrenzte Denken ausreichte, ließ sich kalkulieren: Das Ziel der Kalkulation war die vollständige Definition der Dinge, die in allen ihren Prädikaten a priori hätten rekonstruiert bzw. analysiert werden können. Die Konstruktion oder Analyse hätte, in Analogie zur Mathematik, die dadurch ein Teil der Logik wurde, formalisiert werden sollen. Eine solche Formalisierung hat er als »scientia generalis« und als Schlüssel zu allen Wissenschaften betrachtet; eine solche allgemeine Theorie der Relationen hätte in der Tat für Metaphysik und Moral eine sichere Grundlage allen Wissens und ein isomorphes Bild der Natur gegeben, – vorausgesetzt, daß Gott, der »deus mathematicans«, die Welt als die beste der möglichen kalkulierbaren Welten erschaffen hätte.

Auch die Mathematik war Teil der universalen Logik; in ihr zeigte sich für L. in herausgehobener Weise die Teilhabe des menschlichen Geistes am göttlichen auf der einen und die Angewiesenheit des menschlichen Denkens auf Zeichen auf der anderen Seite. Gleichwohl steht L.' Mathematik in der mathematischen Tradition. In der Auseinandersetzung mit Pascals »charakteristischem Dreieck« entwickelte er die arithmetische Kreisquadratur, und im Zusammenhang mit seinen Arithmetik-Studien gelang ihm im Oktober 1675 die Erfindung der Infinitesimalrechnung. Die neue Rechnungsart erlaubte die Darstellung und Zusammenfassung von Flächenbestimmungen, Extremwertbestimmungen und Tangentenbestimmungen nach einheitlichen Prinzipien. Freilich wurde die Infinitesimalrechnung erst 1686 in einem Aufsatz zur Integralrechnung veröffentlicht. Auch dieser Aufsatz blieb folgenlos, bis die Brüder Bernoulli 1697 L.' Methode verwendeten und L'Hopital 1696 in einem Lehrbuch die erste systematische und verständliche Darstellung der Infinitesimalrechnung gab. Die Tatsache, daß Newton seine »Fluxionsrechnung«, die er lange konzipiert und in den *Principia mathematica* (1687) veröffentlicht hatte, durch L. plagiiert sah, hat im frühen 18. Jahrhundert zu einem zähen Streit um die Priorität der Erfindung der Infinitesimalrechnung geführt, der unentschieden endete: Beide haben die Infinitesimalrechnung unabhängig voneinander gefunden, L.' Symbolik hat sich allerdings durchgesetzt. Im übrigen besteht L.' immenser unveröffentlichter Nachlaß zum größten Teil aus immer noch weitgehend unbekannten mathematischen Entwürfen.

Als gelernter Jurist hat L. von Beginn seiner wissenschaftlichen Arbeit an versucht, die Jurisprudenz in sein Konzept einer Universalwissenschaft einzubauen. Es ging ihm dabei um zweierlei: Einerseits sollte das historisch überkommene Recht in einer Weise systematisiert werden, die die Vielzahl der regionalen Rechte und das römische Recht vereinheitlichte. Das hat L. schon 1667 in seiner *Nova methodus discendae docendaeque Jurisprudentiae* versucht. Auf der anderen Seite hat er schon 1665, noch als Student, versucht, die Entscheidungsfindungen im Recht mit logischen Prinzipien zu begründen und sicherer zu machen. Als Maßstab schwebte ihm eine »iustitia universalis« vor, die Moral und Recht nach einem einheitlichen Prinzip faßte. Dieses »christliche Naturrecht«, das er in der Einleitung zu seinem *Codex iuris gentium diplomaticus* (1693) darstellte, ging von L.' zentraler Gerechtigkeitsdefinition »Justitia est caritas sapientis« aus und stufte das Recht insgesamt nach positivem Recht, Billigkeit – dem die Nächstenliebe korrespondierte – sowie Frömmigkeit und Sittlichkeit als dem Gipfel der menschlichen Erfüllung des Rechts. Diesem Idealrecht entsprach auch seine Normvorstellung des Staats, der nach der Norm des gerechten und weisen Vatergottes eingerichtet war und – wie das Ende der *Monadologie* beschreibt – das Reich der Gnade ist, der Gottesstaat, der uns in der physischen Welt als unsere innere moralische Welt gegenwärtig ist, unsere Norm des Guten und unsere vorweggenommene Erkenntnis der Herrlichkeit Gottes.

Heinekamp, Albert (Hg.): Leibniz-Bibliographie. Die Literatur über Leibniz bis 1980. Begründet von Kurt Müller. Frankfurt am Main ²1984. – Guhramer, Eduard Gottschalk: G. W. Freiherr von Leibniz. Hildesheim 1966 (Nachdruck der Ausgabe von 1846). – Müller, Kurt/ Krönert, Gisela: Leben und Werk von G. W. Leibniz. Frankfurt am Main 1969. – Cassirer, Ernst: Leibniz' System in seinen wissenschaftlichen Grundlagen. Darmstadt 1962 (Nachdruck der Ausgabe von 1902).

Wilhelm Schmidt-Biggemann

Lenin, Wladimir Iljitsch (Uljanow)
Geb. 22. 4. 1870 in Simbirsk; gest. 21. 1. 1924 in Gorki

Nach dem Besuch des Gymnasiums in seiner Heimatstadt Simbirsk (seit 1879) begann L. 1887 das Studium an der juristischen Fakultät der Universität Kasan, das jedoch noch im selben Jahr durch Relegation und Verbannung unterbrochen wurde. 1890 zum externen Studium an der Universität Petersburg zugelassen, legte er dort dann das juristische Staatsexamen ab. Seit 1893 organisierte er marxistische revolutionäre Arbeit in Petersburg, wurde 1895 verhaftet und lebte in den Jahren von 1897 bis 1900 in der Verbannung in Schuschenskoje (Sibirien). 1900 verbrachte er sein erstes Exil in der Schweiz. In dieser Zeit erfolgte die Gründung der Zeitung *Iskra* und der Aufbau der Sozialdemokratischen Arbeiterpartei Rußlands, deren 2. Parteitag 1903 in Brüssel und London das Parteiprogramm verabschiedete. Die Partei spaltete sich in die Flügel der Bolschewiki (Mehrheitsfraktion) unter L.s Führung und die Menschewiki (Minderheitsfraktion). Von 1907 bis 1917 folgte L.s zweites Exil in der Schweiz und Paris (1912 bis 1914 in Krakau). In diese Zeit fällt 1909 die Veröffentlichung von *Materialismus und Empiriokritizismus*, es folgen die Studien zu einem Werk über materialistische Dialektik, die in den *Philosophischen Heften* aus dem Nachlaß herausgegeben wurden. 1917 kehrte L. nach dem Ausbruch der Revolution nach Rußland zurück. Im November wurde er Vorsitzender des Rats der Volkskommissare und widmete sich ganz dem Aufbau der Sowjetunion. Zahlreiche theoretische Arbeiten reflektieren die Probleme dieser Periode. 1921 leitete er den Übergang zur 109. Neuen Ökonomischen Politik ein. Schwer erkrankt verbrachte L. die letzten neun Lebensmonate in einem Landhaus in Gorki bei Moskau, wo er am 21. Januar 1924 starb.

Im weiteren Sinne sind seine Beiträge zur Theorie des Politischen (Theorie der revolutionären Partei, Begriff des Klassenbewußtseins, Kritik des Sozialdemokratismus, die Schrift *Staat und Revolution* von 1918 u. a.) sicher als philosophisch zu betrachten, weil ihre Argumente in erkenntnistheoretischen und geschichtsphilosophischen Konzepten fundiert sind und ihre Struktur aus einer allgemeinen Theorie der Dialektik herleiten. Dieser Zusammenhang läßt sich bis in die unmittelbar situationsbezogenen politischen Schriften verfolgen; diese innige und prinzipielle Verschmelzung theoretischer Einsichten mit praktischem politischem Handeln macht den Rang des Politikers L. aus. In diesem Sinne ist sein ganzes Werk philosophisch, d. h. es kann mit Blick auf die Freilegung philosophischer Konzepte und Kategorien gelesen werden. Im engeren Sinne philosophisch sind eine Reihe von Aufsätzen zum Marxismus, die Auseinandersetzung mit dem Positivismus (*Materialismus und Empiriokritizismus*) und die Notizen der *Philosophischen Hefte*, deren Schwerpunkt bei der kritischen Aneignung Hegels liegt.

Friedrich Engels hatte seine Schrift *Ludwig Feuerbach und der Ausgang der klassischen deutschen Philosophie* (1888) mit dem programmatischen Satz geschlossen: »Die deutsche Arbeiterbewegung ist die Erbin der klassischen deutschen Philosophie.« L. hat, mit Blick auf die theoretischen Gehalte des Marxismus, den weiten Begriff des Erbes in dreifacher Weise zugespitzt; er schreibt: Die Lehre von Marx »entstand als direkte und unmittelbare Fortsetzung der Lehren der größten Vertreter der Philosophie, der politischen Ökonomie und des Sozialismus«. Er nennt dann präzise als die »drei Quellen und gleichzeitig Bestandteile des Marxismus« die deutsche Philosophie, die englische politische Ökonomie und den französischen Sozialismus. In dieser Formulierung ist ein philosophisches Kontinuum konzipiert, in dem der Marxismus nicht nur die rezente Phase der Philosophiegeschichte darstellt, sondern deren Gehalte in sich aufnimmt (vgl. den Kulturbegriff Antonio Gramscis). Die Verarbeitung der kategorialen Widerspiegelung der gesamten geschichtlichen und geschichtlich erfahrenen Wirklichkeit wird zum konstitutiven Moment der marxistischen Theorie – und in der Weise, wie dieser Verarbeitungsprozeß bei Hegel System geworden ist, kann er, in materialistischer Umkehrung, Bestandteil des Marxismus sein. Es gibt Quellen, aus denen der Marxismus schöpft, und es gibt Systemmodelle, die in der spezifischen Transformation, die durch das Marx-Engelssche Programm der Aufhebung und Verwirklichung der Philosophie angegeben ist, zu Bestandteilen des Marxismus werden können.

Ein solches Konzept vom Kontinuum der Philosophie impliziert einen Kontext von weiteren philosophischen Theoremen. Über deren Prinzipien hat L. sich in der Auseinandersetzung mit dem Positivismus und subjektiven Idealismus einerseits, mit Hegel andererseits Rechenschaft abgelegt. Der Begriff einer zugleich historisch bestimmten und objektiven Wahrheit (als Wissen von der Sache selbst) führt auf die Differenzierung von absoluter und relativer Wahrheit sowie auf die Bestimmung des Objektivitätsgehalts von Irrtum und ideologischem Schein gemäß Spinozas Einsicht: »Das Wahre ist der Gattungsbegriff seiner selbst und des Falschen.« Der Relativitätsgrad der Wahrheit erfordert die Herausarbeitung der geschichtlichen Gesellschaftsstufen und damit der Kriterien für die Fortschrittlichkeit einer Theorie, woraus sich wiederum die Lehre von der Parteilichkeit der Wahrheit (nämlich für den Fortschritt der Menschheit und damit ihren eigenen) und das Postulat der Parteinahme ergibt. Ein dezisionistisches oder opportunistisch relativistisches Verständnis von Parteilichkeit wird ausgeschlossen durch deren geschichtsontologische Fundierung in der Lehre von den Gesellschaftsformationen (d.h. letztlich in der Lehre von der Dialektik von Produktivkräften und Produktionsverhältnissen). Die reflektierte politische Praxis der Veränderung gesellschaftlicher Zustände und Strukturen entspringt aus und orientiert sich an dem philosophischen Begreifen der wirklichen Verhältnisse. Insofern diese durch die Klassenstruktur der Gesellschaft charakterisiert sind, gehört zur Parteinahme in der Wahrheitsfindung ebenso wie in der politischen Aktivität Klassenbewußtsein, in dem sich die nicht nur formale, sondern inhaltliche Einheit von Theorie und Praxis herstellt. Es liegt auf der Hand, daß ein solcher Wahrheitsbegriff nicht transzendentalphilosophisch begründet werden kann. L.s häufige Kritik an Kant in den Konspekten zu Hegels *Wissenschaft der Logik* ist von daher motiviert. Wahrheit als Wissen von der Sache selbst einschließlich ihrer Vermittlungen mit dem Subjekt des Wissens (d.h. nicht nur und nicht hauptsächlich wissenden Individuen, sondern das real-allgemeine Corpus des Alltagswissens und der Wissenschaft) muß im Modell einer selbstbezüglichen Abbildungsrelation – Erkenntnis als Widerspiegelung und Widerspiegelung der Widerspiegelung – beschrieben werden. Angesichts der Historizität des Wissens kann der allgemeine Gegenstand der Erkenntnis philosophisch nicht mehr auf einen solchen Inhalt festgelegt werden, der durch die jeweilige – wissenschaftsgeschichtlich bedingte – Stufe der Erfassung und Deutung der Objektwelt gegeben ist. Er ist vielmehr in höchster Allgemeinheit zu bestimmen als die objektive Realität, die außerhalb des Bewußtseins und unabhängig von ihm existiert und die gemäß dem Entwicklungsstand des Wissens im Bewußtsein abgebildet wird. Diese objektive Realität wird durch die Kategorie Materie bezeichnet. »Die einzige ›Eigenschaft‹ der Materie, an deren Anerkennung der philosophische Materialismus gebunden ist, ist die Eigenschaft, objektive Realität zu sein, außerhalb unseres Bewußtseins zu existieren.«

Eine erkenntnistheoretische Position dieser Art hat selbst einen ontologischen Gehalt. Sie setzt die übergreifende Einheit einer Welt-Wirklichkeit, von der das erkennende Subjekt ein dem Substrat nach homogener, aber dem Modus nach unterschiedener Teil ist. Die Selbsterfahrung unserer Unterschiedenheit als Subjekte wird durch die Erfahrung unserer gegenständlichen Vermitteltheit in der Praxis übergriffen (Kriterium der Praxis). Das Arbeitsverhältnis wie auch das Zeitbewußtsein erfordern die Ausarbeitung logischer Figuren, die die Einheit der Gegensätze, den Selbstunterschied des Einen, die Beziehung von Einheit und Vielheit und die Idee des Ganzen ausdrücken können. Dies leistet die Dialektik, deren erstes ausgearbeitetes System in Hegels Philosophie vorliegt, an die der Marxismus anzuknüpfen hat; dabei ist es das Problem einer materialistischen Philosophie, die geschlossene Systemgestalt des absoluten Idealismus – die Darstellung der Einheit der mannigfaltigen Welt als Geist – auf das offene System der materiellen Wirklichkeit zu projizieren. L. hat in seinen Konspekten zu Hegels *Wissenschaft der Logik* dieses Verfahren in Form der Umkehrung Hegels skizziert: »Ich bemühe mich im allgemeinen, Hegel materialistisch zu lesen: Hegel ist auf den Kopf gestellter Materialismus (nach Engels).«

Es läßt sich zeigen, daß L.s Wirken als Politiker und Staatsmann wie auch seine Ausarbeitung der politischen Theorie stets auf das Zentrum seiner philosophischen Weltanschauung bezogen sind und von diesem Kern her ihre innere Konsistenz erhalten. Mit Recht ist sein Name darum auch in den Namen eben jener wissenschaftlichen Lehre aufgenommen worden, die diese Einheit von Philosophie, politischer Ökonomie, Wissenschaften und politischer Praxis zum Inhalt hat: Marxismus-Leninismus.

Holz, Hans Heinz: Hegel – vom Kopf auf die Füße gestellt. Lenins Kritik der Hegelschen »Wissenschaft der Logik«. In: Buhr, Manfred/Oiserman, T.J. (Hg.): Vom Mute des Erkennens. Berlin 1981, S. 46 ff. – Gramsci, Antonio: Das Werk Lenins. In: Ders.: Zu Politik, Geschichte und Kultur. Frankfurt am Main 1980, S. 24 ff. – Kumpf, Fritz: Probleme der Dialektik in Lenins Imperialismus-Analyse. Berlin 1968.

Hans Heinz Holz

Leukipp

Geb. zwischen 480 und 470 v.Chr. in Milet; gest. in Abdera

Von L.s Leben wissen wir so gut wie nichts. Diese Unsicherheit und die nahezu gänzliche Verdrängung seiner Lehren durch die seines Schülers Demokrit führten dazu, daß schon Epikur an L.s Existenz Zweifel äußerte. Doch ist uns L. als historische Gestalt durch Aristoteles und seine Nachfolger glaubhaft bezeugt. Für sie ist L. der Begründer der Atomtheorie und Demokrit sein Schüler.

Geboren wurde L. vermutlich in Milet. Später wanderte er in das unteritalische Elea aus, wo er als Schüler des Zenon die Seinslehre des Parmenides kennenlernte. Der strikte Monismus des Parmenides vermochte das Entstehen des Vielen nicht zu erklären. Deshalb ging L. von einer unbegrenzten Zahl kleinerer Atome aus, die jedoch in dem Sinne eins waren, daß sie substantiell homogen waren. Auf sie übertrug er die Prädikate, die Parmenides seinem Seienden zugesprochen hat: raumfüllend und dicht, absolut unteilbar (d. h. »atoma«), in sich ohne Bewegung, unveränderlich und damit ewig. Dem Postulat der eleatischen Schule, das Nichtseiende existiere nicht, wird die kühne Behauptung gegenübergestellt, das Nichtseiende – das Leere – sei, auch wenn es ein wahres Nichts sei. Denn wenn die Atome getrennt existierten und sich bewegten, müsse es etwas geben, was sie trenne und worin sie sich bewegten: das (unendliche) Leere. Die Bewegung der Atome ist ohne Anfang und Ende. Sie ist eine Ureigenschaft des Stoffes selbst. Hier spürt man noch den Einfluß der milesischen Hylozoisten, die den Stoff als von sich aus bewegt angesehen haben. Durch ihr ständiges Bewegtsein kommen die Atome in Kontakt: Sie kollidieren, prallen ab oder verhaken sich. Ihre ephemere (physikalische) Verbindung bedeutet das Entstehen eines mit sinnlich wahrnehmbaren Qualitäten ausgestatteten Körpers, ihre Trennung seine Zerstörung. Das entstandene Ding ist aber nur scheinbar Eines; denn es ist kein Kontinuum, sondern Materie aus zahllosen Atomen, die durch Hohlräume getrennt sind und so ihre Bewegung beibehalten. Die Mannigfaltigkeit der sichtbaren Gegenstände beruht darauf, daß sich die Atome durch Form, Anordnung und Lage voneinander unterscheiden. Wie alle frühen griechischen Naturphilosophen hat L. sein Weltbild in Form einer Kosmogonie dargestellt. Weltenbildung wird, wenn sich zahlreiche vielgestaltige Atome aus der großen Atommasse absondern, in das »große Leere« (d. h. in den Raum) fallen und zusammengeballt einen Wirbel erzeugen. Dabei weichen die feineren Atome nach außen, die übrigen strömen im Zentrum zusammen und formen das, was wir Erde nennen. Nach außen hin schließt das Ganze durch eine Membran aus verflochtenen Atomen ab, aus denen sich die feurige Substanz der Gestirne bildet. Seine Lehre trug L. im thrakischen Abdera vor, wohin er im gereiften Alter übergesiedelt war. Gegenüber einem System, das die Welt des Vergehens und Werdens und die Fülle der Phänomene als bloßen Schein abtat, entwickelte L. eine Philosophie, die eben das erklärt und die Realität rettet. Das Naturgeschehen wird konsequent mechanisch erklärt. »Nichts geschieht aufs Geratewohl, sondern alles aus einem Grund und durch Notwendigkeit.«

Gadamer, Hans-Georg: Antike Atomtheorie. In: Gesammelte Werke, Band 5. Tübingen 1985. – Bailey, Cyril: The Greek Atomists and Epicurus. Oxford 1928 (Nachdr. 1964).

Klaus-Dieter Zacher

Lévinas, Emmanuel
Geb. 12. 1. 1912 in Kaunas (Litauen)

Wenn es seit einiger Zeit innerhalb der Philosophie des späten 20. Jahrhunderts eine Bewegung gibt, jüdische Inhalte, jüdische Begriffe und jüdische Paradoxa in die sonst weitgehend anders geprägte philosophische Tradition einzuführen, und wenn diese Bewegung so etwas wie eine Mode zu werden beginnt, dann gehört der in Frankreich lebende jüdische Philosoph L. in diese Mode jedenfalls nicht hinein. Er liegt ihr voraus und er befindet sich jenseits von ihr. Die gedankliche und sprachliche Anstrengung, die sein Werk auf jeder Seite, in jedem Satz, in jedem Atemzug charakterisiert, ist nicht die eines voraussehbaren Ganges, sie ist die des Ausbrechens, des Zerreißens eingeübter, eingefleischter Gedanken, die freilich mehr sind als Gedanken: Gedachtes, das auf dem Grunde alles dann wieder Gedachten und zu Denkenden liegt und es bestimmt – daraus ist es ein ständiger und ständig schmerzlicher Auszug.

L. schreibt in französischer Sprache. Er ist jedoch in Litauen geboren, mit dem Russischen und Hebräischen aufgewachsen, wie er selbst schrieb: mit der hebräischen Bibel, mit Puschkin und Tolstoi. Er studierte seit 1923 in Straßburg, ab 1930 in Paris, dazwischen (1928–1929) in Freiburg im Breisgau bei Edmund Husserl und Martin Heidegger, der eben im Wintersemester 1928/29 die Nachfolge Husserls antrat.

Im Zweiten Weltkrieg, während mehrerer Jahre in deutscher Kriegsgefangenschaft, schwor sich L., deutschen Boden nie mehr zu betreten, und er hat diesen Schwur gehalten. Die Shoah – über alle Erfahrung gehende und doch erfahrene Erfahrung des Unmenschlichen, Gegenmenschlichen – ist die unablässige Unruhe seines Denkens. Es ist geschult an der Husserlschen Phänomenologie, auf die es ständig Bezug nimmt, es ist beeindruckt durch Heideggers Denken und doch durch eine äußerste, immer wieder neu hergestellte Distanz von ihm getrennt; eine Abstandnahme, die der gesamten abendländischen Ontologie gilt seit Parmenides. Nichtsdestotrotz steht L. auch selber in der Tradition dieses Philosophierens, die er zugleich kritisch und positiv aufnimmt und in unermüdlicher Weise uminterpretiert – wie etwa den Gedanken des »Jenseits des Seins« bei Platon oder die »Idee des Unendlichen in uns« bei Descartes. Aber diese Tradition ist nicht seine einzige. Nicht weniger bedeutend ist für L. die jüdische Überlieferung: der Bibel und des Talmud – und die Geschichte des jüdischen Volkes. Das Denken L.' ist der Punkt des bewußten Zusammentreffens dieser beiden Traditionen. Es gab vor L. solche »Punkte«: Maimonides, Moses Mendelssohn, Franz Rosenzweig. Gerade letzterer ist an entscheidender Stelle zu nennen – und von L. auch genannt, wenn es darum geht, den Umkreis und das Niveau zu bezeichnen, in die das L.sche Denken gehört.

Die Werke L.' lassen sich in zwei Gruppen gliedern: einerseits die sich ausdrücklich als philosophisch verstehenden Werke und andrerseits die seit 1957 von L.

mündlich vorgetragenen Talmudinterpretationen und weitere Arbeiten zu Themen des Judentums. Zur ersten Gruppe gehören (in Auswahl): *La théorie de l'intuition dans la phénoménologie de Husserl* (1930); *De l'existence à l'existant* (1947, erweitert 1967), deutsche Teilübersetzung: *Die Spur des Anderen. Untersuchungen zur Phänomenologie und Sozialphilosophie*; *Le temps et l'autre* (1948; *Die Zeit und der Andere*); *Totalité et infini. Essai sur l'extériorité* (1961; *Totalität und Unendlichkeit. Versuch über die Exteriorität*); *Humanisme de l'autre homme* (1973; *Humanismus des anderen Menschen*); *Autrement qu'être, ou au-delà de l'essence* (1974; *Jenseits des Seins oder anders als Sein geschieht*); *De Dieu qui vient à l'idée* (1982; *Wenn Gott ins Denken einfällt*). Zur zweiten Gruppe gehören (in Auswahl): *Difficile liberté. Essais sur le judaïsme* (1963, erweitert 1976; *Schwierige Freiheit. Versuche über das Judentum*); *Quatre lectures talmudiques* (1968; *Vier Talmud-Lesungen*); *Du sacré au saint. Cinq nouvelles lectures talmudiques* (1977); *L'au-delà du verset* (1982).

Eine genauere Verhältnisbestimmung dieser beiden Typen von Arbeiten zueinander – nicht nur was einzelne Themen angeht (wie das des Antlitzes, der Nächstenliebe, des Fremden, der Gastlichkeit, des Gebots, des Gottesnamens usw.), auch nicht nur was allgemein das Verhältnis philosophischen Denkens zur nicht- oder vorphilosophischen Erfahrung betrifft, sondern ebenso was L.' Denkbewegung und Sprachstil ausmacht – wird zu den entscheidenden Aufgaben einer künftigen Beschäftigung mit dem Werk L.' gehören.

Man hat in bezug auf die philosophische Entwicklung L.' im Anschluß an einen seiner wichtigsten Interpreten, Stephan Strasser, drei Phasen unterschieden: eine erste, die die frühen Werke umfaßt bis ausschließlich *Totalität und Unendlichkeit*, eine zweite, die eben in *Totalität und Unendlichkeit* ihr Hauptwerk hat und eine dritte Phase, die durch das zweite Hauptwerk *Jenseits des Seins oder anders als Sein geschieht* und die es vorbereitenden bzw. auf es folgenden Aufsätze gebildet wird. L. selbst hebt hervor, wie *Jenseits des Seins* sich von *Totalität und Unendlichkeit* dadurch unterscheidet, daß es sich von der Sprache der klassischen Ontologie, der *Totalität und Unendlichkeit* noch verhaftet blieb, so sehr es doch gegen diese andachte, gelöst habe. Dieses Unternehmen der Loslösung, der Vermeidung traditioneller ontologischer Begrifflichkeit macht die ungewöhnliche Sprach- und Denkform der späten Texte von L. aus, die sich im Titel *Autrement qu'être ou au-delà de l'essence* bereits ankündigt und auf ihre Weise konzentriert.

Trotz der deutlich erkennbaren Fortentwicklung des L.schen Denkens ist ein Grundanliegen von den frühesten Werken bis zu den spätesten deutlich erkennbar, ein Anliegen, das immer präziser – gerade in einer immer gewagteren Sprache immer präziser, seiner eigenen Konsequenzen und Implikationen immer bewußter – zur Formulierung gelangt. Dies Grundanliegen L.' besteht darin, *die Bedeutung des Anderen zu denken*. Die Begegnung mit dem Anderen geht in einer »an-archischen«, nicht nur ursprünglichen, sondern »vor-ursprünglichen«, dementsprechend das formal-logische Denken fundamental in Frage stellenden Weise jedem Welt- und Selbstverhältnis voraus. Sie ereignet sich als »Beziehung« (L. selber setzt dies Wort in Anführungszeichen) einer unaufhebbaren, uneinlösbaren Asymmetrie zwischen dem Anderen und mir. »Beziehung«, in der der Andere mir immer zuvorkommt, mir immer überlegen ist einfach in seiner »Ander-heit«, mich anruft und angeht – und so mich überhaupt erst zu einem Ich macht: »me voici«, »hier bin ich«: ich zunächst als »mich«, als Akkusativ, als Angeklagter vor der Anderheit des Anderen, die Armut und Erhabenheit ineins ist und die in ihrer Anderheit radikal unvergleichlich ist, immer mehr Anderheit wird, in ihrem ander(s) ins Unendliche rast.

Diesen Gedanken profiliert L. gegenüber der philosophischen Tradition, vornehmlich gegenüber jenen Denkern, denen er besonders nahe ist: Husserl und Heidegger. Er zeigt auf, wie die Husserlsche »Intentionalität«, wie die Relation von »Noesis und Noema«, ebenso wie die Heideggersche Fundamentalontologie (das »Dasein . . ., dem es in seinem Sein um dies Sein selbst geht«, »die Sorge«, das »Mitsein«; aber auch der Seinsbegriff des späten Heidegger) den Anderen seiner radikalen Andersheit berauben, und darum umgekehrt von der tatsächlichen *Erfahrung* des Anderen (die vorphilosophisch ist, aber alle Philosophie ist auf vorphilosophische Erfahrung angewiesen und bezogen) in Frage gestellt werden. Diese Infragestellung betrifft die abendländische Ontologie in grundsätzlicher Weise.

Gegen sie versucht L. die Ethik als prima philosophia zu denken; wie er selbst sein philosophisches Anliegen zusammenfaßt: Ethik, die der Ontologie vorausgeht. Die Begegnung mit dem Anderen, der mich in eine nicht endende Verantwortung herausruft, in der ich immer schuldig bin und je mehr ich mich meiner Verantwortung stelle, immer schuldiger werde, ist nicht ein Spezialfall von Beziehung, von Verhältnis zur Welt, sie ist jener Grundfall eines Verhältnisses, von dem alle andern Verhältnisse: zu mir selbst, zur Welt, zu den Gegenständen in der Welt, zur Gesellschaft immer nur abgeleitet, demgegenüber sie nachträglich sind.

Das philosophische Denken, das sich traditionell im Bereich dieser Nachträglichkeit bewegte, hat nun die Aufgabe, jene Erfahrung zu ent-decken, zu ihr zurückzuführen, die früher und uneinholbar anders ist, als das »Sein des Seienden«, aber auch als das »Ereignis des Seins«, von dem der späte Heidegger spricht, nämlich eben: »Jenseits des Seins oder anders als Sein geschieht«. Dies »jenseits des Seins« meint nicht nur eine andere (vielleicht bisher nicht berücksichtigte) Seinsweise eines Seienden, es meint auch nicht nur als Alternative zum Sein das Nicht-Sein, es meint gegenüber der Alternative von Sein und Nicht-Sein ein Drittes, das diese Alternative schlechtin transzendiert. Was ist dies Dritte, das über den scheinbar alles umfassenden, den umfassendsten Gegensatz hinausgeht? Was kann es geben jenseits von Sein und Nicht-Sein? Dies transzendierende Dritte, die Transzendenz schlechthin, ist nach L. das Antlitz oder auch das Bedeuten, die Sprache, die Spur.

Das Begegnen des Anderen (in seiner Hilflosigkeit, Nacktheit und Erhabenheit), sein Bedeuten, das gar nicht etwas Bestimmtes bedeutet, nur das Begegnen, das Bedeuten selber, sein Mich-Anrufen (ohne Worte und ohne Verfolgen eines Ziels oder Zwecks), sein Zerreißen meiner Gegenwart als Eröffnung von Zeit, seine Nähe in einer zugleich unüberbrückbaren »grundsätzlichen« Trennung – das ist nach L. *Sprache.* »Dire«, Sagen vor allem Gesagten. Alles Gesagte (»dit«), aller einzelne Ausdruck: Sprache als Kommunikation, Grammatik, Wortschatz, als Mitteilung, ist immer nur Aktualisierung – und auch schon Desavouierung – des (demgegenüber) immer ursprünglicheren Sagens. Aber dies »immer ursprünglicher« ist eben nicht nur *ursprünglicher,* es ist *vor-ursprünglich*: es ist *vor* Allem, uneinholbar in seinem Vor, und unbeantwortbar in jeder immer neu gegebenen und zu gebenden Antwort. –

Antwort, die ich selber bin. Antwort auf ein Bedeuten jenseits von Sinn; Gegenüber
– einem Antlitz.

Die Begegnung mit dem Anderen begreift L. als Ereignis. Es ist nicht ableitbar –
weder aus dem Horizont eines Weltverständnisses, noch aus dem Gang der Geschichte, in der wir immer schon stehen, die uns immer schon bedingt; es ist im
Gegenteil die Transzendenz, die einbricht in diese Geschichte: die Sprengung der
logischen, ontologischen, aber auch historischen Ganzheit – und als solche Möglichkeit eines Urteils *über* die Geschichte jenseits ihres Ausgangs; Idee des Guten und
der Güte verstanden als Ethik, als Herausgerufensein, als Einsetzung in die Freiheit,
für den anderen zu sein. »Investitur«, wie L. sagt, »Bekleidung mit der Freiheit« - bis
hin zum Geisel-Sein, bis hin zur Stellvertretung.

Die L.schen Formulierungen wirken hier oft äußerst radikal, geradezu über-
trieben. Es wäre jedoch ein fundamentales Mißverständnis, die Exzessivität der
Sprache und der Gedanken als dem hier Gedachten äußerlich anzusehen, als
vermeidbar oder auf ein »erträgliches« Maß reduzierbar. Das Denken L.' ist nichts
anderes als das Denken dieser Exzessivität, es ist kein Denken des Normalen,
Alltäglichen, Ausgeglichenen, es ist vielmehr das Nach-Denken der Erfahrung des
Anderen, der in das Normale und Alltägliche einfällt, als in den Ort des Nicht-
mehr-Normalen (und noch nie Normalen!), Un-Alltäglichen und *bleibend Unaus-
geglichenen.*

Jacques Derrida hat in seinem 1964 erstmals erschienenen Aufsatz *Gewalt und
Metaphysik* das L.sche Vorhaben untersucht und daraufhin befragt, ob es denn
möglich sei, dem griechischen Logos in so grundsätzlicher Weise zu entkommen,
wie L. es beansprucht, ob nicht immer aller Ausbruch aus diesem Denken ihm
immer noch angehöre durch die Sprache, in der es gedacht wird und in der es vor
allem einzelnen Gedanken immer schon steht. Auf diese Anfrage ist, wenn man so
will, das späte Hauptwerk *Autrement qu'être ou au-delà de l'essence* die L.sche Erwiderung. Aber nicht nur dies späte Werk, auch schon die früheren Texte – und an ihrer
Spitze *Totalität und Unendlichkeit* – sind nicht nur der *Versuch,* gegen eine »griechisch«
bestimmte Tradition des Denkens anzudenken, sie sind auch das *Zeugnis einer
Erfahrung,* die ihrem eigenen Selbstverständnis nach – und zwar unwiderlegbar dem
griechischen Logos widerspricht.

Es ist die Pluralität, die *Zweiheit,* die sich nicht auf eine ihr zugrundeliegende
Einheit zurückführen läßt (aus der alle Pluralität dann erst wieder abzuleiten wäre),
die den Ausgangspunkt und die ständige Herausforderung des L.schen Denkens
ausmacht, und von der es nichts nachgeben kann.

» . . . alles, was ich versucht habe, ist, ein Verhältnis zu finden«, sagt L., »das nicht
Addition ist. Wir sind so an den Begriff der Addition gebunden, daß es uns oftmals
erscheint, als sei eigentlich die Zweiheit des Menschen ein Verfallen . . .«

Chalier, Catherine: L'utopie de l'humain. Paris 1993. – Wiemer, Thomas: Die Passion des
Sagens. Zur Deutung der Sprache bei Emmanuel Lévinas und ihrer Realisierung im philosophischen Diskurs. Freiburg/München 1988. – Wenzler, Ludwig: Zeit als Nähe des Abwesenden. Diachronie der Ethik und Diachronie der Sinnlichkeit nach Emmanuel Lévinas.
Nachwort zu E. Lévinas: Die Zeit und der Andere. Hamburg 1984. – Strasser, Stephan: Jenseits
von Sein und Zeit. Eine Einführung in Emmanuel Lévinas' Philosophie. Den Haag 1978. –

Derrida, Jacques: Gewalt und Metaphysik. Essay über das Denken Emmanuel Lévinas'. In: Ders.: Die Schrift und die Differenz. Frankfurt am Main 1976. – Blanchot, Maurice: L'entretien infini. Paris 1969.

Hans-Christoph Askani

Lévi-Strauss, Claude Gustave
Geb. 28. 11. 1908 in Brüssel

1949 erschien das Buch, das den französischen Struktura-lismus begründen sollte: *Les structures élémentaires de la parenté* (*Die elementaren Strukturen der Verwandtschaft*), ein gelehrter Wälzer »von verzweifelter Langeweile«, wie Georges Ba-taille feststellt, und dennoch ein Buch, das nicht nur die Ethnologie auf den Kopf stellt, indem es eines ihrer ver-zwicktesten Probleme löst, sondern auch den Übergang des Menschen von der Natur zur Kultur aus der universalen Regel des Inzestverbotes erklären will: Alle komplizierten Heiratsregeln dienen dem Zweck, ein Tauschsystem von wenigen elementaren Strukturen einzurichten, das an die

Stelle von natürlichen Verwandtschaften die kulturelle Tatsache der Allianz setzt und damit Kommunikation auf vielfältigen sozialen Bahnen ermöglicht. Struktur heißt dabei, wie L.-St. später erläutert, ein systematischer Zusammenhang, der nicht aus seinen Elementen erkennbar wird, sondern sich bei seiner Übertragung auf andere Inhaltsbereiche offenbart, ähnlich einer Sprache, deren Wesen darin besteht, in eine andere übersetzbar zu sein; letztlich bedeutet Struktur also eine Analogie und gerade keine Identität. 1955 brachte der autobiographische Reisebericht der *Tristes tropiques* (*Traurige Tropen*), der zugleich eine dichterische und intellektuelle Rechenschafts-legung der Ethnologie ist, den literarischen Ruhm, den es in Frankreich für die Durchsetzung einer Theorie braucht und den das trockene Aufrechnen der ver-schiedenen Arten von Inzesttabus nicht erwerben konnte; ein poetisches Buch, das eine Zivilisationskritik der westlichen Welt vom Standpunkt der Wilden – unter ausdrücklicher Berufung auf Jean Jacques Rousseau – enthält und ebenso den Reiz fremder Kulturen schildert wie Trauer angesichts der Gewißheit ausdrückt, »daß zwanzigtausend Jahre Geschichte verspielt sind«: Unsere Zivilisation nivelliert alles Fremde und nimmt ihm damit die Möglichkeit, auf eigene Weise existieren zu können. In den 60er Jahren wurde *Traurige Tropen* zum Bestseller des Strukturalismus. Weitere Bücher folgten, deren Titel Programm waren: *Anthropologie Structurale* (1958; *Strukturale Anthropologie*), eine Sammlung von Aufsätzen, in denen das Wesen menschlicher Gesellschaften und der Individuen in ihnen aus dem Zusammenspiel von einigen Regeln allgemeiner Art, beispielsweise von bestimmten Tauschstruk-turen, die vergleichbar sind, auch wenn die Elemente (Gesellschaften und Men-schen) ganz verschieden erscheinen, bestimmt wird; nicht anders wie in der struk-turalistischen Sprachwissenschaft, vor allem der Phonologie von Roman Jakobson, das System den Sinn der in sich sinnleeren Elemente bestimmt. Durch diesen methodischen Bezug gliedert sich L.-St. der in den 60er Jahren in Frankreich üblich gewordenen Rede vom Verschwinden des Menschen (gemeint ist: als Individuum) ein. 1962 erschien *La pensée sauvage* (*Das wilde Denken*), ebenfalls ein Programm: Es behauptet, daß unser begriffliches Denken nicht qualitativ vom Denken der sogenannten Primitiven unterschieden ist, sondern daß beide Teile des »wilden Denkens« und daher ineinander übersetzbar sind, wenn auch das mythische Denken mit konkreten Mitteln in der Art eines Bastlers arbeitet und daher begrenztere Ausdrucksmöglichkeiten hat. Der Wilde denkt nicht »primitiver« als wir, als sei er nur an Grundbedürfnissen orientiert, wie Bronislaw Malinowski meinte, oder als sei er nur von Gefühlen und Affekten bestimmt, wie Lucien Lévy-Bruhl behauptete, sondern ebenso spekulativ-theoretisch und intellektuell-komplex wie die Europäer, nur eben an konkretem Material, das die Natur und die Gesellschaftsbeziehungen ihm bieten und das er in Mythen transformiert. Dieser Denkweise hat sich ab 1964 das große Werk der *Mythologiques* (*Mythologica*) in vier Bänden (*Le cru et le cuit*, 1964 – *Das Rohe und das Gekochte*; *Du miel aux cendres*, 1967 – *Vom Honig zur Asche*; *L'origine des manières de table*, 1968 – *Der Ursprung von Tischsitten*; *L'homme nu*, 1971 – *Der nackte Mensch*) gewidmet, mit dem Anspruch zu bestimmen, nach welchen Gesetzen der menschliche Geist funktioniert. Daher die berühmt gewordene Behauptung in der Einleitung der *Mythologica*: nicht zu zeigen, »wie die Menschen in Mythen denken, sondern wie sich die Mythen in den Menschen ohne deren Wissen denken«, ja »daß sich die Mythen auf gewisse Weise untereinander denken«, unter Abstraktion von jedem Subjekt. Sein Alterswerk – wie *Le regard éloigné* (1983; *Der Blick aus der Ferne*), *Paroles données* (1984; *Eingelöste Versprechen*), *La potière jalouse* (1985; *Die eifersüchtige Töpferin*), die *Histoire de lynx* (1991; *Luchsgeschichte*) – faßt sein Denken in gelegentlich amüsanten Beispielen strukturaler Mythenanalyse zusammen oder wendet es wie *Regarder, écouter, lire* (1993; *Sehen Hören Lesen*) auf Beispiele der Musik und Kunst an.

L.-St. ist also zum einen Anthropologe der schriftlosen Völker, der »größte Anthropologe der Welt«, wie ihn etwas schwärmerisch seine Biographin Catherine Clément nennt, zum anderen Theoretiker eines anderen Denkens, des wilden oder mythischen Denkens, und dadurch Methodologe des Strukturalismus, wie Jacques Lacan und Michel Foucault einerseits Fachwissenschaftler, andererseits dadurch Philosoph. Die beiden Themenkomplexe, mit denen er sich beschäftigt hat, belegen diese Doppelheit: einerseits die ethnologische Untersuchung der Heiratsregeln, andererseits das spekulative Spiel der Mythen. Er hat mit seinem Werk eine überraschend große Anerkennung gefunden, die aber vielleicht auch der exzentrischen Stellung des Ethnologen und dem Standort zwischen den Kulturen Frankreichs und Amerikas zu verdanken ist.

Seine Biographie spiegelt die Position zwischen den Kulturen wider: L.-St. wurde als Sohn französisch-jüdischer Eltern in Brüssel geboren. Sein Vater war Portraitmaler, sein Großvater Rabbiner in Versailles; bei ihm verbrachte er die Jahre des Ersten Weltkrieges, bis seine Eltern nach Paris zogen, wo er das Lycée Jansonde-Sailly besuchte. In Paris studiert er Jura und Philosophie und schließt sein Studium 1931 mit der Agrégation in Philosophie, dem Licentiat in Jura und als Docteur des lettres ab. 1932/33 unterrichtet er am Gymnasium in Mont-de-Marsan, 1933/34 in Laon. 1935 wird er Professor für Soziologie an der unter Mithilfe Frankreichs gegründeten Universität von Sao Paulo, eine Stellung, die er bis 1938 behält. Während dieser Zeit, und bis 1939, unternimmt er mehrere ausgedehnte ethnologische Expeditionen nach Zentralbrasilien, die in *Traurige Tropen* beschrieben sind. 1939 und 1940 wird er Soldat; als Jude kann er nach der Besetzung Frankreichs aufgrund einer Intervention der Rockefeller-Stiftung zur Rettung europäischer Gelehrter 1941 unter Zurücklassung der Familie in die USA flüchten, wo er von 1942 bis 1945 an der »New School for Social Research« in New York lehrt. 1946/47 übernimmt er das Amt des Kulturattachés an der französischen Botschaft in den USA. Er lernt Roman Jakobson kennen und schätzen, für seine theoretische Entwicklung von großer Bedeutung. Nach der Rückkehr nach Frankreich 1948 wird er zum Subdirektor am »Musée de l'Homme« ernannt und fährt in dieser Funktion 1949 auf eine größere Mission nach Ost-Pakistan. 1950 kehrt er an die Universität zurück, indem er an der »École Pratique des Hautes Études« den Lehrstuhl für vergleichende Religionswissenschaften der schriftlosen Völker erhält; bis 1974 bleibt er dort Direktor. 1959 übergibt ihm das Collège de France den Lehrstuhl für Sozialanthropologie, den er bis 1982 innehat. Am 24. 5. 1973 wird er zum Mitglied der »Académie française« gewählt. L.-St. ist korrespondierendes Mitglied mehrerer Akademien der Wissenschaften in Europa und den USA, Kommandeur der Ehrenlegion und Inhaber von Ehrendoktorwürden in aller Welt. 1973 erhielt er den Erasmus-Preis. Auch privat zeigt sein Leben den Zug von Trauer und hoffnungsvoller Resignation, der sein Werk überstrahlt. Er ist seit 1954 zum dritten Mal verheiratet und hat zwei Söhne aus den letzten beiden Ehen. Heute lebt er in Paris, anerkannt als einer der ganz großen Gelehrten und Kulturphilosophen der Gegenwart, der sich doch als »Schüler und Zeuge« jener Wilden bezeichnet, denen gegenüber er die Schuld des europäischen Ethnologen nie abzutragen vermag.

Ruijter, Arie de: Claude Lévi-Strauss. Frankfurt am Main 1991. – Lévi-Strauss, Claude/ Eribon, Didier: Das Nahe und das Ferne. Eine Autobiographie in Gesprächen. Frankfurt am Main 1989. – Claude Lévi-Strauss, Mythos und Bedeutung. Vorträge und Gespräche mit Claude Lévi-Strauss. Frankfurt am Main 1980. – Lepenies, Wolf/Ritter, Henning (Hg.): Orte des wilden Denkens. Zur Anthropologie von Claude Lévi-Strauss. Frankfurt am Main 1970.

Claus von Bormann

Locke, John
Geb. 29. 8. 1632 in Wrington (Somerset); gest. 28. 10. 1704 in Oates (Essex)

Auch jenseits der Philosophie waren die Interessengebiete von L. weit gespannt: So bedachte er seine Landsleute reich mit Traktaten über Weinbau, mit Reiseberichten und praktischen ökonomischen Kompendien, wie das eigene Hab und Gut zu mehren sei. Die Nachwelt versetzte der Enzyklopädist L. mit seinem allumfassenden Wissen in Schrecken und Bewunderung: Es gab nichts, worüber er nicht auf dem vollen Kenntnisstand seiner Zeit etwas beizutragen wußte, das für die europäische Aufklärung bahnbrechend war, ihr zumindest jedoch neue Anstöße gab. Er schrieb in geradezu epischen Dimensionen über Erkenntnistheorie, Rechts-

und Staatsphilosophie, Theologie, Bibelexegese, Kirchenpolitik, Ökonomie und Finanzwissenschaft, Mathematik, Medizin und Pädagogik. Neben die schreibende Reflexion gesellte sich jedoch noch eine umfangreiche praktische Tätigkeit als Arzt, Erzieher, Regierungsbeamter, Politiker und Geschäftsmann. Die Grundlage für diese gewiß nicht schulmäßige Gelehrsamkeit – L. lehnte, wie vor ihm schon Thomas Hobbes, den scholastischen Universitätsbetrieb ab – wurde für den Sohn eines Gerichtsbeamten aus der Nähe von Bristol (Wrington/Somerset) durch eine klassisch-philologische Ausbildung an der Westminster School gelegt. Darauf folgten die Jahre des Studiums der Logik, Sprachen, Metaphysik und der zunehmenden Beschäftigung mit Fragen der Chemie und Medizin, wie sie von dem Physiker und Chemiker Robert Boyle nach empirischen Methoden entwickelt wurden. Die Zeit in Oxford (von 1652 bis 1662) war für L. mit der Ernennung zum Dozenten für Rhetorik und Philosophie (1662) gekrönt. Gleichzeitig begann er auch erste politische Pamphlete (*Polemik gegen politische Toleranz*, 1662) zu verfassen, die noch von einem stark royalistischen Autoritätsglauben zeugen. In dieser Phase orientierte er sich stark an den Positionen von Hobbes, was er jedoch zeitlebens abstritt mit der Behauptung, er habe nie etwas von ihm gelesen. Dessen profilierte Gegnerschaft sollte er erst sehr viel später mit seiner radikal-liberalistischen Grundhaltung antreten. In den 60er Jahren machte er Erfahrungen in diplomatischen Missionen, setzte sich intensiv mit den Schriften von Descartes auseinander, bis er schließlich 1667 in das »Exeter House« nach London zog und in die Dienste von Anthony Ashley Cooper trat, dem späteren Lordkanzler Earl of Shaftesbury, mit dem er bis zu dessen Tod (1683) mehr als nur freundschaftlich verbunden war: Er war Hausarzt, Erzieher – und Regierungsbeamter. Während dieser Zeit festigte sich bei L. eine durchweg republikanische Gesinnung, nicht zuletzt durch den Einfluß seines Freundes und Gönners. 1668 wurde er Mitglied der hochangesehenen »Royal Society« wegen seiner Verdienste auf naturwissenschaftlichem und ökonomischem Gebiet. Zwischen 1675 und 1679 verbrachte der lebenslange Asthmatiker L. einen Erholungs- und Studienaufenthalt in Frankreich, lebte dann weitere vier Jahre wieder in London, begleitet von ständiger Sorge um seine persönliche Sicherheit, da sein Weggefährte und Mentor Shaftesbury wegen einer Verschwörung gegen die geplante Thronfolge der Stuarts nach Amsterdam fliehen mußte. Ihm folgte er 1683 ins holländische Exil; während seiner sechsjährigen Abwesenheit wurde ihm die akademische Lehrbefugnis aberkannt. Erst mit der Thronbesteigung Wilhelms von Oranien (1689) nach der »Glorious Revolution« kehrte L. nach England zurück; in seine früheren Ehren wiedereingesetzt, lehnte er jedoch das Angebot eines Regierungsamtes aus gesundheitlichen Gründen ab und publizierte in seinen letzten vierzehn Lebensjahren sein immens umfangreiches Gesamtwerk, dessen einzelne Teile im Laufe der Jahre nebeneinander entstanden. 1696 wurde er in die königliche Sonderkommission für Handelsfragen berufen. Bis zu seinem Tod befaßte er sich mit Fragen der Kommentierung des Neuen Testamentes.

Typisch für ihn ist die enge publizistische Anbindung seiner Themen an seine jeweilige praktische Tätigkeit. Philosophie entsteht so durch Abarbeitung an empirischem Wissen und Erfahrungswerten. Für L. wäre die Selbstetikettierung unter dem Mantel der Philosophie allein sicherlich zu einem Definitionsproblem des

Begriffs an sich geworden. Obwohl er mit seinem Denken die passenden Worte in der historisch richtigen Stunde fand, dem Zeitalter der Aufklärung und der Emanzipation des Bürgertums, tat er sich doch schwer, mit dem Ruhmestitel »moderner Aristoteles« umzugehen; geeigneter schien ihm sein gelegentlich verwendetes Pseudonym »Philantropus«, der Menschenfreund. Der Mensch – sein Denken und Wahrnehmen, die gesellschaftliche Einbindung bis hin zur Organisation des Staates, das Verhältnis zu Gott und Kirche – war trotz aller Weitschweifigkeit seiner Traktate und Essays immer zentraler Gegenstand der wissenschaftlichen Bemühung. L. suchte dem bislang nur unvollkommen etablierten bürgerlichen Subjekt die freie Selbstbestimmung im Rahmen einer durch Volkssouveränität garantierten Eigentumsgesellschaft zu sichern. Infolge seiner radikal liberalistischen Diktion avancierte er zu einem der wichtigsten Theoretiker der Aufklärung sowohl in Frankreich (vor allem durch seine politisch-ökonomischen Werke) als auch in Deutschland (dort besonders durch seine erkenntnistheoretischen Schriften im Hinblick auf Kant und seine *Epistola de tolerantia (Brief über die Toleranz)* von 1689, der literarisch durchmoduliert in Lessings *Nathan* und Schillers *Don Karlos* wiederkehrt). Das philantropische Selbstverständnis bedarf allerdings einer deutlichen Einschränkung: Das zur Mündigkeit emanzipationsfähige Subjekt ist für L. immer auch das besitzende, Recht auf Eigentum durch selbständige Arbeit erwerbende bürgerliche Individuum, das sich durch Kapitalakkumulation (Verzinsung erworbenen Gutes als Teil sozialer Verantwortung) von der Feudalaristokratie und der Klasse der Besitzlosen, der Lohnabhängigen, abhebt. L.s Gesellschaftsvertrag und die damit verbundene Forderung nach Gewaltenteilung (Exekutive und Legislative) basieren auf einer Klassengesellschaft, die gerade ihren puritanischen Kinderschuhen zu entwachsen beginnt und Eigentum als ein »vernünftiges Gut«, als durch »vernünftige Arbeit« erworbenes politisches Anrecht begreift. Wer nichts hat, ist also an seiner politischen Unmündigkeit selbst schuld. L. selbst gehörte nicht von ungefähr zu den Besitzenden; er hinterließ nach seinem Tod ein Vermögen von 20 000 Pfund, das er unter anderem als Mitbegründer und Aktionär der Bank of England (1694) durch Kapitalverzinsung erlangt hatte. *Some considerations of the consequences of the lowering of interest* (1692; *Überlegungen über die Folgen des Zinsfußes)* werden das erste Standardwerk der gerade entstehenden modernen politischen Ökonomie. Für sein ganzes Denken und Handeln gilt die Maxime: Alles geschieht zum praktischen Nutzen. Seine Arbeit ordnete er dem Diktum unter, sie möge der Wahrheit, dem Frieden und der Objektivierung der Wissenschaften dienen.

Das Wissenschaftsverständnis von L. basiert auf der Erfahrungswelt (Empirie), die das 17. und 18. Jahrhundert philosophisch definierte; folglich ordnete er auch die Aufgabe der Philosophie vollständig den Vorzeichen der Praxisrelevanz und Erfahrungsbereicherung unter. »Nihil est in intellectu, quod non antea fuerit in sensu« – nichts ist im Verstande, was nicht zuvor in der Sinneswahrnehmung gewesen wäre. Sein erkenntnistheoretisches Hauptwerk *Essay Concerning Human Understanding* (1689; *Versuch über den menschlichen Verstand)* resultierte notwendig aus der Frage nach Ursprung, Gewißheit und Umfang menschlicher Erkenntnis. Denn nur allzu oft bemühen wir uns zwar nach seiner Ansicht um Dinge, die wir aber deshalb nicht auf ihren Grund führen können, weil unser Verstand dazu gar nicht in der Lage ist. L.

leitet dieses Unvermögen jedoch nicht aus der Metaphysik ab, sondern untersucht zuerst die Schritte von der Wahrnehmung des Äußeren (»sensation«) hin zum Tätigwerden des Verstandes und des Willens (»reflection«). Dabei kommt er zu dem Ergebnis, daß der Mensch kein Bewußtsein von den »Ideen« (dem Wahrzunehmenden, der Vorstellung von Objekten) von Geburt an hat, das gleichsam nur aktiviert werden müßte. Folglich gibt es aber auch keine der menschlichen Seele vorab eingravierten Wahrheiten, wie dies der Descartesche Rationalismus mit seiner Vorstellung der angeborenen Ideen behauptet, sondern der kindliche Verstand gleicht einem leeren, unbeschriebenen Blatt. Unser Bewußtsein von den Dingen und von uns selbst erlangen wir durch die Erfahrung, die allerdings bei allen verschieden ist. Daraus erklären sich auch die unterschiedlichen Entwicklungsprozesse verschiedener Völker und Epochen. Dem Menschen eignet a priori lediglich eine gewisse Angelegtheit des Verstandes, eine Disposition zur Wahrnehmung der Körper. Diesen schreibt er – wie auch schon Vorgänger von ihm – Qualitäten zu, primäre und sekundäre. Größe, Gestalt, Zahl, Lage, Bewegung und Ruhe sind untrennbar von den Dingen selbst, die wir wirklich wahrnehmen. Farbe oder Geschmack sind sekundäre Qualitäten, die durch Kombination im Bewußtsein entstehen, allerdings an Erfahrungen gebunden bleiben. Durch Abstraktion und Vergleiche gelangen wir dann zu Kategorien, die kein Erfahrungsäquivalent mehr besitzen, z. B. Schönheit. L.s Scharfsinn verdanken wir des weiteren die Einsicht, daß ohne Untersuchung der Sprache auch keine gesicherten Schlüsse auf die menschliche Erkenntnis gezogen werden können. Denn die Worte bedeuten uns ja die Dinge, wobei wir vergessen, daß sie lediglich Zeichen sind, welche die Substanz nur repräsentieren. Erkenntnistheorie ist für L. unverzichtbar mit Sprachphilosophie gekoppelt, da den Empiriker das Unterscheidungsproblem zwischen Wirklichkeit der Erfahrung, der Wahrnehmung und der Erfahrung repräsentierter Wirklichkeit durch willkürlich gesetzte Zeichen (Namen) zutiefst verunsicherte. Denn Zweck dieser ganzen philosophischen Veranstaltung sollte ja Erkenntnis von Wahrheit sein, um diese wiederum zum Wohl des gesellschaftlich organisierten Individuums zu verwenden. Und wenn keine verläßlichen Aussagen über die Wirklichkeit der Dinge an sich zu machen wären, gäbe es notwendig auch keine ewigen Wahrheiten, weshalb keine Person (z. B. der Staatssouverän als König) oder eine Glaubensgemeinschaft (z. B. die Kirchen) die allein gültige Wahrheit für sich in Anspruch nehmen könnten (»Wahrheit ist nicht zu pachten!«).

Hierin wird deutlich, daß L. Erkenntnistheorie nicht um ihrer selbst willen betrieb. Da keine bestimmten moralischen Prinzipien angeboren sind, sozusagen auch nicht als »Ideologien erinnerbar« sind, ist der Mensch prinzipiell frei. L. entwarf später (1693) eine konsequent darauf aufbauende Pädagogik *(Some Thoughts Concerning Education; Einige Gedanken über die Erziehung)*, die ein ganzheitliches Erziehungsideal vertritt. Durch die Aneignung der Wirklichkeitsbilder, der »Ideen«, kommen wir an den Punkt, wo wir in moralischen Wahrheiten (z. B. Gerechtigkeit) nicht mehr das Abbild (von der Natur) erblicken, sondern in ihnen die eigenen Ur-bilder, die eigenen »Ich-Ideen« begreifen. Unser Lernen führt uns also zu einem Bewußtsein von uns selbst. Ziel aller Erziehung ist demnach nicht der Gelehrte, der Spezialist, vielmehr der vernünftige Mensch, der mündige Bürger. Das Bewußtsein

(Two treatises of Government, 1690; Zwei Abhandlungen über die Regierung) nicht

seiner selbst konstituiert also die eigene Identität. Das Individuum ist aber selbst
nach L. (*Two treatises of Government*, 1690; *Zwei Abhandlungen über die Regierung*) nicht
einmal im Naturzustand allein, es ist beständig mit dem Problem der Existenz
anderer Interessen befaßt. Im Gegensatz zu Hobbes beschreibt L. den Naturzustand
als harmonische Koexistenz vernunftbegabter Wesen (»Disposition«), die in Freiheit
und Gleichheit nach dem Naturgesetz der Vernunft (!) Konfliktregelung durch
Schadensausgrenzung exerzieren. Jeder besitzt notwendigerweise nur soviel Güter,
wie er zu seinem unmittelbaren Bedarf benötigt. Eigentum stellt in dieser vor-
pekuniären Entwicklungsstufe noch kein Problem vor. Erst durch die Möglichkeit,
mittels des Geldes unterschiedliche Besitzverhältnisse zu etablieren, warf sich die
Frage nach der Verteilung der durchweg immer knappen Güter auf. Wer also das
Grundrecht eines anderen, z. B. den Besitz, streitig machte, erklärte den Krieg – und
dafür gab es keine schlichtende, überparteiliche Instanz. Dieser Naturzustand ist
natürlich gleichnishaft auch das Bild der zeitgenössischen gesellschaftlichen Realität,
des Widerstreits zwischen Staat und Kirche und der Selbstbehauptung der bürgerlichen Gesellschaft, deren Sache L. mit der Idee der absoluten Volkssouveränität
(»Alle Macht geht vom Volke aus«) verficht. Es gibt für ihn vor der letzten –
göttlichen – Instanz nur eine wahre Gewalt: die auf Vernunft gegründete bürgerliche
Herrschaft, welche den Staat lediglich autorisiert, für uneingeschränkte Sicherheit
und freien Gütertausch zu sorgen. Denn Eigentum wird als zentrales Merkmal der
Vernunft bestimmt: Dinge gewinnen ihren Wert durch die menschliche Arbeit, die
absolut persönliches Eigentum des Menschen ist. Indem er daran arbeitet, besitzt er
es, wandelt seinen Verkehrswert. Da der vernünftige Mensch sein Eigentum beansprucht, schafft er Besitz, Mehrwert von Arbeit. Also soll auch der Besitzende seinen
Anspruch auf eine vernünftige Regelung der Tauschbeziehungen anmelden. Damit
war jeder moralischer Makel, der dem Eigentum und der Verfügung über Kapital
anhaftete, beseitigt. Vernünftiges Verhalten ist besitzaneignendes Verhalten, Besitzlose
sind demnach unvernünftig. Entsprechend geringeres Mitentscheidungsrecht in
politischen Belangen ist die Folge, denn es sind nicht die Interessen dieser Klasse, die
verhandelt werden. So wird der Übergang vom Naturzustand der Dissoziation
vernunftbegabter Individuen zur politischen Gemeinschaft gekennzeichnet durch
den Gesellschaftsvertrag, in dem die freien und gleichen Wesen freiwillig einem Teil
ihrer natürlichen Rechte entsagen und auf den Staat als dem Gesamtwillen aller
Bürger übertragen. Die Gewaltenteilung kontrolliert den Apparat; als letztes Instrument verbleibt das Recht zu gewaltsamem Widerstand, wenn der Staat das in ihn
gesetzte Vertrauen vorsätzlich verletzt. Mißtrauen und Kontrolle sind also nach der
Staatsgründung die ersten Bürgerpflichten. Die in diesem Modell ökonomisch auf
der Strecke verbleibende Klasse wird stillschweigend im Status der Unbedeutendheit
integriert. »Die Kennzeichen des Liberalismus sind im politischen Bereich die
parlamentarische Demokratie; in der Wirtschaft der aus kleinen und mittleren
Unternehmen bestehende industrielle Kapitalismus; in sozialer Hinsicht der Aufstieg
und die Macht der Bourgeoisie; kulturell die Freiheit des Denkens und der Mei-
nungsäußerung; in der Moral der Individualismus; auf internationaler Ebene das
Nationalitätenprinzip; im religiösen Bereich ein mehr oder weniger heftiger oder
gemäßigter Antiklerikalismus.«

Dennoch liegt in der von L. konzipierten liberalistischen Staatstheorie ein überzeitliches Potential verborgen. Der wesentliche Fortschritt gegenüber allen Theorien vor ihm besteht darin, daß sie offenlegt, wie sich die Gesellschaft als eigenes Organisationsfeld vom Staat abspaltet und ein ökonomisches und soziologisches Eigengewicht erhält, das erlaubt, sie als die eigentlich staatstragende Basis zu verstehen. Dieser Befund ist in seiner Einfachheit nahezu postmodern revolutionär, vergessen wir doch auch heute noch oft genug, wer staatliche Gewalt eigentlich legitimiert. L.s Verdienst, diese Entwicklungslinien von der Erkenntnistheorie bis zur konkreten Staatsverfassung zu zeichnen, kann nicht hoch genug eingeschätzt werden, zehrten doch Generationen der Philosophie von seinem urbar gemachten Garten der Wissenschaft.

Kersting, Wolfgang: Die politische Philosophie des Gesellschaftsvertrages. Darmstadt 1994. – Thiel, Udo: John Locke. Reinbek bei Hamburg 1990. – Specht, Rainer: John Locke. München 1989. – Steinvorth, Ulrich: Freiheitstheorien in der Philosophie der Neuzeit. Darmstadt 1987. – Euchner, Walter: Naturrecht und Politik bei John Locke. Frankfurt am Main ²1979.

Thomas Schneider

Löwith, Karl

Geb. 9. 1. 1897 in München; gest. 24. 5. 1973 in Heidelberg

»Die Auslieferung (des Menschen) an das geschichtliche Denken ist nicht nur dem historischen Materialismus und in anderer Weise dem metaphysischen Historismus von Hegel eigentümlich, sie kennzeichnet auch alles nachhegelsche und nachmarxistische Denken. Man glaubt auch im bürgerlich-kapitalistischen Westen, dessen Produkt der Marxismus ist, weder an eine natürliche Weltordnung, an die Vernunft des physischen Kosmos, noch an ein Reich Gottes. Man glaubt nur noch an den Geist der Zeit, an den Zeitgeist, ›the wave of future‹, das Geschick der Geschichte, vulgär verstanden oder sublim. Wenn uns die Zeitgeschichte aber irgend etwas lehrt, dann offenbar dies, daß sie nichts ist, woran man sich halten und woran man sein Leben orientieren könnte. Sich inmitten der Geschichte an ihr orientieren wollen, das wäre so, wie wenn man sich bei einem Schiffbruch an den Wogen festhalten wollte.« L. hat diese Warnung in *Marxismus und Geschichte* (1957/58) ausgesprochen und damit nicht nur auf Jacob Burckhardt angespielt, dessen Beharrlichkeit angesichts eines vom Fortschrittsoptimismus ergriffenen 19. Jahrhunderts er ein frühes, fasziniertes Buch gewidmet hat (*Jacob Burckhardt. Der Mensch inmitten der Geschichte*, 1936). L. hat diesen Akzent gegen den Zeitgeist gesetzt, weil ihn eine Kluft von den politischen, philosophischen oder theologischen Versuchen trennte, aus der mit Marx, Nietzsche und Kierkegaard empfundenen Krise der Moderne herauszukommen. In einem Zeitalter, in dem, vermutlich wie in keinem zweiten, der Mensch an die Geschichte ausgeliefert worden ist, erscheint L.s Skepsis bemerkenswert unzeitgemäß. Doch handelt es sich nicht um die Unzeitgemäßheit, auf die man gewöhnlich trifft, wenn davon die Rede ist, sondern um jene, die sich mit Nietzsche außerhalb der christlichen Zeitrechnung und Heilsgewißheit weiß. L. wuchs wohlbehütet als einziger Sohn eines hochgeachteten und sehr erfolgreichen Kunstmalers auf. Nach außen herrschte bürgerliche Ruhe und Saturiertheit – man bewohnte eine großzügige Stadtwohnung und eine Sommervilla am Starnberger See – nach innen herrschte angespannte Wachheit: Im Alter von 13 Jahren las L. Kant, Schleiermacher und Fichte, aber auch Nietzsches *Zarathustra* als emotionsgeladenen Schlüsseltext der Moderne, der ihn nicht nur – nach dem von Nietzsche diagnostizierten Zusammenbruch der christlichen Metaphysik – für die erneut zu stellende Frage empfänglich machte, warum etwas und vielmehr nicht nichts ist, sondern auch für die Folgen, die sich aus der mit Nietzsche greifbar gewordenen Säkularisation des Verhältnisses von Mensch und Welt ergaben. Zunächst zog L. – als Freiwilliger – in den Ersten Weltkrieg, wurde 1915 an der österreichisch-italienischen Front bei einem nächtlichen Spähtruppunternehmen schwer verwundet und Ende 1917 entlassen. Er begann, Biologie und Philosophie zu studieren – bei Alexander Pfänder und Moritz Geiger, dem »Münchner Kreis« der Phänomenologie; zur Zeit der Räterepublik wurde es ihm in München »zu laut«; er zog nach Freiburg, hörte bei Edmund Husserl und lernte dessen Assistenten Martin Heidegger kennen, »der uns in Husserls *Logische Untersuchungen* einführte, aber auch in Dilthey, Bergson und Simmel. Die spürbare Intensität und der undurchsichtige Tiefgang von Heideggers geistigem Antrieb ließ alles andere verblassen und machte uns Husserls naiven Glauben an eine endgültige philosophische Methode abspenstig. Diese ersten Freiburger Studienjahre von 1919 bis 1922 waren eine unvergleichlich reiche und fruchtbare Zeit. Alles, wovon meine Generation auch heute noch geistig zehrt, wurde damals hervorgebracht, nicht obwohl, sondern weil alles im Zeichen der Auflösung stand und auf eine kritische Erneuerung aus war. Auch Heideggers Anziehungskraft beruhte auf einem produktiven Abbau, der ›Destruktion‹ der überlieferten Metaphysik auf ihre fragwürdig gewordenen Fundamente hin« (*Curriculum vitae*, 1959). Nach dem Abschluß der Dissertation bei Moritz Geiger (*Auslegung von Nietzsches Selbstinterpretation und von Nietzsches Interpretationen*, 1923) folgte L. Heidegger nach Marburg: »In diesen entscheidenden Jahren nach dem Zusammenbruch von 1918 wurde ich durch die Freundschaft mit P. Gothein vor die Wahl gestellt: sollte ich mich dem Kreis um St. George und Gundolf anschließen, oder als Einzelgänger Heidegger folgen, der auf ganz andere Weise eine nicht minder diktatorische Macht über die jungen Gemüter ausübte, obwohl niemand von seinen Hörern verstand, worauf er eigentlich abzielte. In Zeiten der Auflösung gibt es verschiedene Arten von ›Führern‹, die sich nur darin gleichen, daß sie das Bestehende radikal verneinen und entschlossen sind, einen Weg zu dem ›Einen was not tut‹ zu weisen. Ich entschied mich für Heidegger.« Freilich nicht mit dem Gewicht, das Heidegger, Carl Schmitt, Ernst Jünger u. a. dem Begriff der Entscheidung zumaßen – »Das Pathos der praktisch-existentiellen Entscheidung, welches Kierkegaard und Marx gegen die bestehende Christenheit und gegen die bestehende Gesellschaft inspiriert hatte, erwachte in den 20er Jahren zu einer neuen Aktualität, um zu einem theologischen, philosophischen und politischen Dezisionismus zu führen – und zu verführen«. Davon handelt eine 1935 pseudonym erschienene Polemik gegen den *Politischen Dezisionismus von C. Schmitt* und ein in Frankreich 1946 erschienener Aufsatz über *Die politischen Implikationen von Heideggers Philosophie der Existenz* – in Sartres *Les Temps Modernes.*

In jenen Marburger Tagen zählten Hans-Georg Gadamer, Gerhard Krüger und Leo Strauss zu L.s persönlichen Freunden. 1928 habilitierte sich L. bei seinem Lehrer Heidegger mit der Untersuchung *Das Individuum in der Rolle des Mitmenschen*; die phänomenologische Methode, mit der er in diesem Buch die formale Struktur des Miteinanderseins beschrieb, setzte er deutlich gegen Heideggers Verfahren ab; L. beabsichtigte eine philosophische Anthropologie, nicht aber eine universale Fundamentalontologie, wie sie Heidegger mit *Sein und Zeit* ein Jahr zuvor vorgelegt hatte. 1930 widmete er dessen methodischem Anspruch eine erste kritische Studie: *Phänomenologische Ontologie und protestantische Theologie.*

Seit dem Habilitationsvortrag *L. Feuerbach und der Ausgang der klassischen deutschen Philosophie* (1928) hat der im Laufe der 30er Jahre ungemein produktive L. zahlreiche größere Arbeiten zur philosophischen Entwicklung im 19. Jahrhundert vorgelegt (*Hegel und Hegelianismus*, 1931; *Theorie und Praxis als philosophisches Problem*, 1931; *Max Weber und Karl Marx*, 1932; *Die philosophische Kritik der christlichen Religion im 19. Jahrhundert*, 1933; *Kierkegaard und Nietzsche oder philosophische und theologische Überwindung des Nihilismus*, 1933; *Kierkegaard und Nietzsche*, 1933 u.a.m.). Von einer intensiven Beschäftigung mit den gerade erschienenen Frühschriften von Marx ausgehend, versuchte er einen ersten synthetischen Blick für die philosophisch ungewiß gewordene Stellung des Menschen zu entwickeln. Er bemerkte bei Feuerbach den anthropologisch-theologisch begründeten Rückschritt hinter Hegels Philosophie des absoluten Geistes, bei Marx den Umschlag von Philosophie in Marxismus, bei Kierkegaard den verzweifelten Aufstand des gewissenhaften Einzelnen gegen die christliche Kirche, bei Max Weber – zunächst – eine unzulängliche Wertethik subjektiven Zuschnitts. Gemessen an Hegels Vollendung der klassisch-idealistischen Philosophie waren dies Stadien eines »vorläufigen Philosophierens«, das am prägnantesten in Nietzsches »Philosophie der Zukunft« zum Ausdruck kam. Es ist kein Zufall, sondern in der Aufbruchstimmung der 20er und 30er Jahre begründet, daß L. mit *Nietzsches Philosophie der ewigen Wiederkehr des Gleichen* (1935) eine Studie vorlegte, mit der er Nietzsche philosophisch vor seinen Verkündern und Vollendern (Simmel, Bertram, Andler, Klages, Baeumler, Jaspers, Heidegger) zu retten suchte. An anderer Stelle hat er in einer biographischen Reflexion den zeitgenössischen Bezug der Auseinandersetzung um Nietzsche dargelegt: »Auch heute, nach 27 Jahren seit meiner ersten Zarathustralektüre, wüßte ich die Geschichte des deutschen Geistes mit niemand anderem zu beschließen, obgleich ich der deutschen Revolution die Einsicht in die Gefährlichkeit des ›gefährlich Leben‹ verdanke. Nietzsche ist und bleibt ein Kompendium der deutschen Widervernunft oder des deutschen Geistes. Ein Abgrund trennt ihn von seinen gewissenlosen Verkündern, und doch hat er ihnen den Weg bereitet, den er selber nicht ging. Auch ich kann nicht leugnen, daß der Wahlspruch, den ich in mein Kriegstagebuch schrieb: ›navigare necesse est, vivere non est‹, auf vielen Umwegen und doch direkt zu Goebbels' heroischen Phrasen führt.« Gerade wegen des scheinbar eindeutigen

Charakters, den Nietzsches Denken seit seinen ersten Interpreten – Gabriele d'Annunzio war einer der frühesten – angenommen hatte, kam es L. darauf an, Nietzsche als eine »Frühgeburt des kommenden Jahrhunderts«, als »Philosophen einer noch unbewiesenen Zukunft« zu zeigen: »Er ließ deshalb im *Zarathustra* die Frage offen, was er nun eigentlich sei: ein Versprecher oder ein Erfüller, ein Erobernder oder ein Erbender, ein Herbst oder eine Pflugschar, ein Dichter oder ein Wahrhaftiger, ein Befreier oder ein Bändiger – weil er wußte, daß er weder das eine noch das andere, sondern beides ineins war.«

Während dieses Buch – mit geringfügigen Änderungen versehen – noch in Deutschland erscheinen konnte, mußte L. sein Burckhardt-Buch ein Jahr später in einem schweizer Verlag veröffentlichen. L.s persönliches Schicksal, das sich aus der Machtergreifung der Nationalsozialisten ergab – seit 1935 fiel er unter die Nürnberger Gesetze –, hat er in einem 1940 geschriebenen, aber erst 1986 herausgegebenen Bericht *Mein Leben in Deutschland vor und nach 1933* geschildert. Unter dem Aspekt der mit dem Ende des Ersten Weltkriegs herandrängenden »Aufgabe« einer philosophisch begründeten und politisch zu verwirklichenden »neuen« Identität der Deutschen enthält dieses Buch, geschrieben mit dem Zug eines »großen Moralisten« (Reinhart Koselleck), ebenso scharfe wie beklemmende Momentaufnahmen einer öffentlichen, akademisch mitgetragenen Radikalisierung, aber auch eindringliche Porträts von Max Weber, Albert Schweitzer, Edmund Husserl, Karl Barth und Martin Heidegger. Dessen Stranden im Fahrwasser der Nationalsozialisten erläutert L. als ein theoretisches Scheitern, als ein unverständliches und nicht ausdrückliches Zögern zwischen der »reichsdeutschen« und der »alemannischen« Lösung der existentiellen bzw. politischen Konflikte der Zeit: »Die Möglichkeit von Heideggers philosophischer Politik entspringt nicht einer Entgleisung, die man bedauern könnte, sondern dem Prinzip seiner Existenzauffassung, welche den Geist der Zeit im doppelten Sinn bestreitet.« L. hat dieses Argument im gleichen Jahr in *Der europäische Nihilismus. Betrachtungen zur Vorgeschichte des europäischen Krieges* weiter ausgeführt.

L.s erzwungene Flucht vor den Folgen einer geistig-politischen Erneuerung Deutschlands durch die Nationalsozialisten reicht – begleitet von einer denkwürdigen Kontroverse zwischen Leo Strauss und Carl Schmitt über die Differenz von politischer Philosophie und politischer Theologie – rund um den Erdball. Zunächst seit 1934 in Italien beheimatet, emigriert er 1938 nach Sendai in Japan und 1941 nach den Vereinigten Staaten – kurz vor dem Überfall der Japaner auf den amerikanischen Flottenstützpunkt Pearl Harbour. L. hat mit Gleichmut auf diese Ereignisse reagiert. In lakonischer Kürze hat er in das Handexemplar seines gerade erschienen Buchs *Von Hegel zu Nietzsche. Der revolutionäre Bruch im Denken des 19. Jahrhunderts* eingetragen: »Erhalten am 18. 1. 1941 in Sendai, unmittelbar nach der Rückkehr von Peking und vor der Übersiedlung nach New York.« Die Bedeutung dieses Buchs, das ins Italienische, Japanische, Englische und Französische übersetzt wurde und seit seiner – mit beachtlichen Veränderungen und Kürzungen versehenen – deutschen Neuausgabe (1949) zu einem internationalen Standardwerk wurde, hat der befreundete Leo Strauss unmittelbar nach dem ersten Erscheinen beschrieben: »Dieses Buch sollte alle interessieren, die das Aufkommen des europäischen und insbesondere des deutschen Nihilismus verstehen wollen. Als sein Thema kann man die Verwandlung des europäischen Humanismus, vertreten durch Goethe und Hegel, in den deutschen Nihilismus, vertreten durch Ernst Jünger, bezeichnen. Seine These lautet, daß die philosophiegeschichtliche Entwicklung, die von ›tödlicher Konsequenz‹ war, den Schlüssel zum gegenwärtigen Geschehen in Deutschland bietet.« L. selbst hat aus dem Geist des 19. Jahrhunderts, auf den er sich angewiesen wußte, eine weitergehende Begründung für dieses Buch gegeben: »(Dieses Jahrhundert) ist die Zeit der großen historischen Werke von Ranke und Mommsen, Droysen und Treitschke, Taine und Burckhardt und einer phantastischen Entwicklung der Naturwissenschaften. Es ist nicht zuletzt Napoleon und Metternich, Mazzini und Cavour, Lassalle und Bismarck, Ludendorff und Clémenceau. Es erstreckt sich von der großen Französischen Revolution bis 1830 und von da bis zum Ersten Weltkrieg. Es hat Schlag auf Schlag zum Heil und Unheil der Menschen die gesamte technische Zivilisation geschaffen und Erfindungen über die ganze Erde verbreitet, ohne die wir uns unser alltägliches Leben überhaupt nicht mehr vorstellen können. Wer von uns könnte leugnen, daß wir noch durchaus von diesem Jahrhundert leben und eben darum Renans Frage – es ist auch die Frage von Burckhardt, Nietzsche und Tolstoi – verstehen: ›de quoi vivra-t-on après nous?‹. Gäbe es darauf eine Antwort nur aus dem Geist der Zeit, so wäre dies das letzte, ehrliche Wort unserer noch vor 1900 geborenen und im Ersten Weltkrieg gereiften Generation die entschiedene Resignation, und zwar einer, die ohne Verdienst ist, denn die Entsagung ist leicht, wenn sich das meiste versagt.«

Als der Druck der Deutschen Botschaft in Tokio zu stark wurde, hat L. Japan verlassen, um auf Vermittlung der beiden Theologen Reinhold Niebuhr und Paul Tillich eine Stellung am theologischen Seminar in Hartford (Conn.) anzutreten. L. begann im Zuge dieser neuen Tätigkeit, sich mit der frühkirchlichen Patristik zu beschäftigen; er faßte den Plan, die endzeitlichen, d. h. eschatologischen Strukturen christlicher Heilserwartung und Heilsgewißheit auf deren »Nach«-Geschichte in der bürgerlichen Geschichtsphilosophie bis Hegel, Comte und Marx zu übertragen und deren Mythologisierung des Fortschritts als endzeitliches, theologisches Residuum zu entlarven. Das Buch, in dem L. diese These vortrug, ist zuerst 1950 unter dem Titel *Meaning in History*, in deutscher Übersetzung treffender als *Weltgeschichte und Heilsgeschehen. Die theologischen Voraussetzungen der Geschichtsphilosophie* (1953), erschienen. Zuvor (1950) hat L. dessen »verschärfte Leitgedanken« unter demselben Titel in der Festschrift veröffentlicht, die Martin Heidegger zum 60. Geburtstag gewidmet war. L. vertrat die Auffassung, daß Heideggers Erneuerung der Philosophie trotz ihrer waghalsigen Annäherung an die vorsokratische Überlieferung nie den christlichen Horizont heilsgeschichtlicher Erwartung verlassen hat. Dieses Faktum verkennend, bewege sich Heideggers Denken in einem unmerklichen Zirkel zwischen endlichem »In-der-Welt-sein« und eigentlichem »Sein«, in der Hoffnung auf den »weltgeschichtlichen Augenblick«, in dem sich ein »Erlöser« zu erkennen gibt. Die Defizite einer solchen Ontologie ohne Sein, die einen Unterschied zwischen vulgärer und sublimer Geschichte offen läßt, hat Heidegger mit einer geschichtsphilosophischen Radikalisierung von Nietzsches Lehre der ewigen Wiederkehr des Gleichen kompensiert; er reduziert sie auf den Willen zur Macht und erhebt damit im Namen »zukünftiger« Entwürfe und Lösungen pathetisch gegen sein eigenes Zeitalter Einspruch. Heideggers ebenso zweideutige wie zweifelhafte Fahrt in eine neuerliche »Hinter-Welt« – Nietzsches polemische Übersetzung von Metaphysik – beruht auf einem Begriff von Weltgeschichte und weltgeschichtlichem Ereignis, wie er erst im christlichen Äon bekannt geworden ist. So sehr Heidegger einen »ursprünglichen« Weltbegriff betont, er verfällt einer unbestimmten Endzeiterwartung, die religiöser, philosophischer, aber auch politischer Natur oder alles zugleich sein kann.

1949 wurde L. an die »New School for Social Research« in New York berufen, ein Sammelbecken exilierter Intellektueller. Hans-Georg Gadamer bewirkte schließlich, daß L. 1952 einen Ruf nach Heidelberg erhielt. L. fand die Universitätsverhältnisse »merkwürdig unverändert« vor. Er veröffentlichte 1953 *Heidegger – Denker in dürftiger Zeit*, eine umfassende kritische Studie, geschrieben, um »den Bann eines betretenen Schweigens und eines sterilen Nachredens von seiten einer gefesselten Anhängerschaft zu brechen«. Heidegger stellte zwar eine radikale Herausforderung dar, erst recht in einer nach dem Ende des Zweiten Weltkriegs deutungsbedürftigen Welt, aber so schwankend seine Haltung in der Frage nach dem Unterschied von vulgärer und eigentlicher Geschichte gewesen war, so vieldeutig war seine Antwort auf die Frage, in welcher Sprache das Sein zum »In-der-Welt-Sein« spricht, ob als Welt, als Gott oder als Dichter. Als weitere Buchveröffentlichung folgte 1956 *Wissen, Glaube und Skepsis*, in der L. durch die Auseinandersetzung mit christlichen Denkern wie Augustinus, Sextus Empiricus, Pascal und Kierkegaard eine Klärung des Verhältnisses von christlichem Glauben und Philosophie herbeizuführen suchte.

L. hat sein umfangreiches Werk – es umfaßt nahezu dreihundert Titel – mit zwei Büchern beschlossen. *Gott, Mensch und Welt in der Metaphysik von Descartes bis zu Nietzsche* (1967) war als Einführung in die theologischen Implikationen der neuzeitlichen, bürgerlich-rationalistischen Metaphysik gedacht und verfolgte eine mit *Von Hegel zu Nietzsche* und mit *Weltgeschichte und Heilsgeschehen* verwandte Thematik; sie gipfelte in Nietzsches Säkularisation des dreieinigen Verhältnisses von Gott, Mensch und Welt und der Wiedereinsetzung eines natürlichen Gegenüber von Mensch und Welt. Die letzten Jahre L.s galten der Beschäftigung mit Paul Valéry, in dem er, wie in der Gestalt Jacob Burckhardts, einen Geistesverwandten, einen »solitaire«, entdeckt hatte (*Paul Valéry. Grundzüge seines philosophischen Denkens*, 1970). In dessen Werk schien sich L., nach einer langen, disziplinierten Beschäftigung mit den historischen Verläufen, den Ursachen und den Folgen des abendländischen Denkens die »Möglichkeit authentischer Philosophie« (Henning Ritter) zu eröffnen.

L. hat – auch dies ungewöhnlich im Verlauf der Philosophiegeschichte des 20. Jahrhunderts – seine durch die japanischen Exiljahre bedingten Erfahrungen im Umgang mit dem fernöstlichen Denken auf Geschichtsphilosophie und Weltbegriff der westeuropäischen Neuzeit bezogen (*Natur und Geschichte*, 1951; *Bemerkungen zum Unterschied von Orient und Okzident*, 1960). Wie weit ihn diese Erfahrungen von einer bis in die Frühscholastik zurückreichenden ontotheologischen Tradition entfernten, mag das Fazit belegen, das L. in seinem *Curriculum vitae* gezogen hat: »Wie weit es immer dem Menschen gelingen mag, sich die Natur durch Bearbeitung anzueignen und seine Herrschaft über sie auszudehnen, sie wird niemals zu unserer Umwelt, sie bleibt immer sie selbst, so wie in Heideggers ontologischer Rede das Sein sich darin erweist, daß es es selbst ist. Von dieser Welt, die nicht eine Welt unter andern und keine bloße ›Idee‹ (Kant) oder ein ›Horizont‹ (Husserl) oder ›Entwurf‹ (Heidegger) ist, sondern die eine und ganze wirkliche Welt, ließe sich sagen, was die Theologie in ihren Gottesbeweisen von Gott gesagt hat: daß über sie hinaus nichts noch Größeres denkbar ist. Sie braucht aber auch gar nicht als existierend bewiesen zu werden, denn sie weist sich alltäglich und fortwährend selber aus, obwohl wir von unserer Weltgemäßheit zumeist so wenig wissen, wie die Zugvögel, die sich auf ihrem Flug am Stand der Sonne orientieren. Wir können keinen Augenblick existieren ohne die Welt, aber diese kann auch ohne uns sein.«

Ries, Wiebrecht: Karl Löwith. Stuttgart 1991. – Habermas, Jürgen: Karl Löwith. Stoischer Rückzug vom historischen Bewußtsein (zuerst 1963). In: Ders.: Philosophisch-politische Profile. Wozu noch Philosophie? Frankfurt am Main 1981. – Gadamer, Hans-Georg: Karl Löwith. In: Ders.: Philosophische Lehrjahre. Eine Rückschau. Frankfurt am Main 1977. – Timm, Herrmann: Amor fati? Karl Löwith über Christentum und Heidentum. In: Neue Zeitschrift für systematische Theologie und Religionsphilosophie 19/1977, S. 78–94. – Riedel, Manfred: Karl Löwiths philosophischer Weg. In: Heidelberger Jahrbücher 14/1977, S. 120–133. – Anz, Wilhelm: Rationalität und Humanität. Zur Philosophie von Karl Löwith. In: Theologische Rundschau 36/1971, S. 62–84.

Bernd Lutz

Luhmann, Niklas
Geb. 8. 12. 1927 in Lüneburg

Bekannt wurde L. einer nicht nur wissenschaftlichen Öffentlichkeit durch seine Auseinandersetzung mit Jürgen Habermas, die 1971 unter dem für die Rezeption von L.s Theorie unvorteilhaften Titel *Theorie der Gesellschaft oder Sozialtechnologie* publiziert wurde. Der Titel suggeriert, daß die Systemtheorie L.s eine reine Sozialtechnologie sei, und die deshalb konservativ sei, weil sie nur die Wirklichkeit beschreiben wolle und keine regulative Idee von einer zukünftigen Gesellschaft habe. Dieses Vorurteil hielt sich, obwohl sich L. 1967 in seiner Antrittsvorlesung an der Universität Münster ausdrücklich zur Aufklärung bekannte. An dieser Universität promovierte und habilitierte er sich 1966 bei Helmut Schelsky, der L.s Begabung früh erkannte und ihn darum schon 1965 als Abteilungsleiter an die Sozialforschungsstelle in Dortmund holte, nachdem er nach dem rechtswissenschaftlichen Studium nacheinander Verwaltungsbeamter am Oberverwaltungsgericht Lüneburg, Landtagsreferent im niedersächsischen Kultusministerium und Referent am Forschungsinstitut der Hochschule für Verwaltungswissenschaften in Speyer war. Zwischenzeitlich war er zum Studium bei Talcott Parsons an der Harvard-Universität beurlaubt. 1968 wurde er an die Reformuniversität Bielefeld berufen, wo er bis zu seiner Emeritierung im Jahr 1993 lehrte. Da er keinem Fachbereich eindeutig zuzuordnen war, wählte er die Soziologie, »weil man als Soziologe alles machen kann, ohne auf einen bestimmten Themenbereich festgelegt zu sein«.

Fühlt sich L. auch der Aufklärung verpflichtet, so allerdings nicht der »naiven« Aufklärung alten Stils, denn »vor allem zwei zentrale Prämissen der Vernunftaufklärung sind der Soziologie verdächtig geworden: Die gleiche Beteiligung aller Menschen an einer gemeinsamen Vernunft, die sie ohne weitere institutionelle Vermittlung besitzen, und der erfolgssichere Optimismus in bezug auf die Herstellbarkeit richtiger Zustände.« Für L. kann Aufklärung also nicht naive Vernunftgläubigkeit und Machbarkeitsgewißheit bedeuten. Soziologie müsse Aufklärung über Aufklärung bewirken. L. nennt das in seiner Antrittsvorlesung »Abklärung über Aufklärung« und mit diesem Titel könnte man sein gesamtes Schaffen überschreiben. L. erläutert: »Nicht mehr Belehrung und Ermahnung, nicht mehr die Ausbreitung von Tugend und Vernunft, sondern die Entlarvung und Diskreditierung offizieller Fassaden, herrschender Moralen und dargestellter Selbstüberzeugungen wird zum dominanten Motiv.« Dies wurde für L. in den folgenden 30 Jahren der leitende Gedanke seiner Arbeiten, umso mehr als diese Ideale eine Bewältigung der Probleme moderner komplexer Gesellschaften behindern.

L. hatte von Anbeginn seiner Tätigkeit das Interesse, eine Theorie der komplexen Gegenwartsgesellschaft zu schreiben. Als Instrumentarium arbeitete er seine Systemtheorie aus, mit der er die Struktur der in der Gesellschaft sich bildenden Systeme erforschen wollte. So betrachtet L. heute alles, was er bis 1984 zu einer Gesellschaftstheorie beitrug, als »Nullserie«, denn erst 1984 erschien als »Einleitungskapitel« zur anvisierten umfassenden Gesellschaftstheorie die 675 Seiten starke Schrift *Soziale Systeme*, worin er erstmals seine Systemtheorie ausgearbeitet hat. In den Jahren darauf folgten die nicht weniger voluminösen »einzelnen Kapitel« seiner Theorie der Gesellschaft: *Die Wirtschaft der Gesellschaft* (1988); *Die Wissenschaft der Gesellschaft* (1990); *Das Recht der Gesellschaft* (1993). Weitere Kapitel über die Systeme Kunst, Politik und Religion werden in den kommenden Jahren folgen. Im Abschlußband »Die Gesellschaft der Gesellschaft«, wird L., wie in einem Mosaik, dann das zusammenfügen, was er vorher bei der Betrachtung der einzelnen sozialen Systeme analytisch getrennt hatte. In diesem Buch will er die Interdependenzen zwischen den zuvor untersuchten einzelnen Systemen zeigen.

Die Theorie der Gesellschaft ist nur ein Teil von L.s gesamter Theorie, insgesamt hat sie vier Säulen. Ein weiterer Teil bilden seine historisch-semantischen Analysen, die unter dem Titel *Gesellschaftsstruktur und Semantik* in bislang vier Bänden zwischen 1980 und 1995 und in dem Buch *Liebe als Passion* (1982) erschienen sind. L. untersucht darin die Wechselwirkung zwischen Wandlungen in der Semantik und Gesellschaftsveränderungen. Der dritte Teil seiner Theorie ist die Organisationssoziologie. Sie wurde 1964 unter dem Titel *Funktion und Folgen formaler Organisation* publiziert. Und der vierte Teil besteht schließlich aus seinen politischen Interventionen in aktuellen Zeitungs- und Zeitschriftenbeiträgen und in den Buchpublikationen *Politische Theorie im Wohlfahrtsstaat* (1981), *Ökologische Kommunikation* (1985), *Soziologie des Risikos* (1991), *Beobachtungen der Moderne* (1992). – Mit dieser Einteilung wird die für unüberschaubar gehaltene, bislang bereits 10 000 Seiten starke »Supertheorie«, wie L. sie selbst nennt, übersichtlich. Es werden sicherlich noch einige tausend Seiten folgen, denn wenn L. beim Schreiben eines Buches ins Stocken gerät, macht er etwas anderes; nämlich: »Andere Bücher schreiben.«

Grundlegender Mittelpunkt von L.s Sozialphilosophie ist seine Allgemeine Systemtheorie, die er in dem Band *Soziale Systeme* dargelegt hat. Dieses Werk wird oft als sein Hauptwerk bezeichnet. L.s zentrale Einsicht, die die Ausarbeitung seiner Systemtheorie motiviert hat, besteht darin, daß die Welt komplex sei, die aktuelle Aufmerksamkeitsspanne eines Forschers hingegen sehr gering. Hierin liegt die Spannung, die die L.sche Systemtheorie zu lösen sucht. Sie will einerseits nicht unterkomplex werden, sondern die Welt in ihrer ganzen Fülle kognitiv erfassen. Andererseits will sie dem begrenzten Erkenntnisvermögen des Menschen gerecht werden. Um diese Spannung zu lösen, stützt sich L. auf Einsichten von Edmund Husserl.

Um ein System, das der Sozialwissenschaftler gerade beobachtet, von anderen Systemen, die für das betrachtete System Umwelt sind, abzugrenzen, verwenden L. wie Husserl das Instrumentarium »Sinn«, das in der Systemtheorie eine zentrale Kategorie ist. Der Sinn des Sinns ist es laut Husserl, für das Bewußtsein Erlebnisse zu aktualisieren, weil der »Erlebnisstrom ... nie aus lauter Aktualitäten bestehen« könne. An diesen Gedanken knüpft L. an: »Sinn ist laufendes Aktualisieren von Möglichkeiten. Da Sinn aber nur als Differenz von gerade Aktuellem und Möglichkeitshorizont Sinn sein kann, führt jede Aktualisierung immer auch zu einer Virtualisierung der daraufhin anschließbaren Möglichkeiten.« Sinn ist also das Instrumentarium, das *energeia* und *dynamis* oder *actus* und *potentia* im Bewußtseinsstrom unterscheiden läßt, wobei die Möglichkeiten »bei weitem das überschreiten, was handlungsmäßig erreicht und erlebnismäßig aktualisiert werden kann«. Unsere Wahrnehmung, sagt Husserl weiter, könne an einzelne Gegenstände der Umgebung nur dadurch herankommen, daß der Sinn die Funktion übernimmt, andere Dinge »abzuschatten«. Dadurch entsteht der redundante Sachverhalt, daß wir nicht sehen, was wir nicht sehen, weil wir sehen, was wir sehen, sagt L. mit der ihm eigenen Formulierungsfreude. Das Abschatten anderer Gegenstände setze – wie Husserl meint – ein »sinngebendes Bewußtsein« voraus. In L.s Worten heißt das: »Erst wenn Sinngrenzen die Differenz von System und Umwelt verfügbar halten, kann es *Welt* geben.«

Jeder Sozialwissenschaftler, der selbst wiederum ein System ist, nimmt sich aus dem Ganzen, aus dem »unmarked space« – wie L. gern mit George Spencer Brown sagt – für seine Beobachtung etwas heraus und läßt damit anderes unbeobachtet, was aber als Unbeobachtetes da bleibt und nur abgeschattet wird. Husserl spricht von der »Umgebung, die immer da ist«, wenn wir einen Gegenstand oder – mit L. – ein System aus dem Ganzen erfassen. Der Beobachter setzt Grenzen. »Grenzen«, sagt L., »sind insofern eine evolutionäre Errungenschaft par excellence; alle höhere Systementwicklung ... setzt Grenzen voraus.« Obwohl die Wahrnehmung des Bewußtseins in »Sinneseinheiten« geschieht, gehen für Husserl wie für L. die Möglichkeiten anderer Erfahrungen nicht verloren, sondern bleiben erhalten, da einzelne Erfahrungen lediglich herausgehoben sind. Hier handelt es sich also um den auch von Martin Heidegger verwendeten Begriff des Verweisungszusammenhangs. Husserl, Heidegger und auch L. verwenden den Begriff Verweisungszusammenhang und auch den Begriff Sinn analog.

Damit ist das Verhältnis eines Systems zu seiner Umwelt thematisiert. Das System grenzt sich von der Umwelt ab. Das gesamtgesellschaftliche System bildet einzelne Teilsysteme, die sich von anderen Teilsystemen abgrenzen, die für das eine Teilsystem die Umwelt bilden. »So ist das moderne Sozialsystem Gesellschaft zugleich: politisches Funktionssystem und dessen gesellschaftsinterne Umwelt; wirtschaftliches Funktionssystem und dessen gesellschaftsinterne Umwelt; wissenschaftliches Funktionssystem und dessen gesellschaftsinterne Umwelt; religiöses Funktionssystem und dessen gesellschaftsinterne Umwelt; und so weiter.« L. unterscheidet also die gesellschaftlichen Teilsysteme nach ihren Funktionen. Man kann im historischen Rückblick Gesellschaften nach stratifikatorischen Gesichtspunkten differenzieren, also nach Ranggesichtspunkten, wie Könige, Fürsten, Geistliche, Bürger, Bauern; oder nach segmentären Gesichtspunkten, nach Familien, Dorfgemeinschaften oder nach Stämmen in einem Volk. Die Beschreibung gegenwärtiger Gesellschaft verlangt dagegen funktionale Differenzierung und erfolgt hinsichtlich wichtiger gesellschaftlicher Funktionen wie Wissenschaft, Kunst, Religion, Wirtschaft, Politik, Gesundheitssystem, Liebe, Recht, Erziehung und so fort.

Durch diese Abgrenzungen verschiedener Teilsysteme vom Gesamtsystem, das für ein Teilsystem ebenfalls Umwelt ist, ist es möglich, daß sich ein System selbst in den Blick nimmt und beschreibt, indem es sich »gegenüber einer letztlich unkontrollierbaren Umwelt« abgrenzt. Das System bildet durch Selbstbeschreibung seine eigenen Grenzen: »Die Theorie selbstreferentieller Systeme behauptet, daß eine Ausdifferenzierung von Systemen nur durch Selbstreferenz zustandekommen kann, das heißt dadurch, daß die Systeme in der Konstitution ihrer Elemente und ihrer elementaren Operationen auf sich selbst ... Bezug nehmen. Systeme müssen, um dies zu ermöglichen, eine Beschreibung ihres Selbst erzeugen und benutzen; sie müssen mindestens die Differenz von System und Umwelt systemintern als Orientierung und als Prinzip der Erzeugung von Informationen verwenden können.« Unterschieden von den jeweils eigenen Grenzen eines solchen autopoietischen Systems sind die Grenzen, die ein fremder Beobachter zwischen System und Umwelt zieht. Es gibt keine absoluten, für alle in gleicher Weise festliegenden Grenzen. Jeder Beobachter flaggt mental dem anderen immer zu: »Ich sehe was, was Du nicht siehst!« Das heißt, »daß man auf eine einzig-richtige Repräsentation ... verzichten« und die erkenntniskritische Frage aufwerfen muß, wie wirklich die Wirklichkeit wohl ist. Eine Einsicht, die L. aufgrund seiner Orientierung an der konstruktivistischen Theorie von Heinz von Foerster gewinnt.

Bisher war von der Unterscheidung von System und Umwelt die Rede. L. behandelt aber auch ihre Verbindung, und dies ausführlich am Beispiel des Verhältnisses von psychischen Systemen und sozialem System. Psychische Systeme, wie L. die Individuen nennt, sind für ihn nicht Bestandteil des sozialen Systems. Für L. ist die Auslagerung der Individuen in die Umwelt der Gesellschaft ein sozialwissenschaftliches Erkenntnismittel von höchster Präzision; denn fasse man, wie der chilenische Biologe Humberto Maturana, der auf die Entwicklung der L.schen Systemtheorie mit seinem Konzept autopoietischer oder selbsterzeugender Systeme Einfluß nahm, die Individuen als Bestandteil der Gesellschaft auf, dann sei es nicht möglich zu unterscheiden, was in ihnen ihr Eigenes und was gesellschaftlich sei;

Emile Durkheim noch hatte über den Begriff »conscience collective« erfolglos versucht, die Kollektivbestandteile in jedem einzelnen Bewußtsein zu fassen. Anders sieht es dagegen in L.s Theorie aus. Für L. sind das psychische und das soziale zwei verschiedene Systeme mit unterschiedlicher innerer Struktur und mit je anderen Operationsweisen. Das psychische System des Menschen hat die Operationsweise Bewußtsein und das gesellschaftliche System hat die Operationsweise Kommunikation. Alles Soziale ist Kommunikation. »Ohne Kommunikation bilden sich . . . keine sozialen Systeme.« L. bezieht sich auf den Kommunikationsbegriff von Paul Watzlawick, der der Auffassung ist, daß man nicht nicht kommunizieren könne, denn auch gestisches Verhalten, Weglassen oder Verschweigen sei Kommunikation.

Ein psychisches System hingegen hat die Operationsweise Bewußtsein. »In ihm kommen offenkundig nur Gedanken vor, sonst nichts, und es scheint so zu sein, daß irgendwie diese Gedanken weitere Gedanken produzieren müssen, sonst käme es zum Stillstand.« Kommunikation, die Operationsweise des sozialen Systems, gibt es nur, wenn es ein Bewußtsein gibt, das die Kommunikation in Gang hält und reproduziert. Dafür müssen die beiden Systeme miteinander in Verbindung treten können, also Anschlußmöglichkeiten finden. Die Informationen müssen sich sozusagen einfädeln, während der Bewußtseinsstrom in dem autopoietischen psychischen System weiterläuft. Das psychische System adaptiert nur das aus der Umwelt – wobei die anderen psychischen Systeme (beispielsweise Bezugspersonen) für es Umwelt sind –, was sich ihm anpaßt, was sich ihm anverwandeln und als Wahrgenommenes integrieren läßt. Was das ist, bestimmt sich aufgrund der Selbstreferenz des Systems. »Ein selbstreferentielles System operiert stets in der Form des Selbstkontaktes. Es nimmt Wirkungen aus der Umwelt auf und gibt Wirkungen an die Umwelt ab in der Form von Aktivitäten, die sich jeweils intern abstimmen und insofern stets strukturell Selektivität aufweisen.« Niemand sagt dem System, was es aufnehmen soll. Das System entscheidet auf der Basis seiner Selbstinterpretation, ob sich etwas aus der Umwelt assimilieren läßt oder ob es sich selbst akkomodieren will. Wir können auch sagen, daß das System entscheidet, ob die Aufnahme von Informationen aus der Umwelt für es selbst sinnvoll ist, ob es Informationen sind oder nur Rauschen. Jedes Ereignis aber enthält für jedes psychische System immer Rauschen und Information zugleich. Entscheidet sich das System für Information, dann ist der Anschluß zwischen psychischem und sozialem System hergestellt.

Ein weiterer zentraler Begriff in L.s Systemtheorie ist »Struktur«, der den inneren Aufbau eines Systems beschreibt. Erwartungen und Erwartungserwartungen werden stabilisiert durch Struktur. Im sozialen Bereich heißt Struktur Stabilisierung von objektiv gültigen Erwartungen, nach denen ›man‹ sich richtet. Entscheidend ist, daß die Regel generalisiert ist. Das gilt natürlich für eine Vielzahl von Erwartungen in unserer Gesellschaft. L. erläutert das, wie so oft, an einem Beispiel. Auch das Einstreuen erhellender, meist amüsanter Beispiele ist ein Kennzeichen seiner Schriften. Man fragt also auf ›guten Morgen‹ hin nicht zurück: welchen Morgen, bis wie lange, wie gut, in welcher Hinsicht? Strukturen sind demnach notwendig, damit ein Sozialsystem überhaupt funktionsfähig ist. Ein Sozialsystem könnte ohne Struktur nicht existieren. »Unstrukturierte Komplexität wäre entropische Komplexität, sie würde jederzeit ins Unzusammenhängende zerfallen.« Soziale Strukturen sind also nichts anderes als Erwartungen und Erwartungserwartungen.

Daß aber auch Strukturänderungen in einem solchen System erfolgen, ist eine Forderung des Selbsterhaltungswillens dieses Systems. Diese Forderung muß aber von innen kommen. »Gerade *Struktur*änderungen müssen *situativ* überzeugen. Zunächst muß ein Weiterhandeln überhaupt ermöglicht werden; erst dann kann man sehen, ob es Strukturwert gewinnt, ob es sich also eignet, Erwartungen zu formen. Dies bedeutet auch, daß Strukturänderungen laufend passieren, ohne als solche angekündigt, gewollt, verantwortet zu sein. ... Und es ist nicht selten so, daß Strukturen erst bewußt und kommunikationsfähig werden, wenn sie geändert werden müssen. ... Alle Strukturänderung, sei sie nun Anpassung an die Umwelt oder nicht, ist Selbständerung.« Also Strukturen ändern sich nicht nur, wenn Bedarf besteht, sondern es gibt auch unmerkliche Strukturänderungen. Strukturänderung geschehen laufend im Prozeß der »Selbstorganisation« und werden bemerkt, wenn man sich umsieht und die zurückliegende Entwicklung betrachtet. Hieran sieht man, daß unser Gehirn zu langsam ist, die schnelleren Entwicklungen unserer Umwelt *gleichzeitig* mit der Veränderung wahrnehmen zu können.

Letztere Einsicht war 1967 in L.s Antrittsvorlesung das Motiv, seine Systemtheorie zu entwickeln. Sie stand am Beginn einer langen Theorieentwicklung, an deren Ende sich auch die anfänglichen Vorbehalte gegen die Systemtheorie aus der sogenannten Habermas-Luhmann-Debatte von 1971 beseitigen ließen.

Fuchs, Peter: Niklas Luhmann – Beobachtet. Eine Einführung in die Systemtheorie. Opladen 1992. – Krawietz, Werner/Welker, Michael (Hg.): Kritik der Theorie sozialer Systeme. Frankfurt am Main 1992. – Reese-Schäfer, Walter: Luhmann zur Einführung. Hamburg 1992. – Spaemann, Robert: Laudatio. Niklas Luhmanns Herausforderung der Philosophie. In: Luhmann, Niklas: Paradigm lost: Über die ethische Reflexion der Moral. Frankfurt am Main 1990, S. 47–73. – Baecker, Dirk u.a. (Hg.): Theorie als Passion. Niklas Luhmann zum 60. Geburtstag. Frankfurt am Main 1987.

Detlef Horster

Lukács, Georg
Geb. 13. 4. 1885 in Budapest; gest. 4. 6. 1971 in Budapest

»Die Beziehung zu Marx ist der wirkliche Prüfstein für jeden Intellektuellen, der die Klärung seiner eigenen Weltanschauung, die gesellschaftliche Entwicklung, ... seine eigene Stellung in ihr ... ernst nimmt.« So schrieb Georg L., beinahe 50jährig, in seiner autobiographischen Skizze *Mein Weg zu Marx* (1933). Dieser Weg war freilich voller Hindernisse, und noch 1971, als L. – 86jährig – starb, nicht abgeschlossen, weil die Lehre von Marx »täglich und stündlich neu an der Hand der Praxis erarbeitet, angeeignet werden« muß. L., Sohn eines jüdischen, in den Adelsstand erhobenen Bankdirektors, studierte zunächst in Budapest und promovierte dort 1906 in Staatswissenschaften und 1909 in Philosophie. Er hielt sich in Berlin, Florenz und Heidelberg auf, lernte Emil Lask und Ernst Bloch kennen und nahm die im deutschen Geistesleben vorherrschenden Ideen, besonders

den Neukantianismus von Heinrich Rickert und Wilhelm Windelband, die Lebensphilosophie und die zeitgenössische Soziologie auf, befaßte sich aber auch schon mit
Hegel und Marx. Seine Veröffentlichungen dieser Periode, die *Entwicklungsgeschichte
des modernen Dramas* (1911), *Die Seele und die Formen* (1911) und *Die Theorie des
Romans* (1916) lassen den »Übergang vom subjektiven Idealismus zum objektiven«,
zu Hegel, erkennen – und dazu gehört bereits die Historisierung der ästhetischen
Kategorien. »Die ›Philosophie des Geldes‹ von Georg Simmel und die Protestantismusschriften von Max Weber waren meine Vorbilder zu einer ›Literatursoziologie‹.« Und bei Marx war er auf die Frage gestoßen, wie es zu erklären sei, daß die
Kunst der griechischen Antike uns noch Genuß gewähren und sogar als Norm
gelten könne.

Seit dem Ende des 19. Jahrhunderts waren wachsende Teile der Intelligenz von
einem weitgreifenden Krisenbewußtsein ergriffen worden. Die herkömmlichen
europäischen gesellschaftlichen Ordnungen und Normensysteme erschienen als
schwankend und unsicher; Marxismus und Arbeiterbewegung wurden als Herausforderung empfunden – als Bedrohung von den einen, als Hoffnung von den
anderen. Das Erlebnis des Ersten Weltkrieges mit seinen bis dahin für unvorstellbar
gehaltenen Massakern trieb diese Polarisierung mächtig voran. Während die eine
Strömung auch diese Massaker noch als höchste Erfüllung des Lebenskampfes pries,
nahm die andere entschlossen den Kampf auf gegen die Gesellschaftsordnung, die
diesen Krieg hervorgebracht, und die Geisteshaltung, die ihn vorbereitet und
gerechtfertigt hatte. »In einer solchen ideologischen Gärung trafen mich die Revolutionen von 1917 und 1918.« Erst diese Welle von Revolutionen, welche die
bürgerliche Ordnung in ganz Europa erschütterte, führte L. endgültig auf die Seite
der revolutionären Linken. Jetzt, nach den Erfahrungen dieses Krieges, wurde die
Arbeiterbewegung auch bei vielen Menschen bürgerlicher Herkunft zum Hoffnungsträger. Wie Ernst Bloch, Karl Korsch, Käthe Kollwitz, Anna Seghers, Bert
Brecht und viele andere Intellektuelle und Künstler wandte sich auch L. dem
Marxismus und der kommunistischen Arbeiterbewegung zu. Als Mitglied der Kommunistischen Partei und Volkskommissar für kulturelle Angelegenheiten, dann als
Kommissar der Roten Armee kämpfte er auf der Seite der ungarischen Revolution
und Räterepublik, floh nach deren Niederwerfung 1919 nach Wien, wurde in
Abwesenheit zum Tode verurteilt, konnte aber der Auslieferung durch den Druck
der internationalen Öffentlichkeit entgehen. Schon in dieser Zeit – so berichtet
Anna Seghers – erhielt der Name Georg L. bei den linken Intellektuellen in
Mitteleuropa den Status einer »Legende«: »Mutig und klug ... Ein Intellektueller.
Einer, der unsere Gedankenwelt leidenschaftlich verteidigt, mit dem Einsatz seiner
physischen Existenz« *(Georg Lukács,* 1955).

In seiner während der Revolution geschriebenen Studie *Taktik und Ethik* (1919)
suchte L. nach einer Vermittlung zwischen den moralischen Prinzipien seiner
bisherigen Schriften und den Notwendigkeiten politischer Praxis. Und in seinem
Buch *Geschichte und Klassenbewußtsein* (1923) unternahm er den Versuch, die marxistische Gesellschaftsphilosophie im Licht der Notwendigkeiten revolutionärer Praxis
neu zu formulieren. Theoretisch stellte sich für alle diese nach links gehenden
Intellektuellen das Problem so: Wie war die Beziehung zu bestimmen zwischen dem

bürgerlichen Humanismus, mit dem sie aufgewachsen waren, der von den herrschenden Klassen aber über Bord geworfen worden war, und den Notwendigkeiten der Revolution. Und wie konnte zugleich der »Marxismus« der Sozialdemokratie, der vor allem in Deutschland gegenüber dem Krieg so kläglich versagt hatte, so gefaßt werden, daß er für die Erkenntnis der Wirklichkeit und für den Kampf um Sozialismus ein effektives Werkzeug darstellte? L. begreift den Marxismus als Weiterführung der deutschen idealistischen Philosophie. Von den Marxschen Kategorien der »Verdinglichung« und des »Warenfetischismus« aus entwickelt er eine Gesamtinterpretation des Bewußtseins- und Kulturprozesses der bürgerlichen Gesellschaft. Die Warenbeziehung verdecke die Wirklichkeit – daß diese nämlich ein von Menschen Geschaffenes sei – und verwandle den Menschen selbst in eine Ware. Die Rolle des Menschen als Subjekt der Geschichte könne durch die Aufdeckung dieses Scheins bewußt gemacht werden. Neben der Wissenschaft maß L. später auch der Kunst diese Funktion zu. In der Wirklichkeit aber könne die Entfremdung nur durch die reale geschichtliche Bewegung, durch die sozialistische Revolution, könne die gesellschaftliche Subjekt-Objekt-Beziehung nur durch revolutionäre Praxis, durch das identische Subjekt-Objekt, das Proletariat, aufgehoben werden. L. geht nun der Frage nach, wie sich Arbeiterklasse, Klassenbewußtsein und revolutionäre Partei zueinander verhalten. Das Proletariat könne sich als Klasse nicht befreien, ohne die Klassengesellschaft überhaupt abzuschaffen. Die subjektive Voraussetzung, das Klassenbewußtsein, müsse also zusammenfallen »mit der Enthüllung des Wesens der Gesellschaft«. Der Opportunismus passe seine Strategie dem jeweiligen psychologischen Bewußtsein der Mehrheit der Arbeiter an. Doch »das Klassenbewußtsein ist nicht das psychologische Bewußtsein einzelner Proletarier oder das (massenpsychologische) Bewußtsein ihrer Gesamtheit . . ., sondern der bewußt gewordene Sinn der geschichtlichen Lage der Klasse«. »Richtiges« Klassenbewußtsein liegt also nur dann vor, wenn »das Bewußtsein auf das Ganze der Gesellschaft bezogen wird«, jenes Bewußtsein, »das die Menschen haben würden«, wenn sie ihre Lebenslage und ihre aus ihr sich ergebenden Interessen »vollkommen zu erfassen fähig wären«. Eben diesen Begriff der Totalität entfaltet L. als eine zentrale Kategorie marxistischer Analyse. Die Partei fungiere in diesem Prozeß als das »Gewissen der gesellschaftlichen Sendung des Proletariats«; ihre Rolle sei eine aktive, ihre Kraft »ist eine moralische«. Sie sei zugleich Produkt wie Produzent der realen revolutionären Massenbewegungen. Damit nahm L. gewissermaßen eine vermittelnde Position ein: Rosa Luxemburg hatte die Spontaneität der Massenbewegungen betont, während Wladimir Iljitsch Lenin die Führungsrolle der Partei und die Notwendigkeit hervorgehoben hatte, die revolutionären Kämpfe strikt zu organisieren. Die »Hinfälligkeit jeder syndikalistischen Theorie«, die glaubt, ohne eine organisierende Kraft auskommen zu können, hatte L. der Verlauf der ungarischen Revolution allerdings drastisch gezeigt. Seine Bestimmung des Klassenbewußtseins formulierte in der Tat eine Alternative gegenüber dem Opportunismus der II. Internationale, deren Parteien ihre Strategie dem jeweils vorhandenen Massenbewußtsein anzupassen suchten und mit dem Verweis auf dieses real vorhandene Bewußtsein ihre Politik legitimierten. Marxismus als Methode zur Analyse der Gesellschaft, die der Logik des realen geschichtlichen Prozesses folgt – das ist theoretisch das Leitmotiv von *Geschichte und*

Klassenbewußtsein. Eine wirkliche Vermittlung zwischen realer Klassenlage, den Bedingungen der Herausbildung von Klassenbewußtsein und der Rolle der revolutionären Partei gelang allerdings nicht. Es blieben starke Elemente einer bloßen Postulierung von »richtigem« Bewußtsein, einer bloßen »Zurechnung« des Bewußtseins zur sozialen Lage – eine Methode, die L. der bürgerlichen Soziologie seiner Zeit entnommen hatte.

Die gewaltige Wirkung, die dieses Buch erzielte, beruhte nicht nur auf seinen Qualitäten, sondern auch auf seinen Schwächen: Einerseits faszinierte die Kombination aus philosophischer Brillanz und revolutionärer Politik, die dieser Intelligenz ein Verständnis der bürgerlichen Gesellschaft und eine radikale Alternative lieferte. Andererseits wurde der Eindruck des Buchs dadurch verstärkt, daß L. erstens die politische Ökonomie beiseite ließ und daß er zweitens sich nur mit jenem Teil der Wirklichkeit befaßte, der bewußter Umgestaltung offensichtlich zugänglich war, nämlich dem der Gesellschaft. Nur hier herrsche die Dialektik, nicht aber im Bereich der Natur. Friedrich Engels hatte in seiner (allerdings erst 1925 veröffentlichten) Schrift *Dialektik der Natur* die gegenteilige Position bezogen. Für diese meist erst durch Weltkrieg und Revolution nach links in Bewegung geratenen, weltanschaulichen von einer Klasse zur anderen übergegangenen Intellektuellen war die Ökonomie ein Bereich, der gänzlich außerhalb ihrer Erfahrungswelt lag. Gerade also weil L. sich auf Hegel und »die philosophischen Schriften der Jugendzeit« von Marx stützte, wie er 1933 selbst feststellte, ohne den Marx des *Kapitals* einzubeziehen, konnte das Buch so breit wirken – bis heute macht das einen Teil seiner Faszination aus. Und das Interesse dieser Intellektuellen war auch primär auf die Frage gerichtet, wie Bewußtseinsprozesse sich entwickeln und gesellschaftliche Veränderungen erreichbar sind; gegenüber der These, daß auch die gesellschaftliche Entwicklung – wenn auch auf höherem Niveau – ebenso von dialektischen Gesetzmäßigkeiten bestimmt sei wie die Welt der toten Materie, waren – und sind – sie eher mißtrauisch. Schon *Geschichte und Klassenbewußtsein* war nicht nur von sozialdemokratischen Parteitheoretikern (wie Karl Kautsky), sondern auch von kommunistischen (wie Abram Deborin) scharf kritisiert worden. 1925 sah sich L. genötigt, das Buch zurückzuziehen. Die Kritik, die in der Kommunistischen Internationale dann an seinen »Blum-Thesen« geübt wurde, stand im Kontext jenes linksradikalen Kurses, den sie seit 1928 verfolgte und der den Aufbau einer breiten antifaschistischen Abwehrfront wesentlich behinderte.

L. lebte bis 1929 in Wien, wurde dann aus Österreich ausgewiesen, hielt sich drei Monate illegal in Ungarn auf, arbeitete ein Jahr im Moskauer Marx-Engels-Institut, ging nach Berlin und kehrte nach der Machtübertragung an die Nationalsozialisten nach Moskau zurück. Politische Funktionen nahm er in dieser Periode nicht wahr. Seine Wirkung als Theoretiker aber war bedeutend. In den *Thesen*, die er unter dem Pseudonym »Blum« 1928 publizierte, versuchte er, die politisch-strategischen Konsequenzen aus der Niederlage der Revolution zu ziehen. Er hielt nun »entgegen dem Utopismus der Revolutionszeit« eine längere Übergangsperiode für notwendig, um in Gestalt einer »demokratischen Diktatur des Proletariats und der Bauernschaft« die Voraussetzungen für eine sozialistische Revolution zu schaffen. In Berlin und im Moskauer Exil befaßte er sich besonders mit literaturwissenschaftlichen und literaturkritischen Arbeiten. Er war der erste, der die marxistische Theorie systematisch auf Kunst und Literatur anwandte, und er zeigte damit jener Generation von Künstlern und Schriftstellern, die nach einer neuen Gesellschaft suchten und zugleich der faschistischen Barbarei entgegentraten, Wege, sich selbst besser zu verstehen. Am Beispiel der klassischen bürgerlichen Literatur, der Werke von Lessing, Goethe, Balzac, Stendhal und Thomas Mann, von Tolstoi, Gogol und anderen russischen Schriftstellern zeigte er, wie sie die Widersprüche ihrer Zeit spiegeln. Von hier aus entwickelte er seinen Begriff des Realismus. Er wies nach, daß sich Kunst nicht durch den »richtigen« politischen Standort definiert, sondern durch die realistische Gestaltung der großen Tendenzen der Zeit, verdichtet in Einzelschicksalen und -persönlichkeiten. Diese Gestaltung könne sich sogar gegen die weltanschauliche Position des Künstlers durchsetzen – wie L. an Balzac und Thomas Mann und anderen Autoren zeigte. Jüngere wie Bert Brecht und Anna Seghers hielten ihm vor, er werde dem Neuen in Vergangenheit und Gegenwart, er werde Kleist und der Romantik, Kafka und dem Expressionismus mit dieser Verabsolutierung klassischer Werke nicht gerecht. Das mag nicht ganz falsch sein. Doch gerade in der Zeit der faschistischen Herrschaft lieferten die Interpretationen von L. eine Orientierung für die antifaschistischen Intellektuellen in der Frage, von welchen geistigen Fundamenten aus dieser Kampf effektiv geführt werden könne.

1933/34 sah sich L. zur Selbstkritik genötigt, die sich zwar partiell auf tatsächliche Mängel seiner Schriften bezog, partiell aber einfach der Durchsetzung des stalinistischen Dogmatismus diente. Die weitere Entwicklung hat ihm allerdings gerade in seinen »Blum-Thesen« Recht gegeben. 1935 mußte die Kommunistische Internationale – angesichts der schweren Niederlage der Arbeiterbewegung gegen den Faschismus – das Volksfrontkonzept akzeptieren, für das L. hier schon die Basis geschaffen hatte. Unter dem Dogmatismus der Stalin-Ära hat L. sehr gelitten. Er begriff seine wissenschaftliche Arbeit nun als »eine Art Partisanenkampf«, sah aber die Notwendigkeit, »von der welthistorischen Lage auszugehen« und die Sowjetunion zu unterstützen in ihrem Abwehrkampf gegen den »Vernichtungskrieg«, den der Faschismus gegen den Sozialismus vorbereitete und nach 1941 dann auch führte (so L. in seinem *Postskriptum* von 1967).

Auch in der Zeit nach dem Zweiten Weltkrieg wurden Leben und Werk L.' von den allgemeinen Bedingungen der internationalen Politik und der inneren Verfassung des Sozialismus wesentlich – und für L. oft sehr schmerzhaft – geprägt. 1945 kehrte er von Moskau aus in sein Heimatland zurück, nahm eine Professur für Ästhetik und Kulturphilosophie in Budapest an und versuchte zugleich, als Abgeordneter direkt in die Politik seines Landes einzugreifen. Doch schon bald attackierten Parteipolitiker ihn erneut heftig: Es ging nun in Ungarn wie in den anderen Ländern Osteuropas um die Umgestaltung des Kapitalismus zum Sozialismus und zugleich, international, um die Abwehr der offensichtlich neu anwachsenden Kriegsgefahren. L. setzte sich auch jetzt für »ein Bündnis der demokratischen Kräfte der Welt, ob sozialistisch oder bürgerlich, gegen die Reaktion« ein (*Postskriptum*, 1967). Das hieß für sein eigenes Land: für eine längere Übergangsperiode, um den »Sozialismus in einer neuen, allmählichen, auf Überzeugung fundierten Weise durchzusetzen«. Die theoretische Legitimation dieser Position ergab sich aus einer

Analyse des deutschen Faschismus, die er in seinem Buch *Die Zerstörung der Vernunft* lieferte. Schon während der faschistischen Herrschaft hatte er daran gearbeitet, 1954 wurde es publiziert. Es ist dies eine umfassende Analyse der geistigen Voraussetzungen des deutschen Faschismus und zugleich der theoretische Ertrag seiner bisherigen gesellschaftswissenschaftlichen Analysen. L. zeigt, wie die bürgerliche Philosophie, Geisteswissenschaft und Soziologie im Laufe des 19. Jahrhunderts – in der Folge der wachsenden Klassengegensätze und imperialistischen Interessen – den Humanismus allmählich preisgab, wie sie insbesondere vom Vernunftbegriff der Aufklärung abrückte und ihn schließlich als lebensfeindlich denunzierte, wie diese Tendenzen in Deutschland seit Arthur Schopenhauer und Friedrich Nietzsche ideologisch die Hegemonie erlangten und wie Arnold Gehlen, Carl Schmitt und Martin Heidegger, Oswald Spengler und Alfred Rosenberg dann auch die direkten politischen Konsequenzen aus dieser »Zerstörung der Vernunft« zogen. Mit diesem Werk war nicht nur der deutsche Faschismus in seiner geistesgeschichtlichen Genese begriffen, sondern auch das philosophische Prinzip einer politischen Strategie gegen Faschismus und Kriegsgefahr entwickelt – eben jenes Prinzip, das in den 80er Jahren »Koalition der Vernunft« hieß. Denn schon in seinem 1953 geschriebenen Nachwort sah L. klar, »daß das Ende des Krieges die Vorbereitung eines neuen Krieges gegen die Sowjetunion bedeutete, daß die ideologische Bearbeitung der Massen für diesen Krieg ein Zentralproblem der imperialistischen Welt bildete«. Es war deshalb auch kein Zufall, daß die Autoren, die L. als präfaschistisch erwiesen hatte, von der herrschenden Ideologie alsbald wieder propagiert wurden.

Nach dem Tode Josef Stalins (1953) hatten sich die Bedingungen für wissenschaftliche Arbeit verbessert, doch schon 1956 entstand ein neuer schwerer Konflikt: L. trat – als Kultusminister – der Regierung Imre Nagy bei, die als antistalinistische Reformregierung begann, dann unter den Einfluß antisowjetischer Kräfte geriet und durch die Intervention sowjetischer Truppen abgesetzt wurde. L. hatte zwar, nachdem Nagy den Austritt aus dem Warschauer Pakt erklärt hatte, die Regierung verlassen; dennoch wurde er für einige Monate nach Rumänien verbannt, sein Lehrstuhl aufgelöst, seine Schriften in den sozialistischen Ländern als »revisionistisch« verurteilt. Dies waren die Jahre, in denen auch Ernst Bloch und Hans Mayer in ähnlicher Weise angegriffen wurden und die DDR verließen. Im Verlauf der 60er Jahre bis zu seinem Tode 1971 nahmen seine Wirksamkeit und seine Anerkennung auch innerhalb der sozialistischen Länder wieder zu – in den kapitalistischen Ländern hatte L. ohnehin seit Jahrzehnten schon den Rang eines Monuments.

Die letzten Jahre seines Lebens widmete er einer umfangreichen *Ontologie des gesellschaftlichen Seins*, in der sein geschichtsphilosophischer Optimismus stark zurückgenommen erscheint. Von Klassen und Klassenkampf als dem vorwärtstreibenden Element von Geschichte ist nicht mehr die Rede; und die Determinationen, die – angesichts der modernen Produktiv- und Destruktivkräfte – von einmal getroffenen Entscheidungen auf die weitere gesellschaftliche Entwicklung ausgehen, engen die Alternativstruktur von Geschichte stark ein – ohne sie freilich gänzlich aufzuheben. Danach wollte er eine »Ethik« verfassen, also jenes Thema systematisch aufnehmen, das sein gesamtes wissenschaftliches und politisches Leben und Wirken durchdrungen hatte. Im ersten Band einer auf drei Bände angelegten Ästhetik, *Über die Besonderheit als Kategorie der Ästhetik* (1967), hatte er die Geschichte der künstlerischen Formen als Produktivkraftentwicklung und Kunst als Selbstbewußtsein der Menschheitsentwicklung interpretiert. So stellt sein Alterswerk eine durchaus eigenwillige Fassung marxistischer Philosophie dar.

L. hat das Geistesleben des zwanzigsten Jahrhunderts tiefgreifend beeinflußt. Dies gilt für die Literatur- und im weiteren Sinne für die Kunsttheorie ebenso wie für Philosophie und Gesellschaftswissenschaften, insbesondere für Ideologie- und Faschismustheorie. Seine souveräne Verfügung sowohl über die bürgerliche Philosophie und Soziologie wie über die marxistische Theorie, sowohl über die klassische bürgerliche Literatur wie über die moderne und proletarische ermöglichte ihm einen weiten Blick und eine Annäherung an das Ganze des gesellschaftlichen Seins und Werdens. Jener Universalismus, wie ihn zu ihrer Zeit Leibniz, die französischen Enzyklopädisten und dann Marx und Engels in hohem Maße repräsentiert hatten, wird von L. noch einmal angestrebt. Ganz erreicht wird er freilich nicht mehr: Mit der politischen Ökonomie – nach Marx die Anatomie der bürgerlichen Gesellschaft – hat er (wie auch Bloch, Korsch, Gramsci und andere vom Bürgertum herkommende Intellektuelle) sich nicht intensiver befaßt, und das mag einige »idealistische« Momente in seiner Gesellschaftstheorie erklären. Gravierender ist vielleicht, daß er sich für die Naturwissenschaften kaum interessierte. Tatsächlich aber ist ein umfassendes Bild von der Wirklichkeit, eine Theorie des Seins und Werdens im Ganzen nur zu gewinnen, wenn die Resultate der naturwissenschaftlichen Forschung einbezogen und philosophisch verallgemeinert werden. Die Beschränkung der Dialektik auf gesellschaftliche Prozesse, die L. in *Geschichte und Klassenbewußtsein* behauptet – und nie ausdrücklich revidiert – hat, mag hier ihre Ursache haben.

Vor allem die Beziehung zwischen bürgerlicher Gesellschaft und Sozialismus konnte L. genauer fassen, als dies Marx oder Engels zu ihrer Zeit möglich gewesen war. Das dialektische Prinzip der Negation, d. h. das Aufheben der vorhergehenden Gesellschaftsformation in der höheren im doppelten Sinne des Bewahrens und des Überwindens, konkretisierte L. sowohl für die Kultur wie für die Politik: Die Aneignung des kulturellen Erbes, besonders der Werke der klassischen bürgerlichen Literatur, des Vernunft- und des Fortschrittsbegriffs, stellt die Voraussetzung nicht nur für die Formierung eines breiten Bündnisses gegen Faschismus und Kriegsgefahr dar, sondern, in der nächsten Stufe, eine geschichtliche Errungenschaft, die in der sozialistischen Gesellschaft und Kultur »aufgehoben« und vollendet wird.

Die Bedingungen einer solchen sozialistischen Revolution herauszuarbeiten, war sein zweites großes Anliegen. Da diese Revolution an die Stärke und Handlungsfähigkeit der realen revolutionären Bewegung gebunden ist, blieb seine wissenschaftliche Arbeit auf die internationale kommunistische Arbeiterbewegung bezogen. Unter deren Deformationen besonders im Zeichen des Stalinismus hat L. sehr gelitten – wissenschaftlich und persönlich. Er ging jedoch nicht den Weg der Trennung, sondern den der beharrlichen und beschwerlichen Mitgestaltung dieser Bewegung. Die »Selbstkritik«, zu der er sich mehrfach gezwungen sah, erscheint von hier aus nicht als Preisgabe der eigenen Position – er hat diese, wie seine Werke zeigen, niemals aus solchen Gründen preisgegeben –, sondern als vorübergehendes, aber notwendiges Zurückweichen, um die Möglichkeit für ein erneutes Vordringen zu bewahren (so wie das auch Bert Brecht, Anna Seghers u. a. in kritischen Situationen getan haben). 1968 untersuchte L. die Ursachen des Stalinismus und die Bedingungen einer umfassenden Demokratisierung. 1985 erschienen diese Analysen in dem Nachlaßband *Demokratisierung heute und morgen*. Er verweist auf die ökonomische und politische Rückständigkeit Rußlands und auf die Bedrohung von außen von den Interventionskriegen über den Faschismus bis zum kalten Krieg nach 1945. Unter diesen Bedingungen sei die marxistische Theorie zum Dogma verfestigt und den jeweiligen politischen Bedürfnissen unterworfen worden. Sozialistische Demokratie aber verlange, daß die Werktätigen die Wirtschaft aktiv gestalten, verlange also freie Diskussion, innerparteiliche Demokratie und eine Umgestaltung des gesamten Alltagslebens; das Rätemodell könne dabei durchaus als Grundlage dienen.

Jung, Werner: Georg Lukács. Stuttgart 1989. – Bermbach, Udo/Trautmann, Günter (Hg.): Georg Lukács. Philosophie – Politik – Kultur. Opladen 1987. – Fekete, Éva/Karádi, Éva (Hg.): Georg Lukács – Sein Leben in Bildern, Selbstzeugnissen und Dokumenten. Stuttgart 1981. – Hermann, István: Die Gedankenwelt von Georg Lukács. Budapest 1978. – Mittenzwei, Werner (Hg.): Dialog und Kontroverse mit Georg Lukács. Der Methodenstreit deutscher sozialistischer Schriftsteller. Leipzig 1975.

Reinhard Kühnl

Lukrez *(Titus Lucretius Carus)*
Geb. zwischen 99 und 94 v. Chr.; gest. 55 v. Chr.

L. hat es als Aufgabe angesehen, seinen Landsleuten die Lehre Epikurs im Gewand der Dichtung nahezubringen. Die Poesie soll dabei als Honig dienen, den bitteren Saft des Wermuts der Philosophie schmackhaft zu machen. Das Leben des Dichters fällt in eine Zeit, in der Kriege und Bürgerunruhen an der Tagesordnung waren. Man denke nur an den Bundesgenossenkrieg, an den pontischen König Mithridates VI., der die Römer 25 Jahre in Atem gehalten hatte, an die blutigen Auseinandersetzungen zwischen Marius und Sulla (mit ihren Proskriptionen), an den Sklavenaufstand unter Spartacus und an die Catilinarische Verschwörung. Es war Sitte geworden, politische Differenzen mit dem Schwert auszutragen und bewaffnete Banden mit Mord und Totschlag durch die Straßen Roms ziehen zu lassen. Angewidert von diesem Treiben, hielt sich L. – getreu der Maxime Epikurs: »Lebe im Verborgenen« – von Staatsgeschäften fern: »Süß ist es auch, die gewaltigen Kämpfe des Krieges zu beobachten ... ohne eigene Gefahr.« Am süßesten aber sei es, auf den Höhen der Philosophie zu wohnen und auf die anderen herabzublicken, wie sie sich um Reichtum und Macht im Staate stritten. Dazu paßt, daß für uns die ganze Persönlichkeit des Dichters in ein tiefes Dunkel gehüllt ist. Die antike Angabe, L. habe als Opfer eines Liebestranks seinen Verstand verloren, sein Gedicht in Pausen des Wahnsinns verfaßt und schließlich Selbstmord begangen, ist nichts anderes als schlechte christliche Polemik. Zuverlässiger scheint dagegen die Nachricht zu sein, daß nach dem vorzeitigen Tod des Dichters M. Tullius Cicero die Herausgabe des Werks besorgt hat.

In den Mittelpunkt seines Gedichts *De rerum natura (Über die Natur der Dinge)* hat L. die Physik gestellt, die jedoch letztlich (wie schon bei Epikur) auf ethischen Ertrag ausgerichtet ist. Ihr Wert liegt darin, daß sie den Menschen durch korrekte Naturbetrachtung von Götterfurcht und Todesangst, den beiden Grundübeln in dieser Welt, befreit und ihn so zum inneren Frieden führt. L.' Kampf gegen die Religion zeigt eine Übersteigerung, die den Schriften des Meisters fremd ist und sich vielleicht mit dem dämonenfürchtigen Wesen der Römer zu dieser Zeit erklären läßt. Der Dichter unterscheidet nicht zwischen Glauben und Aberglauben, sondern zeichnet die »religio« als unheilvolle Macht schlechthin, die »mit schrecklicher Fratze auf die Menschen eindringt« und »schon öfter verbrecherische und gottlose Taten hervorgebracht hat« (z.B. die Opferung der Iphigenie in Aulis). Überschwenglich triumphiert in diesem Zusammenhang L., daß es Epikur gelungen ist, »die Religion niederzuwerfen und mit Füßen zu treten«.

Der Religion wird die wahre Einsicht gegenübergestellt, daß die Natur ausnahmslos ihrer eigenen Kausalität, d.h. den Gesetzen der Materie folgt. »Nichts entsteht jemals aus dem Nichts durch göttliche Fügung«, und »nichts löst sich in das Nichts auf«; denn die Natur bildet das Neue immer aus dem Alten. Die Materie existiert in Form kleiner (unsichtbarer) Partikel, die fest, ewig und unteilbar sind. Daneben gibt es nur noch das zur Bewegung der Atome notwendige Leere. Alles, was ist, ist aus diesen beiden verbunden oder ein Vorgang an ihnen. Die Atome haben Gewicht. Daraus resultiert, daß sie sich, sogar in den Atomverbindungen, in permanenter Bewegung befinden. Im luftleeren Raum des Alls fallen die Atome senkrecht nach unten, und zwar gleich schnell. Irgendwann und irgendwo werden aber einzelne Atome ein wenig zur Seite getrieben. Geschähe diese »Abweichung« (»clinamen«, »declinatio«) von den geraden Fallinien nicht, fänden keine Kollisionen statt, durch die die kosmogonischen Prozesse eintreten, und die Natur hätte nichts geschaffen. Den Menschen befähigt das »clinamen«, die Kausalkette der seelischen Atombewegungen zu durchbrechen, d.h. sein Verhalten selbst zu bestimmen. Aus der Mannigfaltigkeit der Welt schließt L., daß auch die Atome von verschiedener Gestalt sein müssen. Die verschiedenen Atomformen rufen die verschiedenen Wirkungen in den Sinneswahrnehmungen hervor. Die Atome selbst sind farb-, geruch-, geschmack- und empfindungslos, denn diese (sekundären) Qualitäten sind vergänglich und passen nicht zur Ewigkeit der Atome, nur in den Atomaggregaten der Körper werden sie existent. Die Götter haben an dem allen keinen Anteil. Sie genießen vielmehr fern von uns im tiefen Frieden ihr unsterbliches Wesen, »ohne sich durch frommen Dienst gewinnen oder durch Zorn leiten zu lassen«.

Eng mit der Götterfurcht ist die Furcht vor dem Tod verknüpft, »die das menschliche Leben zerrüttet . . . und kein Vergnügen klar und rein gestattet«. Aus ihr erwächst auch eine unbegrenzte Gier nach Reichtum, Ehre und Macht. Wer diesem Verlangen nachgibt, kann sich eine Privation dieser Dinge nicht vorstellen, ohne dabei an den Tod zu denken. »Schimpfliche Geringachtung und bittere Armut scheinen mit einem süßen und gefestigten Leben unvereinbar zu sein und gewissermaßen schon vor den Toren des Todes zu weilen.« Die Seele ist atomistisch zu begreifen und als ein Teil des Körpers aufzufassen. Sie überlebt beim Tod den Körper nicht. Frohlockend stellt der Dichter fest: »Der Tod geht uns nichts an«, weil mit seinem Eintritt kein Subjekt mehr da sei, das fähig sei, zu empfinden. Die Liebe sieht L. grundsätzlich als ein negatives Phänomen an. Es liegt in ihrem Wesen, stets unbefriedigt zu bleiben. Sie beruht auf einer Illusion – der Illusion des Besitzes. Deshalb empfiehlt der Dichter, die Leidenschaft von der Liebe zu trennen und die *eine* Liebe durch eine *Vielzahl* von Lieben (»Venus vulgivaga«) zu heilen. Oberstes Ziel ist die vollkommene Lust, die Epikur Lust in der Ruhe nennt. Sie entsteht aus der Befreiung von seelischer Angst und körperlichem Schmerz. »Erkennt man denn nicht, daß die Natur nichts anderes erheischt als, bei Freisein von körperlicher Unlust, im Besitz geistiger Lustempfindung zu sein, gelöst von Sorge und Furcht? Wir sehen also, daß für die körperliche Natur nur weniges, eben das zur Beseitigung der Unlust Dienende, erforderlich ist.«

Clay, Diskin: Lucretius and Epicurus. Ithaca/New York 1983. – Boyancé, Pierre: Lucrèce et l'épicurisme. Paris 1963.

Klaus-Dieter Zacher

Luther, Martin
Geb. 10. 11. 1483 in Eisleben; gest. 18. 2. 1546 in Eisleben

»Lieber freund, ich weysz wol was ich rede. Aristoteles ist mir so wol bekant als dir und deynis gleychen, ich hab yhn auch geleszen unnd gehoret mit mehrem verstand, dan (= als) sanct Thomas odder Scotus, des ich mich on hoffart rumen, und wo es nodt ist, wol beweyszen kann.« Das ist die hochmütige, aber ernst gemeinte Selbsteinschätzung eines Mannes, dessen Namen man in den Darstellungen der Philosophiegeschichte meist vergeblich suchen wird. Der Eindruck des Anmaßenden verstärkt sich noch, wenn man bedenkt, daß Aristoteles für die hoch- und spätmittelalterliche Philosophie nicht einfach irgendein Denker war, sondern der Philosoph schlechthin; ihr Philosophieren bestand denn auch zu einem guten Teil darin, die großen Werke des Philosophen zu kommentieren und zu diskutieren. Daß L., dem selbsternannten Aristoteleskenner, eine philosophiegeschichtlich relevante Bedeutung niemals zuerkannt worden ist, kann man verstehen: Seine Lebensarbeit blieb, von den – allerdings immensen – sprach- und literaturgeschichtlichen Folgen seiner Bibelübersetzung abgesehen, auf den Bezirk von Kirche und Theologie beschränkt. Und doch gibt es Gründe für die Vermutung, er sei zu Unrecht philosophisch übersehen worden.

Es ist zunächst nicht unwichtig, an die fundierte philosophische Ausbildung zu erinnern, die L. genossen hat. Aus einfachem Hause stammend, besuchte er, der eifrig geförderte älteste Sohn, die Lateinschulen in Mansfeld und Magdeburg, schließlich – wohl wegen der Nähe der mütterlichen Verwandten – in Eisenach. Von dort kam er 1501 nach Erfurt, um das vierjährige philosophische Grundstudium aufzunehmen, das auch jeder angehende Jurist, Mediziner und Theologe zu durchlaufen hatte. Der Fächerkanon entsprach zwar noch dem klassischen Programm der sieben freien Künste (»septem artes liberales«: Grammatik, Logik, Rhetorik, Arithmetik, Musik, Geometrie, Astronomie), hatte sich aber doch insofern verlagert, als die im Hochmittelalter einsetzende, umfassende Aristotelesrezeption nun die Akzente bestimmte. Entsprechend hat L. in Erfurt v. a. (Sprach-)Logik, Physik (samt Seelenlehre), Moralphilosophie und Metaphysik studiert. In diese Zeit fällt wohl auch die intensive Lektüre der antiken Dichter und Autoren, aus denen er dann zeitlebens, wo es ihm passend erschien, zu zitieren pflegte. Nach diesen vier philosophischen Jahren nahm L. sogleich – dem Wunsch des Vaters entsprechend – das Studium der Jurisprudenz auf, brach es jedoch schon wenige Wochen später wieder ab, weil er unter dem Eindruck einer tiefen, durch den Blitzschlag von Stotternheim ausgelösten Krise gelobt hatte und auch willens war, ein Mönch zu werden. Am 17. Juli 1505 trat er bei den Augustiner-Eremiten ins Kloster ein. Eben zum Priester geweiht, nahm er 1507 auf Anweisung seines Ordensoberen das wissenschaftliche Theologiestudium auf, mit dem zugleich die Pflicht zu moralphilosophischer Lehrtätigkeit (Aristoteles' *Nikomachische Ethik*) verbunden war. Mit der scholastischen Dogmatik wurde L. v. a. durch die Werke der Nominalisten Wilhelm von Ockham und Gabriel Biel, ferner von Duns Scotus, Petrus von Ailly und Thomas von Aquin vertraut. Die entscheidende Bedeutung kam jedoch Augustinus zu, den L. intensiv studierte und der ihm später zu einem – vor allen Scholastikern bevorzugten – Kronzeugen seiner reformatorischen Erneuerung geworden ist. Daneben kam es auch zu Begegnungen mit der areopagitischen (Dionysios, Jean Gerson), romanischen (Bernhard von Clairvaux, Bonaventura) und deutschen Mystik (Johannes Tauler) sowie, wenn auch nur in beschränktem Maße, mit dem deutschen Humanismus (Johannes Reuchlin, Jacob Wimpfeling).

Im Horizont der damit umrissenen philosophisch-theologischen Bildung und unter ständigem Bezug auf sie hat L. sein Leben lang theologisiert. Die vielen Abgrenzungen gegen die Philosophie und zumal gegen Aristoteles richten sich, genau besehen, zumeist gegen deren theologische Inanspruchnahme. Einer aristotelisch überwucherten, philosophischen Theologie stellt L. eine sich als biblisch verstehende Theologie entgegen: Allein der Schrift, meinte er, nicht aber der Philosophie sei die dem Theologischen angemessene Denk- und Redeweise zu entnehmen. Übrigens ist L. in dieser Antithese durchaus nicht originell: Wesentliche Anstöße verdankt er Wilhelm von Ockham und – vor allem – Augustinus.

Besonderes Interesse verdienen in diesem Zusammenhang L.s Äußerungen zur Vernunft. Man kennt davon, wenn überhaupt, meist nur die drastischsten Urteile. Aber L. argumentierte auch hier differenziert und situationsbezogen. So hat er in einer Disputationsthese von 1536 die menschliche Vernunft als etwas »geradezu Göttliches« gerühmt. Daneben stehen freilich heftige Invektiven wie etwa die von der »Hure Vernunft«. Das ist jedoch keine schäumende Polemik, sondern eine in aller Drastik präzis gebrauchte Metapher. Die Vernunft, soll das heißen, ist ehrlos, sie treibt es mit jedem. Darin klingt an, daß die Vernunft, obwohl an sich »geradezu göttlich«, durch einen ihr nicht gemäßen Gebrauch pervertiert werden kann. Die Vernunft gewährleistet nach L. keineswegs einen vernünftigen Gebrauch ihrer selbst. Vielmehr habe sie die Tendenz, sich absolut zu gebärden. Das wird vor allem bei der – für L. zentralen – Frage akut, was den Menschen letztlich gewiß machen kann.

Wollte die Vernunft auch darauf noch antworten, so machte sie sich einer Grenzüberschreitung schuldig. Das klingt moderner, als es gemeint ist. L. interessierte sich für die Vernunft nie im Hinblick auf die Dialektik ihres Selbstverhältnisses, sondern immer nur als Antipode des Glaubens. Es ist denn auch eine Pflicht des Glaubens, die Beziehungen, aber auch die Scheidelinie zur Vernunft fortwährend neu zu bedenken.

Am Anfang seiner biblischen Professur in Wittenberg, die L. von 1512 bis zu seinem Tod bekleidet hat, steht eine äußerst intensive und fruchtbare Schaffensperiode, während der sich der reformatorische Neuansatz aus den traditionellen theologischen Denkformen herauszuschälen begann. Die Konsequenzen wurden einer breiteren Öffentlichkeit durch die 95 Thesen vom Herbst 1517 bekannt, deren reformatorischer Gehalt L. dann im Streit mit Rom und Reich immer weiter profiliert hat. Auf dem Höhepunkt seines theologischen Aufbruchs, 1520, hat er eine Reihe von – vielfach allgemeinverständlichen – reformatorischen Hauptschriften verfaßt, deren bekannteste und am meisten rezipierte *Von der Freiheit eines Christenmenschen* handelt. Trotz des Gleichklangs der Vokabeln kommt L. jedoch für die Vaterschaft des neuzeitlichen Freiheitsgedankens kaum ernstlich in Frage. Er selbst wollte nur den paulinischen Ruf der Freiheit erneuern. Darin wird zweierlei deutlich: Die Freiheit, um die es L. geht, ist nicht als menschliches Vermögen bzw. als ontologische Verfassung gedacht, sondern als eine Freiheit, in die sich der Glaube an Christus versetzt sieht. Und: Nicht eine allgemein menschliche, sondern die christliche Freiheit hat L. im Blick. Sein Anliegen faßt er in die Doppelthese zusammen: »Eyn Christen mensch ist eyn freyer herr über alle ding und niemandt unterthan. Eyn Christen mensch ist eyn dienstpar knecht aller ding und ydermann unterthan«. Die beiden Sätze beziehen sich asymmetrisch aufeinander. Denn die Reihenfolge von der Freiheit zur Dienstbarkeit ist unumkehrbar. Und während sich das Knecht-Sein auf das Verhältnis zu den anderen Menschen bezieht, gilt das Herr-Sein nur in bezug auf die Dinge, nicht auf die Menschen. Die Dialektik von Herr und Knecht ist darum nicht gemeint, ebensowenig die von Seele und Leib. Vielmehr ist in beiden Sätzen vom *ganzen* Menschen die Rede: Zuerst in seinem Verhältnis zu Gott, dann in dem zu den Menschen. Der Glaube, will L. sagen, befreit den Menschen aus dem Zwang zur Selbstermächtigung, und er macht ihn frei zum Dienst an den Nächsten. Kurz: Er ist frei aus Glauben zur Liebe. Die damit gesetzte Freiheit hat ihren Ort zwischen Gott und Mensch; sie läßt sich nicht zu einem menschlichen Handlungsbegriff säkularisieren. Die Freiheit, die L. meint, ist die Freiheit des Gewissens, nun aber wieder in exklusiv theologischem und darum gerade nicht neuzeitlichem Sinn. Für ihn ist die Gewissensfreiheit nicht Ausdruck der Autonomie des Menschen. Das Gewissen ist darin frei, daß es sich in Gott gebunden und *darum* den Zumutungen anderer Mächte enthoben weiß.

In den auf die Freiheitsschrift folgenden Jahren widmet sich L. der inneren Konsolidierung seiner Theologie wie der kirchlichen Organisationsstruktur. Für seine Popularität, aber auch für den reformatorischen Aufschwung insgesamt bringt das Jahr 1525 den entscheidenden Kulminationspunkt. Äußerer Anlaß ist der Bauernkrieg, aber auch die Auseinandersetzung mit Erasmus hat damit zu tun. Erneut geht es dabei um das Freiheitsproblem. Erasmus, der spätestens seit 1521 den Bruch mit L. für irreparabel hielt, legte 1524 eine öffentliche Stellungnahme vor: *De libero arbitrio (Vom freien Willen).* Er hat damit ein Thema von theologischer, philosophischer und ethischer Relevanz angeschlagen, mit dem sich zugleich eine Kernfrage der reformatorischen Lehre verknüpfte. Die menschliche Willensfreiheit betreffend, votierte Erasmus für eine moderate, ausgleichende Lösung: Auf dem Heilsweg des Menschen zu Gott sei etliches der göttlichen Gnade, anderes dem menschlichen Willen zuzuschreiben. Jedenfalls sei dem Menschen aber die Willenskraft eigen, dem Heil sich zu- oder von ihm sich abzuwenden. Im Herbst 1525 kommt L.s Entgegnung: *De servo arbitrio (Vom unfreien Willen).* Darin folgt er Schritt für Schritt der erasmischen Argumentation, die er teils scharf polemisch, teils streng argumentierend erwidert. Seine These ist: Auf das Gottesverhältnis bezogen ist der Wille des Menschen gänzlich gebunden, im Umgang mit den weltlichen Dingen hat der Mensch dagegen Entscheidungsfreiheit. L. denkt den menschlichen Willen damit nicht in Analogie zum freien Willen Gottes, sondern aus der Fundamentalunterscheidung von Schöpfer und Geschöpf. In seinem Verhältnis zu Gott kann es für den Menschen keine neutrale Wahlfreiheit geben, weil er immer schon so oder so bestimmt ist. Um es mit einem von L. selbst gebrauchten Bild zu sagen: Der Mensch ist ein Reitpferd, das entweder von Gott oder vom Teufel geritten wird. Diese Auskunft ist nicht deterministisch gemeint. Ihre Pointe zielt vielmehr dahin, das Gottsein Gottes uneingeschränkt zur Geltung kommen zu lassen. Eine innere Konsistenz wird man der Auffassung L.s – die im übrigen bis heute kontrovers diskutiert wird – nicht absprechen wollen. Ihr Grundmotiv nährt sich aus der Sorge, die im Glauben empfangene christliche Freiheit werde bei Erasmus durch die Eigenmächtigkeit des Menschen gefährdet. L.s massiv formulierte Warnung vor einer Moralisierung des Christlichen unterscheidet ihn vom Tenor der scholastischen wie der neuzeitlichen Anthropologie.

Zu anderen philosophischen Fragen äußerte sich L. nie im Zusammenhang. Die vielen einschlägigen Bemerkungen, die es allerdings gibt, sind stets in einen konkreten theologischen Kontext eingebettet. Diese ›philosophischen Brocken‹ hat er niemals ausgearbeitet, weil er an ihnen kein selbständiges Interesse nahm. Ihrem interpretierenden Nachvollzug eröffnen sich gleichwohl wichtige Einsichten in L.s philosophische Reflexion. Das gilt zunächst schon für die Ontologie. Es gibt genügend Hinweise dafür, daß er die herkömmliche aristotelische Substanzontologie durch eine relationale Ontologie ersetzt wissen wollte. Das zeigt sich v. a. in der Lehre vom Menschen. Das Wesen des Menschen, urteilt L., lasse sich in den Kategorien einer substantialen Anthropologie der Seelenvermögen nur unzulänglich bestimmen. Von erschließender Bedeutung seien dagegen die Verhältnisse und Relationen, in denen der Mensch steht. Diesen deutlichen, wenn auch nicht konsequent explizierten Ansatz hat man eine »relationale Anthropologie der Daseinsmächte« genannt (Gerhard Ebeling). Ein zweites, vielleicht noch breiter angelegtes Feld ist L.s Sprach- und Übersetzungstheorie. Auch sie ist nirgendwo entwickelt, sondern muß aus verstreuten Reflexionssplittern rekonstruiert werden. Dabei zeigt sich, daß die Fülle der im Spätmittelalter diskutierten sprachtheoretischen Problemstellungen für ihn ohne Interesse war. Dagegen galt seine ganze Aufmerksamkeit dem kommunikativen Charakter der Sprache. »Das Wesen des

Wortes besteht darin, gehört zu werden«: Das ist zwar über das göttliche Wort gesagt, gilt jedoch zugleich für das menschliche Wort, das in seiner Natur, aber auch in seiner Defizienz erst von dort her bestimmbar wird. Dieses kommunikative, am wirkenden Wort sich orientierende Sprachverständnis ist das theoretische Fundament von L.s sprachgestalterischer Kraft, die allenthalben und zumal auch außerhalb von Theologie und Kirche eine hohe Wertschätzung gefunden hat.

Als Beispiel für die Beiläufigkeit, mit der bei L. philosophische Einsichten formuliert sind, kann auch sein berühmter *Zettel* von 1546 gelten, jene unmittelbar vor seinem Tod geschriebene, letzte schriftliche Notiz. Von ihr ist zumeist nur der – mit Pathos zitierte – Schlußsatz bekannt. In Wahrheit handelt es sich um eine dicht und überlegt formulierte hermeneutische Erkenntnis. Am Beispiel der Hirtengedichte Vergils, der politischen Schriften Ciceros und der biblischen Propheten macht L. klar, daß sich rechtes Verstehen nicht in einer nur kognitiven Aneignung erschöpfen kann, sondern erst in lebenspraktischer Verifikation ans Ziel gelangt: »Den Vergil in seinen Bucolica und Georgica kann niemand verstehen, er wäre denn zuerst fünf Jahre Hirt oder Bauer gewesen. Den Cicero in seinen Briefen versteht niemand, er wäre denn zwanzig Jahre in einem bedeutenden Staatswesen tätig gewesen. Die Heilige Schrift glaube niemand genügend verschmeckt zu haben, er habe denn hundert Jahre zusammen mit den Propheten die Gemeinden geleitet«. Dem folgt schließlich jener oft zitierte Spruch, der keine erbauliche Floskel ist, sondern das hermeneutische Fazit zieht: »Wir sind Bettler. Das ist wahr.«

Ebeling, Gerhard: Luthers Wirklichkeitsverständnis. In: Zeitschrift für Theologie und Kirche 90, 1993, S. 408–424. – Beutel, Albrecht: In dem Anfang war das Wort. Studien zu Luthers Sprachverständnis. Tübingen 1991. – Jüngel, Eberhard: Zur Freiheit eines Christenmenschen. Eine Erinnerung an Luthers Schrift. München ³1991. – Ebeling, Gerhard: Luther. Einführung in sein Denken. Tübingen ⁵1990. – Wolf, Herbert: Martin Luther. Stuttgart 1980.

Albrecht Beutel

Luxemburg, Rosa
Geb. 5. 3. 1871 in Zamóść (bei Lublin); ermordet 15. 1. 1919 in Berlin

Die Frau, deren Nachruhm als Märtyrerin des Sozialismus, als frühe Kritikerin Lenins und als faszinierende Persönlichkeit das Andenken fast aller ihrer Mitstreiter überstrahlt, sah sich selbst viel nüchterner, ja zweckbezogener: als marxistische Revolutionärin und als Theoretikerin der Politischen Ökonomie des Kapitalismus. Ihr wissenschaftliches Engagement begriff sie als unabdingbare Voraussetzung ihres politischen. Sie war mathematik-begeisterte Rationalistin und nicht Gefühls-Sozialistin. Von den meisten ihrer Genossen in der deutschen Sozialdemokratie – auch den Marxisten in ihr – unterschied sie sich durch ihr Postulat von der Möglichkeit und Notwendigkeit einer aktuellen sozialistischen Revolution.

Geboren wurde L. als Tochter einer relativ wohlhabenden jüdischen Holzhändler-Familie. Ihr wissenschaftliches und politisches Werk ist zweisprachig: polnisch und deutsch. Politischer Verfolgung und einer drohenden Verhaftung konnte sie sich 1889 durch die Flucht nach Zürich entziehen. Nach der juristischen Promotion 1897 über *Die industrielle Entwicklung Polens* ging sie nach Deutschland und arbeitete dort in der sozialdemokratischen Presse sowie an der 1906 gegründeten Parteischule. Sofort nach ihrer Ankunft in Deutschland beteiligte sich L. an der Auseinandersetzung mit dem Revisionismus Eduard Bernsteins mit ihrer Schrift *Sozialreform oder Revolution?* (als Buch 1899). Bernsteins These von einer Dämpfung der innerkapitalistischen Widersprüche durch Aktiengesellschaften, Kartelle und Trusts stellte sie die Auffassung entgegen, diese müßten die krisenhafte Dynamik letztlich noch verschärfen. In der Begegnung mit dem Revisionismus geriet L. sofort in die Konfrontation, welche ihre gesamte politische Arbeit bestimmen sollte. Die Aufhebung des Kapitalismus mit Hilfe der institutionellen Verankerung der Arbeiterorganisationen im System, wie sie von den Reformisten verfochten wurde, erschien ihr als illusionär. Die entscheidende historische Tendenz sei stattdessen die systemsprengende Dialektik von Produktivkräften und Produktionsverhältnissen, welche allerdings von einer klassenbewußten Arbeiterbewegung aktiv genutzt werden müsse. Gewerkschaftliche Erfolge, welche nicht am Ziel der Revolution orientiert seien, blieben reversibel, seien somit das Resultat von Sisyphusarbeit. Dabei konnte L. auf die Dauer nicht ignorieren, daß der gesamte Aufbau der Gewerkschaften und der deutschen Sozialdemokratie auf die Reformarbeit abgestellt war. Dies führte sie in den folgenden Jahren zu Überlegungen zum Verhältnis von ökonomischer Entwicklung, Bewußtsein der Arbeitermassen und Organisation. Die revolutionären Aufgaben des Proletariats ergeben sich für sie aus den historischen Gesetzmäßigkeiten der Akkumulation des Kapitals, das Klassenhandeln ist also nur scheinbar spontan. Partei und Gewerkschaften haben der Durchsetzung dieser geschichtlichen Dynamik zu dienen, sind insofern in ihrer jeweiligen konkreten Ausformung nur Übergangserscheinungen. Wo Organisation sich dagegen als Priorität setzt, welcher Massenverhalten untergeordnet sein müsse, wirkt sie hemmend. Dies war der Kern von L.s Kritik an Lenins Parteitheorie. Ihre Einwände trug sie in der Schrift *Organisationsfragen der russischen Sozialdemokratie* (1904) vor. In Deutschland war sie eine aktive Befürworterin des politischen Massenstreiks. Die Gewerkschaftsführer fürchteten von der Anwendung dieser Waffe eine Gefährdung der Organisation. L. antwortete in ihrer Schrift *Massenstreik, Partei und Gewerkschaften* (1906), in der sie ihre eigenen Erfahrungen während der ersten russischen Revolution, an der sie teilgenommen hatte (1906 geriet sie in Russisch-Polen in Haft), auswerten konnte. Sie wies darauf hin, daß in Rußland und Polen während der revolutionären Kämpfe Gewerkschaften nicht zerstört, sondern häufig erst aufgebaut worden seien.

Innerhalb der Arbeiterbewegung war sie vor allem als Rednerin und Publizistin bekannt. Doch das theoretische Fundament, auf dem sie ihre politische Arbeit aufbaute, blieb die Kritik der Politischen Ökonomie. Hier gewann sie auch ihre Einsichten über die krisenhafte Zuspitzung der gesellschaftlichen Situation und das Herannahen eines Weltkriegs. 1913 erschien ihr wissenschaftliches Hauptwerk: *Die Akkumulation des Kapitals. Ein Beitrag zur ökonomischen Erklärung des Imperialismus.* Ausgangspunkt ist die Kritik an Marx' Schema der erweiterten Reproduktion im zweiten Band des *Kapital*. Hier werde nicht geklärt, wie der neu erzeugte Mehrwert angesichts beschränkter Konsumtionsmöglichkeit der Massen realisiert werden könne. Diese Schwierigkeit überwinde der Kapitalismus durch ständige Ausdehnung in vorkapitalistische Bereiche hinein – als Imperialismus, den L. so definiert: »Der Imperialismus ist der politische Ausdruck des Prozesses der Kapitalakkumulation in ihrem Konkurrenzkampf um die Reste des noch nicht mit Beschlag belegten nichtkapitalistischen Weltmilieus«. Das letzte Kapitel trägt die Überschrift: »Der Militarismus als Gebiet der Kapitalakkumulation«. Damit hatte L. auch die in der Kritik der Politischen Ökonomie begründete Voraussetzung für ihre Prognose wachsender Kriegsgefahr und für ihren Kampf um den Frieden geschaffen. Diesem widmete sie einen wachsenden Teil ihrer Agitation am Vorabend des Ersten Weltkriegs. Justiz und Militärapparat in Deutschland beantworteten L.s Kampf gegen den Militarismus und für eine Reorganisation der Linken (u. a. Gründung der Spartakus-Gruppe) mit mehrjähriger Haft (1915 bis 1916, nach einigen Monaten Freiheit nochmals 1916 bis 1918).

Die russische Oktoberrevolution 1917 hat sie – in einem aus ihrem Nachlaß veröffentlichten Text: *Die russische Revolution* (geschrieben 1918, publiziert 1922) – grundsätzlich begrüßt und in Einzelheiten kritisiert. Ihr Einwand gegen die Beschränkung der Meinungsfreiheit:»Freiheit ist immer nur Freiheit des anders Denkenden« – war nicht liberal-parlamentarisch, sondern revolutionär-sozialistisch: L. ging davon aus, daß Erkämpfung und Verteidigung des Sozialismus der vollen Entfaltung aller Kräfte und Positionen – auch derjenigen der Dissidenz, die von den Revolutionären nur in offener politischer Auseinandersetzung überwunden werden sollten – bedürften. An der Jahreswende 1918/19 beteiligte sie sich an der Gründung der Kommunistischen Partei Deutschlands. Nach der Niederschlagung des Januar-Aufstandes wurde L. von Freikorps-Mitgliedern am 15. Januar 1919 ermordet.

Nettl, Peter: Rosa Luxemburg. Köln und Berlin ²1986. – Laschitza, Annelies/Radczun, Günter: Rosa Luxemburg. Ihr Wirken in der deutschen Arbeiterbewegung. Frankfurt am Main 1971.

Georg Fülberth

Lyotard, Jean-François
Geb. 10. 8. 1924 in Versailles

Allgemein bekannt wurde L. dadurch, daß er das Schlagwort von der »Postmoderne« in die philosophische Debatte einführte (*La condition postmoderne*, 1979; *Das postmoderne Wissen*). Dessen Rezeption lief seinen eigentlichen Intentionen jedoch derart zuwider, daß er sich gezwungen sah, in weiteren Publikationen korrigierend Stellung zu beziehen (vor allem *Le postmoderne expliqué aux enfants*, 1986; *Postmoderne für Kinder*). L. hatte nicht eine neue Epoche ausrufen, sondern ein Grundproblem der Gegenwart – das des Widerstreits heterogener Diskursgenres, Wissensarten, Lebensformen – philosophisch artikulieren wollen.

In *Le différend* (1983; *Der Widerstreit*) – eigenem Bekunden zufolge »sein philosophisches Buch« – geht es darum, wie man (nach Auschwitz) »die Ehre des Denkens retten« könne. Schon seit *Au juste* (1979) vertritt L. die Auffassung, daß es die Frage der Gerechtigkeit nach dem Ende der »großen (modernen) Metaerzählungen« neu zu stellen gilt, denn diese Erzählungen haben sich selbst diskreditiert. Indem sie je ein Modell über alle anderen herrschen ließen, haben sie letztendlich den realen Terror solcher Überherrschung legitimiert. L.s Analyse des »Widerstreits«, die auf sprachphilosophischer Basis erfolgt, dient generell der kritischen Aufdeckung und Vermeidung solcher Überherrschung. Ein »Widerstreit« ist ein Streit »zwischen (wenigstens) zwei Parteien, der nicht angemessen entschieden werden kann, weil eine auf beide Argumentationen anwendbare Urteilsregel fehlt«. Wird ein solcher Widerstreit – der bereits zwischen zwei einfachen Sätzen bestehen kann, die unterschiedlichen Diskursgenres angehören – wie ein gewöhnlicher Rechtsstreit behandelt (wo aufgrund einer »Meta-Regel« entschieden werden kann), so geschieht dabei mindestens einem der Beteiligten Unrecht. Dagegen kommt es darauf an, ein Idiom zu finden, das den Widerstreit bezeugt, sowie eine Verknüpfungsform von Sätzen, die kein Unrecht hervorruft. Da einerseits »eine universale Urteilsregel im allgemeinen fehlt«, es andererseits aber unmöglich ist, einfach zu schweigen (wenn man philosophieren will), versucht L., eine dem Dissens verpflichtete Philosophie zu entwickeln, die dem Widerstreit eher gerecht wird als jede konsensorientierte Theorie, die den Terror strukturell in sich trägt.

Vergleicht man diesen späten, an Kant und Wittgenstein »als Vorläufern einer ehrbaren Postmoderne« orientierten Entwurf, der mit genauesten Differenzierungen arbeitet und dabei hyperrational wirken kann (wenngleich die Nähe zur Ästhetik unübersehbar ist), mit früheren, sich eher mit Marx und Freud auseinandersetzenden Publikationen über die libidinösen Triebstrukturen (insbesondere *Économie libidinale*, 1973; *Ökonomie des Wunsches*), die L. vor allem im deutschen Sprachraum den Vorwurf des Irrationalismus eingetragen haben, so könnte man meinen, in seinem Denken sei im Laufe der 70er Jahre ein Bruch eingetreten. Doch seine Philosophie ist nicht so disparat, wie es scheint. Die *Économie libidinale*, Dokument einer Verzweiflung und Befreiung – es galt endgültig einzusehen, daß man die Politik keinen moralischen Kriterien unterwerfen darf –, ist wie alle Schriften L.s ein auf Abweichung zielendes Buch. Nur der Ton hat sich geändert: L. ist mittlerweile zu einem Stil übergegangen, der an die klassischen Formen der Philosophie erinnert.

L. mißtraute schon früh den modernen Fortschritts-Ideologien, die er später »große Erzählungen« nannte. Diese kritische Haltung, die er mit manchen engagierten Linken der ersten Nachkriegsgeneration teilte und die ihn vor dem Anschluß an eine neue Ideologie – wie sie z. B. der Existentialismus bot – bewahrte, wurde durch seine Erfahrungen im algerischen Widerstand noch verstärkt (von 1950 bis 1952 war er Gymnasiallehrer in Constantine) und sollte für sein ganzes Werk bestimmend bleiben (Vgl. dazu: *La guerre des Algériens, 1989*). Philosophie ist für L. immer zugleich politisches Engagement. Beide dürfen aber niemals zur Doktrin erstarren, und ihre heterogenen Bestandteile müssen sorgsam unterschieden bzw. in dem Bewußtsein verknüpft werden, daß dieser »Übergang« selbst schon ein politischer

Akt ist. Den politisch engagierten Intellektuellen konventioneller Art wie Jean-Paul Sartre, die sich in den Dienst der Realisierung einer allumfassenden (modernen) Idee, z. B. der Emanzipation, stellten, schrieb L. 1984 ihr »Grabmal« *(Tombeau de l'intellectuel; Grabmal des Intellektuellen)*. Seine Absicht war es, eine »philosophische Politik abseits derer der ›Intellektuellen‹ und Politiker aufzubauen«.

Während seiner Assistentenzeit an der Sorbonne (von 1959 bis 1966) gehörte L. der extrem-marxistischen Gruppe »Socialisme ou Barbarie« um Cornélius Castoriadis und Claude Lefort an, die er aber Anfang der 60er Jahre verließ, weil sie begann, eine dogmatische Linie zu verfolgen. Seine Lehrtätigkeit an den durch den Mai 68 hochpolitisierten und der etablierten Sorbonne fernen Universitäten von Nanterre (von 1966 bis 1970), Vincennes (von 1970 bis 1972) bzw. St. Denis (von 1972 bis 1987) und seine Forschungstätigkeit am CNRS (Nationales Forschungszentrum) sind ebenso als politische Aktivitäten zu verstehen wie sein Engagement für das von ihm mitbegründete und zeitweilig geleitete interdisziplinäre »Collège International de Philosophie«.

Seine undogmatische Haltung macht L. nicht nur zu einem brillanten Pädagogen, sie zeichnet auch seine philosophischen Schriften aus. Es handelt sich fast ausnahmslos um »Relektüren« der großen modernen Autoren, die L. durcharbeitet, um ihnen neue und eigene Impulse abzugewinnen (Vgl. *Leçons sur L'Analytique du sublime,* 1991; *Die Analytik des Erhabenen)*. Dieses »Redigieren« (»ré-écrire«) der Philosophiegeschichte nennt L. in Anlehnung an Freud »Anamnese«. In diesem Sinn ist auch seine Konzeption von »Postmoderne« zu verstehen: keine Verabschiedung der Moderne, sondern deren Radikalisierung in Form eines kritischen Durcharbeitens, ohne ihre widerstreitenden Elemente durch eine allumfassende Idee zu versöhnen. Philosophieren heißt für L. reflektieren und kritisch (wie Kant) nach den Bedingungen ihrer Möglichkeit fragen, gerade auch der Möglichkeit eines kritischen Standpunktes heute, wo keine Metatheorie mehr zur Verfügung steht. Die Philosophie ist durch die Suche nach der »Regel des Denkens« charakterisiert. Diese bleibt reflektierend und regulativ.

L. sieht solch eine kritische Reflexion (die schon bei Kant Aufgabe der ästhetisch-reflektierenden Urteilskraft war) in den Unternehmungen der Avantgarden dieses Jahrhunderts vorgezeichnet, die stets zugleich die Bedingungen ihrer Arbeit mitreflektierten und sozusagen permanent auf der Suche nach ihren Regeln waren. Ihre Produktionen hatten von daher eher den Charakter von Ereignissen, in denen Unvorhergesehenes geschieht, als von Werken nach den Regeln der Kunst.

L.s Interesse an der Ästhetik zieht sich durch sein gesamtes Werk. Ästhetik ist dabei sowohl im weiteren, wahrnehmungsorientierten als auch im engeren, kunstbezogenen Sinn zu verstehen (vgl. zum ersteren die Auseinandersetzung mit Edmund Husserl und Maurice Merleau-Ponty in der Erstlingsschrift *La Phénoménologie* (1954; *Die Phänomenologie)*, zum letzteren die Habilitationsschrift *Discours, figure* (1971), *Que peindre?* (1987) und mehrere kleinere Gemeinschaftsproduktionen mit Künstlern, so z. B. *Récits tremblants* (1977) mit Jacques Monory). In diesem Zusammenhang stand auch die Ausstellung *Les immatériaux* (1985) im Pariser Centre Georges Pompidou, deren Hauptorganisator L. war. Sie befaßte sich mit den Auswirkungen der Neuen Technologien auf Kunst und menschliche Wahrnehmung insgesamt. Wie schon in *La condition postmoderne* deutlich wurde, sucht L. die Herausforderung der Neuen Technologien anzunehmen, ohne ihr blinder Apologet zu sein. In dem Bewußtsein, daß der Technisierungsprozeß nicht rückgängig zu machen ist – denn er wurde nicht von Menschen erfunden, sondern ist Manifestation eines überall auf der Erde stattfindenden »Komplexifizierungsprozesses« –, kommt es L. darauf an, die Menschen zu einem angemessenen Umgang mit ihm zu befähigen. Dafür gilt es, die Möglichkeiten der neuen Technologien zu erproben sowie ihre Eigenheiten und Wirkungen für den begrenzten Wahrnehmungsapparat der Menschen überhaupt erst einmal fühlbar zu machen (Vgl. die Aufsatzsammlung *L'Inhumain*, 1988; *Das Inhumane*).

Dieser ästhetische Zugang L.s und sein politisches Interesse kulminieren philosophisch in der bislang noch unabgeschlossenen Arbeit über den Begriff des Erhabenen. In seinem Buch über die kleinen (geschichtsphilosophischen) Schriften Kants (*L'enthousiasme*, 1986; *Der Enthusiasmus*) macht er deutlich, in welchem Maß das (schon bei Kant) ästhetische und politische Gefühl des Erhabenen an den Nahtstellen zwischen den abgrundtief getrennten, heterogenen Diskursgenres auftaucht und vielleicht das einzige Kriterium ist, um deren Widerstreit aufzudecken. Die Suche nach den nötigen legitimen Übergängen ist mühsam und langwierig, denn man muß Heterogenes verknüpfen, ohne der Heterogenität Abbruch zu tun. Das kann nur durch nachhaltiges Reflektieren gelingen, d.h. durch eine große Anstrengung der Einbildungskraft und eine enorme Schärfung des Wahrnehmungs- und Urteilsvermögens; nur so läßt sich eine »Geschmeidigkeit« im Umgang mit den heterogenen Diskursgenres erlangen. Wie sich bereits die künstlerische Avantgarde durch Anspielungen auf das Undarstellbare dem Erhabenen näherte, so muß auch eine kritische Philosophie ihr Augenmerk auf das (erhabene) Ereignis richten, wenn sie um Gerechtigkeit bemüht sein und vom Widerstreit Zeugnis ablegen will (vgl. *Heidegger et »les juifs«*, 1988; *Heidegger und »die Juden«*).

Welsch, Wolfgang/Pries, Christine (Hg.): Ästhetik im Widerstreit. Interventionen zum Werk von Jean-François Lyotard. Weinheim 1991. – Lyotard, Jean-François: Streifzüge, Gesetz, Form, Ereignis. Wien 1989. – Reese-Schäfer, Walter/Taureck, Bernhard H. F. (Hg.): Jean-François Lyotard. Cuxhaven 1989. – Reese-Schäfer, Walter: Lyotard zur Einführung. Hamburg 1988, ³1995. – Welsch, Wolfgang: Unsere postmoderne Moderne. Weinheim 1987, Berlin ⁴1994. – Wellmer, Albrecht: Zur Dialektik von Moderne und Postmoderne. Vernunftkritik nach Adorno. Frankfurt am Main 1985.

Christine Pries/Wolfgang Welsch

Mach, Ernst

Geb. 18. 2. 1838 in Turas (Mähren); gest. 19. 2. 1916 in Haar (bei München)

»Das Ich ist unrettbar.« Dies ist eine der Folgerungen, die M. in seinem populär gehaltenen Buch *Die Analyse der Empfindungen und das Verhältnis des Physischen zum Psychischen* (1886) aus seiner dort vor allem erkenntnistheoretisch fundierten »Elementen-Lehre« zieht. Dieses Werk, das die in der natürlichen Umwelt erfahrbaren Dinge ebenso wie das ›Ich‹ als Komplexe darstellt, welche sich bei näherer Betrachtung als relativ unbeständig erweisen und in vorläufig nicht weiter reduzierbare Elemente zerfallen, erregte großes Interesse bei Schriftstellern wie Robert Musil und Hugo von Hofmannsthal, deren Ich- und Todesproblematik hier zentral berührt wurde. Bei Musil, der 1908 in Berlin mit einer erkenntnistheoretischen Arbeit über M. promovierte, schlägt sich dessen Einfluß am deutlichsten nieder. Musils Interesse an M. entspringt der Frage nach der Vereinbarkeit von Naturwissenschaft und Philosophie, doch vermag M.s Monismus – so Musils Kritik – diesen Dualismus letzten Endes nicht aufzuheben.

M. wuchs in ländlicher Umgebung nahe bei Wien auf. Der zeitweilige Einzelunterricht durch seinen Vater Johann M., einen Gymnasiallehrer, sowie seine Erziehung zu manueller Arbeit waren bestimmend für sein späteres pragmatisches Denken im erkenntnistheoretischen und naturwissenschaftlichen Bereich. Es ist die schon als Schüler gemachte Erfahrung der Lektüre von Kants *Prolegomena zu einer jeden künftigen Metaphysik*, die M. das »Ding an sich« verwerfen und die antimetaphysische Haltung zu einer grundsätzlichen Voraussetzung seines wissenschaftlichen und weltanschaulichen Denkens werden ließ: »Etwa 2 oder 3 Jahre später empfand ich plötzlich die müßige Rolle, welche das ›Ding an sich‹ spielt. An einem heiteren Sommertage im Freien erschien mir einmal die Welt samt meinem Ich als eine zusammenhängende Masse von Empfindungen, nur im Ich stärker zusammenhängend. Obgleich die eigentliche Reflexion sich erst später hinzugesellte, so ist doch dieser Moment für meine ganze Anschauung bestimmend geworden.«

Es ist typisch für M., daß er seine sinnesphysiologisch psychologischen und physikalischen Abhandlungen oft durch Erfahrungen und Erlebnisse aus seiner Kindheit oder seinem alltäglichen Leben erläutert und somit immer wieder unmittelbar die naive Erfahrung als Ausgangspunkt des Denkens und Forschens nimmt.

Ein weiteres prägendes Element seiner Kindheit waren die Sympathien der Eltern für die Revolution von 1848. Die daraus resultierende sozialliberale Haltung M.s, die er übrigens mit den meisten empiristischen Philosophen Österreichs teilte, und seine Vorliebe für Ideen der Aufklärung zeigen sich in seinen schulreformerischen und populär gehaltenen Schriften. M. begann 1855 an der Wiener Universität sein Studium der Physik und Mathematik, das er 1860 mit der Promotion abschloß; bereits ein Jahr später habilitierte er sich. M.s erste große Leistung der Experimentalphysik war die Erzeugung des sogenannten Doppler-Effektes im Laboratorium noch während seiner Wiener Dozentenzeit. In der Folge beschäftigte er sich, motiviert durch sein Interesse an der Wahrnehmung, mit der Sinnesphysiologie in Verbindung mit Physik, Physiologie und Psychologie. M. verband seine naturwissenschaftliche Arbeit immer mit erkenntnistheoretischen Fragen nach den Grundlagen der Wissenschaft. Sein bedeutendstes wissenschaftsgeschichtliches Werk ist *Die Mechanik in ihrer Entwicklung historisch-kritisch dargestellt* (1883). Die Kernaussage dieser Arbeit liegt in der Darstellung des Prinzips der Denkökonomie, demzufolge sich das Denken immer nach dem Prinzip des geringsten Aufwandes vollzieht: »Alle Wissenschaft hat nach unserer Auffassung die Funktion, Erfahrung zu ersetzen.« M.s Kritik an der Newtonschen Unterscheidung relativer und absoluter Räume, Zeiten und Bewegungen, die er als metaphysisch ablehnte, beeinflußte die Entwicklung der allgemeinen Relativitätstheorie Albert Einsteins. Das Prinzip der Denkökonomie ist ebenfalls ein konstituierendes Merkmal des von M. hauptsächlich in der *Analyse der Empfindungen* entworfenen Empiriokritizismus. Der Empiriokritizismus ist eine erkenntnistheoretische Richtung des älteren Positivismus, der die Reduktion auf Empfindungselemente und deren funktionale Verknüpfung untereinander zur Voraussetzung objektiver Wissenschaft macht. Ich und Welt, Erscheinung und Ding (an sich) sind keine Gegensätze, vielmehr besteht alles aus gleichartigen Elementen, die nur jeweils unterschiedlich verknüpft sind: »Das Ding, der Körper, die Materie nichts außer dem Zusammenhang der Elemente.« Diese Gedanken M.s hatten vor allem Einfluß auf den logischen Empirismus des Wiener Kreises. Sie provozierten aber auch eine Streitschrift Lenins (*Materialismus und Empiriokritizismus*, 1909), die die zunehmende Rezeption M.scher Ideen im Austromarxismus und bei den russischen Marxisten verhindern sollte. 1896 wird M., der seit 1867 Professor für Physik in Prag war, nach Wien auf den neugeschaffenen Lehrstuhl für Philosophie – mit Schwerpunkt auf Geschichte und Theorie der induktiven Wissenschaften – berufen; dort konnte er sich ganz seinen naturwissenschaftlichen und erkenntnistheoretischen Interessen widmen. In diese Zeit fällt sein letztes wichtiges Buch *Erkenntnis und Irrtum. Skizzen zur Psychologie der Forschung* (1905). Dieses Werk bildete großenteils die Zusammenfassung seiner bisherigen wissenschaftlichen Tätigkeit. Anhand verschiedener Beispiele aus dem Bereich der Forschung wird »die Anpassung der Gedanken an die Tatsachen und die Anpassung der Gedanken aneinander« dargelegt. Der Erkenntnisprozeß stellt in erster Linie einen ökonomischen und biologischen Vorgang dar. M.s Prinzip der Denkökonomie sowie seine antiatomistische Haltung wurden zu zentralen Angriffspunkten der Positivismuskritik von Max Planck, dessen erkenntnistheoretische Überlegungen von der Annahme einer objektiven Realität unabhängig vom erkennenden Subjekt ausgehen. Trotz der teilweise polemisch geführten Auseinandersetzungen zwischen M. und Planck spricht es für die aufgeschlossene Haltung M.s, daß er in der dritten Auflage von *Erkenntnis und Irrtum* Friedrich Jodls Kritik an diesem Werk abdrucken ließ und wissenschaftlichen Erkenntnissen keine absolute Gültigkeit beimaß, denn: »Erkenntnis und Irrtum fließen aus den selben Quellen; nur der Erfolg vermag beide zu scheiden. Der klar erkannte Irrtum ist als Korrektiv ebenso erkenntnisfördernd wie die positive Erkenntnis.«

Blackmore, John (ed.): Ernst Mach – a deeper look. Dordrecht 1992. – Stadler, Friedrich: Vom Positivismus zur »Wissenschaftlichen Weltauffassung«. Am Beispiel der Wirkungsgeschichte von Ernst Mach in Österreich von 1895 bis 1934. Wien/München 1982. – Bradley, John: Machs Philosophie der Naturwissenschaften. Stuttgart 1974.

Gesine Karge

Machiavelli, Niccolò

Geb. 3. 5. 1469 in Florenz; gest. 22. 6. 1527 in Florenz

M. war ein Philosoph – und er war auch kein Philosoph. Praktisches politisches Handeln, diplomatischer Dienst war sein Metier; Theoretiker und Philosoph wurde er wider Willen – ein politischer Pragmatiker auf dem Abstellgleis. »Mir hat die Politik nichts als Schaden gebracht, die Liebe aber stets Freude und Genuß«, schreibt er in einem Brief 1514 aus dem ungeliebten Exil, seinem kärglichen Landgut, nahe der vertrauten Wirkungsstätte Florenz. Dort wurde er 1469 als Sohn eines Juristen aus niederem Adel geboren, die Jugend verbrachte er unter dem Eindruck des Glanzes der Republik im oberitalienischen Intrigenspiel um regional begrenzte Hegemonie, das durch Frankreichs militärische Intervention zum bitteren Ernst geriet: die Renaissance – eine Krisenzeit. Prägende Gestalt dieser Epoche war für M. Girolamo Savonarola; in ihm sah er den Prototyp des »unbewaffneten Helden, der notwendig scheitert, zumal in einer Welt, die von Waffen starrt«. 1498 trat M. in die Dienste der Republik Florenz. Er war Berater, Diplomat und mit weitreichenden Aufträgen befaßter Beamter (er reformierte das Heerwesen, d. h. er schuf die Bürgerwehr als Alternative zum Söldnerheer). Seine Missionen führten ihn in die damaligen Zentren der Macht, die Höfe, die Fürstentümer, den Vatikan. M. galt als treuer Diener der Republik, als glänzender Redner und Diplomat; sein Wissen um politisches Handeln war allgemein anerkannt, sein Rat gefragt, sein sicheres Kalkül gefürchtet. Die Zeit und der Ort seiner Abschiebung von der aktuellen politischen Bühne bedeuteten für ihn gleichsam die Pflicht, die Untätigkeit und das Gefühl, nicht gebraucht zu werden, im Medium des theoretischen Diskurses zu überwinden. Diese philosophischen Übungen wurden nur von schöngeistigem Schaffen unterbrochen. Aus dieser Zeit datieren viele Gedichte, Briefe, Chroniken und Dramen, u. a. seine bekannte Komödie *La Mandragola* (1525). Gleich zu Beginn seines Ausscheidens (1513) aus dem diplomatischen Beraterdienst – er geriet in den unbegründeten Verdacht einer Verschwörung gegen die gerade nach Florenz zurückgekehrten Medici – überraschte er seine Freunde mit der Ausarbeitung theoretischer Überlegungen: den *Discorsi sopra la prima deca di Tito Livio* (1531; *Erörterungen über die erste Dekade von Titus Livius*) und *Opuscalo de principatibus*, dem späteren *Il principe* (1532; *Der Fürst*), seinem bekanntesten und bedeutendsten Werk. Darin breitet er einen systematischen Theorieansatz über die Technik politischen Handelns aus, eine Grundlegung neuzeitlicher Staatsphilosophie. Die Frage nach der moralischen Ordnung gesellschaftlichen Lebens steht hierbei nur im Hintergrund.

Sie wird dominiert vom Primat des Machterwerbs und der Machterhaltung. Politik und Moral begreift M. als grundverschiedene Kategorien:»Wer politisch handelt, muß auch Böses tun.« Lüge, Betrug, Intrige, sogar Mord sind probate Mittel, die Macht über andere zu erlangen, allein auf den Willen und die Entschlossenheit zur Tat kommt es an. Die einzige Legitimation politischen Handelns besteht in der Zweckgerichtetheit und im Erfolg; moralisch verworfen gelten M. ohnehin alle Menschen. Sie streben allesamt nach persönlichem Gewinn, ihre Schranken sind Furcht und Haß:»Denn von den Menschen läßt sich im allgemeinen soviel sagen, daß sie undankbar, wankelmütig und heuchlerisch sind, voll Angst vor Gefahr, voll Gier nach Gewinn... Denn das Band der Liebe ist die Dankbarkeit, und da die Menschen schlecht sind, zerreißen sie es bei jeder Gelegenheit um ihres eigenen Vorteils willen.« Deshalb gab es in der Einschätzung seiner Schriften zumindest in einem Punkt nie Zweifel: M. galt immer als unbedingter Realist, der sich niemals Spekulationen hingab. Das Bild vom Menschen reduziert sich bei ihm auf eine kalkulierbare rechnerische Größe, das Handeln ist nach sorgfältiger Analyse aller Faktoren vorhersehbar, politische Entscheidungen basieren auf der richtigen Taktik im Spiel um die Macht. Dieser Gedanke war damals bahnbrechend neu, fast revolutionär. Denn im Kampf um die Macht entscheidet nur noch der zweckmäßige Gebrauch der Mittel, nicht mehr Abstammung oder der rechte Glaube; insofern impliziert dieses Denken die prinzipielle Gleichheit aller Menschen. M. verstand sich als Ratgeber und Lehrmeister, sein konkretes Aktionsfeld war die Diplomatie. In Analogie zu Aristoteles' Philosophiebegriff wäre das Denken M.s einerseits ›poietisch‹ zu nennen, insofern sein Zweck außerhalb des Begriffs liegt (»Handeln zur Macht«), andererseits aber auch praktisch, weil es seinen Zweck in sich selbst hat (»Politik als Machthandlung«). Jedenfalls ist es die endgültige und gründliche Abkehr von den Aporien der antik-christlichen Moralphilosophie über ›das Gute‹, das ›rechte Handeln‹. Im *Principe* heißt es:»Da es aber meine Absicht ist, etwas Brauchbares für den zu schreiben, der Interesse dafür hat, schien es mir zweckmäßig, dem wirklichen Wesen der Dinge nachzugehen als deren Phantasiebild.« Auch hier ist die nüchterne Aufrichtigkeit, die analytische Schärfe des Pragmatikers treibende Kraft. Aus der Trennung von Politik und Moral ergibt sich für ihn die Frage nach der Neuformulierung des Ethischen: weil das funktionierende Staatswesen auf Gewalt beruht, nicht auf Gerechtigkeit. Die Durchsetzung politischen Handelns als Selbstzweck faßte man später im Begriff der Staatsräson, M. darf dabei als Urheber gelten. Auch sollte man keineswegs in M. einen Anhänger der Tyrannis sehen, schließlich blieb er zeitlebens ein glühender Verehrer der florentinischen Republik. Das Gelingen politischer Pragmatik hängt bei ihm von zwei Faktoren ab: von »fortuna«, die das allgemeine Schicksal lenkende Zeitenkraft, und von »virtus«, den (männlich verstandenen) Eigenschaften Energie, Entschlossenheit und Durchsetzungskraft. Nur wenn die Zeitläufe einem tatkräftigen Mann *(Principe)* wohlgesonnen sind, also die Voraussetzungen und Begleitumstände dafür sprechen, wird er Macht gewinnen und bei richtigem Gebrauch auch erhalten. Die alte Bedeutung von »virtus« (Tugend) hat damit eine neue, zweckrationale Qualität erhalten: der Erfolg allein zählt, oder: dem Tapferen winkt das Glück. M.s Denken verdanken wir den neuzeitlichen Begriff der Macht als Basisphänomen des Politischen, die technokratische Trennung von Politik und Moral. Dabei bewegte ihn durchaus ein ähnlich erkenntnisleitendes Interesse wie etwa Thomas Morus, der das Fortschrittspathos der Renaissance im Genre des Staatsromans auf die *Insula Utopia* hin richtete. Die Ausgangssituation war für beide gleich: Auflösung der mittelalterlichen Welteinheit, Veränderungen des Weltbildes aufgrund neuer Erkenntnisparadigmen, Auseinanderbrechen der kirchlichen Macht, Kriege, demographische Umschichtungen, die Etablierung moderner Kapitalwirtschaft, Expansion des Handels – Sehnsucht nach einem anderen, sicheren, jedenfalls neuen und besseren Leben. Morus entschied sich in seinem utopischen Entwurf für das Bild der gerechten Gesellschaft, wie sie schon bei Platon im Höhlengleichnis als Schlüssel zum politischen Handeln entwickelt wurde. In diesem System gilt die Prämisse, daß der Mensch »Maß« und »Ziel« habe, sein Handeln deshalb notwendig »richtig« werde, wenn er nur auf das »Gute« zuhalte. Der Natur (Notwendigkeit/Wahrheit) steht das Recht (»nómos«) als eine menschliche Größe gegenüber; die konsequente Fortführung dieses Gedankens endet bei dem Bild einer »gerechten Gesellschaft«, einer »konkreten Utopie«. In der Renaissance findet generell Neuorientierung an antiken Interpretationsmustern statt; M.s *Discorsi* beispielsweise argumentieren an der Geschichte des Livius entlang, preisen die Machtfülle des vorchristlichen römischen Imperiums. Die nationale und politische Zersplitterung Italiens zu Zeiten M.s bedeutete ihm ein vorrangiges Motiv, das sein Denken inspirierte. So ist das letzte Kapitel des *Principe* überschrieben: »Aufruf, Italien von den Barbaren zu befreien«. Dieses konkrete Ziel war in den Augen M.s nur von einer starken Persönlichkeit zu realisieren, die fähig wäre, den Machterwerb zu maximieren. Da nur solche Personen von einer Aura der Macht umgeben sein können, die ein Vorhandensein »wirklicher« Macht suggerieren, wendet sich M. mit seinen Ideen an die Figur des Fürsten. Seine Schriften stehen aber ausdrücklich nicht in der literarischen Tradition des Fürstenspiegels, einer Literaturgattung, die durch die Beschreibung einer gerechteren Welt den tatsächlichen Verhältnissen einen Spiegel vorhält und sie dadurch verändern, bessern möchte (z. B. Thomas von Aquin, *Über die Herrschaft der Fürsten*). Auch die heilsgeschichtliche Vision des Augustinus vom Gottesstaat, die Hierarchisierung der Welt im mittelalterlichen Denken und die Rezeption der aristotelischen Staatstheorie bedeuteten eher Gegenpole zu M.s Versuch, die Funktionen eines Machtapparates in der Theorie zu optimieren. Bei Aristoteles sind Naturvorgänge und menschliches Handeln immer zweckgerichtet, teleologisch. Nach M.s Auffassung liegt aber der Zweck politischen Handelns in sich selbst und ist keineswegs auf ethische Kategorien außerhalb gerichtet. Insofern zielt M.s Utopie auf das »hic et nunc«, auf das Machbare. Doch war ihm auch schon die Begrenztheit des Technokratischen bewußt. Diese Erkenntnis wurde zu seinem persönlichen Krisenphänomen.

M.s Biographie und sein Werk bilden das Paradoxon seines Theorieansatzes und der Frage nach Theoriefähigkeit in der Philosophie ab. Sein Denken verstand er als Anleitung zum Gebrauch, zu dem er selbst niemals berufen war. Vielleicht deshalb sehen wir heute in ihm den Denker der Abstraktion vom real vordergründigen Gebrauch der Macht – und sehen in ihm gleichzeitig den Utilitaristen, den willfährigen Lehrer im interessengeleiteten Kampf um konkreten politischen Einfluß. Der Umbruch vom Mittelalter in eine neue Perspektive auf die Geschehnisse der Welt stellte sich ihm als säkulare Erschütterung dar. Die Zukunft konnte keine Garantien geben. M.s technokratisches Denken scheint uns heute wohlvertraut. Machtapparate, wie er sie antizipierte, funktionieren ohne die Kontrolle der Betroffenen. Sein Erfahrungshorizont war die Erkenntnis, daß im Aufbruch der Renaissance die Menschen einander gnadenlose Feinde sind, vielleicht immer waren und bleiben werden. Die Fortsetzung seiner Analysen in konkrete Schlüsse, das Ergebnis als Technokratie, überraschen uns nicht. Die Konsequenz machiavellistischen Denkens überschreibt die Nachwelt als grausam. In seiner Anlage jedenfalls ist seine Ideologie ästhetischer Natur.»Es war das Schicksal der Renaissance, nur im Kunstwerk sagen zu können, was sie bedrängte . . . Machiavelli ist nicht der Realist des Staates, sondern der Künstler einer in der Wirklichkeit unüberholbar verlorenen Ordnung, die er als fernes Bild seiner Gegenwart vorhält« (René König). Insofern läßt sich auch die architektonische Gedankenanalyse des *Principe* nicht nur als politische Utopie begreifen, sondern gleichzeitig von seiner perspektivischen Blickrichtung her als ästhetisches Manifest.

Marcu, Valeriu: Machiavelli. Die Schule der Macht. München 1994. – Mittermaier, Karl: Machiavelli. Moral und Politik zu Beginn der Neuzeit. Gernsbach 1990. – Kersting, Wolfgang: Niccolo Machiavelli. München 1988. – Münkler, Herfried: Machiavelli. Die Begründung des politischen Denkens der Neuzeit aus der Krise der Republik Florenz. Frankfurt am Main 1981.

Thomas Schneider

Maimonides, Moses (d. i. Moses ben Maimon)
Geb. 30. 3. 1135 in Córdoba; gest. 13. 12. 1204 in Fustat (Alt-Kairo)

Der jüdische Schriftgelehrte und Hofarzt Sultan Saladins in Kairo mußte schon als kleiner Junge mit seiner Familie 1148 aus Córdoba vor seinen islamischen Verfolgern fliehen. Während viele Juden sich damals nach Norden wandten (Provence), führte sein Fluchtweg über Marokko und Palästina 1172 nach Kairo, wo er als Vorsteher der jüdischen Gemeinde und Arzt am Hofe großes Ansehen erwarb. Neben zahllosen medizinischen Abhandlungen schrieb er viel zu theologischen Problemen; so u. a. eine Verteidigung seines Glaubens gegen den Zwang des Islam, einen Kommentar zur Mischna (einer Sammlung religiöser Gesetze), einen Ethikgrundriß, eine Aufstellung von Glaubenssätzen. Sein Hauptwerk aber wurde *Der Führer der Ratlosen* (1190; *Dalâhat al-Hā'irin*, ursprünglich arabisch geschrieben, dann ins Hebräische und Lateinische übersetzt).

Für strenggläubige Juden gab es damals ein Problem: sie waren mit der Überlegenheit der griechisch-arabischen Wissenschaften konfrontiert und wußten nicht, wie sie die Gesetzestreue zur Thora mit den Ergebnissen der Vernunfterkenntnis vereinbaren sollten; modern gesprochen, wie z. B. Schöpfungsglaube und Evolution zusammenzubringen seien. M. hatte Aristoteles über Averroës gründlich studiert und übernahm von seinem Lehrer die Auffassung, daß im Grunde die beiden

Sehweisen, die der Bibel und die der Philosophie, übereinstimmten und daß gelegentliche Widersprüche durch allegorische Auslegung der Schrift zu beseitigen möglich wäre: die bildreiche Sprache sei für die Menge, der tiefere Sinn aber könne durch die Philosophen erschlossen werden. So wurde aus der Genesis eine Aussage zur Physik. Dies brachte viele Orthodoxe in Harnisch; man warf ihm Intellektualismus vor und Verrat an der Sache des Glaubens, denn er hatte hinzugesetzt, daß in Streitfragen die Vernunft der Glaubensaussage vorzuziehen sei. Seine Gegner wußten genau, welche philosophische Aufgabe damit verbunden war: wollte man seinem Vorschlag folgen, so mußte man Ethik und Metaphysik aus den Evangelien herausarbeiten und ihre Allgemeingültigkeit aufweisen.

Die Philosophie, die er vertrat, war die des Aristoteles, den er allerdings nicht so konsequent auslegte wie Averroës. So ließ er beispielsweise das Schöpfungsdogma gelten,»aus Mangel an Gegenbeweisen«, wie er schrieb, während jener die Ewigkeit der Welt fraglos vorausgesetzt hatte. – Ein weiteres Thema beunruhigte seine Kritiker. M. ging es vor allem um einen haltbaren Gottesbegriff, um die Erkennbarkeit Gottes. Und hier variierte er ein altes Motiv, das man mit negativer Theologie bezeichnet:»Ich weiß nur, was Gott *nicht* ist«.»Die Negationen (was Gott nicht ist) sind wahr, die Affirmationen (Zusicherungen) sind zweifelhaft«, schrieb er. Dies schränkte natürlich die positiven schriftgesicherten Aussagen drastisch ein, die er nur als kausale Schlußfolgerungen verstand: wenn man Gott gut nenne, dann sage man eigentlich nur, daß er Gutes tue, aber nichts über Gott selbst. Dieser radikalen Vorsicht widersprach später Thomas von Aquin; Meister Eckhart aber griff in seiner Gotteslehre diese Gedanken wieder auf und entwickelte sie weiter. – Ein dritter Punkt ist erwähnenswert. Es ist die Lehre vom Intellekt, die er bei den arabischen Aristotelikern vorfand (Al-Kindi, Al-Farabi, Averroës). Er behauptete – und brachte so doch etwas Licht in das Dunkel der Nichterkennbarkeit Gottes –, daß wir Menschen den Intellekt Gottes erkennen können: Wie er vereinen wir beim Erkennen einer Sache sie selbst, das Erkannte, mit uns, den Erkennenden. Beim Menschen wird, gleichsam als Vorgang (prozeßhaft), im Erkennen eine Identität von Person und Objekt geschaffen, während im Unterschied dazu in Gott diese Dreieinheit in ewiger Ruhe (statisch) existiert. Was gemeinhin als leeres Vermögen (Wahrnehmung) und Einzelding (z. B. Baum) vorgestellt wird, fällt in der Erkenntnis zusammen, weil die reine Form (Holz) als Abstraktion hinzugedacht wird: Das Erkennen *ist* der Gegenstand und der Akt und das Wesen des Intellekts in einem. Diese Dreieinheit war für M. ein Schlüssel zur Gotteserkenntnis – ein Gedanke, der bis zu Meister Eckhart führt. Hier wie auch im jüdischen Denken Frankreichs, Italiens und Spaniens hat M. lange und nachdrücklich gewirkt.

Simon, Marcel: Geschichte der jüdischen Philosophie. München 1984. – Twersky, Isadora: A Maimonides Reader. New York 1972. – Kluxen, Wolfgang: Moses Maimonides und die Hochscholastik. In: Philosophisches Jahrbuch 63 (1954). – Strauss, Leo: Persecution and the Art of Writing. Glencoe/Ill. 1952. – Ders.: Philosophie und Gesetz. Beiträge zum Verständnis Maimonides' und seiner Vorläufer. Berlin 1935.

Wolfgang Meckel

Malebranche, Nicolas de
Geb. 6. 8. 1638 in Paris; gest. 13. 10. 1715 in Paris

Dem philosophisch und theologisch ausgebildeten Oratorianer M. (Eintritt in das Oratorium von Paris am 18. 1. 1660) fällt im Sommer des Jahres 1664 – einige Monate vor seiner Priesterweihe am 14. 9. 1664 – ein fast noch druckfeuchtes Werk in die Hände, dessen Lektüre er vor lauter Begeisterung und Herzklopfen immer wieder unterbrechen muß: es handelt sich um die französische Übersetzung von René Descartes' *De homine* (1662), den *Traité de l'homme* (1664). Dieses Werk stellt M. eine fast mathematisch klare Gedankenführung und eine Methode vor Augen, die sein eigenes philosophisches Schaffen zutiefst beeinflussen sollte. Bereits sein erstes Werk, *De la Recherche de la Vérité* (1674–1678, 3 Bde.; *Über die Suche nach der Wahrheit*), das zu einem »Bestseller« wird, zeugt deutlich von dieser Auseinandersetzung mit Descartes, dessen Philosophie M. mit Hilfe der christlichen Lehre – vor allem des Augustinus – weiter- und zuendedenken will. M. sieht, Descartes abwandelnd, einzig in Gott die wirkliche Ursache aller Ideen. Der Mensch kann lediglich ihre »gelegentliche« (»okkasionelle«) Ursache sein (daher das Etikett »Okkasionalismus« für den Cartesianismus M.s). Den menschlichen Empfindungen kommt bei der Wahrheitsfindung keine Bedeutung zu, ihre Funktion beschränkt sich auf das Biologische. Gott allein ist der Urheber der Naturphänomene – die Wirkung der Dinge aufeinander ist also nur eine scheinbare – aber zugleich auch, und hier liegt die entscheidende Neuerung M.s, Urheber der menschlichen Wahrnehmungen und Vorstellungen: »Wir sehen alle Dinge in Gott (›en Dieu‹).« M. identifiziert letztlich die menschliche Vernunft mit dem göttlichen Logos (vgl. Joh. 1,1 ff.) und erhebt sie sogar über den Glauben, wodurch er heftige kritische Reaktionen bei den großen Theologen (Antoine Arnauld, Jacques-Bénigne Bossuet) und Philosophen (Bernard Fontenelle, Gottfried Wilhelm Leibniz) seiner Zeit auslöste, deren Einwände M. u. a. in den *Éclaircissements (Erhellungen)*, die seit der Ausgabe der *Vérité* von 1678 dem Werk als Anhang beigegeben sind, zu widerlegen sucht.

Den Gedanken des Okkasionalismus verfolgt M. weiter in den *Méditations chrétiennes et métaphysiques* (1683; *Christlich-metaphysische Betrachtungen*), zwanzig Gesprächen zwischen einem Schüler und Gott als seinem Lehrer. Die freiere Form des Dialogs gestattet M. stilistische Feinheiten, die sich bis hin zu einer geradezu subjektivlyrischen Innenschau steigern können und die *Méditations* zu einem literarischstilistischen Meisterwerk der französischen Literatur machen. Stärker als in der *Vérité* steht hier das neutestamentliche Gedankengut im Mittelpunkt der (philosophischen) Gedankenführung, die vor allem um das Verhältnis zwischen Gott und Mensch kreist. Dieses Verhältnis wird von M. wiederum okkasionalistisch definiert; er hält auch hier an dem Hauptgedanken fest, daß alle Erkenntnis letztlich ein »Schauen in Gott«, eine »Vision en Dieu« darstellt. Ein weiterer Akzent liegt in diesem Werk auf der Gnadenlehre: die von Gott geschenkte Gnade manifestiert sich einerseits als

»Fähigkeit« der Seele zur Liebe, andererseits im je und je hilfreichen Eingreifen Gottes in die von der Erbsünde belasteten Handlungen des Menschen. Der okkasionalistische Ansatz taucht auch in der Gnadenlehre wieder auf, denn die Fleischwerdung Christi stellt die »cause occasionelle« der Gnade dar.

Gleichsam als Aussöhnung mit Bossuet kann der *Traité de l'amour de Dieu (Traktat über die Gottesliebe)* angesehen werden, der zuerst im Jahre 1697 als Anhang zu M.s ethischem Hauptwerk, dem *Traité de morale* (1684), erschien. Diese Schrift ist eine scharfe Absage an den in Frankreich in Mode gekommenen Quietismus. Diese von der spanischen Mystik (v. a. der Teresa von Avila) ausgehende religiös-philosophische Haltung propagiert die totale Passivität, die den menschlichen Willen und das menschliche Handeln verurteilt und durch die rückhaltlose, uneigennützige Liebe zu Gott das Heil erreichen will. M. reagiert mit seiner Schrift auf die Veröffentlichung des dritten Bandes von *De la connaissance de soi-même* von F. Lamy, der Zitate M.s verfälschend im Sinne des Quietismus interpretiert. M.s Ausgangspunkt ist die These von der vollkommenen Eigenliebe Gottes. Auf seiten des Menschen steht dem die Unvollkommenheit der Liebe gegenüber. Wenn nun also der Mensch Gott liebt, dann kann dies niemals, wie der Quietismus es behauptete, uneigennützig geschehen, denn eben aufgrund seiner Unvollkommenheit liebt der Mensch in seiner Liebe zu Gott auch immer sich selbst. Der Mensch erwartet von seiner Liebe zu Gott immer etwas für ihn selbst ›Nützliches‹.

M. – die moderne Ausgabe seiner Werke (Paris 1958–1968) umfaßt zwanzig umfangreiche Bände – stand im Mittelpunkt der philosophischen Diskussionen seiner Zeit, seine klare Methode, seine stilistische Souveränität und vor allem seine vehemente Polemik zugunsten der menschlichen Vernunft ließen ihn in Frankreich zu einem Vorreiter der Philosophen der Aufklärung werden, wie die – allerdings atheistisch modifizierte – Laudatio in Montesquieus *Esprit des lois* oder der Einfluß seiner Gedanken auf Rousseaus *Émile* deutlich machen.

Cottingham, John: Nicolas Malebranche. Illumination and Rhetoric. o. O. 1991. – Jolley, Nicholas: The Light of the Soul. Theories of Ideas in Leibniz, Malebranche and Descartes. Oxford 1990. – Gueroult, Martial: Étendue et psychologie chez Malebranche. Paris 1987. – Beaude, Joseph: Le Lexique de l'imagination dans l'œuvre de Malebranche. Genève 1986.

Ulrich Prill

Mandeville, Bernard de
Geb. um 1670 in Dortrecht; gest. 21. 1. 1733 in Hackney/London

Zu den Stileigenschaften der englischen Aufklärungsphilosophie gehört das unvoreingenommene, zunächst von keiner Theorie geleitete Fragen nach Problemen und Gegenständen, womit oft ein scheinbar müheloser Aufstieg vom *common sense* einer Alltagsbeobachtung zu schwierigen erkenntnistheoretischen Erörterungen gelingt. Beläßt es der Autor jedoch bei der trivialen Schilderung des Gegebenen, entwertet sich das Verfahren oder es verfällt dort, wo moralische Grundsätze in offenbar rein satirischer Absicht behandelt werden, der Kritik einer offiziell, das heißt in Übereinstimmung mit diesen Normen herrschenden Meinung. Dieser Gefahr sahen sich die

Schriften M.s ausgesetzt, in denen er zu zeigen versucht, wie die Menschen sind, nicht wie sie sein sollen. Sie sind dementsprechend von vielen nur als Anekdotensammlungen eines zynischen Beobachters der frühkapitalistischen Konkurrenzgesellschaft gelesen worden, bei denen man nicht nach konstruktiven Ansätzen einer Gesellschaftstheorie suchte; während man sein Werk so nur unzulänglich verstand, wurden die wenigen authentischen Zeugnisse seiner Biographie durch eine Unzahl von Gerüchten überlagert, die ihm jenen amoralischen Egoismus in der Lebensführung nachsagten, den er in seiner berühmten, mehrfach überarbeiteten *Fable of the Bees* (1705/1714; *Die Bienenfabel*) als Prinzip allen gesellschaftlichen Handelns aufdeckt.

M. stammte aus einer vornehmen niederländischen Familie, die ihm eine standesgemäße Schulbildung – das adlige ›de‹ legte M. erst später ab – und eine zweifache Promotion in den Fächern Philosophie und Medizin an der Universität Leyden ermöglichte. Nach dem Studium läßt er sich – zunächst nur um die Sprache zu erlernen – in England nieder, wo er bis zu seinem Tode als Arzt für Nerven- und Magenleiden (»hypchondriack and hysterick passions«) praktiziert und als Autor freidenkerischer Schriften (*Free Thoughts on Religion, the Church, and National Happiness*, 1720; *A Modest Defence of Publick Stews*, 1724) zu einem bekannten und, entgegen seinem Ruf, geschätzten Glied der Londoner Gesellschaft wird. Eben diese Gesellschaft und die Frage, wie sie ihren Wohlstand trotz oder vielleicht gerade *wegen* der sichtbaren Korruption erhält, ist das Thema der *Bienenfabel*.

Im Sinne der neuzeitlichen Anthropologie bestimmt M. den Trieb zur Selbsterhaltung als ein »Naturgesetz«, dem der Mensch auf allen gesellschaftlichen Entwicklungsstufen unterworfen bleibt. Anders als Hobbes, Spinoza oder Samuel Pufendorf setzt er allerdings dieser Kategorie noch eine sie fundierende Grundbestimmung voraus: die »Selbstliebe« oder die Wertschätzung des eigenen Selbst (»self-liking«), aus der das Selbsterhaltungsstreben hervorgeht. Diese Akzentuierung ist insofern von Bedeutung, als damit die »Ablösung der naturrechtlichen Denkweise und Grundlegung der Theorie des Staates durch eine Theorie der Gesellschaft« (Wolfgang Schrader) vorgezeichnet wird, denn die natürliche Gegebenheit der Selbsthilfe begründet kein Recht mehr, das gegen andere geltend gemacht werden könnte. Dennoch erklärt gerade dieses Prinzip die Funktion von Herrschaft und den Ursprung der Vergesellschaftung der Individuen, da die selbstsüchtigen Privatinteressen den Menschen in seinem Handeln für den »Gesetzgeber« berechenbar machen. Die Selbstliebe wird in das politische Kalkül einbezogen, um die egoistischen Individuen mittels »imaginärer Belohnungen« zur »beschwerlichen Selbstverleugnung« ihrer triebhaften Neigungen zu bewegen: »Je genauer wir die menschliche Natur erforschen, desto mehr werden wir davon überzeugt sein, daß Sittlichkeit ein sozialpolitisches Erzeugnis aus Schmeichelei und Eitelkeit ist.« Selbst wenn der Mensch zum Nutzen der Allgemeinheit handelt, sucht er letztlich nur die Bestätigung und Steigerung seines Selbstwertgefühls.

M. leugnet damit zwar die natürliche Moralität im menschlichen Empfinden, sein – nirgends eingehend begründeter – Begriff der Selbstverleugnung (»self-denial«) enthält jedoch den Hinweis auf eine Tugendlehre, die mit der protestantischen Vorstellung von der Unterdrückung der aus der sündigen Natur des Menschen erwachsenden Begierden durchaus vereinbar ist bzw. sich ihr verdankt, was bereits ein prominenter Gegner M.s, Francis Hutcheson, kritisch anmerkt. Nur die »Gott geweihten Christen« sind nach M.s Auffassung dazu fähig, den Instinkt der Selbstliebe in sich abzutöten, wodurch sie aber nicht mehr in den »natürlichen Verhältnissen« leben, unter denen sich Menschen zivilisieren und für die paradoxerweise gilt, daß aus privaten Lastern öffentliche Wohltaten folgen, was jener für die Zeitgenossen so anstößige Untertitel von M.s *Bienenfabel* zu einer Formel zusammenfaßt: »Private vices, Publick Benefits«.

Malcolm, Jack: The social and political thought of Bernard Mandeville. New York u. a. 1987. – Schrader, Wolfgang H.: Ethik und Anthropologie in der englischen Aufklärung. Der Wandel der moral-sense-Theorie von Shaftesbury bis Hume. Hamburg 1984.

Friedrich Vollhardt

Mannheim, Karl
Geb. 27. 3. 1893 in Budapest; gest. 9. 1. 1947 in London

Als ein »nach Deutschland verschlagener Scherben« fühlte sich M. in Heidelberg noch 1921, obwohl Deutschland und die deutsche Kultur ihm nicht fremd waren – seine Mutter war Deutsche, und von 1912 bis 1913 hatte M. bei Georg Simmel in Berlin Philosophie studiert. Doch seine Identität war stark vom intellektuellen Klima in Budapest geprägt, das sich vor allem in der jüdischen Mittelklasse konzentrierte, zu der auch M. gehörte, und das seit der Jahrhundertwende von einer Vielzahl moderner Einflüsse gekennzeichnet war. Nach Abschluß seiner Schulzeit geriet M. zunächst in die Nähe jener Budapester Intellektuellen, die sich um die »Sozialwissenschaftliche Gesellschaft« gruppierten und »progressive« reformerische Ideen und Autoren aus dem westlichen Ausland zu rezipieren suchten, wie z. B. Herbert Spencer, Lester Ward und Karl Kautsky. In seinem Denken und in seinen Emotionen stärker beeinflußt hat ihn freilich ein anderer informeller Zirkel sozial freischwebender und relativ marginaler Intellektueller: der »Sonntagskreis«, zu dem er nach seiner Rückkehr aus Deutschland fand. Auf Initiative von Georg Lukács und dem Dichter Béla Balázs trafen sich ab Herbst 1915 jeden Sonntag Philosophen, Wissenschaftler und Schriftsteller zu langen Diskussionen über philosophische, kulturelle und politische Fragen. Es war vor allem die verwandte Anschauungs- und Denkweise dieser intellektuellen Gemeinschaft, die M. in Heidelberg vermißte und deren Fehlen ihm das Gefühl gab, ein ungarischer »Scherben« zu sein. In seiner Studie *Das Problem der Generationen* (1928) hat er später sein Erlebnis des Sonntagskreises aufgenommen und über gemeinsame Einstellungen und verwandte Themen und Fragestellungen geschrieben, die für die Entwicklung einer in Denkhaltung und Lebensausrichtung verwandten Generation charakteristisch sind.

Kennzeichnend für die Diskussionen im Sonntagskreis, an dem neben Lukács, Balázs und M. u. a. auch Lajos Fülep, Béla Fogarasi, Arnold Hauser, Frigyes Antal und Anna Lesznai teilnahmen, war eine Vielfalt von Themen und Perspektiven, die einen gemeinsamen Nenner lediglich in dem Bestreben fanden, die Autonomie der Geisteswissenschaften gegenüber der Vorherrschaft der naturwissenschaftlichen Methoden zu verteidigen und von der Position eines methodologischen Pluralismus aus die einzelnen Kultursphären als selbständige Entitäten in ihrer je objektiven Bedeutung zu interpretieren. 1917/18 begann der Sonntagskreis, dieses Programm öffentlich in der »Freien Schule der Geisteswissenschaften« in verschiedenen Vorträgen vorzustellen: In seinem einleitenden Beitrag über *Seele und Kultur* (1917) thematisierte M. das Verhältnis zwischen Individuum und »objektiver Kultur« und diagnostizierte – noch ganz unter dem Einfluß Georg Simmels – für die damalige Zeit eine Phase »fremdgewordener Kulturobjektivationen«, die nur vermittels einer wissenschaftlichen Strukturanalyse subjektiv – wie auch immer unangemessen – angeeignet werden könnten. Das Interesse an der Strukturanalyse von »Denkstilen« hat M. sowohl in seiner philosophischen Dissertation *Die Strukturanalyse der Erkenntnistheorie* (1922) als auch in seinen späteren wissenssoziologischen Arbeiten bewahrt. Nach der Revolution im Oktober 1917 und erst Recht nach Lukács' überraschendem Eintritt in die ungarische KP politisierte sich der bis dahin nur theoretisierende Sonntagskreis, wenngleich einige Mitglieder, darunter M., dem kommunistischen Anliegen gegenüber eher zweifelnd-distanziert blieben. Bei der von Lukács vorgenommenen Reorganisation der Universität erhielten viele »Sonntägler« einflußreiche Lehrpositionen: M. lehrte Philosophie bis zum Zusammenbruch der Revolutionsregierung im Juli 1919. Wie viele andere ungarische Intellektuelle wählte er danach die äußere Emigration.

In Deutschland, zunächst in Freiburg bei Heidegger, danach in Heidelberg vor allem bei Alfred Weber widmete er sich, von seinen Eltern finanziell unterstützt, erneut ganz seinem Studium und absorbierte eine Vielzahl von theoretischen Strömungen – u. a. den Neo-Kantianismus Heinrich Rickerts, Husserls Phänomenologie, die Lebensphilosophie –, die er zunächst noch philosophisch, bald jedoch zunehmend im Rahmen der von ihm begründeten Wissenssoziologie zu synthetisieren trachtete. Im Zentrum seiner ersten Veröffentlichungen auf Deutsch standen theoretische Fragen der Interpretation »geistiger Gebilde« (*Beiträge zur Theorie der Weltanschauungs-Interpretation*, 1921–22; *Ideologische und soziologische Interpretation der geistigen Gebilde*, 1926), bei denen er – ausgehend von Fogarasis Unterscheidung von intentionellem, objektivem und transzendentem Sinn – jeden einfachen Reduktionismus bei der Betrachtung von Ideen zu vermeiden suchte, selbst wenn er sich diesen zunehmend aus soziologischer Perspektive näherte. Seine Konzeption einer soziologischen Interpretation oder Wissenssoziologie entwickelte er in Kontrapunktierung zu Max Schelers »statischer« Position, von der er seinen eigenen »dynamischen«, vom Historismus ausgehenden Ansatz scharf abhob (*Historismus*, 1924; *Das Problem einer Soziologie des Wissens*, 1925), obwohl ihn mit Scheler wichtige politisch-weltanschauliche Intentionen verbanden: Beide suchten nach geeigneten Mitteln, um die als Weltanschauungschaos diagnostizierte Krise ihrer Gegenwart zu überwinden, und fanden diese in Ideologiekritik, Kultursynthese und Bildungselite, die darum – zusammen mit der Abwehr des (Vulgär-) Marxismus – gemeinsame Programmpunkte ihrer jeweiligen Wissenssoziologie darstellten. Im Gegensatz zu Scheler lehnt M. jedoch die Vorstellung eines völlig sinnfremden Unterbaus ab und geht von dem Postulat einer dynamischen Einheit von Geist und Leben aus, wobei er jedoch den sog. seinsmäßigen Fakten eine »Massivität« zuerkennt, obwohl auch sie einen je verschiedenen Sinn haben, je nachdem, in welche der verschiedenen Rekonstruktionen von Geschichte sie als Teile eingefügt werden. Geschichte ist dabei für M. ein Lebens- und Erlebensstrom, der sich durch das erlebende Subjekt und das von ihm Erlebte hindurch vollzieht. M.s lebensphilosophische Uminterpretation des Hegelschen Geschichtsbegriffes sowie sein Interesse an einer »geschichtsphilosophisch-soziologische(n) Totalitätsrekonstruktion« zielen letztlich auf einen metaphysischen Sinn von Geschichte, der den negativen Auswirkungen eines radikal zu Ende gedachten Historismus einschließlich seiner Relativismusproblematik in der ideologisch zerrissenen Weimarer Republik Einhalt gebieten sollte. Auf der Ebene der Totalitätserfassung erscheinen »Sein« und »Sinn« als »hypostasierte Teilsphären, die letzten Endes ›Ausstrahlungen‹ ein und desselben Lebens sind«. Auf der Ebene der soziologischen Zurechnung geistiger Gebilde zum sozialen Sein hält er andererseits an der phänomenologischen Differenz zwischen Geist und Sein fest, sucht aber auch hier eine unmittelbare Reduktion geistiger Standorte auf soziale Schichten zu vermeiden, indem er »geistige Schichten« als Vermittlungsinstanz einführt.

Bei der Ausarbeitung seiner Wissenssoziologie wendet sich M. einer kritischen Analyse der verschiedenen Versionen des Ideologiebegriffs zu (*Ideologie und Utopie*, 1929). Durch die Einführung eines wertfreien, totalen und allgemeinen Ideologiebegriffs will er eine unparteiische, soziologisch orientierte Geistesgeschichte ermöglichen, die methodisch eine richtige Zuordnung zum sozialen Substrat erlaubt. Die Analyse des »seinsgebundenen Denkens« führt nun aber »unversehens« zu einem wertenden Ideologiebegriff, mit dessen Hilfe »unter den Normen, Denkweisen, Orientierungsschemen *ein und derselben* Zeit wahre und unwahre, echte und unechte« zu unterscheiden sind, wobei M. als Wahrheitskriterium die Brauchbarkeit der Ideen in der Lebenspraxis ansieht. Das Ineinander-Übergehen von wertfreier in wertende Analyse und von Soziologie in Geschichtsmetaphysik wird besonders deutlich bei M.s Theorie der »dynamischen Synthese«, bei der die relativ sozial freischwebende Intelligenz Partialaspekte des Wissens immer wieder synthetisiert und so einer Totalorientierung immer näher kommt, in der sich der Geschichtssinn schließlich offenbart. M.s Wissenssoziologie, insbesondere sein *Ideologie und Utopie* ist in den 20er und Anfang der 30er Jahre heftig diskutiert und in verschiedenster Hinsicht von Marxisten und Nicht-Marxisten kritisiert worden. M. selbst hat durch die bewußte Offenheit seines Denkens, die wechselnde, unscharfe, z.T. widersprüchliche Begriffsbildungen einschloß, zu der kontroversen Rezeption seiner Wissenssoziologie beigetragen, wenngleich sein Werk auch eine Fülle von produktiven Einsichten in die Struktur eines bestimmten Denkens (*Das konservative Denken*, 1927) sowie in die sozialen Prozesse enthält, die einer bestimmten Denkhaltung zugrundeliegen (*Das Problem der Generationen*, 1928; *Die Bedeutung der Konkurrenz im Gebiete des Geistigen*, 1928/29).

M. war 1929 als Professor der Soziologie und Nationalökonomie nach Frankfurt am Main berufen worden, nachdem er seit 1925 Privatdozent in Heidelberg gewesen war. 1933 wurde er – zusammen mit seiner Frau, der ungarischen Psychologin Juliska Láng – von den Nationalsozialisten zur Emigration nach England gezwungen, wo er zunächst bis 1941 als Lecturer an der »London School of Economics« tätig war. Vor dem Hintergrund der Erfahrungen mit dem Nationalsozialismus galt M.s Sorge jetzt vor allem den gesellschaftlichen Krisenerscheinungen der modernen ungeplanten Massengesellschaft. Sein politisches Engagement richtete sich auf die Planung der Massendemokratie, bei der soziologische Erkenntnisse und Sozialtechniken als die wichtigsten Mittel der Planung fungieren sollten. Er rezipierte die Methoden der empirischen Sozialforschung und der Sozialpsychologie, die Psychoanalyse und den Behaviorismus, um sie in sein Programm einer Umgestaltung von Mensch und Gesellschaft produktiv einzubringen (*Man and Society in an Age of Reconstruction*, 1951 – *Mensch und Gesellschaft im Zeitalter des Umbaus*; *Freedom, Power and Democratic Planning*, 1950). Freiheit scheint ihm auf Dauer nur in einer stabilen Gesellschaft gewährleistet zu sein, in der die gesellschaftliche Integration in gemeinsamen Wert- und Moralvorstellungen gründet. Es erscheint nicht verwunderlich, daß M. mit dieser Auffassung, die an Emile Durkheim oder sogar Auguste Comte erinnert, unter den Einfluß einer religiös motivierten Gruppe namens Moot geriet, die in regelmäßigen Abständen zusammenkam, um die Rolle der Religion in einer geplanten Gesellschaft zu diskutieren. Auch in seiner Planungssoziologie kommt der Intelligenz als Teil der planenden Elite eine Schlüsselfunktion zu. Je mehr M. sich mit der Rekonstruktion der krisenhaften Massengesellschaft befaßte, desto mehr entwickelte er ein Interesse an Erziehung und an Kontakten mit Bildungsreformern. Gleichzeitig suchte er durch eine Vielzahl von öffentlichen Vorträgen eine interessierte Zuhörerschaft für seine Idee von einer geplanten freiheitlichen, massendemokratischen Gesellschaft zu gewinnen sowie von dem wichtigen Beitrag, den die Sozialwissenschaften dazu leisten könnten, zu überzeugen (*Diagnosis of our Time*, 1943; *Diagnose unserer Zeit*). Er strebte danach, seine Ideen über den engen akademischen Kontext hinaus bekannt zu machen. In diesem Sinne begründete er die »International Library of Sociology and Social Reconstruction«, in der eine Reihe von wichtigen sozialwissenschaftlichen Büchern über aktuelle Zeitprobleme publiziert wurde. Ganz im Sinne seines zunehmenden Interesses an Erziehungsfragen wurde M. 1941 an das »Institute of Education« an der University of London berufen, wo er 1946 zum Professor befördert wurde. Kurz vor seinem Tode im Januar 1947 wurde er als Direktor von Unesco nominiert; diese Position konnte er jedoch nicht mehr antreten.

Karádi, Éva/Vezér, Erzsébet (Hg.): Georg Lukács, Karl Mannheim und der Sonntagskreis. Frankfurt am Main 1985. – Remmling, Gunter W.: The Sociology of Karl Mannheim. London 1975.

Marlis Krüger

Marc Aurel (d. i. Marcus Aurelius Antonius)

Geb. 26. 4. 121 in Rom; gest. 17. 3. 180 bei Wien

Zwei Jahrzehnte lang, von 161 bis 180, war in Roms Imperium der Wunsch Platons in Erfüllung gegangen: Ein Philosoph war Kaiser und regierte das römische Weltreich. Ähnlich wie später Augustinus, so hatte sich auch der junge Prinz nach einer ersten – enthusiastisch der Rhetorik gewidmeten – Phase von dieser abgewandt und zur Philosophie bekehrt; bezeugt wird das durch seine (lateinischen) Briefe an den Lehrer Fronto, bezeugt auch durch seine Lebensführung und vor allem durch seine berühmten *Selbstbetrachtungen* (*Ad se ipsum libri XII*), deren 12 Bücher in griechischer Sprache und stoischem Geist in den letzten Lebensjahren unter ungünstigen Umständen, meist im Feldlager, abgefaßt sind. Die Regierungszeit des Herrschers war von Aufständen und Barbareneinfällen gekennzeichnet. Ständig waren Feldzüge vonnöten, von denen auch heute noch die bekannte Säule im Herzen Roms mit ihren Reliefdarstellungen kündet. Das taumelnde Riesenreich war durch eine einzelne Person an der Spitze nicht zu sanieren, so gerecht, so freigebig und hilfsbereit diese auch sein mochte: Inflation setzte ein, Christen wurden (u. a. in Lyon) verfolgt, Polykarp von Smyrna erlitt den Märtyrertod. In der Tat weht ein Hauch von Resignation in den *Selbstbetrachtungen* des letzten großen Autors der stoischen Lehre.

Unter den 12 Büchern des Werkes nimmt das erste eine Sonderstellung ein: Es zählt in genauer Selbstanalyse Punkt für Punkt auf, was der Autor 16 nahestehenden Menschen und schließlich »den Göttern« in seinem Persönlichkeitsbild zu schulden sich bewußt ist: von der Güte des Großvaters bis zur Standhaftigkeit und Nüchternheit, die der Adoptivvater vermittelte und vorlebte; von der Frömmigkeit, Freigiebigkeit und einfachen Lebensführung der Mutter bis zur Analyse von tyrannischer Mißgunst, Hinterhältigkeit und Heuchelei durch den Lehrer Fronto. Die Wertewelt eines Mannes, der sich gleichermaßen freizuhalten vermochte vom Cäsarenwahn wie auch von allzu menschlichen Schwächen; ein Wertsystem, das, wenn auch anders akzentuiert, doch dem der christlichen Lehre nahe genug steht.

M. A. lebte in einer Welt ohne Geborgenheit, ausgeliefert dem Wandel der Welt, dem Fluß der Ereignisse und Dinge: »Bedenke oft die Schnelligkeit des Vorüberziehens und Entschwindens des Seienden und Geschehenden (denn die Substanz ist wie ein Fluß in dauernder Strömung, und die Tätigkeiten sind in fortgesetzten Wandlungen und die Ursachen in tausend Veränderungen begriffen, und fast nichts bleibt stehen) und das dir nahe unendliche Gähnen der Vergangenheit und der Zukunft, in dem alles verschwindet.« Pessimistischer noch an anderer Stelle: »Alles Körperliche ist ein Fluß, alles Seelische ein Traum und Wahn, das Leben Krieg und Aufenthalt in der Fremde, der Nachruhm Vergessenheit.« Aber die Rettung in dieser Düsternis ist angeschlossen: »Was vermag uns da zu geleiten? Einzig und allein die Philosophie.« Ihre Wirkung ist die Bewältigung von Ängsten im Laufe des Lebens wie in der Erwartung des Todes, die Freiheit von Lüsten wie von Schmerzen. Doch führt sie noch darüber hinaus. Da die Vernunft allen Menschen gemeinsam ist, sind sie alle gleichermaßen Teilhaber an einer großen Gemeinschaft, sind allesamt gleichberechtigte Bürger eines weltumgreifenden Stadtstaates: »Der Mensch ist Bürger der obersten Stadt, von der die anderen Städte gleichsam nur die Häuser sind.« Die wirklich gebildete Seele »hat Kenntnis vom Anfang und Ende und von der die ganze Substanz durchdringenden Vernunft, die durch die ganze Ewigkeit hindurch in Abschnitten von fest bestimmten Perioden das All verwaltet«. So ist der Mensch zwar der Vergänglichkeit und Unbehaustheit unterworfen, doch vermag er sich durch die Hingabe an die Philosophie von der guten Ordnung des Kosmos Rechenschaft zu geben, vermag so seinen Standpunkt zu finden und zu festigen. Mit geradezu religiöser Inbrunst werden die Gedankenketten oft und oft wiederholt, die diesen Trost zu spenden bestimmt sind.

In der Tat ist M. A. kein Anhänger der in seiner Epoche wuchernden Erlösungsmythen und Heilsmysterien. Er vertraut sein Leben der Vernunft an und der durch sie zu gewinnenden, durch Überlegung und Konsequenz zu erhaltenden Seelenführung hin zu innerem Frieden. Der äußere war ihm nicht vergönnt, und so ist sein Dasein eingespannt in das Gegeneinander von komplizierten Regierungsaufgaben und Militärproblemen auf der einen, von tiefgründigen, das innere Gleichgewicht sichernden Philosophemen andererseits. Der Ernst, mit dem M. A. diese Grundspannung seiner Existenz gesehen, durchdacht und bewältigt hat, macht ihn zu einem Denker von königlichem Rang, dem der kaiserliche Purpur nur akzidentiell bestätigt, was seine menschliche Substanz ausmacht.

Pohlenz, Max: Die Stoa. Geschichte einer geistigen Bewegung. 2 Bde. Göttingen ⁶1984. – Giese, Alexander: Wie ein Fremder im Vaterland. Frankfurt am Main/Wien 1975.

Bernhard Kytzler

Marcel, Gabriel
Geb. 7. 12. 1889 in Paris; gest. 8. 10. 1973 in Paris

M. wird als Begründer des katholischen Existentialismus betrachtet, hat aber selbst diese Bezeichnung abgelehnt, weil er seine Philosophie nicht als ein System verstanden wissen wollte; er bezeichnete sie als »Neosokratismus« oder auch »christlichen Sokratismus«, da für ihn das Wesentliche in beständigem Fragen lag. So wollte er den Mitmenschen keine Überzeugungen aufzwingen, sie vielmehr zu Fragen hinführen bzw. diese in ihnen erwecken. Die Seele verstand er als eine Wanderin, die nie aufhört, unterwegs zu sein (›*Homo Viator*‹. *Prolégomènes à une métaphysique de l'espérance*, 1944; ›*Homo Viator*‹. *Prolegomena zu einer Metaphysik der Hoffnung – En chemin, vers quel éveil?*, 1971; *Unterwegs – zu welchem Erwachen?*). Bergson hat auf den jungen Philosophielehrer großen Einfluß ausgeübt: »Bergson habe ich zu verdanken, von einem Abstraktionsgeist losgekommen zu sein, dessen Schäden ich erst sehr viel später brandmarken sollte.« Der zum Katholizismus übergetretene Jude M., der auch Dramatiker und Musik- und Theaterkritiker war, empfand, wie er sagte, eine »soziologische«Verwandtschaft zu Proust: »Seine Mutter war, wie meine, Jüdin und sein Vater, wie mein Vater, Katholik.«

In einem seiner grundlegenden Werke, *Être et avoir* (1934; Sein und Haben), zog er eine strenge Trennungslinie zwischen der Welt der Objektivation und derjenigen der persönlichen Existenz; der Dualismus zwischen Subjekt und Objekt wird überwunden, indem jeder Bezug zur Welt als ein persönlicher empfunden wird. Die Wirklichkeit stellt sich als zerspalten dar zwischen der authentischen Welt des »Seins« und der unauthentischen Welt des »Habens«. Wie er in einem seiner Theaterstücke darlegte (*Le monde cassé*, 1933; *Die zerbrochene Welt*), lebt der Mensch des 20. Jahrhunderts M. zufolge in einer Welt, in welcher der Sinn des Sakralen (»le sacré«) abhanden gekommen und die Einheit des Menschen zerrissen ist. Zwar gibt die Technik die Illusion der Macht, letztlich aber ist sie nur der Verlust alles Menschlichen (*Les hommes contre l'humain*, 1951; *Die Menschen gegen das Menschliche*).

Wie andere französische Existentialisten (Jean-Paul Sartre, Albert Camus) begriff er die Kommunikation der Individuen untereinander, die sich in einer Sphäre der Vergegenständlichung verwirklicht, als entfremdend, da sie nur auf die Einsamkeit jedes Menschen zurückweist. Die Absonderung der einzelnen Existenzen wird dadurch verursacht, daß das objektiv Seiende als einzig mögliches Sein aufgefaßt wird. Echtes Sein ist aber transzendent; es ist persönlich. Der wahre Bezug zum Sein beruht auf einem Dialog mit ihm. Es ist kein »Es«, sondern nur ein »Du«. So sah M. in dem vor Gottes Antlitz realisierten Verhältnis einer Person zur anderen das Vorbild für jedes Verhältnis des Menschen zum Sein. Liebe heißt, so gesehen, stetiges Transzendieren; sie ist der Durchbruch zum Anderen, sei es zu einer menschlichen Person, sei es zu Gott. Die Vernunft vermag einen solchen Durchbruch nicht zu begreifen.

M. verwarf dementsprechend die cartesianische Selbstbehauptung, da sie in seinen Augen die Isolierung, die »Insularisierung« des Subjekts vorantreibt: »Das *cogito* führt nur in eine Welt, in welcher die eigentlichen Existenzurteile jede Bedeutung verlieren« (*Journal métaphysique*, 1927; *Metaphysisches Tagebuch*). Nur in der Begegnung zweier »Du« erfüllt sich der Mensch, bejaht er sich als Person: Du bist, also existiere ich – so könnte man die religiöse Philosophie M.s zusammenfassen. Der Vollzug dieses Prozesses bleibt ein Geheimnis (*Le mystère de l'être*, 1951; *Geheimnis des Seins*). Das Dasein stellt an sich kein »Problem« dar, es ist »metaproblematisch«, es ist ein Geschehen: »Das Problem ist etwas, dem man begegnet, das sich einem in den Weg stellt. . . . Im Gegensatz dazu ist das Geheimnis etwas, in das ich eingebunden bin, dessen Wesen folglich darin besteht, nicht völlig außerhalb meiner zu sein« (*Être et avoir*).

Auch Gott ist in diesem Sinne kein »Problem«. Seine Existenz kann man nicht beweisen. Der Mensch aber erlebt Gott als geheimnisvolle Präsenz, er vermag sich der existentiellen Anwesenheit Gottes anzunähern. Der Ruf Gottes wird im Herzen des ontologischen Geheimnisses hörbar (»Beten ist die einzige Art, an Gott zu denken, bei ihm zu sein«). Der Glaube an Gott ist aber nicht mit einer »Meinung«, einer »Weltanschauung« zu vergleichen. Gott ist das »absolute Du«: »Diese Realität, welcher ich mich öffne, indem ich sie anrufe, gibt *mich* mir selbst, insofern ich mich ihr ergebe. Durch die Vermittlung des Tuns, durch welches ich mich auf sie zentriere, werde ich wirklich zum Subjekt.«

Foelz, Siegfried: Gewißheit im Suchen. Gabriel Marcels konkretes Philosophieren auf der Schwelle zwischen Philosophie und Theologie. Leipzig 1979, Bonn 1980. – Berning, Vincent: Das Wagnis der Treue. Gabriel Marcels Weg zu einer konkreten Philosophie des Schöpferischen. Freiburg 1973. – Ricœur, Paul/Marcel, Gabriel: Gespräche. Frankfurt am Main 1970.

Reinold Werner

Marcuse, Herbert
Geb. 19. 7. 1898 in Berlin; gest. 29. 7. 1979 in Starnberg

»Wozu brauchen wir eine Revolution, wenn wir keinen neuen Menschen kriegen?« Diese rhetorische Frage M.s führt direkt ins Zentrum seiner Philosophie. Um die Notwendigkeit einer Revolution und deren subjektive und objektive Voraussetzungen kreist sein Denken, wobei insbesondere das Ästhetische dialektisch sowohl die Möglichkeit eines neuen Menschen als auch die Notwendigkeit der Revolutionierung des Bestehenden aufweist. – Schon in seiner 1923 verfaßten Dissertation *Der deutsche Künstlerroman* beschäftigt M. sich mit einer ästhetischen Fragestellung, der Subjektivität des Künstlers, die er als zerrissen und eingeschränkt beschreibt; dadurch kritisiert M. »die empirische Wirklichkeit als das Gefängnis der gefesselten ideellen Kräfte und Wesenheiten«. Das Ästhetische als kritisches Moment innerhalb der Wirklichkeit stellte aber für M. nie einen Ersatz, weder für Theorie noch für Praxis, dar. Immer betonte er die Notwendigkeit der Reflexion des Ästhetischen und der theoretischen Analyse von Gesellschaft wie auch – als eigentliches Ziel – ihre praktische Veränderung.

Von 1917 bis 1919 war M. Mitglied in der Sozialdemokratischen Partei und 1918 auch in einem Soldatenrat in Berlin, aus dem er allerdings wieder austrat, als dort ehemalige Offiziere hineingewählt wurden. Seine radikale Ablehnung der bestehenden Gesellschaft – und indirekt auch seine Abneigung gegen eine Mitarbeit in etablierten politischen Organisationen – war nach M.s eigener Aussage durch sein »unmittelbares Erlebnis der deutschen Revolution von 1918« begründet. Die Frage, »wie unter diesen Bedingungen, als wirklich revolutionäre Massen vorhanden waren, die Revolution zerschlagen werden konnte«, bildete den Antrieb für M.s Beschäftigung mit Philosophie und Psychoanalyse. Ein Grund für seine radikale Kritik am Bestehenden könnte auch in der Außenseiterrolle gesehen werden, die seine jüdische Herkunft mit sich brachte. M. wuchs in Berlin auf und studierte von 1919 bis 1923 in Freiburg, wo er mit der oben erwähnten Arbeit über den Künstlerroman promovierte. Danach ging er nach Berlin zurück und arbeitete im Verlagswesen. Erst 1928 begann er wieder mit wissenschaftlicher Arbeit; bis 1932 studierte er erneut in Freiburg bei Edmund Husserl und Martin Heidegger. M.s während dieser Zeit publizierte Aufsätze sind von phänomenologischen Kategorien geprägt und argumentieren existenzialontologisch. M. versteht zu diesem Zeitpunkt Phänomenologie und Marxismus als komplementär: Das eigentlich Sein, zu dem der Mensch bei Heidegger durch Entschlossenheit gelangen kann, interpretiert M. marxistisch als »radikale Tat« des Proletariats, als Revolution. M.s Differenz zum Marxismus wird mit der Akzeptanz der Hegelschen Identitätsthese auch noch in der 1932 publizierten Arbeit *Hegels Ontologie und die Grundlegung einer Theorie der Geschichtlichkeit* deutlich, mit der er sich ursprünglich bei Heidegger habilitieren wollte. Die äußeren Umstände – das Erstarken des Nationalsozialismus – vereitelten dieses Vorhaben jedoch. Gleichzeitig macht M. für das Jahr 1932 eine innere Kehre geltend. Er bezeichnet das Erscheinen von Marx' *Ökonomisch-philosophischen Manuskripten*, die er in *Neue Quellen zur Grundlegung des Historischen Materialismus* (1932) kommentierte, als Wendepunkt seines wissenschaftlichen Werdegangs: »Hier war in einem Sinne ein neuer Marx, der wirklich konkret war und gleichzeitig über den erstarrten praktischen und theoretischen Marxismus der Parteien hinausging. Und von da ab war das Problem Heidegger versus Marx für mich eigentlich kein Problem mehr.«

Deutlicher noch erzwangen die äußeren Umstände den Bruch mit Heidegger. M. kam 1932 in Kontakt mit dem »Institut für Sozialforschung«, einem Kreis kritischer, unabhängig-marxistisch orientierter Sozialwissenschaftler an der Universität Frankfurt am Main. Das Institut, dem in den 30er Jahren unter der Leitung von Max Horkheimer unter anderem Theodor W. Adorno, Erich Fromm, Leo Löwenthal und Friedrich Pollock angehörten, mußte 1933 nach Genf übersiedeln. M. nahm im selben Jahr ein Angebot zur Mitarbeit an und ging 1934 nach New York, wo dem Institut von der Columbia University ein Haus zur Verfügung gestellt worden war. Nach seiner eigenen Einschätzung gehörte M. zwar lediglich zu den »marginalen Erscheinungen im Institut«; er publizierte aber regelmäßig im Organ dieses Kreises, der *Zeitschrift für Sozialforschung*. Ziel der Arbeit des Instituts war eine umfassende und interdisziplinär ausgerichtete »Kritische Theorie« der zeitgenössischen Gesellschaft. Durch die interdisziplinäre Anlage wurde – trotz des grundsätzlich marxistischen Ansatzes – eine vulgärmaterialistische Überbetonung der Rolle der Ökonomie von vornherein ausgeschlossen. M.s Beiträge bestanden aus ideologiekritischen Arbeiten (*Über den affirmativen Charakter der Kultur*, 1937), methodischen Überlegungen (*Zum Begriff des Wesens*, 1936) sowie Versuchen zur Klärung der Zielsetzungen der so genannten Kritischen Theorie wie auch der avisierten Revolution, deren Notwendigkeit angesichts des Faschismus evident zu sein schien. M. reklamierte für die Kritische Theorie eine Stellung zwischen Philosophie und Ökonomie, die Entwicklung der philosophischen Sachverhalte aus dem ökonomischen Zusammenhang. Ziel war nicht nur die Ersetzung des Kapitalismus durch eine geplante Wirtschaft, sondern das – sinnlich-materialistisch verstandene – Glück der Menschen, erreichbar durch eine Veränderung der materiellen Daseinsverhältnisse (*Philosophie und kritische Theorie*, 1937; *Zur Kritik des Hedonismus*, 1938). In dieser Periode seines Schaffens entstand auch M.s große Hegel-Studie *Reason and Revolution* (1941; *Vernunft und Revolution*), die im Gegensatz zu seinem früheren Hegel-Buch die Macht des Negativen bei Hegel hervorhebt.

Ende der 30er Jahre geriet das Institut in finanzielle Schwierigkeiten; M. nahm deshalb eine Tätigkeit für die US-Regierung auf. Er war zunächst Sektionschef in der Politischen Abteilung des »Office of Strategic Services« und danach – bis 1950 – in der »Division of Research and Intelligence« des State Department. Trotz seiner antikapitalistischen Einstellung hielt M. diese Tätigkeiten für legitim, weil er für ein demokratisches Land und gegen die Hitler-Diktatur arbeitete. Erst ab 1950 ging er wieder wissenschaftlicher Arbeit nach. Zunächst war er Mitarbeiter am »Russian Institute« der Columbia University und ab 1953 am »Russian Research Center« der Harvard University, wo er seine 1958 publizierte Studie *Die Gesellschaftslehre des sowjetischen Marxismus* erarbeitete. Von 1954 bis 1965 war M. Professor für Politikwissenschaft in Brandeis. Während dieser Zeit veröffentlichte er die beiden Bücher, durch die er bekannt wurde, die positive Utopie *Triebstruktur und Gesellschaft* (1955) und die negative Utopie *Der eindimensionale Mensch* (1964).

Triebstruktur und Gesellschaft ist stärker durch Freudsche als durch Marxsche Motive geprägt. M. formuliert hier eine psychoanalytisch fundierte Kulturtheorie, die davon ausgeht, daß die mit dem Eintritt des Menschen in die Kultur notwendige Ersetzung des Lustprinzips durch das Realitätsprinzip auf einer bestimmten Stufe der technisch-ökonomischen Entwicklung wieder rückgängig gemacht werden könnte: Wäre die Lebensnot (»ananke«) – auf einer hohen Stufe der Produktivkraftentwicklung – gebannt, könnte der Eros, d. h. Sexualität, die der aggressiv-destruktiven Komponente ledig ist, seine Kräfte entwickeln und »höchst kultivierte menschliche Beziehungen begründen«. In diesem Buch wie in den später publizierten Schriften *Versuch über die Befreiung* (1969) und *Konterrevolution und Revolte* (1972) greift M. wieder auf seine frühen ontologischen Überlegungen zurück – wobei er statt ontologischer psychoanalytische Begriffe verwendet – und spekuliert auf eine der menschlichen Natur, den Trieben innewohnende Vernünftigkeit. Ein Indiz hierfür findet M. im Ästhetischen und in der Kunst.

Kunst ist Ausdruck der Phantasie, einer Denkaktivität, die – auch nach Freud – frei ist von den Beschränkungen des Realitätsprinzips. Das Subjekt vermittelt in der Phantasie-Aktivität zwanglos die Anforderungen der Realität mit seinen Triebbedürfnissen. Das Produkt dieser zwanglosen Vermittlung ist die ästhetische Form des Kunstwerks. Sie zeichnet sich aus durch eine gewaltlose Strukturierung des Materials; das Kunstwerk als Ausdruck zwangloser Herrschaft ist zugleich ein Beispiel für eine rationale Hierarchie, die vielleicht – hier äußert sich M. nicht eindeutig – auch in der befreiten Gesellschaft notwendig wäre.

So wie die künstlerische Form M. als Modell einer (weitgehend) herrschaftsfreien realen gesellschaftlichen Organisation dient, versteht er künstlerische Arbeit als Modell realgesellschaftlicher Arbeit. Die Arbeit des Künstlers entwächst nach M. einer »verdrängungslosen Triebkonstellation«. Reale Arbeit und Technik könnten eine derartige spielerische Qualität annehmen, wenn das Leistungsprinzip abgeschafft würde – was aufgrund des erreichten hohen Niveaus der Produktivkräfte möglich wäre. Dann wäre auch die Um-Welt des Menschen wieder libidinös besetzbar – die Natur könnte befreit werden durch »Wiederentdeckung ihrer lebenssteigernden Kräfte«, ihrer »sinnlich-ästhetischen Qualitäten«. Natur ist für M. »Träger objektiver Werte«, die ein ästhetisches, also repressionsfreies Natur- und Weltverhältnis des Menschen, eine zwanglose Reproduktion der menschlichen

Gattung möglich machen. Allerdings hat M. diese radikal-spekulative Konzeption
eines ästhetischen Universums, in der Arbeit zu spielerischer Tätigkeit würde und
die Menschen in einer herrschaftsfreien Gesellschaft ihre trieb- wie vernunftbestimmten Bedürfnisse zugleich befriedigen könnten, in vielen Teilen seines Werkes,
ja in seinem Hauptdenkstrang, wieder zurückgenommen. Hier dient ihm das
Ästhetische lediglich als eine »regulative Idee« im Kantischen Sinne. Das »Reich der
Notwendigkeit« könnte letztlich nicht in ein »Reich der Freiheit« (Marx) verwandelt werden, aber die immer notwendige unfreie (Zwangs-)Arbeit würde aufgrund des hohen Standes der Produktivkräfte (Automation) quantitativ so weit
zurückgedrängt, daß es zu einem qualitativen Umschlag käme. Obzwar Arbeit
genauso wenig wie gesellschaftliche Herrschaft oder die Vertilgung von Natur zum
Zweck menschlicher Reproduktion völlig abzuschaffen wäre, könnten diese Momente doch so weit zurückgedrängt werden, daß bei einer weitgehend automatisier-
ten Arbeitswelt, einer nur durch objektive Erfordernisse bestimmten rationalen
gesellschaftlichen Hierarchie und einem möglichst schonenden Umgang mit der
Natur das Ästhetische zum Grundcharakteristikum der Wirklichkeit überhaupt
würde.

Der eindimensionale Mensch argumentiert mehr von der marxistischen Denktradition her. Im Zentrum der Kritik stehen allerdings nicht mehr die Ungleichheiten,
die der Kapitalismus durch die private Aneignung von Mehrwert erzeugt, sondern
die vollständige Ideologisierung, die zu einer eindimensionalen Gesellschaft ohne
jede Opposition geführt habe. Zur Erklärung dieses Zustands – den M. in den USA
um 1960 gewärtigte – greift er zum einen auf Marx und seine Analyse der
Verdinglichung und des Warenfetischismus zurück. Zum anderen aber behauptet M.,
Technik und Wissenschaft seien ideologisch geworden, insofern als sie scheinbare
Sachzwänge erzeugten. Darüber hinaus mache der technische Fortschritt einen
steigenden Lebensstandard möglich, erzeuge und befriedige dabei aber lediglich
falsche Bedürfnisse, die den einzelnen immer abhängiger vom Bestehenden machten
und sein Dasein als mühevolle Arbeit verlängerten. Im Gegensatz zur Marxschen
Auffassung stabilisiert Technik (Produktivkräfte) für M. die Gesellschaft (Produktionsverhältnisse).

Fast paradoxerweise avancierte M. gerade durch diese pessimistische – aber auch
radikale – Kritik an der westlichen Industriegesellschaft zum Vordenker der politi-
schen studentischen Opposition in den 60er Jahren. Er übersiedelte 1965 nach
Kalifornien, das in jenen Jahren ein Zentrum des SDS (Students for a Democratic
Society) und insbesondere des Widerstands gegen den Vietnam-Krieg war. M. war
von 1965 bis 1969 Professor an der University of California in San Diego, 1964
Gastprofessor in Frankfurt am Main, 1965 Honorarprofessor in Berlin. Seine seit
Mitte der 60er Jahre veröffentlichten Schriften – zumeist Aufsätze – kreisen um die
Frage, wie die totale Ideologisierung zu brechen sei; sie reichen von grundsätzlichen
Überlegungen zu den inneren Widersprüchen des Kapitalismus bis zu strategischen
und taktischen Erwägungen. Immer wieder stößt M. dabei auf den Zirkel, daß ein
neues Subjekt einerseits die »Vorbedingung radikaler Veränderung, des qualitativen
Sprungs« darstellt, andererseits dieses in der total ideologisierten Gesellschaft kaum
entstehen kann. Auf einige oppositionelle Phänomene glaubte M. allerdings bereits

verweisen zu können: die Jugend- und Studentenbewegung, ein möglicher »Katalysator« einer Revolution, aber auch die »Neue Sensibilität«, d. h. neue ästhetisierte Verkehrsformen, deren Entwicklung er zuerst in den Kommunen und später in der Frauenbewegung wahrnahm.

M. war Ende der 60er Jahre zum Mentor der Jugend- und Studentenbewegung geworden, von manchen Kommentatoren als einer der »3M« (Marx, Mao, Marcuse) apostrophiert. Er hatte sich derart engagiert und exponiert, daß die 1969 erforderliche Verlängerung seines Vertrages an der University of California unmöglich geworden war. Er blieb jedoch weiterhin in Kalifornien und unternahm viele Vortragsreisen. Auch in den 70er Jahren veröffentlichte er noch mehrere Aufsätze zum Ästhetischen und dessen negativer wie in die Zukunft weisender Kraft (am umfassendsten in *Die Permanenz der Kunst*, 1977) wie auch zur Möglichkeit einer »totalen Revolution«, an deren Notwendigkeit er immer festhielt. Im Gegensatz zum orthodoxen Marxismus war ihm aber zu keinem Zeitpunkt deren Zustandekommen durch »historische Gesetze« verbürgt, noch war er sich über deren Ausgang sicher, denn – wie er in einem Interview 1969 sagte – »die Geschichte ist keine Versicherungsanstalt«.

Brunkhorst, Hauke/Koch, Gertrud: Herbert Marcuse zur Einführung. Hamburg 1987. – Gmünder, Ulrich: Kritische Theorie. Horkheimer, Adorno, Marcuse, Habermas. Stuttgart 1985.

Ulrich Gmünder

Marx, Karl Heinrich
Geb. 5. 5. 1818 in Trier; gest. 14. 3. 1883 in London

Engels, Friedrich
Geb. 28. 11. 1820 in Barmen; gest. 5. 8. 1895 in London

Beide Elternteile von M. stammten aus jüdischen Rabbinerfamilien. Der Vater, ein Rechtsanwalt, trat jedoch, um seinen Beruf weiter ausüben zu können, mit seiner Familie zum Protestantismus über. Die Traditionen des Humanismus und der Aufklärung wurden im Elternhaus sorgsam gepflegt. Als M. in Trier das Gymnasium absolviert hatte, immatrikulierte er sich auf Wunsch des Vaters an der juristischen Fakultät (1835 in Bonn und ein Jahr später in Berlin). Viel stärker als für die Rechtswissenschaft interessierte er sich aber für Philosophie und Geschichte, hörte Vorlesungen bei Bruno Bauer, Friedrich Carl von Savigny und Friedrich Schlegel und war fasziniert von der Philosophie Hegels. 1841 schloß er sein Studium mit der Promotion in Jena ab (»in absentia«). Da er sich damit bereits im Sinne eines linken Hegelianismus exponiert hatte, mußte er seine Hoffnungen auf eine akademische Laufbahn aufgeben – Bruno Bauer hatte soeben seine Lehrbefugnis für Theologie in Bonn verloren. So ging M. 1842 zur *Rheinischen Zeitung*. 1843 heiratete er seine Jugendfreundin Jenny von Westphalen. Nachdem die *Rheinische Zeitung* durch die preußische Regierung verboten worden war, siedelte das Ehepaar nach Paris über.

E. entstammte einer Industriellenfamilie, besuchte das Gymnasium in Elberfeld, wurde jedoch von seinem Vater vorzeitig von der Schule genommen; eine Ausbildung in einem Bremer Handelshaus sollte ihn sachgerecht auf seine Unternehmerrolle vorbereiten. In Bremen erhielt er Kontakt mit dem Jungen Deutschland und während seines Militärdienstes in Berlin mit den Junghegelianern. 1842 ging er nach Manchester, um in der dortigen väterlichen Firma kaufmännische Erfahrungen zu sammeln.

Im Spätsommer 1844 trafen M. und E. in Paris zusammen. Das Werk beider war fortan so eng verbunden, daß die Entwicklung des einen immer nur im Zusammenhang mit der des anderen, als Moment eines gemeinsamen Weges, verstanden werden kann. Einen beträchtlichen Teil ihrer Werke verfaßten sie ohnehin gemeinsam.

Die Problemlage, mit der sich die Generation von M. und E. konfrontiert sahen und die das Denken beider bestimmte, war vor allem durch drei Momente gekennzeichnet. *Sozialökonomisch* war der Kapitalismus in den fortgeschrittenen Ländern Europas im Begriff, zur bestimmenden Gesellschaftsordnung zu werden und die feudalabsolutistischen Widerstände zu überwinden. Die industrielle Revolution schuf einerseits eine gewaltige Produktivität und einen rasch ansteigenden gesellschaftlichen Reichtum, andererseits aber eine enorme Verelendung jener Klasse von Lohnabhängigen, die nun aus deklassierten Handwerkern und Bauern entstand und in den Städten sich zusammenballte. *Politisch* hatte die Französische Revolution die Geister in Europa polarisiert, hatte den bürgerlichen und liberalen Kräften allenthalben Auftrieb gegeben und auch in der Periode der Restauration nach 1815 weitergewirkt. Der Kampf um Verfassungen und bürgerliche Freiheiten bestimmte in allen Ländern Europas die politische Auseinandersetzung. Allerdings wurde die Konfrontation zwischen bürgerlichen und restaurativen Kräften in wachsendem Maße überlagert durch die Forderungen der eigentumslosen Massen, die sich mit François Noel Babeuf schon in der Französischen Revolution, seit den 30er Jahren aber verstärkt innerhalb der in der Entstehung begriffenen Arbeiterbewegung artikulierten. Diese sozialen Kräfte hatten in England die Chartistenbewegung hervorgebracht, in der französischen Seidenindustrie zu einem ersten organisierten Aufstand geführt und in Deutschland mit dem Aufstand der schlesischen Weber 1844 eine soziale Eruption erzeugt. *Philosophisch* warf vor allem der rasante Aufschwung der Naturwissenschaften neue Fragen über die Beschaffenheit der materiellen Welt und das Verhältnis von Geist und Materie auf. Seit den 50er Jahren stellten die Untersuchungen von Charles Darwin über die Entwicklung der Arten und dann die ethnologischen Studien von Lewis Morgan und Johann Jacob Bachofen radikal neu die Frage nach dem Wesen des Menschen und nach der Beziehung zwischen Naturgeschichte und Menschheitsgeschichte.

Das Gedankenmaterial, das zur Verfügung stand, um diese äußerst komplexe Problemlage zu bewältigen, lag zum einen in Gestalt der klassischen deutschen Philosophie vor, die mit Hegel ihren Höhepunkt erreicht hatte. Sie beanspruchte, die Totalität der Wirklichkeit zu erfassen und – mit der Dialektik – auch in ihren Entwicklungsgesetzen zu erklären. Zum zweiten in Gestalt des Materialismus, der, durch die Naturwissenschaften gestützt, Mensch und Gesellschaft analog zur Natur oder analog zu einer Maschine interpretierte und mit Ludwig Feuerbach dazu übergegangen war, auch ideologische Gebilde wie die Religion materialistisch bzw. anthropologisch zu erklären. Zum dritten in Gestalt der klassischen bürgerlichen Ökonomie, die sich besonders in England, dem wirtschaftlich am weitesten fortgeschrittenen Land, herausgebildet und wesentliche Gesetzmäßigkeiten kapitalistischer Entwicklung bereits offengelegt hatte. Und viertens schließlich in Gestalt des frühen Sozialismus, der besonders in Frankreich und England entstanden war und Anstrengungen unternommen hatte, den Kapitalismus als eine spezifische Entwicklungsetappe der Menschheitsgeschichte einzuordnen, das Elend, das der Kapitalismus erzeugt hatte, anzuklagen und Alternativen theoretisch herauszuarbeiten (Charles Fourier, Claude Henri Saint-Simon) und praktisch zu erproben (Robert Owen).

Leben und Werk von M. und E. können verstanden werden als ein Prozeß, in dessen Verlauf beide sich schrittweise der geschichtlichen Problemlage bewußt wurden, das zur Verfügung stehende Gedankenmaterial kritisch aneigneten, unter dem Einfluß neuer praktischer Erfahrungen und theoretischer Bemühungen umgestalteten und schließlich zu einem System entwickelten, das als eine wissenschaftlich-philosophische Revolution gekennzeichnet werden kann.

Beide hatten die Hegelsche Philosophie studiert und sich den Junghegelianern, dem linken Flügel der geistigen Erben Hegels, zugewandt, die die dialektische Denkweise betonten und von Hegels Systemdenken, seiner Abgeschlossenheit und Starrheit distanzierten. Mit ihren Wortführern – Bruno Bauer und Arnold Ruge – wurde M. in Berlin persönlich bekannt. In seiner 1840/41 geschriebenen Dissertation über die *Differenz der demokritischen und epikureischen Naturphilosophie* kam M. zu dem Ergebnis, daß eine Versöhnung von Religion und Vernunft unmöglich sei, ohne aber die Religion selbst schon erklären zu können. 1841 erhielten die Diskussionen dieser jungen Intelligenz einen enormen Impuls durch Ludwig Feuerbachs Buch *Wesen des Christentums*. Feuerbach hatte dem philosophischen Idealismus eine grundsätzliche Absage erteilt und erklärt, nicht Gott habe den Menschen, sondern der Mensch habe Gott und die Götter nach seinem Bilde geschaffen. Damit war, wie E. feststellte, der Materialismus auf den Thron erhoben.

1842/43 war M. als Mitarbeiter, dann als Chefredakteur bei der liberalen *Rheinischen Zeitung* mit der politischen und sozialen Wirklichkeit direkt konfrontiert und zu der Frage genötigt, welche Bedeutung für die Politik und für den Staat die materiellen ökonomischen Interessen haben. Die Auffassung Hegels, nach der der Staat das regulierende Prinzip der gesellschaftlichen Entwicklung darstellte, war damit schon erschüttert. Rückblickend schrieb er: »Meine Untersuchung mündete in dem Ergebnis, daß Rechtsverhältnisse wie Staatsformen weder aus sich selbst zu begreifen sind noch aus der sogenannten Entwicklung des menschlichen Geistes, sondern vielmehr in den materiellen Lebensverhältnissen wurzeln, deren Gesamtheit Hegel . . . unter dem Namen ›bürgerliche Gesellschaft‹ zusammenfaßt, daß aber die Anatomie der bürgerlichen Gesellschaft in der politischen Ökonomie zu suchen sei.« In dem Beitrag *Zur Judenfrage* (1843) in den *Deutsch-Französischen Jahrbüchern*, die M. gemeinsam mit Ruge in Paris herausgab, sieht er bürgerliche Demokratie und Menschenrechtsdeklarationen bereits im Zusammenhang mit dem Schutz des Privateigentums. Die »Freiheit« der Verfügung über das Privateigentum sei »die Grundlage der bürgerlichen Gesellschaft«. Zur Emanzipation könne sie nicht führen: »Erst wenn der Mensch seine ›forces propres‹ als gesellschaftliche Kräfte erkannt und organisiert hat . . ., ist die menschliche Emanzipation vollbracht«. Der Aufsatz *Zur Kritik der Hegelschen Rechtsphilosophie. Einleitung* (1843) greift Feuerbachs These auf, daß es »der Mensch« sei, der die Religion mache, begnügt sich aber nicht mehr mit diesem anthropologischem Materialismus, sondern will das Wesen des Menschen konkret, d. h. gesellschaftlich bestimmen. Damit war M. in der Ideologiefrage auch über die Aufklärungsphilosophie hinaus, die die Religion als ein von den Herrschenden bewußt eingesetztes Instrument zur Verdummung des Volkes aufgefaßt hatte, als eine Form der Manipulation also (»Priestertrugstheorie«). M. sah, daß die realen sozialen Verhältnisse das Bedürfnis nach Religion, nach Tröstung erzeugten. In diesem Kontext formulierte er den berühmten, meist aber falsch zitierten Satz von der Religion als dem »Opium des Volkes« – und nicht, im Sinne der Manipulationstheorie: Opium für das Volk!. Zugleich wird damit die abstrakte Religionskritik zur konkreten Gesellschaftskritik, zur Forderung nach sozialer Revolution: »Die Aufhebung der Religion als des illusorischen Glücks des Volkes ist die Forderung seines wirklichen Glücks«.

Auch für E. ergaben sich neue Impulse durch Erfahrungen, die ihn mit der gesellschaftlichen Realität direkt konfrontierten. In Manchester, dem Zentrum der Textilindustrie, sah er das Elend der Arbeiterklasse, erhielt aber auch Verbindung mit der Chartistenbewegung und mit Robert Owen. Das Studium der französischen Utopisten und Wilhelm Weitlings führte ihn nun bereits zu kommunistischen Folgerungen.

Im Unterschied zu M. aber wurde E. durch diese Erfahrungen nicht so sehr zur Philosophie als vielmehr zur Ökonomie gedrängt. Im gleichen Heft der *Deutsch-Französischen Jahrbücher* publizierte er seine *Umrisse zu einer Kritik der Nationalökonomie*. In dieser »genialen Skizze«, wie M. später schrieb, führte er aus: »Weil das Privateigentum jeden auf seine eigene rohe Einzelheit isoliert und weil jeder dennoch dasselbe Interesse hat wie sein Nachbar, so steht ein Grundbesitzer dem andern, ein Kapitalist dem andern, ein Arbeiter dem andern feindselig gegenüber. In dieser Verfeindung . . . ist die Unsittlichkeit des bisherigen Zustandes der Menschheit vollendet; und diese Vollendung ist die Konkurrenz.« Diese Konkurrenz bringe notwendig das Monopol hervor; ökonomische Krisen und die Verschärfung der Klassengegensätze seien die Triebfedern für die soziale Revolution. »Produziert mit Bewußtsein, als Menschen, nicht als zersplitterte Atome ohne Gattungsbewußtsein, und ihr seid über alle diese künstlichen und unhaltbaren Gegensätze hinaus.«

Unter dem Einfluß von E. wandte sich nun auch M. stärker dem Studium der politischen Ökonomie zu. Zudem las er französische Revolutionäre und Theoretiker

(Louis-Antoine-Léon de Saint Just, Maximilien de Robespierre, Babeuf, Fourier, Pierre Joseph Proudhon). Bei bürgerlichen Historikern (Augustin Thierry, François Guizot) fand er den Gedanken, daß die neuere Geschichte als Interessenkampf zwischen sozialen Klassen verstanden werden könne. Er lernte in Paris Heinrich Heine und Georg Herwegh kennen und nahm Kontakte zu französischen Sozialisten auf. Der Aufstand der schlesischen Weber im Sommer 1844 verstärkte seinen Impuls, in die praktischen Auseinandersetzungen einzugreifen.

In den *Ökonomisch-philosophischen Manuskripten*, die 1844 aus diesen Studien und Erfahrungen hervorgingen, suchte M. nach einer Vermittlung zwischen den neuen ökonomischen Erkenntnissen und seinen philosophischen Überzeugungen – diese Manuskripte wurden erst 1932 publiziert. Im Zentrum steht der Begriff der Entfremdung, den er in vier Dimensionen entfaltete: Erstens im Verhältnis des Arbeiters zu seinem Produkt: Diese Entfremdung bedeute »nicht nur, daß seine Arbeit zu einem Gegenstand, zu einer äußeren Existenz wird, sondern daß sie außer ihm, unabhängig, fremd von ihm existiert und eine selbständige Macht ihm gegenüber wird, daß das Leben, was er dem Gegenstand verliehen hat, ihm feindlich und fremd gegenübertritt«. Zweitens im Akt der Produktion selbst: die Arbeit ist dem Arbeiter »äußerlich«, gehört »nicht zu seinem Wesen«. »Der Arbeiter fühlt sich daher erst außer der Arbeit bei sich und in der Arbeit außer sich . . . Seine Arbeit ist daher nicht freiwillig, sondern gezwungen, Zwangsarbeit. Sie ist nicht die Befriedigung eines Bedürfnisses, sondern sie ist nur Mittel, um Bedürfnisse außer ihr zu befriedigen.« Drittens drücke die Entfremdung sich aus im Charakter der Arbeit als bloßem »Mittel zur individuellen Existenz«, womit der Arbeiter seinem Wesen als Gattungswesen entfremdet sei. Und viertens schließlich in der Konkurrenz, die »die Entfremdung des Menschen vom Menschen« erzeuge. »Mit der Verwertung der Sachenwelt nimmt die Entwertung der Menschenwelt in direktem Verhältnis zu«. Die »positive Aufhebung aller Entfremdung« bestehe also in der »positiven Aufhebung des Privateigentums«.

Angeregt durch die Schrift von Wilhelm Schulz über *Die Bewegung der Produktion* (1843) gelangte M. zu einer materialistischen Konzeption, mit der er den anthropologischen Materialismus Feuerbachs überwinden und den Begriff der Arbeit so bestimmen konnte, daß er die Bewahrung der Natur als allgemeine Lebensgrundlage einschließt: Auch in der scheinbar ganz individuellen wissenschaftlichen Tätigkeit »bin ich gesellschaftlich, weil als Mensch tätig«. Das Material der Tätigkeit sei ebenso gesellschaftlich gegeben wie die Sprache, in der der Denker tätig ist. Die Arbeit aber bilde die Grundlage alles gesellschaftlichen Lebens, gewährleiste den Stoffwechsel mit der Natur: »Die Natur ist der unorganische Leib des Menschen . . . Der Mensch lebt von der Natur: die Natur ist sein Leib, mit dem er in beständigem Prozeß bleiben muß, um nicht zu sterben.« Jahrzehnte später, im *Kapital* und in seiner Kritik des Gothaer Programms, konkretisierte M. die ökonomische Funktion der Natur: Es sei falsch, die Arbeit als »die Quelle allen Reichtums« zu bezeichnen, denn die Erde sei für die Herstellung von Gebrauchsgütern ebenso notwendig. Diese sei aber im Privatbesitz und werde entsprechend behandelt.

In dem Fragment *Kritik der Hegelschen Dialektik und Philosophie überhaupt* bezieht M. seine philosophischen Erkenntnisse aber nun bereits direkt auf die Praxis: »Wie die Philosophie im Proletariat ihre materiellen, so findet das Proletariat in der Philosophie seine geistigen Waffen, und sobald der Blitz des Gedankens gründlich in diesen naiven Volksboden eingeschlagen ist, wird sich die Emanzipation der Deutschen zu Menschen vollziehn.« So weit hatten M. und E. ihr Denken entwickelt, als sie im Spätsommer 1844 in Paris zusammentrafen. E. schrieb dazu rückblickend: »Als ich Marx im Sommer 1844 in Paris besuchte, stellte sich unsere vollständige Übereinstimmung auf allen theoretischen Gebieten heraus, und von da datiert unsere gemeinsame Arbeit.«

Als erstes Resultat der gemeinsamen Arbeit entstand 1844 die *Heilige Familie oder die Kritik der kritischen Kritik. Gegen Bruno Bauer und Konsorten.* Diese Schrift bildet die definitive Überwindung der idealistischen Philosophie – auch in ihrer junghegelianischen Form. Das kritische Werk Hegels, so führen M. und E. aus, münde deshalb in eine konservative Philosophie, weil es die gegenständliche Welt schon überwunden zu haben glaube, wenn es sie »in ein Gedankending« verwandle. Hegel »stellt die Welt auf den Kopf und kann daher auch im Kopf alle Schranken auflösen, wodurch sie natürlich für die schlechte Sinnlichkeit, für den wirklichen Menschen bestehen bleiben«. Die revolutionäre Seite der Hegelschen Philosophie, die Dialektik, das Denken in Prozessen und in Widersprüchen, blieb in dieser »Aufhebung« Hegels erhalten. Unter »aufheben« wird dabei – ganz im Sinne Hegels – ein Dreifaches verstanden: bewahren, auf eine höhere Ebene heben und eben dadurch überwinden.

Äußerst knapp formulierte M. die vorläufige Bilanz seines Denkens in den *Elf Thesen über Feuerbach* (1845). Diese Thesen, so urteilte E. rückblickend, seien »unschätzbar als das erste Dokument, worin der geniale Keim der neuen Weltanschauung niedergelegt ist«. In der ersten These hob er seinen Materialismus von dem Feuerbachs ab: »Der Hauptmangel alles bisherigen Materialismus ... ist, daß der Gegenstand, die Wirklichkeit, Sinnlichkeit nur unter der Form des Objekts oder der Anschauung gefaßt wird; nicht aber als sinnlich menschliche Tätigkeit, Praxis, nicht subjektiv.« Die dritte These arbeitet den Widerspruch heraus, daß der Mensch zugleich Produkt und Produzent der gesellschaftlichen Verhältnisse ist, skizziert also die Dialektik von Verhalten und Verhältnissen: »Die materialistische Lehre von der Veränderung der Umstände und der Erziehung vergißt, daß die Umstände von den Menschen verändert und der Erzieher selbst erzogen werden muß. Sie muß daher die Gesellschaft in zwei Teile – von denen der eine über ihr erhaben ist – sondieren.« Die sechste These identifiziert das menschliche Wesen nicht im Individuum, sondern in den gesellschaftlichen Verhältnissen: »Feuerbach löst das religiöse Wesen in das menschliche Wesen auf. Aber das menschliche Wesen ist kein dem einzelnen Individuum innewohnendes Abstraktum. In seiner Wirklichkeit ist es das Ensemble der gesellschaftlichen Verhältnisse.« Und die elfte These schließlich zieht aus den philosophischen Erwägungen über Mensch und Gesellschaft die praktische Schlußfolgerung: »Die Philosophen haben die Welt nur verschieden interpretiert, es kommt drauf an, sie zu verändern.«

M., inzwischen (im Februar 1845) nach einer Intervention der preußischen Regierung aus Frankreich ausgewiesen, hatte nun, wie E. später berichtete, »seine materialistische Geschichtstheorie in den Hauptzügen herausentwickelt«.

Als beide in Brüssel wieder zusammentrafen, gingen sie daran, sowohl die theoretischen Konsequenzen ihrer bisherigen Arbeit genauer zu fassen wie die praktischen Aufgaben anzupacken: »Das europäische und zunächst das deutsche Proletariat für unsere Überzeugung zu gewinnen«. Die theoretischen Probleme wurden im gleichen Jahr in Angriff genommen mit der Schrift *Die deutsche Ideologie*, in der eine Gesamtkritik der »neuesten deutschen Philosophie in ihren Repräsentanten Feuerbach, B. Bauer und Stirner, und des deutschen Sozialismus in seinen verschiedenen Propheten« und zugleich die erste zusammenhängende Darstellung ihrer eigenen Konzeption formuliert wurde. Das Werk blieb unvollendet und wurde erst 1932 aus dem Nachlaß publiziert. Hier wird nun der Zusammenhang zwischen gesellschaftlicher und ideologischer Herrschaft genauer herausgearbeitet und damit eine wichtige Komponente für die Lehre von (ökonomischer) Basis und (ideologischem) Überbau entwickelt: »Die Gedanken der herrschenden Klasse sind in jeder Epoche die herrschenden Gedanken, d. h. die Klasse, welche die herrschende materielle Macht der Gesellschaft ist, ist zugleich ihre herrschende geistige Macht. Die Klasse, die die Mittel zur materiellen Produktion zu ihrer Verfügung hat, disponiert damit zugleich über die Mittel zur geistigen Produktion, so daß ihr damit zugleich im Durchschnitt die Gedanken derer, denen die Mittel zur geistigen Produktion abgehen, unterworfen sind. Die herrschenden Gedanken sind weiter nichts als der ideelle Ausdruck der herrschenden materiellen Verhältnisse, die als Gedanken gefaßten herrschenden materiellen Verhältnisse; also der Verhältnisse, die eben die eine Klasse zur herrschenden machen, also die Gedanken ihrer Herrschaft.«

Den Materialismus auf den Geschichtsprozeß anzuwenden, bedeutete, den Prozeß als einen gesetzmäßigen aufzufassen. Dabei standen M. und E. aber vor dem – bislang theoretisch ungelösten – Widerspruch, daß Geschichte zugleich bewußte Tätigkeit von Subjekten, daß sie nichts anderes als die Gesamtheit menschlicher Handlungen ist. Die Richtung, in der sie die Lösung suchten, ist hier bereits angedeutet: Geht man von den wirklichen Menschen aus, d. h. von den Menschen, wie sie wirken in ihrem tatsächlichen Lebensprozeß, so sind einerseits die Beziehungen zu betrachten, die sie zur Natur eingehen, und andererseits die, welche sie untereinander eingehen, um ihr Leben zu reproduzieren. Diese Beziehungen nannten M. und E. später »Produktivkräfte« und »Produktionsverhältnisse« (hier noch »Verkehrsform« genannt). Beide Arten von Beziehung aber sind den Menschen als objektive gesellschaftliche Verhältnisse vorgegeben, nämlich als Resultat des Handelns vorangegangener Generationen. Die Menschen machen also durchaus ihre Geschichte selbst, aber nicht unter Bedingungen, die sie selbst gewählt haben. Und – wie E. später ergänzte – auch vielfach nicht mit den angestrebten Resultaten, da sich die Handlungen und Zwecksetzungen oft überkreuzen und gegenseitig aufheben, die gesellschaftliche Entwicklung sich also nicht unter der Kontrolle der handelnden Subjekte befindet.

M. und E. kamen nun zu dem Ergebnis, daß die starren, da mit sozialer Herrschaft verbundenen Produktionsverhältnisse in Widerspruch zu den vorwärtsdrängenden, da durch neue Erfahrungen der geschichtlich handelnden Subjekte ständig erweiterten Produktivkräfte geraten können, daß dieser Widerspruch die treibende Kraft der Geschichte darstelle und daß daraus soziale Revolutionen entstehen. In späteren Schriften, insbesondere im *Kapital*, wurde dann detailliert nachgewiesen, wie die neuen kapitalistischen Produktivkräfte im Schoße der Feudalgesellschaft entstanden waren, wie sie durch die bürgerliche Revolution von den juristischen und politischen Fesseln dieser Gesellschaft befreit worden waren, wie aber im weiteren Fortgang auch die kapitalistischen Eigentumsverhältnisse wieder zu Fesseln der Produktivkräfte wurden: diese nahmen nämlich – durch Großproduktion und arbeitsteilige Kooperation – immer stärker gesellschaftlichen Charakter an, während die Eigentums- und Aneignungsverhältnisse privat blieben. Dieser Widerspruch finde seinen Ausdruck im Klassengegensatz zwischen Bourgeoisie und Proletariat und seine Auflösung in der sozialistischen Revolution.

Die wesentlichen Elemente des neuen Denkgebäudes waren 1846 also herausgebildet, wenn auch vielfach nur skizzenhaft. Von nun an kann von der Existenz und der Fortentwicklung eines eigenständigen marxistischen Denkens gesprochen werden. Die neuen Gedanken fanden ihren Ausdruck im wachsenden Maße nun auch in einer neuen gesellschaftswissenschaftlichen und philosophischen Terminologie. Die widersprüchliche Einheit von Produktivkräften und Produktionsverhältnissen hieß später »Produktionsweise«, die Gesamtheit der Beziehungen eines gesellschaftlichen Systems auf einer bestimmten geschichtlichen Stufe hieß »ökonomische Gesellschaftsformation«.

Nicht nur die Gedanken drängten nach Verwirklichung, sondern auch die Wirklichkeit selber drängte zur Tat: Eine neue Revolution stand in Europa unmittelbar bevor. Und zugleich löste sich aus der auf Freiheitsrechte und Parlamentarismus gerichteten, vom liberalen Bürgertum dominierten Bewegung die Arbeiterbewegung immer deutlicher als eine eigenständige heraus. Auf der Ebene der Theoriediskussion setzte nun eine intensivere Auseinandersetzung ein über das Wesen des Kapitalismus und die Ziele des Sozialismus. M. nahm diese Aufgabe 1847 in Angriff mit seiner Polemik gegen die besonders in Frankreich einflußreiche und später den Anarchismus mitprägende Lehre von Proudhon: *Das Elend der Philosophie. Antwort auf Proudhons ›Philosophie des Elends‹*. Proudhon teile die »Illusionen der spekulativen Philosophie«, indem er die ökonomischen Kategorien für »präexistierende, ewige Ideen« halte statt für »theoretische Ausdrücke historischer . . . Produktionsverhältnisse«. Auf der Ebene der politischen Praxis wirkten M. und E. nun mit, um den »Bund der Kommunisten« als erste internationale Organisation der Arbeiterklasse zu bilden. Im Winter 1847/48 formulierte Marx das Programm dieses Bundes, das *Manifest der Kommunistischen Partei*, um dem »Gespenst des Kommunismus« die wirkliche »Anschauungsweise«, die »Zwecke« und die »Tendenzen« der Kommunisten »vor der ganzen Welt« offen darzulegen. E. hatte dazu mit seiner Schrift *Die Grundsätze des Kommunismus* die Vorarbeit geleistet. In diesem *Manifest* wurde die »höchst revolutionäre Rolle« der Bourgeoisie bei der »raschen Verbesserung aller Produktionsinstrumente«, der »unendlich erleichterten Kommunikation«, der Herstellung des Weltmarktes, der politischen Zentralisierung, kurz: der »fortwährenden Revolutionierung aller gesellschaftlichen Verhältnisse« dargestellt. So habe die Bourgeoisie »in ihrer kaum hundertjährigen Klassenherrschaft massenhaftere und kolossalere Produktivkräfte geschaffen als alle vorangegangenen Generationen zusammen«.

Zugleich aber habe sie »die Klassengegensätze vereinfacht«, auch »den Arzt, den Juristen, den Pfaffen, den Poeten, den Mann der Wissenschaft in ihre bezahlten Lohnarbeiter verwandelt«, also »an die Stelle der mit religiösen und politischen Illusionen verhüllten Ausbeutungen die offene, unverschämte, direkte und dürre Ausbeutung gesetzt«. Die »moderne Staatsgewalt« sei »nur ein Ausschuß, der die gemeinsamen Geschäfte der Bourgeoisklasse verwaltet«. Geschichtstheoretisch behauptet das *Manifest*: »Die Geschichte aller bisherigen Gesellschaft ist die Geschichte von Klassenkämpfen.« Über die geschichtlichen Perioden, die der Errichtung der Klassengesellschaft vorausgingen, war zu diesem Zeitpunkt – wie E. in seinen Anmerkungen zur englischen Ausgabe von 1880 feststellte – noch sehr wenig bekannt. Die immer wiederkehrenden Krisen definierte das *Manifest* als »Empörung der modernen Produktivkräfte gegen die modernen Produktionsverhältnisse, gegen die Eigentumsverhältnisse«, und das Proletariat als jene Klasse, die, vom Kapitalismus erzeugt, diesen Widerspruch auflösen und die Produktion vergesellschaften werde: »An die Stelle der alten bürgerlichen Gesellschaft mit ihren Klassen und Klassengegensätzen tritt eine Assoziation, worin die freie Entwicklung eines jeden Bedingung für die freie Entwicklung aller ist.« Das *Manifest* endete mit dem Aufruf: »Proletarier aller Länder, vereinigt Euch«, erhob also den Internationalismus zur zentralen politischen Aufgabe.

Als 1848 die Revolution ausbrach, kehrte M. nach Deutschland zurück und übernahm die Redaktion der *Neuen Rheinischen Zeitung*, die vom 1. 6. 1848 bis zum 19. 5. 1849 erschien und dazu beitragen wollte, die Revolution voranzutreiben. An den Kämpfen zwischen den Einheiten der Revolution und dem preußischen Militär, das die Revolution schließlich niederschlug, nahm E. – als Adjutant eines Freicorps – in der Pfalz und in Baden selbst teil, ging – nach der Flucht – schließlich nach England und arbeitete dort im »hündischen Commerz« weiter, um auch für seinen Freund M. die materielle Basis zu sichern. Auch M. emigrierte mit seiner Frau zunächst nach Paris und dann nach London. Unter sehr entbehrungsreichen Bedingungen, angewiesen auf die finanzielle Unterstützung seines Freundes E., intensivierte er hier seine Studien und verfaßte seine großen Arbeiten zur politischen Ökonomie, zur Geschichte und zur Auseinandersetzung mit den rivalisierenden Strömungen der Arbeiterbewegung (Bakunismus, Blanquismus, Lassalleanismus); von hier aus wirkte er nach 1864 für die »Internationale Arbeiterorganisation« (die sog. I. Internationale), und hier starb er im Alter von 65 Jahren.

Zu Beginn der 50er Jahre war klargeworden, daß – entgegen den eigenen Erwartungen – ein rascher Sieg der Revolution nicht in Aussicht stand. So wandten sich M. und E. der Analyse der Revolution zu, die 1848/49 ganz Europa ergriffen und in Paris im Juni 1848 bereits zu einer ersten proletarischen Massenerhebung geführt hatte, dann aber überall niedergeworfen worden war und in Frankreich 1852 sogar in der Etablierung einer Diktatur neuen Typs, des Bonapartismus, geendet hatte. Diesem Prozeß, seinen sozialen Grundlagen und seinem politischen Verlauf, widmete M. seine Untersuchungen *Die Klassenkämpfe in Frankreich 1848–1850* und *Der achtzehnte Brumaire des Louis Bonaparte*; E. schrieb eine Reihe von Aufsätzen über Revolution und Konterrevolution in Deutschland.

Eine der Schlußfolgerungen lautete, daß die Arbeiterklasse in der sozialistischen

Revolution nicht einfach die Regierung übernehmen könne, sondern daß sie den alten Staatsapparat zerbrechen und einen neuen aufbauen müsse. Über dessen Beschaffenheit hatten M. und E. noch keine konkrete Vorstellung. Auch hier war es die Praxis, die zu neuen theoretischen Folgerungen führte: die Pariser Commune von 1871. Das Konzept der proletarischen Diktatur, das an Ideen von Babeuf und Blanqui anschloß, bedeutete in Hinsicht auf die Form die Aufhebung der Gewaltenteilung, die Konzentration aller Macht bei der Volksvertretung, deren Mitglieder gegenüber ihren Wählern rechenschaftspflichtig und von ihnen jederzeit abberufbar sind. Dem sozialen Inhalt nach weist dieses Konzept drei Merkmale auf: »1. Sie (die proletarische Diktatur) ist, zum ersten Mal in der Geschichte, Herrschaft der Mehrheit der Gesellschaft über die Minderheit. 2. Sie ist zum ersten Male Herrschaft der arbeitenden Klasse über die bisher aneignende Klasse ... 3. Die proletarische Diktatur hat eine ganz bestimmte und geschichtlich begrenzte Aufgabe; sie entfällt daher, wenn die Aufgabe gelöst ist. Die Funktion der Diktatur des Proletariats darf man der Lehre zufolge als eine dreifache bezeichnen: a) Niederhaltung der gestürzten Klasse; Schutz der neuen Ordnung vor jeglicher Restauration des Alten; b) Sicherung des neuen Gemeinwesens nach außen; c) Selbsterziehung des Proletariats für seine neuen Aufgaben« (Werner Hofmann).

In den 50er und 60er Jahren arbeitete M. die Grundlagen der politischen Ökonomie des Kapitalismus weiter aus. Damit sollten nicht nur die inneren Gesetzmäßigkeiten des kapitalistischen Gesellschaftssystems offengelegt, sondern es sollte zugleich ein Instrumentarium zur Analyse von gesellschaftlichen Prozessen überhaupt entwickelt werden, also eine materialistische Lehre von der Dialektik in der Geschichte. 1857/58 entstanden die *Grundrisse der Kritik der politischen Ökonomie* (die erst 1939 bis 1941 in Moskau publiziert wurden); 1859 erschien die Schrift *Zur Kritik der Politischen Ökonomie*, deren »Vorwort« berühmt wurde, weil es eine Kurzfassung seiner materialistischen Geschichtsauffassung enthält. Die »Produktion des Lebens« ist für M. zugleich Produktion und Reproduktion gesellschaftlicher Verhältnisse, innerhalb derer gearbeitet und das Erzeugte verteilt wird. Und »Produktivkräfte« sind vor allem die arbeitenden Menschen mit ihren Erfahrungen, Kenntnissen und Fähigkeiten – und nicht nur die Werkzeuge und technischen Bedingungen: diese sind erst das vergegenständlichte Resultat der lebendigen Produktivkräfte.

Diese Lehre versteht sich durchaus als eine empirische Wissenschaft, die von den Tatsachen ausgeht und sich der empirischen Prüfung aussetzt. Auch die bestimmende Rolle der Basis gegenüber dem Überbau sei, wie M. und E. immer wieder betont haben, nicht einfach zu behaupten, sondern in jedem Fall konkret nachzuweisen. Und wer aus dieser dialektischen Beziehung eine direkte Determination der politisch-ideologischen Verhältnisse durch die Ökonomie mache, verwandle diese These in eine »nichtssagende, abstrakte, absurde Phrase«. Diese Lehre begnügt sich allerdings nicht mit den Tatsachen der äußeren Erscheinungswelt: »Alle Wissenschaft wäre überflüssig, wenn die Erscheinungsform und das Wesen der Dinge unmittelbar zusammenfielen.« Das »Wesen« ist also nicht einfach die sich wiederholende, verallgemeinerte Form der Erscheinung, nicht nur deren »Typus« oder »Modell«, sondern das Wesen erklärt die Erscheinung, ist seine tiefere Ursache, ist der gesetzmäßige Zusammenhang der Erscheinungen.

Mit diesem begrifflichen Instrumentarium – Dialektik von Produktivkräften und Produktionsverhältnissen, von Basis und Überbau und von der ökonomischen Gesellschaftsformation – war eine Möglichkeit geschaffen, die Gesamtheit der ökonomischen, politischen und ideologischen Verhältnisse einer Epoche in ihrer jeweiligen spezifischen Ausprägung und Wechselbeziehung als eine Einheit zu fassen, von der vorangehenden und der folgenden abzugrenzen und zugleich die Menschheitsgeschichte als einen zusammenhängenden Prozeß zu begreifen.

1867 erschien von M. der erste Band des Hauptwerks, *Das Kapital*. Die beiden folgenden Bände wurden nach seinem Tode von E. herausgegeben. Hier wurden nun die neuen Kategorien angewandt auf die Analyse der kapitalistischen Gesellschaft – und eben durch diese Analyse zugleich auch weiterentwickelt. Als Angelpunkt seiner ökonomischen Lehre betrachtete M. seine Werttheorie. Ihre Bedeutung liegt darin, »daß sie als Theorie der volkswirtschaftlichen Wertschöpfung von den vordergründigen Vorgängen der Marktwelt auf die Produktion als die Grundlage der physischen und sozialen Erhaltung der Wirtschaftsgesellschaft zurückgewiesen hat« (Werner Hofmann). Danach bemißt sich der Wert einer Ware nach dem Quantum der zu ihrer Herstellung notwendigen Arbeitszeit. Mit der freien Lohnarbeit sei die Arbeitskraft selbst zu einer Ware geworden, deren Wert – wie der jeder anderen Ware – sich bemesse nach den Kosten, die zu ihrer (Re-)Produktion erforderlich sind. (Die Kosten für Aufzucht, Ernährung und Ausbildung der jeweils folgenden Generation von Arbeitskräften sind dabei eingeschlossen.) Die Arbeiter erhalten also den Lohn, der ihnen nach den Prinzipien kapitalistischer Ökonomie zusteht. Für einen »gerechten« Lohn gibt es, wie M. in seiner *Kritik des Gothaer Programms* ausführt, keine ökonomischen Kriterien. Eine solche Forderung bleibt eine bloß moralische. Diese Ware Arbeitskraft aber hat die besondere Eigenschaft, mehr Wert zu erzeugen, als zu ihrer eigenen Reproduktion notwendig ist. »Mehrwert« wird damit zu einer berechenbaren Größe, »Ausbeutung« von einer moralischen zu einer ökonomischen Kategorie. Und »Kapital« ist danach kein Ding, sondern ein gesellschaftliches Verhältnis zwischen Menschen: Erst der Lohnarbeiter ermöglicht es dem Kapitalisten, sein Geld als Kapital, d. h. als »Mehrwert heckender Wert« fungieren zu lassen. Produktionsmittel stellen nichts anderes als vergegenständlichte Arbeit dar. Erweiterte Reproduktion vollzieht sich im Kapitalismus also durch Akkumulation von Kapital, durch die erneut fremde, unbezahlte Arbeit angeeignet werden kann. Der Form nach handelt es sich also um beständigen Kauf und Verkauf von Arbeitskraft; dem Inhalt nach aber darum, daß sich der Kapitalist mittels vergegenständlichter Arbeit ständig lebendige fremde Arbeit aneignet.

Mit einem neuen Problemfeld befaßte sich E. 1871 in seinem Buch *Dialektik der Natur*: Auf der Basis der bisherigen Geschichte der Naturwissenschaften und des zeitgenössischen Forschungsstandes unternahm er hier den Versuch, die Beziehung zwischen Philosophie und Naturwissenschaft zu bestimmen. Obgleich das Werk unvollendet blieb (und erst 1925 in der Sowjetunion publiziert wurde), ist es für die Herausbildung der marxistischen Philosophie bedeutsam – obgleich es natürlich in vielen Einzelaussagen durch die seitherige naturwissenschaftliche Forschung überholt ist. E. entwickelte in dieser Schrift eine Klassifizierung der Bewegungsformen der Materie (von der toten Materie über die organische bis zur menschlichen

Gesellschaft und zum menschlichen Denken) und leitete daraus eine Klassifizierung der Wissenschaften ab, die für die marxistische Philosophie noch heute richtungweisend ist.

Mittlerweile hatte sich in den entwickelten Ländern Europas die Arbeiterbewegung weitgehend konsolidiert. In Paris hatte sie 1871 in Gestalt der Commune eine Revolution vollzogen, die zwar schon nach zwei Monaten grausam niedergeworfen, von M. aber doch als Modell für den sozialistischen Staat der Übergangszeit angesehen wurde. Im *Bürgerkrieg in Frankreich* analysierte er sowohl die Geschichte wie auch die paradigmatische Struktur der Commune. In Deutschland war 1875 in Gotha die Sozialistische Arbeiterpartei gegründet worden, in die sowohl lassalleanische wie marxistische Tendenzen eingegangen waren. In seiner *Kritik des Gothaer Programms* arbeitete M. die Inkonsequenzen und Mißverständnisse der programmatischen Vorstellungen dieser Partei heraus.

1877/78 verfaßte E., beraten von M., sein Hauptwerk: *Herrn Eugen Dührings Umwälzung der Wissenschaft*, bekanntgeworden als *Anti-Dühring*. Dühring, Privatdozent an der Universität Berlin, hatte mit seinen Ansichten über politische Ökonomie und Sozialismus, die auch antisemitische Momente enthielten, in der Sozialdemokratie der 60er und 70er Jahre einen beträchtlichen Einfluß erlangt, so daß E. sich zu einer grundlegenden Kritik entschloß. Während der Arbeit aber wandte sich diese Kritik ins Positive; »die Polemik schlug um in eine ... zusammenhängende Darstellung der von Marx und mir vertretenen dialektischen Methode und kommunistischen Weltanschauung«. 1880 entstand aus drei Kapiteln dieser Schrift *Die Entwicklung des Sozialismus von der Utopie zur Wissenschaft*, die eine starke Wirkung in der deutschen und internationalen Arbeiterbewegung erzeugte und zur meistübersetzten Schrift des Marxismus wurde. In der 1892 verfaßten Einleitung zur englischen Ausgabe prägte E. den Begriff des »historischen Materialismus«. Hier wurde nun die Beziehung zur vierten wesentlichen Quelle des eigenen Denkens genauer bestimmt: zum »utopischen« Sozialismus. Dessen Verhältnis zum »wissenschaftlichen« Sozialismus, über das sich E. und M. auch in anderen Schriften geäußert haben, läßt sich in drei Punkten zusammenfassen: Die Kritik einzelner Erscheinungen des Kapitalismus wird zur umfassenden, die Grundlagen der Gesellschaft betreffenden Kritik. Der moralische Protest gegen die gesellschaftlichen Verhältnisse wird durch wissenschaftliche Analyse ihrer Ursachen und ihrer immanenten Entwicklungstendenzen ersetzt. Die zukünftige Gesellschaft wird nicht mehr aus dem Kopf konstruiert, spekulativ entwickelt, sondern aus den realen Tendenzen und Widersprüchen der gegebenen Gesellschaft abgeleitet. Der Übergang zur künftigen Gesellschaft wird nicht durch den Appell an die Vernunft oder das Mitleid der Besitzenden und Gebildeten oder durch das gute Vorbild oder durch die Erziehung der Menschen zum Guten bewerkstelligt, sondern durch den Klassenkampf der abhängig Arbeitenden. Die Arbeiterklasse erscheint also nicht mehr als leidende, von anderen zu erlösende, sondern als handelnde, sich selbst befreiende Klasse. Die »Auflösung der Widersprüche« faßt E. so zusammen: »Das Proletariat ergreift die öffentliche Gewalt und verwandelt kraft dieser Gewalt die den Händen der Bourgeoisie entgleitenden gesellschaftlichen Produktionsmittel in öffentliches Eigentum. Durch diesen Akt befreit es die Produktionsmittel von ihrer bisherigen Kapitalherrschaft und gibt ihrem gesellschaftlichen Charakter volle Freiheit, sich durchzusetzen. Eine gesellschaftliche Produktion nach vorherbestimmtem Plan wird so ermöglicht ... Die Menschen, endlich Herren ihrer eignen Art der Vergesellschaftung, werden damit zugleich Herren der Natur, Herren ihrer selbst – frei.« Doch auch die klassenlose Gesellschaft der Zukunft, deren Grundelemente schon in einigen früheren Schriften skizziert worden waren, stellt – wie jede Gesellschaft – einen (stufenförmigen) Entwicklungsprozeß dar. In der ersten Stufe, in der die Gesellschaft »in jeder Beziehung, ökonomisch, sittlich, geistig noch behaftet (ist) mit den Muttermalen der alten Gesellschaft«, sollte noch das Prinzip gelten »jeder nach seinen Fähigkeiten, jedem nach seiner Leistung«. Da die allgemeinen Bedingungen der Klassenunterschiede entfallen, kann auch – wie schon das *Manifest* festgestellt hatte – die Trennung zwischen geistiger und körperlicher Arbeit allmählich überwunden werden. Auch die gesellschaftlichen Unterschiede zwischen Mann und Frau können aufgehoben werden, die freie Entfaltung der individuellen Liebe könne die Beziehung zwischen den Geschlechtern bestimmen. Und »mit dem Gegensatz der Klassen im Innern der Nation fällt die feindliche Stellung der Nationen gegeneinander«. Der Staat als Herrschaftsinstrument werde überflüssig und daher absterben. »An die Stelle der Regierung über Personen tritt die Verwaltung von Sachen und die Leitung von Produktionsprozessen.« Wie schon die Philosophie der Aufklärung, so gehen auch M. und E. davon aus, daß es die Umstände sind, die Menschen zu Verbrechern machen, daß das Strafrecht also, wie bereits Saint-Simon gefordert hatte, in einer gesellschaftlichen Schiedsgerichtsbarkeit aufgehen werde. »Unter menschlichen Verhältnissen ... wird die Strafe wirklich nichts anderes sein als das Urteil des Fehlenden über sich selbst.«

Mit dem 1884 publizierten Werk *Der Ursprung der Familie, des Privateigentums und des Staates* nahm E. jenen geschichtlichen Komplex in Angriff, über den es bislang empirisches Material nicht gegeben hatte. Dies war der erste Versuch, nicht nur die vorkapitalistischen Gesellschaftsformationen materialistisch zu erklären, sondern auch die Entstehung der Klassengesellschaft und des Staates aus der (klassenlosen) Urgesellschaft. Besondere Aufmerksamkeit wandte E. dabei der Stellung der Frau zu. Die Entstehung der Unterdrückung der Frau, die Herausbildung des Privateigentums und der Familie und die Errichtung der Klassenherrschaft und des Staates sah er als Momente ein- und desselben geschichtlichen Prozesses. Das ethnologische Material entnahm er den seit den 50er Jahren erschienenen Studien von Morgan und Bachofen.

1888 veröffentlichte E. seine Schrift *L. Feuerbach und der Ausgang der klassischen deutschen Philosophie*. Sie ist sowohl eine Würdigung der philosophischen Quellen, insbesondere der Werke von Hegel und Feuerbach, wie auch eine systematische Darstellung der eigenen philosophischen Lehre. Zusammen mit der *Dialektik der Natur* stellt sie gewissermaßen ein Kompendium der marxistischen Philosophie dar. Als die Grundfrage der Philosophie bestimmt E. die Frage nach dem Verhältnis »von Materie und Geist«. Hier »spalteten sich die Philosophen in zwei große Lager. Diejenigen, die die Ursprünglichkeit des Geistes gegenüber der Natur behaupteten, in letzter Instanz eine Weltschöpfung irgendeiner Art annahmen ..., bildeten das Lager des Idealismus. Die andern, die die Natur als das Ursprüngliche ansahen, gehören zu den verschiednen Schulen des Materialismus.« Der Materialismus ist danach notwendig atheistisch. Vom bloß anschauenden Materialismus aber hebt E. die eigene Lehre deutlich ab: »Naturwissenschaft wie Philosophie haben den Einfluß der Tätigkeit des Menschen auf sein Denken bisher ganz vernachlässigt, sie kennen nur Natur einerseits, Gedanken andrerseits. Aber gerade die Veränderung der Natur durch den Menschen, nicht die Natur als solche allein ist die wesentlichste und nächste Grundlage des menschlichen Denkens, und im Verhältnis, wie der Mensch die Natur verändern lernte, in dem Verhältnis wuchs seine Intelligenz.« In der Erkenntnistheorie verteidigte er die These von der Erkennbarkeit der Welt gegen jegliche Art von Agnostizismus, dessen »schlagendste Widerlegung ... die Praxis, nämlich das Experiment und die Industrie« seien. Aus der »Materialität« der Welt, die ihre wirkliche Einheit ausmache, bestimmte er Raum und Zeit als Existenzformen der Materie. Die Daseinsweise der Materie aber sei nicht das Sein, sondern das Werden, die Bewegung: Die Welt sei nicht zu begreifen als ein »Komplex von fertigen Dingen«, sondern als ein Komplex von Prozessen, worin die scheinbar stabilen Dinge nicht minder wie ihre Gedankenabbilder in unserem Kopf, die Begriffe, eine ununterbrochene Veränderung des Werdens und Vergehens durchmachen, in der bei aller scheinbaren Zufälligkeit und trotz aller momentanen Rückläufigkeit schließlich eine fortschreitende Entwicklung sich durchsetzt. Die dialektische Denkweise sei also nicht etwas, was man annehmen könne oder auch nicht, sondern stelle die Widerspiegelung der realen Bewegungsgesetze der Materie dar. Diese Gesetze finden in den verschiedenen Bewegungsformen der Materie allerdings auf sehr unterschiedliche Weise Ausdruck: »In der Natur sind es – soweit wir die Rückwirkung der Menschen auf die Natur außer acht lassen – lauter bewußtlose blinde Agenzien, die aufeinander einwirken und in deren Wechselspiel das allgemeine Gesetz zur Geltung kommt ... Dagegen in der Geschichte der Gesellschaft sind die Handelnden lauter mit Bewußtsein begabte, mit Überlegung oder Leidenschaft handelnde, auf bestimmte Zwecke hinarbeitende Menschen.«

Daß die Geschichte eine fortschreitende Bewegung darstelle, war schon von der Aufklärungsphilosophie formuliert worden; Herder und Hegel hatten diese Bewegung bereits als Prozeß unterschiedlicher Stufen gefaßt. Für M. und E. findet dieser Prozeß (entgegen einem weitverbreiteten Vorurteil) auch in der kommunistischen Gesellschaft kein Ende. Genau genommen ist erst dann die Herausarbeitung aus dem Tierreich abgeschlossen: »Die Gesetze ihres eignen gesellschaftlichen Tuns, die ihnen bisher als fremde, sie beherrschende Naturgesetze gegenüberstanden, werden dann von den Menschen mit voller Sachkenntnis angewandt und damit beherrscht ... Erst von da an werden die Menschen ihre Geschichte mit vollem Bewußtsein selbst machen, erst von da an werden die von ihnen in Bewegung gesetzten gesellschaftlichen Ursachen vorwiegend und in stets steigendem Maße auch die von ihnen gewollten Wirkungen haben. Es ist der Sprung der Menschheit aus dem Reich der Notwendigkeit in das Reich der Freiheit.« Auch die geschichtliche Bewegung ist dabei zu fassen als eine dialektische, als Einheit und Auseinandersetzung der Gegensätze, in der es Bestimmendes und Bestimmtes gibt und doch das bedingte auf das bedingende Moment (z. B. das Bewußtsein auf das Sein) aktiv zurückwirkt, so daß insgesamt die Bewegung als umfassende Wechselwirkung erscheint.

Diese Lehre ist also nicht monokausal. Sie ist aber andererseits auch keine bloße Faktorentheorie, in der ökonomische, politische und ideologische Momente, Sein und Bewußtsein, »irgendwie« zusammenwirken. Was das Bedingende und was das Bedingte ist, kann nicht beliebig entschieden werden, sondern ist von der Wirklichkeit selbst vorgegeben. Die dialektische Fassung der Beziehung zwischen Sein und Bewußtsein eröffnete auch die Möglichkeit, Bewußtsein als mehr oder minder adäquat gegenüber dem Sein, auch als (partiell) falsch, als gegenüber dem Sein im Irrtum befindlich zu fassen und zugleich die Gründe für den Irrtum im Sein selbst, in den realen Lebensverhältnissen aufzufinden. Von hier aus konnte dann eine marxistische Ideologietheorie entwickelt werden.

Nicht weniger bedeutsam als die »großen« Werke ist schließlich die Korrespondenz, die E. insbesondere mit Repräsentanten der deutschen und internationalen Arbeiterbewegung – u. a. mit August Bebel, Franz Mehring, Friedrich Albert Sorge, Karl Kautsky, Joseph Bloch – führte. Allein diese »Altersbriefe« haben einen Umfang von vier Bänden. Nahezu alle Fragen der marxistischen Theorie wurden hier aufgegriffen und – meist sehr anschaulich – erläutert. E. machte hier Front sowohl gegen Vulgarisierungen linksradikaler wie auch mechanistischer und deterministischer Art, aber auch gegen den in der Sozialdemokratie aufkommenden Revisionismus.

Das von M. und E. entwickelte Denken stellte eine geistige Revolution dar sowohl in der Gesellschafts- und Geschichtstheorie wie auch in der Philosophie. Da dieses Denken die Einheit von Theorie und Praxis lehrte, auf Eingreifen in die Praxis abzielte und konkret verbunden war mit jener sozialen Bewegung, die der industrielle Kapitalismus selbst hervorgebracht hatte, mit der Arbeiterbewegung, wuchs seine Wirkung in dem Maße, in dem die Arbeiterklasse anwuchs und zum Bewußtsein ihrer eigenen Lage gelangte, von der »Klasse an sich« zur »Klasse für sich« wurde. Und da mit der Ausbreitung des Kapitalismus über die ganze Welt auch diese soziale Konfliktlinie zu einer globalen wurde, breitete sich auch marxistisches Denken in allen Regionen des Erdballs aus. »Diese proletarische Weltanschauung macht jetzt die Reise um die Welt«, stellte E. schon im Jahr 1886 fest. Manche der Resultate von M. und E. sind in der Folge von den bürgerlichen Sozialwissenschaften aufgenommen worden; so z. B. daß Denkweisen aus gesellschaftlichen Bedingungen zu erklären sind, daß die soziale Struktur und die Arbeitsteilung der Gesellschaft eine bestimmte Interessenstruktur und bestimmte politische Mentalitäten erzeugen, daß Maschinenwelt und industrielle Arbeitsweise Entfremdung bedeuten oder daß Wissenschaft eine politische Orientierungsfunktion haben kann. Auch die Erkenntnis, daß Gesellschaft ein Gesamtzusammenhang von ökonomischen, politischen, kulturellen und ideologischen Momenten darstellt, konnte akzeptiert werden. Was jedoch keinesfalls hingenommen werden konnte, war erstens die materialistische Auffassung von Gesellschaft, die Lehre von Basis und Überbau, und zweitens die Geschichtstheorie, die Lehre von historischen Entwicklungsgesetzen und von der Aufeinanderfolge verschiedener Gesellschaftsformationen, die auch die geschichtliche Begrenztheit des Kapitalismus implizierte. Aber auch diejenigen, die, auf der Seite der Arbeiterbewegung stehend, sich als Marxisten verstanden, hatten ihre Schwierigkeiten. Ihre Versuchung bestand vor allem darin, dieses Denken als ein fertiges Rezept aufzufassen, das auf alle auftretenden Probleme schon vorab die richtige Antwort enthielt, als einen Katalog von ein für allemal richtigen Aussagen, kurzum: als ein dogmatisches System, das nur noch der Auslegung bedurfte. Dort, wo der Marxismus zur Staatsideologie wurde und sich mit Machtinteressen verband, verkam er in manchen Fällen zur bloßen Zitatologie. M. und E. haben dagegen sehr eindringlich durch ihre eigenen Arbeiten immer wieder betont und gezeigt, daß es ein ein für allemal fertiges Schema nicht geben kann. Da die Wirklichkeit selbst in ständiger Bewegung begriffen ist und da die Einzelwissenschaften immer neue Erkenntnisse hervorbringen, kann auch marxistische Wissenschaft nur als Prozeß begriffen werden, der voranschreitet zu tieferer und umfassenderer Erkenntnis der Wirklichkeit. Selbstverständlich sind viele Aussagen über ethnologische und geschichtliche, über biologische und physikalische Sachverhalte überholt durch neuere Forschungen. Und auf eine ganze Reihe von Problemen findet sich bei M. und E. überhaupt keine oder allenfalls nur eine grob skizzierte Antwort – weil diese Probleme zu ihrer Zeit noch nicht existierten oder weil sie keine Zeit fanden, diesen Problemen nachzugehen. So bleiben die Theorien über den Staat, über Probleme des gesellschaftlichen und individuellen Bewußtseins, über die Beziehung der Geschlechter und über die Herausbildung der Klassengesellschaft höchst fragmentarisch. Kritisch angeeignet und schöpferisch angewandt, hat sich allerdings marxistische Wissenschaft als außerordentlich fruchtbar erwiesen. Was sie bei der Analayse geschichtlicher Prozesse (wie der beiden Weltkriege), sozialökonomischer Entwicklungen (wie der Wirtschaftskrisen und der Verelendung in der Dritten Welt), aber auch bei der philosophischen Interpretation naturwissenschaftlicher Forschungsergebnisse seit M. und E. erbracht hat, demonstriert die Leistungsfähigkeit dieses Instrumentariums. Daß die Verbreitung gerade dieser Erkenntnisse immer aufs neue behindert wird, hat seinen Grund übrigens in eben jenen sozialen Strukturen und Interessen, die M. und E. zum ersten Mal wissenschaftlich durchleuchtet haben.

Braun, Eberhard: Aufhebung der Philosophie. Marx und die Folgen. Stuttgart 1992. – Hofmann, Werner, unter Mitwirkung von Abendroth, Wolfgang/Fetscher, Iring: Ideengeschichte der sozialen Bewegungen des 19. und 20. Jahrhunderts. Berlin/New York ⁶1979. – Schleifstein, Josef: Einführung in das Studium von Marx, Engels und Lenin. München 1972. – Fetscher, Iring: Karl Marx und der Marxismus. München 1969.

Reinhard Kühnl

Mead, George Herbert

Geb. 27. 2. 1863 in South Hadley/Massachusetts; gest. 26. 4. 1931 in Chicago

In ihren Grundzügen ist die Philosophie M.s dem Pragmatismus von William James und John Dewey verpflichtet. Möglicherweise ist in dieser Verbindung begründet, daß er lange Zeit in deren Schatten stand und in seiner eigenständigen Position nicht gesehen wurde. Ein anderer Grund dafür ist, daß M. zu Lebzeiten zwar zahlreiche Artikel verfaßt hat, die sich kritisch mit Entwürfen anderer Denker auseinandersetzen, selbst aber nie den Weg zu einer umfassenden systematischen und programmatischen Veröffentlichung gefunden hat. Seinem Schülerkreis (v. a. Charles William Morris) ist es zu verdanken, daß posthum sein Denken zumindest in Form von Vorlesungsmanuskripten und anderen Texten aus dem Nachlaß der Öffentlichkeit bekannt wurde. Die Gemeinsamkeiten M.s mit James und Dewey liegen in den engen, auch freundschaftlichen Kontakten zu beiden begründet. Als M. 1887 in Harvard sein Studium der Philosophie und physiologischen Psychologie aufnahm, lehrte dort James. Zwischenzeitlich betreute er auch als Hauslehrer dessen Kinder. M.s erste Lehrtätigkeit begann 1891 an der Universität von Michigan, wo er Dewey begegnete. Durch seine Vermittlung fand er intensiveren Zugang zur Philosophie des Pragmatismus und dessen Umsetzung in eine funktionalistische Psychologie. Diese ging von der Annahme aus, daß Erfahrung und Verhalten ein kontinuierliches Ganzes darstellen und die psychologischen Funktionen nur aus dem Verhältnis von Mensch und Umwelt zu verstehen sind. Der Mensch-Umwelt-Bezug wird als Handlungsaktivität gefaßt, an die die unmittelbare Erfahrung als das grundlegende Fundament der realen Erkenntnis rückgebunden ist. Von diesem theoretischen Rahmen ging M. aus, als er in den zwei umfangreicheren Artikeln *Suggestion Toward of a Theory of the Philosophical Disciplines* (1900) und *The Definition of the Psychical* (1903) einen komprimierten systematischen Abriß zur Philosophie und Psychologie bot. Ausgehend vom Pragmatismus legt er folgende Annahmen zugrunde: Menschliches Denken setzt an dem Vorhandensein von Problemen und am Konflikt zwischen verschiedenen Arten des Handelns an; Jedes reflexive Denken entsteht aus wirklichen Problemen in der unmittelbaren Erfahrung und ist uneingeschränkt mit der Lösung dieser Probleme befaßt; die Wiederherstellung der Handlungsfähigkeit dient als Kriterium dafür, ob eine Lösung gefunden ist. Handlungsfähigkeit kann auf zwei Arten wiedererlangt werden: Wird sie dadurch erreicht, daß die problematisch gewordene Bedeutung von Objekten in den Begriffen vergangener Erfahrung bzw. alter Handlungsschemata thematisiert und in schon bestehende Allgemeinbegriffe integriert wird, dann bewegt sich das reflexive Denken im Rahmen einer deduktiven Logik. Im Sinne einer induktiven Logik verfährt das Denken, wenn es zu neuen Allgemeinheitsbegriffen und Handlungsmustern findet. Das Objekt und das Handlungsmuster sind immer in ihrem Verhältnis zueinander zu sehen: Ein Objekt oder ein Reiz ist dann destruiert, d. h. hat seine eindeutige Geltung verloren, wenn konfligierende Handlungsantriebe das selbstverständliche Handeln außer Kraft gesetzt haben. Wenn wir die alten Interpretationen, mittels derer wir die Objekte konstruiert haben, aufgeben, um nach einer neuen Interpretation zu suchen, dann kann die unmittelbare Erfahrung nur eine subjektive Gültigkeit für sich beanspruchen. An diesem Punkt der Argumentation verbindet M. den Erkenntnisprozeß mit dem Moment des Psychischen. Aktuell wird das Psychische dann, wenn die Handlungsfähigkeit unterbrochen und eine Reflexion über die Wiederherstellbarkeit an ihre Stelle getreten ist. In dieser Phase sind die Willensäußerungen in einem psychischen Sinn subjektiv. Für M.s Theorie bedeutsam ist, welchen Stellenwert er dem Individuum innerhalb des Erkenntnisprozesses einräumt. Elemente seiner Sozialpsychologie finden hier schon ihre Anwendung. Dem Individuum (»I«) obliegt es, in Eigenaktivität ein neues Reiz-Objekt entstehen zu lassen bzw. eine passende Interpretation zu entwerfen. Das »I« stellt eine Ich-Identität dar, in dem die restlichen, nicht fragwürdig gewordenen Teile der Wirklichkeit mit neuen Interpretationen zu einem neuen Wirklichkeitsbild rekonstruiert werden. Es repräsentiert den subjektiven Handlungsantrieb mit freier Wahlmöglichkeit von Interpretationen und symbolischen Vorstellungen, losgelöst von jeder mechanistischen Reiz-Reaktion-Auffassung des Menschen. Die Einführung der symbolischen bzw. bildlichen Vorstellungsfähigkeit des Individuums bildet den ersten Schritt zu seiner Theorie des »Symbolischen Interaktionismus«.

In mehreren Texten um 1910 entwickelt er die Grundlagen dafür: *Social Psychology as Counterpart to Physiological Psychology* (1909), *Social Consciousness and the Consciousness of Meaning* (1910), *What Social Objects Must Psychology Presuppose* (1910). Seine Überlegungen gehen aus von der Frage: Wie kann symbolisches Vorstellen d. h. wie kann Bedeutung erklärt werden? Aus dem passenden Reiz-Reaktionsschema kann dies nicht gelingen, da uns unsere Reaktionen um so weniger bewußt sind, je perfekter Reiz und Reaktion aufeinander abgestimmt sind. Für die Fähigkeit zu alternativen Handlungsentwürfen bedarf es aber der bewußten Bedeutungshaftigkeit. Eine Anleihe bei Wilhelm Wundt verhalf M. zu der nötigen Einsicht, daß nicht nur die Bedeutung der Gebärden, sondern auch die Bedeutung einer Handlung erst bewußt werden durch die Reaktionen, die ich auf mein Verhalten erfahre. Wir können uns unserer Haltungen nur dann bewußt werden, weil und insofern sie für Veränderungen im Verhalten anderer Individuen verantwortlich sind. Diese Reaktionen haben wiederum das Bewußtsein einer anderen Person zur Voraussetzung. Erst in diesen gegenseitigen Verhaltensbezügen entsteht der Sinn für Bedeutung. Bedeutungsbewußtsein ist also seinem Ursprung nach sozialer Natur.

Bei der Ausarbeitung dieses Aspekts kamen M. seine Studiensemester in Deutschland zugute. Er hatte nicht nur Wilhelm Wundt in Leipzig gehört, sondern konnte auch in Berlin die Kontroverse zwischen Wilhelm Dilthey und Julius Ebbinghaus mitverfolgen, die sich um Erklärungsweise und Verstehensmomente als methodische Mittel der Psychologie drehte. An die Entwicklung des Bedeutungsbewußtseins schließt unmittelbar seine Sozialpsychologie an. Die pragmatische Grundannahme der Mensch-Umwelt-Beziehung wird jetzt thematisiert als Prozeß sozialer Handlungen. Das Konzept des »Symbolischen Interaktionismus« besagt: – Individualität bzw. individuelle Handlungen sind nur im sozialen Handlungszusammenhang zu begreifen; – Der einzelne ist Mitglied einer sozialen Gruppe, insofern aufeinander bezogene Handlungsmuster und Handlungserwartungen die Interaktion bestimmen; – die Bedeutungsgleichheit der für die Kommunikation relevanten Symbole ist durch die wechselseitige Einnahme der Perspektiven anderer Beteiligter begründet. Dieser soziale Zusammenhang ist bei M. strukturiert durch verschiedene Instanzen: Vor jeder eigenen Handlung findet eine Antizipation der Perspektive des anderen statt. Die vermeinte Verhaltenserwartung schlägt sich nieder als Bewertungsinstanz und als Selbstbild aus der Perspektive des anderen (»me«). Da das Individuum immer in Beziehung mit mehreren Personen steht, muß es deren Erwartungen zu einem einheitlichen Selbstbild (»self«) integrieren. So entstehen Ich-Identität und Persönlichkeitsstruktur des Individuums. Das Prinzip der Spontaneität und Kreativität des Individuums, ebenso seine biologische Triebausstattung werden unter dem Begriff des »I« gefaßt.

Aufgrund seines sozialpsychologischen Werks *Mind, Self and Society. From the Standpoint of a Social Behaviorist* (*Geist, Identität und Gesellschaft. Vom Standpunkt eines Sozial-Behavioristen*), das sein Schüler Morris aufgrund seiner Vorlesungsmitschriften 1934 veröffentlichte, gilt M. als Begründer des »Symbolischen Interaktionismus«. Die Anerkennung stellte sich jedoch auch hier wieder erst auf Umwegen ein. Der Soziologe Herbert Blumer initiierte die soziologische Wirkungsgeschichte. Er knüpfte zwar an zentralen Argumenten M.s an, trägt dabei aber nur einem Motiv von M.s Denken Rechnung, nämlich dem sozialen Individuum einen deutlicheren Stellenwert im Mensch-Umwelt-Bezug einzuräumen, als es der pragmatische Funktionalismus getan hatte. Sein anderes Motiv, das man als Widerstand gegen die rein individualistischen Traditionen der amerikanischen Soziologie fassen kann, wurde dabei verdeckt.

In Deutschland fand M.s Werk zunächst vorwiegend in den philosophischen Anthropologien von Arnold Gehlen und Helmuth Plessner Eingang, bevor die soziologisch-philosophischen Arbeiten von Jürgen Habermas für eine größere Verbreitung sorgten. Unter anthropologischen Gesichtspunkten orientierte man sich zum großen Teil an seinem späteren Denken. *The Philosophy of the Present* (1932) thematisiert die Konsequenzen der unterbrochenen Handlungsfähigkeit. Das Individuum, das durch diesen Bruch aus dem unmittelbaren Umweltbezug herausgerückt und zum Abwägen alternativer Handlungsmöglichkeiten genötigt ist, vermag dies nur zu leisten, wenn es die Zukünftigkeit seines Handelns ebenso wie die relevanten Erfahrungen der Vergangenheit vergegenwärtigen kann. Verschiedene Zeitsysteme, Vergangenheit und Zukunft, vereinigen sich in einer Handlungsgegenwart.

Zwischen Dewey und M. bestand Gemeinsamkeit nicht nur im Hinblick auf ihre philosophischen Ansichten, sondern auch bezüglich ihres Interesses, diese im pädagogischen Bereich wirksam werden zu lassen. Ihrem praxisbezogenen Verständnis von Wissenschaft entsprach das Selbstverständnis der neugegründeten Universität von Chicago, an die beide 1894 berufen wurden, wonach die wissenschaftlichen Forschungen praktischen Fragen der Sozialpolitik Rechnung tragen sollten.

Die aus M.s Philosophie und Sozialpsychologie resultierende pädagogische Grundintention war, daß in Schule und Erziehung nicht nur Wissen vermittelt werden sollte, sondern mit dem Wissen auch immer das Bewußtsein und die Fähigkeit, sich durch Veränderungen der eingeübten Fertigkeiten neuen Situationen anpassen zu können. Auch das soziale Lernen unterstellte M. der ethischen Maxime, daß bei konfligierenden Handlungsinteressen zweier Personen eine Umstrukturierung der Erwartungen und Triebimpulse erreicht werden müsse, damit ein situationsangemessenes Verhalten für alle Beteiligten möglich ist. Dadurch wird eine Reintegration auf einer »höheren Stufe« erreicht. Die Stufen der Identitätsbildung und der moralischen Entwicklung fließen dabei ineinander.

Heuberger, Frank: Problemlösendes Handeln. Zur Handlungs- und Erkenntnistheorie von G. H. Mead, A. Schütz und Ch. S. Peirce. Frankfurt am Main 1991. – Joas, Hans: Praktische Intersubjektivität. Die Entwicklung des Werkes von George Herbert Mead. Frankfurt am Main 1989. – Kellner, Hansfried: Einleitung. In: Mead, George Herbert: Philosophie der Sozialität. Frankfurt am Main 1969.

Peter Prechtl

Mead, Margaret
Geb. 16. 12. 1901 in Philadelphia; gest. 15. 11. 1978 in New York

Zu den bekanntesten Anthropologen und Ethnologen unserer Zeit gehört die Amerikanerin M. Sie zählt wie Alfred L. Kroeber, Edward Sapir und Ruth Benedict zu den Schülern des deutsch-amerikanischen Ethnologen Franz Boas, einem der Begründer der amerikanischen »cultural anthropology«. Hiermit wird – in der Tradition von Boas – jene für die USA typische Disziplin bezeichnet, die den Menschen in all seinen Lebensbezügen zu erfassen sucht. Kultur ist dabei im wissenschaftlich-wertneutralen und umfassenden Sinne zu verstehen. Die schon bei Boas angedeutete und Mitte der 20er Jahre von M. und Benedict pointiert ausgearbeitete Theorie der Kultur besagt, daß die Menschen bedeutsame intrakulturelle Ähnlichkeiten und interkulturelle Unterschiede zeigen, die erklärt werden durch bereits bei der Geburt beginnende Einflüsse des jeweiligen kulturellen Milieus (Anschauung und Erfahrung, Erziehung, Lernen), das auf eine als außerordentlich formbar angenommene menschliche Psyche einwirkt. Dies hat eine kulturelle Standardisierung grundlegender Züge der gesamten Gefühls-, Gedanken- und Vorstellungswelt zur Folge, worunter auch die Wertvorstellungen fallen. Diese bald als »kultureller Relativismus« bezeichnete Hypothese wurde in der Folgezeit zum Teil in Zusammenarbeit mit psychologischen und sozialpsychologischen Richtungen differenziert und spezifiziert.

Nach einem Studium der Anthropologie, Ethnologie und Psychologie an der Columbia Universität begann M. 1925 mit Feldforschungen bei den Südseevölkern. Sie beschäftigte sich besonders mit Kindheit und Jugendalter sowie mit der weiblichen Lebenssphäre. Ihre Arbeiten haben eine für wissenschaftliche Werke außerordentlich große Resonanz auch außerhalb von Fachkreisen gefunden, insbesondere wegen der bewußt hergestellten, auf mögliche Nutzanwendung ausgerichteten Bezüge zu Problemen ihrer Gesellschaft. Mit Hilfe von Erfahrungen andersartiger

Lebensformen will sie neue Gesichtspunkte für die Betrachtung der eigenen Lebenswelt beisteuern. Bei ihren Forschungen wendet sich M. mehr den psychischen, oft unbewußten Hintergründen menschlichen Verhaltens in den jeweiligen kulturellen Bindungen zu als den unmittelbar registrierbaren Objektivationen von Kulturen. Ferner räumt M. neben der objektiv-wissenschaftlichen Beweisführung auch der intuitiven Einfühlung in Situationen, denen sie in fremden Kulturen begegnet, einen Spielraum ein.

Die Wahl von Naturvölkern für ihre Forschungen begründet sie in *Male and female* (1949; *Mann und Weib*) damit, daß diese »wegen ihrer geographischen und historischen Isolierung außerhalb des großen Stromes der Geschichte verblieben sind und spezielle Eigentümlichkeiten bewahrt haben, die sich außerordentlich von dem Verhalten größerer Gesellschaften abheben«, und somit günstigere Untersuchungsbedingungen bieten als komplexe Gesellschaften. Aufgrund bestimmter Beobachtungskriterien, die aus der psychoanalytischen Entwicklungslehre stammen, war M. in der Lage, sich der Untersuchung von Verhaltensweisen der Mädchen auf Samoa, Neuguinea oder Bali weit intensiver zuzuwenden, als dies früher in der Ethnologie versucht wurde. Sie bemühte sich darum, die komplexen kulturellen, sozialen und psychischen Gegebenheiten des menschlichen Daseins in angemessener Weise in Rechnung zu stellen. M.s wichtigste Arbeiten weichen von der ethnologischen Tradition bewußt dadurch ab, daß sie das psychologische Moment in die Ethnologie einholt. Man kann ihre Forschungen somit mehr einer Ethno-Psychologie bzw. Kulturpsychologie zurechnen als der eigentlichen, enger definierten Ethnologie.

In ihren Hauptwerken (*Coming of Age in Samoa*, 1928; *Growing up in New-Guinea*, 1930; *Sex and Temperament in Three Primitive Societies*, 1935; zusammen in: *Leben in der Südsee. Jugend und Sexualität in primitiven Gesellschaften*) wendet sich M. in jedem der drei Untersuchungsgebiete einem besonderen Problem zu: In Samoa untersucht sie Möglichkeiten biologischer Bedingtheit von Pubertätskrisen; auf den Admiralitätsinseln die Hypothese, daß geistig noch nicht entwickelte Personen, insbesondere Kinder unter sechs Jahren, spontan in animistischen Kategorien denken; auf Neuguinea die Behauptung einer weitgehenden Determination von Psyche und Verhalten durch die Zugehörigkeit zu einem der beiden Geschlechter.

Für die in verschiedenen Kulturen vorhandenen Verhaltensmuster versucht M. bestimmte individuelle Differenzierungen herauszuarbeiten. Sie kommt dabei in *Sex and Temperament* zu folgendem allgemeinen Urteil: »Wir werden zu der Folgerung gezwungen, daß die menschliche Natur außerordentlich formbar ist und auf verschiedene Kulturbedingungen entsprechend reagiert. Individuelle Unterschiede zwischen Menschen verschiedener Kulturmilieus beruhen fast ausschließlich auf verschiedenen Umweltbedingungen, vor allem auch der frühesten Kindheit, und die Beschaffenheit dieser Umwelt wird durch die Kultur bestimmt. Hierzu gehören die zur Norm erhobenen Persönlichkeitsunterschiede zwischen den Geschlechtern sowie die kulturellen Errungenschaften, denen sich jede Generation – männlich oder weiblich – anpassen soll.«

Die Arbeiten von M., Erik H. Erikson u. a. gehen davon aus, daß jede Kultur durch die Vorschriften, die die Kindererziehung betreffen, den Entstehungsrahmen für Register typischer Persönlichkeitseigenarten innerhalb jeder Gesellschaft zur

Verfügung stellt. Dieses Register von Denkweisen, aber auch von affektiv-emotionalen Haltungen wird dann bei den Angehörigen der jeweiligen Kultur als Norm erwartet. In den Berichten über ihre Forschungsreisen zu den Südseeinseln schildert M. anhand außerordentlich plastischer Beispiele die kulturspezifische Bedingtheit der Sozialisation. Diese Befunde zeigen deutlich die Abhängigkeit des Sozialisationsprozesses von der Eigenart der Kulturen. In ihren Büchern findet man eine Fülle von Hinweisen darauf, wie pädagogische Phänomene – etwa die Erziehung zur Sexualität, zur Gemeinschaft oder zur Arbeit – in jeder Kultur höchst unterschiedlich gestaltet sind.

Bronislaw Malinowski, Benedict und M. haben uns den prägenden Einfluß des gesamten Kulturgefüges auf alle Verhaltensweisen, insbesondere auf die Rolle der Geschlechter und das sexuelle Verhalten, durch ihre Deutungen der Sozialstruktur z. B. der Südseevölker und Indianer aufgezeigt. M. hat die Hypothese entwickelt, daß die zunächst bei Mann und Frau gleichmäßig vorhandene Vielfalt der Anlagen im Zuge der Sozialisation geschlechtsspezifisch auf Rollenmuster eingeschränkt, d. h. institutionalisiert werde. Die Einsicht, daß jede Kultur in irgendeiner Weise die Rolle des Mannes und der Frau standardisiert, die inhaltlichen Festlegungen von männlichen und weiblichen Verhaltensformen und Eigenschaften in den Kulturen jedoch sehr verschieden sind, ja, in vielen Fällen durchaus gegensätzlich getroffen werden, hat M. an umfassendem ethnologischen Material zu belegen versucht. In *Sex and Temperament* schreibt sie: Ihrer Meinung nach legt dieses Material die Behauptung nahe, daß »Eigenschaften, die als maskulin oder feminin zu gelten pflegen ... demnach mit dem Geschlecht ebenso lose verbunden zu sein (scheinen) wie Kleidung, Kopfputz, äußeres Benehmen, die eine Gesellschaft im Lauf der Zeit jedem Geschlecht zuweist«. Das Verhalten von Mann und Frau hängt also entscheidend von sozio-kulturell geprägten Rollenmustern ab, Erziehung und die jeweiligen kulturell bedingten Ansichten über Weiblichkeit und Männlichkeit erzwingen bestimmte Verhaltensweisen.

Diese Erkenntnisse lassen sich nach M. für die eigene Kultur fruchtbar machen. An die Stelle geschlechtsspezifischer Verhaltenserwartungen will sie andere gesellschaftliche Differenzierungsprinzipien, vor allem die stärker betonte Anerkennung des Unterschieds individueller Begabungen und Anlagen gesetzt wissen. Denn ein Aufgeben von sozialen Differenzierungen bedeutet für sie ein Opfer an Komplexität des Verhaltens, damit ein Absinken des Kulturniveaus. Die Gesellschaft sollte die Entwicklung vieler individueller Gaben in beiden Geschlechtern zulassen und geistig auf die Auswahlmöglichkeiten der eigenen komplexen Kultur vorbereiten. »Eine solche Kultur würde nicht die im Laufe von Jahrtausenden erreichte Mannigfaltigkeit opfern. Der Gewinn bliebe erhalten, und jedes Kind fände Förderung seiner Begabungen. An die Stelle der Verhaltensvorschriften für beide Geschlechter würden die Interessen der vielseitig Begabten treten. Jede Begabung würde ihren ethischen Kodex und ihr gesellschaftliches Symbol, ihre Kunst und ihre Lebensform finden« (*Sex and Temperament*). Auffallend ist im Unterschied zu Boas und Benedict die größere Betonung der Individualität gegenüber einer zwar nicht völligen, doch unausweichlichen Determination des Lebens durch Kultur.

Dem bis zu einem gewissen Grad unvermeidlichen Ethnozentrismus wird interkulturelle Toleranz als global erstrebenswerte ethische Maxime entgegengestellt: Mit ihrer engagiert betriebenen Aufklärung will M. Verständnis für fremde Kulturen und Völker wecken. Teilhabe an den je eigenen (sanktionierten) Kulturformen und deren Anerkennung muß zur Einsicht führen, daß Angehörige anderer Kultursphären der Organisation ihres Lebensbereichs dieselbe Bedeutung zumessen.

Howard, Jane: Margaret Mead. A life. London 1984. – Mitscherlich-Nielsen, Margaret: Nachwort. In: Mead, Margaret: Brombeerblüten im Winter. Ein befreites Leben. Reinbek bei Hamburg 1978. – Rudolph, Wolfgang: Die amerikanische »Cultural Anthropology« und das Wertproblem. Berlin 1959. – Schelsky, Helmut: Soziologie der Sexualität. Hamburg 1955.

Martina Lunau

Melanchthon, Philipp (d. i. Philipp Schwarzerd)

Geb. 16. 2. 1497 in Bretten (Pfalz); gest. 19. 4. 1560 in Wittenberg

In seiner Einleitung zu Luthers Psalmen-Kommentar schreibt M. 1519, es sei nutzlos zu wissen, daß Gott die Welt erschaffen hat, wenn dieser Gott nicht weise und barmherzig ist. Diese Art der Erkenntnis sei den Christen eigen, sie übersteige alle Philosophie. So sehr M. die Philosophie liebt, ihre Erkenntnis bewegt sich für ihn stets im Rahmen der göttlichen Offenbarung. Und auch er wollte diesen Rahmen nicht verlassen; sein Leben lang sah er sich als Lehrer, nicht als Theologen. M. wurde als Philipp Schwarzerd geboren; die Gräzisierung seines Namens erfolgte durch seinen Großonkel Johannes Reuchlin, der seine Begabung erkannte und ihn früh in die Welt des Humanismus einführte. Nach der Lateinschule in Pforzheim erklomm M. schnell die akademische Stufenleiter: 1508 wurde er in Heidelberg Bakkalaureus, 1514 in Tübingen Magister der Artistenfakultät. In dieser Zeit widmete er sich dem Studium der alten Sprachen Latein und Griechisch und der wichtigsten antiken Autoren, besonders Aristoteles. Seine umfassenden Griechischkenntnisse, die er in einer Grammatik dargestellt hat, brachten ihm 1518 durch Vermittlung Reuchlins die Berufung auf die neueingerichtete Professur für Griechisch an der Universität Wittenberg ein. Der junge Humanist, der bereits in Tübingen die persönliche Religiosität der »devotio moderna« kennengelernt hatte, schloß sich schnell der dort durch Luther eingeleiteten Reformation an. Die Lehren Luthers über Sünde und Gnade, Rechtfertigung durch den Glauben und die alleinige Autorität der Bibel verbanden sich ihm scheinbar mühelos mit seinen humanistischen Überzeugungen. Er weigert sich aber, Theologe zu werden, bleibt Philologe. Diese Verbindung von Reformation und Humanismus, 1521 noch in den *Loci communes rerum theologicarum (Allgemeine Grundbegriffe des theologischen Sachbereichs oder Abriß der Theologie)*, der ersten systematischen Darstellung reformatorischer Lehren ablesbar, wird jedoch durch die Ereignisse bis 1526 in Frage gestellt. Das Auftreten der »Zwickauer Propheten« aus dem Umkreis Thomas Müntzers und die Unruhen im Verlauf des Bauernkrieges stellen für M. in aller Schärfe das Problem

des Verhältnisses von göttlichem und menschlichem Geist. Luthers Lehre der strengen Vorherbestimmtheit des menschlichen Schicksals wurde für ihn ebenso unannehmbar wie das Gottesverständnis der »Schwärmer«, durch das sie sich zum
Aufstand berechtigt glaubten.

M. findet zu der Position, daß der menschliche Geist an der Veränderung aus
göttlicher Gnade, die streng an das äußere Wort der Heiligen Schrift gebunden ist,
mitwirkt. Diese Veränderung aus göttlicher Gnade ermöglicht dem Menschen eine
Lebensgestaltung nach Gottes Willen. Die Folge dieses neuen Geistverständnisses
war für M. die Ablehnung des Bauernaufstandes und des Widerstandes der Fürsten
gegen Kaiser Karl V. Ebenso trat er für die gewaltsame Unterdrückung der Täufer
und radikalen Evangelischen ein. Die Aversion des orthodoxen Luthertums gegen
alle schwärmerischen Glaubenselemente geht wesentlich auf ihn zurück. In der
Phase der obrigkeitlichen Durchsetzung und reichsrechtlichen Anerkennung der
Reformation im deutschen Reich nach dem Bauernkrieg fällt M. die Rolle des
Organisators der neu entstehenden lutherischen Konfession zu. Für den Reichstag
1530 in Augsburg verfaßte er mit der *Confessio Augustana* eine für fast alle reformato-
risch gesinnten Reichsstände konsensfähige Darstellung ihrer Glaubensüberzeugung.
Institutionell prägte er die neue Kirche durch seine »Visitationsartikel«, die den Weg
zum landesherrlichen Kirchenregiment freimachten. Es ist die Tragik M.s, daß diese
Wirkungen seines Handelns das Gegenteil seiner Absichten waren. Um den Frieden
und die Einheit der Kirche soweit wie möglich zu bewahren, zeigte er sich Kaiser
und alter Kirche gegenüber so kompromißbereit in Fragen der äußeren Form, daß
er den Lutheranern verdächtig wurde. Deshalb häuften sich in den Jahren nach
Luthers Tod 1546 die Vorwürfe gegen ihn, Luthers Lehren verraten zu haben. Wie so
viele Friedensstifter stand er zwischen den sich verhärtenden Fronten. – Zu seinen
folgenreichsten Wirkungen gehören darüber hinaus die Tradierung aristotelischer
und humanistischer Studieninhalte in die neuentstehende protestantische Schulphilosophie und die Reorganisation des weltlichen territorialen Bildungswesens.
Das Studium der aristotelischen Naturphilosophie förderte er nachdrücklich, radikale Neuerungen wie das Weltbild des Kopernikus lehnte er ab. Er blieb der
Nachwelt als das in Erinnerung, was er immer nur sein wollte: Lehrer, nicht Prophet
Deutschlands.

Hauschild, Wolf-Dieter: Philipp Melanchthon. In: Scholder, Klaus/Kleinmann, Dieter (Hg.):
Protestantische Profile. Königstein/Taunus 1983. – Maurer, Wilhelm: Der junge Melanchthon
zwischen Humanismus und Reformation. Göttingen 1967/1969.

Alexander Hülle

Menander

Geb. 342/41 v.Chr. in Athen; gest. zwischen 293 und 289 v.Chr. im Piräus

»Menander und Leben, wer von euch beiden hat den anderen nachgeahmt?« Kein anderer griechischer Dichter war so berühmt für seine Darstellungskunst, für seine Fähigkeit, Personen und Gefühlen lebensnahen Ausdruck zu verleihen, wie M., glänzendster Vertreter der sogenannten Neuen Attischen Komödie, aus der durch Vermittlung der Römer das europäische Lustspiel hervorgegangen ist. Der antike Grammatiker, auf den das oben angeführte Diktum zurückgeht, gesteht ihm unmittelbar hinter Homer den zweiten Platz unter allen griechischen Dichtern zu. Jene emphatische Parallelisierung von Komödiendichter und Leben liefert einen Hinweis, inwiefern M. hier unter die Philosophen eingereiht werden kann: Offensichtlich fand man in seinen Dramen Deutungsmuster, die auf die Lebenswirklichkeit übertragbar waren. »The most philosophic of poets« wurde bereits in der Antike nicht nur als Dichter begriffen. In der ausgehenden römischen Republik pflegte man an Fingerringen Porträts griechischer Philosophen zu tragen, unter denen sich mit am häufigsten ein bartloser Mann findet, der mit hoher Wahrscheinlichkeit M. darstellt. Es waren Sammlungen verbreitet von aus seinen Komödien exzerpierten Sentenzen, die im Sinne von Popularphilosophie gebraucht wurden: Weisheiten und Verhaltensmaximen, nach denen man sich im Alltag ausrichten konnte.

Die Nachrichten über sein Leben sind spärlich. In Athen geboren und angeblich beim Baden im Piräus im Alter von 52 Jahren ertrunken, verfaßte er über einhundert Komödien, von denen erst in diesem Jahrhundert durch spektakuläre Papyrusfunde einzelne Dramen und größere Bruchstücke ans Licht kamen. Bezeugt sind enge Beziehungen zu den Philosophenschulen seiner Zeit: Er war Schüler Theophrasts, war mit Demetrius von Phaleron, einem anderen Theophrast-Schüler und zeitweiligen Regenten Athens, befreundet, vielleicht auch mit Epikur. Das empirische, auf die Fülle der Erscheinungen ausgerichtete Interesse des Peripatos – der Aristotelesschule – macht diese Affinität verständlich: Aristoteles' Ethiken oder Theophrasts *Charaktere* zeigen ein nicht minder reiches Bild von menschlichen Verhaltensweisen und Ausprägungen wie die Stücke des Komödiendichters. Indes, zwischen lehrhafter Form und dramatischer Darstellung besteht ein nicht geringer Unterschied. Wenn ein Jüngling zu Beginn eines Stückes von seiner philosophischen Bekehrung schwärmt und sie mit einem aristotelischen Vergleich als Erweckung zum wahren Leben preist, so wird diese Aussage durch die nach Gattungsgesetz zu erwartenden Irrtümer und Verwicklungen relativiert. M.s Komödien weisen vielfach Anspielungen auf Meinungen und Schriften des Peripatos auf, doch erscheinen philosophische Weisheiten auf der Bühne immer im Munde eines Protagonisten und damit in gebrochener Form: von leichter Ironie umspielt und in ihrer Gültigkeit relativiert.

Die Handlungsgegenstände der Komödie entstammen einem eng begrenzten

Repertoire. Immer verfolgt jemand ein Ziel und findet eine Grenze an anderen Interessen oder an falsch eingeschätzten Umständen. Was durch dieses Grundschema mit seinen unerwarteten Zufällen ins Werk gesetzt und dem Zuschauer aus allwissender Perspektive zu verfolgen erlaubt wird, ist die Erfahrung von Kontingenz. Eben in der Frage, wie man sich angesichts der kontingenten Wirklichkeit verhalten solle, konvergieren auch die philosophischen Systeme des Hellenismus. Während jedoch jene einer reinen Individualethik und dem Ideal der Autarkie zuneigen, führt M.s Komödie gerade die soziale Dimension des Handelns und Erlebens vor Augen. Wenn im *Dyskolos* ein alter Griesgram in einen Brunnen fällt und erst durch fremde Hilfe wieder herauskommt, so demonstriert er damit auf seine Weise den aristotelischen Grundsatz, der Mensch sei ein »zoon politicon«.

Maximen wie die folgende: »Niemals ist etwas ungerechter als ein unerfahrener Mensch, der nur für richtig hält, was er selbst getan hat«, oder die berühmteste aller Gnomen: »Wie liebenswürdig ist der Mensch, wenn er ein Mensch ist« weisen auf die antidogmatische Haltung und die Distanz leisen Lächelns, die aus M. spricht. Mit den Worten Plutarchs: »Wie auf eine blumige Wiese mit Schatten und wehenden Lüften führt er das Denken.«

Vogt-Spira, Gregor: Dramaturgie des Zufalls. Tyche und Handeln in der Komödie Menanders. München 1992. – Lefèvre, Eckard: Menander. In: Das griechische Drama. Hg. von G. A. Seeck. Darmstadt 1979. – Gaiser, Konrad: Menander und der Peripatos. In: Antike und Abendland, 13/1967.

Gregor Vogt-Spira

Mendelssohn, Moses
Geb. 6. 9. 1729 in Dessau; gest. 4. 1. 1786 in Berlin

Mit der gebotenen Devotion richtet 1763 der Jude Moses aus Dessau, wie sich M. in der jüdischen Gemeinde Berlins nennt, an König Friedrich II. das Gesuch, ihm den Schutz eines preußischen Untertanen zu gewähren. Der Bittsteller zögert zunächst, das Schreiben einzureichen. »Es thut mir weh,« äußert er in einem Brief, »daß ich um das Recht der Existenz erst bitten soll, welches das Recht eines jeden Menschen ist, der als ein ruhiger Bürger lebt«. Daß sein Gesuch überhaupt Erfolg hat, verdankt der zwar über ein hohes Ansehen als philosophischer Schriftsteller, aber über kein zu versteuerndes Vermögen verfügende Jude wohl einem Empfehlungsschreiben, mit dem der Marquis d'Argens – der von Friedrich berufene Direktor der literarischen Klasse der Preußischen Akademie und Verehrer M.s – der Souveränität des aufklärerisch gebildeten Königs schmeichelt: »Ein nicht sehr katholischer Philosoph bittet einen nicht sehr protestantischen Philosophen, einem nicht sehr jüdischen Philosophen das Schutzprivilegium zu geben. Es ist so viel Philosophie dabei, daß es die Vernunft gewiß billigt.«

Auf eine nur ironische Behandlung der Konfessionsunterschiede gründete sich die

Toleranzforderung des »jüdischen Philosophen« indes nicht. M. kannte den Wert seiner frühen, ihn zu einem Rabbinat befähigenden jüdischen Erziehung, die er nie aus dem Interesse an einer vordergründigen Assimilation verleugnete. Vielmehr hat er das, was er sich an zeitgenössischer Bildung mühsam durch autodidaktische Studien aneignen mußte – selbst die deutsche Sprache, die er in stilistisch vorbildlicher Weise beherrschte, war für ihn zunächst fremd –, als Lehrer und Protektor den jüdischen Gemeinden weitervermittelt und damit dazu beigetragen, diese aus ihrer mittelalterlichen Rückständigkeit zu befreien.

Entscheidenden Einfluß auf M.s Entwicklung nimmt der Dessauer Rabbiner David Fränkel, der ihn ab 1739 im Talmud-Studium unterweist und auf die Schriften des jüdischen Philosophen Moses Maimonides aufmerksam macht. Als 14jähriger folgt M. seinem Lehrer nach Berlin. Dort findet er, nachdem er selbständig mehrere Sprachen erlernt und Autoren wie Locke, Leibniz und Wolff studiert hat, eine Stelle als Hauslehrer bei dem Seidenhändler Isaak Bernhard, in dessen Manufaktur er 1754 als Buchhalter eintritt und dessen Unternehmen er nach dem Tod Bernhards (1768) zusammen mit der Witwe weiterführt. Die Stellung sichert ihm ein gutes Auskommen und ermöglicht 1762 die Heirat mit der Hamburger Kaufmannstochter Fromet Gugenheim, läßt ihm für private Studien aber stets nur begrenzte Zeit.

Durch einen weiteren jüdischen Förderer, den Arzt Aron Emmerich Gumpertz, wird M. in das intellektuelle Leben Berlins eingeführt. Aus der Begegnung mit dem gleichaltrigen Kritiker und Theaterautor Lessing und dem Verleger Friedrich Nicolai entwickelt sich eine lebenslange Freundschaft, die in ihren ersten Jahren, den produktivsten des jungen Philosophen, die Gegenstände, den Stil und selbst den Ort der Publikationen M.s beeinflußt. Mit Lessing zusammen verfaßt er die satirische Antwort auf eine Preisfrage der Berliner Akademie (*Pope ein Metaphysiker!*, anonym 1755) und rezensiert philosophische und literarische Neuerscheinungen für die *Bibliothek der schönen Wissenschaften und der freyen Künste* (1757–1760) sowie in den bei Nicolai verlegten *Briefe(n), die Neueste Litteratur betreffend* (1759–1765), wo er 1760 die *Poësies Diverses* Friedrichs II. bespricht, zunächst wohlwollend, doch mit einer deutlichen Kritik an den Einwänden des Königs »wider die Unsterblichkeit«, die ihm zum Teil als »so unerheblich« erscheinen, daß sie »zu unsern« Zeiten »in der Philosophie eine so schlechte Figur machen, daß sie kaum beantwortet zu werden verdienen«. Die *Literaturbriefe* – und namentlich M. – werden daraufhin angezeigt und vorübergehend verboten.

M. hatte keineswegs ohne Überlegung geurteilt. Das Thema der Unsterblichkeit war für ihn zu dieser Zeit von zentraler Bedeutung, da er sich – nach einem 1757 begonnenen Studium des Altgriechischen – entschlossen hatte, den platonischen Dialog »Phädon umzuarbeiten und herauszugeben«. Das Buch erschien 1767 *(Phaedon oder über die Unsterblichkeit der Seele in drey Gesprächen)*, erlebte rasch mehrere Auflagen und wurde in zehn Sprachen übersetzt. M. war es gelungen, die klassischen Beweise für die Unsterblichkeit der Seele in einer rein rationalen, auf offenbarungstheologische Argumente verzichtenden und dabei einem breiteren Publikum verständlichen Weise zusammenzufassen – er wurde damit zum populärsten Vertreter der Leibniz-Wolffschen Tradition in Deutschland, mit dessen vorbildlicher Beweisführung sich noch Kant in der *Kritik der reinen Vernunft* auseinandersetzt. Kant schätzte in M. den scharfsinnigen Metaphysiker (»Ihnen mein Herr kommet es zu in dieser Wissenschaft eine neue Epoche zu machen«), der mit seiner *Abhandlung über die Evidenz in Metaphysischen Wissenschaften* vor dem von ihm eingereichten Beitrag zur Beantwortung der von der Berliner Akademie für das Jahr 1763 ausgeschriebenen Frage den Preis erhalten hatte.

Eine vermittelnde Stellung zwischen der älteren Schulphilosophie und der Transzendentalphilosophie Kants nimmt M. auch in der Ästhetik ein. Die Reihe seiner Veröffentlichungen zu dieser neuen philosophischen Teildisziplin (*Über die Empfindungen*, 1755; *Betrachtungen über das Erhabene und das Naive in den schönen Wissenschaften*, 1758) läßt eine Entwicklung und Weiterführung der Ansätze von Baumgarten, Sulzer und Burke erkennen, die von der metaphysischen Begründung einer »Schönheit« mit »Vollkommenheit« identifizierenden Ästhetik zu der psychologischen Definition eines Gefühls des Schönen im Sinne des »interesselosen Wohlgefallens« führt und den idealistischen Gedanken einer ästhetischen Erziehung des Menschen vorwegnimmt.

Von Johann Georg Sulzer wird M. zur Aufnahme in die Akademie der Wissenschaften vorgeschlagen; die erfolgte Wahl wird jedoch von Friedrich II. nicht bestätigt. Dieser Akt absolutistischer Willkür gehört zu einer Folge von Kränkungen, die – zusammen mit einer schweren Krankheit, welche über Jahre hinweg jede schriftstellerische Tätigkeit verhindert – M.s letzte Lebensperiode überschatten. Der Züricher Theologe Johann Kaspar Lavater fordert ihn öffentlich dazu auf, die von Charles Bonnet *(Palingénésie philosophique)* geführten »Beweise für das Christenthum« zu widerlegen oder andernfalls zu konvertieren. M. verteidigt sein Judentum und muß eine Welle antisemitischer Angriffe über sich ergehen lassen. Um 1774 beginnt er mit einer Übersetzung des Pentateuch aus dem Hebräischen: die israelitische Kultur sollte an der deutschen teilnehmen können, ohne sich selbst aufzugeben. In ganz anderer Weise beherrschen religiöse Fragen seine Auseinandersetzung mit Friedrich Heinrich Jacobi, der ohne das Einverständnis M.s dessen Briefe über Lessings Äußerungen zum Spinozismus veröffentlicht hatte, was zum sogenannten »Pantheismusstreit« führte, von dem die letzten Arbeiten M.s geprägt sind (*Morgenstunden oder Vorlesungen über das Daseyn Gottes*, 1785; *Moses Mendelssohn an die Freunde Lessings*, posthum 1786). Er verteidigt Lessing und mit diesem die Vernunftreligiosität der Aufklärung; als er 1786, im Todesjahr Friedrichs II., stirbt, ist die Philosophie der Aufklärung in Deutschland bereits in eine neue Phase eingetreten.

Albrecht, Michael/Engel, E. J./Hinske, N. (Hg.): Moses Mendelssohn und die Kreise seiner Wirksamkeit. Tübingen 1994. – Albrecht, Michael: Moses Mendelssohn 1729–1786. Das Lebenswerk eines jüdischen Denkers der deutschen Aufklärung. Weinheim 1986. – Altmann, Alexander: Die trostvolle Aufklärung. Studien zur Metaphysik und politischen Theorie Moses Mendelssohns. Stuttgart 1982.

Friedrich Vollhardt

Merleau-Ponty, Maurice
Geb. 14. 3. 1908 in Rochefort-sur-Mer; gest. 3. 5. 1961 in Paris

M.-P. hat im französischen Kulturraum, in Westeuropa und in Nordamerika eine vielfältige und anhaltende Wirkung ausgeübt. Paul Ricœur hat ihn als den bedeutendsten Phänomenologen Frankreichs bezeichnet; hierzulande dagegen wird er eher zögernd wahrgenommen, obwohl zahlreiche seiner Arbeiten inzwischen übersetzt vorliegen. – Bis in die 30er Jahre herrschte in der französischen Universitätsphilosophie ein von Descartes, Spinoza und Kant geprägter kritizistischer Rationalismus vor. Einer seiner profiliertesten Vertreter war Léon Brunschvicg, für M.-P. und viele andere der heranwachsenden Philosophengeneration der wichtigste akademische Lehrer. In diesen Jahren begann die Philosophie in Frankreich – nicht zuletzt auch Brunschvicg selbst – die Bahnen dieser rationalistischen Tradition zu verlassen. Der Titel des Buchs von Jean Wahl, *Vers le concret* (1932), wurde zum Losungswort dieses Aufbruchs. M.-P. hatte sein Studium der Philosophie 1930 mit der Agrégation abgeschlossen; er gehörte zu denjenigen, die diese neue Entwicklung entscheidend mittrugen. Er schloß sich der Gruppe um Emmanuel Mounier, der dem christlichen Existenzialismus nahestand und die Zeitschrift *Esprit* herausgab, an; diese Gruppe bemühte sich, die Verkrustungen von Klerikalismus und Etatismus im Frankreich der Dritten Republik aufzubrechen. M.-P. setzte sich 1936 ausführlich mit dem Buch *Être et avoir* von Gabriel Marcel auseinander und betonte darin erstmals die zentrale Bedeutung der Leibproblematik für ein neues, von intellektualistischen Konzeptionen der philosophischen Anthropologie abrückendes Denken. Spürbar werdende Einflüsse aus dem Ausland kamen dabei zu Hilfe. Als Edmund Husserl 1929 an der Sorbonne seine Vorlesungen zur Einleitung in die transzendentale Phänomenologie hielt, gehörte auch M.-P. zu seinen Zuhörern, wie er sich später in einer Rezension intensiv mit der französischen Übersetzung von Max Schelers *Das Ressentiment im Aufbau der Moralen* beschäftigte. Entscheidende Anstöße aber für seinen eigenen Denkweg erhielt er von Emigranten aus Deutschland und aus Osteuropa. So war Alexandre Kojève dabei, Hegels Philosophie des Geistes ins Anthropologische zu wenden und sie in das Geschichtsdenken von Marx und in die existentiale Analytik des Daseins durch Heidegger zu integrieren. Dabei sah er keinen wesentlichen Unterschied zwischen der dialektischen Methode Hegels und der phänomenologischen Deskription Husserls. Zur selben Zeit machte Aron Gurvitch in Frankreich die sinnesphysiologischen Arbeiten von Adhémar Gelb und Curt Goldstein, die Phänomenologie von Husserl und die Gestalttheorie in größerem Umfang bekannt. Mit seinem Versuch einer Synthese von Husserls Phänomenologie und der Gestaltpsychologie hat er der Grundlegung der Phänomenologie durch M.-P. wesentlich vorgearbeitet.

Mitte der 30er Jahre setzt die produktive Phase der französischen Phänomenologie ein. Seine erste große Arbeit, *La Structure du Comportement* (1942; *Die Struktur des Verhaltens*), schließt M.-P. 1938 ab. Diese Untersuchungen setzen mit der Analyse des menschlichen und des tierischen Verhaltens ein. »Verhalten« wurde traditionell als Vollzug bloßer Vorstellungen durch ein »Psychisches« verstanden oder aber als das Funktionieren eines Körperdings im Sinne des Reiz-Reaktions-Schemas, wenn man an den Behaviorismus John B. Watsons oder an Iwan P. Pawlows Theorie des bedingten Reflexes denkt. M.-P. weist jetzt die Unhaltbarkeit dieser Positionen nach, indem er sich auf eine Fülle von widersprechenden Befunden aus den Forschungen von Frederik J. Buytendijk, Gelb, Goldstein, Victor von Weizsäcker u. a. beruft. »Verhalten« ist weder Ding noch Idee, seine nähere Bestimmung liegt »diesseits« einer materialen oder idealen Konzeption. »Verhalten« besteht für M.-P. in der »dialektischen« Auseinandersetzung eines gestalthaft-strukturellen Organismus mit seiner Umwelt. »Gestalt« und »Struktur« sind Begriffe, die uns auf die Welt der Wahrnehmung verweisen, mithin auf die Weise des menschlichen Lebensvollzugs, die den Ursprung aller anderen Vollzüge darstellt.

Dieses Lebensweltlich-Fundamentale ist Gegenstand der Untersuchungen in M.-P.s Hauptwerk *Phénoménologie de la perception* (1945; *Phänomenologie der Wahrnehmung*). Er zeigt, daß das »phänomenale Feld« uns nicht einfach »unmittelbar« vor Augen liegt; vielmehr verleitet uns ein Kryptomechanismus unseres Bewußtseins dazu, dieses Feld zur Objektwelt hin zu überspringen. Aufgabe der phänomenologischen Psychologie ist es daher, diesen Mechanismus zu durchschauen und das phänomenale Feld freizulegen. M.-P. versucht, eine Reflexionsebene zu gewinnen, die dem Gegensatz von Intellektualismus und Empirismus vorausliegt. Eine Reflexion zweiten Grades wendet das phänomenale Feld transzendental-philosophisch, um der Organisationsstruktur des Psychischen in vollem Umfang gerecht zu werden. Bei der Analyse des phänomenalen Leibes mißt M.-P. den gehirnpathologischen Untersuchungen von Gelb und Goldstein eine Leitfunktion zu. Er weist nach, daß das entscheidende Defizit des Kranken im Unterschied zum Gesunden nicht in einer Schwächung der »Repräsentationsfunktion«, sondern in einer Lockerung des »intentionalen Bogens« besteht, der das Funktionieren sinnlicher Wahrnehmung, Sinnlichkeit und Verstand sowie Sinnlichkeit und Körpermotorik organisiert und darüber hinaus unser Empfinden für Zeitlichkeit: Vergangenes, Gegenwärtiges, Zukünftiges und das Empfinden für unsere natürliche und kulturelle Umwelt entwirft. »Empfinden« besteht nicht in der Rezeption eines leblosen »Eindrucks«, sondern bedeutet eine »virtuelle Bewegung«, welche die Einheit der sinnlichen Erfahrung begründet. In der *Phänomenologie* hat M.-P. darüber hinaus in knappen Zügen seine Ansicht von der Erfahrung des anderen dargestellt; diesem gewichtigen Thema hat er in späteren Jahren eine Reihe von Vorlesungen gewidmet, die er an der Sorbonne und am »Collège de France« gehalten hat. Von 1952 an bis zu seinem Tod hat er an diesem Institut eine Professur für Philosophie bekleidet.

Mit Jean-Paul Sartre, dem intellektuellen Wortführer der Linken im Nachkriegsfrankreich, einte M.-P. nicht nur die geistige Herkunft aus der Phänomenologie Husserls und der Existentialanalytik Heideggers, sondern auch die gemeinsame politische Erfahrung der Résistance. 1945 gründeten die beiden die Zeitschrift *Les Temps Modernes*, philosophisch-literarisches Sammelbecken der europäischen Linken nach der Erfahrung des Faschismus. Im Zuge der Redaktion dieser einflußreichen Zeitschrift wurden zwangsläufig auch Grundfragen der philosophischen Anthropologie berührt; Spannungen zwischen Sartre und M.-P. waren die Folge. Unter dem Titel *Humanisme et terreur* (1947; *Humanismus und Terror*) veröffentlichte M.-P. eine Reihe von Aufsätzen, in denen er gegenüber dem Stalinismus und der führenden Rolle der Kommunistischen Partei eine vorsichtig abwartende Haltung einnahm. Seine in diesem Buch geäußerten Ansichten revidierte er zum Teil in *Les aventures de la dialectique* (1955; *Die Abenteuer der Dialektik*), deren letztes Kapitel eine vehemente Attacke auf Sartre enthielt – zwischen beiden kam es zum unvermeidlichen Bruch. In seinen letzten Lebensjahren versuchte M.-P., den theoretischen Ansatz seiner früheren Arbeiten weiterzuführen. Zunehmend fragwürdig wurden ihm dabei seine Auffassungen vom Primat der Wahrnehmung und vom Bewußtseinsbegriff. Leitfaden seiner Neubesinnung wurde vor allem die Zeichentheorie Ferdinand de Saussures. Von bleibender Bedeutung ist jedoch die phänomenologische Erweiterung der materialistischen Subjektivitätsauffassung.

Johnson, Galen A./Smith, Michael B. (eds.): Ontology and alterity in Merleau-Ponty. Evanston 1990. – Actualités de Merleau-Ponty. Cahiers Philosophiques, 7/1989. – Waldenfels, Bernhard: Maurice Merleau-Ponty. Inkarnierter Sinn. In: Ders.: Phänomenologie in Frankreich. Frankfurt am Main 1987, S. 142–217. – Métraux, Alexandre/Waldenfels, Bernhard (Hg.): Leibhaftige Vernunft. Spuren von Merleau-Pontys Denken. München 1986.

Friedrich Hogemann

Mill, John Stuart
Geb 20. 5. 1806 in London; gest. 8. 5. 1873 in Avignon

Tatsachenwissen und die »Benutzung mathematischer Figuren«, die »eine genaue Beweisführung« zulassen, war das Lernziel der jungen Gradgrinds in der Musterschule ihres Vaters, in der sie von ihrem zartesten Alter an, »kaum daß sie allein laufen konnten«, geschulmeistert worden waren. Charles Dickens will in seinem Roman *Hard Times* (1854) mit dieser Karikierung der einseitig beschränkten Erziehung zu »facts« und logischen Grundsätzen aufzeigen, wie sehr dabei die zweite Hälfte des Menschen, Einbildungskraft und Unberechenbarkeit, zu kurz kommt. Es ist kein Zufall, wenn M.s Erziehung mit der der jungen Gradgrinds verglichen worden ist und sogar die These aufgestellt wurde, sie habe Dickens als Modell gedient (Leavis). M. wurde seit seinem dritten Lebensjahr ausschließlich von seinem Vater James Mill unterrichtet, der Theologie studiert hatte, das Amt des Predigers wegen seiner kirchenfeindlichen Haltung aber nicht ausübte und seine kinderreiche Familie zunächst nur durch eine schriftstellerische Tätigkeit karg unterhielt, bis er nach Veröffentlichung der *History of British India* (1818) eine Stellung bei der Ostindischen Handels-Kompanie erhielt. Der Unterrichtsplan des Vaters sah für den drei- bis siebenjährigen Sohn zunächst Griechisch-Unterricht und anschließend die Lektüre griechischer Texte vor, welche in den Abendstunden durch Arithmetik ergänzt wurde. Die damals üblichen griechisch-lateinischen Wörterbücher legten es nahe, anschließend – ab 8 Jahren – mit dem Lateinunterricht zu beginnen. Als mit 12 Jahren das höhere Studium begann, waren schon die Grundlagen der Geometrie, Algebra, Chemie, Physik und des Versemachens erarbeitet. Den Gegenstand der höheren Studien – bis zum 14. Jahr – bildeten Logik, Staatswissenschaften und Politische Ökonomie, letztere auf Basis der *Principles of Political Economy* des mit dem Vater befreundeten David Ricardo. Mit 17 Jahren nahm M. bei der Gesellschaft, die auch den Vater beschäftigte, eine Erwerbstätigkeit auf, die nach 35 Jahren durch Auflösung der Gesellschaft ihr Ende fand. – M. wuchs »ohne irgendeinen religiösen Glauben im gewöhnlichen Sinne des Wortes« auf. Die Bewunderung des »Utilitätsprinzips« von Jeremy Bentham durch den Vater hatte sich jedoch auf den Sohn übertragen. Er sah in der Maxime, daß die Beförderung des allgemeinen Glücks das einzige Kriterium des moralisch richtigen Handelns sei, eine »Doktrin, . . ., deren Predigt . . . zur äußern Hauptaufgabe eines Lebens gemacht werden konnte«. In seinem *Utilitarianism* (1861; *Der Utilitarismus*) hat M. den vieldiskutierten Versuch unternommen, die Ethik der Nützlichkeit als ernstzunehmende Moraltheorie zu verteidigen. Er kam dabei den Kritikern eines ungemilderten Hedonismus oder einer Ableitung der Gerechtigkeit aus der Nützlichkeit entgegen und schwächte die ursprüngliche radikale Position Jeremy Benthams erheblich ab. – Im Alter von 20 Jahren geriet er in eine »mental crisis«, als seine gesamte bisherige Erziehung ihm plötzlich fragwürdig erschien, Unfähigkeit zu natürlichen und spontanen Gefühlen ihn bedrückte.

Diese frühe Krise veranlaßte M., seine ursprünglichen, das heißt seines Vaters Ansichten über die Logik neu zu durchdenken und schließlich 1843 ein eigenes System der Logik zu entwerfen: *A System of Logic, Ratiocinative and Inductive (System der deductiven und inductiven Logik)*. Aufbauend auf der englisch-empiristischen Tradition Humes und geprägt vom Positivismus Comtes suchte M. mit seinem weltweit beachteten Hauptwerk eine allgemeine Methodologie der Wissenschaften zu begründen. Nach Comte und M. gilt für das neuzeitliche wissenschaftliche Denken eine Tendenz zum Positiven, also zum Wirklichen im Sinne dessen, was ist, im Unterschied zum Eingebildeten und zur reinen Spekulation. Da das Wirkliche der Wirklichkeit weder absolut gewußt noch begründet werden kann, sondern relativ zur Sinneswahrnehmung ist, geht M. von dem Prinzip aus, daß alles, was erscheint, relativ zum Bewußtsein ist. Die Erforschung der Bewußtseinstatsachen nennt er Psychologie. Für M. existiert alles Wissen als Verallgemeinerung aus der Erfahrung. Die eigentliche Methode der wissenschaftlichen Forschung ist die Induktion (experimentelle Methode), die er auch als Grundlage der Deduktion ansieht. Die induktive Methode setzt jedoch eine methodologische Annahme über das Sein überhaupt und dessen Kontinuität voraus, die M. zu rechtfertigen sucht. – Sein zweites Hauptwerk sollte *Principles of Political Economy – with Some of Their Applications to Social Philosophy* (1848; *Grundsätze der Politischen Ökonomie nebst einigen Anwendungen derselben auf die Gesellschaftswissenschaft*) werden. Angesichts fortwährender Erwerbstätigkeit, Arbeiten an der Revision der *Logik* zwecks Neuauflage und intensiver Anteilnahme am aktuellen politischen Geschehen, die sich in zahlreichen Zeitungsartikeln niederschlug, müssen die knapp 18 Monate zwischen Herbst 1845 und März 1847, die er zum Studium der Wirtschaftswissenschaften und zur Abfassung dieses thematisch breit angelegten Buches verwendete, als sehr knappe Frist gewertet werden. Gleichwohl wurde dieses erste wirkliche Lehrbuch der Politischen Ökonomie zum beherrschenden ökonomischen Standardwerk der zweiten Hälfte des 19. Jahrhunderts. Sowohl direkt als auch über seine Wirkung auf nachfolgende Autoren (Alfred Marshall, John Maynard Keynes) hatte dieses Werk, das die sozial-philosophische Anwendung der wirtschaftswissenschaftlichen Erkenntnisse so sehr betont, einen erheblichen Einfluß auf Generationen von Politikgestaltern. M. knüpft mit den *Principles* bewußt bei Adam Smith an, indem er die Ökonomie als Teil einer umfassenderen »social philosophy« interpretiert. Trifft der unter Bezugnahme auf seine bescheidene Selbsteinschätzung im Vorwort geäußerte Vorwurf mangelnder Originalität schon auf rein theoretischem Gebiet nicht zu – Beiträge zur Theorie der Kuppelproduktion, zum Begriff der Opportunitätskosten und zum Gesetz von Angebot und Nachfrage –, so erweist er sich auf gesellschafts- und wirtschaftspolitischem Gebiet als ebenso unhaltbar. Ausgehend von einer strikten Trennung der Gesetze der Produktion von denen der Verteilung und von seiner Überzeugung, daß die Einkommens- und Vermögensverteilung durch Institutionen geprägt werde, die ihrerseits – auch bei gegebenen Eigentumsverhältnissen – durch politische Entscheidungen veränderbar seien, hat M. den Verteilungsfragen um ihrer selbst willen große Aufmerksamkeit geschenkt und zum Beispiel Reformvorstellungen für die Verteilung des Bodeneigentums und für die Erbschaftsbesteuerung entwickelt. Angesichts der gegenwärtigen Naturzerstörung nehmen sich M.s Ausführungen zum »Stationary State« visionär aus, wenn er etwa darauf verweist, daß er keine Befriedigung finde »in contemplating the world with nothing left to the spontaneous activity of nature; with . . . every flowery waste or natural pasture ploughed up . . ., every hedgerow or superfluous tree rooted out, and scarcely a place left where a wild shrub or flower could grow without being eradicated as a weed in the name of improved agriculture«.

In seiner Schrift *On Liberty* (1859; *Über die Freiheit*) vertrat M. die Position, daß die Wahrheit »in den großen praktischen Angelegenheiten des Lebens so sehr eine Frage der Versöhnung und Verbindung von Gegensätzen (ist), daß nur sehr wenige Menschen den Geist besitzen . . ., um bei der Ausgleichung dem Richtigen nahezukommen«. Aus dieser Relativität der Wahrheit leitet er die Forderung zum Kompromiß ab. In praktischer Anwendung dieser Erkenntnis formuliert M. auch in den *Principles* häufig Positionen, die ihm den Vorwurf der Inkonsistenz oder des Eklektizismus eingetragen haben. Die während der verschiedenen Neuauflagen immer deutlicher zutage tretende Tendenz, die Interessen der ›arbeitenden Klasse‹ in seinen Schriften hinreichend zur Geltung zu bringen, schrieb M. Harriet Taylor zu, jener Frau, mit der ihn seit 1830 eine enge geistige Freundschaft verband und die er 1851 geheiratet hatte; nicht ohne gegen das bestehende Eherecht zu protestieren. Die Schaffensphase M.s nach seiner Heirat und nach seinem Ausscheiden aus der Ostindischen Handels-Kompanie (1858) wird einerseits durch politikwissenschaftliche Arbeiten sowie durch Übernahme konkreter politischer Aufgaben (Parlamentsmitgliedschaft von 1865 bis 1868) und andererseits durch Fortsetzung seiner philosophischen Forschungen, besonders durch seine Auseinandersetzung mit dem Werk von William Hamilton und Auguste Comte, geprägt. *On Liberty* hielt M. neben der *Logik* für seine bedeutendste Arbeit. Die darin geforderte Freiheit des Gedankens, des Gewissens, der Diskussion und der Vereinigung galt ihm als Mittel zur Verwirkli-chung höherer Ziele: Finden der Wahrheit und richtigen Moral, Entwicklung der Persönlichkeit und des gesellschaftlichen Fortschritts. In *Considerations on Representative Government* (1861; *Betrachtungen über Repräsentativverfassung*) faßt M. seine Überlegungen zum Repräsentativsystem und zur Demokratie zusammen. Wichtig erscheint ihm die Partizipation aller am politischen Entscheidungsprozeß im Sinne der Einbeziehung aller Positionen in die Diskussion und der darin liegenden Chance, eine sozial und politisch vernünftige Entscheidung als Interessenausgleich zu finden. Der Versuch, einerseits die proportionale Repräsentation aller Wähler und andererseits gleichgewichtige Möglichkeiten für Minderheiten im Parlament zu sichern, sollte einen Kompromiß zwischen den verschiedenen im Parlament ver-tretenen Klassen ermöglichen. Inhaltlich in den Rahmen der genannten Schriften fügt sich eine dritte, zusammen mit seiner Frau verfaßte, aber erst nach ihrem Tod veröffentlichte Arbeit: *The Subjection of Women* (1869; *Die Hörigkeit der Frau*). Diesem Buch, das die Situation der Frau im viktorianischen England kritisch analysierte und in dem M. kompromißlos für die Gleichberechtigung der Frau eintrat, war kein Verkaufserfolg beschieden. Es wurde gleichwohl zum Klassiker der Frauenliteratur.

Den Tod seiner Frau konnte M. nur schwer verwinden; er veranlaßte ihn, den größten Teil des Jahres in Avignon zu verbringen, wo sie begraben lag. Von den nach ihrem Tod verfaßten Schriften nimmt die Kritik an den veröffentlichten Vorlesungen Hamiltons, *An Examination of Sir William Hamilton's Philosophy* (1865), den Haupt-rang ein. M. sah in der von Hamilton vertretenen Philosophie, die Unterschiede zwischen Individuen, Rassen und Geschlechtern für angeboren und unabänderlich und nicht als von sozialen Verhältnissen geprägt und damit veränderbar ansah, ein Haupthindernis für die Behandlung der großen sozialen Fragen. »Aus (Hamiltons Philosophie) quillt die intuitionale Metaphysik, welche ... überhaupt so gut für die konservativen Interessen verwertbar, daß sie ... noch weiter griffe ..., wenn man nicht die Axt an die Wurzel legt.« Als die Studenten der Universität St. Andrews ihn im Jahre 1867 zum Rektor wählten, hatten sie einen Mann ausgezeichnet, der als Lernender und Forscher die Universitäten sowenig wie die Schulen benötigt hatte, der aber der Philosophie, der Politischen Ökonomie und der Politikwissenschaft wesentliche Impulse hatte geben können.

Schumacher, Ralph: John Stuart Mill. Frankfurt am Main 1994. – Jakobs, Horst: Rechts-philosophische und politische Philosophie bei John Stuart Mill. Bonn 1965. – Anschutz, Richard Paul: The Philosophy of John Stuart Mill. Oxford/New York 1953.

Günter Elsholz

Montaigne, Michel Eyquem de
Geb. 28. 2. 1533 auf Schloß Montaigne (Dordogne); gest. 13. 9. 1592
auf Schloß Montaigne

Allmorgendliches Wecken mit Musik, Erziehung ohne Zwang und frühzeitige Förderung vorhandener Anlagen durch selbständiges Lernen nach dem Prinzip Erfahrung – auf seine Weise suchte M.s Vater Pierre Eyquem in den Grundsätzen der Erziehung seines eigensinnigen Sohnes die humanistischen Ideale seiner Zeit umzusetzen. Diese hatte der erste und letzte Ritter einer im Handel mit Wein, Farbstoffen und Heringen reichgewordenen Großkaufmannsfamilie bürgerlichen Standes kennengelernt, als er an den italienischen Feldzügen Franz' I. teilgenommen hatte. Nach der humanistischen Ausbildung durch einen des Französischen unkundigen deutschen Hofmeister wurde M., dessen Mutter aus einer reichen Kaufmannsfamilie jüdisch-portugiesischer Herkunft stammte, mit sechs Jahren für eine standesgemäße Erziehung zum Edelmann auf das neugegründete Collège de Guyenne geschickt. Obwohl eine der angesehenen Adelsschulen, auf der glänzende humanistische Gelehrte der Zeit wirkten, blieb sie für M. »immer noch eine öffentliche Lehranstalt«: »Mit dreizehn hatte ich meinen Kursus beendet (wie sie es nennen) und zwar in Wirklichkeit ohne irgend einen Nutzen, den ich heute in Anschlag bringen könnte.« Die strenge Büchererziehung widerstrebte M., der in einem späteren Essay über die Kindererziehung im Vertrauen auf die Kraft der Natur jegliche Pedanterie oder schulischen Zwang ablehnte und seine pädagogischen Ratschläge einer »Wesensbildung im Angesicht der Fülle der Welt« (Hugo Friedrich) an der Herausbildung einer selbständig urteilenden und weltoffenen Persönlichkeit orientierte. Noch sein eigenes Buch sollte sein, wie »Kinder ihre Versuche vorbringen: belehrbar, nicht belehrend; auf eine weltliche, nicht geistliche, aber immer sehr gläubige Art.«

Vom Vater für die Beamtenlaufbahn der »noblesse de robe« bestimmt, absolvierte M. nach der Schulausbildung in Bordeaux und Toulouse das Studium der Rechte (1546 bis 1554), um nach einem ersten Amt am Steuergerichtshof in Perigoux schließlich Rat und Richter im Parlament von Bordeaux zu werden (1557). In dessen Auftrag reiste er ab 1559 mehrmals an den Hof in Paris und mußte dort 1561 über ein Jahr verweilen, um Religionsstreitigkeiten in der Guyenne zu schlichten. Als ihm 1568 nach dem Tod des Vaters, der M. gegen seinen inneren Willen 1565 mit der Tochter eines Bordelaiser Ratskollegen verheiratet hatte, jenes Schloß und Landgut zugesprochen wurde, durch dessen Kauf der Großvater den noch jungen Adel der Familie begründet hatte, nannte er sich als erster seines Geschlechts Herr von Montaigne. Stets auf innere Freiheit auch im Amt bedacht, erklärte M. 1571, nachdem er zuvor seine Ämter verkauft hatte, der »Bürden des Parlaments und der öffentlichen Pflichten müde«, seinen Rückzug »in voller Lebenskraft in den Schoß der gelehrten Musen . . ., wo er in Ruhe und Sicherheit die Tage verbringen wird, die ihm zu leben bleiben«. Was zunächst nach einem zeitgenössischen Ideal der

Einkehr meditierender Muße auf dem Lande aussah, hatte durchaus politische Gründe in lebensbedrohender Zeit. Denn seinen mit Sentenzen antiker Autoren und der Bibel verzierten Bibliotheksturm nannte M. auch »meinen Zufluchtsort, um vor den Kriegen auszuruhen«. Lebenslang begleiteten den späteren königlichen Ordensritter, in dessen eigenem Familienkreis beträchtliche konfessionelle Unterschiede bestanden, die verheerenden Glaubens- und Bürgerkriege, zu denen sich in der zweiten Jahrhunderthälfte jene religiöse Krise zuspitzte, die die von M. abgelehnte Reformation hervorgebracht hatte.

Nach der wirtschaftlichen Umschichtung zugunsten der Krone und des aufstrebenden Bürgertums in M.s Jugendzeit erschütterten diese Konflikte die politisch-soziale Ordnung im selben Maße, wie die Entdeckung der Neuen Welt und die Umwälzung des anthropozentrischen Weltbildes durch Kopernikus die überkommenen Ordnungen des Wissens infragestellten.

Sensibel registrieren M.s Essais diese zeitgeschichtlichen Erfahrungen in ihren Welt- und Selbstbetrachtungen über den Menschen als »einzelnes und geselliges Wesen wie auch die Herkömmlichkeiten, Einrichtungen, Gesetze, die ein geregeltes Zusammenleben in Familie, Gemeinde und Staat schaffen und aufrechterhalten«. Begonnen im Jahr der tausendfachen Morde der Bartholomäusnacht (1572), handelt es sich statt um eine Autobiographie oder Bekenntnisse in erster Linie um »Versuche an sich selbst« über die Schwierigkeiten menschlicher Selbstorientierung und die Möglichkeiten, sein Leben in »ungestörter Selbstgesetzlichkeit« (H. Friedrich) zu führen. Zu ihrer Niederschrift trug auch die persönliche Krise bei, in die M. das jähe Ende der lebensbestimmenden Freundschaft mit dem Dichter und Amtskollegen Étienne de la Boétie nach dessen plötzlichem Tod (1563) gestürzt hatte, über den M. in einem bedeutenden Brief an den Vater berichtete. Er zählt neben den beredten Einleitungen, mit denen er die Schriften seines Freundes herausgab, sowie der auf Wunsch und Anraten des Vaters angefertigten französischen Übersetzung der rationalistischen Glaubensapologie Theologica naturalis des Raimundus Sebundus zu M.s ersten literarischen Aktivitäten, bevor er sich den Unterhaltungen mit dem toten Freund widmete, als die er die Essais bezeichnete. Deren erste Ausgabe (1580), die er in Paris Heinrich III. vorlegte, prägte für lange Zeit das M.-Bild vom stoischen Weisen. Doch als 1588 mit vielen Ergänzungen eine vierte Auflage erschien, machte vor allem deren hinzugefügtes drittes Buch mit den reifsten seiner Essais endgültig deutlich, daß vorrangig nur »ich selbst der einzige Inhalt meines Buches bin«: »Ich wage es nicht nur, von mir zu sprechen; ich wage es, nur von mir zu sprechen.« Der Weg seiner 22jährigen Niederschrift führte M., dessen geistige Heimat die Stoa, Epiktet und der Pyrrhonismus bildeten, von der Kompilation und Adaption griechischer und lateinischer Texte im Stile humanistischer Exempelsammlungen zu einer produktiven Aneignung der antiken Überlieferung. Seine neue Form der Selbst- und Menschenbeobachtung verschaffte sich ihren eigenen Ausdruck in der von M. geschaffenen, bald schon vor allem in England, wo Shakespeare und Bacon zu seinen ersten Lesern zählten, Schule machenden Form der Essais als einer Prosa der offenen Form.

Selbstironisch liebte M. es, sein »Gedankenwerk« (Jürgen von Stackelberg) als »Salat«, »verworrenes Geschwätz« oder »groteske Mißgeburten und Phantastereien eines Menschen (zu bezeichnen), der von Wissenschaften nur die oberste Kruste probiert hat«. Nicht nur Zeichen der Bescheidenheit des um seine Reputation besorgten Autors, verweisen diese Vergleiche immer auch auf eine trotz der aphoristischen Darstellung und unsystematischen Denkweise bewußt gehandhabte Methode. »Ich habe von mir selbst nichts Ganzes aus einem Stück, nichts Einheitliches und nichts Festes, nichts ohne Verwirrung und nichts Unvermischtes zu sagen, und nichts, was man in einem Wort fassen könnte ... Wir sind alle aus Flicken zusammengesetzt und das so ungestalt und kunterbunt, daß jedes Stück jeden Augenblick ein eigenes Spiel treibt.« Statt einer allgemeingültigen Fixierung in philosophisch-wissenschaftlichen Traktaten bedarf es daher für M. einer »hüpfenden und springenden Gangart« des Stils und eines vom Zufall bestimmten Nachdenkens über Sachverhalte gänzlich ungleichen Charakters, um das grenzenlos wandelbare Einzelleben in der »Flüchtigkeit und Zwiespältigkeit« zu erfassen. Ob M. sich aber über die Trunksucht, Folter und Hexen, Wahnsinn als »körperliches Träumen«, Sexualität oder über Pferde äußert und sich auch nicht scheut, in seiner »Narrenchronik der Vernunft« (Max Lüthi) und des Glaubens deren Anmaßungen zu kritisieren: stets setzt sich in der Form des ständig neuen Ein- und Absetzens sein Ich immer wieder neu zu sich in ein unverwechselbar eigenes Verhältnis. »Denn da ist keiner, wenn er auf sich horcht, der nicht in sich eine ihm eigene Form, eine Grundform entdeckte, die gegen seine Erziehung ankämpft.« Der wahrhaft inneren Selbständigkeit des Ich innezuwerden – durch diese »Torheit, sich selbst darzustellen« (Pascal) –, eröffnet am Fall der eigenen Individualität zugleich die Erkenntnis in das Wesen des Menschen, denn »jeder Mensch trägt in sich das ganze Bild der Menschlichkeit«.

Der »Realist des individuellen Lebens« (Hans Blumenberg) aber, der den Systemphilosophien als »nicht eigentlich zur Philosophie, sondern zur allgemeinen Civilisation gehörig« (Hegel) gilt, konnte M. durch seine Skepsis werden, die kein absolutes Sein, keine zeitlos verbindliche Form oder ewige Wahrheit kennt und die zeitgenössische Philosophie in ihrer Neuinterpretation des intellektuellen Rahmens der Moderne fragen läßt, »ob das Eröffnungsgambit im Schachspiel der modernen Philosophie nicht viel eher in den skeptischen Argumenten M.s als in Descartes' Methode des systematischen Zweifels bestanden hatte« (Stephan Toulmin). Nur die Zufälligkeit jeder Erkenntnis – der Welt als Ganzer wie des Teils, das er selbst darstellt – und die Ungewißheit ihrer Geltung schienen M. gewiß, dessen Wahlspruch »Was weiß ich?« lautete. Er konnte deshalb zum eigentlichen Begründer der Moralistik werden, der es nicht um Moralpredigt, sondern um normfreie Beobachtung und Darstellung des aufgewerteten Menschen in seiner »verwickelten Alltäglichkeit und Widersprüchlichkeit« (H. Friedrich) geht. In M.s nicht resignativer, sondern welterschließender Skepsis gründete jedoch auch sein überbetonter praktischer Konformismus nach außen, der ihn jeglichen Umsturz ablehnen und fordern ließ, sich den bestehenden Institutionen der Krone, Kirche, Ehe und Familie anzupassen. Gleichwohl durchschaute der in den Konflikten um Krone und Altar um Ausgleich bemühte »Politiker« M. die Fragwürdigkeit von überkommenem Gesetz und Macht. Doch verhinderte dies nicht die Berufung des Kammerherrn der rivalisierenden Könige Heinrich III. und Heinrich von Navarra in das Amt des Bürgermeisters von Bordeaux (1581), das ihn nach seiner Wiederwahl erst 1585 während der Pestepidemie vorzeitig in die Abgeschiedenheit seines Turms zurückkehren ließ.

Das Prinzip seiner religiösen Haltung ermöglichte M.s Vernunft eine »zarte, weltgewisse Empirie« (Matthias Greffrath): Stets bereit, »dem heiligen Michael eine Kerze zu stiften und dem Drachen auch eine«, hält er den Glauben angesichts der Ferne und Unbegreiflichkeit Gottes, nicht aber dessen verstandesmäßige Motivation, für möglich. Diese fideistische Trennung von Vernunft und Glauben des in seiner Lebensführung katholisch-konservativen M. spielte in der Wirkungsgeschichte seiner später auf den kirchlichen Index gesetzten *Essais* neben der Skepsis die größte Rolle und lieferte einen Anstoß für die französische Aufklärung. Sie eröffnete M. zugleich den Blick auf die kreatürlichen Aspekte des menschlichen Daseins in seiner leibseelischen Mischform. Vor allem die unmittelbaren Erfahrungen von Mord, Brand und Pest veränderten dabei M.s Einstellung zum Tod, dem fünf seiner Kinder frühzeitig zum Opfer fielen. Nicht als objektives Wissen, sondern als innere Erfahrung des eigenen Todes begründete sein Todesbewußtsein im Abtragen der stoischen Todeslehre und außerhalb christlicher Tradition eine »Ökonomie der kurzen und kostbaren Lebensspanne« (H. Blumenberg). In diesem untrennbaren Zusammenhang von wahrhaft menschlicher, weil weltzugewandter und -schonender Autonomie und gelassenem Todesbewußtsein liegt der bedeutsame Gehalt der *Essais*. Nicht ohne Grund hat deshalb der ihm geistesverwandte Friedrich Nietzsche über M., der 1592 mit allen kirchlichen Segnungen starb, schreiben können:»Daß ein solcher Mensch geschrieben hat, dadurch ist wahrlich die Lust, auf dieser Erde zu leben, vermehrt worden ... Mit ihm würde ich es halten, wenn die Aufgabe gestellt wäre, es sich auf der Erde heimisch zu machen.«

Greffrath, Matthias: Montaigne. Ein Panorama. Frankfurt am Main 1992 (Mit Auswahlbibliographie). – Toulmin, Stephen: Kosmopolis. Die unerkannten Aufgaben der Moderne. Frankfurt am Main 1991. – Starobinski, Jean: Montaigne. Denken und Existenz. München/Wien 1986. – Friedrich, Hugo: Montaigne. Bern/München ²1967. – Horkheimer, Max: Montaigne und die Funktion der Skepsis. 1938. In: Ders.: Gesammelte Schriften, Bd. 4. Frankfurt am Main 1988.

Matthias Schmitz

Montesquieu, Charles de Secondat
Geb. 18. 1. 1689 auf Schloß La Brède bei Bordeaux; gest. 10. 2. 1755 in Paris

Als M. im Winter 1755 schwer an Grippe erkrankte, am 5. Februar gar ins Koma fiel, ließ sich Papst Benedikt XIV. durch seinen Pariser Nuntius laufend berichten, ob der angesehene Rechtsdenker und Moralphilosoph nicht endlich gebeichtet und seinen Frieden mit der Römischen Kirche gemacht hätte. Dieses allerhöchste Interesse erklärt sich daraus, daß M. bereits zu Lebzeiten eine Institution geworden war, um die sich Progressive wie Konservative gleichermaßen bemühten. So gehörte er seit 1727 der ehrwürdigen Académie française, aber seit 1722 auch dem politisch fortschrittlichen Club de l'Entresol an. Als M. in seiner Pfarre Saint-Sulpice beigesetzt wurde, stand von den Aufklärern nur Diderot an seinem Grab, der für ihn das vergilianische Epitaph »am hohen Himmel suchte er das Licht und seufzte nur, als er es fand« ersann. Diderot brachte damit die Vorbehalte der um die *Encyclopédie* gescharten Aufklärer gegen M. auf eine prägnante Formel: Ein Aufklärer zwar, der jedoch über die Konsequenzen dieser Aufklärung seufzte! Zwar rechneten die Philosophen den Verfasser der *Lettres persanes* (1721; *Persianische Briefe*), jenes heimlich in Holland gedruckten satirischen Briefromans gegen die politischen Verhältnisse der Régence, der *Considérations sur les causes de la grandeur des Romains et de leur décadence* (1734; *Betrachtungen über Ursachen der Größe und des Verfalls der Römer*), einer neuartigen Kausalbetrachtung der römischen Geschichte und Funktionsanalyse des römischen Senats, vor allem aber des *Esprit des lois* (1748; *Vom Geist der Gesetze*), einer Untersuchung der Wirkungsmechanismen und Determinanten von Recht und Gesetz, durchaus zu den Ihren, zumal er den Artikel »Goût« (Geschmack) für die *Encyclopédie* zu schreiben übernommen hatte, der nach seinem Tod unvollendet als Anhang zu dem Hauptartikel seines Intimfeindes Voltaire erschien. Aber bis auf d'Alembert mißtrauten sie ihm, weil er durch Geburt und Abkunft dem Amtsadel (»la robe«) und dem Schwertadel (»l'épée«) angehörte und in allen seinen Schriften vehement für die Privilegien der Adelsklasse stritt, die als unabhängige Zwischengewalt (»corps intermédiaire«) die Degeneration der absolutistischen Monarchie in orientalische Despotie bzw. der freiheitlichen Republik in Pöbelherrschaft verhindern sollte. Dieser Gedanke bestimmt im übrigen schon früh M.s Denken und Schreiben. Er hatte bei den Oratorianern in Juilly (von 1700 bis 1705) gelernt, beharrlich und systematisch zu lesen und zu exzerpieren, einen einmal gefaßten Gedanken stets weiterzuverfolgen und dazu Zitatensammlungen und Zettelkästen anzulegen. Sie sind noch heute als *Mes pensées* und *Spicilège* erhalten, und die 3236 Titel seiner Bibliothek auf Schloß La Brède legen beredt Zeugnis ab von seinen intensiven Studien. M. übte zudem nach dem juristischen Lizentiatsexamen (1708) bis zur endgültigen Übersiedelung nach Paris (1725) wechselnde juristische Berufe und Ämter in Bordeaux aus und war daher an nüchternes Abwägen und zielgerichtetes Argumentieren gewöhnt. So lassen sich seine Zentralgedanken immer wieder nachweisen, ob er nun im Rokokostil für ein mondänes Dilettantenpublikum einen orientalischen Haremsroman in Briefform *(Lettres persanes)*, eine galante sybaritische Erzählung *(Le temple de Gnide,* 1725; *Der Tempel zu Gnidus)* oder die zu Lebzeiten nie veröffentlichte Geschichte einer Metempsychose *(Histoire véritable)* schreibt oder als Historiker *(Dissertation sur la politique des Romains dans la religion; Portraits politiques; Considérations)* und Staatstheoretiker *(Réflexions sur la monarchie universelle; Esprit des lois; Lysimaque)* tätig wird. Er hat ein säkularisiertes Geschichtsbild, das ohne Gott auskommt, und will die Ursachen des Geschichtsablaufs und der menschlichen Institutionen erforschen. Als Erbe der antiken wie der humanistischen Staatslehre hält er von den drei Staatsformen Monarchie, Republik (in der Form der Demokratie bzw. der Aristokratie) und Despotie, die von Ehre, Tugend oder Furcht bestimmt werden, die Monarchie als die gemäßigtste für die beste. Er haßt jede Form von Despotie und kritisiert sie, besonders den Staat Ludwigs XIV., denn sein Ideal ist das englische Zweikammersystem. Er glaubt an den Wert einer verfassungsmäßigen Ordnung, die die drei

Gewalten Judikative, Legislative und Exekutive zwar prinzipiell trennt, aber doch so miteinander verzahnt, daß sie sich gegenseitig kontrollieren. Auf mehreren Reisen (von 1729 bis 1731) hat M. in Holland, den italienischen Stadtrepubliken und den süddeutschen Städten, vor allem aber in England, wo er an einer Sitzung des Parlaments teilnahm, das Funktionieren der Staaten genau studiert. Ob Literat, Historiker oder Staatslehrer – M. will stets Moralphilosoph sein, d. h. zum Nutzen aller Menschen schreiben *(Dossier de l'Esprit des lois)*.

Während sich die *Lettres persanes* nach den Worten ihres Autors wie »frische Brezeln« verkauften, war mit seinem Hauptwerk, dem *Esprit des lois*, zwei dicken Quartbänden von zusammen 1086 Seiten, kein kommerzieller Erfolg zu erzielen. Zwar spiegelt der *Esprit* einen immensen Lesefleiß – mehr als 2000 Quellen lassen sich namhaft machen –, doch wirkt er allzu gelehrt und überfrachtet. Er zerfällt in 31 Bücher und behandelt zuerst M.s Methode, sodann die Abhängigkeit der Gesetze von politischen, physikalischen, moralischen, ökonomisch-demographischen und religiösen Faktoren. Andere Bücher enthalten Normen für den Gesetzgeber oder historische Exkurse über die fränkische Geschichte, denn M. vertritt auch für Frankreich die Theorie von der germanischen Wahlmonarchie, die den Adel aufwertet. Neben der Darstellung der englischen Verfassung mit der Gewaltenteilung ist M.s doppelter Gesetzesbegriff, der Gedanke, daß es eine »loi des lois«, quasinaturwissenschaftlich beweisbare Gesetzmäßigkeiten hinter den menschlichen Gesetzen, gibt, die man erforschen kann, besonders originell und zukunftsweisend, da hier mit neuen Methoden geistige Prozesse untersucht werden. Man hat M. deshalb einen Präsoziologen genannt. Wenn er, der einst als Mitglied der Provinzakademie von Bordeaux Abhandlungen über die Ursache des Echos, die Funktion der Nieren, die Schwerkraft, usw. veröffentlicht hatte, z. B. beweisen will, daß der nördliche Mensch dem südlichen an Energie überlegen ist, führt er ein Experiment an: Mikroskopiert man eine gefrorene Schafszunge, sind die Papillen im starren Zustand kürzer, gespannter als im aufgetauten, denn Wärme bewirkt nun einmal Erschlaffung. Besser kann man M.s Verfahren nicht beschreiben.

M.s Grab wurde zwar 1789 in der Revolution zerstört, doch leben seine Gedanken fort: Nicht nur, daß er das Französische (und andere Sprachen) um die Neologismen »Verfassung« (constitution), »Mehrheitswille« (volonté générale), »föderativ« (fédératif), »proletarisch« (prolétaire), »gesetzgebende/ausführende Gewalt« (puissance législative/exécutrice) u. a. mehr bereichert hat, seine Konzeption der Gewaltenteilung hat in mehr oder minder abgewandelter Form in alle modernen demokratischen Verfassungen Einlaß gefunden. So schreibt schon Publius (hinter diesem Pseudonym verbergen sich Alexander Hamilton, James Madison und John Jay), der erste Kommentator der jungen amerikanischen Verfassung, in seinem *Federalist*: »Das Orakel, das wir beständig über den Gegenstand befragt und immer wieder zitiert haben, ist der berühmte Montesquieu.«

Falk, Berthold: Montesquieu. In: Maier, Hans/Rausch, Heinz/Denzer, Horst (Hg.): Klassiker des politischen Denkens II. München 1968, [4]1979. – Shackleton, Robert: Montesquieu. A Critical Biography. Oxford [2]1963.

Frank-Rutger Hausmann

Moore, George Edward
Geb. 4. 11. 1873 in Upper Norwood; gest. 24. 10. 1958 in Cambridge

Bezeichnend für M.s Persönlichkeit wie für sein gesamtes Schaffen ist eine Episode aus seinen ersten Studienjahren in Cambridge. Von Bertrand Russell war er zu einer Unterhaltung mit dem bekannten Philosophen John M.E. McTaggart eingeladen worden. Im Laufe des Gesprächs trug dieser seine These von der Unwirklichkeit der Zeit vor. Diese These war für M. jedoch nicht mehr als eine »monströse Behauptung«, und er legte alles darauf an, sie zu widerlegen. »Ich glaube nicht«, fährt M. fort, »daß ich sehr gut argumentierte, aber ich glaube, daß ich ziemlich hartnäckig war und eine ganze Anzahl strittiger Punkte fand, um McTaggart zu antworten.« Jedenfalls sollten Direktheit und Einfachheit der Fragen sowie Hartnäckigkeit in der Untersuchung künftig die Markenzeichen seines Philosophierens sein. – Als drittes von acht Kindern des Arztes D. Moore und seiner aus einer vornehmen Quäkerfamilie stammenden Frau Henrietta besuchte er vom achten Lebensjahr an das benachbarte Dulwich College, bevor er 1892 das Studium der alten Sprachen am Trinity College in Cambridge aufnahm. Bereits nach wenigen Jahren wechselte er auf Anraten Russells zur Philosophie über und wurde 1898 aufgrund seiner Dissertation über Kants Ethik für sechs Jahre »Fellow« des Trinity College. In diese Zeit (von 1898 bis 1904) fällt M.s wohl fruchtbarste Periode. Intensive Diskussionen mit Russell, die Gründung der »Aristotelian Society«, mannigfaltige Artikel und Rezensionen sowie die Niederschrift der *Refutation of Idealism* (1903; *Widerlegung des Idealismus*) und des Hauptwerks, der *Principia Ethica* (1903), sind hier zu nennen. Nach einem längeren Aufenthalt als Privatgelehrter in Edinburgh (von 1904 bis 1911) kehrte M. wieder nach Cambridge zurück, wo er 1925 schließlich als Nachfolger von James Ward Professor für »Mental Philosophy and Logic« wurde. Von 1921 bis 1947 gab er die Zeitschrift *Mind* heraus und war bis zu seinem Tode als Lehrer und Kritiker sehr aktiv.

Während M. in seiner ersten Schaffensperiode (von 1897 bis 1902) die verschiedensten philosophischen Positionen rasch wechselt, findet er doch ab 1903 einen eigenständigen erkenntnistheoretischen und moralphilosophischen Standort, vor allem aber einen eigenen Stil des Philosophierens. In der Auseinandersetzung mit dem Neo-Hegelianismus seiner Zeit (John Stuart Mackenzie, Thomas Hill Green) verwirft M. Systemzwang und Identitätsdenken in jeder Form. So gibt es für ihn beispielsweise keine Identität von Empfindung und Gegenstand der Empfindung. »Die Suche nach ›Einheit‹ und ›System‹ auf Kosten der Wahrheit ist ... nicht die eigentliche Aufgabe der Philosophie, mag dies auch noch so sehr allgemeine Praxis unter Philosophen gewesen sein.« Hauptaufgabe der Philosophie ist die richtige Fragestellung, welche der Klärung, wenn auch nicht unbedingt der letztendlichen Lösung der Probleme dient. M. versucht, detailliert zu beobachten und zu beschreiben, sprachliche und nichtsprachliche Gegenstände zu zerlegen sowie verworrene Theorien durch Rückgang auf den »common sense« und die Analyse der

Alltagssprache zu klären. Ausgehend von einem erkenntnistheoretischen Empirismus (der allerdings auch die Wahrnehmung nichtsinnlicher Gegenstände – etwa moralischer Qualitäten – einschließt) nennt M. seine »Kunst der Scheidung, der Distinktion und der ›Isolierung‹« (Burkhard Wisser) »kritischen Rationalismus«. Die in den *Principia Ethica* entwickelte Fragemethode vermag dessen Eigenart vielleicht zu verdeutlichen. M. versucht hier, die »Grundfragen« der Ethik zu beantworten: Was bedeutet ›gut‹? Eine begründete Antwort hierauf wird verneint, weil ›gut‹ eine einfache, nicht weiter analysierbare Qualität ist. – Welche Dinge sind ›gut an sich‹, so daß sie ›um ihrer selbst willen‹ existieren sollten? Hier ist eine Antwort möglich, insofern wir mittels in sich evidenter, intuitiv einleuchtender Urteile erfassen können, welche Dinge an sich gut sind. – Welche Handlungen, als Mittel zum Guten, sollen wir tun? Diese Frage sucht M. mit äußerst akribischen Unterscheidungen von ›Werten‹ menschlichen Verhaltens zu beantworten.

Bedeutsam ist M.s Wirken, insofern er neben Bertrand Russell als Mitbegründer und Wegbereiter der sprachanalytischen Philosophie zu nennen ist. Lange vor Wittgenstein legt er bereits alles Gewicht der philosophischen Untersuchung auf die reine Problemanalyse, auf das Bemühen, »Irrtümer und Zweideutigkeiten aufzuspüren und bloßzulegen und Alternativen zu formulieren« (Charlie Dunbar Broad). Sein Einfluß auf die zeitgenössische angelsächsische Philosophie (Charlie Dunbar Broad, Harold A. Prichard, William David Ross), auf Ansätze insbesondere eines »ethischen Intuitionismus«, ist außerordentlich stark. Hier liegt allerdings auch ein Problem von M.s Philosophie. Das intuitive Erfassen der ganzheitlichen Gutheit eines Gegenstandes führt in neue philosophische Probleme. Zu nennen wären etwa der Subjektivismus (Problem der Entscheidungsfindung) und der Relativismus (Problem der Unterscheidung zwischen ›richtigen‹ Intuitionen und Scheinintuitionen).

Boldwin, Thomas: Geroge Edward Moore. London 1990. – Warnock, Geoffrey James: Englische Philosophie im 20. Jahrhundert. Stuttgart 1971. – Bubner, Rüdiger (Hg.): Sprache und Analysis. Texte zur englischen Philosophie der Gegenwart. Göttingen 1968. – Schilpp, Paul Arthur (ed.): The Philosophy of George Edward Moore. New York ²1952.

Axel Wüstehube

Morris, Charles William
Geb. 23. 5.1901 in Denver/Colorado; gest. 15. 1. 1979 in Gainesville/Florida

Die Entscheidung, sich der Wert- und Zeichentheorie zu widmen, traf M. Ende der 30er Jahre, als er eines Abends auf László Moholy-Nagy wartete. Moholy-Nagy, zusammen mit Walter Gropius am Bauhaus tätig, aber seit der Machtübernahme Hitlers 1933 in London lebend, wurde 1937 als Leiter an das »Neue Bauhaus« in Chicago berufen. Von der »Unity of Science«-Gruppe an der dortigen Universität holte er sich einige Professoren, darunter M., der mehrere Jahre unentgeltlich an der neuen Kunstschule unterrichtete. Bereits seit einigen Jahren arbeitete M. mit den ebenfalls im Exil lebenden Vertretern des Logischen Positivismus Rudolf

Carnap, Otto Neurath und Philip Frank am »Unified Science«-Projekt zusammen. Diese doppelte Berührung mit der europäischen Kunst und Philosophie prägte zwei grundlegende Arbeiten von M.: die in der *International Encyclopedia of Unified Science* erschienenen *Foundations of the Theory of Signs* (1938; *Grundlagen der Zeichentheorie*) und die im *Journal of Unified Science* veröffentlichten *Aesthetics and the Theory of Signs* (1939; *Ästhetik und Zeichentheorie*). Beide Schriften tragen die Spuren dieser Berührung mit der sprachanalytischen Tradition des Logischen Positivismus sowie mit den theoretischen Reflexionen der europäischen Kunstszene. Die Wurzeln seiner Wendung zur Semiotik und Werttheorie liegen aber auch im amerikanischen Pragmatismus, der in Neuengland um die Mitte des 19. Jahrhunderts aus einer Mischung von Elementen des deutschen Idealismus, des englischen Empirismus und des amerikanischen Transzendentalismus entstanden war. Als Begründer dieser neuen Richtung innerhalb der Philosophie gilt vor allem Charles Sanders Peirce, dessen Arbeiten über Logik und Semiotik grundlegend für die Entwicklung der Semiotik als einer eigenständigen Disziplin wurden. Als dann John Dewey, der Peirce aus der Zeit an der Johns Hopkins University kannte, 1894 an die neue Universität von Chicago ging, brachte er George Herbert Mead und eine Reihe jüngerer, mit dem Pragmatismus vertrauter Wissenschaftler mit (A. W. Webster, James H. Tufts, Edward S. Ames). Mit der Begründung dieser »Chicagoer Schule« setzte die zweite Etappe des amerikanischen Pragmatismus ein.

M., der sein Grundstudium an der Universität von Wisconsin und der Northwestern Universität (Evanston) absolvierte, ging 1922 nach Chicago, um bei Mead zu studieren. Aus ihrer Zusammenarbeit ging die Studie *Symbolism and Reality* (1925; *Symbolik und Realität*) hervor, die vor allem auf der Arbeit von Peirce über symbolische Sprache und Meads Theorie des symbolischen Interaktionismus basiert. Bereits hier kommt der wissenschaftliche Behaviorismus, der auch die spätere Arbeit von M. über Semiotik kennzeichnen wird, zum Ausdruck. Nach der Promotion (1925) unterrichtete M. einige Jahre an der Rice University in Houston. In *Neopragmatism and the Possibility of Knowledge* (1928) setzt er sich mit der aus seiner Sicht idealistischen Reduktion des Pragmatismus durch William James auseinander. M. bemühte sich um eine Erneuerung des Pragmatismus durch das Weiterdenken der Theorien von Peirce, James, Dewey und Mead. Um der perspektivischen Betrachtung der Realität als der Relativität von wahrgenommenem Objekt und Beobachter gerecht zu werden, entwickelte er ein Modell, das die Relation symbolischer und nicht-symbolischer Ereignisse adäquat erfassen kann. Dabei stand vor allem die Erfahrung als Kategorie im Vordergrund: »1. Geist, Denken, Erkenntnis und Wahrheit sind Funktionen der Erfahrung und vollkommen mit Hilfe erfahrungsmäßiger Termini beschreibbar; 2. Der Reflektionsprozeß ist, wie er erfahren wird, immer verbunden mit und eine Funktion von Verhaltensproblemen; 3. Erfahrung selbst ist der endgültige Referent des Terminus ›real‹.«

Als M. 1931 an die Universität von Chicago zurückkehrte, zog er in das Büro des verstorbenen Mead, wo er eine große Zahl unveröffentlichter Manuskripte vorfand. Daraus entstanden zwei Sammelbände, die Meads Ruf begründeten: *Mind, Self and Society* (1934; *Geist, Identität und Gesellschaft*) und *The Philosophy of the Act* (1938). 1932 veröffentlichte M. *Six Theories of Mind*, die nicht nur die Vielfalt seines eigenen intellektuellen Hintergrunds, sondern auch die im Meadschen Sinn perspektivische Vielfalt der möglichen Relationen zwischen Beobachter und Objekt zu voller Geltung bringen. Er gilt inzwischen als Nachfolger Meads, doch löste er sich im Lauf der 30er Jahre allmählich von diesem Erbe. Auf dem ersten internationalen Kongreß über die Einheit der Wissenschaft, der 1935 an der Sorbonne stattfand, lernte M. die im Exil lebenden Mitglieder des Wiener Kreises, Rudolf Carnap, Otto Neurath und Philip Frank kennen. Er nahm jetzt regelmäßig an Kongressen in Europa teil. Beim dritten Kongreß 1937 wurde die *International Encyclopedia of Unified Science* mit Carnap, Neurath und M. als Herausgeber gegründet. Eine Sammlung von Vorträgen aus diesen Jahren *(Logical Positivism, Pragmatism and Scientific Empiricism*, 1937) dokumentiert deutlich die Berührung mit den Vertretern des Positivismus. Vor allem in den beiden Beiträgen *The Concept of Meaning in Pragmatism and logical Positivism* und *Semiotic and Scientific Empiricism* strebte er eine Synthese von logischem Positivismus, wissenschaftlichem Empirismus und Pragmatismus an. In *Scientific Empiricism* (1938), seinem Beitrag zum ersten Band der *Encyclopedia*, bezeichnet er diese drei Komponenten als »radikalen Empirismus«, »methodologischen Rationalismus« und »kritischen Pragmatismus«. Diese Arbeiten greifen besonders auf Peirce zurück, der die Wissenschaften neu zu konzipieren versucht hatte, indem er den logischen Charakter des wissenschaftlichen Denkens untersuchte. Vor allem die Logik und die Semiotik sollten die Einheit der Wissenschaft auf neuer Basis gewährleisten. Ausgehend von der Peirceschen Semiotikauffassung versuchte M. 1938 in der *Foundations*-Abhandlung, die Semiotik als übergreifende Wissenschaft der Zeichenverwendung zu etablieren. Der berühmteste, aber nicht gänzlich unproblematische Aspekt seiner Semiotik ist die Unterscheidung zwischen Syntax, Semantik und Pragmatik, die die Linguistik der letzten fünfzig Jahre entscheidend beeinflußt hat. Während die Syntax die Beziehung zwischen den Signifikanten und nicht im Saussureschen Sinne zwischen Zeichen behandelt, geht es bei der Semantik um »die Beziehung der Zeichen zu ihren Designaten und darum zu den Objekten, die sie notieren oder denotieren können«, jedoch ohne die Interpreten miteinzubeziehen. Als Pragmatik – der wohl wichtigste Teil des semiotischen Modells – bezeichnet M. »die Wissenschaft von der Beziehung der Zeichen zu ihren Interpreten«. Eine pragmatische Zeichenverwendung, die sowohl die Syntax (Beziehung der Zeichen untereinander) als auch die Semantik (Beziehung der Zeichen zu den Objekten) voraussetzt, bindet M. aber immer an Verhalten zurück. In *Aesthetics and the Theory of Signs* wendet M. die Semiotik auf die Kunst an als »ästhetische Semiotik«. Grundlegend ist seine Bestimmung des ästhetischen Zeichens als »ikonisch«: »Die semantische Regel für den Gebrauch eines ikonischen Zeichens besteht darin, daß es jeden Gegenstand denotiert, der dieselben Eigenschaften aufweist wie es selbst ...; mit anderen Worten, zu den Denotaten eines ikonischen Zeichens gehört der eigene Zeichenträger.« Die Kritik an dieser Auffassung des ästhetischen Zeichens als Ikon, wie sie beispielsweise durch Umberto Eco oder Wolfgang Iser geübt wird, bezieht sich auf seine Verwechslung des dargestellten Gegenstandes mit den Vorstellungs- und Wahrnehmungsmodellen des Gegenstands. Zu Recht behauptet M. aber, daß ästhetische Zeichen sowohl referentiell als auch selbstreferentiell sind.

In den 40er und 50er Jahren wird er zunehmend vom amerikanischen Behaviorismus (James Watson, Burrhus Frederic Skinner) geprägt. Auch in seiner Arbeit über Werttheorie (»Axiologie«) kommt dieser Einfluß deutlich zum Ausdruck. In *Paths of Light: Preface to a World Religion* (1942) interpretiert M. religiöse Ansichten und ethische Systeme, indem er drei Wertbereiche aufstellt und sieben mögliche Werttypen in Hinblick auf diese Wertbereiche analysiert. In *Varities of Human Values* (1956) tritt die empiristische, behavioristische Grundlage einer fast sozialwissenschaftlichen Vorgehensweise noch stärker hervor. Sein zweiter wichtiger Beitrag zur Semiotik, *Signs, Language and Behavior* (1946; *Zeichen, Sprache und Verhalten*), den er selbst als »behavioristische Semiotik« bezeichnet, spiegelt diese Einstellung ebenfalls wider. Die Pragmatik beschreibt M. jetzt »als den Teil der Semiotik, der sich mit dem Ursprung, der Verwendung und den Wirkungen der Zeichen im jeweiligen Verhalten beschäftigt«. Diese Ausdehnung der Pragmatik und der Semiotik in Richtung einer behavioristisch orientierten Kommunikationswissenschaft geht über das Zeichen- und Semiotikverständnis von Peirce weit hinaus. Hier werden Begriffe wie »Diskurs« und »Diskurstyp« auf eine neue Weise verwendet, die es erlaubt, Denk- und Redeweisen als kommunikative, praxisbezogene Verhaltensweisen zu betrachten. M. nimmt so auf die spätere Entwicklung der Diskurslinguistik und der soziologisch orientierten Konversationsanalyse großen Einfluß. Was den poststrukturalistischen Diskursbegriff (Jacques Lacan, Michel Foucault, Jacques Derrida) anbelangt, sind zwar einige Ähnlichkeiten vorhanden; während es M. aber darum ging, den Diskurs nach bestimmten Kriterien in verschiedene Typen zu unterteilen, betonen etwa Lacan oder Foucault die Rolle des Unbewußten oder der Diskontinuität im Diskurs. Die pragmatisch orientierte Semiotik von M. wurde bald durch die »Philosophie der normalen Sprache« (George Edward Moore, dem späten Wittgenstein) und der Sprechakttheorie (John L. Austin, John R. Searle) theoretisch gestärkt. Im Anschluß an diese Theorien untersuchte man Zeichen zunehmend im Kontext ihres Gebrauchs, also in bezug auf ihre Wirkung und situationsabhängigen Faktoren.

In den 60er Jahren wechselte M. an die Universität von Florida in Gainsville, wo er sich hauptsächlich der Forschung widmete. Resümierend schreibt er in dieser Zeit über die Frühgeschichte des amerikanischen Pragmatismus: *The Pragmatic Movement in American Philosophy* (1970) bietet einen historischen Überblick über diese wichtige Phase der amerikanischen Philosophie. Die »handlungsmäßige Theorie von Zeichen« bezeichnet M. als »das zentrale, vereinigende Prinzip der pragmatischen Bewegung und einer ihrer ursprünglichsten Beiträge«. *Signification and Significance. A Study of the Relations of Signs and Values* (1964; *Bezeichnung und Bedeutung. Eine Untersuchung der Relationen von Zeichen und Werten*), seine dritte und letzte wichtige Arbeit über Semiotik, berücksichtigt neuere Entwicklungen auf mehreren Gebieten. Der Zeichenprozeß wird jetzt als »fünfstellige Relation« beschrieben, in der Zeichen, Interpreten, Interpretanten, Bezeichnungen und Kontexte eine Rolle spielen. Obwohl der Kontext-Begriff noch unspezifisch bleibt, betont er jetzt die wirkungsästhetische Dimension des Zeichenprozesses, die er durch Begriffe wie »Erwartung« und »Disposition« zu beschreiben versucht. M. will also Zeichen nicht definieren, sondern lediglich die Bedingungen für das Erkennen von Zeichen aufstellen.

Trabant, Jürgen: Elemente der Semiotik. München 1976. – Eschbach, Achim (Hg.): Zeichen, Wert, Ästhetik. Frankfurt am Main 1975. – Apel, Karl-Otto: Sprache und Wahrheit in der gegenwärtigen Situation der Philosophie. Eine Betrachtung anläßlich der Vollendung der neopositivistischen Sprachphilosophie in der Semiotik von Charles Morris. In: Transformation der Philosophie I (Sprachanalytik, Semiotik, Hermeneutik). Frankfurt am Main 1973.

Steven Gillies

Morus, Thomas (d. i. Thomas More)
Geb. 7. 2. 1478 in London; hingerichtet 6. 7. 1535 in London

Es zählt zu den Paradoxa der Literaturgeschichte, daß das heutzutage bekannteste und meist diskutierte Werk in lateinischer Sprache nicht von einem alten Römer stammt, sondern von einem Londoner Sheriff, geschrieben nicht unter Caesar oder Augustus, sondern unter Heinrich VIII., zehn Jahre nach dem Tode des Columbus. Paradox auch, daß allein diese eine Schrift des Autors Beachtung findet, während seine zahlreichen anderen literarischen Leistungen nur der Fachwelt bekannt sind. Der begabte Knabe studierte eine Zeitlang in Oxford, wurde seit ihrer ersten Begegnung 1497 enger Freund des Erasmus, später auch Holbeins; er erreichte früh ansehnliche Stellungen, wurde schließlich Sprecher des Parlaments (1523) und Kanzler (1529). Der König gab sich als sein Freund, besuchte ihn unangemeldet in seinem Wohnsitz in Chelsea. Doch M. blieb all solchen Erfolgen und Erhöhungen gegenüber gelassen. Seit seiner Jugend fühlte er sich zu einem asketischen Leben hingezogen, widmete sich strengen Bußübungen und führte, obschon verheiratet und Familienvater, im Grunde ein mönchisches Leben.

So blieb er auch standhaft, als Heinrich VIII. sich von Königin Katharina scheiden ließ, seine Proklamation als Haupt der Kirche von England bewirkte und Anna Boleyn zur Frau nahm. M. zog seine Konsequenzen: er schützte gesundheitliche Schwierigkeiten vor und legte sein hohes Amt nieder (10. Mai 1532). Trotz äußerster Zurückhaltung blieb M. eine Reihe von Prozessen nicht erspart. Auch als er sich allenthalben unschwer von allen Anklagen reinigen konnte, blieb ihm bewußt, daß die Dinge nur aufgeschoben, nicht aufgehoben waren. In der Tat wurde er Anfang Juni 1535 des Hochverrats für schuldig befunden und in Wochenfrist exekutiert. Vier Jahrhunderte später hat die Katholische Kirche ihren treuen Anhänger und Märtyrer zur Ehre der Altäre erhoben.

Das schriftliche Werk dieses besonderen Mannes umfaßt in der großen Gesamtausgabe (Yale Edition) mehr als ein Dutzend Bände teils in lateinischer, teils in englischer Sprache. Wichtig zunächst die Zeugnisse, die in den Briefen vorliegen. Hier spricht der Freund zum Freunde im Humanistenkreis, er redet mit Erasmus über Persönliches wie über Literarisches; in der 1520 verfaßten *Dissertatio epistolica ad Dorpium (Epistel an Dorpius)* tritt M. energisch für den neuen Humanismus und seine Studien ein, empfiehlt das Erlernen des Griechischen und den Druck der Hl. Schrift in dieser Ursprache. Nahezu 300 lateinische Epigramme zeigen den gewandten

Verskünstler, den intimen Kenner der antiken Literatur und den humoristischen Humanisten in hellstem Licht. Ein Fragment *De quattuor novissimis (Die Vier Letzten Dinge)* von 1522 behandelt nur den ersten Gedanken, den Tod, und spricht dabei auch über sechs der sieben Hauptsünden; es zielt darauf, frei zu machen von Selbsttäuschungen und ein Leben zu ermöglichen nach den Maßstäben der Vernunft, in Anerkennung der menschlichen Vergänglichkeit. *Die Geschichte König Richards III.* wurde in einer englischen und einer lateinischen Fassung begonnen und 1641 veröffentlicht; sie zählt neben der *Utopia* zu den humanistischen Hauptwerken M.'. Auch als Übersetzer war er tätig, insbesondere hat er Werke Lukians übertragen, dessen luzider überlegener Spott seiner eigenen heiter hellen Geisteshaltung besonders entsprochen haben mag.

Während eines Aufenthaltes in diplomatischer Mission in den Niederlanden entwarf M. jene kleine Schrift, die durch ihn zu einem Gattungsnamen werden sollte: *Utopia* (Erstdruck 1516, erste deutsche (Teil-)Übersetzung bereits 1524). Der (nicht eigentlich korrekt gebildete) griechische Titel bedeutet »Nirgendsort« oder »Unort«. Das Werk schildert in Dialogform zunächst die soziale Misere im zeitgenössischen England, wo die Armen immer ärmer werden durch die unersättliche Habgier der Reichen und so auf den Weg des Verbrechens kommen, von dem auch grausamste Strafen sie nicht zurückrufen können. Das zweite Buch gibt nun, nach den realistischen Details der Zeitanalyse, eine Art Traumvision: Der Reisende Raphael Hythlodaeus erzählt von einem Vernunftstaat, den er, Segelgefährte des Amerigo Vespucci, im fernen Meer entdeckt und genauer kennengelernt habe. War Habsucht das Grundübel für die Misere Englands, so ist eine weitgehende Gütergemeinschaft das Fundament für die Glückseligkeit der Utopier. Platons Idealstaat wird in neuer zeitgemäßer Gestalt vorgeführt. Nur sechs Stunden Tagesarbeit genügen, um den Bewohnern der Insel ein zwar nicht üppiges, so doch hinreichend angenehmes Leben zu ermöglichen. Freilich sind Sklaven nicht abgeschafft, und auch Kriege werden geführt, wenn es aus bestimmten Gründen sein muß. Andererseits widmen sich die Einwohner mit Vorliebe den Künsten und Wissenschaften, nehmen ihre Mahlzeiten gemeinsam ein, regeln alle Angelegenheiten auf maßvolle und vernünftige Weise. Dazu gehören mancherlei Besonderheiten wie etwa eine Brautschau, bei der die künftigen Eheleute in Gegenwart einer ehrenhaften Alten einander vor der Trauung nackt sehen dürfen, oder ein Reiseverbot, das nur in besonderen Fällen gelockert wird. Es herrscht Religionsfreiheit, es gibt Bildungsmöglichkeit für Frauen. Die höchste Tugend und Weisheit ist ein der Natur angemessenes Leben, der höchste leibliche Genuß die Gesundheit, der höchste geistige die Erkenntnis und Betrachtung der Wahrheit.

Die Erzählung von der fernen Glücksinsel hat nicht nur der Gattung der Staatsromane den Namen gegeben, sie ist auch in ihrer so geist- wie humorvollen Art ein unerreichtes Muster geblieben. Gewiß hat man schon seit Homer in der Literatur des Abendlandes ferne Fabelländer gekannt, deren Glück genußvoll und phantasiereich beschrieben wurde, gewiß hat es Schilderungen der Goldenen Zeit oder des Elysiums gegeben. Doch erst M. hat den modernen Staatsroman begründet und durch sein Werk modellhaft benannt. Er zielt darauf, durch ein Wortspiel in der Namensgebung den Doppelcharakter des Glückslandes deutlich zu machen: die

beiden griechischen Vorsilben »ou« = »nicht« und »eu« = »gut, wohl«, die gleich-
lautend auszusprechen sind, bezeichnen sowohl die Unwirklichkeit wie auch die
Glückhaftigkeit des fernen Fabellandes. Allerdings wird in der Utopie M.'
noch
nicht nach moderner Manier auf kühne Erfindungen gebaut, um die Bedürfnisse der
Bewohner besser zu befriedigen, sondern es wird vielmehr mit der Beschränkung
durch die Natur vorlieb genommen und nur durch eine verbesserte Verteilung und
intensivierte Beteiligung aller am Gemeinwesen und an der Arbeit für einen
zufriedenstellenden Zustand gesorgt. Freilich endet der Bericht vom idealen Vernunftstaat mit einem Anflug von Skepsis: »Ich gestehe gern, daß es im Staate der
Utopier sehr vieles gibt, was ich unseren eigenen Staaten eher wünschen möchte als
für sie erhoffen darf.« Die moderne Welt hat diese Skepsis des Autors aus der
Lutherzeit in fünf Jahrhunderten bislang brillant bestätigt.

Boswell, Jackson C.: Sir Thomas More in the English Renaissance. New York 1994. – Marius,
Richard: Thomas Morus. Eine Biographie. Zürich 1987. – Baumann, Uwe/Heinrich, Hans P.:
Thomas Morus. Humanistische Schriften. Darmstadt 1986. – Luthe, Hubert/Petermann,
Bernd/Schulte-Herbrüggen, Hubertus: Symbolfigur politischer Moral? Zum 450. Todestag
von Thomas Morus. Bergisch-Gladbach 1986.

Bernhard Kytzler

Natorp, Paul
Geb. 24. 1. 1854 in Düsseldorf; gest. 17. 8. 1924 in Marburg

N. wurde als Sohn eines protestantischen Pfarrers geboren.
Nach Studien der Geschichte und der alten Sprachen, aber
auch der Philosophie, der Mathematik und der Naturwissenschaften in Berlin, Bonn und Straßburg, die er 1876
mit einer lateinisch geschriebenen Dissertation über ein
historisches Thema abschloß, war er zunächst für kurze Zeit
als Hauslehrer u. a. in Worms tätig. Von der Kantinterpretation Hermann Cohens angezogen, übersiedelte er zu Beginn der 80er Jahre nach Marburg, wo er trotz mehrerer
Berufungen an andere Universitäten bis zu seinem Tode
1924 blieb. Nachdem er sich 1881 über Descartes' Erkennt-
nistheorie habilitiert hatte, wurde N. 1885 zum Extraordinarius und schließlich 1893
zum Ordinarius für Philosophie und Pädagogik ernannt. Dadurch traten neben
erkenntnistheoretischen Fragen stärker Fragen der praktischen Philosophie in seinen
Blick. So legte er 1899 den Entwurf einer *Sozialpädagogik* vor. Wie deren Untertitel
Theorie der Willenserziehung auf der Grundlage der Gemeinschaft deutlich macht, sieht er
die wichtigste Aufgabe der Erziehung in der Willenserziehung, soweit diese durch
das Leben der Gemeinschaft bedingt ist und gleichzeitig auf die Gemeinschaft
zurückwirkt. Außerdem griff N. mit einer Fülle von Beiträgen in die aktuellen
pädagogischen und politischen Auseinandersetzungen seiner Zeit ein.

1903 erschien nach 15jähriger Vorarbeit N.s philosophiegeschichtliches Hauptwerk über *Platons Ideenlehre*, in dem er die These vertrat, die platonische Idee müsse
vom Gesetzesbegriff der neuzeitlichen Naturwissenschaft her verstanden werden.

616 NATORP

1910 schließen sich *Die logischen Grundlagen der exakten Wissenschaften* an, eine »auf der transzendentalen Logik Kants fußende, gegen die formallogische Rekonstruktion der Mathematik abgehobene Theorie des erkennenden Denkens« (Helmut Holzhey). 1911 folgte die Schrift *Die Philosophie. Ihr Problem und ihre Probleme*, eine leicht faßliche Darstellung der Grundpositionen des Marburger Neukantianismus, die allerdings innerhalb der Denkentwicklung N.s den Charakter einer Übergangsschrift hat. Denn bereits in *Allgemeine Psychologie nach kritischer Methode* aus dem Jahre 1912 betont N., die Aufgabe der Philosophie könne sich nicht darin erschöpfen, die transzendentale Konstitution der Objektwissenschaften aufzuhellen. Neben dieser Objektivierungsrichtung gelte es, auch die Subjektivierungsrichtung zu verfolgen, um die Unmittelbarkeit des Erlebens rekonstruktiv freizulegen.

Im Zentrum seiner Spätphilosophie, für die vor allem die *Vorlesungen über praktische Philosophie* (1925) und die posthum erschienene *Philosophische Systematik* (1958) einschlägig sind, steht das Bemühen um eine Neukonzeption der Kategorienlehre. N. geht konkret von einem geschlossenen System von Grundkategorien aus, das als Fundament für den Aufbau eines offenen Systems der Kategorien dienen soll. Abweichend von Kant ist N.s System der Grundkategorien insofern aufgebaut, als er mit den Modalitätskategorien Möglichkeit, Wirklichkeit und Notwendigkeit beginnt und in der dritten Kategoriengruppe Quantität, Qualität und die Anschauungsformen von Raum und Zeit unterbringt, während die zweite Kategoriengruppe (Substanz, Kausation und Wechselwirkung) der ursprünglichen Kantischen Disposition entspricht. Die Abfolge der Kategorien im Bereich der einzelnen Kategoriengruppen erfolgt jeweils nach dem Schema Allgemeinheit, Verbesonderung und Individualität. Dieses Schema gilt gleichermaßen für die Gegenstandskonstitution in der theoretischen, praktischen und poietischen Sphäre. Entscheidend für N.s Spätphilosophie ist die Einsicht, daß der Prozeß kategorialer Bestimmung die Hinnahme des noch gänzlich unbestimmten Urfaktums des ›Es ist‹ voraussetzt und in der Bestimmung des Individuellen als des konkreten gegenständlichen Seienden terminiert.

Lembeck, Karl H.: Platon in Marburg. Würzburg 1994. – Jegelka, Norbert: Paul Natorp. Würzburg 1992. – Holzhey, Helmut: Cohen und Natorp. Basel 1986

Hans-Ludwig Ollig

Needham, Noël Joseph
Geb. 9. 12. 1900 in London; gest. 24. 3. 1995 in Cambridge

Wie kein anderer hat sich N. um die Entdeckung der Geschichte chinesischer Wissenschaft und Technik verdient gemacht. Angeregt durch seinen Kontakt mit chinesischen Wissenschaftlern begann der studierte Biochemiker 1936, sich mit der chinesischen Kultur zu beschäftigen. Dieses Interesse an einer fremden Kultur wurde zur Lebensaufgabe und mündete in dem mehrbändigen Hauptwerk *Science and Civilisation in China* (ab 1954; *Geschichte und Zivilisation in China*), das er in Zusammenarbeit mit vor allem Wang Ling, Lu Gwei-Djen, Ho Ping-Yu schrieb. N.s Veröffentlichungen zu diesem Thema haben nicht nur dem westlichen Leser ein neues Bild der chinesischen Kulturgeschichte, sondern auch vielen Chinesen ein tieferes Verständnis ihrer eigenen Tradition vermittelt.

N., der in einer durch Wissenschaft und Musik geprägten Familie aufwuchs, studierte Biologie an der Universität Cambridge, wechselte aber nach einigen Jahren auf das noch junge Fach der Biochemie über. Er wurde Schüler von Frederick G. Hopkins, der 1929 den Nobelpreis für Medizin erhielt. N.s wissenschaftliche Arbeiten galten anfangs vor allem der Biochemie und Embryologie: *Chemical Embryology* (1931) und *Biochemistry and Morphogenesis* (1942). Doch schlägt sich die Neigung zur Wissenschaftsgeschichte in seiner *A History of Embryologie* (1934) bereits sehr früh nieder. In seinen ersten wissenschaftsphilosophischen Veröffentlichungen vertritt N. eine mechanistische Auffassung der Biologie. Aus dem Streit zwischen Vitalisten und Mechanisten, der in den 20er Jahren besonders heftig ausgetragen wurde, ging N.s *Man a Machine* (1927) hervor. In den *Terry Vorlesungen*, die N. an der Yale University hielt und die als *Order and Life* (1935) erschienen, wird der Zusammenhang zwischen molekularen Strukturen und der Ordnung und Organisation des Lebens untersucht. So bedingt für ihn das biochemische Substrat die biologischen Strukturen und die komplexe Organisation der Lebewesen.

N.s größtes Verdienst beruht zweifellos auf seinem Studium der chinesischen Wissenschafts- und Technikgeschichte. In einem späten, in *The Great Titration* (1969) enthaltenen Aufsatz *Science and Society in East and West* beschreibt er die zwei Leitfragen seiner Beschäftigung mit der chinesischen Wissenschaftsgeschichte: »Warum hat sich die moderne Wissenschaft nur in Europa und nicht auch in China oder Indien entwickelt?«, und: »Warum ist die Zivilisation der Chinesen zwischen dem 1. Jahrhundert v.Chr. und dem 15. Jahrhundert n.Chr. in der Nutzung des menschlichen Wissens von der Natur für die praktischen menschlichen Bedürfnisse sehr viel erfolgreicher als der Westen gewesen?« Aus diesen Fragestellungen wird ersichtlich, inwieweit N. die Entwicklung der Wissenschaften im Westen als Vergleichsmaßstab bei seiner Untersuchung der chinesischen Wissenschaftsgeschichte heranzieht. Durch eine systematische Erforschung aller ihrer Bereiche gelang es ihm, das Entstehen einer modernen Wissenschaft auf traditionellem Boden zu schildern. Besonders intensiv hat sich N. mit dem Zeitbegriff bzw. der Zeitmessung in China und im Osten sowie mit der Geschichte der chinesischen Medizin (vor allem im Hinblick auf ihre kulturelle Verankerung) beschäftigt. Das erste Buch *Chinese Science* erscheint 1945. Ihm ging aber eine Reihe von Aufsätzen voraus, die viele Jahre später in Sammelbänden nochmals gedruckt wurden: *Clerks and Craftsmen in China and the West* (1969) und *Moulds of Understanding* (1976). Das Hauptwerk *Science and Civilization in China* spiegelt vollständig N.s Auffassung von universaler Wissenschaft wider. Nur auf der Grundlage einer gesamtkulturellen Sicht kann die Entwicklung der Wissenschaften und der Technik ausreichend erklärt werden. Zeitlebens am Caius College in Cambridge tätig, war N. zudem einer der ersten Unesco-Direktoren und engagierte sich als Teilnehmer an Friedensinitiativen.

Spengler, Tilman (Hg.): Einleitung zu Joseph Needham. Wissenschaftlicher Universalismus. Über Bedeutung und Besonderheit der chinesischen Wissenschaft. Frankfurt am Main 1977. – Holorenshaws, Henry: The Making of an Honorary Taoist. In: M. Teich und R. Young (Hg.): Changing Perspectives in the History of Science. London 1973.

Steven Gillies

Nelson, Leonard
Geb. 11. 7. 1882 in Berlin; gest. 29. 10. 1927 in Göttingen

Der Göttinger Philosoph und Mathematiker N. nimmt unter den Philosophen in Deutschland eine Sonderstellung ein. In gewisser Weise war er sogar ein Außenseiter. Er hat in einer Zeit an der wissenschaftlich exakten Grundlegung einer praktischen Philosophie gearbeitet, als dieses Projekt von der Fachphilosophie nahezu abgeschrieben war. Und er hat höchst persönlich die politischen Organisationen gegründet, die er für geeignet hielt, die Ergebnisse seiner praktischen Philosophie in die Praxis umzusetzen. Das gesamte Leben, theoretische Wirken und politische Handeln N.s stand unter der Leitidee »Konsequenz«. Sowohl die Entwicklung seiner Philosophie von ihren ersten Anfängen bis zum reifen Werk wie die Wege und Schritte ihrer Umsetzung sind von einer einzigartigen Folgerichtigkeit und Geradlinigkeit, die ihresgleichen sucht. Dieser unbedingten Konsequenz im Denken und Handeln entstammen zugleich die Größe und die Grenze des Wirkens dieses herausragenden Philosophen.

N.s Vater war jüdischer Rechtsanwalt mit weitverzweigten Kontakten im Berliner Kultur- und Geistesleben jener Zeit. Noch vor der Aufnahme seines Studiums der Mathematik und Philosophie an den Universitäten Berlin, Heidelberg und Göttingen lernte N. die Arbeiten von Jakob Friedrich Fries und Ernst Friedrich Apelt kennen, welche die kritische Philosophie Kants als gültig vorausgesetzt und ihre Begründung auf der Basis einer psychologischen Deutung weiterentwickelt hatten. N. war von Anfang an vor allem an der praktischen Philosophie interessiert und wollte eine verbindliche Ethik wissenschaftlich erarbeiten und nach den strengen Maßstäben mathematisch-naturwissenschaftlicher Beweisführung begründen. Ihm ging es dabei gleichermaßen um die Überwindung der Beliebigkeit des moralischen Dogmatismus wie des ethischen Nihilismus in einer Zeit, die einer verläßlichen Orientierung des Handelns dringend bedurfte. In der Philosophie seiner Zeit konnte er dafür kein diskussionsfähiges Angebot entdecken. Den Vorsatz zur Erarbeitung einer wissenschaftlichen Ethik auf der Grundlage der in der Kantischen Tradition entwickelten kritischen Methode hat er bereits vor Beginn seine Studiums gefaßt. Er setzte ihn nun während des Studiums und in seiner Zeit als a. o. Professor für Philosophie und Mathematik an der Universität Göttingen seit 1919 Zug um Zug in die Tat um.

Zunächst gründete er mit Schülern und Freunden die Jacob-Friedrich-Fries-Gesellschaft und gab eine »Neue Folge« der »Abhandlungen der Friesschen Schule« heraus, um diese Arbeiten für die beabsichtigte Neubegründung der Kritischen Philosophie fruchtbar zu machen. In drei großen Werken, die in einer bei deutschen Philosophen höchst raren klaren, strengen und schönen Sprache verfaßt sind, deren Einfachheit mit der Tiefe der Gedankenführung reizvoll kontrastiert, präsentiert er seine eigene Philosophie. 1917, inmitten des Chaos und der Unsicherheit des Ersten Weltkrieges, veröffentlicht N. seine *Kritik der praktischen Vernunft*. In ihr entfaltet er auf der Grundlage der kritischen Methode eine Ethik, deren Kern in der Abwägungsregel besteht: »Handle nie so, daß Du nicht auch in Deine Handlungsweise einwilligen könntest, wenn die Interessen der von Dir Betroffenen auch Deine eigenen wären.« Mit diesem Abwägungsgesetz, als universellem Sittengesetz, greift er der in der gegenwärtigen Ethik vorherrschenden Idee einer praktischen Beratung der Betroffenen als Lösungsweg für die ethischen Probleme bzw. der kommunikativen Ethik in bemerkenswerter Weise vor. Obgleich N. das Dialogprinzip durch seine Neubegründung der sokratischen Methode als Erkenntnisweg unter anderem praktischer Wahrheiten eingeführt hat, hat er als verbindliches Begründungsprinzip der mit der kritischen Methode gewonnenen ethischen Erkenntnisse doch einem anderen Verfahren den Vorzug gegeben. Er nahm an, daß die kritische Methode auf ethische Grunderkenntnisse als ursprünglich dunklen unmittelbaren Erkenntnissen im menschlichen Bewußtsein zurückführt, deren Gewißheit durch ein empirisch-psychologisches Begründungsverfahren aufgewiesen werden kann. Dieses Verfahren hat zu N.s philosophiegeschichtlicher Einordnung in den »Psychologismus« geführt. Auch wenn N. selbst auf dieses Spezifikum seiner Ethik hohen Wert legte, würden doch die kritische Methode, das sokratische Gespräch und das Abwägungsgesetz noch immer eine diskussionswürdige ethische Theorie bilden, wenn die psychologische Deduktion außer Betracht bliebe. Bemerkenswert an der N.schen Ethik ist nicht nur, daß er in seinem 1924 erschienenen zweiten Hauptwerk, *System der philosophischen Rechtslehre und Politik*, die politischen Konsequenzen zog und die Grundsätze eines liberalen Sozialismus entwickelte, der das Sittengesetz zum verbindlichen Recht für jedermann machen sollte. N. hat auch eine in jüngster Zeit wieder zu theoretischen Ehren gekommene Theorie vom Recht der Tiere entwickelt, der zufolge die Tiere, weil sie wie der Mensch leidensfähig sind, gleichberechtigte Rechtssubjekte sind, auch wenn sie niemals ihrerseits Pflichtsubjekte sein können. Auch in dieser Frage war N. höchst konsequent. Mitglied in der später von ihm gegründeten sozialistischen Partei konnte nur werden, wer neben anderen in dieser Ethik begründeten Einschränkungen in der privaten Lebensführung auch die Selbstverpflichtung zu einer strikt vegetarischen Ernährung auf sich nahm. N.s politische Theorie zielte auf eine Herrschaft des Rechts, die Staat, Wirtschaft und Gesellschaft so organisiert, daß die gleiche Freiheit aller umfassend garantiert ist. Seine Ethik verstand sich nicht als ein Rigorismus, weil der Formalismus des Abwägungsgesetzes ja gerade voraussetzt, daß die materiellen Ziele des Handelns aus der Fülle des gelebten Lebens, den individuellen Glücksansprüchen des Einzelnen kommen. Der Ethik und der politischen Organisation der Gesellschaft obliegt es, für den Fall des Widerstreits der Interessen und Glücksansprüche der Einzelnen eine gerechte Regel des Ausgleichs zur Verfügung zu stellen.

Schließlich hat N. in seinem dritten Hauptwerk, dem *System der philosophischen Ethik und Pädagogik* (1932), die Grundlagen einer Pädagogik vorgelegt, die Menschen zu einem Handeln im Sinne des Sittengesetzes aus eigener Einsicht und eigenem Verantwortungsbewußtsein befähigen soll. Ihm ging es um ein vernünftig selbstbestimmtes Leben und um eine Pädagogik, die den Respekt vor der Würde des anderen durch die Chance der Erfahrung der eigenen Würde vermitteln sollte. N. folgte bei alldem seiner grundlegenden Idee, daß eine gerechte Gesellschaft ohne Menschen, die in ihrem eigenen Handeln die Einsicht in das Sittengesetz und das Interesse an gerechten Lebensverhältnissen verkörpern, nicht möglich wäre.

Bereits am Ende des Ersten Weltkrieges hat N. eine politische Organisation, den Internationalen Jugendbund (IJB), gegründet, um die praktischen Wahrheiten, auf deren Begründung er Anspruch erhob, konsequent in die Praxis umzusetzen. Der IJB war den beiden Zielen gewidmet, Menschen, damals vor allem Mitglieder der Jugendbewegung, im Geiste der praktischen Ethik und des Sozialismus zu erziehen und sie zur politischen Mitarbeit in den Organisationen der Arbeiterbewegung zu veranlassen. N., ursprünglich mit liberalen Kreisen verbunden, war zu dieser Zeit zur Überzeugung gekommen, daß eine Gesellschaft des Rechts nur von der Sozialistischen Arbeiterbewegung erkämpft werden könne. Deshalb verband er die Realisierung seines philosophischen Projektes mit den Kämpfen der tatsächlichen Organisationen der Arbeiterbewegung. Anfänglich arbeiteten die Mitglieder der IJB je nach eigener Entscheidung in der MSPD, USPD und KPD mit. Nach der Wiedervereinigung der beiden sozialistischen Parteien 1922 konzentrierte sich die Arbeit auf die SPD. Wegen ihrer radikal antiklerikalen Haltung kam die Gruppe bald mit der kirchenfreundlicheren Politik der SPD in Konflikt. Die IJB-Mitglieder wurden 1925 mit einer Begründung, die auf die hierarchischen Strukturen der Organisation zielte, aus der SPD ausgeschlossen. Tatsächlich hatte N. seinen Bund nach dem Führer-Prinzip organisiert, das eigentlich aus seiner praktischen Philosophie kaum folgte. Er hatte es aus Begeisterung über die Selbstlosigkeit und Konsequenz der Partei Lenins übernommen. Er wollte auch das für Recht erkannte nicht wieder zur Disposition eines opportunistischen Pluralismus stellen. Nach dem Ausschluß aus der SPD begründete N. mit seinen Anhängern eine eigene sozialistische Partei, den Internationalen Sozialistischen Kampfbund (ISK). Auch seine pädagogischen Gedanken hat N. nach eigenem Anspruch konsequent in die Praxis umgesetzt. Er gründete eine eigene Reformschule, das Landerziehungsheim »Walkemühle« in der Nähe von Kassel, das von Minna Specht geleitet wurde. Pädagogen, die seiner

Theorie treu ergeben waren, erzogen Kinder im Geiste der kritischen Pädagogik und Erwachsene, um sie zur Übernahme von Führungsfunktionen im politischen Leben zu befähigen. Die Gründung einer »Philosophisch-Politischen Akademie« zur gleichen Zeit diente der Heranbildung von Erziehern und Politikern im Sinne der Prinzipien und Ziele der kritischen Philosophie, aber ebenso zur Weiterentwicklung der kritischen Philosophie und der Sicherstellung einer wissenschaftlich fundierten theoretischen Basis für das praktische Handeln der politischen Partei. Im Rückblick erscheinen das theoretische Werk, die praktisch-pädagogische und politische Leistung dieses Philosophen angesichts der kurzen Lebensspanne, die ihm vergönnt war, erstaunenswürdig. Vielleicht sagt die Tatsache, daß nach seinem Tod die Mitglieder der von ihm gegründeten Partei zusammen geblieben sind und in der Abwehr der heraufziehenden Nationalsozialismus und später im leidenschaftlichen Kampf gegen die faschistische Barbarei fast geschlossen ihr Leben eingesetzt haben, mehr über die Leistung N.s aus als irgendein Ereignis seines Lebens. Über einige seiner Schüler, unter ihnen vor allem Willi Eichler, ist die Lehre N.s und auch ein Teil des Geistes des von ihm begründeten ethischen Sozialismus in die Sozialdemokratische Partei eingedrungen und hat im Godesberger Programm der SPD von 1959 einen unübersehbaren Niederschlag gefunden.

Kleinknecht, Reinhard/Neisser, Barbara (Hg.): Leonard Nelson in der Diskussion. Frankfurt am Main 1994. – Leonard Nelson, Ein Bild seines Lebens und Wirkens. Aus seinen Werken zusammengefügt und erläutert von Willi Eichler und Martin Hart in Gemeinschaft mit anderen seiner Freunde. Paris 1938.

Thomas Meyer

Newton, Isaac
Geb. 4. 1. 1643 in Woolsthorpe (Lincolnshire); gest. 31. 3. 1727 in Kensington

Nach dem zu seinen Lebzeiten in England gültigen Julianischen Kalender war N. ein Weihnachtskind – die Umstellung auf den Gregorianischen Kalender erfolgte erst 1752. Obwohl der als Frühgeburt zur Welt gekommene Isaac als klein und schwach galt, erreichte er das für damalige Zeit beträchtliche Alter von fast 84 Jahren. Schon bei seiner Geburt war N. Halbwaise: Der Vater, ein Landwirt, war einige Wochen zuvor verstorben, und so wurde die Erziehung N.s neben der Mutter Anna Ayscough vom Stiefvater Barnabas Smith sowie vor allem auch von den Großeltern bestimmt. Mit 12 Jahren wurde N. auf die Lateinschule in Grantham geschickt, wo er beim Apotheker Clark in Pension lebte. In der Schule fiel er zunächst eher durch sein Außenseitertum als durch überragende Leistungen auf, und so wurde er 1658, zwei Jahre nach dem Tode seines Stiefvaters, von der Mutter von der Schule genommen, um als Hilfe auf den Hof in Woolsthorpe zu kommen. Es war wohl im wesentlichen der Fürsprache eines Onkels zu danken, daß er, der mit Landwirtschaft nichts Rechtes anzufangen wußte, 1660 wieder auf die Schule nach Grantham und im folgenden Jahr ins Trinity College von Cambridge kam. Die Schule vermittelte ihm die damals für den Universitätsbesuch notwendigen Vorkenntnisse: Mathematik, Latein und Religion. Die Anregung zum Universitätsstudium ging dabei vom Schulleiter Henry Stokes aus, was für eine erste Wandlung des jungen N. spricht. In Trinity wurde er zunächst als »subserver«, als bezahlter Diener, im College aufgenommen. Die ersten zwei Jahre waren dem Studium von Arithmetik, euklidischer Geometrie, Trigonometrie einerseits sowie der Theologie, des Hebräischen, Griechischen und vor allem des Lateinischen gewidmet. In dieser Zeit lernte N. auch seinen wichtigsten Lehrer, den Lukas-Stiftungsprofessor Isaac Barrow kennen, dessen Lehrstuhl er als Nachfolger und in neuerer Zeit Paul Dirac bekleidete. In Cambridge verbrachte N. die nächsten Jahre, in denen er die Grundlage für die meisten seiner Beiträge zur Physik, die damals noch als Naturphilosophie firmierte, schaffen sollte. Nur während der Schließung des College aufgrund der Pestepidemie im Jahre 1665 und in den Sommermonaten der beiden folgenden Jahre weilte er in seinem Heimatort, wo aber seine Experimente und theoretischen Untersuchungen fortgeführt wurden. N. leistete dabei in einer Vielzahl von Disziplinen wesentliche Beiträge, so in der Optik, der (Himmels-) Mechanik, der Mathematik, war aber auch auf dem Gebiet der Metallurgie, der Chemie und Alchemie, ja auch der Theologie intensiv tätig. Auch der äußerliche Erfolg blieb ihm neben diesen meist erst wesentlich später veröffentlichten Entdeckungen nicht verwehrt: 1669 trat sein Lehrer Barrow, den er schon früher bei seinen Vorlesungen unterstützt hatte, zu N.s Gunsten von seiner Professur zurück.

Eine seiner wichtigsten Leistungen bestand in der Begründung der von ihm Fluxionsrechnung genannten Differentialrechnung, die später zu einem mehr von den Anhängern als den Forschern selbst initiierten Prioritätsstreit mit Leibniz führen sollte. N.s Akribie ließ ihn oft die Veröffentlichung seiner Ergebnisse lange hinauszögern, so daß zum Beispiel *The Method of Fluxions and Infinite Series* erst 1736 posthum erschien. In diese fruchtbaren Jahre fallen auch N.s bahnbrechende Gedanken zur Gravitation: Aus den Keplerschen Gesetzen schloß er auf eine mit dem Quadrat des Abstandes abfallende Anziehungskraft zwischen Sonne und Planeten und forderte, daß eben diese Kraft auch zwischen beliebigen Massen wirken sollte; die Anekdote, daß ein vom Baume fallender Apfel die Anregung zu dieser Idee geliefert habe, wurde schon von Zeitgenossen überliefert. Die Anwendung seines Gravitationsgesetzes auf das System Erde-Mond wurde dabei unter anderem auch von Robert Hooke angeregt, aber erst die Messungen von Picard gestatteten eine quantitative Analyse. Das positive Ergebnis soll N. so erschüttert haben, daß er einen Freund bitten mußte, seine Rechnungen zu überprüfen. Als wichtigster Beitrag N.s zur Physik darf die Begründung der theoretischen Mechanik gelten: Aufbauend auf seinen drei Axiomen leitete er die Grundgesetze der Mechanik ab, die erst in unserem Jahrhundert modifiziert wurden und deren Geltungsbereich durch diese Verallgemeinerungen und Relativierungen auch nur geringfügig eingeschränkt wurde. Die Resultate dieser Studien erschienen 1687 in N.s Hauptwerk *Philosophiae naturalis principia mathematica* (*Die mathematischen Grundlagen der Naturphilosophie*); dieses Buch war in Latein, der damals der internationalen Verständigung dienenden Gelehrtensprache, abgefaßt und machte noch eine weitere wichtige Konzession an

N.s Zeit: Anstatt die von ihm entwickelte Fluxionsrechnung anzuwenden, zog N. eine geometrische Herleitung seiner Sätze vor, da er fürchtete, die neue, noch kaum bekannte Rechenmethode könne die Leser von der ohnehin schwierigen Aneignung seiner Gedanken abhalten, während die geometrische Betrachtungsweise zur naturwissenschaftlichen Grundbildung gehörte. Erst nach seinem Tode erschien eine wohl für breitere Schichten gedachte englischsprachige Ausgabe dieses Werkes. Hatte Galilei sich noch mit der Untersuchung von Einzelphänomenen begnügen müssen, so war es N.s große Leistung, der systematischen Wissenschaft auch gleich ein Programm zu geben: Die systematische Rückführung der Erscheinungen auf die grundlegenden Ursachen verlangt, »die Wissenschaft von der Natur durch exakte Beweise (zu) fördern«. Mit Hilfe der Gravitation konnte er nicht nur Fall- und Pendelgesetze herleiten, auch die Planeten- und Kometenbahnen und die Gezeiten wurden durch ihn erschlossen. Sein klassischer Satz »Hypotheses non fingo«, die Absage an eine rein spekulative Naturbetrachtung, ist oft – auch wegen gewandelten Sprachgebrauchs – mißinterpretiert worden; tatsächlich hat N. die wissenschaftliche Hypothese heutigen Verständnisses, bei ihm »causa ficta« genannt, anerkannt und benutzt.

Auch die Optik wurde von ihm entscheidend beeinflußt: Hatte N. die Mechanik vor allem durch seine mathematische Behandlung verwandelt, so sticht im Bereich der Optik die Vielzahl von Experimenten ins Auge, die ihn als Begründer der experimentellen Methode, der Empirie, ausweisen. 1689 traf er mit John Locke zusammen, mit dem gemeinsam er in der Folgezeit einige Staatsämter bekleiden sollte. Die metallurgischen Untersuchungen N.s waren denn auch zum Teil durch seine optischen Versuche angeregt: So experimentierte er längere Zeit mit verschiedenen Legierungen für Metallspiegel. Er entdeckte die Dispersion und erkannte die Zusammensetzung weißen Lichtes aus den verschiedenen Spektralfarben; allerdings versuchte er, diese mit einer Korpuskulartheorie zu erklären, die er geeignet modifizierte, um auch Beugungs- und Interferenzphänomene einbeziehen zu können. Im letzten Teil seiner 1704 erschienen *Opticks* fragt er: »Haben nicht die Lichtstrahlen verschiedene Seiten?« und kommt so im spekulativen Teil dieses Buches zur Vorstellung der Polarisation.

Seine – irrtümliche – Ansicht, eine Abbildung ohne Farbfehler sei mit Linsen nicht möglich, brachte ihn dazu, sich mit dem Bau von Spiegelteleskopen zu beschäftigen, und es war auch die Übersendung eines solchen von ihm selbst konstruierten Fernrohrs an König Karl II. im Jahre 1671, die ihm die Aufnahme in die wenige Jahre zuvor gegründete Royal Society einbrachte, deren wohl bekanntester Präsident er von 1703 bis zu seinem Lebensende wurde. Hier traf er neben Isaak Barrow Persönlichkeiten wie Robert Boyle, Robert Hooke, Christiaan Huygens, John Locke und Christopher Wren. Hooke verfocht eine Undulationstheorie des Lichtes und wurde aus diesem Grunde wie auch aufgrund eines Prioritätsstreites zu einem der wichtigsten Gegner N.s. Huygens hatte ähnliche Ansichten, was N. bewogen haben mag, mehrmals Austrittsgesuche an den Sekretär der Society, Oldenburg, zu richten. Daß zum Teil auch die reizbare Natur N.s zu Auseinandersetzungen Anlaß bot, wird man kaum bestreiten können. – Nicht nur als Begründer der modernen Naturwissenschaft machte er sich einen Namen: 1696 wurde N. auf

Betreiben seiner Freunde zum Münzwardein berufen. Auf dem Kontinent war gerade erst die Zeit der Kipper und Wipper endgültig vorbei, aber nicht nur in England waren das Beschneiden der Münzränder ebenso wie das Falschmünzertum weiterhin gang und gäbe. N. bewies hier vor allem ein beachtliches Organisationstalent: Um das Beschneiden der Münzen zu erschweren, wurde im Rahmen einer binnen weniger Jahre durchgeführten Umprägung der umlaufenden Währung die Randprägung der Münzen mit Erfolg eingeführt. Das großzügige Gehalt, das die Stellung an der königlichen Münze mit sich brachte, gestattete N., der stets sparsam, wenn auch gastfrei war, ein beträchtliches Vermögen zu sammeln. In den letzten Jahren seines Lebens hatte er wiederholt Beschwerden aufgrund von Gallensteinen und wegen eines Blasenleidens. Am 4. März 1727 warfen ihn heftige Gallenkoliken (?) aufs Krankenlager; obwohl zunächst vieles auf eine Genesung hinwies, verfiel er abends in Bewußtlosigkeit und verschied in der Nacht vom 20. auf den 21. März.

Westfall, Richard S.: The life of Isaac Newton. Cambridge 1993. – Freudenthal, Gideon: Atom und Individuum im Zeitalter Newtons. Zur Genese der mechanistischen Natur- und Sozialphilosophie. Frankfurt am Main 1982. – Koyré, Alexandre: Von der geschlossenen Welt zum unendlichen Universum. Frankfurt am Main 1969. – Wawilow, Sergej Iwanowitsch: Isaak Newton. Berlin 1951.

Andreas Dorsel

Nietzsche, Friedrich
Geb. 15. 10. 1844 in Röcken bei Lützen; gest. 25. 8. 1900 in Weimar

»Ich kenne mein Loos. Es wird sich einmal an meinen Namen die Erinnerung an etwas Ungeheures anknüpfen, – an eine Krisis, wie es keine auf Erden gab, an die tiefste Gewissens-Collision, an eine Entscheidung heraufbeschworen *gegen* Alles, was bis dahin geglaubt, gefordert, geheiligt worden war ... *Umwerthung aller Werthe*: das ist meine Formel für einen Akt höchster Selbstbesinnung der Menschheit, der in mir Fleisch und Genie geworden ist.« Mit diesen Worten prophezeit der späte N. in seiner philosophischen Autobiographie *Ecce homo* (»Warum ich ein Schicksal bin«) von 1888 sich sein »Loos«: »der Mensch des Verhängnisses« sein zu müssen, der beschreibt, »was kommt« – »*die Heraufkunft des Nihilismus*« – zugleich aber jener »frohe Botschafter« sein zu dürfen, durch den sich die Selbstüberwindung des Nihilismus vom »Willen zum Nichts« zum Wollen der ewigen Wiederkehr in der dionysischen Bejahung der »Fatalität alles dessen, was war und was sein wird«, entscheidet.

Die Entwicklungsstufen der ›unzeitgemäßen‹ Schriften N.s lassen sich durch zwei Pole einer sie prägenden Spannung charakterisieren: Beschwörung einer Zeitlichkeit und Geschichtlichkeit überwinden wollenden Lehre von Zeit und Sein, zentriert im ›ästhetischen Mythos‹ (Henning Ottmann) seiner Philosophie der ewigen Wiederkehr des Gleichen; andererseits: Demolierung jener »Götzen«, auf denen die Ideale, Wertvorstellungen und Glaubensinhalte einer mehr als zweitausendjährigen abendländischen Tradition beruhen: Moral, Metaphysik, Religion. »Das Glück meines Daseins«, schreibt N. zu Beginn seines *Ecce homo* (»Warum ich so weise bin«), »seine Einzigkeit vielleicht, liegt in seinem Verhängniss: ich bin, um es in Räthselform auszudrücken, als mein Vater bereits gestorben, als meine Mutter lebe ich noch und werde alt.« Was N. als »Räthselform« bezeichnet, ist die seine »Experimentalphilosophie« bestimmende Spannung zwischen dem schon vergangenen Heute und einem noch unbewiesenen Morgen. So gesehen, ist er »ein Spätling und zugleich eine Frühgeburt des kommenden Jahrhunderts« (Karl Löwith). Von dieser Spannung her bestimmt sich auch für die Rezeptionsgeschichte Nähe und Ferne zu seinem Denken: Nah ist N., insofern die geschichtlichen Bedingungen seiner Schriften im Schatten des Nihilismus immer noch die unseren sind; fern bleibt er, insofern sein philosophisches Denken sich zum Erdenken der Ewigkeit übersteigt.

Als Versuchung und Versuch ist N.s Denkweg schon vorgezeichnet in seiner ersten, »im eigentlichen Sinne philosophischen Niederschrift« (Richard Blunck), *Fatum und Geschichte* (1862), in welcher jener erstaunliche Satz steht, der »bis in Nietzsches letzte Tage, bis in den Wahnsinn hinein der tiefste und verborgenste seiner Gedanken bleibt – seine Traum-Mitte« (Werner Ross): »Sobald es aber möglich wäre, durch einen starken Willen die ganze Weltvergangenheit umzustürzen, sofort träten wir in die Reihe unabhängiger Götter, und Weltgeschichte hieße dann für uns nichts als ein träumerisches Selbstentrücktsein; der Vorhang fällt, und der Mensch findet sich wieder, wie ein Kind mit Welten spielend, wie ein Kind, das beim Morgenglühen aufwacht und sich lachend die furchtbaren Träume von der Stirn streicht.« N.s Spätphilosophie der ästhetischen Sinnerkenntnis, deren Pathos »die Welt als die Abfolge göttlicher Erlösungen und Visionen im Scheine« feiert, erweist sich beim jungen N. noch ganz gebunden an die Philosophie seines ihn prägenden »Lehrers« Schopenhauer, haftet er doch mit dieser an der Idee des von Raum, Zeit und Ich-Erleben abstrahierten, zu sich selbst erlösten ästhetischen Phänomens. Ausdruck hierfür ist vor allem *Die Geburt der Tragödie aus dem Geiste der Musik* (1872). Mittels der Konzeption einer »absoluten« Philologie, die das Risiko des Scheiterns als »aufgeklärter« Philologe in Kauf nimmt, tastet N. sich über den antipodischen Zusammenhang der lichten »apollinischen Schönheitswelt« mit ihrem nächtlich dunklen »Untergrund« zurück zur verlorenen Wahrheit dionysischer ›Weisheit‹. Die metaphysische Erhellung des Seienden durch die Kunst, welche die Tragödienschrift verkündet – »denn nur als *ästhetisches Phänomen* ist das Dasein und die Welt ewig *gerechtfertigt*« –, ereignet sich in der Kunst der Sprache. Diese zielt als dionysische Bewegung auf eine Überwindung des Gegensatzes zwischen dem »Denken des Binnenweltlichen und dem Denken der Welt selbst« (Eugen Fink). Die dionysische Sprache, die N. in *Also sprach Zarathustra. Ein Buch für Alle und Keinen* (1883–1885) spricht und die sich deutlich von der »streitbaren, begrifflich scharfen Sprache der entlarvenden Kritik« (Friedrich Kaulbach) seiner »positivistischen«, der Tradition der europäischen Aufklärung verpflichteten Denkphasen (1874 bis 1881) unterscheidet, wird zur musikalischen Ausdrucksform eines ekstatischen Daseins-Glückes unter der »azurnen Glocke« der »Himmels-Heiterkeit« – »Zufall«, »Unschuld« und »Übermuth«. Die »allgegenwärtige Werdefigur des Seins« (K.-F. Kiesow), die N. im Gegenzug zu der auf das bleibende Sein reflektierenden Metaphysik akzentuiert, symbolisiert eine neue, im Namen des »in Stücke geschnittenen« Dionysos kodifizierte Metaphysik ewiger, aus seiner Zerrissenheit sich im Kreislauf wiedergewinnender Lebendigkeit.

In seinen *Unzeitgemäßen Betrachtungen* (1873–1876) versteht sich N. als der »Arzt« einer kranken Kultur. Seine Kritik der »Modernität« am Maßstab des griechischen Altertums ermöglichte es ihm, dem aristokratischen Verächter des »Nationalitäten-Wahnsinns und der Vaterlands-Tölpelei« wie der die »Verdummung Europas« vorantreibenden Strömungen »Demokratie« und »Sozialismus«, sich weder durch die politische Bewegung seiner Zeit (Bismarck), noch durch die philosophische (Schopenhauer), noch durch die künstlerische (Wagner) darüber hinwegzutäuschen, daß die sozialen und politischen Grundlagen der modernen Welt brüchig sind, weil sie nurmehr die in den Zustand der Verwesung übergegangenen Reste der im »Mythos« begründeten griechischen Kultur repräsentieren. N.s Analysen des Unterganges »der *moralischen* Weltauslegung« beinhalten die Freilegung der latent nihilistischen Tendenzen seiner Zeit: in der Philosophie Schopenhauers (»Buddhistischer Zug, Sehnsucht ins Nichts«), in der Wissenschaft (»Der Zweck der Wissenschaft ist Weltvernichtung«), in der Politik (»wo alle ›Prinzipien‹ nachgerade zur Schauspielerei gehören«), in der Kunst Wagners (»Durch Wagner redet die Modernität ihre *intimste* Sprache«: die Sprache der Dekadenz in der »großen Müdigkeit« des »Willens zum Ende«). – »Unsere ganze europäische Kultur«, schreibt N. 1887/88 in der »Vorrede« zu seinem nie geschriebenen Buch »Der Wille zur Macht«, »bewegt sich seit langem schon mit einer Tortur der Spannung, die von Jahrzehnt zu Jahrzehnt wächst, wie auf eine Katastrophe los.« Diese »Katastrophe« kulminiert in einem Akt höchster Selbstbesinnung, der den Rückschlag von »Gott ist die Wahrheit« in »Alles ist falsch« erzwingt. Sie ist als solche aber für N. auch die geschichtlich notwendige Voraussetzung für eine Verkehrung des Fortschritts der Freiheit zum Nichts in die Notwendigkeit des Seins alles dessen, was im »ewigen Kreislauf« der Welt so und nicht anders ist. Die Resultate von N.s Diagnose des Nihilismus, welcher jedwedes menschliche Tun unter den Aspekt der radikalen Zwecklosigkeits- und Wiederkehr-Verfassung des Lebens stellt (»Das ist die extremste Form des Nihilismus: das Nichts (das ›Sinnlose‹) ewig!«), finden ihren verschärften Ausdruck in der Wertkrise der Gegenwart, von der zu fürchten ist, daß sie selbst nurmehr Teil jener von N. prophezeiten »Komödie« ist, »jenes großen Schauspieles in hundert Akten, das den nächsten zwei Jahrhunderten Europas aufgespart bleibt«: »daß der Glaube an Moral zu Grunde geht.« Gegen »die lähmende Empfindung der allgemeinen Auflösung«, welche die Physiognomie der Modernität beherrscht, hält N. den »Gedanken« der »ewigen Wiederkunft«. Dieser ist das Zentrum seines unzeitgemäßen Denkens. Als »Lehre« ist er von tiefer Zweideutigkeit: »die Einheit eines Zwiespalts« (Löwith) zwischen dem endlichen Dasein des wollenden Menschen und dem in der kosmischen Unschuld des Werdens ziellosen Kreisen der sich selber wollenden Welt jenseits von Gut und Böse.

N.s »großer bejahenden mystischen Erfahrung« (Giorgio Colli) von der ewigen Wiederkunft liegt wahrscheinlich jenes pathische Bedeutungserlebnis im August des Jahres 1881 am See von Silvaplana zugrunde, das ihm die zwischen Grauen und Euphorie oszillierende Entdeckung des unendlichen Kreislaufes von Geburt und

Tod, Tod und Geburt schenkt. Von da ab wird für ihn die ewige Wiederkunft zu
jenem Kreisgeschehen, in dem das Individuum den Prozeß seiner Auslöschung
zugleich als die wiederkehrende Abfolge seiner Individualisierung erfährt – (»Die
Seelen sind so sterblich wie die Leiber./ Aber der Knoten von Ursachen kehrt
wieder, in den ich verschlungen bin, – der wird mich wieder schaffen! Ich selber
gehöre zu den Ursachen der ewigen Wiederkunft./ Ich komme wieder«, heißt es im
Kapitel »Der Genesende« aus dem Dritten Buch des *Zarathustra*). Als »Umfassungs-
konzept« (Jürgen Manthey) von Metamorphosen lenkt die ewige Wiederkunft den
Blick auf eine fremde Welt jenseits von ›Logik‹ und ›Teleologie‹. Beim späten N.
zeitigt sie eine Auflösung des empirischen Geschehens in diskontinuierliche »Wil-
lenspunktuationen« und dynamische Machtquanten. Die Totalisierung dieses Auflö-
sungsprozesses überschreitet den anthropologisch zentrierten Deutungshorizont der
Welterfahrung. Bereits die geheimgehaltene Abhandlung *Ueber Wahrheit und Lüge im
aussermoralischen Sinne* (1873), die zum ersten Mal eine Grundfrage aller späteren
Schriften N.s entwickelt: was ist der Sinn und die Stellung des rätselhaften Bruch-
stückes »Mensch« im Ganzen der von Natur aus seienden Welt, enthält die Erkenntnis, daß die Natur dem in seinem »Bewußtseinszimmer« eingeschlossenen Menschen »das allermeiste« verschweigt, »und wehe der verhängnisvollen Neubegier, die
durch eine Spalte einmal aus dem Bewußtseinszimmer heraus und hinab zu sehen
vermöchte und die jetzt ahnte, dass auf dem Erbarmungslosen, dem Gierigen, dem
Mörderischen der Mensch ruht in der Gleichgültigkeit seines Nichtwissens und
gleichsam auf dem Rücken eines Tigers in Träumen hängend.« Im Zuge der Absage
an Metaphysik und der Auflösung der »Mythologie« der Vernunft und des Subjektbegriffs erweist sich für N., der Freud hier entscheidend antizipiert, die »Trieb-
welt« einer antagonistisch-zyklischen Natur als die unhintergehbare »Wahrheit« der
Wirklichkeit, deren »schrecklichen Grundtext« er an der Phänomenologie der Welt
des Humanen studiert. Im Bündnis mit der Methode einer hinterfragenden Sym-
ptomatologie errät N.s »Arbeit der Tiefe« nicht »hinter«, wohl aber »unter« der
Oberfläche einer perspektivisch verspiegelten »Phänomenalwelt« eine andere Art
»Welt«, die zwar begrifflich unerkennbar bleibt, deren sprachlose Sprache aber die
Auflösung der konstitutiven Autonomie der menschlichen Welterfahrung androht.
So schreibt N. zu Beginn des fünften Buches seiner *Morgenröthe* (1881): »Diese
ungeheure Stummheit (der Natur), die uns plötzlich überfällt, ist schön und grauen-
haft ... Oh Meer! Oh Abend! Ihr seid schlimme Lehrmeister! Ihr lehrt den
Menschen *aufhören*, Mensch zu sein!« In dieser Passage verdichtet sich der das
neuzeitliche Bewußtsein traumatisierende Widerspruch zwischen Natur und
menschlicher Selbstauslegung zur »Lehre«, die über sich hinaus verlockt in einen
existentiellen Vollzug, der die theoretisch gescheiterte Anstrengung der Rückübersetzung des Menschen in seinen vergessenen »Ursprung« in einer zugleich lustvollen
wie erschreckenden Transzendierung des »principium individuationis« zu leisten
verspricht. Dieser »Umkehr« weiß sich N.s Werk insofern verpflichtet, als es die
»ungeheure Stummheit« der Welt aus dem tiefen Schweigen einer von der Sinn-
gebung des Lebens durch die moralische Vernunft gar nichts berührbaren »Natur«
hörbar werden läßt: eine Rhetorik des Schweigens, welche zur Selbstaufgabe des
Mensch-Seins durch Rücknahme seiner gleichgültig gewordenen Größe in den

Kreislauf eines ewig flutenden, alles zerstörenden, alles wiederbringenden ›ozeanischen‹ Lebenshaushaltes überredet. Der unterirdische »Ernst«, der N.s *Fröhlicher Wissenschaft* (1886) die ihr eigentümlich irisierende »Heiterkeit« verleiht, rekurriert in diesem Zusammenhang auf eine universale Relativierung auch noch der eigenen Position eines exzentrisch um Erkenntnis bemühten Daseins. Dies ist in der Nietzsche-Rezeption zu Unrecht übersehen worden. Die Beute, die N. von seiner »Hadesfahrt« mitbringt, ist »ein schweres Glück«: jener mittägliche Blick auf eine heraklitische »Doppelwelt«, »in welcher Hades, der Herr der Schatten, und Dionysos, der Herr ewigen Lebens, ein und dasselbe Sein alles Seienden sind« (Löwith). Indem der Gegensatz von »wahrer« und »scheinbarer« Welt mit Zarathustras Lehre zu Ende geht, beginnen die Verlockungen und Bedrängnisse der Vernunft sich unmerklich aufzulösen. Deren Seefahrerleidenschaft zum Unbekannten, das in einer Richtung liegt, »wo bisher alle Sonnen der Menschheit *untergegangen* sind«, verliert den Zauber der Verführung. Versteht sich N. in der *Morgenröthe* im Zuge einer Metamorphose der mythopoetischen Topoi der »Odyssee« als jener »Odysseus«, der dem Blendwerk der Moral, ihrer sirenischen Musik, entrinnt, weil er sie als Scheinvorgang erkannt hat, welcher die »Stummheit« der unter der Oberfläche sprachlich hypostasierter Ordnungsschemata des Denkens arbeitenden Triebgewalten des Lebens verdeckt und konserviert, so wird in der nautischen Daseinsmetaphorik des »Mittags«-Kapitels im Vierten Teil des *Zarathustra* nicht mehr der Aufbruch ins Unbegrenzte gepriesen, sondern die Heimkehr des Schiffs in die »stillste Bucht«, zu der die Gewässer des Lebens alle zurückfluten: die Erde.

Im Standpunkt dieser »Heimkehr« verflüchtigt sich »die abgründig negative Bedeutungsmacht des Todes, seine ins Leben vorragende, in dessen Verlaufsbahnen verwobene Gegenmacht« (S. Müller). Im »Nachtwandler-Lied« zu Ende des vierten Teiles des *Zarathustra* spricht dieser »von der Liebe als dem Sinn des Seins« (Kaulbach): »Alles von neuem, Alles ewig, Alles verkettet, verfädelt, verliebt, oh so *liebtet* ihr die Welt, – ihr Ewigen, liebt sie ewig und allezeit: und auch zum Weh sprecht ihr: vergeh, aber komm zurück: *Denn alle Lust will – Ewigkeit!*«

Mit diesem »Ja und Amen« zur Selbstbejahung des Seins hat die erotische Philosophie Zarathustras die aus dem Nihilismus resultierende Versuchung zur Selbstvernichtung, diese in allem heutigen Geschehen spürbar werdende Tendenz, vernichtet und besiegt. Dazu schreibt als Interpret N.s Karl Löwith: »Das ›Ringen‹ des Willens, zu dem die ›Rache‹ an dem, was schon ist und also nicht mehr zu wollen ist, wesentlich dazugehört, verwandelt sich zum Segen jenes ganz anderen Ringes, der die ewige Wiederkehr alles Seienden ist. Der von jedem ›Du sollst‹ losgebundene Wille, der das Wesen der modernen Menschenwelt ist, ist damit ›übermenschlich‹ von sich selbst erlöst.«

Was immer es mit N.s Anspruch einer Erlösung der Welt zum »Tanzboden für göttliche Zufälle« auf sich haben mag, fest steht nur, daß er Ende des Jahres 1888 in Turin »kurz nach der Vollendung von ›Ecce homo‹ und ›Antichrist‹, wie der Seiltänzer aus der Vorrede Zarathustras, von seinem eigenen Schatten übersprungen wurde, das mühsam erhaltene Gleichgewicht verlor und abstürzte« (Löwith). Auf die mit diesem Absturz verbundene Katastrophe deuten die wenigen Worte, die N. beim Ausbruch des Wahnsinns an Jacob Burckhardt schrieb, wo er bekennt, daß er es vorgezogen hätte, Basler Professor zu bleiben, statt Gott zu werden, er es aber nicht gewagt habe, seinen »Privat-Egoismus so weit zu treiben, um seinetwegen die Schaffung der Welt zu unterlassen.« Im Blick auf den von Giorgio Colli und Mazzino Montinari verbindlich herausgegebenen Nachlaß der 80er Jahre ist die Welt als Welt des »Willens zur Macht« N.s große Entdeckung jenseits aller überlieferten Metaphysik. In der Rezeptionsgeschichte gab sie Anlaß zu schweren Irrtümern. Sie darf aber weder politisch – wie bei Alfred Baeumler – noch seinsgeschichtlich – wie bei Martin Heidegger – mißverstanden werden. Indem N. einen streng relationalen Begriff alles Seienden konzipiert, denkt er den Begriff »Willen« in der Fügung »Willen zur Macht« als die dynamische Totalität dieser Relationen. Vielmehr: »den« Willen zur Macht gibt es nicht, es existieren nur »Vielheiten« von »Willen zur Macht«, Geschehenszusammenhänge im Sinne einer ebenso unbegreiflichen wie unerschöpflichen Werdestruktur von Sein jenseits des klassischen Gegensatzes von Ich und Welt. N.s neue Weltkonzeption, die Totalität dynamischer Willen-zur-Macht-Organisationen, findet ihren exemplarisch verdichteten Ausdruck in einem genialen Nachlaßfragment aus dem Jahr 1885: »Und wißt ihr auch, was mir ›die Welt‹ ist? Soll ich sie euch in meinem Spiegel zeigen? Diese Welt: ein Ungeheuer von Kraft, welche nicht größer, nicht kleiner wird, die sich nicht verbraucht, sondern nur verwandelt, als Ganzes unveränderlich groß, ein Haushalt ohne Ausgaben und Einbußen, aber ebenso ohne Zuwachs, ohne Einnahmen, vom ›Nichts‹ umschlossen als von seiner Gränze, nichts Verschwimmendes, Verschwendetes, nichts Unendlich-Ausgedehntes, sondern als bestimmte Kraft einem bestimmten Raum eingelegt, und nicht einem Raume, der irgendwo ›leer‹ wäre, vielmehr als Kraft überall, als Spiel von Kräften und Kraftwellen zugleich Eins und ›Vieles‹, hier sich häufend und zugleich dort sich mindernd, ein Meer in sich selber stürmender und fluthender Kräfte, ewig sich wandelnd, zurücklaufend, mit ungeheuren Jahren der Wiederkehr, mit einer Ebbe und Fluth seiner Gestalten, aus den einfachsten in die vielfältigsten hinaustreibend, aus dem Stillsten, Starrsten, Kältesten hinaus in das Glühendste, Wildeste, Sichselber-Widersprechendste, und dann wieder aus der Fülle heimkehrend zum Einfachen, aus dem Spiel der Widersprüche zurück bis zur Lust des Einklangs, sich selber bejahend noch in dieser Gleichheit seiner Bahnen und Jahre, sich selber segnend als das, was ewig wiederkommen muß, als ein Werden, das kein Sattwerden, keinen Überdruß, keine Müdigkeit kennt –: diese meine *dionysische* Welt des Ewigsich-selber-Schaffens, des Ewig-sich-selber-Zerstörens, diese Geheimniß-Welt der doppelten Wollüste, dieß mein Jenseits von Gut und Böse, ohne Ziel, wenn nicht im Glück des Kreises ein Ziel liegt, ohne Willen, wenn nicht ein Ring zu sich selber guten Willen hat, – wollt ihr einen *Namen* für diese Welt? Eine *Lösung* für alle ihre Räthsel? ein *Licht* auch für euch, ihr Verborgensten, Stärksten, Unerschrockensten, Mitternächtlichsten?« Die ›Antwort‹, mit der N. dieses Fragment beschließt, verläßt die perspektivische Dimension seiner Welt-Konzeption und geht über in eine die Mißverständnisse der Rezeption begünstigende ›absolute‹ Interpretation: »*Diese Welt ist der Wille zur Macht – und nichts außerdem!* Und auch ihr seid dieser Wille zur Macht – und nichts außerdem!«

Erscheint das Sein der Welt in der Verschränkung von »Wille zur Macht« und

»ewiger Wiederkehr« als der »Zirkel ewiger Gleich-Gültigkeit« (Walter Schulz), so ist der »Übermensch« als der »Überwinder Gottes und des Nichts« derjenige, der im »amor fati« die Äternität des zwecklosen Werdens als Schönheit der internen Notwendigkeit allen Geschehens preist, denn seine Lichtaugen sehen, daß es im »Notwendigkeitsspiel der Welt« (Günter Abel) nichts gibt, was endgültig zerstört werden könnte: »Alles geht, alles kommt zurück; ewig rollt das Rad des Seins. Alles bricht, alles wird neu gefügt; ewig baut sich das gleiche Haus des Seins. Alles scheidet, alles grüßt sich wieder; ewig bleibt sich treu der Ring des Seins« (*Also sprach Zarathustra*, Dritter Teil, »Der Genesende«).

Indem die von N. gedachte Konzeption einer nichtmetaphysischen Metaphysik, das Spezifikum seiner neuen Ästhetik, zuletzt nichts übrig läßt als einen Zyklus, in welchem Geburt und Tod zwar als traumhaftes Erleben differieren, seinshaft aber nurmehr ineinander übergehende Momente eines in sich geschlossenen, dem subjektiven Vollzug gegenüber unzerstörbaren Kreislaufes sind, wird sie zur mythischen Figur einer vergessenen ›Weisheit‹, welche »die Zeit als das Ewige, das Vergängliche als das Ständige, das Einmalige als das Wiederholte« (E. Fink) denkt. Was auf der Höhe der Metaphysik einst ›Wahrheit‹ hieß, wird von N. auf eine abgründige Notwendigkeit im »Schein« zurückgeführt, der das menschliche Dasein unterworfen bleibt, gründet es doch in den von ihr entworfenen Spielen des Schattens.

Cancik, Hubert: Nietzsches Antike. Vorlesung. Stuttgart/Weimar 1995. – Vattimo, Gianni: Friedrich Nietzsche. Stuttgart 1992. – Ottmann, Henning: Philosophie und Politik bei Nietzsche. Berlin/New York 1987. – Löwith, Karl: Nietzsche. Sämtliche Schriften 6. Stuttgart 1987. – Salaquarda, Jörg (Hg.): Nietzsche. Darmstadt 1980. – Janz, Curt Paul: Friedrich Nietzsche. Biographie. Drei Bände. München 1978/79.

Wiebrecht Ries

Nikolaus von Kues, auch Cusanus (d. i. Nikolaus Krebs)
Geb. 1401 in Kues/Mosel; gest. 11. 8. 1464 in Todi/Umbrien

Obwohl aus einfachen bürgerlichen Verhältnissen stammend, machte N. eine für damalige Verhältnisse erstaunliche Karriere im Dienste der Kirche: Nikolaus V. ernannte ihn 1450 gegen den Willen des Landesherrn, Sigismund von Österreich, zum Bischof von Brixen. Zu diesem Zeitpunkt war er schon päpstlicher Legat und Kardinal von San Pietro in Vincoli, von anderen, mit Pfründen versehenen Ämtern abgesehen. Sein Aufstieg verlief nicht ohne Zwischenfälle und war zweifelsohne das Ergebnis seiner Vermittlungsbemühungen zwischen Kirche und Reich und seines energischen Einsatzes bei der Wiederherstellung einer gewissen Rechtsordnung im Verhältnis zwischen weltlicher und kirchlicher Macht. Auf dem Reformkonzil von Basel verwendete sich der zunächst zum Juristen ausgebildete Theologe für die Belange Eugens IV., der ihn 1437 auch nach Konstantinopel entsandte, um die – kurzfristige – Vereinigung mit der oströmischen Kirche in die Wege zu leiten. Auf dem Rückweg, unter dem Eindruck einer schwierigen und gefahrvollen Seereise, kam ihm »als Geschenk von oben, vom Vater des Lichts« ein Gedanke, der fortan als Leitthema seine philosophischen Überlegungen befruchten sollte und der von dem Satz ausgeht: »Je besser jemand weiß, daß man dies nicht wissen kann, um so wissender wird er sein.«

N. machte diesen Satz zum Ausgangspunkt für eine Methode, die er zum erstenmal in seiner Schrift *De docta ignorantia* (1440; *Von der wissenden Unwissenheit*) entwickelte. Im Gegensatz zum scholastischen Verfahren, das von formalen Begriffsschemata ausging, setzte seine Fragestellung mit unstrittigen Erkenntnisinhalten ein, welche das Nichtbegreifenkönnen zum Gegenstand hatten. Die Feststellung des Nichtbegreifens sollte den Weg zu einem Begreifen des Unbegreiflichen ebnen. Der scholastische Diskurs mit seiner aristotelischen Widerspruchsfixierung wurde aufgebrochen mit dem Grundsatz von der »coincidentia oppositorum« (»Zusammenfall der Gegensätze«). Das Koinzidenzproblem hatten vor ihm schon Boethius, Proklos und Dionysios Areopagita auf je unterschiedliche Weise in dialektische Bahnen gelenkt.

N. versuchte, die Kluft zwischen den Gegensätzen, welche die mittelalterliche Diskussion beherrschten – wie Gott-Mensch, Einheit-Vielheit, All-Erde, etc. –, mit Hilfe mathematischer und geometrischer Erkenntnisse zu überbrücken: »Alle mathematischen Gegenstände sind endlich und können anders auch nicht vorgestellt werden. Wenn wir derart Endliches als Anhalt für den Aufstieg zum schlechthin Größten verwenden wollen, müssen wir die endlichen mathematischen Figuren mit ihren Eigenschaften und Verhältnissen betrachten und dann eben diese Verhältnisse entsprechend auf unendliche Figuren derselben Art übertragen. Schließlich müssen wir auf noch höherer Stufe die Verhältnisse der unendlichen Figuren auf das unendliche Einfache übertragen, das von jeder Figürlichkeit frei ist. Dann erst wird unsere Unwissenheit, ohne daß sie begreift, darüber belehrt werden, wie wir über das Höchste richtiger und wahrer, wenn auch im Rätsel uns mühend, zu denken haben.«

Die endliche Erkenntnis, deren transzendenter Ursprung das Unendliche ist, wird so zum Gleichnis und gleichzeitig zur Teilhabe göttlichen Allwissens, dem es sich verdankt und dem es sich annähert. Ihr voraus geht das von Glaube (»fides«) und Vermutung (»coniectura«) genährte »symbolische Erforschen« (»symbolice investigare«) als zunächst vergleichende, dann angleichende, spekulative Bewegung. Damit hatte N. der Erkenntnis einen faktischen und somit »immer anstößigen, änderungswürdigen Status« (Hans Blumenberg) zugewiesen, den ihr die Scholastik nicht einräumen konnte. Für alle endliche Erkenntnis gilt dann, daß Endliches und Unendliches niemals identisch sind, vielmehr durch »Alterität« einerseits und Ähnlichkeit andererseits verklammert sind in dem Maße, wie das Endliche Gleichnis bzw. Abbild des Unendlichen ist; dem Erkennenden obliegt es, jeweils die Gleichung zwischen beiden herzustellen.

Identisch ist nur Gott, das Unbedingt-Eine, das jenseits aller Gegensätze zwischen ihnen vermittelt und insofern die »Weltenmitte« (»deus est centrum mundi«) genannt werden kann. Das All seinerseits ist endlos, aber nicht unendlich; es ist Abbild der Unendlichkeit, Abbild, in dem die Erde nur ein Punkt unter vielen, nicht aber Mittelpunkt ist. Es ist die »Erscheinung« (»apparitio«) des unsichtbaren Gottes, anders ausgedrückt: Gott ist die Unsichtbarkeit des Sichtbaren. Abbild bzw. Erscheinung bedeutet immer auch Teilhabe (»participio«), die N. mit dem Begriffspaar Einfaltung und Ausfaltung (»complicatio«, »explicatio«) zu verdeutlichen suchte. Gott ist die »complicatio explicans«, die sich unaufhörlich in eine endliche, natürliche Vielheit auseinanderfaltet. Da das Auseinandergefaltete jeweils Teil des Komplizierten ist, empfängt es mit der göttlichen Kraft der »explicatio«, aus der es hervorgegangen ist, seinerseits die Fähigkeit, komplizierend und explizierend zu wirken.

In dem im selben Jahr 1440 geschriebenen Traktat *De coniecturis (Über die Vermutungen)* heißt es: »Das Menschsein ist eine Einheit, und das bedeutet, daß sie zugleich die auf menschliche Weise realisierte Unendlichkeit (›infinitas humaniter contracta‹) ist. Nun ist aber das Wesen einer solchen Einheit, Seiendes aus sich zu entfalten (›ex se explicare entia‹), denn sie enthält in ihrer Einfachheit eine Vielheit des Seienden. So ist es auch die Fähigkeit des Menschen, aus sich heraus alles in den Kreis seines Lebensbereiches hinein zu entfalten.« So wie die Schöpfung einerseits vollkommen ist, andererseits die Möglichkeiten des absoluten Schöpfers unbegrenzt sind, so nimmt N., indem er sich auf die Menschwerdung Christi beruft, ein Menschsein an, das in seiner Endlichkeit, d. h. in seiner Einschränkung vollkommen ist und gleichzeitig unbeschränkter Schöpfer ist: »Ein solches Seiendes wäre, insofern es ein Eingeschränktes ist, nicht Gott, der das reine Absolute ist, sondern es wäre notwendigerweise als Größtes in der Einschränkung – das heißt: Gott und Geschöpf – zugleich absolut und eingeschränkt, und zwar in einer Weise der Einschränkung, die für sich gar nicht bestehen könnte, wenn sie nicht in dem absolut Größten Dasein hätte.«

Auch in anderen Schriften, vor allem aber im 1450 verfaßten *Idiota de sapientia, de mente, de staticis experimentis (Der Laie über die Weisheit, den Geist, die Versuche mit der Waage)* setzt sich N. mit der Frage des schöpferischen, schaffenden Menschen auseinander, häufig in Form eines sokratischen Dialogs. Im *Idiota* stellt der löffelschnitzende Laie seine Kunst über diejenige der Künstler, weil er bei seiner Tätigkeit nicht »die Gestalt von irgendeinem naturgegebenen Gegenstand« nachahmt. »Daher ist meine Kunst vollkommener als diejenige, welche die Gestalten von Geschöpfen nachahmt, und darum der unendlichen Kunst näher verwandt.« Sein Selbstbewußtsein, welches in gewisser Hinsicht die Emanzipation des Individuums in der Renaissance ankündigt, geht auch aus einer Antwort hervor, die er dem Philosophen gibt: »Ich weiß nicht, ob ich Anhänger des Pythagoras oder eines anderen bin. Das aber weiß ich, daß ich mich durch die Autorität keines Menschen, auch wenn sie mich zu beeinflussen sucht, bestimmen lasse.« In der Schrift *De ludo globi (Vom Globusspiel)* »wird die Erfindung des Neuen zur Möglichkeit der Selbsterfahrung, die die Seele mit sich macht, um sich ihrer Kraft als Selbstbewegung zu versichern« (Hans Blumenberg).

Die Bedeutung des Werks von N., das an der Schwelle zur Neuzeit entstanden ist, hat als einer der ersten Giordano Bruno gewürdigt, der vom »göttlichen Cusanus« sprach und der dessen Begriff von der »Unendlichkeit Gottes« durch den von der »Unendlichkeit der Natur« ersetzt hat. Diese und weitere Wegmarken im europäischen Denken hatte N. als Schritt der Annäherung an eine je höhere Erkenntnis vorausgesetzt. In der 1453 entstandenen Schrift *De visione Dei* (*Von der Schau Gottes*) heißt es: »Das höchste Wissen ist nicht in dem Sinne als unerreichbar anzusehen, als wäre uns jeder Zugang zu ihm versperrt, noch dürfen wir es jemals erreicht und wirklich erfaßt wähnen, vielmehr ist es derart zu denken, dass wir uns ihm beständig annähern können, während es dennoch in seiner absoluten Wesenheit dauernd unzugänglich bleibt.«

Gestrich, Helmut: Nikolaus von Kues 1401-1464. Leben und Werk im Bild. Mainz 1990. – Stallmach, Josef: Ineinsfall der Gegensätze und Weisheit des Nichtwissens. Grundzüge der Philosophie des Nikolaus von Kues. Münster 1989. – Heinz-Mohr, Gerd/Eckert, Willehad Paul: Das Werk des Nicolaus Cusanus. Köln 1981. – Blumenberg, Hans: Die Legitimität der Neuzeit. Frankfurt am Main 1966.

Reinold Werner

Ockham, Wilhelm von
Geb. um 1285 in Ockham/Surrey; gest. 1349 in München

In der Nacht des 26. Mai 1328 floh der große franziskanische Ordensgelehrte O. zusammen mit dem Ordensgeneral Michael von Cesena und Marsiglio von Padua vor dem päpstlichen Inquisitionsgericht von Avignon, wo Papst Johannes XXII. residierte, nach Pisa zu Kaiser Ludwig dem Bayern, um dem Tod in der Untersuchungshaft oder der Verurteilung als Ketzer zu entgehen. Schon vier Jahre zuvor war er nach Avignon zitiert worden, um sich für seine Ansichten zu verantworten; zwei Jahre darauf wurden seine Lehren verurteilt. Er war in ein Räderwerk von Intrigen, Machtansprüchen und Kompetenzgerangel geraten, wobei die Orden, der Papst und der Kaiser das Machtdreieck bildeten. Nun – 1328 – war zu seinen kritischen Schriften ein weiteres Zerwürfnis hinzugekommen, was seine Lage in der Papststadt gefährdete und schließlich die Flucht unausweichlich machte. Gegenüber der Lehre der offiziellen Kirche gab es viele Unterströmungen und Gruppierungen, die eine Erneuerung der Kirche forderten; zahlreiche Abspaltungen waren die Folge. So hatten die Spiritualen, radikal denkende Franziskaner, sich geschworen, das Armutsgelübde ernst zu nehmen, was dem Papst auch aufgrund seines Besitzdenkens mißfallen mußte. Eine Art Kompromiß, der den Streit der Orden mit Rom schon besänftigt hatte, wurde widerrufen, die Mönche hatten rebelliert, was zur Exkommunizierung von einigen Häretikern im Jahr 1328 führte.

O., schon früh dem Frankziskanerorden beigetreten, war von 1309 bis 1317 Student der Theologie in Oxford, hatte dort zwischen 1317 und 1319 seine ersten Vorlesungen gehalten und 1321 in London für seinen Orden den Philosophieunterricht übernommen. Die Pflichtübung der jungen Gelehrten seiner Zeit war eine kommentierende Vorlesung über das Sentenzenbuch des Petrus Lombardus. O.s Hauptwerk sollte eben dieser *Sentenzenkommentar* werden, in dem er die Sentenzen, d. h. die neben den Lehrbüchern des christlichen Glaubens stehenden Lehrsätze der kirchlichen Autoritäten erläuterte, untersuchte, erweiterte und auch kritisch kommentierte. Diese Lombardenkommentare waren so etwas wie ein Erstlingswerk vieler führender Lehrer des Mittelalters, in Oxford, der Hochburg der Franziskaner, galt dies ebenso wie an der Sorbonne in Paris, wo die Dominikaner den Lehrbetrieb prägten. Man kommentierte in Lombardus die Philosophie des Aristoteles, der schon lange – seit etwa 1200 – vollständig lateinisch vorlag.

O. behandelte die Kategorienlehre und die Logik in der *Expositio super Libros Physicorum*, in einer Quästionensammlung *Quaestiones super Libros Physicorum* die Physik (eine Sammlung problemhaltiger Fragen zum Disputieren, eine damals beliebte Lehrmethode). In London plante er auch eine großangelegte Naturphilosophie *Summulae in Libros Physicorum*, die aber unvollendet blieb. Teilresultate dieses Plans waren die Kommentare und ein Logikhandbuch für seine Studenten, die *Summa logicae* (1323).

»Es ist unmöglich ... irgendeine Wissenschaft zu betreiben ... ohne die Kenntnis der Logik«, schrieb er. Seiner Ansicht nach muß sie in streng aristotelischem Sinn als verbales Instrument verstanden werden. Er beschäftigte sich mit dieser erkenntnistheoretischen Problematik zeitlebens und konnte so die sprachliche Differenzierung logischer Probleme vorantreiben. Man nannte ihn deshalb auch »doctor invincibilis«, den Unbezwingbaren, weil er mit großer Denkschärfe die Bedingungen des Denkens untersuchte. Was sagen Begriffe aus? Was beinhalten sie? Wie entstehen sie? Was sind sie selbst, was ist ihr Wesen?

Er spricht von zwei Erkenntnisweisen, der »abstraktiven« und der »intuitiven« (»cognitio abstractiva« und »cognitio intuitiva«). Die erstere ist nur ein Denkvorgang, der keine Existenz der Begriffe begründet, wobei Existenz verstanden wurde als Möglichkeit, als Potenz im heutigen Sinn, also keine Realexistenz. Bei vielen Beobachtungen ähnlicher Einzeldinge abstrahiert der Verstand. Im Geist sind es nur Zeichen (»signa«, »termini«), als Sprachform nur ein »Lufthauch« (»flatus vocis«). Den Allgemeinbegriffen entspricht also nicht Reales. Nicht einmal im Geiste Gottes existieren diese »universalia« vor den Dingen (»ante res«) – wie es vor O. viele Denker formuliert hatten (Avicenna u. a.) –, denn sie müßten dann vor den Einzeldingen gewesen sein, was der Schöpfung Gottes aus dem Nichts widerspräche. Dies bedeutete eine Kritik an den traditionellen Gegenständen der Metaphysik, wie Formen, Substanzen, Akzidentien usw.; Feststellungen über Dinge sind möglich, und die gebrauchten Termini sind – wie man heute in den Wissenschaften sagt – von erster Intention, und spricht man dagegen von Wörtern wie in der Logik, so sind die Termini von zweiter Intention (Bertrand Russell). Die Nominalisten wiesen damals den Allgemeinbegriffen die zweite Intention zu, während die Realisten behaupteten, sie wären von erster Intention und besäßen daher einen höheren Wirklichkeitsgehalt. Auf O. wurde später das Etikett ›Nominalist‹ angewandt, doch müßten er und seine Nachfolger eigentlich Terministen heißen – sie nannten sich damals auch »terministae« –, weil ihnen die Wirklichkeit des Allgemeinen eben zu einem bloßen Wertzeichen wurde. Statt der »distinctio realis«, einem Unterschied von Dasein und Wesen, gab es nur noch eine »distinctio rationis« (vgl. die Thematik im Positivismus und in der Existentialphilosophie).

Die zweite Erkenntnisweise, die intuitive, schafft für ihn die »zweifelsfreie Gewißheit des Existierenden«, und er spricht von der »absoluten Singularität alles Wirklichen«. Diese intuitive Erkenntnis setzt andererseits die unbedingte Gegenwart des Objekts voraus. Damit bekämpft er scharf die scholastischen Realisten, die ein unabhängig von der erkennenden Instanz Existierendes postulieren: die Ideen im Geiste Gottes. Die vorherrschende Abbildtheorie über die Erkenntnis des Wirklichen wird so unterminiert. Die Konzepttheorie von O. betont die Zeichenfunktion der Terme, bekämpft also die Vorstellung, daß ein Begriff eine abbildende Nachahmung des Wirklichen sei. Eine neue Eigenständigkeit des Denkens wird mit dieser nominalistischen Auffassung in den Vordergrund gerückt, weil zudem eine willentliche Zustimmung zu Sätzen und Urteilen als möglich, ja sogar notwendig erachtet wurde. Weiterhin wurde die Welt der Dinge wie in einem ›zoom-Vorgang‹ näher an den Untersuchenden herangerückt, indem das Erkennen sich nun der Erfahrung am Konkreten öffnete. Diese Hervorhebung des Empirischen wurde in der Folgezeit für die Naturphilosophie ertragreich.

Ein weiterer Gesichtspunkt ist anzuführen. Für O. gibt es keine »Woheit« oder »Wannheit«, sondern nur ein »Wann« oder »Wo«; keine Qualität oder Quantität, nur ein »Wie« oder »Wieviel«; keine Relation als selbständig Seiendes, nur die bezogenen Dinge. Eine Beziehung an sich – neben den bezogenen Dingen – ist eine unnötige Verdoppelung oder Vervielfältigung und widerspricht logischem Denken: Es ist müßig, eine komplizierte Erklärung zu suchen, wenn eine einfache ausreicht. Man hat diesen Satz später im Sinne einer Ökonomie des Denkens verstanden und als »Ockhams Rasiermesser« bezeichnet.

Eigenartigerweise sind diese und andere Theorien bei O. eingebettet in seine Auffassung vom Glauben und in seinen Gottesbegriff. Gerade aus seinem radikalen Fragen und sorgfältigen Unterscheiden ergibt sich bei ihm ein neues Gottesbild. Die Grundlage allen Wissens ist die vom Einzelnen ausgehende Erfahrung; da wir aber von Gott keine Erfahrung in diesem Sinne haben können, ist ein eigentliches Wissen von Gott für den Menschen nicht zu erreichen. Das hieß letztlich, daß die Theologie als Wissenschaft mit etwaigen exakten (Gottes-)Beweisen nicht möglich war. Diese in der von Machtkämpfen zerrissenen Zeit unglaublich riskante Aussage hatte Folgen: Die Gegner rückten zusammen, um gegen diesen Verrat an der Sache des Glaubens die Verfolgungsmaschinerie in Gang zu setzen. Bei den großen Anstrengungen der Zeit, eine rationale Stellungnahme zu religiösen Dogmen zu liefern, ja sogar eine Harmonisierung zu erreichen – das große Thema Thomas von Aquins –, sah O. Grenzen der Möglichkeit menschlichen Erkennens, und seine genauen Fragen rüttelten an überkommenen Vorstellungen. Dabei hatte er, auf Versöhnung zielend und um gewisse Dogmen dennoch zu retten, behauptet, daß man die Mysterien des Glaubens einfach aus der vernunftgemäßen Erfaßbarkeit herausnehmen müsse. Für die Theologie insgesamt bedeutete diese Ansicht eine radikale Konsequenz: Da es eine Glaubenswahrheit und eine andere Wahrheit für den Philosophen gibt, ist zwangsläufig eine Trennung vorzunehmen zwischen Theologie und weltlicher, d.h. rational vorgehender Wissenschaft.

Diese Spaltung ist in ihrer Entwicklung im abendländischen Denken bis heute spürbar und zur Zeit O.s von unabsehbar schwelender Wirkung gewesen. Paradoxerweise hatte O. der Kirche zugearbeitet: Das alte »credo, quia absurdum« (ich glaube, obwohl ich es nicht einsehe) war wieder zur Geltung gekommen. Die These von der doppelten Wahrheit hatte beide Lager aus ihrer Verklammerung befreit. Sie konnten nun ihrem je eigenen Anliegen nachgehen. Da Gott weder durch Sinneserfahrung noch mittels der Denkwerkzeuge zu erkennen war, hingen die Aussagen über Gott wie auch aller Dogmeninhalte vom Glauben ab. Das erinnert an Luther, auf den diese Ideen über den Theologen Gabriel Biel tatsächlich stark gewirkt haben. Die Grenzen des Wißbaren und die Problematik der Gottesbeweise waren aufgezeigt; der Glaubensakt wurde ein »willentliches Für-wahr-halten«.

Dieses Infragestellen kirchlicher Dogmen hatte für O. einschneidende Folgen: Er wurde das Opfer einer Denunziation. Der Kanzler der Universität von Oxford Johannes Lutterell, ein Anhänger des Thomas, sammelte gegen O. (und andere Gelehrte) ›Belastungsmaterial‹, das seiner Meinung nach die Sentenzvorlesungen bereitstellten. Lutterell reiste nach Avignon, um die von der Orthodoxie Abtrünnigen anzuzeigen, worauf die päpstliche Gerichtsbarkeit sich sofort mit dem Fall befaßte. Im Jahre nach seiner Flucht – längst exkommuniziert und als ein »Feind der Kirche« geltend – wurde 1339 das Lehren nach O. an der Sorbonne verboten. Dennoch wirkte sein Nominalismus weiter und wurde zur herrschenden Geistesrichtung. Noch 1473 wurden alle Lehrer dieser Universität auf die Gegenrichtung, den Realismus durch ein Edikt eingeschworen, das man allerdings einige Jahre später wieder aufheben mußte – O.s Wirkung war durch solche Reglementierung nicht einzudämmen.

Die Scholastik hatte sich bemüht, Glauben und Wissen zusammenzuschmieden. Dieser Versuch war gescheitert. Philosophie und Wissenschaft auf der einen, Religion und Theologie auf der anderen Seite entwickelten sich von nun an in getrennten Bahnen, eigengesetzlich und ohne Rücksicht, ein folgenschwerer Zwiespalt. Die neuen Wissenschaften entfalteten sich ungehemmt, die Theologie hatte ebenfalls ›gewonnen‹ – obwohl diese Feststellung eine sicher diskutierbare Rückinterpretation der Geschichte ist. O. hatte so wichtige Dogmen wie die der Dreieinigkeit oder der Menschwerdung Gottes nicht nur, wie andere vor ihm, als von der Vernunft nicht einseh- bzw. begründbar, sondern sogar als dunkel und widervernünftig erklärt, was der einzelne in seinem Glauben als solches hinzunehmen habe. Diese ›negative‹ Theologie hat sein Zeitgenosse Meister Eckhart – auch er war in Avignon angeklagt – als Glaubensvertiefung aufgegriffen und für sein mystisches Schauen Gottes fruchtbar gemacht. Gegen O. aber wehrte sich die Kirche damals als gefährlichen Neuerer.

Nach seiner Flucht aus Avignon änderte sich sein Leben radikal. Er schloß sich in Pisa Kaiser Ludwig an und lebte dann bis zu seinem Tod in München. O. betätigte sich als politischer Schriftsteller, quasi als Anwalt der weltlichen Macht gegenüber den Machtansprüchen des Papstes. Obwohl weniger bekannt, sind seine kirchenpolitischen Schriften doch von entscheidender Bedeutung für das Gesamtverständnis seines Denkens. In den wichtigsten Schriften, *Breviloquium de principatu tyrannico* (1342) und seinem letzten Werk *De imperatorum et pontificium potestate* (1347) kämpfte er vehement für ein seiner Ansicht nach richtiges Verhältnis von Staat und Kirche. Mit seiner ungemein scharfen Kritik an der Kirche in Avignon (*Opus XC dierum*, zwischen 1332 und 1334; *Neunzigtagewerk*) versucht O., die Unabhängigkeit des

Staates bzw. des (nur Gott verantwortlichen) Kaisers zu untermauern, d. h. dessen Herrschaft über den Bereich des Zeitlich-Innerweltlichen zu begründen und damit den theokratischen Herrschaftsanspruch des Papsttums zurückzuweisen: »Es ist durchaus denkbar, daß die Christenheit ohne die ungezügelte Vorherrschaft des Papstes bestehen kann.« Mit seinen schonungslosen Angriffen weist er die Absolutsetzung des Papstes (Unfehlbarkeit) zurück und ebenso den sich der (weltlichen) Kontrolle entziehenden klerikalen Macht- und Herrschaftsapparat. Die Anmaßungen der Kirche bedeuten für ihn zugleich die Vernachlässigung von deren eigentlicher Aufgabe, seelsorgerisch zu wirken (wie man heute sagen würde). Er warf der Kirche ihren Reichtum und ihre Verweltlichung vor, hielt ihr das Ideal der völligen Besitzlosigkeit als »status perfectissimus« vor Augen. Letztlich sah O. den Papst selbst in der Rolle des Häretikers.

Hier spürt man deutlich den strengen Franziskanergelehrten. Er machte darüber hinaus deutlich, daß die Gesamtheit der Gläubigen, das Kirchenvolk der Laien, über der Geistlichkeit, ja sogar über Konzil und Papst stehen müsse, weil die Sache des Glaubens das Anliegen der Laien sei.

O. entwickelt in seiner Kritik eine eigene Theorie des Eigentums: Er argumentiert hier weniger naturrechtlich, als daß er das Auffinden eines Modus für die gerechte Güterverteilung der Verantwortlichkeit des Menschen zuweist: Die vernünftige und optimale Regelung der Eigentumsverhältnisse – zugleich Aufgabe und Recht der Menschen – basiert auf einer positiv-rechtlichen Setzung. Aus der Kritik wurde eine Handlungsaufforderung! Das Gemeinwohl, das »bonum commune«, ist allein Aufgabe der Gemeinschaft der einzelnen. Der Führer des Volkes, der Fürst, darf bei der gerechten Verteilung der vorhandenen Güter nicht versagen; andernfalls hat das Volk das Recht, ihn abzusetzen; einen Tyrannen darf es sogar töten. O. beschreibt mit den Begriffen Individualität und Freiheit eine Konsenstheorie, derzufolge – wie bei der Ordnung des Eigentums – Herrschaft erst dann legitimiert und verbindlich ist, wenn die Menschen entsprechend ihrer Selbstverantwortung und Vernünftigkeit das ihnen zukommende Recht ausüben, einen Führer (»rector«) zu bestimmen, dessen Macht- und Rechtsbefugnis auf der gemeinsam erzielten und getragenen Zustimmung aller beruht. Mit diesen Auffassungen, die kommende Jahrhunderte mitprägten, formuliert O. eine frühe christliche Soziallehre.

Obwohl er die Allmacht Gottes überall betonte, hatte er durch die Trennung der religiösen Welt von der sozialen und politischen Sphäre die Hinfälligkeit und bloße Geschichtlichkeit der auch ihn betreffenden bzw. sogar bedrückenden Vorkommnisse und Strukturen beleuchtet. Zudem hatte er gewagt, den heiligen Schauer beim Anblick des Vertreters des Allerhöchsten auf Erden zu zerbrechen und gezeigt, daß dies alles Menschenwerk war. Als zentrales Problem ergab sich für O. in diesem Zusammenhang, wie politische Herrschaftsformen zu legitimieren, wie ihr rechtlicher Status zu begründen ist. Da Herrschaft konsensabhängig ist, kann sie – realisiert als historisch je besondere Erscheinung – nie endgültig fixiert sein. Im Rahmen dieser Überlegungen favorisiert O. dennoch die Monarchie – schließlich mußte er für den Kaiser begründen, daß die Staatsmacht die einzige Institution war, die die päpstliche Machtausdehnung auf den politischen Bereich eingrenzen konnte.

Es bedeutete eine damals unerhörte Forderung, die Politik von unnötigem theologischen Ballast zu befreien und die »göttliche Fügung« aus den weltlichen, vom Menschen eingerichteten Institutionen herauszunehmen. Im 14. und 15. Jahrhundert konnten an vielen Universitäten Europas Schüler von O. wichtige Lehrämter einnehmen. Die sogenannte ›via moderna‹ der Ockhamisten hat in den folgenden Jahrhunderten, die gewohnten Bahnen der »via antigua« verlassen, in den unterschiedlichsten Bereichen – von der Physik über die Staatsrechtslehre bis zur Theologie – eine breite und tiefgreifende Veränderung des wissenschaftlichen und philosophischen Bewußtseins bewirkt.

Kaufmann, Matthias: Begriffe, Sätze, Dinge. Referenz und Wahrheit bei Wilhelm von Ockham. Leiden 1994. – Panaccio, Claude: Les mots, les concepts et les choses. Paris 1991. – Imbach, Ruedi: Wilhelm von Ockham. Stuttgart 1984. – Bannach, Klaus: Die Lehre von der doppelten Macht Gottes bei Wilhelm von Ockham. Wiesbaden 1975.

Wolfgang Meckel

Origenes
Geb. um 185 in Alexandria(?); gest. um 252

O. wird als ältestes von sieben Kindern einer wohlhabenden christlichen Familie Alexandrias geboren. Während der Christenverfolgung des Septimius Severus (202/03), die Clemens von Alexandria aus der Stadt fliehen läßt, wird sein Vater verhaftet und hingerichtet. Dieses Erlebnis prägt ihn tief. Trifft Eusebios' Bericht zu – seine ›Kirchengeschichte‹ ist unsere Hauptquelle zu O. –, kann die Mutter ihn kaum zurückhalten, sich selbst anzuzeigen, um das Los des Vaters zu teilen. Immer wieder in den kommenden Jahren schreibt er über das Martyrium; mehrmals betreut er unter hohem persönlichen Risiko zum Tod verurteilte Christen, darunter nicht selten eigene Schüler. Hier liegt ein Grund für den weltverneinenden Zug seines Charakters und seiner Lebensführung. Er zwingt sich zu fast unaufhörlicher Arbeit, begnügt sich mit dem Minimum an Schlaf und Nahrung, lebt in großer Armut und sexueller Enthaltsamkeit.

Eine Zeitlang ist O. als Grammatiklehrer tätig; er scheint aber bald als Nachfolger des Clemens die Leitung des christlichen Unterrichts in Alexandria übernommen zu haben. Diese Aufgabe überzeugt ihn von der Notwendigkeit eines Philosophiestudiums. Er absolviert es bei einem der einflußreichsten Lehrer seiner Zeit, dem Alexandriner Ammonios Sakkas, dessen Schüler Jahre später auch Plotin wird. Neben der Lehrtätigkeit der kommenden Jahre unternimmt O. zahlreiche Reisen nach Rom, Arabien, Palästina, Griechenland, meist aufgrund von Einladungen zu theologischen Diskussionen und Entscheidungen. Über einen Aufenthalt in Athen, wo er Teile seiner Erlösungslehre vorträgt, kommt es im schon lange schwelenden Konflikt mit der Amtskirche von Alexandria zum Bruch. Er wird auf zwei Synoden verurteilt und verbannt. In Caesarea/Palästina, wohin er 231/232 emigriert, empfangen ihn die dortigen Bischöfe mit offenen Armen. Hier gründet er eine rasch aufblühende theologische Schule, hier entsteht auch der Hauptteil seiner Schriften. Mit dem Herrschaftsantritt des Kaisers Decius (249–251) endet für die Kirche eine lange Zeit der Ruhe. Die erste systematische Christenverfolgung überzieht das Reich. O. wird verhaftet, gefoltert, immer wieder mit Hinrichtung bedroht. Erst Decius' Tod bringt seine Entlassung.

O.' Energie – »adamántios«, den ›Stählernen‹, nennt ihn Eusebios – hat reiche Frucht getragen. Angeblich 2000 Bücher umfaßte seine schriftliche Hinterlassenschaft. Der Löwenanteil seines Werks gilt der von Philon und Clemens geerbten allegorischen Bibelexegese. Als deren Fundament ediert er die *Hexapla* – eine kritische Synopse des gesamten Alten Testaments in sechs Kolumnen: hebräisches Original, dessen griechische Umschrift, und die vier damals gängigen griechischen Übersetzungen, allen voran die *Septuaginta*. Ergebnis dieser langwierigen Arbeit ist ein korrigierter Text der *Septuaginta*, der in zahllosen Kopien Verbreitung findet. Philosophisch bedeutsam werden die beiden Arbeiten *De principiis* und *Contra Celsum*. *De principiis* ist der erste Versuch einer systematischen Gesamtdarstellung christlicher Lehre, einer theologischen ›Summe‹, die das Programm des Clemens verwirklicht. Bereits der Titel verweist darauf: Die ›Prinzipien‹ lassen sich ebenso systematisch verstehen (Grundlagen der Erkenntnis = Grundaussagen) wie ontologisch (Grundlagen des Seins = Urdinge). *Contra Celsum*, geschrieben als Widerlegung der ›Wahren Lehre‹ des Mittelplatonikers Kelsos, wird eine der großen Apologien des Christentums. Die ausführlichen Zitate aus Kelsos' Werk bringen beide Seiten zu Gehör, was den Text zu einem faszinierenden Dokument der frühchristlichen Auseinandersetzung mit dem zeitgenössischen Denken werden läßt; faszinierend auch deshalb, weil beide Seiten platonisch argumentieren. Es geht um das fundamentale Problem, ob innerhalb der platonischen Metaphysik eine Freiheit – Gottes und der Menschen – denkbar ist, was O. nachdrücklich bejaht. Gott, so O., schafft in seiner überströmenden Güte die Seelen – körperlose rationale Wesen, zu deren Konstitution wesentlich die Freiheit gehört. Zunächst erfüllt von der Liebe zu Gott, wenden sie sich ›übersättigt‹ von ihm ab: sie ›fallen‹ und werden mit Körpern bekleidet. Als Konsequenz des ›Falls‹ also, und als Beweis göttlicher Güte, entsteht die materielle Welt: Unsicherheit und Vergänglichkeit der irdischen Existenz sollen die Menschen erziehen zur Heimkehr zu Gott. Ausgangspunkt der Errettung wird das Verlangen der Seele nach ihrem Ursprung. Diese frei getroffene Entscheidung initiiert den Prozeß der Erlösung. Der universale Anspruch, den O. dieser zubilligt, markiert den größten Abstand zur Orthodoxie: die Erlösung entfaltet ihre Kraft, bis *alle* Seelen heimgekehrt sind – einschließlich Satans, der in seiner Rationalität und Freiheit potentiell immer in der Lage ist, dem Wort der göttlichen Wahrheit zu antworten. O.' Eschatologie entwirft einen kosmischen Zyklus von Abfall, Inkarnation und Befreiung der Seelen. Dieser Kreislauf kann sich unbegrenzt fortsetzen – wenn weder die Freiheit der Seelen verlorengehen noch die Liebe Gottes nachlassen kann, besteht selbst am Schlußpunkt dieses Prozesses die Möglichkeit eines zweiten Falls, ja einer endlosen Folge von Entfremdung und Versöhnung. Doch lassen sich O.' Aussagen auch ›progressistisch‹ lesen: wie die Inkarnation Christi im Kleinen, so ist die Abfolge der Welten ein Heilmittel im Großen. Von Welt zu Welt gibt es eine Besserung, die endlich zur Vernichtung des Bösen führt, alle Seelen zurücknimmt in die Vollkommenheit der ersten Schöpfung und damit den Kreislauf aufhebt: ›völlige Wiederherstellung allen Seins‹ – ›apokatástasis pántōn‹.

Die spekulative Theologie des O. trifft von Anfang an auf erheblichen Widerstand. Dieser wirkt sich aus bis auf die Überlieferung seiner Werke. Sein Hauptwerk etwa, *De principiis*, ist nur erhalten in einer orthodox bereinigten lateinischen Übersetzung. Ähnliches gilt für seine Theologie: allein in korrigierter Form werden einige seiner Positionen von der Kirche übernommen. Noch heute ist seine ›Orthodoxie‹ in theologischen Kreisen umstritten. Doch zeichnet sich inzwischen ein gerechteres Urteil ab: O., der in seinen Schriften nie die offene Unterstützung der Philosophie sucht, entwirft das philosophisch kohärenteste System der antiken christlichen Theologie. Sein Werk führt die Synthese von Platonismus und Christentum zu ihrem Gipfel.

Nautin, Pierre: Origène. Sa vie et son œuvre. Paris 1977. – Chadwick, Henry: Early Christian thought and the classical tradition. Oxford 1966, S. 66–123. – Daniélou, Jean: Origène. Paris 1948.

Peter Habermehl

Ortega y Gasset, José
Geb. 9. 5. 1883 in Madrid; gest. 18. 10. 1955 in Madrid

Er sei wie die Elster, welche niemals an der selben Stelle einen Schrei ausstoße, wo sie ihre Eier legt. Kaum einer hat die schillernde Persönlichkeit des spanischen Philosophen O. treffender gefaßt als der falangistische Schriftsteller E. G. Caballero. Wenn noch heute, mehr als 30 Jahre nach seinem Tod, O.s ideologische Haltung umstritten ist, so gilt dies nicht minder auch für seine philosophische Bedeutung. Während O.s Schüler zumeist überzeugt sind, die moderne Philosophie verdanke ihrem Meister neben der endgültigen Lösung des Dilemmas von Idealismus und Skeptizismus (im ›Perspektivismus‹) sowie von Rationalismus und Lebens-philosophie (im ›Ratiovitalismus‹) zugleich auch die Vorwegnahme des Existenzialismus (13 Jahre vor Heidegger), wollen kritischere Stimmen zwar die überragende Bedeutung des Lehrers, Vermittlers und Popularisierers O., nicht aber seine grundsätzliche philosophische Originalität anerkennen. – Die berechtigte Warnung, man solle die Persönlichkeit O.s nicht mit seiner Philosophie verwechseln, ist freilich bei einem Autor nur schwer zu befolgen, der das Denken als notwendige Vitalfunktion, als Form der Aneignung und Beeinflussung seiner unmittelbaren spanischen Lebenswelt (»circunstancia«) und nicht als Beitrag zu einer abstrakten philosophischen Kultur auffaßte. Die Bandbreite seines Denkens reicht, neben rein politischen Aufsätzen und Reden, von der Erkenntnistheorie über Ethik, Sozialphilosophie, Soziologie, Geschichtsschreibung und Völkerpsychologie bis hin zu Kunst-, Musik- und Literaturkritik. Oft aus Gelegenheitsarbeiten hervorgegangen, sind die meisten Schriften O.s von dem Widerspruch zwischen journalistischer Leichtigkeit und dem unverkennbaren Drang zum vereinheitlichenden System geprägt. Die von ihm, ganz im sokratischen Sinne, zum Programm erhobene »Rückführung des Buchs auf den

Dialog« steht im Dienst einer pädagogischen Intention, welche nicht selten die plastische Darstellung des Gegenstandes mit dessen unzulässiger Simplifikation, die Vermittlung eines Gedankens mit dem Verzicht auf seine vertiefte Weiterentwicklung bezahlt und die Brillanz seines dynamischen Stils durch den Unterton der Belehrung zerstört. Denn seine eigentliche historische Funktion sah O. in der Herausführung der spanischen Kultur aus Isolation und Geschichtslosigkeit und in ihrer Anreicherung durch die europäische, zumal deutsche Philosophie. Diese Kulturvermittlung betrieb er mit größerer Sachkenntnis und Systematik als vor ihm die ebenfalls antitraditionalistisch und ›europäisch‹ orientierten Vertreter des ›Krausismus‹ und der ›Generation von 1898‹. Sie gehörte zu einem nationalpädagogischen Programm, in dessen Dienst er seine beiden größten Leidenschaften zu stellen entschlossen war: die Philosophie und die Politik.

Der Verlegerdynastie der Gassets entstammend, studierte O. nach dem Besuch verschiedener Jesuitenschulen Philosophie an der Universität Madrid. Die entscheidende Weichenstellung in seinem Leben sollte ein mehrjähriger Studienaufenthalt in Deutschland werden, den er nach der Doktorprüfung 1904 antrat. Ein Semester in Leipzig bei Wilhelm Wundt, ein Semester in Berlin bei Georg Simmel und ein Jahr in Marburg, der »Zitadelle des Neukantianismus« mit ihrem »Kommandanten« Hermann Cohen, genügten dem jungen »Keltiberer«, um Deutschland zu seiner geistigen Heimat zu erklären. Die gründliche Erarbeitung der Kantschen Philosophie und zugleich die Skepsis gegenüber dem Versuch ihrer dogmatischen Wiederbelebung, die lebensphilosophischen und phänomenologischen Ansätze als mögliche Auswege waren die Themen, denen O. und seine Studienkollegen – Nicolai Hartmann, Heinz Heimsoeth – sich in ihren Marburger Diskussionen widmeten.

In seine Heimat kehrte er zunächst mit dem festen Entschluß zurück, von der deutschen Philosophie wohl systematische Strenge und Klarheit, nicht aber Abstraktheit und Utopismus zu übernehmen und – was er für die Bestimmung seiner Generation hielt – den philosophischen »Kontinent des Idealismus« für immer zu verlassen. Das Spannungsverhältnis zwischen deutscher idealistischer und spanischer scholastischer Tradition ist Gegenstand des ersten bedeutenden Werkes, das O., seit drei Jahren Inhaber des Lehrstuhls für Metaphysik an der Universität Madrid, im Jahre 1914 veröffentlichte. Die *Meditaciones del Quijote* (*Meditationen des Don Quijote*) sind poetisch gefärbte Fragmente, die ausgehend von unscheinbaren Phänomenen zu den zentralen Fragen der Erkenntnis vorstoßen und gleichsam nebenbei einige Grundthemen der O.schen Philosophie entwickeln. Der vielzitierte Satz: »Yo soy yo y mi circunstancia« (Ich bin ich und meine Umwelt), der die ›existentialistische‹ Auffassung vom Leben als Auftrag ans Ich, sich selbst zu formen, indem es die Umwelt formt, im Kern enthält, wird wie viele andere Gedanken dieses Frühwerks in der Schrift *El tema de nuestro tiempo* (*Die Aufgabe unserer Zeit*) von 1923 weiterentwickelt. Dieser anspruchsvolle Titel ist von der Überzeugung diktiert, mit dem ›Perspektivismus‹, der alle individuellen Blickrichtungen auf die Wahrheit als gleichermaßen gültig und einander komplementär betrachtet, den philosophischen Rahmen der Einsteinschen Relativitätstheorie geliefert zu haben. Durch die Prägung der »razón vital« sollte der Vernunftbegriff von Abstraktheit, der des Lebens von Irrationalität befreit werden. Die prinzipielle Schwäche dieser Schrift, durch die

Darstellung eines Problems schon dessen Lösung zu suggerieren, haftet auch der umfangreicheren und systematischer aufgebauten Vorlesungsreihe *Qué es filosofía?* (1929; *Was ist Philosophie?*) an. Hier werden die Antagonismen der Philosophiegeschichte mit dramatischer Lebendigkeit evoziert und die Widerlegung des Idealismus als chirurgische Operation vorgeführt; der konstruktive Aspekt geht jedoch nicht wesentlich über die früheren Schriften hinaus. Die philosophischen Arbeiten der 30er Jahre spiegeln dann die zunächst von Wilhelm Dilthey, dem für O. bedeutendsten Denker der zweiten Hälfte des 19. Jahrhunderts, angeregte Hinwendung zur historischen Hermeneutik, die zur geschichtlichen Umformulierung seiner Anthropologie – statt »razón vital« lesen wir jetzt »razón histórica« – und zur Befassung mit geschichtsphilosophischen Entwürfen wie etwa demjenigen Arnold Toynbees führte. Die späteren, oft umfassenden historischen Studien gewidmeten Werke des Philosophen waren bereits vom Weltruhm des Zeitdiagnostikers und politischen Ideologen überschattet, als welcher O. noch heute in erster Linie gilt. Schon als junger Mann beanspruchte er eine bevorzugte Stellung als Intellektueller in der spanischen Politik, welche er sowohl parteipolitisch als auch durch theoretische Reflexion entscheidend beeinflußte. Seine Appelle – mochten sie nun auf die Überwindung der Restauration durch einen liberalen Sozialismus (*Vieja y nueva política*, 1914; *Alte und neue Politik*) oder auf die von ihm aktiv betriebene Republikgründung zielen – waren immer an die intellektuelle Elite des Landes gerichtet. Mit einem empörten: »Eso no es, eso no es!« (Das ist es nicht, das ist es nicht!) kommentierte der Cortes-Abgeordnete die zunehmende Einmischung der Massen in die von ihm »aristokratisch« intendierte Republik. Wer die historisch-politische Kampfschrift *España invertebrada* (*Spanien ohne Rückgrat*) von 1921 gelesen hatte, in welcher der ›Gesundheitszustand‹ einer Nation an ihrem Willen, einer Elite zu folgen und Krieg zu führen, abgelesen wird, der konnte sich nicht wundern, als O. 1930, auf dem Höhepunkt seines republikanischen Engagements, die Bibel der antidemokratischen Rechten vorlegte: *La rebelión de las masas* (*Der Aufstand der Massen*) beabsichtigte die Abrechnung mit dem modernen »Massenmenschen«, der durch seine Charaktereigenschaften – Egoismus, Trägheit, Fremdbestimmtheit – alle Lebensbereiche zu nivellieren drohe. Scheinbar moralisch-ästhetisch und nicht sozial definiert, erhält der »neue Typus« doch eindeutigen Klassencharakter. Einige fast prophetische Erkenntnisse über Tendenzen der spätkapitalistischen Gesellschaft, die jedoch allesamt dem »Massenmenschen« angelastet wurden, machten die Schrift zum Welterfolg und zum politischen Katechismus im Deutschland Adenauers. – Nach den Jahren des freiwilligen Exils, in denen er ein ›drittes‹, neutrales Spanien repräsentiert und damit die westliche Politik der Nicht-Intervention legitimiert hatte, kehrte O. 1946 ins frankistische Madrid zurück, wo er seine Lehrtätigkeit wieder aufnahm und bis zu seinem Tod fortführte. Von einigen katholischen Integralisten als ›mondäner‹ Philosoph angefeindet, wurde er doch insgesamt als Brückenkopf nach außen gern gesehen. Spanische Philosophie und Geisteswissenschaften verdankten ihm den Anschluß an Europa, spanische Literatur und Journalismus waren durch seinen sprachlichen Stil geprägt, die Machthaber aber teilten, wenn auch nicht in allen Aspekten, seine Vision des historischen Augenblicks.

Gray, Rockwell: The imparitive of modernity. An intellectual biography of José Ortega y Gasset. Berkeley 1989. – Garagorri, Paolino: Introducción a Ortega. Madrid 1970. – Niedermayer, Franz: José Ortega y Gasset. Berlin 1959.

Hermann Dorowin

Overbeck, Franz

Geb. 16. 11. 1837 in Petersburg; gest. 26. 6. 1905 in Basel

Daß der Name O.s in einem Philosophenlexikon auftaucht, mag erstaunen. Denn O. war historischer Theologe, Spezialist für urchristliche und altkirchliche Literatur; er hat auch kein Werk geschrieben, das in die Kategorie ›Philosophie‹ paßte: Es gibt von ihm einige neutestamentliche und patristische Spezialstudien, eine Kritik zeitgenössischer Theologie unter dem Titel *Über die Christlichkeit unserer heutigen Theologie* (1873, ²1903), sodann den aus vieltausend Karteizetteln von Carl Albrecht Bernoulli ausgewählten und herausgegebenen Nachlaßband *Christentum und Kultur* (1919) und schließlich, nebst Briefen, die ebenfalls posthumen *Selbstbekenntnisse.*

Dennoch kommt es nicht von ungefähr, wenn Karl Löwiths große Studie über den »revolutionären Bruch im Denken des 19. Jahrhunderts«, die den Titel *Von Hegel zu Nietzsche* trägt, mit einem Kapitel über O. schließt. Denn dieser treueste Freund Nietzsches steht an einer Bruchstelle europäischen Denkens, und daß er diese Bruchstelle benannt hat, ohne Lösungen anzubieten und Religionsstifter werden zu wollen, das macht ihn auch heute noch zu einem wichtigen Denker. O. hat die Problematik des Christentums in der Moderne mit einer Präzision und Nüchternheit beschrieben, die ihresgleichen sucht. Er hat jedoch auch die Verkünder einer nachchristlichen Moderne, die selbsternannten Stifter einer positivistischen (David Friedrich Strauß), einer nationalistischen (Paul de Lagarde) oder einer ästhetischen Religion (Richard Wagner) deutlicher Kritik unterzogen. »Wer nicht die Mühe scheut«, schreibt Löwith, »die Gedanken Overbecks nachzudenken, wird in dem Labyrinth seiner vorbehaltvollen Sätze die gerade und kühne Linie eines unbedingt redlichen Geistes erkennen.«

O.s Vater – ein Deutscher, die Mutter war Französin – lebte als Kaufmann in Petersburg, doch zogen die Eltern im Gefolge der Revolution von 1848 zurück nach Dresden, wo der Zwölfjährige das Gymnasium besuchte. Nach dessen Abschluß begann er mit dem Studium der evangelischen Theologie in Leipzig, nicht aus besonderem religiösem Eifer, eher aufgrund des »Knabentraum(s), Pastor zu werden«. Er berichtete später, er habe seinen Kinderglauben unter dem Eindruck der historischen und philosophischen Kritik verloren und bald auch eingesehen, daß er »mit dem bisher gehegten Ideal von einer Pfarrerwirksamkeit nicht auskommen werde«. Deshalb strebte er eine akademische Laufbahn an, promovierte und habilitierte sich 1864 in Jena mit einer Arbeit über Hippolyt. Damit konnte er als Privatdozent für neutestamentliche Exegese und Kirchengeschichte mit der Vorlesungstätigkeit beginnen. Diese für ihn stille, aber glückliche Zeit endete, als er einen Ruf nach Basel erhielt. Auf eine Petition religiös wie politisch freisinniger Kreise hin, die einen kritischen Theologen, einen Vorkämpfer für ihre Sache wollten, wurde ein neuer Lehrstuhl geschaffen, für den O. vorgeschlagen und schließlich berufen wurde. Man erwartete von ihm, daß er »mit der Fackel der freien Forschung in die dunkeln Irrgänge des Autoritätsglaubens hinein zu zünden und die Rechte der Vernunft auf dem religiösen Gebiete zur Geltung zu bringen« bereit sei. Für die Reformer war er eine Fehlberufung: Wohl war O. als Schüler der liberalen »Tübinger Schule« von den theologisch konservativen und pietistischen Gruppierungen weit entfernt, aber ebensowenig konnte er sich mit der Partei des »modernen« Christentums und ihrer Theologie befreunden. Deren Amalgam von historisch entschärftem, kleingestutztem Christentum und bürgerlichem Fortschrittsglauben war diesem differenziert denkenden Historiker zuwider. Statt des gewünschten »Hecht(s) im Karpfenteich« war O. zwar nicht das »fünfte Rad am Wagen«, wie Kritiker unter den Reformern schon bei der Berufung zu sehen meinten, jedoch sicherlich nicht der Propagandist ihres »modernen Christentums«. »Wissenschaftlich bin ich viel radikaler als diese Leute, praktisch fassen sie die Dinge an fast ohne Ahnung von ihrem schweren Ernst und machen sich eine Religion von bequemen Phrasen zurecht.« Er verharrte, heimat- und parteilos, an dieser ›Bruchstelle‹; er blieb, auch nachdem er Glauben und Theologie für sich aufgegeben hatte, bis zu seiner Emeritierung ein Fachtheologe, der seinen Lehrauftrag erfüllte, seine Studenten in die historischen und literarischen Details neutestamentlicher und altkirchlicher Texte einführte, ohne (mit wenigen Ausnahmen) seine grundstürzende Kritik zu äußern. Nach seiner gesundheitshalber etwas vorgezogenen Emeritierung arbeitete er weiter an seinen Fachstudien mit dem Ziel, eine »profane Kirchengeschichte« zu schreiben, setzte daneben jedoch mehrmals zu einer Art Selbsterklärung, Selbstrechtfertigung an (1941 posthum als *Selbstbekenntnisse* von Eberhard Vischer veröffentlicht). Mit seinen Fachbeiträgen unter Kollegen geachtet und auch gefürchtet, blieb sein theologisch-philosophisches Denken jedoch bis zu seinem Tod fast gänzlich unbeachtet. Einer seiner späten Karteizettel heißt »Todtschweigen«.

Dadurch, daß ein Kollege dem neugewählten Professor ein Zimmer vermittelte, wurde O. Zimmernachbar des ein Jahr zuvor berufenen Nietzsche. Eine enge Freundschaft entstand durch dieses »vierjährige Contubernium« mit täglichen gemeinsamen Abendmahlzeiten und, wie O. berichtet, »kaum stockenden Gesprächen« über theologische, philosophische und politische Fragen. Es war die Zeit nach dem deutsch-französischen Krieg und der Bismarckschen Reichseinigung, die große Hoffnungen auf eine auch kulturelle Erneuerung weckte. Einig waren sich viele Intellektuelle darüber, daß die christlich-metaphysische Tradition abgewirtschaftet habe. In einer Zeit rasanter Industrialisierung, sozialer, politischer und ökonomischer Transformation suchten sie nach neuen geistigen Grundlagen, ja eigentlich nach einer neuen Religion.

Zwei Veröffentlichungen erschienen im Winter 1872/73 zu dieser Thematik: *Der alte und der neue Glaube* von Strauß und Lagardes *Über das Verhältnis des deutschen Staates zu Theologie, Kirche und Religion.* Beide fordern aufgrund der für sie offensichtlichen Überlebtheit des Christentums eine neue, nationale Religion für

Deutschland. O. und Nietzsche lasen die Bücher sogleich und antworteten darauf mit zwei Schriften, einem »Zwillingspaar«, wie Nietzsche in sein Widmungsexemplar für O. schrieb, das »Welt-Drachen ... zu zerreißen« ausgezogen sei: Es handelt sich um O.s *Christlichkeit* und Nietzsches *Erste Unzeitgemäße Betrachtung: David Strauß. Der Bekenner und der Schriftsteller.* Beides waren Antworten auf Schriften von Konkurrenten. Inspiriert von den Ideen Wagners und Schopenhauers hofften auch sie – der Freundeskreis um Nietzsche, zu dem O., Karl Freiherr von Gersdorff, Erwin Rohde und Heinrich Romundt gehörten, nannte sich »die Gesellschaft der Hoffenden« – auf eine postchristliche religiöse Erneuerung der deutschen Kultur, nun aber nicht wie Strauß und Lagarde auf der Grundlage eines bürgerlichen optimistischen Positivismus und Nationalismus, sondern ihre Hoffnung richtete sich auf die Erneuerung der deutschen Kultur aus dem Geiste des antiken Mythos, der pessimistischen Tragödie, den sie in Schopenhauers Philosophie und in Wagners Opern erneuert sahen. Die Programmschrift dieser »Hoffenden« war Nietzsches *Die Geburt der Tragödie aus dem Geiste der Musik.* In ihr wie in der *Ersten Unzeitgemäßen Betrachtung* streitet Nietzsche gegen Strauß und die Berliner Altphilologen, die er als Ideologen einer oberflächlichen reichsdeutschen Moderne verachtete. Die »Streit- und Friedensschrift« (Untertitel der *Christlichkeit*) von O. sekundiert in diesem Kampf auf dem Feld der Theologie.

Die Grundthese des Buches lautet, daß der »Antagonismus des Glaubens und des Wissens ein beständiger und durchaus unversöhnlicher« sei. Wissen zerstöre Religion, und deshalb sei alle Religion, wo sie noch lebendig und kräftig ist, bemüht, sich gegen Wissen, gegen Aufklärung zu immunisieren. Die Theologie hingegen sei seit je der Versuch, Wissen und Glauben, Christentum und Kultur zu vermitteln, und gerade in diesem wesentlich »irreligiöse(n)... Thun« werde sie unwillentlich zur Zerstörerin der Religion. Damit trifft O. ins Herz jeder, vor allem jedoch in das der modernen Theologie. Denn wenn auch alle Orthodoxie sich als »vera philosophia« versteht, so hält sie doch Distanz zu jeder unchristlichen Philosophie und Wissenschaft. Nicht so die liberale Theologie. Sie geht von einer besonderen Affinität des Christentums zur Aufklärung aus, spricht sogar vom »Zug« des Christentums »zur Wissenschaft«. Genau dies nimmt O. mit historischen und systematischen Argumenten aufs Korn: Erst als die ursprünglichen Lebensimpulse und Motive erstorben waren, als der Kampf mit der kulturell überlegenen Antike verloren war, »erst als es sich in einer Welt, die von ihm eigentlich verneint wird, möglich machen wollte«, habe sich das Christentum mit einer Theologie ausgestattet. Denn sein Wesen sieht O. (wie Schopenhauer) in der Weltverneinung, in der ursprünglich eschatologischen Hoffnung auf das Weltende, welche später nach dem Ausbleiben der Parusie im Todesgedanken und in der mönchischen Askese weiterlebten. O. vermag deshalb in der Theologie nichts anderes als einen Anpassungsversuch, »ein Stück Verweltlichung des Christentums« zu sehen. Dies zeigt er an beiden theologischen Parteien auf, an den Apologeten, welche die Orthodoxie, und an den Liberalen, welche ein modernes Christentum vertreten. Die Mittel der ersteren, der »Verteidiger« des Christentums, der sogenannte naturgeschichtliche und der historische Beweis, sind seiner Meinung nach völlig unsinnig, weil wirkliche Naturwissenschaft und aufrichtige Historie keinen Raum für Religion lassen, und kontraproduktiv, weil damit der Glaube auf ein Feld gezogen wird, auf dem er notwendig unterliegen muß. Geradezu unbegreiflich ist ihm jedoch der Wahn der liberalen Theologen, aus der Kritik, aus der Historie und aus den philosophischen Restposten des Christentums wieder eine lebensfähige Religion machen zu wollen. Er wirft ihnen vor, daß in ihren Händen das Christentum eine Religion geworden sei, »mit welcher man machen kann, was man will«. Die sehr fragwürdige Christlichkeit dieser Theologie sieht O. darin bestätigt, daß sie die weltverneinende Lebensbetrachtung, welche für ihn »die Seele des Christentums« ist, und das Mönchtum, eine der »tiefsinnigsten und edelsten Erscheinungen der Kirchengeschichte«, als unwesentlich meint wegschieben zu können.

Daß O. im 4. Kapitel der *Christlichkeit* dennoch eine »bessere Theologie« andeutungsweise skizziert, die er »kritische Theologie« nennt, hängt mit seiner Einschätzung der Krisensituation der Moderne zusammen. Während Strauß die Zeit gekommen sieht, mit dem Christentum zu brechen, und deshalb seinen »neuen Glauben« verkündet, wägt O. ab. Er vergleicht das, was er die »Lebensbetrachtung« beider Glaubensweisen nennt, also deren lebensweltliche Orientierungs-, Motivations- und Lebenshilfe und nicht deren Dogmen. Welche Antworten geben sie auf die existentiellen Fragen und Probleme des Menschseins, auf Tod, Einsamkeit, Liebe und Gemeinschaft? Bei diesem Vergleich kommt er zum Schluß, daß man mit »gutem Muthe und Gewissen« die Gedanken von Strauß zurückweisen dürfe, denn sein Glaube versetze uns »ungefähr auf den Standpunkt des Spießbürgers der römischen Kaiserzeit, der am Mysterium des Staatsoberhaupts seine Religion hat, den im ruhigen Genuß seiner Güter gegen äußere Feinde das Heer, gegen innere die Strenge des Gesetzes schützt, der in der Beschäftigung mit einer todten Kunst sich die düsteren Stunden vertreibt, welche die Staatsordnung von ihm abzuhalten nicht im Stande ist«. Mit einer solchen Kultur »ist das Christenthum schon einmal fertig geworden«. Ein bloßes Gedankending ist für ihn der Glaube von Strauß, welcher nur das Bildungsbürgertum anspricht, auf die wirklichen Fragen des Menschseins keine Antworten hat und den einzelnen auf einen egoistischen Individualismus zurückstößt. Statt hastig und rücksichtslos die christliche Lebensansicht, diese »Bande der Gemeinschaft«, aufzugeben, wird es »ein besseres Streben sein, auf Formen zu sinnen, welche dieser Gemeinschaft, allen Schwierigkeiten veränderter Zeiten zum Trotz, ihr Bestehen in möglichst weitem Umfange noch sichern, zumal in der Noth der Gegenwart, in welche die Lebensbetrachtung des Christenthums noch manche erlösende Idee hineinscheinen läßt. Heutzutage wo die Völker so offen auseinanderfahren, die Stände der Gesellschaft nur zu feindselig gegen einander sich abzuschließen drohen, und auch die Individuen an einer bedenklichen Gleichgültigkeit gegen alle nicht bloß auf niedere Interessen gegründeten Gemeinschaft leiden, ist es doch immerhin von unschätzbarem Werthe, wenn über dieser ganzen unheilvollen Auflösung mindestens der Christenname als eine Art kategorischen Imperativs, der sie verurtheilt, schwebt«.

O. plädiert also für eine Theologie, welche die altgewordene Tradition des Christentums an dieser Bruchstelle der Moderne nicht aufgibt oder umdeutet, sondern ihr – bei aller Zurückhaltung als problematische Wissenschaft – eine Beschützerin zu sein versucht. Er hat dieses positive Anliegen in seinem Nachwort zur zweiten Auflage von 1903 zurückgenommen. Die moderne Theologie, die er 1873 als »Eintagsfliege« eingeschätzt hatte, erlebte in Adolf von Harnack und Ernst Troeltsch damals die Zeit ihrer Hochblüte. Isoliert und auch verbittert notierte O. seine scharfe Kritik und Verärgerung auf vielen Zetteln seines sog. »Kirchenge-schichtlichen Lexikons« – von »Apologetik, moderne« über »Harnack« zu »Theo-logie, moderne« – das die Grundlage für seine »Profane Kirchengeschichte« sein sollte. Immer stärker kreisten seine Gedanken um den »finis christianismi«, das Ende des Christentums. Unter den Bohrungen seiner historischen Kritik sollte der Kollaps des ohnehin morschen Baus beschleunigt werden. Er rechnete damit, »daß die religiösen Probleme überhaupt auf ganz neue Grundlage zu stellen sind, eventu-ell auf Kosten dessen, was bisher Religion geheißen hat«. Doch seine Alters-beschwerden und sein Tod 1905 ließen es nicht mehr dazu kommen. Er ordnete seinen Nachlaß und übergab ihn Bernoulli, in der Hoffnung, daß dieser mit Hilfe seiner Zettel sein Werk schreiben würde. Bernoullis Ausgabe von *Christentum und Kultur* (1919) verhalf O. zu einem Ruhm, den er bei Lebzeiten nicht gehabt hatte. Seine Kritik moderner Theologie wie nationalistischer Religionssurrogate fand nach der säkularen Katastrophe von 1914 bis 1918 erstmals aufmerksame Hörer. Die eindringlichen Gedanken zu Individualismus, Askese und Tod, um nur einige herauszugreifen, sprachen viele an. Karl Barths brillante Rezension *Unerledigte Anfragen an die Theologie*, in der O. zum »negativen Zeugen« des Neuaufbruchs der Dialektischen Theologie wurde, und Martin Heideggers Interesse am eschatologi-schen Zeitverständnis der urchristlichen Schriften, das, unter Bezugnahme auf O., in den Vorarbeiten zu *Sein und Zeit* dokumentiert ist, zeigen, daß er Fragestellungen formuliert hat, die zentral sind; auch die Namen von Walter Benjamin, Karl Löwith, Jacob Taubes und anderer weisen auf eine noch ungeschriebene Wirkungs- und Rezeptionsgeschichte.

Seit 1994 erscheint die Basler Overbeck-Edition. Sie bringt Werke, Autobio-graphisches, die Nietzsche-Notate und eine Briefauswahl, vor allem aber eine kritische und integrale Neuedition derjenigen Zettel des »Kirchenlexikons«, aus denen Bernoulli seine wirkungsgeschichtlich so bedeutsame, aber editorisch pro-blematische Kompilation *Christentum und Kultur* zusammengestellt hatte. Darin wird ein auf wenige Themen (Religion in der Moderne, Historismus, Problematik der Theologie, Individualismus) konzentriertes Denken sichtbar, das – im Fragmen-tarischen bleibend – sich durch Wahrnehmungsschärfe und Redlichkeit auszeichnet. Aus O.s Worten spricht eine humane Skepsis und eine differenzierte Sicht der vielschichtigen menschlichen Realität, eine Resistenz gegen Ideologien, die auch heute noch, in einer Zeit erneuter Diskussion um Mythos und (Post-)Moderne, eine Beschäftigung mit den Gedanken dieses »modernen Anti-Modernisten« (Lionel Gossman) lohnend macht.

Peter, Niklaus: Im Schatten der Modernität. Franz Overbecks Weg zur »Christlichkeit unserer heutigen Theologie«. Stuttgart 1992. – Brändle, Rudolf/Stegemann, Ekkehard (Hg.): Franz Overbecks unerledigte Anfragen an das Christentum. München 1988. – Nigg, Walter: Franz Overbeck. Versuch einer Würdigung. München 1931.

Niklaus Peter

Owen, Robert

Geb. 14. 5. 1771 in Newtown/Wales; gest. 17. 11. 1858 in Newtown/Wales

Als O. im Jahr 1800 Teilhaber der Firma seines Schwiegervaters wurde und die Geschäftsführung von dessen Spinnerei in New Lanark (Schottland) übernahm, fand er eine verwahrloste Arbeiterschaft vor. In seiner Autobiographie *The Life of Robert Owen written by himself* (1857) beschreibt er sie als faule, unmäßige und unehrliche Menschen, die nur deswegen religiös waren, weil die Religion »alle ihre Mängel und unmoralischen Handlungen decken und entschuldigen würde«. O. sieht seine Lebensaufgabe darin, zunächst eine Musterfabrik und später eine Mustergesellschaft nach neuen Prinzipien zu errichten. Trotz zahlreicher Probleme setzt er sein Vorhaben durch, andere Formen der Produktion und Distribution zu verwirklichen. Aus diesem Versuch gehen O.s Pläne für eine Neuordnung der Gesellschaft hervor: *A new view of society: or essays on the principle of the formation of the human character* (1813/14; *Eine neue Auffassung von der Gesellschaft*).

Der berühmteste englische Frühsozialist wuchs als Sohn eines wohlhabenden Sattlers, Eisenhändlers und Posthalters in Nordwales auf. Schon früh setzte sich der begabte Junge mit der Religion auseinander. Später fand er in seinen sozialistischen Idealen eine gerechtere Alternative, weil sie durch die Möglichkeit einer kollektiven Veränderung der Lebensumstände eine moralische Verbesserung der Menschen in Aussicht stellten. In *A new view of society* vertritt O. eine Milieutheorie, die sich vom Determinismus vieler seiner Zeitgenossen (Thomas Robert Malthus, David Ricardo, John Stuart Mill) durch ihren Rationalitätscharakter unterschied. Weder besitzt ein Individuum einen freien Willen, noch trägt es die Verantwortung für seinen Charakter und seine Handlungen, weil diese durch das soziale Milieu bestimmt werden. Da das »moralische Böse« in der Welt durch die Umwelt verursacht wird, muß die Umwelt verändert werden, um das »Böse« aus der Welt zu schaffen. Aus dieser deterministischen Sicht ergab sich die Notwendigkeit, neue Gesellschaftsformen zu entwickeln. Anonym veröffentlicht er *A Statement regarding the New Lanark Establishment* (1812), aber sein Modell wurde erst mit *A new view of society* weltbekannt. Die dort entwickelten Prinzipien und Methoden hielt er für geeignet, die gesamte Gesellschaft zu verbessern, so daß er diese Schrift an führende Persönlichkeiten in Großbritannien sowie an europäische Regierungen und Universitäten schickte. Die Rolle der Erziehung betont O. vor anderem, da die Menschen so erzogen werden müßten, daß sie sowohl ihre Abhängigkeit von äußeren Umweltfaktoren als auch die Wechselwirkung zwischen individuellem und kollektivem Glück erkennen könnten. Wieviel Wert O. auf die Rolle der Erziehung legte, zeigt der gute Ruf der Schule in New Lanark, die Besucher aus aller Welt anzog.

In den ersten Jahren nach der Veröffentlichung von *A new view of society* bemühte sich O. ohne viel Erfolg um staatliche Intervention zugunsten des Arbeiterschutzes (Abschaffung der Kinderarbeit, Kürzung der Arbeitszeit und Einführung der Arbeitslosenunterstützung). In seiner Autobiographie beschreibt er, wie er zunehmend an einer Verschwörung der oberen Schichten gegen die Arbeiter und Armen zu glauben beginnt. Sein Appell an die Arbeiterklasse, *An address to the working classes. 29. 3. 1819*, fordert die Arbeiter auf, sich zu organisieren und ihre eigenen Interessen zu vertreten. Die bestehenden Verhältnisse könnten seiner Meinung nach nur verändert werden, wenn die Betroffenen selbst etwas gegen sie unternehmen. Als Lösung propagierte O. von 1821 bis 1822 die Laden- und Konsumgenossenschaft in *The Economist*, einer von ihm gegründeten Zeitschrift, die das neue Gesellschaftssystem bekannt machen sollte. Radikaler noch als die Selbsthilfeorganisationen waren die genossenschaftlichen Gemeinwesen, die »communities«. O.s Vorschläge, wie z. B. im *Report to the County of Lanark* (1821), fanden jedoch wenig Anklang in Großbritannien. Für einige Jahre ging O. deshalb nach Amerika, um seine Pläne in der Neuen Welt zu verwirklichen. Doch das Experiment der Musterkolonie »New Harmony« scheiterte nach drei Jahren (von 1825 bis 1828) ebenso wie seine 1834 gegründete Siedlung »Queenswood«. O. blieb fast bis zu seinem Lebensende publizistisch tätig. Ab 1834 erschien die Zeitschrift *New Moral World* wöchentlich; 1836 bis 1844 die Bibel der Oweniten, *The Book of the New Moral World*. Die Mißerfolge der »communities« und der fehlende Zulauf zeigten jedoch, daß der Sozialismus in dieser Gestalt und zu dieser Zeit keine Zukunft hatte. O. gab aber nie seine sozialen Hoffnungen auf, wie seine unvollendet gebliebene Autobiographie zeigt. Am Tag vor seinem Tod sagte er: »Ich brachte der Welt wichtige Wahrheiten. Und wenn sie ihrer nicht achtete, so weil sie sie nicht verstand. Ich bin meiner Zeit voraus.«

Elsässer, Markus: Soziale Intentionen und Reformen des Robert Owen in der Frühzeit der Industrialisierung. Berlin 1984. – Engelhardt, Werner Wilhelm: Robert Owen und die sozialen Reformbestrebungen seit Beginn der Industrialisierung. Bonn 1972.

Steven Gillies

Paine, Thomas
Geb. 29. 1. 1737 in Thetford (Norfolk); gest. 8. 6. 1809 in New Rochelle (New York)

Nicht nur die Gebeine verschwinden, sondern auch der gesamte Nachlaß. Seine Gedanken, sein Werk werden schon gegen Ende seines Lebens totgeschwiegen. Kein Historiker im angloamerikanischen Bereich wagt es, sich mit ihm außer in Schmähschriften auseinanderzusetzen. Der Mann ist im gesamten 19. Jahrhundert in England und Amerika eine Unperson. Nur Charles Darwin wurde so angefeindet wie er. Doch P. ist der Begründer der amerikanischen Unabhängigkeit und der amerikanischen Demokratie. Er gab dem Land den Namen »Vereinigte Staaten von Amerika«, und er ist der geistige Vater der amerikanischen wie auch der republikanischen französischen Verfassungen von 1791 und 1793. Seine Ideen reichen bis zu einer vereinten demokratischen europäischen Republik, und er träumt zeitlebens davon, daß alle Staaten der Welt nach einer demokratischen Verfassung regiert werden, die auf den Menschenrechten beruht. 1792 schreibt er im zweiten Teil seines Hauptwerks *The Rights of Man* (*Die Rechte des Menschen*): »Soviel sich vorhersehen läßt, kann vielleicht in der Folge Europa eine einzige große Republik bilden und der Mensch in dieser vollkommen frei sein.« Garant, Vorkämpfer und Schutzmacht dieser Freiheit in der Welt sind die Vereinigten Staaten. Für kurze Zeit gegen Ende seines Lebens, enttäuscht von Amerika, sieht er sogar Napoleons Frankreich als eine solche Schutzmacht. Er war Revolutionär zweier Welten. Mit der Feder und zu Pferd an der Seite George Washingtons mit dem Gewehr in der Hand kämpft er für die amerikanische Unabhängigkeit. Er ist ihr größter Propagandist, macht diesen Gedanken erst populär und hilft mit allen Mitteln nach, wenn dieser zu erlahmen droht. P. ist der eigentliche Urheber der amerikanischen Utopie, Schutzmacht der freien Welt zu sein. Alle Naivität, mit der amerikanische Präsidenten diesen Anspruch immer wieder vertreten hat, haben in ihm ihren Ahnherrn. So schreibt er in seinem frühen Hauptwerk *Common sense*, das im entscheidenden Augenblick der Auseinandersetzungen zwischen den amerikanischen Kolonien und dem englischen Mutterland am 10. Januar 1776 erschien und den Verfasser über Nacht berühmt machte:»Amerika hat es in der Hand, die Welt neu zu beginnen.« Sein Aufruf zur Unabhängigkeit und zur Gründung einer demokratischen Republik auf der Grundlage der Menschenrechte war der letzte Anstoß zur amerikanischen Revolution von 1776.

Dieser Mann ist das, was man einen vollkommenen Unglücksraben nennt. Geboren als Sohn eines Korsettmachers, schlägt er sich nach der Flucht aus dem Elternhaus bis zu seinem 39. Lebensjahr als Korsettmacher, Zollfahnder, gelegentlich als Soldat auf Kaperschiffen und als Hilfslehrer durch. Seine Schulbildung ist gering und seine Rechtschreibung zeit seines Lebens schlecht. Ein Zufall bringt ihn mit Benjamin Franklin zusammen. Der schickt ihn nach Amerika. Hier beginnt sofort sein Kampf für die Unabhängigkeit, zuerst als Redakteur des *Pennsylvanian Magazine*. Von da an steht er im Zentrum aller bedeutenden politischen Weltereignisse seiner Zeit. Er war enger Freund von drei amerikanischen Präsidenten (Washington, Jefferson und Monroe), befreundet mit einigen der wichtigsten Führer der Französischen Revolution (Sieyès, Lafayette, den Rolands, Danton) und schließlich Berater Napoleons, der ihm in jeder größeren Stadt eine goldene Statue errichten wollte. Er war Sekretär des außenpolitischen Ausschusses im amerikanischen Kongreß, französischer Ehrenbürger und Deputierter in der französischen Nationalversammlung. Vier Departements wählen ihn zu ihrem Vertreter im verfassungsgebenden Konvent. 1792 wird er vom Konvent zum Mitglied einer Verfassungskommission gewählt, zusammen mit Sieyès, Brissot, Barère, Condorcet und Danton. Immer wieder stürzt er aus den hohen Ämtern in den Abgrund politischer und sozialer Ächtung. In England wird er wegen Hochverrats angeklagt und verfolgt, in Frankreich bringt ihn Robespierres Terrorregime als Anhänger der Girondisten ins Gefängnis, und er entkommt nur durch einen Zufall der Guillotine. Von 1786 bis 1793 pendelt er zwischen England und Frankreich hin und her und kehrt erst 1802 nach Amerika zurück.

Als meistgelesener politischer Schriftsteller seiner Zeit hat er es nicht verstanden, auch finanziell aus seinem Erfolg Nutzen zu ziehen. Bis zu dem Zeitpunkt, da ihm die amerikanischen Staaten auf Betreiben Washingtons Ehrengeschenke in Form von

Grundstücken und Geldzahlungen überbringen. Dann versucht er sich als Erfinder in England. Er ist eng befreundet mit William Blake, dem Chemiker Priestley und dem Philosophen Condorcet. Er kämpft für die Republik, lange bevor man in Frankreich überhaupt daran denkt, und als der König schließlich abgesetzt und zum Tode verurteilt ist, versucht er, ihm in einer Verteidigungsrede das Leben zu retten. Gegen Ende seines Lebens schreibt er sein drittes Hauptwerk mit dem Titel *The Age of Reason* (1794; *Das Zeitalter der Vernunft*). Hier entlarvt er alle Religionen als Mythologie, als Erfindung der Herrschenden, um die Beherrschten zu versklaven. Das Christentum dient als Werkzeug der Gewalt den Zwecken der Despoten und als Mittel zum Erwerb von Reichtümern. Ebensolche Schurken und Strolche sind alle Könige, die ihr Recht auf Herrschaft von Gott herleiten. Er ist kein Atheist wie La Mettrie und andere französische Rationalisten. Er glaubt an einen lenkenden Gott und an ein Leben nach dem Tod, und dennoch sind es diese die etablierten Mächte an einem empfindlichen Punkt treffenden Gedanken, die ihm im puritanischen angloamerikanischen Raum eine geradezu ekstatische, hysterische Verachtung einbringen. England giert danach, ihn am Galgen hängen zu sehen, Amerika läßt ihn fallen. Enttäuscht vom Frankreich Napoleons kehrt er nach Amerika zurück, verschwindet dort, von seiner Umgebung verachtet, von allen Freunden vergessen, in der Anonymität eines ärmlichen Vorortes von New York und ergibt sich dem Alkohol.

Er war nicht der Erfinder der Menschenrechte, aber er kämpfte dafür, daß sie in praktische Politik umgesetzt werden, daß sie in die Verfassung aller Staaten Eingang finden, um dem einzelnen vor der Willkür staatlicher Macht einen gesetzlichen Schutz zu bieten. Für diese Grundrechte kämpfte und schrieb er: »Alle Menschen werden frei geboren und bleiben frei und einander an Rechten gleich. Die Erhaltung der natürlichen und unverjährbaren Rechte des Menschen ist der Endzweck aller politischen Verbindungen. Diese Rechte bestehen in Freiheit, Eigentum, Sicherheit und Widerstand gegen Unterdrückung. Die Urquelle aller Souveränität beruht in der Nation. Kein einzelner oder eine Gesamtheit kann eine Gewalt ausüben, die nicht ausdrücklich aus dieser Quelle hergeleitet wird. Alle Bürger sind vor dem Gesetz gleich. Niemand darf wegen seiner Meinung beunruhigt werden. Freie Mitteilung der Gedanken und Meinungen ist eins der schätzbarsten Rechte des Menschen.« Diese Sätze aus der französischen Verfassung von 1793 stehen in seinem Hauptwerk *The Rights of Men* und in ähnlicher Form in allen demokratischen Verfassungen. Seine Utopien: die bürgerliche Weltrevolution, die vereinigten Staaten von Europa, die Republik England, die alleinige Herrschaft der Vernunft und das Verschwinden religiösen Aberglaubens haben sich nicht erfüllt. Erfüllt haben sich eher seine Befürchtungen hinsichtlich der Entartung der republikanischen Herrschaft und des parlamentarischen Systems, die er bereits voraussah. In seinen *Abhandlungen über die Regierung (Dissertation on the first principles of government)* von 1786 warnt er davor, den Volksvertretern zu große Macht einzuräumen und empfiehlt, sie nicht als Herrscher, sondern als Diener anzusehen, sie ständig zu kontrollieren und sie vor allem ständig auszuwechseln. Auf keinen Fall aber, so schreibt er in *The Rights of Men* dürfen sich Regierungen die Eitelkeit anmaßen, Entscheidungen zu treffen, die von kommenden Generationen nicht mehr rückgängig gemacht werden können. »Die Eitelkeit und Anmaßung, noch jenseits des Grabes regieren zu wollen, ist die lächerlichste und unverschämteste aller Tyrannen. Der Mensch besitzt kein Eigentum in dem Menschen; ebensowenig besitzt eine Generation in künftigen Geschlechtern Eigentum.« Vielleicht steckt in diesem Satz ein neues, noch zu entdeckendes Menschenrecht.

Aldridge, Alfred Owen: Man of Reason. The Life of Thomas Paine. New York 1959.

Michael Winter

Parmenides

Geb. um 515/510 v.Chr. in Elea (?); gest. nach 450 v.Chr. in Elea (?)

Keiner der griechischen Philosophen vom Rang des P. bleibt uns so unbekannt wie er. Seine Heimat ist das griechische Süditalien, das südlich von Paestum gelegene Elea, wo er den Großteil seines Lebens verbringt. Andere zuverlässige Nachrichten jedoch fehlen.

Wie die beiden anderen italischen Philosophen Xenophanes und Empedokles setzt auch P. seine Lehre in epische Verse. Im berühmten Prolog seines Gedichtes schildert er, wie Pferde seinen Wagen hochtragen auf der »kundereichen Straße« der Sonne, und wie ihn jenseits des »Tores der Wege von Nacht und Tag« eine Göttin empfängt, die ihm zuerst die »wohlgerundete Wahrheit« über die Natur der Wirklichkeit, danach die »unzuverlässigen Meinungen der Menschen« offenbart. Das Bild der Unterweisung des Dichters durch die Gottheit entlehnt P. den religiösen Lehrgedichten Hesiods. Autorisiert von göttlichen Instanzen, passiert er die Grenze zwischen den traditionellen Vorstellungen und seiner neuen Erkenntnis und erreicht, auf dem Weg des Denkens, ein Verständnis *Vom Wesen (des Seienden)*. Gute Gründe sprechen dafür, diesen so vielen vorsokratischen Texten zugeschriebenen Titel tatsächlich auf P. zurückzuführen. Mit diesem mythisch-allegorischen Rahmen verleiht er seiner Erkenntnis die Aura göttlicher Offenbarung. Der erste der beiden Hauptteile beginnt mit erkenntnistheoretischen Überlegungen. In jeder Untersuchung gibt es nur zwei logisch kohärente Möglichkeiten, die einander ausschließen: ›Etwas (oder, genauer, ›das Objekt der Untersuchung‹) existiert‹, oder ›etwas existiert nicht‹. Indem er die zweite Möglichkeit als nicht intelligibel ausscheidet – »Weder kann man das Nichtseiende wissen, noch es erklären, denn es ist dieselbe Sache, die gedacht werden und sein kann« –, beweist er die erste Möglichkeit. »Nichts ist nicht« (ein Gedanke, dem er größtes Gewicht beimißt), das Seiende aber »ist«. Und: Das Seiende und der Gegenstand der Untersuchung sind identisch.

P. weigert sich, die physikalische Welt wie die ionischen Denker als etwas Gegebenes zu akzeptieren. Wie ein antiker Descartes fragt er, welche fundamentale Tatsache nicht geleugnet werden kann. Die Antwort heißt für ihn »ist« – »etwas existiert«. Ein Angelpunkt seiner Argumentation ist der Gebrauch des Verbs »sein«. Er verwendet es existential (das Seiende »existiert«) und prädikativ (das Seiende »ist« rund). Doch gewinnt bei ihm auch der prädikative Gebrauch existentialen Charakter. Das Prädikat (»rund«) wird selbst zum Seienden: weniger die Richtigkeit der Prädikation als ihre ursprüngliche Wahrheit bezeichnet das »ist«. In der Konsequenz dieser Entdeckung stellt er das Urteil der Sinne in Frage und schenkt allein dem Urteil der Vernunft Vertrauen. Zum erstenmal in der europäischen Philosophie werden Wahrnehmung und Vernunft in Antithese gesetzt. P. zieht einen Trennstrich zwischen dem Schauspiel der materiellen Welt und dem Intelligiblen, der Erkenntnis der Sinne und des Logos, und erklärt zugleich allein die letztere für zuverlässig und wirklich. Nicht mit den Sinnen, sondern nur durch einen Prozeß dialektischen Denkens kann die Wirklichkeit erfaßt werden. P. öffnet den Weg hin zu jenem Idealismus, der in Platon seinen sprachmächtigsten Botschafter finden wird.

Der einzig verläßliche Weg der Untersuchung ist der Weg des »ist«. Dies scheint unbegrenzte Möglichkeiten der Untersuchung zu erschließen. Doch reduziert P. mit Hilfe einer Reihe von »Zeichen« – Bedingungen, die das Seiende erfüllen muß – diese Infinität auf genau eine Möglichkeit: die Realität als Ganzes. Diese definitiven Merkmale des Seienden zählt er am Anfang seines Hauptarguments auf: »es ist ungeworden und unvergänglich, ganz, von einer Art, und unerschütterlich und vollkommen«, und begründet sie im folgenden.

Es ist ungeworden und unvergänglich: »Weder war es einmal, noch wird es sein, da es jetzt ist, zugleich ganz, eins, zusammenhängend.« Das Seiende kann weder entstanden sein noch in einer Zukunft existieren (oder vergehen). Wenn etwas ist, kann man nicht mehr sagen, es sei gewesen oder werde sein – »Was ist, ist«. Nur den ersten Punkt begründet P. genauer: Sein kann nicht werden – woher, und wie soll es entstehen? Das Woher läßt sich nur beantworten mit »aus dem Nichtseienden«, was unmöglich ist. Zum Wie: alles, was sich entwickelt, muß ein Prinzip dieser Entwicklung (ein »Bedürfnis«) in sich tragen. Wie aber kann es etwas in sich tragen, wenn es nicht existiert? Es ist ganz, von einer Art: Es gibt allein Seiendes, keine Grade, Abstufungen oder Teile dieses Seienden. Wäre es nicht durch und durch Seiendes, hätte es keine Homogenität und stünde in Gefahr auseinanderzufallen. Doch Sein impliziert ein homogenes Kontinuum. Es ist unerschütterlich und vollkommen: »Bewegungslos, in den Grenzen großer Fesseln, existiert es ohne Anfang, ohne Ende. Dasselbe, am selben (Ort) bleibend, ruht es in sich. Denn die mächtige Ananke (Notwendigkeit) hält es in den Fesseln einer Grenze, die es ringsum umschließt. Denn (es ist) Recht, daß das Seiende nicht unvollkommen ist.« P. betont die völlige Immobilität der Wirklichkeit. Da das Seiende ein einziges homogenes Ganzes ist, ist ihm jede Form der Bewegung oder Veränderung – innerlich wie äußerlich – fremd. Und er betont seine Abgeschlossenheit. Er legt es in »peírata« (Grenzen), um es gegen jedes »ápeiron« (das Unbegrenzte, Unvollkommene) zu sichern. Die Wirklichkeit kann nicht unvollkommen sein – sonst wäre sie in einem gewissen Maß nicht –, was unmöglich ist. »Da (es) eine äußerste Grenze (gibt), ist es vollkommen von allen Seiten her, wie die Masse einer wohlgerundeten Kugel, von der Mitte her nach allen Seiten gleich.« Was ist, kann in keine Richtung mehr sein als in eine andere. Von seinen Grenzen als vollkommen definiert, ist das Seiende ein in sich geschlossenes Ganzes. Dies alles verweist auf die im griechischen Denken als vollkommen konnotierte Form; die Wirklichkeit des P. besitzt die Gestalt einer Kugel. Er denkt dabei offenkundig an einen wörtlichen und einen metaphysischen Sinn seiner Kugel. Das Sein kennt keine zeitlichen Grenzen – es ist immerwährend. Hätte es jedoch keine räumlichen Grenzen, könnte es nicht vollkommen existieren. Die Vorstellung dieses Seienden erinnert an Einsteins gekrümmtes All: es ist endlich, und doch gibt es kein »dahinter«. Es gibt keine Leere. Leere kann nur sein, wo kein Seiendes ist. Aber wo kein Sein ist, ist Nichtsein – und dieses existiert nicht: »Nichts ist nicht.« Andererseits ist das Seiende mit den Sinnen nicht begreifbar; es ist unveränderlich und »zeitlos«. Diese Eigenschaften sprechen für seine Immaterialität. Das Seiende ist ein Objekt des Denkens, nicht der Sinne.

Dieser Ontologie folgen in der zweiten Hälfte des Gedichts die »Meinungen der Menschen«. P. erzählt eine Kosmogonie, welche die der Milesier korrigiert. Während diese die Pluralität der Welt aus einer ursprünglichen Einheit ableiten, muß für P. eine Kosmogonie, die Pluralität gründet, notwendig mit zwei Ursachen beginnen, die in einem bestimmten Maß die Qualitäten des Seienden besitzen und zusammen die ganze sinnliche Realität beinhalten und durchdringen. Nicht im Auseinanderfallen einer Ureinheit also, sondern in der Interaktion dieser beiden polaren Kräfte – der kosmogonen Prinzipien »Licht« und »Nacht« – entsteht der Kosmos. »Inmitten von diesen (beiden) aber« sieht P. eine schöpferische Kraft: Aphrodite-Ananke, »die Göttin, die alles lenkt«, und die die Himmelskugel in ihren Grenzen hält.

Die Kosmogonie der zweiten Gedichthälfte scheint der Ontologie der ersten Hälfte radikal zu widersprechen. Nicht zufällig ist die Frage nach dem Verhältnis der beiden Teile zueinander zum Kernproblem der P.-Forschung geworden. Den Ausgangspunkt einer Lösung liefern die signifikanten Entsprechungen zwischen beiden Gedichthälften. So kehrt die Kugelform des Seienden wieder in der Himmelskugel der zweiten Hälfte, und beide hält Ananke in ihren Grenzen: wie sie im Reich der Wahrheit das Seiende bewahrt, erhält sie in der Welt des Scheins das Werden. Das spricht dafür, daß die Vision des Seienden doch auf die Welt zielt. Nicht die Welt also negiert P., sondern ihren Schein von Werden und Vergehen. Auch die sinnliche Welt, in der die Gegensätze herrschen, ist Wirklichkeit: das von den Menschen falsch (da in seinen Gegensätzen) wahrgenommene Seiende. Sie glauben an Veränderung, Werden und Vergehen, Sein und Nichtsein, Vorstellungen, die das Seiende auf seine (scheinbaren) Gegensätze reduzieren, und damit dem einen Sein zugestehen, dem anderen Nichtsein (»Es ist Tag, und nicht Nacht«). Doch das Seiende kennt kein Nichts (»Nichts ist nicht«), vielmehr umschließt es alles: »dem (Seienden) ist alles zugesprochen, was die Menschen gesetzt haben: zu werden und zu vergehen, zu sein und nicht zu sein.« Die Vielheit des von den Menschen als getrennt Wahrgenommenen ist aufgehoben in der Einheit des Seienden. Nicht zwei Welten also gibt es, sondern zwei Wahrnehmungen. Die Menschen selbst sind die Produzenten ihrer Scheinwelt. Indem sie die beiden Urenergien »Licht« und »Nacht« nicht als die beiden Seiten der einen Wirklichkeit begreifen, sondern allein als einander ausschließende und negierende Polaritäten, entwickeln sie die falschen Ideen von Werden und Vergehen. Sie »benennen« das Seiende in seinen beiden (scheinbaren) Gegensätzen und schaffen so mit diesen Namen eine neue Realität: die Zweiheit des Scheins.

Doch läßt sich eine zweite Deutung denken, die diese Versöhnung von Schein und Sein nicht nachvollziehen will und P. als strengen Metaphysiker rettet. Um der Radikalität seiner Entdeckung des Intelligiblen willen ist P. Gefangener seiner Sprache. Es gibt für ihn nur das Seiende und das (nicht-existente) Nichtseiende. Die

Welt der Erscheinungen, die kein Sein besitzt, fällt damit unweigerlich dem Verdikt des Nichtseins zum Opfer. Platon, sein Erbe, wird diese unversöhnliche Antithese aufgeben und die Welt der Phänomene (das Werden) als dritte ontologische Kategorie zwischen Sein und Nichtsein setzen. P. sieht diesen dritten Weg nicht. Doch ist seine Welt der Erscheinungen kein reines Nichtsein. Wie die Parallelen zwischen den beiden Gedichthälften, aber auch der Ausdruck »Schein« suggerieren, ist sie in gewissem Maß ein Abbild der Realität: Das Werden in der Welt der Sinne ist das Gegenstück zum Sein der Wirklichkeit.

Die große Leistung des P. ist die Entdeckung der Ontologie. Seine Lehre vom intelligiblen Wahren wird zur Wasserscheide der vorsokratischen Philosophie, die das »Zeitalter der Unschuld« (J. Barnes), die Epoche der Milesier und des Heraklit, beendet. Konfrontiert mit den Argumenten aus Elea, geht die Philosophie nach P. in zwei verschiedene Richtungen. Die Naturphilosophie (Empedokles, Anaxagoras, die Atomisten) entwickelt die Idee unveränderlicher Stoffe, der Elemente bzw. Atome. Über die eleatische Schule und die sophistische Erkenntniskritik aber führt die spekulative Logik des P. zur Dialektik und Ontologie Platons.

Heitsch, Ernst: Parmenides. Die Fragmente. München/Zürich ²1991. − Coxon, A. H.: The fragments of Parmenides. Assen 1986. − Hölscher, Uvo: Parmenides. Vom Wesen des Seienden. Frankfurt am Main 1969. − Fränkel, Hermann: Parmenidesstudien. (1930) Jetzt in: Ders.: Wege und Formen frühgriechischen Denkens. München 1968, S. 157−197. − Reinhardt, Karl: Parmenides und die Geschichte der griechischen Philosophie. Bonn 1916 (Frankfurt am Main 1959).

Peter Habermehl

Parsons, Talcott
Geb. 13. 12. 1902 bei Colorado Springs; gest. 8. 5. 1979 in München

Das Denken von P. kreiste um die ordnende Erfassung der sozialen Mannigfaltigkeit und die Entwicklung eines dafür geeigneten analytischen Rahmens in der Soziologie. Beides zusammengenommen sollte in der ersten systematisch entfalteten soziologischen Theorie in den USA resultieren und die vergleichsweise junge Disziplin der Soziologie als unabhängige Einzelwissenschaft etablieren. Das Ergebnis dieses Forschungsprogramms − die strukturell-funktionale Theorie und systemtheoretische Konzeptionalisierung von Gesellschaft − hat die amerikanische sowie Teile der europäischen Soziologie bis in die 60er Jahre beherrscht und erfreut sich gegenwärtig eines erneuten Interesses.

P.' über 40jährige Lehrtätigkeit als Soziologe an der angesehenen Harvard-Universität, an der er später ebenfalls einflußreiche Schüler wie Robert K. Merton heranzog, hat stark zum institutionellen Einfluß seines Ansatzes beigetragen. Bei der Ausarbeitung seines Forschungsprogramms griff P. auf die europäische Soziologie-Tradition und die methodologischen Prämissen der »erfolgreichsten« Sozialwissenschaft, der Ökonomie zurück. »Die Wichtigkeit der Ökonomie in dem ganzen Bild«

nicht gewürdigt zu haben, warf P. gegen Ende seines Lebens den Kommentatoren
seines Werkes vor. Bereits als Biologiestudent in Amherst (1920 bis 1924) war er
unter den Einfluß von Walton Hamilton und Clarence Ayres geraten, die als Vertreter
der institutionellen Schule der Ökonomie die historisch-gesellschaftlichen Bedingungen wirtschaftlichen Handelns als Gegenstand der Wirtschaftswissenschaft
durchzusetzen suchten. Ein Studienjahr an der »London School of Economics«
(1924 bis 1925) nach der Graduierung verstärkte für ihn diesen Standpunkt und
brachte ihn außerdem durch den Anthropologen Bronislaw Malinowski mit dem
Funktionalismus in Berührung, den er später als herrschendes methodisches Prinzip
auch in der Wirtschaftstheorie vorfand. Er setzte sein Studium von 1925 bis 1926 in
Heidelberg fort, wo er sich mit den Arbeiten von Max Weber und Werner Sombart
auseinandersetzte und eine Dissertation über ihre Kapitalismusvorstellungen schrieb
(1928/29). Derart für einen Ökonomen relativ unorthodox ausgebildet, reihte sich
P. 1927 in die Schar junger Instructors im damals führenden Ökonomie-Department
Amerikas in Harvard ein, wo er sich intensiv mit der dort herrschenden neo-
klassischen Ökonomie beschäftigte. Neo-Klassiker wie Josef Schumpeter und Frank
Taussig polemisierten gegen den »Trugschluß unangebrachter Konkretheit« (Whitehead) der institutionellen Schule und propagierten Ökonomie als spezialisierte
Wissenschaft, die ökonomische Gesetze über theoretisch konstituierte Ausschnitte
aus der sozialen Wirklichkeit formulierte. P. übernahm die wissenschaftstheoretischen Prinzipien der Neo-Klassiker, die er in Harvard auch in dem Pareto-Zirkel
des Biochemikers J. L. Henderson und bei Alfred N. Whitehead nachhaltig akzeptiert fand; zugleich sah er aber auch die Kritik der Institutionalisten an den
abstrakten rationalistischen Modellen der neo-klassischen Ökonomie als berechtigt
an.

Indem er die institutionellen Faktoren wirtschaftlichen Handelns dem Gebiet der
Soziologie zuwies und zugleich die Soziologie nach dem methodologischen Vorbild
der neo-klassischen Ökonomie entwickeln wollte, fand er eine Lösung des Schulen-
streits in der Ökonomie, die von da an die Soziologie als sein Hauptarbeitsfeld
etablierte (*The Structure of Social Action*, 1937) – zumal er 1931 in das neueröffnete
Soziologie-Department gewechselt war, da er realisiert hatte, daß er »auf eine
Zukunft in Ökonomie an der Harvard-Universität nicht rechnen« könne. Bei einer
systematischen Inspektion der europäischen Klassiker Emile Durkheim, Vilfredo
Pareto, M. Weber und Alfred Marshall (1937) hatte er das »soziale Handeln« als die
soziologische Grundkategorie ausgemacht, in der deren Werke konvergierten. Sein
Interesse richtete sich darauf, daß zweckgerichtete soziale Handlungen wiederkehrende regelmäßige Strukturen aufweisen, die ihrerseits in unabhängigen Beziehungen zueinander stehen. Ihn faszinierte die Idee von »Struktur« in der scheinbar
unendlich mannigfaltigen sozialen Wirklichkeit. Die Implikationen dieser Idee versuchte er über vierzig Jahre bis zu seiner letzten Essay-Sammlung *Action Theory and
the Human Condition* (1978) im Rahmen einer Theorie des sozialen Handelns
auszuarbeiten, zu der ihm der Begriff des Systems einen Zugang eröffnete. Handlungen als »die immer wiederholte Auflösung einer endlosen Folge von Selektions-
problemen, denen sich Aktoren gegenübersehen«, resultieren in differenzierten
Systembildungen, die nach ihren Konstitutionsbedingungen hinsichtlich ihrer bio-

logischen, psychischen, normativen und Interaktionsbedingungen betrachtet und in den Verhaltenssystemen, Persönlichkeitssystemen, Kultursystemen und Sozialsystemen sowie weiteren Subsystemen analytisch getrennt untersucht werden. Der Begriff des Systems schreibt einem Gegenstand die Eigenschaft der selektiven Verbundenheit bestimmter Aspekte zu. P. begreift Handlungen als systembildend im Sinne teleologischer und offener Systeme, die eine zielgerichtete Organisation aufweisen und mit ihrer Umwelt in beständigen Austausch- und fließenden Anpassungsprozessen stehen, wobei die ausdifferenzierten Handlungssysteme jeweils spezifische Umwelten füreinander darstellen (*The Social System*, 1951; *Societies*, 1966).

Seine Soziologie besteht im wesentlichen aus mehreren Versuchen, geeignete Begriffsschemata zu entwickeln, mit denen die verschiedenen Handlungssysteme hinsichtlich ihrer Strukturbildungen, Systemprobleme, Funktionen und gegenseitigen Beziehungen analytisch gefaßt werden können. Dabei fand die Kybernetik seit den 60er Jahren zunehmend Eingang in seine Formulierungen. Obwohl sich P. einen »unheilbaren Theoretiker« genannt hat, enthalten seine Arbeiten vielfältige Bezüge zu empirischen Phänomenen wie der Familie, der Medizin, der Religion und der amerikanischen Universität, die er im Sinne seines »analytischen Realismus« begrifflich darzustellen suchte. Obwohl P. darum bemüht war, eine allgemeine Theorie des Handelns und aller seiner Systembildungen zu entwickeln, konzentrierte sich seine Hauptarbeit auf eine Analyse des Sozialsystems, bei dem die motiv- und verhaltensbezogenen Elemente des Handelns sowie die soziale Interaktion normativ geprägt sind. Die Verknüpfung der ausdifferenzierten Subsysteme des Handelns ergibt sich dabei durch die Verpflichtung des einzelnen auf die kulturellen Werte (zumeist geleistet durch die Familie im Sozialisationsprozeß) sowie die Institutionalisierung der kulturellen Werte als soziale Normen (zumeist vermittelt über die Religion). Obwohl er anfangs dem Evolutionsgedanken skeptisch gegenübergestanden hatte, entwickelte P. auch eine Theorie der Evolution von Gesellschaften. Evolution faßte er analytisch als Differenzierung (*Societies*) und als Resultat spezifischer integrativer Mechanismen (sog. Medien wie Geld, Macht, Einfluß, »commitments«), ohne daß er die Theorie der Interaktionsmedien jedoch voll ausgearbeitet hätte (*Social Systems and the Evolution of Action Theory*, 1977).

P.' Gesamtwerk erscheint als Ausdruck einer biographischen Verpflichtung, das einmal aus vielen europäischen und amerikanischen Quellen destillierte Thema der Struktur von Handlungen in seinen vielfältigen Verzweigungen systematisch zu entfalten. Die akademische Umgebung der bedeutendsten amerikanischen Universität, Anregungen durch Kooperationen mit Kollegen wie Robert F. Bales, Neil J. Smelser, Edward A. Shils, Samuel A. Stouffer, Gerald Platt sowie nicht zuletzt auch eine persönliche Welterfahrung, die sich – unbeeinflußt vom Ersten Weltkrieg und der Wirtschaftskrise 1929 – früh an Stabilität und Erfolg im Berufsleben orientierte, wirkten sich sicherlich fördernd auf P.' wissenschaftliche Leistung aus. In der normativen Akzentuierung seines Gesellschaftsbegriffs kommt nicht nur eine in Harvard zu Beginn der 30er Jahre stark ausgeprägte ideologisch-politische Abwehrhaltung gegenüber dem Marxismus zum Ausdruck, sondern auch eine spezifisch amerikanische Form von Vergesellschaftung, die P. seit seiner Kindheit als Sohn eines kongregationalistischen Pfarrers (und College-Professors für Englisch) in Colorado

Springs nachhaltig erlebt hat: das gemeinschaftliche Handeln einer Religionsge-
meinschaft, die sich in der Tradition des Social Gospel am normativen Ideal eines
»institutionalisierten Individualismus« orientierte.

Alexander, Jeffrey C.: The Modern Reconstruction of Classical Thought: Talcott Parsons.
Berkeley 1983. – Jensen, Stefan: Talcott Parsons. Eine Einführung. Stuttgart 1980.

Marlis Krüger

Pascal, Blaise

Geb. 19. 6. 1623 in Clermont-Ferrand; gest. 19. 8. 1662 in Paris

P. ist wohl der berühmteste Denker der französischen Klassik, der theologische und philosophische, logische, mathematische und physikalische Fragen in eins dachte und diese
Fragen so mit dem Schicksal seiner eigenen Person ver-
schränkte, daß die Biographie selbst zum Zeugnis seiner
Gedanken wurde. Dieser Habitus gehört zur Spiritualität;
seine Biographie ist denn auch ein Muster spiritueller Biographien: eine hypersensible Natur, Empfindlichkeiten, eine
Anfangsphase weltlicher Wissenschaft, die nicht frei von
theologischen Interessen war, ein Erweckungserlebnis,
Rückzug in die Spiritualität, verbunden mit strenger Askese,
früher Tod. Das sind Muster, deren Elemente sich seit Augustins spiritueller Biographie bei Franziskus, bei Johannes vom Kreuz, auch bei dem Zeitgenossen P.s
Angelus Silesius finden. P. ist sicher der bekannteste dieser Spiritualen im 17.
Jahrhundert, wahrscheinlich auch deshalb, weil er durch sein mathematisches Genie
mit der neuen Modewissenschaft verbunden war.

P. wurde in eine Zeit hinein geboren, in der Frankreich unter Richelieu sich
seine europäische Vormachtstellung sicherte, in der England die Versuche Karls I.,
einen Absolutismus zu etablieren, scheiterten, als in Deutschland der Dreißigjährige
Krieg – nicht ohne Beteiligung Frankreichs – allmählich in seine selbstzerstörerische
Phase trudelte. Aber auch in Frankreich war die innere Situation keineswegs
widerspruchsfrei. Die neue Kaste der Parlamentsjuristen, die an den seit Heinrich
IV. eingerichteten Stadtverwaltungen (»parlements«) wirkten, wurden teils in die
neue Politik integriert, teils standen sie in Opposition zu Politik und Staatskirche:
Hier wurde später die Rolle des Jansenismus virulent. P.s Biographie ist ohne diese
Spannungen nicht begreifbar, und seine Familiengeschichte ist bis in die Einzelheiten in dieses Feld zwischen Jansenismus, Wissenschaft und Politik verwoben. Sein
Vater Etienne war einer der bedeutenden Vertreter des Verwaltungsadels; bis 1634
Präsident des Obersteueramts von Clermont, zog er sich 1638 wegen seiner Kritik
der königlichen Steuerpolitik die Ungnade des Hofs zu, wurde ein Jahr später
rehabilitiert und wirkte dann als bevollmächtigter Steuerkommissar an der Unterdrückung eines Aufstandes in Rouen mit, der just wegen der Steuergesetze, die er
kritisiert hatte, ausgebrochen war. Seit 1636 war Etienne Pascal zugleich Mitglied
von Marin Mersennes Akademie, der bedeutendsten Vereinigung von Naturwissen-

schaftlern im frühen 17. Jahrhundert; er kritisierte, zusammen mit dem Mathematiker Roberval, Descartes' *Discours de la Méthode* und trat für Fermats Mathematik ein.

Neben dem wissenschaftlichen und politischen Bereich hatte sich mit der Entwicklung des Jansenismus – der Name stammt vom Bischof von Ypern, Cornelius Jansenius – ein nachgerade gegenhöfischer Bereich gebildet,` in dem augustinisch strenge Theologie gepflegt wurde, in dem Weltabgewandheit und Politikverachtung auch im Zeitalter Richelieus und gegen seine Interessen mystisch begründet und gelebt wurden. Seit 1602 schon war die ältere Schwester des »großen« Antoine Arnauld, Mère Angélique Arnauld, Äbtissin des Klosters Port Royal, das sie zum Zentrum des Jansenismus machen sollte; seit 1634 war Saint Cyran geistlicher Direktor in Port Royal – Richelieu setzte ihn von 1638 bis 1643 gefangen. 1640 erschien posthum die berühmte Augustinus-Monographie des Jansenius, in der Augustins unbedingte Gnadenlehre vertreten wurde.

Zwischen Wissenschaft, Weltflucht und Politik vollzog sich P.s Leben. In diesem Kreis des intellektuellen Hochadels am Rande der großen Politik wurde er von seinem Vater nach den pädagogischen Maximen Montaignes erzogen. 1635, mit zwölf Jahren, erfand er – seine Schwester Gilberte Périer berichtet diesen Topos vom Wunderkind – ohne Anleitung die euklidische Geometrie bis zum 32. Lehrsatz neu, seit 1642 versuchte er, eine Rechenmaschine zu konstruieren, um seinem Vater die Steuerberechnungen zu erleichtern. 1645 ist diese Rechenmaschine funktionstüchtig, und P. wird durch die Veröffentlichung des Widmungsbriefs an den Kanzler, in dem die Funktionen seiner Maschine erläutert werden, berühmt. Zur selben Zeit gerät der junge P. in den Umkreis theologischer Spekulation und Frömmigkeit. Nach dem Tode von Saint Cyran bekam Antoine Arnauld größeren Einfluß auf die Spirituralen in Port Royal; sein Freund Jean Guillebert, Pfarrer von Rouville, war der Urheber einer Bekehrungswelle in der Normandie, von der 1646 auch die Familie P.s erfaßt wurde. Die Rechtgläubigkeit P.s ging so weit, daß er im Februar 1647 den Kapuziner Jean Forton, der die häretische These vom himmlischen Fleisch Christi vertrat, beim Bischof von Rouen denunzierte; Forton widerrief. Zur gleichen Zeit wiederholten P., sein Vater und der Mathematiker Pierre Petit, ein Freund Gassendis, gemeinsam die Vacuum-Experimente Torricellis, deren Ergebnisse er 1647 veröffentlichte: *Expériences nouvelles du vide (Neue Versuche über die Leere)*. Zugleich redigierte er seine *Préface pour un Traité du Vide (Einleitung zu einer Abhandlung über die Leere)* und begann einen Briefwechsel mit dem Jesuiten Noel über dieses Thema. Dieser Briefwechsel steigerte sich rasch in heftige Polemik. Am 23. und 24. September 1647 hatte P. eine Unterredung mit Descartes – aber beide Gelehrte verstanden sich anscheinend nicht recht. Am 15. November desselben Jahres lud P. seinen Schwager Périer ein, an einem Experiment in Puis de Dôme teilzunehmen, das Torricellis Hypothese vom Gewicht der Luft belegen sollte. Das Experiment fand aber erst am 16. September 1648 statt und wurde von P. in Paris vom Turm der Kirche Saint Jacques de la Boucherie aus wiederholt. Mit diesem Experiment war die aristotelische These vom »horror vacui«, den die Natur hege, widerlegt. Zugleich beschäftigte sich P. mit mathematischen Problemen und schrieb einen – verlorengegangenen – Aufsatz über Kegelschnitte.

Die erste Bekehrung P.s kann – jedenfalls oberflächlich gesehen – nicht von großer Wirkung gewesen sein. Vielmehr scheint er sich zunächst der Frömmigkeit eher entfremdet zu haben: Als seine Schwester Jacqueline 1651 ins Kloster Port Royal eintreten wollte, versuchte er, diesen Schritt mit nahezu allen Mitteln zu verhindern; freilich erfolglos. Die nächsten zwei Jahre datieren als P.s »weltliche Periode«. Er verkehrte und reiste mit dem Herzog von Roannez (den er später bekehren wird) und anderen Skeptikern und Libertins – sein Adressatenkreis für die späteren *Pensées*. Er führt seine – erneut verbesserte – Rechenmaschine vor und verfaßt seine wichtigsten physikalischen und mathematischen Schriften: *De l'équilibre des liqueurs; De la pesanteur de la masse de l'air* (beide posthum 1663; *Über das Gleichgewicht der Flüssigkeiten*; *Über das Gewicht der Luft*); *Traité du triangel arithmétique* (1665; *Abhandlung über das arithmetische Dreieck*) und die Ankündigung der Wahrscheinlichkeitsrechnung: *Adresse à l'académie parisienne de mathématique*. Von September 1754 an nähert er sich der Position seiner frommen Schwester; am 23. November 1654 hat er sein Erweckungserlebnis, das er in dem berühmten *Mémorial* festgehalten hat, dem Pergament, das er im Futter seines Mantels einnähte.

Von 1655 an orientiert sich P. immer stärker nach Port Royal. Als 1656 Antoine Arnaulds Verteidigung des Jansenismus durch die Sorbonne verurteilt wird, beginnt P.s große Karriere als theologischer Polemiker: Er veröffentlicht in zunächst vierzehntägigem, dann monatlichem Abstand die *Lettres Provinciales* (bis zum Jan. 1657; *Provinzialbriefe*), in denen er mit den Mitteln jansenistischer Theologie gegen die jesuitische Theologie und Moral polemisiert. Die Briefe werden schon am 6. September 1656 auf den Index gesetzt. Ihr öffentlicher Erfolg ruiniert die Reputation der Jesuiten in Frankreich nachhaltig. Gleichzeitig beginnt P. wohl mit der Abfassung seiner *Pensées* (*Gedanken*).

Dennoch blieb er auch in weltlichen Geschäften tätig: Er setzte seine mathematischen Studien fort und veröffentlichte 1658 seine *Première lettre relative à la cycloïde* (*Erstes Rundschreiben über die Zykloide*). Als im Oktober 1661 Arnauld schließlich das »Formulaire«, die Erklärung, daß einige Sätze des Jansenius häretisch seien, unterzeichnete, versuchte P. – vergeblich – noch einmal, seinen radikalen Jansenismus auch in Port Royal durchzusetzen. Obwohl sich seine Magenkrankheit kontinuierlich verschlimmerte – er kann nur gelegentlich warme Milch zu sich nehmen und vor Schwäche kaum lesen und schreiben –, entwickelte er 1662 noch den Plan eines gemeinnützigen Transportunternehmens. Die »Carosses à cinq sols« werden am 19. März 1662 eröffnet. Am 3. August schreibt er sein Testament, empfängt am 17. die Sterbesakramente und stirbt zwei Tage später. Hätte er zwei Jahre länger gelebt, wäre auch er Opfer der großen Jansenistenverfolgungen gewesen, die bis 1668 Frankreich theologisch erschütterten.

Mit seinem Erweckungserlebnis, das er im *Mémorial* beschrieben hat, wurden P. im mystischen »Nu« die wesentlichen Punkte seines Glaubens klar. Seit jener Nacht des 23. November 1654 war er vor allem Spirituale. Der Gott, der sich ihm im Feuer gezeigt hatte, war nicht der Gott der Philosophen, es war der Gott Abrahams, Isaaks und Jacobs, zugleich der Gott, zu dem der Weg nur über Christus und das Evangelium führt. Und hierin besteht die Größe der menschlichen Seele, den Kreuzestod Christi zu bekennen, sich dadurch auf Gott verweisen zu lassen, der Welt zu entsagen und sich in vollkommener und liebevoller Unterwerfung unter das Evangelium zu stellen. Dieses Erweckungserlebnis hat alle Merkmale eines mystischen Schlüsselerlebnisses: Selbstaufgabe in einem Moment der absoluten Empfänglichkeit, die Vorstellung der Begnadung durch Gott, der daraus folgende Gehorsam. Diese Bekehrungsmystik war zugleich ein wesentliches Element der paulinischen und augustinischen Theologie. Die letzten acht Lebensjahre und seine religiöse und theologische Schriftstellerei waren von der absoluten Priorität Gottes und von dem Graben geprägt, der sich ihm zwischen Weltlichkeit und Spiritualität auftat. Das war – neben seinem reizbaren Charakter – der Grund für die kompromißlose Schärfe und Gegnerschaft gegen jede Vermischung göttlicher und weltlicher Wissenschaft, das war der Grund für die gnadenlose Verteidigung der jansenistischen Gnadenlehre in den *Lettres Provinciales*. Diese 18 fiktiven Briefe an einen fiktiven Adressaten in der Provinz, anonyme Flugschriften, deren Verfasserschaft ihm erst 1687 endgültig zugeschrieben wurde, haben das Bild der katholischen Theologie in Frankreich nachhaltig verändert. Seit sie 1657 unter dem Pseudonym Louis de Montalte von Pierre Nicole zuerst in Buchform herausgegeben wurden, erschienen sie bis 1750 in mindestens fünfzig Auflagen, wurden bald in alle großen europäischen Sprachen übersetzt und demontierten nicht nur die Reputation der jesuitischen Theologie, sondern – und das ist wichtiger – sie diskreditierten die scholastische Methode in der Theologie insgesamt, indem sie die Schultheologie entweder als unerträglich subtil oder als kasuistisch kennzeichneten. Am Ende wurde damit die Autorität der katholischen Kirche nachhaltig erschüttert und – gewiß gegen den Willen P.s – für die Kritik der Aufklärung präpariert. Das geschah in den *Lettres Provinciales* mit zwei Argumentationsgruppen: Einmal mit der Denunzierung der molinistischen Gnadentheologie: Der spanische Jesuit Louis de Molina hatte in seinem Hauptwerk *Liberi arbitrii cum gratiae donis concordia* (1588) die These vertreten, die Schädigung des Menschen durch den Sündenfall habe seine gottebenbildliche Natur nicht vernichtet; der Mensch sei folglich in der Lage, das Gute zu erkennen und frei zwischen Gut und Böse zu wählen. Jansenius hatte in seinem *Augustinus* die Lehre Molinas mit dem Argument angegriffen, daß in ihr der Gnade Gottes Grenzen gesetzt würden: Gegen die Gnade Gottes sei der Mensch machtlos. Die molinistische Theorie hatte sich in abgeschwächter Form als Kongruismus bei den Jesuiten durchgesetzt: Es gebe eine »gratia sufficiens«, die allen Menschen von Natur aus verliehen sei; diese werde durch die »gratia efficax«, die unmittelbare Kraft Gottes bei jeder Handlung, unterstützt. Hier hakte P.s (und Arnaulds) Hauptargumentation gegen die Jesuiten ein: Konnte man, wenn man sich auf die kongruistische Kompromißformel einließ, überhaupt einen Unterschied machen zwischen dem Eingreifen der Gnade Gottes in jede menschliche Handlung und dem menschlichen Vermögen zu gutem Handeln? Wie sollte sich ein Vermögen bestimmen lassen, das nicht angewendet wurde? Mit diesem Argument wurde zugleich die scholastische Methode, die zu dem kunstvollen Kompromiß in der Gnadenlehre geführt hatte, die »subtile« Methode begrifflicher Distinktionen, selbst getroffen: Nicht nur die Gnadenlehre wurde destruiert, sondern zugleich die Methode, mit der sie gewonnen wurde. In dieser logischen Destruktion des gnadentheoretischen Ansatzes verteidigte P. die Souveränität Gottes in der Gnadenwahl. Die Pointe der jesuitischen Gegenposition, die humanistische Komponente der jesuitischen Theologie, die die Freiheit des Menschen und die theologische Relevanz seiner berechenbaren rechtlichen Handlungen darstellen wollte, blieb in P.s Argumentation auf der Strecke.

Zum zweiten die Denunziation des Probabilismus: Die Ethik war seit der Reformation in allen Konfessionen immer mehr die Domäne der Theologen geworden. Sie wurde in Kirchen- und Gemeindeordnungen, aber auch in Sakramentenlehre und Bußpraxis aus einem eigenständigen Bereich der Philosophie zur Wissenschaft vom rechten Umgang mit Gott, dem höchsten Gut. Dabei wurde – und das war das spezifisch Christliche der Ethik – immer stärker das Gewissen zur inneren Instanz der Ethik. Die praktische Theologie war im neuscholastischen katholischen Bereich, den die Jesuiten intellektuell beherrschten, als »casus conscientiae« bestimmt, als Lehre von den einzelnen Gewissensentscheidungen. Hier hatten die Neuscholastiker die Lehre vom »Probabilismus« entwickelt: Es wurde jedem Menschen die Freiheit zugestanden, das zu tun, was er begründbar, und zwar nach der Logik oder den Lehren der Autoritäten, vor seinem Gewissen verantworten zu können glaubte. Die menschliche Freiheit gewann so einen großen Spielraum, einen Raum des »decorum«, in dem man verantwortlich handeln konnte –, die Sünde war nun auf rechtlich eindeutige Fälle begrenzt. Diese Lehre bot die Möglichkeit einer menschlich berechenbaren, gleichsam juristischen Verwaltung des Bußsakraments: eine juristische Rechtfertigungslehre, die voraussetzte, daß man das Gesetz, das verletzt werden sollte, zunächst einmal kannte. P. demontierte diese humanistische Lehre an ihrer logisch schwächsten Stelle, an einer absurden theologischen Implikation. Wenn die Sünde ohne Kenntnis Gottes und seines Gesetzes unmöglich war, dann konnten überhaupt nur die Gläubigen sündigen. Aber nur der Glaube an Jesus Christus rechtfertige überhaupt ein solches an den Umständen orientiertes Verhalten. Und damit war die juristische Argumentation des Probabilismus nichtig. Rechtfertigung war kein juristisch relativierbarer und damit kalkulierbarer Begriff, sondern ein theologisch absoluter, nur von der göttlichen Gnade her denkbarer Begriff. Und dann war das, was jesuitisch als erweiterter Spielraum für das menschliche Gewissen gedacht war, als »menschliche und politische Klugheit mit dem bloßen Anschein einer göttlichen und christlichen Klugheit« dargestellt (5. Brief). P.s Gegenposition war eine Mischung aus Rigorismus und »communis opinio«. Er stellte in ironischer, stilistisch überlegener Distanz der gelehrten Kasuistik (die er nach Arnaulds Vorgabe durch bloße – selten faire – Aufzählung und Zitierung denunzierte) die Religion entgegen, die den Heiden eine Torheit und der Welt eine Zumutung sei: antijuristisch und antiinstitutionell, die Religion der Spiritualen (und Ketzer), nicht von dieser Welt. Damit wurde nachhaltig die Institution erschüttert, die sich die Freiheit nahm, das göttliche Gesetz als juristisch erträgliches zu interpretieren – eine Demontage der kirchlichen Institutionen aus lauter Frömmigkeit.

Erst in den *Pensées* wurde klar, in welchem theologischen Zusammenhang P.s Kritik der scholastischen Theologie stand. Die *Pensées*, ein Bündel von Aufzeichnungen für eine Apologie des Christentums gegen Atheisten und Skeptiker, hat er, wie so vieles, unvollendet hinterlassen. Es ist unklar, ob die aphoristische Form, in der die Stücke gehalten sind, insgesamt formaler Teil eines Programms ist oder ob sie

nur Merkposten für einen größeren, zusammenhängenden Text sein sollte. Die
Pensées wurden aus dem Nachlaß 1669 von den Freunden aus Port Royal veröffentlicht und waren ein ähnlicher, wenn nicht noch größerer Publikationserfolg als die
Lettres Provinciales. Freilich zielten sie auf ein anderes Publikum als die gnadentheo-
logischen und antikasuistischen Pamphlete aus Port Royal. Sie wendeten sich an ein
gebildetes Publikum –, und es ist schwer zu sagen, ob ihr Erfolg eher den stilistisch
vollendeten Aphorismen oder ihrer theologischen Überzeugungskraft zugute zu
halten ist. Seit der ersten, unvollständigen Ausgabe von 1669 sind die *Pensées* immer
wieder erweitert und in verschiedenen Anordnungen herausgegeben worden: 1776
in einer Ausgabe von Condorcet mit Kommentar von Voltaire, seit der Ausgabe von
Faugère, die Victor Cousin angeregt hatte, vollständiger und schließlich in der
großen Ausgabe von Léon Brunschvicg 1904, deren systematische Anordnung sich
bis zur Ausgabe von Lafuma 1963 durchgesetzt hat.

Über die historisch-philologischen Fragen hinaus waren die *Pensées* von regem
Interesse; das galt für die Geschichte der Frömmigkeit in der Aufklärung und in der
Romantik, und das gilt für die Geschichte der Theologie und für die des Existentialismus. In ihnen wurde unter Variation der neuplatonisch-mystischen Lehre von den
drei Seelenbereichen der Ort der Gnadenlehre, die Begrenzung der Vernunft und
die Weltlichkeit der Welt deutlich. P.s Welt, die an Gott teilhatte und ihm entgegenstand, die Welt, in der der Mensch zwischen Nichts und Unendlichkeit ausgespannt
war, hatte vier Bereiche: Der Bereich, der die Größe des Menschen ausmachte und
der zur Empfängnis Gottes in der Lage war, dieser Bereich des begnadeten »amour
pur« war der oberste Bereich des Herzens. Es war der Bereich, in dem Gottes Gnade
wirkte, die den Glauben und die reine Liebe ermöglichte, in dem die Christusliebe
und Christuszentriertheit in aller affektiven Kraft lebte. Es war der Bereich der
göttlichen Tugenden Glaube, Hoffnung und Liebe – der Bereich der »grandeur de
l'homme«. – In seinem affektiven Leben entsprach der Bereich der Begnadung dem
untersten Bereich des Herzens, der Sinnlichkeit. Diese Sinnlichkeit, der Bereich der
Eigenliebe, des »amour propre«, war – wenngleich affektiv gleichgestaltet, wie sich
in der »Pascalschen Wette« zeigt – der Gegenpart zur begnadeten Affektion Gottes:
Es war der Bereich des Bösen als der Selbstliebe, für beide galt die »raison de cœur«
und die Kunst der affektiven Überredung, die freilich in der Gnade den spirituellen
Charakter der absoluten Überwältigung hatte. Zwischen beiden – gleichgültig für
das Seelenheil – liegt die Vernunft mit der ihr eigentümlichen Logik, sie ist
unaffektiv, in ihr herrscht der Geist der Geometrie. Dieser Geist der Geometrie
beherbergt die Logik; in die berühmte *Logique de Port Royal* sind Partien von P.s
»esprit de géométrie« übernommen worden. Dieser Geist der Geometrie ist nach
»oben« scharf begrenzt gegen die begnadete reine Liebe und nach unten scharf
gegen die konkupiszente Selbstliebe. Gerade die Gleichgültigkeit gegen das Heil
macht aber die Vernunft, wie P. in seinem Brief an Fermat vom 10. August 1660, zur
Zeit der Abfassung der *Pensées*, mit beleidigender Eindeutigkeit schreibt, konkupiszent: Unter dem Druck des göttlichen Absolutheitsanspruchs wird die Mathematik unnütz, reiner Selbstzweck des Wissens und damit Abkehr vom Göttlichen.
– Diese reine Mathematik aber ist in der Lage, sich dem vierten Bereich von P.s
Welt, der äußeren Welt, zuzuwenden und das Irdische als das absolut Ungeistige,

Mechanische zu beschreiben. Unter diesen Bedingungen nur ist es möglich, daß P. die Welt als etwas faßt, was unbeseelt ist, das keinen Horror, keinen Schreck vor dem Leeren haben kann; die Schöpfung ist als gefallene Schöpfung geistlos: und für diese Geistlosigkeit taugt die mathematische Vernunft. Hier liegt der theologische Grund für P.s mechanistische, streng antiaristotelische Physik, wie sie in seinen Barometer-experimenten, in den Briefen an Périer und im *Traité du Vide* deutlich wird. Die Natur hat weder Seele noch spirituelle Geheimnisse, sie ist nur mechanisch sie selbst und verweist nicht einmal auf ihren Schöpfer – denn der Glaube an den Schöpfer wäre bereits Begnadung.

Mit diesem vierteiligen Weltbild, das im Angesicht Gottes den Menschen und seine Seele auszeichnet und zugleich demütigt, kann P. in den *Pensées* dialektisch schalten. Die eigentliche Auszeichnung des Menschen ist seine Empfänglichkeit fürs Göttliche; aber das ist eine passive Eigenschaft, deren Gott sich bedienen kann oder nicht: dergestalt ist er verborgen oder offenbar. P. nimmt mit dieser Argumentation den aus dem christlichen Neuplatonismus stammenden Topos von der passiven Begnadung des überrationalen obersten Seelenteils (»noûs«, »pneuma«) auf. Als Mathematiker ist er freilich eher noch als die meisten seiner spiritualistischen Ahnen in der Lage, die mathematische Vernunft mit diesem überrationalen Seelenteil zu konfrontieren. Wenn irgend es bei P. eine Zuordnung von Mystik und Skepsis gibt, hier hat sie ihren Ort. Es war ein Hauptanliegen der *Pensées*, die Skepsis theologisch zu überwinden. P. sieht sich – wie er im Gespräch mit M. de Saci dargestellt hat – hier in der Tradition Montaignes, der seine Skepsis mit natürlicher Theologie kompensierte. Natürliche Theologie hat bei P. freilich keinen Ort: Wenn ma-thematische Ordnung und die Ordnung der Welt nichts sind als Ablenkung von der Gnade und der Offenbarung des absoluten Gottes in Christus – dann ist auch die fröhliche Anschauung der Naturordnung konkupiszent.

So gilt der gesamte Bereich von Vernunft, Sinnlichkeit und äußerer Natur, der Bereich unterhalb der pneumatischen Passivität, als Bereich weltlicher Konkupis-zenz. Die Mathematik ist Selbstgenügsamkeit der Vernunft ohne Gott, und das Nachdenken über die Mathematik erweist im Paradox nur das Ungenügen der Vernunft an sich selbst. Die Applikation der Vernunft auf die Natur zeigt nur die Gottlosigkeit der Natur; die Liebe der Sinnlichkeit zu ihrem eigenen Glück, die der Kälte der Vernunft entgegengesetzt ist, oder die Affektion der Sinnlichkeit durch die äußere Natur kehren den Blick von Gott und seiner Offenbarung durch Christus ab. So wird die Krankheit zum eigentlich natürlichen Status des Menschen. P. demon-striert seine Theologie in der Biographie. Er hat in seiner spirituellen Phase einen Stachelgürtel getragen, um sich die Weltlichkeit der Welt zu demonstrieren und nicht durch die Freude an sich selbst von den wahren spirituellen Freuden ab-zulenken. Seine Krankheit, hat er gebetet, möge ihn unfähig machen, die Welt zu genießen, sei es durch die Schwäche des Körpers oder durch den Eifer der Liebe, »auf daß ich Deiner, o Herr, mich allein erfreue«. P.s Nachruhm ist durchs 18. und 19. Jahrhundert bemerkenswert gebrochen worden: Der Stil seiner *Pensées*, an Epiktet und Montaigne geschult, hat die Stilisten des libertinistischen 18. Jahr-hunderts so fasziniert, daß Voltaire, gewiß weder kirchenfromm noch Jansenist, die *Pensées* kommentiert hat, wenn auch dieser Kommentar oft wenig mehr als ein

Pamphlet ist. St. Beuve hat ihm im Sinne der französischen katholischen Romantik das Denkmal gesetzt, das Chateaubriand 1802 gefordert hatte; für den katholischen Existentialismus unseres Jahrhunderts ist P. Kronzeuge geblieben, bis zu Hans Urs von Balthasars *Herrlichkeit.*

Béguin, Albert: Blaise Pascal. Reinbek bei Hamburg [8]1979. – Kummer, Irène E.: Blaise Pascal. Das Heil im Widerspruch. Frankfurt am Main 1978. – Goldmann, Lucien: Der verborgene Gott. Neuwied/Darmstadt 1973. – Miel, Jan: Pascal and Theology. Baltimore/London 1969. – Wasmuth, Ewald: Der unbekannte Pascal. Versuch einer Deutung seines Lebens und seiner Lehre. Regensburg 1962.

Wilhelm Schmidt-Biggemann

Pauli, Wolfgang
Geb. 25. 4. 1900 in Wien; gest. 15. 12. 1958 in Zürich

»Wer dieses reife und groß angelegte Werk studiert, möchte nicht glauben, daß der Verfasser ein Mann von einundzwanzig Jahren ist. Man weiß nicht, was man am meisten bewundern soll, das psychologische Verständnis für die Ideenentwicklung, die Sicherheit der mathematischen Deduktion, den tiefen physikalischen Blick, das Vermögen übersichtlicher mathematischer Darstellung, die Literaturkenntnis, die sachliche Vollständigkeit, die Sicherheit der Kritik. P.s Bearbeitung sollte jeder zu Rate ziehen, der auf dem Gebiet der Relativität schöpferisch arbeitet, ebenso jeder, der sich in prinzipiellen Fragen authentisch orientieren will.« Mit diesen Worten lobte Albert Einstein im Dezember 1921 einen Artikel über Relativitätstheorie in der *Encyklopädie der Mathematischen Wissenschaften,* den der junge P. geschrieben hatte, der daraufhin als eine Art Wunderkind der Physik betrachtet wurde. P. ist von Anfang an nicht nur durch seine hohen mathematischen Fähigkeiten, sondern auch durch sein philosophisches Verständnis der physikalischen Grundfragen aufgefallen. So machte er als 19jähriger Student den später von Werner Heisenberg genutzten Vorschlag, »in der Physik nur prinzipiell beobachtbare Größen einzuführen« und zum Beispiel den Begriff einer Teilchenbahn im atomaren Bereich oder den der elektrischen Feldstärke im Inneren eines Elektrons aufzugeben.

P. hat 1945 den Nobelpreis für Physik erhalten für die Entdeckung des heute nach ihm benannten Ausschließungsprinzip, das sich einfach durch die Vorschrift ausdrücken läßt, daß zwei Elektronen unmöglich in allen ihren Quantenzahlen übereinstimmen können (von denen er eine neu eingeführt hatte). Die Aufstellung dieses wichtigen Postulats war ihm bereits zwanzig Jahre vorher (1924) gelungen. P. hatte seine Behauptung mit mathematischen Symmetrieargumenten begründet und auf diese Weise den Weg bereitet für die Erklärung des Atomaufbaus und der chemischen Bindung. Berühmt ist P. weiterhin wegen seiner 1931 aufgestellten (und längst bestätigten) Hypothese, daß es neben den damals bekannten Elektronen und Protonen noch andere (neutrale) Teilchen gibt, die bei bestimmten radioaktiven Zerfalls-

prozessen auftreten. Er hatte diesen Vorschlag gemacht, um dem Gesetz der Ener-
gieerhaltung bei diesen Vorgängen weiter Gültigkeit zu verschaffen.

P.s äußeres Leben ist relativ ereignislos verlaufen. Nach dem Studium in München
und einem kurzen Aufenthalt in Hamburg wurde er 1928 Professor in Zürich, wo er
bis zum Ende seines Lebens geblieben ist, wenn man von einigen USA Aufenthalten
absieht, wobei der Hinweis von Bedeutung ist, daß P. der einzige große Physiker
seiner Zeit war, der sich nicht am Bau der Atombombe beteiligt hat. Um so mehr
verwundert die Tatsache, daß er auch der einzige große Physiker seiner Zeit ist, von
dem keine Biographie vorliegt. Der Grund dafür ist erst in den letzten Jahren
deutlich geworden, seit seine Briefe publiziert werden, und zwar neben dem
Wissenschaftlichen Briefwechsel (1979/1985) vor allem sein *Briefwechsel* (1992) mit dem
Psychologen Carl Gustav Jung. P., der sich in seinen zu Lebzeiten publizierten
physikalischen Arbeiten und Aufsätzen (*Physik und Erkenntnistheorie*, 1961) eher
zurückhaltend über die philosophische Bedeutung der modernen Physik geäußert
hat, gibt sich in den jetzt vorliegenden Briefen als ein überragend gebildeter Mensch
zu erkennen, der nicht nur das gesamte abendländische Denken, sondern auch die
»Eigentätigkeit der Seele« und seine sich ihm offenbarenden Traumbilder bemüht,
um zu einer neuen, ganzheitlichen Sicht der Welt zu kommen. P. hat schon früh die
Ansicht vertreten, daß es die von René Descartes im 17. Jahrhundert eingeleitete
Verbannung des Geistes aus der Materie und der Seele aus der Natur war, die jene
seelen- und gefühllose Wissenschaft ermöglicht hat, die in Hiroshima auf der einen
und in der Umweltzerstörung auf der anderen Seite ihre welthistorischen Höhepunkt erreicht hat. Er schreibt 1956 an C.G. Jung: »In dieser schwankenden
Notlage, wo alles zerstört werden kann – der Einzelne durch Psychose, die Kultur
durch Atomkriege – wächst das Rettende auch, die Pole der Gegensatzpaare rücken
wieder zusammen und der *Archetypus der coniunctio* [Gegensatzvereinigung] ist kon-
stelliert. Die zukünftige Entwicklung muß eine solche *Erweiterung der Physik*, vielleicht zusammen mit der Biologie, mit sich bringen, daß die Psychologie des
Unbewußten in ihr aufgenommen werden kann. Dagegen ist diese aus eigener
Kraft, allein aus sich selbst nicht entwicklungsfähig.«

In den heute immer noch längst nicht vollständig publizierten Briefen tritt uns
ein Wissenschaftler entgegen, dessen Denken – vom Umsturz im Weltbild der Physik
ausgehend – um die Konzeptionen Komplementarität und Archetypus kreist, der
»die Idee von der Wirklichkeit des Symbols« erörtert, der alchemistische Traditionen
aufzunehmen empfiehlt und der vor allem sicher ist, daß sich unsere Philosophen
ein falsches Bild von der Wissenschaft machen. P. schreibt 1954: »Ich hoffe, daß
niemand mehr der Meinung ist, daß Theorien durch zwingende logische Schlüsse
aus Protokollbüchern abgeleitet werden, eine Ansicht, die in meinen Studenten-
tagen noch sehr in Mode war. Theorien kommen zustande durch ein vom empirischen Material inspiriertes *Verstehen,* welches am besten im Anschluß an Platon
als zur Deckung kommen von inneren Bildern mit äußeren Objekten und ihrem
Verhalten zu deuten ist.«

Seine Analyse der Wissenschaftsgeschichte und seine eigenen Erfahrungen als
theoretischer Physiker lassen ihn zu folgendem Schluß kommen: »Wenn man die
vorbewußte Stufe der Begriffe analysiert, findet man immer Vorstellungen, die aus

›symbolischen‹ Bildern mit allgemeinem starken emotionalen Gehalt bestehen. Die Vorstufe des Denkens ist ein *malendes Schauen* dieser inneren Bilder, deren Ursprung nicht allgemein und nicht in erster Linie auf Sinneswahrnehmungen zurückgeführt werden kann. Die archaische Einstellung ist aber auch die notwendige Voraussetzung *und die Quelle* der wissenschaftlichen Einstellung. Zu einer vollständigen Erkenntnis gehören auch diejenigen der Bilder, aus denen die rationalen Begriffe gewachsen sind. *Das Ordnende und Regulierende muß jenseits der Unterscheidung von ›physisch‹ und ›psychisch‹ gestellt werden* – so wie Platons ›Ideen‹ etwas von Begriffen und auch etwas von ›Naturkräften‹ haben (sie erzeugen von sich aus Wirkungen). Ich bin sehr dafür, dieses ›Ordnende und Regulierende‹ ›Archetypen‹ zu nennen; es wäre aber dann unzulässig, diese als *psychische* Inhalte zu *definieren*. Vielmehr sind die erwähnten inneren Bilder (›Dominanten des kollektiven Unbewußten‹ nach Jung) die *psychische* Manifestation der Archetypen, die aber *auch alles* Naturgesetzliche im Verhalten der Körperwelt hervorbringen, erzeugen, bedingen müßten. Die Naturgesetze der Körperwelt wären dann die *physikalische Manifestation der Archetypen*. Es sollte dann *jedes* Naturgesetz eine Entsprechung innen haben und umgekehrt, wenn man auch heute das nicht immer unmittelbar sehen kann.«

P.s Ideen für eine neue Naturwissenschaft sprengten sicher das Verständnis seiner Zeitgenossen. Sie fallen vielen selbst heute noch schwer. Der Philosoph P. ist erst noch zu entdecken, und er weist uns auf neue Perspektiven hin. In seinem Vortrag *Die Wissenschaft und das abendländische Denken* heißt es 1954:»Ich glaube, daß es das Schicksal des Abendlandes ist, diese beiden Grundhaltungen, die kritisch rationale, verstehen wollende auf der einen und die mystisch irrationale, das erlösende Einheitserlebnis suchende auf der anderen Seite, immer wieder in Verbindung miteinander zu bringen. In der Seele des Menschen werden immer *beide* Haltungen wohnen und die eine wird stets die andere als Keim ihres Gegenteils in sich tragen. Dadurch entsteht eine Art dialektischer Prozeß, von dem wir nicht wissen, wohin er uns führt. Ich glaube, als Abendländer müssen wir uns diesem Prozeß anvertrauen und das Gegensatzpaar als komplementär anerkennen.«

Atmanspacher, Harald et al.: Der Pauli-Jung-Dialog. Berlin 1995. – Meier, Carl A.: Wolfgang Pauli und C.G. Jung – Ein Briefwechsel 1932–1958. Berlin 1992. – Laurikainen, Kalervo: Beyond the Atom – The Philosophical Thought of Wolfgang Pauli. Berlin 1985.

Ernst Peter Fischer

Peirce, Charles Sanders
Geb. 10 .9. 1839 in Cambridge/Mass.; gest. 19. 4. 1914 in Milford/Pennsylv.

P. gilt heute weithin als der originellste und bedeutendste Denker der USA. Er wurde zunächst durch das Milieu der Harvard-Universität geprägt, wo sein Vater Professor für Mathematik und Astronomie war, wo er selbst Naturwissenschaften, Mathematik und Philosophie studierte und später ebenso wie an der 1876 neu gegründeten John-Hopkins-Universität in Baltimore Vorlesungen über Logik hielt. Aus nie geklärten, aber wohl persönlichen Gründen blieb ihm eine akademische Laufbahn verwehrt. Hauptamtlich war er als Vermessungsingenieur im Staatsdienst tätig, bis er 1891 auch diese Stelle verlor. Unter finanziell schwierigen Verhältnissen zog er sich nach Milford zurück, um sich ganz seinen philosophischen Studien zu widmen. Ein Bruchteil seiner Arbeiten ist systematisch geordnet in 8 Bänden von 1931–1958 veröffentlicht worden (*Collected Papers*). Seit 1982 erscheint eine auf ca. 30 Bände konzipierte chronologisch geordnete Ausgabe (*Writings of Charles S. P.*).

Das philosophische Denken von P. kreist um die Logik, die er in einem sehr umfassenden Sinne als Lehre vom Denken versteht und die für ihn deshalb Bezüge zu allen philosophischen Einzeldisziplinen hat. Für P. verschmilzt die Logik weitgehend mit der Semiotik als der Lehre von den Zeichen, weil er der Meinung ist, daß alles Denken zeichengebunden ist und daß folglich die Analyse des Denkens auf die Analyse der Zeichen bzw. Zeichenfunktionen aufbauen muß. Die Begriffe *Relationalität* (relationship) und *Vermittlung* (mediation) rücken deshalb zunehmend in den Mittelpunkt seines Interesses, weil er alle Phänomene über die Beziehungsgeflechte aufklären will, in denen sie für uns objektiv werden. Den Relationsgedanken versteht P. dabei nicht so, daß die jeweiligen Phänomene als vorgegebene Größen nachträglich in eine bestimmte Beziehung zueinander gebracht werden, sondern so, daß sie sich erst in ihren Relationsbezügen als konkrete Größen konstituieren, weil Relationen Objektivationsfunktionen zugeschrieben werden. Dieses relationale bzw. funktionale Denken ist spannend und verwirrend zugleich, weil es eine immanente Eigendynamik entwickelt, die alle statischen Systemordnungen sprengt und die alle Denkergebnisse als vorläufig und verbesserbar betrachtet. So ist es auch kein Zufall, daß P. sich in immer neuen Anläufen und unterschiedlichen Terminologien mit denselben Problemfeldern beschäftigt, um seine Aussagen zu prüfen, zu variieren und zu optimieren. Seine Zeitgenossen fanden ihn deshalb einerseits kreativ und anregend, andererseits aber auch unverständlich und dunkel, weil sie die Spannweite und Intentionen seines Denkens kaum nachvollziehen konnten. Ähnlich wie Vico fühlte sich auch P. unverstanden und isoliert. Selbst aus der heutigen historischen Distanz ist es nicht leicht, in einem synoptischen Verfahren die Grundstrukturen seines Denkens herauszuarbeiten. Da das Denken von P. sich ständig fortentwickelt hat und dennoch um dieselben Probleme und Themen kreist, ist ein solches Verfahren gleichwohl angemessener als eine historische Rekonstruktion einzelner

Denkpositionen, zumal er auch keine einzige philosophische Monographie hinterlassen hat.

Einen frühen und nachhaltigen Einfluß hat Kants *Kritik der reinen Vernunft* auf P.
ausgeübt, die er drei Jahre studiert hat und nahezu auswendig zitieren konnte. Dazu
kamen dann noch intensive Auseinandersetzungen mit Aristoteles, den mittelalterlichen Realisten und Nominalisten, den Rationalisten und Empiristen sowie
den Philosophen des 19. Jahrhunderts. Zunehmend empfand P. das Denken Schellings dem seinen verwandt, weil auch dieser keine prinzipielle Opposition zwischen
der Sphäre des Geistes und der Natur sah. Die grundlegenden Zielsetzungen des
Denkens von P. erfaßt man vielleicht am besten, wenn man sich vergegenwärtigt,
daß er 1. das Anliegen der Erkenntniskritik Kants von der Ebene der Vernunftkritik
auf die Ebene der *Zeichenkritik* verlagern wollte, daß er 2. seine Zeichenlehre bzw.
Semiotik in den umfassenden Denkansatz des *Pragmatismus* einzubetten versuchte
und daß er 3. die Erkenntnis- bzw. Zeichenproblematik auch als eine *soziale
Problematik* begriff.

Von einer semiotischen Transformation der Erkenntniskritik bzw. einer semiotischen Fundierung der Logik versprach sich P. eine grundsätzliche Neuorientierung
der Philosophie auf vielen Gebieten und eine Überwindung des unfruchtbaren
Streits zwischen Realisten und Idealisten bzw. Nominalisten sowie zwischen Rationalisten und Empiristen. Grundsätzlich akzeptierte P. die Einsicht Kants, daß die
Struktur unserer Erkenntnisinhalte von der Struktur unserer Erkenntnismittel abhängt. Nur ist für P. nicht die Vernunft das entscheidende Erkenntnismittel, sondern
das Inventar unterschiedlicher Zeichen, mit denen die Vernunft arbeitet bzw. in
denen sich unsere Gedanken objektivieren und sich unsere Wissensinhalte stabilisieren können. Für P. ist jede Vorstellungsbildung zeichenvermittelt, weil wir
immer etwas als etwas in einem bestimmten Denkhorizont wahrnehmen und weil
sich Erkenntnisinhalte nicht intuitiv ohne Vermittlungsformen bilden. Die Unterscheidung Kants zwischen der unerkennbaren Welt der *Dinge an sich* und der
erkennbaren *Erscheinungswelt* hält P. für unfruchtbar, weil dabei übersehen wird, daß
Zeichen zwischen der Objekt- und der Subjektwelt vermitteln, daß jede Erkenntnis
auf einer vorausgegangenen aufbaut und daß wir uns die Dinge gar nicht anders
denken können als so, daß wir uns eine sinnvolle Meinung über sie bilden. Da P.
über die Idee des Zeichens als Denkmittel und Wissensspeicher die Denkansätze des
Realismus und des Idealismus miteinander versöhnen will, läßt sich seine Position
auch als *hypothetischer Realismus* kennzeichnen, in dem alle Erkenntnisinhalte nur
unter Vorbehalt gültig sind.

Als Realist betrachtet sich P. insofern, als er nicht daran zweifelt, daß es eine vom
erkennenden Bewußtsein unabhängige und kategorial erfaßbare Realität gibt und
daß der Mensch in seinen Erkenntnisbemühungen sich keineswegs nur mit seinen
eigenen Projektionen beschäftigt. Als Idealist betrachtet sich P. insofern, als er der
Überzeugung ist, daß wir die Dinge nur so erkennen können, wie wir sie uns geistig
objektivieren bzw. repräsentieren können. Das bedeutet, daß die *Realität* nie als Welt
von nackten Tatsachen in Erscheinung treten kann, sondern immer nur in Form von
intersubjektiven Objektivationen bzw. zeichenvermittelten Gedanken. Durch Zeichen werden Sehepunkte und Wahrnehmungsperspektiven festgelegt und damit

zugleich die Aspekte, unter denen Dinge und Welt für uns real werden können. Realität ist deshalb für P. nicht die Ursache unserer Vorstellungsbildung, sondern ihr Ziel bzw. das, worüber wir uns intersubjektiv eine konsistente Meinung gebildet haben, die sich allerdings nicht dogmatisch verhärten darf, sondern für Korrekturen prinzipiell offen bleiben muß. Die Forderung nach unfehlbarer Gewißheit empfindet er deshalb als komisch.

Wenn man den Realitätsbegriff in dieser Weise an interpretative Denk- und zeichenbildende Objektivationsprozesse bindet, dann muß man den Rahmenbedingungen des Erkennens besondere Aufmerksamkeit schenken. Diese thematisiert P. in seinen Überlegungen zum *Pragmatismus*, den er parallel zu seiner Semiotik entwickelt und den er später auch *Pragmatizismus* nennt, um ihn von den weniger erkenntnistheoretisch orientierten Denkansätzen bei William James, Ferdinand C. S. Schiller und John Dewey abzusetzen. Der Pragmatismus P.scher Prägung betont, daß verläßliche Erkenntnis weder durch spontane Intuition noch durch beharrliche Kontemplation oder spekulative Phantasie zu erreichen ist, sondern letztlich nur über praktische und theoretische Handlungsprozesse, die eines großen experimentellen Freiheitsspielraums bedürfen. Der Pragmatismus von P. muß deshalb als ein methodisches Verfahren zur Erzeugung verläßlichen Wissens verstanden werden, der gegen Dogmatismus in jeder Art Front macht und ein Wissen sucht, das erfolgreiches Handeln ermöglicht, weil sachadäquate Differenzierungen vorgenommen worden sind. Ähnlich wie Sokrates im Kratylos-Dialog versteht auch P. Zeichen als differenzierende und belehrende Werkzeuge, deren Wert an ihrer Funktionalität bzw. an ihren Früchten bemessen werden muß. Die sogenannte *pragmatische Maxime*, die P. im Kontext seiner Definitionslehre entwickelt hat, besagt dementsprechend, daß Begriffe aus der Summe der Wirkungen zu bestimmen sind, die die Gegenstände ausüben, die unter sie fallen. Das bedeutet, daß wir Phänomene erst in Handlungskontexten bzw. in Wenn-Dann-Relationen wirklich kennenlernen und daß Realität letztlich aus experimenteller Erfahrung resultiert.

Da jeder Erkenntnisakt auf vorhergehenden aufbaut und intersubjektiv verständlicher Zeichen bedarf, hat jede Erkenntnis bzw. Realitätsvorstellung für P. grundsätzlich eine *soziale Dimension* und setzt eine Kommunikationsgemeinschaft und intersubjektive Akzeptanz voraus. Die Bildung von Zeichen muß einerseits frei sein, um die Welt so adäquat wie möglich in verschiedenen Perspektiven zu erfassen; sie muß sich aber auch an Konventionen binden, um sich nicht den Kontakt zu vorausliegendem Wissen und zu allgemeiner Anerkennung zu verbauen. Als wahr kann letztlich nur das anerkannt werden, was auch intersubjektive Gültigkeit erreicht, weil Zeichen nicht nur zwischen Subjekten und Objekten, sondern auch zwischen Subjekten und Subjekten zu vermitteln haben.

Bei den Verfahren zur Erkenntnisgewinnung steht für P. neben der *Deduktion*, die auf analytische Weise die Konsequenzen von Begriffen und Hypothesen prüft, und der *Induktion*, die Begriffe und Hypothesen der Erfahrungskontrolle unterwirft, vor allem die *Abduktion* im Mittelpunkt des Interesses. Sie ist eine genuin kreative Geistestätigkeit, weil in ihr die Hypothesen und Regeln gebildet werden, die die Deduktion und Induktion benötigen. Für P. verdichten sich in der Abduktion die Grundfragen des Pragmatismus, weil mit ihr neue Sinnzusammenhänge bzw. komplexe Realitäten konkretisiert werden. Die Fähigkeit des Menschen zur abduktiven Sinnkonstitution verankert P. in einer natürlichen Einsicht (insight) des Menschen in den Kontinuitätszusammenhang der Welt, die blitzartig und instinktähnlich wirkt. Diesen inneren Zusammenhang bzw. *Synechismus* will P. allerdings weniger als metaphysische Doktrin verstanden wissen, sondern eher als ein regulatives Prinzip für die Logik der Hypothesenbildung. Es ist deshalb auch konsequent, wenn P. eine neuartige Kategorienlehre entwickelt, in der Phänomene nach der Qualität der bei ihnen wirksamen Relationen nach den Kategorien *Erstheit, Zweitheit* und *Drittheit* geordnet werden. In die Kategorie der *Erstheit* gehören für P. alle Phänomene, die ohne direkten Bezug auf andere in Erscheinung treten wie etwa Sinnesempfindungen und Gefühlsqualitäten in ihrer unreflektierten positiven Gegenwärtigkeit und teilelosen Einheit. In die Kategorie der *Zweitheit* gehören dagegen alle Phänomene, die nur in Relation zu anderen faßbar werden wie etwa das Phänomen *Kraft*, das nur in Relation zu dem des *Widerstands* Kontur gewinnt. In die Kategorie der *Drittheit* gehören schließlich alle Phänomene, bei denen ein Erstes über ein Zweites mit einem Dritten in Beziehung steht, wodurch dreistellige Relationsverhältnisse konstituiert werden, die nicht vereinfacht werden können, ohne das Phänomen selbst zu zerstören. Unter diese Seinskategorie fallen für P. Gedanken bzw. Zeichen aller Art, deren Vermittlungsfunktionen nicht mit einem zweistelligen Stellvertretungsmodell erfaßt werden können.

Für das P.sche dreistellige Zeichenmodell, das exemplarisch seinen Vermittlungsgedanken veranschaulicht, ist charakteristisch, daß ein sinnlich faßbares Repräsentamen bzw. ein *Zeichenträger* einen bestimmten Sachverhalt bzw. ein *Zeichenobjekt* in einer bestimmten Interpretationsperspektive bzw. mit Hilfe eines bestimmten *Zeicheninterpretanten* ins Bewußtsein ruft. Das bedeutet, daß unter einem *Zeichen* weder ein sinnlich faßbares Repräsentationsmittel, noch ein zweistelliges Relationsverhältnis vom Typ Signifikant-Signifikat zu verstehen ist, sondern allein ein dreistelliges Relationsverhältnis, das mit Hilfe eines Repräsentationsmittels (Zeichenträger) in einer bestimmten Interpretationsperspektive (Zeicheninterpretant) einen spezifischen Sachverhalt aus dem Kontinuum der Welt herausdifferenziert (Zeichenobjekt). Das Zeichen kann somit nicht als statisches Relationsgebilde verstanden werden, das sich aus klar vorgegebenen Größen konstituiert, sondern nur als ein dynamisches Interaktionsphänomen. Obwohl bei jeder Zeichenkonstitution immer auf sozial erprobte Konventionen und auf etabliertes Vorwissen zurückgegriffen werden muß, konkretisieren sich die Teilgrößen des Zeichens erst endgültig in ihrem aktuellen Interaktionszusammenhang. Insbesondere über die Idee des Zeicheninterpretanten hat P. große abduktive Freiheitsspielräume für Sinnbildungs- bzw. Zeichenprozesse eröffnet. Da sich der Zeicheninterpretant bzw. das, was den Relationszusammenhang von Zeichenträger und Zeichenobjekt interpretiert, wiederum durch Zeichen konkretisieren muß, sind Zeichenprozesse als Interpretations- und Sinnbildungsprozesse nur methodisch, aber nicht prinzipiell abschließbar, was P. durch den Terminus *Semiosis* thematisiert.

Die Dynamik und Vielfalt von Zeichenprozessen wird dadurch wesentlich mitbestimmt, daß die Korrelate Zeichenträger, Zeichenobjekt und Zeicheninterpretant sich in unterschiedlicher Weise konkretisieren können, woraus dann wiederum vielfältige Relationsstrukturen und Zeichentypen resultieren. Die bekannteste Zeichentypisierung von P. ist dabei wohl die von *Index, Ikon* und *Symbol* geworden. Sie bezieht sich darauf, ob ein Zeichenträger mit seinem Zeichenobjekt auf natürliche Weise (Rauch und Feuer), auf analoge Weise (Bilder) oder auf konventionelle Weise (Sprache) korreliert ist. Grundsätzlich gilt für die Semiotik von P., daß alles, was sich repräsentieren läßt, auch selbst repräsentieren kann. Jedes Zeichenobjekt kann so gesehen wieder Zeichenträger in einer neuen Zeichenrelation werden, wenn über eine abduktive Interpretantenbildung ein neues, intersubjektiv akzeptiertes Zeichenobjekt dafür ausgebildet werden kann. Zeichen können deshalb grundsätzlich als experimentelle Erkenntniswerkzeuge angesehen werden, weil sie mehr leisten, als nachträglich das Produkt einer vorgängigen zeichenfreien Bewußtseinstätigkeit zu objektivieren.

P. hat auf so intensive Weise wie vor ihm wohl kein anderer die medialen Bedingungen der menschlichen Welterfassung und die Funktionen von Zeichen aller Art für geistige Prozesse zu erfassen versucht. Deshalb gilt er zu Recht als Begründer der modernen Semiotik. Diese darf dann allerdings nicht auf reduzierte Weise als Theorie der Zeichenklassifikation angesehen werden, sondern muß als ein universaler philosophischer und anthropologischer Denkansatz betrachtet werden, in den alle philosophischen Einzeldisziplinen integrierbar sind. Die Semiotik läßt sich deshalb als Theorie der Sinnkonstitution und Sinnzirkulation mittels Zeichen bestimmen. Schon in einem frühen Zeugnis hat P. daher den Menschen von seiner Handlungs-, Interpretations- und Zeichenfähigkeit her zu bestimmen versucht: »Thus my language is the sum total of myself; for the man is the thought«.

Rohr, Susanne: Über die Schönheit des Findens. Die Binnenstruktur menschlichen Verstehens nach Charles S. Peirce. Stuttgart 1993. – Nagl, Ludwig: Charles Sanders Peirce. Frankfurt am Main 1992. – Walther, Elisabeth: Charles Sanders Peirce. Leben und Werk. Baden-Baden 1989. – Köller, Wilhelm: Der sprachtheoretische Wert des semiotischen Zeichenmodells. In: Kaspar H. Spinner (Hg.): Zeichen, Text, Sinn. Göttingen 1977, S. 7–77. – Apel, Karl-Otto: Der Denkweg von Charles Sanders Peirce. Frankfurt am Main 1970.

Wilhelm Köller

Philon

Geb. um 20/15 v. Chr. in Alexandria (?); gest. nach 42 n. Chr. in Alexandria (?)

Alexandria, die erfolgreichste Stadtgründung des legendären makedonischen Kriegsgottes und bald Metropole des Ostens und Zentrum der hellenistischen Kultur und Wissenschaft, ist das New York der Antike. Dazu paßt, daß es von Anfang an eine bedeutende jüdische Kolonie vorzuweisen vermag. Hier entsteht die älteste und größte Diaspora-Gemeinde; der Einfluß der hellenistischen Umwelt auf die jüdische Religion kommt in diesem zentralen Begegnungsort der beiden Kulturen besonders zum Tragen. Die in Alexandria angesichts einer immer stärker griechisch sprechenden Gemeinde geschaffene Übersetzung des Alten Testaments, die berühmte Septuaginta, wird Ausgangsort und geistige Mitte einer eigenen hellenistisch-jüdischen Literatur. Deren Höhepunkt bildet das Werk Ph. s. – Er entstammt der prominentesten jüdischen Familie Alexandrias. Sein Bruder Gaius, Leiter der römischen Steuerbehörde in der Stadt, stiftet die goldenen Tore des neuen Jerusalemer Tempels und ist befreundet mit dem späteren Kaiser Claudius und mit Herodes Agrippa I., dessen politischen Aufstieg er finanziert. Gaius' Sohn Tiberius, der den jüdischen Glauben aufgibt, macht Karriere im römischen Staatsdienst; im Jahr 70 befehligt er als General des Titus die römische Armee vor Jerusalem. Was Ph. selbst betrifft, sind unsere Informationen weitaus spärlicher. Neben einer Pilgerfahrt nach Jerusalem gibt es nur ein Ereignis, das ihn greifbar werden läßt: die von ihm geleitete Gesandtschaft der alexandrinischen Juden nach Rom, die bei Caligula protestieren soll gegen Übergriffe auf die heimische jüdische Gemeinde. Die Gesandtschaft erweist sich als langwieriges und zunehmend gefährliches Unternehmen. Vor einer Entscheidung wird Caligula im Januar 41 umgebracht; sein Nachfolger Claudius stellt die Sicherheit der Juden in Alexandria wieder her.

Ph. genießt eine exzellente hellenistische Erziehung; seine Kenntnis der griechischen Literatur, insbesondere Platons und der Stoiker, ist beeindruckend. Ähnlich Augustinus läßt ihn die platonische Philosophie die eigene Religion neu entdecken. Zum Schlüsselerlebnis wird für ihn das Aufspüren philosophischer Inhalte in den Texten des Alten Testaments, dessen philosophischer Exegese er sein Lebenswerk widmet. Ph.s favorisiertes Arbeitsinstrument wird die Allegorese, das von der Stoa entwickelte Modell einer ›semiologischen‹ Textlektüre: Hinter dem wörtlichen Sinn eines Textes wird ein verborgener, übertragener Sinn ausgemacht. Die Vermittlung eines »tertium comparationis«, in welchem wörtliche und übertragene Bedeutung sich überschneiden, erlaubt die Entzifferung der letzteren – die im Text eingeschlossene zweite Botschaft wird entfaltet. Ph.: »Der Text, wörtlich verstanden, ist Zeichen für eine verborgene Natur, die sich in der Allegorie offenbart.« So liest sich etwa Abrahams Wanderung aus Chaldäa nach Ägypten für Ph. als Weg (der »Weg« ist das »tertium comparationis«) des Menschen aus einer ganz der Welt verhafteten sinnlichen Wahrnehmung, und damit Diesseitigkeit – Chaldäa galt als Hochburg der Astrologie und Magie –, zur nach innen gerichteten Schau der Selbsterkenntnis, die die Wahrheit der intelligiblen Welt entdeckt, und damit Gott.

Mit Hilfe der Allegorese vermag Ph. einen philosophischen Kern der Bibel zu definieren. In einem zweiten Schritt erklärt er die in der Bibel aufgezeigte Philosophie zur (jüdischen) Quelle, der die griechische Philosophie entstammt: Der wahre erste Philosoph ist Moses, der in »mythischem« Gewand höchste Theologie verkündet; über seinen Schüler Pythagoras wird Moses zum Lehrer der Griechen, allen voran Platons. Dieses Umschreiben der Geistesgeschichte, das die griechische Philosophie genealogisch an das Alte Testament ankoppelt, sichert die Überlegen- und Erwähltheit des jüdischen Volkes angesichts der bedrohlichen Dominanz griechischer Bildung und Wissenschaft. Ph. gebraucht die griechische Philosophie nicht systematisch, sondern pragmatisch. Sie kommt dort zu Wort, wo es ihm um ethische und vor allem theologische Fragen geht, er ist kein Religionsphilosoph, sondern ein mit Hilfe der Philosophie die Religion deutender Theologe. Doch entwickelt Ph.s Werkzeug eine von ihm kaum intendierte Eigendynamik: der Platonismus durchwirkt seine Glaubensauffassung nachhaltig. Die Sprachformeln und Denkformen werden zu unersetzbaren Inhalten. Ph.s »interpretatio graeca« der Bibel initiiert eine Verflechtung beider Denkwelten, die in der Theologie der frühen Kirche revolutionäre Folgen zeitigen wird. Gerade sein Gottesbegriff, der sich aus beiden Quellen speist, offenbart die Konsequenzen dieser philosophischen Exegese: der personale Gott des jüdischen Monotheismus verschmilzt mit dem transzendenten Gott der platonischen Metaphysik. Gott ist (platonisch) »das Seiende«, »das Wahre«, »das Gute«. Sein Wille schafft und erhält die Welt. Doch bleibt er in seiner Transzendenz jenseits aller menschlichen Erkenntnis. Ph. negiert ein Wissen über Gott und wird so zum Wegbereiter der (von Plotin explizit formulierten) Negativen Theologie. Die positiven Aussagen, die Ph. dennoch über Gott trifft, entstammen der Bibel und damit göttlicher Offenbarung. Diese schafft die Verbindung zwischen transzendentem Gott und immanenter Welt und überwindet unser Nicht-Wissen. Ph. erklärt diesen Prozeß in seiner Logos-Lehre. Der Logos ist Gottes Sohn und Abbild, sein schöpferisches Denken, das in (dem Akt) der Schöpfung als deren Plan und Mittler aktiv wird. Der Einfluß dieser Gedanken auf den Prolog des Johannes-Evangeliums ist außerordentlich.

Ph.s Synthese biblischer Religion und platonischer Philosophie, welche die Philosophie zum ersten Mal ausschließlich zur Erhellung der Religion anwendet, macht ihn zu einer zukunftsträchtigen Instanz in der Entwicklung der philosophischen Theologie, als deren erster Vertreter, noch vor Paulus, er anzusehen ist. Sein Werk gewinnt eine Schlüsselstellung in dem von seinen Anfängen an hellenistisch geprägten Christentum. Vor allem auch in seiner Heimatstadt läßt sich seine Wirkung belegen: die beiden großen christlichen Denker des Ostens, Clemens und Origenes, führen seine Synthese weiter.

Williamson, Ronald: Jews in the Hellenistic world. Philo. Cambridge 1989. – Sandmel, Samuel: Philo of Alexandria. Oxford 1979. – Dillon, John: The Middle Platonists. London 1977, S. 139–183. – Chadwick, Henry: Philo. In: Armstrong, A. H. (Hg.): The Cambridge history of later Greek and early medieval philosophy. Cambridge 1967, S. 137–157.

Peter Habermehl

Piaget, Jean
Geb. 9. 8. 1896 in Neuenburg (Neuchâtel); gest. 16. 9. 1980 in Genf

»Nur das Kind denkt wirklich kreativ«, hat P. geschrieben, und dieser Satz trifft in zweifacher Hinsicht auf ihn selbst zu. Zum einen war er durch seine eigenen Untersuchungen davon überzeugt, daß Kinder die Möglichkeit zu einer Kreativität haben, um die Erwachsene sie nur beneiden können. Zum anderen war er selbst ein hochbegabter Junge, dem schon im Alter von 15 Jahren aufgrund früher wissenschaftlicher Veröffentlichungen (über Malakologie) die Stelle als Konservator am Genfer Naturgeschichtlichen Museum angeboten wurde. P. studierte zuerst Zoologie und promovierte 1918 mit einer Arbeit über die Verteilung von

Mollusken-Arten in den Walliser Alpen. Während dieser Zeit schrieb er auch einen wissenschaftlichen Roman, der einige seiner späteren erkenntnistheoretischen Ansichten vorwegnahm.

Nach der Biologie wandte sich P. der Psychologie zu, die er in Zürich und Paris studierte. Er arbeitete anschließend im Laboratorium des französischen Psychologen Alfred Binet und erhielt dort die Aufgabe, die von dem Engländer Cyril Burt entwickelten Intelligenztests zu standardisieren. Bei dieser Arbeit fiel P. auf, daß die von den Kindern gegebenen falschen Antworten nicht zufällig daneben lagen. Vielmehr traten in verschiedenen Altersstufen typische Fehler auf. Durch die Publikation dieser Beobachtung wurde P. zum Kinderpsychologen. Er wurde an das »Institut Jean-Jacques Rousseau« in Genf berufen, und hier verfaßte er in den kommenden Jahren seine Untersuchungen zur Entwicklungspsychologie, die weltweit Aufsehen erregten.

Zwar hatte Rousseau bereits im 18. Jahrhundert die Idee ausgesprochen, daß die Kindheit ihr eigenes Sehen, Denken und Fühlen hat, doch erst zu Beginn des 20. Jahrhunderts fingen die Psychologen systematisch damit an, kognitive Fähigkeiten des kindlichen Verstandes zu bestimmen. Doch erst nachdem P. seinen Forschungsweg eingeschlagen hatte, zeigten diese Beobachtungen Wirkungen im erkenntnistheoretischen Denken. Noch zu seinen Lebzeiten erschienen mehr als zweihundert Doktorarbeiten über P.s Werk, und bereits 1978 widmete sich der Band 7 der Kindler-Enzyklopädie über die Psychologie des 20. Jahrhunderts dem Thema *Piaget und die Folgen.*

P. hat in mehr als fünfzig Büchern das Epos vom *Erwachen der Intelligenz (La naissance de l'intelligence chez l'enfant,* 1936) geschrieben und darin ein zusammenhängendes Bild vom Werden des menschlichen Erkennens gezeichnet. Als exemplarische Titel seien weiter genannt: *La construction du réel chez l'enfant* (1937; *Aufbau der Wirklichkeit), La psychologie de l'intelligence* (1941; *Die Psychologie der Intelligenz), Biologie et connaissance* (1967; *Biologie und Erkenntnis), La répresentation de l'espace chez l'enfant* (1948; *Die Entwicklung des räumlichen Denkens beim Kinde)* und *Die natürliche Geometrie des Kindes* (1948). Die beiden zuletzt genannten Bücher hat P. gemeinsam mit seiner langjährigen Mitarbeiterin Bärbel Inhelder verfaßt.

In P.s Ansatz dient die menschliche Intelligenz nicht als passiver Empfänger und Verarbeiter von Informationen aus der Umwelt. Sie wird vielmehr als eine Strategie betrachtet, mit deren Hilfe die Wirklichkeit aktiv konstruiert wird. Für P. sind die Handlungen der Kinder praktische Vorläufer ihres Denkens. Ihre geistige Entwicklung ist weder eine Entfaltung angeborener Anlagen noch eine Prägung durch die Umwelt. Sie wird vielmehr durch den Tätigkeitsdrang des Kindes ausgelöst, in die Welt einzugreifen und sie zu erobern. Angeborene Wahrnehmungsstrukturen und Handlungsabläufe werden immer wieder auf die Wirklichkeit angewendet. Dabei entstehen stufenweise Denkformen. Das ausgereifte Denken ist schließlich das verinnerlichte und systematische Handeln, und die Begriffe sind verfestigte Denkoperationen.

Mit der These, daß Denken aus Handeln hervorgeht, stellte sich P. auf eine erkenntnistheoretische Position, die er selbst mit dem Stichwort »Konstruktivismus« bezeichnet hat. P. nimmt nämlich an, daß der Mensch seine Begriffe so konstruiert, wie er Handlungen plant. Da in einer Handlung schon die Idee (die Struktur) steckt, betrachtete P. sich auch als Strukturalist, und er versuchte von dieser Position aus, die Gräben zwischen den Wissenschaften zu überbrücken.

Einen besonders tiefen Konflikt sah er zwischen empirischen Wissenschaften und philosophischen Bemühungen. Philosophie kann seiner Ansicht nach ohne Instrumente und also ohne experimentelle Eingriffe kein Wissen und keine Kenntnisse erwerben. Die Philosophen – so schrieb P. in seinem Buch über *Sagesse et illusions de la philosophie* (1965; *Weisheit und Illusion der Philosophie*) –, haben Probleme nur formuliert, nie aber gelöst. P. zieht den grundlegenden Schluß: »Die Intention, die Lücken der Wissenschaft durch die Metaphysik aufzufüllen, zunächst nur eine Illusion, ist in manchen Fällen zum Betrug geworden.« In diesem autobiographischen Text formuliert P., wie unbefriedigend das Angebot der Philosophie für ihn war und warum er stattdessen (nach seinem eigenen Ausdruck) ein »wissenschaftlicher Epistemologe« geworden ist.

P.s Arbeiten und Schlußfolgerungen zur kognitiven Psychologie werden oft als »genetische Epistemologie« bezeichnet, die von ihm als Wissenschaft und nicht als Philosophie verstanden wird. Die Frage: »Was ist Erkenntnis?«, wird nämlich in die Frage: »Wie wird Erkenntnis?«, umgewandelt und damit einer empirisch-analytischen Behandlung zugänglich. In seiner Vorlesung über die *Genetic Epistemology* (1970; *Einführung in die genetische Erkenntnistheorie*) schreibt P., daß hiermit versucht wird, »Erkennen, insbesondere wissenschaftliches Erkennen, durch seine Geschichte, seine Soziogenese und vor allem die psychologischen Ursprünge der Begriffe und Operationen, auf denen es beruht, zu erklären.« Als letztes Ziel der genetischen Epistemologie sieht P. eine damit selbst wieder wissenschaftliche Erklärung für das Werden der Wissenschaft. Die Entwicklung der kindlichen Intelligenz ist dabei das von P. entdeckte Glied, das die biologische Organisation des Lebens mit dem wissenschaftlichen Denken zusammenbringt.

Kesselring, Thomas: Entwicklung und Widerspruch – Ein Vergleich zwischen Piagets genetischer Erkenntnistheorie und Hegels Dialektik. Frankfurt am Main 1981. – Furth, Hans G.: Intelligenz und Erkennen. Frankfurt am Main 1976. – Ginsburg, Herbert/Opper, Sylvia: Piagets Theorie der geistigen Entwicklung. Stuttgart 1975.

Ernst Peter Fischer

Pico della Mirandola, Giovanni

Geb. 24. 2. 1463 in Mirandola (bei Modena); gest. 17. 11. 1494 in Florenz

Von Freunden und Zeitgenossen bekam P. scherzhaft den Titel »Princeps Concordiae«. In ihm vereinigen sich familiäre Herkunft mit der Absicht seines philosophischen Arbeitens: P. wurde 1463 in dem norditalienischen Städtchen Mirandola als Sohn des Grafen der Städte Mirandola und Concordia, als »Princeps Concordiae« geboren. Berühmt wurde er durch seinen Versuch, die philosophischen Lehrmeinungen seiner Zeit, insbesondere die der Platoniker und Aristoteliker, im Konzept einer aus vielen einzelnen Sätzen bestehenden universalen Wahrheit zur Harmonie, zur Concordia zu führen. Die einem modernen Leser vielleicht seltsam erscheinende Absicht hat ihre Ursache in der universalen Bildung und dem Lebensweg P.s: Nach der humanistischen Grundausbildung wurde er von seiner Mutter zur kirchlichen Laufbahn bestimmt und 1477 im Alter von 14 Jahren zum Notar der päpstlichen Kanzlei ernannt. Im gleichen Jahr nahm er das Studium des kanonischen Rechtes in Bologna auf. In philosophischen Studien an den Universitäten Ferrara (1479) und Padua (von 1480 bis 1482) eignete er sich das mittelalterliche, scholastisch-aristotelisch geprägte Denken an. In Padua hatte P. unter Anleitung des Averroisten Elia del Medigo Kontakte zur jüdischen Gelehrsamkeit gefunden. In dieser Zeit kam er auch mit humanistischen Gelehrten zusammen und besuchte mehrmals in Florenz Marsilio Ficino und Poliziano. Nach einem einjährigen Aufenthalt an der Universität Paris, dem Zentrum scholastischer Philosophie und Theologie, kehrte er 1486 nach Florenz zurück. Im gleichen Jahr lernte er in Perugia Hebräisch und Arabisch und fand Zugang zur Kabbala, einer mittelalterlichen mystischen und spekulativen Tradition, die stark vom neuplatonischen Denken beeinflußt war. In diesen Jahren trat die eigenständige Position P.s hervor. So grenzte er sich in dem berühmten Briefwechsel mit dem venezianischen Humanisten Ermolao Barbaro (1485) von der humanistischen Verurteilung der mittelalterlichen arabischen und lateinischen Aristotelesinterpretation ab. Barbaros Vorwurf, die mittelalterlichen Interpreten seien barbarisch und unkultiviert, wird von P. abgewiesen, indem er darauf besteht, daß zwischen der sprachlichen Form der Texte und deren inhaltlichen Aussagen differenziert werden müsse. P. zieht die Grenze zwischen Scholastik und Humanismus als Grenze zwischen Philosophie und Rhetorik. Indem er die scholastische Philosophie rehabilitierte, distanzierte er sich von der humanistischen Tradition, die, von Petrarca ausgehend, besonders in Florenz durch Coluccio Salutati und Leonardo Bruni bedeutende Vertreter gefunden hatte und ihre Vollendung in der Sprachphilosophie des Lorenzo Valla fand. Der Briefwechsel mit Barbaro weist auf ein grundliegendes Anliegen P.s, den philosophischen Synkretismus hin: P. postulierte, daß alle bekannten Philosophen und Theologen bestimmte wahre und allgemeingültige Meinungen vertreten, die er als universal gebildeter Philosoph zu einem Lehrgebäude der umfassenden Wahrheit zusammenstellen könne.

Dieser Grundgedanke liegt seinen berühmten *900 Thesen*, den *Conclusiones philosophicae, cabalisticae et theologicae* (1486), zugrunde. Die Quellen der einzelnen Sätze reichen von Platon und Aristoteles über zahlreiche apokryphe Schriften der Spätantike (Orpheus, Pythagoras, Hermes), die von P. als authentisch angesehen wurden, bis zu den Hauptvertretern der Scholastik. Ebenfalls fand Gedankengut der jüdischen Kabbala Eingang in das konstruierte Gebäude der Wahrheit. Impulse zu diesem Unternehmen bekam P. von zwei Seiten: Einerseits konnte er vom Konzept der natürlichen Religion ausgehen, das Marsilio Ficino entworfen hatte, der eine Harmonisierung von Platonismus und Christentum anstrebte. Andererseits zeigt die Einbeziehung der mittelalterlichen Philosophie die starken Anregungen, die P. von seinen scholastischen Studien erhalten hatte. Auch die Darstellungsform und der Gedanke, die Wahrheit könne in einzelne diskutable Sätze aufgelöst werden, weist auf die dialektische Grundstruktur scholastischen Denkens. Die Grundkonzeption von P.s System weist jedoch weit in die Zukunft: Die Grundannahme, die verschiedenen Philosophien und Religionen hätten in bestimmten Sätzen Anteil an der universalen Wahrheit, birgt in sich schon den Gedanken der religiösen Toleranz, wie er in der Aufklärung formuliert wurde. Das Ziel, das hinter der Abfassung der Thesen stand, eine Diskussion der bedeutendsten Gelehrten der Zeit in Rom anzuregen, konnte P. jedoch nicht erreichen: Papst Innozenz VIII. berief eine Kommission ein, die sieben Thesen als nicht rechtgläubig und weitere sechs als verdächtig verurteilte. Der Konflikt spitzte sich zu, als P. 1487 gegen das Urteil der Kommission eine Verteidigungsschrift *(Apologia)* verfaßte. Der Papst reagierte mit der Verurteilung der gesamten 900 Thesen, obwohl P. zuvor eine Gehorsamserklärung abgegeben hatte. Er floh nach Frankreich, wo er auf Betreiben der päpstlichen Gesandtschaft verhaftet wurde. Die Intervention mehrerer italienischer Fürsten ermöglichte ihm jedoch die Rückkehr nach Florenz unter dem persönlichen Schutz von Lorenzo de Medici.

In den Werken der folgenden Jahre verfocht er weiterhin das Anliegen der *Thesen*: In der Schrift *Heptaplus de septiformi sex dierum geneseos* (1489; *Das Siebentagewerk*) versuchte er, die aus der Kabbala herrührende Zahlensymbolik in der Interpretation der Anfangskapitel des Buches *Genesis* anzuwenden. Ein weiteres Anliegen seines Arbeitens blieb unvollendet: Von dem Werk *De concordia Platonis et Aristotelis* konnte er nur einen Teil in der Schrift *De ente et uno* (1491) vollenden. Das wirkungsmächtigste Werk P.s, das auf den Anfang seines philosophischen Schaffens zurückweist, erschien erst nach seinem Tod: die Schrift, die den einfachen Titel *Oratio (Rede)* trägt, in der Folgezeigt aber *De dignitate hominis (Über die Würde des Menschen)* genannt wurde. Sie war von P. eigentlich als Eröffnungsrede der Diskussion der *900 Thesen* geschrieben worden. In dieser Schrift entwarf P. in vollendeter Form das Menschenbild der Renaissance, so daß der Text als Zentraldokument dieser Epoche gelten kann. Den Grundgedanken bildet die Aussage, daß der Mensch in seinem Handeln durch seine Natur nicht im voraus determiniert sei. Der Mensch wird außerhalb einer kosmologischen Hierarchie angesiedelt, er kann seine Natur und seine Stellung im Kosmos in einem primären Akt freier Entscheidung selbst bestimmen. In dem Bild oder der Vision des Menschen, der von Gott in die Möglichkeiten und Gefahren der Autonomie freigesetzt worden ist, finden die weltlichen Impulse der humanistischen Bildung und die Betonung der Vorherrschaft und Einzigartigkeit des Menschen eine grundlegende Gestalt, durch die P. weit über das Zeitalter der Renaissance hinauswirkt.

Heinrich, Reinhardt: Freiheit zu Gott. Der Grundgedanke des Systematikers Pico della Mirandola (1463–1494). Weinheim 1989. – Kristeller, Paul Oskar: Acht Philosophen der italienischen Renaissance. Weinheim 1986. – Cassirer, Ernst: Individuum und Kosmos in der Philosophie der Renaissance. Leipzig 1927.

Wolfgang Zimmermann

Planck, Max
Geb. 23. 4. 1858 in Kiel; gest. 4. 10. 1947 in Göttingen

»Das einzige, was wir mit Sicherheit als unser Eigentum beanspruchen dürfen, das höchste Gut, was uns keine Macht der Welt rauben kann, und was uns wie kein anderes auf die Dauer zu beglücken vermag, das ist die reine Gesinnung, die ihren Ausdruck findet in gewissenhafter Pflichterfüllung. Und wem es vergönnt ist, an dem Aufbau der exakten Wissenschaft mitzuarbeiten, der wird mit dem achtzigjährigen Dichter, dessen Name diesen Saal schmückt, sein Genügen und sein Glück finden in dem Bewußtsein, das Erforschliche erforscht zu haben und das Unerforschliche ruhig zu verehren.« Mit diesen Worten beendete P. einen Vortrag über *Sinn und Grenzen der exakten Wissenschaft*, den er im November 1941 in Berlin gehalten hat, und zwar im Goethe-Saal des Harnack-Hauses der Kaiser-Wilhelm-Gesellschaft. P. müssen die zuletzt zitierten Worte sehr am Herzen gelegen haben, denn er verwendete sie häufig, zum Beispiel auch zum Abschluß des »Geleitworts«, das er im Februar 1933 für eine Sammlung seiner Reden unter dem Titel *Vorträge und Erinnerungen* verfaßt. In den hier versammelten Beiträgen äußert sich P. über Themen wie *Kausalität und Willensfreiheit*, *Wissenschaft und Glaube*, *Positivismus und reale Außenwelt*, *Die Einheit der physikalischen Erkenntnis*, um nur einige Themen zu nennen. Und in dem erwähnten Geleitwort faßt er sein Denken zusammen: »Der Grundgedanke und Ausgangspunkt aller Darlegungen ist außerordentlich einfach, er faßt die Aufgabe aller Physik als die Erforschung der realen Außenwelt. Das Anfechtbare dieser Formulierung liegt darin, daß die reale Außenwelt etwas ist, was auf keinerlei Weise direkt aufgezeigt werden kann – ein Umstand, der von jeher grundsätzlich Bedenken erregt hat und der auch gegenwärtig eine Reihe namhafter Physiker und Philosophen zu der Schlußfolgerung veranlaßt, daß es gar keinen Sinn habe, von einer realen Außenwelt im Gegensatz zu der uns unmittelbar gegebenen Sinneswelt zu reden. Ich halte diese Auffassung, so einleuchtend sie auf den ersten Blick scheint und so unanfechtbar vom rein logischen Standpunkt aus ist, dennoch für kurzsichtig und unfruchtbar. Denn die Forschung verfährt nun einmal gerade auf neu zu erschließenden Gebieten niemals so, daß die zu behandelnden Fragen genau definiert und dann erst in Angriff genommen werden. Im Gegenteil: ein jeder, der einmal an einem wirklich neuen Problem der Wissenschaft gearbeitet hat, weiß aus eigener Erfahrung, daß es in der Regel nicht minder schwierig ist, ein Problem zu formulieren, als es zu lösen, ja, daß die genaue endgültige Formulierung oft erst zugleich mit der Lösung gefunden wird. So verhält es sich auch mit der realen Außenwelt. Sie steht im Grunde nicht am Anfang, sondern am Ziel der physikalischen Forschung, und zwar an einem Ziel, das niemals vollkommen erreicht werden wird, das aber doch fortwährend im Auge behalten werden muß, wenn man vorwärtskommen will. Hier zeigt sich wieder, daß die Physik, wie überhaupt jede Wissenschaft, einen gewissen irrationalen Kern enthält, den man nicht wegdefinieren kann, ohne der Forschung ihre eigentliche Triebkraft zu rauben, der aber auch andrerseits niemals restlos aufgeklärt werden wird. Der innere Grund für diese Irrationalität liegt, wie die Entwicklung der neueren Physik immer deutlicher zu zeigen beginnt, in dem Umstand, daß der forschende Mensch selbst ein Stück Natur ist, und daß er daher niemals diejenige Distanz von der Natur zu gewinnen vermag, die notwendig wäre, um zu einer vollkommen objektiven Naturbetrachtung zu gelangen. Mit dieser unabänderlichen Tatsache müssen wir uns wohl oder übel abfinden und können im besten Fall Befriedigung nur suchen in dem Bewußtsein, welches dem achtzigjährigen Goethe das schönste Glück des denkenden Menschen bedeutete, dem Bewußtsein, das Erforschliche erforscht zu haben und das Unerforschliche ruhig zu verehren.«

P. hatte im Laufe seines Lebens häufig erfahren, was es heißt, an einem »wirklich neuen Problem der Wissenschaft« zu arbeiten. Erst mit seinen Beiträgen zur Thermodynamik, die er allesamt im 19. Jahrhundert lieferte und in denen er sich unter anderem bemühte, die zentrale Rolle des Entropiebegriffs und seine Bedeutung für das chemische Gleichgewicht zu verstehen. Und dann zu Beginn des 20. Jahrhunderts mit seiner revolutionären Erklärung der Strahlung, die ein schwarzer Körper abgibt, wenn seine Temperatur steigt. P. war damals (seit 1889) Professor in Berlin, nachdem er in München studiert und dort auch eine erste Professur bekommen hatte. Um das dazugehörige P.sche Strahlungsgesetz ableiten zu können, mußte P. eine neue Naturkonstante einführen, das ›P.sche Wirkungsquantum h‹, das bald zum Ende der klassischen Physik führte und eine grundlegende Revolution dieser Wissenschaft auslöste. Die Naturkonstante h mit der Dimension einer Wirkung (Energie mal Zeit) drückt aus, daß Energieänderungen im atomaren Bereich nicht kontinuierlich vor sich gehen können. Sie sind vielmehr unstetig und diskret.

Als P. diese kühne Annahme von Quantensprüngen 1900 machte, für die ihm 1918 der Nobelpreis für Physik verliehen wurde, ahnte niemand, wie entscheidend seine Hypothese für den weiteren Verlauf der Physik werden sollte. Nur mit ihrer Hilfe konnte der Aufbau der Atome und die Stabilität der Materie verstanden werden. Allerdings mußte dieser Gewinn mit einem Verzicht auf die deterministische Form der klassischen Physik bezahlt werden. Die neue Quantenphysik beschrieb eine atomare Wirklichkeit, in der Aufenthaltswahrscheinlichkeiten an die Stelle von Bahnen traten und in der es unaufhebbare Unbestimmtheiten gab. P. hat sich niemals richtig mit den (philosophischen) Konsequenzen seiner Entdeckung abfinden können, die vor allem Niels Bohr und Werner Heisenberg in der sogenannten Kopenhagener Deutung zusammengestellt haben. Die damit verbundene Relativierung der

Kausalität widerstrebte P.s Überzeugung von absoluten Werten in Wissenschaft und Religion wie etwa Einfachheit und Ehrfurcht.

Am Ende seines Vortrags *Die Kausalität in der Natur* heißt es (1932): »Allerdings läßt sich das Kausalgesetz ebensowenig beweisen wie logisch widerlegen, es ist also weder richtig noch falsch; aber es ist ein heuristisches Prinzip, ein Wegweiser, und zwar nach meiner Meinung der wertvollste Wegweiser, den wir besitzen, um uns in dem bunten Wirrwarr der Ereignisse zurechtzufinden, und die Richtung anzuzeigen, in der die wissenschaftliche Forschung vorangehen muß, um zu fruchtbaren Ergebnissen zu gelangen. Wie das Kausalgesetz schon die erwachende Seele des Kindes sogleich in Beschlag nimmt und ihm die unermüdliche Frage ›Warum?‹ in den Mund legt, so begleitet es den Forscher durch sein ganzes Leben und stellt ihm unaufhörlich neue Probleme. Denn die Wissenschaft bedeutet nicht beschauliches Ausruhen im Besitz gewonnener sicherer Erkenntnis, sondern sie bedeutet rastlose Arbeit und stets vorwärtsschreitende Entwicklung, nach einem Ziel, das wir wohl dichterisch zu ahnen, aber niemals verstandesmäßig voll zu erfassen vermögen.«

Nach dem großen Triumph wider Willen im Jahre 1900 hat sich P. in seiner zweiten Lebenshälfte zunehmend mit weltanschaulichen Fragen beschäftigt und unter anderem engagiert die Relativitätstheorie Albert Einsteins gegen ihre Gegner verteidigt. P.s Bedeutung als Wissenschaftler und sein bescheidenes und unbestechliches Auftreten verhalfen ihm bereits zu Lebzeiten zu einem legendären Ruf unter Fachkollegen. Man übertrug ihm viele Funktionen im damaligen Wissenschaftsbetrieb, die er alle mit extremen Pflichtgefühl ausfüllte. Als ständiger Sekretär der Berliner Akademie (1912–1938), als Rektor der Universität Berlin (1913/14) und als Präsident der später (nach 1949) seinen Namen tragenden Kaiser-Wilhelm-Gesellschaft (1930–1936) hat P. sich um die deutsche Wissenschaft so verdient gemacht wie keiner mehr nach ihm.

Heilbronn, John: Max Planck – The Dilemma of an Upright Man. Berkeley 1986. – Hermann, Armin: Max Planck. Hamburg 1973. – Hartmann, Max: Max Planck als Mensch und Denker. Berlin 1964.

Ernst Peter Fischer

Platon
Geb. um 427 v.Chr. in Athen; gest. um 347 v.Chr. in Athen

In seinem autobiographischen *Siebten Brief* beschreibt der fast 70jährige P. rückblickend seinen Weg zur Philosophie. Sein Lebensweg schien zunächst klar vorgezeichnet zu sein. Als Sohn einer der vornehmsten Athener Familien kam für ihn vor allem eine politische Karriere in Frage. Durch eine politische Krisenerfahrung und die persönliche Begegnung mit Sokrates orientierte sich P. jedoch grundlegend um. Nach dem verlorenen Peloponnesischen Krieg um die Vorherrschaft Griechenlands führten die von Sparta eingesetzten 30 Tyrannen in Athen ein Schreckensregime. Zu ihnen gehörten mit Kritias und Charmides – den Hauptgesprächspartnern des Sokrates im Dialog *Charmides* über die Besonnenheit – auch enge Verwandte P.s. Sie versuchten vergeblich, P. wie auch Sokrates, »den gerechtesten aller damals Lebenden«, an ihrem Regime zu beteiligen. Auch die zurückkehrende Demokratenpartei beurteilte P. ablehnend, besonders wegen ihrer Hinrichtung des Sokrates. Ihm war P. wahrscheinlich schon als 12- bis 14jähriger Junge begegnet, wie die Gespräche des Sokrates mit den jungen Söhnen aus vornehmen Athener Familien im *Charmides* oder *Lysis* nahelegen. Ein ausdrückliches Lehrer-Schüler-Verhältnis verband beide allerdings erst später, etwa acht Jahre lang von P.s zwanzigsten Lebensjahr an bis zum Tod des Sokrates. Von der Persönlichkeit des Sokrates, seinem Reden und Tun war P. so beeindruckt, daß er sich eine Rettung der Polis nur von der Philosophie her versprach. Deshalb gab er seine ursprünglichen Karriereabsichten auf, nicht aber seine praktisch-politische Ausrichtung.

Nach dem Tod des Sokrates unternahm er mehrere ausgedehnte Studienreisen, vor allem zu den pythagoräischen Mathematikern in Italien und nach Ägypten, und schrieb seine ersten Dialoge. Etwa 40jährig unternahm P. seine erste Reise nach Syrakus in Sizilien und traf dort mit dem Tyrannen Dionysios zusammen. Während er diesen jedoch kaum in seinem Sinne beeinflussen konnte und das dortige Leben kritisierte, wo man »zweimal des Tages sich vollpfropft und keine einzige Nacht allein schläft«, fand er in Dion, dem Berater des Tyrannen, einen Anhänger. Mit seiner Überzeugung von der notwendigen Philosophenherrschaft wurde P. allerdings dem Tyrannen von Syrakus zu gefährlich und mußte die Stadt verlassen. Nach Diogenes Laertius, dem Philosophiehistoriker aus dem dritten nachchristlichen Jahrhundert, ließ Dionysios P. in Ägina bei Athen sogar als Sklaven verkaufen; nur durch einen glücklichen Zufall wurde er von einem Freund freigekauft. Wie bei Sokrates bildeten auch bei P. Reden und Tun, Theorie und Praxis eine Einheit, bis hin zum Risiko für sein Leben. Nach seiner Rückkehr gründet er etwa 387 die Akademie und verarbeitete seine bisherigen Überlegungen und Erfahrungen zur vernunftgeleiteten Politik und zur philosophischen Erziehung in seinem umfangreichsten Werk, dem *Staat* (*Politeia*). Die Akademie, benannt nach dem Hain des Heros Akademos vor den Toren Athens, gilt als das Vorbild der europäischen Universitäten. Ihre Schließung 529 n.Chr. durch den Kaiser Justinian markiert zugleich den Übergang von der Antike zum – christlichen – Mittelalter. An der Akademie wurde die sokratische Fragehaltung durch mathematisch-naturwissenschaftliche Forschung und die Ausarbeitung der Ideenlehre ergänzt. Allerdings lassen sich die Anteile des historischen Sokrates und P.s nur schwer auseinanderhalten. Nach antiken Vorstellungen war nicht der Autor, sondern die Sache ausschlaggebend. Darauf kommt es im Unterschied zur philologisch-historischen Forschung auch in der Philosophie an. Offensichtlich versteht P. sein Werk als ein Weiterdenken des Sokrates, wenn er ihn mit Ausnahme der letzten, eher dozierenden Dialoge als Hauptfigur auftreten läßt.

Die praktische Arbeit seiner Philosophie bewies P. auch durch seine beiden anderen Reisen nach Syrakus. Beide Reisen, etwa 367/366 und 361/360, verliefen jedoch erfolglos. P. konnte Dionysios II., den Nachfolger des verstorbenen Vaters, nicht von einer Philosophenherrschaft überzeugen und geriet wieder selbst in Gefahr. Unterdessen war auch sein Anhänger Dion aus Syrakus vertrieben worden.

Er konnte die Stadt später jedoch erobern, wurde aber nicht lange danach wegen seiner eigenen grausamen Herrschaft von einem Mitglied der Akademie ermordet. Damit war P.s philosophischer Rettungsversuch, den er in Athen erst gar nicht unternehmen konnte, mehrfach gescheitert. Er zog daraus jedoch nicht den Rückschluß auf das Scheitern seiner Philosophie. Vielmehr setzte er seine Forschungen an der Akademie fort und förderte die neuesten mathematischen Entwicklungen eines Theätet – von den irrationalen Zahlen – und eines Eudemos von Knidos – von den harmonischen Planetenbahnen; nach seiner zweiten sizilianischen Reise 367 v. Chr. trat sein Schüler Aristoteles in die Akademie ein, der später die logisch-empirischen Studien noch verstärkte. Die einheitliche Gesamtausrichtung seiner Arbeit faßt P. im X. Buch der *Gesetze (Nomoi)* zusammen, seinem letzten Werk. Danach kann eine Orientierung im Denken und Handeln des einzelnen und der Polis nur an der harmonischen, mathematisch erfaßbaren Physis des Kosmos erfolgen. Die Physis bildet eine in sich gegliederte Einheit, die es im dialektischen Denken zu erfassen gilt; dabei verbietet das sokratische Nichtwissen eine deduktive, selbstsichere Ableitung.

P.s Werk bereitet besondere Interpretationsschwierigkeiten. Zunächst läßt schon äußerlich die Dialogform offen, welche der auftretenden Personen die Auffassung P.s vertritt und ob er eine bestimmte Lehre im einzelnen entfalten möchte. Sokrates jedenfalls kann nicht als der Wahrheitsträger P.s auftreten, weil er nach seinem eigenen Anspruch nur die Meinungen anderer prüft und selber nichts weiß. Sodann sagt P. selber im *Siebten Brief* zu seinen eigenen Werken wie auch zu Nachschriften seiner Gedanken, daß man Philosophie letztlich nicht in Worte fassen kann. Erst nach einer langen gemeinsamen Beschäftigung mit dem philosophischen Gegenstand springe »plötzlich« gleichsam ein Funken in der Seele über und erzeuge ein Licht der Erkenntnis. Jeder muß derselben Wahrheit »ansichtig« werden. Die Idee, das »eidos«, ist die »Ansicht« dessen, was wirklich ist. Der Name »Kreis« etwa, seine Definition oder sein Begriff, seine sinnliche Darstellung und seine Erkenntnis, so führt P. im *Siebten Brief* aus, sind von der »Natur des Kreises an sich« zu unterscheiden. Der Begriff, »wo das Umgrenzende allerwärts von der Mitte gleichweit absteht«, bezieht sich auf die in sich gegliederte Einheit des wahren Kreises. Die Idee erschöpft sich nicht in ihrer begrifflichen oder sinnlichen Erscheinung, sondern ist deren Bezugspunkt. Somit findet sich auch in der Darstellung von P.s Werk die Differenz von Idee und Erscheinung wieder. Die Altersvorlesung P.s *Über das Gute* und auch sonstige Zeugnisse von Schülern zu einer mathematischen Prinzipienlehre können die »Ansicht« selbst nicht ersetzen oder auch nur angemessen darstellen.

Eine weitere Schwierigkeit von P.s Werk, sein häufiger Rückgriff auf Mythen an zentralen Stellen, läßt sich ebenfalls von der Differenz Idee und Erscheinung erklären. Wenn Sokrates etwa im *Symposion* den Stufengang zur höchsten Idee des Schönen der weisen Frau Diotima in den Mund legt oder am Schluß des *Staates* Jenseitsmythen erzählen läßt, zeigt er damit die Grenzen der begrifflichen Darstellung an. Die »wichtigsten Dinge«, so erklärt Sokrates in der *Apologie* seinen Richtern, können wir Menschen nicht wissen. Jedenfalls können wir sie nicht in einer ausdrücklichen Satzform wissen; in einem praktischen Umgangswissen jedoch verstehen wir uns darauf. Griechisch »episteme« umfaßt beides: Wir wissen – praktisch – immer schon mehr, als wir – theoretisch – wissen. Wir müssen uns in der

»anamnesis«, der Wiedererinnerung, nur darauf besinnen. Eine solche Besinnung und mögliche Korrektur ist vor allem in Krisensituationen notwendig. P. wuchs in einer Situation auf, in der die leitenden Handlungsvorstellungen oder Tugenden nicht mehr tragfähig waren. Im Krieg verstand jeder etwas anderes darunter, jeweils nach seinem eigenen Interesse; die Erfahrung der Kaufleute hatte ebenfalls gelehrt, daß andere Länder andere Sitten haben. Der Wertekosmos Homers war zerbrochen. Auch der Kosmos der umgebenden Natur verlor seine handlungsleitende Kraft. Die Gestirne waren, wie der große Meteorit in den Aigospotamoi zu beobachten gab, nicht mehr Götter oder göttlichen Ursprungs, sondern erkaltetes Metall. Der Sophist Protagoras und der Naturphilosoph Anaxagoras brachten den sittlichen und physischen Kosmos zwar nicht selber zum Einsturz, sahen aber dessen Trümmer als letztes Wort an. Mit Sokrates jedoch, der ironischerweise in der *Apologie* mit der »zersetzenden« Sophistik und Naturphilosophie gleichgesetzt wird, versucht P. einen Wiederaufbau des Kosmos oder seine erneute »Ansicht«.

Seine ingesamt über dreißig Dialoge unterteilt man herkömmlicherweise in die frühen, mittleren und späten. Die chronologische Unterteilung, die sprachstatistisch und nach inhaltlichen Kriterien als relativ stabil gelten kann, gibt zugleich eine systematische Unterteilung wieder. Sie ordnet die Dialoge in einer Entwicklung oder Wiedererinnerung an die »Ansicht« des Ganzen. Die frühen oder sokratischen Tugenddialoge zeigen, daß wir bei unserem Reden und Tun immer schon von einer einheitlichen, wenn auch in sich vielfach gegliederten Vorstellung oder »Ansicht« ausgehen, etwa der *Laches* über die Tapferkeit, der *Euthyphron* über die Frömmigkeit, der *Lysis* über die Freundschaft oder der *Charmides* über die Besonnenheit. Die verschiedenen Bestimmungen können jedoch nicht in einer letzten Definition zusammengefaßt werden. Die Dialoge enden aporetisch, ohne Ergebnis. Die Aporie besteht jedoch nur auf der Satzebene, nicht auf der Gebrauchsebene des Wissens. Am Dialog selbst kann man sehen, wie fixe Ideen aufgelöst, in ihren mannigfachen Bestimmungen ansichtig gemacht und in eine Beziehung zueinander gebracht werden. Tapferkeit etwa als »wahre Meinung darüber, was man wirklich zu fürchten hat und was nicht«, wie am Schluß des *Laches* herauszulesen ist, zeigt eine vorläufige Gliederung des fraglichen Phänomens. Im *Menon* wird deutlich, daß wir uns dabei nur, wenn auch mühsam genug, an frühere Erfahrungen zu »erinnern« haben.

In den mittleren Dialogen, wie dem *Phaidon*, wird die Ideenannahme von der Teilhabe der vielen sprachlich-sinnlichen Erscheinungen an der einen Idee zusammengefaßt und im *Staat* praktisch nutzbar gemacht. Vor allem die Mathematik befreit uns aus den Fesseln bloßer Meinungen, wie es im berühmten Höhlengleichnis heißt. Die späteren Dialoge, wie *Theaitetos, Sophistes, Phaidros, Politikos* und *Philebos*, kreisen um die zentrale Frage, wie das Eine und das Viele zusammen zu denken sind. Dabei geht es um die Kunst der Dialektik, das praktische und theoretische Wissen der Gliederung und Zusammenführung in sich vielfältiger Einheiten. Im ersten Teil des *Parmenides* muß der junge Sokrates einsehen, daß die sogenannte Ideenlehre zu Ungereimtheiten führt: Das Viele kann nicht an der ganzen Idee teilhaben, sonst wäre diese zerstückelt; auch nicht an deren Teil, sonst wäre ein großes Ding durch etwas Kleineres groß; zwischen Urbild und Abbild schiebt sich immer wieder ein Drittes als vermittelnde Instanz; Götter wissen nichts von der getrennten Welt der Menschen und haben keine Macht über sie. Trotz aller Aporien hält Parmenides aber an den Ideen fest – wir könnten sonst keine Dialoge führen. Der Fehler lag in der Trennung des Einen und Vielen und in ihrer Behandlung als Stücke. Der zweite Teil führt praktisch vor, daß nur die Isolierung zu Aporien führt und daß es auf den gekonnten Umgang mit den Begriffen als Gliederung des Weltganzen ankommt. Im *Timaios* führt P. die Gliederung des Weltganzen nach harmonischen, mathematischen Strukturen aus, ebenfalls im X. Buch der *Gesetze*.

Die Wirkung P.s in der langen Philosophiegeschichte besteht nach einem berühmten Diktum Whiteheads aus einer »Reihe von Fußnoten zu Platon«, angeregt von seiner »Fülle fundamentaler Gedanken«. In der Tat findet man bei P. zu fast allen philosophischen Fragen, Positionen und Disziplinen bereits Vorformen oder Provokationen. Jeder sucht sich dabei das passende Stück heraus: Für die Existenzphilosophen ist die Gestalt des Sokrates entscheidend, für die Analytiker die begriffliche Schärfe – oder Unschärfe – P.s, die politischen Philosophen konzentrieren sich auf den *Staat*, die Dialektiker auf den *Parmenides*. Für alle aber ist die »Ideenlehre« eine anhaltende Provokation, zuletzt etwa für Hubert L. Dreyfus: In der »künstlichen Intelligenz« der Computerprogramme werde P.s Rationalismus auf die Spitze getrieben – alles Wissen müsse und könne nach P. eindeutig definiert und in einen logischen Zusammenhang gebracht werden. Gerade dies aber wollte P. vermeiden. P.s Philosophie gewinnt daher neue Attraktivität und Kraft in ihrer Verbindung von analytischem und synthetischem, explizitem und implizitem Wissen in einer Krisensituation, die aus einem verengten Denken erwächst.

Thomas A. Szlezák: Platon lesen. Stuttgart-Bad Cannstatt 1993. – Martens, Ekkehard: Die Sache des Sokrates. Stuttgart 1992. – Hare, Richard M.: Platon. Eine Einführung. Stuttgart 1990. – Wieland, Wolfgang: Platon und die Formen des Wissens. Göttingen 1982. – Martin, Gottfried: Platon in Selbstzeugnissen und Dokumenten. Reinbek bei Hamburg 1969. – Friedländer, Paul: Platon. 3 Bände. Berlin ²1954–1960.

Ekkehard Martens

Plechanow, Georgi Walentinowitsch
Geb. 11. 12. 1856 in Gudalowka; gest. 30. 5. 1918 in Pitkajärvi/Finnland.

Materialismus militans – dieser 1908 von P. veröffentlichte Titel ist zugleich das Leitmotiv der intellektuellen Biographie P.s, des bedeutenden Philosophiehistorikers, materialistischen Dialektikers, Theoretikers von Kunst und Literatur und politischen Revolutionärs der II. Internationale. Aus niederem Adel stammend, 1874 bis 1876 in Petersburg Bergbau studierend, militant engagiert zunächst als Volkstümler, nach deren Spaltung auf der revolutionären Seite verfolgt und von 1880 bis 1917 zum Exil in der Schweiz, Italien, Frankreich und England gezwungen, 1883 Mitbegründer der ersten russischen marxistischen Organisation

»Befreiung der Arbeit«, Übersetzer wichtiger Schriften von Marx und Engels, mit Lenin 1900 Begründer der Zeitschrift *Iskra*, zu gleicher Zeit Mitkämpfer der marxistischen deutschen Sozialdemokratie in der Auseinandersetzung mit dem neukantianischen und ethischen Sozialismus, nach 1903 Trennung von den Bolschewiki, Autor eines umfangreichen philosophischen, ästhetischen und politischen Werks. Die biographische Kurzschrift ist eher verstellend als die zweifache Geschichtlichkeit dieser Vita aufhellend: P.s Leben und Werk hat Geschichte als Vergangenheit, Gegenwart und Zukunft des Sozialismus mit der Historiographie materialistischer und dialektischer Denktradition und sozialistischer Bewegung vereint; sein historischer Materialismus ist Geschichtstheorie und zugleich Gesellschafts-, Kultur- und Wissensgeschichte. Es gibt – schrieb er zur Frage der zeitgenössisch umstrittenen Rekonstruktion der Marxschen Theorie – »mehrere Bücher, von denen eines die Geschichtstheorie von Marx immer besser erklärt als das andere. *Das erste Buch* ist die Geschichte der Philosophie und der Gesellschaftswissenschaft ... *Das zweite Buch* ist ›Das Kapital‹... *Das dritte Buch* ist die Geschichte der europäischen Ereignisse seit dem Jahre 1848«.

Für P. war »die Marxsche Theorie keine ewige Wahrheit in letzter Instanz«, sondern »höchste soziale Wahrheit unserer Zeit«. Renovator und Konstrukteur in einem, hat P. den historischen Materialismus als »Streben nach Monismus« und als »notwendige Prolegomena zu einer jeden künftigen Lehre von der menschlichen Gesellschaft, die Wissenschaft zu sein beansprucht«, gekennzeichnet, als »Erklärungsweise« und so als geschichtlich offenes System mit dem Ziel, in der Arbeiterbewegung sozial allgemein zu werden und als wissenschaftliche Weltauffassung Normensystem für vernünftiges Handeln zu sein: »Der dialektische Materialismus ist die Philosophie des Handelns.« P.s Beitrag zur Philosophie ist von der revolutionären Naherwartung des Sozialismus bestimmt, und deshalb öffnet sie sich zur Geschichte des – vor allem französischen – Materialismus und zur Dialektik Hegels; zugleich zollt sie auf problematische Weise der Faszination durch die zeitgenössischen Naturwissenschaften Tribut.

1883 veröffentlicht P. in der »Bibliothek des modernen Sozialismus« als erste marxistische Arbeit *Sozialismus und politischer Kampf*, 1889 nimmt er in Paris am Gründungskongreß der II. Internationale teil, 1894 schreibt er im Auftrag der SPD *Anarchismus und Sozialismus*. Das Politische ist die Brücke, die sich über dem Werk spannt, doch die Pfeiler sind die philosophischen Wiedererinnerungen *Zu Hegels sechzigstem Geburtstag* (1891) und *Beiträge zur Geschichte des Materialismus* (1893), die systematischen Begründungen in *Zur Frage der Entwicklung der monistischen Geschichtsauffassung* (1895) und *Über die Rolle der Persönlichkeit in der Geschichte* (1898) sowie – vor allem im theoretischen Organ der SPD *Die Neue Zeit* – die Auseinandersetzungen um Kant, den Neukantianismus in Erkenntnistheorie und Ethik, in erster Linie gegen Eduard Bernstein gerichtet, und um den Materialismus (1898–1901), vorbereitet durch die Genfer Vorlesungen *Über die angebliche Krise im Materialismus* (1898).

P. hat in Nähe zu Engels – »Was unserer Dialektik zugrunde liegt, ist die materialistische Auffassung der Natur« – und in einem im Vergleich zu Antonio Labriola antihistorizistischen Marx-Verständnis, dem methodologischen Ideal der positiven Naturwissenschaften verpflichtet, die Auffassung verfochten, »daß die Gesellschaftswissenschaft selbst zur Naturwissenschaft wird«. Damit wird »die menschliche Tätigkeit selbst nicht als frei aufgefaßt, sondern als notwendig, d. h. als gesetzmäßig, d. h. als etwas, das zum Objekt wissenschaftlicher Untersuchung gemacht werden kann«. Diese Annahmen einer Naturalisierbarkeit der Dialektik im Rahmen eines monistischen Determinismus hat P. freilich nicht im Widerspruch zur Bestimmung des Materialismus als Philosophie der Praxis gesehen. Dies belegen nicht nur die an Nikolai Tschernyschewski und Vissarion Belinski geschulten Arbeiten zu Literatur und Ästhetik seit Ende der 1880er Jahre. Folgenreicher und in der Verteidigung des Marxismus gegen den zeitgenössischen – sowohl ökonomischen wie physikalischen – Reduktionismus und in der Stärkung der historischen Dialektik gegen die Angriffe des ethischen Sozialismus wirksamer waren P.s Plädoyers für die Berücksichtigung der gesellschaftlichen Psychologie bei der Bestimmung des Verhältnisses zwischen sozialökonomischen Basis- und politisch-kulturellen Überbau-Strukturen. Das erweiterte kategoriale Schema P.s lautet: »1. Stand der Produktivkräfte; 2. die durch diesen Stand bedingten ökonomischen Verhältnisse; 3. die sozialpolitische Ordnung, die sich auf der gegebenen ökonomischen ›Basis‹ erhebt; 4. die teils unmittelbar durch die Ökonomie, teils durch die ganze darauf sich erhebende sozialpolitische Ordnung bestimmte Psychologie des gesellschaftlichen Menschen; 5. die verschiedenen Ideologien, welche die Eigenschaften dieser Psychologie in sich widerspiegeln.« Die ideologietheoretische Voraussetzung, »daß alle Ideologien in der Psychologie der betreffenden Epoche ihre gemeinsame Wurzel haben«, und die Entdeckung der antizipatorischen Funktion der gesellschaftlichen Psychologie, die sich auf »neue, künftige Produktionsverhältnisse« bereits vor deren Hegemonie einzustellen vermag (»die psychologische Evolution geht der ökonomischen Revolution voran«) hat P. in seinen philosophiegeschichtlichen Werken – Antonio Labriola vergleichbar – zu nutzen gewußt. P.s Werk bleibt in diesen den Marxismus seiner Zeit wegweisend erweiternden Dimensionen heute wiederzuentdecken.

Fomina, Vera Aleksandrovna: Die philosophischen Anschauungen G. W. Plechanows. Berlin 1957.

Hans Jörg Sandkühler

Plessner, Helmuth
Geb. 4. 9. 1892 in Wiesbaden; gest. 12. 6. 1985 in Göttingen

P. wurde 1892 als Sohn eines Arztes in Wiesbaden geboren, studierte zwei Semester Medizin, um sich dann der Zoologie zuzuwenden, die er bis zu den Vorstadien einer experimentell angelegten Dissertation betrieb. In Heidelberg und Göttingen zog es ihn bei Wilhelm Windelband und Edmund Husserl jedoch zur Philosophie, in der er 1916 promovierte. Seine ersten Publikationen, bereits 1913, zeigen den Doppelweg, den er nie ganz verließ: *Die wissenschaftliche Idee. Ein Entwurf über ihre Form* war der philosophische Erstling; parallel erschienen *Untersuchungen über die Physiologie der Seesterne* in den *Zoologischen Jahrbüchern*.

1917 wurde P. über seine Bekanntschaft mit dem Erlanger Oberbürgermeister im Rahmen des Zivildienstes nicht der Erlanger Milchversorgung zugeteilt, wie vorgesehen, sondern als Volontärassistent dem Germanischen Museum in Nürnberg, wo er Münzen sortierte und anderen nichtphilosophischen Tätigkeiten nachging. 1920 habilitierte er sich an der Universität Köln für Philosophie und blieb dort als Privatdozent bis zum Ende des Wintersemesters 1932/33: »Das Hitlerregime hatte den Professoren, die von den Bestimmungen für die sogenannten Nichtarier betroffen waren, liebenswürdigerweise empfohlen, für das Sommersemester nicht anzukündigen.«

P.s akademische Karriere und öffentliche Wirksamkeit in Deutschland war zunächst beendet. Nach einem fruchtlosen Intermezzo in Istanbul konnte er durch Vermittlung des Zoologen Frederik Buytendijk an der Universität Groningen Fuß fassen, mußte aber nach der deutschen Okkupation seine Stellung wieder räumen und tauchte in Utrecht, dann in Amsterdam unter. Mit knapper Not entkam er einer Gestapo-Falle. 1946 wurde er Ordinarius für Philosophie in Groningen, Nachfolger eines Mannes, der in Sachsenhausen umgebracht worden war. 1952 nahm er einen Ruf auf den neugegründeten Lehrstuhl für Soziologie in Göttingen an, behielt sich aber das Recht vor, auch Philosophie vertreten zu können. Nach seiner Emeritierung hat P. in New York unterrichtet (Theodor-Heuss-Lehrstuhl) und in Zürich, wohin er schließlich gezogen war. In hohem Alter kehrte er nach Göttingen zurück, wo er auch gestorben ist.

P.s Bücher standen nie im Rampenlicht, so wenig wie er selber. Ein äußerer Grund liegt natürlich in der erzwungenen Emigration, mit der auch seine Bücher in Deutschland zu existieren aufhörten. Aber keineswegs haben sich deutsche Verlage beeilt, sie nach dem Krieg neu zu edieren. P.s frühere philosophische Schriften waren zum Teil unveröffentlicht, zum Teil schulphilosophische Auseinandersetzungen mit der Tradition. 1923 kam jedoch sein erstes »originelles« Buch heraus: *Die Einheit der Sinne. Grundlinien einer Aesthesiologie des Geistes*, das »nie eine ernsthafte Besprechung bekam«, wie er selbst feststellte. Es paßte nicht in die Raster der Schulphilosophie und der Biologie. Wir wissen heute, daß es eine wichtige Vorstufe zu P.s eigentlicher philosophischer Leistung war, der Begründung einer philosophischen Anthropologie: der Untersuchung der Einheit von Körper und Geist. Gerade auf dem Gebiet der philosophischen Anthropologie hatte P. es jedoch bald mit zwei Konkurrenten zu tun, die seine Mitwirkung überhaupt nicht schätzten: Max Scheler und Arnold Gehlen. 1924, um doch auch einem größeren Publikum etwas zu bieten, tat P. seinen ersten Schritt in Richtung Sozialphilosophie und Soziologie mit dem kleinen Buch *Grenzen der Gemeinschaft. Eine Kritik des sozialen Radikalismus*, das von der Zunft vermutlich nur einmal erwähnt wurde, von Helmut Schelsky.

P.s soziologisches Wirken nach dem Zweiten Weltkrieg stand im Schatten der eher weltanschaulich geprägten deutschen Nachkriegssoziologie. Auch sein bedeutendes Buch *Die verspätete Nation* (zuerst 1935) – »1946 hätte es eine unmittelbare Wirkung gehabt« – erschien erst 1959 wieder. Das Hauptwerk P.s teilte das Schicksal der anderen Werke. *Die Stufen des Organischen und der Mensch. Einleitung in die philosophische Anthropologie* erschien 1928. P. hat in einem Rückblick geschildert, daß die Umstände mehr als ungünstig waren. Der Kölner Kollege Max Scheler schwankte zwischen Ignoranz und Plagiatsverdacht (den erst Nicolai Hartmann ausräumen konnte), schlimmer aber war der Ruhm des neuen philosophischen Stars: »Heideggers Wirkung überstrahlte alles.« Die Sächsische Akademie der Wissenschaften verlieh 1931 ihren Avenariuspreis an P., aber das half auch nichts. Das Bedürfnis nach Weltanschauung war größer, und da war, innerhalb und außerhalb der philosophischen Anthropologie, der Markt schon besetzt.

Was war sie eigentlich, diese merkwürdige philosophische Anthropologie, die es damals in Deutschland gab? Eine philosophische Lehre vom Menschen – aber wieso so spät, noch 1928? Die Einzelwissenschaften vom Menschen hatten sich ja längst von der Philosophie gelöst, und die Philosophie selber war akademische Einzeldisziplin geworden, keineswegs mehr eine Königin der Wissenschaften. Gerade an Schelers Versuch wird die weltanschauliche Komponente der philosophischen Anthropologie sichtbar: Sein Darmstädter Vortrag *Die Stellung des Menschen im Kosmos* (1927) beschwört schon im Titel die Rückbindung des Menschen an eine metaphysisch begründete Weltordnung, an die er als Triebwesen zwar gefesselt ist, die er aber als Geistwesen auch transzendiert. Die philosophische Anthropologie wurde von Arnold Gehlen weitergeführt, zuerst in einigen Aufsätzen der 30er Jahre, die in dem Hauptwerk *Der Mensch* (1940) gipfelten. Gehlen kannte die Fallstricke der altgewordenen Metaphysik sehr genau und desavouierte in seinem Buch mit Recht den Schelerschen Versuch ihrer Restauration. Gehlen ging »pragmatisch« vor, d. h. er konnte aus einer Fülle von Funktionsanalysen menschlicher Handlungen – und dadurch ohne zuviel Philosophie – ein Bild des Menschen und seiner Stellung »in der Welt« zeichnen. Biologen – wie jüngst Norbert Bischof in seinem Buch *Das Rätsel Ödipus* – haben jedoch darauf hingewiesen, daß Gehlens zentraler Begriff des »Mängelwesens« nicht ganz konsequent ist. Mit so vielen Mängeln, wie sie der Mensch in Gehlens anthropologischer Konstruktion hat, hätte er es schwerlich in der Welt zu etwas bringen können. In die Lücke, die das Mängelwesen in der Konstruktion ließ, setzte Gehlen jedoch die Institutionen, und hier konnte nun auch ein weltanschauliches Bedürfnis befriedigt werden. Gehlens philosophische Anthropologie verhieß, wenn schon nicht Orientierung, so doch wenigstens Ordnung. Und damit war er, wenn auch umstritten, ein brauchbarer Mann – von Scheler, aber auch von P. sprach nun niemand mehr. Man muß diesen Hintergrund sehen, um sowohl die Leistung wie auch die Nichtbeachtung von P.s philosophischer Anthropologie genauer zu erkennen. Das Buch *Die Stufen des Organischen und der Mensch* ist freilich nicht auf Breitenwirkung hin geschrieben, im Grunde überhaupt nicht auf Wirkung. Der Titel ist nicht gerade verlockend, und der geneigte Leser erfährt das Geheimnis des Buches ziemlich spät. Erst im Schlußkapitel ist überhaupt vom Menschen die Rede. Der Witz des Buches besteht natürlich darin, wie der Autor überhaupt zu diesem Schlußkapitel kommt und welche Stufen des Organischen dem Menschen sozusagen vorausgehen. P. entwickelt in diesem Kapitel seinen inzwischen berühmten Gedanken von der »exzentrischen Position« des Menschen. Tiere, das weiß heute jeder Konrad-Lorenz-Leser, haben eine fest geordnete Position im Leben: Sie sind durch angeborene Triebe und Wahrnehmungen auf eine für sie spezifische Umwelt hin orientiert, und sie bleiben im fest geschlossenen System von Trieb, Wahrnehmung und Triebhandlung ihr ganzes Leben lang – sie können daran nichts ändern. Bei den Haustieren ist diese Zuordnung bereits gelockert, viel weitergehend ist sie es beim Menschen – wobei die Fachleute (wie etwa Norbert Bischof) über Einzelheiten und Grenzen dieser Betrachtungsweise durchaus streiten. P. betont gegenüber der Umweltfixiertheit des Tieres die Welt-Offenheit des Menschen als den unterscheidenden Außenaspekt. Es gibt aber auch einen Innenaspekt von großer Bedeutung: der Mensch lebt mit sich selbst nicht in natürlichem Einklang (er hat keine natürliche, fest geprägte Identität); er kann und muß zu sich selbst Stellung beziehen. Der Mensch ist das Wesen, das nicht im Zentrum seiner Welt oder Umwelt oder Existenz steht – er ist von Natur aus in eine exzentrische Position gestellt, sozusagen ohne Mitte. P. hat seinen Zentralgedanken von der exzentrischen Position des Menschen später aus der etwas umständlichen Verpackung des *Stufen*-Buches herausgelöst und in zahlreichen Texten dargestellt, so etwa im Einleitungskapitel zur *Propyläen-Weltgeschichte*. Was »bedeutet« nun diese exzentrische Position? Ist sie doch – wie Scheler will – Anweisung für eine metaphysische Spitzenstellung des Menschen? Ist sie Beweis für die »Krone der Schöpfung«? P. warnt vor der »Metaphysizierung« des Homo sapiens: »Wir wissen nichts über die Zielkräfte der Evolution, nichts darüber, ob es so etwas wie Zielkräfte überhaupt gibt, die in der Gattung Mensch an ihr Ende gekommen sind und sich in ihr erschöpft haben.« P. spricht am Schluß der *Stufen* konsequent nicht irgendeine anthropologische »Wahrheit« aus, er formuliert, spröde genug, drei anthropologische Grundgesetze: das der vermittelten Unmittelbarkeit, das der natürlichen Künstlichkeit und das des utopischen Standortes. In seinen sozialphilosophischen und soziologischen Arbeiten hat er diese Begriffe genauer erläutert. Gerade diese Arbeiten zeigen, daß er nicht von einer Weltanschauung herkommt – wie Scheler – oder in einer endet – wie Gehlen –, sondern, getreu seiner anthropologischen Grundeinsicht, den Bereich von Geschichte und Gesellschaft prinzipiell offenhält. Mit der exzentrischen Position ist in der Tat das schützende Dach einer Ideologie oder einer ideologischen Gemeinschaft schlecht zu erreichen – der Begriff gibt ideologisch ein bißchen zu wenig her (vgl. das Alterswerk *Diesseits der Utopie*, 1966). P. hat bereits 1924, in einer Hoch-Zeit ideologischer Sinnsuche, mit seinem Buch *Grenzen der Gemeinschaft* die Gefahren der Gemeinschaftshuberei analysiert, die Illusion der distanzlosen sozialen Beziehung ohne Macht und ohne Differenzierung. Elf Jahre später, bereits im Exil, schrieb er sein Buch über die politische Verführbarkeit bürgerlichen Geistes, das später den Titel *Die verspätete Nation* bekam. 1935 war es schon zu spät – die große »Gemeinschaft« hatte sich bereits zusammengeschlossen und wartete darauf, auch das übrige Europa »anzuschließen«.

Über vermittelte Unmittelbarkeit hat P. in einigen Studien über Entfremdung, soziale Rolle und Öffentlichkeit geschrieben. Er greift die klassische (eigentlich romantische) Dichotomie des »wahren« und des »bloß vermittelten« Selbst auf, an der sich alle Entfremdungstheorien gerieben haben. Exzentrische Position bedeutet jedoch, daß wir »unvermittelt« gar nicht bei uns selbst sein können, ein Gedanke, der bei Hegel und, interessant zugespitzt, auch bei Gehlen vorkommt. Heidegger (und viele andere »ursprüngliche Denker«) hatten gerade mit dem unmittelbaren »Sein« gelockt. Es ist aber, wie P. fast erbarmend zugibt, den Menschen nicht immer leicht, bei der »natürlichen Künstlichkeit« ihres Tuns zu verharren, das oft bloß in künstliche Künstlichkeit mündet. So landen sie denn, exzentrisch wie sie sind, beim dritten Gesetz ihres Wesens, dem utopischen Standort: »Nach dem Gesetz des utopischen Standorts ist der Mensch der Frage nach dem Sein ausgeliefert, das heißt, warum etwas ist und nicht lieber nichts. Diese Bodenlosigkeit, die schlechthin alles transzendiert, kann nur religiös beantwortet werden, weshalb keine Form von Menschsein ohne religiöses Verhalten zu finden ist,... ob das der Anthropologie ohne eine sinnhafte Direktion paßt oder nicht.«

Es wird deutlich, warum man sich auf P.s Anthropologie nicht gerade gestürzt hat. An all die liebgewordenen Ausgänge aus dem irdischen Jammertal hat er »Verboten!« geschrieben. P. aber, offenbar von der eigenen Philosophie auch belehrt (was selten ist), läßt keinen Raum für Melancholie. Wenn wir denn schon exzentrische Positionisten sind, so scheint seine Weisheit zu lauten, dann muß man das eben genießen. In vielen Arbeiten hat er beschrieben, wie gerade die exzentrische Position zu den raffiniertesten Kulturleistungen führt. Schon der hereingeschneite Volontärassistent des Germanischen Nationalmuseums schrieb 1918 über die Geschichtsphilosophie der bildenden Kunst seit Renaissance und Reformation, kein Meisterschuß zwar, aber Zukünftiges anzeigend. In Köln denkt P. bereits *Über die Möglichkeiten einer Ästhetik* nach – hat aber selber keine geschrieben. Man lese statt dessen seine Rezensionen von Adornos Ästhetik (und der *Negativen Dialektik*), die leider in der Ausgabe der *Gesammelten Schriften* fehlen. Ebenfalls in Köln schreibt P. über die Phänomenologie der Musik. Die Deutung des mimischen Ausdrucks ist schließlich ein drittes Thema P.s in der frühen Kölner Zeit und auch dieses wegweisend. Gerade an der *Anthropologie des Schauspielers* (1948) konnte er das Exzentrische der exzentrischen Position besonders gut demonstrieren. Aufsätze über Spiel und Sport setzten das Thema fort, und eine seiner letzten Arbeiten hieß *Die Musikalisierung der Sinne*.

P.s bekanntestes Buch war wohl *Lachen und Weinen* (1941), mehrfach aufgelegt und für seine Verhältnisse fast ein Hit. Lachen und Weinen sind Extremsituationen des menschlichen Verhaltens, sozusagen extreme exzentrische Verhaltensweisen, die sich immer dann einstellen, wenn die normale Verhaltensregulation nicht ausreicht. Vielleicht ist das die wirklich utopische Situation, aber P.s Sprödigkeit läßt es zu dieser Deutung nicht kommen. Später hat er noch über das Lächeln geschrieben, die »vieldeutigere Form«, bei der man nie weiß, »was oder was nicht dahintersteht«. Keine schlechte Formel auch für die »conditio humana«, deren Rätsel hinter aller Philosophie und Wissenschaft P. stets gesehen hat.

Redeker, Hans: Helmuth Plessner oder die verkörperte Philosophie. Berlin 1993. – Pietrowicz, Stephan: Helmuth Plessner. Genese und System seines philosophisch-anthropologischen Denkens. Freiburg i.Br./München 1992. – Hammer, Felix: Die exzentrische Position des Menschen. Methode und Grundlinien der philosophischen Anthropologie Helmuth Plessners. Bonn 1967.

Werner Brede †

Plotin
Geb. um 204; gest. 270 in Campanien

Es heißt, wie Porphyrios, der wichtigste Schüler und Biograph P.s berichtet, daß dieser sich schämte, »im Leib zu sein«. Aufgrund dieser platonischen Haltung der Geringschätzung des Leiblichen und Sinnlichen habe sich P. geweigert, »etwas über seine Herkunft, seine Eltern oder Heimat zu erzählen«. Bleiben somit Kindheit und Jugend des bedeutendsten Neuplatonikers im Dunkeln, so sind uns dank Porphyrios sein philosophischer Werdegang und seine Schriften doch recht gut überliefert. Mit 28 Jahren wendet sich P. der Philosophie zu und wird in Alexandria Schüler von Ammonios Sakkas, dem legendären Begründer der neuplatonischen Schule, der wie Sokrates nichts geschrieben hat. Die Neuplatoniker des 3. Jahrhunderts nach Chr., einem Jahrhundert der Machtkämpfe und Krisen im Römischen Reich, betätigen sich vor allem als Kommentatoren der klassischen griechischen Philosophie. Platon, Aristoteles, die Stoa und andere Strömungen verbinden sich in ihrer allerdings platonisch dominierten Auslegung zu einer die Gegensätze überspielenden, einheitlichen Lehre. Auch hat man bei P., der nach dem (vermutlichen) Tod seines Lehrers im Jahre 243 an dem Feldzug Gordians III. gegen die Perser teilnahm, immer wieder über orientalische Einflüsse spekuliert.

P.s eigene Lehrtätigkeit entfaltet sich – nach kläglichem Scheitern des Feldzugs – ab 244 in Rom, wo er unter verschiedenen Machthabern Förderung und hohes Ansehen genießt. Er hält öffentliche Vorträge und sammelt einen engeren Kreis von Schülern um sich, die er auch mit seinen magischen Fähigkeiten beeindruckt. Seine Schriften beginnt er erst ab 253 zu verfassen; bis dahin fühlt er sich an eine Verabredung der Schüler des Ammonios Sakkas gebunden, schriftlich nichts niederzulegen. Nach seinem Tod gibt Porphyrios die Schriften heraus; er teilt die insgesamt 54 Abhandlungen P.s, um eine fragwürdige Zahlenharmonie bemüht, in sechs Neunergruppen *(Enneaden)* auf.

P.s Lehre ist im Grundgedanken platonisch: sie begreift den Weg zur Wahrheit als ein Fortschreiten von der niederen, sinnlich wahrnehmbaren zur höheren, geistigen Welt. Dem entspricht der Weg vom unvollkommenen Vielen zum wahren »Einen«. Das Eine ist Grund und Ziel seines Philosophierens, in dem er einen dynamischen Stufenbau der Weltordnung entwirft. Die Seele, der Geist und das Eine sind die drei Stufen (Hypostasen) der schließlich göttlichen Wirklichkeit. In seinen Abhandlungen mit Titeln wie *Die Natur, die Betrachtung und das Eine* oder *Das Gute (das Eine)* erläutert P. wiederholt den Zusammenhang des Wirklichen, zu dem er die formlose, unbeseelte Materie selbst nicht rechnet. Pflanzen, Tiere, Mensch und Sternenwelt sind durch die formende Seele am Einen teilhaftig, denn die Seele vermag einerseits das höchste Eine zu schauen, andererseits dem formlosen Vielen Form und Einheit zu geben. Nach dem Grundsatz: »Alles Seiende ist durch das Eine ein Seiendes« zeugt und beseelt die Seele im Bereich der sinnlich wahrnehmbaren, unteren Welt das Seiende. In der oberen, geistigen Welt ist die einheitsstiftende Seele als Mittler des Einen selbst noch nicht das gesuchte Eine, wenngleich sie sich in höherer Gemeinschaft mit diesem befindet als etwa Pflanzen und Körper. Auch der Geist, das Sein des Seienden, als nächste Stufe kann noch nicht das Eine sein, denn – wie P. u. a. ausführt – »der Geist ist notwendig dem Denken hingegeben« und trägt somit die Unterscheidung zwischen Denkendem und Gedachtem in sich. Er ist nicht das reine, unterschiedslose Eine, sondern zweierlei, und »so gilt es, das vor dieser Zweiheit Liegende zu erfassen«, das Eine. Da dieses also nicht dem notwendig unterscheidenden Denken zugänglich ist, kann es nur paradox und hinführend durch die Negation aller möglichen Bestimmungen »bestimmt« werden; es ist oberhalb des Seins, selbst kein Seiendes. Man kann des Einen nur inne werden »vermöge einer Gegenwärtigkeit, welche von höherer Art ist als Wissenschaft«, in der mystischen inneren Schau. Am höchsten Punkt der plotinischen Philosophie kommt es in der ruhigen Ekstase der Schau zur Vereinigung (»unio mystica«) mit dem Einen, Göttlichen und Guten. Die Dynamik von P.s Stufenmodell zeigt sich einerseits in dem Prozeß der Entstehung der Welt aus dem Einen. Daß das Eine die Wirklichkeit des Seienden aus sich herausbildet, kann nur bildlich als Überfluß (»Emanation«) oder Ausstrahlung verstanden werden, denn es ist ja eigentlich nicht gerichtet, bedürftig oder irgendwie mangelhaft. Wie es stufenweise bis zum Nichtseienden, der Materie herabsteigt, so gibt es andererseits auch eine Rückwendung von jeder Stufe auf die höheren Stufen und schließlich auf das vollkommene Eine. Ziel alles Verhaltens und Erkennens, auch höchstes sittliches und religiöses Ziel ist die Schau des Einen. P., der im Sinne dieses Ideals asketisch lebt, grenzt seine pantheistische Auffassung strikt von den gnostischen Strömungen seiner Zeit ab; von seinen Schülern ist eine entsprechende Kritik des aufkommenden Christentums überliefert.

Eine besondere Rolle auf dem Weg zur mystischen Schau kommt dem Schönen zu. Die Erfahrung des Schönen von der äußeren, wahrnehmbaren Schönheit über die innere, geistige Schönheit bis zur mystischen Schau vollzieht den Aufstieg in exemplarischer Weise, wie P. u. a. in seiner wirkungsmächtigen Schrift *Das Schöne* darlegt. Sie ist im ästhetischen Platonismus der Renaissance präsent und auch noch in Hegels Ästhetik und ihrer Bestimmung des Schönen als »sinnliches Scheinen der Idee«.

Der Neuplatonismus P.s, der im Gegensatz zum platonischen Vorbild keine politische Philosophie kennt, hat eine vielfältige Rezeptionsgeschichte nach sich gezogen, deren Höhepunkte u. a. vom englischen Platonismus des 17. Jahrhunderts und vom deutschen Idealismus markiert werden. P.s philosophiegeschichtliche Bedeutung ist heute unbestritten, eine einflußreiche Aktualisierung hat sein Denken in unserem nachidealistischen Zeitalter allerdings nicht mehr erfahren.

Schubert, Venanz: Plotin. Einführung in sein Philosophieren. Freiburg/München 1973.

Peter Christian Lang

Plutarch
Geb. kurz nach 45 in Chaironeia; gest. um 120 in Chaironeia

»Ich bewohne eine kleine Stadt und verweile, damit sie nicht noch kleiner wird, gern in ihr.« Mit diesen Worten bekundet P. die Liebe zu seinem Heimatstädtchen Chaironeia, das – in Böotien zwischen Delphi und Theben gelegen – bis dahin kaum genannt wurde, außer um die Griechen an ihre schmerzliche Niederlage (338 v. Chr.) im Kampf gegen Philipp II. von Makedonien und an den Verlust ihrer politischen Freiheit zu erinnern. Als Sohn eines wohlhabenden Vaters studierte P. in Athen. Denn diese Stadt bot alles, was Chaironeia nicht hatte: eine Menge Bücher. Ein guter Mann (so stellte P. später fest) könne man überall sein, doch um gelehrt zu sein, benötige man diese Hilfsmittel. In Athen belegte er zunächst Rhetorikkurse, aber schon bald stieß ihn die hohle Beredsamkeit ab, und er widmete sich ganz der Philosophie. Sein Lehrer war der Platoniker Ammonios. Er nahm ihn in die »Akademie« auf, der P. zeitlebens treu blieb und in der er lernte, in allem, selbst in der Beschäftigung mit Mathematik, die er anfangs mit wahrer Leidenschaft betrieben hatte, das rechte Maß (»nichts zu sehr«) zu wahren. Der Einfluß von Ammonios war auch ausschlaggebend für P.s starke Hinwendung zur Religion. Seine Bildung erweiterte er auf Reisen innerhalb und außerhalb Griechenlands. Nach Rom und Italien fuhr er wenigstens zweimal, nicht nur als politischer Emissär seiner Vaterstadt, sondern auch als Philosophiedozent. Er kam in Kontakt mit einflußreichen Römern wie L. Mestrius Florus, einem Vertrauten Vespasians, dessen Familiennamen Mestrus P. übernahm, als er das römische Bürgerrecht erhielt. In Rom reifte in ihm wohl auch der Gedanke, durch vergleichende Biographien von Griechen und Römern die Gleichwertigkeit beider Völker literarisch zu demonstrieren und so die gegenseitige Achtung zu erhöhen. Die meiste Zeit aber verbrachte P. in Chaironeia, wo er sich nach Kräften aktiv am politischen Leben beteiligte. Daneben besorgte er als Priester des Apollon recht erfolgreich die Angelegenheiten des delphischen Heiligtums. Von seiner Gattin Timoxena zeichnet er das Bild einer vortrefflichen Frau. Durch das beglückende Erlebnis seiner harmonischen Ehe war P. Frauen und der ehelichen Liebe gegenüber sehr positiv eingestellt. Glücklich nennt er »jenen, der in den vielen Jahren seines Lebens nur mit der einen Frau Verkehr hatte, die er in seiner Jugend geheiratet hat«. Er befürwortet für die Frau eine ähnliche Erziehung wie für den Mann, damit die Ehe – ein Loblied auf sie ist der *Erōtikos (Über die Liebe)* mit seiner Abkehr von der Knabenliebe und mit vorsichtiger Kritik an Platon – nicht nur der Sinnenlust und der Kindererzeugung diene, sondern zu einer sittlich-geistigen Gemeinschaft werde.

In Chaironeia hat P. eine Art Filiale der Platonischen Akademie errichtet, wo er bis zu seinem Tod in einem engeren Kreis als Schulhaupt wirkte. Dennoch war er kein Platoniker im strengen Sinne des Wortes, sondern – entsprechend der Zeittendenz – auch außerakademischen Einflüssen (besonders von peripatetischer und pythagoreischer Seite her) zugänglich, jedoch mit einer gewissen Neigung zum Skeptizismus, d. h. bei ihm Zurückhaltung im Urteil über schwierige, vor allem religiöse Fragen. Unorthodox war P. in dem Punkt, daß er sich seinen Weg zu Platon nicht durch die Schultradition verbauen ließ. Lehrten die zeitgenössischen Akademiker drei Urgründe der Welt: Gott, Materie und Vorbild, so fließen bei P. Vorbild und Gott zusammen. Die Vorstellung, daß die Ideen als Wesenheiten vor Gott stünden, erschien ihm absurd. Die Weltenbildung im Platonischen *Timaios* faßt er im Gegensatz zu den meisten Platonexegeten wörtlich auf. Er denkt sie sich als einen zeitlichen Akt und nicht als symbolische Analyse einer schon ewig existierenden Ordnung: Gott fand zwei Prinzipien vor, die Materie und die mit Bewegungsfähigkeit versehene vernunftlose Seele – als solche auch Ursache des Bösen, das fortwährend nachwirke. In diese irrationale Seele brachte Gott seine Vernunft ein und schuf damit »das schönste und vollkommenste Wesen«, den Kosmos. In gleicher Weise haben die Einzelseelen an der göttlichen Vernunft Anteil und sind dazu bestimmt, im Intelligiblen zu weilen. Von der Seele (»psyché«) scheidet P. den Intellekt (»noûs«) und nimmt auch einen doppelten Tod an, da sich zuerst die Seele vom Leib, dann von jener der Intellekt löse. Die erhöhte Transzendenz der Gottheit verlangt seiner Meinung nach vermittelnde Instanzen zwischen ihr und den Menschen. Diese Rolle spricht P. den Dämonen zu, die nichts anderes als vom Körper losgetrennte Seelen seien und als Werkzeuge der göttlichen Vorsehung schützend oder züchtigend in das menschliche Geschehen eingriffen.

Seine wichtigste Aufgabe hat P. allerdings darin gesehen, sich und seine Mitmenschen zur »areté« (Tugend) und zu der nur in ihr ruhenden wahren »eudaimonía« (Glückseligkeit) zu führen. Tugend besteht für ihn in der Herrschaft des rationalen Seelenteils, der Vernunft, über den irrationalen Seelenteil, die Affekte und Triebe, also nicht in ihrer völligen Ausschaltung im Sinne der stoischen Apathie, die P. ablehnt, wie ihm überhaupt alles Doktrinäre sowie Asketisch-Überspannte fremd ist. Ontologisch wird die Tugend im Anschluß an Aristoteles in der Mitte zwischen dem Zuviel und dem Zuwenig angesiedelt. Ihre Ausübung gleicht nahezu einem intellektuellen Vorgang. Denn P. bestimmt die Tugend als Weisheit, das Laster hingegen als Torheit, und dieses lasse sich durch fortschreitende Einsicht und intensive Belehrung schrittweise heilen. Philosophie ist für ihn in erster Linie Seelenheilkunde, der Philosoph ein Seelenarzt. In diesem Bewußtsein schrieb der Chaironeer eine Reihe von Abhandlungen gegen einzelne Leidenschaften und Charakterfehler mit praktischen Ratschlägen, wie man ihrer Herr werden könne. Denn allein durch Bekämpfung der Laster (Zorn, Habsucht, Neid, Geschwätzigkeit, übertriebene Neugierde, falsche Scham) und durch ein maßvolles Leben werde man das Glück der heiteren Seelenruhe (»euthymía«) erlangen: das Ziel der philosophischen Tugendübung. In fast allen Schriften P.s spüren wir seine Menschenliebe, die »philanthropía«, um seinen eigenen Lieblingsausdruck zu gebrauchen. Auf sie habe man sich einzuüben, verlangt er, und stellt sie an die Spitze des Tugendkatalogs. Seine Philanthropie unterscheidet sich kaum von der christlichen Nächstenliebe, und so ist es nicht verwunderlich, wenn der byzantinische Metropolit Johannes Mauropus in einem Epigramm Christus bittet, Platon und P. von der ewigen Verdammnis zu erlösen, da beide »in Lehre und Charakter« den Geboten Gottes sehr nahe kämen.

Russell, Donald Andrew: Plutarch. London 1972. – Babut, Daniel: Plutarque et le stoïcisme. Paris 1969. – Ziegler, Konrat: Plutarchos von Chaironeia (Sonderdruck aus Paulys Realencyclopädie der klassischen Altertumswissenschaft 21, 1951, S. 636–962). Stuttgart ²1964.

Klaus-Dieter Zacher

Popper, Karl Raimund
Geb. 28.7. 1902 in Wien; gest. 17. 9. 1994 in Croydon bei London

»Aber ich warne Sie: Ich weiß nichts; oder fast nichts.« Koketterie hatte P. sicher nicht mehr nötig, als er 1985 in einem in Zürich gehaltenen Vortrag so zu seiner Zuhörerschaft sprach. Vielmehr zeugte diese »Warnung« von der grundlegenden philosophischen Haltung, die P.s gesamtes Werk prägt; von der sokratischen Einsicht »Ich weiß, daß ich nichts weiß«, die schon sehr früh zum intellektuellen Leitfaden des jungen Mannes wurde und die sich in der tiefen Überzeugung verwirklichte, daß alles Wissen von der Welt nur begrenzte Gültigkeit besitzt. Bezeichnenderweise kam P. mit dieser Weisheit zum ersten Mal nicht durch einen philosophischen Lehrer an der Universität in Berührung, sondern durch einen Wiener Tischlermeister, bei dem P. in die Lehre ging und dem es nötig schien, das Selbstbewußtsein seines studierten Stifts auf das rechte Maß zurechtzustutzen. So sehr hat P. sich das gemerkt, daß er seine Autobiographie *Unended quest* (1976; *Ausgangspunkte*) mit dem Satz beginnen ließ: »Es war einmal ein Tischlermeister, der hieß Adalbert Pösch.«

Dabei hatte P. schon früh in seinem Elternhaus gelernt, sich mit den Theorien seiner Zeit auseinanderzusetzen. Zehn Jahre war er alt, als ihn ein viel älterer Freund in das sozialistische Gedankengut einführte und mit wissenschaftlichen Kreisen in Berührung brachte. Der intellektuelle Einfluß dieses Freundes, die Armut in Wien nach dem ersten Weltkrieg und Unzufriedenheit mit der Schule führten freilich dazu, daß P. Ende 1918 noch vor der Matura aus dem Wiener Realgymnasium austrat. Er engagierte sich daraufhin politisch und verstand sich für kurze Zeit als Kommunist, bis er miterlebte, wie mehrere junge sozialistische Arbeiter von der Polizei niedergeschossen wurden. Dies gehörte, wie er später sagte, »zu den wichtigsten Ereignissen meines Lebens«. Er machte die sozialistische Theorie für das Massaker mitverantwortlich, die, so sah er es, die Menschen in Gefahr bringe, indem sie zur Verschärfung des Klassenkampfes auffordere. »Nur mit knapper Not entging ich der marxistischen ideologischen Mausefalle«, schrieb er noch 1992. P. lernte Sigmund Freuds psychoanalytische Theorie und Albert Einsteins Relativitätstheorie kennen. Die Relativitätstheorie einerseits sowie marxistische und freudianische Theorie andererseits wurden ihm bald zu Paradigmen für die Abgrenzung von Wissenschaft und Pseudowissenschaft. Wie sehr P. damals nach einer für ihn sinnvollen Aufgabe suchte, zeigen die vielen verschiedenen Tätigkeiten nach dem Schulaustritt. Er arbeitete in Alfred Adlers Erziehungsberatungsstellen, holte 1922 die Matura nach und studierte in Wien Mathematik und Physik. Zwischendurch erlernte er das Tischlerhandwerk bei jenem Adalbert Pösch.

Mit seiner Anstellung als Lehrer an einer höheren Schule im Jahr 1930 entschloß sich P. dann, seine wissenschaftlichen Überlegungen, zu denen er durch die Gegenüberstellung von Einstein, Marx und Freud angeregt worden war, zu veröffentlichen. Das Problem der Induktion sowie das der Abgrenzung von Wissenschaft und Pseudowissenschaft wurden zu den beiden Hauptthemen seines ersten veröffentlichten Buches *Logik der Forschung* (1935). Die darin vertretenen Thesen richtete der Autor erklärtermaßen gegen den »Wiener Kreis«, eine Gruppe von Philosophen, Naturwissenschaftlern und Mathematikern, die sich mit wissenschaftstheoretischen Fragestellungen beschäftigten. Den Mittelpunkt dieser Gesellschaft bildete Moritz Schlick, der P. 1928 die Doktorprüfung abgenommen hatte. Nach dem Grundgedanken in *Logik der Forschung* wird eine empirisch-wissenschaftliche Theorie nicht, wie die Philosophie des Wiener Kreises behauptet, induktiv, durch sukzessive Anhäufung ähnlicher Beobachtungen aufgestellt. Sie kann aus logischen Gründen so auch nicht bewiesen werden, sondern ist Ergebnis eines kreativen Aktes, eine Hypothese. Und: Eine Theorie kann überhaupt nicht bewiesen, im Sinne von empirisch verifiziert werden, sondern gilt in dem Maße und nur so lange als wissenschaftlich begründet, wie sie sich für mögliche Falsifikationen anbietet und diese abzuwehren vermag. Pseudowissenschaftliche Theorien sind daran zu erkennen, daß ihnen das Kriterium der empirischen Widerlegbarkeit fehlt. P. hat eine Asymmetrie zwischen Verifikation und Falsifikation entdeckt: Eine Theorie, in der Allsätze wie »Alle Schwäne sind weiß« vorkommen, ist über Erfahrung nie als wahr zu begründen, da immer nur eine begrenzte Anzahl von Fällen überprüfbar ist. Dagegen ist es möglich, durch Beobachtung auch nur eines einzigen schwarzen Schwans diesen Allsatz als falsch auszuweisen. Tatsächlich kann so nach P. eine Theorie nicht die Schlußfolgerung aus vielen Einzelbeobachtungen sein, sondern muß als Hypothese verstanden werden, die zuerst steht und aus der sich spezielle Beobachtungssätze folgern lassen. Und genau diese Sätze sind es, die in der Erfahrung – und das ist P.s neuer Ansatz – nicht Verifikationsbemühungen, sondern Falsifikationsversuchen unterworfen sind. Diese Form der Begründung von Theorien steht unter der Bezeichnung des »Kritischen Rationalismus«.

Während P. an seiner Falsifikationstheorie arbeitete, wurde die politische Lage in Wien zusehens unsicherer. Die Annexion Österreichs durch das nationalsozialistische Deutschland drohte, der Wiener Kreis wurde zerschlagen, und P. hatte offensichtlich immer weniger Lust auf seine Lehrertätigkeit. So kam es, daß er eine Dozentenstelle für Philosophie am Canterbury College in Christchurch in Neuseeland annahm. 1937 siedelte P. mit seiner Frau Josefine Anna, geb. Henninger über. In Neuseeland begann er, die Wissenschaftstheorie der *Logik der Forschung*, die in erster Linie die Naturwissenschaften im Auge hat, auf die Sozialwissenschaften zu übertragen. Diese Überlegungen führten P. zur erneuten Kritik sozialistischer Theorien, weshalb er mit einer Veröffentlichung zögerte. Die sozialistischen Parteien Europas in ihrem Kampf gegen den Faschismus zu schwächen, konnte nicht seine Absicht sein – trotz seiner auch in späteren Jahren nie erlahmenden anti-sozialistischen und anti-marxistischen Überzeugung. Schließlich erschien 1945 doch als späte Reaktion auf Hitlers Einmarsch in Österreich *The Open Society and Its Enemies* (1945; *Die offene Gesellschaft und ihre Feinde*), eine Arbeit, die sich – später in elf Sprachen übersetzt – neben der Kritik an Marx hauptsächlich mit Platons autoritären Herrschaftsgedanken in dessen Werk *Der Staat* auseinandersetzt, und *The Poverty of Historicism* (1957; *Das Elend des Historizismus*). Diese beiden Arbeiten waren »als Verteidigung der Freiheit gedacht – eine Verteidigung gegen totalitäre und autoritäre Ideen – als eine Warnung vor den Gefahren des historizistischen Aberglaubens«. Historizistischer Aberglaube nannte P. den Versuch, allgemeine Entwicklungsgesetze aufzustellen, die den Verlauf der Geschichte als unvermeidbar und voraussagbar darstellen. Endgültige Theorien läßt P.s Denken also auch im Bereich der Geschichte nicht zu. Freilich sind Fehler dazu da, um aus ihnen zu lernen, was in P.s Philosophie das eigentliche Fortschrittspotential darstellt. Das sokratische »Ich weiß, daß ich nichts weiß« bildet somit gleichfalls den gedanklichen Hintergrund, wenn sich P. gegen revolutionäre Erneuerung und in seiner »Stückwerk-Sozialtechnik« für sukzessive soziale Reformen ausspricht. Die Demokratie beurteilte er noch als die geeignetste Staatsform für eine Politik der Fehlerkorrektur, was ihm, unter anderem, später viel Kritik im Positivismusstreit eingetragen hat; freilich auch die Verehrung des ehemaligen Bundeskanzlers Helmut Schmidt. Trotz dieser fruchtbaren Arbeit fühlte sich das Ehepaar P. in Neuseeland jedoch nicht wohl, was sich änderte, als man 1946 nach Europa zurückkehrte. P. folgte einem Ruf als außerordentlicher Professor an die »London School of Economics and Political Science«, wo er bis zu seiner Emeritierung 1969 tätig war. Gleich zu Anfang kam es zur legendären Begegnung zwischen ihm und Ludwig Wittgenstein, von der es später, allerdings zu Unrecht, hieß, beide seien mit Schürhaken aufeinander losgegangen. 1949 schließlich wurde P. ordentlicher Professor für Logik und wissenschaftliche Methode. Seine Verehrung für die englische Lebens- und Denkweise erfuhr 1965 eine offizielle Erwiderung. Der Philosoph wurde in den Adelsstand erhoben und durfte sich ab sofort Sir Karl P. nennen.

P.s Wirken endete freilich nicht mit seinem Ausscheiden aus dem Universitätsbetrieb, sondern galt bis zuletzt der Auswertung und Vertiefung des Kritischen Rationalismus. So wird in Veröffentlichungen wie *Objective Knowledge* (1972; *Objektive Erkenntnis*) und *The Self and Its Brain* (1977; *Das Ich und sein Gehirn*), das P. mit dem Neurophysiologen John C. Eccles schrieb, der Gedanke weitergeführt, daß es die Theorien zum Zweck des Problemlösens gibt, wobei die Probleme von einer bestehenden fehlerhaften Theorie vorgegeben werden. Theorien lassen sich so immer als objektive Manifestationen einer Entwicklung verstehen, die überindividuell verläuft und hinter die man nicht zurück kann. Sie stellen auf diese Weise, obwohl Hypothesen, objektive Erkenntnisse dar, von denen immer auszugehen ist, die aber letztlich auch immer wieder aufgegeben und durch bessere ersetzt werden. Verfolgt man diesen Prozeß der theoretischen Vorgaben zurück, so wird man irgendwann bei grundlegenden, durch die Organisation des Organismus bedingten »Erwartungen« angelangen, die die Rolle theoretischer Hypothesen spielen. Der evolutionäre Charakter von P.s Erkenntnistheorie zeigt sich nicht zuletzt im Bestreben, selbst die Organe als Hypothesen zu betrachten.

Leben in seiner Gesamtheit bedeutet für P. also »Problemlösen«, und das gilt bis hinunter zu den Einzellern. Doch: »Der Hauptunterschied zwischen Einstein und einer Amöbe ist der, daß Einstein bewußt auf Fehlerbeseitigung aus ist.« Und dies hängt mit P.s sogenannter »Welt 3« zusammen. Der Mensch allein hat Zugang zu dieser Welt der Gedanken, wissenschaftlicher Probleme oder Kunstwerke, kurz: der geistigen Produkte, während die Amöbe wohl mit der Welt 1 der physikalischen Dinge, aber schon nicht mehr mit der 2. Welt der subjektiven Bewußtseinszustände in Verbindung steht. Mit dieser Theorie der drei Welten ging P. noch in den späten Jahren seines Schaffens das Leib-Seele-Problem an, das er als psycho-physische Wechselwirkungsbeziehung verstand.

»Optimismus ist Pflicht« – dieser Satz kommt in der Danksagung P.s anläßlich der Verleihung der Otto-Hahn-Friedensmedaille vor, die P. neben vielen anderen Auszeichnungen 1993 erhielt. Der bejahrte Philosoph war überzeugt davon, »daß wir im Westen gegenwärtig in der besten sozialen Welt leben, die es je gegeben hat«. Optimismus ist für P.s Kritischen Rationalismus kein Problem. Für ihn ist die Zukunft unbestimmt und deshalb offen für den menschlichen Gestaltungswillen. In seinem Aufsatzband *Alles Leben ist Problemlösen* (1984), den P. gerade noch fertigstellen konnte, bevor er an einem langen Krebsleiden starb, läßt er keinen Zweifel daran, daß dies als die große Chance des Menschen verstanden werden muß.

Geier, Manfred: Karl Popper. Reinbek bei Hamburg 1994. – Leser, Norbert (Hg.): Die Gedankenwelt Sir Karl Poppers: Kritischer Rationalismus im Dialog. Heidelberg 1991. – Döring, Eberhard: Karl R. Popper. Einführung in Leben und Werk. Hamburg 1987. – Der Positivismusstreit in der deutschen Soziologie. Beiträge von Adorno, Theodor W./Dahrendorf, Ralf/Pilot, Harald/Albert, Hans/Habermas, Jürgen/Popper, Karl R. Darmstadt/Neuwied 1987. – Weinheimer, Heinz: Rationalität und Begründung. Das Grundlagenproblem in der Philosophie Karl Poppers. Bonn 1986.

Maria Schorpp

Prodikos von Keos
Geb. ca. 470/460 v. Chr.; gest. nach 399 v. Chr.

P. gehört mit Hippias von Elis zur zweiten Generation der Sophisten, nach Protagoras und Gorgias. P. ist der einzige der vier großen Sophisten der griechischen Aufklärung, über den Platon keinen eigenen Dialog verfaßt hat; doch läßt er ihn im *Protagoras* auftreten und erwähnt ihn in vielen anderen Dialogen mit großem Respekt: ein »rechtschaffener Sophist«. Xenophon nennt ihn in seinem *Gastmahl* als

armen Lehrer des reichen Kallias, läßt Sokrates in seinen *Erinnerungen an Sokrates* P.'
berühmten Mythos von »Herakles am Scheideweg« erzählen. Aristophanes hebt in
den *Wolken* P.' Weisheit und Einsicht hervor, nachdem er ihn in den *Garköchen* als
Verderber der Jugend schmähte, was neben dem Vorwurf des Atheismus zu der
späteren, nur in der *Suda* belegbaren Behauptung geführt haben mag, die Athener
hätten P. dasselbe Schicksal bereitet wie Sokrates. Aristoteles kritisiert in seiner *Topik*
P.' Synonymik, beruft sich in der *Rhetorik* auf dessen Rat, die Zuhörer, sobald sie
dazu neigen einzuschlafen, an die von ihnen bezahlten fünfzig Drachmen zu
erinnern.

Ein Leben lang kränkelnd, mit seiner tiefen Stimme nur schwer verständlich, ein
Mann, der sein bescheidenes Vermögen früh mit Vergnügungen durchgebracht hat:
das ist der eine P. Der andere beeindruckte die Athener als Gesandter seiner
Vaterstadt – erstmals 431 oder 421 – in unangenehmen und schwierigen Missionen;
er angelte sich junge Männer der edelsten und angesehensten Athener Familien als
Schüler, wurde deren Gastfreund, übernahm auch Schüler des Sokrates, die diesem
zu unphilosophisch und unergiebig waren. Möglicherweise wurde er in Athen
seßhaft. Seine Vortrags- und Lehrtätigkeit, besonders als konservativer Rhetoriker,
machte ihn zum reichen Mann und brachte ihm den Ruf des »Weisen« ein. Selbst
verstand er sich, wie den Sophisten überhaupt, als »Mittelding zwischen Philosoph
und Politiker«. Ob er eher Philosoph oder Rhetoriker gewesen sei, darüber stritten
sich Spätere.

Zwei Werke schrieb man P. in der Antike zu, ein weiteres im 19. Jahrhundert. – In
den *Horen* (Fruchtbarkeitsgöttinnen, Jahreszeiten), aus denen der Mythos von »Herakles am Scheideweg« stammt, entwickelte er seine Kulturphilosophie: Grundlage
aller Kultur und »areté« (Tugend) ist der Ackerbau. Daraus folgt sein Lob der –
besonders bäuerlichen – Arbeit und des Bauernstandes, der als »Mittelstand« (Aristoteles: »mésoi polîtai«) dank seiner Kriegstüchtigkeit und seines Friedensbedürfnis-
ses die tragende Schicht der »pólis« (Bürgerschaft) bildet. In diesem Kontext passen
auch seine Gedanken, die Notwendigkeit des Zusammenlebens habe dessen gesetzliche Regelung erzwungen, und die Menschen hätten dann »aus den Gesetzen das
Gerechte gefunden«, der Bauernstand könne nur »unter der Herrschaft von Recht
und Gesetz gedeihen«, sei daher aller Parteiung und Neuerung abgeneigt. Hierher
gehört auch die Güterlehre des P.: Kein Ding ist an sich gut oder schlecht, sondern
wird es erst durch den davon gemachten Gebrauch; das gilt besonders für den
Reichtum, der nur für den zum Gut wird, der ihn für sich und andere nützt. Man
muß es daher verstehen, von den Dingen den rechten Gebrauch zu machen, und das
ist lehr- und lernbar. Möglicherweise entwickelte P. in diesem Zusammenhang auch
das sophistische »Lob der Armut« (Aristophanes' *Plutos*) als »Mutter allen Hand-
werks« und Erzieherin zu Selbstzucht und Anstand. Wahrscheinlich begründete P.
aus dieser Kulturphilosophie heraus auch seinen Pessimismus: Die einzelnen Lebens-
alter, die verschiedenen Berufe, sie alle sind voller Widrigkeiten, nirgends gibt es
Befriedigung. Die Kulturphilosophie des P. läuft also auf eine einflußreiche Theorie
von der »pólis« hinaus; in ihr ist auch seine Ethik und seine Auffassung von der
Religion begründet; denn auch diese entstand aus der Erfahrung des bäuerlichen
Menschen – auf der ersten Stufe als Vergöttlichung von Sonne, Mond, Flüssen,

Quellen, von Feuer und Wasser, Brot und Wein – aus Dankbarkeit; auf einer zweiten Stufe wurden aus demselben natürlichen Antrieb heraus überragende Menschen, d. h. Wohltäter ihrer Mitmenschen, zu Göttern erhoben. Wegen dieser anthropologischen oder psychologischen Götterlehre, welche die Götter zu einer – wenn auch wohl begründeten – »Vorstellung« erklärt, ihnen aber keine Existenz »von Natur aus« zuspricht, wurde P. in der Antike immer wieder unter die Atheisten gerechnet.

Inhalt der von dem nachchristlichen Galenos erwähnten Schrift *Über die Natur* bzw. *Über die Natur des Menschen*, war wahrscheinlich das, wofür Theodor Gomperz eine eigene Schrift annahm: die Synonymik, von P. selbst als Bemühen um die »Richtigkeit der Wörter« (»orthótes onomáton«) bezeichnet. P. untersuchte verwandte Begriffe, wie »Freude«, »Vergnügen«, »Lust« zum Beispiel, um deren Bedeutungsunterschiede herauszuarbeiten. Diese Unterscheidungen dienten der Argumentation in Rede und Dialog. Besonders aber wollte P. damit die Natur des Menschen erfassen und sprachliche Begriffe als soziale Konventionen erkennbar machen. Als »zerlegen« mit den übertragenen Bedeutungen »auslegen«, »unterscheiden« bezeichnet Platon die Methode der Begriffsunterscheidungen durch P., nennt ihn des Sokrates Lehrer darin: »Zusammenführung« (»synagogé«) und »Trennung«, »Zerlegen« (»diaíresis«) wurden, miteinander kombiniert, zur Methode der Platonischen Dialektik.

Für vier Grundthemen der Philosophie hat Eugène Dupréel den P. als Urheber ausgemacht: Erstens. Tugend ist Wissen; sie ist lehr- und lernbar. – Zweitens. Das Wissen um Gut und Böse besteht in der Kenntnis der menschlichen Natur. Man kann nur wollen, was mit dieser Natur übereinstimmt. Böses tut man nur aus Unwissenheit. Die eigene Natur zu kennen ist genug, um gut zu handeln und glücklich zu sein. – Drittens. Unter den Wissenschaften ist die vom Menschen die erste: »Weisheit« oder »Philosophie«. Sie allein befähigt den Menschen, alle Dinge zu seinem Besten zu gebrauchen. – Viertens. Die Wissenschaft vom Menschen umfaßt sowohl das individuelle Verhalten und Handeln als auch die Lenkung der öffentlichen Angelegenheiten.

Baumhauer, Otto A.: Die sophistische Rhetorik. Eine Theorie sprachlicher Kommunikation. Stuttgart 1986. – Classen, Carl Joachim (Hg.): Sophistik. Darmstadt 1976. – Dupréel, Eugène: Les sophistes. Bibliothèque scientifique 14, Philosophie et Histoire. Neuchâtel 1948.

Otto A. Baumhauer

Proklos Diadochos
Geb. 8. 2. 412 in Konstantinopel; gest. 17. 4. 485 in Athen

Die umfängliche Biographie des P., die sein Schüler Marinos publizierte, hat einen so stark idealisierenden Charakter, daß nur wenige Fakten aus dem Leben des P. als einigermaßen gesichert zu nennen sind. Nach Studien der Grammatik, Rhetorik und Philosophie in Alexandrien wurde er in der Platonischen Akademie in Athen Schüler des Plutarch und – für seine spätere Entwicklung besonders folgenreich – des Syrian. Nach dessen Tod übernahm P. – etwa 447 – die Leitung der Akademie, als sogenannter Diadochos, »Nachfolger« Platons, und blieb dies bis zu seinem Tod.

Er muß ein faszinierender Lehrer gewesen sein, für den die Wahrheit des platonisch-aristotelischen Denkens in einem neuen geschichtlichen Kontext ebenso bedeutsam war wie die Bewahrung oder Erneuerung der religiösen Tradition. Sein Tageslauf gleicht in seiner Regelmäßigkeit und Fülle demjenigen Kants. Er starb an Gicht und wurde am Ostabhang des Lykabettos neben Syrian begraben.

Im Denken des P. ist die metaphysische Theorie des mit Plotin einsetzenden Neuplatonismus in ihre sachliche und historische Vollendung gelangt. Gegenüber Plotin steigert sich in ihr allerdings zwar die inhaltliche Differenzierung und formale Versiertheit, nicht aber für alle Problemfelder die gedankliche Intensität. Dem ursprünglichen neuplatonischen Entwurf folgend, bestimmt P. die Wirklichkeit im ganzen aus drei Grundprinzipien heraus: aus dem Einen (»hen«), dem Geist oder dem absoluten, zeit-freien Denken (»noûs«) und der Seele (»psyché«), die als allgemeiner, reflexiver Grund im Kosmos und als individuelle Seele des Menschen wirksam ist. – Das Eine ist der universale Grund, der umfassende Ursprung alles Vielen, d. h. der in sich differenzierten Wirklichkeit und der sie prägenden Prinzipien insgesamt. Als dieser Grund von Allem wird das Eine jedoch nicht mit dem aus ihm Entsprungenen (im Sinne eines groben Pantheismus) identisch, sondern bleibt *vor* Allem in sich *es selbst*: frei von bestimmter, eingrenzender Form, frei von innerer Relationalität (Denken), *vor* jedem kategorial faßbaren Etwas, unterschieden und getrennt von diesem, das Nichts von Allem. Als so geartete absolute Transzendenz und Andersheit ist es nicht in seinem eigentümlichen Wesen sagbar, sondern lediglich durch Negationen auszugrenzen. Daß es auch gründender Ursprung der Wirklichkeit ist, hebt diesen Sachverhalt – die Negativität des Einen – keineswegs auf; in seiner Entfaltung erweist es sich allerdings als das an ihm selbst teilgebende Gute, wodurch überhaupt erst Anderes als es selbst wird und ist. Die Einheit von Transzendenz und Immanenz ist für es charakteristisch: *über* Allem es selbst bleibend, ist es zugleich *in* Allem (im Vielen, Differenten) dessen Grund.

P. ist darauf bedacht, den Übergang aus dem absoluten Ersten ins Viele nicht abrupt erscheinen zu lassen; er führt deshalb Vermittlungen ein, die die einzelnen Bereiche der Wirklichkeit intensiv miteinander verbinden, so daß eine in sich differenzierte Einheit des Ganzen garantiert ist: zuerst die »Henaden« als die ersten, von der Einheit noch vorherrschend gehaltenen Phänomene des Einen, eine die Vielheit im eigentlichen Sinne vermittelnde Viel-Einheit; danach das Prinzipienpaar Grenze und Grenzeloses (Unbestimmtes), aus dessen Zusammenwirken sich Sein und – von ihm her – Leben und Geist (Denken) als Wesenheiten mit einem je eigentümlichen ontologischen Status bestimmen. Während Plotin Sein – Leben – Denken von Parmenides, Platons *Sophistes* und Aristoteles' Theologik her als *reine* Identität oder in sich einige Synthese der Reflexion gedacht hat, gibt P., gemäß seinem Vermittlungsgedanken, der Andersheit und der unterordnenden Stufung mehr Raum, fügt aber dennoch die genannten und die in ihnen sich weiter triadisch entfaltenden Dimensionen in eine in sich *dynamische* Identität oder durch vielfältige Korrelationen bestimmte Einheit. Die allgemeine Gesetzlichkeit, die die auf jeder Stufe wiederkehrende logische und ontologische Struktur der Wirklichkeit insgesamt bedingt, faßt P. in den Begriffen Verharren – Hervorgang – Rückkehr: Durch die je verschiedene Konkretisierung dieser triadischen, kreishaften Bewegung erhalten und bewahren die jeweiligen Wirklichkeits-Dimensionen ihre Besonderheit und ihre teleologische Rückbindung zum universalen Prinzip, dem absoluten Einen und begründenden Ersten. – Der Mensch vollzieht die dem Sein im ganzen immanente, auf das Eine gerichtete Bewegtheit insofern nach, als er sich in einem radikalen Abstraktionsprozeß aus dem Sinnlichen heraus auf sich selbst denkend konzentriert (»Rückgang« als Selbstreflexion), um in der Entdeckung seines eigenen Einheits-Grundes sich selbst auf seinen ihm transzendenten Ursprung hin zu übersteigen: in einem punktuell zeit-freien Akt ekstatischen Inne-Seins vereint der Mensch das »Eine in uns« als die »Blüte oder Spitze des Geistes« mit dem Einen an sich (»henosis« oder »unio mystica«). – Von Plotin unterscheidet sich P. auch darin, daß er die Wirklichkeit im ganzen präzise zu »theologisieren« versucht: jede Stufe des Seins innerhalb des Ganzen ist mit einem jeweils bestimmten, mit mythologischem Namen nennbaren Gott identisch. Dadurch ordnet P. die religiöse Tradition der Griechen rigoros dem philosophischen Begriff unter. Er fördert so paradoxerweise einerseits eine Ent-Mythisierung des Mythos, indem er ihn als eine zur Allegorie oder Metapher tendierende Funktion des begreifenden Denkens macht, andererseits aber auch eine Re-Mythisierung des Denkens, indem dieses den Mythos als seinen eigenen »Ausdruck« bewahren soll. Damit stimmt – im Gegenzug zu intensiver spekulativer Begriffs-Arbeit an der Entfaltung eines metaphysischen Systems – P.' Neigung zur Theurgie durchaus überein: Theurgie als eine von Philosophie inspirierte und geleitete, aber auch durch theologische Autorität (der »Orphischen Hymnen« und der sog. »Chaldäischen Orakel«) bestimmte liturgische Praxis, in der er sich selbst – durch seine Verbundenheit mit allen Religionen – als den »Hierophanten der ganzen Welt« versteht.

Sein Denken hat P. von Anfang an zunächst in umfänglichen *Kommentaren* zu Platons Dialogen entfaltet: im Kommentar zum platonischen *Timaios* z. B. Fragen der Kosmologie – allerdings, wie in den anderen Kommentaren auch, ohne scharfe Abgrenzung der Problembereiche der Philosophie –; im *Parmenides*-Kommentar die metaphysische Prinzipienlehre, die das Verhältnis von Einheit und Vielheit universal bestimmt; im Kommentar zum *Alkibiades* Fragen des Erkennens und ethischen Handelns. In einer Auslegung der *Elementa* des Euklid hat er, der platonisch-neuphythagoreischen Intention folgend, die zentrale Bedeutung von Mathematik und Geometrie für die philosophische Theorie entwickelt. Sein »System« stellt P. – frei von Interpretation – in der *Elementatio theologica* dar, indem er die durch das Eine selbst in allen Dimensionen konstituierte Wirklichkeit im Horizont einer metaphysischen Kausalität und analogisierenden Teilhabe des Einzelnen am Einen zu denken versucht. Eine Verbindung von metaphysisch-ontologischer Theorie des Einen und Guten (im Blick auf Platons *Parmenides* und *Politeia*) mit der religiösen (mythologischen) Tradition vollzieht er in einem anderen »systematischen« Werk: der *Theologia Platonis*, in der die Gesamtabsicht seines Denkens ihren charakteristischen, die einzelnen Fragebereiche integrierenden Ausdruck gefunden hat.

Für die Entwicklung von Philosophie und Theologie in Mittelalter, Renaissance und Neuzeit ist das Denken des P. wirkungsgeschichtlich bedeutsam geworden; u. a. als umfassende Quelle des Pseudo-Dionysios Areopagita, der aufgrund seiner apostelgleichen Autorität den Stufungsgedanken des Mittelalters, die Entfaltung der

Gottesprädikate und der mystischen Theologie wesentlich mitbestimmte, weiterhin für einen metaphysischen Kausalitätsbegriff, wie er sich im 12. Jahrhundert in dem prinzipiell proklischen, aber von der Autorität des Aristoteles geleiteten *Liber de causis* dokumentierte. Durch Thomas von Aquin wurde P. dann nicht nur als Quelle eben dieses, das mittelalterliche Denken weithin bestimmenden Textes erkannt, sondern anhand lateinischer P.-Übersetzungen, die W. v. Moerbeke bereitstellte, als philosophische Größe gewürdigt. Die Lehre vom Seelengrund des Johannes Tauler verdankt Entscheidendes dem proklischen Begriff des »Einen in uns«, und vor allem Nicolaus Cusanus gewinnt die philosophische Grundlegung seiner Konzeption des göttlichen Einen und des Nicht-Anderen aus P.' Metaphysik des Einen. Hegel, der »deutsche Proklos« (Feuerbach), sieht in ihm das »Vorzüglichste und Ausgebildetste unter den Neuplatonikern«, sein eigener Begriff der konkreten Totalität und der dialektischen Bewegung der Wirklichkeit verbindet ihn mit der proklischen Triadik des Seins und des Gedankens.

Boss, G./Seel, G. (eds.): Proclus et son influence. Zürich 1987. – Pépin, Jean/Saffrey, H. D. (eds.): Proclus. Lecteur et interprète des anciens. Paris 1987. – Beierwaltes, Werner: Proklos. Grundzüge seiner Metaphysik. Frankfurt am Main ²1979. – Trouillard, Jean: L'Un et l'Âme selon Proclos. Paris 1972.

Werner Beierwaltes

Protagoras
Geb. um 485 v. Chr. in Abdera; gest. um 415 v. Chr.

P. entstammte einer begüterten Familie. Um 455 mag er sein 40jähriges Wanderleben als *Sophist* begonnen haben, kam nach 450 erstmals nach Athen, wo er die Freundschaft des Perikles gewann. Auf dessen Veranlassung erhielt er den Auftrag, für die neugegründete panhellenische Kolonie Thurioi in Unteritalien die Verfassung auszuarbeiten – sicheres Zeichen, daß sich P. zu dieser Zeit schon einen Namen als »Staatsphilosoph« gemacht hatte. Des P. Verfassung scheint eine gemäßigte Demokratie gewesen zu sein, die den Mittelstand durch gesetzliche Beschränkung des Grundbesitzes zu schützen suchte, für die Kinder aller Bürger eine allgemeine Schulpflicht verankerte und die Lehrerbesoldung der Bürgerschaft, der Polis, übertrug. Nach seinem Aufenthalt in Thurioi um 445/443 weilte P. in Sizilien. Vor Ausbruch des Peloponnesischen Kriegs (431) war er wieder in Athen zurück. Ob er ständig dort blieb, ist unbekannt. Jedenfalls brachte ihn Eupolis 421 in seinen *Schmeichlern* zusammen mit Prodikos und Hippias als Schmarotzer im Hause des reichen Kallias auf die Bühne – jene Komödie, aus der Platon das Szenarium für seinen Dialog *Protagoras* übernahm. Und im Hause seines Freundes Euripides, in dessen Tragödien sich immer wieder Gedanken des »Erzsophisten« finden, soll P. seine Schrift *Über die Götter* zuerst publik gemacht haben. Nach Traditionen, die sich allerdings nur bis zum Anfang des 3. Jahrhunderts v. Chr. zurückverfolgen lassen, brachte ihm diese Schrift in Athen einen Prozeß wegen »Leugnung der Götter« ein; angeblich floh P. vor der Verurteilung oder wurde aus Attika verbannt, erlitt auf der Überfahrt nach Sizilien Schiffbruch und ertrank, wurden seine Schriften in Athen auf der Agora verbrannt.

Von den Werken, die P. in seinem fast siebzigjährigen Leben verfaßte, sind außer einer Reihe von Titeln nur ein paar Fragmente erhalten. Für den Versuch, ein Bild von der Persönlichkeit, dem Wirken und der »praktischen Philosophie« des P. zu gewinnen, ist man weitgehend auf Platon angewiesen – vor allem auf die zwei Dialoge *Protagoras* und *Theaitetos* –, der sich mit dem auch zu seiner Zeit noch hochangesehenen Sophisten immer wieder auseinandersetzte – auch dort, wo er ihn nicht nannte. So soll nach dem von Diogenes Laertius überlieferten Zeugnis des Aristoteles-Schülers Aristoxenos »fast die ganze *Politeia*« oder mindestens »der Anfang von Platons *Politeia* fast ganz in den *Antilogien* des P. gestanden sein«.

P. scheint als erster die Bezeichnung »Sophist« für sich als Berufsbezeichnung in Anspruch genommen zu haben: Erzieher und Lehrer der bürgerlichen Tugend, die er mit menschlicher »Tugend« ebenso gleichsetzte wie mit der allen anderen »technai« (Handlungstheorien) übergeordneten politischen Handlungsanleitung. Für P. war der Mensch also grundlegend ein gesellschaftlich-politisches Wesen; er hielt die Tugend des so verstandenen Menschen für lehr- und lernbar – genauer: für eine Handlungstheorie (»téchne«), die gelehrt und gelernt werden muß: Der tugendhafte Mann ist ein guter Bürger und als solcher ein guter »Politiker«. Was er seinen Schülern in Platons *Protagoras* als Lernerfolg verspricht, ist die eigene »Wohlberatenheit« (»eubulía«) im Handeln und Reden, aber auch die Fähigkeit, anderen zum Wohle zu raten, und zwar sowohl bei der Verwaltung des eigenen Hauswesens als auch in Angelegenheiten der Bürgerschaft. Vielfältige Kenntnisse und Fähigkeiten verlangte das, besonders auch die, als »weiser Mann« seine Mitbürger vom eigenen Standpunkt zu überzeugen, sie dafür zu gewinnen: Rhetorik und (wohl als deren Teil) Eristik. Dieses Selbstverständnis des P. hängt aufs engste zusammen mit der ihm zugeschriebenen »Erfindung« des »téchne«-Begriffs und seines Anspruchs, die Sophistik sei eine »téchne« – eben jene, die politische Handlungstheorie und mit ihr die rhetorisch-eristische erfolgreich zu lehren. Umschrieben werden kann des P. »téchne« als lehr- und lernbare, auf Erfahrung gegründete und sachlich begründbare »Theorie«, verstanden als organisiertes Ganzes regelhafter Anweisungen für ein zielgerichtetes, richtiges, d. h. erfolgreiches Handeln, das sich als nützlich, lebensfördernd, unter Umständen lebenserhaltend erweist.

Hinter des P. praktischer Tätigkeit als Erzieher und Lehrer, für die er angeblich als erster Honorare forderte, wird ein »philosophisches« Gesamtkonzept vermutet, entworfen vielleicht in seiner »Programmschrift« *Wahrheit oder Niederwerfung* – eine Kampfschrift gegen jene Philosophen, »die das Seiende als Eines einführten«, also gegen Parmenides und dessen Schüler. Sie soll mit dem berühmten »homo-mensura«-Satz begonnen haben: »Aller Dinge Maß ist der Mensch, der seienden, daß sie sind, der nicht seienden, daß sie nicht sind.« Hier entwickelte P. demnach seinen »ontologischen Nihilismus«, »Sensualismus« und »erkenntnistheoretischen Subjektivismus«: Es gibt nichts Feststehendes, Unveränderliches, nichts, das mit der Einheit eines Seins ausgestattet wäre. Die Wahrnehmung ist die Begegnung von etwas Aktivem mit etwas Passivem, dem beeinflußten Subjekt, wobei das Aktive, von außen kommend, einen Eindruck verursacht. Dieser Komplex ist das, was erscheint, und folglich kann es keine falsche Erkenntnis sein – falsch, weil mit dem Gegenstand nicht übereinstimmend, da es ja einen solchen Gegenstand, unabhängig davon, daß man ihn wahrnimmt, gar nicht gibt. – Was jemand sinnlich wahrnimmt – auch sittliche Qualitäten wie Gut und Böse – und was jemand geistig erfaßt, ist zwar von der momentanen körperlichen und seelischen Verfassung des jeweiligen Menschen abhängig, aber es ist für ihn immer »wahr«: Es gibt nur diese augenblickliche subjektive Wahrheit. Das gilt nicht nur für das Individuum, sondern auch für die Gemeinschaft der Bürger.

Hier fließt des P. Erkenntnistheorie in dessen Staats- und Kulturtheorie ein, faßbar im Mythos von den Anfängen des Menschen, den ihn Platon im *Protagoras* erzählen läßt und als dessen Quelle eine Schrift des P. *Über den Urzustand* angenommen wird: Der Mensch hat in der Natur einen bestimmten Platz, gekennzeichnet durch den Besitz der Vernunft (»lógos«), dank der er am Göttlichen teilhat und die sich in der Verehrung der Götter, der Erfindung der artikulierten Sprache sowie der handwerklichen »téchne« als Fertigkeit, Behausung, Bekleidung, Nahrung zu schaffen, äußert. Zum Schutz gegen die wilden Tiere schlossen sich die Menschen zusammen; weil sie aber die »politikè téchne« noch nicht besaßen, fügten sie einander Unrecht und Schaden zu, zerstreuten sich wieder, kamen um. Daraufhin schickte ihnen Zeus »aidós« (Respekt vor dem anderen, Scheu vor Schande) und »díke« (Gerechtigkeit), um der menschlichen Gemeinschaft Bestand zu verleihen; Voraussetzung jeder »pólis« ist die »politikè areté/téchne« (Respekt vor dem Anderen, Gerechtigkeit und Besonnenheit). Der Mensch besitzt die natürliche Anlage zu dieser »Tugend«, wenn auch nicht jeder in gleichem Maße; erworben aber werden muß sie durch »Fleiß, Übung und Belehrung«. Pflege und Erziehung, Gesetze und Vorschriften sind Mittel dieser Erziehung. Auch Strafe hat nur diesen einen Sinn und Zweck – eine der großen »Erfindungen« des P. Wer sich nicht erziehen, »heilen« läßt, muß aus der Bürgerschaft verbannt oder getötet werden. Das Maß für Gut und Schlecht, Gerecht und Ungerecht, Fromm und Unfromm setzt also die Bürgerschaft: Gesetze, Sitte und Brauch sind nicht Gaben der Götter oder naturgegeben, von universaler Geltung, sondern jeweils das Werk »trefflicher, alter Gesetzgeber« – Menschenwerk, Wandel unterworfen: »Kulturrelativismus«. Die primäre Leistung des Sophisten besteht dann darin, den jungen Menschen zu Kenntnis und Anerkennung der Gesetze, Vorschriften, Sittlichkeit seiner Bürgerschaft zu erziehen. Und der gute und weise Redner bringt die Bürgerschaft dazu, daß ihr trotz der unterschiedlichen Meinungen der einzelnen als Gemeinschaft »statt des Verderblichen das Heilsame gerecht erscheint«. Nicht um den »idealen Staat« ging es P. also, sondern um die Erziehung der Bürger als notwendiger Bedingung menschlichen Zusammenlebens im Staat.

Frömmigkeit, Verehrung der Götter, religiöse Vorstellungen bilden für P. ein ebenso wesentliches Element menschlicher Natur wie artikulierte Sprache und Handlungsanleitung, auch einen wichtigen Faktor menschlicher Gemeinschaft. Andererseits soll seine Schrift *Über die Götter* mit der Feststellung begonnen haben: »Hinsichtlich der Götter kann ich nichts erkennen, weder ob sie sind, noch ob sie nicht sind, noch von welcher Gestalt sie sind; denn vieles steht dem im Wege: sowohl die Dunkelheit der Sache als auch die Kürze des menschlichen Lebens.« Wagt man Rückschlüsse aus der Umgebung des P. auf den Inhalt dieser Schrift, so widerlegte er gängige »Beweise« für die Existenz der Götter, dafür, daß sie die Welt schufen, sie lenken, für die Menschen sorgen. Er kritisierte dem Mythos verhaftete Formen religiösen Lebens, besonders die Mantik; stattdessen wies er hinsichtlich der Vorstellungen von den Göttern und deren Verehrung durch den Menschen die soziale und politische Gemeinschaft als Maß dessen auf, was Gültigkeit besitzt (Kulturrelativismus). Ungewißheit über den Sachverhalt, trotzdem Anerkennung der Religion in ihrer Bedeutung für den Menschen als soziales Wesen: das dürfte die Position des »Agnostikers« P. zum Göttlichen gewesen sein.

In seinen *Antilogien* vermutet man ein Lehrbuch der Rhetorik und der Eristik, die für die Sophisten noch eine Einheit bildeten, gegründet auf die ihnen gemeinsame »téchne« des Gegeneinanderredens und auf des P. Erkenntnis, daß über jedes und alles zwei einander widersprechende Urteile gefällt werden können, die gleichermaßen wahrscheinlich sind, gleichermaßen glaubwürdig gemacht werden können und müssen, soll sozialer Konsens hergestellt werden. Hierher gehört sein linguistisches Bemühen um die »Richtigkeit des Ausdrucks« (»orthoépeia«): Unterscheidung der Genera des Substantivs, der Modi, wahrscheinlich auch Zeitstufen des Verbs, der Sprechakte Wunsch, Frage, Antwort, Befehl – Materialien zugleich für des P. These von der Sprache als Leistung kultureller Gruppen und für die Erziehung zur »Wohlberedenheit« als unverzichtbares Element der »Wohlberatenheit« des Bürgers.

Baumhauer, Otto A.: Die sophistische Rhetorik. Eine Theorie sprachlicher Kommunikation. Stuttgart 1986. – Classen, Carl Joachim (Hg.): Sophistik. Darmstadt 1976. – Dupréel, Eugène: Les sophistes: Bibliothèque scientifique 14, Philosophie et Histoire. Neuchâtel 1948.

Otto A. Baumhauer

Proudhon, Pierre Joseph
Geb. 15. 1. 1809 in Besançon; gest. 19. 1. 1865 in Passy (Paris)

Leben und Werk des französischen Anarcho-Sozialisten P. können getrost als ebenso unglücklich wie widersprüchlich bezeichnet werden. Mit wenig über 30 Jahren ein im In- und Ausland berühmter sozialkritischer Autor, mit 40 Jahren ein international gefürchteter Revolutionär und zu Beginn unseres Jahrhunderts von einem allerdings verwandten Geist (Georges Sorel) immerhin als der »größte Philosoph des 19. Jahrhunderts« bezeichnet, ist er heute, zumindest außerhalb Frankreichs, selbst der gebildeten Öffentlichkeit kaum noch ein Begriff. – P. entstammt den sprichwörtlichen kleinen Verhältnissen. Seine Eltern waren vom Lande in die damalige Kleinstadt Besançon gezogen, wo der Vater sich als Küfer in einer Brauerei verdingen mußte. Als er bei einem Versuch, sich selbständig zu machen, gescheitert war, zog die Familie erneut aufs Land, wo sie fortan unter kärglichsten Verhältnissen ihr Leben fristete. Die Erfahrung von Armut und Unsicherheit der Lebensbedingungen seiner Kindheit, Jugend und frühen Erwachsenenphase bilden zweifelsfrei einen wichtigen Ausgangspunkt in P.s späterem Denken.

Wie sein bedeutender Vorgänger Charles Fourier wurde P. in der an die Schweiz grenzenden Region Franche-Comté geboren, deren typisch kleinbürgerlich-frei-heitliche Arbeits- und Lebensformen im 19. Jahrhundert eine besondere soziale, politische und intellektuelle Kultur hervorgebracht haben, in der Utopismus und Anarchismus über Jahrzehnte hinaus einen fruchtbaren Boden finden konnten. Mit Fourier teilt P. die Vorliebe für das vermeintlich oder tatsächlich Paradoxe, vor allem aber für das provozierende Formulieren von Widersprüchen, so daß man von einer natur- oder besser wohl »kultur«-wüchsigen Neigung zur Dialektik sprechen kann. In beiden Fällen ermangelte diese Dialektik allerdings der wissenschaftlichen Durch-bildung – was ihrem literarischen Reiz zwar eher zugute kam, ihre denkerische Kraft aber, insbesondere im Falle P., doch zuweilen wesentlich beeinträchtigte.

P. war stets stolz darauf gewesen, Autodidakt zu sein, was freilich nur halbwegs der Wahrheit entsprach. Die wirtschaftliche Not der Eltern hatte es ihm nicht erlaubt, den Besuch eines Gymnasiums zu Ende zu bringen. Schließlich hatte er eine Schriftsetzerlehre absolviert, die ihm immerhin die ersehnte Gelegenheit zum Lesen bot. Allem Anschein nach waren die Bibel und die Werke Fouriers damals seine Hauptlektüre. Sein Eifer war dabei so groß, daß er zum besseren Verständnis der Bibel und sonstiger religiöser Schriften seine Kenntnisse der alten Sprachen vertiefte und sich später sogar an einer vergleichenden Grammatik versuchte.

Nach den Lehr- und Wanderjahren, die ihn durch ganz Frankreich geführt und mit den Lebensbedingungen des arbeitenden Volkes gründlich vertraut gemacht hatten, versuchte er Mitte der 30er Jahre eine Druckerei zu eröffnen. Wie sein Vater 20 Jahre zuvor scheiterte aber auch er sehr bald an den finanziellen Machenschaften der bürgerlichen Konkurrenz. Die geschäftliche Pleite spornte ihn jedoch an, völlig Neues zu versuchen.

Als die Akademie von Besançon 1837 ein dreijähriges Studien-Stipendium aus-schrieb, bewarb sich der inzwischen 28jährige mit den folgenden, für sein weiteres Leben durchaus programmatischen Worten: »Geboren und auferzogen im Schoß der arbeitenden Klasse, der ich mit meinem Herzen und mit meinen Neigungen, vor allem aber durch die Gemeinschaft der Leiden und Wünsche angehöre, würde es meine größte Freude sein, wenn ich den Beifall der Akademie erhielte, um ohne Unterlaß mit Hilfe der Philosophie und Wissenschaft, mit der ganzen Energie meines Willens und aller Kraft meines Geistes, an der physischen, moralischen und intellektuellen Verbesserung derjenigen zu arbeiten, welche ich meine Brüder und Genossen nenne, um unter ihnen die Saat einer Lehre, welche ich als das Gesetz der moralischen Welt betrachte, zu verbreiten.«

Obwohl P. das für die Aufnahme eines Studiums erforderliche Baccalauréat nicht vorweisen konnte, erteilte ihm die Akademie den Zuschlag – mit der Auflage, die Reifeprüfung als Externer nachzuholen, was dem ebenso fleißigen wie begabten Neuakademiker rasch gelang. Noch im selben Jahr nahm er seine Studien in Paris auf und bedankte sich bei seiner Akademie mit einer Studie über den Sabbat, in der er Moses als den èrsten Sozialisten pries, weil dieser erstmals in der Geschichte der Menschheit einen arbeitsfreien Tag für die arbeitenden Klassen eingeführt habe. Die Arbeit brachte ihm zwar eine Bronzemedaille ein, aber die Existenz als »gelehrter Literat und Archäolog« genügte ihm nicht. Er wollte seine Ideen auch verwirkli-chen. Dazu schien ihm das Studium der politischen Ökonomie erforderlich.

Das Resultat dieser Studien war P.s wohl berühmtestes und zugleich bestes Buch *Qu'est-ce que la propriété? Ou recherches sur le principe du droit et du gouvernement* (1840; *Was ist das Eigentum? Oder Untersuchungen über das Prinzip des Rechts und der Regierung*). Die Antwort auf die selbstgestellte Frage, was das Eigentum sei, fiel ebenso knapp wie provozierend aus: »Eigentum ist Diebstahl!« Diese Antwort war zwar nicht ganz neu, schon 1780 hatte Jacques Brissot dieselbe Formel gebraucht, neu war aber, zumindest für französische Leser, die Art der P.schen Beweisführung. Anders als die übrigen französischen Sozialisten ging er nicht von abstrakten Gerechtigkeitsprinzipien aus, sondern von den theoretischen Voraussetzungen der damals führenden politischen Ökonomen und Juristen. Er versuchte nachzuweisen, daß die Wirklichkeit des bürgerlichen Eigentums weit entfernt davon war, sich auf »eigene Arbeit« und »gerechten Tausch« zurückführen zu lassen, wie dies die Ökonomen und Juristen behauptet hatten. Das moderne Eigentum beruhe vielmehr auf der unberechtigten Aneignung fremder Arbeit, die durch ungleichen Tausch infolge des kapitalistischen Monopols der Produktionsmittelbesitzer ermöglicht werde. Mit dieser These war P. allen bisherigen sozialistischen Theoretikern in Frankreich überlegen, fußt er doch hier weitgehend auf den wissenschaftlichen Erkenntnissen der zeitgenössischen englischen Linksricardianer. Wirklich originell waren hingegen seine sozialphilosophischen Schlußfolgerungen: Das moderne Eigentum sei auf den ihm eigenen theoretisch-juristischen Grundlagen an sich »unmöglich«: »Das Eigentum, wie man es auch dreht und wendet, auf welches Prinzip man es auch zurückführt, ist ein sich selbst widersprechender Begriff.« Es müsse aus den ihm immanenten Widersprüchen schließlich in die Gleichheit des auf eigener Arbeit beruhenden Eigentums aller umschlagen. Die damit spontan gegebene Negation des (kapitalistischen) Eigentums habe weit über die Ökonomie hinausreichende Folgen, sie ziehe die Negation jeder Art von Autorität, insbesondere des Staates und Gottes, nach sich und führe somit zu einer ebenso natürlichen wie harmonischen Ordnung. Daraus deduzierte er »den paradoxen Schluß: Die wahre Form der Regierung ist die An-archie.« Das Werk machte ihn nicht nur auf einen Schlag berühmt, sondern brachte ihm auch gerichtliche Verfolgungen ein, ein Umstand, der seinen Ruhm bei den Werktätigen freilich nur noch steigerte.

1844 machte P. in Paris die Bekanntschaft von Karl Marx, der ihm, wie Marx es ausdrückte, vergeblich versuchte, Hegelsche Philosophie beizubringen; eine »Ausbildung«, die kurz darauf, mit offenbar ähnlich geringem Erfolg, durch den »Wahrsozialisten« Karl Grün fortgesetzt werden sollte. Die »Infizierung« mit deutscher Philosophie ließ indessen P. den theoretischen Mangel seines Erstlingswerks deutlicher empfinden als zuvor. Er entschloß sich, seiner Sozialtheorie eine philosophische Grundlage zu geben. Nach einigen Vorversuchen erschien im Herbst 1846 das zweibändige Werk *Système des contradictions économiques ou philosophie de la misère* (*Die Widersprüche der Nationalökonomie oder Philosophie des Elends*). Das mit Spannung erwartete Buch wurde literarisch wie finanziell ein Mißerfolg. Dennoch festigte das gelehrt aufgemachte Werk bei den philosophisch wenig kundigen französischen Arbeitern eher noch den Ruf P.s als eines bedeutenden Denkers, während die deutsche sozialistische Emigration ihn als großen Ökonomen feierte. Dies waren die Umstände, die Marx zu der bekannten scharfen Kritik (»Das Elend der Philosophie«) veranlaßten. Hinzu war gekommen, daß P. schon zuvor mit dem Hinweis auf wissenschaftliche Arbeiten und seine grundsätzliche Skepsis gegenüber »revolutionären Aktionen als Mittel der Gesellschaftsreform« eine Mitarbeit an Marx' und Engels' kommunistischem Brüsseler Korrespondenz-Kommitee abgelehnt hatte.

P.s Versuch, nach Hegels Vorbild eine Art Phänomenologie der Produktionsverhältnisse zu schreiben, war nicht so sehr an seinen bescheidenen Hegelkenntnissen gescheitert, als vielmehr an mangelhaften Kenntnissen der sozialhistorischen Wirklichkeit und der sie widerspiegelnden ökonomischen Kategorien. Er versuchte, diese Kategorien (von Wert, Arbeitsteilung und Maschinen über Konkurrenz, Monopol und Steuern bis zum System des Kredits und der Gütergemeinschaft) nach dem Vorbild Fouriers in »dialektisch-logische« Serien einzufassen, deren innerer Zusammenhang und logische Ordnung den realen historischen Prozeß der sozialökonomischen Entwicklung hervorbringen sollte.

P. ging es keineswegs um die Beseitigung des privaten Eigentums schlechthin, sondern lediglich um die Eliminierung von dessen »negativen« Seiten, d. h. von Konkurrenz, Monopol, Autorität, Staat. Das auf eigener Arbeit beruhende Eigentum, das er »persönlichen Besitz« nannte, sollte vielmehr geschützt werden, denn dieses verkörpere die »positive« Seite des Eigentums: die Beendigung der wirtschaftlichen Not und die Realisierung der Freiheit. Dazu bedürfe es allerdings einer völligen Reorganisation des Tauschsystems und des Kreditwesens, die jedem den »gerechten Wert seiner Arbeit« garantieren werde. Politische Maßnahmen oder gar staatliches Eigentum zur Lösung der »sozialen Frage« lehnte er als »autoritäre Revolution von oben« strikt ab.

In der Folgezeit wandte P. sich daher sowohl gegen die bürgerlichen Ökonomen als auch gegen den zeitgenössischen »Staatssozialismus« und Kommunismus. Zu Beginn der 1848er Revolution trat er entschieden gegen die von dem Sozialisten Louis Blanc inspirierten »Nationalwerkstätten« auf. Damit geriet er zusehends in die Isolation gegenüber der praktischen Arbeiterbewegung. Bei einer Kandidatur für die Wahl zur Nationalversammlung 1848 war er daher auch erst beim zweiten Versuch erfolgreich. Nach dem Juniaufstand 1848 rehabilitierte er sich in den Augen der Arbeiter wenigstens teilweise wieder durch eine fulminante Verteidigungsrede für die Aufständischen, obwohl er selbst sich jeder Aktivität enthalten hatte. Sein Vorschlag, die Vermögenssteuer auf großes Eigentum drastisch zu erhöhen und damit eine auf gegenseitigem Kredit beruhende Tauschbank für Kleinproduzenten und Arbeiterproduktionsgenossenschaften zu finanzieren, wurde mit 2 gegen 648 Stimmen abgelehnt. Fortan schwieg P. in der Nationalversammlung. Seine Ideen propagierte er nunmehr in der von ihm herausgegebenen Zeitschrift *Le Peuple*. Mehrfach geriet er mit den Pressegesetzen in Konflikt. Eine von ihm Anfang 1849 gegründete »Volksbank«, an der sich innerhalb weniger Monate rund 12000 Teilhaber mit einem Aktienkapital von 36000 Francs beteiligt hatten, mußte geschlossen werden, weil er zu einer mehrjährigen Gefängnisstrafe verurteilt worden war. Den Staatsstreich Louis Bonapartes gegen die Republik am 2. Dezember 1851 erlebte P. bei einem Freigang, wobei es zu einer denkwürdigen Begegnung mit Victor Hugo und anderen linken Republikanern kam, deren Angebot zur Zusammenarbeit im Widerstand er gleichmütig ablehnte. Statt dessen versuchte er, durch verschiedene Eingaben Bonaparte, den er in der Schrift *La révolution sociale, démontrée par le Coup d'État du 2 décembre* 1852 als »Beginner einer zweiten sozialen Revolution« gefeiert hatte, für sein Tauschbankprojekt zu gewinnen. Erst als dieser sich als eifriger Förderer der großkapitalistischen Spekulation erwies, zog P. sich enttäuscht auf kleinere wissenschaftliche Gelegenheitsarbeiten und auf die Ausarbeitung einiger praktischer Reformprojekte (u. a. für das Eisenbahnwesen) zurück. 1858 publizierte er ein voluminöses Werk gegen die christliche Religion und für eine Religion der Arbeit *(De la justice dans la révolution et dans l'église – Die Gerechtigkeit in der Revolution und in der Kirche),* das er selbst als sein philosophisches Hauptwerk ansah. Hierin attackierte er auf das heftigste jede Form der ökonomischen, politischen und religiösen Zentralisation als Inkarnation des ihm verhaßten Prinzips der Autorität. Die Arbeit brachte ihm wegen angeblicher Verunglimpfung der Religion erneut gerichtliche Verfolgung ein, der er sich durch eine vorübergehende Emigration nach Brüssel entzog.

Neben einer Arbeit über den Krieg, den er als »göttliches Phänomen« rühmte, erschien zu seinen Lebzeiten noch die prinzipiellere Arbeit *Le principe fédératif* (1863), in dem er das Politische und den Staat nicht mehr völlig negierte, sondern einer durch Tauschsystem und Kredit dezentral organisierten Ökonomie unterordnete. Posthum erschien das von seinen Anhängern besonders hoch geschätzte Werk *De la capacité politique des classes ouvrières* (1865). Darin begründete er seine ablehnende Haltung gegenüber den Gewerkschaften ebenso wie seine Skepsis gegenüber Streiks. Andererseits enthält diese Arbeit, die als P.s Vermächtnis gilt, auch jene von den Anarcho-Syndikalisten und Anhängern der Arbeiterselbstverwaltung später vielfach wiederholte Losung, wonach in der Zukunft »die Werkstatt der Arbeiter die Regierung ersetzen werde«.

P.s Leben und Werk waren von Anfang an durch zahlreiche Widersprüche gekennzeichnet. Dennoch muß die Erfahrung der 48er Revolution als entscheidender Bruch in P.s Leben angesehen werden. Er hatte sich stets gegen gewaltsame und politische Lösungen der sozialen Frage ausgesprochen. Erst nach dem Scheitern der sozialistischen Experimente in der 48er Revolution trat er mit bewußt »unpolitischen« Reformprojekten hervor, die jedoch nie in der Praxis erprobt werden konnten. Der »späte« P. hat seine Reformideen mit zahlreichen philosophischen Versatzstücken versehen, so daß der sich nun allmählich verbreitende »Proudhonismus« den Charakter einer überaus eklektizistischen Weltanschauung annahm. Mit ihrem heftigen Anti-Klerikalismus und Anti-Autoritarismus kam diese Weltanschauung einer oppositionellen Stimmung gegen die bonapartistische Diktatur entgegen. Zugleich ist P.s nicht proletarische, sondern eher kleinbürgerliche »Projektemacherei« zutiefst in jener Epoche der wirtschaftlichen Spekulation und des »wissenschaftlichen« Positivismus verhaftet, so daß sein vorübergehendes Kokettieren mit Bonaparte keineswegs unerklärlich erscheint. Während der kurzen Periode der Pariser Kommune (1871) spielten die »Proudhonisten« eine zahlenmäßig bedeutende Rolle. Inwieweit ihr Anti-Autoritarismus und Anti-Zentralismus zu den spezifischen Organisationsprinzipien dieses heroischen Versuchs einer direkten Demokratie des arbeitenden Volkes beigetragen haben, ist bis heute umstritten; »proudhonistische« Reformprojekte hat die Kommune allerdings nicht geplant.

Diehl, Karl: P. J. Proudhon. Seine Lehre und sein Leben. 3 Teile. Jena 1888–1896 (Nachdruck Aalen 1968). – Ramm, Thilo: Proudhon, Ausgewählte Texte. Stuttgart 1963. – Dolléans, Edouard: Proudhon. Paris 1948.

Werner Goldschmidt

Ptolemäus, Claudius

Geb. nach 83; gest. nach 161 in Alexandria

Als P. sein astronomisches Hauptwerk, den *Almagest* (*Die größte* [scil. *Zusammenstellung*]; der in den griechischen Handschriften in dieser Form nicht überlieferte Titel ist arabischen Ursprungs) verfaßte, konnte die griechische Astronomie bereits auf zwei grundlegende Errungenschaften zurückblicken: zum einen auf die Entwicklung eines (geometrischen) kinematischen Modells der Sonnen- und Mondbewegung, das die Vorausberechnung der Finsternisse erlaubte; zum anderen auf die Ausarbeitung der ebenen und der sphärischen Trigonometrie. Mit Hilfe dieses Rüstzeuges und mit einem genialen mathematischen Verstand begabt, gelang es P. durch die Verbindung seiner eigenen Beobachtungen mit denjenigen seiner Vorgänger (besonders des Hipparch) ein Weltbild zu entwerfen, das bis auf Kopernikus Gültigkeit behalten sollte, während der ptolemäischen Begrifflichkeit erst durch Brahe und Kepler ein Ende gesetzt wurde. Der Inhalt des *Almagest* läßt sich folgendermaßen zusammenfassen: Buch 1 behandelt die Beschaffenheit des Universums, insofern sie für den Astronomen von Belang ist, und führt die trigonometrischen Grundlagen ein. Buch 2 untersucht diejenigen Aspekte der sphärischen Astronomie, die für einen Beobachter auf der Erde eine Rolle spielen, wie Polhöhe, Aufgangszeiten und Dauer des Tageslichts. Das dritte Buch handelt von der Bewegung der Sonne; hier nimmt P. die (auffallend ungenaue) Berechnung des tropischen Jahres vor, die ihn bei der Bestimmung des Wertes für die Präzession der Äquinoktien hinter den Wert von Hipparch zurückfallen läßt. Hauptsächlich der Mondtheorie sind das vierte und das fünfte Buch gewidmet; in letzterem findet man auch eine Anleitung zur Herstellung einer Armillarsphäre (eines ›Astrolabs‹). Bleibendes Verdienst des P. ist es, als erster die sogenannte Evektion des Mondes (d. h. die Ungleichförmigkeit seiner Bewegung, die durch die Verschiebung der Apsiden und der Bahnexzentrizität hervorgerufen wird) entdeckt und erklärt zu haben. Im sechsten Buch wird die Lehre von den Sonnen- und Mondfinsternissen entwickelt; es schließt eng an die drei vorhergehenden an und setzt die im fünften Buch errechneten Tafeln für die Sonne- und Mondparallaxen voraus. Bücher 7 und 8 haben die Fixsterne zum Inhalt, da eine genaue Kenntnis der Koordinaten der Ekliptiksterne die Voraussetzung für die Beobachtung der Planetenpositionen bildet. Das letzte Kapitel des siebten und das erste des achten Buches enthalten den berühmten Fixsternkatalog, der 1022 in 48 Konstellationen eingeteilte Sterne nach Längen, Breiten und Größen auflistet. Die heute in der internationalen Astronomie gebräuchlichen 88 Sternbilder gehen von den ptolemäischen aus. Die letzten fünf

Bücher beschäftigen sich mit der Planetentheorie, für die P. auf keinerlei brauchbare Vorarbeiten zurückgreifen konnte. Hinsichtlich der Reihenfolge der Planetensphären schließt er sich den »Älteren« – gemeint sind wohl die vorplatonischen Pythagoreer – an, das heißt er plädiert für die Abfolge (Erde-)Mond-Merkur-Venus-Sonne-Mars-Jupiter-Saturn. Um die zwei Anomalien jeglicher Planetenbewegung – nämlich die von der Elongation zur Sonne und die von der Stellung innerhalb der Ekliptik abhängige – zu erklären, entwirft P. ein Bewegungsmodell, das für jeden Planeten eine exzentrische mit einer epizyklischen Rotation verbindet, um danach die einzelnen, auf das Modell des jeweiligen Planeten anwendbaren Parameter zu errechnen. Hierdurch gelingt ihm der Entwurf des ersten wirklich befriedigenden Planetenmodells. Das zwölfte Buch behandelt die Rückläufigkeit der Planeten und die größten Elongationen von der Sonne von Venus und Merkur; das dreizehnte enthält eine wenig befriedigende, später von P. selbst in den *Hypothesen über die Planeten* korrigierte Theorie der Breitenbewegung und schließt mit einer Tabelle der heliakischen Auf- und Untergänge der Planeten für die Breite von Phönizien.

Erwähnenswert ist die Tatsache, daß P. ein astrologisches Handbuch, die sog. *Tetrabiblos* verfaßte. Für den antiken Philosophen schließen Astronomie und Astrologie sich keineswegs aus, sondern sie ergänzen sich vielmehr gegenseitig: erlaubt jene, die genaue Position der Gestirne zu berechnen, so gestattet diese, etwas über ihren Einfluß und ihre Wirkung auf die Menschen, die Völker und die Welt im allgemeinen auszusagen. Unter den restlichen, zum Teil nur fragmentarisch und/oder in Übersetzungen überlieferten Werken, die Abhandlungen zur Optik, zur Harmonik und zur Erkenntnistheorie enthalten, ist die vollständig auf griechisch überlieferte *Geographie* zweifellos das bedeutendste. P. legt hierin zunächst das theoretische Fundament für die Kartenzeichnung der Erde und schlägt hierzu zwei verschiedene Projektionssysteme vor; im Anschluß daran läßt er eine Liste der wichtigsten Orte der damaligen Oikumene mit Angabe der jeweiligen Längen und Breiten folgen, um das Werk mit 26 Kartenausschnitten zu beschließen. Der genaue Einfluß der ptolemäischen Schriften auf die westliche Kultur- und Geistesgeschichte ist noch ungenügend erforscht; es darf dennoch als sicher gelten, daß kein anderes naturwissenschaftliches Werk das Denken und Forschen des Abendlandes in stärkerem Maße geprägt hat als der *Almagest*.

Toomer, Gerald J.: Artikel ›Ptolemy‹. In: Dictionary of Scientific Biography. Vol. XI. New York 1975. – Kunitzsch, Paul: Der Almagest. Die Syntaxis Mathematica des Claudius Ptolemäus in arabisch-lateinischer Überlieferung. Wiesbaden 1974. – Pedersen, Olaf: A Survey of the Almagest. Odense 1974. – Neugebauer, Otto: The Exact Sciences in Antiquity. Providence, R. I. ²1957.

Luc Deitz

Putnam, Hilary
Geboren 31. 7. 1926 in Chicago/Illinois

»Was in unserem Leben Gewicht hat«, so formuliert P. die zentrale Einsicht des Pragmatismus, »das sollte auch in der Philosophie Gewicht haben«. Und was für das Verhältnis von Philosophie und Leben im allgemeinen gilt, das gilt auch für spezielle philosophische Fragen, etwa nach der Beziehung zwischen Denken und Welt, nach der Interpretation physikalischer Theorien, nach der Bedeutung von »Bedeutung«, dem Begriff des Geistes oder nach der Objektivität moralischer Werte. Zur Beantwortung dieser und vieler anderer Fragen hat P. wichtige, häufig diskussionsbestimmende Beiträge geleistet. Trotz der ungewöhnlichen Vielfalt der Themen und trotz mancher spektakulären Kurskorrektur zieht sich durch P.s verschiedene Arbeiten die Betonung dessen, »was im Leben Gewicht hat«: Schon wenn es um spezielle Lebensbereiche geht (z. B. Wissenschaft, Alltagssprache, Moral), muß die Philosophie die interne Perspektive eines Teilnehmers ernstnehmen; umso weniger läßt sich unsere gesamte Lebenspraxis »von außen« in den Blick bekommen. Einen »externen Standpunkt«, von dem aus man die Welt als ganze gleichsam »von außen« betrachten könnte, gibt es nicht.

P. promovierte 1951 bei Hans Reichenbach in Los Angeles mit einer Arbeit über den Wahrscheinlichkeitsbegriff und lehrte u. a. in Princeton, wo er mit Rudolf Carnap zusammenarbeitete, und am Massachusetts Institute of Technology. Seit 1965 ist er Professor für Philosophie an der Harvard-Universität in Cambridge, Massachusetts. In den 50er Jahren wirkte er an der Lösung des 10. Hilbertschen Problems mit, bei dem es um die Entscheidbarkeit diophantischer Gleichungen geht. Seine eigene philosophische Position definierte P. – oft in kritischer Auseinandersetzung mit dem Logischen Positivismus – zuerst in den 60er und 70er Jahren mit einer Reihe von einflußreichen Aufsätzen zur Sprachphilosophie, Wissenschaftstheorie und zur Philosophie des Geistes. Diese Arbeiten sind gesammelt in den Bänden *Mathematics, Matter, and Method* (1975) und *Mind, Language, and Reality* (1975).

Im Mittelpunkt der sprachphilosophischen Überlegungen P.s steht der Begriff der Bedeutung. Wie Willard Van Orman Quine kritisiert P. die traditionelle Unterscheidung zwischen analytischen Sätzen (z. B. »Alle Junggesellen sind unverheiratet«), deren Wahrheit allein von ihrer Bedeutung und den Regeln der Logik abhängt, und synthetischen Sätzen (z. B. »Peter ist ein Junggeselle«), mit denen empirische Tatsachen behauptet werden. Dabei stützt sich P. auf die praxisinternen Standards für Bedeutungsgleichheit und -verschiedenheit und kann so, anders als Quine, die traditionelle Unterscheidung in eingeschränkter Form rechtfertigen: Mit »Ein-Kriterien«-Wörtern wie »Junggeselle« lassen sich durchaus Sätze bilden, deren Wahrheit von empirischen Entdeckungen unabhängig ist. Dies gilt aber nicht für »Gesetzesbündel«-Wörter, wie sie typischerweise in wissenschaftlichen Theorien vorkommen (z. B. »kinetische Energie«, »Elektron«, »multiple Sklerose«). Hier gibt es also keine klare Trennung zwischen analytischen und synthetischen Aussagen.

Wenn aber in die Bedeutung des Ausdrucks »Elektron« empirische Elemente eingehen, ändert sich dann seine Bedeutung mit unseren empirischen Kenntnissen? Diese Frage führt P. zu einer bedeutenden Entdeckung, die ihren klassisch gewordenen Ausdruck in dem Aufsatz *The Meaning of »Meaning«* (1975; *Die Bedeutung von »Bedeutung«*) gefunden hat: Wenn zwei Sprecher dasselbe Wort verwenden, um sich auf Gegenstände »natürlicher Arten« zu beziehen (z. B. »Elektron«, »Wasser«, »Buche«), dann kommt es bei der Frage, ob beide das Wort in derselben Bedeutung verwenden, nicht nur darauf an, welche charakteristischen Merkmale (»Stereotype«) sie mit der Verwendung des Wortes verbinden, sondern auch darauf, ob sie sich tatsächlich auf Gegenstände derselben Art beziehen. P. macht dies an einem berühmt gewordenen Gedankenexperiment deutlich: Man nehme an, es gebe irgendwo eine exakte Kopie der Erde mit allem, was darauf ist. Einen einzigen Unterschied gibt es allerdings: Während Wasser auf der Erde aus H_2O besteht, handelt es sich bei dem Stoff auf der Zwillings-Erde, der oberflächlich von Wasser nicht zu unterscheiden ist, um XYZ. Dann hat das Wort »Wasser« in meinem und im Munde meines Doppelgängers auf der Zwillings-Erde jeweils eine andere Bedeutung, selbst wenn wir dieselben Merkmale (»durchsichtige, geschmacklose Flüssigkeit«) damit verbinden. Dies ist so, weil zur Bedeutung von Ausdrücken für natürliche Arten auch der Hinweis auf paradigmatische Exemplare gehört, so daß nur solche Dinge unter diesen Ausdruck fallen, die dieselbe Beschaffenheit wie ein paradigmatisches Exemplar haben. Die Bedeutung eines Wortes ist also nicht, wie traditionell angenommen, ein psychisches oder abstrakt-geistiges Vorkommnis, das festlegt, welche Gegenstände das Wort bezeichnet. Vielmehr hängt die Bedeutung unter anderem von den bezeichneten Gegenständen ab. Bedeutungen, so P.s Slogan, sind nicht »im Kopf« (»semantischer Externalismus«). Dennoch muß nicht jeder, der kompetent einen Ausdruck wie »Wasser« verwendet, Wasser eindeutig von anderen Substanzen unterscheiden können, denn dies überlassen wir den Experten in unserer Sprachgemeinschaft (»linguistische Arbeitsteilung«).

Die These, daß die Bedeutung eines Wortes konstant bleiben kann, selbst wenn unsere Kenntnisse über seine Extension sich verändern, spielt auch in P.s wissenschaftstheoretischen Überlegungen eine wichtige Rolle. Nur diese Annahme erlaubt ein »realistisches« Verständnis der Wissenschaft, wonach konkurrierende wissenschaftliche Theorien sich auf dieselbe Wirklichkeit beziehen und eine Theorie umso besser ist, je näher sie der Wahrheit über die Wirklichkeit kommt. Dieser »scientific realism«, den P. als die implizite Wissenschaftstheorie der Wissenschaft selbst versteht, wendet sich sowohl gegen den Verifikationismus der Logischen Positivisten wie auch gegen den Falsifikationismus Karl Poppers und den wissenschaftstheoretischen Relativismus Thomas S. Kuhns und Paul Feyerabends. P.s Argumente für den wissenschaftlichen Realismus fanden weite Anerkennung und haben entscheidend zum Ende des Positivismus beigetragen. Darüber hinaus hat P. zahlreiche Arbeiten zur Philosophie der Mathematik und zur Interpretation der Quantenphysik veröffentlicht.

Besonders einflußreich war eine Reihe von Beiträgen zur Philosophie des Geistes, in denen P. die Position des »Funktionalismus« entwickelte. Wohl als erster hat er darin die Analogie zwischen einem menschlichen und einem elektronischen »Rechner« philosophisch nutzbar gemacht (*Minds and Machines*, 1960; *Geist und Maschine*). Grundlegend dafür ist der Begriff einer »universellen Turing-Maschine«, d. h. die abstrakte Beschreibung eines Apparats, der aufgrund eines veränderlichen Programms auf unterschiedliche Eingaben in bestimmter Weise reagiert. Jeder noch so komplizierte Computer läßt sich in seiner Funktionsweise (unabhängig davon, wie diese materiell umgesetzt ist) als eine Turing-Maschine darstellen. Die Grundthese des Funktionalismus ist nun, daß sich auch die geistigen Zustände eines Menschen als Zustände einer Turing-Maschine verstehen lassen. P. ging es dabei vor allem um die Überwindung des Behaviorismus: Es gibt tatsächlich geistige Vorgänge; sie sind eine Funktion von *input* (sensorischen Reizen), Programm (festgelegt v. a. durch den Aufbau des Gehrins) und *output* (Verhalten). Der Funktionalismus verspricht so eine elegante Lösung des Leib-Seele-Problems jenseits von Materialismus und Dualismus. Allerdings ist P. von dieser ursprünglichen Idee schon früh abgerückt, da sie auf unhaltbaren Vereinfachungen und Idealisierungen beruht. Inzwischen ist P. zu einem der schärfsten Kritiker des auf ihn zurückgehenden, heute weit verbreiteten Funktionalismus geworden, da dieser weder der Normativität des Geistigen noch der Offenheit und Flexibilität psychologischer und mentaler Begriffe gerecht wird (*Representation and Reality*, 1988; *Repräsentation und Realität*).

War die Betonung der Teilnehmerperspektive in den Schriften bis in die Mitte der siebziger Jahre nur implizit (und nicht selten durch szientistische Reste verdeckt), so tritt der internalistische und pragmatistische Zug in P.s Denken seither immer deutlicher hervor (*Meaning and the Moral Sciences*, 1978; *Realism and Reason*, 1983). Oft in scharfer Abgrenzung von seinen früheren Auffassungen entwickelte P. seine neue Position des »internen Realismus«. In ihrer ursprünglichen Form, wie P. sie erstmals ausführlich in seinem Buch *Reason, Truth and History* (1981; *Vernunft, Wahrheit und Geschichte*) darlegte, ist sie vor allem durch folgende Punkte gekennzeichnet: Wahrheit wird nicht als Korrespondenz verstanden, sondern als idealisierte Form rationaler Akzeptierbarkeit; dabei ist der Begriff der Rationalität von historischen Bedingungen abhängig und nicht formalisierbar; die Wirklichkeit ist nicht von unseren Theorien und Auffassungen über sie unabhängig; es gibt keine klare Trennung zwischen Tatsachen und Werten; die Wissenschaften beschreiben nur einen von vielen Aspekten der Wirklichkeit; auch außerhalb der Wissenschaften und auch in Werturteilen gibt es objektive Wahrheit und Falschheit. Insgesamt versteht P. den internen Realismus als den Versuch, konsequent auf die Annahme eines externen Standpunkts, einer »Gottesperspektive« jenseits der begrenzten und kontingenten Sicht wirklicher Menschen, zu verzichten.

P.s »interner Realismus« beruht auf seiner Kritik am »metaphysischen Realismus« – der Auffassung, daß die Welt aus einer festen Gesamtheit von Gegenständen besteht, die sich vollständig und angemessen in einer Theorie beschreiben lassen, deren Wahrheit in einer Korrespondenzrelation besteht. Dagegen wendet sich P. mit verschiedenen Argumenten, die Auslöser umfangreicher Diskussionen waren: Sogenannte »modelltheoretische« Argumente sollen zeigen, daß dem metaphysischen Realismus zufolge der Bezug von Sprache und Denken zur Wirklichkeit völlig unbestimmt sein würde. Ein anderes Argument, das für P. zunehmend an Gewicht gewonnen hat, stützt sich auf das Phänomen der »begrifflichen Relativität«: Es gibt mitunter mehrere konkurrierende Beschreibungen desselben Bereichs der Wirklichkeit, die jeweils von unterschiedlichen Begriffen Gebrauch machen, ohne daß eine von diesen Beschreibungen als die einzig richtige gelten könnte. Für dieses Phänomen hat der metaphysische Realismus keinen Raum. Zugleich wendet sich P. jedoch gegen einen uneingeschränkten Relativismus: Auch wenn subjektive Momente in unser Weltbild eingehen, gibt es doch in vielen Fragen ein objektives Richtig und Falsch (*The Many Faces of Realism*, 1987). Ein drittes Argument stützt sich auf ein weiteres durch P. berühmt gewordenes Gedankenexperiment. Es stützt sich auf die These des semantischen Externalismus und soll zeigen, daß die skeptische Annahme, wir seien vielleicht nur Gehirne in einer Nährlösung, selbstwidersprüchlich ist. Der metaphysische Realismus aber kann eine solche skeptische Möglichkeit (eine moderne Variante des Cartesischen Dämons) nicht ausschließen.

Vor allem wegen der Anbindung des Begriffs der Wahrheit an den der rationalen Akzeptierbarkeit hatte der interne Realismus eine deutlich idealistische Tendenz, von der sich P. inzwischen distanziert hat. Zwar lehnt P. den »metaphysischen« Realismus weiterhin ab, doch betont er nun, daß die Philosophie unser alltägliches Wissen um die Geistunabhängigkeit der Welt anerkennen muß. Weil diese Selbstverständlichkeit heute philosophisch fragwürdig geworden ist, geht es P. um die Erlangung einer »zweiten Unschuld«. Dabei spielt in seinen neueren Arbeiten die Kritik an repräsentationalen Theorien des Geistes eine entscheidende Rolle: Wahrnehmung und Denken bestehen nicht in der Erzeugung und Verarbeitung von symbolartigen geistigen Gehalten (Repräsentationen), sondern sind ein direkter Zugang zu den wahrgenommenen oder gedachten Tatsachen und Gegenständen. Im Anschluß an den späten Ludwig Wittgenstein und William James sieht P. in diesem »direkten Realismus« weniger eine neue »Theorie« als vielmehr ein treffendes Bild, daß es uns erlaubt, unsere alltägliche Erfahrung anzuerkennen und philosophisch ernstzunehmen (*Realism with a Human Face*, 1990; *Renewing Philosophy*, 1992; *Words and Life*, 1994; »Sense, Nonsense, and the Senses«, 1994).

Die zunehmende Bedeutung des pragmatistischen Zugs in P.s Denken zeigt sich auch deutlich in seiner Auseinandersetzung mit ethischen, ästhetischen und religiösen Themen. Unter anderem geht es P. darum, eine universalistische und liberalistische Auffassung in Ethik und Gesellschaftstheorie mit der Tatsache zu vereinbaren, daß auch moralische Werte Teil historisch bedingter Lebensformen sind. Dabei betrachtet P. das Fehlen einer strengen Unterscheidung zwischen Werten und Tatsachen nicht als Indiz für die Subjektivität von Tatsachen, sondern umgekehrt für die Objektivität unserer Werte. Das Normative durchdringt alle Aspekte unseres Denkens; moralische, ästhetische und andere Werte spielen selbst noch in den strengsten Wissenschaften eine konstitutive Rolle. Ein Werte-Realismus, wonach auch Werturteile objektiv richtig oder falsch sein können, ergibt sich deshalb zwangsläufig, wenn wir unsere wirkliche Praxis ernstnehmen (*Realism with a Human Face, Renewing Philosophy, Words and Life*). Auch hier gilt also die pragmatistische Maxime, daß in der Philosophie Gewicht haben sollte, was im Leben Gewicht hat.

Die Einsicht in die Historizität der Vernunft hat P. auch zu einem stärker historisch orientierten Zugang zur Philosophie selbst geführt. So entwickelt er seine systematischen Thesen neuerdings häufig anhand der Interpretation der Werke

Ludwig Wittgensteins, John Deweys, William James' und anderer Philosophen (zuletzt in *Pragmatism. An Open Question*, 1994; *Pragmatismus. Eine offene Frage*). Dabei ist P.s philosophische Position, bei aller im Rückblick erkennbaren Kontinuität, noch immer in Bewegung.

Burri, Axel: Hilary Putnam. Frankfurt am Main/New York 1994. – Clark, Peter/Hale, Bob (eds.): Reading Putnam. Oxford 1994. – Philosophical Topics, Vol. 20 (1992), No. 1: The Philosophy of Hilary Putnam.

Marcus Willaschek

Pythagoras

Geb. um 575/70 v.Chr. in Samos (?); gest. um 500 v.Chr. in Metapontum (?)

Wie ein Vierteljahrhundert vor ihm Xenophanes, und wohl ebenfalls aus politischen Gründen (Polykrates' Autokratie), verläßt der etwa fünfzigjährige P. seine Heimat Samos und emigriert in den Westen, ins süditalische Kroton, das heutige Crotone in Kalabrien. Er wird offenkundig bald die geistige Autorität der Polis; eine Gemeinschaft von Anhängern sammelt sich um ihn, die etwa zwei Jahrzehnte lang die Geschicke Krotons bestimmt. In dieser Zeit erlangt die Stadt die Hegemonie über die Poleis des Umlands. Eine Oppositionsbewegung führt zum Sturz der Pythagoreer. P. verläßt die Stadt und gelangt nach Metapontum; dort stirbt er.

Die »Schule« des P. – über deren Entstehung wir so wenig wissen wie über ihre Organisation – existiert insgesamt fast zwei Jahrhunderte lang. Sie entfaltet ihren Einfluß zunächst im griechischen Süditalien und Sizilien. Wachsender Widerstand nötigt Mitte des 5. Jahrhunderts die führenden Pythagoreer zur Emigration nach Griechenland. Die nun beginnende Diaspora der pythagoreischen Gemeinden unterbricht die Kontinuität ihrer philosophischen Tradition; sie ist verantwortlich für jene Entwicklung in zwei Richtungen, welche die der religiösen Praktik und Lehre des P. verpflichteten Orthodoxen – in der zeitgenössischen Terminologie die »Hörer« – von den an philosophischer Arbeit Interessierten – den »Forschenden« – scheiden wird. In dieser zweiten Gruppe vor allem, zu der Philolaos, der führende Pythagoreer des 5. Jahrhunderts, zählt, sind die kosmologischen, mathematischen und metaphysischen Spekulationen festzumachen, die den Pythagoreismus zu einer der einflußreichsten Instanzen im griechischen Denken des 5. und 4. Jahrhunderts werden lassen. Um die Mitte des 4. Jahrhunderts stirbt mit der Generation der Philolaosschüler die pythagoreische Bewegung aus. Ihre »Renaissance« in der Philosophie der Kaiserzeit steht unter neuen Vorzeichen.

Angesichts der schwierigen Quellenlage, die zuverlässige (chronologische) Zuweisungen einzelner pythagoreischer Gedanken weitgehend ausschließt, sollen im Folgenden nur Grundgedanken des vorplatonischen Pythagoreismus insgesamt dargestellt werden. Sämtliche philosophischen Disziplinen der Pythagoreer umfaßt und begründet die »Mathematik«, die mathematische Lehre vom Kosmos; sie liefert den Schlüssel zum Ganzen. »Dinge sind Zahlen.« »Dinge existieren als Abbild («mímesis») von Zahlen.« »Die Elemente von Zahlen sind die Elemente von Dingen; der ganze Himmel ist eine Harmonie und eine Zahl.« Diese (bei Aristoteles überlieferten) Zitate formulieren die Essenz pythagoreischer Welterklärung. Die Pythagoreer sehen die Welt organisiert als mathematische Ordnung; ihre »arché«, ihr »Fundament« sind die Zahlen. Diesen Gedanken kleiden sie in eine prägnante Formel. Die vier Grundzahlen, 1, 2, 3 und 4 ergeben addiert 10. Diese Zahl 10 gilt als »etwas Vollkommenes« – sie umfaßt »die ganze Natur von Zahl« (Aristoteles). Graphisch dargestellt wird sie als die »tetraktýs«, als »Vierheit«.

Ein altes pythagoreisches Rätsel fragt: »Was ist das Orakel in Delphi? Die Vierheit. Sie ist die Harmonie, in der die Sirenen (singen).« Die wahre Quelle der Weisheit über die Welt ist die »tetraktýs« – die in vielfältiger Relation miteinander verbundenen vier ersten natürlichen Zahlen. In religiöser Sprache äußert das Rätsel ein philosophisches Versprechen: die mathematisch strukturierte Welt, der Kosmos, und alles, was in ihm geschieht, offenbart eine intelligible Ordnung und Rationalität. Die Basis dieser Ordnung ist die Zahl. Der Begriff »Harmonie« verweist auf den möglichen historischen Ausgangspunkt der gesamten Theorie, die – dem P. zugeschriebene – Entdeckung der mathematischen Struktur der Musik. Noten lassen sich zurückführen auf Zahlen; so entsprechen die drei Basisintervalle der griechischen Musik den numerischen Gleichungen 1:2 (Oktave), 3:2 (Quinte), 4:3 (Quarte). Dem Chaos des gesamten Tonspektrums erlegt die Harmonie, die inhärente mathematische Ordnung der Musik, »kosmos« auf – Ordnung und Schönheit. Die Kosmogonie der Pythagoreer sucht die mathematische Struktur der Welt aus ihren Anfängen zu erklären. Das »Eine«, der Urgrund aller Zahl(en), und so Ursprung und Grundprinzip (beides »arché«) der Welt, erlegt dem »Unbegrenzten«, dem chaotischen, undifferenzierten Urmaterial der Welt, »Grenze«, »Abgrenzung« auf: es verwandelt es in Zahlen. Als Anfang der beiden Zahlenreihen (freilich keiner der beiden angehörend) initiiert es die ungeraden und geraden Zahlen. So setzt das Eine dem »Unbegrenzten« eine »Grenze« und definiert es so als Ordnung (»kósmos«) – und damit Welt. Diese Ordnungsleistung durchwirkt die Welt: auch in den Beziehungen ihrer Bestandteile untereinander offenbart sie eine interne geordnete Struktur – wie vor allem das perfekte Uhrwerk der Gestirne belegt. In ihrer Gesamtheit ist die Welt also »kósmos« – Definition, Ordnung, Vollkommenheit, Schönheit – und »Kosmos«. Der frühe Pythagoreismus scheint das Wort zum ersten Mal für »Welt« verwendet zu haben.

Aristoteles' Kritik erfaßt gleichermaßen Leistung und Grenze des pythagoreischen Ansatzes. Die Pythagoreer entdecken den quantitativen Aspekt der Dinge; ihre Zahlentheorie beschreibt die formale, strukturelle Seite der Welt. Doch vernachlässigen sie hierüber deren qualitatives Moment, und identifizieren – unzulässig – das Materielle mit dem Formalen: die Realität insgesamt wird in mathematischen Kategorien beschrieben, die Zahl wird Materie.

Die Theologie der Pythagoreer offenbart sich als philosophische Neuinterpretation des archaischen Gedankens einer magischen »Sympathie«, einer engen, fast physischen Beziehung zwischen allen Lebewesen untereinander und der Natur insgesamt, einer universalen Verwandtschaft allen Lebens. Der Mensch als Teil der Welt ist verwandt mit der Welt, einem lebendigen, göttlichen Wesen. Das biologische Bild einer atmenden Welt und die physikalische Erklärung der Seele als »Luft« oder »Atem« kommen zur Deckung in der »beseelten« Natur beider: in der Seele konstituiert sich diese Verwandtschaft. Einen Gedanken, der in den Mysterienreligionen und im Orphismus angelegt ist, führt der Pythagoreismus konsequent zu Ende: Die Seele ist verwandt, ja identisch mit der Welt – mit einer göttlichen Instanz. Sie ist nicht allein der beste Teil des Menschen, sie ist unsterblich. Diese Qualitäten machen die Seele zum Instrument und Ziel philosophischer Selbstverwirklichung. Jenes frühe Ideal griechischer Religion, die Gottgleichheit (»homoíōsis theō«), läßt sich erreichen: durch die Arbeit an der Seele. Diese Arbeit ist die Philosophie, die Reflexion über die Welt, mit dem Ziel, sie besser zu verstehen – und damit sich selbst. Der Philosoph, der die kosmische Ordnung, die ideale mathematische Harmonie und Vollkommenheit der (göttlichen) Welt studiert, reflektiert und reproduziert sie damit in seiner Seele: er selbst wird »kósmios« – »jemand, der kósmos besitzt«, Ordnung, Vollkommenheit, Schönheit. Was den Philosophen mit dem göttlichen Weltganzen, den »Mikrokosmos« mit dem »Makrokosmos« verbindet, ist das Element des »kósmos« in beiden. Dessen Aktualisierung verwirklicht die Gottgleichheit.

Kirk, Geoffrey S./Raven, John E./Schofield, Malcolm: The presocratic philosophers. Cambridge ²1983, S. 214–238 und 322–350; dt.: Die vorsokratischen Philosophen. Stuttgart/ Weimar 1994, S. 237–262 und 354–383. – O'Meara, Dominic J.: Pythagoras revived. Mathematics and philosophy in late antiquity. Oxford 1989. – Van der Waerden, Bartel Leendert: Die Pythagoreer. Zürich/München 1979. – Burkert, Walter: Weisheit und Wissenschaft. Studien zu Pythagoras, Philolaos und Platon. Nürnberg 1962.

Peter Habermehl

Quine, Willard Van Orman
Geb. 25. 6. 1908 in Akron/Ohio

Von einem herausragenden Logiker erwartet man nicht, daß sein bekanntestes Argument um ein Kaninchen, einen Eingeborenen sowie einen Sprachforscher kreist. Und doch illustriert Q. eine fundamentale Erwägung seines Hauptwerks *Word and Object* (1960; *Wort und Gegenstand*) so: Die Übersetzung einer Dschungelsprache kann auf keinerlei sprachgeschichtliche Kontinuität zurückgreifen, sondern nur auf Beobachtungen, die zugleich sowohl dem Sprachforscher als auch dem »native speaker« zugänglich sind. Äußert der Eingeborene die Lautfolge »gavagai«, sobald sich ein Kaninchen zeigt, so kann man mit einiger Vorsicht die Sätze »gavagai« und »dort Kaninchen« gleichsetzen. Schwierig wird aber der nächste Schritt: bedeutet »gavagai« nun einfach »Kaninchen«? Der Eingeborene könnte ja auch ein Stück der Verschmelzung aller Kaninchen meinen – so wie wir das Wort »Wasser« verwenden. Vielleicht spricht der Eingeborene auch von Kaninchenteilen oder gar von einer platonischen »Kaninchenheit«! Dem Sprachforscher bleibt nichts übrig, als in der Dschungelsprache nach einer Unterscheidung zwischen Singular und Plural, nach Zahl- und Verweiswörtern zu suchen. Vermutet er etwa, »hork« bedeute »eins«, so kann er durch geschickte Fragen ermitteln, ob der Eingeborene auf ein einzelnes Kaninchen hinweist oder auf eine Ansammlung von Kaninchenteilen, ob er hier ein Kaninchen sieht und dort ein anderes – oder aber die Kaninchenheit meint. Verdächtigt der Forscher bestimmte Ausdrücke als Pronomina, so kann er über das Kaninchen eine Aussagenreihe formulieren, die der Eingeborene vielleicht ablehnen wird, sofern sie sich auf verschiedene Kaninchenstadien bezieht. So sind sprachliche Umschreibungen von Anzahl und Identität eng mit der Suche nach den Bausteinen der Sprache verknüpft. Zugespitzt: Ohne Mathematik und Logik dringt man in keine Sprache ein – nicht einmal in die Muttersprache, denn das Kleinkind ist in einer ähnlichen Lage wie der Sprachforscher.

Diese recht elegante Verankerung von Mathematik und Logik im alltäglichen Umgang mit der Sprache lenkt auf die akademischen Anfänge von Q. zurück. Der Oberschüler befaßt sich mit Sprachen und Geographie, vor allem aber mit Mathematik und Philosophie. Am College arbeitet er sich in die – noch weitgehend unbekannte – formale Logik ein und promoviert 1932 bei Alfred N. Whitehead, der zusammen mit Bertrand Russell die Mathematik auf die Logik zurückzuführen suchte. Allerdings strebt Q. von Anfang an danach, die Logik möglichst übersichtlich zu halten, also komplizierte durch einfache, aber gleichwertige Beweise zu ersetzen. Dies schlägt sich ab 1936 in seiner Lehrtätigkeit nieder – so in meisterhaft geschriebenen Lehrbüchern wie *Methods of Logic* (1964; *Grundzüge der Logik*) – und steckt letztlich auch hinter der eigentlich überraschenden Wendung der Geschichte vom Kaninchen: Die Annahmen des Sprachforschers sind nämlich dazu verurteilt, Hypothesen zu bleiben. Eindeutig ist nur die dem Forscher wie dem Eingeborenen zugängliche Beobachtung, welche dazu zwingt, »gavagaihork« entweder als »ein Kaninchen« oder als »eine Manifestation der Kaninchenheit« zu übersetzen, ohne eine definitive Entscheidung zu erlauben. Treibt man die Untersuchung weiter, so wird die Sachlage komplizierter, ohne sich zu ändern. Die Sprache ist als Ganzes in der Beobachtung verankert, doch wird sie nicht durch Beobachtungen allein geformt. Dies hat Konsequenzen für die Überprüfung von Sätzen. Q. geht von der konventionellen Unterscheidung zwischen wahr und falsch aus: Ein Satz ist wahr, wenn er die Welt widerspiegelt. Genauer: Ein Satz, geäußert zu bestimmter Zeit an einem bestimmten Ort, ist wahr, wenn er eine unmittelbare Erfahrung wiedergibt. Allerdings beziehen sich nur sehr wenige Äußerungen auf unmittelbare Erfahrungen. Ein Beispiel wäre: »Ich spüre eine glatte, harte, ebene Fläche und sehe ein braunes Viereck«. Grundlegender sind Sätze über physikalische Objekte (»Da ist mein Schreibtisch«), über Dinge, die, anders als private Erfahrungen, in der Regel mehreren Beobachtern zugleich zugänglich sind und somit den gemeinsamen Nenner für die Sinneserfahrungen bilden. Deshalb fängt auch der Sprachforscher bei den Kaninchen an. Nun zeigt das Dschungelbeispiel, daß man sich in die Sprache nur eintasten kann, wenn man vielfältige Kombinationen von Äußerungen erprobt. Sätze über Gegenstände sind verflochten mit anderen Sätzen – über andere Gegenstände, über Sinneswahrnehmungen, über Naturgesetze. Das so gebildete Netz verknüpft Erfahrungen miteinander, es kann aber auch korrigiert werden durch Erfahrungen, die nicht zu ihm passen. Allerdings wird man solche Korrekturen bevorzugen, die das Netz möglichst wenig verändern, und man wird danach streben, das Netz übersichtlich zu halten. Es kann daher sein, daß eine widerspenstige Erfahrung als Sinnestäuschung zurückgewiesen wird. Denkbar wäre aber auch, daß logische oder mathematische Grundsätze revidiert werden – ein extremer Eingriff, der sich nur lohnt, wenn dadurch das Netz eleganter mit der Erfahrung abgestimmt werden kann.

Eine Entscheidung über die Gestalt der Logik muß bereits der Sprachforscher treffen, wenn er »gavagaihork« übersetzt: Läßt er Gegenstände wie die Kaninchenheit (d. h. nicht Kaninchen, sondern Lebewesen, denen Kaninchenheit zukommt) zu, so wird die Logik komplizierter. Man redet nicht mehr über eine Klasse gleichartiger Objekte, sondern über eine Eigenschaft. Was hier noch unproblematisch bleibt, führt zu Verwicklungen, sobald zwei Eigenschaften auf genau dieselben Objekte zutreffen. Das folgende (groteske) Beispiel kann dies verdeutlichen: Zufällig seien alle und nur die dreieckigen Flächen rot. Zweifellos bezeichnet »rot« eine andere Eigenschaft als »dreieckig.« Worin liegt aber der genaue Unterschied? Natürlich: »rot« betrifft die Farbe, »dreieckig« die Form. Es geht also um zwei Aspekte, die zusammen an ein und demselben Gegenstand wahrzunehmen sind. Will man den Aspekt der Form präziser fassen, so wird man auf die Klasse der Vielecke zurückgreifen. Der Bezug auf Eigenschaften stellt sich als überflüssige Komplikation heraus, und so entscheidet sich Q. um der Übersichtlichkeit der Logik willen dafür, mit physikalischen Objekten, Klassen von Objekten und Klassen von Klassen auszukommen. Hier gibt es eindeutige Identitätskriterien: Zwei Klassen sind identisch, wenn sie dieselben Objekte umfassen. Erneut spielen physikalische Objekte die entscheidende Rolle. Daß zwei Personen über Gegenstände, die ihnen gemeinsam zugänglich sind, sprechen können, gibt ihren privaten, unmittelbaren Sinneserfahrungen überhaupt erst Gestalt und Bestand. Deshalb wäre es nicht sinnvoll, auf diese Sinnesdaten zurückzugreifen, um von hier aus das Sprechen über Gegenstände ein für allemal und eindeutig zu klären. Ganz im Gegenteil: Neurophysiologische Theorien über die Sinneswahrnehmung sind komplizierter als unser Zugang zu alltäglichen Gegenständen, bleiben mithin darauf angewiesen. Freilich: Die Unbestimmtheit der Übersetzung und das Problem der Identität von Eigenschaften wären mit einem Schlag ausgeräumt, könnte man gleichsam hinter die Objekte zurückgehen. Daß dies möglich sei, hat der bedeutende Vertreter des logischen Positivismus Rudolf Carnap, mit dem sich Q. immer wieder auseinandersetzt, zu zeigen versucht: Zwei Eigenschaftswörter sind synonym, wenn man sie allein aufgrund ihrer Bedeutung in allen Zusammenhängen austauschen kann. Hier ist nicht mehr das bezeichnete Objekt das Kriterium – wie etwa Cicero, über den ein Satz auch dann wahr oder falsch bleibt, wenn man »Cicero« durch »Tullius« ersetzt. Da mit einem Eigenschaftswort gerade mehr erfaßt werden soll als die Klasse der Objekte, auf die sich das Wort anwenden läßt, richtet sich der Begriff »Bedeutung« auf Subtileres. Zwei Wörter sind austauschbar allein aufgrund ihrer Bedeutung, wenn sie nicht nur zufällig – wie im Beispiel der roten, dreieckigen Flächen –, sondern notwendig auf dieselben Objekte zutreffen, z. B. »Junggeselle« und »unverheirateter Mann«. Man kann allerdings nicht sagen, daß »notwendig« ein deutlicheres Kriterium liefert als »synonym«. Daher lehnt Q. solche Differenzierungen ab – seine Logik der Klassen ist nicht weniger präzise, aber weniger kompliziert. Es bleibt ein Wunschtraum, feiner zu unterscheiden als zwischen physikalischen Objekten (um Synonymien aufzufinden), das Übersetzungsproblem zu lösen und eine aller Erfahrung vorgeordnete Logik aufzubauen. Auch die Philosophie ist auf ihrer Suche nach einer geordneten Konzeption der Realität auf die Dinge angewiesen, sie muß gewissermaßen »in der Mitte anfangen« und bleibt daher labil. Diese Labilität unterstreicht Q., wenn er seinem Hauptwerk einen Satz des Wissenschaftsphilosophen Otto Neurath als Motto voranstellt: »Wie Schiffer sind wir, die ihr Schiff auf offener See umbauen müssen, ohne es jemals in einem Dock zerlegen und aus besten Bestandteilen neu errichten zu können.«

Stegmüller, Wolfgang: Hauptströmungen der Gegenwartsphilosophie, Bd. 2. Stuttgart [7]1986, S. 221–311.

Ernstpeter Maurer

Rahner, Karl
Geb. 5. 3. 1904 in Freiburg im Breisgau; gest. 30. 3. 1984 in Innsbruck

Es ist nicht selbstverständlich, daß ein Autor, dessen philosophische Dissertation vom Doktorvater abgelehnt wurde und der selbst als *Theologe* gearbeitet hat, schon zu Lebzeiten in maßgeblichen Philosophie-Lexika verzeichnet wird. Bei R. war dies der Fall. Erklären läßt es sich durch das ihm eigentümliche, auf konkrete Probleme bezogene Denken, das ihn – selbst abgesehen von seinen wenigen eigentlichen philosophischen Arbeiten – zumindest zu einem der wichtigsten katholischen *Religions*philosophen der Gegenwart macht.

Die Biographie bietet zunächst wenig Ungewöhnliches. R. trat 1922 in das Noviziat der oberdeutschen Provinz der Jesuiten ein und absolvierte die langen ordensüblichen Vorbereitungs- und Studienzeiten. Nach philosophisch-theologischen Studien in Feldkirch, Pullach und Valkenburg bis 1933 (Priesterweihe 1932), wurde er 1934 nach Freiburg im Breisgau geschickt, um dort in Philosophie zu promovieren, und dies bei dem Inhaber des Konkordatslehrstuhls Martin Honecker. Es war die Zeit, in der Martin Heidegger das philosophische Leben der Universität bestimmte. R. geriet – mit einer Reihe weiterer katholischer Philosophen wie J. B. Lotz, M. Müller und G. Siewerth – schnell in den Umkreis Heideggers. Seine philosophische Ausgangsposition hatte R. aber schon vorher gewonnen: in der transzendentalphilosophisch konzipierten Metaphysik des belgischen Jesuiten Joseph Maréchal.

Das später unter dem Titel *Geist in Welt. Zur Metaphysik der endlichen Erkenntnis bei Thomas von Aquin* (1939) veröffentlichte Projekt einer philosophischen Dissertation will keine historische Rekonstruktion der thomanischen Lehre bieten (hierin liegt der sachliche Grund für die Ablehnung durch den Doktorvater). R. will vielmehr von moderner Philosophie her (»von Kant bis Heidegger«) *mit* Thomas von Aquin denken. Die Fragestellung lautet, wie für ein Denken, das notwendig und dauernd auf die sinnliche Anschauung angewiesen bleibt, »Metaphysik« möglich ist. Die ursprüngliche thomanische Problematik ist aber verschärft durch die Erkenntniskritik Kants bzw. durch Heideggers Kantbuch (1929) mit seiner Betonung der Endlichkeit menschlichen Erkennens. Die subtile Sachinterpretation R.s sucht in der Analyse des Vollzugs der menschlichen Erkenntnis deren Möglichkeitsbedingungen aufzuweisen; insofern ist sie transzendentalphilosophisch orientiert. Dabei wird gezeigt, daß die dauernd an die Sinnlichkeit verwiesene menschliche Erkenntnis zugleich über den sich zeigenden Gegenstand und dessen Wahrheit urteilt, d. h., daß sie über das Datum der Sinneserfahrung hinausgeht, insofern sie allgemein und gegenständlich ist. Bedingung dafür aber ist ein »Vorgriff«, eine »dynamische Begierde des Geistes auf das Sein überhaupt« in jedem Erkenntnisakt. Es gilt zwar weiterhin, daß menschliches Erkennen solcherart auf die Sinnlichkeit verwiesen ist, daß es Metaphysik für den Menschen nur gibt, soweit er sich ihrer immer schon zu seiner »Physik«, zu seiner Weltorientierung bedient hat. Der darin gleichzeitig aber immer schon mitgesetzte »Vorgriff« auf das Sein überhaupt eröffnet jedoch prinzipiell die Möglichkeit von Metaphysik. Der Grundakt der Metaphysik ist nicht ein Kausalschluß – vom Endlichen auf das Absolute bzw. auf Gott –, sondern »die Öffnung des Erkennenden auf das Sein überhaupt als den Grund des Seienden und seiner Erkenntnis«. Damit führt die Frage nach der Metaphysik der Erkenntnis zu einer Besinnung auf den fragenden Menschen und seine wesenhafte Zweideutigkeit: Er ist immer in die Welt verwiesen und immer schon über sie hinaus, »schwebende Mitte zwischen der Welt und Gott, zwischen Zeit und Ewigkeit«. In seinem folgenden religionsphilosophischen Werk *Hörer des Wortes* (1941) sucht R. die in jedem Erkenntnisakt vorausgesetzte Transzendenzbewegung des menschlichen Geistes nun auf eine mögliche Offenbarung Gottes in der Geschichte des Menschen hin zu interpretieren, metaphysische Anthropologie als Ontologie des Hörenkönnens auf eine freie Offenbarung zu lesen.

Der Lebensweg hat R. nach diesen Werken von der Fachphilosophie weggeführt: 1936/37 folgen die theologische Dissertation und Habilitation in Innsbruck, wo er nach einer durch Nationalsozialismus, Krieg und Zusammenbruch bedingten Unterbrechung schließlich bis 1964 Dogmatik lehrte. Von 1964 bis 1967 wurde er Nachfolger Romano Guardinis als Professor für »Christliche Weltanschauung und Religionsphilosophie« in München. Von 1967 bis 1971 lehrte er wieder Dogmatik in Münster. In diese Jahre fallen Tätigkeiten außerhalb der Universität, und zwar vielfach auf innerkirchlich umstrittenen Gebieten und gegen viele Widerstände: wissenschaftsorganisatorische Leistungen wie etwa die Herausgabe des *Lexikons für Theologie und Kirche*, das nicht nur ein Nachschlagewerk, sondern einen Durchbruch moderner Theologie im katholischen Raum darstellte; eine intensive Beteiligung am ökumenischen Gespräch (Jaeger-Stählin-Kreis) wie am Dialog zwischen Theologie und Naturwissenschaften im Rahmen der »Paulusgesellschaft« (Fragen der Evolution usw.), die Ende der 60er Jahre auch das Gespräch mit dem Neomarxismus aufnahm; Tätigkeit als Berater der Kardinäle König und Döpfner beim Zweiten Vatikanischen Konzil; Mitarbeit in vielen kirchlichen Gremien; dazu eine umfangreiche Vortrags-

und Publikationstätigkeit, die er auch nach seiner Emeritierung fortsetzte. Die Entwicklung des philosophischen Denkens R.s ist nur aus seinem weiteren theologischen Werk zu begreifen (was ja auch für andere bestimmende christliche Denker wie Augustinus und Thomas gilt). Zu nennen wären seine Arbeiten zur Existentialethik und zu ethischen Grundbegriffen wie Freiheit, Macht, Schuld, seine Aufsätze zu den Grundlagen der Theologie (Geheimnis, Symbol, Dogma), über das Verhältnis von Philosophie und Theologie, über den Pluralismus menschlicher Erkenntnis. Eine breitere Ausführung der im Frühwerk ansatzhaft entwickelten metaphysischen Anthropologie findet sich in dem zusammenfassenden *Grundkurs des Glaubens. Einführung in den Begriff des Christentums* (1976), der auf Münchener und Münsteraner Vorlesungen zurückgeht. In diesem Werk wird vielleicht am deutlichsten, wie R. die klassischen Themen der Theologie im Rahmen einer solchen Anthropologie zu vermitteln sucht. Die dahinterstehende theologiegeschichtliche und exegetische Arbeit sowie die spirituellen Grundlagen zeigen sich freilich eher in den 16 Bänden *Schriften zur Theologie* (1954–84) einerseits und seinem geistlichen Schrifttum andererseits. Weiterentwicklungen seiner philosophischen Position, die etwa durch Begegnung und Auseinandersetzung mit Existentialismus, Personalismus, Neomarxismus oder mit innertheologischen Richtungen wie der »politischen Theologie« mit ihrem »Idealismusvorwurf« angestoßen sind, lassen sich nur aus den Sachthemen gewinnen. Das umfangreiche literarische Werk R.s ist daraufhin noch zu wenig erforscht. Leichter ist schon jetzt zu sehen, daß die mit R.s Namen verbundene Rezeption der transzendentalen Methode in der katholischen Philosophie und Theologie das Ende der Neuscholastik im historischen Sinn des Wortes herbeigeführt und einer von Maurice Blondel, Maréchal u. a. vorbereiteten Begegnung von Katholizismus und neuzeitlichem Denken den Weg geebnet hat.

König, Franz u. a.: Karl Rahner in Erinnerung. Düsseldorf 1995. – Klinger, Elmar (Hg.): Glaube im Prozeß. Freiburg i.Br. 1984. – Eicher, Peter: Die anthropologische Wende. Freiburg i.Br. 1970.

Albert Raffelt

Rawls, John
Geb. 21. 2. 1921 in Baltimore/Maryland

R. kann heute als einer der bedeutendsten politischen Philosophen dieses Jahrhunderts bezeichnet werden. Sein philosophisches Interesse gilt fast ausschließlich der normativen praktischen Philosophie, insbesondere der Ausarbeitung einer philosophischen Theorie der Gerechtigkeit. R. begann sein Studium 1939 an der Princeton University, wo er 1943 mit dem Bachelor of Arts (BA) abschloß. Von 1943 bis 1946 wurde er als Soldat im Pazifischen Raum eingesetzt. Danach nahm er als Graduate Student der Philosophie erneut das Studium an der Princeton University auf. Zwischendurch verbrachte er das Jahr 1947/48 als Stipendiat an der Cornell

University. Den Abschluß erwarb R. 1950 mit einer (wie in den USA üblich) unveröffentlichten Dissertation über das Wesen von Charakterbeurteilungen. Seine erste Veröffentlichung (*Outline of a Decision Procedure in Ethics*, 1951; *Ein Entscheidungsverfahren für die normative Ethik*) faßt Teile dieser Arbeit zusammen, die Vorüberlegungen für seine spätere Idee des »Überlegungsgleichgewichts« darstellen. Von 1950 bis 1952 unterrichtete R. als Instructor am Philosophischen Seminar in Princeton. Als Fulbright-Stipendiat verbrachte er das akademische Jahr 1952/53 am Christchurch College in Oxford. 1953 wurde er Assistant Professor an der Cornell University, dort erhielt er 1956 eine Dauerstelle als Associate Professor. Durch die Aufsätze *Two Concepts of Rules* (1955; *Zwei Regelbegriffe*) und *Justice as Fairness* (1958; *Gerechtigkeit als Fairneß*), die systematische Vorarbeiten für sein späteres Hauptwerk darstellen, wurde R. bekannt. 1959 wurde R. gebeten, eine Gastprofessur an der Harvard Universität zu übernehmen, und 1960 erhielt er einen Ruf auf eine Professur am Massachusetts Institute of Technology (MIT). Seit 1962 bis zu seiner Emeritierung 1991 hatte R. eine Professur an der Harvard University inne. Während dieser Zeit verbrachte R. Gastaufenthalte am Centre for Advanced Studies der Stanford University 1969/70, in Michigan 1974/75 und in Oxford 1986.

Nach einer Reihe von Vorarbeiten, neben den oben genannten vor allem *Distributive Justice* (1967), erscheint 1971 sein wirkungsmächtiges Hauptwerk *A Theory of Justice* (1971; *Eine Theorie der Gerechtigkeit*). Die enorme Wirkung dieser bahnbrechenden Arbeit liegt mindestens in drei Faktoren begründet. Erstens führt R.' Theorie zu einer Wiederbelebung bzw. Rehabilitierung einer normativen, politischen Moralphilosophie. Zweitens gelingt es R., den bis dahin in den angelsächsischen Ländern vorherrschenden Utilitarismus als Moraltheorie abzulösen. Dem Utilitarismus zufolge ist diejenige Handlung moralisch am besten, die das größte durchschnittliche Glück aller befördert, gleichgültig wie es sich verteilt – und das verletzt R. zu folge unser Gerechtigkeitsempfinden. Drittens sieht R. (im Gegensatz zu klassischen Theorien von Hobbes, Locke, Kant u. a.) als zentrale Aufgabe einer heutigen Gerechtigkeitstheorie nicht nur mehr Koexistenzsicherung und Freiheitsregelung, sondern vielmehr auch die Verteilung ökonomischer Güter und sozialer Chancen.

Gegenstand von R.' Theorie ist die Regelung von Interessenskonflikten in einer Gesellschaft sozialer Kooperation, in dem relative Güterknappheit herrscht, weshalb die Kooperationslasten und -gewinne verteilt werden müssen. Im Gegensatz zur Ethik, die sich mit der moralischen Bewertung von Handlungen und deren Folgen beschäftigt, hat eine Gerechtigkeitslehre nach R. die »Grundordnung« einer Gesellschaft, d. h. deren wesentliche Institutionen (vor allem die Verfassung und die wichtigsten wirtschaftlichen und sozialen Verhältnisse) zu entwickeln.

R.' Begründungsprogramm ist absichtlich anspruchslos. Er glaubt von vornherein nur von Überzeugungen ausgehen zu können, die in der gemeinsamen politischen Kultur wenigstens implizit enthalten sind. Die eigentliche Aufgabe politischer Philosophie innerhalb der öffentlichen Kultur einer demokratischen Gesellschaft besteht darin, die tieferen Grundlagen einer möglichen Übereinstimmung, von denen R. hofft, daß sie im Common sense eingebettet sind, aufzudecken, zu formulieren und mit seiner Gerechtigkeitskonzeption sozusagen auf den Begriff zu bringen. Dafür schlägt R. eine spezielle Methode vor: Es sollen die für das Thema Gerechtigkeit relevanten, konkreten intuitiven Überzeugungen, grundlegenden Ideen, akzeptierten Verfahren und allgemeinen Prinzipien ausfindig gemacht werden, die eine Person nach reiflicher Überlegung für überzeugend hält. Sodann sollen diese in einem Reflexionsprozeß einander solange angepaßt werden, bis sich eine wohlerwogene und kohärente Gerechtigkeitskonzeption ergibt, die sich in einem »Überlegungsgleichgewicht« befindet. Als zentrale Aspekte des gegenwärtig in modernen Demokratien geteilten Moralbewußtseins sieht R. vor allem, daß sich die Personen wechselseitig als freie und gleiche Bürger ansehen. R. konzipiert sie entsprechend als »moralische Personen« mit den beiden »moralischen Fähigkeiten«, eine Konzeption des Guten (d. h. einer Vorstellung von ihrem Wohl im Leben) und einen Gerechtigkeitssinn auszubilden. Die Personen haben die »höherrangigen Interessen« diese beiden moralischen Fähigkeiten zu entwickeln und in der Verfolgung ihrer je spezifischen Konzeption des Guten möglichst Erfolg zu haben.

Die Aufgabe von *A Theory of Justice* ist daher spezifischer, die Prinzipien sozialer Kooperation (über Generationen hinweg) für sich wechselseitig so verstehende Personen zu formulieren und zu begründen. Die Rechtfertigung an dieser Stelle besteht darin zu zeigen, daß die Wahl einer bestimmten Grundordnung die Bedürfnisse und Interessen eines jeden Gesellschaftsmitglieds angemessen berücksichtigt. Das ist die Position der Unparteilichkeit. Um dieses Kriterium operationalisierbar machen zu können, schlägt R. das Gedankenexperiment einer fiktiven einmütigen Prinzipienwahl im »Urzustand« (»original position«) vor. Damit nimmt R. das vertragstheoretische Begründungsprogramm der Neuzeit (Hobbes, Locke, Rousseau, Kant) in allerdings stark modifizierter Form auf. Gerechtfertigt sind danach Prinzipien der Gerechtigkeit, auf die sich freie, gleiche und zweckrationale, d. h. nur ihrem eigenen Interesse folgende Menschen einigen würden, wenn sie in einen ursprünglichen Zustand der Gleichheit und Fairneß versetzt wären und die Aufgabe hätten, die Grundstruktur ihrer Gesellschaft zu wählen. Die Situation der Menschen im Urzustand ist also selbst schon moralisch entsprechend den wohlüberlegten geteilten Urteilen der Bürgerinnen und Bürger geregelt. Aus diesem Gedanken ergibt sich die Formel der R.schen Konzeption: »Gerechtigkeit als Fairneß«. Gerecht ist diejenige Grundordnung, auf die sich ihre Mitglieder selbst unter fairen Bedingungen geeinigt hätten. So begründet sich auch das Hauptmerkmal des R.schen Urzustands, der »Schleier des Nichtwissens«: Bei der Wahl der besten Grundordnung für ihre Gesellschaft dürfen die Individuen aus Fairneßgründen nicht wissen, welche Position sie später in der Gesellschaft einnehmen werden, welche Interessen, Anlagen, Fähigkeiten sie haben werden und welches die näheren Umstände der betreffenden Gesellschaft sein werden. Die Subjekte werden durch den Schleier des Nichtwissens so entindividualisiert, daß sie notwendig eine einmütige Entscheidung treffen, die sich allein aus ihrem Interesse an einem möglichst großen Anteil an sozialen Gütern ergibt. Im Interesse eines übersichtlichen und anwendbaren Gerechtigkeitskriteriums beschränkt sich R. auf die folgende Liste von »Grundgütern«: 1. Gewisse Grundrechte und Grundfreiheiten, 2. Freizügigkeit und Berufswahl, 3. mit beruflichen Stellungen verbundene Befugnisse und Vorrechte, 4. Einkommen und Besitz, 5. die sozialen Grundlagen der Selbstachtung. R. behauptet, es sei für die Parteien im Urzustand generell rational, sich bei ihrer Wahl der Gerechtigkeitsprinzipien von der »Maximinregel« leiten zu lassen (kurz: »Entscheide Dich so, daß die schlechteste denkbare Konsequenz Deiner Entscheidung möglichst gut für Dich ist!«). Daraus ergibt sich die moralische Kernaussage der R.schen Gerechtigkeitskonzeption: Eine Gesellschaft soll so organisiert sein, daß die in ihr am schlechtesten Gestellten möglichst gut gestellt sind.

R. begründet ausführlich, daß man sich im Urzustand auf zwei Prinzipien der Gerechtigkeit einigen wird. Sie lauten in der neuesten Version: Erstes Prinzip: »Jede Person hat einen gleichen Anspruch auf ein völlig adäquates Paket gleicher Grundrechte und Grundfreiheiten, das mit demselben Paket für alle vereinbar ist; und in diesem Paket ist den gleichen politischen Freiheiten, und nur ihnen, ihr fairer Wert zu sichern.« Letzteres ist so zu verstehen, daß gleich begabte und motivierte Bürgerinnen und Bürger ungefähr gleiche Chancen haben müssen, politische Ämter zu erlangen und an politischen Entscheidungen mitzuwirken – unabhängig von ihrer ökonomischen oder sozialen Klasse. Zweites Prinzip: »Soziale und ökonomische Ungleichheiten müssen zwei Bedingungen erfüllen: Sie müssen an Ämter und Positionen gebunden sein, die allen unter Bedingungen fairer Chancengleichheit offenstehen, und sie müssen zum größten Vorteil der am wenigsten begünstigten Gesellschaftsmitglieder sein.« Letzteres ist das sog. »Differenzprinzip«. Das erste Prinzip hat absoluten Vorrang vor dem zweiten, d.h. eine Einschränkung der Bürgerrechte zugunsten wirtschaftlicher Vorteile soll ausgeschlossen sein. Das Differenzprinzip hat sozialstaatliche Konsequenzen, weil danach die Resultate einer freien Markwirtschaft durch Umverteilung korrigiert werden sollen. Andererseits wird nach R. im Urzustand ein staatssozialistisches Wirtschaftsmodell nicht gewählt, weil es durch mangelnde Effizienz und fehlenden Leistungsanreiz die Interessen der am schlechtest Gestellten schlechter als in einer sozialen Marktwirtschaft berücksichtigen würde. Außerdem darf die Kontrolle wirtschaftlicher Ressourcen nicht nur in den Händen weniger liegen.

Sofort nach Erscheinen von *A Theory of Justice* setzte eine bis heute anhaltende Auseinandersetzung mit R. ein, in der neben Zustimmung auch kritische Einwände von verschiedenen philosophischen und politischen Seiten vorgebracht wurde. Drei Gruppen von Einwänden seien erwähnt. Da sind zum einen die politisch motivierten Angriffe des sog. Libertarianismus gegen R.' Rechtfertigung des Sozialstaates; statt dessen befürworten Robert Nozick u.a. eine Laissez-faire-Marktwirtschaft. Zum zweiten wird die Begründungsstruktur von *A Theory of Justice* kritisiert: die Methode des Überlegungsgleichgewichts sei bloß »kohärentistisch« und zu solipsistisch, das Maximin-Prinzip nicht das einzig rationale Entscheidungsverfahren. Zum dritten hat sich an R. eine zum Teil antiliberalistische, antiuniversalistische Gegenbewegung entzündet, die als Kommunitarismus bezeichnet wird. Kommunitaristen wie Alasdair MacIntyre, Michael Sandel, Michael Walzer oder Charles Taylor richten sich gegen den vermeintlich unsozialen Individualismus einer liberalen Theorie, wie sie R. paradigmatisch vertrete, und halten statt dessen eine inhaltsreichere gemeinsame Vorstellung des Gemeinwohls als Grundlage des Zusammenlebens für erforderlich.

R. hat auf diese Debatten mit zahlreichen Aufsätzen reagiert, von denen einige auf deutsch in der Aufsatzsammlung *Die Idee des politischen Liberalismus* (1992) herausgegeben wurden. Ein Jahr später hat R. selbst diese und neuere Aufsätze zu einer homogenen Monographie mit dem Titel *Political Liberalism* (1993) umgearbeitet. Diese Arbeiten sollen ausdrücklich dem Geist und Inhalt von *A Theory of Justice* treu bleiben, enthalten jedoch wesentliche Weiterentwicklungen und Akzentverschiebungen: Heutzutage bedarf es nach R. einer rein »politischen« Gerechtigkeitskonzeption, der es wesentlich um eine allgemein akzeptierbare, stabile Einigung über eine wohlgeordnete gerechte Gesellschaft geht. Sie darf deshalb nicht (wie noch in *A Theory of Justice*) eine »umfasssende« Moralkonzeption sein, d. h. sie darf weder in metaphysischen Werten wurzeln noch eine bestimmte Anschauung über das, was das Leben wertvoll macht, vertreten. Eine weitreichendere Einigung wäre angesichts des in modernen demokratischen Gesellschaften überall entfalteten Wertepluralismus (das »Faktum des Pluralismus«) allenfalls nur noch mit staatlicher Repression durchzusetzen. Wegen der »Bürden der Urteilskraft«, die bei der Begründung von und Entscheidung zwischen Werten auftreten, ist eine solche Einigung vernünftigerweise nicht zu erwarten. Für R. ist es die wichtigste soziale Erfahrung der Neuzeit, daß ein geregeltes Zusammenleben auf moralischer Grundlage auch ohne eine gemeinsame, ethische, religiöse oder philosophische Weltanschauung möglich ist. Deshalb schlägt R. eine »Methode der Vermeidung« vor: Vernünftige Meinungsverschiedenheiten, die bei besonderen Konzeptionen des Guten unvermeidlich sind, müssen deshalb bei der Begründung einer politischen Gerechtigkeitskonzeption möglichst ausgeschlossen werden. Nur eine Gerechtigkeitskonzeption, die mit einem breiten Spektrum von Weltanschauungen und Konzeptionen des guten Lebens vereinbar ist, kann gerechtfertigt und stabil sein, d. h. hinreichende moralische Loyalität der Gesellschaftsmitglieder erhalten. Eine solche aus Vernunftgründen anzustrebende politische Gerechtigkeitskonzeption konzipiert R. als die Schnittmenge eines »übergreifenen Konsensus«: Die verschiedenen, in einer freiheitlichen Grundordnung vertretenen moralischen, religiösen und philosophischen Positionen sollen sich in einer politischen Gerechtigkeitskonzeption für die gesellschaftliche Grundordnung überschneiden, d. h. jede Person kann diese Konzeption vor dem Hintergrund ihrer umfassenden Weltanschauung zwar nicht als wahr, aber als »vernünftig« anerkennen. Was R. anstrebt, ist daher eine Gesellschaft, deren Bürger sich aus Gerechtigkeitsgründen weigern, einander Institutionen oder Gesetze aufzuzwingen, die nicht öffentlich nachvollziehbar begründet werden können. Dies ist nur möglich, wenn jeder seiner »Pflicht zur Kulanz unter Bürgern« nachkommt. R.' Idee des »öffentlichen Vernunftgebrauchs« verlangt, daß die Bürger ihr politisches Handeln, d. h. ihr Argumentieren, Entscheiden, Abstimmen usw., in der Öffentlichkeit nur an gemeinsam geteilten Kriterien, Richtlinien und Informationen orientieren sollen. Man darf sich also in Gerechtigkeitsfragen nicht allein von seiner umfassenden Weltanschauung leiten lassen. Aus den so gemeinsam geteilten Gründen bestimmt sich der Bereich des moralisch Richtigen, der als individuelle Rechte gefaßt wird. Deren Befolgung hat kategorische Priorität vor der allen ansonsten im liberalen Sinn freigestellten Verfolgung ihrer spezifischen Konzeption des Guten.

In den »Amnesty Lectures on Human Rights« in Oxford 1993 mit dem Titel *The*

Law of Peoples hat R. seine Theorie auf das Problem internationaler Gerechtigkeit ausgeweitet. Gegenwärtig arbeitet R. an einer neuen Buchfassung seiner Theorie, die weitere Einwände aufnimmt. R.' Theorie wird somit weiterhin im Zentrum der Debatten um Gerechtigkeit stehen.

Forst, Rainer: Kontexte der Gerechtigkeit. Frankfurt am Main 1994. – Pogge, Thomas W.: John Rawls. München 1994. – Kersting, Wolfgang: Rawls zur Einführung. Hamburg 1993. – Daniels, Norman (ed.): Reading Rawls. Neuaufl. Stanford 1989.

Stefan Gosepath

Reid, Thomas
Geb. 26. 4. 1710 in Strachan bei Aberdeen; gest. 7. 10. 1796 in Glasgow

R. gehört zu jenen bedeutenden Philosophen, über die der deutsche Geist die Strafe immerwährenden Ignoriertwerdens verhängt zu haben scheint. Für die höchstrichterliche Sentenz ist vor allem Kant verantwortlich. R. habe, heißt es in Kants *Prolegomena,* den entscheidenden »Punkt« der Humeschen Analyse kausalen Schließens verfehlt und gerade das als »zugestanden« angenommen, was Hume bezweifelt hatte, sowie bewiesen, was diesem »niemals zu bezweifeln in den Sinn gekommen war«. Das Gegenteil ist richtig. Unbeschadet seiner rigorosen, nicht selten einseitigen, mitunter sogar kruden Kritik an Hume spricht R. diesem das außerordentliche Verdienst zu, als erster erkannt zu haben, daß das Induktionsprinzip – der Glaube an die Konstanz der Natur und die fortdauernde Geltung ihrer Gesetze – weder eines demonstrativen Beweises fähig ist noch durch Erfahrung gerechtfertigt werden kann. Das Induktionsprinzip (der Terminus stammt von R.) ist weder notwendig wahr (analytisch) noch ein Satz der Erfahrung (synthetisch aposteriori); denn jedes Erfahrungsurteil, jeder Schluß vom Gegebenen aufs Nichtgegebene setzt das Prinzip voraus. R. betrachtet die Antizipation der Zukunft nach dem Vorbild der Vergangenheit, die Erwartung, daß unter gleichen Bedingungen Gleiches geschieht, als angeborene, instinktartige Disposition des Bewußtseins, als vortheoretische Gewißheit. Das Induktionsprinzip führt häufig zu Irrtümern, ist aber alles in allem von unendlichem Nutzen. »Dank seiner flieht das gebrannte Kind das Feuer; ebenfalls dank seiner läuft es vor dem Arzt davon, der es geimpft hat. Besser, es tut letzteres, als daß es ersteres nicht täte.« Nicht anders die Auffassung Humes, der in *Enquiry Concerning Human Understanding* erklärt, daß »unsere Vernunfttätigkeit auf Grund von Erfahrung, die wir mit den Tieren gemein haben und von der die ganze Lebensführung abhängt, nichts als eine Art von Instinkt ist.«

Was die Autorität Kants verhindert hat – eine angemessene Rezeption R.s in Deutschland –, vermochte Schopenhauer, der den Schotten sehr geschätzt hat, nicht zu bewirken. Eine deutsche Übersetzung von R.s erstem Hauptwerk *An Inquiry into the Human Mind on the Principles of Common Sense* (1764) erschien 1782 (*Untersuchung über den menschlichen Geist nach den Grundsätzen des gemeinen Menschenverstandes*). Sie blieb die einzige.

R., Begründer und wichtigster Vertreter der schottischen Common-sense-Philosophie, wurde in der Nähe von Aberdeen geboren und trat als Zwölfjähriger in das dortige Marischal College ein, wo G. Turnbull sein Lehrer wurde. Von 1737 bis 1752 wirkte er offenbar sehr erfolgreich als presbyterianischer Geistlicher in der Gemeinde New Machar. In diese Zeit fiel seine Auseinandersetzung mit dem philosophischen Hauptwerk der Epoche, Humes *Treatise of Human Nature* (1739). Eine Abhandlung *An Essay on Quantity* erschien 1748 in den *Philosophical Transactions* der Londoner »Royal Society«. 1752 wurde R. zum Professor für Philosophie am King's College in Aberdeen ernannt, und 1764 trat er die Nachfolge von Adam Smith an der Universität Glasgow an. 1780 legte er seine Ämter nieder, um sich ausschließlich seinen philosophischen Untersuchungen – *Essays on the Intellectual Powers of Man* (1785), *Essays on the Active Powers of the Human Mind* (1788) – widmen zu können.

Das große Ziel der Lehre R.s sei es, »die Philosophie mit den notwendigen Überzeugungen der Menschheit zu versöhnen« (William Hamilton). Daß es solcher Bemühungen bedarf, liegt an einer Fehlentwicklung des neuzeitlichen Denkens, deren Diagnose und Therapie R. sich selbst als bleibendes Verdienst zurechnet. Kernstück des zur herrschenden Doktrin avancierten Systems von Descartes ist nach R. die »Theorie der Ideen«, derzufolge geistige Entitäten – Ideen – die unmittelbaren Objekte des Denkens sind. Unsere Ideen, so Locke, »sind nichts anderes als aktuelle Wahrnehmungen im Geist, die aufhören, irgend etwas zu sein, sobald sie nicht mehr wahrgenommen werden.« Ideen existieren mithin nur »in the mind«; in mentaler Präsenz. Sie fungieren als Substitute, »Abbilder« der an sich epistemisch unzugänglichen physischen Dinge, sollen diese repräsentieren. So nehmen wir, wenn wir einen Baum wahrnehmen, unmittelbar nicht den Baum, sondern eine Idee von ihm wahr, zu der der Baum, wenn es ihn gibt, in Ähnlichkeitsrelation steht. Vom Dasein und Sosein der Idee muß auf das Dasein und Sosein des Dinges geschlossen werden. R. kritisiert die Theorie, daß geistige Operationen wie Wahrnehmen und Sicherinnern eigentümliche intermediäre geistige Objekte haben, im gleichen Tenor wie hundertfünfzig Jahre später Bertrand Russell, der die Ideen als »Vorhang zwischen uns und den Dingen außer uns« bezeichnet; »wir erreichen in Wirklichkeit in der Erkenntnis nie die Dinge, die wir angeblich erkennen, sondern nur die Ideen dieser Dinge.«

Daß die Theorie skeptizistische Konsequenzen hat, ist einer der beiden Hauptgründe, aus denen R. sie verwirft. Historische Gerechtigkeit war seine Sache freilich nicht. Und so übergeht er die Tatsache mit Stillschweigen, daß der Zusammenhang zwischen Erkenntnisskepsis und Ideentheorie seit langem bekannt war. Schon Locke hat die Frage aufgeworfen, wie der Geist, wenn er lediglich seine eigenen Ideen wahrnimmt, erkennen kann, ob diese mit den Dingen selbst übereinstimmen. Es liegt auf der Hand, daß die so gestellte Adäquationsfrage nicht beantwortbar ist, weil es für den nach Voraussetzung in seinen Ideen befangenen Geist (bildlich gesprochen) keinen Ort gibt, von wo aus er – unbefangen – »seine« Ideen mit Dingen, die nicht »seine« Ideen sind, vergleichen und Bestehen oder Nichtbestehen einer wie auch immer gearteten Relation feststellen kann. George Berkeley schließlich attakkierte den Dualismus von Ideen »within« und materiellen Dingen »without the mind« mit eben dem Argument, daß, wenn Ideen als Abbilder an sich bestehender externer Dinge aufgefaßt werden, wir nie sicher sein können, daß sie die Dinge adäquat abbilden und nicht »bloße Phantome« und »eitle Chimären« sind. Kein Zweifel, daß R. manchmal um des polemischen Effekts willen unter sein Niveau geht. So hält er Berkeley gegenüber, fraglos wider besseres Wissen, an dem unsinnigen Einwand fest, wer die Existenz der Materie bestreite, vermöge zwischen Hirngespinst und Realität nicht zu unterscheiden und müsse daher, wenn er seinen eigenen Grundsätzen Glauben schenkt, mit dem Kopf gegen die Wand rennen oder sonst ein aberwitziges, die Naturgesetze verleugnendes Verhalten an den Tag legen.

R. lehnt die Theorie der Ideen ferner ab, weil sie nach dem Sprachgebrauch des 18. Jahrhunderts eine bloße Hypothese ist. Ideen sind Fiktionen; es gibt sie nicht. Zur Annahme ihrer Existenz haben sich die Philosophen durch die Sprache verleiten lassen, die zwischen Empfindungs- und Wahrnehmungsaussagen, zwischen »ich fühle einen Schmerz« und »ich sehe einen Baum« keinen grammatischen Unterschied macht. Nun ist der wahrgenommene Baum als physischer Gegenstand etwas von meiner Baumwahrnehmung Verschiedenes. Also müsse, so meint man, auch der Schmerz als mentales Objekt vom Akt des Fühlens verschieden sein. Das ist das Proton pseudos der Theorie. In Wirklichkeit sind der Akt des Empfindens und der empfundene Schmerz eins. »Wie der Ausdruck ›einen Gedanken denken‹ nicht mehr bedeutet als ›denken‹, so bedeutet ›ich fühle einen Schmerz‹ nichts anderes als ›mir tut es weh‹ (being pained). Was wir vom Schmerz gesagt haben, gilt von jeder reinen Empfindung.« R. bestreitet nicht die Existenz geistiger Akte oder Tätigkeiten wie Wahrnehmen und Sicherinnern. Er leugnet auch nicht, was man üblicherweise als Objekte dieser Akte ansieht: nur ein gegenwärtig existierendes Ding oder Ereignis kann wahrgenommen werden; ein gewesener Zustand ist Objekt der Erinnerung. R. bestreitet lediglich, daß es über diese duale Konstellation von Bewußtsein und Gegenstand hinaus noch ein irgendwie vermittelndes Drittes gibt: Ideen als bewußtseinsimmanente Entitäten und unmittelbare Objekte geistiger Akte.

Verglichen mit dem ideentheoretischen Modell besitzt R.s eigene Konzeption des Geistes im strikten Sinne den Vorzug der Reduktion von Komplexität. Sein Ansatz ist dualistisch ohne die cartesianischen Folgeprobleme: Wie kommen res extensa und res cogitans zusammen? Wie kann der natürliche, aus »blindem Trieb« (Descartes) erwachsende Glaube an eine Außenwelt durch Vernunftgründe gerechtfertigt werden? Auf die erste Frage antwortet R. mit der These, daß uns durch Sinnesinformationen (Empfindungen) unwiderstehlich, »ohne jedes Schlußverfahren und ohne die Intervention eines *tertium quid*« (John Stuart Mill) der Begriff äußerer Gegenstände und der Glaube an ihr reales Dasein eingegeben wird. Unsere Empfindungen haben weder Ähnlichkeit mit den Außendingen, deren Existenz und Beschaffenheit sie uns suggerieren, noch stehen sie, soweit wir erkennen können, mit ihnen in notwendigem Zusammenhang. »Wenn ich eine Elfenbeinkugel in die Hand nehme, habe ich bestimmte Tastempfindungen. Nichts Externes, Körperliches ist in der Empfindung enthalten. Sie ist weder rund noch hart. Sie ist ein Akt des empfindenden Teils des Geistes, aus dem ich nicht vernunftgemäß die Existenz eines

Körpers ableiten kann. Aber es ist ein Gesetz meiner Natur, daß mir durch die Empfindung die Vorstellung, daß ich einen runden, harten Körper in der Hand halte, und der Glaube (belief), daß es sich so verhält, eingegeben wird.«

Die zweite Frage erledigt sich, wenn man mit R. anerkennt, daß es erste Prinzipien des Fürwahrhaltens, Gewißheiten, fundamentale Überzeugungen gibt, denen gegenüber die Forderung nach vernunftgemäßer Begründung und Rechtfertigung so abwegig ist, wie ihre Infragestellung und Widerlegung absurd wäre. Einer dieser von selbst einleuchtenden Grundsätze besagt, »daß diejenigen Dinge wirklich existieren, die wir mit den Sinnen deutlich wahrnehmen, und daß sie so sind, wie wir sie wahrnehmen.« Das Prinzip des Wahrnehmungsvertrauens verbindet sich mit dem Grundsatz des Selbstbewußtseins – »daß alles das existiert, dessen ich mir in mir selbst bewußt bin« – und dem Glauben an die Zuverlässigkeit des Erinnerungsvermögens: »daß diejenigen Dinge sich tatsächlich ereignet haben, an die ich mich deutlich erinnere.« Zum Glauben an die Existenz anderer Subjekte gelangen wir nicht durch einen Analogieschluß; vielmehr ist uns durch ein erstes Prinzip verbürgt, daß unsere Mitmenschen lebendige, mit Intelligenz begabte Wesen sind. Konstitutiv für unser Selbstverständnis als Personen ist schließlich die Überzeugung, daß jeder von uns Herr seiner Handlungen und Willensentschließungen ist. Der moralische Diskurs mit der Zuschreibung von Verdienst und Schuld, mit Lob und Tadel setzt den Glauben daran voraus.

In diesen Naturprinzipien des Fürwahrhaltens artikuliert sich, was Jakob Friedrich Fries das Selbstvertrauen der menschlichen Vernunft nennt. Sie definieren den Common sense, begründen sein Weltbild. Was aber sind die Kriterien erster Prinzipien? Woran erkennt man sie? R. geht dieser Frage nicht aus dem Weg. Erste Prinzipien zeichnen sich vor allem dadurch aus, daß sie gegen skeptische Räsonnements immun sind. Der Zweifel, auch wenn formal korrekt, prallt gleichsam von ihnen ab, bleibt Gedankenspiel, dem keine Zustimmung zuteil wird. Gesetzt den Fall, ein Anwalt würde, um seinen Mandanten zu entlasten, vor Gericht geltend machen, daß zwischen jenem Akt des Geistes, den wir Erinnerung nennen, und dem vergangenen Ereignis, auf das sich der Akt bezieht, keine notwendige Verknüpfung besteht; daher sei es logisch möglich, daß alle Zeugenaussagen, auch die vertrauenswürdigsten, falsch sind; ohne Letztbegründung des Erinnerungswissens aber dürfe keinem einzigen Zeugen geglaubt werden. Dieser Anwalt wäre in seinem Beruf fehl am Platz. Doch nicht nur dort. Ein Anwalt darf alles vorbringen, was seinem Mandanten zum Vorteil gereichen mag; aber er kann nicht mit Sinn unser gesamtes System des Fürwahrhaltens in Zweifel ziehen. R. folgert hieraus: »Was vor den Schranken des Gerichts absurd ist, ist es auch im Lehnstuhl des Philosophen.« Dieser Satz kann als Leitspruch aller Common-sense-Philosophie gelten.

Lehrer, Keith: Thomas Reid. London/New York 1989.

Arend Kulenkampff

Reimarus, Hermann Samuel
Geb. 22. 12. 1694 in Hamburg; gest. 1. 3. 1768 in Hamburg

»Er ist ein wahrer gesetzter Deutscher, in seiner Schreibart und in seinen Gesinnungen. Er sagt seine Meinung gerade zu, und verschmähet alle kleinen Hülfsmittel, den Beifall seiner Leser zu erschmeicheln.« Mit diesen Worten charakterisierte Lessing den Autor einer religionskritischen Schrift, die er ohne Namensnennung als *Fragmente eines Ungenannten* in den Jahren 1774 bis 1777 auszugsweise veröffentlichte und die den wohl brisantesten Religionsstreit im Deutschland des 18. Jahrhunderts auslöste. Der Verfasser dieser Schrift war der hochangesehene Hamburger Orientalist R. Aus gutbürgerlichem Hause stammend, hatte er nach dem Gymnasialbesuch in Hamburg konsequent die Gelehrtenlaufbahn eingeschlagen. In Jena begann R. 1714 mit dem Studium der Theologie, Philosophie und Philologie, das er 1716 in Wittenberg fortsetzte und dort 1719 mit der Habilitation abschloß. Nach erster akademischer Lehrtätigkeit und Bildungsreisen nach Holland und England (1720 bis 1721) war er von 1723 bis 1727 Rektor in Wismar, bis er 1727 auf Lebenszeit zum Professor der orientalischen Sprachen am Gymnasium Johanneum in Hamburg ernannt wurde. Ins gleiche Jahr fiel seine Heirat mit einer Tochter des renommierten Hamburger Theologen und Philologen Johann Albert Fabricius.

Seinen Zeitgenossen galt R. zeitlebens als respektable Persönlichkeit des öffentlichen Lebens und bedeutender Gelehrter, den man für würdig befand, die »Hamburgische Gesellschaft zur Beförderung der Kunst und nützlichen Gewerbe« zu leiten. Man schätzte ihn als Verfasser vielgelesener theologischer und philosophischer Werke wie *Von den vornehmsten Wahrheiten der natürlichen Religion* (1754) und *Vernunftlehre als Anweisung zum richtigen Gebrauch der Vernunft* (1756). Beeinflußt von der rationalistisch-demonstrativen Philosophie Christian Wolffs und dem englischen Deismus, vertrat R. die Idee einer vernünftigen natürlichen Religion, die allen positiven Religionen gleichermaßen zugrunde liegt und unabhängig vom jeweiligen religiösen Bekenntnis Gemeingut aller Menschen ist. Dennoch erwies sich R. in seinen zu Lebzeiten publizierten Schriften als gläubiger Verfechter des protestantischen Christentums, der sich in Übereinstimmung mit den dogmatischen Glaubensgrundsätzen befand. Erst nach seinem Tod wurde die Autorschaft der radikalsten religions- und bibelkritischen Studie bekannt, die bis dahin in Deutschland geschrieben wurde. Es handelt sich um die *Apologie oder Schutzschrift für die vernünftigen Verehrer Gottes*, die posthum durch Lessings Veröffentlichung Furore machte. R. hatte allen Grund, die Publikation zu scheuen, bedeutete dieses Buch doch »nichts geringeres als einen Hauptsturm auf die christliche Religion« (Lessing). R. verfügte daher, daß die Schrift erst dann zu veröffentlichen sei, »wenn sich die Zeiten mehr aufklären«. Die Herausgabe der *Fragmente* provozierte dann den berühmten Streit mit dem Hamburger Hauptpastor Johann Melchior Goeze, der Lessing zu der wohl brillantesten Polemik der deutschen Aufklärung gegen kirchliche Orthodoxie und religiöse Intoleranz veranlaßte. In der *Apologie* widmete sich R., getreu seiner

Maxime, »daß wir Worte bey Seite setzen, und vielmehr die Sachen und Handlungen an sich nackt und bloß betrachten«, einer historisch-kritischen Untersuchung des Wahrheits- und Tatsachengehalts der Bibel. Durch seine textanalytischen Studien wurde R. die Nichtigkeit allen Offenbarungsglaubens zur Gewißheit. Er postulierte statt dessen die Religion der Vernunft, in der ausschließlich die Existenz Gottes, die Unsterblichkeit der Seele und die ethischen Prinzipien Jesu Christi unbezweifelbare Glaubensmaximen sind. Ganz im Sinne der Aufklärung befreite R. Religion und Glauben von den Fesseln kirchlicher Autorität und kanonisierter Bibelexegese, indem er das religiöse Glaubensbekenntnis der freien Entscheidung und autonomen Vernunft jedes Einzelnen überantwortete. Die Wirkung der religionskritischen Forschungen von R. reicht über seine Epoche hinaus. Sein Einfluß ist in der *Leben-Jesu*-Forschung eines David Friedrich Strauß oder Albert Schweitzer ebenso spürbar wie in der Theologie der Entmythologisierung von Rudolf Bultmann. Dennoch ist er für die Nachwelt der geblieben, für den ihn bereits Lessing hielt: ein »bekannter Unbekannter« der Aufklärung in Deutschland.

Stemmer, Peter: Weissagung und Kritik. Eine Studie zur Hermeneutik bei Hermann Samuel Reimarus. Göttingen 1983. – Hermann Samuel Reimarus (1694–1768), ein »bekannter Unbekannter« der Aufklärung in Hamburg. Vorträge gehalten auf der Tagung der Joachim Jungius-Gesellschaft der Wissenschaften in Hamburg am 12. und 13. Oktober 1972. Göttingen 1973.

Walter Weber

Ricardo, David
Geb. 19. 4. 1772 in London; gest. 11. 9. 1823 in Gatcomb Park/Gloucestershire

Zum Wirtschaftswissenschaftler wurde R., indem er versuchte, praktische Fragen zu lösen. Für die britische Wirtschaft zur Zeit des Napoleonischen Krieges war die Inflation ein besonders kritisches Problem. Während die Papierwährung rapide an Wert verlor, stieg der Goldpreis beständig an. 1809 schickte R. drei Briefe an die Zeitung *Morning Chronicle*, in denen er das Ansteigen des Goldpreises auf die übermäßige Emission von Banknoten zurückführte. Das »Bullion Committee«, ein offizieller Ausschuß, schloß sich seiner Meinung an und löste dadurch eine heftige Auseinandersetzung in Finanzkreisen aus. Daraufhin veröffentlichte R. sein erstes Werk, *The High Price of Bullion, a Proof of the Depreciation of Bank-Notes* (1809; *Der hohe Preis der Edelmetalle, ein Beweis für die Entwertung der Banknoten*). Durch die Kontroverse über die Preise wurde er veranlaßt, seine Ansichten über den Wert von Waren theoretisch zu begründen. Diese enge Verbindung von Theorie und Praxis ist kennzeichnend für R.s Lebensform.

Als Sohn eines jüdischen Händlers und Bankiers, der aus Holland nach England emigrierte, wuchs R. in der modernen Welt der Hochfinanz auf. Er war bis zum 21. Lebensjahr in der Firma seines Vaters tätig, heiratete eine Quäkerin, sagte sich vom orthodoxen Glauben los und wurde unabhängiger Börsenmakler. Um 1807 lernte er

Jeremy Bentham und John Stuart Mill kennen, mit dem er sein Leben lang befreundet blieb und der sein theoretisches Interesse an der Volkswirtschaft weckte. Als Börsenmakler einer der reichsten Männer Englands, setzte sich R. bereits 1814 zur Ruhe, blieb aber bis zum Ende seines Lebens publizistisch und parlamentarisch tätig. Mit Thomas Robert Malthus, der seit 1804 den ersten englischen Lehrstuhl für Volkswirtschaft am College der »East India Company« innehatte, war R. ebenfalls zeitweilig befreundet. Ihr Briefwechsel ist im Hinblick auf Wirtschaftsfragen besonders aufschlußreich. Als Malthus 1815 zwei kleinere Schriften über den Anstieg der Weizenpreise schrieb, griff R. ebenfalls in den Streit über den Weizenhandel ein und veröffentlichte seinen *Essay on the influence of a low price of corn on the profits of stock, with remarks on Mr. Malthus' last two publications* (1815). R. folgte den Darlegungen von Malthus, zog aber andere Schlußfolgerungen daraus. Er argumentierte, daß nicht die Grundeigentümer, deren Interessen Malthus vertrat, sondern das Verhältnis der drei Gesellschaftsklassen (Grundeigentümer, Kapitalanleger und Arbeitnehmer) untereinander den Weizenpreis bestimmte. Aus dieser Auseinandersetzung mit Malthus ging R.s Hauptwerk *On the Principles of Political Economy and Taxation* (1817; *Grundsätze der politischen Ökonomie und der Besteuerung*) hevor. Im Vorwort zur ersten Auflage schreibt R.: »Die Gesetze aufzufinden, welche diese Verteilung (des Sozialprodukts) bestimmen, ist das Hauptproblem der Volkswirtschaftslehre.« Ziel dieser Arbeit war vor allem die Analyse der »natürlichen« Verteilung des Sozialprodukts unter die oben genannten Klassen, d. h. die Erfassung der Gesetzmäßigkeiten, die die wirtschaftlichen Beziehungen der Menschen untereinander kennzeichnen. Neben den Gesetzen der Einkommensverteilung, die den jeweiligen Anteil der verschiedenen Klassen am Volkseigentum bedingten, wollte R. auch die Voraussetzungen für das Wirtschaftswachstum ermitteln. Nach R.s Auffassung muß man sich primär mit der Kapitalakkumulation beschäftigen, die ihrerseits vom Gewinn abhängt, und dieser ist wiederum abhängig von den Gesetzen der Löhne und Verkaufspreise. Daraus schloß R., daß der Preis nicht von Angebot und Nachfrage geregelt wird, sondern weit komplexeren Verhältnissen unterliegt. Zu den unbestreitbaren Verdiensten R.s gehören auch seine Analysen des internationalen Handels. Nach seiner »Kostenvergleichstheorie« verkauft jede Volkswirtschaft an das Ausland die Waren, deren Produktionskosten im Inland verhältnismäßig niedriger sind als im Ausland, während sie vom Ausland die Waren importiert, deren Kosten im Inland relativ höher sind. Diese Lehre vom wechselseitigen Gewinn aus dem Außenhandel gehörte bald zu den in Großbritannien am meisten gebrauchten, aber auch nicht unproblematischen Argumenten für den Freihandel. Erheblichen Einfluß hatte R. auch in praktischer Hinsicht als Vorkämpfer des wirtschaftlichen Liberalismus und insbesondere der Freihandelspolitik.

Fünfzig Jahre lang waren seine *Grundsätze* in Großbritannien maßgebend und bedingten nach Meinung von John M. Keynes wie kein anderes Werk im 19. Jahrhundert die Wirtschaftspolitik dieses Landes. Auch der Hauptvertreter des Utilitarismus, Jeremy Bentham, ließ seine auf dem Kalkül von Lust und Schmerz aufgebaute Wirtschaftstheorie fallen, nachdem er R.s *Grundsätze* gelesen hatte. Sein Einfluß auf Malthus und später auf Marx, der seine Mehrwertlehre von R.s Arbeitswertlehre ableitete, ist ebenfalls unbestreitbar, obwohl beide ihm auch Mangel an Praxisbezogenheit vorwarfen. Die Neigung, Wirtschaftsgesetze wie allgemeine Naturgesetze aufzufassen, verleitete R. allerdings dazu, die historische Dimension in seinen Schriften zu vernachlässigen. Er gilt im allgemeinen als Vertreter des materialistischen Standpunktes unter den Utilitaristen, doch steht er eher am Rande dieser Bewegung.

Weatherall, David: David Ricardo. A Biography. The Hague 1976. – Neumark, Fritz (Hg.): Einleitung zu David Ricardo. Grundsätze der politischen Ökonomie und der Besteuerung. Frankfurt am Main 1972.

Steven Gillies

Rickert, Heinrich
Geb. 25. 5. 1863 in Danzig; gest. 30. 7. 1936 in Heidelberg

R. zählt zu den letzten bedeutenden Repräsentanten einer Richtung des »Neukantianismus«, die sich vor dem Ersten Weltkrieg als »südwestdeutsche Schule« an den Universitäten Freiburg und Heidelberg etablieren konnte. Die seinerzeit institutionell dominierende Bewegung des Neukantianismus gründet sich auf eine Art Reformprogramm, das in der zweiten Hälfte des 19. Jahrhunderts unter der Devise einer Rückkehr zu Kant den Totalitätsansprüchen des Hegelschen Systems die besonnene Haltung kritischer Selbstbeschränkung entgegensetzte. Nunmehr sollte sich die Philosophie der begrenzten Aufgabe widmen, die formalen Bedingungen der Gültigkeit von Erfahrungsurteilen und, damit verbunden, die logischen Grundlagen der Wissenschaften aufzuklären; dabei hatte sich solche Erkenntniskritik vor metaphysischen Spekulationen wie vor vulgärmaterialistischen Anwandlungen gleichermaßen zu hüten. Im Bannkreis der erkenntniskritischen Geltungsreflexion, die übrigens die akademische Philosophie für lange Zeit wesentlicher Erfahrungsdimensionen beraubte, stehen denn auch die theoretischen Bemühungen der »südwestdeutschen« Neukantianer. Von deren Schulhaupt Wilhelm Windelband hat R. sich, nach einer kurzen Episode des Nietzsche-Enthusiasmus, in seiner Straßburger Studienzeit philosophisch inspirieren lassen. So ist nicht verwunderlich, daß er in seiner Habilitationsschrift über den *Gegenstand der Erkenntnis* (1894) jenem geltungstheoretischen Prinzip schulmäßig Rechnung trägt. Dabei legt seine Erkenntnistheorie den Akzent nicht auf eine »transzendentalphilosophische« Lehre vom Subjekt, sondern auf den Grundgedanken einer »Logik« des Sinns eines jeden gültigen Urteils, das nach R. durch eine normgerechte Zuordnung von begrifflicher, kategorialer Form und Empfindungsinhalt zustandekommt. Das »transzendente Sollen«, das jene Zuordnung festsetzt, tritt dem urteilenden Subjekt als Imperativ entgegen. R. begreift gerade in der Sphäre des Theoretischen die praktische Vernunft als leitende Instanz. Diese praktische Orientierung des urteilenden Bewußtseins, das auch in anderen Bereichen als dem theoretisch-wissenschaftlichen sich zu Geltendem »verhält«, verankert R. in einem System der »Werte«

(gemeint sind Wahrheit, Sittlichkeit, Schönheit, Heiligkeit etc.). Dessen Ausarbeitung läßt er sich, ganz im Sinne der besonders von Windelband vorgezeichneten kulturphilosophischen Perspektive, in späteren Jahren besonders angelegen sein. Anerkennung über den engeren akademischen Bezirk hinaus verschafft ihm die groß dimensionierte Studie über die *Grenzen der naturwissenschaftlichen Begriffsbildung* (1896/1902). Wiederum in der Nachfolge Windelbands, der 1894 den wesentlichen Unterschied zwischen Natur- und Geschichtswissenschaft auf die Differenz der dort »nomothetischen« (an Gesetzesaussagen orientierten), hier »idiographischen« (individualisierenden) Begriffsbildung zurückführte, behauptet der Wertphilosoph die prinzipielle Unabhängigkeit der Methoden von den betreffenden Gegenstandsgebieten. Am Kriterium der bedeutsamen Einzigartigkeit ausgerichtet, »erzeugt« etwa die historische Begriffsbildung allererst ihren Gegenstand durch die methodisch kontrollierte Beziehung des Forschers auf Kulturwerte, die das historisch »Bedeutsame« inmitten der Mannigfaltigkeit der Phänomene konturiert hervortreten lassen. Diese These hat die von Max Weber entwickelte Konzeption einer sozialwissenschaftlichen Methodenlehre maßgeblich bestimmt. Die Neigung aber, der begrifflichen Form im Zusammenhang mit erkenntnis- und wissenschaftstheoretischen Fragestellungen den Vorrang zu erteilen, wird bei R. zunehmend von der Einsicht in die tatsächliche Bedeutsamkeit material, gegenständlich orientierter Gesichtspunkte verdrängt, haben sich doch die »transzendenten« Werte in der Erfahrungswelt selbst in Gestalt sog. »Kulturgüter« manifestiert. Dieser Einsicht sucht R., der Anfang der 20er Jahre, programmatisch in seiner *Allgemeinen Grundlegung der Philosophie* (1921), den Universalitätsgedanken der Metaphysik wieder aufgreift, in größerem Rahmen durch den Entwurf eines ontologischen Systems des »Weltganzen« zu entsprechen, das er in unterschiedlich strukturierte Sphären (die des Sinnlichen, des Geltenden, des Übersinnlichen, des ideal Existierenden) einteilt. Hier soll die begriffliche Erkenntnisform sich nach der je eigentümlichen Materialität jener Welten richten. R. verläßt mit dieser Konzeption, die sein Spätwerk bestimmt, den neukantianischen Grundkonsens. Emil Lask hat diese Konsequenz, schon vor der ontologischen Wendung seines Lehrers, auf eigenwillige Weise gezogen. Trotz aller Polemik gegen die geistigen »Modeströmungen« nähert sich R. nach dem Ersten Weltkrieg, indem er die Unmittelbarkeit des material Gegebenen mehr und mehr zum Fetisch macht, lebensphilosophischen und phänomenologischen Tendenzen. Sein Bemühen, dem in der Neuzeit einsetzenden Prozeß der Differenzierung der Kultur in autonome Regionen philosophisch gerecht zu werden, gipfelt in der Überzeugung, Kulturwerte seien als letzte Instanzen rationaler Begründung entzogen. Damit liefert R. sein Denken an die herrschenden politischen Mächte aus. So konnte der Philosoph, der immerhin seine Jugend im Milieu des liberalen »Freisinns« verbracht hatte, 1934 die Empfehlung geben, es »sollte kein Deutscher, der in unseren Tagen innerhalb Deutschlands Kultur wirken will, sich gegen das Vorwiegen der national-politischen Kulturziele auflehnen.«

Merz, Peter-Ulrich: Max Weber und Heinrich Rickert. Die erkenntniskritischen Grundlagen der verstehenden Soziologie. Würzburg 1990. – Kuttig, Lothar: Konstitution und Gegebenheit bei H. Rickert. Essen 1987. – Seidel, Hermann: Wert und Wirklichkeit in der Philosophie Heinrich Rickerts. Bonn 1968.

Thomas Horst

Ricœur, Paul
Geb. 27. 2. 1913 in Valence

Unter den französischen Philosophen der Gegenwart ist R. einer der unprätentiösesten – und einer der am wenigsten umstrittenen. Weder teilt er die Hektik, mit der die »Neuen Philosophen« der jeweils letzten politischen Konjunktur folgen, noch die »fanatische Esoterik« der sich bekämpfenden psychoanalytischen Schulen. Zwischen den verschiedensten Teildisziplinen der Philosophie, Psychologie, Theologie und Linguistik vermittelnd, bleibt sein Werk einer Ethik der Verantwortung verpflichtet, die ihn auch über Rückschläge hinweg an das Subjekt glauben läßt. »Trust« nennt er in der Tradition des angloamerikanischen Pragmatismus dieses Urvertrauen, das es ihm erst erlaubt, den Grenzen des Rationalen nachzuspüren, ohne – wie etwa Jacques Lacan oder Jacques Derrida – den Abschied des Subjekts aus der Geschichte zu verkünden. Nicht zufällig stehen R.s Beiträge zur Interpretation inzwischen im Zentrum der nordamerikanischen Debatte um eine Hermeneutik nach dem Poststrukturalismus. Seit Beginn der achtziger Jahre erwuchsen zahlreiche Werke R.s aus Lehrveranstaltungen an Universitäten in Kanada und den USA.

Eine gelassene Nüchternheit prägt auch R.s persönliches und politisches Engagement: 1966 erklärte er sich nach zehnjähriger Lehrtätigkeit an der Sorbonne dazu bereit, eine Professur an der Reformuniversität Nanterre anzutreten; er war einer der wenigen, die versuchten, die seit langem überfällige Hochschulreform ohne einseitige Politisierung durchzusetzen. Als Rektor von Nanterre 1970 heftig von den revoltierenden Studenten angegriffen und zum Rücktritt veranlaßt, vermag er dennoch auch 1987 noch die kritischen Impulse der Studentenbewegung anzuerkennen und ihr allmähliches Versanden gerade unter der sozialistischen Regierung zu kritisieren; als ehemaliges Mitglied der Volksfront und der linken Gewerkschaftsbewegung hält er gegen alle politischen Niederlagen die Utopie einer auf humanistische Traditionen gegründeten solidarischen Gesellschaft aufrecht und kritisiert heftig den Auszug der enttäuschten Intellektuellen aus der Politik; als Philosoph schließlich nimmt er mit großer Gelassenheit den Prestigeverlust seiner Disziplin im akademischen Leben hin und öffnet sich dem Dialog mit Historikern, Semiotikern und Theologen ebenso, wie er sich zu Fragen des Geschichtsunterrichts in den Schulen, der Gewaltlosigkeit in der Politik oder einer philosophisch begründeten Ethik der Sexualität äußert.

Die Öffnung der Philosophie zur gesellschaftlichen Praxis gelingt R., weil er sich als Denker stets an den Grenzen der Rationalität bewegt; sein besonderes Interesse gilt gerade den Themen, die der abstrakten Reflexion nicht zugänglich sind: dem Bösen, dem Begehren, der Transzendenz. Ihrem symbolischen Ausdruck in Kunst, Moral und Religion spürt er nach, und dabei spielt die Sprache als Ausdrucksform und Vermittlerin des Symbolischen eine entscheidende Rolle. Der Prozeß des Erzählens, dessen Mythen und Metaphern stehen zunehmend im Zentrum von R.s Denken, das sich immer mehr als ein hermeneutisches erweist.

Den Extremen des französischen Existentialismus, wie sie sich in Jean-Paul Sartres radikaler »Verurteilung des Menschen zur Freiheit« oder Maurice Merleau-Pontys Reduktion des Subjekts auf Wahrnehmungsphänomene niedergeschlagen haben, entgeht R., indem er sich immer wieder durch die seinem Denken zugrundeliegende Wirklichkeit provozieren läßt. Die intensive Beschäftigung mit der Psychoanalyse etwa geht auf sein ursprünglich als systematische Auseinandersetzung mit dem freien Willen und der Schuld geplantes dreibändiges Werk *Philosophie de la volonté (Die Fehlbarkeit des Menschen. Phänomenologie der Schuld I* und *Symbolik des Bösen. Phänomenologie der Schuld II)* von 1950/60 zurück. Die Analyse der menschlichen Verantwortlichkeit und des Bösen ließ jedoch eine Schwerpunktverlagerung von der Philosophie des Willens auf die Psychoanalyse notwendig erscheinen, die im Freud-Buch *De l'interprétation* (1965; *Die Interpretation*) und dem Sammelwerk *Le conflit des interprétations* (1969; *Hermeneutik und Strukturalismus. Der Konflikt der Interpretationen I* und *Hermeneutik und Psychoanalyse. Der Konflikt der Interpretationen II)* dokumentiert ist. Das letzte umfangreiche Werk dagegen, *Temps et récit* (1983/85; *Zeit und Erzählung)*, beschäftigt sich vor allem mit der Konstitution des Zeit- und Geschichtsbewußtseins durch die Erzählung.

Gerade durch das Überschreiten der wissenschaftlichen Paradigmen in den Einzeldisziplinen hat R. auf viele Bereiche Einfluß genommen. Religionswissenschaftliche Bedeutung erlangt seine Sprachhermeneutik dort, wo sie die biblischen Texte wie überhaupt alle Mythen als Erzählungen betrachtet, die sich mehr an die Einbildungskraft des Lesers wenden als an seinen Gehorsam oder an seine Furcht und ihm die Rede vom Reich Gottes praktisch erfahrbar machen. Auch Gott selbst wird so zu einer symbolischen Gestalt, die sich in der Erzählung der biblischen Ereignisse in ihrer vielfältigen Wirksamkeit offenbart und als transzendente Dimension der Wirklichkeit zu deuten ist. Dem rationalistischen Atheismus setzt R. die religiöse Erfahrung entgegen, die sich auf Gott zubewegt, indem sie den in ihm beschlossenen Sinnhorizont immer mehr erweitert. Nur durch die in die Lebenswirklichkeit hineingeholte Aktualisierung der biblischen Geschichten als »Geschichte des Leidens in der Welt« lassen sich Glauben und philosophisches Verstehen vermitteln. Dementsprechend kann es nach R., der seit 1947 als Direktionsmitglied der protestantischen Philosophiezeitschrift *Esprit* wesentlichen Einfluß auf die internationale theologische Diskussion ausübt, auch keine einheitliche christliche Philosophie geben, sondern nur einzelne christliche Philosophen.

Auch die Freudsche Psychoanalyse, zusammenfassend behandelt in dem Band *De l'interprétation*, der auf Vorlesungen in Yale zurückgeht, interessiert R. weniger als Schule oder Ideologie denn als »Denkmal unserer Kultur, als Text, in welchem diese Kultur zum Ausdruck kommt und sich begreift«. Wiederum ist die Fragestellung auf die Sprache bezogen: In dem Maße, in dem sich hinter dem Sprechen der Trieb verbirgt, das »Ich nicht Herr im eignen Haus« ist, wird die Einheitlichkeit der menschlichen Sprache zum Problem, erhalten Symbole als Indizien der verdeckten Triebdynamik Bedeutung. Gegenüber der kulturpessimistischen Annahme eines nur den Trieben unterworfenen Menschen insistiert R. jedoch auf dem Sinn, der sich im Wort ausspricht oder verstellt vorhanden ist: »Wie kommt das Wort zum Wunsch? Wie bringt der Wunsch das Wort zum Scheitern und scheitert selbst am Sprechen?«

Gerade angesichts der Verdrängungen und Entstellungen des Wunsches im Sprechen ist es wiederum die Interpretation, die – über mechanische Parallelen von Traumsymbol und realer Bedeutung hinaus – das »Mehr an Sinn« enthüllt, das dem Symbol innewohnt: »Dort, wo ein Mensch träumt, prophezeit oder dichtet, erhebt sich ein anderer, um zu interpretieren; die Interpretation gehört organisch zum symbolischen Denken und seinem Doppelsinn.« Marx, Nietzsche und Freud, diese »Meister des Zweifels«, haben nach R. bei aller Verschiedenheit ihrer Intentionen den Horizont für diesen systematischen Zweifel am eindeutigen, eindimensionalen Bewußtsein freigelegt, doch enden alle drei bei der Einsicht in die Notwendigkeit. Der Herrschaft des Realitätsprinzips, nenne es sich nun materielles Sein oder Triebversagung, stellt R. aber gerade die »Gnade der Imagination« gegenüber: das Individuum kann zu sich selbst kommen, wenn es die in der Welt verstreuten Zeichen zu fassen und zu interpretieren vermag, und so muß schließlich jede Reflexion Interpretation werden. In der Abwehr einer starren, mechanistischen Interpretation der Triebe sieht sich R. durch den Gang der Freudschen Untersuchung selbst bestätigt, die von ihren naturwissenschaftlichen Anfängen zu einer »Art mythologischer Philosophie« führte, deren Sinnbilder die Gestalten Eros, Thanatos und Ananke sind. Nicht umsonst benutzt Freud zunehmend Begriffe wie Abwehr, Widerstand oder Verdrängung, die auf die Deutungsarbeit verweisen und so R.s eigenen hermeneutischen Ansatz bestätigen.

R. hat sich allerdings mit dieser philosophischen Freud-Interpretation dem Vorwurf des Eklektizismus, der Vernachlässigung des tatsächlichen Geschehens zwischen Patient und Analytiker und insbesondere der Vermischung von Hermeneutik und Reflexionsphilosophie ausgesetzt. Auf diese Einwände antwortete R. in *Hermeneutik und Psychoanalyse*. Hier hob er nochmals den »gemischten Diskurs« der Psychoanalyse hervor, der im Zusammentreffen von Triebdynamik und symbolischen Ausdrucksformen den Akt der Interpretation geradezu fordert. Psychoanalyse werde so zu einer »Archäologie des Subjekts«, das aus dem »zermürbenden Kampf um den Sinn« allerdings immer nur als »gekränktes Cogito« hervorgehen könne – ein fundamentaler Angriff auf die französische existentialistische Philosophie und damit auf Husserl, der neben Heidegger und Hegel zu deren großen Vorbildern gehörte.

Das erste Buch von Husserls *Ideen zu einer reinen Phänomenologie und phänomenologischen Philosophie* hatte R. zwischen 1940 und 1945 in deutscher Kriegsgefangenschaft übersetzt und kommentiert; doch teilte er mit Husserl mehr die phänomenologische Methode der Beschreibung des Konkreten als die dogmatische Setzung des Ich. R.s Auseinandersetzung mit Husserl ist dokumentiert in den beiden Aufsatzsammlungen *À l'école de la phénoménologie* von 1986 und *Soi-même comme un autre* von 1990. R. sieht sich in der Ich-Philosophie – wie auch sein zweiter Lehrer, der christliche Existenzialist Gabriel Marcel – eher in der Nachfolge einer nicht-rationalistischen Descartes-Rezeption, die gegenüber der Verabsolutierung des »Ich denke« auf der »Dichte« des »Ich bin« besteht. Gerade diese Dichte erschließt sich in der Interpretation von Erzählung und Symbol.

»Le symbole donne à penser« – »Das Symbol stellt die Aufgabe des Nachdenkens« – dieser Satz erweist sich als Motto von R.s ständiger Vermittlungsarbeit zwischen Philosophie und Erfahrung, die in der Untersuchung *La métaphore vive* (1975; *Die lebendige Metapher*) eine Vertiefung und Verschiebung zum Literaturwissenschaftlichen hin erfährt. Die Vermittlung von Ich und Erfahrung findet ihre letzte Ausprägung in dem dreibändigen Werk *Temps et récit*. Hier untersucht R., zum Teil auf der Basis der literaturwissenschaftlichen Erzählforschung und der neueren französischen Geschichtswissenschaft, wie die Erzählung Zeit strukturiert und so erst dem Subjekt die Möglichkeit gibt, sich selbst historisch wahrzunehmen. Damit verbindet sich ein Plädoyer für die Erzählung als Darstellungsform geschichtswissenschaftlicher Ergebnisse: die rein lineare Zeit der Abfolge von Einzelereignissen gewinnt erst Sinn und Profil, wenn sie durch die Erzählung als Erfahrung von Subjekten erkennbar wird. R. wendet sich hier vor allem gegen den Objektivitätsanspruch der einflußreichen Historikerschule der *Annales*, die in der Erfassung wirtschaftlicher und sozialer Strukturen das Subjekt fast aus der Geschichte verbannt hatte. Dagegen fordert R., auch aus christlichem Engagement, die Rehabilitierung der politischen Geschichte als Geschichte des Leidens in der Welt. R.s Bedeutung für die gegenwärtige Philosophie wurde 1985 mit der Verleihung des von der Stadt Stuttgart gestifteten Hegelpreises gewürdigt. Nach Jürgen Habermas und Hans-Georg Gadamer wurde allerdings ein Denker geehrt, der gerade nicht wie Hegel im Zu-Sich-Selbst-Kommen des absoluten Geistes Ziel und Endpunkt der Geschichte sieht. R. hat eine viel bescheidenere – und deswegen vielleicht praktisch wirksamere – Einschätzung der Philosophie: »Ich glaube nicht, daß Philosophie alles im Leben ist. Man muß auch lieben können.«

Evans, Jeanne: Paul Ricœur's Hermeneutics. The imagination as creative Element of Religious Literacy. New York u. a. 1994. – Valdés, Mario J. (ed.): A Ricœur Reader. Reflection and Imagination. New York u. a. 1991. – Studien zur neueren französischen Phänomenologie. Ricœur, Foucault, Derrida. Freiburg i. Br. 1986. – Vansina, Frans D.: Paul Ricœur. Bibliographie systématique de ses écrits et des publications consacrées à sa pensée (1935–1984). Leuven/Louvain 1985.

Claudia Albert

Riehl, Alois
Geb. 27. 4. 1844 in Bozen; gest. 21. 11. 1924 in Neubabelsberg bei Berlin

Nach dem Studium der Philosophie, Geschichte und Geographie war R. zunächst als Gymnasiallehrer tätig. 1870 schrieb er, noch ganz in den Denkbahnen Johann Friedrich Herbarts, seine erste philosophische Untersuchung *Realistische Grundzüge* und habilitierte sich an der Universität Graz, an der er 1873 außerordentlicher und 1878 ordentlicher Professor wurde. In der 1872 veröffentlichten Schrift *Über Begriff und Form der Philosophie* kündigt sich bereits der Übergang zu Kant an, der dann explizit vollzogen wird in R.s philosophischem Hauptwerk, *Der Philosophische Kritizismus und seine Bedeutung für die positive Wissenschaft*, das in drei Bänden in den Jahren 1876, 1879 und 1887 erschien. 1883 wurde R. Nachfolger Wilhelm Windelbands in Freiburg. Zu Heinrich Rickert, dem anderen Neukantianer vor Ort, entwickelte sich ein freundschaftliches Verhältnis. Aufgrund von Schwierigkeiten, die ihm aus seiner antiklerikalen Position in der Bischofsstadt Freiburg erwuchsen – in einer Frühschrift hatte er etwa das Dogma angeprangert als »Unrecht an der Menschheit« und als »Wahn, den man nicht genug verfolgen und ausrotten kann«, – ging R. 1896 nach Kiel und von dort 1898 nach Halle. Schließlich wurde er 1905 Nachfolger Wilhelm Diltheys in Berlin. Wenn R. in seinen letzten Lebensjahren eine Reihe kleinerer Schriften veröffentlichte, u. a. eine Arbeit über Nietzsche (*Friedrich Nietzsche. Der Künstler und Denker*, 1897) und eine Einführung in die Philosophie, so galt sein Hauptinteresse doch der Neubearbeitung von *Der Philosophische Kritizismus*, der mehrere Auflagen erlebte und in eine Reihe von Sprachen übersetzt wurde.

Charakteristisch für R.s Sicht des Kritizismus ist, daß er diesen in einer empiristischen Traditionslinie situiert. Mit John Lockes *Versuch über den menschlichen Verstand*, so seine These, wurde ein neuer philosophischer Anfang gemacht. Denn erstmals wurde nunmehr die Frage nach den Grundlagen und Grenzen des Wissens als das philosophische Problem par excellence erkannt, und zugleich wurde die Philosophie als ›Wissenschaftslehre‹ verstanden, die sich zwar von den Einzelwissenschaften unterscheidet, ohne jedoch aus dem Zusammenhang mit ihnen herauszutreten. Allerdings ist die von Locke entwickelte Lösung des Erkenntnisproblems nach R.s Meinung in zweifacher Hinsicht nicht überzeugend. Einmal nämlich ist es Locke nicht gelungen, das Synthetisch-Tätige im menschlichen Erkenntnisakt in seiner Eigenart zu erfassen, und zum anderen hat er mit der Unterscheidung von primären und sekundären Sinnesqualitäten zwar auf Grenzen der Erkenntnis aufmerksam gemacht, ohne jedoch die Tragkraft des empirischen Erkenntnismoments einer grundsätzlichen Prüfung zu unterziehen. Dies blieb David Hume vorbehalten, der mit Locke vom rein empirischen Ursprung aller Erkenntnis ausging, aber gleichwohl zu skeptischen Ergebnissen gelangte »nicht nur in Hinsicht auf die Vernunft, sondern auch auf die Erfahrung selbst«. Auch Humes Lösung des Erkenntnisproblems blieb jedoch unbefriedigend. Sein Grundirrtum ist nach R., daß er die Impressionen mit den Erfahrungsgegenständen verwechselte, während diese doch »in Wirklichkeit subjektiv und individuell sind und auf Zustandsänderungen unserer Sinnesnerven beruhen«. Die Frage, wie wir von den Sinneseindrücken zur Erkenntnis von Objekten gelangen, konnte sich daher für Hume überhaupt noch nicht stellen. Erst Kant stellte sie, der nach Locke und Hume für R. gewissermaßen die dritte und abschließende Stufe in der Entwicklung des Kritizismus markiert.

Charakteristisch für R.s Kantinterpretation ist, daß er den Königsberger Denker für einen erkenntnistheoretischen Realismus in Anspruch nimmt und einen »Bruch mit der traditionellen subjektivistischen Auffassung« von Kants Philosophie fordert. Seiner Auffassung nach will die kritische Philosophie keine Aussagen über die reale Existenz der Dinge machen, ihr Ziel ist es vielmehr einzig, die apriorischen Strukturen der Erkenntnis herauszuarbeiten. Daher ist es auch unsinnig zu fragen, »ob durch die Ergebnisse der Kritik die Existenz der Dinge . . . widerlegt worden sei«. Positiv geht R. davon aus, daß die Sinnlichkeit die Existenz wirklicher Dinge impliziert, denn »unsere Sinne schaffen keine Dinge dem Dasein nach; sie äußern sich nur auf Eindrücke von Dingen, deren Realität sie voraussetzen«. Der Disjunktion von Denken und Anschauen entspricht die Trennung apriorischer Formen und sinnlich gegebener Erscheinungen. Beleg für diese Trennung beider Momente ist die Unmöglichkeit, den Inhalt auf die Form sowie der Form auf den Inhalt zu reduzieren. Wenn die Formen aber nicht länger als inhaltserzeugende, sondern nur noch als erkenntniskonstituierende Macht angesehen werden, wird der Weg frei für die Einsicht, die Untersuchung der Erkenntnis könne nicht beginnen, »ohne die Wirklichkeit von Dingen vorauszusetzen, worauf die Erkenntnis sich bezieht«. Für »die Notwendigkeit, eine Wirklichkeit unabhängig von ihrem Bewußtwerden anzunehmen«, spricht nach R. schon, daß es unmöglich ist, »das Bewußtsein und seine Vorstellungen absolut zu setzen«. Darüber hinaus belegt auch die Willenserfahrung die Realität der Außenwelt, denn »die Dinge der Außenwelt geben uns ihre eigene Realität als Grenzen unseres Willens kund«, indem sie sich unserem Willen widersetzen. Von daher akzeptiert R. anders als das Gros der Vertreter des Neukantianismus die Kantische Lehre vom Ding an sich und geht bei seiner Kantinterpretation von der Prämisse aus: »Die Erkenntniskritik Kants ist auf einer Wirklichkeitslehre aufgebaut«. So gesehen, nimmt R. objektivistische Tendenzen vorweg, die im weiteren Verlauf der Entwicklung des Neukantianismus bei Emil Lask und Nicolai Hartmann zutagetraten.

Köhnke, Klaus C.: Entstehung und Aufstieg des Neukantianismus. Frankfurt am Main 1986. – Jung, M.: Der neukantianische Realismus von A. Riehl. Diss. Bonn 1973. – Siegel, C.: Alois Riehl. Graz 1932

Hans-Ludwig Ollig

Rorty, Richard
Geb. 4. 10. 1931 in New York

R. ist Amerikaner. Das wäre nur eine beiläufige biographische Erwähnung, würde R. nicht auch als Philosoph selber immer wieder auf dieses kontingente Faktum hinweisen. Es macht einen Teil seiner skandalträchtigen Wirkung aus. Er versteht sich als Mitglied einer kulturellen Gemeinschaft, die ihr Selbstverständnis im wesentlichen aus der Erfahrung der Eroberung und Besiedlung einer unbekannten Welt und aus den in der Unabhängigkeitserklärung festgelegten Menschenrechten bezieht. Insofern kann er übergreifend auch von Werten reden, die »wir Europäer« teilen. R. bekennt sich zum Eurozentrismus, zieht daraus aber die Konsequenz einer universalen Toleranz. Daß er den Begriff der Kontingenz mit in das Zentrum seines Denkens stellt, besagt unter anderem, daß wir in eine Kultur hineinsozialisiert werden und nicht die Möglichkeit haben, einen vermeintlich objektiven Standpunkt einzunehmen, der eine Entscheidung darüber erlauben würde, welche Kultur die bessere sei. Eine These wie diese gehört zum festen Bestandteil des sogenannten Postmodernismus und des Kommunitarismus. Einen originellen Akzent erhält sie bei R. erst durch den Begründungszusammenhang, in den sie einbezogen ist.

R. wächst in einer Journalistenfamilie auf, die sich in den 30er Jahren zur antistalinistischen Linken rechnet. Er beginnt sein Studium an der Universität Chicago, wo unter anderem auch Rudolf Carnap zu seinen Lehrern gehört. An der Universität Yale, an der auch Carl Hempel lehrt, promoviert er. Nach dreijähriger Tätigkeit als Assistant Professor am Wellesley College in der Nähe von New York wechselt er 1962 nach Princeton, wo er sich allmählich als Kenner der analytischen Philosophie einen Namen macht. Ende der 60er Jahre zerbricht seine Ehe mit der Philosophin Amelie Oksenberg-Rorty und er durchlebt, nach eigener Aussage, »ein Jahr klinischer Depression«. Seine Kollegen in Princeton distanzieren sich seit Beginn der 70er Jahre mehr und mehr von der neuen Richtung, die seine Arbeit nun nimmt. 1982 zieht er die akademische Konsequenz aus seiner zunehmenden Kritik an der sprachanalytischen Philosophie, verläßt Princeton und wird ein Jahr darauf Professor of Humanities an der University of Virginia in Charlottesville. Aufgrund seiner kritischen Haltung zur akademischen Philosophie, lehnt er seitdem jede Berufung auf einen philosophischen Lehrstuhl ab.

Bekannt wird R. als Herausgeber des Bandes *The Linguistic Turn* (1967). Mit dem Erscheinen dieses Buches hält der Begriff »linguistische« oder »sprachphilosophische Wende« Einzug in die philosophische Diskussion. R.s einleitender Text zeigt aber bereits deutliche Zeichen einer kritischen Haltung gegenüber der Philosophie insgesamt. Die Geschichte der Philosophie besteht ihm zufolge aus einer Abfolge von Revolten, die allesamt gescheitert sind, und zwar aus dem gleichen Grund. Jede neu ansetzende Philosophie möchte voraussetzungslos beginnen, setzt aber stets wieder die Wahrheit einiger Thesen voraus. Das gilt auch für die sprachanalytische Philosophie in ihrem doppelten Ansatz, als Versuch, eine »Idealsprache« zu konstruieren, und als »ordinary language philosophy«. Auch ihr gelingt keine überzeugende Begründung dafür, entweder eine Idealsprache oder die Alltagssprache zum verbindlichen Maßstab der Philosophie zu erklären. Schon in diesem frühen Text stellt R. sich daher die Frage, welche Zukunft die Philosophie haben könne, spezifischer: ob es eine »postphilosophische Kultur« geben könne, eine Frage, die er in seinen späteren Schriften dahingehend beantwortet, daß eine Philosophie mit Fundierungs- und Wissenschaftsansprüchen keine Zukunft haben werde; »postphilosophisch« nennt er eine Kultur, in der die Philosophie sich nicht mehr auf ein höheres Podest stellt als die Wissenschaft, die Kunst oder die Religion, sondern Teil ist eines allgemeinen Gesprächszusammenhangs.

Diesen Gedanken stellt R. zum ersten Mal in jenem Buch vor, das ihn schnell berühmt macht: *Philosophy and the Mirror of Nature* (1979; *Der Spiegel der Natur. Eine Kritik der Philosophie*). Es ist sein bisher umfangreichstes und wohl auch wichtigstes Buch, die Grundlage für das, was folgen wird, ein Werk, an dem er zehn Jahre gearbeitet hat. Der Untertitel der deutschen Übersetzung trifft bestens R.s Absicht. Die Kritik an der Philosophie tritt nun offen hervor. Gemeint ist die durch Descartes eingeleitete, durch Locke und Kant fortgeführte, von den Neukantianern als Erkenntnistheorie etablierte und im 20. Jahrhundert selbst sprachanalytisch noch fortwirkende Philosophie, die das Fundament der Erkenntnis erkennen will und dabei auf das Mentale, das Nicht-Körperliche, den Geist im (Gefühle, Träume, Schmerzen etc.) umfassenden Sinne stößt. Seine Kritik dieser einflußreichen philosophischen Tradition trägt R. zunächst in der ihm vertrauten Argumentationsweise der sprachanalytischen Philosophie im weitesten Sinn vor. In der Philosophie des Mentalen stützt er sich auf John Jamieson C. Smart, in der Sprachphilosophie auf Donald Davidson, in der Erkenntnistheorie auf Wilfrid Sellars und in der Wissenschaftstheorie auf Thomas Kuhn. Den Hintergrund aber bilden die »drei bedeutendsten Philosophen unseres Jahrhunderts« – Ludwig Wittgenstein, Martin Heidegger und John Dewey. Sie leiten ihn dazu an, auch über die sprachanalytische Philosophie hinauszugehen. Bei diesen im einzelnen so unterschiedlichen Denkern sieht R. seine zentrale philosophiekritische Absicht realisiert. Während alle drei in ihren früheren Jahren den Versuch machen, Fundamentalphilosophie zu treiben, ein unerschütterliches Fundament des Denkens auszuformulieren, erkennen sie in der Folgezeit, daß sie einer Selbsttäuschung erlegen sind. In ihrem Sinne vertritt R. noch einmal Argumente dafür, daß Philosophie als (fundierende) Erkenntnistheorie und als entsprechende Metaphysik, als Wissen vom Zeitlos-Wesentlichen, aufgegeben werden muß. Erkenntnis ist keine akkurate, durch besondere mentale Vorgänge ermöglichte Darstellung (Repräsentation). Diese Vorstellung von Erkenntnis konnte nur entstehen, weil die Philosophie vom Bild, von der Metapher des Bewußtseins als eines Spiegels gefangengehalten wurde, der mittels nichtempirischer Methoden erforscht werden könne. Es ist die Leistung des späten Wittgenstein, obsessive Bilder »dekonstruiert« zu haben, die Leistung Heideggers, historisch zu denken und die Anfänge der cartesianischen Metaphorik bei den Griechen samt ihrer Metamorphosen durch die Jahrhunderte hindurch gezeigt zu haben, und schließlich die Leistung Deweys, eine soziale Perspektive hinzugefügt zu haben. Die drei genannten Philosophen prägen unverkennbar auch R.s Argumentationsweise. Er wechselt beständig und kaum merklich zwischen einer »Widerlegung« und einer »Verabschiedung« der kritisierten Position, zwischen einem argumentativen und einem »therapeutischen« (Wittgenstein) oder »bildenden« (Hans-Georg Gadamer, Jean-Paul Sartre) Verfahren. Im einen Fall geht es darum, falsche oder schlechte Argumente ausfindig zu machen, im anderen darum, an das historische Zustandekommen von Irrtümern zu erinnern und dadurch möglicherweise zu ihrem Verschwinden beizutragen. Im einen Fall ist Kritik eine Sache allein der Theorie, im anderen ist sie vor allem die Sache einer möglichen alternativen Lebenspraxis, für die eine bestimmte philosophische Sprache einfach als inhaltsleer, als nicht mehr aktuell erscheint. Die Philosophie ist dann nicht mehr, aber auch nicht weniger als eine Stimme im »Gespräch der Menschheit«.

In der Folgezeit tritt R. als Essayist hervor. Der Band *Consequences of Pragmatism* (1982) dokumentiert die Auseinandersetzungen der 70er Jahre, die *Philosophical Papers* (1991, zwei Bände) versammeln die wichtigsten Aufsätze aus den 80er Jahren. R. erläutert darin seine Position und entwickelt sie weiter. Einen zweiten Höhepunkt seines Schaffens bildet dann das Buch *Contingency, Irony, and Solidarity* (1989; *Kontingenz, Ironie und Solidarität*), das zeitgleich in der englischen und deutschen Ausgabe erscheint. Die Ansätze zur Literarisierung und Ästhetisierung der Philosophie, die sich bei R. erst zaghaft, aber doch schon früh zeigen, treten nun selbstsicher ins Rampenlicht. Es ist freilich eine Ästhetisierung der Philosophie im liberalistischen Rahmen. Denn es ist die generelle Absicht von R. in *Contingency*,

Irony, and Solidarity, alle Versuche, die die Bereiche des Privaten und des Öffentlichen, der privaten Vervollkommnung und der gemeinschaftlichen Solidarität, der »Selbsterschaffung« und der Gerechtigkeit verschmelzen möchten, im bewährten liberalistischen Geist zurückzuweisen und für eine Trennung der Bereiche zu plädieren. R.s Pointe besteht allerdings darin, daß er eine Umverteilung innerhalb der liberalistischen Sphärentrennung vornimmt. Während man gewöhnlich Theorie mit sozialer Hoffnung und Literatur mit privater Perfektionierung verbindet, ist es für R. genau umgekehrt. Erst dadurch wird der Liberalismus »ironistisch«. Er vollzieht mit der Umkehrung der Zuordnung der beiden gesellschaftlichen und kulturellen Sphären zugleich eine Umgewichtung, eine Aufwertung des Privaten, für das nunmehr die Theorie zuständig ist, und des Literarisch-Ästhetischen, das nun mehr für das Öffentliche zuständig ist. Wird die Theorie als eine Sache privater Selbsterschaffung angesehen, verlieren herausfordernde Autoren wie Nietzsche, Heidegger und Jacques Derrida ihre politische Anrüchigkeit. Umgekehrt verhelfen Literatur und Kunst zur Ausbreitung von Solidarität, weil man lernen kann, wie Menschen verschiedenster Herkunft sich selbst beschreiben; eine gesteigerte Sensibilität für das Leiden dieser Menschen ist die Folge. Allerdings setzt das erstens voraus, daß man selber bereits moralisch sein will, und zweitens, daß die Theorie, die Philosophie, zur allgemeingültigen Begründung von Moralität in unserer Zeit nichts mehr beitragen kann. R. spricht diesen Begründungsbemühungen ein historisches Recht zu, hält sie für die Anfänge der liberalen Demokratie für entscheidend, sieht heute in ihnen aber eher ein Hindernis für die Erhaltung und Verbesserung der Demokratie, denn sie erheben den Anspruch einer absoluten Geltung, eines quasi-göttlichen Standpunktes außerhalb aller historischen und kulturellen Bedingtheiten. In diesem Sinn spricht R. vom »Vorrang der Demokratie vor der Philosophie«; die Philosophie kann und darf nach der Epoche des Aufklärungsrationalismus der Demokratie keine Grundlagen mehr liefern. »Wahr« ist nicht das, was – nach der Metaphorik vom Spiegel der Natur – die Wirklichkeit genau darstellt, sondern das, was – in den Worten des Pragmatisten William James, an denen R. unumstößlich festhält – »zu glauben für uns besser ist«. Wahrheit ist keine Sache der Objektivität, sondern der Solidarität, keine Sache der Erkenntnistheorie, sondern der Ethik. »Kontingenz« ist der antimetaphysische Grundbegriff, den R., ähnlich wie in Deutschland Odo Marquard, für diesen Zusammenhang einführt, Ironie die Grundtugend, die er einfordert. »Ironikerin« – R. bevorzugt das Femininum, wohl um den Kontrast zur althergebrachten männlichen Denkweise zu verstärken – nennt er eine Person, die sich der Tatsache bewußt ist, daß auch ihre zentralen Überzeugungen kontingent, raum-zeitlich geprägt sind.

In seinen Arbeiten aus den späten 8oer Jahren zeigt R. sich in zunehmender Souveränität und literarischer Brillanz. In ruhigem und (selbst-)ironischem Duktus greift er in die philosophischen Gegenwartsdiskussionen ein. Seinem Selbstverständnis entsprechend grenzt er keine Position aus. Lokalisiert man seine Originalität im philosophiegeschichtlichen Rahmen, so liegt sie in der Verbindung von sprachanalytischer Philosophie, Hermeneutik und Pragmatismus, einer ganz und gar spezifischen Verbindung allerdings, wie man nicht nur daran erkennt, welche Vertreter der drei philosophischen Schulen er im einzelnen auswählt (aus dem Pragmatismus etwa Dewey und James, nicht aber George Herbert Mead und Charles S. Peirce), sondern selbstredend auch daran, wie er sie kombiniert, wie er, in seinen eigenen Worten, aus ihren »Interferenzen« ein »neues Vokabular« erwachsen läßt.

Kögler, Hans-Herbert: Die Macht des Dialogs. Kritische Hermeneutik nach Gadamer, Foucault und Rorty. Stuttgart 1992. – Horster, Detlef: Richard Rorty zur Einführung. Hamburg 1991. – Reese-Schäfer, Walter: Richard Rorty. Frankfurt am Main/New York 1991.

Josef Früchtl

Rosenkranz, Karl
Geb. 23. 4. 1805 in Magdeburg; gest. 14. 6. 1879 in Königsberg

David Friedrich Strauß hat seinerzeit R. – wohl aus Mangel an eindeutigen politischen Zuordnungskriterien – in die Mitte und ins Zentrum der Hegelschen Schule gestellt, eine Charakterisierung, die übrigens R. selbst für durchaus zutreffend gehalten hat. In einem Brief an den Freund und Vertrauten Varnhagen von Ense drückt er zudem sein Gefühl der Epigonalität aus, hinter dem sich zugleich die tragische Epochensignatur verbirgt: »Ich sehe mein Elend darin, daß ich so wenig ein Philosoph bin, als Michelet, Gabler, Hinrichs, Fichte, Weiße, genug die ganze jüngere Generation, es in dem Sinne sind, wie man dies von Schelling, Hegel, Fichte etc. sagen muß. Das waren Originale, was wir nicht sind. Nun bin ich aber zugleich eine poetische Natur – und doch kein Poet.« Und drei Jahre später, an einer Stelle seiner Komödie *Das Centrum der Speculation* (1840), hält der 35jährige R. einen ironisch-bitteren Rückblick auf sein bisheriges Leben: »Freilich weiß ich selbst nicht recht, was ich will. Mir geht es ganz confus im Kopf herum, ob ich zum alten oder jungen Deutschland gehöre und leider ist dies eine Sache, bei welcher das Herz nicht entscheiden kann. Erst habe ich Gedichte geschrieben, dann mich in's Mittelalter versenkt, hierauf mittelmäßige literarische Compilationen gemacht, dazwischen über Glauben und Wissen, Schleiermacher und Daub, Kant und Hegel philosophiert und endlich zwischen Parteien mich so zweideutig umhergeworfen, daß mir keine einzige mehr traut. Ich habe es mit allen verdorben und bin doch zu furchtsam, allein zu stehen. Gott weiß, was aus mir noch werden soll. Am Ende bin ich wirklich nichts Anders, als was ich schon bin, ein bloßer Schriftsteller.« Noch der alte R., der als 73jähriger Stationen aus seiner Lebensgeschichte unter dem Titel *Von Magdeburg bis Königsberg* (1878) beschreibt, hält an diesem Bild des Epigonen fest. Dazu paßt schließlich auch die Bescheidenheit, mit der er über das eigene umfangreiche Werk spricht. Einzig die Hegelbiographien, *G. W. F. Hegels Leben* (1844) und *Hegel als deutscher Nationalphilosoph* (1870), sind ihm wertvoll: »Alles andere, was ich geschrieben habe, kann der Vergessenheit zum Raube verfallen, aber dies Buch (d. i. die Hegelbiographie von 1870) von mir wird bleiben.« Es scheint, als habe R. recht behalten. Vergeblich wird man heute seinen Namen in den Philosophiegeschichten suchen, und vergeblich bleibt auch der Versuch – abgesehen von den Hegel-

Biographien und der *Ästhetik des Häßlichen* (1853) –, R.' Arbeiten auf dem Buch-mark zu finden. Dabei ist R., der seit 1833 als Nachfolger von Johann Friedrich Herbart immerhin Kants Lehrstuhl in Königsberg innehatte, einer der produktivsten Philosophen des 19. Jahrhunderts gewesen. Neben mehrbändigen literaturkritischen und -theoretischen Werken, einigen Literaturgeschichten, Goethe- und Diderot-Biographien, zählen zu seinen strengeren philosophischen Arbeiten eine *Psychologie oder Wissenschaft vom subjektiven Geiste* (1837), eine *Geschichte der kantischen Philosophie* (1840), ein Band Vorlesungen über *Schelling* (1843), ein *System der Wissenschaft* (1850) und schließlich das Opus maximum, die *Wissenschaft der logischen Idee* (2 Bände, 1858/59).

R. teilt das Schicksal vieler Hegelianer der zweiten Hälfte des 19. Jahrhunderts. Obwohl er »einer der geistreichsten Anhänger Hegels« war, wie Prantl zu Recht gesagt hat, blieb er – vor allem in der Naturphilosophie und der Psychologie – in völliger Abhängigkeit von Hegel. Dort, wo er vorgeblich das Hegelsche System komplettieren bzw. modifizieren wollte, hat er sich dagegen bedenklich weit von der dialektischen Methode entfernt. Denn R. sieht in der Welt einen Dualismus zwischen dem Zeitlosen und damit Wesentlichen und dem Zeitlichen und damit Veränderlichen. Im Gegensatz zu Hegel nun vermag R. aber diesen Grunddualismus nicht mehr dialektisch zu lösen, sondern geht, wie dies bereits F. Lassalle in einem Vortrag über *Die Hegelsche und die Rosenkranzische Logik* (1859) formuliert hat, »deskriptiv« vor. Ohne – in Hegels Sinn – logisch und dialektisch zu verfahren, beschreibt R. die Begriffe »wie ein Naturforscher seine Gattungen und Arten, statt sie auseinander entstehen zu lassen«. Am Ende entdeckt Lassalle als orthodoxer Hegelianer in R. schließlich einen »Neo-Kantianismus«, der sich zu Unrecht auf die dialektische Methode beruft. Tatsächlich übernimmt R. – etwa im *System der Wissenschaft*, in der *Wissenschaft der logischen Idee* sowie in der *Ästhetik des Häßlichen* – zwar die Hegelsche Architektonik und Grundbegrifflichkeit, indem er von den verschiedenen Stufen des absoluten Geistes spricht und nacheinander Vernunft (als Wissenschaft der logischen Idee), Natur (als das Andere des Geistes) und Geist (in der Reihenfolge: Psychologie, Ethik, Theologie) abhandelt, jedoch nicht die dia-lektische Bewegung, das Umschlagen der Begriffe und ständige Umgeschlagensein in eine neue Qualität, nachzeichnen kann. Die Phänomenologie erstarrt bei R. so vielmehr zu einem klassifikatorischen System à la Linné. Man kann es aber auch anders ausdrücken: am Werk von R. ist das Schicksal der Hegelschen Philosophie in der zweiten Hälfte des 19. Jahrhunderts ablesbar. Weder kann der liberale R. das Praktischwerden der Philosophie, die Aufhebung und Verwirklichung in der politi-schen Praxis im Sinne der Junghegelianer und von Marx, akzeptieren, noch vermag er es, die Versöhnung von Wirklichkeit und Idee im spekulativen Begriff darzu-stellen. Die Eule der Minerva ist vorbeigeflogen! Seine Leistung – und die zeigt sich in der *Ästhetik des Häßlichen* am deutlichsten – besteht darin, mit Hilfe der Hegel-schen Systematik eine Wirklichkeit »in Gedanken zu erfassen«, die sich während der Arbeit zu einem »Kosmos des Häßlichen« und Negativen erweitert hat, worin schließlich auch jeder Gedanke an Versöhnung und Harmonie, an Ausgleich und Befriedung zum blanken Hohn werden muß. Abgesehen von der singulären kunst-philosophischen Bedeutung des Buches, das sich um eine logische Zergliederung des Häßlichkeitsphänomens bemüht, enthält die *Ästhetik des Häßlichen* noch eine brillante Zeitdiagnose, die Autopsie einer intellektuellen »Zerrissenheit«, für die später – in freilich unterschiedlichster Weise – Schopenhauer, Nietzsche und Marx Antworten gefunden haben und vor deren Erscheinungsformen (Preisgabe des Kunstideals, Geltungsverlust des Staates und seiner Institutionen, Klassenauseinandersetzungen) die Hegelsche Philosophie nur ohnmächtig kapitulieren kann.

Jung, Werner: Schöner Schein der Häßlichkeit oder Häßlichkeit des schönen Scheins. Ästhetik und Geschichtsphilosophie im 19. Jahrhundert. Frankfurt am Main 1987. – Japtok, Eugen: Karl Rosenkranz als Literaturkritiker. Diss. Freiburg 1964.

Werner Jung

Rosenzweig, Franz
Geb. 25. 12. 1886 in Kassel; gest. 10. 12. 1929 in Frankfurt am Main

»Wenn Heidegger je einen Zeitgenossen gehabt hat, der diese Bezeichnung nicht nur im chronologischen Sinne verdient, dann war es dieser deutsche Jude, dessen Hauptwerk sechs Jahre vor *Sein und Zeit* erschien«, schreibt der Heidegger-Schüler Karl Löwith 1941 im japanischen Exil. Er fährt fort: »Der zeitgeschichtliche Zusammenhang des ›neuen Denkens‹ von Heidegger mit dem von R. ist nicht zur allgemeinen Kenntnis gekommen, wohl aber R. selber aufgefallen. Kritisch war ihre Zugehörigkeit dadurch gekennzeichnet, daß sich das Denken des einen wie des anderen von der Bewußtseinsmetaphysik des deutschen Idealismus abwandte, ohne dem Positivismus zu verfallen, und positiv durch ihren gemeinsamen Ausgang von der ›Faktizität‹ des menschlichen Daseins. Aus demselben Geiste der Zeit sind die ersten Schriften von E. Rosenstock, M. Buber, H. und R. Ehrenberg, V. von Weizsäcker und F. Ebner hervorgegangen. Auch die Anfänge der ›dialektischen Theologie‹ gehören in diesen geschichtlichen Bereich der Jahre nach dem ersten Weltkrieg: der vorerst letzten Epoche der deutschen Philosophie, in welcher sie produktiv war und ein bestimmtes Gesicht hatte, das nicht nur der Kopf von monologisierenden Einzelgängern war.«

Die in Löwiths Aufsatz vermerkte Bedeutung des *Sterns der Erlösung* (1921), aber darüberhinaus die des gesamten Werkes R.s und der Ausstrahlung seines Lebens, wurde in der deutschsprachigen Philosophie über Jahrzehnte so gut wie nicht wahrgenommen – von jenen Denkern einmal abgesehen, die R. noch unmittelbar gekannt hatten. Dem stand erst in zweiter Linie die Originalität seiner Gedanken im Wege, in erster Linie die Herrschaft des Nationalsozialismus, die er nicht mehr erlebte, und ihre Folgen weit über 1945 hinaus. In den USA, Israel, Frankreich und den Niederlanden hat sein Werk wesentlich größeren Einfluß ausgeübt – oder jedenfalls größeres Verständnis gefunden – als lange Zeit in Deutschland, obwohl es doch von der deutschen Sprache, der deutschen Geschichte und Geistesgeschichte nicht weniger geprägt war, wie R. selber hervorhob, als von der Rückkehr zu seinen jüdischen Quellen, – einer Rückkehr, die R.s immer bestimmtere und bestimmendere Aufgabe wurde.

Aus einer großbürgerlichen Kasseler Familie hervorgegangen, aufgewachsen in einem weitgehend assimilierten Judentum, stand R. 1913 nach heftigen Diskussionen mit seinen zum Christentum konvertierten Vettern H. und R. Ehrenberg und seinem Freund E. Rosenstock vor der Entscheidung, sich ebenfalls taufen zu lassen. Er hat sich gegen diese Konversion entschieden: »Ich bleibe also Jude«. In einem teilweise an den Fronten des Ersten Weltkrieges geschriebenen Briefwechsel in den Monaten Juni bis Dezember des Jahres 1916 gaben sich Rosenstock und R. Rechenschaft über ihre »Standpunkte«, die in beiden Fällen Lebensentscheidungen waren. Der schriftliche Dialog zwischen den beiden Freunden wurde an existentiellem Einsatz, intellektueller Schärfe und gedanklichem Reichtum von den jüdisch-christlichen Dialogversuchen der folgenden Jahrzehnte nie mehr erreicht.

R. hatte zunächst Medizin studiert, nach dem Physikum Geschichte und Philosophie in Freiburg und Berlin mit einem Abstecher nach Leipzig, wo er juristische Vorlesungen hörte. Seine Dissertation (1912) war ein Teil seines erst 1920 veröffentlichten, seinem Lehrer Friedrich Meinecke gewidmeten Werkes *Hegel und der Staat*. Im Zusammenhang der Arbeiten an diesem Buch hatte R. einen kurzen, bald zu Berühmtheit gelangten Text in Hegels Handschrift entdeckt, den er 1917 unter dem Titel *Das älteste Systemprogramm des deutschen Idealismus* veröffentlichte und in einem Kommentar, als auf Schelling zurückgehend identifizierte. (Bis heute ist die Frage, ob der Text ursprünglich von Schelling, Hegel oder von Hölderlin stammt, allerdings umstritten.) Teilweise in die Zeit seines Studiums – aber bis ans Ende seines Lebens gehend – reicht R.s Annäherung und Aneignung des Judentums: sein jüdisches Lernen. Hermann Cohen und – in ganz anderer Weise – der Rabbiner N. A. Nobel wurden darin seine Lehrer.

Ab März 1916 war R. als Kriegsfreiwilliger an der Balkanfront, von wo aus er auf Feldpostkarten die grundlegenden Gedanken seines Hauptwerkes, des *Sterns der Erlösung*, an sich selbst adressiert nach Kassel schickte. Zwischen August 1918 und Februar 1919 hat er das Buch niedergeschrieben, von dem er bei seinem Abschluß (und wohl schon vorher) wußte, daß er nie mehr ein Wort an ihm ändern würde, und nach dem er vorhatte, überhaupt kein Buch mehr zu verfassen. Der *Stern der Erlösung* – von R. mit 30 Jahren entworfen und mit 32 vollendet – »verwahrt« nach dem zugleich weitsichtigen und nüchternen Urteil Rosenstocks »unser Sparguthaben für einige Jahrhunderte«.

Das Buch gliedert sich in drei Teile, die in der ersten Auflage als drei separate Bände erschienen, und deren Verhältnis zueinander ein äußerst komplexes ist: die verhandelten Themen kehren in jedem der Teile an veränderter Stelle und unter neuer Perspektive wieder, wobei der eigentliche Gegenstand des Buches mindestens ebenso der Wechsel dieser Perspektive oder genauer der Methode des Denkens ist, wie die zur Darstellung gebrachten Inhalte. Von diesen kann man als *Themen* überhaupt nur noch unter Vorbehalt reden. Die drei Teile sind überschrieben: I. Teil: »Die Elemente oder die immerwährende Vorwelt«, II. Teil: »Die Bahn oder die allzeiterneuerte Welt«, III. Teil: »Die Gestalt oder die ewige Überwelt«. Das Buch handelt von Gott, Welt und Mensch, wie es alle Philosophie auf ihre Weise getan hat; aber es beansprucht, dies auf eine Weise zu tun, wie es bisher nie getan wurde. Die klassische Philosophie in ihrer Geschichte »von Ionien bis Jena« hat nach R. die beharrliche Tendenz, zwei dieser drei Größen auf eine – die jeweils dritte – zurückzuführen und von dieser wieder abzuleiten in einem Akt gedanklicher Operation, die eine Beziehung zwischen ihnen herstellt, die immer nachträglich ist im Verhältnis zu ihrem *tatsächlichen* In-Beziehung-zueinander-Treten oder -Stehen, das keine Reduktion zugibt – so sehr das logische Denken auf diese auch immer hinauswill. Gott *und* Welt, Gott *und* Mensch, Mensch *und* Welt – in der Erfahrung dieses unhintergehbaren »Und« – sind darum der wirkliche Gegenstand dieser Philosophie, aber als solche schon wieder kein *Gegenstand*, sondern recht eigentlich das *Leben*, das sich zwischen ihnen vollzieht, die *Zeit*, als die sich diese jeweiligen Beziehungen *ereignen*, und die der Philosophie zu denken geben.

Von diesem Ereignis der Zeit, diesen Ereignissen der Zeit »handelt« im besonderen der zweite – mittlere – Teil. Wenn es aber wirklich um die sich ereignende Zeit in ihm geht, dann kann seine philosophische Methode nicht die eines Erfassens zeitloser Wahrheiten mit Hilfe einer zeitlosen Logik, noch auch die eines (wieder zeitlosen) Konstatierens der Zeitlichkeit und Zeitbedingtheit aller Wahrheiten, sondern nur die einer Form des Darstellens und Denkens sein, die selber zeitlich ist: die des ›Erzählens‹, wie R. sein Vorgehen in Rückbezug auf Schellings *Weltalter* in diesem zweiten Teil charakterisiert. – Des Erzählens, das sich selber zeitlich vollzieht, das Zeit beansprucht und Zeit widergibt. Der tatsächlichen lebendigen ›Erfahrung‹ philosophisch Raum zu geben, sie in der Philosophie und als Philosophie zu Wort kommen zu lassen, als die Gewärtigung des drei-fältigen Und, ist das philosophische Vorhaben des *Sterns der Erlösung*. Ihm dient im Widerspruch gegen die im deutschen Idealismus gipfelnde Tradition der Methaphysik im I. Teil die Zerschlagung der vereinheitlichenden und erfahrungs*vergessenen* Beziehung von Gott, Welt und Mensch – bis Gott, Welt, Mensch als die »Elemente«, als die bloßen »Voraussetzungen« sich zeigen, die in der *wirklichen* Erfahrung immer nur als Gott *und* Welt, Gott *und* Mensch, Mensch *und* Welt da sind und sich *offenbaren*: als Schöpfung – und immerwährende Vergangenheit –, die nichts anderes ist als das Und zwischen Gott und Welt; als Offenbarung – und allzeiterneuerte Gegenwart –, die nichts anderes ist als das Und zwischen Gott und Mensch; als Erlösung – und ewige Zukunft des Reichs – die nichts anderes ist als das Und zwischen Mensch und Welt.

Diese neue »wirkliche« Weise der Beziehung und die ihr entsprechende »Methode« des Denkens wird erst im zweiten Teil des Buches deutlich, in dem sich eben »offenbart«, was im ersten Teil zwar angelegt, aber doch nur vorbereitet war, und was im dritten Teil dann ausgeführt, d. h. erst in der ihm eigenen Sprache noch kommen wird. Das Buch, das von der Offenbarung spricht – das zweite des zweiten Teils – wird so zum zentralen des ganzen Werks. In ihm sind wie in einem Brennpunkt die Themen präsent, die in den andern Teilen unter den diesen eigenen und entsprechenden Perspektiven erscheinen.

Der dritte Teil »Die Gestalt oder die ewige Überwelt« aber »handelt« von den Gestalten, die die Offenbarung in der Welt und Menschheitsgeschichte angenommen hat. Nicht mehr nur das *Ereignis* der Offenbarung, sondern ihre *Gestaltwerdung* in der Zeit: das Judentum und das Christentum treten ins Blickfeld, die je auf ihre

Weise die Ewigkeit (das ewige Kommen des Reiches) in der Zeit re-flektieren, »der Zeit ihre Ewigkeit abringen«, wie R. sagt. Judentum und Christentum werden hier zum ersten Mal in ihrer Geschichte (jenseits aller Polemik und Apologie) als zwei gleichberechtigte und in der »Ökonomie des Seins« (Emmanuel Lévinas) unverzichtbare Gestalten der Bewährung der einen göttlichen Wahrheit verstanden. Sie werden zu philosophischen und philosophisch unverzichtbaren Kategorien.

Wollte man die gedankliche Vielfalt und das systematische Anliegen des *Sterns der Erlösung,* der auf seine Weise alle großen Gegenstände der Philosophie thematisiert, der eine Logik, eine Ethik, eine Ästhetik enthält, auf einige wenige Stichworte bringen, so müßte man hervorheben: das der Sprache und das der Zeit. Aber Zeit und Sprache sind nicht Gegenstände dieses Buches und dieses Denkens, sie sind seine Methode, seine »Atmosphäre« (die Luft, in der es atmet), sein Leben; sie sind sein Denken selbst. R. hat dies Denken, das er als »neues Denken« begriff, als »Sprachdenken« verstanden, ein Denken, das nicht *über* die Sprache philosophiert, sondern, das Philosophie als auf Sprache angewiesen vollzieht und dies – und im Grunde nur dies – »thematisiert«. Desgleichen hat R. sein Denken als ein Denken begriffen, das »zeitgebunden ist, zeitgenährt«, und zwar eben weil es nichts anderes als Sprechen ist (Zu-einem-anderen-Sprechen, von einem anderen herkommendes Sprechen). So ist es auf Zeit angewiesen, der Zeit (wie des anderen) bedürfend und Zeit sich ereignend lassend: der Zeit entsprechend, *in* der sich nicht nur Schöpfung, Offenbarung und Erlösung ereignen, sondern *als* die sich Schöpfung, Offenbarung, Erlösung ereignen. Dieser Zusammenhang der Zeitlichkeit mit der Sprachlichkeit des Denkens, ohne den menschliches Denken nicht menschliches Denken wäre, ist der entscheidende Grund für den Wandel der Perspektive im Gang des *Sterns der Erlösung,* für den Wandel der Methode der Darstellung und des sprachlichen und gedanklichen Vollzugs zwischen Teil I und Teil III. Die dem I. Teil entsprechende »Methode« ist die der zeitlosen mathematischen Symbole, die dem II. Teil entsprechende die des Zeit brauchenden, Zeit vollziehenden Erzählens (im »Herzbuch« des ganzen *Sterns der Erlösung* sogar die des Dialogs, in dem der andere mitspricht, fragt und antwortet), und die dem III. Teil entprechende ist die der die Zukunft herbeiholenden, vorwegnehmenden hymnischen Sprache. Die erste monologisch – der traditionellen Philosophie, die sie behandelt gemäß; die zweite dialogisch – der sich jetzt ereignenden Offenbarung antwortend; die dritte chorisch – um die immer erst bevorstehende zu-kommende Zukunft betend.

Wer das Buch liest, wird sich wundern über die Präsenz theologischer »Begriffe« inmitten eines philosophischen Systems (denn um ein solches handelt es sich – im strengsten Sinn des Wortes – im *Stern der Erlösung*). In der Tat paßt dies Buch nicht hinein in die herkömmliche Aufteilung der Disziplinen von Philosophie und Theologie; man hat es darum verlegenheitshalber immer wieder als Religionsphilosophie verstanden, aber es ist dies mitnichten. Es ist, wie Martin Buber gesagt hat, »das System einer Begegnung von Theologie und Philosophie«: in ihm gewinnen theologische Begriffe nicht nur periphere, beiläufige, sondern *fundamentale* Bedeutung. Schöpfung, Offenbarung, Erlösung werden zu philosophischen *Grund-* begriffen, zu Begriffen, von denen die Philosophie anhebt zu denken, auf die sie angewiesen ist, auf die sie als gegebene, überlieferte Bezug nimmt, aber die sie doch in ihrer philosophischen und theologischen Bedeutung erkennt, erkennt, indem sie sie sprechen läßt.

Nach Abschluß des *Sterns der Erlösung* wollte R. nur noch mündlich lehren; er gründete 1920 das »Freie Jüdische Lehrhaus«, dessen Leiter er war bis eine amyotrophe Lateralsklerose ihn zunehmend lähmte und ihm das Sprechen zunächst erschwerte und dann unmöglich machte. Er konnte nach einiger Zeit nur noch einen einzigen Finger bewegen, mit dessen Hilfe er seiner Frau Buchstaben andeutete, die sie zu Worten und Sätzen zusammenfügte. So hat er über Jahre hin eine weitverzweigte Korrespondenz geführt (der bisher nur sehr partiell veröffentlichte Briefwechsel R.s gehört zum wichtigsten und bewegendsten, was wir von ihm haben), zahlreiche Aufsätze geschrieben zu Fragen der Erziehung und Bildung, des Judentums und schließlich vor allem zum Problem der Übersetzung und der Interpretation der Bibel.

In der letzten Phase seines Lebens, seit Dezember 1922 widmete R. sich immer mehr, über lange Phasen geradezu ausschließlich, der Arbeit des Übersetzens, zunächst von Hymnen und Gedichten des mittelalterlichen jüdischen Dichters Jehuda Halevi, und seit Mai 1924 gemeinsam mit Buber der Übertragung der hebräischen Bibel. In – von R.s Seite her notwendig schriftlich geführter – Auseinandersetzung um philologische, theologische und philosophische Fragen des Übersetzens entstand das mehr als drei Jahrzehnte nach R.s Tod schließlich von Buber allein vollendete Werk der *Verdeutschung der Schrift*. Eine Übersetzung, die in ihrem Anspruch, ihrer Gewagtheit und ihrer – letztlich gerade darin bestehenden – übersetzerischen Treue, aber nicht weniger in ihrem »methodischen« Problembewußtsein in die Reihe der großen Übersetzungen der Literaturgeschichte gehört. Buber und R. versuchten das theoretisch Unmögliche (und von ihnen auch als theoretisch unmöglich Verstandene) einer Annäherung zweier Sprachen aneinander zu unternehmen, bis das in der einen Gesagte wirklich und restlos in der anderen gesagt sei. Im Versuch, dies zu realisieren und nicht nur zu reflektieren, sondern methodisch und systematisch darin das Geheimnis, das Wunder der Sprache zu erahnen, gewissermaßen zu berühren, ist diese Übersetzung sowohl philologisch, als auch theologisch und philosophisch, aber auch geschichtlich in einem über den alltäglichen hinausgehenden Sinn von höchster Bedeutung.

Am 10. Dezember 1929, nach jüdischer Zeitrechnung am 8. Kislew 5690, starb Franz Rosenzweig.

Askani, Hans-Christoph: Das Problem der Übersetzung – dargestellt an Franz Rosenzweig. Tübingen 1995. – Lévinas, Emmanuel: Ein modernes jüdisches Denken. In: Ders.: Außer sich. Meditationen über Religion und Philosophie. München 1991, S. 99–122. – Mosès, Stéphane: System und Offenbarung. Die Philosophie Franz Rosenzweigs. Mit einem Vorwort von E. Lévinas. München 1985. – Glatzer, Nahum N.: Franz Rosenzweig. His Life and Thought. New York ²1961. – Freund, Else: Die Existenzphilosophie Franz Rosenzweigs. Ein Beitrag zur Analyse seines Werkes »Der Stern der Erlösung«. Hamburg ²1959. – Karl Löwith: Martin Heidegger und Franz Rosenzweig. Ein Nachtrag zu »Sein und Zeit« (1942/43). In: Sämtliche Schriften, Bd. 8. Stuttgart 1984, S. 72–101.

Hans-Christoph Askani

Rousseau, Jean-Jacques
Geb. 28. 6. 1712 in Genf; gest. 2. 7. 1778 in Ermenonville

Selbstbewußte Bürger wie der Deutsche Joachim Heinrich Campe wallfahrteten ebenso wie Ludwig XVI., Marie Antoinette, Franklin, Robespierre oder Napoleon I. an das Grab R. s.. In einem eigentümlichen Ineinanderübergehen von ethischer Person und literarisch-philosophischer Äußerung des Autors R. wurde er ihnen allen auf unterschiedliche Weise zum »Deuter des Lebens und Helfer der Weisheit« (Martin Rang), dessen Medaillons und Büsten man wie Heiligenbilder verehrte. Doch der Durchbruch zur europäischen Berühmtheit kam spät, und er beendete Jahrzehnte einer entbehrungsreichen, von vielerlei Umwegen und Niederlagen gekennzeichneten Suche R.s nach der eigenen Stimme im polyphonen Chor der Aufklärungszeit. In Genf wurde R. als jüngerer von zwei Söhnen eines Uhrmachers und einer Calvinistin 1712 geboren, doch seine Mutter überlebte die Geburt nur um wenige Tage. »Ich kostete meine Mutter das Leben, und meine Geburt war mein erstes Unglück.« Früh unterwies ihn der um eine für seinen Stand sorgsame Erziehung bemühte Vater bereits im Lesen, das dem phantasievollen Jungen schon bald zur Leidenschaft wurde. »Nur meiner ersten Lektüre entsinne ich mich und ihres Eindrucks auf mich. Es ist die Zeit, von der an ich mein ununterbrochenes Selbstbewußtsein datiere.« Im Kern bildeten sich hier durch die Lektüre sentimentaler Romane sowie französischer Autoren und Übersetzungen antiker Klassiker und Historiker aus der vom Großvater geerbten Bibliothek die für seine literarische Produktion so bedeutsame überschwengliche Empfindsamkeit wie auch die Fähigkeit aus, unter vollkommenen und erfundenen Figuren einer Phantasiewelt zu leben. Plutarch wurde R.s Lieblingslektüre, seine Begeisterung für die Ideale antiken Patriotismus und Republikanismus gefördert, die auf väterlichen Einfluß ebenso zurückgeht und seine entstehenden politischen Ideen mitformt wie der später auch öffentlich bekundete Stolz, Bürger (»citoyen«) der freien Republik Genf zu sein. Als der Vater Genf verlassen mußte, um einem drohenden Gerichtsverfahren zu entgehen, wurde R. bei einem Pfarrer in der Nähe von Genf zur Erziehung in Pension gegeben, doch mußte er schon bald eine Lehre bei einem Genfer Kupferstecher antreten. Sein großer Lesehunger ließ ihn die Tyrannei des »schlechten Meisters« und das Gefühl sozialer Deklassierung vergessen, bis er sich – zunächst ohne festen Plan – auf den Weg ins katholische Savoyen begab, weil ihm die Tore seiner calvinistischen Vaterstadt durch Zufall verschlossen geblieben waren. Auf Vermittlung eines katholischen Geistlichen machte R. die Bekanntschaft von Madame de Warens, einer zum Katholizismus konvertierten Calvinistin; von ihr sogleich nach Turin geschickt, tritt er dort 1728 – freilich ohne innere Überzeugung – zum Katholizismus über. Es folgten vier unstete und abenteuerliche Wanderjahre, in deren Verlauf R. u. a. das Leben eines Dieners in verschiedenen Turiner Adelshäusern kennenlerne und erstmalig eine Fußreise nach Paris unternahm. Von dort kehrte er nach Chambery zurück, dem neuen Wohnsitz der verehrten Gönnerin, bei der er Aufnahme fand und die ihm in den entscheidenden Jahren seiner Jugend sowohl Mutter wie Geliebte wurde. Diese Lebensperiode, an deren Aufenthalte in Les Charmettes der erwachsene R. ein friedlich-bescheidenes Glück maß, diente trotz längerer Unterbrechungen und Versuche, u. a. als Katasteramtsschreiber und Musiklehrer seinen Lebensunterhalt zu verdienen, im wesentlichen der Aneignung seiner Bildung durch intensive autodidaktische Studien. Sie galten nicht nur den großen antiken und modernen Autoren, sondern auch theologischem und philosophischem Schrifttum (u. a. Pierre Bayle, François Fénelon), dem er sich neben naturwissenschaftlichen Experimenten und dem Erwerb musikalischer Kenntnisse widmete. Die wachsende Entfremdung zu Madame de Warens machte schließlich die Trennung notwendig. R. machte sich mit wenig Geld, aber einigen Gedichten und Entwürfen von Stücken und Singspielen auf den Weg in die Metropole. Erstaunlich schnell faßte er im literarischen und gesellschaftlichen Paris Fuß (1742). Auf die trotz der Fürsprache Bernard Fontenelles und René Réaumurs erfolgende Ablehnung seiner der »Académie des Sciences« am 23. August 1742 dargelegten neuen Zahlennotenschrift reagierte R. mit der Ausarbeitung seiner *Dissertation sur la musique moderne* (1743; *Abhandlung über die moderne Musik*) und wendete sich der Komposition zu. Leidenschaftlich trat R. für die italienische Musik ein, die er in Venedig kennenlernte, wo er 1743/44 durch Zufall als Sekretär des neuernannten französischen Botschafters wirken konnte. Hier wurde er mit der Praxis der Diplomatie und mit vielen Einzelheiten der Staatsverwaltung bekannt. Aufgrund dieser Erfahrungen faßte er den Plan eines großangelegten Werks mit dem Arbeitstitel »Institutions politiques«. Teile davon gingen in dem späteren *Encyclopédie*-Artikel »Politische Ökonomie« und im *Contrat Social* auf. »Ich hatte gesehen, daß alles im letzten Grunde auf die Politik ankäme und daß, wie man es auch anstellte, jedes Volk stets nur das würde, was die Natur seiner Regierung aus ihm machen würde.« Nach einem Zerwürfnis mit dem unfähigen Botschafter, dessen Berichte nach Paris R. selbständig verfaßte, kehrte er über Genf wieder nach Paris zurück. Hier begegnete er 1745 der Wäscherin Thérèse le Vasseur, die er nach über 20jährigem Zusammenleben 1768 heiratete und mit der er fünf Kinder hatte, die R. alle im Findelhaus aufziehen ließ. Die Stellung als Sekretär der Adelsfamilie Dupin-Francueil, in deren Haus ihm Freundschaft und Unterstützung gewährt und er mit seiner späteren Mäzenin Madame d'Epinay bekannt wurde, sicherte ihm eine bescheidene wirtschaftliche Existenz und bot ihm zugleich Einblicke in Wirtschafts- und Finanzfragen. In diesen Jahren machte R., dessen Vater ihm nach seinem Tod 1747 eine schnell verbrauchte Erbschaft hinterlassen hatte, »die Bekanntschaft mit allem . . ., was es in Paris in der Literatur gibt.« So auch mit Pierre Marivaux, der ihm bei der Überarbeitung seiner Komödie *Narcisse* (1753; *Narziß oder der Liebhaber seiner selbst*) half, die als einziges seiner sieben bis 1754 verfaßten Theaterstücke veröffentlicht und von der Comédie Française aufgeführt wurde. Er fand Eingang in den Kreis um den Baron d'Holbach und befreundete sich mit dem noch unbekannten Denis Diderot; dieser machte ihn mit Étienne Condillac bekannt, der gerade sein sensualistisches philosophisches Programm ausarbeitete. Als einziger Musiktheoretiker im Kreis der befreundeten Enzyklopädisten wurde R. 1749 mit den Artikeln zur Musik beauftragt, die er später in überarbeiteter Form in seinem für das Studium der französischen Musik des 18. Jahrhunderts grundlegenden *Dictionnaire de musique* (1767) verwendete. In das Jahr 1749 fiel aber auch seine eigentliche Geburtsstunde als Schriftsteller, als er auf dem Weg zu seinem in Vincennes arretierten Freund Diderot in der Oktobernummer des *Mercure de France* auf die Preisfrage der Akademie in Dijon stieß, »ob die Wiederherstellung der Wissenschaften und Künste zur Läuterung der Sitten beigetragen habe«. Der erschütternden Begegnung mit dieser Frage hat er später den Charakter eines Erweckungserlebnisses zu geben versucht. »Wenn je etwas einer plötzlichen Erleuchtung gleichkam, so war es die Bewegung, die sich in mir bei dieser Lektüre vollzog; mit einemmal fühlte ich, wie mein Geist von tausend Lichtern geblendet wird.« Was er in der inspirierten Vision einer Erweiterung seines Wissens und seiner Kenntnisse »gesehen und empfunden« hatte, drückte R. auf Anraten Diderots in jener Abhandlung aus, mit der er die Preisfrage 1750 auf paradoxe, d. h. von der üblichen fortschrittsoptimistischen Ansicht seiner Zeit abweichenden Form mit einem klaren Nein beantwortete. Diese Schrift (*Discours sur les sciences et les arts*) bezeichnet »den Punkt, an dem Rousseau zu sich selbst und der mit seinem Namen verbundenen Philosophie findet« (Christoph Kunze). Erstmals entwickelt R. in seiner weniger durch innere Logik und konsistente Argumentation als durch polemische Rhetorik und leidenschaftliches Pathos sich auszeichnenden Schrift die These einer nichtentfremdeten Frühzeit der menschlichen Gesellschaft; ihr Niedergang vollzieht sich zwangsläufig mit einem außerordentlichen Aufschwung der »Künste« (d. h. Gewerbe und Kunsthandwerk) und Wissenschaften; in den Augen R.s ist dieser Aufschwung mit Blick auf den sittlichen Zustand der Gegenwart moralisch wie politisch zu verurteilen. Die wachsende soziale Differenzierung, die sich u. a. in einer gesteigerten Arbeitsteilung äußert, hat Konkurrenzneid, Ungleichheit und Feindschaft der Bürger untereinander zu Folge. Ihre ideelle und soziale Homogenität wird aufgelöst, und damit verliert die Tugend (»vertu«) als konstitutive Eigenschaft des Bürgers ihren »ursprünglichen« Wert als Garant der Gemeinschaft: »Die Staatsmänner der Alten redeten immerfort von Sitten und von Tugend; die unsrigen reden von nichts als vom Handel und vom Gelde.« R. gewann mit seiner Schrift überraschend den Preis und wurde dadurch über Nacht berühmt. Damit ging zugleich eine grundlegende »Reform« seines Lebens einher, die ihn bald in wachsende Entfremdung, und schließlich zum Bruch mit seinen Freunden führte. »Von diesem Zeitpunkt datiert mein Entschluß, meine Handlungen meinen Grundsätzen (d. h. Freiheit und Tugend) gemäß einzurichten und kühnen Schritts den herrschenden Vorurteilen meines Jahrhunderts entgegenzutreten.« Zunächst ergriff R. im Buffonistenstreit an der Seite des Barons von Grimm und anderer Enzyklopädisten u. a. mit seiner *Lettre sur la musique française*, die 1753 wie »eine Brandfackel« (Grimm) wirkte, Partei für die italienische Musik, wofür ihn Opernmitglieder »in effigie« erhängten. Gleichwohl wird sein meisterliches Singspiel *Le devin du village* (1752; *Der Dorfwahrsager*) nach der gefeierten Uraufführung vor dem Hof Ludwigs XV. in Fontainebleau ein bemerkenswerter Publikumserfolg.

Die Weiterführung seiner sozialkritischen Gedanken in jenen wichtigen Streitschriften, mit denen er 1753/54 auf einige der 67 Kritiken seiner beredten Zeitdiagnose antwortete, erfuhr ihre systematische Ausarbeitung in seinem *Discours sur l'origine et les fondements de l'inégalité parmi les hommes* (1755; *Über den Ursprung und die Grundlagen der Ungleichheit unter den Menschen*), mit der er sich neuerlich um den Preis der Akademie, jedoch erfolglos bewarb, und die mit großer Beachtung 1755 in Amsterdam erschien. »Rousseaus philosophischstes Werk« (Leo Strauss), das er selbst eine »geschichtliche Untersuchung der Moral« nannte und das einen der Ursprünge des modernen Kulturbewußtseins darstellt, lieferte eine grundsätzliche Zivilisations-, Geschichts- und Gesellschaftskritik. Sie verbindet einen anthropologischen Optimismus, der sich gegen Hobbes richtet, mit einer zutiefst pessimistischen Philosophie der Geschichte, die als allenfalls zu verlangsamender, gleichwohl irreversibler Verfallsprozeß gedeutet wird. »Die menschliche Natur schreitet nicht zurück«. Für deren Begriff aber entwirft R. in Abstraktion von allen sozialen und geschichtlichen Bedingungen das Bild der hypothetischen Gestalt des Naturmenschen, der als asoziales und sprachloses Wesen vor aller Entwicklung und Geschichte steht, dessen Instinktfreiheit und Vervollkommnungsfähigkeit (»perfectibilité«) aber die als negativ empfundene Entwicklung der Menschheit ermöglicht. Geschichte läßt sich damit nicht mehr als Selbstentfaltung einer sie schon immer umgreifenden natürlichen Bestimmung des Menschen deuten, sondern nur noch als widernatürliches Heraustreten aus dem Naturzustand, das keinesfalls notwendig, sondern nur durch äußere Zufälle wie Naturkatastrophen u.a. bedingt wurde. Im Namen einer nichtteleologischen Natur machte R. damit auf beunruhigend neue Weise »der Gesellschaft den Prozeß . . ., ohne einen Schuldigen zu nennen« (Henning Ritter). Das gegenwärtige Übel der Ungleichheit des materiellen Besitzes und der Lebensbedingungen wird als Produkt einer von R. in ihren wirtschaftlichen, sozialen und geistigen Konsequenzen durchdachten Dynamik der Gesellschaftsbildung erkennbar, deren »wesensverändernde Metamorphose des ganzen Menschseins« (Kurt Weigand) durch jenes Moment der Ungleichheit infrage gestellt ist, das im Ursprung beim Privatbesitz, bei der Arbeitsteilung und einer betrügerischen politischen Institution liegt, die »zur Besitzdifferenzierung die rechtliche Sicherung des Eigentums und die politische Unterwerfung der Besitzlosen hinzufügt« (Iring Fetscher).

Daß R. dabei am äußersten Grad die Ungleichheit im zügellosen Despotismus der zeitgenössischen Monarchien unaufhaltsam in einen »neuen Naturzustand« des Rechts der Stärkeren umkippen sah, liefert die kritische Folie zu jenen großen Werken, die in teils gleichzeitiger Arbeit auf dem Höhepunkt seines Schriftstellerdaseins bis 1761 entstanden. In dieser Zeit lebte R. zunächst als Gast der Madame d'Epinay und nach dem Bruch mit ihr und den Enzyklopädisten um Grimm und Diderot, den R.s moralische Theater- und Gegenwartskritik in seiner *Lettre à M. d'Alembert sur les spectacles* (1758; *Brief an d'Alembert über das Schauspiel*) öffentlich dokumentierte, auf Einladung des Herzogs von Luxemburg in dessen ›Petit Château‹ in der ländlichen Abgeschiedenheit von Montmorency. 1761 erschien in Paris sein sentimentaler Liebesroman *La Nouvelle Héloïse*, der ein überragender europäischer Erfolg in allen Leserschichten nicht zuletzt deshalb wurde, weil er Moral und leidenschaftliches Gefühl gegen Konventionen betonte und die lyrische Seite der Natur entdeckte. Die offene Darstellungsform dieser *Lettres de deux amants, habitants d'une petite ville aux pieds des Alpes* (1761; *Briefe zweier Liebenden aus einer kleinen Stadt am Fuß der Alpen*) bringt in vielfacher Brechung die theoretische Perspektive des unaufhebbaren Widerspruchs der natürlichen und gesellschaftlichen Bestimmung des Menschen zur Erfahrung der Liebenden. Das auf strikte Beachtung der Tugend beruhende Glück der Romanutopie einer Gemeinschaft der neuen Gleichheit erweist der Tod seiner Heldin, den sie als Erlösung vom Widerstreit zwischen Neigung und Pflicht begreift, als schönen Schein, was den Roman am Ende in einer unauflöslichen, den Leser zur Teilnahme zwingenden Ambiguität verharren läßt.

Noch im selben Jahr schloß der von Krankheiten geplagte R., der sich im Sommer seinem Ende nahe glaubt, die großen Manuskripte des *Émile* und des *Contrat social* ab (beide 1762). Sein Werk *Vom Gesellschaftsvertrag oder Grundsätze des Staatsrechts* liefert die rechts- und staatsphilosophische Konstruktion der Prinzipien einer legitimen politischen Ordnung, die den Bruch zwischen abstraktem Recht und der dadurch geregelten Wirklichkeit nicht entstehen läßt, um somit einen normativen Ordnungsbegriff für die praktische Kritik bestehender Institutionen bereitzustellen. »Man muß wissen, was sein soll, um das, was ist, recht beurteilen zu können.« R. suchte im *Contrat social* die Lösung für *die* »Form des Zusammenschlusses, die mit ihrer ganzen gemeinsamen Kraft die Person und das Vermögen jedes einzelnen Mitglieds verteidigt und schützt und durch die doch jeder, indem er sich mit allen vereinigt, nur sich selbst gehorcht und genauso frei bleibt wie zuvor.« Die Individuen entäußern sich danach in einem ursprünglichen konstitutiven Akt der Vergesellschaftung ihrer natürlichen Freiheit durch eine freiwillige Assoziation zugunsten des Gemeinwillens (»volonté général«), in dessen auf die Selbsterhaltung des Ganzen und dadurch auf die Sicherheit des Einzelnen gerichteten Entscheidungen sie notwendig ihren eigenen Willen wiedererkennen. Sie erwerben jene »wahre Freiheit, die in der Bindung aller an das Gesetz besteht«, das sie sich selbst gegeben haben und vor dem sie alle jene höhere Form der Gleichheit gewinnen, zu deren Gunsten sie auf die natürliche Gleichheit verzichten müssen. Die ihrem Wesen nach strikt egalitäre und auf Volkssouveränität abzielende »dramatisierte Theorie des Eintritts in die Institution« (Jean Starobinski) bindet deren Fortbestand jedoch an ein überschaubares republikanisches Gemeinwesen von Kleinbesitzern, das seine relative Homogenität der Besitzverhältnisse und Interessen durch eine konservative Wirtschaftspolitik sichern muß. Die lebenslange Bindung des selbst aus dem Genfer Kleinbürgertum stammenden R. an die Ideologie des »Volks«, d. h. der moralisch integren kleinbürgerlichen Schichten offenbart hier der Versuch, »unter den Bedingungen einer idealisierten Kleinbürger-Gesellschaft ein Stück des antiken Polisideals zu konservieren« (I. Fetscher). R.s Entwurf liest sich aber gleichzeitig auch als ein »Abgesang« (Robert Spaemann) auf die politische Existenz des Bürgers, der in der totalen Identifikation mit dem Kollektiv die im Heraustreten aus dem Naturzustand verlorene Einheit mit sich selbst zurückgewinnt.

»Diese beiden Worte: Vaterland und Staatsbürger müssen aus den modernen Sprachen gestrichen werden«, heißt es denn auch im *Émile ou de l'éducation* (*Émile oder über die Erziehung*) – jenem Buch, für dessen Lektüre Kant seinen ansonsten pedantisch eingehaltenen Abendspaziergang nur ein einziges Mal in vielen Jahren versäumt hat, um ergriffen zu erklären: »Rousseau hat mich zurechtgebracht«, denn »ich lerne die Menschen ehren«. Der Newton der sittlichen Welt, wie ihn Kant verstand, beschrieb im *Émile* keine »Methode für Väter und Söhne«, sondern eine allgemeine Erziehungslehre, die in einem philosophisch-anthropologischen Entwurf den menschheitsgeschichtlichen Übergang vom Natur- zum Kulturzustand auf die Geschichte eines Subjekts projizierte, das in der umfassenden Entfaltung seiner Natur am Ende zum vollkommenen Menschen erzogen wird. Das paradigmatisch entwickelte Programm einer privaten, häuslichen »Erziehung der Natur« zielt nicht mehr auf die Eingliederung in eine als korrupt erkannte Polis, sondern auf die Verinnerlichung des Gemeinwillens als Gewissen ab. »Im Gewissen gewinnt der moderne Mensch seine Autarkie, seinen absoluten Schwerpunkt in sich zurück. Er wird auf der Höhe des zivilisatorischen Niveaus der Epoche wieder zum ›natürlichen Menschen‹« (R. Spaemann). Thron und Altar aber erregte vor allem die Forderung eines dogmenfreien Christentums im Glaubensbekenntnis des *Émile*, so daß dieser zusammen mit dem *Contrat social* von der Zensur und dem Erzbischof in Paris, wenig später auch in Genf, dessen Bürger R. nach seinem Wiedereintritt in die calvinistische Kirche 1754 erneut geworden war, verboten und öffentlich verbrannt wurde.

Um sich der Verhaftung zu entziehen, verließ R. 1762 Frankreich; für den Fünfzigjährigen begann die ruhelose Zeit des Exils: zunächst in der Schweiz, wo er dreimal verjagt wurde, dann in England auf Einladung des Philosophen David Hume, mit dem sich R. nach 13 Monaten völlig überwarf, und schließlich in verschiedenen Gegenden Frankreichs, bis er mit seiner Frau 1770 wieder nach Paris zurückkehrte. Die Erfahrung der erlittenen Verfolgungen verdichtete sich für den mit allen Freunden zerstrittenen R. in den letzten Jahren seines einsamen, zurückgezogenen Lebens in Paris zur Zwangsvorstellung eines durch die Partei der Enzyklopädisten inszenierten Komplotts, durch den er seine Person zu »einem Ungeheuer« entstellt glaubte. Schreibend suchte er sich deshalb in seinem Anspruch zu rechtfertigen, in einer nur zum Schein existierenden öffentlichen Sittlichkeit für sich selbst Tugend und Wahrheit reklamieren zu können und daher zur Existenzform des in Übereinstimmung mit sich selbst, jedoch in Distanz zur Gesellschaft lebenden »solitaire« berechtigt zu sein. Aus diesem Kampf der Schrift gegen das »Werk der Finsternis« entstanden neben einigen apologetischen Traktaten und den Projekten einer Verfassung für Polen und Korsika seine großen autobiographischen Schriften, die erst aus dem Nachlaß veröffentlicht wurden. Ihr Versuch der Verteidigung der Person eröffnete gleichzeitig neue Möglichkeiten der literarischen Erschließung von Erfahrungsräumen des modernen Bewußtseins. Für die Geschichte der europäischen Autobiographie sind R.s *Confessions* (1782/89; *Bekenntnisse*) von zentraler Bedeutung gerade deshalb, weil er in diesem rückhalt- und schonungslosen Werk der Selbstdarstellung selbst die peinlichsten Selbstentblößungen und die kühne Darstellung seiner erotischen Kindheits- und Jugenderfahrungen zum ausschließlichen Bekenntnis zu sich selbst und seiner unvergleichlichen Individualität nutzt, um mit der Fundierung in der autobiographischen Erfahrung zugleich die Überzeugungskraft seiner Geschichtsphilosophie zu stärken. Wie er die spätere öffentliche Selbstverteidigung gegen die Verleumdungskampagne in dem Gedankenexperiment der dialogisierten Verteidigungsrede *Rousseau juge de Jean Jacques* (posthum 1780–82), die R. vergeblich auf dem Altar von Notre Dame niederzulegen versuchte, wollen auch die unvollendeten *Rêveries du promeneur solitaire* (1782; *Träumereien eines einsamen*

Spaziergängers), R.s wahres Wesen formulieren. In diesen Aufzeichnungen befreite sich R. jedoch im endgültigen Bruch mit der Gesellschaft von seinen Rechtfertigungs- und Verfolgungszwängen in der Hinwendung zu einfachen Verhältnissen der Selbst- und Fremderfahrung, die ihm im glückhaften Existenzgefühl der unmittelbaren Selbstgegebenheit und Enthobenheit eine Abgrenzung des Ich von innen heraus zu ermöglichen schienen. R. entdeckte für sich in seinem Spätwerk in der inneren Wahrhaftigkeit seiner Äußerungen auf den verschiedenen Ebenen seines philosophischen, literarischen oder autobiographischen Diskurses, die er durchaus in ihrer Spannung zur mitgeteilten Wahrheit erkannte, den rechtfertigenden und die Einheit seines Werkes garantierenden Grund seines Schreibens. Weniger in seiner politischen Theorie als in dem Individuum R. in der Position des authentischen Nonkonformisten gegen die ›polizierte‹ Gesellschaft sahen denn auch die treibenden Kräfte der Revolution von 1789 ihre eigenen Tugenden verkörpert. Sie wiesen ihm die »Rolle des moralischen Rhetors zu« (I. Fetscher) und bestätigten den Erfolg der Bemühungen R.s, der Nachwelt von sich »das vollendete Urbild des verfolgten Retters« (J. Starobinski) zu überliefern, auf dem Höhepunkt des Rousseaukults 1794 durch Überführung seines Sarkophags von Ermenonville in das Panthéon von Paris. Man gab ihm einen Ehrenplatz neben Voltaire, in dessen Kampf mit R. jedoch schon Nietzsche eines jener »unerledigten Probleme« sah: das Problem der Zivilisation, dem die Existenz R.s gerade dadurch exemplarischen Ausdruck verliehen hat, »daß er die Paradoxien des neuzeitlichen, nichtteleologischen Naturbegriffs erstmals in seinem Werk und sich selbst zur Darstellung gebracht hat« (R. Spaemann).

Starobinski, Jean: Jean-Jacques Rousseau. La transparence et l'obstacle. Paris 1971; dt.: Eine Welt von Widerständen. München 1988. – Spaemann, Robert: Rousseau – Bürger ohne Vaterland. München 1980. – Fetscher, Iring: Rousseaus politische Philosophie. Frankfurt am Main ³1975. – Derrida, Jacques: Grammatologie. Frankfurt am Main 1974. – Meier, Heinrich: Rousseaus ›Diskurs über die Ungleichheit‹. Ein einführender Essay über die Rhetorik und die Intention des Werkes. In: Jean-Jacques Rousseau: Diskurs über die Ungleichheit. Paderborn/ München/Wien/Zürich 1984.

Matthias Schmitz

Ruge, Arnold
Geb. 13. 9. 1802 in Bergen (auf Rügen); gest. 31. 12. 1880 in Brighton

Über sein Verhältnis zur Hegelschen Philosophie äußert sich R. an einer Stelle seiner autobiographischen Aufzeichnungen *Aus früherer Zeit*: »Wir hatten ihn nie so verstanden, wie die Anwälte der religiösen und staatlichen Knechtschaft, die genug in ihm fanden, was für sie, aber auch gegen sein eigenes Prinzip spricht. Wir haben ihm gewiß nicht Unrecht gethan, als wir ihn gegen sich selbst in Schutz nahmen, obgleich wir sehr gut wissen, daß er sich gegen uns erklärt haben würde, wenn er unsre Auffassung seiner Philosophie erlebt hätte.« Darin spricht R. stellvertretend für die junghegelianische Bewegung, die sich daran abgearbeitet hat, die

Hegelsche Philosophie in politische Praxis umzusetzen und damit – mit einem Wort des jungen Marx – zu verwirklichen. R. ist innerhalb des Junghegelianismus sicher kein bedeutender selbständiger Kopf; allerdings spielt er als glänzender Publizist und Kritiker, zugleich als hervorragendes Organisationstalent eine um so erheblichere Rolle in den philosophischen und politischen Auseinandersetzungen des Vormärz. – Von 1832 bis 1836 arbeitet der Altphilologe und Philosoph R. recht glücklos als Privatdozent in Halle. Insgesamt nur wenig beachtet, haben seine beiden großen systematischen Arbeiten aus den 30er Jahren, *Die Platonische Ästhetik* (1832) und die *Neue Vorschule der Ästhetik* (1837), kaum nennenswerten Einfluß auf die ästhetische Theoriebildung bei den Zeitgenossen gehabt. Obwohl sich vor allem in der *Neuen Vorschule* bemerkenswerte Überlegungen zu den – in der Tradition übergangenen – Begriffen des Häßlichen und Komischen finden, ist R. von den Philosophiehistorikern des 19. Jahrhunderts schnell abgefertigt worden, weil er »eben kein Ästhetiker vom Fach« (Max Schasler) war. 1838 gründet er mit dem Freund Theodor Echtermeyer die *Hallischen Jahrbücher*, die – seit 1841 unter dem Titel *Deutsche Jahrbücher für Wissenschaft und Kunst* bis zu deren Verbot 1843 fortgeführt – sicherlich das bedeutendste Publikationsorgan der Vormärz-Demokraten gewesen sind. Zu den Mitarbeitern und Beiträgern zählen u. a. David Friedrich Strauß, Ludwig Feuerbach, Bruno Bauer, Friedrich Theodor Vischer und Karl Rosenkranz. Im Zentrum der Kritik steht die romantische Bewegung, der Echtermeyer und R. in einem vielbeachteten Manifest, *Der Protestantismus und die Romantik* (1839/40), den Kampf angesagt haben. Unter Berufung auf die Hegelsche Philosophie, das »Princip der Reformation« und der Befreiung, attackieren Echtermeyer und R. die »Geniesucht«, »Willkür« und »leere Negativität« der Romantiker, die – politisch – am Ende beim Katholizismus und bei der Apologie der Reaktion landen. Nach dem Verbot der *Jahrbücher* plant R., gemeinsam mit Karl Marx die *Deutsch-Französischen Jahrbücher* herauszugeben. Obwohl nur ein Doppelheft erschienen ist, vereinigen doch die Jahrbücher die seinerzeit fortschrittlichsten Positionen. Neben Marx und Engels sind Heine, Moses Heß und Georg Herwegh unter den Beiträgern zu finden. Doch werden im Zusammenhang mit der Planung der Jahrbücher bereits R.s Grenzen deutlich. Er bleibt der liberalen Aufklärungsideologie verhaftet und schreckt davor zurück, die demokratische Bewegung mit dem proletarischen Kampf, wie es Marx und Engels vorschwebt, zu verbinden. So ist denn schließlich seine weitere Entwicklung nur folgerichtig. Nach 1848 ins Exil nach England vertrieben, macht R. 1866 seinen Frieden mit dem preußischen Weg der Reichseinigung von oben und schließt sich den Nationalliberalen an.

R.s bemerkenswerteste Arbeiten liegen weniger im Philosophisch-Systematischen denn im Publizistischen. Mit seinen Rezensionen und Essays in den *Hallischen Jahrbüchern* hat er die Wendung der Hegelschen Philosophie ins Politisch-Praktische nachvollzogen und damit entscheidende Einsichten der junghegelianischen Bewegung, wie sie philosophisch strenger von Feuerbach, Bauer oder Strauß entwickelt worden sind, popularisiert. Bedeutend sind vor allem R.s Kritik der Hegelschen Rechtsphilosophie, worin er dessen Staatsphilosophie dahin umdeutet, daß die Bestimmung des allgemeinen Willens weniger eine Angelegenheit des Monarchen und der Regierung als der Volksvertretung ist, und seine Auseinandersetzung mit dem Liberalismus (*Eine Selbstkritik des Liberalismus*, 1843), dem er – wieder via Hegel – vorwirft, daß allein die theoretisch-philosophische Befreiung des Geistes nichts nützt, solange keine wahre, politisch-praktische Freiheit im Staat herrscht. R. schlägt Hegel mit dessen eigenen Waffen, wenn er konstatiert, daß sich die Substanz in der progredierenden Geschichte, im geschichtlichen Subjekt, realisiert und demgemäß auch nicht bei Hegel stehengeblieben werden kann. In einer berühmt gewordenen Rezension der Hegelschen Rechtsphilosophie, *Zur Kritik des gegenwärtigen Staats- und Völkerrechts* (1840), skizziert er das Programm einer Philosophie nach Hegel – eine Problemstellung, die nicht nur die Junghegelianer, sondern auch noch Marx und Engels zum Einsatzpunkt ihrer frühen Philosophie der Praxis gemacht haben: Hegel »war wirklich der philosophische Abschluß seiner Zeit, und nun ignorierte er auch die Schranke oder die Negation der Zukunft, weil diese dem absoluten Wissen widerspricht; diese Schranke offenbart sich nun unmittelbar an ihm selber, und diese Negation ist bereits eingetreten: wir können weder seine Zurechtmacherei der christlichen Dogmatik noch die Konstruktion der bereits historisch überwundenen Zustände..., weder die absolute Religion noch die absolute Kunst und noch weniger das absolute Wissen anerkennen und werden ihm überall beweisen, daß solche Unfreiheit seinem eigenen, dem ewigen Prinzip der Freiheit und der Offenbarung des Absoluten in der Geschichte, d. h. der Entwicklung, zuwider ist.«

Pepperle, Heinz/Pepperle, Ingrid (Hg.): Die Hegelsche Linke. Dokumente zu Philosophie und Politik im deutschen Vormärz. Leipzig 1985. – Löwith, Karl: Von Hegel zu Nietzsche. Der revolutionäre Bruch im Denken des 19. Jahrhunderts. Sämtliche Schriften Bd. 4, Stuttgart 1988.

Werner Jung

Russell, Bertrand
Geb. 18. 5. 1872 in Chepstow (Südwales); gest. 2. 2. 1970 in Penrhyndendraeth (Wales)

Kaum ein anderer Philosoph des 20. Jahrhunderts erlangte solchen Weltruhm und war doch so umstritten wie R., der Enkel des liberalen Reformpolitikers Lord John Russell. Während er in der Wissenschaftswelt durch seine bahnbrechenden Arbeiten über die logische Grundlegung der Mathematik zeitweilig ins Zentrum des Interesses rückte, wurde er der Weltöffentlichkeit vor allem aufgrund seiner unerschrockenen pazifistischen Haltung, seiner Forderung nach größerer sexueller Freiheit und nach anti- autoritärer Erziehung, seines Bekenntnisses zum Agnostizismus, Hedonismus und unorthodoxen Sozialismus bekannt. Die Tatsache, daß ihm der Nobelpreis verliehen und viele andere hohe Auszeichnungen zuteil wurden, kann nicht darüber hinwegtäuschen, daß die Zahl seiner Gegner parallel zu seinem politischen Engagement stieg. Wenn auch R. seine weltanschaulichen Überzeugungen deutlich von seinen ›philosophischen Wahrheiten‹ trennte, da seiner Meinung nach Gesellschaftstheorien im Unterschied zur strengen Philosophie wesentlich auf Werturteilen beruhen, so war doch bei ihm der »Drang nach Erkenntnis« aufs engste gekoppelt mit dem leidenschaftlichen Bemühen, an der Schaffung einer humaneren, friedlicheren Welt mitzuarbeiten.

Bertrand Arthur William R. wurde 1872 in Südwales als zweiter Sohn einer traditionsreichen englischen Adelsfamilie geboren. Nach dem Tod seiner Eltern kam der knapp Vierjährige in die Obhut seiner Großeltern, die ihn in einem liberalen, zugleich aber auch streng puritanischen Geist erziehen ließen. 1890 ging R. an das Trinity College in Cambridge, wo er vier Jahre lang Mathematik und Philosophie studierte. Zu den wichtigsten Bekannten aus dieser Zeit gehörte neben seinem Kommilitonen George E. Moore, dem späteren Begründer des Neurealismus, sein Lehrer Alfred North Whitehead, mit dem er zunehmend enger zusammenarbeitete und der schließlich auch der Mit-Autor seines Hauptwerks *Principia mathematica* (1910–1913) wurde. Nach einem kurzen Intermezzo als Attaché der britischen Botschaft in Paris schloß R. 1894 seinen ersten Ehebund – drei weitere sollten im Laufe seines langen Lebens folgen. Obwohl er sich bis Anfang der 20er Jahre in erster Linie mit philosophisch-mathematischen Problemen befaßte, schrieb er in dieser Zeit auch zahlreiche Abhandlungen über politisch-soziale Themen, wie z. B. über deutsche Sozialdemokratie, Anarchismus, Bolschewismus und die allgemeinen *Principles of Social Reconstruction* (1916; *Grundlagen einer sozialen Umgestaltung*); ja, er fand sogar die Zeit, mehrfach für das Parlament – wenn auch erfolglos – zu kandidieren. Sein öffentliches Bekenntnis für die sofortige Beendigung des Ersten Weltkriegs und seine uneingeschränkte Unterstützung der englischen Kriegsdienstverweigerer brachten ihm nicht nur den Haß der Patrioten, sondern auch den Verlust seiner Dozentur in Cambridge und 1918 sogar eine sechsmonatige Gefängnisstrafe ein. In den folgenden Jahrzehnten wandte sich R. mehr und mehr populärphilosophischen und gesellschaftspolitischen Fragestellungen zu; so entstanden unter anderem Werke wie *The Analysis of Mind* (1921; *Die Analyse des Geistes*), *The Analysis of Matter* (1927; *Philosophie der Materie*), *ABC of Relativity* (1928; *ABC der Relativitätstheorie*), *Marriage and Morals* (1929; *Ehe und Moral*), *The Conquest of Happiness* (1930; *Eroberung des Glücks*), *Education and the Social Order* (1932), *Freedom and Organisation* (1934; *Freiheit und Organisation*). Bezeichnenderweise erhielt R. 1950 nicht für sein mathematisch-philosophisches Grundlagenwerk, sondern für sein Buch *Marriage and Morals* den Nobelpreis für Literatur. In den beiden letzten Jahrzehnten seines Lebens widmete er sich fast ausschließlich dem Kampf für Frieden und weltweite Abrüstung: er organisierte Massenproteste, verfaßte Manifeste und gründete Friedens-Komitees, so z. B. die berühmt gewordene »Pugwash-Bewegung«. In diesem Zusammenhang ist auch das 1966 in Stockholm von R. initiierte »Vietnam-Tribunal« zu sehen, das die Kriegsführung der Amerikaner in Vietnam durchleuchtete und schärfstens verurteilte. Sein Leben sah der Philosoph im Rückblick als von »drei einfachen, doch übermächtigen Leidenschaften« bestimmt: »Das Verlangen nach Liebe, der Drang nach Erkenntnis und ein unerträgliches Mitgefühl für die Leiden der Menschheit.«

R.s Philosophie, die er selbst als »logischen Atomismus« charakterisierte, basiert auf der Annahme, daß nur Naturwissenschaften und Mathematik die Grundlage für sichere Erkenntnis bzw. unbezweifelbare Wahrheiten bieten können. So bestimmte er auch »das Geschäft der Philosophie« als »wesentlich logische Analysis, gefolgt von logischer Synthesis«. Seine intensiven mathematischen Studien in Cambridge ließen ihn zu der Überzeugung gelangen, daß es möglich sein müsse, die Mathematik vollständig aus der formalen Logik abzuleiten. Obwohl man heute allgemein seinen Versuch als mißlungen ansieht, fand sein dreibändiges, zusammen mit Whitehead verfaßtes Hauptwerk *Principia mathematica*, in dem er seine Überlegungen zur Logistik ausführlich darlegte, weltweite Anerkennung. Um ihren ehrgeizigen Plan durchführen zu können, sahen sich die beiden Philosophen gezwungen, eine Kunst- bzw. Symbolsprache zu konstruieren, die die Mehrdeutigkeiten der Alltagssprache nicht enthalten würde. Dabei konnten sie sich vor allem auf Arbeiten der deutschen Philosophen Gottfried W. Leibniz und Gottlob Frege sowie des italienischen Mathematikers Guiseppe Peano stützen. Neben der Konstruktion einer Symbolsprache war für die Realisierung des »logizistischen Programms« die Vermeidung logischer Widersprüche von größter Bedeutung. R. selbst hatte – was in Fachkreisen großes Aufsehen erregte – nachgewiesen, daß Frege sich trotz gegenteiliger Annahme in eine Antinomie verstrickte: Die Menge aller Mengen, die sich nicht selbst als Element enthalten, enthält sowohl sich selbst als auch sich selbst nicht. Um diese nach ihm benannte Antinomie zu vermeiden, entwickelte R. die »verzweigte Typentheorie«, die Aussagen, Aussageverknüpfungen und Aussage-Funktionen in eine bestimmte Stufenfolge stellt und darüber hinaus die Aussageverknüpfungen nochmals nach »Typen« unterscheidet. Auf diese Weise können Aussagen, die zu Antinomien führen würden, als »sinnlos« ausgeschlossen werden. R., der als einer der wichtigsten Wegbereiter der analytischen Philosophie bezeichnet werden muß, zeigte sich – wie anfänglich auch sein Freund Ludwig Wittgenstein – davon überzeugt, daß die Wirklichkeit bis in ihre kleinsten Elemente erkannt und benannt werden kann. Eine logische Idealsprache, so seine Überlegung, müßte in der Lage sein, ein mehr oder weniger genaues Abbild der Welt zu geben. Nach dieser Theorie entsprächen den Einzeldingen in der Welt, die sich zu »atomaren Tatsachen« zusammensetzen, genau zwei »atomare Aussagesätze«, nämlich ein wahrer und ein falscher. Prinzipiell erschien ihm Erkenntnis auf zwei Weisen möglich: entweder durch unmittelbare Bekanntschaft, dazu gehören die »Sinnesdaten«, wie Geräusche, Farben und Gerüche, oder – mittelbar – durch Beschreibung, darunter faßt R. zum Beispiel die Kenntnis der uns umgebenden Gegenstände und Menschen. Die Wirklichkeit aber offenbart sich uns nur dann, ja, wird uns nur dann verständlich, wenn wir die Kenntnis durch Beschreibung auf die elementare Kenntnis der Bekanntschaft zurückführen. Es ist ein Charakteristikum seiner Philosophie und insbesondere der Erkenntnistheorie, daß sie im Laufe der Zeit immer wieder von ihrem Verfasser variiert, ergänzt und – in Teilen – verworfen wurde.

Würtz, Dieter: Das Verhältnis von Beobachtungs- und theoretischer Sprache bei Bertrand Russell. Frankfurt am Main 1980. – Clark, Ronald W.: Bertrand Russell. Philosoph-Pazifist-Politiker. München 1975. – Ayer, Alfred J.: Bertrand Russell. München 1973.

Norbert J. Schürgers

Ryle, Gilbert
Geb. 19. 8. 1900 in Brighton; gest. 6. 10. 1976 in Whitby

R. s. Hauptanliegen war die Erkundung der »logischen Geographie« unseres Begriffssystems. Die Aufgabe der Philosophie definierte er als die Beseitigung von Begriffsverwirrungen. Anders als Rudolf Carnap und ähnlich wie Ludwig Wittgenstein und John L. Austin war R. der Auffassung, daß nicht erst eine ideale Sprache konstruiert werden muß, die dem Ausräumen von Begriffsverwirrungen dient, sondern daß der Rekurs auf die normale Sprache dem Philosophen ausreichende Mittel zur Verfügung stellt, seine Aufgabe zu bewältigen.

R. wurde als Sohn eines philosophisch interessierten Arztes geboren; 1919 begann er das Studium der Altphilologie, Philosophie, Geschichte, Staatswissenschaft und Nationalökonomie am Queens College in Oxford. Nach Abschluß des Studiums erhielt R. 1924 eine Dozentur am Christ Church College. In einer autobiographischen Schrift charakterisiert er die provinzielle Atmosphäre der Oxforder Philosophie während der 20er Jahre, die dazu führte, daß man kontinentale Autoren überhaupt nicht wahrnahm. R. selbst aber verfaßte Rezensionen zu Heideggers *Sein und Zeit* und einer Schrift des polnischen Phänomenologen Roman Ingarden. Eine Veranstaltung R. s. über Bernard Bolzano, Franz Brentano, Edmund Husserl und Alexius Meinong führte in Oxford zu dem Scherz, R. halte eine Vorlesung über drei österreichische Bahnstationen und ein chinesisches Brettspiel. R. s. frühe Nähe zur Phänomenologie zeigt sich in seinen späteren Werken vor allem in seiner Vorliebe für detaillierte Einzelanalysen; seine anticartesianisch motivierte Destruktion des Dualismus von Geist und Körper auf der Grundlage einer Analyse der menschlichen Praxis steht in unmittelbarer Nähe zu zentralen Anliegen von Heideggers *Sein und Zeit*. Nach dem Krieg wurde R. Fellow am Magdalen College und Waynflete Professor für Metaphysik in Oxford. Von 1948 bis 1971 gab er als Nachfolger von George E. Moore die philosophische Zeitschrift *Mind* heraus. 1953 hielt er die Tarner Lectures in Cambridge, die unter dem Titel *Dilemmas* (1970; *Begriffskonflikte*) als Buchveröffentlichung erschienen. Sein Hauptwerk *The Concept of Mind* (*Der Begriff des Geistes*) publizierte R. 1949. Seine weitreichenden philosophiehistorischen Kenntnisse stellte er mit seinen Arbeiten zu Platon (u. a. *Platos Progress*, 1966) unter Beweis.

In seiner Schrift *The Concept of Mind* destruiert R. eine der wohl einflußreichsten Theorien über den menschlichen Geist, die davon ausgeht, daß der Mensch einen Körper und einen Geist in der gleichen Weise hat, wobei der Körper von allen wahrgenommen werden kann und den Gesetzen der Physik unterliegt, während der Geist privat ist und nur von sich selbst beobachtet werden kann. Das Verfahren der Introspektion sichert den privilegierten Zugang zu ihm. Die Vorgänge im Geist gelten als die verborgenen Ursachen des beobachtbaren körperlichen Verhaltens der Menschen. R. nennt diese Theorie »Dogma vom Gespenst in der Maschine«, »paramechanische Hypothese« oder auch »cartesianischen Mythos«. Mit einer Fülle

von Einzelanalysen weist er auf die Inkonsistenz dieses Mythos hin, verdinglichungs-
kritisch richtet er sich gegen eine durch verhaltensbeschreibende Redeweisen nahegelegte Hypostasierung mentaler Entitäten, die als im Kopf des Menschen anzusie-
delnde Ursachen seines Verhaltens gelten. Unter dem Vorzeichen eines »methodischen Behaviorismus« rekonstruiert R. diese Redeweisen als »dispositionelle Prädikate«. Was beispielsweise heißt es, von einer menschlichen Handlung zu sagen, sie sei
intelligent? Ein Vertreter der »intellektualistischen Legende«, die auf dem »Dogma
vom Gespenst in der Maschine« basiert, würde sagen, eine intelligente Handlung
zeichne sich dadurch aus, daß der Mensch, der sie durchführe, vorher denke und
plane, daß er um die Regeln wisse, nach denen die Handlung auszuführen sei. Eine
Definition intelligenten Verhaltens durch Wissen stellt aber keine Kriterien zur
Verfügung, die es erlauben, eine intelligente Handlung von einer weniger intelligenten Handlung zu unterscheiden. Statt dessen nimmt eine derartige Definition
Zuflucht zu nichtbeobachtbaren Vorgängen im Geist des Menschen. Jemand kann
eine Rechenaufgabe lösen, ohne sich einer besonderen Denkanstrengung zu unterziehen; er kann z. B. die Lösung und die zu ihr führenden Schritte auswendig
gelernt haben; ein anderer löst die gleiche Aufgabe, indem er seine intellektuellen
Fähigkeiten ins Spiel bringt. Beobachten wir den eher schlichten und den meister-
haften Rechner bei ihrer in beiden Fällen bemerkenswert eleganten Vorführung der
Lösung, so erlaubt uns die Beobachtung nicht, nur eine der beiden Rechnungen als
intelligent zu bezeichnen. R. wendet sich gegen die »intellektualistische Legende«
und formuliert folgende Gegenargumente: auch dann, wenn wir intelligent handeln, müssen wir oftmals viel zu schnell handeln, als daß wir vorher einen Plan
fassen könnten; an einen vor dem Handeln gefaßten Plan können wir uns bei vielen
Handlungen nicht erinnern; so kann man kochen oder sprechen, auch ohne alle
Regeln dieses Handelns genau explizieren zu können; der schwerwiegendste Fehler
des Intellektualisten liegt in der Rückführung der Intelligenz auf das Wissen; jemand
kann alle Regeln und Kunstregeln des Fußballs kennen, ohne jemals von der
Ersatzbank eines Kreisligavereins herunterzukommen. R. fragt nach den Kriterien
für die Anwendung des Wortes »intelligent«. Ein Kriterium für intelligentes Verhalten ist das Können (R. unterscheidet in seinem Hauptwerk »knowing how«
(können) und »knowing that« (wissen)). Die Regeln einer Handlung kennen, heißt
zumeist, diese Handlung ausführen können, wobei hier die Praxis des Handelns der
Theorie des Regelexplizierens vorausgeht und zugrunde liegt.

Der Intellektualist verwechselt Wörter, die Dispositionen bezeichnen, mit Wörtern, die Vorgänge bezeichnen. Dispositionsaussagen erlauben zwar auf eine ähnliche
Weise Prognosen wie naturwissenschaftliche Sätze über Kausalitätsverhältnisse, eine
Verwechslung dieser aber mit jenen führt zu einer Verdinglichung des Geistes. Die
Dominanz des »cartesianischen Mythos«, die Genese von Begriffsverwirrungen (z. B.
die Verwechslung eines Dispositionswortes mit einem Vorgangswort) erklärt sich R.
durch das Vorliegen von Kategorienfehlern. Wenn ich etwa jemandem Frankfurt
zeige, die Gebäude der Banken, die Karl-Marx-Buchhandlung, das philosophische
Institut der Universität, die Corneliusstraße, den Hauptbahnhof und die vielen
Vergnügungsstätten und Bordelle im Bahnhofsviertel und er mich anschließend
fragt, wo denn aber nun Frankfurt sei, so werde ich ihm erklären müssen, daß es

außer den Gebäuden, Straßen und Plätzen, die ich ihm gezeigt habe, kein Frankfurt gibt. Er hat mit seiner Frage einen Kategorienfehler begangen. Einen ähnlichen Fehler begeht auch der Dualist, der die Handlungen und Aktivitäten der Menschen erklären will und dabei nach den Vorgängen im Geiste fragt. In einer Rezension zu Carnaps Bedeutungstheorie verwirft R. dessen Semantik als eine »Fido«-Fido-Theorie der Bedeutung. Die Bedeutung eines Wortes werde hier aufgefaßt als dasjenige, wofür das Wort stehe, ähnlich wie der Name »Fido« für den Hund Fido stehe. Eine derartige Konzeption ist der Auffassung R.s zufolge viel zu eng und der Vielfalt der möglichen Wortgebräuche und Verwendungsweisen unangemessen. In allen seinen Analysen rekurriert R. immer wieder auf die vortheoretische Praxis der Menschen; Alltagswelt und gesunder Menschenverstand sind ihm verläßliche Richter bei dem Urteil über die Lösung eines philosophischen Problems. Seine Schriften weisen auf eine mögliche Synthese von phänomenologischer Lebensweltphilosophie und der »Philosophie der normalen Sprache« als einem dominierenden Zweig der analytischen Philosophie.

Rentsch, Thomas: Sprachanalytische Verdinglichungskritik. Gilbert Ryles Phänomenologie des Geistes. In: Ders.: Heidegger und Wittgenstein. Existenzial- und Sprachanalysen zu den Grundlagen philosophischer Anthropologie. Stuttgart 1985. – Kemmerling, Andreas: Gilbert Ryle: Können und Wissen. In: Grundprobleme der großen Philosophen. Hg. von Josef Speck. Göttingen 1975. – Savigny, Eike von: Die Philosophie der normalen Sprache. Eine kritische Einführung in die »ordinary language philosophy«. Frankfurt am Main 1969.

Christoph Demmerling

Sade, Donatien Alphonse François, Marquis de

Geb. 2. 6. 1740 in Paris; gest. 2. 12. 1814 in Charenton

»Nicht nur werde ich den ganzen Winter kein Feuer machen können, sondern ich werde außerdem noch von Ratten und Mäusen aufgefressen, die mich nachts keinen Augenblick schlafen lassen ... Wenn ich bitte, man möge mir gnädigst eine Katze ins Zimmer geben ..., die sie vertilge, so antwortet man mir, Tiere sind verboten. Daraufhin antworte ich: ›Aber, ihr Einfaltspinsel, wenn Tiere verboten sind, so müßten Ratten und Mäuse es auch sein.‹« Diese Sätze schreibt S. am 4. Oktober 1778 am Beginn der zweiten, über 11jährigen Gefangenschaft aus dem Staatsgefängnis von Vincennes an seine Frau. Solche und schlimmere Klagen füllen fast ebensoviele Seiten wie seine aus der jahrzehntelangen Haft geborenen literarischen Bilder eines Panoptikums der Ausschweifung. Sein Leben brachte S. nur deshalb nicht an den Rand des Wahnsinns, weil er sich mit seinen literarischen Phantasien ein Universum schaffen konnte, zusammengesetzt aus allem, was Menschen auf diesem Gebiet möglich ist. So rettete er seinen Kopf durch Schreiben. Doch es war der Kampf eines Sisyphos; die Gefängnismanuskripte wurden zensiert, gestohlen, konfisziert, verbrannt. Schließlich schrieb er die erste unvollendete Reinschrift seines Hauptwerks *Les 120 Journées de Sodome ou l'École du Libertinage* (1785;

Die 120 Tage von Sodom). Nur ein Teil davon tauchte 1904 wieder auf. Alle anderen Spuren des Werks sind verschwunden. Fast der Hälfte seiner Manuskripte ging es so. Besonders seine Nachkommen im 19. Jahrhundert lasen mit stummer Angst und vernichteten voller Ekel alles, was die Familie durch diesen Vorfahren kompromittieren konnte. So liegt sein Werk heute nur als Fragment vor. S. wurde 74 Jahre alt. Er verbrachte davon 31 Jahre in Gefängnissen, Armenhäusern, Irrenanstalten und unter Hausarrest, ohne geistiger Verwirrung zu verfallen. Viermal gelang es ihm zu fliehen. Einmal war er vier Jahre lang auf der Flucht und hetzte kreuz und quer durch Italien. Seit seinem 23. Lebensjahr wird er von der Polizei beschattet und gejagt. Er kennt die berüchtigsten Gefängnisse Frankreichs: Vincennes, Bastille, Bicêtre. Die Französische Revolution bringt ihm für drei Jahre die Freiheit. Er stilisiert sich zum Revolutionär und macht in den unteren Verwaltungsorganen von Paris Karriere, obwohl er die Revolution haßt, besonders aber die Jakobiner. Immerhin wird er für kurze Zeit zum Präsidenten seiner Sektion gewählt. Aber er, der in seiner Phantasie die ungeheuerlichsten Greuel ersann, schreckt davor zurück, der Terrormaschinerie der Jakobiner zu dienen. Schließlich wird er wegen seiner Sympathien für die Girondisten verhaftet, entkommt der Guillotine nur durch Zufall. Die Justiz von vier Gesellschaftssystemen findet Gründe, ihn einzusperren oder im Gefängnis zu lassen, das Ancien régime unter Ludwig XVI., Robespierres Terrorregime, die Napoleonische Herrschaft und die Restaurationsmonarchie unter Ludwig XVIII. Die letzten 14 Jahre lebt S. im Irrenhaus von Charenton, wo er mit den Insassen selbstverfaßte Theaterstücke einstudiert und aufführt, bis die napoleonische Verwaltung seine erfolgreichen Therapieversuche stoppt. Alle vereint die Angst vor der jede Ordnung gefährdenden Dimension seiner sexuellen Phantasien, die Angst vor einer Philosophie, die keinen Gott und keine Autorität außer der der Gewalt kennt und die so jegliche Form gesellschaftlicher Macht als verkommen und verbrecherisch entlarvt. In diesem Punkt geht S. viel weiter als Rousseau. Die Welt, in der Aristokratie und Kirche herrschen, schildert er als schwarze Utopie, in welcher der Verbrecher immer triumphiert, der Mörder ungestraft die Tugend vernichtet und sich damit obendrein im Einklang mit den Gesetzen der Natur befindet. S. entlarvt die gesamte Theodizee-Philosophie, jegliche Tugendlehre und die Ideen von Liebe, Gehorsam und Sittsamkeit sowie alle anerkannten Formen staatlicher Gewalt als böse Tricks einiger Wüstlinge, mit denen sie die Menschheit beherrschen. Er ist nicht der erste, der Macht als Lust und jede Form von Puritanismus als scheinheilig brandmarkt. Den Staat beschreibt bereits Thomas Hobbes als Ungeheuer, die Mächtigen als Monster und die Ordnung als naturnotwendige Mechanik des Bösen. S. verbindet die Macht mit der sexuellen Lust, mit jeder möglichen Perversion und verweist sie somit einhundert Jahre vor Freud in den Bereich der Psychopathologie. Dahinter erscheint die Utopie einer Gesellschaft auf der Grundlage repressionsfreier Sexualität. S. selbst nimmt sich als bestes Beispiel dafür, wie Gewalt Sexualität deformiert. Erst die Kerkermauern verwandeln seine sexuellen Phantasien in ein Panoptikum der Perversionen.

S. lebte in unentwegtem Kampf um einige kleine Freiheiten, in der Angst um den Verlust seiner Manuskripte, in ständiger Hoffnung auf Befreiung, in Furcht vor dem Wahnsinn und in dem Kampf, seine sensible Phantasie vor der äußeren Verrohung zu bewahren. Seine Klagen über die Deformationen, die in der Zwangsjacke entstehen, mit der man seine Sexualität zu töten versucht, sind der Schlüssel für seine Philosophie, seine Gesellschaftskritik, seine negative Anthropologie, für die dahinter hervorscheinende Utopie einer Welt herrschaftsfreier Lust und der Wiedervereinigung von Phantasie und Wirklichkeit in der Lust. Die Klagen benennen zugleich den Ort, an dem künftig die Deformation der Sexualität durch gesellschaftliche Systeme am deutlichsten erscheint, den Strafvollzug. In dem Moment, in dem die bürgerliche Gesellschaft mit dem Terror der Tugend sich anschickt, den Körper des einzelnen vollkommen in die Schranken der Scham zu weisen, um ihn damit berechenbarer zu machen, entdeckt S. die Phantasie als den einzigen noch möglichen Ort freier Lust, und er beschreibt die individuellen und gesellschaftlichen Deformationen, die aus solcher Schizophrenie entstehen. In diesem Punkt weist seine Analyse der Ursachen psychischer Erkrankungen über Freud hinaus und trifft sich mit heutigen Theorien zur Psychopathologie ganzer Gesellschaften, etwa bei Alexander Mitscherlich oder Mario Erdheim. S.s Panoptikum der Ausschweifung, das er in seinen *120 Tagen von Sodom* und in seinem zweiten Hauptwerk, dem Doppelroman *La nouvelle Justine ou les malheurs de la vertu, suivie de L'Histoire de Juliette, sa sœur, ou les prospérités du vice* (1797; *Die neue Justine*), in Bildern und Geschichten vor uns ausbreitet, ist nichts weniger als die vollständige Beschreibung aller pathologischen Formen der Lust, die durch die Herrschaft des Menschen über den Menschen möglich werden. S. entdeckt dabei das Gesetz, nach dem Herrschaft ständig versucht, sich zu perfektionieren und total zu werden: Je unkontrollierter Herrschaft ist, desto größer ist die Lust des Herrschenden an der Ohnmacht des Beherrschten. Das gilt nicht nur für die Beziehungen zwischen einzelnen, sondern für alle gesellschaftlichen Machtverhältnisse. So strebt jede Herrschaft danach, die Kontrollorgane, die ihr beigegeben sind, abzuschütteln oder zu überlisten. Das Gesetz, das wir in der Individualpsychologie Sadismus nennen, beschreibt S. deutlicher als alle seine Nachfolger auch als ein Grundprinzip gesellschaftlichen Machtstrebens und aller seiner Perversionen. Mitten in der Euphorie über die endlich hereinbrechende Utopie deckt er die schwarze Seite der Idee von der Perfektibilität der Gesellschaft und des Staates auf. Je besser ein Staat organisiert ist, desto größer die Deformation seiner Menschen. So bewegt sich die Geschichte nicht auf einen Endzustand des Glücks zu, sondern auf den des Unglücks, und damit, so S.s Fazit, befindet sie sich in Einklang mit den Gesetzen der Natur. Der Perfektibilitätsutopie der Aufklärung tritt er mit einer grenzenlosen Destruktionsutopie entgegen. Die Natur betreibt nicht die Vervollkommnung des Menschen zum Guten, sondern zum Bösen. In dem Roman *Philosophie dans le Boudoir* (1795; *Die Philosophie im Boudoir*) beschreibt S. die Grundlagen einer libertinen Republik. Sie funktioniert wie ein Superbordell. Der Mann kann uneingeschränkt über die Frau, der Reiche über den Armen verfügen. Die Sklavenkaste wird hingemordet für die Genußfreiheit der Herren. Diese Gesellschaft ist eine Ansammlung von Individuen ohne jegliche Bindungen, die ständig notzüchtigen oder genotzüchtigt werden. Die Konsequenz eines solchen Staates ist die Ausrottung der Menschheit. S. betreibt die Umkehrung der bürgerlichen und die Pervertierung der aristokratischen Wertordnung zugleich. Damit zeigt er die beiden Ordnungen innewohnenden Möglichkeiten. Alle Schrekken der zukünftigen Welt sind in dieser Umkehrbewegung mit eingeschlossen, auch jene der modernen negativen Utopien und der totalitären Diktaturen unseres Jahrhunderts. Die Wende von der Utopie der Vervollkommnung der menschlichen Gesellschaft zur Zivilisationsskepsis, vor allem zur Skepsis gegenüber staatlicher Perfektion, vollzieht er gründlicher als Rousseau. S. beargwöhnt vor allem das Streben der Staaten nach Sicherheit und Berechenbarkeit und hält es, lange bevor sie diesem Ziel durch Wissenschaft und Technik näher kommen, für naturwidrig. In seinen Horrorwelten ist nichts sicher, am wenigsten das Leben. Aber hierin sind sie ein positives Gegenbild zu den Gefängniswelten, in denen er ohne Gefahr für Leib und Leben »sicher« dahinvegetierte und die ihm Sinnbild wurden für die Utopien, die den Herrschaftsformen vorschwebten, die S. kennengelernt hatte. Dagegen setzt er eine einzige helle Utopie in seinem Roman *Aline et Valcour ou le roman philosophique* (1793): ein Inselstaat, Tamoé genannt, der sich vor allem dadurch auszeichnet, daß es in ihm keine Verbrechen gibt, weil keine einzige Tat als Verbrechen definiert wird. So könnte S., heute gelesen, zum Anlaß werden, über die Ursachen der Psychopathogenese von Gesellschaften nachzudenken, und man könnte diese dann in deren Streben nach perfekter Sicherheit und lückenloser Planbarkeit auffinden.

Pauvert, Jean-Jacques: Der göttliche Marquis. Leben und Werk des Donatien-Aldonze-François de Sade. 2 Bde., München 1991. – Siegert, Michael: De Sade und wir. Frankfurt am Main 1971. – Das Denken von Sade, herausgegeben von »Tel Quel«. Mit Aufsätzen von Roland Barthes, Hubert Damisch, Pierre Klossowski, Philippe Sollers und Michel Tort. München 1969. – Lely, Gilbert: Leben und Werk des Marquis de Sade. Düsseldorf 1961.

Michael Winter

Saint-Simon, Claude Henri de
Geb. 17. 10. 1760 in Paris; gest. 19. 5. 1825 in Paris

»Steht auf, Herr Graf, große Taten warten auf Euch«, mit diesen Worten ließ sich schon der 15jährige S.-S. allmorgendlich von seinem Kammerdiener wecken. Große Taten im konkreten Sinne hat der Graf allerdings nicht vollbracht, sondern statt dessen mit mächtiger Imaginationskraft große Entwürfe und Utopien mit dem Ziel der Veränderung der gesellschaftlichen und wirtschaftlichen Lebensbedingungen vorgelegt, die ihn zu einem »der Utopisten des Industriezeitalters« (Ernst Bloch) und zu einem Vorläufer des Sozialismus haben werden lassen. Utopische Pläne verfolgte schon der junge S.-S. – In Amerika – er nahm als Offizier des französischen Expeditionskorps am amerikanischen Unabhängigkeitskrieg teil – schlägt er dem Vizekönig von Mexiko den Bau eines Kanals zwischen Atlantik und Pazifik vor. Nach Europa zurückgekehrt, versucht er den Spaniern den Bau eines Kanals von Madrid zur Küste schmackhaft zu machen. Alles, was groß und phantastisch ist, zieht ihn an. So träumt er von einer Bank mit gewaltiger Kapitalkraft, die menschheitsbeglückende Projekte finanzieren soll. Mit den politisch-gesellschaftlichen Zielen der Revolution von 1789 – Abschaffung aller Standesprivilegien – sympathisiert er zwar, doch verzichtet er auf aktive politische Mitarbeit und profitiert statt dessen von den wirtschaftlichen Folgen der Revolution: als Käufer enteigneter Kirchengüter gelangt er durch Bodenspekulationen zu immensem Reichtum – und verschwendet diesen wieder in wenigen Jahren in einem Leben als Grand-Seigneur und Förderer von Kunst und Wissenschaft. Im Jahre 1805 steht er vor dem finanziellen Ruin. In den folgenden zwanzig Jahren – durchweg in größter Armut, immer auf der Suche nach einem Mäzen – verfaßt er seine Schriften. Am Anfang der philosophisch-gesellschaftlichen Werke S.-S.s steht eine politische Utopie: die Forderung nach einer europäischen Konföderation mit europäischem Parlament, das über die allen Europäern gemeinsamen Interessen verbindlich entscheiden solle. Zu der Einheit Europas sollen England und Frankreich, da sie schon parlamentarische Regierungsformen besäßen, den ersten Schritt tun. Ein noch zu vereinigendes Deutschland solle sich diesem neuen Europa anschließen; und unterstünden diese drei Nationen erst einmal einem gemeinsamen Parlament, dann würden sich die anstehenden Probleme Europas unschwer lösen lassen (*De la Réorganisation de la Société Européenne ou de la Nécessité et des Moyens de rassembler les peuples de l'Europe en un seul corps politique en conservant à chacun son indépendance nationale*, 1814). Eine politische Utopie, gewiß. Doch bedenkt man, daß, als S.-S. seine Vorstellungen von einer europäischen Einheit verkündete, die Nationen Europas im Gefolge der Französischen Revolution bereits seit mehr als zwei Jahrzehnten im Krieg miteinander lagen, dann erscheint S.-S.s Traum geradezu als eine politische Notwendigkeit. Doch nicht mit seinen politischen Entwürfen, so aktuell sie uns heute auch anmuten, sondern mit seiner Utopie einer neuen Gesellschaftsordnung, die man, vereinfacht gesagt, als Theorie der technokratischen Gesellschaft kennzeichnen könnte, hat S.-S. dank der Propaganda seiner Jünger im 19. Jahrhundert Einfluß und Bedeutung gewonnen.

Grundprinzip der neuen Gesellschaft ist die Befriedigung der Bedürfnisse ihrer Mitglieder durch die Produktion nützlicher Güter. Alle verfügbaren Kräfte werden auf die Steigerung der Produktion mit dem Ziel, den Wohlstand aller zu vermehren, ausgerichtet (*L'Organisateur*, 1819-20). Eine primär ökonomische und weniger eine politische Ideologie ist also die staatstragende Idee in S.-S.s Gemeinwesen. Wenn der Produktion das größte Gewicht in der neuen Gesellschaft beigemessen wird, dann ist es für ihn nur konsequent, daß den Produzenten der Güter auch die Macht im Staate übertragen werden muß und daß der Rang, den der einzelne innerhalb der Gesellschaft einnimmt, bestimmt wird von dem Gewicht seines produktiven gesellschaftlichen Beitrags. Das Prinzip der Verteilung »Jedem nach seiner Fähigkeit, jeder Fähigkeit nach ihren Leistungen« wurde von S.-S.s Schülern formuliert. – Die neue Gesellschaft ist also keine demokratische, sondern eine hierarchisch geordnete Gesellschaft mit einer aristokratischen Führungsgruppe. Aristokratisch jedoch nicht in dem überlebten Sinne der Herrschaft einer müßiggängerischen Feudalschicht, gleich ob adeliger oder bürgerlicher Herkunft, sondern aristokratisch in dem Sinne der Herrschaft der produktiven Klasse über alle anderen Klassen. »La classe industrielle« nennt S.-S. diese neue führende Klasse und die Herrschaft, die sie ausübt, ganz entsprechend »le régime industriel« (*Du Système industriel*, 1821; *Catéchisme des*

Industriels, 1823–24). Der »Industrielle« ist für S.-S. nicht nur der Unternehmer im heutigen Wortverstande. Den »Industriellen« definiert er vielmehr als »einen Menschen, der arbeitet, um zu produzieren oder um den verschiedenen Mitgliedern der Gesellschaft eine oder auch mehrere materielle Möglichkeiten anzubieten, ihre Bedürfnisse zu befriedigen« *(Catéchisme des Industriels)*. In diesem Sinne gehören Bauern und Handwerker, Kaufleute und Matrosen, Fabrikanten und Bankiers und auch die »Proletarier« zu den Industriellen, wobei allerdings die Unternehmer die »chefs naturels« der Arbeiterschaft sein sollen. Daß die marxistische Kritik die Vorstellung von einer einzigen und geschlossenen arbeitenden Klasse als »utopisch« und als »Geblendetsein durch junges industrielles Up to date« (Ernst Bloch) ablehnen mußte, liegt auf der Hand. Innerhalb der als »corporation« strukturierten »classe industrielle« nehmen die Bankiers als Verwalter des modernen Wirtschaftslebens den ersten Platz ein, da sie neben ihren eigenen Interessen das Allgemeininteresse aller »Industriels« am stärksten berücksichtigen. S.-S.s neue Gesellschaft beruht neben dem ökonomisch-produktiven Prinzip auf der Vorstellung der Ungleichheit der Menschen, die allerdings ausschließlich durch deren unterschiedliche Fähigkeiten bedingt ist. Er beruft sich mit dieser Vorstellung u. a. auf die sogenannten »Idéologues« des 18. Jahrhunderts, etwa Condorcet. Gemäß diesem Grundsatz der angeborenen unterschiedlichen Begabungen propagiert er eine Dreiteilung der Gesellschaft in Industrielle, Wissenschaftler und Künstler, wobei die letzten beiden Korporationen immer der ersten unterstellt bleiben. Aufgabe der Wissenschaftler sei es, den »pouvoir spirituel« auszuüben, d. h. vor allem, die wissenschaftlichen Voraussetzungen für die Produktionssteigerung zu schaffen. Eine nicht minder dienende Funktion haben die Künstler: sie sind die Propagandisten der Zukunftsvisionen der neuen Gesellschaft.

Am Ende seines Lebens sucht S.-S. die Härten seines rationalistisch-ökonomischen Gesellschaftsmodells mit Hilfe der Religion zu entschärfen. Kernpunkte des *Neuen Christentums (Nouveau Christianisme*, 1825), das er verkündet, sind die Gebote der Friedfertigkeit und der Brüderlichkeit im Umgang mit den Ärmsten und die Abkehr von allem Aberglauben. Als Soldat unter General Washington und als Nachfahre Karls des Großen pflegte S.-S. sich gerne vorzustellen. Und genau so widersprüchlich wie dieses zweifache Rollenspiel, sowohl dem Alten als auch dem Neuen verhaftet, ist auch seine Gedankenwelt. Sein Traum vom allgemeinen Wohlstand durch Steigerung der Industrieproduktion weist in die Zukunft, sein Bild von der neuen Gesellschaft aber zurück in die Vergangenheit. »Das sind alles nur Kleingeister aus dem Mittelalter« – so urteilt Gustave Flaubert abschätzig über Charles Fourier und S.-S. Gerechter erscheint die Beurteilung, die er bei Ernst Bloch findet: Eine »Haß-Liebe zur Feudalität« zeichne S.-S. vor allem aus.

Siebers-Gfaller, Stefanie: Deutsche Pressestimmen zum Saint-Simonismus, 1830–1836. Frankfurt am Main/Bern/New York 1992. – Klopfleisch, Reinhard: Freiheit und Herrschaft bei Saint-Simon. Frankfurt am Main/Bern 1982. – Bedarida, François/Bruhat, Jean/Droz, Jacques: Der utopische Sozialismus bis 1848. Berlin 1974. – Fehlbaum, Rolf Peter: Saint-Simon und die Saint-Simonisten. Vom Laissez-Faire zur Wirtschaftsplanung. Basel/Tübingen 1970.

Hans Felten

Sartre, Jean-Paul
Geb. 21. 6. 1905 in Paris; gest. 15. 4. 1980 in Paris

19. April 1980: Spontan begleiten 50000 Menschen S.s Sarg zum Friedhof Montparnasse. Wochenlang beschäftigen sich Presse, Rundfunk und Fernsehen in Frankreich mit seinem Leben und Werk. Man nimmt Abschied von einer Epoche, die durch S.s Denken und Engagement geprägt war. »Schon jetzt fehlt uns seine Wachsamkeit«, schreibt eine Zeitung. Der entscheidende Impuls für S. und seine Generation, deren Kindheit vom Ersten Weltkrieg bestimmt war, ist das Unbehagen am herrschenden Neukantianismus, den S. als »Verdauungsphilosophie« bezeichnet: Die konkrete historische Welt wird von dieser Philosophie geschluckt und als abstrakter Begriff wieder ausgespuckt. Dagegen sucht diese Generation nach einem Denken, das weder die Sinnlichkeit und Tragik menschlicher Existenz noch das erdrückende Gewicht historischer Ereignisse und gesellschaftlicher Zustände in seiner Begrifflichkeit eskamotiert. Erste Anstöße zu einer Neuorientierung geben Kierkegaard, Husserl und später Hegel. 1929 beendet S. sein Philosophiestudium an der École Normale Supérieure und unterrichtet, mit Unterbrechungen, von 1931 bis 1944 an verschiedenen Gymnasien. Im Jahr seines Abschlußexamens macht er die Bekanntschaft Simone de Beauvoirs, mit der er eine lebenslange unkonventionelle Partnerschaft eingeht, die für viele zum Vorbild wird. Die Suche nach einer konkreten Darstellung der Welt läßt ihn zwischen Literatur und Philosophie schwanken. In seinem ersten Roman, *La nausée* (1938; *Der Ekel),* versucht er beide miteinander zu verbinden: Roquentin, der Ich-Erzähler, beginnt ein Tagebuch, um sich über den merkwürdigen Ekel klarzuwerden, der ihn plötzlich gepackt hat: Es ist der Ekel vor der Kontingenz und Sinnleere der bloßen Existenz. Das pure Vorhandensein der Dinge und Lebewesen, der Menschen und ihrer Körper – auch des eigenen Körpers –, der Stadt mit ihren gesellschaftlichen Konventionen wirkt rein zufällig und überflüssig, obwohl sie alle mit ihrer materiellen Anwesenheit den ganzen Raum einnehmen und uns ihren Widerstand entgegensetzen. Zwar läßt sich diese erdrückende Anwesenheit erklären und mit Wörtern benennen, doch wird damit ihre Kontingenz und Sinnleere nicht aufgehoben. Der Eindruck, daß die Sprache – namentlich die vorgeblich Wissen vermittelnde Sprache – menschliches Dasein nicht zu erfassen vermag, führt schließlich dazu, daß Roquentin seine historischen Studien über das abenteuerliche Leben eines Marquis des 18. Jahrhunderts abbricht. Roquentin hat ein einziges Erlebnis, das nicht vom Ekel begleitet wird, weil sich bei ihm jedes Element sinnvoll auf alle anderen bezieht und damit die Zufälligkeit des Existierenden nicht in Erscheinung tritt: das wiederholte Anhören einer Jazz-Platte. So bricht Roquentin auf mit dem Entschluß, etwas Ähnliches zu schaffen. Um den Entschluß, der Kontingenz konkreter Situationen durch Handlungsentscheidungen einen Sinn zu geben, deren Folgen gleichwohl unvorhersehbar sind, geht es in S.s Erzählungsband *Le mur* (1939; *Die Mauer,* später: *Die Kindheit eines Chefs).* So sehr diese Erzählungen, ebenso wie die Theaterstücke und Romane, von

seiner Philosophie geprägt sind, so sind es doch niemals Thesenstücke, weil es ihm in suggestiver Weise gelingt, das Gewicht und die Unvorhersehbarkeit der Situationen, in die seine Personen geworfen sind, spürbar zu machen. Nach diesen Erzählungen schreibt er sein erstes philosophisches Werk: *L'imaginaire* (1940; *Das Imaginäre*): »In diesem Buch versuchte ich zu zeigen, daß Vorstellungen keine neuerweckten oder vom Verstand bearbeiteten Empfindungen und auch keine vom Wissen veränderten und verminderten früheren Wahrnehmungen sind, sondern etwas ganz anderes: eine abwesende Realität, die sich gerade eben in ihrer Abwesenheit in dem kundtut, was ich ein Analogon genannt habe, das heißt in einem Objekt, das als Analogieträger dient und von einer Intention durchdrungen wird.«

Im September 1939 wird S. eingezogen und gerät am 21. Juni 1940 in deutsche Kriegsgefangenschaft. Die Erfahrung des Krieges und die davon geprägte Lektüre von Heideggers *Sein und Zeit* sollten sein weiteres Leben und Denken nachhaltig beeinflussen. So bildet er nach Heideggers Begriff »Sein zum Tode« den Begriff »Sein zum Kriege.« Schon diese Neubildung zeigt, daß S. den zeitlosen Heidegger-schen Begriffen eine moralisch-politische Bedeutung gibt. Während sich Heidegger dem Nationalsozialismus verschrieben hatte, engagierte sich S. seit seiner Rückkehr aus der Gefangenschaft für die radikale Linke. Aus S.s *Lettres au Castor* (1983; *Briefe an Simone de Beauvoir)* und den *Carnets de la drôle de guerre* (1983; *Tagebücher)* geht hervor, daß er in dieser Zeit, neben der Arbeit am Roman *L'âge de raison* (1945; *Zeit der Reife),* mit der Niederschrift seines philosophischen Hauptwerks *L'être et le néant* (1943; *Das Sein und das Nichts)* beginnt. Im März 1941 gelingt es ihm, mit gefälschten Papieren das Gefangenenlager in Trier zu verlassen und seinen Lehrerberuf in Paris wiederaufzunehmen. Noch unter deutscher Besatzung erscheint *L'être et le néant,* das ihn nach dem Krieg weltberühmt machen sollte. Der Kerngedanke dieses Werks ist die Aufspaltung des Seins in zwei verschiedene Seinsweisen: Alles nicht-menschliche Sein existiert im Modus des An-sich-seins, das heißt eines Seins, das einfach nur das ist, was es ist, also mit sich identisch ist. Dagegen existiert alles menschliche Sein im Modus des Für-sich-seins, weil es durch die bloße Tatsache seines Bewußtseins (von) sich nicht mit sich selbst identisch ist, sondern »das ist, was es nicht ist, und nicht das, was es ist«. Die Einklammerung des »von« soll verdeutlichen, daß es sich hier nicht um ein Bewußtsein handelt, das sein »sich« zum Gegenstand hat, sondern daß Bewußtsein und »sich« identisch sind, also Sich-Bewußtsein. Doch nicht-identisch ist dieses Bewußtsein (von) sich oder Sich-Bewußtsein mit seinem Sein, weil es ja durch sein Für-sich-sein für sich selbst in Frage steht, weil ihm mit seiner bloßen Existenz nicht das mit sich selbst identische Wesen des An-sich-seins der nichtmenschlichen Dinge und Lebewesen gegeben ist. Genau das will die gängige existentialistische Formel sagen: »Die Existenz geht dem Wesen voraus.« Das nicht mit sich identische Für-sich-sein schafft also eine Lücke im sonst lückenlosen mit sich identischen Sein des An-sich. Durch diese Lücke im Sein kommt Nichts oder, anders übersetzt, Nicht-sein (»néant«) ins Sein, und das faßt der Titel *Das Sein und das Nichts* zusammen, den man auch mit »Das An-sich und das Für-sich« wiedergeben könnte. Diese Lücke im Sein, oder dieses Nicht-sein des Für-sich, ist jedoch ein »Ruf nach Sein«, d. h., sie will sich mit Sein ausfüllen. Weniger terminologisch ausgedrückt: Da der Mensch als einziges Sein sich seiner

Existenz bewußt ist und diese für ihn daher in Frage steht, ist er gezwungen, sich das Wesen, das er dieser Existenz verleihen will, durch sein Leben je erst zu schaffen. Doch so sehr auch dieser »Ruf nach Sein« anhält, solange er lebt, so wenig kann es ihm je gelingen, zur mit sich selbst identischen Seinsweise des An-sich zu gelangen, weil ja sein Bewußtsein (von) sich erst mit dem Tod endet. Deshalb bleibt er für immer dazu verurteilt, sich in die Welt des An-sich hinein zu »entwerfen«, sich zu »wählen«, ohne daß sein »Entwurf«, seine »Wahl« je etwas Abgeschlossenes, Endgültiges, eben Mit-sich-selbst-Identisches erlangen können. Er bleibt »zur Freiheit verurteilt«, aber seine Freiheit wird immer nur die Bewegung des Entwurfs, der Wahl auf sie hin sein. Diese Ungewißheit seiner Existenz ist Ursache für das grundlegende Gefühl der »Verlassenheit«, der »Angst«. Und diese Angst verleitet den Menschen oft dazu, daß er sein im Sein »nichtendes« Für-sich-sein vor sich selbst verleugnet und sich vormacht, nach der Seinsweise des An-sich zu existieren. Sein Für-sich spielt dann die Rolle eines An-sich und befindet sich damit im Zustand der »Unaufrichtigkeit« (»mauvaise foi«). Erst wenn er sich darauf besinnt, daß er sich sein Wesen unablässig selbst zu wählen und dafür Verantwortung zu tragen hat, ohne daß die Aussicht besteht, diese Wahl könne ihn je zur Seinsweise des An-sich gelangen lassen, befindet er sich im Zustand der »Authentizität«.

Ihren dramatischen, ja in beide Richtungen bedrohlichen und gefährlichen Charakter erhält die Seinsweise des Für-sich jedoch – und darin unterscheidet sich S.s Philosophie grundlegend von der Heideggers – durch die Existenz anderer Menschen, anderer Für-sich: Wenn sich mehrere Für-sich begegnen, dann können sie aufgrund ihrer Seinsweise einander nur negieren, weil sie ja nur im Sein nichten können. Also versucht jeder jeden als ein zu nichtendes An-sich wahrzunehmen. Das geschieht durch den Blick des anderen: Dadurch, daß der andere mich, der ich mich selbst nicht sehen kann, anblickt, versteinert er mich zu einem An-sich, das ich nicht sein kann, so wie auch ich ihn durch meinen Blick zu einem An-sich versteinere, das er nicht sein kann. Demnach ist die primäre Beziehung der Menschen untereinander die agonistische Beziehung von einander versteinernden Medusenblicken. Diesen Zustand illustriert S. 1944 in seinem Theaterstück *Huis clos (Geschlossene Gesellschaft)*, in dem die Protagonisten zu der Erkenntnis gelangen: »Die Hölle, das sind die anderen.« Die versteinernde Fähigkeit erhält der Blick des anderen durch das An-sich-sein meines Körpers, der zur Kontingenz meiner Existenz gehört, da ich ihn mir ja nicht habe wählen können. Durch diese kontingente Körperlichkeit erfahren die zwischenmenschlichen Beziehungen in der Sexualität eine weitere Dramatisierung: Denn gerade in seinem Körper will ich mir den anderen aneignen, um den Skandal eines mich nichtenden Für-sich aus der Welt zu schaffen. Zerstöre ich jedoch das Für-sich des anderen, dann eigne ich mir einen toten Körper an, lasse ich mir vom anderen mein eigenes Für-sich zerstören, dann eignet er sich einen toten Körper an. Daher sind sexuelle Beziehungen von einem Wechsel zwischen sadistischen und masochistischen Verhaltensweisen geprägt. Erst durch ein gemeinsames Streben nach Authentizität, bei dem jedes Für-sich dem anderen Für-sich teilweise und zeitweise Raum gibt, wird ein freies Miteinander der Menschen möglich.

Aus alldem ergibt sich, daß die von der Erfahrung des Krieges geprägte Illusionslosigkeit des S.schen Denkens zu strengen moralischen Konsequenzen führt, die dem Menschen absolute Verantwortlichkeit aufbürden, ihn aber dadurch auch zu unablässiger Kreativität anstiften. So schließt S. sein Werk mit »moralischen Perspektiven«: »Die wesentliche Konsequenz unserer vorangehenden Ausführungen ist, daß der Mensch, dazu verurteilt, frei zu sein, das Gewicht der gesamten Welt auf seinen Schultern trägt: er ist für die Welt und für sich selbst als Seinsweise verantwortlich. Wir nehmen das Wort ›Verantwortlichkeit‹ in seinem banalen Sinn von ›Bewußtsein (davon), der unbestreitbare Urheber eines Ereignisses oder eines Gegenstands zu sein‹ . . ., denn die schlimmsten Übel oder die schlimmsten Gefahren, die meine Person zu treffen drohen, haben nur durch meinen Entwurf einen Sinn; und sie erscheinen auf dem Grund des Engagements, das ich bin . . . Diese absolute Verantwortlichkeit ist übrigens keine Hinnahme: sie ist das bloße logische Übernehmen der Konsequenzen unserer Freiheit.« Das heißt jedoch nicht, daß S. das erdrückende Gewicht unserer Determiniertheit durch die Faktizität unserer Geburt, die Kontingenz unseres Körpers, unserer Sozialisation, der sozio-ökonomischen Umstände und historischen Ereignisse übersieht oder verharmlost. Ganz im Gegenteil: Der moralische Appell, der sein ganzes Werk durchzieht, ergibt sich gerade daraus, daß er uns die unerträgliche Übermacht dieser Determiniertheit vor Augen führt. Aber aufgrund seiner philosophischen Überzeugungen hält er daran fest, daß erst durch den »Entwurf« diese Determiniertheit als unerträgliche Bedrohung der grundlegenden Freiheit wahrgenommen werden kann: »Bin ich es nicht, der ich, indem ich mich über mich entscheide, über den Widrigkeitskoeffizienten der Dinge entscheide bis hin zu ihrer Unvorhersehbarkeit?« So ist es letztlich dieser aus einem absoluten Pessimismus hervorgehende Optimismus, der die weltweite Wirkung von S.s Denken erklärt und sein eigenes linksradikales Engagement überall zu einem Vorbild macht. Am Schluß von *L'être et le néant* kündigt S. folgerichtig eine »Moral« als Fortsetzung an. Daran hat er sein Leben lang gearbeitet, und diese Arbeit ist in seine anderen Werke eingegangen. Doch er hat sie nie abgeschlossen; erst posthum sind unter dem Titel *Cahiers pour une morale* (1983) Aufzeichnungen dazu erschienen.

Im Jahr 1943 illustriert S. seine Lehre von der Freiheit durch ein erstes Theaterstück *Les mouches (Die Fliegen)*. Gleich nach dem Krieg veröffentlicht er die ersten beiden Bände des Romanzyklus *Les chemins de la liberté: L'âge de raison* und *Le sursis* (1945; *Die Wege der Freiheit: Zeit der Reife* und *Der Aufschub)*, in denen er – mit autobiographischen Reminiszenzen – zeigt, wie Menschen aus der scheinbaren Geschichtslosigkeit der Vorkriegsjahre in die Geschichtlichkeit des Zweiten Weltkrieges geworfen werden. Im selben Jahr schafft er sich mit der Gründung der Zeitschrift *Les Temps Modernes* ein Forum für seine Ideen. S.s schlagartige Berühmtheit, die ihn zugleich zu einem Skandalautor macht, führt zur existentialistischen Mode der Nachkriegsjugend, die seine Philosophie als Appell zu einer sich am Augenblick berauschenden exzentrischen Lebensweise mißversteht. Um diesem Mißverständnis und Angriffen von rechts und links entgegenzutreten, hält er am 29. Oktober 1945 vor großem Publikum einen popularisierenden Vortrag, dessen Veröffentlichung die verbreitetste Zusammenfassung seiner Philosophie werden sollte: *L'existentialisme est un humanisme* (1946; *Ist der Existentialismus ein Humanismus?*).

Daß die trügerische Flucht des Für-sich in die Seinsweise des An-sich, wenn sie als kollektives Phänomen auftritt, zu Völkermord führen kann, legt S. in den *Réflexions sur la question juive* (1946; *Betrachtungen zur Judenfrage*) dar: Der Antisemit schreibt dem Juden die Seinsweise eines ihn bedrohenden An-sich zu, weil er auch sich selbst die Seinsweise eines An-sich zuschreibt, denn würde er den Juden als ein Für-sich erkennen, könnte er sich seine eigene Seinsweise eines Für-sich nicht verhehlen. So wird der Antisemitismus zu einer tödlichen Gefahr nicht nur für den Juden: »Kein Franzose «wird in Sicherheit sein, solange noch ein Jude … in der ganzen Welt um sein Leben wird fürchten müssen«. Mit dem Theaterstück *Morts sans sépulture* (1946; *Tote ohne Begräbnis*) brandmarkt S. eine andere tödliche Form der Flucht des Für-sich in das An-sich: die Folter. Indem der Folterer dem Gefolterten jede Möglichkeit der freien Entscheidung nimmt, verwandelt er diesen ebenso in Abschaum wie sich selbst. S.s Erfahrungen aus seinen Reisen in die USA schlagen sich, außer in seinen brillanten Reportagen, in dem Stück *La putain respectueuse* (1946; *Die respektvolle Dirne*) nieder, in dem er die Rassenpolitik der Südstaaten geißelt.

Mit S.s Schrift *Qu'est-ce que la littérature?* (1947; *Was ist Literatur?*) kommt das Schlagwort »engagierte Literatur« in Umlauf, das oft als Aufruf zu politischer Tendenzliteratur mißverstanden wurde. Der Begriff »Engagement« als literarisches Kriterium bedeutet vielmehr, daß Literatur fiktive Weltmodelle konstruiert, in denen dem Leser seine freie Verantwortlichkeit vorgeführt wird, weil sich aufgrund der literarischen Struktur solcher Modelle hinter jedem scheinbaren Zufall die vom Autor geschaffene Kausalität eines Sinns verbirgt. So ist jede Literatur ein Appell des Autors an die Freiheit des Lesers, der für die Zeit der Lektüre vom Druck der Kontigenz seiner Determiniertheit befreit ist. Aus diesem Grund kann es keine reaktionäre Literatur geben. Um die grundsätzliche Problematik des Verhältnisses von Zweck und Mittel innerhalb revolutionärer, um Befreiung kämpfender Bewegungen geht es in den Theaterstücken *Les mains sales* (1948; *Die schmutzigen Hände*) und *Le diable et le bon Dieu* (1951; *Der Teufel und der liebe Gott*). Der Legitimierung einer Gegen-Moral ist S.s Werk über den von der Strafjustiz verfolgten Skandalautor Jean Genet gewidmet, dessen gesammelte Werke er durch seine umfangreiche Einleitung in die offizielle Literatur einführt: *Saint Genet, comédien et martyr* (1952; *Saint Genet, Komödiant und Märtyrer*): Wenn sich die Moral des »Guten« als das Repressionssystem einer vor dem Für-sich fliehenden Kollektivität erweist, bleibt dem Für-sich nur die Revolte einer Gegen-Moral des »Bösen«, nach der man das Böse, das die Gesellschaft der Guten einem als Wesen zuschreibt, bewußt tut. Das Genie Genets besteht jedoch in der Erkenntnis, daß das Böse um des Bösen willen tun nicht so subversiv ist, wie das Lob des Bösen in die Literatur einzuschmuggeln, so daß der verführte Leser das Böse schließlich in sich selbst entdeckt und an seiner Moral des Guten irre wird.

Das politische Engagement S.s hat verschiedene Stadien durchschritten: 1941 versuchte er, eine Widerstandsgruppe gegen die deutsche Besatzung aufzubauen, von 1948 bis 1949 ist er Gründungs- und Vorstandsmitglied des kurzlebigen »Rassemblement Démocratique Révolutionnaire«, das einen neutralistischen Sozialismus durchzusetzen versucht. Auf dem Höhepunkt des kalten Krieges nimmt er 1952 in

kritischer Solidarität Partei für die kommunistische Partei Frankreichs, die Welt-
friedensbewegung und die Sowjetunion, was zum Bruch mit Maurice Merleau-
Ponty und Albert Camus führt. Doch mit seiner Verurteilung der sowjetischen
Intervention gegen den Ungarnaufstand (1956) kündigt er diese kritische Solidarität
wieder auf. Die Jahre von 1958 bis 1962 sind vom Engagement gegen den Algerienkrieg geprägt, das mit S.s offener Unterstützung der illegalen Hilfsorganisation für
französische Deserteure und algerische Freiheitskämpfer seinen Höhepunkt erreicht.
1961 und 1962 verübt die OAS Bombenanschläge auf seine Wohnung. Mit dem
Stück *Les séquestrés d'Altona* (1959; *Die Eingeschlossenen von Altona*) überträgt S. das
Problem der Beteiligung am Terror gegen die algerische Bevölkerung auf einen
deutschen Kriegsverbrecher des Zweiten Weltkriegs. Und in seinem Vorwort zu
Frantz Fanons Manifest der antikolonialistischen Befreiungsbewegungen, *Les damnés
de la terre* (1961; *Die Verdammten dieser Erde)*, begrüßt er die Gegengewalt der
Kolonisierten.

S. veröffentlicht 1960 sein zweites philosophisches Hauptwerk *Critique de la raison
dialectique (Kritik der dialektischen Vernunft)*, in dem er die Summe aus seinen politischen Erfahrungen zieht. Dabei versucht er, seiner Philosophie eine marxistische
Grundlegung zu geben. Die Stelle des An-sich-seins nimmt jetzt die erstarrte Praxis
der handelnden Individuen ein, die dieser ebenso gegenüberstehen wie das Für-sich
dem An-sich: Vom Bedürfnis getrieben, macht der Mensch einen freien Plan zur
Veränderung seiner Umwelt. Sein gesamtes praktisches Feld wird der Verwirklichung dieses Plans unterworfen, es wird totalisiert. Mit der Objektivierung dieser
Praxis wird die Totalisierung jedoch angehalten, weil sich die Praxis in ihrem
Resultat mit der Trägheit der Materie hat affizieren müssen – wie das Für-sich mit
dem An-sich. Gegenüber der Totalität des Plans ist das Ergebnis also partikulär. Doch
nur scheinbar, denn gerade die Trägheit der Materie überträgt die Veränderungen der
Praxis auf die nicht totalisierten Bereiche des praktischen Feldes, d. h. sie ruft nicht
geplante und nicht voraussehbare Veränderungen hervor. So wirkt diese mit Praxis
affizierte Trägheit, oder das Praktisch-Inerte, als Gegen-Finalität auf die geplante
Praxis zurück. Dadurch werden neue Pläne hervorgerufen, die diese Gegen-Finalität
in das erweiterte praktische Feld integrieren, damit die angehaltene Totalisierung
wieder in Gang bringen und weiter treiben. Die Objektivierung, die partikulär
erschien, erweist sich somit als total, und der Plan zur Veränderung der Umwelt, der
total sein sollte, erweist sich als partikulär. Doch nur dadurch, daß sich der partiku-
läre Plan als total setzt, kann das totale Ergebnis als partikuläres auf ihn zurück-
wirken. Diese Entfremdung der Praxis nimmt jedoch erst durch den Mangel die
Form an, die uns zu Menschen dieses Planeten macht: Die Gegen-Finalität des
Praktisch-Inerten wird vermittelt und verstärkt durch die Praxis des anderen, der
unser Todfeind ist, weil er uns durch die Befriedigung seiner Bedürfnisse die
Möglichkeit nimmt, unsere eigenen Bedürfnisse zu befriedigen. Dieser Kampf auf
Leben und Tod manifestiert sich in der Tatsache, daß nach einer Jahrtausende
währenden Menschheitsgeschichte die Mehrheit immer noch ›überzählig‹ ist, deshalb verhungert, getötet wird oder eine Minderheit ernähren muß. Diese Über-
zähligen erleben ihr Leben als Unmöglichkeit des Lebens. Da aber diese Unmöglichkeit unmöglich ist, werden sie immer wieder dazu getrieben, freie Pläne zur

Veränderung ihrer Umwelt zu machen. Das ist jedoch erst in der »Gruppe« möglich, denn nur wenn sie ihre potentielle Freiheit mit der Freiheit der ebenso Bedrohten multiplizieren, können sie den Kollektiven entkommen, in denen sie als austauschbare Serienmitglieder Gegenstand der Praxis anderer sind. So wie die Praxis ganz allgemein die Trägheit ihrer Instrumente benutzt, um auf die Trägheit der Umwelt einzuwirken, so benutzt die Gruppe die Zahl ihrer Mitglieder als Instrument, um sich von der Herrschaft der Zahl des Kollektivs als bloßer Austauschbarkeit zu befreien. Aus austauschbaren Anderen werden Gleiche. Aber die Furcht, daß die Gruppe zerfallen und damit die gerade errungene Freiheit verlieren könnte, führt dazu, daß sie sich selbst mit Trägheit affiziert: Treueid, Terror-Brüderlichkeit, Arbeitsteilung, Funktion, Institution, Hierarchie sind die Stufen dieser Selbsterhaltung der Gruppe, die ihre Freiheit schließlich auf ein einzelnes Individuum überträgt. Der Versuch jedoch, die Gruppe zu einem individuellen Organismus zu machen, scheitert an der Unüberschreitbarkeit der individuellen Praxis und läßt sie in den Status der Serie zurückfallen. Ebenso wie auf der psychischen Ebene von *L'être et le néant* muß auch auf der sozio-historischen Ebene die Freiheit immer wieder ihrer Entfremdung abgerungen werden. Wie dort ist sie nur in der Bewegung auf sie hin zu erreichen: die globale permanente Revolution.

In ganz anderer Form schlägt sich S.s politische Erfahrung in seinen Kindheitserinnerungen nieder, die er 1963 unter dem Titel *Les mots (Die Wörter)* veröffentlicht. Er schildert hier sein bisheriges Schriftstellerdasein als eine Neurose, in der reale Dinge mit Wörtern verwechselt werden. S. lehnt 1964 die Annahme des Nobelpreises für Literatur als Vereinnahmungsmanöver ab; 1967 übernimmt er den Vorsitz des Russell-Tribunals gegen die Kriegsverbrechen der USA im Vietnamkrieg; von 1968 an beteiligt er sich aktiv an der linksradikalen Protestbewegung und übernimmt die Herausgabe strafrechtlich verfolgter linksradikaler Zeitschriften wie *La cause du peuple*, die er selbst auf der Straße verteilt. 1973 gründet er die Zeitung *Libération*.

Sein letztes und umfangreichstes Werk erscheint 1971/72: *L'idiot de la famille. Gustave Flaubert 1821 à 1857 (Der Idiot der Familie. Gustave Flaubert 1821–1857)*. Am Ende von *L'être et le néant* hatte S. eine existentielle Psychoanalyse entworfen, die an konkreten Beispielen die Dialektik von Determiniertheit und Wahl darlegt; sie soll aufzeigen, wie ein Individuum seine Determiniertheit überwindet, indem es sie annimmt und sich dadurch zu dem macht, was es ist. S. hatte das später an den Beispielen *Baudelaire* (1947), *Mallarmé* (1986; *Mallarmés Engagement)*, Genet und Tintoretto vorgeführt, bevor er sich an seine monumentale Studie über Flaubert machte, der ihn sein Leben lang beschäftigt hatte.

Dieses Werk ist eine angewandte Summe seiner Philosophie: S. selbst betrachtet es sowohl als Fortsetzung von *L'imaginaire* wie der *Critique de la raison dialectique*. Er versucht hier die Entsprechung von individuellem und kollektivem Entwurf einer ganzen Epoche nachzuweisen, die Entsprechung von dem, was er subjektive und objektive Neurose nennt. Die subjektive Neurose Flauberts besteht darin, daß er in seinem Leben und Werk wie entweichendes Gas ins Imaginäre hinausstrebt, daß Flaubert die verhaßte Realität nur benutzt, um deren Nichtigkeit aufzudecken. Der Erfolg seiner Bücher liegt darin begründet, daß auch die Leser vor der Realität ins

Imaginäre fliehen, indem sie die gesellschaftliche Lüge des Zweiten Kaiserreichs leben. Doch gerade in solcher Flucht ins Imaginäre ist das ganze Gewicht der Realität mit ihrem unverwechselbaren Geschmack gewissermaßen in Hohlform vorhanden. Dieses letzte Werk S.s ist sicher eine der größten Herausforderungen für den Strukturalismus, der mit seinem radikalen Paradigmawechsel den Existentialismus in den 60er Jahren ablöst und als Irrweg angreift: Es bleibt zu fragen, ob das Denken von S. die Positionen des Strukturalismus nicht implizit als Untersuchung des Praktisch-Inerten integriert, als Stadium der analytischen Vernunft in seiner Dialektik überschreitet und im Hegelschen Doppelsinn »aufhebt«.

König, Traugott (Hg.): Sartre. Eine Konferenz. Reinbek bei Hamburg 1988. – Cohen-Solal, Annie: Sartre. Reinbek bei Hamburg 1988. – Hayman, Ronald: Jean-Paul Sartre. München 1988. – Danto, Arthur C.: Jean-Paul Sartre. Göttingen 1986. – Hartmann, Klaus: Die Philosophie Jean-Paul Sartres. Berlin 1983. – Seel, Gerhard: Sartres Dialektik. Bonn 1971.

Traugott König †

Saussure, Ferdinand de

Geb. 26. 11. 1857 in Genf; gest. 22. 2. 1913 in Vufflens-sur-Morges (Kanton Waadt)

S. war der Begründer der strukturalen Linguistik und damit des Strukturalismus überhaupt. Seine sprachwissenschaftlichen Studien absolvierte er (zu seinen Vorfahren gehören berühmte Naturwissenschaftler wie Horace-Benedict de S. und Nicolas-Théodore de S.) in Leipzig bei dem Junggrammatiker Karl Brugmann, wo er sie 1880 mit einer Dissertation *De l'emploi du génitif absolu en sanscrit* (1881) abschloß. Unter dem Einfluß des Positivismus hatten sich die Junggrammatiker in den 70er Jahren der vergleichenden Sprachwissenschaft Jakob Grimms, Franz Bopps u. a. entgegengestellt, deren Arbeiten und Polemiken sich gegen die Auffassung von Sprache als einem Organismus, dessen Entstehung und Funktionsgesetze nicht zu erfragen waren, richteten. Für die Junggrammatik waren die einzelnen Sprachen und ihre Entwicklung ein Produkt der sie sprechenden Subjekte. Die geschichtlichen Veränderungen einer jeden Sprache gehorchten ihren Forschungen zufolge bestimmten Lautgesetzen, die sich auch in den aktuellen Veränderungen dieser Sprachen wirksam zeigten. Hier deutet sich bereits die Trennung an, die bei S. dann in den Begriffen »langue« (Sprache) und »parole« (Rede) kristallisiert. In den Jahren 1881 bis 1891 setzte er seine Studien, bereits verbunden mit universitärer Lehrtätigkeit, in Paris fort. Danach kehrte er nach Genf zurück und nahm seine Arbeit an der dortigen Universität auf. Bis 1896 blieb S. im Status eines freien Dozenten, dann wurde er als ordentlicher Professor auf den Lehrstuhl für indoeuropäische Sprachen und Sanskrit berufen. Dieser wurde 1906 umbenannt in Allgemeine Linguistik und vergleichende Geschichte der indoeuropäischen Sprachen; S. hatte ihn noch ein Jahr vor seinem Tod inne.

In den Jahren 1907 bis 1911 veranstaltete er drei große Vorlesungen in theoretischer Linguistik, die seinen eigentlichen Ruhm begründeten. S. hat seine Theorie zu Lebzeiten nicht in schriftlicher Form veröffentlicht. Sie wurde erst nach seinem Tode von zweien seiner Hörer, Charles Bally und Albert Sechehaye, da sich auch im Nachlaß S.s kein ausgearbeitetes Vorlesungsmaterial befand, aus den Vorlesungsmitschriften rekonstruiert und 1916 zum ersten Mal unter dem Titel *Cours de linguistique générale* in Genf und Paris publiziert (1931; *Grundfragen der allgemeinen Sprachwissenschaft*). Diese Rekonstruktionsarbeit wurde durch R. Engler 1967 noch ergänzt, indem er die wenigen handschriftlichen Notizen S.s (die jedoch auch Bally und Sechehaye bereits zugänglich waren) ihrem Text beifügte. Das für einen Gelehrten doch recht ungewöhnliche Faktum des beinahe völligen Fehlens jeglicher arbeitsbezogener Niederschriften mag eine Erklärung in den wenigen Zeilen eines erst 1971 veröffentlichten Briefentwurfs S.s finden: »Wenn ich Ihnen nicht gestehen müßte, daß ich eine krankhafte Furcht vor der Feder habe, und daß diese Niederschrift eine unvorstellbare Strafe für mich bedeutet, die in keinem Verhältnis zur Wichtigkeit der Arbeit steht. Wenn es sich um Linguistik handelt, wird dies für mich durch die Tatsache verschärft, daß jede klare Theorie, und zwar je klarer sie ist, sich in der Linguistik nicht ausdrücken läßt; denn ich betrachte es als Tatsache, daß es in dieser Wissenschaft keinen einzigen Begriff gibt, der jemals auf einer klaren Vorstellung beruht hätte, so daß man zwischen dem Anfang und dem Ende eines Satzes fünf- oder sechsmal versucht ist, ihn zu ändern.«

In den Vorlesungen formulierte S. seinen Anspruch auf die Gründung einer eigenständigen Sprachwissenschaft. Deshalb trennte er das Phänomen Sprache zuerst in drei Bereiche: »langue« (Sprache), »langage« (Sprachfähigkeit bzw. das Vermögen, Sprache zu konstituieren) und »parole« (individuelles Sprechen). Will eine Wissenschaft von der Sprache nun die Bereiche »langage« und »parole« untersuchen, so kommt sie nicht ohne Hilfswissenschaften wie Soziologie, Ethnologie, Geschichte, Psychologie und Physiologie aus. Allein die »langue«, die Sprache als Zeichensystem, kann von einer autonomen Linguistik betrachtet werden. Zugleich war die Sprache als System von Zeichen bereits für S. Gegenstand einer noch zu gründenden Wissenschaft, der Semiologie. Er definierte zwei Betrachtungsweisen der Linguistik: eine diachronische, die Entwicklung und Geschichte betreffende, und eine synchronische, das aktuelle System der Sprache untersuchende. Das sprachliche Zeichen bestimmte S. als die Verbindung zwischen einem Lautbild und einer Vorstellung, Signifikant und Signifikat, womit er die stoische Unterscheidung von »signatum« (Bezeichnetem) und »signant« (Bezeichnendem) wieder aufnahm. Sein revolutionärer Schritt war nun, den Bezeichnungseffekt der Sprache entgegen der Tradition nicht mehr als Repräsentation und die Sprache selbst damit als identitätslos und sekundär gegenüber den von ihr bezeichneten Objekten zu bestimmen, sondern, indem er die Differenz zwischen den sprachlichen Zeichen als Ursache ihrer Identität (und nicht umgekehrt) bestimmte, diesen Bezeichnungseffekt als immanentes und konstitutives Prinzip der Sprache anzusehen. Die Differenz ist somit das Prinzip, das Signifikant und Signifikat überhaupt erst erzeugt: Ein Laut ist signifikant durch sein Unterschiedensein von anderen, nicht aber durch einen konkreten Inhalt. Signifikanten und Signifikate sind deshalb Werte, »rein differentiell bestimmt, nicht positiv durch ihren Inhalt, sondern negativ durch ihre Beziehungen mit den anderen

Termini des Systems. Ihre genaueste Eigenschaft liegt darin, etwas zu sein, was die anderen nicht sind«. Man kann also in der Sprache als Zeichensystem ein Spiel von Differenzen als wirksam ansehen, das durch Artikulation die Bedeutungsfunktionen ausbaut, Zeichen variiert und auch neue erfindet, wobei aber die Sprache kein geschlossenes System mehr bliebe. Das aber muß sie für S. bleiben, der sie als adäquates Objekt einer konkreten Wissenschaft beanspruchen möchte, weshalb sich in seiner Theorie einige Widersprüche zeigen. Das beginnt damit, daß er die Vereinigung von Signifikat und Signifikant im sprachlichen Zeichen entgegen der genannten Definition plötzlich als positiven Wert bestimmt und die vielfältigen Differenzen auf binäre Oppositionen reduziert. Die solchermaßen zu materiellen Einheiten gewordenen Zeichen sollen dann aber auch noch nur durch ihr jeweiliges Arrangement syntaktischen Gehalt haben, weshalb es eine Syntax unabhängig von diesen materiellen Einheiten für S. nicht gibt. »Übrigens ist durch die bloße Tatsache, daß man einen sprachlichen Komplex versteht, diese Folge von Gliedern der angemessene Ausdruck des Gedankens.« Mit diesem radikalen Argument der Verstehbarkeit aber erweist sich die Theorie, konform der metaphysischen Tradition, als eine der adäquaten Repräsentation von Gedanken durch die gesprochene Sprache; gesprochene, denn S. hat die Schrift als sekundär zur gesprochenen Sprache bestimmt, und er steht auch nicht an von »Tyrannei des Buchstabens« und »pathologischer Erscheinung« zu sprechen, wenn sich z. B. die Aussprache einiger Worte im Laufe der Zeit dem Schriftbild anpaßt. Hier wie in der gesamten metaphysischen Philosophie ist das Verhältnis von Sprache und Schrift analog dem von Geist und Körper gedacht; Jacques Derrida hat das wiederholt demonstriert. S. mußte seine Entdeckung des Prinzips der Differenz aufgrund seines Anspruchs, die Linguistik als autonome Wissenschaft zu etablieren, verleugnen; doch der Wert dieser Entdeckung, die im übrigen für alles gilt, was sich noch als Zeichensystem oder Struktur – wie der seit den 20er Jahren gebräuchliche Begriff lautet, begreifen läßt – bleibt bestehen. Bis etwa 1930 blieb der Strukturalismus auf die Linguistik beschränkt (Sergeij Karcevskij, Nicolai Trubeckoj, Roman Jakobson und Louis Hjelmslev), bald schon folgte die strukturale Anthropologie (Claude Lévi-Strauss), die strukturalistische Psychoanalyse (Jacques Lacan) und die strukturalistische Literaturwissenschaft (Jean Starobinski und Roland Barthes).

Prechtl, Peter: Saussure zur Einführung. Hamburg 1994. – Scherer, Thomas M.: Ferdinand de Saussure. Rezeption und Kritik. Darmstadt 1980. – Bierbach, Christine: Sprache als »Fait social«. Die linguistische Theorie F. de Saussures und ihr Verhältnis zu den positivistischen Sozialwissenschaften. Tübingen 1978.

Thomas Wichmann †

Scheler, Max
Geb. 22. 8. 1874 in München; gest. 19. 5. 1928 in Frankfurt am Main

Goethes Wort: »Nur wer sich wandelt, ist mit mir verwandt«, hat Sch. oft zitiert, um sich kritischen Rückfragen nach der inneren Einheit seiner Lehre zu entziehen. Mindestens zwei Standpunktwechsel lassen sich unterscheiden: vom Neukantianismus zur Phänomenologie und von dieser zu einem evolutionären Pantheismus. – Mit dem Neukantianismus wurde Sch. während seines Studiums der Philosophie vertraut, das er 1897 mit einer Dissertation über *Beiträge zur Feststellung der Beziehungen zwischen den logischen und ethischen Prinzipien* bei Rudolf Eucken in Jena abschloß. Zwei Jahre später habilitierte er sich in Jena mit einer Schrift über *Die transzendentale und die psychologische Methode*. Ethik und Erkenntnistheorie, beide im Geiste des Neukantianismus aufgefaßt, sind die bevorzugten Gebiete seiner ersten Lehrveranstaltungen. Das Studium von Edmund Husserls *Logischen Untersuchungen* (1900/01) führte Sch. jedoch zu einer allmählichen Revision seiner Anschauungen. Weil er sich aufgrund eines öffentlichen Skandals, den seine krankhaft eifersüchtige Frau, Amélie v. Dewitz-Krebs, hervorgerufen hatte, in Jena nicht mehr halten konnte, habilitierte er sich 1906 an der Universität München um, wo er sich dem Phänomenologenkreis anschloß, der sich aus Schülern von Theodor Lipps gebildet hatte. Ein Skandalprozeß über »die Würde des Hochschullehrers«, in den ihn seine Frau verwickelt hatte, führte 1910 zum Verlust seiner Dozentur. Nach der Scheidung heiratete Sch. 1912 Märit Furtwängler, Tochter des Archäologen A. Furtwängler. Den Lebensunterhalt verdiente er sich durch ausgedehnte Vortragsreisen und publizistische Tätigkeiten. Eine erste Sammlung phänomenologisch fundierter Untersuchungen erschien 1915 in den zwei Bänden *Abhandlungen und Aufsätze* (2. Aufl. 1919 unter dem Titel: *Vom Umsturz der Werte*). Vor allem in dem von Nietzsche beeinflußten Aufsatz *Das Ressentiment im Aufbau der Moralen* erweist sich Sch. als ebenso kritischer wie scharfsinniger Analytiker der Formen des emotionalen Lebens in der modernen Gesellschaft. Sein philosophisches Hauptwerk, die aus sechs Abhandlungen bestehende Schrift *Der Formalismus in der Ethik und die materiale Wertethik*, erschien in zwei Teilen 1913/16 in dem Husserlschen, von Sch. und anderen mitherausgegebenen Schulorgan der Phänomenologen, dem *Jahrbuch für Philosophie und phänomenologische Forschung*. Gegen Kants formalistische Ethik entwirft Sch. eine materiale Wertethik, deren objektive Geltung er auf apriori gegebene, evident einsehbare Gehalte zurückführte, die der Mensch durch intentionales Fühlen erfasse. Die Werte stehen in einem objektiven, hierarchisch aufgebauten System, das von den sinnlichen Werten (angenehm-unangenehm) über die vitalen (edel-gemein) und geistigen (recht-unrecht, schön-häßlich, wahr-falsch) bis zu den Werten des Heiligen und Profanen reicht. Nachdem Sch. 1899 vom jüdischen zum katholischen Glauben übergetreten war, dem er sich schon in seiner Schulzeit angenähert hatte, setzte er sich in seiner phänomenologischen Phase, vor allem seit den Kriegsjahren, engagiert für einen im Geist der platonisch-augustinischen Liebesidee interpretierten Katholizismus ein, wodurch er unter den Gebildeten Deutschlands zu einem der einflußreichsten Denker eines weltoffenen katholischen Glaubens wurde. Sein religionsphilosophisches Hauptwerk *Probleme der Religion. Zur religiösen Erneuerung* erschien 1921 in einer weiteren Sammlung von Aufsätzen *(Vom Ewigen im Menschen)*. In auffallendem Kontrast zu diesen Schriften steht das 1915 erschienene Buch *Der Genius des Kriegs und der Deutsche Krieg*, in dem Sch. den Weltkrieg als schicksalhaften Aufruf zu einer geistigen Wiedergeburt der Menschheit aus den Zerfallserscheinungen des Kapitalismus feiert. 1919 wurde Sch. als Direktor an das Kölner Forschungsinstitut für Sozialwissenschaften, kurz darauf zugleich als Professor für Philosophie und Soziologie an die neueröffnete Kölner Universität berufen. 1922/23 distanzierte er sich öffentlich vom katholischen Glauben. Weil er sich in der gleichen Zeit erneut scheiden ließ, um eine Ehe mit Maria Scheu einzugehen (1924), geriet er vor allem bei engagierten Katholiken in den Ruf eines zwischen Triebhaftigkeit und Geist gespaltenen labilen Charakters. In der sich Anfang der 20er Jahre durchsetzenden dritten Phase seines Philosophierens wandte sich Sch. vor allem anthropologischen, soziologischen und metaphysischen Fragestellungen zu. In der Abhandlung *Die Stellung des Menschen im Kosmos* (1928), einem Abriß seiner unvollendet gebliebenen Anthropologie, unterscheidet Sch. in der menschlichen Psyche vier Schichten, die dem Stufenbau der organischen Natur entsprechen: Gefühlsdrang, Instinkt, assoziatives Gedächtnis und praktische Intelligenz, denen er als gänzlich andersartiges Prinzip den Geist entgegensetzt, durch den der Mensch dem Naturzusammenhang vollkommen enthoben sei. So wesensverschieden auch Leben und Geist sind, so sind sie doch aufeinander angewiesen: der Geist durchdringe das Leben mit Ideen, ohne die es keine Bedeutung hätte, wohingegen das Leben dem Geist allererst ermögliche, tätig zu sein und seine Ideen im Leben zu verwirklichen.

In der Soziologie hat sich Sch. insbesondere mit Fragen der Wissenssoziologie beschäftigt, in der er die Wesenszusammenhänge zwischen den wichtigsten Arten des Wissens und den Ethosformen sozialer Gruppen untersuchte. Er unterschied drei oberste Wissensformen: das Leistungs- oder Herrschaftswissen der positiven Wissenschaften, das Bildungswissen der Philosophie und das Erlösungs- oder Heilswissen der Religionen. Jede dieser drei Wissensformen weist spezifische Arten der Motivation, Erkenntnisakte, Erkenntnisziele, vorbildhaften Persönlichkeitstypen, der sozialen Gruppen des Wissenserwerbs und der Wissensverbreitung sowie der geschichtlichen Bewegungsformen auf. Die gesamte Soziologie Sch.s ist beherrscht von dem anthropologischen Gegensatz zwischen Leben und Geist: Der Geist selber ist ohnmächtig, seine Ideen zu realisieren, wie umgekehrt die Lebensmächte ohne den Geist blind und orientierungslos sind; beide müssen zusammenwirken, aber der Geist vermag nur dasjenige zu realisieren, was durch die herrschenden sozialen Interessenperspektiven ausgewählt wird. Die Mannigfaltigkeit der Interessenperspektiven und »Realfaktoren« führt Sch., ähnlich stark typologisierend wie in der Geistphilosophie, auf die drei Urtriebe des Menschen zurück: den Sexual- bzw. Fortpflanzungstrieb, den Macht- und den Nahrungstrieb. Die jeweiligen geschichtlichen Zuordnungen von Ideal- und Realfaktoren verbleiben im Rahmen konstanter, gesetzlich bestimmter Grundverhältnisse. Die Grundlinien der Wissenssoziologie und eine entsprechende Untersuchung der positiven Wissenschaften hat Sch. in *Die Wissensformen und die Gesellschaft* (1926) veröffentlicht. Die anthropologischen wie die soziologischen Untersuchungen konvergieren schließlich in dem metaphysischen Grundproblem, wie sich der Dualismus von Geist und Leben überwinden lasse. Sch. orientiert sich dabei im wesentlichen an Spinoza: Geist und Leben bzw. Drang faßt er als die beiden wesentlichen Attribute des »Urgrunds des Seins« auf. Die gesamte Weltgeschichte sei darauf angelegt, daß sich diese beiden Attribute gegenseitig durchdringen, damit sich der Wesensgehalt des Absoluten vollständig verwirkliche. In dem Vortrag *Der Mensch im Weltalter des Ausgleichs* (1926) bezeichnet Sch. Gott und Mensch als »Genossen ihres Schicksals, leidend und überwindend – einst vielleicht siegend«. Die Möglichkeit der Überwindung der Gegensätze zwischen Kapitalismus und Sozialismus, zwischen östlichem und westlichem Denken, zwischen Religionen und Wissenschaften, Geist und Natur, körperlicher und geistiger Arbeit und nicht zuletzt zwischen Mann und Frau hänge letztlich von dem Prozeß der Weltgeschichte ab, in dem Gott und Mensch schicksalhaft aufeinander angewiesen sind.

Orth, Ernst Wolfgang/Pfafferott, Gerhard (Hg.): Studien zur Philosophie von Max Scheler. Freiburg/München 1994. – Mader, Wilhelm: Max Scheler. Reinbek bei Hamburg 1980. 2., durchges. Aufl. 1995. – Frings, Manfred S.: Max Scheler. A concise introduction into the world of a great thinker. Pittsburgh 1965.

Wolfhart Henckmann

Schelling, Friedrich Wilhelm Joseph
Geb. 27. 1. 1775 in Leonberg; gest. 20. 8. 1854 in Bad Ragaz

Die klassische deutsche Philosophie – in Verkennung der sie bestimmenden Dialektik von Idealismus und Materialismus auch als »Deutscher Idealismus« bezeichnet – ist im ausgehenden 18. und bis zur Mitte des 19. Jahrhunderts Zeitzeugin eines Zyklus von Revolutionen und eines Anti-Zyklus von Restaurationen. Sch. weiß, daß die Philosophie kein bloß äußerliches Verhältnis zu den revolutionären Umbrüchen des politischen Systems der Feudalität und der bürgerlichen Gesellschaft, des ästhetischen und religiösen Weltbildes, der sozialen Struktur, der ökonomischen Produktionsweise und nicht zuletzt der Wissenschaften hat: »Den Bewegungen der äußeren Welt entsprechen nach einem notwendigen Gesetz die stilleren, aber deswegen nicht minder tiefgreifenden Metamorphosen, die in dem Geiste des Menschen selbst vorgehen. Zu glauben, daß die geistigen Veränderungen, die *Revolutionen der Wissenschaften* . . . ohne Notwendigkeit seien, und nicht nach einem Gesetz, sondern durch Zufall entstehen, ist die höchste Barbarei.« Kants Revolution der Methode vernünftiger Erkenntnis und Fichtes Philosophie der bürgerlichen Freiheit begleiten 1789; Hegels Philosophie der Geschichte des Seins im Bewußtsein des Fortschritts erlebt noch die Revolution von 1830, und Ludwig Feuerbachs Kritik der Religion und der spekulativen Philosophie tragen dazu bei, den Vormärz zu prägen und die demokratischen Revolutionen von 1848 zu begreifen. Für keinen der deutschen philosophischen Klassiker aber kann gesagt werden, was die intellektuelle Biographie Sch.s und sein Werk als eine *Philosophie im Werden* (Xavier Tilliette) zwischen 1794 *(Über die Möglichkeit einer Form der Philosophie überhaupt)* und 1854 *(Philosophie der Mythologie/Philosophie der Offenbarung)* kennzeichnet: Zeitgenosse des gesamten revolutionären und gegenrevolutionären Prozesses zu sein, an dessen Beginn Aufklärung und antifeudale bürgerliche Emanzipation mit vorproletarischem Aufruhr zusammenspielen, und an dessen Ende ein als Klasse konstituiertes Bürgertum sich bedroht weiß vom Antagonismus des Kapitalverhältnisses, aus dessen Dialektik das Proletariat und der antibürgerliche Zukunftsentwurf des Kommunismus erwachsen. Sch.s Denken vermittelt sich in und mit dem Geist einer Zeit, in der Kant und Herder, Fichte und Friedrich Heinrich Jacobi, Hegel und Schopenhauer, Feuerbach und der Spätidealismus und Karl Marx koexistieren, Lessing und Goethe, Wieland und Lenz, Bürger und Schiller, Forster und Wilhelm von Humboldt, Kierkegaard und Heine. Sch. hat sich zu dieser Zeit in immer neuen *Gegen-Entwürfen* ergangen: Mit der Idee freier Subjektivität gegen Zwangsrecht und Staat, mit der Zukunft der Mythologie gegen den theologischen und philosophischen Rationalismus, mit dem Organon der Kunst gegen die spekulative Verstandeskonstruktion der Vernunft, mit spekulativer Physik gegen den Empirismus positiver Wissenschaften und mit der geschichtlichen Rekonstruktion des Seins gegen die onto-logische Dialektik des Seienden. Philosophie – so läßt sich dieser theoretische Weltzugriff auf einen Nenner bringen – ist Seinsgeschichte gegen die Endlichkeit geschichtlicher Existenz und zielt als Anti-Politik auf die im Glauben der Vernunft sich eröffnende Rückkehr zum philosophisch geoffenbarten göttlichen Absoluten. Die Utopie menschlicher Autonomie geht über in die Anti-Utopie der denkbaren Identität, zunächst mit der Natur, im Spätwerk mit Gott; praktisches Weltverhalten geht über in die Anti-Politik der Rebellion gegen das In-der-Welt-Sein.

Sch.s Biographie ist noch nicht geschrieben; wesentliche Elemente dieses Lebens zwischen öffentlichem, oft polemischem Eingreifen und stummem Rückzug in die Privatheit einer an Politik, Kultur und Philosophie verzweifelnden »theoria« liegen im Dunkeln; erst mit der jetzt entstehenden historisch-kritischen Gesamtausgabe und der Veröffentlichung der von 1809 bis 1854 nahezu lückenlos vorliegenden Tagebücher (Hans Jörg Sandkühler) werden abschließende Würdigung und Kritik möglich. Es ist keine historiographische Paradoxie, sondern hermeneutische Normalität, muß man feststellen: Als »Werk für uns« entsteht Sch.s Philosophie erst heute. Karl Rosenkranz' Wort: »Schelling ist einmal Schelling und man muß ihn nehmen, wie er ist«, bezeichnet ein Problem, keine Tatsache. Einmalig in ihrer Signifikanz für das Allgemeine der Philosophie, hat Sch.s Theorie – entfaltet in kontinuierlicher Entwicklung des einen Problems philosophierender Selbstverwirklichung und in Brüchen der Selbstüberprüfung – Freunde und Feinde provoziert; nie hat ein Sch.-Bild verbindlich werden können; es bleibt den Schwankungen heftiger Anklage und apologetischer Verteidigung unterworfen. Für Fichte war dieses

Denken »absolute Unphilosophie und Antiphilosophie«; Hegel würdigte den »Stifter der neueren Naturphilosophie« und geißelte die Genialitätsanmaßung einer Philosophie, die sich nicht gemein machen wollte mit dem »profanum vulgus«; Friedrich Schlegel warnte vor dem »kritischen Mystizismus«, der »wie der Prometheus des Äschylus, mit Erdbeben und Untergang« ende; für Heine war Sch. nur »restaurierende Reaktion«, für Feuerbach nur »entstellter Hegelianismus« und »theosophische Posse«. Als Verteidiger haben sich lange Zeit nur schlechte Epigonen gefunden. Erst spät hat mit Marx' Diktum über den »aufrichtigen Jugendgedanken« der Naturphilosophie die marxistische Forschung einen Sch. wiederentdeckt, die Theologie hat sich eines anderen Sch. bemächtigt. Das historisch-philologische Interesse und die kritische Würdigung, die der ganze Sch. verdient, machen sich freilich zunehmend geltend; die Tatsache, daß sich die Sch.-Literatur neuerdings etwa in Dezennien-Abständen verdoppelt, spricht hierfür. Sch.s Philosophie ist aktuell. »Schelling wie er einmal ist« – eine Aufgabe der Erinnerung und der Forschung.

Sch. entstammt einer traditionsreichen schwäbischen Pfarrersfamilie. Der Vater, Leonberger Pastor, wurde 1777 Professor am Höheren Seminar des Bebenhausener Klosters, ein Theologe im Traditionsfeld auch der »Schwabenväter«. Früh an der deutschen und Lateinschule in der geistigen Kultur der Antike und protestantischer Theologie und Ethik geschult, gelangt Sch. bereits 1790 ans feudal-konservativ regierte und um so oppositionellere Tübinger Stift. Theologie, (Kantische) Philosophie, Platon-Rezeption, Psychologie, Mathematik und Naturwissenschaft, Ästhetik und Recht – und, bereits jetzt lebenslanges Interesse auslösend, historische Mythenkritik – sind die Wegmarken einer Bildung, die der junge Sch., auch hierin den Freunden Hölderlin und Hegel verbunden, weniger als fraglose Überlieferung denn als Auslöser intellektuellen Widerstands aufnimmt. Aufklärerische Christentum-Kritik, Rousseaus Traum einer im Vertrag zur Vernunft gezügelten Gesellschaft und die Französische Revolution tragen im Stift zur jugendlichen republikanischen Gebärde bei; Demokraten wurden und blieben wenige. Fichte inspiriert Sch. zu ersten Arbeiten zur Möglichkeit von Philosophie und zur Rechtskritik. Sch. wird ein Name. Zunächst aber teilt er ab 1795 als Hauslehrer der Barone von Riedesel das Los junger Intelligenz in feudaler Gesellschaft: Der Hofmeister dient, sein Wissen macht ihn suspekt. Sch.s Selbstbeobachtung: »Sie sollen alle von der französischen Propaganda in ihr Interesse gezogen sein und sich anheischig machen, ihre adeligen Jungen zu Demokraten und Revolutionärs zu bilden.« Zugleich nutzt er die Chance seiner Reisen durch deutsche Länder; er sieht Stuttgart, Heidelberg, Jena, Leipzig. Mitte 1798 von der abhängigen Stellung frei, geht Sch.s Interesse auf das universitäre philosophische Lehramt. Pläne für Tübingen, Weimar, Sachsen-Coburg, Meiningen und Gotha zerschlagen sich. Goethes Urteil nach einem Gespräch Ende Juni 1798 fällt günstig aus: »Es ist ein sehr klarer, energischer und nach der neuesten Mode organisierter Kopf; dabei habe ich keine Spur einer Sansculotten-Tournure an ihm bemerken können«; so beginnt in Jena von Oktober 1798 bis Mai 1800 eine aufsehenerregende akademische Karriere, zugleich eine Symbiose mit der avanciertesten deutschen Literatur und Naturforschung der Romantik. Sch. liest mit großem Erfolg Transzendental- und Naturphilosophie, und sein Interesse an der Philosophie der Kunst zeichnet sich ab. Zahlreiche Schriften zur Begründung der Naturphilosophie lassen Sch. als glänzenden Kenner zeitgenössischer Naturforschung und empirischer Naturwissenschaft bekannt werden. Als erstes die Systemidee verwirklichendes großes Werk folgt 1800 das *System des transzendentalen Idealismus*. Von der spinozistisch gewendeten Kantschen Frage ausgehend, wie sich zugleich unsere Begriffe nach den Dingen und diese nach unseren Ideen richten können, leitet Sch. aus der ersten, materiellen und produktiven Natur eine Geschichte des Selbstbewußtseins ab, die ihren Weg über die zweite Natur des Menschen in Recht und Staat nimmt und in der Kunst als Organon der Philosophie ihren Gipfel erreicht. Nach einem Zwischenaufenthalt in Bamberg, den Sch. vor allem der umstrittenen Brownschen Medizin widmet, intensiver Arbeit für die *Zeitschrift für spekulative Philosophie* und erneuter Lehre in Jena seit Oktober 1801 nimmt Sch. 1803 einen Ruf nach Würzburg an; ihm ist das Zerwürfnis mit Fichte und die Auflösung des Jenenser Romantiker-Kreises vorangegangen. In Würzburg nimmt Sch. naturphilosophische Themen wieder auf; im Zentrum des Interesses steht aber die Philosophie der Kunst, die erst aus dem Nachlaß veröffentlicht werden konnte. Sie steht der Naturphilosophie an spekulativem Gehalt und empirischem Reichtum in nichts nach. Ihr Ziel ist, »den Organismus der Kunst zu durchdringen, in der aus der absoluten Freiheit sich die höchste Einheit und Gesetzmäßigkeit herstellt, die uns die Wunder unseres eignen Geistes weit unmittelbarer als die Natur erkennen läßt«. »Die unmittelbare Ursache aller Kunst ist Gott. Denn Gott ist durch seine absolute Identität der Quell aller Ineinsbildung des Realen und Idealen, worauf alle Kunst beruht.«

1803 zieht Sch. in den *Vorlesungen über die Methode des akademischen Studiums* eine enzyklopädische Bilanz zur Stellung der Philosophie in den Wissenschaften, unter denen die Mathematik das Modell jenes »Typus der Vernunft« bildet, dem die Philosophie nachstrebt. 1804 erschließt sich Sch. mit *Philosophie und Religion* endgültig den Kontinent seines Denkens: In der − auch durch Theosophie beeinflußten − Neubestimmung des Verhältnisses von Glauben und Wissen vollzieht sich die Wende zu neuer Erklärung der Beziehung von menschlichem endlichem und göttlichem »unvordenklichem« Sein. 1806 muß Sch. nach dem Verlust des progressiven Würzburg an den Herzog von Toskana dieser Stadt den Rücken kehren. Er findet Verwendung an der Münchner Akademie der Wissenschaften. Bis 1841 wird München, von einem Aufenthalt in Erlangen 1820 bis 1827 unterbrochen, seine Heimat sein. 1808 übernimmt er das Amt des Generalsekretärs der neugegründeten Akademie der Bildenden Künste. Die *Philosophischen Untersuchungen über das Wesen der menschlichen Freiheit* (1809) vollenden den Weg zur Philosophie eines − gegen die Negativität von Kritik und Dialektik gerichteten − positiven, das Sein Gottes wissenden Glaubens, demgegenüber das Seiende der Welt nur Negation, gottvergessener menschlicher Sündenfall ist. In diesem Prozeß, den Sch. mit sich selbst führt, zerbricht die Freundschaft mit Hegel, der 1801 in der »Differenzschrift« als Anwalt Sch.s gegen Fichte aufgetreten war und mit dem Sch. gemeinsam das *Kritische Journal der Philosophie* herausgegeben hatte. Die in Hegels *Phänomenologie des Geistes* ausgesprochene Kritik an Sch.s Identitätsphilosophie setzt der fruchtbaren Zusammenarbeit 1807 ein Ende. Nach der *Freiheits*-Schrift wird Sch. − mit Aus-

nahme seiner Polemik gegen Jacobi 1811/12 – bis 1834 zwar zahlreiche System-
versuche, vor allem seine *Weltalter*, ankündigen, aber nicht mehr publizieren.

Sch.s Philosophie ist in erster Linie »Philosophie der Philosophie«, und als solche
fragt sie nach transzendentalen Gründen auch dann noch, als sie der Transzendentalphilosophie längst den Rücken gekehrt hat. In ihren Anfängen systematische Konstruktion der Möglichkeitsbedingungen von Erkenntnis, Wissen und Wahrheit,
entwickelt sie sich zur genetischen Konstruktion »aller innerhalb der Philosophie
liegenden Möglichkeiten«: Die Philosophie hat im Unterschied zu den Wissenschaften kein »prius«. Die spätere *positive* Philosophie wird zur »freien, zwischen
Wissen und Nichtwissen schwebenden Wissenschaft«, die ihr Ziel als System erreicht. Die frühe dialektische und tendenziell materialistische Naturphilosophie, die
nicht Philosophie »auf Naturlehre *anwenden*« will, sondern als spekulative Naturwissenschaft konzipiert war, ist Sch.s Ziel am nächsten gekommen. Realistisch stellt
sie die Frage, »ob und wie jener Zusammenhang der Erscheinungen und die Reihe
von Ursachen und Wirkungen, die wir Naturlauf nennen, *außer uns*« existiert und
»wie sie *für uns* wirklich geworden, wie jenes System und jener Zusammenhang der
Erscheinungen den Weg zu unserm Geiste gefunden, und wie sie in unsern
Vorstellungen die Notwendigkeit erlangt haben, mit welcher sie zu denken wir
schlechthin genötigt sind«. Sch. gibt seiner Philosophie die Aufgabe: »Die Natur soll
der sichtbare Geist, der Geist die unsichtbare Natur sein.« So stößt der Idealismus
naturphilosophisch an seine Grenze: »Der Idealist hat Recht, wenn er die Vernunft
zum Selbstschöpfer von allem macht, denn dies ist in der Natur selbst gegründet – er
hat die eigne Intention der Natur mit dem Menschen für sich, aber eben weil es die
Intention der Natur ist,... wird jener Idealismus selbst wieder zum Schein; er wird
selbst etwas Erklärbares – und damit fällt die theoretische Realität des Idealismus
zusammen.«

Die Idee einer nicht-naturalisierten ontologischen Begründung der Philosophie
als »Wissenschaft alles Wissens« kennzeichnet das ganze Denken Sch.s, unabhängig
davon, ob er seine Begründungen der Subjektivität, der Natur, der Kunst, dem
Mythos oder der Offenbarung anvertraut. Philosophie ist Konstruktion: »Konstruktion überhaupt ist Darstellung des Realen im Idealen, des Besonderen im schlechthin Allgemeinen, der Idee.« Das Ziel der Konstruktion muß nicht erfunden werden,
es ist seinsgeschichtlich verbürgt. Es sind gerade die in ihrem wissenschaftshistori-
schen Gehalt noch nicht entdeckten *Weltalter* (1813), welche die ontologische
Tendenz in der Begründung des Wissens und der »Objektivität der Wissenschaft« an
Geschichte gekoppelt haben, wie sie spekulativ konstruierbar ist. Auch nach der
Negativitäts-Kritik haben Sch.s Münchner Vorlesungen *Zur Geschichte der neueren
Philosophie* (1827) und zur Begründung der Notwendigkeit des Übergangs zur
»positiven Philosophie« realistische ontologische Begründungen nicht vermissen
lassen: »wenn das Höchste, wozu ... die Philosophie gelangen kann, eben dies sein
würde, die Welt als frei Hervorgebrachtes und Erschaffenes zu begreifen, so wäre
demnach die Philosophie in Ansehung der Hauptsache, die sie erreichen kann,
... Erfahrungswissenschaft.« Erst in dem Maße, wie der Wissenschaftsbezug seiner
Philosophie der spekulativen Konstruktion des »Wissens« aus den Quellen der
Mythologie und der Offenbarung gewichen ist, folgt Sch. einem nicht mehr

rationalistischen Rationalitätsideal. Dieser Sch. wurde seit den 30er Jahren zum Gegenstand vehementer Kritik aus zwei komplementären Richtungen: Die sich gegen spekulative Bevormundung wendende empirische Naturwissenschaft kann in der Naturphilosophie Sch.s nur noch ein »totes Gerippe« von leeren Abstraktionen (Justus von Liebig) erkennen; die sozialistische und kommunistische Arbeiterbewegung begreift Sch. als ideologischen Wegbereiter der Anti-Dialektik und der Konterrevolution (Strähl, Weitling, Becker, Engels u. a.).

Nach der Juli-Revolution von 1830 setzte sich in Bayern, gestützt auf die Koalition von katholischer Kirche und Staat, die feudale Reaktion uneingeschränkt durch. Das im November 1837 berufene ultramontane Ministerium Abel hob die Religionstoleranz gegenüber dem Protestantismus weitgehend auf und unterwarf die wissenschaftlichen Institutionen rigider Kontrolle. In dieser Situation begrüßte Sch., inzwischen Ritter der französischen Ehrenlegion und Korrespondierendes Mitglied der Pariser Akademie, trotz seines freundschaftlichen Verhältnisses zum Bayrischen Kronprinzen den Ruf nach Berlin, der mit dem Regierungsbeginn Friedrich Wilhelms IV. von Preußen möglich geworden war und nach dessen Absicht bezweckte, den Hegelianismus »auszurotten«. Am 15. November 1841 trat Sch. unter größter Aufmerksamkeit der internationalen Presse vor seine Berliner Hörer, zu denen bald Engels und Kierkegaard, Friedrich Carl von Savigny und Henrik Steffens gehörten. »Schelling ist nach Berlin berufen, Schelling nach Hegel! ... wie unverantwortlich wäre es, wenn man diese Herausforderung der Reaktion nicht mit Bomben und Kartätschen begrüßte« (Arnold Ruge). Und: »Ein Angriff auf Schelling ist also indirekt ein Angriff auf unsere gesamte und namentlich preußische Politik. Schelling's Philosophie ist die preußische Politik sub specie philosophiae« (K. Marx). Es kann kein Zweifel daran bestehen, daß sich Sch. mit den *Prinzipien* Preußens verbunden wußte und seine *Philosophie der Mythologie* und *Philosophie der Offenbarung* – trotz vielfacher Distanz gegenüber bestimmten Momenten feudaler politischer Restauration – in ihren Dienst gestellt hat. Im Wintersemester 1847/48 hatte Sch. seine zunächst faszinierten Hörer verloren. Sein Wirken erstreckte sich auf seine Vorträge in der Berliner Akademie. Achtzigjährig reiste Sch. im Sommer 1854 zur Kur in die Schweiz, wo er verstarb.

Sch.s späte Philosophie war und ist umstritten. Für die Deutungen, sie sei entweder die Vollendung des Idealismus (Walter Schulz) oder aber radikaler Bruch mit dessen dialektischer Realitätsnähe, gibt es freilich angesichts der systematischen, jedoch widersprüchlichen Kontinuität in Sch.s Denken wenig Anlaß. Sch. ist sich – bei zahlreichen materialen Wandlungen – als Theoretiker spekulativ konstruierter Gegen-Geschichte – zunächst Natur-, dann Gottes-Geschichte – treu geblieben. Seine ganze Philosophie ist ein Plädoyer für die Emanzipation einer noch ausstehenden Herkunft, in welcher als Gegen-Zukunft Identität mit dem göttlichen Ursprung wieder erreicht wird. Als ›Reaktionär‹ wäre Sch. kurzschlüssig beurteilt. Er teilt vielmehr das konservative Interesse an Zukunft, um deren Willen die Kritik der Gegenwart mehr sein muß als Apologie des Vergangenen. In dieser Perspektive kann er gerade auch in seiner Spätphilosophie – entgegen dem Urteil, er sei der unpolitischste unter den klassischen bürgerlichen deutschen Philosophen – als Denker des Politischen entdeckt werden.

Die expliziten Stellungnahmen zu den Revolutionen von 1789, 1830 und 1848 legen es auf den ersten Blick nahe, die frühe Zustimmung zur girondistischen Phase der Französischen Revolution und die späte Ablehnung der demokratischen Revolution als Indizien grundlegenden Meinungswandels zu nehmen. Doch die Art und Weise, wie Sch. den historischen Prozeß zu begreifen sucht, und die epistemologischen Voraussetzungen, die sich in Sch.s Begriff von Evolution und Revolution auswirken, haben durchgängig einen Weg weg von der Revolution bestimmt und die Objektivität der Rechte des Seins gegen die Subjektivität historischer Veränderung betonen lassen. Im *Ältesten Systemprogramm*, das durchaus Sch. zugerechnet werden kann, heißt es zunächst: »Die Idee der Menschheit voran . . . müssen (wir) also über den Staat hinaus! – denn jeder Staat muß freie Menschen als mechanisches Räderwerk behandeln; und das soll er nicht; also soll er *aufhören*.« Die metaphysische Begründung für die in der »negativen Philosophie« subjekt-theoretische und in der »positiven Philosophie« substanz-theoretische Überwindung revolutionärer Praxis hat Sch. in Variationen des immer gleichen Themas gegeben, »daß das Seiende das Negative ist«. In der Gestalt der Anti-Politik ist Sch.s Lehre Philosophie der Freiheit, sei es vom Staat, sei es von menschlicher Geschichte schlechthin. Bereits 1797 ist er von der Prognose ausgegangen, »der herrschende Geist (sei) das Zurückgehen nach innen. Nachdem alle endlichen Formen zerschlagen sind, und in der weiten Welt nichts mehr ist, was die Menschen zu gemeinschaftlicher Anschauung vereinigte, kann es nur die Anschauung der absoluten Identität in der vollkommensten objektiven Totalität sein, die sich aufs Neue und in der letzten Ausbildung zur Religion auf ewig vereinigt«. Sch. hat, wie er 1803 betont, durchaus gesehen, daß »die bürgerliche Gesellschaft uns großenteils eine entschiedene Disharmonie der Idee und der Wirklichkeit zeigt«. Er hat sich dagegen verwahrt, »irgendeiner Partei des Tages gefallen zu wollen«. Philosophisch gegen die Welt zu stehen, war sein – etwa zwischen der Bejahung der Karlsbader Beschlüsse zur Demokraten-Verfolgung 1819 und der zeitweiligen Annäherung an A. Ruges *Hallische Jahrbücher* 1841 schwankendes – Selbstbewußtsein.

Von Bedeutung für Sch.s philosophisches und politisches Denken war seine Fähigkeit zu genauer Beobachtung der Wissenschaften und der Zeitgeschichte. Bereits in der Hegel-Kritik der Münchner Vorlesungen zur Philosophiegeschichte von 1827 zeigt sich Sch. als Kenner des saint-simonistischen Sozialismus, den er 1834 in seiner Vorrede zur deutschen Cousin-Übersetzung als »plumpen Skandal des St.-Simonismus« anprangert. Im Vormärz konnte, so bei Moses Heß, der »Jungschellingianismus« gar als »Reaktion in der sozialistischen Bewegung« gelten. Zwischen der Saint-Simonismus-Berichterstattung etwa im *Hesperus* 1831 und Sch.s Sozialismus- und Kommunismus-Kritik gibt es auffällige Übereinstimmung. Sch. wendet sich gegen jene, die »alle Unterschiede« aufheben wollen, »auch die, welche die Sanktion der Ideenwelt für sich hatten, wie Eigentum und Besitz«, und sich anschicken, »ohne den Herrn zu erwarten, auf dessen Ankunft das Christentum die arme blödsinnige Menschheit vertröstet, den *Himmel auf Erden* einzurichten«. Sch. kennt Proudhon; im 1849er Tagebuch finden sich Exzerpte aus Bakunin. Im Revolutionsjahr 1848 notiert er im Tagebuch: »In der That mit dem wissenschaftlichen Communism fing's an . . . La propriété c'est le vol; dieser saubere

Grundsatz ist auch auf die Ideen ausgedehnt worden.« Sch. ist der erste unter den großen bürgerlichen Philosophen, der als Augenzeuge der Berliner 1848er Revolution die Rolle der »Proletarier« im Unterschied zu den »Bürgern« hervorhebt, und für 1849 erwartet er »eine neue, noch schrecklichere und tiefer eindringende Revolution«; dies macht ihm »die Gegenwart so unerfreulich . . ., daß man sich endlich ganz in die Innenwelt zurückzieht«. Zugleich kritisiert Sch. die politische Ohnmacht der deutschen Fürsten, deren mangelnde Fähigkeit zur »Despotie« er beklagt. Das tagespolitische und zeitgeschichtliche Urteil gründet freilich immer in der Metaphysik der »positiven Philosophie«; in der Münchner Vorlesung zur *Grundlegung der positiven Philosophie* aus dem Wintersemester 1832/33 heißt es: »Der Staat, so viel Positives er in sich schließt, so gehört er doch gegen alles Positive . . . auf die Seite des *Negativsten* . . . Die wahre, aber sehr mißverstandene Aufgabe unserer Zeit ist, den Staat selbst und den Staat überhaupt, d. h. in jeder seiner Formen, zu beschränken, nicht bloß etwa in der monarchischen.« Auf dieser Grundlage führt die Erfahrung von 1848 zur antipolitischen Prognose: »das Ende der *gegenwärtigen* Welt-Krisis werde sein, daß der Staat wieder an seine wahre Stelle − als *Bedingung*, als Voraussetzung, nicht als *Gegenstand* und *Zweck* der individuellen Freiheit gesetzt werde«.

Sch. hat wesentliche Teile seiner »Kritik der reinrationalen Philosophie« im Rahmen der *Philosophie der Mythologie* 1848 in Berlin Unter den Linden Nr. 71 geschrieben. Als er zu einer erneuten intensiven Aristoteles-Beschäftigung anhob, war er gleichzeitig ständiger Gast beim preußischen Hof und Korrespondenzpartner des bayerischen Königshauses. In Sch.s Philosophie koexistieren in Wechselwirkung historisch-politisches Interesse und spekulative Geschichts- und Politik-Kritik. Die philosophische Frage, welche sowohl die Zeitwahrnehmung wie die metaphysische Konstruktion leitet, ist: Was ist das Sein des Seienden?

Sch.s Philosophie hat dieses, ihr eigentliches Problem nicht innerhalb der Grenzen traditioneller philosophischer Rationalität lösen können. Ihre Kritik am Rationalitätstypus der dialektischen »negativen« Philosophie hat nicht zu einer anderen Rationalitätsauffassung geführt, sondern zur Transformation philosophischen und wissenschaftlichen Wissens in das Wissen des Glaubens. Sch.s Gegen-Entwurf zum Wissen, zur Zeit, zur Geschichte und zur menschlich gestalteten Zukunft hat sich bewußt in ein Abseits zur historischen Wirklichkeit gesetzt. Als eine frühe theoretisch-antihumanistische, »strukturalistische« Seinsphilosophie verdient Sch.s Spätwerk die Aufmerksamkeit der historischen Forschung.

Hühn, Lore: Fichte und Schelling oder: Über die Grenzen menschlichen Wissens. Stuttgart/Weimar 1994. − Frank, Manfred: Eine Einführung in Schellings Philosophie. Frankfurt am Main 1985. − Sandkühler, Hans Jörg (Hg.): Natur und geschichtlicher Prozeß. Studien zur Naturphilosophie F. W. J. Schellings. Mit einem Quellenanhang als Studientext und einer Bibliographie. Frankfurt am Main 1984. − Dietzsch, Steffen: Friedrich Wilhelm Joseph Schelling. Berlin/Köln 1978. − Baumgartner, Hans Martin (Hg.): Schelling. Einführung in seine Philosophie. Freiburg/München 1975. − Sandkühler, Hans Jörg: Friedrich Wilhelm Joseph Schelling. Stuttgart 1970.

Hans Jörg Sandkühler

Schleiermacher, Friedrich Daniel Ernst
Geb. 21. 11. 1768 in Breslau; gest. 12. 2. 1834 in Berlin

»Alle Menschen sind Künstler.« Mancher mag vielleicht heute diesen Satz spontan mit einem Diktum Joseph Beuys' identifizieren, dessen Auffassung: »Kunst kommt nicht von Können, sondern von Künden«, von der Überzeugung lebt, daß in jedem einzelnen – wenn auch zumeist verschüttet – die Fähigkeit und Begabung liegt, das eigene Welt- und Selbstverständnis zum sinnvollen Ausdruck zu bringen, zur deutlichen Gestaltung, zur deutbaren Gestalt, hierin schließlich gar nicht so weit entfernt von Sch., der diesen Satz vor fast zweihundert Jahren gebrauchte. In diesem Satz scheint Sch.s Lebenswerk, seine Theologie einer Religion der individuellen Anschauung und des unmittelbaren Gefühls des Unendlichen, seine Philosophie und Pädagogik einer Ethik der »Universalisierung der Humanität« auf der Basis intersubjektiver Verständigung, schließlich das Motiv seiner überwältigenden Predigertätigkeit wie zu einem Extrakt verdichtet. In diesem Satz sind die für Sch.s Denken zentralen Begriffe »Individualität« und »Unendlichkeit« verschmolzen, die sein Gesamtwerk – gleich welchem Gegenstand im einzelnen auch immer gewidmet – stets neu entfaltet. In der Essenz erscheint der Charakter des Werks in klarer Kontur: es ist durch und durch romantisch.

Für den Sohn einer traditionsgebundenen protestantisch-reformierten Familie war der Weg in den Pfarrberuf bereits vorgezeichnet. Nach dem Privatunterricht bei den Eltern erhielt der hochbegabte junge Sch. eine Ausbildung und Erziehung am Pädagogium der Herrnhuter Brüdergemeinde von Niesky bei Görlitz und in ihrem Seminar in Barby/Elbe, die für ihren gründlichen Unterricht bekannt waren; er sollte schließlich Herrnhutischer Prediger werden. In Barby erlebte er indessen die Beschränktheit des Lehrplans, von dem die philosophisch-wissenschaftlichen Neuerungen der Zeit wie auch die Romane einer nicht religiös fundierten Literatur – Goethes *Werther* hatte seinerzeit für skandalöses Aufsehen gesorgt – ausgeschlossen waren, als eine Krise seiner frühen beruflichen Bestimmung. Zwischen einer Berufung zum Prediger und der zum Wissenschaftler schwankend – wie übrigens während seines ganzen späteren Lebens – rang er dem Vater die Zustimmung zu einem Universitätsstudium der Philosophie, der Theologie und der alten Sprachen in Halle ab. Während dieser zwei Jahre bis zu seinem Examen begegnete er erstmals der kritischen Philosophie Kants und den Texten der griechischen Klassiker. Nach weiteren Jahren, die er als Hauslehrer auf einem gräflichen Gut verbrachte – eine damals durchaus übliche Beschäftigung für einen jungen Universitätsabsolventen – kam er schließlich 1796 als Prediger an die Charité nach Berlin. Inzwischen hatte er mit der Übersetzung der Predigten des damals berühmten englischen Kanzelredners Blair seine erste Veröffentlichung vorgelegt. Der junge Sch., der bereits als 15jähriger seine Mutter und 1794 auch den ihm sehr nahestehenden Vater verloren hatte, bemühte sich in Berlin um geselligen Anschluß und jener Zeitgeist der Aufklärung, der hier um die Jahrhundertwende herrschte und die inzwischen berühmten intellektuellen Zirkel und literarischen Salons gedeihen ließ, machte es ihm nicht schwer. In Henriette Herz, der Frau des jüdischen Arztes und bekannten Kant-Schülers Dr. Marcus Herz, fand er eine ihm bald vertraute Freundin, in deren Haus er ein regelmäßiger Gast wurde. Hier und in anderen Gesellschaften begegnete er dem Kreis der Berliner Romantiker, den Brüdern von Humboldt, Rahel Varnhagen und Dorothea Veit, vor allem aber lernte er hier Friedrich Schlegel kennen, mit dem ihn seitdem eine enge Freundschaft und eine intensive und anregende Zusammenarbeit verband. Von Schlegel kam denn auch der energische Anstoß zu Sch.s ersten literarischen Arbeiten und die Idee zur Übersetzung der platonischen Dialoge, die später einmal zu seinen ruhmreichsten Leistungen zählen sollte. Sie erschienen zwischen 1804 und 1828; in Etappen hatte Sch. immer wieder daran gearbeitet. In den ersten Berliner Jahren publizierte er in kürzesten Abständen, zumeist anonym, die ersten eigenständigen Arbeiten: in der Zeitschrift *Athenäum* der Brüder Schlegel erscheinen zunächst seine *Ethischen Rhapsodien*, in denen er sich mit Positionen Kants und Fichtes auseinandersetzt, die überhaupt für die romantische Theorie die zentralen Bezugspunkte bilden. Zwar führt kein Weg an den von Kant aufgeworfenen Problemen der Bewußtseinsphilosophie – vor allem der unaufhebbaren Differenz zwischen der möglichen Erfahrung und der unmöglichen intellektuellen Erkenntnis des absoluten Ding-an-sich – vorbei, aber in der eigentümlichen begrifflichen Färbung, die diese Probleme bereits in den ersten Schriften Sch.s annehmen, in seinem beharrlichen Blick auf das Individuum und seine Bestimmung als ein auf Intersubjektivität ausgerichtetes Wesen und zwar aus Notwendigkeit der Selbsterkenntnis und nicht aus moralischem Imperativ, zeigt sich schon hier sein zentrales Interesse. 1799 erscheint die *Theorie des geselligen Betragens*, ein Titel so ganz aus der Seele des romantischen Selbstverständnisses. Nicht das isolierte Subjekt, eine Abstraktion des Bewußtseins als Verstandesapparat, beschäftigt Sch., sondern die Frage, wie sich Individuen zueinander verhalten, wie sie sich hierüber überhaupt erst als Individuen begreifen. Aus der Individualität erwächst notwendig die Frage nach der Sozialität, die als freie Kommunikation gedacht wird: »Es muß ... einen Zustand geben, ... der die Sphäre eines Individui in die Lage bringt, daß sie von den Sphären Anderer (Individuen) so mannigfaltig als möglich durchschnitten werde, und jeder seiner eigenen Grenzpunkte ihm die Aussicht in eine andere und fremde Welt gewähre.«

Noch im selben Jahr gibt Sch. seine berühmt gewordenen *Reden über die Religion an die Gebildeten unter ihren Verächtern* heraus. In der ebenfalls anonym erschienenen Schrift versucht Sch., Religion als ein grundsätzliches menschliches Vermögen zu erläutern, durch das »Gefühl« und die »Anschauung«, jenseits von Wissen oder Pflichthandlung, also weder metaphysisch noch sittlich-moralisch sich zum Unendlichen zu verhalten, mag dieses Unendliche dabei Gott heißen oder nicht. Natürlich mußte sich Sch., der als Autor nicht lange unerkannt blieb, von orthodoxer Seite den Vorwurf gefallen lassen, einen Pantheismus spinozistischer Machart zu erneuern. Gegenüber den Dogmen der Kirchenlehre bestand er aber darauf, daß eine Gewißheit Gottes oder des unendlichen Absoluten nur in dem »Gefühl der schlechthinnigen Abhängigkeit« gegeben sei. Das »Universum« soll in der Sphäre des Individuums im Gefühl zur Darstellung gelangen, womit das religiöse Streben zur

Bedingung der vollkommenen Gesselligkeit wird: »Je mehr sich Jeder dem Universum nähert, je mehr sich Jeder dem Anderen mitteilt, desto vollkommener werden sie Eins, keiner hat ein Bewußtsein für sich, Jeder hat zugleich das des Andern, sie sind nicht nur Menschen, sondern auch Menschheit ...«. Es liegt nahe, aus der Ursprünglichkeit und Selbstevidenz des religiösen Strebens zur vollkommenen Gesselligkeit die Frage einer Ethik herzuleiten. In den 1800 erscheinenden *Monologen* erläutert Sch. die zentralen Begriffe Freiheit und Gemeinschaft, ausgehend von dem auf freie Kommunikation zielenden Verständnis von Individualität. Nach zwei Jahren als Hofprediger in Stolp (Pommern) und einer dreijährigen Professur für Theologie in Halle kehrt Sch. 1807 endgültig nach Berlin zurück. Durch seine Mitarbeit an der Neuorganisation des preußischen Bildungswesens trägt er neben Wilhelm v. Humboldt entscheidend zur Gründung der Berliner Universität bei, für die er die »Temperatur einer völligen Freiheit des Geistes« und Unabhängigkeit vom Staat fordert. 1810 wird er hier zum Professor berufen, an der Dreifaltigkeitskirche übt er daneben das Predigtamt aus, das ihn bereits weit über die akademische Zunft hinaus als einen Mann von außergewöhnlicher rhetorischer Begabung berühmt gemacht hatte. 1811 wird er schließlich Mitglied der Preußischen Akademie der Wissenschaft. In der *Dialektik* (1839), die Sch. als Einführung zu seinen philosophischen Vorlesungen konzipierte, versucht er ein Programm der Philosophie als Wissenschaftslehre zu entwerfen. Die Frage nach der Begründung des Wissens scheint ihm indessen nicht auf logisch-spekulativem Weg zu beantworten. Im Unterschied zu Hegel insistiert er auf dem platonischen Verständnis von »Dialektik als Kunst ein Gespräch zu führen«. Es geht um ein methodisches Kunstverfahren, das die »Principien der Kunst zu philosophieren« klären soll. Aus dieser Fragestellung ergab sich gleichsam folgerichtig die Postulierung einer Hermeneutik als einer »allgemeinen Kunstlehre des Verstehens«. Was heute als der wirkungsmächtigste Teil seiner Philosophie gilt, die Hermeneutik, liegt indessen nur verstreut, in Skizzen, Vorlesungsnachschriften u. ä. vor. Ausgehend von den Problemen der Bibelexegese erkennt Sch. – einmal mehr ein Beleg für die zutiefst romantische Verknüpfung von transzendentaler Fragestellung mit einem emphatischen Begriff von Individualität – die Notwendigkeit der Frage nach den allgemeinen Bedingungen des Verstehens überhaupt. Weil Verstehen nicht selbstverständlich ist, weil die Singularität des verstehenden Individuums nie ohne weiteres in der Allgemeinheit des sprachlichen Gegenstandes aufgeht, weil eine Sprache nicht ohne Sprecher lebt, gelingt Verstehen nur als schöpferischer Akt der Sinndeutung, als produktive Leistung der verstehenden Subjektivität. Den einen absoluten Sinn gibt es nicht; vernünftig zu reden ist darüber nur in der Form zwischenmenschlicher Verständigung: »Das Verstehen nach der letzten Maxime ist eine unendliche Aufgabe.«

Schnur, Harald: Schleiermachers Hermeneutik und ihre Vorgeschichte im 18. Jahrhundert. Stuttgart/Weimar 1994. – Pleger, Wolfgang H.: Schleiermachers Philosophie. Berlin/New York 1988. – Lehnerer, Thomas: Die Kunsttheorie Friedrich Schleiermachers. Stuttgart 1987. – Nowak, Kurt: Schleiermacher und die Frühromantik. Göttingen 1986. – Frank, Manfred: Das individuelle Allgemeine. Textstrukturierung und Textinterpretation nach Schleiermacher. Frankfurt am Main 1985.

Peter Borkopp

Schlick, Moritz

Geb. 14. 4. 1882 in Berlin; gest. 22. 6. 1936 in Wien

Wenn die Philosophie des »Wiener Kreises«, der logische Empirismus, heute als eine der Hauptströmungen der Philosophie des 20. Jahrhunderts gilt, so ist dies vor allem das Verdienst Sch. s., ihres Begründers. Sch. beginnt seine akademische Ausbildung mit dem Studium der Physik und promoviert 1904 in Berlin bei Max Planck über ein Problem der Lichtreflexion. Seine Veröffentlichungen nach der Promotion und während der Lehrtätigkeit in Rostock (von 1911 bis 1921) und Kiel (von 1921 bis 1922) als Professor für Naturphilosophie und Ethik zeigen, daß seine Interessen weit über einzelwissenschaftliche Fragen der Physik hinausgehen. Er schreibt über Ethik, Ästhetik, Logik sowie über Grundlagenfragen der Mathematik und der Naturwissenschaft. Seine Beschäftigung mit neueren Entwicklungen der Mathematik und mit der Einsteinschen Relativitätstheorie veranlaßt ihn, im Anschluß an die Arbeiten von Henri Poincaré und Hermann von Helmholtz, zu einer Kritik der Auffassung Kants, der die Sätze der Mathematik und die Grundsätze der Newtonschen Physik als synthetisch a priori bestimmt. Ist ein Satz a priori, d. h. von der Erfahrung unabhängig, so ist er immer zugleich analytisch, d. h. ohne einen unsere Erkenntnis erweiternden Wirklichkeitsgehalt. Dies gilt nach Auffassung des logischen Empiristen Sch. für sämtliche Sätze der Mathematik und der Logik, während die Sätze der Naturwissenschaften synthetisch, d. h. erkenntniserweiternd sind, und damit notwendigerweise empirisch oder a posteriori, weil durch Erfahrung jederzeit widerlegbar.

In seinem Hauptwerk *Allgemeine Erkenntnislehre* (1918) gibt Sch. eine systematische Darstellung seines in der Nachfolge David Humes stehenden Empirismus und seines erkenntnistheoretischen Realismus. Sch.s Bestimmung des Erkenntnisbegriffs ist in metaphysikkritischer Absicht an der Praxis des Erkennens im Alltag und in den empirischen Wissenschaften orientiert. Der Begriff des Erkennens wird scharf abgegrenzt vom Begriff des Erlebens. Im Zustand des Erlebens steht ein Subjekt in Beziehung zu nur *einem* erlebten Objekt. Im Prozeß des Erkennens dagegen setzt das Subjekt den zu erkennenden Gegenstand in Beziehung zu anderen Gegenständen, durch die er erkannt wird, indem er einem Begriff untergeordnet wird, den er mit diesen gemeinsam hat. Nicht auf den Erlebnisgehalt eines Gegenstandes kommt es beim Erkennen an, sondern auf seine eindeutige begriffliche Bestimmung. Entsprechend ist ein Erkenntnisurteil wahr genau dann, wenn die durch es ausgedrückte Beziehung zwischen den Gegenständen eindeutig einer Tatsache der erkenntnisunabhängigen Wirklichkeit zugeordnet werden kann. Wirklich sind alle Gegenstände, die sich eindeutig in ein räumliches und/oder zeitliches Bezugsschema einordnen lassen. Sie sind nach Sch.s realistischer Auffassung identisch mit den Kantischen Dingen an sich. Kants Behauptung, die Dinge an sich seien im Gegensatz zu ihren Erscheinungen unerkennbar, beruht nach Sch.s Meinung auf einer Nichtbeachtung des Unterschieds zwischen Erleben und Erkennen. Daß etwas, wie eben die Dinge an sich, nicht erlebt werden kann, muß nicht notwendigerweise heißen, daß es auch nicht erkennbar ist. Die Verwechslung dieser beiden Begriffe hat auch über Kant hinaus vielfach zu metaphysischen Irrtümern und Scheinproblemen geführt. So z.B. in der Phänomenologie Husserls, der die intuitive Erfassung des Wesens der Gegenstände, die »Wesensschau«, als eine der wissenschaftlichen übergeordnete Form der Erkenntnis betrachtet. Nach Sch. liegt hier kein Erkennen, sondern bloßes Erleben vor.

Im Jahr 1922 folgt Sch. einem Ruf der Universität Wien und übernimmt dort in der Nachfolge von Ernst Mach und Ludwig Boltzmann den Lehrstuhl für Philosophie der induktiven Wissenschaften. Auf Sch.s Initiative hin finden bald regelmäßige Diskussionen über philosophische Probleme statt, an denen neben Philosophen hauptsächlich Mathematiker und Naturwissenschaftler, darunter Rudolf Carnap und der Logiker und Mathematiker Kurt Gödel, beteiligt sind. Die Diskussionsteilnehmer gründen 1928 unter dem Vorsitz von Sch. den »Verein Ernst Mach« der als »Wiener Kreis« in die Philosophiegeschichte eingegangen ist. Die Philosophen des Wiener Kreises unterziehen die Sätze der Metaphysik einer logischen Analyse und lehnen sie als sinnlos ab. Sinnvoll sind nur empirische Sätze sowie Sätze der Logik und Mathematik. Das Ziel ihrer Bemühungen sehen sie in der Erarbeitung einer wissenschaftlichen Weltauffassung, dargestellt in einer an den Methoden der Physik orientierten Einheitswissenschaft. Hauptsächlich durch den Einfluß Carnaps und Wittgensteins, dessen *Tractatus logico-philosophicus* (1921) die Philosophie des Wiener Kreises wesentlich beeinflußte, änderte Sch. einige seiner früheren Ansichten. An die Stelle der Untersuchung von Voraussetzungen des Erkennens tritt die sprachkritische Klärung des Sinns von Sätzen der Wissenschaft. Der Sinn eines Satzes ist die Methode seiner Verifikation, d. h. ein Satz ist sinnvoll genau dann, wenn sich die Bedingungen angeben lassen, unter denen er wahr ist. Die Verifikation eines Satzes, die Entscheidung, ob er wahr oder falsch ist, obliegt nicht der Philosophie, sondern ist Angelegenheit der Wissenschaft, die diesen Satz aufgestellt hat, und geschieht durch einen Vergleich des Satzes mit dem durch ihn formulierten wirklichen Sachverhalt. Diese Art der Verifikation führt zu Schwierigkeiten beim Nachweis der Gültigkeit allgemeiner Sätze, über deren Wahrheit eben wegen ihrer Allgemeinheit nicht durch direkten Vergleich mit der Wirklichkeit entschieden werden kann. Sie müssen deshalb auf einfache, unmittelbar verifizierbare Aussagen, auf sog. Konstatierungen der Form: »Ich nehme hier und jetzt dieses oder jenes wahr«, reduziert werden. Die Unmöglichkeit einer endgültigen und vollständigen Verifizierung allgemeiner Sätze – jede wahre Konstatierung ist nur eine weitere, aber nicht hinreichende Bestätigung des Satzes – gab Karl Popper Anlaß zur Aufstellung seiner Falsifikationstheorie.

Sch. gehört zu den wenigen Mitgliedern des Wiener Kreises, die sich ausführlich zu ethischen Problemen geäußert haben, u. a. in *Fragen der Ethik* (1930). Er erkennt keine absoluten ethischen Werte an. Welche Handlungen als »gut« bezeichnet werden, ist abhängig von den in einer Gesellschaft aufgestellten Normen, deren Untersuchung Gegenstand der Soziologie und Psychologie ist. Sch. vertritt einen eudaimonistischen Standpunkt. Der Mensch soll danach streben, seine Glückseligkeit zu vermehren, die sich dann einstellt, wenn er frei vom Diktat des zweckgebundenen Handelns einer Tätigkeit um ihrer selbst willen nachgeht, wenn sein Handeln dem Spielen eines Kindes gleicht. Am 22. Juni 1936 wird Sch. auf dem Weg zu einer Vorlesung von einem geistesgestörten Studenten erschossen. Die Hintergründe des Mordes wurden nie ganz geklärt. Mit dem Tode Sch.s enden die Treffen des Wiener Kreises. Das Erstarken des Austrofaschismus zwingt viele seiner Mitglieder zur Emigration.

MacGuinness, Brian (Hg.): Zurück zu Schlick. Wien 1985. – Schleichert, Hubert (Hg.): Logischer Empirismus. Der Wiener Kreis. München 1975.

Martin Drechsler

Schmitt, Carl
Geb. 11. 7. 1888 in Plettenberg; gest. 7. 4. 1985 in Plettenberg

Sch. war kein Philosoph und wollte dies nicht sein. Er war Jurist, Professor für Öffentliches Recht seit 1921 in Greifswald, Bonn, Berlin, Köln, von 1933 bis zur dauernden Amtsenthebung 1945 wieder in Berlin. Seinem Selbstverständnis zufolge war er jedoch zugleich »politischer Theologe«; er reflektierte die rechtliche Verfassung im Horizont einer »Politischen Theologie«. Der Auslegung Heinrich Meiers zufolge meint dies »eine politische Theorie, politische Doktrin oder politische Positionsbestimmung, für die nach dem Selbstverständnis der politischen Theologen die göttliche Offenbarung die höchste Autorität und die letzte Grundlage ist«. Unter diesem Anspruch verstand Sch. seine juristische Arbeit als Auftrag und Antwort, als Parteinahme für die Sache des eigenen Glaubens. Sowohl Sch.s Bekenntnis, die Christlichkeit, Konfessionalität und theologische Kohärenz seines Werkes, als auch seine politisch-praktischen Folgerungen sind umstritten. Unbestritten dürfte jedoch sein, daß Sch. nach herkömmlichen Kategorien nicht ohne weiteres Philosoph zu nennen ist. Zweifellos war er aber ein Theoretiker, der bedeutende Beiträge zur Staats- und Verfassungstheorie, zur Rechtstheorie und zur politischen Theorie geleistet hat.

Sch. hinterließ ein labyrinthisches Werk. Zwischen 1910 und 1978 verfaßte er eine nahezu unübersehbare Anzahl von Artikeln und Aufsätzen, Broschüren und Monographien, die wirkungsbewußt »in die Waagschale der Zeit geworfen« (*Verfassungsrechtliche Aufsätze*, 1958) wurden. Im sauerländischen Plettenberg geboren und katholischer, provinziell-kleinbürgerlicher Herkunft, fallen Sch.s akademische Anfänge ins expressionistische Kriegsjahrzehnt. 1910 *Über Schuld und Schuldarten* promoviert, publiziert Sch. während seines Referendariats methodologische und rechtsphilosophische Monographien (*Gesetz und Urteil*, 1912; *Der Wert des Staates und die Bedeutung des einzelnen*, 1914). Die hymnische Fürsprache für den befreundeten Dichter Däubler (*Theodor Däublers ›Nordlicht‹*, 1916) ist eine erste Bekenntnisschrift. Nach dem zweiten juristischen Staatsexamen dient Sch. von 1915 bis 1919 in München als Kriegsfreiwilliger in der Heeresverwaltung. 1916 in Straßburg habilitiert, formuliert er 1919 mit der *Politischen Romantik* seine Absage an den Typus des Bürgers und etabliert sich 1921 mit einem Buch über *Die Diktatur* als Staatsrechtler. In der Bürgerkriegslage der jungen Weimarer Republik entwickelt Sch. seine politische Theorie am Problem der Diktatur. 1922 publiziert er angesichts einer durch den Gegensatz von »Autorität gegen Anarchie« bezeichneten politischen Spannung unter dem Titel *Politische Theologie* seine »dezisionistische« Definition und Lehre von der Souveränität (»Souverän ist, wer über den Ausnahmezustand entscheidet«; »Auctoritas, non veritas facit legem«). Sch. reiht sich dabei in die Tradition der Staatsphilosophie der Gegenrevolution ein und optiert – 1923 in *Römischer Katholizismus und politische Form* mitreißend formuliert – für das katholische Formprinzip der »Repräsentation« als Urbild souveräner Autorität. Dieses Formprinzip sucht er 1928 in seinem verfassungsrechtlichen Lehrbuch und Hauptwerk *Verfassungslehre* sowie dann durch Befürwortung des Weimarer Präsidialsystems (*Der Hüter der Verfassung*, 1931) in die demokratische Verfassung hinüberzuretten. Dabei unterscheidet er radikal zwischen rechtsstaatlichen und politischen Bestandteilen der Verfassung, zwischen Liberalismus und Demokratie, und hält einen antiliberalen Modus demokratischer Willensbildung für legal, legitim und funktional. 1932 publiziert er die Broschüre *Der Begriff des Politischen*. Diese Summe seines Weimarer Verfassungsdenkens, Sch.s bekannteste Schrift, formuliert als systematisch bedeutendes, grundlegendes »Kriterium« des Politischen die »Unterscheidung von Freund und Feind«: Ein soziales Handeln ist genau dann politisch zu nennen, wenn es Freund und Feind identifiziert, assoziiert und dissoziiert. Im Zusammenhang mit der *Verfassungslehre* gelesen benennt dieses Kriterium die Voraussetzung der Unterscheidung politischer Zugehörigkeit (Homogenität) und Nichtzugehörigkeit für die positive Verfassungsentscheidung über »Art und Form« des Daseins einer »politischen Einheit«. Sch. publiziert seinen *Begriff des Politischen* dabei mit einem militant-nationalistischen Unterton auch als Aufruf zur »Selbstbehauptung« der politischen Einheit des deutschen Volkes im Kampf mit Weimar, Genf, Versailles, wie es im Titel der Aufsatzsammlung *Positionen und Begriffe* 1940 prägnant heißt.

Sch.s verfassungstheoretisch bedeutendste und wirkmächtigste Arbeiten entstanden also in der Weimarer Republik. Vom Beginn seiner staatsrechtlichen Wirksamkeit an stand Sch. dabei im Gespräch der Zeit und wurde von Freund und Feind als Vordenker einer neuen, antipositivistisch eingestellten, konservativ-revolutionären Staatswissenschaft identifiziert, die den abschätzig so genannten »bürgerlichen Rechtsstaat« Weimars um einer anderen Ordnung willen schneidend kritisierte. In rhetorisch glänzender, glühender diagnostischer Polemik (»Jeder politische Begriff ist ein polemischer Begriff«) gelangen Sch. dabei treffende Einsichten in die damalige Krise des Liberalismus (*Die geistesgeschichtliche Lage des heutigen Parlamentarismus*, 1923) und bestehende Funktionsprobleme und Pathologien des modernen Verfassungsstaates. Er konstatierte einen Niedergang der Überzeugungskraft liberaler Prinzipien und analysierte Inkonsequenzen und (Soll-)Bruchstellen im Verfassungsgefüge als dessen Folgen. Angesichts der Regierungskrisen des Weimarer Parlamentarismus setzte er beim Untergang der Republik in das Präsidialsystem auf eine Koallianz des Reichspräsidenten mit der nationalistischen Bewegung (*Legalität und*

Legitimität, 1932). Er bestritt dem Weimarer »Gesetzgebungsstaat« das Monopol des Politischen (»Der Begriff des Staates setzt den Begriff des Politischen voraus«) und fragte nach verfassungsrechtlichen Alternativen. Der »totale« Führerstaat erschien ihm dabei 1933 als eine legale und »demokratisch« legitime Antwort (»legale Revolution«). Nach der Machtübernahme trat er der NSDAP bei und rechtfertigte die neue Herrschaft in mehreren Programmschriften (*Staat, Bewegung, Volk,* 1933; *Über die drei Arten des rechtswissenschaftlichen Denkens,* 1934) und ungezählten Artikeln. Etwa zeitgleich zu heftigsten antisemitischen Auslassungen, die − worauf posthum unter dem Titel *Glossarium* 1991 veröffentlichte tagebuchartige Aufzeichnungen der Jahre 1947 bis 1951 hinweisen − wohl Sch.s persönlichstem Glauben entsprangen, kam es 1936 zu einem Karriereknick infolge interner Angriffe und Intrigen bei Verlust zahlreicher Ämter. Bis 1945 lehrte Sch. jedoch weiter in Berlin und rechtfertigte wirkmächtig noch den nationalsozialistischen Eroberungs- und Vernichtungskrieg als neue Völkerrechtsordnung für »Mitteleuropa« (*Völkerrechtliche Großraumordnung,* 1939/1942).

Mit der grundlegenden Unterscheidung des Begriffs des Politischen vom Staatsbegriff und den Verfassungsdiagnosen eines Übergangs des »bürgerlichen Rechtsstaats« in den allzuständig-»totalen« Staat der Industriegesellschaft des 20. Jahrhunderts hatte Sch. in der Weimarer Republik schon eine Gefährdung des Politikmonopols des modernen Staats gesehen und begrifflich nach neuen politischen Subjekten gesucht, die die Souveränität des politischen Entscheidungsmonopols in der Bürgerkriegslage des Ausnahmezustands wieder herzustellen vermögen. Die Option für das nationalsozialistische »Dritte Reich« resultiert insoweit der juristischen Suche nach neuen Ordnungsmächten. Den geschichtlichen Niedergang der politischen Form des Staates untersucht Sch. 1938 in einer Studie zu Hobbes (*Der Leviathan in der Staatslehre des Thomas Hobbes*) sowie am Wandel des Kriegsrechts (*Die Wendung zum diskriminierenden Kriegsbegriff*).

Das Spätwerk distanziert sich dann angesichts der sich abzeichnenden Kriegsniederlage von der politischen Form des »Reiches« als einer möglichen Alternative zum neuzeitlichen Staat (*Land und Meer,* 1942) und geht zur völkerrechtsgeschichtlichen Rückschau und zum Werkabschluß über (*Der Nomos der Erde,* 1950). Obwohl Sch.s Werk von Anfang an einen geschichtstheologisch spekulativen, apokalyptischen Beiton hat und darin auch ein Moment seines hohen ästhetischen Reizes liegt, verschärft sich nach 1945 die endgeschichtliche Sicht der Gegenwart als eine politisch erstarrte »Einheit der Welt«, in der sich nur noch einzelne »Partisanen des Weltgeistes« noch als alternative politische Subjekte behaupten (*Theorie des Partisanen,* 1963). Sch.s Werk endet mit einer Selbstinterpretation (*Politische Theologie II,* 1970), die der Ende der 50er Jahre verstärkt wieder einsetzenden und in den letzten Jahren außerordentlich angewachsenen Forschung Lesarten vorzuschreiben sucht. Eine offenkundige Distanzierung vom Nationalsozialismus findet sich nach 1945 in den Schriften nicht, wohl aber gibt es einige verdeckte Auseinandersetzungen (*Gespräch über die Macht,* 1954; *Hamlet oder Hekuba,* 1956).

Sch.s geschichtstheologische Spekulationen stellen eine Herausforderung an die Geschichtsphilosophie dar. Rechtsphilosophisch interessant ist die »dezisionistische« Rechtsgeltungslehre, welche die Geltung von Rechtsnormen in die politische

Verfügung des Souveräns stellt (*Verfassungslehre*) und den Bestand dieser Normen der interpretativen Verfügung des einzelnen Auslegers entzieht (*Tyrannei der Werte*, 1959/1967). Moralphilosophische Probleme und Fragen wie die nach Selbstbestimmung und Selbstbehauptung erörtert Sch. mehr unter dem Titel des Politischen. Dabei behauptet er einen konstitutiven und ethisch verbindlichen Vorrang der Sittlichkeit (»absolute Verfassung« als »Daseinsweise«, als »Gesamtzustand politischer Einheit und sozialer Ordnung«) vor der Identität und Moralität des Einzelnen. Aus dieser Annahme folgt das nationalistisch erhitzte Pathos politischer Verpflichtung bis zur Forderung der »Todesbereitschaft und Tötungsbereitschaft« im »Ernstfall«, das allerdings hobbesianisch durch die Insistenz auf der kontraktualistischen »Relation von Schutz und Gehorsam« eingeschränkt ist. Mit dem Vorrang der politischen Gemeinschaft und Sittlichkeit vor der Moralität des Einzelnen erneuert Sch. eine klassisch-politische Herausforderung an die Ethik.

Hasso Hofmann hat Sch. anhand der im ganzen Denkweg konsequent festgehaltenen Grundfrage nach der »Legitimität« als einen »politischen Philosophen« identifiziert. Philosophisch ist demnach die Konsequenz, mit der Sch. die in der verfassungstheoretischen Legitimitätsperspektive verborgene rechtsphilosophische Grundfrage nach der Rechtsgeltung als geschichtliches Problem festhielt. Diese Sicht von Sch.s »politischer Philosophie« ist an einem existentialistischen Philosophiebegriff orientiert, den man nicht teilen muß. So orientiert sich Heinrich Meiers Rekonstruktion von Sch.s politisch-theologischem Selbstverständnis in der Absicht auf Unterscheidung der Politischen Philosophie am Philosophiebegriff Leo Strauss'; danach schließt ein Denken unter Offenbarungsanspruch, wie dasjenige Sch.s, ein wahrhaft philosophisches Fragen aus. Philosophisch sei es letztlich irrelevant.

Gleichwohl ist Sch.s »Politische Theologie« auch als akademisches Forschungsprogramm lesbar und rezipierbar. Sch. spricht von einer »Soziologie von Begriffen«, die die Struktur und Einheit einer geschichtlichen »Epoche« an deren begrifflicher Selbstbeschreibung abliest und »Metaphysik« als klarsten »Ausdruck einer Epoche« auffaßt: »Das metaphysische Bild, das sich ein bestimmtes Zeitalter von der Welt macht, hat dieselbe Struktur wie das, was ihr als Form ihrer politischen Organisation ohne weiteres einleuchtet« (*Politische Theologie*). »Metaphysik« ist demnach ein Schlüssel zur Erforschung der politischen Struktur und Gesellschaftsstruktur einer Epoche; sie artikuliert diese aber nicht nur, sondern beglaubigt sie auch. Will man den systematischen Impuls dieses Ansatzes, Verfassung im Horizont einer »Politischen Theologie« zu reflektieren und zu vertreten, verkürzt formulieren, so macht Sch. auf politische Bedingungen und Gründe von Verfassung aufmerksam und stellt darüber hinaus weitere Fragen nach den konstitutionellen, kulturellen und geschichtlichen Voraussetzungen dieser Bedingungen und Gründe. Philosophisch gelesen stellt er damit das Legitimitätsproblem politischer Herschaft sowie das Begründungsproblem normativer Verpflichtung für seine Zeit neu dar. Sch. lehrt nicht zuletzt die Geschichtlichkeit dieser Problemstellungen und fordert damit zu deren Reformulierung für die Gegenwart auf.

Hofmann, Hasso: Legitimität gegen Legalität. Der Weg der politischen Philosophie Carl Schmitts (1964). Berlin ²1992. – Mehring, Reinhard: Carl Schmitt zur Einführung. Hamburg 1992. – Kaufmann, Matthias: Recht ohne Regel? Die philosophischen Prinzipien in Carl Schmitts Staats- und Rechtslehre. Freiburg 1988.

Reinhard Mehring

Scholem, Gershom G. (= Gerhard)

Geb. 5. 12. 1897 in Berlin; gest. 21. 2. 1982 in Jerusalem

In einem Brief an die Mutter Betty aus dem Jahr 1919 heißt es: »*Was* wird Gerhard Scholem? Nu? Zuerst wird er: Gershom Scholem. Na? Dann wird er Dr. phil. (hoffentlich). Dann wird er jüdischer Philosoph. Dann wird er Engel im 7. Himmel.« Präziser läßt sich Sch.s Werdegang kaum zusammenfassen, als es hier vorausschauend bereits durch den Studenten geschah. Wenige Monate vorher hatte Sch. in einem Brief an die Eltern geschrieben:»Daß mein Geist so eingerichtet ist, daß ich zwar nicht für Experimentalwissenschaften, wohl aber für Philologie, Philosophie und Mathematik in ziemlichem Maße empfänglich bin, scheint mir sogar eine recht glückliche Mischung... Ich bin gewiß, wenn es darauf ankommt, später stets so viel verdienen zu können wie ich brauche um bescheiden zu leben, auch wenn ich nicht gleich Professor in Jerusalem werde.«

Als Sohn eines Berliner Druckereibesitzers und einer – wie wir seit der Veröffentlichung ihres Briefwechsels mit dem Sohn (1989) wissen – »hinreißend weltklugen« Mutter wuchs Sch. im bürgerlichen Milieu einer Familie auf, die bereits »den Weg von der traditionellen jüdisch-orthodoxen Lebensweise der schlesischen und posenschen Juden, die die überwältigende Majorität der Berliner Judenschaft bildeten, bis zur weitgehenden Assimilation an die Lebensart der Umgebung zurückgelegt« hatte. Als Zeitpunkt seines »jüdischen Erwachens« in diesem assimilierten Milieu gab Sch. rückblickend den Sommer 1911 an. Die Lektüre der dreibändigen Volksausgabe der *Geschichte der Juden* von Heinrich Graetz weckte in ihm die »Leidenschaft für das Judentum in Vergangenheit und Gegenwart«. Die Briefe und Tagebücher des jungen Sch. (seit 1994 im Erscheinen begriffen) zeigen einen hochintellektuellen und außerordentlich selbstbewußt-kritischen Geist, der philosophische und mathematische Studien aller Art mit einer gelegentlich schon überspannt anmutenden Intensität trieb, in der zionistischen Jugendbewegung rasch zum Sprecher einer elitären Minderheit aufstieg und mit ersten Übersetzungen aus dem Hebräischen an die Öffentlichkeit trat.

Unmittelbar philosophisch wirksam wurde Sch. in seiner Freundschaft mit Walter Benjamin, die im Juli 1915 begann. Nur der Tatsache dieser Freundschaft verdankte der Kabbala-Forscher zunächst wohl auch die ungewöhnliche Beachtung, die ihm eine breitere Öffentlichkeit seit dem Ende der 50er Jahre widmete. In dem Buch

Walter Benjamin – die Geschichte einer Freundschaft (1957) und der Publikation des durch glückliche Umstände erhaltenen Briefwechsels von 1933–1940 (erschienen 1980) hat Sch. den Ertrag dieser intellektuell spannungsvollen Beziehung für die Nachwelt festgehalten und seinem 1940 aus dem Leben geschiedenen Freund ein Denkmal gesetzt: »In Benjamin traf ich zum erstenmal einen Menschen von durchaus ursprünglicher Denkkraft, die mich unmittelbar ansprach und bewegte. So haben wir wahrscheinlich jeder zur Entwicklung des anderen das Seine beigetragen, und ich würde sagen, daß ich ihm mindestens ebenso viel verdanke wie, auf ganz anderer Ebene, er mir.« Zusammen und teilweise auch in Auseinandersetzung mit Theodor W. Adorno und Hannah Arendt hat Sch. wichtige Beiträge zur Interpretation des Benjaminschen Denkens geleistet. Dabei ging es ihm – auch in seiner Beteiligung an der Herausgabe der *Gesammelten Schriften* Benjamins – vor allem darum, das Werk des Freundes, den er gelegentlich als einen »ins Profane verschlagenen Theologen« bezeichnete, vor jeder marxistischen Einvernahme abzusichern.

Zur Philosophie in ihrer üblichen akademischen Ausprägung hatte schon der junge Sch. ein eigentümlich gebrochenes Verhältnis: »Immer wenn Philosophen etwas Wesentliches über den Begriff und erst recht die Grundlagen der Wissenschaft gesagt haben, haben sie es, auch wenn sie es nicht zugegeben haben, nicht als Philosophen, sondern als mit den Mitteln einer speziellen Wissenschaft Arbeitende gesagt«, wie er in seinem Tagebuch schreibt. Für Sch., der sich zunächst ausgiebig mit der Mathematik unter philosophischen Aspekten beschäftigt hatte, wird seit dem Ausbruch des Ersten Weltkrieges ein individualistisch-anarchisch akzentuierter Zionismus zum Ausgangs- und Angelpunkt seines gesamten Denkens: »Immer deutlicher steigt in mir die Idee auf, einmal den Versuch einer neuen, hohen zionistischen Ideologie zu machen, die sehr fehlt. Ein hohes Ideal.« Sch.s leidenschaftliches Engagement für den Zionismus und die jüdische Jugendbewegung (in der Berliner Gruppe »Jung-Juda«, deren kurzlebige Zeitschrift *Die blau-weiße Brille* von Sch. fast allein bestritten wurde) führten zu vielfältigen Kontakten und oft auch Auseinandersetzungen u. a. mit Chajim Nachman Bialik, Samuel Josef Agnon, Schneur Salman Rubaschow (= Schasar, 1963–1972 Staatspräsident Israels), Hermann Cohen, Martin Buber, Franz Rosenzweig, Achad Haam (= Ascher Ginzberg) und später Arendt, Leo Baeck und Adorno. Dabei entwickelte Sch. eine ganz eigenständige Form des Zionismus und der jüdischen Philosophie als einer »Philosophie aus den Quellen des Judentums«. Sch.s gesamtes Lebenswerk blieb diesem »Hinein- und Hinabsteigen in das Judentum« verpflichtet. Bereits mit seiner Dissertation über *Das Buch Bahir. Ein Schriftdenkmal aus der Frühzeit der Kabbala* (1923) begann der junge Gelehrte ein Gebiet zu bearbeiten, das in der Wissenschaft des Judentums bis dahin kaum beachtet worden war. Ausgerüstet mit einer stupenden Kenntnis des Hebräischen entdeckte und beschrieb Sch. in jahrzehntelangen Studien fortan Bezirke jüdischer Existenz und Denkens, insbesondere der Kabbala, die auch innerhalb des Judentums in Vergessenheit geraten waren, weil sie so wenig zu dem aufgeklärten Geist des 19. Jahrhunderts zu passen schienen.

Damit trug Sch. Entscheidendes zu einer zionistisch inspirierten Neubewertung der »Wissenschaft des Judentums« bei. Diese habe, so meinte er, in ihrer im 19. Jahrhundert entwickelten Form, die auf eine ständig wachsende Trennung von

jüdischer Wissenschaft und jüdischer Gegenwart hinausgelaufen war, nur noch die
Aufgabe gesehen, »die Überreste des Judentums ehrenvoll zu bestatten« (Moritz
Steinschneider), und sei damit zum »Denkmal unserer geistigen Knechtschaft«
(Achad Haam) geworden. 1964 hat Sch. diese Kritik in der großen Polemik *Wider
den Mythos vom deutsch-jüdischen Gespräch* weitergeführt: »Die angeblich unzer-
störbare geistige Gemeinsamkeit des deutschen Wesens mit dem jüdischen Wesen
hat, solange diese beiden Wesen realiter miteinander gewohnt haben, immer nur
vom Chorus der jüdischen Stimmen her bestanden und war, auf der Ebene
historischer Realität, niemals etwas anderes als eine Fiktion, eine Fiktion, von der
Sie mir erlauben werden zu sagen, daß sie zu hoch bezahlt worden ist.«

1923 ließ Sch. seinen zionistischen Traum wahr werden, siedelte nach Jerusalem
über und vertauschte den deutschen Vornamen Gerhard mit dem hebräischen
Gershom (= »Fremder von dort«). Als Bibliothekar an der Universitäts- und Nationalbibliothek (bis 1927) und als Lektor an der Universität (ab 1925) erwarb er sich
ein solches wissenschaftliches Ansehen, daß er 1933 auf den neugegründeten Lehrstuhl für jüdische Mystik und Kabbala an der Hebräischen Universität berufen
wurde. Dieser Lehrstuhl, den Sch. bis zu seiner Emeritierung 1965 inne hatte,
signalisierte innerhalb der Judaistik einen Perspektivenwechsel von epochaler Bedeutung. In Israel wurde Sch.s wissenschaftliches Werk durch die Verleihung des
Israel Prize for Jewish Studies (1958) und die Wahl zum Präsidenten der Israel
Academy of Sciences and Humanities (1968) geehrt. In Europa erfuhren Sch.s
Forschungen erst wieder stärkere Beachtung, seitdem er ab 1957 regelmäßig an den
Eranos-Tagungen in Ascona teilnahm. Zahlreiche wissenschaftliche Akademien und
Vereinigungen des Auslandes ernannten Sch., dessen Veröffentlichungsliste schon
1967 mehr als 500 Titel aufweist, zu ihrem Mitglied.

Aufbauend auf zahlreichen Einzeluntersuchungen, in denen sich genaueste Analyse, oft unkonventionelle philosophische Einsichten und ein immenses historisches
Wissen verbanden, konnte Sch. den Ertrag seiner Forschungen erstmals 1941 in der
großen Überblicksdarstellung *Major Trends in Jewish Mysticism* zusammenfassen, die
erst 1957 in deutscher Übersetzung (*Die jüdische Mystik in ihren Hauptströmungen*)
erschien und »dem Andenken an Walter Benjamin« gewidmet ist. Dieses Buch, das
zu den bedeutendsten Leistungen der Judaistik unseres Jahrhunderts gezählt werden
muß und in der Fülle seiner historischen Einzelbeobachtungen, philologischen
Erörterungen und innerjüdischen Positionsbestimmungen kaum angemessen zu
referieren ist, steuert auf eine – allerdings sehr zurückhaltende – Weise auch einen
bemerkenswerten Beitrag zur Relativierung der jüdischen Philosophie bei: »Mystiker und Philosophen sind beide, wenn man so will, Aristokraten des Denkens.
Und dennoch ist es gerade der Kabbala gelungen, eine Verbindung mit gewissen
elementaren Impulsen des Volksglaubens herzustellen. Sie hat die primitiven Schichten des menschlichen Lebens nicht verachtet, jene entscheidenden Schichten der
Lebensangst und Todesangst des einfachen Menschen, auf die die rationale Philosophie nichts Kluges zu erwidern gewußt hat. Sie hat jene Ängste, aus denen
Mythen geschaffen werden, nicht zum Problem gemacht, und so hat die jüdische
Philosophie für diese Vornehmheit, mit der sie sich von den primitiven Schichten
des menschlichen Lebens abgewandt hat, einen hohen Preis bezahlt.« Hannah

Arendt, die später an der Bearbeitung der zweiten Auflage der *Major Trends in Jewish Mysticism* beteiligt war, und Benjamin lernten das Manuskript von Sch.s Buch im Winter 1939/40 kennen und diskutierten »viele Stunden lang« darüber. Benjamins Thesen *Über den Begriff der Geschichte* mit ihrer Deutung der »Jetztzeit, die als Modell der messianischen in einer ungeheueren Abbreviatur die Geschichte der ganzen Menscheit zusammenfaßt«, sind ohne die Lektüre von Sch.s Untersuchung der jüdischen Mystik nicht zu erklären. Ihre Rezeption hat später für den Diskurs innerhalb der Frankfurter Schule eine wichtige Rolle gespielt.

Als großer geschichtsphilosophischer Entwurf erwies sich Sch.s monumentale Biographie über *Sabbatai Zwi. Der mystische Messias*, die 1957 hebräisch, 1973 englisch und endlich 1992 auch deutsch erschien. Die Geschichte des »mystischen Messias«, die Sch. in akribisch-detektivischer Kleinarbeit rekonstruierte, stellt eine große historiographische Leistung dar. Erst durch Sch.s Biographie gewannen Sabbatai Zwi (1626–1676) und die von ihm ausgelöste Bewegung des Sabbatianismus wieder schärfere Konturen. Hinter dem biographischen Bemühen aber steht die viel grundsätzlichere Frage nach den Wesensmerkmalen des Judentums. Ältere Ideen aufnehmend, die schon in den frühen Gesprächen mit Benjamin eine Rolle gespielt hatten, entwickelte Sch. die Theorie, nach der die »messianische Idee im Judentum« dieses zu einem Leben »im Aufschub der Existenz« geführt habe. Wer auf Gottes Handeln in der Zukunft hofft, lebt in einer ewigen Gegenwart und kann nicht in die Geschichte eintreten. Das Scheitern und Abtrünnigwerden des Sabbatai Zwi führte, so meinte Sch., eine Grundsatzkrise des Messianismus, ja dessen Überwindung, herbei und eröffnete damit dem Judentum überhaupt erst den Eintritt in die Geschichte. Diese Betrachtungsweise der jüdischen Geschichte von innen her versucht also einsichtig zu machen, wie der Messianismus des Sabbatai Zwi den Beginn der jüdischen Moderne einleitete, weil er die bis dahin tragende Hoffnung des Judentums vernichtete.

Sch.s Philosophie »aus den Quellen des Judentums«, die er in diffizilen Studien zumeist überhaupt erst wieder freilegte, führte ihn bis zu jenem Punkt, an dem das Scheitern der mystischen Sehnsüchte das jüdische »Leben im Aufschub« unmöglich machte und eine völlig neue Lösung erzwang. Sch. erkannte diese Lösung im Zionismus als der politischen Erlösung des Judentums. Schon 1929 hatte er jedoch notiert: »Die Erlösung des jüdischen Volkes, welche ich als Zionist ersehne, ist in keiner Weise identisch mit der religiösen Erlösung, welche ich mir für die Zukunft erhoffe. Das zionistische Ideal ist eine Sache, das messianische eine andere, und diese beiden Ideale berühren sich nicht . . .« Den Weg der Assimilation des Judentums im Gefolge von Aufklärung und Emanzipation, wie ihn das deutsche Judentum seit dem Beginn des 19. Jahrhunderts eingeschlagen hatte, konnte Sch. lediglich als einen Irrweg begreifen: Nur da, wo Aufklärung zur Selbstbestimmung aus den eigenen Wurzeln heraus führt, wirkt sie erlösend. Vielleicht läßt es sich nur aus dieser Einsicht erklären, daß nach Sch.s Tod und Begräbnis in Jerusalem auf dem Grabstein, der an seine Eltern und Brüder auf dem Weißenseer Jüdischen Friedhof erinnert, sein Name in der Form GERHARD G. SCHOLEM hinzugefügt werden konnte. So hat der Philosoph, dessen Weg ihn *Von Berlin nach Jerusalem* (so der Titel von Sch.s Jugenderinnerungen, 1977) geführt hatte, ganz folgerichtig auch zwei

Gräber, eines in Jerusalem und eines in Berlin, hatte er doch auf sehr eigene Weise in beiden Städten seine geistige Heimstatt.

Mosès, Stéphanie: Der Engel der Geschichte. Franz Rosenzweig – Walter Benjamin – Gershom Scholem. Frankfurt am Main 1994. – Dan, Joseph/Schäfer, Peter (Hg.): Gershom Scholem's Major Trends in Jewish Mysticism 50 Years After. Proceedings of the Sixth International Conference on the History of Jewish Mysticism. Tübingen 1993. – Bibliography of the Writings of Gershom Scholem. Jerusalem 1977. – Studies in Mysticism and Religion Presented to Gershom G. Scholem on his Seventieth Birthday. Jerusalem 1967.

Peter Maser

Schopenhauer, Arthur
Geb. 22. 2. 1788 in Danzig; gest. 21. 9. 1860 in Frankfurt am Main

»Woher die Dinge ihre Entstehung haben, dahin müssen sie auch zu Grunde gehen, nach der Notwendigkeit; denn sie müssen Buße zahlen und für ihre Ungerechtigkeit gerichtet werden, gemäß der Ordnung der Zeit.« Der Satz des Anaximander nimmt eine Schlüsselstellung in Sch.s pessimistisch fundierter Willensmetaphysik ein. Diese ist in ihrem Kern eine Philosophie des Tragischen, welche ihrer ganzen negativistischen Struktur gemäß das Ganze des Seins als Schuldzusammenhang begreift. Dasein heißt für Sch. Leiden. Seine Philosophie ist zugleich in historischer und systematischer Hinsicht eine Philosophie des Übergangs: Indem sie das Ganze unserer Lebenswirklichkeit von einem monistisch verfaßten Grundprinzip her, nämlich dem Ding an sich, dem Willen – wie Sch. sagt –, zu fassen versucht, ist sie auf der einen Seite noch den idealistischen Systementwürfen vergleichbar und durchaus verwandt. »Was nun also Kant von der Erscheinung des Menschen und seines Tuns lehrt, das dehnt meine Lehre auf alle Erscheinungen in der Natur aus, indem sie ihnen den Willen als Ding an sich zum Grunde legt.« Grundsätzlich monistisch verfaßt ist Sch.s Philosophie auch darin, daß sie ihrem Anspruch nach, wie es programmatisch in der Vorrede zum Lebens- und Hauptwerk *Die Welt als Wille und Vorstellung* (1818) heißt, nur einen »einzigen Gedanken« darstellen will, nämlich den, die Welt als Selbsterkenntnis des Willens zu begreifen. Dieser eine Gedanke zeige sich – so Sch. – je nachdem, von welcher Seite man ihn betrachte, als das, was man gemeinhin unter Erkenntnistheorie, Metaphysik, Ästhetik oder Ethik verstehe.

Auf der anderen Seite eilt seiner Philosophie aber auch der Ruf voraus, als Wegbereiterin der Psychoanalyse und der Lebensphilosophie schon entscheidende Themen des späten 19. Jahrhunderts vorweggenommen und in das Zentrum der philosophischen Auseinandersetzung gerückt zu haben. Sch. wird deshalb als Vorläufer Sigmund Freuds, Eduard von Hartmanns und Max Schelers gehandelt, denn er hat erstmals die Depotenzierung des Intellekts zu einem Vollzugsorgan triebbestimmten Handelns vollzogen und hierbei der grundlegenden Dimension des Unbewußten und der Dimension der leiblichen Erfahrung – zumal der Sexualität – eine wesentliche Bedeutung zuerkannt. Sch.s philosophiegeschichtliche Sonder- und Zwischenstellung hat nicht zuletzt mit den im Grenzbereich von Philosophie und empirischen Wissenschaften angesiedelten Interessen zu tun, die bereits den intellektuellen Werdegang des jungen Sch. bestimmen: Als einziger Sohn des Hamburger Großkaufmanns Heinrich Floris Sch. schlägt er zunächst den durch den Vater vorgezeichneten Weg einer kaufmännischen Lehre ein, die er nach dessen Freitod im Jahre 1805 jedoch nur allzu bereitwillig abbricht, um sowohl naturwissenschaftliche wie auch philosophische Studien in Göttingen und später in Berlin betreiben zu können. Diese doppelte Ausrichtung seiner zeitlebens beibehaltenen Interessen zeichnet sich schon zu Beginn seines Studiums in Göttingen ab, wo er 1809 – als 21jähriger Student der Medizin immatrikuliert – Vorlesungen über Physiologie bei Johann Friedrich Blumenbach hört und ein Jahr später, angeregt durch den aus Helmstedt übergesiedelten Kantianer Gottlob Ernst Schulze (der seine Kantkritik zuvor unter dem Pseudonym »Aenesidemus« veröffentlichte), sich schwerpunktmäßig mit der Philosophie Kants und Platons auseinandersetzt. Nach vier Semestern in Göttingen entschließt sich Sch., zu der 1809 gegründeten Berliner Universität zu wechseln. »1811 siedelte ich nach Berlin über«, berichtete er später, »in der Erwartung, einen echten und großen Geist in Fichte kennen zu lernen.« Außer Fichte, dessen Vorlesungen über die *Thatsachen des Bewußtseins* er im Herbst 1811 hört, lernt er in Berlin Friedrich Schleiermacher kennen, der ihn weniger als Religionsphilosoph denn als Platonübersetzer und -exeget überzeugt; ferner studiert er bei dem bedeutenden Altphilologen Friedrich August Wolf und nicht zuletzt bei dem Zoologen Martin Hinrich Lichtenstein, ebenfalls ein anerkannter Wissenschaftler in seinem Fach. In der hohen Erwartungshaltung der Berliner Universität, vor allem Fichte gegenüber sah der angehende junge Philosoph sich jedoch schon nach geraumer Zeit bitter enttäuscht. Die aus Göttingen mitgebrachte Hochschätzung wich – wie man den Randbemerkungen zu den hinterlassenen Nachschriften der Fichtevorlesungen entnehmen kann – bald bissigster Polemik.

Noch keine zwei Jahre in Berlin verläßt Sch. die preußische Hauptstadt mit der Absicht, ungestört von den Turbulenzen der antinapoleonischen Befreiungskriege seine philosophische Dissertation abzufassen. Den Sommer des Jahres 1813 verbringt er – weit ab von den erneut ausbrechenden Kriegsunruhen – in Rudolstadt mit der Ausarbeitung seiner Erstlingsschrift *Über die vierfache Wurzel des Satzes vom zureichenden Grunde* (1813), womit er im Oktober desselben Jahres in Jena zum Doktor der Philosophie promoviert wird. In seiner Dissertation beschäftigt er sich mit den Grundlagen des Erkennens überhaupt, d.i. mit den Ordnungsstrukturen, in denen die erkennende Subjektivität alles gliedert, was für sie zum Objekt der Erfahrung werden kann. Als Kantianer beschränkt er den Geltungsbereich dieser Ordnungsstrukturen auf die Form unserer Vorstellungen, außerhalb der es für uns keine Erfahrungsgegenstände gibt. In Überbietung Kants läßt Sch. jedoch ein und nur ein höchstes Prinzip dieser Ordnungsstrukturen gelten, nämlich den Satz vom zureichenden Grunde, der die Grund-Folge-Beziehungen, die Kausalrelation ebenso wie die Anschauungsformen von Raum und Zeit, in sich begreift. Die allgemeinste Formel, auf die Sch. den Satz vom zureichenden Grunde als höchstes Prinzip der Erkenntnis bringt, lautet in Kürze: »Nichts ist ohne Grund warum es sei.« Als

Prinzip allen Begründens kann dieser Satz selbst nicht noch einmal begründet werden, da er sonst von dem begründet wäre, was er erst begründen soll. Zur Anwendung kommt er nach Sch. – den vier Klassen von Vorstellungen entsprechend – in vier Gestalten: 1. Den empirischen und anschaulichen Vorstellungen der Erfahrungswelt entspricht das Gesetz der Kausalität als Satz vom zureichenden Grunde des Werdens. 2. Den Begriffen entspricht der Satz vom zureichenden Grunde des Erkennens als Erkenntnisgrund zur Begründung eines Urteils. 3. Den apriorischen Anschauungsformen Raum und Zeit entspricht der Satz vom zureichenden Grunde des Seins. 4. Dem Wollen als unmittelbarem Objekt des inneren Sinns des Subjekts entspricht das Gesetz der Motivation als Satz vom zureichenden Grunde des Handelns.

Zur Zeit der ersten Auflage seiner Dissertation (1813) bewegt sich Sch. noch in der von Kant eröffneten Fragerichtung nach den Bedingungen der Möglichkeit von Erkenntnis. Den Schritt aus der bloßen Anwendung des Satzes vom zureichenden Grunde zu diesem Grund selbst, den Sch. als den grundlosen, ja abgründigen Willen begreift, vollzieht er erst zwei Jahre später. Der wichtige, fortan bestimmende Grundgedanke seiner Willensmetaphysik findet sich explizit erst im Manuskriptband von 1815: »Der Wille ist Kants Ding an sich: und die Platonische Idee ist die völlig adäquate und erschöpfende Erkenntnis des Dings an sich.«

Nach der Veröffentlichung der Dissertation verläßt Sch. Rudolstadt und lebt ein halbes Jahr, von November 1813 bis Mai 1814, in Weimar, wohin seine Mutter Johanna und die Schwester Adele bereits 1806 nach dem Tod des Vaters gezogen waren. Johanna Sch., die mittlerweile als Schriftstellerin von Reisebeschreibungen und Romanen sich einen Namen erworben hat, ermöglicht ihrem Sohn den privaten Umgang mit Goethe, dessen Farbenlehre für Sch.s zweite Schrift *Über das Sehen und die Farben* (1815) maßgebliche Bedeutung gewinnt. In dieser Abhandlung beansprucht Sch., Goethes Farbenlehre auf dem Boden der Kantischen Transzendentalphilosophie neu zu begründen. Einig mit seinem berühmten Mentor weiß sich Sch. vor allem in der Ablehnung der Newtonschen Lehre von den Farberscheinungen als prismatischen Brechungen und Teilungen eines Lichtstrahls. Er folgt seinem spiritus rector auch darin, das ganze Farbspektrum als Ausdruck einer in sich differenzierten, aus polaren Gegensätzen gebildeten Totalität zu begreifen, die in der Eigengesetzlichkeit des Auges begründet liegt. Was ihn von Goethe trennt, ist jedoch vor allem eines: Dieser geht in seiner Abhandlung *Zur Farbenlehre* (1810) von einer nicht näher bestimmbaren Korrespondenz zwischen der Eigengesetzlichkeit des Auges und der Eigengesetzlichkeit von Licht und Finsternis aus,- einer Korrespondenz, die Sch. subjektivitätstheoretisch radikal auf die Grenzen unserer vorstellenden Tätigkeit restringiert. Ihn interessiert die Art und Weise, wie das Auge auf das nicht weiter bestimmbare Phänomen des Lichts reagiert und nicht die Hypostase subjektübergreifender Urphänomene, als welche sein Weimarer Kollege Licht und Finsternis fasse. Goethe war, wie sich Sch. später erinnert, »so ganz *Realist*, daß es ihm durchaus nicht zu Sinne wollte, daß die *Objekte* als solche nur da seien, insofern sie von dem erkennenden Subjekt *vorgestellt* werden. Was, sagte er mir einst, mit seinen Jupiteraugen mich anblickend, das Lichte sollte nur da seyn, insofern Sie es sehen? Nein, *Sie* wären nicht da, wenn das Licht *Sie* nicht sehe.«

Im Frühjahr 1814 siedelt Sch. von Weimar nach Dresden über, wo er vier außerordentlich produktive Jahre verbringt. Neben der Abhandlung *Über das Sehen und die Farben* schreibt er hier sein philosophisches Haupt- und eigentliches Lebenswerk, welches er im Frühjahr 1818 zum Abschluß bringt und unter dem Titel *Die Welt als Wille und Vorstellung* bei Brockhaus in Leipzig veröffentlicht. Schon der Titel bezeichnet die beiden ungleichen Grundpfeiler, auf denen seine Philosophie aufruhen soll.

Der einen Bestimmung »Die Welt ist meine Vorstellung« – das Thema des ersten der ingesamt vier Bücher – korrespondiert eine Betrachtungsweise der Welt nach Maßgabe des Satzes vom zureichenden Grunde, d. h. von der Notwendigkeit des Erkennens, jede einzelne Vorstellung mit einer anderen ursächlich zu verknüpfen. Diese – den erkenntnistheoretischen Grundansatz der Dissertation fortführende – Betrachtungsweise operiert auf der Grundlage des Subjekt-Objekt-Modells, wobei die vorstellende Tätigkeit beides umfaßt: Subjekt und Objekt sind Wechselbegriffe, die nur in Bezug aufeinander das sind, was sie sind. Kein Subjekt ohne Objekt; kein Objekt ohne Subjekt. Eine solche Betrachtung, welche jede metaphysische Frage nach dem Wesen der Dinge abschneidet, bewegt sich auf der Ebene der Erscheinungswelt, wo uneingeschränkt das Prinzip der Kausalität gilt.

Der anderen Bestimmung »Die Welt ist Wille« – das Thema des zweiten Buches – korrespondiert eine Betrachtungweise der Welt, welche nach dem innersten Wesen alles Seienden, dem Ding an sich fragt. Dieser Begriff bezeichnet bei Sch. das metaphysische Substrat der Erscheinungen, welches jedoch – anders als bei Kant – als solches erfahrbar ist. Die metaphysische These über die jenseits der Erscheinungen liegende Grundlage der Welt lautet: Das nicht erscheinende, sich in Erscheinungen nur äußernde Wesen der Welt ist der Wille. Wille ist das, was Kant das Ding an sich nannte, aber nicht näher bestimmte. Sch. hingegen behauptet, es gebe in unserer Selbsterfahrung, genauer in der Erfahrung unserer selbst als Leib, einen Zugang zu dem, was in Gestalt des Willens das Wesen der Erscheinungen ausmache. Der Leib ist – so Sch. – »jenes jedem unmittelbar Bekannte, welches das Wort Wille bezeichnet. Jeder wahre Akt seines Willens ist sofort und unausbleiblich auch eine Bewegung seines Leibes: er kann den Akt nicht wirklich wollen, ohne zugleich wahrzunehmen, daß er als Bewegung des Leibes erscheint.« Und ferner: »Die Haupt- und Grundtriebfeder im Menschen wie im Tiere ist der Egoismus, das heißt der Drang zum Dasein und Wohlsein.« Der Analogieschluß von den leiblich erfahrbaren, egoistischen Willensakten auf den Willen, wie er dem Ganzen des Seienden in allen seinen Stufen – der anorganischen, der organischen Natur, auf höchster Stufe schließlich dem Menschen und seinem Intellekt – zugrunde liegt, bildet das Kernstück von Sch.s anthropologisch fundierter Metaphysik. Das radikal Neue liegt darin, daß sie – in Umkehrung der ganzen Tradition – den Intellekt und die Vernunft für sekundär und den Willen als ein endloses, rastlos vorwärtsgetriebenes Grundgeschehen für grundlegend erklärt. Dieses alle Erscheinungen durchwaltende Grundgeschehen birgt in seiner Tiefe eine selbstzerstörerische Eigendynamik, deren zwanghafter Charakter in dem Willensdrang nach immer Neuem hervortritt. Sch. charakterisiert den Willen als einen destruktiven Selbstlauf, der in seiner Gier nach ständig Neuem endlos immer das Gleiche wiederholt, ohne aus der heillosen Dynamik dieser Rotation ausscheren oder diese stillstellen zu können.

Sch.s eigentlich philosophisches Bemühen ist es daher, nach Formen der Entlastung vom Willensdruck zu suchen. Er sieht drei Möglichkeiten: die Kunst, das Mitleiden und die Resignation. Allen drei Formen geht die Grunderfahrung der Negativität voraus, nämlich die, daß die Welt restlos durchherrscht ist vom Prinzip des Willensdrangs, dieses Prinzip aber eine dem Menschen nicht zur Disposition stehende Bestimmung seiner selbst darstellt.

Über die Kunst als Entlastungsmöglichkeit – Thema seines dritten Buches – sagt Sch., daß derjenige, der sich in der ästhetischen Anschauung »vom Dienste des Willens loßreißt«, »reines, willenloses Subjekt der Erkenntnis« wird, welches nicht mehr, dem Satze vom Grunde gemäß, den Relationen nachgeht, sondern in fester Kontemplation des angeschauten Objekts in diesem aufgeht und hierbei sich als individuell Wollender vergißt. Die drei Momente, das Sich-Losreißen wie das Aufgehen und das Sich-selbst-Vergessen, sind die zentralen Bestimmungen der Kunst. Dieser traut Sch. zu, den »Strom des Weltlaufs«, die »Zuchthausarbeit des Wollens«, ja das »Rad der Zeit« im Vollzug der Anschauung anzuhalten. Sch. macht die kontemplative Erfahrung einer intuitiven Anschauung auch für die Ethik fruchtbar, nur geht es hier nicht mehr um eine auf den Augenblick begrenzte, vielmehr – wie in der Askese – um eine möglichst dauerhafte Entlastung vom Willensdruck.

Die *zweite* Form der Negation des Willens – das Kernstück des vierten Buches – ist das Mitleiden: Dieses wird von Sch. nicht moralisch gedeutet, sondern beruht auf einer Identifikation mit dem Anderen, die sich ohne individuelle Selbstbehauptung vollzieht. Vor dem Hintergrund der radikalen Immanenz der ganzen Willensmetaphysik erweist sich die Handlung aus Mitleid als eine solche, in welcher das Wohl des Anderen zum ausschließlichen Gesichtspunkt des eigenen Handelns wird. Wer Mitleid empfindet, erfährt – unter Aufhebung des principium individuationis – »in allen Wesen sich, sein innerstes und wahres Selbst«. Die einschlägige Textstelle lautet: »Wenn nämlich vor den Augen eines Menschen jener Schleier der Maja, das principium individuationis, so sehr gelüftet ist, daß derselbe nicht mehr den egoistischen Unterschied zwischen seiner Person und der fremden macht . . ., dann folgt von selbst, daß ein solcher Mensch, der in allen Wesen sich, sein innerstes und wahres Selbst erkennt, auch die endlosen Leiden alles Lebenden als die seinen betrachten und so den Schmerz der ganzen Welt sich zueignen muß . . . Er erkennt das Ganze, faßt das Wesen desselben auf und findet es in einem steten Vergehn, nichtigem Streben, innerm Widerstreit und beständigem Leiden begriffen, sieht, wohin er auch blickt, die leidende Menschheit und die leidende Thierheit, und eine hinschwindende Welt.«

Daß praktisches Handeln willensbezogen bleibt, wenn auch in der Weise des Neinsagens, charakterisiert vor allem die *dritte* Form der Negation des Willens, die Sch. am Schluß seines Hauptwerks unter dem Stichwort der Resignation behandelt. Es ist für ihn abwegig anzunehmen, irgendwelche von einer normativen Ethik aufgestellten Grundsätze könnten eine praktische Bedeutung für das Handeln der Menschen gewinnen. Seine Ethik steht von Anfang an in einem schroffen Gegensatz zur Kantischen Moralphilosophie eines Sollens, in der praktische Subjektivität kraft der ihr zugesprochenen Spontaneität und Autonomie schlechterdings kann, weil sie soll. Freiheit ist für Sch. gerade nicht die Freiheit des Selbstanfangenkönnens; sie bezeugt sich vielmehr im Neinsagen zum alles bedingenden Willensgeschehen. Der radikale Monismus der ganzen Willensmetaphysik erstreckt sich bis hin zur Verneinung des Willens in der Resignation, – einer Verneinung, die Sch. als ein Geschehen des Willens, ja als Freiheitsakt des Willens selbst begreift. Die in der Resignation erzielte Freiheit ist eine solche, die gleichermaßen den Menschen wie den Willen von der selbstzerstörerischen Dynamik eines rastlosen Vorwärtsgetriebenseins befreit. Erst durch die *Freiheit von sich* wird der Wille – so die von Sch. argumentativ immer wieder umkreiste Paradoxie – *frei zu sich.* »Hinter unserm Dasein nämlich steckt etwas anderes, welches uns erst dadurch zugänglich wird, daß wir die Welt abschütteln.«

Am 31. Dezember 1819 richtet Sch., noch von Dresden aus, ein Habilitationsgesuch an die philosophische Fakultät Berlins, die seit der Berufung Hegels im Frühjahr 1818 auf den Lehrstuhl des verstorbenen Fichte zum Zentrum des deutschen Idealismus avanciert. In der Hochburg des Hegelianismus erwirbt der 32jährige Sch. am 23. März 1820 mit einer Probevorlesung *Über die vier verschiedenen Arten der Ursachen* die Lehrbefugnis im Fach Philosophie, und noch im selben Jahr hält er seine erste – und auch einzige – Vorlesung. Im Schatten Hegels, in dessen Vorlesungen sich weit über zweihundert Studenten drängen, nimmt man von dem jungen Privatdozenten kaum Notiz. Demonstrativ zu den Stunden von Hegels Hauptkolleg angesetzt, finden sich in Sch.s Vorlesung kaum mehr als fünf Studenten ein, die sich von ihm in die »gesammte Philosophie, d. i. die Lehre vom Wesen der Welt und dem menschlichen Geiste« einführen lassen wollen. In Hegel sieht Sch. vor allem den Kontrahenten, zu dessen emphatischer Vernunftphilosophie die eigene pessimistische Willensmetaphysik in einem schroffen Gegensatz steht. Die Idee des geschichtlichen und gesellschaftlichen Fortschritts, auf die Hegel im Blick auf die Moderne so nachdrücklich pocht, wird von Sch. unter Hinweis auf den Primat des Willens ebenso kritisch verworfen wie er jede Annahme einer immanenten Vernünftigkeit der Geschichte dementiert. Sch. habe es in seiner Distanz zur Geschichte, betont Nietzsche in *Jenseits von Gut und Böse,* »durch seine unintelligente Wut auf Hegel dahin gebracht, die ganze letzte Generation von Deutschen aus dem Zusammenhang mit der deutschen Kultur herauszubrechen . . .; Schopenhauer selbst war gerade an dieser Stelle bis zur Genialität arm, unempfänglich, undeutsch.« Sch.s ohnehin gescheiterte Berliner Dozentur endet im August 1831, wo er, vor der Cholera fliehend, die preußische Hauptstadt fluchtartig verläßt. Zunächst wohnt er in Mannheim und siedelt dann 1833 nach Frankfurt am Main über, wo er bis zu seinem Tod im September 1860 lebt. Nach längerer schriftstellerischer Pause veröffentlicht er in Frankfurt noch vier Schriften. In *Über den Willen in der Natur. Eine Erörterung der Bestätigung, welche die Philosophie des Verfassers seit ihrem Auftreten durch die empirischen Wissenschaften erhalten hat* (1835) versucht Sch., die monistische Willensmetaphysik mit den modernen Naturwissenschaften vor allem auf dem Gebiet der Physiologie und vergleichenden Anatomie zu verknüpfen.

Sch.s Ethik findet ihre Fortführung in den beiden Preisschriften, die er unter dem Titel *Die beiden Grundprobleme der Ethik* (1841) bewußt als Ergänzung zu seinem Hauptwerk veröffentlicht. Die zweite, nicht ausgezeichnete Preisschrift *Über das Fundament der Moral* ist die wichtigere Abhandlung. Sie besteht im wesentlichen in der Kritik des Kategorischen Imperativs Kants als einem abwegigen Versuch, Ethik in der Vernunft zu fundieren. Das Sittengesetz, an sich leer und gegenüber möglichen Inhalten indifferent, gerate zu einem kanonisierten Pflichtenkatalog, sei aber nicht tauglich als »pure Schaale ohne Kern« zur Grundlegung moralischen Handelns. Nicht das apriorische Prinzip des Kategorischen Imperativs, vielmehr die empirischen Handlungen der Subjekte gäben Auskunft über die »Grundtriebfedern« unseres Tuns. Drei solcher Grundtriebfedern erkennt Sch. an: 1. Den Egoismus – dieser ist identisch mit dem Willen des einzelnen. 2. Die Bosheit – sie weidet sich am Leid des anderen, denn »der Mensch ist das einzige Thier, welches Andern Schmerz verursacht, ohne weitern Zweck, als eben diesen«. 3. Das Mitleid – dieses ist das Fundament von Sch.s Ethik, denn Handlungen aus Mitleid sind solche, in welchen das Wohl des Anderen der ausschließliche Gesichtspunkt des eigenen Handels darstellt. Das Mitleiden bewährt sich nicht zuletzt darin als eine moralische Triebfeder, daß es mit der »Barbarei des Occidents«, mit dem Wahn bricht, unser Handeln gegenüber Tieren sei ohne moralische Bedeutung. Im Mitleiden vollzieht sich eine fundamentale Identifikation mit allem Leben, die einer Zurücknahme des principium individuationis gleichkommt. Sch.s Ethik gerät hierbei zugleich in eine augenfällige Nähe zur mystischen All-Einheitslehre der indischen, zumal wedischen Philosophie.

1850 vollendet Sch. die *Parerga und Paralipomena*, an denen er die zurückliegenden sechs Jahre gearbeitet hat. Es sind »Nebenwerke«, »vereinzelte, jedoch systematisch geordnete Gedanken über vielerlei Gegenstände«, darunter befinden sich auch die berühmten *Aphorismen zur Lebensweisheit*. Die Aphorismen gehören sicherlich zu den literarischen Glanzstücken des Spätwerks, nicht zuletzt ihr brillanter Stil dürfte dazu beigetragen haben, daß Sch.s Schriften nunmehr ein breites Publikum finden und bekannt werden. Die Ethik, die Sch. in den Aphorismen entwirft, steht im Dienst einer Pragmatik des Lebens. Sie will konkrete Wege zeigen, wie das Wollen auf ein äußerstes Minimum herabgesetzt werden kann, ohne zugleich dem Leben insgesamt – wie in der Askese – eine radikale Absage erteilen zu müssen. »So ist die wahre Lebensweisheit, daß man überlege, wieviel man unumgänglich wollen müsse, wenn man nicht zur höchsten Asketik, die der Hungertod ist, greifen mag: je enger man die Grenze steckt, desto wahrer und freier ist man.«

Korfmacher, Wolfgang: Schopenhauer zur Einführung. Hamburg 1994. – Schulz, Walter: Der gebrochene Weltbezug. Aufsätze zur Geschichte der Philosophie und zur Analyse der Gegenwart. Pfullingen 1994, S. 32–77. – Spierling, Volker: Arthur Schopenhauer. Philosophie als Kunst und Erkenntnis. Frankfurt am Main 1994. – Safranski, Rüdiger: Schopenhauer. Und die wilden Jahre der Philosophie. München 1987. – Pothast, Ulrich: Die eigentlich metaphysische Tätigkeit. Über Schopenhauers Ästhetik und ihre Anwendung durch Samuel Beckett. Frankfurt am Main 1982.

Lore Hühn

Schrödinger, Erwin
Geb. 12. 8. 1887 in Wien; gest. 4. 1. 1961 in Wien

In physikalischen Veröffentlichungen ist es sein Name, der am häufigsten zitiert wird. Die heutige Physik und Chemie sind undenkbar ohne die Schrödinger-Gleichung und die Schrödingersche Wellenfunktion. Beide bilden das Kernstück der sogenannten Wellenmechanik, die 1926 in Form von vier Mitteilungen über die *Quantisierung als Eigenwertproblem* veröffentlicht wurde. Sch. versuchte mit seiner Theorie ein klassisches und anschauliches Bild der Atome zu skizzieren und die im Jahr zuvor von Werner Heisenberg konzipierte Atommechanik zu überwinden, von der er sich »abgeschreckt, um nicht zu sagen abgestoßen« fühlte. Sch. wollte sich nicht mit den Unstetigkeiten, jenen »Quantensprüngen« abfinden, zu denen Atome als Konsequenz der Planckschen Quantenhypothese gezwungen wurden. Als sich zur allgemeinen Überraschung noch 1926 herausstellte, daß die Theorien von Sch. und Heisenberg äquivalent waren, wurde der Weg frei für die philosophische Interpretation der Quantenmechanik, die vor allem auf Niels Bohr zurückgeht und durch den Begriff der Komplementarität charakterisiert werden kann. Sch. konnte die in diesem Rahmen erfolgte Aufhebung einer kausalen Determiniertheit im atomaren Geschehen nicht akzeptieren. Unter seinen Bemühungen, die erkenntnistheoretische Lektion der Atome zu lernen, ragt eine Diskussion über *Die gegenwärtige Situation in der Quantenmechanik* (1935) hervor. In diesen Aufsätzen bezeichnet er es als das eigentliche Charakteristikum atomarer Systeme, daß sie »verschränkt« sind. Unter Verschränkung versteht er dabei die Tatsache, daß atomare Objekte korreliert sein können, obwohl zwischen ihnen keine direkte Wechselwirkung besteht. Damit offenbart sich ein ganzheitlicher Zug der atomaren Wirklichkeit, der dem klassisch-physikalischen Denken fremd geblieben ist.

Als die Wellenmechanik entstand, war Sch. Professor für Theoretische Physik in Zürich. 1927 wurde er als Nachfolger Max Plancks nach Berlin berufen. Sch. verließ Deutschland 1933 und ging nach England. Im selben Jahr wurde ihm der Nobelpreis für Physik zuerkannt. 1936 kehrte er in seine Heimat zurück, aus der ihn die Nationalsozialisten zwei Jahre später vertrieben. Er konnte nach Dublin fliehen und blieb hier 17 Jahre lang, bevor er nach Österreich zurückkehrte. Sch. hat die theoretische Physik immer als Fortsetzung der Philosophie mit anderen Mitteln verstanden. Die ruhigen Jahre in Dublin gaben ihm Gelegenheit, über *Die Natur und die Griechen* (1954) nachzudenken. Die Philosophie der Griechen entfaltete sich nämlich noch »ohne die verhängnisvolle Spaltung, die uns jahrhundertelang gehemmt hat und heute unerträglich geworden ist«, die Spaltung nämlich von Naturwissenschaft und Philosophie bzw. Religion. Aus dieser Haltung heraus versteht man Sch.s Hoffnung, daß sich irgendwann auch im Bereich der Atome die Ordnung zeigen wird, die die klassische Physik gekannt hat. Die Ganzheit der Quantensysteme konnte nur eine Stufe auf dem Weg dorthin sein. 1944 erschienen seine

Dubliner Vorlesungen zu der Frage *Was ist Leben?*. Dieses Buch übte einen großen Einfluß auf die Entwicklung der Biologie aus und beschleunigte ihre Umwandlung zur Molekularbiologie. In einem Anhang über »Determinismus und freier Wille« bekennt sich Sch. zu der Einsicht der indischen Philosophie, daß wir in Wirklichkeit alle nur Aspekte eines einzelnen Wesens sind.

Moore, Walter: Schrödinger. Life und Thought. Cambridge 1989. – Scott, William Taussig: Erwin Schrödinger. An Introduction to his Writings. Amherst (Mass.) 1967.

Ernst Peter Fischer

Schweitzer, Albert
Geb. 14. 1. 1875 in Kaysersberg/Oberelsaß; gest. 4. 9. 1965 in Lambarene/Gabun

Als er, mit einjähriger Verspätung, Anfang November 1954 den Friedensnobelpreis entgegennahm, mag neben ehrlicher Bewunderung bei vielen auch eine Art von wohliger Sentimentalität aufgekommen sein. Jedenfalls spiegelte die noch junge, dafür überschwengliche Popularität des greisen Urwalddoktors mit dem ungebändigten Haar, dem mächtigen Schnauzbart und dem altväterlichen Auftreten verbreitete Sehnsüchte der zwischen neuen Kriegsängsten und Lust am Konsum schwankenden Zeitgenossen nach einer Gegenwelt stiller, unversehrter Humanität. Eine gemütvoll verbrämte Ethik im Winkel ist die Sache des »nüchternen Idealisten« von Lambarene jedoch keineswegs. Sein philosophischer Ansatz läuft vielmehr auf nichts Geringeres als ein »Weltexperiment« hinaus. Er hat die unerbittliche Diagnose einer Zeit zur Voraussetzung, die »von einem Fortschrittswillen geleitet wird, der veräußerlicht ist.« Da er sich auf »materielle Leistungsfähigkeit« beschränkt, habe er die sinnvolle »Orientierung verloren«, die »ethischen Vernunftideen«, auf denen jede »wahre … Kultur beruht«. Im »unverlierbaren Kinderglauben …, daß der aus der Wahrheit kommende Geist stärker ist als die Macht der Verhältnisse«, unternimmt Sch. gegen alle aus der Erfahrung herrührenden Zweifel den Versuch, einen Weg aus dieser Krise aufzuzeigen. Dabei betont er, daß jede »Umgestaltung … der sozialen und politischen Gemeinschaft … in ganz ausschließlicher Weise« von den vielen Einzelnen ausgehen müsse, deren Selbstbesinnung und Mündigkeit in der modernen Industriegesellschaft vielfach bedroht sei. Gemäß der aufklärerischen Tradition, auf die er sich, in vollständigem Widerspruch zu einer Gegenwart beruft, »die alles, was sie irgendwie als rationalistisch und freisinnig empfindet, als lächerlich, minderwertig, veraltet und schon längst überwunden ansieht«, erscheint es ihm daher grundsätzlich notwendig, »das Vertrauen in das eigene Denken« zu stärken. Sch.s ethisches Paradox besteht also darin, daß er etwas »verlangt, was die Lebensverhältnisse, in die wir hineingestellt sind, verneinen«. Er mutet dem Individuum im Rahmen seiner jeweiligen Möglichkeiten die Einheit von Erkenntnis und Handeln zu und vertraut dem allmählichen »Einfluß … auf die Gesamtgesinnung«. Den eigenen Entschluß, sich »nie« direkt in kontroverse »politische Fragen ... ein-zumischen«, wirft er erst in seinem letzten Lebensjahrzehnt »über den Haufen«. Anlaß ist die atomare Hochrüstung der beiden Supermächte. In vier sorgfältig vorbereiteten Rundfunkansprachen, die weltweites Aufsehen erregen (*Appell an die Menschheit*, 1957; *Friede oder Atomkrieg*, 1958), tritt er mit betont sachlicher In-formation über die große Gefahr einer radioaktiven Verseuchung der Luft und der Erde der amtlichen »Beschwichtigungspropaganda« entgegen. Auch seine persön-liche Botschaft an den Präsidenten der Vereinigten Staaten, John F. Kennedy, dringt, als ersten Schritt, auf die Beendigung der Testversuche sowie auf ein Abrüstungsab-kommen unter wirksamer internationaler Kontrolle. Gemeinsam mit Freunden wie Albert Einstein und Bertrand Russell – »unbeugsamen Denkern«, die in dieser Weltlage vonnöten seien – bemüht er sich darum, »indem ich die Nächte mit Briefeschreiben zubringe«, eine »öffentliche Meinung der Völker für die Abschaf-fung der Atomwaffen« anzuregen. Offensichtlich hat Sch. jenen »unvorstellbaren Wahnsinn«, der erstmals »die Menschheit ... in ihrer Existenz bedroht«, als totale Negation seiner Arbeit an jenem neuen Bewußtsein begriffen, das er programma-tisch in der Formel »Ehrfurcht vor dem Leben« zusammenfaßt. Schon in zwei Straßburger Predigten nach dem Ersten Weltkrieg angesprochen, wird dieses Grund-prinzip zunächst 1920 in Gastvorlesungen an der Universität Uppsala entfaltet, die den Grundstock zu seinem drei Jahre später erschienenen Hauptwerk bilden, der zweiteiligen *Kulturphilosophie*. (Zur Redaktion der geplanten Fortsetzung ist er nicht mehr gekommen. Zusammen mit anderen Texten aus dem umfangreichen Nachlaß, ist die Erstveröffentlichung der Entwürfe in der 1986 angekündigten, voraussichtlich sechs Bände umfassenden *Gesamtausgabe der Philosophischen Schriften* vorgesehen.) Mit der Wendung »Ehrfurcht vor dem Leben« glaubte Sch. eine für dessen dauerhafte Resonanz unerläßliche Begründung des ethischen Sollensanspruchs gefunden zu haben. In ihr treffen sich die rationale Analyse, eine dadurch vorbereitete Begegnung mit der Wirklichkeit, die er als »mystisches Erleben« bezeichnet, sowie »das große Gebot der Liebe Jesu«. Seine Argumentation, die sich ansonsten bewußt philo-sophischer Fachausdrücke enthält, versucht Arthur Schopenhauers absolute Skepsis in bezug auf eine sinnhafte Erklärbarkeit des Universums mit Friedrich Nietzsches Welt- und Lebensbejahung zu verbinden, ohne den beiden Anregern in ihren jeweiligen Konsequenzen zu folgen.

»Die fundamentale Tatsache des Bewußtseins des Menschen«, schreibt Sch., »lautet: ›Ich bin Leben, das leben will, inmitten von Leben, das leben will.‹ Der denkend gewordene Mensch erlebt die Nötigung, allem Willen zum Leben die gleiche Ehrfurcht ... entgegenzubringen, wie dem seinigen. Er erlebt das andere Leben in dem seinen.« Als den großen Fehler aller bisherigen Ethik – die »Zentral-provinz der Philosophie« – tadelt er, »daß sie es nur mit dem Verhalten des Menschen zum Menschen zu tun zu haben glaubte«. Im Unterschied dazu beinhaltet sein Konzept eine »ins Grenzenlose erweiterte Verantwortung gegen alles, was lebt«, eine ökologische oder, wie er es nennt, »kosmische« Ethik. Dabei stellt er in Rechnung, daß »wir alle dem rätselhaften und grausigen Schicksal unterworfen« sind, »in die Lage zu kommen, unser Leben nur auf Kosten anderen Lebens erhalten zu können« und dadurch »fort und fort schuldig zu werden«. Dem Menschen als ethischem

Wesen, dem einzigen, das »wissend und barmherzig werden kann«, müsse es in seiner jeweils subjektiven Entscheidungsfreiheit aber darum gehen, »dieser Notwendigkeit, wo er nur immer kann, zu entrinnen, und ... die Selbstentzweiung des Willens zum Leben aufzuheben, soweit der Einfluß seines Daseins reicht«. »Urplötzlich«, heißt es in der autobiographischen Zwischenbilanz *Aus meinem Leben und Denken* (1931), habe sich die Inspiration zu dem »elementaren und universellen Begriff des Ethischen« ereignet: im September 1915 auf dem Ogowe, »als wir bei Sonnenuntergang gerade durch eine Herde Nilpferde hindurchfuhren«. Sch. wirkte damals bereits seit zweieinhalb Jahren unter schwierigsten Bedingungen als Arzt auf einer Missionsstation im damaligen Französisch-Äquatorialafrika.

Gefaßt hatte er diesen Entschluß während der Pfingstferien 1896 im elterlichen Pfarrhaus des elsäßischen Dörfchens Günsbach drei Jahre, nachdem er in Straßburg »kühn« das (später zeitweise in Paris und Berlin fortgesetzte) Studium der »Theologie, Philosophie und Musik miteinander« begonnen hatte. Der Gedanke, er dürfe das Glück seiner Lebensverhältnisse nicht als etwas Selbstverständliches hinnehmen, sondern müsse etwas dafür geben, und das in die Kindheit zurückreichende »Ergriffensein von dem Weh, das um uns herum und in der Welt herrscht«, wirkten zusammen. »In ruhigem Überlegen ... wurde ich ... mit mir selber dahin eins, daß ich mich bis zu meinem dreißigsten Lebensjahr für berechtigt halten wollte, der Wissenschaft und der Kunst zu leben, um mich von da an einem unmittelbaren menschlichen Dienen zu weihen«, das er als »Gehorsam gegen Jesus« verstand.

Wie in diesem Lebensplan vorgesehen, studierte der ohnehin an ausgiebige Nachtarbeit gewöhnte Straßburger Privatdozent und Vikar ab 1905 zusätzlich Medizin. Hinter ihm lagen bereits eine philosophische Dissertation (*Die Religionsphilosophie Kants*, 1899) und seine theologische Habilitationsschrift (*Das Messianitäts- und Leidensgeheimnis*, 1901), die er, zuerst 1906, endgültig dann 1913, zu einer voluminösen *Geschichte der Leben-Jesu-Forschung* ausweitete, einer Bilanz der neutestamentlichen Textkritik von eineinhalb Jahrhunderten. Im Unterschied zur herrschenden Lehrmeinung wird Jesus hier konsequent aus der »eschatologisch-messianischen Vorstellungswelt des Spätjudentums« verstanden. Zugleich hatte Sch., seit 1893 Schüler von Charles Marie Widor in Paris, sich als Organist und Musikwissenschaftler einen internationalen Ruf erworben. 1905 legte er die Darstellung *J. S. Bach, le musicien-poète* vor, deren deutsche Bearbeitung ihm drei Jahre später zu einem neuen Buch fast doppelten Umfangs geriet. Die stattliche, bis heute als Standardwerk geltende Monographie werde ergänzt durch ein für den Erhalt alter Instrumente eintretendes *Internationales Regulativ für Orgelbau* (1909) sowie durch die kritische Ausgabe *Sämtlicher Orgelwerke* Bachs, deren ersten Band er 1912 vorlegte. Der achte und letzte, den er ebenfalls noch mitbetreut hatte, erschien zwei Jahre nach seinem Tod.

Am 21. März 1913, kurz nach seiner Promotion zum Dr.med., reiste er mit seiner Frau nach Afrika ab. Sein erster Aufenthalt, von dem er in *Zwischen Wasser und Urwald* (1920) berichtete – zugleich ein wichtiges Zeugnis seiner Entwicklungsgedanken im Hinblick auf die damaligen Kolonien –, endete viereinhalb Jahre später. Als Kriegsgefangener wurde Sch. nach Europa gebracht und in französischen Internierungslagern festgehalten. Bis Anfang 1924 hatte er, aus zahlreichen Konzert-

und Vortragsreisen durch Europa, die Mittel zusammengebracht, um in Lambarene neu aufbauen zu können: zuerst noch einmal innerhalb der Missionsstation, dann jedoch, inzwischen unterstützt durch nachgekommene Ärzte und Pflegerinnen, ein notwendig gewordenes Spitaldorf, das 1927 bezugsfertig war, bevor er wieder für zwei Jahre zurückreiste. In wechselnden Abständen pendelte er seither zwischen Afrika und Europa. Nach seinen wissenschaftlich-künstlerischen Tourneen brachte er jeweils »das Nötigste« an medizinischer Ausstattung mit. Zur Verleihung des Frankfurter Goethepreises von 1928 entstand die erste seiner insgesamt vier Reden über den verehrten Dichter (*Goethe*, 1950). Für wissenschaftliche Arbeit hatte er allerdings kaum noch Muße. »Auf dem Schiffe« verbrachte er gelegentlich »die Zeit mit dem Skizzieren einiger Kapitel«. Nach einer früheren Vorstudie (*Geschichte der paulinischen Forschung von der Reformation bis zur Gegenwart*, 1911) arbeitete er 1930 *Die Mystik des Apostels Paulus* aus. Fünf Jahre später erschien noch *Die Weltanschauung der indischen Denker*. Weitere Studien über *Kultur und Ethik in den Weltreligionen* konnte er hingegen nicht mehr zum Druck vorbereiten. Insgesamt brach Sch. zu vierzehn Aufenthalten nach Lambarene auf. Am längsten in Folge blieb er dort zwischen 1938 und 1948. Kurz vor seinem 85. Geburtstag verließ der vielfach Ausgezeichnete, an dem nun freilich auch medizinische und politische Kritik laut wurde, Europa zum letzten Mal.

Bentley, James: Albert Schweitzer. Zürich 1993. – Groos, Helmut: Albert Schweitzer. Größe und Grenzen. Eine kritische Würdigung des Forschers und Denkers. München/Basel 1974. – Steffahn, Harald: Du aber folge mir nach. Albert Schweitzers Werk und Wirkung. Bern/Stuttgart 1974.

Hans-Rüdiger Schwab

Searle, John Rogers
Geb. 31. 7. 1932 in Denver/Col.

Eines steht fest: ein Duckmäuser ist S. gewiß nicht. Seine Art, mit pointierten Thesen direkt auszusprechen, was er für intellektuell unredlich, für theoretisch schlecht konzipiert oder gar für blanken Unsinn hält, hat noch jede Debatte, in die er sich eingemischt hat, in einen kontroversen, ja manchmal hitzigen Austausch verwandelt. Und es sind nicht unbedingt Randgebiete der Philosophie, die S. durch seine Arbeiten vorangebracht hat. Seit über 30 Jahren arbeitet S. an einer einheitlichen Theorie der Sprache und des Geistes. Seinen Ruhm begründete S. zunächst mit einer der Sprache gewidmeten Untersuchung, nämlich mit *Speech Acts. An Essay in the Philosophy of Language* (1969; *Sprechakte. Ein sprachphilosophischer Essay*). Mit dem in diesem Buch erreichten Forschungsstand wies sich S. als der wichtigste Vertreter der Sprechakttheorie aus. Diese Theorie war von dem an der Universität Oxford lehrenden John L. Austin zwischen 1952 und 1955 in einer Vortragsserie entwickelt worden, welche nach dem Tode Austins (1960) unter dem Titel *How to do*

things with words (1962; *Zur Theorie der Sprechakte*) herausgegeben wurde. Austin war neben Peter F. Strawson der philosophische Lehrer von S., nachdem S. von der University of Wisconsin, wo er sein Studium begonnen hatte, nach Oxford gewechselt war. Nach dem B. A. in Oxford (1955) unterrichtete S. zwischen 1956 und 1959 am Christ's Church (Oxford) und schloß sein Studium mit einer Dissertation über Sinn und Referenz (1959) ab. Seit 1959 ist S. an der University of California in Berkeley tätig, zunächst als Assistent, dann als außerordentlicher Professor und seit 1967 schließlich als Professor für Philosophie. 1964 engagierte sich S. für die Studentenbewegung, wodurch die Nixon-Regierung 1971 bewogen wurde, S. als Berater hinsichtlich der studentischen Unruhen beizuziehen.

Ein Teil der Veröffentlichungen von S. vor 1969, u. a. auch die Dissertation, gingen in *Speech Acts* ein. Mit *Speech Acts* legt S. eine Strukturtheorie der Sprechakte vor, d. h., er arbeitet eine Struktur der Sprechakte heraus, die hinsichtlich bestimmter Parameter variieren kann, wobei dadurch die Merkmale der Sprechakte und deren Beziehung bestimmt ist. Wesentliche Parameter eines Sprechaktes sind der propositionale Gehalt und die illokutionäre Rolle, die dieser Gehalt der Sprecherintention nach haben soll. Diese Unterscheidung geht auf Austin zurück, der erkannte, daß mit sprachlichen Akten gleichbleibenden propositionalen Gehalts ganz verschiedene Handlungen ausgeführt werden können und umgekehrt. So läßt sich etwa der illokutionäre Akt des Behauptens (»Sam kommt morgen.«), des Fragens (»Sam kommt morgen?«) oder der Drohung (»(Warte nur,) Sam kommt morgen!«) mit demselben propositionalen Gehalt allein durch Intonation und Einbettung in einen bestimmten Kontext ausführen. Davon verschieden ist der perlokutionäre Akt, also dasjenige, was der Sprecher durch seinen Sprechakt bei dem Hörer bewirkt (es mag sein, daß der illokutionäre Akt einer Drohung als perlokutionärer Akt der Heiterkeitserzeugung beim Hörer mißlingt). Eine Sonderstellung nehmen die performativen Akte ein, in denen die Äußerung dasjenige explizit aussagt, was durch die Sprechhandlung vollzogen wird. Den performativen Akt des Versprechens (»Ich verspreche, daß . . .«) wählt S. als Ausgangspunkt seiner Untersuchungen und arbeitet an ihm neben den bereits genannten Parametern auch für die anderen Sprechakte gültige Bedingungen der Ein- und Ausgabe, Regeln des propositionalen Gehalts, Einleitungsregeln, Aufrichtigkeitsregeln heraus. Zentral sind die sog. »wesentlichen« Bedingungen, also solche, die die illokutionäre Rolle eines Sprechaktes bestimmen. Die wesentliche Regel der Aufforderung ist z. B., daß die Aufforderung als ein Versuch gilt, den Aufgeforderten zu einer bestimmten Handlung zu bewegen; die der Behauptung etwa, daß die Behauptung als Versicherung gilt, daß die geäußerte Proposition eine wirkliche Sachlage darstellt. S. geht bei seinen Analysen primär von den Sprecherintentionen aus, untersucht aber auch die Abhängigkeit der Sprechakte von sozialen Institutionen. *Speech Acts* hat seit dem Erscheinen umfassende Forschungsanstrengungen auf dem Gebiet der Sprachphilosophie und Linguistik angestoßen, was auch darin begründet liegt, daß das Werk über die genannten Themen hinaus die kontroversen Fragen nach der Referenz, der Prädikation und der Ableitbarkeit des Sollens aus dem Sein abhandelt.

Die mit *Speech Acts* angestoßene Forschung führt S. in einer Reihe von Aufsätzen fort, die gesammelt unter dem Titel *Expression and Meaning. Studies in the Theory of*

Speech Acts (1979; *Ausdruck und Bedeutung. Untersuchungen zur Sprechakttheorie*) er-schienen sind. Ein Teil der dort versammelten Aufsätze befaßt sich mit Sprach-formen, die sich als besonders hartnäckige Probleme philosophischer oder lingui-stischer Analyse erwiesen haben. In *Indirect Speech Acts* (1975; *Indirekte Sprechakte*) untersucht S. Sprechakte, bei denen der Sprecher über das direkt Gesagte hinaus noch etwas Weiteres andeuten will. Mit den Aufsätzen *The Logical Status of Fictional Discourse* (1975; *Der logische Status fiktionalen Diskurses*) und *Metaphor* (1979; *Metapher*) geht S. Sprachformen an, die keine eigene Sprechaktklasse bilden, darin aber eigentümlich sind, daß wörtliche Satzbedeutung und vom Sprecher gemeinte Äu-ßerungsbedeutung unaufhebbar verschieden sind. Der fiktionale Diskurs unter-scheidet sich vom normalen Diskurs dadurch, daß es in ihm keine notwendige Beziehung zwischen Bedeutung und Wahrheit gibt. S. charakterisiert solche Dis-kursformen daher als »non-serious« (unernst). Hinsichtlich der Metaphern gibt S. zu, zwar gute Gründe gegen die bereits existierenden Metapherntheorien anführen zu können, von seiner eigenen Lösung aber auch nicht restlos überzeugt zu sein. Im Aufsatz *A Taxonomy of Illocutionary Acts* (1975; *Eine Taxonomie illokutionärer Akte*) teilt S. die illokutionären Akte in fünf Klassen ein, nämlich Assertive (wo wir gegenüber anderen aussagen, was der Fall ist), Direktive (wo wir andere dazu zu bewegen versuchen, etwas Bestimmtes zu tun), Kommissive (wo wir uns selbst auf eine bestimmte auszuführende Handlung festlegen), Expressive (wo wir unsere Gefühle und Einstellungen zum Ausdruck bringen) und Deklarationen (wo wir mit unseren Äußerungen Veränderungen in der Welt herbeiführen). Damit verbunden führt S. den wichtigen Begriff »direction of fit« (Ausrichtung) aus. Ein charakteristischer Unterschied zwischen Behauptungen und Befehlen ist etwa, daß Behauptungen eine »Wort-auf-Welt-Ausrichtung« haben, d. h., eine Behauptung mißlingt, wenn die Worte nicht zum Zustand der Welt passen. Dagegen mißlingt ein Befehl, wenn der als herzustellend befohlene Zustand der Welt nicht zu den Worten paßt, d. h., es liegt eine »Welt-auf-Wort-Ausrichtung« vor. Gegen die Annahme völlig kontext-freier Sätze zeigt S. in *Literal Meaning* (1978; *Wörtliche Bedeutung*), daß jeder Satz eines »Hintergrunds« bedarf, um verständlich zu sein. »Hintergrund« ist der Begriff für nichtintentionale basale Fertigkeiten und Fähigkeiten, die die Intentionalität des Sprechaktes allererst ermöglichen. In mehreren Rezensionen und Erwiderungen (1972, 1976) kritisiert S. den Großmeister der Linguistik, Noam Chomsky. 1977 tritt S. mit *Re-iterating the Differences: A Reply to Derrida* auch gegen Jacques Derrida und dessen Konzept des Poststrukturalismus an.

Das Forschungsinteresse von S. konzentriert sich in der Folge vornehmlich auf die Philosophie des Geistes, wenn auch die Bemühung um die Sprachphilosophie immer präsent bleibt, so etwa, wenn er zusammen mit Daniel Vanderveken eine formale Theorie illokutionärer Akte in *Foundations of Illocutionary Logic* (1985) entwirft. In intellektuellen Foren, wie dem *New York Review of Books*, vermag S., auch im Kreis von Forschern der »Künstlichen Intelligenz«, Neurowissenschaftlern und Psychologen, erregte Diskussionen durch sein Argument vom »Chinese-Room« (Chinesisch-Zimmer) zu entfachen, das er im Aufsatz *Minds, Brains, and Programs* (1980; *Geist, Gehirn, Programm*) entwickelt hatte. Dieses Argument versucht mit Hilfe eines Gedankenexperiments zu zeigen, daß die These von der Rückführbarkeit semantischer Gehalte auf syntaktische Strukturen unhaltbar ist, eine These, die gerade bei Computerwissenschaftlern und daran sich anschließenden Denkschulen in der Philosophie des Geistes sehr beliebt ist.

Den zweiten Meilenstein in der Theoriebildung nach *Speech Acts* setzt S. mit *Intentionality. An Essay in the Philosophy of Mind* (1983; *Intentionalität. Eine Abhandlung zur Philosophie des Geistes*). Hier entwirft S. eine allgemeine und umfassende Theorie der Sprache und des Geistes, indem er eine Strukturtheorie mentaler Zustände entwickelt. Die für die Sprache zentrale Intentionalität, die S. ja bereits mit *Spreech Acts* hervorgehoben hatte, wird abgeleitet aus der intrinsischen Intentionalität bestimmter mentaler Zustände, deren Gesamtheit *Intentionality* zu erfassen trachtet. Intentionale Zustände haben eine bestimmte Struktur, nämlich F(p), wobei F den psychologischen Modus eines Zustands und p dessen propositionalen Gehalt bezeichnet. Begriffe wie »Erfüllungsbedingung«, »Ausrichtung«, »Hintergrund« werden von der Sprechakttheorie übernommen und modifiziert dem neuen Rahmen eingepaßt. Mit dem Begriff »Netzwerk«, das die Notwendigkeit der Einbettung eines einzelnen intentionalen Aktes in eine Gesamtheit von Intentionen faßt, schließt S. an holistische Konzeptionen an. Anders als die meisten Theoretiker, die Überzeugungen und Wünsche an die erste Stelle setzen, betrachtet S. die Wahrnehmung und die Handlung als die primären Formen der Intentionalität. Beide Formen sind durch Selbstbezüglichkeit gekennzeichnet. Etwa im Fall der Handlung reicht es nicht aus, daß die beabsichtigte Aktion irgendwie erfolgt, vielmehr ist es zusätzlich erforderlich, daß die Handlung ausgeführt wird, weil die entsprechende Handlungsintention vorhanden ist. Im Gegensatz zu Überzeugungen, die intrinsisch intentional sind, besitzen Äußerungen hinsichtlich ihrer Bedeutung abgeleitete Intentionalität, denn der Sprecher läßt dabei intentional bestimmte Erfüllungsbedingungen anderer Erfüllungsbedingungen aufruhen. Äußert ein Sprecher nämlich z. B. eine Behauptung, dann hat die Äußerung als Äußerung zunächst die Erfüllungsbedingung, daß sie als eine bestimmte Reihe von Worten verstanden wird, die dann als Behauptung die Erfüllungsbedingung haben, einem bestimmten Weltzustand zu entsprechen. *Intentionality* führt daneben wichtige Begriffe ein, wie etwa »prior intention« (vorausgehende Absicht, d. i. die Absicht, bevor eine Handlung ausgeführt wird), »intention in action« (Handlungsabsicht, d. i. die Absicht, die Teil einer Handlung ist) sowie intentionale Verursachung (eine durch Intentionen angestoßene Kausalität).

Die Fähigkeit von S., komplexe Zusammenhänge knapp und anregend auch für ein größeres Publikum vorzustellen, bewog 1984 die BBC, S. die Reith Lectures, eine sechsteilige, jeweils halbstündige Radiosendung der BBC halten zu lassen. Diese Gelegenheit erhielt damit nach Bertrand Russell im Jahre 1948 erstmals wieder ein Philosoph. S. skizziert in *Minds, Brain and Science. The 1984 Reith Lectures* (*Geist, Hirn und Wissenschaft*) seine Sicht des Zusammenhangs zwischen den Menschen als bewußten Wesen und dem von den Kausalgesetzen determinierten Kosmos. Neben Themen wie der Körper-Geist-Problematik, die unten zu schildern sind, und den aus dem Argument des Chinesisch-Zimmers bekannten kritischen Einwänden gegen eine Computertheorie des Geistes, kommt hier auch die Frage zur Sprache, ob die Sozialwissenschaften in ihrem Untersuchungsbereich naturgesetzhaft verfaßte Sachverhalte vorfinden. S. bestreitet dies mit dem Hinweis darauf, daß soziale Zusammenhänge wesentlich von den Einstellungen und Intentionen der darin einbezogenen Menschen abhängig seien. Etwas als Geld zu identifizieren ist z. B. nicht von der physikalischen Eigenschaft dieses Etwas abhängig, sondern davon, daß die jeweiligen Tauschpartner es als Geld betrachten und es dementsprechend verwenden. Die Erforschung sozialer Ereignisse, insbesondere der genaueren Ausleuchtung von irreduzibel gemeinschaftlichen Handlungen, wie etwa solchen, die die Kooperation mehrerer Personen erfordern, hat S. in dem Aufsatz *Collective Intentionality and Action* (1990) mit dem Entwurf von Gemeinschaftsintentionen voranzutreiben versucht.

Ein Argument, das *Intentionality* wie auch die *Reith Lectures* bereits entwickelt hatten, wendet S. mit gewohnter Direktheit in *The Rediscovery of the Mind* (1992; *Die Wiederentdeckung des Geistes*) gegen materialistische und dualistische Theorien des Geistes, die ihm in allen auch noch so modern aufgeputzten Varianten unsinnig erscheinen. S. leugnet das dort einschlägige Körper-Geist-Problem, weil es ein Ausfluß der falschen Ontologie sei, die in der Philosophie des Geistes seit Descartes vorherrsche. Der Materialismus meint das Bewußtsein als irreduzible Größe leugnen zu müssen, weil er sich in seinem verkappt dualistischen Vorgehen auf einen Blickpunkt der dritten Person festlegt, die der Perspektivität der ersten Person Singular nicht gerecht wird, die konstitutiv für das Bewußtsein ist. Geistige Phänomene wie Bewußtsein oder Intentionalität sind nach S. direkt von der physikalisch-biologischen Struktur des Gehirns verursacht und werden von ihr realisiert, ohne jedoch auf sie reduzierbar zu sein, ebenso wie die Makroeigenschaft des Flüssigseins eines Stoffes von dessen Molekülbewegung und -struktur verursacht wird, ohne darauf reduzibel zu sein. Für S. besteht durch diese direkte Verursachung entgegen der vorherrschenden Meinung kein Anlaß, zwischen neurophysiologischen und intentionalen Zuständen vermittelnde Ebenen anzusetzen.

Lepore, Ernest/Gulick, Robert Van (Hg.): John Searle and his Critics. Oxford 1991. – Garnett, William: The Springs of Consciousness. The 1984 Reith Lectures of Professor Searle critically examined. Cornwall 1987. – Nolte, Reinhard B.: Einführung in die Sprechakttheorie John R. Searles. Freiburg/München 1978.

Ulrich Baltzer

Seneca, Lucius Annaeus
Geb. zwischen 4 v.Chr. und 1 n.Chr. in Cordoba; gest. April 65 bei Rom

Neben Marc Aurel ist S. das andere Beispiel für die so unwahrscheinliche Verwirklichung der Utopie Platons, die Staatslenker sollten Philosophen, die Philosophen Staatslenker sein. Als Erzieher des jungen Nero leitet S. zusammen mit dem Gardepräfekten Sextus Afranius Burrus von 54 bis 59 die Geschicke des römischen Riesenreiches; er war ein *Kaiser ohne Purpur* (so der Titel des Romans (1975) von Hubert zu Löwenstein). Sein politischer Aufstieg war nicht gradlinig verlaufen. Der wachsende Rednerruhm hatte ihm den Neid des Kaisers Caligula eingetragen, bald nach dem Regierungsantritt des Kaisers Claudius im Jahr 41 erfolgte die Verbannung nach Korsika. Nach acht Jahren zurückgerufen, wird S. 54 nach der Ermordung des Claudius mit der offiziellen Trauerrede beauftragt; zugleich macht er in einem satirischen Pamphlet, der *Apocolocyntosis (Verkürbissung,* statt »apotheosis«, Vergottung) des Kaisers, seinem Groll Luft. Der noch vor dem Exil entstandenen *Trostschrift an Marcia (Ad Marciam de consolatione)* folgen weitere, wie *Ad Helvetiam, Ad Polybium* sowie die Schriften *De Ira (Vom Zorn)* und *De constantia sapientis (Von der Festigkeit des Weisen).* Nach dem Tod von Burrus (62) erstarken S.s innenpolitische Gegner, er zieht sich resigniert auf seine Landgüter zurück. Zuvor wurden Traktate wie *De tranquillitate animi (Von der Ruhe des Gemüts)* und *De otio (Von der Muße)* verfaßt, für den jugendlichen Nero um 55 eine Art Fürstenspiegel *De clementia (Von der Milde)*; 58/59 entsteht die bekannte Abhandlung *De vita beata (Vom glückseligen Leben):* Sittliche Vollkommenheit – das höchste Gut – ist die Voraussetzung für ein glückseliges Leben. In den letzten Lebensjahren vollendet S. seine philosophischen Hauptwerke: *De beneficiis (Von den Wohltaten)* und *De providentia (Von der Vorsehung)* sowie die sieben Bücher der *Naturales quaestiones (Naturuntersuchungen)* und die 124 *Epistulae morales (Moralische Briefe)* an Lucilius. Nero zwingt ihn 65, sich das Leben zu nehmen. Wie Tacitus *(Annales,* 15, 62) berichtet, hinterläßt er seinen Freunden als sein einziges und kostbarstes Erbe »Das Bild meines Lebens«.

Wenn S. mit einem solchen Wort in den Tod gehen konnte, macht dies deutlich, daß er seine ethischen Lehren selbst verwirklicht hat. In der Tat gilt sein Hauptinteresse moralischen Fragen. Das schließt auch die neun Tragödien mit ein, die mythologische Stoffe, wie *Medea, Phaedra, Oedipus, Thyestes, Hercules,* nach griechischer Form mit drei Schauspielern in fünf Akten und dem Chor als Beobachter bzw. Kommentator behandeln, dabei Affekte (wie Zorn, Raserei, Liebe, Angst, Sehnsucht) in Extremsituationen zeigen. Selbst in den *Naturales quaestiones* (u. a. zu Themen wie Gewässer, Gewitter, Winde, Erdbeben) werden oft genug Bezüge zu ethischen Fragen hergestellt.

S.s Denken ist stoisch bestimmt, wendet sich gelegentlich auch eklektisch anderen Ideen zu – etwa epikureischen –, es bezieht auch Anregungen aus der peripatetischen Schule und der platonischen Akademie. Der Duktus ist oft der kynischen

Diatribe verpflichtet, einem Typ populärer Moralpredigten. Ziel ist die Unabhängigkeit des Menschen von den Äußerlichkeiten des Schicksals, die Abkehr von den Alltagsdingen, die, wie wichtig sie auch erscheinen mögen, zurücktreten müssen vor dem einzig Entscheidenden und unbedingt Anzustrebenden, der moralischen Festigung. »Welch herrlicher Preis erwartet uns, wenn wir die Fesseln unserer Berufstätigkeit und der hartnäckigsten Fehler sprengen! Keine Begierde, keine Furcht wird uns dann bedrängen ... Uns erwarten Seelenfreude und losgelöst von all dem Irrwahn die uneingeschränkte Freiheit. Worin sie besteht? Keine Furcht zu haben vor Menschen und Göttern, nichts Schimpfliches oder Maßloses zu begehren, vollkommene Gewalt über sich selbst zu besitzen. Unschätzbares Gut ist es, sein eigener Herr zu werden.«

Der geradezu missionarische Eifer, mit dem diese stoischen Gedanken dem Leser nahegelegt werden, färbt auch auf die Diktion ab. Das Ausrufezeichen dominiert, die Sätze sind in Kurzabschnitte gegliedert, diese wieder gern in Parallelen, knappe Sentenzen werden formuliert, Paradoxa führen zu blendenden Pointen. »Sand ohne Kalk«, so hatte schon Kaiser Caligula diesen intensiv drängenden Stil kritisiert, der jedoch auch heute noch selten seine Wirkung verfehlt. Die humane Haltung den Mitmenschen gegenüber, die S. immer wieder unterstreicht – er schreibt über Sklaven (Brief 47), das Gladiatorenunwesen (Brief 70), falschen Sportheroismus (Brief 15), die Gleichberechtigung der Geschlechter (Brief 94) –, diese bei ihm aus stoischer Überlegung herrührenden Forderungen haben mit ihrer Nähe zu christlichen, zwar anders begründeten, doch im Ergebnis vergleichbaren Gedanken dazu geführt, den heidnischen Philosophen S. mit seinem größten Zeitgenossen, dem Apostel Paulus, zusammenzusehen. Der ihnen im 4. Jahrhundert angedichtete Briefwechsel ist als Fälschung erwiesen; doch wurden diese vierzehn Episteln von Männern wie Hieronymus und Augustin für echt angesehen, gewiß ein Grund dafür, daß über Spätantike und Mittelalter hinweg die echten Briefe erhalten blieben.

Nächst der Ethik gilt das Interesse von S. auch der Naturlehre. Antikem Verständnis gemäß führt die Physik, die Lehre vom Wesen der Welt, dem Kosmos und seiner Harmonie, zur Metaphysik. Dem Lob der Welt und ihrer Schönheiten (*Dialogi* 6, 19) tritt zugleich die Beobachtung der ihr innewohnenden Leiden an die Seite. Nur Unkenntnis der Natur ist Anlaß zur Furcht, ihre Erkenntnis dagegen führt zu Trost und Mut. Alle Menschen werden als Verwandte verstanden, denen man mit Milde begegnen muß, da sie alle teilhaben an der Vernunft. »Die rechte, gute, große Seele – wie kann man sie anders nennen als einen Gott, der in einem menschlichen Körper zu Gast weilt? Sie kann sich ansiedeln in einem römischen Ritter wie in einem Freigelassenen, ja auch in einem Sklaven. Was ist denn ein römischer Ritter oder Freigelassener oder Sklave? Namen nur, entstanden aus Ehrgeiz oder Unrecht. In den Himmel springen, das kann man auch aus einem düsteren Winkel.«

Stoische Philosophie und christliche (Tugend-)Vorstellungen standen seit der Renaissance in einer engen Wechselbeziehung. Als einer der herausragenden Verkünder stoischen Denkens und Handelns wurde S. im 16. bis 18. Jahrhundert zu einem der meistgelesenen Autoren.

Maurach, Gregor: Seneca. Leben und Werk. Darmstadt 1991. – Sørensen, Villy: Seneca. Ein Humanist an Neros Hof. München 1984. – Hadot, Ilsetraut: Seneca und die griechisch-römische Tradition der Seelenleitung. Berlin 1969. – Cancik, Hildegard: Untersuchungen zu Senecas Epistulae Morales. Hildesheim 1967. – Abel, Karlhans: Bauformen in Senecas Dialogen. Heidelberg 1967.

Bernhard Kytzler

Seuse (Suso), Heinrich
Geb. 21. 3. 1295(?) in Konstanz; gest. 25. 1. 1366 in Ulm

Ein Holzschnitt stellt S. kniend vor der Erscheinung der ›Ewigen Weisheit‹ dar; sie ist für ihn Personifikation der biblischen Weisheitslehren, die er mit dem menschgewordenen und gekreuzigten Sohn Gottes identifiziert. Zur mystischen Vereinigung mit ihr sucht er den Weg härtester Selbstkasteiung (er hat sich das Jesus-Monogramm mit dem eisernen Griffel auf die Brust geritzt), des Leidens (Rosen sind für S. Bild leidender Liebe) und der völligen Selbstentäußerung, der »Gelassenheit« (darauf weist das von einem Hund umhergezerrte Fußtuch hin).

Mit 13 Jahren wurde der Patriziersohn, der am Beispiel seiner Eltern den Gegensatz von weltlicher und geistlicher Gesinnung erfuhr, ins Konstanzer Dominikanerkloster aufgenommen und etwa 1323 zum Generalstudium nach Köln geschickt, wo Meister Eckhart den nachhaltigsten Einfluß auf ihn ausübte. Nach der Rückkehr – spätestens 1327 – übernahm er als Lektor die Leitung der Studien seines Klosters. In diesen Jahren entstand zunächst das *Büchlein der Wahrheit*: Ausgehend von der Frage nach der rechten Gelassenheit, der Voraussetzung für das mystische Einswerden mit Gott, greift S. darin mutig die Lehre seines von päpstlicher Seite verurteilten Meisters auf und sichert sie ab durch Einordnung in die kirchliche Tradition, setzt aber durchaus eigene Akzente, etwa in der Christologie und bei der Frage des rechten Gebrauchs der Vernunft. In diesem Werk, das dem reflektierenden Denken einen hohen Rang zuerkennt, wehrt er sich zugleich gegen die Mißdeutung von Eckharts Gedanken durch den Libertinismus der »Brüder und Schwestern des freien Geistes«. S. verbindet in seinen Schriften areopagitische, aristotelisch-thomistische und augustinische Elemente; was ihn vor den anderen Mystikern auszeichnet, ist seine Fähigkeit, in ergreifender Sprache, durch eine bis dahin unerreichte Innigkeit des Empfindens, durch Kraft der Phantasie und Fülle der Bilder mystische Erkenntnis und Erfahrung nahezubringen. Das *Büchlein der Ewigen Weisheit* lehrt die Betrachtung der Passion Christi und die Teilhabe an seiner Liebe durch Ertragen eigenen Leids. Das lateinisch geschriebene *Horologium Sapientiae* von 1334, eine erweiterte Fassung des Weisheitsbüchleins, fand von S.s Werken die weiteste Verbreitung und hatte starke Nachwirkung in der mystischen Literatur. Seine erste Schrift brachte S. zwar eine Rüge von seiten der Ordensoberen und den Verlust des Lektorats, doch war er bald darauf Prior seines Klosters. Mehr und mehr aber sah er seine Aufgabe im praktischen Apostolat. In dieser unruhigen Zeit des

Umbruchs, des aufstrebenden Bürgertums und der ersten Zunftaufstände, der Verweltlichung der Kirche und des Interdikts, in dessen Folge auch der Konstanzer Konvent von 1339 bis 1346 in die Verbannung gehen mußte, verkündete er unbeirrt seine Mahnung zu innerer Einkehr und wirkte auf vielen Reisen als geschätzter Prediger und Seelsorger unter den Laien und in Frauenklöstern seines Ordens; als Zeugnis dieser Tätigkeit sind zahlreiche Briefe erhalten.

Ein Spätwerk S.s, der um 1348 wegen einer bald als Irrtum erkannten böswilligen Verleumdung nach Ulm versetzt worden war, ist seine Selbstbiographie, ein erster Höhepunkt der Gattung nach Augustins *Bekenntnissen* und wie diese ein Experiment mit dem eigenen Ich vor den Augen Gottes: nicht historische Darstellung biographischer Fakten, sondern Stilisierung seiner Person als Beispiel eines »anfangenden, zunehmenden und vollendeten Menschen«, der eine Berufungsvision erfährt, sich in strengster Askese läutert und als geistlicher Ritter in Demut tiefste Erniedrigung erträgt, um schließlich den inneren Frieden in Christus zu finden. Die anschließenden Kapitel über S.s geistliche Tochter, die Dominikanerin Elsbeth Stagel (deren Mitwirkung an der Vita von S. bezeugt, aber schwer faßbar ist), münden in Darlegungen seiner mystischen Lehre. Seine wichtigsten deutschen Schriften hat S. zuletzt selbst im sogenannten *Exemplar* zusammengestellt.

Sturlese, Loris: Einleitung. In: Seuse, Heinrich: Das Buch der Wahrheit. Hg. von Sturlese, L. und Blumrich, R. Hamburg 1993. – Haas, Alois M.: Deutsche Mystik. In: Die deutsche Literatur im späten Mittelalter 1250–1370, II. Teil. Hg. von Glier, I. München 1987. – Holenstein, Anne-Marie: Studien zur Vita Heinrich Seuses. In: Zeitschrift für Schweizerische Kirchengeschichte. Freiburg/Schweiz 1968.

Hermann Knittel

Sextus Empiricus
Zwischen 150–250

»Wenn jemand sich der Untersuchung irgendeines Gegenstandes widmet, dann ist es natürlich, daß er am Ende das Gesuchte findet, oder daß er behauptet, das Gesuchte sei unauffindbar und seine Unerkennbarkeit eingesteht, oder aber, daß er seine Untersuchung fortsetzt.« Mit diesem Satz beginnt S., über dessen Lebensumstände nichts bekannt ist und dessen Beiname lediglich seine Zugehörigkeit zur empirischen Ärzteschule bezeichnet, seine *Grundzüge des Pyrrhonismus*, der einzigen überlieferten Summe der skeptischen Philosophie pyrrhonischer Prägung. »Daher sieht man leicht ein, daß es offenbar drei philosophische Hauptrichtungen gibt: die dogmatische (d. h. die der Aristoteliker, der Epikureer und der Stoiker), die (durch Kleitomachos und Karneades vertretene) akademische und die skeptische.« S. widmet sein Werk der Widerlegung der ersten beiden Richtungen und der Apologie des Skeptizismus, wobei er nicht nur die von den drei traditionellen Disziplinen der Philosophie – Logik, Physik und Ethik – erhobenen Ansprüche systematisch verwirft, sondern in seiner »negativen Enzyklopädie des Wissens« (Heinrich Dörrie) auch zu einem vernichtenden Schlag gegen die sogenannten zyklischen, d. h. nichtphilosophischen Wissenschaften Grammatik, Rhetorik, Geometrie, Arithmetik, Astrologie und Musiktheorie ausholt.

Die theoretischen Grundlagen des Skeptizismus werden im ersten Buch der *Hypotyposen* gelegt. Sein Hauptmerkmal ist die Gegenüberstellung einander widersprechender sinnlicher oder geistiger Eindrücke, die aufgrund ihrer gleichen Stärke oder Gültigkeit zur völligen Urteilsenthaltung (»epochē«) führen müssen. Im Gegensatz zum Stoiker erkennt der Skeptiker kein Kriterium an, das ihm die theoretische Wahrheitserkenntnis erlaubte; dennoch teilt er auch die Auffassung des (skeptischen) Akademikers nicht, daß in letzter Konsequenz jegliches Handeln im praktischen Leben unmöglich sei. Die zur Urteilsenthaltung führende Methode liegt in den sogenannten skeptischen Wendungen (»trópoi«) begründet, die allesamt die Relativität der Sinneswahrnehmungen und die Unmöglichkeit der Beweisführung – und somit der gesicherten Erkenntnis – zum Inhalt haben. Die skeptische Haltung beruht auf der Hoffnung, daß man mit ihrer Hilfe zur seelischen Unerschüttertheit (»ataraxía«) hinsichtlich der von unserer Einschätzung (»dóxa«) abhängigen Dinge und zum maßvollen Empfinden (»metriopátheia«) gegenüber dem Unausweichlichen gelangen könne. Von Bedeutung ist, daß der Skeptiker also keineswegs das ›Glück‹, sondern vielmehr einen nur negativ definierbaren, aus der Befreiung von Sorgen und Aufregungen erwachsenen illusions- und erwartungslosen Ruhezustand anstrebt. Dieser antimetaphysische Minimalismus entspricht einem Zug der Zeit: Für einen Großteil der denkenden und fühlenden Menschen der griechischsprachigen Welt waren seit dem Hellenismus das Leben und die Existenz so fragwürdig geworden, daß sie die Frage nach dem Glück nicht einmal mehr zu stellen wagten.

S.' Werk war während des Mittelalters nahezu unbekannt; erst nachdem Henri Estienne im Jahre 1562 die erste lateinische Übersetzung der *Hypotyposen* und Gentian Hervet im Jahre 1569 eine (ebenfalls lateinische) Übersetzung der *opera omnia* veröffentlicht hatten, sollte sein Denken wieder Eingang in die europäische Philosophie finden. Sein berühmtester geistiger Nachfahre ist zweifellos Montaigne; gegen diesen, und also gegen S., bezeichnet Pascal das »pyrrhonische Kesseltreiben« als »zweifelhafte Zweifelhaftigkeit« und »fragwürdiges Dunkel«. Rabelais verspottet die skeptische »epochē« in einem grotesken Dialog über Wert und Unwert der Heirat, während Descartes im hyperbolischen Skeptizismus, der ihm die erste Gewißheit liefert, den Ausgangspunkt seiner Philosophie findet.

Barnes, Jonathan: The Toils of Scepticism. Cambridge 1990. – Annas, Julia/Barnes, Jonathan: The Modes of Scepticism. Cambridge 1985. – Popkin, Richard Henry: The History of Scepticism from Erasmus to Spinoza. Berkeley, Cal. 1979. – Brochard, Victor: Les sceptiques grecs. Paris ²1923.

Luc Deitz

Shaftesbury, Anthony Ashley Cooper, Third Earl of
Geb. 26. 2. 1671 Wimborne St. Giles; gest. 15. 2. 1713 Chiáia/Neapel

»Und dennoch«, erwiderte er, »ist, was wir alle im allgemeinen tun, etwas anderes als Philosophieren? Wenn die Philosophie, wie wir sie auffassen, das Studium der Glückseligkeit ist, muß dann nicht jeder, auf die eine oder die andere Art, geschickt oder ungeschickt, philosophieren? Muß nicht jede Überlegung, die unser wichtigstes Interesse betrifft, jede Verbesserung unsres Geschmacks, alles Wählen und Bevorzugen im Leben unter diese Rubrik fallen?« Philosophisches Gespräch, nicht gelehrte Abhandlung, ironischer Seitenblick auf die Fachphilosophen: S.s Optimismus wirkte nicht unbedingt schulemachend, aber anstek-
kend: 1774 verwendet der junge Goethe für einen Stammbucheintrag den bereits programmatisch gewordenen Satz S.s: »The most ingenious way of becoming foolish is by a system« – und bestätigt damit die Wirkung, die der Autor noch auf das späte 18. Jahrhundert ausgeübt hat. Man wird die Stelle aus der eingangs zitierten Schrift *The Moralists* (1709; *Die Moralisten*) allerdings mit anderen Dialogen vergleichen müssen, um S.s »rhapsodische Philosophie« und die Vielschichtigkeit der Rezeption verstehen zu können. Nachgeahmt wurde sehr bald die unakademische Form seiner Schriften, der platonische Dialog und der Brief (so *A letter concerning Enthousiasm*, 1707; *Ein Brief über den Enthusiasmus*), worin S. die Übereinstimmung der ethischen und ästhetischen Vermögen des Menschen und die sie bedingende Harmonie eines kosmischen Ganzen beschreibt, dessen verborgene Zusammenhänge der geniale Künstler aufdeckt. Da diese Motive in den irrationalistischen und gegenaufklärerischen Strömungen des 18. Jahrhunderts – vor allem in Deutschland – wiederkehren, hat die geistesgeschichtliche Forschung – um weitere Goethe-Zitate nicht verlegen – S. aus dieser Perspektive als einen Vorläufer oder wichtigen »Anreger« begriffen und dabei das aufklärerische Grundmotiv seines Denkens übersehen, auf dessen Spur eine beiläufige Bemerkung Lessings in den *Litteraturbriefen* (1759) führt: »Shaftesbury ist der gefährlichste Feind der Religion, weil er der feinste ist. Und wenn er sonst auch noch so viel Gutes hätte; Jupiter verschmähte die Rose in dem Munde der Schlange.« Womit Lessing auf den ersten von S. verfaßten Essay *An Inquiry concerning Virtue and Merit* (1699; *Untersuchung über die Tugend*) angespielt haben dürfte.

Die für seinen Stand durchaus ungewöhnliche Karriere als philosophischer Schriftsteller verdankte S. neben seiner Begabung einem pädagogischen Experiment seines Großvaters, einem Verehrer und Förderer des Philosophen John Locke, welcher später maßgeblichen Einfluß auf die Entwicklung S.s haben sollte. Noch vor jedem schulischen Unterricht wurden ihm bereits als Kind von einer Erzieherin die klassischen Sprachen im »alltäglichen« Gebrauch vermittelt. Sie bildeten die Grundlage seiner ausgedehnten Lektüre der antiken und humanistischen Autoren. Als 16jähriger begibt er sich auf die für seine Zeit typische Bildungsreise durch Europa, wobei ihn besonders der ›giro‹, die Kunst und Kultur Italiens, beeindrucken. 1689 kehrt er nach England zurück, wo ihm ein Parlamentssitz angeboten wird, den er jedoch ablehnt, um seine privaten Studien fortsetzen zu können. Dem Unterhaus tritt er erst 1695 bei, vier Jahre später übernimmt er nach dem Tod seines Vaters die gesamten Repräsentationspflichten des Hauses, was seine angegriffene Gesundheit – er ist lungenkrank – weiter schwächt. 1698 lebt S. in Holland, wo er Pierre Bayle kennenlernt und jene *Inquiry* konzipiert, die in einer ersten, von ihm nicht autorisierten Fassung 1699 von John Toland veröffentlicht wird. S. stellt sich die Frage nach dem Verhältnis von Religion und Moral und beantwortet sie, anders als Bayle, indem er bei der Begründung der Ethik auf jede theologische Grundlegung verzichtet: Auch Atheisten können tugendhaft handeln und dabei auf einen Maßstab für ihr Handeln verweisen – womit die Anspielung Lessings verständlich wird. In den nachfolgenden Schriften, die er 1711 unter dem Titel *Characteristics of Men, Manners, Opinions, Times* in drei Bänden zusammenfaßt, umkreist S. immer wieder jenes fundierende Prinzip unseres Handelns, das er als »moral sense« bezeichnet und in Analogie zur ästhetischen Erfahrung – die Neigungen für bestimmte Handlungen und unser Gefallen an schönen Dingen haben für ihn denselben Ursprung – intuitiv umschreibt; dieser »sense of moral worth and goodness« darf jedoch nicht als rein passive, einem Instinkt gehorchende Naturanlage aufgefaßt werden, die eine sittliche, Reflexion voraussetzende Bewertung des Handelns gerade ausschließen würde. Der *moral sense* ist vielmehr dasjenige Vorstellungsvermögen, das unsere natürliche Wahrnehmung von guten, auf das Allgemeinwohl gerichteten Handlungen als solche objektiviert. Daß der Mensch überhaupt fähig und gefordert ist, sich auf einen größeren Zusammenhang hin zu orientieren, findet bei S. eine metaphysische Begründung.

Die naturgegebenen Neigungen des Menschen, seine »self affections«, sind nicht auf eine egoistische Selbstbehauptung gerichtet, sondern haben ihre letzte Bestimmung in der Erhaltung eines kosmischen Ganzen, dessen Teil sie sind und das sie selbst wiederum repräsentieren. Indem wir die harmonische Schönheit und Ordnung der Natur anschauen, erkennen wir das Ziel des Individuums, sich als »selfsystem« in Übereinstimmung mit der Ordnung des »universal system« in seinem gesellschaftlichen Leben selbst zu vervollkommnen. Diese positive Anthropologie und ihr Gedanke der Perfektibilität des Menschen wurde von der deutschen Aufklärung begeistert aufgenommen, sie bildete ein Gegengewicht zu dem bedrohlichen Bild von der Triebnatur des Menschen, wie es die Machtstaatstheoretiker des Absolutismus (Machiavelli, Hobbes) entworfen hatten. Der Übergang vom »Teil« zum »Ganzen« beruht dabei aber nicht auf einer logischen Ableitung, sondern auf intuitivem Wissen. Die zweckvoll-göttliche Ordnung des Kosmos soll sich in den natürlichen Anlagen des Menschen zeigen, auf die sich vernunftgemäß reflektieren läßt; sie läßt sich auch hymnisch preisen – wobei S. jedoch jedem religiösen Enthusiasmus kritisch gegenübersteht – und in den Werken genialer Künstler als ästhetisches Organisationsprinzip erahnen. Philosophie und Kunstbetrachtung verbinden sich so zum »Studium der Glückseligkeit«.

Schrader, Wolfgang H.: Ethik und Anthropologie in der englischen Aufklärung. Der Wandel der moral-sense-Theorie von Shaftesbury bis Hume. Hamburg 1984. – Voitle, Robert: The Third Earl of Shaftesbury, 1671–1713. Baton Rouge/London 1984.

Friedrich Vollhardt

Simmel, Georg
Geb. 1. 3. 1858 in Berlin; gest. 28. 9. 1918 in Straßburg

S. besaß eine Sammlung kostbaren Porzellans. Schüler berichten von einer Berliner Vorlesung vor einer großen, in die Hunderte gehenden Hörerschaft, in welcher er über eine chinesische Porzellanschale mit einer feinen Tuschzeichnung dozierte. Er verwies dabei auf die augenblickliche Lebensbewegung des Auftragens der Tusche auf den Gegenstand und die endgültige Fixierung dieses flüchtigen Moments im Akt des Brennens, dem Akt definitiver Gestaltwerdung. Er erläuterte an dem zerbrechlichen Objekt die gespannte Ambivalenz von Liquidität und Erstarrung, von fließender Dynamik des Lebens und statischer Verhärtung objektiver Gebilde, die sein gesamtes Denken ausmachte.

Überdies ist die Differenz von Form und Inhalt für S.s Philosophieren maßgebend, ebenso die Kategorie der Wechselwirkung, die, zuerst als soziologische Bestimmung eingeführt, schließlich in den Rang eines metaphysischen Prinzips aufrückt. Im Fragment *Anfang einer unvollendeten Selbstdarstellung* bemerkt er:»Von (der) soziologischen Bedeutung des Wechselwirkungsbegriffs aus aber wuchs er mir allmählich zu einem schlechthin umfassenden metaphysischen Prinzip auf. Die zeitgeschichtliche Auflösung alles Substantiellen, Absoluten, Ewigen in den Fluß der Dinge, in die historische Wandelbarkeit, in die nur psychologische Wirklichkeit scheint mir nur dann vor einem haltlosen Subjektivismus und Skeptizismus gesichert, wenn man an die Stelle jener substantiell festen Werte die lebendige Wechselwirksamkeit von Elementen setzt, welche letzteren wieder der gleichen Auflösung ins Unendliche hin unterliegen. Die Zentralbegriffe der Wahrheit, des Wertes, der Objektivität etc. ergaben sich mir als Wechselwirksamkeiten, als Inhalte eines Relativismus, der jetzt nicht mehr die skeptische Lockerung aller Festigkeiten, sondern gerade die Sicherung gegen diese vermittels eines neuen Festigkeitsbegriffs bedeutete.«

In gespannter Ambivalenz steht auch der Theoretiker S. in der Diskussion: Neben dem ästhetisierenden Philosophen eleganter Berliner Salons der Jahrhundertwende steht der Begründer der (formalen) Soziologie (neben Ferdinand Tönnies und Max Weber); neben dem darwinistischen Selektionstheoretiker der Metaphysiker der Lebensanschauung; neben dem Theoretiker des Geldes der subtile Interpret der Rembrandtschen Porträts – das unüberschaubare Schaffen gäbe noch Stoff für eine beliebig lange Fortsetzung solcher Scheinoppositionen her. In Wirklichkeit ist S. mit dieser systematischen und thematischen Komplexität als Philosoph und Soziologe Theoretiker der Moderne und gleichzeitig einer ihrer Klassiker geworden. Als solcher muß er mit unvermittelten und unversöhnten Gegensätzen leben und in ihnen denken. Drei dieser systematisch bestimmenden Spannungsgebiete der Reflexion unter den Bedingungen der Moderne lassen sich herausstellen: Die systematisch unaufgelöste Spannung zwischen Genesis und Geltung, Erfahrung und Apriori, Darwinscher Selektions- und Evolutionstheorie und Kants Transzendental-

philosophie; die durch die modernen Vergesellschaftungs- und Ausdifferenzierungs-
prozesse verschärfte Problematik der Einheit des individuellen Lebens, auf Disziplinen bezogen, die Frage nach dem Verhältnis der klassischen philosophischen
Ethik zur nun entstehenden wissenschaftlichen Soziologie; die Frage nach einer
möglichen Metaphysik des Lebens angesichts der Entwicklung der modernen Kultur.

Die Antworten S.s auf diese Grundfragen lassen sich kennzeichnen als die
Entwicklung einer ausdifferenzierten Theorie transzendentaler Gegenstandskonstitution vermittels regionaler Apriloritäten; als die Entwicklung einer *formalen* Soziologie
als Theorie der Möglichkeitsbedingungen von Gesellschaft und die Entfaltung einer
Ethik des »individuellen Gesetzes«; als die Entfaltung einer pessimistischen Lebensphilosophie und der Kategorie einer »Tragödie der Kultur«.

S. beginnt unter dem Einfluß des Pragmatismus und des Darwinismus damit, in
seinen Schriften *Über sociale Differenzierung* (1890) und *Einleitung in die Moralwissen-
schaften* (1892/93) die gesellschaftlichen Phänomene und Prozesse als kausale Wechselwirkungen zwischen atomistisch gedachten Individuen zu denken. Der waltende
Selektionsdruck erzwingt Verbesserungen der Erkenntnisfähigkeiten im pragmatistischen Sinne. Selbsterhaltung und Reproduktionserfordernisse der heterogenen Ein-
zelelemente ergeben auch eine funktionale Einheit höherer Ordnung, in der
Gruppe, in der Gesamtgesellschaft und auch durch die Entwicklung z.B. von
Moralsystemen. Aber diese genetisch-funktionale Perspektive hindert S. nicht daran,
zunehmend den Grundgedanken der kategorialen und apriorischen Formung sowohl auf der Ebene der Konstitution der Gesellschaft wie auch wissenschaftstheoretisch in seine Überlegungen einzubeziehen; die *Probleme der Geschichtsphilosophie*
(1892) untersuchen, jetzt in Abgrenzung von der Methodologie der Naturwissenschaften und unter dem Einfluß des südwestdeutschen Neukantianismus Wilhelm
Windelbands und der historischen Hermeneutik Wilhelm Diltheys, die spezifischen
Leistungen historischer Gegenstandskonstitution. Ähnlich den kultur- und erkennt-
niskonstitutiven Wertbereichen im Neukantianismus und den späteren Regional-
ontologien der Phänomenologie Husserls stellen sich bei S. im Zusammenhang von
Erkenntnisinteressen regionale Apriloritäten z.B. historischer, naturwissenschaftlicher, ästhetischer oder religiöser Art her. Sie sind auseinander nicht herleitbar und
müssen in ihrer jeweiligen bereichsspezifischen Gesetzlichkeit erforscht werden. Es
ergibt sich daraus der für die systematische Philosophie der Gegenwart einschlägige
Gedanke einer »internen« transzendentalen Konstitutionslogik relativ zu bestimmten
Bereichen menschlicher Orientierung.

Den Kern von S.s Soziologie bildet eine Theorie der sozialen Ausdifferenzierung
und Wechselbeziehung, die die transzendentalphilosophische Grundfrage auf die
Gesellschaft ausdehnt: Wie ist diese überhaupt möglich? Die formale Soziologie
untersucht allgemeine Grundformen der Vergesellschaftung wie z.B. Über- und
Unterordnung, Arbeitsteilung, Konkurrenz, Parteienbildung etc. Die lebenserhaltenden und stabilisierenden Funktionen der Gesellschaft können dabei nur durch
andauernde dynamische Transformationen auf den verschiedenen Ebenen aufrechterhalten werden. Permanent schlagen Akte der Stabilisierung in Instabilität und
Zwang zur Innovation um. In komplexen Einzelanalysen bildet sich in S.s Reflexion

hier eine für ihn typische tragische Struktur heraus. Man kann in dieser das spätbürgerliche Pendant zur marxistischen Revolutionstheorie sehen, wie auch S.s *Philosophie des Geldes* von 1900 als bürgerliche Theorie der »Beziehung« ein Gegenentwurf zur Marxschen Kapitalanalyse ist. Die tragische Form des Lebens, der S. auf der Spur ist, läßt sich auf dem Hintergrund der Schopenhauerschen Willensmetaphysik verstehen. Gerade das Erreichen bestimmter Ziele verschafft den gesellschaftlich handelnden Individuen keine Ruhe und Befriedigung; gerade ihre Realisierung treibt eine »Melancholie der Erfüllung« hervor, die in die permanente Unruhe zurückführt. Eine anfängliche Freiheit in den authentischen Lebensverhältnissen muß zwangsläufig zu einer äußerlichen Objektivität von Institutionen oder Gegenständen werden, die den Individuen entgleitet und nicht selten als »unbarmherzige Tatsächlichkeit der Welt« wieder auf sie zurückschlägt. Aus dem tragischen Pessimismus des 19. Jahrhunderts gewinnt S. eine analytische Sensibilität für die extreme Fragilität und Instabilität sozialer Systeme, für die katastrophengefährdete Labilität gesellschaftlicher Organisationsformen.

Die Ethik S.s versucht auf diesem Hintergrund die singuläre Totalität des Lebens unter der Idee eines individuellen Gesetzes zu denken: Nicht die Allgemeinheit des Kantschen Sittengesetzes, sondern das Prinzip der kreativen Einzigartigkeit der Individuation verbürgt hier das spezifisch Moralische. Die großen Untersuchungen zu *Goethe* (1913), zu *Kant* (1904) und zu *Kant und Goethe* (^{3}1916) sind paradigmatische Studien, welche die Spannung der universalen Rationalität und der Fülle und Intensität des großen Individuums ausmessen. Der große Aufsatz *Das individuelle Gesetz* bringt S.s ethische Reflexion auf den Begriff; seine *Rembrandt-Studien* sowie seine Monographie *Rembrandt* vertiefen seine Philosophie des individuellen Lebens: die Porträtierten sind als Einzelne, weil als Sterbliche dargestellt. »Das Kostbarste ist das Sterbendste.« Der Tod ist für S. die Form des Lebens, weil er dieses begrenzt und dadurch gestaltet und bildet.

In seiner späten Lebensmetaphysik versucht S., den Gedanken einer Transzendenz des Lebens sowie die Tragödie seiner notwendigen Entfremdung und Verdinglichung in der kulturellen Welt weiter zu entwickeln. Zwei Grundsätze, »Leben will immer mehr Leben« und »Leben ist immer mehr als Leben«, dienen zur Entfaltung dieser *Lebensanschauung* (1918). Während viele gegenwärtige Interpreten diese spätere Lebensphilosophie ignorieren, läßt sie sich doch als Konzentrat der Grundgedanken S.s interpretieren. Für S. ist charakteristisch, daß er nicht nur die erwähnten Monographien vorgelegt, sondern in unzähligen Essays sich schreibend der Fülle der Dinge und Erscheinungen ausgesetzt hat. Diese Beiträge sind in vielen Zeitschriften verstreut und bis heute noch nicht zusammenhängend ediert worden. Eine Auswahl daraus ist die Sammlung *Brücke und Tür*, die Michael Landmann und Margarete Susman (1957) herausgegeben haben und die als Einführung in sein Denken geeignet ist.

S.s Philosophie stand stets quer zum akademischen Diskurs; und er bekam die Reaktionen seiner wissenschaftlichen Kollegen am eigenen Leib zu spüren: erst mit 56 Jahren wurde er ordentlicher Professor für Philosophie in Straßburg, vier Jahre vor seinem Tod, nachdem er immer wieder bei Berufungen übergangen worden war. S. hatte in Berlin Geschichte, Völkerpsychologie, Philosophie, Kunstgeschichte und Italienisch studiert. Nach der Promotion und der Habilitation wurde er dort Extraordinarius mit einem Lehrauftrag für Soziologie. Er stammte aus einer begüterten jüdischen Familie, war evangelisch getauft, und er teilte die nationalistische Begeisterung des deutschen Bürgertums im Ersten Weltkrieg, bis er 1917 seinen Irrtum einsah. Sein Patriotismus führte u. a. dazu, daß sich sein Schüler Ernst Bloch von ihm abwandte. S. war umfassend gebildet, und sein Haus wurde zu einem Treffpunkt der Intelligenz in Berlin. Vormittags und abends widmete er sich seinen Studien: den Nachmittag hielt er aber stets frei für Konversation mit Freunden und Gästen. Er schrieb seine Abhandlungen und Essays in einem Zug nieder, fast ohne jegliche Korrektur. Er brillierte auch durch seine Vorträge und Vorlesungen, die zu den kulturellen Ereignissen der Reichshauptstadt zählten. Sein urbanes Wesen, die Brillanz seiner Rhetorik, der Scharfsinn seiner Analysen sicherten ihm die Aufmerksamkeit eines großen Publikums. S. war ein Exponent des gelehrten jüdischen Bürgertums, der Begründer der modernen Soziologie und als Philosoph durch seinen Relationalismus der Gegner jeglichen ontologischen Substanzdenkens. Seine Wirkung als Soziologe und Theoretiker der Moderne ist international. Er selbst beurteilte seine Sache dagegen sehr resigniert: »Ich weiß, daß ich ohne geistige Erben sterben werde (und es ist gut so). Meine Hinterlassenschaft ist wie eine in barem Gelde, das an viele Erben verteilt wird, und jeder setzt sein Teil in irgendeinen Erwerb um, der *seiner* Natur entspricht: dem die Provenienz aus jener Hinterlassenschaft nicht anzusehen ist.«

Hein, Peter Ulrich (Hg.): Georg Simmel. Frankfurt am Main u. a. 1990. – Kitagawa, Sakiko: Die Geschichtsphilosophie Georg Simmels. Diss. Berlin 1982. – Weingartner, Rudolph H.: Experience and Culture. The Philosophy of Georg Simmel. Middletown/Conn. 1962. – Wolf, K. H. (ed.): Georg Simmel, 1858–1918. A Collection of Essays with Translation and a Bibliography. 1959.

Helmut Bachmaier/Thomas Rentsch

Smith, Adam
Geb. 5. 6. 1723 in Kirkcaldy/Schottland; gest. 17. 7. 1790 in Edinburgh

Bis in die Gegenwart dauert sein Ansehen als Nationalökonom, das durch *An Enquiry into the Nature and Causes of the Wealth of Nations* (1776; *Der Wohlstand der Nationen. Eine Untersuchung seiner Natur und seiner Ursachen*) begründet wurde. Seine zeitgenössische Bedeutung als Moralphilosoph geriet jedoch allmählich in den Hintergrund. Francis Hutcheson, sein Lehrer am Glasgower College, motivierte sein philosophisches Interesse durch moralphilosophische Fragestellungen. Unter seinem Einfluß gelangte S. zu der grundsätzlich optimistischen Einstellung, die Welt im Ganzen positiv zu verstehen. Zu Francis Hutcheson, dem in der damaligen Zeit wohl namhaftesten Moralphilosophen, hielt er auch in den Oxforder Studienjahren von 1740 bis 1746 den Kontakt aufrecht. Über ihn erlangte er frühzeitig Kenntnis von David Humes *Treatise of Human Nature*. Über die vielfache philosophische Anregung hinaus, die er aus Humes Denken gewann, entwickelte sich zu diesem eine intensive persönliche Freundschaft. Nachdem S. 1751 zunächst Professor für Logik an der Glasgower Universität wurde und zwei Jahre später die Stelle seines Lehrers Hutcheson übernommen hatte, arbeitete er sein erstes großes Werk *The Theory of Moral Sentiments* (1759; *Theorie der ethischen Gefühle*) aus, das ihm Anerkennung weit über die Grenzen Schottlands hinaus einbrachte.

In methodischer Hinsicht orientierte er sich – wie Hume – an Newton. Ähnlich den naturwissenschaftlichen Ordnungsprinzipien sollte auch die Moralphilosophie für die Maximen des Alltagslebens ein übergeordnetes Prinzip angeben können, aus dem moralische Zusammenhänge begreiflich werden. Seine Nähe zu Hume zeigt sich darin, daß er diese Grundlegung in der menschlichen Natur suchte. Mit zwei prinzipiellen Fragen grenzt S. das Kriterium des Sittlichen ein: – Welches ist das Prinzip (bzw. die Grundkraft), das uns gewisse Handlungen als sittlich wertvoll oder wertlos erscheinen läßt? – Welches Verhalten verdient sittliche Billigung? Das für die Moral bedeutsame naturhafte Moment im Menschen ist das Gefühl der Sympathie. Damit meint er nicht eine durchgängig positive, wohlwollende Einstellung gegenüber jeder anderen Person, sondern vielmehr die Gemütsbewegungen eines Zuschauers, der sich von den Empfindungen eines Betroffenen oder Handelnden ein Bild macht. Dieses sympathetische Gefühl entwickelt sich also nicht durch Einfühlsamkeit, sondern durch unser Vorstellungsvermögen. Deshalb können wir uns auch auf Menschen ganz allgemein, unabhängig von unserer näheren Umgebung beziehen. Umschreibt man Sympathie mit affektiver Resonanz, dann wird damit deutlicher charakterisiert, daß die gefühlhafte Reaktion auf die Affekte anderer gemeint ist. S. bezieht damit Stellung gegen Thomas Hobbes und Bernard de Mandeville, die den Egoismus als grundlegende Triebkraft für Moralität angegeben hatten. Zwar bilden nur Sympathie-Gefühle die Richtschnur unserer moralischen Wertungen, aber sie sind noch nicht das vollständige Kriterium moralischer Bewertungen. Für S. hängt die moralische Billigung ab von der Übereinstimmung zwischen den Gefühlen eines Handelnden mit denen eines angenommenen neutralen Beobachters. Erst mit dieser neutralen Position ist die notwendige Bedingung für die Allgemeingültigkeit moralischer Urteile und auch die nötige Verbindlichkeit erreicht.

Die *Theory of Moral Sentiments* fand einhellige Anerkennung. Neben dem lobenden Zuspruch Humes erfuhr diese Schrift eine positive Besprechung durch Edmund Burke. Ein Rezensent beschrieb S. als »einen der elegantesten und anziehendsten Schriftsteller auf dem Gebiet der Ethik«. In wenigen Monaten war ein Großteil der Auflage verkauft, zwischen 1761 und 1790 erreichte er sechs Auflagen. 1764 wurde die erste französische Übersetzung veröffentlicht, ab 1770 erschienen mehrere deutsche Übersetzungen. Bereits 1763 erwähnt Lessing die *Theory* in seinem *Laokoon*, Herder zitiert S. in seinen *Kritischen Wäldern*. Kants Ausführungen zum »Gemeinsinn« und seine anthropologischen Reflexionen zum »gemeinschaftlichen Gesichtspunkt« bezeugen den Einfluß von S.; Max Schelers *Wesen und Formen der Sympathie* bezieht sich in wesentlichen Punkten auf diese moralphilosophische Theorie.

Sein Ruhm als Moralphilosoph brachte S. auch das Angebot eines Reisebegleiters und Lehrers des jungen Herzogs von Buccleugh ein. Nach dreizehn Jahren der

Lehrtätigkeit an der Universität übernahm er seine neue Anstellung, die ihm zeitlebens ein hohes Einkommen sicherte. Während der mehr als zweijährigen Reise durch Frankreich (von 1764 bis 1766) konnte er zahlreiche Kontakte zu Repräsentanten der dort herrschenden philosophischen und politischen Strömungen knüpfen: zu dem Enzyklopädisten d'Alembert, dem Materialisten d'Holbach, zu Helvétius und zu Turgot und Quesnay, den beiden Vertretern der ökonomischen Theorie der Physiokraten.

Elf Jahre nach seiner Privatlehrertätigkeit veröffentlichte er sein nationalökonomisches Werk *Wealth of Nations*. Die darin enthaltenen Überlegungen sind von drei Prinzipien getragen: – Bekämpfung des Merkantilsystems und Betonung der Handelsfreiheit, – Tauschgesellschaft, – Arbeitsteilung. Damit trug er wesentlich zur Entwicklung der liberalen Ökonomie im 19. Jahrhundert bei. Aber nicht nur David Ricardo und John Stuart Mill konnten auf ihn zurückgreifen, auch Karl Marx verdankt wesentliche Einsichten zu Tauschwert, Funktion des Geldes und Arbeitsteilung den Ausführungen von S.

Gegen das Merkantilsystem gerichtet war seine Forderung, den Reichtum nicht in der Anhäufung von Geld, d. h. der Edelmetallmenge, zu suchen, sondern das Volkseinkommen und die Produktivitätssteigerung zur Grundlage der Bewertung zu machen. Die eigennützige Sophistik der Kaufleute und Fabrikanten habe den gesunden Menschenverstand verwirrt, hält er den Merkantilisten entgegen, so daß Eigeninteresse und volkswirtschaftlicher Wohlstand nicht zur Deckung kommen. Nicht wo Eigennutz zur Beschränkung der anderen führt, sondern wo jeder uneingeschränkt seinem Interesse nachgeht, möglichst hohe Rendite zu erzielen, wird ein volkswirtschaftliches Optimum zum Vorteil aller erreicht. Seine Kritik gipfelt in dem sozialpolitischen Vorwurf, daß der Merkantilismus nur den Vorteil der Manufakturbesitzer, nicht den der Verbraucher zuläßt. Die sozialphilosophische Komponente seiner Ökonomie scheint in den Prinzipien der Tauschgesellschaft und der Arbeitsteilung durch. Daß Egoismus dem sozialen Verband nicht abträglich sein muß, zeigt sich für ihn in der »natürlichen Neigung« zum Tauschen: »Gib mir, was ich brauche, und du sollst haben, was du brauchst.« Die Teilung der Arbeit ist gleichsam die Kehrseite des Tauschprinzips. Sie führt einerseits zu Produktion über den eigenen Bedarf hinaus, andererseits ermöglicht sie sowohl weitere Differenzierungen der menschlichen Fähigkeiten als auch deren Zusammenwirken – eben über die Tauschbeziehung. Hiermit formuliert er die für Ricardo und Marx bedeutsame These, daß der Wert der Arbeit den universalen Maßstab für den Tauschwert bilde.

Dieser scharfsinnigen ökonomischen Analyse zum Trotz sieht S. menschliches Verhalten nicht im Sinne der Rationalisten in Vernunfteinsichten begründet, sondern er gibt als Basis der Regeln wirtschaftlicher Tätigkeit die von Gott geschaffene menschliche Natur mit ihrer Triebausstattung an. Zu dieser Natur gehört neben dem Sympathiegefühl auch die Selbstliebe. Das Verlangen des Menschen nach seinem eigenen Glück und persönlichen Vorteil stellt seiner Meinung nach ein lobenswertes Prinzip des Handelns dar. Darin geht er durchaus mit Hutcheson und Hume konform. Seine Annahmen der Harmonie und des Ausgleichs der Einzelinteressen bilden das zentrale Argument dafür, daß trotz der egoistischen Handlungsmotive des einzelnen der Wohlstand der Allgemeinheit nicht in Frage steht.

Bereits sechs Monate nach Veröffentlichung war sein Werk vergriffen. Zahlreiche französische und deutsche Übersetzungen sorgten für seine Verbreitung auf dem Kontinent. Während sich mit dieser Arbeit die Reputation von S. als bedeutender Nationalökonom steigerte, trug ihm eine andere Veröffentlichung scharfe Polemik ein – das Nachwort zu Humes Autobiographie. S. wollte darin in Form eines Briefes an seinen Verleger die Verehrung, welche er Hume als einem »vollkommenen Weisen« und »Tugendhaften« entgegenbrachte, deutlich machen. Dem häufig als Atheisten angegriffenen Hume wollte man ein solches Lob auch nach seinem Tod nicht zubilligen. Diese Schmähschriften hatten für S. aber keine persönlich nachteiligen Folgen. Im Gegenteil: 1777 wurde er zum Mitglied der königlichen Zollkommission für Schottland ernannt. Der damalige Schatzkanzler hatte sich bereits S.s Grundsätze bei der Erstellung des Staatsbudgets zunutze gemacht. Erfahrungen in seinem neuen Amt konnte S. für wichtige Nachsätze in seinem nationalökonomischen Werk auswerten. Während seiner letzten Jahre widmete sich S. fast ausschließlich der Umarbeitung und Ergänzung der *Theory of Moral Sentiments*. 1787 ehrte ihn seine alte Universität in Glasgow mit der Wahl zum Lord Rector.

Das Interesse an den Theorien von S. hielt nach seinem Tode noch an. Fünf Jahre später wurden die *Essays of Philosophical Subjects* veröffentlicht, in denen er die Philosophie als Wissenschaft von den Verknüpfungsprinzipien der Natur charakterisierte. Im Einklang mit Hume sah er es als Leistung der Einbildungskraft an, zunächst unverbundene Tatsachen bzw. Ereignisse in einen Zusammenhang zu bringen und dadurch begreiflich zu machen.

Kurz, Heinz (Hg.): Adam Smith. Ein Werk und seine Wirkungsgeschichte. Marburg ²1991. – Hueber, Anton: Die philosophische und ethische Begründung des homo oeconomicus bei Adam Smith. Frankfurt am Main/Bern/New York 1991. – Raphael, David: Adam Smith. Frankfurt am Main/New York 1991.

Peter Prechtl

Sokrates

Geb. um 470 v. Chr. in Athen; gest. 399 v. Chr. in Athen

»Sokrates vor Augen zu haben, ist eine der unerläßlichen Voraussetzungen unseres Philosophierens.« So urteilt nicht nur Karl Jaspers, sondern so urteilen die meisten Menschen in unserer Kultur, wenn sie philosophieren. S. wird so oft als Kronzeuge für die jeweils vertretene Philosophie angeführt, daß man sich fragen muß, was denn an einer Philosophie ist, wenn sie zur Basis für die verschiedensten philosophischen Richtungen wird. Karl Popper sieht in S. das Musterbeispiel eines kritischen Rationalisten und Bertolt Brecht einen prämarxistischen Denker. Was ist es also, das diese Philosophie für so verschiedene Geister so attraktiv macht? Kant und Nietzsche können uns da weiterhelfen. Für Nietzsche ist S. das »Wappenschild ... über dem Eingangstor der Wissenschaft«. Und Kant sagt: »Die Grenzen seiner Erkenntnis, den Umfang derselben einzusehen und dadurch erkennen, daß ich nichts weiß; das ist sehr tiefe Philosophie.« Das ist auf S. bezogen, denn sein bekanntester Ausspruch lautet: »Ich weiß, daß ich nichts weiß.« Wie passen diese auf den ersten Blick so gegensätzlichen Aussagen zusammen? Verhilft uns denn die Wissenschaft nicht zu Wissen? Und nun soll andererseits das Nichtwissen das Erstrebenswerte sein?

Von S.' Leben wissen wir sehr wenig. Er wurde als Sohn des Bildhauers Sophronikos und der Hebamme Phaunarete um 470 in Athen geboren. Außer zu den Feldzügen von Potidaia, Delion und Amphipolis hat er seine Heimatstadt nicht verlassen. Dort erkannten ihn seine Zeitgenossen als tapferen Mann. In seiner Heimatstadt wurde er einmal Ratsherr und bekannt als Hüter der Gesetze: Als das Volk neun Feldherren widerrechtlich zum Tode verurteilen wollte, verwies er auf die Gesetze und setzte sich gegen den Zorn des Volkes für deren Einhaltung ein. Er konnte sich nicht durchsetzen. Ansonsten widmete sich dieser einfache und asketische Mann der Philosophie. Seine Einfachheit wird uns durch seinen Ausspruch, den Diogenes Laertius überlieferte, bezeugt: »Wie zahlreich sind doch die Dinge, deren ich nicht bedarf.« S. war mit Xanthippe verheiratet und hatte drei Söhne. Allerdings vernachlässigte er die Familie ebenso wie den vom Vater erlernten Bildhauerberuf. Lieber philosophierte er mit den Jünglingen angesehener Familien Athens auf den Plätzen und Straßen seiner Heimatstadt.

Von S. gibt es keine Schriften. Vielmehr müssen wir uns mit ganz gegensätzlichen Überlieferungen seiner Philosophie durch Aristophanes, Xenophon und Platon begnügen. Meist bezieht man sich auf die Dialoge Platons, in denen S. zu Wort kommt. Aber auch hier wird man sehr schwer zu einer einheitlichen Auffassung darüber kommen, was von S. stammt und was von Platon hinzugefügt wurde. Es gibt radikal entgegengesetzte Auffassungen: Die eine sagt, alles komme von Platon her und S. als Philosoph sei nur eine erfundene Figur; die andere sagt, alles, was Platon dem S. in den Mund lege, sei getreue Wiedergabe. Sicher ist wohl, daß die Ideenlehre nicht von S. stammt. Dies wird uns von Aristoteles überliefert, dessen Philosophie eine Auseinandersetzung mit Platons Ideenlehre war. Da er viele Jahre lang Schüler Platons war, ist nicht anzunehmen, daß uns Aristoteles in der für ihn selbst so bedeutsamen Frage etwas Falsches überliefert hat. Aristoteles könnte aber die Platonschule gemeint haben. Von S. stammt die Untersuchungsmethode, die wir auch die Sokratische Methode nennen. Mit ihr untersuchte er das Wissen. Mit der Antwort auf die Frage, welches Wissen und wie es untersucht wird, kommen wir auf die Aussage Nietzsches zurück. S. untersucht theoretisches und praktisches Wissen. Beides ist in dem griechischen Wort »epistéme« miteinander verbunden. Zunächst zum theoretischen Wissen und zur Sokratischen Methode: Rückblickend zeigt uns Platon im Dialog *Phaidon*, der den Sterbetag des S. schildert, die Entstehung dieser Methode auf. S. sagt dort, daß er bei allem, was entsteht und vergeht, also bei allem Physischen, nach der bleibenden Ursache, dem Grund oder dem Wesen suche. Das zeichnet metaphysisches wissenschaftliches Suchen aus. Philosophen suchen nach einem einheitlichen Grund von *allem*, was ist. Als S. aus einem Buch des Anaxagoras habe vorlesen hören, schien ihm die Vernunft der Grund von allem zu sein. Als er dann das Buch des Anaxagoras einmal selber gelesen habe, war er enttäuscht.

Niemand konnte dem S. den Grund von allem, was ist, nennen. Bei einem solchen Lehrer wäre er gern in die Schule gegangen. Deshalb mußte er sich selber auf die Suche machen und entwickelte jene dialektische Methode, die die Bewegung zwischen dem Einzelnen und dem Wesen ist. Das bedeutet Dialektik bei S., die Bewegung zwischen Wesen und Einzelerscheinung, bei welcher man von dem einzelnen Ding ausgeht, um dadurch zum Wesen zu gelangen, zum Wesen des Einzelnen. S. meinte: Erfasse man einmal das Wesen einer Sache, dann verstünde man auch das Einzelne besser. Man brauche aber das Einzelne, das sich in der Wahrnehmung zeige, damit man das Wesen überhaupt erst finden könne. Dies heißt im Sokratischen Gespräch: »Fuß fassen im Konkreten«. Zu einer schönen Rose beispielsweise gehöre wesentlich, daß sie schön sei, sagte S.. Es gebe aber viele schöne Dinge. Also müsse es auch das Schöne an sich geben. Dies lasse sich nicht durch die Sinne erfassen, obwohl man vom sinnlich Wahrnehmbaren ausgehen müsse. Es sei aber evident, daß es das Schöne gebe. Ein Einzelding sei demnach aus keinem anderen Grunde schön als aus dem, daß es Anteil am Schönen selbst, also Anteil am Wesen habe. S. sagt im *Phaidon* zu Kebes: »Prüfe also, ob Dir auch das Folgende ebenso einleuchtet wie mir. Mir nämlich scheint ganz klar, wenn irgend etwas anderes schön ist außer dem Schönen an ihm selbst, es aus keinem einzigen anderen Grunde schön ist, als weil es an jenem an ihm selbst seienden Schönen Anteil hat.« Es komme ihm, S., darauf an, »daß es das Schöne an ihm selbst ist, durch das alle schönen Dinge schön sind. Das scheint mir nämlich die allersicherste Antwort zu sein, die ich mir selber oder wem sonst geben kann, und wenn ich die festhalte, dann meine ich, werde ich nie zu Fall kommen, sondern es scheint mir für mich selbst wie für jeden anderen die einzig sichere Antwort, daß durch das Schöne die schönen Dinge schön sind. Und ebenso, daß durch die Größe das Große groß und das Größere größer ist und durch die Kleinheit das Kleinere kleiner«.

Nun richtete S. seinen Blick auf ein anderes Phänomen: Es könne sein, daß wir nur meinen, wir hätten etwas Wesentliches erfaßt. In Wirklichkeit verwendeten wir aber gedankenlos einen alltäglichen Begriff. Was passiert dann? Mit der Antwort auf diese Frage kommen wir auf die am Anfang genannte Aussage von Kant zurück. S. ist auf die Menschen zugegangen und hat ihnen bewußt gemacht, daß sie völlig unreflektiert einen Begriff verwenden und meinen, daß sie damit das Wesen einer Sache benennen. Leonard Nelson rechnet es S. als hohes Verdienst an, wenn er sagt: »Ein ihm allgemein zugestandener Erfolg besteht zunächst darin, daß er durch seine Fragen die Schüler zum Eingeständnis ihrer Unwissenheit bringt und damit dem Dogmatismus bei ihnen die Wurzel durchschneidet.« Beispielhaft für diesen Vorgang ist der Dialog *Laches*, den Gottfried Martin für die beste Darstellung eines Sokratischen Gespräches hält. S. will über die Tugend der Tapferkeit reflektieren. Auf diesem Gebiet war er selber kein Fachmann. Er tat das, was er in solchen Fällen zu tun pflegte; er holte sich zwei Spezialisten, nämlich zwei Feldherren, deren alltägliches Geschäft es war, tapfer zu sein. Sie behaupteten zu wissen, was tapfer sei. Durch bohrendes Fragen stellte sich heraus, daß sie zwar den Begriff der Tapferkeit kannten, sicher auch über die Tugend der Tapferkeit verfügten, was sie oft genug unter Beweis gestellt hatten, aber nicht zu sagen wußten, was Tapferkeit sei. Nach dieser Einsicht hat die beiden das Thema, still für sich oder in anderen Gesprächen, sicher noch lange beschäftigt.

So kann es also in einem Sokratischen Gespräch auch zum Zustand völliger Ratlosigkeit kommen: Zum Zustand der Verwirrung – wie Leonard Nelson sagt. Man wird dann beklagen, daß man vorher über eine Sache Klarheit hatte oder glaubte, Klarheit zu haben, jetzt aber wisse man gar nichts mehr. Das vorher Gewußte stellt sich so als bloßes Windei heraus, wie S. sagen würde. Die anfängliche Klarheit stellt sich als nur scheinbare Klarheit heraus, das Wissen als ein nur vermeintliches. Wenn ein solcher Zustand erreicht wird, ist das ein Kennzeichen dafür, daß es ein gutes philosophisches Gespräch ist. All die Sicherheit, die sich auf Begriffen aufbaut, die nicht reflektiert und genauestens bedacht, sondern nur benutzt werden, gibt eine Scheinsicherheit. Diese ist jetzt erkannt worden, das Denken ist aus seinem dogmatischen Schlummer erwacht. Jetzt beginnt das Denken und das Bedenken dessen, was einem bisher selbstverständlich und vertraut war und was das Denken in Ruhe hielt. Mit dem Staunen beginnt alles Philosophieren. Wir sind plötzlich erstaunt über das gewohnt Alltägliche und beginnen, es genauer zu betrachten und darüber zu denken. Hier im Sokratischen Dialog sind die Menschen plötzlich erstaunt über sich selbst, darüber, daß sie vieles einfach unreflektiert hingenommen haben. Nach dem Dialog benutzen die beiden Feldherren den Begriff »Tapferkeit« weiterhin, mit großer Wahrscheinlichkeit aber anders. Diese entscheidende Differenz bringt das Sokratische Gespräch zustande.

S. hat die Menschen dahin gebracht zu sagen: »Ich weiß, daß ich nichts weiß.« Ihr Wissen stellt sich als nur Scheinwissen heraus. Im Dialog *Theaitetos* sagt S. selber, daß man von ihm sage, er sei ein merkwürdiger Mensch, denn er bringe die anderen durcheinander. Dies ist der Zustand, den Kant in dem eingangs zitierten Satz anspricht. Der unreflektierte Gebrauch von Begriffen ist das Nichtwissen. Dieses Nichtwissen selbst zu erkennen, dahin will S. führen. Gleichzeitig will er die Menschen dazu bringen, das Alltägliche und Selbstverständliche vertiefter zu reflektieren. – Es gibt aber noch eine zweite Art Wissen, die zu hinterfragen ist, das praktische Wissen. Dieses praktische Wissen ist uns aber noch viel weniger präsent als das theoretische, denn Werturteile laufen in der Kommunikation mit und werden nicht eigens thematisiert. Wenn beispielsweise darüber gesprochen wird, daß Rauchen die Gesundheit schädigt, kann man – wie selbstverständlich – davon ausgehen, daß für alle Beteiligten Gesundheit ein hoher Wert ist. Im Sokratischen Gespräch nun soll jeder einzelne Mensch die Werte ermitteln können, die seinen tagtäglichen kleinen und gewichtigeren Entscheidungen zugrunde liegen. Regressive Abstraktion nannte Leonard Nelson 1922 diese Sokratische Methode, die zwischen Induktion und Deduktion anzusiedeln ist. Mit dieser Methode sollen Wertvorstellungen, die in uns liegen und beim alltäglichen Handeln verborgen bleiben, bewußt gemacht werden. »Die regressive Methode der Abstraktion, die zur Aufweisung der philosophischen Prinzipien dient«, sagt Nelson, »erzeugt also nicht neue Erkenntnisse, weder von Tatsachen noch von Gesetzen. Sie bringt nur durch Nachdenken auf klare Begriffe, was als ursprünglicher Besitz unserer Vernunft ruhte und dunkel in jedem Einzelurteil vernehmlich wurde.« Nelson bezeichnet diesen Weg als den Rückgang vom Besonderen zum Allgemeinen oder als den Rückgang von den einzelnen moralischen Urteilen zu ihren allgemeinen Voraussetzungen, die im Dunkel jedes moralischen Einzelurteils ruhen würden. Auf diesen ethischen Prinzipien bauen wir unsere moralischen Urteile auf, ohne uns diese im Einzelfall bewußt machen zu können. Wir fällen im Alltag unendlich viele Entscheidungen, ohne daß uns die Prinzipien, die die Basis unserer Entscheidungen sind, in diesem Moment, in dem wir die Entscheidung treffen, bewußt sind. Neben der sachlich-explikativen Klärung eines Begriffs hatte der Sokratische Dialog also ein weiteres Ziel: Während die Sophisten – wie es S. im Dialog *Gorgias* vorführte – ihre eigene Meinung durchzusetzen strebten, indem sie geschickt redeten und überredeten, kam es Sokrates auf die Bildung einer moralischen Haltung im theoretischen Dialog an. Die Menschen sollten fähig werden, mit anderen zu kommunizieren und ihre eigene Meinung zu korrigieren. Dialogprinzip war die Anerkennung der Gleichwertigkeit und das Ernstnehmen aller Gesprächspartner. In den Sokratischen Dialogen der Antike, an die Leonard Nelson 1922 anschloß, kamen demnach praktische und theoretische Intentionen zur Deckung.

Wie führt S. die Menschen zu den Einsichten über ihr vermeintliches Wissen? Er fragt, fragt ironisch. Wenn jemand – wie im Dialog *Laches* – sagt, was Tapferkeit ist, dann stellt S. eine Lebenssituation vor, in der es anders ist, als die gerade gehörte Wesensbestimmung angibt. Seine Frage lautet dann immer: »Kann es nicht ganz anders sein?« Oder: »müssen wir jetzt nicht die Wesensbestimmung erweitern oder verändern?« Mit diesen Fragen versucht er, der Wahrheit näher zu kommen, macht aber gleichzeitig deutlich, daß er sie auch nicht angemessen formulieren kann. Das ist die Sokratische Ironie. Man kann sagen, daß eine ironische Aussage im sokratischen Sinne die notwendig unangemessene Formulierung der Wahrheit ist mit dem gleichzeitigen Hinweis auf ihre Unangemessenheit. Warum muß die Formulierung der Wahrheit notwendig unangemessen sein? S. wußte, daß er das Wesen einer Sache nicht angemessen darstellen konnte, zumal nicht das Wesen von allem, was ist. Dies liegt nach seiner Auffassung an der Unzulänglichkeit des menschlichen Geistes, im Gegensatz zum göttlichen Geist. Im letzten Satz seiner Verteidigungsrede, nachdem er zum Tode verurteilt worden war, machte er dies deutlich: »Aber es ist Zeit, von hier zu gehen, für mich zu sterben und für Euch zu leben; wer von uns zum Besseren kommt, das weiß niemand als der Gott allein.« Oft ist S. vorgehalten worden, er wollte die Menschen nur in eine bestimmte Richtung lenken, so daß sie seine eigene Auffassung annähmen. Wer das meint, hat den Sinn metaphysischen Suchens nicht verstanden. S. wußte wirklich keine endgültigen Antworten – wie uns der letzte Satz seiner Verteidigungsrede zeigt. Er war davon überzeugt, daß nur das fragende Suchen das Denken weiterbringt: Die reine Wahrheit weiß nur der Gott allein. – Durch sein kritisches Fragen gefährdete S. nach Ansicht seiner Richter den Bestand des griechischen praktischen und theoretischen Wissens. Statt die Jugend in dieses Wissen einzuweisen, lehrte er sie, dieses Wissen kritisch zu hinterfragen und selbständig zu denken. Ein wesentlicher Anklagepunkt war deshalb auch: Verführung der Jugend; ein anderer: Einführung neuer Gottheiten, womit die Vernunft gemeint war.

Es gibt heute zwei ganz unterschiedliche Rezeptionsweisen: Diejenigen, die davon überzeugt sind, daß die Auswirkungen der Aufklärung, der Wissenschaft und des metaphysischen Denkens überhaupt notwendig in den Untergang führen, haben schärfste Kritik an dem Begründer dieser Denkweise geübt. Diejenigen, die in dieser Denkweise die größten Möglichkeiten der Menschheitsentwicklung sehen, verehren in S. den Begründer dieser Denkweise, obwohl sie zum Teil – wie Max Weber – die Gefahr der Verkümmerung der Vernunft auf ihr rein instrumentelles Moment schon sehen. Leonard Nelson hat die Methode des S. für die heutige Zeit belebt und weiterentwickelt. In nicht unbeträchtlichem Maße wird sie in der Nelsonschen Modifikation heute praktiziert.

Figal, Günter: Sokrates. München 1995. – Horster, Detlef: Das Sokratische Gespräch in Theorie und Praxis. Opladen 1994. – Pieper, Josef: Kümmert euch nicht um Sokrates. Freiburg ²1993. – Gigon, Olof: Sokrates. Sein Bild in Dichtung und Geschichte. 2. erg. Aufl. Bern/München 1979. – Nelson, Leonard: Die sokratische Methode. In: Ders.: Gesammelte Schriften, Bd. 1. Hamburg 1970.

Detlef Horster

Spencer, Herbert
Geb. 27. 4. 1820 in Derby; gest. 8. 12. 1903 in Brighton

Die frühere Laufbahn von Sp. ließ kaum erwarten, daß er einer der bedeutendsten englischen Philosophen des 19. Jahrhunderts werden sollte: Zunächst arbeitete er – ganz getreu seiner wissenschaftlichen Neigungen – als Ingenieur für das damals schnell wachsende Eisenbahnnetz, er machte kleinere Erfindungen und schrieb Artikel in Technik-Zeitschriften. Seine Tätigkeit für die Eisenbahn gab er endgültig 1845 auf. Weitgefächerte Studien und seine lebhafte Anteilnahme am politischen und sozialen Geschehen des viktorianischen Empire führten ihn zunehmend in Richtung Journalismus: 1844 wurde er zeitweilig Redakteur des *Pilot* und 1848 (bis 1853) Mitherausgeber des *Economist*. Diese Arbeit und Begegnungen mit Thomas Carlyle, George Eliot und Thomas H. Huxley regten ihn zur Veröffentlichung politischer und entwicklungstheoretischer Schriften an.

Bereits 1843 in zwölf politischen Briefen *(The Proper Sphere of Government)*, dann in seinem ersten Buch *Social Statics: or the Conditions Essential to Human Happiness specified* (1851) beschreibt er vom Standpunkt eines stark ausgeprägten Individualismus, wie der Mensch von den sozialen Verhältnissen der modernen Gesellschaft in seiner Willensfreiheit eingeschränkt wird. Anfänglicher Zwang wird schließlich durch freiwilliges Handeln und Übernahme sozialer Pflichten in Anpassung umgewandelt, worunter Sp. den idealen sittlichen Zustand und die ethische Forderung zum harmonischen Zusammenwirken aller verstand. Gemäß seiner pragmatisch-realistischen Ausrichtung (»Alles hat eine nachweisbare Ursache«) suchte er seine Evolutionsideen zu vertiefen: Alle Entwicklung ist Fortschreiten und Übergang von Homogenität zu Heterogenität, exemplifiziert in den exakten Wissenschaften als Wachstum vom Einfachen zum Zusammengesetzten, vom Unbestimmten zum Bestimmten. In *First Principles* (1862; *Grundsätze*) systematisierte er diese Entwicklungskette von Ursachen und Wirkungen. Darwin zum Teil vorwegnehmend (*Principles of Psychology*, 1855) übertrug er die Evolutionsideen auf Biologie, Soziologie und Ethik in mehreren, 1896 vollendeten Bänden, die ihm Kritik seitens der Theologen wegen der Umschreibung des Göttlichen als nicht verstandesmäßig faßbaren Begriffs, aber auch weltweite Anerkennung trotz seines Agnostizismus einbrachten. Sp. verstand Philosophie als Summe aller Erkenntnis von universeller Gültigkeit und suchte dementsprechend nach einem allumfassenden Gesetz, einer auf eine Zentralformel reduzierten Synthese mit dem hochgesteckten Ziel, ihre Richtigkeit in der Übereinstimmung aller einzelnen und besonderen Teile zu beweisen. Dies sollte sich trotz jahrelanger Anstrengung als letztlich unlösbare Aufgabe mit zudem anfechtbaren Schlüssen erweisen, was die geringe Wirkung seiner Ideen im 20. Jahrhundert – außer in Amerika – erklären mag.

Da es für Sp. keine Erkenntnisse a priori, keine Raum-Zeit-Analyse wie bei Kant und keine teleologischen Prinzipien im Sinne Hegels gibt, relegiert er Transzendentales in den Bereich der Psychologie und wertet die Metaphysik ab, weil sie nicht auf Anschauung und Erfahrung beruht. Ein solcher Realismus ermöglicht zwar keine letzten Beweise, kann aber dennoch mit relativer Wahrscheinlichkeit die Existenz des Absoluten als gegeben annehmen. Das Bewußtsein des Gegensatzes zwischen objektiver und subjektiver Existenz, zwischen Körper und Außenwelt, führt zur Postulierung eines Absoluten jenseits des Bewußtseins, dem Sp. die Attribute Kraft, Unabhängigkeit und Dauer zuweist. Dieses Absolute läßt sich jedoch nicht empirisch beweisen, weil uns lediglich seine Phänomene zugänglich sind. Gott und Unsterblichkeit sind ihm fremde, sich auf Unerkennbares beziehende Begriffe. Sp. erklärt das Absolute vielmehr als Fortleben des physikalisch bedingten Prinzips von Kraft und Materie. Sein Versuch, alles Erkennbare in einer Formel zusammenzufassen, kulminierte in *First Principles*. In dieser Schrift, in der Sp. die Grundlagen seiner »Synthetic Philosophy« darstellt, findet sich die zentrale und berühmt gewordene Aussage bzw. ›Formel‹: »Evolution ist Integration von Materie bei gleichzeitiger Dissipation, während die Materie von einer relativ unbestimmten, inkohärenten Homogenität in eine relativ bestimmte, kohärente Heterogenität übergeht und die enthaltene Bewegung gleichermaßen einer Umwandlung unterliegt.«

Ausgehend von der Kant-Laplaceschen Hypothese zur Entstehung des Sonnensystems, über die Gültigkeit dieses Wandlungsprinzips in der Pflanzen- und Tierwelt sowie über das soziale Zusammenleben der Menschen, bis hin zu Sprache, Wissenschaft und Kunst versucht nun Sp., seine Universalformel zu bestätigen. Es gelingt ihm nicht: Die Evolution verläuft nicht geradlinig und stellt keinen unendlichen Fortschritt dar. Ihr ferner Höhepunkt wird für Sp. dann erreicht, wenn alle Bewegung in ständig langsamer werdenden Zyklen in ein harmonisches Gleichgewicht einmündet. Dann jedoch wird dieser momentane Ruhepunkt wieder in Richtung Auflösung umschlagen. Das Universum ist trotz aller methodisch-wissenschaftlichen Akribie in seiner Entwicklung unbestimmbar. Das Einheitsprinzip von Sp. bleibt Fragment und ist kein Zauberstab der Erkenntnis, sondern lediglich ein Prinzip der Ordnung und Verknüpfung von Erkenntnissen, wie ihm bei der Abfassung der *Principles of Ethics* (1879/92) klarzuwerden schien. Somit ist seine Wissenschaft der Erkenntnis das Rumpfstück einer umfangreichen, doch unvollendeten synthetischen Philosophie, deren Bedeutung im viktorianischen Zeitalter überschätzt wurde. Der gleichsam meteorhafte Aufstieg von S. verglühte nach seinem Tod, da aus der Philosophie keine ›Schule‹ entstand. Heute mögen seine sozialen und ethischen Theorien, obwohl anfechtbar, eine gewisse Faszination und Überzeugungskraft ausüben.

Kennedy, James G.: Herbert Spencer. Boston 1978. – Elliot, Hugh S. R.: Herbert Spencer. New York 1971.

Lothar Zeidler

Spengler, Oswald
Geb. 29. 5. 1880 in Blankenburg/Harz; gest. 8. 5. 1936 in München

Sp. studierte in Halle, Berlin und München Naturwissenschaft und Mathematik, Geschichte, Philosophie und Kunst. Nach seiner Promotion war er von 1908 bis 1911 als Gymnasiallehrer in Hamburg und München tätig. Eine kleine Erbschaft ermöglichte ihm das Dasein eines Privatgelehrten. Nach dem Ersten Weltkrieg war seine materielle Existenz durch die hohen Verkaufszahlen seiner Schriften und die intensiven Beziehungen zu Kreisen der Großwirtschaft und der Aristokratie gesichert. Schon 1912 konzipierte er sein Hauptwerk *Der Untergang des Abendlandes*. Sp. beanspruchte damit nicht mehr und nicht weniger, als eine kopernikanische Wende in der Geschichtsphilosophie zu liefern. Seine Kernthese lautete, daß die Weltgeschichte nichts anderes sei als die Abfolge verschiedener Kulturen, die untereinander unverbunden und wesensfremd, allerdings durch ein und dieselbe Gesetzmäßigkeit determiniert seien: »Jede Kultur durchläuft die Altersstufen des einzelnen Menschen. Jede hat ihre Kindheit, ihre Jugend, ihre Männlichkeit und ihr Greisentum.« Die Kultur des Abendlands sei nun bereits in ihr Zerfallstadium, in das Stadium der »Zivilisation« eingetreten. Jetzt sei ein Zeitalter der Cäsaren, der Diktaturen und des Imperialismus zu erwarten. »Wir haben mit den harten und kalten Tatsachen eines *späten* Lebens zu rechnen, dessen Parallele nicht im perikleischen Athen, sondern im cäsarischen Rom liegt.« In diesem Zeitalter richtet sich die Energie nicht mehr nach innen, auf die Entfaltung der Kultur, sondern nach außen, auf die Machtentfaltung.

Sp. nahm hier den Begriff des Typus auf, wie er von Wilhelm Dilthey und Max Weber entwickelt worden war, und radikalisierte ihn zu der These von der totalen Andersartigkeit der verschiedenen Kulturen. Aus einem Hilfsmittel der Erkenntnis wurde bei Sp. ein Realgrund. Dabei waren ihm freilich Vorstellungen des Historismus behilflich, wie sie Leopold von Ranke – gegen Hegel – in dem Satz formuliert hatte, daß jede Epoche »unmittelbar zu Gott« sei. So konzipierte Sp. seine These von Geschichte als einem ewigen Kreislauf von Kulturen. Und schließlich nahm er die Grundmotive der Lebensphilosophie (Henri Louis Bergson, Dilthey) auf, die das Leben als das Dynamische und Schöpferische dem Verstand als dem Starren und Lebensfeindlichen gegenübergestellt hatte. So wird bei Sp. Gesellschaft als eine Art von Pflanze begriffen, Geschichte wird zur Biologie, Kausalität wird durch Analogie ersetzt. Die Analogie wird zur zentralen Kategorie seiner Geschichtsphilosophie. Für jede Erscheinung der Gegenwart findet er Analogien in anderen Kulturen. »Das Mittel, tote Formen zu begreifen, ist das mathematische Gesetz. Das Mittel, lebendige Formen zu verstehen, ist die Analogie.« Geschichte kann weder erklärt noch rational begriffen werden. »Das Leben ist das erste und letzte, und das Leben hat kein System, kein Programm, keine Vernunft.« »Der Verstand, der Begriff tötet, indem er ›erkennt‹. Der Künstler, der echte Historiker *schaut*, wie etwas wird.« Für die Gegenwart folgerte Sp.: »Wenn unter dem Eindruck dieses Buches sich Menschen der neuen Generation der Technik statt der Lyrik, der Marine statt der Malerei, der Politik statt der Erkenntniskritik zuwenden, so tun sie, was ich wünsche.« »Ich lehre hier den *Imperialismus*, als dessen Petrefakt Reiche wie das ägyptische, chinesische, römische, die indische Welt, die Welt des Islam noch Jahrhunderte und Jahrtausende stehenbleiben und aus einer Erobererfaust in die andere gehen können.«

In einer Reihe von kleineren Schriften (*Preußentum und Sozialismus*, 1919; *Neubau des Deutschen Reiches*, 1924; *Der Mensch und die Technik*, 1931; *Jahre der Entscheidung*, 1933) konkretisierte er seine geschichtsphilosophischen Thesen insbesondere unter dem Gesichtspunkt der Folgerungen für die Gegenwart. Hier kommt der Sozialdarwinismus als Basis der geistigen Strömungen, die seit dem Ende des 19. Jahrhunderts in den großen kapitalistischen Ländern vorherrschend geworden waren und von denen Sp. geprägt war, besonders klar heraus: das »Recht des Stärkeren, das der Schwächere zu befolgen hat«. Die koloniale Unterwerfung von Afrika und Asien und der Kampf um Weltmachtgeltung im Ersten Weltkrieg bildeten für ihn das unmittelbare Erfahrungsmaterial. Leben bedeutet Kampf, erklärt er, und zwar »ein Kampf aus dem Willen zur Macht, grausam unerbittlich, ein Kampf ohne Gnade«. Der Mensch sei seinem Wesen nach ein Raubtier, und »es gibt dem Typus Mensch einen hohen Rang, daß er ein Raubtier ist«, denn das »Raubtier ist die höchste Form des freibeweglichen Lebens«. Es »duldet in seinem Revier niemand seinesgleichen. Der königliche Begriff des *Eigentums* hat hier seine Wurzel«. »Eigentum ist der Bereich, in dem man uneingeschränkt Macht ausübt, erkämpfte, gegen seinesgleichen verteidigte, siegreich verteidigte Macht.« Aus diesen naturhaft gegebenen Tatsachen des Lebenskampfes und des Eigentums leitete Sp. seinen Staatsbegriff ab: Der Staat sei nichts anderes als »die innere Ordnung eines Volkes für den äußeren Zweck«, Politik sei nur »der vorübergehende Ersatz des Krieges durch den Kampf mit geistigen Waffen«. In seiner inneren Struktur sei ein solcher Staat, der das einheitliche Handeln nach außen zu gewährleisten habe, notwendig hierarchisch: Es gebe »einen natürlichen *Rangunterschied* zwischen Menschen, die zum Herrschen, und die zum Dienen geboren sind«. »Die Gruppe der Führernaturen bleibt klein. Es ist das Rudel der eigentlichen Raubtiere, das *Rudel der Begabten*, das über die wachsende *Herde* der anderen in irgendeiner Weise verfügt.« Deutschland komme in diesem Kampf – trotz des verlorenen Krieges – eine überragende Rolle zu, denn »es gibt Völker, deren starke Rasse den Raubtiercharakter bewahrt hat . . ., Herrenvölker«. In seiner letzten Schrift *Jahre der Entscheidung* (1933) plädierte Sp. zwar für ein Zusammengehen der »weißen« Völker, um der Bedrohung durch die »nichtweißen« begegnen zu können, doch auch hier wies er Deutschland die Führungsrolle zu. Aus

»Zucht« und »Züchtung« werde eine Elite hervorgehen, deren Vorbild das preußische Offizierscorps und die preußische Bürokratie seien, deren soziale Basis jetzt aber hauptsächlich das große Unternehmertum bilden müsse – im Bündnis mit der Aristokratie, die »ihre Abneigung gegenüber Welthorizonten, Welthandel und Weltindustrie« abstreifen müsse, um für »Deutschland wieder eine entscheidende Stellung in der Weltpolitik zu erobern«. Zunächst mußten allerdings die Folgen der Novemberrevolution beseitigt werden. Sp. griff den populären Begriff des Sozialismus auf, um ihn für sein Konzept zu reklamieren: »Altpreußischer Geist und sozialistische Gesinnung ... sind ein- und dasselbe.« »Organisation der Produktion, des Verkehrs durch den Staat; jeder ein Diener des Staates; also unliberale und autoritative Formen schroffster Art« – das sei der wahre, der preußische Sozialismus. Der Kampf aber sei nicht nur zu führen gegen den Marxismus, sondern auch gegen Liberalismus und Parlamentarismus, »gegen das innere England«. Einen Cäsar vom Range Benito Mussolinis, der auch in Deutschland die erforderliche Diktatur hätte aufrichten können, vermochte Sp. allerdings nicht zu erblicken. Weder der Chef der Reichswehr, General Hans von Seeckt, auf den er 1923 gesetzt hatte, noch Adolf Hitler schienen ihm geeignet.

Die Geschichtsphilosophie Sp.s ist durchaus nicht von Resignation geprägt, wie es der Titel des Hauptwerks *Der Untergang des Abendlandes* nahelegen könnte. Sp. selbst äußerte, daß »Vollendung des Abendlands« vielleicht ein besserer Titel gewesen wäre. Er lehrte, daß die Epoche der Zivilisation noch gewaltige Möglichkeiten an politischer Machtentfaltung enthalte, und, gegen die Befürchtung, es sei die Zeit sozialistischer Revolutionen angebrochen, konstatierte er, daß bisher alle Kulturen ihr natürliches Ende, ihren Tod »mit innerster Notwendigkeit« erreicht hätten. Sein Pessimismus ist nicht politischer, sondern philosophischer Art: Die Wissenschaft kapituliert vor der Aufgabe, die Wirklichkeit gedanklich zu erfassen und so der planenden Vernunft zugänglich zu machen. Vernunft selbst wird als lebensfeindlich denunziert. So errichtete Sp. aus dem Gedankenmaterial, das die imperialistische Ideologie seit dem Ende des 19. Jahrhunderts entwickelt hatte, ein umfassendes geschichtsphilosophisches Konzept, das auch dem Expansionsdrang und den Kriegen der Gegenwart und der Zukunft die Legitimation des Naturnotwendigen verlieh. Er zog aus Sozialdarwinismus und Lebensphilosophie äußerst radikale Konsequenzen, doch ist es offensichtlich, daß diese in Übereinstimmung waren mit jenen Kräften der deutschen Gesellschaft, die seit dem Beginn des Jahrhunderts den Kampf um Weltmachtgeltung geführt hatten, 1914 dafür einen großen Krieg riskiert und nach 1918 ihre Ziele keineswegs preisgegeben hatten.

Die Resonanz der Schriften Sp.s bei diesen Schichten war denn auch enorm. Nachdem 1918 der erste Band von *Der Untergang des Abendlandes* – der zweite Band erschien 1922 – und 1919 *Preußentum und Sozialismus* publiziert worden waren, stieg Sp. mit einem Schlag zum vermutlich bekanntesten bürgerlichen Philosophen in Deutschland auf. Wirtschaftsmagnaten und Offiziere, führende Politiker der Rechten und Adelskreise bis hinauf zum gestürzten Hohenzollern-Kaiser und seiner Familie luden ihn zu Vorträgen, lobten seine Schriften und begehrten seinen Rat in den Fragen aktueller Politik. Hier fanden die höheren Schichten nach dem Erlebnis des Weltkrieges, der Niederlage und der Revolution, die in Rußland und in ganz

Europa die bürgerliche Eigentumsordnung erschüttert hatte, scheinbar einen Weg-weiser. Und ein Sozialdemokrat wie Gustav Noske betonte: »Spenglers Ideen in ›Preußentum und Sozialismus‹... hatte ich gewissermaßen im Blute. Das haben viele Offiziere, mit denen ich in Berührung kam, erkannt und sich deshalb mir verbunden gefühlt.« Paul Reusch, der Generaldirektor der Gutehoffnungshütte in Oberhausen und einer der mächtigsten Männer der deutschen Schwerindustrie, wurde in der Folgezeit dann so der Mentor und Mäzen Sp.s, der auch Vorträge in industriellen Kreisen organisierte und Kontakte zu den höchsten Reichsbehörden vermittelte. 1923 beteiligte sich Sp. an den Diktaturplänen, die in Großwirtschaft und Militär geschmiedet wurden. Er galt als Anwärter auf den Posten eines Wirt-schafts- und Kulturministers.

Den Aufstieg der NSDAP sah Sp. mit großen Hoffnungen. Am 25. Juli 1933 führte er ein Gespräch mit Hitler, über den er vermerkte: »Nicht bedeutend, aber er will was und tut was und läßt sich was sagen... Ein hochanständiger Mensch«. Danach sandte er Hitler seine neue Schrift *Deutschland und die weltgeschichtliche Entwicklung* (den ersten Teil von *Jahre der Entscheidung*) mit dem Wunsch, »gelegent-lich Ihr Urteil über diese Fragen mündlich entgegennehmen« zu können. Doch er erhielt keine Antwort und avancierte nicht zum Hofphilosophen und Hauptrat-geber, wie er das erhofft hatte. Er machte allerdings auch aus seiner Skepsis über die »nationale Revolution« kein Geheimnis. Die plebejische faschistische Bewegung und der Führer Adolf Hitler hatten sich in seinen Augen zwar Verdienste durch die Zerschlagung der Demokratie erworben, aber sie repräsentierten nicht das, was er unter Eliteherrschaft verstand. Und die NS-Führer andererseits waren nicht bereit, ihn als höchste philosophische Autorität zu akzeptieren. So wandten sich auch seine bisherigen Freunde aus Großwirtschaft, Aristokratie und Militär, die nun ja mit dem Faschismus verbündet waren, allmählich von ihm ab. Insoweit blieb er, wie viele andere Konservative, ein »Unmoderner«, einer, der nicht begriffen hatte, daß unter den Bedingungen eines hochentwickelten Kapitalismus Diktatur und Krieg nur mit Hilfe von Massenmobilisierung realisierbar waren. Professuren in Leipzig und Mar-burg mußte er aus gesundheitlichen Gründen ablehnen. 1936 starb er fast völlig vereinsamt. Seine Werke wurden aber (mit Ausnahme des letzten) auch nach seinem Tod vom faschistischen Regime weiter verbreitet.

Struve, Walter: Elites against democracy. Leadership ideals in bourgeois political thought in Germany 1890–1933. Princeton/N.J. 1973. – Schroeter, Manfred: Metaphysik des Untergangs. Eine kulturkritische Studie über Oswald Spengler. München 1969.

Reinhard Kühnl

Spinoza, Baruch de
Geb. 24. 11. 1632 in Amsterdam; gest. 21. 2. 1677 im Haag

»Nach dem Urteil der Engel und der Aussage der Heiligen verbannen, verfluchen, verwünschen und verdammen wir Baruch d'Espinosa ... Er sei verflucht bei Tag und verflucht bei Nacht, verflucht sein Hinlegen und verflucht sein Aufstehen, verflucht sein Gehen und verflucht sein Kommen ... Hütet euch: daß niemand mündlich noch schriftlich mit ihm verkehre, niemand ihm die geringste Gunst erweise, niemand unter einem Dach mit ihm wohnt, niemand sich ihm auf vier Ellen nähere, niemand eine von ihm gemachte oder geschriebene Schrift lese.« – Wie hat der Mensch gelebt, den dieser schreckliche Bannfluch der Synagoge am 27. Juli 1656 traf, was hat er gedacht?

Baruch (hebr.: »der Gesegnete«; lat.: Benedictus) de Sp. (andere Schreibweisen: Despinosa oder D'Espinosa) wurde in Vloonburg, dem Amsterdamer Judenviertel, geboren. Seine Familie gehörte zum Kreis der sogenannten »Marranen«, einer Gruppe portugiesisch-jüdischer Familien, die gegen Ende des 16. Jahrhunderts vor der Inquisition in die toleranten Niederlande geflohen war. Sp. wuchs im Geiste des Judentums auf, er besuchte seit 1637 die Schule »Ets Haim« (»Baum des Lebens«), wo er mit dem Hebräischen, mit den Lehren des Judentums und der jüdischen Scholastik vertraut gemacht wurde. Im Gegensatz zu der früher vertretenen Meinung geht man heute davon aus, daß Sp. indes nicht zum Rabbiner ausgebildet worden ist. Nach dem Tod seines Halbbruders Isaac (1649) übernimmt Sp. dessen Stelle im väterlichen Geschäft. Durch seine Kontakte mit anderen Amsterdamer Kaufleuten (v. a. Jarig Jelles, Simon Joosten de Vries, Pieter Ballig) lernt er die Schriften des »Modephilosophen« Descartes kennen. Etwa in dieselbe Zeit dürfte Sp.s Auseinandersetzung mit den Schriften Joseph Salomo Delmedigos fallen. Bei diesem von der offiziellen Lehre des Judentums abweichenden Denker erfährt er von den neuen naturwissenschaftlichen Erkenntnissen (Kopernikus, Kepler, Galilei). Hinzu kommen die italienischen Renaissance-Philosophen (Campanella, Giordano Bruno) und die für seine spätere Staatslehre so wichtigen Ideen von Hobbes.

Um 1654/55 macht Sp. die Bekanntschaft von Franciscus van den Enden, der ihm v. a. Kenntnisse der klassischen lateinischen Philosophie, des Cartesianismus und des Staatsrechts vermittelt hat. Unter dem Einfluß dieser verschiedenen Eindrücke wendet er sich vom orthodoxen Judentum ab. Im Alter von 24 Jahren wird er schließlich aus der jüdischen Gemeinschaft ausgestoßen. Er schlägt Vermittlungsangebote aus, verläßt Amsterdam und wird vom »Cherem« (vom »großen Bann«) der Synagoge getroffen. Seinen Lebensunterhalt verdient er fortan mit dem Schleifen von Linsen.

Auch in seinem neuen Domizil in Rijnsburg bei Leiden (seit 1660/61) hält Sp. brieflichen Kontakt zu seinen Anhängern und Freunden. Hier in Rijnsburg (wo es heute ein Sp.-Museum gibt) widmet er sich intensiv seinen philosophischen Studien. Neben einer verlorengegangenen Verteidigungsschrift entsteht hier die *Korte*

Verhandeling van God, de Mensch en des Zelfs Welstand (entst. um 1660; *Kurze Abhandlung über Gott, den Menschen und sein Glück).* Diese Schrift, eine Art Vorstudie zu Sp.s Hauptwerk, der *Ethica,* wurde erst im 19. Jahrhundert wiederentdeckt. Ebenfalls in Rijnsburg entstanden der Fragment gebliebene *Tractatus de intellectus emendatione* (1677; *Traktat über die Verbesserung des Verstandes)* und die Einführung in die Philosophie Descartes' (*Renati Des Cartes Principiorum Philosophiae, Pars I et II,* 1663; niederl. Übersetzung 1664).

Im Jahre 1663 zieht Sp. nach Voorburg beim Haag um, wo er mit der Arbeit an der *Ethica* beginnt und sich in die politischen Diskussionen der Zeit einschaltet. In dem Streit zwischen den strengen Calvinisten und dem liberalen Flügel um Jan de Witt plädiert Sp. für religiöse und philosophische Toleranz. Seine fortschrittlichen Ansichten veröffentlicht er anonym in seinem *Tractatus Theologico-Politicus* (1670). Sp. wechselt noch einmal seinen Wohnsitz und lebt von 1669 bis zu seinem Tode in Den Haag. 1673 erhält er das Angebot, den Lehrstuhl für Philosophie an der Universität Heidelberg zu übernehmen, das er jedoch ablehnt. Nach der Ermordung de Witts will Sp. im selben Jahr die Verhandlungen mit den französischen Besetzern übernehmen. Er reist nach Utrecht, seine Bemühungen bleiben aber ergebnislos. Nach langer Krankheit, die durch den Glasstaub bei seiner Tätigkeit als Linsenschleifer verstärkt wurde, stirbt Baruch de Sp. Noch im selben Jahr 1677 erscheinen die *Opera Posthuma* in lateinischer und niederländischer Sprache *(De Nagelate Schriften),* die schon ein Jahr später verboten werden.

Bereits in den beiden frühen Schriften Sp.s, der *Korte Verhandeling* und dem *Tractatus de intellectus emendatione,* zeichnen sich die Schwerpunkte seiner gesamten philosophischen Bestrebungen ab: der Gottesbegriff und die Glückseligkeit des Menschen. Gott ist das »ens perfectissimum« (»das vollkommenste Seiende«) und zugleich das »ens realissimum«, d. h. seine Existenz gehört zu seiner Essenz (seinem Wesen). Des weiteren ist Gott das »ens absolute infinitum« (»das unbedingt unendliche Seiende«). Sp. definiert Gott als eine aus unendlich vielen Attributen bestehende Substanz. Als einzige, alles umfassende und einschließende Substanz ist Gott auch in der Natur in ihrer Gesamtheit allgegenwärtig. Dieser Substanz zugeordnet sind die Attribute der »cogitatio« (des Denkens) und der »extensio« (der Ausdehnung); diese Attribute Gottes kann der Mensch als einzige der unendlich vielen erkennen, denn sie entsprechen seiner Existenz als Leib (Ausdehnung) und Seele (Denken). Der Leib des Menschen ist in Sp.s Konzeption ein Modus des göttlichen Attributs der Ausdehnung, seine Seele ein Modus des göttlichen Denkens. Alle anderen Attribute der göttlichen Substanz kann der Mensch nicht erkennen, da ihm die adäquaten »Empfangsstationen«, die adäquaten Modi, fehlen. Der Mensch ist also letztlich, wie die Natur, ein Teil Gottes, ohne daß damit der Unterschied zwischen Gott und Mensch aufgehoben wäre. Gott bleibt für den Menschen immer auch Geheimnis, er bleibt – in der Terminologie der modernen dialektischen Theologie – der »ganz Andere«.

Mit dem Menschen und der Verbesserung seines Verstandes beschäftigt sich Sp. dann eingehend in seiner zweiten Schrift. Schon in der Einleitung betont er die Vergänglichkeit innerweltlicher Werte wie Reichtum, Ehre oder Lust, die dem Menschen scheinbares Glück verheißen, aber niemals wirklich bieten können. Als

»Heilmittel« muß der Mensch seine Liebe bewußt auf ein ewiges, unendliches Gut richten. Um dieses Ziel zu erreichen, gilt es sich auszubilden, die Natur und ihre Gesetze zu studieren, mit anderen zusammenzuleben, sich mit Philosophie zu beschäftigen: auf diese Weise wird der Verstand immer weiter verbessert. Dabei stehen mehrere Erkenntnisstufen zur Verfügung: das Wahrnehmen durch Hörensagen, durch »experientia vaga« (ungenaue Erfahrung), durch Schlußfolgerung und schließlich »per solam suam essentiam«, d. h. das Wissen, bei dem das Wesen der Sache selbst erfaßt wird. Dazu Beispiele: Von meiner Geburt weiß ich allein durch Hörensagen, von meinem Tod nur durch unbestimmte Erfahrung. Auf diesen beiden ersten Erkenntnisstufen sind die meisten Fehleinschätzungen und Fehlurteile möglich. Auf der Suche nach der besten Erkenntnisart kommen nur die dritte und die vierte Stufe in Betracht, wobei allein die vierte geeignet ist, die Vollkommenheit zu erlangen. Auf dieser Erkenntnisstufe erkenne ich das wahre Wesen einer Sache, die wahre Idee (»vera idea«). Diese Idee kann von ihrem Gegenstand durchaus verschieden sein, sie muß aber auf jeden Fall adäquat sein. Und zu den klaren, adäquaten Ideen gelangt man durch geordnetes, affektfreies Denken. Grundlagen des reinen Denkens sind die »notiones communis« (die Gemeinbegriffe), die keine Abstraktionen beinhalten und die allen Menschen gemeinsam sind, z. B. Denken, Ausdehnung, Gott. Zu klaren und deutlichen Ideen gelange ich nur durch das Befolgen einer richtigen Ordnung, die sich dadurch auszeichnet, daß die Dinge nicht isoliert von Gott bedacht werden dürfen, denn alles ist in Gott. Schließlich hängt das Erhalten wahrer Ideen auch von den richtigen Definitionen und Verknüpfungen ab.

Eine systematische und konzentrierte Zusammenschau seiner Philosophie legt Sp. in der *Ethica* vor, die in mehreren Phasen entstand: 1663 war das erste Buch fertiggestellt und im Freundeskreis bekannt. Die Bücher II und III sind 1665 abgeschlossen und 1675, nach grundlegender Überarbeitung und Erweiterung von Buch III, ist die endgültige fünfgliedrige Fassung fertiggestellt. Die *Ethica* erscheint allerdings erst 1677 in den *Opera Posthuma*. Der formale Aufbau der *Ethica* folgt der »geometrischen Methode«: Sp. arbeitet mit Definitionen, Axiomen, Lehrsätzen, Beweisen und Folgesätzen. Buch I enthält die philosophische Gotteslehre, Buch II behandelt die Natur und den Ursprung des Geistes, Buch III die Natur und den Ursprung der Affekte, Buch IV beschäftigt sich mit der Macht der Affekte über den Menschen und Buch V mit der Macht des Verstandes zum Erlangen der Freiheit. Die in Buch I enthaltene Gotteslehre weist große Gemeinsamkeiten mit der *Korte Verhandeling* auf. Sp.s Definition von Substanz lautet: »Dasjenige, dessen Begriff nicht den Begriff einer anderen Sache zu seiner Bildung braucht«. Die Substanz ist »causa sui« und kann nur als existierende gedacht werden. Sie ist absolut unendlich, unbestimmt und ewig. In der 5. Definition identifiziert Sp. Substanz und Gott: »Unter Gott verstehe ich das schlechthin unendliche Seiende, d. h. die Substanz, die aus unendlichen Attributen besteht, von denen jedes ein ewiges und unendliches Wesen ausdrückt.« Ein Attribut ist das, »was der Intellekt von der Substanz wahrnimmt als ihre Wesenheit bildend.« Für den Menschen sind nur die Attribute »cogitatio« und »extensio« erkennbar, und zwar durch die ihnen entsprechenden Modi. Die pantheistische Gotteslehre Sp.s gipfelt im 15. Lehrsatz: »Alles, was ist, ist in Gott, und nichts kann ohne Gott sein oder begriffen werden.« Gott ist die »natura naturans« (»schaffende Natur«); alles, was aus ihm hervorgeht, ist »natura naturata« (»geschaffene Natur«), so daß sich als Merksatz für Sp.s Gotteslehre die Formel »Deus sive Natura« (»Gott oder die Natur«) eingebürgert hat. Dem ersten Buch folgt ein Anhang, in dem Sp. die teleologische Naturbetrachtung widerlegt. Die Natur verhält sich, im Gegensatz zum menschlichen Willen, nicht zweckhaft. Alles geschieht notwendigerweise und in Vollkommenheit, da es aus Gott hervorgeht, der aber niemals einem Zweck folgen kann. Dazu müßte Gott etwas entbehren, was seiner Definition widerspricht. Die Menschen leben in dem Glauben, alles geschehe ihretwegen, und sie halten deshalb das für sie Nützliche für das Wahre. Auf diese Weise entstehen Begriffe wie Gut und Böse oder auch Schön-Häßlich. Der Mensch interpretiert die Natur aber nur aufgrund seiner eigenen Einbildungskraft: »Dies alles zeigt zur Genüge, daß ein jeder nach der Beschaffenheit seines Gehirns über die Dinge urteilt«, und es dadurch zu abweichenden Meinungen kommt. Die Naturgesetze entziehen sich aber der Beschränktheit des menschlichen Verstandes.

Das zweite Buch der *Ethica* verhandelt die Lehre vom Menschen, von seinem Geist und von seiner Seele (»mens«). Der Mensch besteht aus Leib und aus »mens«. In Abwandlung von Descartes und dessen Schule betont Sp. die unauflösliche Einheit von Geist und Körper, die sich in allen Dingen wiederfindet: »Denn was wir bisher bewiesen haben, ist allen Dingen gemein und gilt für den Menschen nicht mehr als für die übrigen Individuen, die alle, wenn auch in verschiedenen Graden, beseelt sind.« Dennoch bewirkt unser Denken nicht etwa unmittelbar die körperlichen Reaktionen, es ist ihnen also nicht übergeordnet. Denken und Ausdehnung sind voneinander unabhängige, unendliche Attribute. Zwischen Geist und Körper besteht kein Kausalzusammenhang, vielmehr handelt es sich um einen Parallelismus: Die Modi des Denkens haben eine Parallele in den Modi der Ausdehnung. Die scheinbare Gleichwertigkeit von Seele und Körper verschiebt sich indes zugunsten der Seele, denn sie kann sich selbst zum Gegenstand der Betrachtung haben und die »idea ideae«, die »Idee der Idee«, bilden. Auf der Grundlage dieser metaphysischen Menschenlehre entwickelt Sp. seine Erkenntnistheorie.

Der Mensch ist in der inadäquaten, verworrenen, falschen Erkenntnis gefangen, solange er im Bereich der bloßen Vorstellung (»imaginatio«) zu erkennen glaubt, die auf Erfahrung, Erinnerung (»memoria«) oder Meinung beruht. Die Erkenntnis bleibt im Zeitlichen verhaftet, die vorgeblich erkannte Ordnung der Dinge ist eine zufällige. Die »ratio« (Verstand) hingegen erkennt – auf der zweiten Erkenntnisstufe – adäquat, denn sie stellt die Erkenntnis in die Beziehung zu Gott. Die Dinge werden »sub quadam specie aeternitatis« (»in einer gewissen Art von Ewigkeit«) betrachtet und so in eine ewige Ordnung gestellt. Die höchste Erkenntnisstufe ist indes die des intuitiven Wissens (der »scientia intuitiva«). Auf dieser Stufe erfaßt die Seele direkt die Wesenheit der Dinge (in Gott): »Diese Art Erkenntnis schreitet von der adäquaten Idee der formalen (wirklichen) Wesenheit einiger Attribute Gottes fort zu der adäquaten Erkenntnis der Wesenheit der Dinge.« Das zweite Buch schließt mit einer Lehre vom Willen. Der Mensch hat keinen freien Willen (der identisch mit dem Intellekt ist), denn dieser hat in Sp.s System seine letzte Ursache natürlich in Gott.

Buch III, IV und V der *Ethica* sind den Affekten (im Sinne von Gemütsregung, aber auch von körperlicher Änderung) gewidmet. Sp. will »die menschlichen Handlungen und Triebe ebenso betrachten, als wenn von Linien, Flächen und Körpern die Rede sei« (Vorrede zum III. Teil). Ist der Mensch adäquate Ursache einer Affektion, dann ist der Affekt Handlung (»actio«); ist er inadäquate oder Teil-Ursache, dann ist er Leidenschaft (»passio«). Diese passiven Affekte sind der Grund der menschlichen Unfreiheit. Grundlegend für Sp.s Ableitung der Affekte ist der 6. Lehrsatz des III. Teils: »Ein jedes Ding strebt, soweit es an ihm liegt, in seinem Sein zu beharren.« In diesem Selbsterhaltungstrieb (»conatus perseverantiae, conatus sese conservandi«) besteht das Wesen jeden Dings. Davon zu unterscheiden sind die drei Grundaffekte Begierde (»cupiditas«), die Freude oder Lust (»laetitia«) und die Trauer oder Unlust (»tristitia«). Begierde ist der Trieb (»appetitus«) mit dem Bewußtsein des Triebes, verstanden als Ableitung aus dem Grundsatz des »conatus perseverantiae«. Aus Sp.s Erkenntnistheorie folgt der Parallelismus zwischen Denken und Ausdehnung. Von daher bedeutet eine Steigerung oder Herabsetzung der körperlichen Willenskraft eine parallele Steigerung oder Herabsetzung der seelischen Denkkraft. Gelangt die Seele zu größerer Vollkommenheit (»perfectio«), dann entsteht »laetitia«, wird die Vollkommenheit gemindert, »tristitia«. Aus dem Grundaffekt der »laetitia« leiten sich Handlungen ab, aus »tristitia« die Leidenschaften. Alle anderen Affekte lassen sich auf diese drei Grundaffekte reduzieren; z. B. ist die Liebe »nichts anderes als Freude, begleitet von der Idee einer äußeren Ursache«. Lebt der Mensch aus der zweiten oder dritten Erkenntnisart, hat also adäquate Erkenntnis und kann somit adäquate Ursache seiner Handlungen sein, dann entwickeln sich positive Affekte, besonders die »fortitudo« (Seelenstärke), die sich als Willenskraft (»animositas«) oder Edelmut (»generositas«) manifestiert. Sp. ist Realist genug, um zu wissen, daß ein solch vollkommenes Leben nach der Vernunft unmöglich ist, daß der Mensch aus der »imaginatio« lebt und seinen Affekten unterworfen ist. Daher heißt der IV. Teil der *Ethica* folgerichtig: »Von der menschlichen Knechtschaft oder Von der Macht der Affekte.«

Der Mensch ist laut Sp. »notwendigerweise immer Leidenschaften unterworfen«. Die Beherrschung der Affekte und die daraus folgende Freiheit (»libertas«) erreicht er nur, wenn er die wahre Erkenntnis selbst als Affekt betrachtet und auf die Kraft der Vernunft (»potentia intellectus«) vertraut. Die Vernunft aber fordert nichts gegen die Natur; sie fordert vielmehr, daß jeder sich selbst liebt und seinen eigenen Nutzen und seine eigene Vollkommenheit sucht. Dieses Selbsterhaltungsstreben führt also als Bestreben, das eigene Sein zu erhalten, zur Tugend (»virtus«). Das Streben nach dem Erhalt des eigenen Seins und des eigenen Nutzens mündet von daher keineswegs in einen asozialen Egozentrismus. Der Vernunftgeleitete wird nämlich einsehen, daß die Verbindung mit Gleichgesinnten zu nur noch größerem Nutzen führt. Formelhaft: »Für die Menschen ist nichts nützlicher als der Mensch«. Die von der »ratio« geleitete Seele strebt nach Selbsterhaltung, die für sie mit dem Streben nach wahrer Erkenntnis identisch ist, die wiederum zur Tugend und zu einer vernünftigen Ethik führt, wobei die höchste Tugend ihrerseits nichts anderes ist als die Erkenntnis Gottes. Und dieses Streben der Vernünftigen nach Gotteserkenntnis konstituiert die menschliche Gesellschaft der Freien (»homo liber«), die allerdings immer nur relativ Freie sein können, die sich ihrer Fehlleistungen bewußt sind und dennoch der Vernunft gehorchend ihre Pflicht erfüllen. Zusammenfassende Regeln für ein solches Leben gibt Sp. am Ende des IV. Buches.

Das V. Buch schließlich befaßt sich mit der Kraft oder Macht des Intellekts (»potentia intellectus«) und mit der Beherrschung der Affekte: »Ein Affekt ist um so mehr in unserer Gewalt, und um so weniger leidet die Seele an ihm, je bekannter er uns ist.« Die Seele vermag kraft der Bildung adäquater Ideen, die Leidenschaft in Handlung zu verwandeln und die Affekte im Gleichgewicht zu halten. Dies geschieht am effektivsten durch das immer wiederholte Einprägen bestimmter vernünftiger Lebensregeln. Das Erkennen der Affekte führt schließlich die Seele zu ihrer eigentlichen Bestimmung – zur Liebe zu Gott (»amor Dei intellectualis«). Da diese Liebe ebenso wie ihr Objekt ewig ist, hat der Mensch Anteil an der Liebe Gottes und somit an der Unsterblichkeit. Das Erreichen dieses Ziels ist indes schwierig; Sp.s Hauptwerk schließt mit den Worten: »Aber alles Erhabene ist ebenso schwer als selten« (»sed omnia praeclara tam difficilia quam rara sunt«).

Im Jahre 1670 erscheint anonym – Sp.s Wahlspruch war »Caute« (»Sei vorsichtig!«) – der *Tractatus Theologico-Politicus*. In einem Brief an H. Oldenburg (1665) legt Sp. seine Absicht dar: »Ich verfasse eben eine Abhandlung über meine Auffassung von der Schrift. Dazu bestimmen mich: 1. die Vorurteile der Theologen; diese Vorurteile hindern ja, wie ich weiß, am meisten die Menschen, ihren Geist der Philosophie zuzuwenden; darum widme ich mich der Aufgabe, sie aufzudecken und sie aus dem Sinne der Klügeren zu entfernen; 2. die Meinung, die das Volk von mir hat, das mich unaufhörlich des Atheismus beschuldigt: ich sehe mich gezwungen, diese Meinung womöglich von mir abzuwehren; 3. die Freiheit zu philosophieren und zu sagen, was man denkt.«

Die von Sp. angekündigte Bibelkritik weist erstaunliche Gemeinsamkeiten mit der modernen historisch-kritischen Bibelexegese auf: Die Bibel darf die Vernunft nicht einschränken, sie muß aus sich selbst und aus der historischen Situation ihrer Verfasser heraus erklärt werden, sie muß philologisch exakt anhand des Urtextes ausgelegt werden, der wiederum mehrere Bearbeitungsstufen durchlaufen haben kann. Des weiteren sind Theologie und Philosophie streng voneinander getrennt zu betrachten, die Theologie darf der Philosophie nicht das Recht auf freies Philosophieren streitig machen. Die Bibel mag schwache Menschen eine angemessene Lebenspraxis lehren und Tröstung gewähren, die wahre Gotteserkenntnis indes bleibt der Philosophie vorbehalten. Ziel der biblischen Botschaft ist es, einen einzigen, allgegenwärtigen, die Sünden vergebenden Gott zu lehren, der über alles herrscht. Die angemessene Verehrung dieses Gottes geschieht im Gehorsam ihm gegenüber und im Ausüben von Gerechtigkeit, Liebe und Nächstenliebe.

Der zweite Teil des Traktats (ab Kap. 16) enthält Sp.s Staatslehre. Ähnlich Hobbes gründet Sp. seine Staatslehre auf dem Begriff des Naturrechts, verstanden als »die Naturgesetze selbst oder die Regeln, nach denen alles geschieht, d. h. eben die Macht der Natur. Danach erstreckt sich also das natürliche Recht der gesamten Natur und folglich auch jedes einzelnen Individuums so weit wie seine Macht. Was demnach der einzelne den Gesetzen seiner Macht zufolge tut, das tut er mit dem vollsten Naturrecht; seine Rechtssphäre in der Natur ist so groß wie seine Machtsphäre.« Der Mensch verzichtet nun zugunsten des Staates auf sein individuelles Naturrecht, und dafür gewährt ihm der Staat Schutz und Hilfe. In einem entscheidenden Punkt allerdings modifiziert Sp. Hobbes (Brief an J. Jelles): »Was die Staatslehre betrifft, so besteht der Unterschied zwischen mir und Hobbes . . . darin, daß ich das Naturrecht immer unangetastet lasse und daß ich der höchsten Obrigkeit in einer jeden Stadt nur so viel Recht den Untertanen gegenüber zuerkenne, als dem Maße von Macht entspricht, um das sie den Untertan überragt, was im Naturzustande immer der Fall ist.« Das Individuum behält also bestimmte Rechte, die bei Hobbes dem autonomen Staat zum Opfer fallen. Dennoch hat sich der einzelne den Rechtsbeschlüssen der Regierenden zu unterwerfen, die jedoch stets darauf bedacht sein müssen, durch die Schaffung gemeinsamer Interessen das Staatsgebilde zu stabilisieren und gleichzeitig möglichst viele vernunftgeleitete Menschen an der Regierung beteiligen sollen, damit die sich »addierende« Vernunft politische Irrtümer oder gar Unrecht möglichst weitgehend ausschließt. Bei Sp. finden sich bereits Ansätze zu der Idee der Gewaltenteilung und zur kritischen Überprüfung der Obrigkeitsbeschlüsse. Letztlich stellt der *Tractatus* ein Plädoyer für die Demokratie dar: »Der Zweck des Staates ist in Wahrheit die Freiheit.«

An diesem Gedankengebäude Sp.s scheiden sich die Geister, wie es vielleicht bei keinem zweiten Philosophen der Fall ist. Leibniz etwa lehnt ihn entschieden ab, er verleiht ihm das schmachvolle Attribut »berüchtigter Jude«. Und bis weit ins 18. Jahrhundert hinein bestimmte diese ablehnende Haltung weitgehend die Rezeption der Philosophie Sp.s. Mit Lessing, Herder, Jacobi und Mendelssohn setzt eine positive und gerechte Beurteilung seiner Gedanken ein, so daß Goethe schreiben kann: »Ich fühle mich ihm sehr nahe, obgleich sein Geist viel tiefer und reiner ist als der meinige.« Auch für Schelling und Fichte war Sp. bedeutsam, und bei Hegel heißt es: »Entweder Spinoza oder keine Philosophie.«

Wenegast, Margarethe: Hölderlins Spinoza-Rezeption und ihre Bedeutung für die Konzeption des ›Hyperion‹. Tübingen 1990. – Hang, Han-ding: Spinoza und die deutsche Philosophie. Aalen 1989. – Donagan, Alan: Spinoza. New York 1988. – Allison, Henry: Benedict de Spinoza. An Introduction. New Haven 1987. – Jaspers, Karl: Spinoza. München 1978.

Ulrich Prill

Stirner, Max (d. i. Johann Caspar Schmidt)
Geb. 25. 10. 1806 in Bayreuth; gest. 25. 6. 1856 in Berlin

Die Sammlung von St.s kleineren Schriften, die Bernd Laska 1986 unter dem Titel *Parerga, Kritiken, Repliken* herausgegeben hat, trägt auf der Rückseite die folgenden Zitate über St.: »der hohlste und dürftigste Schädel unter den Philosophen« (Karl Marx); »ein verkommener Studiker, ein Knote, ein Ich-Verrückter, offenbar ein schwerer Psychopath« (Carl Schmitt); »aus der Armut und der Enge hervorgetriebenes Mittelmaß, ein rigoroser Monomane« (Jürgen Habermas). Daß sich Denker so unterschiedlicher Herkunft in ihrer Ablehnung einig sind, lenkt bereits das Interesse auf den so scharf Kritisierten. Darüber hinaus ist die einheitliche Front der Kritiker durch die vielfältige Wirkung zu ergänzen, die von St.s Werk ausging. Trotz Marx' Kritik, die in der *Deutschen Ideologie* ausführlich vorgetragen wird, gilt es als erwiesen, daß St. zu Marx' eigener Entwicklung entscheidend beitrug: seine Ablösung von Feuerbach und die Entfaltung seines Ideologiebegriffs wurden nachdrücklich mit St. in Verbindung gebracht (David McLellan, Ahlrich Meyer). Seit Ende des 19. Jahrhunderts betrachten viele Interpreten St.s Hauptwerk *Der Einzige und sein Eigentum* (der Titel trägt 1845, es erschien aber bereits im November 1844) als einen Klassiker des anarchistischen Schrifttums. St.s Einfluß auf die Literatur, z. B. Turgenew und Dostojewskij (dessen Raskolnikow Leszek Kolakowski als Verkörperung von St.s »Einzigem« betrachtet) auf russischer, André Gide und André Breton auf französischer Seite, gehörten in diesen Zusammenhang. Anderen (z. B. Henri Arvon) erscheint St. als Vorläufer des französischen Existentialismus, ein Einfluß, den Nietzsche vermittelt haben mag. Schließlich trug Hans G. Helms Nachweise zusammen, die belegen, daß St. den italienischen (Mussolini) und deutschen Faschisten (Hitlers Mentor und Propagandist Dietrich Eckart) als Quelle diente.

So berechtigt solche Erörterungen der Wirkungsgeschichte sind, sollten sie nicht die Fragen nach der Person des Autors und der geschichtlichen Stellung seines philosophischen Schaffens verdrängen, denn auch St. und sein Werk sind zunächst in ihrer Zeit zu sehen. St.s Lebensspanne reicht von Napoleons Neuordnung Europas, über Restauration, Vormärz und die Revolution von 1848, bis zur post-revolutionären Reaktion. In philosophiehistorischer Perspektive überschneidet sich St.s Lebensweg mit dem Aufstieg Hegels, über dessen wirkungsmächtige Schulbildung bis zur Spaltung und dem langsamen Niedergang der Hegelschen Schule. St.s Lebensweg – die eher spärlich überlieferten Fakten wurden von seinem Biographen Mackay fleißig zusammengetragen, die Züge seines Vorbildes dabei doch gelegentlich geschönt – ist arm an bemerkenswerten Ereignissen; Mackay spricht von »der großen Zurückgezogenheit«, die er letztlich auf die Introvertiertheit St.s zurückführt. Aus seiner familiären Herkunft ist erwähnenswert, daß er der einzige Sohn protestantischer Eltern war und den Vater früh verlor. Der Gymnasialbildung in Bayreuth folgten Studienjahre in Berlin (von 1826 bis 1828), Erlangen (1828/29),

Königsberg (1829) und nach längerer Unterbrechung aufgrund »häuslicher Verhältnisse« wieder Berlin (von 1832 bis 1834). Nach einem nicht gerade glänzenden Lehramtsexamen (1834/35), anderthalbjährigem Referendariat an der Königlichen Realschule zu Berlin (1835/36) und weiteren Privatstudien bemühte sich St. erfolglos um Anstellung an einem öffentlichen Gymnasium der Provinz Brandenburg. Eine erste Ehe (1837) endete bald mit dem Tod der jungen Frau im Kindbett. Im Jahre 1839 begann St. eine fünfjährige Unterrichtstätigkeit an einer Berliner Privatschule. Seine philosophisch produktive Phase währte nur zehn Jahre: sie setzte 1842 mit Rezensionen und Artikeln ein, erreichte 1844 mit *Der Einzige und sein Eigentum* ihren Höhepunkt und versiegte dann in Übersetzungen (Adam Smith, Jean-Baptiste Say) und Kompilationen (*Geschichte der Reaktion*, 1852). Die aufsteigende Linie seiner Produktivität überschnitt sich zeitlich mit St.s geselligem Verkehr im Kreise der bohèmehaften Berliner Junghegelianer um Bruno Bauer. Im Umfeld dieser Gruppe der sogenannten »Freien« lernte St. seine zweite Frau, Marie Dähnhardt, kennen, durch deren Vermögen er in die Lage gesetzt wurde, seine Unterrichtstätigkeit einzustellen, um als philosophischer Schriftsteller zu privatisieren. Eine unsachgemäß realisierte Geschäftsidee – ein Milchvertrieb in Berlin – führte zum finanziellen Ruin des Ehepaars, das sich bald darauf trennte. St.s Lebensweg verliert sich in Not (1853 saß er zweimal im Schuldarrest) und Dunkelheit. Unter den dürren biographischen Fakten verdienen zwei Aspekte nähere Aufmerksamkeit, da sie für die philosophische Entwicklung St.s (das assoziationsreiche Pseudonym entstand vermutlich aus einem Spitznamen, den ihm die hohe Stirn bereits in seinen Studentenjahren eingetragen hatte) von entscheidender Bedeutung sind. Zunächst übte die Hegelsche Philosophie einen direkten und bleibenden Einfluß auf ihn aus: als Student hörte St. nicht nur drei große Vorlesungszyklen (Religionsphilosophie, Geschichte der Philosophie, Philosophie des subjektiven Geistes) bei Hegel selbst, sondern auch die Hegelianer Ph. Marheineke, Chr. Kapp und K. L. Michelet. Auch der zweite prägende Einfluß, den St. empfing und der in seinem Hauptwerk deutliche Spuren hinterließ, nämlich die durch die »Freien« vermittelte Auseinandersetzung mit Ludwig Feuerbach und Bruno Bauer, geht letztlich auf Hegel zurück. Daß es dennoch kaum detaillierte Untersuchungen von St.s Verhältnis zu Hegel gibt – eine Lücke, auf die L. S. Stepelevich nachdrücklich hinweist und auch zu schließen trachtet –, erklärt sich einerseits aus der Tendenz der St.-Anhänger, Hegel rechts liegen zu lassen, andererseits aus einer gewissen Berührungsangst der Hegelforschung.

Die Intention von St.s Hauptwerk – er ist ein Paradebeispiel des Denkers, der nur ein wirkliches Buch schrieb – ist die radikale philosophische Affirmation des einzigartigen Ichs. Anfang und Ende seines mit Goethes Formulierung: »Ich hab' Mein Sach' auf Nichts gestellt« betitelten Prologes mögen diese Intention illustrieren: »Was soll nicht alles Meine Sache sein! Vor allem die gute Sache, dann die Sache Gottes, die Sache der Menschheit, der Wahrheit, der Freiheit, der Humanität, der Gerechtigkeit; ferner die Sache Meines Volkes, Meines Fürsten, Meines Vaterlandes; endlich gar die Sache des Geistes und tausend andere Sachen. Nur *Meine* Sache soll niemals Meine Sache sein. ›Pfui über den Egoisten, der nur an sich denkt!‹« »Das Göttliche ist Gottes Sache, das Menschliche Sache ›des Menschen‹. Meine Sache ist weder das Göttliche noch das Menschliche, ist nicht das Wahre, Gute, Rechte, Freie usw., sondern allein das *Meinige*, und sie ist keine allgemeine, sondern ist – *einzig*, wie ich einzig bin. Mir geht nichts über Mich!« Die beiden Teile, in die das Werk gegliedert ist: »Der Mensch« und »Ich« – die Zweiteilung kopiert den Aufbau von Feuerbachs *Das Wesen des Christentums* –, widmen sich dann der Analyse der Unterdrückung des Ich, bzw. der Entwicklung einer Befreiungsstrategie, durch die das Ich zu sich selbst zurückfinden soll. Der erste Teil setzt ein mit einer dreistufigen ontogenetischen Skizze (»Ein Menschenleben«), die Hegels Anthropologie verpflichtet ist und die dann mit ausführlich dargestellten geschichtlichen Epochen (»Die Alten«, »Die Neuen«, »Die Freien«) parallelisiert wird. Entscheidend ist hierbei, daß Religion, Philosophie und »Liberalismus« (letzterer wird in »politischen«, »sozialen« und »humanistischen« unterschieden) für St. schließlich darauf hinauslaufen, Mächte zu konstituieren, die dem einzigartigen Ich fremd gegenübertreten und es von außen beherrschen. So hält St. Feuerbach zugute, daß er »das Göttliche vermenschlichte«, bekämpft dann jedoch den Dualismus, der zwischen den empirischen Menschen und ihren säkularisierten Idealen bestehenbleibt. Sozialistische und kommunistische Ideen, die er ohne präzise begriffliche Differenzierung unter dem Titel »sozialer Liberalismus« abhandelt, lehnt St. ab, weil die Substitution privateigentümlicher Herrschaftsstrukturen durch kollektive Steuerung wiederum zu Fremdbestimmung führen würde: »Alle Versuche, über das Eigentum vernünftige Gesetze zu geben, liefen vom Busen der *Liebe* in ein wüstes Meer von Bestimmungen aus.« Da er die Mächte, die das einzigartige Ich unterdrücken, als rein ideologische Gebilde versteht, kann St. im zweiten Teil seines Buches eine Befreiungsstrategie konzipieren und verbreiten, die sich ausschließlich im Ich ereignet. Die gespensterhaften Gebilde, die das Ich beherrschen, können durch Bewußtseinsänderung abgeschüttelt werden, indem sich das Ich als einzige Wirklichkeit und Wertbegründungsinstanz zu behaupten lernt. Alle anderen Gesetze und Regeln sind damit hinfällig. Der Egoismus, der bislang nur im Verborgenen wirken konnte, offenbart sich selbstbewußt als ursprüngliche Motivationsstruktur. Aus dieser Perspektive erwächst St.s Haß gegen jegliche staatliche Ordnung. Die angemessene Reaktion des »Einzigen« auf Bevormundung durch den Staat ist die »Empörung«, nicht die Revolution. Im Eigentum erfährt St.s einzigartiges Individuum seine notwendige Objektivierung – in dieser privateigentümlichen Argumentationsstruktur bleibt er Hegel eng verwandt –, Verfügungsgewalt über Eigentum ist der Ausdruck und damit der Prüfstein seiner Freiheit.

Gibt es in dieser Konzeption überhaupt noch Raum für die Interaktion der »Einzigen« oder sind sie notwendig einsam? Durch Solidarität geprägte Gemeinschaften sind für St. ebenso undenkbar wie stabile gesellschaftliche Strukturen auf der Basis von Interessenkonsens. Es kann jedoch zu freien und beliebig kündbaren Vereinigungen von »Einzigen« zu »Vereinen von Egoisten« kommen – solche bieten sich schon als rationales Mittel der Arbeitsorganisation an –, worin sich interpersonale Kommunikation allerdings in Konsumbeziehungen erschöpft.

Das zentrale Mißverständnis, das St. mit anderen Fehldeutungen Hegels verbindet, ist die Annahme, daß Hegels ›Absolutes‹ in schroffem Gegensatz zum Bereich des Menschlich-Partikularen steht, statt zu erkennen, daß Hegel das Absolute gerade auf dieser Ebene suchte und konzipierte. Aus marxistischer Sicht bleibt St.s Gegenüberstellung von einzigartigem Ich und Gesellschaft selbst gesellschaftlich vermittelt. St.s diffamierende Gleichsetzung von Arbeiterklasse und Lumpenproletariat – hier offenbart sich seine Ahnungslosigkeit von den wirklichen Komponenten der ›sozialen Frage‹ – ist das notwendige Korrelat dieser simplifizierenden Sichtweise. Sollte nicht schließlich der geselligen Natur des Menschen, die St. auf verdinglichte Konsumverhältnisse reduziert und der er lediglich in seiner Karikatur des »Vereins der Egoisten« Tribut zollt, echte Anerkennung zukommen?

McLellan, David: Die Junghegelianer und Karl Marx. München 1974. – Helms, Hans G.: Die Ideologie der anonymen Gesellschaft. Max Stirners ›Einziger‹ und der Fortschritt des demokratischen Selbstbewußtseins vom Vormärz bis zur Bundesrepublik. Köln 1966. – Mackay, John Henry: Max Stirner. Sein Leben und Werk. Berlin 1898 (Nachdruck Freiburg 1977 nach der 3. Auflage).

Norbert Waszek

Strauß, David Friedrich
Geb. 27. 1. 1808 in Ludwigsburg; gest. 8. 2. 1874 in Ludwigsburg

Für viele Leser der damaligen Zeit war *Das Leben Jesu, Kritisch bearbeitet* (1835/36) ein Werk, das mit dem Wunderglauben aufräumte und die mythische Deutung in ihr Recht einsetzte. Aus heutiger Sicht vermittelt dieses Werk ein Bild von einem vergangenen eschatologischen Denken und von Jesus als historischer Persönlichkeit. Wie provokativ das *Leben Jesu* damals war, erlebte St. am eigenen Leib: Als das Buch erschien, verlor er seine Repetentenstelle am Tübinger Stift. Vier Jahre später wurde er auf den Lehrstuhl für Dogmatik an der Universität Zürich berufen, doch als konservative Kreise davon erfuhren, löste dies eine Krise aus, die mit dem Sturz der Regierung endete. Vor dem Amtsantritt wurde St. pensioniert und verlor seine letzte Chance auf eine akademische Karriere. Das Buch, welches ihn berühmt machte, wurde ihm beruflich zum Verhängnis.

Schon früh begann seine Vorbereitung auf die theologische Laufbahn. Mit dreizehn Jahren ging er an das »niedere Seminar« der Klosterschule Blaubeuren, die seit dem 16. Jahrhundert zur Heranbildung künftiger Theologen in Württemberg diente. Vor allem durch seinen Lehrer Ferdinand Christian Baur wurde er mit den neueren Methoden der modernen Bibelwissenschaft bekannt gemacht. Hier dürfte er auch mit der neuen, von Schelling und Baur praktizierten Mythenforschung konfrontiert worden sein. Das vertrauensvolle Verhältnis zwischen Lehrer und Schüler wurde bald danach fortgesetzt, als Baur 1825 einen Ruf nach Tübingen erhielt und St. gleichzeitig in das evangelisch-theologische Seminar eintrat. In Tübingen verbrachte er eine glückliche Studienzeit, ging aber 1831 nach Berlin, um bei Schleiermacher und Hegel zu studieren. Hier kam er zum erstenmal mit Schleiermachers Vorlesungen über das Leben Jesu in Berührung. St. studierte jetzt intensiv Hegels Schriften, und als er 1832 die Repetentenstelle am Tübinger Stift übernahm, machte er die

Tübinger mit dem ehemaligen und dort noch weitgehend unbekannten Stiftler Hegel bekannt. Statt aber in die philosophische Fakultät überzuwechseln oder seine geplante Arbeit über die Genese der christlichen Dogmen zu schreiben, verfaßte er eine kritische Untersuchung über das Leben Jesu. Mit dem Erscheinen dieses Werks kam der schon lange schwelende Konflikt zwischen Althegelianern und Junghegelianern zum offenen Ausbruch. Im linkshegelianischen Sinne löste St. nicht nur die Evangelien zum größten Teil in Mythen auf, sondern er faßte auch den historischen Jesus als die real gewordene Idee der Menschheit, Gott pantheistisch als das Unendliche und die Unsterblichkeit als bloße Idee auf. Die Evangelien sind »nicht anders als geschichtsartige Einkleidung urchristlicher Ideen, gebildet in der absichtslos dichtenden Sage, zu verstehen.« St. unterscheidet zwei Arten von Mythen: philosophische und mythische. Philosophische Mythen sind solche, die einen »bloßen Gedanken, ein Philosophem oder eine Zeitidee in Geschichte einkleiden«. Die zweite Art von Mythos bezeichnet St. als Sage, weil sie durch die kollektive Umgestaltung und Weitererzählung eines historischen Ereignisses entstanden ist. Das Sagenhafte am erzählten Stoff ist also nicht das Produkt eines einzigen Individuums, sondern eine durch mündliche Tradierung entstandene Geschichte. Das Weitererzählen »entzieht sich eben um dieser Allmählichkeit willen dem Bewußtsein«. In der Entstehungsweise des Mythischen verbergen sich »ewige Wahrheiten«, die durch philosophische und philologische Auslegung ans Licht gebracht werden können. Doch verbietet die kritische Vorgehensweise weitgehend ein wörtliches Verständnis der Evangelien. Das Matthäusevangelium ist als Geschichtsquelle am zuverlässigsten, das Johannesevangelium hingegen zweifelhaft. Alle mitgeteilten Reden von Jesus stellen verschiedene Überlieferungsschichten dar, entsprechen also keineswegs der ursprünglichen Sprachgestalt. Noch problematischer sind die Gleichnisse, deren Echtheit in vielen Fällen angezweifelt werden muß. Was an der Entstehungsgeschichte des Jesus-Mythos übrig bleibt, ist die verborgene, ideelle Wahrheit: »Christi übernatürliche Geburt, seine Wunder, seine Auferstehung und Himmelfahrt bleiben ewige Wahrheiten, so sehr ihre Wirklichkeit als historischer Fakta angezweifelt werden mag.« St. setzte sich also sowohl mit den Supranaturalisten, die die Wundergeschichten für wahr hielten, als auch mit den Rationalisten, die sie uminterpretierten, auseinander.

Der durch *Das Leben Jesu* ausgelöste Streit unter den Hegelianern dauerte über Jahre. In seinen *Streitschriften* (1837) und in einer Reihe anderer Schriften beteiligte sich St. an dieser Auseinandersetzung. Angesichts der heftigen Kritik arbeitet er die dritte Auflage um, kehrt aber in der vierten Auflage (1840) doch zum ursprünglichen Standpunkt zurück. St. klärt seine Position in der zweiten berühmten Schrift, *Die christliche Glaubenslehre in ihrer geschichtlichen Entwicklung und im Kampfe mit der modernen Wissenschaft dargestellt* (1840/41). Dabei spalten sich dieses Mal die Junghegelianer in Pantheisten (St.) und Atheisten (Ludwig Feuerbach). St. stellt christliche Religion und moderne Philosophie einander gegenüber. Da sich Theismus und Pantheismus schon getrennt haben, fällt die Kritik der Dogmen mit der Darstellung der Geschichte dieses Prozesses zusammen: »Die wahre Kritik des Dogmas ist seine Geschichte.« Wie die Dogmengeschichte ihren Ursprung in der mythenbildenden Phantasie der Urgemeinde hat, wird der Zerfall durch die Unangemessenheit gegenüber dem modernen wissenschaftlichen Bewußtsein bedingt. Aus diesem Grund bekennt sich St. zum Pantheismus als dem »neuen Glauben«, da er dem modernen Bewußtsein entspricht. Es gibt also keinen anderen Gott als das Denken in allen Denkenden. In dieser Zeit entsteht *Die Epiphanie der ewigen Persönlichkeit des Geistes* (1844), in der sich schon eine Tendenz zur wissenschaftlichen Erklärung des Glaubens abzeichnet, ohne daß St. aber auf seinen hegelianischen Pantheismus verzichtet. Gott kommt nicht nur in einem einzigen Menschen, sondern auch in der Menschheit zum Bewußtsein.

Mit dem Verlust der Repetentenstelle und des Züricher Lehrstuhls wurde St. Privatgelehrter, Gymnasiallehrer und freier Schriftsteller. Er heiratete 1842 eine bekannte böhmische Sängerin, doch wurde die nie glückliche Ehe nach einigen Jahren wieder geschieden. Auch seine politische Tätigkeit scheiterte. Als die Ludwigsburger ihn 1848 als Vertreter nach Frankfurt in die Paulskirche schicken wollten, trugen konservative religiöse Kreise zu seiner Wahlniederlage wesentlich bei. Zur Kompensation erhielt er ein Mandat für die Liberalen der württembergischen Abgeordnetenkammer, doch auch hier waren die zum Teil persönlichen Auseinandersetzungen so heftig, daß er sein Mandat im selben Jahr niederlegte. Erst in den Jahren nach der Trennung von seiner Frau und der Beendigung der politischen Tätigkeit begann St. wieder regelmäßig zu schreiben. Er lebte zeitweilig in München, Weimar und Köln und seit Herbst 1854 in Heidelberg, wo er sechs Jahre blieb. Seine zweibändige Schubartbiographie (1849) und die biographischen Arbeiten über Märklin (1850) und Ulrich von Hutten (1858–1860) entstanden in dieser Zeit.

Mit dem *Leben Jesu für das deutsche Volk bearbeitet* (1863) kommt er seiner Neigung zum Biographischen ebenfalls entgegen, indem er eine allgemeinverständliche, aber auch kritische, d. h. auf historische Wahrscheinlichkeit bedachte Darstellung über die Persönlichkeit, das Leben, die Lehre und die Wirksamkeit von Jesus schreibt: »Das Religiöse ist der Natur der Sache nach ganz untrennbar vom Historischen.« Als zwei Jahre später die Vorlesungen von Schleiermacher über das Leben Jesu posthum erschienen, setzte sich St. in *Der Christus des Glaubens und der Jesus der Geschichte* (1864) mit der Schleiermacherschen Darstellung auseinander. Wie im *Leben Jesu für das deutsche Volk* sind Glaube und Geschichte untrennbar, denn es ist der Jesus der Geschichte, an den man glauben soll. Die Absolutsetzung der empirischen Wissenschaft tritt jetzt als Lebensphilosophie in den Vordergrund. Im selben Jahr siedelte St. mit seiner Tochter nach Darmstadt über, wo er bis 1872 blieb. In diese Zeit gehören die letzten Schriften, die sich vor allem durch seine Bekehrung zum Darwinismus und seinen Glauben an die Wissenschaft auszeichnen. *Voltaire* (1870) gilt als Höhepunkt seiner biographischen Kunstfertigkeit. Bezeichnend ist die Faszination, die dieser skeptische Philosoph und große Aufklärer in jener Zeit auf ihn ausübte. In dem politischen Aufsatz *Krieg und Frieden*, geschrieben unter dem Vorzeichen des deutsch-französischen Krieges, verteidigt der zunehmend konservative, immer noch scharfsinnige St. Deutschlands Recht auf Elsaß-Lothringen, aber auch das Recht auf ein von fremden Einmischungen unabhängiges nationales Dasein. Auch der späte St. blieb schwierig einzuordnen. Das große Alterswerk, *Der alte und der neue Glauben, ein Bekenntnis* (1872), ist ebenfalls eine Biographie, dieses Mal über das eigene Leben. Hier kritisiert er seinen alten Glauben, indem er die Geschichte der Entstehung

seines neuen Glaubens darstellt. Das Christentum wird ebenso entschieden abgelehnt, wie die christlichen Dogmen und die ihnen zugrundeliegenden Erzählungen
einer wissenschaftlichen Kritik unterzogen werden. St. stellt vier Grundfragen auf,
die er dann zu beantworten versucht: »Sind wir noch Christen?«; »Haben wir noch
Religion?«; »Wie begreifen wir die Welt?« und »Wie ordnen wir unser Leben?«. Mit
gutem Gewissen kann er sich nicht mehr einen Christen nennen, weil die Widersprüche und supranaturalistischen Teile der Bibel sich nicht mehr mit den Ergebnissen der modernen Naturwissenschaft vereinbaren lassen. Doch glauben kann
er weiterhin: Die Ehrfurcht vor den Geheimnissen der Natur und ein Vertrauen auf
ihre Gesetze ist ihm geblieben. Als Anhänger Darwins begreift er die Welt evolu-
tionistisch. Aus der Materie entstand Leben, das sich immer weiter bis zum hochentwickelten menschlichen Gehirn entfaltete, welches das Denken und die Kultur
ermöglicht. Was die letzte Frage, das Leben, anbelangt, so legt St. Wert auf Menschlichkeit, die entweder im Menschen selbst oder zwischen den Menschen verwirklicht werden soll.

Löwith, Karl: Von Hegel zu Nietzsche. Der revolutionäre Bruch im Denken des 19. Jahrhunderts. Sämtliche Schriften, Bd. 4. Stuttgart 1988. – Harris, Horton: David Friedrich Strauß
and his Theology. Cambridge 1973. – Sandberger, Jörg F.: David Friedrich Strauß als theologischer Hegelianer. Göttingen 1972. – Barth, Karl: David Friedrich Strauß als Theologe
1839–1939. Zollikon 1939.

Steven Gillies

Strauss, Leo
*Geb. 20. 9. 1899 in Kirchhain/Hessen; gest. 18. 10. 1973
in Annapolis/Maryland*

Ein Jahr vor seinem Tode konzipierte St. eine Sammlung
eigener Arbeiten, für die er den Titel *Studies in Platonic
Political Philosophy* wählte. Der Titel ist geeignet, Verwunde-
rung hervorzurufen. Denn nur 2 der 15 Beiträge, die der
1983 postum veröffentlichte Band enthält, sind Platonischen
Dialogen gewidmet. Die übrigen Aufsätze befassen sich mit
ganz anderen, auf den ersten Blick weit auseinanderliegen-
den Themen: mit Nietzsche und mit Xenophon, Thukydides und Machiavelli, mit dem unaufhebbaren Gegensatz
von Jerusalem und Athen, mit Hobbes und Maimonides,
mit Heidegger und dem Historismus. Allen Studien ist
gemeinsam, daß sie die großen Themen des St.schen Lebenswerkes zum Gegenstand
haben. In welchem Sinne läßt sich dieses Werk als *platonische* Politische Philosophie
begreifen? Worauf verweist St., wenn er sich als Platoniker charakterisiert? Wie ist
die Stellung seiner Politischen Philosophie zu der Platons zu bestimmen? Im
historischen Gewand einer Interpretation der Platon-Interpretation des Philosophen
Al-Farabi hat St. in der Mitte seines Lebens eine Antwort angedeutet: »Seine
Haltung zum historischen Platon«, so kann man dem, was er darin über sich selbst
mitteilt, Ausdruck verleihen, »ist vergleichbar mit der Haltung Platons selbst« zum

historischen Sokrates und mit der Haltung des Platonischen Sokrates selbst zu, sagen wir, dem historischen Ägypten: ›Mit welcher Leichtigkeit ersinnst du, o Strauss, Platonische Reden‹ (*Phaidros*, 275b 3–4). Durch eben diese Tatsache offenbart er sich als ein wahrer Platoniker. Denn Platoniker sind nicht mit der historischen (akzidentellen) Wahrheit befaßt, da sie sich ausschließlich für die philosophische (essentielle) Wahrheit interessieren. Nur weil die öffentliche Rede eine Mischung von Ernst und Spiel erfordert, kann ein wahrer Platoniker die ernste Lehre, die philosophische Lehre, in einem historischen und also spielerischen Gewand präsentieren« (*Fârâbî's Plato*, 1945).

Der Platoniker St. entschied sich dafür, seine Politische Philosophie und die sie leitende Frage nach dem rechten Leben beinahe durchweg in der Form historischer Interpretationen und Kommentare zur Entfaltung zu bringen. Wie im Falle des Platonikers Al-Farabi waren für diese Entscheidung zunächst historische Gründe ausschlaggebend, Erwägungen, die die besondere Lage der Philosophie im Auge hatten. War die konkrete Situation für den mittelalterlichen Philosophen maßgeblich vom Herrschaftsanspruch der Offenbarungsreligionen bestimmt, die den Zugang zum philosophischen Leben und die Erinnerung an die Philosophie in ihrer authentischen Gestalt abzuschneiden drohten, so begann und ging St. seinen philosophischen Weg in einer Zeit, in der der Historismus beanspruchte, die Philosophie zu ihrem Ende gebracht, wenn nicht zu einer Sache der Vergangenheit gemacht zu haben.

Nachdem St. Ostern 1917 am Gymnasium Philippinum in Marburg das Abitur abgelegt hatte, studierte er Philosophie, Mathematik und Naturwissenschaften an den Universitäten Marburg, Frankfurt a. M., Berlin und Hamburg, unterbrochen von eineinhalb Jahren Heeresdienst als deutscher Soldat im Ersten Weltkrieg. Ende 1921 wurde er von Ernst Cassirer mit einer Dissertation über *Das Erkenntnisproblem in der philosophischen Lehre Fr. H. Jacobis* promoviert. 1922 ging St. nach Freiburg i.Br., um seine Studien bei Edmund Husserl und Julius Ebbinghaus fortzusetzen. Dort begegnete er zum erstenmal Martin Heidegger. Den Eindruck, den Heidegger auf ihn machte, schildert St. fünf Jahrzehnte später so: »Ich besuchte von Zeit zu Zeit seine Vorlesung, ohne ein Wort zu verstehen, aber ich begriff, daß er von etwas von höchster Wichtigkeit für den Menschen als Menschen handelte. Einmal verstand ich etwas: als er den Beginn der *Metaphysik* interpretierte. Ich hatte niemals dergleichen gehört oder gesehen – solch eine gründliche und intensive Interpretation eines philosophischen Textes. Auf meinem Weg nach Hause besuchte ich Franz Rosenzweig und sagte ihm, daß verglichen mit Heidegger Max Weber, der von mir bis dahin als die Inkarnation des Geistes der Wissenschaft betrachtet wurde, ein Waisenknabe sei« (*A Giving of Accounts*, 1970). Von 1925 bis 1932 war St. Mitarbeiter der Akademie für die Wissenschaft des Judentums in Berlin, in deren Auftrag er die philosophischen Schriften der Moses Mendelssohn-Jubiläumsausgabe edierte und kommentierte. Als die Akademie ihre Tätigkeit 1932 einstellen mußte, verschlug ihn »ein in gewisser Weise gnädiges Schicksal« (*Hobbes' politische Wissenschaft*, 1965) im Gefolge intensiver Hobbes-Forschungen zunächst nach Paris, Anfang 1934 dann nach England. 1938 übersiedelte St. in die Vereinigten Staaten. Er lehrte zehn Jahre an der »New School for Social Research« in New York. 1949 wurde er an die

University of Chicago berufen und 1959 zum »Robert M. Hutchins Distinguished Service Professor« ernannt. Nach der Emeritierung (1967) lehrte er bis zu seinem Tode als »Scott Buchanan Distinguished Scholar-in-Residence« am St. John's College, Annapolis, das sich unter dem bestimmenden Einfluß des Philosophen Jacob Klein, der dort von 1938 bis 1978 unterrichtete, zu einem philosophisch-pädagogischen Zentrum eigener Art entwickelt hatte. St. war Klein seit 1920, seit ihrem ersten Zusammentreffen an der Universität Marburg, in Freundschaft verbunden. Gleichfalls bis in das Marburg der 20er Jahre reichten seine Verbindungen zu Karl Löwith, Hans-Georg Gadamer und Gerhard Krüger zurück. In Paris kamen später Alexandre Kojève und Alexandre Koyré, in Oxford Ernest Barker und in New York Kurt Riezler hinzu.

Philosophie im ursprünglichen Verstande ist für St. der Versuch, Meinungen über alle Dinge und Wesen durch Wissen oder evidente Erkenntnis zu ersetzen. Sie ist, mit dem Platonischen Gleichnis zu reden, das Bestreben, aus der Höhle der durch Traditionen, Gesetze und Konventionen geprägten historischen Existenz zum Licht zu gelangen. Eben die Möglichkeit einer solchen Befreiung und eines solchen Aufstiegs wurde vom Historismus geleugnet. Er bestritt die wesentlich unhistorische Sache der Philosophie, billigte ihr nicht mehr als die Beschreibung der Innenausstattung der vorgefundenen oder zugewiesenen Höhle zu und reduzierte sie so auf eine »Weltanschauung«, die von der jeweiligen Kultur oder Epoche, der sie entstammt und die sie beleuchtet, radikal abhängig bleiben muß. Die Philosophie, die den »Geist ihrer Zeit« ausdrücken sollte, wies nicht nur den Versuch, die Dinge sub specie aeternitatis zu betrachten, weit von sich. Sie zeigte sich auch außerstande, ihrer Zeit eine Orientierung zu geben. In Gestalt der modernen Kulturphilosophie erklärte sie sich selbst zu einem »Bereich« unter anderen, zu einer »Kulturprovinz« neben Kunst, Religion, Politik, Wirtschaft usw. Das Wissen darum, daß die Philosophie zuallererst eine *Lebensweise* ist, verblaßte im selben Maße, in dem die Frage nach dem Einen, was not tut, im Bereichs- oder Provinz-Denken »relativiert« wurde. Daß der Historismus der Politik und der Religion nichts entgegenzusetzen hatte, sobald aus diesen »Bereichen« eine Antwort mit dem Anspruch höchster Autorität auf die Frage gegeben wurde, die die Philosophie im Ernst nicht mehr stellte, geschweige denn zu beantworten vermochte, brauchte niemanden zu überraschen. Solche und ähnliche Überlegungen veranlaßten St., den Historismus selbst als Prüfstein für die Möglichkeit des Philosophierens im ursprünglichen Sinne zu nehmen und ihn zum Ausgangspunkt eines Unterfangens zu machen, das darauf hinzielte, den durch die Tradition wie die Polemik gegen die Tradition verstellten natürlichen Horizont der Politischen Philosophie zurückzugewinnen. Sollte der Aufstieg aus der Höhle gelingen, mußte er bei den mächtigsten Meinungen der Zeit ansetzen und deren stärkste Vorurteile in Frage stellen. Er mußte sich in der Befreiung vom Historismus bewähren. St. bahnte sich seinen Weg über historische Untersuchungen, die zum einen die causes célèbres der Philosophiegeschichte wiederaufnehmen, zum anderen die geschichtlichen Voraussetzungen des »historischen Bewußtseins« ans Licht heben sollten. In seinen beiden ersten Büchern hatte St. den Streit zwischen Aufklärung und Orthodoxie wieder in Gang gebracht (*Die Religionskritik Spinozas*, 1930; *Philosophie und Gesetz*, 1935). Seit Anfang der 30er

Jahre begann er, parallel dazu, die »Querelle des Anciens et des Modernes«, die von seinen Zeitgenossen nahezu ausnahmslos als obsolet, da historisch entschieden betrachtet wurde, neu zu beleben. St. zeigte in eindringlichen Auseinandersetzungen mit den Gründervätern der modernen Philosophie (*Hobbes' Political Philosophy*, 1936; *Thoughts on Machiavelli*, 1958) ebenso wie in der direkten Konfrontation der Modernen mit den Antiken (*Natural Right and History*, 1953; *What Is Political Philosophy?*, 1959), daß in der Philosophie und für die Philosophie nichts entschieden ist, was »historisch entschieden« wurde, daß die fundamentalen Probleme evidenter sind als die verfügbaren Lösungen und daß alle Versuche, einen »Fortschritt« der Philosophie ins Werk zu setzen, indem man ihr Gebäude auf einer fraglos geltenden Grundlage errichtet, um den Preis des Absehens von der Fragwürdigkeit der Grundlage und um den noch weit höheren Preis des schließlichen Vergessens ihrer Frag-Würdigkeit erkauft sind. Gegen die Verengung des Frage-Horizontes und die Gefahr der Versteinerung der Philosophie im Traditionalismus, ob antiker oder moderner Provenienz, macht St. das Verständnis der Philosophie als *Skepsis* in der prägnanten, anfänglichen Bedeutung des Wortes geltend: Philosophie als Selbstdenken, Bewegung, individueller Vollzug, unverkürztes Fragen – als »die wirkliche Suche nach Wahrheit, die beseelt ist von der Überzeugung, daß diese Suche allein das Leben lebenswert macht, und die bestärkt wird durch das Mißtrauen gegen den natürlichen Hang des Menschen, sich mit zufriedenstellenden, obschon nicht-evidenten und nicht-bewiesenen Überzeugungen zufriedenzugeben« *(Fârâbî's Plato)*. In einem der denkwürdigsten philosophischen Dialoge des Jahrhunderts, in dem Dialog, den St. und der Hegelianer Alexandre Kojève über Tyrannis und Weisheit, antikes und modernes Denken, das Ende der Geschichte und die Zukunft der Philosophie miteinander führten, umreißt St. seine sokratische Absage an allen Dogmatismus folgendermaßen: »Die Philosophie als solche ist nichts anderes als das echte Bewußtsein der Probleme, d. h. der fundamentalen und umfassenden Probleme. Es ist unmöglich, über diese Probleme nachzudenken, ohne einer Lösung, der einen oder der anderen der sehr wenigen typischen Lösungen zuzuneigen. Der Philosoph hört jedoch in dem Augenblick auf, ein Philosoph zu sein, in dem die ›subjektive Gewißheit‹ einer Lösung stärker wird als sein Bewußtsein des problematischen Charakters dieser Lösung. In diesem Augenblick ist der Sektierer geboren« *(De la tyrannie*, 1954).

Der natürliche Horizont der Politischen Philosophie ist der Horizont, in dem die Philosophie selbst als Problem sichtbar wird, in dem sie keine Selbstverständlichkeit ist, sondern ihr Recht begründen und behaupten muß. Er wird erschlossen im Hinsehen und Hinhören auf die vorphilosophische Welt der Bürger, ihrer Tugenden, ihrer Gesetze, ihrer religiösen und moralischen Verbindlichkeiten. Er wird abgesteckt durch die politische und die theologische Alternative, durch die menschliche und die übermenschliche Autorität, in deren Namen die Philosophie in Frage gestellt werden kann. Er wird gewonnen im Dialog mit den Meinungen über das rechte Leben, über das Gute und über das Gerechte. Nach St.' eigenem Zeugnis war »das theologisch-politische Problem *das* Thema« seiner Untersuchungen, und Jacob Klein sagte 1970 in Gegenwart des Freundes, dessen vorrangiges Interesse habe von Anfang an zwei Gegenständen gegolten: der Frage Gottes und der Frage der Politik.

Mit der letzteren setzt sich St. vor allem in *On Tyranny* (1948), *Natural Right and History* und *The City and Man* (1964) auseinander; mit der Frage der Götter, der Offenbarung und des Glaubens vor allem in *Thoughts on Machiavelli, Socrates and Aristophanes* (1966), *Jerusalem and Athens* (1967), *Liberalism Ancient and Modern* (1968) und *The Argument and the Action of Plato's Laws* (1975). Stets ist es die Frage nach dem Einen, was not tut, die St. bestimmt, sich den Antworten wie den Ansprüchen von Theologie und Politik zu stellen: Ihren *Antworten*, weil die Politische Philosophie den Streit über das Richtige suchen muß und die Konfrontation mit den Alternativen nicht fliehen darf, wenn anders sie ihre eigene Kraft und Stärke beim Versuch, die Frage nach der Ordnung der menschlichen Dinge zusammenhängend und umfassend zu beantworten, zur vollen Entfaltung bringen soll; ihren *Ansprüchen*, weil die Politische Philosophie immer auch politische Philosophie, politisches Handeln im Dienst der Philosophie, Schutz und Verteidigung des philosophischen Lebens war und sein muß.

Im engsten Zusammenhang mit seinen Studien zum theologisch-politischen Problem steht St.' Nachdenken über die *Kunst des sorgfältigen Schreibens*, deren Wiederentdeckung und Neubelebung in unserem Jahrhundert mit seinem Namen verbunden ist (*Persecution and the Art of Writing*, 1952). Der Versuch, Meinungen über das Ganze durch Erkenntnis zu ersetzen, und die Weigerung, sich bei nicht evidenten, nicht ausgewiesenen Überzeugungen zu beruhigen, lassen die Philosophie in ein Spannungsverhältnis zu den politischen Gemeinwesen geraten, in denen sie ihrer Sache nachgeht, weil sie eine Bedrohung für deren unabdingbares Lebenselement, für die Meinungen, den Glauben, die Überzeugungen der Bürger, darstellt. Die Kunst des sorgfältigen Schreibens soll dem subversiven Charakter der Philosophie und den Gefahren, die mit ihm für die Philosophie einerseits, für die Gesellschaft andererseits verbunden sind, Rechnung tragen. Indem sie unterschiedlichen Adressaten Unterschiedliches mitteilt, ungleichen Lesern Ungleiches zu bedenken gibt, soll sie die Philosophen vor Zensur und Verfolgung, die Nichtphilosophen aber vor der Philosophie schützen. Auf die rhetorischen Kunstgriffe und Stilmittel, deren sich die Philosophen bis etwa zum Ende des 18. Jahrhunderts bei der exoterisch-esoterischen Präsentation ihrer Philosophie bedienten, ist St. in zahlreichen Kommentaren eingegangen. Er hat sie bei Lessing und Spinoza, bei Platon und Maimonides, bei Rousseau und Lukrez untersucht. In subtilen Interpretationen hat er gezeigt, welche Bedeutung der *Kunst des sorgfältigen Lesens* für ein angemessenes Verständnis so unterschiedlicher exoterisch-esoterisch konzipierter Bücher wie Platons *Politeia*, Xenophons *Hieron*, Machiavellis *Discorsi* oder Rousseaus *Premier Discours* zukommt.

Jenseits aller politischen Erwägungen bedienen sich Philosophen der Kunst des sorgfältigen Schreibens, um Leser, die dazu fähig sind, zum Selbstdenken zu verleiten und zu erziehen. Wer einen exoterisch-esoterisch geschriebenen Text angemessen zu interpretieren versucht, kommt nicht umhin, sich nach Kräften auf die darin verhandelte *Sache* einzulassen. Wer alle Anstrengungen unternimmt, einen Philosophen so zu verstehen, wie dieser sich selbst verstanden hat, hat die größten Aussichten, sich von seinen Voreingenommenheiten zu befreien und in eine Denkbewegung zu gelangen, die ihn, je mehr er sich der Intention und dem Wahrheitsanspruch des Autors öffnet, zur eigenen Auseinandersetzung mit den fundamentalen Problemen hinführt. Im Umkreis »hermeneutischer« Reflexionen dieser Art ist die tiefste Begründung für die Entscheidung von St. zu suchen, seine Philosophie auf dem Wege historischer Interpretationen zu entfalten. Aus dem gleichen Grunde steht St.' lebenslange Auseinandersetzung mit Nietzsche und mit Heidegger unter dem verschwiegenen Motto *Sokrates verstehen*. Das Problem des Sokrates ist in fast allen Büchern von St. gegenwärtig. Aber St. hat nirgendwo so fern aller Konvention auf die beiden Denker der Moderne geantwortet, die den stärksten Einfluß auf ihn ausgeübt haben, wie in seinem Spätwerk: *Socrates and Aristophanes, Xenophon's Socratic Discourse* (1970), *Xenophon's Socrates* (1972). Hier ist alles dazu getan, den historischen Abstand zwischen Kommentar und Text, zwischen der Interpretation und den Phänomenen zum Verschwinden zu bringen. Es mag hinzugefügt werden, was St. in seiner Interpretation Al-Farabis ausspricht: »damit, daß Strauss die kostbarste Erkenntnis nicht in ›systematischen‹ Werken, sondern in der Gestalt einer historischen Darstellung mitteilt, deutet er seine Sicht bezüglich der ›Originalität‹ und ›Individualität‹ in der Philosophie an: was als der ›originale‹ oder ›persönliche‹ ›Beitrag‹ eines Philosophen sichtbar wird, ist unendlich viel weniger bedeutsam als sein privates und wahrhaft originales und individuelles Verständnis der notwendigerweise anonymen Wahrheit«.

Deutsch, Kenneth L./Nicgorski, Walter (eds.): Leo Strauss. Political Philosopher and Jewish Thinker. London 1994. – Udoff, Alan (ed.): Leo Strauss' Thought. Toward a Critical Engagement. London 1991. – Meier, Heinrich: Carl Schmitt, Leo Strauss und »Der Begriff des Politischen«. Zu einem Dialog unter Abwesenden. Stuttgart 1988. – Tarcov, Nathan/Pangle, Thomas L.: Epilogue – Leo Strauss and the History of Political Philosophy. In: Strauss, Leo/Cropsey, Joseph (eds.): History of Political Philosophy. Chicago/London ³1987, S. 907–938. – Bruell, Christopher: Strauss on Xenophon's Socrates. In: Political Science Reviewer, 14, 1984, S. 263–318. – Benardete, Seth: Leo Strauss' »The City and Man«. In: Political Science Reviewer, 8, 1978, S. 1–20. – Gourevitch, Victor: Philosophy and Politics. In: Review of Metaphysics, 22, 1968, S. 58–84 und 281–328.

Heinrich Meier

Suárez, Francisco
Geb. 5. 1. 1548 in Granada; gest. 25. 9. 1617 in Lissabon

Der herausragende Vertreter der spanischen Barockscholastik und »doctor eximius« wurde unter der Regentschaft Karls V. als Sohn von Gaspar Suárez (Herr von Toledo und bekannter Anwalt) und Antonia Vásquez de Utiel unter acht Geschwistern geboren. Sein Großvater Alfonso Suárez war Hofmeister bei Ferdinand dem Katholischen. Die Schule in Granada vermittelte humanistische Grundlagen; später studierte S. Rechtswissenschaften in Salamanca und trat 1564 unter dem Einfluß seines Lehrers Ramírez in die von Ignatius von Loyola gegründete und 1540 vom Papst als Orden bestätigte »Gesellschaft Jesu« ein. 1572 empfing er die Priesterweihe und wurde Professor der Philosophie in Segovia. Dort erregte er Aufsehen mit ungewöhnlich freien Kommentaren zur *Summa theologica* des Thomas von Aquin. Er wurde Theologieprofessor in Avila, 1575 in Segovia, 1576 in Valladolid. Beunruhigt durch die freie Lehrart ließ der Orden die Thesen des S. in Rom überprüfen. Dies führte jedoch zu seiner Berufung an das »Collegium Romanum«, wo er jahrelang mit großem Erfolg lehrte, so daß sogar Papst Gregor XIII. seine Vorlesungen hörte. Aus gesundheitlichen Gründen ging S. nach Spanien zurück, wo er in Salamanca lehrte und 1596 von Philipp II. zum Professor in Coimbra ernannt wurde. Im Jahre 1616 gab er seine Lehrtätigkeit auf und zog sich bis zu seinem Tod nach Lissabon zurück.

Die Gestalt des S. muß Anlaß sein, weit verbreitete Vor- und Fehlurteile über die Entstehung und Geschichte von Neuzeit und Aufklärung und damit über die Genesis der modernen Welt zu korrigieren. Francisco de Vitoria leitete die Thomas-Renaissance der spanischen Barockscholastik ein und begründete den kritischen Realismus der 1526 von ihm ins Leben gerufenen Schule von Salamanca. In dieser Zeit steigt Spanien zur Weltmacht auf, Portugal erwirbt ein riesiges Kolonialreich, Brasilien, Teile Indiens und Afrikas. Spanien erobert das Maya-Reich Mittelamerikas (1541), Peru, Chile, Paraguay. Die Jesuiten nehmen wesentlichen Anteil an dieser Entwicklung; in Brasilien entstehen berühmte Missionen. Es stellen sich neue ethische Fragen: De Vitoria wird zum Mitbegründer des modernen Völkerrechts. Daneben stehen die bahnbrechenden naturwissenschaftlichen Leistungen am Beginn der Moderne: In Salamanca wurde das Werk des Kopernikus aufgenommen, die Schriften Tycho Brahes in Coimbra. Hinzu kommt die für die Grundeinstellung des S. zentrale Tatsache des nachmittelalterlichen Pluralismus der Traditionen: Nun standen die philosophischen und theologischen Werke der Antike, der Araber und der Christen nebeneinander, und neben dem Thomismus, dem Skotismus und Ockhamismus standen die komplexen geistigen Bewegungen der Renaissance, des Humanismus und der Reformation. In diesem Kräftespiel entfalten sich die Gegenreformation, die katholische Erneuerung im Goldenen Zeitalter Spaniens und das Denken des S. Drei seiner Leistungen sind besonders hervorzuheben: die Entwicklung eines systematischen Kursus der Metaphysik; seine Rolle im dominikanisch-jesuitischen Gnadenstreit und die Entfaltung des Kongruismus; schließlich zentrale rechtsphilosophische Leistungen, die den europäischen Ruhm ihres Urhebers begründeten.

Das philosophische Hauptwerk des S. sind die *Disputationes Metaphysicae* (1597). Sie stellen die Gipfelleistung der Schulphilosophie der Epoche dar, die Descartes meint, wenn er sich gegen die »philosophie des jésuites« und die »philosophie des écoles« richtet und die er durch seine neuen methodischen Prinzipien zu verdrängen und zu ersetzen sucht. Er selbst unterschlägt dabei jedoch, daß er seine Erziehung am Jesuitenkolleg von La Flèche erhalten hat und tief von der Barockscholastik geprägt bleibt. Die *Disputationes* sind die erste systematische Darstellung der Metaphysik, die sich ganz von deren aristotelischer und mittelalterlicher Form emanzipiert. Gleichzeitig sind sie durch den humanistisch inspirierten Rückgang auf die metaphysikgeschichtlichen Quellen geprägt: Neben die systematische Orientierung tritt die akribische Kunst der Interpretation. Die Gliederung der *Disputationes* in

einen ersten Hauptteil über »das Sein im allgemeinen«, über seine Eigenschaften
(»Proprietäten«) und Ursachen, einen zweiten Hauptteil »über die einzelnen Gattungen des Seins« (strukturiert gemäß der aristotelischen Kategorienlehre) und
einen Teil über das bloß gedachte Seiende (»ens rationis«) wirkt weit und prägt noch
den Aufbau der *Philosophia prima* von Christian Wolff (Rainer Specht). Die Kunst der
Interpretation der sich widersprechenden Autoritäten dient der Rekonstruktion
ihrer rationalen Lehrinhalte, dem Ausgleich zwischen ihnen und der Entfaltung
einer Diskussionskultur mit dem Gewicht auf den besseren Argumenten. Das
Vorgehen wird dabei auch dialektisch (»modo dialectico«): So stellt S. z. z. B. auch in
seinem Kommentar zu Aristoteles' Schrift *De Anima* das Problem der personalen
Identität, der Einheit des Menschen und des Verhältnisses von Leib und Seele in
einer platonisierenden Thesis und einer aristotelisierenden Antithesis dar. Auf diese
Weise wird der gesamte Themenkomplex der Philosophie hermeneutisch durch-
reflektiert. Der junge Jesuitenorden war, um sich auch philosophisch-theologisch in
der Lehre durchsetzen zu können, auf eine neuartige und einheitliche, starke
Systematik angewiesen. Die Dominikaner waren doktrinal an Thomas, die Franziskaner an Duns Scotus ausgerichtet. Dies nötigte S. in eine Richtung zwischen
Konzeptualismus und Ockhamschen »modernen« Nominalismus. Da jedoch andererseits die Autorität der realistischen Metaphysik des Thomismus als legitimitäts-
konstitutiv galt, wurde ein Spagat an philosophischer Eristik erforderlich, den S. mit
großer Wirkung ausführte. Paradigmatisch hierfür wurde u. a. seine Diskussion des
Individuationsprinzips in der fünften *Disputatio*. Seine Lehre übernahm hier noch
Leibniz. Was macht einen Gegenstand zu einem einzelnen Individuum? S. unterscheidet zunächst die numerische Einheit des Gegenstandes, die nicht relational zu
anderen Gegenständen besteht, von dessen numerischer Differenz relativ zu anderen
Gegenständen; ferner muß die Unteilbarkeit des Gegenstandes gegen seine in-
trinsische Einheit abgehoben werden; schließlich wird festgestellt, daß die Individualität des Gegenstandes nicht-akzidentell zu verstehen ist: Daß er Eigenschaften hat, setzt bereits seine Individualität voraus. Die Frage: Was macht den
Gegenstand x unteilbar in andere Gegenstände seiner Art? muß streng unterschieden
werden von der Frage: Was unterscheidet x von anderen Gegenständen seiner Art?
Die Diskussion bewegt sich auf hochkomplexe Weise zwischen den Positionen von
Duns Scotus und Ockham: Sokrates, ein reales Individuum, ist metaphysisch,
begrifflich konstituiert durch etwas Reales (das Individuierende) und einen Begriff
(»menschliches Wesen«), wobei das Individuierende in diesem Fall Sokrates selbst ist.
Das Interesse an der Einheit der Wahrheit begibt sich auf diese Weise zwischen den
Autoritäten auf einen Weg, der zur Lehre vom Primat des Individuellen und vom
Primat des Willens führt und somit wesentlich zu neuzeitlichen Auffassungen. Auch
das Umschlagen der Metaphysik in die Skepsis – man muß sich klar machen, daß die
Essais Montaignes 1580 bis 1595 gleichzeitig mit dem System des S. entstehen – wird
im gleichzeitigen Festhalten an verschiedenen Systemgedanken wider Willen begünstigt. Die *Disputationes* werden das Grundbuch auch für die protestantische Scholastik und deutsche Schulmetaphysik; Leibniz und Wolff schöpfen aus ihnen. Descartes
soll sie auf seinen Reisen stets mitgenommen haben, und noch Schopenhauer
gehört zu den Bewunderern und Kennern dieses »ächten Kompendio der ganzen

scholastischen Weisheit, woselbst man ihre Bekanntschaft zu suchen hat, nicht aber in dem breiten Geträtsche deutscher Philosophieprofessoren«.

Die Rolle des S. im Gnadenstreit vermittelte die beiden Momente der göttlichen Gnade und des individuellen Handelns in der Lehre vom Kongruismus, die 1613 zur offiziellen Ordensdoktrin erklärt wurde. Herausragend und europäisch bedeutend sind die rechtsphilosophischen Leistungen. Das Hauptwerk *De Legibus ac Deo Legislatore* (1612) spielt eine wesentliche Rolle im Prozeß der Transformation des mittelalterlichen Rechtsdenkens in das moderne Naturrecht, so daß Hugo Grotius allen Anlaß hatte, die Subtilität des Verfassers zu loben. Auch hier wirken die für die Neuzeit konstitutiven Grundgedanken des Hoch- und Spätmittelalters: der Primat des Willens vor dem Erkennen (modern: der Primat der praktischen Vernunft vor der theoretischen) und der Primat des konkreten, einzelnen Individuums vor Universalien. Auf dieser Grundlage bekämpft S. die protestantische Lehre vom göttlichen Recht der Könige sowie die mittelalterlichen Doktrinen imperialer Macht und stellt die These von der Volkssouveränität auf. Theologisch artikuliert sich dies in seiner Akzentuierung der göttlichen Gerechtigkeit (*De iustitia Dei*, 1599), staatskirchenrechtspolitisch in seiner gegen Jakob I. von England gerichteten Schrift *Defensio Fidei* (1613). Gott wird in rechtlichen Begriffen gedacht: Er ist der oberste Gesetzgeber und verteilt das Recht völlig gleichmäßig auf alle Menschen, Völker und Nationen. Dieser Willensakt Gottes ist die in Rechtskategorien transformierte Schöpfungstheologie. S. weist alle Vorstellungen vom Ursprung der Staaten aus aufgeklärtem Egoismus zurück: der göttliche Wille schließt die bindende Verpflichtung zu den Rechtsverhältnissen ein. »Die Realität entsteht zuerst vom Gotteswort u. dann vom Menschenwort per participationem in der sittlich-juridischen Welt« (Elenterio Elorduy). Das Naturrecht ist die Partizipation der Gemeinschaft am göttlichen Recht; aus der sittlichen und sozialen Aktivität der vorjuridischen Gemeinschaft leitet sich im Modus der Delegation die Autorität der Herrscher ab. Die Volkssouveränität schließt insbesondere das Widerstandsrecht gegen ungerechte Herrscher mit ein. Das Naturrecht gilt auch für die Staaten und Staatsgewalten untereinander: auch völkerrechtlich bestehen die bindenden Verpflichtungen zu gegenseitiger Liebe, Achtung und Hilfe. Die Staaten der Heiden sind nach S. genauso ins Recht gesetzt und souverän wie die Staaten der Christen. Er denkt die Einheit der Menschheit nicht bloß als gattungsbezogen, sondern politisch und moralisch. Hiermit ist die Perspektive eines menschheitsumfassenden ethischen Universalismus als verbindlich gedacht. Man muß sich klar machen, was dies angesichts der zur selben Zeit tobenden Kolonialkriege der Großmächte und des furchtbaren Schicksals der Indianer bedeutet. Aus dieser universalistischen Perspektive ergeben sich allererst solche völkerrechtlich zentralen Rechtsbestimmungen (z. B. Freiheit der Meere), wie sie etwa heute im Artikel 2 des Abkommens über das Regime der Hohen See auf der Genfer Seerechtskonferenz von 1958 Eingang gefunden haben. Diese Perspektive geht über Hugo Grotius auf S. und die Schule von Salamanca zurück.

Mit den skizzierten Leistungen einer systematischen Transformation der Metaphysik in ihre neuzeitliche Gestalt sowie der rechtsphilosophischen Entwicklung der Naturrechtslehre einschließlich der Volkssouveränität, des Widerstandsrechts, des

Völkerrechts in universalistischer, die nichtchristlichen Völker einschließender Perspektive ist die große europäische Wirkung des S. und seiner Schule vornehmlich auch im protestantischen Bereich begreiflich. »Die Klage, die aristotelesgläubigen Calvinisten zögen die Lehre eines Jesuiten der Einsicht ihrer Glaubensbrüder vor, wurde zum Topos reformierter Cartesianer, die übersahen, wie tief Descartes selbst jener Scholastik verhaftet geblieben war, die er in La Flèche als erstes Specimen der Philosophie hatte lernen dürfen« (R. Specht). An S. und der Schule von Salamanca wäre zu zeigen, wie die »Legitimität der Neuzeit« in die Kontinuität einer durch das Mittelalter geretteten europäischen Vernunfttradition gehört und wie sich Neuzeit und Aufklärung – die Entstehung der modernen Welt – dieser Rettungsleistung verdanken.

Specht, Rainer (hg., übers., erläutert): F. Suárez. Über die Individualität und das Individuationsprinzip. Zwei Bände. Hamburg 1976. – Soder, Josef: F. Suárez und das Völkerrecht. 1973.

Thomas Rentsch

Taine, Hippolyte
Geb. 21. 4. 1828 in Vouzières (Ardennen); gest. 5. 3. 1893 in Paris

»Ich will Philosoph sein«, schreibt der 20jährige T. an einen Jugendfreund und setzt sich damit ein Ziel, das einem hochbegabten Studenten, der gerade die Aufnahmeprüfungen für die »École Normale Supérieure« in Paris mit Auszeichnung bestanden hat, meist vor Augen steht. Kein unüblicher Wunsch, denn die Staatsprüfung zum »Agrégé« und die Dissertation, die er nach drei Jahren disziplinierten Lernens zu bestehen gedenkt, eröffnen in der Regel eine brillante akademische Karriere, oft gekrönt von der Aufnahme in die »Académie Française«. Doch der Weg, der den Philosophen, Literaturhistoriker und -kritiker, den Reiseschriftsteller und Romancier 1878 tatsächlich in die Akademie zu den sogenannten Unsterblichen führt, nimmt gleich zu Beginn einen überraschenden Verlauf. Denn trotz hervorragender Leistungen verweigert ihm 1851 eine Jury orthodoxer Schulphilosophen die »Agrégation«. Als dann im Jahr darauf auch die streng deterministisch angelegte Dissertation über die Sinnesempfindungen nicht angenommen wird, ist T., künftige intellektuelle Leitfigur der Dritten Republik, vorerst in einem sehr alltäglichen Sinne das, was Maurice Barrès als hervorstechende Eigenart aller von der Philosophie T.s beeinflußten Zeitgenossen polemisch aufs Titelblatt seines Romans Les Déracinés setzen wird: ein »Entwurzelter«.

Indes, T. gibt nicht auf. Die Krise, in die der zum Leistungsbewußtsein erzogene Sproß aus nicht allzu bemitteltem Provinzbürgertum nichtsdestotrotz gerät, zeigt eine Persönlichkeit, die sich ungeachtet dauernder psychosomatischer Erkrankungen und finanzieller Nöte der Maxime verpflichtet fühlt, »man verdient nichts ohne anhaltenden Kampf, Anstrengung des Geistes, unaufhörliche Arbeit und ernsthaftes

Kalkül.« Was dazu führt, daß in den gut zehn Jahren, die T. als freiberuflicher Lehrer und Mitarbeiter bedeutender Zeitschriften wie dem *Journal des Débats* zubringt, bevor er endlich 1863 eine Stelle an der École des Beaux Arts erhält, in rascher Folge ganze Serien von Artikeln entstehen, aus denen z. B. die berühmten *Essais de critique et d'histoire* (1858/1868/1894; *Studien zur Kritik und Geschichte*) hervorgehen. Wenn die breitgestreute Thematik seiner Studien mitunter den Eindruck der Heterogenität erweckt – außer der zweiten (angenommenen) Dissertation entstehen Essays zur zeitgenössischen Philosophie, zur Ästhetik, zur antiken, mittelalterlichen und modernen Literatur sowie über berühmte Zeitgenossen, Staatsmänner, Historiographen, Psychologen, Physiologen – so darf man hierin eine Folge jenes Karrierebruchs vermuten, der aus dem jungen Philosophen einen »*homme de lettres*« umständehalber« macht. Mithin profiliert sich T.s intellektuelle Biographie auf dem Hintergrund der Geschichte der französischen Intelligenz zwischen Zweitem Kaiserreich und Dritter Republik. Er teilt das Schicksal des aufklärerisch gesonnenen Teils der zeitgenössischen Kulturelite, der, vor allem in den ersten Jahren nach dem Staatsstreich Napoleons III. und der Festigung des autoritären Regimes des »Second Empire«, durch eine strikte Zensur, wirksamstes Instrument einer restaurativen Kulturpolitik, in seinen Arbeits- und Artikulationsmöglichkeiten bis hin zum Entzug jeglicher Existenzgrundlage beschnitten wird. Einspruch, ja Widerspruch gegenüber offiziellen Wertvorstellungen durchzieht daher wie ein Leitfaden T.s Denken. Selbst die Entscheidung zur politischen Enthaltsamkeit, (»Vor allen Dingen muß ich die menschliche Natur und die Gesellschaft untersuchen)«, die nach Erscheinen der großen Nationalgeschichte *Les Orgines de la France contemporaine* (1877–1891; *Die Entstehung des modernen Frankreich*), nicht selten als frühes Zeugnis seines »Traditionalismus« verstanden wurde, bezieht schlichtweg Stellung gegen die napoleonische Praxis des Stimmenkaufs: »Es gibt keinen Mittelweg zwischen der Unwissenheit eines Bauern, der wählt, wie es sein Vorteil, sprich sein Acker, will und dem umfassenden Wissen eines Philosophen.« Und wenn sich T.s Interesse mit Vorliebe der englischen Kulturgeschichte zuwendet, dann liefern ihm *Le positivisme anglais* (1864; *Der englische Positivismus*) und *Histoire de la littérature anglaise* (1864; *Geschichte der englischen Literatur*) reichlich Material, die öffentlich sanktionierte Behauptung einer französischen Kulturhegemonie anschaulich zu widerlegen.

Verrät T.s kritischer Essayismus in der Wahl der Gegenstände einerseits eine sich in der beobachtenden Distanz manifestierende Urteilskraft, so folgt seine Darstellung andererseits dem Gebot der »Einfühlung«. In seinen psychologisch scharfsichtigen und das historische Detail sicher pointierenden Essays über Saint-Simon und Balzac hat der Kritiker in einer versteckten Selbstcharakteristik das Ziel seines leidenschaftlichen, vor Einseitigkeiten und Übertreibung übrigens nicht zurückschreckenden Engagements genannt: Seine Stilistik, die virtuos alle Register vom Alltagsjargon bis zum Manierismus zieht, soll gegen alle Regeln klassischen Maßhaltens eine Schreibweise hervortreiben, deren »Schroffheit für die Gewaltsamkeit der Wahrheit« bürgt. Die Leser sind also gut vorbereitet, als 1858 *Les philosophes français du XIXe siècle* (*Die französischen Philosophen des 19. Jahrhunderts*) erscheint. Was nämlich der Titel als philosophiegeschichtlichen Abriß tarnt, ist nichts weniger als eine Streitschrift, durch die T. mit Ernest Renan zum wichtigsten Promotor des

Szientismus wird. Wie in seinen historischen Studien hält T. auch hier den Gegenwartsbezug offen. Die Präsentation der Philosophie im nachrevolutionären Frankreich gipfelt in der Abrechnung mit einem »Erziehungsmittel und Werkzeug der Regierung«, sprich dem in Schule und Universität traktierten Eklektizismus Victor Cousins. Eine Abrechnung, die die Polemik nicht scheut, um das Programm einer auf Wissen und Wissenschaft gründenden Erkenntnis darzulegen – und sei es, daß T. das pädagogische Produkt eines sich auf Prinzipien berufenden eklektizistischen Philosophierens als »Hamlet im Kleinformat« karikiert: Die Primaner von 1858, die »ein halbes Jahr lang ... entmutigt, verzweifelt, verbittert und doch das Glück herbeisehnend« stieren Blickes ein Weltsystem suchen und dabei die Worte »Gott, Natur, Menschheit, Ideal, Synthese« zwischen den Zähnen hervorstoßen, landen in den Niederungen zeitgenössischer Amüsierbetriebe – im Theater- oder an der Börse. Aus den zur metaphysischen Spekulation angehaltenen Zweiflern werden Hedonisten oder Spekulanten. Dank solcher und ähnlich bissiger Pointen gewinnt der Versuch, die Philosophie als unabhängige und strenge Wissenschaft zu definieren, eine Aktualität, die den Autor der Streitschrift fortan ins Zentrum gesellschaftspolitisch motivierter Kontroversen stellt. Wenn Paul Bourget 1889 in einem Bildungsroman die erzieherischen Folgen des Szientismus aufs Korn nimmt, dann resümiert sein genereller Immoralismusverdacht letztlich die Einwände, die 30 Jahre zuvor ein alarmierter Klerus gegen eine szientistische Programmatik vorbringt. In *Le Disciple* (1889; *Der Zögling*) wird T.s Ansatz als »Wissenschaft um der Wissenschaft willen«, die selbst tödliche Folgen ihrer Experimentierlust in Kauf nimmt, kriminalisiert. Und noch Jean-Paul Sartre läßt sich in *L'Idiot de la famille* (1971; *Der Idiot der Familie*) zu heftigen Invektiven gegen T.s »Antihumanismus« hinreißen, der ein Wissenschaftsprogramm eingeführt habe, das die sittlich-praktische Dimension ausblende, da es »den Menschen eskamotiert.«

Mittelbar trifft der Vorwurf des Existentialisten, »Taine spreche vom Menschen wie von einem Gegenstand«, die epistemologischen Vorgaben, die das Hauptwerk *De L'intelligence* (1870; *Über den Verstand*) im Zusammenschluß der Philosophie mit den zeitgenössischen Erfahrungswissenschaften festschreibt – ein »Wechsel des Gesichtspunkts«, der eine Aufwertung der philosophischen Vorgehensweise zur Wissenschaftspropädeutik der *sciences de l'homme* zur Folge hat insofern er die Frage nach der »Methode«, und damit die einer zielgerichteten Anleitung des Verstandes durch Beobachtung und Analyse, in den Vordergrund rückt. Der methodischen Orientierung entsprechend schließt T. mit dem Vorsatz, wie ein »Physiologe oder Pathologe« Fakten, also aus Beobachtung und Experiment erhellende Tatsachen und Ereignisse, zu verknüpfen anstatt »die Frage der Substanzen zu studieren«, eine transzendentale Problematik von vornherein aus. Seine Theorie der Erkenntnis ordnet sich vielmehr wie bei Condillac, auf den er sich in der Abhandlung mehrfach beruft, von außen. Ausgehend von der externen Beobachtung solcher Phänomene wie Empfindung und Erinnerung sollen die physiologischen Grundlagen mentaler Operationen wie z. B. Sinnesdaten freigelegt werden, aus denen sich das »sichtbare Ich« elementar zusammensetzt. Nicht zuletzt die erfahrungswissenschaftliche Ausrichtung der Abhandlung *Über den Verstand*, die die neuesten Ergebnisse der Psychophysiologie, Neurologie, physiologischer Optik, Sprachwissenschaft und Aphasieforschung verarbeitet, trägt zur raschen Popularität des Buches bei: Es führt den Leser an die Stätten aufsehenerregender Experimente – Jean-Martin Charcots Station an der Salpêtrière »und das Amphitheater des Vivisektionssaals« – oder ins Labor, wo er Claude Bernard beim Sezieren oder Hermann von Helmholtz beim Aufbau einer technischen Apparatur imaginär über die Schulter blicken kann. Weniger die Verschiebung von der Logik zur experimentellen Psychologie der Erkenntnis, die T. in der Formel vom »Bewußtsein als Halluzination« verdichtet, als vielmehr die auf John Stuart Mill zurückgehende Annahme, daß jede Erkenntnisoperation, gleich ob als Satzaussage oder mathematisches Kalkül, eine Verallgemeinerung aus der Erfahrung sei, ruft eine Kritik auf den Plan, die Bergson dann einschlägig unterm Stichwort des »psychophysiologischen Parallelismus« zusammenfassen wird. Sein Versuch, die von T. bei der Genese der Erkenntnis unterstellte Verbindung von Nervenreizen und Gedanken zu widerlegen, weist nun paradoxerweise nicht allein auf das Skandalon einer empirisch-physiologischen Fundierung des Erkennens, sondern trifft implizit deren spekulative Seite, die in der Überzeugung von einer alle Erscheinungen determinierenden Gesetzmäßigkeit zutage tritt. Und in der Tat: an der Naturphilosophie und den mechanistischen Parametern der zeitgenössischen Naturwissenschaften findet T., in dem die Freunde ohnehin einen verkappten Romantiker sahen, seine konzeptuelle Grenze. Nietzsche indessen, der sich mit seinem Leser und Verehrer T. soweit identifiziert, daß er dessen Kritikern ein Mißverstehen seiner eigenen »Aufgabe« unterstellt, würdigt den Überwinder eines bewußtseinsphilosophischen Paradigmas und Vordenker einer biologischen Kognitionstheorie immerhin als »den Erzieher aller *ernsteren* wissenschaftlichen Charaktere Frankreichs.«

Léger, François: Monsieur Taine. Paris 1993. – Nordmann, John Thomas: Taine et la critique scientifique. Paris 1992. – Léger, François: La jeunesse d'Hippolyte Taine. Paris 1980. – Evans, Colin: Taine. Essai de biographie intérieure. Paris 1975.

Bettina Rommel

Tauler, Johannes
Geb. um 1300 in Straßburg; gest. 16. 6. 1361 in Straßburg

»In manchem Jahr wagte ich nicht zu denken, daß ich unseres Vaters, des hl. Dominikus Sohn bin und mich für einen Prediger zu halten, da ich erkannte, daß ich dessen unwürdig bin. Und obwohl mir als Priester das Almosennehmen doch erlaubt ist, schrecke ich davor zurück. Hätte ich (nämlich) das, was ich jetzt weiß, gewußt, als ich noch meines leiblichen Vaters Sohn war: ich hätte von seinem Erbe gelebt und nicht von Almosen.« Diese persönliche Bemerkung, die unvermittelt in einer Predigt fällt, zeugt von einem selbstkritischen Verhältnis T.s zu seinem Beruf und von Zweifeln an seiner Berufung. Er faßt in ihr aber auch pointiert seine Stellung in der kirchengeschichtlichen Situation seiner

Zeit, die geprägt ist durch den von ihm selbst hautnah erlebten religiösen Aufbruch breiter Volksschichten.

T. tritt um 1315 in Straßburg ins Kloster ein. Dem einjährigen Noviziat schließen sich die üblichen sechs Jahre Studium der Logik, der Naturwissenschaften und der Theologie an. Einen akademischen Titel hat T. nie erworben, was er offenbar auch als eine bewußte Absage an die Wissenschaftsgläubigkeit spätscholastischer Theologie verstanden wissen wollte, »denn es gibt einen großen Unterschied zwischen denen, die der hl. Schrift leben, und denen, die sie nur lesen (d. h. lehren). Die sie lesen, die wollen gegrüßt und geehrt sein, sie verachten die, die ihr leben, und halten sie für Affen und verrückte Leute und verfluchen und verjagen und verdammen sie. Die aber ganz der Schrift leben, die halten sich selbst für Sünder und erbarmen sich der anderen.« Nach der Priesterweihe wird T. Prediger in seiner Heimatstadt Straßburg, wo die Dominikaner nicht nur die sieben Nonnenkonvente, sondern auch zahlreiche Beginenhäuser zu betreuen haben. In diesen Häusern haben sich Frauen zu geistlichen Gemeinschaften zusammengeschlossen, die auf ihre Weise »der Schrift leben wollen«, ohne einem der kirchlich anerkannten Orden beitreten zu müssen. Es ist kein Zufall, daß neben den Predigten, die T. als Seelsorger hier, aber auch in einer größeren Öffentlichkeit hält, keine systematischen Schriften überliefert sind: T.s Lehre ist vor allem anderen dialogisch, auf den Hörer bezogen; in der konkreten Situation der Predigt artikuliert sie sich in immer neuen Zugriffen. Nie vergißt er über der Faszination des geistlichen Lebens die Menschen, die ihm gegenübersitzen und die wissen wollen, wie sie ihren Glauben im Alltag leben können. Daher lehnt er es auch ab, »ohne Weise und ohne Wege« von Gott und der Gottesbegegnung zu sprechen, denn »das verstehen viele Leute äußerlich und werden vergiftete Menschen« – bei aller Bewunderung, die er Meister Eckhart entgegengebracht hat, eine deutliche Spitze gegen dessen Predigtstil.

Im Jahr 1339 werden die Dominikaner, die sich in der Auseinandersetzung zwischen Johannes XXII. und Kaiser Ludwig von Bayern auf die Seite des Papstes gestellt hatten, aus dem kaisertreuen Straßburg vertrieben. T. geht mit seinem Konvent nach Basel und pflegt von dort aus, gemeinsam mit dem Weltpriester Heinrich von Nördlingen, engen Kontakt zu einem größeren Kreis von »Gottesfreunden«, Männern und Frauen, deren Ziel die radikale Nachfolge Christi ist. Im selben Jahr führt ihn eine Reise nach Köln, der letzten Wirkungsstätte Eckharts, ein Anlaß, sich intensiver mit den umstrittenen Gedanken des Meisters auseinanderzusetzen, den er zu Beginn der 20er Jahre wohl noch persönlich in Straßburg kennengelernt hat. Diese doppelte Begegnung, mit Eckhart und den Gottesfreunden, wird es gewesen sein, die – vor dem Hintergrund der äußeren Erschütterung seines gewohnten Lebens – die Krise auslöste, in der T. das mystische »Stirb und werde!« unmittelbar erlebte. Ihm wird klar, daß man ein strenges Leben nach der Schrift führen kann auch außerhalb kirchlicher Organisationsformen, oder, wie er in der eingangs zitierten Predigt sagt, ohne ein »Sohn des hl. Dominikus« zu sein. Gleichzeitig wird er sich der Verantwortung bewußt, die das Predigtamt und der Beruf des Seelsorgers mit sich bringen: Selbst noch auf der Suche, unter seinen eigenen Schwächen leidend, die ihn häufig in die Gottferne, in die »Nacht« führen, wenden andere sich um Hilfe an ihn. Eine freilich legendäre Lebensbeschreibung bringt diese Erfahrung treffend auf den Punkt: Er, der eben noch lächelt über den Mann, der wissen will, was er doch nicht versteht, muß sich in dessen geistliche Obhut begeben. Es macht die unbedingte Glaubwürdigkeit der Predigten T.s aus, daß er die mögliche Erfolglosigkeit des eigenen religiösen Bemühens nicht leugnet. Von daher ist der Grund seiner Lebenslehre die Ermahnung zur Selbsterkenntnis, die ihr Ziel in der Demut hat. Sie ist es, die ihm seine Unwürdigkeit bewußt macht und ihn gerade so befähigt zur Predigt.

Wie Eckhart, dessen Einfluß durchgehend spürbar ist, scheut T. nicht davor zurück, dem bereits zum Ordenslehrer avancierten Thomas von Aquin zu widersprechen und sich – vor allem in der Anthropologie – neuplatonischer Tradition, deren Aktualität Albertus Magnus in Köln noch einmal aufgezeigt hatte, anzuschließen. So spricht er nicht nur von einem sinnlichen und einem geistigen Leben des Menschen, sondern außerdem von einem geistlichen. Dieses geistliche Leben ist der Raum, in dem die Gottesbegegnung stattfindet. Er benennt es mit zwei Begriffen, zwischen denen konsequent zu unterscheiden ist. In göttlicher Perspektive ist es der »grunt«, der sich jedem menschlichen Einfluß entzieht. In menschlicher Perspektive ist es das »gemüete«, in dem die Begegnung mit Gott vom Menschen selbst initiiert werden kann und muß: »Wenn das Gemüt geordnet und gut (auf Gott) ausgerichtet ist, so geht auch alles andere gut; und ist das Gemüt (von Gott) abgewandt, so ist alles abgewandt, ob man sich dessen bewußt ist oder nicht.« Mit dieser Unterscheidung vermeidet T. mißverständliche Aussagen über die »unio mystica«.

Vorsichtiger als Eckhart, scheint er seinen Zuhörern doch hilfreicher zu sein. Was er sagt, ist stets reflektiert auf die Brauchbarkeit für das konkrete Leben. Er weist gangbare Wege zu dem, was er den »weselichen ker«, die radikale Umkehr, nennt: die Nachfolge Christi in Betrachtung (»vita contemplativa«) und Leben (»vita activa«), und die »arebeit«, die tägliche Mühe, die ihren Sinn im Wohl des Nächsten hat. T. reagiert damit bewußt auf die soziale Wirklichkeit der aufstrebenden Städte. Er konnte so als moderne Leitfigur verstanden werden, da er, ganz im Sinne seines Ordens, nicht den gesellschaftlichen Wandel von einer pseudo-mystischen Position aus bekämpft, sondern ein neues Ethos aufzeigt. Jedoch weckt er keine falschen Hoffnungen: Ausgehend von seinem eigenen Leben, das er mit Blick auf den liturgisch-heilsgeschichtlichen Ablauf von Auferstehung, Himmelfahrt und Pfingsten verallgemeinert, betont er immer wieder: frühestens mit vierzig Jahren kann man ein »Mensch des Himmels« werden, und erst um die fünfzig herum kann einem »der Heilige Geist in der edelsten und höchsten Weise zuteil werden«.

Nach vier Jahren Verbannung kehrt T. nach Straßburg zurück, von wo aus er 1346 noch einmal nach Köln reist. Nach seinem Tod bemächtigt sich seiner sehr rasch die Legende. Seine Lebenslehre wirkt bis zu Luther und zur Mystik des Barock; aber auch der spanische Karmelit Johannes vom Kreuz greift im 16. Jahrhundert auf ihn zurück, wenn er von der Möglichkeit des Scheiterns an Gott spricht.

Gnädinger, Louise: Johannes Tauler. Lebenswelt und mythische Lehre. München 1993. – Haas, Alois M.: Nim din selbes war. Studien zur Lehre von der Selbsterkenntnis bei Meister Eckhart, Johannes Tauler und Heinrich Seuse. Freiburg (Schweiz) 1971.

Joachim Theisen

Teilhard de Chardin, Pierre
Geb. 1. 5. 1881 in Sarcenat (bei Clermont-Ferrand); gest. 10. 4. 1955 in New York

»T. war ein bemerkenswerter Pionier in dem großen Abenteuer des zeitgenössischen Denkens. Als moderner Mensch machte er den Versuch, Tatsachen und Ideen aus jedem Bereich menschlichen Wissens und menschlicher Aktivität zu integrieren, um eine neue und umfassendere Ansicht der menschlichen Bestimmung zu geben.« Gegen eine Würdigung wie diese durch den berühmten englischen Biologen Sir Julian Huxley fühlte sich die päpstliche Glaubenskongregation noch 1962 bemüßigt, einen deutlichen Kontrapunkt zu setzen. Im vatikanischen Hausblatt *Osservatore Romano* gab das »Heilige Offizium« bekannt: »Ohne die Leistung T.s auf dem Gebiet der positiven Wissenschaften beurteilen zu wollen, dürfte es klar sein, daß diese Werke in philosophischer und theologischer Hinsicht Doppelsinnigkeiten und auch schwerwiegende Irrtümer enthalten, welche die katholische Lehre verletzen.« Beide Urteile galten einem Mann, der die Existenz eines Naturwissenschaftlers und eines katholischen Theologen, eines forschenden Tatsachenmenschen und eines spirituellen Gottsuchers in seiner Person und seinem Werk zu vereinigen suchte, gemäß der Devise: »Wissenschaft und Religion sind in meinen Augen immer nur eine Sache gewesen, die eine wie die andere sind für mich die Verfolgung des gleichen Gegenstandes.«

T. war Abkömmling einer wohlhabenden französischen Landadelsfamilie und wuchs in Schloß Sarcenat (Auvergne) auf. Nach eigenem Bekenntnis bildete sich bereits in der Kindheit die »Neigung für das Notwendige, für das Allgemeine, für das ›Natürliche‹ – im Gegensatz zu dem Zufälligen, dem Willkürlichen, Gekünstelten«. Das Milieu eines katholisch-konservativen Elternhauses stellte früh die Weichen, um solches Bestreben in die Priesterlaufbahn einmünden zu lassen. Nach dem Besuch des Jesuitenkollegs Mongré bei Lyon (von 1892 bis 1897) und jesuitischem Noviziat (von 1899 bis 1901) weilte T. bis 1905 zu philosophischen Studien auf der englischen Kanalinsel Jersey. Von 1905 an war er Physik- und Chemielehrer am Jesuitenkolleg in Kairo, von 1909 bis 1912 studierte er Theologie im südenglischen Hastings; 1911 wurde er zum Priester geweiht. Von 1912 bis 1914 widmete sich T. intensiv dem Studium der Geologie und Paläontologie am Naturhistorischen Museum in Paris. Nach Unterbrechung durch den Ersten Weltkrieg – den T. als Sanitäter miterlebte –, setzte er sein Geologie- und Paläontologiestudium an der Pariser Sorbonne fort (von 1919 bis 1922).

Durch seine naturwissenschaftlichen Studien überzeugte sich T. von der Richtigkeit des evolutionistischen Weltbildes, wie es sich seit Darwins Schriften in der Forschung herausgebildet hatte. Ihm wurde klar, daß im 20. Jahrhundert die Ergebnisse der modernen Naturwissenschaft hinsichtlich der Entwicklung der Materie, des Kosmos und des Menschen unbezweifelbar geworden und in eklatanten Widerspruch zur katholischen Dogmatik geraten waren. T., der sich selbst als »Priester-Forscher« definierte, suchte sein Leben lang nach Wegen einer Synthese von christlichem Weltbild und naturwissenschaftlicher Weltbetrachtung. Entscheidend angeregt von Henri Bergsons Versuch einer Zusammenschau des christlichen Schöpfungsgedankens und der naturwissenschaftlichen Entwicklungsvorstellung (in dessen *L'évolution créatrice*, 1907), mühte sich T. um die Darlegung der Wechselwirkung von Geist und Materie, um am Ende sagen zu können: »Materie und Geist: nicht mehr zwei Dinge – sondern zwei Zustände, zwei Gesichter des einen kosmischen Stoffes.«

Wegen seines unorthodoxen Umgangs mit den kanonisierten Glaubenswahrheiten und seinem kühn entworfenen integralen Weltbild verwehrten die Kirchenoberen dem Jesuiten T. (seit 1918 war er Vollmitglied der »Societas Jesu«) den so heiß begehrten Pariser Lehrstuhl. Da T., trotz schwerer Differenzen mit Kirche und Orden lebenslang sein Gehorsamsgelübde einhielt, folgte er stets, wenn auch nicht ohne Bitterkeit, den Weisungen seiner Oberen, die ihn ab 1923 zunächst nach Fernost und in den letzten Lebensjahren in die USA ins »Exil« schickten. Von 1923 bis 1939 war T. an ausgedehnten Forschungsreisen nach China und Südostasien, nach dem Zweiten Weltkrieg in Afrika beteiligt. Von 1929 bis 1935 sowie von 1939 bis 1946 hatte er seinen ständigen Wohnsitz in Peking. T. erwarb sich in jenen Jahren den Ruf als einer der besten Kenner des ostasiatischen Raumes und seiner Fossiliengeschichte.

Während T. seine wissenschaftlichen Erkenntnisse in zahlreichen fachwissenschaftlichen Aufsätzen publizierte, verhinderte die Ordensleitung der Jesuiten zu Lebzeiten die Veröffentlichung seines umfangreichen theologisch-philosophischen Werks, das als häretisch eingestuft wurde. Zusammenfassung und Quintessenz von T.s Weltsicht und Lehre bietet sein 1938–1940 geschriebenes Hauptwerk *Le phénomène humain* (1959; *Der Mensch im Kosmos*). Entgegen einer rein materialistischen bzw. positivistischen naturwissenschaftlichen Betrachtungsweise suchte T. stets neben der materiellen »Außenseite« der Dinge auch ihre jeweilige geistige »Innenseite« mitzudenken und in sein integrales Evolutionsmodell einzubauen. Der Kosmos entwickelt sich aus einfachem Anfang (dem Punkt »Alpha«) zu einem immer komplexer werdenden System sich differenzierender Teile. Über die Etablierung des Organischen in Form von Pflanzen und Tieren (»Biosphäre«) schreitet die Evolution zur Entfaltung des Geistigen, das sich in Gestalt des menschlichen Bewußtseins global als »Noosphäre« ausbreitet. T. verwirft die kirchliche Vorstellung vom einmaligen Schöpfungsakt zugunsten der Ansicht, daß »Gott die Dinge weniger ›schafft‹, als daß er ›sie sich schaffen läßt‹«. Die Evolution des Kosmos, in deren Zenit die voll entwickelte Menschheit steht, strebt schließlich dem mystischen Punkt »Omega« zu, dem Endpunkt des Werdens, in dem sich die »Parusie«, die Wiederkunft Christi am Ende der Zeiten, vollzieht. Im kosmischen Christus verschmelzen die Individuen zu einem endgültigen »Ultra-Ego«, durch ihn wird die Evolution zu ihrer Vollendung geführt. In der Menschwerdung ereignet sich der Wendepunkt der Evolution. Die Entwicklung des Tier- und Pflanzenreichs bis zur Herausbildung des Menschen bedeutet einen fortschreitenden Differenzierungsprozeß und eine Divergenzbewegung der Individuen. Aufgabe der Menschheit ist es, in eine Konvergenzbewegung überzuleiten, in der die Atomisierung der Einzelwesen und der Kampf aller gegen alle durch die Ausbreitung des Bewußtseins stufenweise aufgehoben und auf den integrativen Punkt »Omega« hingeführt wird. Alle dabei hinderlichen Verhaltensweisen (Egoismus, Nationalismus, Rassenwahn, Krieg) fallen im Verlauf der Evolution einer wachsenden Vergesellschaftung und Vergeistigung zum Opfer. Das »Ende der Welt« ist für T. »ein Umsturz in der Gewichtsverteilung, der den endlich vollendeten Geist aus seiner materiellen Hülle löst, um ihn künftig mit seiner ganzen Schwere auf Gott-Omega ruhen zu lassen«.

Nach T.s Tod bildete sich ein internationales Komitee namhafter Wissenschaftler, Politiker und Persönlichkeiten des öffentlichen Lebens, um die kirchlich unterdrückten Werke des »Theologen der Evolution« herauszugeben und T. gewissermaßen das wissenschaftliche »Imprimatur« statt der verweigerten kirchlichen Druckerlaubnis zu verschaffen. Die Verbreitung der theologischen Schriften T.s löste in den 50er und 60er Jahren eine regelrechte »Teilhard-Welle« aus, deren Verlauf dem Verstorbenen viel Lob, aber auch manche Kritik eintrug. Auch die katholische Kirche sah sich veranlaßt, ihre strikt ablehnende Haltung zu modifizieren. Während des Zweiten Vatikanischen Konzils 1962 kam es zu einer teilweisen Rehabilitierung T.s. Und anläßlich des hundertsten Geburtstags T.s hielt der Kardinal-Staatssekretär Casaroli höchstpersönlich eine Lobrede auf T., in der von der einstigen Verfemung des unbotmäßigen Kirchensohnes nichts mehr zu spüren ist: »Eine machtvolle dichterische Intuition des tiefen Wertes der Natur, eine scharfsinnige Wahrnehmung der Dynamik der Schöpfung, eine umfassende Schau der Entstehung der Welt verbanden sich bei ihm mit einem unleugbaren religiösen Eifer.«

Löwith, Karl: Pierre Teilhard de Chardin (1962). In: Sämtliche Schriften 3. Wissen, Glaube und Skepsis. Stuttgart 1985. S. 305–330. – Schiwy, Günther: Teilhard de Chardin. Sein Leben und seine Zeit. 2. Bde. München 1981. – Cuénot, Claude: Pierre Teilhard de Chardin. Leben und Werk. Freiburg i.Br. 1966 (frz. 1958).

Walter Weber

Thales von Milet
Geb. ca. 624 v.Chr. in Milet; gest. ca. 547 v.Chr.

Th., so läßt Platon den Sokrates im *Theaitetos* berichten, sei, als er in astronomische Überlegungen versunken gewesen sei und dabei nach oben geblickt habe, in eine Zisterne gefallen. Da habe eine Magd im Spott zu ihm gesagt, daß er sich zwar darum bemühe, die Dinge des Himmels zu erkunden, das dagegen, was vor den Füßen liege, nicht bemerke. In der *Politik* des Aristoteles findet man folgende Geschichte: Die Mitbürger hätten Th. wegen seiner Armut Vorwürfe gemacht und immer wieder vorgebracht, daß Philosophie zu nichts nütze sei. Th. habe jedoch aus seiner Kenntnis der Astronomie vorausgesehen, daß eine reiche Olivenernte zu erwarten sei, und habe deshalb schon im Winter gegen eine geringe Summe sämtliche Ölmühlen im Gebiet von Milet und Chios gepachtet. Zur Zeit der Ernte, als viele sich um diese Mühlen beworben hätten, habe er sie untervermietet, dadurch sehr viel Geld verdient und gleichzeitig bewiesen, daß es für einen Philosophen äußerst leicht sei, zu Reichtum zu kommen, wenn er nur wolle; es sei jedoch nicht Reichtum, worauf ein Philosoph es abgesehen habe. Die Anekdoten spiegeln die zwei Hauptaspekte wider, die die spätere Tradition mit dem Archegeten der griechischen Philosophie verband: Einerseits sah man in ihm den weltfremden Theoretiker, der versuchte, mit seinem Verstand die Gesetze der Natur zu durchdringen und die Vielzahl der Phänomene auf eine Ursubstanz, das Wasser, zurückzuführen, andererseits den Praktiker, der seinen Verstand und sein Wissen, seine »sophía«, dazu einsetzte, im täglichen Leben Erfolg zu haben.

Diese Verbindung von Theorie und Praxis, die die antike Philosophiegeschichte Th. zuschrieb und die ihren Niederschlag in einer Vielzahl von Anekdoten fand, besonders jedoch in der Tatsache, daß man Th. zur Gruppe der »Sieben Weisen« zählte, hat ihre Wurzeln in den Aktivitäten des Th. So berichtet der Historiker Herodot, Th. habe die Sonnenfinsternis, die im sechsten Jahr des Kriegs zwischen den Lydern und Medern stattfand, den Bürgern seiner Heimat Milet vorausgesagt, und liefert damit das einzige sichere Datum aus Th.' Leben, den 28. 5. 585 v.Chr. Die Voraussage dieser Sonnenfinsternis, seine Aussage, das Urelement sei das Wasser, auf dem die Erde liege, sowie die astronomischen und mathematischen Kenntnisse, die Th. zugeschrieben werden, weisen darauf hin, daß Th. Beziehungen zur babylonischen und ägyptischen Gelehrsamkeit hatte. Welche Aussagen jedoch Th. tatsächlich gemacht hat, insbesondere, welche mathematischen Sätze (»Satz des Thales«) auf ihn zurückgehen, läßt sich bei den zahlreichen Anekdoten, die sich um seine Person ranken, und besonders aufgrund der Tendenz der antiken Philosophiehistoriker, für jedes Theorem, für jede wissenschaftliche Erkenntnis einen »Erfinder« anzusetzen, letzten Endes nicht klären. Erschwerend kommt hinzu, daß auch Aristoteles und seine Schule (vor allem Theophrast) sich bei der Rekonstruktion von Th.' ›Lehre‹ nicht auf eine Schrift des Milesiers − Th. hat nichts Schriftliches hinterlassen −, sondern nur auf die mündliche Überlieferung stützen konnten. Hinter dem dichten Schleier der Tradition zeichnen sich jedoch die Umrisse einer Gestalt ab, die die Vorgänge in der Natur und die Vielzahl der Phänomene nicht mit Hilfe des Mythos und der Götter, sondern durch die rationale Begründung, den Logos, zu erklären versuchte und die wegen dieses Bruchs mit den althergebrachten Denk- und Erklärungsweisen zu Recht als der Archeget der griechischen und damit europäischen Philosophie bezeichnet wird.

Kirk, Geoffrey S./Raven, John E./Schofield, Malcolm: Die vorsokratischen Philosophen. Stuttgart/Weimar 1994, S. 84–108. – Fränkel, Hermann: Dichtung und Philosophie des frühen Griechentums. München ³1969, S. 289–299. – Guthrie, W. K. C.: A History of Greek Philosophy. Vol. 1. Cambridge 1962, S. 45–71.

Bernhard Zimmermann

Theophrast von Eresos

Geb. 372/71 oder 371/70 v. Chr. in Eresos auf Lesbos; gest. 288/87 oder 287/86 v. Chr. in Athen

»So wollen wir denn das Größere und Ursprünglichere zurückstellen und versuchen, über das Geringere zu sprechen.« Ein solches methodisches Programm, mit dem der 24jährige Th. den empirischen Teil seines Vortrags *Über das Feuer* einleitet, ist im kleinasiatischen Assos im Kreis von Platonschülern alles andere als selbstverständlich. Die Untersuchung zeigt einen Forscher, bei dem die platonische Prinzipienproblematik als größere Aufgabe zwar noch präsent ist, der jedoch deutlich nach einem anderen Weg sucht. Schon in dieser Frühschrift ist der besondere Ansatz zu fassen, der Th. auszeichnet und seine philosophiegeschichtliche Stellung bestimmt: Ätiologie auf empirischer Grundlage und Skepsis gegenüber Spekulation. Er spricht über Feuer und Wärme, soweit sie oder ihre Auswirkungen mit den Sinnen wahrgenommen werden und unmittelbar beobachtet werden können. Platon und seinen Schülern wirft er im späteren knappen *Metaphysik-Traktat* (*Metaphysica*) vor, sie hätten ihr Programm nicht eingelöst, die Welt der Erscheinungen aus den ersten Prinzipien zu begründen. Die vorzüglichste Methode sei es statt dessen, von der Sinneswahrnehmung auszugehen und dadurch zur Erfassung der Phänomene und eventuell zu deren übergeordneten Ursachen zu gelangen.

Th., Aristoteles' Nachfolger in der Schulleitung des Peripatos und nach antikem Urteil sein hervorragendster Schüler, gehört zu den durchaus vernachlässigten Philosophen. Daran trägt nicht zuletzt die Überlieferungsgeschichte Schuld: Von den mehreren hundert Monographien, deren Titel bekannt sind, blieben vollständig nur einige naturwissenschaftliche Schriften, darunter zwei große botanische Werke, sowie die berühmten *Charaktere* (*Characteres ethici*) erhalten, daneben eine gewisse Zahl von Fragmenten. Von derselben Universalität und Interessenweite wie Aristoteles, hat er zu fast allen Gegenstandsbereichen geschrieben: zu Logik und Metaphysik, zu einer Fülle von Themen der Naturwissenschaft, zu Ethik und Politik, zu Rhetorik, Poetik, Musik, auch zu Philosophie- und Kulturgeschichte. Die pflanzenkundlichen Schriften, aufgrund derer er uneingeschränkt als Höhepunkt der antiken Botanik galt, sind erhalten geblieben, weil dieses Sachgebiet von Aristoteles nicht behandelt worden war. Stärkste Wirkung entfaltete seine 18 Bücher umfassende Darstellung der *Lehren der Naturphilosophen* (*Physikōn doxai*), auf der die doxographische Überlieferung der griechischen Philosophie von Thales bis Platon beruht.

Über sein Leben läßt sich ein anschauliches Bild gewinnen aus einer Vita, die in Diogenes Laertius' *Leben der Philosophen* erhalten ist. In wohlhabenden Grundbesitzerverhältnissen in Eresos auf Lesbos geboren, erhielt er zunächst in seiner Vaterstadt philosophischen Unterricht, ging – vielleicht mit 18 oder 19 Jahren – nach Athen, um Schüler Platons zu werden, und schloß sich nach dessen Tod der eingangs genannten Philosophengemeinschaft in Assos an. Dort begann die für ihn entscheidende enge Verbindung und Zusammenarbeit mit Aristoteles, mit dem zusammen er zum Zwecke naturwissenschaftlicher Beobachtung für einige Jahre nach Lesbos ging (345–343), dem er nach Makedonien und schließlich 335 v. Chr. nach Athen folgte. Der Peripatos entfaltete unter seiner Leitung, die er 322/21 übernahm und bis zu seinem Tode im Alter von 85 Jahren innehatte, seine größte Blüte. Er hatte im Laufe der Zeit zweitausend Schüler, darunter Demetrius von Phaleron, den zeitweiligen Regenten Athens. Th. genoß hohes persönliches Ansehen, das ihn auch vor Anfeindungen, wie einem Prozeß wegen Gottlosigkeit aufgrund seiner aufklärerischen Haltung in religiösen Dingen, schützte, und als er starb, wurde er unter großer öffentlicher Anteilnahme begraben.

In der genannten Vita wird Th. charakterisiert als außerordentlich scharfsinnig, von ungeheurem Arbeitsdrang besessen, wohltätig und gern zum Gespräch bereit. Er besaß ein hohes Sprachtalent und verdankt diesem Zug auch seinen Namen »Der göttlich Redende«: ursprünglich Tyrtamos heißend, benannte ihn Aristoteles um, wie es ausdrücklich heißt, wegen der Göttlichkeit seiner Redeweise. In dieser Anekdote, an der nicht zu zweifeln ist, kommt ein hoher Einfluß seines Lehrers zum Vorschein. Viel für Verständnis und Einschätzung Th.s hängt davon ab, wie dieses Verhältnis vorzustellen ist. Er ist zugleich Fortsetzer und Kritiker des Aristotelischen Werkes. Gegen die Auffassung seines Lehrers vom Raum als selbständiger Substanz macht er fünf Aporien geltend und schlägt statt dessen eine formale Deutung als Ordnungsprinzip der Dinge hinsichtlich ihrer Lage vor. Auch gegen ein platonisches Element wie Aristoteles' komplizierte und nicht widerspruchsfreie Theorie vom unbewegten Beweger erhebt er Einwände. An seinen logischen Schriften, von denen einige Fragmente erhalten sind und mit denen er zum Wegbereiter der stoischen Logik wird, läßt sich deutlich die charakteristische doppelte Tendenz ablesen, einerseits zu systematisieren, andererseits ontologische Elemente weiter zurückzudrängen. Aufgrund solcher kritischer Auseinandersetzung wird er später von den kaiserzeitlichen Aristoteleskommentatoren herangezogen und dabei selber paraphrasiert oder kommentiert – eine wichtige Quelle unserer Fragmente. Schulintern ist die Kritik an seinem Lehrer von großer Wirkung: in seiner vereinheitlichenden und vereinfachenden Bearbeitung der Aristotelischen Vorlesungsskripten wird jener fortan gelesen und studiert.

Gewaltiger Arbeitseifer ist der zweite hervorstechende Zug, den die Vita nennt. Führt der Drang zur empirischen Erfassung der Wirklichkeit, zum Sammeln und Aufnehmen von Daten, zu zahlreichen Gemeinschaftsunternehmen mit Aristoteles, so liegt im Bereich der Biologie eine regelrechte Arbeitsteilung vor: Jener übernimmt den zoologischen, Th. den botanischen Anteil und legt den Grund zu seinen beiden großen Werken *Historia plantarum* und *De causis plantarum*. Methodisch seinem Lehrer folgend, klassifiziert er in der ersten Schrift das Material, während er in der zweiten die Erscheinungen und Funktionen zu begründen sucht, freilich ohne Anspruch auf eine einheitliche Gesamttheorie. Th.s Leistung besteht im erstmaligen Entwurf einer Morphologie, indem er nach Gattungen und Arten gliedert, konstitutive Teile wie Blattform, Wurzelstock, -knolle, -zwiebel unterscheidet, schließlich einzelne Prozesse wie Keimung, Wachstum, Blüte systematisch behandelt. Über die erste Pflanzenmorphologie der Neuzeit von Conrad Gessner, die in Anlehnung an die *Historia plantarum* entstanden ist, hatte er starken Einfluß auf die große pflanzenkundliche Sammlung des Aristotelikers und Arztes Andrea Cesalpino (1583), den Carl von Linné als seinen wichtigsten Vorläufer betrachtete.

Zeitlebens unverheiratet, um sich ganz der Forschung widmen zu können, begründet Th. seine Haltung in einer Schrift *Über die Ehe*. Obwohl Warnungen vor den Unbilden der Ehe im Athen des ausgehenden vierten Jahrhunderts ein zeittypisches Phänomen sind, läßt sich darin zugleich ein Reflex auf ein Problem seines Arbeitsstils und der Richtung, die er der peripatetischen Philosophie gab, erkennen. Seine Neigung zu empirischen Untersuchungen beschleunigt die schon bei Aristoteles angelegte Entwicklung zu Einzelwissenschaften; der Spezialisierung zum Trotz jedoch treibt er die Forschung auf sämtlichen Wissensgebieten voran: er repräsentiert das Paradox eines fachwissenschaftlichen Universalisten. Das Feld der empirischen Fakten freilich ist prinzipiell unbegrenzt, und so gibt er in einem Brief zu erkennen, daß es ihn angesichts des dauernden Flusses und Fortschritts der Forschung Mühe kostet, eine Untersuchung als abgeschlossen zu betrachten und publikationsreif zu machen. Eine seiner Lieblingswendungen, die er fortwährend auf den Lippen führt, lautet: » Ein kostbarer Aufwand ist die Zeit«; und wenn er nach 65jähriger Forschungstätigkeit stirbt, klagt er die Natur an, die dem Menschen nur ein so kurzes Leben gebe, daß er kaum bis an die erste Schwelle der Erkenntnis gelangen könne.

Aus Th.s Testament, das im Anhang der Vita überliefert ist, spricht eine Persönlichkeit, die in wohlwollender Fürsorge Details des Alltags vorausbedenkt und zugleich die Dinge realistisch einzuschätzen weiß. Von einem scharfen psychologischen Blick zeugen auch die *Charaktere*, mit denen Th.s Name in erster Linie verbunden zu werden pflegt, obgleich sie eigentlich nur eine Studie und Stoffsammlung darstellen; in 30 ethopoietischen Skizzen werden Verfehlungen vorwiegend sozialer Natur mit Witz und ohne erhobenen Zeigefinger dargestellt. Die Einstellung des Empiristen, die Wirklichkeit zu beobachten und sie dabei zu nehmen, wie sie ist, erstreckt sich in gleicher Weise auf Naturphänomene wie auf die Sphäre menschlichen Verhaltens. Th.s eher deskriptive als normative Ausrichtung der Ethik erfuhr heftige Angriffe seitens der Stoiker, deren utopischer Radikalismus sich in der Folge als von weit größerer Breitenwirkung erwies: Leitvorstellung des Hellenismus wurde das Ideal eines allen Umwelteinflüssen enthobenen absoluten Weisen, nicht Th.s lebensnahe Einrechnung der Wirklichkeit mit ihren stets wechselnden Umständen und menschlichen Unvollkommenheiten.

Gaiser, Konrad: Theophrast in Assos. Zur Entwicklung der Naturwissenschaft zwischen Akademie und Peripatos. Heidelberg 1985. – Wöhrle, Georg: Theophrasts Methode in seinen botanischen Schriften. Amsterdam 1985. – Wehrli, Fritz: Theophrast. In: Flashar, Hellmut (Hg.): Die Philosophie der Antike. Bd. 3: Ältere Akademie – Aristoteles – Peripatos. Stuttgart 1983.

Gregor Vogt-Spira

Thomas von Aquin

Geb. 1224 oder 1225 in Roccasecca bei Aquino; gest. 7. 3. 1274 in der Abtei Fossanuova

Th. stellt einen Höhepunkt mittelalterlicher Theologie dar. Er zählt aber zugleich zu den bedeutendsten Gestalten der Philosophiegeschichte. Die Vorstellung, das mittelalterliche Denken sei ein Weg auf ihn hin gewesen und nach ihm zerfallen, ist allerdings heute weithin aufgegeben worden. Man hat eine Reihe anderer mittelalterlicher Philosophen in ihrer unverwechselbaren Eigenständigkeit genauer kennen und die Bedeutung ihrer Denkanstöße schätzen gelernt. Dennoch bleibt Th. wegen seiner die Gegensätze umfassenden Integrationskraft, aber auch wegen der Originalität seines Denkens und der Breite der von ihm behandelten Probleme ein Klassiker der Philosophie.

Th. wird mit Recht eine wichtige Rolle bei dem Prozeß einer vertieften Aneignung des Aristoteles im Westen Europas zugeschrieben, an der sich im 13. Jahrhundert die Geister schieden. Aristoteles bedeutete für diese Zeit die Möglichkeit, weltliche Wirklichkeit, wie sie in sich selber ist, in inhaltlicher Fülle und in einer Vielfalt von Wissensbereichen mit der Vernunft durchdringen zu können. Aristoteles war ein Name, der für diese weltliche Vernunft vor allem in Hinsicht auf ihre philosophischen Ansprüche stand. Vorher hatte unter der Führung eines weithin neuplatonisch verstandenen Christentums eine Betrachtung der Welt vorgeherrscht, wonach sie vor allem als Spur und Bild Gottes angesehen werden muß, voller symbolischer und allegorischer Beziehungen ist und den Menschen auffordert, über das Materielle hinauszugehen, um zum Ursprung der Welt zurückzukehren. Vor allem die Teilhabe des Schönen in der Welt an der Urschönheit Gottes sollte den Menschen zu einem solchen Aufstieg seiner geistigen Seele anrufen. Jetzt aber tritt die Welt selbst in ihren Strukturen, Verhältnissen, Wesenheiten und ihrem eigenen Sein stärker in den Blickpunkt. Aristoteles – das bedeutete in dieser Hinsicht Physik, Logik, Ethik, Politik, Biologie, Poetik, Ökonomie, aber auch Metaphysik, verstanden als Ontologie, als Lehre vom Seienden und seinen Gründen. Die gesamte Lebenswelt des Menschen mit ihren verzweigten Erfahrungen, Möglichkeiten und Fragen tritt so in den Horizont der Wissenschaft ein.

Unter diesen neuen Perspektiven wurde das Verhältnis von Glaube und Vernunft problematisch. Sie miteinander zu verbinden, war ein altes Programm mittelalterlichen Denkens. Trotz nicht unerheblicher Einsprüche waren die meisten Denker dieser Epoche der Meinung, Vernunft und Glaube müßten als sich ergänzende Größen angesehen werden. Denn die Vernunft vollende sich im Glauben und dieser sei erst voll bei sich selbst, wenn er durch die Vernunft interpretiert werde. Der Glaube, zunächst durch Tradition und die sie vertretenden Autoritäten angenommen, ist auf der Suche nach seiner Aneignung durch die Vernunft. Jetzt, im Zeichen des Aristoteles, tritt dem Glauben ein selbständiges Feld von Erfahrung, Wissen und wissenschaftlichen Methoden gegenüber. Glauben und Wissen treten auseinander und laufen Gefahr, sich gegeneinander abzukapseln. Dabei ist zu bedenken, daß dies zu einer Zeit geschieht, in welcher die Universitäten entstehen, das städtische Bürgertum an wirtschaftlicher Macht und politischem Einfluß gewinnt, und sich die europäischen Nationalstaaten herausbilden. Die neugegründeten Bettelorden des Franziskus und Dominikus versuchen den Protest von Katharern, Waldensern und anderen Gruppen gegen die Verweltlichung der Kirche auf deren eigenen Boden zurückzuholen, um ihn dort fruchtbar zu machen. Auch spitzt sich der Kampf zwischen Kaiser und Papst erneut zu und die Auseinandersetzung mit dem Islam bleibt akut. Es ist also eine Welt voller Spannungen, in welcher sich das Denken des Th. vollzieht: Das christliche Selbstverständnis der mittelalterlichen Gesellschaftsordnung ist in Gefahr. Zugleich melden sich kraftvolle Erneuerungsbewegungen zu Wort, welche dem ursprünglich verstandenen Evangelium Gehör zu verschaffen suchen. Und in dieser selben Zeit bricht mit dem Aristotelismus eine Möglichkeit der Vernunft auf, von der konservative Kreise befürchten, sie werde ein geistiges Klima mit sich bringen, in welchem der Glaube keine Bedeutung mehr hat, der Mensch sich ganz auf sich selbst stellt und sich auf die neu entdeckte Weltlichkeit konzentriert.

Angesichts dieses zeitgeschichtlichen Hintergrundes wird die Radikalität deutlich, mit welcher Th. sein Lebensprojekt beginnt. Er stammt aus einer zu Sizilien gehörenden italienischen Region. Der Vater Landulf, entstammte dem sizilianischen Adel, und seine Mutter Theodora war wahrscheinlich normannischer Herkunft und stammte aus Neapel. Th. wird bereits mit 5 Jahren in das berühmte Benediktinerkloster auf dem Monte Cassino gebracht, um dort seine Bildung zu erfahren. Die Familie hatte offenbar ehrgeizige Pläne mit ihm im Rahmen der Ausweitung ihrer Macht und der Stärkung ihres Ansehens in der feudalen Gesellschaft. Th. vereitelt, z. T. unter dramatischen Umständen, diese Absichten. Nach einem Studium in Neapel, wo er bereits auf Aristoteles aufmerksam wird, tritt er mit 19 Jahren in den von Dominikus gegründeten Predigerorden ein. In ihm erhält er die Möglichkeit, die für ihn kennzeichnende Synthese zu vollziehen. Sie umspannt mit Th. als Angehörigem eines Bettelordens die Radikalität eines an den Maßstäben des Evangeliums ausgerichteten Lebens und die Vernunft, wie sie durch Aristoteles repräsentiert wurde.

Freilich führt es in die Irre, die philosophische Leistung des Th. einzig auf dem Gebiet der Aristotelesrezeption und im Versuch zu sehen, Aristoteles und das Evangelium miteinander zu verbinden. Er war nämlich durchaus in der Lage, dem Wort seines Lehrers Albertus Magnus zu entsprechen: Derjenige sei der Größte in der Philosophie, der beide Philosophien zu vereinigen vermag, nämlich die platonische und die aristotelische. Insofern ist seine Stellung in der damaligen Situation dadurch ausgezeichnet, daß er nicht nur Vernunft und Glaube in eine Synthese zu bringen vermochte, sondern auch die Tradition und das Neue, welches sich in der Zeit ankündigt und sein Recht verlangt. Dabei hat er allerdings keineswegs nur bereits Vorhandenes in eine Synthese gefügt, sondern durchaus eigenständige Perspektiven eröffnet. So läßt er sich nicht so leicht einordnen, wie es manchmal dargestellt wird. Th. kann nur von der eigenen Prägung her aufgefaßt werden und von seinem eigenen Standort. In ihn fügt sich sowohl das Platonische wie das Aristotelische ein.

Th. hatte das Glück, in Paris bei einer der bedeutendsten Erscheinungen seines Jahrhunderts studieren zu können, bei Albertus Magnus. Ihm folgt er nach Köln, als dieser dort eine Ordenshochschule der Dominikaner aufbauen soll. Im Jahre der Grundsteinlegung des Kölner Doms 1248 finden wir Th. in Köln. Heute sehen wir sein Relief, zusammen mit dem von Albertus und von Duns Scotus, am Südportal des Kölner Doms. Es handelt sich um ein Werk von Ewald Mataré, an dessen Emailleteilen J. Beuys mitgearbeitet hat. Th. promovierte 1252 in Paris. Dort lehrt Th. am Mittelpunkt des damaligen Europa, der Universität in Paris, zweimal je drei Jahre als Magister (1256/59 und 1269/72), eine Ehre, welche außer ihm im Mittelalter nur dem Meister Eckhart zuteil geworden ist. Th. leitete für zwei Jahre die Ordenshochschule Santa Sabina in Rom. Die Päpste Urban IV. und Clemens IV. holen ihn an ihren Hof. 1272 kehrt er mit dem Auftrag, eine weitere Schule aufzubauen, in seine engere Heimat, nach Neapel, zurück. 1274 stirbt er auf dem Wege zum Konzil in Lyon. Mehrere Monate vor seinem Tod hat er die Arbeit an seinem schriftstellerischen theologisch-philosophischen Werk eingestellt. Daher ist sein bekanntestes und einflußreichstes Werk, die *Summe der Theologie*, Fragment geblieben. Der Grund für den Abbruch war vielleicht eine Erkrankung als Folge der außergewöhnlichen Anstrengungen, denen sich Th. unterzog. Er mußte Lehre, Organisation von Studien, eine große Leidenschaft der Suche nach der Wahrheit, die Tätigkeit als Autor eines schriftstellerischen Werkes von großen Ausmaßen, das Predigen und die Teilnahme an öffentlichen Diskussionen und die Mitwirkung am Streit hinsichtlich der Rolle der Bettelorden sowie des Aristotelismus in seiner Lebensführung vereinigen. Das bedeutete ein auch in physischer Hinsicht totales Engagement. Allerdings hat er das Ende seiner Wirksamkeit als Autor auch noch anders begründet. Er erklärte gegenüber seiner Schwester: »Alles, was ich geschrieben habe, erscheint mir wie Stroh im Vergleich zu dem, was mir jetzt offenbart wurde.« Über den Inhalt dieser Schau wissen wir nichts. Wir dürfen aber wohl annehmen, daß sie sich auf das bezog, was Th. als Denker durch alle Einzelfragen hindurch als sein eigentliches Thema in Atem hielt: die Erkenntnis der Wirklichkeit aus ihrem ersten Ursprung und auf ihren allesumfassenden Sinn hin. Diese umfassende Wahrheit hat er als das Verlangen namhaft gemacht, welches allem menschlichen Erkenntnisstreben innewohnt, und den Menschen zum Glück der Weisheit gelangen läßt. Ihr ist zugleich eine den Menschen übersteigende kosmische Bedeutung zuzeigen: Indem der Mensch die Wahrheit des Universums im Lichte seines göttlichen Ursprunges erkennt, verwirklicht er das »Gut des Universums«, seinen Sinn.

Vergegenwärtigen wir uns in einem Überblick das Werk des Th., so sind zunächst die beiden Summen zu erwähnen, die *Summa theologiae* (1266–73) und die *Summa contra gentiles* (1261–64), die Summe gegen die Heiden, die auch philosophische Summe genannt wird. Daneben stehen zahlreiche Kommentare zu Aristoteles, Boethius, Dionysios Areopagita, der im Mittelalter als Vermittler eines christlichen Neuplatonismus von großem Einfluß war, zum *Liber de causis*, dem berühmten Buch von den Ursachen, zu den Evangelien und anderen biblischen Büchern. Von philosophischer Bedeutung sind auch die *Quaestiones disputatae* (Aufzeichnungen von öffentlichen Diskussionen). Hier sind zu nennen: *De veritate – Über die Wahrheit*

(1256–59); *De potentia* – *Über die Macht* (1265–66); *De malo* – *Über das Übel* (1266–67). Daneben stehen noch andere Abhandlungen mit philosophischen Themen. Vor allem sind zu erwähnen *De ente et essentia* – *Über das Sein und das Wesen* (1253–55); *De unitate intellectus contra Averroistas* – *Über die Einheit des Intellektes gegen die Averroisten* (1270).

Im Zusammenhang mit den Auseinandersetzungen um den Aristotelismus in Paris wurden 1277 auch einige Thesen des Th. vom dortigen Bischof Tempier verurteilt. Trotzdem erfolgt 1332 die Heiligsprechung. Dabei hatte man nicht nur sein Leben in evangelischer Armut und seine persönliche Spiritualität vor Augen. Man dachte auch an seine Lehre, wegen welcher er schon im Mittelalter den Titel »Doktor communis« (»Der allgemeine Lehrer«) erhielt. Allerdings hat sein Werk trotz des hohen Ansehens, welches es in der katholischen Kirche genoß, nicht die Wirkungsgeschichte erfahren, die es verdient hätte. Denn in die thomistischen und neuthomistischen Schulen flossen rationalistische Verengungen, aber auch Absolutheitsansprüche ein, die Th. selbst fremd waren. Erst nachdem in den letzten Jahrzehnten die offizielle Bedeutung des Neuthomismus, welche er im vergangenen Jahrhundert erlangt hatte, stark in den Hintergrund gedrängt wurde, zugleich aber die Erforschung des mittelalterlichen Denkens erhebliche Fortschritte machte und Bemühungen einsetzten, das Denken des Th. zu dem der Neuzeit und des 20. Jahrhunderts in Beziehung zu setzen, wird seine überragende Bedeutung als Metaphysiker, Anthropologe, Ethiker und Sozialphilosoph wieder deutlicher.

Was die Metaphysik angeht, so ist zunächst auf das Verständnis des Seins bei Th. hinzuweisen. Es gilt ihm nicht als der allgemeinste und leerste Begriff, sondern als das schlechthin Vollkommene und Erfüllte. Denn es umschließt schlechthin alles. Es gibt keinen Gegensatz, der nicht vom Sein eingeschlossen würde, keine Qualität, die es nicht in sich trüge, keine Natur und kein Wesen, die nicht an ihm Teil hätten. Allerdings besitzt keines der begrenzten Seienden, von denen die Welt erfüllt ist, die volle Verwirklichung des Seins. Sie alle stellen nur Ausschnitte, Aspekte des Seins dar, sind nicht das Sein, sondern haben nur Sein. In sich gründende, absolute, unbegrenzte Fülle hat das Sein nur in dem durch sich selbst existierenden Sein, Gott. Sein besagt für Th. keineswegs bloßes Vorhandensein, totes Ansichsein oder Existieren als eine Eigenschaft, welche dem Seienden neben anderen zukommt. Alle Seienden vollziehen vielmehr ihr Sein in einer ihnen immanenten, in sich selbst zukommenden Tätigkeit. In ihr beziehen sie sich nicht auf andere Dinge, sondern auf sich selbst. Sie verwirklichen sich, indem sie ihre Einheit ausbilden, in sich selber Stand fassen und sich in den Zusammenhang der Seienden hineinstellen. Daher heißt Sein im Aufgehen in die Welt zugleich Rückgang in sich selber. So ist das Sein der Akt, durch den das Seiende ist und darf nicht mit ihm verwechselt werden. Durch den Seinsakt wird eine bestimmte Wesenheit (z. B. Mensch, Rose, Esel) in individueller Konkretheit verwirklicht. Im Vollzug der Realisierung der Wesenheit im Seinsakt steht das Seiende in Analogie zu Gott, entspricht in seiner endlichen und begrenzten Weise des Seins der unbegrenzten Aktualität des göttlichen Seins. Gott, der das Sein selbst ist, teilt den Geschöpfen ihr je eigenes Sein als Abbild und Gleichnis seines eigenen Seins mit. Dieser Schöpfungsakt, als Seinsmitteilung verstanden, geschieht in jedem Augenblick, solange das Geschöpf existiert. Daher ist Gott in jedem

Seienden anwesend als sein schöpferischer Grund, ohne zu einem Teil, einer Eigenschaft oder Fähigkeit des Seienden zu werden. Bemerkenswert ist auch die Lehre des Th. von den Transzendentalien. Diese sind die Bestimmungen, welche allen Seienden zukommen, weil sie das Sein selbst prägen. Jedes Seiende ist eine Einheit, vollzieht einen Seinsakt und realisiert eine Wesenheit. Alles was ist, steht außerdem in Beziehung zum erkennenden Geist. Die Übereinstimmung von Geist und Sein heißt Wahrheit. Alle Seienden sind gleichursprünglich mit ihrem Sein wahr, weil sie für den Menschen erkennbar und durch das schöpferische Erkennen Gottes immer schon erkannt sind. Sie heißen gut, weil sie gewollt, erstrebt, bejaht, geliebt werden können. Umstritten ist, ob Th. auch das Schöne als eine transzendentale Bestimmung des Seins angesehen hat. Man muß diese Frage wohl bejahen, weil er das Schöne auf der Ebene der Transzendentalien behandelt, wenn er erklärt, daß es dem Guten den Bezug zum Wahren hinzufüge, weil es als Wahrgenommenes gefällt, so Erkenntnis und Wille in eins bindet und dadurch erst dem Wahren und Guten seine Anziehungskraft verleiht.

Die Lehre des Th. vom Menschen steht in einer engen Beziehung zur Metaphysik. Denn für den Menschen ist das Sein das Erstbekannte. Alle seine Fragen und Antworten bewegen sich immer schon in einem Offenbaren, das in seiner Unbegrenztheit immer auch verborgen bleibt, eben dem Sein. Wer fragt, setzt in seinem Unwissen um das Gefragte doch bereits das Wissen um das Sein voraus. Weil er Seinsverständnis besitzt, ist der Mensch grundsätzlich für alle Seienden und Seinsregionen offen. Daher gehört es zu seiner Bestimmung, mit allem übereinkommen zu können und so in gewisser Weise alles zu werden. Dem Menschen eröffnet sich das Sein grundsätzlich in der Welt, und zwar im sinnlich gegebenen Gegenstand. So ist der Mensch für Th. beides in einem: Seinsverständnis, das ihn über alles Seiende ins Unbegrenzte transzendieren läßt, und Hinwendung zur sinnlichen Erfahrung. In diesen Grundzügen verwirklicht der Mensch sein Wesen, nämlich als Person die Einheit von geistiger Seele und Materie, geistbeseelter Leib zu sein. Bei Th. zerfällt der Mensch nicht in zwei Substanzen, Seele und Leib, sondern ist die Einheit, welche durch seine Form, die Geistseele als Lebensprinzip seines Leibes, und die Materie gebildet wird. Als diese Einheit ist der Mensch Person. In ihr gewinnt seine vernunfthafte Natur Individualität und Selbststand. Dieser erreicht in der Freiheit seine höchste Vollkommenheit. Vernunft und Freiheit bestimmen die Lehre des Th. von den Tugenden, den menschlichen Handlungen und dem Gesetz. Th. hat einen doppelten Begriff vom Frieden entwickelt: den sozialen Frieden auf der Grundlage der Gerechtigkeit und als Identität des einzelnen Menschen, welche seine Kommunikation mit anderen und die gemeinsame Beziehung auf Gott umgreift.

Scherer, Georg: Philosophie des Mittelalters. Stuttgart 1993. – Pieper, Josef: Thomas von Aquin. Leben und Werk. München ³1986. – Pöltner, Günther: Schönheit. Eine Untersuchung zum Ursprung des Denkens bei Thomas von Aquin. Wien/Freiburg/Basel 1978.

Georg Scherer

Thomas von Kempen

Geb. 1379 oder 1380 in Kempen/Niederrhein; gest. 25. 7. 1471 in Kloster Agnetenberg bei Zwolle

Die Bürger von Kempen verehren in Th. den größten Sohn ihrer Stadt. Das im Jahre 1659 gegründete Gymnasium der Stadt erhielt nach ihm den Namen »Thomaeum«. 1836 wurde in Kempen der Thomasverein gegründet. Dessen Mitglieder wollten Th. ein Denkmal setzen. Dies wurde 1901 in der Nähe seines Geburtshauses enthüllt. Es zeigt Th. sitzend: in der rechten Hand hält er eine Schreibfeder und in der linken das Buch *Die Nachfolge Christi* (*De imitatione Christi*, vor 1420). So viel Beachtung findet nicht jeder Philosoph in seiner Heimatstadt. Bei dieser Verehrung für ihren großen Sohn würden die Kempener jeden Zweifel daran, daß *Die Nachfolge Christi* tatsächlich von Th. verfaßt wurde, zurückweisen. Doch deutet alles darauf hin, daß die ursprüngliche Fassung von Geert Groote stammt, dessen geistliches Tagebuch, das er bei den Kartäusern schrieb, als Grundstock für die *Nachfolge Christi* gilt. Die spröde Schrift wurde in immer neuen Kopien bearbeitet und dabei oft verändert. Aus der Überarbeitung des Th. aus dem Jahre 1441 entstand die Fassung, die jahrhundertelang das wichtigste christliche Erbauungsbuch war und in viele Sprachen übersetzt wurde. Es besteht die nicht überprüfbare Auffassung, daß es nach der Bibel das Buch mit der größten Verbreitung war. Aber auch heute noch hat dieses Buch viele Freunde; Papst Johannes Paul I. las es 1978 auf dem Sterbebett.

Th. wurde 1379 oder 1380 als Thomas Hemerken in Kempen geboren und war Sohn einfacher Handwerksleute. 1393 begann er sein Studium in Deventer und trat 1399 in das Kloster der Regulierten Augustiner Chorherren auf dem Agnetenberg in Zwolle ein. Im Jahre 1406 wurde er Subprior des Klosters, in dem er 1471 auch starb. Man sagte ihm nach, er sei ein Mensch gewesen, der immer gern für sich allein mit einem Buch war. Neben dem normalen Klosterdienst war er mit dem Abschreiben von Büchern beschäftigt und fertigte neben drei anderen auch eine illuminierte Bibelabschrift an. Ein Schriftenverzeichnis aus dem 15. Jahrhundet weist 38 eigenständige Schriften des Th. aus. In die Geschichte aber ging er als Bearbeiter der letzten Fassung der *Nachfolge Christi* ein, einem Buch, von dem der heilige Franz von Sales sagte, daß es mehr Menschen heiligte, als es Buchstaben hätte. Im Gegensatz zu streng wissenschaftlichen Werken der Scholastik hat es einen von affektiver Frömmigkeit geprägten Stil.

Der große Erfolg dieses Trost- und Erbauungsbuches hat zwei Gründe: Wenn der sündige Christ verzweifelt war über seine Unzulänglichkeit, dann konnte er von Th. erfahren, daß er nicht der einzige sei, der sündige, sondern daß es zum Menschsein gehöre, zu sündigen und zur Sünde versucht zu werden, daß dies also ganz normal sei: »Es ist kein Vollkommener so vollkommen, kein Heiliger so heilig, daß er nicht manchmal noch zum Bösen versucht würde. Ein Mensch sein und ohne alle Versuchung bleiben, das ist schlechterdings nicht möglich.« Der Mensch müsse diese »Last des gebrechlichen Lebens tragen lernen«.

Der zweite Grund des Erfolges liegt darin, daß Th. versucht, eine Frage zu beantworten, welche die Menschen im Mittelalter bewegte: »Wenn Gott vollkommen ist, wie kann dann das Böse in die Welt kommen?« Die Antwort von Th. ähnelte der des Augustinus und war damit gegen Boethius und Johannes Eriugena gerichtet. Für Th. gilt es als falsch, die Existenz des Bösen zu leugnen. Der Mensch ist seiner Natur nach sündig, bedingt durch die Erbsünde und »gedrückt vom Erbschaden der menschlichen Natur«. Durch seine Unvollkommenheit in dieser Hinsicht unterscheidet er sich vom vollkommenen Gott. Allerdings kann der Mensch von der Unvollkommenheit zur Vollkommenheit hinstreben. Kein Heiliger ist als Heiliger auf die Welt gekommen, sondern nur dadurch, daß er sich in der Versuchung bewährt habe, ist er gut geworden: »Alle Heiligen mußten sich durch viel Trübsal und Anfechtungen durchkämpfen, und sie sind nur in dieser großen Kampfschule so gut und groß gereift.« Und nur, weil es die Sünde überhaupt gibt, kann man alle Sünde auf sich nehmen, so wie Christus es getan hat. Ihm soll man in dieser Hinsicht nachfolgen. Diese Einsicht gab dem Buch den Namen *Nachfolge Christi.*

Dieses Buch war aber nicht nur ein christliches Erbauungsbuch. Es muß als historischer Versuch verstanden werden, die Wissenschaften, die einen universalen Rationalismus zu entfalten begannen, in die Schranken zu verweisen. So nahm es eine ganz besondere Aufgabe in der abendländisch-christlichen Geschichte wahr. Mit dem Aufkommen der modernen Wissenschaft, deren Erkenntnisse auf Empirie beruhten, sah die Kirche das feststehende kosmologische Wissenschaftssystem, das sich auf Gott als Mittelpunkt und Antwort aller Fragen gründete, in Frage gestellt und damit auch den Glauben. Die Stellung des Menschen zu Gott war verunsichert und in Gefahr. Die christliche Kritik an Wissenshochmut oder Gelehrtendünkel – wie es damals hieß – forderte nun dazu auf, zur Heiligen Schrift und zur Einfalt des Herzens zurückzukehren. Diesen Ratschlag gibt die *Nachfolge Christi.* Diese Schrift ist deshalb als eine Mahnung an die Wissenschaftler der damaligen Zeit zu verstehen. Sie richtete sich damit aber auch gegen die kirchlichen Philosophen der modernen Richtung, beispielsweise gegen den Franziskaner Wilhelm von Ockham. Für dessen Wissenschaftsverständnis war es überflüssig, Aussagen auf die Wesensgründe der Dinge zurückzuführen oder auf die Ideen Gottes. Seine Wissenschaft basierte auf empirischen Aussagen, sein Glaube auf der Allmacht Gottes. So trennte er streng zwischen Glauben und Wissen. Mit seinem Buch spricht Th. daher auch eine noch heute – oder erst recht heute – gültige Mahnung aus: Wir müßten nicht nur danach fragen, was wir wissenschaftlich-technisch machen *können*, sondern wir müßten auch fragen, ob wir es machen *dürfen*: »Laß ab von der überspannten Wißbegier . . . Besser wenig Wissenschaft mit viel Demut, als große Reichtümer von Wissenschaft mit viel Selbstgefälligkeit besitzen . . . Alle menschliche Vernunft und alle vernünftige Erforschung soll dem Glauben demütig nachfolgen, soll ihm nicht voran laufen, noch weniger ihn brechen.«

Thomas von Kempen: Das Buch von der Nachfolge Christi. Bearbeitet und mit einem Forschungsbericht versehen von Walter Kröber. Stuttgart 1984. – Thomas von Kempen – Beiträge zum 500. Todesjahr. Herausgegeben von der Stadt Kempen. Kempen 1971.

Detlef Horster

Thomasius, Christian
Geb. 1. 1. 1655 in Leipzig; gest. 23. 9. 1728 in Halle

»Von der Geschicklichkeit, die Wahrheit durch eigenes Nachdenken zu erlangen«, handelt das erste Hauptstück der *Vernunftlehre*, die Th. 1691 in Halle veröffentlichte. Der Horizont seines philosophischen Denkens ist damit präzise umrissen. Eine auf die praktischen Erfordernisse des Lebens ausgerichtete Weisheits- und Tugendlehre, erlernbar für jedermann – nicht mehr, aber auch nicht weniger sah Th. als Summe und Zweck allen Philosophierens an. Die Betonung indes lag auf dem »eigenen Nachdenken«. Und wie Th. damit umging, das versetzte nicht nur die akademische Prominenz seiner Zeit in Wut und Schrecken, sondern sicherte ihm auch einen unvergänglichen Platz in der Geistesgeschichte der deutschen Aufklärung, weit über die theoretische Bedeutung einzelner Schriften hinaus.

– Wahrhaft »ätzend« muß Th. auf die Professoren der damaligen Leipziger Universität gewirkt haben: Der junge Privatdozent betrat das Katheder nicht im Talar, sondern gekleidet als »galant homme«, mit Federhut und Kavaliersdegen; seine erste Vorlesung galt Hugo Grotius und Samuel Pufendorf, den verhaßtesten Feinden der Leipziger Theologen. Die sofort einsetzenden Versuche, den Störenfried bei der kursächsischen Obrigkeit anzuschwärzen und von der Universität zu entfernen, stießen jedoch auf Schwierigkeiten. Th. entstammte selbst einer der angesehensten Leipziger Gelehrtenfamilien. 1655 als Sohn des berühmten Jakob Th. geboren, der Leibniz zu seinen Schülern zählte, aufgewachsen im Milieu des protestantischen Bildungsbürgertums, nach untadeligem Studium zum Doktor beider Rechte promoviert, war der rebellische junge Gelehrte mit allen theologischen Spitzfindigkeiten und rhetorischen Kniffen seiner Gegner bestens vertraut. Daß er sich neun Jahre lang an der Leipziger Universität, dem Zentrum der protestantischen Orthodoxie, halten konnte, verdankte er nicht nur diesen Fähigkeiten, sondern auch dem Offensivgeist, mit dem er den auf Ketzerei und Atheismus lautenden Angriffen Paroli bot.

Für das Sommersemester 1687 kündigte er eine Vorlesung in deutscher Sprache an – eine Herausforderung angesichts der Tatsache, daß das schwarze Brett einer deutschen Universität kaum je durch ein deutsches Vorlesungsprogramm entweiht worden war, zugleich eine scharfe Attacke gegen das Bildungsmonopol der nur lateinisch kommunizierenden akademischen Hierarchie. Die nächste Provokation folgte auf dem Fuß. 1688 antwortete Th. auf das gegen ihn entfesselte Kesseltreiben mit der Herausgabe einer Monatsschrift *Schertz- und Ernsthaffter, Vernünftiger und Einfältiger Gedancken über allerlei Lustige und Nützliche Bücher und Fragen.* Zwei Jahrgänge dieser »Monatsgespräche« konnten erscheinen. Ihr Verdienst, die erste wissenschaftliche Zeitschrift in deutscher Sprache zu sein, wird nicht dadurch geschmälert, daß sie zugleich – lange vor den moralischen Wochenschriften – das Fundament für ein journalistisches Feuilleton in Deutschland legten. Denn Th. ließ es nicht dabei bewenden, wichtige Bücher des In- und Auslandes zu rezensieren; er nutzte seine Zeitschrift auch für satirische Ausfälle gegen das, was er am meisten haßte: »die Pedanterei und Heuchelei, die den Titel der Gelehrsamkeit und Tugend mißbrauchen« (Vorrede zur Ausgabe Januar 1689).

Besonders diese den galanten französischen Roman parodierenden Publikationen fuhren wie ein Wirbelwind in die staubtrockene Leipziger Gelehrtenwelt. Verschlüsselt, aber mit beißendem Hohn porträtierte er die Barbons und Tartuffes unter seinen Professorenkollegen; und er schrieb und druckte einen kleinen Roman, der Aristoteles, den Papst der protestantischen Schulweisheit, als zwielichtig-opportunistische Figur dem Gelächter preisgab. Das war endgültig zu viel. Eine aus ganz anderem Anlaß angezettelte Intrige, in die sich auch die dänische Hofdiplomatie einschaltete, wurde für Th. lebensgefährlich. Bei Nacht und Nebel flüchtete er im März 1690 nach Berlin. Prompt richtete ihm Friedrich III., der Kurfürst von Brandenburg und spätere König in Preußen, eine Professur in Halle ein, was der Gründung einer neuen Universität gleichkam. Schon zwei Jahrzehnte später hatte die Hallesche Gelehrtenschule, die Th. aufbaute, die alte Leipziger Alma Mater an Ansehen und Zulauf weit überflügelt.

»Das Licht der Natur und das Licht der Offenbarung«, schrieb Th. schon in einer seiner ersten Publikationen (*Institutiones jurisprudentiae divinae*, 1682), »sind verschiedene Quellen; die Theologie ist aus der Schrift, die Philosophie aus der Vernunft herzuleiten. Der Zweck der Philosophie ist das irdische Wohlsein des Menschengeschlechts, der Zweck der Theologie das himmlische.« Fußend auf der Naturrechtslehre, wie sie von Grotius und Pufendorf schon vor ihm ausgearbeitet worden war, bestritt Th. energisch den Anspruch der Theologie, höchste Autorität in Fragen der Philosophie und der Wissenschaft sein zu wollen. Unter dem Einfluß des Pietismus und seiner Freunde August Hermann Francke und Philipp Jacob Spener milderte Th. zeitweise die Schärfe seiner Polemik, nahm diesen Anfall von Reue aber zurück, als er bei den Pietisten zunehmend doktrinär-autoritäre Züge feststellte. In Grundfragen seines aufklärerischen Programms blieb er fest: in seiner Forderung nach einer Trennung von Kirche und Staat, christlicher Moral und profanem Recht, auch in dem, was er als Philosoph und Pädagoge lehrte. Wo er sich selbst bei Schwankungen zwischen Autoritätsgläubigkeit und »eigenem Nachdenken« ertappte, räumte er seine Irrtümer in öffentlicher Selbstkritik ebenso schonungslos ein, wie er seine Kritik gegen andere vorbrachte. So geschehen nicht nur in seiner Affäre mit dem Pietismus, sondern auch in der Angelegenheit, die ihn für die Nachwelt besonders verehrungswürdig gemacht hat: In einem juristischen Gutachten, das er bei einem Hexenprozeß 1694 in Halle ablieferte, plädierte er für die mildeste Form der Folter; beschämt über die Ablehnung dieses Gutachtens durch seine Universitätskollegen, die auf Freispruch erkannten, gestand Th. diesen Irrtum öffentlich ein und begann mit jahrelangen Studien zur Rechtsproblematik der Hexenprozesse. Seine 1703, 1712 und 1723 dazu veröffentlichten Schriften waren theologisch, juristisch und historisch so überzeugend, daß sie die Abschaffung des grauenhaften Folter- und Prozeßterrors gegen angebliche Hexen förmlich erzwangen.

Als Th. 1728 im Alter von 73 Jahren in Halle starb, hinterließ er kein philosophisches System, aber etwas zu dieser Zeit ungleich Wertvolleres: Jedem spekulativen Denken abhold, hatte seine Vernunft und Moral in eins setzende Lehre eine Brücke geschlagen über den Abgrund, der sich zwischen Wissenschaft und lebendiger Wirklichkeit aufgetan hatte. Anders als Leibniz, der ein tieferer Denker und zugleich geschmeidiger Hofmann war, wählte Th. den Weg der bürgerlichen Öffentlichkeit. Mehr kritischer Publizist als Philosoph, öffnete er Fenster und Türen, um einen frischen Durchzug zu ermöglichen, dem die spätere Philosophiegeschichte Außerordentliches verdankt.

Lieberwirth, Rolf: Christian Thomasius. Sein wissenschaftliches Lebenswerk. Eine Biographie. Weimar 1955. – Fleischmann, Max: Christian Thomasius. Leben und Lebenswerk. Halle 1931.

Dietrich Kreidt

Tocqueville, Alexis Henri Clérel de
Geb. 29. 7. 1805 in Paris; gest. 16. 4. 1859 in Cannes

»Ich kam am Ende einer langen Revolution zur Welt, die den alten Staat zerstört und nichts Dauerhaftes begründet hatte. Als ich anfing zu leben, war die Aristokratie schon gestorben und die Demokratie noch nicht geboren … Ich befand mich, mit einem Wort gesagt, zwischen Vergangenheit und Zukunft so gut im Gleichgewicht, daß ich von Natur und Instinkt aus keiner von beiden zuneigte, und brauchte keine großen Anstrengungen zu machen, um beide Seiten mit ruhigen Augen betrachten zu können.« Geboren unter den Schatten der Revolution von 1789, wird T. Augenzeuge der Revolutionen von 1830/31 und 1848. Die permanenten Umbrüche verschmelzen ihm zum Bild einer unaufhaltsamen, die Gesellschaft und den Einzelnen verändernden Revolution – »denn es gibt nur *eine* Revolution, die durch ihre verschiedenen Schicksale hindurch die gleiche bleibt, eine Revolution, deren Anfänge unsere Väter sahen und deren Ende, wenn die Wahrscheinlichkeit nicht trügt, wir nicht sehen werden.« So T. später in seinen *Souvenirs* (posthum 1893; *Erinnerungen*). Diese Passage von der vergehenden zur vage sich abzeichnenden modernen Welt zu erhellen, wird T. s. Lebenswerk sein.

Seine Familie, Glied in der Kette eines normannischen Adelsgeschlechts, hängt an der alten Welt. Die Mutter ist Enkelin von Malesherbes, Verteidiger Ludwig XVI. vor dem Revolutionstribunal. Malesherbes wie auch sein Sohn werden hingerichtet, aber T. s. Eltern können aus der Gefangenschaft befreit werden. Die Familie ist von der Revolution unmittelbar betroffen – die Geschehnisse weben sich in ihren Geschichten fort. Bis 1820 wird T. durch Abbé Lesueur erzogen – liebevoll, streng katholisch, auch im Geist von Blaise Pascal und Jacques-Bénigne Bossuet. 1821 tritt er in die Rhetorikklasse des Collège Royal von Metz ein, wo er eine natur- und geisteswissenschaftliche wie philosophische Ausbildung erhält. Dort regen sich erstmals Zweifel gegenüber den ihm bislang selbstverständlichen Sichtweisen seiner Welt, der Welt der Aristokratie. Zweifel, die ihn nicht mehr loslassen und, in

Verbund mit seiner schwächlichen Konstitution, immer wieder in Melancholie, aber auch in wachsende Distanz zur alten Welt stürzen. Gleichzeitig wandelt sich sein Glaube; es bleibt die Annahme einer die Geschichte mit unabänderlicher Notwendigkeit durchwaltenden Vorsehung im Sinne Bossuets, innerhalb derer jedoch dem Menschen die Würde und Verantwortung zukommt, sein Schicksal in die Hand zu nehmen und zu gestalten. Von 1823 bis 1826 absolviert er in Paris ein Jurastudium; ein Jahr später ist er Hilfsrichter am Gericht zu Versailles. In diesem Amt, auf Drängen seiner Familie, aber ohne Begeisterung, übernommen, erwirbt T. praktische politische und juristische Kenntnisse auf Verwaltungsebene. Er kann dabei an Erfahrungen anknüpfen, die sein Vater in seiner Präfektenlaufbahn gesammelt hatte.

Die Julirevolution von 1830 versetzt der Juristenkarriere eine jähe Wendung. T. sieht die Gesellschaft des Mittelmaßes anbrechen. Zwar leistet er noch den von den Seinen verweigerten Eid auf den Bürgerkönig, doch verschafft er sich mit seinem Freund und Kollegen Gustave de Beaumont den offiziellen Auftrag, in Vorbereitung einer in Frankreich anstehenden Reform des Gefängniswesens eine Studienreise in die USA zu unternehmen, deren Strafvollzugssystem als vorbildlich galt. Diese Reise, der viele andere folgen, soll räumliche Distanz und Antwort darauf bringen, wie eine große Republik möglich ist, in der sich Freiheit und Gleichheit glücklich verbinden. Die Freunde halten sich 1830/31 in der Neuen Welt auf. Impressionen von Land und Leuten, Gespräche mit Repräsentanten aus Politik und Recht hält T. minutiös in seinen Reisenotizen fest. Wieder in Frankreich, arbeiten Beaumont und T. zunächst an ihrer Studie über das amerikanische Gefängniswesen, die 1833 unter dem Titel *Du système pénitentiaire aux Etats-Unis et de son application en France* (*Amerikas Besserungssystem und dessen Anwendung auf Europa*) erscheint, und an der Beaumont den Hauptanteil hat.

Doch für T. ist das wichtigste Reiseergebnis das Buch *De la démocratie en Amérique* (*Über die Demokratie in Amerika*), dessen erster Band 1835, der zweite 1840 erscheint, und das John Stuart Mill als das erste große, der Demokratie in der Neuzeit gewidmete Werk der politischen Philosophie würdigt. Grundproblem der Schrift ist die T. seit geraumer Zeit beschäftigende Frage nach dem Verhältnis von Freiheit und Gleichheit. Seine Diagnose: Seit Jahrhunderten vollzieht sich unaufhaltsam ein Prozeß zunehmender Gleichheit der Lebensbedingungen der Menschen. Diese Egalisierung jedoch bringt nicht per se einen Freiheitsgewinn mit sich. Vielmehr besteht die Gefahr, daß zunehmende Gleichheit und Individualismus über die Abnahme der in der aristokratischen Gesellschaft noch garantierten sozialen Bindungen in Gleichgültigkeit gegenüber dem Gemeinwohl, in Interesse- und Verantwortungslosigkeit des Einzelnen an politischen Belangen umschlagen. In diesen Tendenzen, mit denen T. als einer der ersten Grundprobleme moderner Massendemokratien aufdeckt, sieht er Gefahren für die Demokratie, Möglichkeiten ihres Umschlagens in einen für die damalige Zeit neuartigen Despotismus. Dieses Modell der Aushöhlung des öffentlichen Raums, des Abbaus der intermediären Schichten und damit der gemeinsamen Sache (res publica) als Möglichkeitsbedingung von Despotie, das T. von seinem Vorbild Montesquieu übernimmt, greifen, unter wieder neuen Kontexten, Hannah Arendt, Michael Walzer und andere in ihren politischen

Philosophien auf. Obzwar in der Rezeptionsgeschichte immer wieder von liberaler Seite her vereinnahmt, ist T. mit dieser Kritik am Individualismus einer der frühen Kritiker des Liberalismus: Die ihm so heilige Freiheit ist nicht die Freiheit des ›Laissez faire – laissez aller‹.

Doch ist es T.s politisches Anliegen, mit seinem Werk derartigen Gefahren entgegenzuwirken und Gegentendenzen aufzudecken, die, im politischen Handeln geschickt genutzt, das Schicksal wenden können. Solche Gegentendenzen entdeckt er in den USA, ja das politische System der USA wird ihm zum Modell einer funktionierenden Republik. Wiederum von Montesquieu ausgehend, sieht er einen engen Zusammenhang von politischem System einerseits und Sitten, Gebräuchen, Gewohnheiten der Menschen andererseits. Erst wenn das politische System in letzteren verankert ist, wenn es in den alltäglichen Verhaltensweisen der Menschen beständig umgesetzt wird, komme ihm Stabilität zu. Die Analyse der Sitten ist ihm Mittelpunkt seines Denkens:»Sollte es mir nicht gelungen sein, im Laufe dieser Arbeit die Bedeutung fühlen zu lassen, die ich der praktischen Erfahrung der Amerikaner, ihren Gewohnheiten, ihren Meinungen, mit einem Wort ihren Sitten für die Erhaltung ihrer Gesetze zuschreibe, so habe ich das Hauptziel verfehlt, das ich mir bei ihrer Abfassung vornahm.« In seiner Analyse akzentuiert nun T. die eher gemeinschaftsstiftenden und insofern dem Individualismus entgegenwirkenden Sitten der amerikanischen Bevölkerung. So spricht er der Religion eine politische Funktion zu, genauso wie unterschiedlichsten Formen von Vereinen, die die Verantwortung für öffentliche Belange übernehmen und zwar oftmals nicht derart effizient wirken wie eine Zentrale, jedoch den Einzelnen in den öffentlichen Raum integrieren. Ähnlich deutet er die Geschworenengerichte. Und er ersetzt Montesquieus Tugendbegriff, von jenem noch in klassischer Tradition als soziomoralisches Fundament der Republik aufgefaßt, durch die der modernen Gesellschaft eher angemessene Vorstellung vom wohlverstandenen Eigeninteresse, derzufolge der Einzelne seine Ziele nur über die Vermittlung der Gemeinschaft realisieren kann. Am Ende des zweiten Bandes formuliert T. seine düstere Vision vom modernen Despotismus, die ihn zum Propheten totalitärer Entwicklungen im 20. Jahrhundert werden ließ: Über den gleich und gleichgültig gewordenen Menschen erhebe sich »eine gewaltige, bevormundende Macht, die allein dafür sorgt, ihre Genüsse zu sichern und ihr Schicksal zu überwachen. Sie ist unumschränkt, ins einzelne gehend, regelmäßig, vorsorglich und mild.« Auf sanfte Art schränke dieser despotische Souverän den Raum des freien Willens ein und lasse die Menschen schließlich »zu einer Herde ängstlicher und arbeitsamer Tiere« werden, »deren Hirte die Regierung ist.« T. ist kein Gegner der Demokratie wie etwa Edmund Burke. Auch wenn er gefühlsmäßig der alten Gesellschaft verbunden bleibt, ist er der Überzeugung, daß sich die demokratische Gesellschaft unausweichlich herausbildet in der Art einer Vorsehung. Doch deckt er ihre problematischen Potenzen auf und nimmt dabei Einsichten vorweg, die Max Weber an der Wende zum 20. Jahrhundert bei seiner Analyse von Disziplinierungseffekten moderner Bürokratien gewinnt, die die Einzelnen ihrer Freiheit und Verantwortung für die Gesellschaft berauben.

Immer wieder ringt T. mit dem Problem, neue Phänomene mit tradierten Begriffen ausdrücken zu müssen.»Eine völlig neue Welt bedarf einer neuen politischen Wissenschaft«, schreibt er in der Einleitung zu *De la démocratie en Amérique*, und in diesem Verständnis seiner eigenen Aufgabe empfindet er oft Unbehagen darüber, seine Anschauungen sprachlich nicht vollständig vermitteln zu können – etwa die Vision des modernen Despotismus. Sein Buch aber ist ein großer Erfolg. 1838 wird er Mitglied der Académie des Sciences morales et politiques, 1841 der Académie française. In England wird er unmittelbar von J. St. Mill rezipiert und unterstützt, und in den USA wird sein Modell als Selbstbild der amerikanischen Gesellschaft übernommen.

Der Amerika-Aufenthalt bringt noch einen anderen Umschwung mit sich: T. enschließt sich, seine Geliebte Mary Mottley zu heiraten. Der Name sagt es: Sie entstammt englischem bürgerlichem Hause. In seinen Kreisen durchaus nicht selbstverständlich, wird T. dieser Schritt wohl auch durch seine Erfahrungen mit weitaus emanzipierteren Umgangsformen in der Neuen Welt möglich. T. ist nicht nur als Politik-Wissenschaftler zu verstehen. Auch als Politiker ist er aktiv. Seit 1839 ist er Abgeordneter seiner Heimat Valognes im Parlament und wirkt dort in der linken Mitte. Unzufrieden mit seiner Rhetorik, nimmt er des öfteren die Stellung eines Experten zu Sachfragen ein, etwa wenn es um das Strafrechtssystem, die Frage der algerischen Kolonie oder, während der Zweiten Republik, um einen neuen Verfassungsentwurf geht. 1849 wird er zum Außenminister ernannt. Ende Oktober von Louis Napoléon wie alle Minister entlassen und unter Vorahnung der folgenden politischen Prozesse, zieht er sich auch aus gesundheitlichen Gründen mehr und mehr aus dem politischen Leben zurück und widmet sich wieder seiner schriftstellerischen Tätigkeit.

Ab 1850 arbeitet er an seinen *Souvenirs* (*Erinnerungen*), dem eher persönlich gehaltenen Zeugnis der Revolution von 1848 aus der Sicht eines teilnehmenden Beobachters, in dem brillant Porträts von Zeitgenossen und Zeitgeschichte ineinander verwoben sind. Das größere Projekt dieser Zeit des inneren Exils jedoch ist die Arbeit an einer Schrift, die 1856 unter dem Titel *L'Ancien Régime et la Révolution* (*Der alte Staat und die Revolution*) veröffentlicht wird. Schon 1836 hatte T. für J. St. Mills Zeitschrift *London and Westminster Review* die Abhandlung *L'Etat social et politique de la France avant et après 1789* (*Die gesellschaftliche und politische Ordnung Frankreichs vor und nach 1789*) verfaßt, an die er nun anknüpfen kann. Neben der Orientierung an schon veröffentlichten Werken zur französischen Revolution ist ihm auch hier Montesquieu Vorbild, diesmal dessen historische Schriften. Auf der Basis der Analyse von Dokumenten aus der vorrevolutionären Zeit sucht T. den Nachweis dafür zu erbringen, daß, im Gegensatz zu Behauptungen sowohl von Kritikern als auch Befürwortern der französischen Revolution, dieselbe nur auf der Oberfläche der Phänomene einen absoluten Bruch mit der Vergangenheit bedeute; daß vielmehr sowohl auf mentaler als auch politischer und administrativer Ebene in der nachrevolutionären Zeit an Prozesse angeknüpft wurde, die schon weit vor der Revolution abliefen. So stünde die Zentralisation von Staat und Verwaltung nach 1789 in Kontinuität mit den absolutistischen Strukturen des Ancien Régime. Wie schon in *De la démocratie en Amérique* geht er auch hier auf die problematischen Konsequenzen der Zentralisation ein. Im dritten Buch setzt er sich mit der Rolle der französischen Philosophen in der Zeit vor der Revolution auseinander und deckt in ihrer Distanz zur praktischen Politik sozialstrukturelle Grundlagen der Abstraktheit und Radikalität ihrer Entwürfe auf. Diese Ausführungen können durchaus als erste Formen einer Soziologie der Intellektuellen gelten. Raymond Aron würdigt T. als Begründer der Soziologie neben Auguste Comte und Karl Marx; habe Comte bei seiner Diagnose der modernen Gesellschaft der Industrie, Marx dem Kapitalismus den Vorrang eingeräumt, so stehe für T. die Demokratie im Mittelpunkt. Wilhelm Dilthey schätzt ihn als größten Analytiker der politischen Welt neben Aristoteles und Machiavelli. Die Fülle empirischen Materials, praktische Erfahrungen in Verwaltung und Politik, vielfältige Reisen im europäischen, nordamerikanischen und nordafrikanischen Raum gestatten ihm, seine geschichtsphilosophischen Anschauungen fundiert, lebendig, oftmals komparatistisch darzulegen. Auf dieser Basis gelangt T. zu Diagnosen und Prognosen über die sich herausbildende Moderne, die noch heute in Erstaunen versetzen. Zwischen Vergangenheit und Zukunft situiert, läßt er sich schwerlich nur bestimmten politischen oder wissenschaftlichen Parteiungen zuordnen.

Hereth, Michael: Tocqueville zur Einführung. Hamburg 1991. – Jardin, André: Alexis de Tocqueville. Leben und Werk. Frankfurt am Main/New York 1991. – Aron, Raymond: Hauptströmungen des soziologischen Denkens. Bd. 1: Montesquieu, Auguste Comte, Karl Marx, Alexis de Tocqueville. Köln 1971. – Mayer, Jacob Peter: Alexis de Tocqueville. Prophet des Massenzeitalters. Stuttgart 1955.

Effi Böhlke

Topitsch, Ernst
Geb. 20. 3. 1919 in Wien

In seinem Buch *Stalins Krieg. Die sowjetische Langzeitstrategie gegen den Westen als rationale Machtpolitik* (1985) spannt T. einen weiten lebensgeschichtlichen Bogen. Wie er in der Einleitung mitteilt, nahm im Sommer 1941 als Soldat der deutschen Wehrmacht am Überfall auf die Sowjetunion teil. »Die Division, welcher der Verfasser angehört hatte, ist in Stalingrad zugrundegegangen, ihn selbst hat ein glücklicher Zufall vor diesem Schicksal bewahrt.« Dieses Erlebnis des Zweiten Weltkrieges, durch das er mitten in die weltgeschichtliche Dynamik der gegenwärtigen Epoche hineingerissen wurde, weckte in T. den Wunsch, »sich später mehr Klarheit über die Gründe und Hintergründe des Geschehens zu verschaffen, das er damals blind über sich ergehen lassen mußte«. Dieser Wunsch nach geistiger Klarheit blieb unerfüllt. Das Buch *Stalins Krieg*, das die »politische Tiefenstruktur« des Zweiten Weltkrieges bloßzulegen beansprucht, dokumentiert das Scheitern von T. als Philosoph. Statt unsere Zeit gedanklich zu durchdringen und auf den Begriff zu bringen, mystifiziert, verklärt, verfälscht er wesentliche historisch-politische Tatbestände und gesellschaftliche Triebkräfte. Wie bereits der Buchtitel anzeigen soll, habe nicht Hitler-Deutschland den Zweiten Weltkrieg entfesselt; T. behauptet, »daß der ganze Krieg in seinem politischen Kern ein Angriff der Sowjetunion gegen die westlichen Demokratien war, bei dem Deutschland und später auch Japan dem Kreml nur als militärische Werkzeuge dienten«. Mit seinem extrem antikommunistischen Geschichtsbild stellt T. Tatsachen auf den Kopf. Die Überfallenen werden zu Aggressoren, die Opfer zu Tätern. Beweiskräftige Dokumente werden ersetzt durch wahnhaft anmutende Konstruktionen, die dem »dämonischen Georgier« Stalin übermenschliche Fähigkeiten zuschreiben. Als Virtuose der »Psychostrategie« habe er eiskalt den faschistischen Todfeind bis dicht vor Moskau eindringen lassen, um den von ihm selbst geschaffenen Mythos vom »heimtückischen und wortbrüchigen Überfall auf die arglose und friedliebende Sowjetunion« glaubwürdiger vor aller Welt verkünden und dahinter den eigenen Angriff »gegen den Westen« vertuschen zu können. In diesem Zusammenhang behauptet T., daß Europa – trotz aller von Hitler befohlener und zu verurteilender Verbrechen – »dem Opfergang des deutschen Soldaten auch einiges verdankt«. So schließt sich der Kreis autobiographischer Selbstrechtfertigung. Bar jeglichen Unrechtsbewußtseins blickt T. auf seine Teilnahme am Unternehmen »Barbarossa« zurück, das der von Lenin entworfenen Langzeitstrategie zur »Unterwerfung« des kapitalistischen Westens Widerstand geleistet habe. Solcher Widerstand sei auch heute notwendig, da der sowjetische Totalitarismus unverändert die Freiheit bedrohe.

Mit *Stalins Krieg* hat T.s Entwicklung zu einem Hauptrepräsentanten des deutschsprachigen Neokonservatismus, ja zu einem akademischen Vorkämpfer der Neuen Rechten einen Endpunkt erreicht. Bestimmte theoretische Ansätze, die sein Werk insgesamt prägen, werden darin besonders deutlich: die grandiose Überschätzung der Rolle der Persönlichkeit in der Geschichte; damit verbunden: die exzessive Psychologisierung gesellschaftlicher Prozesse; die Verfemung der Dialektik als manipulativer »Wunderwaffe« und »Leerformel«. Gleichwohl darf von diesem Buch nicht voreilig auf das ganze Lebenswerk geschlossen werden. Nicht von Anfang an hat T. »Aufklärung als konservative Aufgabe« begriffen, wie er 1973 programmatisch einen Artikel in der *Frankfurter Allgemeinen Zeitung* überschrieb. Nicht von Anfang an hat er klotzigen Antimarxismus und grobschlächtigen Antikommunismus vorgetragen. Der Übergang von einer liberalen zur konservativen Phase wurde ausgelöst durch Konflikte des Ordinarius T. mit der antiautoritären Studentenrevolte von 1967/68. Aus dem unruhigen Heidelberg, wo er seit 1962 die Tradition Max Webers auf einem Lehrstuhl der Soziologie fortzusetzen suchte, wich er 1969 in das abgeschiedene Graz aus und übernahm dort eine Professur für Philosophie.

Abgesehen von den hochschulpolitischen Aspekten dieses Ortswechsels haben sich sein Bildungsweg und die akademische Karriere in unauffälligen Bahnen vollzogen. Der Sohn eines katholischen Lehrerehepaars begann 1937 mit dem Studium der Altphilologie, Geschichte und Philosophie. 1938 wurde er – nach der gewaltsamen Eingliederung Österreichs in das faschistische Deutsche Reich – zur Wehrmacht eingezogen und nahm aktiv am Zweiten Weltkrieg teil. Er promovierte 1946 über das Geschichtsverständnis des Thukydides. 1951 habilitierte er sich für das Fach Philosophie mit der Arbeit *Das Problem der Wertbegründung*, betreut von Victor Kraft, einem der wenigen in Österreich überlebenden Angehörigen des neopositivistischen Wiener Kreises. Seitdem lehrte er als Privatdozent, von 1956 an als außerplanmäßiger Professor in seiner Heimatstadt Philosophie, bis er 1962 nach Heidelberg berufen wurde.

T. will die Unvereinbarkeit »modernen wissenschaftlichen Denkens«, das er im entwickelten Positivismus ausgeprägt sieht, mit jeder Form von »Metaphysik«, »Weltanschauung«, »Ideologie« aufzeigen. Seine Philosophie, die ein weitgefächertes religions- und philosophiegeschichtliches Material verarbeitet, strebt nach »Entmythologisierung, Entideologisierung, Entfanatisierung«. »Wertfreie Wissenschaft« soll sich in einer »ideologiefreien Gesellschaft«, einer konfliktarmen Industriegesellschaft verwirklichen (*Vom Ursprung und Ende der Metaphysik. Eine Studie zur Weltanschauungskritik,* 1958; *Sozialphilosophie zwischen Ideologie und Wissenschaft,* 1961; *Mythos Philosophie Politik. Zur Naturgeschichte der Illusion,* 1969). Theoriegeschichtlich knüpft T. an Max Weber und betont an österreichische Denker wie Hans Kelsen, Sigmund Freud, Karl Raimund Popper an. Die Metaphysikkritik des Wiener Kreises verändert er dahingehend, Metaphysik sei nicht schlechterdings »sinnlos«, sondern »gegenstandslos«. Ihre »Scheinprobleme« verschwänden unter der ideologiekritischen Sonde konsequenter Aufklärung »von selbst«.

In der stickigen Atmosphäre christlich-abendländischer Restaurationsideologie der Nachkriegszeit trug seine Arbeit dazu bei, in aufgeschlossenen Intellektuellenkreisen Österreichs und der Bundesrepublik geistige Modernitätsrückstände aufzuholen. Die Kritik an Klerikalismus, christlichem Naturrecht und Existentialismus verlor jedoch ihre entkrampfende Funktion, als sich die politisch-historischen Rahmenbedingungen in Europa zu wandeln begannen. Nun rückte T. den Marxismus als gefährlichste Hauptform vorwissenschaftlichen Bewußtseins in den Mittelpunkt seiner Kritik. Er konstruierte eine »chronique scandaleuse der Dialektik« von Hegel zu Hitler und von Hegel über Marx zu Stalin (*Die Sozialphilosophie Hegels als Heilslehre und Herrschaftsideologie,* 1967). In sich steigernder Ausfälligkeit verteufelte er Marx als machtgierigen »Messias«, der seine destruktiven Gelüste hinter Phrasen von »Menschheitsbefreiung und Menschheitsbeglückung« versteckt habe (*Gottwerdung und Revolution. Beiträge zur Weltanschauungsanalyse und Ideologiekritik,* 1973). T. reihte sich ein in die ideologische Phalanx derer, die an der »Rekonstruktion des Konservatismus« (Gerd-Klaus Kaltenbrunner) arbeiteten. Die Arbeiten der letzten Jahre, etwa *Heil und Zeit. Ein Kapitel zur Weltanschauungsanalyse* (1990), variieren und vertiefen die bekannten theoretisch-ideologiekritischen Ansätze, ohne neue Einsichten hinzuzufügen oder Korrekturen anzubringen.

Lotter, Konrad: Einwände gegen Ernst Topitsch. In: Aufklärung und Kritik. Nürnberg 1994, 1. Jg., Nr.1, S. 14–27. – Salamun, Kurt (Hg.): Sozialphilosophie als Aufklärung. Festschrift für Ernst Topitsch. Tübingen 1979. – Kahl, Joachim: Positivismus als Konservatismus. Eine philosophische Studie zu Struktur und Funktion der positivistischen Denkweise am Beispiel Ernst Topitsch. Köln 1976. – Greiffenhagen, Martin (Hg.): Der neue Konservatismus der siebziger Jahre. Reinbek bei Hamburg 1974.

Joachim Kahl

Toynbee, Arnold Joseph
Geb. 14. 4. 1889 in London; gest. 22. 10. 1975 in York

T. ist mit seinem Hauptwerk *A Study of History (Der Gang der Weltgeschichte)*, entstanden in zwölf Bänden von 1934 bis 1961, als der Universalhistoriker par excellence des 20. Jahrhunderts ins Bewußtsein der Öffentlichkeit eingegangen. Die herausragende Leistung T.s besteht darin, daß er die Historiographie zur Kulturtheorie und Geschichtsphilosophie ausgeweitet hat. Seine akademische Karriere begann 1919, als er in London einen Lehrauftrag für Byzantinistik und neugriechische Sprache, Literatur und Geschichte erhielt; von 1925 bis 1956 hatte er dort eine Professur für internationale Geschichte inne und war gleichzeitig Direktor des »Royal Institute of International Affairs«. Einen Schwerpunkt seiner wissenschaftlichen Arbeit machte zeitlebens das antike Gesellschafts- und Geschichtsverständnis aus (*Greek Civilization and Character*, 1924; *Greek Historical Thought*, 1924; *Hellenism. The History of a Civilization*, 1959). Während der langen Entstehungszeit von *A Study of History* beschäftigte er sich auch in anderen Werken mit zivilisationsgeschichtlichen Problemen (u. a. *Christianity and Civilization*, 1946; *Civilization on Trial*, 1948 – *Die Kultur am Scheideweg*). T., der nach den beiden Weltkriegen zweimal (1919 und 1946) an Friedenskonferenzen teilnahm, um das britische Außenministerium zu beraten, war sich im höchsten Maß der zeitgenössischen, seiner Ansicht nach in den entscheidenden, d. h. für alle Menschen vitalen Bereichen, destruktiven Entwicklungen bewußt. Bis in die 70er Jahre beschrieb er warnend in einigen Büchern (u. a. *The World and the West*, 1953; *The Present-Day Experiment in Western Civilisation*, 1961 – *Die Zukunft des Westens; Surviving the Future*, 1971 – *Die Zukunft überleben*) die Diskrepanz zwischen dem rasanten technologisch-industriellen Fortschritt und dem moralischen Selbstverständnis der Menschheit, das sich auf die lebensbedrohlichen globalen Gefahren (Atomwaffen, neue Dimension der Kriegsführung) nicht angemessen einstellt. Der daraus notwendig entstehenden moralischen Rückentwicklung hält T. sein christlich-humanistisches Ethos entgegen, für ihn Handlungsgrundlage und Verpflichtung, die westliche Welt aus ihrer existentiellen Krise herauszuführen.

Sein geschichtsphilosophisches Verständnis menschlicher Zivilisation entfaltet sich in *A Study of History* überaus komplex. T.s Werk ist der Versuch, die Geschichte der Menschheit auf einen Nenner zu bringen, Geschichte als einen universalen Sinnzusammenhang zu interpretieren. Aufgrund umfassender geschichtlicher und praktisch politischer Kenntnisse und unter Berücksichtigung anthropologischer und ethnologischer Ergebnisse sucht T., die treibenden Kräfte der geschichtlichen Entwicklung der Menschheit aufzudecken. Durch das Studium aller jemals bestehenden Zivilisationen möchte er die Gesetze herausfinden, die ihren Aufstieg und Untergang bestimmen und auf diese Weise auch die Zukunftsaussichten der Zivilisation feststellen.

T. ist Anhänger der Lebensphilosophie Henri Bergsons. Für diesen wirkt eine geistige Kraft, ein »élan vital«, im Universum und erhält es nicht nur in seinem Zustand, sondern treibt seine Entwicklung voran. In der Methode ist T.s Werk ähnlich wie Oswald Spenglers *Untergang des Abendlandes* eine vergleichende Kulturmorphologie. Seiner Geschichtsanschauung liegen zwei Leitgedanken zugrunde. Das Gesetz von Herausforderung und Antwort (»challenge and response«) steuert die historischen Abläufe; die kleinste Einheit für das Begreifen der Geschichte ist nicht der Nationalstaat, sondern der Kulturkreis. T. ist wie Spengler der Überzeugung, daß die Träger der Geschichte nicht Völker, Nationen, Staaten sind, sondern die übergreifenden Kulturkreise. Aus dem gesamten Geschichtsstoff läßt sich eine Anzahl deutlich voneinander unterschiedener Kulturen herausdestillieren, deren Abläufe man miteinander vergleichen kann; so lassen sich Rückschlüsse allgemeiner Art auf die Ursachen von Enstehung, Wachstum, Niedergang und Auflösung der Kulturen gewinnen.

Seine Geschichtsbetrachtung entfaltet T. also wie Spengler als Kulturvergleich. Während aber Spengler den Ablauf der Kulturen sich zwangsläufig in einer Art biologischem Determinismus vollziehen sieht, läßt T. dagegen der menschlichen Gestaltungsfreiheit einen Spielraum. Sowohl der Zyklentheorie wie dem Evolutionsgedanken nimmt er den deterministischen Charakter, den sie bei Spengler und Herbert George Wells mit sich führen. Träger der Geschichte ist nicht ein überindividueller, sei es ein zyklischer oder linear-progressiver Vorgang, sondern immer und ausschließlich der Mensch selbst als freier, schöpferischer, sich entscheidender Wille. Daher gibt es für T. auch keine sicheren Zukunftsprognosen. Der englische Historiker erklärt mit Nachdruck, »daß man auf dem Gebiet unserer Untersuchungen nicht zwangsläufig annehmen könne, daß dieselben Ursachen auch dieselben Wirkungen erzeugen«.

Unter Kulturen im Sinne T.s sind »Hochkulturen« zu verstehen. Jede Hochkultur ist die gemeinsame Erfahrung einer Menschengruppe, ist der Versuch, das Leben auf eine höhere Ebene zu führen. Dies ist ein schöpferischer Akt, der eine qualitative Veränderung der betreffenden Gesellschaft herbeiführt. So erscheint im Zuge der Entwicklung neben dem primitiven Menschen der Kulturmensch. Diese umwälzende Veränderung kann man nur erklären durch das Gesetz von Herausforderung und Antwort. T. glaubt feststellen zu können, daß der für die Entstehung der ersten Kulturen wirksame Anreiz von einer natürlichen Umgebung ausging, die nicht besonders günstige Lebensbedingungen anbot, sondern im Gegenteil eher eine Herausforderung für den Menschen bedeutete. Alle Kulturen der zweiten und dritten Generation sind durch Adoption oder Abstammung entstanden. Hier ist es die menschliche Umgebung, die innere und äußere Spannung einer sich auflösenden Gesellschaft, von der die Impulse ausgehen, den Problemen mit neuen schöpferischen Lösungen beizukommen. Wachstum realisiert sich in einer Kette erfolgreicher Antworten auf Herausforderungen, Anrufen und Aufgaben, die sich in steigendem Maße die Gesellschaft selbst stellt, so daß sich das Aktionsfeld von der Umwelt in das Innere des Sozialkörpers verlegt. Im Falle der westlichen Kultur ist dieser schöpferische Akt die Entstehung der Kirche. Deutlich wird, daß T. seine Begriffe aus der christlichen Anthropologie gewinnt. Der Mensch als Geforderter, für den es keine neutrale Situation gibt: Aus jeder Situation hört er den Anruf heraus, jede Situation birgt in sich die Möglichkeit des Versagens und der Bewährung. Wenn Wachstum in einer Kette schöpferischer Antworten auf sich immer neu ergebende und zunehmend selbstgestellte Daseinsforderungen besteht, so ergibt sich der Niedergang aus einem Nachlassen dieser schöpferischen Potenz. T. weist alle deterministischen Erklärungsversuche zurück, die die Kulturen einem biologischen oder kosmischen Geschick unterworfen sehen; Kulturen gehen an ihrem eigenen Versagen zugrunde, nicht an Schicksalsschlägen oder Katastrophen, die über sie hereinbrechen.

Ging T. in den ersten Bänden seiner *Study of History* noch von einer philosophischen Gleichwertigkeit der Kulturen aus, so ändert er im fünften Band diese Annahme durch die Einführung eines qualitativen Prinzips, das sich in den höheren Religionen verkörpert. Als Vertreter einer höheren Art von Gesellschaften stehen diese Religionen in dem selben Verhältnis zu den Kulturen wie jene zu den primitiven Gesellschaften. T. gibt damit seine Vorstellung der zyklisch ablaufenden Geschichte auf und konstatiert stattdessen eine progressive Reihe von Weltstufen, die von den primitiven Gesellschaften über die primären und sekundären Kulturen zu den höheren Religionen aufsteigen, in denen die Geschichte ihr Endziel erreicht. Nach seinen eigenen Worten kommt das Studium der Geschichte zu »einem Punkt, wo die Zivilisation ihrerseits wie die Kleinstaaten der modernen abendländischen Welt zu Beginn unserer Untersuchung nicht sehr deutlich faßbare Studiengebiete für uns sind und ihre historische Bedeutung verloren haben, außer insofern sie dem Fortschritt der Religion dienen«. Beim Studium der Universalgeschichte ist der Religionsgeschichte der Vorrang einzuräumen: »Denn Religion ist schließlich die Aufgabe des Menschengeschlechts«, weil »Erlösung die wahre Bestimmung und der wahre Sinn des Erdenlebens ist«. Für T. erfüllt die Kultur eine dienende Funktion, indem sie dazu beiträgt, eine stets tiefere religiöse Einsicht zu wecken, mit dem Ziel, eine einzige, reife, höhere Religion hervorzubringen.

Die zyklischen Bewegungen, durch welche die Kulturen entstehen und untergehen, bilden nicht die gesamte Geschichte. Sie sind einem höheren Prinzip geistiger Universalität untergeordnet, das durch die Weltreligionen dargestellt wird. So erhält die Geschichte von neuem den Charakter eines Fortschrittes und Zweckes und wird ein geistiger Evolutionsprozeß, wie Hegel und die anderen idealistischen Geschichtsphilosophen des 19. Jahrhunderts sie aufgefaßt haben.

T.s Studie zur Weltgeschichte, seine Interpretation des kulturmorphologisch geordneten, universalhistorischen Materials, nimmt Kategorien zu Hilfe, die aus dem christlichen Verständnis der menschlichen Existenz gewonnen sind. Seine Leistung besteht darin, Wells und Spengler kombiniert zu haben, indem er beide in einem wichtigen Punkt, in ihren Aussagen über den Menschen, korrigierte. Beide hatten ihre Vorstellung des Menschen an der Natur orientiert, Wells am Gedanken der Evolution, Spengler am Gedanken eines starren zyklischen Geschichtsablaufs. T. gewinnt für sein Geschichtsbild die Dimension des Metaphysischen zurück. In der Spannung zwischen Natur und Übernatur liegt die Welt der Freiheit, die Geschichte. Macht T. die christliche Anthropologie zur Prämisse seiner Geschichtsdeutung, so steht und fällt mit deren Annahme oder Ablehnung auch T.s Werk.

Hablützel, Peter: Bürgerliches Krisenbewußtsein und historische Perspektive. Zur Dialektik von Geschichtsbild und politischer Erfahrung bei Arnold Joseph Toynbee. Zürich 1980. – Henningsen, Manfred: Menschheit und Geschichte. Untersuchungen zu Arnold Joseph Toynbees A Study of History. München 1967.

Martina Lunau

Vico, Giovanni Battista (Giambattista)
Geb. 23. 6. 1668 in Neapel; gest. 23. 1. 1744 in Neapel

Während seiner Italienreise stieß Goethe in Neapel auf die Spuren einer fast sakralen V.-Verehrung: Er bemerkte: »Es ist gar schön, wenn ein Volk solch einen Ältervater besitzt; den Deutschen wird einst Hamann ein ähnlicher Kodex werden.« Der Vergleich ist gut gewählt: Johann Georg Hamann wie V. waren Kritiker der aufklärerischen Vernunftphilosophie, in deren Bann sie gleichwohl standen und genossen in ihrem raunenden Angedenken an die Anfänge der menschlichen Kultur und Geschichte selbst legendäre Verehrung. Geboren wurde V. als Sohn eines Buchhändlers. Bei einem Treppensturz im Alter von sieben Jahren hat er sich einen Schädelbruch zugezogen, der ihn entstellte und möglicherweise für sein reizbares Wesen mitverantwortlich war. V.s Leben vollzog sich in und um Neapel. Sein Arbeitsstil war autodidaktisch. Als er zufällig eine Vorlesung über Francisco Suárez, den führenden Theologen und Philosophen der spanischen Scholastik, hörte, verließ er 1684 abrupt die Schule, um ein Jahr lang im Eigenstudium Suárez zu lesen. Sein wichtigster geistiger Vater aber ist Platon, den er in intensivem neunjährigem Studium zusammen mit den lateinischen Klassikern (Cicero, Vergil, Horaz), mit den Dichtern und Denkern der Renaissance (Boccaccio, Dante, Petrarca, Ficino und Pico della Mirandola) verschlingt. Später kommen auch Homer und Bacon sowie der Rechtsphilosoph Hugo Grotius als wichtige Ideengeber hinzu. V.s Hauptgegner aber ist Descartes, gegen den er andenkt und in dessen methodischem Bann er zugleich steht. So nutzt er die Professur für Rhetorik, die ihm 1699 in Neapel zugesprochen wird, immer wieder zu Auseinandersetzungen mit Descartes. Einen Lehrstuhl für Jurisprudenz, den er 1723 anstrebt, erhält er nicht. In den letzten Lebensjahren sehr krank und zeitweilig von Erinnerungsausfällen heimgesucht, starb V. 1744 in Neapel, wo er in der Kirche der Patres vom Oratorium beigesetzt ist.

V. wirkte vor allem über Universitätsreden und kurze, essayhafte Schriften, darunter *De nostri temporis studiorum ratione* (1709; *Vom Wesen und Weg der geistigen Bildung*), *De antiquissima Italorum sapientia ex linguae latina originibus eruenda* (1710; *Von der Weißheit der Italer aus lateinischen Quellen*), *De universi iuris uno principio et fine uno* (1720; *Von dem einen Ursprung und Ziel des Rechtes*). V.s Hauptwerk aber sind die *Principi di una scienza nuova intorno alla commune natura delle nazioni* (*Prinzipien einer neuen Wissenschaft über die gemeinschaftliche Natur der Völker*), die 1725 in Neapel gedruckt erschienen. Leben und geistigen Werdegang beschreibt er in seiner *Vita*

(1729; *Das Leben Giambattista Vicos*). – Schon in der Rede *Über den Bildungsstand in unserer Zeit* von 1709 polemisiert V. beim Vergleich der antiken mit der modernen Form des Wissens gegen den Rationalismus Descartes' und seine analytische Methode. Die Vorherrschaft der modernen Erkenntniskritik schade, zumal wenn pädagogisch zu früh vermittelt, der Entwicklung des »natürlichen Allgemeinsinns«, der Phantasie, der Entwicklung künstlerischer Interessen. Diese Kritik sollte in Deutschland später Herder aufnehmen und verbreiten. Zudem, so V., sei der Gewinn der mathematisch-geometrischen Methode auch in der Physik und in der Medizin nicht zu sehen. Generell argumentiert er für die Stärkung der Einsichtsfähigkeit in jenen Bereichen, in denen wir absolute Wahrheit nicht haben können, sondern nur »Wahrscheinlichkeit«, also für den traditionellen Bereich Rhetorik und Dialektik. Die Schrift *Von der alten Weisheit der Italer aus lateinischen Quellen* führt V. noch einen Schritt weiter zu seiner Wissenschaftskonzeption: Zum einen wird ihm, angeregt von Platons *Kratylos*, das Sprachstudium zu einem Mittel, den Anfängen der Kulturgeschichte – den ältesten in Italien angesiedelten Philosophenschulen – nachzuforschen. Zum anderen entdeckt er auf den Spuren der Renaissancephilosophie das Prinzip seiner neuen Wissenschaft: Nur dasjenige vermag der Mensch in Wahrheit zu erkennen, was er selbst gemacht hat. Und das ist die geschichtliche Welt. V. kehrt den Erkenntnisansatz der neuzeitlichen Philosophie – der Erkenntnis methodische Rekonstruktion des Objekts bedeutet – gegen deren naturwissenschaftliche Ausrichtung und erschließt so die Geschichte als ein genuines Objekt der Methode; Geschichtswissenschaft wird ihm zur einzig exakten Wissenschaft. Die Natur dagegen, so V., könne adäquat nur der erkennen, der sie gemacht hat, Gott. In seinem geschichtsphilosophischen Hauptwerk baut V. diese Gedanken aus. Allein die »geschichtliche Welt ist gewiß vom Menschen gemacht« und daher von ihm erkennbar, deren Prinzipien sogar durch reine Introspektion. Soweit denkt V. durchaus aufklärerisch. Gegen die Tendenz der Aufklärung aber nimmt er eine Umwertung vor. Nicht im reflektierenden Verstand allein steckt die Wahrheit, sondern schon in der sinnlichen Erkenntnis. Und: Nicht am Ende der Geschichte ist ihr Gipfelpunkt erreicht, sondern bereits am Anfang. In den frühesten mytho-poetischen Erfindungen der Menschen, in der – »phantasievoll und gesättigt von Anschauung« – die Welt animistisch als ein großer belebter Kosmos gedichtet wurde, steckt eine Wahrheit und Weisheit, die selbst Ausdruck der göttlichen Vorsehung ist. »Also mußte die poetische Weisheit, welche die erste Weisheit des Heidentums war, mit einer Metaphysik beginnen, zwar nicht mit einer verstandesmäßigen und abstrakten, wohl aber mit einer sinnlich empfundenen und durch Einbildungskraft erzeugten« (»sentita ed imaginata«). Darin äußert sich nach V. die »göttliche Vorsehung«, denn die Welt mußte erst einmal mythopoetisch erfunden werden, bevor sie (kritisch) gedacht werden konnte und reflexiv auf Begriffe gebracht. Die Dichtung kommt vor der Philosophie. Die Erforschung der Anfänge der Geschichte liefert somit zugleich die tiefste Einsicht in die Grundlagen der Kulturen, die nach V. zyklischen Prozessen unterworfen sind. »Daher führt unsere Wissenschaft dahin, eine ewige ideale Geschichte darzustellen, dergemäß in der Zeit die Geschichten aller Völker mit ihrem Aufstieg, Fortschritt, Blüte, Verfall und Ende ablaufen.« Die Kulturgeschichte als »Ideengeschichte«, die zumal in die kulturellen Anfänge sich versenkt, entdeckt dabei immer wieder eine durch die Vorsehung selbst eingerichtete, naturwüchsig zyklische Struktur. Es ist daher kein Wunder, daß gerade die Geschichtsphilosophie seit Herder, aber auch die Kulturphilosophie, die Poetik, Hermeneutik und die Sprachphilosophie noch immer auf V. als Ahnherrn zurückkommen. Der freilich hat im Gedanken der »Vorsehung« auch ein konservatives Element in die Deutung der Geschichte eingeführt. Ist doch Geschichte so, wie sie von der »Vorsehung« geplant verläuft, gut und »natürlich«. Und so ist es nach V. eine »Grundwahrheit« der »natürlichen Ordnung«, »daß auf der Welt immer diejenigen regieren, die von Natur aus die Besseren sind«.

Lilla, Mark: G. B. Vico. The making of an anti-modern. Cambridge 1993. – Stephan, Otto: G. Vico. Grundzüge seiner Philosophie. Frankfurt am Main 1989. – Schmidt, Richard Wilhelm: Die Geschichtsphilosophie Giambattista Vicos. Würzburg 1982. – Löwith, Karl: Die theologischen Voraussetzungen der Geschichtsphilosophie. In: Ders.: Weltgeschichte und Heilsgeschehen. Sämtliche Schriften Bd. 2, Stuttgart 1983, S. 125–149.

Silvio Vietta

Voegelin, Eric
Geb. 3. 1. 1901 in Köln; gest. 19. 1. 1985 in Stanford

In Folge des Umzuges seiner Eltern nach Wien verbrachte V. den größten Teil seiner Jugend in der österreichischen Hauptstadt und begann dort auch sein Studium, das er 1922 an der Juristischen Fakultät der Universität Wien mit einer Promotion zum Thema *Wechselwirkung und Gezweiung* abschloß. Von 1922 bis 1923 setzte V. seine Studien im Bereich der Politischen Wissenschaft und Soziologie an den Universitäten Oxford, Berlin und Heidelberg fort und wurde nach seiner Rückkehr nach Wien von 1923 bis 1924 Assistent am Lehrstuhl für Öffentliches Recht bei Hans Kelsen. Die Zeit zwischen 1924 und 1926 verbrachte V. als Stipendiat der Rockefeller Stiftung an verschiedenen amerikanischen Universitäten (Columbia, Harvard, Wisconsin und Yale) und befaßte sich hier mit amerikanischem Verfassungsrecht, Rechtstheorie, Sozialphilosophie und Wirtschaft. Diese Studien fanden ihren wichtigsten Niederschlag in dem Buch *Über die Form des amerikanischen Geistes* (1928). Im Anschluß an seinen USA-Aufenthalt arbeitete V. von 1926 bis 1927 in Paris an der Sorbonne und beschäftigte sich hier vor allem mit der Geschichte der französischen politischen Ideen. Nach seiner Rückkehr nach Wien wurde er erneut Assistent am Lehrstuhl für Öffentliches Recht, zunächst bei Hans Kelsen, später bei Adolf Merkl und Ludwig Adamovich. 1928 wurde V. zum Privatdozenten für Politische Wissenschaft und Soziologie ernannt und erhielt 1935 den Titel eines außerordentlichen Universitätsprofessors.

Nach seiner Studie *Über die Form des amerikanischen Geistes* hatte V. die Arbeiten an einem System der Staatslehre aufgenommen. Während die ersten beiden Teile zügig vorangingen, warf der abschließende dritte Teil, der den Bereich der politischen Ideen behandeln sollte, erhebliche Schwierigkeiten auf. Ausgehend von der Überlegung, daß eine systematische Staatslehre sich auf der Grundlage einer »Wesenslehre des Menschen«, d. h. aus einer philosophischen Anthropologie entwickeln muß, traten deshalb nun – in der zweiten Phase von V.s intellektueller Biographie – die Arbeiten an einer philosophischen Anthropologie in den Mittelpunkt seiner Forschungen. Da dieser Bereich von der deutschen Staatslehre weitgehend vernachlässigt worden war, begann sich V. nun zunehmend mit den Werken von Max Scheler, Helmuth Plessner und Karl Jaspers zu befassen. Die ersten Ergebnisse seiner anthropologischen und ideengeschichtlichen Forschungen veröffentlichte V. 1933 in einer systematischen Studie mit dem Titel *Rasse und Staat* und einem historischen Essay *Die Rassenidee in der Geistesgeschichte von Ray bis Carus*. In den weiteren Umkreis dieser anthropologisch und ideengeschichtlich motivierten Studien gehören auch Teile des 1936 erschienenen Buches *Der Autoritäre Staat*, das u. a. die totalitären Elemente in den politischen Ideen Europas zurückgehend bis Rousseau analysiert.

Im Zusammenhang mit seinen anthropologischen Studien war V. auf eine Vielzahl neuer Monographien gestoßen, die sich mit den religiösen Implikationen politischer Ideen befaßten. Ein erstes Ergebnis war der 1938 publizierte Essay *Die Politischen Religionen*. Ausgehend von den schon in *Rasse und Staat* als Grundlage und systematischem Zentrum einer politischen Theorie identifizierten »Existenzialerlebnissen« legte V. in ihm nun die religiösen Inhalte politischer Begriffe frei und enthüllte damit gleichzeitig den religiösen Charakter der faschistischen Massenbewegungen seiner Zeit. Bald nach der ›Angliederung‹ Österreichs an Deutschland begannen sich die persönlichen Lebensumstände V.s zu komplizieren, denn durch seine Publikationen hatte sich V. das Mißtrauen des nationalsozialistischen Regimes zugezogen. Schon bald nach dem Einmarsch deutscher Truppen in Wien hatte er deshalb Vorbereitungen für eine Übersiedlung in die USA eingeleitet, die er im Herbst 1938 angesichts einer unmittelbar drohenden Verhaftung überstürzt vornehmen mußte. Nach Lehr- und Forschungstätigkeiten an mehreren amerikanischen Universitäten erhielt V. im August 1942 eine Professur für Regierungslehre an der Louisiana State University in Baton Rouge, wo er bis zu seiner Rückkehr nach Deutschland im Jahre 1958 lebte und lehrte.

Schon bald nach seiner Ankunft in den USA hatte V. den Auftrag zu einer »History of Political Ideas« übernommen, der ihm die Möglichkeit eröffnete, seine ideengeschichtlichen Studien und Vorarbeiten für die noch immer ausstehende »Theorie des Mythos« fortzusetzen. Was sich zunächst als ein vom Umfang und Zeitaufwand begrenztes Projekt präsentiert hatte, erwies sich schon bald als ein kolossales Unternehmen, da V. zum einen die zeitliche Limitierung der konventionellen Ideengeschichte auf die Zeit zwischen der griechischen Polis und der Gegenwart durchbrach. Zum anderen hatte V. den Begriff des Politischen inzwischen soweit ausgedehnt, daß er neben den Bereichen des Rechts und der Herrschaft auch die geistigen, religiösen und historischen Dimensionen, in die die gesellschaftliche Ordnung eingebunden ist, umfaßte. In diesem Zusammenhang war es – drittens – auch zur Auflösung der konventionellen Vorstellung gekommen, daß »Ideen« ein sinnvoller Gegenstand philosophischer Untersuchungen sind; an ihre Stelle waren als primärer Gegenstand der theoretischen Analyse die »Existenzialerfahrungen« getreten sowie das Bewußtsein des Menschen, als der Ort, an dem jene Erfahrungen auftreten und von dem sie als eine die soziale Realität sowohl interpretierende wie strukturierende Kraft ausgehen. Die neuen Einsichten waren von einschneidender Bedeutung für die inzwischen weit fortgeschrittene »History«. Denn nachdem sich das konventionelle Genre der »Ideengeschichte« als theoretisch »obsolet« erwiesen hatte, mußte konsequenterweise auch das eigene Projekt abgebrochen, beziehungsweise sachlich wie systematisch dem neuen Erkenntnisstand angepaßt werden, bis erste Teile der Studien 1956 unter dem Obertitel *Order and History* erscheinen konnten.

Danach begann die dritte Phase V.s Arbeit, in der er die 1930 abgebrochenen Arbeiten an einer »systematischen Theorie der Politik« wieder aufnahm, die ihn bis zum Ende seines Lebens beschäftigen sollten. Obwohl V. diese systematische Theorie der Politik angesichts der umfangreichen, im Rahmen der »History« durchgeführten Vorarbeiten in nur wenigen Jahren zu schreiben beabsichtigte, sollte ihn ihre Ausführung bis zum Ende seines Lebens beschäftigen. Die theoretische Grundlegung des Werkes, das als eine »Wiederherstellung der klassischen, daß heißt eine Theorie der Politik in platonisch-aristotelischer Reichweite« konzipiert war, sollten vier Theoriekomplexe bilden: 1. eine Theorie der menschlichen Natur; 2. eine Theorie der politischen Gesellschaft als des Feldes, in dem sich die Natur des Menschen aktualisiert; 3. eine Theorie der historischen Zyklen, die politische Institutionen durchlaufen sowie 4. eine Theorie der Ideen als einer der konstitutiven Faktoren politischer Realität. Auf dieser theoretischen Grundlage sollte eine Typologie der historisch aufeinander folgenden politischen Kulturen von der Prähistorie bis zur Gegenwart entwickelt werden. Der breite multizivilisatorische Ansatz, der das Konzept kennzeichnet und trägt, speist sich sowohl aus der frühen Rezeption der universalhistorischen Studien Max Webers und Eduard Meyers, wie auch aus der Beschäftigung mit den Geschichtsphilosophien von Arnold Toynbee und Karl Jaspers.

Die Intention einer systematischen Theorie der Politik zeigte sich deutlich im Titel und in der Anlage des ersten Buches, das V. seit der Emigration vorlegte: *The New Science of Politics* (1952; *Die Neue Wissenschaft der Politik*). V. selbst charakterisiert das Buch, das in den USA seinen Ruf als eines Theoretikers von Rang begründete, als eine »systematische Studie zur Grundlegung einer Staatswissenschaft im platonischen Sinne (die eine Geschichtsphilosophie einbezieht)«. Der Titel signalisierte jedoch nicht nur das neue systematische Interesse, sondern war auch als Kampfansage gemeint. Denn in Anlehnung an Giambattista Vico formuliert, der seine »Neue Wissenschaft« von der Politik und Geschichte in Opposition zu Galileis »Nuova Scienza« konzipiert hatte, verstand V. die *New Science* als einen Versuch, die »Politische Wissenschaft im klassischen Sinne wiederherzustellen, im Gegensatz zu den vorherrschenden Methoden des Positivismus.« Während in den USA in der Wissenschaftsszene noch immer dominant, sah V. den Positivismus jedoch theoretisch im Werke Max Webers als zum Abschluß gekommen und damit die Zeit reif für die Erneuerung der politischen Wissenschaft. Es ist insofern kein Zufall, daß im Zentrum der *New Science of Politics* die Frage nach dem »Wesen der Rationalität« steht, deren Entdeckung und allmähliche Entfaltung ebenso wie ihre Zerstörung der westlichen Moderne in einer weltgeschichtlichen tour d'horizon entfaltet wird. Als rationalitäts- und damit zugleich theoriekonstituierend arbeitet V. dabei jene »Existentialerfahrungen«, bzw. »realen Bewegungen der menschlichen Geistseele auf das als jenseitig erlebte göttliche Sein« heraus, in denen die Seinsordnung bis in die Tiefe ihres transzendenten Grundes – und damit die Stellung des Menschen in dieser Ordnung – transparent wird. Während Rationalität aus der Akzeptanz der in diesen Erfahrungen durchsichtig gewordenen Seinsverfassung, insbesondere in ihrer Fundierung in göttlichem Sein entsteht, führt ihre Leugnung nicht nur zu einem verzerrten Bild der Realität und der Stellung des Menschen in ihr, sondern auch zu einem Verlust an Rationalität. Hatte Max Weber den Prozeß der Immanentisierung der Realität als einen Prozeß der »Entzauberung« und damit zunehmender Rationalisierung interpretiert, so erscheint er aus der Perspektive V.s als ein Prozeß wachsender Irrationalität; als geistige Verschließung und Selbstvergottung.

In der *New Science* hatte V. eine erste Skizze jener Theorie menschlicher Existenz in Gesellschaft und Geschichte vorgelegt, die er in der auf sechs Bände konzipierten *Order and History* im einzelnen auszuführen beabsichtigte, wobei 1956/57 die ersten drei Bände erschienen (*Israel and Revelation, The World of the Polis* und *Plato and Aristotle*). Wenn die für 1958 angekündigte Publikation der drei Folgebände zunächst ausblieb, so lag das sowohl an neuen Aufgaben, die sich V. stellten wie an neugewonnenen Einsichten. Die ersteren hatten sich aus seiner Umsiedlung nach München im Jahre 1958 ergeben und aus dem arbeits- wie zeitaufwendigen Aufbau eines Instituts für Politische Wissenschaft an der Münchener Universität. Die letzteren waren das Resultat einer zunehmenden Beschäftigung mit jenen Problemkomplexen, die nach der Aufgabe der »Ideengeschichte« ins Zentrum seines Philosophierens gerückt und zur theoretischen Grundlage von *Order and History* geworden waren: die Erfahrungen von Ordnung, ihre symbolischen Ausdrücke, die sie fundierenden Institutionen und schließlich die Ordnung des Bewußtseins selbst. Statt der noch ausstehenden Bände von *Order und History* legte V. 1966 als eine Art Zwischenbilanz *Anamnesis. Zur Theorie der Geschichte und Politik* vor. Hier entwickelt V. nun systematisch die These, daß die Probleme menschlicher Ordnung in Gesellschaft und Geschichte der Ordnung des Bewußtseins entspringen und daß eine Philosophie des Bewußtseins daher das »Kernstück einer Philosophie der Politik« bildet. Mit dem vor allem Platon verpflichteten Entwurf einer Philosophie des Bewußtseins ist die vierte Phase im Philosophieren V.s erreicht; die Arbeiten daran beschäftigen V. nun die beiden letzten Jahrzehnte seines Lebens und beeinflussen in zunehmenden Maße das ursprünglich *Order and History* zugrunde liegende Konzept. 1969 war V. wieder in die USA zurückgekehrt und arbeitete nun als Senior Research Fellow an der Hoover Institution in Stanford/California.

Der Einfluß der bewußtseinsphilosophischen Wende zeigte sich 1974 deutlich in dem mit 15-jähriger Verspätung unter dem Titel *The Ecumenic Age* erschienenen vierten Band von *Order and History*. Obwohl sich das Buch, dessen Analysen den Zeitraum zwischen der Gründung des Perserreiches und dem Untergang des Römischen Reiches umfassen und den in dieser Epoche sich bildenden Typus »ökumenischer Menschlichkeit« herausarbeiten, noch vage an den chronologischen Vorgaben orientiert, weist es nicht mehr die innere Homogenität der vorangehenden Bände auf. Einer der Gründe dafür ist, daß das lineare Geschichtsverständnis, das den früheren Bänden zugrunde gelegen hatte, inzwischen der Vorstellung von einem komplexen Geflecht von Bedeutungslinien in der Geschichte Platz gemacht hat, die sich nicht mehr an Zeitlinien orientieren. Ein anderer Grund ist, daß das Interesse an der Philosophie des Bewußtseins und einer ihr kohärenten Philosophie der Geschichte Auswahl und Anordnung der Materialien immer stärker prägen. Noch deutlicher macht sich die Abwendung vom ursprünglichen Konzept im fünften und letzten Band bemerkbar, der 1987 posthum – und unvollendet – unter dem Titel *In Search of Order* erchien. Statt der ursprünglich geplanten Analyse des Ordnungsverständnisses der westlichen Moderne enthält er zwei Meditationen, die um Probleme der philosophischen Reflexion, ihr adäquater Symbolisierungen sowie der Suche des modernen Menschen nach seiner Humanität kreisen.

»In Search of Order« – es dürfte kaum eine andere Devise geben, die geeigneter wäre, das Leben und Philosophieren V.s zu charakterisieren. Dabei steht Suche nach Ordnung als Synonym für die Suche nach den Prinzipien einer in Wahrheit geführten Existenz. Obwohl sich diese Suche – Ende der 20er Jahre im Bemühen um eine anthropologische Fundierung des Systems der Staatslehre begonnen – im Laufe der folgenden Jahrzehnte zu einem zeit- und zivilisationsübergreifenden Unternehmen entwickelte, verlor sie sich doch nie in den Weiten des Materials, die zu durchwandern waren, sondern verfolgte ihr Ziel in asketischer Strenge in immer größere Tiefen. Daß sie dabei irgendwann die Grenzen der praktischen Philosophie zur Kosmologie und Theologie überschritt, lag in der inneren Logik des Unternehmens und kennzeichnet V. als einen Denker in der Tradition desjenigen Philosophen, dem er sich am engsten verbunden gefühlt hatte – Platon.

Voegelin, Eric: Autobiographische Reflexionen. Hg., eingeleitet und mit einer Gesamtbibliographie der Veröffentlichungen Voegelins von Peter J. Opitz. München 1993. – Sandoz, Ellis: Eric Voegelin's Significance for the Modern Mind. Baton Rouge 1991. – Cooper, B.: The Political Theory of Eric Voegelin. Lewiston/New York 1986. – Opitz, Peter J./Sebba, G. (Hg.): The Philosophy of Order. For Eric Voegelin on his Eightieth Birthday. Stuttgart 1981. – Webb, Eugene: Eric Voegelin. Philosopher of History. Seattle 1981.

Peter J. Opitz

Voltaire, François Marie (d. i. François Marie Arouet)

Geb. 21. 11. 1694 in Paris; gest. 30. 5. 1778 in Paris

Als V.s *Lettres philosophiques* 1734 in Frankreich erschienen, wurden sie vom Pariser Parlament als »anstößig und der Religion, den guten Sitten und der Achtung vor der Obrigkeit zuwiderlaufend« verurteilt und verbrannt. Der Form nach ein Lob auf die fortschrittlichen Verhältnisse in England, waren diese Briefe in Wirklichkeit eine scharfe Kritik an den Zuständen im eigenen Land: an der absoluten Gewalt des Königs und den Adelsprivilegien, an der Zensur und der religiösen Intoleranz; sie forderten die Emanzipation der Wissenschaft von der Theologie, eine Religion ohne Dogmen und eine natürliche Moral, die allein an ihrer sozialen Relevanz zu messen war. Keine dieser Ideen war neu, und doch nannte Gustave Lanson die Briefe »die erste Bombe, die auf das Ancien Régime geschleudert wurde«. Ihre Sprengkraft lag in der Kühnheit, mit der diese Fragen öffentlich zur Diskussion gestellt wurden, und in der respektlosen Ironie ihrer Sprache. V. machte seinen Lesern ihre heimliche Revolte bewußt und ermunterte sie, von ihrer Vernunft in allen Dingen, die sie angingen, Gebrauch zu machen, woraus sich wie von selbst persönliches Glück und allgemeine Wohlfahrt ergeben würden, die irdische Glückseligkeit, auf die das sich emanzipierende Bürgertum ein Recht zu haben glaubte; daher auch die Kritik an Pascals asketischer Moral am Ende der *Lettres*. An sämtlichen literarischen Fronten – auf dem Theater wie in der Literaturkritik, in der Geschichtsschreibung wie in der philosophischen und religiösen Polemik, in der Dichtung und nicht zuletzt in einer riesigen Korrespondenz mit den fortschrittlichen Denkern Europas – hat V. über ein halbes Jahrhundert lang im Namen der Vernunft einen unerbittlichen Kampf gegen Fanatismus und Intoleranz, gegen Aberglauben und Obskurantismus geführt und so einen unüberschätzbaren Einfluß auf die öffentliche Meinung seiner Zeit ausgeübt.

François Marie Arouet, Sohn eines Pariser Advokaten und Königlichen Rates, kam im Alter von zehn Jahren in das exklusive Jesuitenkolleg Louis-le-Grand. Der weltoffenen Erziehung verdankte er klassische Bildung, literarischen Geschmack und eleganten Stil. Mit 12 Jahren wurde er von seinem Paten, dem Abbé de Châteauneuf, in den »Temple« mitgenommen, einen freigeistigen literarischen Zirkel und politischen Debattierclub von Aristokraten. Hier fand V. nach den Gymnasialjahren die seinen Interessen gemäße Atmosphäre, und er war bald der glänzende Exponent des Clubs, in dem er sich viel lieber aufhielt als in den juristischen Vorlesungen, die er auf väterlichen Druck hin besuchte. Seine Spottlust, die auch vor dem Privatleben des Regenten nicht haltmachte (*Puero regnante*), brachte ihn 1717 zum erstenmal in die Bastille. Während der Haft schrieb er an der *Henriade*, einem Epos über Heinrich IV., das 1723 unter dem Titel *Poème de la Ligue* erschien; es war V.s erste Geißelung der religiösen Intoleranz und ihrer grausamen Folgen (Bartholomäusnacht). 1718 brachte er sein Erstlingsstück *Oedipe* auf die Bühne; die an der Poetik Boileaus orientierte Tragödie mit ziemlich unverhohlener Kritik an der Autorität von Klerus und Thron wurde 26mal in der Comédie gespielt und begründete V.s Ruhm als Theaterdichter, der mit den philosophischen Tragödien *Zaïre* (1732), *Alzire* (1736), *Mérope* (1737), *Mahomet* (1742) und *Irène* (1778) in Frankreich das ganze Jahrhundert über unangefochten blieb; in Deutschland verhinderte Lessings scharfe Kritik eine positive Aufnahme. Als der *Oedipe* 1719 im Druck erschien, benutzte der Verfasser zum erstenmal das Pseudonym V. und tilgte mit dem Adelsprädikat »de« den Makel seiner bürgerlichen Herkunft. Wegen dieser angemaßten Nobilitierung kam es zu einem Streit mit dem Chevalier de Rohan, in dessen Verlauf V. auf offener Straße verprügelt wurde und schließlich auf Druck der einflußreichen Aristokratenfamilie 1726 erneut in die Bastille kam. Seinem Antrag, die Haftstrafe in Verbannung umzuwandeln und ihn nach England reisen zu lassen, wurde stattgegeben. Der Aufenthalt im Land der Deisten und Freidenker, in dem Lockes Philosophie des Common Sense und Newtons neue Naturwissenschaft allgemeine Anerkennung genossen, hat V.s Denken entscheidend geprägt.

Um nach der Veröffentlichung der *Lettres philosophiques* neuerlicher Verhaftung zu entgehen, flüchtete V. 1734 auf das Schloß der Madame du Châtelet in Cirey. Hier begann für ihn eine Zeit intensiver philosophischer, naturwissenschaftlicher und historischer Studien. Die glückliche Beziehung zu der ungewöhnlich gebildeten »göttlichen Emilie« wurde für viele Jahre Quelle seiner Inspiration. In der Auseinandersetzung mit den philosophischen Anschauungen der Leibniz-Anhängerin entwickelte V. seine Gedanken zur Willensfreiheit, zum Ursprung des Bösen und zum menschlichen Glück, doch war er nicht bereit, sich in die »gelehrten Absurditäten« der Monadenlehre hineinzudenken (»Systeme beleidigen meinen Verstand«). Durch die Kritik an der Geschichtsschreibung, die mit Kriegen und dynastischen Verwicklungen immer nur Einzelnes und Zufälliges schildere und deshalb keine wahre Erkenntnis vermitteln könne, regte die Marquise V. zu einer neuen historischen Methode an. Ihre ganze Leidenschaft aber galt der Mathematik und der Naturlehre Newtons, dessen *Principia* sie ins Französische übersetzte und kommentierte. Unter ihrem Einfluß schrieb V. die *Eléments de la philosophie de Newton* (1737) und machte durch seine außerordentlich klare und unterhaltsame Darstellung die Gravitationslehre, die für das Denken und den Erkenntnisprozeß der Epoche so entscheidend wurde, der gebildeten Öffentlichkeit zugänglich. Bereits in den *Lettres* hatte V. in den Gelehrtenstreit um Descartes und Newton eingegriffen und sich gegen die Meinung der Académie für den Engländer entschieden. Gewiß entsprach Newtons Methode der Beobachtung und des Experiments, die sich darauf beschränkte, die Phänomene zu beschreiben, ohne ihre letzten Ursachen zu erklären, der metaphysischen Spekulationen abgeneigten Denkart V.s mehr als die von apriorischen Prinzipien ausgehende Physik Descartes'; zugleich bezog er mit der Entscheidung für Newton und damit der Aufwertung der Empirie und der Sinne als Erkenntnisorgane Position gegen die überlieferte Metaphysik mit ihren theologischen Implikationen. Aus »philosophischen« (d.h. aufklärerischen) Gründen war V. an der Vulgarisierung Newtons und seiner eine immanente Welterklärung ermöglichenden Kosmologie gelegen; in ihrem Rahmen hatte sich ernstzunehmendes Denken zu bewegen. Madame du Châtelet drängte V. zu einer Bestandsaufnahme seiner philosophischen Glaubenssätze, die er im *Traité de métaphysique* (1734) niederlegte: Aus Vernunftgründen muß ein Gott als Ursache alles Seienden gedacht werden; seine Existenz kann aus der Ordnung und Gesetzmäßigkeit des Kosmos abgeleitet werden (Gleichnis vom Uhrmacher). Darüber hinausgehende Aussagen, etwa über Pläne Gottes oder Substanz und Unsterblichkeit der Seele, sind Anmaßung und unsinnige Spekulation. An eine Publikation dieser deistischen Schrift in Frankreich war nicht zu denken. Erst Jahre später fand V. in der Tafelrunde von Sanssouci geneigte Zuhörer. Seit 1736 verband ihn mit dem Kronprinzen Friedrich von Preußen ein reger Briefwechsel, und später versuchte der preußische König wiederholt, den angesehenen Philosophen, in dem er einen Geistesverwandten erkannte, an seinen Hof zu ziehen: »Ich wünsche, daß meine Hauptstadt der Tempel großer Männer wird. Kommen Sie hierher, mein lieber V., und geben Sie an, was Ihnen ein Leben angenehm machen kann.« Nachdem klargeworden war, daß V. am Hofe Ludwigs XV. keine Rolle spielen würde – seit 1745 war er Hofhistoriograph und seit 1746 Königlicher Kammerherr, ohne daß der König je Wert auf seine Anwesenheit gelegt hätte –, folgte er nach dem Tod der Madame du Châtelet 1750 der Einladung, denn »Friedrich besaß Geist und Anstand, und außerdem war er König, was in Anbetracht der menschlichen Schwäche stets einen großen Zauber ausübt«. In Potsdam glaubte V. einen zweiten »Temple« gefunden zu haben. »An keinem Ort der Welt ist wohl je so frei über allen Aberglauben gesprochen und dieser mit so viel Spott und Verachtung abgetan worden.« Hier las V. seinen bibelkritischen *Sermon des cinquante* (1762) vor, dessen Autorschaft er stets geleugnet hat; es entstanden die ersten Artikel des *Dictionnaire philosophique*, der Summe seines antichristlichen Denkens, und 1752 erschien das *Poème sur la loi naturelle*, eine Verteidigung des Deismus nicht nur gegen den Offenbarungsglauben, sondern auch gegen den Atheismus La Mettries und den Immoralismus Friedrichs, gegen den V. den göttlichen Ursprung des sittlichen Bewußtseins behauptete. 1753 kam es zum Bruch in der komplizierten Beziehung – Friedrich schätzte das Genie, nicht aber das ungezügelte Temperament V.s, und V. ertrug die demütigende Art nicht, mit der Friedrich zeigte, wer König und wer Höfling war –, nachdem Friedrich ein gehässiges Pamphlet V.s gegen den Akademiepräsidenten Maupertuis öffentlich hatte verbrennen lassen. Trotzdem blieb V. auch danach Monarchist und erhoffte eine Änderung der politischen Verhältnisse allein von einem aufgeklärten Herrscher, wie er ihn in Friedrich in vieler Hinsicht verwirklicht sah. 1757 wurde der Briefwechsel wieder aufgenommen, und der König verfaßte bei V.s Tod einen ehrenvollen Nachruf; weniger ehrenvoll allerdings war V.s Nachruf auf Friedrich in den *Mémoires pour servir à la vie de M. de Voltaire* (1760), in denen er auf recht boshafte Weise mit dem »Salomon des Nordens« abrechnete.

Im *Siècle de Louis XIV* (1751) und im *Essai sur les mœurs et l'esprit des nations* (1756) gelangen V. für die Historiographie richtungweisende Neuansätze. Der Glaube an das allmähliche, wenn auch von Rückfällen bedrohte Heraustreten der Vernunft aus der Barbarei zur Zivilisation – ein Gedanke, der ihn in unversöhnlichen Gegensatz zu Rousseau bringen mußte – ließ ihn sein Augenmerk in zunehmendem Maße auf die Kulturgeschichte richten. Nicht Lebensgeschichten der Fürsten und Kriege sind die wesentlichen Faktoren der Historie, sondern die »Sitten«, d.h. die Gesamtheit der politischen, ökonomischen und kulturellen Lebensäußerungen eines Volkes. In der sich immer gleichbleibenden menschlichen Natur, in der V. (in bedenklicher Nähe zu Descartes' eingeborenen Ideen) unveränderliche Prinzipien der Vernunft und Moral wirksam sah, glaubte er die Gesetzmäßigkeit gefunden zu haben, die allem historischen Geschehen zugrunde liegt; analog zu den Gesetzen der Naturwissenschaft sollte es solche auch für die Geschichte geben. Der Gedanke an eine Entwicklung von Vernunftwahrheiten lag ihm fern, ein merkwürdiger Widerspruch nicht nur zu seinem sonst üblichen Bekenntnis zum Sensualismus Lockes, sondern auch zu seinem Fortschrittsoptimismus, der allerdings nie den Schwung späterer Aufklärer, etwa Condorcets, erreichte. Anhand einer genügenden Anzahl gesicherter Daten und ihrer Motive , wobei V. nichts als wahr gelten ließ, was nach seinen eigenen, absolut genommenen Maßstäben »der Natur u. Wesensart des menschlichen Herzens widerspricht«, kann der philosophische Verstand über die Vergangenheit aufgeklärt und zur Lösung künftiger Probleme befähigt werden. Dies ist V.s »philosophie de l'histoire«; der Begriff stammt von ihm und ist Titel der 1765 veröffentlichten Einleitung zum *Essai*. Die polemische Formulierung sollte die neue Einstellung der bürgerlichen Gesellschaft zur Geschichte und deren Lösung aus der Vormundschaft der Theologie zum Ausdruck bringen. Der *Essai sur les mœurs* war als Widerlegung von Bossuets *Discours sur l'histoire universelle* (1681) gedacht, der letzten großen Darstellung der Geschichte als Heilsgeschichte mit ihrer fast ausschließlichen Berücksichtigung des Judentums und der christlichen Völker. Die Vorsehung wurde von V. als geschichtswirkende Macht eliminiert; an ihre Stelle ließ er in auffallender Unentschiedenheit den Willen der historischen Persönlichkeit, den Zufall und mit zunehmender deterministischer Überzeugung »die notwendige Verkettung aller Ereignisse des Universums« treten. Durch die Einbeziehung der Völker Asiens, besonders Chinas, hat V. der Erfahrung eines erweiterten geographischen Raumes und einer exakteren Chronologie Ausdruck gegeben, wobei er mit Vergnügen die Gelegenheit wahrnahm, durch den Hinweis auf diese viel älteren Kulturen den biblischen Schöpfungsbericht zu diskreditieren und der Geschichte ihren jüdisch-christlichen Mittelpunkt zu nehmen.

Nach der Enttäuschung von Potsdam ließ sich V. zunächst in der Villa Les Délices vor den Toren Genfs nieder, bis d'Alemberts Genf-Artikel in der *Encyclopédie*, deren Mitarbeiter V. seit 1755 war, den calvinischen Klerus gegen ihn aufbrachte. Durch geschickte Finanzgeschäfte zu großem Reichtum gelangt, kaufte er sich 1758 Dorf und Schloß Ferney auf der französischen Seite des Genfer Sees und führte von nun an ein Leben in fürstlichem Luxus. Dabei gehörten Wegeverbesserungen und Trockenlegung von Sümpfen ebenso zu seinem Alltag wie die Sorge um die Erleichterung der Lebensbedingungen seiner Bauern oder sein Eintreten für die Aufhebung der Leibeigenschaft im Jura. Vor allem aber galt die Arbeit seines ruhelosen Geistes in dieser letzten, außerordentlich produktiven Schaffensperiode dem Kampf gegen Fanatismus und Intoleranz, deren unheilvolle Auswirkungen er besonders in der Institution der katholischen Kirche sah, weil sie sich zur Durchsetzung ihres absoluten Wahrheits- und Heilsanspruchs des weltlichen Armes bediente. »Écrasez l'infâme!« wurde sein Schlachtruf, und der militante, immer mehr zur Manie werdende Antiklerikalismus des Patriarchen von Ferney, dessen satirische Kritik an den Mißständen in der Kirche oft in höhnische Auslassungen gegen die Religion selbst abglitt, fand seinen Niederschlag im *Dictionnaire philosophique portatif* (1764), im *Examen important de Milord Bolingbroke* (1767), in *Dieu et les hommes* (1769) und in den neun Bänden der *Questions sur l'Encyclopédie* (1770–72). Wie berechtigt V.s Kampf gegen die Verbindung von geistlicher und weltlicher Macht war, zeigte sich bei dem Justizirrtum im Falle des Hugenotten Jean Calas, der wegen Ritualmordes an seinem Sohn zum Tod auf dem Scheiterhaufen verurteilt worden war. Durch seinen Toleranztraktat (*Traité sur la tolérance à l'occasion de la mort de Jean Calas*, 1763) erreichte V. die Revision des Prozesses, bei der sich herausstellte, daß sich die Richter durch den fanatisierten Pöbel und ihre eigene Voreingenommenheit gegen die Hugenotten zu dem Fehlurteil hatten verleiten lassen. Andere Fälle von Rechtswillkür veranlaßten V. zu einer grundsätzlichen Kritik an der französischen Rechtsprechung. In Anlehnung an Beccaria forderte er im *Commentaire sur le livre des délits et des peines* (1766) und im *Prix de la justice et de l'humanité* (1777) die Humanisierung und Säkularisierung des Strafrechts und damit eine erhebliche Reduzierung der

Straftatbestände; die Strafe dürfe nicht als Racheakt verstanden werden, wie dies Colberts immer noch geltende *Ordonnance criminelle* von 1670 tat, sondern als Sicherung der sozialen Ordnung, da das Verbrechen nichts anderes sei als ein die Gesellschaft schädigender Akt. V.s Eintreten für Gerechtigkeit und Menschlichkeit blieb nicht ohne Wirkung auf die Rechtspraxis, und die Ovationen, die ihm in Paris dargebracht wurden, als er wenige Wochen vor seinem Tod seine Vaterstadt noch einmal sah, galten vor allem dem »Verteidiger der Unglücklichen« und dem »Befreier der Unterdrückten«.

Was V.s Nachruhm begründet hat und auch heute noch einen unmittelbaren Zugang zu seinem Esprit und Temperament gestattet, sind die *Contes philosophiques*, kurze, märchenartige Erzählungen, von ihm selbst nur als »plaisanteries« bezeichnet, in denen jedoch sein Denken in einer vollendeten Prosa die Freiheit und Heiterkeit der Kunst erreicht hat. Sie entstanden zwischen seinem 50. und 80. Lebensjahr. Die meisten von ihnen kreisen um die Frage nach dem Glück des Menschen in einer heillosen Welt, in der es keinen erkennbaren Zusammenhang zwischen Ursache und Wirkung gibt, in der man für seine Tugenden bestraft und ohne Verdienst belohnt wird. Während im *Zadig* (1747) die Möglichkeit noch offenbleibt, daß das partielle Unglück dem allgemeinen Glück dienlich sei, ist von dieser Einstellung im *Candide* (1759) nichts mehr zu spüren. Das Erdbeben von Lissabon hat den Glauben des Deisten an einen letztlich vernünftigen Weltplan erschüttert und ihn im *Poème sur le désastre de Lisbonne* (1755) die Frage nach dem Bösen mit ungewöhnlichem Ernst stellen lassen. Im *Candide* ist diese Frage ins Komödienhafte gewendet: eine Fülle von absurden, mit geistreicher Phantasie und sprühendem Witz erfundenen Mißgeschicken und Katastrophen kontrastiert mit der sich durch die ganze Erzählung hinziehenden Leibnizschen Maxime von der prästabilierten Harmonie in dieser besten aller Welten. Der Optimistenwahn und seine Vertreter werden der Lächerlichkeit preisgegeben, und zugleich lachen wir über das zur Karikatur gesteigerte und deshalb nicht mehr ernstzunehmende Elend des Menschen. Wo der Philosoph vor der Faktizität des Bösen verstummen mußte, gelang dem Künstler eine Bewältigung des Problems in der Katharsis der Komik.

Pomeau, René: Voltaire en son temps, 5 Bde. Oxford 1985–1994. – Holmsten, Georg: Voltaire. Reinbek bei Hamburg 1983. – Baader, Horst (Hg.): Voltaire. Darmstadt 1980. – Orieux, Jean: Das Leben des Voltaire. Frankfurt am Main 1968.

Elisabeth Knittel

Weber, Max

Geb. 21. 4. 1864 in Erfurt; gest. 14. 6. 1920 in München

W. war – seinen Studien, seinen akademischen Qualifikationen und Positionen, den Schwerpunkten seiner Forschung und seinem Selbstverständnis nach – Jurist, Historiker, Nationalökonom und Soziologe. Sehr bewußt beschränkte er sich mit seinen Forschungen auf das Gebiet der empirischen Sozial- und Kulturwissenschaften, die nach seiner Überzeugung auch in ihrer Gesamtheit weder philosophische Ansprüche zu erheben noch – wie etwa für Karl Marx oder Emile Durkheim – die Philosophie zu ersetzen oder »aufzuheben« imstande waren. Trotzdem sagt Karl Jaspers von ihm, daß er, und zwar »vielleicht als einziger in neuerer Zeit und in einem anderen Sinne, als irgendjemand sonst heute Philosoph sein kann«, als Philosoph gelten müsse; W. nämlich habe »der philosophischen Existenz gegenwärtigen Charakter verschafft«. Und auch Karl Löwith sieht eine wesentliche Vergleichbarkeit der beiden Gelehrten darin, daß sie in einem »ungewohnten und ungewöhnlichen Sinne« Philosophen gewesen seien.

Diese Äußerungen deuten an, daß sich die Philosophie W.s tatsächlich nicht in der Form einer neuartigen Lehre oder eines ganzen Denksystems darstellt, sondern aufs engste mit der Art und Weise verknüpft ist, in der er seine kultur- und sozialwissenschaftlichen Forschungen begründet und betrieben hat. In dieser Hinsicht wird man zunächst und vor allem an die Abhandlungen zur Wissenschaftslehre denken, auf die W. außergewöhnlich viel Energie verwandte, nachdem er in seiner ersten Schaffensphase mit bedeutenden rechts-, sozial- und wirtschaftsgeschichtlichen Arbeiten hervorgetreten war und eine sehr schwere, von 1897 bis 1903 andauernde psycho-physische Krise überwunden hatte. In diesen Erörterungen geht es keineswegs um i. e. S. methodische oder forschungstechnische Probleme der Kultur- und Sozialwissenschaften, sondern darum, die Möglichkeiten, die Eigentümlichkeiten und die Grenzen erfahrungswissenschaftlicher Erkenntnis auf diesem Gebiet in einer sehr grundsätzlichen Weise aufzuklären und zu bestimmen. Dabei stellt sich W. ausdrücklich in die Tradition »der auf Kant zurückgehenden modernen Erkenntnislehre«. Demgemäß sieht er seine Aufgabe nicht darin, die sozial- und kulturwissenschaftliche Erkenntnis allererst zu ermöglichen und auf die Bahn zu bringen. Vielmehr soll der Vollzug solcher Erkenntnis auf seine bewußten oder unbewußten Voraussetzungen und Zielsetzungen und damit auf seinen »Sinn« hin untersucht und geprüft werden. Im Unterschied zu Kant und auch zu Heinrich Rickert, mit dessen »neukantianischer« Wissenschaftslehre (*Die Grenzen der naturwissenschaftlichen Begriffsbildung*, 1902) er im übrigen weitgehend übereinzustimmen glaubte, gründet W. seine Kritik der kulturwissenschaftlichen Erkenntnis jedoch nicht in dem Sinne auf transzendentale Prinzipien, daß dadurch ihre Allgemeingültigkeit und Notwendigkeit (und ihre Objektivität) gesichert würde. Außer mit den – durchaus gewichtigen – Problemen der (formalen und Forschungs-)Logik befaßt sich seine Kritik vielmehr in der Hauptsache mit dem Tatbestand, daß die »Auswahl und Formung« der Gegenstände kulturwissenschaftlicher Erkenntnis in spezifischer Weise von historisch wandelbaren »Wertbeziehungen«, also von einem geschichtlichen bzw. Geschichtlichkeit stiftenden Apriori abhängt: »Transzendentale Voraussetzung jeder Kultur*wissenschaft* ist . . ., daß wir Kultur*menschen* sind, begabt mit der Fähigkeit und dem Willen, bewußt zur Welt Stellung zu nehmen und ihr einen Sinn zu verleihen.« Es ist diese »transzendentale Voraussetzung«, die die Sozial- und Kulturwissenschaften als »Wirklichkeitswissenschaften« charakterisiert, also als Wissenschaften, die – anders als die auf »nomologisches« Wissen abstellenden Wissenschaften – an die konkrete, lebensweltliche Erfahrung des Menschen zurückgebunden bleiben. Aus diesem Grunde geht es bei der logischen oder »methodologischen« Kritik kultur- und sozialwissenschaftlicher Erkenntnis auch nicht bloß um innerwissenschaftliche, gar forschungstechnische Probleme, sondern um die »Selbstbesinnung verantwortlich handelnder Menschen«. Die leitende Frage solcher Selbstbesinnung aber lautet: Was bedeutet es, wenn nun auch die geschichtlich-gesellschaftliche, also kulturelle Wirklichkeit zum Gegenstand erfahrungswissenschaftlicher Forschung gemacht wird? Angesichts der zu seiner Zeit unter Sozialwissenschaftlern und Philosophen verbreiteten Konfusionen und Selbstmißverständnisse vertritt und begründet W. vor allem die folgenden Leitgedanken: 1. Weder die Sinnhaftigkeit der Kulturwirklichkeit (und die daraus folgende Notwendigkeit eines verstehenden Zugangs) als solche, noch die – vermeintliche – Irrationalität des geschichtlichen Geschehens und auch nicht die – fälschlicherweise – als »irrational« qualifizierte Rolle menschlicher Freiheit stehen dem Streben nach kausalen Erklärungen und nach Objektivität prinzipiell entgegen. 2. Trotz der konstitutiven Rolle von »Wertbeziehungen« und des Tatbestandes, daß Werte, Wertewandel und wertorientiertes Handeln wichtige Gegenstände kulturwissenschaftlicher Forschungen darstellen, gilt auf der Ebene erfahrungswissenschaftlicher Argumentation aus logischen Gründen das Prinzip der »Wertfreiheit«: »Die kausale Analyse liefert absolut keine Werturteile, und ein Werturteil ist absolut keine kausale Erklärung.« Die Frage, ob mit den Mitteln der *Philosophie* Werturteile (insbesondere moralischer Art) nicht nur zu präzisieren und auf ihre letzten Prämissen zurückzuführen, sondern auch zu begründen sind, läßt W. offen. 3. Auch die Sozial- und Kulturwissenschaften sind, ebenso wie die Naturwissenschaften, grundsätzlich außerstande, umfassende, das Erkennen und das Handeln im ganzen orientierende, also quasi-religiöse oder metaphysische »Weltanschauungen« zu stiften. Daß dies dennoch immer wieder versucht wird, erklärt sich aus einem unzulänglichen Bewußtsein von den Grenzen erfahrungswissenschaftlicher Erkenntnis oder – im schlechteren Falle – aus einem ideologischen Interesse.

Insbesondere die beiden letzten Feststellungen hängen unmittelbar mit W.s Thesen von der »Entzauberung der Welt« durch die okzidentale, insbesondere die neuzeitliche Wissenschaft zusammen: »Das Schicksal einer Kulturepoche, die vom Baum der Erkenntnis gegessen hat, ist es, wissen zu müssen, daß wir den *Sinn* des Weltgeschehens nicht aus dem noch so sehr vervollkommneten Ergebnis seiner Durchforschung ablesen können, sondern ihn selbst zu schaffen imstande sein müssen, daß ›Weltanschauungen‹ niemals Produkt fortschreitenden Erfahrungswissens sein können.« Damit ist auch gesagt, daß die »Entzauberung der Welt« *durch* die Wissenschaft sich am Ende zur Selbstentzauberung der Wissenschaft und damit zu einer sehr prinzipiellen Problematisierung des Sinns von Wissenschaft überhaupt radikalisiert. Diese Entwicklung ist insofern unausweichlich und irreversibel, als sie – dieser Gedanke verweist ebenso wie die Entzauberungsthese selbst vor allem auf Nietzsches Analysen zum »europäischen Nihilismus« – aus der unbedingten Selbstverpflichtung zur »intellektuellen Rechtschaffenheit« resultiert. Intellektuelle Rechtschaffenheit – der Entschluß, sich im Streben nach Erkenntnis selbst »treu bleiben« zu wollen – ist das der Entzauberung der Welt allein gemäße moralische Prinzip und das konstitutive Element jeder noch möglichen Idee von »Persönlichkeit«.

Der größere geschichtlich-gesellschaftliche und kulturelle Zusammenhang, in dem sich der Prozeß der Entzauberung der Welt vollzieht, ist die Entstehung und Durchsetzung des spezifisch okzidentalen Rationalismus; er bildet das bestimmende Thema der materialen historisch-sozialwissenschaftlichen Forschungen W.s, insbesondere seiner vergleichenden Untersuchungen zur Wirtschaftsethik der Weltreligion, deren erste und bekannteste die Abhandlung *Die protestantische Ethik und der Geist des Kapitalismus* (1904/05) ist. Der in philosophischer Hinsicht wichtigste Aspekt des okzidentalen Rationalisierungsprozesses besteht in der Auflösung der Einheit, Verbindlichkeit und Integrationskraft umfassender Weltdeutungen religiöser, metaphysischer oder ›weltanschaulicher‹ Art. Die Suche nach Wahrheit (in einem entsprechend restringierten Sinne) ist zur Domäne einer sich ihrerseits immer weiter ausdifferenzierenden und verfachlichenden Wissenschaft geworden. Die Religion, die Ethik und die Ästhetik, natürlich auch die Ökonomie, die Politik oder etwa die Erotik, haben sich zu mehr oder minder eigenständigen Wertsphären oder Subsystemen mit je eigenen Leitideen, Funktionen und Kommunikationsformen ausgebildet. Der immer deutlicher zutage tretende Pluralismus und Widerstreit letzter Sinngebungen (davon handelt W. vor allem in seiner für die *Gesammelten Aufsätze zur Religionssoziologie* (1920/21) verfaßten *Zwischenbetrachtung: Theorie der Stufen und Richtungen religiöser Weltablehnung*) läßt sich auf keine Weise, also auch nicht mit philosophischen Mitteln, überwinden oder in einer neuen Synthese ›aufheben‹. Der moderne Individualismus ist eine unvermeidliche Folge und Funktion dieses Differenzierungs- und Rationalisierungsprozesses; zugleich enthält er die einzige Möglichkeit, diesem Prozeß einen positiven, obzwar auf die Sphäre des Politischen und Moralischen sowie des Ästhetischen begrenzten Sinn abzugewinnen.

Allerdings gibt es bei W. keinen Versuch, die individuelle Freiheit und Verantwortlichkeit als Prinzip der Moral und Politik philosophisch, etwa in transzendentalphilosophischer oder metaphysischer Weise, zu begründen, wie dies etwa bei Georg Simmel, und zwar bis zum Verlust des Interesses an der Soziologie, geschieht. W.s Argumentation ist vielmehr in der Hauptsache historischer Natur, indem er auf die prägende Bedeutung bestimmter geistiger und politischer Traditionen – etwa der jüdisch-christlichen, insbesondere protestantischen Theologie und Religiosität einerseits, der bürgerlichen Aufklärung und ihrer Idee der Menschenrechte, der »wir schließlich doch nicht viel weniger als Alles verdanken«, andererseits – für die moderne Kultur verweist. Eine derartige historische Selbstbestimmung kann zwar durchaus nicht zu einer Letztbegründung, wohl aber zu einer wesentlichen Stärkung der Überzeugungs- und Motivationskraft jenes Prinzips führen. Selbst wenn die ehemals bestimmenden inhaltlichen (etwa religiösen oder metaphysischen) Begründungen des Individualismus nicht mehr zu überzeugen vermögen, bleibt die Destruktion aller unvordenklichen und überindividuellen Geltungsansprüche soziopolitischer Ordnungen natürlich ein irreversibler, nur aus mangelnder intellektueller Radikalität oder Rechtschaffenheit zu leugnender historischer Tatbestand. Zumindest ex negativo – durch den Nachweis der Unmöglichkeit jedes überzeugenden Gegenarguments – läßt sich die Idee oder das Postulat des Individualismus also rechtfertigen.

In eben diesem gedanklichen Kontext ist nun auch der – keineswegs bloß methodologische – Individualismus der Soziologie fundiert, zu der W. in grundsätzlicher und systematischer Weise zuerst in der Abhandlung *Über einige Kategorien der verstehenden Soziologie* (1913) und dann in wesentlich erweiterter Form in dem unter dem Titel *Wirtschaft und Gesellschaft* posthum (1922) edierten und unvollendet gebliebenen Werk den Grund gelegt hat. Diese Soziologie besitzt, wie schon angedeutet, keineswegs deshalb einen philosophischen Charakter und Status, weil mit ihr der Anspruch verbunden würde, die Philosophie zu ersetzen, ›aufzuheben‹ oder zu vollenden. In diesem Punkt unterscheidet W. sich vielmehr prinzipiell von anderen Klassikern der Gesellschaftswissenschaft, so auch von Ernst Bloch und Georg Lukács, die – vor ihrer Hinwendung zum Marxismus – in Heidelberg von W. beeinflußt worden waren. Auf der anderen Seite liegt die philosophische Bedeutung der W.schen Grundlegung der Soziologie auch nicht nur darin, daß W. diese Wissenschaft nach eigenem Bekunden von Konfusionen, Unklarheiten und unbegründeten Anmaßungen befreien und in diesem Sinne eine Kritik sozialwissenschaftlicher Erkenntnis leisten wollte. Das philosophische, d. h. aufklärerische Motiv der W.schen Soziologie besteht vielmehr genau darin, diese Wissenschaft von den überindividuellen Gebilden und Prozessen aus der Perspektive eines durchaus auch normativen Individualismus, also im Blick auf das durch keine gesellschaftliche Ordnung zu überbietende oder aufzuhebende Recht der Individualität zu entwerfen. Es ist nur auf den ersten Blick paradox, daß dieser Grundzug seiner Soziologie gerade von philosophisch orientierten und ambitionierten Gesellschaftstheoretikern, und zwar nicht nur auf seiten des Marxismus oder des Organizismus (etwa bei Othmar Spann), heftig kritisiert worden ist.

Weiß, Johannes: Max Webers Grundlegung der Soziologie. München ²1992. – Whimster, Sam/ Lash, Scott (Hg.): Max Weber. Rationality and Modernity. London 1987. – Käsler, Dirk: Einführung in das Studium Max Webers. München 1979. – Henrich, Dieter: Die Einheit der Wissenschaftslehre Max Webers. Tübingen 1952.

Johannes Weiß

Weigel, Valentin
Geb. 1533 in Naundorf bei Großenhain (Sachsen); gest. 10. 6. 1588 in Zschopau (Sachsen)

Bei wohl kaum einem anderen Denker der deutschen Philosophie- und Theologiegeschichte stehen Lebenslauf und Wirkungsgeschichte in einem so eklatanten Gegensatz wie bei W. Seine Biographie gleicht der ungezählter lutheranischer Geistlicher in der zweiten Hälfte des 16. Jahrhunderts: Nach Absolvierung der renommierten Fürstenschule St. Afra in Meißen (1549 bis 1554) studierte W. als kursächsischer Stipendiat von 1554 bis 1563 in Leipzig und anschließend bis 1567 in Wittenberg. Neben der außergewöhnlichen Länge seines Studiums fällt seine Neigung zu naturwissenschaftlichen Studien auf, die vielleicht auch den Wechsel nach Wittenberg veranlaßt hat. 1567 trat W. das Amt des Pfarrers in der kursächsischen Stadt Zschopau an, das er bis zu seinem Tod 1588 nicht mehr abgeben sollte. Die Protokolle, die bei den regelmäßigen Kontrollen der Geistlichkeit verfertigt wurden, erwähnen keine besonderen Auffälligkeiten über den Zschopauer Pfarrer.

Dies sollte sich jedoch nach seinem Tod grundlegend ändern: Seit dem Jahr 1609 erschienen Manuskripte W.s im Druck und erregten ungeheures Aufsehen. Die posthum erschienenen Schriften wie die *Kirchen- oder Hauspostille* (1617), *Der güldene Griff* (1613) oder sein *Dialogus de Christianismo* (1610) machten aus dem unbekannten Kleinstadtpfarrer, der zu seinen Lebzeiten nur eine unbedeutende Leichenpredigt hatte publizieren können, den Inbegriff des lutheranischen Ketzers zu Beginn des 17. Jahrhunderts. – W. verbindet in seinen Arbeiten wichtige Strömungen der frühneuzeitlichen Philosophie- und Frömmigkeitsgeschichte. Anstöße gaben ihm die pantheistischen Ideen der Neuplatoniker und ganz besonders die deutsche Mystik. Er knüpfte an Johannes Taulers Lehre vom inneren und äußeren Menschen an und erweiterte sie mit Gedanken aus der anonymen *Theologia deutsch*, einem Werk, das starken Einfluß auf den jungen Luther ausgeübt hatte. Die intensive Rezeption der *Theologia* verband W. auch mit Sebastian Franck. Anregungen zu seinen naturphilosophischen Studien bezog W. aus dem Werk des Paracelsus. Die Konzentration auf den inneren Menschen führte W. zur Negation der empirischen Erscheinungsform der Kirche und der ihr zugrundeliegenden Glaubenswahrheiten. »Die Kirchen sind eitel Mördergruben«, »der Mensch selber solle der Tempel sein«. Diese radikale Absage an die Amtskirche dehnte er auf alle Sakramente und Zeremonien aus: alles Heil komme einzig vom inneren Menschen. Heil, Auferstehung, aber auch Verdammnis werden als Vorgänge des inneren Menschen verstanden. Himmel und Hölle als Orte außerhalb der Welt lehnt W. ab. Die Konzentration auf den inneren Glauben und das spiritualistische Kirchenverständnis führen ihn dazu, das landesherrliche Kirchenregiment grundlegend in Frage zu stellen. Der Staat habe kein Recht, den Kirchen und den einzelnen Gläubigen Vorschriften zu machen, denn der Gläubige sei »dem inneren Menschen nach aller Gewalt enthoben, er ist niemand gehorsam noch untertan«. Die Forderungen nach Toleranz und Gewissensfreiheit sind um so höher zu bewerten, als sie in einer Zeit geschrieben wurden, zu der die lutherischen Landeskirchen zusammen mit dem jeweiligen Landesherren versuchten, eine möglichst umfassende Uniformität und Regulierung des Glaubens zu erreichen, indem die Pastoren auf präzise Konkordienformeln vereidigt wurden. Grundlage dieser radikalen Ablehnung der überkommenen Glaubens- und Kirchenform bildet W.s Erkenntnistheorie. Jedes Erkennen geht von dem erkennenden Subjekt und nicht von dem erkannten Objekt aus. Erkenntnisvermögen und Erkenntnisinhalt sind dem Menschen von Natur aus als »Erbteil« gegeben, die jeweiligen erkannten Objekte können nur gewisse Impulse auslösen, die das erkennende Subjekt zu interpretieren habe. Indem W. das Subjekt in den Mittelpunkt seines Denkens stellte und alle objektiven normativen Wahrheiten, und somit auch die Bibel, als Autorität ablehnte und die Trennung von äußerem und innerem Menschen betonte, konnte er in seinem *Dialogus de Christianismo* erklären, weshalb er nur dem äußeren Menschen nach ein treuer Anhänger der lutherischen Kirche geblieben sei, innerlich aber davon grundsätzlich abgewichen war. – W.s Schriften wirkten weiter; sie kamen immer dann zur Geltung, wenn, wie etwa im Pietismus, Verinnerlichung und Gewissensfreiheit gegen Dogmen und normativen Glauben verteidigt werden sollten.

Wehr, Gerhard: Alle Weisheit ist von Gott. Gestalten und Wirkungen christlicher Theosophie. Gütersloh 1980. – Wollgast, Siegfried (Hg.): Valentin Weigel. Ausgewählte Werke (ausführliche Einleitung). Stuttgart 1978.

Wolfgang Zimmermann

Weizsäcker, Carl Friedrich von
Geb. 28. 6. 1912 in Kiel

»Zu meinem 12. Geburtstag, im Juni 1924, wünschte ich mir eine drehbare, also auf Tag und Stunde einstellbare Sternkarte. Mit meiner Karte entwich ich von den Menschen in die warme, wunderbare Sternennacht, ganz allein. Das Erlebnis einer solchen Nacht kann man in Worten nicht wiedergeben, wohl aber den Gedanken, der mir aufstieg, als das Erlebnis abklang. In der unaussprechbaren Herrlichkeit des Sternhimmels war irgendwie Gott gegenwärtig. Zugleich aber wußte ich, daß die Sterne Gaskugeln sind, aus Atomen bestehend, die den Gesetzen der Physik genügen. Die Spannung zwischen diesen beiden Wahrheiten kann nicht unauflöslich sein. Wie aber kann man sie lösen? Wäre es möglich, auch in den Gesetzen der Physik einen Abglanz Gottes zu finden?« Diese Frage, mit der W. 51 Jahre später seine *Selbstdarstellung* beginnt, kennzeichnet die beiden Pole, um die sein Denken kreist: religiöse Erfahrung und naturwissenschaftliche Erkenntnis. W. entstammt einer schwäbischen Familie von Theologen, Gelehrten, Beamten und Offizieren. 1912 in Kiel als Sohn des späteren Staatssekretärs im Auswärtigen Amt unter Hitler Ernst v. W. geboren, übernahm er von seinem Vater den Glauben an die

Möglichkeit einer vernunftbestimmten Politik. Eigenes zeigte sich früh: Mit 11 Jahren beginnt er, im Neuen Testament zu lesen und ist beunruhigt von der Wahrheit der Bergpredigt, die eine nie ganz verlorene Distanz zur Bürgerlichkeit seiner Umgebung zurückläßt. Mit 14 Jahren entscheidet eine erste Begegnung mit Werner Heisenberg seine intellektuelle und berufliche Zukunft: Die Ebene, in der er seine philosophischen Fragen behandelt, wird die der fundamentalen Physik sein, der durch Niels Bohr und Heisenberg entwickelten Quantentheorie. Nach Studium in Berlin, Göttingen und Leipzig promoviert W. 1933 bei Heisenberg in Leipzig und habilitiert sich drei Jahre später. Sein Hauptinteresse gilt einer philosophischen Deutung der Quantentheorie, auch wenn er die Arbeit daran zunächst zugunsten konkreter Fragestellungen der Kernphysik zurückstellte. Im Zweiten Weltkrieg arbeitete er mit Heisenberg und anderen am »Uran-Projekt«, das Adolf Hitler die Atombombe in die Hand geben sollte. Da die deutsche Rüstungsproduktion den Bau einer Atombombe nicht möglich machte, glaubten die Physiker, sich für offenen Widerstand nicht entscheiden zu müssen.

Als 1956 die Frage einer deutschen atomaren Bewaffnung erneut aktuell wurde, initiierte W. die »Göttinger Erklärung«, in der die deutschen Atomphysiker ihre Beteiligung an der Herstellung, Erprobung oder dem Einsatz von Atomwaffen verweigerten. Die politische Verantwortung der Wissenschaftler für die gesellschaftlichen Folgen ihrer Entdeckungen wurde neben ihrem philosophischen Verständnis für W. zu seinem wichtigsten Arbeitsgebiet. 1957 wandte er sich nach Professuren für theoretische Physik in Straßburg und Göttingen der Philosophie auch institutionell zu; bis 1969 war er Professor für Philosophie an der Universität Hamburg. Die Verpflichtung, Philosophie zu lehren, gab ihm Gelegenheit, zumindest zwei Philosophen gründlich kennenzulernen: Kant und Platon. An Platon faszinierte ihn die Behandlung des Einen, das das Gute ist und der Ursprung von Sein und Wahrheit. Obwohl das Eine, wie im *Parmenides*-Dialog dargelegt, nicht widerspruchsfrei sagbar ist, kann die Grenze, an der seine Beschreibung Halt machen muß, aus einer rationalen Analyse der Bedingungen der Möglichkeit von Rationalität entwickelt werden. Eine solche einheitliche Beschreibung der Welt, die auch die Kriterien für ihre Möglichkeit angeben kann, wollte W. geben; dies schien ihm der philosophische Ort einer fundamentalen Physik zu sein. Bei der Beschäftigung mit Kant entdeckte er, daß dessen Lösung für das erkenntnistheoretische Problem David Humes, wie aus Fakten der Vergangenheit logisch auf Notwendigkeiten der Zukunft geschlossen werden kann, die einzig mögliche sei. Wenn Erfahrung überhaupt möglich ist, so müssen die Naturgesetze notwendig gelten. Dies brachte W. auf den Gedanken, Erfahrung im Hinblick auf die Zeitstruktur zu definieren: Aus Fakten können Möglichkeiten abgeleitet werden. Sein Ziel einer einheitlichen Betrachtung der Welt ist für ihn nur möglich als fundamentale Physik. Fundamentale Physik kann nur die Quantenphysik sein, da nur ihr Axiome zugrunde gelegt werden können, die einzig Bedingungen der Möglichkeit von Erfahrung beschreiben.

Eine solche Rekonstruktion der Physik hat W. über einen Zeitraum von 40 Jahren entwickelt: vom *Weltbild der Physik* (1943) über *Die Einheit der Natur* (1971) bis zum *Aufbau der Physik* (1985); ein vieles abschließendes Buch *Zeit und Wissen* ist 1992 erschienen. Grundlegende Bedingung jeder Erfahrung ist die Struktur der Zeit:

Vergangenheit ist faktisch, Zukunft nur möglich. Aussagen über zukünftige Ereignisse können nur in Form von Wahrscheinlichkeitsaussagen gemacht werden; das Ideal der klassischen Physik, Zukunftsaussagen in streng kausaler Form machen zu können, widerspricht quantenphysikalischen Erfahrungen. Die physikalische Formulierung dieses Unterschieds zwischen Vergangenheit und Zukunft ist der Zweite Hauptsatz der Thermodynamik. Die darin behauptete Nichtumkehrbarkeit der Zeit folgt gerade aus dieser Zeitstruktur, führt aber nicht zu einer Zunahme von Unordnung, wie in einer an kausalen Aussagen orientierten Interpretation, sondern zu einem Wachstum der Gestaltenfülle in Form von potentieller Information. Die Logik, die dieser Betrachtung angemessen ist, ist nicht die klassische aristotelische Logik; es ist eine Quantenlogik, die einer Aussage nicht die Wahrheitswerte wahr oder falsch zuordnet, sondern die Modalitäten notwendig, möglich oder unmöglich. Der dreidimensionale physikalische Raum und die in ihm enthaltenen Objekte entstehen in diesem Aufbau der Physik als die Struktur aller Quantenobjekte, die aus einfachen Alternativen (W. nennt sie Uralternativen) durch mehrfache Selbstanwendung der Quantenlogik entstehen. Die Rekonstruktion der Physik auf dieser Basis wiederholt und begründet eine Erkenntnis der Quantentheorie in ihrer »Kopenhagener Deutung« durch Bohr und Heisenberg: Objekte sind immer Objekte für Subjekte, der Beobachter ist nicht scharf vom Beobachteten zu trennen. Hier scheint eine Einheit auf, die den Physiker mit dem Christen W. und dem Freund platonischer und indischer Religiosität in Berührung bringt. Der Kern von W.s Denken ist eine Erfahrung von Einheit, die vor allen Phänomenen ist.

Die durch die weltweite atomare Aufrüstung nach dem letzten Weltkrieg dramatisch verschärfte Frage nach der Möglichkeit dauerhaften Friedens und die Schärfung seines Bewußtseins für gesellschaftliche Zusammenhänge in der Folge der Studentenbewegung führten W. dazu, von 1970 bis 1980 Direktor des »Max-Planck-Instituts zur Erforschung der Lebensbedingungen der wissenschaftlich-technischen Welt« zu werden. Die Zahl seiner Veröffentlichungen zeigt seine wachsende Besorgnis um die Bewahrung des Friedens: 1967 erschien *Der Weltfriede als Lebensbedingung des technischen Zeitalters*; 1969 *Der ungesicherte Friede*; 1975 *Fragen zur Weltpolitik*; 1976 *Wege in der Gefahr*; 1981 *Der bedrohte Friede*. Gemeinsam mit Jürgen Habermas gab er der deutschen und internationalen Friedensforschung wichtige Impulse. Als Ursache der bedrohlichen gegenwärtigen Weltsituation erkannte W. die geschichtliche Entwicklung der Hochkulturen seit 6000 Jahren. Die Tatsache, daß es sich um »große« Kulturen handelt, in denen Beziehungen unter ihren Mitgliedern nicht mehr auf der Basis persönlicher Bekanntschaft geregelt werden können, erfordert eine Abstraktion und Quantifizierung gegenseitiger Rechte und Pflichten in Form von Macht und Geld. Die Krisen der Geschichte seither erscheinen so als Stabilisierungskrisen der Hochkulturen, deren Analogie zur Entwicklung biologischer Spezies die Hoffnung begründet, daß sie geschichtlich überholbar sind. 1985 trat er an die christlichen Kirchen der Welt mit dem Vorschlag heran, ein allgemeines Konzil des Friedens abzuhalten, ungeachtet der gewaltigen ökumenischen Probleme, die die Kirchen miteinander haben. »Die Zeit drängt«, so der Titel seines Aufrufs. Aber nach seiner Überzeugung ist die Zeit auch reif. Neben Kants kategorischem Imperativ tritt der Indikativ der Seligpreisungen der Bergpredigt.

Meyer-Abich, Klaus M. (Hg.): Physik, Philosophie und Politik. Für Carl Friedrich von Weizsäcker zum 70. Geburtstag. München 1982. – Wisser, Richard: Verantwortung im Wandel der Zeit. Mainz 1967.

Alexander Hülle

Whitehead, Alfred North
Geb. 15. 2. 1861 in Ramsgate (England); gest. 30. 12. 1947 in Cambridge (Mass.)

W. wird zusammen mit Bertrand Russell durch die Veröffentlichung der *Principia Mathematica* (1910–1913) berühmt. Der junge Russell war W. aufgefallen, als er ihn wegen der Vergabe eines Stipendiums prüfen mußte. Russell erwies sich schnell als sein begabtester Schüler und wurde zum ebenbürtigen Mitarbeiter. W., Sohn eines anglikanischen Pastors, hatte in Cambridge Mathematik studiert und war seit 1884 Fellow des Trinity College. Seine weitgespannten Interessen richteten sich neben der Mathematik besonders auf die Physik und die Theologie, mit der er sich unter dem Einfluß von John Henry Newman intensiv auseinandersetzt. Seit 1914 auf dem Lehrstuhl für angewandte Physik in South Kensington, wechselt er 1924 nach Cambridge/Mass. über und lehrt in Harvard Philosophie. W.s abstraktes, durch die Mathematik geprägtes Denken und seine durch die Physik vermittelte empirische Kenntnis der Natur werden in seiner Philosophie auf charakteristische Weise fruchtbar. Für W. ist jede abstrahierende Begriffsbildung ein Versuch, in der ungeheuren Komplexität der Wirklichkeit konkrete Tatsachen auszumachen. Diese Fähigkeit, Tatsachen festzustellen, ist jedoch kein Privileg der Naturwissenschaften, wie ein realitätsblinder Positivismus vermeint: »Die Dogmen der Religion sind Ansätze, die in der religiösen Erfahrung der Menschheit enthüllten Wahrheiten präzise zu formulieren. Auf genau dieselbe Weise sind die Dogmen der Physik Versuche, die in der Sinneswahrnehmung der Menschheit freigelegten Wahrheiten präzise zu formulieren«, schreibt er 1926 in *Religion in the Making* (*Wie entsteht Religion?*). Ebensowenig wie den Positivismus kann W. die Philosophie Kants akzeptieren, insoweit sie die objektive Welt als bloßes Konstrukt aus subjektiver Erfahrung betrachtet. Kants Staunen angesichts der nächtlichen Sternenpracht kommentiert W. als »Triumph des Offensichtlichen über den philosophischen Standpunkt«. Die Wirklichkeit des menschlichen Erlebens, die entschieden mehr ist als dürre »Sinneswahrnehmung«, liegt der Vernunft voraus und gibt ihr ihre Aufgabe: »Die Funktion der Vernunft besteht darin, daß sie die Kunst zu leben fördert« (*The Function of Reason*, 1929; *Die Funktion der Vernunft*). Ungeachtet der von W. geforderten pragmatischen Ausrichtung der Philosophie und seinem Rückgriff auf das »Offensichtliche« gilt W.s Hauptwerk *Process and Reality. An Essay in Cosmology* (1929; *Prozeß und Realität. Entwurf einer Kosmologie*) sprachlich und inhaltlich als äußerst schwierig. Der Untertitel betont W.s umfassenden Anspruch. Er entwickelt ein Kategoriensystem, das es erlauben soll, die Einzelphänomene der Wirklichkeit im Gesamtzusammenhang der Natur zu interpretieren. Zentrale Kategorie seiner Kosmologie ist der Begriff »Prozeß«, der an die Stelle der »Substanz« in der herkömmlichen Philosophie tritt. W. denkt die Welt aus genau umgrenzten Einzelwirklichkeiten aufgebaut, die er »wirkliche Einzelwesen« nennt. Anders als bei Leibniz' Monaden stehen diese »Einzelwesen« aber in den unterschiedlichsten, sich gegenseitig beeinflussenden Relationen zueinander und stellen im Prozeß der Realität immer neue und nicht vorhersehbare Beziehungen untereinander her. Gott hat nicht, wie bei Leibniz, die Aufgabe, eine vorgegebene Ordnung zu garantieren, sondern stiftet Unruhe im Universum. Um den Preis der Disharmonie stachelt er die Schöpfung zu höheren Formen der Selbstverwirklichung und damit zu neuartigen Konstellationen von Einzelwesen an. Dabei kommt abstrakten Mustern, Formen und Begriffen eine wichtige Rolle zu. W. versteht jede Idee als »eine Prophezeiung, die an ihrer eigenen Erfüllung arbeitet«. In den 1933 entstandenen *Adventures of Ideas (Abenteuer der Ideen)* zeigt er am Beispiel der europäischen Geschichte, die durch die Entwürfe Platons und Aristoteles' geprägt ist, die Wirksamkeit von Ideen. Weil »Begriffe« es ermöglichen, Zusammenhänge herzustellen und neue Wirklichkeiten zu denken, können sie zu Orientierungspunkten werden. Menschen handeln unter Bezug auf sie und verkörpern so neue Perspektiven im Prozeß der Geschichte.

W. ist sich in seinem komplexen philosophischen System jedoch immer der Unschärfe des Begrifflichen und der Prozeßhaftigkeit und Unabgeschlossenheit seiner eigenen Philosophie bewußt. Auch Begriffe sind in ihrer unterschiedlichen Zugriffsmacht auf die Wirklichkeit in Prozesse verwickelt und können Wirklichkeit niemals vollständig erfassen: »Lamm-fressender-Wolf als Universalie, die das Absolute qualifiziert – ist eine Verhöhnung des Offenkundigen. *Dieser* Wolf frißt *dieses* Lamm an *diesem* Ort und zu *dieser* Zeit: der Wolf wußte es, das Lamm wußte es; und die Aasgeier wußten es.« W.s Werk erweist sich, nicht zuletzt weil es sich der Trennung von Geistes- und Naturwissenschaften im Ansatz verweigert, immer mehr als anregender Bezugspunkt der unterschiedlichsten Disziplinen, von der Theologie über die Physik bis hin zur Biologie und Ökologie. Seit 1979 eine deutsche Übersetzung von *Process and Reality* erschienen ist, findet W.s Werk auch in Deutschland zunehmende Aufmerksamkeit. Es enthält im Überfluß das, was nach W. das menschliche Denken und Handeln weiterbringt: »Metaphern, die stumm auf ein Überspringen der Phantasie warten.«

Hauskeller, Michael: Alfred North Whitehead zur Einführung. Hamburg 1994. – Holzhey, Helmut u. a. (Hg.): Natur, Subjektivität, Gott. Zur Prozeßphilosophie Alfred N. Whiteheads. Frankfurt am Main 1990. – Wolf-Gazo, Ernest (Hg.): Whitehead. Einführung in seine Kosmologie. Freiburg/München 1980. – Cobb, John/Griffin, David R.: Prozeßtheologie. Eine einführende Darstellung. Göttingen 1979.

Matthias Wörther

Windelband, Wilhelm

Geb. 11. 5. 1848 in Potsdam; gest. 22. 10. 1915 in Heidelberg

Anfangs studierte W. an den Universitäten Jena, Berlin und Göttingen Medizin und Naturwissenschaft und später Geschichte und Philosophie. Philosophisch gleichermaßen durch Kuno Fischer und Hermann Lotze beeinflußt promovierte er bei letzterem 1870 mit einer Arbeit über *Die Lehren vom Zufall*. Nachdem er sich 1873 in Leipzig habilitiert hatte, erhielt er 1876 einen Lehrstuhl in Zürich, und folgte bereits ein Jahr später einem Ruf nach Freiburg im Breisgau. W.s erste größere Veröffentlichung ist die *Geschichte der neueren Philosophie im Zusammenhang mit der allgemeinen Kultur und den besonderen Wissenschaften*, deren erster Band 1878 erschien. Seine fruchtbarste Zeit waren seine Straßburger Jahre von 1882 bis 1903. Aus dieser Zeit stammen nicht nur die *Präludien* (1884), eine Sammlung philosophischer Essays, sondern auch das erstmals 1892 erschienene und später von Heinz Heimsoeth weitergeführte *Lehrbuch der Geschichte der Philosophie*.

1903 wurde W. als Nachfolger Kuno Fischers nach Heidelberg berufen und wirkte dort bis zu seinem Tod. Charakteristisch für seine Heidelberger Zeit sind einige stärker systematisch ausgerichtete Arbeiten wie die *Prinzipien der Logik* (1912) und vor allem seine *Einleitung in die Philosophie* (1914). Wenn W. seinen eigenen systematischen Ansatz im Gegensatz zu Heinrich Rickert auch lediglich skizziert hat, so war dieser gleichwohl prägend für die Theorieentwicklung des südwestdeutschen Neukantianismus, denn zentrale Bestandstücke des axiologischen Kritizismus sind bei ihm bereits vorhanden. So findet sich hier bereits die Unterscheidung zwischen theoretischen Problemen (Seinsfragen) und axiologischen Problemen (Wertfragen). Trotz der gleichen grammatischen Form besteht zwischen beiden für W. ein logischer Unterschied. Im Fall des theoretischen Urteils beziehen wir nämlich Prädikate auf ein Subjekt, und das Bewußtsein nimmt zu dem in dieser Weise aufeinander Bezogenen eine theoretische Haltung ein. Im Fall der Beurteilung haben wir es dagegen mit einer wertenden Stellungnahme zu tun, für die nicht nur kognitive, sondern auch emotionale und als solche gewollte Gesichtspunkte bedeutsam sind. Was den Wertbegriff angeht, verwirft W. einen reinen Wertobjektivismus, die Objektivität des Wertens ist ihm zufolge nur dadurch zu gewährleisten, daß man auf ein wertendes Normalbewußtsein rekurriert, das im Gegensatz zum empirischen Allgemeinbewußtsein eine transzendentale Größe des Kantischen ›Bewußtseins überhaupt‹ ist. Die traditionelle Disziplineneinteilung der Philosophie in Logik, Ethik und Ästhetik läßt sich nach W. werttheoretisch begründen. Denn diese Disziplinen orientieren sich an den Werten des Wahren, Guten und Schönen. Auch die Religionsphilosophie hat in diesem Philosophiekonzept ihren Ort. Das Heilige verkörpert zwar keine besondere Wertklasse wie das Wahre, Gute und Schöne, aber es verkörpert »alle diese Werte« in ihrer »Beziehung zu einer übersinnlichen Wirklichkeit«.

Wirkungsgeschichtlich von großer Bedeutung waren W.s Überlegungen zu einer wissenschaftstheoretischen Grundlegung der Geschichtswissenschaft, denn die Unterscheidungen, die er in diesem Zusammenhang entwickelte, haben »jahrzehntelang die Diskussion über Natur- und Geisteswissenschaften bestimmt« (Hans-Georg Gadamer). Die Naturwissenschaften operieren, wie W. deutlich macht, mit generellen, apodiktischen Urteilen. Sie haben das Allgemeine im Visier, und ihr Interesse gilt der gleichbleibenden Form des Wirklichen. Ihr Erkenntnisziel ist die Einsicht in Gesetzeszusammenhänge; sie verfahren also nomothetisch, wobei bei ihnen die Neigung zur Abstraktion überwiegt. Demgegenüber operieren die historischen Wissenschaften mit singulären, assertorischen Urteilen. Sie haben das Besondere im Visier, denn ihr Interesse gilt dem einmaligen, in sich bestimmten Inhalt des Wirklichen. Ihr Erkenntnisziel ist die Erfassung von Gestalten, wobei sie hier idiographisch verfahren, und die Neigung zur Anschaulichkeit überwiegt.

Wesentlich für W.s philosophiehistorische Arbeiten ist, daß bei ihm nicht philosophische Denkerpersönlichkeiten im Vordergrund stehen, obwohl deren Darstellung, wie er ausdrücklich betont, nicht ohne Reiz ist, sondern die Geschichte der Probleme und Begriffe; seine Vorgehensweise ist also eine problemgeschichtliche. Sowohl bei der Aufstellung der Probleme wie auch bei den Versuchen ihrer begrifflichen Lösung, können mehrere Faktoren eine Rolle spielen. Die Problembearbeitung kann sich aus sachlichen Notwendigkeiten ergeben, aber auch kulturgeschichtliche Prozesse wie die Entwicklung der Einzelwissenschaften können hierfür ausschlaggebend sein. Schließlich spielt in die Auswahl und Verknüpfung der Probleme immer auch die individuelle Denkerpersönlichkeit des jeweiligen Philosophen hinein. Demzufolge hat die philosophiegeschichtliche Forschung nach W. eine dreifache Aufgabe zu erfüllen. Sie hat »1. genau festzustellen, was sich über die Lebensumstände, die geistige Entwicklung und die Lehren der einzelnen Philosophen aus den Quellen erheben läßt, 2. aus diesen Tatbeständen den genetischen Prozeß in der Weise zu rekonstruieren, daß bei jedem Philosophen die Abhängigkeit seiner Lehren teils von denjenigen seiner Vorgänger, teils von den allgemeinen Zeitideen, teils von seiner eigenen Natur und seinem Bildungsgang begreiflich wird; 3. aus der Betrachtung des Ganzen heraus zu beurteilen, welchen Wert die die dort festgestellten und ihrem Ursprung nach erklärten Lehren in Rücksicht auf den Gesamtertrag der Philosophie haben.«

Orth, Ernst W./Holzhey, Helmut: Neukantianismus. Perspektiven und Probleme. Würzburg 1994. – Schnädelbach, Herbert: Philosophie in Deutschland 1831–1933. Frankfurt am Main 1983. – Rickert, Heinrich: Wilhelm Windelband. Tübingen 1915.

Hans-Ludwig Ollig

Wittgenstein, Ludwig
Geb. 24. 4. 1889 in Wien; gest. 29. 4. 1951 in Cambridge

Im September 1920 nahm im abgelegenen Trattenbach in Niederösterreich ein Sonderling seine Tätigkeit als Volksschullehrer auf. Die ihm eigentlich zugewiesene Stelle in einem Wallfahrtsort hatte er ausgeschlagen: »Hier gibt es einen Park und einen Springbrunnen, ich wünsche aber gänzlich ländliche Verhältnisse.« Offenbar dachte W. nach der Rückkehr aus italienischer Kriegsgefangenschaft an ein enthaltsames Leben – nicht nur bei der Berufswahl, sondern auch, als er ein Millionenvermögen verschenkte. Der Sohn eines der reichsten Industriellen der Monarchie verzichtete auf seinen Anteil am väterlichen Erbe. Die Neigung zu eigenartiger Askese zeigt sein Kriegstagebuch, das überwiegend Notizen zu logischen Problemen enthält. Aus diesen Notizen ging 1918 eine logisch-philosophische Abhandlung hervor, in der das Nachdenken über Sprache und Wirklichkeit geradezu als asketische Übung vollzogen wird: der *Tractatus Logico-Philosophicus* (1921), einer der einflußreichsten philosophischen Texte des 20. Jahrhunderts. Dieses schmale Buch handelt von der Unterscheidung zwischen Weltbeschreibung und Welterlebnis: zwischen der Welt, die wir wie ein Mosaik zerlegen und dann durch einfache oder komplexe Sätze abbilden, und dem Sinn der Welt, der sich uns zeigen muß, den wir aber nicht beschreiben und erst recht nicht herbeireden können. Wir können nur erfahren, wie die Lebensprobleme verschwinden. »Daß das Leben problematisch ist, heißt, daß Dein Leben nicht in die Form des Lebens paßt. Du mußt dann Dein Leben verändern, und paßt es in die Form, dann verschwindet das Problematische.« Eine solche Antwort auf die Sinnfrage darf nicht durch Sprache verdeckt werden – darauf zielt der vielzitierte Schlußsatz des *Tractatus*: »Wovon man nicht sprechen kann, darüber muß man schweigen.« So wird die Logik gleichsam zur Bußübung. Sie umreißt die Leistung sinnvoller Sprache als Weltbeschreibung und skizziert eine Idealsprache. Sinnvolle Sätze bilden die Wirklichkeit ab, werden gleichsam wie Maßstäbe an die Wirklichkeit angelegt. Versuchen nun die Philosophen, die Gemeinsamkeit von Sprache und Wirklichkeit zu beschreiben, so ist dies genaugenommen sinnlos, denn ein Bild kann nicht seine eigene Form der Darstellung abbilden – »es weist sie auf«. Bilden Sätze die Wirklichkeit ab, so kann man dies nicht sprachlich formulieren. Demnach ist die Logik eigentlich sinnlos, und doch kann sie dazu beitragen, daß der Sinn der Welt sich zeigt. Statt zu formulieren, was allen Sätzen gemeinsam ist, muß sie aufweisen, wie die Sätze ineinanderhängen, und dieser Aufweis muß vollständig sein. So unterscheidet W. die Elementarsätze, in denen nur einfache Zeichen – als Namen für die Gegenstände – verklammert sind, von komplexeren Sätzen, die in einfachere Sätze zerlegt werden können. Diese Zerlegung beruht auf den von W. eingeführten Wahrheitstabellen: Ob der Satz »Müller ist reich und verrückt« wahr oder falsch ist, hängt davon ab, ob die Sätze »Müller ist reich« und »Müller ist verrückt« beide wahr sind oder nicht. Alle komplexen Sätze sind derart auf die Elementarsätze bezogen, daß sie für bestimmte

Verteilungen von ›wahr‹ und ›falsch‹ auf die Elementarsätze selber wahr oder falsch werden. Die Welt ist demnach vollständig beschrieben, wenn alle Elementarsätze einschließlich der Verteilung von ›wahr‹ und ›falsch‹ angegeben werden – diese Aufgabe muß die Logik freilich den Naturwissenschaften überlassen. Sie kann selber nur die Grenze der Sprache zeigen, um uns durch eine richtige Sicht der Welt zur »Ruhe« kommen zu lassen. Der asketische Logiker »muß sozusagen die Leiter wegwerfen, nachdem er auf ihr hinaufgestiegen ist«.

W.s Weg zur Logik beleuchtet die für ihn charakteristische Konsequenz: Als Kind hatte er, abgesehen von seiner auffallenden Musikalität, vor allem technisches Interesse gezeigt. Die vielfältigen, insbesondere künstlerischen Eindrücke, die er im Elternhaus empfing, dürften nicht ohne Nachwirkungen geblieben sein. Im Wiener Palais des Stahlmagnaten Karl W. gingen neben Künstlern des Jugendstils auch Johannes Brahms und Gustav Mahler und die Wagner-Kritiker Eduard Hanslick und Max Kalbeck ein und aus. Daß W. bei allem Grübeln über den Sinn des Lebens immer dem Tiefsinn auswich, entspricht seiner Distanz zu Wagners mythologischem Gesamtkunstwerk. Die äußerlich unbelastete Jugend war überschattet vom Freitod des älteren Bruders Rudolf. Vielleicht wäre hier ein Anstoß zu suchen für die zwanghafte Suche nach dem vollkommenen Leben, das keiner Rechtfertigung bedarf. Nach einer eher glanzlosen Schulzeit nahm W. 1906 ein Ingenieurstudium auf, zuerst in Berlin, dann 1908 in England. Dort verlagerte sich sein Interesse zunehmend auf die Grundlagen der Wissenschaft, zunächst der Mathematik, dann der Logik, die gerade damals in England zur Grundlagendisziplin schlechthin avancierte. Bertrand Russell hatte das Problem einer Ableitung der Mathematik aus logischen Grundsätzen in Angriff genommen. Er wurde für den jungen W. zum wichtigsten Lehrer – und bald auch zum wichtigsten Gegner. Seine Logik erschien W. nicht hinreichend selbstverständlich, denn sie mußte – das ist verräterisch – auf stützende Hilfssätze zurückgreifen. Wie sollte man durch eine solche Logik zur angestrebten Ruhe kommen? Für diese mit der Logik verflochtene Sinnfrage fehlte umgekehrt Russell das Verständnis. Im *Tractatus* hatte W. die gesuchte Logik skizziert, die alle Probleme durch die Wahl der einen richtigen Zeichensprache zum Verschwinden bringt. Doch auch das einfache Leben des Volksschullehrers als praktische Kehrseite und Konsequenz dieser Philosophie befreite ihn nicht von der verzweifelten Suche nach dem sinnvollen Leben. War die im *Tractatus* erreichte Unterscheidung von Weltbeschreibung und Welterlebnis unangemessen einfach? Oder war der logische Umriß der Sprache nicht evident? Gottlob Frege jedenfalls, der Begründer der modernen Logik, konnte wenig damit anfangen. W. berichtete Russell, er habe Frege das Manuskript zugesandt. »Er hat mir vor einer Woche geschrieben und ich entnehme daraus, daß er von dem Ganzen kein Wort versteht. Meine einzige Hoffnung ist also, Dich bald zu sehen und Dir alles zu erklären, denn es ist schon *sehr* bedrückend, von keiner einzigen Seele verstanden zu werden!« Diese Hoffnung erfüllt sich nur teilweise.

Russell schreibt zwar die Einleitung zu einer – im Gegensatz zum Erstdruck von 1921 – sorgfältigen zweisprachigen Londoner Ausgabe des *Tractatus* (1922), doch ist W. mit seiner Interpretation nicht einverstanden. Seit 1924 interessiert sich Moritz Schlick für den wissenschaftstheoretischen Ertrag der Abhandlung. Auch er bleibt gleichgültig gegenüber der Frage nach dem Sinn der Welt in den Schlußpassagen des Werks. Doch gelingt es ihm, W. in Gespräche über die Grundlagen der Mathematik und Naturwissenschaft zu verwickeln und ihn zur Entfaltung seiner Gedanken anzuregen. Dabei zeigt sich, daß die Jahre in Niederösterreich nicht folgenlos geblieben sind: W. hatte seine Aufgabe als Lehrer bis 1926 mit einem Höchstmaß an Engagement und Experiment versehen. Zum Erstaunen und Ärger vieler Eltern führte er den Algebraunterricht ein. Andererseits lag ihm daran, den Kindern den Lehrstoff so konkret wie möglich nahezubringen, bis hin zu nächtlichen astronomischen Exkursionen, und sie zu eigener Mitarbeit anzuregen – nicht nur bei kleineren technischen Projekten, sondern auch im Deutschunterricht: Er korrigierte Fehler in Diktaten und Aufsätzen nicht, sondern markierte sie nur am Zeilenrand, so daß die Kinder ihre Fehler selbst entdecken mußten. Insbesondere erarbeitete er zusammen mit seinen Schülern ein *Wörterbuch für Volksschulen* – neben dem *Tractatus* das zweite und letzte zu seinen Lebzeiten gedruckte Werk. Er richtete seine Aufmerksamkeit darauf, wie Kinder lernen, wie sie vor allem die Sprache zu gebrauchen lernen. Hier liegen wohl die Keime zu seiner späteren Philosophie.

Nach der Vollendung des *Tractatus* war er davon überzeugt, alle Denkprobleme im wesentlichen gelöst zu haben. Gegen Ende der 20er Jahre wandte er sich erneut der Frage zu, wie Sprache und Wirklichkeit ineinandergreifen, und er gelangte zu Einsichten, die vom *Tractatus* erheblich abweichen. Auf den ersten Blick könnte man zweifeln, ob man sich mit demselben Philosophen befaßt: Im Mittelpunkt steht nicht mehr die Vision eines Satzgefüges, das nur von einer noch gar nicht gegebenen Einheit der Naturwissenschaften her zu gewinnen wäre, sondern die jedem verfügbare Alltagssprache. Dabei ist der Singular irreführend, denn es gibt keine schlechthin verbindliche und unveränderliche Sprache, sondern zahllose einander überlappende »Sprachspiele«, und in jedem dieser Sprachspiele greifen Sprache und Wirklichkeit eigentümlich, aber ganz selbstverständlich ineinander. Probleme entstehen erst, wenn ein Philosoph glaubt, hier gäbe es etwas zu erklären. Man muß statt dessen darauf achten, wie die Sprache gelernt wird. Für jedes Sprachspiel gibt es beispielhafte Situationen, die benannt werden. So lernt ein Kind den Satz »Ich habe Schmerzen« und gebraucht ihn nur dann, wenn die Gesprächspartner zustimmen können. Die Situation läßt sich nämlich prinzipiell wiedererkennen, auch wenn man sich im Einzelfall täuschen kann – andernfalls bräche das Sprachspiel bald zusammen, unserem gemeinsamen Umgang mit der Wirklichkeit wäre ein Ende gesetzt. Denn: Jedes Sprachspiel gehört zu einer bestimmten Lebensform. Und »wenn man quasi die Klassen der Sprachen beschreibt, die ihren Zweck erfüllen, dann hat man damit ihr Wesentliches gezeigt und damit die unmittelbare Erfahrung unmittelbar dargestellt«.

Solche Gedanken entwickelt W. seit 1929 in Cambridge – nachdem er in Wien für seine Schwester ein Haus entworfen und in dessen strengem, schmucklosem Stil gleichsam den *Tractatus* architektonisch anschaulich gemacht hat. Die Förderung durch seine englischen Freunde trägt ihm zunächst Forschungs- und Lehraufträge, schließlich im Jahre 1939 die Nachfolge auf dem Lehrstuhl des Philosophen George Edward Moore ein. Allerdings fügt er sich kaum ins übliche Bild des Philosophieprofessors; 1947 legt er sein Amt vorzeitig nieder. Seine Lehrveranstaltungen verlangen von allen Beteiligten ein erhebliches Maß an Konzentration, und statt dicke Bücher zu veröffentlichen, füllt er Zettel und Notizbücher mit unzähligen Argumentationsstücken und -splittern.

Erst aus dem Nachlaß wird 1953 sein Hauptwerk *Philosophische Untersuchungen* herausgegeben. Bereits 1945 hat er zu dessen erstem Teil ein Vorwort entworfen, in dem es heißt: »Die philosophischen Bemerkungen dieses Buches sind gleichsam eine Menge von Landschaftsskizzen . . . Die gleichen Punkte, oder beinahe die gleichen, wurden stets von neuem von verschiedenen Richtungen her berührt und immer neue Bilder entworfen . . . So ist also dieses Buch eigentlich nur ein Album.« Immerhin sind nicht wenige Ansichten in W.s Album bestürzend. Fundamental ist seine Gedankenreihe über die Frage: Was bedeutet »einer Regel folgen«? Man bringt etwa einem Schüler das Addieren im Dezimalsystem bei. Wann kann man sagen, er habe die Regel verstanden? Nehmen wir an, er rechne im Zahlenraum bis 1000 zu unserer Zufriedenheit. »Wir lassen nun den Schüler einmal eine Reihe (etwa ›+ 2‹) über 1000 hinaus fortsetzen, – da schreibt er: 1000, 1004, 1008, 1012. Wir sagen ihm: ›Schau, was du machst!‹ – Er versteht uns nicht. Wir sagen: ›Du solltest doch *zwei* addieren; schau, wie du die Reihe begonnen hast!‹. . . nimm an, er sagte, auf die Reihe weisend: ›Ich bin doch auf die gleiche Weise fortgefahren!‹. . . Wie wird denn entschieden, welches an einem bestimmten Punkt der richtige Schritt ist?« Worauf will W. mit diesem bizarren Beispiel hinaus? Wir könnten doch sagen: Die Übergänge bei der Addition sind dadurch bestimmt, wie die Formel »gemeint« war. Haben wir aber bei der Aufgabenstellung schon an den Übergang von 1000 zu 1002 gedacht? Wohl kaum – warum sollten wir also nicht gemeint haben: addiere 2 bis 1000, 4 bis 2000, 8 bis 3004 usw.? Auch das wäre eine Zahlenreihe gewesen. Offenbar hat sich unser Geist nicht auf eine bestimmte Reihe konzentriert. Also ist mit dem Wort »meinen« überhaupt nichts erklärt – und zwar nicht nur beim Rechnen: Man bringt etwa einem Kind die Farbwörter bei, indem man auf Muster zeigt. Dann muß das Kind »rot« auf viele rote Gegenstände anwenden, bevor man sagen kann, es habe das Farbwort gelernt. Vielleicht stellt sich aber irgendwann heraus, daß es eine rote Glasscheibe nicht »rot« nennt, weil sie durchsichtig ist. So labil ist die Verknüpfung von Sprache und Wirklichkeit, und deshalb funktioniert sie nur als Sprachspiel – wir halten uns sozusagen gegenseitig in Schach und gewöhnen einander die bizarren Regeln ab. Natürlich kann man dann Sätze über geistige Vorgänge, oder über Schmerzen, nicht mehr auf »private« Erfahrungen zurückführen – vielmehr muß man typische Züge der Situationen aufsuchen, in denen Wörter wie »meinen«, »denken«, »fühlen«, »erwarten« vorkommen. Achtet man auf die »Grammatik« dieser Wörter, d. h. auf die Bedingungen für ihren alltäglichen Gebrauch, so erledigen sich viele philosophische Probleme von selbst, wie etwa die Frage, »was« wir denn haben, wenn wir Schmerzen haben. »Das *Wesen* ist in der Grammatik ausgesprochen.« So versucht W. auch in seiner späten Philosophie – viel differenzierter als zuvor –, durch das Nachdenken über die Sprache zur Ruhe zu kommen: »Die Klarheit, die wir anstreben, ist allerdings eine *vollkommene*. Aber das heißt nur, daß die philosophischen Probleme *vollkommen* verschwinden sollen. Die eigentliche Entdeckung ist die, die mich fähig macht, das Philosophieren abzubrechen, wann ich will . . . Es gibt nicht *eine* Methode der Philosophie, wohl aber gibt es Methoden, gleichsam verschiedene Therapien.«

Der therapeutische Effekt droht jedoch in der Nachfolge W.s zu verschwinden: Schon die im *Tractatus* entwickelten Ideen waren recht einseitig aufgenommen worden: die Wahrheitstabellen und der Gedanke einer Zerlegung der Welt in elementare Sachverhalte wurden später von Rudolf Carnap fruchtbar gemacht für eine »abstrakte Semantik«. Hier sollte möglichst genau beschrieben werden, wie eine formale Wissenschaftssprache auf die Wirklichkeit bezogen ist. Dabei trat W.s Bemühung um den unsagbaren Sinn der Welt ganz in den Hintergrund. Auch die Wirkung der Spätphilosophie blieb von solchen Einseitigkeiten nicht frei. Die Wendung zur Alltagssprache führte zu einer Flut von Analysen zum Sprachgebrauch. Immerhin wurde immer deutlicher, daß die Sprache nicht nur dazu dient, Behauptungen mitzuteilen – wir verfolgen vielmehr ganz unterschiedliche Ziele und bedienen uns dabei der Sprache auf vielfältige Weise. Sie ist nicht ein Werkzeug, sondern ein Werkzeugkasten! Damit hat W. der Sprachphilosophie einen entscheidenden Impuls gegeben: die Sprache als lebendigen Vollzug aufzufassen. Welche metaphysischen Konsequenzen sich in den *Philosophischen Untersuchungen* verbergen, haben zwei amerikanische Denker hervorgehoben. Hilary Putnam zeigte, daß die Beschreibung des Sprachgebrauchs durchsichtig ist für die Wahrheitsfrage – für die Frage nach der Übereinstimmung zwischen Sprache und Wirklichkeit. In W.s Idee einer Vielfalt einander überlappender Sprachspiele steckt dann ein überraschender Gedanke: »Wahrheit« kann nicht letztgültig präzisiert und definiert werden – und doch braucht man die Vorstellung einer Verklammerung von Sprache und Wirklichkeit nicht aufzugeben. Eine Übertragung der geheimnisvollen, niemals vollends bestimmbaren und doch funktionsfähigen Regeln des Sprachgebrauchs auf die Wissenschaftsphilosophie lieferte Thomas S. Kuhn im Rahmen seiner Untersuchungen zur Geschichte der Naturwissenschaften: Auch Naturwissenschaftler gehen, wenn sie eine Theorie aufstellen, von Musterbeispielen aus. Wer sich an der Suche nach weiteren Beispielen erfolgreich beteiligen will, befindet sich in etwa in der Lage des Kindes, das die Farbwörter lernt. Und wie die Regeln für den Sprachgebrauch nicht erschöpfend dargelegt werden können, so gibt es auch in der Wissenschaft verschiedene theoretische Gebilde, die einander überlappen, aber nicht miteinander verschmolzen werden können – ja sogar konkurrieren. Putnam und Kuhn haben eine epochale Einsicht von W. präzisiert: Wie es nicht »eine« Sprache gibt, so kann man nicht nach »dem« Wahrheitsbegriff oder nach »der« Wissenschaft fragen. Es gilt, diese Relativität zu akzeptieren, ohne in Willkür zu verfallen.

Buchheister, Kai/Steuer, Daniel: Ludwig Wittgenstein. Stuttgart 1991. – Malcolm, Norman: Erinnerungen an Wittgenstein. Mit einer biographischen Skizze von G. H. Wright und Wittgensteins Briefen an Norman Malcolm. Frankfurt am Main 1987. – Hacker, Peter Michael: Einsicht und Täuschung. Wittgenstein über Philosophie und die Metaphysik der Erfahrung. Frankfurt am Main 1978. – Kenny, Anthony: Wittgenstein. Frankfurt am Main 1974. – Fann, K. T.: Die Philosophie Ludwig Wittgensteins. München 1971. – Malcolm, Norman: Ludwig Wittgenstein. München 1961.

Ernstpeter Maurer

Wolff, Christian
Geb. 24. 1. 1679 in Breslau; gest. 9. 4. 1754 in Halle

Immanuel Kant schrieb 1787 über W., er sei »der Urheber des Geistes der Gründlichkeit in Deutschland« gewesen. Er habe bewiesen, »wie durch gesetzmäßige Feststellung der Prinzipien, deutliche Bestimmung der Begriffe, versuchte Strenge der Beweise, Verhütung kühner Sprünge in Folgerungen der sichere Gang einer Wissenschaft zu nehmen sei«. In diese Hommage auf den führenden deutschen Aufklärungsphilosophen in der ersten Hälfte des 18. Jahrhunderts vermochte Hegel nur bedingt einzustimmen. Zwar rühmte auch er an W., daß er »sich große Verdienste um die Verstandesbildung« erworben und »die Philosophie zur allgemeinen, der deutschen Nation angehörigen Wissenschaft gemacht« habe. Jedoch bemängelte Hegel die fehlende Originalität von W.s Philosophie, die im Grunde nur ein populäres »Systematisieren der Leibnizischen« gewesen sei und die das »ganze Wissen in pedantisch-systematische Form« gebracht habe. Beide Urteile sind symptomatisch für die unterschiedliche Beurteilung der Stellung W.s in der Philosophiegeschichte. Da ist einerseits die Rede vom bahnbrechenden philosophischen Systematiker, der erstmals in Deutschland ein säkulares, in sich geschlossenes philosophisches System begrifflicher Exaktheit und gedanklicher Präzision konstruierte. Andererseits findet sich das Verdikt gegenüber dem kompilierenden Enzyklopäden und pedantischen Zuchtmeister einer uninspirierten, stubengelehrten Schulphilosophie, die lediglich die seelenlose Dogmatik einer wortklauberischen, haarspaltenden »Verstandesmetaphysik« (Hegel) etablierte.

Im schlesischen Breslau wurde der »größte unter allen dogmatischen Philosophen« (Kant) als zweiter Sohn eines protestantischen Gerbers geboren. W.s Vater mußte aus finanziellen Gründen seine Schulbildung als Primaner abbrechen und das Gerberhandwerk ergreifen. Seinen talentierten Sohn Christian bestimmte er für die Theologenlaufbahn, die ihm selbst verwehrt geblieben war. Zur Zeit von W.s Geburt war gerade die Blütezeit der schlesischen Literatur und Poesie zu Ende gegangen, eine Zeit, in der besonders schlesische Dichter wie Martin Opitz, Andreas Gryphius, Friedrich von Logau, Johannes Scheffler (Angelus Silesius), Christian Hoffmann von Hoffmannswaldau und Casper von Lohenstein den Ruf der deutschen Dichtung begründeten. Das geistig anregende Milieu der schlesischen Kultur vermittelte dem jungen W. eine Fülle unterschiedlicher Bildungseindrücke. Als Schüler des Breslauer Magdalenen-Gymnasiums wurde er von weltoffenen, geistigem Fortschritt zugeneigten Lehrern erzogen, die ihn mit Mathematik, Naturwissenschaften und der cartesischen Philosophie vertraut machten. Gleichzeitig wurde W. in Breslau Zeuge des Wetteifers der Konfessionen. Aus dem Erlebnis des Konfessionenstreits leitete er eine für seine weitere Laufbahn folgenschwere Erkenntnis ab: »Weil ich aber da unter den Catolicken lebte und den Eifer der Lutheraner und Catolicken gegen einander gleich von meiner ersten Kindheit an wahrnahm, dabey merckte, daß ein jeder Recht zu haben vermeinete; so lag mir immer im Sinne, ob es denn nicht möglich sey, die Wahrheit in der Theologie so deutlich zu zeigen, daß sie keinen Widerspruch leide.« Mit Hilfe der Mathematik als unzweifelhafter wissenschaftlicher Methode hoffte er, »die Theologie auf unwidersprechliche Gewisheit« zu bringen. Das rege mathematische Interesse veranlaßte W. auch bald nach seiner Immatrikulation an der Universität Jena im Jahr 1699, sich weniger mit Theologie als mit Mathematik und Naturwissenschaften zu beschäftigen. Besonders die *Medicina mentis* des frühen Aufklärers Ehrenfried von Tschirnhaus bestätigte ihn in seinem Vorsatz, anhand der Mathematik die Theologie neu zu begründen. Daneben studierte er Nicolas de Malebranche, Hugo Grotius und Samuel Pufendorf. 1702 ging W. nach Leipzig, um die Magisterprüfung abzulegen. 1703 habilitierte er sich für Mathematik und Naturwissenschaften. Aus W.s Leipziger Zeit datiert auch seine Bekanntschaft mit Leibniz, dessen Philosophie ihn nachhaltig beeinflußte. Zur gleichen Zeit avancierte er zum Mitherausgeber der *Acta eruditorum Lipsiensium*, der ersten gelehrten Zeitschrift in Deutschland. 1706 wurde W. »wegen seiner Erudition, Capazität in Mathematicis und guten Qualitäten« zum Professor für Mathematik und Naturwissenschaften im preußischen Halle ernannt. Ab 1709 lehrte W. auch Philosophie, der er sich in der Folgezeit ausschließlich widmete. Nach dem Vorbild von Christian Thomasius, der 1687 damit begonnen hatte, deutsche statt lateinische Vorlesungen zu halten, lehrte und schrieb auch W. in deutscher Sprache. W. begründete die deutschsprachige philosophische Terminologie, in die er Termini wie Bewußtsein, Vorstellung, Begriff und Wissenschaft einführte.

In Halle entwickelte W. sein philosophisches System in sieben Werken mit dem programmatischen Obertitel *Vernünftige Gedanken von ...*, in denen er seine Anschauungen zur Logik (1712), Metaphysik (1719), Ethik (1720), Gesellschaftstheorie (1721), Physik (1723), Teleologie (1723) und Biologie (1725) darlegte. W. will definitiv nachweisen, daß es vernünftig zugeht in der Welt, daß alle Phänomene rational erkennbar, begrifflich eindeutig erklärbar sind und daß sie sich in einem logischen, widerspruchsfreien System philosophischer Hermeneutik zusammenfassen lassen. Siebzig Jahre vor Kants berühmtem aufklärerischem Appell schrieb W.: »Jeder sollte nach so hurtigem Gebrauch der Kräfte des Verstandes streben, als nur immer möglich ist.« Den rechten Verstandesgebrauch lehrt die rationalistische Philosophie oder »Weltweisheit«. Für W. ist Philosophie »eine Fertigkeit des Verstandes, alles, was man behauptet, aus unwidersprechlichen Gründen unumstößlich darzutun«. Philosophische Erkenntnis bedarf eindeutiger Begriffe. Die wissenschaftliche Methodik exakter Begriffsbildung liefert der Syllogismus, die lückenlose logische Beweiskette, »da immer ein Glied an dem andern, und solcher Gestalt ein jedes mit allem zusammenhänget«. Philosophie ist zugleich »die Wissenschaft von allem, was möglich ist, so daß zum Gegenstand der Philosophie alle Dinge gemacht werden müssen«. Die Philosophie ist somit Organon zur Begründung der Einheit der Wissenschaften. W. versucht mit Hilfe seiner streng mathematisch-demonstrativen Methode, sich in möglichst allen Wissensbereichen seiner Zeit kundig zu machen, um die Einzelwissenschaften philosophisch zu begründen. Sein System des Wissens orientiert sich nicht mehr an den Vorgaben der Theologie, sondern an den Realwissenschaften. Vornehmste Aufgabe der Philosophie ist es, menschlicher Glückseligkeit und Perfektibilität den Weg zu ebnen. Im Anschluß an die Gesellschafts-vertrags-Theorien des 17. Jahrhunderts definiert W. die menschliche Gesellschaft »als ein(en) Vertrag einiger Personen, mit vereinigten Kräften ihr Bestes zu befördern«. Die Eckpfeiler seines politischen Ordnungsmodells sind der human verfaßte aufgeklärte Absolutismus und der rational konstruierte Wohlfahrtsstaat. W. erwartete optimistisch, daß eine aufgeklärte, von Vorurteilen gereinigte Vernunft unweigerlich zum Fundament allgemeiner Toleranz und vernünftigen Lebensgenusses werden müsse.

Daß der Versuch, im Deutschland des frühen 18. Jahrhunderts ein System rationalistischer Philosophie zu etablieren, kein leichtes Unterfangen war und auf erbitterten Widerstand einflußreicher Gegner stieß, bekam W. in Halle zu spüren. Zwar war er durch seine Schriften eine Kapazität von nationalem, ja internationalem Rang, Mitglied zahlreicher in- und ausländischer wissenschaftlicher Sozietäten und erfolgreicher akademischer Lehrer. Aber gerade der Erfolg und die allgemeine Wertschätzung der Philosophie W.s mobilisierte die Widersacher aus dem Kreis des orthodoxen Pietismus, dessen Hochburg die Hallensische Universität war. W.s Rektoratsrede *Über die Sittenlehre der Sinesier* (1721), in der er am Beispiel der konfuzianischen Lehre nachzuweisen versuchte, daß sich die Prinzipien der Ethik unabhängig von der jeweiligen Religion aus reinen Vernunftgründen erweisen lassen, bot den willkommenen Anlaß für die pietistischen Eiferer, eine Verleumdungskampagne gegen ihn anzuzetteln. Es gelang schließlich dem Haupt der Hallenser Pietisten August Hermann Francke, den preußischen König Friedrich Wilhelm I. vom angeblichen staatsgefährdenden Atheismus W.s zu überzeugen. W. wurde »bey Strafe des Stranges« des Landes verwiesen. In Marburg fand er als Professor »Mathesos et Philosophiae primario« eine neue Wirkungsstätte. 1740 rief der neue preußische König Friedrich II. W. unter ehrenvollen Umständen an die Universität Halle zurück. Er avancierte zum Kanzler der Universität und wurde 1745 zum Reichsfreiherrn ernannt. In seiner Marburger und zweiten Hallensischen Periode widmete sich W. der weiteren Ausgestaltung und Explikation seines Systems. Zu diesem Zweck verfaßte er umfangreiche lateinische Werke wie *Psychologia empirica* (1732), *Psychologia rationalis* (1734), *Theologia naturalis* (1736/37) sowie das achtbändige *Jus naturae* (1740-48). Seine lateinischen Werke machten W. endgültig zur europäischen Berühmtheit, zum »Maître à penser de l'Allemagne« (Voltaire), dessen Schüler bis zum Ende des 18. Jahrhunderts die philosophischen Katheder Deutschlands beherrschten. Die außerordentliche Wirkung W.s bezeugt Johann Christoph Gottsched, der über seine eigenen Erfahrungen mit der Philosophie W.s schrieb: »Hier ging mirs nun wie einem, der aus einem wilden Meere wiederwärtiger Meynungen in einen sichern Hafen einläuft, und endlich auf festes Land zu stehen kömmt. Hier fand ich diejenige Gewißheit, so ich vorhin allenthalben vergeblich gesucht hatte. Nirgends habe ich diejenige Ordnung und Gründlichkeit gefunden und nirgends habe ich mich mehr befriedigen können, als in Herrn Wolffs Schriften.«

Schneiders, Werner (Hg.): Christian Wolff 1679–1754. Interpretationen zu seiner Philosophie und deren Wirkung. Hamburg 1983, ²1986. – Gerlach, Hans-Martin u. a. (Hg.): Christian Wolff als Philosoph der Aufklärung in Deutschland. Hallesches Wolff-Kolloquium 1979 anläßlich der 300. Wiederkehr seines Geburtstages. Halle 1980.

Walter Weber

Xenophanes
Geb. ca. 570 v.Chr. in Kolophon; gest. ca. 475/70 v.Chr. in Sizilien (?)

Geboren und aufgewachsen in Ionien, geht X. nach der Eroberung seiner Heimatstadt Kolophon durch die Meder (546/45) als junger Mann in den Westen – wie später sein Altersgenosse Pythagoras. Nach eigenem Zeugnis durchwandert er von nun an fast ein Dreivierteljahrhundert lang das hellenische Süditalien, vor allem aber die Städte der sizilischen Ostküste, und trägt als Gast aristokratischer Häuser seine Dichtungen vor. Zwei Themen vor allem beschäftigen ihn: die Erkenntnistheorie, und die noch zentralere Theologie. Wenn einer der Vorsokratiker, so verdient X. den Namen Theologe. Das traditionelle anthropomorphe Gottesbild der Griechen lehnt er ab. Es ist ethisch verwerflich, vor allem aber erkenntnistheoretisch unhaltbar. Den Anthropomorphismus erschüttert er mit einem Argument von revolutionärer Konsequenz: »Äthiopier sagen, ihre Götter seien breitnasig und schwarz, Thraker, (sie seien) blauäugig und rothaarig.« Die Beobachtung solcher Unterschiede in den Vorstellungen verschiedener Völker markiert nicht allein den Beginn jener anthropologischen Methode, der im 5. Jahrhundert eine ganze Literatur gelten wird (Herodot), sondern verweist vor allem auf die Subjektivität und damit Wertlosigkeit theologischer Aussagen, die von anthropologischen Prämissen ausgehen. Wie jedes Volk seine Götter mit den eigenen ethnischen Merkmalen ausstattet, so schreibt jeder Anthropomorphismus dem Göttlichen insgesamt menschliche Qualitäten zu. Die Relativität des griechischen traditionellen Götterbildes macht seinen Unwert aus.

X.' Antwort auf dieses Problem liegt in der radikalen Distanzierung von jedem Anthropomorphismus. »Ein Gott (oder: Gott ist eins), unter Göttern und Menschen der größte, auf keine Art Sterblichen ähnlich, weder an Körper noch Geist.« »Als ein Ganzes sieht er, als ein Ganzes denkt er, als ein Ganzes hört er.« »Immer bleibt er am selben (Ort), ganz bewegungslos, und nicht gehört es sich (für ihn), bald hierhin, bald dorthin zu gehen. Doch ohne Mühe erschüttert er alles durch das Wollen seines Geistes.« Seine Theologie läßt sich in sieben Dogmen umreißen: (1) Es gibt nur einen Gott. (Die Alternative »Gott ist eins« wird noch zu diskutieren sein.) Wie konsequent X. diesen Monotheismus durchgeführt hat, läßt sich kaum beantworten. (2) Gott ist nicht anthropomorph. Er besitzt einen Körper, doch keinen menschlichen (»auf keine Art Sterblichen ähnlich ... an Körper«). (3) Er ist bewegungslos: Bewegung ist für ihn nicht notwendig – (4) er bewegt und verändert die Welt allein durch sein Denken und Wollen, das gründet in (5) seiner integralen Wahrnehmung und Reflexion. Hier ist Aristoteles' »unbewegter Beweger« im Keim angelegt. (6) Gott ist »ungeboren«, ist ewig; (7) Gott ist moralisch vollkommen. Die mögliche Übersetzung »Gott ist eins«, und eine Überlieferung des Aristoteles – »die Welt insgesamt ins Auge fassend, sagt er (X.), das Eine sei der Gott« – werfen die Frage auf, ob X. Gott in einem umfassenden Sinn als das Eine, als dem Kosmos zugrunde liegende Einheit, ja, als mit dem Kosmos identisch betrachtet. X.' Gott besitzt Züge der milesischen Vorstellung einer göttlichen »arché«, einem Einen, das die Welt erzeugt und durchdringt. Doch hat X. die Vorstellung einer Schaffung der Welt aus diesem Einen offenkundig aufgegeben – die Welt ist ungeschaffen. Er scheint als erster die Theorie einer immer existenten Welt formuliert zu haben. Die Welt ist also nicht mehr Produkt des Einen, wie bei den Milesiern, sie ist das Eine. »archē« und Welt sind identisch: Gott bildet die Welt – der Kosmos ist Gott. Trifft diese Deutung zu, so entwirft X. die Vorstellung eines ewigen göttlichen Weltganzen. Dieser Pantheismus erfaßt die Realität als das Eine, und gibt so der Vorstellung von der Einheit einen neuen, absoluteren Sinn. Diese Deutung vor Augen, erheben Platon und Aristoteles X. zum geistigen Vater der Eleaten.

In seiner Erkenntnistheorie zeigt sich X. als Skeptiker: »Das Sichere sah kein Mensch, und keiner wird wissen über Götter und über alles, was ich sage. Auch wenn jemand zufällig ganz Wahres sagen sollte – er selbst weiß es nicht: in allem ist Meinung (oder: Glaube).« Niemand verfügt über sicheres Wissen. Nicht jede Form von Erkenntnis wird damit negiert – die unmittelbare positivistische Beobachtung scheint nicht in Frage gestellt –, sondern Erkenntnis »über Götter und über alles, was ich sage«. Die Dinge jenseits unserer eingeschränkten unmittelbaren Wahrnehmung, die Natur und das Göttliche, liegen auch jenseits eines gesicherten Wissens. Im Bereich der Theorie sind wir angewiesen auf Vermutungen und Schlußfolgerungen. Die in der Weiterentwicklung der griechischen Philosophie fundamentale Antithese von Wahrheit (»das Sichere«) und Schein (»Meinung«), die latent schon bei den Milesiern angelegt ist – hinter der Pluralität der Erscheinungen liegt die sie begründende Natur –, tritt bei X. zum ersten Mal ausdrücklich in Erscheinung. Doch auch wenn die Wahrheit unzugänglich bleibt – es gibt ein Kriterium für den Wert unserer Theorien. X. ist kein radikaler Skeptiker; er argumentiert zugunsten des (von ihm offenkundig zum ersten Mal definierten) Wahrscheinlichen. Wie seine Kritik des traditionellen Gottesbildes belegt, vertritt er entschieden – auch wenn er keinen Wahrheitsbeweis antreten kann – seine auf ihr basierenden Schlußfolgerungen, die in sein neues Gottesbild münden: »Diese (Dinge) sollen geglaubt werden als *der Wahrheit ähnelnde*.« Vom Optimismus seiner Erkenntnistheorie zeugt ein anderes Fragment. »Nicht vom Anfang an haben (die) Götter alles den Menschen offenbart, sondern mit der Zeit, als Suchende, finden sie (es) besser heraus.« X.' Sicht der Erkenntnis als menschlicher Leistung, als Ergebnis von »Suche«, d. h. wissenschaftlicher Anstrengung, die abhängig ist nicht mehr von göttlicher Offenbarung, sondern vom Faktor Zeit, bedeutet die Abkehr von jener alten Vorstellung einer goldenen Urzeit, deren Güter und Erkenntnisse im Lauf der Zeit mehr und mehr verloren gehen. Sie macht dieses Fragment zur ersten Formulierung des Fortschrittsgedankens in der erhaltenen griechischen Literatur.

Lesher, James H.: Xenophanes of Colophon. Toronto/Buffalo/London 1992. – Guthrie, W. K. C.: Xenophanes. In: Ders.: A History of Greek Philosophy. Vol. I: The Earlier Presocratics and the Pythagoreans. Cambridge 1962, S. 360–402.

Peter Habermehl

Xenophon

Geb. ca. 430 v.Chr. in Athen; gest. ca. 355 v.Chr. in Korinth oder Athen

Ähnlich wie bei seinem Generationsgenossen Platon, so war auch bei X. die Begegnung mit Sokrates von nachhaltigster Wirkung; anders als Platon, widmete sich X. einem tätigen Leben in der Praxis, wirkte als Söldnerführer und Gutsherr. 401 zog er mit dem persischen Prätendenten Kyros gegen den Großkönig, wurde nach verlorener Schlacht zum Anführer gewählt und rettete mit dem geordneten Rückmarsch 6000 Soldaten das Leben. Sein berühmter Bericht über das Unternehmen *Anabasis* wird ergänzt durch die *Hellenika*, die *Griechische Geschichte* von 410 bis 362 v.Chr., die zeitlich an die Geschichtsdarstellung des Thukydides anschließt und so das Werk des größten griechischen Historikers fortführt. Nachdem X. nahezu ein Jahrzehnt in Kleinasien beim Heer verbracht hatte, lebte er auf seinem Landgut in der Nähe von Olympia; nach zwanzig weiteren Jahren, wie es heißt, in Korinth. Seine Schriften zählen in ihren Stoffen der früheren, in ihrer Ausarbeitung der späteren Periode seines Lebens zu.

Am wichtigsten sind uns heute die *Erinnerungen an Sokrates* (*Memorabilia*; um 370/360). Hier liegt eine unschätzbare Quelle für das Leben dieses Lehrers vor – der ja selbst nichts Schriftliches hinterlassen hat – und zugleich ein wichtiges Gegenstück zu der so anders gearteten Darstellung Platons. Die früher vertretene Ansicht, das Sokrates-Bild X.s sei unhistorisch und unterliege einer kynischen Färbung, wird heute nicht mehr geteilt. Dasselbe gilt von der entgegengesetzten Annahme, daß in X.s Bericht die allein richtige Quelle vorliege. Vielmehr gilt es, in sorgfältiger Abwägung Detail um Detail gegenüber der anderen Tradition zu prüfen und den jeweiligen Wahrscheinlichkeitsgrad gesondert zu klären.

Auch die *Kyrupädie* handelt von einer historischen Persönlichkeit. Man mag in ihr den ersten »Erziehungsroman« Europas sehen. Geschildert werden Leben und Erziehung des älteren Perserkönigs Kyros. Diese vier Generationen zurückliegende Gestalt des Reichsgründers wird von X. als eine Art Idealherrscher porträtiert, so daß man nicht fehlgeht, die Schrift dem Bereich der Utopie zuzuordnen. Neben die Erörterung über die gute Führung des Staatswesens tritt die Diskussion über die beste Verwaltung des Hauswesens, der »oikonomikos«. Ferner kommt, gleich wie bei Platon, auch ein *Symposion* hinzu, das wiederum Sokrates zeigt, nun in heiterer Gesellschaft, im Gespräch über Liebe und Ehe. Eine weitere Parallele zu Platon ist: X. hat ebenfalls eine *Apologie* verfaßt, deren Authentizität jedoch nicht unbezweifelt ist. Sie referiert Gedanken der Verteidigung des Sokrates, freilich lange Zeit nach dem gerichtlichen Geschehen. Ein Dialog *Hieron* schließlich schildert die Diskussion zwischen einem Dichter und einem Tyrannen, dem der Rat zuteil wird, für das Wohl seiner Bürger zu wirken und so sie wie auch sich selbst glücklich zu machen. Auch *Über die Staatseinkünfte* hat X. gehandelt und in einer Lobschrift den König *Agesilaos* verherrlicht.

Während X. als wichtiger Zeuge, aber nicht eigentlich als gewichtiger Denker seinen Platz in der Philosophiegeschichte hat, ist seine reizvolle sprachliche Kunst in alter wie in neuer Zeit unbestritten. Der Charme der attischen Rede findet in ihm ihren meisterlichen Gestalter. Das hat ihn, zusammen mit seiner konsequenten Haltung als Verfechter sokratischer Idealvorstellungen, in Griechenland wie auch im römischen Imperium, nicht minder in der Renaissance bis zum Ende des 18. Jahrhunderts weithin Interesse und Zustimmung finden lassen. Das kritiksüchtige 19. Jahrhundert hat ihn entthront; ob eine neue Sicht gefunden werden wird, bleibt abzuwarten.

Nickel, Rainer (Hg.): Xenophon. Darmstadt 1979. – Breitenbach, Hans Rudolf: Xenophon von Athen. Stuttgart 1966.

Bernhard Kytzler

Zenon von Elea
Geb. um 490/85 v.Chr. in Elea (?); gest. nach 445/40 v.Chr.

Über sein Leben ist kaum mehr bekannt als über das seines Lehrers Parmenides. Wie dieser ist er im süditalienischen Elea gebürtig, wo er sich wohl auch lange Zeit aufhält. Einen Besuch in Athen bezeugen Platon und Plutarch; dort hören ihn angeblich Perikles, Kallias und Sokrates.

Sein (nur fragmentarisch erhaltenes) Werk, eine Sammlung von Paradoxa, attackiert Probleme, die hinter den Vorstellungen einer pluralistischen Welt verborgen liegen. Die Methodik ist neu. Aristoteles nennt Z. den »Erfinder der Dialektik«, der, ähnlich Sokrates, in seinen Gedankenexperimenten von allgemein akzeptierten Begriffen ausgeht, um sie in der Folge als absurd oder falsch zu beweisen.

Seit Platon vertritt die traditionelle Doxographie die Meinung, mit seinen Argumenten vor allem gegen Pluralität und Bewegung suche Z. (indirekt) den Beweis für die Ontologie des Parmenides zu liefern. Doch lassen sich nicht alle Argumente als Anker der eleatischen Lehre erklären – einige unter ihnen bringen auch diese in Schwierigkeiten. Inzwischen ist man zum Teil geneigt, Z. eine unabhängigere Position zuzuschreiben, doch gehen die Urteile über sein Verhältnis zu Parmenides, die Zielsetzung seines Werkes, die Qualität seiner Methodik und Argumente weit auseinander. Z. ist kaum ein Eleat im strengen Sinn. Sein Interesse an Fragen der Metaphysik scheint gering. Auch die seinen Argumenten oft nachgesagte logische Präzision läßt sich keinesfalls auf die Absicht zurückführen, eine Theorie der Logik entwickeln zu wollen (dies leistet erst Aristoteles). Er errichtet kein eigenständiges philosophisches Lehrgebäude. Sein Ansatz ist negativ, destruktiv; sein Ziel ist Kritik. In einem gewissen Sinn ist Z. der erste der Sophisten. Doch der immens philosophische Gehalt einiger seiner Paradoxa macht ihn – beinahe gegen seinen Willen – zu einem der großen Vorsokratiker.

Seine Wirkungsgeschichte reicht weit. Wichtig ist sein Einfluß auf den Atomismus, und Gorgias' Werk *Über das Nichtseiende* ist voller Referenzen an ihn. Platon und Aristoteles setzen sich intensiv mit ihm auseinander. Doch nie ist Z. so leidenschaftlich diskutiert worden wie im 20. Jahrhundert, seit seiner Wiederentdeckung durch Bertrand Russell. Von seinen Argumenten haben sich etwa zehn erhalten. Das vielleicht eindrucksvollste, die sog. *Dichotomie* (Halbierung), die die Bewegung in Frage stellt, soll kurz erörtert werden. Das berühmtere Paradox von »Achilles und der Schildkröte« erweist sich bei näherer Untersuchung als eine plastische Version der *Dichotomie*.

Ein Körper durchläuft die Strecke AB. Auf seinem Weg berührt er zunächst den Punkt a_1, die Mitte zwischen A und B, danach a_2, die Mitte zwischen a_1 und B, dann a_3, die Mitte zwischen a_2 und B, und so fort ins Unendliche. Auf der Strecke AB berührt der Körper also unendlich viele Punkte. Doch es ist unmöglich, eine unendliche Zahl von Punkten zu berühren. Folglich kann der Körper sein Ziel, B, nicht erreichen. In anderen Worten: Ein Körper auf dem Weg von A nach B vollzieht unendlich viele Handlungen. Es gibt auf dieser Strecke unendlich viele Punkte, und wenn der Körper B erreichen will, muß er sie alle berühren. Das bedeutet: (1) Wenn etwas sich bewegt, vollführt es unendlich viele Handlungen. Dem setzt Z. entgegen: (2) Nichts kann unendlich viele Handlungen durchführen. Folglich gibt es keine Bewegung.

Soll Z. nicht recht behalten, muß eine der beiden Thesen widerlegt werden. Gegen (1) läßt sich nur ein einziger ernsthafter Einwand vorbringen: (1) ist nur wahr, wenn Raum unendlich teilbar ist. Doch auch die Zugrundelegung einer atomistischen Raumstruktur ist kein Argument gegen (1). Hinter der physikalischen Fassade dieses Paradoxes verbirgt sich ihr solides mathematisches Fundament: eine geometrische Strecke ist definitiv unendlich teilbar. Um so lebhafter wird These (2) diskutiert. Warum ist es unmöglich, unendlich viele Handlungen durchzuführen? Handelt es sich um eine physikalische oder um eine logische Unmöglichkeit? Drei klassische Argumente gegen (2) seien kurz vorgestellt:

Z. erliegt einer Täuschung. Die Summe der gegen Null konvergierenden Reihe $\frac{1}{2}$ + $\frac{1}{4}$ + $\frac{1}{8}$ etc. ist 1. Seine Endlosigkeit erweist sich in ihrer Gesamtheit also als endlich. Doch selbst wenn Z. diese Summe (irrtümlicherweise) tatsächlich für unendlich hält: (2) ist damit nicht entkräftet.

Aristoteles diskutiert das Paradox zweimal. Für seine erste Lösung führt er den Faktor Zeit ein und formuliert die These von Z. neu: Bewegung kann nur in einem endlichen Zeitraum stattfinden. Um aber eine unendliche Reihe von Punkten zu berühren, ist ein unendlicher Zeitraum nötig. Dem steht die Endlichkeit unseres Lebens entgegen. Aristoteles gibt folgende Antwort: wie die endliche Strecke AB unendlich viele Punkte enthält, enthält auch eine bestimmte Zeit t unendlich viele Momente. Jedem Raumpunkt korrespondiert ein Zeitpunkt. Somit reicht eine infinit teilbare (finite) Zeit aus, um eine infinit teilbare (finite) Strecke mit allen ihren Punkten zu durchlaufen. Aristoteles sucht Z. mit der Annahme zu widerlegen, Zeit sei wie Raum ein (infinit teilbares) Kontinuum. Doch bleibt (2) von diesem Argument unberührt. Aristoteles selbst stellt fest, daß sein Einwand, auf die Zeit selbst angewendet, sich von allein erledigt: wie kann jener Körper eine finite Zeit durchlaufen, die sich nun ins Unendliche aufsplittert? Statt einer finden wir uns mit zwei Unendlichkeiten konfrontiert. Doch verfremdet Aristoteles' Diskussion des Zeitproblems das Paradox ohnehin. In ihm spielt die Zeit keine konstitutive Rolle.

Aristoteles schlägt noch eine zweite Lösung vor. Bewegt sich der Körper kontinuierlich, passiert er die allein potentiell existenten unendlichen Punkte und damit die Strecke. Pausiert er aber an jedem der Punkte, aktualisiert er sie; sie werden Realität, und er kann nicht mehr ankommen. So überzeugend diese Argumentation klingt – für ihre Wahrheit gibt es keinen zwingenden Beweis.

Mehrere zum Teil ingeniöse moderne Lösungen, die (2) stützen wollen, erweisen sich alle in vergleichbarer Weise als fehlerhaft. So läßt sich zum gegenwärtigen Zeitpunkt nur festhalten, daß (2) wahrscheinlich falsch ist, es jedoch unmöglich scheint, dies zu beweisen. In These (2), die so offenkundig die Begrenztheit all unseres Tuns verkündet, liegt in der Tat die Faszination der *Dichotomie*. Doch der schlüssige Beweis, pro oder contra, steht nach wie vor aus.

Kirk, Geoffrey S./Raven, John E./Schofield, Malcolm: Die vorsokratischen Philosophen. Stuttgart/Weimar 1994, S. 290–308. – Barnes, Jonathan: The Presocratic Philosophers. London ²1982, S. 231–295. – Vlastos, Gregory: Zeno's Race Course. In: Journal of the History of Philosophy 4, 1966, S. 96–108. – Borges, Jorge Luis: Geschichte der Ewigkeit. Essays. München 1965, S. 54–69.

Peter Habermehl

Weiterführende Bibliographie

Die nachstehend genannten Lexika und Philosophiegeschichten sind geeignet, die im *Philosophen Lexikon* angeschnittenen Problemebenen historisch und systematisch zu vertiefen. Die aufgeführten Titel stellen eine Auswahl dar; dennoch sind damit diejenigen Veröffentlichungen erfaßt, die gemeinhin zugrunde gelegt werden, wenn es um eine erste Orientierung an Nachschlagewerken geht.

Lexika

Edwards, Paul (Hg.): The Encyclopedia of Philosophy. 8 Bände New York/London 1967. Dieses Nachschlagewerk ist v. a. nach einzelnen Philosophen, aber auch nach philosophischen Termini und Strömungen aufgebaut; in den unterschiedlich umfangreichen (z. T. sehr knappen) Artikeln finden sich systematisch gegliederte Werkbeschreibungen und begriffsgeschichtliche Erläuterungen. Die Primär-Bibliographie ist teilweise kommentiert.

Hoffmeister, Johannes (Hg.): Wörterbuch der philosophischen Begriffe. Hamburg 1955. In den meist knappen Definitionen bzw. Erläuterungen von philosophischen Termini gibt es zahlreiche Verweise, selten einen umfangreicheren begriffsgeschichtlichen Abriß, jedoch Hinweise auf die Begriffsverwendung bei einzelnen wichtigen Philosophen.

Huisman, Denis (Hg.): Dictionnaire des Philosophes. 2 Bände. Paris [2]1993. Die meist kurzen Artikel stellen Philosophen von der Antike bis zur Gegenwart mit ihren wichtigen Werken und einer knappen Primär- und Sekundärliteraturbibliographie vor. Ein Schwerpunkt liegt auf zeitgenössischen Philosophen des französischen Sprachraums.

Mittelstraß, Jürgen (Hg. in Verbindung mit Gereon Wolters): Enzyklopädie Philosophie und Wissenschaftstheorie. 4 Bände. Bd. 1, Mannheim/Wien/Zürich 1980; Bd. 2, ebda. 1984; Bd. I/II jetzt Stuttgart/Weimar 1995; Bd. 3, Stuttgart/Weimar 1995; Bd. 4 in Vorbereitung für 1996. In den zumeist kurzgefaßten Beiträgen werden zahlreiche philosophische Termini (auch aus dem Bereich der Mathematik, Logik und Wissenschaftstheorie) erläutert; Philosophen und Wissenschaftler (Antike bis Gegenwart) werden biographisch skizziert, ihr Werk wird anschließend prägnant zusammengefaßt. Neben einem Primär- und Sekundärliteraturverzeichnis zu den einzelnen Philosophen werden Literaturangaben zu den vorgestellten Begriffen genannt.

Nida-Rümelin, Julian (Hg.): Philosophie der Gegenwart in Einzeldarstellungen. Von Adorno bis v. Wright. Stuttgart 1991. In den einzelnen Artikeln werden die wichtigsten Philosophen des 20. Jahrhunderts mit einer kurzen biographischen Skizze, einer an zentralen Themen orientierten Werkdarstellung und der Wirkungsgeschichte vorgestellt. Die Artikel sind durch eine ausgewählte Primär- und Sekundärliteraturbibliographie ergänzt.

Prechtl, Peter/Burkard, Franz Peter (Hg.): Metzler Philosophie Lexikon. Stuttgart/Weimar 1995. Das Lexikon bietet über 3000 Begriffe und Definitionen aus dem

Bereich der abendländischen, der indischen und der chinesischen Philosophie. Zusätzlich werden Grundtexte und weiterführende Literatur zum Thema genannt.

Ritter, Joachim (Hg.)/Gründer, Karlfried (Hg. seit 1976): Historisches Wörterbuch der Philosophie. Bisher 8 Bände (bis Buchstabe Sc). Basel/Darmstadt 1971 bis 1992. Im weitgefaßten Spektrum von Begriffen aus der Geschichte des philosophischen Denkens wie der Geistesgeschichte überhaupt finden sich auch umfassende Artikel etwa zu Epochen, Strömungen und Grundlagendisziplinen der Philosophie. Einer wort-, begriff- und problemgeschichtlichen Erläuterung folgt eine zumeist ausführliche, historisch-chronologisch vorgehende Darstellung des jeweiligen Begriffs bzw. seiner Ausformung bei einzelnen Philosophen (Antike bis Gegenwart). Nennung von Werken und Literaturhinweisen im Anhang der Artikel.

Sandkühler, Hans Jörg (Hg.): Europäische Enzyklopädie zu Philosophie und Wissenschaften. 4 Bände. Hamburg 1990. In den breit angelegten Artikeln werden die Grundbegriffe der Philosophie in ihrem begriffsgeschichtlichen und systematischen Zusammenhang erläutert. Eine ausführliche Bibliographie nennt die einschlägige Literatur zu jedem Begriff.

Volpi, Franco/Nida-Rümelin, Julian (Hg.): Lexikon der philosophischen Werke. Stuttgart 1988. Über 1100 Artikel stellen knapp die wichtigsten und wirkungsreichsten Werke der Philosophie (Antike bis Gegenwart) vor. Kurze bibliographische Angaben (auch zur Ersterscheinung).

Philosophiegeschichtliche Darstellungen

Bubner, Rüdiger (Hg.): Geschichte der Philosophie in Text und Darstellung. 8 Bände. Stuttgart 1978 bis 1981 u. ö.. Nach einer Einführung in den Problemhorizont einer Epoche der Philosophiegeschichte (Antike bis Gegenwart) werden in Textauszügen die wichtigen Philosophen mit ihren für die jeweilige Zeit charakteristischen Denkansätzen vorgestellt. Jeder Autor wird kurz beschrieben. Die Bibliographie nennt die wichtige Sekundärliteratur.

Helferich, Christoph: Geschichte der Philosophie. Von den Anfängen bis zur Gegenwart und Östliches Denken. 2., überarbeitete und erweiterte Auflage, Stuttgart 1992. In 6 Kapiteln wird das abendländische Philosophieren von der Antike bis in die unmittelbare Gegenwart systematisierend dargestellt und zugleich problematisiert. In einem weiteren Kapitel von Peter Christian Lang werden die aktuellen Debatten der 70er und 80er Jahre dargestellt, wie z. B. die Ethik der Gegenwart und die Diskussion um Postmoderne und Ästhetik. Ein weiteres Kapitel erläutert die wichtigsten Formen und Richtungen östlichen Denkens. Zahlreiche Abbildungen, Textauszüge, Sekundärliteratur, ausführliches Werk- und Sachregister.

Höffe, Otfried (Hg.): Klassiker der Philosophie. 2 Bände. München, Bd. 1, ³1994; Bd. 2, ²1985. Die beiden Bände behandeln in über 40 Kurzmonographien die wichtigsten Philosophen von der Antike bis ins 20. Jahrhundert. Einer biographischen Skizze folgt eine Werkbeschreibung unter den zentralen Aspekten und ein wirkungsgeschichtlicher Abriß. Ausführliches Primär- und Sekundär-literaturverzeichnis.

Röd, Wolfgang (Hg.): Geschichte der Philosophie. Bisher 6 Bände. München 1976 bis 1989. Von 12 geplanten Bänden sind 6 Bände zur Philosophie der Antike und der Neuzeit erschienen. Einer Einführung in den problemgeschichtlichen Kontext der Zeit folgt eine Kurzbiographie und eine ausführliche, das Werk systematisierende Darstellung der jeweils herausragenden Philosophen (bzw. eine Beschreibung philosophischer Strömungen und Schulen). Das Sekundärliteraturverzeichnis nennt eine gute Auswahl wichtiger Titel.

Speck, Josef (Hg.): Grundprobleme der großen Philosophen. Philosophie des Altertums und des Mittelalters. München [4]1990; Philosophie der Neuzeit. 6 Bände. München [2]1986 (Bd. 1, zuerst 1979), [3]1988 (Bd. 2, zuerst 1976), 1983 (Bd. 3), 1986 (Bd. 4), 1991 (Bd. 5), 1992 (Bd. 6); Philosophie der Gegenwart. 6 Bände. [3]1985 (Bd. 1, zuerst 1979), [3]1991 (Bd. 2, zuerst 1973), [2]1984 (Bd. 3, zuerst 1985), [2]1991 (Bd. 4, zuerst 1981), [2]1992 (Bd. 5, zuerst 1982), [2]1992 (Bd. 6, zuerst 1984). Jeder Band stellt 5 bis 6 Philosophen vor; nach einer biographischen Skizze wird deren Denken unter den zentralen Problemstellungen erläutert und diskutiert. Primär- und Sekundärliteraturverzeichnis am Ende der Artikel.

Stegmüller, Wolfgang: Hauptströmungen der Gegenwartsphilosophie. 4 Bände. Stuttgart [7]1989 (Bd. 1), [8]1987 (Bd. 2.), [8]1987 (Bd. 3), 1989 (Bd. 4). Diese problematisierende, in ihren einzelnen Kapiteln zumeist an einzelne Philosophen geknüpfte Darstellung erläutert die wichtigen Positionen v. a. aus den Bereichen der Phänomenologie, Erkenntnistheorie, Sprachphilosophie und Wissenschaftstheorie des 20. Jahrhunderts. Ausführliches Sachregister und umfangreiche bibliographische Angaben.

Ueberweg, Friedrich (Begr.): Grundriss der Geschichte der Philosophie. 4 Bände. Berlin 1926 bis 1953 (12. bzw. 13. Auflage; Neufassung: Die Philosophie der Antike. Bd. 3. Basel/Stuttgart 1983; Bd. 4. Basel 1994. Die Philosophie des 17. Jahrhunderts. Bd. 2. Basel 1993; Bd. 3. Basel 1988). Dieses Standardwerk stellt ausführlich und detailliert die Geschichte des europäischen Denkens seit der Antike dar. Zumeist gegliedert nach einzelnen Ländern werden Philosophen und philosophische Grundströmungen behandelt und in Zusammenhang gebracht. Äußerst umfangreiches Personenregister und Literaturverzeichnis. Eine Neuausgabe mit aktueller Bibliographie ist im Entstehen.

Verzeichnis der Mitarbeiterinnen und Mitarbeiter

Albert, Claudia (Berlin): Ariès, Diderot, Elias, Jonas, Ricœur
Altmayer, Claus (Saarbrücken): Garve
Arend, Elisabeth (Göttingen): Bourdieu, Durkheim, Ficino
Askani, Hans-Christoph (Paris): Bultmann, Lévinas, Rosenzweig
Bachmaier, Helmut (Konstanz): Herodot, Simmel
Baecker, Dirk (Bielefeld): Baudrillard
Baltzer, Ulrich (München): Searle
Baumhauer, Otto A. (Neuburg a. d. Donau): Gorgias, Hippias, Prodikos, Protagoras
Beierwaltes, Werner (München): Proklos Diadochos
Berger, Siegfried (Köln): Comte
Berressem, Hanjo (Aachen): Guattari
Beutel, Albrecht (Tübingen): Luther
Böhlke, Effi (Berlin): Tocqueville
Boin, Manfred † (Köln): Fichte
Borkopp, Peter (London): Schleiermacher
Bormann, Claus von (Bielefeld): Lacan, Lévi-Strauss
Brede, Werner † (München): Plessner
Deitz, Luc (London): Antisthenes, Euklid, Kleanthes, Ptolemäus, Sextus Empiricus
Demmerling, Christoph (Berlin): Austin, Bolzano, Carnap, Chomsky, Feyerabend, Kuhn,
    Ryle
Dorowin, Hermann (Florenz): Ortega y Gasset
Dorsel, Andreas (Menlo Park/CA): Newton
Drechsler, Martin (Kreuzlingen): Anaxarch, Berkeley, Chrysippos, Schlick
Elsholz, Günther (Hamburg): Mill
Felten, Hans (Aachen): Saint-Simon
Fischer, Ernst Peter (Konstanz): Bohr, Darwin, Haeckel, Heisenberg, Helmholtz, Pauli,
    Piaget, Planck, Schrödinger
Früchtl, Josef (Frankfurt a. M.): Rorty
Fülberth, Georg (Marburg): Bernstein, Luxemburg
Fütterer, Günther (Neusorg): Fromm
Gerhardt, Volker (Berlin): Kant
Gerschmann, Karl-Heinz (Münster): Bacon
Gillies, Steven (Konstanz): Morris, Needham, Owen, Ricardo, D. F. Strauß
Gmünder, Ulrich (Isny): Marcuse
Gönner, Gerhard (Bietigheim-Bissingen): Frege, Heraklit
Goldschmidt, Werner (Hamburg): Proudhon
Gosepath, Stefan (Berlin): Rawls
Habermehl, Peter (Berlin): Anaxagoras, Anaximander, Augustinus, Boethius, Clemens
    von Alexandria, Empedokles, Origenes, Parmenides, Philon von Alexandria, Pythago-
    ras, Xenophanes, Zenon von Elea
Hausmann, Frank-Rutger (Freiburg): Bodin, La Mettrie, Montesquieu
Heckl, Wolfgang M. (München): Einstein, Galilei
Helferich, Christoph (Florenz): Croce, Gramsci, Hegel, Jung
Henckmann, Wolfhart (München): Bakunin, Scheler
Hildebrandt, Hans-Hagen (Essen): Grotius
Hoepner-Peña, Carola (Reichenau): Eriugena
Hogemann, Friedrich (Bochum): Merleau-Ponty
Holenstein, Elmar (Zürich): Jakobson

Holtz, Sabine (Tübingen): Bonaventura
Holz, Hans Heinz (Groningen): Lenin
Horst, Thomas (Stuttgart): Aristipp, Benjamin, Kierkegaard, Rickert
Horster, Detlef (Hannover): A. Adler, Aristoteles, Bloch, Habermas, Luhmann, Sokrates,
    Thomas von Kempen
Hose, Martin (Konstanz): Diogenes Laertius
Hoyer, Ulrich (Münster): Gassendi
Hühn, Lore (Berlin): Schopenhauer
Hülle, Alexander (Stuttgart): Melanchthon, C. F. von Weizsäcker
Jamme, Christoph (Jena): Cassirer
Janowski, Franca (Stuttgart): Gentile
Jung, Thomas (Frankfurt a. M.): Epiktet
Jung, Werner (Duisburg): Hartmann, Rosenkranz, Ruge
Kahl, Joachim (Marburg): Topitsch
Karge, Gesine (Berlin): Mach
Keil, Geert (Berlin): Apel
Knittel, Elisabeth (Allensbach): Voltaire
Knittel, Hermann (Allensbach): Seuse
Knopf, Jan (Karlsruhe): Korsch
Kocyba, Hermann (Frankfurt a. M.): Deleuze
Köller, Wilhelm (Kassel): Peirce
König, Traugott † (Frankfurt a. M.): Barthes, Bataille, Kojève, Sartre
Krauß, Henning (Augsburg): Beauvoir
Kreidt, Dietrich (Stuttgart): Thomasius
Krüger, Marlis (Bremen): Mannheim, Parsons
Kühnl, Reinhard (Marburg): Lukács, Marx/Engels, Spengler
Kulenkampff, Arend (Frankfurt a. M.): Reid
Kytzler, Bernhard (Durban): Campanella, Cicero, Joachim da Fiore, Marc Aurel, Morus,
    Seneca, Xenophon
Lambrecht, Lars (Hamburg): B. Bauer
Lang, Peter Christian (Frankfurt a. M.): Adorno, Dilthey, Gadamer, Horkheimer, Plotin
Lohmann, Hans-Martin (Heidelberg): Anders, Freud, Kautsky
Lunau, Martina (Tübingen): M. Mead, Toynbee
Lutz, Bernd (Stuttgart): Anselm von Canterbury, Jaspers, Löwith
Maas, Jörg F. (Hannover/Magdeburg): Bayle, Goodman
Mai, Katharina (Stuttgart): Derrida
Martens, Ekkehard (Hamburg): Platon
Maser, Peter (Telgte): Buber, Scholem
Maurer, Ernstpeter (Bonn): Quine, Wittgenstein
Meckel, Wolfgang (Gambach): Abaelard, Averroës, Avicenna, Maimonides, Ockham
Mehring, Reinhard (Berlin): Kelsen, Schmitt
Meier, Albert (Regensburg): Holbach
Meier, Heinrich (München): L. Strauss
Mensching, Günther (Hamburg): Duns Scotus
Meyer, Thomas (Dortmund): Nelson
Mohl, Ernst-Theodor (Seeheim-Jugenheim): Heß
Münch, Dieter (Berlin): Brentano
Ollig, Hans-Ludwig (Frankfurt a. M.): Cohen, Natorp, Riehl, Windelband
Opitz, Peter J. (München): Voegelin
Peter, Niklaus (Riehen/Basel): Overbeck
Prechtl, Peter (Berlin/München): Bentham, Dewey, Hume, James, G. H. Mead,
    A. Smith

Pries, Christine (Frankfurt a. M.): Lyotard
Prill, Ulrich (Chemnitz/Berlin): Bachelard, Klossowski, Malebranche, Spinoza
Raffelt, Albert (Freiburg): Blondel, Rahner
Rentsch, Thomas (Dresden): Husserl, Lask, Simmel, Suárez
Ries, Wiebrecht (Hannover): Nietzsche
Rommel, Bettina (Freiburg): Alembert, Condillac, Condorcet, Taine
Roughley, Neil (Konstanz): Gehlen
Sandkühler, Hans Jörg (Bremen): Dühring, Labriola, Plechanow, Schelling
Schäfer, Thomas (Berlin): Althusser, Foucault
Scherer, Georg (Essen): Al-Farabi, Thomas von Aquin
Schmidt-Biggemann, Wilhelm (Berlin): Leibniz, Pascal
Schmitz, Matthias (Hamburg): Arendt, Herder, W. von Humboldt, Montaigne,
   Rousseau
Schneider, Thomas (Altenstadt): Hobbes, Locke, Machiavelli
Schönwälder, Karen (London): Babeuf
Schorpp, Maria (Konstanz): Popper
Schürgers, Norbert J. (Nürnberg): M. Adler, Russell
Schwab, Hans-Rüdiger (München): Albertus Magnus, F. von Baader, Erasmus von
   Rotterdam, Schweitzer
Semler, Christian (Berlin): Heller
Soeffner, Hans-Georg (Konstanz): Goffman
Stoecker, Ralf (Bielefeld): Davidson
Tenigl, Franz (Wien): Klages
Thaidigsmann, Edgar (Ravensburg): Barth
Theisen, Joachim (Nea Kifissia/Athen): Meister Eckhart, Tauler
Thoma, Heinz (Halle): Helvétius
Thunecke, Inka (Tübingen): Camus
Vietta, Silvio (Hildesheim): Heidegger, Vico
Villwock, Jörg (Niederhausen/Ts.): Blumenberg
Vogt-Spira, Gregor (Freiburg): Menander, Theophrast
Vollhardt, Friedrich (Hamburg): F. H. Jacobi, Mandeville, Mendelssohn, Shaftesbury
Waszek, Norbert (Grenoble): Stirner
Weber, Walter (Bremen): Baumgarten, Reimarus, Teilhard de Chardin, Wolff
Weinmann, Martin (Wiesbaden): Bergson
Weiß, Johannes (Kassel): Weber
Welsch, Wolfgang (Magdeburg): Lyotard
Werner, Reinold (Paris): Böhme, Marcel, Nikolaus von Kues
Wichmann, Thomas † (Berlin): Descartes, Saussure
Wild, Reiner (Karlsruhe): Hamann
Willaschek, Marcus (Münster): Putnam
Winter, Michael (Koblenz): Fourier, Paine, Sade
Wörther, Matthias (München): Kepler, Kopernikus, Whitehead
Wolf, Frieder O. (Berlin): Ferguson, Lefebvre
Wüstehube, Axel (Münster): Moore
Zacher, Klaus-Dieter (Berlin): Demokrit, Epikur, Leukipp, Lukrez, Plutarch
Zeidler, Lothar (Edison/New York): Spencer
Zimmermann, Bernhard (Konstanz): Anaximenes, Antiphon, Diogenes von Sinope,
   Kritias, Thales
Zimmermann, Wolfgang (Tübingen): Bruno, Calvin, Pico della Mirandola, Weigel
Zinser, Hartmut (Berlin): Feuerbach

Namenregister

Bildquellen

Archiv Gerstenberg, Wietze 45, 53, 67, 74,
131, 159, 184, 192, 260, 378, 598, 648,
649, 685, 761, 828, 865, 869, 879
Archiv für Kunst und Geschichte, Berlin 3,
14, 24, 28, 69, 71, 95, 105, 106, 111, 129,
134, 137, 146, 161, 167, 173, 175, 179,
187, 211, 217, 228, 229, 236, 245, 253,
256, 264, 289, 294, 305, 307, 329, 335,
345, 377, 380, 386, 389, 408, 412, 419,
423, 435, 451, 469, 487, 512, 528, 537,
554, 561, 605, 613, 615, 618, 621, 640,
658, 677, 681, 694, 696, 712, 718, 734,
737, 742, 763, 768, 781, 784, 807, 823,
833, 841, 875, 889, 891, 898, 913, 921,
923, 925
Bildarchiv Preußischer Kulturbesitz, Berlin
180, 204, 241, 557, 668, 679, 735, 748,
794, 830, 836, 877, 930, 935
Britisches Museum, London 22, 463
Donald Davidson, Berkeley 194
Deutsche Presseagentur, Stuttgart 8, 38, 76,
153, 298, 372, 431, 723, 774
Deutsches Archaeologisches Institut, Rom
32, 592, 692
Freies Deutsches Hochstift – Frankfurter
Goethe-Museum 383
Germanisches Nationalmuseum, Nürnberg
825
Carl Hanser Verlag, München 42
Herzog August Bibliothek, Wolfenbüttel 393,
549, 847
Interfoto, München 61, 63, 85, 90, 135, 164,
248, 279, 543, 562, 672, 766, 797, 872, 917
Internationales Archiv für Sozialgeschichte,
Amsterdam 269, 502, 707, 771, 854

Manfred Kettner, Bielefeld 523
Ernst Mach Institut, Freiburg 547
Renate von Mangoldt, Berlin 373
Matthes & Seitz Verlag GmbH, München 82
J.C.B.Mohr (Paul Siebeck) Verlag, Tübingen
488, 895
Österreichische Nationalbibliothek, Wien 5
Österreichische Staatsdruckerei, Wien 447
Peter J. Opitz, München 903
Monika Plessner, Göttingen 688
Andreas Pohlmann, Frankfurt/M. 34
Hilary Putnam, Cambridge/Massachusetts
714
Raben Verlag, München 281
Rowohlt Verlag, Reinbek bei Hamburg 475
Schiller Nationalmuseum, Marbach/N. 65,
102, 115, 149, 224, 275, 290, 342, 343,
358, 404, 438, 459, 590, 593, 624, 750,
786, 814, 815, 843, 857
J.R. Searle, Berkeley 818
Städelsches Kunstinstitut, Frankfurt/M., 13
(Foto: Ursula Edelmann)
Studienzentrum Karl-Marx-Haus, Trier 568
Süddeutscher Verlag, München 157, 655
Suhrkamp Verlag, Frankfurt/M. 139 (Foto:
Marie-Claire Bourdieu), 422, 492, 584,
744, 803
Ullstein Bilderdienst, Berlin 18, 27, 79,
99, 142, 169, 286, 348, 426, 471, 510,
541, 564, 587, 608, 674, 739, 755, 799,
918
Universität Pittsburgh, Pittsburgh/
Pennsylvania 609
Universitätsbibliothek, Basel 643
Anna Weise, Berlin 272